ISBN 978-0-265-00262-9
PIBN 10964244

Forgotten Books is a registered trademark of FB &c Ltd.
Copyright © 2018 FB &c Ltd.
FB &c Ltd, Dalton House, 60 Windsor Avenue, London, SW19 2RR.
Company number 08720141. Registered in England and Wales.

For support please visit www.forgottenbooks.com

1 MONTH OF
FREE
READING

at
www.ForgottenBooks.com

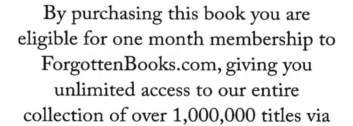

By purchasing this book you are eligible for one month membership to ForgottenBooks.com, giving you unlimited access to our entire collection of over 1,000,000 titles via our web site and mobile apps.

To claim your free month visit:

www.forgottenbooks.com/free964244

sion du budget, défendu par l'honorable M. Bertauld.

On vous a dit qu'il était très-difficile de donner des armes à l'administration, et que vous ne pouviez les donner qu'en prenant des mesures extrêmement sévères, que beaucoup d'entre vous, ou la plupart d'entre vous trouvaient même exorbitantes.

Dans les conditions que le vote d'hier a faites à la loi, je pense que la commission du budget devrait ne point insister pour la fin de l'article, qui n'a plus de raison d'être. Le Gouvernement, de son côté, abandonne les rédactions qui figurent, à la fin du rapport, dans la colonne de droite et qui constituaient les articles 1, 2 et 3.

Je pense, d'ailleurs, que mon honorable ami M. Mathieu-Bodet n'est pas disposé à reprendre ces articles pour son compte.

M. Mathieu-Bodet. Je n'ai pas l'intention de reprendre pour mon compte le projet que j'avais présenté comme ministre des finances ; mais je déclare ici que si M. le ministre des finances le reprend, — ce qui est son droit, — je le soutiendrai énergiquement. (Très-bien ! sur plusieurs bancs.)

M. le ministre des finances. En présence je ne dirai pas des dispositions, mais des sentiments exprimés par l'Assemblée hier, je ne crois pas opportun pour le Gouvernement de reprendre les articles 1, 2 et 3. (Très-bien !)

Je vais m'expliquer sur l'article 3.

Vous savez, messieurs, que le système de l'honorable M. Bertauld donnait au Gouvernement des armes pour combattre la fraude ; le système de l'honorable M. Mathieu-Bodet lui en donnait d'autres. Cette législation était destinée à remplacer les articles 12 et 13 de la loi du 21 août 1871, qui avaient été adoptés sur la proposition de l'honorable M. de Ventavon ; ils donnaient à l'administration le droit d'user de tous les moyens de droit commun, et notamment de faire la preuve testimoniale.

Du moment que les articles 1 et 2 sont retirés, nous demandons à conserver les pouvoirs que l'article 3 devait nous enlever, droits conférés à l'administration par les articles 12 et 13 de la loi de 1871, et, cela étant, nous demandons qu'on reprenne la discussion à l'article 4, qui deviendrait, par suite, l'article 1er de la loi.

Je ferai remarquer à l'Assemblée que les articles suivants sont des articles dans lesquels il y a de l'argent, et ils sont nécessaires pour nous procurer les recettes dont nous avons absolument besoin.

J'espère que l'Assemblée voudra se souvenir de cet intérêt essentiel en abordant la discussion à laquelle nous allons nous livrer.

M. le président. M. Sébert avait proposé un amendement sur le dernier paragraphe de l'article 1er.

Le maintient-il ?

Un membre. Il n'a plus de raison d'être, puisque l'article 1er est retiré !

M. le président. Le Gouvernement a dit qu'il retirait les articles 1, 2 et 3 ; mais la commission n'a pas déclaré qu'elle les retirait, ni M. Sébert qu'il renonçait à son amendement.

M. Bertauld, *rapporteur.* Monsieur le président, la commission ne saurait être plus fiscale que M. le ministre des finances, c'est-à-

dire plus royaliste que le roi ; et, du moment que M. le ministre des finances abandonne les trois articles, je ne puis, au nom de la commission, que déclarer moi-même que je les abandonne. Et alors je ne comprends guère un amendement sur des articles qui ne sont plus en discussion, un amendement sur des articles que personne ne soutient. (C'est évident !)

M. le président. Il est évident que les articles 1er, 2 et 3 étant retirés, d'un côté par le Gouvernement, d'un autre côté par la commission, si personne ne les reprend l'amendement de M. Sébert tombe. (Assentiment.)

M. Sébert. Je demande à donner à l'Assemblée une simple explication. Ce serait déjà fait sans le bruit qui vient de se produire.

Mon amendement avait deux objets : l'article 1er contenait contre les notaires une pénalité blessante et j'en proposais la suppression ; l'article étant retiré, mon amendement n'a plus d'objet.

La seconde partie de mon amendement avait pour objet de dispenser d'une lecture prescrite par la loi du 23 août 1871, lecture que je crois inutile dans certains cas. Je ne maintiendrai pas cette partie de mon amendement pour remplacer l'article 1er, mais je me réserve de le reproduire à la fin de la loi comme article additionnel modificatif de l'article 13 de la loi du 23 août 1871, auquel M. le ministre des finances a fait allusion.

Voilà tout ce que j'avais à dire quant à présent.

M. le président. Sous cette réserve, l'Assemblée passe à la discussion de l'article 4.

Sur cet article 4, il y a un amendement présenté par M. Sébert.

M. Sébert. Messieurs, l'amendement que j'ai eu l'honneur de présenter ne porte pas seulement sur l'article 4, il a pour objet de remplacer, non-seulement cet article, mais aussi les articles 5 et 6.

En effet, ces trois articles 4, 5 et 6 sont conçus dans un même ordre d'idées. Ils sont relatifs, tous les trois, aux successions et aux donations à titre de partage anticipé que je puis bien ranger dans la même catégorie, puisqu'elles ont pour objet un traité ayant le caractère de présuccession.

A la place de ces trois articles, j'avais cru devoir substituer une proposition de tarification nouvelle des donations entre-vifs et les mutations par décès, dont je suis l'auteur, renvoyée, depuis longtemps, à l'examen d'une commission spéciale. Je dois tout de suite ajouter, pour mieux me faire comprendre, que cette tarification avait pour objet une augmentation de droits sur les donations entre-vifs et sur les mutations par décès, mais sous la déduction des dettes et de l'impôt foncier.

Une commission, je le répète, a été nommée pour examiner ma proposition. L'honorable ancien ministre des finances, M. Mathieu-Bodet en fait partie, et l'honorable M. Wolowski en est le président. Cette commission s'est montrée, sauf un ou deux membres, entièrement favorable à ma proposition. Les articles 4, 5 et 6 ont pour objet de résoudre une partie des dispositions qu'il contient, car j'ai moi-même proposé le droit de 1 1/2 p. 100 sur les partages anticipés, mais en déduisant les dettes hypothécaires et l'impôt foncier. Et, d'un autre côté, en faisant cette proportion, je mettais le droit des mutations par successions en ligne directe au même taux, et sous les mêmes déductions; car j'ai toujours considéré que ces deux droits devaient être égaux; si vous mettez le droit sur les partages anticipés à un taux plus élevé, et avec la disposition inscrite dans l'article 5, ce ne serait pas une augmentation moindre de 65 p. 100 sur le taux actuel; il en résulterait que ces sortes d'actes cesseraient complètement, et ce serait un résultat des plus regrettables.

Cet acte, en effet, est un des plus essentiels. Par lui, la puissance paternelle s'exerce dans toute son autorité et de la manière la plus utile; elle maintient l'harmonie dans les familles en évitant les procès et les frais ruineux que les minorités entraînent avec elles dans les modiques successions; elle fait entre chacun des enfants une distribution des biens qui peuvent convenir plus particulièrement soit à ses goûts, soit à son genre de connaissances ou de travail.

De plus, le partage anticipé a souvent pour objet de faire passer les biens de mains débiles en des mains viriles qui savent en tirer un meilleur parti, au grand avantage de la fortune publique.

M. le rapporteur. Et quand les copartagés seront des femmes?

M. Sébert. Je le répète, messieurs, si vous portez sur les partages anticipés le droit à 1 1/2 sans augmenter dans la même proportion le droit sur les successions en ligne directe, vous supprimez de fait le partage anticipé; ou tout au moins vous rendrez beaucoup plus rare cet acte utile qu'une bonne économie politique nous recommande tant.

L'article 5 est relatif aussi aux droits de mutation par décès et de donations entre-vifs, ainsi qu'au droit sur les échanges. J'appelle toute votre attention sur cet article important qui a pour objet, en capitalisant les biens ruraux au denier 25 au lieu du denier 20, d'apporter une charge considérable sur cette nature de propriétés.

Moi aussi j'ai fait une semblable proposition dans la nouvelle tarification des droits sur les donations entre-vifs et sur les donations par décès, mais toujours en déduisant l'impôt foncier du revenu et les dettes hypothécaires, car, sans ces tempéraments, je considère que les droits actuels de mutation ne sont pas susceptibles d'augmentation; car, déjà dans certains cas, et sans la déduction des dettes, on arrive à prélever ce qu'il y a de plus clair dans la succession.

Maintenant, messieurs, veuillez bien remarquer sur quoi portera cet article 5. Il portera uniquement sur les biens ruraux, et, comme, dans les partages anticipés, cette nature de biens entre pour la presque totalité, il en résultera que le droit augmenté de 50 p. 100 par l'article 4, se trouvera encore augmenté généralement de 15 p. 100 par l'article 5, ce qui portera l'augmentation totale à 65 p. 100.

Eh bien, aujourd'hui, pourquoi les partages anticipés ont-ils tant de faveur? C'est qu'on ne paye que le même droit de mutation que celui qu'on payeraient un décès de leurs père et mère. Les donataires se décident bien à faire l'avance de droits de mu-

tation, qui sont les mêmes que ceux qu'ils payeraient quelques années plus tard; mais s'il s'agit dorénavant de payer 65 p. 100 d'augmentation sur les droits d'enregistrement, vous pouvez être certain que les partages anticipés s'en trouveront singulièrement atteints, ce qui sera très-regrettable. Ou bien encore on ne fera plus d'actes authentiques, on en restera sur des conventions sous-seings privés jusqu'au décès du donateur; ce qui rendra plus irrégulière encore, s'il est possible, la propriété des biens ruraux, irrégularité aussi préjudiciable à la fortune particulière qu'à l'État par la difficulté qui en résultera pour les transactions.

Enfin, l'article 6 s'applique à un nouveau mode d'évaluation des biens et valeurs mobiliers recueillis par succession. Je ne veux pas entrer en ce moment dans plus de détails, je veux tout simplement vous faire remarquer que les trois articles signalés sont plus ou moins relatifs à l'ouverture des successions, et que, pour rester d'accord avec votre vote de l'année dernière sur ma proposition, je crois, que l'Assemblée devra, et je la demande, renvoyer les articles 4, 5 et 6 du projet de loi à la commission spéciale chargée d'examiner la nouvelle tarification des droits de mutation avec déduction des dettes. (Très-bien! très-bien! sur plusieurs bancs.)

M. Bertauld, *rapporteur.* Messieurs, la commission a donné à M. Sébert la satisfaction qu'il vous demande. Il a essayé de faire introduire dans le projet présenté par l'honorable M. Mathieu-Bodet tout une série d'amendements qui supposaient comme point de départ le principe de la déduction des dettes.

Une commission avait été nommée pour examiner ce problème très-complexe. La commission du budget a pensé qu'elle ne devait pas dessaisir cette commission, et voici ce qu'elle a dit en quelques lignes dans le rapport qui vous est soumis :

« La commission du budget a décliné l'examen de plusieurs amendements de notre honorable collègue M. Sébert, parce que la pensée principale dont ils sont l'expression implique la solution d'un problème dont se vos commissions est saisie, à savoir que l'impôt ne doit pas s'étendre à l'actif brut d'une succession, mais se restreindre à l'actif net.

« Nous avons unanimement pensé qu'il y avait péril à nous emparer de ce difficile problème de la déduction des dettes; ce serait priver l'Assemblée du profit d'études préparatoires qui ont été entreprises et poursuivies avec autant de zèle que de compétence par des collègues qui ont été chargés d'un mandat spécial. »

Je vous demande si l'on pouvait donner à l'honorable M. Sébert une satisfaction plus étendue et plus complète.

M. le président. La parole est à M. Méline.

M. Méline. Il faut d'abord faire voter sur l'amendement de M. Sébert; je suis inscrit sur l'article 4.

M. Sébert. J'ai demandé le renvoi des articles 4, 5 et 6 à une commission spéciale.

M. de Ventavon. Je demande la parole.

M. le président. La parole est à M. de Ventavon.

M. de Ventavon. Messieurs, vous avez à plusieurs reprises repoussé énergiquement toute augmentation du droit de mutation en ligne directe ; et je crois encore entendre ce cri d'un orateur : C'est un impôt impie que cette perception sur le patrimoine des familles !

. Eh bien, aujourd'hui, on veut indirectement vous faire voter ce que vous avez plusieurs fois repoussé.

Les partages d'ascendants, en général, ne sont pas revêtus de la formalité de la transcription.

M. Henri Villain. C'est là le tort !

M. de Ventavon. Elle est inutile quand ils ne renferment que des valeurs mobilières ; elle serait un acte de méfiance lorsqu'ils renferment des immeubles.

On vous propose de percevoir un droit proportionnel de 1 fr. 50 sur les valeurs comprises dans le partage, afin qu'il puisse être transcrit moyennant une somme fixe. C'est une augmentation détournée de 50 c. sur les droits de mutation en ligne directe.

M. Méline. Ce n'est pas là l'amendement de M. Sebert : M. Sebert demande le renvoi à une commission.

M. de Ventavon. M. Bertauld combat le renvoi et moi je combats l'article 4 du projet.

M. Méline. Il ne s'agit pas de l'article maintenant ; il s'agit du renvoi.

M. de Ventavon. M. Bertauld consent-il au renvoi de cet article à une commission spéciale ? (Non ! non !) Eh bien, je discute l'article et je le combats.

M. Méline. Le moment de cette discussion n'est pas venu.

M. le président. Permettez-moi, monsieur de Ventavon, de demander à l'Assemblée si, oui ou non, elle ordonne le renvoi.

M. de Ventavon. Monsieur le président, je descends de la tribune.

M. le président. L'honorable M. Sebert demande le renvoi des trois articles à la commission spéciale.

(Une première épreuve a lieu, à laquelle un très-petit nombre de membres prennent part.)

Plusieurs membres. On n'a pas compris !

M. le président. Le bureau constate que presque personne n'a voté, et je suis obligé de recommencer le vote.

M. Mathieu-Bodet. Je demande la parole. (Réclamations.)

Un membre. Le vote est commencé ! on ne parle pas entre deux épreuves !

M. le président. M. Mathieu-Bodet ne veut parler que pour expliquer le vote. Plusieurs de vos collègues se plaignent de ce qu'ils sont interrogés sur une question dont la discussion n'est pas parvenue jusqu'à eux.

M. Mathieu-Bodet Je sais parfaitement que notre règlement défend de parler entre deux épreuves ; mais je suppose que vous ne voulez pas qu'il y ait surprise. (Non ! non ! Parlez !)

M. le ministre des finances nous demande des impôts, et on lui répond en proposant le renvoi de quoi ? à qui ?

M. Sebert. Je l'ai dit.

M. Mathieu-Bodet. Un budget a été préparé et les demandes qui vous sont faites sont malheureusement trop nécessaires pour mettre le budget en équilibre ; si on demande le renvoi, c'est parce qu'on ne veut pas voter immédiatement les ressources demandées ; il faut alors qu'on propose d'autres impôts destinés à remplacer ceux qu'on ne veut pas accepter actuellement. (Interruptions diverses.)

Un membre à droite. C'est de la discussion !

M. Mathieu-Bodet. On demande le renvoi, mais à quelle commission ?

M. Sebert. Je l'ai expliqué !

Je demande la parole.

M. Mathieu-Bodet. Je ne sais pas si j'ai le droit de parler sur le fond, mais il me semble que lorsqu'il s'agit de l'équilibre du budget, la question est assez sérieuse pour que l'on n'empêche pas un orateur de s'expliquer. (Parlez ! parlez !) Il s'agit de choses assez sérieuses pour que ce ne soit pas par des fins de non-recevoir qu'on empêche la discussion.

M. le président. On a toujours la parole sur la position de la question.

M. Mathieu-Bodet. Hier, nous demandions des mesures pour assurer la perception plus complète des impôts anciens : on les a rejetées. Apparemment qu'on veut d'autres ressources.

M. Henri Villain. Il ne s'agit pas de cela !

M. Mathieu-Bodet. De quoi s'agit-il alors ?

M. Henri Villain. Il s'agit de la position de la question. Je suis d'ailleurs de votre avis quant à l'observation que vous venez de faire.

M. Mathieu-Bodet La commission du budget, d'accord avec le Gouvernement, propose des ressources qui sont indiquées dans les trois articles dont a parlé tout à l'heure l'honorable M. Sebert. Je demande à l'Assemblée de vouloir bien les discuter. Si on n'approuve pas les propositions, elle rejetera ces articles ; mais je ne comprends pas l'ajournement, lorsque l'urgence des besoins est aussi incontestable.

M. le ministre des finances. Je crois que le malentendu, s'il y en a, peut encore subsister après les explications que l'Assemblée vient d'entendre. Je dois dire que j'accepte absolument toutes les observations qui viennent d'être faites à la tribune par l'honorable M. Mathieu-Bodet ; mais, puisque nous ne pouvons parler que sur la position de la question, je demanderai à savoir bien clairement s'il s'agit d'un renvoi à la commission du budget... (Non ! non !), ou bien d'un renvoi à la commission spéciale qui a été chargée d'étudier la réforme de l'impôt sur les successions. (Oui ! — C'est cela !)

M. le rapporteur. Je l'ai proposé !

M. le ministre. Si c'est à cette commission que vous demandez le renvoi, je crois que la question n'a point encore été discutée comme elle devrait l'être... (C'est vrai !), et si c'est, en effet, là ce que propose M. Sebert, je demanderai à l'Assemblée la permission de discuter ce renvoi. (Parlez ! parlez !)

Nous nous sommes trouvés en présence de beaucoup de difficultés au point de vue de l'établissement du budget. Comment pouvons-nous en sortir ? Nous le pouvons en étudiant un certain nombre de réformes. Je suis de ceux qui croient qu'il y a des réformes à faire. Il est impossible d'avoir entassé, comme nous l'avons fait, 6 à 700 millions d'impôts, sans reconnaître qu'il était possible, qu'il était probable même que des imperfections se fussent glissées dans ces lois d'impôts et que nous aurions à saisir la première occasion qui se présenterait de réformer ces lois dans ce qu'elles auraient de mauvais.

J'ajouterai que, même dans les anciens impôts, antérieurs aux 6 à 700 millions que nous avons votés, il peut y avoir des réformes très-importantes à opérer, particulièrement quant à l'impôt foncier, réformes dont nous nous sommes tous tant préoccupés dans différentes sessions.

Mais, en présence de la situation financière dans laquelle nous nous trouvons, j'ajouterai en présence de la situation politique où nous sommes, il nous a paru que nous ne pouvions pas aborder cette grande question ; je crois que nous ne pouvons pas plus résoudre en ce moment la question de ce que j'appellerai la péréquation des impôts de successions que celle de la péréquation de l'impôt foncier. J'ai été un de ceux qui, avec mon honorable ami M. Feray, vous ont demandé d'étudier la question de la péréquation de l'impôt, mais j'ai dit aussi, dans l'exposé des motifs du budget, que je ne croyais pas qu'il fût possible de résoudre cette difficulté considérable, dans le moment actuel.

Pour l'impôt foncier, comme pour l'impôt sur les successions, ce serait se faire illusion que de croire que le renvoi à une commission spéciale pût aboutir à une discussion de ces réformes. Ce sont des réformes qu'on fera ou qu'on ne fera pas, mais qui, dans tous les cas, ne peuvent être effectuées qu'à une autre époque.

En attendant, il fallait chercher à se procurer de l'argent, en réservant les réformes.

L'honorable M. Sebert vous dit : Je vous propose une réforme qui produira la somme que vous demandez ; j'augmenterai une certaine quantité de tarifs, je déduirai les dettes, et le produit pour le Trésor sera le même.

Mais il y a un point sur lequel nous différons. Je voudrais que ce fût seulement après avoir assuré la perception d'une somme de 18 millions au delà du produit actuel que l'on songeât à réformer la loi et à faire cette espèce de péréquation qu'indique M. Sebert. Une fois cette augmentation de ressources obtenue, on pourrait rechercher les moyens les plus équitables de les percevoir ; mais je crois que vouloir faire aujourd'hui cette réforme, ce serait renverser le système que nous sommes obligés, à contre-cœur pour beaucoup d'entre nous, de défendre en ce moment, et ajourner la perception des nouvelles ressources jusqu'au moment où seraient accomplies des réformes que nous ne pourrons pas faire cette année.

M. Sebert. C'est bien, en effet, messieurs...

(Aux voix ! aux voix !)

M. le président. Laissez parler l'orateur. C'est l'auteur même de la proposition.

M. Sebert. C'est, en effet, messieurs, à la commission spéciale dont on vient de parler qu'avait été renvoyé l'examen de la proposition faite par M. Folliet pour la déduction des dettes.

Une partie de cette proposition ayant été rejetée, ce qui laissait l'autre partie sans objet,

j'en fis moi-même une plus générale, comprenant toutes les taxations avec le principe de la déduction des dettes.

Ma proposition a été renvoyée à la même commission. Elle ne donnait pas, comme l'a dit par erreur M. le ministre des finances, le même chiffre de droits, mais elle devrait donner 10 millions de plus avec les augmentations que j'avais calculées sur des renseignements que je crois aussi précis qu'il est possible d'en avoir dans cette matière difficile, je le reconnais.

M. Léon Say. Et sur lesquels nous n'étions pas d'accord !

M. Sebert. J'ai bien compris que l'Assemblée ne pouvait pas, séance tenante, discuter tout une nouvelle tarification des droits de mutation par décès et sur les donations par actes entre-vifs, pour laquelle un travail préalable n'avait pas été fait.

M. Léon Say. Alors, donnez-moi les douzièmes provisoires !

M. Sebert. C'est pour cela que je demande le renvoi à cette commission spéciale. Mais, si on ne croit pas pouvoir faire ce renvoi, je vous demanderai de ne pas toucher quant à présent aux successions, et d'ajourner la discussion des articles déjà signalés, afin de procéder avec ensemble à la révision des taxes successorales.

La commission spéciale est nommée depuis bientôt dix-huit mois ; elle a commencé son travail, et, en le pressant, le renvoi que je demande à l'Assemblée ne serait pas la cause d'un grand retard pour l'application des nouvelles taxes ; si vous ne voulez pas faire le renvoi à la commission, du moins, n'entamez pas la question des successions et laissez-la entière.

Je crois les droits de mutation par décès et par donations susceptibles d'augmentation, mais, je le répète, sous la déduction des dettes, parce que, dans certains cas, avec la législation actuelle, c'est à peine si, après le payement des droits, il reste dans la succession un actif partageable.

M. le ministre. Ce ne serait pas un ajournement, ce serait un rejet.

M. Sebert. Je ne demande pas le rejet, mais bien le renvoi à la commission spéciale.

M. le ministre des finances. Il me semble que la question, posée comme elle l'est par l'honorable M. Sebert, ne peut se résoudre que par une acceptation ou un rejet ; car enfin demander un renvoi à une commission pour arriver à empêcher l'article d'être voté, c'est en réalité demander le rejet. Que M. Sebert nous demande le rejet, alors nous discuterons l'article à fond. Cela vaut mieux que de se prononcer sur un renvoi et de voter ainsi par voie indirecte le rejet de l'article. (Très-bien !)

M. le président. Dans tous les cas, je ferai observer à l'Assemblée qu'il serait absolument contraire au règlement et aux précédents de distraire trois articles d'un projet de loi pour les renvoyer à une commission autre que celle qui a fait le rapport sur le projet de loi actuellement en discussion. Or, on ne vous demande pas en ce moment de renvoyer les articles dont il s'agit à la commission qui siège sur ces bancs, qui a étudié et préparé le projet de loi soumis à votre délibération ; on vous demande de les distraire du projet de loi élaboré par la commission du budget, pour les renvoyer à une autre commission. C'est précisément ce qui, comme je viens de le dire, est impossible. M. Sébert n'a donc qu'une voie pour arriver à ses fins : c'est de proposer nettement le rejet de l'article.

M. Hervé de Saisy. Je n'ai qu'un mot à ajouter à ce que viennent de vous dire nos honorables collègues, le ministre des finances et M. Sébert ; c'est une considération générale que je veux exprimer et qui ne vise pas leurs arguments. Il est impossible que vous songiez à équilibrer le budget, si vous ne limitez pas d'abord les dépenses. Nous venons de voter un nombre très considérable d'impôts, et parmi ces impôts, nous en avons mis un sur le sel, qui pèse particulièrement à notre cœur, et contre lequel je ne puis assez protester. (Adhésion sur quelques bancs.)

Eh bien, messieurs, il faut au moins que cet impôt si douloureux, et tous ces impôts en général servent utilement au pays ; il n'est pas permis de les employer à des dépenses inutiles ou simplement fastueuses, telles que, par exemple, des crédits supplémentaires pour achever les constructions et les décors de l'Opéra, qui ne devaient dépasser la somme une fois fixée, somme déjà excessive puisqu'elle approche de 50 millions, et qui menace de s'accroître encore.

Il est évident que si, pendant que nous créons des ressources au Trésor par le vote si pénible de nouvelles taxes, nous augmentons en même temps et progressivement nos dépenses, nous n'atteindrons jamais ce but que nous appelons l'équilibre du budget et qui, par suite de notre facilité à voter chaque jour de nouveaux crédits, semble être inaccessible et fuir sans cesse devant nous.

Ce mirage de l'équilibre deviendra la réalité quand nous le voudrons ; mais il faut le vouloir, sous peine de tarir la source même de l'impôt par l'épuisement des contribuables. Il faut donc prendre énergiquement la résolution de réduire les dépenses de l'État à la stricte nécessité, et de suivre avec exactitude la maxime d'un grand ministre, de Turgot, qui disait avec l'autorité de sa profonde expérience : « On peut donner de fort bonnes raisons pour prouver que toutes les dépenses sont indispensables ; mais comme il n'y en a pas pour faire ce qui est impossible, il faut que toutes cèdent devant la nécessité absolue d'économie. » Eh bien, messieurs, voilà le seul conseil à suivre, puisque vous voulez tous combler le déficit et assurer la prospérité de nos finances. (Très-bien ! très-bien ! sur divers bancs.)

M. le ministre des finances. C'est une autre question !

M. André (de la Charente). L'honorable M. Sébert demande le renvoi des articles 4, 5, et 6 du projet de loi, non pas à la commission du budget, mais à la commission spéciale qui avait été, par l'Assemblée, saisie de propositions antérieures.

Je n'y contredis pas ; mais je fais observer qu'avant de renvoyer à l'une ou à l'autre commission, il est très-important que les articles en question soient d'abord discutés devant l'Assemblée.

M. le ministre des finances. Vous avez raison !

M. André (de la Charente). Je combats les propositions du Gouvernement dans cette question, mais je reconnais qu'une commission, quelle qu'elle soit, ne pourrait pas utilement statuer et s'inspirer du vœu de l'Assemblée, si la discussion n'avait pas précédé le renvoi.

L'honorable M. de Ventavon a demandé la parole sur l'article 4 ; je la demanderai contre l'article 5, et je crois que, avant de renvoyer les trois articles en bloc, la discussion doit avoir lieu afin que les divers arguments qui s'opposent, suivant moi, à l'adoption de ces articles soient apportées à cette tribune. (Approbation sur divers bancs.)

M. le président. Il est entendu que ceux qui partagent l'opinion de M. Sébert ont un moyen bien simple d'exprimer leur opinion, c'est de rejeter l'article.

L'Assemblée va donc discuter l'article.

La parole est à M. Méline.

M. Méline. Messieurs, je ne regrette nullement la décision qui vient d'être prise et qui, je crois, a été acceptée par toute l'Assemblée. Je pense, en effet, qu'il est très-facile à l'Assemblée de rejeter dès à présent l'article 4 qui vous est soumis, et qu'il n'est pas nécessaire pour cela de le soumettre à une commission spéciale.

Le principe contenu dans l'article 4 est en contradiction formelle avec les votes que vous avez déjà exprimés ; ces votes ont été tellement réfléchis, tellement formels, qu'il est presque impossible d'admettre qu'à cette heure, l'Assemblée revienne sur sa doctrine et bouleverse tout ce qu'elle a fait.

A plusieurs reprises on vous a proposé d'augmenter les droits de succession ; pour mon compte, j'ai eu l'honneur de demander à l'Assemblée une augmentation des droits de succession en ligne collatérale, et je persiste à croire qu'on pourrait imposer ce sacrifice à cette branche de parenté éloignée. Vous avez repoussé cette proposition ; vous avez également repoussé une augmentation des droits de succession en ligne directe, et, enfin, vous avez repoussé un amendement de M. Sébert qui demandait, comme l'article 4, une augmentation de droit sur les partages d'ascendants.

Cet article 4 remet donc en question ce que vous avez décidé ; et pour le remettre en question, il prend, je le reconnais, un détour ingénieux. L'article 4 n'a pas la prétention d'être une augmentation directe du droit sur le partage d'ascendants. L'auteur du projet vient dire à l'Assemblée : Nous n'augmentons pas directement les droits sur les partages d'ascendants, mais nous vous demandons d'ajouter 50 centimes p. 100 au droit principal qui est de 1 fr. Ce droit de 50 cent. p. 100 correspondra au droit de transcription.

Et le projet d'ajouter : « Nous faisons, en vérité un grand cadeau au père de famille : il peut être assujetti au droit de 1 fr. 50 pour la transcription ; nous réduisons ce droit à 50 centimes. Par conséquent, il ne peut pas se plaindre. »

Je crois que les pères de famille ne sauront pas gré à l'auteur du projet de cette générosité. Les pères de famille préfèrent rester sous l'empire de la loi actuelle, qui vaut beaucoup mieux que le projet. Cette loi est celle de 1824, qui a assimilé les partages d'ascendants aux successions elles-mêmes et qui, par conséquent, les a dispensés du droit de transcription.

Le droit de transcription, il est vrai, peut être perçu, mais seulement quand les intéressés jugent à propos de requérir la transcription, c'est-à-dire quand ils pensent qu'elle est nécessaire pour sauvegarder les intérêts de la famille.

La transcription est donc facultative; le projet vous propose de la rendre obligatoire, et c'est en cela que, à mon avis, il méconnaît les sages intentions du législateur de 1824.

Qu'est-ce qui a inspiré le législateur de 1824? Il a assimilé les partages faits par les pères de famille aux successions elles-mêmes, et il a eu raison en droit. Qu'est-ce que le partage d'ascendants? c'est la succession elle-même, la succession réglée par le père de famille de son vivant, afin de prévenir ces misérables questions d'intérêt qui amènent presque toujours des déchirements dans la famille.

Et en vérité, le projet n'a pas été heureux quand il a choisi particulièrement ce genre de contrat pour y appliquer une augmentation de droits. C'est, de l'avis de toute le monde, l'acte le plus intéressant, le plus utile à la société et à la famille, et il n'est personne parmi ceux qui sont mêlés à l'étude des affaires, qui ne regrette bien souvent l'usage trop rare de cet acte essentiel. Que de procès on préviendrait par l'emploi du partage d'ascendants!

C'est donc un acte qu'il faut encourager. C'est pour cela que le législateur de 1824 l'a considéré comme la succession du père de famille ouverte de son vivant. C'est, je le veux bien, une fiction, mais c'est une fiction tellement respectable, que tous les législateurs l'ont considérée comme une réalité juridique. Tous ont considéré que le partage fait par le père de famille, de son vivant, était l'équivalent d'un partage fait à son décès.

Cela étant, messieurs, il n'y avait pas lieu, en droit, à la perception du droit de mutation. Ce droit, en effet, n'est exigé que quand la propriété change de main, quand elle passe à des tiers, pour me servir de l'expression juridique. Mais quand c'est l'enfant qui succède au père, même de son vivant, est-ce qu'il y a là une mutation véritable? C'est le patrimoine de la famille qui reste dans la même famille, dans cette famille dont l'unité se continue malgré le décès de ceux qui la composent, dans cette famille dont l'unité survit à l'existence de chacun de ses membres. Par conséquent, il n'y a pas, en vérité, de véritable mutation.

Il y a la conservation dans la famille du patrimoine commun, et voilà pourquoi aucune législation n'a considéré qu'un droit de mutation pût être perçu sur les partages d'ascendants.

Les auteurs du projet soulèvent une objection, et disent : La transcription est une formalité très-utile, même en cas de partage d'ascendants. Elle est utile au père de famille; elle est utile aux enfants eux-mêmes, car il y a peut arriver que du vivant du père l'immeuble cédé par lui aux enfants soit grevé par lui de droits particuliers; le père de famille peut vendre cet immeuble ou l'hypothéquer; les enfants ont donc intérêt à la transcription pour consolider leur propriété.

Mais le législateur de 1824 a prévu ce cas : oui, la transcription est utile, mais c'est aux intéressés qu'il appartient de le savoir et de la requérir. D'ailleurs, il est très-rare que le père de famille qui a consenti cette abdication suprême revienne sur sa volonté au lendemain de l'acte et cède à un tiers ce qu'il a donné à ses enfants. Enfin, si les enfants ont des méfiances vis-à-vis de leur père, ils peuvent faire transcrire; ils sont alors assujettis au payement du droit, et vous ne pouvez pas leur demander davantage.

Si maintenant les enfants veulent vendre ou hypothéquer l'immeuble, ils sont obligés d'offrir des garanties aux tiers, et ils font la transcription; — cela se pratique tous les jours, — et c'est dans ce cas particulier seulement qu'il peut être utile de transcrire.

Mais, en général, la transcription n'est pas indispensable pour ces sortes d'actes. J'ajoute qu'ils revêtent un caractère particulier de publicité que le projet me paraît avoir méconnu. Cette publicité, veuillez le remarquer, elle existe en dehors de la transcription; elle existe d'abord par le fait de la cession du père à ses enfants, qui n'est pas une vente faite de particulier à particulier et qui peut rester ignorée du public, c'est une abdication solennelle du père de famille qui se dépouille au profit de ses enfants. Eh bien, en cas pareil, tout le pays qu'habite ce père de famille est initié à l'acte; tout le monde sait que cette cession a été faite, et si, le lendemain, le père de famille allait proposer à des tiers de lui vendre son bien, les tiers lui répondraient : Mais, il n'est plus à vous, vous vous en êtes dessaisi !

Il y a d'ailleurs un élément particulier de publicité qu'il ne faut pas négliger. La loi a exigé, pour les partages d'ascendants, un acte notarié; or, l'intervention du notaire est une garantie de publicité. Est-ce que l'enregistrement, qui est nécessaire pour l'acte notarié, n'est pas aussi un avertissement suffisant donné au public?

Par conséquent, il est démontré qu'il n'y a aucune imprudence à laisser la transcription facultative, en pareille matière, et qu'il n'est pas nécessaire de la rendre obligatoire.

Enfin, messieurs, si l'auteur du projet et la commission ne tenaient qu'à assurer la transcription des actes dans l'intérêt du public et dans l'intérêt des familles, comme ils l'affirment, il ne serait pas nécessaire du tout de vous demander un impôt de 50 centimes p. 100, correspondant à la transcription.

Il y aurait une mesure beaucoup plus simple à vous proposer, et contre laquelle, pour mon compte, je ne protesterais pas : que la commission demande que la transcription soit rendue obligatoire, mais qu'elle ne soit soumise qu'à un droit fixe; nous serons d'accord, et je crois que cette disposition sera votée immédiatement par l'Assemblée.

Mais, si vous maintenez le droit proportionnel, comme vous augmentez dans une proportion exagérée les charges qui pèsent sur les partages faits par le père de famille, vous entrez dans une voie contraire à l'esprit de la loi de 1824, et votre décision aura pour conséquence d'empêcher à l'avenir un acte essentiel.

J'arrive ainsi aux conséquences pratiques de la proposition qui vous est faite. Il s'agit, en définitive, d'augmenter de 50 p. 100 le droit sur les partages d'ascendants. 50 p. 100, c'est beaucoup; et, si le législateur de 1824 n'a point ajouté le droit de transcription au droit d'enregistrement pour le partage d'ascendants, c'est parce qu'il a compris qu'en agissant ainsi, il rendrait dans la pratique le partage d'ascendants impossible.

Veuillez bien remarquer, d'ailleurs, que ce partage est déjà soumis à une charge très-lourde; à mon avis, beaucoup trop lourde. Il doit se faire devant notaire; il y a les frais de rédaction de l'acte, les honoraires du notaire, des droits d'enregistrement considérables, et cela suffit pour que ces actes soient négligés dans les habitudes des familles; cela suffit pour qu'on voie dans la pratique peu de partages d'ascendants, alors qu'il serait à désirer qu'on en vit beaucoup.

Si vous ajoutez à ces frais d'acte notarié, qui suffisent à arrêter les familles, un droit nouveau de 50 p. 100, sous prétexte de transcription, savez-vous ce qui arrivera? Il arrivera qu'on ne fera plus de partage d'ascendants, et par conséquent vous aurez détruit un des actes les plus avantageux à la société, à la famille, et vous n'aurez créé aucune ressource pour le Trésor.

Voilà ce que je devais signaler à l'Assemblée.

Ici, je me permettrai d'opposer à M. le ministre des finances le raisonnement qu'il faisait tout à l'heure devant vous. Il disait : Nous arrivons à des articles qui ont pour but de procurer de l'argent au Trésor; ce serait, en effet, leur explication et leur excuse; mais je réponds que le vote de cet article n'aura pas pour effet de procurer un centime au Trésor.

M. le ministre. Cela rapportera un million.

M. Méline. Cela ne rapportera rien, car on ne fera plus de partage d'ascendants; seulement vous aurez troublé l'économie de notre code et enlevé au père de famille un des moyens les plus puissants qui soient à sa disposition pour prévenir les dissensions parmi les siens. (Très-bien ! à gauche.)

Alors, voici ce qui arrivera, et c'est par là que je terminerai, car la question est aride et je ne veux pas fatiguer l'Assemblée : il ne se fera plus de partage d'ascendants, et un jour, par un retour logique et nécessaire, on viendra vous dire : Il ne se fait plus de partages d'ascendants, et la raison en est bien simple, c'est que le partage d'ascendants est grevé de droits d'enregistrement plus élevés que la succession elle-même, et le père de famille aime mieux ne pas prendre de disposition avant de mourir; les enfants ne demandent pas à leur père de faire de partage, parce que cela entraînerait trop de frais. Il n'y a donc plus de partage d'ascendants, il n'y a plus que des successions ouvertes par le décès du père de famille; nous vous proposons de faire cesser cet état de choses en rétablissant l'équilibre par l'augmentation des droits

de succession en ligne directe, à laquelle vous, messieurs, vous vous êtes toujours opposés jusqu'ici.

Ainsi, vous le voyez, ce que vous avez repoussé tant de fois, on l'introduit par une porte détournée, on commence par demander l'augmentation des droits sur les partages d'ascendants, et, avant peu, on demandera l'augmentation des droits sur les successions en ligne directe, et assurément une Assemblée devant laquelle le problème se poserait avec l'appui de ce précédent qu'on veut vous faire établir serait obligée d'augmenter les droits sur les successions en ligne directe, de façon à mettre les partages d'ascendants et les partages par suite de prédécès sur la même ligne.

Vous voyez combien le danger est grave : il s'agit de revenir sur des décisions maintes fois prises et renouvelées. Aussi, il me paraît impossible que l'Assemblée se donne ce démenti sur un point aussi grave, et j'ai la conviction qu'elle repoussera l'article 4. (Très-bien ! sur divers bancs.)

M. le président. Monsieur de Ventavon, voulez-vous prendre maintenant la parole ?

M. de Ventavon, *de sa place.* Je me propose de combattre l'article 4. M. Méline vient de dire ce que je voulais dire moi-même.

M. Henri Villain. Je viens défendre l'article 4. Je le ferai en peu de mots.

L'honorable M. Méline vous a dit : On fait très-peu de partages anticipés. Messieurs, c'est là une erreur, et l'honorable préopinant n'y serait pas tombé s'il avait eu la pratique du notariat.

Il est encore dans l'erreur quand il croit qu'on ne fait transcrire qu'exceptionnellement les actes de partage. Les notaires avisés et qui veulent mettre à l'abri leurs clients ont bien soin de faire faire la transcription. Dès lors, les choses étant ainsi, l'article que nous vous proposons, loin de porter atteinte au droit du père de famille, lui vient réellement en aide.

En effet, l'acte de partage anticipé est passible d'un droit de 1 p. 100, exactement comme s'il s'agissait d'une succession ouverte par décès; puis, la transcription donne lieu au payement d'un nouveau droit de 1 fr. 50 p. 100. Eh bien, aujourd'hui nous disons : La transcription sera obligatoire, mais, au lieu de 1 fr. 50 p. 100 de droit, elle ne coûtera plus que 50 centimes p. 100, parce que nous comprenons tous quel avantage il y a pour les familles à faire de la transcription au profit du vivant des père et mère.

Voilà, messieurs, quelle est la portée réelle de ce que nous vous proposons. Et quand on vient dire que cela est attentatoire au droit du père de famille, que cela sera un obstacle aux partages anticipés, je crois que l'on se trompe absolument ; je suis convaincu que c'est le contraire qui arrivera dans la pratique et que l'usage de la transcription s'établira généralement, tout à la fois au profit des particuliers et au profit du Trésor public. (Très-bien ! très-bien !)

M. Guichard. Je demande la parole.

M. le président. M. Guichard a la parole.

M. Guichard. Messieurs, il y a un intérêt agricole et des plus graves qui me semble n'avoir pas été pris suffisamment en considération par ceux qui viennent de soutenir l'article 4.

Dans la plupart des familles d'agriculteurs qui travaillent pour gagner leur vie, lorsque le père et la mère sont arrivés à l'âge où ils ne peuvent plus travailler, ils ne louent pas leurs biens, parce que ces biens sont trop modiques pour que le fermage puisse les faire vivre, eux et leurs enfants. La terre que possèdent ces familles leur est surtout précieuse, parce qu'elle est un instrument de travail. Le père de famille se garde bien de louer le bien qu'il ne peut plus travailler, il le partage entre ses enfants, pour deux motifs : le premier, afin d'obtenir de ses enfants une petite pension alimentaire qui lui permette de ne pas mourir de faim. Le second motif est un motif que nous devons tous respecter, c'est que, s'il louait son bien pour neuf ans, il ôterait à sa famille les moyens de travailler.

Regardez combien vous devez respecter le patrimoine rural, précisément le patrimoine qu'on vous propose de frapper d'une mesure exceptionnelle. Voyez les familles agricoles : ce n'est pas comme les familles bourgeoises, où un jeune homme de vingt-cinq ans a fort peu ajouté à l'avoir de sa famille, et très souvent ne peut pas se suffire à lui-même. Dans les familles agricoles, il n'en est pas ainsi. Dès qu'un enfant sort de l'école, à dix ou douze ans, il commence déjà à gagner une partie de son pain, et au fur et à mesure qu'il grandit, il contribue aux ressources de la famille dont le patrimoine est le fruit du travail commun. À la mort du père et de la mère, leur succession n'est pas un bien advenant à des enfants qui se sont donné seulement la peine de venir au monde, c'est le patrimoine commun, résultat du travail de tous.

C'est une chose exorbitante que de venir frapper d'un droit de mutation un bien qui déjà appartient véritablement aux enfants comme producteurs et co-propriétaires de ce bien. C'est tellement vrai que, d'abord, on ne frappait que de 25 centimes les droits de mutation en ligne directe ; c'est petit à petit, par suite des besoins du Trésor, qu'on a élevé ce droit à un franc.

M. Mathieu-Bodet. C'est une erreur !

M. Guichard. Enfin, les droits de succession en ligne directe, aujourd'hui, sont fixés à 1 fr. p. 100.

Pourquoi voulez-vous élever ce droit à 1 fr. 50 ? Parce que le père de famille fait un acte de dévouement, parce qu'il ne veut pas louer son bien, qu'il le partage à ses enfants pour leur réserver un instrument de travail ! Messieurs, si vous saviez comment les choses se passent dans nos campagnes... (Interruptions.)

Je sais que les familles agricoles comptent ici autant d'amis qu'il y a de membres dans cette Assemblée, mais elles ne comptent pas un aussi grand nombre de défenseurs, parce qu'on ignore quelquefois les moyens d'existence de ces familles.

J'affirme que généralement, presque sans exception, quand les habitants de la campagne qui gagnent leur vie par leur travail arrivent à l'âge de cinquante ou soixante ans, ils partagent leurs biens entre leurs enfants, et cela par un sentiment des plus respectables.

J'espère que vous le *comprenez* en *voyant* sant l'article 4. *Approbation sur plusieurs* bancs. — Aux voix !

M. Lucien Brun. *Je demande la parole.*

M. le président. *La parole est à M. du.* Mathieu-Bodet.

M. Mathieu-Bodet. Messieurs, *je viens* entendre que l'on demande à *aller au vote* (Non ! non !) Si l'Assemblée veut *passer immé-* médiatement au vote, je descends de la *tri-* bune. (Non ! non ! — Parlez ! parlez !)

Il me semble, messieurs, que la question qui vient d'être discutée à cette tribune devrait être autrement posée. Vous avez entendu l'honorable M. Guichard énumérer les avantages des donations portant partage. Il avait parfaitement raison. Nous reconnaissons tous que c'est là un acte très-utile ; mais il me semble que la question est mal posée.

Nous commençons la discussion d'une loi d'impôt ; il faut nous expliquer immédiatement sur le but que nous voulons atteindre : cela aura probablement pour résultat de nous éviter des discussions ultérieures qui pourraient être inutiles.

Je demande à l'Assemblée et je l'adjure de se prononcer sur ce point : je prends la liberté de lui demander si elle ne veut voter que des impôts qui n'ont aucun inconvénient et n'imposent aucun sacrifice. Si c'est cela qu'elle veut, je descends de la tribune ; je déclare qu'il est inutile de discuter.

Nous n'avons que le choix entre des taxes qui sont toutes très-dures. Nous devons choisir celles qui ont le moins d'inconvénients ; mais il faut bien savoir qu'il est un point sur lequel il faut que nous soyons fixés, et sur lequel j'appelle l'attention de l'Assemblée : c'est que les ressources demandées sont absolument nécessaires pour combler le déficit.

M. le ministre des finances. Oui, c'est indispensable ! (Bruit.)

M. Mathieu-Bodet. Je vous assure, messieurs, qu'il est extrêmement pénible, quand on monte à cette tribune pour remplir un devoir, d'être constamment interrompu. Je suis prêt à descendre de la tribune, si l'on ne veut pas que je discute. (Parlez ! parlez !).

Ce qui se passe devant mes yeux me porte naturellement à faire une comparaison entre les dispositions de cette Assemblée et celles d'un autre peuple qui se trouvait, il y a une dizaine d'années, à peu près dans la même situation que celle où nous sommes, c'est le peuple américain. Rappelez-vous l'attitude du parlement des États-Unis dans les difficultés qui se sont imposées à lui à cette époque. Son exemple pourrait être utilement invoqué par nous dans les circonstances actuelles.

Il y a dix ans, je le répète, aux États-Unis, après la fatale guerre de la sécession, le peuple américain, qui payait avant cette guerre environ 70 millions de dollars d'impôts, vit ces charges s'élever à 560 millions de dollars à la paix. Quelle fut la conduite du parlement et des populations américaines ? Le parlement vota tous les impôts qui étaient nécessaires pour payer les charges annuelles et pour rembourser rapidement le capital des sommes empruntées. Le peuple américain, loin de s'en plaindre, poussa ses représentants dans la voie des sacrifices ; il considéra que le véritable dé-

2

vouement à la chose publique consistait à faire supporter aux contribuables les charges suffisantes pour remplir les engagements pris et pour amoindrir le fardeau d'une dette trop lourde. On ne cherchait pas, comme cela se voit ailleurs, sa popularité dans le refus du vote des impôts. Cette conduite est celle d'un peuple sensé et éclairé.

Il ne faut pas croire que les impôts proposés et votés étaient meilleurs que ceux que nous vous soumettons; ils étaient, il faut le reconnaître, le plus souvent contraires au principe économique et financier. Néanmoins, on les votait sans réflexion et ils étaient acceptés sans murmure par les contribuables, uniquement parce qu'ils étaient nécessaires.

Je crois que cet exemple serait bon à imiter.

Nous parlons tous les jours de réhabilitation et du désir de relever notre pays de l'état de décadence dans lequel les événements de 1870 l'ont fait tomber. Croyez-vous que cette réhabilitation puisse se faire sans efforts, sans sacrifices? Il faut réveiller, dans l'âme des contribuables, le sentiment du patriotisme et du dévouement. Ce n'est pas par des critiques énervantes comme celles que nous entendons que vous y arriverez. (Bruit. — Aux voix! aux voix!)

Messieurs, si on demande à aller aux voix, je descends immédiatement de la tribune. (Non! non! — Parlez! parlez!)

M. le président. J'invite l'Assemblée à écouter l'orateur. (Le bruit continue.)

M. Mathieu-Bodet. Je ne voudrais pas tenter ici une œuvre inutile. Nous avons à comparer, à mon sens, les impôts qui ont le moins d'inconvénients, et à peine les orateurs qui s'imposent cette tâche de dévouement ont-ils commencé à parler, qu'ils sont interrompus et qu'on demande même à aller aux voix. Cela signifie qu'on ne veut pas voter d'impôts. Je descends de la tribune.

M. le ministre des finances. Alors, je vais prendre votre place!

M. Mathieu-Bodet. On n'écoute pas!

Sur plusieurs bancs. Parlez! parlez!

M. le président. J'invite l'Assemblée à faire silence.

M. Mathieu-Bodet. Messieurs, je crois que personne ne peut contester que les impôts demandés par M. le ministre soient nécessaires. Sont-ils bons? Non; tous sont mauvais. Sont-ils meilleurs que d'autres? Je le crois, et je vais chercher à vous le prouver.

M. Léopold Faye. Discutez le fond!

M. Mathieu-Bodet. Lorsque nous nous sommes trouvés en présence de la nécessité de créer de nouvelles ressources pour faire face aux charges déjà établies par des votes de l'Assemblée, nous avons dû faire un examen de l'ensemble de notre législation fiscale, et nous nous sommes demandé quels étaient les impôts qui créaient le moins d'inconvénients, au point de vue de la production; quels étaient ceux qui pèseraient le moins lourdement sur les contribuables. Presque tous les notaires de France demandaient depuis longtemps la mesure que nous vous proposons d'adopter. Tout le notariat français, — et je fais appel à ceux d'entre vous qui en font partie et qui se trouvent dans cette enceinte, — tout le notariat

français, tous les hommes pratiques disaient que la propriété de la terre entre les mains des enfants, en vertu de donations contenant partage, était une propriété fragile, qu'on ne pouvait pas la transmettre utilement à des tiers, qu'on ne pouvait ni l'hypothéquer, ni l'aliéner, que c'était là une situation très-grave, au point de vue de l'intérêt général, très-préjudiciable pour le crédit agricole. Et tous les hommes d'affaires ajoutaient : Rendez la transcription obligatoire; faites que la propriété soit consolidée et incommutable entre les mains des donataires. Mais nous demandons en même temps, disait-on, la réduction du droit de transcription.

Je fais appel à ceux de nos collègues qui se sont occupés de ces questions; ils ne me démentiront pas, lorsque je leur dirai qu'on proposait généralement la réduction du droit de transcription, qui est actuellement de 1 fr. 50 p. 100, à 50 centimes.

C'est ce que nous avons fait. Je dis, comme le faisait remarquer tout à l'heure M. Villain : Nous n'augmentons pas les droits d'enregistrement sur les donations; nous les laissons toujours à 1 p. 100; seulement, nous disons : Pour porter remède à l'incertitude de la propriété, dans l'intérêt de la sécurité des tiers et du crédit agricole, nous demandons que la transcription soit désormais obligatoire; mais, en même temps, nous avons pensé qu'il fallait diminuer le droit de transcription, qui est actuellement de 1 fr. 50; nous proposons de le réduire à 0 fr. 50. Nous ne faisons qu'accorder ce qui était demandé par tous les hommes d'affaires. Evidemment, si y a ainsi 0 fr. 50 à payer, mais je dis que cette charge, très-supportable, est en rapport avec le service rendu; je dis que la réforme est très-rationnelle, très-raisonnable, très-acceptable, et si vous la repoussez, si ce ne sera proposez pas d'appliquer d'autres taxes qui aient moins d'inconvénients, je serai autorisé à dire que vous ne voulez pas voter d'impôts, car où en trouverez-vous qui n'aient pas d'inconvénients? Je dirai à M. Méline : Il ne suffit pas de venir à cette tribune attaquer les mesures proposées devenues nécessaires : il faut que vous nous disiez quel autre impôt pourrait être plus acceptable; indiquez-le et nous l'accepterons avec empressement. (Très-bien! très-bien! sur plusieurs bancs.)

M. le vicomte d'Aboville. Je demande la parole.

M. le président. La parole appartient maintenant à M. Lucien Brun.

M. le vicomte d'Aboville. Je désirais répondre immédiatement aux dernières paroles de M. Mathieu-Bodet.

M. Lucien Brun. Je n'ai pas l'intention de répondre à l'interpellation de M. Mathieu-Bodet, en lui disant quel est l'impôt par lequel on pourrait remplacer celui qu'il propose; mais j'ai la prétention que voici : je voudrais lui démontrer que sa proposition ne produira rien, que sa proposition devrait être repoussée lors même qu'elle produirait quelque chose. Je ne dirai à ce sujet que deux mots.

Je voudrais que l'Assemblée ne se méprit pas sur la question qui lui est posée. La vraie question, la voici : L'Assemblée veut-elle établir un impôt plus fort sur les partages anticipés que sur les successions ? Il s'agit pour l'Assemblée de prendre un parti sur cette question-là. Pensez-vous ou ne pensez-vous pas, messieurs, que lorsque le père de famille, d'accord avec ses enfants, veut, pour assurer la paix de sa famille après son décès, régler avec eux sa succession avant de mourir, pensez-vous ou ne pensez-vous pas qu'il soit bon de l'en détourner par une surélévation d'impôt ? Si vous le pensez, il faut le dire et alors faire ce qu'on vous demande. Si vous pensez le contraire, il ne faut pas le faire.

Je sais bien que l'honorable M. Mathieu-Bodet dit : Nous n'augmentons pas le droit ; la succession, il est vrai, ne paye que 1 franc ; mais, pour la succession, la transcription est inutile ; au contraire, pour que le partage anticipé soit opposable aux tiers, la transcription est nécessaire ; voici donc notre combinaison : nous ferons payer 1 fr. 50, mais on ne payera plus, pour la transcription, qu'un droit fixe.

Je veux bien qu'il y ait là un avantage pour ceux qui font la transcription, mais il reste toujours la question que je posais tout à l'heure : Faut-il faire payer plus cher pour le partage anticipé, ou faut-il lui faire payer le même droit que pour la succession ?

Messieurs, j'ai là une note qui établit qu'on ne transcrivait pas.

Un membre. On a eu tort!

M. Lucien Brun. La vérité, dis-je, est qu'on ne transcrivait pas.

J'ai là la note du nombre de transcriptions opérées dans un très-grand nombre d'arrondissements. Je prends le premier et le dernier de ces arrondissements. C'est le chiffre des cinq dernières années.

Il a été fait dans l'arrondissement d'Alençon 298 actes de partages anticipés. Savez-vous combien il y a eu de transcriptions ? 12 sur 298 !

Il a été fait, dans l'arrondissement de Versailles, 489 actes de partages anticipés. Savez-vous combien il y a eu de transcriptions ? Il y en a eu 19!

Messieurs, vous pouvez adopter le parti qu'on vous propose de prendre, mais il faut que vous sachiez à quoi cela conduit.

Il est certain que l'article 4 a pour résultat d'opposer un obstacle considérable à un acte que je considère, quant à moi, comme absolument favorable, et, sur ce point, il n'y a pas, je l'espère, de contestation entre nous.

Je prie l'Assemblée de considérer que si l'acte est favorable, il ne faut pas l'empêcher; que cette augmentation de 50 centimes est une augmentation dangereuse, presque prohibitive. Moi qui en suis certes l'adversaire résolu, j'aimerais mieux une augmentation très-légère sur les droits de succession, soit après décès, soit avant décès.

M. Mathieu-Bodet. Proposez quelque chose ! Vous rejetez tout impôt; proposez-en un autre, nous l'accepterons, s'il est bon.

M. Lucien Brun. Et j'ajoute pour répondre, — et je suis tout à fait dans la question de chiffres, — j'ajoute, dis-je, pour répondre à ce que disait tout à l'heure l'honorable M. Mathieu-Bodet, que le vote de l'article 4 ne produira absolument rien au Trésor, et cela par un motif bien simple.

Vous venez de voir que la transcription ne se fait pas. A quoi arriverez-vous ? à réduire le nombre des donations anticipées. Je vous assure qu'au point de vue du produit, vous n'obtiendrez absolument aucun résultat. Pour ne pas arriver à un résultat pécuniaire appréciable, empêcher un acte aussi favorable que celui auquel on veut faire supporter l'impôt qu'établirait l'article 4, j'ose le dire à l'Assemblée, c'est une détestable décision qu'on lui demande de prendre. (Mouvements divers.)

M. Léopold Faye. Messieurs, si, comme le pense l'honorable orateur auquel je succède à la tribune, il s'agissait d'une augmentation des droits de succession en ligne directe, je me serais bien gardé de demander la parole. Je n'ai pas oublié, en effet, qu'il y a quelques mois, à cette même place, je venais m'élever avec énergie contre une proposition ayant ce but; mais j'estime que le projet de loi qui nous est soumis, bien qu'il affecte un caractère fiscal qu'il est impossible de méconnaître, ne touche cependant pas à cette question si importante, si digne de votre sollicitude et en même temps si ardue : l'augmentation des droits de mutation en ligne directe.

Permettez-moi, messieurs, de vous le démontrer, en signalant la confusion dans laquelle me paraissent être tombés et l'honorable M. Guichard et l'honorable M. Lucien Brun.

Si l'acte de partage d'ascendants, qui fait l'objet du droit nouveau, était un acte ne conférant et ne concédant aux parties d'autres avantages que ceux que donne, à ceux qui sont appelés à recueillir un héritage, la garantie et la sécurité de la propriété, je comprendrais que l'on pût regarder l'augmentation du droit de transcription comme une charge véritable; mais il n'en est rien : en échange de cette augmentation de droit qu'on sollicite devant vous, la société accorde aux parties qui vont en bénéficier un profit notable sur lequel on n'a pas suffisamment insisté.

L'acte de partage d'ascendants a un caractère peut-être beaucoup plus général que celui qui vous était indiqué tout à l'heure. S'il fallait en croire l'honorable M. Guichard, on ne recourrait à cette forme que pour arriver à un morcellement de petites propriétés, pour éviter des locations onéreuses, pour permettre de donner au père de famille dans ses vieux jours les aliments qui lui sont indispensables. Le partage des ascendants peut avoir plusieurs autres causes et plusieurs autres effets.

J'habite une contrée de la France où les partages d'ascendants sont extrêmement fréquents et interviennent dans les grandes familles, alors qu'il s'agit de propriétés souvent très-importantes; et, bien que très-partisan de ce mode de partage, qui prévient la division, les procès dans les familles, il est de mon devoir de vous signaler un fait que ma pratique d'avocat m'a révélé. Bien des fois, trop souvent, les partages d'ascendants ont servi à couvrir de véritables fraudes; il suffit de consulter la jurisprudence des cours du Midi pour se convaincre de ce qu'il a fallu d'efforts pour réagir avec énergie contre des actes détournés de leur véritable destination, de leur véritable but, de leur véritable portée.

Sur plusieurs bancs. C'est vrai! c'est vrai!

M. Léopold Faye. Aussi, messieurs, faut-il considérer les partages d'ascendants, non pas avec le caractère restreint qu'on veut leur donner, mais avec le caractère général qui leur appartient.

Dès lors, je me pose cette question : lorsqu'il s'agit de transmettre la propriété à un tiers, sous la forme de la vente, pourquoi la transcription est-elle obligatoire et nécessaire?

Oh! sans doute, il y a là une mesure fiscale qui n'est pas à dédaigner pour le Trésor, mais il y a là aussi une garantie dans l'intérêt des parties, et, certainement, le crédit agricole dont on vous parlait tout à l'heure, le crédit général même du pays seraient sérieusement ébranlés si l'on décrétait que les contrats à titre onéreux seront dispensés de l'accomplissement de cette formalité.

N'en est-il pas de même, dans une très-large mesure, en matière de donation par partage d'ascendants? Quant à moi, je vois un grand intérêt à ce que le partage des propriétés soit établi d'une manière incommutable; autrement, il y aurait, à mon sens, bien des périls auxquels seraient exposés les enfants. Qui ne sait, en effet, qu'indépendamment des menaces et des inconvénients de l'action en nullité et en rescision qui se trouvent suspendus sur leurs têtes pendant dix ans à partir du décès du dernier des ascendants, ils ont à redouter encore les recherches de l'action en lésion, cause de procès et nombreux et si onéreux?

Pourquoi, dès lors, augmenter ces périls et ces dangers par le défaut de transcription, qui laisse la propriété non libre, non affranchie entre les mains des ascendants? Songez-y, messieurs, quand le partage est intervenu, rien n'empêche le père de famille de grever la propriété qui a été l'objet du partage et même de la vendre à l'insu de ses enfants. Par conséquent il est bon de placer ce pacte de famille qu'il importe de protéger, auquel il est nécessaire de donner la fixité qui tient à l'essence de tout partage, dans des conditions de sécurité telles, que beaucoup des inconvénients qui vous ont été signalés dans les discours des honorables orateurs qui m'ont précédé se trouveraient conjurés.

Je dis donc, — et c'est là l'unique sentiment qui m'a déterminé à demander la parole, — qu'il ne faut pas comparer les droits de mutation ouverts après décès avec les droits qui sont la conséquence du partage ouvert par présucession.

Le partage d'ascendants ne peut se faire qu'à l'aide d'un acte volontaire et facultatif de la part de toutes les parties. Cet acte et le droit qui en est la conséquence confèrent des avantages particuliers qu'il faut que la société et la loi protègent. Est-ce donc faire payer trop cher, je le demande, cette protection que d'exiger de ceux qui l'obtiennent un droit proportionnel de 50 centimes pour 100 francs?

C'est le dernier point que je veux toucher.

Dans l'état actuel de la législation, la transcription, en matière de partage d'ascendants, est facultative. Mais si elle devient nécessaire, — et souvent elle le devient, alors qu'elle est tardive et qu'elle n'a plus déjà pour objet que de garantir aux enfants une partie seulement de la propriété qui est passée sur leur tête, — le droit, dans l'état

actuel de la législation, est de 1 fr. 50 p, 100. Aujourd'hui, on vous propose de réduire ce droit par une mesure générale, mais qui rendra la transcription obligatoire ; de telle sorte qu'il y aura ce double avantage, d'une part, de donner au Trésor, qui en a grand besoin, des ressources dont le chiffre n'est pas à dédaigner, et, d'autre part, de garantir la fixité de la propriété d'une manière incommutable quand elle passera dans les mains des tiers, et cela au grand avantage du crédit général du pays, et particulièrement du crédit agricole que vous essayez de favoriser avec une si vive sollicitude.

C'est là la vraie raison d'être des dispositions qui vous sont soumises.

En résumé, messieurs, ne vous laissez pas impressionner par ces considérations, plutôt spécieuses que solides, qui consistent à faire supposer qu'il s'agit d'obtenir une augmentation des droits de succession en ligne directe. Si la proposition se présentait ainsi, et surtout si elle engageait l'avenir, je n'hésite pas à dire et à répéter que je la repousserais. Mais, il n'y a pas d'assimilation possible et raisonnable à établir entre les droits de succession en ligne directe et ce droit auquel seulement donne ouverture un acte volontaire et facultatif des parties. Enfin la société qui donne à ces actes des garanties précieuses et des avantages certains, ne pourra-t-elle retirer un prix équitable et modéré du service public qu'elle rend aux citoyens? C'est parce que je crois qu'il doit en être ainsi, que je voterai l'article en discussion. (Très-bien! très-bien! — Aux voix! aux voix!)

M. le président. M. d'Aboville a demandé la parole.

Sur divers bancs. Aux voix! — La clôture!

M. le vicomte d'Aboville. Messieurs, je n'ai pas l'intention de parler sur le fond de la question ; je veux seulement répondre à un défi que M. Mathieu-Bodet est venu apporter à cette tribune.

Sur plusieurs bancs. La clôture! la clôture!

Quelques voix à droite. Attendez le silence!

M. le vicomte d'Aboville. L'honorable M. Mathieu-Bodet a dit qu'il ne suffisait pas de montrer les inconvénients que pouvait présenter l'impôt proposé, qu'il fallait en présenter un meilleur, et qu'il défiait ses contradicteurs d'en trouver un seul qui valût mieux.

Je demande à notre honorable collègue la permission de lui rappeler que M. le comte de Douhet et moi nous avions proposé un impôt de 1 pour 1,000 sur les factures, qui serait perçu au moyen de timbres de valeurs graduées, et qu'il nous a été simplement répondu que la perception de cet impôt serait trop compliquée.

Messieurs, veuillez ne pas oublier que cet impôt n'était qu'une simple modification d'une taxe déjà entrée dans nos mœurs, et qu'il n'eût pas, suivant toutes les probabilités, produit moins de 60 millions par an. (Aux voix! aux voix!)

M. le président. Je mets aux voix l'article 4.

M. de Ventavon. J'ai demandé la parole, monsieur le président.

Voix nombreuses. La clôture! la clôture!

M. le président. Insiste-t-on sur la clôture? (Oui! oui! — Non!) Je vais mettre la clôture aux voix.

(L'Assemblée est consultée. — Une première épreuve par main levée est déclarée douteuse. — Après une deuxième épreuve par assis et levé, la clôture est prononcée.)

M. le président. Je consulte l'Assemblée sur l'article 4...

M. Gaslonde. Pardon, monsieur le président ! je demande la parole pour faire une observation sur la rédaction de l'article. (Exclamations diverses et cris : Aux voix! aux voix!)

M. le président. M. Gaslonde demande la parole pour une observation sur la rédaction.

M. Gaslonde. Je ne voudrais pas retrancher un centime d'une ressource dont le Gouvernement a besoin ; ce que je voudrais, c'est qu'une rédaction nouvelle pût mettre tout le monde d'accord.

Qu'est-ce qui arrête dans le vote de l'article 4 plusieurs de nos collègues, et en assez grand nombre? C'est la crainte qu'on ne veuille, ultérieurement, uniformiser le droit de mutation, et beaucoup certainement voteraient la rédaction que voici, qui ne supprimerait pas un centime...

M. le président. C'est un amendement que propose M. Gaslonde?...

M. le ministre des finances. Oui, et il ne pourrait pas être voté, il ne pourrait être que pris en considération.

M. Gaslonde. Voici la rédaction que je propose :

« Le droit proportionnel de transcription sur les donations contenant partage, faites par acte entre vifs, conformément aux articles 1075 et 1076 du code civil, est réduit de 50 p. 100. Ce droit est obligatoire et perçu au moment de l'enregistrement de l'acte. »

M. le ministre des finances. La transcription est obligatoire.

M. Gaslonde. La disposition du Gouvernement tend à régulariser les avancements d'hoirie, ce qu'on appelle aussi les démissions de biens. Cette disposition est morale ; elle est un bienfait par la réduction du droit de transcription dont l'élévation effrayait les familles. Seulement, en réduisant le droit, vous le rendez obligatoire ; mais vous ne touchez pas au droit de mutation en ligne directe, qui demeure fixé à 1 p. 100.

M. le président. La commission accepte-t-elle cette rédaction ?

Au banc de la commission. Non ! non !

M. Gaslonde. Monsieur le président, ce n'est pas simplement une nouvelle rédaction; c'est un amendement, en ce sens que je fais porter sur la transcription une modification qui, d'après le projet, porte sur le droit de mutation et tend à l'augmentation du droit.

M. le président. Si c'est un amendement, comme il est présenté au cours de la discussion, il est soumis à la prise en considération.

Un membre. Il doit être présenté sommairement.

M. Gaslonde. Messieurs, je ne veux dire que très-peu de mots... (Exclamations à gauche) ; mais c'est dans l'intérêt du projet, et je remercie les quelques honorables collègues qui veulent bien me faire un signe d'encouragement. (Oui ! oui !)

Messieurs, qu'est-ce qui crée en ce moment une vive préoccupation sur tous les bancs? c'est que vous paraissez, par la manière dont le projet est rédigé, proposer une augmentation du droit sur les transmissions en ligne directe.

M. le garde des sceaux, ministre de la justice. Mais pas du tout! On a répondu à cela !

M. Gaslonde. Mais alors, monsieur le ministre, où est l'inconvénient de faire porter uniquement sur le droit de transcription, en le réduisant et en le rendant obligatoire, ce que vous faites porter, à tort suivant moi, sur le droit de mutation en ligne directe ?

Bornez-vous à dire que le droit de transcription est obligatoire, et qu'il est réduit à 50 centimes par 100. Voilà la question.

Dès lors, vous n'avez plus à redouter qu'on voie dans cette disposition un préjugé, un précédent qui autoriserait bientôt l'augmentation uniforme et générale de tous les droits de mutation en ligne directe, soit entre-vifs, soit par décès.

Voilà, messieurs, pourquoi j'insiste auprès de vous pour l'adoption d'une rédaction qui rend à la disposition du Gouvernement sa vraie portée, sa véritable signification, et qui ne diminue pas d'un centime les recettes du Trésor. (Très-bien ! à droite.)

M. le président. Donnez lecture de l'amendement, monsieur Gaslonde.

M. Gaslonde. M. le président m'invite à donner lecture de la disposition que j'ai l'honneur de soumettre à l'Assemblée :

« Le droit proportionnel de transcription sur les donations contenant partage, faites par acte entre-vifs, conformément aux articles 1075 et 1076 du code civil, est réduit de 50 p. 100. Cet droit est obligatoire et perçu au moment de l'enregistrement de l'acte. »

M. le président. Je mets aux voix la prise en considération de l'amendement proposé par M. Gaslonde.

(L'Assemblée, consultée, prononce la prise en considération.)

M. le président. Je donne maintenant la parole à M. de Lorgeril pour adresser une question à M. le garde des sceaux.

M. le ministre des finances. Pourquoi interrompre la discussion ?

M. le président. Il ne s'agit que d'une question, il ne s'agit pas d'une interpellation. Or, il est admis que quand un membre de l'Assemblée pose une question à un membre du Gouvernement et d'accord avec lui, on peut interrompre la discussion. Il y a, à cet égard, de nombreux précédents.

M. le vicomte de Lorgeril. Messieurs, au nom de la majorité de mes collègues des Côtes-du-Nord, j'ai demandé à M. le garde des sceaux la permission de lui adresser une question relativement à un fait qui a produit une certaine sensation parmi les membres de cette Assemblée, et surtout dans le département que j'ai l'honneur de représenter.

Il s'agit d'une soustraction de correspondance confidentielle entre le prédécesseur de M. le garde des sceaux et M. le procureur général près la cour de Rennes. Une copie de cette correspondance a été remise à M. de Choiseul, rapporteur, qui, devant la commission chargée d'examiner l'élection des Côtes-du-Nord, déclarait que les pièces en question avaient été envoyées de Bretagne. Il y avait là une sorte d'insinuation contre la magistrature bretonne... (Exclamations et rires à gauche. — Très-bien! à droite), que celle-ci s'est empressée de relever.

Un membre à gauche. C'est la magistrature française!

M. le vicomte de Lorgeril. Mon honorable collègue et ami M. Huon de Penanster a prévenu M. le procureur général de Kerbertin, par la lettre que je vais avoir l'honneur de vous lire :

« Versailles, 11 juin

« Monsieur le procureur général,

« Un fait très-grave vient de se produire au sujet de votre correspondance avec M. le garde des sceaux lors de l'élection de M. de Kerjégu.

« La chancellerie ayant refusé la communication de ces pièces, M. de Choiseul, chargé par le bureau du rapport relatif à cette élection, a apporté trois copies de lettres écrites par vous à M. le garde des sceaux, au sujet de la poursuite dirigée contre M. Foucher de Careil, et il a prétendu qu'elles lui avaient été adressées de Bretagne.

« Nous avons tout lieu de penser que c'est ici même, à la chancellerie, que ces pièces ont été soustraites.

« Pour nous confirmer dans cette pensée, pourriez-vous me dire si vous avez conservé la copie de ces dépêches et s'il a été possible à quelqu'un de votre entourage de commettre cet abus de confiance? » (Rumeurs à gauche. — Très-bien! à droite.)

« Comme député des Côtes-du-Nord, cette affaire me préoccupe à juste titre.

« Veuillez agréer, etc.

« HUON DE PENANSTER. »

M. le procureur général a répondu aussitôt à notre honorable député :

« Rennes, 12 juin.

« *Parquet du procureur général.*

« Monsieur le député,

« J'ai l'honneur de vous faire connaître, en réponse à votre lettre d'hier, que toute ma correspondance relative à l'élection des Côtes-du-Nord est demeurée constamment chez moi, sous clef, et que, par suite, aucune indiscrétion n'a pu être commise à mon parquet.

« Veuillez agréer, etc.

« *Le procureur général.*

« DE KERBERTIN.

« A la suite de cette déclaration si précise, M. Foucher de Careil, voulant sans doute, avec une générosité que vous apprécierez, substituer sa responsabilité à celle de l'auteur du détournement ou de l'abus de confiance, si vous aimez mieux l'appeler ainsi, a publié une lettre à M. de Choiseul dans laquelle il affirme que

c'est à lui qu'a été adressée la copie de ces pièces. Il se reconnaît ainsi, non l'auteur du détournement, mais le recéleur des pièces soustraites. (Exclamations et réclamations à gauche.)

M. le marquis de Plœuc. Dites : Le receveur!

Un autre membre à droite. Dites : L'intermédiaire!

M. le vicomte de Lorgeril. Permettez, messieurs!...

M. Henri Villain. Vous savez que celui dont vous parlez n'est pas dans cette Assemblée, et vous vous servez de la tribune pour l'insulter!

M. le vicomte de Lorgeril. Je ne veux insulter personne.

M. Henri Villain. Traiter un homme de recéleur, ce n'est pas l'insulter!

M. Carré Kérisouët. Celui que vous traitez ainsi n'est pas là pour se défendre! (Bruit général et confus.)

M. le vicomte de Lorgeril. Messieurs, si le mot vous choque, je le regrette et je le retire, vous demandant la permission de rectifier ainsi ma phrase :

Il se reconnaît ainsi... (Le bruit couvre la voix de l'orateur) non comme l'auteur du détournement, mais comme l'intermédiaire qui a transmis les pièces soustraites.

M. le président. J'invite l'Assemblée au calme et au silence.

M. le vicomte de Lorgeril. Ai-je besoin d'insister sur la gravité d'un tel aveu et sur que de semblables manœuvres ont de dangereux pour la société et pour l'administration? (Exclamations à gauche. — Très-bien! très-bien! à droite.)

M. Berlet. Ce sont les manœuvres électorales de l'administration qui sont dangereuses pour la société! (Bruit.)

M. le président. Je demande instamment qu'on s'abstienne de toutes ces interruptions.

M. le vicomte de Lorgeril. M. le ministre de la justice sait fort bien qu'il a à garder non-seulement les sceaux de l'État, mais encore l'honneur et la dignité des magistrats placés sous ses ordres. Aussi ne peut-il trouver mauvais que nous venions lui demander s'il a pris des mesures pour que ces faits déplorables ne restent pas impunis. (Très-bien! très-bien! à droite.)

Il va me répondre, sans aucun doute, qu'il a donné des instructions pour une information judiciaire. Il peut, dès lors, être certain de notre assentiment. Nous osons, en outre, espérer, messieurs, que si l'information aboutit à une ordonnance de non-lieu, il ne se bornera pas à la déclarer ici, et qu'il nous exposera les motifs d'une telle décision. (Exclamations à gauche.)

Il me semble qu'en demandant cela, nous n'allons nullement à l'encontre des principes et des habitudes de M. le garde des sceaux en matière de pouvoir discrétionnaire.

On sait, en effet, messieurs, que, dans une circonstance récente, quoique sa responsabilité ne fût aucunement engagée, — le fait ayant eu lieu sous le précédent cabinet, — M. le garde des sceaux ne crut pas devoir refuser de livrer à la commission chargée d'examiner les élections de la Nièvre un dossier plein de documents d'une nature bien autrement confidentielle que ceux qui nous occupent. (C'est vrai ! à droite. — Rumeurs à gauche.)

M. Horace de Choiseul. Je demande la parole.

M. le président. Il ne peut y avoir de débat. C'est une simple question.

M. Horace de Choiseul. C'est pour un fait personnel, monsieur le président.

M. le président La parole est d'abord à M. le garde des sceaux.

M. Dufaure, garde des sceaux, ministre de la justice. (Mouvement d'attention.) Messieurs, il y a eu, si je ne me trompe, dans le discours que vient de lire l'honorable M. de Lorgeril... (Sourires), deux choses qui peuvent appeler mon attention.

La première est une question relativement à trois dépêches adressées par M. le procureur général de Rennes à M. le garde des sceaux Tailhand.

L'autre, — et c'est la fin de son discours, — est un reproche indirect à l'égard de communications de pièces que j'ai cru devoir faire dans une affaire absolument étrangère à l'élection des Côtes-du-Nord, et, par conséquent, à M. de Lorgeril, qui a parlé au nom de son département. (On rit.)

M. de Lorgeril prononce quelques mots que le bruit empêche de saisir.

M. le président. N'interrompez pas, monsieur de Lorgeril.

M. le garde des sceaux. L'Assemblée voudra bien me permettre de ne pas répondre en ce moment à l'insinuation par laquelle a terminé M. de Lorgeril; l'occasion se présentera probablement sous peu de jours; il pourra monter à la tribune, parler de l'élection de la Nièvre comme il a parlé de l'élection des Côtes-du-Nord, et j'aurai l'honneur de lui répondre. (Rires approbatifs à gauche.) Je n'ai rien de plus à lui dire sur ce point.

Quant à la question qu'il m'adresse relativement aux documents qui ont été produits dans la commission nommée pour l'élection des Côtes-du-Nord, j'ai été préoccupé, au même point que M. de Lorgeril, de ce que trois copies de documents que j'avais refusé de communiquer, qui me paraissaient devoir rester confidentiels, avaient été communiquées à l'une des commissions de l'Assemblée. J'ai pensé que, sous deux rapports, j'avais le devoir de m'inquiéter. En premier lieu, pour que ces documents ou leur copie sortissent des bureaux du ministère de la justice, il était possible qu'il y eût un délit commis; en second lieu, il y avait eu, dans tous les cas, une violation formelle du secret dans lequel peuvent être renfermés certains documents, et ceux-là étaient bien du nombre, puisque, pressé par l'honorable rapporteur de la commission de lui en faire la communication, je l'avais refusée.

Eh bien, messieurs, j'avais un devoir à remplir; l'honorable M. de Lorgeril peut être sûr que je n'y ai pas manqué. Je le lui ai dit en particulier, je le lui répète du haut de cette tribune, j'ai voulu savoir comment la copie de ces documents était sortie des bureaux de la chancellerie; j'ai prié le procureur de la République de Paris de charger un juge d'instruction de commencer une information, afin de savoir

comment ces pièces avaient pu sortir des bureaux. (Très-bien ! à droite.)

L'honorable M. Foucher de Careil, non pas, à Dieu ne plaise ! comme prévenu, mais comme témoin, a été invité le juge d'instruction à se présenter mercredi dernier devant lui ; il paraît qu'il était à la campagne, et l'avertissement qui lui avait été donné ne l'avait pas touché. Il a été appelé pour demain, et j'espère que, demain, M. Foucher de Careil voudra bien faire savoir comment il a été saisi de la copie de ces documents, à quelle époque et de qui il les a obtenues. (Marques d'approbation au centre et à droite.)

Je n'ai rien de plus à répondre.

M. le président. La parole est à M. de Choiseul, pour un fait personnel.

M. le comte de Lorgeril. Je demande la permission de déclarer...

M. le président. Il ne peut pas y avoir de débat. Vous avez posé une question, on vous a fait une réponse ; la parole est à M. de Choiseul, pour un fait personnel.

M. Horace de Choiseul. Messieurs, je ne veux dire que deux mots pour répondre à ce qu'il y a de personnel dans ce que vous a lu l'honorable M. de Lorgeril.

M. de Lorgeril, mon honorable collègue, n'appartient pas au 2e bureau : s'il avait assisté à nos nombreuses séances, je suis convaincu qu'il aurait voulu, en rédigeant la note qu'il nous a lue, se rapprocher plus qu'il ne l'a fait de la vérité. (Très-bien ! à gauche.)

Quant à moi, et jusqu'à ce qu'on me prouve que j'ai eu tort d'agir comme je l'ai fait, je resterai convaincu qu'aucun rapporteur ne doit refuser d'accepter les pièces... (Exclamations au centre et à droite. — Très-bien ! parle ! à gauche), qu'aucun rapporteur, dis-je, ne doit refuser d'accepter les pièces qui sont adressées au bureau pour lui être communiquées.

Il reste à faire la preuve de l'authenticité de ces pièces. Je ne sache pas, jusqu'à présent, qu'on ait prouvé que ces pièces ne fussent pas authentiques. (Rumeurs à droite.)

Le moment n'est pas venu d'engager le combat sur ce point ; mais ces accusations si graves étaient portées dans le sein du 2e bureau, qu'il paraissait nécessaire, à celui qui avait reçu la mission de rédiger le rapport, de communiquer à ce bureau toutes les pièces qui lui avaient été soumises.

Pour montrer d'un mot l'importance de ce débat, je dirai qu'on n'allait rien moins qu'à accuser l'ancien garde des sceaux d'avoir arrêté le cours de la justice dans un intérêt électoral. (Bruyantes exclamations à droite. — Approbation à gauche.)

Il s'agissait de prouver que le fait était faux ou que le fait était exact. Il n'y avait qu'un moyen de faire la lumière : c'était de donner toutes les preuves qui seraient apportées, et c'est ce que j'ai fait. (Très-bien! très-bien! et applaudissements sur quelques bancs à gauche.)

M. Tailhand, de sa place. Messieurs...

A gauche. A la tribune ! à la tribune !

M. Tailhand, à la tribune. Messieurs, je ne veux pas prolonger le débat, et j'ajoute que la déclaration portée à la tribune par M. le garde

des sceaux m'impose une réserve que je saurai garder.

Mais devant les inculpations que l'honorable M. de Choiseul vient d'apporter à la tribune, je me réserve, le jour où le débat s'engagera sur le fond de l'incident, de donner à cet égard toutes les explications que j'aurai à donner, et j'espère qu'elles seront nettes et péremptoires. (Très-bien ! et applaudissements sur plusieurs bancs à droite.)

M. le président. L'incident est clos.

La parole est à M. de Soubeyran pour déposer un rapport.

M. le baron de Soubeyran. Messieurs, j'ai l'honneur de déposer sur le bureau de l'Assemblée, au nom de la commission du budget, un rapport sur le projet de loi ayant pour objet d'ouvrir au ministre de l'agriculture et du commerce, sur le budget de l'exercice 1876, un crédit de 600,000 fr. pour les dépenses de l'exposition de Philadelphie.

Le rapport, messieurs, sera distribué demain. Nous vous demanderons de vouloir bien le mettre à l'ordre du jour de lundi.

M. le président. Le rapport sera imprimé et distribué.

M. Buffet, *ministre de l'intérieur, vice-président du conseil.* J'ai l'honneur de déposer sur le bureau de l'Assemblée un projet de loi ayant pour objet d'ouvrir au ministre de l'intérieur, sur l'exercice 1874, un crédit supplémentaire de 152,000 fr. au chapitre 5 (Prisons) du budget du gouvernement général civil de l'Algérie.

M. le président. Le projet de loi sera imprimé, distribué et renvoyé à la commission du budget.

Nous reprenons la discussion du projet de loi relatif à divers droits d'enregistrement.

Sur l'article 5, il y a un amendement présenté par MM. Parent et Dréo.

M. Parent. Mon amendement, monsieur le président, est un article additionnel qui ne peut venir en discussion que si l'article 5 est lui-même adopté.

M. le président. L'amendement de M. Parent étant un article additionnel à l'article 5, je donne la parole à M. Guichard sur l'article 5.

M. Guichard. Messieurs, j'ai de très-courtes observations à vous présenter contre l'article 5.

J'avais cru, jusqu'à présent, que l'égalité devant la loi, pour les biens comme pour les personnes, était un principe de notre droit public. Aussi, ce n'est pas sans étonnement que j'ai vu, dans l'article proposé par le Gouvernement et dans l'article adopté par la commission, que l'on faisait une distinction entre les immeubles ruraux et les autres immeubles.

Il n'est pas difficile de juger de l'importance de cette distinction et du dommage qu'elle peut causer à l'agriculture.

D'après l'article 15 de la loi du 22 frimaire an VII, le législateur, pour la perception du droit de mutation, distingue deux catégories de mutations : les mutations à titre onéreux et les mutations pour cause de décès ou à titre gratuit.

Pour les mutations à titre onéreux, le droit est assis sur le prix exprimé dans le contrat, prix que l'administration a la faculté de faire rectifier si elle croit que la déclaration n'a pas été exacte.

Quant aux autres mutations, on n'estime pas la valeur vénale, on multiplie le revenu par le chiffre 20. C'est à propos de ce dernier mode d'asseoir le droit sur les immeubles qui sont transmis après décès ou à titre gratuit, que l'on a introduit la distinction entre les immeubles ruraux et ceux qui ne sont pas réputés ruraux.

Pour les immeubles ruraux, on ne veut plus multiplier leur revenu par 20, mais, comme le propose la commission, par le chiffre 25. C'est une augmentation de 25 p. 100 dans ce droit.

Ce n'est pas sans motif que le législateur de l'an VII et que tous ceux qui lui ont succédé ont maintenu cette distinction entre les mutations à titre onéreux et les mutations à titre gratuit ou pour cause de décès. Le législateur a vu dans ce mode d'évaluation une sorte de compensation aux dettes passives que l'on ne déduit pas de l'actif des successions. Il a surtout considéré qu'à l'égard de la propriété rurale il fallait tenir compte des charges dont elle est grevée.

Quand un immeuble rapporte 5,000 francs, on n'en déduit les charges; on n'en déduit pas les 5 ou 600 francs d'impôts qui grèvent la propriété, ni les charges que nécessitent toujours l'entretien et les réparations de l'immeuble; de sorte qu'en multipliant le revenu par 20, pour fixer la valeur du capital, on arrive, surtout dans le moment actuel, d'une manière très-approximative à la valeur réelle.

Mais il y a surtout une charge que le législateur a considérée, c'est celle qui résulte des dettes. Les immeubles sont chargés de dettes, surtout dans les campagnes, et c'est contre les propriétés rurales que l'article 5 propose une mesure exceptionnelle d'aggravation.

Le propriétaire rural, quand il travaille de ses propres mains, est forcé par sa situation à être toujours plus ou moins endetté. On ne va pas acheter de la terre comme on va chez un agent de change acheter une action ou une obligation. Quand on vend de la terre dans la commune, on profite de l'occasion pour en acheter selon ses moyens; le délai pour payer est de quatre ou cinq ans, et il est impossible que le petit propriétaire rural, dont la légitime ambition et la passion sont de devenir propriétaire, ne soit pas endetté.

Puis, le petit propriétaire qui travaille de ses mains ne veut pas louer sa terre, car cette terre louée ne lui offre qu'un résultat insignifiant. La terre a pour lui un grand intérêt, comme instrument de travail. Quand il a épousé une femme qui a un petit bien dans une commune voisine, il vend ce bien et achète dans sa commune, de sorte que voilà deux particuliers endettés. Aussi, il n'y a pas d'exagération à dire que ces petits propriétaires sont grevés d'un passif qui égale un quart ou la moitié de leur actif. Eh bien, considérez maintenant à quel degré vous grèvera le droit que vous proposez de leur imposer.

Or, messieurs, lorsque dans une petite succession, il y a un quart ou une moitié en dettes,

c'est tout de suite de 25 ou 50 p. 100 que vous augmentez les droits de succession. (Bruit de conversations.)

Je vous demande, messieurs, encore cinq minutes d'attention...

M. le marquis d'Andelarre. C'est très-important, et cela mérite bien l'attention de l'Assemblée !

M. Guichard. Veuillez considérer, messieurs, quelle est l'importance du droit qu'on vous demande d'établir. Considérez-le à son point le plus minime, lorsqu'il s'agit de succession en ligne directe ; puis considérez-le à son point culminant, lorsqu'il s'agit de successions collatérales. Sous le droit actuel, il y a, pour un revenu de 5 fr. un capital évalué à 100 fr. et 1 fr, d'impôt, puis avec les 2 décimes et 1/2 décime, c'est 1 fr. 25. Mais quand vous aurez multiplié par le chiffre 25 au lieu de multiplier par le chiffre 20, vous allez arriver, s'il n'y a pas de dettes, à 1 fr. 56, et s'il y a un quart de dettes à 1 fr. 87, et s'il y a moitié de dettes à 2 francs et quelques centimes. Vous doublez donc le droit.

Maintenant, considérez le résultat quand il s'agit du droit le plus élevé, ce qui a lieu lors d'une succession collatérale, le droit actuel est de 9 francs ; avec le décime et les doubles décimes, vous arrivez à 11 fr. 25. Si vous supposez qu'il y a un quart de dettes, c'est 14 fr. Avec la loi proposée et la moitié de dettes, la succession collatérale sera frappée d'un droit de 21 francs.

Messieurs, c'est exorbitant ! Et remarquez que cela ne tombe que sur les immeubles ruraux ; c'est le patrimoine rural, c'est la famille agricole que vous attaquez. Eh bien, je vous le demande, le moment est-il bien choisi pour attaquer la famille agricole ? Comment ! c'est lorsque nous sommes préoccupés de ce mouvement qui détourne les habitants des campagnes et les accumule dans les villes, c'est à ce moment que vous créez une loi exceptionnelle pour attaquer la famille agricole ! (C'est vrai ! c'est vrai !) — Très-bien ! très-bien ! sur divers bancs.)

Ce qu'on vous propose, messieurs, je vous demande de ne pas le faire.

Je me borne à ces considérations, et j'espère que vos réflexions seront plus éloquentes que mes paroles. (Très-bien ! — Aux voix ! aux voix !)

M. le président. La parole est à M. André.

M. Wilson. C'est dans le même sens !

M. le président. Personne ne demandant la parole pour, M. André a la parole contre.

M. André (de la Charente). Messieurs, la loi du 22 frimaire an VII, relative aux mutations à titre gratuit par donations entre-vifs et aux successions, a adopté une base de capitalisation des immeubles, établie sur vingt fois le revenu. Ainsi, une parcelle de 100 fr. de revenu est, au point de vue de l'impôt, estimée 2,000 fr., et cette base de capitalisation passée dans les mœurs a fonctionné sans récrimination depuis l'an VII jusqu'à nos jours.

Le précédent ministre des finances, l'honorable M. Mathieu-Bodet, a déposé, le 11 janvier 1875, un projet de loi qui portait à 25 p. 100 au lieu de 20 p. 100 la capitalisation des immeubles non bâtis, ce qui s'appliquait sans doute, je le reconnais, à la propriété rurale,

puisque la propriété urbaine est ou à peu près exclusivement bâtie.

M. le ministre des finances actuel a repris purement et simplement lô projet de son prédécesseur.

M. le ministre des finances. Et je l'appuie !

M. André (de la Charente). Soit ! mais la commission accepte encore cette base, propose, et M. le ministre accepte, d'établir le droit de 25 p. 100, non-seulement sur la propriété non bâtie, ce qui déjà était, à mon sens, une inégalité malheureuse et excessive, mais elle n'applique cette aggravation d'un quart de l'impôt aux immeubles ruraux seulement, bâtis ou non, cette fois, puisqu'elle ne distingue pas.

Il sera assez difficile peut-être de déterminer quels sont les immeubles ruraux dans leurs délimitations avec les zones urbaines ; à quels caractères sera attachée la qualité de ville et l'immunité urbaine ? Et puis, dans la banlieue des villes, où et comment s'établira la limite qui séparera l'immeuble rural de l'immeuble urbain ? La commission n'a pris le soin ni de le prévoir ni de le dire.

Messieurs, l'importance du projet de loi et de l'article 5 en particulier est énorme. Ni le projet de loi, ni le rapport de la commission ne précisent les conséquences chiffrées de la disposition qui vous est proposée. Ces conséquences ne peuvent cependant passer inaperçues.

J'ai pris quelques renseignements à cet égard. M. Mathieu-Bodet évaluait, je crois, à 24 millions le produit qu'il espérait du projet de loi du 11 janvier 1875. Le ministre actuel, M. Say, et la commission, après diverses modifications introduites, ne porteraient, si je suis bien informé, l'évaluation du projet de loi qu'à 17 millions. Or, dans ces 17 millions, il y a 11 millions seulement pour cette surcharge d'un quart (25 au lieu de 20 p. 100) sur les mutations par décès ou successions de la propriété rurale. Cet article 5, j'avais raison de le dire, est presque toute la loi ; et vous remarquerez, messieurs, que ces 11 millions portant exclusivement sur la propriété agricole ou rurale, c'est tout d'abord une singulière inégalité dans l'impôt.

M. le marquis d'Andelarre. C'est cela ! Très-bien !

M. André (de la Charente). Je sais bien que pour justifier cette aggravation d'impôt de 25 p. 100 sur la propriété rurale, tandis que la propriété urbaine n'est pas augmentée, la commission et les projets de lois allèguent que dans les villes le prix de vente se base environ sur 5 p. 100 du revenu, tandis que dans les campagnes on achèterait encore à 3 p. 100 et 2 1/2 p. 100 du capital qu'on engage.

En supposant que cette appréciation ait pu être exacte, ce que je conteste surtout quant aux propriétés urbaines, lesquelles n'exigent d'ailleurs ni la même surveillance du propriétaire, ni le même labeur, je dirais que les temps sont tous les cas bien changés, que les bras pour la culture sont de plus en plus rares, les impôts indirects sur les produits de plus en plus élevés, et qu'il y a sur la propriété agricole une dépréciation considérable...

Quelques voix. Très-bien !

des sceaux m'impose une réserve que je saurai garder.

Mais devant les inculpations que l'honorable M. de Choiseul vient d'apporter à la tribune, je me réserve, le jour où le débat s'engagera sur le fond de l'incident, de donner à cet égard toutes les explications que j'aurai à donner, et j'espère qu'elles seront nettes et péremptoires. (Très-bien ! et applaudissements sur plusieurs bancs à droite.)

M. le président. L'incident est clos.

La parole est à M. de Soubeyran pour déposer un rapport.

M. le baron de Soubeyran. Messieurs, j'ai l'honneur de déposer sur le bureau de l'Assemblée, au nom de la commission du budget, un rapport sur le projet de loi ayant pour objet d'ouvrir au ministre de l'agriculture et du commerce, sur le budget de l'exercice 1876, un crédit de 600,000 fr. pour les dépenses de l'exposition de Philadelphie.

Le rapport, messieurs, sera distribué demain. Nous vous demanderons de vouloir bien le mettre à l'ordre du jour de lundi.

M. le président. Le rapport sera imprimé et distribué.

M. Buffet, *ministre de l'intérieur, vice-président du conseil.* J'ai l'honneur de déposer sur le bureau de l'Assemblée un projet de loi ayant pour objet d'ouvrir au ministre de l'intérieur, sur l'exercice 1874, un crédit supplémentaire de 152,000 fr. au chapitre 5 (Prisons) du budget du gouvernement général civil de l'Algérie.

M. le président. Le projet de loi sera imprimé, distribué et renvoyé à la commission du budget.

Nous reprenons la discussion du projet de loi relatif à divers droits d'enregistrement.

Sur l'article 5, il y a un amendement présenté par MM. Parent et Dréo.

M. Parent. Mon amendement, monsieur le président, un article additionnel qui ne peut venir en discussion que si l'article 5 est lui-même adopté.

M. le président. L'amendement de M. Parent étant un article additionnel à l'article 5, je donne la parole à M. Guichard sur l'article 5.

M. Guichard. Messieurs, j'ai de très-courtes observations à vous présenter contre l'article 5.

J'avais cru, jusqu'à présent, que l'égalité devant la loi, pour les biens comme pour les personnes, était un principe de notre droit public. Aussi, ce n'est pas sans étonnement que j'ai vu, dans l'article proposé par le Gouvernement et dans l'article adopté par la commission, que l'on faisait une distinction entre les immeubles ruraux et les autres immeubles.

Il n'est pas difficile de juger de l'importance de cette distinction et du dommage qu'elle peut causer à l'*agriculture*.

D'après l'article 15 de la loi du 22 frimaire an VII, le législateur, pour la perception du droit de mutation, distingue deux catégories de mutations : les mutations à titre onéreux et les mutations pour cause de décès ou à titre gratuit.

Pour les mutations à titre onéreux, le droit est assis sur le prix exprimé dans le contrat, prix que l'administration a la faculté de faire rectifier si elle croit que la déclaration n'a pas été exacte.

Quant aux autres mutations, on n'estime pas la valeur vénale, on multiplie le revenu par le chiffre 20. C'est à propos de ce dernier mode d'asseoir le droit sur les immeubles qui sont transmis après décès ou à titre gratuit, que l'on a introduit la distinction entre les immeubles ruraux et ceux qui ne sont pas réputés ruraux.

Pour les immeubles ruraux, on ne veut plus multiplier leur revenu par 20, mais, comme le propose la commission, par le chiffre 25. C'est une augmentation de 25 p. 100 dans ce droit.

Ce n'est pas sans motif que le législateur de l'an VII et que tous ceux qui lui ont succédé ont maintenu cette distinction entre les mutations à titre onéreux et les mutations à titre gratuit ou pour cause de décès. Le législateur a vu dans ce mode d'évaluation une sorte de compensation aux dettes passives que l'on ne déduit pas de l'actif des successions. Il a surtout considéré qu'à l'égard de la propriété rurale il fallait tenir compte des charges dont elle est grevée.

Quand un immeuble rapporte 5,000 francs, on n'en déduit pas les charges; on n'en déduit pas les 5 ou 600 francs d'impôts qui grèvent la propriété, ni les charges que nécessitent toujours l'entretien et les réparations de l'immeuble; de sorte qu'en multipliant le revenu par 20, pour fixer la valeur du capital, on arrive, surtout dans le moment actuel, d'une manière très-approximative à la valeur réelle.

Mais il y a surtout une charge que le législateur a considérée, c'est celle qui résulte des dettes. Les immeubles sont chargés de dettes, surtout dans les campagnes, et c'est contre les propriétés rurales que l'article 5 propose une mesure exceptionnelle d'aggravation.

Le propriétaire rural, quand il travaille de ses propres mains, est forcé par sa situation à être toujours plus ou moins endetté. On ne va pas acheter de la terre comme on va chez un agent de change acheter une action ou une obligation. Quand on vend de la terre dans la commune, on profite de l'occasion pour en acheter selon ses moyens; le délai pour payer est de quatre ou cinq ans, et il est impossible que le petit propriétaire rural, dont la légitime ambition et la passion sont de devenir propriétaire, ne soit pas endetté.

Puis, le petit propriétaire qui travaille de ses mains ne veut pas louer sa terre, car cette terre louée ne lui offre qu'un résultat insignifiant. La terre a pour lui un grand intérêt, comme instrument de travail. Quand il a épousé une femme qui a un petit bien dans une commune voisine, il vend ce bien et achète dans sa commune, de sorte que voilà deux particuliers endettés. Aussi, il n'y a pas d'exagération à dire que ces petits propriétaires sont grevés d'un passif qui égale un quart ou la moitié de leur actif. Eh bien, considérez maintenant à quel degré la grèvera le droit que vous proposez de leur imposer.

Or, messieurs, lorsque dans une petite succession, il y a un quart ou une moitié en dettes,

c'est tout de suite de 25 ou 50 p. 100 que vous augmentez les droits de succession. (Bruit de conversations.)

Je vous demande, messieurs, encore cinq minutes d'attention...

M. le marquis d'Andelarre. C'est très-important, et cela mérite bien l'attention de l'Assemblée !

M. Guichard. Veuillez considérer, messieurs, quelle est l'importance du droit qu'on vous demande d'établir. Considérez-le à son point le plus minime, lorsqu'il s'agit de succession en ligne directe ; puis considérez-le à son point culminant, lorsqu'il s'agit de successions collatérales. Sous le droit actuel, il y a, pour un revenu de 5 fr. un capital évalué à 100 fr. et 1 fr. d'impôt, puis avec les 2 décimes et 1/2 décime, c'est 1 fr. 25. Mais quand vous aurez multiplié par le chiffre 25 au lieu de multiplier par le chiffre 20, vous allez arriver, s'il n'y a pas de dettes, à 1 fr. 56, et s'il y a un quart de dettes à 1 fr. 87, et s'il y a moitié de dettes à 2 francs et quelques centimes. Vous doublez donc le droit.

Maintenant, considérez le résultat quand il s'agit du droit le plus élevé, ce qui a lieu lors d'une succession collatérale, le droit actuel est de 9 francs ; avec le décime et les doubles décimes, vous arrivez à 11 fr. 25. Si vous supposez qu'il y a un quart de dettes, c'est 14 fr. Avec la loi proposée et la moitié de dettes, la succession collatérale sera frappée d'un droit de 21 francs.

Messieurs, c'est exorbitant ! Et remarquez que cela ne tombe que sur les immeubles ruraux ; c'est le patrimoine rural, c'est la famille agricole que vous attaquez. Eh bien, je vous le demande, le moment est-il bien choisi pour attaquer la famille agricole ? Comment ! c'est lorsque nous sommes tous préoccupés de ce mouvement qui détourne les habitants des campagnes et les accumule dans les villes, c'est à ce moment que vous créez une loi exceptionnelle pour attaquer la famille agricole ! (C'est vrai ! c'est vrai ! — Très-bien ! très-bien ! sur divers bancs.)

Ce qu'on vous propose, messieurs, je vous demande de ne pas le faire.

Je me borne à ces considérations, et j'espère que vos réflexions seront plus éloquentes que mes paroles. (Très-bien ! — Aux voix ! aux voix !)

M. le président. La parole est à M. André.

M. Wilson. C'est dans le même sens !

M. le président. Personne ne demandant la parole pour, M. André a la parole contre.

M. André (de la Charente). Messieurs, la loi du 22 frimaire an VII, relative aux mutations à titre gratuit par donations entre-vifs et aux successions, a adopté une base de capitalisation des immeubles, établie sur vingt fois le revenu. Ainsi, une parcelle de 100 fr. de revenu est, au point de vue de l'impôt, estimée 2,000 fr., et cette base de capitalisation passée dans les mœurs a fonctionné sans récrimination depuis l'an VII jusqu'à nos jours.

Le précédent ministre des finances, l'honorable M. Mathieu-Bodet, a déposé, le 11 janvier 1875, un projet de loi qui portait à 25 p. 100 au lieu de 20 p. 100 la capitalisation des immeubles non bâtis, ce qui s'appliquait sans doute, je le reconnais, à la propriété rurale,

puisque la propriété urbaine est ou à peu près exclusivement bâtie.

M. le ministre des finances actuel a repris purement et simplement le projet de son prédécesseur.

M. le ministre des finances. Et je l'appuie !

M. André (de la Charente). Soit ! mais la commission, exagérant encore cette base, propose, et M. le ministre accepte, d'établir le droit de 25 p. 100, non-seulement sur la propriété non bâtie, ce qui déjà était, à mon sens, une inégalité malheureuse et excessive, mais elle n'applique cette aggravation d'un quart de l'impôt qu'aux immeubles ruraux seulement, bâtis ou non, cette fois, puisqu'elle ne distingue pas.

Il sera assez difficile peut-être de déterminer quels sont les immeubles ruraux dans leurs délimitations avec les zones urbaines ; à quels caractères sera attachée la qualité de ville et l'immunité urbaine ? Et puis, dans la banlieue des villes, où est comment s'établira la limite qui séparera l'immeuble rural de l'immeuble urbain ? La commission n'a pris le soin ni de le prévoir ni de le dire.

Messieurs, l'importance du projet de loi et de l'article 5 en particulier est énorme. Ni le projet de loi, ni le rapport de la commission ne précisent les conséquences chiffrées de la disposition qui vous est proposée. Ces conséquences ne peuvent cependant passer inaperçues.

J'ai pris quelques renseignements à cet égard. M. Mathieu-Bodet évaluait, je crois, à 24 millions le produit qu'il espérait du projet de loi du 11 janvier 1875. Le ministre actuel, M. Say, et la commission, après diverses modifications introduites, ne porteraient, si je suis bien informé, l'évaluation du projet de loi qu'à 17 millions. Or, dans ces 17 millions, il y a 11 millions seulement pour cette surcharge d'un quart (25 au lieu de 20 p. 100) sur les mutations par donations ou successions de la propriété rurale. Cet article 5, j'avais raison de le dire, est presque toute la loi ; et vous remarquerez, messieurs, que ces 11 millions portant exclusivement sur la propriété agricole ou rurale, c'est tout d'abord une singulière inégalité dans l'impôt.

M. le marquis d'Andelarre. C'est cela ! Très-bien !

M. André (de la Charente). Je sais bien que pour justifier cette aggravation d'impôt de 25 p. 100 sur la propriété rurale, tandis que la propriété urbaine n'est pas augmentée, la commission et les projets de lois allèguent que dans les villes le prix de vente se maintiendra sur 5 p. 100 du revenu, tandis que dans les campagnes on achèterait encore à 3 p. 100 et 2 1/2 p. 100 du capital qu'on engage.

En supposant que cette appréciation ait pu être exacte, ce que je conteste surtout quant aux propriétés urbaines, lesquelles n'exigent d'ailleurs ni la même surveillance du propriétaire, ni le même labeur, je dirais que les temps sont dans tous les cas bien changés, que les bras pour la culture sont de plus en plus rares, les impôts indirects sur les produits de plus en plus élevés, et qu'il y a sur la propriété agricole une dépréciation considérable...

Quelques voix. Très-bien !

des sceaux m'impose une réserve que je saurai garder.

Mais devant les inculpations que l'honorable M. de Choiseul vient d'apporter à la tribune, je me réserve, le jour où le débat s'engagera sur le fond de l'incident, de donner à cet égard toutes les explications que j'aurai à donner, et j'espère qu'elles seront nettes et péremptoires. (Très-bien ! et applaudissements sur plusieurs bancs à droite.)

M. le président. L'incident est clos.

La parole est à M. de Soubeyran pour déposer un rapport.

M. le baron de Soubeyran. Messieurs, j'ai l'honneur de déposer sur le bureau de l'Assemblée, au nom de la commission du budget, un rapport sur le projet de loi ayant pour objet d'ouvrir au ministre de l'agriculture et du commerce, sur le budget de l'exercice 1876, un crédit de 600,000 fr. pour les dépenses de l'exposition de Philadelphie.

Le rapport, messieurs, sera distribué demain. Nous vous demanderons de vouloir bien le mettre à l'ordre du jour de lundi.

M. le président. Le rapport sera imprimé et distribué.

M. Buffet, *ministre de l'intérieur, vice-président du conseil.* J'ai l'honneur de déposer sur le bureau de l'Assemblée un projet de loi ayant pour objet d'ouvrir au ministre de l'intérieur, sur l'exercice 1874, un crédit supplémentaire de 152,000 fr. au chapitre 5 (Prisons) du budget du gouvernement général civil de l'Algérie.

M. le président. Le projet de loi sera imprimé, distribué et renvoyé à la commission du budget.

Nous reprenons la discussion du projet de loi relatif à divers droits d'enregistrement.

Sur l'article 5, il y a un amendement présenté par MM. Parent et Dréo.

M. Parent. Mon amendement, monsieur le président, est un article additionnel qui ne peut venir en discussion que si l'article 5 est lui-même adopté.

M. le président. L'amendement de M. Parent étant un article additionnel à l'article 5, je donne la parole à M. Guichard sur l'article 5.

M. Guichard. Messieurs, j'ai de très-courtes observations à vous présenter contre l'article 5.

J'avais cru, jusqu'à présent, que l'égalité devant la loi, pour les biens comme pour les personnes, était un principe de notre droit public. Aussi, ce n'est pas sans étonnement que j'ai vu, dans l'article proposé par le Gouvernement et dans l'article adopté par la commission, que l'on faisait une distinction entre les immeubles ruraux et les autres immeubles.

Il n'est pas difficile de juger de l'importance de cette distinction et du dommage qu'elle peut causer à l'agriculture.

D'après l'article 15 de la loi du 22 frimaire an VII, le législateur, pour la perception du droit de mutation, distingue deux catégories de mutations : les mutations à titre onéreux et les mutations pour cause de décès ou à titre gratuit.

Pour les mutations à titre onéreux, le droit est assis sur le prix exprimé dans le contrat, prix que l'administration a la faculté de faire rectifier si elle croit que la déclaration n'a pas été exacte.

Quant aux autres mutations, on n'estime pas la valeur vénale, on multiplie le revenu par le chiffre 20. C'est à propos de ce dernier mode d'asseoir le droit sur les immeubles qui sont transmis après décès ou à titre gratuit, que l'on a introduit la distinction entre les immeubles ruraux et ceux qui ne sont pas réputés ruraux.

Pour les immeubles ruraux, on ne veut plus multiplier leur revenu par 20, mais, comme le propose la commission, par le chiffre 25. C'est une augmentation de 25 p. 100 dans ce droit.

Ce n'est pas sans motif que le législateur de l'an VII et que tous ceux qui lui ont succédé ont maintenu cette distinction entre les mutations à titre onéreux et les mutations à titre gratuit ou pour cause de décès. Le législateur a vu dans ce mode d'évaluation une sorte de compensation aux dettes passives que l'on ne déduit pas de l'actif des successions. Il a surtout considéré qu'à l'égard de la propriété rurale il fallait tenir compte des charges dont elle est grevée.

Quand un immeuble rapporte 5,000 francs, on n'en déduit pas les charges; on n'en déduit pas les 5 ou 600 francs d'impôts qui grèvent la propriété, ni les charges que nécessitent toujours l'entretien et les réparations de l'immeuble; de sorte qu'en multipliant le revenu par 20, pour fixer la valeur du capital, on arrive, surtout dans le moment actuel, d'une manière très-approximative à la valeur réelle.

Mais il y a surtout une charge que le législateur a considérée, c'est celle qui résulte des dettes. Les immeubles sont chargés de dettes, surtout dans les campagnes, et c'est contre les propriétés rurales que l'article 5 propose une mesure exceptionnelle d'aggravation.

Le propriétaire rural, quand il travaille de ses propres mains, est forcé par sa situation à être toujours plus ou moins endetté. On ne va pas acheter de la terre comme on va chez un agent de change acheter une action ou une obligation. Quand on vend de la terre dans la commune, on profite de l'occasion pour en acheter selon ses moyens ; le délai pour payer est de quatre ou cinq ans, et il est impossible que le petit propriétaire rural, dont la légitime ambition et la passion sont de devenir propriétaire, ne soit pas endetté.

Puis, le petit propriétaire qui travaille de ses mains ne veut pas louer sa terre, car cette terre louée ne lui offre qu'un résultat insignifiant. La terre a pour lui un grand intérêt, comme instrument de travail. Quand il a épousé une femme qui a un petit bien dans une commune voisine, il vend ce bien et achète dans sa commune, de sorte que voilà deux particuliers endettés. Aussi, il n'y a pas d'exagération à dire que ces petits propriétaires sont grevés d'un passif qui égale un quart ou la moitié de leur actif. Eh bien, considérez maintenant à quel degré la grèvera le droit que vous proposez de leur imposer.

Or, messieurs, lorsque dans une petite succession, il y a un quart ou une moitié en dettes,

c'est tout de suite de 25 ou 50 p. 100 que vous augmentez les droits de succession. (Bruit de conversations.)

Je vous demande, messieurs, encore cinq minutes d'attention...

M. le marquis d'Andelarre. C'est très-important, et cela mérite bien l'attention de l'Assemblée !

M. Guichard. Veuillez considérer, messieurs, quelle est l'importance du droit qu'on vous demande d'établir. Considérez-le à son point le plus minime, lorsqu'il s'agit de succession en ligne directe ; puis considérez-le à son point culminant, lorsqu'il s'agit de successions collatérales. Sous le droit actuel, il y a, pour un revenu de 5 fr. un capital évalué à 100 fr. et 1 fr. d'impôt, puis avec les 2 décimes et 1/2 décime, c'est 1 fr. 25. Mais quand vous aurez multiplié par le chiffre 25 au lieu de multiplier par le chiffre 20, vous allez arriver, s'il n'y a pas de dettes, à 1 fr. 56, et s'il y a un quart de dettes à 1 fr. 87, et s'il y a moitié de dettes à 2 francs et quelques centimes. Vous doublez donc le droit.

Maintenant, considérez le résultat quand il s'agit du droit le plus élevé, ce qui a lieu lors d'une succession collatérale, le droit actuel est de 9 francs ; avec le décime et les doubles décimes, vous arrivez à 11 fr. 25. Si vous supposez qu'il y a un quart de dettes, c'est 14 fr. Avec la loi proposée à la moitié de dettes, la succession collatérale sera frappée d'un droit de 21 francs.

Messieurs, c'est exorbitant ! Et remarquez que cela ne tombe que sur les immeubles ruraux ; c'est le patrimoine rural, c'est la famille agricole que vous attaquez. Eh bien, je vous le demande, le moment est-il bien choisi pour attaquer la famille agricole ? Comment ! c'est lorsque nous sommes tous préoccupés de ce mouvement qui détourne les habitants des campagnes et les accumule dans les villes, c'est à ce moment que vous créez une loi exceptionnelle pour attaquer la famille agricole ! (C'est vrai ! c'est vrai ! — Très-bien ! très-bien ! sur divers bancs.)

Ce qu'on vous propose, messieurs, je vous demande de ne pas le faire.

Je me borne à ces considérations, et j'espère que vos réflexions seront plus éloquentes que mes paroles. (Très-bien ! — Aux voix ! aux voix !)

M. le président. La parole est à M. André.

M. Wilson. C'est dans le même sens !

M. le président. Personne ne demandant la parole pour, M. André a la parole contre.

M. André (de la Charente). Messieurs, la loi du 22 frimaire an VII, relative aux mutations à titre gratuit par donations entre-vifs et aux successions, a adopté une base de capitalisation des immeubles, établie sur vingt fois le revenu. Ainsi, une parcelle de 100 fr. de revenu est, au point de vue de l'impôt, estimée 2,000 fr., et cette base de capitalisation passée dans les mœurs a fonctionné sans récrimination depuis l'an VII jusqu'à nos jours.

Le précédent ministre des finances, l'honorable M. Mathieu-Bodet, a déposé, le 11 janvier 1875, un projet de loi qui portait à 25 p. 100 au lieu de 20 p. 100 la capitalisation des immeubles non bâtis, ce qui s'appliquait sans doute, je le reconnais, à la propriété rurale,

puisque la propriété urbaine est ou à peu près exclusivement bâtie.

M. le ministre des finances actuel a repris purement et simplement le projet de son prédécesseur.

M. le ministre des finances. Et je l'appuie !

M. André (de la Charente). Soit ! mais la commission, exagérant encore cette base, propose, et M. le ministre accepte, d'établir le droit de 25 p. 100, non-seulement sur la propriété non bâtie, ce qui déjà était, à mon sens, une inégalité malheureuse et excessive, mais elle n'applique cette aggravation d'un quart de l'impôt qu'aux immeubles ruraux seulement, bâtis ou non, cette fois, puisqu'elle ne distingue pas.

Il sera assez difficile peut-être de déterminer quels sont les immeubles ruraux dans leurs délimitations avec les zones urbaines ; à quels caractères sera attachée la qualité de ville et l'immunité urbaine ? Et puis, dans la banlieue des villes, où et comment s'établira la limite qui séparera l'immeuble rural de l'immeuble urbain ? La commission n'a pris le soin ni de le prévoir ni de le dire.

Messieurs, l'importance du projet de loi et de l'article 5 en particulier est énorme. Ni le projet de loi, ni le rapport de la commission ne précisent les conséquences chiffrées de la disposition qui vous est proposée. Ces conséquences ne peuvent cependant passer inaperçues.

J'ai pris quelques renseignements à cet égard. M. Mathieu-Bodet évaluait, je crois, à 24 millions le produit utile, il espérait du projet de loi du 11 janvier 1875. Le ministre actuel, M. Say, et la commission, après diverses modifications introduites, ne porteraient, si je suis bien informé, l'évaluation du projet de loi qu'à 17 millions. Or, dans ces 17 millions, il y a 11 millions seulement pour cette surcharge d'un quart (25 au lieu de 20 p. 100) sur les mutations par donations ou successions de la propriété rurale. Cet article 5, j'avais raison de le dire, est presque toute la loi ; et vous remarquerez, messieurs, que ces 11 millions portant exclusivement sur la propriété agricole ou rurale, c'est tout d'abord une singulière inégalité dans l'impôt.

M. le marquis d'Andelarre. C'est cela ! Très-bien !

M. André (de la Charente). Je sais bien que pour justifier cette aggravation d'impôt de 25 p. 100 sur la propriété rurale, tandis que la propriété urbaine n'est pas augmentée, la commission et les projets de lois allèguent que dans les villes le prix de vente se base environ sur 5 p. 100 du revenu, tandis que dans les campagnes on achèterait encore à 3 p. 100 et 2 1/2 p. 100 du capital qu'on engage.

En supposant que cette appréciation ait pu être exacte, ce que je conteste surtout quant aux propriétés urbaines, lesquelles n'exigent d'ailleurs ni la même surveillance du propriétaire, ni le même labeur, je dirais que les temps sont dans tous les cas bien changés, que les bras pour la culture sont de plus en plus rares, les impôts indirects sur les produits de plus en plus élevés, et qu'il y a sur la propriété agricole une dépréciation considérable...

Quelques voix. Très-bien !

3

des sceaux m'impose une réserve que je saurai garder.

Mais devant les inculpations que l'honorable M. de Choiseul vient d'apporter à la tribune, je me réserve, le jour où le débat s'engagera sur le fond de l'incident, de donner à cet égard toutes les explications que j'aurai à donner, et j'espère qu'elles seront nettes et péremptoires. (Très-bien ! et applaudissements sur plusieurs bancs à droite.)

M. le président. L'incident est clos.

La parole est à M. de Soubeyran pour déposer un rapport.

M. le baron de Soubeyran. Messieurs, j'ai l'honneur de déposer sur le bureau de l'Assemblée, au nom de la commission du budget, un rapport sur le projet de loi ayant pour objet d'ouvrir au ministre de l'agriculture et du commerce, sur le budget de l'exercice 1876, un crédit de 600.000 fr. pour les dépenses de l'exposition de Philadelphie.

Le rapport, messieurs, sera distribué demain. Nous vous demanderons de vouloir bien le mettre à l'ordre du jour de lundi.

M. le président. Le rapport sera imprimé et distribué.

M. Buffet, *ministre de l'intérieur, vice-président du conseil.* J'ai l'honneur de déposer sur le bureau de l'Assemblée un projet de loi ayant pour objet d'ouvrir au ministre de l'intérieur, sur l'exercice 1874, un crédit supplémentaire de 152,000 fr. au chapitre 5 (Prisons) du budget du gouvernement général civil de l'Algérie.

M. le président. Le projet de loi sera imprimé, distribué et renvoyé à la commission du budget.

Nous reprenons la discussion du projet de loi relatif à divers droits d'enregistrement.

Sur l'article 5, il y a un amendement présenté par MM. Parent et Dréo.

M. Parent. Mon amendement, monsieur le président, est un article additionnel qui ne peut venir en discussion que si l'article 5 est lui-même adopté.

M. le président. L'amendement de M. Parent étant un article additionnel à l'article 5, je donne la parole à M. Guichard sur l'article 5.

M. Guichard. Messieurs, j'ai de très-courtes observations à vous présenter contre l'article 5.

J'avais cru, jusqu'à présent, que l'égalité devant la loi, l'égalité des biens comme pour les personnes, était un principe de notre droit public. Aussi, ce n'est pas sans étonnement que j'ai vu, dans l'article proposé par le Gouvernement et dans l'article adopté par la commission, que l'on faisait une distinction entre les immeubles ruraux et les autres immeubles.

Il n'est pas difficile de juger de l'importance de cette distinction et du dommage qu'elle peut causer à l'agriculture.

D'après l'article 15 de la loi du 22 frimaire an VII, le législateur, pour la perception du droit de mutation, distingue deux catégories de mutations : les mutations à titre onéreux et les mutations pour cause de décès ou à titre gratuit.

Pour les mutations à titre onéreux, le droit est assis sur le prix exprimé dans le contrat, prix que l'administration a la faculté de faire rectifier si elle croit que la déclaration n'a pas été exacte.

Quant aux autres mutations, on n'estime pas la valeur vénale, on multiplie le revenu par le chiffre 20. C'est à propos de ce dernier mode d'asseoir le droit sur les immeubles qui sont transmis après décès ou à titre gratuit, que l'on a introduit la distinction entre les immeubles ruraux et ceux qui ne sont pas réputés ruraux.

Pour les immeubles ruraux, on ne veut plus multiplier leur revenu par 20, mais, comme le propose la commission, par le chiffre 25. C'est une augmentation de 25 p. 100 dans ce droit.

Ce n'est pas sans motif que le législateur de l'an VII et que tous ceux qui lui ont succédé ont maintenu cette distinction entre les mutations à titre onéreux et les mutations à titre gratuit ou pour cause de décès. Le législateur a vu dans ce mode d'évaluation une sorte de compensation aux dettes passives que l'on ne déduit pas de l'actif des successions. Il a surtout considéré qu'à l'égard de la propriété rurale il fallait tenir compte des charges dont elle est grevée.

Quand un immeuble rapporte 5,000 francs, on n'en déduit pas les charges ; on n'en déduit pas les 5 ou 600 francs d'impôts qui grèvent la propriété, ni les charges que nécessitent toujours l'entretien et les réparations de l'immeuble ; de sorte qu'en multipliant le revenu par 20, pour fixer la valeur du capital, on arrive, surtout dans le moment actuel, d'une manière très-approximative à la valeur réelle.

Mais il y a surtout une charge que le législateur a considérée, c'est celle qui résulte des dettes. Les immeubles sont chargés de dettes, surtout dans les campagnes, et c'est contre la propriété rurale que l'article 5 propose une mesure exceptionnelle d'aggravation.

Le propriétaire rural, quand il travaille de ses propres mains, est forcé par sa situation à être toujours plus ou moins endetté. On ne va pas acheter de la terre comme on va chez un agent de change acheter une action ou une obligation. Quand on vend de la terre dans la commune, on profite de l'occasion pour en acheter selon ses moyens ; le délai pour payer est de quatre ou cinq ans, et il est impossible que le petit propriétaire rural, dont la légitime ambition et la passion sont de devenir propriétaire, ne soit pas endetté.

Puis, le petit propriétaire qui travaille de ses mains ne veut pas louer sa terre, car cette terre louée ne lui offre qu'un résultat insignifiant. La terre a pour lui un grand intérêt, comme instrument de travail. Quand il a épousé une femme qui a un petit bien dans une commune voisine, il vend ce bien et achète dans sa commune, de sorte que voilà deux particuliers endettés. Aussi, il n'y a pas d'exagération à dire que ces petits propriétaires sont grevés d'un passif qui égale un quart ou la moitié de leur actif. Eh bien, considérez maintenant à quel degré grèvera le droit que vous proposez de leur imposer.

Or, messieurs, lorsque dans une petite succession, il y a un quart ou une moitié en dettes,

c'est tout de suite de 25 ou 50 p. 100 que vous augmentez les droits de succession. (Bruit de conversations.)

Je vous demande, messieurs, encore cinq minutes d'attention...

M. le marquis d'Andelarre. C'est très-important, et cela mérite bien l'attention de l'Assemblée !

M. Guichard. Veuillez considérer, messieurs, quelle est l'importance du droit qu'on vous demande d'établir. Considérez-le à son point le plus minime, lorsqu'il s'agit de succession en ligne directe ; puis considérez-le à son point culminant, lorsqu'il s'agit de successions collatérales. Sous le droit actuel, il y a, pour un revenu de 5 fr. un capital évalué à 100 fr. et 1 fr. d'impôt, puis avec les 2 décimes et 1/2 décime, c'est 1 fr. 25. Mais quand vous aurez multiplié par le chiffre 25 au lieu de multiplier par le chiffre 20, vous allez arriver, s'il n'y a pas de dettes, à 1 fr. 56, et s'il y a un quart de dettes à 1 fr. 87, et s'il y a moitié de dettes à 2 francs et quelques centimes. Vous doublez donc le droit.

Maintenant, considérez le résultat quand il s'agit du droit le plus élevé, ce qui a lieu lors d'une succession collatérale, le droit actuel est de 9 francs ; avec le décime et les doubles décimes, vous arrivez à 11 fr. 25. Si vous supposez qu'il y a un quart de dettes, c'est 14 fr. Avec la loi proposée et la moitié de dettes, la succession collatérale sera frappée d'un droit de 21 francs.

Messieurs, c'est exorbitant ! Et remarquez que cela ne tombe que sur les immeubles ruraux ; c'est le patrimoine rural, c'est la famille agricole que vous attaquez. Eh bien, je vous le demande, le moment est-il bien choisi pour attaquer la famille agricole ? Comment ! c'est lorsque nous sommes tous préoccupés de ce mouvement qui détourne les habitants des campagnes et les accumule dans les villes, c'est à ce moment que vous créez une loi exceptionnelle pour attaquer la famille agricole ! (C'est vrai ! c'est vrai ! — Très-bien ! très-bien ! sur divers bancs.)

Ce qu'on vous propose, messieurs, je vous demande de ne pas le faire.

Je me borne à ces considérations, et j'espère que vos réflexions seront plus éloquentes que mes paroles. (Très-bien ! — Aux voix ! aux voix !)

M. le président. La parole est à M. André.

M. Wilson. C'est dans le même sens !

M. le président. Personne ne demandant la parole pour, M. André a la parole contre.

M. André (de la Charente). Messieurs, la loi du 22 frimaire an VII, relative aux mutations à titre gratuit par donations entre-vifs et aux successions, a adopté une base de capitalisation des immeubles, établie sur vingt fois le revenu. Ainsi, une parcelle de 100 fr. de revenu est, au point de vue de l'impôt, estimée 2,000 fr., et cette base de capitalisation passée dans les mœurs a fonctionné sans récrimination depuis l'an VII jusqu'à nos jours.

Le précédent ministre des finances, l'honorable M. Mathieu-Bodet, a déposé, le 11 janvier 1875, un projet de loi qui portait à 25 p. 100 au lieu de 20 p. 100 la capitalisation des immeubles non bâtis, ce qui s'appliquait sans doute, je le reconnais, à la propriété rurale,

puisque la propriété urbaine est ou à peu près exclusivement bâtie.

M. le ministre des finances actuel a repris purement et simplement le projet de son prédécesseur.

M. le ministre des finances. Et je l'appuie !

M. André (de la Charente). Soit ! mais la commission, exagérant encore cette base, propose, et M. le ministre accepte, d'établir le droit de 25 p. 100, non-seulement sur la propriété non bâtie, ce qui déjà était, à mon sens, une inégalité malheureuse et excessive, mais elle n'applique cette aggravation d'un quart de l'impôt qu'aux immeubles ruraux seulement, bâtis ou non, cette fois, puisqu'elle ne distingue pas.

Il sera assez difficile peut-être de déterminer quels sont les immeubles ruraux dans leurs délimitations avec les zones urbaines ; à quels caractères sera attachée la qualité de ville et l'immunité urbaine ? Et puis, dans la banlieue des villes, où et comment s'établira la limite qui séparera l'immeuble rural de l'immeuble urbain ? La commission n'a pris le soin ni de le prévoir ni de le dire.

Messieurs, l'importance du projet de loi et de l'article 5 en particulier est énorme. Ni le projet de loi, ni le rapport de la commission ne précisent les conséquences chiffrées de la disposition qui vous est proposée. Ces conséquences ne peuvent cependant passer inaperçues.

J'ai pris quelques renseignements à cet égard. M. Mathieu-Bodet évaluait, je crois, à 24 millions le produit qu'il espérait du projet de loi du 11 janvier 1875. Le ministre actuel, M. Say, et la commission, après diverses modifications introduites, ne porteraient, si je suis bien informé, l'évaluation du projet de loi qu'à 17 millions. Or, dans ces 17 millions, il y a 11 millions seulement pour cette surcharge d'un quart (25 au lieu de 20 p. 100) sur les mutations par donations ou successions de la propriété rurale. Cet article 5, j'avais raison de le dire, est presque toute la loi ; et vous remarquerez, messieurs, que ces 11 millions portant exclusivement sur la propriété agricole ou rurale, c'est tout d'abord une singulière inégalité dans l'impôt.

M. le marquis d'Andelarre. C'est cela ! Très-bien !

M. André (de la Charente). Je sais bien que pour justifier cette aggravation d'impôt de 25 p. 100 sur la propriété rurale, tandis que la propriété urbaine n'est pas augmentée, la commission et les projets de lois allèguent que dans les villes le prix de vente se base environ sur 5 p. 100 du revenu, tandis que dans les campagnes on achèterait encore à 3 p. 100 et 2 1/2 p. 100 du capital qu'engage.

En supposant que cette appréciation ait pu être exacte, ce que je conteste surtout quant aux propriétés urbaines, lesquelles n'exigent d'ailleurs ni la même surveillance du propriétaire, ni le même labeur ; je dirais que les temps sont dans tous les cas bien changés, que les bras pour la culture sont de plus en plus rares, que les impôts indirects sur les produits de plus en plus élevés, qu'il y a sur la propriété agricole une dépréciation considérable...

Quelques voix. Très-bien !

des sceaux m'impose une réserve que je saurai garder.

Mais devant les inculpations que l'honorable M. de Choiseul vient d'apporter à la tribune, je me réserve, le jour où le débat s'engagera sur le fond de l'incident, de donner à cet égard toutes les explications que j'aurai à donner, et j'espère qu'elles seront nettes et péremptoires. (Très-bien ! et applaudissements sur plusieurs bancs à droite.)

M. le président. L'incident est clos.

La parole est à M. de Soubeyran pour déposer un rapport.

M. le baron de Soubeyran. Messieurs, j'ai l'honneur de déposer sur le bureau de l'Assemblée, au nom de la commission du budget, un rapport sur le projet de loi ayant pour objet d'ouvrir au ministre de l'agriculture et du commerce, sur le budget de l'exercice 1876, un crédit de 600,000 fr. pour les dépenses de l'exposition de Philadelphie.

Le rapport, messieurs, sera distribué demain. Nous vous demanderons de vouloir bien le mettre à l'ordre du jour de lundi.

M. le président. Le rapport sera imprimé et distribué.

M. Buffet, *ministre de l'intérieur, vice-président du conseil.* J'ai l'honneur de déposer sur le bureau de l'Assemblée un projet de loi ayant pour objet d'ouvrir au ministre de l'intérieur, sur l'exercice 1874, un crédit supplémentaire de 152,000 fr. au chapitre 5 (Prisons) du budget du gouvernement général civil de l'Algérie.

M. le président. Le projet de loi sera imprimé, distribué et renvoyé à la commission du budget.

Nous reprenons la discussion du projet de loi relatif à divers droits d'enregistrement.

Sur l'article 5, il y a un amendement présenté par MM. Parent et Dréo.

M. Parent. Mon amendement, monsieur le président, est un article additionnel qui ne peut venir en discussion que si l'article 5 est lui-même adopté.

M. le président. L'amendement de M. Parent étant un article additionnel à l'article 5, je donne la parole à M. Guichard sur l'article 5.

M. Guichard. Messieurs, j'ai de très-courtes observations à vous présenter contre l'article 5.

J'avais cru, jusqu'à présent, que l'égalité devant la loi, pour les biens comme pour les personnes, était un principe de notre droit public. Aussi, ce n'est pas sans étonnement que j'ai vu, dans l'article proposé par le Gouvernement et dans l'article adopté par la commission, que l'on faisait une distinction entre les immeubles ruraux et les autres immeubles.

Il n'est pas difficile de juger de l'importance de cette distinction et du dommage qu'elle peut causer à l'agriculture.

D'après l'article 15 de la loi du 22 frimaire an VII, le législateur, pour la perception du droit de mutation, distingue deux catégories de mutations : les mutations à titre onéreux et les mutations pour cause de décès ou à titre gratuit.

Pour les mutations à titre onéreux, le droit est assis sur le prix exprimé dans le contrat, prix que l'administration a la faculté de faire rectifier si elle croit que la déclaration n'a pas été exacte.

Quant aux autres mutations, on n'estime pas la valeur vénale, on multiplie le revenu par le chiffre 20. C'est à propos de ce dernier mode d'asseoir le droit sur les immeubles qui sont transmis après décès ou à titre gratuit, que l'on a introduit la distinction entre les immeubles ruraux et ceux qui ne sont pas réputés ruraux.

Pour les immeubles ruraux, on ne veut plus multiplier leur revenu par 20, mais, comme le propose la commission, par le chiffre 25. C'est une augmentation de 25 p. 100 dans ce droit.

Ce n'est pas sans motif que le législateur de l'an VII et que tous ceux qui lui ont succédé ont maintenu cette distinction entre les mutations à titre onéreux et les mutations à titre gratuit ou pour cause de décès. Le législateur a vu dans ce mode d'évaluation une sorte de compensation aux dettes passives que l'on ne déduit pas de l'actif des successions. Il a surtout considéré qu'à l'égard de la propriété rurale il fallait tenir compte des charges dont elle est grevée.

Quand un immeuble rapporte 5,000 francs, on n'en déduit pas les charges ; on n'en déduit pas les 5 ou 600 francs d'impôts qui grèvent la propriété, ni les charges que nécessitent toujours l'entretien et les réparations de l'immeuble ; de sorte qu'en multipliant le revenu par 20, pour fixer la valeur du capital, on arrive, surtout dans le moment actuel, d'une manière très-approximative à la valeur réelle.

Mais il y a surtout une charge que le législateur a considérée, c'est celle qui résulte des dettes. Les immeubles sont chargés de dettes, surtout dans les campagnes, et c'est contre les propriétés rurales que l'article 5 propose une mesure exceptionnelle d'aggravation.

Le propriétaire rural, quand il travaille de ses propres mains, est forcé par sa situation à être toujours plus ou moins endetté. On ne va pas acheter de la terre comme on va chez un agent de change acheter une action ou une obligation. Quand on vend de la terre dans la commune, on profite de l'occasion pour la acheter selon ses moyens ; le délai pour payer est de quatre ou cinq ans, et il est impossible que le petit propriétaire rural, dont la légitime ambition et la passion sont de devenir propriétaire, ne soit pas endetté.

Puis, le petit propriétaire qui travaille de ses mains ne veut pas louer sa terre, car cette terre louée ne lui offre qu'un résultat insignifiant. La terre a pour lui un grand intérêt, comme instrument de travail. Quand il a épousé une femme qui a un petit bien dans une commune voisine, il vend ce bien et achète dans sa commune, de sorte que voilà deux particuliers endettés. Aussi, il n'y a pas d'exagération à dire que ces petits propriétaires sont grevés d'un passif qui égale un quart ou la moitié de leur actif. Eh bien, considérez maintenant à quel degré les grèvera le droit que vous proposez de leur imposer.

Or, messieurs, lorsque dans une petite succession, il y a un quart ou une moitié en dettes,

c'est tout de suite de 25 ou 50 p. 100 que vous augmentez les droits de succession. (Bruit de conversations.)

Je vous demande, messieurs, encore cinq minutes d'attention...

M. le marquis d'Andelarre. C'est très-important, et cela mérite bien l'attention de l'Assemblée !

M. Guichard. Veuillez considérer, messieurs, quelle est l'importance du droit qu'on vous demande d'établir. Considérez-le à son point le plus minime, lorsqu'il s'agit de succession en ligne directe ; puis considérez-le à son point culminant, lorsqu'il s'agit de successions collatérales. Sous le droit actuel, il y a, pour un revenu de 5 fr. un capital évalué à 100 fr. et 1 fr, d'impôt, puis avec les 2 décimes et 1/2 décime, c'est 1 fr. 25. Mais quand vous aurez multiplié par le chiffre 25 au lieu de multiplier par le chiffre 20, vous allez arriver, s'il n'y a pas de dettes, à 1 fr. 56, et s'il y a un quart de dettes à 1 fr. 87, et s'il y a moitié de dettes à 2 francs et quelques centimes. Vous doublez donc le droit.

Maintenant, considérez le résultat quand il s'agit du droit le plus élevé, ce qui a lieu lors d'une succession collatérale, le droit actuel est de 9 francs ; avec le décime et les doubles décimes, vous arrivez à 11 fr. 25. Si vous supposez qu'il y a un quart de dettes, c'est 14 fr. Avec la loi proposée et la moitié de dettes, la succession collatérale sera frappée d'un droit de 21 francs.

Messieurs, c'est exorbitant ! Et remarquez que cela ne tombe que sur les immeubles ruraux ; c'est le patrimoine rural, c'est la famille agricole que vous attaquez. Eh bien, on le demande, le moment est-il bien choisi pour attaquer la famille agricole ! Comment ! c'est lorsque nous sommes préoccupés de ce mouvement qui détourne les habitants des campagnes et les accumule dans les villes, c'est à ce moment que vous créez une loi exceptionnelle pour attaquer la famille agricole ! (C'est vrai ! c'est vrai ! — Très-bien ! très-bien ! sur divers bancs.)

Ce qu'on vous propose, messieurs, je vous demande de ne pas le faire.

Je me borne à ces considérations, et j'espère que vos réflexions seront plus éloquentes que mes paroles. (Très-bien ! — Aux voix ! aux voix !)

M. le président. La parole est à M. André.

M. Wilson. C'est dans le même sens !

M. le président. Personne ne demandant la parole pour, M. André a la parole contre.

M. André (de la Charente). Messieurs, la loi du 22 frimaire an VII, relative aux mutations à titre gratuit par donations entre-vifs et aux successions, a adopté une base de capitalisation des immeubles, établie sur vingt fois le revenu. Ainsi, une parcelle de 100 fr. de revenu est, au point de vue de l'impôt, estimée 2,000 fr., et cette base de capitalisation passée dans les mœurs a fonctionné sans récrimination depuis l'an VII jusqu'à nos jours.

Le précédent ministre des finances, l'honorable M. Mathieu-Bodet, a déposé, le 11 janvier 1875, un projet de loi qui portait à 25 p. 100 au lieu de 20 p. 100 la capitalisation des immeubles non bâtis, ce qui s'appliquait sans doute, je le reconnais, à la propriété rurale,

puisque la propriété urbaine est ou à peu près exclusivement bâtie.

M. le ministre des finances actuel a repris purement et simplement le projet de son prédécesseur.

M. le ministre des finances. Et je l'appuie !

M. André (de la Charente). Soit ! mais la commission, exagérant encore cette base, propose, et M. le ministre accepte, d'établir le droit de 25 p. 100, non-seulement sur la propriété non bâtie, ce qui déjà était, à mon sens, une inégalité malheureuse et excessive, mais elle n'applique cette aggravation d'un quart de l'impôt qu'aux immeubles ruraux seulement, bâtis ou non, cette fois, puisqu'elle ne distingue pas.

Il sera assez difficile peut-être de déterminer quels sont les immeubles ruraux dans leurs délimitations avec les zones urbaines ; à quels caractères sera attachée la qualité de ville et l'immunité urbaine ? Et puis, dans la banlieue des villes, où est et comment s'établira la limite qui séparera l'immeuble rural de l'immeuble urbain ? La commission n'a pris le soin ni de le prévoir ni de le dire.

Messieurs, l'importance du projet de loi et de l'article 5 en particulier est énorme. Ni le projet de loi, ni le rapport de la commission ne précisent les conséquences chiffrées de la disposition qui vous est proposée. Ces conséquences ne peuvent cependant passer inaperçues.

J'ai pris quelques renseignements à cet égard. M. Mathieu-Bodet évaluait, je crois, à 24 millions le produit qu'il espérait du projet de loi du 11 janvier 1875. Le ministre actuel, M. Say, et la commission, après diverses modifications introduites, ne porteraient, si je suis bien informé, l'évaluation du projet de loi qu'à 17 millions. Or, dans ces 17 millions, il y a 11 millions seulement pour cette surcharge d'un quart (25 au lieu de 20 p. 100) sur les mutations par donations ou successions de la propriété rurale. Cet article 5, j'avais raison de le dire, est presque toute la loi ; et vous remarquerez, messieurs, que ces 11 millions portant exclusivement sur la propriété agricole ou rurale, constituent d'abord une singulière inégalité dans l'impôt.

M. le marquis d'Andelarre. C'est cela ! Très-bien !

M. André (de la Charente). Je sais bien que pour justifier cette aggravation d'impôt de 25 p. 100 sur la propriété rurale, tandis que la propriété urbaine n'est pas augmentée, la commission et les projets de lois allèguent que dans les villes le prix de vente se base environ sur 5 p. 100 du revenu, tandis que dans les campagnes on achèterait encore à 3 p. 100 et 2 1/2 p. 100 du capital qu'on engage.

En supposant cette appréciation ait pu être exacte, ce que je conteste surtout quant aux propriétés urbaines, lesquelles n'exigent d'ailleurs ni la même surveillance du propriétaire, ni le même labeur, je dirais que les temps sont dans tous les cas bien changés, que les bras pour la culture sont de plus en plus rares, les impôts indirects sur les produits de plus en plus élevés, et qu'il y a sur la propriété agricole une dépréciation considérable...

Quelques voix. Très-bien !

des sceaux m'impose une réserve que je saurai garder.

Mais devant les inculpations que l'honorable M. de Choiseul vient d'apporter à la tribune, je me réserve, le jour où le débat s'engagera sur le fond de l'incident, de donner à cet égard toutes les explications que j'aurai à donner, et j'espère qu'elles seront nettes et péremptoires. (Très-bien ! et applaudissements sur plusieurs bancs à droite.)

M. le président. L'incident est clos.

La parole est à M. de Soubeyran pour déposer un rapport.

M. le baron de Soubeyran. Messieurs, j'ai l'honneur de déposer sur le bureau de l'Assemblée, au nom de la commission du budget, un rapport sur le projet de loi ayant pour objet d'ouvrir au ministre de l'agriculture et du commerce, sur le budget de l'exercice 1876, un crédit de 600,000 fr. pour les dépenses de l'exposition de Philadelphie.

Le rapport, messieurs, sera distribué demain. Nous vous demanderons de vouloir bien le mettre à l'ordre du jour de lundi.

M. le président. Le rapport sera imprimé et distribué.

M. Buffet, *ministre de l'intérieur, vice-président du conseil.* J'ai l'honneur de déposer sur le bureau de l'Assemblée un projet de loi ayant pour objet d'ouvrir au ministre de l'intérieur, sur l'exercice 1874, un crédit supplémentaire de 152,000 fr. au chapitre 5 (Prisons du budget du gouvernement général civil de l'Algérie.

M. le président. Le projet de loi sera imprimé, distribué et renvoyé à la commission du budget.

Nous reprenons la discussion du projet de loi relatif à divers droits d'enregistrement.

Sur l'article 5, il y a un amendement présenté par MM. Parent et Dréo.

M. Parent. Mon amendement, monsieur le président, un article additionnel qui ne peut venir en discussion que si l'article 5 est lui-même adopté.

M. le président. L'amendement de M. Parent étant un article additionnel à l'article 5, je donne la parole à M. Guichard sur l'article 5.

M. Guichard. Messieurs, j'ai de très-courtes observations à vous présenter contre l'article 5.

J'avais cru, jusqu'à présent, que l'égalité devant la loi, pour les biens comme pour les personnes, était un principe de notre droit public. Aussi, ce n'est pas sans étonnement que j'ai vu, dans l'article proposé par le Gouvernement et dans l'article adopté par la commission, que l'on faisait une distinction entre les immeubles ruraux et les autres immeubles.

Il n'est pas difficile de juger de l'importance de cette distinction et du dommage qu'elle peut causer à l'agriculture.

D'après l'article 15 de la loi du 22 frimaire an VII, le législateur, pour la perception du droit de mutation, distingue deux catégories de mutations : les mutations à titre onéreux et les mutations pour cause de décès ou à titre gratuit.

Pour les mutations à titre onéreux, le droit est assis sur le prix exprimé dans le contrat, prix que l'administration a la faculté de faire rectifier si elle croit que la déclaration n'a pas été exacte.

Quant aux autres mutations, on n'estime pas la valeur vénale, on multiplie le revenu par le chiffre 20. C'est à propos de ce dernier mode d'asseoir le droit sur les immeubles qui sont transmis après décès ou à titre gratuit, que l'on a introduit la distinction entre les immeubles ruraux et ceux qui ne sont pas réputés ruraux.

Pour les immeubles ruraux, on ne veut plus multiplier leur revenu par 20, mais, comme le propose la commission, par le chiffre 25. C'est une augmentation de 25 p. 100 dans ce droit.

Ce n'est pas sans motif que le législateur de l'an VII et que tous ceux qui lui ont succédé ont maintenu cette distinction entre les mutations à titre onéreux et les mutations à titre gratuit ou pour cause de décès. Le législateur a vu dans ce mode d'évaluation une sorte de compensation aux dettes passives que l'on ne déduit pas de l'actif des successions. Il a surtout considéré qu'à l'égard de la propriété rurale il fallait tenir compte des charges dont elle est grevée.

Quand un immeuble rapporte 5,000 francs, on n'en déduit pas les charges; on n'en déduit pas les 5 ou 600 francs d'impôts qui grèvent la propriété, ni les charges que nécessitent toujours l'entretien et les réparations de l'immeuble; de sorte qu'en multipliant le revenu par 20, pour fixer la valeur du capital, on arrive, surtout dans le moment actuel, d'une manière très-approximative à la valeur réelle.

Mais il y a surtout une charge que le législateur a considérée, c'est celle qui résulte des dettes. Les immeubles sont chargés de dettes, surtout dans les campagnes, et c'est contre les propriétés rurales que l'article 5 propose une mesure exceptionnelle d'aggravation.

Le propriétaire rural, quand il travaille de ses propres mains, est forcé par sa situation à être toujours plus ou moins endetté. On ne va pas acheter de la terre comme on va chez un agent de change acheter une action ou une obligation. Quand on vend de la terre dans la commune, on profite de l'occasion pour en acheter selon ses moyens; le délai pour payer est de quatre ou cinq ans, et il est impossible que le petit propriétaire rural, dont la légitime ambition et la passion sont de devenir propriétaire, ne soit pas endetté.

Puis, le petit propriétaire qui travaille de ses mains ne veut pas louer sa terre, car cette terre louée ne lui offre qu'un résultat insignifiant. La terre a pour lui un grand intérêt, comme instrument de travail. Quand il a épousé une femme qui a un petit bien dans une commune voisine, il vend ce bien et achète dans sa commune, de sorte que voilà deux particuliers endettés. Aussi, il n'y a pas d'exagération à dire que ces petits propriétaires sont grevés d'un passif qui égale un quart ou la moitié de leur actif. Eh bien, considérez maintenant à quel degré les grèvera le droit que vous proposez de leur imposer.

Or, messieurs, lorsque dans une petite succession, il y a un quart ou une moitié en dettes,

c'est tout de suite de 25 ou 50 p. 100 que vous augmentez les droits de succession. (Bruit de conversations.)

Je vous demande, messieurs, encore cinq minutes d'attention...

M. le marquis d'Andelarre. C'est très-important, et cela mérite bien l'attention de l'Assemblée !

M. Guichard. Veuillez considérer, messieurs, quelle est l'importance du droit qu'on vous demande d'établir. Considérez-le à son point le plus minime, lorsqu'il s'agit de succession en ligne directe ; puis considérez-le à son point culminant, lorsqu'il s'agit de successions collatérales. Sous le droit actuel, il y a, pour un revenu de 5 fr. un capital évalué à 100 fr. et 1 fr, d'impôt, puis avec les 2 décimes et 1/2 décime, c'est 1 fr. 25. Mais quand vous aurez multiplié par le chiffre 25 au lieu de multiplier par le chiffre 20, vous allez arriver, s'il n'y a pas de dettes, à 1 fr. 56, et s'il y a un quart de dettes à 1 fr. 87, et s'il y a moitié de dettes à 2 francs et quelques centimes. Vous doublez donc le droit.

Maintenant, considérez le résultat quand il s'agit du droit le plus élevé, ce qui a lieu lors d'une succession collatérale, le droit actuel est de 9 francs ; avec le décime et les doubles décimes, vous arrivez à 11 fr. 25. Si vous supposez qu'il y a un quart de dettes, c'est 14 fr. Avec la loi proposée et la moitié de dettes, la succession collatérale sera frappée d'un droit de 21 francs.

Messieurs, c'est exorbitant ! Et remarquez que cela ne tombe que sur les immeubles ruraux ; c'est le patrimoine rural, c'est la famille agricole que vous attaquez. Eh bien, je vous le demande, le moment est-il bien choisi pour attaquer la famille agricole ? Comment ! c'est lorsque nous sommes tous préoccupés de ce mouvement qui détourne les habitants des campagnes et les accumule dans les villes, c'est à ce moment que vous créez une loi exceptionnelle pour attaquer la famille agricole ! (C'est vrai ! c'est vrai ! — Très-bien ! très-bien ! sur divers bancs.)

Ce qu'on vous propose, messieurs, je vous demande de ne pas le faire.

Je me borne à ces considérations, et j'espère que vos réflexions seront plus éloquentes que mes paroles. (Très-bien ! — Aux voix ! aux voix !)

M. le président. La parole est à M. André.

M. Wilson. C'est dans le même sens !

M. le président. Personne ne demandant la parole pour, M. André a la parole contre.

M. André (de la Charente). Messieurs, la loi du 22 frimaire an VII, relative aux mutations à titre gratuit par donations entre-vifs et aux successions, a adopté une base de capitalisation des immeubles, établie sur vingt fois le revenu. Ainsi, une parcelle de 100 fr. de revenu est, au point de vue de l'impôt, estimée 2,000 fr., et cette base de capitalisation passée dans les mœurs a fonctionné sans récrimination depuis l'an VII jusqu'à nos jours.

Le précédent ministre des finances, l'honorable M. Mathieu-Bodet, a déposé, le 11 janvier 1875, un projet de loi qui portait à 25 p. 100 au lieu de 20 p. 100 la capitalisation des immeubles non bâtis, ce qui s'appliquait surtout, je le reconnais, à la propriété rurale,

puisque la propriété urbaine est ou à peu près exclusivement bâtie.

M. le ministre des finances actuel a repris purement et simplement le projet de son prédécesseur.

M. le ministre des finances. Et je l'appuie !

M. André (de la Charente). Soit ! mais la commission, exagérant encore cette base, propose, et M. le ministre accepte, d'établir le droit de 25 p. 100, non-seulement sur la propriété non bâtie, ce qui déjà était, à mon sens, une inégalité malheureuse et excessive, mais elle n'applique cette aggravation d'un quart de l'impôt qu'aux immeubles ruraux seulement, bâtis ou non, cette fois, puisqu'elle ne distingue pas.

Il sera assez difficile peut-être de déterminer quels sont les immeubles ruraux dans leurs délimitations avec les zones urbaines ; à quels caractères sera attachée la qualité de ville et l'immunité urbaine ? Et puis, dans la banlieue des villes, où et comment s'établira la limite qui séparera l'immeuble rural de l'immeuble urbain ? La commission n'a pris le soin ni de le prévoir ni de le dire.

Messieurs, l'importance du projet de loi et de l'article 5 en particulier est énorme. Ni le projet de loi, ni le rapport de la commission ne précisent les conséquences chiffrées de la disposition qui vous est proposée. Ces conséquences ne peuvent cependant passer inaperçues.

J'ai pris quelques renseignements à cet égard. M. Mathieu-Bodet évaluait, je crois, à 24 millions le produit qu'il espérait du projet de loi du 11 janvier 1875. Le ministre actuel, M. Say, et la commission, après diverses modifications introduites, ne porteraient, si je suis bien informé, l'évaluation du projet de loi qu'à 17 millions. Or, dans ces 17 millions, il y a 11 millions seulement pour cette surcharge d'un quart (25 au lieu de 20 p. 100) sur les mutations par donations ou successions de la propriété rurale. Cet article 5, j'avais raison de le dire, est presque toute la loi ; et vous remarquerez, messieurs, que ces 11 millions portant exclusivement sur la propriété agricole ou rurale, c'est tout d'abord une singulière inégalité dans l'impôt.

M. le marquis d'Andelarre. C'est cela ! Très-bien !

M. André (de la Charente). Je sais bien que pour justifier cette aggravation d'impôt de 25 p. 100 sur la propriété rurale, tandis que la propriété urbaine n'est pas augmentée, la commission et les projets de lois allèguent que dans les villes le prix de vente est environ 5 p. 100 du revenu, tandis que dans les campagnes on achèterait encore à 3 p. 100 et 2 1/2 p. 100 du capital qu'on engage.

En supposant que cette appréciation ait pu être exacte, ce que je conteste surtout quant aux propriétés urbaines, lesquelles n'exigent d'ailleurs ni la même surveillance du propriétaire, ni le même travail, je dirais que les temps sont dans tous les cas bien changés, que les bras pour la culture étant en plus rares, les impôts indirects sur les produits de plus en plus élevés, et qu'il y a sur la propriété agricole une dépréciation considérable...

Quelques voix. Très-bien !

M. André (de la Charente). ... et qu'il n'y a pas de raisons suffisantes pour établir des catégories, pour distinguer entre la propriété urbaine et la propriété rurale, pour créer des dissentiments et semer des jalousies.

Mais, dans leurs préférences, la commission et les auteurs du projet de loi ont-ils bien réfléchi à quelle nature et à quelle qualité de contribuables cette aggravation s'adresse?

Si nous nous reportons aux comptes généraux des recettes et dépenses qui nous sont soumis chaque année, au compte des recettes, par exemple de 1869, que j'ai sous la main, à la page 107, je lis que la surface totale de la France était alors de 54,362,000 hectares, à diminuer de 800,000 hectares pour pertes de territoire; et si on distrait 500,000 hectares environ pour la surface du sol occupée par les villes, et 3 millions d'hectares environ de superficie non imposable, tels que routes et chemins, voies navigables, cours d'eaux, etc., la superficie agricole ou rurale imposable serait environ de 50 millions d'hectares.

Or, ce n'est point exagérer de supposer deux parcelles et demie par hectare; ces chiffres sont évidemment approximatifs, mais cette base cependant est, je le crois, admissible et administrativement admise.

C'est donc 125 millions de parcelles environ qui se trouveront constituer la propriété rurale, et c'est à ce morcellement que correspond cette disposition de la loi qu'on nous demande de voter.

Et maintenant, quoique nous n'ayons pas les chiffres précis, car l'incendie du ministère des finances lors de la Commune a détruit les documents antérieurs, je trouve dans mes souvenirs et dans les discussions du temps, qu'à l'occasion de la loi qui rendit les transcriptions obligatoires, les mutations seules à titre onéreux correspondaient aux chiffres suivants : il y avait annuellement 13 millions de contrats de vente et sur les 13 millions 5 millions au-dessous de 100 fr., et 7 millions au-dessous de 200 fr.

Je ne cite ces chiffres que pour donner une idée de l'immense quantité de petits contribuables et d'intérêts que renferme cette démocratie rurale qui, si elle n'a pas droit à vos faveurs, a du moins droit à votre justice.

Comment ! c'est, lorsque la loi et les nécessités d'organisation militaire imposent à toutes les propriétés sans doute, mais surtout à la culture agricole de si grands sacrifices, qu'on lui infligerait de pareilles surtaxes; ce service militaire universel est une nécessité patriotique qu'il faut accepter sans doute, mais il n'est aucun de vous, messieurs, qui n'ait les mains pleines de ces supplications de pères de famille demandant quelque sursis pour leurs enfants, à cause de leurs travaux en souffrance; vous n'y pouvez rien et vous faites comprendre qu'il y a là une nécessité d'ordre supérieur et patriotique ; mais les bras font de plus en plus défaut, la main-d'œuvre manque ou se fait rare, le prix de revient et les frais s'élèvent, et la propriété se déprécie.

Ce fait est commun à la propriété morcelée comme aux propriétés affermables ou affermées qui, elles aussi, souffrent généralement de la rareté et du prix de la main-d'œuvre.

Il en résulte une décroissance certaine dans les ventes en détail et dans le prix de la propriété agricole, et quand la loi proposée vient supposer des capitalisations à 2 1/2 et 3 p. 100, je réponds que cette appréciation ne répond pas à la douloureuse réalité des faits.

J'ai parlé tout à l'heure, messieurs, de l'énorme morcellement de la propriété rurale, qui, s'il a ses inconvénients, a néanmoins ses avantages et ses garanties par les attaches de la population au sol et à la prospérité publique. Je ne veux pas dire, assurément, qu'il n'en soit pas ainsi de la propriété urbaine, et si j'en suis réduit à comparer, ce n'est pas ma faute, c'est celle de la loi qui vous est proposée, et qui pour la première fois établit ces différences et ces inégalités.

Mais enfin, tandis que la propriété si morcelée se cultive généralement par ses propriétaires, dans la propriété urbaine qui n'est pas elle, morcelée, les maisons se louent, et si nous en jugeons par l'accroissement constant de la population des villes, elles ne doivent pas manquer et ne manquent pas de locataires. J'ajoute que tandis que parmi les cotes foncières agricoles ou rurales, il y a assurément plus de 3 millions de cotes au-dessous de 5 fr., les villes ne connaissent que des propriétés et des contribuables propriétaires importants pour lesquels la taxe de l'impôt n'est assurément pas plus difficile, et qui, ayant droit sans doute à la justice, n'ont pas droit à la faveur. Et si des propriétés je passe à la situation comparée des contribuables, que voyons-nous ?

Tandis que l'ouvrier agricole, propriétaire, ou non, de quelque parcelle, est soumis à l'impôt personnel, à l'impôt des portes et fenêtres, à l'impôt de prestation, les loyers au-dessous de 600 fr. à Paris, et par une mesure qui se généralise dans les autres villes, sont exemptés ou affranchis de tous ces impôts.

Et, si l'on me dit que les taxes sont rachetées par l'octroi, que ne payent pas les contribuables ruraux, je réponds que les droits d'octroi, au lieu de porter sur des produits fabriqués ou composés, ne frappent généralement que sur les boissons, la viande, les fourrages, les matériaux de construction, c'est-à-dire sur les produits spontanés de la terre, et ne sont, pour une partie notable, qu'une dépréciation ou une charge de l'agriculture et de la propriété rurale.

Mais enfin, il y a un critérium certain et qui proteste contre l'exagération d'impôt et contre l'inégalité qu'on veut vous faire voter. Ce critérium, le voici : Est-ce que la dépopulation des campagnes a diminué ?

M. Parent (Savoie). Elle augmente !

M. André (de la Charente). Si vous vous reportez aux états qui vous ont été distribués, et que je regrette de ne pas avoir ici sous la main, vous verrez partout que nos départements agricoles ont subi une dépopulation considérable. Les populations se précipitent dans les villes, cela est certain, et ce sont les départements les plus pauvres qui ont le plus souffert et le plus perdu.

Eh bien, cela est un signe certain. Si, comme on le dit, la propriété urbaine était plus grevée dans la répartition des charges publiques que la propriété rurale, vous ne verriez pas cet accroissement d'émigration qui nous afflige et qui s'augmente chaque jour.

Cette question si grave n'est pas, je me plais à le croire, une question politique. Il s'agit heureusement d'une de ces solutions de justice et d'humanité sur lesquelles, de tous les côtés de l'Assemblée et sans esprit de parti, il doit être possible de s'entendre.

Je crois que le Gouvernement n'a pas suffisamment médité ses projets, et que la commission les a malheureusement encore exagérés ; cette loi tend à aggraver les préjugés qui existent entre les populations urbaines et les populations rurales ; elle augmente d'un quart l'impôt déjà si considérable qui frappe sur les transmissions entre-vifs et sur les successions. Elle superpose, quant aux partages d'ascendants notamment, sur les 50 p. 100 de taxe de transcription que vous venez de préjuger à l'article 4, 25 p. 100 de la taxe antérieure, et, divisant pour régner, elle n'inflige ces surtaxes d'impôt qu'à la propriété rurale, sans même en définir le caractère et les limites.

Or, je dis qu'il est impossible à cette Assemblée de voter des surtaxes ainsi réparties et présentées. Et quand je me reporte à vos sessions antérieures, alors qu'un grand nombre de membres de cette Assemblée avaient proposé un impôt sur le chiffre des affaires, impôt qui devait rapporter le chiffre de 160 millions, mais dont l'abandon nous a conduits aux surtaxes au milieu desquelles nous nous débattons ; quand je vois surtout que le retrait de cet impôt nous a amenés à voter une surtaxe sur le sel ; puis l'assimilation plus récente encore, en fait de boissons, de la consommation intérieure de la famille à la consommation du cabaret, et enfin aujourd'hui à la proposition d'une surtaxe d'un quart sur les droits de mutation à titre gratuit et sur les successions des immeubles ruraux ; quand je vois ces inégalités, ces résultats et leurs causes premières, je proteste, quant à moi, et je déclare qu'il y a lieu de revenir à de plus justes taxes, et que je voterai contre l'article 5 et contre la loi. (Très-bien ! et approbation sur divers bancs.)

M. Léon-Say, ministre des finances. Messieurs, j'aurais gardé le silence, laissant à l'honorable M. Mathieu-Bodet le soin de répondre sur ce que j'appelle la partie technique du projet de loi, si l'honorable M. André n'avait tout à l'heure prononcé cette phrase qui m'a paru singulière dans sa bouche :

« Quand je me reporte à la cause première qui nous force à discuter ces projets d'impôts... »

Eh bien, oui, reportons-nous à cette cause première. (Oui ! oui ! — Très-bien ! très-bien ! et applaudissements à gauche.) Vous la connaissez bien, messieurs, vous savez pourquoi nous sommes obligés de proposer ces impôts. (Oui ! oui ! — Très-bien !)

M. Haentjens. Vous savez bien, monsieur le ministre... (Bruit. — N'interrompez pas !) que c'est la Prusse qui est la cause première de nos désastres !

M. le ministre des finances. Et lorsqu'on vient, dans je ne sais quel intérêt, vous demander de repousser les impôts qui vous sont proposés, j'ai bien le droit de me reporter, moi aussi, à la cause première qui nous oblige à

pourrions-nous ... notre propo... ... ons cru que nous avions le devoir ... fit de la circonstance ... où ... ssion vont se trouver ... ... mander que l'on ap... ... ance, le régime d... ... qui nous en... ... espèce de pé... ... ition ... a-

Plusieurs membres ...

M. le ministre, messieurs, ... tre, messieurs ... qui sont charg... budget sont dans ... Hier encore on me ... poser à la mise à ... ttion de loi sur la retrait... désirais que cette loi ne ... qu'après le vote des impôts, ... qu'elle fût inscrite au feuilleton; et ... vous demander de voter un crédit suppl... taire de 1,250,000 francs pour les institut... et institutrices. Nous verrons alors si ceux qui ont le courage de refuser les impôts, auront le courage de refuser les crédits. (Très-bien !)

L'honorable M. Mathieu-Bodet qui a présenté le projet auquel je m'associe complètement, vous prouvera qu'il s'agit d'une répartition plus égale des charges qui pèsent sur la propriété. Il y a des impôts qui sont basés sur une valeur plus considérable que la valeur réelle, et d'autres, au contraire, qui sont calculés sur un taux inférieur au taux réel. Nous avons voulu rétablir l'égalité : c'est là le but de notre loi. (Très-bien ! très-bien ! — Aux voix ! aux voix !)

M. le président. Je mets aux voix l'article 5, qui est ainsi conçu :

« Art. 5. — Dans tous les cas où, conformément à l'article 15 de la loi du 22 frimaire an VII, le revenu doit être multiplié par 20 et par 10, il sera à l'avenir multiplié par 25 et par 12 1/2.

« Cette disposition ne s'appliquera qu'aux immeubles ruraux. »

M. André (de la Charente). Je demande la division.

M. le président. On a déposé une demande de scrutin. Sur quel paragraphe devra porter le scrutin ?

M. André (de la Charente). Si on vote au scrutin sur l'article, je retire ma demande de division.

M. le président. La demande de scrutin est signée par MM. de Vaulchier, vicomte d'Aboville, de Colombet, Ferdinand Boyer, marquis de Dampierre, de Féligonde, Vimal-Dessaignes, du Temple, comte de Cornulier-Lucinière, Bernard-Dutreil, Léopold Limayrac, Gasselin de Fresnay, Merveilleux du Vignaux, Lespinasse, Lestourgie, vicomte de Rodez-Bénavent, baron de Larcy, marquis de La Rochejaquelein, Louis de Saint-Pierre (Manche), vicomte de Saintenac, de Fontaine, de La Bassetière.

Le scrutin qui va avoir lieu porte sur les deux paragraphes de l'article.

Je préviens l'Assemblée qu'il y a un paragraphe additionnel sur lequel elle sera consultée ultérieurement.

(Le scrutin est ouvert et les votes sont recueillis.)

Il est procédé au dépouillement par MM. les secrétaires.

M. le président. Voici le résultat du dépouillement du scrutin :

Nombre des votants..... "543
Majorité absolue........ 272
   Pour l'adoption... 324
   Contre.......... 219

L'Assemblée nationale a adopté.

M. le président. Je donne lecture de l'article additionnel proposé par MM. Dréo et Parent :

« Sont exemptées de la taxe proportionnelle et de tous droits de mutation, les successions en ligne ascendante et en ligne descendante, et les dispositions entre époux, dont la valeur n'excède pas 1,000 francs pour la part de chaque héritier ou légataire, ou pour celle de l'époux survivant. »

La parole est à M. Parent.

M. Parent. Messieurs, l'article additionnel que nous vous proposons M. Dréo et moi, pour objet d'exempter de la taxe proportionnelle et de tous droits de mutation, les successions en ligne ascendante et en ligne descendante et les dispositions entre époux, lorsque la valeur n'excède pas 1,000 francs pour la part de chaque héritier ou légataire, ou pour celle de l'époux survivant.

L'heure avancée à laquelle nous sommes ne me permet pas de donner à cette proposition tout le développement qu'elle comporterait. Je me borne à la motiver succinctement.

Je me réfère tout d'abord à ce qui a été si bien dit par les précédents orateurs sur la situation particulière et détestable dans laquelle se trouve, en France, la petite, la toute petite propriété, celle à laquelle s'applique notre article additionnel.

M. Hervé de Saisy. Très-bien ! — C'est malheureusement trop vrai !

M. Parent. J'aurais voulu détacher, à l'appui, pour les faire passer sous vos yeux, quelques fragments empruntés soit au rapport de M. de Vatimesnil de 1850, soit aux dénonciations de M. Larrabure dans l'enquête agricole, soit à cette enquête agricole, si pleine de faits ; mais, je le répète, l'heure est trop avancée pour que j'entre dans ces détails.

Je me borne donc à dire que l'innovation que nous vous proposons est appliquée depuis longtemps ailleurs et qu'elle aurait pour résultat de mettre la législation française en harmonie avec les législations des pays voisins.

La France, il est fâcheux de le constater, est à peu près le seul pays où n'existe pas, en faveur des successions minimes dont il s'agit, cette exception que nous sollicitons de vous.

La Belgique exempte de tous droits les successions ne s'élevant pas, après déduction des dettes, à 1,000 fr. pour la part de chaque héritier ou légataire et celle de l'époux survivant.

La Hollande accorde la même immunité pour les successions qui n'excèdent pas 300 florins ; l'Italie pour celles qui ne dépassent pas 2,000 fr., et toujours défalcation faite des dettes !

L'immunité est donc plus considérable dans ces pays que celle qui serait faite par notre article additionnel au paysan français.

Je m'arrête là ; ces exemples me semblent répondre à toutes les objections et contenir une suffisante justification ; et, en conséquence, au nom des intérêts si considérables qui vous ont été exposés par les orateurs qui m'ont précédé à la tribune, au nom de cette foule de petits agriculteurs dont on vous a dépeint la situation, dans l'espoir de contribuer ainsi à arrêter cette émigration de nos populations rurales au sein des villes, et de les retenir au foyer agricole, je demande à l'Assemblée d'adopter notre article additionnel.

M. Mathieu-Bodet. Messieurs, l'Assemblée connaît l'article additionnel qui a été présenté par M. Parent. L'honorable membre demande que les parts héréditaires inférieures à 1,000 fr. soient dispensées du droit de mutation, en sorte que, dans une succession où il aurait cinq, six, sept ou huit héritiers qui auraient droit chacun à 1,000 fr., cette succession montant à 5, 6, 7 ou 8,000 fr. serait absolument affranchie du droit de mutation.

Cet article additionnel est absolument inacceptable ; son adoption serait une révolution dans notre législation financière.

Je vais d'abord indiquer quelles en seraient les conséquences.

Dans notre pays, où il y a de grandes divisions de la fortune, les droits de succession en ligne directe sont à peu près d'environ 40 millions.

Je ne puis faire ici le compte des droits supportés par les valeurs composant les successions dont il s'agit ; mais je suis convaincu qu'elles représentent une très-grande partie de la fortune transmise par voie héréditaire.

Si l'Assemblée admettait l'article additionnel proposé, il faudrait rayer de nos recettes environ 10 ou 15 millions par an. Je demande si notre budget est en situation de supporter un pareil sacrifice ? (Non ! non !)

On a parlé de ce qui se passait en Belgique ; parlons de ce qui se passe en France. Chez nous, c'est l'impôt proportionnel qui est le principe fondamental de notre législation. Nous avons détruit les priviléges d'en haut en 1789 ; ne rétablissons pas les priviléges en bas, ce qui serait tout aussi injuste. En France, l'impôt direct n'est pas établi sur les personnes, ce sont les choses qui y sont assujetties ; on ne prend pas en considération les personnes, on regarde les choses qui sont transmises. S'il s'agit de 1,000 fr., on paye le droit sur 1,000 fr. ; si la valeur transmise est de 100,000 francs, le droit porte sur 100,000 francs.

Je le répète, l'adoption de l'article proposé amènerait une révolution dans notre système financier, et pour le moment c'est, en outre, une impossibilité. (Très-bien ! très-bien ! — Aux voix ! aux voix !)

M. Parent. Je demande à répondre quelques mots. (Aux voix ! aux voix !)

Eh ! quoi, messieurs, je plaide en ce moment devant vous la cause du grand nombre, et je n'aurais pas le droit d'être entendu, lorsque surtout je demande à répondre à ce qui vient d'être dit par l'honorable M. Mathieu-Bodet, et que jusqu'à présent on m'a laissé ignorer quelles objections seraient faites à notre proposition ! (Parlez !)

M. Hervé de Saisy. D'autant plus aussi

que, dans l'état actuel, les petits héritages sont entièrement dévorés par le fisc et par la procédure !

M. Parent. L'honorable M. Mathieu-Bodet disait que l'adoption de notre article additionnel causerait une révolution dans la situation financière du pays et amènerait pour le Trésor une perte de 10 à 15 millions.

M. Mathieu-Bodet. Et même davantage !

M. Parent. Et même davantage, a-t-il la bonté d'ajouter.

Eh bien, j'ai sous les yeux le compte rendu, pour 1869, des recettes en matière de mutations par décès. J'y vois que les mutations par décès en ligne directe et les mutations entre époux sur les immeubles ne montent pas à plus de 20 millions en totalité.

M. Mathieu-Bodet. C'est une erreur ; voici les chiffres : Les successions en ligne directe...

M. Parent. Je parle de 1869 !

M. Mathieu-Bodet. Oui, il s'agit de l'année 1869, c'est le dernier compte que nous ayons. Les mutations en ligne directe ont produit 27 millions 500,000 francs...

M. Parent. C'est une erreur !

M. Mathieu-Bodet. Permettez ! je l'ai relevé moi-même.

...Et entre époux, 12 millions. Il faut augmenter ces deux sommes du décime et demi. Par conséquent, vous voyez la perte qu'entraînerait l'adoption de l'amendement, en supposant qu'il s'appliquât au tiers des successions, — et ce serait probablement davantage, — c'est sur ce point que je ne suis pas fixé ; — car M. le directeur général de l'enregistrement me disait que si on dispensait de l'impôt foncier les cotes inférieures à 10 fr., vous perdriez presque la moitié de cet impôt... (Aux voix ! aux voix !)

M. Parent. Je maintiens que les droits de mutation par décès, en 1869, se sont élevés en ligne directe à 14 millions, — il s'agit des immeubles, — et à 5 millions, entre époux, en chiffres ronds. Les chiffres que j'ai donnés sont exacts ; voici les documents. La perturbation donc peut-elle être aussi considérable ?

On a ajouté : Il ne faut pas créer de priviléges en bas dans un pays où on a supprimé tous les priviléges. Eh. bien, mais alors que l'on commence par supprimer ce triste privilége de la petite propriété d'avoir à supporter des frais qui dévorent et dépassent le capital ! En matière de mutation par décès, lorsqu'il y a des mineurs, les frais s'élèvent, suivant un rapport de M. Abattucci, à 112 p. 100 pour les successions au-dessous de 500 fr., à 100 p. 100 pour celles de 500 fr., etc. En matière de ventes judiciaires, les choses sont encore bien pis, suivant la statistique de 1872. Notre législation est ainsi faite que, dès qu'il s'agit de la petite propriété, les frais toujours absorbent le capital et souvent le dépassent de beaucoup.

Et lorsque nous saisissons cette occasion, qui nous semble favorable, pour demander un peu cette injustice, cette cruelle inégalité, on nous répond que nous voulons créer un privilége par en bas ! Supprimez avant tout ce triste privilége ; faites que la petite propriété ne soit pas rongée par les frais comme elle l'est inévitablement sous notre régime de procédure et de fiscalité, et peut-être

alors pourrions-nous renoncer à notre proposition.

Nous avons cru que nous avions le devoir de mettre à profit la circonstance actuelle où les droits de succession vont se trouver élevés de 25 p. 100, pour demander qu'on applique à la petite propriété, en France, le régime dont elle jouit dans tous les pays qui nous entourent, sans y apporter aucune espèce de perturbation. Y a-t-il plus à craindre de perturbations en France ? (Aux voix ! aux voix !)

M. le président. Il y a, sur la disposition additionnelle à l'article 5 proposée par MM. Parent et Dréo, une demande de scrutin.

A gauche. Elle est retirée !

M. le président. Dans ce cas, je consulte l'Assemblée par mains levées.

(L'article additionnel, mis aux voix, n'est pas adopté.)

Sur plusieurs bancs. A demain ! à demain !

M. le président. On demande le renvoi de la suite de la discussion à demain... (Oui ! oui ! — Non ! non !)

Je vais consulter l'Assemblée.

(L'Assemblée, consultée, décide que la discussion n'est pas renvoyée à demain.)

M. le président. La discussion continue sur l'article 6 dont je vais donner lecture.

M. Léon Say, *ministre des finances.* Le Gouvernement et la commission sont d'accord pour proposer le texte qui est intitulé : « Article 6, rédaction modifiée. » Ce n'est guère qu'un changement dans l'ordre des paragraphes.

M. le président. Le Gouvernement et la commission sont d'accord pour proposer à l'Assemblée la rédaction suivante :

« Art. 6. — La valeur de la propriété et de l'usufruit des biens meubles est déterminée, pour la liquidation et le payement du droit de mutation par décès :

« 1° Par l'estimation contenue dans les inventaires ou autres actes passés dans les deux années du décès ;

« 2° Par le prix exprimé dans les actes de vente, lorsque cette vente a lieu publiquement et dans les deux années qui suivent le décès. Cette disposition s'applique aux objets inventoriés et estimés conformément au paragraphe 1er, et dont l'évaluation serait inférieure au prix de la vente ;

« 3° Enfin, à défaut d'inventaire, d'acte ou de vente, par la déclaration faite conformément au paragraphe 8 de l'article 14 de la loi du 22 frimaire an VII, le tout sans distraction des charges.

« L'insuffisance dans l'estimation des biens déclarés sera punie d'un droit en sus si elle résulte d'un acte antérieur à la déclaration. Si, au contraire, l'acte est postérieur à cette déclaration, il ne sera perçu qu'un droit simple sur la différence existant entre l'estimation des parties et l'évaluation contenue aux actes.

« Les dispositions qui précèdent ne sont applicables ni aux créances, ni aux rentes, actions, obligations, effets publics et tous autres biens meubles dont la valeur et le mode d'évaluation sont déterminés par des lois spéciales. »

Je consulte d'abord l'Assemblée sur les deux premiers paragraphes, parce que, sur le troisième, il y a un amendement de M. Parent.

(Les deux premiers paragraphes de l'article 6 modifié sont mis aux voix et adoptés.)

M. le président. M. Parent a proposé un amendement consistant à demander la suppression du paragraphe numéroté 2 dans l'article 6 du projet primitif du Gouvernement, lequel paragraphe était ainsi conçu : « 2° À défaut de vente, par l'évaluation faite dans les polices d'assurances en cours au jour du décès, et souscrites par le défunt ou ses auteurs. »

M. le rapporteur. La commission a supprimé ce paragraphe.

M. Mathieu-Bodet. On a donné satisfaction à M. Parent.

M. le ministre des finances. Oui, par la nouvelle rédaction de l'article 6, telle qu'elle a été arrêtée entre le Gouvernement et la commission, satisfaction a été donnée à M. Parent.

M. le président. Je mets aux voix les trois derniers paragraphes de l'article 6.

(Les trois paragraphes sont mis aux voix et adoptés.)

M. le président. Je mets aux voix l'ensemble de l'article 6.

(L'Assemblée, consultée, adopte l'ensemble de l'article 6.)

M. le président. Nous passons à l'article 7, sur lequel M. Sebert a demandé la parole.

De divers côtés. A demain ! à demain !

M. le président. On demande le renvoi de la suite de la discussion à demain? (Oui ! oui !)

La suite de la discussion est renvoyée à demain.

M. de Lorgeril m'a demandé la parole pour une communication qu'il désire faire à l'Assemblée : je la lui donne.

M. le vicomte de Lorgeril. Messieurs, dans les paroles que j'ai prononcées, il y a un mot qui m'est échappé et que je me suis empressé de retirer parce qu'il avait pu me paraître blessant.

M. Gambetta. Vous l'avez lu !

M. le vicomte de Lorgeril. L'Assemblée n'ayant peut-être pas bien compris, au milieu du bruit, que je retirais ce mot, j'ai demandé à M. le président de venir lui dire ou plutôt lui répéter que je le retirais immédiatement, comme on pourra le voir par la reproduction que la sténographie a dû faire de mes paroles, remplacé par un autre mot qui n'en sera pas l'équivalent. (Mouvements divers. — Approbation sur plusieurs bancs.)

M. le président. Je donne la parole à M. Hervé de Saisy qui me l'a demandée sur l'ordre du jour.

M. Hervé de Saisy. Je prie l'Assemblée de vouloir bien décider qu'elle mettra à son ordre du jour de mardi prochain la discussion du rapport tendant à faire valider l'élection des Côtes-du-Nord.

Plusieurs voix. Le rapport n'est pas déposé !

M. Hervé de Saisy. Sans doute ce rapport n'est pas déposé, et je comprends qu'il ait fallu un certain temps pour arriver à lui donner sa forme définitive ; mais le deuxième bureau et sa sous-commission ne pensent-ils pas l'heure venue de nous faire connaître le fruit de tant de labeur? Nous ne pouvons consentir à des délais indéfinis pour une œuvre qui, en somme, ne comporte que l'examen des faits précis d'une élection.

Il est évident que si nous adoptons la tactique déplorable, suivant moi, de faire l'historique des partis à propos de chaque candidature, il nous faudra supporter toutes les lenteurs que suppose l'application de cette méthode extra-parlementaire. Mais, messieurs, qu'il me soit permis de le dire, nous n'avons pas les qualités, nous ne réunissons pas les conditions nécessaires pour être de bons historiens : nous sommes trop près des événements qui nous concernent pour les juger avec équité et sang-froid.

Oui, ce n'est que trop vrai, en dépit de nos intentions, l'impartialité nous manque à l'égard de nos adversaires, et nous le prouvons tous les jours dans les discussions de cette Assemblée. (Mouvements divers.) Vous en doutez? Eh bien, écoutez ce que disait Montesquieu, sous la grande autorité duquel je veux placer mon humble affirmation.

Après avoir remarqué que nous ne jugeons jamais des choses que par un secret retour que nous faisons sur nous-mêmes, savez vous ce qu'il ajoutait en quelques mots empreints de sa verve gauloise et de son expérience consommée du cœur humain?

« Je ne suis pas surpris que les nègres peignent le diable d'une blancheur éblouissante et leurs dieux noirs comme du charbon. » (On rit.)

Hélas ! nous aussi nous offrons le spectacle qu'observait si judicieusement ce grand moraliste.

Oui, messieurs, nous justifions souvent cette remarque dans nos divergences politiques ; seulement nous procédons par des moyens inverses, nous ne blanchissons pas. Oh non ! mais nous faisons parfois le contraire en nous inspirant du même sentiment personnel, et nous noircissons à outrance ce qui nous est opposé.

Au moins, dans la circonstance actuelle, ne prolongeons pas des retards qui finiraient par être incompréhensibles. On a eu tout le temps moralement nécessaire à l'élaboration de ce rapport. Qu'il nous soit enfin présenté pour la discussion, et, de cette discussion justement attendue, surgira la lumière sur une élection, dont le succès n'est dû qu'à l'origine bretonne, au nom sympathique et aux glorieux services du candidat élu. Tous vous reconnaîtrez que nous sommes à la limite extrême des délais.

Je fais donc appel à la bonne volonté et à la facilité de travail de l'honorable M. Pelletan pour qu'il consente à vous soumettre lundi ou mardi son rapport complètement achevé, de telle sorte que vous puissiez vous prononcer en pleine connaissance de cause sur l'élection des Côtes-du-Nord dans un délai très-rapproché. (Approbation sur plusieurs bancs à côté droit.)

M. Édouard Charton. Messieurs, comme président du deuxième bureau chargé de l'examen des faits relatifs à l'élection des Côtes-du-Nord, je crois devoir attester que, depuis sa formation, les membres qui le composent n'ont pas cessé de travailler avec zèle. (Murmures à droite.)

SÉANCE...

Eh! messieurs, un bureau a, comme un homme, son honneur et sa conscience. (Très-bien!) Le deuxième bureau n'a failli ni à l'un ni à l'autre.

Le retard dont l'on s'étonne est imputable, non à la mauvaise volonté de qui que ce soit mais à des incidents imprévus et à la diversité des opinions.

La composition du bureau s'est trouvée telle que, dans quelques-unes de nos séances, la majorité s'est déplacée plusieurs fois.

On avait d'abord nommé rapporteur l'honorable M. Denormandie; une majorité lui a demandé de faire à son rapport certaines modifications qu'il n'a pas cru pouvoir admettre : il a donné sa démission. Le bureau lui a donné pour successeur l'honorable M. de Choiseul. Mais, après la lecture du rapport rédigé par M. de Choiseul, une majorité, formée d'autres éléments que la précédente, a demandé, à son tour, des modifications ou plutôt des suppressions qui n'ont pas paru possibles à notre honorable collègue. Il a donc été nécessaire de nommer un troisième rapporteur. (Rumeurs et interruptions à droite.)

Une désapprobation, messieurs, serait injuste. Dans cette série de faits, il n'y a rien ou que de très-régulier. Je ne crains d'être démenti par aucun de mes collègues. Nos séances ont été laborieuses et consciencieuses.

Le rapporteur actuel est l'honorable M. Eugène Pelletan. Il est probable qu'il nous lira son rapport dans un très-bref délai, et j'espère que nous pourrons le déposer sur le bureau de l'Assemblée avant la fin de la semaine prochaine.

M. Eugène Pelletan. Messieurs, l'honorable M. Hervé de Saisy a fait appel à ma bonne volonté: il peut croire qu'elle ne se trouvera pas en défaut.

Je pense, comme lui-même, que le rapport dont il s'agit doit être soumis le plus tôt possible aux délibérations de l'Assemblée; car il y a ici des intérêts respectables qui sont engagés: ceux du département représenté et ceux du candidat élu.

J'avoue que, dans la situation actuelle, les intérêts du candidat élu peuvent être un peu écartés. Vous n'ignorez pas, en effet, que le deuxième bureau propose la validité de l'élection de l'honorable amiral de Kerjégu. Au point de vue des conclusions du bureau, l'amiral de Kerjégu est donc désintéressé.

Très-certainement, je le déclare, s'il y avait un inconvénient pour le candidat, il vaudrait mieux que le rapport fût moins approfondi, moins étudié, et qu'il arrivât plus tôt devant l'Assemblée; mais, à côté de la question du candidat, il y a des questions de l'ordre le plus élevé, qui sont provoquées par l'élection du département des Côtes-du-Nord.

La tâche de vous présenter le rapport sur cette élection m'est venue de troisième main, — je n'oserais pas dire de chute en chute! — mais enfin je suis rapporteur à l'heure qu'il est. On m'a remis un volumineux dossier à examiner. Je crois que M. Hervé de Saisy, s'il l'avait vu, aurait eu peut-être un peu de commisération pour moi; car je pense qu'il me fait cet honneur de croire que quand je suis chargé d'un rapport, je me donne la peine d'en étu-

...
...
rapproche.

M. Chartus
vous vous...
prêt à lire...

M. Eugène Pelletan
y ait d'équivoque...
mon rapport au...
crois que je pourrai le déposer
le vendredi suivant.

M. Hervé de Saisy.
l'engagement qui vient d'être...
tribune par l'honorable M. Pelletan...
ruptions à gauche.)

Je vous demanderai, messieurs qui m'interrompez, si vous voulez substituer votre propre droit à celui que j'exerce. En toute hypothèse, je ne vous obéirai pas; j'userai de la liberté de la parole pour accomplir mon devoir jusqu'au bout. (Bruit à gauche.)

Je n'ai du reste qu'un mot à ajouter.

Tous ces atermoiements et ces délais doivent avoir une limite. Il n'est pas d'exemple de travaux indéfinis dans une Assemblée.

Je sais ce qu'on veut donner comme explication de ce retard. On veut agiter devant vous, à propos de l'élection des Côtes-du-Nord, le spectre de la candidature officielle. Eh bien, je vais vous dire ce que vous verrez en réalité dans cette élection : vous y verrez l'un des revenants de la candidature officielle la mieux caractérisée qui fût jamais, en rechercher la fiction et en poursuivre la chimère dans les vaines accusations qu'il porte devant vous.

Voilà, messieurs, le seul enseignement qui doit ressortir de ce débat que nous devons tous avoir hâte de terminer. (Bruits et mouvements divers.)

M. le président. La 30e commission des congés est d'avis d'accorder :

À M. Besnard, un congé de quinze jours ;
À M. Magne, un congé d'un mois ;
À M. Gallicher, un congé de huit jours, à partir du 21 juin.

Il n'y a pas d'opposition?
Les congés sont accordés.

Demain, à une heure, réunion dans les bureaux :

Nomination d'une commission pour l'examen du projet de loi tendant à déclarer d'utilité publique et à concéder à la société des houillères de Champagnac, un chemin de fer de Champagnac à Saint-Denis-lès-Martel ;

Nomination d'une commission pour l'examen du projet de loi sur le régime des sucres ;

Nomination d'une commission pour l'examen de la proposition de M. le baron de Janzé et plusieurs de ses collègues, relative à la déclaration d'utilité publique pour les chemins de fer d'embranchement de moins de 20 kilomètres de longueur ;

À deux heures, séance publique :
Suite de l'ordre du jour.

Il n'y a pas d'opposition?... L'ordre du jour est ainsi réglé.

(La séance est levée à cinq heures trois quarts.)

Le directeur du service sténographique de l'Assemblée nationale,

CÉLESTIN LAGACHE.

SCRUTIN

Sur l'article 5 de la loi relative à divers droits d'enregistrement.

Nombre des votants	543
Majorité absolue	272
Pour l'adoption	324
Contre	219

L'Assemblée nationale a adopté.

ONT VOTÉ POUR :

MM. Aclocque. Adam (Pas-de-Calais). Adam (Edmond) (Seine). - Allemand. Amat. Ancelon. André (Seine). Arago (Emmanuel). Arbel. Arnaud (de l'Ariége). Arrazat. Audren de Kerdrel. Balsan. Bamberger. Bardoux. Barodet. Barthe (Marcel). Barthélemy Saint - Hilaire. Bastid (Raymond). Batbie. Baze. Beau. Beaussire. Benoist du Buis. Benoît (Meuse). Bérenger. Bériel. Bernard (Charles) (Ain). Bernard (Martin) (Seine). Bert. Bertauld. Bethmont. Bigot. Billy. Blanc (Louis). Bocher. Boduin. Bonnel (Léon). Boreau - Lajanadie. Bottard. Boucau (Albert). Bouchet (Bouches-du-Rhône). Bouisson. Bozérian. Brabant. Brice (Ille-et-Vilaine). Brisson (Henri) (Seine). Broët. Brun (Charles) (Var). Buée. Buffet. Buisson (Jules) (Aude). Buisson (Seine-Inférieure).

Caillaux. Calmon. Carion. Carnot (père). Carnot (Sadi). Carré-Kérisouët. Casimir Perier. Casse (Germain). Castelnau. Cazot (Jules) (Gard). Cézanne. Chadois (colonel de). Challemel-Lacour. Chamaillard (de). Changarnier (général). Chareton (général). Charreyron. Charton. Chavassieu. Chevandier. Christophle (Albert). Cissey (général de). Claude (Meurthe-et-Moselle). Claude (Vosges). Clerc. Cochery. Combarieu (de). Corbon. Cordier. Corne. Cotte. Cottin (Paul). Crémieux. Cunit.

Daguilhon-Lasselve. Daru (comte). Daumas. Dauphinot. Decazes (baron). Decazes (duc). Delacour. Delacroix. Delille. Delord. Denfert (colonel). Denormandie. Descat. Destremx. Doré-Graslin. Douhet (comte de). Dréo. Ducarre. Duchâtel (le comte). Duclerc. Ducuing. Dufaur (Xavier). Dufaure (Jules). Dufay. Dupont (Alfred). Dupouy. Duréault. Duriou.

Escarguel. Esquiros

Farcy. Favre (Jules). Faye. Fernier. Ferrouillat. Ferry (Jules). Flotard. Fouquet. Fourcand. Fraissinet. Frébault (général).

Gailly. Gallicher. Gambetta. Ganault. Gasselin de Fresnay. Gatien-Arnoult. Gaudy. Gaulthier de Rumilly. Gavardie (de). Gayot. Gent. George (Emile). Gérard. Germain. Germonière (de la). Gévelot. Gillon (Paulin). Giraud (Alfred). Girerd (Cyprien). Girot-Pouzol. Goblet. Godissart. Grévy (Albert). Grivart. Grollier. Guibal. Guillemaut (général). Guinot. Guyot.

Harcourt (comte d'). Harcourt (duc d'). Haussonville (vicomte d'). Hérisson. Hèvre. Humbert.

Jacques. Jamme. Janzé (baron de). Joigneaux. Jordan. Joubert. Jouin. Jozon. Krantz.

La Borderie (de). Laboulaye. La Caze (Louis). Lacretelle (Henri de). Lafayette (Oscar de). Laflize. Lafon de Fongaufier. Lagat. Lallié. Lambert (Alexis). Lambert de Sainte-Croix. Lamy. Lanel. Langlois. La Serve. La Sicotière (de). Laurent-Pichat. Leblond. Lebreton. Lefébure. Lefèvre (Henri). Lefranc (Pierre). Lefranc (Victor). Le Gal La Salle. Lenoël (Emile). Lepère. Lepetit. Leroux (Aimé). Le Royer. Lesguillon. Lestapis (de). Leurent. Levêque. Lherminier. Limperani. Littré. Lockroy. Lortal. Loustalot.

Madier de Montjau. Magniez. Magnin. Mahy (de). Maillé. Malens. Malleverne. Marcère (de). Marck. Margaine. Martin (Charles). Martin (Henri). Mathieu - Bodet (Charente). Maurice. Max-Richard. Mazeau. Mazure (général). Meaux (vicomte de). Médecin. Méline. Michal-Ladichère. Millaud. Montaignac (amiral de). Moreau (Ferdinand). Morin. Morvan. Murat-Sistrières.

Naquet. Nioche. Noël-Parfait. Ordinaire (fils). Osmoy (d'). Paris. Parsy. Pascal Duprat. Passy (Louis). Patissier (Sosthène). Pelletan. Pellissier (général). Pelterau-Villeneuve. Périn. Perret. Perrier (Eugène). Petau. Peyrat. Picard (Ernest). Picart (Alphonse). Pin. Piou. Plichon. Pompery (de). Pressensé (de).

Rambures (de). Rameau. Rampon (comté). Rampont. Rathier. Ravinel (de). Renaud (Félix). Renaud (Michel). Reymond (Loire). Ricard. Riondel. Rive (Francisque). Robert (Léon). Robert de Massy. Roger-Marvaise. Rolland (Charles) (Saône-et-Loire). Roudier. Rouveure. Rouvier. Roux (Honoré).

Salneuve. Salvandy (de). Saivy. Saussier (général). Savary. Savoye. Say (Léon). Scheurer-Kestner. Schœlcher. Ségur (comte Louis de). Seignobos. Sénard. Simon (Jules). Soye. Swiney.

Taillefert. Tardieu. Tassin. Thomas (docteur). Tiersot. Tillancourt (de). Tirard. Toqueville (comte de). Toupet des Vignes. Tribert. Turigny. Turquet.

Valazé (général). Valentin. Vaulchier (comte de). Vautrain. Vidal (Saturnin). Viennet. Vilfeu. Villain. Vitalis. Voisin. Waddington. Wallon. Warnier (Marne). Wartelle de Retz.

ONT VOTÉ CONTRE :

MM. Abbadie de Barrau (le comte d'). Abbatucci. Aboville (vicomte d'). Allenou. Amy. Andelarre (le marquis d'). André (Charente). Arfeuillères. Aubry. Auxais (d'). Baragnon. Barante (baron de). Barascud. Baucarne-Leroux. Beauvillé (de). Belcastel (de). Benoist d'Azy (comte). Bernard-Dutreil. Besson (Paul). Béthune (comte de). Beurges (comte de). Bidard. Blavoyer. Boffinton. Boisboissel (comte de). Boisse. Bonald (vicomte de). Bonnet. Bottieau. Bouillé (comte de). Boullier de Branche. Bourgeois (Vendée). Boyer. Brettes-Thurin (comte de). Brun (Lucien) (Ain). Bryas (comte de). Calemard de La Fayette. Carayon La Tour (de). Carquet. Carron (Emile). Cazenove de Pradine (de). Chabaud La Tour (Arthur de). Chabrol (de). Champagny (le vicomte Henri de). Chaper. Chardon. Chaurand (baron). Cheguillaume. Cherpin. Chesnelong. Choiseul (Horace de). Cintré (le comte de). Clément (Léon). Colombet (de). Combier. Cornulier-Lucinière (le comte de). Costa de Beauregard (marquis de). Courcelle. Crussol d'Uzès (duc de). Daguenet. Delavau. Delpit. Depasse. Depeyre. Dezanneau. Diesbach (comte de).

Dietz-Monnin. Dompierre-d'Hornoy (amiral de). Du Bodan. Du Breuil de Saint-Germain. Du Chaffaut. Dufour. Dumarnay. Dumon. Duparc. Dupin (Félix). Durfort de Civrac (comte de). Dussaussoy.

Eschasseriaux (baron).

Féligonde (de). Flagbac (baron de). Fleuriot (de). Folliet. Fontaine (de). Forsanz (vicomte de). Foubert. Fournier (Henri). Franclieu (marquis de). Fresneau.

Galloni d'Istria. Ganivet. Gaslonde. Gaulthier de Vaucenay. Gavini. Ginoux de Fermon (comte). Godet de la Riboullerie. Gouvello (de). Grammont (marquis de). Grange. Grévy (Jules). Gueidan. Guichard. Guiche (marquis de la). Guinard.

Haentjens. Hespel (comte de). Houssard. Huon de Penanster.

Jaffré (abbé). Jocteur-Monrozier. Johnston. Jourdan. Juigné (comte de). Juigné (marquis de). Juillen.

Keller. Kergariou (le comte de). Kéridec (de). Kermenguy (vicomte de).

La Bassetière (de). Labitte. La Bouillerie (de). Lamberterie (de). La Pervanchère (de). Larcy (baron de). Largentaye (de). La Roche-Aymon (marquis de). La Rochefoucauld (duc de Bisaccia). La Rochejaquelein (marquis de). La Rochette (de). Lassus (baron de). Latrade. Lebourgeois. L'Ebraly. Le Châtelain. Lefèvre-Pontalis (Eure-et-Loir). Legge (comte de). Legrand (Arthur). Le Lasseux. Le Provost de Launay. Lespinasse. Lestourgie. Levert. Limairac (de) (Tarn-et-Garonne). Limayrac (Léopold) (Lot). Lorgeril (vicomte de). Loro Lursaluces (marquis de).

Maillé (comte de). Malartre. Maleville (marquis de). Malézieux. Marchand. Martel (Pas-de-Calais). Martenot. Martin (d'Auray). Martin des Pallières (général). Méplain. Mercier. Mérode (de). Mettetal. Michel. Monneraye (comte de la). Montlaur (marquis de). Mornay (le marquis de). Mortemart (le duc de). Mouchy (duc de). Murat (le comte Joachim).

Nouaillan (comte de).

Pagès-Duport. Paront. Partz (marquis de). Peulvé. Peyramont (de). Pioger (de). Pontoi-Pontcarré (marquis de). Pradié. Prax-Paris. Puiberneau (de).

Quinsonas (marquis de).

Raudot. Rémusat (Paul de). Rességuier (comte de). Riant (Léon). Robert (général). Rodez-Bénavent (vicomte de). Roger du Nord (comte). Rouher. Roy de Loulay. Roys (marquis des). Saincthorent (de). Saint-Germain (de). Saint-Pierre (Louis de (Manche). Saint-Victor (de). Saisset (vice-amiral). Saisy (Hervé de). Sarrette. Sébert. Sens. Serph (Gusman). Sers (marquis de). Silva (Clément). Soury-Lavergne. Sugny (de).

Tailhand. Tallon. Tarteron (de). Temple (du). Trévenec (comte de). Tréville (comte de).

Valady (de). Valon (de). Vast-Vimeux (baron). Ventavon (de). Vente. Vimal-Dessaignes. Vinay (Henri). Vinois (baron de). Wilson.

N'ONT PAS PRIS PART AU VOTE

Comme étant retenus à la commission des lois constitutionnelles :

MM. Adnet. Adrien Léon. Delorme. Delsol. Lavergne. Sacase. Schérer. Vacherot.

N'ONT PAS PRIS PART AU VOTE

Comme étant retenus à la commission du budget :

MM. Bastard (le comte de). Gouin. Lucet. Monjaret de Kerjégu. Pothuau (amiral). Souboyran (baron de). Talhouët (marquis de). Teisserenc de Bort. Wolowski.

N'ONT PAS PRIS PART AU VOTE :

MM. Aigle (le comte de l'). Ancel. Anisson-Duperon. Audiffret-Pasquier (le duc d'). Aurelle de Paladines (le général d'). Babin-Chevaye. Bagneux (le comte de). Barni. Besnard. Bienvenüe. Billot (le général). Blin de Bourdon (le vicomte). Bompard. Bondy (le comte de). Boullier (Loire). Bourgoing (le baron de). Boysset. Brame. Brelay. Breton. Brice (Meurthe-et-Moselle). Brillier. Broglie (duc de). Brunet. Busson-Duvivier. Caduc. Callet. Carhonnier de Marzac (de). Castellane (marquis de). Cazeaux. Chabaud La Tour (général baron de). Chabron (général de). Champvallier (de). Chatelin. Chiris. Clapier. Clercq (de). Contaut. Courbet-Poulard. Cumont (vicomte Arthur de). Dampierre (marquis de). Daselle-Bernardin. Daron. Daussel. Delisse-Engrand. Deregnaucourt. Desbassayns de Richemont (comte). Deschange, Desjardins. Douay. Drouin. Dubois. Duboys-Fresnay (général). Dufournel. Dupanloup (Mgr). Duvergier de Hauranne. Ernoul. Eymard-Duvernay. Feray. Fourichon (amiral). Fourtou (de). Gagneur. Glais. Godin. Gouvion Saint-Cyr (le marquis de). Grandpierre. Grasset (de). Greppo. Hamille. Jaurès (l'amiral). Joinville (le prince de). Jouvenel (le baron de). Kergorlay (le comte de). Kerjégu (l'amiral de). Kolb-Bernard. Lacave-Laplagne. Lacombe (de). Lagrange (le baron A. de). Lanfrey. La Rochethulon (le marquis de). Lasteyrie (Jules (de). Laurier. Lefèvre-Pontalis (Seine-et-Oise). Lépouzé. Louvet. Loysel (le général). Maleville (Léon de). Mangini. Marc-Dufraisse. Marcou. Martell (Charente). Mathieu (Saône-et-Loire). Mathieu de la Redorte (le comte). Mayaud. Mazerat. Melun (le comte de). Merveilleux du Vignaux. Mestreau. Monnet. Monteil. Montgolfier (de). Montrieux. Moreau (Côte-d'Or). Nétien. Pajot. Palotte (Jacques). Pernolet. Philippoteaux. Picœuc (le marquis de). Pouyer-Quertier. Prétavoine. Princeteau. Rainneville (de). Raoul Duval. Reymond (Ferdinand). Ricot. Rivaille. Rotours (des). Saintenac (le vicomte de). Saint-Pierre (de) (Calvados). Sansas. Simiot. Simon (Fidèle). Staplande (de). Taberlet. Tamisier. Target. Testelin. Théry. Thiers. Thurel. Tolain. Valfons (le marquis de). Vandier. Varroy. Vétillart. Vingtain (Léon). Vogüe (le marquis de). Witt (Cornélis de).

ABSENTS PAR CONGÉ :

MM. Alexandre. Aumale (le duc de). Aymé de la Chevrelière. Chambrun (comte de). Chanzy (général). Chaudordy (comte de). Corcelle (de). Crespin. Desbons. Gontaut-Biron (vicomte de). Journault. La Roncière Le Noury (vice-amiral baron de). Lecamus. Le Flo (général). Magne. Maure. Monnot-Arbilleur. Parigot. Rousseau. Roussel.

PÉTITIONS

Art. 95 du Règlement. — Après l'expiration du délai ci-dessus indiqué (délai d'un mois après la distribution du feuilleton de pétitions indiqué dans l'article 94), les résolutions de la commission deviennent définitives à l'égard des pétitions qui ne doivent pas être l'objet d'un rapport public et sont mentionnées au *Journal officiel.* »

RÉSOLUTIONS (1)

Des 5e, 7e, 12e, 14e, 15e, et 27e commissions des pétitions insérées dans le feuilleton du 18 mars 1875, devenues définitives, aux termes de l'article 95 du règlement.

CINQUIÈME COMMISSION

M. Merveilleux du Vignaux, *rapporteur.*

Pétition nº 1468. — Le sieur Laurent, à Miramont (Haute-Garonne).

Motifs de la commission. — Par application de l'article 94 du règlement, la commission décide, à l'unanimité des membres présents, que la pétition du sieur Laurent ne figurera au feuilleton que par son numéro d'ordre et le nom de son auteur, avec indication de la résolution adoptée. — (Question préalable).

SEPTIÈME COMMISSION

M. Calemard de La Fayette, *rapporteur.*

Pétition nº 2392. — Des habitants de Vesoul (Haute-Saône) demandent que les facultés qui avaient leur siège à Strasbourg soient transférées à Nancy.

Motifs de la commission. — La demande des pétitionnaires ayant trouvé satisfaction dans les résolutions législatives qui ont été prises quant à la répartition des chaires et facultés, la pétition a été jugée par la commission comme devenue sans objet. — (Ordre du jour.)

DOUZIÈME COMMISSION

M. Grandpierre, *rapporteur.*

Pétition nº 3970. — Le sieur Messant, à Laval (Mayenne), fait connaître qu'il a versé en plusieurs fois au trésorier payeur général du département une somme de 123,700 francs contre des bons du Trésor; que ces bons lui auraient été remis à une date de deux à six jours postérieure au versement des espèces, et qu'il lui revient 60 jours d'intérêt sur ces opérations.

Il prétend, en second lieu, qu'il lui est dû par le département de la Mayenne une somme de 30 francs pour valeur d'une selle qu'il a fournie à la garde nationale mobilisée et qui ne lui a pas été restituée.

Motifs de la commission. — Cette double réclamation, portée, la première devant le trésorier-payeur général et le ministre des finances, la deuxième devant le préfet a été repoussée. Le pétitionnaire s'adresse aujourd'hui à l'Assemblée et lui demande d'inviter: 1º M. le ministre des finances à adresser au trésorier-payeur général des instructions lui prescrivant de payer les 60 jours d'intérêt dont s'agit, et : 2º M. le ministre de l'intérieur à enjoindre au préfet d'avoir à ordonnancer la somme de 30 francs faisant le prix de la selle.

La commission constate que la réclamation au sujet des intérêts ne repose sur aucune pièce, sur aucune justification, et qu'elle est à l'état de pure allégation; elle prend acte de ce que M. Messant reconnaît avoir versé la somme de 123,700 fr. contre les bons du Trésor, non en une fois, mais successivement et au fur et à mesure des besoins de l'État, et elle en conclut qu'il a accepté les négociations successives qui ont eu lieu, dans les conditions où elles se sont faites et qu'il n'est plus recevable aujourd'hui à introduire, à cette occasion, un redressement qu'il ne dit même pas avoir pour fondement une erreur commise.

La deuxième partie de la réclamation n'est pas plus justifiée que la première; elle paraît d'ailleurs être d'ordre judiciaire, et pour l'une comme pour l'autre l'Assemblée ne saurait, dans l'état des faits, accueillir les prétentions de M. Messant.

La commission propose l'ordre du jour. — (Ordre du jour.)

Pétition nº 3997. — Le sieur Moat, capitaine en retraite à Revigny (Meuse), présente un nouveau moteur mécanique dont il est l'inventeur et qu'il croit appelé à rendre d'immenses services ; il place cette découverte sous le haut patronage de l'Assemblée et lui demande d'intervenir pour lui faire obtenir un brevet d'invention.

(1) Ces résolutions ont été insérées dans le *Journal officiel* du 19 juin, à la suite du compte rendu de la séance du 18.

Motifs de la commission. — M. Moat paraît admettre qu'en multipliant les engrenages jusqu'à ce qu'ils soient assez petits pour être actionnés par la détente de ressorts agissant successivement en sens inverse, il obtiendra la mise en marche de fortes machines.

La commission n'a pas de compétence suffisante pour apprécier le système mécanique de l'invention du pétitionnaire, mais elle ne peut s'empêcher de dire que la théorie de l'inventeur semble difficile à appliquer et qu'elle pourrait bien ne pas donner les résultats attendus.

Il n'y a donc pas lieu par l'Assemblée de couvrir de son patronage la découverte qu'aurait faite le pétitionnaire. L'Assemblée n'a pas non plus à intervenir pour lui faire obtenir un brevet d'invention.

La demande de brevet doit être déposée à la préfecture contre un récépissé qui donne date au brevet; elle doit contenir non l'exposé d'une théorie, mais une invention réalisée et décrite de telle sorte, que chacun soit à même de la faire exécuter sur la seule description; des plans et des dessins sont nécessaires quand il s'agit de machines.

La commission propose l'ordre du jour. — (Ordre du jour.)

Pétition n° 4005. — Le sieur Giraudot, notaire à Bagneux-les-Juifs (Côte-d'Or), demande qu'à l'avenir les cessions d'offices ministériels soient dispensées des droits d'enregistrement, et, de plus, que l'État soit astreint à restituer aux officiers publics, aujourd'hui en exercice, ce qu'ils ont payé à titre de droits de mutation sur le prix de leurs charges.

Motifs de la commission. — Le pétitionnaire fonde sa réclamation sur ce qu'en votant un changement de circonscription territoriale qui retranche la commune de Touillon du canton de Bagneux et de l'arrondissement de Châtillon-sur-Seine pour le rattacher au canton de Montbard et à l'arrondissement de Semur, l'Assemblée nationale a refusé de consacrer le droit, pour les officiers ministériels dépossédés et dont il fait partie, d'obtenir de leurs confrères qui profitent de la mesure la légitime indemnité qui leur est due. Suivant lui, le refus de faire droit à la demande des officiers publics, partiellement expropriés, n'est autre chose qu'un refus de reconnaître et de protéger la propriété des offices, et cette propriété n'existant pas, les droits de mutation n'ont plus de base légitime.

On comprend que le pétitionnaire trouve excessif que les officiers ministériels, dont le cercle de clientèle est réduit par des changements de circonscription administrative, ne reçoivent aucun dédommagement de ceux qui gagnent à ces modifications: peut-être serait-il convenable qu'une disposition législative consacrât le droit à une indemnité en cas pareil. Mais il est exagéré de prétendre, comme le fait le pétitionnaire, que les cessions d'offices devraient être, à l'avenir, dispensées des droits d'enregistrement et qu'il y aurait lieu de restituer aux officiers publics actuellement en exercice les droits qui ont été perçus sur leurs charges.

Sans doute, l'État ne reconnaît pas la propriété absolue des offices, mais il accorde aux titulaires le droit de les céder avec la clientèle qui y est attachée et d'en recevoir le prix: il concède le même droit à leurs héritiers; il va plus loin, et, en cas de destitution, il attribue à l'officier public révoqué ou à ses ayants droit, le prix moyennant lequel le successeur, présenté par le parquet, devient titulaire de la charge.

Cela ne peut être contesté; et alors comment veut-on que les cessions d'office avec la clientèle et les minutes qui en dépendent, échappent à l'application de tout droit de transmission? cela n'est pas admissible.

. Il n'y a donc lieu de s'arrêter à la demande de M. Giraudot; il n'y a pas lieu non plus de la renvoyer à M. le garde des sceaux, celui-ci ayant fait des efforts infructueux pour concilier les intérêts en présence, et le pétitionnaire qui sait que ce renvoi serait vain, ne le demandant pas.

La commission propose l'ordre du jour. — (Ordre du jour.)

Pétition n° 4015. — Le sieur Legonidec, ancien capitaine au long cours, demeurant à Bréhat (Côtes-du-Nord), demande que l'Assemblée, après enquête, abolisse, par une loi spéciale, la vaine pâture dans l'île et la commune de ce nom.

Motifs de la commission. — Le pétitionnaire signale les abus et les mauvais effets de la dépaissance en commun dans l'île de Bréhat. Le bétail, gros et petit, a beaucoup à souffrir de cet usage, exposé qu'il est à de nombreux accidents. Suivant M. Legonidec, le morcellement est tel dans sa commune qu'il est impossible de se clore, la vaine pâture a été l'occasion de difficultés judiciaires qui ont été portées jusqu'en cassation: elle a jeté le trouble dans le pays, et il est nécessaire que la loi mette fin à ce qu'il appelle un reste de féodalité ou un commencement de communisme.

Tels sont les principaux reproches que le pétitionnaire adresse à la vaine pâture. Mais ces reproches ne sont pas particuliers à l'île de Bréhat: ils peuvent s'appliquer à la plupart des régions de la France.

Il est inutile de les examiner et de les discuter. Il y a, en effet, une raison péremptoire pour repousser la pétition: c'est qu'il ne peut être fait, en matière civile, une loi spéciale pour l'île de Bréhat. Le législateur a dû respecter, dans bien des cas, des usages locaux existants, mais il ne peut pas en créer de nouveaux portant atteinte au caractère d'unité de nos lois.

La commission propose l'ordre du jour. — (Ordre du jour.)

Pétition n° 4021. — Mme veuve Langoisseur, à Barcelonnette (Basses-Alpes), expose à l'Assemblée nationale qu'une succession à laquelle elle prétend être appelée par la loi lui est contestée, et elle lui demande à la fois des conseils et les ressources nécessaires pour faire un procès.

Motifs de la commission. — L'Assemblée

n'ayant pas de commission de consultation, et la pétitionnaire pouvant, si elle est indigente, se pourvoir près du bureau d'assistance judiciaire de sa résidence, la 1re commission propose l'ordre du jour. — (Ordre du jour.)

Pétition n° 4064. — Le sieur d'Ormenil, propriétaire à Malaunay (Seine-Inférieure), demande la réunion des bureaux télégraphiques aux bureaux de poste.

Motifs de la commission. — Cette pétition, qui remonte au mois d'avril 1872, étant aujourd'hui sans objet, la commission propose l'ordre du jour. — (Ordre du jour.)

Pétition n° 4093. — M. Delacroix, à Orléans, demande qu'au lieu de prendre l'époque du 4 septembre 1870, on prenne la date du jour où les hostilités avec l'Allemagne ont commencé, pour l'application de la loi du 6 janvier 1872, qui dispense des formalités de timbre et d'enregistrement les procédures faites et les jugements rendus à la requête du ministère public pour la reconstitution ou le rétablissement des actes et des registres de l'état civil, de façon à faire jouir de cet avantage les familles des militaires tués depuis le commencement de la guerre jusqu'au 4 septembre.

Motifs de la commission. — Evidemment le pétitionnaire se méprend sur le caractère et la portée de la loi du 6 janvier 1872. Cette loi a pour but de valider les actes de l'état civil reçus depuis le 4 septembre 1870, pourvu qu'ils aient été dressés par des personnes ayant, au moment où ils ont été rédigés, l'exercice des fonctions municipales ou celles d'officiers de l'état civil à quelque titre et sous quelque nom que ce soit, et de dispenser des droits de timbre et d'enregistrement les procédures à engager pour rétablir ou compléter des actes se rapportant à la période écoulée du 4 septembre 1870 au jour de la présentation de la loi, soit parce qu'ils auraient été omis, qu'ils auraient été reçus par des fonctionnaires n'ayant pas qualité pour le faire, ou que les registres les contenant auraient été perdus.

Les motifs du projet, les conclusions du rapport et le texte de la loi ne laissent aucun doute à cet égard. On ne voit pas à quel titre on pourrait logiquement introduire dans cette loi la disposition dont parle le pétitionnaire, dans l'intérêt des familles des militaires tombés sur le champ de bataille.

Une autre loi a été votée par l'Assemblée, c'est celle du 9 août 1871, qui a remis en vigueur celle du 13 janvier 1817.

Cette loi a pour objet de constater judiciairement le sort des citoyens ayant appartenu aux armées, qui ont disparu depuis le 19 juillet 1870, jusqu'au traité de paix du 31 mai 1871. Un membre de la commission à laquelle le projet avait été renvoyé avait fait la proposition de viser pour timbre et d'enregistrer gratis les requêtes, actes d'instruction, jugements, expéditions ou extraits de tous actes faits en exécution de la loi du 13 janvier 1817 ou qui en seraient la conséquence. Cette

proposition a été repoussée par la commission, ainsi que le constate son rapport.

La commission propose l'ordre du jour. — (Ordre du jour.)

Pétition n° 4108. — Le sieur Blondeau, à Passenans (Jura), prie l'Assemblée de lui faire rendre justice contre des actes de spoliation dont il aurait été victime de la part de ses frères et sœurs.

Motifs de la commission. — Le pétitionnaire a porté sa demande devant les tribunaux; il en a été débouté et condamné à des dommages-intérêts, c'est lui-même qui le déclare.

La commission propose l'ordre du jour. — (Ordre du jour.)

Pétition n° 4118. — Le sieur Olivier, employé au service central de l'exploitation de la compagnie Paris-Lyon-Méditerranée, demeurant à Paris, sollicite devant l'Assemblée la révision d'un dossier de liquidation de succession bénéficiaire le concernant : créancier d'une certaine somme sur cette succession, il aurait vu sa créance absorbée par les frais de liquidation qui seraient restés en totalité à sa charge à raison de ce que les fonds manquaient sur lui; il demande à l'Assemblée de lui faire rendre justice en prescrivant que les frais de liquidation seront mis à la charge de qui de droit.

Motifs de la commission. — L'Assemblée n'ayant point à intervenir dans les débats d'ordre purement judiciaire, la commission propose l'ordre du jour. — (Ordre du jour).

QUATORZIÈME COMMISSION

M. le comte de Legge, *rapporteur.*

Pétition n° 4329. — Le sieur Dantin, à Paris, ex-sous-lieutenant au 1er régiment du train d'artillerie, et remis brigadier de gendarmerie par décision de la commission des grades, demande à être réintégré dans son grade d'officier.

Pétition n° 4374. — Le sieur Versini, à Cargèse (Corse), ex-sous-lieutenant d'infanterie, rendu à la vie civile par décision de la commission de révision des grades, prie l'Assemblée nationale de lui faire rendre le grade dont il était investi en date du 1er décembre 1870.

Motifs de la commission. — Ces deux pétitions sont basées sur des faits que votre commission ne peut contrôler, sur des motifs qu'elle n'a pas à apprécier.

Devant les décisions de la commission des grades statuant en dernier ressort, au nom de l'Assemblée, considérant d'ailleurs que toutes réclamations ont pu se produire librement devant elle et provoquer un nouvel examen, votre commission a l'honneur de vous proposer l'ordre du jour. — (Ordre du jour.)

Pétition nº 4315.— Le sieur Lang, à Belfort (Haut-Rhin), demande la haute intervention de l'Assemblée pour être indemnisé en totalité par l'Etat du préjudice que lui a causé l'incendie de sa ferme de Valdoie, incendiée, le 8 novembre 1870, par ordre du colonel Denfert, commandant la place de Belfort.

Une demande dans ce sens, qu'il a déjà adressée au ministre de la guerre, a été repoussée en application de l'article 39 du décret du 10 août 1853.

Motifs de la commission. — La commission a d'abord constaté et reconnu l'exactitude des faits argués par le pétitionnaire. On lit, en effet, à la date du 8 novembre 1870, journal de défense de la place de Belfort, sous la signature de M. le colonel Denfert : « Aujourd'hui, j'ai fait procéder à la destruction, par le feu, d'une ferme située au-dessus de Valdoie, dans laquelle l'ennemi venait s'approvisionner de fourrages et s'établir temporairement. »

Dans l'exposé de sa réclamation, M. Lang s'est placé sur un terrain où la commission n'a pas cru devoir le suivre. Ainsi, il a contesté la légalité et la constitutionnalité du décret de 1853, et il a invoqué contre ce décret les explications échangées dans cette Assemblée lors de la discussion sur l'indemnité de 100 millions accordée aux victimes de la guerre. Sans aucun doute, s'il y avait à émettre un avis sur ce décret, la commission pourrait trouver excessives les dispositions de l'article 39 de ce décret, et chercherait ailleurs que dans la distinction entre l'état de guerre et l'état de siége, les caractères du droit à l'indemnité ; la commission s'associerait aux doctrines professées par le Gouvernement et le rapporteur de la loi du 6 septembre 1871, qui base ce droit sur la distinction entre les dommages accidentels et les dommages causés intentionnellement dans l'intérêt de la défense.

Mais en présence d'un décret non abrogé et d'un texte formellement en contradiction avec ces principes, la commission n'a pas cru possible de demander une solution à des considérations générales, quelque justes qu'elles soient. Elle a dû se renfermer dans la loi et borner son examen à l'application qui en a été faite.

Aux termes des articles 38 et 39 du décret visé par le ministre de la guerre, tout dommage causé quand une place est simplement en état de guerre, donne droit à une indemnité ; mais quand une place est en état de siége, le propriétaire lésé n'est admis à aucune réclamation. La commission a donc examiné si la place de Belfort était en état de siége le 8 novembre 1870.

Deux conditions caractérisent l'état de siége : chacune d'elles suffit pour le déterminer.

1º Déclaration résultant d'une loi ou d'un décret ;

2º Investissement de la place par des troupes ennemies avec interruption des communications à 3,500 mètres des fortifications.

De ces deux conditions, la seconde n'a pas été remplie. Bien que la rupture des communications soit accusée par le journal du siége à la date du 3 novembre, il n'y avait pas, le 8, investissement réel puisque la ferme incendiée, située à 6 kilomètres de Belfort, se trouvait encore en deçà des lignes ennemies.

La [illegible] avec cette [illegible] gulièrement [illegible] un ordre, en [illegible] néral Uhrich, [illegible] taire.

Sur l'importance à [illegible] tion à la forme prescrite, [illegible] mander :

Si l'ordre du général Uhrich [illegible] ment conforme à la légalité ;

Si l'état de siége, établi ainsi [illegible] ment en dehors des circonstances qui, aux termes de la loi, l'accompagnent et [illegible] vent, doit avoir, au point de vue de l'indemnité, les mêmes effets que l'état de siége de fait, spécial à la place où le dommage a eu lieu ; entre l'état de siége établi ainsi de loin sur tout une contrée et entre l'état de guerre, il y a une autre différence que celle d'un mot ;

Si encore la guerre nouvelle avec la facilité et la rapidité des mouvements de troupes, ne rend pas purement fictif cet état de guerre, qui n'est plus la paix et qui n'est pas encore la guerre.

Des solutions données à ces questions, il résulterait surtout la nécessité d'établir le droit à l'indemnité sur des bases nouvelles et sérieuses.

Mais votre commission n'a pas cru devoir assumer le rôle d'interpréter la loi, surtout dans une mesure aussi large, dans un sens en contradiction aussi manifeste avec la lettre du décret de 1853; qui, jusqu'à nouvel ordre, régit souverainement la matière.

Dans ces conditions, considérant que M. le ministre de la guerre est lié par un texte formel qu'il ne peut ni discuter ni enfreindre, et qu'un renvoi pour nouvel examen prononcé par l'Assemblée ne pourrait lui donner le droit de se mettre en contradiction avec la loi ;

Considérant d'ailleurs qu'il est une juridiction, celle du chef de l'État et du conseil des ministres, devant laquelle le pétitionnaire est fondé à se pourvoir,

Votre commission a dû se borner à exprimer ses regrets de ne pouvoir accueillir une demande véritablement digne d'intérêt, et à demander à l'Assemblée de passer à l'ordre du jour. — (Ordre du jour.)

Pétition nº 4338. — Les habitants du quartier des Ternes, à Paris, et de la ville de Neuilly sollicitent la haute intervention de l'Assemblée pour la prompte exécution de l'arrêté du ministre des travaux publics qui enjoint à la compagnie des chemins de fer de l'Ouest de rétablir le tunnel de la Porte-Maillot.

Motifs de la commission. — Depuis le dépôt de la pétition, satisfaction a été donnée aux vœux légitimes qu'elle exprime; votre commission a donc l'honneur de vous proposer l'ordre du jour pur et simple sur une demande qui n'a plus d'objet. — (Ordre du jour.)

Pétition n° 4434. — Des habitants du canton de Clary (Nord) prient l'Assemblée nationale de déclarer que toutes les réquisitions en argent régulièrement payées par les communes à l'armée allemande soient supportées par le Trésor public.

Motifs de la commission. — Pendant la guerre 1870-1871, le canton de Clary a eu à supporter des charges énormes : une contribution de guerre de 100,000 fr. en argent, et des réquisitions en nature évaluées à la somme de 349,000 fr. environ.

Mais, en dépit de l'intérêt que lui fait éprouver la situation de ce canton, votre commission ne doit pas oublier que la loi du 6 septembre, en allouant une première indemnité de 100 millions applicable aux besoins de ce genre, a tracé des règles dont il est impossible de s'écarter.

Les dispositions de la loi donnent d'ailleurs satisfaction aux demandes des intéressés dans la mesure de ce qui est actuellement possible.

Les sommes versées à titre d'impôt seront remboursées intégralement, à la condition qu'elles ne dépassent pas le chiffre de l'impôt direct plus deux fois le montant des impôts indirects. L'excédant possible, ainsi que les réquisitions, amendes, dommages généraux, sera successivement remboursé proportionnellement aux ressources disponibles et aux estimations des commissions cantonales spécialement instituées à cet effet. La première somme de 100 millions votée par l'Assemblée est sans doute loin du chiffre total de 821 millions 87,908 fr., déjà officiellement évalués pour les 34 départements envahis ; mais il est matériellement impossible de demander au pays, déjà si éprouvé, de pourvoir immédiatement à des charges hors de proportion avec ses ressources présentes.

Tout en regrettant qu'il ne soit pas permis de tenir compte des demandes de cette sorte dans une plus large mesure, votre commission a donc l'honneur de vous proposer sur la pétition l'ordre du jour pur et simple. — (Ordre du jour.)

M. Soury-Lavergne. *rapporteur.*

Pétition n° 4369. — Le sieur Mangot, à Paris, demande que la rue Castiglione soit prolongée à travers le jardin des Tuileries jusqu'au pont Solférino, et qu'on vende : 1° la partie ouest de ce jardin, comprenant 100,000 mètres carrés de terrain devant, suivant lui, produire 78 ou 80 millions de francs ; 2° certaines parties des Champs-Elysées devant produire 8 ou 9 millions.

Motifs de la commission. — L'initiative d'un semblable projet, qui appartient au conseil municipal de Paris, ne saurait entrer dans les attributions de l'Assemblée nationale.

S'il lui était présenté, elle aurait à examiner si la mutilation du jardin du Luxembourg est un précédent qui puisse l'engager à marcher dans cette voie, et si la pénurie de nos finances est telle qu'il nous faille absolument sacrifier tout ce qui fait l'ornement de notre patrie.

Quant à présent, la commission ne peut que proposer de passer à l'ordre du jour sur la pétition. — (Ordre du jour.)

Pétition n° 4396. — Le sieur André, à Lodève (Hérault), demande :

1° Que les chemins de fer soient tenus de transporter à prix réduit les ouvriers sans ouvrage munis d'un permis de la municipalité de leur commune ;

2° Que l'on établisse le vote collectif de la famille, le père représentant autant de voix qu'il y a de membres dans sa famille ;

3° Que l'impôt sur les portes et fenêtres soit remplacé par une taxe sur la surface bâtie.

Motifs de la commission. — Le premier vœu du pétitionnaire, relatif au transport à prix réduit des ouvriers sans ouvrage, n'est pas admissible. Les chemins de fer auraient peine à suffire au transport de ceux que chaque commune s'empresserait d'expédier dans les autres communes, et surtout dans les grands centres de population, sauf à les voir revenir peu de temps après, par les mêmes voies, après avoir fait leur tour de France.

La comparaison qu'il veut établir entre ces oisifs voyageurs et les soldats, n'est ni juste ni fondée. Ce n'est pas pour leur plaisir, ou pour leurs besoins personnels, que ceux-ci voyagent. Le service de l'État nécessitant leur déplacement, rien de plus juste et de plus légitime qu'on leur fournisse le moyen de voyager à prix réduit.

Le deuxième vœu du pétitionnaire, qui demande qu'on établisse le vote collectif, seul véritable vote universel, selon lui, a reçu toute la satisfaction qu'il est possible de lui donner dans ce moment, par suite des diverses propositions qui ont été faites dans ce sens et qui ont été renvoyées à l'examen des commissions chargées d'élaborer les lois électorales.

Enfin, le pétitionnaire voudrait que l'impôt sur les portes et fenêtres fût remplacé par une taxe sur la surface bâtie.

Malheureusement, il ne paraît pas s'être suffisamment rendu compte de ce qu'il voulait. Voici, en effet, comment il s'exprime :

« Je me permets, messieurs les députés, d'appeler votre attention sur l'impôt inique des portes et fenêtres, que l'on veut augmenter, sans doute pour couver la peste, si nous manquions d'air. Pourquoi ne pas le remplacer par la surface bâtie, rien n'est plus facile à mesurer, ainsi que le nombre d'étages.

« Cet impôt serait bien plus juste, car si le sol de la propriété bâtie était laissé à la culture, l'État en retirerait une grosse somme, surtout si cette culture était de la vigne ou du tabac. »

Mais si les désirs du pétitionnaire pouvaient être accomplis et si le sol de la propriété bâtie devait être laissé à la culture de la vigne et du tabac, où se trouverait donc la surface bâtie, si facile à mesurer, suivant lui, qui devrait servir d'assiette à l'impôt qu'il propose ?

Ce n'est pas avec des projets semblables qu'on peut toucher à des impôts établis depuis longtemps, parfaitement acceptés alors même qu'ils seraient susceptibles de réformes et d'améliorations.

Par les motifs ci-dessus déduits, la commission propose de passer à l'ordre du jour sur la pétition. — (Ordre du jour.)

———

Pétition n° 4324. — M. le docteur Pigeon, médecin des usines de Fourchambaut (Nièvre), demande qu'un crédit de 50,000 fr. soit ouvert au ministre de l'agriculture et du commerce pour *procéder à des expériences ayant pour but de constater* :

1° Si le typhus des bêtes à cornes est contagieux ou non ;

2° Quelle en est la cause originelle ;

3° S'il existe des moyens curatifs et préservatifs de cette maladie.

Motifs de la commission. — Le typhus des bêtes à cornes, dont nous sommes heureusement débarrassés, a été pour l'Assemblée l'objet des plus graves préoccupations. Dans le cours de l'année dernière, deux projets de loi ont été votés portant à 11,575,000 fr. les crédits ouverts pour faire face aux dépenses qu'il a nécessitées.

Le pétitionnaire demande qu'on ouvre un nouveau crédit de 50,000 fr. pour faire des expériences ayant principalement pour but de constater si cette maladie est contagieuse ou si elle n'est qu'épidémique.

Si la science se prononçait dans le sens de la non contagion qui est le sien, il est persuadé que vous n'auriez plus à faire de sacrifices aussi énormes que ceux qui ont été faits dans le passsé.

La commission ne saurait à cet égard partager les convictions et les espérances du pétitionnaire, et sans avoir à se prononcer sur une question scientifique, qui n'est pas de sa compétence, elle considère les nouvelles expériences qu'il réclame comme inutiles et dangereuses.

Suivant elle, elles sont inutiles, car d'après l'exposé du pétitionnaire lui-même, il existe déjà au ministère de l'agriculture et du commerce une commission spécialement affectée à l'étude du typhus. Cette commission, après maintes observations, a déclaré de la façon la plus formelle qu'il est essentiellement contagieux, et c'est en vertu de ces instructions qu'ont été prises les mesures auxquelles nous devons d'en être débarrassés.

Le pétitionnaire, il est vrai, attaque fortement les conclusions de cette commission et prétend en démontrer le mal fondé au moyen de nouvelles expériences qu'il réclame.

Supposons un instant qu'il soit fait droit à sa demande et qu'une nouvelle commission vienne attester la non contagion de la maladie, quelles en seront les conséquences pratiques?

En présence de ce conflit de la science, quel est le gouvernement tant soit peu prudent qui prendra sur lui d'abaisser toutes les barrières devant le fléau dévastateur et qui osera, contrairement à la pression de l'opinion publique qui ne manquerait pas de se produire, départir des mesures et des précautions dont l'expérience vient de démontrer l'efficacité.

A cet égard, que l'Assemblée nous permette de porter à sa connaissance un fait remarquable que M. le ministre de l'agriculture et du commerce a signalé à la commission. Ce n'est que par l'envoi sur les lieux infectés de détachements de la gendarmerie de Paris qu'on est parvenu à maîtriser la maladie. Grâce au concours de ces braves militaires, esclaves de leur consigne, on a pu appliquer dans toute leur rigueur les mesures d'isolement et d'abattage prescrites et maîtriser ainsi la maladie, ce qu'on n'avait pas pu faire jusqu'alors. On ne saurait dire assurément que la présence seule de ces gendarmes, indépendamment de leur action, ait eu pour effet de changer les conditions du milieu ambiant des localités infectées, conditions qui seraient, suivant le pétitionnaire, la seule cause épidémique originelle de la maladie.

Le principal but qu'il se proposait, à savoir l'abandon des mesures d'isolement et d'abattage, source de si grandes pertes et de si grandes dépenses, ne pouvant pas être atteint, la commission ne saurait proposer à l'Assemblée de faire un nouveau sacrifice de 50,000 francs pour tenter des expériences inutiles.

Elle les croit, en outre, inopportunes et dangereuses. Il ne serait, en effet, ni prudent, ni sage, après nous être débarrassés avec beaucoup de peine du fléau, d'introduire de nouveau en France, et cela probablement à plusieurs reprises, des animaux infectés, au risque de raviver le foyer de la maladie.

Le pétitionnaire dit bien qu'on éviterait tout danger au moyen de boîtes bien closes, scellées de plomb, etc., et au moyen de wagons spéciaux. Ces précautions, parfaitement rassurantes pour un non-contagioniste, ne sauraient inspirer la même confiance à ceux qui ne partagent pas sa manière de voir.

En conséquence, la commission, tout en rendant hommage aux bonnes intentions de M. le docteur Pigeon, propose de passer à l'ordre du jour sur sa pétition. — (Ordre du jour.)

———

QUINZIÈME COMMISSION

M. le comte de Kergorlay, *rapporteur.*

Pétition n° 4458. — Le sieur Bellin, à Lyon, se plaint que le maire de cette ville ait voulu l'astreindre à certaines prescriptions de police qu'il n'avait pas qualité pour lui imposer.

Motifs de sa pétition. — L'administration municipale qui existait à l'époque de la pétition ayant été depuis lors complètement changée par la loi du 4 avril 1873, la mairie centrale de Lyon n'existant plus, et la susdite loi attribuant au préfet du Rhône les fonctions qui appartiennent au préfet de police pour la ville de Paris, on n'aperçoit aucun motif pour donner suite à la demande du sieur Bellin. — (Ordre du jour.

———

Pétition n° 4464. — Le sieur Chaussenot, de Châlon-sur-Saône, et ses filles se plaignent d'avoir été, en décembre 1870, mis en état d'arrestation arbitraire, sous prévention d'espionnage pour l'ennemi ; interrogés ensuite par le procureur de la République, ils ont été mis immédiatement en liberté.

Les pétitionnaires ont adressé une plainte contre le sieur de Serres, auteur de cette arrestation, au parquet de Châlon et à celui de Dijon, lesquels ont refusé de s'occuper de cette demande, et en raison de ce refus ils s'adressent à l'Assemblée, la priant d'ordonner qu'une instruction soit faite, afin que les auteurs ou complices des faits dont ils se plaignent soient traduits devant les juges compétents.

Motifs de la commission. — La commission n'a pas l'intention de révoquer en doute ce qu'il peut y avoir d'exact dans telle ou telle partie des griefs exposés; mais, d'autre part, elle est obligée de remarquer que l'Assemblée est absolument incompétente pour intervenir dans les causes judiciaires; elle ne pouvait donc lui recommander de s'immiscer, à un degré quelconque, dans l'affaire de la famille Chaussenot. — (Ordre du jour.)

Pétition n° 4484. — Le sieur Quatrhomme, à Paris, ancien employé principal de comptabilité à la Trésorerie générale de la Couronne, et à titre privé de ses fonctions le 4 septembre 1870, demande à l'Assemblée nationale de faire appliquer aux employés supprimés à cette date le bénéfice de la loi des 30 mars — 4 avril 1872.

Motifs de la commission. On ne pourrait satisfaire la demande du sieur Quatrhomme qu'au moyen d'une nouvelle loi ; mais, en fait, des informations prises au ministère des finances ont appris à la commission que ce ministère s'efforçait d'accorder certains secours à la classe spéciale à laquelle appartient le pétitionnaire; il est lui-même un exemple. car il a été admis par décret du 20 avril 1874 au bénéfice d'une indemnité temporaire, précisément égale au chiffre des droits que lui attribuerait la loi du 30 mars ; il est donc personnellement désintéressé.

Des faits analogues se sont déjà reproduits souvent et les anciens employés de la liste civile qui n'auront pas encore reçu de secours dans leur dénuement, sont désormais fort peu nombreux et généralement vieux. — (Ordre du jour..)

Pétition n° 4602. — M. l'abbé Dauvé, curé de Rochetaillée (Haute-Marne), expose qu'un détachement de Prussiens ayant été établi dans sa commune pendant l'armistice, l'administration municipale, chargée de remettre au sous-intendant de Langres un état des indemnités acquises aux habitants, a inscrit des officiers dans la maison des sous-officiers, ce qui a réduit au-dessous du chiffre exact les indemnités dues au pétitionnaire et à l'ancien maire. Il réclame le redressement de ces comptes.

Motifs de la commission. — Des informations ont été prises par la commission auprès de M. le ministre de la guerre, lequel, examen fait de la question, a reconnu que le sous-intendant avait appliqué à tort, au cas dont il s'agissait, une prescription de deux mois formulée par la loi du 15 juin 1871 pour les ré-

quisitions françaises. En conséquence, le sous-intendant militaire a reçu l'ordre de se livrer à un nouvel examen des créances dont il s'agit, et remboursera les intéressés, dès que ces comptes auront été apurés. — (Ordre du jour.)

Pétition n° 4607. — Le sieur Bréon-Guérard, à Montbard (Côte-d'Or), sollicite l'intervention de l'Assemblée nationale pour lui faire obtenir la réparation de tous les préjudices dont il dit avoir été victime par suite de sa résistance au coup d'Etat du 2 décembre 1851.

• *Motifs de la commission.* — Le pétitionnaire à l'appui de sa demande, entre dans de très-longs développements et croit utile de raconter les divers événements de sa vie. Il rend compte, notamment, de huit procès civils, dans lesquels il a toujours succombé, et reproduit une grande partie des pièces qui s'y rapportent. Il parle particulièrement des pertes considérables qu'il a faites dans la faillite d'un agent de change. Ses récits, aussi confus et obscurs que prolixes, portent la trace évidente d'un véritable égarement d'esprit. Il est d'ailleurs absolument impossible de voir le lien existant, selon lui, entre le coup d'Etat et ses infortunes privées.

Dans chacun de ses procès, l'action de la justice a été régulièrement épuisée par des condamnations, soit en première instance, soit même en appel. Quoi qu'il en soit d'ailleurs de ces résultats juridiques, l'Assemblée nationale n'a aucunement le droit de chercher à y rien modifier. — (Ordre du jour.)

Pétition n° 4612. — Le sieur Delaunay, à Oran, prie l'Assemblée nationale de faire ordonner le renvoi devant la cour d'assises d'Oran de plaintes en faux et en abus de pouvoir contre des fonctionnaires et autres individus, plaintes adressées par lui au procureur de la République de cette ville.

Motifs de la commission. — Le pétitionnaire prétend qu'un jugement obtenu par l'administration des domaines l'a dépouillé d'une propriété sur laquelle il se croit des droits légitimes. Il base ces droits sur un ordre formel de l'empereur qui aurait été adressé à l'administration des domaines ; mais l'existence de cet ordre a été constamment niée par M. le ministre de la guerre, le maréchal gouverneur de l'Algérie, le préfet d'Oran et le garde des sceaux.

Il faut d'ailleurs remarquer que l'Assemblée n'est aucunement chargée de substituer son action à celle de la justice, car ce serait s'immiscer, d'une manière flagrante, dans des droits qui ne lui appartiennent pas. — (Ordre du jour.)

Pétition n° 4615. — Le sieur Yvrard, à Lyon, s'adresse à l'Assemblée nationale, pour qu'elle ordonne qu'on lui remette des pièces relatives à la succession d'une dame morte en cette ville et fille d'un sieur Génin, mort lui-même au Brésil, laissant à sa fille une grande fortune.

Le pétitionnaire n'explique d'ailleurs aucunement les liens qui les rattacheraient à cette famille et se borne à citer des articles des journaux de Lyon, notamment des articles du *Progrès* du 18 juillet 1865, qui portent à la connaissance du public le décès de cette personne.

Motifs de la commission. — Le sieur Yvrard, ayant réclamé l'intervention du département des affaires étrangères pour obtenir des renseignements, ce ministère s'adressa au représentant diplomatique de la France à Rio de Janeiro, qui, après des recherches attentives, répondit qu'il n'avait pas trouvé de traces de cet héritage. Le pétitionnaire a reçu des ministres des affaires étrangères, aux dates des 15 mars 1870 et 21 mars 1872, des communications successives qui lui ont confirmé l'impossibilité où ils se sont trouvés d'obtenir aucun nouveau document sur la prétendue existence d'une succession Génin. En résumé, l'Assemblée ne peut l'aider en quoi que ce soit dans la recherche de pièces qui ne semblent pas exister. — (Ordre du jour.)

Pétition n° 4667. — Le sieur Mouttet, à Paris, a adressé, le 2 décembre 1872, à l'Assemblée nationale une pétition par laquelle il demande que Louis-Napoléon Bonaparte et les complices du coup d'État du 2 décembre 1851 soient poursuivis et jugés pour le crime de haute trahison dont ils se sont rendus coupables.

Motifs de la commission. — L'empereur Napoléon étant mort depuis la date de cette pétition, la cause, à son égard, se trouve éteinte.

Quant à ceux que le sieur Mouttet nomme ses complices, plusieurs sont eux-mêmes morts et il semblera difficile, en matière politique, d'exercer des poursuites contre ce qui reste des acteurs de ce drame, lorsque les principaux échappent également à la vindicte publique comme n'étant plus de ce monde. — Ordre du jour.

Pétition n° 4676. — Le sieur Ortoli, à la Ciotat (Bouches-du-Rhône), présente comme un abus de pouvoir la décision du ministre de l'intérieur du 26 octobre 1872, qui a ordonné son expulsion de la Corse; il saisit l'Assemblée nationale de cette question.

Motifs de la commission. — Un décret du Gouvernement de la défense nationale, du 24 octobre 1870, ayant abrogé le décret du 8 décembre 1851 et la loi du 27 février 1858, dite de sûreté générale, a déclaré que les effets du renvoi sous la surveillance de la haute police seraient ultérieurement réglés. Entre ce décret de 1870 et la loi du 30 janvier 1874, qui a déterminé ces effets, la jurisprudence a été privée de règles fixes. Certains tribunaux ont pensé que l'abrogation des textes de 1851 et 1858 remettait en vigueur l'article 44 du code pénal qui donnait au Gouvernement le droit

de délivrer...
fait son...
s'est ...
d'autres...
traire.

La loi de 1...
certitudes et d...
vernement avait...
lieux d'où le con...
donc devenu certa...
cette situation, l'inter...
peut interdire la Cor...
ne pourrait atteindre aucun...
question posée par le pétition...
d'elle-même. — (Ordre du jour.)

Pétition n° 4563. — Le sieur Bout..., lieutenant au 2° régiment de chasseurs..., val, a été rendu à la vie civile par décision... la commission de révision des grades, en da... du 19 mars 1872. Il prie l'Assemblée nationale de vouloir bien faire étudier de nouveau son dossier et énumère, à ce sujet, l'ensemble de ses états de service.

Motifs de la commission. — La commission des pétitions ne peut aucunement recommander à l'Assemblée d'entrer dans cette voie, et cela par la simple raison que toutes les décisions de la commission parlementaire de révision des grades sont sans appel et absolument définitives. — (Ordre du jour.)

Pétition n° 4491. — Le sieur Giraud, à Corbeil (Seine-et-Oise)....

Motifs de la commission. — La commission, à l'unanimité des membres présents, propose d'écarter par la question préalable la pétition du sieur Giraud, conformément au 2° paragraphe de l'article 94 du règlement. — (Question préalable.)

VINGT-SEPTIÈME COMMISSION

M. Daguilhon-Lasselve, *rapporteur.*

Pétition n° 6557. — Le sieur Cadic, en religion François-Régis-Marie, à Vaux-sur-Seulles (Calvados), instituteur congréganiste, sollicite l'autorisation de fonder un ordre religieux militaire.

Motifs de la commission. — La commission des pétitions apprécie la pensée patriotique qui a inspiré le pétitionnaire, mais en présence de la loi sur l'armée imposant le service militaire à tous les Français jusqu'à l'âge de quarante ans, et de l'unité de commandement indispensable pour en tirer le meilleur parti, elle propose à l'Assemblée de passer à l'ordre du jour. — (Ordre du jour.)

ASSEMBLÉE NATIONALE

SÉANCE DU SAMEDI 19 JUIN 1875

PRÉSIDENCE DE M. LE DUC D'AUDIFFRET-PASQUIER

La séance est ouverte à deux heures quarante-cinq minutes.

M. de Casenove de Pradine, l'un *des secrétaires,* donne lecture du procès-verbal.

M. le président. La parole est à M. André (de la Charente), sur le procès-verbal.

M. André (de la Charente) Messieurs, lorsque, hier, M. le ministre des finances, répondant à mon discours, invoquait les souvenirs de 1870, le *Journal officiel* m'a fait dire ceci : « J'ai voté contre la guerre. »

Ce ne sont pas les expressions dont je me suis servi. J'ai dit que je n'avais fait aucune allusion à la guerre dans mon discours... (Rumeurs en sens divers), et j'ai ajouté que M. le ministre répondait à ce que je n'avais pas dit.

M. Limperani. C'est à ce que vous avez fait !

M. André (de la Charente). Ce que j'ai fait, plusieurs d'entre vous l'ont fait, M. Gambetta tout le premier.

Voix à gauche. C'est une erreur !

M. le président. Il n'y a pas d'autres observations sur le procès-verbal ?

Le procès-verbal est adopté.

L'ordre du jour appelle la suite de la discussion du projet de loi relatif à divers droits d'enregistrement.

L'Assemblée s'est arrêtée à l'article 4 ; mais elle avait réservé l'article 4, sur lequel un amendement de M. Gaslonde avait été pris en considération.

La commission est-elle prête à présenter son rapport sur cet amendement ?

M. Bertauld, *rapporteur.* Je demande la parole.

M. le président. M. le rapporteur a la parole.

M. le rapporteur. Messieurs, l'Assemblée a pris en considération un amendement déposé par l'honorable M. Gaslonde sur l'article 4. Cet amendement était ainsi conçu :

« Le droit proportionnel de transcription sur les donations contenant partage, faites par acte entre-vifs, conformément aux articles 1075 et 1076 du code civil, est réduit à 0 fr. 50 pour 100 francs. Ce droit est obligatoire. »

M. Gaslonde. Je l'ai rédigé autrement.

M. le rapporteur. Je lis, messieurs, l'amendement tel qu'il est imprimé.

La commission n'aurait accepté ni ce droit obligatoire, qui serait un non-sens...

M. Gaslonde. Nous sommes d'accord ! Ce que vous lisez est le texte primitif.

M. le rapporteur. Les lois doivent être appliquées, et il faut que ceux qui les appliquent sachent dans quel sens elles doivent l'être.

La commission n'aurait pas accepté ces mots : « droit obligatoire », ce serait un non-sens, ni les mots « transcription obligatoire » ; car quelle serait la sanction de cette obligation ? qui serait chargé de la faire remplir ?

Mais il y a des précédents législatifs. Quand on a voulu atteindre ce but, l'accomplissement de la transcription, on l'a fait payer en même temps que le droit proportionnel. C'est-à-dire qu'on enlève tout intérêt à ne pas transcrire.

Mais *Nemo potest cogi ad factum*. On ne peut pas forcer à transcrire qui ne le veut pas ; alors, en faisant payer le prix de la transcription en même temps que le droit proportionnel, on ôte tout intérêt à l'inexécution d'une formalité utile. Soyez bien sûrs que par ce moyen la transcription sera faite.

L'honorable M. Gaslonde a substitué à sa rédaction première qui, suivant moi, comportait certaines critiques, une rédaction qui me paraît parfaitement irréprochable. A mon sens, elle ne vaut pas mieux que celle de M. Mathieu-Bodet, mais elle la vaut.

Nous l'acceptons ; elle est ainsi conçue :

« Le droit sur la transcription des actes de donation contenant partage faits entre vifs, conformément aux articles 1075 et 1076 du code civil, est réduit à 0 fr. 50. Ce droit sera perçu lors de l'enregistrement de l'acte de donation, mais la formalité de la transcription au bureau des hypothèques ne donnera plus lieu qu'au droit fixe déterminé par l'article 64 de la loi du 28 avril 1816. »

La commission et le Gouvernement acceptent cette rédaction nouvelle.

M. Méline. C'est la même chose !

M. le rapporteur. C'est absolument la même chose ; il n'y a de différence qu'en ce que la rédaction primitive du Gouvernement présentait 1 fr. 50, tandis que M. Gaslonde décompose le droit : 1 fr. comme droit proportionnel, 0 fr. 50 comme droit de transcription.

M. Gaslonde. J'ai voulu dégager le droit de mutation.

M. de Ventavon. Messieurs, avant que l'article 4 du projet de loi soit mis aux voix, j'ai l'honneur d'adresser une question à M. le ministre des finances.

D'après cet article le droit d'enregistrement des donations contenant partage sera désormais de 1 fr. 50 au lieu de 1 fr. J'ai l'honneur de demander à M. le ministre, si cette perception de 50 centimes en sus du droit actuel doit s'étendre aux valeurs mobilières comme aux valeurs immobilières. Cette question, messieurs, me permettra, puisque le vote n'est pas encore définitif, de dissiper les illusions qu'un discours fort habile a pu faire naître dans vos esprits.

On vous a dit, messieurs, que l'augmentation proposée par le Gouvernement trouvait une compensation dans la réduction du droit de transcription ; que les avantages de cette formalité indemniseraient largement les donataires, de la charge nouvelle qui leur était imposée.

Messieurs, pour les valeurs mobilières la transcription est complètement inutile. Le code civil ne l'a prescrit que pour les biens susceptibles d'hypothèques ; et la loi de 1855 est, sur ce point, en parfaite harmonie avec le code civil ; par conséquent pour les valeurs mobilières la transcription est une formalité superflue.

M. Parent. C'est incontestable !

M. le rapporteur. C'est évident ! Nous sommes d'accord. Jamais ni le ministre des finances, ni la commission, n'ont songé à établir un droit de transcription sur les valeurs mobilières

M. de Ventavon. Monsieur le rapporteur, vous voudrez bien me répondre à la tribune, pour que vos paroles donnent à la loi son véritable sens ; mais j'ai besoin d'ajouter que la transcription est aussi regardée comme à peu près inutile pour les immeubles compris dans un partage d'ascendant.

Elle ne protège pas, en effet, les copartageants contre les actions en lésion, ni contre ce fraudes, ces atteintes à la réserve légale dont a parlé notre honorable collègue M. Faye. Elle n'a qu'un seul effet, celui d'empêcher le père de famille d'aliéner les biens qu'il a donnés.

Plusieurs membres. Et de les hypothéquer !

M. Mathieu-Bodet. Et les hypothèques judiciaires ?

M. le rapporteur. Je demande la parole.

M. de Ventavon. Cet intérêt, messieurs, n'a pas jusqu'à présent paru assez sérieux pour déterminer les enfants à faire transcrire les partages. Et pourquoi ? Parce que des enfants ne supposent pas que leur père puisse devenir stellionataire, parce que la piété filiale leur interdit une crainte de cette nature. Aussi les partages d'ascendants ne sont-ils presque jamais transcrits, puisque, d'après les chiffres que M. Lucien Brun a apportés à cette tribune, c'est à peine si, sur vingt actes de cette nature, il en est un qui soit soumis à cette formalité. Il n'est donc pas exact de dire que la transcription est l'équivalent du droit nouveau que l'on impose aux copartageants.

Messieurs, vous ne cessez chaque jour de faire peser de nouvelles charges sur l'enregistrement. En 1869, les produits de la régie s'élevaient à 456 millions ; vous les avez augmentés chaque année, et, pour 1875, ils forment un total de 590 millions.

Hier, vous avez encore ajouté à ce chiffre, en augmentant d'un quart le droit de mutation sur les immeubles, c'est-à-dire en changeant le mode d'évaluation ; ce droit pèsera sur les donations contenant partage.

On vous demande aujourd'hui d'ajouter un droit nouveau de 50 centimes, qui veut dire que le partage d'ascendants qui s'enregistrait hier au prix de 1,000 fr., s'enregistrera demain au prix de 1,750 francs. Est-ce là, messieurs, le résultat que vous voulez atteindre ? Par la surélévation des droits, vous diminuerez le nombre des actes et vous tarirez ainsi la source à laquelle vous voulez puiser.

Je sais qu'il faut de l'argent, qu'il en faut beaucoup ; mais je vous supplie de ménager des intérêts non moins respectables que ceux du Trésor et de ne pas apporter un obstacle de plus à l'exercice de cette magistrature du père de famille, si utile au maintien de la paix parmi les enfants et si nécessaire pour leur épargner les frais ruineux d'un partage judiciaire.

M. le rapporteur. Messieurs, notre honorable collègue M. de Ventavon adresse à la commission et au Gouvernement une question et une objection.

La question est celle-ci : Le droit de transcription s'appliquera-t-il au partage des valeurs mobilières ? La négative s'impose ; elle a le caractère de l'évidence.

Quant à l'objection, elle me paraît faire revivre une question qui, à mon sens, semblait épuisée.

Vous avez entendu beaucoup d'orateurs sur le point de savoir s'il y avait de nombreux avantages pour les copartagés à faire la transcription. On vient de renouveler une objection et on a dit : La transcription n'a qu'un but, c'est d'assurer l'incommutabilité de la transmission de propriété.

Eh bien, est-ce que les enfants et les descendants ont à craindre un retour de volonté de la part de leurs ascendants? Je considère qu'en effet les ventes volontaires sont peu à redouter de la part des pères de famille qui se dessaisissent par une ouverture anticipée de succession; mais n'y a-t-il que la vente volontaire à craindre? Le père de famille peut être sous le coup de l'hypothèque légale, il peut devenir tuteur, il peut contracter un nouveau mariage, surtout il peut contracter des obligations, et ces obligations peuvent aboutir à des condamnations emportant des hypothèques judiciaires.

Je maintiens que le droit de transcription que vous édicterez par la loi sera encore beaucoup plus utile aux copartagés qu'il ne le sera au Trésor. (Marques d'assentiment.)

M. le président. Je mets aux voix l'article 4 modifié par M. Gaslonde, d'accord avec la commission et qui se trouve ainsi rédigé :

« Le droit sur la transcription des actes de donation contenant partage, faits entre-vifs, conformément aux articles 1075 et 1076 du code civil, est réduit à 0 fr. 50 par 100 fr.

« Ce droit sera perçu lors de l'enregistrement de l'acte de donation, mais la formalité de la transcription au bureau des hypothèques ne donnera plus lieu qu'au droit fixe déterminé par l'article 61 de la loi du 28 avril 1816.

« Dans le délai d'une année à compter de la promulgation de la présente loi, les donations contenant partage, faites dans les conditions ci-dessus, avant cette promulgation, seront admises à la transcription moyennant le payement de 0 fr. 50 p. 100 fr. »

(L'article 4, ainsi modifié, est mis aux voix et adopté.)

M. le président. La parole est à M. Gambetta, qui l'a demandée pour un fait personnel.

M. Gambetta. Messieurs pendant que j'étais retenu au 13e bureau, un de nos collègues, l'honorable M. André, de la Charente, est monté à cette tribune et a prononcé les paroles suivantes :

« Messieurs, lorsque, hier, M. le ministre des finances, répondant à mon discours, invoquait les souvenirs de 1870, le *Journal officiel* m'a fait dire ceci : « J'ai voté contre la guerre. »

« Ce ne sont pas là les expressions dont je me suis servi. J'ai dit que je n'avais fait aucune allusion à la guerre dans mon discours, et j'ai ajouté que M. le ministre répondait à ce que je n'avais pas dit. Ce que j'ai fait, beaucoup d'entre vous l'ont fait, et M. Gambetta tout le premier. »

J'ignore pourquoi M. André, de la Charente, a jugé à propos de me faire intervenir dans cette rectification au procès-verbal. Je sais d'ailleurs qu'il n'a fait que rééditer ainsi une des nombreuses calomnies dont la presse bonapartiste, depuis cinq ans, cherche à empoisonner la vérité historique de ce pays. (Très-bien ! très-bien ! à gauche.)

Non ! vous n'avez pas fait ce qu'ont fait beaucoup d'entre nous, et M. Gambetta tout le premier, monsieur André. Nous avons résisté à la déclaration et à la préparation de cette guerre criminelle qui a abaissé la France et mutilé la patrie. (Applaudissements à gauche.) Nous avons résisté pendant un mois ; nous avons voté contre ces mesures extra-parlementaires, inouïes, qui ont été la cause d'une déclaration de guerre portée à la tribune avec éclat, avec l'éclat calculé que vous savez. Nous avons voté contre une déclaration de guerre au milieu des ténèbres, sur des pièces fausses, sur des dépêches apocryphes (Très-bien ! très-bien ! — Nouveaux applaudissements à gauche.) Nous avons mis en doute — et nous avions le pressentiment de cette redoutable vérité — nous avons mis en doute l'existence de cette dépêche sur laquelle vous avez engagé le sort même de la patrie, l'avenir de l'Europe. Nous avons voté constamment contre les préparatifs de guerre et contre la déclaration de guerre.

Il n'y a eu qu'un vote de notre part : lorsque les coureurs de l'ennemi arrivaient sur le sol même du pays, lorsque la frontière de l'Alsace avait été livrée, lorsque nos armées, livrées par l'inexpérience du chef suprême de la France à toutes les aventures, se trouvaient démunies, désemparées, presque sans ressources, vous êtes venus nous demander des subsides; et nous avons, au Corps législatif, fait ce que nous avons continué à faire durant six mois : après les désastres, nous avons pris la responsabilité de parer aux dangers effroyables sortis de cette criminelle politique qui a valu à la France l'invasion. Nous n'avons pas plus refusé les subsides au Corps législatif, que nous n'avons refusé plus tard de défendre les lambeaux que vous nous aviez laissés de la patrie envahie par votre criminelle faute. (Vive approbation et applaudissements répétés à gauche.)

M. André (de la Charente). Ce qui vient d'être dit à cette tribune ne peut rester sans réponse.

On m'avait interrompu quand j'ai dit que je n'avais fait aucune allusion à la guerre, et en parlant de ces allusions, les interrupteurs criaient : Mais c'est ce que vous avez fait ! J'ai répondu : En 1870, j'ai voté les subsides de guerre, et beaucoup parmi vous l'ont fait. (Réclamations à gauche.) J'ai cité l'exemple de M. Gambetta.

M. Brisson *et d'autres membres à gauche.* Vous n'avez pas parlé de subsides !

M. André (de la Charente). Quant aux questions de responsabilité, de préparatifs de la guerre, l'histoire dira quels sont ceux qui ont contribué à empêcher ces préparatifs. (Vives réclamations à gauche.)

M. Gambetta. Vous insultez à la vérité historique! (Bruit.)

M. André (de la Charente). Celui qui est à cette tribune peut personnellement invoquer le souvenir d'avoir, à une époque antérieure, contribué...

M. Gambetta. Je demande la parole.

M. André (de la Charente). ...par sa parole et par son vote, à faire maintenir à 100,000 hommes le chiffre des contingents, que les chefs de l'opposition... (Nouvelles réclamations à gauche.)

M. le président. Je ne puis pas laisser s'établir des dialogues entre les interrupteurs et l'orateur, surtout sur des questions historiques de nature à passionner le débat.

M. Arthur Legrand. Vous avez laissé parler M. Gambetta, monsieur le président ; laissez parler M. André. Il importe que la vérité soit connue. (Bruit.)

Plusieurs membres à droite, s'adressant à l'orateur. Parlez ! parlez !

M. Prax-Paris prononce quelques paroles qui se perdent au milieu du bruit.

A gauche et sur divers bancs au centre. L'ordre du jour ! l'ordre du jour !

M. de Trévenuc. Nous ne sommes pas ici pour écouter la justification de l'Empire ou celle de M. Gambetta. Je demande formellement l'ordre du jour. (Bruit et mouvements divers.)

M. André (de la Charente). J'ai fait maintenir au chiffre de 100,000 hommes les contingents, que l'opposition voulait et a trop souvent voulu réduire à 80,000. (Nouvelles interruptions.)

M. Horace de Choiseul. Pourquoi avez-vous voté la guerre ?

M. le président. Veuillez ne pas interrompre ; le débat est assez passionné comme cela !

M. le marquis de Castellane. Je demande qu'on revienne à la loi sur l'enregistrement !

M. André (de la Charente). Je répète donc, en terminant, ce que j'ai eu le droit de dire, c'est que les subsides de guerre ont été votés par M. Gambetta et par des membres nombreux de l'opposition quand je les ai votés moi-même. Je ne crois pas, en ayant évoqué ce fait vrai et ce souvenir, sur l'interruption qui m'était adressée, avoir justifié les susceptibilités qui se sont produites, et que je ne suivrai pas davantage dans leurs développements.

M. Gambetta. Vous avez altéré la vérité, je l'ai rétablie !

Voix nombreuses. L'ordre du jour ! l'ordre du jour !

M. le président. On demande l'ordre du jour... (Oui ! oui !) ; l'incident est clos.

La parole est à M. le garde des sceaux.

M. Dufaure, *garde des sceaux, ministre de la justice.* J'ai l'honneur de déposer sur le bureau de l'Assemblée un projet de loi portant ouverture au ministre de la justice, sur l'exercice 1874, d'un crédit supplémentaire de 913,000 fr., applicable aux frais de justice criminelle.

M. le président. Le projet de loi sera imprimé, distribué et renvoyé à la commission du budget de 1875.

L'ordre du jour est la suite de la discussion du projet de loi relatif à divers droits d'enregistrement. Nous passons à l'article 7.

« Art. 7. — Le droit d'enregistrement des échanges d'immeubles est fixé à 5 4/2 p. 100 ; mais la formalité de la transcription au bureau de la conservation des hypothèques ne donnera plus lieu à aucun droit proportionnel.

« Sont maintenues les dispositions de l'article 4 de la loi du 27 juillet 1870, en ce qui concerne les échanges d'immeubles ruraux contigus. »

M. Sebert a proposé de modifier comme suit cet article :

« Le droit principal des échanges d'immeubles, réduit à 1 p. 100 par l'article 2 de la loi du 16 juin 1824, est reporté, indépendamment du droit de transcription, à 2 p. 100, conformément à l'article 69 paragraphe 5, n° 3 de la loi du 22 frimaire an VII. Mais la formalité de transcription, etc.... » Le reste comme à l'article.

La parole est à M. Sebert.

M. Sebert. Messieurs, en présence du peu d'attention apporté à cette discussion, je ne me propose pas de donner à mon amendement le développement que son importance me paraissait justifier.

Vous avez vu que le Gouvernement propose d'appliquer à l'échange le droit de mutation par vente. Pour mon compte, je pense que ce droit est excessif et de nature à porter une grave atteinte au contrat d'échange, et que ce qu'il y aurait de mieux à faire serait de maintenir l'état actuel des choses.

Le contrat d'échange n'opérant pas une mutation lucrative de propriété doit être distingué des mutations de ce genre. En effet, le droit proportionnel est un impôt sur l'enrichissement lorsqu'il s'agit de mutation à titre gratuit ou par succession. Dans les mutations par ventes, il y a conversion de propriété, pécuniaire, exposée à des risques, contre une propriété immobilière offrant plus de sécurité, et l'impôt, dans ce cas, frappe une sorte d'enrichissement.

Dans l'échange, l'échangiste n'acquiert rien, ni en fortune, ni en sûreté ; il obtient seulement une convenance tournant à l'avantage de l'agriculture, par conséquent à l'avantage de la chose publique ; l'échangiste ne peut donc être justement confondu avec un héritier ou un acquéreur.

Il y a donc lieu de laisser l'échange sous la perception d'un droit modéré, et ce qui paraîtrait mieux répondre à sa nature serait de le laisser sous le régime de la loi de 1824, qui a réduit le droit de mutation à 1 p. 100, indépendamment, bien entendu, du droit de transcription.

Mais, entrant jusqu'à un certain point dans les vues de M. le ministre des finances, et ne voulant pas le priver d'une ressource qui ne sera pas bien importante, il est vrai, je propose, par mon amendement, d'en revenir au droit de 2 p. 100 édicté par la loi du 22 frimaire an VII.

Il est d'ailleurs à remarquer que ce droit de 2 p. 100, augmenté du droit de transcription et des 2 décimes et demi, forme un droit de 4 fr. 37 1/2 p. 100.

Voici mon amendement :

« Le droit principal des échanges d'immeubles réduit à 1 p. 100 par l'article 2 de la loi du 16 juin 1824, est reporté, indépendamment du droit de transcription, à 2 p. 100, conformément à l'article 69, § 5, n° 3, de la loi du 22 frimaire an VII. »

Je maintiens d'ailleurs la dernière disposition de l'article du projet de loi, qui a pour objet d'exonérer du droit proportionnel les parcelles de biens ruraux contiguës, conformément à la loi du 27 juillet 1870, art. 4.

Comme j'ai eu l'honneur de le dire en

commençant, messieurs, je ne développe pas davantage mon amendement, convaincu que, sans autre commentaire, il obtiendra votre approbation. (Très-bien ! très-bien !)

M. Raudot. C'est toujours une aggravation ! Je demande la parole pour combattre l'amendement !

M. le président. Vous avez la parole.

M. Raudot. Je demanderai d'abord au Gouvernement s'il adopte l'amendement de M. Sebert.

M. le ministre des finances. Oui, nous acceptons l'amendement de M. Sebert.

M. Raudot. Eh bien, le projet, tel qu'il a été présenté pour l'article 7, est ainsi conçu...

M. Sebert. Je rappelle que mon amendement porte à 2 p. 100 le droit qui est actuellement de 1 p. 100.

M. Raudot. Soit ! mais voici ce que dit l'article 7 :

« Le droit d'enregistrement des échanges d'immeubles est fixé à 5 1/2 p. 100. »

Si on avait adopté cet article, les droits sur les échanges auraient été augmentés d'une manière prodigieuse ; d'abord ils auraient été doublés ; mais de plus vous avez voté l'article 5, qui est ainsi conçu :

« Dans tous les cas où, conformément à l'article 15 de la loi de frimaire an VII, le revenu doit être multiplié par 20 et par 10, il sera à l'avenir multiplié par 25 et par 12 1/2. »

Or, les échanges sont soumis à cet article 5 : je vous prie de le remarquer. Vous ne le saviez peut-être pas. Voici ce que dit l'article 15 de la loi de frimaire an VII. Auparavant, permettez-moi de vous présenter une observation. Je suis convaincu que dans cette Assemblée il y a beaucoup d'agriculteurs, il y a beaucoup de personnes qui s'intéressent énormément au progrès de l'agriculture. (Oui ! oui !) Je crois qu'ils doivent prêter une grande attention à ce que je vais dire, parce que l'article tel qu'il a été proposé, et même l'amendement, auraient pour résultat, selon moi, d'entraver beaucoup les progrès de l'agriculture et, pour ainsi dire, de l'arrêter.

Voici ce que dit l'article 15 de la loi de frimaire an VII.

« La valeur de la propriété des immeubles est déterminée pour la liquidation et le payement du droit proportionnel, savoir :

« 4° Pour les échanges, par une évaluation qui doit être portée en capital d'après le revenu multiplié par 20. »

Vous voyez que les échanges payent actuellement le droit sur le capital évalué d'après le revenu multiplié par 20. Si votre loi est votée et promulguée lundi, il faudra multiplier le revenu par 25. Ce sera un quart en sus qui frappera les contrats d'échange.

Si donc vous aviez adopté le projet tel qu'il a été présenté, proposant 5 1/2 p. 100 au lieu de 2 1/2 p. 100 avec 2 décimes et demi en sus, la totalité de l'augmentation aurait été de 160 p. 100 du droit actuel, c'est-à-dire quelque chose d'inouï et qui ne se serait jamais vu dans les lois de finances.

M. Sebert propose une diminution, en abaissant le chiffre de 5 1/2 p. 100 à 3 1/2 p. 100. C'est encore 1 p. 100 de plus, non compris l'augmentation par les décimes et par le changement de la base du droit proportionnel. Ces droits sont encore beaucoup trop élevés.

Jusqu'à présent tous les législateurs ont considéré qu'il était extrêmement utile de favoriser les échanges d'immeubles ruraux. Et pourquoi, messieurs ? par une raison bien simple. Vous savez que nous sommes, en France, exposés — je le dirai sans crainte d'être démenti — à un véritable danger économique et agricole par la pulvérisation pour ainsi dire du sol, non pas que j'attaque le nombre des propriétaires, mais j'attaque le nombre immense des parcelles. Eh bien, messieurs, tous les législateurs avaient pensé qu'il fallait favoriser les échanges, parce que toutes les fois qu'il se fait un échange d'immeubles ruraux, il y a deux personnes qui améliorent la valeur de leurs propriétés, et deux personnes qui s'assurent ainsi, ce qui est éventuel, des facilités d'exploitation, de meilleure culture et de progrès agricole.

Eh bien, messieurs, voulez-vous réagir contre ce qu'ont fait tous vos prédécesseurs ? voulez-vous établir des droits tellement forts, qu'il n'y ait plus d'intérêt à faire des échanges ? Je crois que ce serait extrêmement funeste. Je demande donc qu'on en reste à cette augmentation, déjà très-considérable, trop considérable, que l'on a votée dans l'article 5, et qu'on laisse le droit d'échange tel qu'il est, à 2 1/2 p. 100, c'est-à-dire qu'on rejette l'article entier, ainsi que l'amendement qu'a voulu lui apporter M. Sebert. (Très-bien ! très-bien ! sur divers bancs.)

Un membre. Quel est l'avis du Gouvernement ?

M. Mathieu-Bodet. Je voudrais réduire cette question à ses véritables proportions.

Je reconnais, comme mon honorable collègue M. Raudot, que les échanges sont extrêmement favorables. Aussi, à toutes les époques, ont-elles été singulièrement favorisées par le législateur. L'Assemblée va voir que nous continuons cette tradition. Voyons d'abord quelle est la législation qui régit actuellement les échanges, et nous verrons ensuite quelles sont les modifications qui sont apportées par le projet de loi qui vous est soumis. Le grand avantage qui résulte des échanges, c'est la facilité donnée aux propriétaires de réunir des parcelles contiguës sans être assujettis aux frais de mutation qu'entraînent les ventes ordinaires. On comprend qu'en effet l'agriculture y gagne beaucoup, parce qu'elle peut, en simplifiant son exploitation, diminuer ses frais généraux et améliorer ses procédés agricoles. Eh bien, les droits auxquels les échanges de cette nature sont assujettis actuellement s'élèvent à 20 centimes p. 100.

Nous maintenons complétement ce droit réduit, tel qu'il résulte de la loi du 27 juillet 1870. Quant aux échanges de propriétés non contiguës, qui sont beaucoup moins intéressants et moins favorables, ils sont assujettis actuellement à un droit de 1 p. 100, et ce n'est pas 1 p. 100 sur la valeur vraie, c'est 1 p. 100 sur la valeur calculée sur le revenu multiplié par 25, c'est-à-dire 1 p. 100 sur les deux tiers seulement de la valeur vénale. S'il s'agissait de la vente d'un immeuble, on payerait 5 p. 100 sur la valeur vénale ; pour un échange, on paye 1 p. 100 sur les deux tiers de cette valeur; à cela s'ajoute le droit ordinaire de transcription.

Eh bien , la commission, d'accord avec l'honorable M. Sebert, propose d'augmenter seulement de 1 p. 100, et le droit désormais serait de 2 p. 100; ce ne sera pas 2 p. 100 de la valeur calculée sur le revenu multiplié par 25, ce sera 2 p. 100 sur les deux tiers de la valeur.

Je crois donc que nous montrons par là déjà une très-grande faveur au profit de ces contrats d'échange. Mieux vaudrait, évidemment, maintenir les droits au taux actuel. Mais malheureusement, comme vous le disait l'honorable M. de Ventavon, il faut donner de l'argent au Trésor. Eh bien, je crois que nous n'élevons pas ces droits dans une proportion trop considérable en vous proposant d'adopter l'amendement de M. Sebert. (Très-bien! — Aux voix!)

M. Léon Clément. Je demande la permission de répondre en quelques mots aux observations présentées par l'honorable M. Mathieu-Bodet.

D'abord, il faut se fixer sur les intérêts du Trésor. L'honorable M. Raudot vous a signalé l'intérêt économique de premier ordre qu'il y a à ce que la faveur dont jouissent les échanges soit maintenue.

On a parlé de la loi de 1870, qui a fait un pas nouveau dans cette voie. Quelle est cette loi, et quelle est son application? Elle réduit à 20 centimes le droit proportionnel d'enregistrement; mais elle ne s'applique qu'à des cas très-rares; elle ne s'applique qu'aux parcelles contiguës et aux parcelles ayant au plus 50 ares; une parcelle qui aurait 60 ares ne jouirait pas de cette faveur. Vous voyez donc que cette loi a une application très-restreinte.

Eh bien, voulez-vous réagir contre les dispositions qui, depuis l'an VII, ont inspiré les législateurs?

En l'an VII, on avait fixé le droit à 2 fr. p. 100, et, dès que les ressources du Trésor l'ont permis, en 1814, on a dit : Les échanges de parcelles contiguës ne payeront qu'un droit fixe de 1 fr., si ma mémoire est exacte. Le droit sur les autres échanges a été abaissé à 1 fr., outre ce droit de transcription qui est de 1 fr. 50. Voilà le régime fiscal qui a subsisté jusqu'à présent.

Quelle est maintenant la somme que le Trésor espère tirer de la loi qui vous est proposée; il faut préciser ce point important; car si l'on vous disait : « Voilà un moyen d'assurer au Trésor une somme très-considérable; » nous hésiterions à refuser; mais les données les plus favorables dans les évaluations qui ont été faites portent le produit de cette augmentation à quelle somme? A 500,000 francs seulement. Eh bien, c'est pour 500,000 francs qu'on vous propose de retirer aux échanges la faveur dont ils ont joui jusqu'ici, ce qui aura pour conséquence d'entraver sérieusement les transactions agricoles! (Marques d'assentiment à droite.)

Mais la mesure proposée produira-t-elle les 500,000 fr. qu'on en attend? Je ne le crois pas, et cela pour deux motifs : d'abord vous empêchez les échanges de se produire en aussi grand nombre, précisément parce que vous portez le droit à 3 fr. 50, et qu'il faut encore y ajouter une surélévation d'un quart que,

au lieu de multiplier le revenu par 20 pour l'assiette du droit, vous le multiplierez désormais par 25, en vertu de l'article que vous avez voté hier. Cela équivaudra presque à un droit de 4 fr. 50.

M. Mathieu-Bodet. C'est une erreur! Vous supposez. . (Laissez parler! — N'interrompez pas!)

M. Léon Clément. Je suis prêt à répondre à l'interruption de M. Mathieu-Bodet, s'il veut bien la formuler.

M. Mathieu-Bodet Je m'expliquerai tout à l'heure

M. Léon Clément. M. Sebert a proposé, et la commission et le Gouvernement acceptent le chiffre de 3 fr. 50. Ce chiffre de 3 fr. 50 ne porte plus sur un capital formé par le revenu multiplié par 20, mais par un capital formé par le revenu multiplié par 25.

Plusieurs membres. Et les décimes!

M. Léon Clément. Et les 2 décimes et demi en sus.

L'on a donc raison de dire que, indépendamment de l'élévation du droit contenu dans l'article en discussion, il y aura en sus l'augmentation d'un quart provenant de ce que le revenu qui sert de base au calcul, sera multiplié par 25 au lieu de l'être par 20. Donc, l'augmentation est bien ce que je disais, et je crois que je n'exagérais rien en donnant le chiffre de 4 fr. 50 environ, comparativement au taux qui était payé avant la loi que vous est proposée.

Cette énorme aggravation est-elle raisonnable? Je ne le crois pas Il faut bien se demander ce qu'est l'échange, dans quelles circonstances on y recourt. Dans la vente, on impose l'épargne, qui se consolide, qui se fixe par l'acquisition d'un immeuble. Mais l'échange est-il le placement de l'épargne? Non, c'est tout simplement le changement de propriétaires de deux parcelles de biens immobiliers. Là, point de consolidation d'épargne, et par conséquent le droit doit être léger; l'échange est purement et simplement une transaction très-favorable à l'agriculture et très-digne d'être encouragée. Eh bien, cette transaction, vous la rendrez plus onéreuse, et par conséquent vous ferez qu'elle sera moins fréquente. Et le nombre des échanges diminuant, vous ne retirerez pas de l'application de votre loi les 500,000 fr. que vous vous en promettez.

En second lieu, — et je confie cette observation à ceux de nos collègues qui, comme moi, habitent un pays où les transactions immobilières ont, en ce moment, une activité assez grande. — il arrive très-souvent que les échanges déterminent des ventes importantes. On divise une propriété très-considérable qui est mise en vente par lots; des propriétaires qui habitent le village voisin, qui ont des parcelles nombreuses, les échangent pour des lots commodes, parfaitement arrondis, d'une culture facile, et les différentes parcelles qu'ils ont données en échange se vendent en détail. Eh bien, voilà des transactions que vous rendez impossibles par votre nouvelle loi, et, par conséquent, vous perdez la recette que vous donneraient ces ventes, subordonnées elles-mêmes aux échanges que vous allez empêcher. (Très-bien! très-bien!)

Je crois donc que la mesure que je combats est antiéconomique, qu'elle ne donnera au Trésor que des déceptions ou tout au plus un misérable produit, et qu'elle entravera le progrès de l'agriculture. Or, nous devons favoriser avant tout la facilité des exploitations. C'est là un bien immense pour les propriétaires et pour l'État, puisque c'est le moyen d'augmenter le produit et la valeur de la terre. L'élévation du droit sur les échanges serait nuisible à ces grands intérêts. Je vous conjure donc, messieurs, de ne pas voter l'article qui vous est proposé. (Très-bien ! très-bien !)

M. Mathieu-Bodet. Messieurs, je crois que mon honorable collègue et ami, M. Clément, a singulièrement exagéré les inconvénients de l'impôt que nous voulons établir.

Il a prétendu que la mesure que nous proposons est détestable, qu'elle aurait des effets funestes pour l'agriculture. C'est là une exagération évidente. Mais ce n'est pas à ces considérations que je veux répondre. Je veux me borner aux deux observations suivantes.

M. Clément vous a dit d'abord que, par la loi que nous proposons, nous faisions une innovation, un acte de réaction, pour me servir de son expression ; en second lieu, il a soutenu que le droit que nous établissions s'élèverait à 4 1/2 p. 100.

Je réponds d'abord qu'il n'est pas vrai que nous modifions la législation ancienne. La loi du 22 frimaire an VII, qui est la loi organique de la matière, s'est montrée très-favorable pour les échanges, puisque, alors qu'elle frappait les ventes d'un droit de mutation de 4 p. 100, elle ne demandait que 2 p. 100 pour les échanges.

En 1824, à une époque où nos finances étaient en très-bon état, on a pu modérer ce droit. Si nous avions le bonheur d'être dans une situation financière pareille à celle de 1821, si nos finances étaient équilibrées comme elles l'étaient alors, je consentirais bien volontiers a faire le sacrifice qui est demandé. Mais, hélas ! il n'y a pas de comparaison possible entre 1875 et 1824, au point de vue des finances.

Que proposons-nous en ce moment ? De revenir purement et simplement à la législation de l'an VII. Nous demandons que la faveur plus considérable qui a été accordée en 1824 et qui ne peut plus être maintenue aujourd'hui, soit supprimée ; nous demandons qu'on revienne à la loi du 22 frimaire an VII, c'est-à-dire, au droit de 2 p. 100. Nous ne faisons donc que revenir au tarif primitif, et il n'est pas exact de dire que nous innovons.

M. Clément a dit également que nous établissons un droit de 4 1/2 p. 100 ; c'est une erreur.

M. Léon Clément. Comparativement !

M. Mathieu-Bodet. Le droit de 3 1/2 qui a été établi sur le capital déterminé par le revenu multiplié par 25, n'est pas même en réalité de 3 fr. sur la valeur véritable. Il y a donc une double erreur dans ce qui a été dit à cet égard.

Sans doute, il est toujours pénible de demander une augmentation d'impôt, mais celle-ci est parfaitement justifiée, et je crois que, si vous la rejetez, il vous sera difficile de la remplacer par quelque chose de meilleur. (Très-

...elui rendu sur licitation au profit d'un cohé... ...er ou d'un copartageant...

...sont ces actes, expressément affranchis ...rmalité de transcription, que, dans ...un vous propose d'assujettir à un ...scription.

...messieurs, de faire entrer ...tion un pareil impôt, un im...qu'il a mis à le ...tion, aucune base dans ...posés étant mini...? Un semblable impôt ...mission avec tous les se tromper, au moins a...servit de moyen ? à ...pôts. Eh bien, cela qu...ttement, nera-t-il la recette qu'on ...ire des dire, de me rappeler Bodet ? Voilà la question...

...top...

Ce que vous avez déjà en... que l'impôt sur les échange... dement de M. Sebert, ser... une proportion très-grande. Je ... ner des chiffres.

Dans l'état actuel, le droit d'échan... monte à 2 fr. 50, plus 2 décimes et demi, en tout 3 fr. 12 1/2 par 100 francs.

M. Sebert propose de porter le droit à 3 fr. 50 ; mais il faut ajouter les 2 décimes et demi ; par conséquent, vous arriverez à 4 fr. 37 1/2 sur l'échange, c'est déjà une augmentation considérable : comme vous le voyez, c'est près de 40 p. 100.

Vous avez, en outre, l'augmentation qui résulte de la capitalisation à 25, au lieu de 20. Le calcul nous montre que c'est encore une affaire de 1 fr. 06.

De sorte que, d'après la loi et l'amendement, les échanges payeraient 5 fr. 43 au lieu de 3 fr. 12, ce qui représente une augmentation d'environ 70 p. 100. Il y a bien peu d'impôts qui, d'un seul coup, aient été augmentés de 70 p. 100.

M. le ministre des finances. Et le sucre ?

M. Raudot. Quels seront les résultats économiques et financiers de la mesure en discussion ?

Au point de vue économique, il n'y a pas l'ombre d'un doute. Tous ceux qui habitent la campagne, tous ceux qui connaissent la culture nous diront que l'échange est le moyen le plus propre à réagir contre le morcellement excessif du sol et ses déplorables conséquences agricoles. ((Très-bien ! sur plusieurs bancs.)

L'augmentation considérable des droits sur les échanges diminuera ces sortes de transactions. Au point de vue économique, la mesure est donc mauvaise.

Examinons-la maintenant au point de vue financier. Quelle recette obtiendrez-vous ?

Voici l'état du produit, en principal, des perceptions faites par l'enregistrement sur les échanges d'immeubles. Il a été :

En 1869, de.....	1.070.600 francs.
1870.......	728.900 —
1871.......	570.900 —
1872.......,	918.600 —
1873.......	1.024.300 —

Voilà ce que rapporte actuellement l'impôt peu considérable sur les échanges.

Eh bien, on avait estimé à 1,600,000 fr. la recette possible avec le droit porté à 5 1/2 p. 100 au lieu de 2 1/2. Évidemment il y avait exagération. Mais M. le ministre et M. Mathieu-Bodet adoptent l'amendement de

6

M. **Sebert**, qui réduit les 5 1/2 à 3 1/2. Il doit s'ensuivre nécessairement une diminution considérable. (Réclamations sur divers bancs.)

Mais, messieurs, est-ce qu'en grevant de droits augmentés de 76 p. 100 les échanges, vous n'allez pas en diminuer le nombre et par conséquent vos recettes ? (C'est évident ! — Vous avez raison !)

C'est clair comme le jour. Eh bien, M. Clément, tout à l'heure, vous a dit avec juste raison que les échanges faciles à faire avaient très-souvent pour résultat d'augmenter le nombre des ventes, et je vais vous dire ce que j'ai vu, ce que je vois pratiquer tous les jours dans mon pays.

Dans un village où la propriété est très-morcelée, il y a des paysans, cultivateurs riches et aisés, qui, au bout d'un certain temps, trouvent qu'ils ne peuvent plus progresser, cultiver avec profit, parce que leurs propriétés sont trop morcelées et trop petites. Dans d'autres communes, il peut se trouver une propriété considérable d'un seul tenant, ou des domaines bien composés, que le propriétaire serait disposé à vendre. Les premiers proposent à ce dernier un échange. L'échange se fait ; le propriétaire, qui n'avait que des parcelles isolées, va se fixer dans l'endroit où il aura une propriété agglomérée qui lui permettra d'étendre sa culture, de déployer toute son intelligence et de faire de grands progrès agricoles. Celui avec qui il a fait l'échange vendra en détail la propriété morcelée qui lui a été cédée, et qu'il vendra beaucoup plus cher qu'il n'aurait pu vendre sa propriété agglomérée. Tout le monde y gagne, même le fisc.

Mais, si vous faites que le droit sur les échanges soit à peu près aussi élevé que le droit sur les ventes, le propriétaire d'un bien morcelé ne l'échange pas ; il ne la vendra pas davantage, parce qu'il lui faut de la terre pour son travail et de quoi occuper sa famille.

Je crois donc que, tout bien considéré, il ne faut pas adopter cet article, et j'espère que M. Mathieu-Bodet en portera le deuil sans trop de douleur.

Il s'agit d'un très-petit impôt qui aurait le grand tort d'attaquer une loi qui favorise le développement de l'agriculture française. (Marques d'approbation. — Aux voix ! aux voix !)

M. **Léon Say**, *ministre des finances.* Je ne serai pas long, messieurs ; je reconnais que, dans ce moment, nous ne faisons pas de réformes économiques ; malheureusement nous ne pouvons pas en faire, et je n'ai pas à traiter la question à ce point de vue. Nous avons actuellement beaucoup d'impôts qui, sous ce rapport, sont extrêmement fâcheux.

Je voulais simplement répondre à cette allégation, qu'en définitive la taxe proposée ne rapportera pas grand'chose et que, par conséquent, on pourrait y renoncer sans trop de regret.

Ah ! messieurs, si vous vouliez abandonner tous les petits crédits, j'abandonnerais volontiers les petites ressources. (Très-bien !) Mais ce n'est pas le cas. Nous avons besoin des petits produits pour arriver à former de grosses sommes, et, quand nous avons épuisé tous les impôts possibles, nous sommes bien obligés de proposer des augmentations là où elles nous paraissent encore possibles.

Le projet présenté par l'honorable M. Mathieu-Bodet comprenait très-peu de grosses sommes ; mais, avec une certaine quantité de petits produits, il arrivait à un total considérable.

Je n'ai pas cru pouvoir adopter toutes les propositions de l'honorable M. Mathieu-Bodet ; j'en ai retenu un grand nombre ; mais si, aujourd'hui, j'abandonne les produits qui donneront un chiffre minime, il ne me restera plus rien, ou du moins des sommes trop peu considérables pour arriver au but que nous poursuivons tous, qui est d'équilibrer le budget.

On a voté, hier, une augmentation assez considérable, et j'en ai été bien aise. Je vous demande aujourd'hui une somme de 500,000 francs.

On dit que le produit sera peu important, parce que cette augmentation d'impôt restreindra les échanges.

Si j'ai accepté l'amendement de M. Sebert, ce n'est pas pour le plaisir d'abandonner une recette. Je l'ai accepté, moi qui n'en ai accepté beaucoup d'autres, parce que j'ai compris qu'à côté de l'inconvénient qu'il y avait à réduire le droit, il y avait l'avantage de conserver un plus grand nombre d'échanges.

J'ai pensé que, tout compte fait, je pouvais, au point de vue de l'intérêt même du Trésor, abandonner le tarif de 5 1/2 p. 100 pour me rallier au tarif plus modéré proposé par M. Sebert. J'espère que l'Assemblée voudra bien l'accepter. (Très-bien ! très-bien ! — Aux voix ! aux voix !)

M. **le président.** La rédaction proposée par M. Sebert, si elle est adoptée, remplacerait, dans l'article 7, le commencement du premier paragraphe, dont voici les termes : « Le droit d'enregistrement des échanges d'immeubles est fixé à 5 1/2 p. 100. » Le reste de ce 1er paragraphe de l'article demeure, dans l'amendement, tel qu'il est au projet de la commission.

Ceci expliqué, je mets aux voix l'amendement de M. Sebert.

(Cet amendement est mis aux voix et adopté.)

M. **le président.** Le premier paragraphe de l'article 7 se trouvant adopté dans les termes de l'amendement de M. Sebert, ainsi que je viens de l'expliquer, je consulte l'Assemblée sur le deuxième paragraphe, qui est ainsi conçu :

« Sont maintenues les dispositions de l'article 4 de la loi du 27 juillet 1870, en ce qui concerne les échanges d'immeubles ruraux contigus. »

(Le second paragraphe de l'article 7 est mis aux voix et adopté.)

L'ensemble de l'article 7 est ensuite mis aux voix et adopté.

« Art. 8. — Sont soumis aux droits établis par l'article 52 de la loi du 28 avril 1816 :

« 1° Les parts et portions de biens immeubles indivis acquises par licitation ;

« 2° Les retours et soultes de partage de biens immeubles. »

M. **le président.** M. Roger-Marvaise propose la suppression de l'article 8.

Je lui donne la parole.

M. Roger-Marvaise. Messieurs, l'article 8 8 du projet de loi mérite d'attirer un instant l'attention de l'Assemblée. A la séance d'hier, en votant l'article 5 du projet de loi, vous avez notablement augmenté les droits de mutation sur les immeubles ruraux ; vous avez décidé que, désormais, la valeur de ces immeubles servant de base à l'application des droits de mutation serait calculée en multipliant le revenu, non par 20, comme le voulait la loi de frimaire an VII, mais par 25. Vous avez donc augmenté le droit de mutation d'un quart.

Dans l'article 8 du projet de loi, on vous propose une nouvelle augmentation de droits sur les immeubles.

Que propose-t-on en effet d'établir? Un droit de transcription sur les actes de partage et les opérations du partage, opérations qui, d'après la législation civile, sont absolument affranchies de la formalité de la transcription, c'est-à-dire qu'on vous propose d'établir un impôt qui n'a aucune base dans notre législation civile.

Qu'il s'agisse, dans l'article 8, de l'établissement d'un droit de transcription, c'est ce qui ne peut pas être l'objet d'un doute. Voici, en effet, ce que nous lisons dans l'exposé des motifs en tête du paragraphe consacré à l'explication de cet article 8 : « Droits de transcriptions sur les licitations et les soultes de partage. »

D'un autre côté, le rapport reconnaît expressément qu'il s'agit d'un droit de transcription à établir sur les actes de partage. Les différentes opérations du partage, et notamment les jugements d'adjudication sur licitation rendus au profit d'un copropriétaire ou d'un cohéritier, ces actes sont-ils affranchis de la formalité de la transcription? Sans aucun doute. Nous avons, à cet égard, l'aveu de l'exposé des motifs lui-même, qui cite deux arrêts de la cour de cassation rendus en 1819 et 1821, qui l'ont ainsi jugé.

L'exposé des motifs aurait pu ajouter : Telle est la loi du 23 mars 1855 sur la transcription.

Lors de la discussion de cette loi du 23 mars 1855, on agita un instant la question d'assujettir à la formalité de la transcription, non pas les actes de partage, — l'idée d'assujettir à la formalité de la transcription les actes de partage ne vint à l'esprit de personne, pas plus au conseil d'État qu'au Corps législatif, — mais la question de soumettre à cette formalité les jugements d'adjudication fut un instant agitée. Après de courtes réflexions, on reconnut que le jugement d'adjudication sur licitation, rendu au profit d'un copropriétaire ou d'un cohéritier, participait de la nature du partage, qu'il se confondait avec lui, qu'il ne faisait qu'une seule et même opération avec le partage, et que, par conséquent, il devait être, comme l'acte de partage, affranchi de la formalité de la transcription.

De là l'article 1er, paragraphe 4 de la loi du 23 mars 1855, qui est conçu en ces termes :

« Sont transcrites au bureau des hypothèques de la situation des biens :

« 1° Tout acte entre-vifs translatif de propriété...

« 4° Le jugement d'adjudication autre que celui rendu sur licitation au profit d'un cohéritier ou d'un copartageant... »

Ce sont ces actes, expressément affranchis de la formalité de transcription, que, dans l'article 8, on vous propose d'assujettir à un droit de transcription.

Est-il possible, messieurs, de faire entrer dans notre législation un pareil impôt, un impôt qui n'a, je puis le dire, aucune base dans notre législation civile? Un semblable impôt ne serait-il pas en opposition avec tous les principes élémentaires qui servent d'appui à l'établissement des droits d'enregistrement?

Quels sont ces principes? Je vais les rappeler en quelques mots.

Jusqu'à présent, tous les législateurs qui ont eu à établir des droits d'enregistrement ne se sont préoccupés d'une chose lorsqu'il s'agit de frapper un acte ; ils se sont demandé à quelles formalités cet acte est assujetti par la législation civile et quelles sont les conséquences qui sont attachées à cet acte par cette même législation. Puis, lorsqu'ils ont déterminé ces formalités, ces conséquences, ils établissent les droits d'enregistrement, parce que ces droits d'enregistrement ne sont, en réalité, que la manifestation en quelque sorte fiscale des conséquences attachées par la loi aux actes assujettis à la formalité de l'enregistrement.

Ces principes ont notamment reçu leur application en matière de partage, et ils sont formulés avec une précision telle, dans le rapport de M. Duchâtel (de la Gironde), sur la loi de frimaire an VII, que je demande à l'Assemblée la permission de lui en lire un passage.

Voici ce qu'il contient. Je le signale à l'attention de l'Assemblée :

« Une loi n'en mérite vraiment ce titre que lorsqu'elle est fondée sur la justice et la raison. Cette vérité que je proclame ici avec confiance, est rigoureusement applicable aux lois qui établissent les contributions. Vous ferez donc cesser, représentants du peuple, la perception du droit proportionnel d'enregistrement sur les inventaires et les partages, non seulement parce que ces actes ne sont pas des transmissions, mais encore parce qu'ils sont, entre les intéressés, une suite nécessaire des mutations pour lesquelles ils doivent un droit payé le droit proportionnel ; vous le ferez cesser sur tous les actes qui n'obligent, ni ne libèrent, ni ne transmettent, parce qu'en cela votre loi sera raisonnée et basée sur un principe qui lui méritera l'assentiment général. »

Eh bien, pourquoi le législateur de frimaire an VII avait-il établi un droit fixe sur les partages, aussi bien sur les actes de partage que sur les jugements d'adjudication rendus sur licitation au profit d'un cohéritier ou d'un copartageant? Si ces jugements sont accidentellement assujettis à un droit proportionnel par la loi de frimaire an VII, c'est à la condition qu'ils seront présentés à la formalité de l'enregistrement séparément de l'acte de partage. Autrement, c'est-à-dire s'ils sont présentés en même temps, c'est-à-dire s'ils ne font qu'un tout avec ce partage, c'est le droit fixe qui doit être appliqué en pareil cas, à moins qu'il n'y ait stipulation d'une soulte.

Pourquoi, d'après la loi de frimaire an VII, en principe, un droit fixe devait-il frapper les actes de partage? Parce que, dit le rapporteur, ces actes ne contiennent aucune transmission de propriété, parce qu'ils sont essentiellement déclaratifs de propriété.

Ce n'est pas tout. Ces actes non-seulement ne sont pas translatifs de propriété, — ils sont déclaratifs de propriété, — mais ils sont la suite nécessaire de mutations qui ont donné lieu à la perception de droits proportionnels.

Et quels sont, messieurs, les droits proportionnels auxquels donnent lieu ces immeubles sur lesquels on vous propose aujourd'hui d'établir un droit de transcription.

Ces droits proportionnels, vous les connaissez, ils ne sont autres que les droits de succession que l'Assemblée s'est constamment refusée à aggraver. A l'occasion de ces droits de succession, de nombreuses propositions ont été faites tendant à les augmenter, et toujours l'Assemblée les a écartées. Ces droits de succession sont de 1 p. 100 en ligne directe, de 6 1/2, 7, 8 p. 100 en ligne collatérale, de 9 p. 100 entre étrangers. A ces droits de succession, vous avez ajouté en 1870 un double décime; en 1872 vous avez ajouté encore un droit gradué qui n'est jamais moindre de 1 p. 1,000, c'est-à-dire que les immeubles de la succession peuvent avoir payé des droits qui montent jusqu'à 8, 9, 10 et 11 p. 100.

Et c'est lorsque des droits aussi élevés ont été perçus par le Trésor qu'on vous propose aujourd'hui d'établir encore un droit de transcription! N'est-ce pas là quelque chose d'exorbitant?

Peut-on dire qu'une pareille proposition soit fondée en justice? Non, parce que l'impôt dépasse toute mesure. Il n'est pas possible d'assujettir à un droit proportionnel nouveau des immeubles qui ont déjà payé un droit de 8, 9, 10 et 11 p. 100.

Ce droit est-il fondé en raison?

Voilà la question principale.

Eh bien, je ne crains pas d'affirmer : Non! ce droit n'est pas fondé en raison. Et pourquoi? Parce que le droit de transcription ne peut atteindre que les actes assujettis aux formalités de la transcription, et que le partage, les opérations de partage et le jugement d'adjudication rendu, sur licitation, au profit d'un cohéritier ou d'un copartageant, sont affranchis de la formalité de la transcription. Cet impôt n'a donc pas de base dans notre législation civile. (Vive approbation sur plusieurs bancs.)

Dans ces circonstances, comment la commission du budget a-t-elle pu être amenée à proposer à l'Assemblée d'accepter cet article 8 contenant un impôt qui n'est fondé ni en justice, ni en raison?

Les idées que je viens d'avoir l'honneur d'exposer à l'Assemblée sont celles de tous les jurisconsultes et de tous les législateurs qui se sont occupés, jusqu'à aujourd'hui, des droits d'enregistrement.

Dès lors, messieurs, ces idées devaient nécessairement se retrouver dans le rapport fait au nom de la commission du budget, puisque ce rapport est l'œuvre d'un jurisconsulte éminent. Et, en effet, je trouve dans le travail de notre savant collègue la confirmation de tout le système que je viens d'avoir l'honneur de soutenir devant l'Assemblée.

Je n'ai pas sous la main un passage du rap-port que j'aurais voulu lire à l'Assemblée, mais je puis affirmer, sans crainte d'être démenti par l'honorable rapporteur, qu'il y soutient absolument les mêmes idées que moi, en ce qui concerne l'effet déclaratif des partages, par application de l'article 883 du code civil et de l'article 1er, paragraphe 4 de la loi de 1855, sur les transcriptions.

Pour justifier l'entrée dans notre législation de l'enregistrement de cet article 8, voici le raisonnement que fait le rapport.

L'article 8, dit-il, ne sera pas appliqué à tous les actes de partage, indistinctement et dans tous les cas; mais il sera appliqué dans des cas exceptionnels, — et il n'en précise aucun, — qui tomberaient, ajoute-t-il, sous l'application de l'article 54 de la loi de finances de 1816.

Messieurs, je me permets de poser cette question à M. le rapporteur : Si l'article 8 du projet de loi ne prévoit que les cas qui tomberaient déjà sous l'application de la loi de finances de 1816, pourquoi le maintenir? Il est inutile.

Si cet article 8 est inutile, il serait, je crois, dangereux de le laisser inscrit dans la loi nouvelle.

En effet, une fois l'article 8 voté, l'administration de l'enregistrement sera fondée à dire aux contribuables, et devant les tribunaux : Nous ne pouvons pas admettre les explications contenues dans le rapport, car la loi sur les droits d'enregistrement a pour principal objet de créer des ressources nouvelles au Trésor; or, pour arriver à obtenir ces ressources nouvelles, il faut nécessairement donner à l'article 8 un sens tout autre que celui qu'on accorde à l'article 54 de la loi de finances de 1816.

Et ainsi, l'administration de l'enregistrement se trouvera naturellement amenée à mettre de côté le rapport de la commission du budget et à chercher le véritable sens de cet article 8 : où ? Dans l'exposé des motifs du projet de loi.

Eh bien, quel est le système contenu dans l'exposé des motifs ?

Ce système, je vais m'efforcer de le remettre aussi nettement que je pourrai sous les yeux de l'Assemblée, parce que nous allons y rencontrer, tel qu'il est exposé par le Gouvernement, des idées absolument nouvelles, qui ne se trouvent chez aucun jurisconsulte et aucun législateur jusqu'à aujourd'hui.

Suivant l'exposé des motifs, la loi de frimaire an VII aurait assujetti à un même droit proportionnel, que ce document qualifie de droit de mutation, les ventes d'immeubles et certaines opérations de partage. Il y avait donc égalité, au point de vue des droits, dans le système de la loi de frimaire an VII, entre ces diverses opérations. Cette égalité, elle aurait été rompue par la loi de finances de 1816, laquelle aurait élevé à 5 1/2 p. 100 les droits de mutation sur les immeubles, qui avaient été fixés à 4 p. 100 par la loi de frimaire an VII.

Voilà le système contenu dans l'exposé des motifs.

Messieurs, je ne crains pas de dire que ce système repose sur une erreur absolue. Je vais essayer de le démontrer.

Quelle a été l'innovation résultant de la loi de 1816?

Pour bien comprendre cette innovation, il faut connaître l'état des choses antérieur.

Avant 1816, les ventes d'immeubles donnaient lieu à la perception de deux droits proportionnels distincts. Un droit de mutation de 4 p. 100 était établi par la loi de frimaire an VII, et ce droit était perçu par le receveur de l'enregistrement. La vente d'immeuble donnait lieu, en outre, à un droit de transmission, droit déterminé par la loi de ventôse an VII, qui avait tiré les conséquences fiscales de la loi de brumaire sur la transcription; ce droit était perçu par le conservateur des hypothèques. En 1816, on n'a pas fait autre chose que réunir ces deux droits proportionnels en un seul, afin de les faire percevoir simultanément par le receveur de l'enregistrement.

Telle est la portée de l'innovation contenue dans la loi de finances de 1816. Cela, messieurs, résulte de la manière la plus formelle du texte de l'article 52 de cette loi.

Voici, en effet, comment est conçu cet article : Le droit d'enregistrement des ventes d'immeubles est fixé à 5 1/2 p. 100, mais la formalité de la transcription au bureau de la conservation des hypothèques ne donnera plus lieu à aucun droit proportionnel. »

C'est absolument ce que vous avez voté aujourd'hui en matière de donations contenant partage. Qu'avez-vous, en effet, décidé? Vous avez dit : Les donations contenant partage d'ascendants donneront lieu à un droit de mutation de 1 p. 100, et, en outre, à un droit de transcription de 50 centimes; mais ces deux droits seront perçus par le receveur de l'enregistrement, c'est-à-dire qu'ils seront recouvrés simultanément.

La loi de 1816 n'a pas fait autre chose, en ce qui concernait les deux droits proportionnels qui frappaient les ventes d'immeubles; il n'y a donc eu, en 1816, aucune innovation en ce qui concerne les impôts proprement dits ; il n'y a eu d'innovation qu'en ce qui touche le mode de perception de ces impôts.

D'ailleurs, en 1816, pouvait-il être question d'établir le droit de transcription sur les partages et les jugements d'adjudication rendus sur licitation au profit d'un cohéritier ou d'un copartageant? En aucune manière, puisque ces opérations n'ont jamais été assujetties à la formalité de la transcription.

Comme vous le voyez, messieurs, le système contenu dans l'exposé des motifs repose sur une erreur fondamentale qui consiste à dire que, en 1816, on a porté le droit de mutation à 5 fr. 50 sur les ventes d'immeubles, alors que le droit de mutation est resté absolument le même sous l'empire de la loi de frimaire an VII.

Dans ces circonstances, j'ai le droit de dire que cet impôt contenu dans l'article 8 du projet de loi n'est fondé ni en justice ni en raison, et que, en conséquence, l'Assemblée doit le rejeter. (Vive approbation sur un grand nombre de bancs.)

M. le président. La parole est à M. Mathieu-Bodet.

M. Mathieu-Bodet. Messieurs, les défenseurs du projet de loi n'ont pas, vous le voyez, un rôle bien commode : ils ont à répondre à bien des arguments que viennent vous soumettre des orateurs qui se multiplient indéfiniment.

Je vais dire, en quelques mots et bien simplement, quelles sont les raisons qui m'ont déterminé, lorsque j'avais l'honneur d'être ministre des finances, à vous proposer l'impôt qui vous est actuellement soumis. Je crois que l'honorable rapporteur de la commission répondra aux principes et à la théorie scientifique qui viennent d'être développés avec beaucoup de talent par l'honorable M. Roger-Marvaise ; mais je crois que je n'ai pas besoin, pour justifier l'article 8, de répondre aux observations juridiques qu'il a présentées.

Je demanderai à l'Assemblée la permission de lui donner quelques explications sur la législation actuelle; ce n'est pas pour les jurisconsultes que je les présente, mais pour ceux de nos collègues qui ne sont pas familiers avec cette matière.

En ce moment, lorsqu'une chose commune est vendue en justice, et est adjugée à un des anciens copropriétaires, à l'un des cohéritiers, l'adjudicataire, en principe, doit payer un droit de mutation de 4 p. 100 sur la part de ses cohéritiers ; il ne paye aucun droit sur sa part héréditaire. Il peut même être affranchi du droit de mutation sur la part de ses cohéritiers, si le prix de l'adjudication figure dans une opération de partage, et si le prix total est mis dans le lot de l'adjudicataire ; je le répète, si après la licitation faite, le prix de l'adjudication est apporté dans les opérations de partage, et si le partage est fait avant l'expiration du délai accordé par la loi, pour l'enregistrement du procès-verbal d'adjudication, si ce prix total est compris dans le lot de l'héritier adjudicataire et n'excède pas la part de l'héritier dans la succession, il n'y a aucun droit de mutation à payer. Dans ce cas, il est vrai, le partage n'est assujetti qu'à un droit fixe, c'est-à-dire à un droit gradué, pour parler plus exactement. Dans ce cas, mon honorable collègue a raison de le dire, le partage ne donne pas ouverture à un droit proportionnel.

Mais lorsque la licitation n'est pas suivie d'un partage, lorsqu'on présente à la formalité de l'enregistrement l'acte d'adjudication, le receveur d'enregistrement perçoit un droit de mutation de 4 p. 100 sur la part acquise par l'adjudicataire de ses cohéritiers ; mais il n'est rien dû sur sa part héréditaire. De plus, dans tous partages, lorsqu'un copartageant, un des héritiers, a dans son lot plus que ce qui lui revient dans la succession d'après son droit héréditaire, il doit tenir compte de l'excédant à ses cohéritiers ; c'est ce qu'on appelle une soulte ; il doit encore un droit d'enregistrement de 4 p. 100 sur cette soulte.

Quel est l'objet de l'article? Nous venons dire : Dans tous les cas où il y a lieu à percevoir un droit d'enregistrement, comme je viens de l'expliquer, ce droit de mutation sera élevé de 1 fr. 50.

Tout à l'heure, l'honorable M. Roger-Marvaise a dit : On n'a jamais perçu un droit de mutation sur les parts acquises par licitation, par la raison que les licitations sont des actes déclaratifs de propriété; jamais ces actes n'ont donné lieu non plus à des droits de transcription. J'en demande bien pardon à l'honorable M.

Roger-Marvaise, je connais sa science, j'ai eu l'honneur d'être son collègue à la cour de cassation, et j'ai conservé les meilleurs souvenirs et de ses fortes études et des bons rapports que j'ai eus avec lui, mais, sans être aussi savant que lui; je dois dire qu'il a commis une erreur incontestable.

Le droit de mutation est dû souvent, comme je viens de le dire.

Le droit de transcription est également exigible dans plusieurs cas. Dans certains autres cas, ce droit est contesté. Nous croyons qu'il faut mettre un terme à ces contestations, qui durent depuis 1820. Si on réunissait tout ce qu'on a écrit sur ces matières, les dissertations, les arrêts, les jugements, les plaidoiries, je crois qu'on remplirait une partie de la cathédrale de Paris. (On rit.)

Tout à l'heure M. Roger-Marvaise disait : Jamais on ne perçoit le droit de transcription. Je lui en demande bien pardon.

M. Léopold Faye. Je demande la parole.

M. Roger-Marvaise. Je demande la parole.

M. Mathieu-Bodet. Permettez-moi de m'expliquer sur ce point.

Lorsqu'une licitation a été faite au profit d'un héritier pur et simple, — je me sers d'une expression juridique que vous comprenez, — dans ce cas, il est vrai, le droit n'est pas dû. A une certaine époque l'administration de l'enregistrement a voulu le percevoir; mais, après un long débat, elle a fini par perdre son procès. Par les arrêts qui ont été cités par le ministre des finances et par M. le rapporteur, il a été décidé que, dans ce cas-là, le droit de transcription n'était pas dû. Mais il en est autrement dans d'autres cas, par exemple lorsque la licitation a été prononcée au profit d'un héritier bénéficiaire. M. Roger-Marvaise le sait mieux que personne; il a exposé, il y a quelques jours, devant la cour de cassation, dans une brillante plaidoirie, les très-savantes observations qu'il a fait entendre tout à l'heure à cette tribune. La cour de cassation lui a donné tort. Et, maintenant, il est de jurisprudence constante que le droit de transcription doit être perçu. J'en appelle, du reste, à mon honorable collègue M. Bertauld, dont la compétence en ces matières est si grande; il dira qui, de M. Roger-Marvaise ou de moi, se trompe.

Je le répète, la cour de cassation, persévérant dans une jurisprudence ancienne, décide, dans ce cas-là, que le droit de transcription est dû au Trésor.

Et il y a encore, messieurs, bien d'autres distinctions, mais je prie l'Assemblée de croire que je ne veux pas l'entretenir de ces théories. Ce que nous avons voulu, par le projet de loi, c'est de faire cesser ce débat et de revenir au système de la loi de frimaire an VII, en assimilant le prix des parts acquises par licitation et les soultes à des prix de vente, et d'assujettir toutes ces valeurs aux mêmes droits de mutation, c'est-à-dire au droit de 5 fr. 50 p. 100.

Je le répète, dans certains cas, on perçoit, d'après la loi actuelle, sans nouvelles dispositions, on perçoit un droit de 5 fr. 50 sur certains prix de licitation faite au profit de co-héritiers. Dans d'autres cas, au contraire, la

cour de cassation reconnaît que ce droit n'est pas dû.

Un membre. Dans quels cas? Je n'en connais pas.

M. Mathieu-Bodet. Nous demandons que dans tous les cas on perçoive le droit de 5 fr. 50. Je vais vous dire comment cette proposition se justifie.

La loi de frimaire an VII assujettissait les ventes comme les licitations à un droit de mutation de 4 p. 100.

La loi de ventôse an X a créé, en outre, un droit de transcription de 1 fr. 50.

En 1816, le droit de transcription pour les ventes a été réuni au droit d'enregistrement de 4 p. 100 et, depuis cette époque, on perçoit au moment de l'enregistrement un droit unique de 5 fr. 50 p. 100 en principal.

Eh bien, nous demandons qu'on soumette la licitation au même régime que la vente. Cela a-t-il une raison d'être?

Tout à l'heure, l'honorable M. Roger-Marvaise disait : Vous faites une assimilation qui n'est pas juste ; vous ne pouvez pas comparer la vente à la licitation, la vente au partage.

Messieurs, je vous prie de croire que je n'ignorais pas l'existence de l'article 883. Je sais parfaitement... (Bruit de conversations.)

Messieurs, je reconnais que c'est une discussion extrêmement aride, très-technique, très-fatigante, mais j'ai besoin de votre attention pour continuer. (Le silence se rétablit.)

Je disais, messieurs, que je n'ignore pas que, d'après un principe moderne consacré par le code civil, le partage et la licitation, dans les rapports des parties entre elles et de leurs ayants-cause sont simplement déclaratifs. Je dis dans ses rapports entre les parties, le partage n'est que déclaratif; je pourrais cependant faire remarquer que, vis-à-vis des parties, il est considéré, à certains points de vue, comme acte translatif. Ainsi on accorde une action en garantie, un privilège aux copartageants ; dans ces cas, le législateur reconnaît évidemment que le partage est translatif de propriété. (Bruit.)

Si l'Assemblée ne veut pas m'entendre, je la prie de le dire. (Parlez ! parlez !)

Je le répète, je reconnais parfaitement que dans les rapports des parties entre elles le partage généralement n'est que déclaratif et n'est pas translatif de propriété.

Mais le point sur lequel nous sommes en désaccord M. Roger-Marvaise et moi, c'est celui-ci : je maintiens que d'après les principes consacrés par la loi fondamentale de frimaire an VII, le partage au point de vue fiscal est considéré comme un acte translatif et je vais le prouver.

Si le partage n'était pas un acte translatif de propriété, comment percevriez-vous le droit de mutation? Il est bien certain que le droit de mutation ne peut être perçu qu'à cette condition. C'est ce qui résulte de l'article 69 que vous connaissez bien : lorsque la part d'un cohéritier n'est pas confondue dans le partage, par suite d'une opération, dans le lot de l'héritier adjudicataire, lorsqu'elle lui advient par le fait d'adjudication, il y a là un acte translatif de propriété vis-à-vis du fisc, qui perçoit le droit de mutation.

Je le répète, la preuve que l'acte est bien

translatif de propriété, c'est qu'il paye le droit de mutation. Je vous défie de m'expliquer la perception du droit de mutation de à p. 100, si l'acte dont il s'agit n'est pas considéré vis-à-vis du fisc comme translatif de propriété.

La loi de frimaire n'a fait que consacrer la vérité des faits. Jamais avant l'époque féodale, on n'avait admis que le partage ne fût pas un acte translatif. Nous avons tous étudié la législation romaine, nous en avons conservé le souvenir. Eh bien, vous vous rappelez qu'en droit romain, le partage était parfaitement translatif : c'est du reste la vérité des choses. Ce n'est qu'au moyen d'une fiction qu'on est arrivé à dire que les licitations et les partages ne sont que des actes déclaratifs vis-à-vis des cohéritiers et de leurs ayants-cause ; mais, en réalité, c'est bien un acte translatif de propriété.

Si c'est un acte effectivement translatif, il n'y a pas de raison pour que le législateur ne le considère pas comme tel vis-à-vis du fisc et ne fasse pas payer la protection sociale aussi bien lorsqu'il y a transmission d'une part indivise que lorsqu'il y a transmission d'un autre objet.

Ce que nous demandons, c'est que, dans le cas où le droit de mutation est dû, dans le cas où le législateur considère vis-à-vis de l'administration de l'enregistrement, que l'acte est réellement translatif, on paye un droit de 5 1/2 p. 100, comme en matière de vente. (Bruit de conversations.)

Si vous désirez, messieurs, que je ne continue pas cette discussion, je suis prêt à m'arrêter. (Parlez !)

Je me résume, et je dis que ce que nous demandons est absolument conforme aux principes de la loi de frimaire an VII. Il n'y a aucune espèce de raison d'établir des droits différents pour la vente et pour la licitation, parce que la licitation n'est qu'une vente.

Lorsque le prix de la part acquise par licitation est compris dans le lot de l'adjudicataire, et n'excède pas sa part héréditaire, dans ce cas, il n'y a pas effectivement acquisition, il n'est dû qu'un droit fixe, je le reconnais ; mais lorsque l'héritier adjudicataire paye leur part à ses cohéritiers, il y a une opération qui équivaut à une vente, il y a par suite lieu de percevoir le même droit sur la vente, c'est-à-dire 5 fr. 50 p. 100.

Je crois que, dans l'un et l'autre cas, il y a une raison de percevoir ce droit : la société protège la transmission dans un cas comme dans l'autre, il est parfaitement juste qu'elle fasse payer sa protection de la même manière et au même prix.

M. Léopold Faye. Messieurs, je ne retiendrai pas l'Assemblée pendant plus de cinq minutes, mais je la prie de vouloir bien m'accorder quelques instants d'attention. (Parlez !)

La question qui vous est soumise me paraît extrêmement simple. Il ne s'agit pas, dans la pensée de la commission, d'innover aux dispositions de nos lois civiles ; telle ne peut pas être la prétention de M. le ministre des finances ni de l'honorable rapporteur de la commission. Il s'agit d'appliquer un texte, le texte non douteux, très-souvent affirmé et reconnu même par l'administration des contributions

directes, et de savoir si la modification qu'on nous demande aujourd'hui est une modification légalement acceptable...

M. Mathieu-Bodet. Dites plutôt législativement !

M. Léopold Faye. Permettez-moi de dire, monsieur Mathieu-Bodet, puisque vous me faites l'honneur de m'interrompre, que vous avez soutenu une thèse contre laquelle je ne viens pas protester en tant que, vous la limitez au point qui faisait l'objet de vos dernières observations. Mais le projet généralise, et c'est sur cette généralisation, prévue par les dispositions de l'article 8 du projet, que je demande à m'expliquer.

M. Mathieu-Bodet. Parfaitement ! Expliquons-nous sur ce point.

M. Léopold Faye. Est-il vrai, comme on l'indiquait tout à l'heure, qu'en matière de licitation et de partage, il y ait translation de propriété ? Là est toute la question. Si, en d'autres termes, le partage est simplement déclaratif de propriété, il sera facile d'en tirer cette conséquence : que la transcription est absolument inutile, et que l'office social, dont nous parlions hier à propos du partage des ascendants, n'a nullement besoin d'intervenir pour donner à la propriété qui passe, par voie de partage ou de licitation, des mains d'un cohéritier, cette sécurité, cette fixité qui peut, jusqu'à un certain point, légitimer le payement d'un droit ?

Eh bien, quel est l'état, je ne dirai pas de la jurisprudence, mais de la loi ? Il y a un texte formel et on l'a reconnu, c'est l'article 883.

L'article 883, chacun le sait, une dérogation aux principes du droit romain que, pour ma part, j'ai été très-étonné d'entendre invoquer en pareille matière ; oui ! l'article 883 est une innovation à cette législation romaine qui voulait que la propriété ne passât entre les mains des enfants que par un acte de la volonté du père de famille. C'est une conquête de l'esprit moderne, c'est l'introduction dans notre droit actuel d'une idée libérale, généreuse, chrétienne. Écartons donc du débat le droit romain, s'il vous plaît. Reste l'article 883, qui déclare que l'effet du partage est simplement déclaratif. Dès lors, à quoi sert la transcription ? Est-ce que la transcription a pour effet d'ajouter quoi que ce soit au droit de propriété qui passe dans les mains du cohéritier ?

Est-ce que, par l'effet de la licitation, qui n'est pas autre chose qu'un partage sous une certaine forme, l'immeuble n'arrive pas au cohéritier, pour la part qui lui revient, bien entendu, — nous nous expliquerons tout à l'heure sur l'autre point, — n'arrive pas, dis-je, libre, absolument affranchi, de telle sorte que par l'effet de la licitation, la propriété du cohéritier est censée lui avoir appartenu, avant même le partage ? Voilà l'effet de cette disposition écrite dans l'article 883 qui fait tomber toutes les charges dont l'immeuble pourrait avoir été grevée du chef des cohéritiers.

Cela étant, qu'est-ce que vous demandez ? Vous demandez d'ajouter aux droits de succession qui ont été touchés un droit supplémentaire et inutile de transcription.

M. Mathieu-Bodet. Ce n'est pas un droit de transcription.

M. Léopold Faye. Je vous demande par-

Expliquez-vous. Dans le rapport, vous avez parlé que d'un droit de transcription. Vous avez discuté à cette tribune et vous n'avez entretenu l'Assemblée que de l'extension aux partages du droit de transcription. Que voulez-vous donc? Une augmentation du droit de succession qui existe déjà? Si c'est là votre pensée, faites-nous-la connaître clairement, franchement; dites hardiment que vous voulez une augmentation de droit de succession dans toutes les lignes; dans la ligne directe comme dans la ligne collatérale.

M. Mathieu-Bodet. Il ne s'agit pas de la succession!

M. Léopold Faye. Mais n'allez pas, par une porte dérobée, donner passage à un droit que le texte même de la loi vous interdit de présenter sous cette forme.

Mais, messieurs, mon honorable et éminent contradicteur va beaucoup plus loin pour étayer cette thèse de droit insoutenable en présence du texte de l'article 883. Il essaye d'appeler à son aide deux arguments qu'il croit d'expliquer clairement pour démontrer qu'ils ne peuvent avoir aucune espèce de force et d'analogie dans le cas qui nous occupe.

Il dit qu'il y a une très-grande difficulté à rechercher si le partage est ou n'est pas déclaratif.

Parfois, je le reconnais, le partage est translatif de propriété, et alors le droit est dû; et ce qui prouve qu'il est dû, c'est que vous le percevez.

Ainsi, par exemple, en matière de licitation, lorsque, par l'effet de la vente en justice, l'indivision ne cesse pas d'une manière absolue entre tous les cohéritiers; lorsque, par l'effet de la licitation volontaire, certains immeubles sont laissés en dehors, ou deviennent la propriété d'un tiers; dans ces diverses hypothèses, l'indivision ne cesse pas, et alors il est évident que la part qui passe dans les mains du tiers ne lui arrive que sous la forme d'une vente véritable; auquel cas il doit non-seulement le droit de mutation, mais le droit de transcription; parce que, je le répète, il s'agit d'une vente qui affecte la forme d'une licitation, et il ne faut pas que le Trésor soit frustré de son droit.

Il y a un second cas, dont il faut parler, c'est celui de la succession bénéficiaire et de la licitation qui a lieu dans l'intérêt d'une succession bénéficiaire. Mais, qui ne comprend la différence de cette situation légale?

Qu'est-ce que c'est que la succession bénéficiaire? Est-ce qu'elle se confond avec le patrimoine personnel des cohéritiers? En aucune espèce de façon. Est-il besoin de rappeler que la succession bénéficiaire se liquide dans l'intérêt de la masse passive de la succession? et que c'est seulement lorsqu'il reste un actif après les dettes éteintes, que cet actif peut être l'objet d'un partage proprement dit entre les cohéritiers, au nom desquels la vente et le règlement des droits ont été judiciairement poursuivis.

Donc, encore dans cette hypothèse, j'admets que le droit de transcription peut être dû quand il ne s'agit pas de cet acte qu'on doit traiter favorablement, parce qu'il a pour objet de faire cesser l'indivision entre tous les cohéritiers.

mais bien d'un acte de liquidation intervenu surtout dans l'intérêt des tiers.

Alors, que reste-t-il dans l'article 8 du projet de loi?

C'est cette innovation véritablement étrange qu'on vous propose de faire consacrer par l'Assemblée, d'une formalité fort onéreuse, d'un droit de transcription de 1 fr. 50 à imposer aux citoyens qui procéderont à des actes de partage ou de licitation, sans que ces citoyens retirent aucun avantage de la taxe fiscale qu'on leur fera payer. Je m'insurge, quant à moi, contre une pareille théorie. (Très-bien! très-bien! à droite.)

Qu'est-ce que c'est, en effet, que les droits que nous payons? C'est la contre-partie des garanties que la société nous donne; c'est une sorte d'assurance mutuelle à laquelle chacun de nous ne doit contribuer qu'en raison des avantages qu'il en retire.

Mais quand la société ne nous accorde rien, elle ne peut pas venir, sous une forme indirecte, injuste, nous demander une contribution qui restera stérile et sans profit pour nous.

C'est là le texte de la loi, et aussi ce que réclament les notions les plus élémentaires de la justice. (Très-bien! très-bien! — Aux voix!)

Par conséquent, si vous voulez, comme c'est, je crois, votre devoir, vous pénétrer du sens, de l'esprit, de la portée de l'article 883, qui, quoi qu'on en dise, est la règle de la matière, vous reconnaîtrez qu'il s'agit ici d'une simple question de partage, et que le droit que vous demandez ne peut en aucun cas être dû.

M. Mathieu-Bodet. Vous n'avez pas répondu au principal argument.

M. Léopold Faye. Permettez-moi, pour satisfaire au désir exprimé par l'honorable M. Mathieu Bodet, de répondre à une dernière objection qui a été adressée aux adversaires de l'article 8 du projet; je crois qu'il veut faire allusion à l'argument emprunté au texte des lois fiscales...

M. Mathieu - Bodet. Bien entendu, puisque nous sommes en matière fiscale.

M. Léopold Faye. Il disait ceci: J'admets le principe de droit posé dans l'article 883, mais il y a une dérogation apportée par les lois fiscales à l'interprétation de cet article.

Je pourrais me contenter de répondre à M. Mathieu-Bodet qu'il n'a pas fait la preuve de cette interprétation différente donnée au point de vue fiscal.

M. Mathieu Bodet. Comment! je n'ai pas fait la preuve?

M. Léopold Faye. ...mais je veux lui répondre par un argument plus péremptoire.

Je prie l'honorable M. Mathieu-Bodet de vouloir bien me dire et de vouloir bien me prouver qu'en matière de licitation, de partage proprement dit, en laissant de côté la question de l'héritier bénéficiaire et la question de licitation, ne faisant pas cesser l'indivision, les droits de licitation aient jamais été perçus par l'administration. Je crois pouvoir affirmer que jamais cette perception n'a eu lieu.

M. Mathieu-Bodet. Je vous demande pardon!

M. Léopold Faye. Je connais très bien la

controverse qui existe, même en ce moment, devant la cour de cassation ; mais cette controverse n'existe que sur le point de savoir si les actes, qui peuvent donner lieu à la transcription, sont des actes qui font cesser l'indivision. (C'est cela !)

Nous n'avons pas la prétention de trancher ici un point de jurisprudence ; nous ne devons que poser les principes. Ces principes sont très-clairs : si l'acte fait cesser l'indivision d'une manière absolue, le droit de transcription n'est pas dû ; si l'acte ne fait pas cesser l'indivision, la perception est requise ; enfin s'il y a doute sur l'application de l'article 883, la justice est saisie ; car à elle seule appartient en effet le droit et le pouvoir de trancher cette question de fait.

M. Mathieu-Bodet. C'est une erreur complète !

M. Léopold Faye. Donc, messieurs, je crois que mon honorable contradicteur se trompe, et que ce n'est que par une confusion, très-involontaire de sa part, qu'il a pu vous présenter et soutenir devant vous une thèse que condamnent, je le répète en terminant, les dispositions les plus formelles de la loi. (Très-bien ! — Aux voix ! aux voix !)

(M. Bertauld, *rapporteur*, monte à la tribune.

Plusieurs voix. La clôture ! la clôture !

M. le président. M. le rapporteur demande la parole contre la clôture.

Plusieurs membres. Non ! Parlez sur le fond, monsieur le rapporteur.

M. le président. On n'insiste pas sur la clôture ? (Non ! non !)

La parole est à M. le rapporteur.

M. le rapporteur. Messieurs, la thèse de l'honorable M. Faye et la thèse de l'honorable M. Roger-Marvaise diffèrent singulièrement. La thèse de M. Roger-Marvaise est trop absolue... (La clôture ! la clôture ! — Non ! non ! Parlez !)

M. le président. On persiste à demander la clôture ; je consulte l'Assemblée.

(La clôture est mise aux voix et n'est pas prononcée.)

M. le rapporteur. M. le rapporteur a la parole ; j'invite l'Assemblée au silence.

M. le rapporteur. Je disais, messieurs, que la thèse de M. Roger-Marvaise est trop absolue et qu'elle pèche parce qu'elle s'exagère ; au contraire, la thèse de M. Faye est trop étroite, elle est trop limitée, mais elle contient une grande part de vérité.

La thèse de M. Roger-Marvaise est trop absolue. En effet, que dit-il ? Il dit : Le partage est essentiellement déclaratif. Donc, qu'importe qu'il y ait une soulte ? qu'importe que la licitation soit faite au profit d'un seul ou au profit de plusieurs des colicitants ? qu'importent les valeurs à l'aide desquelles le colicitant paye le prix de licitation ? le partage même avec soulte, la licitation au profit d'un colicitant, toujours, sans condition, sans restriction, sans réserve, ne comportent qu'un droit fixe, et alors, si ces actes ne comportent qu'un droit fixe, où trouverez-vous place à un droit de transcription ?

Messieurs, et le point de départ de l'argumentation de l'honorable M. Roger-Marvaise est vrai, il faudra bien accepter sa consé-

quence. Mais un texte précis, décisif, le texte de l'article 69, paragraphe 7 de la loi du 22 frimaire an VII, assujettit non-seulement les ventes, mais les partages avec soulte et les licitations, dans certains cas, au profit des colicitants, au droit de 4 p. 100.

C'est le texte qui était tout à l'heure demandé à l'honorable M. Mathieu-Bodet : « 4 p. 100 les adjudications ou ventes... » Je passe.

« 4 p. 100 les parts et portions indivises de biens immeubles acquis par licitation. »

Enfin « 5° Les retours d'échanges et partages de biens immeubles. »

Oui ou non, en présence de ce texte si clair, est-il permis de dire que les partages sans condition et sans restriction et les licitations au profit des colicitants n'entraînent jamais de droits proportionnels ?

Ils peuvent évidemment entraîner des droits proportionnels.

M. Roger-Marvaise. Je n'ai pas soutenu cela !

M. le rapporteur. Mais, me dit-on, le droit proportionnel et le droit de transcription sont deux droits essentiellement distincts. C'est vrai, et c'est précisément de cette distinction qu'est né l'embarras, qu'est née la controverse. En effet, la loi du 21 ventôse an VII vint ajouter, en matière de vente, au droit proportionnel un droit d'hypothèque de 1 fr. 50 p. 100 ; les deux droits réunis formaient donc un chiffre de 5 fr. 50 p. 100.

Oui, incontestablement pour les ventes. Mais malheureusement le législateur du 21 ventôse an VII fut absolument muet sur les partages avec soultes et sur les licitations, au profit des colicitants. D'où l'on conclut contre le fisc que, lorsque les partages et les licitations au profit des colicitants entraînaient le droit proportionnel, ils n'entraînaient pas nécessairement et irrésistiblement pour cela le droit de transcription.

Le législateur crut qu'il ferait cesser la controverse par son article 52 de la loi de 1816. En 1816, le législateur déclara que le droit proportionnel et le droit de transcription seraient perçus en même temps. Oui, mais cette disposition ne se concentrait-elle pas uniquement sur les ventes ? On le soutint. Il y avait bien l'article 54 qui disposait que tous les actes qui étaient assujettis à la transcription entraîneraient des droits le jour où le droit proportionnel serait payé.

Mais les adversaires du fisc prétendirent que les articles 52 et 54 de la loi de 1816 avaient laissé en dehors tous les partages et toutes les licitations sans distinction au profit des colicitants.

Cependant la jurisprudence de la cour de cassation, la jurisprudence, cette loi vivante, ou si vous l'aimez mieux, ce complément nécessaire de la loi, a décidé, dans des cas qui se sont multipliés, dont quelques-uns ont été cités par l'honorable M. Mathieu-Bodet et d'autres par l'honorable M. Faye, la jurisprudence, dis-je, a décidé que les droits de transcription étaient dus même en matière de partage et de licitation.

Vous me demanderez dans quel cas, messieurs, je me garderai bien d'entrer dans une pareille énumération.

M. Léon Clément. Vous n'en trouveriez pas !

M. le rapporteur. Comment! je n'en trouverais pas ? Mais M. Faye lui-même s'est chargé tout à l'heure d'en indiquer. Quand la licitation est faite au profit non pas d'un colicitant seul, mais de plusieurs colicitants et que l'indivision subsiste entre les adjudicataires colicitants, incontestablement le droit proportionnel est dû, et incontestablement le droit de transcription est exigible.

M. Léon Clément. C'est le cas des héritiers bénéficiaires.

M. le rapporteur. Je pourrais citer d'autres cas. Je veux retenir seulement les cas qui ont été indiqués par mon honorable contradicteur et par M. Mathieu-Bodet. Dans le cas où le colicitant se rend adjudicataire et paye tout le prix de la licitation, non pas par compensation, ou en moins prenant dans des valeurs héréditaires, mais avec des deniers qui lui appartiennent personnellement, la cour de cassation décide avec beaucoup de raison que le droit proportionnel est dû, et que l'exigibilité du droit proportionnel entraîne en même temps l'exigibilité du droit de transcription.

Mais alors, qu'est-ce que notre article 8 est venu dire? Il est venu, messieurs, lever les doutes, les incertitudes qui naissent des articles 52 et 54 de la loi de 1816 ; il est venu donner sa sanction à la jurisprudence de la cour de cassation; il est venu dire que toutes les fois que le partage ou la licitation auront un caractère translatif, ce ne sera pas seulement le droit proportionnel qui sera applicable aux termes de l'article 69, § 7 de la loi de frimaire an VII; mais que ce sera le droit de 1 fr. 50 p. 100, d'après la loi de ventôse an VII, que nous appliquons aux partages et aux licitations, même au profit des héritiers adjudicataires.

Voilà, messieurs, le but de la loi telle que nous l'avons interprétée; et ne croyez pas que cette explication je vous la donne à la tribune pour la première fois; ceux d'entre vous qui ont entre les mains le rapport de la commission y liront :

« L'article 8 se borne à déclarer l'exigibilité du droit de transcription et son exigibilité immédiate, lorsque le droit proportionnel d'enregistrement est dû, et cela au moment où ce droit est perçu; il n'est que la consécration de l'interprétation donnée par la jurisprudence à l'article 54 de la loi du 28 avril 1816. »

Et, messieurs, voulez-vous que je l'ajoute? ce que M. le ministre des finances de 1875 a voulu faire avait été proposé avant qu'il le proposât lui-même.

Je ne sais si vous trouverez aux précédents une suffisante autorité; mais en matière législative, quand la politique n'est pas en jeu, on n'examine pas l'origine des textes, et des travaux préparatoires. Eh bien, l'empire, en 1864, fit étudier un projet sur les droits d'enregistrement. Deux projets furent soumis au conseil d'État et au Corps législatif. Dans l'article 11 du premier projet et dans l'article 4 du second projet vous trouverez la disposition qui est écrite dans notre article 8. Une augmentation de 1 fr. 50 p. 100 était édictée sur les soultes de partage des biens immeubles et

sur les parts des biens immeubles indivis acquises par licitation.

Permettez-moi, maintenant, de me résumer en bien peu de mots. Oui ou non, M. Roger-Marvaise peut-il aujourd'hui en présence de l'article 69 paragraphe 7 de la loi du 22 frimaire an VII, dire que tous les partages et toutes les licitations au profit des cohéritiers ne sont passibles que du droit fixe ? S'il peut faire triompher cette thèse, oh! alors, messieurs, vous devez rejeter l'article 8.

M. Léon Clément. Ce n'est pas la question !

M. le rapporteur. Que si, au contraire, il faut reconnaître que le droit proportionnel peut être dû sur les partages entraînant des soultes et sur les licitations, au profit de colicitants, irrésistiblement vous devez dire aussi que le droit de transcription sera perçu en même temps que le droit proportionnel.

Voilà ce que le projet dit; voilà comment la commission l'interprète.

Avec cette interprétation, je ne comprendrais pas, en vérité, une hésitation. (Aux voix ! aux voix !)

Ma thèse s'accorde avec celle de M. Faye, seulement elle est plus large. Je ne veux pas plus que lui empiéter sur l'œuvre de la jurisprudence, en décidant législativement dans quels cas les partages avec soultes, et les licitations au profit de l'un ou de plusieurs colicitants, ont un effet translatif. Je me borne à dire, avec le projet, que l'article 883 du code civil et la loi du 23 mars 1855 n'abrogent pas l'article 69 § 7 de la loi de frimaire an VII, et par conséquent, n'excluent pas toujours et quand même, l'exigibilité du droit de transcription. (Aux voix !)

M. Léon Clément. Si l'Assemblée veut me permettre .. (Non ! non ! — C'est inutile ! — Aux voix ! aux voix !)

M. le président. Il y a une demande de scrutin sur l'article 8; il va y être procédé.

La demande de scrutin est signée par MM. Lefèvre-Pontalis (Amédée), Paulin Gillon, général Robert, Léon Clément, marquis de La Guiche, Méplain, de Fontaine, de la Bassetière, duc de Mortemart, d'Abbadie de Barrau, L'Ebraiy, Raudot, comte de Cornulier-Lucinière, de La Rochette, Lestourgie, Hervé de Saisy, marquis de La Rochejaquelein, marquis de La Roche-Aymon, Du Bodan.

(Le scrutin est ouvert et les votes sont recueillis.)

M. le président. Voici le résultat du dépouillement du scrutin :

Nombre des votants 600
Majorité absolue 301

Pour l'adoption 107
Contre 493

L'Assemblée nationale n'a pas adopté.

M. Cochery. J'ai l'honneur de déposer sur le bureau de l'Assemblée, au nom de la commission du budget de 1876, le rapport sur le budget du ministère de l'intérieur.

M. le président. Le rapport sera imprimé et distribué.

La parole est à M. Laboulaye sur l'ordre du jour.

M. Édouard Laboulaye. Au nom de la commission des lois constitutionnelles, je viens demander à l'Assemblée de vouloir bien mettre en tête de son ordre du jour de lundi le projet de loi sur les rapports des pouvoirs publics.

Plusieurs membres à droite. Et les lois sur les chemins de fer?

M. Édouard Laboulaye. Messieurs, c'est précisément parce que vous allez bientôt vous occuper du projet de loi relatif aux chemins de fer que je vous fais cette demande. La loi sur les rapports des pouvoirs publics, en première lecture, ne donnera pas lieu sans doute à une longue discussion, et nous avons tous avantage à ce que la seconde délibération commence le plus tôt possible. (Très-bien! très-bien! à gauche.)

M. de Gavardie. Messieurs, je ne viens pas m'opposer d'une manière absolue à la fixation de l'ordre du jour qui vient de vous être demandée; mais il y a une question très grave, très-délicate qui a été soulevée par une de ces indiscrétions de la presse... (Bruyantes interruptions à gauche)... dont il faut bien s'occuper.

Vous savez qu'un certain texte d'un certain projet de loi relatif à la presse vise la question de révision... (Nouvelles interruptions à gauche.)

Messieurs, la question appelle tout spécialement l'attention de l'Assemblée... Il est dit dans un article de ce projet de loi...

A gauche. Quel projet? quel projet?

M. de Gavardie. Vous comprenez ce que je veux dire... (Non! non! à gauche) ...je parle du projet de loi qui a été publié par les journaux... (Bruit à gauche.)

M. Ernest Picard. C'est une préface à la discussion!

M. de Gavardie. C'est une question de probité politique, messieurs, permettez-moi de le dire; et je m'adresserai à la loyauté de M. le garde des sceaux. (Interruptions à gauche.)

Messieurs, vous comprenez que le vote d'un grand nombre d'entre nous peut être très-différent, suivant que l'existence de ce texte sera niée ou sera reconnue par le Gouvernement.

Cette considération est très-grave, et je vous déclare pour ma part que, si je croyais que, dans la pensée du Gouvernement, ce point fût irrévocablement arrêté, je ne voterais pas les dispositions nouvelles qui vous sont présentées; je les voterais, au contraire, si le texte auquel je fais allusion ne doit pas être soumis à vos délibérations.

Vous ne pouvez méconnaître, messieurs, la portée de l'observation que j'ai l'honneur de vous présenter.

Je m'adresse donc à l'honorable garde des sceaux, et je lui demande si, dans la pensée du Gouvernement... (Interruptions sur divers bancs à gauche. — Parlez! parlez! à droite.)... si, dans la pensée du Gouvernement, on considérera comme délictueux tout vœu formulé par un moyen de publicité quelconque en faveur de la révision de la Constitution. C'est une question à laquelle on peut répondre par oui ou par non, mais on comprend très-bien que, suivant la réponse qui sera faite, notre vote sera différent... (Mouvements divers.)

Voilà, messieurs, la question que j'ai l'honneur de poser à M. le garde des sceaux. (Aux voix!)

M. Dufaure, *garde des sceaux, ministre de la justice,* se lève et se dirige vers la tribune.

Voix nombreuses. Ne répondez pas! c'est inutile! — Aux voix! aux voix!

(M. le garde des sceaux regagne son banc.)

M. le président. L'honorable M. Laboulaye propose de mettre en tête de l'ordre du jour de lundi la 1re délibération du projet de loi sur les pouvoirs publics.

Je consulte l'Assemblée.

M. de La Rochefoucauld, duc de Bisaccia. Je crois devoir faire observer à l'Assemblée que nous ne sommes pas nombreux en ce moment... (Bruyante hilarité à gauche.)

A droite. C'est vrai! c'est vrai!

M. le président. Veuillez laisser parler, messieurs.

M. de La Rochefoucauld, duc de Bisaccia. Oui, messieurs, vous êtes très-nombreux à gauche... (Nouvelle hilarité à gauche), et nous le constatons.

Nous savons parfaitement que vous avez été prévenus... (Exclamations à gauche). C'est un fait, et je vous défie de le nier.

M. Gambetta. Tous les journaux l'ont annoncé!

M. de La Rochefoucauld, duc de Bisaccia. Monsieur Gambetta, je vous défie de le nier... (Applaudissements à droite. — Nouvelles exclamations à gauche.) Oui, vous m'entendez, monsieur Gambetta, je vous défie de le nier! (Nouveaux applaudissements à droite.)

M. Henri Villain. Rappelez-vous la mise à l'ordre du jour de la loi sur l'enseignement supérieur.

M. le président. Veuillez ne pas interrompre. Laissez parler l'orateur.

M. de La Rochefoucauld, duc de Bisaccia. Le bruit que vous ferez, messieurs, ne m'empêchera pas de parler. J'attendrai; je suis très-patient. (Très-bien! très-bien! à droite.)

Je dis, messieurs, que quand il s'agit d'organiser la République que vous avez votée, vous pourriez bien nous donner au moins la faculté de nous faire entendre. (Bruit à gauche.)

Je dis que vous venez, à la fin d'une séance, un samedi, un jour où vous savez que, souvent, vos collègues, malheureusement, ne sont pas tous présents, proposer la décision la plus grave. (Réclamations à gauche. — Très-bien! très-bien! à droite.)

Les collègues dont je parle ne sont pas là, c'est un fait. Eh bien, messieurs, je m'adresse à votre équité et à votre justice, et je vous dis: Remettez à lundi le vote qu'on vous demande d'émettre aujourd'hui. (Très-bien! à droite. — Rumeurs et interruptions à gauche.)

(M. Gambetta prononce quelques mots au milieu du bruit.)

M. de La Rochefoucauld, duc de Bisaccia. Monsieur Gambetta, vous avez beau m'interrompre, c'est une proposition d'équité que je soumets à l'Assemblée, et si vous ne l'acceptez pas, j'en serai très-étonné.

Je persiste à demander à l'Assemblée de vouloir bien attendre jusqu'à lundi pour le vote qu'on vient de lui proposer, afin que nous ayons le temps de prévenir nos collègues.

(Très-bien! très-bien! et applaudissements à droite. — Réclamations à gauche.)

M. Édouard Laboulaye. Messieurs, il n'y a aucune surprise, car tout le monde a pu lire dans tous les journaux qu'aujourd'hui j'étais chargé de monter à la tribune pour y faire la proposition que je viens de vous soumettre. (Rumeurs à droite.)

J'ajoute que la mise à l'ordre du jour du projet de loi organique relatif aux rapports des pouvoirs publics n'empêchera en rien l'honorable duc de Bisaccia de faire valoir à la tribune, lundi ou mardi, toutes les objections qu'il voudra contre la République. (Rires à gauche. — Exclamations à droite.)

M. Ernest Picard. Le projet de loi est déjà à l'ordre du jour!

M. Édouard Laboulaye. Le projet de loi est déjà à l'ordre du jour, nous lui donnerions seulement un tour de faveur. Il faut bien comprendre quelle est la légitime impatience du pays. (Nouvelles exclamations à droite. — Très-bien! très-bien! à gauche.) Cette impatience était partagée par tous, car il y a quelque temps M. de Lorgeril m'interrompait en disant : A quand les lois constitutionnelles?

Eh bien, elles sont à l'ordre du jour!

On a voté la République le 25 février, il s'agit aujourd'hui des dispositions qui doivent compléter son organisation et qui ne soulèveront pas une grande discussion. Il est important pour le pays de savoir si, après la loi qui lui a donné une constitution, on songe à la compléter. (Très-bien! à gauche.)

M. de La Rochefoucauld, duc de Bisaccia. Je demande qu'on remette ce vote à lundi. Ce n'est pas long!

M. Édouard Laboulaye. Au nom de la commission, j'insiste pour que l'Assemblée mette le projet de loi dont il s'agit en tête de l'ordre du jour. (Très-bien! très-bien! à gauche. — Réclamations à droite.)

M. le président. Je vais mettre d'abord aux voix la question préjudicielle soulevée par M. de La Rochefoucauld, et qui tend à ne renvoyer à lundi le vote que la commission demande sur l'ordre du jour.

(L'Assemblée, consultée, décide qu'elle ne renvoie pas à lundi le vote sur la demande de la commission des lois constitutionnelles.)

M. le président. Je consulte maintenant l'Assemblée sur la question de savoir si elle veut mettre en tête de l'ordre du jour le projet de loi relatif aux rapports des pouvoirs publics.

M. de Gavardie. Monsieur le président, j'ai demandé la priorité en faveur du projet de loi sur la presse. (Exclamations à gauche.)

Plusieurs membres. Ce projet de loi n'est pas encore déposé!

M. de Gavardie. Messieurs, je demande, et c'est la conséquence pratique des observations que je viens d'avoir l'honneur de vous présenter tout à l'heure, que la priorité soit accordée au projet de loi sur la presse, qui est annoncé. (Interruptions à gauche.)

La question est pourtant bien simple...

A gauche. Oui! non!

M. de Gavardie. Le Gouvernement s'est engagé à déposer un projet de loi sur la presse dans un bref délai.

Plusieurs membres à gauche. Mais il n'y en a pas encore!

Voix à droite. Il y a deux ans qu'on l'a promis!

M. de Gavardie. D'après les graves indiscrétions dont je parlais et dont, il faut bien le dire, nous profitons quelquefois... (Rires à gauche) le Gouvernement aurait l'intention de présenter un projet, aux termes duquel il ne serait pas permis d'émettre un vœu en faveur de la révision de la Constitution... (Bruyantes interruptions à gauche.)

M. le garde des sceaux. Je vais vous répondre.

(M. de Gavardie descend de la tribune.)

M. le président. La parole est à M. le garde des sceaux.

M. Dufaure, *garde des sceaux, ministre de la justice.* Messieurs, je demande pardon à l'honorable M. de Gavardie. Je voulais lui répondre tout à l'heure, et ce sont les réclamations que j'ai entendues de tous les côtés qui m'ont empêché de monter à la tribune.

Le Gouvernement n'a proposé aucun projet de loi sur la presse. Les journaux ont publié certains articles qui ont été préparés par une commission, qui n'ont pas encore été soumis au Gouvernement, et qui n'ont même pas été définitivement adoptés par le garde des sceaux. Je prierai l'Assemblée de vouloir bien engager les discussions législatives sur les projets de lois qui lui ont été présentés, et non pas sur les projets de lois que les journaux peuvent publier à l'avance. (Rires et marques d'approbation.) Je demande la permission de lui montrer à quel danger on s'expose lorsqu'on procède — je ne l'ai jamais vu faire, — comme vient de faire l'honorable M. de Gavardie.

Depuis quelques jours, j'ai lu des articles très-savants, très-bien composés, sur un projet de loi relatif au duel, que j'aurais préparé, qui a été même publié, en cinq articles, dans un journal mieux instruit que ses confrères.

Eh bien, je n'ai jamais pensé à préparer un projet de loi sur le duel. (Exclamations et rires. — Applaudissements à gauche. — Aux voix! aux voix!)

M. de Gavardie. Messieurs, permettez-moi de vous dire qu'un certain nombre d'entre vous ne paraissent même pas comprendre l'énoncé de la question... (Oh! oh! à gauche.) je dis « ne paraissent même pas! »

Je suppose que l'ordre du jour soit fixé, que la loi des pouvoirs publics soit discutée et votée. Si, ensuite, le Gouvernement vient présenter un projet de loi... (Interruptions à gauche.)

Messieurs, remarquez-le bien, je ne m'attaque pas aux intentions.

M. Émile Lenoël. Vous faites l'examen de conscience du Gouvernement!

M. de Gavardie. Je n'attaque pas les intentions ; mais savez-vous ce qu'on pourrait en suite dire? C'est qu'il y a eu un piège tendu à la bonne foi d'un certain nombre d'entre nous! Ah! messieurs, ceci est grave. (Rires à gauche.)

Ah! je sais bien que vous êtes habitués à traiter beaucoup d'affaires sans la gravité nécessaire... (Exclamations à gauche.) mais quand je présente des considérations qui, en définitive, sont dictées par un véritable patriotisme...

(Interruption),—car enfin il pourrait me suffire de dire ici que je ne voterai pas les lois constitutionnelles,... —je ne comprends pas ces rires peu en harmonie avec la gravité de la question.

Plusieurs membres. Eh bien? eh bien?

M. de Gavardie. Eh bien! c'est parce que il y a ici une question de loyauté que je m'adresse précisément à la loyauté du Gouvernement.

Je désire savoir si, dans la pensée du Gouvernement...

M. le garde des sceaux. Mais le Gouvernement n'a pas encore délibéré sur le projet auquel vous faites allusion!

M. de Gavardie. Songez, messieurs, que notre vote peut être déterminé dans un sens ou dans un autre, suivant les déclarations du Gouvernement. (Aux voix! aux voix!)

Nous ne pouvons pas sortir de cette difficulté si le Gouvernement ne vient pas déclarer que, dans sa pensée, toute discussion relative à la révision de la Constitution pourra être érigée en délit.

Voilà une déclaration qui est absolument indispensable. (Aux voix! aux voix!) Et voilà pourquoi aussi il importe de donner la priorité à la loi sur la presse, promise par le Gouvernement. (Aux voix! aux voix!)

M. le président. Je ferai observer à M. de Gavardie que l'Assemblée ne peut pas avoir à se préoccuper d'un projet de loi qui n'existe pas. (Très-bien! très-bien!)

La question que j'ai à soumettre au vote de l'Assemblée est très-simple : Il s'agit de savoir si le projet de loi organique relatif aux rapports des pouvoirs publics sera mis en tête de l'ordre du jour; mais, bien entendu, après le vote du projet de loi concernant divers droits d'enregistrement, dont la discussion n'est pas terminée. (C'est cela! c'est cela! — Aux voix! aux voix!)

C'est sur cette question que je consulte l'Assemblée.

(L'Assemblée, consultée, décide que la 1re délibération sur le projet de loi organique relatif aux rapports des pouvoirs publics sera mise en tête de l'ordre du jour de lundi, à la suite de la délibération sur le projet de loi concernant divers droits d'enregistrement.)

M. Cézanne. Messieurs, la commission des chemins de fer a compris qu'elle ne devait pas s'opposer à la demande de la commission des lois constitutionnelles; elle cède volontiers son tour aux lois organiques sur les pouvoirs publics, mais elle m'a chargé de vous demander de vouloir bien placer la 2e délibération sur les projets de lois relatifs aux chemins de fer immédiatement après la 1re délibération sur le projet de loi concernant les pouvoirs publics. (Oui! oui! — Appuyé!)

M. Raymond Bastid. Messieurs, l'honorable M. Cézanne vient de demander à l'Assemblée de placer la discussion du projet relatif aux chemins de fer immédiatement après la 1re délibération sur le projet de loi concernant les rapports des pouvoirs publics.

Si vous admettiez cette demande, vous relégueriez à un rang tout à fait inférieur le projet de loi sur la taxe des greffiers de justice ... sera ... droit ... priorité ... appuyé!)

...v. Audren de Kerdrel. Aurelle de ...ral (d'). Auxais (d'). Bagneux (comte de). Balsan. Barascud. Baragnon. Be... Bastid (Raymond). Beauvillé (de). ...omte). Be... ...rles) (Ain). ... Bes... ...le).

M. Gambetta ... projet de loi relatif ... des greffiers de justice ... très-longtemps l'Assemblée ... de l'ordre du jour ... vous demande en grâce ... projet, qui a trop longtemps ... fice qui lui est acquis.

Voix à droite. C'est vous qui ... enlever!

M. Gambetta. Je prie l'Assemblée ... loir bien lui maintenir le rang qu'il ... son ordre du jour.

M. le président. M. Cézanne a ... que la discussion du projet de loi...

M. Cézanne. J'accepte que la discussion du projet relatif aux chemins de fer ne vienne qu'après le projet relatif à la taxe des greffiers, mais immédiatement après!

M. le président. La proposition de M. Parent, relative à une modification du code d'instruction criminelle, figurait aussi aux premiers rangs de l'ordre du jour; mais son auteur m'a déclaré consentir à ce qu'elle ne soit discutée qu'après les projets de lois sur les chemins de fer.

L'ordre du jour de lundi pourrait donc être ainsi réglé :

Discussion du projet de loi ayant pour objet d'ouvrir au ministre de l'agriculture et du commerce, sur le budget de l'exercice 1876, un crédit de 600,000 fr. pour les dépenses de l'exposition de Philadelphie;

Suite de la discussion du projet de loi relatif à divers droits d'enregistrement, qui ne sera sans doute pas terminée aujourd'hui;

1re délibération sur le projet de loi organique relatif aux rapports des pouvoirs publics;

2e délibération sur la proposition relative à la révision des taxes des greffiers de justice de paix;

2e délibération sur les projets de lois relatifs aux chemins de fer à concéder à la compagnie de Paris à Lyon et à la Méditerranée, et à la compagnie de Picardie et Flandres;

Puis, les autres projets déjà inscrits au feuilleton.

Il n'y a pas d'objection? (Non! non!)

L'ordre du jour est ainsi réglé.

M. Léopold Faye. Maintenant, monsieur le président, la discussion va continuer sur les droits d'enregistrement?

M. le président. Parfaitement.

La délibération est ouverte sur l'article 9 ainsi conçu :

« Sont assujettis à la taxe de 3 p. 100, établie par la loi du 29 juin 1872, les lots et primes de remboursement payés aux créanciers et aux porteurs d'obligations, effets publics et tous autres titres d'emprunt.

« La valeur est déterminée, pour la perception de la taxe, savoir :

« 1° Pour les lots, par le montant même du lot en monnaie française ;

« 2° Pour les primes, par la différence entre la somme remboursée et le taux d'émission des emprunts.

« Un règlement d'administration publique déterminera le mode d'évaluation du taux d'émission, ainsi que toutes autres mesures d'exécution.

« Sont applicables à la taxe établie par le présent article les dispositions des articles 3, 4 et 5 de la loi du 29 juin 1872. »

M. le ministre des finances a la parole.

Sur divers bancs. A lundi ! à lundi !

M. Léon Say, *ministre des finances.* Il me paraît très-intéressant de terminer aujourd'hui, si nous le pouvons, la discussion du projet de loi dont nous avons voté tous les articles, à l'exception de trois. L'article 9, qui vient en ce moment en discussion, n'exigera pas une discussion bien longue.

Vous savez, messieurs, que, par la loi du 29 juin 1872, vous avez établi...

M. Léopold Faye. M. le président, nous avons proposé, d'accord avec la commission, un article additionnel qui prendrait dans le projet de loi la place de l'article 8, et qui, par conséquent, doit venir en discussion avant l'article 9.

M. le président. Cet article ne m'a pas été remis.

M. Léopold Faye. Je le dépose, monsieur le président.

Il s'agit simplement, en ce moment, d'une prise en considération.

M. le rapporteur. Je demande le renvoi à la commission de cet article additionnel.

M. le président. Voici l'article additionnel qui est proposé par M. Faye, et qui prendrait la place de l'article 8.

« Sont soumis aux droits établis par l'article 52 de la loi du 28 avril 1816, les parts et portions de biens immeubles indivis, acquises par licitation, lorsque l'acquisition n'a pas pour objet de faire cesser l'indivision, ou lorsque la licitation est translative de propriété. »

M. le rapporteur. J'ai demandé le renvoi de cet article additionnel à la commission.

M. le président. Il ne peut être renvoyé à la commission que s'il est pris en considération.

Je consulte l'Assemblée sur la prise en considération.

(L'Assemblée est consultée.)

M. le président, *après avoir pris l'avis de MM. les secrétaires.* Le bureau déclare l'épreuve douteuse. (Bruit.)

M. Octave Depeyre. Il n'est pas possible de voter ainsi sur des dispositions nouvelles, qui peuvent engager des principes, à la fin d'une séance et au milieu du tumulte !

M. Raudot. Pourquoi ne pas remettre ce vote à lundi ?

La discussion sur le projet de loi ne peut pas, d'ailleurs, être terminée aujourd'hui.

M. le président. Je renouvelle l'épreuve.

(L'Assemblée est consultée de nouveau.)

M. le président, *après avoir pris l'avis des membres du bureau.* L'article additionnel est pris en considération et, par conséquent, renvoyé à la commission.

Voix nombreuses. A lundi ! à lundi !

M. le président. L'Assemblée est-elle d'avis de continuer la délibération ? (Non ! non ! — A lundi !)

Eh bien, à lundi.

Séance publique à deux heures.

L'ordre du jour a déjà été fixé...

M. de Tillancourt. Messieurs, nous fixons toujours à deux heures l'ouverture de la séance ; mais, depuis une semaine surtout, nos discussions n'ont commencé, en réalité, qu'à trois heures. Les personnes exactes ont ainsi perdu chaque jour une heure à attendre.

Je viens vous demander, messieurs, de commencer exactement vos travaux à l'heure indiquée, et, par conséquent, si vous ne voulez point être ici à deux heures, de ne point indiquer cette heure pour l'ouverture de la séance.

M. Lambert de Sainte-Croix. Vous n'êtes jamais présent à l'ouverture de la séance ! (On rit.)

M. de Tillancourt. Je vous demande pardon, je suis toujours l'un des premiers arrivés.

Je m'explique, au reste, messieurs, les retards qui se sont produits depuis quelque temps. Un grand nombre de commissions avaient à terminer des études urgentes et prolongeaient ainsi leurs séances particulières jusqu'après l'heure indiquée pour l'ouverture de la séance publique. Mais aujourd'hui, presque toutes ces commissions ont terminé leurs études. Il n'y a guère d'exception que pour les grandes commissions des lois de finances et des lois constitutionnelles, qui siègent toute la journée et sont dispensées de l'assistance à la séance publique.

Il n'y a donc plus aucun motif pour continuer à arriver dans la salle après l'heure indiquée et à continuer de limiter la durée de nos discussions à deux heures. (Réclamations sur divers bancs.)

Plusieurs membres. Les séances durent trois et quatre heures !

M. de Tillancourt. Il est incontestable, messieurs, que nous ne commençons point avant trois heures, et que, à cinq heures, on demande, presque toujours, le renvoi au lendemain : c'est ce qui vient de se produire tout à l'heure.

Je vous le demande, messieurs, est-ce avec un travail aussi court que l'on peut discuter et voter les lois importantes qui figurent à notre ordre du jour ? (Mouvements en sens divers.)

M. le président. Il est d'usage invariable qu'on attende l'arrivée du train avant de commencer la séance ; or, ce n'est qu'à deux heures un quart qu'il arrive, amenant à Versailles ceux de nos collègues qui habitent Paris. Le président est toujours au fauteuil à deux heures et demie, et je dois dire qu'aujourd'hui, quelques instants après y être monté, à cette même heure, j'ai constaté avec regret qu'il n'y avait que vingt-sept de nos collègues dans la salle.

Plusieurs membres. Il y avait réunion dans les bureaux !

M. le président. Il faudrait donc au moins excepter de la règle proposée par M. de Tillancourt les jours où il y a réunion dans les bureaux. (Oui ! oui !).

Lundi, il n'y a pas de bureaux ; le président se fera un devoir d'être au fauteuil à deux heures un quart, et la séance commencera immédiatement. (Très-bien ! très-bien !)

(La séance est levée à cinq heures trente cinq minutes.)

Le directeur-adjoint du service sténographique de l'Assemblée nationale,

BON-EURE LAGACHE.

SCRUTIN

Sur l'article 8 du projet de loi relatif à divers droits d'enregistrement.

Nombre des votants............... 600
Majorité absolue.................. 301

Pour l'adoption............ 107
Contre.................... 493

L'Assemblée nationale n'a pas adopté.

ONT VOTÉ POUR :

MM. Amat.
Bardoux. Barthélemy Saint-Hilaire. Beau. Bérenger. Bertauld. Boysset. Broët. Brun (Charles). Buffet.
Caillaux. Calmon. Carré-Kérisouet. Casimir-Perier. Castelnau. Cézanne. Chabron (général de). Chadois (colonel de). Chamaillard (de). Charreyron. Charton. Cherpin. Cissey (général de). Claude (Vosges). Corne.
Daru (comte). Decazes (duc). Delacroix. Delille. Delisse-Engrand. Delorme. Denormandie. Doré-Graslin. Douay. Ducuing. Dufaure (Jules).
Favre (Jules). Feray. Ferry (Jules). Flatard. Foubert. Fourcand. Fréhault (général).
Gailly. Gasselin de Fresnay. Gatien-Arnoult. Gaulthier de Rumilly. Gayot. George (Émile). Gérard. Germonière (de la). Gévelot. Giraud (Alfred). Gouvion Saint-Cyr (marquis de). Grollier.
Hamille. Hèvre. Houssard.
Jamme. Jozon.
La Borderie (de). Lagrange (baron A. de). Lallié. Lamberterie (de). La Sicotière. Lefébure. Lefranc (Victor). Lenoël. Le Royer. Lestapis. Limperani. Littré. Lortal. Loysel (général).
Mathieu-Bodet. Mazure (général). Meaux (vicomte de). Médecin. Monjaret de Kerjégu. Montaignac (amiral de). Mongoifier (de). Moreau (Ferdinand). Morin.
Passy (Louis). Pelletereau-Villeneuve. Picard (Ernest). Plichon. Pressensé (de).
Ravinel (de). Robert de Massy. Saint-Pierre (de) (Calvados). Salvandy (de). Salvy. Saussier (général). Savary. Say (Léon). Scheurer-Kestner. Schœlcher. Ségur (comte de). Seignobos. Stapiande (de).
Talhouët (marquis de). Tocqueville (comte de). Valazé (général). Valentin.
Wallon. Wartelle de Retz.

ONT VOTÉ CONTRE :

MM. Abbadie de Barrau (le comte d'). Abbatucci. Aboville (le vicomte d'). Aclocque. Adam (Edmond) (Seine). Aigle (le comte de l'). Allemand. Allenou. Amy. Ancelon. Andelarre (marquis d'). André (Charente). André (Seine). Anisson-Duperon. Arago (Emmanuel). Arbel. Arfeuillères. Arnaud (de l'Ariége). Arrazat. Aubry. Audren de Kerdrel. Aurelle de Paladines (général d'). Auxais (d').
Babin-Chevaye. Bagneux (comte de). Balsan. Bamberger. Baragnon. Barascud. Barni. Barodet. Barthe (Marcel). Bastid (Raymond). Baucarne-Leroux. Beaussire. Beauvillé (de). Belcastel (de). Benoist d'Azy (le comte). Benoist du Buis. Berlet. Bernard (Charles) (Ain). Bernard (Martin) (Seine). Bernard-Dutreil. Besson (Paul). Bethmont. Béthune (comte de). Bidard. Bigot. Billy. Blanc (Louis). Blavoyer. Boduin. Boffinton. Boisboissel (comte de). Boisse. Bompard. Bonald (vicomte de). Bondy (comte de). Bonnel (Léon). Boreau-Lajanadie. Bottard. Bottieau. Boucau (Albert). Bouchet (Bouches-du-Rhône). Bouillé (comte de). Boullier de Branche. Bourgeois (Vendée). Boyer. Brabant. Brame (Jules). Brettes-Thurin (comte de). Brice (Ille-et-Vilaine). Brice (Meurthe-et-Moselle). Brillier. Brisson (Henri) (Seine). Broglie (duc de). Brun (Lucien) (Ain). Brunet. Bryas (comte de). Buée. Busson-Duvivier.
Caduc. Calemard de La Fayette. Carayon La Tour (de). Carbonnier de Marzac (de). Carion. Carnot (père). Carnot (Sadi). Carquet. Carron (Émile). Casteliane (marquis de). Cazeaux. Cazenove de Pradins (de). Cazot (Jules) (Gard). Chabaud La Tour (Arthur de). Challemel-Lacour. Champagny (vicomte Henri de). Champvallier (de). Changarnier (général). Chaper. Chardon. Chareton. Chatelin. Chaurand (baron). Chavassieu. Cheguillaume. Chesnelong. Chevandier. Chirrs. Choiseul (Horace de). Cintré (comte de). Clapier. Claude (Meurthe-et-Moselle). Clément (Léon). Clerc. Colombet (de). Combarieu (de). Combier. Corbon. Cordier. Cornulier-Lucinière (comte de). Costa de Beauregard (marquis de). Cottin (Paul). Courbet-Poulard. Courcelle. Crémieux. Crussol d'Uzès (duc de). Cumont (vicomte Arthur de). Cunit.
Daguenet. — Daguilhon-Lasselve. Dampierre (marquis de). Danelle-Bernardin. Daron. Daumas. Dauphinot. Daussel. Decazes (baron). Delacour. Delavau. Delord. Delpit. Denfert (colonel). Depasse. Depeyre. Déregnaucourt. Desbassayns de Richemont (comte). Descat. Deschange. Dezanneau. Diesbach (comte de). Dietz-Monnin. Dompierre d'Hornoy (amiral de). Deuhet (comte de). Dréo. Drouin. Du Bodan. Dubois. Du Breuil de Saint-Germain. Ducarre. Du Chaffaut. Duchâtel (comte). Dufaur (Xavier). Dufour. Dumarnay. Dumon. Dupanloup (évêque d'Orléans). Duparc. Dupin (Félix). Dupont (Alfred). Dupouy. Duréault. Durfort de Civrac (comte de). Durieu. Dussaussoy. Duvergier de Hauranne.
Ernoul. Escarguel. Eschasseriaux (baron). Esquiros. Eymard-Duvernay.
Farcy. Faye. Féligonde (de). Fernier. Ferrouillat. Flaghac (comte de). Fleuriot. Folliet. Fontaine (de). Forsanz (vicomte de). Fonquet. Fourichon. Fournier (Henri). Fourtou (un le marquis de). Fraissinet. Franclieu (le marquis de). Frosneau.
Gagneur. Gallicher. Galloni d'Istria. Gambetta. Ganault. Ganivet. Gaslonde. Gaudy. Gaulthier de Vaucenay. Gavardie (dg). Gavardie (de) Gavini. Gent. Germain. Gillon (Paulin). Ginoux de Fermon (le comte). Girerd (Cyprien). Girot-Pouzol. Glas. Goblet. Godet de la Ribeullerie. Godin. Godissart. Gouvello (de). Grammont (le marquis de). Grandpierre. Grange. Grasset (de). Greppo. Grévy (Albert). Grivart. Gueidan. Guichard. Guiche (marquis de la). Guillemot (général). Guinot. Guyot.
Haentjens. Harcourt (le comte d'). Harcourt (le duc d'). Haussonville (le vicomte d'). Hérisson. Hespel (le comte d'). Humbert. Huon de Penanster.
Jacques. Jaffré (l'abbé). Janzé (baron de).

Jaurès (l'amiral). Jocteur-Monrozier. Joigneaux. Jouin. Jourdan. Juigné (le comte de). Juigné (le marquis de). Jullien.
Keller. Kergariou (le comte de). Kergorlay (comte de). Kéridec (le). Kerjégu (amiral de). Kermenguy (vicomte de). Kolb-Bernard. Krantz. Labitte. La Bouillerie. Lacave-Laplagne. La Caze (Louis). Lafayette (Oscar de). Laflize. Lafon de Fongaufier. Laget. Lambert (Alexis). Lamy. Lanel. Lanfrey. La Pervanchère (de). Larcy (baron de). Largentaye (de). La Roche-Aymon (marquis de). Le Rochefoucald (duc de Bisaccia). La Rochejaquelein (marquis de). La Rochetulon (marquis de). La Rochette (de). Lassus (baron de). Latrade. Laurent-Pichat. Laurièr. Leblond. Lebourgeois. L'Ebraly. Lebreton. Le Chatelain. Lefèvre (Henri). Lefèvre-Pontalis (Eure-et-Loir). Lefèvre-Pontalis (Seine-et-Oise). Lefranc (Pierre). Le Gal La Salle. Legge (comte de). Legrand (Arthur). Le Lasseux. Lepetit. Lépouzé. Le Provost de Launay. Leroux (Aimé). Lesguillon. Lespinasse. Lestourgis. Leurent. Levèque. Levert. Lherminier. Limairac (de) (Tarn-et-Garonne). Limayrac (Léopold) (Lot). Lockroy. Lorgeril (vicomte de). Louatalat. Lucet. Lur-Saluces (marquis de).
Madier de Montjau. Maguiez. Magnin. Mahy (de). Maillé. Maiartre. Maleus. Malleville (marquis de). Malleville (Léon de). Malézieux. Mallevergne. Mangini. Marc-Dufraisse. Marck. Marcou. Magaine. Martel (Pas-de-Calais). Martell (Charente). Martenet. Martin (Henri). Martin (d'Auray). Martin des Pallières (général). Mathieu de la Redorte (comte). Maurice. Mazeau. Mazerat. Méline. Melun (comte de). Méplain. Mercier. Mérode (de). Merveilleux du Vignaux. Mestreau. Mettetal. Michal-Ladichère. Michel. Millaud. Monneraye (comte de la). Monteil. Montlaur (marquis de). Montrieux. Moreau (Côte-d'Or). Mornay (marquis de). Mortemart (duc de). Morvan. Murat-Sistrières.
Naquet. Nioche. Noël-Parfait. Nouaillan (le comte de).
Ordinaire (fils).
Pagès Duport. Pajot. Palotte (Jacques). Parent. Paris. Paray. Parzz (marquis de). Pascal Duprat. Pelletan. Pellissier (général). Périn. Perrier (Eugène). Petau. Peulvé. Peyramont (de). Peyrat. Philippoteaux. Picart (Alphonse). Pin. Ploger (de). Piou. Pompery (de). Pontol-Pontcarré (le marquis de). Pouyer-Quertier. Pradié. Prax-Paris. Puiberneau (de).
Quinsonaß (le marquis de).
Rainneville (de). Rambures (de). Rameau. Raoul Duval. Rathier. Raudot. Rémusat (Paul de). Renaud (Félix). Renaud (Michel). Rességuier (le comte de). Reymond (Ferdinand) (Isère). Reymond (Loire). Riant (Léon). Ricot. Riondel. Rive (Francisque). Robert (le général). Robert (Léon). Robert-Bénavent (vicomte de). Roger du Nord (le comte). Roger-Marvaise. Rolland (Charles) (Saône-et-Loire). Rotours (des). Roudier. Rouher. Rouveure. Rouvier. Roux (Honoré). Roy de Loulay. Roys (marquis des).
Sacase. Saincthorent (de). Saintenac (vicomte de). Saint-Germain (de). Saint-Malo (do). Saint-Pierre (Louis de) (Manche). Saint-Victor (de). Saisset (vice-amiral). Saisy (Hervé de). Salneuve. Sansas. Savoye. Sébert. Bérard. Sens. Serph (Gusman). Sers (marquis de). Silva (Clément).

Simiot.- Simon (Fidèle). Simon (Jules). Soury-Lavergne. Soye. Sugny (de).
Taberlet. Tailhand. Taillefert. Tallon. Tamisier. Tardieu. Tarteron (de). Tassin. Temple (du). Testelin. Thomas (docteur). Thurel. Tiersot. Tillancourt (de). Tirard. Tolaïn. Tréveneuc (comte de). Tréville (le comte de). Turigny. Turquet.
Valady (de). Valfons (marquis de). Valon (de). Vandier. Varroy. Vast-Vimeux (baron). Vaulchier (comte de). Vautrain. Ventavon (de). Vente. Vétillart. Vidal (Saturnin). Villeu. Villain. Vimal-Dessaignes. Vinay (Henri). Vingtain (Léon). Vinois (baron de). Vitalis. Voisin.
Warnier (Marne). Wilson. Witt (Cornélis de).

Comme étant retenus à la commission des lois constitutionnelles :

MM. Adnet. Adrien Léon. Baze. Christophle (Albert). Deisol. Duclerc. Laboulaye. Lavergne (Léonce de). Luro. Mercère (de). Rampon (le comte). Ricard. Schérer. Vacherot. Waddington.

Comme étant retenus à la commission du budget :

MM. Bastard (le comte de). Balbie. Cochery. Gouin. Lambert de Sainte-Croix. Langlois. Lepère. Osmoy (comte d'). Pothuau (amiral). Soubeyran (baron de). Teisserenc de Bort. Wolowski.

MM. Adam (Pas-de-Calais). Ancel. Audiffret-Pasquier (le duc d'). Barante (le baron de). Benoît (Meuse). Bert. Beurges (le comte de). Bienvenüe. Billot (le général). Blin de Bourdon (le vicomte). Bocher. Bonnet. Bouisson. Boullier (Loire). Bourgoing (le baron de). Bozérian. Brelay. Breton. Buisson (Jules) (Aude). Buisson (Seine-Inférieure). Callet. Casse (Germain). Chabaud La Tour (général baron de). Chabrol (de). Clercq (de). Contaut. Cotte. Desjardins. Destremx. Dubuys-Fresnay (général). Dufay. Dufournel. Grévy (Jules). Guibal. Guinard. Johnston. Joinville (prince de). Jordan. Joubert. Jouvenel (baron de). La Basse-tière (de). Lacombe (de). Lacretelle (H. de). La Serve. Lacteyrie (Jules de). Louvet. Maillé (comte de). Marchand. Martin (Charles). Mathieu (Saône-et-Loire). Max-Richard. Mayaud. Monnet. Mouchy (duc de). Nétien. Patissier (Sosthène). Perrolet. Perret. Picauc (marquis do). Prétavoine. Princeteau. Rampont. Ravaille (Arthur). Sarrotte. Swiney. Target. Théry. Thiers. Toupet des Vignes. Tribert. Vienne t. Vogué (marquis de).

MM. Alexandre. Aumale (le duc d'). Aymé de la Chevrelière. Besnard. Chambrun (comte de). Chanzy (le général). Chaudordy (comte de). Corcelle (de). Crespin Desbons. Gontaut-Biron (le vicomte de). Journault. La Roncière Le Noury (vice-amiral baron de). Lecamus. Le Flô (général). Magne. Maure. Monnot-Arbilleur. Parigot. Rousseau. Roussel.

ASSEMBLÉE NATIONALE

SÉANCE DU LUNDI 21 JUIN 1875

PRÉSIDENCE DE M. LE DUC D'AUDIFFRET-PASQUIER

La séance est ouverte à deux heures et quart.

M. de Cazenove de Pradine, *l'un des secrétaires,* donne lecture du procès-verbal de la séance du samedi 19 juin.

M. le président Quelqu'un demande-t-il la parole sur le procès-verbal ?...

M. Roger-Marvaise. Je la demande, monsieur le président.

M. le président. La parole est à M. Roger-Marvaise sur le procès-verbal.

M. Roger-Marvaise. Messieurs, je lis dans le *Journal officiel* ce qui suit :

« Par les arrêts qui ont été cités par le ministre des finances et par M. le rapporteur, il a été décidé que, dans ce cas-là, le droit de transcription n'était pas dû. Mais il en est autrement dans d'autres cas, par exemple lorsque la licitation a été prononcée au profit d'un héritier bénéficiaire. M. Roger-Marvaise le sait mieux que personne ; il a exposé, il y a quelques jours, devant la cour de cassation, dans une brillante plaidoirie, les très-savantes observations qu'il a fait entendre tout à l'heure à cette tribune. La cour de cassation lui a donné tort. »

Les renseignements de l'honorable M. Mathieu-Bodet ne sont pas exacts. J'ai plaidé de plaidoirie à la cour de cassation il y a quelques jours ; l'affaire à laquelle il a fait allusion n'est pas venue, et elle ne doit être discutée et jugée qu'après les vacances. (Rires.)

M. le président. Il n'y a pas d'autres observations sur le procès-verbal ?...

Le procès-verbal est adopté.

M. le vicomte de Lorgeril. J'ai l'honneur de déposer sur le bureau de l'Assemblée un rapport fait au nom de la 24ᵉ commission d'intérêt local sur le projet de loi relatif à l'établissement d'une surtaxe à l'octroi de La Roche Maurice (Finistère.)

M. le président. Le rapport sera imprimé et distribué.

M. Jullien demande un congé de dix-huit jours pour raison de santé;

M. de Belcastel demande un congé de quatre jours.

Les demandes seront renvoyées à la commission des congés.

L'ordre du jour appelle la discussion du projet de loi ayant pour objet d'ouvrir au ministre de l'agriculture et du commerce, sur le budget de l'exercice 1876, au chapitre 15, un crédit de 600,000 fr. pour les dépenses de l'exposition internationale universelle de Philadelphie.

M. le baron de Soubeyran, *rapporteur.* Je demande la parole

M. le président. Vous avez la parole.

M. le rapporteur. Messieurs, avant que l'Assemblée ne soit appelée à voter sur la demande d'ouverture de crédit qui lui est soumise, je viens, au nom de la commission du budget, lui donner une courte explication. Quand M. le ministre de l'agriculture et du commerce et M. le ministre des finances ont, dans la séance du 29 mai dernier, demandé, sous forme de disposition additionnelle au projet du budget des dépenses du ministère de l'agriculture et du commerce pour l'exercice 1876, un crédit de 600,000 fr. pour l'exposition de Philadelphie, ils vous priaient d'inscrire au chapitre 15 du budget ordinaire du ministre de l'agriculture et du commerce ce crédit de 600,000 fr.

Dans le principe, M. le ministre de l'agriculture et du commerce pouvait supposer qu'il suffirait de rappeler l'Assemblée à se prononcer sur cette question au moment du vote du budget ordinaire des dépenses de son ministère; mais par suite des instances de la commission supérieure des expositions internationales, il a été amené à prier la commission du budget de vouloir bien examiner promptement la disposition additionnelle qui ouvre ce crédit de 600,000 fr. pour les dépenses de l'exposition de Philadelphie, et de déposer aussitôt que possible le rapport sur cette ouverture de crédit.

La commission du budget s'est rendue à ses observations et elle vous propose de détacher du budget ordinaire du ministère de l'agriculture et du commerce le chapitre 15 et de le voter dès aujourd'hui.

Si vous adoptez les conclusions du rapport que nous avons eu l'honneur de vous soumettre et cette manière exceptionnelle de procéder, M. le ministre de l'agriculture et du commerce pourra immédiatement prendre les mesures nécessaires pour aider et encourager nos nationaux à concourir à l'exposition internationale universelle qui doit s'ouvrir à Philadelphie le 10 mai 1876.

La commission du budget vous propose, en même temps, messieurs, de supprimer l'article 2 du projet de loi. (Très-bien! — Aux voix!)

M. le président. Personne ne demande plus la parole sur la discussion générale?...

Je vais consulter l'Assemblée sur la question de savoir si elle veut passer à la discussion des articles.

(L'Assemblée, consultée, décide qu'elle passe à la discussion des articles.)

M. le président. Je donne lecture de l'article 1ᵉʳ :

« Art. 1ᵉʳ. — Il est ouvert au ministre de l'agriculture et du commerce, sur le budget de l'exercice 1876, au chapitre 15, un crédit de 600,000 fr. pour les dépenses de l'exposition internationale universelle de Philadelphie. »

(L'article 1ᵉʳ est mis aux voix et adopté.)

M. le président. Je fais remarquer à l'Assemblée que l'article 2 est devenu inutile; il était ainsi rédigé :

« Le chapitre des dépenses d'exercices périmés portera par suite le numéro 16, et celui des dépenses d'exercices clos, le numéro 17. »

Or, le budget de 1876 n'étant pas voté, cet article n'a pas de raison d'être; mais, à mon sens, il doit être remplacé par une disposition ainsi conçue :

« Il sera pourvu à cette dépense au moyen des ressources générales affectées au budget de l'exercice 1876. » (Marques d'assentiment.)

Vous êtes, en effet, sous l'empire de la loi de 1851 qui, dans son article 3, prescrit ceci :

« Le projet comprend l'ensemble de la dépense, soit qu'elle s'applique à un ou plusieurs ministères, soit qu'elle porte sur un ou plusieurs exercices.

« Il contient l'indication des voies et moyens affectés au payement de la dépense.

« S'il ne peut y être pourvu sur les ressources effectives de l'exercice, le projet mentionne que le crédit doit être mis au compte de la dette flottante »

Par conséquent, pour obéir aux prescriptions de l'article 3 de la loi de 1851, et conformément à l'observation qui en a été faite autrefois par l'honorable M. Guichard, je crois qu'il faut ajouter à la loi, sous forme d'article 2, la disposition que j'indiquais tout à l'heure.

M. le rapporteur. La commission du budget ne peut approuver les principes que M. le président vient de rappeler à l'Assemblée. Mais, comme je vous le disais tout à l'heure, messieurs, c'est à titre exceptionnel et surtout à cause de l'urgence que la commission du budget a consenti à détacher, du vote du budget ordinaire de 1876, la disposition additionnelle présentée par le ministre de l'agriculture et du commerce, et par le ministre des finances. Aujourd'hui, vous allez vous prononcer sur le chapitre 15 du budget de l'agriculture et du commerce, et le crédit de 600,000 fr. dont il est question, de ce moment, sera prélevé sur les sommes que vous aurez à voter ces jours-ci pour les services de ce ministère. Enfin un mot vous allez voter un chapitre détaché du budget ordinaire de 1876. La disposition me paraît donc inutile. (Assentiment.)

M. le président. M. le rapporteur me fait observer que c'est un chapitre détaché du budget de 1876, qu'on vous propose de voter à l'avance, ce qui rend inutile en effet la disposition dont je parlais tout à l'heure.

M. Guichard. L'observation, en thèse générale, était très-importante, et nous en remercions M. le président.

M. le président. Par suite du retrait de l'article 2, le projet de loi se trouve réduit à l'article 1er que l'Assemblée vient de voter; mais, comme il porte ouverture de crédit, il y a lieu de procéder à un scrutin.

(Le scrutin est ouvert et les votes sont recueillis.)

M. le président. Voici le résultat du dépouillement du scrutin :

Nombre des votants........... 553
Majorité absolue............. 277

　Pour l'adoption...... 540
　Contre.............. 13

L'Assemblée nationale a adopté.

M. le président. L'ordre du jour appelle la suite de la discussion du projet de loi relatif à divers droits d'enregistrement.

L'Assemblée a pris hier en considération un amendement de l'honorable M. Léopold Faye destiné à remplacer l'ancien article 8.

La commission est en mesure de faire son rapport sur cet amendement.

La parole est à M. le rapporteur.

M. Bertauld, *rapporteur,* Messieurs, dans la séance de samedi dernier, l'Assemblée a pris en considération une disposition que notre honorable collègue M. Faye avait proposée pour remplacer l'article 8, qui avait été rejeté. Notre honorable collègue avait obéi à une bien loyale et bien judicieuse pensée à laquelle il convient de rendre hommage. Il avait craint qu'on pût conclure du rejet de l'article 8 que l'Assemblée avait réagi ou du moins voulu réagir contre l'interprétation donnée par la jurisprudence à la loi du 22 frimaire an VII et aux articles 52 et 54 de la loi de 1816.

La commission du budget avait été d'avis d'adopter la nouvelle disposition de l'honorable M. Faye; mais M. le ministre des finances pense qu'il n'a pas besoin du secours de cette disposition pour le maintien des solutions qui ont trouvé leur justification dans la loi de frimaire an VII et la loi de 1816.

Je crois qu'en effet cette opinion de M. le ministre des finances, partagée par M. le directeur général de l'enregistrement, est parfaitement admissible et qu'elle prévaudra en présence surtout de l'explication que je viens donner au nom de la commission du budget. (Marques d'assentiment.)

L'Assemblée n'a pas entendu enlever leur caractère translatif à ceux des actes, partage ou licitation, que la cour de cassation juge n'être pas des actes simplement déclaratifs. La législation en vigueur garde toute son autorité et l'autorité des interprétations jurisprudentielles qu'elle a reçues.

M. Léopold Faye. En présence de ces observations, je retire mon article additionnel.

M. le président. Alors nous passons à l'article 9 qui est ainsi conçu :

« Art. 9. — Sont assujettis à la taxe de 3 p. 100, établie par la loi du 29 juin 1872, les lots et primes de remboursement payés aux créan-

ciers et aux porteurs d'obligations, effets publics et tous autres titres d'emprunt.

« La valeur est déterminée pour la perception de la taxe, savoir :

« 1º Pour les lots, par le montant même du lot en monnaie française ;

« 2º Pour les primes, par la différence entre la somme remboursée et le taux d'émission des emprunts.

« Un règlement d'administration publique déterminera le mode d'évaluation du taux d'émission, ainsi que toutes autres mesures d'exécution.

« Sont applicables à la taxe établie par le présent article, les dispositions des articles 3, 4 et 5 de la loi du 29 juin 1872. »

M. Alfred André (de la Seine). Messieurs, il y a dans cet article une disposition relative au droit dont seront frappées désormais les primes au remboursement, et il est dit au paragraphe 2 : « Pour les primes, par la différence entre la somme remboursée et le taux d'émission des emprunts. »

Je ferai remarquer qu'il y a souvent une très-grande différence entre le prix d'émission d'un emprunt et le prix auquel il est remboursé. Il y a des emprunts d'origine extrêmement ancienne, dont le cours s'est considérablement élevé et dont le cours s'est approché de l'époque du remboursement. Or, les porteurs des titres qui participent au remboursement ne sont pas les porteurs qui ont souscrit aux titres au moment de leur émission, de sorte que vous frapperez d'un très-gros droit ceux qui n'ont pas profité de ce bénéfice. Je demande à M. le ministre des finances s'il ne consentirait pas à régler le taux de l'impôt, non pas sur la différence entre le prix d'émission et le prix de remboursement, mais sur celle qui existe entre le cours de la bourse et le prix du remboursement.

M. Léon Say, *ministre des finances.* La pensée qui a présidé à la rédaction de cet article est celle-ci :

Pour certains emprunts, l'intérêt, au lieu d'être distribué en totalité et également entre tous les porteurs est accumulé pour constituer une prime qui est attribuée par le sort chaque année à un certain nombre d'entre eux, de manière à ce que chacun reçoive ce supplément d'intérêts sous la forme de prime, mais à des époques différentes. Il a donc paru que puisqu'il y avait un impôt de 3 p. 100 sur l'intérêt, il fallait imposer la prime qui représente une portion d'intérêt mise de côté pour être distribuée d'une certaine manière.

A ce point de vue l'article me paraît devoir être accepté. Seulement, l'application il peut présenter des difficultés assez grandes, qu'on a pensé pouvoir résoudre plus facilement en renvoyant au conseil d'État le soin d'établir, par un règlement d'administration publique, le mode de calcul de la prime à imposer.

M. Gouin, dans le sein de la commission, avait pensé que le calcul de la base de l'impôt était très-difficile à établir, et il avait proposé que la valeur de la prime fût calculée d'après la différence entre le cours de la valeur et le taux du remboursement.

Vous remarquerez que, si cette rédaction de M. Gouin est acceptée, le Trésor perdra, dans les années qui se rapprocheront de l'époque du remboursement final de l'emprunt, l'impôt afférent à la partie des intérêts qui se seront incorporés à la valeur du titre.

Mais il n'est guère possible de trouver un moyen pratique de calculer tous les ans l'écart entre le taux de l'émission et le taux du remboursement. Il y a des emprunts qui sont en émission constante, comme par exemple ceux qui se font sous la forme d'obligations de chemins de fer, lesquelles sont spécialement visées dans l'article.

Pour ces obligations, suivant la série, suivant l'année dans laquelle elles auront été achetées, la retenue se trouvera différente.

Je crois donc que l'amendement proposé par M. Gouin et reproduit par M. André, s'il peut faire perdre au Trésor, dans des années encore éloignées de nous, une partie assez importante de l'impôt dont il est question, ne nous retire rien pour les premières années qui sont celles dont nous avons surtout à nous préoccuper, et qu'il rendra la perception de l'impôt plus facile. A ce point de vue-là je ne m'oppose pas à la rédaction de MM. Gouin et Alfred André. (Très-bien!)

M. Mathieu-Bodet. Messieurs, je regrette beaucoup d'être en contradiction d'opinion avec M. le ministre des finances, et de ne pouvoir, comme lui, donner mon adhésion à l'amendement de nos honorables collègues MM. André et Gouin. Il m'est impossible d'accepter cet amendement, car il dénature complétement le projet d'impôt que j'ai proposé au nom du Gouvernement.

Je fais à cet amendement trois reproches : Il dénature l'économie de notre projet.

En second lieu, si la disposition de M. André était adoptée par l'Assemblée, elle aurait pour résultat de supprimer complétement l'impôt que nous voulons établir.

Le système de l'amendement serait, en troisième lieu, dans la plupart des cas, absolument inapplicable.

Voilà ses trois principaux défauts. (On rit.)

Je dis, quant à l'amendement qui est présenté par notre honorable collègue M. André détruit l'économie de l'article qui est l'objet de notre délibération actuelle. En effet, quand on crée un impôt, on ne l'établit pas sur des bases de fantaisie ; il faut le fonder sur un principe rationnel. Eh bien, quel est le principe de la taxe qui fait l'objet de l'article que nous proposons ?

Cette taxe n'est rien autre chose qu'un impôt sur le produit des valeurs mobilières, sur la partie du revenu de ces valeurs qui n'a pas encore été assujettie à l'impôt jusqu'à présent. Ce n'est que l'extension de la loi du 29 juillet 1872 sur le revenu des valeurs mobilières. Vous avez décidé par cette loi, à juste raison, que les revenus des valeurs mobilières supporteraient désormais un impôt de 3 pour 100. Le projet de loi que j'ai présenté au nom du Gouvernement a purement et simplement pour objet d'étendre l'application de la taxe créée par la loi du 29 juillet 1872 aux primes et aux lots, par la raison que les primes et les lots ne sont eux-mêmes que des intérêts des valeurs mobilières, des intérêts réservés, comme l'expliquait très-bien tout à l'heure M. le ministre des finances...

Un membre à droite. C'est établir un impôt sur le capital! (Exclamations sur quelques bancs.)

Au banc de la commission. Mais pas du tout !

M. Mathieu-Bodet. Je ne veux pas m'arrêter à l'objection qui vient d'être faite par un de nos collègues. Si elle est produite à la tribune, il sera très-facile d'y répondre. (Oui ! oui ! — Très-bien !)

Je dis que le but de l'article que nous discutons, c'est l'extension naturelle et forcée de la loi de 1872 ; car les primes et les lots sont des intérêts capitalisés. Il s'agit de déterminer ce qui constitue la prime et ce qui constitue le lot. Analysons les opérations faites par les compagnies, les villes et les communes qui veulent se procurer des ressources. Quand une compagnie de chemins de fer, par exemple, contracte un emprunt, elle a deux manières de se libérer ou de fixer les intérêts. Elle peut payer chaque année l'intégralité de l'intérêt stipulé au profit du prêteur, ou retenir une fraction de cet intérêt qu'elle capitalise et qu'elle paye une fois pour toutes au prêteur, à l'époque du remboursement de la somme prêtée, en l'ajoutant au capital prêté.

Ceci dit, il est facile de comprendre ce qui constitue les primes et les lots. Le lot et la prime, c'est la différence entre la somme qui est prêtée et la somme qui est remboursée. Quand une compagnie de chemins de fer, par exemple, emprunte 300 fr., elle s'engage à payer un intérêt annuel de 5 p. 100, elle prend l'engagement d'ajouter au capital prêté, au moment du remboursement, un supplément de 200 fr. Pour constituer ce supplément de 200 fr., elle retient 1/2 ou 1/4 p. 100 sur les intérêts, et cette somme est capitalisée pendant 80 ans, 90 ans. C'est au moyen de cette retenue qu'elle rembourse 500 fr. au porteur, sans faire aucun sacrifice. En un mot, c'est cette différence entre la somme reçue et la somme remboursée qui constitue la prime.

C'est, à mon avis, une très-bonne combinaison ; elle favorise l'épargne et mérite d'être encouragée. D'après nos honorables collègues MM. André et Gouin, la prime serait tout autre chose. Ce serait l'écart entre la somme déterminée par le cours de la Bourse et celle qui serait remboursée par l'emprunteur. Quel rapport y a-t-il entre ces deux choses? Le cours de la Bourse peut être influencé par une foule de circonstances politiques ou financières qui sont absolument indépendantes du chiffre du capital prêté.

Il y a une autre raison pour ne pas accepter cette base : c'est que le cours de la Bourse est influencé constamment et progressivement par l'augmentation de valeur donnée à l'obligation par l'éventualité du payement de la prime elle-même. Vous réduisez alors la somme sur laquelle l'impôt doit porter de la valeur de cette prime ; vous réduisez l'impôt à raison même de l'importance de la prime, qui est la matière imposable. Je dis que vous détruisez absolument ce que j'ai voulu faire ; vous faites d'un impôt raisonnable, logique, quelque chose d'absolument injustifiable.

M. le rapporteur. Très-bien!

M. Mathieu-Bodet. Je dis, en second lieu, que l'amendement de M. Gouin aurait pour résultat de détruire complétement la matière imposable. Et, en effet, j'ai fait prendre le relevé des obligations des six grandes compagnies de chemins de fer.

Dans les premières années, les six grandes compagnies de chemins de fer payent environ 13 millions, et, dans les dernières du remboursement, 91 millions, en suivant une échelle croissante. Pour faire mieux comprendre mon raisonnement, je prends la dernière année. On voit que c'est à cette époque que l'impôt pourrait être particulièrement productif. Si on adoptait le système de l'amendement, comme le cours de la Bourse comprendrait le montant de la prime et le capital prêté, il en résulterait qu'il n'y aurait plus de primes et que l'impôt serait complétement improductif. Le même effet serait produit dans les années intermédiaires, mais dans des proportions différentes. La diminution de l'impôt irait toujours croissant.

Remarquez, messieurs, que l'impôt sur les valeurs mobilières va toujours en décroissant parce qu'on rembourse successivement les dettes des compagnies et des communes. Cet impôt ingénieux que nous établissons ira, au contraire, toujours en grossissant. Cette année, il est de 1 million; dans quinze, vingt, trente, cinquante, quatre-vingts ans, il sera peut-être de 10 millions. Les auteurs de l'amendement proposent une combinaison qui aurait, au contraire, pour effet de rendre ce deuxième impôt également décroissant, en anéantissant complétement la matière imposab'e. Je ne peux pas y consentir.

On objecte que lorsqu'on achète à la Bourse une obligation pour une somme supérieure à la somme prêtée, l'acheteur paye l'impôt sur une partie du prix de l'obligation dont il fait l'acquisition.

Cela est parfaitement juste. Lorsqu'en 1936, je suppose, on achètera une obligation 490 fr., que représentera ce prix? une partie sera le prix du capital prêté; l'autre partie, le prix de la prime. Les personnes qui achètent ne sont pas si naïves qu'on veut le dire; elles feront parfaitement la distinction, elles se diront : Nous achetons une obligation 490 qui nous sera remboursée à 500 fr.; mais, sur 200 fr., nous aurons à payer 3 p. 100. Et on fera la déduction des 3 p. 100 sur les 190 fr. qui représentent la valeur de la prime. Votre système est donc absolument destructif de l'impôt.

Permettez-moi d'ajouter une dernière observation.

Le système de l'amendement est, dans la plupart des cas, inapplicable. Je sais bien qu'on a fait le même reproche au système du projet du Gouvernement; mais on s'est trompé. Notre taxe sera, au contraire, d'une application très-facile.

Prenons pour exemple une compagnie de chemin de fer qui fait chaque année des émissions d'obligations. Pour chaque série d'obligations émises, on fixera un cours moyen d'émission, et c'est ce cours moyen qui servira de base pour fixer les primes. Un règlement d'administration publique déterminera le mode de procéder. Il n'y aura aucune difficulté d'application.

Dans votre système, qu'arrivera-t-il? Je reconnais que les obligations des grandes compagnies de chemins de fer ou de certaines grandes villes ont un cours sur les marchés publics. Pour ces valeurs, vous pourrez déterminer le montant de la prime ; mais vous savez que ces obligations ne sont pas les seules qui donneront lieu à l'application de la loi : il y a d'autres valeurs qui sont remboursées avec prime. L'impôt perçu sur les obligations de chemins de fer représente, en 1876, 419,000 francs et le produit total de l'impôt sur les obligations est évalué 1 million de francs. M. de Soubeyran, qui connaît cette matière beaucoup mieux que moi, sait bien que les grandes compagnies de chemins de fer ne sont pas les seules qui émettent des obligations à primes; beaucoup de petites compagnies de chemins de fer d'intérêt local et autres en font autant, ainsi qu'une grande quantité de communes; les obligations de ces petites compagnies de chemins de fer et de ces communes n'ont pas généralement de cours établis sur les marchés publics.

Eh bien, comment ferez-vous pour déterminer la valeur des primes payées? Comment ferez-vous pour établir le cours de ses obligations? Pour les obligations qui ont un cours, le prix sera déterminé d'après ce cours ; pour les autres, ce sera le taux de l'émission, ou, comme vous le proposez, d'après une estimation faite par les parties intéressées.

Je dis, messieurs, que l'impôt ne peut pas être établi sur de telles bases. Il faut qu'il y ait égalité pour tous les contribuables. Vous ne pouvez pas prendre pour les uns le cours de la Bourse et pour les autres le prix d'émission ou l'estimation des parties. C'est de la fantaisie, du pur caprice. Ce n'est pas ainsi qu'on établit des impôts. Vous devez avoir une base unique. Vous ne pouvez prendre que le cours d'émission. Si vous agissiez autrement, les grandes compagnies de chemins de fer, la ville de Paris, toutes les grandes compagnies enfin dont les titres ont des cours publics seraient favorisées singulièrement; vous arriveriez à soustraire complétement à l'obligation de l'impôt les primes attachées à ces titres, alors que les porteurs des obligations des autres compagnies le payeraient en totalité.

Je regrette beaucoup d'être en désaccord avec le Gouvernement sur ce point, mais j'ai pensé, comme j'avais fait de ces questions une étude particulière, qu'il était de mon devoir de vous soumettre ces observations, qui doivent, à mon sens, vous faire rejeter l'amendement de M. André. (Très-bien! très-bien! — Aux voix!)

M. le président. M. André propose par amendement de rédiger le paragraphe 4 de l'article 9, ainsi conçu :

« 2° Pour les primes, par la différence entre la somme remboursée et le taux d'émission des emprunts »,

de la manière suivante :

« 2° Pour les primes, par la différence entre la somme remboursée et le cours moyen de la Bourse au jour fixé pour le remboursement, ou, à défaut de cours, d'après une évaluation à souscrire par les départements, communes, établissements et compagnies.

M. Victor Lefranc, *et plusieurs autres membres.* Cela n'est pas possible!

M. le président. Cet amendement est soumis à la prise en considération.

Je consulte l'Assemblée.

(L'amendement, mis aux voix, n'est pas pris en considération.)

M. le président. Je consulte l'Assemblée sur l'article 9.

(L'article 9, mis aux voix, est adopté.)

M. le président. D'un commun accord, la commission et le Gouvernement ont supprimé l'article 10. Nous passons donc à l'article 11 :

« Sont considérés pour la perception du droit de mutation par décès, comme faisant partie de la succession d'un assuré, les sommes, rentes ou émoluments quelconques dus par l'assureur, à raison du décès de l'assuré. »

Sur cet article, il y a un amendement de M. Alfred Naquet, qui est ainsi conçu :

« Les sommes, rentes ou émoluments quelconques dus par les compagnies d'assurances sur la vie, à raison du décès de l'assuré, ne sont point considérés comme faisant partie de la succession de l'assuré et sont par conséquent exempts de tout droit de mutation. »

M. Naquet a la parole.

M. Alfred Naquet. Messieurs, M. le ministre des finances avait proposé un double impôt sur les compagnies d'assurances sur la vie; un impôt de 1 p. 100 qui devait frapper les primes, un impôt sur la somme assurée, qui était assimilée aux successions ordinaires.

La commission du budget a abandonné le premier de ces impôts, probablement parce qu'elle a considéré qu'il était mauvais de prendre des mesures dont le résultat serait d'entraver le développement d'une institution qu'il était nécessaire de propager en France; mais la commission du budget a admis le second, qui frappe, suivant le degré de parenté de l'assuré et du bénéficiaire de l'assurance, la somme assurée de 1 à 11 1/4 p. 100.

Je m'étonne que la commission du budget n'ait pas reconnu que ce second impôt était, en somme, identique à celui qu'elle repoussait. Lorsque vous frappez la somme assurée, qu'est-ce qui se passe? La personne qui s'assure est obligée de surélever le *quantum* de son assurance pour arriver au même résultat qu'avant. Ainsi donc, en fait, d'une manière détournée, le projet de loi qu'on vous propose aurait pour effet de surélever les primes d'assurances et, par conséquent, d'entraver une institution dont, d'un commun accord, tout le monde désire voir la propagation.

Mais il y a à côté de ce premier argument un argument qui, je le crois, est plus puissant encore. Frapper d'un impôt quelconque les compagnies d'assurances sur la vie, c'est absolument comme si, dans une industrie ordinaire, on mettait un droit de sortie sur les produits fabriqués. C'est, en un mot, établir une espèce de droit protecteur à rebours.

En effet, messieurs, si, dans une succession ordinaire, il vous est facile d'établir l'impôt, parce que l'héritier est toujours bien obligé de venir faire la succession là où elle se trouve. Les faits ne se passent plus de la même manière lorsqu'il s'agit d'assurances. Chacun a le droit d'aller se faire assurer là où bon lui semble. Et dans ces conditions, qu'allez-vous faire? Vous allez favoriser les compagnies d'assurances étrangères au préjudice des compagnies d'assurances françaises.

J'ai là des chiffres qui m'ont été fournis par la compagnie d'assurances le *Soleil.*

Eh bien, messieurs, les affaires qui proviennent de l'étranger dans l'ensemble de toutes les compagnies d'assurances françaises, s'élèvent environ à un sixième des affaires totales, et pour certaines compagnies comme le *Soleil*, elles se sont élevées jusqu'à 25 p. 100. Ainsi voici les renseignements qu'on me donne : La compagnie du *Soleil*, du 1er janvier 1873 au 1er mars 1875, a fait des assurances qui se sont élevées en capitaux à la somme de 16,410.838 fr. Sur cette somme, il y a 4 millions 384,000 fr. qui proviennent de l'étranger.

Vous voyez donc, messieurs, que, pour les compagnies d'assurances, il y a d'un quart à un sixième des affaires qui proviennent de l'étranger.

Elles proviennent, les unes de la Belgique, qui a, sans doute, de nombreuses compagnies d'assurances, mais qui, probablement, a moins de confiance dans ses compagnies que dans les nôtres.

Elles proviennent de l'Alsace-Lorraine. Quoique de nombreuses compagnies d'assurances se soient établies à Mulhouse, Strasbourg et Colmar, nos anciens compatriotes, par patriotisme, nous envoient leurs capitaux.

Enfin, il y a les compagnies d'assurances étrangères qui ont des succursales à Paris et qui, si elles nous enlèvent des assurances, nous dédommagent en partie par des contre-assurances. Vous savez, messieurs, que les compagnies gardent rarement en totalité les grosses assurances pour elles-mêmes. Elles diminuent les risques en se contre-assurant. Les compagnies étrangères transmettent ainsi une partie de leurs affaires, qui nous reviennent. Il se fait dans ces conditions un nombre très-important d'affaires.

Eh bien, pouvez-vous espérer que les Belges s'assureront encore en France quand ils seront obligés de payer chez nous une prime plus forte que chez eux? Évidemment non.

De même pour les Alsaciens-Lorrains; au lieu de continuer de s'assurer aux compagnies françaises, ils s'adresseront aux nombreuses compagnies allemandes qui leur offriront des assurances à meilleur marché.

Enfin, soyez certains, messieurs, que les compagnies étrangères ne feront plus leurs contre-assurances en France, car ces compagnies, au décès de l'assuré, seraient obligées de payer intégralement la somme assurée, tandis que les compagnies françaises subiraient un prélèvement sur la somme à payer.

Ainsi donc, de ce double chef vous allez perdre d'emblée toutes les assurances qui nous viennent de l'étranger, c'est-à-dire le sixième des assurances faites en France. (Aux voix! aux voix!)

Mais est-ce tout? Non, vous ne pouvez pas l'espérer; de même qu'aujourd'hui les étrangers viennent se faire assurer en France lorsqu'ils croient y trouver un bénéfice, de même il est bien certain que, quand les Français croiront y trouver un bénéfice, ils iront se faire assurer à l'étranger. Ce n'est donc pas un sixième seulement, c'est un tiers, c'est peut-être la moitié des assurances françaises qui émigreront à l'étranger.

Mais cet impôt, qui va à point frapper une de nos grandes industries qu'il serait au contraire très-important de développer et de pro-

téger, cet impôt, combien va-t-il ..... parle,
porter? Il est évalué à 500,000 fr. ..... ent
avec la diminution certaine du ....
affaires, c'est à peine s'il rapportera 200,000
(Aux voix! aux voix!)

En résumé, l'impôt qui vous est demandé
est un impôt funeste, un impôt qui va frapper
une de nos grandes industries, qui va diminuer son avoir en capital en diminuant le
chiffre de ses affaires, et je vous demande de
le refuser en acceptant l'amendement que je
vous propose. (Aux voix! aux voix!)

M. le rapporteur *se présente à la tribune.*

Sur divers bancs. Ne répondez pas! C'est
inutile! — Aux voix! aux voix!

M. le rapporteur regagne son banc.

M. Alfred André (Seine). Je regrette que
la commission n'ait pas cru devoir répondre
aux observations qui viennent d'être portées à
cette tribune par l'honorable M. Naquet.

Au banc de la commission. M. le rapporteur
est prêt à parler.

M. Alfred André (Seine) Si M. le rapporteur veut prendre la parole, je lui cède la tribune, en me réservant de lui répondre.

M. le rapporteur. Messieurs, les contrats
d'assurance sur la vie sont incontestablement
des contrats très-dignes de faveur; ils sont un
encouragement à l'épargne, un moyen d'écono-
nomie; ils sont l'expression d'une pensée de
prévoyance de la part du père de famille, et
nullement d'une pensée d'égoïsme. Le père de
famille s'impose des privations pour les siens,
pour sa femme, pour ses enfants, pour ceux
qui lui sont chers.

Le projet du Gouvernement voulait établir sur les contrats deux impôts : un impôt
calculé sur la prime, par assimilation avec ce
que vous avez fait pour les primes en matière
d'assurances contre l'incendie et en matière
d'assurances maritimes; puis un impôt sur
le capital à provenir de l'assurance.

La commission du budget a pensé que ces
deux impôts cumulés pourraient paraître constituer un double emploi; elle a été d'avis
d'écarter l'impôt sur la prime; mais, au contraire, elle a pensé qu'elle devait maintenir
l'impôt sur le capital, que toucherait non pas
l'assuré, mais le bénéficiaire de l'assurance dé
signé par lui.

La prime, c'est l'acquit d'une charge, c'est
une dépense; la prime ne servait que de mesure à l'émolument à espérer de l'assurance.
Mais précisément cet émolument est directement frappé d'impôt.

La commission du budget a encore obéi à
une autre pensée; elle s'est préoccupée de la
concurrence que faisaient les compagnies
étrangères aux compagnies françaises.

Comme il eût été très-difficile d'atteindre
les primes à payer aux compagnies étrangères, c'était leur assurer une grande supériorité sur les compagnies françaises, dont les
primes n'avaient pas les mêmes chances
d'échapper à l'impôt.

Au contraire, quand il s'agit du capital à
provenir de l'assurance, d'où qu'il vienne, que
ce capital soit payé par des compagnies étrangères ou par des compagnies françaises, il y a
toute facilité pour le fisc de saisir ce capital et
d'exercer sur lui un prélèvement conforme au

l'honorable rapporteur, seront très-ingénieuses,
et trouveront bien moyen de faire valoir leurs
avantages en attirant une clientèle troublée
par la loi que vous voulez faire.

Y a-t-il vraiment là un intérêt suffisant
.... r atteindre et décourager des opérations à
..... é desquelles chacun rend hommage?

.... garde, messieurs, n'éloignez pas des
.... d'assurances françaises cette
.... jusqu'à ce jour, s'est adressée de
.... compagnies et qui sera bien
.... lui dira qu'après avoir pen-
un ti.... mbre d'années versé des
prop.... somme déterminée,
Est-.... stipula.... une notable réduc-
Est-ce .... attend à recueillir

qu'il a cr....
partie de ....
d'une vérit....
trat d'assura....

Lorsque le co....
héritiers, pour
serait-il autrem....
signe un tiers, c....
qu'en vertu d'un l....
il prend une partie....
d'une valeur économisée, capitalisée par le
défunt; ou bien il n'y a pas de legs, et, dans ce
cas, il y a une donation; aux termes de l'article
1121 du code civil, c'est le résultat d'une stipulation qui a été faite par l'assuré, comme
condition d'un contrat qu'il a fait pour lui-
même; la stipulation est révocable sans doute
par le stipulant pendant sa vie, mais elle devient un droit acquis pour le tiers, du jour de
son acceptation.

Eh bien, messieurs, est-ce que cette valeur,
est-ce que cet émolument ne constitue pas,
comme dépendance de l'hérédité de l'assuré,
une matière imposable? C'est pour ce motif
que la commission du budget l'a imposée. Je
crois que vous devez rejeter l'amendement qui
vous a été proposé par M. Naquet. (Très-bien!
— Aux voix! aux voix!)

M. le président. La parole est à M. André.

M. Alfred André (Seine). Messieurs, la
matière qui nous occupe est extrêmement délicate... (Aux voix! aux voix! à gauche. —
Bruit)... on ne peut guère la discuter au milieu
du bruit, et, s'il ne vous convient pas d'entendre la discussion, je suis prêt à descendre de
la tribune. (Parlez! parlez!) Mais je me trom-
perais beaucoup s'il ne m'était pas permis de
vous dire que cette question, qui paraît très-
restreinte et qui l'est en effet, si l'on se borne
à considérer les chiffres qui sont en cause et
la quotité de l'impôt qu'il s'agit de percevoir,
est pourtant digne de toute votre attention,
par le côté qui la rattache aux intérêts de la
société, comme à ceux du crédit public. C'est
donc à la fois dans un intérêt moral et financier que je viens appuyer la suppression de
l'article 11 de la loi présentée.

Et d'abord, messieurs, permettez-moi, me
plaçant au point de vue du droit, de critiquer
en peu de mots l'article lui-même, dans son
esprit et dans sa rédaction.

On nous propose de considérer, pour la perception du droit de mutation, comme faisant
partie de la succession d'un assuré, les sommes,
rentes ou émoluments. S'agit-il, en effet, ici

d'une mutation? Mais, messieurs, c'est le fond d'une question pendante depuis longtemps et tranchée par les cours et tribunaux contre la pensée de la commission, toutes les fois que les contrats d'assurance ont été passés au profit de bénéficiaires déterminés. Alors, que propose la commission? Elle vous demande de trancher la question dans le sens des prétentions de l'enregistrement, mais seulement au point de vue du fisc! On ne s'occupe pas du droit, et on a raison assurément, car la liquidation des contrats d'assurance soulève, au point de vue du droit, une foule de questions qui sont en suspens, questions qui ne seront bien résolues que lorsque la jurisprudence pourra s'appuyer sur des usages plus étendus et plus variés. Ces questions ne peuvent être résolues ainsi par une loi purement fiscale. N'y aurait-il donc pas, messieurs, inconvénient à les trancher au point de vue fiscal si on ne les tranche pas en même temps au point de vue du droit?

Il me semble que les avis ne pourront guère différer sur ce point.

Je prends un exemple.

Voici une somme considérable qui a été assurée par une personne dont la succession vient à s'ouvrir. Qu'en sera-t-il du calcul de la quotité disponible? Qu'en sera-t-il de la situation des héritiers à réserve? de la situation de la veuve vis-à-vis des héritiers, si c'est au profit de la veuve que le contrat aura été passé?

Toutes ces questions restent et doivent rester entières. Jusqu'à ce jour, les tribunaux ne les ont pas encore réglées d'une manière définitive. Et comment ne seraient-ils pas assez embarrassés pour le faire? Les opérations d'assurances n'ont commencé à être pratiquées en France qu'il y a quarante ans, c'est-à-dire très-postérieurement au code civil. Elles ne sont pas encore jusqu'à ce jour assez entrées dans la pratique pour fournir assez d'exemples et appuyer en nombre suffisant les décisions de la justice.

M. le ministre des finances me faisait remarquer tout à l'heure que la jurisprudence se prononçait de plus en plus dans le sens conforme à l'article qui nous est proposé.

Mais, messieurs, si la jurisprudence donne gain de cause à l'opinion de la commission, c'est-à-dire, si les tribunaux décident que les sommes assurées font effectivement partie de la succession de l'assuré décédé, alors je ne sais véritablement pas pourquoi vous avez besoin de faire un article de loi. Pourquoi voulez-vous limiter l'effet de cette jurisprudence à une question fiscale? Mais, vous feriez mieux d'en convenir, votre but est d'influencer la jurisprudence dans le sens de vos désirs. Je n'aime pas, messieurs, vous l'avoue, ces chemins détournés.

Si, comme vous le dites, la jurisprudence se prononce de plus en plus dans votre faveur, proposez de la fixer définitivement par une loi faite, non-seulement dans un intérêt fiscal, mais encore dans un intérêt juridique.

Voilà une première considération.

Maintenant, je l'avoue, voyant l'impatience de l'Assemblée, j'ai hâte de lui présenter des considérations d'un autre ordre. Je vais me placer au point de vue financier et vous demander encore, au nom d'un grand intérêt public, de repousser l'article 11. En frappant

d'un impôt même léger les opérations des compagnies d'assurances, vous risquez d'infliger à votre crédit, en même temps qu'au leur, une sorte de pénalité, une cause d'infériorité véritable. J'ai bien le droit de le dire, quand je compare la situation que vous voulez faire aux compagnies françaises, à la situation faite aux compagnies étrangères.

Cet intérêt du développement des opérations d'assurances sur la vie, que vous ne paraissez pas apprécier comme moi, les étrangers l'ont si bien compris qu'il n'y a pas un pays autour de nous qui ne se soit efforcé de faire à ces entreprises une situation privilégiée, — je ne parle pas seulement des pays qui n'ont pas besoin de faire comme nous appel aux dernières ressources de l'impôt. En Suisse, en Belgique, pas d'impôt. Cela est naturel, dites-vous? Mais pour un autre grand pays, l'Amérique, qui s'est infligé les taxes les plus dures pour s'acquitter de la dette énorme que lui avait léguée la guerre, et qui n'a pas craint de recourir aux taxes les plus impopulaires, eh bien, l'Amérique n'a jamais songé à s'adresser à cette ressource, et ses compagnies d'assurances puissantes et prospères viennent chercher aujourd'hui jusqu'en France des assurances dont elles placent les primes sur les fonds des États-Unis.

Vous parlerai-je de l'Angleterre? Ici, messieurs, all c'est bien différent : une loi récente faite pour fixer la situation des femmes, au point de vue de leurs droits et de leurs intérêts, déclare tout simplement que la somme assurée par le mari au profit de sa veuve ne fait pas partie de la succession de celui-ci. Elle échappe à tout droit et ne saurait être réclamée par les créanciers.

Vous le voyez, messieurs, partout la législation est particulièrement favorable aux compagnies d'assurances.

Pour comprendre l'intérêt qui s'attache à cette question, il faut se rendre compte du fonctionnement des compagnies d'assurances et du but qu'elles sont appelées à atteindre. L'honorable rapporteur reconnaissait tout à l'heure qu'elles répondaient à un grand intérêt de prévoyance. Précisément, l'assurance peu vulgarisée jusqu'ici, représente une des formes les plus ingénieuses, mais j'ajoute les plus ignorées ou les moins comprises de la prévoyance. Vous ne pouvez ignorer que les assurances sur la vie sont bien loin d'avoir pris, jusqu'à ce jour, dans notre pays, les développements qu'elles paraissaient appelées à prendre.

Nous avons en France, actuellement, un individu seulement assuré sur 350 habitants. En Angleterre, il y a une personne assurée sur 48 habitants; et en Amérique, où les opérations d'assurances sont beaucoup plus récentes, mais où tous les progrès sont plus rapides qu'ailleurs, il y a une personne assurée sur 35 habitants.

Cet énorme écart de chiffres entre l'Amérique et la France provient à la fois des habitudes commerciales plus répandues et des avantages plus grands que les compagnies américaines peuvent offrir à leurs assurés par des tarifs basés sur des placements plus rémunérateurs que ceux auxquels nos compagnies sont sujettes par leurs statuts.

Si les intérêts particuliers se trouvent ainsi

assurés et garantis dans le pays dont je parle,
les intérêts généraux s'y trouvent également
satisfaits, et vous le comprendrez sans peine.

Vous n'avez qu'à étudier quel est le rôle des
compagnies d'assurances, l'importance des capitaux dont elles disposent, la nature de leurs
opérations et de leurs placements de fonds
pour comprendre qu'il y a tout intérêt, au
point de vue du Trésor, à les protéger efficacement; d'autant qu'elles sont encore dans leur
période de tâtonnement et sont très-loin d'a-
voir acquis chez nous le développement auquel
elles pourraient prétendre.

À la différence des caisses d'épargne, les compagnies d'assurances, au lieu de recevoir des
versements successifs qui les exposent à des
retraits inattendus, ont pour mission d'emmagasiner les sommes qui leur sont confiées parce
que ces sommes ne sont payables qu'à des époques très-éloignées, et de les faire, jusque-là,
fructifier dans des conditions de prudence et
de sécurité particulières. Les statuts auxquels
elles sont assujetties sont très-étroits,
et cela est juste, car il importe de garantir
des opérations de très-longue haleine. Elles
doivent donc strictement limiter le placement de leurs fonds à un très-petit nombre de valeurs. Il s'ensuit que, pour tirer
meilleur parti, elles ne négligent aucune occasion favorable, acquièrent sans cesse des fonds
qu'elles ne revendent que pour opérer un
échange, ne réalisant jamais des fonds plus
mauvais, se trouvant, au contraire, toujours
prêtes à entrer dans le fonds public quand les
cours sont dépréciés. Les compagnies d'assurances anglaises qui sont arrivées à rassembler
entre leurs mains une somme de capitaux se
montant à plus de 10 milliards, prêtent ainsi
à l'Échiquier anglais un admirable appui et
c'est là un des motifs qu'on ne saurait passer
sous silence et pour lesquels les fonds publics
de la Grande-Bretagne restent constamment
à un cours aussi élevé.

En France aussi, les capitaux confiés aux
compagnies d'assurances sur la vie trouvent
leur emploi, pour la plus grande partie, dans
les fonds publics français. À cet égard, je
pourrais invoquer les souvenirs de ceux de nos
honorables collègues qui se sont succédé au
ministère des finances, et leur demander s'il
n'est pas vrai que les compagnies d'assurances
ont été les meilleurs clients des fonds publics,
spécialement pendant les grandes opérations
financières qui se sont accomplies dans ces
dernières années. Les compagnies d'assurances ne spéculent pas sur la baisse des fonds,
car elles sont perpétuellement occupées à ni-
veler les cours, en vendant ceux qui sont
cotés le plus haut pour acheter ceux qui sont
cotés le plus bas, et à établir ainsi une sorte de
nivellement constant du cours des fonds publics des États où elles fonctionnent.

Aujourd'hui nous avons, en France, douze à
quinze compagnies dont les assurances addi-
tionnées ne s'élèvent guère qu'à 1,200 millions.
Vous voyez que c'est à peu près le dixième de
ce que représente la puissance des compagnies
d'assurances en Angleterre. Eh bien, je vous
demande si vous les encouragerez, si vous fa-
ciliterez leur fonctionnement, en les plaçant
dans des conditions d'infériorité vis-à-vis des
compagnies étrangères, qui, quoi qu'en dise

ANNALES. — T. XXXIX.

l'honorable rapporteur, seront très-ingénieuses,
et trouveront bien moyen de faire valoir leurs
avantages en attirant une clientèle troublée
par la loi que vous voulez faire.

Y a-t-il vraiment là un intérêt suffisant
pour atteindre et décourager des opérations à
l'utilité desquelles chacun rend hommage?

Prenez garde, messieurs, n'éloignez pas des
compagnies d'assurances françaises cette
clientèle qui, jusqu'à ce jour, s'est adressée de
confiance à ces compagnies et qui sera bien
étonnée quand on lui dira qu'après avoir pendant un certain nombre d'années versé des
primes pour obtenir une somme déterminée,
elle se trouvera exposée à une notable réduction dans ce capital qu'elle s'attend à recueillir
un jour pour fruit de ses épargnes.

Lorsqu'il s'agissait de caisses d'épargne,
vous avez paru, messieurs, exprimer le regret
qu'on ne pût faire pour ces utiles institutions
tout ce qui paraissait désirable à quelques-uns
d'entre nous pour aider à leur extension. Vous
avez reculé dans la crainte de voir un jour par
là un grand intérêt de l'État compromis. Eh
bien, le danger que peuvent faire craindre les
caisses d'épargne, il n'existe en aucune façon
ici. Bien au contraire, le développement des
compagnies d'assurance serait l'appui le plus
solide donné au crédit de la France.

J'ajoute un seul mot pour terminer.

La somme demandée à ce nouvel impôt est
extrêmement minime. On compte qu'il se paye
chaque année en France environ 13 millions
de capitaux après décès des assurés. Sur cette
somme, vous avez 8 millions environ revenant
à des héritiers directs qui, par conséquent, ne
payeraient qu'un droit de 1 p. 100.

Il y a ensuite 4 à 5 millions qui sont payés
à des veuves; et c'est assurément une situation qui se recommandera à la protection de
l'Assemblée que cette situation de veuves qui,
du vivant de leurs époux, ont pu dans un état
de fortune habituellement très-restreint,
sur le revenu commun ou plutôt sur les
privations communes économiser une petite
somme destinée à soutenir plus tard une ché-
tive existence en dehors des droits des enfants. C'est donc la situation de ces pauvres
veuves déjà si médiocre que vous allez soumettre à un prélèvement considérable qui la
rendrait plus modique encore. Messieurs, nos
voisins d'Angleterre, je vous l'ai dit, les en
ont absolument affranchies.

Restent les collatéraux ou les étrangers. Il y
en a pour 7 à 800,000 fr. seulement; vous le voyez
donc, toutes ces dispositions nouvelles viennent
modifier d'une manière très-grave l'état actuel de
notre législation et n'ont qu'un intérêt fiscal bien
minime; c'est d'une somme de 3 ou 400,000
francs qu'il s'agit, au point de vue du fisc.
Je vous demande donc, messieurs, de supprimer l'article et de ne pas voter un impôt sur
la prévoyance. (Mouvements divers.)

M. le président. La parole est à M. Villain.

De divers côtés. Aux voix! aux voix!

M. Henri Villain. Messieurs, je n'ai que
deux mots à dire en réponse à l'honorable
M. André.

De quoi s'agit-il dans la question? D'un
droit successible. Quelle est la situation? Vous
avez entendu tout à l'heure parler des livrets

9

des caisses d'épargne; eh bien, comparez!

Nous sommes en présence d'un homme qui a économisé avec beaucoup de peine 9' ou 3,000 fr. qu'il a déposés par partie à la caisse d'épargne. Cet homme meurt : sa famille, ses enfants, sa veuve, qui est sa donatrice, sont obligés de payer au fisc un droit.

A côté de cet homme, un autre s'est assuré, c'est un autre mode de l'épargne. Il meurt ; le droit à la succession s'ouvre pour la veuve qui est sa donataire, pour les enfants ou les collatéraux qui sont les héritiers.

De quoi s'agit-il pour le fisc? de percevoir les droits établis en vertu de nos lois sur les successions.

Il n'y a pas de difficulté pour ce qui concerne le montant du droit dû sur l'épargne faite sou à sou et déposée dans les caisses d'épargne. Le fisc percevra ce qui lui est dû. Mais doit-il en être de même du capital dû à la succession par une compagnie d'assurances. Ce capital n'est-il pas, comme l'autre, le produit de l'épargne, et ne doit-il pas tomber sous le coup des mêmes droits fiscaux? (C'est cela! — Très-bien! très-bien!)

Toute la question se réduit à ces simples termes : Atteindre l'un et l'autre des deux capitaux qui tombent dans la succession. Ce qui peut faire confusion, c'est que le droit qui naît du contrat d'assurance ne prend ouverture au profit de l'héritier que du jour du décès de l'assuré, tandis que la société est tenue du jour du contrat.

En résumé, ce que la commission vous demande, c'est d'établir l'égalité devant l'impôt entre les héritiers qui recueillent des sommes de provenance diverse, mais qui ressortent toutes de l'épargne du leur auteur. La commission vous demande de repousser l'amendement de notre honorable collègue M. Naquet et de voter l'article qu'elle vous propose. (Très-bien! très-bien! — Aux voix!)

M. le président. Je mets aux voix l'amendement de M. Naquet.

(L'amendement, mis aux voix, n'est pas adopté.)

M. le président. Vient maintenant un autre amendement de M. Sebert.

M. le rapporteur. La commission a fait droit aux observations qui lui ont été présentées par l'honorable M. Sebert, et elle rédige ainsi l'article 11, qui devient l'article 10 :

« Sont considérés pour la perception du droit de mutation par décès, comme faisant partie de la succession d'un assuré, sous la réserve des droits de communauté s'il en existe une, les sommes, rentes ou émoluments quelconques dus par l'assureur, à raison du décès de l'assuré. »

Nous avons écrit : « sous la réserve des droits de communauté. » En effet, M. Sebert nous a dit : « Mais quand l'assuré est marié sous le régime de la communauté, est-ce que sa femme doit payer le droit de mutation sur sa part comme femme commune en biens? » L'observation est parfaitement juste ; mais je ne crois pas que notre texte l'ait écartée.

Nous ajoutons :

« Les bénéficiaires à titre gratuit de ces sommes, rentes ou émoluments, sont soumis aux droits de mutation, suivant la nature de leurs

titres et leur relation avec le défunt, conformément au droit commun. »

L'honorable M. Sebert avait eu une préoccupation. Il nous avait demandé : Est-ce que vous ferez payer le droit de mutation au cessionnaire à titre onéreux de l'émolument éventuel de l'assurance?

Évidemment, quand l'assuré, pendant sa vie, s'est dépouillé, dessaisi de l'émolument de l'assurance au profit d'un tiers, cet émolument n'a jamais fait partie de son hérédité, et vous voyez que notre rédaction donne encore pleine et entière satisfaction à l'honorable M. Sebert. (Oui! oui! — Très-bien! très-bien!)

M. le président. Je mets aux voix la nouvelle rédaction de l'ancien article 11, maintenant l'article 10, dont il vient d'être donné lecture par M. le rapporteur.

(La nouvelle rédaction de la commission est mise aux voix et adoptée.)

M. le président. La commission, d'accord avec le Gouvernement, supprime l'article 12. Par conséquent, nous passons à l'article 13.

« Art. 13. —Les sociétés, compagnies d'assurances, assureurs contre l'incendie ou sur la vie, et tous autres assujettis aux vérifications de l'administration, sont tenus de communiquer aux agents de l'enregistrement, tant au siège social que dans les succursales et agences, les polices et autres documents énumérés dans l'article 12 de la loi du 23 août 1871, afin que ces agents s'assurent de l'exécution des lois sur l'enregistrement et le timbre.

« Tout refus de communication sera constaté par procès-verbal et puni de l'amende spécifiée en l'article 22 de la loi du 23 août 1871. »

Il y a deux dispositions additionnelles proposées à cet article, l'une par M. Sebert et l'autre par MM. Faye et Rive. Mais avant de les mettre en discussion, je dois d'abord mettre aux voix l'article lui-même. (Assentiment.)

Je consulte l'Assemblée.

(L'Assemblée, consultée, adopte l'article 13.)

M. le président. Viennent maintenant les deux articles additionnels.

M. Francisque Rive. C'est le nôtre qui vient le premier, monsieur le président.

M. le président. Vous avez la parole.

M. Francisque Rive. Je demande à l'Assemblée la permission de lui dire quelques mots sur l'article additionnel présenté par mon honorable ami M. Faye et par moi au projet de la commission.

Depuis le commencement de la discussion, le ministère, la commission, tout le monde ici s'est préoccupé des moyens de protéger le Trésor contre les dissimulations en matière de vente et d'échange.

La commission avait trouvé un moyen que l'Assemblée n'a pas cru devoir adopter, et nous sommes encore placés aujourd'hui sous l'empire de la loi du 23 août 1871, qui, dans son article 12, punit ainsi la dissimulation :

« Toute dissimulation dans le prix de vente, soulte d'échange ou de partage, sera punie d'une amende égale au quart de la somme dissimulée à payer par les parties, sauf la répartir entre elles par égales parts. »

Dans l'article 13, l'Assemblée a ordonné que cet article 12 fût lu par le notaire au moment où les parties se sont présentées devant lui et sont venues signer l'acte. Or, l'expérience a démontré, — et ceci m'a été affirmé par plusieurs fonctionnaires de l'enregistrement, — que cette formalité de la lecture, que doit faire le notaire au moment de l'acte, n'était pas toujours complétement observée.

M. Henri Villain. C'est une erreur; les notaires remplissent leur devoir et tout leur devoir. (Bruit.) Oui, messieurs; il n'est pas permis de dire à la tribune que des fonctionnaires publics ne remplissent pas leur devoir. Je proteste contre cette assertion.

M. Francisque Rive. Je n'accuse pas les notaires de commettre cette irrégularité; je sais que l'honorable corporation des notaires remplit tous les devoirs qui lui sont imposés; mais il me sera permis de le dire, et cette parole donnera satisfaction à M. Villain, cette lecture, qui n'est pas oubliée par les notaires, peut être incomplète, faite quelquefois avec hâte, ne laisse dans l'esprit des parties que des souvenirs fugitifs et bientôt effacés, et, par suite, elle constitue un moyen inefficace et absolument insuffisant.

C'est pour remédier à cet inconvénient que mon honorable ami M. Faye et moi avons présenté à l'Assemblée l'article additionnel dont je donne lecture :

« Le notaire qui reçoit un acte de vente, d'échange ou de partage, sera tenu d'insérer littéralement dans ledit acte, à peine de 50 fr. d'amende, les dispositions de l'article 12 de la loi du 23 août 1871, ainsi conçu :

« Toute dissimulation dans le prix d'une vente et dans la soulte d'un échange ou d'un partage sera punie d'une amende égale au quart de la somme dissimulée et payée solidairement par les parties, sauf à la répartir entre elles par égale part. »

M. le rapporteur. Messieurs, la commission du budget a délibéré sur l'article additionnel présenté par nos deux honorables collègues MM. Rive et Faye ; elle n'a pas été d'avis de l'adopter, parce que, eu égard au rejet des articles 1 et 2 du projet de la commission...

M. Léopold Faye. Qu'est-ce que cela fait ?

M. le rapporteur. ... vous n'avez plus à vous occuper des sanctions pénales, des modes de réparation des dissimulations de prix. C'était à l'occasion de ces deux articles qu'une retouche avait été faite de l'article 13 ; mais, l'article 13 n'étant plus en question, nous n'avons plus à le reviser, puisque les articles 1 et 2, dans lesquels nous avions fait ces additions, ont été définitivement repoussés.

J'ajoute, messieurs, que l'article additionnel qui vous est présenté ne me paraît pas offrir des garanties plus sérieuses, plus efficaces que celles qu'offre la disposition finale de l'article 13.

M. Léopold Faye. Oh ! oh !

M. le rapporteur. En effet, que dit-on ? Qu'il faudra insérer l'article 13 dans le contrat.

Mais, messieurs, si vous avez lu avec attention la disposition finale de l'article 13 de la loi de 1871, vous avez dû voir qu'elle renferme deux obligations : d'abord le notaire doit donner lecture de l'article 12 et de l'article 13 ; en outre, il doit constater dans l'acte authentique qu'il a fait cette lecture. Le notaire commettrait un faux s'il constatait le fait d'avoir accompli la condition d'une lecture qu'il n'aurait pas donnée en réalité.

Voici, en effet, l'article 13 de la loi de 1871 :

« Le notaire qui reçoit un acte de vente, d'échange ou de partage, est tenu de donner lecture aux parties des dispositions du présent article et de celles de l'article 12 ci-dessus. Mention expresse de cette lecture sera faite dans l'acte, à peine d'une amende de 10 fr. »

Que vous propose-t-on ? D'insérer dans l'acte les articles 12 et 13...

M. Francisque Rive. Mais non ! l'article 12 seulement, qui a trois lignes.

M. le rapporteur. L'article 12 sera lu !

MM. Francisque Rive et Léopold Faye. C'est une erreur ! Il n'est pas toujours lu !

M. le rapporteur. Encore une fois, voici la loi : « Le notaire qui reçoit un acte de vente d'échange ou de partage, est tenu de donner lecture aux parties des dispositions du présent article et de celles de l'article 12 ci-dessus. »

L'article ci-dessus, c'est l'article 12.

Donc, les deux articles sont lus ; donc, les parties intéressées en ont connaissance ; donc, ces deux dispositions sont reproduites dans l'acte authentique ; donc, on vous demande une chose absolument inutile.

Sur un grand nombre de bancs. Très-bien !

— Aux voix ! aux voix !

M. Francisque Rive. Monsieur le président, voulez-vous me permettre de dire un mot ?

Sur plusieurs bancs. Aux voix ! aux voix !

Sur d'autres bancs. Parlez ! parlez !

M. Francisque Rive. Une seule observation, messieurs. Je comprends votre impatience.

Il ne peut être contesté que vous avez ordonné la lecture, par le notaire, de l'article 12, afin de prévenir les parties que, si elles commettaient une amende, elles encourraient une amende. Si nous vous proposons un moyen qui est plus sûr, plus efficace encore que la lecture que doit faire le notaire, c'est-à-dire l'insertion dans l'acte, c'est évidemment pour entrer mieux dans votre pensée et avertir davantage les parties qu'elles ne doivent pas commettre de dissimulation.

Il n'y a aucun intérêt à refuser l'insertion d'un article de quatre lignes seulement dans un acte ; cette insertion aura pour effet, je le répète, d'avertir les parties que, si elles commettent dans cet acte une dissimulation, elles auront à payer une amende considérable.

Du reste, le Gouvernement ne s'oppose pas à l'adoption de notre amendement. Au commencement de cette séance, M. le ministre des finances me faisait l'honneur de me dire que, pour sa part, il n'élevait aucune objection contre ce que nous proposons. (Mouvements divers. — Aux voix ! aux voix !)

M. le président. L'article additionnel de MM. Faye et Francisque Rive est soumis à la prise en considération.

M. Faye *et quelques autres membres.* Non ! non ! On vient de le discuter !

M. le rapporteur. La commission l'a repoussé!

M. le président. Vous tombez dans une confusion où l'Assemblée elle-même tombe souvent.

Il ne faut pas confondre les lois soumises à une seule lecture, suivant l'article 71 du règlement, et les lois déclarées urgentes par l'article 88. La commission n'avait même pas le droit de présenter les explications qu'elle a données tout à l'heure à la tribune, par l'organe de son rapporteur, au sujet de l'article additionnel de nos deux honorables collègues (Réclamations sur quelques bancs. — Assentiment sur plusieurs autres.)

Je ne peux pas laisser violer le règlement dans une matière aussi importante.

Il s'agit ici d'une loi de finances, de recettes, c'est-à-dire d'une de ces lois pour lesquelles le règlement a voulu prévenir toute surprise. Il est du devoir du président de protéger les finances de l'État autant que le règlement de l'Assemblée a voulu lui-même les protéger. (Très-bien! très-bien!)

Je donne lecture de l'article 71 du règlement, afin qu'il ne puisse y avoir aucun doute dans l'esprit des membres de l'Assemblée :

« Art. 71. — Les prescriptions relatives aux trois délibérations ne s'appliquent pas au budget des recettes et des dépenses, aux lois des comptes, aux lois portant demandes de crédits spéciaux, aux lois d'intérêt local. Pour le vote de ces lois, une seule délibération suffit; elle a lieu suivant les formes déterminées par les articles 85, 86, 87 et 88, pour les cas où l'urgence est déclarée.

» Néanmoins, s'il est présenté dans le cours de la délibération des amendements ou articles additionnels, ils sont soumis aux formalités prescrites par l'article 69.

« S'ils sont pris en considération, ils doivent être imprimés et distribués. Ils ne peuvent être votés le jour même où ils ont été présentés. »

Vous le voyez, messieurs, l'article 71 du règlement s'applique parfaitement à l'article additionnel en question, lequel ne peut être, quant à présent, que soumis au vote de prise en considération. (C'est vrai! c'est vrai!)

M. Léopold Faye. Ne voulant pas retarder le vote du projet de loi, nous déclarons retirer notre amendement. (Très-bien! — Aux voix!)

M. le président. L'amendement de MM. Faye et Rive étant retiré, il va être procédé au vote sur l'ensemble du projet de loi.

Il y a une demande de scrutin public.

M. Sebert. Monsieur le président, j'ai présenté aussi un article additionnel. (Exclamations.)

M. Léopold Faye. L'article additionnel présenté par M. Sebert n'était qu'un accessoire du nôtre, que le nôtre est retiré!

M. Sebert. C'est une erreur!

M. Léon Say, ministre des finances. M. Sebert pourrait retirer son article additionnel, qui trouverait sa place dans la loi de finances, et, pour ma part, je ne m'y opposerais pas.

Un membre. On ne pourrait, quant à présent, que le prendre en considération.

M. Sebert. Je vous demande bien pardon! la disposition que je propose a été soumise à la commission avant l'ouverture de la discussion. (Bruit.)

M. le président. Messieurs, veuillez faire silence.

M. Sebert fait observer avec raison que son article additionnel a été présenté avant l'ouverture de la délibération. Cet article additionnel s'appliquait d'abord à l'article 1er du projet de loi; mais, du consentement de la commission et de l'Assemblée, il a été convenu qu'il serait reporté à l'article 13 ; par conséquent, il n'est pas, comme celui de MM. Faye et Rive, soumis à l'article 71 du règlement, c'est-à-dire au vote de la prise en considération. (Assentiment.)

La disposition présentée par M. Sebert et qui s'appliquait dans l'origine, comme je viens de le dire, à l'article 1er, est conçue en ces termes :

« Le notaire qui reçoit un acte de vente, d'échange ou de partage, est tenu de donner lecture aux parties des dispositions du présent article et de l'article 2 ; mention expresse de cette lecture sera faite dans l'acte, à peine d'une amende de 10 francs.

« Cette prescription ne s'applique pas aux adjudications par voie d'enchères publiques. »

Je donne la parole à M. Sebert.

M. Sebert. Messieurs, par suite de la promesse qui vient de m'être faite par M. le ministre des finances, je ne viens pas vous retenir longtemps ni retarder le vote de la loi.

J'ai pensé, comme je l'ai annoncé au commencement de cette discussion, que le moment était venu d'apporter à la loi du 23 août 1871 une modification universellement réclamée par le notariat et concernant, dans le cas d'adjudication publique, une lecture de la loi qui ne s'explique pas et qui semble être un acte de suspicion contre une corporation honorable, et auquel le Gouvernement n'adresse aucun reproche dans l'exécution antérieure de la loi.

D'accord avec M. Mathieu-Bodet, ancien ministre des finances, qui a présenté la loi, et M. le ministre des finances actuel, la disposition proposée par moi a été rédigée en ces termes :

« A partir de la promulgation de la présente loi, la disposition du dernier paragraphe de l'article 13 de la loi du 23 août 1871, relative à la lecture de cet article, et de l'article 12 de la même loi aux parties, et à la mention de cette lecture dans les actes, cessera de s'appliquer aux adjudications publiques d'immeubles. »

M. le ministre des finances, qui a accepté l'article additionnel ainsi rédigé, me demande de le retirer pour ne pas prolonger la discussion, et il ajoute qu'il le reproduira dans la loi de finances.

Sous le mérite de cette promesse, je retire mon article additionnel. (Très-bien! — Aux voix!)

M. le président. L'article additionnel étant retiré, l'Assemblée est appelée, maintenant, à se prononcer sur l'ensemble du projet de loi.

Il y a, ainsi que je l'ai déjà annoncé, une demande de scrutin public.

Cette demande est signée par MM. Hervé de Saisy, comte de Kergariou, comte H. de Boisboissel, marquis de Franclieu, Bourgeois, comte de Tréville, Huon de Penanster, E. de Féligonde, marquis de La Roche-

Aymon, E. de La Bassetière, G. L'Ebraly, Costa -de Beauregard, C. de Vaulchier, de Kermenguy, vicomte de Lorgeril, vicomte de Rodez-Bénavent, F. Dupin, Cazeaux, E. Depasse, Calemard de La Fayette, comte de Cintré, Bernard-Dutreil, de Colombet, de Dampierre, Lespinasse.

Le scrutin est ouvert.

(Il est procédé au scrutin public.)

M. le président. Voici le résultat du dépouillement du scrutin :

Nombre des votants..........	571
Majorité absolue..............	286
Pour l'adoption.......	274
Contre..............	197

L'Assemblée nationale a adopté.

M. Léon Say, *ministre des finances.* J'ai l'honneur de déposer sur le bureau de l'Assemblée deux projets de loi d'intérêt local ayant pour objet l'établissement d'une surtaxe sur l'alcool, à l'octroi des communes de Fresnoy-le-Grand (Aisne), et de Plouider (Finistère).

M. le président. Les projets de lois seront imprimés, distribués et renvoyés à a commission d'intérêt local.

M. Wolowski. J'ai l'honneur de déposer, au nom de la commission du budget de 1876, le rapport sur le budget des dépenses du ministère des finances. (Très-bien ! très-bien! à gauche.)

M. le président. Le rapport sera imprimé et distribué.

M. Buffet, *vice-président du conseil, ministre de l'intérieur.* J'ai l'honneur de déposer sur le bureau de l'Assemblée trois projets de lois :

Le premier, tendant à annexer la commune de Bruges, canton de Nay, arrondissement de Pau (Basses-Pyrénées), une partie du territoire de la commune de Bordarros, canton ouest de Pau, même arrondissement ;

Le deuxième, tendant à autoriser le département des Pyrénées-Orientales à contracter un emprunt pour les travaux des chemins vicinaux d'intérêt commun ;

Le troisième, ayant pour objet d'autoriser la ville d'Arras (Pas-de-Calais), à emprunter une somme de 600,000 fr. et à s'imposer extraordinairement pour la conversion de ses dettes et l'agrandissement des écoles communales de Saint-Géry et de Sainte-Croix.

M. le président. Ces projets seront imprimés, distribués et renvoyés à la commission d'intérêt local.

M. Bertauld. J'ai l'honneur de déposer sur le bureau de l'Assemblée, au nom de la commission du budget de 1875, deux rapports sur des projets de lois :

Le premier, portant ouverture au ministre de l'instruction publique, des cultes et des beaux-arts, sur l'exercice 1874, section 1re, chapitre 7, d'un crédit supplémentaire de 150,320 fr. 75, applicable aux dépenses de facultés et d'écoles de pharmacie ;

Le deuxième, portant ouverture au ministre de l'instruction publique, des cultes et des beaux-arts, sur l'exercice 1874, section 1re, cha-

pitre 17, d'un crédit supplémentaire de 50,700 francs, applicable aux dépenses de la construction de l'École française à Athènes.

M. le président. Ces rapports seront imprimés et distribués.

L'ordre du jour appelle la 1re délibération sur le projet de loi organique relatif aux rapports des pouvoirs publics.

La parole est à M. Louis Blanc.

M. Louis Blanc. Messieurs, dans quel esprit a été conçu le projet de loi qui vous est soumis ? M. le vice-président du conseil s'est expliqué à cet égard avec une entière franchise. « Nous nous sommes placés, a-t-il dit, au point de vue où l'on s'est mis pour faire la Constitution du 25 février. Elle donne au chef de l'État des attributions qui ne sont pas celles d'un Président ordinaire de République. »

Ah ! ce ne serait pas, en effet, un Président ordinaire de République que celui qui aurait, outre le droit de dissoudre la Chambre des représentants du peuple, le droit de la convoquer extraordinairement ; le droit de prononcer la clôture de ses travaux ; le droit de la journer jusqu'à deux fois dans la même session ; et, comme complément de ces attributions si considérables, le droit de gouverner pendant sept mois sur douze, seul et libre de tout contrôle.

Et ce ne serait pas non plus une république ordinaire que celle dans laquelle, durant l'intervalle des sessions, la Chambre des représentants du peuple ne pourrait se convoquer par initiative parlementaire qu'au moyen d'une formalité presque impossible à remplir.

La nation, messieurs, dans une république, étant le souverain, la loi étant l'expression de sa volonté, les législateurs étant ses mandataires, toute atteinte portée au pouvoir législatif est une atteinte portée à la souveraineté même de la nation.

Est-il d'ailleurs conforme à la nature des choses que le pouvoir exécutif dans l'État domine le pouvoir législatif ? Mais autant vaudrait dire qu'il est dans la nature des choses que, dans le corps humain, le bras domine la tête. Eh bien, messieurs, c'est à établir cette domination anormale que vise chacune des dispositions du projet qu'on vous présente. (Très-bien ! sur quelques bancs à droite.)

Le Gouvernement n'en a pas fait mystère.

« Le Gouvernement, a dit M. le vice-président du conseil, ajouterait volontiers aux attributions du Président ; mais il ne consentirait à aucun retranchement. Le pouvoir exécutif, dans une république, doit avoir une très large place. »

Lorsqu'on lui a demandé : Accepteriez-vous que la convocation pût avoir lieu sur la demande des bureaux, avec adjonction d'un certain nombre de membres ? il a répondu laconiquement : Non.

Lorsqu'on a montré à l'honorable M. Dufaure combien il serait difficile de recueillir, lorsque les membres de l'Assemblée seraient dispersés, les 451 signatures requises pour la convocation par initiative parlementaire, il a répondu : « Nous reconnaissons que l'exercice de ce droit serait très-difficile ; mais c'est préciément là ce que nous avons voulu; c'est la base même de notre système. »

Voilà donc le but de la loi nettement accusé. (Très-bien! sur quelques bancs à gauche.) S'il arrivait, comme plusieurs membres de la commission des Trente l'ont fait remarquer, — rien de tel, bien entendu, n'aura lieu sous la présidence du maréchal de Mac Mahon, mais qu'importe, ce n'est pas pour lui seul, n'est-ce pas, que la Constitution est faite? (Interruptions à gauche.) — si donc il arrivait que, durant l'intervalle des sessions, le pouvoir exécutif abusât de son autorité d'une manière criante, ou se préparât, par une série de mesures habilement combinées, à frapper avec succès un coup d'État, ou s'engageât dans des négociations aboutissant à une guerre désastreuse, est-ce qu'il n'y aurait aucun inconvénient à ce que la convocation des Chambres rencontrât ces obstacles qui sont, assurez-vous, la base même de votre système?

S'il y avait prévarication de la part des ministres, n'y aurait-il aucun inconvénient à ce qu'il fût difficile de leur demander des comptes?

S'il y avait lieu de mettre en accusation le chef de l'État, puisque son irresponsabilité ne va pas jusqu'à couvrir le crime de haute trahison, est-ce qu'il n'y aurait aucun inconvénient à ce qu'il fût difficile de sauver le pays et de le venger?

En vérité, messieurs, quand j'examine la constitution du 25 février, j'admire que M. le vice-président du conseil ne l'ait pas trouvée suffisamment monarchique, et qu'il ait cru indispensable de la rendre plus monarchique encore

Quoi! la constitution du 25 février décide qu'en ce qui concerne la désignation du chef de l'État, la souveraineté de la nation restera inactive et suspendue pendant sept grandes années; au privilège de la rééligibilité conféré au Président de la République, il résulte que, dans le cas des deux réélections successives, la présidence de l'homme revêtu de cette dignité pourrait durer vingt et un ans; (Exclamations en sens divers) plus que n'a duré le premier empire, plus que n'ont duré les règnes de Charles X et de Louis XVIII, plus que n'a duré le règne de Louis-Philippe, plus que n'a duré le second empire; (Interruptions à droite) en vertu de cette constitution du 25 février, le Président de la République est irresponsable, comme un roi; il a le droit de dissoudre la Chambre des représentants du peuple, comme un roi; il a le droit de grâce, comme un roi; il a l'initiative des lois, que n'avait point Louis XVI; il ne reçu non-seulement à disposer de la force publique, mais à la commander en personne; bref, messieurs, nous avons un roi moins l'hérédité (Nouvelles interruptions à droite), différence qui n'est pas, pratiquement parlant, bien notable, dans un pays où il n'y a pas eu, depuis un siècle, un empereur, pas un roi, qui ait laissé le trône à son fils: (Rumeurs à verses.)

M. Madier de Montjau. Très-bien:

M. Louis Blanc. ...et tout cela n'a pas suffi aux regrets ou aux aspirations monarchiques de M. le vice-président du conseil!... (Rires sur plusieurs bancs) ... et il a trouvé que la place

réservée au Président n'était pas encore assez large! et même après la constitution du 25 février, complétée par la loi qu'on vous propose, il ajouterait volontiers aux attributions du Président de la République!

Voudrait-il donc que de la République il ne restât plus rien, rien si ce n'est le mot... (Mouvements divers), apparemment pour mieux couvrir au peuple l'absence de la chose?

Du reste, messieurs, il n'est pas sans exemple que le nom de la République ait figuré dans les actes mêmes qui la détruisaient. Est-ce que la constitution de 1804 ne commençait pas en ces termes : « Le gouvernement de la République est confié à un empereur, qui prend le titre d'empereur des Français. » (Rires à droite. — C'est vrai! à gauche.)

Il est donc bien certain que pour que la République soit fondée, il ne suffit pas qu'elle soit nominalement établie: l'essentiel est que son organisation corresponde à sa nature.

On dit : Gardez-vous de la logique à outrance! Et moi je dis : Gardez-vous de l'illogisme à outrance! N'allez pas croire qu'il vous soit possible d'emmailloter la République dans des institutions antirépublicaines, sans courir le risque, ou de gêner outre mesure sa croissance, ou de la pousser un jour à briser la sorte qu'il pût invoquer le suffrage universel contre l'Assemblée comme l'Assemblée pourrait l'invoquer contre lui, ils assimèrent une longue durée de quatre ans... (Nouvelles exclamations à droite.) en moi, ils donnèrent au pouvoir parlementaire un rival, et plus d'un rival.

Après cela, qu'importait qu'on écrivît dans la Constitution : « Toute mesure par laquelle le Président dissout l'Assemblée, la proroge, ou met obstacle à son pouvoir, est un crime de haute trahison? » Bien vaine précaution que celle-là! Il est absurde de créer une force contre laquelle on est obligé de s'armer d'avance. On abstenez-vous de rendre un homme trop puissant, ou ne le poussez pas à chercher sa sûreté dans l'agrandissement de sa puissance. Lorsqu'il se sentit menacé, Louis Bonaparte se réfugia dans l'usurpation : pour qu'on n'osât rien contre lui, il osa tout contre la liberté. Très-bien! très-bien! sur plusieurs bancs à gauche.

Messieurs, vouloir la prédominance du pouvoir exécutif sur le pouvoir législatif, c'est oublier que cette prédominance, réalisée ou convoitée, a été, depuis un siècle, la source de tous nos déchirements politiques.

L'insurrection du 10 août, le 18 brumaire, le conseil des Anciens vengé par la Chambre des Cent Jours, et un triomphe parlementaire sortant des grandes funérailles de Waterloo, la révolution de 1830, celle de 1848, le 2 décembre : autant d'actes du même drame, le drame d'un conflit ardent qu'aurait prévenu la subordination du pouvoir qui exécute au pouvoir qui décide. (Très-bien ! sur plusieurs bancs du côté gauche.)

M'opposera-t-on l'exemple de l'Angleterre ? Là aussi, messieurs, tant que la prédominance parlementaire n'y a pas été parfaitement assurée, la paix publique a été troublée par les fureurs d'un antagonisme violent : témoin les luttes à la suite desquelles Charles Ier succomba, la dispersion du parlement par Cromwell, et, plus tard, les orages du règne de Georges III.

Aujourd'hui, si l'Angleterre vit, politiquement, d'une vie tranquille, c'est précisément parce que l'idée de la prédominance nécessaire du pouvoir législatif sur le pouvoir exécutif y a tout à fait prévalu ; c'est parce que la reine s'y renferme dans un rôle d'inaction pompeuse, lequel serait incompatible avec les devoirs et le caractère d'un président de république et se contente d'être le symbole de l'aristocratie, qui, aujourd'hui, n'existe pas chez nous ; c'est parce que toute la puissance exécutive y est concentrée entre les mains d'un premier ministre qui est censé nommé par la reine, mais qui est en réalité nommé par la chambre des communes, laquelle le renvoie dès qu'il lui déplaît ; c'est enfin parce que le pouvoir exécutif dépend d'une manière si absolue du pouvoir législatif qu'un publiciste distingué, M. Bagehot, a pu écrire avec vérité : « En Angleterre, le cabinet est une simple commission parlementaire. »

Pour ce qui est des Etats-Unis, messieurs, l'honorable M. Laboulaye ne me contredira pas, je l'espère, si j'affirme que le pouvoir du président y est infiniment moins considérable et y a un tout autre caractère que celui dont vous voulez investir le chef de l'Etat en France.

Est-ce qu'aux Etats-Unis le président a droit de dissolution, d'ajournement, de prorogation ? Est-ce que son droit de nommer aux emplois publics est absolu ? Est-ce qu'il a entrée au congrès, d'où ses ministres sont exclus comme lui-même, et où son influence ne pénètre que par voie indirecte ?

« Aux Etats-Unis, » — messieurs, je cite les propres paroles d'un homme qui a bien connu et bien décrit l'Amérique, M. Alexis de Tocqueville, — « aux Etats-Unis, le pouvoir exécutif est placé à côté de la législature comme un pouvoir inférieur et dépendant. »

Et voyez, messieurs, combien est grave la question que soulève le projet de loi du Gouvernement. Est-ce l'esprit monarchique qui domine en France dans les régions officielles, au moment où je parle ? est-ce l'esprit républicain ?

Je ne sais si acclimater la liberté politique est une œuvre aussi délicate que l'honorable M. Laboulaye le dit dans son rapport, mais ce que je sais bien, c'est que le vote des

leur disait : Ministres de la République — gré, mal gré, vous l'êtes, messieurs, [...] pas ! — ce que vous proposez, ce [...] ndes, ce n'est pas la République ; [...] tion, c'est la monarchie dé[...]

[...] on, on donnerait aisément [...]. Ainsi, par la nou[...] Président puisse [...] avez accordé [...] ais dans une [...] fois, un [...] autant de [...] ur au[...]

Nous sommes en République, [...] certains agents de [...] noncer le nom de la [...] laissent complaisamment [...] qu'on imprimait avec [...] épaules des forçats. (Réclamations à droite. — Mouvements divers.)

Nous sommes en République, toujours là ; et les [...] du 24 mai sont là, toujours là ; et les [...] choisis en dehors des conseils municipaux pour leur hostilité reconnue à la République, sont maintenus ; et l'on s'étonne d'apprendre, au milieu du calme le plus profond, que dans des villes bien connues comme villes républicaines, les visites domiciliaires suivies d'arrestations se multiplient... (Nouvelles interruptions à droite. — Très-bien ! très-bien ! sur plusieurs bancs à gauche), et dans quarante départements, aujourd'hui encore, après la République définitivement établie, dit-on, dans quarante départements, sur l'ordre d'un général, tout journal peut être supprimé, suspendu, ruiné ; et dans le reste de la France, semblable droit de vie et de mort sur les journaux est donné... à qui ? aux préfets, aux préfets du 24 mai ! (Exclamations et rires à droite.)

Comment, messieurs ! mais cela est certain !

Un membre, à droite, ironiquement. Et abominable !

M. Louis Blanc. ...et grâce au régime monstrueux de l'autorisation préalable, la pensée est proscrite avant de naître ; (Oh ! oh ! à droite.)

...et si l'on parle de lever l'état de siège, c'est en nous prévenant que le retour à l'ordre légal est chose à racheter, la presse, dans ce cas, devant payer la rançon.

Ce n'est pas tout. Par la suppression des élections partielles, par le vote qui tend à rétablir la mainmorte... (Rumeurs à droite,) par celui qui restreint outre mesure la liberté des cours et des conférences, par celui qui vise à livrer le haut enseignement à la direction de cette puissante association dont le chef est à Rome .. (Exclamations et murmures sur plusieurs bancs à droite), on a porté à la République, depuis le vote des lois constitutionnelles, les coups les plus rudes qu'il fût possible de lui porter. Eh bien, chose très-curieuse à remarquer, c'est-ce que s'est associé aux coups frappés sur la République dans cette occasion ? M. le ministre de l'instruction publique... (Rires et applaudissements à droite.)

M. le marquis de La Rochethulon. C'est lui qui a fait la République !

M. le président. N'interrompez pas, messieurs !

M. Louis Blanc. ...M. le ministre de l'instruction publique, le chef de l'université, et le plus vanté des personnages auxquels a été attribuée la fondation de la République! (Nouveaux rires à droite.)

Ceci vous démontre, messieurs, que le projet de loi présenté par le Gouvernement se lie aux derniers efforts de l'esprit monarchique contre l'esprit républicain. Ce qu'on vous demande pour le pouvoir présidentiel, on vous le demande pour l'esprit monarchique; ce qu'on dispute au pouvoir parlementaire, on espère l'enlever à l'esprit républicain.

Aussi ne puis-je me défendre d'un pénible sentiment de surprise en voyant avec quelle sérénité l'honorable rapporteur de la commission adhère à un projet semblable. (Sourires à droite.)

Au banc de la commission. Le rapporteur et la commission elle-même !

M. Louis Blanc. Ce projet contenait une lacune que la commission a comblée en proposant que la guerre ne pût être déclarée qu'avec l'assentiment des Chambres. De cela, messieurs, on ne saurait trop féliciter votre commission ; mais croit-elle, par hasard, qu'il n'y ait qu'à réduire de la moitié au tiers la proportion des membres requis en matière de convocation par initiative parlementaire, pour résoudre toutes les difficultés, pour répondre à toutes les objections, pour écarter tous les périls? Non, elle ne le croit pas, puisque le rapport avoue que même ce chiffre d'un tiers serait malaisé à obtenir. Non, elle ne le croit pas, puisque le rapport avoue, en ce qui touche les principales dispositions de ce projet de loi, que ce sont les usages de la monarchie constitutionnelle, que c'est un droit nouveau introduit dans une république, que c'est l'abandon de la tradition républicaine.

Votre commission a donc bien mesuré la portée des propositions qui vous sont faites. Et dès lors, ne pas s'étonner qu'elle y adhère ?

J'entends : il faut, eu égard à l'état des partis dans l'Assemblée, être sage, très-sage... (Rumeurs ironiques à droite) ; il faut savoir comprendre que la politique vit de transactions et de compromis ; il faut ne rien négliger pour gagner à la République les esprits prévenus et les âmes effarouchées; il faut se hâter vers la dissolution de l'Assemblée en évitant toute querelle, et coûte que coûte.

A ces considérations, dont je ne méconnais pas la valeur, et qui sont dictées par un sentiment que je respecte, je voudrais pouvoir me rendre : je l'essaye en vain.

Sacrifier à je ne sais quelles combinaisons éphémères de couloir... (Très-bien! très-bien ! et applaudissements à droite) l'intérêt permanent, l'intérêt suprême de la paix publique dans l'avenir, n'est-ce pas faire passer la petite sagesse avant la grande?

Serait-ce un compromis dont des républicains auraient lieu d'être satisfaits, que celui qui consisterait, de leur part, à tout donner sans rien recevoir, et, de la part de l'autre contractant, à tout recevoir sans rien donner?...

M. Hervé de Saisy. Très bien ! très-bien !

M. Louis Blanc. ...ou, si l'on aime mieux, qui consisterait dans l'échange d'un mot, contre la chose que ce mot exprime?

Il est sans doute très-désirable de chercher à gagner à la République le plus de partisans possible ; et je conviens que, pour y réussir, le parti républicain doit se montrer un parti pratique, sachant tenir compte des circonstances, capable de procéder par réformes graduelles, capable d'aller à son but sans brûler l'étape. (Mouvements divers)

Mais encore lui convient-il de ne pas compromettre son principe, pour éviter le reproche d'en vouloir tirer d'un coup, prématurément, toutes les conséquences.

Et où serait, je le demande, l'avantage de gagner des partisans, de faire des convertis à une République qui ne serait pas la République... (Applaudissements ironiques à droite), qui, née d'idées contradictoires, composée d'éléments inconciliables, n'aurait qu'une puissance de séduction trompeuse...

M. le marquis de Grammont. Ce langage est honnête!

M. Louis Blanc. ... et ressemblerait à ces monstres de la fable, moitié femmes, moitié poissons... (Hilarité bruyante et prolongée) qui, par la douceur de leur chant, attiraient les passagers sur les écueils?

M. le comte de Douhet. Ils chanteraient moins bien que les sirènes!

M. Louis Blanc. Sans doute il est aussi très-désirable que la nation rentre le plus tôt possible dans l'exercice de sa souveraineté, mais non d'une souveraineté amoindrie, mutilée, rendue impotente.

Vous êtes impatients d'arriver à la dissolution de l'Assemblée. Oh ! je comprends cette impatience ; j'y applaudis ; je la partage ; je suis de ceux qui n'ont pas attendu le vote des lois constitutionnelles pour la ressentir et pour demander bien haut qu'on rendît au peuple le dépôt de sa souveraineté lorsque ce dépôt était encore intact. (Très-bien ! sur quelques bancs à gauche.) Mais, prenez-y garde, messieurs, une fois la loi qu'on vous propose votée, l'Assemblée prochaine ne pourra rien, absolument rien contre elle.

Un membre au centre. Nous l'espérons bien!

M. Louis Blanc. Si vous vous trompez, le mal sera, et de bien longtemps, irréparable.

Et ne vous laissez pas abuser par le mirage de la révision. Rappelez-vous que jusqu'en 1880 la révision dépend du maréchal Président, et de lui seul. Rappelez-vous que, même après 1880, il n'y aura de révision possible qu'avec le concours du Sénat, de qui personne aujourd'hui ne peut dire avec certitude si les ennemis de la République n'y seront pas en majorité.

Sur plusieurs bancs. C'est vrai ! — Très-bien !

M. Louis Blanc. Oui, messieurs, prenez-y garde ! Les liens dont il s'agit d'enserrer la République sont de telle nature, qu'ils ne pourront pas être brisés de longtemps, et qu'ils ne le seraient non plus que qu'au prix de ce que tous, tant que nous sommes, nous avons intérêt à éviter : une révolution.

Et c'est pourquoi le spectacle que j'ai sous les yeux m'inquiète.

Non que ma foi dans les destinées de la République en soit ébranlée; je sais, je sens, j'affirme que, quoi qu'on fasse, on ne lui ôtera pas l'avenir. J'en ai pour garants les épreuves qu'elle a surmontées, la facilité avec laquelle on l'a toujours vue se relever de dessous les ruines au fond desquelles on la croyait ensevelie. (Interruptions à droite)

M. le baron de Barante. Des ruines qu'elle avait faites!

M. Louis Blanc. J'en atteste l'appel fait à son pouvoir sauveur chaque fois que la patrie était en danger... (Exclamations ironiques à droite); j'en atteste son adhérence au suffrage universel dont elle partage désormais l'indestructible vitalité!

Non, non, je ne crains pas pour la République les résistances dont j'aperçois le germe dans les lois qu'on vous propose; mais je crains pour mon pays, qui a tant souffert et qui a tant besoin de repos, les agitations qui empêcheraient la République de se montrer tout d'abord au monde comme le gouvernement par excellence de la concorde et de la paix. (Exclamations à droite.)

Car, messieurs, la République, telle que la veut quiconque mérite de l'aimer, est celle qui, effaçant les vestiges de nos dissensions civiles, embrassant dans sa haute sollicitude les travailleurs de toutes les conditions, s'appliquant à réaliser ce que tous les intérêts ont de solidaire, demanderait la grandeur de la France à l'harmonieux emploi des facultés, des volontés et des vertus de tous ses enfants. (Très-bien! et applaudissements sur plusieurs bancs à gauche.)

M. le président. Ce devrait être maintenant le tour d'un orateur parlant en faveur du projet.; mais, comme personne n'est inscrit pour, je donne la parole à M. Madier de Montjau, qui est inscrit contre, après M. Louis Blanc.

M. Madier de Montjau. Messieurs, personne ne se présente à cette tribune pour défendre le projet de loi que mon honorable et illustre ami, M. Louis Blanc, vient d'attaquer avec tant de force et de talent, et que je viens attaquer encore. C'est bon signe pour la cause que nous défendons; cela vaut mieux qu'un discours, et cela me donne quelque courage.

Ce qui m'en donne aussi, c'est que je suis convaincu que, de ce débat, sortira quelque chose... (Interruptions)...car M. Louis Blanc a fait appel à la franchise, à la netteté, et, sur le banc des ministres qui est en face de moi, j'ai pu juger, à quelques signes, que l'on entendait répondre à cet appel. (Mouvements divers.)

Fort bien! mais, dès à présent, avant qu'on ait parlé, il me sera permis de caractériser et d'apprécier les pensées, les intentions qu'il était aisé de deviner sous ces manifestations bien claires.

J'ai devant moi des hommes qui, le 10 mars, à la suite des votes de janvier et de février qui venaient d'établir une République plus ou moins satisfaisante, mais *une* République, ont reçu de la majorité victorieuse le pouvoir, et ces ministres applaudissaient le commentaire que faisait mon honorable ami de leurs paroles dans la commission, de leur loi; ils laissaient entendre que cette loi n'est pas leur dernier mot, que ce qu'ils n'ont sans doute pas demandé encore, ils le demanderont bientôt. (Rires sur plusieurs bancs à droite.) Or comment M. Louis Blanc interprétait-il leurs paroles, leur loi?

Il leur disait : Ministres de la République — car, bon gré, mal gré, vous l'êtes, messieurs, ne l'oubliez pas! — ce que vous proposez, ce que vous défendez, ce n'est pas la République; c'en est la négation, c'est la monarchie déguisée!..

A cette affirmation, on donnerait aisément l'appui de textes précieux. Ainsi, par la nouvelle loi, vous voulez que le Président puisse, non seulement, — ce que vous lui avez accordé déjà,—dissoudre l'Assemblée, mais dans une période de cinq mois l'ajourner deux fois, un mois durant, et lui demander encore autant de nouvelles délibérations qu'il lui plaira, sur autant de lois qu'il y en aura qui ne lui agréeront pas. C'est, sous une forme différente de celle que vous avez cru prudent d'écarter, c'est le *veto*, dont M. le garde des sceaux présentait bien que le nom viendrait aux lèvres de tous, lorsque, en vous présentant l'article 6 de sa loi, il cherchait à vous démontrer que cet article n'avait rien de commun avec ce funeste système. Mais vous avez beau changer le nom, la chose reste.

Ajourner l'Assemblée, lui demander, autant qu'on le veut, des délibérations nouvelles, suspendre, par conséquent, l'exécution des lois qu'elle vote, c'est faire revivre le *veto* suspensif, et je pourrais même dire que c'est faire quelque chose de plus, car d'ajournement en ajournement, de délibérations en délibérations, paralysant sans cesse l'Assemblée, retarder indéfiniment l'exécution de ses volontés, n'est-ce pas user du *veto* absolu plutôt que du *veto* suspensif? Or, voulez-vous savoir, messieurs, ce que pense du *veto*, sous un gouvernement républicain, alors que l'essence du Gouvernement c'est la souveraineté nationale, un des hommes les plus considérables de notre temps, un des plus experts et des plus autorisés qui soient en ces graves questions?...

Voici ce que je lis dans une des premières et des plus célèbres histoires de la Révolution française, à propos de ce grand débat de septembre 1789, sur la question du *veto*, qui sépara pour toujours et comme elle ne l'avait jamais été auparavant, l'Assemblée constituante en deux camps : celui de la droite, qui prit parti pour le *veto*, celui de la gauche, qui se prononça contre lui.

L'auteur expose les causes de la défaite des Mounier, des Lally, révolutionnaires indécis qui s'arrêtaient avant d'avoir fini l'œuvre... (Ah! ah! à droite)... et qui demandaient le *veto* sans se hasarder cependant à nier, même sous la monarchie, la toute-puissance de la volonté nationale.

« On ne s'explique pas, dit-il, nettement dans la discussion; aussi, malgré le génie et le savoir répandus dans l'Assemblée, la question fut mal traitée et peu entendue. Les partisans de la constitution anglaise, Necker, Mounier, Lally, ne surent pas voir qu'on devait consister la monarchie; et, quand ils l'auraient vu, ils n'auraient pas dû dire nettement à l'Assemblée que la volonté nationale ne devait point être toute-puissante, qu'elle devait empêcher plutôt qu'agir. Ils s'épuisèrent à dire qu'il fallait que le roi pût arrêter les usurpations d'une Assemblée; que, pour bien exécuter la loi et l'exécuter volontiers, il fallait qu'il y eût coopéré; qu'il devait exister enfin des rapports entre le pouvoir exécutif et le pouvoir législatif.

« Ces raisons... », dit en 1823 M. Thiers, partisan alors de la monarchie (Rires à droite) « ... ces raisons, si l'on adhettait que la souveraineté nationale prévalût dans le gouvernement d'alors, ces raisons étaient mauvaises, ou tout au moins faibles.

« Il était ridicule, en effet, en reconnaissant la souveraineté nationale, de vouloir lui opposer la volonté unique du roi. »

A combien plus forte raison, messieurs, n'est-il pas, — pour me servir d'une expression que je n'aurais pas osé introduire dans ce débat, mais que j'emprunte sans scrupule à l'écrivain déjà éminent alors, au grand politique qui a depuis occupé ici une place si élevée dans la République, — à combien plus forte raison n'est-il pas ridicule que la volonté d'un Président de la République, c'est-à-dire du gouvernement dont l'essence est la souveraineté nationale, puisse dire à la représentation nationale : Tu n'iras pas plus loin ! et que, non content de pouvoir la dissoudre, il puisse encore la suspendre, l'ajourner et lui imposer, à son gré, des délibérations nouvelles sans nombre ! (Très-bien ! très-bien ! à droite.)

— C'est très-logique !)

Ce que vous faites, c'est donc la monarchie ; et ce n'est pas seulement en nous demandant le veto, c'est en exigeant que nous réduisions notre vie, notre action, notre surveillance à une période de cinq mois sur douze. Oui, voilà ce qu'on ne craint pas de dire à une Assemblée, médiocrement républicaine, je le sais... (Hilarité à droite), mais enfin, qui a eu cet honneur de naître de la volonté du pays, d'être chargée de le représenter, et qui, quels que soient ses sentiments et ses espérances, doit se souvenir de son origine et tenir à honneur de défendre ses droits ; on ose venir lui dire : Tu apparaîtras pour subsister, éphémère, grâce faisant, pendant moins de la moitié de l'année ; tu gouverneras comme tu pourras pendant ce temps, et le terme légal de ta durée venu, l'échéance rigoureuse arrivée, l'heure de la fin sonnée à l'horloge, tu disparaîtras ! Le Président, interrompant s'il lui plaît ta discussion commencée, te refusant, s'il lui plaît, le droit de mettre à ton ordre du jour, ou de continuer à débattre la loi la plus urgente à ton avis, te dira : Va-t'en! ton heure est passée ; à moi de gouverner seul désormais, hors de ta présence, sans tes conseils ; à moi l'honneur ; à moi le pouvoir ; à moi le prestige !... Voilà ce que vous appelez la République ! (Très-bien ! et rires à droite.)

M. Prax-Paris. Voilà un républicain !

M. Madier de Montjau. Eh bien, non ! c'est sa négation, sa négation formelle, absolue, sa négation... — je cherche un mot parlementaire — ... plus que hardie.

Car enfin, ce qu'a dit mon honorable ami M. Louis Blanc est vrai : Vous êtes « la tête », le grand pouvoir, disons mieux, la puissance unique, puisque toute autre dérive d'elle. Le pouvoir exécutif, au contraire, il faut bien qu'il le sache, ce pouvoir exécutif que M. le garde des sceaux déclare sans restriction, « indépendant », et qui ne l'est cependant que dans une mesure restreinte, dans l'exercice seulement des fonctions pour lesquelles il a

été créé, — entendez-le bien, monsieur le garde des sceaux !... (Exclamations et rires à droite)... ce pouvoir exécutif n'est que le mandataire de l'Assemblée, son délégué ; il est, — je le dis sans intention blessante, je le dis parce que c'est une vérité légale, une vérité politique incontestable, — il est notre subordonné !

On veut qu'il devienne un « pouvoir fort, » pour me servir de l'expression consacrée dont l'usage fréquent a presque toujours précédé quelque révolution ; et, pour qu'il le devienne, on le veut seul, dominant l'édifice de nos institutions, fixant sur lui l'attention, les hommages, gouvernant pendant sept longs mois, sans que vous puissiez, s'il lui plaît, être rassemblés, vous, hors des cinq mois légaux, à moins d'une entente que l'on sait, que l'on veut, qu'on avoue impossible aussi bien dans l'hypothèse de l'admission de l'amendement de l'honorable M. Ricard que si le texte de l'honorable garde des sceaux était adopté ; je veux dire cette entente du tiers plus un de 750 représentants répandus sur tous les points de la France, et qui, en cas de péril, courraient les uns après les autres, en poste et en chemin de fer, à la recherche de leurs collègues et du salut du pays, jusqu'à ce qu'ils fussent en nombre, pour dire au Président de la République, non le Président actuel, assurément, mais un autre, peut-être : Halte-là ! vous ne ferez pas de coup d'État !

Il n'y a qu'un inconvénient à ce système, messieurs, et vous le savez tous aussi bien que moi : c'est que, pendant qu'on se courra ainsi après, le coup d'État aura eu dix fois le temps de se faire et de triompher. (Rires et applaudissements sur divers bancs à droite.)

M. de Tréveneuc. L'Assemblée était présente quand le coup d'État de 1851 a eu lieu !

M. Madier de Montjau. Oui ! Vous savez tous cela, messieurs les ministres, vous vous l'êtes dit bien avant que je vous le dise ; car vous n'avez pour ainsi dire pas cessé de toucher aux affaires depuis un quart de siècle que j'en suis éloigné, et je n'ai la prétention de rien vous apprendre. Vous savez à merveille et ce que vous faites, et ce qui peut en résulter, et ce que vous voulez faire. Mais comment, alors, le laissez-vous si clairement apercevoir ?

Ah ! vous voulez un pouvoir fort ! Mais ce qui fait le pouvoir fort par excellence, c'est ceci : le respect de la loi par le pouvoir d'abord, la foi qu'il met en elle, son intention sincère de la faire respecter sans restreindre, sans élargir ses conséquences, et de lui faire porter tous ses fruits, rien que ses fruits naturels.

Et cependant, ministres de la République, vous venez nous demander ce qui est incompatible avec son essence même ! Quel respect de la loi ! quel exemple !

Eh bien, messieurs, il faut clairement s'expliquer ; il faut que ceux qui nous ont fait l'honneur de venir à la République, de venir à nous... (Interruptions à droite), si tant est, hélas ! que ce ne soit pas plutôt nous qui soyons allés à eux... (Rires à droite.) — Oh ! ce n'est point une ironie assurément contre mes amis. Il serait étrange qu'on la vît dans ce que je viens de dire ; car on les félicite de leur conduite, on les en glorifie, et ils s'en glorifient eux-mêmes; je ne puis donc songer à railler.

Je dis, messieurs, que l'occasion est bonne pour nous expliquer aussi avec nos nouveaux amis... (Exclamations et rires à droite) sur ce qu'ils veulent et sur ce que nous voulons. Cette franchise est nécessaire; nous ne pouvons pas toujours vivre dans le vague et dans l'équivoque; ni eux, ni nous, ni surtout notre cher pays, qui n'y trouverait pas son compte. (Marques d'assentiment sur plusieurs bancs à droite. — Parlez! parlez!)

Ce que nous voulons, nous, c'est la souveraineté du peuple, réelle, indubitable, c'est-à-dire, pour me servir du commentaire que donne Benjamin Constant de ces mots, la supériorité de la volonté de tous sur la volonté d'un seul ou de quelques-uns.

Voilà ce que nous voulons, et cela exclut bien des choses que vous avez déjà fait voter... (Nouveaux rires à droite.) à plus forte raison, toutes celles que vous nous demandez aujourd'hui, qui n'en sont pas la conséquence forcée, monsieur le ministre, comme vous le dites, qui n'en dérivent pas nécessairement, comme vous le prétendez, car de ce qu'on vous a déjà donné beaucoup, beaucoup trop, à mon sens, il ne suit pas le moins du monde logiquement qu'on doive vous donner tout! (Mouvement.)

Cela, nous ne le voulons pas, et c'est pour cela que quelques-uns de mes amis, au moins, dont j'espère voir à la fin de cette discussion le nombre singulièrement grossi, ne prêteront pas les mains à la confection de la loi qu'on nous présente, et pour laquelle la commission a eu un patronage qui m'étonne et une indulgence, à mon sens, singulière. Nous la combattrons, nous voterons contre elle, dussions-nous être seuls, car nous voulons qu'au moins ceux-là qui, dans le pays, nous honorent de leur confiance, sachent, par notre conduite, ce qu'elle est, cette loi, et ce que nous en pensons.

Vous voulez la voter? — Je parle à nos nouveaux amis. (Ah! ah! à droite) — Vous la voulez voter! Mais alors, ce que vous voulez, ce n'est pas la démocratie, ce n'est pas « la souveraineté du peuple, ce n'est pas « la supériorité de la volonté de tous sur la volonté d'un seul ou de quelques-uns », c'est la monarchie, sous une autre forme. (Approbation et rires ironiques à droite.) C'est le loup de la fable qui a revêtu, pour dévorer le troupeau, le hoqueton du berger.

Et si vous votez cela, en vérité nous aurons le droit de vous dire, à vous néophytes de la République, dont l'amour pour elle est bien jeune : Vous n'osez pas prononcer le pendant du mot fameux mal à propos attribué au général de La Fayette, — car il ne le dit jamais, — attribué au général La Fayette présentant le roi Louis-Philippe du balcon de l'Hôtel-de-Ville au peuple : « Voilà la meilleure des Républiques! »

Vous n'osez pas dire à vos amis, en leur présentant la République de votre façon : Voilà la meilleure des monarchies! Vous n'osez pas le dire; mais voyons, franchement, ne le pensez-vous pas, et n'est-ce pas pour cela que vous n'en voulez pas faire d'autre?

Eh bien, c'est parce que je crois que ceux — s'il en est, — qui pensent ainsi en leur

âme, ont, de leur point de vue, raison de procéder comme ils le font, que je ne veux pas achever de constituer cette République qui serait bien, en effet, la meilleure des monarchies.

Une voix à droite. Oh! non! (On rit.)

M. Madier de Montjau. Je m'explique. Dieu me garde de chercher à froisser ceux qui sont à cette heure, et depuis longtemps déjà, atteints dans leurs affections politiques les plus chères, et que j'ai applaudis malgré mon aversion pour ce qui leur est sympathique, quand ils exprimaient très-noblement leurs regrets à cette tribune de la chute définitive de la royauté; mais je dois cependant dire que la monarchie, je ne la crains pas non-seulement cherchant à arriver; mais, je dis même, fût-elle arrivée. Savez-vous pourquoi? Parce que j'ai assez étudié l'histoire de mon pays depuis un siècle, parce que je sais assez, si peu que je sache, de philosophie politique, pour être certain qu'en admettant qu'après de longs voyages, mêlés de beaucoup de circuits, que vous avez fait faire à votre royauté pendant trois ans pour arriver à la produire ici, fût-elle arrivée et se fût-elle établie, elle aurait été forcée bientôt de partir, comme quatre fois déjà, si je compte bien, sont parties, depuis le commencement de ce siècle, ses devancières ou ses émules.

La royauté, si je dois la subir, je la veux palpable, visible, tangible, portant son vrai nom, parce que mon pays alors saura, comme moi, ce qu'il a devant lui, et il pourra, par ses actes, dire si elle est l'objet de son amour ou de sa haine aujourd'hui, comme elle l'est incontestablement depuis un siècle. Mais, si elle entre déguisée par la poterne (Rires à droite), si, sous apparence de suffrage universel, avec l'appoint peut-être de quelque staddouderat monarchique et se faisant sympathique, cherchant la popularité, elle arrive et s'assied sur cette forte base du suffrage universel apparent et du nom de République, je m'alarme, je crains; car, en ce cas, je vois bien le danger, mais je ne vois plus aussi bien le remède. Et je dis à tous ceux qui forment les mêmes vœux politiques que moi, qui ont les mêmes aspirations, pour lesquels une République que je sais suffisamment recommandée, comme auprès de l'honorable rapporteur de la commission, par cela seul qu'elle s'assimile des institutions *qui ont donné, pendant vingt-cinq ou trente ans de monarchie, assez de bonheur à la France pour qu'on puisse les regretter...* (Oui! oui! — C'est vrai! à droite, je dis à ceux qui veulent la même chose que moi, qui sentent de la même manière que moi : Prenez garde! le danger de faire un pas de plus dans la voie où nous sommes engagés est immense; car déjà la situation qui nous est faite est, depuis quelques mois, toute pleine de périls.

Pour le démontrer, permettez-moi, messieurs, de jeter un regard sur un passé récent. Je serai respectueux de vos décisions, et je tâcherai de n'être pas inutile, à l'heure où nous sommes, au point où nous voici arrivés.

Voix à droite. Parlez! parlez!

M. Madier de Montjau. L'origine de notre République, messieurs, est déjà singulière. Cette Assemblée, au moins pour une grande partie, niait son pouvoir constituant, et c'est cette Assemblée qui, en qualité de constituante, a fait la République! J'avoue que j'aimerais mieux pour la République une autre maternité. (Rires sur quelques bancs à droite.)

Mais ce n'est pas tout, et il y a quelque chose de tout particulièrement remarquable non-seulement dans sa provenance, mais dans la manière dont elle s'est faite et dont elle s'achève.

D'ordinaire, lorsqu'après une longue expérience d'un état légal et social qui ne suffit plus à ses besoins, ou après une grande crise révolutionnaire, un peuple veut donner au nouvel état social dans lequel il entre sa base nécessaire, ce qu'on appelle une « constitution », comment procède-t-il ? D'abord il se recueille longuement ; il ne décide pas du soir au lendemain qu'il va se faire une constitution dont il ne voulait pas la veille. Puis, il prépare,— et j'appelle toute votre attention sur ce point, — il prépare, ou ses mandataires préparent pour lui, pour être voté collectivement après débat les détails, tout un vaste ensemble législatif qui contient, en quelque sorte, les jalons hors desquels on ne pourra pas s'écarter, qui marque sûrement la direction, l'esprit des lois futures, lois organiques, lois de détail, si bien contenues d'avance en germe dans la constitution, qu'on peut les deviner et qu'elles doivent fatalement être selon la loi générale.

Est-ce ainsi que nous avons procédé? Non, assurément! Nous avons débuté, nous avons continué, sans vue d'ensemble, sans savoir au juste de quel point nous partions, par quels chemins nous voulions passer, à quel point précis nous voulions arriver, par quels principes — comme la Déclaration des droits de l'homme, ou le Préambule de la Constitution de 1848 par exemple, — nous entendions nous guider, irrévocablement résolus d'avance à ne jamais les déserter, à faire fléchir devant eux tout calcul, à leur soumettre toutes les lois que nous pourrions faire.

En janvier, on nous fait la République, la République avec un Sénat et un Président! Mais que sera ce Sénat? que sera ce Président? Nous l'ignorons, et nous votons la République avec un Sénat et un Président! Voilà le Sénat et le Président acquis à ceux qui les voulaient.

En février, on nous apprend ce que sera le Sénat et ce que sera le Président. Nous le savons bien tous aujourd'hui, messieurs, et mon honorable ami, tout à l'heure, le rappelait en termes assez complets, assez expressifs, pour que je n'aie pas besoin de faire de nouveau cette revue.

Ce Sénat et ce Président, tels quels, si les républicains les avaient bien connus d'avance en janvier, ils n'auraient pas alors voté pour leur création. (Rires sur divers bancs à droite.)

Et quand nous tenons ce Sénat et ce Président de février, quand nous sommes assurés des sept ans de durée du Président, de sa rééligibilité, que par le suffrage universel, absolument en dehors du suffrage universel, de la composition du Sénat avec une minorité considérable, inamovible et viagère, voici que, en juin, à l'époque du renouveau... (On rit) on nous apporte la loi sur les rapports des pouvoirs publics, et on nous dit : Vous avez déjà fait

ceci, ceci a pour conséquence cela ; prenez et votez cela ; à quoi bon regimber? ce qui est fait est fait, et vous ne pouvez plus le détruire ; soyez de bonne composition jusqu'au bout.

Point! ceci est fait, ceci est la République; nous le gardons. Cela, la loi des rapports des pouvoirs publics, n'est pas encore fait, cela est à faire ; nous ne le ferons pas, pour ne pas perdre le peu que nous avons, pour ne pas ajouter à ceci, qui est mauvais, cela qui nous alarme profondément. (Applaudissements et rires sur divers bancs à droite.)

Et nous le ferons d'autant moins, messieurs les ministres, que la loi de juin n'est pas votre dernier mot. Vous avez encore au fond de votre portefeuille d'autres lois à nous faire voter, n'est-ce pas? La loi électorale, d'abord, qui viendra compléter notre sort, et sur laquelle — s'il faut en croire des indiscrétions sur lesquelles je ne me permettrai pas d'interroger à cette heure M. le vice-président du conseil, — sur laquelle M. le ministre émet des opinions qui ne sont rien moins que semblables aux nôtres ; puis la loi sur la presse, sur laquelle M. de Gavardie, qui méritait peut-être avant-hier, à la tribune, un meilleur sort... (Rires sur un grand nombre de bancs), sur laquelle, dis-je, M. de Gavardie demandait, non sans raison, à être quelque peu édifié, avant de voter une Constitution qu'il ne savait pas encore si l'on pourrait ou non discuter plus tard ; cette loi sur la presse, qu'assurément on doit la présumer merveilleuse si, à la réputation éminente du père qui la couve... (Longue et vive hilarité à laquelle prend part M. le garde des sceaux), on ajoute le calcul du temps qu'il met à la faire éclore. (Nouvelle hilarité.)

Si vous voulez que nous discutions seulement la loi que vous nous présentez, laissez-moi vous répéter ce que l'honorable M. Louis Blanc vous disait tout à l'heure en d'autres termes : Montrez-nous tout de suite le fond de votre sac. (Rumeurs.) Vous ne nous avez encore fait voir que deux ou trois de vos lois. Exhibez-nous, s'il vous plaît, tout de suite toutes celles que vous nous tenez encore en réserve.

« Montrez-nous patte blanche, ou je n'ouvrirai point. »

Et pourquoi ouvririons-nous la porte à de nouvelles institutions royalistes, la poterne à la monarchie déguisée sous le costume républicain?... Pour arriver à la dissolution... comme nous devions arriver, par la loi du 25 février, à la disparition de tous les agents bonapartistes, à un ministère franchement ennemi de ce gouvernement qui a perdu la fortune, le sang, une partie du territoire de la France, et qui a failli perdre son honneur?...

Mais avons-nous ce qu'on nous avait promis ? Non : tous les préfets du 24 mai, c'est-à-dire ceux du gouvernement de Décembre, sont encore en place ; tous les maires y sont aussi. Tout ce que vous avez donné pour prix de cette loi du 25 février : c'est la négation de la République, c'est ce manifeste ministériel apporté à la tribune par M. le vice-président du conseil le lendemain du jour où une majorité républicaine vous donnait le portefeuille, et qui était presque un outrage pour cette majorité !

Voilà notre récompense ! Elle ne me rend

pas désireux de courir après cette autre : la dissolution. (Exclamations sur divers bancs.)

La dissolution, oh ! je sais à quel point elle est désirée, et je n'ai pas perdu de vue que les électeurs qui m'ont fait l'insigne honneur de m'envoyer parmi vous m'ont choisi précisément pour la demander, pour la poursuivre avec toute mon énergie. Je leur ai prêté serment de la réclamer aussi souvent qu'il me serait possible, de pousser de toutes mes forces à notre séparation ; mais non pas à la condition *sine quâ non* de les sacrifier pour l'obtenir tous les principes qu'ils m'ont recommandé aussi de défendre résolûment ; non pas à la condition de compromettre pour jamais leurs destinées en vue d'une simple éventualité.

Car enfin, est-il sérieux de dire que la dissolution est proche parce que, en nous retranchant les élections partielles, vous n'avez pas voulu prendre l'engagement de nous la donner ? Est-ce que je puis être rassuré par la « date morale » de l'honorable M. Clapier ? (Rires sur divers bancs.) Est-ce que cette date ne fuit pas devant moi ? Est-ce que la dissolution, jusqu'ici, ne fait pas comme notre ombre, qui fuit d'autant plus vite devant nous, que nous courons plus ardemment après elle ? (Nouveaux rires.) Et pour cette dissolution vaporeuse, fugace, qui viendra Dieu sait quand, sur laquelle je ne sais quand vous me laisserez mettre la main, je vous donnerais toutes les lois que vous nous demandez !... c'est-à-dire je vous livrerais la République !...

Mais enfin j'admets que, pour prix de nos complaisances, pour cet amour des concessions qui ne nous vaut jusqu'ici qu'une chose, considérable sans doute, mais insuffisante, à mon gré : l'approbation de l'honorable M. Laboulaye et l'invitation qu'il nous adresse d'être de plus en plus d'héroïques Décius !...

Quelques membres. Comment ? Que voulez-vous dire ?

M. Madier de Montjau. Oui, de nous abandonner encore davantage, de le suivre plus avant dans l'abîme des concessions, puisque nous avons commencé à nous y jeter.

J'admets, dis-je, que nous obtenions plus, qu'on nous donne enfin, grâce faisant, la dissolution. Eh bien, après le vote de la loi qu'on nous propose, je n'en attendrai plus les résultats que j'en attends aujourd'hui encore avant d'avoir voté.

En effet, quand nous aurons attesté nos principes nouveaux devant ce peuple qui nous regarde, qui nous entend et qui nous juge, devant lequel nous sommes et nous serons tous, si haut placés que nous soyons, responsables, qui nous répond que ce peuple, voyant ses amis faire cette république étrange, ne la prendra pas au sérieux ? Et alors, en vertu de quel principe lui conseillerons-nous de voter ? Qui lui dirons-nous de choisir ? Ne risquons-nous pas, précisément au moment où la dissolution ouvrira les urnes au scrutin sur tous les points de la France, que le scrutin nous échappe, parce que nous aurons voté une loi qui sera la négation de tout principe et l'établissement d'une monarchie ?

En supposant que je me trompe ; en supposant, messieurs, que, la dissolution venue, les élections nous soient favorables : que nous donneront ces élections ? Une seule Assemblée, bonne pour nous, c'est entendu, mais quiceptainement, — et je le souhaite, — contiendra une minorité qui ne pensera pas comme nous ; et cette Assemblée aura en face d'elle le Sénat, c'est-à-dire l'inconnu, et ce Président, dont Dieu me garde d'attaquer la personne, les actes, les sentiments, mais auquel vous auriez eu le tort — selon moi, j'emploie là un mot modéré — d'offrir et de donner, si vous réussissiez, un pouvoir immodéré, tentation redoutable pour les plus hautes âmes.

En face de toutes ces forces réunies, maîtres même de l'Assemblée, serons-nous serez-vous, mes amis, les maîtres du pays ? (Mouvement sur divers bancs.) L'Assemblée sera à vous : le pays sera-t-il à vous, quand, d'abord, on pourra vous dissoudre, — c'est chose faite, — ensuite vous ajourner, vous proroger ? Alors, sans prestige, sans force, sans moyens de résistance, au cas d'un mauvais coup, d'un guet-apens infâme, d'une abomination comme le crime de Décembre, vous serez réduits à vous renfermer dans vos regrets, à pleurer sur vos fautes. La dissolution ne vous aura pas donné ce qui vous était nécessaire pour vous défendre, car vous l'aurez sacrifiée avant qu'elle fût faite. (Mouvements divers.)

Pour finir, laissez-moi dire que, en vérité, ma surprise est grande quand je vois tous ces tempéraments à la République, à la souveraineté du peuple, à sa liberté, à sa grandeur, recommandés, honorés, presque glorifiés dans la dernière page du rapport que vous avez tous lu.

Messieurs, je relisais, moi, hier soir, d'autres pages dans lesquelles, avec une aimable mais poignante ironie, un écrivain qui est quelque peu, je crois, le frère siamois de notre honorable rapporteur (Rires)... se moquait de la peur que l'on a toujours, en France, de cette liberté qui, en Amérique, tourne toutes les têtes sans être dangereuse, de cet amour de la centralisation, du respect des pouvoirs forts, qui font que nous passons perpétuellement, en France, de la tyrannie à la révolution.

Que cela était bien dit ! que cela était lestement et agréablement tourné ! Comme c'était vrai, et comme, après être allé à la raison et au cœur, cela charmait l'esprit par l'admirable forme dans laquelle la pensée était enveloppée !

Est-ce que tout cela est prescrit ? Est-ce qu'il nous faut revenir à la centralisation ? Est-ce qu'il nous faut des pouvoirs forts quand même ? Est-ce que nous ne pouvons avoir la liberté de la dissolution qu'à ce prix, comme nous ne pourrons avoir la levée de l'état de siège qu'au prix de l'acceptation du projet de loi sur la presse que doit nous présenter M. le garde des sceaux ? (Mouvements divers.)

Vous me faites un signe qui veut dire oui, monsieur le garde des sceaux. Eh bien, nous nous retrouverons, ce jour-là, sur ce terrain nouveau.

Non ! je ne le pense pas, et c'est, à mon gré, faire une insulte gratuite à cette généreuse, à cette grande et glorieuse nation française, dont nous faisons tous partie, que nous aimons tous, dont nous voulons tous le bonheur, à quelque parti que nous appartenions...

M. Hervé de Saisy. Très-bien !

M. Madier de Montjau. ...de dire qu'après ses épreuves douloureuses, après ses expériences cruelles, elle ne mérite pas ce régime de liberté que vous vantiez autrefois, monsieur le rapporteur; de dire qu'il faut, au sortir de l'Empire, la soumettre au régime des naufragés de la *Méduse*, à qui il ne fallait pas, du soir au lendemain, donner à manger au gré de leur faim, pour qu'ils ne mourussent pas d'indigestion. (Exclamations diverses. — Très - bien ! sur quelques bancs à gauche et à droite.)

M. Edouard Laboulaye, *rapporteur,* se présente à la tribune.

Sur divers bancs. A demain ! à demain ! — Non ! non ! — Parlez !

M. le président. J'entends demander la remise de la suite de la discussion à demain... (Oui ! oui ! — Non ! non !)

Les avis étant partagés, je consulte l'Assemblée.

(Une première épreuve a lieu et est déclarée douteuse. Après une seconde épreuve, l'Assemblée décide que la suite de la discussion est renvoyée à demain.)

M. le président. Voici l'ordre du jour de de demain :

A deux heures, séance publique;

Discussion du projet de loi portant établissement d'une surtaxe sur l'alcool et l'absinthe à l'octroi de Gouezec (Finistère);

Discussion du projet de loi portant établissement de surtaxes sur les vins, cidres, poirés, hydromels, alcools et absinthes, à l'octroi de Saint-Malo (Ille-et-Vilaine);

Suite de l'ordre du jour précédemment réglé.

Il n'y a pas d'opposition ?...

L'ordre du jour est ainsi fixé.

(La séance est levée à cinq heures trente-cinq minutes.)

Le directeur-adjoint du service sténographique de l'Assemblée nationale,

BON-EURE LAGACHE.

SCRUTIN

Sur le projet de loi ayant pour objet d'ouvrir au ministre de l'agriculture et du commerce, sur le budget de l'exercice 1876, au chapitre 15, un crédit de 600,000 francs pour les dépenses de l'exposition internationale universelle de Philadelphie.

Nombre des votants	553
Majorité absolue	277
Pour l'adoption	540
Contre	13

L'Assemblée nationale a adopté.

ONT VOTÉ POUR :

MM. Abbatucci. Aclocque. Adam (Pas-de-Calais). Adam (Edmond) (Seine). Allemand. Amat. Amy. Ancel. Ancelon. André (Charente). André (Seine). Arago (Emmanuel). Arbel. Arfeuillères. Arrazat. Aubry. Audren de Kerdrel. Aurelle de Paladines (général d'). Babin-Chevaye. Bagneux (le comte de). Bal-

san. Bamberger. Baragnon. Barante (baron de). Barascud. Bardoux. Barni. Barodet. Barthe (Marcel). Barthélemy Saint-Hilaire. Bastid (Raymond). Beaussire. Beauvillé (de). Benoist d'Azy (comte). Benoît (Meuse). Bérenger. Berlet. Bernard (Charles) (Ain). Bernard (Martin) (Seine). Bernard-Dutreil. Bert. Bertauld. Besson (Paul). Bethmont. Bienvenue. Bigot. Blanc (Louis). Blavoyer. Blin de Bourdon (vicomte). Bocher. Boffinton. Boisboissel (comte de). Boisse. Bompard. Bonald (vicomte de). Bondy (comte de). Bonnel (Léon). Bonnet. Boreau-Lajanadie. Bottard. Bouceau (Albert). Bouchet (Bouches-du-Rhône). Bouillé (comte de). Bouisson. Boullier (Loire). Boullier de Branche. Bourgeois (Vendée). Boysset. Bozérian. Brelay. Brettes-Thurin (le comte de). Brice (Meurthe-et-Moselle). Brillier. Brisson (Henri) (Seine). Broët. Brun (Charles) (Var). Brun (Lucien) (Ain). Brunet. Bryas (le comte de). Buée. Buffet. Buisson (Jules) (Aude). Busson-Duvivier.

Caduc. Caillaux. Calemard de La Fayette. Callet. Calmon. Carayon La Tour (de). Carbonnier de Marzac (de). Carion. Carquet. Carré-Kérisouët. Casimir Perier. Casse (Germain). Castellane (marquis de). Castelnau. Cazeaux. Cazenove de Pradine (de). Cazot (Jules) (Gard). Chabaud La Tour (Arthur de). Chabaud La Tour (général baron de). Chabron (général de). Challemel-Lacour. Chamaillard (de). Champagny (le vicomte Henri de). Champvallier (de). Changarnier (général). Chaper. Chardon. Charreyron. Charton. Chatelin. Chavassieu. Cheguillaume. Cherpin. Chesnelong. Chevandier. Chiris. Choiseul (Horace de). Christophle (Albert). Cintré (comte de). Cissey (général de). Clapier. Claude (Vosges). Clément (Léon). Clerc. Clercq (de). Cochery. Combarieu (de). Contaut. Corbon. Cordier. Corne. Cotte. Cottin (Paul). Courbet-Poulard. Courcelle. Crémieux. Cumont (vicomte Arthur de). Cunit. Daguenet. Danelle-Bernardin. Daru (comte). Daumas. Dauphinot. Daussel. Decazes (le baron). Decazes (duc). Delacroix. Delavau. Delille. Delisse-Engrand. Delord. Delsol. Denfert (le colonel). Depeyre. Descat. Deschange. Desjardins. Destremx. Diesbach (le comte de). Dietz-Monnin. Dompierre d'Hornoy (l'amiral de). Doré-Graslin. Douay. Dréo. Drouin. Dubois. Du Breuil de Saint-Germain. Ducarre. Du Chaffaut (le comte). Duchâtel (le comte). Ducuing. Dufaur (Xavier). Dufaure (Jules). Dufay. Dufour. Dufournel. Dumarnay. Duparc. Dupin (Félix). Dupont (Alfred). Dupouy. Duréault. Durfort de Civrac (le comte de). Durieu. Dussaussoy.

Escarguel. Eschasseriaux (baron). Esquiros. Eymard-Duvernay.

Farcy. Favre (Jules). Faye. Féligonde (de). Feray. Fernier. Ferrouillat. Ferry (Jules). Fleuriot (de). Flotard. Folliet. Fontaine (de). Forsanz (vicomte de). Foubert. Fouquet. Fourcand. Fourichon (amiral). Fournier (Henri). Fourtou (de). Fraissinet. Frébault (général).

Gagneur. Gailly. Galloni d'Istria. Gambetta. Ganault. Ganivet. Gasselin de Fresnay. Gatien-Arnoult. Gaudy. Gaulthier de Rumilly. Gavardie (de). Gavini. Gayot. Gent. George (Emile). Gérard. Germain. Germonière (de la). Gévelot. Gillon (Paulin). Giraud (Cyprien). Girot-Pouzol. Glas. Goblet. Godet de La Riboullerie. Godin. Godisart. Gouvello (de). Grammont (marquis de). Grange. Greppo. Grévy (Jules). Grollier. Gueidan. Guibal. Guichard. Guiche (marquis de la). Guillemaut (général). Guinard. Guinot. Guyot.

Haentjens. Hamille. Harcourt (comte d'). Haussonville (vicomte d'). Hespel (comte d'). Hèvre. Humbert. Huon de Penanster (de).

Jacques. Jamme. Jaurès (amiral). Jocteur-

Monrozier. Johnston. Joigne
(prince de). Jordan. Joubert.
dan. Jozon. Juigné (comte de)
quis de). Jullien.
  Koller. Kergariou (le comte de).
(de). Kermenguy (le vicomte de). Kran
  La Bassetière (de). Labitte. La Borderie
La Bouillerie (de). Laboulaye. Lacave-Lapla
La Caze (Louis). Lacretelle (Henri de). Lafayette
(Oscar de). Ladize. Lafon de Fongaufier. Lagat
Lallié. Lambert (Alexis). Lambert de Sainte-
Croix. Lamy. Lanel. Lanfrey. Langlois. La
Pervanchère (de). Laroy (baron de). La Roche-
Aymon (marquis de). La Rochefoucauld (duc
de Bisaccia). La Rochette (de). La Serve. Las-
teyrie (J. de). Latrade. Laurent-Pichat. Laurier.
Leblond. Lebourgeois. L'Ebraly. Lebreton.
Le Chatelain. Lefébure. Lefèvre (Henri). Le-
fèvre-Pontalis (Eure-et-Loir). Lefèvre-Pontalis
(Seine-et-Oise). Lefranc (Pierre). Lefranc (Victor). Le Gal La Salle. Legge (comte de). Legrand (Arthur). Lenoël (Emile). Lepère. Lepetit. Lépousé. Le Provost de Launay.
Leroux (Aimé). Le Royer. Lesguillon. Lespinasse. Lestapis (de). Lestourgie. Levéque.
Levert. Lherminier. Littré. Lockroy. Lorgeril
(vicomte de). Loustalot. Louvet. Lucet. Lur-
Saluces (marquis de).
  Madier de Montjau. Magniez. Magnin. Mahy
(de). Maillé (comte de). Maillé. Malartre. Malens. Maleville (marquis de). Maleville (Léon
de). Malézieux. Mallevergue. Mangini. Marc-
Dufraisse. Marcère (de). Marck. Marcou. Margaine. Martel (Pas-de-Calais). Martell (Charente). Martenot. Martin (Charles). Martin
(Henri). Martin des Pallières (le général).
Mathieu-Bodet (Charente). Mathieu de la Redorte (le comte). Max-Richard. Mazeau. Mazerat. Mazure (le général). Meaux (le vicomte
de). Médecin. Méline. Méplain. Mercier. Mérode (de). Mestreau. Michal-Ladichère. Michel.
Millaud. Monjaret de Kerjégu. Monnet. Mon-
taignac (amiral de). Monteil. Montgolfier (de).
Montlaur (le marquis de). Montrieux. Moreau
(Côte-d'Or). Morin. Mortemart (le duc de).
Morvan. Mouchy (duc de). Murat (comte Joa-
chim). Murat-Sistrières.
  Naquet. Nioche. Noël-Parfait. Nouaillan
(le comte de).
  Ordinaire (fils). Osmoy (comte d').
  Palotte (Jacques). Parent. Pâris. Parsy.
Partz (marquis de). Pascal Duprat. Passy
(Louis). Pelletan. Périn. Pernolet. Perret.
Perrier (Eugène). Petau. Peulvé. Peyramont (de).
Peyrat. Philippoteaux. Picart (Alphonse). Pin.
Pioger (de). Piou. Plœuc (marquis de). Pom-
pery (de). PonLoi-Pontcarré (marquis de). Prax-
Pâris. Pressensé (de). Prétavoine. Puiber-
neau (de).
  Quinsonas (marquis de).
  Rainneville (de). Rambures (de). Ramœan.
Rampon (comte). Rampont. Raoul Duval. Ra-
thier. Rémusat (Paul de). Renaud (Félix). Re-
naud (Michel). Rességuier (comte de). Reymond
(Ferdinand) (Isère). Reymond (Loire). Riant
(Léon). Ricard. Riondel. Rive (Francisque).
Robert de Massy. Rodez-Bénavent (vicomte de).
Roger du Nord (comte). Roger-Marvaise. Rol-
land (Charles) (Saône-et-Loire). Roudier. Rou-
veure. Rouvier. Roux (Honoré). Roy de Lou-
lay. Roys (marquis des).
  Sacase. Saincthorent (de). Saint-Pierre (de)
(Calvados). Saisset (vice-amiral). Salneuve.
Salvandy (de). Salvy. Sansas. Sarretto. Saus-
sier (général). Savary. Savoye. Say (Léon).
Scheurer-Kestner. Schœlcher. Sebert. Ségur
(comte Louis de). Seignobos. Sens. Serph
(Gusman). Sers (marquis de). Silva (Clément).
Simiot. Simon (Fidèle). Simon (Jules). Soubeyran (baron de). Soury-Lavergne. Soya. Sta-
plande (de). Swiney.
  Taberlet. Taillefert. Talhouët (marquis de).

(vicomte de). Roger du Nord (comte). Ro
...). Rouher. Roy de Loulay. Roys
  ...horent (de). Saintenac (vicomte
...de). Saint-Malo (de). Saint-
...). Saint-Victor (de). Sens.
  ...(Hervé de). Sens.
  ...). Sugny (de).
  ...in). Trévé...
  (ba-

  MM. Abba...
Baucarn-Le...
Colombet.
Dumont.
Leurent.
Maurice.
Pajot.
Rotours (des)
Vauchier (comte de). Venta...

*Comme étant retenus à la commission des lois
constitutionnelles :*

  MM. Adnot. Adrien Léon. Baze...
Cézanne. Delorme. Duclerc. Grévy (Albert).
Lavergne (Pas-de-Calais). Luro. Picard (Ernest).
rer. Sugny (de). Vacherot.

N'ONT PAS PRIS PART AU VOTE

Comme étant retenus à la commission du budget :

  MM. Bastard (le comte de). Bathie. Chareton
(général). Gouin. Plichon. Pothuau (amiral).
Raudot. Ravinel (de). Teisserenc de Bort.
Wolowski.

N'ONT PAS PRIS PART AU VOTE :

  MM. Aboville (vicomte d'). Aigle (le comte
de l'). Allenou. Andelarre (le marquis d').
Anisson-Duperon. Arnaud (de l'Ariège). Audiffret-Pasquier (le duc d'). Auzais (d'). Benoist du Buis. Béthune (le comte de). Bourges
(le comte de). Bidard. Billot (le général). Billy.
Boduin. Bourgoing (le baron de). Boyer. Bré-
bant. Breton. Brice (Ille-et-Vilaine). Broglie
(duc de). Carnot (Sadi). Carron (Emile). Chabrol
(de). Chadois (colonel de). Chaurand (baron).
Claude (Meurthe-et-Moselle). Cornulier-Lucinière (comte de). Costa de Beauregard (marquis
de). Crussol d'Uzès (duc de). Daguilhon-Lasselve. Dampierre (marquis de). Daron. Delacour. Denormandie. Depasse. Deregnaucourt.
Desbassayns de Richemont (comte). Dezanneau.
Douhet (comte de). Du Bodan. Duboys-Fresnay
(général). Dupanloup (Mgr). Duvergier de Hauranne. Ernoul. Flaghac (baron de). Franclieu
(marquis de). Fresneau. Gaslonde. Gaulthier
de Vaucenay. Gouvion Saint-Cyr (marquis de).
Grandpierre. Grasset (de). Grivart. Harcourt
(duc d'). Hérisson. Houssard. Jaffré (abbé).
Janzé (baron de). Jouvenel (baron de). Kergorlay (comte de). Kerjégu (amiral de). Kolb-Bernard. Lacombe (de). Lagrange (baron de). La
Lamberterie (de). Largentaye (de). La Rocha-
quelein (marquis de). La Rochethulon (marquis
de). La Sicotière (de). Lassus (baron de). Le Lasseux. Limairac (de) (Tarn-et-Garonne). Limayrac (Léopold). Limperani. Lortal. Loysel (général). Marchand. Martin (d'Auray). Mathieu
(Saône-et-Loire). Mayaud. Melun (comte de).
Merveilleux du Vignaux. Mettetal. Monneray-

(comte de la). Moreau (Ferdinand).' Mornay (marquis de). Nétien. Pagès-Duport. Patissier. Pellissier (général). Pelletreau-Villeneuve. Pouyer-Quertier. Pradié. Princeteau. Ricot. Rivaille. Robert (général). Robert (Léon). Rouher. Saintenac (vicomte de). Saint-Germain (de). Saint-Malo (de). Saint-Pierre (Louis de) (Manche). Saint-Victor (de). Saisy (Hervé de). Sénard. Tailhand. Target. Temple (du). Théry. Thiers. Tillancourt (de). Tréville (comte de). Ventavon (de). Vimal-Dessaignes. Vinois (baron de). Witt (Cornélis de).

ABSENTS PAR CONGÉ :

MM. Alexandre. Aumale (le duc d'). Aymé de la Chevrelière. Belcastel (de). Besnard. Chambrun (comte de). Chanzy (général). Claudordy (comte de). Corcelle (de). Crespin. Desbons. Gallicher. Gontaut-Biron (vicomte de). Journault. La Roncière Le Noury (vice-amiral baron de). Locamus. Le Flo (général). Magne. Maure. Monnot-Arbilleur. Parigot. Rousseau. Roussel.

SCRUTIN

Sur l'ensemble du projet de loi relatif à divers droits d'enregistrement.

Nombre des votants........ 571
Majorité absolue........... 286

Pour l'adoption.... 374
Contre............. 197

L'Assemblée nationale a adopté.

ONT VOTÉ POUR :

MM. Adam (Pas-de-Calais). Adrien Léon. Aigle (comte de l'). Allemand. Amat. Amy. Ancelon. Arago (Emmanuel). Arbel. Arnaud (de l'Ariége). Arrazat. Aubry. Audren de Kerdrel.
Bamberger. Barante (baron de). Bardoux. Barni. Barthe (Marcel). Barthélemy Saint-Hilaire. Bastid (Raymond). Beau. Beaussire. Benoist du Buis. Benoit (Meuse). Bérenger. Berlet. Bernard (Charles) (Ain). Bernard-Dutreil. Bertauld. Bethmont. Bienvenüe. Bigot. Billot (général). Billy. Blin de Bourdon (le vicomte). Bocher. Boduin. Bonnel (Léon). Boreau-Lajanadie. Bottard. Boucau (Albert). Bouisson. Boullier (Loire). Boysset. Bozérian. Brabant. Brelay. Breton (Paul). Brice (Ille-et-Vilaine). Brice (Meurthe-et-Moselle). Brillier. Broët. Broglie (duc de). Brun (Charles) (Var). Buée. Buffet. Buisson (Jules) (Aude).
Cailleux. Callet. Calmon. Carion. Carnot (père). Carnot (Sadi). Carquet. Carré-Kérisouët. Casimir Perier. Castelnau. Cazot (Jules) (Gard). Chabaud La Tour (général baron de). Chadois (colonel de). Chamaillard (de). Changarnier (général). Chardon. Chareton (général). Charreyron. Charton. Chatelin. Chavassieu. Cheguillaume. Cherpin. Chiris. Choiseul (Horace de). Christophle (Albert). Cissey (général de). Clapier. Claude (Meurthe-et-Moselle). Claude (Vosges). Clerc. Clercq (de). Cochery. Combarieu (de). Contaut. Corbon. Cordier. Corne. Cotte. Cottin (Paul). Courcelle. Crémieux. Cunit.
Daguenet. Danelle-Bernardin. Daron. Daru (comte). Dauphinot. Decazes (duc). Delacour. Delacroix. Delille. Delisse-Engrand. Delord. Delorme. Denfert (colonel). Denormandie. Deregnaucourt. Descat. Deschange. Desjardins. Destremx. Dietz-Monnin. Doré-Graslin.

Dubois. Ducarre. Duchâtel (comte). Duclerc. Ducuing. Dufaur (Xavier). Dufaure (Jules). Dufay. Dufour. Dufournel. Dumarnay. Dupare. Dupont (Alfred). Dupouy. Duréault. Dulieu. Duvergier de Hauranne.
Escarguel. Eymard-Duvernay.
Farcy. Favre (Jules). Faye. Fernier. Ferry (Jules). Flotard. Folliet. Foubert. Pouquet. Fourcand. Fourichon (amiral). Fraissinet. Frébault (général).
Gagneur. Gailly. Ganault. Gasselin de Fresnay. Gatien-Arnoult. Gaudy. Gaulthier de Rumilly. Gavar-lie (de). Gayot. George (Emile). Gérard. Germain. Germonière (de la). Gévelot. Gillon (Paulin). Giraud (Alfred). Girerd (Cyprien). Girot-Pouzol. Glas. Goblet. Godet de la Riboullerie. Gouin. Gouvion Saint-Cyr (le marquis de). Grandpierre. Grivart. Grollier. Guibal. Guillemaut (le général). Guinot. Guyot.
Hamille. Harcourt (le comte d'). Harcourt (le duc d'). Haussonville (le vicomte d'). Hèvre. Jacques. Jamme. Janzé (baron de). Jaurès (amiral). Joigneaux. Joinville (prince de). Jordan. Joubert. Jouin. Jozon.
Keller. Krantz.
La Borderie (de). Laboulaye. Lacretelle (Henri de). Lafayette (Oscar de). Laflize. Lafon de Fongaufier. Laget. Lallié. Lambert (Alexis). Lambert de Sainte-Croix. Lamy. Lanel. Lanfrey. La Serve. La Sicotière (de) (le marquis de). Latrade. Laurent-Pichat. Laurier. Leblond. Lebreton. Lefébure. Lefèvre (Henri). Lefèvre-Pontalis (Seine-et-Oise). Lefranc (Pierre). Lefranc (Victor). Le Gal La Salle. Lenoël (Emile). Lepetit. Lépouzé. Leroux (Aimé). Le Royer. Lesguillon. Lestapis (de). Leurent. Levêque. Lherminier. Limperani. Littré. Lortal. Loustalot. Louvet.
Magniez. Magnin. Mahy (de). Maillé (comte de). Maillé. Maleus. Malézieux. Mangini. Marc-Dufraisse. Marcère (de). Marck. Margaine. Martin (Henri). Martin des Pallières (général). Mathieu (Saône-et-Loire). Mathieu-Bodet (Charente). Mathieu de la Redorte (le comte). Maurice. Max-Richard. Mazeau. Mazure (général). Meaux (vicomte de). Médecin. Méline. Mercier. Michal-Ladichère. Monjaret de Kerjégu. Montaignac (amiral de). Montgolfier (de). Montrieux. Moreau (Côte-d'Or). Moreau (Ferdinand). Morin. Morvan. Murat-Sistrières.
Nioche. Noël-Parfait.
Osmoy (d').
Palotte (Jacques). Parent. Paris. Parsy. Pascal Duprat. Passy (Louis). Patissier (Sosthène). Pellissier (le général). Pelletreau-Villeneuve. Pernolet. Perret. Perrier (Eugène). Petau. Philippoteaux. Picard (Ernest). Picart (Alphonse). Pin. Pioger (de). Piou. Plichon. Pompery (de). Pressensé (de).
Rainneville (de). Rameau. Rampon (comte). Rampont. Rathier. Ravinel (de). Renaud (Félix). Renaud (Michel). Reymond (Ferdinand) (Isère). Reymond (Loire). Ricard. Riondel. Rive (Francisque). Robert (Léon). Robert de Massy. Roger-Marvaise. Rolland (Charles) (Saône-et-Loire). Roudier. Rouveure. Roux (Honoré).
Saint-Pierre (de) (Calvados). Salneuve. Salvandy (de). Salvy. Sarrette. Savary. Savoye. Say (Léon). Scheurer-Kestner. Schœlcher. Sebert. Ségur (comte Louis de). Seignobos. Sénard. Silva (Clément). Simon. Simon (Pellissard). Simon (Jules). Soye. Staplande (de). Swiney. Taberlet. Taillefert. Talhouët (le marquis de). Tardieu. Tassin. Thomas (le docteur). Thuret. Tiersot. Tillancourt (de). Tocqueville (comte de). Toupet des Vignes. Tribert. Turigny. Turquet.
Vacherot. Valazé (général). Valentin. Van-

dier. Varroy. Vautrain. Vidal (Saturnin). Viennet. Vilfeu. Villain. Voisin. Waddington. Wallon. Warnier (Marne). Wartelle de Retz. Witt (Cornélis de). Wolowski.

ONT VOTÉ CONTRE :

MM. Abbadie de Barrau (comte d'). Abbatucci. Aboville (vicomte d'). Ailenou. Ancel. André (Charente). Anisson-Duperon. Arleuillères. Auxais (d'). Aymé de la Chevrelière. Baragnon. Beaucarne-Leroux. Beauvillé (de). Belcastel (de). Benoist d'Azy (comte). Béthune (comte de). Bourges (comte de). Bidard. Blavoyer. Boffinton. Boisboissel (comte de). Boisse. Bonald (vicomte de). Bouillé (le comte de). Boullier de Branche. Bourgeois (Vendée). Boyer. Brame (Jules). Brettes-Thurin (comte de). Brun (Lucien) (Ain). Brunet. Bryas (comte de). Busson-Duviviers. Calemard de La Fayette. Carayon La Tour (de). Carron (Émile). Castellane (marquis de). Cazeaux. Cazenove de Pradine (de). Chabrol (de). Champagny (vicomte Henri de). Chaper. Chaurand (baron). Cintré (comte de). Colombet (de). Combier. Cornulier-Lucinière (comte de). Costa de Beauregard (marquis de). Courbet-Poulard. Crussol d'Uzès (duc de). Cumont (vicomte Arthur de). Daguilhon-Lasselve. Dampierre (marquis de). Delavau. Delpit. Depasse. Depeyre. Desbassayns de Richemont (comte). Dezanneau. Dompierre d'Hornoy (amiral de). Douay. Douhet (comte de). Du Bodan. Du Chaffaut. Dumon. Dupanloup (Mgr). Dupin (Félix). Durfort de Civrac (comte de). Dussaussoy. Eschasseriaux (baron). Féligonde (de). Flachac (le baron de). Fleuriot (de). Fontaine (de). Forsanz (le vicomte de). Franclieu (le marquis de). Fresneau. Galloni d'Istria. Ganivet. Gauthier de Vaucenay. Gavini. Ginoux de Fermon (le comte). Gouvello (de). Grammont (le marquis de). Grange. Grasset (de). Gueidan. Guiche (le marquis de la). Haentjens. Hespel (le comte d'). Houssard. Huon de Penanster. Jaffré (l'abbé). Jocteur-Monrozier. Johnston. Jourdan. Juigné (le comte de). Juigné (le marquis de). Jullien. Kergariou (le comte de). Kéridec (de). Kermenguy (le vicomte de). La Bassetière (de). Labitte. La Bouillerie (de). Lacave-Laplagne. Lacombe (de). Lamberterie (de). La Pervanchère (de). Laroy (baron de). Largentaye (de). La Roche-Aymon (marquis de). La Rochefoucauld (duc de Bisaccia). La Rochejaquelein (marquis de). La Rochethulon (marquis de). La Rochette (de). Lassus (le baron de). Lavergne (Léonce de). L'Ebraly. Le Chatelain. Lefèvre-Pontalis (Eure-et-Loir). Legge (comte de). Legrand (Arthur). Le Lasseux. Le Provost de Launay. Lespinasse. Lestourgie. Levert. Limairac (de) (Tarn-et-Garonne). Limayrac (Léopold) (Lot). Lorgeril (le vicomte de). Lur-Saluces (le marquis de). Malartre. Maleville (marquis de). Marchand. Marcou. Martel (Pas-de-Calais). Marténot. Martin (d'Auray). Mayaud. Méplain. Mérode (de). Merveilleux du Vignaux. Mettetal. Michel. Monneraye (le comte de la). Montlaur (marquis de). Mornay (marquis de). Mortemart (duc de). Mouchy (duc de). Murat (comte Joachim). Nouaillan (comte de). Partz (marquis de). Peulvé. Pagès-Duport. Peyramont (de). Pontoi-Pontcarré (marquis de). Pouyer-Quertier. Pradié. Prax-Pâris. Prétavoine. Puiberneau (de). Quinsonas (marquis de). Rambures (de). Raoul Duval. Rodez-Bénavent (vicomte de). Roger du Nord (comte). Rotours (des). Rouher. Roy de Loulay. Roys (marquis des). Sacase. Saincthorent (de). Saintenac (vicomte de). Saint-Germain (de). Saint-Malo (de). Saint-Pierre (Louis de) (Manche). Saint-Victor (de). Saisset (vice-amiral). Saisy (Hervé de). Sens. Sers (marquis de). Soury-Lavergne. Sugny (de). Tallon. Tarteron (de). Temple (du). Trévéneuc (comte de). Tréville (comte de). Valady (de). Valon (de). Vast-Vimeux (baron). Vaulchier (comte de). Ventavon (de). Vétillart. Vimal-Dessaignes. Vinols (baron de). Wilson.

N'ONT PAS PRIS PART AU VOTE

Comme étant retenus à la commission des lois constitutionnelles :

MM. Adnet. Baze. Cézanne. Delsol. Grévy (Albert). Humbert. Luro. Schérer.

N'ONT PAS PRIS PART AU VOTE

Comme étant retenus à la commission du budget :

MM. Adam (Edmond). André (Seine). Bastard (comte de). Bathie. Dréo. Langlois. Lepère. Lucet. Pothuau (amiral). Saussier (général). Soubeyran (baron de). Teisserenc de Bort. Tirard.

N'ONT PAS PRIS PART AU VOTE :

MM. Aclocque. Andelarre (le marquis d'). Audiffret-Pasquier (le duc d'). Aurelle de Paladines (le général d'). Babin-Chevaye. Bagneux (le comte de). Baïsan. Barascud. Barodet. Bernard (Martin). Bert. Besson. Blanc (Louis). Bompard. Bondy (le comte de). Bonnet. Bottieau. Bouchet. Bourgoing. Brisson (Henri) (Seine). Buisson (Seine-Inférieure). Caduc. Carbonnier de Marzac (de). Casse (Germain). Chabaud La Tour (Arthur de). Chabron (général de). Challemel-Lacour. Champvallier (de). Chesnelong. Clément (Léon). Daumas. Déssel. Decazes (le baron). Diesbach (comte de). Drouin. Duboys-Fresnay (général). Du Breuil de Saint-Germain. Ernoul. Esquiros. Feray. Ferrouillat. Fournier (Henri). Fourtou (de). Gambetta. Gaslonde. Gent. Godin. Godissart. Greppo. Grévy (Jules). Guichard. Guinard. Hérisson. Jouvenel (le baron de). Kergorlay (comte de). Kerjégu (amiral de). Kolb-Bernard. La Caze (Louis). Lagrange (le baron A. de). Lebourgeois. Lockroy. Loysel (général). Madier de Montjau. Maleville (Léon de). Mellevergne. Martell (Charente). Martin (Charles). Mazerat. Melun (comte de). Mestreau. Millaud. Monnet. Monteil. Naquet. Nétien. Ordinaire (fils). Pajot. Pellatan. Périn. Peyrat. Piceu (marquis de). Princeteau. Rémusat (Paul de). Rességuier (comte de). Riant. Ricot. Rivaille. Robert (le général). Rouvier. Sansas. Serph (Gusman). Tailhand. Tamisier. Target. Testelin. Théry. Thiers. Tolain. Valfons (marquis de). Vente. Vinay (Henri). Vingtain (Léon). Vitalis. Vogué (le marquis de).

ABSENTS PAR CONGÉ :

MM. Alexandre. Aumale (le duc d'). Aymé de la Chevrelière. Besnard. Chambrun (comte de). Chanzy (général). Chaudordy (comte de). Corcelle (de). Crespin. Desbons. Gallicher. Gontaut-Biron (vicomte de). Journault. La Roncière Le Noury (vice-amiral baron de). Lecamus. Le Flô (général). Magne. Maure. Monnot-Arbilleur. Parigot. Rousseau. Roussel.

ASSEMBLÉE NATIONALE.

SÉANCE DU MARDI 22 JUIN 1875

PRÉSIDENCE DE M. LE DUC D'AUDIFFRET-PASQUIER

La séance est ouverte à deux heures et demie.

M. le comte Duchâtel, *l'un des secrétaires,* donne lecture du procès-verbal de la séance d'hier.

M. le président. La parole est à M. le ministre des finances.

M. Léon Say, *ministre des finances.* Messieurs, dans l'article 13 de la loi sur l'enregistrement, il s'est glissé une erreur. On y vise la loi du 23 août 1871 dans son article 12. Or l'article visé est l'article 22 et non pas l'article 12.

M. le président. La rectification sera insérée au procès-verbal.

La parole est à M. Latrade.

M. Latrade. Messieurs, c'est par erreur que j'ai été compris, hier, parmi ceux qui ont voté l'ensemble de la loi sur l'enregistrement. J'étais absent et retenu dans une commission. Si j'avais été présent, j'aurais voté contre une loi qui établit de nouveaux impôts.

M. le président. Il n'y a pas d'autres observations sur le procès-verbal?...

Le procès-verbal est adopté.

Je demande à l'Assemblée la permission de lui faire observer que, sur la demande de l'honorable M. de Tillancourt, le président s'est fait un devoir d'être à deux heures et quart au fauteuil. Or, il est trois heures moins un quart, et il est presque impossible de commencer la séance : à peine sommes-nous en nombre. (C'est vrai !)

Une voix. L'appel nominal !

(Un certain nombre de membres arrivent en ce moment dans la salle et prennent séance.)

M. le président. M. Flotard demande un congé de quinze jours, pour raison de santé.

La demande sera renvoyée à la commission des congés.

L'ordre du jour appelle la discussion de projets de lois d'intérêt local.

1er PROJET

(M. le marquis de Quinsonas, rapporteur.)

« *Article unique.* — A partir de la promulgation de la présente loi, et jusqu'au 31 décembre 1879 inclusivement, il sera perçu, à l'octroi de Gouézec, département du Finistère, une surtaxe de 6 francs par hectolitre d'alcool pur contenu dans les eaux-de-vie, esprits, liqueurs et fruits à l'eau-de-vie, et par hectolitre d'absinthe.

« Cette surtaxe est indépendante du droit de 6 francs perçu en principal par hectolitre d'alcool pur. »

2e PROJET

(M. le marquis de Quinsonas, rapporteur.)

« *Article unique.* — A partir du 1er janvier 1876, et jusqu'au 31 décembre 1877 inclusivement, les surtaxes ci-après seront perçues sur les vins, cidres, poirés, hydromels et alcools, à l'octroi de Saint-Malo (Ille-et-Vilaine), savoir, par hectolitre :

« Vins en cercles et en bouteilles, 1 fr. 20 ;

« Cidres, poirés et hydromels, 0 fr. 70 ;

« Alcool pur contenu dans les eaux-de-vie esprits, liqueurs et fruits à l'eau-de-vie, absinthes (volume total), 9 fr.

« Ces surtaxes sont indépendantes des taxes

principales qui sont perçues sur les mêmes boissons. »

(Les deux projets de lois sont successivement mis en délibération dans les formes réglementaires et adoptés sans discussion.)

M. le président. L'ordre du jour appelle la 1re délibération sur le projet de loi organique relatif aux rapports des pouvoirs publics.

La parole est à M. le vice-président du conseil.

M. Buffet, *vice-président du conseil, ministre de l'intérieur.* Messieurs, le Gouvernement pense que la discussion des points où il est en désaccord avec la commission des lois constitutionnelles sera plus opportune et plus utile dans la seconde délibération, lorsque le débat portera sur des questions précises, bien définies, et qu'il pourra être suivi d'une décision de l'Assemblée.

Mais les deux discours que vous avez entendus dans la séance d'hier, et notamment celui de l'honorable M. Madier de Montjau, nous paraissent motiver, et, dans une certaine mesure, commander quelques observations.

L'honorable M. Madier de Montjau n'a pas cru que la loi sur les pouvoirs publics fût un champ assez vaste pour la discussion; il ne s'est pas contenté de critiquer cette loi, il a dirigé les attaques les plus vives contre les lois constitutionnelles du 25 février et contre le programme dont j'ai eu l'honneur de donner lecture à la tribune le 12 mars dernier.

Il me sera permis, messieurs, de m'étonner que l'honorable M. Madier de Montjau ait attendu que les lois du 25 février aient été votées, promulguées, devenues quant à présent irrévocables, pour dire à l'Assemblée tout le mal qu'il en pense et pour avertir ses amis de la voie funeste dans laquelle ils se sont engagés.

Je m'étonne d'autant plus du silence qu'a gardé à cette époque l'honorable M. Madier de Montjau, que ses objections contre les lois du 25 février sont, au point de vue où il se place, irréfutables; et, par conséquent, je n'entreprendrai pas d'en démontrer la vanité et l'impuissance.

Je reconnais, au contraire, que ces lois sont la négation des principes constitutionnels que l'honorable orateur est venu apporter à la tribune, et que, par conséquent, ceux qui partagent ces principes n'avaient qu'une conduite à tenir : repousser les lois. (Approbation à droite.)

Il en est de même du programme ministériel; il est incontestable que ce programme est la négation, la contradiction directe, formelle, absolue, de celui que vous aurait exposé l'honorable M. Madier de Montjau, s'il avait été à notre place. (Marques d'assentiment à droite.)

Mais quand il dit que ce programme était presque un outrage à la majorité de l'Assemblée, j'ai le droit de protester et de m'étonner, s'il y avait outrage, que l'honorable orateur soit resté trois mois et demi avant de le ressentir et de le relever. La réflexion n'est pas nécessaire, surtout une réflexion aussi prolongée, pour sentir un outrage et pour le relever. (Approbation à droite.)

Mais je dis, messieurs, que je proteste contre cette assertion, et bien loin d'avoir commis un outrage, ni envers la majorité, ni envers la minorité de l'Assemblée, je crois que lorsque nous avons apporté ce programme à la tribune, nous avons fait l'acte le plus loyal, le plus déférent et le plus respectueux envers l'Assemblée dont nous sommes justiciables et devant laquelle nous sommes responsables. (Nouvelle approbation à droite.)

Au moment où le cabinet s'est formé, l'Assemblée était sur le point de se séparer; nous aurions pu garder le silence, on ne nous interrogeait pas, et pendant votre séparation nous aurions pu engager la politique du pays dans une voie que vous n'auriez pas approuvée. Nous n'avons pas voulu agir ainsi et, le lendemain même du jour où, investis de la confiance du Président de la République nous avons pris possession du pouvoir, avant votre séparation, lorsque vous aviez toute liberté pour nous contredire, nous sommes venus à cette tribune et nous avons dit :

Voilà quel est notre programme, voilà quelle sera notre règle de conduite; si vous ne l'approuvez pas, nous vous demandons de le dire immédiatement, et nous ne méconnaîtrons pas les devoirs que votre vote nous aura imposés. (Très-bien ! très-bien !)

Nous avons, en employant des termes qui ont été rarement employés, mis en demeure les contradicteurs; tous, sans excepter l'honorable M. Madier de Montjau, ont gardé le silence; et pourquoi? Pourquoi n'avoir pas porté à la tribune devant l'Assemblée, qui était le juge naturel, des contradictions qui ne se sont manifestées dans des réunions parlementaires ou extraparlementaires qu'après votre séparation, alors qu'il n'y avait plus de juges compétents pour prononcer? (Assentiment à droite.)

Nous avons attendu trois mois et demi, non pas pour sentir un outrage, qui n'était ni dans notre pensée, ni dans nos actes, ni dans nos paroles, mais pour comprendre que notre programme est contraire aux véritables intérêts du pays et bien, que la contradiction ne s'est pas produite alors, se produise aujourd'hui; déposez une demande d'interpellation, discutez ici au grand jour, en évitant cependant de rattacher cette interpellation à quelque incident parlementaire, ou à la discussion des lois constitutionnelles, car si nous acceptons la discussion dans les conditions où vous paraissez vouloir la provoquer, cette discussion serait sans netteté, la décision serait sans clarté, sans franchise, et nous paraîtrions vouloir abriter notre responsabilité derrière les lois constitutionnelles. (Très-bien ! très-bien ! et applaudissements au centre et à droite.)

Quelle pourrait-être aujourd'hui la conclusion de ce débat? Le seul vote que l'Assemblée, saisie d'un projet de loi constitutionnelle, peut émettre maintenant, c'est de décider si elle passera ou si elle ne passera pas à une seconde délibération.

Eh bien, il y a dans l'Assemblée, sans doute, un plus ou moins grand nombre de membres qui pensent qu'il y a lieu de passer à une deuxième délibération et qui cependant n'approuvent pas peut-être la conduite politique du cabinet; l'hypothèse inverse est aussi admissible. Nous ne pourrions donc pas accepter comme un jugement de notre programme, de notre conduite, le vote qui suivrait cette délibération. (Marques d'approbation sur les mêmes bancs.)

Si vous voulez un débat, nous demandons formellement qu'il puisse se terminer par un vote clair, formel, d'approbation ou de désapprobation du programme et de la conduite du ministère. (Très-bien! très-bien! et applaudissements sur un grand nombre de bancs.) Et si vous déposez cette proposition, je vous déclare, au nom du ministère, que nous insisterons auprès de l'Assemblée, qui voudra bien sans doute répondre à notre demande, pour que cette discussion soit mise à l'ordre du jour le plus tôt possible.

Mais, quant à présent, je ne l'aborderai pas, par les raisons que je viens de vous indiquer, afin que le jugement de l'Assemblée soit plus net et plus clair.

Cependant, puisqu'on a fait allusion à ce programme et à la conduite du cabinet, je crois dès à présent très à propos de déclarer que le programme dont j'ai donné lecture à l'Assemblée le 12 mars dernier ne sera pas changé tant que ce ministère restera sur ces bancs, et qu'il continuera à être appliqué dans l'esprit où nous l'avons appliqué. (Marques d'approbation à droite.) Quant aux attaques dirigées notamment contre une administration à laquelle j'ai rendu dans ce programme et dans cette déclaration un hommage mérité... (Rumeurs à gauche. — Vive approbation et applaudissements à droite et au centre droit,) je déclare que cette administration sera énergiquement défendue, soutenue, appuyée par le Gouvernement qui a l'honneur de la diriger et dont elle mérite la confiance. (Nouvelle approbation et applaudissements des mêmes côtés de l'Assemblée.)

Sur la loi qui est en discussion, je ne présenterai aujourd'hui qu'une considération générale.

L'honorable M. Madier de Montjau et l'honorable M. Louis Blanc ont remarqué avec raison que le Président, le chef du pouvoir exécutif, dont nous déterminions les attributions, n'était pas et ne serait pas un président américain. Cela est incontestable.

Pour lui donner le caractère et le rôle d'un président américain, il ne suffirait pas de repousser la loi actuelle, il ne suffirait pas d'abroger, — et ce que je dis est une pure hypothèse, puisqu'on ne le peut même pas aujourd'hui, — d'abroger les lois du 25 février; il faudrait défaire bien autre chose en France, il faudrait abroger bien d'autres lois...

M. Madier de Montjau. C'est vrai!

M. le vice-président du conseil. Il faudrait, permettez-moi de le dire, changer ou plutôt défaire la France elle-même... (C'est vrai! — Très-bien! très-bien!) car la France n'est pas les États-Unis d'Amérique. Il n'y a aucune analogie dans la situation de ces deux pays, et bien différentes doivent être les attributions qu'il faut donner, en France, au chef du pouvoir exécutif, pour qu'il remplisse, conformément aux intérêts du pays, la mission, non pas que la fantaisie ou le caprice des hommes, mais que les besoins de la nation et sa situation commandent de lui donner.

Et, pour ne citer qu'une des lois que vous devriez défaire, je mentionnerai la loi sur l'organisation de l'armée.

Dans cette loi vous avez déterminé les droits qu'auraient dans la direction de cette armée et dans sa composition le Président de la République et son ministre de la guerre. Est-ce que vous vous êtes préoccupés de savoir si ces droits étaient conformes ou contraires à un principe abstrait de gouvernement?

Si vous aviez eu cette préoccupation, vous auriez été conduits à des conséquences bien différentes de celles que vous avez adoptées, car vous avez donné, par cette loi, au chef de l'État français, vous ne l'ignorez pas, des attributions que les rois et les empereurs qui se sont succédé depuis longtemps sur le trône n'ont pas possédées.

Vous avez supprimé le vote annuel du contingent, qui avait paru longtemps une garantie précieuse ; et pourquoi l'avez-vous fait? L'avez-vous fait par complaisance pour un homme et dans le dessein de lui donner des attributions dangereuses ? Non ; vous l'avez fait parce que, considérant la nécessité d'avoir une armée capable d'assurer la sécurité du pays, vous avez cru devoir investir, toujours dominés par cet intérêt supérieur, le chef du du Gouvernement des attributions nécessaires au meilleur fonctionnement de cette organisation.

Si nous passions en revue les autres branches des services publics, il me serait facile — et j'espère pouvoir le faire lors de la seconde délibération, — de vous démontrer que vous avez été conduits, sur une foule d'autres points, à des conséquences semblables.

Aussi, et je l'ai dit devant la commission, lorsque nous avons préparé le projet de loi qui vous a été soumis, nous ne sommes pas partis d'un principe abstrait, duquel on ferait découler, par voie de conséquences logiques qui se trouveraient être les mêmes aux États-Unis, au nord comme au sud de l'Amérique, certaines attributions pour le pouvoir exécutif ; non, nous nous sommes demandé quelles étaient, pour le pouvoir exécutif en France, à l'époque actuelle, les attributions qui lui étaient indispensables pour remplir efficacement sa mission.

Et remarquez, messieurs, quel est le danger du raisonnement que vous faites : si nous démontrons que ces attributions sont nécessaires, et si, de votre côté, vous vous attachez, et vous arrivez à démontrer que ces attributions nécessaires sont incompatibles avec le gouvernement de la République, quelle sera la conséquence? (Rires approbatifs à droite.)

Croyez-vous que le pays sacrifiera à un principe abstrait ses intérêts les plus chers, parce que ce principe ne pourra pas leur donner satisfaction? Croyez-vous que le pays, dont vous proclamez avec raison la souveraineté, admettra qu'il doit se modeler sur son Gouvernement, et non pas son Gouvernement s'adapter à ses besoins, à ses traditions, à ses habitudes, aux nécessités qui le dominent et qu'aucune disposition législative ne peut faire disparaître du jour au lendemain ? Apercevez-vous le danger de l'objection que vous faites ? Eh bien, il nous sera possible, je le crois du moins, de démontrer que les attributions que nous vous demandons de conférer au Président de la République, loin d'être un danger pour les libertés publiques, sont, au contraire, une garantie. Bien loin également d'organiser la lutte, elles assurent la paix infiniment mieux que si vous établissiez ce contraste qui naîtrait d'attributions constitutionnelles trop restreintes et d'un pouvoir qui, par nos institutions, nos mœurs, les nécessités et les besoins du pays, est, en fait, extrêmement considérable.

Il faut, dans l'intérêt même de la liberté, qu'il existe entre l'étendue de ce pouvoir qui est et qui sera toujours immense en France et ses attributions constitutionnelles, une certaine harmonie; et cette harmonie, nous avons cherché à l'établir.

À la seconde délibération, il sera facile au Gouvernement, je crois, de justifier ces propositions; mais, dès à présent, je répète ce que j'ai eu l'honneur de déclarer dans la commission : Nous n'avons demandé pour le Président de la République — nous plaçant au point de vue que j'ai indiqué, — que le minimum des attributions qui lui sont nécessaires (Très-bien ! très-bien ! et applaudissements à droite et au centre droit.)

M. le président. La parole est à M. Laboulaye.

M. Laboulaye, *rapporteur.* Messieurs, je n'ai point à m'expliquer sur le discours que M. le vice-président du conseil vient de prononcer à cette tribune; je n'ai point à juger s'il convient ou non de provoquer une interpellation. Je suis simplement rapporteur de la commission et je ne veux répondre qu'aux deux discours que nous avons entendus hier.

Ces deux discours ont à la fois critiqué la Constitution du 25 février, critiqué la loi que nous portons en ce moment devant vous, et critiqué assez sévèrement et la commission et le rapporteur.

La Constitution du 25 février, je n'ai pas à la défendre; elle existe, elle est la loi du pays : nous devons tous nous incliner devant elle. (Très-bien ! très-bien ! à gauche et au centre gauche.)

La loi qui vous est actuellement soumise, nous la discuterons article par article. Ce sera le vrai moyen de ne pas perdre la discussion en détails stériles; mais il m'appartient de répondre quelques mots aux attaques dirigées contre la commission et le rapporteur.

L'honorable M. Louis Blanc et l'honorable M. Madier de Montjau sont venus déclarer à cette tribune, au nom des principes, que ce que nous faisions n'était pas la République, que c'était la monarchie moins le roi. Ils ont oublié une chose, c'est de dire ce qu'étaient ces fameux principes et ce qu'était cette République.

Il semble que la République soit quelque chose d'absolu comme le soleil. (Interruption prolongée. — Assentiment à gauche et au centre gauche. — Rires à droite.)

Une voix au centre. Comme le roi-Soleil !

M. le rapporteur. Il y a autant de formes de républiques qu'il y a de formes de monarchies, et ce n'est pas faire une critique que de venir déclarer que ceci n'est pas la République; il faudrait ajouter : Ceci n'est pas ma république ! Et alors nous pourrions peut-être nous entendre. (Très-bien ! très-bien ! sur les mêmes bancs.)

L'honorable M. Madier de Montjau s'est adressé à ses nouveaux amis, à ces néophytes de la République qui ont un amour bien jeune pour elle, et il s'est plaint qu'on venait le troubler dans la paisible possession de sa République à lui ! Il nous a regardé comme des intrus qui venions dans sa maison et y faisions entrer la monarchie.

Il n'y a qu'une réponse à faire, c'est que notre République n'est pas la République de M. Madier de Montjau. Nous bâtissons à côté de lui un édifice où nous espérons pouvoir loger la fortune de la France. (Vive approbation à gauche et au centre gauche. — Rumeurs à droite.) Il préfère, lui, se cantonner dans les ruines de 1848...

M. Madier de Montjau. Dans la souveraineté du peuple !

M. le rapporteur. Nous vous répondrons. ... dans les ruines de 1848 ou dans la République de 1793.

Eh bien, je n'ai qu'une réponse à lui faire, c'est que si sa République à lui pouvait triompher, il n'aurait peut-être pas ce que notre République lui donnera : le droit de vieillir et de mourir en paix dans sa patrie. (Sensation diverses.)

Quant à la souveraineté du peuple, qui est la loi de notre Gouvernement, nous la reconnaissons comme lui, mais nous ne l'entendons pas comme lui.

J'avoue que je suis un peu étonné quand, après tant d'expériences qui ont été faites, après l'exemple de l'Amérique, on vient soutenir ce sophisme; que les députés sont les représentants de la nation, et que par conséquent ils sont la nation.

Oui, les députés sont les représentants de la nation, mais ils le sont avec une fonction déterminée, avec la fonction législative. Les juges qui rendent la justice sont aussi les représentants de la nation, et ils ont une autre fonction, c'est de rendre la justice. Le pouvoir exécutif, aux États-Unis, qui est nommé par le peuple, est aussi un représentant de la nation; il n'est pas la nation.

Cette confusion entre les représentants de la nation elle-même et la nation est la source de toutes tyrannies. Si on peut soutenir que la nation peut déléguer sa souveraineté à 750 membres, il y a quelque chose de mieux à faire : c'est de soutenir qu'elle peut la déléguer à une seule personne. Cette théorie, c'est la théorie même du césarisme. (C'est vrai ! — Très-bien ! très-bien !) Plus les pouvoirs sont divisés, comme par l'institution de deux Chambres avec un Président responsable, plus est garantie la souveraineté du peuple.

Quel est le système d'un pouvoir unique, qu'est-ce qui est compromis? c'est la souveraineté du peuple. Certaines Assemblées ont prétendu exercer ce pouvoir unique. Qu'est-ce qu'elles ont fait de la nation? elles en ont fait leur jouet et leur esclave. (C'est vrai!) Partout où l'autorité a été divisée entre des mains diverses, la voix du peuple s'est fait entendre, et on a eu la liberté. (Très-bien ! très-bien!)

J'ajouterai que c'est ainsi que les choses se sont passées en Amérique. M. Madier de Montjau a eu la bonté de me dire qu'un certain livre — dont il a fait l'éloge, pour mieux m'en accabler, —pourrait bien m'être attribué. Comme depuis quatorze ans le livre porte mon nom, la découverte n'était pas très-difficile. Mais est-ce que ce livre qui parle de la centralisation et dès abus de la centralisation servira en rien à la thèse qu'a soutenue M. Madier de Montjau? Est-ce la République qu'il défend, la République avec une seule Chambre, avec un président délégué sans droit de veto? Est-ce que cette République est la République américaine? Mais en Amérique, où personne ne croit à la souveraineté des Assemblées, il y a deux Chambres; il y a un président, et ce président a le droit de veto: ce droit de veto est plus sévèrement réglé que dans la loi qu'on vous apporte.

En quoi ai-je donc démérité? En quoi suis-je revenu sur ce que j'avais dit? Ce que j'ai soutenu alors, je le soutiens aujourd'hui. Ce que je demande, ce sont les garanties politiques qui existent dans tous les pays civilisés, aussi bien dans les Républiques que dans les monarchies constitutionnelles.

Oh! il est facile de prendre le rôle de M. Madier de Montjau! J'ose dire que ce n'est pas le rôle qu'il aurait dû prendre, et que les applaudissements qu'il a reçus hier auraient dû l'éclairer sur l'attitude qu'il a choisie. (Très-bien! très-bien! sur un grand nombre de bancs.)

Quoi! nous nous sommes réunis; nous avons fait tous les sacrifices pour amener la reconnaissance de la République en France; croyez-vous que chacun de nous n'a pas renoncé à certaines idées favorites? Croyez-vous que le Sénat que vous avez constitué soit le Sénat que j'aurais désiré, moi qui ai défendu à cette tribune l'élection directe du Sénat comme le seul moyen de contre-balancer l'autorité des députés? Croyez-vous que je sois partisan du droit de révision accordé aux deux Assemblées et laissé à l'initiative du pouvoir exécutif, sans consulter la nation? Non, ce sont là pour moi des erreurs politiques.

Nous nous y sommes résignés cependant, parce que nous voulions rendre à la France sa souveraineté, lui permettre de se prononcer, et nous nous sommes dit: Faisons abnégation de nous-mêmes, la Constitution sera ce que la France la fera. Une Constitution n'est qu'un outil entre les mains d'une nation. Si la France est républicaine, cette Constitution nous donnera la République; si la France ne veut pas de la République, la meilleure des Constitutions n'y fera rien. (Approbation sur divers bancs.)

Voilà ce que nous avons fait. Aujourd'hui, il est bien facile de venir dire: Ce que vous avez fait, c'est la monarchie! Et demain, quand les défauts de la Constitution — car il y en a toujours, — viendront à se révéler, il sera encore bien facile de s'écrier: Je vous l'avais dit; ah! si vous m'aviez écouté!

Mais qu'avez-vous proposé? Quelle République avez-vous apportée à cette tribune? Une République telle que vous la rêvez: apportez-nous la dans cette Assemblée, et cherchez combien de voix vous auriez eues si vous l'aviez proposée à ses votes? La République ne serait pas encore faite. Et nous, que vous dites monarchistes, nous avons cependant montré tous que nous étions des républicains

sincères; personne ne pourrait mettre notre bonne foi en doute. Nous avons fait la République à force de modération, de sagesse, de concessions. (Très-bien!)

Et vous, vous venez maintenant chercher à édifier sur vos critiques une vaine popularité. La France, soyez-en convaincu, ne s'y trompera pas. Vous ne lui avez rien donné, vous ne pouvez rien lui donner. (Vives et nombreuses marques d'adhésion.)

Nous, au contraire, nous avons voulu sortir de l'impasse où nous étions, nous avons voulu arriver à constituer un Gouvernement. Pourquoi? parce que, sur ce terrain, nous pouvions peut-être nous rencontrer, nous mettre d'accord, puisqu'un gouvernement, c'est un instrument. Après tout, ce qu'il nous faut, ce qui doit exciter notre légitime impatience, c'est que le peuple sente enfin les bienfaits de la République, c'est que nous puissions nous occuper de son éducation, de son bien-être; et pour cela il faut un gouvernement. (Nouvelle approbation.)

Vous trouvez fragile l'édifice que nous venons de construire, et vous dites: Cela ne pourra pas abriter la France!

Le devoir de tout bon citoyen, monarchiste ou autre, c'est de se ranger sous ce dernier abri.... (Rumeurs à droite. — Très-bien! très-bien! à gauche et au centre gauche), c'est de voir si, à force de courage, de patience et de dévouement, nous ne pourrons pas faire le gouvernement de tous pour tous.

M. le vicomte de Lorgeril. Pour que nous soyons écrasés sous ses ruines! (Bruit.)

M. le rapporteur. Vous savez, messieurs, que si nous avons fait la République, c'est que vous avez été impuissants à faire la monarchie. Pour la France, c'était sa dernière planche de salut.

M. le vicomte de Lorgeril. La monarchie aurait été fondée si on avait écouté les hommes raisonnables. (Exclamations diverses.)

M. le président. N'interrompez pas, monsieur de Lorgeril.

M. le rapporteur. Je dis qu'en ce moment, quand nous en sommes à compléter cette œuvre. Apporter de vaines théories, de vaines critiques, ce n'est pas faire acte de bons citoyens.

Rappelez-vous, messieurs, ce qui s'est passé aux États-Unis; personne ne croyait à la durée de la constitution: Franklin la trouvait trop monarchique, Washington trop démocratique. Tous se dirent: L'épreuve sera peut-être vaine, mais notre devoir est de donner à l'Amérique un gouvernement. Eh bien, cette constitution dédaignée de tous a donné à l'Amérique cette puissance et cette grandeur que tout le monde respecte aujourd'hui.

L'année prochaine, l'Amérique célébrera le centième anniversaire de son indépendance; souhaitons que notre République, si fragile aujourd'hui... (Interruptions et sourires à droite. — Assentiment à gauche.)

Oui, messieurs, cela vous fait sourire; il y a un siècle, cela en faisait sourire bien d'autres: les Anglais croyaient que cette République des États-Unis allait tomber; aujourd'hui ils la respectent. Il en sera peut-être de même de la nôtre: les grandes choses ont de petits commencements. Le peuple s'attachera

à cette République. C'est sa chose, c'est la représentation vivante de la patrie, et un jour
viendra, je l'espère, où vous-mêmes vous le
reconnaîtrez.

M. le marquis de Franclieu. Cette République, vous la jugerez bien sur ses œuvres!

M. le président. Veuillez ne pas interrompre, monsieur de Franclieu.

M. le marquis de Franclieu. J'ai bien le
droit de dire...

M. le président. Vous avez le devoir de
vous taire en ce moment, car vous n'avez pas
la parole. Je vous la donnerai ensuite, si vous
la demandez; mais vous n'avez pas le droit
d'interrompre. Le règlement est fait pour vous
comme pour tout le monde. (Très-bien! à gauche.)

M. le rapporteur. Oui, messieurs, j'espère
que cette République, que vous dédaignez aujourd'hui, sera prochainement votre garantie
la plus puissante... (Nouvelles interruptions à
droite.)

M. Fouquet. Attendez le silence! C'est
assez intéressant pour que nous ayons le droit
d'écouter sans être troublés.

M. le rapporteur. ...et que vous reconnaîtrez qu'en acceptant des institutions qui,
cela est vrai, ressemblent sur bien des points
à la monarchie constitutionnelle, nous avons
fait ce que nous pouvions pour réunir tous
les enfants d'une même patrie, que nous avons
fait tous les sacrifices nécessaires pour ramener
entre eux la concorde et l'union, et qu'il n'y a
aujourd'hui qu'un devoir pour tous les bons
citoyens, c'est de se rallier au gouvernement
légal, au gouvernement national de la France,
la République. (Vifs applaudissements à
gauche.)

M. le président. M. du Temple a la parole.

M. Félix du Temple, Messieurs, après
avoir entendu deux orateurs de la gauche parlant contre le projet de loi qui vous est soumis, veuillez entendre un membre de la
droite, qui ne vient parler qu'en son propre
nom. (Exclamations à gauche.)

Il tient à le déclarer tout d'abord pour prévenir des réclamations qui pourraient être blessantes s'il ne se rappelait que presque toujours
ceux qui n'ont pas craint de dire la vérité ont
la défendre ont été reniés même par leurs
meilleurs amis. (Rires à gauche.)

Je ne dis pas cela pour me plaindre; mais,
je le répète, j'ai cru devoir faire cette déclaration tout d'abord afin d'éviter toute réclamation.

Messieurs, je viens parler dans le même but
que les deux honorables orateurs que vous
avez entendus hier, MM. Louis Blanc et Madier de Montjau, mais non pas dans le même
sens. (Nouveaux rires à gauche.)

Il est probable que je serai accusé, par les
journaux modérés, de connivence avec ces
messieurs; mais vous n'en croirez rien, et je
n'ai pas besoin de dire qu'il n'en est rien. Je
respecte le talent et même le courage avec
lequel ils ont parlé; mais nos principes sont
tellement opposés que, j'en suis persuadé,
nous ne pourrions jamais nous entendre. Pour
arriver à s'entendre, il faut avoir peu de principes et quelques intérêts à débattre: cela ne
se rencontre généralement que dans les opinions très-modérées. (On rit.)

J'ai parlé contre les lois constitutionnelles;
il est assez naturel que je parle contre les lois
complémentaires destinées à les mettre en
pratique. Je ne reviendrai pas à ces lois constitutionnelles, qui n'ont pas été discutées,
malgré leur importance, quoi qu'en ait dit
l'honorable M. Buffet, et qui sont non discu-
tables, comme l'a si bien montré l'honorable
M. Raudot, car elles ne sont que le produit hâ-
tif, informe d'une conjuration que je ne me permettrai pas de qualifier, dans la crainte d'être
peu parlementaire. (Vives réclamations à gauche.)

Le mot n'est pas nouveau, messieurs...

M. le président. Monsieur du Temple, je
vous ferai observer que, si je dois faire respecter
la liberté de l'orateur qui est à la tribune, je
ne peux pas laisser attaquer une loi qui a droit
au respect de tous. Le premier devoir du
président est de faire respecter par chacun de
ses collègues les décisions de l'Assemblée. Par
conséquent, je vous engage à vous renfermer
dans les limites de la discussion des lois complémentaires.

M. Félix du Temple. Je n'attaque pas la
Constitution; je rappelle tout simplement un
fait qui s'est passé ici même et qui appartient
à l'histoire. Tous les jours on fait de l'histoire
à cette tribune.

M. Hervé de Saisy. Je demande que M. le
président ait pour l'orateur la même impartialité qu'il a eue pour M. Madier de Montjau.
(Protestations sur un grand nombre de bancs.
— Marques d'approbation sur quelques autres.)

M. le président. Je ne relèverais pas
l'observation de M. de Saisy si quelques-uns
de ses collègues ne me paraissaient l'avoir
voulu souligner en s'y associant.

Je réponds à M. de Saisy que M. Madier de
Montjau n'a pas attaqué la loi du 25 février
dans les termes dont vient de se servir M. du
Temple.

Quant à mon impartialité, je n'ai pas à la
soumettre au jugement d'une impression personnelle. J'en appelle à l'Assemblée elle-
même. (Applaudissements répétés à gauche.)

M. Hervé de Saisy. Je demande la parole pour un fait personnel. (A l'ordre! à l'ordre! à gauche.)

Comment! à l'ordre! Je demande la parole pour un fait personnel; il n'y a pas là
de quoi me rappeler à l'ordre.

Un membre à gauche. Si! (Exclamations.)

M. le président. Vous aurez la parole,
monsieur de Saisy, pour vous expliquer à la
fin de la séance... (Mouvements prolongés en
sens divers), ou même après le discours de
l'orateur qui est actuellement à la tribune.

M. Félix du Temple. Je veux simplement
rappeler un fait qui a été constaté à la tribune et, à moins de croire que la bonne foi a
disparu de la terre, et que des hommes politiques aient voulu laisser les portes ouvertes à
des subtilités qui ne sont pas dignes d'une
grande Assemblée, il n'est pas possible d'admettre qu'en présence de la disposition expresse du règlement portant que toute proposition ou projet de loi repoussé ne peut être
représenté avant trois mois; il n'est pas admissible, dis-je, qu'une différence dans le

texte d'un même projet puisse permettre de le remettre à l'ordre du jour.

C'est pourtant ce qui est arrivé pour le projet de loi relatif au Sénat, et ce qui a rendu possible le vote des lois constitutionnelles. Il y a donc eu violation du règlement. . (Réclamations à gauche.)

M. le président. Monsieur du Temple, je puis, dans une certaine mesure, rester indifférent aux attaques qui me sont personnelles; mais je ne laisserai pas attaquer mon prédécesseur à ce fauteuil.

Dans la circonstance que vous rappelez, il a bien agi, puisque la majorité lui a donné raison. (Très-bien! très-bien!)

M. Félix du Temple. Si vous m'aviez laissé achever ma phrase, vous auriez vu que je ne l'attaque pas. J'ai dit qu'il y avait eu violation du règlement, par une erreur involontaire de la part de M. Buffet, j'aime à le croire, mais avec son assentiment. . (Réclamations à gauche.)Cette violation a eu lieu, c'est un fait, et il sera responsable devant Dieu, devant le pays et devant l'histoire des conséquences de cette violation. (Oh! oh!) Voilà ce que je voulais établir et maintenir.

J'ajoute que, par conséquent, les lois constitutionnelles n'ont pas de sanction légale. (Nouvelles réclamations à gauche.)

Rassurez-vous, messieurs, et laissez-moi achever.

Qu'est-ce que la légalité? c'est, hélas! une ombre d'autorité reconnue ou refusée aux lois depuis quatre-vingts ans, suivant les circonstances, par les pouvoirs, et à laquelle se raccrochent nos malheureuses sociétés chrétiennes depuis qu'elles ont abandonné la loi divine, leur soutien et leur guide, pour se soumettre à des gouvernements composés en grande partie d'hommes politiques ainés principes, ainées ou francs-maçons. (Exclamations.) Ils ne vont pas à Rome prendre leur mot d'ordre d'un saint vieillard qui bénit le monde; mais ils reçoivent quelquefois de sociétés secrètes qui leur promettent la satisfaction de toutes leurs convoitises, s'ils obéissent, et, s'ils résistent, les menacent très-souvent de la bombe, du poignard ou du poison. (Interruptions.)

Au centre. Parlez de la loi en discussion !

M. Félix du Temple. Et quand l'histoire nous montre, quand nous voyons chaque jour ce que les passions, l'intérêt et la peur font fabriquer de lois iniques et insensées à des centaines d'hommes réunis, soit en Convention, soit en Parlement, sous le joug de quelque tyran, qu'il s'appelle Cromwell, Robespierre ou tout autre, on comprend parfaitement que les peuples soient inquiets et mécontents; car tout honnête homme, forcé d'obéir à de pareilles lois doit, en son âme et conscience, faire tout pour les renverser, surtout quand elles font le malheur du pays et qu'elles sont le résultat de compromis sans durée possible et indignes d'hommes honnêtes et sincères. (Réclamations à gauche.)

Un membre à gauche. C'est un appel à l'insurrection !

M. Félix du Temple. Dans les circonstances où nous nous trouvons et après les avertissements du dehors et du dedans, le vote de ces lois, comme l'a si bien dit l'honorable M.

de Belcastel, a été une mauvaise action. (Protestations sur un grand nombre de bancs.)

M. de Tillancourt. M. de Belcastel n'a pas besoin que vous commentiez ses paroles : il sait bien s'expliquer lui même.

M. Félix du Temple. Ces lois manquent donc de sanction morale. Mais qu'est-ce que la moralité politique? (Exclamations diverses.) Quand, après avoir impunément, dans le courant de sa vie, avec connaissance de cause, violé les lois divines et humaines, on peut encore parler et être écouté avec patience et même avec faveur; quand, après ne pas avoir eu le courage de prendre un fusil pour défendre son pays accablé par l'ennemi, et cela dans l'âge le plus généreux de la vie, on jouit encore de la faveur publique, de celle du Gouvernement, que dis je? de celle des sommités sociales... (Interruptions et bruit); quand l'inconsistance dans les paroles et dans les actes, quand les défections les plus constatées donnent lieu d'occuper les postes les plus élevés et d'obtenir les plus grandes dignités; et en revanche, quand un homme qui a servi sa patrie toute sa vie, a souvent de la peine à se faire entendre, on peut dire que la moralité politique n'est qu'un mot vide de sens. (Rires ironiques sur un grand nombre de bancs.)

Il n'y a qu'une moralité, la seule qui puisse vaincre l'iniquité...

M le marquis de Plœuc. Parlez de la loi !

M. Félix du Temple. Il n'y a qu'une moralité Elle existe chez le pauvre comme chez le riche, chez l'ouvrier comme chez le grand seigneur, chez le soldat comme chez le général : c'est la moralité de l'humble serviteur de Dieu qui ne transige jamais avec sa conscience. C'est la seule nécessaire au monde, et toutes les transactions, toutes les concessions de l'homme politique ne peuvent pas plus sauver un pays que le manquement à la parole donnée et la trahison chez le soldat ne sauvent la patrie. Appelez ces transactions, ces compromissions, ces concessions, de tous les mots que vous voudrez : habileté, opportunité, nécessité, ce sera toujours chez les chefs ambition quand il n'y aura pas duplicité, et chez ceux qui les suivent faiblesse quand il n'y aura pas pusillanimité. (Bruit.)

L'honorable M. Wallon, parlant de ces lois, en dehors de cette Assemblée, a dit qu'elles mettaient un terme aux révolutions et aux coups d'Etat. C'est du moins le bruit qui en a couru : il n'y a donc rien d'extraordinaire à ce que je vous rapporte ces paroles... (Rires.)

Un terme aux révolutions et aux coups d'Etat ! Je ne sais pas pourquoi, car généralement les Républiques ont vécu un peu de révolutions et en engendré les coups d'Etat.

Je trouve seulement — s'il a prononcé ces paroles, — un peu sévère pour ces deux actes, très-coupables il est vrai, mais dans lesquels il y a encore un peu de courage à montrer et de risques à courir, tandis que les complots parlementaires comme celui qui a fait le succès de ces lois, je ne vois que des habiletés dangereuses pour autre chose que pour la vie et malsaines pour le peuple quand elles réussissent. C'est ainsi que, pour moi, le régime de 1830 a plus perverti la nation que les crimes de 1793. (Oh! oh!)

Oui, messieurs, les crimes effrayent les sociétés et les corrigent quelquefois, tandis que la ruse et la duplicité partant d'en haut et triomphant démoralisent une nation.

Je sais, messieurs, que parmi les honorables membres de cette Assemblée qui, se disant monarchistes, ont voté la République, un grand nombre ont cru obéir à la nécessité, comme s'il y avait jamais nécessité de mal faire. (Hilarité à gauche. — Mouvements divers.) D'autres ont obtempéré aux demandes réitérées d'organisation des pouvoirs faites par M. le maréchal de Mac Mahon, qui, choisi et nommé chef du pouvoir exécutif par les monarchistes, par crainte de la République, s'est laissé nommer Président de la République par les républicains. (Exclamations diverses.)

Cela explique, messieurs, son émotion profonde quand le pouvoir lui fut offert; car s'il n'avait vu dans cette offre qu'une mission à remplir, un devoir à accomplir, il n'y avait pas lieu d'être plus ému que ne le furent en pareille circonstance le général Cavaignac et M. Thiers... (Nouvelles exclamations.)

Mais on serait tenté de croire qu'il y a vu l'accomplissement de rêves caressés... (Vives protestations et cris nombreux : A l'ordre!)

M. le président. Monsieur du Temple!...

M. Félix du Temple. Veuillez me laisser achever ma phrase.

M. le président. Non monsieur! Quelque patience que mette le président à vous laisser exposer des opinions qui certainement sont loin d'être celles de vos collègues, je ne peux pas pousser la tolérance jusqu'à vous laisser parler d'une façon irrévérencieuse d'un homme que tout le monde ici respecte. (Très-bien! très-bien! et vifs applaudissements.)

M. Félix du Temple. Je ne parle pas d'une façon irrévérencieuse; je cite des faits, et si vous m'aviez laissé achever ma phrase, vous auriez vu que je n'allais pas plus loin.

Je dis que ces rêves peuvent paraître corroborés par l'envoi en province d'une biographie aux instituteurs, se terminant par ces mots : Vive Magenta Ier!... (Exclamations), et la demande faite aux villes de France du nombre des cadres contenant les portraits de l'Empereur pour y substituer le sien. (Vives protestations.)

Cela ne vient pas de lui, probablement, mais de son entourage. (Nouvelles protestations et cris : A l'ordre!)

M. le président. Monsieur du Temple, je vous rappelle formellement aux convenances, et, si vous continuez, je vous rappellerai à l'ordre et je vous ôterai la parole. (Très-bien! très bien!)

M. Félix du Temple. Il faudra que vous consultiez l'Assemblée pour cela!

M. le président. Après deux rappels à l'ordre, la parole pourra vous être retirée!

M. Félix du Temple. Vous devez donc bien peur que je dise la vérité! Laissez-moi parler et vous verrez! Vous me rappellerez à l'ordre tant que vous voudrez; cela prouve que vous avez peur de la vérité. (Bruit.)

J'ai dit que je n'attribuais pas cela à M. le Maréchal, mais à son entourage. Je crois qu'il a voulu, simplement, se maintenir dans la devise qu'on lui attribue et qu'il prend : « J'y suis, j'y reste! » C'est une noble devise quand

on est au danger; c'est celle de tous les ambitieux quand on est au pouvoir..... (Exclamations de divers côtés. — Assez! assez!)

M. le président. Vous pouvez être convaincu, monsieur du Temple, par le sentiment que témoigne l'Assemblée, que, si le président vous rappelait à l'ordre, il serait approuvé par elle.

M. Félix du Temple. Mais non par l'Assemblée entière; je ne l'admets pas.

M. le président. Je vous invite à ne pas franchir les limites qui vous sont tracées par la discussion du projet de loi.

M. Félix du Temple. Je ne franchis nullement les limites Il s'agit de savoir dans quelles conditions on constitue les pouvoirs d'un homme, et c'est ce que je recherche. Du reste, messieurs, fort heureusement pour lui et pour nous, M. le maréchal n'y est pas toujours fidèle...

Plusieurs membres. A quoi? à quoi?

M. Félix du Temple. A sa devise : « J'y suis et j'y reste! »

Bayard, l'ancien... (Hilarité générale,) auquel le comparait une grande âme qui le jugeait d'après elle-même. — Bayard, l'ancien, blessé lui aussi, restait et mourait au milieu de ses soldats vaincus.

C'était une affaire de sentiment. Mais, le code militaire ne demande pas pareil dévouement. (Exclamations diverses.—Interruptions.)

J'ai le droit de parler, messieurs. J'estime, — et si jamais j'agis autrement, je demande à être jugé durement, — j'estime que le souverain fut coupable à Sedan, le général le fut encore plus. Et lorsqu'on a l'honneur de commander 80,000 hommes, on leur doit bien de rester, ou, si l'on est emmené blessé, de se faire ramener pour mourir au milieu d'eux. (Bruyantes protestations sur un grand nombre de bancs. — Cris : A l'ordre! à l'ordre!)

M. le comte Rampon. Je proteste au nom de l'armée, et je réprouve de toutes mes forces des paroles prononcées à la tribune française par un officier contre un maréchal de France.

M. le président. Monsieur du Temple, je vous rappelle formellement à l'ordre. (Très-bien! très-bien!)

M. Félix du Temple, *au milieu du bruit et de l'agitation.* Convaincu que Dieu n'a pas besoin de la malhonnêteté humaine pour sauver mon pays, et sûr de bien faire, j'attaque sans hésitation ce fils d'émigré qui sait si bien faire interner les autres émigrés. (Nouveaux cris : A l'ordre! à l'ordre!)

M. le président. J'arrête de nouveau l'orateur. Messieurs les sténographes, n'écrivez plus!

Monsieur du Temple, pour la seconde fois je vous rappelle à l'ordre, et je consulte l'Assemblée pour savoir si vous devez conserver la parole après en avoir mésusé comme vous l'avez fait, et continuer à occuper la tribune après avoir été deux fois rappelé à l'ordre.

(L'Assemblée, consultée, décide que la parole est retirée à M. du Temple.)

M. Félix du Temple. Très-bien! C'est au nom de la liberté...

M. le président. Monsieur du Temple, vous n'avez plus la parole.

La parole est à M. Marcou.

M. Marcou. J'y renonce, monsieur le président, et je me réserve pour la seconde délibération.

M. le président. M. Marcou renonçant à la parole, et personne autre ne la réclamant, je n'ai plus qu'à consulter l'Assemblée.

Monsieur du Temple, veuillez regagner votre place.

(L'Assemblée, consultée, décide qu'elle passera à une 2ᵉ délibération du projet de loi.)

Une vive et longue émotion se manifeste dans l'Assemblée à la suite de cette discussion.

M. Félix du Temple descend de la tribune et retourne à sa place, non sans échanger avec quelques-uns de ses collègues qu'il rencontre sur son passage des explications et des interpellations. — Presque tous les membres de l'Assemblée sont debout.

Une voix. Un médecin! (Exclamations et bruit général.)

M. le président. Monsieur Hervé de Saisy, vous avez demandé la parole pour un fait personnel : voulez-vous que je vous la donne?

M. Hervé de Saisy. Vous avez dit, monsieur le président, que vous me donneriez la parole à la fin de la séance.

M. le président. C'est vrai; mais, la 1ʳᵉ délibération étant terminée sur le projet de loi qui était tout à l'heure soumis à l'Assemblée, avant qu'une nouvelle discussion soit appelée, vous pourriez prendre la parole sur le fait personnel pour lequel vous l'avez réclamée.

M. Hervé de Saisy. Je ferai selon que vous le jugerez le plus convenable, monsieur le président. Cependant, je préférerais prendre la parole à la fin de la séance.

M. le président. Je vous donnerai la parole à la fin de la séance, si vous la réclamez.

L'ordre du jour appelle la 2ᵉ délibération sur la proposition de M. Princeteau et plusieurs de ses collègues, ayant pour objet la révision du tarif de 1807, qui régit les taxes des greffiers de justices de paix.

La parole est à M. le rapporteur.

M. Raymond Bastid, *rapporteur,* paraît à la tribune et y attend pendant plusieurs minutes que le calme et le silence se rétablissent.

M. le président. J'ai donné la parole à M. le rapporteur. J'invite l'Assemblée à lui prêter attention.

M. Raymond Bastid, *rapporteur.* Messieurs, il y a quelque témérité à venir aborder cette tribune après les émotions qui agitent encore l'Assemblée; mais, sous des apparences modestes, le projet de loi qui vous est soumis prépare une œuvre de justice et de réparation, et de telles œuvres ont toujours une opportunité indépendante des circonstances. (Parlez! parlez!)

Avant d'aborder la discussion des articles du projet, l'Assemblée me permettra de donner quelques brèves explications.

Dans un premier rapport qui a été déposé à la séance du 20 janvier dernier, votre commission vous a soumis un projet de révision des taxations des greffiers des juges de paix. A ses premières résolutions elle substitue aujourd'hui un contre-projet émané de l'initiative de M. le garde des sceaux. Mais le projet primitif a été

repris à titre d'amendement par plusieurs de nos honorables collègues. Les deux projets en présence étant l'œuvre successive de votre commission, j'ai le devoir, comme rapporteur, de dégager la discussion d'une apparente contradiction.

Pour la proposition de loi comme pour le projet de loi émané du Gouvernement, le point de départ est le même : c'est la précarité de position des greffiers de justices de paix. Le but, pour l'une et pour l'autre, est le même : l'amélioration de situations reconnues intolérables. La divergence n'existe que sur le moyen d'atteindre le but.

Les greffiers de justices de paix, vous le savez, messieurs, sont à la fois des fonctionnaires publics et des officiers ministériels. Comme fonctionnaires publics, ils reçoivent un traitement de l'État; ce traitement est, aujourd'hui, de 650 fr. Seuls les greffiers de Paris reçoivent une somme de 800 fr. Comme officiers ministériels, ils perçoivent des taxes qui sont régies par le décret de 1807, demeuré immuable jusqu'à ce jour.

L'amélioration du sort de ces utiles auxiliaires de notre magistrature populaire pouvait s'obtenir par une augmentation de traitement ou par une révision du tarif de 1807, plaçant les taxes au niveau des besoins en comblant les lacunes révélées par le temps. L'état de nos finances n'a pas permis jusqu'à ce jour d'augmenter les traitements, en tant du moins qu'il ne serait pas trouvé une compensation au sacrifice qu'il nécessiterait.

Vous vous rappelez, en effet, le vote par lequel vous avez refusé d'admettre une modeste augmentation de 50 francs, solennellement promise par l'Assemblée qui nous a précédés.

Restait, dès lors, au début des travaux de votre commission, l'unique ressource de reviser le tarif de 1807, suivant la proposition formulée par plus de cent de nos honorables collègues.

L'œuvre confiée à votre commission était des plus délicates. Les greffiers de justice de paix ne sont pas, en effet, des officiers ministériels ordinaires. Pour ceux-ci s'ouvre le champ libre de la concurrence; chacun peut se faire une part légitime par son travail, par son activité, par ses aptitudes, par la confiance qu'il sait inspirer; à leur égard, l'État n'a contracté aucune dette et l'établissement d'un tarif obéit à une double loi de proportion. Les taxes sont proportionnelles au nombre des affaires et aussi à leur degré d'importance et d'intérêt. Il en est autrement des greffiers de justice de paix; leur sphère d'action est limitée par la juridiction, par le territoire; leur ministère forcé est indépendant de toute volonté, et échappe à l'action de toute volonté. Or, il est des cantons où les affaires sont multipliées et où la plus légère augmentation de taxe donne des résultats exagérés et complètement inattendus. Dans d'autres, au contraire, le nombre des affaires est insignifiant, on a beau torturer les chiffres, élever les taxes au delà de toute mesure, la matière fait défaut et le remède est inefficace.

Telle est, messieurs, l'alternative dans laquelle se trouvait placée votre commission : elle était exposée à rester en deçà ou à aller au delà du but qu'il s'agissait d'atteindre.

Et, en effet, prenons un exemple, soit la taxe d'un franc pour droit de mise au rôle. Pour les uns ce peut être un émolument de cent, cinq cents, mille, deux mille francs ; pour les autres, les affaires se chiffrent par simples unités, et le droit demeure une lettre morte.

Il y a là une inégalité choquante.

M. Ganivet. Je demande la parole.

M. le rapporteur. Pour se rendre compte des résultats qu'on pouvait obtenir d'une révision des taxes, votre commission a dû recourir à la statistique.

Il est résulté des tableaux les plus rigoureusement vérifiés, que le taux moyen des émoluments actuels des greffiers de paix est de 355 fr. par an.

Je parle uniquement des 2,460 greffiers ruraux, et je fais abstraction, en ce moment, des 100 greffiers de Paris, des villes assimilées, des chefs-lieux de cour d'appel, des villes d'une population de plus de 30,000 âmes et des villes chefs-lieux de tribunaux.

Eh bien, pour ces greffiers, — et ils sont nombreux, — si, comme vous le voyez, la moyenne est peu élevée, le chiffre des produits du plus grand nombre descend à des chiffres insignifiants : ainsi, non pas seulement dans des départements exceptionnels comme la Corse, les Hautes et les Basses-Alpes, mais dans tous les départements, même dans les plus riches, tels que la Seine-Inférieure, la Côte-d'Or, le département du Nord lui-même, je puis citer des greffes où l'émolument du greffier ne dépasse pas annuellement des chiffres variant de 50 à 70 fr.

M. Henri Fournier. Cela prouve que l'augmentation de 50 fr. est insuffisante.

M. le rapporteur. Oui, sans doute, 50 francs, c'est insuffisant, et j'ai là un tableau qui établirait jusqu'où va l'insuffisance. Mais je ne veux pas condamner l'Assemblée au voyage accompli par sa commission dans presque tous les greffes de justices de paix ; il suffit de retenir comme certain que le chiffre moyen est de 355 fr. et que ce chiffre s'abaisse au-dessous de 200 fr, et même de 100 fr. dans un très-grand nombre de départements, dont je n'excepte pas même les plus riches.

Admettons que l'émolument soit doublé, et dans beaucoup de cantons il ne l'est pas. Il semble même que la progression soit en sens inverse de l'importance des cantons. Il est tel greffe où le produit actuel est de 53 fr. ; j'ai fait le calcul minutieusement, et, avec l'augmentation du tarif, on arrive à 71 fr.

Que faire en pareil cas ? Le problème était celui-ci : Trouver un minimum de taxe au-dessous duquel il ne soit pas dérisoire de descendre. Nous avons consacré tous nos efforts à la solution de ce problème : notre premier élément d'équilibre a été la suppression des classes et l'unification des taxes.

A l'heure actuelle, il y a quatre classes de greffiers. Pour la dernière classe, le chiffre de la vacation est de 1 fr. 66. Nous avons dû l'élever au chiffre de 4 fr. pour obtenir un résultat appréciable.

Nous avons eu le courage, pour ne pas dire la douleur, d'en faire l'application à des actes qui ne sont pas volontaires, à des actes qui ne sont pas entraînés par un litige, par des contestations, aux actes même qui intéressent les mineurs.

C'était une douloureuse nécessité ; car il y a là des actes qui s'imposent aussi aux pauvres comme aux riches ; car nous voyons tous les jours des mineurs qui n'ont pas de tuteurs, des tutelles sans subrogé tuteur, parce qu'on recule devant les frais de la réunion d'un conseil de famille.

Nous avons la conscience d'avoir fait le possible, sans avoir trouvé le minimum que nous cherchions.

Le projet avait subi l'épreuve d'une première lecture, lorsqu'à la reprise de vos travaux, M. le garde des sceaux a saisi la commission d'un contre-projet dont l'économie se résume dans les deux dispositions suivantes :

Le traitement des greffiers est augmenté de 200 fr.

Il est créé au profit de l'Etat un droit de greffe de 1 fr. pour chaque affaire mise au rôle.

M. Levêque. A l'exception des conciliations !

M. le rapporteur. Oui, pour les affaires purement litigieuses.

Je ne veux pas anticiper sur la discussion dans laquelle M. le garde des sceaux et M. le sous-secrétaire d'Etat viendront, avec l'autorité qui leur appartient, soutenir le nouveau projet. Je demande uniquement la permission d'expliquer sous l'empire de quels sentiments, de quel courant d'idées, les membres de votre commission se sont ralliés à ce nouveau projet et ont pu se résoudre à abandonner une œuvre qui avait été l'objet d'une longue et consciencieuse étude.

Si j'ai le bonheur de me faire comprendre par l'Assemblée, elle n'aura pas oublié que le problème consistait à trouver une combinaison de tarif qui permît aux greffiers qui souffrent, — et j'ose dire que c'est le plus grand nombre, — de trouver dans une élévation de taxe une amélioration modeste mais raisonnable.

Nous osions à peine rêver 200 francs. Ce minimum désirable s'étant complètement dérobé à nos efforts, l'augmentation de 200 francs proposée par M. le garde des sceaux est apparue, sinon comme le dernier mot d'une situation qui appelle d'autres améliorations, au moins comme une solution vainement cherchée jusqu'à ce jour.

Aux yeux de plusieurs membres de votre commission, la satisfaction est suffisante ; pour d'autres, elle n'est que relative, en ce sens que la question de tarif demeure entière et pourra se représenter à un moment plus opportun.

M. Henri Fournier. Quand ? Ce sera renvoyé aux calendes grecques.

M. le rapporteur. Non, ce ne sera pas aux calendes grecques ; car l'œuvre sera reprise avec des facilités que nous n'avons pas encore. L'augmentation de traitement dégagera la question de vaines recherches et du trouble qu'elles ont apporté dans notre examen ; elle autorisera des atermoiements de droits proportionnels ; elle permettra la modération dans la fixation des taxes. Et, en attendant, le Gouvernement ne pourrait-il pas régulariser certaines perceptions, faire un travail de coordination analogue à celui de 1854 sur les greffiers des tribunaux qui vivent encore sur des règlements de 1665 et 1778?

Enfin d'autres membres de la commission ont donné au projet de M. le garde des sceaux une approbation moins réservée et dépassant peut-être la portée des explications si précises et si claires que vous avait données l'honorable sous-secrétaire d'Etat. A leurs yeux, c'est plus qu'une œuvre opportune, c'est plus qu'une œuvre qui donne satisfaction au présent, c'est en même temps une œuvre de prévoyance et de sauvegarde pour l'avenir.

Ils n'envisagent pas uniquement, quelque intéressante qu'elle soit, la position des titulaires actuels, ils se demandent quelle serait celle de leurs successeurs après une révision de tarif.

Vous savez, messieurs, que la chancellerie ne fait pas entrer en ligne de compte, pour la fixation du prix des cessions d'offices, le montant du traitement. Elle prend uniquement en considération le produit annuel des taxes allouées par les tarifs. Le produit exigé par la chancellerie est 15 p. 100 du capital employé à la cession, en sorte que les 300 francs d'augmentation que nous obtenons comme moyenne par la révision du tarif représentent, à 15 p. 100, un capital de 2,000 francs.

Quelle est, dès lors, la conséquence de la première transmission? Le titulaire actuel retire 2,000 francs de plus du prix de son greffe; mais ce déboursé place identiquement son successeur dans la position que nous faisons aujourd'hui aux greffiers avec la proposition du Gouvernement, avec cette différence : que la révision du tarif aurait augmenté les charges au détriment des justiciables.

Quelle qu'ait été la diversité de nos mobiles, nous avons été unanimes à reconnaître que la nouvelle combinaison répondait mieux qu'aucune autre à la pensée qui avait inspiré notre travail; qu'elle améliore le sort des greffiers, sans trop grever les justiciables et sans ajouter aux charges du budget.

Mais, messieurs, cette combinaison d'un traitement fixe heurte-t-elle, comme on semble le croire, cette idée fondamentale d'après laquelle la rémunération doit être-proportionnelle au travail? Ceux là mêmes qui, dans leur exercice, ne rencontrent pas d'actes nombreux susceptibles de taxe payent leur tribut sous une autre forme.

Dans les villes, les instructions criminelles sont faites par le juge d'instruction. Dans les campagnes, au contraire, dans les localités reculées, des commissions rogatoires confient les instructions au juge de paix; de là des enquêtes, des transports, des opérations longues et minutieuses et surtout onéreuses pour le greffier, car il n'y a pas de rémunération attachée à ce labeur, quelque pénible qu'il puisse être.

Mais des craintes se manifestent, et l'on nous dit : Vous voulez obtenir le supplément de traitement par un droit de mise au rôle ; or, par ce droit, vous éloignez le justiciable du prétoire, vous diminuez le nombre des affaires; vous reprenez d'une main ce que vous donnez de l'autre.

Je ferai remarquer, messieurs, que dans leur projet de tarif, les greffiers proposaient 1 franc de mise au rôle à leur profit, sans parler d'au-

tres droits accessoires. Ils ne s'en effrayaient donc pas.

La commission, dans son travail, avait, il est vrai, réduit ce droit à 25 centimes; mais elle ajoutait un droit de qualités sur le jugement, qui s'élevait à 75 centimes, en sorte que nous arrivions au même chiffre. Et quand ce premier pas était franchi, des droits nouveaux s'ajoutaient pour les enquêtes, les transports sur les lieux. A quel moment, d'ailleurs, se place la mise au rôle? Quand les hostilités sont commencées ; quand la citation est donnée. Alors, messieurs, croyez-en ceux qui ont la pratique des affaires, on ne recule plus.

Il en est autrement de l'avertissement. L'avertissement, c'est un préliminaire, c'est un acte qui se renouvelle plusieurs fois; les frais en restent le plus souvent à la charge de celui qui le donne. On comprend dès lors que le relèvement de 30 centimes à 90 centimes ait entraîné une diminution, qu'on hésite à renouveler les avertissements avant d'engager le tournoi judiciaire.

Aussi, pour les avertissements, nous reconnaissons qu'il importe de remédier à un état de choses qui menace le principe même de la conciliation sans frais. Nous n'avons pas voulu compliquer le projet de loi actuel de dispositions qui en eussent pu retarder le vote; mais tous les membres de votre commission ont signé un amendement qu'ils ont soumis à la commission du budget, dans le but de réduire à 30 centimes le coût du timbre des avertissements.

Par cette réduction nous espérons ramener le chiffre normal des avertissements. L'Etat n'éprouvera aucune perte, parce que si l'un des facteurs, le montant de la taxe, est abaissé, l'autre, c'est-à-dire le nombre, s'augmentera et fera l'équilibre.

Par là, nous arriverons encore à un résultat profitable aux greffiers. Si je voulais décomposer les chiffres qui forment leurs émoluments annuels, vous verriez que les avertissements y figurent pour un chiffre moyen de 156 fr. par an. Nous voyons encore que ce n'est pas dans les greffes les plus importants qu'il est donné le plus d'avertissements. Dans les greffes des campagnes, ils se chiffrent au contraire par six, sept, huit cents et vont souvent souvent jusqu'à quinze cents.

D'ailleurs, messieurs, ce droit de mise au rôle n'est loin d'être une combinaison anormale ; nous ne faisons que généraliser ce qui existe pour les tribunaux ordinaires, pour les tribunaux de commerce, et appliquer aux justices de paix les dispositions de la loi de ventôse an VII.

J'estime donc, messieurs, que, encore à ce point de vue, vous devez être complètement rassurés.

En résumé, et je termine par ces trop longues observations, en substituant à notre projet primitif le projet du Gouvernement, nous avons été conséquents avec nous-mêmes.

Le but vers lequel nous tendions était l'intérêt du plus grand nombre, l'intérêt de ceux qui ont besoin ; ce but, nous le poursuivions par des voies détournées, par des procédés qui ne nous laissaient pas sans inquiétude ; nous rencontrions, en effet, comme je l'ai dit tout à l'heure, de nombreux actes qu'il était dur de tarifer au delà d'une certaine mesure.

La satisfaction que nous cherchions, le projet du Gouvernement nous la donne en nous permettant de réserver l'avenir. Au lieu du chemin de traverse, où l'on risque de s'égarer, qu'on ne parcourt qu'avec des doutes et des incertitudes, la ligne droite nous est offerte, et nous nous proposons de la suivre.

Vous ferez comme nous, messieurs, parce que vous voulez savoir où vous allez et, sous le bénéfice des réserves formulées dans le rapport de votre commission, vous suivrez la voie qui vous est ouverte, comme la plus sûre, à ce moment surtout de votre session, comme la plus profitable à de dignes auxiliaires de la justice, comme la plus profitable aux justiciables, qui, eux aussi, ont droit à toute votre sollicitude. (Très-bien ! très-bien !)

M. Pagès-Duport. C'est là un acte de sage équité.

M. le président. La parole est à M. Ganivet.

M. Ganivet. Messieurs, je crois utile d'appeler l'attention de l'Assemblée sur la situation dans laquelle se présente le projet de loi qui vient d'être exposé par M. le rapporteur.

La procédure parlementaire qui a été suivie mérite, si je ne me trompe, quelques courtes observations.

Je suis l'un des signataires de la proposition qui avait été déposée par l'honorable M. Princeteau et un grand nombre de nos collègues, et je dois rappeler à l'Assemblée quel était le but de cette proposition.

Nous avions voulu améliorer la situation intéressante des greffiers de justice de paix ; mais nous l'avions voulu en nous plaçant au point de vue qui nous semblait le plus urgent.

Comme le disait tout à l'heure M. le rapporteur, il y a dans le greffier de justice de paix deux personnes très-distinctes ; il y a le fonctionnaire public, gardien de papiers publics, qui, à ce titre, reçoit un traitement de l'État, traitement qui figure au budget ; mais en dehors de cette qualité de fonctionnaire public, il y a l'officier ministériel qui dresse des actes dans l'intérêt des justiciables et qui, à ce titre, reçoit une rémunération fixée par le tarif de la loi de 1807.

Donc, d'une part, traitement donné par l'État au fonctionnaire à raison de sa situation dans l'ordre hiérarchique ; d'autre part, rémunération versée par les justiciables à raison d'un travail imposé au greffier.

Ces rémunérations, fixées par la loi de 1807, nous ont semblé n'être plus en rapport avec les conditions de l'époque actuelle ; elles sont par trop inférieures, surtout à raison du travail qui est imposé aux greffiers.

Qu'avions-nous demandé dans notre proposition ? Nous avions demandé qu'on augmentât le prix de la rémunération et qu'on laissât à l'initiative du Gouvernement, qui présente les budgets, la question de traitement attribué au fonctionnaire public.

La commission étant entrée dans cet ordre d'idées, avait consciencieusement révisé le tarif de 1807 et elle nous avait présenté, au mois de janvier dernier, un projet qui non-seulement aurait rencontré un assentiment général dans cette Assemblée, — je suis convaincu qu'il n'y aurait eu aucune protestation, — mais aurait eu, pour la commission, cet heureux résultat de faire naître chez tous les greffiers de France une légitime satisfaction. Le projet de loi a été soumis à une première délibération et a subi cette première épreuve. Il semblait qu'aujourd'hui nous devions délibérer en seconde lecture sur cette révision de tarif. Mais non, on vient nous présenter un rapport nouveau, non point sur un amendement au projet de la commission, mais sur un contre-projet de M. le garde des sceaux, inspiré par un ordre d'idées entièrement différent.

Il n'est plus question d'augmenter la juste rémunération due à l'officier ministériel ; la commission l'abandonne et laisse subsister le tarif de 1807 ; elle nous propose d'augmenter le traitement du fonctionnaire public.

L'Assemblée voit combien ces deux rapports, émanant de la même commission, sont opposés entre eux et combien le dernier rapport est contraire à la proposition primitive, sur laquelle une première délibération a eu lieu.

Qu'est-ce que le projet du Gouvernement ? car c'est un projet du Gouvernement qui a donné lieu au second rapport. Il ne me semble nullement rentrer dans les attributions de la commission nommée. En effet, ce projet, conçu en deux articles, crée une recette au profit du Trésor et met en même temps une dépense à sa charge. Il se résume, en effet, en deux points : un droit de 1 franc sera perçu, au profit du Trésor, à l'enregistrement de chaque cause portée à la justice de paix ; au moyen de cette recette, il sera payé aux greffiers un supplément de traitement de 200 fr. par an. Si je ne me trompe, la perception du droit de 1 fr. doit bien amener une légère modification dans les recettes du Trésor. Je ne me trompe pas davantage en disant que l'augmentation du traitement doit nous amener une charge nouvelle dans notre budget.

Je sais bien qu'on me fera cette objection : qu'on ne fait que recevoir d'une main pour verser de l'autre.

C'est inexact, messieurs, d'après les appréciations mêmes de la commission. Je lis, en effet, dans son rapport que l'application de son projet entraînerait une dépense de 572,000 fr. par an, et que la recette résultant de la perception du droit de 1 fr. ne serait que de 425,000 fr. par an. Il résulte de là une différence de 147,000 francs.

M. Bardoux, *sous-secrétaire d'État de la justice.* Il faut ajouter les deux décimes.

M. Gambetta. Cela fait, en fin de compte, une différence de 35,000 fr.

M. Ganivet. Mettons 35,000 fr. Toujours est-il qu'en prenant pour exactes les appréciations de la commission, on a à la charge du budget une augmentation de dépenses qui, si elle n'est pas considérable, n'en existe pas moins.

Je me demande comment il se fait qu'un projet du Gouvernement, qui a pour objet une recette nouvelle d'une part, et, de l'autre, une augmentation de traitement, ne soit pas soumis à la commission du budget.

Il ne fallait pas pour cela de loi spéciale : il suffisait d'augmenter de 572,000 fr. le crédit destiné à payer les traitements des greffiers de justice de paix, et il suffisait d'introduire

dans la loi de finances, où figurent habituellement les dispositions de cette nature, un
article portant que sur les causes inscrites au
rôle de la justice de paix, il serait perçu un
droit de 1 fr.

A ce point de vue, je dis que la procédure
parlementaire n'a pas été parfaitement observée, puisque le projet de loi du Gouvernement était un projet de loi de finances réservé
exclusivement par notre règlement à la commission du budget ; tandis que le projet de loi
primitif rentrait dans les attributions de la
commission spéciale, puisqu'il ne devait exercer aucune influence sur les recettes et les dépenses du Trésor.

Je crois donc que si l'Assemblée devait
prendre en considération la proposition nouvelle faite par la commission, on serait obligé
de s'arrêter pour renvoyer le projet à l'examen
de la commission du budget ; mais, sans repousser une augmentation de traitement, j'espère que l'on ne sera pas obligé d'en venir là,
et voici pourquoi :

Je viens d'apprendre à l'instant qu'un certain nombre de nos collègues ont eu la bonne
pensée, à laquelle je m'associe, de reprendre
en leur nom le projet primitif de la commission, et je suis convaincu que l'Assemblée, reconnaissant avec les auteurs de la proposition,
que le travail des greffiers de justice de paix
considérés comme officiers ministériels, et non
pas comme fonctionnaires publics, n'est pas
suffisamment rémunéré, je suis convaincu,
dis-je, que l'Assemblée acceptera ce premier
projet, et l'acceptera avec d'autant plus de
raison, que la commission elle-même, dans le
rapport nouveau qui a été distribué, a pris
soin de condamner le système qui résulte du
projet du Gouvernement.

Remarquez, en effet, messieurs, que le projet du Gouvernement consiste à faire une sorte
de bourse commune entre tous les greffiers de
justice de paix de France ; chacun d'eux verse-
ra à la caisse centrale du Trésor une somme...

M. Lebourgeois. C'est une erreur ! il n'y
a pas de bourse commune ; c'est l'enregistrement qui recevra.

M. Ganivet. C'est l'enregistrement qui
recevra, vous avez raison, monsieur Lebourgeois ; mais je dis que vous arrivez au même
résultat qu'avec la bourse commune, et je vais
vous l'expliquer en deux mots.

Vous avez 400,000 affaires inscrites en
France. Ces affaires sont réparties inégalement — M. le rapporteur le disait tout à
l'heure dans les observations qu'il a faites à
la tribune, — entre tous les greffes des justices
de paix ; dans un greffe, on recevra 60 francs,
— c'est un chiffre donné par M. le rapporteur ;
— dans un autre on recevra 3,000 francs.
Vous voyez que les greffes verseront des
sommes inégales, et ces sommes viennent
faire un tout qui sera partagé également à
raison de 200 francs par chaque greffier.

Je dis que c'est là exactement faire une
bourse commune dans laquelle chaque participant vient prendre une part égale.

Vous avez condamné ce système. Alors que
vous vous occupiez, dans les termes de la mission qui vous avait été confiée par les bureaux
de l'Assemblée, de la révision des tarifs, il y
avait eu un amendement émanant de quel-

ques-unes de vos collègues qui s'étaient préoccupés de cette inégalité de situation dans laquelle se trouvent les greffiers des justices de
paix, et qui avaient voulu y remédier en établissant une bourse commune, qui aurait eu
pour effet d'élever le chiffre de certains traitements au préjudice de certains autres.

Qu'avez-vous répondu à cela ? Je le lis dans
votre rapport :

« Sans parler des difficultés pratiques, votre
commission s'était effrayée des conséquences
de ce droit à l'assistance, de ce contrat d'assurances quelque peu léonin, faisant profiter
l'un du travail de l'autre, ou plutôt aggravant
la charge du justiciable d'un canton au profit
du fonctionnaire d'un canton auquel il est
étranger. »

Vous aviez raison dans cette observation.
Mais que faites-vous aujourd'hui ? Exactement
la même chose ; seulement, au lieu de constituer une caisse ayant une administration spéciale, vous prenez comme caissier le trésorier
lui-même, qui recevra de tous les bureaux
d'enregistrement, — pour me conformer à
l'observation de l'honorable M. Lebourgeois,
— et qui, ensuite, répartira également. Il arrivera que dans les cantons où il y a beaucoup
d'affaires inscrites, le greffier de la justice de
paix ne recevra que son indemnité de 200 fr.,
bien qu'il eût versé à la bourse commune, au
fonds commun, peut-être 2 ou 3,000 fr., et
vous arriverez à ce que vous vouliez empêcher,
à savoir, que les justiciables d'un canton contribueront à rémunérer le greffier d'un canton
auquel il est complétement étranger.

Je dis donc que le principe même sur lequel
repose votre projet de loi a été condamné par
vous-mêmes, et je me résume à ma première
observation.

Le projet du Gouvernement n'est pas relatif à la proposition qui a été soumise à la
commission ; c'était un article additionnel à
inscrire au budget, et je lui laisse le soin d'en
faire la proposition. Si l'Assemblée devait s'arrêter à ce nouveau projet, elle aurait à renvoyer immédiatement l'amendement à la commission du budget. J'espère qu'elle passera
outre et qu'elle reviendra au projet primitif,
c'est-à-dire à la révision des tarifs pour tous
les greffiers de France par une loi qui donnera
une rémunération plus convenable aux greffiers des justices de paix. (Assentiment sur
divers bancs.)

M. le président. M. Gambetta a la parole
pour défendre l'amendement qu'il a présenté
avec plusieurs de ses collègues.

Cet amendement consiste à reprendre la rédaction primitive de la proposition.

M. Gambetta. Messieurs, la question qui
est soumise à la délibération de l'Assemblée
est extrêmement simple dans ses termes, quoique roulant sur beaucoup de détails. Seulement
cette question me paraît, en quelque manière,
n'être pas engagée d'une façon réglementaire,
comme l'observait très-bien, tout à l'heure,
M. Ganivet. Cependant, à raison de l'étude
dont elle a été l'objet, de l'urgence d'une solution, du peu de gravité que présenterait la prétendue violation du règlement, de l'assentiment
de M. le ministre des finances actuel qui a adhéré au projet de loi présenté en dernier lieu par
le Gouvernement, enfin de l'état de maturité au-

quel la question est arrivée, je crois qu'il y a lieu de passer outre, et de considérer que la commission n'a pas outrepassé son mandat.

Seulement, si la commission est compétente, je me permettrai de dire à l'appui, non pas de l'amendement que j'ai présenté, — car c'est bien plutôt une formule d'ordre de discussion qu'un amendement, — je me permettrai de dire que la commission a un peu abusé de sa compétence, en ce sens qu'elle a, tour à tour, présenté et abandonné les divers systèmes qui avaient été présentés pour modifier la situation des greffiers des justices de paix. Et, tout à l'heure, je n'écoutais pas sans un certain étonnement, mêlé aussi de quelque admiration, mon cher collègue M. Raymond Bastid démontrer l'exagération, la difficulté, l'inégalité, l'improportionnalité de la réforme que nous proposons ; car je dois à la vérité de reconnaître qu'en cette occasion j'ai été le disciple de M. Bastid et c'est dans son premier travail que j'ai pris ce goût qui paraît inattendu pour la situation des greffiers de justice de paix.

Personne, messieurs, n'avait plus éloquemment, plus complétement, plus sagement établi l'injustice de l'ajournement opposé aux réclamations des greffiers des justices de paix. Il nous a fait l'historique, depuis 1807, des tentatives infructueuses, des promesses toujours faites par les divers gouvernements et les diverses Assemblées qui se sont succédé, promesses jamais tenues, jamais réalisées ; mais il disait aujourd'hui : Nous avons une commission qui s'est mise à l'œuvre, qui a travaillé, qui s'est entourée de tous les documents, qui a poussé l'enquête jusque dans les détails les plus minutieux ; nous n'avons pas eu cette fortune d'arriver à créer une unanimité d'opinions sur cette question. Le Gouvernement n'y est pas extrêmement hostile ; car il avait institué une commission extraparlementaire composée des hommes les plus compétents empruntés à la magistrature, au notariat, à la cour des comptes et au conseil d'État, et cette commission par l'organe de M. de Guillebon, juge de paix de Paris, avait fait un rapport extrêmement lumineux et qui concluait exactement comme la commission.

On avait rapproché ces deux travaux ; on les avait comparés ; on avait revisé un à un les articles du tarif des greffiers de justices de paix de 1807 ; on avait fait peu de modifications, mais on était arrivé à faire un travail assez complet qu'on présentait à l'Assemblée. On ne se contentait pas de présenter ce travail, on l'appuyait par les plus solides, par les meilleures raisons. Et alors que les greffiers pensaient toucher à la terre promise, — j'ai tort de dire « terre promise » : les récoltes ne sont pas des raisins de Chanaan, il faudra les gagner à la sueur de son front et les recettes seront encore très-modestes, — alors qu'on croyait être arrivé au but, on vient dire : Renoncez à votre projet, renoncez à vos travaux, mettez de côté toutes ces études et finissons-en par une transaction. Transaction qui me paraît parfaitement illusoire ! Non pas que je la repousse, oh ! non ! — je ne suis pas d'avis de repousser les 200 fr. que vous voulez octroyer aujourd'hui, ce sera toujours autant d'obtenu ; — mais je dis que c'est insuffisant et que vous devez faire mieux.

Eh bien, on vient aujourd'hui, au cours de la 2e délibération, nous présenter un projet qui augmente uniformément le traitement des greffiers des justices de paix en tant que fonctionnaires, en laissant de côté leurs attributions et leurs opérations comme officiers ministériels.

Je dois dire, en passant, que l'objection qui a été dirigée par M. Ganivet contre le mode d'é évation des traitements ne me paraît pas juste. Il est excessif de déclarer qu'il y a là un fonds commun, un trésor commun, une bourse commune, et il suffit pour le démontrer de reprendre purement et simplement les termes de l'argumentation de M. Ganivet.

M. Ganivet dit : « Vous faites une répartition uniforme entre tous les greffiers des justices de paix de France, avec des ressources qui auront été inégalement constituées ! »

Je lui fais observer que ces ressources ne sont pas constituées par les greffiers des justices de paix. Elles sont constituées par les contribuables : les greffiers n'y mettent rien du leur.

M. le sous-secrétaire d'État de la justice. C'est cela ! voilà la réponse.

M. Gambetta. Et la répartition qui en est faite par le Gouvernement, c'est la division habituelle qui se fait de toutes les recettes de l'État. Mais si l'objection de M. Ganivet ne porte pas, permettez-moi de m'adresser à votre esprit de justice et de vous dire que cette augmentation n'est pas suffisante.

Les greffiers qui travaillent beaucoup, qui habitent des villes au-dessus de 30,000 âmes, ou qui ont la bonne fortune d'habiter des cantons, des bourgs commerçants, populeux et actifs, trouvent que l'augmentation de 200 fr. n'est pas très-considérable, et ils ne sont pas enclins à préférer ce système à celui de la révision du tarif de 1807. Mais il faut poser la question dans sa généralité. Il y a les greffiers des plus petites localités : ce sont de beaucoup les plus nombreux. Soyez certains qu'on ne peut pas porter remède à leur situation rien que par la révision du tarif de 1807, par cette unique et péremptoire raison : qu'on peut augmenter indéfiniment les droits du tarif de 1807 sans procurer aucune amélioration dans les localités où ces droits ne se perçoivent pas.

Il est certain que, de ce chef, vous seriez déçus dans ces tentatives d'amélioration, et vous ne vous en teniez qu'à l'augmentation du tarif de 1807. Que conclure de cette inégalité de prétentions, de cette inégalité de réclamations ? Je crois qu'il faut en conclure qu'au lieu de chercher comme l'ont fait soit les membres du Gouvernement pour leur part, soit la commission, dans son premier système, pour une autre part, au lieu de chercher uniquement soit la révision du tarif de 1807, soit l'augmentation du traitement, il faut aller plus loin, et réunir les deux procédés. Il faut, d'une part, augmenter le traitement des greffiers dont le rendement professionnel restera toujours insuffisant et laisser ceux dont la situation est meilleure, profiter purement et simplement de l'augmentation du tarif.

Par conséquent ma proposition n'est pas une proposition définitive ; j'entends par là qu'elle est susceptible de modification dans le débat qui est entamé devant vous. Ainsi, par exemple, si M. le garde des sceaux ou M. le sous-secrétaire d'État qui est assis auprès de lui, venait nous dire à cette tribune, qu'en présence des travaux considérables que la commission a faits siens par son unanimité, vu l'état de maturité de la question et l'urgence des besoins, tout n'est pas dit et le Gouvernement croit qu'il y a autre chose à faire, et que, après avoir augmenté le traitement, il prend l'engagement d'étudier à nouveau la question de la révision des tarifs de 1807...

M. Langlois. Très-bien!

M. Gambetta. ... une telle déclaration nous mettrait d'accord, et je crois qu'en somme les intéressés n'auraient pas grand'chose de plus à demander à une Assemblée qui est, pour ainsi dire, à la veille de se séparer définitivement.

M. Maxeau. Mais c'est le vœu de la commission!

M. Gambetta. J'ajoute un simple mot pour répondre à une objection.

On a dit que l'augmentation des droits et la révision du tarif de 1807 procureraient un bénéfice immédiat aux détenteurs actuels des offices de greffiers de justices de paix, bénéfice qu'ils réaliseraient par la vente de leurs charges, mais que, par suite, leurs successeurs ne profiteraient en aucune façon de l'amélioration proposée.

Je réponds que cette objection n'est que spécieuse; car la chancellerie a entre les mains deux moyens de s'opposer à ce qui ne serait qu'une pure spéculation.

Le premier moyen, ce serait de faire usage du droit qu'elle exerce tous les jours, de réviser les contrats de vente; le second, qui est décisif, ce sera, lorsque vous aurez relevé le tarif de 1807, de changer les bases du contrat de vente habituel.

Par conséquent, sous le bénéfice de ces réserves, et si le Gouvernement veut bien nous faire entendre la double déclaration que j'ai l'honneur de lui demander, je retirerai mon amendement. (Très-bien! à gauche.)

M. le président. La parole est à M. Bardoux, sous-secrétaire d'État.

M. Bardoux, *sous-secrétaire d'État de la justice.* Messieurs, il me sera facile de faire cesser les scrupules de l'honorable M. Gambetta, et je vais essayer de vous démontrer en très-peu de mots qu'en allouant une somme de 200 fr. à tous les greffiers, nous leur procurons une satisfaction véritable et nous allégeons une situation que toutes vos commissions du budget avaient recommandée à votre sollicitude.

Nous serons d'accord aussi avec les orateurs qui m'ont précédé sur la nécessité de reviser le tarif de 1807. (Très-bien! très-bien!)

Permettez-moi d'abord d'écarter une objection réglementaire.

L'honorable M. Ganivet vous a présenté des observations au point de vue de la forme; j'espère que l'Assemblée ne s'y arrêtera pas. Nous ne sommes pas ici devant un tribunal, et les questions de procédure n'ont pas une importance telle, qu'on puisse dire que la forme emporte le fond. Il n'y a aucun intérêt à s'arrêter devant le formalisme de M. Ganivet, et le fond même du débat peut seul motiver une réponse.

Je ne discuterai pas le peu de fondement

de l'argumentation... entre... pren... commi... fait justice à...

J'arrive à... qui est somm...

Qu'ont voulu ... sition? M. Princeteau ... l'ont signée ont voulu amé... tuation des greffiers de justice... tons ruraux.

Sur 2,861 greffiers, 2,... partiennent à de petites villes... tions ruraux; ils étaient dignes de... intérêt. Il résulte, en effet, des documents... ficiels que, à l'heure actuelle, ces greffiers, qui touchent une somme de 650 francs comme fonctionnaires publics, ne perçoivent pas, comme casuel, plus de 355 francs en moyenne, et, dans cette somme de 355 francs, il faut comprendre les avertissements, qui y entrent pour 156 francs. Si nous sortons des moyennes, nous trouvons des chiffres d'une infériorité telle, que vous en serez surpris.

Au contraire, les greffiers des villes de plus de 30,000 âmes et au-dessus sont dans une situation généralement satisfaisante. C'étaient donc surtout les greffiers ruraux que la proposition de M. Princeteau avait en vue.

La commission s'est posé le problème en ces termes : Convient-il d'élever le traitement du greffier comme fonctionnaire, ou vaut-il mieux augmenter les taxes, les émoluments qui reviennent au greffier comme officier ministériel?

La commission n'eût pas mieux demandé que d'augmenter le traitement du fonctionnaire; elle se rendait bien compte de la difficulté d'assurer des affaires à ceux des greffiers qui n'en ont pas; car relever les taxes n'est pas suffisant, et vous aurez beau redresser le tarif de 1807, vous ne ferez pas qu'il y ait des actes là où il n'y en a pas.

La commission s'était bien rendu compte de l'objection; mais, craignant que, dans l'état actuel de nos finances, la charge ne parût trop lourde pour le budget et qu'elle ne rencontrât, à ce point de vue, des objections de la part de l'Assemblée, elle a essayé dans un premier projet de préparer un nouveau tarif, dont les détails, si nous les examinions, prêteraient à quelques critiques.

La commission a renoncé à ce premier projet, lorsque le Gouvernement est venu lui dire qu'il serait facile d'arriver, par une combinaison qui ne grèverait pas trop le Trésor, à améliorer le traitement des greffiers, comme fonctionnaires publics; la commission a reconnu, — et l'honorable M. Bastid, avec sa loyauté ordinaire, est venu vous le dire, — que ce mode d'amélioration était en effet plus efficace.

C'est ce système que nous vous demandons d'adopter. Il est reconnu comme étant actuellement le meilleur, le plus pratique.

Le dossier de la chancellerie est plein de lettres, de renseignements qui nous ont encouragés dans cette voie. Si les greffiers des grandes villes présentent des objections, ils ne peuvent nier que notre proposition ne réponde à des vœux depuis longtemps exprimés. Je ne

13

veux pas reprendre les arguments que l'honorable M. Bastid vous a complétement exposés, mais je tiens à dire que, même après les améliorations proposées, par le redressement du tarif, une grande partie des greffiers des cantons ruraux ne toucheraient pas la somme de 200 fr. que nous voulons leur donner.

Je le répète, en prenant un à un les différents actes qui sont énumérés dans le tarif de 1807, et en les faisant passer sous vos yeux, vous constateriez avec la statistique que le plus grand nombre des greffiers des petits cantons ne verraient pas augmenter de 200 fr. leurs émoluments actuels. Les affaires diminuent.

Au contraire, bien que la commission ait eu soin d'atténuer les taxes pour les greffiers des villes importantes, vous verriez, pour eux presque doubler leurs émoluments.

Il n'y avait donc pas d'égalité, d'équilibre, et le but n'était pas atteint. Le nouveau projet, substitué à l'ancien, est, au contraire, une réparation, un acte de justice, une preuve de sympathie pour de modestes fonctionnaires.

L'honorable M. Gambetta dit : Ce n'est pas assez ; il faut arriver à la révision de la taxe!

M. le comte de Douhet. Il a raison !

M. le sous-secrétaire d'État. Messieurs, c'est une chose grave que la révision de la taxe. Tout se tient ; après la réclamation des justices de paix, vous avez celles des greffiers des tribunaux de première instance, des tribunaux de commerce, des cours, des huissiers...

M. Léopold Faye. Et des avoués !

M. le sous-secrétaire d'État. ... des avoués, de tous les officiers ministériels, en un mot. Puis, après cette grosse question de révision de la taxe, viendra celle de la procédure elle-même. Toutes ces questions méritent d'être examinées.

Le Gouvernement donne satisfaction à l'honorable M. Gambetta : il promet d'étudier cet important problème, comprenant, en effet, combien est aujourd'hui insuffisant et incomplet le tarif de 1807.

Mais ce n'est pas là une objection, et nous vous demandons, en attendant, messieurs, d'accepter le projet de loi. Il aura pour effet d'améliorer sérieusement la situation de fonctionnaires modestes et zélés, qui sont des auxiliaires utiles de la justice. (Très-bien ! très-bien ! — Aux voix ! aux voix !)

M. le président. Sous le bénéfice des observations qui viennent d'être présentées, et M. Gambetta ayant retiré son amendement, je vais consulter l'Assemblée sur l'article 1er du projet de loi, dont je rappelle les termes :

« Art. 1er. — Le traitement des greffiers de justice de paix est élevé de 200 fr., à partir du 1er janvier 1876. »

(L'article 1er est mis aux voix et adopté.)

« Art. 2. — A partir du 1er janvier 1876, il sera perçu dans les greffes des justices de paix un droit de 1 franc en principal, pour l'inscription au rôle de chaque cause portée à l'audience, afin d'y recevoir jugement.

« Il ne sera accordé aux greffiers de justice de paix aucune remise pour la perception de ce droit, qui sera effectuée conformément aux dispositions des articles 3, 4, 10 et 24 de la loi du 21 ventôse an VII. »

M. le président. Il y a, sur l'article 2, un amendement qui a été déposé par M. Destremx.

M. Raymond Bastid, *rapporteur.* Il est retiré.

M. le président. Viennent ensuite deux articles additionnels, l'un de M. L'Ebraly...

M. l'Ebraly. Mon amendement ne pouvait trouver place que dans le premier projet de la commission. Je le retire quant à présent.

M. le président. Il y a une autre disposition additionnelle présentée par M. Giraud.

M. le rapporteur. Elle est retirée.

M. le président. Tous les amendements étant retirés, je mets aux voix l'article 2.

(L'article 2, mis aux voix, est adopté.)

M. le président. Je consulte maintenant l'Assemblée pour savoir si elle entend passer à une 3e délibération.

(L'Assemblée, consultée, décide qu'elle passera à une 3e délibération.)

M. le président. L'ordre du jour appellerait maintenant la discussion sur le projet de loi relatif à la déclaration d'utilité publique de plusieurs chemins de fer et à la concession de ces chemins à la compagnie de Paris à Lyon et à la Méditerranée.

L'Assemblée entend-elle entamer cette discussion aujourd'hui? (Non! non! — A demain !)

M. Caillaux, *ministre des travaux publics.* Je demande la parole.

M. le président. M. le ministre des travaux publics a la parole.

M. Caillaux, *ministre des travaux publics.* Messieurs, j'ai l'intention de demander à l'Assemblée de vouloir bien prononcer l'urgence à la seconde lecture. Je pense que l'Assemblée pourrait même se prononcer, ce soir, sur cette question, sauf à remettre à demain la discussion qui doit avoir lieu sur la convention passée entre le Gouvernement et la compagnie des chemins de fer de Paris à Lyon et à la Méditerranée.

Vous savez, messieurs, que le projet dont il s'agit a été très-longuement étudié. Il a été étudié d'abord sur la proposition de la commission parlementaire des chemins de fer par le tant regretté M. Deseilligny et par l'honorable M. de Larcy. Je l'ai trouvée préparé par les soins de ces deux ministres qui m'ont précédé et dont je n'ai fait que résumer les études et présenter les projets.

La commission chargée de leur examen y a passé de longs mois. Enfin, depuis la fin de votre dernière session, son rapport est déposé.

La première délibération a eu lieu ; après avoir consacré plusieurs séances à discuter l'ensemble du projet, vous avez consenti à passer à une deuxième lecture.

L'intervalle qui s'est écoulé entre la première délibération et le moment où nous sommes arrivés a été assez long pour que tous les amendements possibles aient pu se produire ; je crois qu'il y en a trente-cinq aujourd'hui, et il n'est plus à prévoir qu'on en puisse présenter d'autres encore.

Je pense que, lorsque chacun de ces amendements aura été examiné une fois, il n'y aura pas intérêt à le discuter de nouveau.

Un amendement qui a pour objet, le plus

ordinairement, d'obtenir une modification de tracé ou de délai d'exécution ne me paraît pas comporter un double examen et une double discussion. (Marques d'assentiment.)

Jusqu'à présent, messieurs, quand vous avez eu à statuer sur les projets de chemins de fer, vous avez déclaré l'urgence dès la première délibération. Vous avez voulu, cette fois, et j'ai demandé moi-même que la discussion fût complète et assez étendue pour permettre à tous les systèmes, à toutes les critiques de se produire.

Mais je pense que ce but sera atteint, alors même que vous vous dispenseriez d'une troisième lecture, après avoir employé plusieurs jours à chacune des deux premières délibérations.

J'ai l'honneur de vous proposer, en conséquence, d'accord avec la commission, de déclarer l'urgence. (Très-bien ! très-bien !)

M. Raudot. La commission est d'accord avec M. le ministre pour demander la déclaration d'urgence. Cela est indispensable, si l'Assemblée veut que le projet de loi sur les chemins de fer soit voté pendant la session actuelle, car elle n'aurait pas le temps d'arriver à la 3ᵉ délibération avant sa séparation.

M. Tamisier. Messieurs, je viens m'opposer à l'urgence demandée par M. le ministre.

Les difficultés que ce projet doit présenter dans son exécution n'ont pas encore été aperçues lors de la première lecture. On n'a envisagé que les questions générales, et c'est surtout lorsqu'on entre dans les détails de ce projet qu'on voit les difficultés de son exécution.

Toutes les généralités peuvent se soutenir, mais c'est quand on arrive à la pratique et qu'on entre dans les détails, qu'on aperçoit les difficultés. Ainsi, en examinant telles lignes particulières du projet, et par exemple celles que l'on appelle des lignes stratégiques, on trouve que de sérieux intérêts, non pas seulement locaux mais généraux, tels que ceux de la défense du pays, sont compromis ; et vous serez peut-être très-heureux de pouvoir recourir à une 3ᵉ délibération, après avoir constaté les difficultés et l'importance de la seconde.

Quant à moi, j'ai étudié la question en ce qui concerne l'intérêt de mon département et aussi du pays ; et j'ai si bien compris qu'une discussion sérieuse était nécessaire, que je ne puis m'empêcher de monter à cette tribune pour protester contre l'urgence.

Si tous les départements se trouvaient engagés dans la question, je suis certain qu'il y aurait un très-grand nombre de nos collègues qui comprendraient aussi la nécessité de ne pas voter l'urgence. Malheureusement, il n'y a qu'un très-petit nombre de départements intéressés, ceux qui sont compris dans le réseau de Paris-Lyon-Méditerranée.

Du reste, si vous avez la pensée de déclarer l'urgence, attendez au moins que la 2ᵉ délibération ait commencé. Vous aurez toujours le temps de déclarer l'urgence quand vous aurez la preuve que cette urgence est sans inconvénients. (Mouvements divers.)

M. Cézanne. Messieurs, mon honorable collègue M. Tamisier, parmi les motifs qu'il vous a donnés pour vous engager à ne pas voter l'urgence, a invoqué l'intérêt de la défense nationale.

Je suis étonné qu'il ait introduit ce motif dans son argumentation ; car s'il en est un qui doive vous faire voter l'urgence, c'est précisément celui-là.

Quant aux détails dont a parlé notre honorable collègue, permettez-moi de vous faire observer que le projet a été déposé le 5 août de l'année dernière, c'est-à-dire il y a près d'un an, par M. le ministre ; qu'il avait été étudié antérieurement par la commission ; que toutes les lignes, toutes les variantes qui intéressent notre collègue ont été étudiées non-seulement par les commissions locales, mais par le conseil supérieur des ponts et chaussées et par M. le ministre de la guerre.

Il n'est aucune des questions qui n'ait été examinée par nous et sur lesquelles nous n'ayons tous une opinion formée. La question, par conséquent, est parfaitement mûre, et nous demandons à l'Assemblée de vouloir bien voter l'urgence. (Très-bien ! très-bien ! — Aux voix ! aux voix !)

M. Tamisier. J'ai encore une excellente raison à vous donner, messieurs, pour vous montrer que l'urgence n'est pas nécessaire.

Quand vous aurez voté les projets, quand vous aurez sanctionné la convention qui est soumise à vos délibérations, croyez-vous qu'elle va être exécutée immédiatement ? Non ! par un article de cette convention, la compagnie de Paris-Lyon-Méditerranée, d'accord avec le ministre, propose et fera peut-être admettre que cette compagnie aura le droit de consacrer encore deux ans à étudier les projets qui nous sont présentés, et c'est au bout de deux ans que ces projets, revus et corrigés, seront définitivement soumis à la sanction du Gouvernement. Vous n'aurez plus rien à faire alors ; mais quant à présent, avant de donner votre sanction, avant de voter, vous devez prendre le temps d'étudier la question.

Enfin, voici une dernière raison :

Il y a des projets qu'on a intérêt à faire passer sans discussion. Savez-vous quand on les apporte à l'Assemblée ? On les apporte quand l'Assemblée est impatiente de passer à des discussions d'un ordre supérieur.

M. le ministre. Ce projet lui a été apporté depuis longtemps.

M. Tamisier. Je sais que depuis longtemps ce projet a été présenté, mais j'en demande la discussion, je vote, au moment où l'Assemblée est sous l'impression d'autres préoccupations, comme celles que la séance de ce jour n'a que trop révélées. Je dis que la question ne sera pas discutée avec tout le soin, toute l'attention qu'elle mérite et qu'elle exige, car vous n'êtes pas en disposition de discuter des intérêts départementaux si graves en ce moment. C'est ainsi encore que les budgets arrivent presque toujours au moment du départ de l'Assemblée, et c'est pour cela qu'ils ne sont pas discutés avec toute la maturité convenable. (Aux voix ! aux voix !)

M. Raudot. Messieurs, vous êtes d'avis de déclarer l'urgence, je ne dirai rien, mais je vous ferai remarquer cependant que les observations de l'honorable M. Tamisier ont peut-être fait impression sur un certain nombre d'esprits ; du moins, je le crains. (Non ! non !)

L'argument de l'honorable M. Tamisier est celui-ci : c'est une affaire très-importante, sans doute, mais il y en d'autres d'une importance plus grande et qui passionnent en ce moment l'Assemblée ; en conséquence il ne faut pas traiter et trancher cette question des chemins de fer dans cette session.

Messieurs, je regarderais comme un fait déplorable que cette concession qui est en projet depuis quatre ans, qui a été élaborée mûrement par le ministère et la commission, dont le rapport a été fait depuis plusieurs mois, dont la délibération devait venir bien avant la prorogation, ne reçut pas enfin une solution. Nous ne voulons pas, sans doute, étrangler la délibération ; nous avons déjà passé une semaine entière à discuter et nous discuterons encore très-sérieusement, mais qu'on termine enfin. (Oui ! oui ! — Aux voix ! aux voix !)

Je vois, messieurs, que vous êtes décidés à déclarer l'urgence ; il est évident qu'une troisième délibération sur une convention à approuver ou à rejeter serait inutile et qu'elle pourrait d'ailleurs être impossible dans cette session ; et si vous ne terminez pas cette affaire, non-seulement l'intérêt du commerce et de l'agriculture dans une grande partie de notre pays sera compromis, mais encore celui de la défense nationale, car il y a plusieurs des chemins de fer en question qui sont essentiellement stratégiques et qui doivent être votés le plus tôt possible ; on a déjà perdu trop de temps. (Très-bien ! très-bien ! — Aux voix ! aux voix !)

M. le président. Je vais consulter l'Assemblée.

Le Gouvernement, d'accord avec la commission, demande l'urgence pour la loi des chemins de fer.

(L'urgence est mise aux voix et déclarée.)

M. le président. Demain, à deux heures, séance publique :

Suite de l'ordre du jour.

Il n'y a pas d'opposition ?... L'ordre du jour est ainsi réglé.

Personne ne demande la parole ?... Je déclare la séance levée.

(La séance est levée à cinq heures dix minutes.)

Le directeur du service sténographique
de l'Assemblée nationale,

CÉLESTIN LAGACHE.

ASSEMBLÉE NATIONALE

SÉANCE DU MERCREDI 23 JUIN 1875

PRÉSIDENCE DE M. LE DUC D'AUDIFFRET-PASQUIER

La séance est ouverte à deux heures et un quart.

M. Lamy, *l'un des secrétaires*, donne lecture du procès-verbal de la séance d'hier. .

Le procès-verbal est adopté.

M. le président. M. Monnot-Arbilleur demande une prolongation de vingt-cinq jours de congé pour raison de santé.

La demande sera renvoyée à la commission des congés.

L'ordre du jour appelle la discussion du projet de loi relatif à la déclaration d'utilité publique de plusieurs chemins de fer et à la concession de ces chemins à la compagnie Paris-Lyon-Méditerranée.

Je consulte l'Assemblée pour savoir si elle entend passer à la discussion des articles.

(L'Assemblée, consultée, décide qu'elle passe à la discussion des articles.)

M. le président. Je donne lecture de l'article 1ᵉʳ :

« Est déclaré d'utilité publique l'établissement des chemins de fer ci-après dénommés :

« 1° De Nîmes au Theil, par Remoulins ;

« 2° De Remoulins à Uzès ;

« 3° De Remoulins à Beaucaire ;

« 4° D'Uzès à Saint-Julien, avec prolongement sur 10 kilomètres dans la vallée de l'Auzonnet ;

« 5° D'Uzès à Nozières ;

« 6° De Vézenobres à Quissac, avec embranchement sur Anduze ;

« 7° De Nîmes à Sommières ;

« 8° De Sommières aux Mazes ;

« 9° D'Aubenas à Prades ;

« 10° et 11° Une seconde ligne de Lyon à Saint-Étienne par ou près Givors, se raccordant, dans tous les cas, avec la gare de Givors, et desservant aussi directement que possible les usines de la vallée du Gier ;

« 12° De ou près Sérézin à ou près Montluel ;

« 13ᵃ De Dijon à la ligne de Bourg à Lons-le-Saulnier, près Saint-Amour par ou près Saint-Jean-de-Losne avec raccordement par rails à la voie d'eau ;

« 14° De Virieu-le-Grand à Saint-André-le-Gaz;

« 15° De Saint-André-le-Gaz à Chambéry ;

« 16° De Roanne-le-Coteau à Paray-le-Monial (ou d'un point à déterminer sur la ligne de Roanne à Saint-Germain-des-Fossés à Gilly-sur-Loire);

« 17° De Gilly-sur-Loire à Cercy-la-Tour;

« 18° D'Avallon à Dracy-Saint-Loup, près Autun par ou près Saulieu;

« 19° De Filay, près Malesherbes, à la ligne de Moret à Montargis, près Bourron ;

« 20° De Gap à Briançon et prolongement jusqu'à la frontière d'Italie, dans le cas où le gouvernement italien assurerait le raccordement sur son territoire, dudit chemin avec la ligne de Turin à Bardonnèche;

« 21° Une ligne prolongeant la ligne de Briançon à Gap jusqu'à la vallée du Rhône soit vers Crest, soit vers un point à déterminer entre Valence et Avignon. »

Il y a sur le premier paragraphe un amendement de MM. Rouvier, Clapier, Amat, Peletan, Bouchet, Tardieu, Lockroy, Challemel-Lacour, Lanfrey, Fraissinet et Esquiros.

Cet amendement modifie le § 1er de la manière suivante :

« 1° De Nîmes au Theil par Remoulins, avec embranchement sur Avignon ».

La parole est à M. Rouvier.

M. Maurice Rouvier. Messieurs, l'amendement qu'avec mes honorables collègues des Bouches-du-Rhône j'ai eu l'honneur de présenter à l'Assemblée, aurait peut-être dû, pour être plus facilement intelligible, être rédigé avec plus d'étendue.

Il modifie le premier paragraphe de l'article 1er par cette addition :

« 1° ... avec embranchement sur Avignon. »

Je crois qu'il eût été plus clair de dire :

« ... avec embranchement sur Avignon par un point franchissant le Rhône entre Villeneuve-lès-Avignon et Avignon.

Au début d'une discussion où de nombreux amendements solliciteront votre attention et réclameront vos suffrages, je crois qu'il n'est pas inutile de faire observer que l'amendement que je défends en ce moment n'a point un caractère d'intérêt purement local. Son adoption n'importerait pas seulement au département des Bouches-du-Rhône, de Vaucluse et du Gard, mais il aurait, je crois une portée d'un intérêt beaucoup plus général.

Je dis plus, je pense que cet amendement est dans l'intérêt même de la compagnie de Paris à Lyon et à la Méditerranée. Je vais essayer de l'expliquer et de le démontrer.

Si l'on se reporte au rapport que l'honorable M. Cézanne présenta lors de l'agitation pétitionniste qui s'était manifestée en faveur d'une ligne directe entre Calais et Marseille, on trouve, dans ce rapport l'explication de la raison d'être de la ligne qu'on vous demande aujourd'hui de concéder à la compagnie de Paris à Lyon et à la Méditerranée et qui irait de Nîmes au Theil, rejoignant ainsi la ligne en construction qui du Theil se prolonge jusqu'à Avignon.

Dans ce rapport, l'honorable M. Cézanne faisait ressortir qu'une des causes de l'encombrement dont on avait à souffrir sur la ligne de Marseille à Lyon provenait de ce que, lors des récoltes abondantes dans le Languedoc, les expéditions de vins venant rejoindre la grande ligne par l'embranchement de Tarascon, rencontraient le trafic qui de Marseille se dirige vers le Nord et *vice versa*; le trafic qui du Nord se dirige vers Marseille, que dans cette sorte d'entonnoir il y avait un encombrement aussi facile à expliquer qu'à prévenir ; et il disait : Si de Nîmes on établit une ligne qui se dirige vers le Theil, du Theil à Lyon, cette ligne sollicitera les expéditions du Languedoc vers l'intérieur et le Nord, et ainsi disparaîtra une cause d'encombrement de la ligne de Marseille à Lyon par Avignon.

Cela est vrai ; mais je crois qu'il y a à cet encombrement de la ligne de Marseille à Lyon une autre cause encore que celle signalée par l'honorable M. Cézanne, qui, je le reconnais, est très-importante.

L'encombrement résulte, non-seulement de l'abondance des récoltes de vin dans le Languedoc, mais encore et surtout, et c'est alors que l'encombrement a le caractère de nocuité le plus grave, des années de disette.

Vous savez, messieurs, que quand la récolte des céréales en France fait défaut, c'est le grand entrepôt granifère de la Méditerranée, Marseille, qui est appelé à combler le déficit. En ces moments, les arrivages de la mer Noire et du Danube accumulent dans le principal port de la Méditerranée des quantités de blé si considérables, qu'il est difficile ou presque impossible d'expédier au moment même où s'en opère le débarquement sur les quais.

Eh bien, si l'embranchement de Nîmes au Theil fait disparaître l'une des causes d'encombrement, celle qui est signalée par l'honorable M. Cézanne, je prétends que celle que j'indique, l'encombrement provenant de l'insuffisance d'une seule ligne, en cas de disette, n'en subsiste pas moins, et subsiste avec ses conséquences graves. Elle n'importe pas seulement à la prospérité du commerce de quelques villes et de quelques départements, elle a une importance qui rejaillit sur l'alimentation du pays tout entier. En effet, suivant que vous pourrez expédier avec rapidité les quantités de blé que la marine apporte à Marseille et les répartir sur tout le territoire, ou qu'au contraire vous ne pourrez le faire que lentement, peu à peu, vous aurez le blé à bon marché ou à des prix élevés.

Messieurs, je ne me dissimule pas combien il est difficile, non pas de faire victorieusement, mais même de tenter une démonstration simplement verbale sur un pareil sujet; il faudrait, pour pouvoir suivre la discussion avec fruit, avoir sous les yeux une carte, et malheureusement, nous n'en avons pas.

Je réclame avec instance quelques minutes seulement de l'attention de l'Assemblée pour lui faire comprendre quelle est l'importance de l'embranchement que nous demandons.

Si vous jetez les yeux sur la carte qui est jointe au rapport de M. Cézanne, vous remarquerez que Lyon est réuni à Marseille par une grande ligne, celle que vous connaissez tous pour l'avoir bien souvent empruntée dans vos voyages, par une grande ligne qui suit la rive gauche du Rhône et atteint Marseille par Avignon, Tarascon et Arles. Mais, à l'est de cette ligne principale, vous avez pu voir indiquée sur la carte une ligne encore peu connue, mais qui, à l'heure actuelle, est en exploitation, et qui, partant d'Avignon, se dirige vers Cavaillon, atteint Pertuis, et de là Aix, d'où à l'heure actuelle on travaille à la joindre à Marseille par un tronçon terminé par une gare indépendante de celle qui existe. (Bruit.)

S'il est absolument impossible d'établir quoi que ce soit dans une discussion, si l'on ne veut pas écouter, je suis prêt à descendre de la tribune. (Mais non! — Parlez! parlez!)

M. Lestourgie. Un grand nombre de vos collègues vous écoutent avec intérêt.

M. Baragnon. Il faudrait un tableau et une baguette pour se faire comprendre.

M. Maurice Rouvier. C'est évident! il faudrait un tableau et une baguette; mais à défaut on a des cartes, et si on veut les examiner, on comprendra ce que j'ai à dire.

Je réclame de nouveau le silence; on a des auditeurs quand on se livre à des discussions générales sur les grandes compagnies, sur les petites compagnies, toutes questions qui n'ont qu'un intérêt purement théorique, et quand on aborde un terrain pratique, une question qui est véritablement liée à l'intérêt public, alors le bruit des conversations particulières couvre la voix de l'orateur. Je suis prêt à descendre de la tribune si l'on ne veut pas écouter. (Parlez! parlez!)

M. Baragnon. Persévérez!

M. Maurice Rouvier. Je dis, messieurs, que si vous voulez bien vous reporter à la carte insérée dans le rapport de M. Cézanne ou seulement rappeler vos souvenirs, car certainement vous avez au moins jeté les yeux sur cette carte, vous verrez que d'Avignon à Marseille deux lignes existent actuellement, l'une est la grande ligne, la ligne ancienne; c'est le tronçon de la ligne de Paris à Marseille par Avignon, Tarascon et Arles; l'autre, qui est exploité en partie, mais dont la construction n'est pas encore entièrement achevée, s'éloigne d'Avignon par Cavaillon, Pertuis, Aix et Marseille, où elle aura une gare complètement indépendante. J'ajoute que cette ligne est complètement indépendante du tunnel de la Nerte.

Vous avez tous présentes à l'esprit les craintes qu'a fait naître cette subordination du trafic de Paris à Marseille à un accident pouvant arriver dans un tunnel. Eh bien, par la ligne sur laquelle j'appelle votre attention et qui de Marseille se dirige sur Avignon par Aix, Pertuis et Cavaillon, on évite le tunnel de la Nerte.

D'un autre côté, la ligne qu'il s'agit de concéder, celle du Nimes au Teil, arrive à la hauteur d'Avignon, passe au pied de Villeneuve-lès-Avignon et côtoie le Rhône en face même de la gare d'Avignon. A ce point la ligne existant sur la rive gauche du Rhône n'est séparée de celle à établir sur la rive droite que par la largeur du fleuve.

Si donc, comme nous le demandons par notre amendement, on jalonne un pont sur le Rhône entre Avignon et Villeneuve-lès-Avignon, on a par ce seul fait établi une liaison entre la rive droite et la rive gauche et constitué ainsi deux lignes parfaitement indépendantes l'une de l'autre et se dirigeant de Marseille vers Lyon.

Je ne crois pas que ce point soit contesté.

Nous verrons d'ailleurs si M. le rapporteur et M. le ministre des travaux publics les contestent; mais je tiens à faire remarquer que s'il est vrai que l'amendement que nous avons l'honneur de vous soumettre réaliserait, au moyen d'une dépense minime, — il s'agit de 5 à 6 millions, et, étant donnée l'importance des travaux que vous concessionnez en ce moment, 5 ou 6 millions pour atteindre un but d'un intérêt aussi général sont peu de chose, — s'il est vrai également, — et j'attends qu'on démontre le contraire, — que la construction d'un simple pont sur le Rhône doit avoir pour effet de doter notre réseau d'une double ligne allant de Marseille à Avignon, il y a là un intérêt qui touche non-seulement aux départements dans lesquels les travaux se feront, mais qui intéresse toute la région méridionale de la France.

Je sais bien qu'on peut me répondre que la communication que je réclame entre les deux rives existe par Arles et Tarascon.

Je connais l'objection. Mais j'ai dit au commencement des quelques observations que je m'efforce de rendre très-rapides, sans pouvoir réussir autant que je le voudrais à obtenir votre attention, j'ai dit que c'est précisément à la gare de Tarascon, au point de jonction entre les lignes de la Méditerranée et les lignes du Midi qu'existe l'encombrement. Sans doute, la ligne du Teil atténuera cet encombrement, mais elle ne le fera point disparaître.

Je répète donc que l'adoption de notre amendement ayant pour résultat de joindre les deux lignes, celles de la rive droite et la rive gauche du Rhône, et de constituer ainsi une double voie de communication entre Lyon et Marseille, serait pour le pays tout entier d'un intérêt de premier ordre; qu'en cas de disette de l'alimentation publique y est subordonnée.

J'ai dit en commençant, et je voudrais insister sur ce point, que l'intérêt même de la compagnie concessionnaire y est engagé. Je vais m'expliquer.

Quelle est donc l'origine, le point de départ des critiques si vives, en partie justifiées, en partie exagérées, qui ont été produites dans la presse et à cette tribune même contre les grandes compagnies?

L'origine de toute cette agitation remonte à la crise des transports qui a suivi la désastreuse guerre que vous connaissez. A ce moment, le commerce reprenait à la fois sur toutes les parties du territoire; il y a eu pléthore, encombrement; et immédiatement, de tous les points embarrassés, s'est élevé un concert de plaintes et de réclamations.

Si vous n'y prenez garde, si vous ne réglez le réseau qui est aujourd'hui à concéder de telle façon que le retour de ces difficultés et de cet encombrement, dont a tant souffert, soit à tout jamais impossible, vienne encore un événement imprévu qui paralyse momentanément les transports sur la grande ligne, et vous verrez recommencer les plaintes dont vous avez été saisis et l'agitation qui s'est manifestée contre les grandes compagnies. Et personne ne peut dire si, cette fois, les grandes compagnies résisteront aussi victorieusement qu'aujourd'hui.

Je dis donc qu'il est non-seulement de l'intérêt général, mais de l'intérêt de la compagnie concessionnaire elle-même, de s'assurer, au moyen d'une dépense relativement minime, — elle n'excède pas quelques millions, — contre toute espèce d'éventualité d'encombrements futurs.

S'il est vrai, — j'ai essayé de le montrer, je ne me flatte point d'y avoir réussi, je reconnais combien il est difficile de retenir l'attention de l'Assemblée sur une question de cette nature, — mais enfin, s'il est vrai, et je le tiens pour vrai jusqu'à ce que M. le rapporteur et M. le ministre des finances aient fait la preuve contraire, qu'il y a à la fois l'intérêt du principal port français sur la Méditerranée, l'intérêt de toute la région méridionale de la France et l'intérêt de la compagnie concessionnaire elle-même, il est impossible que vous ne ratifiez pas de vos suffrages l'amendement que nous avons l'honneur de vous présenter. (Très-bien ! très-bien ! sur plusieurs bancs.)

M. le président. La parole est à M. le rapporteur.

M. Cézanne, *rapporteur.* Messieurs, l'amendement présenté par l'honorable M. Rouvier et quelques-uns de nos collègues a été examiné avec beaucoup de soin par la commission et avec le vif désir de lui donner satisfaction. Nous avons trouvé, toutefois, qu'il était absolument impossible de chercher à imposer à la compagnie, qu'il la refusât, la charge d'un pont dont les auteurs de l'amendement demandent la construction sur le Rhône à Avignon.

Voici quel est le plan des lignes qui font partie de la convention. Il existe actuellement une ligne sur la rive gauche du Rhône ; nous en concédons une seconde sur la rive droite. M. Rouvier et plusieurs de ses collègues demandent que ces deux lignes soient mises en communication, à Avignon même, par un embranchement qui se détacherait de l'une des deux lignes, envelopperait la ville d'Avignon, traverserait le Rhône et irait joindre l'autre ligne.

Les honorables auteurs de l'amendement pensent qu'il est nécessaire qu'un double courant puisse s'établir sur les deux rives du Rhône, soit au départ du Languedoc, c'est-à-dire du Gard et de l'Hérault, soit au départ de Marseille. Autrement dit : le problème que M. Rouvier et ses collègues cherchent à résoudre, que la commission a cherché aussi à résoudre, qu'elle avait signalé à M. le ministre comme essentiel, ce problème, c'est que, soit de Marseille, soit du Gard et de l'Hérault, on puisse utiliser à volonté les deux lignes de la vallée du Rhône. Il existe six ponts sur le Rhône entre Lyon et Marseille : le pont de Lyon, le pont de Chane, le pont de Saint-Rambert, le pont de la Voulte, le pont de Tarascon et le pont d'Arles ; ces deux derniers à l'aval d'Avignon.

Ceci dit, je vais examiner les deux hypothèses posées par M. Rouvier. Je suppose un courant de marchandises partant des départements de l'Hérault et du Gard, ce sera le courant des vins ; ces vins iront, si cela est nécessaire, prendre la rive gauche du Rhône, soit par le pont de Tarascon, soit par le pont d'Arles, et ils pourront encore, sans traverser le Rhône, remonter la

rive droite par la nouvelle ligne. Le pont d'Avignon est parfaitement inutile.

Supposez que les marchandises partent de Marseille. Dans ce cas, il y a encore deux lignes : la ligne passant sous le souterrain de la Nerth et allant, soit par Arles, soit par Tarascon, rejoindre la rive droite pour remonter vers Lyon : il y a aussi la ligne d'Aix, qui aboutit à Avignon, et, par suite, à Lyon en suivant la rive gauche.

Ainsi, soit que le courant de marchandises vienne de Cette, de Montpellier ou de Nîmes, soit qu'il vienne de Marseille, il y a deux lignes assurées par les deux ponts existant au-dessous d'Avignon. Le pont nouveau qu'on demande ne serait qu'à 26 kilomètres du pont de Tarascon.

M. Rouvier nous a dit que ce pont nouveau était réclamé pour la compagnie, dans son intérêt, et qu'il serait pour elle une charge très-légère.

Je répondrai tout d'abord que toute charge inutile n'est pas une charge légère, et qu'il faudrait au moins démontrer l'utilité de ce pont. Or il n'en a aucune pour la compagnie, il ne correspond à aucun trafic possible, il ne procurerait aucune recette. Quant à la dépense, elle serait considérable, plus considérable que notre honorable collègue le suppose. Le pont de Tarascon, qui est le plus voisin du pont du Rhône, a coûté 7 millions et demi.

J'admets que l'on fasse un pont dans des conditions plus économiques que celui de Tarascon, qui est un ouvrage d'art monumental. Je suppose que le pont qu'on demande coûte seulement trois millions et demi. Mais ceux qui connaissent les lieux savent qu'à Avignon le Rhône est très-large ; il est divisé en deux bras par une île sujette aux inondations ; ce pont, en réalité, deux ponts à faire ; il faudra relier les deux rives par un remblai très-élevé et établir dans l'île soit une levée défendue contre les eaux, soit un viaduc qui permette l'écoulement des eaux d'inondation. Il faudra détacher la nouvelle ligne de la gare, traverser la banlieue d'Avignon, c'est-à-dire des terrains très-chers. Ce sera une dépense de 5 à 6 millions.

Eh bien, la compagnie a refusé d'accepter une pareille dépense, et je ne crois pas que le ministère puisse lui demander d'accepter une charge sans utilité pour elle, alors surtout que dans toute cette convention l'État n'offre à la compagnie qu'un secours purement nominal.

Je comprends cependant qu'on puisse lui demander d'accepter certaines charges. Encore faut-il que ces charges correspondent à quelque service d'utilité publique. Ici, ce n'est pas le cas.

Au nom de la commission et d'accord avec le ministre des travaux publics, je vous demande donc de repousser l'amendement. (Très-bien ! — Aux voix ! aux voix !)

M. Maurice Rouvier. Je demande la parole. (Exclamations.) Je n'en ai, messieurs, que pour quelques minutes. (Parlez ! parlez !)

M. le président. La parole est à M. Rouvier.

M. Maurice Rouvier. L'honorable rapporteur vient de dire, — et c'est le seul point que je veuille relever, — que l'embranchement et le pont que nous proposons n'ont aucune espèce d'utilité. Je m'étais efforcé de prouver qu'ils en avaient une; je croyais y être parvenu. Je vois que ma démonstration n'a pas été suffisante.

Permettez-moi, messieurs, d'ajouter quelques mots. On nous dit : Les deux lignes communiquent à l'heure actuelle par une série de ponts, — je passe sous silence ceux qui se rapprochent de Lyon, et qui n'ont rien à faire dans la question, — mais par deux ponts rapprochés de Marseille, celui de Tarascon et celui d'Arles. Cela est très-vrai, et je n'avais pas négligé cette objection qu'il était vraiment trop facile de prévoir. Mais si vous voulez jeter les yeux sur la carte, vous verrez que ces deux traits d'union, le pont de Tarascon et celui d'Arles, forment en quelque sorte comme le tuyau de deux entonnoirs, l'un se développant vers l'est et l'autre vers l'ouest.

Vous verrez qu'au pont de Tarascon vient affluer, non-seulement le transit parti de Marseille, mais celui qui arrive d'Italie, tout ce que les chemins de fer italiens reversent sur le réseau méridional français; et d'un autre côté, à Arles afflue la ligne qui part de Cette et passe par Montpellier, et une autre qui vient du Vigan. Il y a en quelque sorte, je le répète, comme deux entonnoirs dont le confluent, le point inextricable, est précisément la gare de Tarascon.

L'amendement que nous proposons n'a d'autre but que de désencombrer cette partie du chemin de fer de Marseille à Avignon. Il n'y a presque jamais d'encombrement au-dessus d'Avignon. Où est l'encombrement dont on a tant souffert? où est le point d'arrêt des transports? où s'arrêtent les marchandises en cas d'encombrement des voies? A Tarascon; et c'est précisément Tarascon que l'on nous cite comme un remède suffisant aux maux que nous signalons!

Je persiste à soutenir qu'il y a un intérêt des plus considérables à ce que ces ponts de Tarascon et d'Arles soient laissées de côté et qu'on nous dote d'une ligne complète partant de Marseille par Aix et les points que j'ai indiqués tantôt et se reliant à l'autre rive du Rhône. Je répète que les ponts d'Arles et de Tarascon, qui ont d'ailleurs leur utilité, ne répondent à aucun des besoins qui seraient satisfaits par la proposition que je soutiens.

Il y a, d'ailleurs, un argument qui me revient en ce moment en mémoire et dont je demande la permission d'user. Il est vrai que les points de contact entre la rive droite et la rive gauche du Rhône ne sont jugés suffisants par personne, que le ministre fait étudier un projet de ligne entre Alais et Orange : cette ligne franchirait le Rhône un peu plus haut qu'Avignon. Je ne sais si c'est à la compagnie de Paris à Lyon et à la Méditerranée qu'elle sera concédée ou à une autre compagnie, cela importe peu; mais je dis qu'il y a un intérêt des plus considérables à ce que la jonction se fasse au point que j'ai indiqué plutôt qu'à la hauteur d'Alais où elle formerait une ligne sans intérêt aboutissant et débouché pas plus à l'est qu'à l'ouest.

On n'a pas répondu à l'argument le plus considérable peut-être qui puisse être opposé, à l'argument résultant de l'encombrement inévitable dans les années de disette. Vous savez

tous, messieurs, que quand notre récolte de blé est insuffisante en France, Marseille est appelée à suppléer au déficit de cette récolte. Les blés n'arrivent pas par quantités successives et régulières. Le transport des céréales ne se fait point par bateaux à vapeur, les arrivages n'ont pas lieu à des époques régulières, déterminées; il y a une flotte de voiliers qui chargent le blé dans le Danube et la mer Noire et arrivent à Marseille tous à la fois, quand le vent est favorable : quand le vent de l'Est règne, nous avons dans une seule journée des arrivées de 80, de 100 navires.

Est-ce qu'il est possible, avec les moyens d'enlèvement dont nous sommes dotés, avec une seule ligne, de répandre avec la rapidité commandée par l'intérêt public, par les nécessités de l'alimentation publique, de répandre, dis-je, sur le marché intérieur ces arrivages qui tout d'un coup viennent se jeter sur le marché de Marseille? Je ne le crois pas.

Je persiste à penser qu'il y a non-seulement l'intérêt des populations à desservir, mais qu'il y a aussi un intérêt considérable pour la compagnie de Paris-Lyon-Méditerranée à prendre des mesures préventives pour que les réclamations qui ont été soulevées contre elle ne se renouvellent pas. Je crois que pour obtenir ce résultat il n'est pas de mesure plus topique, plus efficace, que celle que j'indique.

Eh bien, messieurs, cette partie de mon argumentation n'a pas été relevée; elle subsiste donc, et, quoi qu'en pense M. le rapporteur, je suis autorisé à dire qu'il y a, à l'adoption de notre amendement l'intérêt de notre principal port français sur la Méditerranée, l'intérêt des nombreux départements qui s'étendent de Lyon à Marseille, l'intérêt de la compagnie, enfin un intérêt supérieur, un intérêt qui se recommande à vous tous, celui de l'alimentation publique maintenue à bon marché dans les années de disette. (Très-bien ! — Aux voix ! aux voix !)

M. Caillaux, *ministre des travaux publics.* Je n'ai qu'un mot à dire.

L'honorable M. Rouvier a fait connaître à l'Assemblée qu'il existe en ce moment à l'étude un projet qui doit être prochainement soumis à son examen et que ce projet comporte l'établissement d'un nouveau passage du Rhône à la hauteur d'Orange. Cela est vrai, et en le constatant, je crois précisément répondre à l'amendement de M. Rouvier.

Le Gouvernement prépare, en effet, un projet de chemin de fer d'Alais au Rhône et éventuellement jusqu'à Orange, qui propose l'exécution à venir d'une nouvelle traversée du Rhône à peu de distance au-dessus d'Avignon.

En outre des six traversées du Rhône actuellement établies par la compagnie de Paris-Lyon-Méditerranée à grands frais, il en aura donc une septième d'après le projet qui vous sera prochainement soumise. Si vous l'approuvez, ce nouveau passage donnera assurément pleine satisfaction aux intérêts dont l'honorable M. Rouvier s'est fait l'interprète devant l'Assemblée. (Très-bien ! — Aux voix ! aux voix !)

M. le président. Je mets aux voix l'amendement présenté par M. Rouvier.

(L'amendement, mis aux voix, n'est pas adopté.)

M. le président. Je mets aux voix le paragraphe 1er de l'article 1er du projet de loi, qui est ainsi conçu :

« Est déclaré d'utilité publique l'établissement des chemins de fer ci-après dénommés :

« 1° De Nîmes au Theil, par Remoulins. »
(Le premier paragraphe, mis aux voix, est adopté.)

« 2° De Remoulins à Uzès ;
« 3° De Remoulins à Beaucaire ;
« 4° D'Uzès à Saint-Julien, avec prolongement sur 10 kilomètres dans la vallée de l'Auzonnet ;
« 5° D'Uzès à Nozières. »
(Ces paragraphes sont mis aux voix et adoptés.)

« 6° De Vézenobres à Quissac, avec embranchement sur Anduze. »

M. le président. Il y a sur ce paragraphe deux amendements : l'un de MM. Destremx, comte Rampon et Seignobos, et l'autre de MM. de Rodez-Bénavent, de Grasset, Viennet, etc.

M. Destremx propose de dire : « d'Alais à Quissac, avec embranchement sur Anduze. »

M. de Rodez-Bénavent propose d'ajouter au paragraphe ces mots : « et prolongement direct jusqu'à Montpellier. »

La parole est à M. Destremx pour développer son amendement.

M. Destremx. Messieurs, en 1863, une convention fut conclue entre le ministre des travaux publics et la compagnie Paris-Lyon-Méditerranée, d'après laquelle cette compagnie s'engageait à construire un chemin de fer d'Alais au Pouzin, qui devait être un des tronçons de la grande ligne de Cette-Montpellier à Lyon.

Ce chemin devait traverser le département de l'Ardèche et, par conséquent, le desservir. Mais la compagnie ne voulut pas donner satisfaction à nos centres populeux et à nos exploitations ferrifères et carbonifères, prétextant les obligations que lui imposait une grande ligne qui devait être la plus directe possible.

Cependant, cédant bientôt après à des exigences supérieures, elle consentit, pour desservir une nouvelle exploitation industrielle, à la tête de laquelle était M. Talabot, à augmenter son parcours de 15 kilomètres, à adopter des pentes et des courbes incompatibles avec les exigences d'une grande ligne. Dès lors elle dut renoncer à faire une ligne de grand parcours, et ce chemin devint un simple chemin de trafic local.

Il était logique alors de donner satisfaction aux vœux légitimes des 268 communes de l'Ardèche et aux autres exploitations de houille et de fer; mais la compagnie Talabot dont je viens de parler, n'ayant pas réussi à acheter lesdites exploitations, il fallait éviter leur concurrence, et cette ligne brusquement détournée délaissa non-seulement ces exploitations, mais tous les gisements houillers et ferrifères qui s'étendent depuis Bannes jusqu'à Aubenas, sur un parcours de 50 kilomètres, et toutes les populations agglomérées du département pour traverser un territoire sans population et sans avenir industriel.

C'est alors que le département de l'Ardèche s'émut, que de nombreuses pétitions furent adressées au Gouvernement et qu'il fut ordonné de nouvelles études pour concilier les intérêts divers de la compagnie et du département.

Mais M. le ministre nous a parlé du monopole des grandes compagnies, et nous a dit que le Gouvernement dirigeait ce monopole. Eh bien, voici une preuve irréfutable que l'autorité du ministre peut quelquefois venir se briser contre la toute-puissance des compagnies.

La compagnie se prêta avec la meilleure grâce aux études complémentaires; mais sa décision était irrévocablement prise, et pour refuser de nous donner satisfaction elle se renferma derrière les exigences d'une ligne de grand parcours; et le ministre rendit un décret dans ce sens, ainsi motivé :

« Le chemin de fer d'Alais au Pouzin, » disait le ministre, « doit être considéré comme une ligne de grand parcours et non pas comme un chemin de fer d'intérêt purement local. C'est une des sections de la ligne directe de transit entre Lyon et Cette, et il ne paraît pas possible d'imposer au trafic général de cette ligne l'excédant de parcours de 11 kilom. 500 que présente la direction passant par Joyeuse et l'Argentière, comparée au tracé par la vallée de l'Ardèche. »

La compagnie obtenait ainsi le tracé qu'elle voulait par cette raison que la ligne était déclarée ligne de grand transit, mais son intention n'était pas de faire ce que le ministre croyait, puisqu'elle écrivait dans son avant-projet : « Le trafic de cette ligne se réduira donc au trafic local. »

Vous le voyez, messieurs, c'est la compagnie qui établit elle-même, contrairement au ministre, la véritable classification de la ligne; mais la direction que désirait la compagnie, était approuvée et l'intérêt du département sacrifié !

Partout, durant l'instruction de cette longue et importante affaire, où la prospérité du département était en jeu; nous avons rencontré des conseils et des comités pour prendre le parti de la compagnie; nulle part nous n'avons trouvé une autorité qui pût défendre les droits de nos populations, partout on a souri de notre naïveté, lorsque nous avons demandé à modifier les conclusions de cette même compagnie, et le ministre est resté convaincu que l'intérêt général avait exigé ce sacrifice, alors que l'intérêt privé d'une seule compagnie industrielle était en jeu !

Voilà donc où peut conduire le monopole exagéré et l'omnipotence des grandes compagnies ! (Très-bien ! très-bien ! sur plusieurs bancs.)

Aujourd'hui, messieurs, nous sommes en présence d'un second tronçon de cette même ligne, et nous avons besoin de savoir si cette concession, que nous allons donner, sera un chemin de trafic local ou une ligne de grand parcours.

Il ne faut pas perdre de vue qu'il résulte du décret de concession du premier tronçon, que c'est l'une des sections de la ligne directe de transit entre Lyon et Cette, et non un chemin d'intérêt purement local.

Mais alors, pourquoi voulez-vous autoriser la compagnie à faire une suite de zigzags non interrompus, pour profiter des lignes déjà faites, alors que le tracé direct par Quissac et Anduze ne présente aucune difficulté et dessert en même temps des populations qui n'ont point de voie ferrée? La ville d'Anduze, qui a 6,000 âmes de population, et qui est entourée d'exploitations minérales, motiverait à elle seule cette direction. Mais ce chemin n'est pas seulement la grande ligne du Midi sur Lyon, c'est encore la grande ligne directe du Midi sur Paris par Alais et le Bourbonnais.

Je prie donc l'Assemblée de ne pas permettre que la compagnie Paris-Lyon-Méditerranée obtienne la concession d'une ligne de grand parcours, pour ne faire, non pas même une ligne d'intérêt local, mais une suite de raccords entre ses différentes lignes en exploitation, ce qui aurait pour but d'ajourner indéfiniment la construction de cette grande ligne de Cette à Lyon par l'Ardèche, et de Cette à Paris par le Bourbonnais, dont nous demandons l'exécution. (Très-bien ! sur divers bancs.)

M. le président. La parole est à M. le rapporteur.

M. le rapporteur. Messieurs, notre honorable collègue nous demande de lui dire si les lignes tracées dans les départements du Gard et de l'Hérault seront des lignes à grand trafic ou des lignes à trafic local. Je me permettrai de lui répondre que cela ne dépend ni de la compagnie, ni du ministre, ni de la commission, ni de lui-même. Il est impossible, quand on trace une ligne dans un pays de montagnes, qu'on obtienne de cette ligne les mêmes services que d'une ligne tracée en pays de plaine.

C'est ce qui est arrivé à la ligne d'Alais au Pouzin. Cette ligne d'Alais au Pouzin traverse un pays accidenté, et l'honorable M. Destremx sait bien que l'on n'a pas pu tracer cette ligne avec la même facilité que celle de la vallée du Rhône. C'est précisément parce que la compagnie n'a pas pu tirer de cette ligne les services suffisants pour en faire une ligne de grand trafic, qu'elle est obligée d'accepter les charges considérables de la construction d'une nouvelle ligne dans la vallée du Rhône.

C'est ce qui est arrivé pour la ligne de Brioude. Cette ligne est la plus chère de tout le réseau : le prix moyen du kilomètre dépasse 500,000 fr.; il atteint même sur une grande partie du parcours 600,000 fr. On était là en pleine montagne, et si vous avez jeté les yeux sur la carte dans laquelle M. le ministre a figuré, par des bandes d'une épaisseur progressive, les trafics qui appartiennent à chaque ligne, vous avez vu que le trafic de la vallée du Rhône est représenté par une bande très-large, tandis que celui de la ligne de Brioude est représenté par un filet imperceptible.

Or, cette ligne est la plus courte pour aller du Languedoc à Paris; elle suit le méridien. Si donc la compagnie avait pu en tirer parti, après de telles dépenses, elle le ferait. Elle ne le peut pas, par la raison très-simple qu'on ne franchit pas une montagne comme une plaine.

Voilà la vérité. Eh bien, notre collègue nous demande si les lignes que nous faisons dans le pays accidenté du Gard, seront des lignes de grand trafic. Je lui réponds : Non, certainement non. Ce sont des lignes de grande utilité, ce sont des lignes d'intérêt général, et vous pouvez vous rendre compte, d'après la carte, qu'elles vont abréger dans une proportion considérable la distance entre les mines d'Alais et le port de Cette. Elles vont desservir des intérêts de premier ordre; ce sont des lignes très-importantes, très-sérieuses, mais quant à être de grandes lignes, des lignes de grand trafic, de ces lignes magistrales en quelque sorte qui sont les principales artères de la France, je le répète, cela est impossible, cela ne sera pas; la nature des choses s'y oppose. Vous pouvez dépenser les sommes les plus considérables, chercher le tracé le plus droit, vous n'obtiendrez jamais une ligne de premier ordre. Il faut absolument dans ces questions tenir compte des circonstances locales.

Notre collègue a précisé un point sur lequel je prie l'Assemblée de me permettre d'attirer son attention. Il nous a dit : Si vous suiviez la ligne droite, vous passeriez à Anduze, et vous éviteriez l'embranchement sur Anduze.

Eh bien, je prie ceux de nos collègues qui veulent se faire une conviction sur ce point de jeter un coup d'œil sur la carte de l'état-major; je vais essayer de leur en donner ici une idée.

Alais est dans une vallée qu'on appelle la vallée du Gardon; Anduze, d'autre part, est sur les bords du Gardon d'une autre rivière appelée aussi le Gardon, le Gardon d'Anduze. Pour aller d'Alais à Anduze, en droite ligne, il faudrait sortir d'une vallée étroite, s'élever avec peine, puis retomber dans une autre vallée. Dans ces conditions, le chemin de fer serait très-difficile à exécuter. Or, quel est le tracé de la compagnie? Il descend le Gardon, ou plutôt il utilise la ligne existante le long du Gardon, à partir d'Alais, et, aussitôt qu'il approche du confluent des deux Gardons, il se détache de la vallée principale d'un embranchement de six kilomètres et pousse un embranchement de six kilomètres vers Anduze.

Il est évident que, si vous voulez faire une ligne directe d'Alais à Anduze, vous abrégerez à peine le trajet, vous augmenterez énormément la dépense et vous ferez une ligne presque impraticable.

Voilà la vérité. Nous vous prions donc, par ces considérations, de vouloir bien repousser l'amendement de l'honorable M. Destremx. (Très-bien ! très-bien ! — Aux voix !)

M. Destremx. Messieurs, je n'ai qu'un seul mot à dire. Les observations de M. le rapporteur manquent un peu de justesse; il n'y a aucune difficulté de construction pour la ligne directe d'Alais à Montpellier et Cette par Quissac. La ligne d'Alais passant, non pas à Anduze même, mais tout près d'Anduze, ne rencontre aucun empêchement matériel ; tous ceux qui connaissent le pays peuvent certifier qu'il n'y a pas plus de difficulté à suivre la ligne directe qu'à faire les divers raccords qui sont mentionnés au projet. Il n'y a aucune assimilation à faire avec la ligne de l'Ardèche, et surtout avec la ligne de Brioude, où il y avait de très-grands obstacles à vaincre. (Aux voix !)

M. le président. Je mets aux voix l'amendement.

(L'amendement, mis aux voix, n'est pas adopté.)

M. le président. Nous passons à l'amendement de MM. de Rodez-Bénavent, de Grasset, Viennet, Vitalis, Bouisson, Castelnau, Dupin et Arrazat, qui consiste à ajouter au paragraphe 6 : « ...et prolongement direct jusqu'à Montpellier. »

La parole est à M. de Rodez-Bénavent.

M. le vicomte de Rodez-Bénavent. Messieurs, l'amendement que nous avons l'honneur de vous présenter est la conséquence naturelle, logique, de la ligne de Vézenobres à Quissac, dont on vous demande la concession aujourd'hui.

Comme cet amendement se lie à un autre amendement que nous avons également déposé, et qui est relatif au paragraphe 8, je vous demande la permission de vous entretenir, très-succinctement, de ces deux amendements. (Parlez !)

Ils se présentent l'un et l'au re devant vous, messieurs, avec l'appui unanime des députés de l'Hérault, sans distinction de parti.

Ils sont, de plus, l'écho fidèle, mais affaibli, du *Timeo Danaos* sorti de toutes les poitrines, lorsque nos populations ont pu prendre connaissance du projet de loi qui a été déposé par M. le ministre des travaux publics, et dans lequel elles ont vu la ruine de leurs chemins de fer d'intérêt local. Nous avions le devoir de nous en faire les interprètes.

Pour ma part, il n'a fallu rien moins que les obligations impérieuses qui en découlaient pour me faire aborder cette tribune. Vous voudrez bien en tenir compte, messieurs, et m'accorder quelques minutes de votre bienveillante attention, que j'ose solliciter pour la première et probablement pour la dernière fois. (Parlez ! parlez !)

Je n'ai pas besoin de déclarer que je ne suis, à aucun titre, l'adversaire, et surtout l'adversaire systématique, des grandes compagnies ; je reconnais qu'elles ont rendu de grands services au pays. Mais, après leur avoir rendu cet hommage, je reconnais aussi qu'elles ont commis, au moins dans nos localités, des erreurs qu'elles vont pousser peut-être jusqu'à l'injustice, si elles persévèrent dans cette voie d'envahissements excessifs dans laquelle elles semblent vouloir marcher à outrance.

Messieurs, lorsqu'on jette les yeux sur la carte du département de l'Hérault, — et je regrette que chacun de vous ne l'ait pas entre les mains, — on se demande, non sans raison assurément, si les grandes compagnies du Midi et de la Méditerranée ne se sont pas ingéniées à tracer leurs voies ferrées, dans ce département, selon des directions essentiellement contraires à ses besoins et à ses intérêts.

Ainsi, la ligne de Cette à Bordeaux ne fait que suivre un littoral aride et presque désert, au lieu de desservir les nombreuses cités et de traverser les importants vignobles qui s'étendent de Montpellier à Béziers par Meze, Montagnac et Pézenas.

La ligne de Rodez à Montpellier qui, aux termes formels de la loi de concession, devait passer par le pont du Cartels et desservir ainsi directement le commerce très-important de la ville manufacturière de Lodève, a été dirigée dans un sens contraire au but pour lequel elle avait été concédée.

La voie de Graisessac à Béziers, qui dessert, incomplètement, il faut l'avouer, un bassin houiller très-important de l'Hérault, allonge de plus de 30 kilomètres le parcours des houilles transportées au port de Cette, leur réceptacle naturel.

Enfin la ligne du Vigan à Lunel, celle-ci construite par la compagnie de Paris-Lyon-Méditerranée, l'a été en vue, je ne crains pas de le dire, de fuir le département de l'Hérault et de détourner vers Nîmes et Marseille toutes les relations commerciales existant depuis des siècles entre les Cévennes, Montpellier et Cette. Par suite de cette direction, elle a placé la ville de Ganges, située au pied des basses Cévennes, à 87 kilomètres de Montpellier, chef-lieu de son arrondissement, où l'appellent quotidiennement ses relations industrielles, commerciales, judiciaires et administratives, tandis que, par la voie de terre, Ganges n'est éloignée de cette dernière ville que de 44 kilomètres environ.

Dans une pareille situation, messieurs, le département de l'Hérault, sacrifié complétement sur tous les points d'une manière inqualifiable, s'est vu obligé, pour réparer l'erreur commise et pour ne point déserter la défense de ses intérêts, de créer, par application de la loi de 1865, diverses lignes de chemins de fer d'intérêt local.

Il se décida à faire opérer des études sérieuses sur ce point par des hommes très-compétents, et, avant de chercher des concessionnaires, son premier devoir et son premier soin furent de s'adresser aux grandes compagnies ; c'est sur leur refus constant, persistant, qu'il a fini par se tourner d'un autre côté et chercher un autre concessionnaire. Il a trouvé une compagnie sérieuse qui s'est mise loyalement à l'œuvre. Et, puisque j'ai l'honneur d'être à la tribune, permettez-moi de remplir un devoir en dégageant publiquement cette compagnie des reproches qui ont été faits, peut-être un peu trop généralement, aux compagnies de chemins de fer d'intérêt local ; j'espère que sur ce point M. le ministre ne me contredira pas.

Le département de l'Hérault fit donc, comme je vous le disais, messieurs, étudier le réseau de chemins de fer qui pouvait suppléer aux lacunes laissées par les grandes compagnies.

Mais, comme cette opération était colossale, comme il ne s'agissait de rien moins que de 435 kilomètres environ à créer pour tout le réseau, le conseil général, guidé par un esprit de sage prudence, divisa cette œuvre en deux parties et concéda le premier réseau, composé de 180 kilomètres environ, à la compagnie Joret, au prix de grands sacrifices de la part du département, sacrifices qui ne représentent pas moins de 110,000 fr. de subvention par kilomètre ; mais, comme le département avait foi dans l'avenir de ces chemins de fer d'intérêt local, ses représentants firent insérer dans le cahier des charges cette clause : que, au delà d'un produit brut de 11,000 fr. par kilomètre, l'État et le département auraient, outre la moitié, part aux bénéfices. Et je puis dire que nous avons la plus grande espérance de voir dépasser les évaluations primitives et que nous obtiendrons une moyenne de 13 à 14,000 francs par kilomètre. Mais les populations qui n'étaient point desservies par ce premier réseau, faisaient entendre leurs réclamations et leurs plaintes ; elles étaient fondées jusqu'à un certain point, puisqu'elles concouraient à la dépense de la création du premier réseau par leur part dans les centimes de la vicinalité et par les charges qui résultaient des emprunts qui avaient été ou devaient être contractés dans ce but.

Elles demandaient donc tous les jours qu'on leur rendît justice ; enfin, après la loi du 10 août 1871, le conseil général, frappé de la justice de leurs doléances, s'occupa de nouveau de ces questions, quoique les études de ce second réseau eussent été déjà faites ; il fit encore de nouveau étudier ces diverses lignes, et, toujours sur le refus des grandes compagnies, il chercha un autre concessionnaire ; il en trouva un qui accepta les chemins de fer sans subvention, ni garantie d'intérêt.

Il faut vous dire, messieurs, que ce second réseau était composé de plusieurs lignes, les unes bonnes, les autres médiocres, mais qui formaient cependant, dans leur ensemble, un faisceau suffisamment rémunérateur, à une condition toutefois, c'est qu'on ne pût pas en distraire les bonnes lignes en laissant les mauvaises. Le conseil général décida donc que ce réseau serait concédé et, après avoir laissé s'écouler le délai pendant lequel le Gouvernement pouvait y faire opposition, le préfet de l'Hérault fut invité à passer avec le concessionnaire un traité dans lequel était stipulé un dépôt de garantie de 500,000 fr., — dépôt qui a été effectué, — et, de plus, un dédit de 1 million, en cas de non-exécution.

A partir de ce moment, je n'ai pas besoin de vous le dire, les démarches de la compagnie furent nombreuses et actives ; le conseil général vint lui apporter son concours ; mais hélas ! je dois ajouter que tout fut inutile et que le décret déclaratif d'utilité publique, qui était indispensable, ne fut pas obtenu.

Eh bien, messieurs, ce sont ces réseaux que les grandes compagnies du Midi et de la Méditerranée n'ont pas vus s'établir de bon œil, et que, dans un intérêt purement privé, elles poursuivent, — je ne voudrais rien dire de blessant, — mais enfin elles les poursuivent de leur hostilité toute-puissante. (Très-bien ! sur divers bancs.) Et, tandis que la compagnie du Midi cherche à ruiner le trafic de la ligne des chemins de fer d'intérêt local du premier réseau actuellement existant, la compagnie de la Méditerranée se prépare à ruiner le second réseau en construisant la ligne de Sommières aux Mazes, dont on vous demande aujourd'hui de lui accorder la concession.

Parmi les lignes qui composent le réseau dont le projet de loi porte l'énonciation, figure cette ligne de Sommières aux Mazes ; il est bon de ne pas oublier que cette ligne figure également dans le second réseau d'intérêt local et qu'elle est une des plus productives et des plus économiques à construire.

Cependant cette ligne avait toujours été considérée par le département comme un chemin de fer d'intérêt local, et la preuve, c'est qu'elle avait été concédée à la première compagnie, sans toutefois que cette concession eût eu de suites, parce que, comme je vous l'ai dit tout à l'heure, l'œuvre était si importante, que le réseau fut divisé en deux et que, par une mesure de sage prévoyance, on voulut échelonner la confection de ces deux réseaux. Ultérieurement la compagnie Joret, qui est la compagnie

du premier réseau, demanda directement au ministère des travaux publics la concession de cette ligne, et ses avant-projets ont subi l'épreuve des enquêtes. D'un autre côté, le conseil général l'avait fait figurer dans le second réseau concédé à une autre compagnie, dont les avant-projets avaient également subi toutes les formalités d'une instruction préliminaire.

Et maintenant, comment se fait-il que, cette situation qui n'était pas inconnue du ministre des travaux publics, celui-ci ait proposé de donner à Paris-Lyon-Méditerranée la concession qu'elle avait toujours refusée de la ligne de Sommières aux Mazes ?

Si nous examinons cette question, non-seulement au point de vue de la satisfaction qu'elle peut donner aux besoins généraux du pays, mais encore aux intérêts particuliers du département de l'Hérault, vous verrez, messieurs, si je suis assez heureux pour vous le faire comprendre, l'utilité et la justice de nos amendements et vous voudrez bien les accepter.

Personne de vous, on effet, n'a oublié les désastreux résultats de l'encombrement qui s'est manifesté pendant ces dernières années sur la ligne de Cette, Montpellier et Nîmes. On a attribué cet encombrement à l'insuffisance des gares, au manque de matériel, et moi j'ajoute : aux préférences que la compagnie Paris-Lyon-Méditerranée témoignait pour Marseille, où ses intérêts, je le reconnais, trouvant une plus grande somme de satisfaction, l'engageaient à accorder à la section de Tarascon à Marseille des facilités de transport qu'elle refusait à la section de Tarascon à Cette.

Mais, messieurs, cet encombrement ne se serait pas produit si les marchandises en destination du nord, du centre et de l'est de la France, avaient pu être dirigées de Cette et Montpellier sur Quissac, par une voie directe et de là, d'un côté sur Lyon par la rive droite du Rhône et sur Brioude, de l'autre par Alais.

La ligne de Sommières aux Mazes, je le reconnais, serait un exutoire utile à un point de vue cependant : à la condition qu'elle serait construite tout à fait indépendante des lignes actuellement existantes. Mais elle va se confondre aux Mazes avec la ligne de Nîmes à Montpellier jusqu'à la gare de cette dernière ville sur 6 kilomètres de parcours environ, de telle sorte que le trafic de Sommières aux Mazes, qui sera très-important, pourra devenir une nouvelle cause d'encombrement et produire l'inconvénient qu'on semble vouloir éviter.

Ce n'est pas par Sommières, — et c'est ici que je rentre complètement dans l'amendement qui demande le prolongement de Quissac à Montpellier, — ce n'est pas par Sommières, messieurs, que, dans l'intérêt de toutes nos contrées méridionales, il faut diriger leurs produits vers le nord, le centre et l'est de la France ; c'est par une ligne plus directe et plus courte, et cette ligne est celle de Montpellier à Alais par Quissac, de tout temps elle a été demandée par les chambres de commerce de Cette et de Montpellier, qui sont montrées, sur ce point comme sur tous les autres, intelligentes et vigilantes gardiennes des intérêts commerciaux de notre région. C'est donc par ce point-là qu'il faut diriger la ligne de Montpellier à Alais.

Et maintenant, si je regarde les intérêts propres au département de l'Hérault, la conséquence du rejet de nos amendements serait bien autrement funeste. Les houilles d'Alais, vous le savez, messieurs, arrivent à Cette tellement grevées de frais énormes de transport, qu'elles ne peuvent pas soutenir la concurrence avec les houilles étrangères sur les marchés européens et surtout sur le marché méditerranéen, et cependant nous ne pouvons pas oublier que Cette est une ville de 26,000 âmes, que son port occupe, dans la hiérarchie des ports français, le cinquième rang au point de vue de la navigation générale, le second au point de vue de l'importation des minerais, et le second encore pour l'exportation des houilles.

Nous ne pouvons pas oublier que le mouvement général de son trafic va toujours croissant et qu'il a atteint et même dépassé, en 1872, 2,600,000 tonnes. Nous ne pouvons pas oublier non plus, — et j'appelle l'attention de M. le ministre des travaux publics et de M. le ministre de l'agriculture et du commerce sur ce point, — que, tous les ans, il sort en moyenne du port de Cette 466 navires sur lest, tant français qu'étrangers, qui pourraient trouver un fret tout naturel dans le chargement des houilles, si ces houilles pouvaient y arriver dans des conditions de transport plus économiques.

Mais je le crains bien, et il ne faut pas se faire illusion à cet égard, les choses resteront toujours dans cet état tant que l'on ne réduira pas à ses plus étroites limites la distance qui sépare le port important de Cette du bassin houiller d'Alais. Or savez-vous la distance qui les sépare actuellement? Elle est de 128 kilomètres, tandis que, par la ligne directe de Cette à Alais, cette distance ne serait que de 98 kilomètres, c'est-à-dire 30 kilomètres en moins, soit 25 p. 100 de diminution sur le prix que coûtent les houilles pour leur parcours d'Alais à Cette.

Messieurs, ces chiffres parlent plus haut que tous les arguments et se passent de commentaires ; aussi éviterai-je, sur ce point, à votre bienveillante attention de plus longs développements ; mais, je dois le dire, la compagnie de Paris-Lyon-Méditerranée n'a pas intérêt à raccourcir les distances que parcourent les marchandises en provenance d'Alais et à destination pour Cette.

Dans cette circonstance, la compagnie Paris-Lyon-Méditerranée n'accepte la ligne de Sommières aux Mazes que pour avoir l'air de ne pas rester indifférente aux intérêts généraux du pays, mais elle veut surtout éviter qu'aucune compagnie étrangère vienne mettre le pied sur ce qu'elle appelle son domaine.

M. Wilson. Très-bien ! très-bien !

M. le vicomte de Rodez-Bénavent. Voilà, messieurs, le double motif pour lequel la compagnie de Paris-Lyon-Méditerranée accepte la ligne de Sommières aux Mazes, ligne qui, je le crains bien, lui est imposée par M. le ministre des travaux publics, qui, lui aussi, — qu'il me permette de le lui dire, — poursuit, dans cette circonstance, un double objectif : mettre à néant les droits et les délibérations des conseils généraux, et notamment les droits et les délibérations du conseil géné-

ral de l'Hérault, et faire ainsi, par une voie détournée, échec, et échec considérable, à la loi de 1865 et à celle de 1871. (Très-bien ! sur plusieurs bancs.)

J'ajoute, messieurs, qu'il ne serait pas téméraire d'affirmer qu'une fois maîtresse absolue de la situation, la compagnie de Paris à Lyon et à la Méditerranée ne dirigera jamais les houilles par Quissac et Sommières, parce que, je le répète, son intérêt s'y oppose. La ligne de Sommières aux Mazes restera donc une ligne de trafic local dont les besoins seront sacrifiés par cela seul que les grandes compagnies appliquent aux lignes secondaires les mêmes règles et la même uniformité que celles qui président à l'exploitation des lignes à grand trafic.

Ainsi, messieurs, le bassin calcaire de Castries, qui, s'il était bien exploité, pourrait donner à lui seul plus de 100,000 tonnes par an, restera-t-il éternellement ce qu'il est, et nous continuerons à être tributaires du Gard, dont les produits calcaires sont très-recherchés, quoique non supérieurs à ceux du bassin de Castries, et que la compagnie Paris-Lyon-Méditerranée a tout intérêt à favoriser, par cette raison toute simple : que les distances à parcourir de Beaucaire pour les amener à Montpellier et aux différents points de consommation de l'Hérault, seront plus grandes que celles de Castries aux mêmes lieux de destination.

Même en admettant que la compagnie de Paris à Lyon et à la Méditerranée voulût favoriser le développement de l'exploitation du bassin calcaire de Castries, il est certain qu'à Montpellier elle livrerait à la compagnie du Midi, pour tous les points du département, les produits qui ne seraient pas exclusivement à destination de cette dernière ville, ce qui nuirait considérablement, non-seulement à la prospérité de notre premier réseau d'intérêt local, mais peut-être encore à l'existence.

Or, je vous l'ai dit, notre premier chemin de fer d'intérêt local a été fait sur l'invitation, pour ainsi dire, de la loi de 1865 (C'est vrai !); de plus, il a été construit avec la subvention de l'État : il occasionne au département une dépense de 20 millions environ et, au concessionnaire, une autre dépense de 14 à 15 millions, soit ensemble 35 à 36 millions de dépenses. Eh bien, je demande que ce chemin de fer, qui a été reconnu par l'État d'utilité publique, soit traité comme les autres chemins de fer. C'est un fils légitime de l'État et, à ce titre, je demande que l'appui et la protection de l'État lui soit acquis. (Très-bien ! très-bien ! sur divers bancs.)

En résumé, messieurs, voici un département dont le mouvement commercial, industriel et agricole peut donner lieu à un trafic de 1,500,000 tonnes, — retenez bien ce chiffre, et qui, voyant ses intérêts délaissés ou méconnus par les grandes compagnies, a voulu, régulièrement et conformément à la loi, au prix des plus grands sacrifices, suppléer aux lacunes dont il a été l'objet de leur part. Eh bien ! on nous dit aujourd'hui : Non ! vous ne ferez pas ce chemin de fer d'intérêt local, et comme j'ai expliqué que cette grande œuvre avait été divisée en deux parties, on dit à la seconde partie de l'opération : Tu n'as pas reçu le décret de déclaration d'utilité publique, tu ne verras pas le jour.

On ne se contente pas d'entraver ainsi ce chemin de fer dans le présent, on veut le détruire encore dans l'avenir; on lui retire à tout jamais l'espérance et la possibilité de se voir construire, et voici pourquoi.

Je vous ai dit que ce second réseau était composé de diverses lignes, les unes bonnes, les autres médiocres, mais présentant dans leur ensemble un produit suffisamment rémunérateur, à la condition de ne pas en retirer les meilleures. Eh bien, voici ce qu'on fait :

La compagnie de Paris-Lyon-Méditerranée a dit : Je prendrai la ligne de Sommières aux Mazes, 17 kilomètres; la compagnie du Midi viendra vous dire demain : Je prendrai la ligne de Montbazin à Cette (toujours dans le deuxième réseau), soit 13 kilomètres. Ce qui fera un ensemble de 30 kilomètres, et c'est avec cette concession, ingénieuse, je le reconnais, mais peu libérale, qu'on viendra mettre à néant ce second réseau qui devait en avoir 230, et dont l'exécution avait été reconnue par le conseil général indispensable à la prospérité du département de l'Hérault ! N'est-ce pas une dérision ?

Pour le second réseau, fait en vertu d'un décret et conformément à la loi, on ne peut pas le détruire actuellement, mais soyez certains, messieurs, que les manœuvres sont dirigées pour le faire périr; et quand on aura ruiné son trafic, par les armes qu'on lui donne aux grandes compagnies, tandis qu'on les lui refuse complètement à lui-même pour se défendre, qu'arrivera-t-il ? C'est qu'il ne pourra peut-être plus exploiter utilement, et alors la compagnie du Midi ou toute autre viendra vous dire : Voilà un chemin de fer qui ne peut pas vivre; il a coûté 35 millions, j'en offre 4 ou 5 millions; et comme il ne pourra pas rester inactif, on acceptera ces propositions ou à peu près, et ainsi se trouveront gravement compromis les intérêts des départements et des actionnaires qui, confiants dans la loi, ont de bonne foi donné leur argent. (C'est cela ! — Très-bien ! très-bien !)

Ainsi, messieurs, votez, je vous le demande, le prolongement de la ligne de Quissac jusqu'à Montpellier par une voie directe, et supprimez le paragraphe 8 du projet de loi, c'est-à-dire la ligne de Sommières aux Mazes. Faites cela, messieurs, l'Etat n'y perdra rien, l'intérêt général et départemental n'en souffriront point, les grandes compagnies ne seront pas atteintes non plus ni dans leur amour-propre, ni dans leur puissance, ni dans leurs intérêts, leurs actionnaires ne s'en plaindront pas, et le département de l'Hérault vous remerciera. (Nombreuses marques d'approbation.)

M. le rapporteur. Messieurs, il y a dans les questions de chemins de fer tant d'intérêts différents en présence, qu'il est absolument impossible de les contenter tous à la fois.

M. le ministre des travaux publics. C'est évident !

M. le rapporteur. Je trouve, d'ailleurs, dans l'argumentation de notre honorable collègue une certaine contradiction.

Il vous a dit : La compagnie de Paris-Lyon-Méditerranée veut prendre une des meilleures de nos lignes du réseau départemental pour empêcher que les autres se fassent.

Or, quelle est la portée de son amendement?

Cet amendement consiste à remplacer la ligne de Sommières aux Mazes par la ligne de Quissac à Montpellier.

Ceux d'entre vous qui ont une carte sous les yeux verront que dans le département de l'Hérault, la ligne de Quissac à Montpellier, qui prolonge la ligne d'Alais à Quissac, a une bien autre importance ou, du moins, semble avoir une bien autre importance que celle de Sommières aux Mazes.

Messieurs, l'intérêt actuel du débat n'est pas où l'a placé notre collègue, qui s'est exclusivement préoccupé du département de l'Hérault.

Il y a l'intérêt de Cette, dont il a très-justement parlé, il y a l'intérêt du département du Gard, et il y a l'intérêt général qui demande que nous dégagions toute cette ligne de l'Hérault et du Gard, sur laquelle se sont produits des encombrements.

Eh bien, le système du Gouvernement et le système de votre commission, et en même temps de la compagnie, réalise un double avantage. En premier lieu, il donne une seconde ligne de Montpellier à Nîmes, de la porte de Montpellier à la porte de Nîmes, c'est-à-dire aussi près que les circonstances topographiques le permettent; de telle sorte que la ligne de la rive droite du Rhône aura son origine près de Montpellier. En second lieu, la ligne de Sommières aux Mazes procure un raccourci considérable pour les transports d'Alais à Cette, et, grâce à la ligne d'Alais à Quissac, et à la ligne de Sommières aux Mazes, il y aura une ligne d'intérêt général, ligne considérable, qui transportera tous les produits et marchandises d'Alais à Cette.

Le projet satisfait donc à double point de vue, non pas seulement le point de vue d'intérêt local dont a parlé notre honorable collègue, non pas le point de vue particulier de l'Hérault, mais en outre le point de vue local du Gard, surtout, et au-dessus de tout, le point de vue de l'intérêt général dont votre commission a dû se préoccuper.

C'est dans ces conditions qu'il faut envisager la convention.

Nous vous supplions, messieurs, de considérer que la compagnie se charge de construire et d'annexer à son ancien réseau 750 kilomètres de chemins de fer qui ne coûteront rien à l'Etat, ni comme subvention, ni comme garantie.

M. Wilson, *au banc de la commission.* C'est ce qu'il faudra voir !

M. le rapporteur. C'est ce que nous verrons, en effet. J'exprime ici la conviction du Gouvernement, qui est aussi la conviction de la grande majorité de la commission ; vous ne l'ignorez pas, mon cher collègue, puisque vous en faites partie.

Eh bien, dans cet immense ensemble, soyez persuadés, messieurs, que le projet qui a été élaboré par trois ministres, que votre commission a étudié avec le plus grand soin, sur lequel elle n'a pris un parti qu'après avoir entendu contradictoirement les délégués des intérêts divers engagés dans la question, et, de plus, les représentants des différentes compagnies ; soyez persuadés que ce projet, accepté par la compagnie, par l'État et par la commission, satisfera aux véritables besoins des contrées intéressées. Il faut bien admettre qu'il y a, dans cet accord de l'État, des compagnies et de la commission, un grand fait qui mérite qu'on le prenne en considération et qui doit nous engager à ne pas rompre un accord si heureux à propos d'un simple détail accessoire.

Si vous adoptiez l'amendement de notre honorable collègue, il aurait pour conséquence la suppression forcée de la ligne de Sommières aux Mazes et, par suite, celle de la ligne d'Alais à Cette. En présence d'un tel résultat, plusieurs de nos honorables collègues, représentants du Gard, viendraient vous demander de ne pas entrer dans cette voie.

Je vous prie donc, messieurs, vous plaçant, non pas au point de vue de l'intérêt départemental, mais au point de vue de l'intérêt général, d'accepter le projet tel que nous vous le présentons, parce qu'il répond, je le répète, à cette double condition de dégager la ligne entre Nîmes et Montpellier et d'abréger dans une forte proportion le tracé entre les houillères d'Alais et le port de Cette. (Approbation sur divers bancs.)

M. Arrazat. Bien que j'aie signé l'amendement qui a été développé d'une manière si complète par mon honorable collègue M. de Rodez-Bénavent, je n'aurais pas demandé la parole si, à de très-courts intervalles, je n'avais entendu M. le rapporteur porter à la tribune des assertions qui me paraissent absolument contradictoires.

Interrogé tout à l'heure par l'honorable M. Destrem, qui lui demandait si la ligne dont il s'agit serait une ligne de grand trafic ou si ce serait une ligne sans importance, l'honorable rapporteur répondait : On ne sait pas; « sera-t-il Dieu, table ou cuvette ?... On rit; on peut-être une ligne de grand trafic ; je n'en pourrais rien dire; dans tous les cas, ce serait une ligne difficile à exécuter. »

Quand, au contraire, on lui a fait remarquer que, si la ligne était directe entre Alais et Montpellier, elle desservirait bien mieux les intérêts de la contrée, il invoque l'intérêt général.

En bien, messieurs, je tiens à vous expliquer à quel moment a pris naissance dans l'esprit de la compagnie Paris-Lyon-Méditerranée cette pensée que ce serait là une ligne d'intérêt général.

Mon honorable collègue, M. de Rodez-Bénavent, vous l'a dit, une compagnie avait déjà soumissionné, dans le département de l'Hérault, 300 kilomètres de chemin de fer pour lesquels elle ne demandait aucune espèce de subvention; et, dans ce département, où on exécute, à raison de 100,000 fr. le kilomètre, des chemins de fer d'intérêt local précédemment concédés, on ne peut obtenir de décret d'utilité publique pour des chemins qui ne coûteraient absolument rien au département ! Et pourquoi cela? C'est parce que la compagnie de Paris-Lyon-Méditerranée, voulant combler de pays de faveurs, — et certainement il en a été surpris, — s'est aperçue tout à coup qu'il y avait une ligne d'intérêt général à faire entre Alais et Montpellier; or, cette même ligne était elle-même sollicitée par les compagnies d'intérêt

local, qui offraient de l'exécuter dans les conditions où se font les grandes lignes.

La demande de la compagnie d'intérêt local était paralysée, et la compagnie Paris-Lyon-Méditerranée venait vous demander ce tronçon. Il n'y a pas eu d'autre pensée, dans cette demande de concession, que celle d'arrêter, de paralyser les compagnies d'intérêt local. (Assentiment sur divers bancs.)

Plusieurs membres. C'est comme cela partout !

M. Arrazat. Oui, c'est cette pensée qu'il faut voir dans ce subit amour pour la population de l'Hérault, qui en a été fort surprise, car elle n'y était pas accoutumée.

La compagnie du Midi, jalouse de marcher sur les traces de sa rivale, offre, elle aussi, une autre ligne; mais encore et toujours pour paralyser les compagnies de chemins de fer d'intérêt local.

J'ai signé l'amendement de mon honorable collègue M. de Rodez-Bénavent, mais j'aurais pu être, et cela n'étonnera personne, plus radical que lui. (On rit.) J'avoue que, si j'avais pu me livrer à toute mon inspiration, j'aurais simplement demandé qu'on ne concédât pas cette ligne à une grande compagnie, parce qu'il y a des compagnies d'intérêt local qui l'exécuteraient mieux qu'elle, c'est-à-dire en suivant un tracé direct au lieu de cette ligne en zigzag qui n'a été suggérée que par le désir de paralyser les compagnies d'intérêt local dans le département de l'Hérault. (Assentiment sur plusieurs bancs.)

M. le vicomte de Rodez-Bénavent. L'honorable rapporteur vous a dit que l'intérêt général commandait de rejeter l'amendement que j'ai eu l'honneur de présenter.

Je me suis bien demandé comment, si vous n'avez pas été convaincus que les raisons que je vous ai données sont absolument topiques dans l'intérêt général.

Aujourd'hui, on vous demande la concession d'une ligne de Vézenobres à Quissac venant se souder sur la ligne du Vigan à Lunel, de façon que, avec celle de Sommières aux Mazes, on simule une ligne principale entre Alais et Cette. On fait disparaître ainsi à tout jamais la possibilité et l'espérance d'avoir une ligne directe entre Alais, d'un côté, et Cette, de l'autre, par Montpellier et Quissac. Je croyais que les règles qu'avaient procédé à la confection des lignes d'intérêt général étaient celles-ci. Sans méconnaître les intérêts des pays traversés, je croyais qu'il était essentiel, et qu'il était d'ailleurs dans les procédés ordinairement appliqués, de rapprocher autant que possible les points extrêmes de la ligne. Or, les points extrêmes sont ici, d'un côté Lyon, et de l'autre la Méditerranée.

En vous demandant de prolonger la ligne de Quissac à Montpellier, j'ai dit qu'il y avait une diminution de parcours de 30 kilomètres. Or, il est bon de faire profiter les voyageurs et les marchandises de cette économie de temps, de transport et d'argent.

Voilà ce que je vous recommande, et je crois que vous ferez un acte de justice en acceptant l'amendement que j'ai l'honneur de présenter. (Approbation sur un grand nombre de bancs.)

M. le ministre des travaux publics. Messieurs, nos honorables collègues MM. de

Rodez-Bénavent et Arrazat ont présenté deux amendements. Le premier est relatif à l'établissement d'une ligne directe de Quissac à Montpellier; le second a pour objet de prolonger jusqu'à Montpellier la ligne de Sommières aux Mazes. C'est sur ces deux amendements que je demande à présenter quelques observations.

Les deux lignes de Vézenobres à Quissac et de Sommières aux Mazes, qui font partie du projet, ont précisément pour but d'ouvrir une communication d'Alais à Montpellier, plus courte que celle qui existe, afin d'assurer un nouveau débouché aux produits du bassin houiller d'Alais; elles rendent inutile et sans objet la ligne demandée de Quissac à Montpellier.

Je ne dis pas que la diminution de parcours qu'on obtiendra par le projet adopté dans la convention soit aussi considérable que celle qu'on obtiendrait si l'on exécutait, comme le demandent nos honorables collègues, une ligne directe de Quissac à Montpellier; mais assurément, la différence n'est pas grande.

La distance, aujourd'hui, par les lignes existantes est de 124 kilomètres; elle serait, dit-on, de 98 kilomètres seulement par la ligne directe de Quissac à Montpellier, proposée par les auteurs de l'amendement. Elle ne sera pas de plus de 110 kilomètres par le tracé que vous propose le Gouvernement, d'accord avec votre commission.

Vous reconnaîtrez qu'avec des tarifs réduits à 5 centimes, applicables au transport des houilles d'Alais au port de Cette, une différence de 10 kilomètres de parcours entre les deux tracés ne peut qu'apporter une différence inappréciable sur le prix total de transport, et cette différence est largement compensée par la facilité d'exécution que comporte la solution que nous présentons.

Messieurs, quand on ne regarde qu'une carte ordinaire, il semble que tous les tracés sont faciles à établir; mais si on étudie le terrain sur place, ce qu'il faudrait toujours faire...

M. Destremx et **M. le vicomte de Rodez-Bénavent.** C'est ce que nous avons fait!

M. le ministre. ... on reconnaît qu'il y a souvent des difficultés topographiques très-difficiles à surmonter, et que le tracé qui a paru au premier abord le plus court est, en définitive le plus coûteux et le plus difficile à exploiter à cause des pentes qu'il exige.

Contradictoirement à l'affirmation qu'on est venu vous apporter à cette tribune, à savoir que le projet de Quissac à Montpellier pouvait s'exécuter dans des conditions faciles, les ingénieurs de l'État, ceux de la compagnie de Paris-Lyon-Méditerranée soutiennent que l'établissement de cette ligne présenterait des difficultés qui se traduiraient par une augmentation de dépenses hors de proportion avec les avantages à en retirer et la réduction de parcours à obtenir.

Par tous ces motifs, nous vous prions, d'accord avec la commission, de vouloir bien repousser l'amendement qui vous est présenté. (Approbation sur divers bancs.)

M. le vicomte de Rodez-Bénavent. Mais, monsieur le ministre, ce n'est pas exact. Je demande la parole. (Aux voix! aux voix!)

M. le président. Vous avez la parole.

M. le vicomte de Rodez-Bénavent. Je ne veux dire qu'un mot. (Parlez! parlez!) On est venu vous apporter ici une affirmation qui, je le crois, n'est pas exacte; permettez-moi de la rectifier.

On vous a dit que de Quissac à Montpellier il y aura des difficultés considérables de construction.

Au banc de la commission. Oui!

M. le vicomte de Rodez-Bénavent. Or, les ingénieurs disent complètement le contraire.

Quant au coût du chemin, il n'y aura tout au plus qu'une différence de 15,000 fr. à 20,000 francs par kilomètre.

Maintenant, quant aux charges qui sont imposées à la compagnie pour le transport des houilles, on vous a dit que ce n'était presque rien. Eh bien, pour arriver à Cette, les houilles payent 9 à 10 fr. par tonne. Or, 30 kilomètres de diminution dans le parcours constituent en leur faveur une diminution de 2 fr. 25 à 2 fr. 50.

Cela vaut la peine, messieurs, d'être pris en considération. Le port de Cette a un grand avenir : ne paralysez pas les services qu'il peut vous rendre. (Très-bien ! très-bien !)

M. le président. Je mets aux voix l'amendement, qui consiste, je le rappelle, à ajouter au paragraphe 6 de l'article 1er, ces mots :

« ...et prolongement direct jusqu'à Montpellier. »

(Une première épreuve par mains levées a lieu et est déclarée douteuse.)

M. le rapporteur. Veuillez rappeler, monsieur le président, que le Gouvernement et la commission repoussent l'amendement.

M. le président. Je mets de nouveau aux voix l'amendement de M. de Rodez-Bénavent.

Je rappelle que le Gouvernement, d'accord avec la commission, repousse cet amendement.

(L'amendement, mis aux voix de nouveau, par assis et levé, est rejeté.)

M. le président. Je mets maintenant aux voix le paragraphe 6 avec l'addition qu'y apporte l'amendement qui vient d'être adopté. (Réclamations diverses.)

Quelques membres. On ne comprend pas le vote ! — Expliquez le vote, monsieur le président.

M. le rapporteur. Je demande la parole pour la position de la question.

M. Galloni d'Istria. Il faut expliquer les conséquences du vote, monsieur le président. Il faut que nous sachions à quoi nous en tenir.

M. le président. J'ai déjà donné lecture du paragraphe 6 de l'article; je vais le lire encore; mais l'Assemblée vient d'adopter à ce paragraphe un amendement qui se place à la suite sans impliquer une contradiction.

Je dois donc mettre aux voix le paragraphe avec l'amendement adopté, puisqu'on n'a pas encore voté sur la première partie, qui était le paragraphe 6 ainsi conçu :

« De Vézenobres à Quissac, avec embranchement sur Anduze. »

A quoi M. de Rodez-Bénavent a proposé

15

d'ajouter : « et prolongement direct jusqu'à Montpellier. » Je mets aux voix le paragraphe 6 avec l'amendement. (Mouvements divers.)

M. le rapporteur. Je demande le renvoi du paragraphe à la commission. Le renvoi est de droit.

M. le président. Je fais observer à M. le rapporteur que ce n'est pas l'amendement dont il demande le renvoi à la commission puisqu'il vient d'être voté avant qu'il ait fait sa réclamation, c'est le paragraphe 6 lui-même, et sur ce point je ne peux que consulter l'Assemblée.

Un membre. Le renvoi est de droit !

M. le président. Si l'on avait demandé le renvoi de l'amendement, il eût été de droit ; mais quant au renvoi du paragraphe lui même, il n'est pas de droit. Il n'y a que l'Assemblée qui puisse le prononcer ; je prie donc M. le rapporteur de ne pas confondre le renvoi d'un amendement avec le renvoi d'un article ou d'un paragraphe. (Très-bien !)

S'il persiste dans sa demande, je mettrai aux voix le renvoi à la commission du paragraphe 6 de l'article 1er.

M. le rapporteur. Je demande à motiver ma proposition, monsieur le président.

M. le président. Vous avez la parole.

M. le rapporteur. J'ai l'honneur de demander à l'Assemblée de vouloir bien renvoyer à la commission le paragraphe 6 de l'article 1er, avec l'addition adoptée tout à l'heure.

Et, en effet, messieurs, vous ne pouvez pas perdre de vue que vous n'êtes pas en ce moment-ci, appelés à voter sur un texte de loi qu'il dépende de vous seuls de changer. (Exclamations.) Votre décision est parfaitement libre, vous êtes parfaitement libres d'accepter les amendements ou de les repousser, rien n'entrave votre volonté : votre consentement est nécessaire, mais n'est pas suffisant.

M. le baron de Vinols. Pourquoi avez-vous demandé l'urgence ?

Sur divers banes à gauche et à droite. C'est cela ! — Très-bien ! — Vous avez raison !

M. le baron de Vinols. Quant à moi, j'ai voté contre. Je voyais bien qu'il y avait un grand péril à la déclarer !

M. le président. Veuillez ne pas interrompre !

M. le rapporteur. La question d'urgence n'a rien à faire ici. Mais, il est absolument nécessaire que le Gouvernement et la commission recherchent, pour en faire part à l'Assemblée, quelle peut être la conséquence du vote que vous venez d'émettre ; car, dans l'état actuel des choses, cette conséquence, c'est la suppression de la convention.

Il est absolument nécessaire que l'Assemblée sache si la conséquence du vote qu'elle vient d'émettre est le renversement complet de la convention et la suppression du projet.

Un membre. Mais tous les amendements en sont là.

M. le rapporteur. Sans doute, ils en sont tous là. Une disposition qui ne sera pas acceptée par la compagnie peut être une raison de rupture ; nous ne pouvons pas négocier à la tribune. Il est impossible que le ministre, ou la commission, ou l'Assemblée puisse savoir quelle est la conséquence exacte du vote que vous venez d'émettre. Il faut nécessairement que cette conséquence soit connue. Nous vous demandons par conséquent de renvoyer le paragraphe 6 à la commission, pour que l'Assemblée puisse être édifiée sur les conséquences de son vote. (Mouvements en sens divers.)

M. Jules Brame. Vous-même, monsieur le rapporteur, vous avez demandé l'urgence, et vous en subissez aujourd'hui les fatales conséquences.

M. Baragnon. Je demande la parole.

M. le président. Messieurs, permettez-moi de vous faire observer, parce que ce débat pourrait se reproduire sur plusieurs paragraphes, qu'il ne faudrait pas confondre la discussion qui a lieu sur l'article 1er avec la discussion qui aura lieu sur l'article 2.

L'article 1er n'est qu'une déclaration d'utilité publique... (C'est cela !) ; l'Assemblée peut parfaitement le voter et déclarer l'utilité publique pour telle ou telle ligne sans le consentement d'une compagnie.

L'article 2, au contraire, que vous aurez à discuter plus tard, est une convention avec une compagnie ; alors seulement il importera de savoir si la compagnie souscrit ou non à ce qui aura été voté. (C'est cela ! — Très-bien !)

Quant à l'article 1er qui me concerne, je le répète, que la déclaration d'utilité publique, je ne vois pas pourquoi on interromprait le débat alors que l'Assemblée est souvenine pour déclarer que telle ou telle ligne, tel ou tel embranchement est d'une utilité générale. (Nouvelles marques d'assentiment.)

M. le vicomte de Rodez-Bénavent. Messieurs, je n'ai qu'un mot à dire sur la position de la question.

De quoi se compose le paragraphe qu'on veut vous faire voter ?

De deux parties ; la première est celle-ci : « Concession de Vézenobres à Quissac, avec embranchement sur Anduze. » — C'est, à mon avis, ce qui vous reste à voter.

La seconde : « et prolongement direct jusqu'à Montpellier. » — C'est ce qui a été voté.

Vous n'avez donc à vous prononcer que sur la première partie du § 6 de l'article 1er. (Aux voix ! aux voix !)

M. le président. Je vais consulter l'Assemblée.

M. Baragnon. J'ai demandé la parole, monsieur le président.

M. le président. Vous avez la parole.

M. Baragnon. (Aux voix ! aux voix !) Ceux de mes collègues qui désirent qu'on aille aux voix ne savent pas ce que je vais demander. Qu'ils veuillent bien attendre.

M. le président. Veuillez écouter l'orateur.

M. Baragnon. J'estime que le moyen le plus simple de remettre de l'ordre dans cette question un peu troublée par votre dernier vote... (Interruptions à gauche.)

Si vous ne voulez pas entendre, je ne chercherai pas à lutter...

Je dis : Remettre de l'ordre dans une question d'affaire... (Nouvelles interruptions à gauche.)

Si vous voulez que j'explique mon expression, je vais l'expliquer. Il peut arriver que l'on déclare successivement d'utilité publique plusieurs embranchements qui, tous ensemble d éclarés d'utilité publique, sont en quelque sorte contradictoires, de façon qu'un vrai désordre peut naître de ces déclarations successives. On peut détruire ainsi l'économie de tout une convention. (Bruit et interruptions à gauche.)

Il n'y a décidément aucun moyen de parler, même d'affaires, sans être interrompu ! Je le regrette pour les interrupteurs. (Parlez ! parlez !)

M. le président. Je réclame le silence. Laissez l'orateur poser sa question.

M. Baragnon. J'estime donc, pour ma part, qu'il peut arriver fréquemment qu'en semblable matière on adopte diverses déclarations d'utilité publique qui se nuisent les unes aux autres, en compromettant des conventions longuement élaborées. Il serait bon, en pareil cas, de trouver, — je répète mon expression, — un moyen de remettre de l'ordre dans une question d'affaires qui peut avoir été inopinément troublée par l'adoption d'un amendement.

Ce moyen, le voici : Je crois qu'on a toujours le droit, dans le cours d'une deuxième délibération, de rapporter la déclaration d'urgence. (Réclamations sur plusieurs bancs. — Très-bien ! très-bien ! sur d'autres bancs.)

M. le baron de Vinols. C'est le seul moyen à employer ; il n'est peut-être pas régulier, mais il n'y en a pas d'autre.

M. Baragnon. Je n'hésite pas à le demander, si toutefois le règlement le permet, ce que je n'ai pu vérifier.

M. le président. Le règlement s'y oppose !

M. Baragnon, *en descendant de la tribune.* Alors, mettons que je n'ai rien dit.

M. le président. Notre collègue a voulu parler, probablement, de la faculté inscrite dans le 2° paragraphe de l'article 81 du règlement, qui permet de retirer le caractère d'urgence reconnu à un projet de loi, après le dépôt du rapport ; mais sa mémoire l'a mal servi, car il a oublié de lire le paragraphe suivant, qui porte ceci : « Ce retrait ne pourra plus être demandé après l'ouverture de la discussion sur les articles. » (Ah ! ah ! — C'est clair !)

Comme on a commencé la discussion des articles, le règlement s'oppose donc au retrait de la demande d'urgence. (C'est évident !)

J'ai maintenant à consulter l'Assemblée sur l'ensemble du paragraphe. (Réclamations sur quelques bancs.)

Ce n'est pas la première fois que l'Assemblée procède ainsi ; dans maintes circonstances elle a voté sur l'ensemble d'un article après avoir adopté divers amendements. (C'est vrai ! c'est vrai !)

M. le rapporteur. La commission a demandé le renvoi du paragraphe 6.

M. le président. M. le rapporteur insiste sur sa demande de renvoi du paragraphe 6 à la commission. Je vais consulter l'Assemblée sur ce point.

(L'Assemblée, consultée, prononce le renvoi du paragraphe 6 à la commission.)

M. le président. Nous passons au paragraphe 7.

M. Tamisier. Monsieur le président, je demande la parole pour une motion d'ordre.

M. le président. Vous avez la parole.

M. Tamisier. Messieurs, d'après ce que M. le rapporteur a dit lui-même, le renvoi à la commission signifie que le rapporteur et la commission veulent consulter la compagnie pour savoir si elle adhère. Or, il peut résulter d'une non-adhésion que la délibération soit arrêtée. Nous ne pouvons donc pas discuter sur une question que la compagnie peut résoudre avant nous, de son plein droit, et sur laquelle il ne nous serait plus permis de délibérer. Il me semble que la discussion ne peut plus continuer, et je demande que l'Assemblée passe à une autre délibération à l'ordre du jour. (Approbation sur plusieurs bancs.)

M. le rapporteur. Je demande la parole.

M. Jean Brunet. M. le président a posé très-nettement la question tout à l'heure.

M. le rapporteur. Messieurs, je ne m'oppose pas, quant à moi, à l'adoption de la proposition que vient de faire l'honorable préopinant ; mais je crois cependant pouvoir dire à l'Assemblée que les questions sont indépendantes.

Vous avez adopté un amendement qui se rattache à l'une des vingt lignes qui forment l'objet du projet de loi. Rien ne nous empêche aujourd'hui, pour ne pas perdre de temps, de continuer la discussion du projet de loi. Demain matin, la commission se réunira, délibérera, et à la séance prochaine, avant que nous soyons arrivés à la fin de l'article 1er, nous vous fixerons sur la valeur du vote que vous avez émis tout à l'heure.

Nous demandons donc à l'Assemblée de vouloir bien continuer la discussion du projet de loi. (Oui ! oui ! — Très-bien ! très-bien ! sur plusieurs bancs.)

M. Tamisier. J'admets très-volontiers l'exactitude des appréciations qui viennent de vous être présentées par M. le rapporteur. Tous ceux dont les départements sont intéressés dans cette question ne demandent pas mieux que de voir chacun des points lesquels nous avons à statuer résolus séparément, non solidairement, et qu'il soit bien reconnu que la compagnie, en n'admettant pas un ou plusieurs des amendements votés par l'Assemblée, ne se retire cependant pas de la convention quant aux autres articles non modifiés...

M. le rapporteur. Je n'ai pas dit cela !

M. Tamisier. C'est ce que j'ai cru entendre.

M. le président. Permettez-moi, messieurs, de persister à penser qu'il y a ici une confusion.

L'article 1er porte seulement sur la déclaration d'utilité publique. Lorsqu'un chemin de fer a été déclaré d'utilité publique par l'Assemblée, alors même que la compagnie avec laquelle on traite n'accepterait pas la concession, ce chemin pourrait être concédé à une autre compagnie. C'est une hypothèse très-admissible. (Oui ! oui ! certainement !)

Il y a deux choses parfaitement distinctes dans la loi : l'utilité publique et l'approbation de la convention avec la compagnie, convention qui n'est visée que dans l'article 2. Par conséquent, je ne vois pas ce qui s'oppose à ce que l'Assemblée continue l'examen de cette nomenclature de chemins pour lesquels on demande, par l'article 1er, la déclaration d'utilité publique. (C'est cela ! — Très-bien ! très-bien !)

M. le ministre des travaux publics. Je demande la parole.

M. le président M. le ministre des travaux publics a la parole.

M. le ministre des travaux publics. Je prie l'Assemblée de me permettre de faire une réserve à propos de ce qui vient d'être dit par notre honorable président.

La déclaration d'utilité publique, formulée dans l'article 1er d'un projet de loi portant concession de chemins de fer à une compagnie, est ordinairement suivie d'un article qui a pour objet de ratifier la convention passée pour l'exécution de ces chemins. Je veux dire qu'on ne déclare pas ordinairement d'utilité publique une ligne de chemin de fer, qu'il s'agisse de prononcer cette déclaration dans le système de la loi du 27 juillet 1870 ou dans celui de la loi du 12 juillet 1865, sans statuer en même temps sur une convention préparée pour fixer les conditions d'exécution. (Interruptions et mouvements divers.)

Je me demande, en effet, messieurs, dans quelle situation vous vous trouverez placés, le lendemain du jour où vous aurez prononcé la déclaration d'utilité publique d'un certain nombre de lignes de chemins de fer, sans avoir en même temps fixé les conditions dans lesquelles vous les exécuterez.

Une voix à gauche. Eh bien, vous les adjugerez !

M. le ministre des travaux publics. Vous auriez prononcé une déclaration d'utilité publique qui serait sans effet utile, et l'œuvre que vous auriez faite demeurerait sans résultat tant qu'elle ne serait pas complétée par la fixation des voies et moyens.

Il me parait impossible qu'il en soit ainsi.

J'admets cependant que vous puissiez continuer l'examen et la discussion des autres paragraphes de l'article 1er, sous réserve que la déclaration d'utilité publique que vous aurez prononcée sera complétée par une convention qui sera en même temps présentée à votre ratification.

Ce devra être l'objet des études de votre commission, à laquelle le paragraphe 6 sera renvoyé ; la commission, en raison des modifications que vous aurez apportées à l'article 1er, indiquera quels changements il conviendra d'apporter à la convention, en supposant qu'elle puisse encore subsister.

Je crois donc, dans le cas qui vous est soumis, qu'il est impossible de déclarer d'utilité publique une ligne de chemins de fer, dans l'article 1er du projet de loi, sans que l'article suivant ne comporte en même temps l'approbation d'une convention correspondante.

M. George. C'est une erreur ; il y a de nombreux précédents !

M. Gambetta. Alors, ce sont les compagnies qui légifèrent !

M. Wilson. Messieurs, je crois qu'il est impossible de laisser passer sans réponse la théorie qui vient d'être apportée à cette tribune par M. le ministre des travaux publics. (Très-bien ! très-bien ! à gauche.)

Il y a, en effet, de nombreux précédents à citer, et il me suffira de rappeler les lignes

concédées par la loi du 18 juillet 1868 ; pareille concession avait été faite en 1868.

On a fréquemment déclaré d'utilité publique un certain nombre de lignes, en réservant la question de savoir si ces lignes seraient adjugées ou si elles seraient concédées à des compagnies déjà existantes. Par conséquent, ce qui vous est proposé par M. le ministre des travaux publics ne me parait en aucune façon fondé sur les précédents. (Approbation à gauche.)

M. le ministre des travaux publics. L'objection que vient de faire l'honorable M. Wilson ne me semble pas juste...

Un membre à gauche C'est pourtant comme cela qu'on a fait pour tous les grands chemins de fer ont été faits !

M. le ministre des travaux publics. L'exemple cité par l'honorable M. Wilson n'est pas exact, ou au moins je puis dire que M. Wilson a donné de l'exemple qu'il a cité une interprétation inexacte. (Interruptions.)

Je dis que M. Wilson, en citant la loi de 1868 relative à l'exécution de plusieurs chemins de fer, en a fait une interprétation inexacte. Il s'agissait alors simplement de pourvoir aux moyens d'exécution de chemins de fer déjà déclarés d'utilité publique par décrets.

Le ministre des travaux publics était, par la loi du 23 juillet 1868, autorisé à entreprendre les travaux de ces chemins à des conditions déterminées, en vue d'en assurer l'exécution. C'est là qu'est la différence. (Marques d'assentiment sur plusieurs bancs.) De telle sorte que les deux points que j'indiquais tout à l'heure étaient en même temps résolus. La loi avait pour objet de donner au Gouvernement les moyens d'entreprendre les travaux des chemins déclarés d'utilité publique. Dans le cas qui nous occupe, en même temps que nous vous demandons de déclarer l'utilité publique, nous vous prions d'approuver les dispositions de la convention qui a pour objet de pourvoir à leur exécution.

L'exemple qui a été invoqué par M. Wilson pour justifier une autre proposition ne s'applique pas ici et je proteste contre les conséquences qu'il prétend en tirer.

M. Wilson. Messieurs, je regrette de n'avoir pas sous la main le texte de la loi du 18 juillet 1868 ; il me serait facile de démontrer à M. le ministre qu'à cette époque on a déclaré l'utilité publique d'un certain nombre de lignes qui ne faisaient en aucune façon l'objet de concessions éventuelles, qu'on s'est borné à voter une somme qui s'élevait, je crois, à 2 millions, afin de faire les études nécessaires pour que, dans un avenir rapproché, on pût procéder, soit à l'adjudication, soit à la concession de ces lignes. (Marques d'assentiment à gauche.)

Je rappellerai, en outre, à M. le ministre, les origines de nos réseaux français votés par la loi de 1842. (C'est cela ! c'est cela ! à gauche.)

En 1842, on a procédé comme je l'ai indiqué tout à l'heure, on a déclaré d'utilité publique une ligne allant de Paris à la frontière du Nord, une autre ligne allant à Orléans, et d'autres encore que vous me permettrez de ne pas vous citer. Ces lignes ont été déclarées d'utilité publique sans qu'on en eût étudié le tracé et sans savoir à quelles compagnies elles seraient concédées. (C'est vrai! c'est vrai!)

M. Pouyer-Quertier. On les a mises en adjudication après.

M. Tamisier. Il me semble messieurs, que le débat s'égare et qu'il n'y a pas besoin de précédents pour juger la question qui se présente.

De quoi s'agit-il? Il s'agit d'un renvoi à la commission. Or, ce que nous renvoyons à la commission, c'est un article modifié et voté; il n'y a pas à revenir sur cette modification.

M. le rapporteur. L'article n'a pas été voté.

M. Tamisier. Pourquoi la commission nous a-t-elle demandé le renvoi? Ce n'est pas pour nous présenter un autre article. C'est pour savoir si la compagnie de Paris-Lyon-Méditerranée adhérera ou n'adhérera pas. Si elle n'adhérait pas, est-ce que nous pourrions continuer à délibérer pour apprendre demain que la compagnie n'a pas adhéré, c'est-à-dire que nous avons fait une besogne inutile? Je dis que la conclusion du renvoi que vous avez prononcé, c'est l'ajournement de la discussion à demain, et par conséquent l'examen d'une des autres questions portées à l'ordre du jour.

Plusieurs membres. C'est cela! — Très-bien !

M. le président. Il me semble, messieurs, qu'il y a un moyen plus pratique de trancher la question : c'est que l'Assemblée continue à délibérer, qu'elle entende aujourd'hui toutes les observations qui pourront se produire sur tous les amendements, et qu'avant de voter l'article 1er, elle le renvoie tout entier à la commission avec les diverses modifications qui y seront faites; alors la commission pourra prendre, d'accord avec le Gouvernement, l'avis de la compagnie. Mais vous ne pouvez interrompre votre délibération après chacune de vos décisions; ce serait, en vérité, sans dignité et sans utilité pour l'Assemblée. (Marques d'assentiment.)

M. Pouyer-Quertier. Messieurs, il ne me paraît pas possible de laisser confondre le droit de l'Assemblée avec le droit de la compagnie. (C'est cela! à gauche.) Il ne me paraît pas possible de laisser agiter une question de principe qui ne regarde en quoi que ce soit la compagnie, et qui précède toute espèce de convention avec elle pour la faire intervenir avant que l'Assemblée ait pris une décision (Très-bien! très-bien!)

Lorsque, en 1842, on a concédé le grand réseau, lorsqu'on a fait la ligne du Nord, est-ce qu'il y avait une compagnie? Non; le jour où l'on a déclaré le chemin du Nord d'utilité publique, il n'y avait pas de compagnie. Le chemin a été entrepris par l'Etat après la déclaration d'utilité publique; puis il s'est présenté une compagnie qui a demandé à racheter les travaux faits par l'Etat, qui a fait une convention avec l'Etat et pris sa place dans la construction du chemin de fer.

Que vous demande-t-on par l'article 1er? On vous pose tout simplement cette question : Tel chemin est-il, oui ou non, d'utilité publique? Est-il, oui ou non, réclamé par les populations? Est-il d'utilité générale ou d'utilité locale? Voilà ce que dit l'article 1er.

Puis ensuite vient l'article 2, qui vous sou-

met une convention. Mais cette convention, si la compagnie de Lyon-Méditerranée ne l'accepte plus parce que vous aurez supprimé dans l'article 1er certaines lignes, parce que vous aurez modifié certains tracés, parce que vous aurez fait certaines autres conditions sur ces tracés, il restera au ministre des travaux publics à chercher une compagnie qui l'exécutera. (Très-bien ! sur divers bancs.)

Le chemin n'en sera pas moins déclaré d'utilité publique par l'Assemblée; ce sera au Gouvernement ou au pays à trouver les moyens d'exécuter une ligne qui aura été déclarée d'utilité publique.

Plusieurs membres. C'est cela! Très-bien !

M. Pouyer-Quertier. La déclaration aura été faite; elle existera, et toute compagnie qui se présentera avec les garanties exigées par la loi pour exécuter le chemin, avec des conditions qui seront peut-être meilleures que celles que nous offre la compagnie de Lyon-Méditerranée, toute compagnie qui se présentera ainsi, vous pourrez la prendre. Toujours est-il que la déclaration d'utilité publique aura été faite légalement, et c'est sur cette déclaration seulement que vous êtes appelés à voter par l'article 1er. (Nouvelle approbation.)

Quant à l'article 2, il parle des conventions qui ont été faites avec la compagnie de Paris-Lyon-Méditerranée; nous discuterons ces conventions en leur lieu et place, et lorsqu'elles seront soumises à l'Assemblée. (Très-bien! très-bien!)

M. le président. Messieurs, je crois que, dans la situation présente, il n'y a pour le président qu'une chose à faire, c'est de demander à l'Assemblée si elle entend continuer la délibération et passer au paragraphe 7. (Oui! oui! — C'est cela! — Aux voix!)

(L'Assemblée, consultée, décide qu'elle continue la discussion.)

M. le président. Nous passons au paragraphe 7 ; il est ainsi conçu :

« De Nîmes à Sommières. »

Il n'y a pas d'amendements. Personne ne demande la parole?... Je mets ce paragraphe aux voix.

(Le paragraphe 7 est mis aux voix et adopté.)

« 8e De Sommières aux Mazes. »

M. le président. Sur ce paragraphe, il y a deux amendements : d'abord celui de MM. Destremx, comte Rampon et Seignobos.

M. Destremx. Notre amendement sur le paragraphe 8 n'a plus de raison d'être après l'adoption de celui de M. de Rodez-Bénavent. (Bruit.)

Nous le retirons.

M. le président. Reste alors l'amendement de M de Rodez-Bénavent, qui consiste à demander la suppression du paragraphe.

Un membre. Il est annulé par le vote de l'amendement sur le paragraphe 6.

M. Caillaux, *ministre des travaux publics.* Non, il n'est pas annulé.

M. le président. La parole est à l'auteur de l'amendement; laissez-le s'expliquer; il est mieux à même de vous le savoir si l'amendement est supprimé.

M. le vicomte de Rodez-Bénavent. Après la faveur avec laquelle l'Assemblée a accueilli l'amendement relatif au prolongement direct de Quissac jusqu'à Montpellier, j'ai lieu de croire qu'elle voudra bien également adopter celui qui est actuellement en discussion, et qui consiste à supprimer le paragraphe 8 de l'article 1er : « de Sommières aux Mazes. »

M. le ministre des travaux publics. Messieurs, j'ai l'honneur de faire observer à l'Assemblée que le vote d'une ligne de Quissac à Montpellier n'entraîne pas le rejet de celle qui a été proposée de Sommières aux Mazes. En effet, la ligne de Sommières aux Mazes est projetée dans un double but : elle doit mettre en communication plus directe Alais et Montpellier, et, sous ce rapport, je reconnais qu'elle devient sans objet, par suite du vote de la ligne de Quissac à Montpellier.

Mais la ligne de Sommières aux Mazes est appelée à remplir un autre objet plus important ; elle doit, réunie à la ligne de Sommières à Nîmes, servir à doubler sur la plus grande partie de sa longueur le chemin de Montpellier à Nîmes et faire suite à la nouvelle ligne de la rive droite du Rhône, du Theil à Nîmes.

Vous savez, messieurs, qu'une des parties principales du projet qui est en ce moment soumis à vos délibérations est l'établissement sur la rive droite du Rhône d'une ligne absolument indépendante de la ligne de la rive gauche et mettant en communication directe Lyon, Nîmes et Montpellier.

La ligne du Theil à Nîmes satisfait à la première partie de ce projet. La seconde, c'est-à-dire la communication jusqu'à Montpellier, se trouve assurée au moyen des deux lignes de Nîmes à Sommières et de Sommières aux Mazes. La ligne de Sommières aux Mazes est donc en réalité partie d'une nouvelle ligne de Nîmes jusqu'aux Mazes, distante seulement de 6 kilomètres de Montpellier. C'est le doublement de la ligne actuelle ; c'est la continuation de la ligne de la rive droite du Rhône.

Il n'est donc pas exact de dire que le vote que vous avez rendu tout à l'heure pour l'établissement d'une ligne de Quissac à Montpellier ait pour conséquence nécessaire de supprimer la ligne de Sommières aux Mazes, qui, ainsi que j'ai eu l'honneur de vous le dire, a deux objets : l'un qui a, en effet, été annulé par le vote que vous avez rendu ; l'autre, plus important, qui subsiste dans son entier.

En conséquence, j'ai l'honneur de vous prier de vouloir bien voter le paragraphe 8 de l'article 1er.

M. le rapporteur. C'est-à-dire de repousser l'amendement.

M. le ministre des travaux publics. Parfaitement.

M. le président. Je ferai observer à M. Destremx qu'il n'y a qu'une partie de son amendement qui ait été soumise au vote de l'Assemblée et rejetée, sur le paragraphe 6 ; il reste, je crois, une seconde partie...

M. Destremx. Pardon, monsieur le président, la ligne de Quissac à Montpellier est la ligne que M. Rodez-Bénavent a demandée et qu'il a obtenue de l'Assemblée. Par conséquent, de ce chef, je n'ai rien à ajouter et me déclare satisfait.

Quant à la ligne des Mazes à Sommières, dont a parlé M. le ministre des travaux publics,

nous serons enchantés de l'avoir ; cela nous donnera ainsi une seconde ligne de Montpellier à Nîmes. (Rires approbatifs sur divers bancs.) Ce serait une ligne qui se dirigerait par Nîmes sur Lyon et Paris, tandis que nous aurons aussi la ligne de Montpellier par Quissac et Alais qui se dirigera sur Lyon par l'Ardèche d'un côté, et de l'autre sur Paris par le Bourbonnais. C'est à très-peu de chose près ce que demandait mon amendement.

M. le rapporteur. Un mot, messieurs, sur la position de la question.

Notre honorable collègue M. de Rodez-Bénavent demande, par son amendement, la suppression d'une ligne dont M. le ministre vous a démontré l'utilité. Je viens, au nom de la commission, vous prier de ne pas adopter l'amendement de M. de Rodez-Bénavent, c'est-à-dire de ne pas supprimer cette ligne qui fait partie de la convention. (A x voix ! aux voix !)

M. le président. Je consulte l'Assemblée sur l'amendement de M. de Rodez-Bénavent. Il y a une demande de scrutin. Il va y être procédé.

La demande de scrutin est signée par MM. de Clercq, Ch. Wartelle, Victor Hamille, comte de Tréville, Delisse-Engrand, Ch. Combier, du Bodan, comte de Bryas, Achille Adam (Pas-de-Calais), comte de Diesbach, baron de Vinols, Peltereau-Villeneuve, Paris, marquis de Juigné, Adnet, comte O. de Bastard, d'Abbadie de Barrau, A. Dumon.

(Le scrutin est ouvert et les votes sont recueillis.)

M. le président. Voici le résultat du dépouillement du scrutin :

Nombre des votants	577
Majorité absolue	289
Pour l'adoption	231
Contre	346

L'Assemblée nationale n'a pas adopté l'amendement.

Je vais maintenant mettre aux voix le paragraphe 8.

Il y a également une demande de scrutin public.

Cette demande est signée par MM. de Clercq, Ch. Wartelle, Victor Hamille, comte de Tréville, Delisse-Engrand, du Bodan, comte de Bryas, Ch. Combier, Achille Adam (Pas-de-Calais), Peltereau-Villeneuve, E. Adnet, Paris, Douay, comte O. de Bastard, marquis de Juigné, d'Abbadie de Barrau, baron de Vinols, Dumon.

Il va être procédé au scrutin.

(Le scrutin est ouvert et les votes sont recueillis.)

M. le président. Voici le résultat du dépouillement du scrutin :

Nombre des votants	547
Majorité absolue	274
Pour	376
Contre	171

Le paragraphe 8 est adopté.

M. le marquis de Talhouët a la parole pour le dépôt d'un rapport.

M. le marquis de Talhouët. Messieurs, au nom de la commission du budget de 1876, j'ai l'honneur de déposer sur le bureau de l'Assemblée le rapport sur le budget du ministère des travaux publics.

M. le président. Ce rapport sera imprimé et distribué.

M. Chevandier a la parole pour une demande d'interpellation.

M. Chevandier. J'ai l'honneur de déposer entre les mains de M. le président de l'Assemblée une demande d'interpellation à adresser à M. le ministre de l'intérieur, relativement à la dissolution et à la liquidation de la Société de secours mutuels *la Fraternelle*, de Die (Drôme), liquidation récemment prescrite par lui.

Il me semble, messieurs, que la question qui se produirait devant l'Assemblée à propos de cette interpellation est digne de l'intérêt de tous. Les sociétés de secours mutuels...

Plusieurs membres. On ne peut pas discuter ! — Déposez votre demande !

M. Chevandier. Eh bien, je ne discuterai pas. Je dirai seulement que j'ai eu l'honneur d'avertir M. le vice-président du conseil que je déposerais une demande d'interpellation, et je prierai l'Assemblée de vouloir bien fixer le jour où elle aura lieu.

M. Buffet, *vice-président du conseil, ministre de l'intérieur.* L'Assemblée fixera le jour qu'elle jugera convenable pour l'interpellation que M. Chevandier se propose d'adresser au ministre de l'intérieur ; mais je puis dès à présent faire à M. Chevandier la réponse qu'il attend de moi. (Parlez ! parlez !)

M. Gambetta. Il ne peut y avoir de débat, aux termes du règlement.

M. le président. Pardon ! M. Chevandier pourrait renoncer à son interpellation et la transformer en une simple question.

M. le ministre. Si les deux mots que je vais dire en réponse à la question de M. Chevandier ne suffisent pas, la demande d'interpellation subsistera et pourra donner lieu à une discussion. (Oui ! oui ! — Parlez ! parlez !)

La seule chose que je voulais dire aujourd'hui, et c'est la réponse qu'il me sera possible de faire si l'interpellation est maintenue, c'est que la société de secours mutuels de la ville de Die, département de la Drôme, a été dissoute il y a deux ans. La répartition des fonds de cette société, répartition qui est prescrite par la loi et qui doit être faite dans certaines proportions, n'avait pas eu lieu jusque-là. On a appelé mon attention sur cette situation et j'ai autorisé le préfet du département de la Drôme à faire la répartition des fonds de la société de secours mutuels de Die. (Très-bien ! très-bien ! à droite.)

M. Chevandier se présente à la tribune.

M. le président. Permettez ! il ne peut y avoir de débat quant à présent.

Le règlement dit : « L'Assemblée fixe le jour de la discussion, après avoir entendu un membre du Gouvernement. »

L'Assemblée vient d'entendre M. le ministre de l'intérieur. Si M. Chevandier maintient son interpellation, il n'y a plus qu'à fixer le jour où elle aura lieu.

M. Chevandier. Je la maintiens.

M. le président. Quel jour l'Assemblée veut-elle fixer ?

Voix diverses. Tout de suite !

M. le président. L'Assemblée veut-elle la discussion immédiate ?... (Oui ! oui !)

La discussion est ouverte. La parole est à M. Chevandier.

M. Chevandier. Messieurs, je réponds tout de suite aux paroles que vient de prononcer M. le vice-président du conseil et qui ne vous ont révélé que la moitié de la question.

Il est très-vrai que la société des arts et métiers de Die « la Fraternelle » a été dissoute il y a un an et demi ou deux ans ; mais remarquez que, bien que l'ordre de procéder à la liquidation de la société n'ait été donné que depuis quelques jours seulement, il existe cependant une corrélation intime entre la décision qui a été prise par M. le préfet de la Drôme, il y a deux ans, maintenue par les ministres qui ont précédé M. Buffet à l'intérieur, et la mesure de liquidation prescrite par lui ; remarquez, dis-je, qu'il y a entre ces deux mesures une solidarité étroite. Le fait seul que la liquidation qui n'avait été prescrite ni par M. de Fourtou, ni par M. le général de Chabaud La Tour a été prescrite immédiatement par M. Buffet, alors que je le priais de vouloir bien ordonner une enquête contradictoire sur les faits que l'on reprochait à la société de secours mutuels de Die, le rend solidaire de la décision de ses prédécesseurs. Quand je dis : « les faits, » je me sers d'une expression impropre, puisqu'il n'en a pas été articulé un seul contre la société dissoute ; de sorte que nous nous trouvons en face d'un acte tel, qu'une société de secours mutuels existant depuis dix-huit années, comprenant 156 membres, ayant par des épargnes continuelles et laborieuses amassé une somme de 10,000 fr., se voit dissoute aujourd'hui, à la suite d'accusations anonymes lancées contre elle et dont pas une seule n'a pu être ni contredite ni justifiée.

M. Descat. Il fallait dire cela il y a deux ans !

M. Chevandier. Je vous répondrai.

Je suis étonné qu'aujourd'hui, alors que les ministres précédents ont hésité à donner le dernier coup à la société, M. Buffet vienne atteindre son existence dans ses dernières racines.

Plusieurs fois les sociétaires ou le bureau de cette société de secours mutuels ont demandé à être entendus et à fournir leurs explications ; ils n'ont jamais pu l'obtenir.

Est-il possible d'admettre qu'on puisse ainsi, en vertu de l'article 4 de la loi qui régit les sociétés de secours mutuels, disperser ses fonds sans qu'une enquête préalable ait eu lieu ?

Il était de toute justice qu'on entendît au moins les inculpés. Le droit de défense est sacré ; il doit toujours être respecté. Je m'étonne que, dans des circonstances si intéressantes, ce droit n'ait pas été réservé. D'ailleurs, ce qui prouve qu'on hésitait à frapper cette société, c'est qu'on l'a tuée en deux coups. La première fois on a décidé la dissolution et on a attendu deux ans et demi pour provoquer la dispersion ou la liquidation de ses fonds. Cela me paraît un fait grave qui trahit une hésitation. J'ose donc espérer et j'espère que M. le ministre nous donnera une réponse plus satisfaisante que celles que j'ai obtenues jusqu'à présent. (Mouvements divers.)

M. le président. La parole est à M. le ministre de l'intérieur.

M. le ministre de l'intérieur. L'honorable M. Chevandier vient de dire à l'Assemblée que, suivant lui, il y avait une solidarité étroite entre la décision prise par un de mes prédécesseurs et la mesure d'exécution que j'ai prescrite à mon tour.

Je ne sais si la doctrine de M. Chevandier est parfaitement correcte; mais, dans tous les cas, que cette solidarité existe ou qu'elle n'existe pas, je l'accepte. (Très-bien! très bien! à droite.)

M. Chevandier avait appelé, il y a quelque temps, mon attention sur cette affaire dont j'ai oublié les détails. Mais ces détails ne sont pas nécessaires pour lui répondre.

J'avais deux partis à prendre : l'un consistait à rapporter l'arrêté de mon prédécesseur, ou, si je ne le rapportais pas, à lui faire produire tous les effets que la loi y attache.

Je me suis renseigné, j'ai réclamé et obtenu les renseignements que M. Chevandier me reproche de ne pas avoir recueillis. Il est résulté de ces renseignements que la mesure prise par mon prédécesseur était parfaitement justifiée, et que la seule chose que j'avais à faire c'était de lui faire produire ses effets légaux. C'est ce que j'ai décidé et exécuté.

A propos de cette interpellation, je tiens à dire — et je serai obligé de le redire plus d'une fois, si je suis interpellé de nouveau sur des faits particuliers, — qu'il n'est pas convenable, selon moi, de porter à la tribune des noms propres et des faits particuliers. Je ne puis pas discuter ici, et je me refuse à discuter des questions de personnes, lorsqu'il ne s'agit pas de questions publiques, et j'entends par là celles qui ne doivent pas être livrées à nos débats.

Sur un grand nombre de bancs. Très-bien! très-bien!

M. le ministre de l'intérieur. Mon prédécesseur a trouvé que la société de secours mutuels de Die s'écartait de son but; j'ai été d'avis de maintenir cette dissolution, et j'ai ordonné la répartition des fonds de cette société. Ces fonds ne seront pas confisqués par l'Etat, ils seront répartis entre tous les ayants droit.

De divers côtés. Très-bien! — L'ordre du jour! l'ordre du jour!

M. le président. L'ordre du jour étant demandé, je le mets aux voix.

(L'Assemblée, consultée, décide quelle passe à l'ordre du jour.)

M. Albert Christophle. Je demande la parole pour le dépôt d'un rapport.

M. le président. Vous avez la parole.

M. Albert Christophle. J'ai l'honneur de déposer sur le bureau de l'Assemblée nationale, au nom de la commission des lois constitutionnelles, le rapport sur le projet de loi relatif aux élections sénatoriales.

M. le président. Le rapport sera imprimé et distribué.

Nous reprenons la discussion du projet de loi relatif aux chemins de fer.

Plusieurs membres. A demain! à demain!

De divers côtés. Non! non! — Il n'est que cinq heures!

M. le président. Je consulte l'Assemblée sur le renvoi de la suite de la discussion à demain, puisque ce renvoi est demandé.

(L'Assemblée, consultée, décide que la discussion continue.)

M. le président. Je donne lecture du paragraphe 9 de l'article 1er : « ... d'Aubenas à Prades. »

Il y a sur ce paragraphe un amendement présenté par MM. Destremx, le comte Rampon et Seignobos, et qui consiste dans l'addition de ces mots : « ... et au pont de Labeaume. »

La parole est à M. Destremx.

M. Destremx. Messieurs, le chemin d'Aubenas à Prades est d'une importance considérable : il desservira la station thermale de Vals, il donnera un débouché aux mines carbonifères de Prades, et je remercie M. le ministre d'avoir bien voulu le comprendre dans la nouvelle concession à la compagnie Paris-Lyon-Méditerranée.

Mais ce résultat est-il suffisant? Pourquoi compter toujours pour rien les populations agricoles et industrielles de l'Ardèche?

Comment M. le ministre n'a-t-il pas exigé un prolongement de trois à quatre kilomètres au plus, en plaine, dont la dépense aurait été insignifiante, pour aboutir au point de jonction des routes qui desservent cinq cantons importants.

Ces cinq cantons, situés dans la haute montagne, exportent difficilement leurs produits, produits considérables qui s'élèvent à 100 tonnes par jour à ce seul point appelé « Pont de Labaume, » et qui seraient apportés au chemin de fer. Ainsi se trouveraient rattachés au restant du département, dont ils sont en quelque sorte isolées, les localités dont je parle.

L'Ardèche est un pays très-montagneux où l'exécution des routes est chose difficile et coûteuse; le conseil général fait les plus grands efforts pour terminer son réseau vicinal et départemental : une occasion unique se présente de l'aider dans son travail, et vous ne l'aideriez pas! Vous méconnaîtriez les intérêts de ces nombreuses populations agricoles et industrielles, alors qu'il vous en coûterait si peu!

Certes ce serait une bien faible compensation au préjudice causé à l'Ardèche par l'adoption du tracé actuel du chemin de fer d'Alais au Pouzin, mais enfin ce serait une compensation; et si M. le ministre connaissait la situation qui nous a été faite par le tracé adopté, il n'hésiterait pas à s'attirer la reconnaissance de ces populations toujours oubliées et méconnues.

Je prie donc le ministre d'appuyer mon amendement et l'Assemblée de l'adopter. (Approbation sur divers bancs.)

M. le rapporteur. Messieurs, s'il s'agit purement et simplement d'une déclaration d'utilité publique, il ne peut y avoir aucun inconvénient à accepter l'amendement présenté par M. Destremx. Mais si vous avez l'intention de faire entrer cet amendement dans le système de la convention, je suis obligé de dire que votre commission l'a examiné et repoussé, et que la compagnie, qui a été consultée, ne l'a pas accepté.

Et, en effet, la convention accorde au département de l'Ardèche et aux intérêts qu'a signalés et que veut protéger notre honorable collègue, la ligne d'Aubenas à Prades, située dans un pays très-difficile. Cette ligne est l'embranchement le plus cher de tous ceux qui sont proposés par la convention.

L'embranchement dont il s'agit a pour objet de desservir une station thermale et un centre minier et il s'arrête au centre de population qui s'appelle Prades. Notre honorable collègue demande que la ligne dépasse ce centre habité pour aller jusqu'à un point qui s'appelle le «Pont de Labeaume.» Ce point n'est pas un centre de population; c'est là seulement que se rencontrent les chemins qui aboutissent à cinq cantons; mais, encore une fois, il n'y a pas là une agglomération suffisante pour devenir un *terminus*. Il y aurait à faire un prolongement de 5 kilomètres, lequel occasionnerait une dépense notable.

Nous prions donc l'Assemblée, si elle veut maintenir le système de la convention, de repousser l'amendement de M. Destremx. La commission est d'accord, sur ce point, avec le ministre des travaux publics, et, je le répète, en le regrettant, que la compagnie consultée, n'accepte pas non plus cette proposition. (Approbation sur plusieurs bancs.)

J'ai l'honneur de déposer sur le bureau de monsieur le président une demande, afin que le vote ait lieu au scrutin public sur l'amendement de M. Destremx, après l'achèvement de la discussion. (Exclamations diverses.)

M. Destremx. Je demande la parole.

Sur divers bancs. Aux voix! aux voix!

M. le président. La parole est à M. Destremx.

M. Destremx. Messieurs, je serai très-bref, mais il m'est impossible de laisser dire à notre honorable rapporteur que le centre des populations de ces contrées est auprès de Prades.

Le centre des cinq cantons dont je parle est précisément au village du « pont de Labeaume.» C'est là qu'il y a un tonnage considérable, qu'on ne peut estimer à moins de cent tonnes par jour.

Il n'y a aucune espèce de difficultés pour l'allongement du chemin de fer. S'il y avait à faire des tunnels ou d'autres travaux difficiles, je n'insisterais pas; mais cette partie de 3 ou 4 kilomètres est complétement en plaine.

Eh bien, nous allons encore trouver, comme précédemment, une compagnie industrielle qui sera le seul but du chemin de fer. Je n'en conteste pas certainement l'utilité; au contraire; mais est-ce une raison pour ne tenir aucun compte des intérêts industriels ou agricoles de ces cantons? (Approbation sur quelques bancs. — Aux voix! aux voix!)

M. le président. Je rappelle à l'Assemblée que l'amendement consiste à ajouter après ces mots : « d'Aubenas à Prades, » ceux-ci : « et au pont de Labeaume. »

M. le ministre des travaux publics. On peut voter d'abord le paragraphe 9 de la commission, sur lequel tout le monde est d'accord.

M. le président. En effet, l'amendement n'est qu'une addition au paragraphe 9 de la commission.

Je vais donc d'abord mettre aux voix le paragraphe 9, et je soumettrai ensuite l'addition au vote de l'Assemblée.

(Le paragraphe 9 est mis aux voix et adopté.)

M. le président. Je mets maintenant aux voix l'addition : « et au pont de Labeaume. »

C'est sur cette addition qu'il y a une demande de scrutin.

Cette demande est signée par MM. Paris, Achille Adam (Pas-de-Calais), Ch. Wartelle, A. Bouiller, Douay, comte de Bryas, Delsol, baron Decaze, A. Jordan, Bienvenue, A. Louvet, Amy, Alfred Giraud, comte de la Monneraye, Carron, de Clercq, de Champvallier, général Robert, H. de Saint-Germain, Charreyron, A. Jamme, de Chamaillard, Benoist du Buis.

Le scrutin est ouvert.

(Il est procédé au scrutin public.)

M. le président. Voici le résultat du dépouillement du scrutin :

Nombre des votants.......... 462
Majorité absolue............. 232
    Pour l'adoption....... 79
    Contre.............. 383

L'Assemblée nationale n'a pas adopté.

La parole est à M. Laboulaye, sur l'ordre du jour. (Ah! ah!)

M. Edouard Laboulaye. Messieurs, comme rapporteur de la loi des pouvoirs publics, je viens demander à l'Assemblée de vouloir bien mettre à son ordre du jour de lundi la seconde délibération de cette loi, si toutefois la discussion actuelle relative aux chemins de fer est terminée.

Si elle n'est pas terminée, je demande qu'on mette à l'ordre du jour notre loi, immédiatement après la loi des chemins de fer.

Un membre. Il y en a deux !

M. Edouard Laboulaye. L'Assemblée comprendra qu'une loi aussi importante, le complément de la Constitution, ne doit pas souffrir de retard, et qu'il y a intérêt pour tout le monde à une prompte délibération. (Très-bien! très-bien! à gauche.)

M. Ernest Picard. C'est de droit!

M. le président. Je consulte l'Assemblée sur la question de savoir si elle entend mettre à l'ordre du jour la 2ᵉ délibération de la loi sur les pouvoirs publics après la discussion de la loi sur les chemins de fer...

Un membre. De la loi actuellement en discussion, ou des deux lois de chemins de fer?

Un autre membre. Il y a deux lois sur des chemins de fer qui sont à l'ordre du jour.

M. Edouard Laboulaye. Après les deux.

M. le président. Après les deux lois sur les chemins de fer : la loi concernant la compagnie de Lyon et la loi concernant la compagnie de Picardie et Flandres.

Je consulte l'Assemblée.

(L'Assemblée, consultée, adopte la proposition de M. Laboulaye.)

M. le président. L'Assemblée veut-elle continuer la délibération ? (Non! non! — A demain!) Alors, la suite de la discussion est remise à demain.

M. de Chabrol demande un congé de vingt jours.

La demande est renvoyée à la commission des congés.

Demain, à deux heures, séance publique : Suite de l'ordre du jour.

(La séance est levée à cinq heures trente-cinq minutes.)

Le directeur du service sténographique de l'Assemblée nationale,

CÉLESTIN LAGACHE.

SCRUTIN

Sur l'amendement de M. de Rodes-Bénavent.

Nombre des votants.................	577
Majorité absolue...................	289
Pour l'adoption...............	231
Contre.....................	346

L'Assemblée nationale n'a pas adopté.

ONT VOTÉ POUR :

MM. Aboville (vicomte d'). Adam (Edmond) (Seine). Allemand. Amat. Ancelon. Arago (Emmanuel). Arnaud (de l'Ariège). Arrazat. Bamberger. Barni. Barodet. Barthélemy Saint-Hilaire. Baucarne-Leroux. Berlet Bernard (Martin) (Seine). Bert. Billy. Blanc (Louis). Boissa. Bonald (vicomte de). Bonnet (Léon). Bottieau. Boucau (Albert). Bouchet (Bouches-du-Rhône). Bozérian. Brame. Brelay. Breton (Paul). Brice (Meurthe-et-Moselle). Brillier. Brisson (Henri) (Seine). Caduc. Calmon. Carion. Carnot (père). Carnot (Sadi). Carquet. Casse (Germain). Casteinan. Chadois (colonel de). Challemel-Lacour. Chardon. Charton. Chavassieu. Cherpin. Chevandier (Meurthe-et-Moselle). Claude (Vosges). Corbon. Corne. Cotte. Crémieux. Cunit. Daron. Dumas. Delacour. Delord. Denfert (colonel). Derogancourt. Destremx. Dréo. Dubois. Dufay. Dumon. Duparc. Dupin (Félix). Dupouy. Duvergier de Hauranne. Escarguel. Esquiros. Eymard-Duvernay. Farcy. Favre (Jules). Féligonde (de). Fernier. Ferrouillat. Ferry (Jules). Foltiel. Fontaine (de). Fouquet. Fourcand. Fresneau. Gagneur. Gailly. Gambetta. Ganault. Gatien-Arnoult. Gaudy. Gauthier de Rumilly. Gent. George (Emile). Gérard. Gévelot. Girerd (Cyprien). Girot-Pouzol. Goblet. Godin. Godissart. Grandpierre. Grasset (de). Greppo. Grévy (Albert). Grévy (Jules). Grollier. Guillemaut (général). Guyot. Hèvre. Humbert. Jacques. Janzé (baron de). Joigneaux. Jouin. Jozon. Krantz. Lacretelle (Henri de). Lafize. Lafon de Fongaufier. Lamy. Lanfrey. Langlois. La Rochette (de). La Serve. Lassus (baron de). Latrade. Laurent-Pichat. Leblond. Lebreton. Lefèvre (Henri). Lefranc (Pierre). Le Gal La Salle. Lenoël (Emile). Lepère. Lépouzé. Leroux (Aimé). Le Royer. Lesguillon. Levêque. Lherminier. Lockroy. Loustalot. Lucet. Madier de Montjau. Magnien. Magnin. Mahy (de). Maillé. Malens. Maleville (Léon de). Malézieux. Maro-Dufraisse. Marck. Marcou. Martin (Henri). Mazeau. Méline. Mestreau.

Millaud. Moreau (Côte-d'Or). Morin. Morvan. Naquet. Nétien. Noël-Parfait. Ordinaire (fils). Palotte (Jacques). Parent. Parsy. Pascal Duprat. Pelletan. Périn. Peyrat. Picart (Alphonse). Pompery (de). Pressensé (de). Rameau. Rampon (comte). Rampont. Rathier. Rémusat (Paul de). Renaud (Michel). Reymond (Ferdinand) (Isère). Reymond (Loire). Robert (Léon). Rodez-Bénavent (vicomte de). Roilland (Charles) (Saône-et-Loire). Rotours (des). Roudier. Rou-er. Roux (Honoré). Saint-Malo (de). Saint-Victor (de). Saisy (Hervé de). Salneuve. Sansas. Saussier (général). Scheurer - Kestner. Schœlcher. Seignobos. Sénard. Silva (Clément). Simon (Fidèle). Simon (Jules). Soye. Swiney. Taberlet. Tamisier. Tardieu. Tassin. Testelin. Thomas (docteur). Thurel. Tiersot. Tillancourt (de). Tirard. Tocqueville (comte de). Toîain. Tréville (comte de). Turigny. Turquet. Valentin. Varroy. Vente. Viennet. Villain. Vimal-Dessaignes. Vitalis. Warnier (Marne). Wilson.

ONT VOTÉ CONTRE :

MM. Abbatucci. Adam (Pas-de-Calais). Adnet. Aigle (comte de l'). Allenou. Amy. Ancel. Andelarre (marquis d'). André (Seine). Anisson-Duperon. Arbel. Arfeuillières. Aubry. Audren de Kerdrel. Aurelle de Paladines (général d'). Auxais (d'). Babin-Chevaye. Bagneux (comte de). Balsan. Baragnon. Barante (baron de). Bardoux. Barthe (Marcel). Bastard (comte Octave de). Beau. Beaussire. Beauvillé (de). Benoist d'Azy (comte). Benoist du Buis. Benoit (Meuse). Berenger. Bernard (Charles) (Ain). Bernard-Dutreil. Bertauld. Besson (Paul). Béthune (comte de). Beurges (comte de). Bienvenüe. Bigot. Blavoyer. Blin de Bourdon. Bocher. Boduin. Boisboissel (comte de). Bompard. Bondy (comte de). Bonnet. Boreau-Lajanadie. Bottard. Bouillé (comte de). Boullier de Branche. Bourgeois. Boyer. Boyssel. Brabant. Brettes-Thurin (comte de). Brice (Ille-et-Vilaine). Broët. Broglie (duc de). Brun (Charles) (Var). Brunet. Bryas (comte de). Buée. Buffet. Buisson (Jules) (Aude). Busson-Duvivier. Cailliaux. Calemard de La Fayette. Callet. Carbonnier de Marzac (de). Carron (Emile). Casimir Perier. Cazot (Jules) (Gard). Cézanne. Chabaud La Tour (Arthur de). Chabaud La Tour (général baron de). Chabrol (de). Chabron (général de). Chamaillard (de). Champagny (vicomte Henri de). Champvallier (de). Changarnier (général). Chaper. Chareton (général). Charreyron. Chatelin. Chaurand (baron). Cheguillaume. Chesnelong. Cintré (le comte de). Cissey (le général de). Clément (Léon). Clerc. Cleroé (de). Cochery. Colombet (de). Combarieu (de). Combier. Cordier. Cottin (Paul). Crussol d'Uzès (duc de). Cumont (vicomte Arthur de). Daguenet. Daguilhon-Lasselve. Daru (comte). Dauphinot. Daussel. Decazes (baron). Decazes (duc). Delacroix. Delavau. Delille. Delisse-Engrand. Delsol. Denormandie. Depasse. Depeyre. Desbassayns de Richemont (comte). Descat. Desjardins. Dezanneau. Diosbach (comte de). Dompierre d'Hornoy (amiral de). Doré-Graslin. Douay. Drouin. Du Bodan. Duboys-Fresnay (général). Du Breuil de Saint-Germain. Du Chaffaut. Dufaur (Xavier). Dufaure (Jules). Dufour. Dufournel. Dupanloup (Mgr). Dupont (Alfred). Durfort de Civrac (comte de). Dussaussoy. Faye. Feray. Flaghac (baron de). Fleuriot (de). Foubert. Fournier (Henri). Fourtou (de). Franclieu (marquis de).

ONT VOTÉ POUR :

MM. Abbadie de Barrau (comte d'). Abbatucci. Adelocque. Adam (Pas-de-Calais). Adnet. Aigle (comte de l'). Allenou. Amy. Ancel. André (Seine). Anisson-Duperon. Arbel. Arfeuillères. Arrazat. Aubry. Audren de Kerdrel. Aurelle de Paladines (général d'). Auxais (d').

Babin-Chevaye. Bagneux (comte de). Balsan. Baragnon. Barante (le baron de). Bardoux. Bartho (Marcel). Bastard (le comte Octave de). Baze. Beau. Beaussire. Beauvillé (de). Benoist d'Azy (comte). Benoist du Buis. Benoît (Meuse). Bernard (Charles) (Ain). Bernard-Dufreil. Bertauld. Bessou (Paul). Béthune (comte de). Beurges (le comte de). Bienvenüe. Bigot. Blavoyer. Bocher. Boduin. Boisboissel (le comte de). Bompard. Bondy (le comte de). Bonnet. Boreau-Lajanadie. Botard. Bouillé (comte de). Boullier (Loire). Bourgeois. Boyer. Boysset. Brabant. Brettes-Thurin (comte de). Brice (Ille-et-Vilaine). Broët. Brun (Charles) (Var). Bryas (le comte de). Buée. Buffet. Buisson (Jules) (Aude). Busson-Duviviers.

Caduc. Cailloux. Calemard de La Fayette. Callet. Carayon La Tour (de). Carbonnier de Marzac (de). Carron (Emile). Casimir Perier. Castellane (marquis de). Cazot (Jules) (Gard). Cézanne. Chabaud La Tour (Arthur de). Chabaud La Tour (général baron de). Chabrol (de). Chabron (général de). Chamaillard (de). Champagny (vicomte Henri de). Champvallier (de). Changarnier (général). Chaper. Chareton (général). Charreyron. Chatelin. Chaurand (baron). Cheguillaume. Chesnelong. Cintré (comte de). Cissey (général de). Clément (Léon). Clerc. Clercq (de). Conhery. Colombet (do). Combarieu (de). Combier. Cordier. Cornulier-Lucinière (comte de). Cottin (Paul). Courbet-Poulard. Courcelle. Crussol d'Uzès (duc de). Cumont (vicomte Arthur de).

Daguenet. Dampierre (marquis de). Danelle-Bernardin. Daru (comte). Dauphinot. Daussel. Decazes (baron). Decazes (duc). Delacour. Delacroix. Delavau. Delille. Delisse-Engrand. Delsol. Denormandie. Depasse. Depeyre. Desbassayns de Richemont (comte). Descat. Desjardins. Destremx. Diesbach (le comte de). Dietz-Monnin. Dompierre d'Hornoy (l'amiral de). Doré-Graslin. Douay. Drouin. Du Bodan. Duboys-Fresnay (général). Du Breuil de Saint-Germain. Du Chaffaut. Duchâtel (comte). Dufaur (Xavier). Dufaure (Jules). Dufour. Dufournel. Dumon. Dupont (Alfred). Durfort de Civrac (comte de). Dussaussoy.

Faye. Féligonde (de). Féray. Flaghac (baron de). Fleuriot (de). Foubert. Fournier (Henri). Fourtou (de). Galloni d'Istria. Gas!onde. Gasselin de Fresnay. Gaulthier de Vaucenay. Gavardie (de). Gavini. Gayot. Germain. Gévelot. Ginoux de Fermon (comte). Giraud (Alfred). Glais. Godet de la Riboullerie. Gouin. Gouvello (de). Gouvion Saint-Cyr (le marquis de). Grammont (marquis de). Grivart. Gueidan. Guibal. Guichard. Guiche (marquis de la). Guillemaut (le général). Guinot.

Haentjens. Hamille. Harcourt (le comte d'). Harcourt (duc d'). Hespel (le comte d'). Huon de Penanster.

Jaffré (l'abbé). Jamme. Jaurès (amiral). JoJuigné (comte de). Johnston. Jordan. Joubert. Jourdan. Juigné (comte de). Juigné (marquis de). Jullien.

Kerjégu (amiral de). Kermenguy (vicomte de). La Borderie (de). La Bouillerie (de). Laboulaye. Lacaze-Laplagne. La Caze (Louis). Lacombe (de). Lacretelle (Henri de). Laget. Lagrange (baron A. de). Lallié. Lambert de Sainte-Croix. Lamberterie (de). Lanel. La Pervanchère (de). Larcy (baron de). Largentaye (de). La Rochejaquelein (marquis de). La Sicotière (de). Lassus (baron de). Laurier. Lavergne (Léonce de). Lebourgeois. L'Ebraly Lecamus. Le Chatelain. Lefébure. Lefèvre-Pontalis (Eure-et-Loir). Legge (comte de) Legrand (Arthur). Le Lasseux. Le Provost de Launay. Lespinasse. Lestapis (de). Lestourgie. Leurent. Levert. Limairac (Tarn-et-Garonne). Limayrac (Léopold) (Lot). Lorgeril (vicomte de). Lortal. Loustalot. Louvet. Loysel (général). Lur-Saluces (marquis de). Maillé (comte de). Malartre. Maleville (marquis de). Mallevergne. Marchand. Marck. Martel (Pas-de-Calais). Martell (Charente). Martenot. Martin (Charles). Martin (d'Auray). Mathieu-Bodet (Charente). Mathieu de la Redorte (comte). Maurice. Max-Richard. Mazerat. Mazuro (général). Meaux (vicomte de). Médecin. Méplain. Mérode (de). Merveilleux du Vignaux. Mettetal. Michal-Ladichère. Michel. Monjaret de Kerjégu. Monnerays (comté de la). Monnet. Montaignac (amiral de). Monteil. Montgolfier (de). Montlaur (marquis de). Montrieux. Moreau (Ferdinand). Mornay (marquis de). Mortemart (duc de). Mouchy (duc de). Murat (comte Joachim). Nouaillan (le comte de).

Pagès-Duport. Pajot. Paris. Paris (marquis de). Passy (Louis). Pellissier (général). Peltereau-Villeneuve. Perret. Perrier (Eugène). Petau. Peuivé. Peyramont (de). Philippoteaux. Pin. Pioger (de). Plou. Plichon. Pontoi-Pontcarré (marquis de). Pradié. Prax-Paris. Prétavoine. Puiberneau (de). Quinsonas (le marquis de).

Rainneville (de). Rambures (de). Raudot. Ravinel (de). Renaud (Félix). Rességuier (le comte de). Reymond (Ferdinand) (Isère). Riant (Léon). Ricot. Riondel. Rive (Francisque). Robert (le général). Robert de Massy. Roger du Nord (le comte). Roger-Marvaise. Rouher. Rouveure. Roys (marquis des).

Sacase. Saintenac (le vicomte de). Saint-Germain (d'). Saint-Malo (de). Saint-Pierre (de) (Calvados). Saint-Pierre (Louis de) (Manche). Saint-Victor (de). Saisset (amiral). Salvandy (de). Salvy. Sansas. Sarrette. Savary. Savoye. Say (Léon). Sebert. Ségur (le comte Louis de). Sens. Serph (Gusman). Sers (le marquis de). Soubeyran (baron de). Soury-Lavergne. Staplande (de). Sugny (de).

Taberlet. Tailhand. Talhouët (marquis de). Tallon. Tardieu. Tartaron (de). Teisserenc de Bort. Théry. Toupet des Vignes. Tréveneuc (comte de). Tréville (comte de). Turigny.

Valfons (marquis de). Valon (de). Vandier. Vaulchier (comte de). Vautrain. Ventavon (de). Vétillart. Vidal (Saturnin). Vilfeu. Vimal-Dessaignes. Vinay (Henri). Vingtain (Léon). Vogué (marquis de). Voisin.

Wallon. Wartelle de Retz. Witt (Cornélis de).

ONT VOTÉ CONTRE :

MM. Aboville (vicomte d'). Adam (Edmond) (Seine). Allemand. Ancelon. Arago (Emmanuel). Arnaud (de l'Ariége).

Bamberger. Barni. Barodet. Baucarne-Leroux. Berlet. Bernard (Martin) (Seine). Bert. Billy. Blanc (Louis). Boisse. Bonald (vicomte de). Bonnel (Léon). Bouchet (Bouches-du-Rhône). Boullier de Branche. Bozérian. Brame (Jules). Brice (Meurthe-et-Moselle). Brisson (Henri) (Seine).

Calmon. Carion. Carnot (père). Carnot (Sadi). Carquet. Carré-Kérisouët. Casse (Germain). Castelnau. Challemel-Lacour. Chardon. Charton. Chevandier. Choiseul (Horace de). Clapier. Claude (Meurthe-et-Moselle). Claude (Vos-

ges). Contaut. Corbon. Corne. Cotte. Crémieux.
Daron. Daumas. Delord. Denfert (colonel). Dréo. Dubois. Dufay. Dumarnay. , Duparc. Dupouy. Duvergier de Hauranne.
Escarguel. Esquiros. Eymard-Duvernay. . Farcy. Favre (Jules). Fernier. Ferrouillat. Ferry (Jules). Folliet. Fresneau.
Gagneur. Gailly. Gambetta. Gatien-Arnoult. Gaudy. Gaultier de Rumilly. Gent. George (Emile). Gérard. Girerd (Cyprien). Goblet. Godin. Godissart. Grandpierre. Greppo. Grévy (Jules). Grollier.
Hèvre. Humbert.
Janzé (baron de). Jouin.
Laflize. Lafon de Fongaufier. Lamy. Lanfrey. Langlois. Labrade. Laurent-Pichat. Leblond. Lebreton. Lefèvre (Henri). Lefranc (Pierre). Le Gal La Salle. Lenoël. Lepère. Leroux. Lesguillon. Levêque. Lockroy. Lucet.
Madier de Montjau. Magniez. Magnin. Mahy (de). Maillé. Maleville (Léon de). Malézieux. Marcou. Martin (Henri). Mazeau. Mestreau. Millaud. Moreau (Côte-d'Or). Morvan.
Naquet. Nétien. Noël-Parfait.
Ordinaire (fils).
Palotte (Jacques). Parent. Pascal-Duprat Pelletan. Périn. Peyrat. Picard (Alphonse). Pompery (de). Pressensé (de).
Rameau. Rampon (comte). Rathier. Rémusat (Paul de). Renaud (Michel). Rodez-Bénavent (vicomte de). Rolland (Charles) (Saône-et-Loire). Rotours (des). Roudier. Rouvier. Roux (Honoré).
Saisy (Hervé de). Scheurer-Kestner. Schœlcher. Seignobos. , Sénard. Silva (Clément). Simon (Jules). Soye. Swiney.
Tamisier. Tassin. Testelin. Thomas (docteur). Thurel. Tiersot. Tillancourt (de). Tocqueville (comte de). Tolain. Turquet.
Valazé (général). Valentin. Varroy. Viennet. Villain. Vitalis.
Warnier (Marne). Wilson.

N'ONT PAS PRIS PART AU VOTE

Comme étant retenus à la commission des lois constitutionnelles :

MM. Adrien Léon. Bethmont. Christophle (Albert). Delorme. Duclerc. Grévy (Albert). Krantz. Le Royer. Luro. Marcère (de). Picard (Ernest). Ricard. Schérer. Vacherot. Waddington.

N'ONT PAS PRIS PART AU VOTE

Comme étant retenus à la commission du budget :

MM. Batbie. Fourcand. Osmoy (comte d'). Pothuau (amiral). Saussier. Tirard. Wolowski.

N'ONT PAS PRIS PART AU VOTE :

MM. Amat. Andelarre (marquis d'). André (Charente). Audiffret-Pasquier (duc d'). Barascud. Barthélemy Saint-Hilaire. Bastid (Raymond). Bérenger. Bidard. Billot (général). Blin de Bourdon (vicomte). Boffinton. Bottieau. Boucau (Albert). Bouisson. Bourgoing (baron de). Brelay. Breton (Paul). Brillier. Broglie (duc de). Brun (Lucien). Brunet. Buisson (Seine-Inférieure). Cazeaux. Cazenove de Pradine (de). Chadois (colonel de). Chavassieu. Chirpin. Chiris. Costa de Beauregard (marquis de). Cunit. Daguilhon-Lasselve. Delpit. Deregnaucourt. Deschange. Dezanneau. Douhet (comte de). Ducarre. Ducuing. Dupanloup (Mgr). Dupin (Félix). Duréault. Durieu. Ernoul. Eschasseriaux (baron). Fontaine (de). , Forsanz (vicomte de). Fouquet. Fourichon (amiral). Fraissinet. Franclieu (marquis de). Frébault

(général). Ganault. Ganivet. Germonière (de la). Gillon (Paulin). Girot-Pouzol. Grange. Grasset (de). Guinard. Guyot. Haussonville (vicomte d'). Hérisson. Houssard. Jacques. Joigneaux. Joinville (prince de). Jouvenel (baron de). Jozon. Kéller. Kergariou (comte de). Kergorlay (comte de). Kéridec (de). Kolb-Bernard. La Bassetière (de). Labitte. Lafayette (Oscar de). Lambert (Alexis). La Roche-Aymon (marquis de). La Rochefoucauld (duc de Bisaccia). La Rochethulon (marquis de). La Rochette (de). La Serve. Lasteyrie (Jules de). Lefèvre-Pontalis (Seine-et-Oise). Lefranc (Victor). Lepetit. Lépouzé. Lherminier. Limperani. Littré. Malens. Mangini. Marc-Dufraisse. Margaine. Martin des Pallières (général). Mathieu (Saône-et-Loire). Mayaud. Méline. Melun (comte de). Mercier. Morin. Murat-Sistrières. Nioche. Parsy. Patissier. Pernolet. Plœuc (le marquis de). Pouyer-Quertier. Princeteau. Rampont. Raoul Duval. Reymond (Loire). Rivalile. Robert (Léon). Roy de Loulay. Saincthorent (de). saineuve. Simiot. Simon (Fidèle). Target. Temple (du). Thiers. Tribert. Valady (de). Vast-Vimeux (baron). Vente. Vinols (baron de).

ABSENTS PAR CONGÉ :

MM. Alexandre (Charles). Aumale (le duc d'). Aymé de la Chevrolière. Belcastel (de). Besnard. Chambrun (comte de). Chanzy (général). Chaudordy (comte de). Corcelle (de). Crespin. Desbons. Flotard. Gallicher. Gontaut-Biron (comte de). Journault. La Roncière Le Noury (vice-amiral baron de). Le Flo (général). Magne. Maure. Monnot-Arbilleur. Parigot Rousseau. Roussel.

SCRUTIN

Sur l'amendement de M. Destremx.

Nombre des votants........ 462
Majorité absolue.......... 232

Pour l'adoption....... 79
Contre............... 383

L'Assemblée nationale n'a pas adopté

ONT VOTÉ POUR :

MM. Arago (Emmanuel). Arnaud (de l'Ariège). Arrazat.
Bamberger. Barthélemy Saint-Hilaire. Boucau (Albert). Brame. Breton (Paul). Brillier. Broet.
Caduc. Calmon. Carquet. Carré-Kérisouët. Castelnau. Cazot. Chadois (colonel de). Chardon. Chavassieu. Chauraud (baron). Choiseul (H. de). Colombet (de). Crémieux.
Deregnaucourt. Destremx. Dubois. Dufay. Durieu.
Ferrouillat.
Gagneur. Gaulthier de Rumilly. Géveiot. Grévy (Jules). Guyot.
Janzé (baron de). Jouin.
Laget. Lamy. Lanfrey. Langlois. Lefranc (Pierre). Le Gal La Salle. Lepetit. Lépouzé. Lesguillon. Levêque. Loustalot.
Malens. Maleville (Léon de). Malézieux. Marck. Mestreau. Millaud. Monneraye (comte de). Morin.
Pelletan.
Rameau. Rampon (comte). Rampont. Rémusat (Paul de). Renaud (Michel). Reymond (Ferdinand). Ricard. Robert (Léon). Rotours (des). Rouveure.
Sansas. Seignobos. Simiot.

Tailhand. Tamisier. Tardieu. Tassin. Thurel. Turigny. Turquet. Valazé (général). Vinay. Wilson.

ONT VOTÉ CONTRE :

MM. Abbadie de Barrau (comte d'). Abbatucci. Aboville (vicomte d'). Aclocque. Adam (Pas-de-Calais). Aigle (comte de l'). Allenou. Amy. Andelarre (le marquis d'). Anisson-Duperon. Arfeuillères. Aubry. Audren de Kerdrel. Auxais (d'). Buhin-Chevaye. Bagneux (comte de). Balsan. Bitragnon. Barante (le baron de). Bardoux. Barthe (Marcel). Bastard (comte Octave de). Baze. Beau. Beaussire. Beauvillé (de). Benoist d'Azy (comte). Benoist du Buis. Benoit (Meuse). Bérenger. Bernard (Charles) (Ain). Bernard Dutreil. Bertauld. Besson (Paul). Béthune (le comte de). Beurges (le comte de). Bienvenüe. Bigot. Blavoyer. Blin de Bourdon (le vicomte). Bocher. Boduin. Boffinton. Boisboissel (le comte de). Boisse. Bompard. Bonald (le vicomte de). Bondy (le comte de). Bonnet. Boreau-Lajanadie. Bottard. Bottieau. Boullier (Loire). Boullier de Branche. Bourgeois. Brabant. Brettes-Thurin (le comte de). Brice (Ille-et-Vilaine). Broglie (le duc de). Brun (Charles) (Var). Bryas (comte de). Buée. Buffet. Buisson (Jules) (Aude). Busson-Duvivière. Cailaux. Calemard de La Fayette. Callet. Carbonnier de Marsac (de). Carron (Emle). Casimir Perier. Castellane (marquis de). Cézanne. Chabaud La Tour (Arthur de). Chabaud La Tour (général baron de). Chabron (général de). Chamaillard (de). Champagny (vicomte Henri de). Champvallier (do). Changarnier (général). Chaper. Chareton (général). Charreyron. Chatelin. Cheguillaume. Chesnelong. Cintré (comte de). Cissey (général de). Clapier. Clément (Léon). Clerc. Clercq (de). Cochery. Combarieu (de). Cordier. Costa de Beauregard (marquis de). Cottin (Paul). Courbet-Poulard. Courcelle. Crussol d'Uzès (duc de). Cumont (vicomte Arthur de). Cunit. Daguenet. Daguilhon-Lasselve. Dampierre (marquis de). Danelle-Bernardin. Daru (comte). Dauphinot. Daussel. Decazes (baron). Decazes (duc). Delacour. Delacroix. Delaveau. Delille. Delisse-Engrand. Deisol. Denormandie. Depasse. Depeyre. Descat. Desjardins. Diesbach (comte de). Dietz-Monnin. Dompierre d'Hornoy (amiral de). Doré-Graslin. Douay. Drouin. Du Bodan. Duboys-Fresnay (général). Du Breuil de Saint-Germain. Du Chaffaut. Dufaur (Xavier). Dufaure (Jules). Dufour. Dufournet. Dumarnay. Dumon. Dupont (Alfred). Durfort de Civrac (comte de). Dussaussoy. Eschasseriaux (baron). Eymard-Duvernay. Faye. Féligonde (de). Feray. Flaghac (baron de). Fleuriot (de). Fontaine (de). Foubert. Fouquet. Fourichon (amiral). Fournier (Henri). Fourtou (de). Frascileu (marquis de). Gailly. Galloni d'Istria. Gaslonde. Gasselin de Fresnay. Gatien-Arnoult. Gaulthier de Vaucenay. Gavardie (de). Gavini. Gayot. Gérard. Germain. Germonière (de la). Giffon (Paulin). Ginoux de Fermon (comte). Giraud (Alfred). Glas. Goulet de la Riboullerie. Gouin. Gouvion Saint-Cyr (marquis de). Grammont (marquis de). Grivart. Gusidan. Guibal. Guichard. Guiche (marquis de la). Guillemaut (général). Guinot. Haentjens. Hamille. Harcourt (comte d'). Harcourt (duc d'). Hespel (comte d'). Houssard. Huon de Penanster. Jaffré (abbé). Jamme. Jaurès (amiral). Jocteur-Monrozier. Johnston. Jordan. Joubert. Jourdan. Jozon. Juigné (comte de). Juigné (marquis de). Jullien. Kergariou (comte de). Kéridec (de). Kerjégu (amiral de). Krantz.

La Bassetière (de). Labitte. La Borderie (de). Lacave-Laplagne. La Caze (Louis). Lacombe (de). Lafayette (Oscar de). Lagrange (baron A. de). Lallié. Lambert de Sainte-Croix. Lamberterie (de). Lanel. La Pervanchère (de). Larcy (baron de). Largentaye (de). La Roche-Aymon (marquis de). La Rochette (de). Le Sicotière (de). Lassus (baron de). Latrade. Laurier. Lebourgeois. L'Ebraly. Lecamus. Le Chatelain. Lefébure. Lefèvre-Pontalis (Eure-et-Loir). Lefèvre-Pontalis (Seine-et-Oise). Legge (comte de). Legrand (Arthur). Le Lasseux. Le Provost de Launay. Leroux (Aimé). Le Royer. Lespinasse. Lestapis (de). Lestourgie. Leurent. Levert. Limairac (de) (Tarn-et-Garonne). Limayrac (Léopold). Lorgeril (le vicomte de). Lortal. Louvet. Loysel (général).

Magniez. Maillé (comte de). Maleville (marquis de). Mallevergne. Marchand. Martel (Pas-de-Calais). Mertail (Charente). Martenet. Martin (Charles). Martin (d'Auray). Mathieu (Saône-et-Loire). Mathieu-Bodet (Charente). Mathieu de la Redorte (comte de). Maurice. Max-Richard. Mazerat. Mazure (général). Meaux (vicomte de). Melun (comte de). Méplain. Mérode (de). Merveilleux du Vignaux. Mettetal. Michal-Ladichère. Michel. Monjaret de Kerjégu. Monnet. Montalignac (amiral de). Montalel. Montgolfier (de). Montlaur (marquis de). Montrieux. Moreau (Côte-d'Or). Moreau (Ferdnand). Mornay (marquis de). Mortemart (duc de). Mouchy (duc de). Murat (comte Joachim). Murat-Sistrières. Noël-Parfait. Pagès-Duport. Pajot. Paris. Parts (marquis de). Pasay (Louis). Patissier (Soethène). Pelissier (général). Pellereau-Villeneuve. Perret. Perrier (Eugène). Petau. Peulvé. Peyramont (de). Philippoteaux. Pin. Pioger (de). Piou. Plichon. Pontoi-Pontcarré (le marquis de). Pouyer-Quertier. Pradié. Prétavoine. Puibernau (de). Quinsonas (le marquis de). Rainneville (de). Rambures (de). Raudot. Ravinel (de). Renaud (Félix). Rességuier (comte de). Reymond (Loire). Riant (Léon). Ricot. Riondel. Rive (Francisque). Robert (le général). Robert de Massy. Roger du Nord (comte). Roger-Marvaise. Roux (Honoré). Roy de Loulay. Roys (le marquis de). Sacase. Sainchtorent (de). Saintenac (vicomte de). Saint-Germain (de). Saint-Pierre (Louis de (Manche). Saint-Victor (de). Saisset (vice-amiral). Salvy. Sarrette. Saussier (général). Savoye. Say (Léon). Sebert. Ségur (comte Louis de). Sens. Serph (Gusman). Sers (marquis de). Simon (Fidèle). Soubeyran (baron de). Soury-Lavergne. Staplande (de). Sugny (de). Taillefert. Talhouët (marquis de). Tallon. Tarteron (de). Théry. Toupet des Vignes. Tréveneuc (comte de). Tréville (comte de). Valady (de). Valentin. Valon (de). Vandier. Vast-Vimeux (baron). Vaulchier (comte de). Ventavon (de). Vente. Veuillart. Vidal (Saturnin). Viennet. Vilfeu. Vimal-Dessaignes. Vingtain (Léon). Vitalis. Vogué (marquis de). Voisin. Waddington. Wallon. Wartelle de Retz. Witt (Cornélis de).

N'ONT PAS PRIS PART AU VOTE

Comme étant retenus à la commission des lois constitutionnelles.

MM. Adnet. Adrien Léon. Bethmont. Christophle (Albert). Delorme. Duclerc. Farré (Jules). Grévy (Albert). Humbert. Laboulaye. Lavergne (L. de). Luro. Marcère (de). Pisard (Ernest). Schérer. Simon (Jules). Vacherot.

N'ONT PAS PRIS PART AU VOTE

Comme étant retenus à la commission du budget :

MM. Adam (Edmond) (Seine). André (Seine). Batbie. Dréo. Fourcand. Lepère. Lucet. Magnin. Osmoy (comte d'). Pothuau (amiral). Teisserenc de Bort. Tirard. Wolowski.

N'ONT PAS PRIS PART AU VOTE :

MM. Allemand. Amat. Ancel. Ancelon. André (Charente). Arbel. Audiffret-Pasquier (duc d'). Aurelle de Paladines (général d'). Barascud. Barni. Barodet. Bastid (Raymond). Baucarne-Leroux. Berlet. Bernard (Martin) (Seine). Bert. Bidard. Billot (général). Billy. Blanc (Louis). Bonnel (Léon). Bouchet (Bouches-du-Rhône). Bouillé (comte de). Bouisson. Bourgoing (baron de). Boyer. Boysset. Bozérian. Brelay. Brice (Meurthe-et-Moselle). Brisson (Henri). Brun (Lucien). Brunet (Jean). Buisson (Seine-Inférieure). Carayon La Tour (de). Carion. Carnot (père). Carnot (Sadi). Casse (Germain). Cazeaux. Cazenove de Pradine (de). Chabrol (de). Challemel-Lacour. Charton. Cherpin. Chevandier. Chiris. Claude (Meurthe-et-Moselle). Claude (Vosges). Combier. Contaut. Corbon. Corne. Cornulier-Lucinière (comte de). Cotte. Daron. Daumas. Delord. Delpit. Denfert (le colonel). Desbassayns de Richemont (le comte). Deschange. Dezanneau. Douhet (le comte de). Ducarre. Duchâtel (le comte). Ducuing. Dupanloup (Mgr). Duparc. Dupin (Félix). Dupouy. Duréault. Duvergier de Hauranne. Ernoul. Escarguel. Esquiros. Farcy. Favre (Jules). Fernier. Folliet. Forsanz (le vicomte de). Fraissinet. Trébault (général). Fresneau. Gambetta. Ganault. Ganivet. Gaudy. Gent. George (Emile). Girard (Cyprien). Girot-Pouzol. Goblet. Godin. Godissart. Gouvello (de). Grandpierre. Grange. Grasset (de). Greppo. Grollier. Guinard. Haussonville (vicomte d'). Hérisson. Hèvre. Jacques. Joigneaux. Joinville (prince de) Jouvenel (baron de). Keller. Kergorlay (comte de). Kermenguy (vicomte de). Kolb-Bernard. La Bouillerie (de). Lacretelle (H. de). Laflize. Lafon de Fongaufier. Lambert (Alexis). La Rochefoucauld (duc de Bisaccia). La Rochejaquelein (marquis de). La Rochethulon (marquis de). La Serve. Lasteyrie (J. de). Laurent-Pichat. Leblond. Lebreton. Lefèvre (Henri). Lefranc (Victor). Lenoël (Emile). Lherminier. Limperani. Littré. Lockroy. Lur-Saluces (marquis de). Madier de Montjau. Mahy (de). Maillé. Malartre. Mangini. Marc-Dufraisse. Marcou. Margaine. Martin (Henri). Martin des Pallières (général). Mavaud. Mazeau. Médecin. Méline. Mercier. Morvan. Naquet. Nétien. Nioche. Nouaillan (comte de). Ordinaire (fils). Palotte. Parent. Parsy. Pascal Duprat. Périn. Pernolet. Peyrat. Picart (Alphonse). Piœuc (marquis de). Pompery (de). Prax-Paris. Pressensé (de). Princeteau. Raoul-Duval. Rathier. Rivaille. Rodez-Bénavent (vicomte de). Rolland (Charles). Roudier. Rouher. Rouvier. Saint-Malo (de). Saint-Pierre (de) (Calvados). Saisy (Hervé de). Salneuve. Salvandy (de). Savary. Scheurer-Kestner. Schœlcher. Sénard. Silva (Clément). Soye. Swiney. Taberlet. Target. Temple (du). Testelin. Thiers. Thomas (docteur). Tiersot. Tillancourt (de). Tocqueville (comte de). Tolain. Tribert. Valfons (marquis de). Varroy. Vautrain. Villain. Vinols (baron de). Warnier (Marne).

ABSENTS PAR CONGÉ :

Alexandre (Charles). Aumale (duc d'). Aymé de la Chevrelière. Belcastel (de). Besnard. Chambrun (comte de). Chanzy (général). Chaudordy (comte de). Corcelle (de). Crespin. Desbons. Flotard. Gallicher. Gontaut-Biron (vicomte de). Journault. La Roncière Le Noury (vice-amiral baron de). Le Flô (général). Magne. Maure. Monnot-Arbilleur. Parigot Rousseau. Roussel.

ASSEMBLÉE NATIONALE

SÉANCE DU JEUDI 24 JUIN 1875

SOMMAIRE. — Présentation, par M. le vice-président du conseil ministre de l'intérieur, d'un projet de loi tendant à ouvrir au ministre de l'intérieur, sur l'exercice 1875, un crédit extraordinaire de 100,000 fr. par addition au chapitre 19 du budget de l'intérieur (Secours à des établissements et institutions de bienfaisance). — Déclaration de l'urgence et renvoi immédiat du projet à la commission du budget. = Suite de la discussion du projet de loi relatif à la déclaration d'utilité publique de plusieurs chemins de fer et à la concession de ces chemins à la compagnie de Paris-Lyon-Méditerranée. — Article 1er. Paragraphe 6 : M. Cézanne, rapporteur. — Adoption du para_graphe. = Paragraphes 10 et 11. — Amendement de MM. Malartre et autres : MM. Malartre et le rapporteur. Rejet de l'amendement et adoption des paragraphes 10 et 11. = Dépôt et lecture, par M. Eugène Pelletan, au nom du 2e bureau, du rapport sur l'élection des Côtes-du-Nord ; MM. Chaper, le rapporteur, le baron de Janzé, Tailhand, Madier de Montjau. = Dépôt et lecture, par M. Duclerc, au nom de la commission du budget de 1875, du rapport sur le projet de loi tendant à ouvrir au ministre de l'intérieur, sur l'exercice 1875, un crédit extraordinaire de 100,000 fr. par addition au chapitre 19 du ministère de l'intérieur (Secours à des établissements et institu_tions de bienfaisance). — Adoption, au scrutin, du projet de loi. = Fixation de l'ordre du jour : M. Chesnelong. = Congés.

PRÉSIDENCE DE M. LE DUC D'AUDIFFRET-PASQUIER

La séance est ouverte à deux heures et demie.

M. le comte Louis de Ségur, *l'un des se-crétaires*, donne lecture du procès-verbal de la séance d'hier.

Le procès-verbal est adopté.

M. Buffet, *vice-président du conseil, ministre de l'intérieur.* Je demande la parole.

M. le président. La parole est à M. le vice-président du conseil.

M. Buffet, *vice-président du conseil, ministre de l'intérieur.* Messieurs, l'Assemblée connaît déjà, au moins en partie, les immenses désas-tres occasionnés par les inondations dans plu-sieurs de nos départements du Midi voisins des Pyrénées.

Nous n'avons pas seulement à déplorer de très-grandes pertes matérielles ; les nouvelles que nous recevons nous apprennent qu'un assez grand nombre de personnes ont perdu la vie. (Mouvement.)

L'Assemblée apprendra certainement sans surprise, mais avec satisfaction, que, dans ces circonstances douloureuses, officiers et soldats de notre brave armée ont rivalisé de dévoue-ment.

Sur tous les bancs. Très-bien ! très-bien !

M. le vice-président du conseil. Les fonctionnaires administratifs ont aussi fait leur devoir. (Très-bien !)

Mais il y a des secours urgents à envoyer, et les crédits ordinaires du budget du ministère de l'intérieur ne peuvent pourvoir aujourd'hui à ces nécessités exceptionnelles.

J'ai l'honneur de déposer, au nom de M. le Président de la République et d'après ses ordres, sur le bureau de l'Assemblée, un projet de loi ayant pour but d'ouvrir au mi-nistre de l'intérieur un crédit de 100,000 fr.

Sur plusieurs bancs. Ce n'est pas assez !

M. le vice-président du conseil. Je de-mande l'urgence pour ce projet de loi.

L'exposé des motifs, dont je donnerai lec-ture à l'Assemblée, si elle le désire... (Oui ! oui !), indique que, dans le cas où ce crédit se-rait insuffisant, nous en demanderions d'au-tres, et nous comptons à l'avance sur le con-cours empressé de l'Assemblée. (Vif et una-nime mouvement d'adhésion.)

Voici l'exposé des motifs :

« Messieurs, une inondation terrible dévaste nos départements du Midi. Des Pyrénées, de l'Ariège, de l'Aude, du Tarn, de Tarn-et-Ga-ronne, de la Haute-Garonne arrivent d'heure en heure les nouvelles les plus tristes : les che-mins sont coupés, des ponts sont enlevés, quantité d'habitations ont été renversées, et les récoltes sont perdues. Ce ne serait rien encore si nous n'avions à déplorer de nom-breuses victimes.

« Les autorités locales ont partout pris les mesures que commandaient les circonstances ; mais il y a des misères qu'il faut immédiate-ment soulager.

Le crédit de 530,000 fr. ouvert au budget de 1875 pour secours aux établissements et insti-tutions de bienfaisance est déjà employé. Ce crédit est d'ailleurs réparti annuellement entre tous les départements ; l'administration centrale n'en a pas la libre disposition, et ce que nous venons vous demander, c'est un crédit extraordinaire qui permette au Gouvernement de venir en aide aux nécessités les plus pressantes, aux misères les plus intéressantes.

« Réparti, par décisions du ministre de l'intérieur, entre les établissements de bienfaisance des localités les plus éprouvées, le crédit extraordinaire de 100,000 fr. que nous vous proposons d'inscrire au budget du ministère de l'intérieur par addition au chapitre 19 serait distribué en secours alimentaires par des administrations dont le zèle intelligent et le dévouement charitable sont notoires.

« Nous avons limité notre demande à la somme de 100,000 fr., espérant que cette somme sera suffisante. S'il en était autrement, si nos prévisions étaient dépassées, vous ne refuseriez pas, nous en avons la confiance, de nous ouvrir de nouveaux crédits. » (Non ! non ! — Très-bien !)

Un membre au centre. Comptez sur notre patriotisme !

M. le vice-président du conseil. Le projet de loi est ainsi conçu :

« Art. 1er. — Il est accordé au ministre de l'intérieur, sur l'exercice 1875, un crédit extraordinaire de 100,000 fr., par addition au chapitre 19 du budget du ministère de l'intérieur (Secours à des établissements et institutions de bienfaisance).

« Art. 2. — Il sera pourvu à cette dépense au moyen des ressources générales affectées au budget dudit exercice 1875. »

Je demande, ainsi que je l'ai déjà dit à l'Assemblée, la déclaration d'urgence et, en même temps que la déclaration d'urgence, le renvoi à la commission du budget. La commission pourrait peut-être faire son rapport sur le projet de loi dans sa séance d'aujourd'hui.

Plusieurs voix. Tout de suite ! tout de suite !

M. Gambetta. La commission du budget est réunie en ce moment : on pourrait lui renvoyer immédiatement le projet de loi.

M. le président. Il faut d'abord que l'Assemblée se prononce sur l'urgence.

(L'urgence est mise aux voix et déclarée à l'unanimité.)

De divers côtés. Le renvoi à la commission du budget ! Le renvoi immédiat !

M. le président. Le projet de loi sera renvoyé immédiatement à la commission du budget.

L'ordre du jour appelle la discussion du projet de loi relatif à la déclaration d'utilité publique de plusieurs chemins de fer et à la concession de ces chemins à la compagnie de Paris-Lyon-Méditerranée.

L'Assemblée s'est arrêtée hier au dixième paragraphe ; mais elle avait renvoyé à la commission le paragraphe 6.

La commission est-elle en mesure de faire son rapport ?

La parole est à M. le rapporteur.

M. Cézanne, *rapporteur.* La commission a délibéré sur le paragraphe 6 que vous lui avez renvoyé, et elle m'a chargé d'informer l'Assemblée qu'elle s'inclinait absolument devant le vote que vous avez émis hier et que, te-

nant pour bonne la déclaration d'utilité publique que vous avez votée sur l'embranchement de Quissac à Montpellier, elle vous prie de voter l'ensemble du paragraphe.

M. le président. Je mets aux voix l'ensemble du paragraphe 6 dont je donne lecture :

« De Vézenobres à Quissac, avec embranchement sur Anduze et prolongement direct jusqu'à Montpellier. »

(Le paragraphe est mis aux voix et adopté.)

M. le président. Nous passons au paragraphe numéroté 10 et 11 :

« 10° et 11°. Une seconde ligne de Lyon à Saint-Etienne par ou près Givors, se raccordant, dans tous les cas, avec la gare de Givors, et desservant aussi directement que possible les usines de la vallée du Gier. »

Sur ce paragraphe, M. Malartre a proposé un amendement.

La parole est à M. Malartre.

M. Malartre. Messieurs, permettez-moi de réclamer la bienveillance de l'Assemblée pendant quelques instants.

La question de la seconde ligne de Saint-Etienne à Lyon par Givors soulève un des points les plus importants de ce débat. Ce chemin de fer répond, messieurs, à des préoccupations très-légitimes et très-sérieuses dans un des bassins houillers les plus importants de la France, dans un des foyers les plus actifs de notre industrie nationale, le bassin de Saint-Etienne.

La demande d'une seconde voie par Givors est partie de ce fait : qu'entre Saint-Etienne et Lyon, lieux de grande production et de rapports mutuels incessants, les relations par chemin de fer n'avaient pas toutes les facilités possibles : notamment, la ligne n'était pas servie par des express.

En effet, messieurs, nous nous trouvons en face d'une région exceptionnellement industrielle, où les échanges et les correspondances sont de toutes les heures et aboutissent à ces centres si importants, Lyon et Saint-Etienne, les vraies capitales commerciales de nos parages.

Pour répondre aux besoins de cette région, nous trouvons ce phénomène en matière de chemins de fer : que sur sept trains quotidiens allant sur Lyon, et *vice versa,* il n'y en a que deux, dont un direct et l'autre express, qui permettent aux voyageurs d'arriver en une heure trois quarts à leur destination. Et cependant, la distance n'excède pas 55 à 58 kilomètres. Les autres trains mettent près de trois heures pour franchir cette distance.

A côté de cette observation, relative à la région si importante surtout pour les deux centres dont nous nous occupons, il y avait à réclamer la faculté des billets d'aller et retour, faculté toujours obstinément refusée jusqu'à ce jour sur la ligne actuelle.

Que répondait la compagnie de Paris-Lyon-Méditerranée aux observations qui lui étaient faites ? Elle ne pouvait disconvenir que les intérêts en souffrance ne fussent sérieux. Elle ne pouvait contester davantage la légitimité des réclamations ; mais elle disait : « Si vous nous forcez à avoir des trains plus nombreux sur cette ligne, vous exposez la sécurité des voyageurs. » Et, en effet, les trains sur cette ligne

— en y comprenant les trains de marchandises, — sont de 70 à 76 par jour.

D'autre part, l'active production du bassin houiller et de ses mille industries amène tous les jours des complications. Et lorsque le moment du bassin houiller se trouve coïncider avec les arrivages de blé et de vin, il y a de constants embarras : de là, retards et procès permanents.

Dans ces conditions, nous ne saurions méconnaître le bien fondé de la demande de la région de Saint-Étienne et de ses industriels, en ce qui concerne un dédoublement de la ligne actuelle de Saint-Étienne à Lyon. Seulement, quand on se trouve en face de cette proposition, on se dit : Il semble vraiment que dans ces parages il n'y ait qu'une seule vallée, une seule issue, et que cette seule et unique issue soit l'ouverture du Gier courant vers Givors.

Eh bien, c'est là qu'est l'erreur. En jetant un coup d'œil sur la carte et en se préoccupant surtout de l'intérêt général, on trouve facilement d'autres vallées, d'autres issues.

En effet, messieurs, la résistance que Paris-Lyon-Méditerranée avait faite aux demandes des industriels du bassin de Saint-Étienne avait mis en émoi les départements circonvoisins, et notamment l'Ardèche et la Haute-Loire, qui sont en relations journalières avec Lyon, Saint-Étienne et les versants du Rhône et de la Loire.

Partant de ce fait incontestable, qu'il y avait encombrement, d'où, comme conséquence, la nécessité d'alléger autant que possible le transit vers Givors, en laissant la voie possible la voie libre, de façon à faciliter entre Saint-Étienne et Lyon les rapports de ces deux grandes cités, les départements intéressés, l'Ardèche et la Haute-Loire, avaient fait faire des études. Ces études ont été entreprises en 1867, sur l'initiative des comités industriels des localités; et permettez-moi d'appeler votre bienveillance sur cette entreprise.

L'initiative, messieurs, n'est pas chose tellement commune en France, qu'on doive laisser passer inaperçus les quelques exemples qu'elle nous présente. Des comités industriels, à la tête desquels se trouvait le comité des houillères de Firminy et Roche-La-Molière, tentèrent donc, à leur frais, et sur souscriptions volontaires s'élevant au chiffre de 30,000 fr., les études dont j'ai l'honneur de vous entretenir.

Ces études furent faites avec le plus grand soin et poussées avec la plus grande activité; elles furent contrôlées par trois fois.

Sur la demande réitérée des conseils généraux de l'Ardèche, de la Loire et de la Haute-Loire, M. le ministre des travaux publics ordonna le contrôle par les ingénieurs de l'État. L'honorable marquis de Talhouët était alors aux affaires, et nous avons à le remercier du bienveillant intérêt qu'il apporta à la solution de cette haute question.

Les études, messieurs, firent reconnaître qu'à partir de la vallée de la Loire, et perpendiculairement surtout à la ligne de Saint-Étienne à Firminy, s'ouvraient plusieurs vallées courant en ligne directe sur la vallée du Rhône et la plaine du Dauphiné. Ces vallées permettaient de relier facilement, immédiatement et directement les lignes de Grenoble et du mont Cenis, arrivant à Saint-Rambert-d'Albon et s'arrêtant à Annonay.

Une lacune de 63 kilomètres entre Firminy et Annonay seule restait et reste à combler. C'est le but du tronçon dont nous avons l'honneur de vous proposer l'adoption.

Par là l'établissement aussi direct, aussi complet que possible pouvait assurer et assurera certainement les relations entre la vallée du Rhône et le bassin houiller, de telle sorte que le projet que nous avons l'honneur de soumettre à l'attention de l'Assemblée se trouve donner satisfaction à tous les intérêts. D'abord satisfaction est assurée à l'intérêt spécial de la ville de Saint-Étienne et de ses relations avec la ville de Lyon et la région voisine; car notre projet amène nécessairement le dégagement de l'encombrement du bassin houiller; ensuite satisfaction est encore assurée aux intérêts interdépartementaux de la Loire, de l'Ardèche et de la Haute-Loire; enfin, satisfaction sérieuse est donnée à l'intérêt général du pays, au double point de vue du transit de l'est à l'ouest et de l'ouest au midi, et des éléments stratégiques du centre de la France.

Dans ces conditions, je le répète, les études furent entreprises avec les fonds des souscripteurs volontaires; elles furent vérifiées par les ingénieurs de l'État, soumises aux enquêtes, unanimement approuvées, et le 21 juin 1870, quelques heures avant la guerre, la ligne était proposée à la déclaration d'utilité publique avec une subvention de 90,000 fr. par kilomètre, comme ligne d'intérêt général.

Après cet exposé, permettez-moi, messieurs, de vous montrer en quelques mots comment le projet en question répond à tous les intérêts qui réclament la seconde ligne sur Givors.

L'idée de la seconde ligne sur Givors, ne la perdons pas de vue, est motivée sur les besoins du bassin houiller, sur l'encombrement, sur les difficultés du transit. Et, en effet, que dit la compagnie de Paris-Lyon-Méditerranée pour répondre aux observations qui viennent de Saint-Étienne? Que l'embarras de la voie ne lui permet pas d'avoir des trains rapides et de donner des billets d'aller et retour, ni d'abaisser ses tarifs. Par conséquent, il faut débarrasser la voie entre Saint-Étienne et Lyon.

Eh bien, le projet de Firminy à Annonay répond intimement à ce besoin. Par lui, nous prenons le tonnage encombrant au point de sa production la plus importante, qui est Firminy. Firminy, avec le pays s'étendant jusqu'à Roche-la-Molière et la Ricamarie, est un des bassins les plus productifs de France. Les expéditions de cet ensemble éprouvent les effets de l'encombrement déjà avant Saint-Étienne. En effet, la voie qui relie Firminy à Saint-Étienne est obligée de passer sous un tunnel unique, celui de la Ricamarie, tunnel à une seule voie, et j'ajoute : sans cesse en réparation!

Du moment où nous prenons le produit encombrant des houillères de ce bassin, au point même de sa production, par une voie qui l'évacue directement sur l'Est et le Midi, sans passer par Givors, nous désencombrons évidemment la vallée du Gier, et, la vallée du Gier désencombrée, nous avons le droit de dire à la compagnie Paris-Lyon-Méditerranée :

Vous pouvez, sans difficulté pour votre service, nous donner des trains express dont nous avons tant besoin, et des billets d'aller et retour.

Quant aux tarifs différentiels, c'est une question réservée que je ne trancherai pas aujourd'hui ; elle sera facile à résoudre le jour où la voie entre Saint-Etienne et Lyon sera plus libre.

En ce moment donc, nous répondons au besoin de désencombrement du bassin houiller de Saint Etienne et d'un service direct de Saint-Etienne à Lyon. C'est un intérêt assurément digne de votre attention. Car, messieurs, vous pourriez vous demander : Comment se fait-il que des villes de l'importance de Lyon et de Saint-Etienne ne puissent pas encore communiquer par des trains express en nombre suffisant et qu'il faille près de trois heures pour parcourir 55 ou 58 kilomètres, alors que la même distance est facilement franchie en 60 ou 80 minutes ailleurs et sur des points moins importants?

D'autre part, est-il inutile d'exposer en quelques mots combien la question de notre indépendance industrielle est liée à la question des chemins de fer, et combien cela est plus saisissant encore pour la région qui nous occupe en ce moment?

Saint-Etienne, comme j'ai eu l'honneur de le dire, est un centre très-actif de différentes industries : le fer, la houille y ont une grande importance. A côté de ces éléments se trouvent les tissages, et la grande industrie qui place Saint-Etienne au premier rang des villes manufacturières, la rubanerie. Cette industrie, si triomphante jadis, est, actuellement et depuis plusieurs années, engagée dans une lutte très-sérieuse, où les plus grands efforts, les combinaisons les plus variées doivent être mis en œuvre pour la défendre de ses rivales, notamment de la rubanerie suisse et allemande. Il faut, sous peine de périr, à cette belle industrie stéphanoise, les mêmes conditions économiques, la même organisation usinière qu'à ses terribles concurrentes. — Sous ce rapport, le chemin de fer en question donne des résultats immédiats pour Saint-Etienne et pour la conservation et la prospérité de cette industrie si nationale tout entière.

Du jour où la région stéphanoise se trouve reliée aux montagnes de la Haute-Loire, elle trouve là une sorte de Suisse industrielle qui lui permet d'avoir d'une manière économique, à sa porte pour ainsi dire, les bras de l'agriculteur et les moteurs hydrauliques, bases de l'organisation rivale.

Et maintenant, au point de vue de l'intérêt général, est-il indifférent de considérer de quelle façon notre production houillère menace de s'appauvrir? On s'en est préoccupé vivement dans cette Assemblée, et l'honorable M. Ducarre, dans l'intéressant rapport que nous avons tous lu avec intérêt, évalue à 24 millions de tonnes la consommation de la France; sa production est de 16 à 17 millions. Nous avons donc un déficit de 8 millions de tonnes que nous empruntons à l'étranger. C'est un tribut par nous payé, à la Belgique et à l'Angleterre, d'environ 190 millions annuellement. N'est-il pas pratique d'étudier le moyen de diminuer cette consommation houillère et notre appauvrissement? Pourquoi donc la France ne songerait-elle pas à utiliser les merveilleuses ressources dont la Providence l'a dotée? Pourquoi laisser couler en pure perte industrielle ces cours d'eau nombreux qui représentent une force motrice importante?

Messieurs, dans nos montagnes, il existe des kilomètres de cours d'eau inutilisés. Par conséquent, n'est-ce pas répondre à un des points de vue de la sollicitude publique et de la sollicitude spéciale de cette Assemblée que de proposer d'utiliser cette force si économique, et qui nécessairement n'exige pas de combustible. Mais cette utilisation ne peut avoir lieu sans les chemins de fer qui sont les courriers indispensables de l'industrie!

Dans ces conditions, messieurs, l'intérêt général, de même que l'indépendance de nos industries, se lient intimement à l'intérêt local qui milite en faveur du projet.

Un autre point de vue, messieurs, et dans ce même ordre d'idées, vous dit quel intérêt nous avons à voir enfin combler cette lacune de 63 kilomètres qui sépare la ville d'Annonay de tout autre point du centre. Annonay est la tête de ligne actuelle du chemin de Saint-Rambert-d'Albon. Saint-Rambert-d'Albon est sur la voie du mont Cenis et de la Haute-Italie. Eh bien, à partir de Clermont et Lyon jusqu'à Marseille, ou tout au moins jusqu'à Tarascon, tout le tonnage est obligé d'employer la ligne du Rhône vers Givors, et de décrire une longue courbe pour redescendre vers Cette.

Messieurs, en face d'un pareil intérêt, permettez encore que j'en signale un autre qui est la conséquence de vos votes : sur la ligne de Firminy à Saint-Etienne, nous sommes à quelques kilomètres de Montbrison et de Clermont. Vous avez voté l'année dernière une subvention de 8 millions pour le chemin de fer d'Ambert ; le chemin de fer d'Arvant par le Puy est ouvert et nous donne communication entre Saint-Etienne et Brioude, Aurillac et Toulouse. Eh bien, quelle œuvre plus utile que de relier tout cet ensemble de réseaux? L'établissement de ce trait d'union dans les plateaux du centre s'inspire d'une considération bien puissante : s'est-on jamais préoccupé de cette parole du général Moreau... (Interruptions.)

Eh oui, messieurs, permettez que je cite même un homme de guerre.

« Plus les armes se perfectionnent, plus les troupes opèrent à distance, plus le coup d'œil du chef doit s'assurer des positions dominantes. »

Ces paroles sont attribuées au général Moreau, à propos de la marche sur Hohenlinden.

A ce point de vue, que représente pour la France militaire le plateau des Cévennes ? Il présente une forteresse naturelle immense, inaccessible et des plus importantes ; c'est la clef des positions du centre, qui peut, à un moment donné, couvrir complètement Lyon !

Car quel est le sort réservé à tout chemin de fer situé dans la vallée du Rhône ? c'est d'être coupé immédiatement par l'ennemi qui envahirait en force soit la frontière des Alpes, soit la vallée de la Saône.

Et ici, messieurs, n'en doutez pas, l'expérience faite dit que, dans la plaine du Dauphiné et sur les deux rives du Rhône, les chemins de fer seraient vite la proie de l'ennemi ! Le jour où le chemin de fer serait coupé, le blocus de Lyon serait chose faite ; et, vous le savez, toute ville bloquée est une ville prise.

Eh bien, quelle serait l'importance d'un chemin de fer qui, mis à l'abri des injures de l'assaillant par toute l'épaisseur de cette immense chaîne des Cévennes qui court des bords du Rhône jusqu'aux monts d'Auvergne, relierait les points de ce triangle important qui s'appelle Toulouse, Clermont, Grenoble, triangle formidable sur les flancs mêmes de la place de Lyon ? Pour ma part, j'estime qu'à ce point de vue, l'intérêt général doit primer dans nos cœurs tout intérêt local, et, à ce titre, je mets mon amendement sous la protection du patriotisme de l'Assemblée.

Je termine en vous priant surtout de bien considérer ce côté particulier de la question, c'est que mon amendement ne nuit en rien à la ligne de Saint-Etienne à Lyon, telle qu'elle existe ; au contraire, il lui permet de répondre à tous les besoins de circulation à grande vitesse, et de la façon la plus immédiate, la plus pratique et la moins onéreuse pour la compagnie. Il n'impose aucune charge à celle-ci ; au contraire, j'estime qu'il serait de l'intérêt bien entendu de cette compagnie de préférer une ligne d'intérêt général dans ces conditions, car les lignes d'intérêt général ne se font pas sans subvention.

A propos de subvention, permettez-moi d'exprimer une opinion personnelle sur ce que nous faisons ici, dans cette discussion des nouveaux chemins de Paris-Lyon-Méditerranée ; cette opinion, la voici : Vous dites, vous, honorable commission, que vous donnez ces lignes sans subvention ni garantie d'intérêt, et que c'est sur ce pied que doit s'établir le nouveau réseau. Je dis, moi, que la chose n'est pas possible ; que, forcément, l'intérêt financier du pays vous obligera aux subventions. Sans cela, je le dis, avec des quantités d'embranchements ainsi imposés, vous arriveriez infailliblement à la ruine des compagnies, si vous exigiez l'exécution de ces embranchements sans subvention, sans garantie d'intérêts de la part de l'Etat et à leurs risques et périls.

Sous ce rapport, notre amendement comporte pour notre projet le concours de l'Etat, aux termes de la loi de 1842 : je dis donc que notre amendement doit donner une certaine satisfaction à la compagnie de Paris-Lyon-Méditerranée, et j'ajoute qu'au point de vue des intérêts généraux du pays qui se lient de si près à la question de l'indépendance industrielle et à celle de l'indépendance nationale, il n'y a pas d'hésitation possible.

Je me résume.

D'une part, par le projet Firminy-Annonay, vous avez, pour atteindre le Rhône, 63 kilomètres ; d'autre part, par Givors, vous en avez 86. Par cette dernière issue, vous doublez une ligne qui existe déjà ; par celle de Firminy-Annonay, vous créez une ligne nouvelle qui va de l'est à l'ouest, qui relie le mont Cenis à Clermont et Bordeaux. Enfin, d'un côté, vous maintenez la même difficulté d'encombrement au passage des tunnels, et, de l'autre, vous évacuez, à partir du point de production, le trafic encombrant.

Après ce résumé succinct, je ne comprendrais pas, je le répète, messieurs, qu'il y eût hésitation !

On dit et on répétera sans doute que la compagnie de Paris-Lyon-Méditerranée a fait une convention. Permettez-moi de vous signaler, avant de descendre de la tribune, ce qui se trouve dans la convention et combien pareil traité tendant à doubler une voie aussi discutée que celle de Givors est exceptionnel. On s'est même servi de caractères exceptionnels pour l'indiquer : exemple, ces italiques !

M. le rapporteur. C'est une erreur! N'insistez donc pas sur cet argument!

M. Malartre. Soit! Je lis :

« Art. 1er. — Une seconde ligne de Lyon à Saint-Etienne par ou près Givors, se raccordant, etc... »

Ensuite, à l'article 2, vous voyez que ce chemin de fer on ne l'exécutera que quand on pourra.

« Le chemin de fer de Lyon à Saint-Etienne ne sera exécuté qu'après qu'il aura été constaté spécialement que le tonnage des marchandises de Saint-Etienne à Lyon-Perrache exclusivement a excédé de 50 p. 100 le même trafic pour l'exercice 1874. »

C'est-à-dire qu'on dit à une ville de l'importance de Saint-Etienne et à une autre ville de l'importance de Lyon : Lorsque vous aurez doublé d'importance, vous qui êtes déjà très-importantes, vous qui payez une forte quotepart dans les contributions et qui représentez le transit le plus considérable et le plus cher de notre région, lorsque vous aurez doublé, nous vous ferons votre ligne.

Eh bien, des conditions pareilles sont des enterrements de 1re classe! Nous qui sommes ici, nous ne voulons pas l'enterrement des intérêts de notre pays ; nous voulons, au contraire, les vivifier, les desservir.

Prenons donc un moyen terme qui concilie tous les intérêts, les intérêts généraux et les intérêts locaux d'une manière évidente, d'une manière acceptable pour tous et de la façon la plus recommandable ! Il est incontestable, nous en convenons tous, que le jour où vous aurez désencombré la gare de Saint-Etienne de tout le mouvement des marchandises qui arrive de Firminy, de la Ricamarie, de Quartier-Gaillard, de Montrambert, etc., et de tout le bassin houiller, vous aurez créé à la ligne actuelle toutes les facilités désirables pour les transports rapides, et sans changer ou doubler la seconde ligne, vous faire toute cette fantasmagorie... « une seconde ligne par Givors sera ouverte, lorsque les transports auront doublé de 50 p. 100 », sans faire, je le répète le mot, toute cette fantasmagorie, vous mettrez illico, immédiatement, entre les mains de Saint-Etienne et de Lyon, un moyen de correspondre rapide, sérieux, efficace ; vous procurerez la facilité des billets d'aller et retour : plus tard, les tarifs abaissés, en un mot tout ce que réclame ce pays si industriel. Par notre chemin, en même temps que le Givors répond à tous ses désirs, Saint-Etienne se trouve en possession des éléments nécessaires à sa rubanerie pour lutter avec avantage contre ses concurrents. Avec l'Ardèche et la Haute-Loire, si riches en cours d'eau, si riches en populations laborieuses, fixées au sol, Saint-Étienne n'a rien à envier à la Suisse et à l'Allemagne.

Messieurs, je ne saurais me lasser de le répéter, nous avons tous les jours à lutter avec les étrangers ; sur tous les marchés nous les rencontrons ; certains de leurs produits acquièrent aujourd'hui une grande faveur et ils sont favorisés par une diminution dans les prix de transport, qui leur permet de faire aux nôtres une concurrence des plus sérieuses. Mettez cet élément de succès entre les mains de nos industriels de ce bassin de Saint-Étienne si exceptionnellement important, si digne d'intérêt, qui a à ses portes quatre rivières dont le cours présente environ 400 chevaux de force par kilomètre, et vous aurez certainement doté notre industrie nationale de la rubanerie et du tissage de la soie d'une arme dont elle saura user pour la cause commune de la prospérité du pays. Et au-dessus de l'intérêt industriel, n'oublions pas l'intérêt stratégique et l'intérêt de la liaison de nos lignes! Messieurs, s'il vous plaît que nous ne soyons pas victimes d'une convention dont la lettre n'est pas franche, dont l'interprétation peut être singulièrement élastique, dotons notre pays de choses réelles, et, en face d'un traité qui dit : Nous ferons « peut-être » quelque chose, nous, messieurs, faisons « quelque chose ! » (Très-bien ! très-bien ! sur divers bancs. — Aux voix !)

M. le président. La parole est à M. le rapporteur.

M. le rapporteur. Messieurs, l'argumentation de notre honorable collègue M. Malartre se réduit à ceci : Ne faites pas le chemin de mon voisin, et remplacez-le par un chemin qui passe de mon côté ! (On sourit.) Le chemin de mon voisin n'est pas très-important ; celui qui passe de mon côté, au contraire, est très-urgent.

Notre honorable collègue a établi une relation entre le second chemin de Saint-Étienne à Givors, que votre commission prévoit, que la compagnie s'engage à faire lorsque le ministre l'exigera, et il dit : Ce chemin est inutile ; pour avoir un véritable débouché, pour répondre aux besoins industriels de cette région, au lieu de faire un second chemin de fer de Saint-Étienne à Givors, il faut faire un chemin de Saint-Étienne à Annonay.

Votre commission ne peut pas admettre qu'un chemin de fer de Saint-Étienne à Annonay desserve les intérêts que le chemin de fer de Saint-Étienne à Givors est appelé à desservir. Tous ceux qui connaissent la vallée du Gier savent que dans cette vallée industrielle les usines sont pressées les unes contre les autres, et quand nous demandons un second chemin de fer établi dans des conditions telles qu'il rejoigne ces usines et qu'il établisse la communication entre elles, il est bien évident que ce n'est pas le chemin de fer de Saint-Étienne à Annonay qui peut nous donner satisfaction. Je crois que si on insistait sur l'amendement de M. Malartre, nos collègues qui représentent plus particulièrement les intérêts de la vallée du Gier n'admettraient pas la compensation.

Je commence donc par dégager les deux

questions. J'aborde maintenant l'amendement en lui-même.

Notre honorable collègue a fait valoir les avantages de la ligne de Saint-Étienne à Annonay. La commission ne les conteste pas. Il est très-certain que, outre les 755 kilomètres de lignes que la compagnie de Paris à Lyon et à la Méditerranée se charge de faire, sans subvention ni garantie d'intérêts, et pour lesquelles l'État n'a rien à payer, il est très-certain, dis-je, que, outre ces lignes, il y en a un grand nombre d'autres qui sont très-intéressantes ; je ne conteste pas que la ligne d'Annonay à Saint-Étienne soit très-digne d'intérêt ; mais notre honorable collègue demande qu'elle soit exécutée suivant le système de la loi de 1842, c'est-à-dire pour les deux tiers aux frais de l'État.

Nous avons essayé, dans la commission, de nous rendre compte de cette dépense, et nous avons trouvé, d'après des documents qui, il est vrai, sont un peu anciens et un peu incertains, que la construction de la ligne dont il s'agit entraînerait une dépense de 22 ou 23 millions, dont 14 ou 15 millions à la charge de l'État et 8 ou 10 millions à supporter par la compagnie. Avons-nous aujourd'hui les ressources nécessaires pour entreprendre cette ligne? pouvons-nous introduire ainsi *in extremis* des lignes nouvelles dans notre projet? La commission ne le croit pas.

En ce qui concerne la convention, je suis obligé de rappeler ce que j'ai dit hier à cette tribune : Si vous voulez faire une déclaration d'utilité publique abstraite, sans avoir de concessionnaire, vous le pouvez ; si, au contraire, vous voulez faire rentrer la ligne qui fait l'objet de l'amendement dans le système de la convention, il est parfaitement certain que, à l'heure qu'il est, la compagnie n'est pas en état d'accepter ce supplément de charges, lors même que l'État sera en mesure de faire la dépense qui lui incomberait.

Je réponds donc à notre honorable collègue que je crois que son amendement est prématuré, qu'il est impossible d'introduire la ligne qu'il propose dans la convention actuelle ; que nous reconnaissons les avantages qui résulteraient de sa construction et que nous ne doutons pas que M. le ministre ne veuille bien prendre le soin de la faire étudier, de façon à donner pleine satisfaction à la demande qui est faite, aussitôt que les circonstances le permettront, notamment lorsque l'État se trouvera en mesure de dépenser les 14 ou 15 millions qui seraient à sa charge pour l'établissement de la ligne dont il s'agit. (Très-bien ! très-bien ! — Aux voix ! aux voix !)

M. Malartre monte à la tribune. (Aux voix ! aux voix !)

Plusieurs membres. Retirez votre amendement !

M. Malartre. Voici le principal argument de M. le rapporteur. Vous ne satisfaites pas aux mêmes conditions que la seconde ligne de Givors.

Permettez-moi de répondre que c'est le contraire qui est vrai. Je connais la vallée du Gier certainement aussi bien que M. le rapporteur. Ceux de nos honorables collègues qui appartiennent à la Loire et aux contrées voisines n'ignorent pas que je suis, moi aussi, et beaucoup de Saint-Étienne !

Je répète que le jour où, comme nous le proposons, par le fait de l'ouverture de la ligne de Firminy-Annonay, vous arriverez à donner à la seule ligne qui existe toutes facilités aux points de vue des trains rapides, des expéditions, des chargements et déchargements à volonté dans les gares et aux points d'embranchement qui existent actuellement avec les usines, vous aurez trouvé immédiatement la vraie solution, et vous aurez donné satisfaction à vos usines.

M. le rapporteur fait valoir que la deuxième ligne vous promet un chemin de fer d'usines à usines. Eh bien, ce chemin-là, jamais une compagnie exploitant une grande ligne comme toute ligne entre Saint-Étienne et Lyon, par Givors, jamais, entendez-vous, une compagnie ne vous le donnera! Et par l'adoption de notre projet, en obtenant d'avoir la ligne actuelle aussi libre que possible, vous donnerez des satisfactions beaucoup moins aléatoires. Car, vous trouvant à l'aise sur cette ligne, vous arriveriez, de concert avec la compagnie, à organiser de la façon la plus en accord avec vos besoins, vos trains et leur marche.

Maintenant, si nous demandons le bénéfice de la loi de 1842 pour le projet Firminy-Annonay, c'est que nous considérons ce chemin comme un chemin d'intérêt général, et cet intérêt vous le reconnaissez vous-mêmes !

On m'objecte qu'on n'a pas d'argent. Je le regrette vivement; mais reconnaissez le principe d'utilité générale. Vous n'avez pas de fonds aujourd'hui pour établir cette ligne, mais vous en aurez peut-être demain.

Dans tous les cas, nous déclarons que ce chemin de fer a tous les caractères qui légitiment la déclaration d'utilité publique. Est-il contestable que l'utilité publique existe? Vous avez eu connaissance des enquêtes, des projets et des rapports des ingénieurs de l'État qui, tous, concluent à l'exécution du projet de chemin de fer.

M. le ministre des travaux publics. Il faudrait vérifier ces enquêtes.

M. Malartre. Elles ont été vérifiées il y a cinq ans, monsieur le ministre !

Mais, veuillez donc remarquer que, en thèse générale, il n'est pas soutenable de laisser des lacunes entre nos lignes de fer. Annonay reste, à 63 kilomètres seulement de distance, tête de ligne, en face d'une vallée qui s'ouvre exprès pour ainsi dire pour le désencombrement d'une région houillère qui ne sait comment transiter! Annonay reste isolé du reste des réseaux! Vous ne pouvez pas raisonnablement, arriver à cette conclusion que tous les les chemins de fer de la France se feront dans les mêmes vallées !

La vallée du Gier est très importante, je le reconnais, mais la vallée de Firminy est la vallée de l'avenir : à ce point de vue il est incontestable que la première est dans un état d'épuisement et d'infériorité notoire comme production houillère.

D'autre part, vous voulez donner de l'importance à vos industries et vous trouvez ce résultat immédiat dans une ligne nouvelle qui va soulager l'ancienne, sans compromettre les intérêts de la compagnie. Car, enfin, vous vous trouvez en face de cette proposition singulière

qui consiste à mettre tout dans un même corridor ! Voilà cette vallée du Gier, — un véritable corridor ! — dotée d'un chemin de fer à deux voies : ce chemin cotoie un canal qui lui-même est entre deux routes de premier ordre. A ces quatre voies de communication, vous ajoutez un autre chemin de fer, ce qui fait cinq moyens de transport l'un à côté de l'autre, c'est-à-dire que, sur un espace de 3 à 400 mètres de largeur, vous réunissez tous les chemins de fer ou éléments de transport de la France et vous en privez les voisins !

Il n'est pas exact de dire que le chemin de fer que je réclame est mon chemin de fer. L'amendement que j'ai l'honneur de défendre est signé de nombreux collègues de l'Ardèche, de l'Isère, de la Haute-Loire, du Puy-de-Dôme, de la Lozère, du Cantal, de la Corrèze, et je sais que la Loire leur est sympathique. C'est un chemin de fer d'intérêt général ; je ne comprendrais pas qu'on vint lui contester ce caractère. Et M. le rapporteur ne le conteste pas au fond puisqu'il a déclaré au nom du ministre, et j'en prends acte, que ce chemin était d'une réelle, d'une importante utilité. Je prends donc acte de cette déclaration et je supplie M. le ministre de vouloir bien inscrire le projet de Firminy-Annonay au nombre de ceux qui seront présentés en première ligne à titre d'intérêt général. (Aux voix ! aux voix !)

M. le président. Je consulte l'Assemblée sur l'amendement de M. Malartre, qui est ainsi conçu:

« Est déclaré d'utilité publique le chemin de fer de Saint-Étienne (Loire) à Annonay (Ardèche), par Firminy et la Haute-Loire, conformément aux études et enquêtes faites. — Ledit chemin de fer sera exécuté selon les clauses de la loi de 1842 et dans un délai de cinq ans, à partir de l'approbation administrative des projets définitifs. »

(L'amendement, mis aux voix, n'est pas adopté.)

M. le président. Nous revenons maintenant au paragraphe numéroté 10 et 11 :

« 10° et 11° Une seconde ligne de Lyon à Saint-Étienne par ou près Givors, se raccordant, dans tous les cas, avec la gare de Givors, et desservant aussi directement que possible les usines de la vallée du Gier. »

(Le paragraphe est mis aux voix et adopté.)

M. le président. Je donne maintenant la parole à M. Pelletan pour un dépôt de rapport. (Mouvement général de curiosité et d'attention.)

M. Eugène Pelletan. Le 7 février dernier, le département des Côtes-du-Nord avait un député à élire.

Trois candidats étaient en présence : M. l'amiral de Kerjégu, M. le comte Foucher de Careil, M. le duc de Feltre.

Le nombre des électeurs inscrits était de 157,392 ; le nombre des votants, de 113,779.

Ont obtenu :

MM. de Kerjégu............	42.003 voix.
Foucher de Careil........	37.564 —
de Feltre...............	33.850 —
Voix perdues..........	436 —

Aucun candidat n'avait atteint la majorité absolue; il fallut procéder à un second tour de scrutin.

Au second tour, le nombre des électeurs inscrits était de 156,393; le nombre des votants, de 117,761.

Ont obtenu :

MM. de Kerjégu............ 44.056 voix.
Foucher de Careil........ 41.080 —
de Feltre............. 30.816 —
Voix perdues........ 296 —

Dans l'un comme dans l'autre scrutin les procès-verbaux constatent la régularité des opérations.

L'élection, au point de vue matériel de la procédure électorale, n'a soulevé aucune objection sérieuse; mais, au point de vue moral, elle a provoqué une protestation de la part de M. Foucher de Careil. Il prétend que le Gouvernement a ressuscité contre lui la candidature officielle, et à l'appui de son allégation il a signalé les faits suivants.

Le préfet a convoqué, au début de la période électorale, les sous-préfets pour leur recommander la candidature de M. de Kerjégu; les sous-préfets, à leur tour, ont appelé les maires pour leur adresser la même recommandation.

Un maire de l'arrondissement de Loudéac refuse d'assister à une réunion électorale, sous la forme d'un dîner à la sous-préfecture. (Exclamations à droite.)

Le sous-préfet lui écrit :

« Monsieur le maire, j'apprends que, obéissant aux injonctions de M. ***, vous n'avez pas jugé à propos, bien que vous me l'ayez écrit, de vous rendre à mon invitation.

« J'en donne avis à M. le préfet, qui appréciera votre conduite et vos agissements. »

M. Horace de Choiseul. Très-bien! très-bien!

M. Eugène Pelletan. Un comité distribuait la photographie du maréchal de Mac Mahon dans l'intérêt de la candidature de M de Kerjégu. Le préfet collaborait, ou, pour mieux dire, présidait à cette propagande.

Un maire écrivait :

« M. le préfet me donne la mission de transmettre aux conseillers municipaux de ma commune un exemplaire du portrait du maréchal de Mac Mahon, Président; voici celui qui vous est destiné. »

L'inspecteur primaire de Guingamp révèle le motif de cette distribution; il adressait la circulaire suivante aux instituteurs de son arrondissement :

« (Confidentiel) (Bruyante hilarité).

« Prière de vous entendre avec M. le maire pour faire parvenir, dès aujourd'hui, à leurs adresses, les gravures destinées aux conseillers municipaux. M. le maire disposera des autres à son gré. La grande gravure pourra être placée dans la salle de la mairie.

« Signé : L'INSPECTEUR PRIMAIRE. »

M. le comte de Rességuier. Eh bien? Qu'y a-t-il de mal à cela?

M. Eugène Pelletan. Ce qu'il y a de mal? Le voici :

Après la signature et sous forme de post-scriptum :

« Vous ne laisserez pas ignorer que M. de Kerjégu s'inspire des sentiments du Maré-

chal. Veuillez signer l'accusé de réception ci-dessous en me retournant cette lettre. »

Voilà le mal !

M. le comte de Rességuier. Il n'est pas grand !

M. Eugène Pelletan. Le directeur des contributions indirectes écrivait de son côté aux agents de son administration, et encore sous le couvert de cette formule :

« (Confidentiel.)

« J'ai toujours désiré que les employés sous mes ordres me considérassent comme le père de la famille administrative... » (Rires à gauche)... « et je pense leur avoir manifesté ma sollicitude et mon dévouement. Je me crois par là autorisé à leur donner un conseil que m'inspirent leur véritable intérêt, la considération dont je désire les voir entourés, et les circonstances graves où nous nous trouvons.

« Il me serait pénible d'apprendre que quelqu.s-uns, peu soucieux de leur dignité, coopérassent aux efforts que font les gens de désordre pour faire triompher des théories politiques contraires à la cause que représente si dignement le loyal soldat qui préside aux destinées de notre chère patrie. » (Très-bien! très-bien ! à droite et au centre droit.)

M. Gambetta. Attendez donc, messieurs, avant de dire : Très-bien !

M. Eugène Pelletan, *continuant de lire.*

« J'aime à me persuader qu'en toute circonstance mes subordonnés ont le souci de se ranger parmi les hommes les plus honnêtes, les plus moraux.

« Les meilleures institutions sont évidemment celles auxquelles ils adhèrent. » (C'est très-bien! à droite.)

« LE DIRECTEUR DES CONTRIBUTIONS INDIRECTES.

M. Foucher de Careil avait dit aux maires qu'il avait les sympathies du maréchal de Mac Mahon; le préfet leur écrivait, à la date du 5 février, c'est-à-dire deux jours avant le premier tour de scrutin :

« M. Foucher de Careil, dans une lettre adressée aux maires, affirme qu'il a l'appui du Gouvernement. J'ai déféré pour ce fait M. Foucher de Careil à la justice. »

Et le lendemain, à la veille même du vote, le démenti du préfet, publié à son de trompe...

M. Taillhand. C'est inexact !

M. Eugène Pelletan. ...annonçait à toutes les communes que M. Foucher de Careil était déféré à la justice.

Le premier tour de scrutin ne donne pas de résultat, il faut recommencer l'épreuve. Or, pendant toute la durée de cette seconde période électorale, M. Foucher de Careil reste, sous le coup de cette prétendue poursuite, candidat amoindri et en quelque sorte sous la main de la justice.

Ce n'est que le lendemain du vote qu'il a pu savoir qu'un arrêt de non-lieu l'avait déchargé de toute poursuite.

Tels sont les principaux griefs de M. Foucher de Careil. Avant de les apprécier nous avions à les contrôler; nous avons entendu le préfet des Côtes-du-Nord.

Voici sa réponse à la protestation.

« M. Foucher de Careil, nous a-t-il dit, a cru voir, dans la conduite de l'administration à son égard, la résurrection de la candidature officielle. Ne serait-ce pas lui plutôt qui a essayé de la rétablir en écrivant aux maires la lettre que voici :

« Saint-Brieuc, le 14 janvier 1875.

« Monsieur et ancien collaborateur,

« *Les rapports que j'ai eus avec vous comme préfet m'autorisent à vous demander de vouloir bien me continuer, dans des circonstances graves pour le pays tout entier, une confiance dont je me sentis très-honoré lorsque j'administrais votre beau département.*

« J'espère donc, qu'en reconnaissant que j'ai donné dans le cours de mon administration des gages à la cause de l'ordre et aux principes de conservation sociale, vous voudrez témoigner, lors de la grande enquête électorale du 7 février, du besoin de sécurité que ressent le pays, en m'honorant de votre suffrage.

« Veuillez, monsieur le maire et ancien collaborateur, recevoir l'assurance de mes sentiments dévoués.

« Signé : FOUCHER DE CAREIL. »

« Or, en envoyant cette lettre aux maires, et en invoquant auprès d'eux son titre d'ancien préfet, M. Foucher de Careil n'était plus simplement un candidat, il était un préfet posthume... » (Rires et chuchotements.) « ...qui exhumait son autorité passée pour attirer l'influence administrative de son côté ; si ce n'était pas tout à fait une candidature officiell-, effective, c'était ce qu'on pourrait appeler une candidature officielle honoraire. » (Nouveaux rires.) « L'administration devait réagir contre cette tentative de détournement d'influence ; on s'était adressé aux maires ; c'est aux maires qu'elle a parlé ; on l'avait provoquée : elle s'est défendue.

« Il est vrai que, plus tard, elle a publié que l'amiral de Kerjégu avait seul les sympathies du Maréchal ; mais M. Foucher de Careil avait commencé par en revendiquer le monopole. Voici la lettre qu'il écrivait aux maires, à la date du 1er février 1875 :

« Monsieur le maire,

« On vous trompe lorsqu'on vous dit : Votez pour le candidat officiel M. de Kerjégu !

« J'ai les sympathies de M. le maréchal de Mac Mahon et, depuis hier, j'ai le droit d'affirmer que tout malentendu est devenu impossible.

« L'Assemblée nationale ayant voté, le 30 janvier, l'amendement Wallon qui consacre la République sous le maréchal de Mac Mahon, je deviens, par le bénéfice de ce vote, le seul candidat conservateur... » (Hilarité à droite) « ...qui puisse se recommander auprès de vous des sympathies réelles de M. le Président de la République.

« Signé : FOUCHER DE CAREIL. »

« L'administration pouvait-elle laisser usurper le nom du maréchal de Mac Mahon, ne fût-ce que par voie d'induction, en supposant que depuis la reconnaissance de la République le Maréchal devait incliner vers le candidat républicain ? M. le préfet ne l'a pas pensé. Il a

ANNALES. — T. XXXIX.

vu dans la lettre de M. Foucher de Careil un délit ; il l'a déféré à la justice, et cependant cette poursuite n'a pas découragé M. Foucher de Careil, car deux jours après il adressait aux électeurs la proclamation suivante :

« *Électeurs des Côtes-du-Nord,*

« On a répandu le bruit de poursuites et d'arrestations,

« Mensonge !

« M. le préfet de Jouvenel nie que je sois le seul candidat conservateur qui puisse se recommander auprès de vous des sympathies réelles du Président de la République.

« Il résulte de sa circulaire que nous sommes deux : » (Ah ! ah !)

« M. de Kerjégu, monarchiste,

« M. Foucher de Careil, républicain.

« Choisissez !

« Mais, avant de déposer votre bulletin dans l'urne, réfléchissez que M. le préfet vous parlait hier au nom d'un état de choses provisoire qui a pris fin.

« Moi, je vous parle au nom de la République, gouvernement définitif du pays, voté par 508 élus de la nation, contre 174. » (Applaudissements sur quelques bancs à gauche. — Exclamations à droite.)

« Votez sans crainte,

« Je suis avec la majorité, je suis avec le Gouvernement.

« M. le préfet vient d'être forcé de le reconnaître.

« Signé : FOUCHER DE CAREIL. »

Cette proclamation constituait une récidive, une aggravation du délit, et en la déférant à la justice, l'administration accomplissait son devoir.

Telles sont, messieurs, les explications que le préfet a bien voulu nous donner ; elles ont été confirmées par les déclarations ultérieures du sous-secrétaire d'État.

Nous devions aussi entendre l'amiral de Kerjégu : on ne lui a pas offert, nous a-t-il dit, la candidature officielle ; il l'avait repoussée sous l'Empire, il ne l'eût pas acceptée sous la République. Votre 2e bureau ne pouvait que donner acte à l'amiral de Kerjégu d'une profession de principes qui atteste à la fois son esprit d'indépendance et son respect du suffrage universel. Il n'a pas recherché le patronage du Gouvernement, il n'a fait que le subir. (Très bien ! très-bien ! à gauche. — Exclamations à droite.)

Nous vous avons exposé les faits, messieurs, il nous reste maintenant à en tirer la conclusion.

Mais tout d'abord et avant tout examen, il est une première impression que votre bureau a ressentie et que son rapporteur a mission de vous communiquer.

Votre bureau a profondément regretté l'abus qu'on a fait de part et d'autre du nom du maréchal de Mac Mahon. (Oui ! oui ! — Très-bien !) Le chef de l'État n'est l'homme d'aucun candidat ni d'aucun parti, il est l'homme de la France entière... (Nouvelles marques d'approbation ; tous lui doivent également respect comme à l'image vivante de la Constitution... (Très-bien ! à gauche), et il doit également protection à tous dans l'exercice de leur liberté.

18

M. Eugène Pelletan. L'honorable M. Tailhand a invoqué la raison d'État pour justifier son refus. (Exclamations sur divers bancs à gauche.) Aucun gouvernement n'est possible, a-t-il dit, si un ministre doit compte à une Assemblée des secrets de son administration. (Approbation sur plusieurs bancs à droite. — Rires à gauche.) Toutefois, M. le ministre a bien voulu nous donner connaissance de six dépêches qu'il avait adressées au procureur général; toutes parlent le langage qu'un chef de la justice doit tenir à la magistrature.

Elles contrastent cependant avec les trois lettres du procureur général, qu'un de nos collègues a lues à votre bureau, et qu'un moment après il a relues à M. l'ancien garde des sceaux.

M. de Rainneville. Lisez ces lettres!

M. le président. Vous en demanderez plus tard la lecture à M. le rapporteur, si vous le jugez convenable; quant à présent, laissez-le terminer la lecture du rapport.

M. Eugène Pelletan. L'honorable M. Tailhand n'en a ni reconnu ni contesté l'authenticité, aujourd'hui, d'ailleurs, parfaitement constatée...

A droite. Constatée, mais comment?

M. Eugène Pelletan. ...seulement, il a déclaré que ces trois lettres n'avaient pu tomber dans les mains du rapporteur que par un abus de confiance, et, à ce titre, il a cru devoir les écarter du débat. La majorité du bureau a semblé partager cette opinion, en décidant que ces lettres ne devaient pas figurer dans le rapport.

Au centre et à droite. Alors, pourquoi en parlez-vous?

M. Eugène Pelletan. L'honorable M. Tailhand a donc opposé à notre demande le principe de l'inviolabilité absolue des communications confidentielles d'un ministre à ses agents. (Approbation à droite.) L'Assemblée avait déjà donné à cette question de principe une solution différente, en publiant des dépêches chiffrées du Gouvernement de la défense.

M. Chaper. Je demande la parole pour un fait personnel!

M. Eugène Pelletan. Est-ce le mot « chiffrées » ou le mot « confidentiel » qui vous choque?

M. Chaper. Je vous répondrai. C'est l'assimilation qui me blesse; et j'expliquerai pourquoi!

M. Eugène Pelletan. Ah!

Tout en admettant, et nous admettons volontiers, qu'en matière administrative ordinaire il y a une part nécessairement réservée, nous ne saurions admettre qu'il puisse y avoir de correspondance occulte en matière électorale. (Approbation sur divers bancs à gauche.)

Le Gouvernement ne doit pas agir dans une élection, on ne doit agir qu'au grand jour, pour protéger la liberté du vote; mais quand il prend les précautions du mystère, l'expérience nous dit que c'est pour usurper une influence illégitime sur le scrutin. (Nouvelle approbation sur les mêmes bancs.)

L'Assemblée, d'ailleurs, exerce une juridiction souveraine toutes les fois qu'elle est appelée à vérifier une élection, et il suffirait d'insérer en tête d'un acte de l'administration le terme de « confidentiel », pour soustraire cet acte à la connaissance de l'Assemblée, fût-il de nature à vicier l'élection! C'est là une théorie que nous ne saurions consacrer par notre silence. Nous avions le droit de connaître la vérité. Nous n'avons pu que l'entrevoir.

En résumé, messieurs, et pour conclure: De tous les faits et de tous les documents communiqués à votre bureau, il résulte cette conviction,

Que, dans l'élection des Côtes-du-Nord, l'administration n'a pas gardé cette neutralité qui est la première sauvegarde du suffrage universel. Nous avons eu le regret de voir reparaître dans cette élection la candidature officielle avec son cortège inévitable d'abus. (Rires à droite. — Mouvements divers.)

La candidature officielle, en effet, est, d'une part, la préférence affichée du Gouvernement pour un concurrent et, de l'autre, son intervention dans la lutte électorale pour assurer le succès de son allié; quand le Gouvernement avoue un candidat, il le patronne hautement, il devient, en quelque sorte, candidat lui-même, car si son mandataire succombe, il succombe avec lui, et pour éviter l'humiliation de la défaite, il pèsera sur le scrutin de tout le poids de son immense influence. (Approbation à gauche.)

Quand le pouvoir fait appel à l'administration, ce n'est plus, comme le candidat indépendant, un simple citoyen qui parle à des égaux, c'est un maître qui parle à des subordonnés; sa parole n'est pas une invitation, elle est une consigne; il ordonne, il faut obéir; il est vrai que l'on obéit ou à droit à la faveur, et c'est ainsi que le peuple, nouveau courtisan, doit plaire, comme l'a dit Royer-Collard.

La candidature officielle n'est donc dans la pratique autre chose que l'intimidation ou la corruption et, par conséquent, une école de démoralisation pour un pays; elle ne laisse pas parler l'électeur, elle le fait parler. Or, le faire parler, c'est le faire mentir.

Nous avons vu de trop près ce système de mensonge à l'œuvre.

M. le comte de Rességuier. Oui, quand vos préfets étaient, en 1871, candidats officiels!

Un membre à droite. Et les lettres de M. Barthélemy Saint-Hilaire aux électeurs, les avez-vous oubliées?

M. le président. Laissez le rapporteur continuer sa lecture! Ne l'interrompez pas!

M. Eugène Pelletan. ...et nous l'avons trop cruellement expié pour en vouloir renouveler l'expérience. Le jour où le pouvoir a réduit le suffrage universel à n'être que son complaisant, l'élection n'est plus qu'une forme, la représentation qu'une ombre; quand un gouvernement n'a plus devant lui qu'une Chambre servile... la catastrophe n'est pas loin; il serait trop tôt pour nous de l'oublier. (Approbation à gauche.)

Quelle influence toutefois la pression administrative a-t-elle pu exercer sur le résultat de l'élection? Le bureau, sur cette question, a été partagé en deux parties à peu près égales: une majorité de 20 voix contre 17 a conclu à la validation.

En conséquence, le 2e bureau vous propose de valider les élections des Côtes-du-Nord du 21 février.

Plusieurs membres à gauche. Très-bien ! très-bien !

M. Langlois. Ah ! mais non ! Je demande la parole ! Il manque une phrase au rapport ! (Exclamations diverses.)

M. le président. La parole est à M. Chaper, qui l'a demandée pour un fait personnel.

M. Langlois Mais, j'ai demandé la parole, monsieur le président !

Voix à gauche. Laissez parler M. Chaper.

Voix à droite. Il faut laisser parler M. Langlois.

M. le président. Je dois donner la parole à M. Chaper, qui l'a demandée le premier ; je la donnerai, après que M Chaper aura parlé, à M. Langlois, s'il persiste à la demander.

M. Chaper. Messieurs, je ne viens pas discuter la question qui se débat devant vous. Je n'ai demandé la parole que pour un fait personnel ; je l'ai demandée en entendant l'honorable rapporteur du 2e bureau établir devant vous une assimilation que je repousse parce qu'elle me blesse. (Applaudissements à droite.)

J'ai eu l'honneur d'être chargé par la commission d'enquête sur les actes du Gouvernement de la défense nationale de réunir, de classer, de collationner et de publier des dépêches émanant de ce gouvernement et de ses fonctionnaires. Plusieurs d'entre vous ont probablement jeté les yeux sur les deux volumes qui vous ont été distribués. (Certainement! certainement!)

Vous pourrez tous, messieurs, — et j'appelle la contradiction, — vous pourrez tous vous assurer que dans ces deux volumes aucune pièce, je dis aucune, ne peut être comparée à celles...

M. le marquis de La Rochethulon. Qui a été volée !

M. Chaper. ... dont l'honorable M. Pelletan regrettait tout à l'heure qu'on eût refusé la publicité. (Applaudissements ironiques à gauche.) Je vous remercie, messieurs, d'applaudir. Aucune comparaison n'était possible, car aucune des pièces que j'ai publiées n'avait été volée. (Applaudissements à droite.)

M. le marquis de La Rochethulon. Très bien ! Voilà la vérité !

M. Chaper. Et si je me sers d'un mot pareil, c'est que M. le garde des sceaux est venu dire, l'autre jour à cette tribune, qu'il avait déféré à la justice l'acte qui a fait sortir ces pièces du cabinet du ministre. (Très-bien ! à droite. — Interruptions à gauche.)

M. le président. N'interrompez pas !

M. Chaper. Tous les documents publiés par moi — et j'appelle la contradiction, je le répète, — existent en originaux ou en copies authentiques dans des dépôts où vous pourrez les contrôler. Montrez les vôtres ! Tous les nôtres ont été publiés d'après les manuscrits originaux ou d'après les copies authentiques. Aucune d'elles n'est arrivée à la connaissance d'un manière subreptice, encore moins d'une manière qui puisse appeler les investigations de la justice. (Vifs applaudissements à droite.)

M. Eugène Pelletan, *rapporteur.* Je dois dire à l'Assemblée que l'honorable M. Chaper a fait une confusion et qu'il s'est mis — je demande la permission de le lui dire sans vouloir le blesser, — il s'est mis en frais inutiles d'indignation.

Je n'assimilais nullement les dépêches confidentielles qu'il a publiées aux trois lettres qui sont tombées entre les mains du bureau ; je les assimilais aux dépêches confidentielles... (Interruption à droite) dont le garde des sceaux nous a refusé la communication.

Vous voyez donc qu'il y a là une confusion complète. Et pourquoi M. le ministre de la justice nous a-t-il refusé la communication ? parce qu'il a invoqué, comme je le disais, une raison d'Etat : il a déclaré qu'aucun gouvernement n'était possible si l'on devait être tenu de communiquer les lettres confidentielles.

Alors j'ai répondu à cette déclaration de principes par les précédents de la commission chargée de l'enquête sur les actes du Gouvernement de la défense nationale.

M. Chaper. Vous avez fait une assimilation que je repousse.

M. le rapporteur. On ne s'est pas arrêté, ce jour-là, devant la raison d'Etat.

Et maintenant, puisque je suis à la tribune, j'ajouterai ceci :

On m'a demandé tout à l'heure communication d'un texte, je vais le mettre sous vos yeux. C'est une protestation qui n'a pas été niée et qui est visée et acceptée comme réelle par la majorité du bureau. (Rumeurs diverses.)

« Nous soussignés, Aimé Jeillot et Jules Hubert, propriétaires habitant les forges de la commune de. ..., certifions que le maire du Cambout a raconté devant nous ... » (Exclamations à droite) « ... que le sous-préfet de Louëac l'avait appelé avant l'élection du département des Côtes-du-Nord du 7 février dernier, et qu'il lui avait dit que le Gouvernement était décidé à destituer tous les maires qui ne combattraient pas de tout leur pouvoir pour soutenir la candidature de M. de Kerjégu. » (Nouvelles exclamations à droite.)

M. le président. La parole est à M. le baron de Janzé.

M. le baron de Janzé. Messieurs, tout en rendant justice au remarquable rapport que vous venez d'entendre, je ne puis en admettre les conclusions qui sont, à mon avis, en contradiction avec les prémisses. Le blâme est amplement justifié, énergique à ce point qu'il justifie l'opinion que je viens défendre devant vous, l'opinion de la minorité du bureau, des dix-sept membre qui ont voté l'invalidation.

Cette élection, outre l'intérêt particulier qu'elle peut avoir, à raison des faits de pression administrative qui l'ont caractérisée, a une importance capitale au point de vue général. N'oubliez pas, en effet, messieurs, que la vérification de pouvoirs à laquelle vous procédez aujourd'hui est la préface des élections générales. (Très-bien! très bien ! à gauche.) Nous pouvons dire que ce qui est en question ici c'est la cause de chacun et de tous dans un très bref délai.

Ne sommes-nous pas portés à nous dire, messieurs : Si un ministère renversé, de son aveu, n'occupant le pouvoir qu'à titre provisoire, a pu faire tout ce que vous savez, tout ce que vous apprendrez au cours de la discussion, que pourrait faire un ministère n'ayant plus d'Assemblée devant lui, croyant s'assurer l'avenir, si on laissait les faits que vous connaissez sans blâme et sans punition ? (Interruptions diverses.)

Il est donc nécessaire que vous condamniez cette théorie: que l'on peut faire d'un candidat le candidat du Maréchal et le soutenir par tous les moyens, quels qu'ils soient.

M. Huon de Penanster. Vous avez bien été candidat officiel ! (Exclamations et rires à droite.)

M. le baron de Janzé. L'interruption de l'honorable M. Huon de l'enanster, ne me surprend en aucune façon et je vais y répondre. Personne n'ignore qu'en 1863 j'ai accepté l'appui du Gouvernement. (Nouveaux rires et applaudissements ironiques à droite.)

M. Gaviai. Vous êtes candidat officiel ? Vous êtes des nôtres!

M. de Tréveneuc. Et ce n'était pas encore l'empire libéral.

M. le baron de Janzé. Non, mais c'était après les décrets libéraux de 1860, première modification du système de 1852.

Il n'y a pas encore bien longtemps qu'un de nos collègues les plus éminents vous disait un jour qu'il avait été indignement trompé quand il avait conseillé de voter le plébiscite; je dirai, moi aussi, que j'ai été indignement, trompé en 1863 et sur les conséquences ordinaires de l'appui du Gouvernement et sur le libéralisme du gouvernement impérial. (Bruyantes exclamations et rires prolongés à droite.)

M. le président. N'interrompez pas l'orateur ! Laissez-le s'expliquer.

M. le baron de Janzé. Dans ma ... naïveté, si vous le voulez, je croyais qu'accepter l'appui du Gouvernement, ce n'était pas se faire l'homme-lige d'un gouvernement disant qu'il voulait entrer dans la voie libérale. (Interruptions diverses à droite.) Doutez-vous, un instant, que j'aie compris ainsi les conséquences de l'appui accepté par moi en 1863 ? Je prenais séance pour la première fois le 6 novembre 1863, et le 14 janvier 1864 je votais un amendement à l'adresse, demandant des garanties pour la liberté électorale. Et je le faisais à la suite d'une vérification de pouvoirs bien instructive, d'une vérification qui n'a sans doute laissé dans votre mémoire que le souvenir d'une souplexe fameuse et d'un veau légendaire... (Exclamations à droite.) A la suite, dis-je, de cette vérification de pouvoirs, j'ai voté sans hésiter l'amendement présenté par mes collègues de l'opposition, amendement ayant pour but d'assurer la liberté et la sincérité des élections. (Assez ! assez ! à droite.)

Un membre. Ce n'est pas un fait personnel !

M. le baron de Janzé. Je vous demande pardon, c'est un fait personnel et j'y réponds. On m'a reproché d'avoir été un candidat officiel, j'ai le droit de montrer quel candidat officiel j'ai été. (Non ! — Assez ! à droite.)

M. le président. Je demande que la discussion perde ce caractère de personnalités et qu'on rentre dans l'examen de la question qui nous occupe : l'élection des Côtes-du-Nord.

M. le baron de Janzé. Je vais rentrer dans le débat, monsieur le président; mais permettez-moi encore quelques mots indispensables.

J'avais voté dans mon indépendance, que je ne croyais pas enchaînée. Ayant reçu de hauts personnages des reproches à raison de mon vote, je me rendis chez M. de Morny et lui remis ma démission, que je ne repris que sur l'assurance que je conserverais jusqu'à la fin de mon mandat ma liberté complète d'action. Il est inutile de dire qu'en 1869 je fus combattu et renversé; mais vous trouverez la confirmation de ce que je viens de vous dire dans un discours de mon ami M. Maurice Richard, en date du 10 décembre 1869. Voici le passage auquel je fais allusion :

« M. de Janzé, en 1863, a bien été candidat officiel, mais il est un fait que j'honore, que ses amis intimes ont seuls connu et que je dois aujourd'hui vous révéler. Lorsque, après avoir exposé ses principes dans sa circulaire, il est entré ici avec l'intention de soutenir, dans l'intérêt du Gouvernement... » (Bruit. — Parlez !) « les mesures libérales, un fait grave s'est produit. » (Interruptions et bruit.)

Quelques membres. Parlez de l'élection !

M. le président. Je demande à l'orateur de s'occuper de la question qui est en discussion.

M. le baron de Janzé, continuant. « Un jour il émit un vote contraire aux désirs du Gouvernement. Immédiatement il en reçut de vifs reproches » (Ah ! ah ! à gauche), « et lui, âme noble et fière, ne voulant pas d'un mandat déshonoré, il envoya sa démission. » (Mouvement sur plusieurs bancs. — Très-bien !)

« Heureusement nous avions alors notre regretté président M. de Morny... » (Exclamations et rires à droite.)

« ... et c'est M. Maurice Richard qui parle.

« ... et c'est à son intervention que nous devons d'avoir eu pendant six ans près de nous notre vaillant collègue. » (Très-bien ! très-bien ! à gauche.)

Vous voyez, messieurs, que si j'ai été candidat officiel, ce n'est pas à la façon ordinaire, et que du jour où l'on m'a contesté une part de mon indépendance, j'ai repris ma liberté, ne voulant pas, comme le disait mon ami Maurice Richard, conserver un mandat déshonoré. Je vous disais, messieurs, au moment où j'ai été interrompu de manière à me faire intercaler, dans la discussion de l'élection, le fait personnel dont je viens de vous entretenir, je vous disais qu'il y avait un très-grand intérêt pour l'Assemblée... (Bruit. — Aux voix ! aux voix !)

M. le président. Je prie l'orateur d'attendre le silence, et je demande aux députés qui sont de chaque côté de la tribune de vouloir bien reprendre leurs places. Il est impossible de délibérer au milieu d'un semblable bruit.

M. le baron de Janzé. Je disais qu'à la veille de faire les élections générales, et surtout dans le cas où l'on ne procéderais pas, d'ici à votre séparation, à la troisième lecture de la loi municipale, pour rendre la nomination des maires aux conseils municipaux, la vérification de l'élection des Côtes-du-Nord a un très-grand intérêt.

Il s'agit, en effet, de faire condamner les faits de pression administrative par l'Assemblée et par le Gouvernement, afin qu'aux élections générales de pareils faits ne puissent se reproduire.

Nous ne doutons nullement que l'honorable vice-président du conseil ne désapprouve entièrement les agissements qui vous ont été signalés. Je prends pour garant de cette asser tion ce que l'honorable M. Buffet a dit autrefois. (Ah! ah! sur quelques bancs.)

« ...On a dit que les élections devaient être le thermomètre de l'opinion publique. J'accepte la comparaison.

« Je crois, messieurs, qu'une intervention active de l'administration a, au milieu de la compétition de candidats, et en faveur de certains d'entre eux, précisément pour effet de fausser l'appareil électoral ».

Or, dans cette élection, l'administration est intervenue de telle façon, qu'il est impossible de nier que l'appareil électoral ait été faussé ».

M. Huon de Penanster. Je ne m'en suis pas aperçu dans mon département !

M. le baron de Janzé. Monsieur Huon de Penanster, vous monterez à la tribune pour me répondre. Je continue.

On a dit, je crois, que M. Foucher de Careil était le premier entré dans cette voie, de se laisser appeler et de se dire le candidat du Maréchal. Des faits nombreux démentent cette assertion. Presque chaque jour on lisait dans le journal officieux de la préfecture que M. de Kerjégu avait les sympathies du Maréchal; qu'il représentait ses véritables sentiments; qu'au contraire M. Foucher de Careil et les députés centre-gauche qui, comme moi, le soutenaient, étaient les ennemis du Maréchal; que voter pour lui, c'était faire une offense au Maréchal ».

M. Huon de Penanster. Nommez donc le journal !

M. le baron de Janzé. C'est l'*Indépendance bretonne*.

M. Huon de Penanster. L'*Indépendance bretonne* n'est nullement le journal officiel de la préfecture, vous le savez bien. Elle défend dans ce département les principes conservateurs.

M. le baron de Janzé. Je sais, monsieur de Penanster, que vous êtes le commanditaire de ce journal; mais il est connu de tous qu'il est l'organe de la préfecture, et au mois d'octobre dernier, lors des élections au conseil général...

M. Huon de Penanster. Vous avez bien été demander son appui lors de votre élection en 1871, vous auriez pu aussi le rappeler.

M. le président. Monsieur Huon de Penanster, je vous donnerai la parole tout à l'heure, si vous le désirez; mais n'interrompez pas !

M. le baron de Janzé. Lors des élections du conseil général, au mois d'octobre, dans tous les cantons où se présentaient des candidats républicains, l'*Indépendance bretonne*, attaquant tous les candidats que la préfecture attaquait, était envoyée partout par ballots et distribuée gratuitement par milliers d'exemplaires. Je doute que ce soit M. Huon de Penanster qui fait faire à ses frais cette distribution si généreuse.

Je continue.

On nous appelait du Maréchal, on disait que le Maréchal savait que la France était lasse de la République, et le préfet des Côtes-du-Nord n'a point songé à protester contre ces paroles du journal qui passe pour son organe :

« Les députés républicains ont toujours voté contre le Maréchal ; le jour où ils seraient les plus nombreux, ils tenteraient de nouveau de le renverser. Ce jour-là le sang coulerait en France ; car le Maréchal est décidé à réprimer avec une énergie militaire tout mouvement révolutionnaire. »

Et tout ceci était imprimé par ce journal avant le 1er février, date de la lettre de M. Foucher de Careil.

Vous voyez déjà comment M. Foucher de Careil a été entraîné sur le *terrain* où ses adversaires s'étaient placés avant lui, et pour expliquer l'esprit de cette lutte il pouvait invoquer, en rappelant le vote récent de l'Assemblée, le message adressé à l'Assemblée le 24 mai par le Maréchal, pour lui faire connaître le choix de ses ministres. M. le Président de la République s'exprimait ainsi :

« La pensée qui m'a guidé dans la composition de ce ministère et celle qui devra l'inspirer lui-même dans tous ses actes, c'est le respect de vos volontés et le désir d'en être toujours le scrupuleux exécuteur.

« Le droit de la majorité est la règle de tous les gouvernements parlementaires, mais cette règle est surtout d'une application nécessaire dans les institutions qui nous régissent. »

Or, à la suite du vote sur la loi Wallon, l'axe de la majorité se trouvait déplacé, et M. Foucher de Careil, dans des termes qu'il aurait pu peser avec plus de prudence, pouvait dire avec quelque apparence de raison : Je dois avoir les sympathies politiques du Maréchal de Mac Mahon, puisque je suis dans les idées de la majorité et que M. le Président de la République n'est que l'exécuteur des volontés de la majorité de l'Assemblée. Cette lettre parue, M. le préfet des Côtes-du-Nord publie deux pièces, — car vous verrez souvent dans cette élection des doubles pièces, les unes plus ou moins confidentielles, les autres publiques et irréprochables, — M. le préfet des Côtes-du-Nord publie une circulaire irréprochable qu'on vous a lue, mais en même temps il envoie aux maires une circulaire portant que le candidat républicain a publié une fausse nouvelle en disant qu'il a les sympathies du Maréchal, et leur annonçant que le candidat, à raison de ce fait, était déféré à la justice.

M. Albert Desjardins, *sous-secrétaire d'État de l'intérieur.* C'est tout à fait inexact ! il n'y a pas eu de circulaire envoyée aux maires contenant ces paroles.

M. le baron de Janzé. Il y a eu des dépêches, si ce ne sont des circulaires.

M. le sous-secrétaire d'État. Il n'y a pas eu de dépêche envoyée aux maires !

M. le baron de Janzé. Il y a des lettres des sous-préfets qui avaient reçu ces dépêches ?

M. le sous-secrétaire d'État. Permettez ! Seulement dans deux arrondissements. (Bruyantes exclamations.)

M. le baron de Janzé. Eh bien, dans un troisième arrondissement, il y avait cette affiche. (L'orateur montre une affiche sur papier jaune. — Exclamations en sens divers.)

Plusieurs membres. Montrez l'affiche de manière qu'on puisse la lire.

M. le baron de Janzé déploie l'affiche et la présente de manière à ce qu'elle puisse être lue par tous les membres de l'Assemblée. (Rires et rumeurs.)

M. le secrétaire d'État de l'intérieur. Cette affiche n'est pas officielle.

M. le baron de Janzé. Cette affiche est officielle, car elle n'est ni timbrée, ni signée. Elle n'a pas été poursuivie et elle ne porte aucune espèce de visa du candidat agréable... (Bruit et mouvements prolongés en sens divers.)

Je vais lire cette affiche :

« M. Foucher de Careil, dans une circulaire aux maires, affirme qu'il a l'appui du Gouvernement. M. le préfet a déféré pour ce fait M. Foucher de Careil à la justice. M. l'amiral de Kerjégu est, d'ailleurs, le seul candidat qui s'inspire des véritables sentiments du maréchal de Mac Mahon. »

Quelques voix à droite. C'était exact !

M. le baron de Janzé. Si l'administration répudie la paternité de cette affiche... (Rires et exclamations à droite), je demanderai une explication à M. le sous-secrétaire d'État. Cette affiche ne porte ni vu du candidat ni timbre; elle est parfaitement irrégulière, et cependant aucune poursuite n'a été exercée contre l'imprimeur.

Il en a été tout autrement pour l'imprimeur de la lettre de M. Foucher de Careil, laquelle n'avait été imprimée que par suite d'un malentendu. M. Foucher de Careil, avant de partir pour une tournée électorale, avait écrit cette lettre en disant de la faire autographier, mais il l'avait écrite sur le verso du papier; ses agents ont substitué l'impression à l'autographie, et l'imprimeur, qui l'avait considérée comme une circulaire, commit, en l'imprimant, trois contraventions. Il fut condamné à 5,000 fr. d'amende pour ces contraventions... (Bruit); au contraire, pour l'affiche Kerjégu, il n'y a pas eu de poursuites.

Si vous voulez, pendant que j'en suis sur le sujet de l'inégalité de traitement entre les candidats et leurs partisans, je vous dirai ce qui s'est passé au tribunal de Saint-Brieuc.

M. Foucher de Careil, qui n'avait été touché par aucune citation, fait démentir par des partisans l'annonce faite par le préfet qu'il est déféré à la justice. Le journal ami de la préfecture, ami dévoué, puisqu'on ne veut pas que je l'appelle officieux, poursuit en diffamation le *Moniteur des Côtes-du-Nord* pour lui avoir donné un démenti, et on l'autorise à assigner. Au même moment nous qui étions tous les jours attaqués comme des enfouisseurs... (Rires et interruptions.) C'est parce que nous avions voté pour la liberté de conscience, et l'on traduisait ainsi aux habitants des campagnes ce mot d'enfouisseurs : « MM. de Janzé et ses collègues du centre gauche ne veulent plus que les prêtres viennent à vos enterrements; jugez, d'après leurs sentiments religieux, de ceux du candidat qu'ils patronnent. »

Eh bien, le même jour où le journal ami de la préfecture voyait son singulier procès en diffamation appelé devant le tribunal, notre avocat se voyait refuser l'autorisation de poursuivre pour diffamation et de faire condamner en temps utile le journal qui nous attaquait si violemment tous les jours.

Voici la lettre de notre avocat : ... (Exclamations à droite.)

« A cette audience du 12 février, l'affaire des deux gérants fut renvoyée, malgré l'opposition du gérant du *Moniteur des Côtes-du-Nord*, qui demandait à être jugé de suite, c'est-à-dire à l'audience du 12 février, fut, dis-je, renvoyée au 26 février.

« Je me présentai au parquet le samedi, 13 février, pour obtenir du ministère public l'autorisation d'appeler M. d'Estampes en police correctionnelle, pour l'audience du 19 février. — Eh non! » me répondit M. le procureur de la République lui-même, « aucune affaire de cette nature ne viendra pendant la période électorale, et je n'autoriserai à faire citer que pour le 26 février, après le second tour de scrutin. »

« Sur mes observations qu'il avait bien permis au gérant de l'*Indépendance*, patronant M. de Kerjégu, d'appeler le gérant du *Moniteur des Côtes-du-Nord* qui appuyait la candidature Foucher de Careil, il me répondit que cela avait été fait sans qu'on y prît garde, mais que désormais cela n'aurait plus lieu. »

Or, voici ce qui est résulté de cette permission d'assigner, donnée sans qu'on y prît garde à l'*Indépendance bretonne*. C'est que la manœuvre du candidat, sous les verroux, a pu recommencer de plus belle. A cette audience du 12 février, — bien que le jugement, au fond, fût remis après l'élection, et il n'eut pas lieu, la plainte ayant été retirée après le second tour de scrutin, — M. le substitut du procureur de la République faisait spontanément la déclaration suivante que publiait le lendemain le journal l'*Indépendance* :

« Une déclaration préalable de l'honorable organe du ministère public est venue confirmer le bon », l'exactitude des informations. M. Lucas, substitut, a déclaré, en effet, que la nouvelle donnée par l'*Indépendance bretonne* était vraie, que M. le comte Foucher de Careil était personnellement déféré à la justice, et que l'affaire était en cours d'instruction. »

Cependant, l'*Indépendance* avait donné cette nouvelle le 5 février, et l'instruction contre M. Foucher de Careil est seulement du 11; M. le substitut aurait dû dire : Elle est devenue vraie, grâce à M. le ministre de la justice.

Cette déclaration plus ou moins exacte de M. le substitut de Saint-Brieuc fut, jusqu'à la fin de l'élection, reproduite en gros caractères, le plus souvent avec cette entête : « Qui donc a menti ? »

Et quand je demandais ici à M. le ministre de la justice s'il n'était pas légalement permis d'arrêter de semblables manœuvres et d'empêcher les journaux de reproduire chaque jour des paroles prononcées dans un procès en diffamation, M. le ministre refusant d'intervenir, et l'*Indépendance bretonne*, me raillant, disait avec quelque raison : « C'est pour vos amis qu'est réservée la police correctionnelle. » Puis le journal rappelait que M. le comte Foucher de Careil était personnellement déféré à la justice; que l'imprimeur de la lettre de M. Foucher de Careil avait été condamné à 5,000 fr. d'amende; que le journal qui la contenait était assigné par lui pour diffamation; enfin qu'un adjoint, M. le docteur Lechien, — dont il demandait la destitution, afin de servir d'exemple aux magistrats municipaux qui oublieraient leur devoir en soutenant les adversaires du Gouvernement, — que cet adjoint était poursuivi pour substitution de bulletins de vote:

Cet adjoint, homme des plus honorables, a été acquitté depuis. On envoyait des gendarmes chez un conseiller général ; on arrêtait le frère d'un notaire ; on destituait un instituteur entre les deux tours de scrutin ; on m'écrivait : Vous ne pouvez savoir sous l'empire de quelle terreur nous vivons. (Exclamations.)

Nos amis nous disaient : On laisse tout faire à nos adversaires ! et nous, si nous faisons la moindre démarche, même licite, nous sommes assurés d'être poursuivis ! Chacun croyait pouvoir rééditer ce mot fameux : « Si l'on m'accusait d'avoir volé les tours de Notre-Dame, je commencerais par me sauver ! »

Un membre à droite Ce ne sont pas les tours de Notre-Dame qui ont été volées dans cette circonstance !

M. le baron de Janzé. J'en viens à des faits plus importants, relatifs à la manœuvre capitale qui vicie cette élection.

Vous savez, au moment où l'élection suivait son cours, du 7 au 21 février, sous l'empire de quelles préoccupations se trouvait l'Assemblée. Du 5 au 11 février, il n'y avait pas eu de séance ; le 11 février, on avait voté l'amendement de M. Duprat sur le Sénat, et, le 12, l'Assemblée avait rejeté la loi du Sénat ; jusqu'au 22, jour du dépôt du rapport sur le nouveau Sénat, jusqu'au lendemain du deuxième tour de scrutin, il n'y a pas eu de séance, du moins s'il s'en est tenu quelques-unes, c'était hors de la salle.

Dans ces conditions, de tous côtés on nous écrivait :

« Les fonctionnaires, les maires, tout le monde est sous l'empire de la terreur. Interpellez pour qu'on nous rende notre liberté d'action. » Or, c'était impossible ou à peu près.

Le 11 février cependant, l'honorable M. Picard et moi, nous allâmes trouver MM. de Chabaud La Tour et de Witt, qui nous dirent qu'ils accepteraient une interpellation, mais qu'il fallait attendre l'arrivée de M. le ministre de la justice. Or, au cours de la séance, M. le ministre de la justice, arrivant, nous prévint qu'il venait de se décider à ordonner une instruction contre M. Foucher de Careil.

A quoi pouvait-elle donc servir une question aboutissant à confirmer ce fait, que jusque-là, le candidat républicain est déféré à la justice ? La décision de M. le ministre de la justice nous parut prise pour couvrir M. le préfet des Côtes-du-Nord. En effet, dès le 5, le préfet faisait publier ou laissait publier partout que M. Foucher était déféré à la justice, tandis que l'instruction n'a été ordonnée contre lui que le 11.

Le 12, nous devions, malgré tout, interpeller M. le ministre de la justice. J'allai trouver l'honorable M. Baragnon avant la séance ; il me dit qu'il ne pouvait admettre une interpellation, mais qu'il accepterait une simple question. Or, après la décision si regrettable prise par M. le garde des sceaux de poursuivre un candidat au cours de l'élection, il était parfaitement inutile de faire une simple question, laquelle, ayant ses dangers, ne pouvait aboutir à un vote. Je me contentai, dans la situation qui nous était faite, de demander à l'honorable M. Baragnon d'empêcher que la décision prise par le ministre donnât lieu à aucune

manœuvre, comme cela avait eu lieu au premier tour de scrutin.

M. Baragnon me le promit ; mais, au même moment, à Saint-Brieuc, le substitut faisait la déclaration malheureuse reproduite par l'*Indépendance bretonne* tous les jours jusqu'au 21, et dont je parlais tout à l'heure. (Interruptions diverses.)

Nous ne pouvions supporter jusqu'au bout la situation faite au candidat républicain des Côtes-du-Nord. Le 16, au cours de la séance, nous allâmes, M. Picard et moi, trouver M. Tailhand et nous lui dîmes : La situation est intolérable pour notre candidat ; il faut absolument statuer définitivement sur l'affaire ; s'il y a ordonnance de non-lieu, qu'elle soit rendue immédiatement ; s'il y a ordonnance de renvoi, que la citation ne soit donnée que pour le lendemain de l'élection, de manière à laisser toute liberté aux candidats. M. Foucher de Careil n'a rien à gagner à la prolongation de l'incertitude, et une ordonnance de renvoi n'aggraverait point sa situation électorale.

Au cours de la séance de l'Assemblée, l'honorable M. Baragnon nous montra une dépêche rédigée conformément à notre demande. Cette dépêche n'était pas chiffrée.

M. Baragnon. Cela prouve ma confiance.

M. le baron de Janzé. ....Cette dépêche était adressée par M. le ministre de la justice au procureur général, lui ordonnant de statuer immédiatement, ainsi que nous le demandions.

Voici ce que contenait la dépêche qu'on nous a montrée ; j'ignore ce que contenaient les dépêches chiffrées adressées au procureur général de Rennes. Or, il résulte des pièces, que personne ne conteste, des lettres qui ont été produites au 2° bureau, que le 19, le juge d'instruction avait rendu une ordonnance de non-lieu, contrairement aux réquisitions du substitut de Saint-Brieuc. On peut constater, dans ces lettres si graves, que le procureur général déclare qu'il ne verrait aucune utilité à former opposition à l'ordonnance de non-lieu, ayant la conviction que la cour ne la réformerait pas. Le procureur général dit encore au ministre : « Cependant si vous étiez d'avis contraire, je vous prierais de vouloir bien me le télégraphier. » Ceci prouve que M. le ministre de la justice désirait, non pas une ordonnance de non-lieu, mais une ordonnance de renvoi, et qu'en cas improbable, suivant lui, d'une ordonnance de non-lieu, il voulait interjeter appel.

M. Tailhand. Remarquez bien que je ne m'oppose pas à la lecture des pièces.

M. le baron de Janzé Dans la dernière de ces lettres le procureur général constatait qu'il avait été avisé, le 19, de l'ordonnance de non-lieu, bien que cette ordonnance porte la date du 20, et qu'elle ne paraissait pas connue de la partie intéressée.

Dans ces conditions, n'avons-nous pas le droit de dire que l'ordonnance de non-lieu a été retardée à dessein ? Cette ordonnance, rendue le 19, n'était connue du candidat qu'après l'élection, et le 5 mars on ne pouvait pas encore avoir communication de cette ordonnance ; une lettre que j'ai là le prouve, et le second tour de scrutin a eu lieu le 21.

Ce n'est pas tout : au moment même où l'administration avait eu poché l'ordonnance de non-lieu, rendue en faveur de M. Foucher de Careil, savez-vous ce qu'elle a fait? M. le ministre de l'intérieur a envoyé une dépêche au préfet, semblant l'innocenter de tout ce qu'il avait fait contre le candidat et ses partisans en le disculpant de toute faute, et en lui donnant un bill d'indemnité pour ses abus de pouvoir.

M. Albert Desjardins, *sous-secrétaire d'État de l'intérieur.* On n'a jamais dit à un préfet qu'il avait eu raison de commettre des abus de pouvoir!

M. le baron de Janzé. Et remarquez, messieurs, que cette dépêche est du 19, à cinq heures cinquante du soir, alors que le ministre avait été avisé de l'ordonnance de non-lieu.

Or, voici comment cette dépêche était portée à la connaissance du public par deux placards que j'ai là.

Le premier se terminait ainsi :

« Saint-Brieuc, de Paris.

« *Intérieur à préfet, 5 h. 50 du soir, 19 février.*

« Vous n'avez fait qu'exécuter les instructions du gouvernement du Maréchal, vous avez sa confiance et vous pouvez compter sur son appui. Faites démentir par les journaux et les agents de l'administration les bruits absurdes de destitution ou de changement que l'on propage dans votre département. »

Et sans guillemets indiquant que cette phrase ne fait pas partie de la dépêche officielle :

L'amiral de Kerjégu est, nous l'affirmons, le seul candidat honoré des sympathies du maréchal de Mac Mahon.

Suit la signature du rédacteur de l'*Indépendance bretonne,* et la pièce porte : « Vu, l'amiral de Kerjégu. »

Dans un autre arrondissement, cette même dépêche a été publiée comme démenti officiel à la suite d'un factum dont je vous demande la permission de vous lire quelques lignes ; ce factum, signé : « le comité conservateur, » a été vu et approuvé par M. de Kerjégu.

« Le duc de Feltre et le comte Foucher de Careil sont tous deux étrangers à notre département.

« M. Foucher de Careil, patronné par Gambetta et Glais-Bizoin, est le candidat de la République, qui est le gouvernement le plus favorable à la Prusse, M. de Bismark l'a déclaré officiellement ; et un journal prussien, la *Gazette de Cologne,* imprimait dernièrement cette phrase significative qu'il faut retenir :

« Le régime qui, en s'acclimatant en France, fera mieux les affaires de la Prusse, c'est le régime républicain. »

« ... M. Foucher de Careil et M. le duc de Feltre veulent l'établissement d'aventures qui ont attiré sur la France trois invasions ruineuses, des guerres horribles ; des gouvernements qui ont enlevé à nos campagnes la fleur de nos jeunes hommes, fauchés par la guerre sur les champs de bataille ; de ces gouvernements qui ont fait couler les larmes de tant d'honnêtes et laborieuses familles !

« La Prusse, agrandie de trois départements à nos dépens, l'Église dépouillée, la France abaissée, les impôts plus que doublés, voilà ce

que nous ont valu, depuis moins d'un siècle, les gouvernements que veulent M. le comte Foucher de Careil et M. le duc de Feltre !

« ... Repoussez les candidats qui représentent l'invasion, le démembrement, la ruine !.. »

Voilà comment la dépêche du ministère de l'intérieur a été portée à la connaissance des populations ; elle l'a été par des placards constituant de nouvelles manœuvres.

Et l'ordonnance de non-lieu était tenue secrète...

Je me résume, messieurs ; je crois vous avoir montré que des faits les plus graves ont eu lieu dans cette élection et que les manœuvres dirigées contre le candidat républicain ont eu le caractère le plus grave. La manœuvre des poursuites a surtout eu une influence désastreuse et décisive. Je puis vous en donner une preuve, par les résultats du canton de Loudéac : quelques semaines avant les élections du conseil général en octobre, on avait nommé à Loudéac le sous-préfet dont on vous a parlé tout à l'heure avec mission de me combattre. Ce sous-préfet ayant l'avantage d'avoir trois frères à Loudéac, nous avons le rare avantage de posséder, en fait, quatre sous-préfets plus ardents les uns que les autres. Et ce n'est pas une assertion aventurée, car le 7 février, il y a eu à Loudéac, aux abords de la salle du scrutin, de regrettables scènes de violence provoquées par un de ces sous-préfets adjoints.

Au mois d'octobre dernier, pour empêcher ma réélection au conseil général, pour le canton de Loudéac, on avait employé auprès des maires, des fonctionnaires, etc., tous les moyens employés dans cette élection de février ; j'avais été attaqué de la façon la plus violente, et cependant, j'obtins les deux tiers des voix.

Au contraire, avec la manœuvre des poursuites, M. Foucher de Careil n'a eu que le tiers des voix, pourquoi ? parce que c'était un candidat sous les verrous....

Un membre au centre. Il se montrait partout !

M. le baron de Janzé. ... Quand on vient dire aux électeurs : « Vous ne pouvez pas voter pour ce candidat ; il vient d'être emprisonné ou il va l'être ! », vous comprenez quelle doit être l'influence d'une telle nouvelle sur les populations rurales. Avec les mêmes manœuvres, sauf les poursuites, l'administration n'a obtenu contre moi que le tiers des voix ; avec la manœuvre des poursuites, dans ce même canton, elle a eu les deux tiers des voix pour son candidat. Multipliez par 48, nombre de nos cantons, le résultat de cette manœuvre capitale, et vous verrez que M. de Kergégu aurait eu la minorité sans cette manœuvre. En effet, sur 117,000 votants, M. de Kerjégu n'a obtenu que 45,000 voix, 5,000 de plus que M. Foucher de Careil. Eh bien, alors que la majorité relative a été aussi faible à la suite des moyens employés, pouvez-vous valider une telle élection ? l'opération électorale n'a-t-elle pas été faussée ? Je m'en rapporte, sur ce fait, à nos adversaires, aux bonapartistes.

M. Gueldan. Ce ne sont pas des adversaires, ce sont vos anciens amis.

M. le baron de Janzé. Voici de quelle façon l'*Armorique,* journal de nos adversaires les bonapartistes, expliquait, le lendemain de l'élection, le maintien de la candidature de M. de Feltre, après le premier tour de scrutin :

« Saint-Brieuc, 24 février 1875.

« Les raisons qui ont décidé M. Ch. de Goyon, duc de Feltre, à maintenir sa candidature, sont donc confirmées par les résultats du vote. Si M. de Feltre s'était retiré au second tour, c'eût été au détriment de la cause conservatrice et au bénéfice de toutes les républiques, représentées par M. Foucher de Careil.

« C'est un service dont l'opinion conservatrice doit tenir compte à M. le duc de Feltre, car le concurrent républicain est évincé, malgré son audacieuse propagande, et le candidat légitimiste n'a pu passer qu'en désavouant le drapeau blanc, c'est-à-dire en devenant purement et simplement le candidat de l'administration.

« Personne n'a donc à triompher beaucoup de ce scrutin de ballotage où les républicains sont vaincus, où les légitimistes ne remportent la victoire que sous un drapeau qui n'est pas le leur, où enfin le ministère n'a obtenu qu'un médiocre succès, puisque son protégé n'a été élu que parce qu'il représente des principes politiques absolument contraires à ceux du Gouvernement. »

Vous voyez, messieurs, que le sens même de cette élection ne peut pas être déterminé, et que les mesures inqualifiables prises par l'administration, la pression, la terreur, enfin le secret gardé jusqu'au dernier moment sur l'ordonnance de non-lieu rendue dès le 19 février, vous mettent dans l'impossibilité de valider cette élection.

Me ralliant à l'opinion de la minorité du bureau, je vous demande de voter l'annulation de l'élection des Côtes-du-Nord. (Mouvements divers.)

M. le président. J'interromps la discussion uniquement pour dire à MM. les membres de la commission du budget de 1875 que je les invite à se réunir dans le local du 1er bureau, afin d'examiner d'urgence la proposition de M. le vice-président du conseil, tendant à accorder un secours immédiat de 100,000 fr. aux inondés des départements du Midi.

Nous revenons à l'élection des Côtes-du-Nord.

M. Tailhand. Je demande la parole.

M. le président. D'après l'ordre des inscriptions, je dois la donner d'abord à M. le général de Chabaud La Tour.

M. Tailhand. M. de Chabaud La Tour veut bien me céder son tour.

M. Tailhand. Je remercie l'honorable général de Chabaud La Tour d'avoir bien voulu me céder son tour de parole. L'Assemblée ne saurait s'étonner, en effet, de mon intervention dans un pareil débat. Le rapport qui a été lu à cette tribune tout à l'heure par l'honorable M. Pelletan me visait personnellement. (Exclamations à gauche.)

A une époque récente, dans la séance de vendredi dernier, l'honorable comte de Choiseul, résumant à cette tribune les accusations qu'on avait soulevées contre moi, avait dit, — je cite le *Journal officiel* — : « Pour montrer d'un mot l'importance de ce débat, je dirai qu'on n'allait à rien moins qu'à accuser l'an-

cien garde des sceaux d'avoir arrêté le cours de la justice dans un intérêt électoral. »

C'était donc un acte de véritable forfaiture qu'on m'imputait, et j'avais le droit d'espérer que M. le comte de Choiseul monterait à cette tribune et viendrait déposer les documents signés, authentiques, d'une origine non suspecte... (Très-bien ! très-bien !) et applaudissements à droite et au centre droit)... sur lesquels il se fondait pour parler ainsi. Ces documents, je les attends encore.

M. Horace de Choiseul. Vous les avez entre les mains !

M. Tailhand. Avant lui, et en mon absence, un membre du 2e bureau, chargé de vérifier l'élection de M. de Kerjégu, s'était exprimé en ces termes : « M. ... — je ne cite pas le nom, — « M. ... a appelé l'attention de ses collègues sur ce qu'il y aurait eu d'incorrect dans la manière d'agir de M. Tailhand, alors ministre de la justice, si, comme on le soutient, il a retenu à Paris le dossier relatif à une poursuite dirigée contre M. Foucher de Careil assez longtemps pour que l'ordonnance de non-lieu n'ait pu être connue qu'après l'élection. »

Lorsque j'ai eu l'honneur d'être appelé au sein du 2e bureau, j'ai opposé des dénégations absolues et catégoriques à cette dernière articulation; j'ai déclaré, et je renouvelle devant l'Assemblée cette affirmation, que jamais, à aucun moment, je n'avais demandé à M. le procureur général de Rennes le dossier dont il s'agit; que ce dossier n'a jamais été entre mes mains; et que, par conséquent, je ne l'ai pas gardé un temps assez long pour empêcher le juge d'instruction de rendre son ordonnance. (Très-bien ! et applaudissements à droite et au centre droit.)

Le rapport que vous avez entendu ne revient plus sur cette double accusation, et je tiens qu'il en a fait déjà lui-même bonne justice. L'honorable rapporteur a cru devoir cependant blâmer d'une manière générale les résolutions auxquelles je me suis arrêté tout en voulant bien reconnaître qu'il y avait en ma faveur quelques circonstances atténuantes. (Rumeurs à gauche.)

Ces circonstances atténuantes, je les repousse, messieurs ! (Vive approbation à droite.) Et je viens prendre devant l'Assemblée la responsabilité pleine et entière des poursuites que j'ai prescrites à l'occasion de faits qui m'apparaissaient comme constitutifs d'un délit et aussi la responsabilité non moins entière des instructions que j'ai eu l'honneur d'adresser à M. le procureur général de Rennes au cours de l'information. (Nouvelle approbation à droite. — Interruptions à gauche.)

Mais, avant d'aborder cette partie du rapport, qu'il me soit permis de m'expliquer sur l'opinion que j'ai exprimée à mon honorable successeur, lorsqu'il m'a consulté au sujet de la communication qui lui avait été demandée de diverses pièces contenues dans le dossier administratif.

Il est vrai que j'ai eu l'honneur de me rendre à la chancellerie pour prier M. le garde des sceaux de me laisser prendre copie du télégramme que j'avais personnellement expédié à Rennes. (Très-bien ! très-bien !)

L'honorable M. Dufaure m'a prié de classer

les dépêches qui me paraîtraient susceptibles d'être remises sans inconvénient au deuxième bureau et de mettre à part celles qui, étant de nature confidentielle, devaient être retenues.

Bien qu'après un premier et rapide examen, il m'ait semblé que tous ces documents fussent de nature à être livrés sans inconvénient aux membres du bureau, j'ai pris la liberté de faire connaître à M. le garde des sceaux que, dans mon sentiment, ces correspondances échangées entre un procureur général et le ministre de la justice, notamment à l'occasion d'une affaire se rattachant à l'ordre politique, avaient un caractère essentiellement confidentiel... (Réclamations à gauche. — Très-bien! très-bien! à droite)... que ces rapports s'échangeaient dans la pensée qu'un secret absolu les protégerait, et que la confiance qui devait régner entre le ministre et son subordonné cesserait d'exister le jour où ce dernier pourrait supposer que ses appréciations ou ses renseignements seraient livrés à une publicité quelconque; et qu'il n'y aurait pas de gouvernement possible si cette règle n'était pas invariablement appliquée. (Nouvelles réclamations à gauche! — Approbation et applaudissements à droite.)

M. Madier de Montjau. Je demande la parole.

M. Tailhand. M. le garde des sceaux a partagé mon sentiment, et les documents réclamés n'ont pas été remis.

J'arrive aux poursuites.

Ainsi que vous l'a dit l'honorable M. Pelletan, la lutte électorale a eu deux périodes distinctes dans le département des Côtes-du-Nord. Je me suis absolument désintéressé pendant la première période; il en a été autrement dans la seconde. Le 6 février 1875, j'ai reçu communication d'un document qui a dû appeler ma plus sérieuse attention. C'était un numéro du journal le *Moniteur des Côtes-du-Nord*, sur la première page duquel se trouvaient représentés, en forme de placard, trois emblèmes : un drapeau blanc, un drapeau tricolore et un autre drapeau blanc. Il va de soi que la publication ou l'exposition de ces emblèmes n'avait pas été autorisée.

Au-dessous de ces emblèmes figurait un article renfermant des appréciations qui étaient non-seulement très-blessantes pour deux des candidats, mais qui devaient avoir pour résultat d'éloigner d'eux le suffrage d'un grand nombre d'électeurs. (Interruptions à gauche.)

Je demande à l'Assemblée la permission de lui donner lecture de cet article dirigé contre la candidature de l'honorable M. de Kerjégu :

« M. de Kerjégu représente la légitimité, puisqu'il est appuyé par les nobles. — Le nommer, ce serait faire venir Henri V avec toutes les conséquences et les charges dont voici un faible extrait :

« Le droit de prise, qui permettait aux seigneurs de prendre tout ce dont ils avaient besoin, meubles, logements, vivres, etc.

« Les corvées, travaux auxquels les agriculteurs étaient tenus au profit des seigneurs.

« Le cens ou redevance foncière.

« Le champart ou part du champ, droit d'un vingtième prélevé sur les récoltes.

« La taille seigneuriale, c'est-à-dire le droit que possédait le seigneur d'imposer extraordinairement les gens de la campagne.

« Le bremage, impôt en grains pour la nourriture des meutes du seigneur.

« Le cartelage, droit du seigneur au quart de la récolte.

« Sans compter les impôts royaux, la dîme royale, le droit de renouvellement sur les baux, la gabelle (impôt du sel), etc., etc. » (Rires à droite.)

Mais ce n'était pas seulement, messieurs, le commentaire qui avait appelé ma sollicitude. Au-dessous des mots « Foucher de Careil, ancien préfet du département, » se trouvaient ceux-ci : « seul candidat du drapeau tricolore qui puisse être, depuis le vote récent de l'Assemblée nationale, RECOMMANDÉ PAR LE GOUVERNEMENT. »

Il y avait là, messieurs, une combinaison typographique faite avec une extrême habileté. Alors que ces mots : « le seul candidat qui puisse être, depuis le vote récent de l'Assemblée nationale », étaient écrits en caractères à peine lisibles, on avait, au contraire, tracé en lettres majuscules ces mots : « recommandé par le Gouvernement. » (Rires à droite.)

Je n'hésite pas à le déclarer : je me suis immédiatement posé la question de savoir si la publication d'un pareil écrit ne devait pas être de ma part l'objet d'un ordre immédiat de poursuites, pour délit d'excitation à la haine et au mépris des citoyens les uns contre les autres. (Très-bien! à droite.)

Pour qui sait l'extrême inquiétude, la vivacité des alarmes qu'on rencontre chez les habitants des campagnes toutes les fois qu'on vient leur dire qu'ils sont menacés dans leur propriété, il est manifeste que de pareilles publications sont de nature à exercer une fâcheuse et profonde impression sur les esprits, et les empêche d'accorder leurs suffrages à celui qui leur était représenté comme capable de créer un régime qui supprimerait pour eux le droit de propriété. (C'est évident!)

D'autre part, le mot que j'ai déjà rappelé : « Recommandé par le Gouvernement », dans la condition matérielle où il se trouvait placé sur la feuille du journal, pouvait, à bon droit, être considéré comme constituant un délit de fausse nouvelle.

Cependant, prenant en considération les circonstances au milieu desquelles cette publication s'était effectuée, j'ai pensé qu'il était prudent, loyal, d'avertir avant de frapper; je n'ai donc point relevé le double délit sur lequel je viens de m'expliquer, et je me suis borné à prescrire la saisie du journal et de poursuivre à raison de la contravention commise pour exposition d'emblèmes sans autorisation préalable; je ne me suis pas laissé arrêter par l'objection qui m'a été faite par l'honorable M. Grévy, quand je me suis rendu dans le deuxième bureau et qui a été reproduit par son honorable rapporteur.

M. Grévy s'est étonné de ce que je n'avais pas suspendu toutes poursuites pendant toute la durée des élections. J'ai répondu à M. Grévy, et je réponds à l'honorable M. Pelletan, que je ne connais pas de disposition législative qui couvre par une sorte d'immunité un candidat, et qui commande la suspension de toute poursuite à son égard, alors que ce candidat commet un délit... (Très-bien! très-bien! à droite), un délit actuel, continu, qui facilite sa propre candidature. Il y a là une question d'honnêteté et de loyauté, et je n'hésite pas à affirmer au contraire qu'en une telle hypothèse il y a nécessité d'agir immédiatement afin de ne pas laisser, je le répète, l'auteur du délit profiter de ce délit lui-même, au grand préjudice de son compétiteur. (Vive approbation à droite. — Réclamations à gauche.)

M. Jules Grévy. C'est ce qu'on appelle intervenir dans l'élection !

M. Tailhand. Je dois ajouter que si je me suis décidé à faire poursuivre sans retard l'éditeur du *Moniteur des Côtes-du-Nord*, c'est parce que la contravention qu'il avait commise ne pouvait être atténuée par la bonne foi de l'éditeur. Il a été constaté, en effet, que l'on avait eu le soin de faire deux tirages, l'un pour la campagne, dans lequel le commentaire déjà légalisé avait été inséré, l'autre pour les villes ; dans ce dernier, on avait eu le soin de le supprimer, sachant bien que les électeurs plus éclairés ne se laisseraient pas tromper par de semblables manœuvres ; que s'il y avait quelque espoir de faire accepter — il faut dire le mot, — de telles indignités par les habitants des campagnes, les habitants des villes, notamment ceux de Saint-Brieuc au milieu desquels l'honorable M. de Kerjégu avait passé une partie de sa vie, ne tomberaient pas dans un piège aussi grossier.

Messieurs, il peut y avoir quelque importance à fixer la date, je la précise. C'est dans la soirée du 6 février et par un télégramme ainsi conçu, que j'ai ordonné la saisie du journal à M. le procureur général de Rennes : « Faites saisir immédiatement le *Moniteur des Côtes-du-Nord* du jeudi 4 février, et commencez de poursuivre... »

M. Foucher de Careil n'a pas été, comme vous le voyez, compris dans cette première partie de la procédure : elle n'a été ouverte que contre le sieur Quintin, éditeur responsable du journal.

Si de nouvelles circonstances n'étaient pas venues appeler de nouveau mon attention sur les actes de M. Foucher de Careil, la chose en serait restée là. Mais d'autres faits s'étaient produits.

En effet, M. Foucher de Careil avait transmis à tous les maires du département des Côtes-du-Nord le document dont l'honorable M. Pelletan vous a donné une première lecture, et dont il me parait utile de remettre le texte sous vos yeux :

« Monsieur le maire, on vous trompe lorsqu'on vous dit : Votez pour le candidat officiel, M. de Kerjégu.

« J'ai les sympathies de M. le maréchal de Mac Mahon, et, *depuis hier, j'ai le droit d'affirmer* que TOUT MALENTENDU est devenu impossible.

« L'Assemblée nationale ayant voté, le 30 janvier, l'amendement Wallon, qui consacre la République sous le maréchal de Mac Mahon, je deviens, par le bénéfice de ce vote, *le seul candidat conservateur*... » (Rires et exclamations à droite.)

Une voix à droite. Le candidat officiel !

M. Hervé de Saisy. Je demande la parole.

M. Tailhand, *continuant de lire.* « le seul candidat conservateur qui puisse se recommander auprès de vous des SYMPATHIES RÉELLES du Président de la République. » (Nouveaux rires.)

Il est évident que de semblables affirmations devaient avoir pour effet inévitable de faire arriver dans l'esprit des maires auxquels ils s'adressaient, la conviction que le signataire de cette lettre était bien le seul candidat appuyé par le Gouvernement, et cette conviction devait procurer à lui leur concours et leur vote.

M. le rapporteur. La date de la lettre ?

M. Tailhand. Elle est datée du 1er février ; mais il résulte des renseignements qui m'ont été donnés que cette lettre, datée du 1er février, n'aurait été, en fait, adressée aux maires qu'à une époque postérieure. En ce qui me concerne, je puis attester que, lorsque j'ai adressé ma dépêche, le 6 février, cette lettre m'était inconnue.

Bientôt après, on a distribué une chanson imprimée qui parait avoir été répandue dans un grand nombre de localités. (Rires à gauche.) Oui, messieurs...

Un membre à gauche. Dites-la !

M. Tailhand. Je n'ai pas l'avantage de connaître la langue bretonne, et je ne veux pas d'ailleurs vous la lire tout entière ; je me bornerai à vous en dire le mot final.

On représente M. de Kerjégu comme l'homme du roi et des prêtres, et l'on dit en outre que s'il est élu on aura la guerre avec l'Italie. (Exclamations à droite.)

Quand on en vient à M. le duc de Feltre, on affirme que, s'il est nommé, on aura la guerre avec l'Italie et avec l'Allemagne.

Enfin, lorsqu'on arrive à M. Foucher de Careil, on dit en propres termes aux habitants des campagnes que si M. Foucher de Careil sort victorieux de la lutte, leurs enfants resteront chez eux.

J'avais gardé le silence, j'avais fait preuve jusqu'alors d'indulgence et de longanimité... (Interruptions à gauche.)

M. le président. Mais laissez donc continuer l'orateur !

M. Tailhand. Il m'est tout à fait impossible, messieurs, de suivre le cours de mon argumentation au milieu des interruptions constantes dont je suis l'objet. (C'est vrai ! à droite. — Parlez ! parlez !)

Je reprends. Mais, en présence de ces excitations persistantes, j'ai considéré que je ne pouvais pas rester plus longtemps inactif, et j'ai adressé à M. le procureur général de Rennes la dépêche suivante. Je vous prie, messieurs, de vouloir bien l'écouter avec quelque attention, et vous verrez s'il est vrai, comme le disait, il y a un instant, l'honorable M. de Choiseul, que j'ai tenté les plus grands efforts pour retarder l'accomplissement de l'œuvre de la justice.

« 11 février 1875. — Très-urgent.

« *Justice à procureur général, Rennes.*

« Après examen des faits consignés dans vos derniers rapports, j'estime qu'une information doit être ouverte contre M. Foucher de Careil personnellement :

« 1° Pour complicité de délit d'exposition d'emblèmes non autorisée... » (Interruptions ironiques à gauche) ;

« 2° Pour délit de fausse nouvelle résultant à la fois de sa lettre aux maires et de l'affiche sur laquelle se trouve en gros caractère le mot *mensonge.* »

Je savais très-bien que l'exposition d'emblèmes non autorisée constitue une contravention, et il n'y a pas, en cette matière, de complicité ; non, je n'ignorais pas ce principe de droit criminel ; mais je savais aussi, et personne ne peut le contester, qu'on peut se rendre coauteur du délit... (Nouvelles interruptions à gauche.)

M. le président. Veuillez faire silence, messieurs, et ne pas interrompre constamment l'orateur.

M. Tailhand. Il paraissait résulter des renseignements que j'avais recueillis que la publication faite dans l'intérêt et au profit de M. Foucher de Careil avait eu lieu par lui ou par ses agents. Il m'a donc paru convenable d'appeler la justice à porter ses investigations sur ce point comme elle était chargée d'informer sur le délit de fausses nouvelles.

J'étais incontestablement dans mon droit. (Oui ! oui ! — Très-b'en ! à droite.)

Voici comment je terminais ma dépêche :

« Je désire que cette procédure soit réglée par M. le juge d'instruction le plus rapidement possible. »

C'est ainsi que le garde des sceaux, qui, au dire de M. le comte de Choiseul et de quelques autres personnes, aurait commis l'indignité de retarder le jugement de l'affaire, s'exprimait dès ses premières instructions au procureur général.

Je le demande, pouvais-je parler un langage plus pressant et plus correct ?

M. Eugène Farcy. Vous étiez pressé d'obtenir une condamnation ! (Murmures à droite.)

M. Tailhand. Trois jours après, en réponse à un nouveau rapport de M. le procureur général, qui m'avait fait parvenir diverses observations, s'exprimait le télégramme suivant :

« *Justice à procureur général, à Rennes.* »

« Je ne puis que m'en rapporter à votre prudence, sur ce qui fait l'objet de votre dernier rapport. Il faut éviter tout retard qui pourrait paraître calculé. La partie intéressée sera peut-être la première à demander le renvoi à la semaine prochaine pour conserver toute sa liberté avant le scrutin. — Il convient de la pressentir. »

À coup sûr, messieurs, j'ai mis dans cette affaire beaucoup de longanimité, je pourrais même dire une extrême condescendance... (Exclamations sur divers bancs à gauche.) Oui, messieurs, une extrême condescendance. Je suis intervenu dans le but de faire pressentir M. Foucher de Careil lui-même sur le point de savoir si, pour avoir plus de liberté, plus de temps à consacrer à son élection, il avait l'intention de demander que le jugement fût différé jusqu'après le scrutin, et j'autorisai le procureur général à lui adresser une question à cet égard.

Quelques heures après, ayant reçu l'avis très-positif que M. Foucher de Careil désirait, en effet, l'ajournement dans les conditions que j'avais prévues, je télégraphiai au procureur général :

« La partie intéressée est d'avis de surseoir. »

Il est donc bien manifeste que je n'ai jamais voulu gêner M. Foucher de Careil dans l'exercice de ses droits électoraux. (Très bien ! à droite.)

Mais voici, messieurs, une troisième dépêche encore plus explicite ; elle suit celle que je viens de lire à deux heures de distance ; elle porte la date du 16 février, trois heures du soir :

« *Justice à procureur général. — Rennes.* »

« Je vous confirme, en les précisant, mes instructions de ce matin dans l'affaire Foucher de Careil. Je désire que le juge d'instruction règle au plus tôt la procédure. Mais, si elle se termine par une mise en prévention, je pense que la citation ne doit être donnée que pour un jour postérieur à l'élection. »

Lorsque j'ai donné, avec persistance, de telles instructions, il y aurait, j'ose le dire, une véritable injustice à contester la loyauté dont j'ai fait preuve. (Exclamations ironiques sur divers bancs à gauche.)

M. le président. Je fais remarquer à l'Assemblée que, quand un orateur, quel qu'il soit, est à la tribune, je fais tout au monde pour lui maintenir la parole.

M. Tailhand a été attaqué personnellement : en équité vous devez l'écouter avec bienveillance. (Très-bien ! très-bien !)

M. Tailhand. Quelques doutes se sont élevés dans l'esprit du magistrat instructeur au sujet de la nature de preuves qu'il avait à recueillir pour constater le délit de fausses nouvelles.

M. le juge d'instruction estimait, — et il en était arrivé à se convaincre de cette idée, — que, pour arriver à connaître l'existence réelle de ce délit, il y avait lieu d'entendre comme témoin M. le préfet des Côtes-du-Nord, et de l'appeler à s'expliquer sur le point de savoir si le Gouvernement avait accordé la préférence à l'un des candidats, et quel était ce candidat.

Lorsque je fus mis au courant des préoccupations du juge d'instruction, je m'empressai de signaler la voie dangereuse dans laquelle on allait s'engager, et j'exprimai ce sentiment que le préfet se refuserait certainement à répondre aux questions qui lui seraient adressées à cet égard.

Sur divers bancs à gauche. Ah ! ah !

À droite et au centre. Mais oui ! — Très-bien !

M. Tailhand. Je faisais remarquer que M. le préfet, invoquant assurément les obligations que lui imposait le devoir du secret professionnel, se refuserait à fournir aucune explication ; qu'agent du Gouvernement et recevant de ce dernier ses instructions, qu'il avait l'impérieux devoir de garder pour lui seul, il n'avait de compte à rendre, quant à la manière dont il remplissait ces mêmes instructions qu'à son supérieur hiérarchique, ici le ministre de l'intérieur, qui ne devait en rendre d'aucune espèce à l'autorité judiciaire. (Approbation à droite et au centre.)

J'avais le droit de faire connaître mon appréciation, et j'avoue que si j'étais placé, aujourd'hui, dans la même situation, et en présence des mêmes faits, j'enverrais les mêmes instructions.

M. Lepère. Vous manqueriez à votre devoir!

M. Tailhand. C'est vous qui manqueriez au vôtre si, dans la situation que j'indique, vous agissiez autrement que je l'ai fait.

M. le président. J'invite l'orateur à ne pas répondre aux interruptions.

M. Tailhand. Je n'ai pas tardé à être averti que M. le juge d'instruction de Saint-Brieuc persistait dans sa manière de voir et semblait disposé à rendre une ordonnance de non-lieu, dans le cas où il ne se croirait pas autorisé à recueillir le témoignage du préfet.

Dans toute autre circonstance, je ne me serais fait aucune espèce de scrupule de faire parvenir au magistrat chargé de l'instruction les raisons qui me semblaient suffisantes pour justifier une ordonnance de renvoi devant la juridiction compétente ; mais il s'agissait d'un délit ayant un caractère politique et, de fait, se rattachant à la situation électorale ; j'ai voulu laisser au magistrat la pleine liberté, la pleine indépendance de sa décision. (Interruptions et rires du côté gauche.)

M. le président. Messieurs, vous répondrez si vous voulez ; mais n'interrompez pas l'orateur. Ces interruptions continuelles ne peuvent se tolérer.

M. Tailhand. Voici la dépêche que j'adressai, à la date du 18 février 1875. 4 h. 50 soir, à M. le procureur général, à Rennes :

« Il m'est impossible de dicter à un juge d'instruction l'ordonnance qu'il doit clore une information, les magistrats ne pouvant s'éclairer que des inspirations de leur conscience et des faits légalement constatés par la procédure. Je vous rappelle seulement que, s'il y a ordonnance de renvoi, l'affaire ne devra être jugée qu'après le résultat de l'élection. »

Comme vous le voyez, messieurs, je laissai absolument au juge d'instruction le soin de décider en son âme et conscience sur les difficultés qui se présentaient à son esprit et de rendre celle ordonnance qui lui paraîtrait juste et légale ; je rappelai une dernière fois que l'affaire se terminait par une ordonnance de renvoi devant le tribunal correctionnel, il était bien entendu que le jugement ne devait être prononcé qu'après l'élection terminée ; ce qui impliquait suffisamment que, si une ordonnance de non-lieu n'était rendue, elle devait l'être, au contraire, dans le plus bref délai possible.

Dès le 17 février, M. le procureur de la République de Saint-Brieuc déposait son réquisitoire, et, le 20, le juge d'instruction rendait une ordonnance de non-lieu. Je crois que ma conduite a été absolument irréprochable.

A droite et au centre. Oui ! oui ! — Très bien !

M. Tailhand. Mais il y a eu une circonstance particulière qui m'a été révélée par une lettre que j'ai reçue de M. le procureur général de Rennes, laquelle porte la date du 24 février, si je ne me trompe, et est du nombre de celles que l'on s'est procurées à l'aide de moyens sur lesquels je ne veux pas revenir, mais que le deuxième bureau a suffisamment flétris en refusant de les reproduire dans le rapport lu par l'honorable M. Pelletan. Dans cette lettre on trouve cette phrase : « Il paraît que M. Foucher de Careil n'a pas encore connaissance de l'ordonnance de non-lieu. »

On veut tirer parti de cette indication contre moi.

Ai-je donc besoin, messieurs, de faire observer que ce fait m'est absolument étranger. Le code d'instruction criminelle ne prescrit pas la communication de cette ordonnance. On notifie la décision judiciaire, quand il y a lieu de faire courir contre la partie à laquelle on la notifie le délai d'un pourvoi, d'un appel ou d'une opposition ; mais l'ordonnance qui avait été rendue étant favorable à M. Foucher de Careil, il ne devait lui être fait aucune signification : pour connaître le caractère de la décision intervenue, il n'avait qu'à se présenter dans le cabinet du juge d'instruction, qui se serait empressé de la lui communiquer.

Je crois avoir répondu suffisamment aux attaques qui ont été formulées contre moi.

Au centre et à droite. Oui ! oui ! — Très bien !)

M. Tailhand. Seulement, je dois répéter ici ce que j'ai dit dans le deuxième bureau.

J'aurais pu faire inviter M. le procureur de la République de Saint-Brieuc à former opposition à l'ordonnance de non-lieu ; c'est à-dire, j'aurais pu prescrire au procureur général de faire opposition à cet acte ; mais je n'ai pas suivi, bien que j'en eusse eu le droit, mon premier mouvement. Je me suis donc abstenu de recourir à cette mesure ; il m'a paru que, lorsqu'une agitation aussi vive s'était prolongée pendant près de deux mois dans tout un département, il y avait un grand intérêt à ramener le calme et l'apaisement dans les esprits et qu'il y aurait un grave inconvénient à substituer une lutte judiciaire à une lutte électorale.

Je crois pouvoir, en terminant, me rendre cette justice que, fidèle aux habitudes de ma vie judiciaire, je n'ai pas cessé un instant de respecter l'indépendance des magistrats dont le concours a été réclamé dans cette affaire. (Très-bien ! très-bien ! — Applaudissements répétée à droite et au centre. — L'orateur, en descendant de la tribune, est entouré par un grand nombre de ses collègues, qui lui adressent de chaleureuses félicitations.)

M. le président. La parole est à M. le général Albert de Chabaud La Tour.

M. Albert Desjardins, *sous-secrétaire d'État de l'intérieur.* Je demande la parole après.

M. le général de Chabaud La Tour se présente à la tribune en même temps que M. Madier de Montjau, et, après quelques explications échangées avec M. le président, cède la tribune à M. Madier de Montjau.

M. Madier de Montjau. De tous les membres du 2e bureau qui ont examiné à fond — et Dieu sait s'ils l'ont fait en conscience, — l'élection des Côtes-du-Nord, à quelque nuance qu'ils appartiennent, il n'en est pas un seul, j'ose le dire, qui, avant tout à l'heure, après avoir entendu tout ce que nous a dit le dernier rapporteur, tout ce que vient de dire l'ancien garde des sceaux, eût cru possible que ce débat se terminât par une ovation faite à M. Tailhand. (Approbation et applaudissements à gauche. — Protestations à droite.)

M. Eugène Farcy. Voilà comme on paye les complaisances!

M. Madier de Montjau. J'entends des interruptions.

Si vous êtes résolus, messieurs, à commencer si vite et à continuer pendant tout le temps où je parlerai, je n'insisterai pas pour garder la parole; je descendrai de la tribune. (Parlez! parlez!)

A droite. Ce sont vos amis qui vous interrompent.

M. Madier de Montjau. Il y eut, de tout temps, deux manières de repousser une accusation.

La première consiste à écarter ce qui n'a qu'une médiocre importance, et à aller droit au grief le plus grave, au fait que l'accusation considère comme le plus accablant.

A droite. Mais il n'y a point d'accusation!

M. Madier de Montjau. C'est le procédé des gens qui n'ont rien, rien absolument à se reprocher.

Par l'autre, on s'attache au point le plus faible de l'accusation, on le discute avec passion, et non-seulement on ne se défend que sur ce point, mais on se transforme d'accusé en accusateur. A l'époque où M. Tailhand était à la chancellerie, ce mode y était très-connu et très-usité. (Rumeurs à droite. — Approbation sur divers bancs à gauche.)

M. Tailhand. Je ne l'ai jamais pratiqué.

M. Madier de Montjau. L'ancien garde des sceaux vient d'en user encore. J'ose le dire dès cette heure, et pour cause: il a pris à partie ce qui était le moins suffisamment prouvé, et il a lancé des anathèmes, lui, accusé, messieurs... (Vives interruptions à droite), contre tous ceux qui, de près ou de loin, n'avaient pas trouvé sa conduite admirable, et, comme il l'a dit, *correcte,* parfaitement correcte.

Un membre à droite. Très-correcte!

M. Madier de Montjau. Nous verrons cela tout à l'heure.

Ainsi, le second rapporteur, l'honorable M. de Choiseul, a eu son compte; le rapporteur actuel, l'honorable M. Pelletan, n'a pas été mieux traité; la commission elle-même, non pas tout entière, mais cette majorité de 20 membres contre 16, qui a demandé la validation avec blâme, n'a pas échappé davantage à d'amères représailles... (Bruyantes exclamations et rires à droite et au centre droit.)

Il y avait, dans le dossier, trois pièces capitales, si considérables, si accablantes... (Rumeurs et interruptions du même côté.)

Messieurs, nous ne sommes pas ici absolument pour nous faire des compliments quand nous discutons de telles choses... — si compromettantes, dis-je, que l'honorable garde des sceaux actuel crut incontestablement être favorable à M. Tailhand, en déclarant que lui, — qui n'a pas l'habitude de retenir les pièces...

A droite. Ah! non!

M. Madier de Montjau. ...qui ne les a pas retenues dans l'élection de la Nièvre, qui ne voulait pas les retenir dans celle-ci, — il était prêt à livrer toutes celles relatives aux trois lettres produites par M. Foucher de Careil...

M. Tailhand. Je retiens les pièces quand j'ai le droit et le devoir de les retenir.

M. Madier de Montjau. ...à la seule condition que M. Tailhand y consentît!

Ce qui semble prouver, soit dit en passant, que cette communication n'avait rien d'irrégulier, rien de contraire aux convenances et à la tradition, car l'honorable garde des sceaux actuel, autant que son prédécesseur, connaît assurément les lois et les usages.

Qu'avait à faire M. Tailhand? A prendre parti pour une tradition douteuse, à défendre en de telles circonstances le secret ministériel, à déclarer, comme il l'a fait dans la commission, qu'il s'opposait non-seulement à ce que les pièces fussent livrées, mais à ce que celles que l'on avait déjà entre les mains parussent dans le dossier?...

M. Tailhand, *se levant.* C'est une erreur! Je n'ai jamais dit cela!

M. Madier de Montjau. Si! car M. Tailhand a été compris par ses amis qui, jusqu'à la dernière heure, dans le 2e bureau, et tout à l'heure encore, soutenaient le même système. Il n'a cessé de s'opposer à ce que ces pièces, même le jugement qu'on en voulait porter, arrivassent dans le débat. (Dénégations et interruptions à droite.)

Un membre. L'orateur n'a pas entendu!

M. le président. N'interrompez pas! on rectifiera plus tard, s'il y a lieu.

M. Madier de Montjau. Cela est étrange! Pour mon compte, je déclare que je n'e serais moins préoccupé des principes généraux, des traditions de la chancellerie. J'aurais dit bien haut, bien vite, à mon honorable successeur, maître alors du dossier: Livrez, livrez, car on m'accuse! Je veux, j'exige absolument que vous produisiez ce qui peut me justifier! (Vive approbation à gauche. — Rumeurs à droite.)

Sans doute, il y avait dans la manière dont les lettres en question sont venues à la connaissance de la commission, quelque chose d'exceptionnel, de grave, si vous voulez.

On ne savait pas d'abord d'où elles provenaient, à quel moment précis elles étaient arrivées, comment elles avaient pris place dans le dossier. Par là elles donnaient prise à la critique; par ce point l'attaque était quelque peu faible. Mais qu'importe! Eh bien, c'est à cela que M. Tailhand s'est attaché; c'est sur cette irrégularité, sur cette incertitude, qu'en écartant obstinément les moyens de preuve, il a dirigé tout l'effort de sa défense.

Plusieurs membres à droite. Et il a bien fait! (Bruit.)

Un membre. Il n'en a pas parlé!

M. Madier de Montjau. On lui avait accordé tout le temps nécessaire pour réfléchir, avant de lui demander des explications. Il a persisté dans son système.

A mon tour, je veux adopter contre lui le mode de discussion qui me paraît devoir faire la lumière.

Messieurs, si les raisons qui vous engagent, en général, à l'heure où nous sommes arrivés, à lever la séance, présent un certain nombre de membres de quitter l'Assemblée, je ne demande pas mieux que de remettre à demain la suite de la discussion; mais, si vous voulez qu'il en soit autrement, si vous me maintenez la parole, je demande que vous me la laissiez réellement, et qu'on ne m'interrompe pas, comme on le fait depuis quelques instants, à chaque phrase, à chaque mot.

Laissons donc un instant de côté la correspondance du procureur général de Rennes, ces pièces mystérieuses dont on a dénié la portée, sans vouloir toutefois qu'il en fût même parlé.

M. Tailhand. J'ai dit tout à l'heure que je vous autorisais à les lire.

M. Madier de Montjau. Oui, oui ; mais dans le sein de la commission, mais jusqu'ici, ces documents que M. le garde des sceaux actuel était prêt à livrer avec votre aveu, vous souhaitiez qu'on ne s'en occupât pas, qu'on les mît de côté. C'est incontestable!

Laissons cela, je le répète, un moment de côté. Regardons en arrière ce qui a précédé cette découverte ; voyons d'autres faits, indéniables, ceux-là, établis par des pièces probantes, bien à nous, celles par exemple qui sont citées dans le rapport, celles que vous n'avez pas essayé de nous arracher, je ne sais pourquoi, car parmi elles il y avait deux autres lettres *confidentielles* aussi, et sur elles nulle observation, nulle résistance.

Là où je suis armé de documents, là où j'ai des dates certaines, si je vous prends en flagrant délit de partialité énorme, coupable, par conséquent, pour l'un des candidats, alors, par voie d'induction, j'aurai le droit de dire quelle est la portée de ce qu'on n'a pas voulu d'abord nous laisser voir, et de conclure à coup sûr du connu à l'inconnu.

La partialité dont je parle éclate dès la première heure. A la façon dont les choses ont été présentées par M. le préfet dans la commission et par l'ancien garde des sceaux, soit aussi dans la commission, soit tout à l'heure ici, on pourrait croire que M. Foucher de Careil a provoqué, par sa conduite, blâmable au premier chef, tous les procédés dont on a usé envers lui. (Oui ! oui !)

On dit : Oui ! Je vais répondre : Non! avec les dates et le dossier.

Les deux premières pièces lancées par M. Foucher de Careil pour soutenir sa candidature, sont : l'une, sa profession de foi, la plus inoffensive, la moins répréhensible qui soit.

Un peu plus tard, si je ne me trompe, il écrit aux maires une lettre, que l'on peut critiquer mais qui a tant d'analogues dans l'histoire électorale de nos dernières années, qu'il n'est pas sérieux d'en faire à son auteur un grand crime.

Le candidat disait aux maires, mais à des maires sur lesquels il n'avait pas ni action ni autorité, auprès desquels il ne pouvait faire valoir que la mémoire des bonnes relations passées, qu'il espérait leur concours pour faire réussir son élection.

Qu'il y ait quelque chose à reprendre là, soit !... (Sourires.) mais en fin de compte, ainsi que l'a dit avant moi l'honorable M. Pelletan, comme je viens de le rappeler moi-même, M. Foucher de Careil n'était plus préfet, partant, plus redoutable ; comment comparer cette influence toute personnelle dont il cherchait à se faire un levier, cette influence de souvenirs, déjà éloignés, plus amicaux qu'officiels, à celle du préfet en fonctions, maître des maires et des autres fonctionnaires soumis à son pouvoir, qui souhaitent sa bienveillance, qui craignent son mécontentement, à plus forte raison sa colère ?

L'assimilation est impossible ; personne de bonne foi ne l'acceptera. (Très-bien ! à gauche.) Voilà les seules manifestations de M. Foucher de Careil avant sa lettre du 1er février dont on a fait tant de bruit. Or, bien avant cela, que disait-on, que faisait-on contre lui ?

Un journal légitimiste qui patronnait ardemment la candidature de M. de Kerjégu, écrivait :

« Les députés républicains ont toujours voté contre le maréchal de Mac Mahon, et le jour où ils seraient les plus nombreux le sang coulerait en France ; car le maréchal est bien décidé »... (Bruit) « à réprimer avec une énergie toute militaire les mouvements révolutionnaires.

« Le Maréchal sait fort bien que la France est lasse de la République, et il accomplira résolument la mission de défense sociale qui lui a été confiée. »

La République existait déjà, monsieur l'ancien garde des sceaux...

M. Tailhand. Je n'y suis pour rien.

M. Madier de Montjau. Vous en étiez le ministre. Si la Constitution nouvelle ne la régissait pas encore, la Constitution de 1849 était momentanément acceptée. M. Thiers l'avait affirmée autrefois, la République ; le maréchal de Mac Mahon avait fait comme son prédécesseur : il l'avait acceptée et il l'avait déclaré solennellement en arrivant au pouvoir.

Et vous, qui aviez charge de la faire respecter, qu'avez-vous fait ?... Comme il ne s'agissait que d'un candidat républicain, vous avez laissé aller ; vous avez laissé outrager la forme du Gouvernement dont vous étiez le représentant, les hommes qui lui étaient dévoués. Vous, qui, quinze jours plus tard, alliez prendre peur que des images grossières, ces trois drapeaux dessinés dans le journal dévoué à M. Foucher de Careil, missent le feu aux poudres et allumassent la guerre civile, vous laissiez écrire la *Gazette de Bretagne*, vous laissiez prophétiser la guerre civile... (Vives protestations à droite.)

Oui, messieurs, je le dis avec une indignation profonde, que partagerait, j'en suis persuadé, l'honorable maréchal Président de la République... (Interruptions) d'autant plus que ces pensées de guerre civile, on les plaçait sous son patronage ; ces desseins violents, on supposait qu'ils étaient dans sa tête et dans son cœur. C'était faire manquer à lui, autant et plus qu'à la Constitution, à la République, au pays, et vous laissiez faire! (Très-bien ! à gauche.)

Ce n'est pas tout, et contre le candidat républicain on ne se bornait pas là à cela. Le 29 janvier, avant toutes les dates où l'on incrimine M. de Careil, un de ces journaux qui ont pour Égéries les préfectures, et cela si bien au su et au vu de tout le monde, que dans chaque département on ne les appelle jamais du nom qu'ils se sont donné, mais bien les journaux de la préfecture ou de M. le préfet, — quelques-uns sont très-légitimistes, ce qui ne les empêche pas d'être très-bien en cour, d'être acceptés par MM. les préfets de la République, comme leurs organes attitrés, — un de ces journaux disait :

« Parmi les trois candidats à la députation qui se présentent au suffrage des électeurs, l'amiral de Kerjégu peut seul affirmer d'une manière autorisée que sa candidature a les sympathies du Maréchal. »

Et ce journal était si bien, quand il parlait ainsi, le porte-voix de l'administration ; le caractère de son intervention était si bien officiel, que, quelques jours plus tard, le 4 du même mois, vingt-quatre heures avant que le préfet parlât des poursuites dirigées contre l'adversaire de M. de Kerjégu, ce journal les annonçait, lui, comme chose certaine, sans être démenti, sans être dénoncé.

Que l'on dise ensuite que c'est M. de Careil qui, par ses actes antérieurs, a provoqué la partialité, la passion de M. le préfet, du Gouvernement, de tous les fonctionnaires à la suite !

M. Foucher de Careil ne se recommandait de l'appui du Maréchal que le 1er février, lorsqu'il était déjà touché au vif par ces attaques ; d'autant plus touché, qu'il ne pouvait comprendre cette guerre acharnée, lui qui se défendait — avec une insistance médiocrement faite, vous le reconnaîtrez, messieurs, pour me rendre partial ici en sa faveur, — lui qui se défendait d'être un radical, un détestable radical, disant que son nom, ses antécédents devraient le mettre, assurément, à l'abri de pareils soupçons. Alors seulement il écrit cette lettre que je ne prétends pas plus défendre que M. le rapporteur, par laquelle il se fondait sur les événements qui venaient de s'accomplir à Versailles, sur les derniers votes de l'Assemblée, il s'affirmait le seul candidat de M. de Mac Mahon, c'est-à-dire le seul candidat logique, possible, ne faisant, après tout, que ce que j'a reconnu plus tard l'instruction, qu'énoncer, sous une forme captieuse, ce que tout rendait vraisemblable. (Marques d'assentiment sur quelques bancs.)

Quelques jours plus tard, le 4, dans le journal favorable à sa candidature, paraissent les drapeaux.

Vous n'aviez pas, monsieur le garde des sceaux d'alors, poursuivi l'*Indépendance bretonne* du 29 ; vous vous êtes bien gardé de poursuivre la *Gazette de Bretagne* à la mi-janvier. Oh ! non ! pour eux, pas de poursuites, pas de rigueurs, pas même de blâme. Tout cela n'est que pour nous, et vous le prouvez... (Marques d'approbation à gauche) : le 5, poursuites contre le journal aux drapeaux.

Lorsque vous avez poursuivi ces drapeaux, vous y voyiez, avez-vous dit dans la commission, une excitation à la guerre civile que vous ne pouviez pas tolérer, quelque chose de monstrueux qu'il fallait absolument punir ; mais, comme vous pensiez que vous auriez plus de chances de frapper vite en ne poursuivant qu'une contravention, vous avez donné ce caractère à la poursuite, et bientôt vous parveniez, en effet, ainsi, à faire condamner pour ce fait le malheureux éditeur de cet infortuné journal à 5,000 fr. d'amende ; rien que 5,000 francs !

M. Tailhand. C'était une contravention matérielle !

M. Madier de Montjau. Vous avez insisté beaucoup, je le sais, sur le texte qui accompagnait l'imagerie, sur cette prophétie menaçante qu'au cas où la royauté reviendrait, on verrait avec elle reparaître tous les anciens droits féodaux. Indigne calomnie ! Excitation à la haine des citoyens !

Mais, messieurs, quel rapport entre une contravention et tout cela ? Et puis, était-ce donc un si grand crime à ce journal d'articuler qu'il ne serait pas impossible que certaines traditions du passé revinssent dans le présent ? (Exclamations et rumeurs à droite.) Ne vous pressez pas de vous fâcher, messieurs ; ne vous exclamez pas. Il n'était pas monstrueux de supposer de telles choses et de les dire. (Si ! si ! à droite.)

Oui, vraiment, je sais bien qu'aujourd'hui vous nous dites que vous êtes convertis à la liberté, que si vous ne l'êtes pas à la République, vous êtes à une monarchie libérale, et vous, partisans de la légitimité, et vous, sectateurs de l'Appel au peuple. Mais il est des faits qui attestent que vous qui vous portez aussi forts pour votre parti, vous êtes mal renseignés sur toutes les dispositions des vôtres et des plus considérables encore. (Exclamations à droite.)

Oui, oui, j'ai chez moi, par exemple, une pièce, — je regrette de ne pas l'avoir apportée, mais j'espère que vous me ferez l'honneur de me croire sur parole. C'est une pièce publiée au moment de la réunion du congrès de Vienne et signée par le prince cardinal de Broglie, archevêque de Malines, dans laquelle le clergé, par la plume du grand-vicaire du prince cardinal écrivant au nom de tous, demandait aux représentants des puissances européennes assemblées de rétablir la dîme. La dîme ! et savez-vous pourquoi ? parce que toute propriété appartient au clergé. (Exclamations et rires à gauche. — Réclamations à droite.)

Si vous ne voulez pas accepter aujourd'hui mon affirmation, j'apporterai demain la pièce même. (Bruit.)

Un membre à droite. C'est odieux !

M. Madier de Montjau. Rien d'étonnant donc que le journal de M. Foucher de Careil ait fait ces affirmations que vous avez trouvées si condamnables.

Et pourtant, encore une fois, dans tout le mouvement électoral des Côtes-du-Nord, voilà la seule chose où vous ayez trouvée condamnable ; car, à cette époque, M. le ministre de l'intérieur était aussi indulgent pour ses fonctionnaires que M. le garde des sceaux pour les siens ; que M. le ministre des finances pour ceux qui relevaient de lui, directeurs des contributions et autres ; que M. le ministre de l'instruction publique, M. de Cumont, pour les inspecteurs primaires et les instituteurs ; et vous n'ignoriez rien, cependant, même ce qui était confidentiel.

A cette époque, tous vos agents déclaraient, sans gêne, qu'ils travaillaient pour la candidature de M. de Kerjégu ; ils faisaient bien entendre à leurs subordonnés que ceux-ci se compromettraient s'ils ne votaient pas pour le candidat agréable. Bien mieux : ils distribuaient des photographies et des circulaires destinées à faire concurrence aux circulaires, aux brochures que les agents de M. le duc de

Feltre répandaient à flots, aux photographies de Chislehurst, dont nous avons eu ici grâce à M. Savary, de brillants spécimens. (Rires à droite.)

De telle sorte que, chose véritablement scandaleuse et qui pénétrera surtout d'indignation les plus dévoués au pouvoir et à la personne de M. le Maréchal, grâce au zèle avec lequel l'administration laissait pour M. de Kerjégu ce qu'elle reprochait amèrement à M. Foucher de Careil de faire pour son compte, M. de Mac Mahon, revendiqué d'ici, réclamé de là, tiraillé des deux côtés, pouvait rappeler ce comique provincial de Molière que deux femmes se disputent sans vouloir le lâcher, le réclamant ensemble pour mari, celle-ci disant : « Il y a quatre ans qu'il m'a épousée ! » celle-là criant : « Et moi quatre ans qu'il m'a prise pour femme ! » la première reprenant : « Tout Pézenas a vu notre mariage ! » la seconde répliquant : « Tout Saint-Quentin a assisté à nos noces ! » (Longues interruptions à droite.)

Voilà le rôle que vous faisiez jouer à l'homme considérable que l'Assemblée a placé au faîte du pouvoir ! Eh bien, avais-je raison ? Et dès cette époque, avant le premier scrutin, au commencement de février, votre partialité n'était-elle pas évidente : quand vous laissiez courir les journaux et les circulaires au profit de la candidature de M. de Kerjégu, candidat « autorisé du président ; » quand vous laissiez répandre, d'un autre côté, sans entraves, sans difficulté, les photographies napoléoniennes au profit du candidat bonapartiste, et qu'en même temps vous poursuiviez les *Trois drapeaux,* le journal de M. Foucher de Careil, en attendant l'heure où vous le défèreriez lui-même à la justice ? Et dès lors de ce premier examen de ces premiers faits, de cette partialité flagrante dès le début, ne suis-je pas autorisé à conclure à la gravité de ce qui est moins démontré, des lettres isolées venues de Bretagne que nous avons vues et de celles que nous n'avons pu voir et que vous niez ?... (Très-bien ! très-bien ! à gauche. — Rumeurs à droite. — Bruit.)

Nous avançons. Messieurs, il faut que vous soyez justes et que vous m'écoutiez, car l'ancien ministre a pu largement, librement exposer sa défense ; il faut que j'use librement de la parole à mon tour. Ce n'est pas ma faute si je suis monté à la tribune au moment où, d'ordinaire, vous touchez au terme de votre séance.

De divers côtés. A demain ! à demain !

Sur plusieurs bancs. Non ! non !

M. le président. J'entends demander la remise à demain. Insiste-t-on ?... (Oui ! oui ! — Non ! non !)

Plusieurs membres à droite. Continuons !

M. le président. Permettez, messieurs. Puisqu'on insiste sur la proposition de renvoyer la discussion à demain, le président est obligé de la mettre aux voix.

(Une première épreuve par mains levées est déclarée douteuse.)

M. le président. L'épreuve va être recommencée.

Quel que soit le résultat de cette épreuve, je prie les membres de l'Assemblée de ne pas quitter leurs places après le vote, parce qu'il y aura à statuer sur les conclusions

du rapport qui sera présenté au nom de la commission du budget sur le projet de loi ayant pour but l'ouverture au ministre de l'intérieur d'un crédit de 100,000 fr., destiné à parer aux malheurs causés par les inondations dans le Midi de la France, projet de loi pour lequel l'urgence a été prononcée.

Maintenant M. Madier de Montjau me prie de dire à l'Assemblée que si la suite de la discussion n'est pas renvoyée à demain, l'état de fatigue dans lequel il se trouve le forcera à demander au moins dix minutes de repos. (Exclamations en sens divers.)

Je consulte de nouveau l'Assemblée pour savoir si elle entend renvoyer à demain la suite de la discussion.

(L'épreuve a lieu par assis et levé. — L'Assemblée se prononce pour le renvoi à demain de la suite de la discussion.)

M. le président. Vous allez entendre, messieurs, la lecture d'un rapport fait, au nom de la commission du budget de 1875, sur le crédit de 100,000 fr. Vous aurez ensuite — je l'annonce afin qu'il n'y ait pas de surprise, — à vous prononcer sur la proposition de mise à l'ordre du jour de la 3e délibération sur le projet de loi relatif à l'enseignement supérieur.

M. Duclerc a la parole comme rapporteur de la commission du budget.

M. Duclerc, *rapporteur.* Messieurs, la commission du budget de 1875 vient de se réunir pour examiner la demande de crédit qui vous a été soumise par M. le vice-président du conseil à l'ouverture de la séance.

Les motifs qui vous ont été exposés ne sont malheureusement que trop graves. Les inondations exercent dans les départements pyrénéens des ravages considérables. Il n'y a pas un instant à perdre pour porter secours aux populations victimes du désastre.

Emue, comme vous l'avez été, en entendant M. le ministre, la commission eût volontiers augmenté le crédit qui vous est demandé. Mais elle a considéré que ce crédit a surtout le caractère d'une provision, et que, s'il est insuffisant, le Gouvernement réclamera les ressources qui seraient ultérieurement nécessaires. (Très-bien ! très-bien !)

En conséquence, elle vous propose de voter le crédit de 100,000 francs qui vous est demandé. (Approbation unanime.)

Voici les termes du projet de loi :

« Art. 1er. — Il est accordé au ministre de l'intérieur, sur l'exercice 1875, un crédit extraordinaire de 100,000 fr. par addition au chapitre 19 du budget du ministère de l'intérieur (Secours à des établissements et institutions de bienfaisance).

« Art. 2. — Il sera pourvu à cette dépense au moyen des ressources générales affectées au budget dudit exercice 1875. »

M. le président. Je consulte l'Assemblée pour savoir si elle entend passer à la discussion des articles.

(L'Assemblée, consultée, décide qu'elle passe à la discussion des articles.)

Les deux articles du projet de loi sont successivement mis aux voix et adoptés.

Le scrutin auquel il est procédé sur l'ensemble donne le résultat suivant :

Nombre des votants.......... 677
Majorité absolue.............. 339

Pour 677
Contre.............. 0

L'Assemblée nationale a adopté.

M. le président. La 36ᵉ commission des congés est d'avis d'accorder :

A M. Flotard, un congé de quinze jours ;
A M. de Chabrol, un congé de vingt jours ;
A M. Monnot-Arbilleur, un congé de vingt-cinq jours.

Il n'y a pas d'opposition ?...

Les congés sont accordés.

La parole est à M. Chesnelong sur l'ordre du jour.

M. Chesnelong. Messieurs, j'ai l'honneur de demander à l'Assemblée de vouloir bien mettre à son ordre du jour la 3ᵉ délibération du projet de loi sur la liberté de l'enseignement supérieur immédiatement après la 2ᵉ délibération sur la loi des pouvoirs publics. (Très-bien ! très-bien ! à droite et au centre, droit.)

Il me semble que, dans ces conditions, cette proposition ne peut rencontrer d'objections sur aucun banc de l'Assemblée. (Marques d'adhésion à droite.)

M. le président. Je mets aux voix la proposition de M. Chesnelong.

(L'Assemblée, consultée, décide que la 3ᵉ délibération du projet de loi sur la liberté de l'enseignement supérieur sera mise à l'ordre du jour après la 2ᵉ délibération du projet de loi sur les pouvoirs publics.)

(La séance est levée à six heures un quart.)

Le directeur du service sténographique de l'Assemblée nationale,

CÉLESTIN LAGACHE.

SCRUTIN

Sur le projet de loi ayant pour objet l'ouverture d'un crédit extraordinaire de 100,000 fr., par addition au chapitre 19 du budget du ministère de l'intérieur (exercice 1875), pour venir en aide aux victimes de l'inondation.

Nombre des votants...... 677
Majorité absolue......... 339

Pour l'adoption. 677
Contre 0

L'Assemblée nationale a adopté.

ONT VOTÉ POUR

MM. Abbadie de Barrau (le comte d'). Abbatucci. Aboville (vicomte d'). Adam (Pas-de-Calais). Adam (Edmond) (Seine). Adnet. Aigle (le comte de l'). Alexandre (Charles). Allemand. Alleneu. Amat. Amy. Ancel. Ancelon. Andelarre (le marquis d'). André (Charente). André (Seine). Anisson-Duperon. Arago (Emmanuel). Arbel. Arfeuillères. Arnaud (de l'Ariège). Arrazat. Aubry. Audren de Kerdrel. Aurelle de Paladines (général d'). Auxais (d').

Babin-Chevaye. Bagneux (comte de). Balsan. Bamberger. Baragnon. Barante (le baron de). Barascud. Bardoux. Barni. Barodet. Barthe (Marcel). Barthélemy Saint - Hilaire. Bastard (comte Octave de). Bastid (Raymond). Batbie. Baucarne-Leroux. Beau. Beaussire. Beauvillé (de). Benoist d'Azy. Benoist du Buis. Benoît (Meuse). Berlet. Bernard (Charles) (Ain). Bernard (Martin) (Seine). Bernard-Dutreil. Bert. Bertauld. Besson (Paul). Bethmont. Béthune (le comte de). Beurges (le comte de). Bidard. Bienvenüe. Bigot. Billot (général). Billy. Blanc (Louis). Blavoyer. Blin de Bourdon (le vicomte). Bocher. Boduin. Boffinton. Boisboissel (comte de). Boisse. Bompard. Bonald (vicomte de). Bondy (comte de). Bonnel (Léon). Bonnet. Boreau-Lajanadie. Hottard. Bottieau. Boucau (Albert). Bouchet (Bouches-du-Rhône). Bouillé (le comte de). Boullier (Loire). Boullier de Branche. Bourgeois. Boyer. Boysset. Bozérian. Brabant. Brame (Jules). Brelay. Bretona (Paul). Brettes-Thurin (comte de). Brice (Ille-et-Vilaine). Brice (Meurthe-et-Moselle). Brillier. Brisson (Henri) (Seine). Broët. Broglie (duc de). Brun (Charles) (Var). Brun (Lucien) (Ain). Brunet. Bryas (comte de). Buée. Buffet. Buisson (Jules) (Aude). Busson-Duviers.

Caduc. Caillaux. Calemard de La Fayette. Callet. Calmon. Carbonnier de Marzac (de). Carion. Carnot (père). Carnot (Sadi). Carquest. Carré-Kérisouët. Carron (Émile). Casimir Perier. Castellane (marquis de). Castelnau. Cazeaux. Cazenove de Pradine (de). Cazot (Jules) (Gard). Chabaud La Tour (Arthur de). Chabaud La Tour (général baron de). Chabrol (de). Chamel-Lacour. Chamaillard (de). Champagny (vicomte Henri de). Champvallier (de). Chanzardier (général). Chaper. Chardon. Chareton (le général). Charreyron. Charton. Chasteau. Chauraud (baron). Chavassieu. Cheguillaume. Cherpin. Chesnelong. Chevandier. Chiris. Choiseul (Horace de). Christophle (Albert). Cintré (comte de). Cissoy (le général de). Clapier. Claude (Meurthe-et-Moselle). Claude (Vosges). Clément (Léon). Clerc. Clercq (de). Cochery. Colombet (de). Combarieu (de). Combier. Contaut. Corbon. Cordier. Corne. Cornulier-Lucinière (comte de). Costa de Beauregard (marquis de). Cotte. Cottin (Paul). Courbet-Poulard. Courcelle. Crémieux. Crussol d'Uzès (duc de). Cumont (vicomte Arthur de). Cunit.

Daguenet. Daguilhon-Lasselve. Dampierre (marquis de). Danelle-Bernardin. Daron (comte). Daumas. Dauphinot. Daussel. Dezcazes (duc). Delacour. Delacroix. Delavau. Delille. Delisse-Engrand. Delord. Delorme. Delpit. Delsol. Denfert (colonel). Denormandie. Depasse. Depeyre. Dereglaucourt. Deshabassayns de Richemont (comte). Descat. Deschange. Desjardins. Destremx. Dezanneau. Diesbach (comte de). Dietz-Monnin. Dompierre d'Hornoy (l'amiral de). Doré-Graslin. Douay. Douhet (comte de). Dréo. Drouin. Du Bodan. Dubois. Dubovs-Fresnay (le général). Du Breuil de Saint-Germain. Ducarre. Du Chaffaut. Duchâtel (comte). Duclerc. Ducuing. Dufaur (Xavier). Dufaure (Jules). Dufay. Dufour. Dufournel. Dumarnay. Dumon. Dupanloup (Mgr). Duparc. Dupin (Félix). Dupont (Alfred). Dupouy. Duréault. Durfort de Civrae (le comte de). Durieu. Dussaussoy. Duvergier de Hauranne.

Ernoul. Escarguel. Eschasseriaux (baron). Esquiros. Eymard-Duvernay.

Farcy. Favre (Jules). Faye. Féligonde (de). Feray. Fernier. Ferrouillat. Ferry (Jules). Flaghac (baron de). Fleuriot (de). Folliet

Fontaine (de). Forsanz (vicomte de). Foubert. Fouquet. Fourcand. Fourichon (amiral). Fournier (Henri). Fourtou (de). Fraissinet. Franclieu (marquis de). Frébault (général).

Gagneur. Gailly. Galloni d'Istria. Gambetta. Ganault. Ganivet. Gaslonde. Gasselin de Fresnay. Gatien-Arnoult. Gaudy. Gaulthier de Rumilly. Gaulthier de Vancenay. Gavardie (de). Gavini. Gayot. Gent. George (Emile). Gérard. Germain. Germonière (de la). Gévelot. Gillon (Paulin). Ginoux de Fermon (comte). Giraud (Alfred). Girerd (Cyprien). Girot-Pouzol. Glas. Goblet. Godet de La Riboullerie. Godin. Godissart. Gouin. Gouvello (de). Gouvion Saint-Cyr (marquis de). Grammont (marquis de). Grandpierre. Grange. Grasset (de). Greppo. Grévy (Albert). Grévy (Jules). Grivart. Grollier. Gueidan. Guibal. Guichard. Guiche (marquis de la). Guilliemaut (général) Guinot. Guyot.

Haentjens. Hamille. Harcourt (le comte d'). Barcourt (le duc d'). Haussonville (le vicomte d'). Hérisson. Hespel (comte d'). Hèvre. Houssard. Humbert. Huon de Penanster.

Jacques. Jaffré (abbé). Jamme. Janzé (baron de). Jaurès (amiral). Joctreau-Montrozier. Johnston. Joigneaux. Joinville (prince de). Jordan. Joubert. Jouin. Jourdan. Jouvenel (baron de). Jozon. Juigné (comte de). Juigné (marquis de). Jullien.

Keller. Kergariou (comte de). Kergorlay (comte de). Kéridec (de). Kerjégu (amiral de). Kermenguy (vicomte de). Kolb-Bernard. Krantz.

La Bassetière (de). Labitte. La Borderie (de). La Bouillerie (de). Laboulaye. Lacave-Laplagne. La Caze (Louis). Lacombe (de). Lacretelle (Henri de). Lafayette (Oscar de). Lafize. Lafon de Fongaufier. Laget. Lagrange (baron A. de). Lallié. Lambert (Alexis). Lambert de Sainte-Croix. Lamberterie (de). Lamy. Lanel. Lanfrey. Langlois. La Pervanchère (de). Larcy (baron de). Largentaye (de). La Roche-Aymon (marquis de). La Rochefoucauld (duc de Bisaccia). La Rochejaquelein (marquis de). La Rochethulon (marquis de). La Rochette (de). La Serve. La Sicotière (de). Lassus (baron de). Latrade. Laurent-Pichat. Laurier. Lavergne (Léonce de). Leblond. Lebourgeois. L'Ebraly. Lebretou. Lecanuet. Le Chatelain. Lefébure. Lefèvre (Henri). Lefèvre-Pontalis (Eure-et-Loir). Lefèvre-Pontalis (Seine-et-Oise). Lefranc (Pierre). Lefranc (Victor). Le Gal La Salle. Legge (comte de). Legrand (Arthur). Le Lasseux. Lenoël (Emile). Lepère. Lepetit. Lépouzé. Le Provost de Launay. Leroux (Aimé). Le Royer Lesguillon. Lespinasse. Lestapis (de). Lestourgie. Leureni. Levêque. Levert. Lherminier. Limairac (de) (Tarn-et-Garonne). Limayrac (Léopold) (Lot). Limperani. Littré. Lockroy. Lorgeril (vicomte de). Lortal. Loustalot. Louvet. Loysel (général). Lucet. Luro. Lur-Saluces (marquis de).

Madier de Montjau. Magniez. Magnin. Mahy (de). Maillé (le comte de). Maillé. Malens. Maleville (le marquis de). Maleville (Léon de). Malézieux. Mallevergne. Mangini. Marc-Dufraisse. Marcère (de). Marchand. Marck. Marcou. Margaine. Martel (Pas-de-Calais). Martell (Charente). Martenot. Martin (Charles). Martin (Henri). Martin (d'Auray). Martin des Pallières (général). Mathieu (Saône-et-Loire). Mathieu-Bodet (Charente). Mathieu de la Redorte (comte). Maurice. Max-Richard. Mazeau. Mazerat. Mazure (général). Meaux (vicomte de). Médecin. Méline. Melun (comte de). Méplain. Mercier. Mérode (de). Merveilleux du Vignaux. Mestreau. Mettetal. Michal-Ladichère. Michel. Millaud. Monjaret de Kerjégu. Monneraye (comte de La). Monnet. Montaignac (amiral de). Monteil. Montgolfier. Montlaur (marquis

de). Montrieux. Moreau (Côte-d'Or). Moreau (Ferdinand). Morin. Mornay (le marquis de) Mortemart (duc de). Morvan. Mouchy (duc de). Murat (comte Joachim). Murat-Sistrières.

Naquet. Nétien. Nioche. Noël - Parfait. Nouaillan (comte de).

Ordinaire (fils).

Pagès-Duport. Pajot. Palotte (Jacques). Parent. Paris. Paray. Partz (marquis de). Pascal Duprat. Passy (Louis). Patissier (Sosthène). Pelletan. Pellissier (général). Peltereau-Villeneuve. Périn. Pernolet. Perret. Perrier (Eugène). Petau. Peulvé. Peyramont (de). Peyrat. Philippoteaux. Picard (Ernest). Picart (Alphonse). Pin. Pioger (de). Piou. Plichon. Plœuc (marquis de). Pompery (de). Pontoi. Pontcarré (le marquis de). Pothuau (amiral). Pouyer-Quertier. Pradié. Prax-Paris. Pressensé (de). Prétavoine. Puiberneau (de). Quinsonas (marquis de).

Rainneville (de). Rambures (de). Rameau. Rampon (comte). Rampont. Raoul Duval. Rathier. Raudot. Ravinel (de). Rémusat (Paul de). Renaud (Félix). Renaud (Michel). Rességuier (comte de). Reymond (Ferdinand) (Isère). Raymond (Loère). Riant (Léon). Ricard. Ricot. Riondel. Rive (Francisque). Robert (général). Robert (Léon). Robert de Massy. Rodez-Bénavent (vicomte de). Roger du Nord (comte). Roger-Marvaise. Roilland (Charles) (Saône-et-Loire). Rotours (des). Roudier. Rouher. Rousseau. Rouveure. Rouvier. Roux (Honoré). Roy de Loulay. Roys (marquis des).

Sacase. Saincthorent (de). Saintenac (vicomte de). Saint-Germain (de). Saint-Malo (de). Saint-Pierre (de) (Calvados). Saint-Pierre (Louis de) (Manche). Saint-Victor (de). Saisset (vice-amiral). Saisy (Hervé de). Salneuve. Salvandy (ue). Salvy. Sansas. Sarrette. Saussier (général). Savary. Savoye. Say (Léon). Schérer. Scheurer-Kestner. Schœlcher. Sebert. Ségur (comte Louis de). Seignobos. Sénard. Sens. Serph (Gusman). Sers (marquis de). Silva (Clément). Simiot. Simon (Fidèle). Simon (Jules). Soubeyran (baron de). Soury-Lavergne. Soyc. Staplande (de). Sugny (de). Swiney.

Taberlet. Tailhand. Taillefert. Talhouet (marquis de). Tallon. Tamisier. Tardieu. Tarteron (de). Tassin. Teisserenc de Bort. Temple (du). Testelin. Théry. Thiers. Thomas (docteur). Thurel. Tiersot. Tillancourt (de). Tirard. Tocqueville (comte de). Tolain. Toupet des Vignes. Tréveneuc (comte de). Tréville (comte de). Tribert. Turigny. Turquet.

Vacherot. Valady (de). Valazé (général). Valentin. Vaïfons (marquis de). Valon (de). Vandier. Varroy. Vast-Vimeux (baron). Vaulchier (comte de). Vautrain. Venlavon (de). Vente. Vétillart. Vidal (Saturnin). Viennet. Vilfeu. Villain. Vimal-Dessaignes. Vinay (Henri). Vingtain (Léon). Vinols (le-baron de). Vitalis. Vogüé (marquis de). Voisin.

Waddington. Wallon. Warnier (Marne). Wartelle de Retz. Wilson. Witt (Cornélis de).

Comme étant retenus à la commission des lois constitutionnelles :

MM. Adrien Léon. Baze. Cézanne.

Comme étant retenus à la commission du budget :

MM. Osmoy (comte d'). Wolowski.

MM. Aclocque. Audiffret-Pasquier (le duc d'). Bérenger. Bouisson. Bourgoing (le baron de). Buisson (Seine-Inférieure). Carayon La Tour (de). Casse (Germain). Decazes (baron). Fresneau. Guinard. Lasteyrie (Jules de). Malartre. Mayaud. Princeteau. Rivaille. Target.

ABSENTS PAR CONGÉ :

MM. Aumale (le duc d'). Aymé de la Chevrelière. Belcastel (de). Besnard. Chambrun (le comte de). Chanzy (le général). Chaudordy (le comte de). Corcelle (de). Crespin. Desbons. Flotard. Gallicher. Gontaut-Biron (vicomte de). Journault. La Roncière Le Noury (vice-amiral baron de). Le Flo (général). Magne. Maure. Monnot-Arbilleur. Parigot. Roussel.

ASSEMBLÉE NATIONALE

SÉANCE DU VENDREDI 25 JUIN 1875

PRÉSIDENCE DE M. LE DUC D'AUDIFFRET-PASQUIER

La séance est ouverte à deux heures et demie.

M. de Casenove de Pradine, *l'un des secrétaires*, donne lecture du procès-verbal de la séance d'hier.

Le procès-verbal est adopté.

M. le président. M. Sebert, retenu par une indisposition, s'excuse de ne pouvoir assister à la séance de ce jour.

M. Monjaret de Kerjégu. J'ai l'honneur de déposer sur le bureau, au nom de la commission du budget, un rapport sur le budget des dépenses de l'exercice 1876 (ministère de l'agriculture et du commerce).

M. le président. Le rapport sera imprimé et distribué.

M. Ganivet. J'ai l'honneur de déposer sur le bureau de l'Assemblée une proposition tendant à abroger la loi du 2 août 1872, sur les bouilleurs de cru.

M. le président. La proposition sera imprimée, distribuée et renvoyée à la commission d'initiative.

L'ordre du jour appelle la suite de la discussion sur l'élection des Côtes-du-Nord.

La parole est à M. Madier de Montjau pour continuer son discours.

M. Madier de Montjau. Messieurs, je me suis efforcé hier de démontrer à l'Assemblée, et si mal que mes forces servissent ma bonne volonté, je crois avoir fait complète cette démonstration, que bien avant la lettre de M. Foucher de Careil du 1ᵉʳ février, la seule qui puisse être quelque peu sérieusement incriminée, je veux dire celle par laquelle il annonçait aux maires qu'il était le seul véritable et sérieux candidat du Gouvernement, les amis de M. de Kerjégu et l'administration avaient pris très-nettement et très-catégoriquement l'initiative de la candidature gouvernementale.

Témoin ce détestable article de la *Gazette de Bretagne*, par lequel on prophétisait la guerre civile et l'on annonçait les violents desseins du maréchal de Mac Mahon pour le cas où un républicain de plus viendrait s'asseoir au centre gauche, à côté des Casimir Périer, des Maleville, des Barthélemy Saint-Hilaire ! (Très-bien ! très-bien ! à gauche. — Rires et rumeurs à droite.)

Témoin, le 29 janvier, l'article du journal de la préfecture, l'*Indépendance bretonne*, qui, porte-voix de M. le préfet, déclarait très nettement que M. de Kerjégu était le seul candidat « autorisé » du Gouvernement.

Témoin cette lettre curieuse de M. le sous-préfet de Loudéac, Boucher de Langle, qui pourrait être breveté, avec garantie du Gouvernement, pour l'invention des rateliers obligatoires... (Rires à gauche), lettre dans laquelle on menaçait les maires qui ne viendraient pas, tout à la fois, dîner et faire de la politique. (Très-bien ! à gauche.)

Témoin les lettres du même sous-préfet à des maires pour les menacer encore du courroux gouvernemental s'ils ne déployaient pas toute leur activité au profit du candidat du Gouvernement.

Témoin encore la partialité constante dont dès le mois de janvier jusqu'à la fin de l'élection on faisait preuve, non-seulement au profit de M. de Kerjégu, mais au profit de M. le duc de Feltre, candidat bonapartiste, en affichant, par exemple, le vote par lequel l'Assemblée avait rejeté l'amendement Laboulaye, tandis qu'on se gardait bien d'afficher le vote par lequel elle avait adopté l'amendement Wallon. (Très-bien ! très-bien ! à gauche.)

Témoin les complaisances du parquet, et la tolérance de l'administration, qui permettaient que des photographies chislehurstiennes fussent distribuées par les agents du duc de Feltre, que d'autres photographies portant les mots « comité Kerjégu » et représentant M. le maréchal de Mac Mahon fussent distribuées au profit de cette dernière candidature ; qui envoyaient, sans poursuivre, des affiches blanches, c'est-à-dire sur papier officiel et non visées, placardées partout, tandis qu'au contraire on se montrait rigoureux envers le *Moniteur de Bretagne* favorable à la candidature de M. Foucher de Careil, et qui, au-dessous des trois fameux drapeaux que vous savez, publiait cette prophétie du retour des droits féodaux qui a si violemment soulevé la conscience de M. l'ancien garde des sceaux.

Plusieurs membres à droite. Et la nôtre aussi !

M. Madier de Montjau. Je demande ici à l'Assemblée la permission d'ouvrir une courte parenthèse.

Quand j'ai dit hier que les prophéties du *Moniteur de Bretagne* imprimées au-dessous de l'imagerie des trois drapeaux étaient justifiées par certains faits considérables, notamment, par une certaine requête du clergé de Gand au congrès de Vienne... (Exclamations à droite.)

Un membre à droite. Du clergé de Malines et non pas de Gand !

M. Madier de Montjau. ... du côté droit de cette Assemblée, une interruption est partie, que j'ai lue ce matin dans l'*Officiel* ; on s'est écrié : « C'est odieux ! » Si c'est de la prétention à laquelle je faisais allusion qu'on voulait parler, je suis absolument de l'avis de l'honorable interrupteur... (Très-bien ! à gauche) ; si c'est de ma citation, la qualification qu'on lui appliquait ne pouvait être-juste que si elle était inexacte, car citer un document historique fut toujours permis, ici surtout. (Très-bien ! à gauche.)

Je tiens à prouver à l'Assemblée, tout en faisant une légère rectification à ce que j'ai dit hier... (Ah ! ah ! à droite), que je ne parle pas à la légère, que le fond de mon assertion était parfaitement exact et que mes souvenirs me servaient à merveille.

J'ai dit, mal à propos, et je m'empresse de le confesser, que le clergé réclamait la dîme comme unique propriétaire des biens. Il ne faut pas que cela reste, c'est une erreur ; le clergé se contentait d'affirmer qu'il avait une hypothèque légale éternelle sur toute propriété. (Rires à gauche.) Au surplus, voici le texte :

L'auteur belge qui le cite dit :

« Écoutons comment l'un des plus grands docteurs du moyen âge résume ce dogme fondamental de la théocratie : « L'Église a un droit sur les biens des laïques ; elle peut en user aussi souvent que son intérêt l'exige. Le pape peut donc exiger des dîmes des laïques comme des clercs ; il peut forcer les fidèles à les payer. Ce droit est de l'essence de l'Église, on ne peut pas prescrire contre elle. »

C'est le moyen-âge, je le sais, qui parlait ainsi, messieurs, et je n'aurais pas été chercher si loin s'il n'y avait eu que cela ; mais voici le présent :

« Ces prétentions paraissent tenir, en effet, à l'essence de l'Église, continue l'auteur, car, malgré le changement complet des institutions, des idées, des mœurs, elle n'y a point renoncé. »

« Voici en quels termes hautains le clergé de Gand réclamait la dîme en 1814... » (Interruptions à droite.)

Je comprends à merveille, messieurs, que vous désiriez que cela ne devienne pas de l'histoire et que, de la tribune, cela n'aille pas, s'étendant sur tout le pays, l'éclairer sur certains projets...

A droite. Allons donc !

M. Madier de Montjau. Mais j'irai jusqu'au bout. (Parlez ! parlez ! à gauche.)

Voici donc, encore une fois, en quels termes hautains le clergé de Gand réclamait la dîme en 1811 :

« Pour que le clergé demeure à jamais libre... » (Bruit.)

M. le vicomte de Lorgeril prononce, de sa place, quelques mots que le bruit empêche d'entendre. »

M. le président. Je vous prie de ne pas interrompre.

M. Madier de Montjau. Croyez bien, messieurs, que je lirai tout, absolument tout, quand même.

« Pour que le clergé demeure à jamais libre dans l'exercice de ses fonctions, conformément aux saints canons, il ne suffit pas que les évêques puissent agir librement dans le for extérieur par leurs officiaux et prendre les mesures qu'ils jugeront nécessaires pour maintenir dans leurs diocèses la discipline ecclésiastique... » (Nouvelles interruptions à droite.)

M. le marquis de la Rochethulon. A l'élection ! à l'élection !

Plusieurs membres. A la question ! à la question !

M. Madier de Montjau, *continuant :* « ...à laquelle l'enseignement et la doctrine appartiennent dans toutes les maisons d'éducation, avec l'autorité que lui assurent les conciles, etc., ainsi qu'il le faisaient autrefois : il est encore absolument nécessaire que la dotation du clergé soit irrévocablement fixée et qu'elle soit indépendante de l'autorité civile. Pour cet effet, il suffirait de rétablir la dîme ; elle avait été considérée de tout temps comme un fonds inaliénable et sacré, lorsque les révolutionnaires l'abolirent pour rendre le culte divin et ses ministres dépendants de tous les caprices des démagogues, qui n'avaient d'autre but que de renverser l'autel et le trône... »

A droite. A l'élection ! à l'élection !

M. Madier de Montjau. « ...Il est juste de la rétablir, parce que c'est aujourd'hui l'unique moyen de doter le clergé et les églises ; parce que toutes les propriétés territoriales ont été acquises de temps immémorial, jusqu'à l'époque de la Révolution française, avec la charge de la prestation, de la dîme, et que délivrer les propriétaires de cette charge, c'est leur livrer le bien des décimateurs, sans aucun titre et sans aucune indemnité. Il n'y a rien de plus manifestement injuste ; parce que, s'il suffit d'une révolution pour anéantir les droits les plus sacrés, et qu'au retour de l'ordre ces usurpations soient néanmoins maintenues, les corporations et les individus spoliés restant seuls victimes, ne serait-ce pas proclamer en quelque sorte le triomphe du crime et de la scélératesse, et engager dans la suite les gens hardis, sans principes et sans moralité, à tout oser, tout bouleverser, dans l'espérance d'obtenir le même succès ? — Mémoire adressé, le 8 octobre 1814, aux hautes puissances assemblées dans le congrès de Vienne, par MM. les vicaires généraux du diocèse de Gand, dans l'absence et suivant l'intention expresse de Mgr le prince de Broglie, évêque de Gand. »

A droite. A la question ! à la question !

M. Albert Desjardins, *sous-secrétaire d'État de l'intérieur.* Quel rapport cela a-t-il avec l'élection ?

M. Madier de Montjau. Que ceci soit dit, messieurs, pour l'édification de l'Assemblée ; que ceci soit dit pour le pays, qui le retiendra ; que ceci soit dit pour la vérité, pour l'exactitude de l'histoire.

Je reviens à mon sujet.

Donc, messieurs, d'après tous les documents, d'après tous les faits que je rappelais tout à l'heure, tous antérieurs à la lettre de M. Foucher de Careil, l'affirmation de M. le préfet qui déclarait qu'il n'avait fait de la candidature officielle que parce qu'il y avait été provoqué, parce que M. Foucher de Careil lui en avait donné l'exemple, était une affirmation que je me bornerai à qualifier poliment de téméraire.

Et quel exemple, d'ailleurs, était-il si nécessaire de suivre? Fallait-il plus qu'une rectification ferme et nette? Fallait-il, à la suite de la lettre qu'on incriminait, user soi-même de tous les moyens qu'on reprochait au candidat persécuté?

Je suis heureux de pouvoir condamner le préfet des Côtes-du-Nord par la conduite de son collègue de Seine-et-Oise. Il n'y a pas longtemps, un autre candidat affirmait, lui aussi, dans ce département, que le Gouvernement lui était, non-seulement sympathique, mais acquis; il écrivait, lui aussi, à tous les maires dont il avait été autrefois le supérieur, car il avait été préfet de Seine-et-Oise, qu'il comptait sur eux pour servir sa candidature, parce qu'il était candidat du Gouvernement. Entre lui et mon honorable ami Valentin, son concurrent, que fit le préfet de Seine-et-Oise, M. Limbourg ? Ce qu'il devait faire, et rien que ce qu'il devait faire. — Il est vrai que, pour agir autrement, il aurait fallu patronner un candidat républicain. — Il avertit le concurrent de celui-ci que rien ne l'autorisait à s'intituler candidat du Gouvernement; il déclara que seul, lui préfet, il avait qualité pour parler au nom de ce Gouvernement; il ferma la bouche au candidat. Puis il resta silencieux, juge et maître du camp.

Cette conduite était parfaitement correcte : il n'y avait rien à y reprendre. M. Limbourg se conduisit bien, et c'est, je le répète, par son exemple que je condamne le préfet des Côtes-du-Nord.

M. Huon de Penanster. Le préfet des Côtes-du-Nord a fait exactement la même chose que M. le préfet de Seine-et-Oise !

M. le président. Vous pouvez demander la parole pour répondre, mais n'interrompez pas.

M. Madier de Montjau. Tout ce que je viens d'énumérer, cependant, messieurs, ces attaques violentes, cette partialité, l'intervention de l'administration locale, la distribution de photographies mac-mahoniennes, la protection des parquets et de l'administration pour les affiches illégales jaunes et blanches, contrastant avec la rigueur pour l'imagerie attribuée à M. Foucher de Careil, tout cela n'est rien à côté de ce qu'il me reste à vous dire.

Voici venir, en effet, après ce que vous connaissez, l'intervention des ministres, et, au premier rang, celle du ministre de la justice d'alors. Jusque-là l'administration inférieure tenait les cartes. A partir du commencement de février, c'est le ministère, c'est la chancellerie surtout qui vont faire le jeu. (Ah! ah! à droite.) Et, en effet, le 1er février, lettre de M. Foucher de Careil; le 4, publication du journal aux drapeaux. L'autorité n'a rien dit, rien fait encore contre la lettre de M. Foucher de Careil, et cependant, le jour de la publication des drapeaux, le journal de la préfecture affirme, avant M. le préfet lui-même — notez ceci, s'il vous plaît, — le journal préparateur du bruit que va répandre bientôt son patron... (Dénégations à droite.) annonce que M. Foucher de Careil est déféré à la justice.

M. Tailhand. Vous savez bien que ce n'est pas exact !

M. Madier de Montjau. Le 5, M. le préfet intervient, en effet, et confirme la déclaration de son organe. Il annonce la grande nouvelle, la nouvelle qui va détruire une candidature à coup sûr, la nouvelle qui déconsidérera, qui déshonorera aux yeux des campagnes et des paysans M. Foucher de Careil « déféré à la justice. »

Le préfet, fort habile, ne se compromet pas directement; il écrit aux maires une lettre, à l'abri de la critique, où il se borne à démentir M. de Careil.

Mais les saints ont plus d'ardeur que Dieu même; les courtisans, en tous pays, sont plus royalistes que le roi. (Très-bien! très-bien! à gauche.)

Les sous-préfets ont compris à demi-mot; M. le préfet l'avait bien prévu; ils font autographier la dépêche particulière qui leur a été adressée de la préfecture et qui annonce les poursuites. Ils la répandent partout, et les maires, qui ne veulent pas être en reste de zèle, la font tambouriner ou publier dans leurs communes à son de trompe. Ainsi commence la période de février à partir du 4; ainsi elle se poursuit le 5 et le 6.

J'insiste sur ces dates, parce qu'elles sont capitales, car, le 7, avait lieu le premier tour de scrutin. Et voici qui est bien autrement grave : la nouvelle donnée par l'*Indépendance bretonne*, la grande nouvelle des poursuites, donnée par M. le préfet, est — il faut appeler les choses par leur nom, — est fausse!

Un membre à droite. Comme les lettres.

M. Madier de Montjau. J'en prends à témoin M. l'ancien garde des sceaux, à qui j'en dois l'assurance.

Non, M. le préfet ne pouvait pas affirmer,

le 5, que M. Foucher de Careil était décidément déféré à la justice.

M. Albert Desjardins, *sous-secrétaire d'État de l'intérieur*. Il pouvait l'affirmer, car c'était vrai !

M. Madier de Montjau. Monsieur Desjardins, .vous êtes, plus que personne, ou au moins autant que personne, capable de répondre à la tribune ; je vous prie d'être assez bon pour ne pas interrompre mon raisonnement. Je vous écouterai à mon tour avec un grand plaisir tout à l'heure. (Très-bien ! très-bien ! à gauche. — Interruptions à droite.)

M. Prétavoine. Quand vous dites des choses inexactes, il faut bien vous arrêter !

M. Huon de Penanster. Tout cela est un roman !

M. Madier de Montjau. Je dis que, le 5, lorsque M. le préfet affirmait et faisait répandre si bruyamment que M. Foucher de Careil était déféré à la justice, la nouvelle était fausse. Pourquoi? Parce que M. le préfet ne pouvait pas déférer lui-même le candidat à la justice ; parce que, en supposant que, dans un entretien avec le parquet, il eût témoigné son désir de voir M. Foucher de Careil poursuivi, le parquet, cela résulte des déclarations de M. Tailhand, n'avait pu vouloir, dans des circonstances si graves, prendre un parti sans consulter la chancellerie.

L'ancien garde des sceaux nous dit, en effet, qu'on lui a exposé le cas, qu'on a pris son avis et que, le 6 seulement, par la première dépêche qu'il a lue à cette tribune, il a ordonné des poursuites. Contre qui? Contre M. Foucher de Careil? Pas même, pas encore. Ce coup d'assommoir n'était pas nécessaire pour le premier tour de scrutin : il suffisait de poursuivre l'imprimeur du journal Careil, et de faire rendre contre lui une ordonnance de renvoi.

En conséquence, M. le garde des sceaux ordonna de poursuivre l'imprimeur Quintin. De M. Foucher de Careil, il ne dit mot. Et, le 4, cependant — revenons-y, — la gazette du préfet avait annoncé la poursuite! (Très-bien ! très-bien ! à gauche) Et, le 5, encore une fois, le préfet confirmait, comme sûre, la nouvelle à sensation de sa gazette.

Le résultat fut tel qu'on devait l'attendre. M. Foucher de Careil fut battu à moitié au premier tour de scrutin.

Le 11 seulement, — ce n'est pas moi qui parle, c'est toujours M. Tailhand, — le 11 seulement, par la seconde dépêche qu'il nous a communiquée, il ordonnait de poursuivre M. Foucher de Careil comme coauteur de la publication des emblèmes non autorisés imputés à Quintin (les drapeaux) et comme auteur de fausses nouvelles, à raison de la lettre du 1er février, sur laquelle, certes, on avait eu tout le temps de délibérer.

Le 11!... Pourquoi cette date? Ah ! c'est que, le 7, le premier tour de scrutin n'avait pas donné à M. de Kerjégu une majorité suffisante pour être élu.

M. Tailhand. Vous n'avez pas le droit de faire de telles interprétations! Je n'ai pas dit cela !

M. Madier de Montjau. Vous me répondrez plus tard, monsieur Tailhand; je m'engage à vous donner plus ample matière à répondre avant de descendre de cette tribune.

Parce que, ai-je dit, le premier tour de scrutin n'avait pas donné une majorité suffisante à M. de Kerjégu; parce que, le 21, un second tour de scrutin allait avoir lieu, et parce que, « dans mon esprit », nous a dit dans le 2e bureau M. Tailhand, dont je prends les paroles dans le registre des procès verbaux de ce bureau, qui est là, sous mes yeux : « Dans mon esprit, la seule ordonnance qui pût être rendue devait être une ordonnance de renvoi devant la police correctionnelle. » C'est-à-dire un préliminaire de condamnation.

M. Tailhand fait un signe de dénégation.

M. Madier de Montjau. Et vous expliquez alors à merveille, messieurs, la générosité de M. Tailhand, qui nous disait : Je consentais libéralement, magnanimement, à ne pas poursuivre avant l'élection.

Je le crois bien ! Votre ordonnance, en supposant que c'eût été une ordonnance de renvoi, eût été trop mal étayée pour que vous eussiez pu avoir confiance dans le jugement qui l'aurait suivie. Vous auriez donc bien mieux aimé rester immobile jusqu'après le 21, avec le bénéfice de l'ordonnance de renvoi... (Très-bien ! très-bien ! et applaudissements sur plusieurs bancs à gauche.)

Voilà la clef des soi-disant complaisances délicates de M. Tailhand pour M. Foucher de Careil et pour les honorables collègues dont il invoquait le secours, MM. Picard, de Janzé, Carré-Kérisouët, Le Gal La Salle et autres, qu'il est vrai qu'on promettait volontiers de surseoir ; mais voyons ce qui se cachait encore là-dessous.

Du 6 janvier à la fin de la période électorale, M. le garde des sceaux n'a pas cessé de télégraphier avec une incroyable ardeur. (Rumeurs ironiques à droite), et, de cette vertigineuse télégraphie, une ligne étrange, que je rencontre dans ce qu'il a daigné nous communiquer, me met sur la voie de ce que devait contenir ce qu'au contraire il a gardé pour lui. (Très-bien ! sur plusieurs bancs à gauche.)

M. Horace de Choiseul. Toute la vérité est dans ce qui a été gardé !

M. Madier de Montjau. Il m'est impossible, disait M. le garde des sceaux, de dicter — dicter et non pas d'indiquer, notez ceci, messieurs — (Exclamations à droite)... de dicter à un juge d'instruction l'ordonnance qui doit clore l'instruction. Je le crois bien, et je ne m'étonne, en vérité, que d'une chose, c'est qu'un garde des sceaux ait cru nécessaire...

M. Martial Delpit. Il n'est pas permis d'insulter ainsi un ministre !

M. Madier de Montjau. ... ait cru nécessaire de l'écrire ! mais pour qu'il répondît en ces termes, que lui demandait donc le procureur général ?

M. Tailhand. Je vous l'ai dit avant-hier dans le 2e bureau.

M. Madier de Montjau. Que demandait-il ?... Nous entrons ici dans le mystère, dans le vague. Tâchons de l'éclaircir.

M. Tailhand est arrivé dans le 2e bureau, comme à l'Assemblée, avec un portefeuille soigneusement garni et avec des pièces habilement choisies.

M. Huon de Penanster. Toutes vos allégations sont un système d'insinuations qui ne repose sur rien.

M. Madier de Montjau. Il nous a apporté cinq à six dépêches et, en se retirant, se tournant vers nous avec un air quelque peu railleur...

A droite. Allons donc !

M. Madier de Montjau. Eh bien, disait-il en s'adressant particulièrement à moi, les trouvez-vous correctes ? si vous ne les jugez pas telles, je ne sais en vérité plus ce qu'il vous faut.

J'ai répondu à M. Tailhand, ou je lui réponds maintenant : Correctes, oui, celles que vous avez montrées... mais les autres ?...

M. Tailhand Vous ne répondez pas à ce que j'ai dit.

M. Madier de Montjau. Remarquez, en effet, que la dernière dépêche que vous nous apportez est du 18 février ; vous vous arrêtez à point, la veille même de l'une des trois fameuses lettres, objet de tant de débats : de la première de M. le procureur général de Rennes, qui est, elle, du 19 ; l'avant-veille de la seconde, qui est du 20 ; trois jours avant la troisième, qui est du 21.

N'est-il pas étrange que M. le ministre de la justice nous ait mis si bien au courant de tout ce qu'il avait fait jusqu'au 18 février, et qu'à partir du moment où sa situation devient si délicate, nous ne puissions plus être clairement renseignés sur ce qui s'est passé ? (Oh ! oh ! à droite. — Très-bien ! très-bien ! sur plusieurs bancs à gauche. — Interruptions diverses.)

M. le président. N'interrompez pas, messieurs.

M. Madier de Montjau. Nous avons bien, en effet, trois lettres des plus intéressantes du procureur général de Rennes ; mais nous ne voyons plus ce qu'écrivait ni ce que répondait M. le ministre. Depuis hier seulement, ces trois fameuses lettres elles-mêmes, M. le garde des sceaux du ministère du 16 juillet m'a autorisé à les lire. Je regrette d'avoir à dire, car je n'aime pas de paraître ingrat, que je n'en puisse en savoir absolument aucun gré. Serrons de près les faits.

Depuis la première apparition de ces pièces, il s'est produit un fait considérable : ces trois lettres ont été publiées dans tous les journaux de Paris ; la France, l'Europe et tous les membres de l'Assemblée nationale les ont lues. C'est alors seulement que M. le garde des sceaux consent à lever l'interdiction, à briser les sceaux, et nous dit : Montez à cette tribune et lisez-les.

M. Tailhand. Elles ont été publiées le 15.

M. Madier de Montjau. Je tiens à faire constater à M. le garde des sceaux de l'avant-dernier ministère, autant qu'il m'est possible, que je n'affirme qu'à coup sûr. Hier, je vous ai dit, monsieur le garde des sceaux, et sur cela vous m'avez interrompu par une dénégation formelle, que, dans le 2e bureau, vous vous êtes opposé à l'introduction des lettres dans la discussion, et que vos amis l'avaient si bien compris que, jusqu'à la dernière heure, ils nous ont fait sur ce point une guerre acharnée.

M. Tailhand. Je n'ai fait aucune opposition, quelle qu'elle fût, ni donné l'autorisation d'en faire.

M. Madier de Montjau. Pas d'opposition ! Eh bien, voici encore le registre même des procès-verbaux du 2e bureau. J'y lis : « Interrogé sur l'authenticité des trois lettres, M. Tailhand déclare qu'il ne saurait l'affirmer, n'en pouvant collationner les termes... » Nous étions déjà bien près, alors, de l'authenticité, comme on voit. « Il ajoute que les termes sont probablement exacts. Seulement, dit-il encore, comme elles n'ont pu être livrées que par suite d'une infidélité, le bureau devrait les écarter du débat. »

Comment conciliez-vous ce procès-verbal avec vos dénégations ? (Très-bien ! très-bien ! et rires sur plusieurs bancs à gauche. — Interruptions à droite.)

Vous pouvez voir, messieurs, les choses autrement que moi, mais je dis...

M. le président. Ne répondez pas aux interruptions ; parlez à l'Assemblée.

M. Madier de Montjau. Je dis qu'hier M. Tailhand soutenait qu'il n'avait pas attendu pour nous permettre de regarder aux lettres et je prouve qu'il n'y a pas plus d'une douzaine de jours, il s'opposait dans le bureau à ce qu'on les insérât dans le dossier. Et hier encore, tout en accordant l'autorisation si longtemps refusée, il faisait de son mieux pour nous démontrer qu'il conviendrait mieux de ne pas les lire !

Mais, puisqu'il le permet enfin, lisons-les : « Rennes, 19 février... » (Rumeurs à droite.) Je me meus toujours à l'abri de l'autorisation donnée hier par M. le garde des sceaux du 16 juillet.

M. Bigot. Il faudrait dire comment vous avez ces pièces.

Un membre à droite. On ne devrait pas lire cela !

M. Madier de Montjau. Messieurs, nous sommes des gens sérieux, nous devons l'être ici ; et pourtant vous voulez, au nom de l'intérêt de la morale, que l'Assemblée s'interdise le droit d'examiner des documents qui sont à cette heure connus du monde entier, qui sont devenus vraiment historiques ; vous voulez que nous, les plus intéressés à les connaître, à les discuter, nous ne puissions pas les consulter pour apprécier ces faits qui, en eux-mêmes et par leurs conséquences, vont avoir un si grand retentissement ?...

M. Huon de Penanster. Vous vous abusez beaucoup.

M. Paris (Pas-de-Calais), *de sa place.* Je demande, conformément à ce qui se passerait en justice en pareil cas, qu'on ne fasse pas l'honneur d'une lecture à des documents de cette sorte.

A gauche. N'interrompez pas !

Voix nombreuses. A la tribune ! à la tribune !

M. Paris (Pas-de-Calais) quitte sa place et se dirige vers la tribune.

Plusieurs membres à gauche. M. Paris n'a pas la parole !

M. Paris (Pas-de-Calais). Je demande à l'orateur la permission de rappeler, à la tribune, ce que j'ai dit de ma place.

M. Madier de Montjau. Volontiers !

M. Paris (Pas-de-Calais), monte à la tribune, où M. de Montjau reste à côté de lui pour l'entendre, ce qui excite un mouvement d'hilarité dans l'Assemblée.

M. le président. Veuillez faire silence, messieurs.

Il y a deux motifs pour écouter M. Paris : d'abord parce que M. Madier de Montjau l'autorise à parler, et ensuite parce que M. Paris fait une motion d'ordre.

Quant à la présence de M. Madier de Montjau à côté de M. Paris, vous devriez, messieurs, avoir un peu de courtoisie et ne pas oublier l'infirmité dont souffre notre honorable collègue. (Marques d'assentiment.)

C'est bien le moins que M. Madier de Montjau puisse entendre M. Paris. (Oui ! oui ! — Très-bien !)

M. Paris (Pas-de-Calais). Messieurs, avec l'autorisation du président et le consentement de l'honorable M. Madier de Montjau, je viens répéter à cette tribune ce que j'ai dit à mon banc.

Je demande formellement à l'Assemblée que la règle observée devant les tribunaux soit suivie dans nos débats parlementaires. Jamais, en justice, jamais on n'autoriserait la lecture de documents dont l'origine est aussi frauduleuse et aussi suspecte que ceux qu'on veut lire. (Très-bien ! très-bien ! — Réclamations à gauche.)

M. le rapporteur lui-même ne les a point cités dans son rapport.

Je prie l'Assemblée de ne pas faire à de pareils documents l'honneur d'une lecture. (Interruptions et rires ironiques à gauche. — Vive approbation à droite et au centre.)

M. Tolain. Mais c'est la prose des ministres !

Un membre à droite. Qu'en pense M. le garde des sceaux ?

M. le président. Le président n'avait pas à intervenir : M. le garde des sceaux actuel avait déclaré que, si son collègue ne s'y opposait pas, il permettrait la publication de ces pièces. Hier, M. Tailhand a déclaré devant l'Assemblée qu'il ne s'y opposait pas.

De quel droit le président aurait-il pu interdire la lecture de ces pièces, alors que les deux autorisations nécessaires, ou jugées nécessaires par vous, ont été données ? (Applaudissements à gauche.— Réclamations sur quelques bancs.)

Maintenant, il y a une proposition qui est faite par un de nos collègues ; je dois en saisir l'Assemblée ; mais je n'avais pas à le faire de ma propre initiative. (Marques d'approbation.)

La proposition de M. Paris a été entendue...

M. Gambetta. Je demande la parole pour un rappel au règlement. (Non ! non ! — Assez ! — Aux voix !)

M. le président. M. Gambetta a la parole pour un rappel au règlement.

M. Gambetta. Messieurs, j'ai demandé la parole parce qu'il me semble que le vote qu'on réclame de l'Assemblée est à la fois contraire à son droit et à son devoir. Permettez-moi de m'expliquer en quelques mots. (Parlez ! parlez !)

De quoi s'agit-il ? Il s'agit de savoir si, dans un débat d'une nature aussi essentiellement politique et parlementaire que la vérification d'une élection, des pièces qui émanent, — et nul ne le conteste, — de l'autorité judiciaire, c'est-à-dire du département de la justice, et qui portent la marque originale, officielle...

(Nombreuses dénégations à droite et au centre droit).

M. Gaslonde. Alors, réclamez les lettres authentiques !

M. Gambetta. Nous nous expliquerons sur la divulgation des pièces, sur la culpabilité de l'auteur de cette divulgation ; mais ne confondons pas les questions. Les pièces existent, il s'agit de savoir si elles sont probantes, et surtout si vous devez les examiner, les juger.

M. Gaslonde. Demandez à M. le garde des sceaux de vous remettre les originaux.

M. Gambetta. L'honorable M. Gaslonde me dit de demander les pièces originales.

Je n'en ai pas besoin. (Interruptions à droite.)

Non, messieurs, je n'en ai pas besoin, par cette excellente raison que ni le garde des sceaux, sous l'administration duquel ces pièces ont été écrites, ni le garde des sceaux actuel ne contestent, je ne dis pas la légitimité de la publication, mais l'authenticité de la révélation. (Très-bien ! très-bien ! à gauche.)

Eh bien, il faut nettement séparer les questions qu'on a cherché, dans un intérêt de parti, à confondre et à troubler. (Très-bien ! très-bien ! à gauche.)

Un membre à droite. Dans un intérêt de morale publique !

M. Gambetta. Messieurs, savez-vous ce que réclame la morale publique ? Je vais vous le dire ; et je suis enchanté que vous m'ayez jeté ce mot.

La morale publique a besoin de savoir si, à côté du délit particulier, actuellement déféré aux tribunaux, de détournement par un subalterne ou par un autre, d'un papier de service ; la morale publique, dis-je, a besoin de savoir s'il y a des gardes des sceaux qui, ignorant toutes les règles de la justice, permettent d'en rédiger de semblables. (Bravos et applaudissements à gauche.)

M. de Gavardie. Je demande la parole. (Exclamations à gauche.)

M. Gambetta. Ce qu'il y a de certain, c'est que, dans une élection, dans une matière absolument étrangère au garde des sceaux, une lettre confidentielle, — qui n'était confidentielle que parce qu'elle était coupable... (Nouveaux bravos et applaudissements à gauche. — Vives protestations à droite), a été écrite, et c'est le candidat contre lequel elle était écrite, qui, en état de légitime défense contre ce que j'appelle les prévarications du garde des sceaux... (Applaudissements à gauche.)

A droite A l'ordre ! à l'ordre ! (Nouveaux applaudissements sur plusieurs bancs à gauche.)

M. le président. Quelles que soient les marques d'assentiment que les paroles de l'orateur viennent de recevoir sur une partie de l'Assemblée, le président ne faillira pas à son devoir ; j'invite donc M. Gambetta à retirer une expression éminemment blessante pour un collègue qui siège sur ces bancs. (Très-bien ! très-bien ! à droite et au centre.)

Une voix à gauche. Et la responsabilité ministérielle ?

M. le président. Qu'on invoque la responsabilité ministérielle, c'est un droit ; mais accuser un collègue de prévarication, cela est contraire aux convenances qui doivent toujours être gardées à cette tribune. (Très-bien ! très-bien !)

Plusieurs membres, s'adressant à l'orateur. Retirez le mot !

M. Gambetta. Avant de le retirer, je demande à l'expliquer...

M. le président. C'est votre droit !

M. Gambetta. Hier, l'ancien garde des sceaux, à travers de nombreuses hérésies juridiques, qu'il a fait heureusement disparaître à l'*Officiel*... (Rires et applaudissements sur quelques bancs à gauche)

M. Tailhand. Vous avez bien fait des fautes de géographie, étant ministre de la guerre !

M. Gambetta. ...M. Tailhand disait que, en apprenant que le juge d'instruction, M. Fraboulet, avait l'intention, au cours de son instruction, de mander le préfet et de lui poser une question relative à la candidature officielle, M. le garde des sceaux lui a appris qu'il avait écrit à ce juge d'instruction pour lui demander de ne pas interroger le préfet.

M. Tailhand. Non, je n'ai pas écrit au juge d'instruction !

Un membre à gauche, s'adressant à M. Tailhand. Taisez-vous ! (Vifs murmures à droite, et cris : A l'ordre !)

M. le président. J'ignore quel est celui de nos collègues qui s'est permis cette interruption ; mais je n'hésite pas à dire qu'elle est de la dernière inconvenance... (Oui ! oui ! — C'est vrai !) ...et je lui rappellerai qu'au président seul appartient le droit de donner et de retirer la parole. (Très-bien !)

M. Gambetta. Je sais, messieurs, que le garde des sceaux, en toute matière, a le droit d'écrire aux officiers du parquet ; il a le droit de mettre en mouvement et d'arrêter l'action publique par l'intermédiaire de ses procureurs généraux et de ses substituts ; mais je dis qu'en matière politique .. (Interruptions et rires à droite.)

Mais, messieurs, écoutez-moi donc ! Je dis qu'en matière politique le fait de voir le chef de la justice écrire à un juge d'instruction, magistrat inamovible, qui doit être laissé libre de diriger son instruction : Vous interrogerez ou vous n'interrogerez pas tel témoin...

M. Tailhand. Mais, encore une fois, je ne lui ai pas écrit.

M. Mettetal. Le garde des sceaux avait le droit de le faire, et il ne l'a pas fait !

M. Gambetta. Je dis que le garde des sceaux n'a pas le droit d'intervenir dans la direction d'une instruction...

A droite. Il ne l'a pas fait ! il ne l'a pas fait !

M. le président. N'interrompez pas, messieurs. Je donnerai la parole à qui la demandera ; mais il est impossible que le débat continue au milieu d'un pareil tumulte.

M. Gambetta. Je dis que cette intervention est le renversement de tous les pouvoirs et qu'elle constitue un excès de pouvoirs.

M. Mettetal. C'est une erreur !

M. Gambetta. Comme ce mot rend également ma manière de voir sur ce qui s'est passé, je le substitue volontiers au mot prévarication ; mais il résulte de ces explications que les lettres et les documents, alors même que celui qui les a obtenus aurait commis un délit, restent dans la compétence de l'Assem-

blée. (Assentiment sur plusieurs bancs à gauche. — Non ! non ! à droite et au centre droit.)

Comment ! non ? Ah ! si une seule de ces pièces n'est pas vraie ; s'il n'y a là qu'une invention trompeuse, mensongère, vous avez raison. Mais, si les lettres existent quelque part, ou dans votre portefeuille, ou aux archives, et que vous ne puissiez en nier l'authenticité, l'Assemblée n'a même pas besoin de se poser la question, et elle ne saurait permettre que, dans ce débat, où se trouve engagée la liberté électorale, on écarte la lumière. (Applaudissements à gauche. — Aux voix ! aux voix !)

M. Tailhand. Je demande la parole pour un fait personnel.

M. le président. La parole est à M. Tailhand, pour un fait personnel... (Bruit à gauche)... et je prie l'Assemblée de l'écouter.

M. Tailhand. Messieurs, je viens opposer aux allégations de M. Gambetta une dénégation absolue et formelle. (Très-bien ! à droite.)

Je n'ai jamais écrit au juge d'instruction pour lui faire connaître mon opinion sur le point de savoir s'il y avait lieu ou s'il n'y avait pas lieu d'entendre en témoignage M. le préfet des Côtes-du-Nord. Mais, lorsque le procureur général m'a informé des idées que ce magistrat s'était faites sur ce point, j'ai cru remplir un devoir en manifestant mon impression à cet égard. (Rires et applaudissements ironiques à gauche.)

Messieurs, ne confondons pas, s'il vous plaît ! J'ai écrit au procureur général, et non pas au juge d'instruction, — est-ce clair ? (Très-bien ! à droite et au centre droit.)

J'ai écrit au procureur général, pour le prier de faire connaître au juge d'instruction....

M. Edouard Lockroy. Ah ! voilà !

M. Tailhand. ... que l'audition de ce haut fonctionnaire me paraissait avoir de grands inconvénients. (Bruit.)

M. Mettetal. C'était votre droit !

M. le président. Je prie l'orateur d'attendre le silence. Il n'est pas possible qu'après les attaques directes qui se sont produites à cette tribune contre M. Tailhand, vous n'écoutiez pas ses explications ; l'équité vous en fait un devoir absolu. (Très-bien ! très-bien !)

M. Tailhand. Je me suis expliqué, hier, de la façon la plus catégorique sur ce point... (Bruit persistant.)

J'ai revendiqué pour le garde des sceaux le droit d'intervenir par voie d'avis et d'indication auprès des procureurs généraux et, par leur intermédiaire, aux juges d'instruction.

M. Emmanuel Arago. C'est absolument contraire à vos droits ! (Vives exclamations et murmures à droite. — Très-bien ! à gauche.)

M. Tailhand. C'était un de mes droits et un de mes devoirs, au contraire... (Bruit prolongé à gauche.) Et, n'en déplaise à l'honorable M. Arago, non-seulement je n'ai pas dépassé mes droits, mais je répète que j'ai rempli un devoir impérieux, le devoir qui incombe à tout garde des sceaux. Je maintiens ce droit et j'attends que M. Arago vienne me prouver le contraire. (Très-bien ! très-bien ! à droite.)

M. Emmanuel Arago. Je demande la parole.

M. Tailhand. Je proteste en finissant contre le mot de prévarication qui a été prononcé à cette tribune. (Vives marques d'approbation à droite.)

Voix à droite. Vous n'avez pas besoin de protester!

(M. Tailhand, en retournant à sa place, est accueilli par les bravos et les applaudissements de la droite, auxquels répond la gauche par des applaudissements ironiques.)

M. Madier de Montjau. Je demande la parole sur la position de la question.

M. le président. M. Tailhand a demandé la parole pour un fait personnel, je la lui ai donnée, mais je ne laisserai pas l'incident se prolonger davantage: l'honorable membre ne peut continuer à être en butte à des interpellations.

Je rappelle à l'Assemblée que ce qui est en question en ce moment est la proposition de M. Paris.

L'Assemblée a entendu les différents arguments pour et contre. J'ai expliqué pourquoi et comment le président ne pouvait pas intervenir personnellement.

Il n'y a pas ici d'article du règlement violé; si le règlement avait édicté à ce sujet une disposition, une mesure quelconque, le devoir du président serait de le faire respecter. Mais, en l'absence d'une formule claire et précise, le président ne peut faire autre chose que consulter l'Assemblée.

M. Paris a présenté une proposition, c'est cette proposition que je dois mettre aux voix.

M. de Gavardie. Je demande la parole sur la position de la question.

M. le président. C'est précisément sur le même sujet que M. Madier de Montjau veut parler; vous aurez la parole après lui.

M. Madier de Montjau. Malgré mon respect sincère et parfait pour le tact et l'expérience de notre président, je crois, messieurs, pouvoir lui faire observer, en même temps qu'à l'Assemblée, qu'il n'y a pas lieu de prendre en considération la proposition de M. Paris, par la raison fort simple que la proposition de M. Paris vise trois pièces subrepticement arrivées au 2e bureau, tandis que, ainsi que vient de le faire très-sagement observer M. le président lui-même, il s'agit maintenant, non plus de celles-là, mais de celles que très-régulièrement nous livrent d'accord les deux gardes des sceaux, l'ancien et le nouveau... (Réclamations à droite.)

M. Dufaure, *garde des sceaux, ministre de la justice.* Je n'ai pas communiqué ces pièces.

M. Madier de Montjau. Je veux dire les pièces que M. le garde des sceaux actuel se déclarait prêt à communiquer si son prédécesseur l'y autorisait, et dont son prédécesseur autorise à présent la lecture. Ce sont donc véritablement des pièces nouvelles, authentiques, de provenance irréprochable, qu'à l'heure qu'il est il s'agit d'étudier. (Dénégations à droite.) Par conséquent il n'y a pas lieu de consulter l'Assemblée sur la légitimité de cet examen.

M. Gaslonde. Les pièces n'ont pas été versées au dossier. M. le garde des sceaux n'a pas encore livré une seule lettre officielle.

M. le président. La parole est à M. de Gavardie sur la position de la question.

M. de Gavardie. Messieurs, la vraie raison pour laquelle les pièces dont il est en ce moment question ne peuvent pas être lues devant l'Assemblée, cette raison purement juridique n'a pas encore été indiquée. Je viens précisément la soumettre à sa très-attentive et bienveillante appréciation.

M. le garde des sceaux a déclaré, dans une séance précédente, qu'une instruction était ouverte ou allait être ouverte, et si l'instruction n'était pas encore ouverte, je m'adresse à la loyauté de M. le garde des sceaux et je lui demande s'il n'a pas réellement l'intention de l'ouvrir. (Interruptions à gauche.)

Or, de deux choses l'une, ou l'instruction n'est pas ouverte...

M. le garde des sceaux. Elle est ouverte; tout le monde le sait.

M. de Gavardie. Si l'instruction est ouverte, par un argument *à fortiori*, vous ne pourriez pas entendre la lecture de pièces incriminées. (Nouvelles interruptions à gauche.)

Vous ignorez donc, messieurs, ou vous semblez ignorer ce principe élémentaire de notre législation criminelle, que l'instruction est essentiellement secrète. (Exclamations et rires à gauche.)

M. le président. Je demande à l'Assemblée de vouloir bien faire silence et de ne pas prolonger cet incident.

De divers côtés. Aux voix! aux voix!

M. de Gavardie. Messieurs, il y a des jurisconsultes de ce côté de l'Assemblée (la gauche). Eh bien, je les adjure de me faire connaître les raisons qu'ils invoquent contre l'application de ce principe en matière d'instruction.

M. Jules Cazot (du Gard). Ce ne sont pas les pièces qui sont incriminées.

M. Gaslonde. Ce n'est pas la question. La question, c'est qu'on ne peut donner lecture que de pièces authentiques et originales, et non pas de copies.

M. de Gavardie. M. le garde des sceaux a déclaré que l'instruction était ouverte. Comment voulez-vous donc entendre la lecture de documents qui appartiennent désormais à la justice, tant qu'elle n'est pas saisie, et qui ne peuvent être l'objet ici d'appréciations, d'interprétations, de mouvements divers de nature à singulièrement gêner la liberté du magistrat instructeur?

Voix à gauche. Vous nous gênez bien autrement!

M. de Gavardie. Je prie M. le garde des sceaux de vouloir bien s'expliquer sur ce point élémentaire de droit et de donner son avis sur une telle lecture.

Plusieurs membres à droite. Oui! oui! — Le garde des sceaux! le garde des sceaux!

Sur un grand nombre de bancs. Aux voix! aux voix! — La clôture!

M. le président. On demande de tous côtés la clôture de l'incident? (Oui! oui!) Il ne peut se clore que par l'expression de la volonté de la majorité de l'Assemblée.

Je la consulte.

(L'Assemblée, consultée, décide que les trois lettres ne seront pas lues à la tribune.)

M. Madier de Montjau. Messieurs...

Voix à gauche. Renoncez à la parole!

M. Madier de Montjau. Mais non!

D'autres voix. Parlez! parlez!

M. Madier de Montjau. Ce vote, messieurs, restera mémorable, et un prochain avenir apprendra aux défenseurs de l'élection des Côtes-du-Nord, et tout particulièrement au garde des sceaux du 10 juillet, s'il leur a été favorable.

Je ne lirai donc pas ces pièces, puisque vous venez d'en interdire la lecture.

M. le marquis de Plœuc. Vous ne les avez pas!

M. Madier de Montjau. Vous vous trompez. Je les ai là ; mais je ne les lirai pas, puisqu'une force majeure m'en empêche, ces lettres où M. le procureur général de Rennes, parlant de l'ordonnance qu'on désirait, déclarait qu'on l'obtiendrait difficilement d'un magistrat obstiné et indépendant ; puis, que son substitut, en termes suffisamment voilés, avait indiqué à ce digne magistrat instructeur la conduite qu'il devait tenir, et le paragraphe de ses éloges à tout ce qu'avait fait le préfet des Côtes-du-Nord.

Est-ce que, à l'avance, M. le sous-secrétaire d'État n'avait pas hautement déclaré à M. Carré-Kérisouët, qui l'affirme sur sa parole d'honneur...

M. Cornélis de Witt. Cela n'est pas exact !

M. Carré-Kérisouët. Je demande la parole pour un fait personnel.

M. Madier de Montjau. ...n'avait pas déclaré à M. Carré-Kérisouët, ici présent, qui l'affirme sur son honneur, qu'il ferait tout ce qui dépendrait de lui pour empêcher le succès de la candidature de M. Foucher de Careil, parce que l'on aimait mieux, au ministère, n'importe quel candidat qui voterait bien qu'un candidat républicain qui voterait contre les ministres.

M. Cornélis de Witt. Je n'ai jamais rien dit de semblable !

M. Madier de Montjau. Et pourtant, on corroborait ces paroles, à la dernière heure, monsieur de Witt, par la dépêche que voici, du 19 février, six heures du soir, trente-six heures avant le second tour de scrutin :

Le résultat définitif de l'instruction fut, non pas une ordonnance de renvoi, comme l'espérait M. le garde des sceaux, mais une ordonnance de non-lieu. Or, l'ordonnance de non-lieu était rendue le 20, le second tour de scrutin avait lieu le 21, et M. le garde des sceaux, si indulgent, si bon, si complaisant pour M. Foucher de Careil et pour les députés, ses amis, leur laissait ignorer à tous cette bonne nouvelle jusqu'au 22... c'est-à-dire jusqu'après la bataille, jusqu'après le second tour du scrutin !

Non, on n'en disait rien avant; on se gardait bien d'apprendre à M. Foucher de Careil, déféré à la justice, qu'il était déchargé de toute condamnation. Pour cela, le télégraphe était inutile ! Et voyez la coïncidence : au moment même où, à la justice, se résultat de l'instruction de Saint-Brieuc était pressenti, au moment même où l'on recevait les lettres du procureur général de Rennes, — la première tout au moins, — le ministre de l'intérieur, qui ne voulait point se laisser distancer par l'autre... (Ah! ah! à gauche), intervenait, lançait la dépêche que voici, — ceci, je pourrai la lire, je suppose, — et donnait non-seulement un bill d'indemnité, mais une approbation complète, des éloges à tout ce qu'avait fait le préfet des Côtes-du-Nord.

« Intérieur à préfet.

« Vous n'avez fait qu'exécuter les instructions du gouvernement du Maréchal .. » — je l'en félicite ! — « ...vous avez sa confiance, et vous pouvez compter sur son appui. » (Rumeurs sur divers bancs à gauche. — Marques d'approbation au centre et à droite.) « Faites démentir par les journaux et les agents de l'administration les bruits absurdes de destitution... » — assurément bien mérité par le préfet des Côtes-du-Nord.

A droite. Ah ! mais cela n'est pas dans la dépêche ! (On rit ?)

M. Madier de Montjau. « ... ou de changement que l'on propage dans votre département. »

Ainsi, le ministre de l'intérieur se mettait au niveau du ministre de la justice : la place Beauvau marchait à l'unisson avec la place Vendôme et n'avait rien à lui envier. (Exclamations ironiques à droite et au centre.)

Si, après tout cela, il n'est pas clairement établi que l'on a fait, dans les Côtes-du-Nord, de la candidature que vous appellerez, messieurs, du nom qui vous plaira le mieux, sympathique, agréable, gouvernementale, ministérielle ou présidentielle, peu m'importe, mais de la candidature selon le cœur du pouvoir exécutif, de la candidature administrative, je ne sais, en vérité, ce qu'il faudra, pour vous convaincre jamais, vous apporter ici.

Qu'est-ce que c'est que cette candidature ? Voyons quel est son caractère, du triple point de vue du candidat, de l'électeur, surtout de nos institutions?

A ne considérer que le candidat, c'est une iniquité criante, car on le prive de ses avantages, on lui fait une position inégale, on met dans un des plateaux de la balance, que seuls les électeurs devraient charger, un poids frauduleux qui ne devrait pas y être, et l'intervention d'une force étrangère, supérieure à celle de chacun des deux lutteurs écrase injustement le vaincu au profit du vainqueur.

Si je pense aux électeurs, c'est bien autre chose, et je m'étonne qu'il faille le dire. Voilà de pauvres gens... (Oh ! oh ! à droite) qui, pour améliorer leur humble condition, pour exercer quelque influence, je ne vais pas même jusqu'à dire sur les destinées de leur pays, mais sur leur propre sort, pour atteindre lentement un meilleur avenir, n'ont qu'une force, n'ont qu'une arme, n'ont qu'un moyen : tous les trois ou quatre ans, leur vote ; oui, qui, tous les trois ou quatre ans à peine, ont la liberté de se choisir pacifiquement un mandataire, selon leur jugement et leur cœur...

Sur divers bancs à droite. Très-bien ! — C'est cela !

M. Madier de Montjau. ... et vous dites à ces pauvres gens : Prenez garde! si vous ne votez pas de telle façon, tout ce qui est puissant à côté de vous, tout ce qui est redoutable, tout ce qui peut dresser des procès-verbaux, tout ce qui peut empêcher l'avancement, provoquer des destitutions, rendre votre vie impossible ; tout cela, entendez-le bien, sera contre vous ! Vous les traitez, non pas comme des hommes libres, indépendants, travaillant honnêtement à leur œuvre, mais comme des suspects, comme des esclaves, comme vos ma-

chines! Ah! c'est une honte! c'est une honte!
(Applaudissements à gauche. — Exclamations
et rumeurs à droite et au centre.)

M. Georges Périn, *s'adressant à la droite.*
Vous parliez comme l'orateur quand l'Empire
faisait des candidatures officielles contre
vous!

M. Madier de Montjau. Au point de vue
des institutions, comme c'est encore autrement grave! En effet, comme l'écrivait dernièrement un de nos journaux les plus importants : « Le principe de la souveraineté nationale est le fondement même de l'État. »

Il y a trois jours, je rappelais le commentaire que donnait, il y a un demi-siècle, un
sage de notre pays, un sage politique, Benjamin Constant, de cette souveraineté nationale : « C'est, — disait-il, — la supériorité de
la volonté de tous sur la volonté d'un seul ou
de quelques-uns. »

Dans ce régime, disais-je encore, le pouvoir
exécutif, mandataire, est nécessairement le
subordonné du pouvoir législatif, représentant
direct de la souveraineté nationale, comme tel
responsable, le chef, lui-même, dans certains
cas, ses ministres toujours ! Et c'est leur honneur, car là où il n'y a pas, à côté du pouvoir,
la responsabilité de ses actes, il n'y a qu'igno-
ble tyrannie.

Nous ne sommes donc pas seulement, messieurs, une Assemblée législative souveraine,
nous sommes aussi un tribunal devant lequel,
à toute heure, les ministres sont responsables.
Et, cependant, voilà que, dans la manifestation
de la volonté nationale, dans la formation de
cette Assemblée souveraine, législative et jus-
ticière, non pas seulement un ministre, non pas
même un sous-secrétaire d'État, mais, que
sais-je? un préfet, un chef de division, peut-
être, bientôt quelque commis de ministère interviendra pour former l'Assemblée de la nation ! les justiciables pourront, à leur guise,
façonner le jury, le tribunal devant lequel ils
auront peut-être à comparaître !...

Est-ce assez illogique! est-ce assez monstrueux !

L'autre jour, M. Chesnelong disait, avec
une certaine magnanimité, à l'occasion d'une
des plus grandes questions qui aient été débattues ici depuis que cette Assemblée existe :
« Eh bien, le pays prononcera, et, pour mon
compte, je ne suis pas inquiet de son appréciation. »

Fort bien ! je félicite M. Chesnelong de cette
confiance, que j'éprouve de mon côté, attendant du pays un jugement inverse. Mais si
vous voulez réellement, sincèrement le jugement du peuple, il ne faut pas qu'on frelate
l'élection; il ne faut pas que les dés électoraux
soient pipés ; il ne faut pas qu'on biseaute le
bulletin de vote!

Sur plusieurs bancs à gauche. Très-bien !
très-bien !

M. Madier de Montjau. Messieurs, ce
n'est pas la première fois que, depuis que je
suis rentré, navré, dans mon pays, pour assister, hélas ! aux malheurs amenés par le détestable régime qui s'en était emparé, on sait
comment, et qui le tint captif pendant dix-huit
ans, ce n'est pas la première fois que j'ai pu
constater que le mal le plus grand fait à ce
pays par ce régime scélérat, c'était d'avoir

profondément troublé, pour ne pas dire altéré
et perdu, la conscience publique. (Applaudissements à gauche.)

Oui, il y a quelque chose de plus funeste
pour nous que n'a été le Deux-Décembre, que
n'ont été l'empire même et nos dix-huit années d'asservissement, j'irai jusqu'à dire que
Reischoffen et Sedan : c'est je ne sais quel
doute affreux, je ne sais quelle lugubre incertitude des honnêtes gens, au sens vulgaire du
mot, des âmes mêmes les plus droites, sur ce
qui est bien et sur ce qui est mal. Elles hésitent, elles flottent, indifférentes ou inquiètes,
se demandant si elles doivent ou blâmer
ou, je ne dirai pas approuver, mais supporter
au moins des faits monstrueux comme, par
exemple, ceux dont nous nous occupons.

Eh bien, je le dis haut, il faut réagir, réagir
énergiquement et sans cesse contre cela ,...
(Très-bien ! à gauche), si l'on veut véritablement relever la France par le seul moyen qui
puisse produire ce glorieux et grand résultat.
Et ce ne serait pas assez pour cela de compter
seulement sur nous ; il nous faut retourner
dans le passé, aux temps plus calmes et plus
forts : dans la solitude du cabinet, il faut vivre
avec des grands esprits d'autrefois, nous trem-
per, ou, pour mieux dire, nous retremper dans
leurs effluves, dans leurs œuvres, leur demander conseil, pour sortir de ce commerce intime
plus énergiques et plus capables de propager
le bien. C'est ce que je fais, messieurs, bien
que, éloigné pendant les vingt années funestes
de mon pays, peut-être ai-je moins besoin que
d'autres d'éclairer ma conscience, de me fortifier dans ces études.

J'ouvre l'*Esprit des lois* et j'y lis : « Labinius
dit qu'à Athènes l'étranger qui s'introduisait
dans l'assemblée du peuple était puni de
mort. » (Exclamations diverses.)

Cela paraît excessif à M. Tailhand... Je le
comprends. (Rires sur divers bancs à gauche.
—Murmures à droite.)Qu'il se rassure ; l'homme
éminent que je vois au pied de cette tribune
(l'orateur désigne M. Louis Blanc) et ses amis
de 1848 ont demandé qu'on abolît la peine de
mort; ce n'est pas nous qui la réclamerons. Je
veux seulement rappeler ce que, au dix-huitième
siècle, dans un temps plus doux que celui des
républiques antiques, Montesquieu pensait
de ce qu'avait dit Labinius. Il ne le trouvait
pas si étrange et extraordinairement rigoureux que le trouve M. Tailhand. (Nouveaux
murmures à droite.)

M. Lestourgie. Parlez à l'Assemblée !
N'interpellez pas sans cesse M. Tailhand !

M. Madier de Montjau. Avec cet admirable laconisme qui, loin de voiler sa pensée et
ses jugements, les rend plus indubitables et
plus lumineux : « C'est, dit-il, que cet homme
usurpait la souveraineté. » Et il passe! (Approbation à gauche.)

La tradition, messieurs, de ces hautes pensées se conserva longtemps. Je la retrouve
encore au dix-neuvième siècle, et je voudrais
de toute mon âme qu'elle ne fût pas interrompue par vous.

Voici ce que, en 1824, disait à la tribune
française, glorieuse alors...

M. Lestourgie. C'était sous la monarchie !

M. Madier de Montjau. ... un homme qui
fut une de nos plus pures gloires militaires et

en même temps un de nos plus grands orateurs politiques.

Il s'agissait du débat sur la prolongation du
pouvoir de la Chambre des députés, sur le
droit qu'on voulait lui donner de siéger, non
plus cinq ans, mais sept, de la septennalité.

Après avoir combattu le projet ministériel,
l'orateur ajoutait :

« Ces collèges électoraux, altérés et bouleversés, en attendez-vous l'expression du vœu
national ?..

« La loi a réglé que le vote de chacun serait
secret, et des agents prévaricateurs diront
avec impudeur qu'ils ont des moyens certains
pour savoir comment chaque électeur aura
voté... Ils commanderont la nomination du
candidat officiel aux électeurs fonctionnaires
publics et à ceux qui, ne l'étant pas, dépendent du Gouvernement pour l'éducation et
l'avenir de leurs enfants, pour des intérêts et
des droits en instance devant l'administration... Ils le commanderont dans des lettres
imprimées et publiques, où l'on dira aux employés salariés, et même à ceux qui ne le sont
pas, qu'ils ont perdu le droit de disposer
d'eux-mêmes ; qu'ils ne s'appartiennent plus ;
qu'ils ont abjuré leur conscience précisément
dans l'acte politique pour lequel la raison et
la loi réclament la liberté la plus illimitée.

« Et cet odieux commandement, qui avilit
plus encore le puissant qui l'inflige que le
malheureux qui le subit, cet odieux commandement sera commenté, mis à la portée de
chacun dans des dépêches secrètes... » (Ah !
ah ! à gauche) « ... et dans des circulaires
subalternes plus ignobles les unes que les
autres, et l'on dira aux citoyens moins dépendants : Si vous ne votez pas avec nous,
vous perdrez votre préfecture, votre sous-préfecture, votre tribunal...; le cours d'eau qui
alimente vos usines sera détourné; on fera
passer ailleurs le canal qui devait vivifier vos
propriétés;... » (Rires ironiques à droite.)

« ... on chargera d'impôts telle matière ou telle
industrie qui nourrit la population de .votre
arrondissement. Tous les hommes du pouvoir
répéteront, à l'envi l'un de l'autre, les mêmes
menaces et d'autres encore; et tous, ou presque tous, ajouteront au crime de violenter les
consciences, le crime d'outrager la majesté de
la couronne, en essayant de la rendre complice
des misérables intrigues de ces ministères d'un
jour.

« Messieurs, la plus ou moins longue durée
et le renouvellement fractionnel ou total de la
Chambre des députés ne sont que des modes
particuliers de l'existence du gouvernement
représentatif; mais les élections lui apporteront
la vie ou la mort, suivant qu'elles seront libres
ou asservies.

« Commencez donc, si vous voulez servir votre
pays de toute votre puissance constitutionnelle,
commencez par rendre la liberté aux élections;
enlevez à l'administration et remettez aux
tribunaux la formation des listes et les décisions qui s'ensuivent ; faites que, suivant le
vœu du code pénal et malgré l'impunité promise
à une classe de coupables par l'article 75 de
la Constitution consulaire de l'an VIII... »
— qui, grâce à Dieu, n'existe plus — « ... faites
que les acheteurs de suffrages, quelle que soit
la monnaie dont ils les payent, soient mis au

pilori de la justice, comme ils le sont déjà
au pilori de l'opinion. » (Très-bien ! très-bien !
à gauche.)

Celui qui disait cela, vous l'avez nommé
avant moi : c'était le général Foy.

Il a raison ! Ce qu'il dénonce à la justice ce
sont bien des crimes, des crimes que doit punir, sinon l'échafaud, comme le voulait la
législation d'Athènes, au moins le pilori de la
justice associé au pilori de la conscience publique !

Un membre à droite. A la lanterne !

M. Madier de Montjau. Et des hommes
chargés de faire la loi, qui doivent, par conséquent, plus que tous autres, vouloir qu'elle soit
respectée, ces hommes feraient des crimes un
jeu, et alors qu'ils les saisiraient, qu'ils les sur-
prennent en action, qu'ils les tiennent, qu'ils
les palpent, ils peuvent les châtier, ils déclareraient qu'ils n'existent pas, ou, chose
plus indigne, que ces crimes les laissent indifférents? Quel enseignement pour le peuple !
Quel abaissement pour nous !

Nous sommes, mes collègues, individuellement inviolables, et, en masse, nous pourrions
être violés, pollués dans les élections générales, impunément, par des fabricants éhontés
d'élections !

Il faut que cela finisse, à moins que nous
voulions affirmer, comme l'honorable duc de
Broglie, qu'il ne faut pas avoir trop d'attachement pour les institutions et pour les principes !

Prenez garde ! les élections générales appro-
chent, les préfets et les maires de l'Empire,
rétablis par le 24 mai, sont à leur poste; on
ne les y a pas mis pour rien; ils ont les yeux
sur vous; ils attendent votre décision. (Assez !
assez ! à droite.)

On me dit, pour me détourner de l'invalidation, que M. de Kerjégu est innocent de ce
que l'on a fait. Soit ! la question est plus haute;
nous n'avons pas plus à décerner ici de prix
Montyon qu'à appliquer le code pénal.

Nous devons examiner toute élection en soi,
abstraction faite de toute considération étrangère et dire si, oui ou non, elle est viciée.
Nous n'avons pas même à peser exactement
ce que des influences coupables ont pu ôter
de suffrages à celui-ci ou donner à celui-là.
Car, qui pourrait faire un pareil compte ?

La main sur la conscience, avec cette pensée dans l'esprit que, placés par la nation
au faîte du pays, nous devons à la nation les
plus grands exemples, demandons - nous si
nous pouvons, sans lui manquer, sans nous
manquer à nous mêmes, valider l'élection des
Côtes-du-Nord. (Assez ! assez ! sur plusieurs
bancs à droite.)

Je m'adresse donc, messieurs, malgré les
interruptions dont, ce côté de l'Assemblée
(la droite), vous n'avez pas cessé de m'assaillir
depuis deux jours, je m'adresse à tous les partis ; à tous, hors à celui qui tient en trop
haute et trop considérable estime le 18 brumaire et le 2 décembre...(Interruptions sur
plusieurs bancs à droite.)

M. Galloni d'Istria. Ce parti dédaigne
toutes vos attaques.

M. Madier de Montjau. ... pour qu'on
puisse, sans une amère raillerie, lui demander
de défendre la légalité, de venir en aide à ceux

qui soutiennent l'existence et la dignité des Assemblées. (Très-bien ! très-bien ! à gauche.)

Je m'adresse à tous, et je leur dis : Songez au pays ! Songez à la conscience publique, qui va juger votre jugement, car, juges des plus hautes questions, vous êtes jugés à votre tour ; songez aussi à la logique et respectez-la.

Après ce que M. Pelletan vous a dit, après ce que je viens d'avoir l'honneur de vous dire moi-même, vous ne pouvez adopter les conclusions qu'on a imposées à notre honorable rapporteur et que contredit trop évidemment le dispositif qu'on lui a imposé d'autre part.

Je conclus à l'invalidation de l'élection des Côtes-du-Nord. (Très-bien ; et applaudissements sur plusieurs bancs à gauche.)

M. le président. La parole est à M. Carré Kérisouët pour un fait personnel.

M. Carré-Kérisouët. Messieurs, je monte à la tribune pour un fait personnel.

Dans le discours que vous venez d'entendre, M. Madier de Montjau a prononcé mon nom, et en même temps celui de M. Cornélis de Witt, ancien sous-secrétaire d'État au ministère de l'intérieur. La conversation qui m'est prêtée est parfaitement exacte, je suis allé l'affirmer dans le second bureau, et je viens ici, dans les mêmes termes, vous dire que, sur l'honneur, j'affirme que tout ce qui a été publié par M. Foucher de Careil est raconté par M. Madier de Montjau est l'exacte vérité. (Très-bien ! et applaudissements à gauche.)

M. Cornélis de Witt. Je demande la parole pour un fait personnel.

J'ai pour principe de ne pas porter des conversations particulières devant le public... (Rires à gauche. — Très-bien ! à droite.)

Messieurs, c'est un principe que vous pouvez trouver trop raffiné et que, quant à moi, je n'ai pas la prétention d'imposer à tous mes interlocuteurs.

Puisque l'honorable M. Carré-Kérisouët entendait porter à la tribune de l'Assemblée l'entretien particulier qu'il a eu avec moi, je regrette qu'il n'ait pas amené un sténographe.

M. Édouard Lockroy. La parole de M. Carré-Kérisouët suffit.

M. Cornélis de Witt. . . ce qui nous aurait épargné la nécessité toujours pénible entre hommes bien élevés d'échanger des assertions contradictoires.

Je répète que je n'ai pas prononcé les paroles qui me sont attribuées par M. Carré-Kérisouët, et je dois en conclure que sa mémoire est absolument en défaut. (Très-bien ! et applaudissements à droite.)

M. Carré-Kérisouët. Messieurs, je comprends très-bien que mon honorable collègue M. Cornélis de Witt ait attaché peu d'importance à la conversation qu'il a eue avec moi. (Interruptions.)

M. Cornélis de Witt. Mais non !

M. Gaslonde. Il n'a pas dit cela !

M. Carré-Kérisouët. Permettez ! ces interruptions ne m'empêcheront pas de parler.

Moi, messieurs, j'attachais une très-grande importance à cette conversation. Voici pourquoi.

J'étais venu à Paris, absolument dans le but de voir, soit M. le ministre, soit M. le sous-secrétaire d'État. Les attaques, même très-

violentes, commençaient déjà contre nous dans le département des Côtes-du-Nord.

Il était de notre devoir de connaître les intentions du ministre et de son sous-secrétaire d'État, afin de savoir dans quelles mesures nous serions combattus.

Je suis donc allé trouver M. Cornélis de Witt, et c'est en sortant de chez lui que j'ai écrit à M. Foucher de Careil la lettre qu'il a publiée.

M. Cornélis de Witt. Ce qui n'a pas empêché M. Foucher de Careil de continuer à affirmer qu'il était candidat officiel.

M. le président. N'interrompez pas ! Je ne puis tolérer ce dialogue, c'est impossible.

M. Carré-Kérisouët. Je n'ai donc pu me tromper, ni sur le sens, ni sur les expressions que contient ma lettre. J'en maintiens les termes absolument, et je le répète, sur l'honneur. (Applaudissements à gauche.)

M. le président. L'incident est clos.

Un membre à droite. Laissez répondre !

M. le président. Est-ce que M. Cornélis de Witt demande la parole ?

M. Cornélis de Witt. Non, monsieur le président, je me borne à maintenir ma dénégation.

M. le président. La parole est à M. le général de Chabaud La Tour.

M. le général de Chabaud La Tour. Messieurs, il a été beaucoup question, dans ce débat, de candidatures officielles ; l'Assemblée comprendra que je désire aussi dire quelques mots sur ce sujet, puisque j'avais l'honneur d'être ministre de l'intérieur lors de l'élection des Côtes-du-Nord.

Plusieurs candidatures se sont produites aux mois de décembre et de janvier, à la suite de la mort de notre regretté collègue M. Flaud, qui avait eu lieu quelque temps avant, au mois d'août. La candidature de M. le duc de Feltre, celle de M. de Flavigny, presque immédiatement retirée, et celle de M. Foucher de Careil, se sont posées ; et les deux candidats ont parcouru le département, faisant les démarches que comportaient leurs candidatures, de la manière la plus active, ce qui était parfaitement leur droit.

Le 16 janvier, une assemblée des délégués de tous les arrondissements du département des Côtes-du-Nord eut lieu à Saint-Brieuc, afin de choisir un représentant du parti conservateur et de délibérer sur les divers noms qui pouvaient être mis en avant.

M. l'amiral de Kerjégu fut désigné à l'unanimité par cette réunion, à laquelle il n'a pas, d'ailleurs, pris part ; et son nom fut proclamé comme le nom du candidat du parti conservateur.

Je dirai en passant, si l'Assemblée me le permet, que j'approuve complétement, pour ma part, ce mode d'agir d'un grand parti politique appelant au chef-lieu tous les représentants de l'opinion de ce parti dans les diverses régions de leur département. (Très-bien ! très-bien ! sur divers bancs. — Vive approbation à gauche.)

Je crois que cet exemple est à suivre partout On arrive par là à éviter cette action mystérieuse de comités occultes très-peu nombreux, quelquefois composés de deux ou trois personnes.. (Très-bien ! très-bien! sur divers bancs), qui s'arrogent le droit de publier une liste et qui, souvent, réussissent à l'imposer à un département tout entier.

Vous avez voulu, par l'institution du suffrage universel, consacrer le droit de chacun de faire prévaloir son opinion par son vote; eh bien, je répète que quand ce sont des comités aussi restreints, quand c'est l'action d'un ou de deux citoyens seulement dictant une liste improvisée et souvent méditée dans le secret, c'est détruire l'indépendance et la liberté du vote. (Très-bien! très-bien! sur un grand nombre de bancs. — Applaudissements à gauche.)

Je suis très-heureux de me trouver d'accord avec toutes les parties de l'Assemblée.

M. Gambetta. Nous applaudissons, parce que ce sont les vrais principes.

M. le général de Chabaud La Tour. M. l'amiral de Kerjégu avait vaillamment servi son pays pendant plus de quarante années... (Bruit et rumeurs sur quelques bancs.)

Plusieurs membres à droite. Oui! oui! — C'est un fait!

M. le général de Chabaud La Tour. Oui, il avait servi son pays pendant plus de quarante ans, et je crois qu'il est bien permis, et c'est un devoir, de le rappeler à la tribune. 'Oui! oui! — Très-bien! — Parlez!)

Il a exercé à plusieurs reprises des commandements importants, et il a pris part à de glorieuses expéditions comme celles de Bomarsund, de Chine et de l'Indo-Chine...

M. Naentjens. Oui, sous ce gueux d'empire!

M. le général de Chabaud La Tour. ...qui ont étendu la domination de la France dans l'extrême Orient. (Très-bien! très-bien!)

L'amiral de Kerjégu n'était pas un de ces candidats nomades qui veulent à tout prix enfoncer les portes de cette Assemblée... (Sourires. — Très-bien! très-bien! à droite), et il fallut insister beaucoup auprès de lui pour qu'il acceptât un mandat si honorable pour celui auquel il est ainsi offert. (C'est vrai! c'est vrai! à droite.)

Il était évident que le nom de l'amiral devait exciter de vives sympathies dans cette patriotique Bretagne qui a donné à nos armées de terre et de mer tant de chefs illustres dont les noms glorieux brillent dans les pages de notre histoire. (Très-bien! très-bien! et applaudissements à droite.)

Mes collègues du ministère et moi nous ne pûmes qu'applaudir au choix qu'avait fait la réunion des délégués du parti conservateur, en proclamant comme candidat M. l'amiral de Kerjégu, et ce sentiment, j'ai regardé comme un devoir de le faire connaître à M. le préfet des Côtes-du-Nord.. (Très-bien! très-bien! à droite. — Applaudissements et rires ironiques à gauche), en lui disant de le faire lui-même hautement savoir, tout en lui prescrivant, ce que je n'avais pas besoin de faire, de respecter complètement l'indépendance des électeurs. (Ah! ah! à gauche.) M. de Jouvenel a exécuté ces ordres.

On a beaucoup parlé de pression sur les fonctionnaires; on a cité je ne sais quelle invitation, d'abord acceptée, puis refusée; on a produit aussi à cette tribune une protestation signée de deux électeurs, qui disant qu'on leur a rapporté qu'un sous-préfet avait dit qu'on

ferait destituer tous les maires qui n'auraient pas appuyé M. de Kerjégu.

M. le rapporteur. Je demande la parole.

M. le général de Chabaud La Tour. Je laisse à l'Assemblée le soin d'apprécier à sa juste valeur un document de cette nature. (Très-bien! très-bien! sur un grand nombre de bancs.)

Il y a eu, en effet, des menaces formulées contre les fonctionnaires, et je vais les faire connaître à l'Assemblée.

L'ancien garde des sceaux, mon collègue l'honorable M. Tailhand, vous a lu hier un article du *Moniteur des Côtes-du-Nord* où étaient énumérés ces droits féodaux dont la France entière a oublié jusqu'aux noms.. (Très-bien! très-bien! à droite. — Réclamations sur plusieurs bancs à gauche.)

M. Edouard Lockroy. Mais non, elle n'a rien oublié!

M. le général de Chabaud La Tour. ...et qu'il serait parfaitement ridicule de rappeler, si ce n'était pas coupable. (Approbation au centre et à droite.)

Dans ce même journal, messieurs, ce célèbre numéro du *Moniteur des Côtes-du-Nord* du 4 février, le journal des drapeaux, qui avait deux éditions: l'une à l'usage des villes, et l'autre à l'usage des campagnes... (Sourires), il y avait un paragraphe assez intéressant, et qui portait en tête ceci:

« *Avis important.* — Nous prions nos correspondants retardataires d'envoyer par exprès au comité, 15, rue Houvenagle, la liste des fonctionnaires qui feraient ostensiblement de la propagande en faveur de M. le duc de Feltre ou de M. de Kerjégu, avec les pièces justificatives... »

M. Edouard Lockroy. Très-bien! Ce journal avait raison!

M. le général de Chabaud La Tour. Voilà l'avis important qui devait parvenir sous les yeux de MM. les fonctionnaires.

M. Jules Cazot (Gard). Ce journal accomplissait un devoir civique!

M. le général de Chabaud La Tour. C'est-à-dire qu'il les menaçait pour le cas où le pouvoir viendrait à changer... (Réclamations à gauche.) C'était bien là une menace, et si quelqu'un a droit de le contester, j'en appellerais à la bonne foi de l'Assemblée tout entière. (Marques d'assentiment et applaudissements au centre et à droite. — Rumeurs à gauche.)

M. Henri Brisson. L'opposition ne peut pas menacer; il n'y a que les ministres qui peuvent menacer!

M. le président. N'interrompez pas!

M. le général de Chabaud La Tour. On a dit que le nom de M. le maréchal de Mac Mahon avait été invoqué tantôt par l'administration, tantôt par M. Foucher de Careil. Je ferai remarquer que le nom de M. le maréchal de Mac Mahon n'a été prononcé par l'administration que pour réfuter l'usage que voulait en faire, à son profit, M. Foucher de Careil. (C'est cela! c'est cela! à droite.)

Jamais, dans aucune de ses circulaires, dans aucun des actes émanés de l'administration, le nom illustre du chef de l'Etat n'a été invoqué; il ne doit pas l'être, car il est au-dessus de nos débats. M. le préfet des Côtes-du-Nord ne l'a prononcé dans les affiches du 5 février, liberté électorale, n'a pas fait poursuivre. Il y a eu des réunions publiques; eh bien, une de ces réunions a été tenue dans la salle de l'hôtel de ville de Saint-Brieuc. Un grand nombre de maires assistaient à ces réunions. J'ai là leurs noms, je pourrais les citer. Pas un de ces maires n'a perdu sa fonction.

A gauche. Eh bien?

M. le sous-secrétaire d'Etat. J'avais cru comprendre, jusqu'à ce moment, que vous aviez reproché au préfet d'avoir menacé les maires de leur retirer leurs fonctions.

Voici ce qu'il en a été, voici la vérité : les maires, non pas ceux qui ont servi secrètement la candidature de M. Foucher de Careil, mais ceux qui l'ont publiquement patronnée, ces maires n'ont pas perdu leurs fonctions, ils n'ont pas été menacés un seul instant.

Voilà la vérité qui ressort des faits généraux, non pas de tel ou tel fait particulier, que l'on ne peut d'ailleurs apporter à la tribune qu'en le dénaturant.

En effet, j'accepte parfaitement le débat, et sur la lettre de M. le sous-préfet de Loudéac et sur la déposition des deux citoyens qui ont déclaré avoir entendu raconter que les maires, dans l'arrondissement de Loudéac, ont été menacés.

L'honorable M. Pelletan avait annoncé une circulaire adressée à tous les maires par le sous-préfet de Loudéac, pour les menacer de leur retirer leurs fonctions, s'ils...

M. le rapporteur. J'ai parlé d'un seul maire. Je l'ai toujours dit : un seul maire.

Un membre à gauche. On a lu la lettre.

M. le sous-secrétaire d'Etat. Et d'ailleurs l'honorable M. Pelletan, par une erreur qu'il reconnaît et qu'il rectifie...

M. le rapporteur. Mais non, mais non, je n'ai pas commis d'erreur; c'est vous qui en commettez une.

M. le sous-secrétaire d'Etat. Je vous demande pardon. Peu importe du reste. Du moment ou vous reconnaissez vous-même qu'il n'y a nullement eu là un fait général, mais un fait absolument particulier, je n'ai rien à dire.

M. Horace de Choiseul. Il est général !

M. le sous-secrétaire d'Etat. Mais enfin, messieurs, ce fait est-il général ou particulier ? Voilà un fait essentiellement particulier et qui s'explique parfaitement par l'impression qu'a pu recevoir le sous-préfet d'une impolitesse qui, suggérée par une influence administrative, devenait un acte d'insubordination. (Assentiment à droite. — Exclamations et applaudissements ironiques sur quelques bancs à gauche.)

M. Edouard Lockroy. Très-bien ! très-bien !

M. le sous-secrétaire d'Etat. Quant aux menaces faites au maire de Camboust, voici la dépêche que j'ai reçue de M. le sous-préfet de Loudéac :

« M. le maire de Camboust n'a pu tenir les propos qu'on lui prête et auxquels je donnerai un démenti formel.

Ce démenti n'est pas donné au maire de Camboust lui-même, mais aux deux témoins qui ne faisaient que raconter le prétendu bruit qu'ils avaient entendu.

Ainsi, vous le voyez, d'une part, des faits isolés apportés ici, sans importance et sans preuves.... (Dénégations et rumeurs à gauche); d'autre part, au contraire, un respect de la liberté électorale chez les fonctionnaires municipaux, respect si incontestable, que pas un seul d'entre eux ne s'est trouvé privé de ses fonctions pour avoir exercé son influence en faveur de M. Foucher de Careil.

Voilà quelle est la situation.

M. le rapporteur. Et la circulaire du directeur général des contributions indirectes?

M. le sous-secrétaire d'Etat. L'honorable M. Pelletan me dit : « Et la circulaire du directeur des contributions indirectes?»

C'est une circulaire où pas un seul candidat n'est nommé, et où il n'est question que de théories propagées par des hommes de désordre. (Exclamations à gauche.)

Un membre à gauche. C'est une plaisanterie !

M. le sous-secrétaire d'Etat. Ce n'est pas une plaisanterie. Ce qui est une plaisanterie, c'est de répéter et d'apporter à cette tribune de pareils documents comme pouvant constituer des manœuvres électorales. (Très-bien ! très-bien ! à droite et au centre droit.)

Un membre à gauche. Le mot « confidentiel ? »

M. le sous-secrétaire d'Etat de l'intérieur. C'est pour empêcher de confondre ces lettres avec les pièces relatives au service financier.

Je ne veux pas rentrer dans le détail de la discussion, qui a trop longtemps peut-être occupé l'Assemblée. En prenant les faits généraux de l'élection des Côtes-du-Nord, qu'apercevons-nous? Une intervention administrative qui est provoquée, rendue nécessaire, amenée d'une manière fatale par la prétention qu'affiche un des candidats de se couvrir du patronage officiel. (Vives marques d'approbation à droite et au centre droit.)

Un membre à gauche. C'est bien antérieur !

M. le sous-secrétaire d'Etat. C'est antérieur, dit-on ? Je réponds que les pièces qui nous ont été distribuées et les journaux qui ont paru ont fait reconnu eux-mêmes que l'administration, selon eux, avait été heureuse de trouver un prétexte. Et cette expression même de leur part indique suffisamment que jusque-là ils n'avaient rien trouvé qui ne fût irréprochable dans la conduite de l'administration. Voici un candidat qui se présente aux populations en leur disant : J'ai les sympathies du Maréchal. Cette phrase, messieurs, a embarrassé, gêne, l'honorable candidat. L'honorable M. Pelletan, dans son rapport, nous a dit : « M. Foucher de Careil supposait plus qu'il n'affirmait. » J'en demande bien pardon à l'honorable rapporteur; mais, quand on dit : « J'ai les sympathies du Maréchal », on ne suppose pas, on affirme. (Très-bien ! très-bien ! à droite.)

L'honorable candidat a cherché à expliquer cette phrase en disant qu'il avait simplement présenté aux populations une induction et qu'en parlant du Maréchal, d'ailleurs, il ne parlait pas du Gouvernement. (Rires à droite.) Voici, en effet, ce que je lis dans la brochure de M. Foucher de Careil :

« M. de Jouvenel déposa, en outre, une plainte au parquet de Saint-Brieuc, demandant des poursuites, m'accusant d'avoir écrit aux maires que j'avais l'appui du Gouvernement; ce qui n'était pas exact. »

En effet, l'honorable candidat s'était simplement servi des expressions que j'ai déjà citées : « J'ai les sympathies du Maréchal. » Et il ajoute : « Les populations ne devaient pas comprendre : « J'ai l'appui du Gouvernement. »

Eh bien, messieurs, il m'est très-difficile de croire que la confusion ne se soit pas inévitablement produite, d'autant plus que, dans l'affiche du 5 février, l'honorable candidat s'exprimait ainsi : « Votez sans crainte, je suis avec la majorité, je suis avec le Gouvernement ! » (Ah ! ah ! — Très-bien ! à droite.)

Ainsi, le Gouvernement y était bien cette fois, et il était impossible de s'y méprendre. (C'est évident ! à droite.) L'honorable M. Foucher de Careil s'était présenté comme ayant le bénéfice de la candidature officielle. Il n'avait pas eu l'appui du préfet, il avait voulu avoir l'appui du ministre ; n'ayant pas eu l'appui du ministre, il a voulu avoir l'appui de M. le Maréchal ; n'ayant pas eu l'appui du Maréchal, il a voulu avoir tout au moins l'appui d'une personne anonyme qui ne pouvait pas le contredire, l'appui de la Constitution. (Rires d'adhésion à droite et au centre.)

Il s'est présenté comme le candidat officiel de la Constitution, dont il devenait le fils légitime et nécessaire. (Approbation et rires à droite.)

Voilà en présence de quelles prétentions obstinées se reproduisant sous toutes les formes, sur tous les terrains...

M. le baron Decazes. Et sous tous les Gouvernements !

M. le sous-secrétaire d'État. ...et, lorsqu'une affirmation trop positive venait à se produire, consentant à partager le bénéfice de la candidature officielle en disant dans une affiche « cela prouve que nous sommes deux » ; voilà, dis-je, en présence de quelles prétentions se sont trouvés le Gouvernement et l'administration ; voilà pourquoi il a été nécessaire de faire connaître la vérité aux populations ; voilà pourquoi il a été indispensable de faire savoir que la candidature officielle n'était pas attribuée à celui qui la revendiquait.

Et là, messieurs, le procès intenté à M. Foucher de Careil, et je tiens à parler de ce fait pour relever une phrase que je ne saurais accepter dans le rapport de la commission. (Bruit à gauche.)

L'honorable rapporteur de la commission s'exprime ainsi :

« Mais le préfet ne s'est pas borné à démentir la circulaire de M. Foucher de Careil ; il décide de sa propre initiative qu'elle devait constituer un délit ; — et ce délit, je l'ai déféré à la justice, » dit-il.

« Il ne l'avait nullement déféré à la justice, il n'avait déposé aucune plainte, car à la date du 5 février, » — c'est un raisonnement, ce n'est pas un fait, — « le procureur de la République n'avait pas requis, le juge d'instruction n'avait pas informé ; la nouvelle d'une poursuite judiciaire contre M. Foucher de Careil, publiée, affichée, répandue de commune en commune, à la demande du préfet, à la dernière heure, à la veille du scrutin, n'avait pas même pour elle en ce moment-là un commencement d'exécution, un semblant de réalité. »

C'est cette allégation qui a été reproduite tout à l'heure dans le discours de l'honorable M. Madier de Montjau et contre laquelle je me suis permis de m'élever, en ayant le tort de l'interrompre.

M. le préfet des Côtes-du-Nord n'avait fait qu'user d'un droit et que remplir une obligation qui sont inscrits dans l'article 29 du code d'instruction criminelle, dont je demande à l'Assemblée la permission de lui donner lecture. (Interruptions à gauche. — Écoutez ! écoutez ! à droite.)

« Toute autorité constituée, tout fonctionnaire ou officier public, qui, dans l'exercice de ses fonctions, acquerra la connaissance d'un crime ou d'un délit, sera tenu d'en donner avis sur-le-champ au procureur de la République près le tribunal dans le ressort duquel ce crime ou ce délit aura été commis... »

Je ne lis pas la fin de l'article.

Voilà, messieurs, ce que c'est que déférer un délit à la justice.

M. le rapporteur. Où est la plainte ?

M. le sous-secrétaire d'État. L'honorable M. Pelletan, confondant deux choses distinctes, demande, aujourd'hui comme hier, où est la plainte.

Une plainte eût été nécessaire si le préfet, injurié ou diffamé, avait voulu poursuivre, devant le tribunal, la réparation de l'injure ou de la diffamation.

Si tel avait été le cas, M. Pelletan serait fondé à nous demander : Où est la plainte ? Mais il ne s'agit pas ici d'une plainte préliminaire, légale, indispensable à toute poursuite intentée pour obtenir la réparation due à l'honneur du fonctionnaire. Non, il s'agit d'un délit attribué à une personne, délit dont un fonctionnaire a connaissance dans l'exercice de ses fonctions, et dont ce fonctionnaire doit, sur-le-champ, donner avis à l'autorité judiciaire.

Eh bien, lorsque le magistrat administratif a rempli son devoir, en donnant avis du délit qu'il croit avoir été commis, il a par là même déféré à la justice la personne qu'il regarde comme l'auteur du délit. (Réclamations à gauche. — C'est évident ! à droite.)

Cela est si vrai, que, à partir de ce moment, le fonctionnaire est dessaisi ; il n'a plus à poursuivre l'affaire, qui devient exclusivement judiciaire.

Voilà pourquoi M. le préfet des Côtes-du-Nord, donnant sur-le-champ aux magistrats du parquet l'avis prescrit par le code d'instruction criminelle, a rempli son devoir, et voilà pourquoi j'ai pu dire en toute vérité que M. Foucher de Careil était déféré à la justice. (Aux voix ! à gauche.)

Je ne veux pas, messieurs, abuser de la patience de l'Assemblée... (Parlez ! parlez ! à droite)... il est cependant un autre point sur lequel je lui demande la permission de dire deux mots. Là encore, l'administration s'est trouvée en état de légitime défense.

Je suis d'autant plus à l'aise pour parler de ce point, qu'il s'agit du *Moniteur des Côtes-du-Nord* du 4 février, et que M. Foucher de Careil a désavoué, quelques mois après...

à droite. Après !

M. le sous-secrétaire d'État. ... dans le mémoire qui a été distribué à l'Assemblée, la partie de ce numéro relative aux droits féodaux.

Il est vrai que, dans ce mémoire, il continue à appeler M. de Kerjégu le candidat du drapeau blanc; il est vrai qu'un lien intime avait été établi par le rédacteur du journal entre ces deux idées : le drapeau blanc et les droits féodaux. (C'est cela! — Très-bien! à droite.)

Et remarquez, messieurs, comment la question se posait alors : Tout en se prévalant avec persévérance des « sympathies réelles, » disait-il, de M. le Président de la République, l'honorable M. Foucher de Careil répétait que M. de Kerjégu était le candidat de l'administration ; et, par conséquent, lorsqu'il parlait du candidat du drapeau blanc, du candidat qui devait ramener les droits féodaux, c'était, en définitive, à l'administration qu'il imputait de vouloir ramener et le drapeau blanc et les droits féodaux. (C'est évident! — Très-bien ! à droite.)

L'administration était donc parfaitement dans le cas de légitime défense quand elle protestait contre de pareilles accusations, quand elle cherchait à éclairer les populations. Et, alors même que les administrateurs n'eussent pas été en cause, ils auraient encore rempli un devoir en faisant tous leurs efforts pour que de pareilles idées ne pénétrassent pas dans les esprits et dans les cœurs. (Très-bien ! très-bien !)

Nous avons vu, je regrette de le dire, par le discours de M. Madier de Montjau, qu'il pouvait y avoir plus de danger encore qu'on ne le croyait dans ces craintes imaginaires ainsi répandues parmi les populations.

Nous avons vu, en effet, que des hommes éclairés pouvaient encore contribuer par l'autorité de leur parole à propager des erreurs qui ne répondent à aucune réalité et qui peuvent causer de grands malheurs dans le pays à un moment donné. (Vives marques d'adhésion et applaudissements à droite et au centre droit.)

M. Gaslonde. Cela peut amener des coups de fusils et la guerre civile.

Un membre à gauche. Et le journal légitimiste?

M. le sous-secrétaire d'État. Est-ce que c'est dans un journal légitimiste que M. Madier de Montjau est allé chercher la preuve de la réalité des craintes qu'il rappelait? Non, il est allé exhumer dans les archives du congrès de Vienne un document signé, disait-il, par le cardinal prince de Broglie, archevêque de Malines, qui n'était pas cardinal, qui n'était pas archevêque de Malines... (Rires et applaudissements à droite et au centre)... et qui n'avait pas signé la pièce en question, laquelle ne porte que la signature de ses grands vicaires.

Voilà ce qu'est allé chercher M. Madier de Montjau.

Mais n'oublions pas, messieurs, que, quand on évoque des fantômes, ce ne sont pas les fantômes qui sont redoutables, c'est l'évocation qui en est faite et les terreurs qu'elle répand dans les esprits. (Très-bien ! très-bien ! à droite.)

M. Édouard Lockroy. Et le *Syllabus,* est-ce que c'est un fantôme? (Bruit.)

M. le sous-secrétaire d'État. Ces terreurs mettent la raison en fuite, et si un jour,

par malheur, l'autorité vient à s'affaiblir, on ne peut dire à quels excès peuvent se porter des âmes qui ne sont plus maîtresses d'elles-mêmes et qui se laissent entraîner par une imagination égarée. (Applaudissements à droite et au centre droit.)

Voilà pourquoi, alors même qu'elle n'eût pas été en cause, l'administration, qui est la gardienne de l'ordre public dans le présent et dans l'avenir, aurait eu le droit...

M. Gaslonde. Et le devoir !

M. le sous-secrétaire d'État. ...de prémunir les populations contre de pareilles imaginations, contre de pareils périls. (Nouveaux applaudissements à droite et au centre droit.)

M. de La Borderie. Ce sont d'odieuses calomnies !

M. le sous-secrétaire d'État. Vous voyez, messieurs, comment la question s'est posée dans l'élection des Côtes-du-Nord; vous voyez quelles circonstances ont amené, nécessité, légitimé l'intervention de l'administration qui, je crois l'avoir démontré, n'a fait que se défendre sur le terrain où l'appelait la controverse soulevée par les adversaires eux-mêmes se prévalant sans droit du patronage officiel.

J'ai dit, messieurs, que c'était un devoir qui m'appelait à la tribune, j'ai essayé de le remplir.

J'espère, maintenant, que vous allez valider l'élection, et, en la validant, l'Assemblée reconnaîtra non-seulement que cette élection est légale, mais encore qu'elle est sincère et honorable. (Très-bien ! très-bien ! — Vifs applaudissements à droite et au centre.)

M. le président. La parole est à M. Hervé de Saisy.

M. Hervé de Saisy monte à la tribune.

M. Ernest Picard. Si M. Hervé de Saisy ne répond pas à M. le sous-secrétaire d'État, moi j'ai l'intention de lui répondre et je demande la parole.

M. Hervé de Saisy. Je n'occuperai pas longtemps la tribune. (Parlez ! parlez !)

Une voix à gauche. Mais M. de Saisy parle dans le même sens que l'orateur précédent.

M. le président. Eh bien alors, j'appelle à la tribune M. Picard.

Plusieurs membres. Parlez ! parlez ! monsieur de Saisy.

M. le président. Veuillez, messieurs, laisser le président expliquer la question.

Le règlement veut que les orateurs qui se succèdent à la tribune parlent alternativement dans un sens contraire. Or, comme M. Hervé de Saisy ne répond pas au sous-secrétaire d'État et que M. Picard demande à lui répondre, il est tout naturel, tout en réservant le droit de M. de Saisy, que je n'entends en quoi que ce soit méconnaître, que je donne la parole à M. Picard.

Il n'est pas douteux que l'inscription de M. de Saisy est antérieure à celle de M. Picard...

M. Hervé de Saisy. Parlez, monsieur Picard.

M. le président. Mais M. Hervé de Saisy n'insiste pas, et, je le répète, si je ne lui donne pas en ce moment la parole, c'est qu'il ne répond pas au ministre. M. de Saisy prendra la parole après M. Picard. (Très-bien! très-bien!)

M. Ernest Picard. Je croirais manquer à

mon devoir de représentant si, dans une question de cette nature, le dernier mot était laissé au discours que vous venez d'entendre et aux doctrines qu'il renferme. (Très-bien! très-bien! à gauche.)

Que nous ayons fait preuve de sagesse et de patience dans cette Assemblée, personne ne le contestera. Que nous ne cherchions pas les difficultés là où elles ne nous paraissent pas trop fortes, personne ne le contestera non plus. Mais qu'on puisse nous présenter l'élection des Côtes-du-Nord comme un modèle d'élection... (Applaudissements et rires ironiques à gauche) et que nous soyons tenus d'y chercher ce que nous devons attendre en matière de liberté et de probité électorale... (Nouveaux applaudissements à gauche), c'est à quoi je ne saurais consentir.

La question a, vous n'en doutez pas, un intérêt et une opportunité particulières. Car vous avez fermé les élections partielles, étant à la veille de la dissolution, et les doctrines de M. le ministre de l'intérieur, qu'il désire exposer si nettement à cette tribune, en matière électorale comme en matière politique, nous avons intérêt à les connaître.

Je constate avec regret son absence au banc des ministres.

Voix diverses. Vous savez bien pourquoi! — Il est parti pour Toulouse!

Un membre à droite. Adressez-vous au garde des sceaux! Le garde des sceaux est là!

M. Ernest Picard. Mais l'honorable sous-secrétaire d'État a parlé en son nom, et je suis heureux de dire qu'à la tribune il n'est pas de ceux qui disent sans clarté ce qu'ils disent faire entendre.

Je n'ai donc pas à me plaindre de l'organe donné au ministre de l'intérieur ; mais j'ai à regretter ses doctrines elles-mêmes, et je vous demande la permission de les examiner en très-peu de mots... (Marques d'impatience à droite. — Parlez! parlez! à gauche), et cela en essayant d'enlever à cette discussion ce qu'elle a de passionné.

Personne ici, dans l'examen que nous avons à faire, n'a rien à craindre : la question ministérielle n'a pas été posée ; rien ne menace la précieuse stabilité du ministre de l'intérieur... (Rires à gauche.)

M. Hervé de Saisy. La stabilité du Gouvernement est toujours précieuse!

M. Ernest Picard. ...et nous pouvons, à la veille des élections générales, nous demander ce que nous avons tiré de l'enseignement des candidatures officielles sous l'empire... (Mouvements divers), et si la comparaison qui a été faite tout à l'heure par l'honorable sous-secrétaire d'État doit être le dernier terme auquel nous devons nous arrêter.

A cet examen, messieurs, je ne puis pas me livrer sans une certaine tristesse... (Oh! oh! à droite. — Très-bien! très-bien! à gauche.) Qui m'eût dit que je trouverais pour contradicteurs à cette tribune même ceux qui, dans un autre temps...

Un membre à gauche. En 1869!

M. Ernest Picard. ...et, dans une autre enceinte, avaient été mes illustres clients (Très-bien! et rires à gauche), ceux au nom desquels j'avais défendu, avec bien peu de succès, je le reconnais, — et c'était ma faute, mais un

peu aussi la faute de ceux qui m'écoutaient... (Mouvements divers), — j'avais défendu les véritables principes de la liberté électorale. Et tout d'abord, il importe de répéter, ce que déjà vous ont appris les applaudissements partis de ce côté de l'Assemblée (la gauche), c'est que nul de nous ne répugne à ce que, dans les élections, la clarté la plus grande intervienne, à ce que des délégués, soit pour le candidat qui a les opinions du Gouvernement, soit pour le candidat contraire, puissent se réunir, qu'ils puissent délibérer, que les comités occultes soient écartés par eux, et qu'au grand jour l'élection naisse et se produise dans les départements. (Très-bien! très-bien! à gauche.)

C'est ainsi que l'entend M. de Chabaud La Tour, je le reconnais, mais où l'erreur a commencé de la part de l'honorable ministre de l'intérieur de ce temps, — je le dis avec regret, il sait les sentiments personnels que j'ai pour lui, — où l'erreur a commencé...

M. Haentjens. C'est dans Maine-et-Loire! (Rires à droite.)

M. Ernest Picard. Bien!

M. Haentjens. Et sur votre demande!

M. Ernest Picard. Très-bien!

Je m'expliquerai sur Maine-et-Loire, et je vous remercie de me le rappeler.

Où l'erreur a commencé, c'est lorsque sortant du rôle qui appartient au Gouvernement, rôle si bien défini par le rapport de M. Pelletan, il a cessé d'être juge du camp pour prendre parti pour l'un des candidats.

M. Haentjens. Comme dans Maine-et-Loire! (Nouveaux rires à droite.)

M. Ernest Picard. Vous allez voir, par les explications très-brèves que je donnerai, quelle est la différence des situations.

Le jour où l'honorable général de Chabaud La Tour a déclaré que le Gouvernement approuvait le choix des délégués et que l'honorable amiral de Kerjégu était devenu le candidat du Gouvernement... (Dénégations à droite), le candidat ministériel, administratif, comme il vous conviendra de l'appeler, le jour où cette déclaration a été faite, la candidature officielle revenait avec ses conséquences inévitables.

Que nous a dit tout à l'heure l'honorable sous-secrétaire d'État, qui n'a pas pu, autant que nous, — et je l'en félicite, — compulser les dossiers des candidatures officielles, et approfondir cette question douloureuse? (Rumeurs à droite.) Il nous a dit : Le lendemain, le Gouvernement — l'administration, si vous aimez mieux, — s'est trouvé en état de légitime défense. Pourquoi? Parce que, le jour où l'on prêtait au candidat accepté par l'administration certaines opinions, certains principes, le Gouvernement se sentait atteint ; il se déclarait en état de légitime défense, et il mettait dans la balance toutes les forces gouvernementales. (Approbation à gauche.)

C'est, messieurs, le tableau trop connu des candidatures officielles. Je n'en entretiendrai pas en détail l'Assemblée, mais il m'est impossible de ne pas dire à M. le sous-secrétaire d'État que, dans cette élection, il y a une chose qui a dû inquiéter sa conscience.

Comment n'a-t-il pas vu que, par une fatalité singulière, qui peut être attribuée au malheur de conduite de la chancellerie de ce temps, mais qui n'en est pas moins

réelle, le candidat qui n'était pas candidat de
l'administration s'est trouvé, depuis le premier
jour jusqu'au dernier, en état de prévention.
(Interruptions à droite.)

M. Haentjens. Comme dans Maine-et-
Loire !

M. Ernest Picard. Sans doute, on aurait
pu l'arrêter préventivement...

Un membre à gauche. Cela viendra !

M. Ernest Picard. Et lui appliquer politiquement et philanthropiquement le système
de l'emprisonnement cellulaire ! (Rires à gauche.)

On ne l'a pas fait, je le reconnais et je suis
prêt à louer, dans cette mesure, l'administration de sa modération. (Nouveaux rires et applaudissements à gauche). Mais ce qui est certain, c'est qu'à la veille du premier tour
de scrutin, ce plan était annoncé, et M. le
sous-secrétaire d'État est dans l'erreur; il
y a une équivoque qu'il me saura gré lui-même
de lever, en se reportant au dossier. Oui,
comme officier de police judiciaire, et aux
termes vrais des articles du code d'instruction
criminelle, le préfet peut directement saisir
la justice ; quand il poursuit en son nom,
une plainte doit avoir lieu ; mais quand il
ne poursuit pas en son nom, le parquet peut
poursuivre lui-même. Or, le parquet a si peu
poursuivi que, si vous vous renseignez, vous
saurez qu'un des honorables magistrats a
donné sa démission et n'a consenti à la reprendre qu'après les plus vives instances. (Oh !
oh ! à gauche.)

Voix diverses à droite. Quel est donc ce magistrat ? — Ce n'est pas exact !

M. Ernest Picard. Il n'y avait pas de
plainte écrite du préfet, et vous ne pouvez faire,
à une date certaine, d'après les pièces du dossier,
la démonstration que le juge d'instruction a pu
être saisi autrement que par une conversation
orale, ce qui, probablement, n'aura pas convenu à ce magistrat. (Interruptions à droite.)

M. Huon de Penanster. Quel est le
nom de ce magistrat ? Je conteste le fait !

M. de la Borderie. On vous dit que le fait
est inexact.

M. le président. Veuillez ne pas interrompre, je vous donnerai la parole tout à l'heure,
si vous la demandez.

Je serai dans la nécessité de rappeler à l'ordre les membres qui adressent avec persistance des interruptions aux orateurs qui soutiennent à la tribune des opinions contraires
aux leurs.

Je demande, une fois pour toutes, à l'Assemblée, s'il est digne d'interrompre ainsi à chaque
instant.

Je suis obligé de signaler une habitude qui
s'introduit dans nos discussions. Quand un
orateur exprime une opinion contraire à celle
des membres qui siègent soit d'un côté soit
d'un autre de l'Assemblée, il y a immédiatement d'un côté quelconque une protestation
qui donne lieu à une contre-protestation du
côté opposé. Cela n'est pas tolérable.

Vous êtes ici, messieurs, pour discuter,
c'est-à-dire pour entendre, sur quelques bancs
que vous siégiez, les opinions qui sont contraires aux vôtres. (Marques d'approbation.)

Vous devez, messieurs, respecter le règlement, et venir en aide à votre président, quand
il cherche à le faire respecter. (Nouvelles marques d'approbation.)

Je rappellerai nominativement à l'ordre ceux
qui interrompront l'orateur.

M. Ernest Picard. C'est alors, messieurs,
que le candidat qui n'était pas agréé par l'administration s'est vu engagé dans une de ces
luttes violentes dont on ne peut pas se faire
une idée, quand on n'y a pas été engagé soi-
même, ou qu'on n'a pas vu, comme nous l'a-
vons vu dans l'ancien Corps législatif, ce qui
peut se concevoir, se faire contre un candidat
qui est désagréable à l'administration ; c'est
alors, dis-je, que le candidat qui n'était pas agréé
par l'administration, M. Foucher de Careil, a
poussé un cri de détresse. Il nous a avertis par
des télégrammes, par ses amis ; il a eu foi en
nous, — vous pouvez pas lui en vouloir, — il
nous a priés de venir à cette tribune demander
au Gouvernement la trêve électorale pour un
candidat qui voulait faire valoir ses droits devant les électeurs et qui, en définitive, a ba-
lancé par le nombre des suffrages qu'il a obtenus le nombre de ceux qui ont été donnés aux
autres candidats.

Qu'avons-nous fait ? Fidèles aux principes
qui sont les nôtres, ne voulant pas intervenir
inconsidérément dans une élection, nous avons
reculé devant une interpellation au cours de
la lutte électorale. Nous nous sommes bornés
à nous adresser aux ministres de ce temps, et
nous leur avons dit : Voici la situation ; faites
que ces poursuites, qui ne sont pas sérieuses,
— car pas un homme de bon sens ne pourra
croire qu'on puisse poursuivre pour délit de
fausse nouvelle celui qui se vante d'avoir pour
appui le chef du Gouvernement, — faites que
toutes ces poursuites soient arrêtées.

Nous avons reçu l'assurance de MM. les
ministres et de MM. les sous-secrétaires
d'État que toute poursuite serait arrêtée ; et
nous ne doutons pas qu'ils aient fait, les uns et
les autres, tout ce qu'ils ont pu pour tenir
l'engagement qu'ils avaient pris vis-à-vis de
nous. Seulement, ils n'ont pas réussi...
(Rires à gauche.) Et la preuve, c'est que le
19 février, à la veille de l'élection, cette poursuite, qui n'avait pas de corps, qui n'était
qu'une ombre, mais qui planait sur l'élection,
qui était un formidable engin de bataille,
— car vous savez que c'est là le plus grand
pouvoir dont disposent les hommes qui gou-
vernent, — cette poursuite a été engagée pour
combattre la candidature de M. Foucher de
Careil, et a été prolongée jusqu'à la veille de
l'élection, c'est-à-dire jusqu'au 20 février dans
la journée.

Un membre à gauche. Et même jusqu'au 21
dans la matinée !

M. Ernest Picard. Le 19, et dans la journée du 20, on pouvait croire que M. Foucher
de Careil, en déployant une activité prodigieuse, pourrait réussir à démontrer à la plupart de ses électeurs qu'il avait été injustement
poursuivi, qu'il n'était pas sous la main de la
justice. Aussi lui a-t-on laissé ignorer jusqu'au
moment du scrutin l'ordonnance de non-lieu
qui avait été rendue en sa faveur.

Voilà les faits, messieurs, dans toute leur
simplicité ; on n'oserait pas les discuter devant
un tribunal ; je ne ferai pas à l'Assemblée

l'injure de les discuter devant elle. (Approbation à gauche. — Rumeurs à droite.)

Maintenant, que M. le sous-secrétaire d'Etat me permette de le lui dire : « Nous ne craindrions pas que le Gouvernement déclarât ses préférences, ce serait, en certains temps, une cause de succès pour ses candidats, mais en certai s autres t-u.ps... (Rires et applaudissements sur plusieurs bancs à gauche.)

Dans tous les cas, messieurs, ce que nous ne pouvons pas accepter, c'est la suite nécessaire, inévitable, fatale de la candidature officielle ayant ses commencements innocents et ses conséquences déplorables.

Nous l'avons vue, nous l'avons combattue, — pour vous, messieurs. — Il y a au banc des ministres, un des plus honorables membres du cabinet actuel et du précédent cabinet, dont nous relisions ces jours derniers les protestations pour y retrouver les spécimens des manœuvres employées contre les candidats qui déplaisaient au gouvernement impérial. Tout cela se ressemble ; on a peu inventé ; mais on n'a pas été sans trouver quelques perfectionnoments. (Hilarité à gauche.)

Si la doctrine n'est pas repoussée aujourd'hui, sérieusement, victorieusement, nous reverrons aux élections générales les candidatures officielles refaire leur chemin pour le malheur de la France. (Mouvements divers.)

L'honorable M. Haentjens m'interrompait, il y a un instant, pour me rappeler que nous avions demandé au Gouvernement de se prononcer dans l'élection de Maine-et-Loire.

Oui, c'était à la commission de permanence. Le Gouvernement était, alors, fort irrité de certains passages d'une circulaire...

M. Haentjens. Je demande la parole.

M. Ernest Picard ... et il hésitait à poursuivre. Nous lui avons conseillé une seule chose : Dites tout haut ce que vous en pensez. Il l'a dit, et cela a suffi.

Si M. le ministre de l'intérieur avait été constant dans cette méthode, — car c'était le même, — il eût uniquement déclaré que le comte Foucher de Careil n'était pas le candidat agréé par l'administration, et personne de nous, messieurs, n'aurait élevé la voix pour se plaindre. (Interruptions à droite.)

Non, personne! mais vous conviendrez que les poursuites ont été de trop; et il est impossible de ne pas dire que si la justice elle-même doit être un peu embarrassée lorsqu'elle a appelé devant un juge, pour l'interroger, un homme; un honnête homme, et qu'elle a reconnu son innocence, elle doit être bien plus embarrassée encore lorsque c'est en matière politique, et dans une question de gouvernement que la poursuite est née, de telle sorte que cette poursuite puisse ressembler à une manœuvre électorale. (Approbation à gauche.)

Voilà ce qui ne doit pas être. Ce serait, j'en aurais la preuve, que je crois, tant j'aime mon pays, que je ne le donnerais pas.

A droite. Oh! oh!

M. Ernest Picard. Je la donnerais certainement à ceux qui pourraient vouloir cesser l'abus ; mais je n'aimerais pas, permettez-moi de vous le dire, à étaler une pareille indignité en face de l'Assemblée. Non, il ne faut pas qu'il en soit ainsi. Mais alors, il faut renoncer aux candidatures officielles.

J'ai écouté avec la plus grande attention l'honorable sous-secrétaire d'Etat. Eh bien, il ne renonce pas suffisamment aux candidatures officielles. (On rit.) Je ne dirai pas qu'il place en elles toute son espérance, non ; mais je crains qu'il soit de ceux qui se répètent tout bas cette parole : Toutes les oppositions les attaquent et tous les gouvernements s'en servent. (Mouvements divers.)

Eh bien, tous les gouvernements qui s'en servent, avec plus ou moins de mesure, sont presque tous destinés, tour à tour, à se repentir de s'en être servis. On nous l'a dit, et je ne saurais trop le redire : dans un pays où il faut refaire la force, la vérité et la loyauté, on n'amènerait, dans cette enceinte, avec ce système des candidatures officielles, qu'une ombre de représentation nationale, et on établirait ainsi dans le pays, pour ainsi dire, une école de démoralisation.

Non, messieurs, je ne crois pas, permettez-moi de vous le dire, que les candidatures officielles soient acceptées résolument par le Gouvernement. Le Gouvernement vous l'a dit, il était en état, non pas de légitime défense, mais en état de défense, et nous lui pardonnons, en faveur de sa défense, les expressions dont il s'est servi. (Rumeurs à droite et au centre.) Nous ne voulons pas y voir les termes de sa doctrine ; ce n'est pas là que nous la cherchons : nous lui demanderons quelle elle est, plus tard et dans une autre occasion.

A droite. Ah! ah!

M. Ernest Picard. Aujourd'hui, en présence du rapport de l'honorable M. Pelletan, rapport qui n'est pas équivoque et qui blâme les candidatures officielles, nous passerons avec confiance au vote, parce que ce vote, ainsi expliqué par avance, sera la consécration de la liberté électorale devant l'Assemblée. (Vive approbation et applaudissements à gauche.)

M. Hervé de Saisy. Messieurs, je commence par déclarer à cette tribune que, à certains égards, je suis de l'avis de l'honorable préopinant, et que, comme lui, je réprouve jusqu'à l'ombre de la candidature officielle. Mais, précisément à ce point de vue, il me sera permis d'examiner, dans la question présente, et cela en très-peu de mots, — je comprends l'impatience de l'Assemblée de terminer promptement ce débat, — il me sera permis, dis-je, d'examiner où existe vraiment la candidature officielle, et surtout contre qui peut être relevé le passé de la candidature officielle ; car le présent et le passé se lient intimement dans le même homme, et ce n'est qu'en jugeant l'ensemble de ses actes politiques, sous les divers régimes qui les ont vus se produire, qu'on peut les apprécier dans toute leur signification et dans toute leur vérité. (Parlez! parlez!)

L'honorable M. Pelletan, avec sa loyauté habituelle, disait dans son rapport sur cette élection, que M. l'amiral de Kerjégu avait formulé la déclaration suivante devant le deuxième bureau : « J'ai repoussé la candidature officielle sous l'Empire, et je ne l'ai pas acceptée sous la République. »

Voyons si l'on peut établir un précédent analogue à l'égard de son adversaire et si le contraste éclatant qui naîtra de cette opposi-

tion lui est avantageux. (Rumeurs à gauche.
— Approbation à droite.)

Et, sous ce rapport, messieurs, qu'il me soit permis de dire que j'ai vérifié trop souvent cette maxime politique, apportée tout à l'heure à la tribune par l'honorable M. Picard, à savoir que les oppositions attaquent d'abord, avant d'arriver au pouvoir, les principes et les instruments de politique qu'au jour de leur triomphe elles revendiquent et dont elles font usage à leur profit.

Les principes, messieurs, doivent rester immuables au milieu des compétitions des partis, quel que soit le côté d'où vienne la victoire.

Sans cela, nos gouvernements deviendraient le jouet de tous les caprices et seraient à la merci du bon plaisir des factions.

Vous avez pu vous convaincre, d'après les pièces qui vous ont été produites et d'après les arguments qui ont, tour à tour et dans des sens divers, tendu à éclairer vos convictions, vous avez pu vous convaincre que l'honorable M. Foucher de Careil accusait à tort son adversaire d'avoir prétendu au bénéfice de la candidature officielle.

Mais qu'apparaît-il, au contraire? quel est l'enseignement qui résulte de cette longue et ardente discussion? Le voici en un résumé très-court :

Dans une lettre-circulaire qui précède toute autre déclaration émanant de l'autorité, l'ancien préfet des Côtes-du-Nord demande aux maires, ses collaborateurs d'autrefois, leur appui le plus formel; puis ensuite, non content de cet appel au souvenir de l'autorité qu'il a exercée dans le département, il invoque dans sa lettre du 1er février les sympathies de l'illustre et loyal Président de la République et déclare que, depuis le vote des lois constitutionnelles, il est le seul qui puisse se recommander de ses sympathies.

N'y voyez-vous pas une revendication formelle de l'appui gouvernemental?

C'est alors qu'une dénégation catégorique et ne laissant place à aucune équivoque vient dissiper l'effet de ces circulaires, elle est contenue tout entière dans la lettre du préfet des Côtes-du-Nord, l'honorable baron de Jouvenel, lettre que je ne relirai pas après tous les orateurs de l'Assemblée, parce que le texte et la signification loyale en sont encore présents à vos esprits.

Que va faire l'honorable M. Foucher de Careil? Persister dans ses allégations? Nul ne l'en empêche. Mais il va plus loin, — et c'est un indice révélateur que je recommande à vos réflexions, — lui, l'antagoniste absolu de la candidature officielle, il écrit les lignes suivantes à ses chers collaborateurs dans une nouvelle lettre en date du 6 février : « M. le préfet de Jouvenel nie que je sois le seul conservateur qui puisse se recommander auprès de vous des sympathies réelles du Président de la République. Il résulte de sa circulaire que nous sommes deux. »

Remarquez ces mots, messieurs, il y a là un aveu touchant et, je le crois volontiers, tout un poème; — cela veut dire évidemment : nous sommes deux prétendants à la candidature officielle. Elle existe donc au bénéfice de M. Foucher de Careil, puisqu'il l'affirme, dans les termes cités plus haut, aux maires des Côtes-du-Nord. Qui pourrait parmi vous ne pas reconnaître toute l'importance de ce fait considérable? J'en appelle à votre sincérité!

Ainsi donc, M. le comte Foucher de Careil a recherché les sympathies gouvernementales pour sa candidature récente.

Voyons si c'est là une dérogation à son passé.

Ce passé, messieurs, je n'ai que quelques mots à en dire, ne voulant pas abuser de l'attention de l'Assemblée; mais je la supplie de m'écouter encore avec le sentiment de bienveillance qu'elle m'a fait l'honneur de me témoigner jusqu'ici. (Parlez! parlez!)

Oui, messieurs, soyez indulgents pour un collègue à peine initié aux difficultés de la tribune et qui s'efforcera toujours d'y exprimer sa pensée sous la forme la plus brève. Aussi bien, en agissant ainsi, ne fait-il que mettre en pratique une observation formulée par Montesquieu, dont l'honorable M. Madier de Montjau invoquait tout à l'heure le grand souvenir. Montesquieu a dit que les orateurs ont l'habitude de donner en longueur ce qu'ils ne peuvent fournir en profondeur. (Ah! ah!) J'ai toujours pensé que cette observation ne devait jamais être oubliée par ceux qui ont l'honneur de parler devant une Assemblée nationale, et qu'elle mériterait d'être gravée en lettres d'or sur le frontispice du palais législatif. (Hilarité et applaudissements à droite.)

Je n'ai aucune prétention, messieurs, ni à la profondeur de pensée, ni à la sagesse politique à laquelle faisait allusion l'illustre moraliste, mais il m'est bien permis au moins de mettre tous mes soins à suivre la seconde partie de son conseil en évitant de stériles et d'interminables longueurs. J'avoue, du reste, que j'y suis un peu contraint, ne possédant pas le talent et la facilité d'élocution de mes contradicteurs, et n'ayant qu'un but : défendre ce que crois être la vérité. Je vous ai promis, messieurs, de vous faire toucher du doigt l'un des revenants les plus accomplis et les moins impalpables de l'ancienne candidature officielle. Je vais tenir ma promesse en portant à votre connaissance une profession de foi de M. le comte Foucher de Careil s'adressant aux électeurs du canton de Dozulé (Calvados), dont il briguait en 1861 les suffrages pour les élections du conseil général. Ceux de vous qui se sont particulièrement attachés à revendiquer, au profit de leur opinion, sa candidature des Côtes-du-Nord pourront savourer à longs traits la coupe d'ambroisie républicaine qu'elle offrait aux électeurs de ce département. Mais voyons cependant quelle en était la couleur primitive, sous quels auspices et de quelle manière elle se produisait devant les heureux électeurs du canton de Dozulé en 1861. (Rumeurs à gauche.)

Messieurs, j'entends quelques protestations contre cette lecture; cependant, je la juge indispensable pour achever de former vos convictions. Vous avez entendu dans toute leur ampleur les arguments de l'attaque, écoutez également et avec une égale impartialité ceux de la défense.

Rappelez-vous cet adage, que la vérité exige le pour et le contre, et qu'elle ne sort victorieuse que de la lutte pacifique qui résulte d'une libre contradiction.

En langage populaire, on dit depuis longtemps

et on répètera toujours : Qui n'entend qu'une cloche n'entend qu'un son. (Bruit à gauche.)

Comment une partie de l'Assemblée peut-elle essayer d'étouffer ma voix, alors qu'en réalité je ne dis rien qu'elle ne pense elle-même. Du reste, vous ne pouvez pas m'empêcher de suivre le fil naturel de mon argumentation, cela ne s'est pas fait pour vos orateurs, et je réclame de vous la même liberté. La preuve que je tiens à vous fournir est étroitement liée à ma démonstration.

A droite. Lisez ! lisez !

M. Hervé de Saisy. Voici donc la fameuse pièce, qui ne sera contestée par personne et que tout le département du Calvados a connue en son temps :

« Mes chers concitoyens, l'empereur Napoléon III... » (Interruptions à gauche.)

M. Tolain. Il ne s'agit pas de M. Foucher de Careil ni de M. de Kerjégu !

M. le président. N'interrompez pas, monsieur Tolain.

Pourquoi voulez-vous, messieurs, vous opposer à la lecture de cette pièce ? C'est une circulaire, c'est une pièce publique.

Plusieurs membres à gauche, s'adressant à l'orateur. Oui ! oui ! lisez !

M. Hervé de Saisy, *lisant.* « L'empereur Napoléon III, par le décret du 24 novembre 1860, a inauguré une nouvelle ère pour la France et rendu à l'élection libre une importance capitale.

« A cet appel de l'empereur, le pays se réveille ; la vie politique se ranime ; les hommes de talent et de valeur demandent à se joindre aux hommes capables et dévoués qui représentent les intérêts du département, soit dans les conseils généraux, soit dans les conseils d'arrondissement. L'administration encourage leurs efforts. »

Voilà le prélude, messieurs, vous allez voir la fin, nous ne sommes qu'au commencement (On rit), et c'est au promis le couronnement de l'édifice ; continuons, si vous le voulez bien.

« Une circulaire du préfet, dont vous saurez apprécier la parfaite mesure, conseille aux maires de se réunir à leurs adjoints et aux notables du canton pour discuter les titres du candidat ; elle recommande, en outre, aux électeurs d'éviter l'abstention. Il ne doute pas que vous ne secondiez les vues de l'administration.

« Je viens à vous, fort de la pensée de l'empereur... »

Comme il vient à vous, aujourd'hui, fort de la pensée de la République. (Sourires à droite. — Rumeurs à gauche.) Voyons ! avez-vous des objections à présenter contre cette profession de foi, et l'amour de la candidature officielle ne vous paraît-il pas exprimé en termes suffisamment nets et chaleureux ? Je serais heureux qu'on me répondît. Je suis à la tribune pour répondre à vos interrogations, j'y appelle mes contradicteurs ; je crois, du reste, m'expliquer sans ambiguïté ni entortillage, et je n'obéis qu'à une passion, celle de la justice et de la vérité. Ainsi donc, il n'y a point d'équivoque dans mes paroles, et la conviction que m'en donne votre silence m'encourage à serrer de plus près l'obstacle et à pénétrer dans le vif de la difficulté.

Je poursuis cette lecture instructive :

« Je viens donc à vous, fort de la pensée de l'empereur, précédé par la notoriété de mon nom, propriétaire dans le canton et possesseur d'un établissement définitif dans l'une de vos communes qui offrent le plus d'avenir, j'ai confiance dans vos suffrages.

« Electeurs du canton de Dozulé, montrez que vous savez comprendre la pensée de Napoléon III en 1861, de même que vous avez été les premiers à la comprendre en 1852. » (Applaudissements et rires prolongés à droite. — Interruptions diverses à gauche.)

Vous, qui parliez du coup d'Etat, mes chers collègues de la gauche, et qui rappeliez, par l'organe de vos orateurs, le triomphe du système de la candidature officielle sous l'Empire, trouvez-vous le type que j'ai produi devant vous suffisamment réussi ?

Faut-il à cette peinture quelques effets de coloris qui en détachent plus vivement l'image principale ?

Ah ! le portrait est déjà ressemblant à l'idéal que vous concevez d'un parfait candidat officiel.

Mais, attendez, ce n'est pas fini.

Je continue à citer la circulaire :

« Mais, pour cela, il faut que, pénétrés de l'esprit des dernières circulaires ministérielles et du décret du 24 avril dernier, ordonnant le renouvellement partiel des conseils généraux, vous envoyiez au conseil général du Calvados un candidat à la hauteur de ses fonctions, et dont le nom au sortir de l'urne ait un certain retentissement dans le pays. »

C'est précisément ce qu'on cherche par la discussion actuelle. Oui, messieurs, on veut faire du bruit sur cette candidature pour qu'il ait dans le pays un long retentissement. Je ne demande pas mieux. Mais je poursuis ma citation :

« Seul candidat décoré par l'empereur... » (Exclamations et rires prolongés dans les diverses parties de l'Assemblée.)

Je vous fais grâce du reste de la circulaire, qu'il me serait très-facile de citer jusqu'à la fin.

Eh bien, quel est l'enseignement qui ressort de cette discussion et de la circulaire que je viens de produire ? je le résumerai dans ces mots qui n'ont rien d'offensant pour les convictions arrêtées. Aux partisans de la République, à ceux qui l'ont fait sortir de nos urnes, je dirai : « Si vous voulez pour la République un avenir heureux, si vous voulez que sa sécurité soit à l'abri des atteintes du sort, ayez au moins pour elle, pour ses destinées encore fragiles les soins de la plus vulgaire prudence et n'embarquez jamais à votre tour bord de pareils passagers...(Hilarité), car, au lieu d'avoir l'œil sur les couleurs qui flottent au grand mât de votre navire, ils regardent à l'horizon l'étoile qui annonce leur fortune politique.

Tout a été dit, messieurs, sur cette élection, et je ne veux pas retenir plus longtemps l'Assemblée ; mais je tiens à vous répéter, en finissant, que ce n'est pas à celui qui s'est enveloppé de la candidature officielle comme d'un vêtement à venir devant nous essayer d'en couvrir son vainqueur.

Cette candidature officielle, c'est en vain qu'il la repousse, qu'il l'éloigne avec acharnement de lui; elle lui revient sans cesse, le suit, selon la comparaison de M. Madier de Montjau, comme son ombre, et paraît être le but toujours insaisissable de ses démarches et de ses efforts. (Rire général.)

Et savez-vous quelle situation critique me rappelle cette recherche passionnée et stérile d'une satisfaction qui fuit toujours? Elle me rappelle, messieurs, cet homme légendaire qui, par l'effet d'un rêve, se croyant tombé dans un marais, s'épuisait en vains efforts pour s'en tirer par les cheveux. (Nouveau rire.)

Maintenant, je pourrais aussi m'appesantir sur un incident fâcheux de ce débat; je pourrais signaler ce qu'il y a pour le pays de pénible à savoir que les archives, les bureaux, jusqu'au cabinet du chef de la justice, ne jouissent pas d'une inviolable sûreté... (Très-bien! à droite); mais j'espère, — car j'ai foi dans l'enquête qui se fait actuellement, et je crois à l'indépendance de la magistrature en France, — qu'un procédé aussi coupable, dont le renouvellement inquiète à bon droit l'opinion publique, sera puni dans le présent et rendu impossible pour l'avenir.

Oui, messieurs, je suis convaincu, j'en puise l'assurance dans le respect profond que m'inspire M. le garde des sceaux, que s'il ne trouvait pas dans la législation actuelle les ressources nécessaires pour réprimer cet odieux abus qui porte atteinte non-seulement au secret administratif, mais au secret des lettres et au secret professionnel, il voudra, obéissant à la voix de sa conscience et répondant à son devoir de chef de la justice en France, vous demander à vous, législateurs, de prendre les mesures destinées à sauvegarder de toute nouvelle atteinte l'asile le plus inviolable, de la confiance publique. (Très-bien! à droite.)

J'aurais beaucoup d'autres observations à faire sur cette élection; mais, à cette heure avancée, après le développement dont elle a été l'objet, je vais terminer par quelques mots qui vous feront apprécier le seul motif admissible et réel du triomphe électoral de notre collègue M. de Kerjégu.

Oui, messieurs, savez-vous pourquoi nous avons nommé notre digne et loyal compatriote l'amiral de Kerjéga député de notre département? Je vais vous le dire :

Nous l'avons nommé parce que son origine vraiment bretonne, sa foi religieuse, ses traditions puisées dans le sein même du pays natal, s'identifiaient avec nos sentiments les plus chers. (Applaudissements à droite.)

Nous l'avons nommé parce que son nom était depuis longtemps sympathique à l'agriculture bretonne.. (Oh! oh! à gauche), à notre commerce, à nos paysans.

Oui, messieurs, c'est un fait que personne n'ignore dans notre pays. La famille de M. de Kerjégu s'est placée à la tête de tous les progrès qui tendent à améliorer le sort de nos populations.

Nous l'avons nommé, parce que le courage du vaillant amiral et la part brillante qu'il a prise dans les combats de la marine française avaient fait rejaillir sur sa province et sur son département une gloire nouvelle que ce dernier a été fier de récompenser par un éclatant témoignage de son estime et de sa gratitude.

Nous l'avons nommé, enfin, parce qu'il per-

sonnifiait à nos yeux et pour nos populations des villes et des campagnes la valeur, le dévouement, l'abnégation de ces braves marins dont un grand nombre sont recrutés sur nos côtes, de ces équipages de la flotte qui, dans la dernière guerre, ont conquis une gloire impérissable et, toujours les premiers à l'heure du péril, ont marqué leur place dans l'histoire parmi les plus héroïques défenseurs du pays. (Bravos et applaudissements redoublés à droite. — L'orateur, en regagnant sa place, reçoit de nombreuses félicitations.)

M. le président. La parole est à M. de Saint-Pierre.

Voix nombreuses. La clôture! la clôture!

M. le président. J'entends demander la clôture. (Oui! oui!)

Je la mets aux voix.

(La clôture est mise aux voix et prononcée.)

M. le président. Je vais consulter l'Assemblée...

M. Paris (Pas-de-Calais). Je demande la parole sur la position de la question.

M. le président. Vous avez la parole.

M. Paris (Pas-de-Calais). Messieurs, avant de clore ce débat...

Voix nombreuses. Il est clos!

M. Paris (Pas-de-Calais). Avant de passer au scrutin, permettez-moi, au nom d'un grand nombre de mes collègues, d'expliquer le vote que nous allons émettre.

Vous avez, en effet, remarqué une étrange contradiction entre le rapport et ses conclusions. A en croire l'honorable M. Pelletan, l'élection de M. Kerjégu a été le résultat de la pression. A quoi devait-il conclure? A la nullité de l'élection. Et alors nous serions venus sans aucune espèce d'équivoque mettre dans cette Assemblée notre opinion sur une question nettement posée. Mais, après avoir critiqué, dans les termes que vous connaissez, l'élection des Côtes-du-Nord, il vient dire : Validez l'élection.

Pas plus d'un côté que de l'autre nous ne voulons l'équivoque; nous demandons tous la clarté. Un certain nombre de nos collègues avaient pensé qu'il aurait été possible de motiver la validation de l'élection de M. de Kerjégu; mais le règlement, des précédents parlementaires qu'il faut toujours respecter, s'y opposent. Dès lors nous avons pensé, pour dissiper le malentendu dont nous parlions tout à l'heure, pour ne pas avoir l'air de nous associer, par les bulletins blancs que nous allons déposer dans l'urne, au rapport de M. Pelletan, à venir dire à cette tribune ce que nous pensons, et je le dis en deux mots :

Nous votons des conclusions que nous regardons comme portant tout à la fois sur le candidat le plus honorable qui ait pu se présenter.. (Interruption à gauche.) Nous les votons en faveur de M. de Kerjégu, et en même temps nous repoussons le rapport de M. Pelletan.

Voilà ce que je devais dire, non pas tant pour l'Assemblée, que pour le pays. (Vive approbation et applaudissements à droite.)

M. le rapporteur. Messieurs, j'ai siégé pendant quelque temps dans les Assemblées ; c'est la première fois qu'en matière d'élection, je vois un membre de l'Assemblée venir demander qu'on sépare un rapport des conclusions qui le terminent. (Réclamations à droite)

M. Baragnon. Je demande la parole.

Une voix à gauche. Persistez dans votre rapport, et voilà tout !

M. le rapporteur. Je dirai simplement que je persiste entièrement, avec la majorité du bureau, dans le rapport que j'ai lu à cette tribune. Ce que j'affirme, c'est que pas un des faits de ce rapport n'a été démenti. (Vives protestations à droite. — Très-bien ! à gauche.). Et maintenant, répondant à l'espèce d'accusation d'inconséquence que l'honorable M. Paris veut bien faire remarquer entre le rapport et ses conclusions, je dois dire une chose, et je la dis avec tristesse (se tournant vers la droite) : Messieurs, sur le point des influences administratives, vous avez bien rétrogradé depuis 1872. Une élection, celle de l'honorable M. Deregnaucourt, a été annulée par vous uniquement parce qu'un maire, un simple maire d'un chef-lieu d'arrondissement, avait patronné sa candidature. Et qui a demandé l'annulation? l'honorable M. Baragnon! (Très-bien ! très-bien ! à gauche. — Applaudissements.)

C'est tout ce que j'avais à dire. Je maintiens le rapport comme irréfutable et comme n'ayant pas été réfuté. (Très-bien ! très-bien ! et applaudissements à gauche. — La clôture ! la clôture !)

M. Baragnon monte à la tribune.

Un membre, à gauche. La clôture a été prononcée !

M. Baragnon Mais elle n'a pas empêché qu'on m'interpellât. D'ailleurs, je demande la parole sur la position de la question.

M. le président. Le débat est clos dans ce moment-ci; mais M. Baragnon demande, comme les deux orateurs précédents, à parler sur la position de la question ; je lui donne la parole.

Un membre. M. Paris a déjà parlé sur la position de la question et un seul orateur peut prendre la parole.

M. le président. Un seul orateur, aux termes du règlement, peut parler contre la clôture quand elle est demandée ; mais en ce qui concerne la position de la question, le règlement est muet. M. Baragnon a demandé la parole sur la position de la question ; mon devoir est de la lui donner.

Un membre à gauche. M. Baragnon veut parler probablement du fait cité par le rapporteur !

M. le président. Je ne suis pas juge de ce que va dire l'orateur ; je dois faire respecter son droit : il a demandé la parole sur la position de la question ; je la lui ai donnée, et mon devoir est de la lui maintenir. (Très-bien !)

M. Baragnon. Le débat est clos; cependant j'aurais, en vertu du règlement, le droit d'en ouvrir un autre.

M. Pelletan vient de prononcer mon nom, et il a soulevé ainsi une question personnelle que j'aurais le droit de vider. (Bruit à gauche.) Je ne le fais pas...

M. le rapporteur. Vous avez raison!

M. Baragnon. ... me. bornant à rappeler à M. Pelletan que si j'ai condamné la première élection de M. Deregnaucourt, lui l'a validée. (Très-bien ! très-bien ! à droite.)

Une voix à gauche. Et les électeurs lui ont donné raison !

M. Baragnon. Par conséquent, le reproche d'inconséquence qu'il m'adresse aujourd'hui retomberait aussi sur lui-même.

M. le rapporteur. Soyez conséquent aujourd'hui !

M. Baragnon Il faudrait, pour savoir qui de nous deux mérite réellement ce reproche, revenir sur les faits qui furent portés, alors à cette tribune. J'aime mieux dispenser l'Assemblée de cet examen rétrospectif. (Oui! oui ! — Très-bien ! à droite.) C'est sur la position de la question que je veux dire un seul mot.

La prétention de M. Pelletan de ne pas séparer les conclusions de son rapport, des considérations qui le précèdent, couronne l'œuvre à laquelle nous assistons depuis deux jours... (Très-bien ! très-bien ! à droite. — Exclamations à gauche), et cette œuvre se peut juger en deux mots : c'est la candidature officielle blâmée par le candidat, qui se plaint que parce qu'il n'a pas pu faire croire à cette candidature officielle pour lui-même...

M. le rapporteur. Je ne suis pas candidat ! Le 2e bureau n'est pas candidat ! Ce n'est pas la question !

M. Baragnon. ...c'est l'administration blâmée de s'être défendue quand on l'a forcée de se défendre...

M. Ernest Picard. C'est le déplacement de la question !

M. Bamberger, *s'adressant à M. Baragnon.* Vous rentrez dans le débat !

M. Baragnon. ...c'est enfin le garde des sceaux accusé... (Aux voix ! aux voix !)

M. le rapporteur. Je demande la parole.

M. Baragnon. ...c'est le garde des sceaux accusé à l'aide de pièces dont l'Assemblée a condamné l'origine suspecte. (Très-bien ! très-bien ! à droite. — Aux voix ! aux voix ! à gauche. — A la question !)

Il ne restait plus qu'à prétendre obtenir un blâme apparent, à l'aide d'un rapport qui, après des accusations dont il vient d'être fait justice, conclut à un vote qui doit avoir notre pleine adhésion.

M. à gauche. Vous rentrez dans la discussion !

M. Baragnon. Je le répète donc, ce serait là le couronnement de l'œuvre; c'est pour cela que je remercie l'honorable M. Paris d'avoir distingué ce qui devait l'être, d'avoir séparé le rapport de ses conclusions. Cette séparation persistera, malgré les efforts du rapporteur, et le pays verra bien demain que valider l'élection ce n'était pas s'associer à un blâme qu'on n'a même pas formulé. (Très-bien ! très-bien ! et applaudissements à droite. — Aux voix! aux voix !)

M. le président. Je mets aux voix les conclusions du 2e bureau, qui tendent à la validation de l'élection.

Il y a une demande de scrutin.

Cette demande est signée par MM. Boullier, Lestourgie, de Tarteron, de La Bassetière, Chaper, Louis de Saint-Pierre, A. de Rességuier, Boullier de Branche, baron de Larcy, Ganivet, Dufournel, comte de Kergariou, de Féligonde, comte de Legge, de Puiberneau, Aclocque.

Il va être procédé au scrutin.

(Le scrutin est ouvert et les votes sont recueillis.)

M. le président, *pendant que MM. les secrétaires dépouillent le scrutin.* Je donne la parole à M. Mathieu-Bodet et à M. Besnard, qui l'ont demandée pour déposer des rapports.

M. Mathieu-Bodet. J'ai l'honneur de déposer, au nom de la commission du budget, un rapport sur un projet de loi portant ouverture de crédit supplémentaire au ministère des finances, exercice 1874.

M. Besnard. J'ai l'honneur de déposer sur le bureau de l'Assemblée le rapport fait au nom de la commission chargée d'examiner le projet de loi qui a été présenté par M. Grivart, alors ministre de l'agriculture et du commerce, sur l'enseignement élémentaire pratique de l'agriculture.

M. le président. Les rapports seront imprimés et distribués.

Voici le résultat du dépouillement du scrutin :

Nombre des votants.......... 568
Majorité absolue.............. 285

Pour l'adoption....... 430
Contre.............. 138

L'Assemblée nationale a adopté.

M. l'amiral de Kerjégu est admis.

Je consulte l'Assemblée sur le projet d'ordre du jour de demain.

A deux heures, séance publique :

Discussion du projet de loi portant ouverture au ministre de l'instruction publique, sur l'exercice 1874, d'un crédit de 150,320 fr. 75, applicable aux dépenses de facultés et d'écoles de pharmacie ;

Discussion du projet de loi portant ouverture au ministre de l'instruction publique, sur l'exercice 1874, d'un crédit de 50,700 fr., applicable à la construction de l'école française d'Athènes ;

Suite de l'ordre du jour.

Il n'y a pas d'opposition ?...

L'ordre du jour est ainsi fixé.

(La séance est levée à six heures et quart.)

Le directeur du service sténographique de l'Assemblée nationale,

CÉLESTIN LAGACHE.

SCRUTIN

Sur la validation de l'élection de M. l'amiral de Kerjégu.

Nombre des votants........ 568
Majorité absolue.......... 285

Pour l'adoption...... 430
Contre............. 138

L'Assemblée nationale a adopté.

ONT VOTÉ POUR :

MM. Abbadie de Barrau (comte d'). Abbatucci. Aboville (vicomte d'). Aclocque. Adam (Pas-de-Calais). Adnet. Aigle (comte de l'). Allenou. Amy. Ancel. Andelarre (marquis d'). André (Charente). André (Seine). Anisson-Duperon. Arfeuillères. Aubry. Audren de Kerdrel. Auxais (d'). Aymé de la Chevrelière.

Babin-Chevaye. Bagneux (comte de). Balsan. Baragnon. Barante (baron de). Baraccud. Bardoux. Bastard (le comte Octave de). Bastid (Raymond). Bathie. Baucarne-Leroux. Baze. Beau. Beauvillé (de). Benoist d'Azy (comte). Benoist du Buis. Benoît (Meuse). Bernard (Charles) (Ain). Bernard-Dutreil. Bertauld. Besson (Paul). Béthune (comte de). Beurges (comte de). Bidard. Bienvenue. Bigot. Blavoyer. Blin de Bourdon (le vicomte). Bocher. Boduin. Boffinton. Boisboissel (comte de). Boisse. Bompard. Bonald (vicomte de). Bondy (comte de). Bonnet. Boreau-Lajanadie. Bottieau. Bouillé (comte de). Boullier (Loire). Boullier de Branche. Bourgeois (Vendée). Boyer. Brabant. Brame (Jules). Brettes-Thurin (comte de). Broët. Broglie (duc de). Brun (Lucien) (Ain). Brunet. Brys (le comte de). Buée. Buffet. Buisson (Jules) (Aude). Busson-Duviviers.

Caillaux. Calemard de La Fayette. Callet. Carayon La Tour (de). Carbonnier de Marzac (de). Carron (Émile). Castellane (marquis de). Cazeaux. Cazenove de Pradine (de). Chabaud La Tour (Arthur de). Chabaud La Tour (général baron de). Chabron (le général de). Chadois (colonel de). Chamaillard (le vicomte Henri de). Champagny (le vicomte Henri de). Champvallier (de). Champgarnier (général). Chaper. Charreyron. Charton. Chatelin. Chaurand (baron). Cheguillaume. Chesnelong. Christophle (Albert). Cintré (comte de). Cissey (général de). Clapier. Clément (Léon). Clercq (de). Cochery. Colombet (de). Combarieu (de). Combier. Cordier. Corne. Cornulier-Lucinière (comte de). Costa de Beauregard (marquis de). Cottin (Paul). Courbet-Poulard. Courcelle. Crussol d'Uzès (le duc de). Cumont (le vicomte Arthur de). Cunit.

Daguenet. Daguilhon-Lasselve. Dampierre (marquis de). Daru (le comte). Daussel. Decazes (baron). Decazes (duc). Delacour. Delavau. Deilile. Delisse-Engrand. Delorme. Delpit. Delsol. Denormandie. Depasse. Depeyre. Desbassayns de Richemont (comte). Descat. Desjardins. Destremx. Dezanneau. Diesbach (comte de). Dompierre d'Hornoy (amiral de). Doré-Graslin. Douay. Douhet (comte de). Drouin. Du Bodan. Du Breuil de Saint-Germain. Ducarre. Du Chaffaut. Duchâtel (comte). Duclerc. Dufaur (Xavier). Dufaure (Jules). Dufour. Dufournel. Dumarnay. Dumon. Dupanloup (Mgr). Dupin (Félix). Dupont (Alfred). Duréault. Durfort de Civrac (comte de). Dussaussoy.

Ernoul. Eschasseriaux (baron).

Fétigonde (de). Flaghac (baron de). Fleuriot (de). Fontaine (de). Forsanz (vicomte de). Foubert. Fourichon (amiral). Fournier (Henri). Fourtou (de). Fraissinet. Franclieu (marquis de). Fresneau.

Galloni d'Istria. Ganivet. Gaslonde. Gasselin de Fresnay. Gaulthier de Vaucenay. Gavardie (de). Gavini. Germain. Germoulière (de la). Gillon (Paulin). Ginoux de Fermon (le comte). Giraud (Alfred). Glais. Godet de la Riboullerie. Goüin. Gouvello (de). Grammont (le marquis de). Grange. Grasset (de). Grivart. Gueldan. Guibal. Guichard. Guiche (marquis de).

Haentjens. Hamille. Harcourt (le comte d'). Harcourt (le duc d'). Haussonville (le vicomte d'). Hespel (comte d'). Houssard. Huon de Penanster.

Jaffré (abbé). Jamme. Jaurès (amiral). Jocteur-Monrozier. Johnston. Joinville (le prince de). Jordan. Joubert. Jourdan. Jouvenel (baron de). Juigné (le comte de). Juigné (marquis de). Jullien. Keller. Kergariou (comte de). Kergorlay (comte de). Kéridec (de). Kermenguy (vicomte de). Kolb-Bernard. La Bassetière (de). Labitte. La Borderie (de). La Bouillerie (de). Lacave-Laplagne. Lacombe (de). Lagrange (le baron A. de). Laillé. Lambert de Sainte-Croix. Lambertarie (de). Lanel. Lanfrey. La Pervanchère (de). Larcy (baron de). Largentaye (de). La Roche-Aymon (marquis de). La Rochefoucauld (duc de Bisaccia). La Rochejaquelein (marquis de). La Rochethulon (marquis de). La Rochette (de). Le Sicotière (de). Lassus (baron de). Lasteyrie (J. de). Laurier. Lavergne (Léonce de). Lobourgeois. L'Ebraly. Lecamus. Le Chatelain. Lefébure. Lefèvre-Pontalis (Eure-et-Loir). Lefèvre-Pontalis (Seine-et-Oise). Lefranc (Victor). Legge (comte de). Legrand (Arthur). Le Lasseux. Le Provost de Launay. Lespinasse. Lestapis (de). Lestourgie. Levert. Limairac (de) (Tarn-et-Garonne). Limayrau (Léopold) (Lot). Limperani. Lorgeril (vicomte de). Lorial. Louvet. Loysel (général). Luro. Lur-Saluces (marquis de). Magniez. Maillé (le comte de). Malartre. Maleville (marquis de). Maleville (Léon de). Mallevergne. Mangini. Marcère (de). Marchand. Martel (Pas-de-Calais). Martoll (Charente). Martenot. Martin (Charles). Martin (d'Auray). Martin des Pallières (général). Mathieu (Saône-et-Loire). Mathieu-Bodet (Charente). Mathieu de la Redorte (le comte). Maurice. Max-Richard. Mazerat. Mazure (général). Meaux (le vicomte de). Melun (comte de). Méplain. Mérode (de). Merveilleux du Vignaux. Mettetal. Michel. Monjaret de Kerjégu. Monneraye (comte de la). Monnet. Montaignac (l'amiral de). Monteil. Montgolfier (de). Montlaur (le marquis de). Montrieux. Moreau (Ferdinand). Mornay (le marquis de). Mortemart (le duc de). Mouchy (le duc de). Murat (le comte Joachim). Murat-Sistrières. Nétien. Noël-Parfait. Nouaillan (comte de). Pagès-Duport. Pajot. Paris. Partz (marquis de). Passy (Louis). Patissier (Sosthène). Pelletereau-Villeneuve. Perrot. Perrier (Eugène). Petau. Peulvé. Peyramont (de). Picard (Ernest). Pin. Pioger (de). Piou. Plichon. Picuc (marquis de). Pontoi-Pontcarré (marquis de). Pothuau (amiral). Pouyer-Quertier. Pradié. Prax-Paris. Prétavoine. Puiberteau (de). Quinsonas (marquis de). Rainneville (de). Rambures (de). Rampon (comte). Raoul Duval. Raudot. Ravinel (de). Rességuier (comte de). Riant (Léon). Ricot. Rive (Francisque). Robert (général). Robert de Massy. Rodez-Bénavent (vicomte de). Roger du Nord (comte). Rotours (des). Rouher. Rouveure. Roy de Loulay. Roys (marquis des). Sacase. Saincthorent (de). Saintenac (vicomte de). Saint-Germain (de). Saint-Pierre (de) (Calvados). Saint-Pierre (Louis de) (Manche). Saint-Victor (de). Saisset (vice-amiral). Saisy (Hervé de). Sarrotte. Savary. Savoye. Say (Léon). Ségur (comte Louis de). Seignobos. Sens. Serph (Gusman). Sers (marquis de). Soubeyran (baron de). Soury-Lavergne. Staplande (de). Sugny (de). Tailhand. Taillefert. Talhouët (marquis de). Tallon. Tarteron (de). Teisserenc de Bort. Temple (du). Théry. Tillancourt (de). Toupet des Vignes. Tréveneuc (comte de). Tréville (comte de). Valady (de). Valfons (marquis de). Valon (de). Vandier. Vast-Vimeux (baron). Vaulchier (comte de). Vaurain. Ventavon (de). Vente. Vétillart. Vidal (Saturnin). Viennet. Vilfeu. Vimal-Dessaignes. Vinay (Henri). Vingtain (Léon). Vinols (baron de). Vitalis. Vogué (marquis de). Voisin. Wallon. Wartelle de Retz. Witt (Cornélis de).

ONT VOTÉ CONTRE :

MM. Allemand. Ancelon. Arago. Arrazat. Bamberger. Barni. Barodet. Barthe (Marcel). Bérenger. Berlet. Bernard (Martin). Bert (Paul). Bethmont. Blanc (Louis). Bonnel (Léon). Boucau. Bouchet. Brelay. Breton (Paul). Brice (Ille-et-Vilaine). Brillier. Brisson (Henri) (Seine). Brun (Charles) (Var). Caduc. Carion. Carré-Kérisouët. Casse (Germain). Castelnau. Cazot (Jules) (Gard). Challemel-Lacour. Chareton (général). Chavassieu. Cherpin. Chevandier. Clerc. Contaut. Corbon. Cotte. Crémieux. Daron. Daumas. Delacroix Delord. Denfert (le colonel). Deregnaucourt. Deschange. Dréo. Duboys-Fresnay (général). Dufay. Dupouy. Duriou. Escarguel. Esquiros. Farcy. Favre (Jules). Fernier. Ferrouillat. Gagneur. Gambetta. Ganault. Gaudy. Gent. Gobiet. Godin. Godissart. Grandpierre. Greppo. Grévy (Albert). Grévy (Jules). Guyot. Hévre. Jacques. Janzé (baron de). Joigneaux. Jouin. Jozon. Lacretelle (Henri de). Lafayette (Oscar de). Laflize. Lafon de Fongaufier. Lambert (Alexis). Lamy. La Serve. Latrade. Laurent-Pichat. Leblond. Lefèvre (Henri). Lefranc (Pierre). Le Gal La Salle. Lepère. Lépouzé Lesguillon. Lherminier. Littré. Lockroy. Loustalot. Madier de Montjau. Mahy (de). Maillé. Malens. Marck. Marcou. Margaine. Mercier. Millaud. Naquet. Ordinaire (fils). Palotte. Pellissier (général). Périn. Peyrat. Picart (Alphonse). Rameau. Rathier. Renaud (Michel). Raymond (Ferdinand). Ricard. Riondel. Robert (Léon). Roger-Marvaise. Roudier. Rouvier. Schérer. Schœlcher! Sénard. Simiot. Swiney. Tamisier. Tardieu. Thomas (docteur). Thurel. Tiersot. Tolain. Tribert. Turigny. Turquet. Villain. Warnier (Marne).

N'ONT PAS PRIS PART AU VOTE

Comme étant retenus à la commission des lois constitutionnelles :

MM. Adrien Léon. Cézanne. Ferry (Jules). Humbert. Krantz. Laboulaye. Le Royer. Simon (Jules). Vacherot. Waddington.

N'ONT PAS PRIS PART AU VOTE

Comme étant retenus à la commission du budget :

MM. Adam (Edmond). Faye. Fourcand. Langlois. Lucet. Magnin. Osmoy (comte d'). Saussier (général). Tirard. Wolowski.

N'ONT PAS PRIS PART AU VOTE :

MM. Alexandre (Charles). Amat. Arbel. Arnaud (de l'Ariège). Audiffret-Pasquier (duc d'). Aurelle de Paladines (général d'). Barthélemy Saint-Hilaire. Beaussire. Besnard. Billot (général). Billy. Bottard. Bouisson. Bourgoing (baron de). Boysset. Bozérian. Brice (Meurthe-et-Moselle). Buisson (Seine-Inférieure). Calmon. Carnot (père). Carnot (Sadi). Carquet. Casimir Perier. Chardon. Chiris. Choiseul (Horace de). Claude (Meurthe-et-Moselle). Claude (Vosges). Danelle-Bernardin. Dauphinot. Dietz-

Monnin. Dubois. Ducuing. Duparc. Duvergier de Hauranne. Eymard-Duvernay. Feray. Folliet. Fouquet. Frébault (général). Gailly. Gatien-Arnoult. Gaulthier de Rumilly. Gayot. George (Emile). Gérard. Gévelot. Girerd (Cyprien). Girot-Pouzol. Grellier. Guillemaut (général). Guinard. Guinot. Hérisson. Kergu (amiral de). La Caze (Louis). Laget. Lebreton. Lenoël. Lepetit. Leroux. Levèque. Malézieux. Marc - Dufraisse. Martin (Henri). Mayaud. Mareau. Médecin. Méline. Mestreau. Michel-Ladichère. Moreau (Côte-d'Or). Morin. Morvan. Nioche. Parent. Parsy. Pascal Duprat. Pelletan. Parnolet. Philippoteaux. Pompery (de). Pressensé (de). Princeteau. Rampont. Rémusat (Paul de). Renaud (Félix). Reymond (Loire). Rivaille.

Rolland (Charles). Roux (Honoré). Saint-Malo (de). Salneuve. Salvandy (de). Salvy. Sansas. Scheurer-Kestner. Silva (Clément). Simon (Fidèle). Soye. Taberlet. Target. Tassin. Testelin. Thiers. Tocqueville (comte de). Valazé (général). Valentin. Varroy. Wilson.

ABSENTS PAR CONGÉ :

MM. Aumale (le duc d'). Belcastel (de). Chabrol (de). Chambrun (comte de). Chanzy (général). Chaudordy (comte de). Corcelle (de). Crespin. Desbons. Flotard. Gallicher. Gontaut-Biron (vicomte de). Journault. La Roncière Le Noury (vice-amiral baron de). Le Flo (général). Magne. Maurs. Monnot-Arbilleur. Parigot. Rousseau. Roussel. Sebert.

ASSEMBLÉE NATIONALE

SÉANCE DU SAMEDI 26 JUIN 1875

PRÉSIDENCE DE M. LE DUC D'AUDIFFRET-PASQUIER

La séance est ouverte à deux heures et demie.

M. le comte Duchâtel, *l'un des secrétaires,* donne lecture du procès-verbal de la séance d'hier.

Le procès-verbal est adopté.

M. le président. L'ordre du jour appelle la discussion du projet de loi portant ouverture au ministre de l'instruction publique, des cultes et des beaux-arts, sur l'exercice 1874, section 1re, chapitre 7, d'un crédit supplémentaire de 150,320 fr. 75, applicable aux dépenses de facultés et d'écoles de pharmacie.

Quelqu'un demande-t-il la parole ?...

Je consulte l'Assemblée pour savoir si elle entend passer à la discussion des articles.

(L'Assemblée, consultée, décide qu'elle passe à la discussion des articles.)

« Art. 1er. — Il est ouvert au ministre de l'instruction publique, des cultes et des beaux-arts, sur l'exercice 1874, section 1re, chapitre 7, un crédit supplémentaire de 150,320 fr. 75, applicable aux dépenses de facultés et d'écoles de pharmacie.

« Art. 2. — Il sera pourvu à cette dépense au moyen des ressources de l'exercice 1874. »

Les deux articles du projet de loi sont successivement mis aux voix et adoptés, et le projet dans son ensemble est soumis à un scrutin dont le dépouillement donne pour résultat :

Nombre des votants	565
Majorité absolue	283
Pour l'adoption	564
Contre	1

L'Assemblée nationale a adopté.

M. le président. L'ordre du jour appelle la discussion du projet de loi portant ouverture au ministre de l'instruction publique, des cultes et des beaux-arts, sur l'exercice 1874, d'un crédit supplémentaire de 50,700 fr., — section 1re, chapitre 17, — applicable aux dépenses de la construction de l'école française d'Athènes.

L'Assemblée, consultée, décide qu'elle passe à la discussion des articles.

« Art. 1er. — Il est ouvert au ministre de l'instruction publique, des cultes et des beaux-arts, sur l'exercice 1874, section première, chapitre 17, un crédit supplémentaire de 50,700 francs, applicable aux dépenses de la construction de l'école française d'Athènes. »

« Art. 2. — Il sera pourvu à cette dépense au moyen des ressources de l'exercice 1874. »

Les deux articles du projet de loi sont successivement mis aux voix et adoptés, et le projet dans son ensemble est soumis à un scrutin dont le dépouillement donne pour résultat :

Nombre des votants	556
Majorité absolue	273
Pour l'adoption	555
Contre	1

L'Assemblée nationale a adopté.

M. le marquis de Quinsonas. J'ai l'honneur de déposer sur le bureau de l'Assemblée, au nom de la 33e commission d'intérêt local, un rapport sur le projet de loi portant établissement de surtaxes sur les vins et les alcools à l'octroi de la commune de Rambervillers (Vosges).

M. le président. Le rapport sera imprimé et distribué.

La parole est à M. Depeyre pour le dépôt d'une proposition.

M. Depeyre. J'ai l'honneur de déposer sur le bureau de l'Assemblée une proposition de loi ainsi conçue :

« *Article unique.* — Un crédit de 2 millions est ouvert au ministre de l'intérieur pour les secours à donner aux victimes des inondations. » (Très-bien!)

Je n'ai que quelques mots à dire pour justifier la proposition qui vous est soumise.

Vous connaissez, messieurs, les immenses désastres qui accablent, en ce moment, quelques-uns de nos départements méridionaux. Lorsque le Gouvernement vous a proposé, il y a deux jours, l'ouverture d'un crédit de 100,000 francs, il était loin de soupçonner toute l'étendue de nos malheurs. Depuis deux jours les dépêches et les nouvelles qui se succèdent nous apprennent que ce désastre a dépassé toutes les limites connues jusqu'à ce jour. Des villages entiers ont été engloutis par les eaux. Dans notre ville de Toulouse, le plus populeux de ses faubourgs a été entièrement submergé, et, à l'heure où je vous parle, des centaines de cadavres ont déjà été retrouvés sous les ruines des maisons écroulées. Il y a des populations entières sans asile et sans pain.

M. le Maréchal est parti pour se rendre au milieu de ces populations si cruellement éprouvées... (Interruptions à gauche.)

A droite. Parlez ! parlez !

Un membre à gauche. Est-ce au nom du Gouvernement que vous nous parlez en ce moment ?

M. Depeyre. Je ne comprends pas une pareille interruption. Je parle au nom de tous mes collègues représentant les départements inondés. (Très-bien ! très-bien ! à droite.)

Le premier crédit ouvert n'était qu'une simple provision; le Gouvernement et la commission du budget l'ont tour à tour déclaré, et vous ne l'avez voté qu'à ce titre.

En apportant à nos malheureux compatriotes le témoignage de leur bien vive sollicitude, M. le Président de la République et ses ministres auront pu mesurer de près l'immensité du mal, et je suis sûr d'avance qu'ils trouveront le chiffre de 2 millions encore insuffisant. Les récits que nous recevons de tous côtés indiquent des besoins à la fois si nombreux et si pressants, que je prie l'Assemblée de prononcer l'urgence et de renvoyer ma proposition à la commission du budget. (Très-bien ! très-bien !)

M. de Belcastel monte à la tribune, vers laquelle se dirige, en même temps que lui, M. Dufaure, garde des sceaux.

M. le président. La parole est d'abord à M. le ministre, monsieur de Belcastel.

M. Dufaure, *garde des sceaux, ministre de la justice.* Messieurs, M. le ministre de l'intérieur a eu l'honneur jour à l'Assemblée qu'en présentant le projet de loi qu'il lui soumettait, il n'entendait pas mesurer l'étendue des sacrifices que le pays aurait à faire pour réparer les affreux désastres que l'inondation de nos fleuves du Midi vient de causer. Nous avons délibéré ce matin en conseil; nous nous sommes demandé si nous devions, aujourd'hui même, demander à l'Assemblée un supplément de crédit.

M. le Maréchal est parti hier avec M. le ministre de l'intérieur et M. le ministre de la guerre pour se rendre sur les lieux du désastre. C'est à Toulouse qu'ils comptaient en apprécier toute l'étendue.

M. le Maréchal y arrive en ce moment. Nous avons pensé que nous devions attendre pour déterminer le crédit que nous avions à demander, le mot d'ordre qui nous arrivera peut-être ce soir de Toulouse même.

Voilà pourquoi le projet n'a pas encore été présenté par le Gouvernement.

Je ne m'oppose pas à la demande que l'honorable M. Depeyre vient de vous faire, mais je préviens l'Assemblée que le Gouvernement se réserve de demander même un crédit supérieur si nous avis ce que le Gouvernement nous enverra de Toulouse nous portent à vous le demander. (Marques d'approbation sur un grand nombre de bancs.)

M. Depeyre. Nous en sommes tous convaincus !

M. de Belcastel. Messieurs, je ne doute pas qu'après avoir pris ses informations, le Gouvernement n'augmente, en effet, sa demande de crédit. J'arrive de Toulouse, les yeux et le cœur pleins encore de l'épouvantable désastre qui vient de ravager notre pays.

Un faubourg, ou plutôt une véritable ville de 20,000 âmes, a été dans l'eau, durant de longues heures, jusqu'à une hauteur de 3 à 4 mètres. Plus de cent cadavres retrouvés, un beaucoup plus grand nombre de victimes certaines; des milliers d'inondés errant pour chercher un asile, que, grâce à Dieu, les mesures prises et la charité publique, ils trouvent dans la ville; le mal est immense.

Les autorités civiles et militaires, tous les soldats ont fait énergiquement leur devoir;

beaucoup ont fait preuve d'un admirable dévouement. Mais l'eau est un ennemi plus redoutable que le feu. (Interruptions diverses.)

M. Clapier. L'un ne vaut pas mieux que
l'autre !

M. de Belcastel. A celui-ci, on peut faire
sa part ; un fleuve se fait la sienne avec une
force irrésistible. (L'ordre du jour !)

J'avais l'intention, en arrivant, de monter à
la tribune pour demander trois millions. J'accepte les deux sur la parole de M. le ministre,
mais dans la pensée que le chiffre définitif
sera plus considérable. (Très-bien ! à droite.)

M. le marquis de Franclieu. M. de Belcastel vient d'appeler votre intérêt sur tous les
ravages qui ont eu lieu sur les bords de la Garonne. La vallée de la Garonne n'a pas seule
été dévastée : celle de l'Adour est atteinte au
moins autant que celle de la Garonne. (Mouvements divers.)

M. le président. Je mets aux voix l'urgence demandée sur la proposition de M. Depeyre.

(L'Assemblée, consultée, déclare l'urgence.)

M. Cézanne. S'il n'y a pas d'opposition, la proposition est renvoyée à la commission du budget. (Assentiment.)

L'ordre du jour appelle la suite de la discussion du projet de loi relatif à la déclaration
d'utilité publique de plusieurs chemins de fer
et à la concession de ces chemins de fer à la
compagnie de Paris-Lyon-Méditerranée.

L'Assemblée a adopté hier le paragraphe
10 11.

Une disposition additionnelle, présentée
par M. Rouveure, avait été, par suite d'une
erreur dans la formule de l'amendement, considérée comme se rattachant au paragraphe 12.
Notre collègue nous a expliqué qu'elle s'appliquait au paragraphe 10-11 et non pas au paragraphe 12.

En conséquence, je donne lecture de ce paragraphe additionnel au paragraphe 10-11,
voté dans une séance précédente :

« En cas d'insuffisance du chemin de fer de
Saint-Etienne à Givors et avant de construire
la seconde ligne projetée, le Gouvernement et
la compagnie examineront s'il n'y a pas utilité
publique à raccorder le chemin de fer de Saint-
Etienne à celui d'Annonay, au lieu de créer
une ligne parallèle entre Saint-Etienne et
Givors. »

La parole est à M. Rouveure.

M. Cézanne, *rapporteur.* Mais je demande la
parole sur la position de la question et pour
faire observer que cet amendement au paragraphe additionnel est en contradiction avec
une décision de l'Assemblée.

M. Rouveure. Messieurs, mon amendement étant à peu près identique à celui de M.
Malartre, qui a été repoussé par l'Assemblée,
j'ai l'honneur de déclarer que je le retire sous
le bénéfice des promesses pour l'établissement
d'une ligne d'intérêt général entre Annonay et
le bassin de Saint-Etienne, promesses faites
avant-hier, du haut de cette tribune, par M. le
rapporteur, et dont j'ai pris acte, au nom des
intérêts du département que j'ai l'honneur de
représenter.

M. le président. Nous passons au paragraphe 12, ainsi conçu :

« 12° De ou près Sérézin à ou près Montluel. »

(Le paragraphe est mis aux voix et adopté.)

« 13° De Dijon à la ligne de Bourg à Lons-
le-Saunier, près Saint-Amour, par ou près
Saint-Jean-de-Losne, avec raccordement par
rails à la voie d'eau. »

M. le président. Il y a sur ce paragraphe
deux amendements, l'un présenté par MM. Thurel, Tamisier, Gagneur, Lamy et Jules Grévy,
ainsi conçu :

« 13° De Dijon à Lons-le-Saunier, par ou
près Saint-Jean-de-Losne, avec raccordement
par rails à la voie d'eau et par Chaussin et
Bletterans. »

L'autre, par M. Lucien Brun, ainsi conçu :

« De Dijon à la ligne de Bourg à Châlon, à
ou près Saint-Trivier, par ou près Saint-Jean-
de-Losne, etc. » — Le reste comme au projet.

M. le rapporteur demande que l'amendement de M. Lucien Brun soit mis d'abord en
discussion. Je lui donne la parole.

M. Cézanne, *rapporteur.* Ces deux amendements ont à peu près une signification analogue. Chacun tire de son côté : l'un demande
que le tracé qui fait partie du projet de la
convention soit dévié vers l'est ; l'autre demande qu'il soit dévié vers l'ouest.

Mais l'amendement de M. Lucien Brun, tel
du moins qu'il est rédigé, attaque en quelque
sorte le principe de la convention. De sorte
que je demande qu'il ait la priorité comme
s'éloignant le plus du projet de la commission,
à moins que l'intention de M. Lucien Brun ne
soit pas celle que je suppose.

M. Lucien Brun. Je ne demande pas mieux
si l'Assemblée le désire comme M. le rapporteur, de prendre la parole le premier ; mais je
prie l'Assemblée de me permettre une simple
observation. Si l'amendement de M. Thurel
et de ses collègues du Jura était accepté, je
modifierais le mien et je me contenterais d'une
déclaration d'utilité publique pour l'embranchement de Saint-Jean-de-Losne à Saint-
Trivier.

Je demande donc que la parole soit donnée
d'abord à M. Thurel, dont l'amendement a
d'ailleurs été déposé le premier.

M. le rapporteur. Maintenez-vous votre
amendement ?

M. Lucien Brun. Je maintiens mon amendement, en déclarant d'avance que si celui
de M. Thurel était adopté, je m'y joindrais et
que je modifierais le mien, en demandant seulement la déclaration d'utilité publique pour
un chemin de fer de Saint-Jean-de-Losne à
Saint-Trivier.

M. le président. La parole est à Thurel.

M. Thurel. Messieurs, le tracé proposé par
l'amendement que mes honorables collègues
et moi avons déposé, présente comparativement au projet présenté par la commission
divers avantages.

Le premier de ces avantages est d'utiliser
34 kilomètres de chemin de fer déjà existants,
construits et exploités par la compagnie de
Paris-Lyon-Méditerranée. L'utilisation d'une
pareille longueur dispenserait d'une construction considérable entre Bourg, Lons-le-Sau-

nier et Dijon; il en résulterait une économie de plusieurs millions.

Un autre avantage de notre projet, serait de relier entre eux des chefs-lieux de départements, Dijon, Lons-le-Saunier par Chaussin, où il y a déjà un chemin de fer exploité par la compagnie de Paris-Lyon Méditerranée, et aussi la ville de Lons-le-Saunier avec le principal chef-lieu d'arrondissement du Jura, la ville de Dôle.

J'appelle votre attention sur ce point de Dôle qui, comme vous le savez, est très-près de la frontière française et qui se trouverait menacée si la guerre venait à se reproduire.

Notre projet offrirait aussi à la compagnie un trafic beaucoup plus considérable, car Lons-le-Saunier est l'entrepôt de toute la montagne du Jura, et, sur la ligne même de Bourg à Besançon, — M. le ministre, je crois, ne me contredira pas, — c'est la station qui fournit à cette ligne le plus grand trafic en ce moment.

Il résultera encore un autre avantage, qui n'est pas du même ordre, il est vrai, c'est que notre proposition ne portera aucune espèce de préjudice — ce qui n'est peut-être pas dans les vues de la compagnie Paris-Lyon-Méditerranée — à une petite compagnie qui est excessivement intéressante et à laquelle, je le crois, nous devons toute notre sollicitude, car elle a, tant en exploitation qu'en construction, en ce moment, plus de 400 kilomètres de chemins de fer; elle exécute parfaitement ses travaux, elle remplit bien ses engagements, ses trains marchent avec célérité, avec sécurité, et son matériel est même plus commode que celui de la compagnie de Paris-Lyon-Méditerranée. (Très-bien! sur plusieurs bancs. — Réclamations sur quelques autres.)

L'un de mes honorables collègues a l'air de douter de ce que j'avance; pourrait-il me démentir quand je lui aurai dit que j'ai voulu parler de la compagnie des Dombes; me dira-t-il qu'elle ne remplit pas ses engagements? (Légère rumeur.)

Je prie mon honorable collègue, M. Guillemaut, de ne pas m'interrompre.

M. le général Guillemaut. Je n'ai pas interrompu! Je n'ai pas dit un mot.

M. Thurel. C'est la première fois que je monte à la tribune; je n'ai jamais parlé en public, et je sollicite de l'Assemblée toute sa bienveillance. (Parlez! parlez!)

Toute ma discussion va porter sur des chiffres, et je vous prie de vouloir bien les suivre.

Les chiffres que je vous apporte ne viennent certainement pas des bureaux de la compagnie de Paris-Lyon-Méditerranée. Je vous avoue que je suis comme M. le ministre, j'ai la plus grande confiance dans les ingénieurs de la compagnie. Quant à leur savoir, je ne le mets pas en doute; mais il y a, à côté d'eux, des capitalistes, des industriels, des spéculateurs, et je vous avoue que je tiens leurs chiffres en grande défiance.

Maintenant, je vais vous dire les miens, ils ne sont pas de mon cru; je vais vous donner les chiffres des ingénieurs de l'Etat.

Vous saurez, messieurs, que, depuis près de dix ans, il est question de relier le chef-lieu du département de la Côte-d'Or, Dijon, avec le chef-lieu du département du Jura,

Lons-le-Saunier. Des études ont été commencées par M. l'ingénieur Lalanne.

Par décisions ministérielles des 6 janvier et 9 avril 1870, M. Liautey, ingénieur en chef des ponts et chaussées de la Côte-d'Or, fut chargé de faire les études du chemin dont je parle, le chemin de Dijon à Lons-le-Saunier par Saint-Jean de Losne et Bletterans. Ces études ont été faites très-soigneusement par un ingénieur de l'Etat, et cet ingénieur s'exprime ainsi à propos du projet que nous vous proposons d'adopter. Voici la dernière phrase de son rapport :

« Quoi qu'il en soit, le tracé par Chaussin — c'est celui que nous proposons — peut, dans des circonstances données, être soutenu par des arguments sérieux, et il convient de l'étudier. »

C'est le chemin dont je viens soumettre les profils et les longueurs, et puisqu'on a parlé d'études faites à fond, je dirai que c'est sur le terrain qu'on en a mesuré le parcours, qu'on a chaîné et piqueté et pris les nivellements, tandis que pour le chemin qu'on vous présente dans le projet de convention, les études ont été faites dans le cabinet, sur la carte d'état-major. (Dénégation de M. le ministre des travaux publics.)

Pardon, monsieur le ministre, notre tracé a été parfaitement étudié, comme le dit l'ingénieur en chef de la Côte-d'Or, étudié à fond, c'est son expression.

Dans le projet de loi, on dit que le parcours de Dijon à Saint-Amour par Saint-Jean-de-Losne est de 300 kilomètres. Je viens contester ce chiffre de la compagnie, qui est celui du projet de loi.

Le projet de loi dit, en termes plus ou moins pompeux, sur lesquels je reviendrai tout à l'heure : « Ce chemin, dont la longueur est de 100 kilomètres et dont la dépense est évaluée à 23,500,000 fr., fera désormais partie de la ligne de Paris à Genève et de Paris en Italie par le mont Cenis, en réalisant sur le trajet actuel une abréviation de parcours de 30 kilomètres. »

Ainsi, je ne pense pas qu'une abréviation de parcours de 30 kilomètres mérite un si grand enthousiasme. Elle n'empêchera pas la ligne actuelle d'être la ligne de Paris à Genève, qui a 625 kilomètres, et la ligne de Paris par le mont Cenis qui en a 800 t 30 kilomètres d'abréviation n'empêcheront pas la ligne du mont Cenis d'être la véritable ligne d'Italie.

Mais enfin, je reviens à mes chiffres de distance. Je dis qu'il y aura 115 à 120 kilomètres de Dijon à Saint-Amour, au lieu de 100 qui sont portés au projet de loi. Je vais vous le démontrer.

Ainsi, d'après l'étude de M. Liautey, il y a 30 kilomètres de Dijon à Saint-Jean-de-Losne, et de Saint-Jean-de-Losne à Seurre, nous sommes au profil kilométrique 46.

Maintenant l'étude de M. l'ingénieur en chef des ponts et chaussées Liautey, pour la ligne totale qui va à Lons-le-Saunier, donne 100 kilomètres 260 mètres. Eh bien, je vais vous faire voir qu'il n'est pas possible qu'il n'y ait que 100 kilomètres de distance de Dijon à Saint-Amour, je vais vous le faire toucher du doigt au moyen de la carte. Je vais vous prouver qu'il y a plus de 100 kilomètres.

Ainsi, voilà qui est bien acquis. Le chemin

qu'on nous demande, celui du projet de loi donne d'abord, de Dijon à Seurre, 46 kilomètres, comme vous le voyez par le profil de M. Liautey. Maintenant, je vais vous faire une opération. (On rit.)

Un membre. Nous ne voulons pas être opérés !

M. Thurel. Une opération géométrique, si vous voulez ! Je vais vous démontrer que de Seurre à Lons-le-Saunier il y a 54 kilomètres à parcourir.

. Cette distance est représentée à l'échelle, sur la carte, par 30 centimètres. Ajoutez les 10 centimètres pour aller à Saint-Amour, vous avez 40 centimètres ; c'est donc 72 kilomètres à ajouter à 46. Total 118 kilomètres, et non pas 100 kilomètres, chiffre porté au projet de convention. Notez que les distances que j'indique sont évaluées en ligne droite, et je ne pense pas qu'on ait la prétention de construire un chemin de fer en ligne droite ; il y a des accidents de terrain et d'autres difficultés, qui porteront nécessairement le nombre des kilomètres à .120, au moins, comme longueur totale.

Au reste, je ne sais pas pourquoi je m'évertue à faire cette démonstration ; il suffit de s'en rapporter aux chiffres mêmes de l'honorable M. de Larcy, qui était ministre des travaux publics lorsque le projet fut apporté à l'Assemblée. La première fois qu'il fut question de cette ligne, savez-vous le chiffre qu'on donna à la commission ? 115 kilomètres, et on demandait 25 millions. On demande aujourd'hui 23,500,000 fr. et il n'y a plus que 100 kil. C'est une différence, en moins, de 1,500,000 fr. sur la subvention. et de 15 kilomètres sur la longueur totale. Mais, quand on veut construire, on estime 235,000 fr. le kilomètre, et lorsqu'on retranche un kilomètre, on ne l'estime plus que 100,000 fr. Explique qui pourra ces chiffres ; quant à moi je n'y comprends rien et je ne sais pas si quelqu'un pourra l'expliquer. (Interruptions.)

On peut consulter les procès-verbaux de la commission, le chiffre y est consigné.

Le défaut du tracé que nous vous proposons est de donner un surplus de 8 kilomètres à construire. C'est quelque chose sans doute ; mais un parcours de 8 kilomètres se fait en une dizaine de minutes en chemin de fer, et ce n'est pas une raison suffisante · pour négliger une économie de 10 millions.

Ainsi, le tracé que nous vous demandons, toujours d'après les profils que j'ai sous les yeux, aura 92 kilomètres. Il y a déjà 34 kilomètres construits à partir de Lons-le-Saunier à Saint-Amour. 92 et 34 feront 126 kilomètres. Il y a de l'autre côté, suivant le projet de loi, les 118 kilomètres que je viens de vous montrer sur la carte. Donc, 118 et 30, qui sont déjà faits de Saint-Amour à Bourg, cela fera 148 kilomètres : si vous les retranchez de 156, il restera juste 8 kilomètres, comme je vous le disais en commençant.

Si maintenant nous examinons la question de la dépense, vous allez voir que le chiffre est beaucoup moins considérable dans les estimations des ingénieurs de l'État que dans celles des ingénieurs de la compagnie.

Ainsi, sur la ligne que j'ai citée en premier lieu, M. Liautey, ingénieur en chef des ponts et chaussées de la Côte-d'Or, estime la dépense totale à 14,508,968 francs, soit à 145,611 francs par kilomètre.

. M. Boris, ingénieur en chef du département du Jura, qui a étudié la modification que nous demandons, passant par Chaussin, et qui aurait pour . effet de réduire le parcours à 92 kilomètres, M. Boris arrive au chiffre de 13,768,908 francs, ce qui donne 149,350 francs pour prix de revient kilométrique.

Ainsi, de ces ingénieurs de l'État qui ne se préoccupent absolument et exclusivement que de l'intérêt général et du service public, l'un évalue la dépense à 145,000 francs, l'autre à 149,000 par kilomètre, en chiffres ronds. Vous voyez que l'écart entre les deux estimations est bien faible et qu'ils sont: tous les deux bien loin du prix de 235,000 francs par kilomètre que demande la compagnie. Je n'ai pas besoin d'ajouter qu'il s'agit de chemins passant par les mêmes localités.

Je prévois bien l'objection que l'on va me faire, et je vais y répondre d'avance.

On va dire que les devis des ingénieurs en chef de la Côte-d'Or et du Jura, ont été faits pour des chemins de fer à une seule voie. C'est vrai. J'ai les profils en travers du chemin, et je ne peux pas le contester ; leur projet de chemin est fait pour une seule voie ; mais je ne crois pas qu'il faille·s'attendre à en voir établir deux par la compagnie de Paris à Lyon et à la Méditerranée, qui a déjà, pour aller de Dijon à Lons-le-Saunier, deux lignes: celle de Châlon à Mâcon et Bourg, et celle de Lons-le-Saunier, passant par Dôle, Mouchard, Saint-Amour, Bourg. Je crois, dis-je, que la compagnie ne le voudra pas.

Maintenant on me dira : Mais, d'après la loi de 1865, les concessionnaires d'un chemin de fer doivent acheter les terrains et faire les travaux d'art en prévision de deux voies à établir. C'est encore vrai. Mais savez-vous ce que cela coûtera et ce qu'il faudra ajouter aux 145,000 ou aux 149,000 francs indiqués par MM. les ingénieurs du Jura et de la Côte-d'Or? Il faudra acheter les terrains sur une largeur de 3 mètres 45, et, par kilomètre, cela fera 3,400 mètres carrés en chiffres ronds, c'est-à-dire à peu près le tiers d'un hectare. Or, dans ces pays, un hectare coûte moins de 6,000 fr., soit 2,000 fr. pour un tiers d'hectare. C'est donc 2,000 fr. à ajouter aux 149,000 fr. prévus.

Maintenant vous avez à faire les travaux d'art. Sur cette ligne ils sont très-peu nombreux ; il n'y a que deux grands ponts à établir, l'un sur la Saône, l'autre sur le Doubs ; le pont sur la Saône pourra coûter de 800,000 à 900,000 fr. ; le pont sur le Doubs coûtera de 600,000 à 700,000 fr.; ce qui représente pour les deux une dépense de 1,500,000 à 1,600,000 francs.

Or, dans la construction d'un pont qu'est-ce qui coûte le plus ? Tous ceux de nos honorables collègues qui sont ingénieurs le savent, ce sont les têtes de ponts, les parements vus, les pierres de sujétion.

Eh bien, pour avoir deux voies, vous aurez à élargir vos ponts de 3 mètres 45 ou de 3 mètres 50. Combien cela ajoutera-t-il à la dépense ? Peut-être un cinquième en plus. Et quand je dis·le cinquième, c'est beaucoup ; mais, en prenant cette proportion, cela représenterait, sur un devis de 1,500,000 fr., 300,000 fr. en plus, soit, pour un parcours de 100 kilomètres à peu près 3,000 fr. par kilomètre. Donc le prix du kilomètre qui était de 149,000 fr. au plus d'après les devis des ingénieurs des départements, et de 151,000 fr. en comptant l'augmentation pour les terrains, sera au total de 154,000 fr. Si nous ajoutons pour quelques petits viaducs et quelques ponceaux qui seraient nécessaires, 1,000 fr. par kilomètre, cela fera 155,000 fr. au maximum. Nous sommes loin, vous le voyez, des 235,000 fr. qu'on vous propose d'accorder à la compagnie de Paris-Lyon-Méditerranée. Or, cette compagnie ne posera jamais une seconde voie ; mais à supposer qu'elle le fît, il faut reconnaître que, avec les 235,000 fr. qu'on vous demande, on pourrait aisément en poser non-seulement deux mais même trois, et l'entrepreneur ferait encore de très-jolis bénéfices. (Très-bien ! à gauche.)

Je vous ai dit que le tracé que nous proposons rapprochait entre eux et de beaucoup les chefs-lieux des deux départements et le principal chef-lieu de l'arrondissement du Jura, la ville de Dôle ; ce qui n'est pas un avantage à dédaigner, comme je l'ai déjà dit.

Il y a un autre intérêt dont il faut tenir compte, c'est l'intérêt stratégique ; et, si la question est posée à ce point de vue, elle sera traitée avec beaucoup plus de compétence que je ne saurais le faire par mon honorable collègue et compatriote, M. Tamisier.

Voici les rapprochements qu'on obtiendrait entre les chefs-lieux de départements et d'arrondissements, rapprochements qui, dans ces circonstances données, pourraient être d'une grande utilité. Je prends les chiffres que je vais citer dans les rapports des ingénieurs en chef des deux départements.

Voici ce que dit le rapport de ces ingénieurs :

« Le parcours de Dijon à Lons-le-Saunier, par le réseau de la compagnie de Paris-Lyon-Méditerranée, est de 127 kil. 300 mètres. Les deux lignes que nous comparons présenteraient relativement à ce parcours une réduction de 35 kil. 110 mètres. »

C'est quelque chose, messieurs, que 35 kilomètres de moins sur un parcours de 127 kilomètres entre deux chefs-lieux de département !

Plus loin :

« Le parcours de Dôle à Lons-le-Saunier par le réseau de la compagnie Paris-Lyon-Méditerranée est de 81 kilomètres 100 mètres ; il serait réduit, en suivant la ligne de Dijon à Lons-le-Saunier par Chaussin, à 22 kil. 574 mètres. »

Ainsi, d'un côté, rapprochement de deux chefs-lieux de départements, de 35 kilomètres et, de l'autre côté, rapprochement du chef-lieu du département du principal chef-lieu d'arrondissement de 22 kilomètres et demi.

Je vous demanderai maintenant quel est le vrai chemin d'intérêt général, dans les circonstances où nous sommes. Est-ce celui qui relie les chefs-lieux de départements où sont tous les services de la guerre, tous les services administratifs comme à Lons-le-Saunier, qui est

le chef-lieu de la subdivision militaire de l'intendance, de tous les services publics, en un mot, — sans parler des avantages pour les villes frontières d'être rapprochées par un chemin de fer ? — Ou bien est-ce celui qui relie des localités comme Seurre, Louhans, Saint-Amour, c'est-à-dire des localités dont la plus populeuse n'a pas même 3,000 habitants ? Saint-Amour est un chef-lieu de canton qui ne compte pas 1,000 habitants. Évidemment, messieurs, il n'y a pas à hésiter entre ces deux chemins. (Assentiment sur divers bancs à gauche.)

Je vous dirai, messieurs, que le chemin de Dijon par Saint-Jean-de-Losne, Seurre, Louhans et Saint-Trivier au lieu de Saint-Amour, comme le demande M. Lucien Brun, — ce qui est à peu près le même tracé, — est aujourd'hui concédé à un homme qui, je crois, a fourni au département de la Côte-d'Or et à celui de Saône-et-Loire toutes les garanties nécessaires, puisque ces deux départements lui ont accordé la concession.

Eh bien, je crois que nous devons déclarer d'utilité publique et d'intérêt général le chemin que nous avons l'honneur de réclamer.

Vous déclarerez aussi d'utilité publique celui aboutissant à Saint-Trivier, et la compagnie d'intérêt local exécutera ce chemin qui lui a été concédé. Au surplus, messieurs, vous allez avoir la ligne de Châlon à Bourg qui a été concédée à la petite compagnie des Dombes, sur laquelle j'appelais tout à l'heure l'attention, ligne qui est en voie d'exécution. Et savez-vous ce que vous allez faire pour le chemin de Dijon à Louhans et à Saint-Amour ? Vous allez placer à côté du chemin de fer fait par cette petite compagnie, à quelques kilomètres à peine de Châlon, un chemin qui ne sera pas parallèle, puisqu'ils vont à Bourg tous les deux, mais un chemin qui sera si contraire convergent vers Bourg, et qui sera distant de celui qu'exécute en ce moment la compagnie des Dombes, représentée par notre honorable collègue M. Mangini, que de 24 kilomètres, près de son point de départ. Je demande s'il ne lui fera pas le plus grand tort.

Outre cela, M. Mangini exploite à la grande satisfaction de toutes les populations de la contrée un chemin fait depuis longtemps, de Châlon à Lons-le-Saunier par Louhans. Eh bien, vous allez entraver son trafic, vous allez couper cette ligne par le milieu : d'un côté, à 30 kilomètres de Lons-le-Saunier, et l'autre à 35 kilomètres de Châlon. Vous allez ruiner ainsi complètement cette petite ligne. Je vous le demande, est-ce honnête ? est-ce moral ?

Messieurs, on parle beaucoup ici d'honnêteté et de moralité publique, et vous me permettrez de dire et de répéter : non, ce n'est ni honnête, ni moral.

Notre tracé, au contraire, respecte tous les droits acquis ; il fait utiliser par la compagnie sa ligne à elle, et il laisse intacts les chemins de la compagnie des Dombes.

Messieurs, par toutes les considérations que je viens d'énumérer d'économie sur les dépenses, d'intérêt général, — car je dis que cette ligne qui relie les chefs-lieux est la ligne d'intérêt général plutôt que l'autre, — et enfin par cette dernière considération que je viens de vous indiquer : de moralité et d'honnêteté publiques, je demande à l'Assemblée de vouloir bien adopter notre amendement et rejeter le projet qui lui est soumis. (Marques d'approbation sur divers bancs à gauche.)

M. le général Guillemaut. Messieurs, pour répondre à l'honorable orateur qui descend de cette tribune, il me suffira de vous exposer la question de la manière la plus claire et la plus précise, tant au point de vue de l'intérêt général qu'au point de vue de l'intérêt militaire.

La grande ligne qui va de Paris à Genève par la vallée du Rhône, et en Italie par le mont Cenis, passe par Dijon et par Bourg; à partir de la première de ces villes, elle se divise en deux parties pour se diriger sur la seconde, d'un côté par Mâcon, de l'autre par Lons-le-Saunier. La ligne droite qui va de Bourg à Dijon passe au milieu des deux précédentes, à 32 kilomètres de Chalon et à 30 kilomètres de Lons-le-Saunier. Elle abrège le parcours entre Dijon et Bourg de 27 kilomètres si l'on considère le côté de Mâcon, et de 56 kilomètres si l'on prend le côté de Lons-le-Saunier. Vous voyez donc parfaitement... — je prouverai que ces chiffres sont exacts si on les conteste, et je dis qu'ils sont plutôt en dessous qu'au-dessus de la vérité... — (Interruptions.)

M. Caillaux, *ministre des travaux publics.* Vous êtes dans le vrai! Les chiffres que vous donnez sont exacts.

M. le général Guillemaut. M. le ministre confirme mes chiffres et je suis au-dessous plutôt qu'au-dessus de la vérité.

Du reste, vous allez vous en rendre compte vous-mêmes immédiatement.

Il est évident d'abord que la ligne droite ou la base d'un triangle est infiniment plus courte que la somme des deux autres côtés (On rit), et Lons-le-Saunier est au sommet du triangle, à 30 kilomètres de la ligne droite; c'est un fait incontestable, mesuré sur toutes les cartes des lignes de chemins de fer et partout. Comment voulez-vous que les deux lignes qui vont de Dijon à Lons-le-Saunier et de Lons-le-Saunier à Saint-Amour ne soient pas plus grandes que la base qui va directement de Dijon à Saint-Amour?

M. Thurel. J'ai reconnu que mon chemin avait 8 kilomètres de plus que le vôtre.

M. le général Guillemaut. Voilà les chiffres que je puis vous donner; ils sont exacts, et, je le répète, ils sont au-dessous de la vérité.

M. le ministre en reconnaît l'exactitude. S'il je me trompe, vous me rectifierez.

Un membre à gauche. Les avez-vous pris sur l'*Indicateur?*

M. le général Guillemaut. Précisément! je les ai pris sur l'*Indicateur* et le tracé. D'après le rapport de votre commission, on compte 100 kilomètres de Dijon à Lons-le-Saunier. Il y en a un peu plus : j'en compte 107, parce que cette ligne emprunte une partie du parcours au chemin de fer de Lyon, un peu avant d'arriver à Saint-Amour.

Admettons donc qu'il y ait 107 kilomètres. M. le ministre des travaux publics en compte 106; mais j'en admets un de plus pour ne pas me tromper.

Un membre. Pour faire la bonne mesure!

M. le général Guillemaut. Vous avez, d'après l'*Indicateur-Chaix*, 164 kilomètres de

Dijon à Bourg, par Mâcon; vous en avez 137 par la ligne droite, différence, 27 kilomètres.

Du côté de Lons-le-Saunier, si vous passez par le chemin actuel, vous avez 193 kilomètres pour aller jusqu'à Bourg. En prenant la différence entre 193 et 137, vous avez 56 kilomètres; c'est le chiffre que j'ai indiqué.

Au reste, ce n'est pas là le chiffre le plus important. Celui qui vous intéresse le plus est celui de Dijon à Lons-le-Saunier. La distance, tout calcul fait, est de 93 kilomètres. On me dit qu'elle est de 97. Je ne demanderais pas mieux pour mon raisonnement. Je crois pouvoir la réduire à 93 kilomètres, pour être sûr de rester dans le vrai. De Lons-le-Saunier à Saint-Amour, il y a 34 kilomètres sur le *Livret-Chaix;* 93 et 34, total : 127, au lieu de 107. Différence : 20 kilomètres.

Il est d'ailleurs incontestable qu'une ligne droite est évidemment plus courte qu'une ligne qui s'en écarte des deux côtés, à 70 kilomètres de distance.

Du moment où cela est incontestable... (Interruptions sur quelques bancs.)

Messieurs, il m'est extrêmement difficile de discuter des chiffres, si vous ne me laissez pas parler; il est parfaitement certain, dans tous les cas, que la ligne droite est beaucoup plus courte que la ligne brisée. (Mais oui ! C'est entendu!) Par conséquent il y a un avantage à aller directement de Dijon sur Bourg, et c'est avec raison que votre commission vous propose de déclarer cette ligne d'intérêt général.

La compagnie de Lyon l'accepte et elle a vingt fois raison. Il faut, en abrégeant les distances, et en facilitant les transports, nous préparer à lutter avec la concurrence étrangère ; cela est surtout nécessaire pour la ligne en projet, car il faut à tout prix empêcher les produits qui arrivent à Gênes, à Brindisi et à tous les ports de l'Italie, de prendre la route du Saint-Gothard au lieu de continuer à suivre celle du mont Cenis, comme cela se fait aujourd'hui.

Vous savez tous que la ligne de Dijon à Lyon par Mâcon est très-chargée, très-encombrée. Les inconvénients seront bien plus grands encore lorsque vous aurez une ligne du côté du Nord, de Dijon à Amiens, et une autre ligne de Lyon du côté du Midi par la rive droite du Rhône.

Il faut donc trouver, de Dijon à Lyon, la ligne la plus courte et la plus commode. Cette ligne est celle que propose votre commission; les études en ont été faites. Les travaux seront d'une exécution facile, les pentes et les courbes insignifiantes, ce qui est indispensable pour les lignes à transports rapides.

Maintenant, puisque l'on parle d'intérêts particuliers, permettez-moi d'en dire un mot.

Il est évident que la nouvelle ligne va passer dans deux des grands entrepôts de la Côte-d'Or, Saint-Jean-de-Losne et Seurre; elle passera aussi au centre des marchés de la Bresse, qui approvisionnent aujourd'hui Dijon, Mâcon, Lyon, Lons-le-Saunier, et une grande partie de la Suisse et du Midi. Le trafic local ne manquera donc pas sur cette ligne.

La ligne de Chaussin, dont on vous a parlé, n'offrira certainement pas les mêmes avantages, et cela pour deux raisons. La première,

que je vous ai déjà indiquée tout à l'heure,
c'est qu'on gagne 20 kilomètres en ligne droite
et que pour en faire gagner 15 à Lons-le-
Saunier par la ligne demandée par le Jura, il
ne faut pas en faire perdre 20 à tout le monde
et à tou< les produits qui iront du côté de la
Suisse et de l'Italie. Ce n'est pas raisonnable,
ce n'est pas admissible, et votre commission
est parfaitement fondée à demander toute autre
chose.

Maintenant, messieurs, laissez-moi vous
donner ma seconde raison; elle est aussi péremptoire que la première. C'est qu'à partir de
Lons-le-Saunier, vous êtes obligés d'emprunter une ligne qui est au milieu des premiers
contre-forts du Jura, ligne qui n'a été faite
qu'à une seule voie et qui a des pentes de 10
à 15 centimètres. (Interruptions sur divers
bancs.)

Si je me trompe, M. le ministre est là pour
me répondre.

Eh bien, quand on a une ligne avec des
pentes de 10 à 15 centimètres, il est impossible
de s'en servir comme ligne de transport rapide.
Vous ne pouvez imposer ni aux voyageurs ni
aux produits une ligne pareille; c'est impossible.

Vous me dites que cette ligne coûtera moins
cher. Eh bien, puisque vous en êtes là, je dis,
moi, qu'elle coûtera plus cher.

La preuve, c'est que, d'un côté, a 100
kilomètres à construire, et de l'autre 93 seulement.

Un membre. 96 !

M. le général Guillemaut. Différence : 7
kilomètres seulement. Je m'en rapporte aux
chiffres officiels.

Mais il faut ajouter que la ligne de Lons-le-
Saunier à Saint-Amour, longue de 34 kilomètres, n'a qu'une ●●●● voie, et qu'il faudrait la
porter à deux v●●● Or, une ligne de 34 kilomètres qu'on est obligé de doubler est certainement une ligne qui coûte cher. (Marques d'assentiment.)

Permettez-moi maintenant de vous expliquer brièvement la question militaire. Dans
une précédente séance mon honorable collègue
M. Tamisier ayant dit qu'il voulait en parler,
pour économiser le temps je vais vous faire
comprendre en deux mots ce qu'il en est.

La ligne proposée par la commission réunit
directement Dijon à Lyon. Ces deux villes,
vous le savez, sont deux de nos grandes places
de guerre, ou le seront, car on ne fait que
commencer les travaux de Dijon. Entre ces
deux grandes places il y a aussi Chagny, qui
va être fortifié, et qui se trouve en avant de la
gorge du Morvan. C'est donc là une ligne excellente, tant au point de vue défensif qu'au
point de vue offensif. Elle est d'abord située
en arrière du canal de Bourgogne. C'est ce
que M. le ministre de la guerre a signalé
comme étant indispensable. Cette ligne passe
ensuite au confluent de la Saône et du Doubs,
puis, elle est protégée par deux rivières très-
grandes, la Seille et le Solnau, qui ont souvent 50 à 60 mètres de largeur et 4 à 5 mètres
de profondeur.

Vous voyez donc que ce chemin traversera
un pays coupé de rivières que la moindre
pluie fait déborder, qui transforment en lacs
toutes les prairies de la Bresse et rendent les
communications très-difficiles.

De plus, tous les champs de la Bresse sont
complétement entourés de haies; partout il
y a des fossés profonds dont les terres sont
rejetées sur l'un des côtés, et chaque champ est
une véritable redoute avec de véritables parapets. Le chemin proposé est donc très-facile à
défendre.

Si, au contraire, vous exécutez le tracé par
Chaussin, et si le Jura est occupé par l'ennemi
comme en 1870, le chemin, rapproché de la
montagne, tombera le premier en son pouvoir.
Il nous serait donc peu utile, je dirai même qu'il
pourrait être nuisible, et ce n'est pas sans raison que M. le ministre de la guerre a demandé
que ce chemin ne passât pas de l'autre côté du
canal de Bourgogne, parce que, en cas de
guerre, il donnerait un moyen de transport
pour ses troupes et son matériel à l'ennemi
qui voudrait attaquer Dijon, et qui ne serait
pas obligé de prendre d'abord Auxonne en se
servant de la ligne actuelle qui réunit Dijon
au Jura.

Je crois, messieurs, que vous comprendrez
qu'au point de vue militaire, aussi bien qu'au
point de vue commercial, la ligne que la commission vous demande est indispensable sous
tous les rapports et que vous la voterez. (Très-
bien! très-bien! — Aux voix!)

M. Tamisier. Vous me permettrez, messieurs, de répondre à mon honorable collègue
et ami M. le général Guillemaut. (Parlez!
parlez!)

Je suis en désaccord avec la commission et
aussi, par conséquent, avec la compagnie de
Paris-Lyon-Méditerranée; mais je ne suis pas
plus hostile que mon honorable ami M. Guillemaut aux grandes compagnies de chemins de
fer.

Il est une de ces compagnies, une des plus
honorables et des plus sages, que j'ai servie
pendant dix ans, et il suffirait des souvenirs
que j'ai gardés de la compagnie d'Orléans pour
que je ne fusse jamais hostile foncièrement
aux autres compagnies. (Très-bien! très-
bien !)

Il semble, quand le général Guillemaut parle
de la nouvelle ligne de Dijon-à Bourg, qu'elle
soit la seule ligne qui puisse remplir le rôle
qu'il lui attribue, parce qu'il la regarde comme
la plus courte ligne de Dijon à Bourg.

Eh bien, ce n'est pas le plus court chemin
entre ces deux villes.

M. le général Guillemaut. Oh! oh !

M. Tamisier. Je vais vous le démontrer,
mon cher collègue.

Sans doute, c'est le plus court chemin si on
veut rester sur le réseau de la compagnie;
mais il est facile d'établir un plus court chemin si l'on s'écarte un peu de ce réseau.

Pour que ma démonstration soit mieux
comprise de mes collègues, je les prie de vouloir bien avoir sous les yeux la petite carte
annexée au premier rapport de l'honorable
M. Cézanne.

Toutefois, je dois vous faire remarquer,
messieurs, que cette petite carte a un grave inconvénient, c'est de ne représenter que les
anciennes lignes de la compagnie et les lignes
du projet de la commission : — celles-ci, par
un filet rouge, celles-là par un filet bleu, — et
de ne point indiquer les autres tracés. Mais
j'ai rétabli pour mon usage particulier, sur cette

carte, les autres lignes construites par les petites compagnies, ou seulement concédées à celles-ci. (Bruit.)

Quelques membres. Attendez le silence !

M. Tamisier. J'attendrai le silence, si vous voulez ; mais je crois avoir assez de voix pour parvenir à me faire entendre.

Cette voie de communication plus courte dont je parle, c'est la ligne qui va de Dijon à Chalon par l'ancienne ligne et qui, à Chalon, emprunterait la ligne de la compagnie des Dombes, de Chalon à Bourg. Eh bien, ces deux lignes réunies donneraient, entre Dijon et Bourg, 143 kilomètres ; tandis que la ligne que vous voulez construire présentera une longueur de 145 kilomètres entre ces deux villes.

Et c'est ici que je montre à M. le général Guillemaut que sa ligne n'est pas la plus courte.

La ligne de Dijon à Bourg par Chalon n'appartient pas tout entière à la compagnie de Paris-Lyon-Méditerranée, mais elle est la plus courte ; elle est plus courte que la ligne proposée par la commission et que toutes les autres lignes jusqu'à ce jour concédées.

Dans une guerre, une compagnie, si elles ne sont pas d'accord, seront obligées de s'y mettre, et, dès maintenant elles pourraient s'entendre.

Pour prouver que la ligne de Dijon à Bourg par Saint-Amour est plus courte que celle de Dijon à Bourg par Lons-le-Saunier, le général Guillemaut fait ce raisonnement excessivement juste : La première ligne est le côté d'un triangle dont les deux autres côtés se composent de la seconde.

Oui, certes, la première ligne est plus courte que la seconde, mais de combien ?

M. le général Guillemaut. De 20 kilomètres.

M. Tamisier. Elle est plus courte de 11 kilomètres.

La ligne de Dijon à Bourg par Lons-le-Saunier se mesure par 92 kilomètres de Dijon à Lons-le-Saunier, et 64 kilomètres de Lons-le-Saunier à Bourg. Total, 156 kilomètres.

M. le général Guillemaut. Oui !

M. Tamisier. Alors, nous sommes d'accord.

Je cherche maintenant la longueur de la ligne de Dijon à Bourg par Saint-Amour.

Cette longueur est de 115 kilomètres, de Dijon à Saint-Amour par Saint-Jean-de-Losne, Seurre et Louhans...

M. le général Guillemaut. C'est une erreur : 107 kilomètres.

115 kilomètres de Dijon à Saint-Amour et 30 kilomètres de Saint-Amour à Bourg, cela fait 145 kilomètres. Voilà ce que j'affirme, d'après toutes les preuves qu'a fournies mon honorable collègue et ami M. Thurel, d'après l'*Indicateur des chemins de fer* et mon propre examen.

La différence de longueur entre les deux lignes que nous comparons est donc de 11 kilomètres en moins pour la ligne de Dijon à Bourg par Saint-Amour.

Je regarde ce fait comme acquis, d'après toutes les vérifications que M. Thurel et moi avons faites.

M. le général Guillemaut. Nous sommes trois qui avons mesuré aussi : M. le rapporteur, M. le ministre et M. le directeur général des chemins de fer.

M. Tamisier. Ainsi, messieurs, il n'y a qu'une différence de 11 kilomètres.

De Dijon à Lons-le-Saunier par Saint-Jean-de-Losne, il y a 92 kilomètres, d'après les projets de nos ingénieurs ; de Dijon à Saint-Amour par Saint-Jean-de-Losne, Seurre et Louhans, il y a 115 kilomètres.

Je vais évaluer maintenant les conséquences de cette différence de longueur entre les parties à construire pour ces deux lignes.

Pour la première, 92 kilomètres à 235,000 fr. par kilomètre, cela fait 21,620,000 fr. ; pour la seconde, 115 kilomètres au même prix font 27,025,000 fr. La différence, de 5,405,000 fr., serait au minimum l'économie que produirait notre ligne, si la compagnie la construisait aux conditions de la convention.

Examinons, maintenant, l'intérêt que présente la ligne de Dijon à Bourg par Lons-le-Saunier au point de vue stratégique.

J'essayerai de donner une définition des lignes stratégiques. Elles sont de deux sortes : les unes sont parallèles à la frontière ; les autres sont dirigées des centres de concentration des troupes vers la frontière.

Les lignes parallèles à la frontière doivent se développer sans interruption et former comme une ceinture à distance convenable de la frontière. Elles doivent être protégées par des obstacles naturels qui les mettent à l'abri d'une attaque soudaine de l'ennemi.

Si l'on jette un coup d'œil sur la carte générale du pays, on remarque dans le Jura une grande lacune dans la ligne stratégique de première ceinture défensive. Cette lacune existe entre Champagnole et la limite du département du Jura du côté de l'Ain, tout près de Dortan. On remarque une aussi grande lacune dans les lignes rayonnant du centre vers la ligne de première ceinture défensive. De Lons-le-Saunier, aucun chemin de fer n'est encore dirigé vers la frontière du département. C'est-à-dire que le Jura, dans une grande partie de ses montagnes, dans l'arrondissement de Saint-Claude tout entier et dans les six cantons voisins de cet arrondissement, est privé de tout chemin de fer, quoiqu'il soit placé en première ligne sur la frontière et qu'il possède aux Rousses une forteresse importante, à une distance de 50 kilomètres au moins du chemin de fer le plus rapproché.

Le conseil général du Jura, dont j'ai l'honneur de faire partie, s'efforce depuis longtemps de réaliser les projets qu'il a fait étudier pour établir le réseau des chemins de fer de nos montagnes, dont cette partie de notre département aurait un si grand besoin et qui constituerait en même temps le réseau stratégique du Jura.

Voici, d'après ces projets, quelles seraient les différentes petites lignes qui formeraient ce réseau et qui combleraient les lacunes des lignes stratégiques :

Lacune de la ligne de première ceinture défensive dans le Jura.

De Champagnole à Morez-Morbier.	33 kil.
De Morez à Saint-Claude........	24
De Saint-Claude à la limite du département de l'Ain.............	24
	81 kil.

Lacune des lignes dirigées vers la frontière.

Dijon à Lons le-Saunier........	92 kil.
Lons-le-Saunier à Champagnole.	39
Lons-le-Saunier à Saint-Claude..	55
	186 kil.

Ces lignes allaient être concédées, lorsque le conseil général du Jura a reçu, l'année dernière, la nouvelle de la préparation du projet que l'Assemblée discute aujourd'hui. Tous nos projets ont été bouleversés. Il a dû en être de même pour beaucoup d'autres conseils généraux, et je ne vois pas que désormais nous puissions, comme conseillers généraux, ni les uns ni les autres, nous occuper avec quelque confiance de questions que nous pouvons bien discuter, que nous pouvons même résoudre, mais dont nous ne pouvons faire prévaloir les solutions.

Je conclus en résumant les principales conditions que réaliserait notre amendement :

1° La ligne proposée par notre amendement serait une nouvelle communication par voie ferrée entre Bourg et Dijon.

La longueur de cette ligne est au maximum de 156 kilomètres.

La ligne ferrée actuelle de Dijon à Bourg est, suivant l'indicateur des chemins de fer, de 164 kilomètres.

La ligne de fer entre Dijon et Bourg par Chalon, au moyen de la ligne de Chalon à Bourg, concédée à la compagnie des Dombes, peut donner prochainement entre Dijon et Bourg une communication par voie ferrée d'une longueur de 143 kilomètres. Cette voie ferrée est le plus court chemin de Dijon à Bourg.

La ligne de Dijon à Bourg par Saint-Amour proposée par la commission est d'une longueur de 145 kilomètres.

2° La ligne proposée par notre amendement présenterait une économie d'au moins 5 millions par rapport au projet de la commission.

3° Notre ligne ouvrirait avec le chef-lieu du département du Jura et avec la plus grande partie de ce département, une communication directe avec Dijon, Dole, Auxonne et Paris. Cette ligne abrégerait de 8 kilomètres la distance entre Dijon et Bourg, qui est actuellement de 164 kilomètres.

4° Cette ligne de Dijon à Lons-le-Saunier, d'une longueur de 92 kilomètres, serait le tronc principal de toutes les lignes stratégiques dont la frontière du Jura est actuellement dépourvue, et donnerait ainsi satisfaction à un intérêt général de premier ordre que le projet de la commission néglige complètement.

Et puisqu'il ne s'agit pas uniquement de la convention entre M. le ministre des travaux publics et la compagnie de Paris-Lyon-Méditerranée ; puisqu'il n'est question en ce moment que d'une déclaration d'utilité publique, je conjure l'Assemblée de décider que le chemin de fer de Dijon à Bourg par Lons-le-Saunier est d'utilité publique et d'intérêt général. (Aux voix ! aux voix !)

M. Jordan. Messieurs, je ne dirai que quelques mots ; j'espère qu'ils suffiront pour vous convaincre que l'amendement présenté dans l'intérêt du Jura est inadmissible au point de vue des intérêts généraux.

Le chemin de Dijon à Saint-Amour par Saint-Jean de Losne, Seurre et Louhans, que proposent le Gouvernement et la commission, serait ouvert en ligne droite dans une plaine continue, et par suite dans des conditions des plus favorables pour un grand trafic et pour la circulation des trains rapides. Abrégeant de 30 kilomètres la distance de Paris et de tout le Nord, en Suisse par Genève, et en Italie par le mont Cenis, il deviendrait le chemin direct pour ces deux pays, au grand avantage des communications internationales, et au soulagement de la grande artère de Paris à Lyon et à la Méditerranée.

D'autre part, ce même chemin, en se combinant avec l'embranchement de Sérézin à Montluel qui vient d'être voté, ouvrirait à la vallée du Rhône vers l'est et le nord une nouvelle issue indépendante du défilé de Lyon. Il constituerait ainsi une ligne appelée au plus grand avenir, en même temps qu'il déchargerait la ligne principale entre Dijon et Lyon.

Ces avantages si considérables disparaissent entièrement par le tracé de l'amendement qui, faisant un grand détour pour passer par Lons-le-Saunier, supprime l'abréviation du parcours qui est la condition de ces avantages.

En effet, cet allongement gratuit serait de 25 kilomètres, soit d'un quart environ du parcours total, ainsi qu'il résulte des études faites par les ingénieurs du Gouvernement.

Ce n'est pas tout ; au lieu d'être constamment en plaine, comme le tracé rectiligne par Louhans, cette nouvelle direction traverserait un pays en grande partie accidenté et elle emprunterait, entre Lons-le-Saunier et Saint-Amour, 34 kilomètres d'une ligne existante, qui comporte de nombreuses pentes et contre-pentes de 0,012 par mètre.

Elle ne se prêterait en aucune manière, comme celle par Louhans, à une exploitation facile, ni à la circulation des trains rapides.

Ces deux causes réunies, la suppression de l'abréviation du parcours, par un allongement de 25 kilomètres, et l'imperfection de la voie, détourneraient de cette ligne le trafic international de la Suisse et de l'Italie, ainsi que celui de la vallée du Rhône, et tous les intérêts supérieurs que ce chemin est appelé à servir, et qui sont sa raison d'être, seraient sacrifiés gratuitement.

On demanderait à la compagnie d'exécuter un chemin d'intérêt purement local de Dijon à Lons-le-Saunier, en lui refusant le chemin direct de Dijon à Bourg par Louhans qui est d'un intérêt général de premier ordre et le complément indispensable de son réseau.

Aussi cette compagnie repousse énergiquement le tracé de l'amendement et ne pourrait consentir à l'exécuter.

Nos adversaires sentant bien la faiblesse de leur cause se sont efforcés de l'étayer par des considérations stratégiques, qui auraient échappé à M. le ministre de la guerre et à ses conseils.

La réponse de l'honorable général Guillemaut ne me laisse rien à ajouter ; qu'il me suffise de faire observer que si le chemin de Dijon à Lons-le-Saunier a sa place marquée au premier rang dans les chemins d'intérêt local, son exécution serait grandement facilitée par celle du chemin direct de Dijon à Saint-Amour qui permettrait de le réduire à un court embranchement.

Mais on ne peut pas, pour rendre cette exécution immédiate, supprimer de fait une ligne magistrale comme celle de Dijon à Bourg, par un détournement qui anéantirait tous les avantages assurés au tracé rectiligne par Louhans. Ce dernier tracé est péremptoirement réclamé par la compagnie ; il est accepté par le Gouvernement et la commission.

Vous n'hésiterez pas, messieurs, à l'approuver vous-mêmes et par suite à repousser l'amendement. (Aux voix ! aux voix !)

M. le rapporteur. Messieurs, je n'ai que quelques mots à dire. (Parlez ! parlez !)

Vous avez entendu tour à tour plusieurs de nos collègues combattre ou soutenir le projet de la commission, et vous avez pu vous convaincre de la difficulté qu'il y a pour vous à discuter, à cette tribune, des questions de tracé. Eh bien, ce que vous ne pouviez pas faire, la commission l'a fait, et je déclare, en son nom, que le tracé qu'elle propose, modifié par elle dans une certaine mesure et accepté par la compagnie, est celui qui donne le mieux satisfaction aux intérêts généraux du pays.

En ce qui concerne l'intérêt stratégique, si important surtout pour la région voisine de la frontière, chacun a discuté à son point de vue, mais cet intérêt a un représentant officiel, c'est M. le ministre de la guerre. M. le ministre nous a transmis les procès-verbaux des commissions mixtes, rédigés d'accord par les ingénieurs et les officiers spéciaux, nous les avons examinés, et le projet que nous avons l'honneur de vous présenter donne pleine satisfaction à l'intérêt en question. (Très-bien !

— Aux voix!)

M. le président. La parole est à M. Grévy. (Mouvement et marques d'attention.)

M. Jules Grévy. Je prie l'Assemblée de me permettre de dire quelques mots seulement pour résumer d'une manière nette et sensible les principales raisons qui militent en faveur de l'adoption de l'amendement que nous avons proposé. (Parlez ! parlez !)

La modification que nous vous demandons n'est pas considérable. Le tracé en discussion doit aller de Dijon à la ligne de Bourg. A quel point rejoindra-t-il cette ligne? Telle est la question. Le projet de la commission ne rencontre la ligne de Bourg qu'à Saint-Amour ; le tracé de notre amendement la rejoint à Lons-le-Saunier, c'est-à-dire plus haut, et, par conséquent, moins loin. Il y a de Lons-le-Saunier à Saint Amour 34 kilomètres qui sont en exploitation; notre tracé les emprunte et les utilise, c'est un de ses principaux avantages.

Ceci bien compris, voici quels sont les avantages que présente notre amendement sur le projet de la commission.

J'ai déjà indiqué le premier de ces avantages. Si le projet nouveau rejoint la ligne de Saint-Amour à Lons-le-Saunier, nous aurons dans la construction une économie de 34 kilomètres. Il y aura 34 kilomètres de moins à construire, puisque le chemin de Lons-le-

Saunier à Saint-Amour est fait, et cet emprunt de 34 kilomètres réalisera une économie de 8 à 10 millions. C'est un premier avantage qui n'est point à dédaigner.

Il y en a un second : c'est que le projet que nous vous proposons de substituer au tracé proposé par la commission relie des centres importants que le projet de celle-ci laisse de côté.

Il va, en effet, de Saint-Amour en passant par Louhans ce qui vous explique, pour le dire en passant, l'intervention si chaleureuse de notre honorable collègue, M. le général Guillemaut. (On rit.)

M. le général Guillemaut. Je demande la parole.

M. Raudot. Chacun prêche pour son saint.

M. Jules Grévy. J'aurais dû dire : intervention chaleureuse et légitime.

Il laisse de côté Dôle et Lons-le-Saunier, le chef-lieu du département, deux points autrement importants que Louhans, soit pour le trafic et les voyageurs, soit pour l'intérêt stratégique, dont je me permettrai de dire un mot tout à l'heure.

Voilà donc notre second avantage : nous mettons en communication plus directe Dôle et Lons-le-Saunier, que le projet de la commission délaisse.

Il y a, messieurs, un troisième avantage, qui est d'ouvrir un débouché plus commode, plus direct et plus économique à tous les produits qui viennent des montagnes du Jura, et dont l'entrepôt est à Lons-le-Saunier, point central où viennent aboutir les vallées qui descendent de cette partie de la chaîne.

Si vous faites passer le chemin à Lons-le-Saunier, vous trouverez dans cet entrepôt tout le transit des montagnes, qui maintenant n'a qu'un écoulement long, difficile et coûteux.

Enfin, puisque nous parlons ici de stratégie d'une manière plus ou moins compétente, on peut, sans faire de la science, dire une chose de simple bon sens, et qui est à la portée de tout le monde.

Lons-le-Saunier est plus près de la frontière.

M. le rapporteur. C'est justement pour cela que le génie demande qu'on n'y aille pas.

M. des Rotours. Laissez parler!

M. Jules Grévy. Il n'est pas possible que le génie demande qu'on n'aille pas dans une ville qui, étant le siège du commandement militaire, est le dépôt nécessaire des armes, des approvisionnements et de tout le matériel de guerre. Le génie n'a pas pu faire une telle demande.

M. le rapporteur. Je vous demande pardon !

M. Jules Grévy. Il y a une autre raison encore : c'est que Lons-le-Saunier forme, avec le parcours que nous proposons, une ligne plus rapprochée de la frontière et plus parallèle. C'est un mérite incontestable.

Je sais que l'honorable général Guillemaut vient de dire « Votre ligne sera plus rapprochée de la frontière, et, par conséquent, plus exposée à l'ennemi, une fois qu'il aura franchi la frontière.

Cela est vrai : tous les chemins sont expo-

sés quand l'ennemi envahit. S'ensuit-il qu'il
ne faut pas de chemins parallèles aux frontières pouvant faciliter la défense? Vaut-il
mieux laisser les frontières sans défense? Et
les chemins de fer ne sont-ils pas un des
moyens les plus efficaces pour les défendre?
(Très-bien ! très-bien !)

Tels sont les avantages de l'amendement
que nous vous recommandons.

Mais, nous dit-on, le parcours de votre
projet est plus long que celui de la compagnie.

Cela est vrai; mais quelle est cette différence de longueur? On a reproché au projet de
la commission de n'avoir été étudié que sur
une carte. Je crains que le reproche soit fondé.
On dit, en effet, dans le rapport de la commission que le projet du Gouvernement présente
une longueur de 100 kilomètres. Cela n'est pas
exact, et je crois qu'on ne soutient plus ce
chiffre.

M. le rapporteur. Mais si !

M. Jules Grévy. Tant pis, car vous ne
pouvez le soutenir.

M. le rapporteur. Voulez-vous me permettre de vous répondre?

Plusieurs membres. N'interrompez pas!

M. Jules Grévy. Laissez-moi achever. Je
n'ai qu'un mot à dire; vous me répondrez dans
un instant.

Prenez la carte de l'état-major.

Votre tracé à vol d'oiseau, en ligne droite, a
106 kilomètres; comment, avec les détours,
peut-il n'en avoir que 100? Vous ne pourrez le
construire. Il sera donc plus court que la ligne
droite?

M. le rapporteur. Voulez-vous me permettre un mot?

M. Jules Grévy. Je ne veux pas vous permettre un mot; vous allez me répondre, et
vous le ferez en autant de mots que vous voudrez. (On rit.)

L'honorable baron de Larcy, qui a présenté
primitivement le projet de loi que nous discutons, lorsqu'il était ministre des travaux
publics, lui a appliqué, dans son exposé des
motifs, une longueur de 115 kilomètres. Comment cette longueur n'est-elle plus aujour-
d'hui que de 100? Les distances se sont-elles
raccourcies?

Nous croyons, nous, comme nous l'a montré l'honorable M. Thurel, que ce n'est pas
115, mais 118 kilomètres qu'il faut compter.
Ne persistez donc pas dans votre chiffre de
100 kilomètres, si vous ne voulez pas donner
la preuve du peu de maturité de l'étude de
votre projet.

Ce n'est donc pas 26 kilomètres de différence qu'il faut compter entre le tracé de la
commission et le nôtre.

Nous disons, nous : Le projet de la commission a réellement 115, ou, plus exactement,
118 kilomètres; nous en avons pour notre
projet 126 : la différence est donc de 11, ou seulement de 8 kilomètres. C'est le seul désavantage de notre amendement.

Mais, en retour, nous économisons 10 millions par l'emprunt de 34 kilomètres au chemin
de Lons-le-Saunier à Saint-Amour. Nous
relions les grands centres de la contrée, Dôle
et Lons-le-Saunier; nous assurons au transit
du Jura d'avantageux débouchés. Enfin nous
donnons aux intérêts stratégiques une satis-

faction que le projet de la commission ne leur
donne pas. Voilà nos avantages. Cela vaut-il
une différence de 8 à 11 kilomètres sur un parcours de 156? C'est à l'Assemblée à en juger.

J'espère que j'ai, ou plutôt que mes collègues
ont justifié notre amendement, car je n'ai fait
que résumer les raisons qu'ils ont bien amplement développées.

M. le président. La parole est à M. le
ministre des travaux publics.

M. Caillaux, *ministre des travaux publics.*
Je suis obligé de répondre à l'honorable M.
Grévy, et j'ai le regret de dire que les chiffres
qu'il a apportés à la tribune ne concordent pas
avec ceux que j'ai de mon côté, et qui résultent des études les plus précises faites par les
ingénieurs de la compagnie de Paris-Lyon-
Méditerranée... (Ah ! ah ! à gauche.)

Plusieurs membres. Par la compagnie !

M. le ministre des travaux publics. Attendez!

... et vérifiés par les ingénieurs de l'État
chargés du contrôle. Ces études ont été faites
complètement, et les chiffres qui en sont le
résultat sont absolument et sincèrement vrais;
il n'y a aucune raison sérieuse de douter de
leur exactitude.

M. Thurel. Je le nie, et je demande qu'on
les vérifie.

M. le ministre. D'après ces chiffres, la
longueur réelle de Dijon à Saint-Amour, par
le tracé qui vous est proposé par la commission, sera de 105 kilomètres 1/2. Sur ces 105
kilomètres 1/2, on empruntera 5 kilomètres 1/2
de lignes existant déjà, et on aura par conséquent à construire une longueur de 100 kilomètres.

Si on suit, au contraire, le tracé de Dijon à
Lons-le-Saunier, recommandé par l'honorable M. Grévy et ses collègues du Jura, il y
aura à construire, en passant par Chaussin et
Bleterans, 94 kilomètres, et la distance totale
de Dijon à Saint-Amour, par Lons-le-Saunier, sera de 131 kilomètres 700 mètres; de
telle sorte qu'il y a, en faveur du tracé qui est
admis dans le projet de convention, une économie de parcours de 26 kilomètres 200 mètres;
il y a, en effet, une augmentation de longueur
à construire; mais cette augmentation, qui
n'est que la différence entre 94 et 100 kilomètres, se réduit à 6 kilomètres.

Voilà, en vérité, ce qui résulte des plans et
pièces officielles que nous avons entre les
mains, qui ont été remises depuis longtemps
à votre commission et vérifiés par elle. Votre
commission a pu d'autant mieux faire cette
vérification, qu'elle a été saisie, il y a longtemps
déjà, des objections de l'honorable M. Thurel,
et de son intention de contester l'exactitude
des chiffres qui lui avaient été donnés.
Je sais, en effet, que l'honorable rapporteur
de la commission a procédé lui-même à une
vérification minutieuse des plans, nivellements
et des longueurs comparatives que en ressortissent.

Je ne comprends donc pas qu'il soit possible de discuter longtemps au sujet de différences de chiffres qui vous ont été signalées.

Je comprends bien que les représentants du
département du Jura préfèrent le tracé de Dijon à Bourg par Lons-le-Saunier, tandis que
les représentants du département de l'Ain

préfèrent le tracé de Dijon à Bourg par Saint-Trivier, qui dévie de leur côté; cela est naturel, cela est légitime. Je reconnais même qu'il y a des considérations à faire valoir en faveur de ces deux solutions. Celle que nous vous présentons est entre les deux, et c'est peut-être à cause de cela qu'elle rencontre des adversaires opposés qui veulent l'attirer chacun de leur côté. La ligne que nous vous proposons de déclarer d'utilité publique va presque en ligne droite de Dijon à Saint-Amour, sans dévier ni à gauche vers Lons-le-Saunier, ni à droite vers Saint-Trivier, et offre ainsi une communication très-directe, très-facile, de Dijon à Bourg.

Les événements si douloureux qui nous affligent en ce moment même, les pertes que nous subissons, viennent fournir un triste exemple de l'intérêt considérable et de l'importance qu'il peut y avoir à exécuter la ligne dont il s'agit. La ligne actuelle de Dijon à Lyon par Mâcon est entièrement dans la vallée de la Saône, et si le malheur voulait que jamais des inondations comme celles qui portent en ce moment la désolation dans notre pays vinssent à se reproduire dans cette vallée, nous reconnaîtrions l'avantage d'avoir une seconde grande ligne allant de Dijon à Bourg, passant par Saint-Amour et n'allongeant pas le parcours actuel. (Très-bien! très-bien!)

Ce chemin est donc d'une grande importance; il est très-important non-seulement parce qu'il double la grande ligne de Paris à Lyon, parce qu'il peut se charger d'une partie du trafic, mais encore parce que, comme on l'a dit, il raccourcit le trajet de Paris à Genève.

Enfin, ce qu'on ne vous a pas fait encore remarquer, c'est que, par le chemin de Sererin à Montluel que vous avez déclaré d'utilité publique, il donnera une communication directe de l'Est et du Nord avec le Midi, indépendante de la traversée de Lyon. Ce sont là des avantages considérables.

L'honorable M. Tamisier a dit qu'il existait une ligne d'intérêt local, allant de Chalon à Bourg et remplissant à peu près le même but et donnant presque les mêmes avantages. Cela peut-être approche de la vérité en plan sur une carte; mais il n'en est plus de même si, en comparant les tracés, on compare aussi les nivellements, ce qu'il est toujours prudent de faire quand on traite de questions de chemins de fer. Il est incontestable que les lignes d'intérêt local, précisément parce qu'elles coûtent quelquefois meilleur marché que d'autres, présentent ordinairement des conditions de nivellement moins satisfaisantes. C'est un point que je compte faire ressortir lorsque viendra, au milieu de la discussion de cette grande convention, la question des chemins à bon marché; nous verrons que la raison principale de ce bon marché est que, dans la construction, on s'applique à suivre la surface du terrain au risque d'avoir des pentes et des rampes qui ne comportent en exploitation ni une grande vitesse ni un grand trafic. Pour avoir une grande ligne qui puisse satisfaire aux exigences d'un grand trafic comme celle dont il s'agit, il faut d'autres conditions d'installations que celles d'un chemin d'intérêt local; il n'est donc pas exact de dire que la ligne d'intérêt local de Chalon à Bourg puisse jamais remplacer celle dont le projet vous est proposé.

J'ajouterai, à l'encontre du projet présenté par nos collègues les députés du Jura, que si on adoptait le tracé par Lons-le-Saunier, il faudrait emprunter de Lons-le-Saunier à Bourg, la ligne déjà construite et exploitée dont les pentes sont supérieures à celles qu'on aura sur la ligne nouvelle de Dijon à Saint-Amour.

Il y a, messieurs, par ces motifs, un intérêt considérable et de premier ordre à adopter le tracé qui vous est proposé, tracé qui est accepté par M. le ministre de la guerre et qui, en ce moment, est établi dans les meilleures conditions au point de vue des relations commerciales. Je prie donc l'Assemblée de vouloir bien l'accepter. (Très-bien! — Aux voix!

M. Thurel. Je demande la permission de rectifier un seul chiffre.

M. le ministre vous a dit que la ligne que nous vous proposons aurait 94 kilomètres. Je répète que j'ai pris tous les chiffres dans les rapports de MM. les ingénieurs en chef des ponts et chaussées du Jura. M. le ministre nous a dit que les lignes du projet de la commission n'auraient pas la longueur que nous leur attribuons, parce que, dit-il, elles empruntent 5 kilomètres ici, et 5 kilomètres là, sur des voies ferrées déjà existantes. Je réponds : Nous aussi nous nous servons de ces lignes, et puisque nous partons du même point, de Dijon, nous empruntons les mêmes longueurs. Aussi M. l'ingénieur en chef Boris a pu dire que nous n'aurions pour longueur de constructions neuves que 87 kilomètres 84 mètres. Vraiment, je ne croyais pas qu'on pût revenir là-dessus, et je ne voulais pas vous occuper de ce détail. Nous aurons réellement, pour longueur de construction neuve, 87 kil. 84 mètres, et non pas 94 kilomètres.

Maintenant, M. le ministre nous a dit qu'on emprunte de Lons-le-Saunier à Bourg une ligne qui aura des pentes de 10 à 12 millimètres. Je lui demande s'il ne l'emprunte pas de Saint-Amour à Bourg. (Aux voix! aux voix!)

M. le rapporteur. C'est 25 kilomètres de moins.

M. Victor Lefranc. Il faut faire chaîner la ligne.

M. Thurel. Elle l'a été! (Aux voix!)

M. le président. Je consulte l'Assemblée sur l'amendement de MM. Thurel, Tamisier, Gagneur, Lamy et Jules Grévy.

Il y a une demande de scrutin.

Cette demande de scrutin est signée par MM. Rolland, Jourdan, général Guillemaut, Boysset, Félix Renaud, Barodet, marquis de la Guiche, Duréault, général Duboys-Fresnay, Vilfeu, Brelay, Millaud, de Mahy, Cotte, Henri Martin, Laurent-Pichat, Greppo, Fernier, Tolain, Danelle-Bernardin.

(Le scrutin est ouvert et les votes sont recueillis.)

Il est procédé au dépouillement par MM. les secrétaires.

M. le président. Voici le résultat du dépouillement du scrutin :

Nombre des votants........ 590
Majorité absolue.......... 296

Pour l'adoption... 160
Contre........... 430

L'Assemblée nationale n'a pas adopté.

Vient ensuite l'amendement de M. Lucien Brun, dont j'ai donné lecture et qui consiste, à modifier ainsi le paragraphe 13 de l'article 1er :

« 13° De Dijon à la ligne de Bourg à Chalon à ou près Saint-Trivier, par ou près Saint-Jean-de-Losne, etc. »

La parole est à M. Lucien Brun.

M. Lucien Brun. Messieurs, vous venez d'entendre la lecture de l'amendement que j'ai l'honneur de présenter à l'Assemblée.

L'article 1er du projet de loi qui vous est soumis vous propose la déclaration d'utilité publique d'un certain nombre de voies ferrées qui intéressent une grande région de la France, et le vote qui a été émis par l'Assemblée, il y a deux jours, sur l'amendement de l'honorable vicomte de Rodez-Bénavent a eu cette signification incontestable, — et c'est sous le bénéfice de ce vote que je place les explications que je vais avoir l'honneur de vous donner : — l'article 1er est absolument indépendant de la convention.

M. Wilson. C'est cela ! Très-bien !

M. Lucien Brun. Je crois, messieurs, que, soit au ministère, soit dans la commission, soit dans l'Assemblée, nous devons être d'accord sur ce point. (Marques d'assentiment.) Il y a des déclarations d'utilité publique à prononcer; la commission vous propose un certain nombre de déclarations d'utilité publique, vous pouvez en effet, vous pouvez en ajouter. Mais l'article 1er est absolument indépendant de la convention intervenue entre le Gouvernement et Paris-Lyon-Méditerranée, qu'on vous propose de ratifier.

Ce point, messieurs, est d'une importance considérable. Si, en effet, l'article 1er et la convention se tenaient de telle façon que l'un ne pût aller sans l'autre, il y aurait des hésitations dans l'esprit d'un très-grand nombre d'entre nous. S'il fallait absolument sur l'article 1er déclarer d'utilité publique que les chemins de Paris à Lyon et à la Méditerranée veut exécuter, il y aurait là, veuillez le remarquer, un embarras qui disparaît, une fois qu'il est entendu que l'article 1er peut être voté sans que la compagnie de Paris-Lyon-Méditerranée soit en aucune façon obligée de comprendre dans la convention les lignes qui n'y figurent pas et que nous aurons déclarées d'utilité publique.

Je n'insiste pas sur ce point, et je voudrais le tenir pour accepté.

Messieurs, avant d'aller plus loin, je vous prie de retenir le fait que voici : Le tracé qui fait l'objet de mon amendement... (Interruptions.)

Je veux dire, messieurs, que je ne vous demande pas une déclaration d'utilité publique dans le vide, en l'air, comme on disait avant-hier, car le chemin de fer de Dijon à Bourg par Saint-Trivier est actuellement concédé par trois conseils généraux, sans subvention aucune pour le concessionnaire; les fonds ont été faits, les cautionnements déposés, les tracés et les profils complètement achevés; les garanties pécuniaires ont été reconnues suffisantes. (Très-bien ! très-bien !)

Voilà dans quel état se présente l'amendement que j'ai l'honneur de vous soumettre et

qui restera ce qu'il est, à moins que la déclaration que je vais solliciter ne me permette d'en abandonner une partie.

Ainsi, il est bien entendu que la déclaration d'utilité publique que je vais réclamer, je vous la demande sans entendre en aucune façon engager la compagnie de Paris-Lyon-Méditerranée; je vous la demande pour des chemins de fer qui ne sont pas seulement des chemins de fer projetés, mais qui sont des chemins de fer concédés par les conseils généraux et auxquels il ne manque plus que cette déclaration d'utilité publique.

Cela étant dit, je vous demande la permission de vous expliquer en quelques mots pourquoi cet amendement a été proposé et dans quelle mesure il peut être restreint, si la déclaration que j'attends est faite.

Le département de l'Ain a fait pour la création de son réseau départemental des dépenses considérables ; il a imposé aux contribuables des charges très-lourdes. Le réseau départemental est aujourd'hui constitué, et, parmi les lignes les plus importantes de ce réseau, — lignes solidaires entre elles, comme bien vous le pensez, et cela me serait facile à démontrer, — une des lignes les plus importantes est celle de Bourg à Chalon, ligne actuellement en voie de construction. Ce n'est pas seulement une ligne concédée, c'est une ligne dont la construction est avancée.

Lorsque cette ligne eut été concédée, et elle le fut à notre honorable collègue M. Mangini, M. Goyère demanda au conseil général de la Côte-d'Or, au conseil général de Saône-et-Loire, au conseil général de l'Ain, la concession de lignes qui, partant de Dijon, venaient aboutir à Saint-Trivier, qui est l'une des gares de la ligne de Bourg à Chalon.

Ces concessions, demandées par M. Goyère, lui avaient été accordées par le conseil général de la Côte-d'Or, les 19 avril et 14 mai 1872; par le conseil général de Saône-et-Loire, le 28 août 1873, et par le conseil général de l'Ain, le 16 août 1874 ; de telle façon que j'avais raison de dire que ces lignes étaient des lignes concédées. J'ajouterai qu'elles ont été concédées sans subvention; les cahiers des charges que j'ai entre les mains le constatent : il ne peut y avoir de contestation sur ce point, et les conseils généraux se sont déclarés satisfaits.

Voilà où les choses en étaient... (Bruit et rumeurs.)

Ces faits, messieurs, même au point de vue général, ont une telle importance, que vraiment je demande à l'Assemblée de vouloir bien les entendre. (Parlez ! parlez !)

Les choses étaient en cet état, la concession faite, arrêtée, et les conseils généraux étaient en délibération, lorsqu'arriva aux conseils généraux une dépêche du 18 août 1873, adressée aux préfets, et dans laquelle on disait ceci :

« Vous pouvez annoncer à votre conseil général que, parmi les lignes concédées à titre d'intérêt général sans subvention ni garanties d'intérêt, et pour lesquelles les conventions provisoires sont à la signature, se trouve le chemin de Dijon à Bourg par Seurre, Pierre, Louhans et Saint-Amour. » Il n'y eut aucun doute dans l'esprit d'aucun des conseils généraux : cela voulait dire que la compagnie de Paris-Lyon-Méditerranée, qui jusqu'alors n'a-

vait pas voulu de ces concessions, s'apercevant
que cette ligne était concédée à d'autres, la demandait pour elle-même.

Eh bien, messieurs, ce qui fut dit alors dans
le sein du conseil général de l'Ain, je le répète
aujourd'hui. Je dis que, bien qu'il fût certain que la compagnie de Paris-Lyon-Méditerranée n'intervenait que pour empêcher
l'exécution du chemin de fer déjà concédé,
si elle avait accepté d'exécuter l'embranchement de Louhans à Saint-Trivier, il n'y aurait
pas eu de plainte et nous aurions accepté
nous-mêmes; aujourd'hui encore, nous accepterions.

Maintenant que le projet par Lons-le-Saunier est rejeté, je n'insiste pas; s'il eût été
adopté, j'aurais demandé la déclaration d'utilité publique du tronçon de Saint-Jean de
Losne à Saint-Trivier. Mais je déclare que si
l'on prononce l'utilité publique de l'embranchement de Louhans à Saint-Trivier, je ne persis-
terai pas à demander la ligne entière... (Bruit);
la ligne entière pour laquelle les fonds ont
été réunis, les concessions accordées par les
conseils généraux du département, qui n'ont
pas dépassé en cela les limites des pouvoirs,
je suis prêt à le démontrer.

Je demande seulement ce qui est possible
en l'état actuel de la discussion. J'ai déjà insisté sur ce point : que l'article 1er est indépendant de la convention. Je reconnais avec
vous que je ne peux pas contraindre la compagnie Paris-Lyon-Méditerranée à exécuter
une ligne dont elle ne veut pas; mais je puis
demander à l'Assemblée de déclarer l'utilité
publique d'un chemin de fer sur lequel il y a
une enquête achevée... (Mouvements divers.)

Je sais, messieurs, que cette discussion est
fatigante; mais il y a quelque chose de plus fa-
tigant et de plus pénible, c'est de parler au
milieu de l'inattention générale.

Plusieurs voix. Pardon! nous vous écoutons!

M. Lucien Brun. Eh bien, messieurs,
quant à la question de savoir s'il est d'utilité
publique de passer par Saint-Trivier au lieu de
passer par Saint-Amour, — et je dis maintenant de passer et par Saint-Trivier et par
Saint-Amour, puisque la compagnie veut aller
à Saint-Amour, — voici le résultat de l'enquête :

Quand la compagnie de Paris-Lyon-Méditerranée est intervenue pour empêcher l'exécution
des chemins de fer concédés comme chemins
de fer d'intérêt départemental, il a été ouvert
une enquête sur le projet de la compagnie de
Paris-Lyon-Méditerranée, et voulez-vous que
je vous dise quel a été le résultat de cette enquête sur le choix à faire entre Saint-Trivier
et Saint-Amour? Soyez rassurés, je serai très-
court, et c'est mon dernier mot. (Parlez! parlez!)

Eh bien, il y a trois conseils généraux qui
ont été consultés; tous les trois ont voté pour
Saint-Trivier. Trois conseils généraux! Ce
n'est pas tout. Il y a 77 communes dont
12 qui se sont prononcées pour Saint-Trivier.

Qu'est-ce que cela veut dire? Cela veut dire
qu'excepté celui de la grande compagnie, il
n'y a point d'autre intérêt qui veuille qu'on
passe par Saint-Amour.

M. le rapporteur. Il n'y a point d'intérêt
local, n'oublions pas cela !

ANNALES — T. XXXIX.

M. Lucien Brun. Je réponds que 77 communes contre 12 ont préféré ce trajet par Saint-
Trivier, et que trois conseils généraux sur trois,
ont demandé également le passage par Saint-
Trivier.

Aujourd'hui, qu'est-ce que je vous demande ?
Je ne vous demande pas de ne pas aller à
Saint-Amour ; je ne demande rien à la
compagnie de Paris-Lyon-Méditerranée.
Non! je demande à l'Assemblée de déclarer d'intérêt public un embranchement de
Louhans à Saint-Trivier ; puis, lorsque cette
déclaration sera faite, je ne demanderai
pas à la compagnie de Paris-Lyon-Méditerranée d'exécuter ces travaux, parce que je
me reconnais incapable de l'obtenir d'elle ou
de le lui imposer; parce que l'Assemblée elle-
même ne pourrait pas le lui imposer quand
même elle le voudrait; mais je ne comprendrais pas le refus de déclaration publique et,
je le répète, si par hasard cette déclaration
n'avait pas lieu, je verrais à soutenir mon
amendement dans son entier. Je ne comprendrais pas non plus que la compagnie
de Paris-Lyon-Méditerranée eût quelque chose
à redouter non-seulement de ce qu'on ne lui
impose pas, mais même de ce qu'on lui demande de laisser faire par d'autres.

Voilà les observations ce que j'avais à présenter. Si la commission et M. le ministre ne
s'opposent pas à ce que l'Assemblée déclare
qu'un embranchement de Louhans à Saint-
Trivier est d'utilité publique, je retirerai mon
amendement ou je le modifierai dans ce sens ;
dans le cas contraire, je saurai ce qu'il me
reste à faire. (Aux voix ! aux voix !)

M. le ministre des travaux publics.
Messieurs, je vais répondre à la demande que
vient de m'adresser l'honorable M. Lucien
Brun; je tâcherai de le faire de la façon la
plus claire et je me désespère pas, sous les réserves que je vais indiquer, de lui donner satisfaction.

L'honorable M. Lucien Brun demande que
l'Assemblée déclare d'utilité publique l'embranchement de Louhans à Saint-Trivier, en
le comprenant dans l'article 1er du projet de
loi, mais en réservant, bien entendu, de ne pas
le comprendre dans la convention dont l'approbation fait l'objet de l'article 2.

Avant que l'Assemblée prononce, je crois
devoir lui soumettre les observations suivantes. Ce sont des observations analogues, je le
reconnais, à celles que je lui ai déjà soumises
lorsqu'il s'est agi d'un embranchement de
Quissac à Montpellier qu'elle a voté. Elles ont
cependant, je crois quelque valeur et je prie
l'Assemblée de me permettre de les lui représenter; je le ferai plus clairement, j'espère,
que je ne l'ai fait la première fois, parce qu'a-
lors la question m'a peut-être un peu surpris.
(Parlez ! parlez!)

On a soutenu ici que l'Assemblée nationale
peut déclarer d'utilité publique des lignes dont
le projet n'est pas arrêté et pour lesquelles
aucune convention n'a été présentée. Je reconnais que c'est son droit souverain et je
m'incline, comme la commission l'a fait elle-
même, devant sa dernière décision. Mais il
m'est impossible de ne pas faire observer combien
il serait imprudent, combien il pourrait
être dangereux d'en faire souvent l'application

26

et de suivre un pareil système. (Oui ! oui ! — C'est cela ! — Très-bien ! *à banc de la commission.)

Ainsi, l'honorable M. Lucien Brun vous demande de déclarer d'utilité publique une ligne de Louhans à Saint-Trivier qui, je le reconnais, peut sous certains rapports présenter un caractère d'utilité publique, et j'espère même donner tout à l'heure, à ce point de vue, satisfaction à notre honorable collègue. —

Mais d'autres de nos collègues, — ils ont bien voulu, m'en prévenir, — demanderont également que la déclaration d'utilité publique soit accordée à des lignes pour lesquelles il n'y a encore que des études incomplètes, et pour lesquelles il n'est préparé ni concession ni moyens d'exécution. Ils justifient leur proposition en disant : Cette déclaration ne vous engagera pas au delà, puisqu'il n'y a pas de convention qui en assure l'exécution. C'est une simple déclaration de principe que nous vous demandons ; vous vous réserverez d'exécuter le chemin déclaré d'utilité publique au moment que vous jugerez opportun.

Sans doute, messieurs, les conditions concernant l'époque de l'exécution demeurent réservées, mais il n'y a pas moins, en réalité, un engagement pris par l'Assemblée vis-à-vis des populations... (Oui ! oui ! — C'est vrai !), et il serait véritablement imprudent de prendre cet engagement sans être absolument sûr de pouvoir le tenir et sans connaître les conditions dans lesquelles on le tiendra.

M. le rapporteur. C'est contraire à la dignité de l'Assemblée !

M. le ministre. C'est là une des considérations principales que j'ai présentées, et sur laquelle je prie l'Assemblée de me permettre d'insister.

On a objecté, il est vrai, qu'on avait agi d'une façon différente de celle que je crois la seule prudente et rationnelle en 1868, et même en 1842.

C'était une erreur de mon honorable contradicteur, M. Wilson. La loi de 1842, dont j'ai ici le texte, s'appliquait à tout un système de grandes lignes de chemins de fer pour l'exécution duquel les Chambres votaient en même temps un crédit de 125 millions. Ce n'était donc pas une simple déclaration d'utilité publique non suivie d'effet utile, c'était encore le vote des moyens d'exécution ; car un crédit total de 125 millions était mis à la disposition du Gouvernement.

M. Wilson vous a dit que, en 1861 et en 1868, par des lois qu'il a citées, le Corps législatif avait déclaré l'utilité publique d'un certain nombre de lignes avant d'en avoir assuré leur exécution et avant d'avoir prononcé sur les concessions qui s'y rapportaient.

C'est une erreur.

En 1861 et 1868, — qu'on me permette de le faire remarquer, — ce n'était pas le Corps législatif qui prononçait la déclaration d'utilité publique. En vertu du sénatus-consulte de 1852, le pouvoir exécutif s'était réservé ce droit souverain, les décrets déclaratifs d'utilité publique étaient rendus par l'empereur. Les lois de 1861 et de 1868 s'appliquaient uniquement aux voies et moyens nécessaires pour préparer et assurer l'exécution des lignes déjà déclarées d'utilité publique par décrets. Sans

doute, on se réservait de les concéder plus tard à telles ou telles compagnies ; mais, d'ores et déjà, on autorisait le ministre des travaux publics à entreprendre les travaux. C'était là réellement le seul but et le seul objet de la loi.

Je voulais en venir à ceci : C'est qu'il n'y a pas d'exemple de déclaration d'utilité publique prononcée pour une ligne de chemin de fer, sans qu'il y ait eu, en même temps, autorisation donnée au ministre des travaux publics d'en préparer l'exécution, ou ratification d'une convention qui en assurât l'exécution.

Je le répète à l'Assemblée, — et je la prie de vouloir bien prendre en bonne part les observations respectueuses que je lui fais, malgré le vote qu'elle a rendu l'autre jour, — il y a dans le mode de statuer qu'on propose un danger qui me paraît sérieux. (Très-bien ! très-bien !)

Un membre. Vous avez cent fois raison !

M. le ministre. Malgré cette opinion que j'exprime, j'ai dit que j'espérais donner satisfaction à l'honorable M. Lucien Brun, et voici comment je crois pouvoir le faire.

La ligne de Châlon à Bourg, dont on vous a parlé, qui a reçu, dit-on, un commencement d'exécution...

M. Francisque Rive. Et nous espérons que les travaux sur cette ligne vont bientôt être poursuivis !

M. le ministre. ...et qui est concédée à la compagnie du sud-est, est une ligne d'intérêt local ; c'est-à-dire que la propriété en appartient au département, et qu'elle échappe absolument au contrôle, à la surveillance de l'État, qui, après la déclaration d'utilité publique et le payement de la subvention qu'il a accordée, n'a plus à s'en occuper. Ce sont alors les conseils généraux des départements traversés qui en surveillent la construction et, qui, seuls, ont la responsabilité de son exploitation.

Cette ligne étant d'intérêt local, l'embranchement qu'il s'agit de déclarer d'intérêt public ne serait donc que l'annexe d'une ligne d'intérêt local. La compagnie Paris-Lyon-Méditerranée n'en demande ni n'en accepte la concession. Il est aisé de reconnaître, d'ailleurs, que cet embranchement ne correspond qu'à un intérêt local.

Le concessionnaire de la ligne de Dijon à Saint-Trivier, M. Gohierre, dans la note, en date du 24 octobre 1873, qu'il a présentée au ministre des travaux publics dans le but d'obtenir qu'il soit donné suite au projet de concession voté par les conseils généraux de la Côte-d'Or et de Saône-et-Loire dans les sessions de 1873, déclare lui-même que « l'examen du tracé de ces lignes démontre que l'on s'est occupé du soin de desservir les localités importantes du parcours et que pour assurer ce résultat on n'a pas reculé devant les détours et les allongements. »

Et le concessionnaire ajoute : « Si, au contraire, on avait eu pour but d'établir un chemin direct de Dijon à Saint-Trivier et à Louhans, on aurait adopté une ligne à peu près droite, » et plus loin encore : « Au lieu de se souder Saint-Trivier à la ligne de Bourg à Châlon, on aurait choisi un point d'attache beaucoup plus rapproché de Bourg afin d'éviter un allongement de parcours. »

Le chemin de fer ainsi projeté a donc évidemment le caractère d'intérêt local.

Si, se conformant à ces précédents et restant dans ces conditions, les départements intéressés demandent la concession d'un chemin d'intérêt local de Louhans à Saint-Trivier, je prends l'engagement d'en présenter un projet au Conseil d'État et de proposer qu'il soit déclaré d'utilité publique, conformément à la loi du 12 juillet 1865.

Je crois que je satisfais par cet engagement, dans la mesure de ce qui est juste et possible, à la demande de l'honorable M. Lucien Brun, et, en même temps, j'évite à l'Assemblée d'avoir à prononcer sur une demande de déclaration d'utilité publique qui, à mon avis, à cause du précédent qu'elle créerait, des demandes nouvelles qu'elle provoquerait, ne saurait avoir que des dangers. (Approbation sur un grand nombre de bancs.)

Il me reste à répondre un mot à M. Lucien Brun pour relever une inexactitude qu'il me semble avoir commise.

Notre honorable collègue a parlé d'une concession qui aurait été accordée par les départements intéressés d'une ligne de Dijon à Saint-Trivier, antérieurement aux propositions de la compagnie Paris-Lyon-Méditerranée, laquelle n'aurait sollicité la concession de Dijon à Saint-Amour que pour mettre obstacle à l'exécution des chemins d'intérêt local projetés.

Messieurs, il y a des pièces qui détruisent complètement cette allégation. Voici le procès-verbal de la séance du 19 avril de la session de 1873 du conseil général de la Côte-d'Or, dans lequel je lis :

« Le conseil général, sans tenir compte de la dépêche ministérielle qui annonçait au préfet qu'une convention provisoire allait intervenir en faveur d'une compagnie qui demandait, à titre d'intérêt général, la concession de la ligne de Dijon à Louhans et à Bourg, maintient et confirme formellement la concession qu'il a faite. »

M. Lucien Brun. « Maintient ! » Donc, elle était faite !

M. le ministre. Je ne crois pas ; car voici une lettre du préfet de Saône-et-Loire, datée de Mâcon, le 13 septembre 1873, dans laquelle je lis :

« J'ai communiqué au conseil général, dans sa dernière session, la dépêche télégraphique du 18 août dernier, par laquelle vous me donniez avis que, parmi les lignes dont la concession est demandée par la compagnie de Paris-Lyon-Méditerranée, figure un chemin de fer allant de Dijon à Bourg en passant par Pierre et Louhans.

« Nonobstant cette communication, le conseil général a cru devoir, à l'instar de celui de la Côte-d'Or, concéder à M. Gohierre... »

Je tenais à constater ces faits, car il n'est pas exact de dire que la ligne de Dijon à Bourg ait pour objet seulement d'empêcher la création de lignes concurrentes.

La ligne de Dijon à Bourg par Saint-Amour est, je le répète, projetée en vue d'un grand intérêt général à desservir : c'est en vue d'établir une nouvelle communication directe de Dijon à Lyon, en dehors de la vallée de la Saône, en dehors de la zone d'inondation et d'obtenir une diminution du parcours de Paris et de Dijon à Genève.

C'est par ces raisons, dont l'importance ne saurait vous échapper, que nous soutenons devant vous, messieurs, le projet qui vous est soumis et que, en vous priant de repousser l'amendement de M. Lucien Brun, nous vous demandons de voter sans modifications le paragraphe en ce moment en discussion. (Très-bien ! très-bien ! — Aux voix !)

M. Wilson. L'Assemblée voudra bien me permettre de répondre un mot à ce que vient de dire M. le ministre des travaux publics, répondant lui-même aux observations que j'avais présentées dans une des précédentes séances.

M. le ministre des travaux publics a dû reconnaître que l'on avait souvent procédé à des déclarations d'utilité publique, sans que les lignes objet de ces déclarations d'utilité publique fussent en même temps l'objet d'une convention.

Et, en effet, en lisant la loi du 18 juillet 18-8, il a dû voir lui-même que cette loi visait des chemins précédemment déclarés d'utilité publique par décret, selon le mode établi par la Constitution de 1852. Il n'appartenait pas alors à l'Assemblée de déclarer l'utilité publique des chemins de fer ; cette attribution était réservée, par le sénatus-consulte de 1852, aux décrets impériaux.

Par conséquent, j'étais parfaitement fondé à dire que des précédents nombreux montraient que des lignes avaient été déclarées d'utilité publique sans avoir été en même temps l'objet de concessions.

J'ajouterai, en ce qui concerne la question en discussion, qu'il y a quelque chose de bien moins régulier que la déclaration d'utilité publique d'une ligne qui n'a pas été l'objet d'études préalables : c'est de concéder des lignes sans que ces études aient été faites. Or, c'est précisément ce qu'on fait pour deux lignes de la convention actuelle : la ligne partant d'un point à déterminer sur la ligne de Roanne à Saint-Germain-des-Fossés à Gilly-sur-Loire, et la ligne prolongeant la ligne de Briançon à Gap jusqu'à la vallée du Rhône. On vous propose de concéder ces deux lignes avant que les études nécessaires aient été faites ; ce à quoi je ne m'oppose nullement, mais ce qui est bien plus anormal que ce que demande l'honorable M. Lucien Brun.

M. le ministre des travaux publics. Je répondrai sur chacun de ces deux points, quand ils viendront en discussion.

M. Lucien Brun. Je demande à l'Assemblée la permission de faire la simple observation que voici :

Nous sommes d'accord avec l'honorable ministre des travaux publics sur un point, à savoir, qu'on peut considérer qu'il y a intérêt général à ce qu'un embranchement soit concédé de Louhans à Saint-Trivier.

Eh bien, pourquoi ne déclarerait-on pas cet embranchement d'utilité publique ?

L'honorable ministre des travaux publics vous a fait cette observation : Comment vous allez déclarer une ligne d'utilité publique sans savoir comment l'exécution se fera !

Je veux dire — et c'est ma seule observation, — que, dans l'espèce, nous n'en sommes point là, car la ligne dont il s'agit est demandée par soixante-dix-sept communes et trois conseils généraux. Je parle de la ligne de Di-

jon à Bourg par Saint-Trivier, et, par conséquent, à plus forte raison, de celle de Louhans
à Saint-Trivier. Il ne manque que la déclaration d'utilité publique. Eh bien, puisque nous
sommes d'accord sur ce point, qu'il y a utilité
publique et qu'il n'y aurait pas d'inconvénient
à la déclarer, veuillez me dire pourquoi on ne
la déclarerait pas.

M. le ministre des travaux publics.
J'ai reconnu qu'il y avait utilité publique, et
que je le proposerais au conseil d'État.

M. Lucien Brun. Je tiens compte de votre déclaration, monsieur le ministre, et j'en
prends acte ; mais je vous demande pourquoi
vous ne laisseriez pas l'Assemblée faire aujourd'hui pour l'embranchement de Louhans
à Saint-Trivier ce qu'elle a fait, il y a peu de
jours, pour un autre embranchement. Quel inconvénient y voyez-vous ?

Dans le cas où l'Assemblée consentirait
à prononcer la déclaration d'utilité publique
que je demande, mon amendement serait modifié et réduit à ces termes : « ... et embranchement de Louhans à Saint-Trivier », que
j'ajouterais purement et simplement au paragraphe 13 de l'article 1ᵉʳ de la commission.

Il serait bien entendu que cet embranchement n'entrerait pas dans la convention qu'on
vous propose de ratifier ; mais je ne vois pas
quel inconvénient il y a à ce que l'Assemblée
déclare immédiatement l'utilité publique.

Voix nombreuses. C'est impossible !

M. le ministre des travaux publics se
dirige vers la tribune.

Voix diverses. Aux voix ! — Inutile de prolonger la discussion ! — L'opinion de l'Assemblée est faite !

M. le président. Je mets aux voix l'amendement qui consiste maintenant dans l'addition pure et simple au texte du paragraphe 13
de ces mots :

« ... et embranchement de Louhans à Saint-
Trivier. »

Il y a, sur cet amendement, une demande
de scrutin. (Exclamations.)

Cette demande est signée par MM. Boullier
de Branche, Bernard-Dutreil, Dumarnay, Victor Hamille, de Largentaye, Gasselin de Fresnay, Huon de Penanster, Le Lasseux, Gaultier
de Vancenay, Taillefert, de Sugny, marquis de
Quinsonas, amiral de Dompierre d'Hornoy,
Mazeau, Godet de la Riboullerie, amiral Fourichon, de Champagny, Lestourgie, Gasselin
de Fresnay, Depeyre.

Le scrutin est ouvert.

(Les urnes sont présentées à MM. les députés.)

M. le ministre des travaux publics. Je
demande la parole sur la position de la question.

Voix diverses. Le vote est commencé ! —
Vous ne pouvez plus prendre la parole.

M. Lucien Brun. Je retire l'amendement.

M. le président. Il est trop tard ! le scrutin est commencé.

(L'opération du scrutin continue et s'achève.)

M. Lucien Brun. Je tiens à dire, avant
que le résultat du scrutin soit connu, que j'a-
vais l'intention de monter à la tribune pour
prendre acte des paroles de M. le ministre et
retirer mon amendement. Si je ne l'ai pas fait,
c'est parce que, lorsque j'ai demandé la parole,

M. le président m'a fait observer qu'il était
trop tard, le vote étant commencé. (Exclamations à gauche.)

M. Cochery. Il est trop tard, en effet !

M. Lucien Brun. Qu'est-ce que cela vous
fait, monsieur Cochery ?...

M. le président. Ce n'est qu'une déclaration... (Bruit à gauche.)

M. Cochery *et plusieurs autres membres.* Le
vote est acquis ! — Vous n'avez pas le droit de
retirer maintenant votre amendement !

M. Lucien Brun. C'est d'accord avec M. le
ministre que j'agis.

M. le président. Le vote n'est en quoi que
ce soit infirmé.

M. Lucien Brun. Le vote reste ce qu'il
est. La vérité, la voici : Je suis monté à la tribune pour retirer mon amendement et pour
prendre acte de la déclaration de M. le ministre. M. le président m'a dit : Ne le faites pas !
le vote est commencé. Alors, je suis descendu
de la tribune ; mais j'avais, avant le vote, fait
connaître ma résolution à M. le ministre, et
avant que le résultat du scrutin soit proclamé,
je la fais connaître à l'Assemblée.

Quel inconvénient y a-t-il à cette déclaration ?

M. le président. Aucun. La déclaration
que vient de faire M. Lucien Brun sera insérée
au compte-rendu *in extenso.*

Voici, d'ailleurs, le résultat du dépouillement du scrutin qui vient d'être opéré par
MM. les secrétaires :

Nombre des votants	527
Majorité absolue	264
Pour l'adoption	95
Contre	432

L'Assemblée nationale n'a pas adopté.

Avant de continuer la délibération, j'ai une
communication d'une nature toute spéciale à
faire à l'Assemblée.

Une erreur est signalée par M. le ministre
des travaux publics dans le texte de la loi du
5 janvier 1875, qui autorise le département de
la Loire-Inférieure à faire à l'État l'avance
d'une somme de 10 millions pour l'achèvement
du bassin de Penhouët dans le port de Saint-
Nazaire.

Dans l'article 1ᵉʳ de cette loi, on a donné à
la délibération du conseil général de la Loire-
Inférieure la date du 2 décembre 1873, au lieu
de celle du 2 septembre 1873, qui est la véritable.

Vous savez, messieurs, qu'aucune rectification au texte de vos lois ne peut avoir lieu
sans votre autorisation.

Il n'y a pas d'opposition à ce que la rectification que j'indique soit faite ?... (Non ! non !)

La rectification est ordonnée.

Nous revenons aux chemins de fer.

Les amendements étant écartés, nous allons
voter sur le paragraphe 13 :

« De Dijon à la ligne de Bourg à Lons-le-
Saunier, près Saint-Amour, par ou près Saint-
Jean-de-Losne, avec raccordement par rails à
la voie d'eau. »

(Le paragraphe 13 est mis aux voix et
adopté.)

M. le président. J'arrête encore ici la délibération pour recevoir des dépôts de rapports.

M. le comte Octave de Bastard. J'ai l'honneur de déposer, au nom de la commission du budget, sur le bureau de l'Assemblée, le rapport sur les dépenses du ministère de la guerre, pour l'exercice 1876.

M. l'amiral Pothuau. Au nom de la commission du budget, j'ai l'honneur de déposer sur le bureau de l'Assemblée le rapport fait sur les dépenses de la marine pour l'exercice 1876.

M. le président. Les rapports seront imprimés et distribués.

L'Assemblée veut-elle continuer la délibération de la loi des chemins de fer? (Oui! oui! — Non! non!)

J'entends dire oui et non; je vais consulter l'Assemblée.

Quelques membres. Nous ne sommes plus en nombre !

M. le président. L'Assemblée n'étant plus effectivement en nombre, la suite de la délibération est renvoyée à lundi.

Je consulte l'Assemblée sur la fixation de son ordre du jour.

A deux heures, séance publique :
Discussion du projet de loi relatif à l'établissement d'une surtaxe à l'octroi de La Roche-Maurice (Finistère);
Discussion du projet de loi portant ouverture, sur l'année 1874, de crédits supplémentaires au budget du département des finances;
Suite de la discussion du projet de loi relatif à la déclaration d'utilité publique de plusieurs chemins de fer et à la concession de ces chemins à la compagnie de Paris-Lyon-Méditerranée;

2ᵉ délibération sur le projet de loi ayant pour objet la concession à la compagnie de Picardie et Flandres, des chemins de fer: 1º de Cambrai à Douai; 2º d'Aubigny-au-Bac à Somain, avec embranchement sur Abscon; 3º de Douai à Orchies;

2ᵉ délibération sur le projet de loi organique relatif aux rapports des pouvoirs publics;

Suite de l'ordre du jour.

La parole est à M. Lefèvre-Pontalis.

M. Lefèvre-Pontalis (Seine-et-Oise). La commission des lois d'organisation de la magistrature, après s'être préalablement entendue avec M. le garde des sceaux, et d'accord avec lui, m'a chargé de demander, au nom de son rapporteur momentanément empêché, la mise à l'ordre du jour du deuxième rapport supplémentaire de l'honorable M. Bidard.

Il s'agira seulement pour l'Assemblée de décider si elle entend passer à la 3ᵉ délibération, la commission ayant réduit son projet aux six articles qui ont été votés en 2ᵉ délibération. Nous demandons à l'Assemblée de vouloir bien en faire une loi restreinte et spéciale.

M. le président. M. Lefèvre-Pontalis, d'accord avec M. le garde des sceaux, demande qu'on mette à l'ordre du jour la 3ᵉ délibération du projet de loi relatif à l'organisation de la magistrature. (Exclamations.)

Plusieurs membres à gauche. C'est un parti pris !

D'autres membres, du même côté. On n'est pas en nombre! — M. le président vient lui-même de le constater !

M. Charreyron. L'Assemblée est toujours en nombre pour régler son ordre du jour.

M. Lepère. Je sais que l'Assemblée est toujours libre de régler son ordre du jour, même quand elle n'est pas en nombre ; mais il y a ceci de certain : c'est que le projet de loi des chemins de fer que nous discutons ne sera pas terminé lundi ; par conséquent, M. Lefèvre-Pontalis pourra, ce jour-là, alors que l'Assemblée sera au complet, présenter sa demande.

M. le président. M. Lepère ne conteste pas, et personne ne peut contester le droit incontestable de l'Assemblée, quel que soit le nombre de ses membres, de régler son ordre du jour.

Si M. Lefèvre-Pontalis insiste pour sa demande...

M. Antonin Lefèvre-Pontalis. J'insiste, monsieur le président! je suis d'accord avec M. le garde des sceaux.

M. le président. Je mets aux voix la demande de M. Lefèvre-Pontalis, de mettre à l'ordre du jour la 3ᵉ délibération des propositions relatives à l'organisation de la magistrature et réduites aux six articles adoptés dans la 2ᵉ délibération.

(Une première épreuve par mains levées étant déclarée douteuse, il est procédé à une seconde épreuve par assis et levé.)

M. le président, *après avoir consulté MM. les secrétaires.* Le projet de loi n'est pas mis à l'ordre du jour.

La séance est levée à cinq heures trois quarts.

Le directeur du service sténographique de l'Assemblée nationale,
CÉLESTIN LAGACHE.

SCRUTIN

Sur le projet de loi portant ouverture, au ministre de l'instruction publique, des cultes et des beaux-arts, sur l'exercice 1874, d'un crédit supplémentaire de 150,380 fr. 78, applicable aux dépenses de facultés et d'écoles de pharmacie.

Nombre des votants............... 565
Majorité absolue.................. 283

Pour l'adoption............ 564
Contre.................... 1

L'Assemblée nationale a adopté.

ONT VOTÉ POUR:

MM. Abbadie de Barrau (comte d'). Abbatucci. Aboville (vicomte d'). Aclocque. Adam (Pas-de-Calais). Adnet. Adrien Léon. Aigle (comte de l'). Alexandre (Charles). Allemand. Allenou. Amat. Amy. Ancelon. Andelarre (marquis d'). André (Charente). André (Seine). Anisson-Duperon. Arago (Emmanuel). Arbel. Arfeuillères. Arnaud (de l'Ariége). Arrazat. Aubry. Audren de Kerdrel. Auxais (d'). Babin-Chevaye. Bagneux (comte de). Balsan.

Bamberger. Baragnon. Barante (le baron de). Barascud. Barodet. Barthe (Marcel). Barthélemy Saint-Hilaire. Bastard (comte Octave de). Bastid (Raymond). Baucarne-Leroux. Baze. Beaussire. Belcastel (de). Benoist d'Azy (le comte de). Benoist du Buis. Benoist (Meuse). Berlet. Bernard (Charles) (Ain). Bernard-Dutreil. Bertauld. Besnard. Besson (Paul). Bethmont. Béthune (comte de). Beurges (comte de). Bienvenüe. Bigot. Billy. Blanc (Louis). Blavoyer. Blin de Bourdon (vicomte). Boduin. Boffinton. Boisboissel (comte de). Botme. Bompard. Bonald (vicomte de). Bondy (comte de). Bonnel (Léon). Bonnet. Boreau-Lajanadie. Bottard. Bottieau. Boucau (Albert). Bouchet (Bouches-du-Rhône). Bouillier (Loire). Bouillier de Branche. Bourgeois (Vendée). Boysset. Bozérian. Brabant. Brame (Jules). Brelay. Breton (Paul). Brettes-Thurin (comte de). Brice (Ille-et-Vilaine). Brice (Meurthe-et-Moselle). Brillier. Brisson (Henri) (Seine). Broët. Broglie (duc de). Brun (Charles) (Var). Brun (Lucien) (Ain). Brunet. Bryas (comte de). Buée. Buffet. Busson-Duviviers.

Caduc. Caillaux. Calemard de La Fayette. Callet. Calmon. Carbonnier de Marzac (de). Carion. Carnot (père). Carnot (Sadi). Carré-Kérisouët. Carron (Émile). Casse (Germain). (Castelnau. Cazeaux. - Cazenove de Pradin de). Cazot (Jules) (Gard). Chabaud La Tour (Arthur de). Chabaud (La Tour (le général baron de). Chabron (le général de). Chadois (le colonel de). Challemel-Lacour. Chamaillard (de). Champagny (le vicomte Henri de). Champvallier (de). Changarnier (général). Chaper. Charreyron. Charton. Chatelin. Chaurand (baron). Chavassieu. Cheguillaume. Cherpin. Chesnelong. Chevandier. Chiris. Cintré (le comte de). Cissey (le général de). Claude (Meurthe-et-Moselle). Claude (Vosges). Clément (Léon). Clerc. Clercq (de). Cochery. Colombet (de). Combarieu (de). Combier. Contaut. Corbon. Cordier. Corne. Cornulier-Lucinière (comte de). Costa de Beauregard (marquis de). Cotte. Courcelle. Crémieux. Crussol d'Uzès (duc de). Cuvement (vicomte Arthur de).

Daguenet. Daguilhon-Lasselve. Dampierre (marquis de). Danelle-Bernardin. Daru (comte). Daunas. Dauphinot. Daussel. Decazes (baron). Decazes (duc). Delacroix. Delavau. Delille. Delisse-Engrand. Delord. Delpit. Delsol. Denfert (colonel). Depasse. Depeyre. Deregnaucourt. Descat. Deschange. Destremx. Diesbach (comte de). Dietz-Monnin. Dompierre d'Hornoy (amiral de). Doré-Graslin. Douay. Douhet (comte de). Dréo. Drouin. Du Bodan. Dubois. Du Breuil de Saint-Germain. Ducarre. Du Chaffaut. Duchâtel (comte). Dufaur (Xavier). Dufaure (Jules). Dufour. Dumon. Dupanloup (Mgr). Dupont (Alfred). Dupouy. Durfort de Civrac (le comte de). Durieu. Dussaussoy. Duvergier de Hauranne.

Ernoul. Escarguel. Eschasseriaux (le baron). Esquiros. Eymard-Duvernay.

Farcy. Féligonde (de). Fernier. Ferroullat. Flaghac (baron de). Fleuriot (de). Fontaine (de). Foubert. Fouquet. Fourcand. Fourichon (amiral). Fournier (Henri). Fourtou (de). Fraissinet. Franclieu (marquis de). Frébault (le général). Fresneau.

Gagneur. Gailly. Galloui d'Istria. Gambetta. Ganault. Ganivet. Gaslonde. Gasselin de Fresnay. Gatien-Arnoult. Gaudy. Gaulthier de Rumilly. Gaulthier de Vaucenay. Gaverdie (de). Gavini. Gayot. Gent. George (Émile). Gérard. Germain. Germonière (de la). Gillon (Paulin). Giraux de Fermon (comte). Giraud (Alfred). Girerd (Cyprien). Girot-Pouzol. Glais-Goblet. Godet de la Riboullerie. Godin. Godfriart. Gouvello (de). Gouvion Saint-Cyr (marquis de). Grammont (marquis de). Grandpierre. Grange. Grasset (de). Greppo. Grivart. Grollier. Gueidan. Guibal. Guichard. Guiche (le marquis de la). Guillemaut (général) Guinot. Guyot.

Haentjens. Hamille. Harcourt (comte d'). Harcourt (duc d'). Haussonville (vicomte d'). Hespel (comte d'). Hèvre. Humbert. Huon de Penanster.

Jacques. Jaffré (abbé). Janzé (le baron de). Jaurès (l'amiral). Jocteur-Monrozier. Johnston. Joigneaux. Jordan. Joubert. Jouin. Jourdan. Jouvenel (baron de). Joson. Juigné (comte de). Juigné (marquis de). Juliien.

Keller. Kergariou (comte de). Kéridec (de). Kerjégu (amiral de). Kermenguy (vicomte de). Kolb-Bernard. Krantz.

La Bassetière (de). Labitte. La Borderie (de). La Bouillerie (de). Laboulaye. Lacave-Laplagne. Lacombe (de). Lafayette (Oscar de). Laflize. Lafon de Fongaufier. Laget. Lagrange (le baron A. de). Lallié. Lambert de Sainte-Croix. Lamberterie (de). Lanel. La Pervanchère (de). Larcy (baron de). Largentaye (de). La Roche-Aymon (marquis de). La Rochefoucauld (duc de Bisaccia). La Rochejaquelein (le marquis de). La Rochette (de). Lassus (le baron de). Lasteyrie (J. de). Latrade. Laurent-Pichat. Laurier. Leblond. Lebourgeois. L'Ebraly. Lecamus. Le Chatelain. Lefébure. Lefèvre (Henri). Lefèvre-Pontalis (Eure-et-Loir). Lefèvre-Pontalis (Seine-et-Oise). Lefranc (Pierre). Le Gallas Salle. Legrand (Arthur). Le Lasseux. Lenoël (Émile). Lepetit. Lépouzé. Le Provost de Launay. Leroux (Aimé). Le Royer. Lespinasse. Lestapis (de). Lestourgie. Leurent. Levêque. Levert. Lherminier. Limairac (de) (Tarn-et-Garonne). Limperani. Littré. Lockroy. Lorgeril (vicomte de). Loustalot. Louvet. Loyset (général). Lur-Saluces (marquis de).

Magniez. Mahy (de). Maillé (le comte de). Malézieux. Malartre. Maleville (le marquis de). Mallevergne. Marc-Dufraisse. Marchand. Marck. Margaine. Martel (Pas-de-Calais). Martell (Charente). Martin (Charles). Martin (Henri). Martin (d'Auray). Martin des Pallières (général). Mathieu (Saône-et-Loire). Mathieu-Bodet (Charente). Mathieu de la Redorte (comte). Maurice. Max-Richard. Mazeau. Mazerat. Mazure (le général). Meaux (vicomte de). Médecin. Méline. Melun (comte de). Mercier. Mérode (de). Merveilleux du Vignaux. Mestreau. Mettetal. Michel-Ladichère. Michel. Millaud. Monnet. Montaignac (amiral de). Monteil. Montgeiffier (de). Montrieux. Moreau (Côte-d'Or). Morin. Mornay (le marquis de). Mortemart (duc de). Mouchy (duc de). Murat (le comte Joachim). Murat-Sistrières.

Naquet. Nétien. Nioche. Noël-Parfait. Nouaillan (fils).

Ordinaire (fils).

Pagès-Duport. Pajet. Palotte (Jacques). Paris. Paray. Paris (marquis de). Pascal Duprat. Passy (Louis). Patissier (Sosthène). Pelletan. Peltereau-Villeneuve. Périn. Pernolet. Perret. Perrier (Eugène). Petau. Peulvé. Peyramont (de). Peyrat. Philippoteaux. Picart (Alphonse). Pin. Piou. Plichon. Pothuau (l'amiral). Pothuau (l'amiral). Pouyer-Quertier. Pradié. Prax-Paris. Pressensé (de). Prétavoine. Puibereau (de).

Quinsonas (marquis de).

Rainneville (de). Rameau. Rampon (comte). Rampont. Raoul Duval. Ravinel (de). Renaud (Félix). Renaud (Michel). Reséguier (le comte de). Reymond (Ferdinand) (Isère). Reymond (Loire). Ricard. Riondel. Rive (Francisque). Robert (le général). Robert de Massy. Rodez-Bénavent (le vicomte de). Roger du Nord (le comte). Roger-Marvaise. Rolland (Charles) (Saône-et-Loire). Rotours (des). Roudier.

Rouvaud. Rouvier. Roux (Honoré). Roy de Loulay. Roys (marquis des).

Sacase. Saincthorent (de). Saintenac (vicomte de). Saint-Germain (de). Saint-Malo (de). Saint-Pierre (Louis de) (Manche). Saint-Victor (de). Saisset (vice-amiral). Salneuve. Salvy. Sansas. Sarrette. Sausuer (général). Savary. Say (Léon). Schœlcher. Sebert. Ségur (comte Louis de). Seignobos. Sénard. Sens. Serph (Gusman). Sers (marquis de). Simiot. Simon (Fidèle). Simon (Jules). Soubeyran (baron de). Soye. Stéplande (de). Sugny (de). Swiney. Tabarlet. Tailhand. Taillefert. Talhouët (marquis de). Tallon. Tamisier. Tardieu. Tarteron (de). Tassin. Testelin. Théry. Thomas (docteur). Tiersot. Tillancourt (de). Tirard. Tocqueville (comte de). Tolain. Toupet des Vignes. Tréveneuc (comte de). Tréville (comte de). Tribert. Turigny.

Valady (de). Valasé (général). Valentin. Valfons (marquis de). Valon (de). Varnier. Varroy. Vast-Vimeux (baron). Vaulchier (comte de). Vautrain. Vente. Vétillart. Vidal (Saturnin). Viennet. Vilfeu. Villain. Vimal-Dessaignes. Vinay (Henri). Vingtain (Léon). Vinols (baron de). Vitalis. Vogué (marquis de). Voisin.

Wallon. Warnier (Marne). Wartelle de Retz. Witt (Cornélis de).

A VOTÉ CONTRE :

M. Rambures (de).

N'ONT PAS PRIS PART AU VOTE

Comme étant retenus à la commission des lois constitutionnelles :

MM. Beau. Cézanne. Christophle (Albert). Duclerc. Ferry (Jules). Grévy (Albert). Lavergne (L. de). Luro. Marcère (de). Picard (Ernest). Schérer. Vacherot. Waddington.

N'ONT PAS PRIS PART AU VOTE

Comme étant retenus à la commission du budget :

Adam (Edmond). Batbie. Chareton (général). Faye. Gouin. Langlois Lepère. Lucet. Magnin. Monjaret de Kerjégu. Osmoy (comte d'). Raudot. Teisserenc de Bort. Wolowski.

N'ONT PAS PRIS PART AU VOTE :

MM. Ancel. Audiffret-Pasquier (duc d'). Aurelle de Paladines (général d'). Aymé de la Chevrelière. Bardoux. Barni. Beauvillé (de). Bérenger. Bernard (Martin). Bert. Bidard. Billot (général). Bocher. Bouillé (comte de). Boulisson. Bourgoing (baron de). Boyer. Buisson (Jules) (Aude). Buisson (Seine-Inférieure). Carayon La Tour (de). Carquet. Casimir Périer. Castellane (marquis de). Chardon. Choiseul (Horace de). Clapier. Cottin (Paul). Courbet-Poulard. Cunit. Daron. Delacour. Delorme. Denormandie. Desbassayns de Richemond (comte). Desjarlins. Dezanneau. Duboys-Fresnay (général). Ducuing. Dufay. Dufournel. Dumarnay. Duparc. Dupin (Félix). Duréault. Favre (Jules). Feray. Folliet. Forsanz (vicomte de). Gévelot. Grévy (Jules). Guinard. Hérisson. Houssard. Jamme. Joinville (prince de). Kergorlay (comte de). La Caze (Louis). Lacretelle (H. de). Lambert (Alexis). Lamy. Lanfrey. La Rochethulon (marquis de). La Serve. La Sicotière (de). Lebreton. Lefranc (Victor). Legge (le comte de). Lesguillon. Limayrac (Léopold). Lortal. Madier de Montjau. Maleville (Léon de). Mangini. Marcou. Martenot.

Mayaud. Méplain. Monneraye (comte de la). Montlaur (marquis de). Moreau (Ferdinand). Morvan. Parent. Pellissier (général). Ploger (de). Plœuc (marquis de). Pompery (de). Princoteau. Rathier. Rémusat (Paul de). Riant. Ricot. Rivaille. Robert (Léon). Rouher. Saint-Pierre (de) (Calvados). Saisy (Hervé de). Salvandy (de). Savoye. Scheurer-Kestner. Silva (Clément). Soury-Lavergne. Target. Temple (du). Thiers. Thurel. Turquet. Ventavon (de). Wilson.

ABSENTS PAR CONGÉ :

MM. Aumale (le duc d'). Chabrol (de). Chambrun (comte de). Chanzy (le général). Chaudordy (le comte de). Corcelle (de). Crespin. Desbons. Flotard. Gallicher. Gontaut-Biron (vicomte de). Journault. La Roncière Le Noury (vice-amiral baron de). Le Flô (le général). Magne. Maure. Monnot-Arbilleur. Parigot. Rousseau. Roussel.

SCRUTIN

Sur le projet de loi portant ouverture, au ministre de l'instruction publique, des cultes et des beaux-arts, sur l'exercice 1874, d'un crédit supplémentaire de 50,700 francs, applicable aux dépenses de la construction de l'école française d'Athènes.

Nombre des votants.................. 556
Majorité absolue.................... 279

Pour l'adoption............. 555
Contre....................... 1

L'Assemblée nationale a adopté.

ONT VOTÉ POUR :

MM. Abbadie de Barrau (le comte d'). Abbatucci. Aclocque. Adam (Pas-de-Calais). Adnet. Adrien Léon. Aigle (comte de l'). Alexandre (Charles). Allemand. Allenou. Amy. Ancel. Ancelon. Andelarre (marquis d'). André (Charente). André (Seine). Anisson-Duperon. Arago (Emmanuel). Arbel. Arfeuillères. Arnaud (de l'Ariège). Arrazat. Aubry. Audren de Kerdrel. Auxais (d').

Babin-Chevaye. Bagneux (comte de). Balsan. Bamberger. Baragnon. Barante (baron de). Barascud. Bardoux. Barni. Barodet. Barthe (Marcel). Barthélemy Saint-Hilaire. Bastard (comte Octave de). Baze. Beau. Beaussire. Beauvillé (de). Benoist d'Azy (comte). Benoist du Buis. Benoit (Meuse). Berlet. Bernard (Charles) (Ain). Bernard (Martin) (Seine). Bernard-Dutreil. Bertauld. Besson (Paul). Bethmont. Béthune (Louis). Blavoyer. Blin de Bourdon (vicomte). Boduin. Boisboissel (comte de). Boisse. Bompard. Bonald (vicomte de). Bondy (comte de). Bonnel (Léon). Bonnet. Boreau-Lajanadie. Bottard. Bottieau. Boucau (Albert). Bouchet (Bouches-du-Rhône). Bouiller (Loire). Boullier de Branche. Bourgeois (Vendée). Boyer. Boysset. Brabant. Brame (Jules). Brelay. Breton (Paul). Brettes-Thurin (comte de). Brice (Ille-et-Vilaine). Brice (Meurthe-et-Moselle). Brillier. Brisson (Henri) (Seine). Broët. Brun (Charles) (Var). Brun (Lucien) (Ain). Brunet. Bryas (le comte de). Buée. Buffet. Bussson-Duviviers.

Caduc. Caillaux. Calemard de La Fayette. Callet. Calmon. Carbonnier de Marzac (de). Carion. Carnot (père). Carnot (Sadi). Carron (Émile). Casimir Perier. Casse (Germain). Castellane (marquis de). Cazeaux. Cazenove de Pradine (de). Cazot (Jules) (Gard). Chabaud La Tour (Arthur de). Chabron (général de). Chadois (colonel de). Challemel-Lacour. Champagny (vicomte Henri de). Champvallier (de). Changarnier (général). Chaper. Charreyron. Charton. Chatelin. Chaurand (baron). Chavassieu. Cheguillaume. Chesnelong. Chevandier. Chiris. Cintré (comte de). Cissey (général de). Claude (Meurthe-et-Moselle). Claude (Vosges). Clément (Léon). Clerc. Clercq (de). Cochery. Colombet (de). Combarieu (de). Combier. Contaut. Corbon. Cordier. Corne. Cornulier-Lucinière (comte de). Costa de Beauregard (marquis de). Cotte. Courbet-Poulard. Courcelle. Crémieux. Crussol d'Uzès (le duc de). Cumont (le vicomte Arthur de). Cunit.

•Daguenet. Daguilhon-Lasselve. Dampierre (marquis de). Danelle-Bernardin. Daru (comte). Daumas. Dauphinot. Daussel. Decazes (baron). Decazes (duc). Delacroix. Delavau. Delille. Delisse-Engrand. Delord. Delsol. Denfert (colonel). Depasse. Depeyre. Deregnaucourt. Descat. Deschange. Diesbach (comte de). Dietz-Monnin. Dompierre d'Hornoy (amiral de). Doré-Graslin. Douay. Douhet (comte de). Dréo. Drouin. Du Bodan. Dubois. Duboys-Fresnay (général). Du Breuil de Saint-Germain. Ducarre. Du Chaffaut. Duchâtel (comte). Dufaur (Xavier). Dufaure (Jules). Dufour. Dufournel. Dumarnay. Dumon. Dupanloup (Mgr). Dupin (Félix). Dupont (Alfred). Dupouy. Duréault. Dorfort de Civrac (comte de). Durieu. Dusseaussoy. Duvergier de Hauranne.

Ernoul. Escarguel. Esquiros. Eymard-Duvernay.

Farcy. Favre (Jules). Féligonde (de). Feray. Fernier. Ferrouillat. Ferry (Jules). Flaghac (baron de). Fleuriot (de). Fontaine (de). Foubert. Fouquet. Fourcand. Fournier (Henri). Fourtou (de). Fraissinet. Franclieu (marquis de). Frébault (général). Fresneau.

Gagneur. Gailly. Galloni d'Istria. Gambetta. Ganault. Ganivet. Gaslonde. Gasselin de Fresnay. Gatien-Arnoult. Gaudy. Gaultier de Rumilly. Gaulthier de Vauconay. Gavardie (de). Gavini. Gayot. Gent. George (Émile). Gérard. Germain. Germonière (de la). Gillon (Paulin). Ginoux de Fermon (comte). Giraud (Alfred). Girerd (Cyprien). Girot-Pouzol. Glas. Goblet. Godet de La Riboullerie. Godin. Godissart. Gouvello (de). Gouvion Saint-Cyr (marquis de). Grammont (le marquis de). Grandpierre. Grange. Grasset (de). Greppo. Grivart. Grollier. Gueidan. Guibal. Guichard. Guiche (marquis de la). Guillemaut (général). Guinot.

Haentjens. Hamille. Harcourt (comte d'). Harcourt (duc d'). Haussonville (vicomte d'). Hespel (comte d'). Hèvre. Humbert. Huon de Penanster.

Jacques. Jaffré (abbé). Jamme. Jaurès (amiral). Joctaur-Monrozier. Johnston. Joigneaux. Jordan. Joubert. Jouin. Jourdan. Jouvenel (baron de). Jozon. Jullien.

Keller. Kergariou (comte de). Kergorlay (comte de). Kolb-Bernard. Krantz.

La Bassetière (de). Labitte. Laboulaye. Lacave-Laplagne. Lacombe (de). Lacretelle (Henri de). Lafayette (Oscar de). Lafitte. Lafon de Fongaufier. Laget. Lagrange (le baron A. de). Lallié. Lambert de Sainte-Croix. Lamberterie (de). Lanel. La Pervanchère (de). Larcy (baron de). Largentaye (de). La Roche-Aymon (le marquis de). La Rochejaquelein (marquis de). La Rochette (de). Lassus (baron de). Lasteyrie (Jules de). Latrade. Laurent-Pichat. Laurier. Lavergne (Léonce de). Leblond. Lebourgeois.

L'Ebraly. Lecamus. Le Chatelain. Lefébure. Lefèvre (Henri). Lefèvre-Pontalis (Eure-et-Loir). Lefèvre-Pontalis (Seine-et-Oise). Lefranc (Pierre). Legrand (Arthur). Le Lasseux. Lenoël (Émile). Lepetit. Lepouzé. Le Provost de Launay. Leroux (Aimé). Le Royer. Lespinasse. Lestapis (de). Lestourgie. Leurent. Levêque. Levert. Lherminier. Limairac (de) (Tarn-et-Garonne). Limayrac (Léopold) (Lot). Limperani. Littré. Lockroy. Loustalot. Louvet. Loysel (général). Lucet. Luro.

Madier de Montjau. Maguiez. Mahy (de). Maillé (le comte de). Maillé. Malartre. Malens. Maleville (marquis de). Malézieux. Mallevergne. Marc-Dufraisse. Marck. Maroou. . Margaine. Martel (Pas-de-Calais). Martell (Charente). Martin (Charles). Martin (Henri). Martin (d'Auray). Martin des Pallières (le général). Mathieu (Saône-et-Loire). Mathieu-Bodet (Charente). Mathieu de la Redorte (comte). Maurice. Mazeau. Mazerat. Mazure (le général). Meaux (le vicomte de). Médecin. Méline. Melun (le comte de). Mercier. Mérode (de). Merveilleux du Vignaux. Mestreau. Mettetal. Michal-Ladichère. Michel. Millaud. Monnet. Montaignac (amiral de). Monteil. Montgolfier (de). Montrieux. Moreau (Côte-d'Or). Morin. Mornay (le marquis de). Mortemart (duc de). Morvan. Mouchy (duc de). Murat (comte Joachim). Murat-Sistrières.

Naquet. Nétien. Nioche. Noël-Parfait Ordinaire (fils).

Pagès-Duport. Pajot. Palotte (Jacques). Paris. Parsy. Partz (le marquis de). Pascal Duprat. Passy (Louis). Patissier (Sosthène). Pelletan. Peltereau-Villeneuve. Périn. Pernolet. Perret. Perrier (Eugène). Petau. Peulvé. Peyramont (de). Peyrat. Philippoteaux. Picart (Alphonse). Pin. Pioger (de). Piou. Plichon. Pontoi-Pontcarré (le marquis de). Pothuau (l'amiral). Pouyer-Quertier. Pradié. Prax-Paris. Pressensé (de). Prétavoine. Philberneau (de).

Quinsonas (marquis de).

Rainneville (de). Rameau. Rampont. Raoul Duval. Ravinel (de). Renaud (Félix). Renaud (Michel). Rességuier (le comte de). Reymond (Ferdinand) (Isère). Reymond (Loire). Ricard. Ricot. Riondel. Rive (Francisque). Robert (le général). Robert de Massy. Rodez-Bénavent (vicomte de). Roger du Nord (comte). Roger-Marvaise. Rolland (Charles) (Saône-et-Loire). Rotours (des). Roudier. Rouveure. Rouvier. Roux (Honoré). Roys (marquis des).

Sacase. Saincthorent (de). Saint-Germain (de). Saint-Malo (de). Saint-Pierre (de) (Calvados). Saint-Pierre (Louis de) (Manche). Saint-Victor (de). Saisset (vice-amiral). Salneuve. Salvy. Sanas. Saussier (général). Savary. Say (Léon). Scheurer-Kestner. Schœlcher. Sébert. Ségur (comte Louis de). Seignobos. Sénard. Sens. Serph (Gusman). Sers (marquis de). Simiot. Simon (Fidèle). Simon (Jules). Soubeyran (baron de). Soye. Staplande (de). Sugny (de). Swiney.

Taberlet. Tailhand. Taillefert. Talhouët (marquis de). Tallon. Tamisier. Tardieu. Tarteron (de). Testelin. Théry. Thomas (docteur). Thurel. Tiersot. Tillancourt (de). Tirard. Tolain. Toupet des Vignes. Tréville (comte de). Tribert. Turigny.

Valady (de). Valentin. Valfons (marquis de). Valon (de). Vandier. Varroy. Vaulchier (comte de). Vautrain. Vente. Vétillart. Vidal (Saturnin). Viennet. Vilfeu. Villain. Vinal-Dessaignes. Vinay (Henri). Vingtain (Léon). Vilitalis. Vogüé (marquis de). Voisin.

Wallon. Warnier (Marne). Wartelle de Retz. Witt (Cornélis de).

A VOTÉ CONTRE :

M. Rambures (de).

N'ONT PAS PRIS PART AU VOTE

Comme étant retenus à la commission des lois constitutionnelles :

MM. Cézanne. Christophle (Albert). Duclerc. Grévy (Albert). Marcère (de). Picard (Ernest). Rampon (le comte). Scherer. Vacherot. Waldington.

N'ONT PAS PRIS PART AU VOTE

Comme étant retenus à la commission du budget :

MM. Adam (Edmond). Batbie. Chareton (général). Faye. Gouin. Langlois. Lepère. Magnin. Monjaret de Kerjégu. Osmoy (comte d'). Raudot. Teisserenc de Bort. Wolowski.

N'ONT PAS PRIS PART AU VOTE :

MM. Aboville (le vicomte d'). Amat. Audiffret-Pasquier (le duc d'). Aurelle de Paladines (le général d'). Aymé de la Chevrelière. Bérenger. Bert. Besnard. Beurges (le comte de). Bidard. Billot (le général). Bocher. Hoffmion. Bouillé (le comte d'). Bouisson. Bourgoing (le baron de). Bozérian. Broglie (duc de). Buisson (Jules) (Aude). Buisson (Seine-Inférieure). Carayon La Tour (de). Carquet. Carré-Kérisouët. Castelnau. Chabaud La Tour (général baron de). Chamaillard (de). Chardon. Cherpin. Choiseul (Horace de). Clapier. Cottin (Paul). Daron. Delacour. Delorme. Delpit. Denormandie. Desbassayns de Richemont (comte). Desjardins. Destremx. Dezanneau. Ducuing. Dufay. Duparc. Eschasseriaux (baron). Folliet. Forsanz (vicomte de). Fourichon (amiral). Gévelot. Grévy (Jules). Guinard. Guyot. Hérisson. Houssard. Janzé (baron de). Joinville (prince de). Juigné (comte de). Juigné (marquis de). Kéridec (de). Kerjégu (amiral de). Kermenguy (vicomte de). La Borderie (de). La Bouillerie (de). La Caze (Louis). Lambert (Alexis). Lamy. Lanfrey. La Rochefoucauld (duc de Bisaccia). La Rochethulon (marquis de). La Serve. La Sicotière (de). Lebreton. Lefranc (Victor). Le Gal La Salle. Legge (comte de). Lesguillou. Lorgeril (vicomte de). Lortal. Lur-Saluces (marquis de). Maleville (Léon). Mangini. Marchand. Martenot. Max-Richard. Mayand. Méplain. Monneraye (comte de la). Montlaur (marquis de). Moreau (Ferdinand). Nouaillan (comte de). Parent. Pellissier (général). Plouc (marquis de) Pompery (de). Princeteau. Rathier. Rémusat (Paul de). Riant. Rivaille. Robert (Léon). Rouher. Roy de Loulay. Saintenac (vicomte de). Saisy (Hervé de). Salvandy (de). Sarrette. Savoye. Silva (Clément). Soury-Lavergne. Target. Tassin. Temple (du). Thiers. Tocqueville (comte de). Tréveneuc (comte de). Turquet. Valazé (général). Vast-Vimeux (baron). Ventavon (de). Vinols (baron de). Wilson.

ABSENTS PAR CONGÉ :

MM. Aumale (le duc d'). Belcastel (de). Chabrol (de). Chambrun (comte de). Chanzy (général). Chaudordy (comte de). Corcelle (de). Crespin. Deahons. Flotard. Gallicher. Gontaut-Biron (vicomte de). Journault. La Roncière. Le Noury (vice-amiral baron de). Le Flô (général). Magne. Maure. Monnot-Arbilleur. Parigot. Rousseau. Roussel.

SCRUTIN

Sur l'amendement de MM. Thurel et Tamisier au projet de loi relatif à la déclaration d'utilité publique de plusieurs chemins de fer, et à la concession de ces chemins de fer à la compagnie Paris-Lyon-Méditerranée.

Nombre des votants 590
Majorité absolue 296

Pour l'adoption . . 160
Contre 430

L'Assemblée nationale n'a pas adopté.

ONT VOTÉ POUR :

MM. Aboville (le vicomte d'). Adam (Edmond). Allemand. Ancelon. Andelarre (le marquis d'). Arnaud (de l'Ariège). Arrazat.

Bamberger. Baucarne-Leroux. Berlet. Bernard (Martin). Bert. Bertauld. Besson. Billy. Blanc (Louis). Bonnel (Léon). Bottieau. Boucau. Bozérian. Brame. Brelay. Breton. Brillier. Brisson (Henri) (Seine).

Caduc. Carquet. Carré-Kérisouët. Casse (Germain). Castelnau. Challemel-Lacour. Chardon. Chavassieu. Cherpin. Choiseul (Horace de). Cintré (comte de). Clapier. Claude (Meurthe-et-Moselle). Colombet (de). Contaut. Corbon. Cotte. Crémieux.

Delord. Denfert (colonel). Deregnaucourt. Deschange. Destremx. Duchâtel (comte). Dufay. Duparc. Durieu. Duvergier de Hauranne. Escarguel.

Farcy. Favre (Jules). Féligonde (de). Fernier. Ferrouillat. Folliet. Fraissinet.

Gagneur. Gambetta. Ganault. Gatien-Arnoult. Gaudy. Gent. Gérard. Girard (Cyprien). Girot-Pouzol. Goblet. Godin. Grasset (de). Grandpierre. Greppo. Grévy (Albert). Grévy (Jules). Guichard. Guinard. Guyot.

Hévre. Humbert.

Janzé (baron de). Jouin.

Laflize. Lafon de Fongaufier. Lambert (Alexis). Lamberterie (de). Lamy. Lanfrey. La Serve. Laurent-Pichat. Lefèvre (Henri). Lefranc (Pierre). Le Gal La Salle. Lenoël. Lepère. Lépouzé. Lesguillon. Limperani. Lockroy. Loustalot. Lucet.

Madier de Montjau. Magniez. Mahy (de). Maillé. Malézieux. Marc-Dufraisse. Marck. Marcou. Méline. Mestreau. Mettetal. Millaud. Morin.

Naquet. Nioche.

Parent. Pascal Duprat. Périn. Pernolet. Peyrat. Picard (Alphonse). Pin. Pouyer-Quertier.

Rameau. Rathier. Rémusat (Paul de). Renaud (Michel). Reymond (Ferdinand). Robert (Léon). Rodez-Bénavent (le vicomte de). Rotours (des). Roussel.

Salneuve. Sansas. Scheurer-Kestner. Schoelcher. Seignobos. Silva (Clément). Simiot. Soye.

Tabeslet. Tamisier. Tardieu. Tassin. Testelin. Thurel. Tiersot. Tillancourt (de). Tirard. Tocqueville (le comte de). Tolain. Turigny. Turquet.

Valentin. Vaulchier (comte de). Villain. Wilson.

ONT VOTÉ CONTRE :

MM. Abbadie de Barrau (le comte d'). Abbalucci. Aclocque. Adam (Pas-de-Calais). Adnet. Adrien Léon. Aigle (le comte de l'). Alexandre (Charles). Allenou. Amy. André (Charente). André (Seine). Anisson-Duperon. Ar-

27

feuillères. Aubry. Audren de Kerdrel. Auxais (d').

Babin-Chevaye. Bagneux (comte de). Balsan. Baragnon. Barante (baron de). Barascud. Bardoux. Barthe (Marcel). Barthélemy Saint-Hilaire. Bastard (comte Octave de). Bastid (Raymond). Baudie. Baze. Beau. Beaussire. Beauvillé (de). Benoist d'Azy (comte). Benoist du Buis. Benoît (Meuse). Bérenger. Bernard (Charles) (Ain). Bernard-Dutreil. Bethmont. Béthune(comte de). Beurges (comte de). Bidard. Bienvenüe. Bigot. Blavoyer. Blin de Bourdon (vicomte). Bocher. Boduin. Boffinton. Boisboissel (comte de). Boisse. Bomparú. Bonald (vicomte de). Bondy (comte de). Bonnet. Boreau-Lajanadie. Bottard. Bouillé (comte de). Boullier (Loire). Boullier de Branche. Bourgeois. Boysset. Brettes-Thurin (comte de). Brice (Ille-et-Vilaine). Broët. Broglie (duc de). Brun (Charles) (Var). Bryas (comte de). Buée. Buisson (Jules) (Aude). Busson-Duvivière.

Caillaux. Calemard de La Fayette. Callet. Calmon. Carbonnier de Marzac (de). Carion. Carnot (père). Carnot (Sadi). Carren (Émile). Castellate (marquis de). Cazeaux. Cazenove de Pradine (de). Cazot (Jules) (Gard). Cézanne. Chabaud La Tour (Arthur de). Chabaud La Tour (le général baron de). Chabron (général de). Chadois (colonel de). Chamaillard (de). Champagny (le vicomte Henri de). Champvallier (de). Changarnier (général). Chaper. Charreton (général). Charreyron. Chatelain. Chanrand (baron). Cheguillaume. Chesnelong. Clément (Léon). Clerc. Clercq (de). Cochery. Combarieu(de). Combier. Cordier. Corne. Cornulier-Lucinière (comte de). Costa de Beauregard (marquis de). Cottin (Paul). Courbet-Poulard. Courcelle. Crussol d'Uzès (duc de). Cumont (vicomte Arthur de).

Daguenet. Daguilhon-Lasselve. Dampierre (le marquis de). Danelle-Bernardin. Daron. Dauphinot. Daussel. Decazes (baron). Decazes (duc). Delacour. Delacroix. Delavau. Delille. Delisse-Engrand. Delorme. Delpit. Delsol. Denormandie. Depasse. Depeyre. Descat. Desjardins. Dezanneau. Disabach (le comte de). Dompierre d'Hornoy (amiral de). Doré-Grasiin. Douay. Drouin. Du Bodan. Dubois. Duboys-Fresnay (général). Du Breuil de Saint-Germain. De Chaffaut. Duclerc. Dufaur (Xavier). Dufaure (Jules). Dufour. Dufournel. Dumarnay. Dumon. Dupanloup (Mgr.). Dupin (Félix). Dupont (Alfred). Duréault. Durfort de Civras (comte de). Dussaussoy.

Ernoul. Eschasseriaux (baron). Eymard-Duvernay.

Faye. Feray. Flaghac (baron de). Fleuriot (de). Fontaine (de). Forsanz (vicomte de). Foubert. Fourichon (amiral). Fournier (Henri). Fourtou (de). Franclieu (marquis de). Frébault (général). Fresneau.

Gailly. Galloni d'Istria. Ganivet. Gaslonde. Gasselin de Fresnay. Gaultier de Rumilly. Gaulthier de Vaucenay. Gavardie (de). Gavini. Germain. Germonière (de la). Gillon (Paulin). Ginoux de Fermon (comte). Giraud (Alfred). Glas. Godet de la Riboullerie. Gouvion Saint-Cyr (marquis de). Grammont (marquis de). Grange. Gueidan. Guibal. Guiche (le marquis de la). Guillemaut (général). Guinot.

Haentjens. Hamille. Harcourt (baron d'). Harcourt (duc d'). Haussonville (vicomte d'). Hespel (comte d'). Houssard. Huon de Penanster.

Jaffré (abbé). Jamme. Jaurès (amiral). Jocteur-Monrozier. Johnston. Joigneaux. Jordan. Joubert. Jourdan. Jouvenel (baron de). Jozon. Jullien.

Keller. Kergariou (comte de). Kergorlay (comte de). Kéridec (de). Kerjégu (amiral de). Kermenguy (vicomte de).

La Bassetière (de). Labitte. La Borderie (de). Laboulaye. Lacave-Lapiagne. Lacombe (de). Lacretelle (Henri de). Lafayette (Oscar de). Laget. Lagrange (le baron A. de). Laillé. Lambert de Sainte-Croix. Lanel. La Pervanchère (de). Larcy (le baron de). Largentaye (de). La Roche-Aymon (le marquis de). La Rochejaquelein (le marquis de). La Rochette (de). La Sicotière (de). Lassus (baron de). Lasteyrie (J. de). Latrade. Laurier. Lavergne (Léonce de). Lebourgeois. L'Ebraly. Lecanuet. Le Chatelain. Lefébure. Lefèvre-Pontalis (Eure-et-Loir). Lefèvre-Pontalis (Seine-et-Oise). Lefranc (Victor). Legge (comte de). Legrand (Arthur). Le Lasseux. Lepetit. Le Provost de Launay. Le Royer. Lespinasse. Lestapis (de). Lestourgie. Levêque. Levert. Limairac (de) (Tarn-et-Garonne). Limayrac (Léopold) (Lot). Littré. Lorgeril (vicomte). Lortal. Louvet. Loysel (général). Luro. Lur-Saluces (marquis de).

Magnin. Maillé (comte de). Maleville (marquis de). Mallevergne. Marchand. Martell (Charente). Martenot. Martin (Charles). Martin (Henri). Martin (d'Auray). Martin des Pallières (général). Mathieu (Saône-et-Loire). Mathieu-Bodet (Charente). Mathieu de la Redorte (comte). Maurice. Max-Richard. Mazeau. Mazerat. Maxure (général). Meaux (vicomte de). Méplain. Mercier. Mérode (de). Merveilleux du Vignaux. Michal-Ladichère. Michel. Monjarot de Kerjégu. Monneraye (comte de la). Monnet. Montaignac (amiral de). Monteil. Montgolfier (de). Montlaur (marquis de). Monntrieux. Moreau (Côte-d'Or). Moreau (Ferdnand). Mornay (marquis de). Mortemart (duc de). Morvan. Motchy (duc de). Murat (comte Joachim). Murat-Sistrières.

Noël-Parfait. Nouaillan (comte de).

Pagès-Duport. Pajot. Paris. Parsy. Paris (marquis de). Passy (Louis). Pelissier (Sosthène). Pellissier (le général). Pelletereau-Villeneuve. Perret. Perrier (Eugène). Petau. Peulvé. Peyrassaet (de). Philippoteaux. Pioger (de). Piou. Plichon. Plœuc (le marquis de). Pontoi. Pontcarré (le marquis de). Pradié. Prax-Paris. Prétavoine. Puiberneau (de).

Quinsonas (le marquis de).

Rainneville (de). Ramlures (de). Rampen (le comte). Rampont. Raoul Duval. Ravinel (Félix). Reességuier (le comte de). Riant (Léon). Ricot. Riondel. Rive (Francisque). Robert de Massy. Roger du Nord (le comte). Roger-Marvaise. Rolland (Charles) (Saône-et-Loire). Roudier. Rouher. Rouveure. Roux (Honoré). Roy de Loulay. Roys (marquis des).

Sacase. Salncthorent (de). Saint-Germain(de). Saint-Malo (de). Saint-Pierre (de) (Calvados). Saint-Pierre (Louis de) (Manche). Saint-Victor (de). Saisset(vice-amiral). Salvandy (de). Saivy. Sarrette. Savary. Savoye. Say (Léon). Ségur (comte Louis de). Serph (Gusman). Sers (marquis de). Simon (Fidèle). Simon (Jules). Soubeyran (baron de). Soury-Lavergne. Staplande (de). Sugny (de).

Talhand. Taillefert. Talhouët (marquis de). Tallon. Tarteron (de). Théry. Thomas (docteur). Trévéneuc (comte de). Tréville (comte de). Tribert.

Valady (de). Valazé (le général). Valfons (le marquis de). Valon (de). Vandier. Vast-Vimeux (baron). Vautrain. Ventavon (de). Vétillart. Vidal (Saturnin). Viennet. Vilfeu. Vimal-Dessaignes. Vinay (Henri). Vingtain (Léon). Vinols (baron de). Vitalis. Vogüé (marquis de). Voisin.

Waddington. Wallon. Warnier (Marne). Wartelle de Retz. Witt (Cornélis de).

N'ONT PAS PRIS PART AU VOTE

Comme étant retenus à la commission des lois constitutionnelles :

MM. Christophle (Albert). Ferry (Jules). Krantz. Marcère (de). Picard (Ernest). Ricard. Schérer. Vacherot.

N'ONT PAS PRIS PART AU VOTE

Comme étant retenus à la commission du budget [1]

MM. Dréo. Fourcand. Gouin. Langlois. Osmay (comte d'). Pothuau (amiral). Saussier (général). Teisserenc de Bort. Wolowski.

N'ONT PAS PRIS PART AU VOTE :

MM. Amat. Ancel. Arago. Arbel. Audiffret-Pasquier (le duc d'). Aurelle de Paladines (le général d'). Aymé de la Chevrelière. Barni. Barodet. Besnard. Billot (le général). Bonchet. Bouisson. Bourgoing (le baron de). Boyer. Brabant. Brice (Meurthe-et-Moselle). Brun (Lucien) (Ain). Brunet. Buffet. Buisson (Seine-Inférieure). Carayon La Tour (de). Casimir Perier. Charton. Chevandier. Chiris. Cissey (général). Claude (Vosges). Cunit. Daru (comte). Daumas. Desbassayns de Richemont (comte). Dietz-Monnin. Douhet (comte de). Ducarré. Desuing. Dupouy. Esquiros. Fouquet. Gayet. George (Emile). Gévelot. Godissart. Gouvello (de). Grivart. Grollier. Hérisson. Jacques. Joinville (le prince de). Juigné (le comte de). Kolb-Bernard. La Bouillerie (de). La Caze. La Rochefoucauld (duc de Bisaccia). La Rochethulon (le marquis de). Leblond. Lebreton. Leroux. Leurent. Lhermitier. Malartre. Malens. Maleville (Léon de). Mangini. Margaine. Martel (Pas-de-Calais). Mayaud. Médecin. Melun (comte de). Nétien. Ordinaire (fils). Palotte. Pelletan. Pompery (de). Pressensé (de). Princeteau. Reymond (Loire). Rivaille. Robert (général). Rouvier. Saintenac (vicomte de). Saisy (Hervé de). Sebert. Sénard. Sens. Swiney. Target. Temple (du). Thiers. Toupet des Vignes. Varroy. Vente.

ABSENTS PAR CONGÉ :

MM. Aumale (le duc d'). Belcastel (de). Chabrol (de). Chambrun (comte de). Chanzy (général). Chaudordy (comte de). Corcelle (de). Crespin. Desbons. Flotard. Gallicher. Gontaul-Biron (vicomte de). Journault. Le Ronciére Le Noury (vice-amiral baron de). Le Pic (général). Magne. Maure. Monnot-Arbilleur. Parigot. Rousseau.

SCRUTIN

Sur l'amendement de M. Lucien Brun.

Nombre des votants	527
Majorité absolue	264
Pour l'adoption	95
Contre	432

L'Assemblée nationale n'a pas adopté.

ONT VOTÉ POUR :

MM. Abbadie de Barrau (comte d'). Aboville (le vicomte d'). Adam (Edmond) (Seine). Ancelon.

Barodet. Berlet. Bernard (Charles). Bernard (Martin). Besson. Blanc (Louis). Blin de Bourdon (le vicomte). Boisse. Boucau. Boysset. Brame. Brelay. Breton. Brillier. Brisson (Henri) (Seine).

Casse (Germain). Cazenove de Pradine (de). Challemel-Lacour. Chareton (général). Chaurand (baron). Chavassieu. Clapier. Contaut. Corbon. Cornulier-Lucinière (comte de). Costa de Beauregard (marquis de). Cottin (Paul). Daumas. Delord. Denfert (colonel). Dezanneau. Dréo.

Féligonde (de). Fernier. Ferrouillat. Fontaine (de). Francliču (marquis de). Gambetta. Gent. Germain. Gillon (Paulin). Godin. Godissart. Grasset (de). Greppe. Guillemaut (général). Guyot.

Kéridec (de). Kermenguy (vicomte de). La Bassetière (de). La Bouillerie (de). Lacretelle (de). Lafize. Lamberterie (de). Langlois. La Rochejaquelein (marquis de). La Rochette (de). Lestourgie. Lockroy. Lorgeril (vicomte de). Lur-Saluces (marquis de). Madier de Montjau. Méline. Méplain. Mercier. Millaud. Montlaur (marquis de). Naquet.

Ordinaire (fils).

Pascal Duprat. Pelissier (général), Périn. Peyrat. Pin. Pouyer-Quertier. Quinsonas (marquis de). Riant. Rive (Francisque). Rodez-Bénavent (vicomte de). Rotours (des). Saint-Malo (de). Saint-Victor (de). Scheurer-Kestner. Schœlcher. Temple (du). Testelin. Tiersot. Tolain. Tréville (comte de). Vente. Wilson.

ONT VOTÉ CONTRE :

MM. Abbatucci. Aclocque. Adam (Pas-de-Calais). Adrien Léon. Aigle (comte de l'). Amat. Amy. André (Charente). Anisson-Duperon. Arfeuillères. Arnaud (de l'Ariège). Aubry. Audren de Kerdrel. Auxais (d'). Babin-Chevaye. Bagneux (comte de). Balsan. Bamberger. Baragnon. Baraste (le baron de). Bardoux. Barni. Barthe (Marcel). Barthélemy Saint-Hilaire. Bastard (le comte Octave de). Bastid (Raymond). Bathie. Baze. Beau. Beaussire. Beauville (de). Benoist d'Azy (le comte). Benoist du Buis. Benoit (Meuse). Bérenger. Bernard-Dutreil. Belmont. Bethune (le comte de). Burgues (le comte de). Bidard. Bienvenue. Bigot. Billot (général). Billy. Blavoyer. Bocher. Bodwin. Boffinton. Bompard. Bonnet (Léon). Bonnet. Boreau-Lajanadie. Botiteau. Bouchet (Bouches-du-Rhône). Bouillé (le comte de). Boullier (Loire). Boullier de Branche. Bourgeois. Brabam. Brettes-Thurin (comte de). Brice (Ille-et-Vilaine). Brice (Meurthe-et-Moselle). Broët. Broglie (le duc de). Brun (Charles) (Var). Bryas (le comte de). Buffet. Buisson (Jules) (Aude). Busson-Duyiviers. Caduc. Caillaux. Calemard de La Fayette. Callet. Calmon. Carbonnier de Marzac (de). Carion. Carnot (père). Carnot (Sadi). Carquet. Carron (Emile). Casimir Perier. Castellane (marquis de). Cazeaux. Cazot (Jules) (Gard). Cézanne. Chabaud La Tour (Arthur de). Chabaud La Tour (général baron de). Chabron (général de). Chadois (colonel de). Chamaillard (de). Champvallier (de). Changarnier (général). Chaper. Chardon. Charreyron. Charton. Chatelin. Cheguillaume. Chesnelong. Chevandier. Chiris. Christophle (Albert). Claude (Vosges). Clément (Léon). Clerc. Clercq (de). Cochery. Corne. Cotte. Courbet-Poulard. Courcelle. Crémieux. Crussol d'Uzès (duc de). Daguenet. Daguilhon-Lasselve. Danelle-Bernardin. Darù (comte). Dauphinot. Daussel. Decazes (baron). Decazes (le duc). Delacour. Delacroix. Delavau. Delille. Delisse-Engrand. Delorme. Delzol. Denormandie. Descat. Destremx. -Dietz-Monnin. Dompierre d'Hornoy (l'amiral de). Doré-Graslin. Douay. Drouin. Du Bodan. Dubois. Du Breuil de Saint-Germain. Du Chaffaut. Duchâtel (comte). Duclerc. Du'aur (Xavier). Dufaure (Jules). Dufour. Dufournel. Dumarnay. Duparc. Dupin (Félix). Dupent (Alfred). Dupouy. Duréault. Durfort de Civrac (comte de). Dussaussoy. Duvergier de Hauranne.

Escarguel. Eschasseriaux (baron). Esquiros. Eymard-Duvernay.

Farcy. Favre (Jules). Faye. Feray. Ferry (Jules). Flaghac (le baron de). Fleuriot (de). Folliet. Foubert. Fouquet. Fourcand. Fourichon (amiral). Fournier (Henri). Fourtou (de). Frébault (général). Fresneau.

Gagneur. Gailly. Galloni d'Istria. Ganault. Ganivet. Gaslonde. Gasselin de Fresnay. Gatien-Arnoult. Gaudy. Gaulthier de Rumilly. Gaulthier de Vaucenay. Gavardie (de). Gayot. George (Emile). Gérard. Germonière (de la). Ginoux de Fermon (comte). Girerd (Cyprien). Girot-Pouzol. Glas. Goblet. Gedet de La Riboullerie. Grivart. Grollier. Gueidan. Guibal. Guiche (marquis de la).

Haentjens. Hamille. Harcourt (comte d'). Harcourt (duc d'). Haussonville (vicomte d'). Heepel (comte d'). Hèvre. Houssard. Humbert. Jammie. Jaurès (amiral). Jocteur-Monrozier. Johnston. Joigneaux. Jordan. Joubert. Jouin. Jourdan. Jozon. Jullien.

Keller. Kergorlay.

La Borderie (de). Laboulaye. Lacave-Laplagne. Lafayette (Oscar de). Lafon de Fongaufier. Laget. Lallié. Lambert de Sainte-Croix. Lanel. Larcy (baron de). Largentaye (de). La Serve. La Sicotière (de). Lasteyrie (J. de). Latrade. Laurent-Pichat. Laurier. Lebourgeois. L'Ebraly. Lecamus. Le Chatelain. Lefébure. Lefèvre (Henri). Lefèvre-Pontalis (Eure-et-Loir). Lefèvre-Pontalis (Seine-et-Oise). Lefranc (Victor). Le Gal La Salle. Legge (comte de). Legrand (Arthur). Le Lasseux. Lenoël (Emile). Lepetit. Lépouzé. Le Provost de Launay. Le Royer. Lespinasse. Lestapis (de). Laurent. Levêque. Levert. Limairac (Léopold) (Lot). Littré. Lortal. Loustalot. Louvet. Loysel (général). Lucet.

Magnin. Mahy (de). Maillé (comte de). Malens. Maleville (marquis de). Maleville (Léon de). Mallevergne. Marc-Dufraisse. Marcère (de). Marchand. Martel (Pas-de-Calais). Martel (Charente). Martenot. Martin (Charles). Martin (Henri). Martin (d'Auray). Mathieu (Saône-et-Loire). Mathieu-Bodet (Charente). Mathieu de la Redorte (comte). Maurice. Mazeau. Mazerat. Mazure (général). Meaux (vicomte de). Médecin. Melun (comte de). Mérode (de). Mettetal. Michal-Ladichère. Michel. Monjaret de Kerjégu. Montaiguac (amiral de). Monteil. Montgolfier (de). Montrieux. Moreau (Côte-d'Or). Moreau (Ferdinand). Morin. Mornay (le marquis de). Mortemart (le duc de). Morvan. Mouchy (le duc de). Murat (le comte Joachim). Murat-Sistrières.

Noël-Parfait. Nouaillan (le comte de).

Pagès Duport. Pajot. Palotte (Jacques). Parent. Parsy. Partz (marquis de). Passy (Louis). Patissier (Sosthène). Peltereau-Villeneuve. Perret. Perrier (Eugène). Petau. Peulvé. Peyramont (de). Philippoteaux. Pioger (de). Piou. Plichon. Picsue (Kerjégu). Pompery (de). Pontoi-Pontcarré (marquis de). Pothuau (amiral). Pradié. Pressensé (de). Prétavoine. Puiberneau (de).

Rainneville (de). Rambures (de). Rameau. Rampon (comte). Rampont. Raoul Duval. Raudot. Ravinel (de). Renaud (Félix). Renaud

(Michel). Ricard. Ricot. Riondel. Robert (le général). Robert (Léon). Robert de Massy. Roger du Nord (comte). Roger-Marvaise. Roudier. Rouveure. Rouvier. Roux (Honoré). Roy de Loulay. Roys (marquis de).

Sacase. Saintenac (vicomte de). Saint-Germain (de). Saint-Pierre (de) (Calvados). Saint-Pierre (Louis de) (Manche). Saisset (vice-amiral). Salneuve. Salvandy (de). Salvy. Sansas. Sarrette. Sassier (général). Savary. Savoye. Say (Léon). Sebert. Ségur (comte Louis de). Seignobos. Sénard. Sens. Serph (Gusman). Sers (marquis de). Silva. Simiot. Simon (Fidèle). Simon (Jules). Soubeyran (baron de). Sugny (de). Taberlet. Taillefert. Talhouët (marquis de). Tallon. Tarteron (de). Théry. Thomas (docteur). Tillancourt (de). Tocqueville (comte de). Toupet des Vignes. Tréveneuc (comte de). Tribert.

Vacherot. Valazé (général). Valentin. Valfons (marquis de). Valon (de). Vandier. Vast-Vimeux (baron). Vaulchier (comte de). Vautrain. Vétillart. Vidal (Saturnin). Viennet. Vilfeu. Villain. Vinay (Henri). Vingtain (Léon). Vitalis. Vogué (marquis de). Voisin. Waddington. Wallon. Warnier (Marne). Wartelle de Retz. Witt (Cornélis de).

franc (Pierre). Leroux. Lesguillon. Lherminier. Limairac (de) (Tarn-et-Garonne). Limpe-
rani. Magniez. Maillé. Malartre. Malézieux.
Mangini. Marck. Marcou. Margaine. Martin
des Pallières (général). Max-Richard. Mayaud.
Merveilleux du Vignaux. Mestreau. Monne-
raye (comte de la). Monnet. Nétien. Nioche.
Paris. Pelletan. Pernolet. Picart (Alphonse).
Prax-Paris. Princeteau. Rathier. Rémusat
(Paul de). Rességuier (comte de). Reymond
(Ferdinand). Reymond (Loire). Rivaille (Ar-
thur). Rolland (Charles). Rouher. Saincthe-
rent. Saisy (Hervé de). Soury-Lavergne. Soye.
Staplande (de). Swiney. Tailhand. Tamisier.

Tardieu. Target. Tassin. Thiers. Thurel.
Turigny. Turquet Valady (de). Varroy. Ventavon (de). Vimal-Dessaignes. Vinois (baron de).

MM. Aumale (duc d'). Beleastel (de). Chabrol
(d'). Chambrun (comte de). Chanzy (général).
Chaudordy (comte de). Corcelle (de). Crespin.
Desbons. Flotard. Gallicher. Gontaut-Biron
(vicomte de). Journault. La Roncière Le Noury
(vice-amiral baron de). Le Flo (général). Magne.
Maure. Monnot-Arbilleur. Parigot. Rousseau.
Roussel.

ASSEMBLÉE NATIONALE

SÉANCE DU LUNDI 28 JUIN 1875

PRÉSIDENCE DE M. LE DUC D'AUDIFFRET-PASQUIER

La séance est ouverte à deux heures et demie.

M. de Casenove de Pradine, l'un des secrétaires, donne lecture du procès-verbal de la séance du samedi 26 juin.

Le procès-verbal est adopté.

M. le président. Messieurs, j'ai le vif regret d'annoncer à l'Assemblée la mort de deux de nos collègues... (Mouvement de douloureuse surprise): M. Crespin, député du département du Loiret, et M. François Carion, député du département de la Côte-d'Or.

Nos collègues jouissaient de l'affection de beaucoup d'entre vous; ils étaient aimés et considérés de tout le monde. (Marques unanimes d'assentiment.)

Je suis sûr d'être l'interprète de l'Assemblée tout entière en exprimant à leurs familles les regrets que nous éprouvons tous.

De toutes parts. Oui! oui! — Très-bien! très-bien !

M. le président. Messieurs, pour répondre au désir qui m'a été exprimé par un grand nombre de nos collègues, je préviens l'Assemblée qu'une liste de souscription en faveur des victimes des inondations sera ouverte à la caisse de l'Assemblée. (Très-bien !) Ceux de nos collègues qui habitent Paris peuvent déposer le montant de leur souscription, soit entre les mains des membres du comité qui vient de se former sous la présidence de M**e** la maréchale de Mac Mahon, soit aux caisses du Trésor public. Tous ces fonds seront ensuite centralisés et versés entre les mains des membres du comité. (Très-bien ! très-bien!)

M. Corbon. Je demande la parole.

M. le président. Un service sera célébré pour les victimes des inondations, mercredi, dans la chapelle du palais, à onze heures précises. (Très-bien !)

Je prie les membres de la commission du budget de 1875 de vouloir bien se réunir. Le Gouvernement doit nous apporter un nouveau projet de loi ayant pour objet de pourvoir aux besoins des populations inondées ; il est nécessaire que la commission du budget examine ce projet en même temps que la proposition déposée par plusieurs de nos collègues. Si donc les membres de la commission du budget de 1875 veulent bien se rassembler, on pourrait, à la fin de la séance, présenter le rapport à l'Assemblée. (Oui ! oui ! — Très-bien !)

M. Raudot. Dans le premier bureau!

M. Dufaure, *garde des sceaux, ministre de la justice.* Je demande la parole.

M. le président. La parole est à M. le garde des sceaux.

M. Dufaure, *garde des sceaux, ministre de la justice.* Messieurs, c'est par erreur que l'honorable président de l'Assemblée vient d'annoncer que le Gouvernement devait présenter aujourd'hui un projet pour venir au secours des victimes de l'inondation.

Notre situation est celle-ci : M. le vice-président du conseil doit arriver mercredi soir ; il apportera la pensée de M. le Maréchal et la sienne sur les moyens divers par lesquels nous pourrions venir au secours des désastres si variés dont les départements du Midi ont été frappés. Plusieurs ministres seront obligés de demander à l'Assemblée des crédits pour concourir à la réparation de tous ces malheurs.

Quant à présent, et jusqu'à ce que nous ayons communication de la pensée de M. le Président de la République, nous ne présentons pas de projet à l'Assemblée, nous déclarons seulement adhérer à la proposition qui a été faite samedi par M. Depeyre. C'était cette adhésion que je devais porter à la commission du budget de 1875 et qu'au besoin j'aurais renouvelée devant l'Assemblée entière. (Très-bien ! très-bien !)

M. le président. Du moment où le Gouvernement et la commission sont d'accord, nous n'avons plus qu'à attendre la communication qui nous sera faite par la commission du budget.

La parole est à M. Corbon.

M. Corbon. Messieurs, nous nous associons tous à la pensée de souscription exprimée par M. le président de l'Assemblée. Nous nous associerons aussi, par conséquent, aux mesures que prendra le Gouvernement. A l'unanimité, nous voterons certainement tous les secours que demandera le Gouvernement, pour venir en aide aux malheureux départements si cruellement éprouvés. Mais, tout disposés que nous soyons à les secourir, je crois, et beaucoup de mes amis de la gauche, je pourrais dire, dans cette circonstance, beaucoup de mes amis de la droite...

M. le général Changarnier. Oui ! oui ! cher Corbon ! vous avez des amis à droite.

M. Corbon... ou plutôt, tout le monde dans cette Assemblée est disposé à venir en aide à de tels malheurs, chacun selon ses moyens ; mais je crois qu'il serait très-bon, très-utile, que l'Assemblée, comme Assemblée, votât aussi une souscription.

Je demande, en conséquence, qu'elle veuille bien déclarer qu'elle souscrit elle-même pour 100,000 francs.

Voix diverses. Comment l'entendez-vous ? — Sur quels fonds ?

M. Corbon. On me demande, messieurs, sur quels fonds seront pris ces 100,000 francs. C'est évidemment sur l'indemnité que nous recevons ; chacun souscrira pour sa part proportionnelle. (Mouvements divers.)

M. Louis de Saint-Pierre (Manche). Je regrette d'avoir été devancé d'une minute par mon honorable collègue, M. Corbon, car j'avais l'intention de déposer aujourd'hui, sur le bureau de l'Assemblée, une proposition de loi préparée depuis hier dans le même but ; seulement les termes en sont plus larges et triplerait presque la somme demandée par M. Corbon.

En effet, ma proposition est rédigée ainsi :

« Article unique. — A dater du 1er juillet prochain, il sera prélevé au profit des inondés du Midi, sur les fonds consacrés à l'indemnité des députés, une somme équivalente à quinze jours de cette indemnité. »

M. Eugène Pelletan. Je demande la parole. 1'

M. Louis de Saint-Pierre. « Le total sera versé entre les mains du maréchal de Mac-Mahon sous ce titre : « Souscription de l'Assemblée nationale. » (Mouvements en sens divers. — Bruit prolongé.)

Quelques mots très-courts suffiront à justifier ma proposition.

L'honorable M. Corbon a eu raison de dire que l'Assemblée, comme personne morale, devait donner ce grand exemple au pays. Déjà nos honorables collègues M. Depeyre et M. de Belcastel qui a si héroïquement payé de sa personne à Toulouse, ont réclamé samedi dernier, avec des accents émus dont nos âmes ont gardé l'impression, des secours que l'Assemblée a votés à l'unanimité. Ces messieurs parlaient au nom de tous les représentants des départements inondés ; l'Assemblée a répondu au nom de la France.

Mais, vous le savez, le gouffre creusé par l'inondation ne peut se combler que par la charité ! Les désastres sont immenses. 20,000 personnes sans asile, 2,000 morts, fortunes englouties, le deuil et le désespoir partout.

Le maréchal de Mac Mahon, ce soldat du devoir, si respecté, si digne de l'être, toujours le premier au poste du dévouement et du péril, s'est empressé d'aller relever les courages abattus et de porter les premiers secours aux infortunées victimes de l'inondation. Mais, messieurs, ces ressources seront vite épuisées ; il est nécessaire de les augmenter sans relâche. C'est à l'Assemblée nationale qu'il appartient d'apporter à ces malheureux un large concours. (Bruit.) Ma proposition, si elle est adoptée, ne grèvera pas le budget : elle pèsera, il est vrai, sur la bourse de chacun de nous, mais en définitive nous ferons là ce qui se fait partout, dans la marine, dans l'armée, sous la forme de l'abandon d'une ou plusieurs journées de solde pour une œuvre de charité.

Messieurs, vous vous inspirerez, j'en ai la confiance, de cette parole éloquente de Lacordaire, qui, dans des circonstances analogues, s'écriait : « Vous ne regarderez pas ce que vous mettrez dans votre main, car le malheur, lui, n'a pas regardé ce qu'il a mis dans leur infortune et dans leur désespoir ! » (Bruit.) J'en appelle à l'Assemblée nationale, si généreuse, si patriotique, si honnête, qui, depuis plus de quatre ans, a donné tant de preuves de son esprit de sacrifice et d'abnégation.

Messieurs, laissez-moi espérer que nous témoignerons une fois de plus notre amour pour cette pauvre blessée, la Patrie, dont tous les membres sont frères et d'autant plus dignes d'intérêt qu'ils sont plus malheureux, dont toutes les souffrances ont un si douloureux retentissement dans nos cœurs. (Interruptions et bruit.)

Nous penserons à ce pays dont un vieux chroniqueur disait qu'il était le plus magnifique royaume après celui du ciel !

Oui, messieurs, en votant ma proposition vous affirmerez ainsi votre dévouement pour cette terre sacrée et bénie qui porte le nom à la fois le plus doux, le plus beau et le plus aimé qui soit en ce monde, puisqu'elle s'appelle la France !

Je demande l'urgence sur ma proposition.

M. Eugène Pelletan. J'accepte, pour mon compte, la proposition de l'honorable M. Corbon. Je crois que cette Assemblée, comme Assemblée et représentée par son bureau et ses questeurs, doit souscrire une somme de 100,000 fr. Je repousse énergiquement la forme de loi qu'on veut donner à ce qui est un devoir de cœur... (Très-bien ! très-bien !), et qui perdrait je ne dirai pas son mérite, car il n'y a pas même l'ombre d'un mérite dans ce devoir, mais son caractère de spontanéité, si la proposition de M. de Saint-Pierre était acceptée. (Nombreuses marques d'assentiment.)

M. le président. Je prie monsieur Corbon de vouloir bien formuler sa proposition par écrit.

M. Louis de Saint-Pierre. Messieurs, je ne vois pas pourquoi le raisonnement de l'honorable M. Pelletan, jugé bon pour un chiffre de 100,000 fr., ne le serait pas pour celui de 280,000 fr. représentant environ la somme que produirait mon projet. Je le dis à nouveau, ma proposition est plus large, puisqu'elle triple presque le montant de la souscription pour les inondés du Midi, telle que M. Corbon l'a demandée. Partant du même principe que la souscription que je propose se prendrait comme elle sur l'indemnité des députés.

M. le président. Vous ne retirez pas votre proposition ?

M. Louis de Saint-Pierre. Non, monsieur le président.

M. Horace de Choiseul. Messieurs, je me

borne à exprimer le désir que l'Assemblée donne la priorité à la proposition de notre honorable président. (Très-bien ! très-bien ! — Appuyé !)

M. le président. Messieurs, vous êtes en présence de trois propositions :

Celle de l'honorable M. Corbon, ainsi rédigée :

« L'Assemblée, par l'organe de son bureau, s'inscrit pour 100,000 fr. en faveur des inondés du Midi. »

Celle de l'honorable M. de Saint-Pierre, ainsi conçue :

« A partir du 1er juillet prochain, il sera prélevé, au profit des inondés du Midi, sur les fonds consacrés à l'indemnité des membres de l'Assemblée nationale, une somme équivalente à quinze jours de cette indemnité » ;

Enfin la proposition plus simple que j'ai eu l'honneur de vous soumettre... (C'est cela ! — Très-bien !) d'ouvrir à la caisse de l'Assemblée une liste de souscription, dont les fonds seront versés entre les mains du comité présidé par la Maréchale de Mac Mahon. (Très-bien ! très-bien ! — Appuyé !)

M. Octave Depeyre. C'est la seule praticable.

M. le président. M. de Choiseul a demandé la priorité pour cette dernière proposition.

Je consulte l'Assemblée.

(L'Assemblée, consultée, accorde la priorité à la proposition de M. le président.)

M. le président. Je mets donc aux voix la proposition que j'ai faite à l'Assemblée et qui est ainsi conçue :

« Ouvrir à la caisse de l'Assemblée une liste de souscription dont les fonds seront versés entre les mains du comité présidé par la Maréchale de Mac Mahon. »

(Cette proposition est mise aux voix et adoptée à l'unanimité.)

M. Reymond (Loire). J'ai l'honneur de déposer sur le bureau de l'Assemblée, au nom de la 33e commission d'intérêt local, un rapport sur le projet de loi tendant à autoriser la ville de Toulon à proroger le terme de remboursement d'un emprunt et de recouvrement d'une imposition extraordinaire.

M. Ancelon. J'ai l'honneur de déposer sur le bureau de l'Assemblée, au nom de la 33e commission d'intérêt local, un rapport sur le projet de loi relatif à un échange d'immeubles entre l'Etat et les consorts Thirion (Meurthe-et-Moselle).

M. le président. Ces rapports seront imprimés et distribués.

L'ordre du jour appelle la discussion du projet de loi relatif à l'établissement d'une surtaxe à l'octroi de la Roche-Maurice.

(L'Assemblée, après avoir décidé qu'elle passera à la discussion de l'article unique du projet de loi, adopte cet article.

En voici les termes :

« *Article unique.* — A partir de la promulgation de la présente loi, et jusqu'au 31 décembre 1878 inclusivement, il sera perçu à l'octroi de la Roche-Maurice, département du Finistère, une surtaxe de 19 francs par hectolitre d'alcool pur contenu dans les eaux-de-vie et esprits, liqueurs et fruits à l'eau-de-vie, et par hectolitre d'absinthe.

« Cette surtaxe est indépendante du droit de 6 fr. par hectolitre établi à titre de taxe principale. »

M. le président. L'ordre du jour appelle la discussion du projet de loi portant ouverture, sur l'exercice 1874, de crédits supplémentaires au budget du département des finances.

Personne ne demandant la parole, je consulte l'Assemblée sur la question de savoir si elle entend passera la discussion des articles.

(L'Assemblée, consultée, décide qu'elle passe à la discussion des articles.)

« Art. 1er. — Il est accordé au ministre des finances, sur l'exercice 1874, en augmentation des crédits ouverts par la loi du 29 décembre 1873, pour les dépenses du budget de son département, des crédits montant à la somme de 1,258,365 fr. 19 sur les chapitres suivants :

« *Capitaux remboursables à divers titres.*

« Chap. 5. — Annuités diverses.	5.160 44
« Chap. 13. — Intérêts de la dette flottante du Trésor...	355.000 »

« *Enregistrement, domaines et timbre.*

« Chap. 55. — Dépenses diverses.	150.000 »

« *Postes.*

« Chap. 76. — Subventions.	368.204 75

« *Remboursements et restitutions.*

« Chap. 79. — Répartitions de produits d'amendes, saisies et confiscations attribuées à divers.	320.000 »
« Chap. 81. — Escomptes sur divers droits.	60.000 »
« Total....	1.258.365 19

— (Adopté.)

« Art. 2. — Il sera pourvu à ces suppléments de crédits au moyen des ressources générales du budget de l'exercice 1874. » — (Adopté.)

(Il est procédé au scrutin sur l'ensemble du projet de loi.)

Le scrutin donne les résultats suivants :

Nombre des votants.	520
Majorité absolue.	261
Pour l'adoption.	520
Contre.	0

L'Assemblée nationale a adopté.

M. Léopold Faye. J'ai l'honneur de déposer au nom de la commission d'enquête des chemins de fer, un rapport sur le projet de loi ayant pour objet la déclaration d'utilité publique et la concession d'un chemin de fer de Marmande à Angoulême.

M. le président. Le rapport sera imprimé et distribué.

L'ordre du jour appelle la suite de la discussion du projet de loi relatif à la déclaration d'utilité publique de plusieurs chemins de fer et à la concession de ces chemins à la compagnie de Paris-Lyon-Méditerranée.

L'Assemblée en est restée samedi au paragraphe 14 de l'article 1er, ainsi conçu :

« 14e de Virieu-le-Grand à Saint-André-le-Gaz. »

M. Paul Cottin avait proposé un amendement. Il l'a retiré.

Je consulte l'Assemblée sur le paragraphe 14.

(Le paragraphe 14 est mis aux voix et adopté.)

« 15e de Saint-André-le-Gaz à Chambéry. » — (Adopté.)

« 16e de Roanne-le-Coteau à Paray-le-Monial ou d'un point à déterminer, sur la ligne de Roanne à Saint-Germain-des-Fossés à Gilly-sur-Loire »

M. le président. MM. Duréault, Charles Alexandre, Boysset, Daron, marquis de la Guiche, général Guillemaut, Jordan, de Lacretelle, Mathieu (Saône-et-Loire), général Pélissier, Félix Renaud et Charles Rolland, ont proposé un amendement qui consiste à supprimer ce paragraphe du projet de la commission, et à rétablir purement et simplement le paragraphe correspondant du projet du Gouvernement, ainsi conçu :

« 16e de Roanne à Paray-le-Monial. »

La parole est à M. Duréault.

M. Duréault. Messieurs, l'amendement que j'ai eu l'honneur de déposer au nom de mes collègues du département de Saône-et-Loire et au mien, a pour objet de vous demander de vouloir bien rétablir le paragraphe 16 tel qu'il était formulé dans le projet du Gouvernement, c'est-à-dire une ligne de Roanne à Paray.

Le Gouvernement avait proposé, et il propose encore de déclarer d'utilité publique, une ligne de Roanne à Paray, par la rive droite de la Loire et le département de Saône-et-Loire.

Devant la commission, nos collègues du département de l'Allier ont introduit la demande de substituer à cette ligne, une ligne de Roanne à Gilly-sur-Loire, par la rive gauche de la Loire et le département de l'Allier.

La compagnie, pressentie sur cette substitution, a très-nettement fait connaître que, s'en tenant exclusivement à la demande de concession de la ligne de Roanne à Paray, elle n'entendait en aucune façon se charger d'une ligne de Roanne à Gilly par la rive gauche de la Loire. Le Gouvernement a manifesté les mêmes dispositions : il voit de grands avantages à la construction d'une ligne de Roanne à Paray; il n'en voit pas d'équivalents dans l'autre direction.

Il nous semblait, messieurs, que la question était préjugée et à peu près tranchée par cet accord du Gouvernement et de la compagnie.

Votre commission ne l'a pas pensé, ou du moins elle ne l'a pas dit, et, voulant sans doute donner une satisfaction platonique à nos collègues du département de l'Allier...

M. le général d'Aurelle de Paladines. Non pas platonique, mais sérieuse !

M. Duréault. ...elle propose de laisser les choses en suspens et d'abandonner au Gouvernement le soin de décider entre les deux tracés par un décret rendu en conseil d'État, après études et enquête dans le département de l'Allier. C'est ainsi qu'elle a été amenée à proposer la rédaction formulée au paragraphe 16 : « De Roanne à Paray-le-Monial » (elle abandonne, je crois, les mots : « Le coteau ») « ou d'un point à déterminer sur la ligne de Roanne à Saint-Germain-des-Fossés à Gilly-sur-Loire. »

Nous venons vous demander de ne pas accepter cette solution ambiguë et de vous prononcer résolument pour la ligne de Roanne à Paray. (Marques d'adhésion sur divers bancs.)

Messieurs, avant le vote de l'amendement de notre honorable collègue M. de Rodez-Bénavent, je croyais fermement que les articles 1 et 2 du projet de loi étaient solidaires et qu'on ne devait déclarer l'utilité publique par l'article 1er que des lignes à concéder à la compagnie par l'article 2 ; et dès lors, je me disposais à appuyer ma proposition sur la connexité de ces deux articles, qui rendait pour ainsi dire obligatoire l'accord de la compagnie et du Gouvernement pour la ligne de Roanne à Paray. (Très-bien ! très-bien !)

Mais, aujourd'hui, cette argumentation ne serait plus absolument péremptoire, puisque vous avez décidé que vous pourriez déclarer d'utilité publique, même des lignes non-acceptées par la compagnie, et je suis obligé de justifier autrement la préférence que je vous propose d'accorder à la ligne de Roanne à Paray.

Cette préférence se justifie, messieurs, par d'assez nombreuses considérations techniques, dont je vous épargnerai la discussion ; elle serait difficile pour moi à la tribune, et probablement fastidieuse pour vous. Mais cette préférence se justifie encore et surtout par quelques raisons économiques qui me semblent décisives, et dont je vous demande la permission de vous exposer en quelques mots les principales.

Cette ligne aurait d'abord l'avantage, messieurs, de compléter sur la rive droite de la Loire cette grande voie ferrée qui doit suivre tout le cours du fleuve, presque depuis sa source jusqu'à son embouchure, et qu'on pourrait appeler le chemin de fer latéral à la Loire, de même qu'il existe sur la rive gauche, par une juste distribution des moyens de transport, le canal latéral à la Loire, qui s'étend de Roanne à Briare sur une longueur de 265 kilomètres.

Cette grande voie ferrée compte déjà, du Puy à Saint-Nazaire, 772 kilomètres en exploitation, dont 744 sur la rive droite et 28 kilomètres seulement, sur la rive gauche, aux abords de Tours. Pour qu'elle soit continue, il ne reste à combler que deux lacunes ; ce sont les deux sections du Gilly-sur-Loire à Cercy-la-Tour et de Roanne à Paray, sur lesquelles vous avez à vous prononcer.

Pour la section de Gilly-sur-Loire à Cercy-la-Tour, la commission vous propose l'adoption d'un tracé par la rive droite. En cela, messieurs, elle ne fait pour ainsi dire qu'homologuer un état de choses anciennement jugé ; car, en 1868, cette section a déjà fait l'objet d'un décret d'utilité publique à la date du 19 juin, et elle a été comprise dans la loi du 18 juillet de la même année, autorisant l'exécution de dix-sept lignes de chemins de fer... (Marques d'assentiment), et dans toutes les pièces à l'appui de ces deux actes, il a toujours été expliqué et indiqué qu'il s'agissait d'un tracé par la rive droite de la Loire, desservant la ville et station thermale de Bourbon-Lancy.

Aujourd'hui nos honorables collègues du département de l'Allier qui, devant la commission, avaient demandé la rive gauche pour la section de Roanne à Paray, ont présenté un amendement par lequel ils étendent cette demande à la section de Gilly à Cercy-la-Tour. En cela, messieurs, ils me paraissent vouloir remonter un courant bien anciennement et bien fortement établi. J'espère qu'ils n'y réussiront pas, et je m'en rapporte, du reste, à la commission pour défendre ses propositions quand viendra la discussion du paragraphe 17.

Quant à la section de Roanne à Paray, la commission ne s'est pas prononcée pour la rive droite. Elle eût été, à mon avis, plus logique et plus conséquente avec elle-même en le faisant ; car je crois qu'elle a une secrète prédilection pour cette rive, puisque, dans le rapport de l'honorable M. Cézanne, il est textuellement écrit qu'il serait fort gênant pour les transports du commerce de rejeter sur la rive gauche un tronçon isolé. Je tire de là l'espérance que l'honorable rapporteur ne viendra pas s'élever bien vivement contre le tracé de la rive droite, que nous avons l'honneur de vous proposer.

On a voulu, messieurs, à ce tracé par la rive droite, opposer l'intérêt de la défense du pays, intérêt cher, sacré et qu'aucun de nous ne voudrait certes compromettre. Vous ferez bon marché, messieurs, de cette objection à laquelle M. le ministre de la guerre, juge compétent en la matière, n'attache, dans le cas présent, aucune importance.

M. le général d'Aurelle de Paladines. Il y en attache une très-grande, au contraire.

M. Duréault. Dans son avis joint au dossier, en effet, M. le ministre de la guerre déclare que, si la question était entière, s'il s'agissait d'établir un chemin de fer à nouveau et de toutes pièces au bord de la Loire, à coup sûr il se prononcerait pour la rive gauche plutôt que pour la rive droite, afin que ce chemin fût couvert par le fleuve contre les attaques de l'ennemi.

Mais, messieurs, la question est bien loin d'être entière ; elle est, au contraire, fortement engagée, puisque, ainsi que j'ai eu l'honneur de vous le dire, il y a 772 kilomètres de chemin de fer latéral en exploitation, dont 744 kilomètres sur la rive droite. Quelle utilité y aurait-il, au point de vue de la défense, à rejeter sur la rive gauche deux tronçons séparés, l'un de 40 kilomètres, l'autre de 55 kilomètres ? Aucune, assurément, surtout si l'on considère que, dans cette partie de son cours, la Loire est souvent guéable en été et qu'ainsi elle n'offrirait qu'une protection insuffisante contre les attaques de l'ennemi. (Très-bien ! très-bien !)

Aussi, messieurs, M. le ministre de la guerre n'insiste-t-il pas au point de vue de l'intérêt militaire, et laisse-t-il aux intérêts civils le soin de se prononcer en toute liberté. Je vais essayer de vous démontrer que ces intérêts civils réclament instamment le tracé de la rive droite, c'est-à-dire la ligne de Roanne à Paray. (Marques d'assentiment.)

Messieurs, l'utilité d'un chemin de fer se mesure aux relations rapprochées ou lointaines qu'il doit desservir, au trafic local et au trafic général qu'il est appelé à développer.

Au point de vue du trafic local, la ligne qui nous occupe aura un avantage considérable : elle parcourra, en effet, un pays très-peuplé. En outre de nombreux villages, je pourrais citer la ville de Marcigny, de 2,600 habitants, celle de Paray, de 3,300, et celle de Digoin, de 3,100, qui, toutes trois, ont des relations fréquentes, continuelles, avec Roanne, relations attestées par des services de messageries qui font le trajet — aller et retour — tous les jours et qui sont constamment encombrées de voyageurs.

Ce pays est d'ailleurs riche en industries; il y a de nombreux métiers à tisser la soie et le coton; mais il est riche surtout en produits agricoles destinés à l'exportation. C'est, messieurs, la meilleure partie du Charolais, celle que l'on appelle le Brionnais, qui possède ces embouches renommées où l'on engraisse pour la boucherie, non-seulement les bœufs du Charolais, mais des bœufs et des vaches que l'on fait venir en grand nombre du Bourbonnais et de l'Auvergne et qu'on expédie ensuite sur les marchés de Lyon et de Paris.

Dans l'état actuel des communications, messieurs, ces animaux sont conduits par les routes, en y parcourant souvent de grandes distances, d'un côté à la gare de Paray pour Paris, et de l'autre à celle de Roanne pour Lyon. D'ailleurs, plus de la moitié des expéditions se fait encore sur Villefranche, qui est un marché d'intermédiaires de la boucherie de Lyon, en traversant par un trajet à pied de deux jours les montagnes qui séparent le Charolais du Beaujolais. Je n'ai pas besoin de dire quels frais, quels retards et souvent quels déchets résultent de ces longs trajets sur les routes. Lorsque notre chemin de fer sera construit, ces animaux seront embarqués à chacune des stations de la ligne pour être expédiés directement sur Lyon et sur Paris. Le marché de Villefranche sera probablement en grande partie abandonné. Et tout cela sera au grand avantage du producteur et du consommateur, et aussi au grand profit de la compagnie. Car, messieurs, il y aura là une source de trafic d'une sérieuse importance. Pour vous en donner une idée, je vous dirai que la seule gare de Paray a expédié, en 1874, pour Paris, 1,296 wagons de bestiaux, ce qui représente 11,000 bœufs. On compte que le Brionnais exporte environ 700 têtes de gros bétail par semaine, pendant les vingt-six semaines qui séparent le 1er mai du 1er novembre, ce qui représente un commerce de 10 à 15 millions de francs. Vous voyez, qu'il y a là, au point de vue du trafic local, une source importante de produits.

Maintenant, messieurs, au point de vue d'un trafic plus général et plus étendu, la ligne qui nous occupe offrira un avantage plus important encore et qui, certes, plus que tout autre motif, a déterminé la compagnie à en solliciter la concession et à la maintenir exclusivement. Nous voulons parler de l'utilité d'une communication directe et facile entre les mines du bassin de la Loire et les pays de consommation, tels que le Creuzot, la Bourgogne et l'Est.

Vous connaissez tous le Creuzot, messieurs, au moins de réputation. C'est la plus grande et la plus complète de nos usines métallurgiques; et quand on considère les grands services qu'elle peut rendre au pays, en temps de paix comme en temps de guerre, on est bien fondé à dire que le Creuzot est un grand établissement national, que nous devons tous avoir à cœur de voir prospérer et grandir. (Très-bien! très-bien!)

Eh bien, messieurs, le Creuzot, avec ses onze ou douze grands hauts-fourneaux constamment en feu, avec ses très-nombreuses forges, avec ses trois batteries doubles de fabrication d'acier Bessemer, le Creuzot dévore une énorme quantité de houille qui n'est pas moindre de 600,000 tonnes par an. Il en extrait plus de la moitié, 350,000 tonnes, de son propre fonds des mines qui lui appartiennent; il en tire 100,000 tonnes des mines de Blanzy, ses voisines. Enfin, il en fait venir 150,000 tonnes des mines de la Loire, ce qui représente un train de 40 à 50 wagons par jour. (Nombreuses marques d'assentiment.)

Cet énorme approvisionnement lui est expédié par voie ferrée, de Saint-Etienne à Lyon, de Lyon à Chagny et de là au Creuzot; il contribue donc pour une part à augmenter l'encombrement de la grande ligne aux abords de la ville de Lyon. Lorsque notre chemin de fer sera construit, ces houilles seront expédiées par une ligne que la carte vous montre très-directe, de Saint-Etienne à Roanne et à Paray, de là à Montchanin au Creuzot, allégeant ainsi la charge de la grande ligne, et réduisant de 45 kilomètres le parcours jusqu'à l'usine. Ces 45 kilomètres, à raison de 3 centimes par tonne et par kilomètre, représenteraient une économie de plus de 200,000 fr. Je ne prétends pas que l'économie réelle sera aussi considérable; par le jeu des tarifs, elle sera moindre, mais elle sera encore très-sensible.

D'autres consommateurs profiteront de ce raccourcissement. Je pourrais citer les usines de Guengnon et du Verdrat, dans Saône-et-Loire, qui consomment environ 20,000 tonnes de houille par an. Puis de nouvelles quantités de houille se répandront dans le Charolais et l'Autunois, et jusque du côté d'Avallon par le chemin de Dracy-Saint-Loup à Avallon. Enfin, messieurs, comme il n'y aura que 13 kilomètres de plus de Saint-Etienne à Chagny par Roanne, Paray et Montchanin, que par Lyon, Mâcon et Chalon, il est évident que, lorsque la grande ligne sera encombrée, aux abords de Lyon, soit par les céréales de Marseille, soit par les vins du Midi, la compagnie pourra diriger par cette voie nouvelle les houilles à destination de Dijon, la Bourgogne et l'Est.

Il y a donc là comme un second chemin de fer de Saint-Etienne à Dijon, et il en résultera un allégement considérable pour la grande ligne et un meilleur équilibre du réseau. (Très-bien! très-bien!)

Ainsi, messieurs, au point de vue du trafic général comme au point de vue du trafic local, il y a de très-grands avantages à attendre de l'exécution de la ligne que nous vous proposons, et ces avantages sont infiniment plus considérables que ceux que pourrait offrir la ligne par le département de l'Allier.

Il ne serait pas possible de discuter les conditions techniques de ce nouveau tracé, attendu qu'il n'en a pas été dressé de projet régulier. Je n'ai eu sous les yeux qu'un avant-projet établi sommairement au moyen de la carte de l'état-major. Mais je puis, comme pour la ligne de la rive droite, vous présenter ses traits essentiels au point de vue économique.

La ligne par le département de l'Allier ne pourrait pas se tenir dans le val de la Loire, attendu qu'elle ferait double emploi avec le canal latéral à la Loire. On devrait emprunter, sur une certaine longueur, la ligne de Roanne à Saint-Germain des-Fossés, et on l'emprunterait sans doute jusqu'à la pointe la plus avancée de cette ligne, du côté de Gilly, c'est-à-dire sur 32 kilomètres, jusqu'à la station de Saint-Mérlin-d'Estréaux. De là on se dirigerait sur Gilly, en traversant le département de l'Allier sur une longueur de 38 à 40 kilomètres.

Dans cette traversée, qui serait fort difficile au point de vue technique, car le pays est fort accidenté, on ne trouve que des populations très-clair-semées, dont la plus grosse agglomération est la petite ville du Donjon, de 2,078 habitants. L'agriculture y a fait de très-grands progrès dans ces dernières années, par l'introduction de la chaux ; mais elle ne donne pas ces produits perfectionnés qui font la richesse de la rive droite, et qui feront la fortune du chemin de fer.

L'intérêt industriel serait représenté par la petite mine de houille de Bert ; cette mine a déjà ses moyens de transport assurés par un petit chemin de fer qui conduit ses produits au canal latéral. Je ne vois donc là que peu de chose à glaner au point de vue du trafic local.

Quant au trafic général, je n'ai entendu énoncer que de vagues espérances d'expansion des houilles du côté de Clamecy, Auxerre et l'Yonne ; mais je n'aperçois dans cette direction aucun gros consommateur qui puisse rivaliser avec le Creuzot, ni aucun avantage qui puisse balancer celui d'alléger la grande ligne de Saint-Étienne à Lyon et à Dijon.

Vous avez, messieurs, les éléments de la comparaison à faire entre ces deux lignes mises en présence. Permettez-moi de dire que les intérêts qui réclament la ligne de Roanne à Paray sont beaucoup plus nombreux et plus importants que ceux qui s'attachent à la ligne qu'on veut nous opposer. J'ajoute qu'ils sont absolument différents et distincts, et je ne m'explique pas pourquoi nos honorables collègues de l'Allier sont venus jeter leur chemin de fer au travers du nôtre... (On rit). Ce sont deux lignes qui n'ont pas le même objectif : nous voulons établir, nous, une communication qui facilite l'exportation du bétail du Charolais et qui ouvre un débouché aux mines de la Loire vers le Creuzot, la Bourgogne et l'Est ; nos collègues demandent une ligne qui desserve une partie de l'Allier et qui ouvre une communication de Saint-Étienne vers Auxerre, l'Yonne et l'Ouest. Ces deux chemins de fer ont donc une direction et un objectif différents. La concession de notre chemin ne porterait pas obstacle à ce que le département de l'Allier, s'il a des droits et des intérêts à faire valoir, demandât des études, des enquêtes, une déclaration d'utilité publique, s'il y a lieu, et enfin une concession, s'il trouve une compagnie ; mais ce que nous ne pouvons pas admettre, c'est que notre ligne, qui est importante, urgente et en état, soit tenue en échec et ajournée jusqu'à l'accomplissement de formalités qui ne regardent que la ligne voisine. (Très-bien ! très-bien !)

On nous dit : Laissez faire une enquête ; elle apportera la lumière.

Messieurs, quelle lumière nouvelle pourrait-elle apporter ? Ouverte dans les localités que devrait traverser le chemin de fer de Roanne à Gilly, elle donnerait lieu sans doute, de la part des populations intéressées, à une chaude adhésion au tracé proposé. Mais cela ne suffirait pas pour déterminer les préférences du Gouvernement à qui vous auriez délégué le soin de choisir Il devrait s'inspirer toujours des intérêts généraux sur lesquels j'ai eu l'honneur d'appeler votre attention, et, après comme avant l'enquête, il choisirait la ligne de Roanne à Paray, dont la compagnie sollicite d'ores et déjà exclusivement la concession. (Très-bien ! très-bien !)

En somme, messieurs, nous vous prions de ne pas accepter la solution alternative qui vous est proposée par la commission, et de vouloir bien vous prononcer formellement et définitivement pour le tracé de Roanne à Paray. Vous donnerez ainsi satisfaction à de nombreux et légitimes intérêts du département de Saône-et-Loire ; vous donnerez surtout satisfaction à des intérêts généraux de la plus haute importance et absolument dignes de votre sollicitude. (Vives et nombreuses marques d'approbation. — Aux voix ! aux voix !)

M. le président. Pour la clarté de la discussion, je crois devoir donner une explication.

L'Assemblée se trouve en présence d'un paragraphe rédigé par la commission, mais il y a aussi une rédaction proposée par le Gouvernement et que le Gouvernement maintient.

M. Martenot. Je demande la parole.

M. le président. Laissez-moi achever l'explication que je donne à l'Assemblée ; vous aurez la parole après.

J'avais l'honneur de dire à l'Assemblée qu'il y avait une première rédaction de la commission, une seconde rédaction du Gouvernement, maintenue par lui, et que l'amendement présenté par M. Duréault et ses collègues aussi bien que celui qui est présenté par MM. Boullier et Cherpin ne sont autre chose que la reproduction du texte du Gouvernement. Je ne peux donc pas les considérer comme des amendements provenant de l'initiative personnelle et ayant, à ce titre, la priorité.

Votre règlement veut que l'on délibère d'abord sur les amendements qui sont dus à l'initiative personnelle, ensuite sur le projet de la commission, qui est considéré comme un amendement au projet du Gouvernement, et enfin, si ces divers amendements sont écartés, sur le projet du Gouvernement lui-même.

Je ne vois donc dans les conditions de priorité que l'amendement de MM. Martenot,

Maplain, le marquis de Montlaur, Riant, Patissier, le général d'Aurelle de Paladines,
amendement qui présente un système absolument différent des projets de la commission
et du Gouvernement. C'est celui-là que je vais
mettre en discussion. Ensuite, vous aurez à délibérer sur le projet de la commission; et enfin, si le projet de la commission n'est pas
adopté, sur le projet du Gouvernement maintenu par lui. (Très-bien! très-bien!)

Cela bien entendu, je donne la parole à
M. Martenot pour développer son amendement, qui consiste à supprimer les paragraphes 16 et 17 et à les remplacer par un paragraphe unique ainsi conçu :

« 16° — De Roanne à Cercy-la-Tour, par
la rive gauche de la Loire. »

M. Martenot. Messieurs, je n'aurai que
peu de mots à dire pour justifier notre amendement.

Nous l'avions abandonné en partie devant la
rédaction de la commission, qui proposait un
moyen terme entre les prétentions du département de l'Allier et les intérêts de la rive
gauche, et les prétentions du département de
Saône-et-Loire et les partisans de la rive
droite ; mais devant l'insistance de nos collègues, nous avons cru devoir reproduire notre
amendement primitif, c'est-à-dire l'amendement qui demandait le tracé sur la rive gauche de la Loire depuis Roanne jusqu'à Cercy-
la-Tour.

En effet, si vous jetez les yeux sur une carte
et que vous preniez pour point de départ
Cercy-la-Tour, vous verrez que pour passer par
Paray, vous suivez une série de lignes : de
Cercy-la-Tour à Gilly, de Gilly à Paray, et enfin de Paray à Roanne ; tandis que la nôtre,
établi en ligne directe, coupe par une diagonale
cette espèce de Z que présente le tracé de nos
contradicteurs, et ne rencontre d'ailleurs aucune difficulté d'exécution.

Au point de vue général, vous remarquerez
que le chemin sur la rive gauche de la Loire
serait le prolongement direct d'une ligne qui,
partant de Laroche et Auxerre, passerait par
Clamecy, arriverait à Roanne et de là à Saint-
Etienne ; il desservirait Roanne qui est placé
sur la rive gauche, ce qu'on ne pourrait faire
sur la rive droite sans dépense considérable. Il
présente également une communication directe
et facile de Saint-Etienne sur Paris, car depuis
Cercy-la-Tour il peut gagner Nevers. Or,
un des obstacles au développement industriel
de Saint-Etienne, c'est l'embarras qui se présente presque constamment pour l'écoulement
de ses produits, soit qu'ils prennent la direction des vallées de la Saône et du Rhône, soit
qu'ils essayent d'entrer dans le Bourbonnais
par la ligne montueuse et accidentée qui s'é-
tend de Roanne à Lapalisse et Saint-Germain-
des-Fossés.

Dès lors, n'est-il pas naturel de penser qu'un
chemin de Saint-Etienne passant par Roanne
et qui suivrait directement la vallée de la Loire,
remédierait à cet état de choses?

Au point de vue industriel, l'honorable
préopinant a parlé de l'industrie qui fait la
fortune de Saône-et-Loire. Je suis bien loin de
le nier ; il y a, en effet, dans Saône-et-Loire,
des mines d'une richesse incomparable. Je

veux parler des mines de Blanzy, qui, à elles
seules, forment peut-être un des bassins les
plus riches de France et qui, par leur proximité
du Creuzot, concourent à la belle industrie de
cet établissement. Mais faut-il en conclure
qu'il est nécessaire, pour la prospérité de cette
industrie, d'amener de Saint-Etienne les houilles
et de leur faire traverser la mine même de
Blanzy pour les faire arriver au Creuzot?
Non, je vous ferai remarquer que le tracé direct de la rive gauche prolongé purement et
simplement jusqu'à Cercy-la-Tour, sou: e en
deux points rapprochés près de Gilly et de
Cercy-la-Tour les deux embranchements qui,
partant du Creuzot, se dirigent l'un sur Nevers
et l'autre sur Moulins ; et, par conséquent, vous
voyez que, bien que le tracé dont il s'agit et
que nous défendons ne se dirige pas sur Paray-le-Monial, les intérêts du Creuzot sont parfaitement sauvegardés, sauf une petite différence kilométrique d'excédant de parcours. Je
crois donc qu'au point de vue général, il y a
un grand avantage à maintenir en ligne
droite cette grande artère de communication
dont mon honorable collègue a parlé et qui va
de Saint-Etienne sur la vallée de la Seine ou
sur celle de la Loire.

Maintenant, quant à l'industrie particulière
du département de l'Allier, M. Duréault nous
a parlé tout à l'heure d'un bassin houiller qui
existe dans le prolongement des montagnes du
Forez, s'étendant entre l'Allier et la Loire. Eh
bien, là, récemment, une exploitation considérable vient de s'ouvrir. Les mines de Bert n'ont
pas été exploitées jusqu'ici ; elles étaient entre
les mains de quelques propriétaires dont les
ressources privées n'ont pas pu suffire à une exploitation régulière. Mais, depuis peu de temps,
une compagnie puissante a pris possession de
cette exploitation et je sais que dernièrement
des recherches très-considérables ont été entreprises sur ce point et ont donné des résultats importants. J'appelle de nouveau l'attention
de l'Assemblée sur ces faits. Pour ces industries, le grand inconvénient d'établir le chemin sur la rive droite de la Loire, c'est que
la Loire est un obstacle insurmontable pour
amener ces produits au chemin de fer même
que vous allez construire.

On a bien dit qu'il existe un chemin qui va
des mines de Bert à la Loire. Oui, ce chemin
va à la Loire, mais la Loire n'en reste pas
moins comme obstacle pour arriver à la ligne
que vous voulez établir sur la rive droite.

M. Duréault. Il va au canal latéral qui est
du côté des mines.

M. Martenot. C'est ce que je dis. Mais
comment gagner le chemin de fer, si ses mines
ont des produits à y expédier ?...

M. Duréault. Le chemin, lui aussi, traverse
la Loire.

M. Martenot. Vous n'ignorez pas, en outre,
que, dans ce massif de montagnes
entre la Loire et l'Allier, des découvertes de
mines métalliques viennent d'être faites récemment. Je veux parler des mines de cuivre
sulfuré dont un filon vient d'être reconnu sur
une longueur de 8 kilomètres ; c'est un des
plus beaux gisements de mines métalliques
que je connaisse.

M. Duréault nous disait tout à l'heure que
le tracé du chemin de fer que nous vous pré-

posons sur la rive gauche serait parallèle à la ligne de navigation de la Loire.

Cela est certain; mais loin d'y trouver un inconvénient, nous y voyons un avantage considérable pour les transports et une garantie que le prix de ces transports ne dépassera pas les limites qui lui seront assignées par le prix de revient des transports par eau.

Nous voyons, en effet, que la concurrence des canaux maintient le prix des transports des chemins de fer dans de sages limites. Nous en avons un exemple dans la vallée même de la Seine par le canal de Bourgogne. Le jour où la canalisation de l'Yonne a été achevée, le prix des transports de tous les points situés au delà d'Auxerre se sont abaissés de 50 p. 100. Il en sera de même dans cette vallée de la Loire.

Si donc vous avez un chemin de fer auquel le canal puisse faire une certaine concurrence, vous êtes certains de ramener, dans l'avenir, les prix des transports dans de justes et sages limites.

Dans l'énumération des intérêts locaux que nous a faite notre honorable collègue M. Durault, il ne nous a pas parlé de l'intérêt d'une ville assez considérable, Moulins, le chef-lieu du département de l'Allier. Si le chemin de fer est établi sur la rive droite, Moulins, qui n'est situé qu'à une trentaine de kilomètres de Cercy-la-Tour, ne pourra plus dans l'avenir le joindre que par une dépense jusqu'à la Loire, et on opposera sans cesse cette dépense à un chemin d'intérêt local. Dans notre système, au contraire, vous auriez une communication directe de Moulins avec Autun. Je ferai observer en même temps que la ville de Bourbon-Lancy, qui est située presque sur le bord même de la Loire, est desservie aussi bien par une rive que par l'autre; car la route nationale qui, partant de Moulins, passe à Chevagne et s'en va à Dijon, passe à Bourbon-Lancy; par conséquent, le pont établi sur la Loire servirait parfaitement à la desserte d'une ville comme Bourbon-Lancy; un omnibus allant à tous les trains donne satisfaction à tous les besoins et à tous les intérêts.

Je n'insisterai point sur les conditions du tracé. Vous savez qu'aucune étude n'a été faite dans le département de l'Allier; c'est précisément cette étude que nous réclamons.

Mais il est bien certain que, rien que par l'examen d'une simple carte, vous pouvez acquérir la conviction qu'une ligne établie dans une vallée comme celle de la Loire ne peut présenter comme déclivité aucune espèce d'obstacle.

Il y a plus : c'est que le chemin est par là infiniment plus court, par la raison toute simple qu'à fait valoir l'autre jour notre honorable collègue M. le général Guillemaut, à savoir que la ligne droite est toujours plus courte que la ligne brisée. Il y a donc de ce chef une économie véritable à réaliser dans la construction.

Maintenant, quant aux intérêts de la rive droite, je suis très-loin de les méconnaître. Est-il vrai que par la rive gauche les sacrifie tous ? Je ne le crois pas

On nous a parlé tout à l'heure de l'intérêt agricole. Je vous ferai d'abord remarquer qu'il est le même sur les deux rives; les bœufs s'élèvent aussi bien sur la rive gauche que sur la rive droite. De plus, vous y avez déjà accès, puisque Paray-le-Monial a une ligne, et que les bœufs qu'on y embarquera peuvent parfaitement la suivre jusqu'à son point d'intersection avec la ligne proposée.

Je vous ferai encore remarquer que différentes lignes sont à l'étude précisément pour le service des intérêts dont a parlé M. Durault.

Ainsi vous avez aujourd'hui à l'étude, et même concédée, la ligne qui va de Roanne à Cluny. Or, cette ligne ne passe qu'à quelques kilomètres de Paray-le-Monial. Je ne vois donc aucune difficulté à ce que ce chemin local qui est reconnu d'utilité publique soit joint par une construction de quelques kilomètres à Paray-le-Monial.

En outre, vous avez à l'étude un chemin qui a fait également un certain bruit, celui de Givors à Paray-le-Monial.

Enfin, vous en avez un troisième qui est demandé par le département de l'Allier, et qui va des mines de Saint-Eloi, dans le Puy-de-Dôme, à Paray-le-Monial.

Vous le voyez donc, voilà cinq à six chemins qui, avec ceux qui existent déjà, aboutiront à Paray-le-Monial : il me semble que c'est beaucoup de lignes pour un seul pays.

Je pense qu'avec notre proposition tous les intérêts seront suffisamment desservis, tandis que, je le répète, si vous faites passer votre chemin de fer à Paray-le-Monial, non pas en suivant exactement la rive droite de la Loire, mais en l'en écartant notablement, vous privez toute une contrée des avantages du nouveau chemin de fer.

Le chemin de fer situé sur la rive droite, et qui était uniquement placé dans le département de Saône-et-Loire, n'a pu être mis aux enquêtes dans le département de l'Allier; la commission et l'administration n'ont pas pu être éclairées sur les besoins des localités qui qui n'ont pas été entendues. Nous demandons purement et simplement que ce chemin soit mis aux enquêtes dans le département de l'Allier, et que, dans ces conditions, l'Assemblée veuille bien renvoyer le projet à M. le ministre, qui fixera lui-même le tracé, après avis du conseil d'Etat. (Approbation sur divers bancs. — Aux voix ! aux voix !)

M. Caillaux, *ministre des travaux publics.* Messieurs, le Gouvernement vous a proposé de comprendre dans la convention qu'il a passée avec la compagnie de Paris à Lyon et à la Méditerranée, et qui est soumise, en ce moment, à votre examen, une ligne partant de Roanne et aboutissant à Paray-le-Monial de manière à faire suite, d'un côté, au chemin de Saint-Etienne à Roanne, de l'autre, à celui de Paray-le-Monial à Chagny. On vous demande, en ce moment, d'y substituer une ligne allant de Roanne à Gilly-sur-Loire, par la rive gauche de la Loire, ou plutôt dans le but d'obtenir un jour cette substitution, ou vous propose, en réalité, de ne pas prendre de décision, de laisser la question sans solution. On vous propose, en effet, simplement, de faire des études pour en soumettre ensuite le résultat à une nouvelle enquête ; de telle sorte qu'il s'écoulera peut-être deux années encore avant que vous soyez mis en état de prononcer.

Pendant tout ce temps on restera privé de

chemins de fer sur la rive droite comme sur la rive gauche de la Loire. Ce sera l'effet le plus certain de l'amendement de l'honorable M. Martenot si vous l'adoptez.

Nous vous proposions, au contraire, de prendre une résolution immédiate et de déclarer d'utilité publique la ligne de Roanne à Paray-le-Monial, ce qui donne, dès à présent, satisfaction à de très-grands intérêts sans empêcher, d'ailleurs, de faire les études demandées par notre collègue pour l'établissement d'un autre chemin de fer correspondant à la ligne de Gilly-sur-Loire à Cercy-la-Tour, et y faisant suite par la rive gauche de la Loire, comme pourrait être celui qui, de Gilly-sur-Loire, irait à Saint-Martin-d'Estreaux, traversant un espace non desservi et donnant peut-être plus entière satisfaction aux intérêts défendus par M. Martenot.

J'espère, par ces motifs, que l'Assemblée n'hésitera pas à voter le projet qui consiste à établir une ligne sur la rive droite de la Loire, de Roanne à Paray-le-Monial, suivant le tracé qu'a présenté le Gouvernement et que je soutiens en son nom.

Mon honorable ami, M. Duréault, vous a fait connaître en excellents termes, et assurément de la façon la plus complète et la plus claire, tous les avantages qui s'attachent à l'exécution de ce projet. Je n'en rappellerai que deux qui sont de nature à frapper vos esprits et sur lesquels je crois devoir insister.

La ligne de Roanne à Paray-le-Monial a pour objet de compléter une grande ligne partant de Saint-Étienne, passant par Roanne, passant près du Creuzot, et allant à Dijon par Chagny. Elle est surtout destinée au transport des houilles dirigées du bassin de Saint-Étienne sur le Creuzot, ce grand établissement national, comme l'a si bien appelé M. Duréault, et à servir par suite à dégager les lignes de Saint-Étienne à Givors, Lyon et Mâcon. Ces avantages s'appliquent également à tous les autres transports de houilles, de marchandises et de bestiaux qui se dirigent des mêmes contrées vers l'Est.

Permettez-moi, messieurs, de vous rappeler quelle est l'origine même du projet soumis en ce moment à vos délibérations, quel a été son point de départ, quel est le but principal signalé par votre commission des chemins de fer, but que nous avons voulu atteindre en nous conformant à ses indications, et que nous atteindrons, j'espère, si vous votez le projet de loi.

Ce sont les difficultés d'exploitation qui se sont produites en 1871, après la guerre, sur nos grandes lignes de chemins de fer, qui ont rendu manifeste la nécessité de dégager quelques-unes des parties les plus chargées de la grande ligne de Paris à Lyon et Marseille, et de construire des lignes accessoires sur lesquelles on puisse reporter une partie des transports qui, à certaines époques, peuvent l'encombrer. C'est ainsi que nous avons proposé et que vous avez déclaré d'utilité publique une ligne du Theil à Nîmes et de Nîmes à Montpellier, afin d'avoir sur la rive droite du Rhône une seconde ligne indépendante de celle de la rive gauche, qui demeurera entièrement au service des transports de Marseille à Lyon.

Si nous vous demandons aujourd'hui, messieurs, de voter la déclaration d'utilité publique pour une ligne de Roanne à Paray-le-Monial, c'est encore dans le but de dégager la ligne de Dijon à Lyon des transports de houilles et de bestiaux qui peuvent l'encombrer.

Par tous ces motifs, j'ai lieu d'espérer que vous voudrez bien adopter le tracé présenté par le Gouvernement et repousser d'abord l'amendement de M. Martenot.

Je vous demanderai ensuite, messieurs, la permission de vous présenter quelques observations, au sujet des modifications que la commission a introduites dans le projet du Gouvernement et que je ne puis accepter.

M. le rapporteur. La commission se rallie au projet de M. le ministre sous le bénéfice des observations qu'il vient de présenter.

M. le ministre des travaux publics. Alors, je n'ai plus rien à dire; il ne me reste qu'à prier l'Assemblée de vouloir bien voter le paragraphe tel qu'il était formulé dans le projet présenté par le Gouvernement. (Approbation sur plusieurs bancs.)

M. Martenot. Je prends acte des déclarations de M. le ministre, et je retire l'amendement.

M. le président. En cet état, il ne reste plus, avant de mettre aux voix la proposition du Gouvernement, qu'à statuer sur un amendement présenté par MM. Boullier, de la Loire, et Cherpin, tendant à ce que dans le paragraphe 16, au lieu de « Roanne-le-Coteau, » on dise simplement « Roanne. »

M. Césanne, rapporteur. La commission accepte cette modification.

M. le président. Je vais donc mettre aux voix le paragraphe 16 dans les termes suivants :

« De Roanne à Paray-le-Monial. »

(Le paragraphe 16, ainsi modifié, est mis aux voix et adopté.)

« 17° De Gilly-sur-Loire à Cercy-la-Tour. » — (Adopté.)

« 18° D'Avallon à Dracy-Saint-Loup, près Autun, par Saulieu. » — (Adopté.)

M. le président. Avant de mettre en délibération le paragraphe 19, je donne la parole à M. Duclerc, pour faire un rapport d'urgence au nom de la commission du budget de 1875.

M. Duclerc. Messieurs, dans la séance de samedi dernier, l'honorable M. Depeyre, avec l'assentiment et le concours des représentants de la région ravagée par les inondations, a présenté une proposition de loi tendant à ouvrir un crédit de 2 millions au ministre de l'intérieur, sur l'exercice 1875, pour secours à donner aux victimes du fléau.

L'urgence ayant été décrétée, la commission du budget de 1875 s'est réunie ce matin et, à l'unanimité, elle a approuvé la proposition.

Mais avant de venir devant vous pour vous en proposer l'adoption, elle a pensé qu'il convenait de connaître les intentions du Gouvernement. La réponse a été que le conseil des ministres délibérait et qu'il apporterait sa décision à l'ouverture de la séance.

Vous avez entendu M. le garde des sceaux, et vous appréciez comme nous la gravité des motifs qui ne permettent pas au Gouvernement d'exercer, aujourd'hui, l'initiative qui lui appartient.

Le Gouvernement accepte, d'ailleurs, le crédit de 2 millions, qui viendra s'ajouter à celui que vous avez déjà voté sur sa demande, à la première nouvelle du désastre; et nous vous prions de le voter.

Vous voudrez, en même temps, messieurs, adresser les remercîments du pays à tous les gens de cœur qui, partout, se sont dévoués pour le salut de leurs semblables et dont un trop grand nombre ont payé de leur vie leur dévouement... (Très-bien! très-bien!), à cette noble armée qui, du Maréchal au simple soldat, a si vaillamment fait son devoir. (Très bien! très-bien!)

M. le président. Le rapport sera imprimé et distribué.

De divers côtés. Aux voix! aux voix! — Immédiatement!

M. le président. L'Assemblée entend-elle délibérer immédiatement? (Oui! oui!)

Je donne lecture des articles du projet de loi tel qu'il est présenté par la commission du budget :

« Art. 1er. — Il est accordé au ministre de l'intérieur, sur l'exercice 1875, un crédit extraordinaire de 2 millions pour secours à donner aux victimes des inondations. »

Ce crédit sera inscrit au chapitre 19 du budget du ministère de l'intérieur (Secours à des établissements et institutions de bienfaisance). »

(L'article 1er est mis aux voix et adopté.)

« Art. 2. — Il sera pourvu à cette dépense au moyen des ressources générales du budget de 1875. » — (Adopté.)

M. le président. Il va être procédé au scrutin sur l'ensemble du projet de loi.

(Le scrutin est ouvert et les votes sont recueillis.)

M. le président. Voici le résultat du scrutin :

Nombre des votants............ 675
Majorité absolue.............. 338
Pour l'adoption........ 675
Contre......?....... 0

L'Assemblée nationale a adopté.

Nous reprenons la discussion.

Je donne lecture du paragraphe 19 :

« De Filay, près Malesherbes, à la ligne de Moret à Montargis, près Bourron. »

La parole est à M. Tolain.

M. Tolain. Messieurs, lors de la discussion générale sur le projet de loi, je me suis permis de faire observer à l'Assemblée que, pour cette petite section de 24 kilomètres, qui n'est pas finie, de Briare à Nemours, on allait établir une concurrence à la ligne d'Orléans à Chalon. J'avais fait remarquer que cette ligne avait reçu de l'État une subvention de 24 millions, et que la concurrence terrible de cette petite section allait lui porter un coup funeste. Comment se fait-il que l'État, après avoir donné 24 millions de subvention, se crée ainsi à lui-même une concurrence dont l'utilité ne me paraît pas démontrée?

Il y a deux arguments qu'on peut m'opposer. Ainsi, l'on me dira que, dès aujourd'hui, la concurrence peut être faite à la ligne d'Or-

léans à Chalon en faisant passer les marchandises pour Paris et Lyon par le transit de ceinture.

Cela prouve quels sont les agissements ordinaires des grandes compagnies quand elles ont en face d'elles des compagnies secondaires. Ces moyens, je vous les ai déjà signalés, et vous voyez qu'ils se vérifient d'une façon trop prompte et qui ne se cache même pas.

Il est évident qu'aujourd'hui on peut tuer une ligne secondaire en dirigeant les marchandises sur une autre ligne, par le moyen du transit.

Il y a un autre argument : la ligne d'Orléans à Chalon se désintéresse de la question; elle dit que cela lui est absolument indifférent.

Je crois que si cette compagnie est devenue indifférente, c'est que des compensations lui ont été, je ne dirai pas accordées, mais promises; car il n'est pas possible qu'une compagnie, de gaieté de cœur, abandonne un transit considérable.

Je crois donc que des compensations lui ont été promises. Et je vous signale ce fait, qui est l'habitude, l'usage des grandes compagnies, c'est de créer aux compagnies secondaires une concurrence telle, que, à un moment donné, elles sont obligées ou de céder ou de se vendre à la compagnie qui leur a fait concurrence.

Je me contente très-rapidement de vous indiquer le fait.

M. Caillaux, *ministre des travaux publics.* Je déclare qu'aucune compensation n'a été promise à la compagnie d'Orléans à Chalon.

M. Tolain. Nous verrons dans six mois!

M. le rapporteur. Messieurs, je pourrais, pour répondre à notre honorable collègue M. Tolain, me livrer à de longs développements sur les rapports réciproques des compagnies; mais je crois véritablement pouvoir dire d'un mot à l'Assemblée, d'abord que la compagnie d'Orléans à Chalon n'a élevé aucune réclamation sur la concession de l'embranchement en question; en second lieu, que la concession de ce petit embranchement ne change rien du tout à la situation réciproque des grandes compagnies d'Orléans à Chalon et de Lyon à Paris; en troisième lieu, que cette ligne est réclamée par M. le ministre de la guerre comme lui donnant des facilités nouvelles et considérables pour effectuer des mouvements de troupes dans la direction de l'Est.

Je crois que l'ensemble de ces raisons doit vous suffire. (Très-bien! très-bien!)

M. Cochery. Les populations réclament ce chemin de fer depuis dix ans!

M. le président. M. Lepère propose, par amendement, de substituer au paragraphe, tel qu'il est rédigé par la commission, celle du projet primitif du Gouvernement, ainsi conçue :

« De Briare près Malesherbes à la ligne de Moret à Montargis à ou près Nemours. »

La parole est à M. Lepère.

M. Lepère. Messieurs, je viens vous présenter un amendement dégagé de toute préoccupation électorale, car je suis absolument étranger aux pays que doit traverser l'une ou l'autre des deux lignes dont les projets vous sont soumis. Je puis ajouter que le projet indiqué dans mon amendement n'émane point de mon initiative personnelle. Il a de meilleurs parrains; il a les préférences de la compagnie

Paris-Lyon-Méditerranée et, — avantage plus précieux encore, — il a eu, s'il ne l'a plus encore, l'assentiment de M. le ministre des travaux publics.

En effet, le but de mon amendement est tout simplement de vous prier de revenir à la ligne que vous présentait M. le ministre des travaux publics dans le projet de loi qui a été soumis à la commission; je vous demande d'adopter le tracé de Briare-sur-Essonnes à Nemours, tel qu'il est indiqué en rouge sur la carte qui vous a été distribuée avec le projet de loi, au lieu du tracé qui consiste à faire partir la ligne de Filay près Malesherbes pour la conduire à Bourron, tracé que la commission a substitué à celui du Gouvernement.

Pourquoi la commission a-t-elle été conduite à substituer ce tracé de Filay-Bourron au tracé de la compagnie, au tracé qu'avait d'abord adopté M. le ministre des travaux publics, c'est-à-dire au tracé que je vous propose de reprendre, au tracé Briare-Nemours? A cet égard, le rapport est extrêmement réservé, et je crois m'apercevoir que mon véritable adversaire n'est ni M. le ministre des travaux publics, ni M. le rapporteur de la commission, mais un adversaire qui est en ce moment absent, M. le ministre de la guerre.

Quoi qu'il en soit, il s'agit de savoir quel est, des deux tracés qui vous sont soumis, celui qui vous adopterez de préférence comme ligne de raccordement des deux branches du chemin de fer du Bourbonnais.

De tout temps il a existé entre l'arrondissement de Fontainebleau et particulièrement la ville de Nemours d'une part, et l'arrondissement de Pithiviers, d'autre part, des relations commerciales importantes.

Le conseil général de Seine-et-Marne, frappé de l'importance de ces relations, au moment où il se préoccupait de créer des chemins d'intérêt local, avait, dans sa session d'avril 1875 adopté en principe une ligne d'intérêt local qui allait de Puiseaux à Nemours.

Or, Puiseaux est extrêmement rapproché de Briare, et je puis dire que c'était, en définitive, le tracé de Briare à Nemours, celui que je vous demande d'adopter, qui, au sein du conseil général de Seine-et-Marne, avait été considéré comme un tracé qui devait être immédiatement exécuté.

Le département du Loiret, de son côté, avait fait des concessions de chemins de fer d'intérêt local à une compagnie appelée la compagnie de Mieulle, et cette compagnie n'eut pas plus tôt connaissance de cette décision du conseil général de Seine-et-Marne, qu'elle se présenta immédiatement pour être concessionnaire de ce petit embranchement dont elle appréciait la valeur et qu'elle entendait relier aux chemins dont elle était concessionnaire dans l'arrondissement de Pithiviers.

Mais, à la session suivante, il s'est produit ce qui arrive souvent dans les conseils généraux et quelquefois ici, un conflit d'intérêts locaux. Il y avait, touchant au canton de Nemours, un canton dont le chef-lieu, la Chapelle-la-Reine, n'était point traversé par un chemin de fer il; n'était nullement nécessaire qu'il le fût; mais vous comprenez bien que le représentant de ce canton ne pouvait être de cet avis. La Chapelle-la-Reine parvint à inté-

resser à sa cause la ville de Fontainebleau, qui se flattait de l'espoir chimérique d'un troisième tracé, le tracé Filay-La-Chapelle-la-Reine-Fontainebleau. Bref, le conseil général de Seine-et-Marne a décidé que la ligne précédemment qualifiée de Briare à Nemours prendrait le nom de ligne de raccordement des deux branches du Bourbonnais, et que les nouvelles directions présentées en concurrence de celle de Briare-Nemours seraient étudiées comme l'avait été précédemment cette dernière ligne sous le nom de ligne de Puiseaux à Nemours, les divers projets comparatifs devant être soumis à l'enquête.

C'est alors que la compagnie de Lyon, voyant s'établir ce petit conflit entre des lignes sur lesquelles elle avait intérêt et compétence à donner son appréciation, s'est prononcée pour le tracé que je vous demande, celui de Briare à Nemours, et a demandé la concession. Elle a établi son projet. Elle a établi, en outre, sur la demande du Gouvernement, une étude de la ligne de Filay-Bourron. Mais elle a très-formellement déclaré qu'elle repoussait ce dernier tracé, dont l'exécution devait entraîner 2 millions de dépenses en plus que l'exécution du projet de Briare à Nemours. Cela n'est pas contesté, et je constate que M. le rapporteur de la commission aussi que M. le ministre me donnent en ce moment, sur ce point, des signes d'assentiment. Ainsi voilà qui est bien entendu, ce chemin que je propose d'adopter coûtera 2 millions de moins que celui de la commission.

Cependant qu'est-il arrivé à la commission d'enquête? Vous savez combien les intérêts locaux jouent un rôle important dans ces questions, et comment il arrive quelquefois qu'au sein des commissions ils sont inégalement représentés. La commission d'enquête a bien reconnu l'utilité publique du chemin de Briare-Nemours; mais pour l'utilité publique, au point de vue de l'intérêt général, elle a donné le pas d'abord à un tracé dont il n'est plus question, le tracé de Filay-Fontainebleau, et en second lieu à la ligne de Filay-Bourron. La question est venue devant le ministre des travaux publics; celui-ci ne s'est pas arrêté aux conclusions de la commission d'enquête, et il a eu bien raison; il s'est prononcé pour le tracé demandé par la compagnie de Lyon, qui était assurément le meilleur juge de la valeur des divers tracés, puisque, quel que fût celui qui serait adopté, il lui serait nécessairement concédé.

Mais lorsque le projet de loi vint devant la commission, tout à coup a surgi devant elle l'intérêt stratégique personnifié par M. le ministre de la guerre. Que peut bien être dans la question l'intérêt stratégique? Je n'ai trouvé, dans le rapport, aucune indication sur ce point.

M. le rapporteur. On ne pouvait pas traiter ce point de vue dans un rapport public.

M. le ministre des travaux publics. Il n'y avait pas d'inconvénient.

M. Lepère. J'ai questionné M. le rapporteur et j'ai appris que l'intérêt stratégique se réduisait à ceci — sur quoi il n'y a assurément aucun inconvénient à s'expliquer publiquement, — c'est que la ligne d'Orléans à Chalons et à Reims, par Filay-Bourron, est un peu plus directe qu'elle ne l'est par Briare-Nemours. En effet, si vous voulez bien examiner la carte que vous ont fait distribuer les habitants de Nemours, vous reconnaîtrez que la ligne Briare-Nemours est plus courte que la ligne Filay-Bourron, mais que pour aller de Briare à Orléans, il faudra remonter de Briare à Filay et redescendre ensuite sur Mangecourt; de sorte qu'au point de vue du développement total de la ligne Orléans-Chalon, il y a une différence de 9 kilomètres.

Mais c'est au point de vue de ce développement total de la ligne qu'il faut envisager cette différence de 9 kilomètres et non pas au point de vue de la petite ligne de raccordement qu'il s'agit de construire.

Or, qu'est-ce que c'est qu'une différence de 9 kilomètres sur l'étendue du chemin de fer qui va d'Orléans à Reims? C'est absolument insignifiant. S'il y avait à conduire à la frontière un convoi de subsistances militaires, que ce convoi arrivât cinq minutes plus tôt ou plus tard, il est évident que la question n'a pas d'importance.

C'est cependant la toute la question stratégique, et je me demande si véritablement une question de cette nature doit être dominante quand il s'agit d'un petit chemin de fer d'un développement de 20 kilomètres à peine, qui n'a qu'un caractère local. Je ne le crois pas; je crois que vous devez avant tout ici vous préoccuper de l'intérêt commercial, industriel, de l'entretien des courants commerciaux existants, de leur développement, et que pour trancher la question il faut uniquement se placer au point de vue du trafic et de l'intérêt des populations à desservir.

A ce point de vue, il n'y a pas de doute; si je reconnais que le tracé de Filay à Bourron traverserait un pays de production agricole sans doute, mais dont tous les produits viennent à Nemours qui est dans son rayon d'approvisionnement, mes adversaires ne sauraient me contester qu'à tout autre point de vue, et particulièrement au point de vue de l'industrie et du commerce, le pays traversé est une sorte de désert.

Dans l'hypothèse de ce tracé, il y aura une station à la Chapelle-La-Reine, petit chef-lieu de canton de 757 habitants, qui a une importance purement agricole, et qui, comme les petits villages qui l'entourent et qui sont d'ailleurs assez écartés, est tributaire de Nemours; la ligne aboutira à Bourron, petite ville de 1,200 habitants resserrée entre le Loing et la forêt de Fontainebleau, sans importance et sans extension possible. Au contraire, le chemin de Briare à Nemours traverse une contrée où la population est très-active, très-industrielle, très-dense; vous n'avez qu'à vous reporter à la carte, vous verrez que le tracé rencontre trois communes assez importantes et autour desquelles sont groupés un grand nombre d'autres villages. Dans cette contrée il y a beaucoup d'usines, d'établissements industriels et, si vous vous reportez à la notice de la carte qui vous a été distribuée, vous verriez que Nemours, qui, par sa position centrale et par l'importance de ses marchés, est véritablement le centre topographique et commercial de l'arrondissement de Fontainebleau, a, non pas seulement comme Bourron 1,200 ha-

bitants, mais 3,990, autant dire 4,000, et qu'il s'y traite des affaires considérables; qu'il possède dans son sein et tout autour de lui des usines assez importantes dont vous pouvez lire la nomenclature: tanneries, huileries, sable de verrerie; — il s'en fait des transports considérables dans les pays même les plus éloignés, — bois, charbons, grains, farines, fers, vins, eaux-de-vie, etc. En un mot, le commerce et l'industrie y sont aussi étendus qu'ils le sont peu sur le parcours du tracé Filay-Bourron; cela n'est pas contestable et ne sera pas contestée.

Je vous demande dès lors, messieurs, si, lorsque vous avez à vous préoccuper de ce petit chemin de fer de 20 kilomètres, vous ne devez pas étudier la question de trafic local, vous rendre compte des produits et des courants commerciaux du pays et choisir, de préférence au tracé qui est complètement en dehors du courant commercial et industriel, celui qui, suivant ce courant, ne fera que l'accroître et le développer.

C'est sur ces considérations que je m'appuie pour vous demander d'adopter mon amendement, et j'ose espérer que M. le ministre des travaux publics et M. le rapporteur de la commission ne lui feront pas une guerre acharnée. Il aurait d'ailleurs, s'il était adopté, cet avantage que, comme le tracé que je vous propose coûterait 2 millions de moins que celui que présente la commission, on pourrait trouver dans le vote de ce tracé une compensation à quel que autre vote qui nécessitera sans doute de nouveaux pourparlers avec la compagnie de Lyon. Dans ces pourparlers mon amendement, s'il était adopté, serait d'une valeur de 2 millions, ce qui n'est pas à dédaigner, et c'est une considération de plus pour vous décider à l'adopter. (Très bien! très-bien! sur plusieurs bancs.)

M. le rapporteur. Il est très-exact, ainsi que vient de le dire notre honorable collègue M. Lepère, que le premier projet présenté par le Gouvernement, d'accord avec la compagnie, indiquait une ligne allant à Nemours. La compagnie avait cherché à réunir les deux grandes lignes qui aboutissent à Paris par le trait-d'union le plus court et le meilleur marché. Ce projet a été mis à l'étude. Il a été examiné au point de vue stratégique par le ministre de la guerre, au point de vue technique par le conseil général des ponts et chaussées, au point de vue local par la commission d'enquête nommée dans le département de Seine-et-Marne.

Eh bien, la commission d'enquête, qui est le meilleur juge des intérêts locaux, puisqu'elle les met tous en balance, a réclamé la modification de tracé que nous vous proposons. M. le ministre de la guerre et le conseil général des ponts et chaussées l'ont réclamé également. En présence de cet accord si remarquable entre les intérêts généraux et les représentants officiels et attitrés des intérêts particuliers, il était impossible à votre commission de ne pas accepter ce que l'on peut chercher à faire prévaloir le tracé nouveau.

Mais il y avait un obstacle: ainsi que vient de le dire M. Lepère, le nouveau tracé est plus long que l'ancien, comme voie nouvelle à construire, tout en étant plus court comme parcours total soit pour les voyageurs, soit pour les marchandises; par conséquent, il imposait à la compagnie une charge plus considérable. Or, messieurs, n'oubliez pas que, dans cette concession, il y a 755 kilomètres à construire pour lesquels l'Etat ne donne rien ; la compagnie a toutes les charges ; il fallait donc imposer à la compagnie une surcharge de 2 millions, et il était possible qu'elle s'y refusât. Nous avons demandé, dans notre premier rapport, à M. le ministre de négocier avec la compagnie, afin d'obtenir d'elle cette modification du tracé ; elle y a consenti. En présence des témoignages qui se sont produits dans l'enquête, M. le ministre a bien voulu adhérer lui-même au changement. Sans doute il ne repousserait pas l'amendement de M. Lepère qui reprend l'ancien tracé, mais, en présence des négociations avec la compagnie qui ont abouti à la modification de tracé, je demande à l'Assemblée de voter le paragraphe tel qu'il est présenté par la commission. (Aux voix ! aux voix !)

M. Lepère. Mon amendement n'attaque pas la convention ; au contraire, il la favorise.

M. le président. Je mets aux voix l'amendement de M. Lepère.

(L'amendement, mis aux voix, n'est pas adopté.)

M. le président. Je mets aux voix le paragraphe 19 :

« De Filay, près Malesherbes, à la ligne de Morat à Montargis, près Bourron. »

(Ce paragraphe est mis aux voix et adopté.)

« 20° — De Gap à Briançon, et prolongement jusqu'à la frontière d'Italie, dans le cas où le Gouvernement italien assurerait le raccordement, sur son territoire, dudit chemin avec la ligne de Turin à Bardonnèche. »

M. le président. Il y a sur ce paragraphe un amendement de M. Jean Brunet.

Je ferai observer que cet amendement ayant été déposé au cours de la délibération, il est soumis à la prise en considération.

En voici les termes :

« Une ligne partant de la rive gauche du Rhône, entre Montélimart et Viviers, pour rejoindre la vallée de la Durance, en se dirigeant sur Embrun, Mont-Dauphin, Briançon et la frontière d'Italie.

« Subsidiairement un embranchement partant en aval d'Embrun, pour pénétrer dans la vallée de Barcelonnette jusqu'à la frontière d'Italie. »

La parole est à M. Jean Brunet, pour le développer sommairement.

M. Jean Brunet. Je ne puis m'empêcher de faire observer que dans des discussions aussi importantes et aussi compliquées, notre jurisprudence parlementaire a l'inconvénient fâcheux de venir changer la position des orateurs qui ont à discuter des questions importantes.

Ainsi, M. le ministre des travaux publics ayant fait décréter la déclaration d'urgence, mon amendement qui, sans cette déclaration, eût eu le droit d'être développé, soumis à la discussion et voté, est simplement réduit à la prise en considération ; de telle sorte qu'une question d'une importance considérable se trouve exposée à être à peine indiquée à l'As-

semblée et à être rejetée, sans avoir été élaborée et approfondie.

M. Léopold Faye. Vous aurez cet avantage de n'avoir pas de contradicteurs.

M. Jean Brunet. Je ne redoute pas les contradictions, mais je tiens au fond et à la loyauté des questions, et j'entre en matière.

Parmi les vingt lignes sur lesquelles on appelle votre délibération, il n'en est aucune dont l'importance et la gravité puissent être comparées à cette ligne que la commission présente simplement comme étant la ligne de Gap à Briançon. Or, dans cet énoncé, la commission et. le Gouvernement paraissent n'avoir vu qu'une faible partie de la grande question, car il s'agit en réalité d'établir un chemin destiné à être une des lignes capitales de la France, tant au point de vue des communications internationales entre la France et l'Italie, que des intérêts militaires les plus graves, que des principes d'équité sociale et nationale envers une portion du territoire qui a été complétement oubliée et sacrifiée jusqu'à présent.

Oui, messieurs, pensez y bien, nous avons en France des contrées qui se ruinent et se dépeuplent de plus en plus, alors qu'elles seraient une des parties les plus fécondes et les plus satisfaisantes de la France, si elles étaient dotées, protégées et mises en culture d'une manière convenable et équitable.

Vous voyez donc, messieurs, qu'il y a là une question capitale, et je vous prie, en conséquence, de vouloir bien me prêter votre attention la plus sérieuse sur les quelques considérations que je me propose de vous indiquer.

La commission formule ainsi sa proposition : « Un chemin de Gap à Briançon. » Or, messieurs, il y a dix-sept ans que cette ligne a été votée ; il y a dix-sept ans que la compagnie Paris-Méditerranée est chargée de l'exécuter. Comment se fait-il que rien n'ait été encore exécuté ? Je ne veux pas entrer dans l'exposé des combinaisons politiques et autres qui ont amené cette négligence déplorable, et je me borne à constater ceci : rien n'a été fait jusqu'à présent, et nous , la France, dont les relations avec l'Italie sont appelées à avoir constamment une importance considérable, tant au point de vue commercial qu'au point de vue social et au point de vue militaire, nous nous endormons dans un état d'infériorité, de négligence et de nullité déplorables et désastreuses. Remarquez, en effet, messieurs, que nous croupissons dans cette situation dans toute la chaîne des Alpes qui, depuis Thonon sur le lac de Genève jusqu'à Menton sur la Méditerranée, dans un développement de plus de 500 kilomètres, nous n'avons qu'une ligne de communication réelle par le mont Cenis, et après, nous ne possédons que quelques fragments de lignes secondaires qui n'arrivent pas à la distance de 100 kilomètres de notre frontière. Est-ce une position tenable pour une grande et active puissance , surtout lorsqu'en face nous avons l'Italie, avec ses 28 millions d'habitants, qui compte, du côté opposé de ces mêmes Alpes, jusqu'à huit têtes de lignes de chemins de fer dirigées vers la France?

Eh bien, messieurs, je vous le demande, une pareille situation ne nécessite-t-elle pas des mesures immédiates et énergiques? Oui, quels que soient les sacrifices, agissons de suite, si nous ne voulons pas abdiquer notre situation et nos devoirs de grande nation.

La commission fait bien ressortir jusqu'à un certain point, l'importance de certaines parties de ces lignes, mais elle vous demande seulement de comprendre dans vos décisions actuelles la ligne de Gap à Briançon et d'ajourner dans des conditions tout à fait éventuelles l'exécution du prolongement de cette ligne jusqu'à la frontière d'Italie.

Voilà dix - sept ans que nous attendons. Pouvons-nous rester dans cette position? Non ; ce que je vous demande consiste donc en ceci : c'est, en même temps que vous décréterez la ligne de Gap à Briançon, de décréter l'exécution de la ligne de Briançon à la frontière d'Italie. Agissons d'abord, et, pendant le travail, on se mettra en rapport avec le gouvernement italien pour convenir avec lui du tunnel à faire à travers les Alpes pour aller rejoindre la ligne du mont Cenis. Les études sont faites ; c'est un tunnel dont la longueur totale n'irait pas à 5,000 mètres et d'autant plus faisable que vous vous rappelez que les tunnels du mont Cenis et du Saint-Gothard présentent des longueurs au moins triples de celle-là.

Il y a donc, messieurs, dans cette approche immédiate de la frontière italienne une question capitale et d'une exécution facile, et serait vraiment inouï qu'en présence de cette négligence qui, jusqu'à présent, a porté nos gouvernements à perdre de vue, abandonner et sacrifier les plus grands intérêts de la France, vous ne songiez pas à la nécessité de remédier à cet abus et de décréter immédiatement la création de cette ligne d'une importance si grande. (Très-bien!!)

Mais, messieurs, approfondissons un peu plus cette question des communications internationales. Voici d'autres observations que j'ai à vous soumettre.

Le grand intérêt de la communication la plus rapide entre la France et l'Italie, et en même temps les grands intérêts militaires qui réclament l'exécution de cette ligne, ne doivent pas embrasser seulement la ligne prolongée de Gap à Briançon, vers le mont Genèvre par exemple. Remarquez en effet que cette grande communication aboutirait en Italie à peu près au même point où aboutit la communication du mont Cenis. Il y aura évidemment là un grand avantage, puisque, dans le cas d'un obstacle qui se produirait dans le tunnel du mont Cenis, — ce qui s'est déjà présenté — nous serions sûrs d'avoir toujours en réserve une communication libre.

Mais, messieurs, cela ne saurait nous suffire. Il faut établir, indépendamment de cette communication, d'autres passages à travers les Alpes pour l'ensemble des relations de paix ou de guerre entre la France et l'Italie. Se restreindre à un seul point, sur cette grande chaîne de montagnes, qui va depuis le mont Cenis jusqu'à la Méditerranée, serait s'exposer à être arrêté et empêché par des obstacles ou des résistances accumulées. Donc, il faut absolument que la France puisse établir d'autres points de passage. C'est pourquoi, dans mon amendement, outre la ligne de Gap à Briançon, prolongée vers le nord jusqu'au mont Cenis, je demande que, au sud, sur le chemin de fer de la Durance, et en suivant la vallée de l'Ubarje ou la vallée de Barcelonnette, on soude un chemin qui conduira à un autre passage des Alpes, par le col de la Madeleine ou par ailleurs. Ce passage ouvrira des débouchés sur le Piémont, la Lombardie et la Ligurie, et donnera la ligne la plus directe entre la frontière française et la grande ligne du cours du Pô, qui est la vraie, la plus courte pour aller de France à l'Adriatique.

Cette double communication au centre de notre frontière des Alpes aura, au point de vue militaire, une importance capitale, et, pour vous la faire toucher du doigt, permettez-moi de vous rappeler ce qui s'est passé lors de la guerre d'Italie de 1859.

Quand nous avons dû entrer immédiatement en Italie pour prendre la défense contre l'armée autrichienne, qui l'avait envahie et qui, avec de l'activité énergique, eût pu s'emparer de tous les passages des Alpes, nous nous trouvions privés de toute voie rapide et directe de concentration et de marche, obligés, d'un côté, d'accumuler nos colonnes sur la seule route du mont Cenis, obligés, d'un autre côté, de faire des détours considérables pour aller débarquer vers Alexandrie. Nous étions donc réduits à cheminer lentement en parcourant un immense cercle, pour déboucher en face d'une forte armée qui pouvait nous arrêter soit au mont Cenis, soit aux Apennins. Il nous manquait des communications centrales.

Or, les points de passage que je vous signale par Briançon et Barcelonnette constituent le grand faisceau de ces communications militaires. C'est, en effet, le passage le plus direct et le plus concentré pour aboutir dans la péninsule italienne.

C'est par ce point qu'à toutes les époques de notre histoire les armées françaises ont trouvé le moyen de pénétrer en Italie ; c'est par là qu'Annibal, revenant d'Espagne, fit passer sa formidable armée.

Soyez-en bien convaincus, messieurs, ces positions présentent une telle importance au point de vue topographique et militaire, qu'il faut absolument les occuper fortement par des voies larges et rapides, si l'on veut assurer à nos armées les vrais moyens de relations et de concentrations, soit pour nous faciliter le passage en Italie, soit pour nous opposer rapidement aux armées étrangères qui tenteraient, par ces passages, d'envahir la France.

Rappelez-vous, messieurs, sans vouloir parler des projets qui ont pu exister de notre temps, rappelez vous que cette invasion de la France par les Alpes s'est opérée à toutes les époques : souvenez - vous surtout que, sous Louis XIV, le prince Eugène de Savoie eût envahi la France, précisément par les passages que je vous signale, occupé les vallées qui aboutissent à la Durance, et que, sans des luttes terribles, la France, de ce côté-là, eût été non-seulement envahie, mais encore démembrée en faveur des ducs de Savoie.

Occupons-nous donc de ce point central des Alpes, d'autant plus qu'en ce moment, nous y possédons toute une série de postes fortitiés qui sont un peu en l'air. A la tête de ces postes est la place forte de Briançon, qui est classée de première classe, et pour laquelle vous avez voté des fonds, afin d'agrandir et de rendre plus solides ses fortifications.

Dans la vallée de Guil, qui prolonge directement la vallée de la Durance, nous avons le fort de Queyras; dans la vallée de Barcelonnette, nous avons le fort de Saint-Vincent; enfin, entre ces deux vallées, y a les positions considérables de Tournoux, où depuis vingt-cinq ans on essaye d'établir des forts, auxquels on finira sans doute par donner des constructions solides et durables.

Sans doute au nord, vers Grenoble, et au sud, vers Digne, il y aura des passages et des positions dont il faut s'occuper; mais c'est surtout dans le massif central que je vous signale que se trouve une position militaire de premier ordre; il est donc indispensable que vous puissiez y porter vos forces militaires par les moyens les plus rapides, et par conséquent que vous y décrétiez des chemins de fer immédiats.

Une autre grande considération à faire valoir à l'appui de mon amendement, c'est que toutes ces contrées, la vallée de la Durance et la chaîne des Alpes, contrées admirables, situées sous des influences climatériques qui sont supérieures à celles de cette Italie qui nous fait face et où l'agriculture est si prospère, toutes ces contrées, dis-je, sont tellement ravagées par la puissance des éléments naturels auxquels on les abandonne sans assistance, qu'elles tendent à devenir des déserts.

Oui, sous tous les gouvernements, on a montré une négligence coupable à ne pas remédier aux ravages et aux destructions terribles qui s'accumulent de plus en plus, en transformant le pays en lits rocailleux de torrents arides. Alors ces contrées perdent peu à peu leur territoire labourable et leur territoire pâturable, de telle sorte que les populations ne peuvent plus y vivre.

Aussi, nos deux départements des Alpes voient leur population tomber sans cesse : l'un compte à peine 125,000 habitants, l'autre 110,000; le dépeuplement va toujours en augmentant; et, par une ironie suprême, c'est pour cette cause de misère qu'on leur a refusé jusqu'à présent des chemins de fer!

Croyez-vous, messieurs, qu'il n'y ait pas là une faute d'une importance accablante qui accuse l'incurie, la négligence et l'iniquité de nos gouvernements envers ces populations? Car, enfin, est-ce que ces populations-là ne contribuent pas à toutes les charges publiques? Est-ce que ces populations ne payent pas comme les autres ce formidable impôt du sang? Et vous n'avez jamais rien fait pour elles; vous ne leur avez pas donné, depuis quarante ans que vous accumulez les chemins de fer dans les contrées les plus riches, vous ne leur avez pas donné encore un morceau de chemin de fer. (Bruit à gauche.)

M. le président. Veuillez faire silence, messieurs, et écouter l'orateur.

Un membre à gauche. Ses développements ne sont pas sommaires, comme le prescrit le règlement!

M. Jean Brunet. Permettez-moi de vous le dire, messieurs; je comprends qu'on ne veuille pas m'écouter, lorsque des questions de cette importance sont présentées à cette tribune; mais comme il est du devoir de l'Assemblée de parer le plus tôt et le plus sérieusement possible aux maux que je signale, croyez-moi, vous trahissez non-seulement votre mandat, mais les intérêts de la nation, en cherchant à étouffer ces débats. (Parlez! à droite!)

Je disais donc, messieurs, que je m'étonne vraiment que je sois du côté (l'orateur désigne la gauche) où on a l'air de prendre en main la défense des intérêts des malheureux et des inférieurs, comme on dit... (Très-bien! à droite), que lorsqu'un orateur vient ici à cette tribune, et sans aucune espèce d'intérêt et d'attache, plaider la cause des parties les plus sacrifiées, les plus malheureuses et les plus misérables de notre territoire, non-seulement on ne daigne pas l'écouter, mais que systématiquement on cherche à étouffer sa parole. (Très-bien! très-bien! sur plusieurs bancs à droite. — Parlez! parlez!)

Vous devez savoir, du reste, que je suis inaccessible à toutes ces attaques et que vous ne m'empêcherez jamais de remplir mon devoir. (Nouvelle approbation sur les mêmes bancs.)

Voix à gauche. Sommairement! Vous devez développer votre amendement sommairement!

M. Jean Brunet. Maintenant je viens de vous parler de la ligne qui fait face à l'Italie; mais il faudrait absolument aussi mettre cette ligne et ces contrées des Alpes en rapport avec le centre général de la France.

Or, jusqu'à présent, messieurs, ces rapports de communications n'existent qu'en partie très-faible; on peut même dire que toute la masse française sur la rive droite du Rhône est complètement en dehors de ces contrées alpestres.

Il faut donc faire un chemin de fer qui, tracé presque perpendiculairement à la ligne des Alpes et au cours du Rhône, tendrait à établir le plus directement possible les communications entre les Alpes avec la masse de votre France ; ce chemin partant de la vallée de la Durance irait à travers les petites montagnes qui sont placées entre la Durance et le Rhône, vers un point situé entre Montélimar et Orange. En étudiant, on trouvera place pour faire passer le chemin de fer le plus direct qui aboutirait sur le Rhône, le traversera, gravira les pentes de l'Ardèche, établira un tunnel à travers les Cévennes et communiquera directement avec les plateaux qui de Mende à Rhodez forment un des points capitaux de la France.

Je l'avoue, je suis très-étonné que, depuis si longtemps qu'on fait des chemins de fer en France, et que les gouvernements ont l'entière liberté, l'entière autorité pour décréter les lignes de chemins de fer, cette question capitale n'ait pas été appelée à l'attention de nos gouvernements et qu'ils n'aient pas senti la nécessité de faire des sacrifices pour percer la ligne des Cévennes et monter sur les plateaux du centre de la France.

La nouvelle grande ligne que j'indique par l'esprit de mon amendement est d'autant plus nécessaire que c'est là une vraie ligne internationale; car elle établit la communication la plus directe entre l'Espagne et l'Italie à travers la France. Par conséquent, nous avons là tous les avantages possibles pour nous assurer les positions dominantes sur un grand système de communications.

Cela posé, messieurs, vous voudrez bien remarquer que l'ensemble des lignes que la commission vous propose pour les Alpes n'est qu'un tronçon qui va de Gap à Briançon, et en même temps vous remarquerez que la commission donne une latitude de cinq à six ans à la compagnie Lyon-Méditerranée pour l'exécuter. De plus, sans paraître comprendre l'importance capitale et l'urgence d'aller franchement et fortement à la frontière d'Italie, elle vous dit : Le chemin de Briançon à la frontière d'Italie, c'est une concession éventuelle et subordonnée à la décision du gouvernement d'Italie.

Or, messieurs, voilà dix-huit ans que nous attendons la décision du gouvernement d'Italie, et pourriez-vous garantir le moment où vous obtiendrez désormais la décision que vous attendez encore ?

Mais, messieurs, ne nous préoccupons pas de ce que fera le gouvernement d'Italie, il est maître chez lui et il fait, lui, ce que nous négligeons de faire de notre côté, puisqu'il fait de tous côtés des chemins de fer allant à la frontière vers la France.

Comme je le disais, il a neuf lignes, et vous, vous n'en avez pas une. Croyez-vous, messieurs, que ce soit là une position digne de la France ?

Il faut donc sortir tout de suite de notre négligence et rentrer fermement dans l'exercice de notre droit et de nos garanties à l'égard de la nation. Par conséquent, décrétez d'ores et déjà que vos lignes de la Durance pousseront par deux points jusqu'à la frontière d'Italie en même temps qu'elles se rattacheront au centre de la France. C'est là votre devoir à vous, Assemblée constituante et souveraine; et si vous ne le faites pas, vous trahirez les plus grands intérêts de la France.

Je demande donc, puisque j'en suis réduit là, la prise en considération de mon amendement. (Aux voix !)

M. le président. Je consulte l'Assemblée sur la prise en considération de l'amendement.

(L'Assemblée, consultée, ne prend pas en considération l'amendement de M. Jean Brunet.)

M. le président Je mets aux voix le paragraphe 20 :

« De Gap à Briançon et prolongement jusqu'à la frontière d'Italie, dans le cas où le gouvernement italien assurerait le raccordement, sur son territoire, dudit chemin avec la ligne de Turin à Bardonnèche. »

(Le paragraphe 20, mis aux voix, est adopté.)

« 21° Une ligne prolongeant la ligne de Briançon à Gap jusqu'à la vallée du Rhône, soit vers Crest, soit vers un point à déterminer entre Valence et Avignon. »

M. Michel. Je demande la parole.

M. le président. La parole est à M. Michel.

M. Michel. Puisque le règlement ne m'a pas permis de prendre la parole sur l'amendement de l'honorable M. Brunet, je croirais manquer à tous mes devoirs si je ne saisissais l'occasion que m'offre la discussion de l'article 20 pour le remercier de l'initiative qu'il a prise. Je suis d'autant plus touché de ses efforts pour nos pauvres populations, qu'ils sont complétement désintéressés et servis par une compétence et une autorité auxquelles je me plais à rendre un éclatant hommage. (Très-bien ! très-bien ! à droite.)

Il me permettra pourtant d'adresser un double reproche à l'amendement qu'il a présenté : il est incomplet, et il fait surgir par la petite porte, sous la forme de conclusions subsidiaires, une question vitale pour le département que j'ai l'honneur de représenter, et capitale pour le pays entier, puisqu'elle intéresse nos frontières, et dont la solution, dès lors, s'impose à l'attention et aux consciences des membres de l'Assemblée.

Mon apparition à la tribune a un autre objet : celui d'expliquer les motifs qui n'ont pas permis aux députés des Basses-Alpes de s'associer à l'amendement de M. Brunet, ou d'en présenter un, en leur propre nom, qui eût été plus complet.

Nous avons pensé que l'amendement que nous aurions pu présenter aurait eu le sort de tous ceux qui ont déjà été soumis à l'appréciation de l'Assemblée, et nous aurions peut-être compromis de cette façon l'avenir de cette question. Du reste, nous ne pouvons pas nous dissimuler que, pour des questions aussi graves et aussi peu étudiées, ce serait trop présumer d'une Assemblée que de croire qu'on pourrait facilement lui faire accepter un amendement demandant des déclarations d'utilité publique, ou des concessions de chemins de fer sur un long parcours. Nous avons pensé qu'il serait préférable d'appeler sur ce point l'attention du Gouvernement. Au nom de mes collègues et au mien, j'adresse donc à M. le ministre non pas une question mais la prière de venir nous donner l'assurance que ces diverses questions feront l'objet de ses préoccupations. (Très-bien ! très-bien ! sur divers bancs.)

Il me serait facile, en discutant devant vous, au point de vue des prévisions du paragraphe 20, de démontrer devant l'Assemblée que, indépendamment du chemin qu'on propose, il en est un double qui devrait être fait en quelque sorte d'urgence: c'est, d'une part, le chemin qui conduirait du chef-lieu du département à la frontière d'Italie, par la vallée de Barcelonnette; de l'autre, celui qui compléterait depuis Digne jusqu'à Nice le chemin de ceinture des Alpes.

Je n'insiste pas, et je prie M. le ministre de vouloir bien venir nous dire ici que nous ne serons pas toujours oubliés. Ce sera un premier pas de fait vers la justice qui nous est due et qui, je l'espère, ne nous sera pas constamment refusée. (Très-bien ! — Aux voix !)

M. le président. La parole est à M. le ministre des travaux publics.

M. Caillaux, *ministre des travaux publics.* Messieurs, le Gouvernement n'a point attendu l'invitation qui vient de lui être adressée par l'honorable M. Brunet et qui est appuyée par l'honorable M. Michel. Il n'a pas manqué de se préoccuper des très-graves intérêts dont il vous a été parlé.

Depuis plusieurs mois déjà, des études ont été ordonnées pour l'établissement d'une ligne qui relierait directement la ligne actuelle de Gap à Briançon aux grandes lignes de la vallée du Rhône. Deux tracés principaux peuvent être étudiés ; l'un formerait le prolongement de l'embranchement de Livron à Crest et aboutirait à Asprec en passant par Die et suivant la route nationale n° 93 ; l'autre suivrait par la vallée qui passe par Nyons la route n° 94.

Le premier de ces deux tracés est celui qui se présente dans les conditions les plus favorables d'exécution.

Toutes garanties sont donc données à nos deux honorables collègues.

Les projets sont à l'étude, et, dès que l'un d'eux aura été arrêté par l'administration, il sera soumis aux enquêtes et il sera pourvu ensuite à son exécution, par les moyens que vous aurez assurés.

Les choses étaient en cet état, lorsque la commission a été saisie de l'amendement présenté par M. le général Chareton et ses collègues du département de la Drôme, et elle a été beaucoup plus loin que le Gouvernement en ajoutant le paragraphe 21 à l'article 1er du projet de loi, tel qu'il vous avait été présenté d'abord.

Ce paragraphe 21 comprend, en effet :

« Une ligne prolongeant la ligne de Briançon à Gap jusqu'à la vallée du Rhône, soit vers Crest, soit vers un point à déterminer entre Valence et Avignon. »

La commission a ainsi compris dans l'article 1er qui prononce la déclaration d'utilité publique un chemin qui n'est encore qu'à l'état d'étude. Je crois que cela est sans effet utile et qu'il suffisait d'insérer dans la convention l'article 11 qui s'y trouve et qui assure l'exploitation à la compagnie de Paris-Lyon-Méditerranée, au cas où le Gouvernement se chargerait de construire, dans le système de la loi du 11 juin 1842, une ligne destinée à mettre en communication directe la ligne de Gap à Briançon avec la ligne de la rive gauche du Rhône entre Valence et Avignon. »

Je crois, je le répète, que l'article 11 de la convention suffisait et que la déclaration prononcée le paragraphe 21 de l'article 1er est sans objet, puisqu'il faudra revenir devant l'Assemblée pour soumettre à son adoption un tracé définitif qui n'est encore qu'à l'état d'étude ou d'avant-projet. Mais la commission en a pensé autrement. Elle a pensé qu'il convenait, à cause du très-grand intérêt dont il s'agit, d'insérer dans l'article 1er une déclaration qui devra sans doute être confirmée par une loi postérieure, qui n'engage pas définitivement la question, mais qui est au moins une indication formelle de ce qui devra être proposé. Je ne fais aucune objection à ce que la rédaction soit maintenue. (Très-bien !)

Je ne combats pas la proposition de la commission, que je crois inutile mais qui, dans tous les cas, confirme le sentiment du Gouvernement sur l'importance d'une ligne dont l'exécution prochaine est indispensable.

Je me résume, messieurs, et je réponds à nos honorables collègues que, depuis plusieurs mois, la très-grave question qu'ils ont traitée est à l'examen de l'administration des travaux publics, qu'elle n'a point échappé à la sollicitude du Gouvernement, et qu'en réalité les études se font. Ces études sont difficiles, elles exigeront un long temps, mais elles sont en bonne voie, et nous les terminerons le plus tôt possible, comme nous y étions préparés avant d'y être invités et comme il est d'ailleurs de notre devoir de le faire. (Très-bien ! très-bien !)

M. le rapporteur. La commission est d'accord avec M. le ministre ; elle pense qu'en effet une nouvelle loi sera nécessaire pour rendre la concession définitive.

M. le président. Je mets aux voix le paragraphe 21.

(Le paragraphe 21 est mis aux voix et adopté.)

M. le président. Viennent maintenant trois amendements qualifiés par leurs auteurs d'articles additionnels, mais qui sont plutôt en réalité des paragraphes à ajouter à la suite de ceux que l'Assemblée a votés et qui renferment la nomenclature des chemins de fer déclarés d'utilité publique par l'article 1er. Si l'Assemblée ne délibérait sur ces amendements qu'après avoir adopté l'article 1er, il faudrait dans un article subséquent rouvrir une nomenclature laissée incomplète.

Il me semble donc plus naturel et plus régulier d'appeler l'Assemblée à se prononcer en ce moment sur ces amendements, puis, quand elle aura statué à leur égard, je mettrai aux voix l'ensemble de l'article 1er, comprenant la nomenclature des chemins de fer qui auront été déclarés d'utilité publique. (Marques d'assentiment.)

Je vais d'abord donner lecture de l'amendement qui a été présenté par MM. Henri Chareton, Malens, Chevandier, Bérenger, de Clercq, Madier de Montjau.

M. Chevandier. Cet amendement est retiré.

M. Malens. Le paragraphe 21 nous ayant donné satisfaction, nous avons retiré notre amendement.

M. le président. Un autre paragraphe additionnel est présenté par MM. Henri Vinay, Calemard de La Fayette, le général de Chabron, Malartre, le baron de Flaghac, le baron de Vinols, Théophile Roussel, de Colombet, le comte de Chambrun, Jamme, le baron Docazes, Daguilhon-Lasselve, Lecamus, l'amiral Jaurès, Lortal, le vicomte de Bonald, Delsol, de Valady, Sacase, Gatien-Arnoult, Humbert, Piou, le baron de Lassus, le comte de Brettes-Thurin, de Belcastel, le duc de Mortemart, de Saint-Victor, Guyot, Flotard, Millaud, Glas, Ducarre, Le Royer, Chavassieu, Reymond (Loire), Cherpin, de Sugny, Cunit, Boullier (Loire), Callet.

En voici les termes :

« Est déclarée d'utilité publique, en prolongement de la ligne de Saint-Étienne au Puy, une ligne directe du Puy à Mende, passant ou près Langogne, suivant l'ancienne route nationale n° 88, de Lyon à Toulouse. »

La parole est à M. Vinay.

M. Henri Vinay. Messieurs, les quarante signataires de l'amendement qui vous est présenté appartiennent à sept départements : le Rhône, la Loire, la Haute-Loire, la Lozère, l'Aveyron, le Tarn, la Haute-Garonne.

Il s'agit d'un intérêt sérieux, comme vous le voyez, puisque, outre les quarante signataires, tous les autres députés qui n'ont pas signé notre amendement, ont déclaré y adhérer.

Il s'agit en effet de donner satisfaction à un intérêt général en rétablissant par une voie ferrée les communications interrompues entre ces départements, communications qu'assurait autrefois la route nationale n° 88 de Lyon à Toulouse.

Cette route nationale est longée dans tout son parcours par la voie ferrée, excepté sur deux points : du Puy à Langogne, 42 kilomètres ; et de Langogne à Mende, 48 kilomètres : total, 90 kilomètres sur une ligne de 550 à 600 kilomètres.

M. le ministre des travaux publics. Et de Rodez à Carmeaux.

M. Henri Vinay. Oui.

Si on jette un coup d'œil sur la carte, on voit en effet qu'il y a un grand espace sans chemin de fer entre la Haute-Loire et l'Aveyron ; c'est le département de la Lozère, où il n'existe encore aucune voie ferrée.

Je sais bien que la création d'une voie ferrée dans les montagnes présente toujours certaines difficultés ; mais, outre l'intérêt qu'il y a à relier tous les chefs-lieux de département entre eux, les difficultés qui semblent résulter de la nature des lieux sont, d'après ce qui nous a été dit, plus apparentes que réelles. Les études, déjà commencées par l'État, établissent en effet qu'il est très-possible de traverser la Lozère dans la direction que nous demandons.

L'article additionnel proposé n'a pas pour but de modifier la convention actuelle de l'État avec la compagnie de Paris-Lyon-Méditerranée ; nous avons voulu simplement attirer l'attention du Gouvernement sur cette ligne qui est d'une grande importance. Elle en a d'autant plus, qu'elle est la seule voie de communication directe entre le Sud-Ouest et le Nord-Est, c'est-à-dire entre Toulouse et Lyon.

Si l'on veut aller actuellement du Midi de la France, de Toulouse, d'Albi, de Rodez, de Mende, vers le Puy, Saint-Étienne et Lyon, il faut remonter beaucoup plus haut, jusqu'à Clermont-Ferrand. La ligne directe parallèle à la route nationale n° 88 est donc indispensable ; elle a surtout un caractère stratégique digne de la plus haute attention. Ainsi, par rapport à l'importante place de Lyon, en cas d'interruption de la ligne qui suit la vallée du Rhône, il n'est pas douteux que la ligne proposée ne soit appelée à la remplacer ; elle est, en effet, la plus courte entre le Midi et Lyon, et elle présente des avantages inappréciables soit pour les approvisionnements, soit pour les transports de troupes, c'est la route d'étapes.

Au point de vue du développement du commerce et de l'industrie, tout le monde connaît les avantages que le chemin de fer procure aux pays traversés : ces avantages seront considérables pour la Haute-Loire et la Lozère, dont les filons métallurgiques et les productions du sol n'ont pas de débouchés.

Les relations commerciales que cette ligne est appelée à sauvegarder étaient autrefois très-fréquentes. L'Ardèche, la Haute-Loire et la Lozère formaient trois diocèses de l'importante province du Languedoc. L'exécution de la lacune signalée de la voie ferrée tend au-

jourd'hui à rétablir les relations séculaires des populations de ces contrées.

Qu'on ne dise pas que l'une de ces lacunes est comblée entre le Puy et Langogne ; en effet, la communication est possible par Langogne, Langeac, le Chassagnon et le Puy.

Nous ne pouvons accepter cette réponse ; la distance entre le Puy et Langogne par le Chassagnon et la ligne de Brioude à Alais est d'environ 128 kilomètres, tandis que, par la route de terre, la route nationale n° 88, nous n'avons que 42 kilomètres ; or, qu'arrive-t-il ? c'est que les voyageurs et les marchandises passent par la route de terre. On part du Puy deux heures après le chemin de fer, on arrive à Langogne une heure avant le train, et l'on paye moitié moins cher ; de manière que les voyageurs de Lyon, de Saint-Étienne et du Puy qui vont à Langogne abandonnent le chemin de fer au Puy pour prendre la simple diligence, et contrairement à ce qui a lieu d'ordinaire, le chemin de fer se trouve ici primé par la route de terre, puisqu'il n'assure aucune des conditions désirables d'économie et de célérité. On ne peut donc prétendre que cette section de la ligne peut remplacer avantageusement la ligne directe que nous demandons de Lyon à Toulouse par Langogne.

Plusieurs députés appartenant aux départements intéressés ont fait une démarche auprès de M. le ministre des travaux publics qui a bien voulu les accueillir avec bienveillance et les assurer qu'il ne perdait pas de vue cette ligne importante ; j'ai reçu moi-même de M. le ministre la lettre suivante, qui constate que les études sont déjà commencées :

« Vous m'avez fait l'honneur de me demander des renseignements sur l'état des études du chemin de fer de Mende au Puy.

« Je m'empresse de vous informer que la reconnaissance générale du terrain est terminée et qu'il a été procédé au lever du plan coté d'une première longueur de 42 kilomètres, comprenant la montée de Mende au faîte entre le Lot et l'Allier et la rampe entre le Puy et le faîte séparatif de la Loire et l'Allier ; les études se poursuivent avec activité sur le restant du parcours, et je mettrai à la disposition de M. l'ingénieur en chef Bauby les fonds nécessaires pour qu'elles soient terminées le plus promptement possible. »

La lecture de cette lettre, vous montre, messieurs, que l'État a fait commencer des études très-sérieuses par ses ingénieurs ; que les deux points les plus difficiles de la ligne seront exécutables. MM. les ingénieurs de l'État ont déjà pu rassurer M. le ministre à ce sujet. A notre tour, messieurs, nous désirons obtenir de M. le ministre des travaux publics l'assurance que cette ligne, dont il reconnaît la très-grande utilité, ne sera pas abandonnée, qu'elle continuera à être l'objet de sa constante sollicitude et qu'aussitôt qu'on le pourra, on passera à l'exécution de la lacune entre le Puy et Mende qui doit assurer son achèvement. (Très-bien ! très-bien ! sur divers bancs. — Aux voix ! aux voix !)

M. le ministre des travaux publics. Je demande la parole.

Quelques membres. L'amendement est retiré !

30

M. le président. M. Vinay retire-t-il son amendement ?

M. Henri Vinay. Je le retirerai sans doute, mais j'attends les explications de M. le ministre.

M. le ministre des travaux publics. Je dois tout d'abord rassurer l'Assemblée sur l'état de nos communications par chemins de fer entre Toulouse et Lyon. Ces communications existent, il y a deux lignes qui relient entr'elles ces deux grandes villes ; l'une par Aurillac, Brioude et Saint-Etienne, l'autre par Nîmes et Montpellier.

La ligne nouvelle qui passerait par Rodez, Mende et le Puy ne serait guère plus courte qu'aucune de celles qui existent et elle présenterait, comme exploitation, à cause des pentes qu'il y faudrait adopter, plus de difficultés. Ce n'est pas une raison cependant pour écarter la proposition de nos honorables collègues.

Je reconnais, en effet, que le tracé qu'ils réclament suit une grande voie de terre, la route nationale portant le n° 88, de Lyon à Toulouse, et l'expérience en fait de tracés de chemins de fer apprend chaque jour qu'on est successivement conduit à établir des chemins de fer suivant les anciennes communications telles qu'elles existaient par les voies des grandes routes nationales.

M. de Valon. Très-bien ! très-bien !

M. le ministre. Par conséquent j'admets sans difficulté qu'on doive dans l'avenir compléter une ligne de chemin de fer de Lyon à Toulouse en suivant la route nationale n° 88. Il n'y aura pour cela qu'à remplir deux lacunes signalées par l'honorable M. Vinay, l'une qui va du Puy à Mende par Langogne, et l'autre de Rodez à Carmaux. En exécutant ces deux troncons, on complétera une troisième ligne de chemin de fer de Lyon à Toulouse, en suivant la route n° 88.

L'intérêt qui s'attache à cette exécution m'a été signalée par un grand nombre de nos collègues, et je n'ai pas manqué d'en tenir compte, en ordonnant les études entre le Puy et Mende. Lorsque ces études seront achevées, lorsqu'un projet sera arrêté dans des conditions satisfaisantes, nous ne manquerons pas de vous en apporter le résultat et de préparer le projet des voies et moyens nécessaires. L'honorable M. Vinay le reconnaîtra sans doute, je ne puis faire davantage en ce moment.

C'est pourquoi je demande à l'Assemblée de vouloir bien repousser l'amendement qu'il a présenté. Il est entendu que je m'engage à poursuivre les études demandées par nos collègues de la Haute-Loire, de la Lozère et des autres départements intéressés, et à tenir compte de leur vœu dans les limites de ce qui sera possible.

Je termine par cette observation : que la ville de Mende n'a pas été aussi abandonnée que l'a dit l'honorable M. Vinay. En ce moment on exécute les travaux du chemin de fer de Millau à Rodez et à Marvejols, avec embranchement spécialement destiné à desservir Mende.

Ces travaux seront activement conduits et terminés, j'espère, jusqu'à Mende, avant peu d'années.

Non, la ville de Mende n'a pas été abandonnée. Comme tous les chefs-lieux de départ-

tement l'ont été, elle sera desservie à son tour par une ligne de chemin de fer. (Très-bien ! très-bien !)

M. de Colombet. Je remercie M. le ministre de l'assurance qu'il veut bien nous donner.

M. Henri Vinay. Prenant acte des paroles de M. le ministre, et sous le bénéfice de ses promesses, nous retirons notre amendement.

M. le président. Reste un dernier amendement de M. Mercier. Il est ainsi conçu :

« Est déclaré d'utilité publique le chemin de fer de Lacluse à Bellegarde (Ain), par la vallée de la Semine. Ledit chemin de fer sera exécuté selon les clauses de la loi de 1842 et dans un délai de trois ans à partir de l'approbation administrative des projets définitifs. »

Je ferai observer à notre honorable collègue M. Mercier que son amendement ayant été présenté au cours de la discussion, est soumis à la prise en considération et doit être développé sommairement.

M. Mercier. Par ce paragraphe additionnel, je propose de déclarer d'utilité publique la ligne de Lacluse à Bellegarde dans le département de l'Ain.

Cette ligne servira à compléter le résultat que l'on poursuit par la création de la ligne de Dijon à Saint-Amour.

En effet, elle réaliserait une abréviation de parcours de 45 kilomètres seulement de Genève à Bourg. Il me serait donc facile de démontrer l'importance et l'utilité de ce projet. Mais je crois que ce n'est pas le moment d'insister sur ces déclarations d'utilité publique préalables, et en conséquence je préfère retirer mon article additionnel, en m'en rapportant à la promesse qu'a été faite par M. le ministre des travaux publics à la députation de l'Ain, de présenter un projet de loi spécial pour la ligne qui est l'objet de cet amendement. (Aux voix ! aux voix !)

M. le président. Le paragraphe additionnel de M. Mercier étant retiré, je mets aux voix l'ensemble de l'article 1er.

Il y a une demande de scrutin.

Cette demande est signée par MM. Boullier de Branche, Bernard-Dutreil, Courcelle, Victor Hamille, Dumarnay, Gasselin, de Largentaye, Huon de Penanster, Lestourgie, Gaultier de Vaucenay, Le Lasseur, de Champagny, de Sugny, Tamisier, Taillefert, d'Uzès, marquis de Quinsonas, Godet de la Riboullerie, Depasse, d'Hornoy, Mazerat.

Il va être procédé au scrutin.

(Le scrutin est ouvert et les votes sont recueillis.)

M. le président. Voici le résultat du dépouillement du scrutin :

Nombre des votants.......... 571
Majorité absolue............. 286
    Pour l'adoption....... 570
    Contre.............. 1

L'Assemblée nationale a adopté.

L'Assemblée veut-elle continuer la délibération ? (Oui ! oui ! — Non ! — A demain !)

Je vais consulter l'Assemblée.

(L'Assemblée, consultée, décide que la discussion continue.)

M. le président. Je donne lecture de l'article 2, et j'avertis l'Assemblée que cet article ne sera mis aux voix qu'après l'entier épuisement des amendements qui s'y rapportent ou qui sont relatifs à la convention qu'il vise.

« Art. 2. — Est approuvée la convention provi.oire passée le   entre le ministre des travaux publics et la compagnie des chemins de fer de Paris à Lyon et à la Méditerranée, pour la concession des chemins de fer énoncés à l'article 1er ci-dessus. »

Un premier amendement est proposé par M. Jean Brunet. (Exclamations à gauche.)

La parole est à M. Jean Brunet.

M. Jean Brunet. Messieurs, je vous demande la permission de vous donner communication de mon amendement, afin que tout le monde en comprenne l'importance et comprenne aussi combien il est difficile de discuter, en ce moment, cette question capitale...

M. le rapporteur. Votre amendement n'est pas capital ; il est subversif !

M. Jean Brunet. Le Gouvernement et la commission vous proposent de concéder les vingt lignes que vous venez de voter à la compagnie de Paris-Lyon-Méditerranée qui est déjà, vous le savez, à la tête de 8,000 kilomètres de chemins de fer avec un capital de 4 milliards. Ma conviction profonde est qu'il y a dans cette affaire un grand abus.

J'ai cru devoir proposer un amendement qui soulève une question nouvelle, en ce qui concerne le mode d'exécution de nos chemins de fer, et qui s'appuie sur deux lois de 1865 et de 1871, de manière à faire intervenir à la place des seuls financiers, les autorités centrales, départementales et locales, pour constituer le nouveau système des compagnies régionales.

Voici le texte de mon amendement :

« Les lignes de chemins de fer qui sont énoncées dans l'article 1er ci-dessus seront, conformément aux lois de 1865 et 1871, concédées par les conseils généraux des départements intéressés ; ces conseils pourront, au besoin, se former en syndicat pour constituer une compagnie spéciale et régionale. » (Exclamations.)

« L'État exercera, par ses administrations et ses ingénieurs locaux, la surveillance et le contrôle sur la constitution et le fonctionnement des compagnies régionales.

« Au besoin, l'État pourra assurer des garanties d'intérêt pour tout ou partie des obligations émises par les compagnies régionales »

Sur plusieurs bancs à gauche. Aux voix ! aux voix !

M. Jean Brunet. Messieurs, ce que je propose constitue un système tout nouveau...

Sur divers bancs. Oui ! oui !

M. Jules Ferry. C'est tout à fait théorique !

M. Jean Brunet. ... qui consiste à mettre de l'ordre dans la position légale qui existe aujourd'hui.

N'oubliez pas, messieurs, en présence des errements suivis depuis quelque temps, en fait de chemins de fer, en présence de cet abandon au profit des grandes compagnies déjà surchargées, n'oubliez pas que la position légale est déterminée par deux lois, la loi de 1865 et celle de 1874 que vous-mêmes, messieurs, avez votée ; n'oubliez pas que c'est après la non exécution de ces lois et après le sacrifice des droits de nos départements en même temps

que des droits des compagnies indépendantes et séparées qui s'étaient constituées, que l'on vient, tout d'un coup, jeter ce bloc énorme de vingt lignes de chemins de fer dans le cratère dévorant des grandes compagnies.

Eh bien, on a beau faire, cette question ne peut pas être examinée aujourd'hui ; elle touche aux intérêts les plus graves de la France, à ses intérêts industriels et commerciaux, à ses intérêts agricoles, à ses intérêts militaires, à ses intérêts financiers et aussi à ses intérêts de communications internationales ; et je vous avoue franchement que je ne me sens pas le courage de vous demander, à cette heure avancée, le temps nécessaire pour aborder l'examen de cette question comme il convient de le faire...

A gauche. Parlez ! parlez !

M. Jean Brunet. ... par conséquent, je vous prierai, messieurs, de vouloir bien renvoyer la suite de la discussion à demain.

A droite. Oui ! oui ! A demain !

A gauche. Non ! non ! Continuons !

M. Jean Brunet. Permettez-moi, messieurs, de vous parler franchement. Cette Assemblée est vraiment placée dans une situation bien pénible : les questions les plus graves, celles qui touchent aux intérêts les plus vivaces du pays, sont complètement sacrifiées à des considérations dites de très-haute politique.

A droite. C'est la vérité !

A gauche. Non ! non !

M. Jean Brunet. Voyons ! nous savons ce qui se passe et le public le sait aussi : nous savons que les trois réunions de la gauche ont décidé d'étouffer toutes les grandes discussions. (Exclamations diverses.) Oui ! c'est décidé !

Eh bien, de ce triste état de choses, il faut en finir ; il faut, ou bien que le Gouvernement retire les grands projets de lois, ou bien que vous cessiez de tomber dans des abus déplorables. Si vous voulez faire les affaires sérieuses du pays, il faut que vous laissiez parler celui qui a la conscience de son devoir, de son aptitude, et de sa volonté à servir les intérêts majeurs et urgents de notre chère France ; il faut qu'un orateur dévoué puisse les défendre d'une manière convenable et de manière à ce qu'on ne sache pas quelles sont ses raisons principales pour changer des systèmes abusifs.

A gauche. Parlez ! parlez ! Qui est-ce qui vous empêche de parler ?

M. Jean Brunet. Je vous l'ai dit, je ne puis pas entamer la discussion, à moins que vous ne vouliez rester pendant une heure encore en séance pour m'écouter.

A droite. A demain ! à demain !

Un membre à gauche. L'orateur peut toujours bien commencer aujourd'hui son discours !

M. Jean Brunet. Je ne sais pas, d'ailleurs, si l'Assemblée est en nombre. Ceux des membres de la droite qui sont déjà partis pour rentrer à Paris ne se doutent pas du système adopté pour étouffer les discussions.

A gauche. A la question ! à la question ! — Vous avez la parole ; parlez !

A droite. Il faudrait consulter l'Assemblée.

M. le président. L'Assemblée vient de décider, il y a cinq minutes, que la discussion continuerait ; je ne puis la consulter de nouveau sur la même question.

M. Brunet a la parole.

Voix à droite. L'Assemblée n'est plus en nombre, monsieur le président! consultez le bureau !

M. le président. M. Jean Brunet vous a averti, messieurs, que les développements de sa pensée et de ses arguments peuvent l'entraîner à parler pendant une heure. Etes-vous d'avis de l'entendre aujourd'hui?

A gauche. Oui! oui! — Parlez! parlez!

A droite. Non! non! — A demain! à demain !

M. le président. L'orateur a fait observer, en outre, que l'Assemblée n'était plus en nombre.

A gauche. Si! si! — L'Assemblée est en nombre!

A droite. Non! elle n'est pas en nombre!

M. Bamberger. Nous étions moins nombreux à trois heures !

M. le général Robert. L'Assemblée n'est plus actuellement en nombre, c'est un fait, et elle ne l'est pas plus du côté gauche que du côté droit !

A gauche. On verra cela au moment du vote ! — Que l'orateur parle toujours !

M. le président. Je ne crois pas qu'à aucun moment de la journée, l'Assemblée ait été plus nombreuse qu'actuellement. Du reste, c'est à l'Assemblée à décider...

A droite. C'est au bureau à le déclarer !

M. le président. M. Jean Brunet vous a dit les raisons qui lui font insister pour ne pas commencer son discours ce soir...

Un membre à gauche. Qu'il parle! Voilà déjà un quart d'heure que nous perdons !

M. le président. ...et il vous prie de ne pas l'obliger à scinder sa discussion. Il vous a prévenu, d'ailleurs, qu'une heure d'attention de votre part lui est nécessaire.

M. Latrade. Eh bien, nous la lui donnerons; nous resterons ! qu'il parle !

M. le président. Je demande à l'Assemblée de vouloir bien voter sur la proposition de notre honorable collègue, tendant à ce que la suite de la discussion soit renvoyée à demain.

M. Jean Brunet. Je demande d'abord que le bureau veuille bien constater si, oui ou non, l'Assemblée est en nombre.

A gauche. Elle est en nombre !

A droite. Non ! non !

M. le président. Il n'est pas possible que chacun, à son tour, vienne invoquer à la tribune l'absence de ses collègues. A chaque moment de la séance d'aujourd'hui on aurait pu employer cet argument aussi bien qu'au moment actuel.

M. Jean Brunet. Mais non, puisque l'heure ordinaire de la levée des séances est depuis longtemps passée.

A gauche. Mais non ! il n'est que cinq heures et demie !

M. le président. Il faut que l'Assemblée prenne, à cet égard, son parti, ou d'inviter les membres des grandes commissions à ne pas siéger pendant les séances publiques, ce qui est possible, — il y a deux grandes commissions de trente membres chacune, ce qui fait soixante membres absents, — ou bien de procéder à l'appel nominal. Mais

pour la dignité de l'Assemblée devant le pays, il n'est pas possible qu'un orateur vienne, à n'importe quelle heure de la séance, invoquer cet argument que l'Assemblée n'est pas en nombre. (Marques d'assentiment.)

Le président ne peut que constater un fait, c'est que beaucoup de nos collègues, pour remplir des devoirs fort sérieux, j'en suis convaincu, sont absents; et il les invite à être plus exacts aux séances. (Très-bien !!)

Après ces observations générales, je me bornerai à demander à l'Assemblée de vouloir bien statuer sur la proposition de M. Brunet, qui réclame le renvoi de la discussion à demain.

M. le comte de Cornulier-Lucinière. Nous avons bien accueilli la demande de M. Madier de Montjau, qui réclamait aussi, il y a quelques jours, la remise au lendemain !

M. le président. Je consulte l'Assemblée.

(A la suite d'une première épreuve par mains levées déclarée douteuse, une seconde épreuve a lieu par assis et levé.)

M. le président, *après avoir consulté le bureau.* La discussion est renvoyée à demain.

M. Cochery. J'ai l'honneur de déposer sur le bureau de l'Assemblée, au nom de la commission du budget de 1876, un rapport sur la proposition de M. Denormandie, relative aux consignations judiciaires.

M. le président. Le rapport sera imprimé et distribué.

Voici l'ordre du jour de demain :

A deux heures, séance publique ;

Suite de l'ordre du jour.

Il n'y a pas d'opposition ?...

L'ordre du jour est ainsi fixé.

J'invite MM. les représentants à être exacts.

(La séance est levée à cinq heures trente-cinq minutes.)

Le directeur du service sténographique de l'Assemblée nationale,

Célestin Lagache.

SCRUTIN

Sur le projet de loi portant ouverture, sur l'exercice 1874, de crédits supplémentaires au budget du département des finances.

Nombre des votants	520
Majorité absolue	261
Pour l'adoption	520
Contre	0

L'Assemblée nationale a adopté.

ONT VOTÉ POUR :

MM. Abbadie de Barrau (le comte d'). Acloque. Adam (Pas-de-Calais). Adnet. Adrien Léon. Aigle (comte de l'). Alexandre (Charles). Allemand. Amat. Ancel. Ancelon. André (Charente). André (Seine). Anisson-Duperon. Arfeuillières. Arnaud (de l'Ariége). Arrazat. Aubry. Audren de Kerdrel. Aurelle de Paladines (général d'). Auxais (d').

Babin-Chevaye. Bagneux (comte de). Balsan.
Bamberger. Barante (baron de). Barascud.
Bardoux. Barni. Barodet. Barthe (Marcel).
Barthélemy Saint-Hilaire. Bastard (comte Octave
de). Bastid (Raymond). Baucarne-Leroux. Baze.
Beaussire. Beauvillé (de). Benoist d'Azy (le
comte). Benoist du Buis. Benoît (Meuse). Bérenger. Berlet. Bernard (Charles) (Ain). Bernard-Dutreil. Bethmont. Béthune (comte de).
Beurges (comte de). Bienvenüe. Bigot. Billot
(le général). Billy. Blavoyer. Blin de Bourdon
(vicomte). Bocher. Boduin. Boffinton. Bois-
boissel (comte de). Boisse. Bompard. Bonald
(vicomte de). Bondy (comte de). Bonnel (Léon).
Bonnet. Boreau-Lajanadie. Bottard. Bottleau.
Bouchet (Bouches-du-Rhône). Boullier (Loire).
Boullier de Branche. Bourgeois (Vendée). Bozérian. Brabant. Brame (Jules). Breton (Paul).
Brice (Ille-et-Vilaine). Brillier. Broët. Broglie
(duc de). Brun (Charles) (Var). Brun (Lucien)
(Ain). Brunet. Bryas (comte de). Buée. Buisson (Jules) (Aude). Busson-Duviviers.
Caduc. Cailleux. Calemard de La Fayette.
Callet. Calmon. Carbonnier de Marzac (de).
Carquet. Carré-Kérisouët. Carron (Emile). Ca-
simir Perier. Casse (Germain). Castellane (mar-
quis de). Castelnau. Cazeaux. Cazenove de
Pradine (de). Cézanne. Chabaud La Tour
(Arthur de). Chabaud La Tour (général ba-
ron de). Chabron (général de). Chadois (co-
lonel de). Chaîlemel-Lacour. Chamaillard (de).
Champagny (vicomte Henri de). Champvallier
(de). Changarnier (général). Chaper. Char-
don. Chareton (général). Charreyron. Charton.
Chatelin. Chaurand (baron). Chavassieu. Cheguillaume. Cherpin. Chiris. Cintré (le comte
de). Clapier. Claude (Meurthe-et-Moselle).
Clément (Léon). Clerc. Clercq (de). Cochery.
Combarieu (de). Combier. Contaut. Corbon.
Cordier. Corne. Cornulier-Lucinière (comte de).
Cotte. Cottin (Paul). Courbet-Poulard. Cour-
celle. Crémieux. Crussol d'Uzès (duc de). Cu-
mont (vicomte Arthur de).
Daguenet. Daguilhon - Lasseive. Dampierre
(le marquis de). Danelle-Bernardin. Daru (le
comte). Daumas. Dauphinot. Daussel. Deca-
zos (le baron). Decazes (le duc). Delacour.
Delacroix. Delavau. Delille. Delisse-Engrand.
Delsol. Denormandie. Depasse. Depeyre.
Descat. Deschange. Desjardins. Destremx.
Diesbach (comte de). Dietz-Monnin. Dompierre
d'Hornoy (l'amiral de). Doré-Graslin. Douay.
Douhet (comte de). Dréo. Drouin. Du Bodan.
Duboys-Fresnay (le général). Du Breuil de Saint-
Germain. Ducarre. Du Chaffaut. Duchâtel (le
comte). Dueuing. Dufaure (Jules). Dufay.
Dufour. Dumon. Duparc. Dupin (Félix). Dupont
(Alfred). Dupouy. Duréault. Durfort de Civrac
(comte de). Durieu. Duvergier de Hauranne.
Ernoul. Eschasseriaux (baron). Esquiros.
Hymard-Duvernay.
Farcy. Féligonde (de). Fernier. Ferrouillat.
Flaghac (baron de). Fleuriot (de). Folliet. Fon-
taine (de). Forsanz (vicomte de). Foubert. Four-
quet. Fourichon (amiral). Fournier (Henri).
Fourtou (de). Fraissinet. Franclieu (marquis de).
Frébault (le général).
Gagneur. Gailly. Gallicher. Galloni d'Istria.
Gambetta. Ganivet. Gaslonde. Gasselin de
Fresnay. Gatien-Arnoult. Gaudy. Gaulthier
de Rumilly. Gavardie (de). Gavini. Gayot.
George (Michel). Gérard. Germain. Germa-
nière (de la). Gévelot. Gillon (Paulin). Giraud
(Alfred). Girard (Cyprien). Girot-Pouzol. Glas.
Goblet. Godet de la Riboullerie. Godisart.
Grammont (marquis de). Grandpierre. Grange.
Grasset (de). Grévy (Albert). Grivart. Gros-
lier. Gueidan. Guibal. Guichard. Guiche
(marquis de la). Guillemaut (le général). Guinot.
Hamille. Harcourt (comte d'). Harcourt
(duc d'). Haussonville (vicomte d'). Héris-

son. Hèvre. Houssard. Humbert. Huon de
Penanster.
Jacques. Jaffré (abbé). Jamme. Jaurès (ami-
ral). Jocteur-Monrozier. Johnston. Joi-
gneaux. Jordan. Joubert. Jouin. Jourdan.
Jouvenel (baron de).
Keller. Kéridec (de). Kerjégu (amiral de).
La Bassetière (de). Laboulaye. Lacave-La-
plagne. Lacombe (de). Lafayette (Oscar de).
Laflize. Lafon de Fongaufier. Lagrange (baron
A. de). Lallié. Lambert (Alexis). Lambert de
Sainte-Croix. Lamberterie (de). Lanel. La
Pervanchère (de). La Rochette (de). La Serve. La
Sicotière (de). Lassus (baron de). Lasteyrie (J.
de). Latrade. Leblond. Lebourgeois. L'E-
braly. Lecamus. Le Chatelain. Lefébure. Le-
fèvre (Henri). Lefèvre-Pontalis (Eure-et-Loir).
Lefèvre-Pontalis (Seine-et-Oise). Lefranc (Vic-
tor). Le Gal La Salle. Le Lasseux. Lenoël
(Emile). Lepetit. Lépouzé. Le Provost de Lau-
nay. Leroux (Aimé). Lesguillon. Lespinasse.
Lestapis (de). Leszourgie. Leurent. Lhermi-
nier. Limairac (de) Tarn-et-Garonne). Li-
mayrac (Léopold) (Lot). Limperani. Lertal.
Louvet. Loysel (général).
Magnier. Mahy (de). Maillé (comte de). Maillé.
Malartre. Maleville (le marquis de). Maleville
(Léon de). Mallevergne. Mangini. Marc-Du-
fraisse. Marchand. Marck. Marcou. Margaine.
Martel (Pas-de-Calais). Martell (Charente). Mar-
tenot. Martin (Charles). Martin (Henri). Martin (d'Auray). Martin des Pallières (le général).
Mathieu (Saône-et-Loire). Mathieu-Bodet (Charente). Mathieu de la Redorte (comte). Maurice.
Max-Richard. Mazeau. Mazerat. Mazure (le
général). Meaux (vicomte de). Médecin. Mé-
line. Melun (le comte de). Méplain. Mercier.
Mérode (de). Merveilleux du Vignaux. Michal-
Ladichère. Michel. Millaud. Monjaret de Kerjégu. Monnet. Montaignac (amiral de). Monteil. Montgolfier (de). Montlaur (marquis de).
Montrieux. Moreau (Côte-d'Or). Moreau (Fer-
dinand). Morin. Mornay (marquis de). Mor-
temart (le duc de). Morvan. Murat-Sistrières.
Nioche. Noël-Parfait.
Ordinaire (fils).
Pagès-Duport. Pajot. Palotte (Jacques).
Parent. Paris. Parsy. Partz (marquis de).
Passy (Louis). Patissier (Sosthène). Pellissier
(général). Peltereau-Villeneuve. Périn. Per-
molet. Perret. Perrier (Eugène). Petau. Peul-
vé. Peyramont (de). Philippoteaux. Picart
(Alphonse). Pin. Pioger (de). Piou. Plichon.
Pontoi-Pontcarré (marquis de). Pradié. Prax-
Paris. Pressensé (de). Prétavoine. Puiber-
naau (de).
Quinsonas (le marquis de).
Rainneville (de). Rambures (de). Rameau.
Rampon (comte). Rampent. Raoul Duval. Rau-
dot. Ravinel (de). Raynal (Félix). Renaud
(Michel). Rességuier (comte de). Reymond (Fer-
dinand) (Isère). Riant (Léon). Ricard. Ricot.
Rendel. Rive (Francisque). Robert (général).
Robert (Léon). Robert de Massy. Roger du
Nord (comte). Roger-Marvaise. Rolland (Char-
les) (Saône-et-Loire). Rotours (des). Roudier.
Rousseau. Rouveure. Rouvier. Roux (Ho-
noré). Roy de Loulay. Roys (marquis des).
Sacase. Saintenac (le vicomte de). Saint-
Germain (de). Saint-Malo (de). Saint-Pierre (de)
(Calvados). Saint-Pierre (Louis de) (Manche).
Saint-Victor (de). Saisy (Hervé de). Salneuve.
Salvandy (de). Salvy. Sansas. Sarrotte. Saus-
sier (le général). Savary. Say (Léon). Schœl-
cher. Sébert. Ségur (le comte Louis de). Sel-
gnobos. Sénard. Serph (Gusman). Sée (le
marquis de). Silva (Clément). Simiot. Simon
(Fidèle). Simon (Jules). Soye. Staplande (de).
Sugny (de). Swiney.
Taberlet. Tailhand. Taillefert. Talhouët (le
marquis de). Tallon. Tamisier. Tardieu.

Tarteron (de). Tassin. Théry. Thomas (le docteur). Thurel. Tiersot. Tocqueville (le comte de). Toupet des Vignes. Tréville (le comte de). Tribert. Turigny.
Valady (de). Valazé (le général). Valentin. Valfons (le marquis de). Varroy. Vast-Vimeux (le baron). Vautrain. Vente. Vidal (Saturnin). Viennet. Viifeu. Villain. Vimal-Dessaignes. Vinay (Henri). Vingtain (Léon). Vitalis. Vogué (le marquis de). Voisin. Waddington. Wallon. Warnier (Marne). Wartelle de Rotz. Witt (Cornélis de).

N'ONT PAS PRIS PART AU VOTE

Comme étant retenus à la commission des lois constitutionnelles :

MM. Beau. Cazot (Jules) (Gard). Christophle (Albert). Duclerc. Ferry (Jules). Krantz. Lavergne (Léonce de). Le Royer. Luro. Marcère (de). Picard (Ernest). Schérer. Vacherot.

N'ONT PAS PRIS PART AU VOTE

comme étant retenus à la commission du budget.

MM. Adam (Edmond). Batbie. Fourcand. Gouin. Langlois. Lepère. Lucet. Magnin. Osmoy (le comte de). Pothuau (l'amiral). Soubeyran (baron de). Teisserenc de Bort. Tirard. Wolowski.

N'ONT PAS PRIS PART AU VOTE :

MM. Abbatucci. Aboville (le vicomte d'). Allenou. Amy. Andelarre (le marquis d'). Arago. Arbel. Audiffret-Pasquier (le duc d'). Aymé de la Chevrelière. Baragnon. Belcastel (de). Bernard (Martin). Bert. Bertauld. Besnard. Besson. Bidard. Blanc (Louis). Boucau. Bouillé (le comte de). Bouisson. Bourgoing (le baron de). Boyer. Boysset. Brelay. Brettes Thurin (comte de). Brice (Meurthe-et-Moselle). Brisson (Henri) (Seine). Buffet. Buisson (Seine-Inférieure). Carayon La Tour (de). Carnot père. Carnot (Sadi). Chesnelong. Chevandier. Choiseul (Horace de). Cissey (général de). Claude (Vosges). Colombet (de). Costa de Beauregard (marquis de). Cunit. Daron. Delord. Delorme. Delpit. Denfert (colonel). Deregnaucourt. Desbassayns de Richemont (comte). Dezanneau. Dubois. Dufaur (Xavier). Dufournel. Dumarnay. Dupanloup (Monseigneur). Dussaussoy. Escarguel. Favre (Jules). Faye. Feray. Fresneau. Ganault. Gauthier de Vaucenay. Gent. Ginoux de Fermon (comte). Godin. Gouvello (de). Greppo. Grévy (Jules). Guinard. Guyot. Haentjens. Hespel (comte d'). Janzé (le baron de). Joinville (prince de). Journault. Jozon. Juigné (le comte de). Juigné (le marquis de). Kergariou (le comte de). Kergorlay (le comte de). Kermenguy (le vicomte de). Kolb-Bernard. Labitte. La Borderie (de). La Bouillerie (de). La Caze (Louis). Lacretelle (H. de). Laget. Lamy. Lanfrey. La Roche-Aymon (le marquis de). La Rochefoucauld (duc de Bisaccia). La Rochejaquelein (marquis de). La Rochethulon (marquis de). Laurent-Pichat. Laurier. Lebreton. Lefranc (Pierre). Legge (le comte de). Legrand. Levêque. Levert. Littré. Lockroy. Lorgeril (vicomte de). Loustalot. Lur Saluces (marquis de). Madier de Montjau. Malens. Malézieux. Mayaud. Mestreau. Mettetal. Monneraye (comte de la). Mouchy (duc de). Murat (le comte Joachim). Naquet. Nétien. Nouaillan (comte de). Parigot. Pascal Duprat. Pelletan. Peyrat. Plœuc (marquis de). Pompery (de). Pouyer-Quertier. Princeteau. Rathier. Rémusat (Paul de). Reymond (Loire). Rivaille. Roder-Bénavent (vicomte de). Rou-

her. Roussel. Saincthorent (de). Saisset (vice-amiral). Savoye. Scheurer-Kestner. Sens. Soury-Lavergne. Target. Temple (du). Testelin. Thiers. Tillancourt (de). Tolain. Tréveneuc (comte de). Turquet. Vaïon (de). Vandier. Vaulchier (comte de). Ventavon (de). Vétillart. Vinols (baron de). Wilson.

ABSENTS PAR CONGÉ :

MM. Aumale (le duc d'). Chabrol (de). Chambrun (comte de). Chanzy (général). Chaudordy (comte de). Corcelle (de). Desbons. Flotard. Gontaut-Biron (vicomte de). Jullien. La Rencière Le Noury (vice-amiral baron de). Le Flo (le général). Magne. Maure. Monnot-Arbilleur.

SCRUTIN

Sur le projet de loi relatif à un crédit de 2 millions pour secours aux inondés.

Nombre des votants.................. 675
Majorité absolue.................... 338

Pour l'adoption.................... 675
Contre............................. 0

L'Assemblée nationale a adopté.

ONT VOTÉ POUR :

MM. Abbadie de Barran (comte d'). Abbatucci. Aboville (vicomte d'). Acloque. Adam (Pas-de-Calais). Adam (Edmond) (Seine). Adnet. Adrien Léon. Aigle (comte de l'). Alexandre (Charles). Allemand. Allenou. Amat. Amy. Ancel. Ancelon. Andelarre (marquis d'). André (Charente). André (Seine). Anisn-Dupéron. Arago (Emmanuel). Arbel. Arfeuillères. Arnaud (de l'Ariège). Arrazat. Aubry. Audren de Kerdrel. Aurelle de Paladines (général d'). Auxais (d'). Aymé de la Chevrelière. Babin-Chevaye. Bagneux (comte de). Balsan. Bamberger. Baragnon. Barante (baron de). Barascud. Bardoux. Barni. Barodet. Barthe (Marcel). Barthélemy Saint-Hilaire. Bastard (comte Octave de). Bastid (Raymond). Batbie. Baucarne-Leroux. Baze. Beau. Beauséire. Beauvillé (de). Belcastel (de). Benoist d'Azy (comte). Benoist du Buis. Benoît (Meuse). Bérenger. Berlet. Bernard (Charles) (Ain). Bernard (Martin) (Seine). Bernard-Dutreil. Bert. Bertauld. Besnard. Besson (Paul). Bethmont. Béthune (comte de). Beurges (comte de). Bidard. Bienvenüe. Bigot. Billot (général). Billy. Blanc (Louis). Blavoyer. Blin de Bourdon (vicomte). Bocher. Boduin. Boisboissel (comte de). Boïsse. Bompard. Bonald (vicomte de). Bondy (comte de). Bonnel (Léon). Bonnet. Boreau-Lajanadie. Bottard. Bottieau. Boucau (Albert). Bouchet (Bouches-du-Rhône). Bouillé (comte de). Boullier (Loire). Boullier de Branche. Bourgeois. Boyer. Boysset. Brabant. Brame (Jules). Brelay. Breton (Paul). Brettes-Thurin (comte de). Brice (Ille-et-Vilaine). Brice (Meurthe-et-Moselle). Brillier. Brisson (Henri) (Seine). Broët. Broglie (duc de). Brun (Charles) (Var). Brun (Lucien) (Ain). Brunet. Bryas (comte de). Buée. Buisson (Jules) (Aude). Buisson (Seine-Inférieure). Busson-Duviviers. Caduc. Caillaux. Calemard de La Fayette. Callet. Calmon. Carayon La Tour (de). Carbonnier de Marzac (de). Carnot (père). Carnot (Sadi). Carquet. Carré-Kérisouët. Carron (Émile). Casimir Perier. Casse (Germain). Castelnau. Cazeaux. Cazenove de Pradine (de). Cazot (Jules) (Gard). Cézanne. Chabaud La Tour (Arthur de). Chabaud La Tour (général baron de). Chabron (général de). Chadois (colonel de). Challemel-Lacour. Chamaillard (de). Champagny (vicomte Henri de). Champvallier (de). Changarnier (général). Chaper. Chardon. Chareton (général). Charreyron. Charton. Chatelin. Chaurand (baron). Chavassieu. Cheguillaume. Cherpin. Chesnelong. Chevandier. Chiris. Choiseul (Horace de). Christophle (Albert). Cintré (le comte de). Clapier. Claude (Meurthe-et-Moselle). Claude (Vosges). Clément (Léon). Clerc. Clercq (de). Cochery. Colombet (de). Combarieu (de). Combier. Contaut. Corbon. Cordier. Corne. Cornulier-Lucinière (le comte de). Costa de Beauregard (le marquis de). Coste. Cottin (Paul). Courbet-Poulard. Courcelle. Crémieux. Crassol d'Uzès (duc de). Cumont (vicomte Arthur de). Cunit.

Daguenet. Daguilhon-Lasselve. Dampierre (marquis de). Danelle-Bernardin. Daru (comte). Daumas. Dauphinot. Daussel. Decazes (baron). Decazes (duc). Delacour. Delacroix. Delavau. Delille. Delisse-Engrand. Delord. Delpit. Delsol. Denfert (colonel). Denormandie. Depasse. Depeyre. Dereglnaucourt. Descat. Deschamps. Desjardins. Destrem. Dezanneau. Diesbach (comte de). Dietz-Monnin. Dompierre d'Hornoy (amiral de). Doré-Graslin. Douay. Douhet (comte de). Dréo. Drouin. Du Bodan. Dubois. Duboys-Fresnay (général). Du Breuil de Saint-Germain. Ducarre. Du Chaffaut. Duchâtel (comte). Duclerc. Ducuing. Dufaur (Xavier). Dufauré (Jules). Dufay. Dufour. Dufournel. Dumarnay. Dumon. Dupanloup (Mgr). Duparc. Dupin (Félix). Dupont (Alfred). Dupouy. Duréault. Durfort de Civrac (comte de). Durieu. Dussaussoy. Duvergier de Hauranne. Ernoul. Escarguel. Esquiros. Eymard-Duvernay.

Farcy. Faye. Féligonde (de). Faray. Fernier. Ferouillat. Ferry (Jules). Flaghac (baron de). Fleuriot (de). Folliet. Fontaine (de). Forsanz (le vicomte de). Foubert. Fouquet. Fourcand. Fourichon (amiral). Fournier (Henri). Fourtou (de). Fraissinet. Franclieu (marquis de). Frébault (général). Fresneau.

Gagneur. Gailly. Gallicher. Galloni d'Istria. Gambetta. Ganault. Ganivet. Gaslonde. Gasselin de Fresnay. Gatien-Arnoult. Gaudy. Gaulthier de Rumilly. Gaulthier de Vaucenay. Gavardie (de). Gavini. Gayot. Gent. George (Emile). Gérard. Germain. Germonière (de la). Gévelot. Gillon (Paulin). Ginoux de Fermon (comte). Giraud (Alfred). Girerd (Cyprien). Girot-Pouzol. Glais. Goblet. Godet de la Riboullerie. Godin. Godissart. Gouin. Gouvello (de). Gouvion Saint-Cyr (marquis de). Grammont (le marquis de). Grandpierre. Grange. Grasset (de). Greppo. Grévy (Albert). Grévy (Jules). Grivart. Grollier. Gueidan. Guibal. Guichard. Guiche (marquis de la). Guillemaut (général). Guinard. Guinot. Guyot.

Haentjens. Hamille. Harcourt (le comte d'). Harcourt (le duc d'). Haussonville (vicomte d'). Hérisson. Haspel (comte d'). Hèvre. Houssard. Humbert. Huon de Penanster.

Jacques. Jaffré (l'abbé). Jamme. Jaurès (l'amiral). Jocteur-Monrozier. Johnston. Joigneaux. Joinville (prince de). Jordan. Joubert. Jouin. Jourdan. Jouvenel (le baron de). Jozon. Juigné (comte de). Juigné (général). Jullien.

Keller. Kergariou (comte de). Kergorlay (comte de). Kéridec (de). Kerjégu (amiral de). Kermenguy (vicomte de). Kolb-Bernard. Krantz. La Bassetière (de). Labitte. La Borderie (de). La Bouillerie (de). Laboulaye. Lacave-Laplagne. Lacretelle (Henri de). Lafayette (Oscar de). Laflize. Lafon de Fongaufier. Laget. Lagrange (baron A. de). Lallié. Lambert (Alexis). Lambert de Sainte-Croix. Lamberterie (de). Lamy. Lanel. Lanfrey. Langlois. La Pervanchère (de). Larcy (baron de). Largentaye (de).

La Roche-Aymon (le marquis de). La Rochefoucauld (duc de Bisaccia). La Rochejaquelein (marquis de). La Rochethulon (marquis de). La Rochette (de). La Serve. La Sicotière (de). Lassus (baron de). Lasteyrie (J. de). Latrade. Laurent-Pichat. Laurier. Lavergne (Léonce de). Leblond. Lebourgeois. L'Ebraly. Lebreton. Lecamus. Le Chatelain. Lefébure. Lefèvre (Henri). Lefèvre-Pontalis (Eure-et-Loir). Lefèvre-Pontalis (Seine-et-Oise). Lefranc (Pierre). Lefranc (Victor). Le Gal La Salle. Legrand (Arthur). Le Lasseux. Lenoël (Emile). Lepère. Lepetit. Lépouzé. Le Provost de Launay. Leroux (Aimé). Lesguillon. Lespinasse. Lestapis (de). Lestourgie. Leurent. Levêque. Levert. Lherminier. Limairac (de) (Tarn-et-Garonne). Limayrac (Léopold) (Lot). Littré. Lockroy. Lorgeril (vicomte de). Lortal. Loustalot. Louvet. Loysel (le général). Luro. Lur-Saluces (marquis de).

Madier de Montjau. Magniez. Magnin. Mahy (de). Maillé (comte de). Maillé. Malartre. Malens. Maleville (marquis de). Maleville (Léon de). Malézieux. Mallevergne. Mangini. Marc-Dufraisse. Marcère (de). Marchand. Marck. Marcou. Margaine. Martel (Pas-de-Calais). Martell (Charente). Martenot. Martin (Charles). Martin (Henri). Martin (d'Auray). Martin des Pallières (général). Mathieu (Saône-et-Loire). Mathieu-Bodet (Charente). Mathieu de la Redorte (comte). Maurice. Max-Richard. Mayaud. Mazeau. Mazerat. Mazure (général). Meaux (vicomte de). Médecin. Méline. Melun (comte de). Méplain. Mercier. Mérode (de). Merveilleux du Vignaux. Mestreau. Mottelat. Michal-Ladichère. Michel. Millaud. Monjaret de Kerjégu. Monneraye (comte de la). Monnet. Montaignac (amiral de). Monteil. Montgolfier. Montlaur (marquis de). Montrieux. Moreau (Côte-d'Or). Moreau (Ferdinand). Morin. Mornay (marquis de). Mortemart (duc de). Morvan. Mouchy (duc de). Murat (comte Joachim). Murat-Sistrières.

Naquet. Nétion. Nioche. Noël-Parfait. Nouaillan (le comte de).

Ordinaire (fils).

Pagès-Duport. Pajot. Palotte (Jacques). Parent. Paris. Parsy. Partz (le marquis de). Pascal Duprat. Passy (Louis). Patissier (Sosthène). Pelletan. Pellissier (le général). Peltereau-Villeneuve. Périn. Pernolet. Perret. Perrier (Eugène). Petau. Peulvé. Peyramont (de). Peyrat. Philippoteaux. Picard (Ernest). Picart (Alphonse). Pin. Pioger (de). Piou. Plichon. Picou (le marquis de). Pompery (de). Pontoi-Pontcarré (le marquis de). Pothuau (l'amiral). Pouyer-Quertier. Pradié. Praxz-Paris. Pressensé (de). Prétavoine. Puiberneau (de).

Quinsonas (marquis de).

Rainneville (de). Rambures (de). Rameau. Rampon (comte). Rampont. Raoul Duval. Rathier. Raudot. Ravinel (de). Rémusat (Paul de). Renaud (Félix). Renaud (Michel). Roséguier (comte de). Reymond (Ferdinand) (Isère). Reymond (Loire). Riant (Léon). Ricard. Ricot. Riondel. Rive (Francisque). Robert (général). Robert (Léon). Robert de Massy. Rodez-Bénavent (vicomte de). Roger du Nord (comte). Roger-Marvaise. Rolland (Charles) (Saône-et-Loire). Rotours (des). Roudier. Rouher. Rousseau. Roussel. Rouveure. Rouvier. Roux (Honoré). Roys (marquis des). Sacase. Sainctherent (de). Saintenac (vicomte de). Saint-Germain (de). Saint-Malo (de). Saint-Pierre (de) (Calvados). Saint-Pierre (Louis de) (Manche). Saint-Victor (de). Saisset (vice-amiral). Saisy (Hervé de). Salneuve. Salvandy (de). Salvy. Sansas. Sarrette. Saussier (général). Savary. Savoye. Say (Léon). Schérer. Scheurer-Kestner. Schœlcher. Sebert. Ségur (comte Louis de). Seignobos. Senard. Sens.

Serph (Gusman). Sers (marquis de). Silva (Clément). Simiot. Simon (Fidèle). Simon (Jules). Soubeyran (baron de). Soury-Lavergne. Soye. Staplande (de). Sugny (de). Swiney. Taberlet. Tailhand. Taillefert. Talhouët (le marquis de). Tallon. Tamisier. Tardieu. Tarteron (de). Tassin. Teisserenc de Bort. Temple (du). Testelin. Théry. Thiers. Thomas (docteur). Thurel. Tiersot. Tillancourt (de). Tirard. Tocqueville (comte de). Tolain. Toupet des Vignes. Tréveneuc (le comte de). Tréville (comte de). Tribert. Turigny. Turquet. Valady (de). Valazé (le général). Valentin. Valfons (le marquis de). Valon (de). Vandier. Varroy. Vaulchier (comte de). Vautrain. Ventavon (de). Vente. Vétillart. Vidal (Saturnin). Viennet. Vilfeu. Villain. Vimal - Dessaignes. Vinay (Henri). Vingtain (Léon). Vinois (baron de). Vitalis. Vogué (marquis de). Voisin. Waddington. Wallon. Warnier (Marne). Wartelle de Retz. Wilson. Witt (Cornélis de).

N'ONT PAS PRIS PART AU VOTE

Comme étant retenus à la commission des lois constitutionnelles :

MM. Le Royer. Vacherot.

N'ONT PAS PRIS PART AU VOTE

Comme étant retenus à la commission du budget :

MM. Lucet. Osmoy (comte d'). Wolowski.

N'ONT PAS PRIS PART AU VOTE :

MM. Audiffret-Pasquier (le duc d'). Boffinton. Bouisson. Bourgoing (le baron de). Buffet. Castellane (marquis de). Cissey (général). Daron. Delorme. Desbassayns de Richemont (comte). Eschasseriaux (baron). Favre (Jules). Janzé (baron de). Journault. La Caze (Louis). Lacombe (de). Legge (comte de). Limperani. Parigot. Princeteau. Rivallie. Roy de Loulay. Target. Vast-Vimeux (baron).

ABSENTS PAR CONGÉ :

MM. Aumale (le duc d'). Chabrol (de). Chambrun (comte de). Chanzy (général). Chaudordy (comte de). Corcelle (de). Desbons. Flotard. Gontaut-Biron (le vicomte de). La Roncière Le Noury (vice-amiral baron de). Le Flô (général). Magne. Mauro. Monnot-Arbilleur.

SCRUTIN

Sur l'article 1ᵉʳ du projet de loi des chemins de fer concédés à la compagnie de Paris-Lyon-Méditerranée.

Nombre des votants. 571
Majorité absolue. 286

Pour l'adoption. . . . 570
Contre 1

L'Assemblée nationale a adopté.

ONT VOTÉ POUR :

MM. Abbadie de Barrau (comte d'). Abbatucci. Aboville (vicomte d'). - Aclocque. Adam (Pas-de-Calais). Adnet. Adrian Léon. Aigle (comte de l'). Alexandre (Charles). Allemand. Allenou. Amat. Amy. Ancelon. Andelarre (marquis d'). André (Seine). Anisson-Duperon. Arago (Emmanuel). Arfeuillères. Arnaud (le

l'Ariége). Arrazat. Aubry. Audren de Kerdrel. Aurelle de Paladines (général d'). Auxais (d'). Aymé de la Chevrelière.

Babin-Chevaye. Bagneux (comte de). Balsan. Bamberger. Baragnon. Barante (baron de). Barascud. Bardoux. - Barni. Barodet. Barthe (Marcel). Barthélemy Saint-Hilaire. Bastard (comte Octave de). Bastid (Raymond). Batbie. Baucarne-Leroux. Baze. Beau. Beausaire. Beauvillé (de). Belcastel (de). Benoist d'Azy (comte). Benoist du Buis. Benoit (Meuse). Bérenger. Berlet. Bernard (Charles) (Ain). Bernard-Dutreil. Bert. Bertauld. Besson (Paul). Bethmont. Béthune (comte de). Beurges (comte de). Bidard. Bienvenue. Biget. Billot (général). Billy. Blayoyer. Blin de Bourdon (vicomte). Bocher. Boduin. Boisboissel (comte de). Boisse. Bompard. Bonald (vicomte de). Bondy (comte de). Bonnel (Léon). Bonnot. Boreau-Lajanadie. Bottard. Bottieau. Boucau (Albert). Bouchet (Bouches-du-Rhône). Bouillé (comte de). Bouillier (Loire). Bouillor de Branche. Bourgeois (Vendée). Boyer. Brabant. Breton (Paul). Brettes-Thurin (comte de). Brice (Ille-et-Vilaine). Brice (Meurthe-et-Moselle). l roût. Brun (Charles) (Var). Brun (Lucien) (Ain). Bryas (comte de). Buée. Buisson (Jules) (Aude). Busson-Duviviers.

Cadic. Caillaux. Calemard de la Fayette. Callet. Calmon. Carbonnier de Marzac (de). Carnot (père). Carnot (Sadi). Carquet. Carré-Kérisouët. Carron (Emile). Casimir Perier. Casse (Germain). Castellane (marquis de). Castelnau. Cazeaux. Cazenove de Pradine (de). Cazot (Jules) (Gard). Cézanne. Chabaud La Tour (Arthur de). Chabaud La Tour (général baron de). Chabron (général de). Chadois (cotonel de). Challemel-Lacour. Chamaillard (de). Champagny (vicomte Henri de). Champvallier (de). Changarnier (général). Chaper. Chardon. Chareton (général). Charreyron. Charton. Chatelin. Chaurand (baron). Cheguillaume. Chesnelong. Chevandier. Chiris. Cintré (comte de). Claude (Meurthe-et-Moselle). Clément (Léon). Clerc. Clercq (de). Cochery. Colombet (de). Combarieu (de). Combier. Contaut. Corbon. Cordier. Corne. Cornulier-Lucinière (comte de). Costa de Beauregard (marquis de). Cotta. Cottin (Paul). Courbet-Poulard. Courcelle. Crémieux. Crussol d'Uzès (duc de). Cumont (vicomte Arthur de).

Daguenet. Daguilhon-Lasselve. Dampierre (marquis de). Daniel-Bernardin. Daron. Daru (comte). Daumas Dauphinot. Daussel. Decazes (duc). Delacroix. Delavau. Delille. Delisse-Engrand. Delorme. Delsol. Denormandie. Depasse. Depeyre. Descat. Deschamps. Desjardins. Destieux. Dietz-Monnin. Dompierre d'Hornoy (amiral de). Doré-Graslin. Douay. Douhet (comte de). Dréo. Drouin. Du Bodan. Dubois. Duboys-Fresnay (général). Du Breuil de Saint-Germain. Ducarre. Du Chaffaut. Duchâtel (comte). Ducuing. Dufaur (Xavier). Dufaure (Jules). Dufay. Dufour. Dufournel. Dumarnay. Duparc. Dupin (Félix). Dupont (Alfred). Dupouy. Duréault. Durfort de Civrac (comte de). Durieu. Dussaussoy. Duvergier de Hauranne.

Escarguel. Esquiros. Eymard-Duvernay.

Farcy. Faye. Feray. Fleuriot (de). Folliet. Fontaine (de). Forsanz (vicomte de). Foubert. Fouquet. Fourcand. Fourichon (amiral). Fournier (Henri). Fourtou (de). Fraissinet. Franclieu (marquis de). Frébault (général). Fresneau.

Gailly. Gallicher. Gallonÿ d'Istria. Ganault. Gaslonde. Gasselin de Fresnay. Gatien-Arnoult. Gaudy. Gaultier de Rumilly. Gaulthier de Vaucenay. Gavardie (de). Gavini. Gayot. George (Emile). Gérard. Germain. Germonière (de la). Gévelot. Gillon (Paulin). Ginoux de Fermon (comte). Giraud (Alfred). Girerd (Cyprien).

Girot-Pouzol. Glas. Goblet. Godet de la Riboullerie. Godissart. Gouin. Gouvion Saint-Cyr (marquis de). Grandpierre. Grange. Greppo. Grivart. Grollier. Gueidan. Guibal. Guichard. Guicho (marquis de la). Guillemaut (général).

Haentjens. Hamille. Harcourt (comte d'). Harcourt (duc d'). Haussonville (vicomte d'). Hespel (comte d'). Hèvre. Houssard. Humbert. Huon de Penanster.

Jacques. Jaffré (abbé). Jamme. Jaurès (amiral). Jocteur-Monrozier. Johnston. Joigneaux. Joinville (prince de). Jordan. Joubert. Jouin. Jourdan. Jouvenel (baron de). Jozon. Juigné (comte de). Juigné (marquis de). Jullien.

Keller. Kergariou (comte de). Kéridec (de). Kerjégu (amiral de). Kermenguy (vicomte de). Kolb-Bernard.

La Bassetière (de). Labitte. La Borderie (de). Laboulaye. Lacave-Laplagne. Lacombe(de). Lacretelle (Henri de). Lafayette (Oscar de). Laflize. Lafon de Fongaufier. Laget. Lagrange (baron A. de). Lalliè. Lambert (Alexis). Lambert de Sainte-Croix. Lamberterie (de). Lanel. La Pervanchère (de). Larcy (baron de). Largentaye (de). La Roche-Aymon (marquis de). La Rochefoucauld (duc d'Bisaccia). La Rochejaquelein (marquis de). La Rochette (de). La Serve. La Sicotière (de). Lassus (baron de). Lasteyrie (Jules de). Latrade. Laurent-Pichat. Laurier. Lavergne (L. de). Leblond. Lebouge-geois. L'Ebraly. Lecamus. Le Chatelain. Le-fébure. Lefèvre (Henri). Lefèvre-Pontalis (Eure-et-Loir). Lefèvre-Pontalis (Seine-et-Oise). Le-franc (Pierre). Lefranc (Victor). Le Gal La Salle. Legrand (Arthur). Le Lasseux. Lenoël (Émile). Lepère. Lepetit. Le Provost de Launay. Leroux (Aimé). Le Royer. Lesguillon. Lespinasse. Lostapis (de). Lestourgie. Leurent. Levert. Lherminier. Limairac (de) (Tarn-et-Garonne). Limayrac (Léopold) (Lot). Littré. Lorgeril (vicomte de). Lortal. Loustalot. Louvet. Loysel (général). Luro.

Madier de Montjau. Magniez. Magnin. Mahy (de). Maillé (comte de). Maillé. Malartre. Malens. Maleville (marquis de). Maleville (Léon de). Malézieux. Mallevergne. Marchand. Marck. Margaine. Martel (Pas-de-Calais). Martell (Charente). Martenot. Martin (Charles). Martin (Henri). Martin (d'Auray). Mathieu (Saône-et-Loire). Mathieu-Bodet (Charente). Mathieu de la Redorte (comte). Maurice. Max-Richard. Mazeau. Mazerat. Mazure (général). Meaux (vicomte de). Médecin. Melun (comte de). Méplain. Mérode (de). Mestreau. Mettetal. Michal-Ladichère. Michel. Millaud. Monjaret de Kerjégu. Monneraye (comte de la). Monnet. Montaignac (amiral de). Monteil. Montgolfier (de). Montlaur (marquis de). Montrieux. Moreau (Côte-d'Or). Moreau (Ferdinand). Morin. Mornay (marquis de). Mortemart (duc de). Morvan. Mouchy (duc de). Murat (comte Joachim). Murat-Sistrières.

Noël-Parfait. Nouaillan (comte de).

Ordinaire (fils).

Pagès-Duport. Pajot. Palotte (Jacques). Parent. Parsy. Partz (marquis de). Passy (Louis). Patissier (Sesthène). Pelletan. Pellissier (le général). Peltereau-Villeneuve. Pernolot. Perret. Perrier (Eugène). Pétau. Peulvé. Peyramont (de). Philippoteaux. Picart (Alphonse). Pin. Pioger (de). Piou. Plœuc (marquis de). Pontoi-Pontcarré (marquis de). Pouyer-Quertier. Pradié. Prax-Paris. Pressensé (de). Prétavoine. Puiberneau (de).

Quinsonas (marquis de).

Rainneville (de). Rambures (do). Rameau. Rampon (comte). Rampont. Raudot. Ravinel (de). Renaud (Félix). Renaud (Michel) (de). Renault (Félix). Renaud (Michel) (Isère). Réséguier (comte de). Reymond (Ferdinand) (Isère). Riant (Léon). Ricard. Ricot. Riondel. Rive

(Francisque). Robert (général). Robert (Léon). Robert de Massy. Rodez-Bénavent (vicomte de). Roger du Nord (comte). Roger-Marvaise. Rolland (Charles) (Saône-et-Loire). Rotours (des). Roudier. Rousseau. Rouveure. Rouvier. Roux (Honoré). Roys (marquis des).

Sacase. Saincthorent (de). Saintenac (lo vicomte de). Saint-Malo (de). Saint-Pierre (de) (Calvados). Saint-Pierre (Louis de) (Manche). Saint-Victor (de). Saisset (vice-amiral). Salneuve. Salvandy (de). Salvy. Sansas. Sarrette. Saussier (général). Savary. Savoye Say (Léon). Scholcher. Sébert. Ségur (comte Louis de). Seignobos. Sénard. Sens. Serph (Gusman). Sers (marquis de). Silva (Clément-Simiot. Simon (Fidèle). Simon (Jules). Sou. beyran (baron de). Soury-Lavergne Soye Staplande (de). Sugny (de).

Taberlet. Taillefert. Talhouët (marquis de). Tallon. Tardieu. Tarteron (de). Temple (du). Théry. Thomas (docteur). Tiersot. Tillancourt (de). Tocqueville (comte de). Toupet des Vignes. Tréveneuc (comte de). Tréville (comte de). Tribert. Turigny.

Valady (de). Valazé (général). Valentin. Valfons (marquis de). Valon (de). Vandier. Varroy. Vaulchier (comte de). Vautrain. Ventavon (de). Vente. Véillart. Vidal (Saturnin). Viennet. Vilfeu. Villain. Vimal-Dessaignes. Vinay (Henri). Vingtain (Léon). Vitalis. Voguè (marquis de). Voisin.

Waddington. Wallon. Warnier (Marne). Wartelle de Retz. Witt (Cornélis de).

A VOTÉ CONTRE :

M. Brame (Jules).

N'ONT PAS PRIS PART AU VOTE

Comme étant retenus à la commission des lois constitutionnelles :

MM. Christophle (Albert). Duclerc. Ferry (Jules). Grévy (Albert). Krantz. Marcère (de). Picard (Ernest). Schérer. Vacherot.

N'ONT PAS PRIS PART AU VOTE

Comme étant retenus à la commission du budget :

MM. Adam (Edmond). Langlois. Lucet. Osmoy (lo comte d'). Plichon. Pothuau (l'amiral). Teisserenc de Bort. Tirard. Wolowski.

N'ONT PAS PRIS PART AU VOTE :

MM. Ancel. André (Charente). Arbel. Audiffret-Pasquier (duc d'). Bernard (Martin). Besnard. Blanc (Louis). Boffinton. Bouisson. Bourgoing (le baron de). Boysset. Bozérian. Brelay. Brillier. Brisson (Henri) (Seine). Broglie (duc de). Brunet. Buffet. Buisson (Seine-Inférieure). Carayon La Tour (de). Chavassieu. Cherpin. Choiseul (Horace de). Cissey (général de). Clapier. Claude (Vosges). Cunit. Decazes (baron). Delacour. Delord. Delpit. Denfert (colonel). Deregnaucourt. Desbassayns de Richemont (comte). Dezanneau. Diesbach (comte de). Dumon. Dupanloup (Mgr). Ernoul. Eschasseriaux (baron). Favre (Jules). Féligonde (de). Fernier. Ferrouillat. Flaghac (baron de). Gagneur. Gambetta. Ganivet. Gent. Godin. Gouvelle (de). Grammont (marquis de). Grasset (de). Grévy (Jules). Guinard. Guinot. Guyot. Hérisson. Janzé (baron de). Journault. Kergorlay (comte de). La Bouillerie (de). La Caze (Louis). Lamy. Lanfrey. La Rochethulon (marquis de). Lebreton. Legge (comte de). Lépouzé. Levêque. Limperani. Lockroy. Lur-Saluces (marquis de). Mangini. Marc-Dufraisse. Marcou. Martin des Pallières (général). Mayaud. Méline. Mercier. Merveilleux du Vignaux.

Naquet. Nétien. Nicohe. Parigot. Paris.
Pascal-Duprat. Périn. Peyrat. Pompery (de).
Princeteau. Raoul Duval. Rathiér. Rémusat
(Paul de). Reymond (Loire). Rivaille. Rouher.
Roussel. Roy de Loulay. Saint-Germain (de).
Saisy (Hervé de). Scheurer-Kestner. Swiney.
Tailhand. Tamisier. Target. Tassin. Teste-
lin. Thiers. Thurel. Tolain. Turquet. West-
Vimeux (baron). Vinois (baron de). Wilson.

ABSENTS PAR CONGÉ :

MM. Aumale (duc d'). Chabrol (de). Cham
brun (comte de). Chanzy (général). Chaudordy
(comte de). Corcelle (de). Desbons. Flotard.
Gontaut-Biron (vicomte de). La Roncière Le
Noury (vice-amiral baron de). Le Flo (général).
Magne. Maure. Monnot-Arbilleur.

ASSEMBLÉE NATIONALE

SÉANCE DU MARDI 29 JUIN 1875

PRÉSIDENCE DE M. LE DUC D'AUDIFFRET-PASQUIER

La séance est ouverte à deux heures vingt minutes.

M. le comte Duchâtel, *l'un des secrétaires*, donne lecture du procès-verbal de la séance d'hier.

M. Limperani. Je demande la parole sur le procès-verbal.

Messieurs, c'est par erreur que j'ai été porté comme m'étant abstenu lors du vote qui a eu lieu pour le crédit à accorder en faveur des inondés. Il est inutile de dire que j'ai, comme tous mes collègues sans exception, voté pour l'allocation de ce crédit.

M. Cherpin. Messieurs, je demande la parole parce que je vois au compte rendu *in extenso* la phrase suivante placée dans la bouche de M. le ministre des travaux publics :

« Par tous ces motifs, j'ai lieu d'espérer que vous voudrez bien adopter le tracé présenté par le Gouvernement et repousser l'amendement de M. Martenot. »

Je ne dis pas que la phrase n'ait pas été prononcée, mais j'affirme que je ne l'ai pas entendue, malgré la plus grande attention que j'ai portée aux paroles de M. le ministre. Placée où elle est, cette phrase n'est qu'une réponse à l'amendement qu'elle combattait et n'engage rien ; mais je veux cependant et surabondamment constater que l'Assemblée n'a pas voulu statuer sur un tracé quelconque, car il n'a été question de tracé de la part de personne.

Le débat a porté exclusivement sur les points de départ et d'arrivée du chemin de Roanne à Paray, sur le côté qu'il devrait occuper par rapport au fleuve de la Loire, et sur la suppression des mots « le Coteau » introduits et proposés par la commission.

M. le président. Il n'y a pas d'autre observation ?...

Le procès-verbal est adopté.

M. Petau demande un congé de six jours.

Cette demande sera renvoyée à la commission des congés.

La parole est à M. de la Sicotière pour un dépôt de rapport.

M. de la Sicotière. J'ai l'honneur de déposer sur le bureau de l'Assemblée, au nom de la 33ᵉ commission des lois d'intérêt local, un rapport sur le projet de loi tendant à autoriser le département de Loir-et-Cher à contracter un emprunt pour l'agrandissement de son asile d'aliénés.

M. le président. Le rapport sera imprimé et distribué.

L'ordre du jour appelle la suite de la discussion du projet de loi relatif à la déclaration d'utilité publique de plusieurs chemins de fer et à la concession de ces chemins à la compagnie de Paris-Lyon-Méditerranée.

La parole est à M. Jean Brunet, pour développer son amendement sur l'article 2 du projet de loi.

Plusieurs membres : On n'est pas en nombre !

M. le président. J'invite monsieur Brunet à prendre la parole : on viendra l'entendre.

M. Jean Brunet. Messieurs, j'hésitais à prendre la parole, parce que M. le ministre des travaux publics, — que je viens de quitter dans la commission du chemin de fer de ceinture, — est disposé à se rendre ici dans quelques minutes, et j'avoue franchement qu'il me paraissait utile d'attendre sa présence avant de prendre la parole.

M. Cézanne, *rapporteur.* La commission est présente.

M. Jean Brunet. Messieurs, dans le projet qui vous est soumis, il me paraît que le Gouvernement, représenté par l'honorable M. Caillaux, ministre des travaux publics, et la commission, représentée par son rapporteur, l'honorable M. Cézanne, cèdent beaucoup trop au principe de s'en remettre aux grandes compagnies pour l'établissement et la conduite du système général de nos communications par chemins de fer dans toute la France.

De cet excès de bonne volonté peuvent résulter de très-grands dangers, en même temps que de très-grands abus; c'est pourquoi, convaincu de la nécessité de veiller à ces dangers et de corriger ces abus, je me suis décidé à vous présenter l'amendement dont il vous a été donné lecture et qui a pour but la formation de compagnies régionales.

Avant tout, je dois déclarer que je ne suis animé d'aucun esprit d'hostilité, à l'égard des grandes compagnies; car je les regarde comme ayant rendu des services réels et considérables à la France et comme pouvant lui en rendre encore.

Mon amendement consiste surtout à attaquer un monopole trop absolu, trop exagéré et surtout trop étendu et trop artificiel, qui peut conduire à des catastrophes, et il lui substitue le principe plus rationnel et plus organique des compagnies attachées aux grandes divisions du territoire et qui tiennent compte des besoins, des forces et des capacités réelles de l'ensemble du pays.

Permettez-moi, messieurs, quelques considérations dominantes et essentielles.

En ce qui concerne le système général des chemins de fer établis dans un État, divers principes ont été mis en avant, et pratiqués par différentes puissances et sur de vastes échelles.

Le premier principe est celui de la liberté. Vous savez que l'Amérique en est le siège. Il est évident que la France n'est pas constituée de façon à appliquer d'une manière absolue ce système, car, hélas! nous sommes bien dépourvus de puissance en fait d'initiative individuelle et locale. Aussi, vous savez, messieurs, combien les chemins de fer ont eu de la peine à s'établir chez nous et quelle difficulté inouïe ils ont trouvé à se faire accepter.

Ainsi je ne crois pas blesser une des plus hautes personnalités de la France, l'honorable M. Thiers, en rappelant qu'il était, dans le principe, formellement opposé aux chemins de fer, les proscrivait en les qualifiant d'utopie désastreuse.

L'autre principe est celui du monopole des chemins de fer par l'État; et il faut bien le dire, messieurs, ce principe, appliqué en Belgique, paraîtrait très-rationnel dans un pays centralisé comme la France. L'État, effectivement, centralise toutes les autres communications. A plus forte raison doit-il avoir l'autorité et une action directe sur les communications ferrées qui sont de cinq à dix fois supérieures dans l'énergie de leur action aux autres communications que l'État monopolise chez nous.

Le système du monopole par l'État est sûrement, lui aussi, taxé d'utopie, et cependant il a été bien près de s'installer en France. Ainsi, en 1848, notre honorable président, ici présent, M. Duclerc, étant ministre des finances, au début de la révolution de février, a formellement proposé la loi qui avait pour but de faire racheter tous les chemins de fer par l'État. J'étais alors membre du comité des travaux publics, et je dois dire que la loi fut adoptée par ce comité, dont je fus un des rapporteurs avec l'honorable M. Victor Lefranc. La loi eût été probablement adoptée, si elle n'eût été brusquement arrêtée, dans la discussion, par la formidable insurrection de juin qui coupa court aux tentatives nouvelles dans l'Assemblée constituante.

Vous voyez donc, messieurs, que la France, par sa position, sa constitution et par la nature de son esprit, s'est trouvée toucher à ces deux extrêmes : la liberté absolue d'un côté, et le monopole par l'État de l'autre. Eh bien, vous savez ce qui arriva : comme toujours en France, ce fut un système intermédiaire qui fut accepté, et alors intervint la loi de 1842.

Cette loi a été reconnue très-sage et très-féconde; elle a produit les plus grands résultats. Son principe, vous le savez, consistait en ceci : conserver à l'État, dans des limites raisonnables et débattues, le droit, le pouvoir et les charges de la confection des chemins de fer; puis affermer à des compagnies la traction et l'exploitation. C'est en vertu de cette loi que se sont exécutées nos grandes lignes qui vont de Paris aux frontières.

Messieurs, cette loi de 1842 eut cette sagesse, qu'on a beaucoup trop perdu de vue : c'est qu'elle ne donna pas immédiatement dans des excès; elle évita avec grand soin ces compagnies colossales en présence desquelles nous nous trouvons aujourd'hui. En effet, la loi de 1842 ne concédait que les lignes principales, et l'ensemble des réseaux de chacune des compagnies formées comprenait à peine 5 à 600 kilomètres.

Ainsi, par exemple, pour nous en tenir à cette compagnie colossale qui nous occupe aujourd'hui, la compagnie de Paris-Lyon-Méditerranée, cette compagnie ne fut pas du tout décrétée dans l'étendue de son parcours actuel. Au contraire, on décréta une compagnie spéciale pour le chemin de Paris à Lyon; une autre compagnie spéciale pour le chemin d'Avignon à Marseille, et enfin on réserva pour quelques années, — car la révolution de février vint arrêter les décrets de concession, — on réserva à une compagnie spéciale le chemin de Lyon à Avignon. Et ce qui s'est passé là pour la compagnie de Paris-Lyon-Méditerranée, s'est aussi passé pour toutes les autres grandes compagnies.

Vous voyez donc que la loi de 1842 avait eu cette grande sagesse de craindre la constitution des compagnies colossales et qu'elle restreignait le domaine de chaque compagnie dans des limites raisonnables, efficaces et à l'abri de toute espèce de danger pour l'avenir.

Eh bien, cependant, messieurs, pour vous faire toucher du doigt le danger des grandes compagnies étrangères aux localités, voyez ce qui se passa en 1848. La compagnie de Paris à Lyon en fut réduite à supplier le Gouvernement de la racheter, ce qui fut fait; et je dois dire que l'honorable M. Victor Lefranc et moi nous avons concouru le plus à l'adoption de cette loi de rachat.

La compagnie d'Avignon à Marseille se trouva dans une position financière tellement désastreuse, qu'elle fut obligée de demander à l'État de lui prêter de l'argent au mois, ce que fit l'Assemblée constituante, après une grande discussion, où je pris grande part, en rendant une loi en vertu de laquelle, au bout de quelques mois, le ministre des travaux publics devait aviser au rachat de cette compagnie.

Voilà donc l'origine de la compagnie de Paris à Lyon : vous voyez qu'elle n'était ni brillante ni stable, et qu'il n'y avait nulle raison pour augmenter son domaine. Mais l'empire étant venu, on accorda à cette compagnie toutes les facilités, tous les avantages et toutes les garanties possibles. Ainsi on réunit les trois compagnies de Paris à Lyon, de Lyon à Avignon et d'Avignon à Marseille en une seule compagnie, et alors commença à se présenter cette compagnie formidable en présence de laquelle nous nous trouvons aujourd'hui, compagnie qui, depuis vingt-cinq ans, exerce une influence dominante sur l'ensemble des communications de presque la moitié de la France, influence que vous allez encore augmenter de manière à la pousser aux dernières limites de l'exagération.

Messieurs, les inconvénients qui résultent de l'état actuel de la grande compagnie de Paris à Lyon et à la Méditerranée se formulent par des chiffres. Vous voyez qu'elle va en arriver à posséder plus de 8,000 kilomètres de chemins de fer ; que son capital réel dépassera 4 milliards, tant actions qu'obligations. Ce chiffre pourra étonner d'abord, mais faites attention qu'il ne faut pas prendre pour chiffre des obligations celui qu'on met en avant, car il ne représente que les sommes réellement versées ; or la compagnie est responsable de sommes bien supérieures, car le titre des obligations doit être remboursé à un prix que vous connaissez. On peut donc hardiment établir que le capital de la compagnie sera de plus de 4 milliards.

Voilà donc cette compagnie fonctionnant sur près de la moitié de la France, administrant un personnel de près de 40,000 personnes, maîtrisant d'une manière absolue le système des communications générales pour le commerce, l'industrie et les relations internationales ; et c'est cette compagnie dont vous voulez encore augmenter la puissance !

Mais avez-vous bien étudié les faits et les conséquences passées, présentes et à venir de cette concentration formidable ?

Tenez ! laissez-moi signaler à votre attention le point capital qui a échappé, je crois, jusqu'à présent : c'est que, dans cet immense ensemble de chemins de fer que l'on met à la disposition de la compagnie de Paris-Lyon-Méditerranée, elle ne se préoccupe que d'une direction, la direction du nord au sud.

Ainsi, l'ensemble des lignes, et vous pouvez en juger par la carte qui vous a été distribuée, a pour base de départ une ligne qui joindrait Paris à Belfort. Puis on constate cinq grands courants, — indépendamment d'autres courants partiels, — qui partent de cette base et qui viennent, pour ainsi dire, se réunir dans l'entonnoir de Lyon. Or, jusqu'à ces derniers temps, la compagnie de Paris-Lyon-Méditerranée a tenu à n'avoir qu'une ligne de Lyon à la Méditerranée pour l'écoulement de l'immense affluence produite par les cinq grandes lignes qui viennent du Nord.

Aussi qu'en est-il résulté ? Des plaintes générales tant du commerce que de l'industrie et des relations internationales. Il en est résulté également un encombrement monstrueux, et la compagnie Paris-Lyon-Méditerranée a une puissance si grande, qu'elle a résisté pendant douze à quinze années à toutes les supplications, à toutes les demandes ; elle a refusé d'exécuter d'autres lignes, proscrivant absolument toute espèce de concurrence et d'extension pour les communications dans le Midi.

Eh bien, si cette compagnie a pu résister ainsi aux réclamations de l'État et de tous les intérêts sociaux pendant quinze et vingt ans, croyez-vous qu'il soit bien politique d'augmenter toujours sa force et sa puissance ? Ne voyez-vous pas que désormais, dans d'autres circonstances extrêmement graves, elle pourra manifester sa puissance d'opposition avec une plus grande énergie et une plus grande efficacité ?

Il y a donc là, messieurs, une très-grave considération. Une autre considération qui n'est pas moins grave, c'est que la compagnie, préoccupée de la circulation sur le grand courant naturel qui va du Nord à la Méditerranée par Marseille, néglige complètement toutes les communications latérales ; non-seulement elle les néglige, mais elle cherche à les étouffer. Aussi, qu'en résulte-t-il ? C'est que, comme on vous l'a déjà signalé, tous les pays frontières, le Jura, la Suisse, la chaîne des Alpes, les Cévennes, se trouvent complètement sacrifiées.

On dira : Cela va changer ! Un peu peut-être, mais pas d'une manière sérieuse ; car enfin, croyez-vous, messieurs, que ce sera la compagnie de Paris-Lyon-Méditerranée qui d'elle-même viendra chercher à remédier à ces regrettables lacunes latérales ? Non, la compagnie fera ce que nous avons vu depuis vingt ans, ce que je vous ai signalé hier pour la grande communication des Alpes centrales : elle emploiera tous les moyens pour ajourner l'exécution de ces lignes, comme nous le voyons depuis dix-huit ans pour le chemin de Gap à Briançon. Cette ligne, jusqu'à présent, n'a rien fait, et elle ne se mettra à l'œuvre qu'en se faisant donner de fortes sommes par l'État.

Mais ce n'est pas tout, avec les grandes compagnies, nous sommes encore en présence d'un grand danger. Voici ce dont il s'agit : Nos compagnies sont dominées exclusivement par un principe mauvais ; on a fait la très-grande faute de ne vouloir les considérer qu'au point de vue financier exploité par les spéculations de Bourse. Or, messieurs, les lignes de chemins de fer doivent être considérées essentiellement au point de vue d'un intérêt social. Il faut que toutes les populations, que tous les territoires, que tous les intérêts commerciaux, industriels et militaires, soient réunis dans ce système général de communication, et qu'alors les représentants de ces intérêts soient appelés à s'occuper directement du système des communications.

Au lieu de cela, qu'arrive-t-il ? Dieu me préserve d'attaquer en quoi que ce soit le personnel qui est à la tête de nos grandes lignes de chemins de fer ! on peut dire qu'il est fourni d'hommes des plus honorables, des mieux posés et des plus puissants dans l'efficacité de leurs efforts, et malgré quelques accidents qu'il est inutile de signaler, l'on peut dire que le pays ne pourra jamais donner trop de remerciments à ces hommes qui l'ont doté d'une somme énorme de puissance.

Mais enfin, messieurs, l'esprit général unique, qui a présidé à nos directions de chemins de fer, c'est l'esprit financier, représenté exclusivement par des hommes d'argent, venus quelquefois de l'étranger, des hommes pris et réunis à Paris, où ils sont ignorants des pays où passent les chemins de fer de la compagnie dont ils ont la haute direction.

Dans cet état de choses, les contrées traversées par ces chemins de fer, les populations, les hommes de valeur, de position et de capacité qui seraient capables d'imprimer la direction la plus salutaire et la plus féconde à l'installation et à l'exploitation des lignes, ces hommes et ces capacités locales sont réduits à l'état de domaine inerte des grandes compagnies et sont maintenus complètement en dehors par un état-major étranger au pays, recruté presque exclusivement dans le monde financier de la capitale.

Il en résulte que non-seulement on ne se préoccupe que d'un intérêt, celui du revenu, mais que la conséquence de cette préoccupation est qu'on ne recherche des chemins de fer que dans les pays riches et productifs. Alors ces grandes compagnies financières accumulent les travaux dans les pays déjà comblés, et, systématiquement, elles sacrifient les pays considérés comme pauvres.

Par suite, nous sommes placés dans cette position terrible : que nos compagnies de chemins de fer organisent la pléthore sur certains points et réalisent le désert dans d'autres parties de la France.

Faites-y bien attention, messieurs! cela existe depuis plus de trente ans, et ce mal va toujours en s'aggravant de plus en plus. Vous avez, dans diverses parties de la France, des contrées qui se dépeuplent de plus en plus, des contrées où le sol s'appauvrit, où les populations ne peuvent plus tenir, et ces contrées sont les plus importantes au point de vue de l'assiette générale de notre territoire, au cœur même de la France, dans ce siége de la vieille race celtique.

Ainsi je pourrais vous signaler des départements comme le Lot, la Corrèze, le Cantal, la Creuse, qui se dépeuplent de plus en plus. C'est que depuis qu'il y a des chemins de fer, vous avez demandé à ces populations de contribuer par de lourds impôts à l'exécution des chemins de fer des pays riches, et vous ne leur avez rien donné en échange.

M. Depasse. Très-bien!

M. Jean Brunet. D'un autre côté, à ces populations vous avez dit : Vous êtes citoyens, vous allez payer l'impôt du sang! Et alors vous dépeuplez les contrées, et tout cela est d'autant plus désastreux que vous négligez et sacrifiez ainsi un des plus grands éléments de l'assiette et de l'action de votre puissance militaire. C'est là une des conséquences forcées de votre système de grandes compagnies actuel.

Eh bien, il faut mettre un frein à cet état de choses. Vos grandes compagnies, non-seulement ne le feront pas d'elles-mêmes, mais elles s'y opposeront autant qu'il sera en leur pouvoir, non pas peut-être ouvertement, mais par tous les moyens, par toutes les combinaisons habiles et plus ou moins cachées qui font que l'exécution des travaux est arrêtée dans les moments les plus importants, les plus urgents.

Vous voyez donc, messieurs, que l'excès des grandes compagnies touche aux questions les plus graves et peut amener les désastres les plus grands.

Aussi a-t-on réfléchi à l'état de ces colossales puissances en temps de crise révolutionnaire. Déjà, en 1848, quand une grande catastrophe politique et sociale a surgi, vous avez vu toutes les compagnies acculées. La compagnie d'Orléans fut obligée d'implorer de l'État qu'on la mit sous le séquestre, dirigé par notre honorable et regretté collègue M. Sauvage; la compagnie de Paris à Lyon vint supplier le Gouvernement de la racheter; la compagnie d'Avignon à Marseille vint supplier le Gouvernement de la tirer du gouffre, etc.; c'est-à-dire que dans toutes les circonstances, dans toutes les crises, les compagnies ont une peine, infinie à se tenir debout.

Or, si des compagnies qui ne comprenaient pas 5, ou 600 kilomètres à cette époque, ont éprouvé ces difficultés et ont dû céder devant ces dangers, je vous demande ce qui arriverait ou ce qui pourrait arriver dans ces terribles circonstances avec une compagnie ayant 8,000 kilomètres, un capital de 4 milliards et un personnel énorme?

Abordons maintenant une autre considération, celle de la difficulté, de l'impossibilité de la direction générale bien ordonnée. On nous a dit : Mais en présence d'une de ces grandes masses, la compagnie se partagera d'elle-même en sections.

C'est notre honorable ministre des travaux publics qui a dit cela, et il a eu bien raison de le dire, car il y a là une nécessité fatale.

Mais si la force des choses amène la compagnie elle-même à se partager en plusieurs sections administratives, alors c'est autant de compagnies centralisées pour un gouvernement spécial. Oui, c'est un gouvernement tout particulier, et qui peut s'étendre indéfiniment sur le pays. Mais alors, en présence de cela, que devient l'action gouvernementale proprement dite de la nation? Elle disparaîtra de plus en plus, et nous en voyons déjà de curieux exemples.

Ainsi, regardez où nous en sommes au point de vue de notre personnel officiel pour les travaux publics. Nous avons un personnel admirable, c'est celui de nos ingénieurs des ponts et chaussées, fourni exclusivement, vous le savez, par l'école polytechnique. Ce personnel-là, il est très-régulièrement installé dans toutes les régions de la France et il est capable de s'occuper de toutes les parties du service et notamment des chemins de fer. Eh bien, voyez la position inouïe qui existe en ce moment en France : c'est que cet admirable personnel en est réduit à ne s'occuper ni de la construction, ni de l'exploitation des chemins de fer.

Les compagnies ont, en effet, leurs ingénieurs. C'est eux qui font les travaux, qui administrent, qui exploitent, qui s'occupent exclusivement du matériel. Alors, on se demande : Ce n'est donc plus l'État qui est chargé des travaux publics?

Si c'était dans un coin de la France, p v

une entreprise spéciale, je le comprendrais ; mais c'est sur tout notre territoire et pour le système général des plus grandes communications sociales que cet état de choses a lieu. Alors tout cet admirable corps des ingénieurs, fonctionnaires et administrateurs de l'Etat disparaît, et cela pendant qu'en présence de son impuissance inerte, sous ses yeux, dans l'ensemble de tout le territoire, rayonne, fonctionne, commande, tout un personnel qui est complétement étranger au personnel de l'Etat.

On me dira : Mais les ingénieurs de l'Etat, ces ingénieurs des ponts et chaussées, les compagnies peuvent les appeler dans leur sein.

M. Caillaux, *ministre des travaux publics.* Elles les appellent !

M. Jean Brunet. Je sais bien qu'elles les appellent, monsieur le ministre, mais c'est comme individualités, isolées et indépendantes ; car une fois qu'ils sont là, ces ingénieurs sont détachés, ne sont plus ni considérés, ni payés, ni ordonnés comme ingénieurs de l'Etat, mais bien comme agents exclusifs des compagnies.

Voilà donc la vérité. J'ai connu personnellement les grands ingénieurs fondateurs de nos grandes lignes ; ces ingénieurs admirables que le monde entier connaît et qu'on appelle les Talabot, les Jullien, les Didous, les Ducos, etc., pour ne citer que les principaux. C'est eux qui ont créé le réseau des grandes compagnies.

Voilà ce qu'ont fait les ingénieurs des ponts et chaussées formés par l'Etat, mais abandonnant l'Etat pour être cédés aux compagnies, dont ils deviennent les agents, à l'exclusion des ingénieurs de l'Etat, qui restent dans la position d'impuissance en fait de chemins de fer, et aussi, il faut le dire, de traitements médiocres.

Mais ce sont des individualités isolées, ce ne sont plus les ingénieurs de l'Etat et ils se trouvent dans cette position exceptionnelle que, pendant que les ingénieurs de l'Etat fonctionnent sur l'ensemble du territoire sans pouvoir s'occuper de chemins de fer, il y a quelques individualités qui se mettent au service des compagnies. Alors que certains ingénieurs des compagnies touchent, par exemple, des traitements qui, avec les primes, dépassent 100,000 fr.....

M. le ministre des travaux publics. Mais non ! mais non !

M. Jean Brunet. Je vais en fournir les preuves.

M. le ministre. Il ne faut rien exagérer ; cela n'existe pas, même dans les compagnies.

M. Jean Brunet. Je n'exagère rien et je maintiens que les ingénieurs de l'Etat sont relégués dans une fausse position.

Cela dit, continuons par d'autres considérations.

Les inconvénients et les dangers des compagnies exagérées sont devenus si évidents que le gouvernement impérial lui-même dut songer à y remédier. Or, rappelez-vous, messieurs, que ce gouvernement avait été la cause de cette centralisation exagérée des lignes de chemins de fer. Cependant il avait commencé par se tenir dans des limites raisonnables, en admettant d'abord un grand nombre de fortes compagnies. Ainsi, en outre de la ligne du Midi, des Ardennes, il avait créé la compagnie du Grand-Central. Malheureusement, toutes ces institutions faites, dans un certain moment et par certaines personnes, avaient en elles un vice rongeur.

Ainsi l'idée du Grand-Central était excellente, mais l'exécution fut déplorable ; le président de cette société était M. le duc de Morny, et vous savez qu'il se produisit des déficits tels, qu'ils firent détruire la société et partager son domaine entre les trois grandes compagnies latérales.

Ce fut là une malheureuse inspiration qui fut le point de départ de toutes ces grandes fusions et de ces nouvelles lois qui, avec le principe des obligations avec garantie d'intérêts, permirent de pousser à outrance l'exagération des grandes compagnies.

Arrivé là, comme je vous le disais, et en présence des réclamations générales du pays, dont les intérêts généraux et locaux se trouvaient en oubli systématique et forcé, du moment qu'ils étaient placés en dehors du courant général des principales lignes de la compagnie, le Gouvernement, en présence de cet état de choses, comprit qu'il fallait absolument apporter un remède, et alors fut rendue la loi de 1865, renforcée par celle de 1871, qui ont eu pour principe d'appeler le pays lui-même à se préoccuper de la création et de l'exploitation des chemins de fer qui lui seraient nécessaires, sans toucher au domaine des compagnies.

C'est sous l'empire de ces lois, c'est comme application de ces lois que nos départements ont commencé à décréter l'exécution de lignes et à vouloir les exploiter. Les grandes compagnies s'en sont moqué d'abord ; mais voyant que ces entreprises nouvelles allaient marcher véritablement, elles se sont empressées de tout faire pour les étouffer ou les remplacer. En présence de cet état de choses, le Gouvernement actuel a hésité ; puis, tout d'un coup, a décidé qu'il y avait impossibilité et danger à l'exécution de ces lois de 1865 et de 1871, et qu'alors, il valait beaucoup mieux les mettre de côté, momentanément ou pour toujours, et jeter dans le gouffre des grandes compagnies, toutes les lignes de chemins de fer à concéder, non-seulement celles qui seraient proposées, mais encore celles qui seraient concédées isolément.

M. le ministre des travaux publics. Mais non ! c'est une erreur !

M. Jean Brunet. C'est le cas qui se présente dans le projet qui vous est soumis. Il s'agit de vingt lignes de chemins de fer, et, parmi elles, plusieurs avaient été concédées très-régulièrement par les autorités que la loi investissait de ce droit.

Voilà donc qu'aujourd'hui on raye toutes ces concessions d'un coup et on dit à la compagnie de Paris-Lyon-Méditerranée : Faites-nous la grâce d'accepter ces lignes de chemins de fer, vous nous rendrez service et vous nous tirerez d'affaire avec une facilité magnifique.

Eh bien, dans ce système d'abandon de la part de l'Etat, il y a un très-grand danger, non-seulement pour l'Etat, mais pour la compagnie elle-même.

Remarquez, en effet, messieurs, que, dans cet immense domaine des compagnies, surtout de cette grande compagnie de Paris-Lyon-Méditerranée, vous avez la ligne centrale qui est d'un rapport énorme; car certaines parties, si elles en étaient isolées, donneraient un revenu supérieur au capital.

Mais, à côté de cela, il est bien constaté que les concessions que vous accordez, depuis quelque temps, à cette compagnie donnent un revenu qui va s'affaiblissant de plus en plus.

Ainsi, dans le partage général qui vous est présenté pour l'ensemble des revenus, on estime à un tiers les lignes qui donnent un revenu supérieur à 5 1/2 p. 100. (Aux voix ! aux voix ! à gauche. — Parlez ! à droite.) Un autre tiers des lignes donne un revenu qui descend jusqu'à 2 p. 100 ; et enfin le dernier tiers donne des produits de 2 p. 100 à 0 p. 100 ; plusieurs même auront des produits négatifs, puisque les frais d'exploitation seront supérieurs aux revenus.

Par ces concessions de détail, vous grevez donc de plus en plus les revenus de la compagnie. Ne comprenez-vous pas qu'il faut prendre garde d'aller trop loin ? Je sais bien que les actionnaires sont toujours garantis par un boni prudent réservé ; mais l'ensemble de la compagnie, jusqu'où peut-il descendre ? Ainsi, aujourd'hui, cette compagnie se présente dans un état qui est des plus prospères, puisque — on vous l'a dit — elle a environ 10 millions de boni ; eh bien, à force d'étendre ses concessions, non-seulement vous ferez disparaître ce boni, mais un jour viendra où vous serez obligés de faire intervenir la garantie d'intérêts, non pas de 23 millions seulement, comme vous le prévoyez, mais pour beaucoup plus.

Et ce n'est pas tout. L'ensemble de la direction de la compagnie sera tellement chargé par ces nouveaux travaux, par ces nouvelles administrations qu'on lui impose ; il sera tellement chargé de dépenses et de soins, que nécessairement il sera, jusqu'à un certain point, obligé de négliger les lignes principales. (Oh ! oh !)

Faites-y bien attention, messieurs ; ces lignes principales représentent des intérêts majeurs, non-seulement pour les intérêts nationaux, mais aussi et grandement pour les intérêts internationaux.

Si vous grevez la compagnie de Paris-Lyon-Méditerranée de charges étrangères à ses grandes lignes, il en résultera ce fait : que, forcée de puiser dans les revenus de ses grandes lignes pour alimenter le reste de son réseau, la compagnie refusera toujours les abaissements de tarifs, elle refusera toujours des travaux dispendieux, mais nécessaires, qu'elle accepterait dans son état de richesse actuelle, mais qu'elle repoussera parce qu'ils grèveraient trop les revenus de ses lignes principales qui lui sont indispensables pour équilibrer les pertes de ses nouvelles régions.

Cette considération est très-grave, messieurs, car vous savez que la concurrence à l'étranger devient impossible, parce que tout le commerce se plaint que nos grandes voies de communication lui imposent des tarifs trop onéreux.

Un membre au centre. Le commerce se plaindra toujours.

M. Jean Brunet. Réfléchissez bien là-dessus, messieurs ; si vous chargez le domaine de la grande compagnie de Paris-Lyon-Méditerranée d'une foule de tronçons improductifs, vous condamnerez cette grande compagnie à ne plus se préoccuper des grands intérêts de sa ligne générale, à ne rechercher que les gros revenus basés sur de hauts tarifs, et sur la diminution de la dépense consacrée à ses lignes.

Je soumets cette observation à M. le ministre des travaux publics.

À gauche. Assez ! — Aux voix ! aux voix !

M. le président. On ne peut pas demander à aller aux voix quand un orateur a la parole.

M. le général Robert. Si on écoutait, on verrait que cette discussion est sérieuse.

M. Delpit. Nous réclamons le silence.

M. Jean Brunet. Je vois bien à gauche le groupe d'où part le système d'interruptions organisé contre moi ; mais je n'en ai que faire et je continue.

Le moyen de remédier à cet état de choses... — sûrement ceux qui montrent tant d'impatience ne s'en sont pas occupés, et cependant il est nécessaire de le faire ; — je dis donc : le moyen de remédier à cet état de choses paraît être d'entrer dans les nouveaux principes, non pas d'y entrer brusquement et d'une manière absolue, au risque de bouleverser et de paralyser ce qui existe, non : il faut y arriver simplement, naturellement, par la force des choses, en laissant à chacun une place convenable. Pour cela, nous n'avons qu'à imiter, jusqu'à un certain point, ce qui s'est passé pour notre système de routes nationales et départementales : il faut faire les grandes lignes d'intérêt général évident, puis les groupes de lignes des circonscriptions régionales et départementales. Alors on pourra tenir compte des besoins, des droits et des autorités locales, des conditions sérieuses et naturelles des territoires et des populations.

Remarquez-le, messieurs, le grand malheur de la France c'est que les initiatives et les intérêts locaux sont complétement sacrifiés aux organisations artificielles qui viennent de Paris ; des capacités individuelles s'effacent non complétement, s'atrophient dans notre intérieur, pendant que trop d'intrigants, qui ignorent tout, dominent aux sommets. C'est là ce qui nous énerve, nous désorganise et nous ruine, car nous restons comme une masse inerte à la discrétion de tous les pouvoirs qui se mettent à la tête de notre grande centralisation. (C'est vrai ! — Très-bien ! à droite.)

Il faut réagir contre ces errements, en consolidant nos institutions, en les attachant au territoire. C'est ce que je vous demande pour vos chemins de fer, non-seulement au point de vue matériel, mais aussi au point de vue des populations et des capacités locales.

Voilà pourquoi, sans exiger le bouleversement des grandes compagnies, je vous engage de laisser s'implanter les compagnies indépendantes par régions.

Remarquez-le bien : vos lois de 1865 et de 1871 ont formulé les éléments du système à adopter pour réagir contre les abus des grandes compagnies centralisées.

Laissez donc agir simplement les autorités locales, les capacités locales, laissez-les se grouper, laissez-les arriver à fonctionner dans leur intérieur, en raison de leurs besoins et de leurs aptitudes. Sans doute, vous n'aurez pas tout d'abord une grande régularité, une grande perfection, ni peut-être de riches résultats ; mais vous aurez un fait acquis, des instructions et des capacités façonnées, des bases de transactions et de formations.

Alors rien ne vous sera facile, plus tard, comme de grouper ces divers éléments de manière à en faire des compagnies départementales, puis régionales, attachées au sol, et qui se souderont aux artères principales des grandes lignes.

Ainsi, ces nouvelles compagnies organiques ne détruiront pas les grandes compagnies chargées des grandes communications ; ainsi, la grande ligne de Paris à Lyon et Marseille aurait ses compagnies régionales des Alpes, des Cévennes, du Bourbonnais, des Dombes, du Gard, de la Bourgogne, etc., et chacune de ces compagnies prendrait possession du territoire et le fertiliserait au point de vue de la circulation et de la production générales.

Ce nouveau système vous surprend sans doute, mais il est simple et très-pratique.

Remarquez que ce système-là n'est pas complètement isolé ; car, pour certains points, il se rapproche de ce qui existe partout autour de nous.

M. le ministre des travaux publics. Cela n'existe nulle part!

M. Jean Brunet. Cela est, je le répète, jusqu'à un certain point en rapport avec le système qui est adopté en Angleterre, en Allemagne, en Autriche. (Aux voix ! à gauche.)

M. le président. Je réclame le silence. Veuillez écouter.

M. Jean Brunet. Donc, par ce que propose mon amendement, l'abus des trop grandes compagnies se trouvera diminué par le principe des syndicats. C'est, je le répète, ce qui existe dans les États étrangers, et c'est ce qui permettra de coordonner ces forces indépendantes et particulières, de manière à arriver à un grand résultat général.

M. le ministre des travaux publics. Mais non ! Cela n'existe nulle part!

M. Jean Brunet. M. le ministre se trompe. Dans tous les cas, cela doit exister; car, non-seulement ce principe du syndicat nous permettra d'organiser ces compagnies que j'ai appelées régionales, mais encore de monter beaucoup plus haut.

Remarquez, en effet, que ce principe se manifeste déjà en France et demande à se réaliser dans les plus hautes positions. Ainsi, par exemple, autour de Paris, le syndicat entre nos colossales compagnies de chemins de fer existe pour l'exploitation du chemin de fer de ceinture intérieur et il demande à se manifester avec plus de force encore pour la création et l'exploitation des chemins de fer de ceinture extérieurs à Paris. C'est là une réalisation gigantesque, à côté de ce que je demande pour les compagnies régionales.

Il y a donc là une idée juste, une idée féconde. Je sais bien qu'elle n'est pas facile à réaliser, surtout dans sa généralité ; cela est vrai; mais il faut s'en occuper avec une grande attention ; il ne faut pas que le ministre et ses agents craignent la peine ; il faut beaucoup étudier et surveiller, et ne pas trop craindre d'abord quelques petits mécomptes.

M. le ministre des travaux publics. Je vous demande pardon! il faut craindre les mécomptes.

M. Jean Brunet. Ce sont là des détails

insignifiants en présence d'un grand but à poursuivre fermement. Oui, il faut se dire : Il y a là une idée féconde de régénération des puissances et des stabilités locales ; nous voulons l'appliquer et nous sommes décidés à le faire pour remédier aux abus des grandes compagnies.

Pour terminer, je me résumerai en disant : Vous nous proposez de concéder à la compagnie de Paris-Lyon-Méditerranée, qui représente déjà une masse colossale et remplie de dangers ; vous nous proposez de lui concéder de nouveau vingt lignes particulières, que nous venons de déterminer. Prenez-y garde, messieurs, vous courez à des dangers et peut-être à des catastrophes.

Oh ! je le sais bien, le mobile qui vous guide et que vous affichez, c'est, dites-vous, la sécurité et la rapidité de l'exécution et de l'exploitation. A cela je vous réponds que vous n'avez aucune sécurité, aucune économie et aucune rapidité plus grandes que par les compagnies régionales.

Ainsi, au point de vue de la rapidité, vous-mêmes, dans votre projet de loi, vous dites : Nous donnons deux ans à la compagnie de Lyon pour nous présenter ses projets, et, après ces deux ans, nous lui donnons encore une latitude de cinq ou six ans pour l'exécution. Il n'y a donc là aucune rapidité réalisée.

Vous dites ensuite : Ces compagnies ne nous demandent pas d'argent. C'est un leurre, car, à ces compagnies, vous donnez la garantie d'intérêt, et Dieu sait à quoi cela peut vous conduire. Vous assurez qu'elles n'en auront pas besoin ; mais qu'en savez-vous? Elles en auront tellement besoin, que si par hasard aujourd'hui vous veniez à décréter que légalement vous supprimez cette mention de la garantie de l'État, je le demande à tous les financiers qui sont ici : que deviendraient alors les obligations de chemins de fer? ne subiraient-elles pas immédiatement une baisse considérable?

Vous dites encore : Nous ne subventionnons pas ces chemins de fer ! Je réponds : Cela est vrai pour certains bouts de lignes, mais pour les tracés un peu importants, vous allouez des subventions considérables, et je n'en citerai qu'un exemple : dans le projet que l'Assemblée a voté hier, pour la ligne de Gap à la frontière d'Italie, vous dites vous-mêmes que la dépense générale sera d'environ 45 millions, et que, sur ces 45 millions, l'État fournira 28 millions.

Quant à la question d'économie dans l'exécution, la grande compagnie dépassera les dépenses des compagnies régionales, la chose est prouvée.

Vous voyez donc que concéder à la compagnie de Lyon ne peut avoir que des dangers, et ne présente aucun des avantages qu'on fait briller à vos yeux.

La seule marche à suivre est donc celle-ci : rentrer dans les vrais principes, considérer les chemins de fer comme un besoin essentiel de toutes les populations, de tous les territoires, de toutes les capacités sociales de la France ; cela fait, regarder comme un devoir essentiel de doter chaque partie du territoire de la part qui lui revient, et pour cela ne pas confier exclusivement tout votre ensemble de communications à des compagnies étrangères aux localités et trop financières, trop préoccupées des affaires de Bourse. Sans doute il ne faut pas repousser les bénéfices; mais la circulation est un besoin essentiel et organique avant tout. De même que vous ne recherchez pas d'abord les bénéfices pour vos routes, nationales, ne recherchez pas trop de bénéfices pour vos chemins de fer.

Il y a d'autres intérêts à satisfaire que les intérêts d'opérations de Bourse, il faut asseoir la circulation du travail fécond dans toutes les parties du territoire.

Voilà la vraie position et il faut absolument l'accepter avec fermeté et dévouement. Si vous ne le faites pas, je crains véritablement qu'au lieu de relever la France, vous ne l'exposiez de plus en plus à de grands brisements et peut-être à des catastrophes. Prenez-y garde, en effet, vous intercalez de plus en plus entre l'État et les groupes officiels du territoire, vous intercalez des compagnies artificielles, étrangères, exclusivement financières, douées d'une puissance et d'une influence de plus en plus grandes et à qui vous remettrez le sort de la circulation générale en France. Vous aurez donc couvert le pays de tout une administration, de tout un gouvernement indépendant de toute assiette officielle et individuelle, et vous courrez à des abîmes de difficultés et de ruines.

En présence de ce danger, je demande donc à l'Assemblée de vouloir bien voter mon amendement, qui pose en principe la création de compagnies régionales qui sortiront des entrailles du pays et y sèmeront partout le travail organique, au lieu de ces monstrueuses compagnies, venant de loin, obéissant à des influences étrangères et artificielles, qui dessèchent toutes les vitalités locales. (Assentiment sur divers bancs à droite. — Aux voix! aux voix! à gauche.)

M. Cézanne, rapporteur. Je demande la parole.

A gauche. Aux voix! aux voix!

A droite. Parlez! parlez!

M. Malens. Il s'agit seulement d'une prise en considération.

M. le président. Pardon! L'amendement de M. Brunet n'est pas soumis à la prise en considération; il a été présenté avant l'ouverture de la discussion du projet de loi, et il doit être soumis au vote de l'Assemblée.

M. le rapporteur a la parole.

M. Cézanne, rapporteur. Ce n'est pas sans regret que je viens combattre les observations de M. Jean Brunet.

Je ne puis oublier l'amendement qu'il a déposé hier, amendement si favorable à mon département, et qu'il a défendu à l'aide de considérations si élevées et si judicieuses; amendement dont mon collègue M. de Ventavon et moi, ne lui aurions pas abandonné l'initiative si nous avions pu espérer qu'il eût quelque chance d'être accepté par vous. Mais comment pouvoir admettre qu'après nous avoir démontré hier l'urgence de construire un chemin de fer dans la région des Alpes, notre collègue vienne développer aujourd'hui un amendement qui nous enlève les moyens de construire ce même chemin de fer? Les deux amendements sont absolument contradictoires.

Je n'entrerai pas dans les considérations générales auxquelles s'est livré notre honorable collègue; je me borne à l'amendement lui-même et je le prends dans son texte que voici:

« Les lignes de chemins de fer qui sont énoncées dans l'article 1er ci-dessus seront, conformément aux lois de 1865 et 1871, concédées par les conseils généraux des départements intéressés; ces conseils pourront, au besoin, se former en syndicat pour constituer une compagnie spéciale et régionale.

« L'État exercera, par ses administrations et ses ingénieurs locaux, la surveillance et le contrôle sur la constitution et le fonctionnement des compagnies régionales.

« Au besoin, l'État pourra assurer des garanties d'intérêt pour tout ou partie des obligations émises par les compagnies régionales. »

Ainsi, vous le voyez, messieurs, notre collègue vous propose une prescription impérative. Il est ordonné aux départements de concéder ces lignes; mais si les départements n'acceptent pas cette prescription, que ferez-vous?

Est-ce que le département des Hautes-Alpes est en état de trouver des concessionnaires pour cette ligne que M. Brunet a déclaré si urgente? (Mouvements divers.)

M. le rapporteur. Messieurs, je suis obligé de raisonner sur le texte que j'ai sous les yeux.

Est-ce que les départements du Gard, de la Côte-d'Or, de l'Isère, sont venus réclamer devant vous les lignes départementales qu'ils avaient concédées? Non, ces départements adhèrent pleinement à la convention, et il ne vous aura pas échappé, messieurs, que les départements qui se plaint le plus vivement sont ceux dont la convention n'a pas repris les concessions départementales.

Mais notre collègue introduit par son amendement un principe nouveau dans notre législation : c'est ce qu'il appelle le syndicat des départements.

Il me suffit de prononcer ce mot pour montrer à l'Assemblée la gravité du principe que notre honorable collègue voudrait introduire dans notre législation. (Aux voix! aux voix!)

Je vois que l'Assemblée a pris son parti, je n'insiste pas. J'ai tenu à montrer qu'il était impossible d'accepter cet amendement à cause des sérieuses questions qu'il soulève à cause de la contradiction qui consiste à réclamer l'urgence de certaines lignes et à nous enlever le seul moyen de les exécuter. (Très-bien! très-bien! — Aux voix! aux voix!)

M. le président. M. Brunet demande à répondre...

A gauche. Aux voix! aux voix!

M. le président. Laissez parler, messieurs! Le seul moyen d'abréger la discussion, c'est d'écouter.

M. Jean Brunet. Il m'est impossible de ne pas répondre un mot.

M. Gambetta et autres membres à gauche. La clôture! la clôture!

M. Jean Brunet. Monsieur Gambetta, je vous entends parfaitement près d'une heure toujours crier : « Aux voix! Assez! La clôture! » Je sais que vous avez fait décider cela par vos amis; mais cela n'est pas une raison pour qu'on ne discute pas sérieusement les grandes questions.

Un membre à gauche. Nous sommes deux cents à dire : Aux voix !

M. Jean Brunet. Je ne veux dire qu'un mot. (Parlez ! parlez ! à droite.)

Je crois vous avoir assez démontré les inconvénients du système qu'on vous propose, et les avantages de la voie nouvelle dans laquelle, à mon sens, il faudrait entrer, pour que les hommes graves qui voudront s'occuper de ces questions comprennent ces avantages et nous répondent sérieusement.

Mais je dois m'étonner que M. le rapporteur se soit contenté de dire quelques mots pour tâcher de souder un amendement spécial que j'avais présenté et soutenu hier pour une ligne spéciale, avec l'amendement général et de principe que nous discuterons ; il n'y a vraiment aucun rapprochement à faire entre deux questions si dissemblables, et je cherche vainement la raison d'une pareille confusion aujourd'hui.

Ensuite, je ne vois pas la difficulté et l'impossibilité que M. le rapporteur croit apercevoir dans la pratique du projet que j'ai proposé pour une ligne extrêmement importante et dont la commission, il est vrai, paraissait méconnaître la haute nécessité urgente. Mais en quoi cela regarde-t-il la question actuelle ? Le projet que je présente intéresse surtout l'État ; il est complétement indépendant de la question du système général de chemins de fer que je viens défendre aujourd'hui ; laissons-le donc à sa place et traitons la question présente.

La vérité est qu'on ne s'y hasarde pas, et M. le rapporteur croit en avoir fait bon marché par quelques mots tranchants.

Je lui répondrai que je ne sais pas où il a vu dans le texte même de mon amendement les impossibilités et surtout les prescriptions dont il a parlé. Il n'en est en rien question.

Aujourd'hui la situation est celle-ci : nous avons deux lois qui donnent à nos départements le droit de créer des entreprises particulières de chemins de fer. Eh bien, je vous dis : Exécutez ces lois au lieu de les étouffer dans leur principe et leur conséquence.

Or, pour améliorer l'état de choses établi par ces lois, je vous demande, au lieu de laisser isolés les tronçons, je vous demande de décréter en principe le droit de les réunir en institutions départementales, en compagnie, en conseils régionaux. Cela est simple, sensé, efficace, et je regrette profondément que M. le rapporteur ne l'ait pas senti. (Aux voix ! aux voix !)

M. le président. Je mets aux voix l'amendement de M. Jean Brunet.

Il y a une demande de scrutin... (Explosion bruyante d'exclamations et de rumeurs à gauche.)

Plusieurs voix à gauche. Les noms ! les noms !

M. le président. Cette demande est signée par MM. de Clercq, Victor Hamille, comte de Bryas, Delisse-Engrand, Paris, Achille Adam (Pas-de-Calais), comte de Diesbach, Émile Carron, général Robert, Pradié, Mathieu, H. de Saint-Germain, de Beauvillé, Benoist du Buis,

Alfred Giraud, de Chamaillard, comte de la Monneraye, Charreyron, Ricot et Amy.

(Le scrutin est ouvert et les votes sont recueillis.)

Le dépouillement est opéré et remis à M. le président par MM. les secrétaires.

M. le président. Voici le résultat du scrutin :

Nombre des votants........... 529
Majorité absolue.............. 265
   Pour l'adoption....... 11
   Contre.............. 518

L'Assemblée nationale n'a pas adopté.

Vient ensuite en discussion l'amendement de M. Pascal Duprat.

Cet amendement consisterait à rédiger ainsi l'article 2 :

« Celles des lignes indiquées ci-dessus, qui ont déjà fait l'objet de concessions départementales, resteront attribuées, à titre d'intérêt général, aux compagnies qui en ont obtenu la concession ; elles seront exécutées dans les délais stipulés par les départements.

« L'État se réserve la faculté de racheter ces chemins de fer, à toute époque, après la mise en exploitation, en remboursant aux concessionnaires les dépenses de premier établissement, les intérêts du capital engagé pendant la construction et les insuffisances de produits.

« Toutefois, le prix du rachat ne pourra jamais excéder, pour chaque ligne, l'estimation admise par la convention passée entre le Gouvernement et la compagnie de Paris à Lyon et à la Méditerranée, diminuée de 20 p. 100.

« Quant aux lignes qui n'ont pas été concédées par les conseils généraux, elles pourront être attribuées à la compagnie de Paris à Lyon et à la Méditerranée, ou mises en adjudication. Elles devront former, dans tous les cas, une concession distincte, tant de l'ancien que du nouveau réseau. »

La parole est à M. Pascal Duprat.

M. Pascal Duprat. Messieurs, j'aurais voulu pouvoir traiter dans un moment plus opportun les questions si importantes que soulève le projet de loi, et je regrette que ce débat n'ait pas été ajourné, comme il aurait pu, comme il aurait dû l'être.

À droite. A quand ?

Un membre à gauche. Jusqu'après l'installation de nos successeurs.

M. le président. N'interrompez pas, messieurs !

M. Pascal Duprat. Le temps n'est guère à de pareilles délibérations.

À droite. Pourquoi ?

M. Pascal Duprat. Je vais vous le dire.

On est pressé, on veut arriver aux lois constitutionnelles qui doivent amener la fin de nos travaux. (Mouvements divers.)

Je conçois ce sentiment ; il est parfaitement légitime, et je l'approuve. Mais j'avoue que je ne puis pas admettre, comme quelques-uns de mes amis politiques, que je trouve bien absolus, qu'il soit impossible de toucher à de pareilles questions sans trahir la République. (Approbation sur divers bancs à gauche, au centre et à droite.)

Je ne me sens pas aussi coupable, malgré

un arrêt que j'ai le droit de trouver assez étrange. (Rumeurs sur plusieurs bancs à gauche. — Très-bien ! très-bien ! à droite.)

M. Galloni d'Istria. Vous allez vous faire pendre en effigie !

M. Pascal Duprat. Je crois être républicain ; mais je ne voudrais pas, pour mon compte, d'une République qu'on pourrait accuser de négliger, même un instant, les intérêts économiques du pays... (Très-bien ! très-bien ! à droite), c'est-à-dire les intérêts du travail, ce patrimoine sacré du grand nombre. (Très-bien ! très-bien !)

Ce que je puis et ce que je dois admettre, c'est que, aujourd'hui plus que jamais, il importe d'être court : je saurai m'en souvenir.

Vous avez voté la déclaration d'utilité publique pour les vingt lignes qui nous sont proposées. S'agit-il de chemins de fer d'intérêt local, ou d'intérêt général ? C'est une question que je ne veux pas examiner. La déclaration d'utilité publique était nécessaire, vous l'avez votée : je ne puis qu'approuver une pareille mesure. Mais ce n'est là que la partie la moins importante et surtout la moins difficile de la loi. Il y a d'autres questions plus compliquées à résoudre.

A qui seront données ces lignes de chemins de fer ? A quelles conditions et dans quels délais seront-elles exécutées ? Dans quelle mesure l'Etat peut-il se trouver engagé, et que pouvons-nous en attendre pour l'avenir économique de la France ?

Telles sont les questions qu'il nous reste à examiner.

M. le ministre des travaux publics a prétendu y répondre en nous proposant le projet de loi qui nous est soumis. Il concède ces vingt lignes de chemins de fer à la compagnie de Paris à Lyon et à la Méditerranée ; il lui donne pour l'exécution des travaux un délai de cinq années en moyenne, — je démontrerai plus tard que le délai sera beaucoup plus long ; il prétend qu'il n'y a ni subvention ni garantie d'intérêts pour ces travaux, — mais j'établirai qu'il peut en résulter des risques pour la garantie de l'Etat.

Voilà, messieurs, en deux mots, le projet de M. le ministre des travaux publics.

Que faut-il en penser ? Il soulève, suivant moi, les objections les plus graves et les plus dignes de votre sollicitude.

D'abord il supprime d'un trait les lois de 1865 et de 1871 ; ces lois n'existent pas pour lui. Les contrats qui, sous l'empire de ces lois, ont été signés entre les conseils généraux et certaines compagnies, sont considérés comme non avenus.

C'est là pour moi un des griefs les plus sérieux : il ne faut pas que la loi puisse être accusée de mentir. (Approbation à gauche.) Or, évidemment, il y aurait un mensonge dans les lois de 1865 et de 1871, si M. le ministre pouvait les considérer comme n'existant pas.

Voilà le premier grief.

Il y en a un autre que je recommande à votre examen.

M. le ministre des travaux publics a donné cinq ans en moyenne pour l'exécution des travaux. Mais, messieurs, vous savez qu'on accorde deux ans à la compagnie pour terminer ses études, qui ne semblent pas fort avancées, — on a pu s'en apercevoir dans le cours du débat, — et quelle que soit l'activité du ministre, il faudra bien une année au moins pour les examiner. C'est donc un délai total de huit ans à peu près.

D'un autre côté, la compagnie est autorisée, dans le cas où le marché public ne serait pas favorable et où elle ne pourrait pas émettre ses obligations avec assez d'avantage, à prendre de nouveaux délais.

Je crains bien que nous n'arrivions ainsi à neuf ou dix années, surtout si je consulte les précédents de la compagnie et si je rappelle qu'elle a toujours été en retard pour les concessions qu'elle a obtenues, comme elle l'est aujourd'hui pour 1,200 kilomètres.

M. le rapporteur. C'est une erreur ! vous pouvez lire le rapport.

M. Pascal Duprat. Vous me répondrez. Je sais que vous·interrompez souvent par ce mot : « C'est une erreur ! » même quand je vous cite ; et bientôt après, j'ai le regret de vous montrer que c'est vous qui vous trompez.

M. le rapporteur. Nous ne nous trompons pas.

M. Pascal Duprat. Enfin j'ai une troisième objection à adresser au projet de M. le ministre.

M. le ministre prétend qu'il ne donne ni subvention ni garantie d'intérêt.

C'est là ce qu'on voit, d'après une expression ·de Frédéric Bastiat ; mais voici ce qu'on ne voit pas et ce qu'il s'agit de voir.

Il est établi, par le projet, que les nouvelles lignes seront classées dans le nouveau réseau. Qu'en résultera-t-il ? c'est que l'excédant de revenu du premier réseau sera appelé à entretenir ces lignes et sans la garantie de l'Etat pourra se trouver engagée ; car si vous retirez 20 ou 30 millions au déversoir, ils manqueront évidemment à un moment donné, et la garantie de l'Etat pourra se trouver engagée : c'est incontestable. (Assentiment sur plusieurs bancs)

J'aurais à présenter d'autres considérations ; mais j'y reviendrai. Je puis dire, en passant, que, au point de vue moral peut-être, le grief le plus sérieux que soulève le projet, c'est qu'il écarte complétement toute initiative individuelle. Or, cette initiative a été et sera dans tous les temps la force la plus précieuse pour les peuples libres. (Approbation sur divers bancs.)

En voilà assez, si je ne me trompe, pour démontrer que ce projet ne répond pas du tout aux besoins de la situation, qu'il ne nous donne qu'une solution peu satisfaisante et mêlée de toute sorte de périls.

Il en faut donc une autre. Laquelle, messieurs ? J'ai cherché à en trouver une et, je ne sais pas si je me flatte, je crois l'avoir découverte. Dans tous les cas, je viens vous la proposer, avec l'amendement que j'ai soumis à votre examen.

Mon amendement se compose de plusieurs parties.

Dans la première, je propose à l'Assemblée de laisser aux compagnies qui en ont obtenu la concession les lignes qui leur ont été accordées par les conseils généraux : il y en a quatorze.

Dans la seconde partie de mon amendement,

je demande que les délais stipulés dans les contrats passés avec les conseils généraux soient maintenus. Ces délais sont de trois à quatre ans en moyenne: c'est incontestablement un avantage.

Dans la troisième partie de mon amendement, je demande qu'on autorise M. le ministre des travaux publics à racheter, en tout temps, après la construction, les lignes qui auraient été concédées à ces compagnies. Je crois que je me trouve ici complètement d'accord avec M. le ministre des travaux publics. Je me rappelle, en effet, que, dans une commission dont il a fait partie, — celle du régime général des chemins de fer, — à l'occasion du réseau départemental de la Sarthe, M. le ministre avait demandé lui-même la faculté pour l'État de racheter ces lignes, pour éviter une concurrence. Ainsi, sur ce point, j'ai le bonheur, presque le hasard — car nous sommes en dissentiment sur tout le reste, — de me trouver d'accord avec M. le ministre.

Ce rachat, suivant moi, ne pourrait pas s'exécuter sans être soumis à certaines restrictions. Il devrait comprendre, — ici j'ai pour moi l'autorité de mon honorable collègue M. Krantz, — il devrait comprendre les frais de premier établissement, l'intérêt des capitaux engagés pendant la construction et la totalité ou, tout au moins, une partie des insuffisances.

Toutefois, en adoptant, comme base de ce rachat les éléments que je viens d'indiquer, je demande que le prix, quel qu'il soit, soit inférieur de 20 p. 100 au moins à celui qui a été accordé à la compagnie de Paris-Lyon-Méditerranée. Sur 200 millions environ, ce serait une économie de 40 millions à peu près.

Enfin, dans mon amendement, je demande que les lignes qui n'ont pas été concédées puissent être mises en adjudication ou données à la compagnie de Paris-Lyon-Méditerranée; mais j'ajoute qu'elles doivent, dans ce dernier cas, former un réseau spécial, distinct de l'ancien et du nouveau réseau.

Telle est, en peu de mots, l'économie de mon projet.

Les motifs, vous les devinez. Cependant je dois en dire deux mots. (Parlez! parlez!)

Je propose que les concessions qui ont été faites antérieurement soient maintenues: c'est simplement le respect de lois qui n'ont pas été abrogées. Vous pouvez modifier ces lois, et même les abroger; mais tant qu'elles existent, elles ont droit à vos respects, et vous ne pouvez pas les fouler aux pieds. (Approbation à gauche.) Je demande donc que les concessions soient maintenues avec les délais qui ont été stipulés, parce qu'il y a là une grande économie de temps et, par conséquent, un avantage pour le public et pour l'État.

Je demande la faculté du rachat. Et pourquoi? pour répondre à un sentiment dont il est juste de tenir compte. Ces lignes, dit-on, peuvent faire concurrence à celles que l'État a garanties. Je pourrais le contester, car pour plusieurs du moins, notre honorable rapporteur semble être de mon avis. Mais j'admets que la concurrence ait lieu. Eh bien, l'État pourra, devra les racheter; mais il devra les racheter en se conformant aux conditions que j'ai énon-

cées, c'est-à-dire de manière à réaliser une économie considérable.

Enfin, messieurs, pourquoi demandé-je que les lignes qui n'ont point été concédées puissent être données en adjudication? parce que je crois que l'adjudication nous donnera une construction moins onéreuse.

Voulez-vous ne pas adjuger ces lignes? Vous pouvez les donner, je l'admets, à la compagnie de Paris à Lyon et à la Méditerranée, suivant vos convenances; mais, dans tous les cas, vous ferez ce que vous avez déjà fait pour la compagnie de Cambrai à la frontière belge, vous ferez un réseau distinct. Pourquoi? pour écarter les périls, que vous courrez fatalement si vous classez ces lignes dans le premier réseau.

Je sais, à ce sujet, ce que nous a répondu l'honorable rapporteur et ce qu'il nous répondra encore aujourd'hui: c'est qu'en confondant ces lignes dans le premier réseau, on ne s'engage absolument à rien, que l'État ne court aucun risque, et que sa garantie ne sera pas entamée. Il faudrait, pour l'établir, pouvoir affirmer avec certitude que chaque kilomètre du réseau total donnera un produit net de 37,000 francs.

Or, c'est là un fait contestable, et que j'ai le droit de contester.

Sans doute, comme l'admet M. le rapporteur, il y a une recette croissante, et cet accroissement est régulier quand il s'agit d'un réseau que l'on n'augmente pas; cela est vrai. Mais quand on augmente le réseau, quand, à des lignes essentiellement productives qui répondent au grand courant commercial du pays, vous ajoutez des lignes, je ne dis pas mauvaises, mais d'un rapport moins productif, il est évident que vous n'obtenez pas cet accroissement de recettes dont vous nous parlez. Qu'en résultera-t-il? c'est que, par suite des concessions nouvelles, vous chargerez le réseau de 24 millions.

Supposez que les lignes nouvelles rapportent 10,000 fr. par kilomètre, — je prends ce chiffre raisonnable, — vous aurez à peu près 8 millions; il restera toujours 16 millions pour lesquels l'État sera engagé. (Très-bien!)

Voilà, messieurs, les motifs pour lesquels j'ai proposé mon amendement et pour lesquels je l'oppose à la proposition de M. le ministre.

Maintenant, messieurs, s'il ne s'agissait que d'un projet isolé, d'un projet qui ne concernerait qu'un chemin de fer, je serais beaucoup moins inquiet; mais remarquez que le projet qui nous est proposé fait partie de tout un système. Ce qu'on demande aujourd'hui pour la compagnie de Paris-Lyon-Méditerranée, on l'a déjà demandé pour la compagnie du Midi, on le demandera sans doute pour d'autres compagnies. C'est un système qui embrasse tout notre réseau national. (Mouvement au banc des ministres.)

M. le ministre paraît m'approuver. Son approbation est assurément très-précieuse; mais ses projets sont tellement clairs que son adhésion à ce que je dis ne me paraissait pas nécessaire.

M. le ministre. Je l'ai annoncé moi-même à la tribune.

M. Pascal Duprat. Je l'avais oublié.

Nous voici donc, messieurs, en présence de deux systèmes.

Dans celui que je propose, — si vous voulez me permettre d'employer ce mot qui est peut-être trop ambitieux, — je maintiens tous les droits, je réserve tous les intérêts, je respecte les lois que vous avez votées. Je ne décourage pas l'initiative individuelle, cet élément si puissant de richesse et de force nationale; je n'engage pas le crédit de l'État, et je ne suis pas obligé de recourir à des hypothèses plus ou moins ingénieuses pour prouver que le Trésor ne sera pas engagé.

Dans le système de M. le ministre, au contraire, toutes ces questions sont voilées et couvertes de ténèbres. On ne peut rien affirmer; on ne peut donner que des espérances. Oh! je me trompe: si l'on va au fond de ce projet, on est obligé de reconnaître que le crédit de l'État peut être compromis.

Mais ce qui en résulte de plus fâcheux, c'est l'affermissement, l'extension et comme une consécration nouvelle du monopole qui a été établi en faveur des grandes compagnies.

Je sais que ce mot de « monopole » déplaît à M. le ministre des travaux publics et je ne l'emploie pas volontiers; il semble qu'il y ait là quelque chose d'agressif; mais notre langue, qui est si nette et si claire, a ses exigences, et je suis bien obligé de m'y conformer.

Eh bien, oui, c'est le monopole des grandes compagnies que vous affermissez, et vous sacrifiez à ce monopole toutes les activités, toutes les initiatives individuelles.

Et dans quel moment, dans quelle situation prenez-vous une mesure aussi grave? c'est quand nous savons déjà par une expérience de vingt ans quels sont les effets déplorables de ce monopole.

Il y a eu sans doute de magnifiques travaux exécutés chez nous: les chemins de fer construits à travers la France font, dans une certaine mesure, honneur à notre génie. Je l'admets, je le reconnais. Mais arrivons aux faits pratiques, arrivons aux chiffres, il n'y a qu'une éloquence si singulière dans de pareilles questions.

Après vingt ans de ce monopole, que vous voulez étendre et raffermir, qu'avez-vous en fait de chemins de fer? 18,000 kilomètres seulement.

M. le ministre des travaux publics. Au moins 20,000!

M. Pascal Duprat. Il n'y en a pas 20,000 en exploitation. Il est possible qu'avec les concessions particulières vous ayez 20,000 kilomètres; mais celles-là, vous n'avez pas le droit de vous en vanter. C'est un argument qui ne vous appartient pas.

M. le ministre des travaux publics. Il y en a 20,610.

M. Pascal Duprat. Il y a 18,000 kilomètres pour les grandes compagnies, et 2 ou 3,000 pour les compagnies particulières. Mais, comme je vous le disais tout à l'heure, ces compagnies ne vous regardent pas; vous n'avez pas le droit de les citer, car vous en êtes l'adversaire.

Voilà donc 18,000 kilomètres. Qu'en résulte-t-il? c'est que lorsque, par la merveilleuse situation de notre territoire au milieu de l'Europe, nous devrions être les premiers, nous n'occupons que le sixième ou le septième rang, au point de vue des chemins de fer. Nous sommes devancés par l'Angleterre, par la Belgique, par l'Allemagne, par la Hollande même, qui a été obligée de conquérir son sol sur la mer. La Suisse, elle aussi, a pris les devants sur nous quand la nature semblait lui avoir refusé, par les obstacles qu'elle a semés sur son sol, un des pouvoir recourir au jour à ce merveilleux instrument de communication. Nous sommes au sixième rang.

Que nous faut-il, d'après les hommes les plus compétents, d'après M. Krantz en particulier, pour nous placer au niveau où nous devrions être?

Il nous faudrait au moins 20,000 kilomètres de nouveaux chemins de fer. Je sais que M. le ministre des travaux publics, — qui n'est pas très-ambitieux sur ce point, — n'en demande pas autant; il se contenterait en tout de 33,000 ou de 34,000 kilomètres. Eh bien, c'est moins que nos grandes routes nationales, qui ont 38,000 kilomètres de développement; c'est beaucoup moins que nos routes départementales, qui en comptent 48,000. Je ne demande pas, pour mon compte, qu'on aille jusque-là; mais il est bien évident que nous ne pouvons lutter avantageusement avec le reste de l'Europe qu'en ajoutant à notre réseau actuel au moins 20,000 kilomètres de chemins de fer nouveaux.

Messieurs, un écrivain anglais, d'une grande vigueur d'esprit, a dit de nos jours: « Produire, c'est mouvoir! » La formule peut paraître trop absolue, si on la prend dans son sens général; cependant je la crois vraie et d'une exactitude presque mathématique. Oui, produire c'est mouvoir, et pourquoi? parce que nous ne créons pas; et qui peut créer, messieurs? nous transformons; nous transformons les objets que la nature nous fournit et qui sont, si j'ose employer cette expression, la première étoffe du travail; nous les transformons en leur apportant les qualités qu'ils ne possèdent pas: c'est l'œuvre féconde et merveilleuse de l'industrie. Il résulte de là que tout le système de la production, malgré la variété de ses phénomènes, peut se réduire à une question de mouvement.

Mais si cette proposition peut paraître plus ou moins contestable dans le sens général qui lui a été donné par son auteur, elle est essentiellement vraie, quand il s'agit de la théorie des transports.

En effet, que faisons-nous en déplaçant les objets ou les produits? Nous donnons de la valeur à ceux qui n'en ont pas et nous ajoutons de la valeur à ceux qui en ont.

L'industrie des transports est donc appelée à jouer un grand rôle dans la production de la richesse nationale.

C'est ce que nous paraissons trop oublier, c'est malheureusement ce qu'oublie trop le projet qui nous est présenté par M. le ministre des travaux publics.

J'ai donc la confiance que vous le repousserez. Vous ne voudrez pas qu'on puisse dire un jour de vous que, par un vote imprudent et aveugle, vous avez sacrifié l'avenir économique de la France. (Très-bien! très-bien! sur plusieurs bancs.)

M. le président. La parole est à M. le ministre des travaux publics.

M. Caillaux, *ministre des travaux publics.* Messieurs, l'honorable M. Pascal Duprat a commencé par dire qu'il aurait désiré l'ajournement de ce débat, qu'il aurait désiré pouvoir y consacrer plus de temps et lui donner plus d'ampleur. Il me semble cependant que votre 1re délibération, qui a duré plusieurs jours, et que la seconde, qui vous occupe déjà depuis plusieurs séances, ont été assez approfondies pour vous permettre d'asseoir une opinion sérieuse sur les divers projets qui sont en présence.

Je me déclare, pour ma part, prêt à donner à cette discussion tous les développements utiles, et je désire que vous puissiez accorder à ceux de nos collègues qui ont étudié la question toute la latitude nécessaire pour exprimer leur opinion.

M. Pascal Duprat désire, l'ajournement du débat; nous voudrions comme lui que la question fût traitée dans tous ses détails, mais nous réclamons qu'elle soit enfin résolue, dans l'intérêt des populations qui attendent l'exécution de projets annoncés depuis longtemps et destinés à réaliser leurs espérances.

Nous vous prions, au nom de cet intérêt, au nom de l'intérêt général du pays tout entier, de vouloir bien poursuivre l'examen du projet de loi dont vous êtes saisis. Au lieu d'ajourner, nous demanderons plutôt de hâter votre décision pour arriver, le plus tôt possible, à commencer les travaux.

L'honorable M. Pascal Duprat soutient aujourd'hui qu'après la déclaration d'utilité publique prononcée pour les vingt lignes comprises dans le projet de loi, il ne reste plus qu'à déterminer les conditions de leur exécution, et il vous propose de les concéder au profit des compagnies qui déjà les ont obtenues à titre provisoire, des conseils généraux.

Il se demande, d'ailleurs, si ces lignes sont bien réellement d'intérêt général quoiqu'il l'ait implicitement reconnu dans le texte même, amendement, dans lequel il a dit : « ... ces lignes seront attribuées, à titre d'intérêt général, aux compagnies qui en ont obtenu la concession. »

Il se demande enfin si ces lignes reconnues d'intérêt général ne doivent pas appartenir de préférence aux concessionnaires désignés par les assemblées départementales. Il y a là une confusion d'idées sur les quelles je vous prie, messieurs, de fixer un instant votre attention.

Si les lignes dont il s'agit sont d'intérêt général, comme vous l'avez déclaré vous-mêmes en prononçant la déclaration d'utilité publique dans la séance qui a précédé, et en votant l'article 1er, comme vous l'avez fait, si ces lignes sont d'intérêt général, c'est à vous de fixer, sur la proposition du Gouvernement, les conditions du contrat qui doit assurer leur exécution. Je ne pourrais pas admettre, vous n'admettriez pas assurément que ces conditions fussent réglées par les assemblées départementales.

On vous propose, alors que vous avez déclaré un certain nombre de lignes de chemins de fer d'intérêt général, considérées comme utiles au pays tout entier, on vous propose de vous désintéresser complètement des conditions de leur exécution, et on vous invite à remettre la rédaction du cahier des charges qui fixe les clauses du contrat à des assemblées départementales. On ne vous demande même pas de vous saisir des projets préparés à cet effet, de les étudier, d'examiner dans quelle mesure ils peuvent être acceptés. Non, vous avez déclaré l'utilité publique, et on veut que votre rôle soit fini. On veut que vous abandonniez aux conseils généraux, chacun de son côté et chacun pour sa part, le soin de garder les intérêts de l'Etat, les intérêts du Trésor public, du commerce et de l'industrie.

Je soutiens, messieurs, l'opinion contraire; je soutiens que, toutes les fois qu'il s'agit de lignes d'intérêt général, c'est à l'Etat seul qu'il appartient de fixer de la façon la plus précise les conditions dans lesquelles ces lignes doivent être exécutées. Lui seul est responsable, lui seul doit déterminer à quelles compagnies il convient d'accorder les concessions; de déléguer la fonction d'exécuter des travaux d'utilité publique; d'en déterminer les conditions au point de vue des intérêts de l'Etat, qui sont en même temps ceux du commerce, de l'industrie et de la population tout entière.

Je ne puis donc admettre cette proposition de décider que des lignes déclarées d'intérêt général resteront attribuées à des compagnies qui en ont obtenu provisoirement la concession.

Quelles sont ces compagnies ? qui nous les a fait connaître ? Vous n'avez rien, vous ne possédez aucun projet, aucune pièce qui puisse vous permettre de statuer avec connaissance de cause. Croit-on que vous soyez disposés à renoncer à tout examen ?

Un membre à gauche. Tous les dossiers vous ont été remis.

M. le ministre des travaux publics. J'affirme que votre commission n'a été saisie d'aucun de ces projets de concession, qu'aucun d'eux n'a été examiné par elle; et si vous prononcez, comme le demande l'auteur de l'amendement, que les lignes déclarées d'utilité publique restent attribuées aux compagnies qui en ont obtenu la concession provisoire des assemblées départementales, vous renonceriez à toutes les vérifications que vous devez faire, à toutes les garanties que vous devez obtenir, que vous avez le droit et le devoir d'exiger.

Un membre au centre. C'est impossible!

M. le ministre. Permettez-moi de le répéter, lorsque les chemins de fer sont d'intérêt général, c'est à vous seuls qu'il appartient de fixer les conditions de leur exécution.

Les conseils généraux, d'après la loi, n'ont droit de statuer que pour les chemins d'intérêt local. Ne croyez pas que la concession qui peut être ainsi faite soit rendue définitive avant d'avoir été soigneusement examinée. La déclaration du contrat d'utilité publique n'est prononcée par décret qu'après avis du conseil d'Etat, et les projets qui y donnent lieu, après avoir été acceptés et adoptés par les assemblées départementales, ont au préalable été soumis à un examen du conseil général des ponts et chaussées.

Ce n'est donc qu'après une instruction complète, qu'après une vérification approfondie des conditions dans lesquelles la concession est accordée, que l'autorisation d'exécuter est accordée et que le décret déclaratif d'utilité publique est rendu. C'est la loi de 1865, et il y a dans l'accomplissement des formes qu'elle a prescrites une garantie sérieuse. (Marques d'assentiment.)

Cette garantie n'est pas de même nature assurément que celle que vous devez attendre de l'intervention d'une de vos commissions chargée d'examiner les conditions d'une convention ; mais elle n'en est pas moins considérable, et personne ne s'est plaint, jusqu'à ce jour, que le conseil d'État ait jamais pris sur un pareil sujet des résolutions qui auraient été insuffisamment étudiées ou incomplètement justifiées.

Dans le système de l'amendement, messieurs, non-seulement l'Assemblée nationale renoncerait à la prérogative, qui lui appartient, de fixer les conditions des concessions qu'elle a consenties, mais encore elle renoncerait à tout contrôle; car elle dispenserait ces concessions d'un nouveau genre des garanties qu'exige la loi du 12 juillet 1865 toutes les fois qu'il s'agit de chemins de fer d'intérêt local. (Très-bien ! très-bien !)

M. Victor Lefranc. C'est très-exact et très-bien dit.

M. le ministre. Il y a deux modes fixés par les lois pour autoriser l'exécution des travaux de chemins de fer. Lorsqu'il s'agit de chemins d'intérêt général, c'est la loi du 27 juillet 1870, qui n'est que la reproduction de celle du 7 juillet 1833, confirmée plus tard par celle du 3 mai 1841; c'est, dis-je, la loi du 27 juillet 1870 qui a déterminé les conditions de l'autorisation.

Lorsqu'il s'agit de chemin d'intérêt local, c'est la loi du 12 juillet 1865 qui édicte, dans son article 2, que l'utilité publique est déclarée et l'exécution autorisée par décret délibéré en conseil d'État, sur le rapport des ministres de l'intérieur et des travaux publics. La déclaration n'est prononcée, l'exécution des travaux d'utilité publique ne peut être autorisée, qu'après un examen approfondi des conditions de la concession.

N'y a-t-il pas dans ces deux cas des garanties considérables, prescrites sagement par les lois en vue de l'intérêt de l'État et de l'intérêt public, et que propose cependant d'abandonner complètement l'amendement de M. Pascal Duprat ?

Si vous adoptiez cet amendement, vous abandonneriez donc ces garanties nécessaires et vous n'auriez même pas en compensation l'avantage d'assurer l'exécution des lignes projetées.

Nous nous présentons au contraire devant vous, messieurs, avec un système dont le résultat est certain dans un délai déterminé ; on peut critiquer ce système, on peut trouver qu'il a des inconvénients; mais enfin il a au mérite, c'est d'assurer mieux que tout autre l'exécution des travaux et l'exploitation des lignes.

Vous ne pouvez pas nier que si vous adoptez le projet présenté, vous aurez assuré dans le délai stipulé, — délai que vous trouvez trop long sans doute, — l'exécution des lignes concédées.

Nous nous sommes, en effet, adressés à un intermédiaire qui a l'organisation, qui a le crédit nécessaire pour remplir les engagements dont nous le chargeons, qui a prouvé, par les précédents, qu'il est capable de surmonter les difficultés de l'entreprise, et qui les surmontera, soyez-en sûrs. Vous, au contraire, qui nous présentez-vous ? Des concessionnaires que nous ne connaissons pas; qui sont-ils ? qu'ont-ils fait jusqu'à cette heure ? où sont leurs garanties financières ? quelles sont les sûretés qu'ils présentent? quels travaux ont-ils exécutés ? quels engagements ont-ils remplis ? où sont leurs cahiers de charges ? quels sont les termes du contrat? Rien de tout cela ne nous est présenté. (C'est cela ! c'est cela ! — Très-bien ! très-bien !) Si vous adoptiez la première partie de l'amendement qui propose d'accorder des concessions dans de pareilles conditions, savez-vous, messieurs, ce qui en résulterait ? Ce serait ce que l'honorable M. Pascal Duprat avait proposé d'abord, ce qu'il recherche, sans doute ; ce serait, en réalité, l'ajournement de la concession ; le projet actuel serait abandonné, aucun autre n'y serait effectivement substitué, et le moment où les lignes déclarées d'utilité publique seraient mises à exécution serait indéfiniment retardé.

Les critiques de notre honorable collègue ont porté sur un autre point du projet de convention que nous vous soumettons : la fixation des délais stipulés pour l'exécution des lignes. Il vous fait observer que les délais d'exécution stipulés par les conseils généraux sont des délais moins longs que ceux que nous vous proposons d'accorder.

Il a négligé de vous dire, à cette occasion, que si les délais d'exécution sont moins longs dans les conventions départementales qu'ils ne le sont dans le projet de concession passé avec la compagnie de Paris-Lyon-Méditerranée, en revanche, la durée des concessions accordées est beaucoup plus longue.

Dans ces projets de concessions départementales, les lignes sont concédées pour une durée de quatre-vingt-dix-neuf ans, tandis que dans celui que nous vous présentons, la durée correspond exactement au temps restant à courir pour l'achèvement de la concession de la compagnie Paris-Lyon-Méditerranée, c'est-à-dire à environ quatre-vingts ans.

Le projet du Gouvernement offre sous ce rapport un avantage très-notable, dont on ne nous a pas parlé, en insistant sur la réduction de la durée d'exécution, réduction absolument problématique. En effet, les compagnies qui se présentent devant les assemblées départementales y arrivent les mains pleines de promesses, et elles promettent tout ce qu'on demande, tout ce qu'on souhaite, mais elles tiennent plus difficilement et plus rarement. (C'est vrai! c'est vrai!); elles promettent d'exécuter les travaux aussi rapidement que l'on le désire, et cependant la plus grande partie des lignes d'intérêt local concédées sont aujourd'hui en retard au point de vue des délais d'exécution. En ce moment, où on nous reproche de ne pas accueillir toutes les demandes de concessions nouvelles qui nous sont adressées, sur 2,810 kilomètres concédés, déclarés d'utilité publique, et restant à construire, plus des trois quarts ne sont pas encore commencés. Permettez-moi donc de dire que l'assurance qu'on vous donne, au point de vue de la durée de l'exécution, n'a pas la valeur qu'on lui prête; qu'elle n'est fondée ni sur les antécédents des concessionnaires, que nous ne connaissons pas, ni sur des garanties que nous ayons pu vérifier, ni sur des cahiers des charges que nous n'avons pas lus, ni enfin sur des contrats que nous n'avons pas rédigés, et qui ne nous ont même pas été communiqués.

Messieurs, le second paragraphe de l'amendement de M. Pascal Duprat a pour objet de réserver à l'Etat la faculté de racheter ces chemins de fer concédés à toute époque, après la mise en exploitation, en remboursant aux concessionnaires les dépenses de premier établissement, les intérêts du capital engagé pendant la construction et les insuffisances de produits. C'est dans cette seconde partie que me paraît se révéler la portée principale et importante de l'amendement.

La plupart des concessionnaires dont il s'agit ne sont autres que des entrepreneurs de travaux publics, dont le métier est de faire des bénéfices sur la construction, et c'est ce dont ils se préoccupent naturellement avant tout. Ils n'ont aucun souci de l'exploitation. (Marques d'assentiment sur plusieurs bancs.) Ils ne demandent, en effet, qu'à construire des lignes, et sont tout prêts à les remettre à l'Etat ou à une compagnie d'exploitation, après qu'ils auront réalisé les bénéfices en vue desquels ils se sont rendus concessionnaires, pour peu qu'ils soient assurés du remboursement de leurs dépenses de premier établissement; qu'ils se réservent de régler, et des intérêts du capital engagé pendant la construction, intérêts qui sont beaucoup plus élevés pour eux que pour les compagnies dont le crédit est solidement établi.

Vous savez que ces entrepreneurs emprunteront jusqu'à 7, 8 p. 100 et plus, tandis que les compagnies n'empruntent guère à plus de 5 p. 100. Si les entrepreneurs dont j'ai parlé sont assurés, non-seulement du remboursement des intérêts, mais encore des insuffisances de produits, comme le propose M. Pascal Duprat, pendant l'exploitation, ils seront dégagés de tout risque, l'opération sera excellente, et je comprends qu'ils se rallient avec empressement à la combinaison qu'on vous présente; mais ce que je ne comprends pas, c'est qu'il puisse être dans l'intérêt de l'Etat de l'accepter. (Très-bien! très-bien!)

A de pareilles conditions, il n'est pas une ligne de chemins de fer que des entrepreneurs de travaux publics ne puissent se charger d'exécuter, quelques difficultés qu'elle présente, quel que soit le délai qu'on accorde, quel que soit le taux de l'intérêt de l'argent, enfin quelles que puissent être jamais les insuffisances de l'exploitation, car ils sont assurés d'être remboursés en sus de leurs dépenses réelles, de leurs malfaçons, de leurs fausses manœuvres, des pertes qu'occasionneront leur manque de crédit et les mauvaises dispositions qu'ils auront prises.

M. Pouyer Quertier. Je demande la parole. (Mouvement marqué. — Ah! ah!)

M. le ministre. Ils seront remboursés de tout, cela leur suffit.

Et M. Pascal Duprat a pu dire qu'il défend les intérêts de l'Etat mieux que nous ne les

avons défendus nous-mêmes en vous proposant de concéder les lignes à la compagnie de Paris-Lyon-Méditerranée! Il a pu soutenir que les dépenses de premier établissement seront moindres avec des entrepreneurs de travaux publics acceptés par les conseils généraux qu'avec les ingénieurs de la compagnie de Paris-Lyon-Méditerranée! Pourquoi? J'ai peine à le comprendre. Pourquoi les ingénieurs qui ont dirigé de si nombreux et de si importants travaux, qui ont acquis dans cette direction une si grande expérience, construiraient-ils moins bien que les concessionnaires dont vous parlez? Il m'est impossible de l'admettre.

Pourquoi encore les concessionnaires que vous nous proposez, et qui ne trouveront à emprunter qu'à 7 ou 8 p. 100 et plus, construiraient-ils à meilleur marché que la compagnie de Paris-Lyon-Méditerranée, qui place aujourd'hui ses obligations à plus de 300 fr., c'est-à-dire à 5 p. 100? Je le répète, je ne puis le comprendre.

En ce qui concerne les insuffisances de produits des lignes à exploiter après les avoir construites, ne vous souvenez-vous pas que dans la discussion qui a eu lieu devant vous, et que je vous demande la permission de vous rappeler, j'ai signalé à votre attention qu'en plaçant les nouvelles lignes dans l'ancien réseau de la compagnie de Paris à Lyon et à la Méditerranée, leurs insuffisances de produits seraient en partie couvertes par l'excédant du revenu réservé dont jouissent actuellement les actionnaires?

Actuellement, les actionnaires de la compagnie de Paris à Lyon et à la Méditerranée reçoivent un dividende qui a été de 60 francs pour 1873, de 55 francs pour 1874, et qui, appliqué à 800,000 actions, représente un excédant sur le revenu réservé, qui est de 47 fr. par action, de près de 10 millions en total.

M. Wilson. Cela n'est pas exact!

M. le ministre. Et j'ai eu l'honneur de vous faire observer que cet excédant, quel qu'il soit d'ailleurs, devrait être employé en totalité à combler les insuffisances de produit avant que l'Etat soit obligé d'intervenir pour compléter les ressources nécessaires du nouveau réseau. De telle sorte que sur tous les points...

M. Wilson. Il y a une erreur de 5 millions!

M. le ministre. J'admets, si vous voulez, qu'il y ait une erreur sur le chiffre que je viens d'indiquer.

M. Wilson. De 5 millions!

M. le ministre. Il n'en est pas moins vrai qu'il existe actuellement, vous devez le reconnaître, en sus du revenu réservé, un excédant au profit des actionnaires de la compagnie de Paris-Lyon-Méditerranée, et que cet excédant servira à combler les insuffisances des nouvelles lignes que vous aurez concédées, jusqu'à ce que leurs produits nets soient élevés au niveau de l'intérêt du capital dépensé pour leur établissement.

Par conséquent, la réserve proposée par l'honorable M. Pascal Duprat est tout entière, sans doute, à l'avantage des concessionnaires des assemblées départementales, mais je soutiens qu'elle est absolument contraire aux intérêts

33

térêts de l'État que je crois défendre mieux que ne l'a fait mon honorable contradicteur.

Un des avantages qu'on a fait valoir, est l'objet du 3ᵉ paragraphe de l'amendement : Ce 3ᵉ paragraphe est ainsi conçu : « Toutefois, le prix du rachat ne pourra jamais excéder, pour chaque ligne, l'estimation admise par la convention passée entre le Gouvernement et la compagnie de Paris à Lyon et à la Méditerranée, diminuée de 20 p. 100. » Après s'être fait rembourser des dépenses de premier établissement, des intérêts du capital engagé et des insuffisances possibles du produit, les concessionnaires proposés s'engagent à un rabais de 20 p. 100 sur l'estimation des nouvelles lignes admise par la convention.

C'est l'application de la théorie des chemins de fer à bon marché. Il y a une école qui prétend que certaines compagnies construisent à meilleur marché que celles qui ont construit et exploitent nos grands réseaux...

M. le général baron de Chabaud La Tour. Mais vienne une inondation !

M. le ministre. ... et qu'il y a avantage à leur confier des travaux qu'elles exécutent à 20 p. 100 de moins que nos grandes compagnies.

Permettez-moi de répondre aux défenseurs de ce système que, dans l'industrie des chemins de fer, comme dans toute autre, on a de la marchandise pour son argent. (Très-bien ! sur plusieurs bancs.) On peut construire des chemins de fer à bon marché, c'est incontestable, mais ces chemins économiques sont fort différents de ceux qu'établissent les grandes compagnies pour suffire aux exigences d'un grand trafic. Ils sont exposés à plus de réparations; leurs frais d'exploitation sont plus élevés ; enfin, comme l'honorable général de Chabaud La Tour l'indiquait à l'instant, ils sont moins en état de résister aux causes de dégradation qu'ils auraient à subir dans certains cas exceptionnels. (Rumeurs sur plusieurs bancs à gauche.)

M. de Staplande. Ils seraient emportés !

M. le ministre. J'ajouterai, enfin, ce qui pourra vous étonner, que ces chemins de fer à bon marché, au sujet desquels on parle toujours du prix de 150,000 fr. par kilomètre, pour l'opposer à celui auquel construisent aujourd'hui les grandes compagnies qui est de 300,000 à 350,000 francs en moyenne...

M. Pouyer-Quertier. 500,000 francs !

M. le ministre. 500,000 francs, si vous voulez, selon la situation.

Ces chemins de fer à bon marché ne coûtent pas en réalité 150,000 francs ; la vérité est qu'on les établit le plupart du temps à un prix moindre. On soutient vis-à-vis du public qu'on peut construire des chemins à 150,000 francs, et on en parle comme d'un résultat admirable en comparaison des dépenses que font les grandes compagnies, pour dissimuler, à l'abri de cette discussion, les grands bénéfices qu'on réalise en construisant ces chemins à meilleur marché encore qu'on ne le dit.

M. Gaslonde. C'est très-vrai ! Ils ne coûtent pas 100,000 aux constructeurs.

M. le ministre. On les fait à 100,000 fr. et même à 90,000 fr.

M. Pouyer-Quertier. Eh bien, faites-les à ce prix-là !

M. Victor Lefranc. Non, non : les voyageurs s'y opposent !

M. le ministre. Quant à nous, messieurs, ce que nous vous proposons de faire n'a aucun rapport avec cela, ce sont des lignes destinées à un grand trafic.

Les chemins à bon marché dont on vous parle ne comportent pas ordinairement de dépenses de matériel. Tandis que, dans les dépenses du chemin de fer de Paris-Lyon-Méditerranée, les frais de matériel sont compris pour 62,000 francs par kilomètre.

Les dépenses des grandes gares n'entrent pas dans les calculs des petites compagnies. Savez-vous combien elles ont coûté sur la ligne Paris-Lyon-Marseille? 145,000 francs par kilomètre. Si on ajoute à ces 145,000 francs, 62,000 fr. de matériel, on obtient un total de dépenses de plus de 200,000 francs, qui ne figurent à aucun titre et pour aucune part, dans les comptes d'établissement des lignes à bon marché qu'on vous propose.

Les chemins qu'on cite et qu'on construit à bon marché, n'ont pas de grandes gares et ordinairement pas de matériel; leur profil suit le relief du sol; ils ont de grandes pentes, de petites courbes; ils ne sont pas disposés pour un grand trafic, et leurs frais d'exploitation atteignent, par rapport au montant des recettes brutes, des proportions considérables.

Cela veut-il dire, messieurs, qu'il ne faille pas faire des chemins d'intérêt local dans ces conditions? Nullement. On me reproche, à tort, assurément, de résister aux demandes d'application de la loi de 1865. Quand je dis : On me reproche.... je veux dire : On reproche à tort à l'administration des travaux publics, d'être opposée aux chemins d'intérêt local, on est dans l'erreur; l'administration a toujours aidé, favorisé ces entreprises, lorsqu'elles se sont maintenues dans les conditions prévues et fixées par la loi.

Toutes les fois qu'il s'est agi de lignes annexes, répondant exclusivement à des intérêts locaux, la dépense de 90 à 100,000 francs par kilomètre, dans ce cas, est suffisante pour un chemin qui n'a qu'un petit trafic à desservir, mais il n'en est pas de même pour les projets qui nous occupent. La plupart des lignes comprises dans le projet de convention de la compagnie de Paris-Lyon-Méditerranée, sont d'une importance particulière. La ligne de la rive droite du Rhône est appelée à jouer dans le réseau Paris à Lyon et à la Méditerranée un rôle analogue à celui de la ligne de la rive gauche de Lyon à Marseille. La ligne de Dijon à Bourg est dans le même cas, car elle peut remplacer, dans une partie de son parcours, la ligne de Dijon à Lyon. J'en dirai autant de la ligne de Saint-André-le-Gaz à Chambéry, qui doit assurer nos communications nouvelles et directes de Lyon en Italie par le mont Cenis.

Toutes ces lignes sont de grandes lignes, qui auront une importance considérable, non pas tant par elles-mêmes que par le transit qu'elles sont destinées à desservir; c'est une raison de plus pour qu'elles ne puissent être concédées qu'à la compagnie de Paris à Lyon et à la Méditerranée. Supposez, en effet, que vous concédiez à une autre compagnie qu'à la compagnie de Paris à Lyon et à la Méditerranée, la ligne du Theil à Nîmes, qui complète le chemin sur la rive droite du Rhône. La compagnie de Paris à Lyon et à la Méditerranée, qui ne serait propriétaire que de la ligne de la rive gauche, aurait intérêt à y faire passer toutes les marchandises et n'en aurait aucun à les livrer à une compagnie rivale établie sur la rive droite. (C'est cela ! — Trèsbien !) Vous auriez donc conservé sur la ligne actuelle les mêmes causes d'encombrement, et vous n'auriez pas atteint le résultat principal que vous désirez obtenir. (Très-bien !)

Le chemin de fer que vous devez concéder est nécessairement utile, s'il est un complément du réseau de Paris à Lyon et à la Méditerranée ; il sera inutile, s'il est exploité par une autre compagnie. (Nouvelles marques d'approbation.)

Je sais bien que cette autre compagnie ne s'en chargerait qu'avec l'intention de le revendre ; je sais très-bien que la compagnie qui demande le ligne du Theil à Nîmes n'en pourra rien faire après l'avoir construite, puisque le trafic local serait insuffisant pour l'alimenter. Ce n'est que par le transit qu'elle pourrait vivre, par le transit qui lui serait apporté, par la compagnie de Paris-Lyon-Méditerranée, à Nîmes, et qui lui serait repris au Theil par la même compagnie.

C'est à raison de ce transit, si on est obligé de le lui donner, que la petite compagnie espère bien se faire acheter à un moment donné. De telle sorte qu'on arrive à ce dilemme : Ou le concessionnaire du département ne conservera la concession qu'au point de vue de la rétrocession qu'il en comptera faire ; ou il reconnaîtra qu'il n'en peut tirer aucun parti utile et ne l'exécutera pas. (Très-bien ! très-bien !)

Par toutes ces raisons, c'est vainement que je cherche dans l'amendement de M. Pascal Duprat où est l'intérêt de l'Etat, où est l'intérêt du commerce et des populations.

L'intérêt de l'Etat, c'est qu'on ne crée pas à côté de grandes lignes qui appartiennent au réseau garanti, au réseau qui lui appartiendra un jour, dont il possède la propriété, dont il a le contrôle et la surveillance, l'intérêt de l'Etat, c'est qu'on ne crée pas des lignes parallèles qui viendront en affaiblir les produits.

L'intérêt du commerce et de l'industrie, c'est que les tarifs soient aussi abaissés que possible ; et les grandes compagnies seules sont en état de les maintenir au plus bas prix.

M. de Clercq. Vous avez mille fois raison !

M. le ministre. Qu'on veuille bien comparer les tarifs des petites compagnies avec les tarifs de nos grands réseaux, on verra qu'il y a une différence très-considérable. (C'est vrai !)

Je le répète, les grandes compagnies seules peuvent donner des tarifs bas. C'est là un de leurs principaux et de leurs plus grands avantages. (Très-bien ! très-bien !)

M. Victor Lefranc. Elles peuvent le faire et elles le font !

M. le ministre. Et elles le font.

M. Gaslonde Comme les grands magasins qui vendent à meilleur marché !

M. le ministre. L'intérêt de l'Etat, l'intérêt du commerce et de l'industrie sont donc réunis pour vous engager à adopter la convention que nous vous avons présentée.

C'est la même raison qui me fait repousser le dernier paragraphe de l'amendement de M. Pascal Duprat, où il est dit « que les lignes qui n'auront pas été concédées par les conseils généraux pourront être attribuées à la compagnie de Paris-Lyon-Méditerranée, ou mises en adjudication, et feront l'objet, dans tous les cas, d'une concession distincte tant de l'ancien que du nouveau réseau. »

Je comprends bien que les concessionnaires des départements ne demandent pas à se charger de la ligne de Gap à Briançon, qui doit coûter très cher et ne rien rapporter, et que la compagnie de Paris-Lyon-Méditerranée ne sera jamais mise dans la nécessité de le racheter ; par conséquent, il n'y a pas de bénéfice à réaliser sur ce point. Mais il y a un grand intérêt stratégique et un grand intérêt national à ce que cette ligne soit exécutée.

Pour la faire exécuter par la compagnie de Paris-Lyon-Méditerranée, il faut au moins lui accorder en compensation les lignes qui complètent son réseau. (Très-bien !)

A ce point de vue encore, il est impossible de séparer les concessions que nous avons proposé d'accorder à la compagnie de Paris-Lyon-Méditerranée, il est impossible de retirer celles qui sont indispensables pour assurer les conditions de son trafic en les améliorant, et de ne lui laisser que les lignes qui sont onéreuses et ne sont exécutées qu'en vue d'un intérêt uniquement stratégique et général. (Très-bien ! très-bien !)

Telles sont les considérations qui me portent à vous demander de repousser l'amendement de l'honorable M. Pascal Duprat, dont j'ai examiné devant vous successivement toutes les parties, à cet examen le moins de développement que j'ai pu, pour ne pas prendre trop de votre temps et abuser de la bienveillance que vous m'avez accordée.

Il me reste cependant à répondre à quelques autres objections. Je le ferai brièvement.

On a dit que les projets que nous soutenons tendent à supprimer toute initiative individuelle, et je tiens à répondre sur ce point. De quelle initiative individuelle veut-on parler ? Quel est l'objet de cette initiative individuelle ? L'initiative individuelle dont on vous parle est l'initiative d'entrepreneurs de travaux publics, qui n'ont pas d'autre idée que d'obtenir d'être chargés de l'exécution d'un chemin de fer, n'importe où il se trouve, dans quelques conditions qu'il soit, à quelque prix que ce soit, parce qu'ils sont toujours certains d'en tirer un bénéfice quelconque.

Il y a toujours, à côté de l'entreprise des travaux proprement dits, une opération financière qui y est jointe et grâce à laquelle le bénéfice, qu'on pourrait attendre légitimement de l'exécution du travail lui-même, s'accroît de celui qu'on réalise au moyen d'émissions de titres, que la loi de 1867 sur les sociétés permet de faire. C'est au moyen de la loi du 24 juillet 1867, dont je déplore l'usage, non pas en ce qui concerne les sociétés civiles ou financières, mais en ce qui concerne les sociétés concessionnaires de travaux publics, c'est au moyen de cette loi que l'on peut constituer sans l'autorisation du Gouvernement une société anonyme composée de sept personnes seulement.

Cette société anonyme se constitue avec un capital-actions déterminé par les statuts, puis on syndique les actions, ce qui veut dire que ces titres émis restent à la souche, ne sont pas distribués, qu'aucun de ceux qui les possèdent n'y peut toucher, qu'aucun d'eux ne peut les mettre en circulation.

Est-ce une action telle que l'ont comprise ceux qui ont fait la loi de 1867 que celle qui demeure attachée au livre à souche sur lequel elle a été inscrite au moment de la formation de la société, qui n'est point livrée et ne peut point être livrée au public, et que personne ne peut se procurer ? Si ce n'est pas ce que le législateur a compris, ce n'en est pas moins ce qui est dans la plupart des nouvelles entreprises de chemins de fer, telles qu'on les constitue aujourd'hui. Une fois les actions syndiquées, les associés, dont le nombre ne peut être inférieur à sept, mais dont le nombre aussi peut ne pas dépasser sept, décident qu'ils émettront des obligations, et c'est au moyen de cette émission d'obligations qu'on espère faire face aux dépenses de l'entreprise projetée.

Ces sept personnes réunies, qui ont organisé l'affaire, en demeurent les maîtres. Les obligataires, qui auront fourni les capitaux nécessaires, les obligataires seuls n'auront aucune part à la direction, n'exerceront aucun contrôle, aucune surveillance. (Marques nombreuses d'assentiment.)

Messieurs, il y a là un état de choses infiniment grave. (Oui ! oui ! c'est vrai !)

M. Henri Villain. Il y a une chose que M. le ministre oublie : c'est que la loi oblige les actionnaires à faire un versement.

M. le président. N'interrompez pas, messieurs !

M. le ministre. Il y a là un fait infiniment grave et qu'il est de mon devoir de signaler à l'Assemblée. (Très-bien !)

Si l'honorable M. Pouyer-Quertier voulait émettre des obligations garanties sur les grands établissements qu'il possède, il est peu probable qu'il trouve à les placer loin de lui. Ceux qui le connaissent, qui savent les garanties exceptionnelles qu'offrent les entreprises qu'il dirige, en prendront sans doute ; mais ceux qui ne le connaissent pas personnellement ne s'en chargeront pas. (Interruptions diverses.)

Plusieurs voix. C'est vrai ! très-bien !

M. le ministre. Vous allez voir, messieurs, où j'en veux venir.

S'il s'agit d'obligations de chemins de fer, c'est tout le contraire qui se passe. Les obligations émises en vue de la construction d'un chemin de fer d'intérêt local ne se placent pas ordinairement dans le pays où on le construit. On sait trop les risques qu'on court. (C'est vrai ! — Très-bien !). C'est dans une autre région qu'on arrive à les faire accepter, à grand renfort d'annonces et de publicité. Ce qui me conduit à vous dire que le moyen des bénéfices qu'on recherche n'est pas tant l'exécution des travaux que l'exploitation du titre obligation de chemin de fer ; et c'est là qu'est le danger. (Approbation à droite et au centre.)

Un membre à gauche. Il faut modifier la loi !

M. le ministre. Les grandes compagnies de chemins de fer, lorsqu'elles se sont créées... (Interruptions à gauche.)

Je vous demande pardon, messieurs... (Parlez ! parlez ! à droite et au centre.)

M. de Clercq. Très bien ! Voilà un excellent discours ! Il faut que ces choses-là soient dites !

M. le ministre. Ces grandes compagnies, qu'on attaque tant aujourd'hui, se sont créées avec un capital actions qu'elles ont versé avant d'émettre aucune obligation. Elles ont constitué d'abord un capital-actions qui ne s'élève pas à moins de 1,500 millions de francs versés, au moins pour la plus grande partie, avant l'émission d'aucune obligation. (C'est vrai !)

Ce n'est qu'après avoir exécuté des travaux avec ce capital actions, et après avoir obtenu des produits au moyen de ces travaux, que les compagnies ont fait d'abord des emprunts qui se sont partagés, plus tard, en parts d'emprunts, et ce sont ces parts d'emprunts qui ont reçu le nom d'obligations. C'est ainsi qu'a été créé ce titre aujourd'hui si répandu et qui n'était pas connu avant l'époque dont je parle.

Ces obligations ayant pour garantie d'abord les 1,500 millions de capital actions, ensuite les produits nets des chemins construits, dont quelques-uns donnent des recettes considérables, comme, par exemple, les lignes de Paris à Marseille, de Paris à Bordeaux, de Paris à Lille, etc. ; ces obligations, garanties encore par l'Etat pour une certaine part, ont obtenu avec le temps un accueil favorable du public ; elles sont aujourd'hui acceptées au même titre que la rente de l'Etat français. (Nombreuses marques d'assentiment.)

M. Jules Brame. Parce qu'elles sont garanties par l'Etat ! Garantissez aussi les obligations des petites compagnies, et elles auront la même valeur !

M. le ministre. C'est ce titre d'obligation de chemins de fer qu'on exploite ; et c'est cette exploitation dont je redoute les effets. Les travailleurs de nos villes et de nos campagnes emploient leurs épargnes particulièrement en obligations de chemins de fer... (C'est vrai !) ...à cause de la valeur donnée aux titres obligations par le crédit des grandes compagnies et de l'Etat, sans faire la distinction de celles dont le revenu est garanti par des actions réellement versées et par des produits réellement constatés. (Marques d'adhésion.)

M. Mettetal. C'est une fraude véritable !

M. le ministre. Aucun de nous, messieurs, ne se charge de ces obligations que rien ne garantit. Ce sont malheureusement les pauvres gens qui les prennent. C'est ce qu'il faut déplorer, à tous les points de vue. (Très-bien ! très-bien !.)

Ceux qui souscrivent aux obligations, qu'on place d'autant meilleur marché qu'elles sont moins garanties, sont malheureusement les gens peu aisés et crédules, qui ont économisé à grand'peine une pièce d'or et qui courent grand risque de la trouver changée en feuille sèche. (Vives marques d'approbation.) C'est là le résultat de combinaisons qui se pratiquent maintenant sur une grande échelle.

Est-il étonnant, dans ces conditions, que les entreprises dont je parle n'aient pas toujours trouvé auprès de l'administration l'accueil qu'elles auraient souhaité ? Est-il étonnant qu'elles aient rencontré des obstacles qui s'adressaient beaucoup plus à leurs procédés financiers qu'à leurs projets de chemins de fer ?

Qui donc pourrait avoir l'idée de faire obstacle à des entreprises de travaux publics, si ces entreprises étaient organisées loyalement et régulièrement... (Interruptions à gauche.)

M. Wilson. Qui ? les ingénieurs des grandes compagnies !

M. le président. Messieurs, n'interrompez pas. Vous répondrez tout à l'heure si vous le désirez.

M. le ministre. ... si on versait toujours un capital actions, s'il y avait une garantie sérieuse ? Mais la vérité, c'est qu'elles s'exécutent la plupart du temps sans aucune garantie. On trouve moyen de se soustraire aux règles fixées par la loi. On doit verser au moins un quart du capital actions, en constituant la société ; on ne le verse pas réellement dans la plupart des cas.

M. Henri Villain. Alors, on passe en police correctionnelle.

M. le ministre. Et quand on l'a versé, on sait fort bien le reprendre au moyen du bénéfice des traités qu'on passe pour l'exécution des travaux. (Nouvelles interruptions à gauche.)

Je vais entrer dans plus de détails et préciser davantage, si vous le désirez. (Oui ! oui ! — Très-bien !)

M. Delacour. Oui ! c'est très-utile. Il est bon qu'on sache ce qui se passe.

M. Gaslonde. Le constructeur fait des bénéfices, l'obligataire ne reçoit rien.

M. le ministre. Messieurs, j'ai dit et je répète que plusieurs des compagnies dont je parle n'ont pas de capital actions ; je ne parle pas de celles qui se sont formées avant 1870, je parle de celles qui se sont organisées depuis. Je n'en connais pas qui se soient constituées avec un capital actions réellement versé.

M. Varroy. Mais si ! il y en a !

M. le ministre. Vous les citerez. Quant à moi, je n'en connais pas.

Il est vrai, comme on m'a fait remarquer, que la loi exige que le quart au moins du capital actions fixé par les statuts soit versé ; mais on a trouvé le moyen de tourner la difficulté.

M. Parent. C'est la faute du conseil d'État. (Bruit.)

M. le président. N'interrompez pas !

M. le ministre. Voici comment les choses se passent.

Le conseil d'administration de la compagnie traite directement de l'exécution des travaux avec un entrepreneur de son choix, et il fait avec cet entrepreneur tel marché qu'il lui convient.

Généralement ce marché est majoré de la valeur du capital actions. (C'est cela ! — Très-bien ! à droite.) Les administrateurs autorisés par l'assemblée générale des actionnaires, qu'ils composent seuls, se réservent une part dans les bénéfices du marché, et la majoration donnée à ce marché leur permet de rentrer dans la partie du capital qu'ils ont versée. C'est extrêmement simple, comme vous le voyez, et le procédé est des plus perfectionnés. (Rires et applaudissements à droite.)

M. Pouyer-Quertier. Cela se faisait avant la loi de 1865, que vous attaquez.

M. le ministre. Permettez, monsieur Pouyer-Quertier ! Je parle de la loi de 1867, et non de la loi de 1865, que je n'attaque pas. Je dis que c'est au moyen de la loi de 1867 qu'on a fait abus de la loi de 1865, et qu'on est arrivé à un résultat qui n'avait jamais été prévu par le législateur quand il s'est agi de faire des chemins d'intérêt local. Ce n'est pas la loi de 1865 que je critique et que je blâme... (Nouvelles interruptions à gauche.)

M. le président. Je réclame le silence. La discussion n'en finira pas si on interrompt à chaque instant.

M. le ministre. Cette loi a reçu des applications nombreuses et utiles ; mais je ferai observer encore une fois que, au moyen de la loi du 24 juillet 1867 sur les sociétés, on a demandé la concession de chemins de fer d'intérêt local qu'on n'aurait jamais voulu entreprendre sans cela, parce que le but de l'entreprise, son objet principal n'est pas de construire et d'exploiter un chemin de fer, c'est d'émettre des obligations. (C'est vrai !)

Eh bien, messieurs, je crains fort, si vous adoptiez l'amendement de M. Pascal Duprat, qu'il n'en soit ainsi pour la plupart des concessionnaires qui ont obtenu les concessions des assemblées départementales.

J'ai commencé par vous démontrer que vous ne pourrez pas, sans abandonner vos droits de contrôle, sans renoncer aux garanties que vous devez exiger, accepter des concessionnaires que vous n'avez pas choisis, et que vous seuls devez désigner pour leur confier l'exécution des travaux publics d'intérêt général. Je me suis efforcé de vous montrer ensuite quels seraient les inconvénients de concessions des lignes que vous avez déclarées d'utilité publique données à d'autres qu'à la compagnie de Paris-Lyon-Méditerranée, tant au point de vue de l'intérêt de l'État qu'au point de vue de l'intérêt du commerce, qui réclame avant tout l'abaissement des tarifs... (Rumeurs à gauche.) ...que nous devons assurer autant qu'il dépend de nous.

M. Pascal Duprat a dit : Si le projet que vous nous présentez était un projet isolé, je ne le combattrais pas ; mais je me trouve en présence d'un système que je repousse. Messieurs, permettez-moi de m'expliquer. Quels étaient les reproches qu'on adressait jusqu'à ce jour aux grandes compagnies ? pourquoi a-t-on cherché à en organiser d'autres et à leur créer des concurrences directes ? C'est qu'on ne pouvait obtenir d'elles de développer les lignes de leurs réseaux, autant que le pays le réclamait ; et, en effet, elles ont eu le tort, à mon sens, pendant longtemps, de se refuser à faire des chemins nécessaires à des régions insuffisamment desservies. Plusieurs d'entre elles ont dû le regretter sans doute, mais le fait est passé.

Un membre. Péché avoué est à moitié pardonné !

M. le ministre. Aujourd'hui la compagnie de Paris-Lyon-Méditerranée comprenant mieux ses intérêts, les identifiant à ceux du pays qu'elle dessert, propose de se charger de 855 kilomètres de nouvelles lignes.

Pourquoi la repousser ? On se plaignait de ce que ces grandes compagnies, qui avaient été organisées, créées, développées dans le but d'étendre nos réseaux de chemins de fer, de construire toutes les lignes nécessaires dans la région qu'elles étaient chargées de servir, ne voulaient rien faire. En voici une qui se présente et se déclare prête à faire tous les sacrifices nécessaires. Pourquoi la repousser? Je crois, pour ma part, que, toutes les fois que les compagnies existantes voudront, dans des conditions acceptables et répondant à l'intérêt du Trésor comme à l'intérêt public, se charger de la construction de lignes demandées par les régions qu'elles traversent, vous aurez intérêt à les leur accorder. (Approbation.)

Nous avons la confiance que vous voudrez bien ratifier la convention conclue avec la compagnie de Paris à Lyon et à la Méditerranée, et que vous accueillerez aussi favorablement la convention passée avec la compagnie du Midi, qui vous est également soumise. J'ajoute que, si les autres compagnies offrent de se charger de l'établissement des nouvelles lignes complémentaires de leur réseau, je croirai remplir mon devoir en venant vous soumettre les conventions nouvelles que j'aurai conclues avec elles, dans le but d'étendre à toutes les parties du territoire les avantages qu'obtiendra aujourd'hui la région traversée par la ligne de Paris à Lyon et à la Méditerranée par le vote du projet de loi en discussion, à l'adoption duquel plus de vingt-cinq départements sont intéressés.

Par ces motifs, vous voudrez bien, je l'espère, rejeter l'amendement de M. Pascal Duprat. (Très-bien! très-bien! et applaudissements à droite et au centre.)

M. Pouyer-Quertier. Messieurs, je remercie M. le ministre des travaux publics, qui descend de cette tribune, d'avoir nettement posé la question. La question, maintenant, est des plus limpides et des plus claires : c'est l'attaque directe de l'administration, de l'administration qui doit protéger tous les intérêts, aussi bien les grands que les petits... (C'est cela! — Très-bien! à gauche), c'est, dis-je, l'attaque directe de l'administration contre les petites compagnies, et la protection accordée dans toute sa largeur aux grandes compagnies. (Nouvelle approbation.)

Je ne viens pas ici attaquer les grandes compagnies. Je sais leur rendre justice pour ce qu'elles font de bon et de bien; mais je viens demander à l'Assemblée d'examiner la situation qui a été faite aux petites compagnies par la loi de 1865, et par la loi de 1867, et enfin par celle de 1871 c'est-à-dire par vous-mêmes.

M. le ministre des travaux publics est chargé de faire exécuter les lois de 1865, de 1867 et de 1871. Si ces lois ne répondent pas à son attente, s'il y a des intérêts froissés, si l'intérêt général du pays est compromis par ces lois, qu'il monte à cette tribune, qu'il dépose un projet de loi ayant pour objet de remettre à l'étude la loi de 1865, de rapporter la loi de 1867 et de rapporter la loi de 1871, c'est-à-dire de nous inviter à vous déjuger, à vous déjuger vous-mêmes, car la loi de 1871, qui est votre œuvre, est venue confirmer la loi de 1865; bien plus, messieurs, elle est venue y ajouter de nouveaux droits, et cette loi des chemins de fer d'intérêt local, cette loi que l'on relègue peut-être un peu trop loin, cette loi qui date de 1865, n'a pas encore dix années d'existence.

Je voudrais bien que M. le ministre des travaux publics jette les yeux sur la statistique des grandes compagnies ; je voudrais bien qu'il me dise comment, avec les subventions énormes données par l'État, les grandes compagnies, pendant dix ans, de 1842 à 1852, ont exécuté seulement 2,989 kilomètres. Voilà quel a été, en dix ans, le résultat de leur activité.

Voix à gauche. C'est cela ! — Très-bien !

M. Pouyer-Quertier. Ces grandes compagnies ont rempli leurs engagements, dites-vous. Mais M. le ministre des travaux publics aurait-il la bonté de me dire si les petites compagnies d'intérêt local n'ont pas fait dans ces neuf dernières années autant de kilomètres de chemins de fer qu'en ont fait les grandes compagnies dans les neuf premières années de leur existence? (Oh! oh! à droite.)

Messieurs, j'ai là les chiffres. Ce n'est pas avec des : oh! qu'on réfute des faits ; c'est ici, en venant les contredire à cette tribune, que vous les réfuterez. Ces faits, il faut les connaître. Ils sont inscrits dans les annales des chemins de fer; ils figurent à la page 51 du livre statistique de M. Perdonnet dont apparemment vous ne contesterez pas l'autorité. Vous trouverez la confirmation de ces chiffres dans les annales parlementaires et dans les subventions inscrites à nos budgets. Ces faits, vous ne pouvez pas les nier.

Sans doute les débuts de toute espèce d'entreprises sont toujours pénibles et lents. Les capitaux, avant de se diriger vers une entreprise nouvelle, ont besoin de l'étudier et de l'apprécier. Mais quand un ministre des travaux publics vient nous dire que les petites compagnies de chemins de fer d'intérêt local n'auraient pas un actionnaire dans les pays que leurs chemins traversent, pas même un obligataire, j'ai le droit de lui répondre qu'il se trompe. En effet, monsieur le ministre, vous avez dans vos archives les listes des actionnaires des compagnies du département de l'Eure; eh bien, consultez-les et vous verrez qu'elles indiquent les noms de 3,000 actionnaires environ appartenant au département de l'Eure et qu'à très-peu d'exceptions près ils appartiennent aussi à la région traversée et non à l'extérieur du département.

Je vous en prie donc, monsieur, constatez le fait, et venez nous dire ensuite s'il est vrai que toutes les compagnies de chemins de fer d'intérêt local n'ont pas un seul actionnaire sérieux et qu'ils sont tous étrangers aux départements intéressés !

M. le ministre des travaux publics. J'ai eu le soin de dire qu'il s'agissait des compagnies qui se forment actuellement ou qui veulent se former.

M. Pouyer-Quertier. Vous n'avez entendu parler, dites-vous, que des compagnies qui se forment ou qui se créeraient dans l'avenir. Mais je vous réponds encore : Vous, monsieur le ministre, vous êtes obligé de faire exécuter la loi, de veiller à ce que les conditions qui sont la garantie légale du public soient remplies ; c'est là votre rôle et votre devoir, et si des compagnies viennent vous apporter des capitaux fictifs, vous devez les refuser. Mais les compagnies qui se conforment à la loi, vous n'avez pas le droit de les diffamer.

M. le ministre des travaux publics. Ce

n'est pas la théorie de ceux qui défendent les lois de 1867 et de 1871.

M. Pouyer-Quertier. De petites compagnies se sont formées, elles existent ; elles exploitent aujourd'hui 3,000 kilomètres de chemins de fer tant d'intérêt local que d'intérêts divers, et elles rendent des services immenses aux populations des régions qu'elles traversent.

Eh bien, je demande pardon de le dire ici, est-il bon, qu'un ministre des travaux publics vienne, à cette tribune, appeler sur ces petites compagnies le discrédit... (Oui ! C'est cela ! c'est cela ! à gauche.) vienne dire ici que leurs actions ne valent rien, que leurs obligations ne valent rien, que ces petites compagnies elles-mêmes ne valent rien ? Non, vous n'avez pas le droit de tenir ce langage, monsieur le ministre ! vous devez respecter tous les intérêts, et les petites compagnies, quand elles sont dans des mains honorables, ont droit au respect de l'administration, aussi bien que les grandes.

M. le ministre des travaux publics. Certainement, et celles-là je les respecte !

M. Pouyer-Quertier. Voilà ce que j'ai cru devoir répondre à M. le ministre des travaux publics, avant d'entamer à mon tour l'histoire des grandes compagnies.

Certes, monsieur le ministre, je ne vous empêche pas de concéder à la compagnie de Paris-Lyon-Méditerranée les lignes qu'elle sollicite, si cette compagnie peut les faire dans de meilleures conditions que d'autres. Mais, j'ai le droit de m'étonner quand vous dites que des lignes ont été concédées à des concessionnaires que vous ne connaissez pas. Comment ! vous ne les connaissez pas ! Est-ce que vous ne connaissez pas les conseils généraux de France ? (Exclamations à droite.) Mais c'est le procès des conseils généraux que vous faites ! Est-ce que ce ne sont pas les conseils généraux qui concèdent les lignes, qui étudient les garanties de leurs concessionnaires ? n'est-ce pas leur droit et n'est-ce pas le devoir qui leur est imposé par la loi ?

Voix à droite. Allons donc !

M. Pouyer-Quertier. Oui, messieurs, je vous parle par expérience, et je vous assure que le conseil général de l'Eure, quand il a concédé les chemins de fer dont je vous ai parlé, savait parfaitement qu'ils seraient exécutés ! Et, en effet, ces chemins ont été exécutés en trois ans ou quatre ans, tandis qu'ils ne l'auraient pas été en dix ans, si on les avait laissés aux grandes compagnies. Peut-être même n'auraient-ils jamais été construits.

Si je parle des chemins de l'Eure en particulier, c'est pour ne pas aller chercher des exemples dans toute la France. Mais il y a des chemins de fer d'intérêt local qui s'exploitent sur tous les points du territoire en dehors des grandes compagnies. Ces chemins ne comprennent pas moins de 3,000 kilomètres, et les compagnies que vous pouvez connaître n'ont pas, après tout, à leur tête des brigands, comme vous paraissez le supposer. (Mouvement. — Rires approbatifs à gauche.)

Laissez-les donc vivre, laissez-les se développer, quand elles se conforment à la loi, quand elles remplissent les conditions de la loi : c'est leur droit, et je ne vous demande que cela. Mettez-les en concurrence avec les grandes compagnies quand il s'agit d'obtenir telle ou telle ligne, je le veux bien. Peut-être les grandes compagnies auront-elles l'avantage ; mais du moins on aura l'espoir de voir supprimer toutes les tracasseries, tous les obstacles que font naître les grandes compagnies sur la route des petites.

Maintenant, voyons ce que sont en réalité ces petites compagnies.

Vous venez dire : Mais ces petites compagnies n'ont pas de revenus suffisants pour assurer la prolongation de leur existence et la sécurité de l'avenir.

Eh, monsieur le ministre des travaux publics, croyez-vous que les grandes compagnies, si, à leur origine, elles avaient été combattues par le Gouvernement qui doit justice égale à tous, auraient eu le moyen, au commencement de leurs entreprises, de faire face à leurs dépenses, à tous les intérêts qu'elles avaient à payer et à tous leurs frais d'exploitation ? Oh ! alors, nous aurions été bien trompés et le Corps législatif bien dupé ; car, à chaque instant, ces grandes compagnies sont venues implorer la bienveillance de l'État, et il a fallu ajouter des subventions à celles que nous avions déjà accordées ; puis, en 1859, il a fallu encore revenir à leur secours et inventer le système de la garantie d'intérêt.

Quel langage tenaient-elles alors ? « Cela vous coûtera ce que cela vous coûtera, peu importe ! mais cela est indispensable : il faut que les lignes soient faites ; nous exploiterons aussi bien que nous pourrons ; mais si nous faut des garanties d'intérêt, sans cela il nous est impossible d'aller plus loin ! sans cela, vos chemins ne seront pas terminés, notre crédit sera perdu et il nous sera impossible de terminer notre réseau ! » Et avec ce système on est arrivé à quoi en 1859 ? à mettre l'État dans l'obligation d'accorder aux grandes compagnies des garanties d'intérêt. Et aujourd'hui, vous payez de ce chef, savez-vous combien ? 40 à 41 millions de garanties d'intérêt sont annuellement inscrits à votre budget, sans parler des subventions en argent et en travaux.

De sorte que c'est à force d'argent pris dans les caisses de l'État que les grandes compagnies ont pu subsister, se développer, et qu'elles peuvent aujourd'hui distribuer leurs dividendes à leurs actionnaires. Voilà pourquoi ces grandes compagnies qui ont un capital-actions moindre que les subventions qui leur ont été accordées réclament incessamment votre concours.

Oui, il est vrai que ce capital n'est que de 1,465,000,000 fr. tandis que les subventions de l'État s'élèvent à 1,600,000,000 fr. Voilà pourquoi ces grandes compagnies qui sont toujours en quête de subventions viennent chaque jour harceler ce pauvre ministre des travaux publics et lui dire : Encore une petite subvention ! encore une concession nouvelle ! (On rit.) Garantissez-nous les intérêts, et avec cela nous ferons des chemins de fer dans les délais que nous pourrons. Voilà, messieurs, l'histoire des grandes compagnies.

Si j'avais le droit de raconter à l'Assemblée un fait qui s'est passé en 1864 ou 1865... (Parlez ! parlez !), et c'est de là précisément qu'est née la loi de 1865, loi libérale, indispensable, pour affranchir le pays du monopole exorbitant et des prétentions des grandes compagnies, voici ce que je vous dirais. (Parlez!)

Mais avant j'ai à répondre à une autre objection; j'y reviendrai tout à l'heure.

Vous reprochez aux petites compagnies de n'avoir pas un capital-actions suffisant. Mais, est-ce que celui des grandes est plus important proportionnellement? Comment! elles ont reçu 1,600,000,000 de subventions; elles ont émis 6 milliards 800 millions d'obligations, et elles n'ont que 1 milliard 465 millions de capital actions, soit à peine 20 p. 100 de leur capital! Eh bien, les petites compagnies, si vous faites exécuter la loi, ont une proportion de capital beaucoup plus importante que les grandes. Vous n'avez donc pas le droit de les attaquer sur ce point. Soyez sévères pour elles comme pour les autres; mais ne les traitez pas en ennemies, comme vous venez de le faire à la tribune.

Maintenant j'arrive au fait dont je voulais vous parler.

Les grandes compagnies ne voulaient faire aucune des lignes de chemins de fer que réclamaient les populations avec insistance. C'est pour vaincre ces résistances que la loi de 1865 a été rendue.

C'était en 1864 ou en 1865. Un projet de loi fut apporté au Corps législatif, qui concédait deux lignes de chemins de fer dans les départements du Nord, de Seine-et-Oise et de l'Oise. Ce projet de loi fut examiné par une commission dont plusieurs membres sont encore parmi nous. Je pourrais citer notamment mon ami M. Plichon et mon ami M. Jules Brame.

Eh bien, savez-vous ce que fit la compagnie du Nord? Il s'agissait de lignes excellentes, comme toutes celles qui lui appartiennent; cependant elle ne voulut pas s'en charger sans un sacrifice considérable consenti par l'Etat! On chercha à profiter de cette circonstance, comme on en profite toujours dans les grandes compagnies, pour faire introduire des modifications à la convention de 1859.

Il y avait à cette époque une éventualité qui paraissait menaçante pour la compagnie du Nord; c'était le partage des bénéfices, et alors on demanda, pour faire ces nouvelles lignes, — excellentes, je le répète, — on demanda au Gouvernement de renoncer au partage éventuel des bénéfices. (Mouvements divers.)

J'ai fait le calcul des pertes que cette convention entraînait pour l'Etat.

Nous étions en 1864, Napoléon régnait, M. Thiers était ministre d'Etat... (Hilarité générale.)

Voix nombreuses. M. Rouher! M. Rouher!

M. Pouyer-Quertier. Je vous demande pardon : il n'y a pas de confusion possible.

M. Henri de Lacretelle. On n'a jamais rien dit de plus dur à M. Thiers! (C'est vrai! — On rit à gauche.)

M. Pouyer-Quertier. C'est un lapsus que vous me pardonnerez.

M. Rouher était ministre d'Etat, M. Fould ministre des finances. Je ne sais plus qui était ministre des travaux publics, je n'ai pas le nom présent à la mémoire; mais enfin le directeur général des chemins de fer s'appelait M. de Franqueville, comme aujourd'hui. (On rit.) Eh bien, M. de Franqueville pourrait vous renseigner...

M. le président. M. de Franqueville ne peut pas parler ici.

M. Pouyer-Quertier. M. le ministre des travaux publics pourrait le faire à sa place.

A cette époque, après avoir fait le calcul des charges de l'Etat et des pertes auxquelles il pouvait être exposé, le gouvernement rendit un décret, le 9 janvier 1866, pour retirer le projet de loi, et bien que la commission eût déjà fait son rapport, bien qu'elle eût donné son approbation aux propositions ministérielles, on retira de l'ordre du jour ce projet de loi qui constituait un véritable contrat, léonin et on n'y est jamais revenu.

C'est en présence des exigences des grandes compagnies qu'on avait senti le besoin de remédier à cet état de choses si grave créé par leur influence immense et leur prépondérance dans l'Etat et auprès des pouvoirs publics. C'est pour résister à ces influences qu'on a fait cette loi de 1865, à l'aide de laquelle on a pu concéder des lignes d'intérêt local et construire, jusqu'à ce jour, près de 3,000 kilomètres de chemins de fer divers, dont 1,757 d'intérêt local, en dehors des grandes compagnies.

Une compagnie se présenta en 1868 pour prendre toutes les lignes que la compagnie du Nord avait refusées, bien que l'intérêt légitime des populations en réclamât l'établissement. (Légères interruptions sur quelques bancs à droite.)

Cette compagnie qui est, aujourd'hui représentée dans cette Assemblée par les noms les plus respectables et honorés au plus haut degré...(C'est vrai! — Très-bien!), devint alors concessionnaire des lignes que la compagnie du Nord avait refusées et se contenta tout simplement d'une garantie de 5 p. 100 consentie de compte à demi par l'Etat et les départements intéressés.

Et n'oubliez pas, messieurs, que dans la convention faite avec cette compagnie, on avait limité le capital maximum qui devait être dépensé : on ne pouvait pas dépenser plus de 150,000 fr. par kilomètre, matériel compris, et, au-delà, la dépense tout entière incombait à la compagnie; enfin on ne pouvait pas demander un chiffre supérieur à 8,000 fr. par kilomètre pour les frais d'exploitation; toutes garanties qui n'existent pas dans la convention qui vous est remise aujourd'hui et qui nous livrent à l'arbitraire des grandes compagnies.

Voyez cependant, messieurs, ce que c'est que de discuter les questions et de les approfondir!... Cette compagnie du Nord qui a à sa tête les hommes les plus considérables, possédant la plus haute influence financière que nous connaissions dans le monde, cette compagnie, qui avait réclamé de grosses subventions à l'Etat, a consenti, après examen, à reprendre l'exploitation de la concession pour toute sa durée, moyennant une rente annuelle de 750,000 francs pendant quatre-vingt-dix-neuf ans. (Mouvements divers.)

Ainsi, ce qu'elle avait refusé, quand elle se croyait seule, d'accepter directement de l'Etat à moins d'une subvention considérable et d'une garantie d'intérêt, elle le reprenait un an après des mains de la compagnie rivale avec un sacrifice de 12 millions environ.

Voilà ce qui s'est passé en 1864 et en 1869, dans des assemblées où les grandes compagnies comptaient cependant aussi des représentants chaleureux.

Vous voyez comment, lorsqu'on ne regarde pas au fond de ces conventions avec les grandes compagnies, on est exposé à sanctionner les clauses les plus excessives, les plus onéreuses pour l'État. Car si on avait accepté les conditions de la compagnie du Nord, on aurait fait faire à l'État une transaction déplorable entraînant une perte énorme pour les finances de l'État, et cela, comme aujourd'hui, sur les recommandations du Gouvernement et de la commission. (Assentiment sur divers bancs.)

Cette histoire d'hier est pour nous un enseignement.

Messieurs, je dis que, lorsque vous serez descendus dans l'appréciation de tous les points de la convention qui vous est soumise aujourd'hui, vous la trouverez aussi onéreuse pour l'État que celle dont je viens de vous parler. (Dénégations à droite. — Assentiment à gauche.)

Je sais bien que MM. les ingénieurs ne sont pas de cet avis...

M. le rapporteur. La commission non plus n'est pas de cet avis!

M. Pouyer-Quertier. La commission, dites-vous, n'est pas de cet avis ?

M. le rapporteur. A une immense majorité!

M. Pouyer-Quertier. C'est possible. La commission de 1865 était aussi presque unanime : il n'y avait que deux voix d'opposition. Cela n'empêcha pas que le Gouvernement fut tellement effrayé du résultat de la convention, qu'on l'a fait disparaître de l'ordre du jour et qu'elle n'y est jamais revenue.

D'ailleurs, dès 1852, la compagnie du Nord avait déjà gratuitement obtenu des avantages immenses qu'un rapporteur de la commission des chemins de fer du Corps législatif a chiffrés à 30 millions de rentes annuelles pour soixante-cinq ans.

Je dis qu'aujourd'hui nous sommes en présence de deux systèmes : la loi de 1865 d'un côté, les grandes compagnies de l'autre. La loi de 1865 existe, il faut qu'elle soit exécutée. La loi de 1871 existe, il faut qu'elle soit exécutée. Par la loi de 1871, vous avez donné à la loi de 1865 un développement considérable.

Aujourd'hui, vous êtes en présence de ces deux lois; des concessions ont été faites dans certains départements par les conseils généraux; quatorze lignes formant une partie de l'objet du projet de loi actuel ont été ainsi concédées. Pourquoi n'ont-elles pas reçu la déclaration d'utilité publique? Est-ce parce qu'elles ne sont pas des lignes d'intérêt public? Non, évidemment, puisque vous avez décidé le contraire hier.

M. le rapporteur. C'est parce qu'elles ne sont pas des lignes d'intérêt local.

M. Pouyer-Quertier. Oh! monsieur le rapporteur, je connais très-bien votre système : vous me donnerez comme lignes d'intérêt local toutes les lignes qui ne peuvent rien produire, qui ne peuvent pas vivre, et vous garderez comme lignes d'intérêt général toutes celles qui pourront donner des profits. Eh bien, vous êtes vraiment généreux : mais voulez-vous

faire l'échange? Je prendrai votre place et vous viendrez à la mienne! (On rit.)

Je demande sous quel prétexte on accorde à la compagnie Paris-Lyon-Méditerranée des lignes qu'on appelle d'intérêt général et qui, cependant, n'aboutissent qu'à de petites villes, qu'à des culs-de-sac. La compagnie Paris-Lyon-Méditerranée ne vous les demande pas, croyez-le bien, par le seul amour de vouloir les exécuter, non : elle les demande parce que cette concession lui permet de revenir sur la convention de 1859 et d'obtenir de vous des faveurs que, sans la convention actuellement en discussion, vous ne pourriez pas lui accorder. Oui, la compagnie Paris-Lyon-Méditerranée nous dit qu'elle exécutera ces lignes nouvelles sans subvention, sans garanties d'intérêt : mais, messieurs, qu'aperçois-je donc derrière le déversoir? Je vois bien ce qui s'y cache : c'est la compagnie Paris-Lyon-Méditerranée tout entière.

Et ne voyez-vous pas qu'en faisant introduire dans son ancien réseau la totalité de ces nouvelles lignes qui sont des lignes évidemment peu productives, surtout si on dépense les sommes auxquelles elles sont estimées dans votre projet, elle fait une heureuse combinaison, car ces lignes qui ne produiront pas diminueront d'autant la puissance du déversoir en faveur de l'État.

M. le ministre des travaux publics vous disait tout à l'heure qu'il vous restait 10 millions de marge, pour atteindre la limite du déversoir.

Est-il bien sûr que, avec toutes ces lignes qui vont être faites dans des conditions de dépenses exagérées, la limite du déversoir ne sera pas atteinte et dépassée? Est-ce que M. le ministre ignorerait qu'il n'y a au monde de compagnie qui exploite plus chèrement que la compagnie Paris-Lyon-Méditerranée? Est-ce qu'il y a au monde une compagnie qui ait un second réseau qui soit exploité à 77 1/2 p. 100 sur la recette brute? Je crois même que le chiffre exact est de 82 p. 100, mais je n'en suis pas sûr. Pour ne pas nous tromper, mettons 77 1/2 p. 100.

Savez-vous pourquoi cette compagnie exploite dans ces conditions? c'est parce qu'elle a deux réseaux, deux comptes, et comme, évidemment, charité bien ordonnée commence par soi-même, on traite bien le grand réseau, sur lequel on prélève de gros dividendes autant qu'on peut, et on laisse le petit s'appauvrir le plus possible. C'est ainsi que les frais d'exploitation sur le second réseau sont effrayants, tandis que sur le premier, le grand réseau, ils sont de 40 p. 100 seulement.

Et cela se passe, messieurs, dans toutes les grandes compagnies qui préfèrent toujours leurs intérêts à ceux de l'État.

L'accord de toutes ces grandes compagnies est vraiment touchant. C'est une belle et fructueuse unité. En effet, elles ont organisé leurs conseils d'administration de telle façon que, parmi les personnes composant le conseil d'administration du Nord, par exemple, quelques-uns font en même temps partie du conseil d'administration de la compagnie de l'État, quelques autres du conseil d'administration de telle ou telle compagnie. (Rumeurs sur divers bancs.)

'Et puis, messieurs, ce n'est pas tout. Ces
personnes, toutes influentes dans le monde financier, ont la main sur les Lombards, sur
le Saragosse... (Signes de dénégation sur divers
bancs.)

Permettez! j'ai bien le droit de discuter ces
questions... (Parlez! parlez!)

De sorte que, aujourd'hui, tous les chemins de fer principaux de l'Europe sont
entre les mêmes mains et sont dirigés d'après
les mêmes principes, sous les mêmes inspirations, avec les mêmes combinaisons financières plus ou moins critiquables. Elles exploitent non pas au point de vue de l'intérêt général du pays; non!... cela ne les occupe pas...
(Approbation sur plusieurs bancs à gauche); ce
qui les occupe, c'est leur intérêt personnel.
(Dénégations au banc de la commission et au
banc des ministres.)

Je vous en donnerai des preuves tout à
l'heure; et si vous étiez traités, vous messieurs les Français, par les chemins de fer de
France, comme le sont les étrangers, vous
auriez beaucoup à y gagner; car ils font à
l'industrie, au commerce aussi bien qu'à l'agricole
qu'industriel de l'étranger, des faveurs que
vous ne soupçonnez même pas et dont vous
ne jouissez jamais.

Sur divers bancs. C'est vrai! c'est vrai!

M. Pouyer-Quertier. Eh bien, quand
vous êtes appelés à faire avec ces compagnies
de nouvelles conventions, vous n'obtenez
d'elles aucune concession; vous consentez à
maintenir à leur profit des cahiers des charges
surannés, qui datent de 1842; les tarifs restent
au taux où ils étaient alors, les tarifs *maximum* aussi bien que les délais de distance.

M. de Clercq. Les tarifs *maximum* ne sont
pas appliqués.

M. Pouyer-Quertier. J'entends une conversation perpétuelle qui a lieu au pied de la
tribune à laquelle je ne puis me joindre, parce
que je ne puis, à la fois, parler à des collègues
réunis ici en groupe et à l'Assemblée. (On rit.)
En vérité, je demande un peu grâce pour moi
à mes collègues; car, pour mon compte, je n'ai
pas interrompu une seule fois les orateurs, quoi
qu'ils aient pu dire, dans le cours de cette discussion. (Parlez! parlez!)

M. le président. Ne vous arrêtez pas aux
interruptions et parlez à l'Assemblée.

M. Pouyer-Quertier. Je dis donc qu'on
n'a rien obtenu de la compagnie Paris-Lyon-
Méditerranée dans la convention qu'on a faite,
et qu'on n'obtiendra pas davantage des autres
compagnies dans l'avenir; car, comme vous
l'a dit tout à l'heure M. le ministre des travaux
publics, — je reconnais sa franchise et je lui
en rends hommage, — par le projet de loi
qu'il soutient aujourd'hui devant vous, c'est un
système qu'il inaugure : il veut faire prévaloir
les grandes compagnies sur les petites, et il
réserve les petites pour construire les chemins
de fer qui ne pourront rien produire... (Signes
d'assentiment sur quelques bancs. — Dénégations sur d'autres), et il sera étonné, après
cela, que le produit kilométrique ne soit pas
plus élevé sur les lignes d'intérêt local ! Mais
si, sur 150 kilomètres, on m'en laisse, à
moi, petite compagnie, 100 qui ne rapportent
presque rien, alors qu'on prend les 50 autres,
très-productifs, pour les donner à une grande

compagnie, que puis-je faire avec une ligne
coupée ou aboutissant à une impasse? (C'est
vrai! — Très-bien! très-bien! à gauche.)

Mieux que cela! Dans la vallée de la Loire,
on avait concédé un chemin d'intérêt local à
une petite compagnie. Il résultait de cette concession qu'il y aurait deux chemins de fer
dans la même vallée, l'un sur la rive droite,
l'autre sur la rive gauche du fleuve; mais
comme il fallait relier ces deux chemins par
un pont, on déposerait de la petite compagnie de
sa concession par ce motif — ne riez pas, messieurs! — que le pont qui doit les joindre est
d'utilité générale et que, à ce titre, il ne peut
être compris dans une concession d'intérêt
local, et la ligne sera, sans doute, concédée à
la grande compagnie. (Rires et exclamations
sur divers bancs.)

Demandez aux habitants de Romorantin,
de Vendôme et de Blois si cette histoire
n'est pas exacte. Elle est d'hier et à peine
si vous y pouvez croire!

M. Tassin. Elle est parfaitement exacte!

M. Pouyer-Quertier. Je dis donc qu'il
faut que les chemins d'intérêt local existent
à côté des chemins d'intérêt général; je
dis que la loi de 1865 doit être respectée
tant qu'elle ne sera ni modifiée ni abrogée.
La loi existe, il faut qu'elle soit exécutée.
Par conséquent, les concessions qui ont été
faites, en vertu de la loi, par les conseils généraux à de petites compagnies, doivent être
maintenues.

Il resterait à déclarer l'utilité publique.

La déclaration d'utilité publique doit-elle
être faite? Ces concessions ont-elles été
demandées dans les délais voulus? Le Gouvernement s'est-il pourvu contre les concessions
faites par les conseils généraux? Non: il a
laissé écouler les délais. Il y a là des concessionnaires, je n'ai pas l'honneur de les
connaître, mais ils sont concessionnaires et ils
sont sous l'égide de la loi; vous devez respecter
leur droit, vous ne devez pas piétiner sur la
loi de 1865 avant qu'elle ait été abrogée.

Un membre. Ce sont des concessions éventuelles !

M. Pouyer-Quertier. Les concessions des
conseils généraux sont définitives; elles sont
faites dans les délais déterminés par la loi de
1865, et vous ne vous êtes pas pourvus contre
les décisions des conseils généraux.

Reste la déclaration d'utilité publique qui
ne concerne en quoi que ce soit la question de
savoir si le chemin de fer est d'intérêt général
ou d'intérêt local. C'est parce que ces chemins
sont dans les mains de compagnies que vous
regardez bien à tort comme vos adversaires,
que vous déclarez qu'ils ne sont pas d'intérêt
général et doivent rentrer dans le réseau de
la grande compagnie.

Cette guerre qui est faite par les grandes
compagnies aux petites, n'est justifiée sur aucun point du territoire français. La concurrence qu'on nous fait toujours miroiter devant
vos yeux et dont on veut vous effrayer n'existe
pas; jamais les petites compagnies ne pourront
faire tort au trafic des grandes compagnies,
cela n'existe nulle part. Je puis mettre au défi
qu'on apporte ici la preuve qu'un petit chemin
de fer d'intérêt local ait fait tort au chemin de

fer à côté duquel il est placé ou auquel il aboutit.

Voulez-vous que je vous donne des exemples ? j'en ai plein les mains. Ainsi, dans les gares-de l'Ouest, qui communiquent avec les chemins qui sont sous ma main et par lesquels je passe souvent, il y a la gare de Gisors qui a quintuplé d'importance : elle est passée de 9,878 voyageurs à 44,200 voyageurs, et de 7,000 tonnes petite vitesse à 34,500 tonnes, depuis la création du chemin d'intérêt local qui y aboutit. Il y a la gare de Pont de l'Arche qui a vu son mouvement tripler. La création des chemins de fer d'intérêt local a augmenté dans une proportion considérable le mouvement de ces gares, où ils sont traités en ennemis, bien qu'ils ne puissent être des chemins à grande concurrence. Comment voudriez vous, en effet, que cela fût possible? Vous l'avez dit tout à l'heure avec raison, ces petites lignes ne sont pas faites dans les conditions nécessaires pour faire concurrence aux grandes lignes ; elles sont faites dans le but de desservir les localités, pour transporter les produits des champs et de l'industrie aux gares de grandes compagnies. Mais est-ce qu'elles sont placées dans des conditions de rampe, de courbe, de solidité pour supporter les trains des grandes compagnies, les grandes vitesses ou les grosses machines? Jamais elles n'ont été établies dans ces conditions-là. Par conséquent, quand nous défendons les droits de ces petites compagnies, nous défendons en même temps un des éléments de richesse et de prospérité les plus certains pour les grandes compagnies. Aussi ne puis-je comprendre cette antipathie qu'elles inspirent aux grandes compagnies, quand, au bout du compte, elles ne font que leur apporter du trafic et des éléments de trafic.

Je disais donc que les petites compagnies sont traitées en ennemies par les grandes, et qu'il est impossible que M. le ministre des travaux publics ne mette pas ordre à cet état de choses. Que s'il ne peut pas y mettre ordre par des règlements et par des avertissements, qu'on nous demande le moyen de régler législativement les rapports des grandes et des petites compagnies. Autrement, vous autoriseriez la ruine des petites compagnies, qui se font la plupart du temps avec les capitaux des pays mêmes qu'elles traversent. (Oh! oh!)

On peut dire : Oh! oh!... (On rit) ; mais cela ne changera pas le fond des choses; cela n'empêchera pas qu'on trouvera au ministère des travaux publics la liste de tous les actionnaires qui ont composé et créé les lignes dont j'ai parlé.

Maintenant, que vous veniez me dire : Il y a des compagnies qui ne versent pas la totalité de leurs actions! c'est possible. Mais il y a une loi. Si la loi n'est pas suffisante, demandez-en la modification : nous serons tout prêts à nous associer à tout ce qui pourra donner de la valeur au crédit aussi bien des grandes que des petites compagnies. Mais au moins, tant que la loi existe, qu'on la respecte et qu'on n'aille pas, lorsque la loi existe, attaquer le crédit de ceux qui vivent sous l'égide de cette loi.

Voilà ce que j'ai à dire des petites compagnies.

Maintenant je passe aux tarifs.

Messieurs, on a attaqué les petites compagnies; mais si on voulait un peu attaquer les grandes... (On rit), comme le champ serait vaste et facile à parcourir !

Voyez donc la compagnie de Paris-Lyon-Méditerranée. En 1868, elle s'est présentée devant le Gouvernement pour constater une erreur dans ses évaluations pour ses constructions : une erreur de 309 millions.

309 millions! cela ne coûte pas cher à inscrire, il suffit d'un trait de plume. On a dit : C'est un intérêt de plus à calculer, c'est quelques millions pour une ligne qui a beaucoup d'avenir. On a inscrit les 309 millions.

Plus tard on s'est aperçu qu'il fallait ajouter 96 millions pour travaux complémentaires : on a ajouté 96 millions au grand réseau. Aujourd'hui on nous propose d'y ajouter 136 millions : nous ajoutons les 136 millions. Et plus nous ajoutons, plus nous reculons évidemment l'époque du partage des bénéfices entre l'État et la compagnie.

Chaque fois que vous ferez une convention nouvelle, vous verrez toujours ce système suivi par les grandes compagnies. Si riches qu'elles soient, si brillant que soit leur présent et leur avenir, quel que soit le dividende qu'elles distribuent à leurs actionnaires, elles demandent toujours à l'État de nouvelles faveurs.

Je crois que, pour la compagnie Paris-Lyon-Méditerranée, cet intérêt est de 12 p. 100, au minimum...

M. Gaslonde. Oh, non!

M. Pouyer-Quertier. Je dis 12 p. 100 sur le capital primitif...

M. Gaslonde. Ah! c'est différent!

M. Pouyer-Quertier. Je puis me tromper, je ne suis pas un spéculateur sur le Paris-Lyon-Méditerranée ; mais je dis que la compagnie Paris-Lyon-Méditerranée distribue, si vous aimez mieux, 60 fr. par action annuellement, et cette année un peu moins, 57 fr.

Un membre. Le ministre a dit tout à l'heure 55 !

M. Pouyer-Quertier. Vous voyez donc bien que ces grandes compagnies sont prospères, et qu'elles pourraient bien faire quelque tentative, quelque effort pour se créer par elles-mêmes les ressources qui leur manquent, et ne pas toujours venir dire à l'État : Mettez-moi ceci dans le premier réseau ; puis relevez d'autant le déversoir. De manière à ce qu'au fond, et, en fin de compte, vous ne puissiez jamais partager avec elles. Aussi bien en fait, messieurs, c'est le but poursuivi par les grandes compagnies, et elles l'atteignent admirablement avec l'administration des travaux publics ; car l'ingénieur, nourri dans le sérail, en connaît les détours. Grâce au système suivi jusqu'à ce jour, les compagnies n'ont pas offert à l'État de partager beaucoup leurs bénéfices. (On rit.)

Et cependant il y en a qui devraient partager avec l'État depuis bien longtemps. La compagnie du Nord, par exemple, devait partager avec l'État quand elle arriverait à 90,000 francs de recettes brutes par kilomètre; elle en fait 106,000, et elle ne partage pas. (Rires.) Je ne vois pas vraiment quand elle partagera ! Elle trouvera sans doute bien moyen de ne jamais partager.

Enfin, permettez-moi de vous dire qu'il faudrait au moins tâcher de ne pas reculer encore et indéfiniment l'époque où l'on partagera avec la compagnie Paris-Lyon-Méditerranée. Et cela par le fait même de l'Assemblée.

Quant aux nouvelles lignes, on les met dans l'ancien réseau : c'est encore un moyen de retarder le partage. Si ces lignes sont mauvaises, si elles ne produisent pas, il est évident que le partage sera retardé d'autant, puisque le produit kilométrique sera d'autant moindre qu'il y aura de plus mauvaises lignes dans le réseau.

Il ne faut pas dire que vous ne donnez pas de garanties d'intérêts. Vous donnez des garanties d'intérêt tout aussi effectives que si vous les inscriviez dans vos 42 millions ; car si elles ne doivent pas être effectives, pourquoi la compagnie met-elle les lignes qu'on lui concède dans le premier réseau ? C'est son intérêt, cela est évident ; et par conséquent, si, dans ce moment, la concurrence pouvait s'élever contre la compagnie de Paris Lyon-Méditerranée sous une forme ou sous une autre, c'est l'État qui viendrait encore parfaire les garanties d'intérêt et le revenu réservé qui a été indiqué dans la convention.

J'arrive aux questions commerciales, agricoles et industrielles qui touchent tant le pays et cette Assemblée.

Je veux démontrer comment, avec les combinaisons de tarifs des grandes compagnies, contre lesquelles personne ne peut lutter, on arrive à établir le monopole le plus exorbitant qui ait jamais existé dans le monde.

En effet, il n'y a en France qu'une compagnie ; oui, je le répète qu'une compagnie, attendu que les membres des conseils d'administration des différentes compagnies actuelles chevauchent si habilement des unes dans les autres, que ce sont toujours les mêmes influences financières qui dirigent la totalité des chemins de fer du pays. C'est le même esprit, ce sont les mêmes principes, c'est l'unité d'administration, c'est la confusion dans les tarifs, c'est le chaos le plus complet qu'on puisse imaginer.

Si j'avais osé, je vous aurais apporté ici le tarif des chemins de fer français, qui est imprimé en lettres microscopiques, et qui a 1,100 pages in-4° ; un employé de chemin de fer ne peut s'y retrouver.

M. Cézanne, *rapporteur.* Ah !

M. Pouyer-Quertier. Eh bien, monsieur Cézanne, je vous donne une heure pour m'indiquer le prix de transport d'une tonne de blé de Lille ou Roubaix à Marseille. Voulez-vous vous mettre au travail ? je vais faire remettre ces tarifs à vous, monsieur le rapporteur. Oui, je vous donne une heure pour trouver ce prix... (Rire général.) Vous aurez vingt pages à lire et quarante renvois à consulter ; moi, j'attendrai votre résultat, et, soyez-en sûr, il ne sera pas exact, malgré votre expérience en ces matières.

Mais ces tarifs ont un but, c'est de détruire en France la navigation intérieure, de détruire toute navigation entre les ports français ; c'est de détruire les communications maritimes entre la France et l'étranger. Il ne me faudra que quelques minutes pour le démontrer.

Voici le tarif de la compagnie Paris-Lyon-Méditerranée combiné avec le tarif de la compagnie de l'Ouest.

Pour transporter une marchandise du **Havre** à **Marseille** par les deux compagnies réunies, il en coûte 118 fr. 80 la tonne. Or, cette même marchandise, envoyée du Havre, paiera :

Du Havre à Londres ou à Liverpool.	25 fr.
De Londres ou de Liverpool à Bordeaux (20 shellings)	25
De Bordeaux à Marseille	20
Au total	70 fr.

Par conséquent, la tonne de marchandise qui traversera la France, du Havre à Marseille, payera pour son transport .... **118 f. 80.** Et si elle est transportée, du Havre à Marseille, par Londres et Bordeaux, elle ne coûtera que........ **70**

Par conséquent, elle sera transportée à meilleur marché qu'on ne transporte les charbons, les pierres, toutes les matières, sans valeur.

Voilà le tarif, et ce tarif ne s'applique pas à un produit, il s'applique à nos principales matières qui transitent par la France et qui vont de Bordeaux à Marseille, 20 francs pour 680 kilomètres.

M. le rapporteur. C'est déjà très-heureux !

M. Pouyer-Quertier. Tandis que moi, Français, si j'envoie par navire à Bordeaux, je paye 25 fr. par ce navire, comme pour aller à Londres. Mais je suis payé 85 fr. 50 de Bordeaux à Marseille, parce que je suis Français aussi. Je paye au total, du Havre à Marseille, 110 fr. 50 tandis que l'étranger ne paye que 25 fr. de Londres à Bordeaux et 20 fr. de Bordeaux à Marseille, au total 45 fr.

Voilà les tarifs de la compagnie de Paris-Lyon-Méditerranée, auxquels vous n'avez pas pris garde et qui sont la ruine de l'industrie, la ruine du pays. Moi, je participe au payement des subventions et garanties d'intérêt, et l'Anglais ne paye rien. Vous voyez que tout est bénéfice de notre côté ! (On rit.)

Maintenant, autre chose.

Exemple : Une marchandise part de Dunkerque, elle va par vapeur à Bordeaux pour 25 fr. ; mais à Bordeaux elle trouve le tarif commun Lyon-Méditerranée et Midi, et on lui fait aussi payer 85 fr. 50, ou au total 110 fr. 50 de Dunkerque à Marseille. Si la même marchandise part de Londres ou d'un port quelconque d'Angleterre, elle paye 25 fr. jusqu'à Bordeaux et 20 fr. seulement de Bordeaux à Marseille, total : 45 fr. La différence est de 65 fr. 50 de plus pour l'industrie du pays.

Ces exemples sont précis, ils sont pris sur les tarifs de la compagnie.

Il en résulte que lorsque nos villes manufacturières du Nord envoient des produits à Marseille, elles doivent payer 65 fr. 50 de plus que les étrangers ; il en est de même pour aller en Algérie. Nous devons subir ces injustes tarifs.

De sorte que toute la marchandise française destinée à l'exportation est obligée de subir ces tarifs qui sont en dehors de la justice, de toute raison, je dis plus, en dehors de toute loyauté. (Très-bien ! sur plusieurs bancs.)

M. le rapporteur. Nous démontrerons le contraire !

M. Pouyer - Quertier. Voici encore un exemple pour la navigation intérieure.

Le tarif de la compagnie Paris - Lyon -

Méditerranée n° 6, tarif d'exportation, taxe les rouenneries pour l'Algérie, l'Italie et le Levant, de Rouen à Marseille, à 79 fr. 50, qui se décomposent ainsi :

Rouen à Batignolles..............	11 »
Ceinture......................	2 70
Lyon-Méditerranée..............	65 80
Total.................	79 50

Mais si les types sont livrés à la gare de Paris-Lyon-Méditerranée, à Paris, par le roulage ou la navigation, ils payeront 100 fr. de Paris à Marseille au lieu de 65 fr. 80 quand ils sont remis pour l'Ouest ou toute autre grande compagnie. C'est ainsi que Paris, pour expédier des tissus pour l'Algérie, doit les envoyer à Rouen pour profiter du tarif commun de Paris-Lyon-Méditerranée et de l'Ouest.

S'agit-il du papier de Bar-le-Duc au Havre? il paye 37 fr. 05 ; mais de Bar-le-Duc à Paris, il paye 42 fr. par tonne. De sorte que la compagnie de navigation qui les réclamera à Paris payera 42 fr., soit 4 fr. 95 de plus que si elle les prenait au Havre.

Je crois, messieurs, que cet exemple est assez frappant pour que vous vous rendiez compte de la situation qui est faite au commerce français en présence des compagnies de transport de nos grands chemins de fer.

C'est exactement la même chose quand il s'agit de notre navigation intérieure.

Lorsque des marchandises sont expédiées du Havre vers l'Est ou de l'Est vers le Havre pour venir de Paris par la Seine, elles payent un certain prix du Havre jusqu'à Paris. Si on les livre à la compagnie de l'Est ou à la compagnie Paris-Lyon-Méditerranée, on paye plus pour les transporter de Paris à Marseille que l'on paye en partant du Havre pour Marseille. De sorte que les compagnies de navigation ont été obligées de renoncer à toute espèce de transport : elles sont traitées comme des ennemies dans les gares des compagnies des navires chargés qui apportent leurs marchandises à Paris, 200 ou 300 tonnes, soit pour la direction de l'Est, soit pour Bordeaux, soit pour Marseille, et elles sont obligées de subir le tarif absolument comme si les marchandises partaient du Havre. De sorte que la totalité du fret du Havre à Paris est perdu pour elle ; de sorte qu'elles ne peuvent pas transporter.

Comment n'avez-vous pas demandé la réforme de ces tarifs communs, rédigés par la compagnie de Paris à Lyon et à la Méditerranée? Et cependant, quand vous faites une convention qui lui est avantageuse, quand vous lui donnez tant de bénéfices à retirer de cette convention, comment se fait-il que vous n'ayez pas songé à défendre les intérêts commerciaux, et qu'après avoir supprimé les tarifs d'abonnement en 1861 et les tarifs particuliers, vous ne supprimez pas les tarifs communs qui sont, purement et simplement, le rétablissement des tarifs d'abonnement et des tarifs particuliers sous une autre forme?

Je ne saurais trop le répéter, comment, en présence des conventions nouvelles que vous faites, des avantages que vous accordez, tout en reconnaissant qu'il faudra donner 100,000 fr. de plus par kilomètre que ce que vous auriez donné aux autres compagnies, à ces chemins d'intérêt local qui sont sous votre direction, sous votre inspection, comment, dis-je, se fait-il que vous n'ayez rien changé à ce qui était?

Vous dites que les chemins d'intérêt local sont mal construits : c'est à vous de ne pas les recevoir.

Quelques membres. Non, c'est une erreur!

M. Pouyer-Quertier. Messieurs, ce sont les ingénieurs qui reçoivent tous les chemins de fer; c'est une commission composée de trois ingénieurs des ponts et chaussées qui a reçu le chemin de fer de l'Eure dont je vous parlais il n'y a qu'un instant. Par conséquent, si nos constructions ne sont pas bonnes, c'est qu'elles ne sont pas surveillées.

Maintenant, que vous me disiez que nous n'avons pas dépensé 147 millions pour faire des gares, j'en suis bien désolé pour les grandes compagnies, mais c'est qu'elles l'ont bien voulu ; d'ailleurs, vous étiez derrière elles. Avec cette somme vous auriez fait 1,000 ou 1,500 kilomètres de chemins de fer d'intérêt local, ce qui aurait beaucoup mieux valu que des monuments plus ou moins utiles qui ornent notre capitale. A quoi tout cela est-il bon ?

Pourvu que vos gares soient bien établies, est-ce que nous avons besoin de grands monuments incommodes où l'on est même pas à l'abri et où le matériel lui-même est à peine à couvert?

Ne savez-vous pas, d'ailleurs, que les chemins de fer anglais, allemands, et tous les autres chemins de fer n'ont pas ces gares immenses que vous êtes obligés de construire à cause de votre système de trafic, de cette habitude que vous avez de conserver des montagnes de marchandises que l'on ne fait arriver à destination que dans les extrêmes délais?

Voilà précisément ce que nous vous demandons de faire dans la convention dont il s'agit avec la compagnie do Paris-Lyon-Méditerranée. Vous lui donnez des bénéfices considérables ; vous acceptez dans son ancien réseau une somme de 136 millions ; vous l'autorisez à dépenser 328,000 fr. par kilomètre pour faire ces lignes ; vous garantissez des intérêts au moyen du déversoir que vous diminuez dans une immense proportion, et en échange, quoi? vous dépouillez quatorze compagnies des concessions qui leur appartiennent et vous les donnez à des compagnies qui les établiront dans des conditions beaucoup plus onéreuses et qui organiseront pour les populations des chemins de fer dont les tarifs seront exorbitants parce qu'il ne pourra pas en être autrement après les dépenses qu'on aura faites. C'est le voyageur et les marchandises qui payent tous ces frais. Oui, c'est une bonne chose que de construire solidement ; c'est une erreur de construire avec luxe. Pour des entreprises industrielles, solidement, oui ; mais c'est une grosse erreur de dépenser 300,000 fr. ou 400,000 fr. par kilomètre, quand 120,000 ou 130,000 fr. peuvent rendre le même service ; car ceci se paye chaque jour de la vie du chemin de fer, de la vie de l'habitant sur son agriculture, sur son commerce et son industrie. Ce qu'il faut dans ces pays de montagnes, dans ces pays accidentés, ce sont les chemins de fer les plus simples possible; et lorsque notre honorable collègue M. Krantz propose de faire sur certains points des chemins à une seule voie, il a cent fois raison pour le trafic que ces chemins sont appelés à recevoir. Il est inutile d'avoir deux voies pour quelques centaines de tonnes qu'il y a à transporter dans ces régions, tandis que c'est indispensable sur les grandes directions.

Je n'admets donc qu'une chose, c'est que la convention qui a été faite avec la compagnie de Paris-Lyon-Méditerranée soit complètement revisée, c'est qu'on vienne nous dire franchement : « Nous voulons la garantie d'intérêt ! nous vous l'avions caché, mais en réalité nous la donnons. » Il faut que l'Assemblée sache qu'elle accorde cette garantie d'intérêt.

M. le rapporteur. On n'a rien caché du tout ! On ne peut vraiment pas tolérer un pareil langage !

M. Pouyer-Quertier. J'en ai toléré bien d'autres, et je n'ai pas bougé sur mon banc. (On rit.)

Il y a encore une question qui intéresse vivement les populations des régions donner on parle : c'est celle des délais dans lesquels doivent être construites ces lignes. Il y en a beaucoup qui ne désirent pas du tout attendre dix ou douze ans.

Voyez donc la compagnie de Paris-Lyon-Méditerranée : elle a encore sur ses anciennes concessions 1,080 kilomètres à construire ; vous en ajoutez 755 nouveaux, cela fait 1,835 kilomètres à exécuter. La compagnie Paris-Lyon-Méditerranée, à aucune époque, n'a construit plus de 200 kilomètres par an. De sorte que c'est neuf ou dix ans qu'il vous faudra, s'il n'y a pas de difficultés, pour construire ces dernières lignes ; tandis que vous aviez l'avantage, avec·les concessions locales, d'avoir la création de ces lignes très-rapidement, dans trois ou quatre ans, et de donner satisfaction à ces populations, qui les attendent avec impatience.

Vous l'aviez sans être obligé de la part de l'État de garantir des sommes considérables pour la construction de ces chemins, et vous arriviez ainsi à donner satisfaction, sans grever le budget de l'État, à toutes ces populations. Car enfin, messieurs, il faut cependant que nous y songions. On n'en parle pas, du budget ; mais vous savez avec quelle difficulté nous trouvons toutes les ressources nécessaires pour tous les services publics. Il y en a qui réclament instamment des améliorations que vous ne faites pas, et puis, quand arrivent ici les compagnies de chemins de fer, alors nous allons à grande vitesse, et nous votons les millions et les millions. Comment ! vous allez voter aujourd'hui 8 millions de garantie d'intérêt pour ces lignes, 8 millions à prendre sur le déversoir du Paris-Lyon-Méditerranée ! Cette garantie d'intérêt ajoutée aux 14 millions de déficit des lignes du nouveau réseau engage le déversoir pour 22,000,000, soit 22 millions que vous avez à prendre sur le réseau Paris-Lyon-Méditerranée avant que le réseau réservé soit atteint. Mais cela n'empêche pas qu'avec ces lignes que vous introduisez dans le réseau, vous serez contraints un jour, si cela est nécessaire, au lieu d'avoir ces 8 millions déversés sur vos réseaux, de venir parfaire tout ce qui vous manquera au Paris-Lyon-Méditerranée.

Eh bien, quand des compagnies sont aussi puissantes, aussi prospères, aussi riches, je dis que ce n'est pas le moment, alors que le pays se trouve dans la situation budgétaire et financière à laquelle nous avons à faire face, de consentir des sacrifices de ce genre. Ces compagnies sont assez puissantes pour se tirer d'affaire elles-mêmes ; elles peuvent prendre sur leurs revenus et leurs dividendes les sommes qui leur sont nécessaires, au lieu de venir constamment mendier auprès de l'administration des travaux publics.

Elles doivent savoir ce qu'il y a de mauvais à éviter, ou de bon à exécuter. Soyez persuadés qu'elles sauront bien se charger de faire des lignes sans garantie d'intérêt ni subvention. Mais elles ne viennent vous demander la concession de ces lignes que pour les arracher aux petites compagnies, parce que certaines que vous ne les leur donnerez pas.

A gauche. C'est cela ! c'est cela !

M. Pouyer-Quertier. Elles savent que vous n'avez rien à sacrifier pour le donner aux petites compagnies, que vous n'avez pas à faire à leur profit de sacrifices budgétaires ; alors elles viennent vous en demander un considérable : elles vous demandent d'ajouter encore 8 millions à des insuffisances de recettes de 14 millions constatées sur le second réseau Paris-Lyon-Méditerranée, ce qui fait à peu près un total de 22 millions.

Je dis, messieurs, que dans ces conditions, ce que l'Assemblée a de mieux à faire pour ne pas voter une pareille loi, c'est de renvoyer la question à la commission... (Exclamations à droite) ou d'adopter l'amendement de M. Pascal Duprat. Mais il est évident que vous ne pouvez pas prêter la main à ce que les lois de 1865, 1867 et 1871 disparaissent et soient ainsi indirectement abrogées.

Vous ne pouvez pas, vous, messieurs, qui avez fait la loi de 1871, permettre qu'on l'entende dans le sens restrictif indiqué par M. le ministre des travaux publics.

La loi de 1865, elle n'a jamais été faite pour permettre simplement la construction de chemins de fer de 10 ou de 15 kilomètres. Non, quand on est venu ici avancer que cette loi de 1865 ne permettait que de faire de chemins de fer correspondant à département, c'était la négation de la loi elle-même. Cela est si vrai que, plus tard, l'article 89 de la loi de 1871 est venu explicitement l'autoriser. D'ailleurs, le Nord-Est n'était qu'une ligne d'intérêt local et il comptait 303 kilomètres.

M. le ministre des travaux publics. Non pas une ligne d'intérêt local, mais bien une ligne d'intérêt général !

M. Pouyer-Quertier. Non ! ne jouons pas sur les mots. En concédant cette ligne, vous la faisiez sortir précisément des mains de la grande compagnie du Nord, et, à cette époque, le pays a gagné toutes les subventions que le Gouvernement demandait d'accorder à cette grande compagnie. C'est l'État qui en a profité.

Je demande qu'aujourd'hui l'Assemblée n'engage pas l'État plus qu'on ne l'a fait en 1869, et que l'on repousse le projet si on ne peut pas l'amender. (Très-bien ! très-bien ! sur plusieurs bancs.)

M. Cézanne, *rapporteur*, se présente à la tribune.

Sur divers bancs. A demain! à demain! — Non! non! Continuons! continuons!

M. le rapporteur. Messieurs, quelle que soit la légitime impatience de l'Assemblée de terminer une discussion à laquelle elle a déjà consacré tant de séances, vous comprendrez facilement qu'il est impossible de laisser sans réponse un discours qui est, je ne dirai pas une sorte de chaos... (Exclamations et murmures sur plusieurs bancs.)

M. Brame. C'est vous qui jetez la ruine et le chaos dans nos industries!

M. le rapporteur. ...mais un discours dans lequel tant de sujets divers ont été traités, tant d'arguments disparates et même contradictoires ont été produits, tant de faits erronés ou amplifiés ont été allégués. Je suis prêt à faire, séance tenante, cette réfutation nécessaire et très-facile; mais j'aurais besoin de quelques instants d'attention, et, me tenant à la disposition de l'Assemblée, je la prie de décider si elle veut remettre la discussion à demain ou la continuer aujourd'hui, malgré l'heure avancée.

Sur plusieurs bancs. A demain! à demain!
Sur d'autres bancs. Non! non! — Continuons!

M. Blin de Bourdon. Je demande la parole sur l'ordre du jour.

M. le président. M. Blin de Bourdon a la parole sur l'ordre du jour.

M. Wilson. Nous demandons la continuation de la discussion.

M. le président. L'Assemblée n'a pas encore décidé si la discussion doit continuer, et on a demandé que la suite en soit remise à demain.

M. Blin de Bourdon. Je demande à l'Assemblée de vouloir bien mettre à la suite de son ordre du jour la discussion sur le rapport de la commission d'enquête concernant le monopole des tabacs et le rétablissement des zones. (Oui! oui! — Non! non!)

M. Dufaure, *garde des sceaux.* Attendez à demain! M. le ministre des finances n'est pas présent.

M. Blin de Bourdon. La discussion ne demandera pas plus d'une heure.

M. le baron de Ravinel. Il y a trois ans que ce projet de loi attend!

M. le président. M. Blin de Bourdon propose à l'Assemblée de mettre à la suite de son ordre du jour la discussion des conclusions du rapport de la commission d'enquête sur le rétablissement des zones et l'abaissement du tarif des tabacs de cantine.

Je consulte l'Assemblée sur cette proposition.

(L'Assemblée, consultée, n'adopte pas la proposition.)

M. le président. On a, d'un côté, demandé le renvoi à demain de la suite de la discussion concernant les chemins de fer... (Oui! oui! — Non! non!); on a, d'un autre côté, demandé que la discussion continuât.

A droite. A demain! à demain!
A gauche. Continuons! continuons!

M. le président. Les avis étant partagés,

je mets aux voix le renvoi à demain de la suite de la discussion.

(L'Assemblée, consultée, se prononce pour le renvoi à demain de la suite de la discussion.)

M. le président. M. Louis Passy a éprouvé un malheur de famille. Il demande un congé d'urgence de quinze jours.

Il n'y a pas d'opposition?...
Le congé est accordé.

Demain, à deux heures, séance publique:
Suite de l'ordre du jour.
(La séance est levée à cinq heures trois quarts.)

Le directeur du service sténographique de l'Assemblée nationale,

CÉLESTIN LAGACHE.

SCRUTIN

Sur l'amendement de M. Brunet.

Nombre des votants................	529
Majorité absolue...................	265
Pour l'adoption...........	11
Contre.....................	518

L'Assemblée nationale n'a pas adopté.

ONT VOTÉ POUR :

MM. Brunet.
Depasse.
Féligonde (de).
Gillon.
Huon de Penanstère.
Largentaye (de).
Monneraye (comte de la).
Quinsonas (marquis de).
Rambures (de).
Saisy (Hervé de).
Serph (Gusman).

ONT VOTÉ CONTRE :

MM. Abbatucci. Aclocque. Adam (Pas-de-Calais). Adam (Edmond) (Seine). Aigle (comte de l'). Alexandre (Charles). Allemand. Amat. Amy. Ancel. Ancelon. André (Seine). Anisson-Duperon. Arago (Emmanuel). Arbel. Arfeuillères. Arnaud (de l'Ariége). Aubry. Audren de Kerdrel. Aurelle de Paladines (général d'). Auxais (d'). Aymé de la Chevrelière.
Babin-Chevaye. Bagneux (comte de). Balsan. Bamberger. Baragnon. Barante (baron de). Baraeau. Bardoux. Barni. Barodet. Barthe (Marcel). Barthélemy Saint-Hilaire. Bastard (comte Octave de). Bastid (Raymond). Beaussire. Beauvillé (de). Benoist d'Azy (comte). Benoist du Buis. Benoit (Meuse). Bérenger. Berlet. Bernard (Charles) (Ain). Bernard (Martin) (Seine). Bernard-Dutreil. Bertauld. Besnard. Bethmont. Béthune (comte de). Beurges (comte de). Bienvenüe. Bigot. Billy. Blanc (Louis). Blavoyer. Bocher. Boduin. Boisboissel (comte de). Boisse. Bonald (vicomte de). Bondy (comte de). Bonnel (Léon). Bonnet. Boreau-Lajanadie. Bottard. Boucau (Albert). Bouchet (Bouches-du-Rhône). Boullier (Loire). Boullier de Branche. Bourgeois. Boyer. Boysset. Brabant. Brelay. Breton (Paul). Brettes-Thurin (comte de). Brice (Ille-et-Vilaine). Brice (Meurthe-et-Moselle). Brillier. Brisson (Henri) (Seine). Broët. Broglie (duc de). Brun (Char-

les) (Var). Bryas (comte de). Buée. Buisson (Jules) (Aude). Busson-Duviviers.

Caillaux. Calemard de La Fayette. Callet. Calmon. Carbonnier de Marzac (de). Carnot (père). Carnot (Sadi). Carquet. Carré-Kérisouët. - Carron (Emile). Casimir Perier. Casse (Germain). Castellane (marquis de). Castelnau. Cazot (Jules) (Gard). Cézanne. Chabaud La Tour (Arthur de). Chabaud La Tour (le général baron de). Chabron (général de). Chadois (colonel de). Challemel-Lacour. Chamaillard (do). Champagny (vicomte Henri de). Champvallier (de). Changarnier (général). Chaper. Chardon. Chareton (général). Charreyron. Charton. Chatelin. Chaurand (baron). Chavassieu. Cheguillaume. Chesnelong. Chevandier. Chiris. Claude (Meurthe-et-Moselle). Clément (Léon). Clerc. Clercq (de). Cochery. Colombet (de). Combarieu (de). Combier. Contaut. Corbon. Cordier. Corne. Cotte. Cottin (Paul). CotnrbetPouland. Crémieux. Crussol d'Uzès (duc de). Cumont (vicomte Arthur de). Cunit.

Daguenet. Daguilhon-Lasselve. Danelle-Bernardin. Dazon. Daru (comte). Daumas. Dauphinot. Daussel. Decazes (baron). Decazes (duc). Delacour. Delacroix. Deille. DelisseEngrand. Delord. Delsol. Denfert (colonel). Denormandie. Depeyre. Descat. Deschange. Diesbach (comte de). Dietz-Monnin. Dompierre d'Hornoy (amiral de). Doré-Graslin. Douay. Dréo. Drouin. Dubois. Duboys-Fresnay (général). Du Breuil de Saint-Germain. Ducarre. Du Chaffaut. Duchâtel (comte). Ducuing. Dufaur (Xavier). Dufaure (Jules). Dufay. Dufour. Journeel. Dumarnay. Dumon. Duparc. Dupont (Alfred). Dupouy. Duréault. Durfort de Civrac (comte de). Durieu. Dussaussoy. Duvergier de Hauranne.

Eraoul. Esquiros. Eymard-Duvernay.

Farcy. Favre (Jules). Faye. Feray. Fernier. Ferrouillat. Ferry (Jules). Flaghac (baron de). Fleuriot (de). Folliet. Forsanz (le vicomte de). Foubert. Fouquet. Fourcand. Fourichon (amiral). Fournier (Henri). Fourtou (de). Fraissinet. Frébault (général).

Gagneur. Gailly. Gallicher. Galloni d'Istria. Gambetta. Ganault. GasLonde. Gasselin de Fresnay. Gatien-Arnoult. Gaudy. Gaulthier de Rumilly. Gaulthier de Vaucenay. Gavardie (de). Gayot. Gent. George (Emile). Gérard. Germain. Germonière (de la). Gévelot. Ginoux de Fermon (comte). Giraud (Alfred). Girerd (Cyprien). Glas. Goblet. Godet de la Riboullerie. Godin. Godissart. Gouin. Gouvion Saint-Cyr (marquis de). Grammont (marquis de). Grandpierre. Greppo. Grivart. Grollier. Gueidan. Guibal. Guichard. Guiche (marquis de la). Guillemaut (général). Guinot. Guyot.

Haentjens. Hamille. Harcourt (comte d'). Harcourt (duc d'). Haussonville (vicomte d'). Hespel (comte d'). Houssard. Humbert.

Jacques. Jamme. Jaurès (amiral). JocteurMonrozier. Johnston. Joigneaux. Jordan. Joubert. Jouin. Jourdan. Jouvenel (baron de). Jozon. Jullien.

Keller. Kergariou (comte de). Kergorlay (comte de). Kerjégu (amiral de). Krantz.

Lacave-Laplagne. La Caze (Louis). Lacombe (de). Lacretelle (Henri de). Lafayette (Oscar de). Laflize. Lafon de Fongaufier. Laget. Lagrange (baron A. de). Lallié. Lambert (Alexis). Lambert de Sainte-Croix. Lamy. Lanel. Larcy (baron de). La Roche-Aymon (marquis de). La Serre. La Sicotière (de). Lasteyrie (J. de). Latrade. Laurent-Pichat. Lebourgeois. L'Ebraly. Lebreton. Lecamus. Le Chatelain. Lefébure. Lefèvre-Pontalis (Eure-et-Loir). Lefèvre-Pontalis (Seine-et-Oise). Lefranc (Pierre) Lefranc (Victor). Le Gal La Salle. Legrand (Arthur). Le Lasseux. Lenoël (Emile). Lepetit. Lépouzé. Le Provost de Launay. Leroux (Aimé). Le Royer. Lesguillon. Lespinasse. Lestapis

(de). Leurent. Levêque. Levert. Lherminier. Lumairac (de) (Tarn-et-Garonne). Limayrac (Léopold) (Lot). Littré. Lockroy. Lortal. Loustalot. Louvet. Loysel (général).

Madier de Montjau. Magniez. Maguin. Mahy (de). Maillé (comte de). Maillé. Malartre. Malens. Maleville (marquis de). Maleville (Léon de). Malézieux. Mangini. Marc - Dufraisse. Marchand. Marcou. Margaine. Martel (Pasde-Calais). Martell (Charente). Martenot. Martin (Charles). Martin (Henri). Mathieu-Bodet (Charente). Mathieu de la Redorte (comte). Maurice. Max - Richard. Mazerat. Mazure (général). Meaux (vicomte de). Médecin. Mélac. Melun (comte de). Mercier. Mérode (de). Merveilleux du Vignaux. Mettetal. Michel. Ladichère. Michel. Monjaret de Kerjégu. Montaignac (amiral de). Monteil. Montgolfier (de). Montrieux. Moreau (Côte-d'Or). Moreau (Ferdinand). Morin. Mornay (marquis de). Mortemart (duc de). Morvan. Mouchy (duc de). Murat (comte Joachim). Murat-Sistrières.

Naquet. Nioche. Noël-Parfait. Nouailhan (comte de).

Ordinaire (fils).

Pagès-Duport. Pajot. Palotte (Jacques). Parent. Paris. Parsy. Partz (marquis de). Pascal Duprat. Patissier (Sosthène). Pellissier (le général). Pelletreau-Villeneuve. Périn. Pernolet. Perret. Perrier (Eugène). Peulvé. Peyramont (de). Peyrat. Philippoteaux. Picard (Ernest). Picart (Alphonse). Pin. Pioger (de). Piou. Plichon. Pompery (de). Pradié. Pressensé (de). Prétavoine. Puibergreau (de).

Rainneville (de). Rampont. Raudel. Renaud (Félix). Renaud (Michel). Rességuier (le comte de). Reymond (Ferdinand) (Isère). Reymond (Loire). Ricard. Ricot. Rincabé. Rive (Francisque). Robert (général). Robert de Massy. Roger du Nord (comte). Roger-Marvaise. Roudier. Rousseau. Roussel. Rouveure. Rouvier. Roux (Honoré). Roys (marquis des).

Sacasse. Sainothorent (de). Saint-Germain (de). Saint-Pierre (de) (Calvados). Saint-Pierre (Louis de) (Manche). Saisset (vice-amiral). Salvapdy (de). Salvy. Sarrette. Saussier (général). Savary. Savoye. Say (Léon). SchœurerKestner. Schœlcher. Sebert. Ségur (comte Louis de). Seignobos. Sénard. Sens. Silva (Clément). Simiot. Simon (Fidèle). Simon (Jules). Soury-Lavergne. Soye. Swiney.

Taberlet. Tailhand. Taillefert. Talhouët (marquis de). Tallon. Tamisier. Tarteron (de). Testelin. Théry. Thomas (docteur). Thurel. Tiersot. Tillancourt (de). Toequeville (comte de). Tolain. Toupet des Vignes. Tribert. Turquet. Valady (de). Valazé (général). Valentin. Valfons (marquis de). Valon (de). Varroy. Vauchier (comte de). Vautrain. Vétillart. Vidal (Saturnin). Viennet. Villeu. Villain. Vimal-Dessaignes. Vinay (Henri). Vingtain (Léon). Vinols (le baron de). Vitalis. Vogué (marquis de). Voisin.

Waddington. Wallon. Warnier (Marne). Wartelle de Retz. Witt (Cornélis de).

N'ONT PAS PRIS PART AU VOTE

Comme étant retenus à la commission des lois constitutionnelles :

MM. Adnet. Adrien Léon. Baze. Beau. Christophle (Albert). Delorme. Duclerc. Grévy (Albert). Laboulaye. Lavergne (L. de). Luro. Marcère (de). Rampon (comte). Schérer. Suguy (de). Vacherot.

N'ONT PAS PRIS PART AU VOTE

Comme étant retenus à la commission du budget :

MM. Batbie. Langlois. Lepère. Lucet. Osmoy (comte d'). Pothuau (amiral). Ravinel (de). Soubeyran (baron de). Teisserenc de Bort. Tirard. Wolowski.

N'ONT PAS PRIS PART AU VOTE :

MM. Abbadie de Barrau (comte d'). Aboville (vicomte d'). Allenou. Andelarre (marquis d'). André (Charente). Arrazat. Audiffret-Pasquier (le duc d'). Baucarne-Leroux. Belcastel (de). Bert. Besson. Bidard. Billot (général). Blin de Bourdon (le vicomte). Boffinton. Bompard. Botiteau. Bouillé (comte de). Bouisson. Bourgoing (baron de). Bozérian. Brame. Brun (Lucien) (Ain). Buffet. Buisson (Seine-Inférieure.) Caduc Carayon La Tour (de). Cazeaux. Cazenove de Pradine (de). Cherpin. Choiseul (Horace de). Cintré (comte de). Cissey (général de) Clapier. Claude (Vosges). Cornulier-Lucinière (comte de). Costa de Beauregard (marquis de). Courcelle. Dampierre (marquis de). Delavau. Delpit. Deregnaucourt. Desbassayns de Richemont (comte). Desjardins. Destremx. Dezanneau. Douhet (comte de). Du Bodan. Dupanloup (Mgr). Dupuis (Félix). Escarguel. Eschasseriaux (baron). Fontaine (de). Franclieu (le marquis de). Fresneau. Ganivet. Gavini. Girot-Pouzol. Gouvello (de). Grange. Grasset (de). Grévy (Jules). Guinard. Hérisson. Hèvre. Jaffré (abbé). Janzé (baron de). Joinville (prince de). Journault. Juigné (comte de). Juigné (marquis de). Kérdec (de). Kermenguy (vicomte de). Kolb-Bernard. La Bassetière (de). Labitte. La Borderie (de). La Bouillerie

(de). Lamberterie (de). Lanfrey. La Pervanchère (de). La Rochefoucauld (duc de Bisaccia). La Rochejaquelein (marquis de). La Rochethulon (marquis de). La Rochette (de). Lassus (baron de). Laurier. Leblond. Lefèvre (Henri). Legge (comte de). Lestourgie. Limperani. Lorgeril (vicomte de). Lur-Saluces (marquis de). Malevergne. Marck. Martin (d'Auray). Martin des Pallières. Mathieu (Saône-et-Loire). Mayaud. Mazeau. Méplain. Mestreau. Millaud. Monnet. Montlaur (marquis de). Nétien. Parigot. Passy. Pelletan. Petau. Picœu (marquis de). Pontoi-Pontcarré (marquis de). Pouyer-Quertier. Prax-Paris. Princeteau. Rameau. Raoul Duval. Rathier. Rémusat (Paul de). Riant. Rivaille. Robert (Léon). Rodez-Bénavent (vicomte de). Rolland (Charles). Rotours (des). Ronher. Roy de Loulay. Saintenac (vicomte de). Saint-Malo (de). Saint-Victor (de). Salneuve. Sansas. Sers (marquis de). Staplande (de). Tardieu. Target. Tassin. Temple (du). Thiers. Tréveneuc (comte de). Tréville (comte de). Turigny. Vandier. Vast-Vimeux (baron). Ventavon (de). Vente. Wilson.

ABSENTS PAR CONGÉ :

MM. Aumale (duc d'). Chabrol (de). Chambrun (comte de). Chanzy (général). Chaudordy (comte de). Corcelle (de). Desbons. Flotard. Gontaut-Biron (vicomte de). La Roncière Le Noury (vice-amiral baron de). Le Flo (général). Magne. Maure. Monnot-Arbilleur.

ASSEMBLÉE NATIONALE

SÉANCE DU MERCREDI 30 JUIN 1875

SOMMAIRE. — Dépôt, par M. Méline, au nom de la 32ᵉ commission d'intérêt local, d'un rapport sur le projet de loi relatif à un échange de terrains entre l'Etat et M. Paget (Loiret). = Dépôt, par M. Destremx, d'un 2ᵉ rapport de la commission chargée d'examiner : 1° la proposition tendant à généraliser les irrigations ; 2° la proposition tendant à utiliser toutes les eaux improductives pour l'irrigation des prairies et la submersion des vignes, en vue de la destruction du phylloxera. = Dépôt, par M. Destremx, d'une proposition tendant à faciliter l'adduction des eaux destinées à l'alimentation des exploitations rurales, des hameaux et des villages. = Excuses. — Congé d'urgence. = Suite de la discussion du projet de loi relatif à la déclaration d'utilité publique de plusieurs chemins de fer et à la concession de ces chemins à la compagnie de Paris-Lyon-Méditerranée. = Article 2. — Amendement de M. Pascal Duprat : MM. Cézanne, rapporteur, Pouyer-Quertier. — Demande de renvoi de l'article à la commission : MM. Wilson, Raudot. Rejet. — Rejet de l'amendement au scrutin. = Dépôt, par M. le général Victor Pellissier, au nom de la commission de l'armée, d'un 2ᵉ rapport supplémentaire sur le projet de loi destiné à déterminer les conditions suivant lesquelles les Français domiciliés en Algérie seront soumis au service militaire. = Dépôt, par M. Delsol, au nom de la commission du budget de 1876, du rapport sur le budget des dépenses du ministère de l'instruction publique, des cultes et des beaux-arts, 3ᵉ section : Cultes. = Dépôt, par M. Rameau, au nom de la 32ᵉ commission d'intérêt local, d'un rapport sur le projet de loi ayant pour objet d'autoriser le département de l'Ariège à contracter un emprunt pour les travaux des chemins de grande communication et d'intérêt commun. = Reprise de la discussion du projet de loi relatif à la déclaration d'utilité publique de plusieurs chemins de fer et à la concession de ces chemins à la compagnie de Paris-Lyon-Méditerranée. = Article 2. — Amendement de M. Clapier : M. Clapier. = Fixation de l'ordre du jour : M. Albert Christophle.

PRÉSIDENCE DE M. LE DUC D'AUDIFFRET-PASQUIER

La séance est ouverte à deux heures et demie.

M. de Casenove de Pradine, *l'un des secrétaires*, donne lecture du procès-verbal de la séance d'hier.

Le procès-verbal est adopté.

M. Méline. J'ai l'honneur de déposer sur le bureau de l'Assemblée, au nom de la 32ᵉ commission d'intérêt local, un rapport sur le projet de loi relatif à un échange de terrains, dans le département du Loiret, entre l'Etat et le sieur Paget.

M. le président. Le rapport sera imprimé et distribué.

M. Destremx. J'ai l'honneur de déposer, sur le bureau de l'Assemblée, un second rapport au nom de la commission du phylloxera chargée d'examiner :

1° La proposition tendant à généraliser les irrigations ;

2° La proposition tendant à utiliser toutes les eaux improductives pour l'irrigation des prairies et la submersion des vignes.

L'urgence ayant été déclarée, la commission demande la mise à l'ordre du jour de ces propositions.

M. le président. Le rapport sera imprimé et distribué.

M. Destremx. Messieurs, j'ai aussi l'honneur de déposer sur le bureau de l'Assemblée une proposition de loi tendant à faciliter l'adduction des eaux destinées à l'alimentation des exploitations rurales, des hameaux et des villages.

Je demande le renvoi de cette proposition à la commission du phylloxera.

M. le président. Il n'y a pas d'opposition ?...

Le projet sera renvoyé à la commission du phylloxera.

M. Lucien Brun s'excuse de ne pouvoir assister à la séance de ce jour.

M. René Brice, retenu dans son département par un deuil de famille, demande un congé d'urgence de quinze jours.

Il n'y a pas d'opposition ?...

Le congé est accordé.

L'ordre du jour appelle la suite de la discussion du projet de loi relatif à la déclaration d'utilité publique de plusieurs chemins de fer, et à la concession de ces chemins à la compagnie de Paris-Lyon-Méditerranée.

L'Assemblée a commencé hier la discussion de l'amendement de M. Pascal Duprat sur l'article 2.

La parole est à M. le rapporteur.

M. Cézanne, *rapporteur*. Messieurs, dans la séance d'hier, notre honorable collègue M. Pouyer-Quertier, apportant à l'amendement de l'honorable M. Pascal Duprat l'appui de sa chaude et véhémente parole, a touché un grand nombre de questions qui se rattachent à la convention : les grandes compagnies et les petites compagnies ; les droits de l'Etat et les droits des départements ; les dépenses de construction et les dépenses d'exploitation ; les tarifs de France et de l'étranger ; les circonstances financières de la convention et la garantie de l'Etat ; tous ces objets ont été traités devant vous.

Je regrette de dire que parmi le grand nombre d'allégations et de faits qui ont été portés à cette tribune, il y en a beaucoup qui sont erronés. Je me vois donc obligé de reprendre une partie de ces questions et de les traiter de nouveau devant vous. Mais je prie ceux d'entre vous qui sont pressés de clore ce grand débat...

Un membre. De nous en aller !

Voix diverses. Parlez ! parlez ! — On vous écoute !

M. de Staplande. Personne n'est pressé ! Prenez votre temps !

M. le rapporteur. ... et certainement, personne n'est plus pressé que moi, — je les prie de vouloir bien m'accorder quelques instants de bienveillante attention ; le temps que nous consacrerons à l'amendement de l'honorable M. Pascal Duprat sera du temps bien employé. Puisque cet amendement a soulevé toutes les questions, il permettra de les résoudre toutes, et lorsque nous aurons franchi ce dernier défilé, je crois pouvoir assurer à l'Assemblée que la marche de la discussion sera grandement accélérée. Je prie donc l'Assemblée de m'autoriser à entrer dans quelques développements. (Parlez ! parlez !)

Je dirai d'abord quelques mots de l'amendement lui-même.

Vous vous souvenez, messieurs, des dispositions proposées par notre honorable collègue M. Pascal Duprat. Elles sont ainsi conçues :

« Celles des lignes indiquées ci-dessus, — à l'article 1er, — qui ont déjà fait l'objet de concessions départementales, resteront attribuées, à titre d'intérêt général, aux compagnies qui en ont obtenu la concession... »

Ainsi posé, cet amendement présente deux questions principales : une question de droit et une question de fait. La question de droit est, à mon avis, d'une extrême simplicité. S'il y a un point certain, incontesté, dans les lois de 1865 et de 1871, c'est que les pouvoirs des conseils généraux ne sont absolument applicables qu'aux lignes d'intérêt local ; les conseils généraux n'ont aucun pouvoir sur les lignes d'intérêt général.

Je ne crois pas que personne ait contesté cette interprétation des lois de 1865 et de 1871. Si une ligne est d'intérêt local, elle entre, dans une certaine mesure, dans les attributions des conseils généraux, sous la réserve de la déclaration d'utilité publique, qui est réservée dans les conditions légales au conseil d'Etat et au pouvoir exécutif. Si, au contraire, une ligne est reconnue d'intérêt général, le département n'a aucune action sur elle. S'il s'en saisit à tort, elle lui échappe, et il est établi *ipso facto* par la reconnaissance de l'intérêt général que le département a dépassé ses pouvoirs, qu'il a empiété sur le domaine de l'Etat. Voilà un premier point de doctrine que personne n'a contesté et qui est inébranlable.

Eh bien, messieurs, notre honorable collègue nous propose de reconnaître aux lignes comprises dans la convention le caractère d'intérêt général, caractère qui leur est désormais attribué par cela seul que l'utilité publique en a été déclarée par vous et non par le conseil d'Etat. Il est donc bien acquis que ces lignes ont le caractère d'intérêt général, et que les départements n'ayant à connaître que des lignes d'intérêt local, n'ont pas à connaître de ces lignes.

Ce point admis je demanderai à notre honorable collègue M. Pascal Duprat comment il peut nous proposer de conserver à ces lignes leur attribution à des concessionnaires départementaux.

M. le ministre a déjà traité ce point hier, mais l'honorable M. Pouyer-Quertier lui ayant répliqué, il faut bien que j'y revienne à mon tour.

Les lignes en question étant des lignes d'intérêt général, et les départements n'ayant pas le droit d'en disposer, je demande pourquoi on nous propose de maintenir l'attribution qui a été faite par les départements ?

Voudrait-on prétendre que les concessions provisoires faites par les départements constituent un droit en faveur des concessionnaires départementaux ? Mais si le département n'a pas de droits pour lui-même, comment pourrait-il en conférer à son concessionnaire ? Le caractère d'intérêt général n'est pas un caractère qui puisse se perdre, une qualité éphémère, c'est un caractère permanent qui est spécifique et dépend de la nature des choses.

Une ligne qui était d'intérêt général hier est encore aujourd'hui d'intérêt général. Assurément, si vous la déclarez aujourd'hui d'intérêt général, elle l'était hier. Par conséquent, les départements n'avaient pas plus de droits hier qu'ils n'en ont aujourd'hui pour leurs délibérations relatives à ces lignes ; elles étaient nulles de plein droit dès le premier jour, elles sont encore nulles aujourd'hui. Les concessionnaires départementaux n'ont donc aucun droit.

Je ne traite ici que la question de droit strict, de droit rigoureux, question indépendante des circonstances particulières à chaque affaire et indépendante aussi de la bonne foi des concessionnaires et du compte qu'il y a lieu de faire de leurs dépenses et de leurs efforts.

Voici donc l'Etat reconnu propriétaire de ces lignes, puisque vous les avez déclarées d'intérêt général. Personne ne contestera à l'Etat le droit absolu de concéder ces lignes à qui il lui plaît, soit, par exemple, aux concessionnaires départementaux, soit à d'autres concessionnaires ; son droit, sur ce point, n'a pas de limite ; l'Etat est libre de l'exercer au mieux de ses intérêts. (Bruit.)

Plusieurs membres. On n'entend rien !

M. le rapporteur. Je répète, pour ceux de nos honorables collègues qui n'ont pas entendu, que toute mon argumentation jusqu'à ce moment se réduit à ceci : d'après les lois de 1865 et de 1871, les conseils généraux n'ont le droit de concéder que les lignes d'intérêt local. Lorsqu'une ligne est reconnue d'intérêt général, les départements n'en peuvent disposer ; si cependant ils en avaient disposé, les concessionnaires départementaux seraient sans droit réel et valable, car le département ne peut transmettre des droits qu'il ne possède pas lui-même.

Voilà un premier point sur lequel je n'attends aucune contradiction.

Mais j'ajoute que l'Etat a le droit de concéder ces lignes soit aux concessionnaires départementaux, soit à toutes autres personnalités, soit à toutes autres compagnies. Et par conséquent, il est très naturel que notre honorable collègue M. Pascal Duprat nous pose cette question : A qui devons-nous concéder ces lignes ? Devons-nous les concéder aux concessionnaires primitifs, aux concessionnaires départementaux, ou à la compagnie Paris-Lyon-Méditerranée ? Voilà la question de fait qui s'impose à nous et que nous ne pouvons éluder.

Je le répète : Ne nous opposez pas les prétendus droits des concessionnaires départementaux ; en droit strict, ils ne les ont pas. Mais il peut y avoir une question de convenances, une question d'utilité publique, et l'Etat a le droit de l'examiner. Eh bien, à qui concéderons-nous ces lignes pour satisfaire au mieux les intérêts publics ?

Messieurs, je crois, en vérité, que si l'on voulait examiner cette question avec calme, impartialement, au seul point de vue de l'intérêt public, sans prendre parti systématiquement soit pour les grandes, soit pour les petites compagnies, on la résoudrait facilement. On peut discuter à perdre haleine sur la valeur relative des grandes et des petites compagnies. Il y a des petites compagnies très honorables.

M. Caillaux, *ministre des travaux publics.* C'est vrai !

M. le rapporteur. J'en ai cité quelques-unes.

J'ai cité notamment la compagnie dont notre honorable collègue M. Mathieu-Bodet est le président et le fondateur. Je défie qu'on trouve même une grande compagnie qui se soit créée dans des conditions plus normales, plus régulières, plus honorables. C'est le petit chemin de fer départemental de Châteauneuf à Barbezieux ; il a été construit uniquement avec des actions, sans obligations ; il a été fait à l'aide des souscriptions des principaux personnages intéressés, des propriétaires riverains. Dans de pareilles conditions, pouvait-on chercher dans cette entreprise le germe d'une spéculation malhonnête, de ces spéculations que M. le ministre des travaux publics flétri ssait hier avec tant de raison ?

Il est évident qu'une affaire qui se présente dans des conditions semblables mérite les encouragements, l'appui, la bienveillance de tous les pouvoirs publics. Cela est certain.

Lors de la première délibération, j'ai encore cité d'autres petites compagnies soit d'intérêt général, soit d'intérêt local qui sont organisées dans les conditions de la plus parfaite honorabilité, dont les obligations sont garanties par des gages sérieux, et auxquelles le Gouvernement, le ministre des travaux publics, notamment, ne peut refuser sa bienveillance sans une injustice qui serait bien éloignée de ses intentions et de son caractère.

Mais, messieurs, si je me porte fort de la parfaite honorabilité de certaines petites compagnies, que je connais, dont j'ai pu apprécier les statuts et le personnel, il m'est impossible d'accorder *à priori* ma confiance à une compagnie inconnue. Je ne puis, par exemple, me résigner à accorder d'une façon générale ma confiance à ces compagnies dont il est question dans l'amendement de l'honorable M. Pascal Duprat. Je ne connais pas ces compagnies, et comment pourrais-je les connaître ? elles n'existent pas encore.

Je l'affirme formellement, je me suis renseigné avec soin sur ce point, ces compagnies n'existent pas ; il y a des demandeurs en concession, il n'y a point de compagnies. Vous pouvez, à la rigueur, avoir une opinion sur un demandeur en concession quand vous traitez avec lui, mais savez-vous qui sera derrière lui demain ?

J'ai eu l'honneur de le dire à l'Assemblée lors de la première délibération, il est déjà arrivé que certains départements qui avaient traité avec un demandeur en concession très honorable, qui avait, je crois, exercé des fonctions élevées dans notre hiérarchie administrative, se sont trouvés, le lendemain, lorsque la concession a été sanctionnée par le décret d'utilité publique, se sont trouvés, dis-je, en présence de personnalités tout à fait inattendues, et avec lesquelles ils n'eussent certainement pas traité. Le premier personnage qui s'était présenté était un intermédiaire, un metteur en train. Mais, sa besogne faite, ce personnage a disparu, ou du moins il est passé au second plan. Je vous ai cité à ce sujet des faits précis et singuliers. Permettez-moi une anecdote ; notre honorable collègue M. Pouyer-Quertier en a raconté une hier ; je raconterai la mienne aujourd'hui. Elle est relative à un fait dont j'ai déjà entretenu l'Assemblée.

Il y a quelques semaines, j'ai reçu une lettre de Saint-Pétersbourg dans laquelle on me demandait des renseignements sur un certain docteur étranger qui est très connu dans cette partie orientale de l'Europe, qui a eu des concessions de chemins de fer en Hongrie, qui a eu une carrière très discutée en Roumanie : cet entrepreneur était venu de Berlin en Roumanie à l'époque où le prince de Hohenzollern, qui règne actuellement, est allé prendre possession de la principauté. L'entreprise du célèbre docteur s'est terminée par une déconfiture complète ; les capitalistes prussiens qui l'avaient patronné ont été obligés d'intervenir, d'évincer le docteur et de reconstituer l'affaire sur des bases nouvelles.

Voilà les antécédents de cet entrepreneur étranger.

Or, il y a quelques semaines, on m'écrit de

Saint-Pétersbourg : « Dites-nous ce qu'il y a de vrai dans les bruits qu'on fait courir ici ; les agents du docteur vont disant partout qu'il a obtenu de grandes concessions en France, et grâce à ces concessions françaises, ils cherchent à fortifier son crédit ébranlé en Russie. Est-il vrai que le docteur ait obtenu des concessions en France ?»

Je répondis : « Non ! je ne connais aucun concessionnaire de ce nom en France. Je connais bien le personnage en question, mais il n'est pas, que je sache, venu à Paris. Le Gouvernement ne lui a donné aucune concession ; je n'ai pas appris que parmi les concessions départementales il en ait obtenu aucune. »

On m'écrivit de nouveau : « Vous devez être dans l'erreur ; vous dites que ce docteur n'est pas venu en France. Eh bien, il y est actuellement ; il est à Paris, au Grand-Hôtel ; ses agents lui expédient leurs lettres à cette adresse, il est avec MM. tels et tels, il est concessionnaire de plusieurs lignes. »

Vers le même temps, le hasard me fit connaître, par un de ces petits journaux financiers que nous trouvons quelquefois dans notre casier, qu'en effet des traités ont été conclus avec cet entrepreneur étranger qui se trouve concessionnaire de lignes que l'on croyait avoir concédées à d'autres personnes.

Un de nos collègues me disait dernièrement : « Vous avez parlé de petites compagnies plus ou moins équivoques ; la nôtre est excellente, car nous avons traité avec M. X, ancien fonctionnaire très-honorable. » — « Eh bien, cher collègue, ai-je répondu, votre département est précisément lié avec cet entrepreneur étranger dont j'ai parlé. »

Ce n'est pas, messieurs, vous le comprenez de reste, sa nationalité qui me rend cet entrepreneur un peu suspect. Vous savez que la Bourse de Paris et nos sociétés françaises sont largement ouvertes aux étrangers, personne ne s'en inquiète ; mais ce qui me préoccupe, ce que je ne puis admettre, c'est que quand un département a traité avec un concessionnaire, quand l'État a mis ce concessionnaire en nom dans le décret d'utilité publique, il arrive que le lendemain le département et l'État se trouvent en présence d'un personnage qu'ils n'auraient peut-être pas agréé.

Qui peut me dire quelles combinaisons, quelles personnalités se cachent derrière les concessionnaires départementaux que vise l'amendement de l'honorable M. Pascal Duprat ?

J'en connais plusieurs de ces concessionnaires ; il y en a d'irréprochables, de très-honorables, mais qui, peut-être, n'ont pas personnellement des ressources suffisantes. Or, messieurs, quand un homme, même le plus honorable, est obligé de recourir aux capitalistes, aux manieurs d'argent, quand il a été éconduit par les maisons de premier ordre, il va s'adresser aux maisons de second ordre ; il descend peu à peu les degrés de cette hiérarchie et d'autant plus bas que l'affaire qu'il colporte est plus aventureuse ; ce n'est pas lui qui conduit son affaire ; c'est son affaire qui l'entraîne, et personne ne peut dire jusqu'où elle le mènera.

Montrez-nous des compagnies constituées, et alors nous saurons avec qui nous traitons. Mais nous demander d'une manière vague, générale, de traiter avec des compagnies qui

n'existent pas, que les départements même ne connaissent pas, cela est absolument inadmissible.

Parmi les demandeurs en concession, il y en a qui ne sont pas pour la première fois dans les affaires, qui ont déjà constitué d'autres compagnies. J'ai ici des documents que je ne veux pas lire à l'Assemblée ; il serait trop facile de reconnaître les personnes, et je ne veux pas, à moins d'y être obligé, porter ici des faits particuliers qui pourraient atteindre dans leur crédit les personnes ou les sociétés. Mais j'ai là des statuts parfaitement authentiques que j'ai fait copier au greffe du tribunal de la Seine, statuts d'une société départementale à la tête de laquelle se trouve un des entrepreneurs auxquels on veut que nous remettions l'une des lignes de la convention. J'ai là, dis-je, des statuts desquels il résulte que cet entrepreneur est concessionnaire d'une ligne départementale avec subvention ; il a fondé, avec sept ou huit amis, une société anonyme par actions ; il s'attribue en échange de ses apports : 1° les trois quarts de la subvention ; 2° les neuf dixièmes du capital social, c'est-à-dire qu'on lui remet, après les avoir libérées et sans qu'il ait versé un sou, les neuf dixièmes des actions du capital social.

Cela ne suffit pas. Il est, en outre, effectivement l'entrepreneur général de la ligne ; cela ne suffit pas encore, il faut qu'il émette des obligations au public, et, remarquez-le bien, ces obligations, il semble qu'elles sont garanties, qu'elles ont un gage dans les subventions ; pas du tout : les trois quarts ont été donnés par la société anonyme au premier concessionnaires pour le payement de ses apports. On peut croire aussi que ces obligations ont pour gage le capital-actions. Mais les neuf dixièmes des actions ont été livrées à ce premier concessionnaire comme prix de son apport. Ainsi, au lieu d'avoir le quart du capital versé comme je croyais que le prescrivait la loi de 1867, cette société fonctionne avec un versement qui n'est que le quart du dixième, soit le quarantième du capital nominal.

Ce n'est pas tout. Le même homme est le banquier de la société, c'est-à-dire qu'il prend de la société les obligations à un certain prix et qu'il les revend avec un prix plus considérable. Vous savez très-bien que les placements d'obligations par les institutions de crédit se font dans ces conditions. Quand vous entendez dire que quelque grand établissement de crédit place des obligations, cela signifie que cet établissement perçoit, pour chaque obligation placée, une prime convenue ; encore ces grands établissements, la plupart du temps, ne garantissent pas même le placement des obligations. Ils disent : Nous percevrons une prime, mais si nous ne plaçons pas vos obligations, nous vous les rendrons.

Ainsi, voilà dans une petite société départementale le même homme qui est entrepreneur général, concessionnaire, propriétaire des neuf dixièmes du capital actions, banquier de la société !

Voilà un fait relatif à l'un des demandeurs de concession ; j'en pourrais citer d'autres analogues. Quand j'aperçois de pareils faits, quand je pénètre dans ces combinaisons ingénieuses, et qu'on vient me dire, sans renseignements, sans appel, sans que vous ayez le moyen de rien changer aux dispositions des départements : « Vous allez abandonner à ces concessionnaires 5 à 600 kilomètres de chemins de fer d'intérêt général », dans de pareilles conditions, oh! je réponds : Je m'y refuse! ne me demandez pas cela; cela est impossible! (Très-bien! très-bien!)

Messieurs, il se produit dans cette discussion un fait étrange et qui, ce me semble, doit vous frapper beaucoup; je l'avoue, quant à moi, il suffirait à m'éclairer. Dans ce conflit entre les droits des départements et les droits de l'État, il se produit ce phénomène très-singulier : vous avez entendu à cette tribune un certain nombre de nos collègues qui sont venus nous dire :

« Votre convention, elle viole les droits des départements! vous dépouillez les départements de leurs droits! »

Et qui est-ce qui nous dit cela? Est-ce que ce sont des départements prétendus dépouillés? Pas du tout. Est-ce que vous avez entendu, par exemple, quelques-uns de nos collègues du Gard se plaindre de la convention?

M. Tolain. Ils auraient bien tort de s'en plaindre!

M. le rapporteur. Est-ce que vous avez entendu quelques-uns de nos collègues de l'Ardèche se plaindre de la convention?

Ils ont demandé des lignes nouvelles; mais ils savent parfaitement que si la ligne de la rive droite du Rhône qui traverse leur département dans sa longueur est faite par la grande compagnie Paris-Lyon-Méditerranée, ils auront des trains express de Montpellier à Lyon, des tarifs réduits et mille avantages que la société départementale ne peut leur offrir.

Nos collègues de la Savoie et de l'Isère sont-ils venus se plaindre que l'on dépouillait leurs départements de ses droits? Est-ce qu'ils ont attaqué la convention dans son principe?

Ils obtiennent une ligne qui est dans la convention, celle de Saint-André-le-Gaz à Chambéry, qui fait une ligne directe de Lyon à Chambéry. Il y a une foule de considérations de la plus haute importance en faveur de cette ligne, qui pénètre dans la zone frontière; elle a été l'objet des études très-attentives de votre commission. Cette ligne rencontre devant elle une montagne, la montagne de l'Épine : c'est un barrage; il faut absolument le franchir, soit en passant par-dessus par un système de chemin de fer dans le genre de celui du Righi, — et, par parenthèses, ce chemin de fer est un joujou très-ingénieux mais qui ne peut pas rendre de sérieux services, — soit, en passant par-dessous, comme veut le faire la compagnie; c'est un souterrain de 5 kilomètres à ouvrir. Est-ce qu'une société départementale peut faire un pareil souterrain? Quels produits pourrait-elle espérer pour le payer d'une telle dépense? Mais les départements intéressés qui vont avoir cette ligne sans rien débourser, est-ce qu'ils s'en plaignent?

Allons plus loin.

Est-ce que Saône-et-Loire se plaint? Vous avez entendu M. le général Guillemaut. Est-ce qu'il est venu réclamer en faveur des droits violés de son département? Il a soutenu la convention. Regardez les votes de ses collègues, ils sont avec nous; de même pour la Côte-d'Or.

A propos de Seine-et-Marne, vous avez entendu M. Lepère. A-t-il attaqué la convention? Au contraire : il prétendait en être le plus ferme appui.

Et, ceux de nos collègues qui, dans l'intérêt de leurs départements, repoussaient l'amendement de M. Lepère, sont-ils venus réclamer pour les droits de leurs départements? Nullement. Les départements prétendus dépouillés ne se plaignent pas; je ne puis donc voir ici que des avocats d'office; il y a des avocats, il n'y a pas de plaignants. (Marques nombreuses d'assentiment.)

Et quels sont ces avocats d'office... (Très-bien! et rires sur divers bancs), quels sont ceux de nos collègues qui viennent plaider en faveur du Gard, de l'Ardèche, etc.? C'est l'honorable M. Pouyer-Quertier, député de la Seine-Inférieure, c'est M. Pascal-Duprat, député des Landes, c'est M. Tolain, député de la Seine; mais les départements intéressés, les avez-vous entendus? Ils sont enchantés de la convention.

Lorsqu'il s'agit de principes généraux, on peut faire de longs discours, on peut soulever et agiter les questions de principes à droite et à gauche, indéfiniment, sans que la question avance d'un pas; mais les intérêts, de leur nature, sont clairvoyants, ils ne se trompent pas, et ils se décident sans phrases. Or, les intérêts sont avec nous.

Et alors si, comme j'ai essayé de vous le démontrer, si l'intérêt général ne nous permet pas d'accepter l'amendement de M. Pascal-Duprat, parce que nous ne pouvons véritablement pas livrer le domaine public à des combinaisons inconnues, je ne crois pas qu'un ministre des travaux publics quelconque puisse accepter cet amendement et concéder une part énorme du domaine public à des personnes inconnues.

Ce n'est donc pas l'intérêt public qui réclame; ce n'est donc pas plus l'intérêt local, et alors; au nom de qui parlez-vous? Je demande en quel nom parlent ceux de nos honorables collègues qui sont venus nous entretenir de droits méconnus par la convention? Ils parlent simplement au nom d'un principe vague, abstrait, et je crois que l'Assemblée n'est pas disposée à les suivre dans cette voie. (Très-bien! très-bien!)

M. Caillaux, *ministre des travaux publics.* C'est très-juste et très-bien dit.

M. le rapporteur. Je pourrais ajouter d'autres arguments; car, enfin, on revient sans cesse sur cette malheureuse question. J'avoue que ce long débat m'a étonné, et que, selon moi, il est certainement étranger au fond même des choses, et j'ai le droit de dire que pour ceux qui ont suivi la campagne faite dans la presse depuis un an, la lutte si vive que nous avons eu à soutenir et les attaques si violentes qu'on dirige contre cette convention, tout cela a sa source en dehors de la convention même, car jamais, depuis vingt ans, on n'a fait une convention aussi favorable, jamais l'État n'a obtenu une convention pareille, avec aussi peu de risques, aussi peu de débours pour lui; jamais.

M. le ministre des travaux publics. C'est très-vrai!

M. le rapporteur. Voilà une convention

exceptionnellement favorable. Au lendemain de nos désastres, une compagnie a des excédants; elle consent, avec raison suivant moi, à se charger de lignes nouvelles, et vous la repousseriez!

Les uns nous disent que nous désertons les intérêts de l'Etat; les autres disent que nous écrasons la compagnie.

Que nos contradicteurs se mettent d'accord! M. le ministre a eu beaucoup de peine à faire cette convention. Et quant à votre commission, on lui reproche de l'avoir gardée trop longtemps; mais nous l'avons gardée parce que nous l'avons étudiée dans tous ses détails, et nous l'avons encore notablement aggravée.

Voilà donc une convention extrêmement favorable, et l'on vous demande de la repousser au nom d'un intérêt abstrait, insaisissable! Ce n'est pas au nom de l'Etat, ni au nom des départements; ce n'est pas non plus dans l'intérêt des concessionnaires, car nos collègues sont incapables de venir soutenir ici des intérêts privés. Non; mais j'ai le droit de dire que ce sont des intérêts impalpables, invisibles, abstraits qu'on est venu défendre.

Je suppose, messieurs, que vous ayez concédé quatorze de ces lignes à une série de petites compagnies; voulez-vous que je vous dise ce qui arrivera? le voici:

Lors de la première lecture j'avais déjà eu l'honneur d'attirer votre attention sur les complications très-grandes qu'une petite compagnie intercalée entre deux tronçons appartenant à un grand réseau, amenait. Eh bien, j'ai reçu d'un correspondant du département d'Ille-et-Vilaine la pièce que voici, qui est antérieure à la discussion, et qui confirme de tout point ce que nous avons dit.

Voilà la pièce: Il y a dans le département d'Ille-et-Vilaine un petit chemin de fer d'intérêt général, secondaire, qui a peu d'importance et qui se relie à la compagnie de l'Ouest, le chemin de fer de Vitré à Fougères.

Eh bien, messieurs, il se signe dans le département une pétition qui doit être adressée à MM. les conseillers généraux d'Ille-et-Vilaine et qui doit leur être remise dans la prochaine session.

Que disent les pétitionnaires? Les pétitionnaires établissent, en premier lieu, que la société secondaire est contrainte d'élever ses tarifs. C'est dans la nature des choses. Quand même elle se serait engagée à faire ce contraire, elle ne pourrait tenir ses engagements; elle est donc contrainte d'avoir des tarifs plus élevés que la grande compagnie.

En second lieu, la compagnie de l'Ouest, comme toutes les grandes lignes, a des tarifs décroissant avec les distances, c'est-à-dire que si sur les cinquante premiers kilomètres on perçoit 8 centimes, au delà ce sera 6 centimes, puis 5, etc. Il suit de là que si les deux lignes appartenaient à la grande compagnie, le tarif décroissant irait de la grande sur l'embranchement; ce serait un tarif de 0 fr. 6, je suppose. Mais comme le parcours est ainsi partagé entre deux compagnies, depuis Rennes jusqu'à Fougères, la petite ligne qui a un petit nombre de kilomètres appliquera son tarif, et la grande compagnie appliquera son tarif élevé qui correspond à la courte distance; elle n'en

peut pas appliquer un autre. Voilà donc des habitants, des commerçants, des négociants qui ont une double aggravation: d'abord ils payent plus cher, parce que la petite compagnie a des tarifs plus élevés, et, d'autre part, ils ne peuvent bénéficier de la réduction qui leur serait faite en raison de la distance.

Il y a une troisième aggravation. Quand on remet des marchandises d'une compagnie à une autre, il y a un droit de transmission. Ces pétitionnaires font observer que de Rennes à Fougères, ils payent pour un wagon de 10 tonnes 24 fr. 20 de plus que si la ligne d'embranchement appartenait à la compagnie de l'Ouest.

Ils ajoutent d'autres considérations dans leur pétition. Ils disent qu'il leur arrive tous les jours d'avoir des litiges contentieux avec les compagnies de chemins de fer pour des transports qui ont emprunté les deux grandes compagnies. Cela arrive tous les jours, c'est le résultat d'erreurs inévitables.

Quand il y a une seule compagnie, il est évident qu'il est plus facile de régler un litige que quand il y en a deux. Quand il y en a deux, il s'agit d'éclaircir la question de savoir quelle est la compagnie responsable, où la faute s'est commise; et les trois quarts du temps on est dans l'impossibilité de préciser ce point. C'est une enquête difficile à faire; le tribunal ne sait quelle est la partie à condamner.

En résumé, les pétitionnaires disent que ce chemin de Vitré à Fougères, placé à côté de la grande compagnie, indépendant d'elle, est arrivé à des difficultés d'exploitation telles, — indépendamment de sa situation financière, — qu'ils demandent à leur conseil général d'exercer son influence auprès du Gouvernement pour que cette ligne d'intérêt général soit fondue dans la grande compagnie.

Eh bien, donnez quatorze lignes éparpillées çà et là, dans le réseau de la Méditerranée, à des compagnies particulières, ce que les populations ne vous demandent pas. Soyez certains que, dans un avenir plus ou moins éloigné, en supposant que les compagnies secondaires, je ne parle pas de leur honorabilité, remplissent exactement leur tâche, qu'elles construisent les lignes dans les mêmes conditions que la compagnie Paris-Lyon-Méditerranée, soyez certains que les populations viendront demander de fusionner ces petites lignes dans le grand réseau, parce que les inconvénients que j'ai signalés les atteindront très-gravement.

Ceci est la vérification des théories que j'ai eu l'honneur d'exposer ici, et dont vous voyez l'application immédiate.

J'ai maintenant à répondre à un adversaire très-redoutable, c'est l'honorable M. Pouyer-Quertier.

Ici, messieurs, je ne puis pas dissimuler mon embarras; je puis me flatter, mais je crois avoir raison, je demande pardon à l'honorable M. Pouyer-Quertier de cette prétention.

Seulement, je ne puis me flatter d'exercer, comme lui, sur l'Assemblée cette action vigoureuse, irrésistible, tellement irrésistible que moi-même j'ai été sur le point de croire qu'il avait raison. (On rit.)

Mais j'avais beaucoup de motifs de méfiance, car ce n'est pas d'aujourd'hui que j'ai le malheur de ne pas être d'accord avec l'honorable M. Pouyer-Quertier; ce n'est pas d'aujourd'hui qu'il attaque les compagnies de chemins de fer, et ce n'est pas hier que j'ai entendu pour la première fois de sa part le véhément discours qu'il a prononcé devant vous. Il y a longtemps que je ne suis pas de son avis. Aussi, je le répète, quoique j'aie été moi-même presque emporté par le torrent de son éloquence, je me suis tenu en défiance, et c'est sous cette impression que j'ai qualifié le discours de notre honorable collègue par une expression que je regrette, expression qui n'est pas parlementaire et pour laquelle je le prie d'accepter mes excuses. (Très-bien ! très-bien !)

M. Pouyer-Quertier. Je ne vous en ai jamais su aucun mauvais gré.

M. le rapporteur. Cette petite question personnelle vidée, j'aborde immédiatement le fond même du débat, et je demanderai à notre honorable collègue la permission de ne pas trop ménager les assertions qu'il a produites à la tribune, hier, et de prendre mon franc parler vis-à-vis de lui.

M. Pouyer-Quertier n'a pas attaqué la convention d'une façon précise, directe, mais d'une manière générale; il nous a parlé de conventions anciennes; il nous a dit : A telle-époque, on a donné tant de millions à la compagnie de Paris-Lyon-Méditerranée; elle est revenue en demander d'autres, on les lui a donnés; aujourd'hui encore elle revient à la charge! Tout cela nous conduit à la garantie d'intérêt et finalement à la ruine !

Je demanderai simplement à notre honorable collègue de nous dire combien nous avons payé de millions, à titre de garantie d'intérêt, à la compagnie Paris-Lyon-Méditerranée. Combien cette garantie d'intérêt a-t-elle coûté à l'Etat — bien entendu, en laissant de côté les subventions expressément déterminées par les lois? — Pour ce qui est du projet actuel, vous m'accorderez bien que, sauf la ligne stratégique de Gap à Briançon, il y a 755 kilomètres pour lesquels il n'est pas question de subvention. (Bruit de conversations particulières.)

M. le baron Decazes. Attendez qu'on veuille bien se taire. Nous n'entendons rien.

M. Andren de Kerdrel. Il n'y a que l'orateur qu'on n'entend pas.

M. le comte de Boisboissel. Il faut accorder un quart d'heure à ceux qui veulent causer.

M. le président. Je réclame instamment le silence. Le bruit des conversations particulières couvre la voix de l'orateur.

M. le baron Decazes. Nous n'entendons même pas les paroles de M. le président.

M. Charreyron. Un bon moyen de n'avoir pas à présenter d'amendement, c'est de ne rien écouter.

M. le président. Veuillez faire silence, messieurs!

M. le rapporteur. Je disais que, chaque fois que le Gouvernement a soumis une convention à l'Assemblée, l'honorable M. Pouyer-Quertier est venu l'attaquer et généralement il a prédit qu'il en résulterait les plus grands malheurs : cela devait toujours mener l'Etat à

la ruine; nos finances devaient être entraînées dans une chute lamentable. Mais, encore une fois, je le demande d'une manière catégorique : Combien a-t-on donné à la compagnie de Paris-Lyon-Méditerranée, sous forme de garantie d'intérêt? Rien, pas un sou, en aucune occasion.

Une fois seulement elle aurait pu demander quelque chose, c'était l'année de la guerre. Vous admettez bien que c'était là une année exceptionnelle. Le bilan de la compagnie lui donnait droit à la garantie d'intérêt. Elle avait à recevoir environ 6 millions pour cette année de la guerre; elle ne les a pas demandés à l'Etat. Et pourquoi ? Oh! parce que la garantie d'intérêt n'est en réalité qu'une avance dont la compagnie paye les intérêts. Or, Paris-Lyon-Méditerranée savait parfaitement bien qu'aussitôt que les relations commerciales seraient rouvertes de nouveau, ses recettes auraient repris leur cours normal, ses excédants lui permettraient de rendre les 6 millions à l'Etat. De sorte que, avant que la garantie d'intérêt eût été réglée par les commissions de finances, qui mettent dix-huit mois environ pour faire leur travail, avant que la liquidation de la garantie d'intérêt eût pu être arrêtée, la compagnie aurait été en mesure de rembourser cette garantie d'intérêt à l'Etat. Il était donc bien inutile de la demander. Eh bien, hormis cette année exceptionnelle, désastreuse, jamais en aucune circonstance la garantie d'intérêt n'a eu lieu d'être appliquée. Notre prétention est que la convention actuelle ne la fera pas appliquer davantage.

Du reste, on n'a pas contesté ce point. On a parlé d'une façon générale et vague de millions et de millions donnés à la compagnie de Paris à Lyon et à la Méditerranée ; on a fait rouler devant vous ce million sous vos yeux. Mais quelles preuves vous a-t-on apportées ? Comment a-t-on essayé de démontrer que la convention nécessiterait les garanties d'intérêt? On ne l'a même pas tenté ; si quelqu'un veut l'essayer, je me réserve de lui répondre.

Ceci dit, je dois reconnaître qu'il a été apporté à cette tribune une assertion qui est juste. Mon honorable contradicteur a dit : A mesure que vous imposez à la compagnie des charges nouvelles, vous reculez le partage des bénéfices avec l'Etat. Cela est vrai, cela n'est pas contestable. Il est certain que, quand nous enlevons à une compagnie des excédants qu'elle donne à ses actionnaires pour l'obliger à les reporter sur des lignes nouvelles, nous reculons l'époque du partage des bénéfices avec l'Etat. Mais je vois beaucoup de gens qui demandent des chemins de fer avec des subventions, et il me semble difficile qu'on en puisse faire autrement, excepté quand on s'adresse à ces grandes compagnies et qu'on les attaque. Il me semble que, lorsqu'on n'a pas d'autre éventualité à courir que celle de voir reculer de quelques années le partage des bénéfices, ce n'est pas un motif suffisant pour refuser de construire 855 kilomètres de chemins de fer; les populations n'accepteraient pas une raison si secondaire.

Qu'est-ce donc, en définitive, que ce partage des bénéfices? Je suppose que sous cette forme l'Etat reçoive 3, 4, 5 millions par an; est-ce que ces 855 kilomètres de lignes nouvelles ne vont pas rapporter davantage? (C'est évident!)

Il y a non-seulement les impôts spéciaux qui pèsent sur les chemins de fer, mais les impôts sur les transports qui vont se développer. Il est clair comme le jour que ces 855 kilomètres vont rapporter à l'Etat, sous forme indirecte, bien au-delà de ce qu'il retirerait du partage des bénéfices. (Marques d'assentiment.)

Quant à moi, je souhaite beaucoup à nos successeurs de n'avoir jamais à faire· de sacrifices plus grands que celui de retarder quelque peu le partage des bénéfices.

J'accorde à notre honorable collègue qu'il a raison sur ce point; mais, quand il a parlé de la garantie d'intérêt, il s'est trompé. J'en appelle au jugement de l'Assemblée: est-ce parce que la convention qu'on vous propose aura pour effet de différer de quelques années la date du partage des bénéfices que vous allez la repousser, et faire attendre les populations qui réclament des chemins de fer avec tant d'impatience? (Vives et nombreuses marques d'adhésion.)

Je vois qu'il m'a suffi de poser la question, et je n'insiste pas.

Notre honorable collègue — je lui demande pardon de le prendre si souvent à partie...

M. Pouyer-Quertier. C'est votre droit!

M. le rapporteur. ...notre honorable collègue vous a dit hier — je lis le texte du *Journal officiel* — : « Est-ce que M. le ministre ignorerait qu'il n'y a pas au monde de compagnie qui exploite plus chèrement que la compagnie de Paris-Lyon-Méditerranée? 'Est - ce qu'il y a au monde une compagnie qui ait un second réseau qui soit exploité à 77 1/2 p. 100 sur la recette brute? »

Je répondrai à M. Pouyer-Quertier qu'il y a beaucoup de lignes qui sont exploitées plus chèrement. Il y a d'abord celles qui ne font pas leurs frais d'exploitation. (Ah! ah!)

M. Pouyer-Quertier. Celles qui ne sont pas en exploitation.

Un membre. Les actions n'en sont pas moins cotées à la Bourse.

M. le rapporteur. Il y en a beaucoup dans ce cas, et je crains bien que la ligne de l'Eure dont vous avez parlé ne soit dans cette catégorie.

Je ne veux pas entrer dans les détails et engager une discussion à propos des lignes de l'Eure; mais il est certain, et personne ne peut le contester, qu'il y a beaucoup de compagnies qui ne font pas leurs frais d'exploitation; ce n'est donc pas 77 1/2 ou 80 ·p. 100 qu'il faut prendre pour coefficient, c'est 100, 110, 120 ou 130.

Je pourrais vous en citer un certain nombre, dont plusieurs en France.

Notre honorable collègue a particulièrement critiqué l'exploitation du nouveau réseau. En effet, le coefficient, c'est-à-dire, le rapport de la dépense à la recette, est plus élevé sur le nouveau réseau de la compagnie de la Méditerranée que sur tous les autres nouveaux réseaux. Mais voyons ce qu'il en est sur l'ancien réseau, qui a une grande importance car, ne l'oubliez pas, la compagnie de la Méditerranée a peu de lignes dans le nouveau réseau; comme elle n'a jamais eu à réclamer la garantie, elle n'avait

pas intérêt à les placer dans le nouveau réseau où elle n'a que quelques lignes éparpillées dans des pays montagneux. Vous comprenez alors qu'il est facile de dire que cette compagnie est celle qui exploite au prix le plus élevé.

Mais sur l'ancien réseau, elle exploite à 43 p. 100, tandis que le Nord exploite à 47 p. 100, l'Est à 52 p. 100, l'Ouest à 50 p. 100. Le Midi et l'Orléans exploitent à un prix moindre. Vous voyez déjà ce qu'il faut penser de cette assertion : « Il n'y a pas au monde de compagnie qui exploite plus chèrement! » Voilà déjà que parmi nos grandes compagnies, il y en a trois qui exploitent à des prix plus élevés.

Notre honorable collègue, revenant sur des accusations que je regrette de lui avoir entendu reproduire, — car il les a déjà tant de fois alléguées et tant de fois on lui en a démontré la fausseté, que je crois qu'il serait temps de les bannir de nos discussions, — revenant, dis-je, sur des accusations anciennes, — M. Pouyer-Quertier demande pourquoi il y a une si grande différence entre le coefficient de l'ancien réseau et celui du nouveau réseau : 43 p. 100 pour l'ancien réseau, et 80 p. 100 pour le nouveau. Voilà une différence bien remarquable.

Et notre collègue s'empresse d'ajouter : Les deux réseaux! Voilà une merveilleuse invention. Ces deux réseaux ont été imaginés pour faire les comptes qu'on veut : on rejette sur l'ancien réseau toutes les recettes, et sur le nouveau, toutes les dépenses; on fait un partage arbitraire, et de cette façon on arrive à augmenter le coefficient d'un réseau et à diminuer celui de l'autre.

Voilà, messieurs, la théorie qu'on a soutenue hier; je n'ai pas besoin de rechercher dans le *Journal officiel*, que j'ai là, les termes précis dont notre collègue s'est servi; je ne contesterai pas mon analyse.

L'Assemblée se souviendra que la même question, dans les mêmes termes, s'est produite à l'époque où nous discutions la convention avec la compagnie de l'Est. Il n'était pas question, alors, d'intérêt local : tout le monde savait qu'après la guerre le réseau de la compagnie avait été mutilé par la cession de l'Alsace; il fallait en rejoindre les tronçons séparés. Donc, il ne pouvait être alors question de l'intérêt local; donc, cet intérêt local dont notre honorable collègue a fait hier l'interprète n'a été qu'un prétexte pour rentrer dans la discussion, car il a soutenu absolument la même thèse à propos de la convention avec la compagnie de l'Est.

Vous vous rappelez qu'il vous disait, avec sa chaleur ordinaire et sa parole. imagée : Une machine s'élance par ici, une autre par là, et c'est d'après ces mouvements arbitraires que vous répartissez les recettes! Non, messieurs, ce sont là des erreurs graves qui ont déjà été tant de fois réfutées, qu'il ne devrait pas être permis de les reproduire sans cesse. (Très-bien! très-bien!) Non, il n'est pas permis de jeter sans cesse sur l'administration de son pays des soupçons aussi graves et aussi peu fondés. Le partage, soit des recettes, soit des dépenses, ne se fait aucunement d'une façon arbitraire. Lorsqu'on a établi les deux réseaux, la loi a stipulé qu'un règlement d'administration publique déterminerait le mode suivant lequel seraient réparties toutes les dépenses et recettes entre les deux réseaux:

Le règlement d'administration publique a été fait, et il a été établi que ces questions seraient tranchées par une commission présidée par un conseiller d'État et composée de trois fonctionnaires désignés par le ministre des finances et de trois fonctionnaires désignés par le ministre des travaux publics.

Vous savez les noms de ces commissaires. Ils ont toujours été choisis parmi les noms les plus considérables et les plus honorables de l'administration française. Cette commission offre donc les plus grandes garanties. Et qui est-ce qui est juge? Le conseil d'État. C'est lui qui a arrêté toutes les règles que doivent suivre les commissions dans leur travail.

Eh bien, prenons les recettes. Ici, permettez-moi, messieurs, un souvenir personnel. A l'époque où cette commission des finances a fonctionné pour la première fois, j'avais l'honneur d'être chef d'exploitation d'une grande compagnie. J'ai eu à recevoir les inspecteurs des finances. Ils arrivaient, je ne le dissimule pas, avec quelques-unes des préjugés que notre honorable collègue cherche encore à répandre. Ses discours avaient sans doute fait une certaine impression dans l'esprit des commissaires; je pouvais m'en apercevoir quand je leur expliquais suivant quels procédés nous établissions notre comptabilité, quand je leur démontrais qu'il était absolument impossible qu'un seul de mes employés pût détourner un centime d'un réseau pour le reporter sur un autre, que tout était prévu par des règlements imprimés, authentiques. Et, messieurs, permettez-moi de le dire, en fait de tripotage, passer-moi cette expression, un particulier peut s'en permettre, une société de cinq ou six personnes peut en faire; mais croyez-vous qu'une administration qui occupe trente ou quarante mille employés puisse facilement se livrer à des manœuvres contraires à la justice, à la probité, à ce qui est affirmé dans les rapports qu'elle publie? (Très-bien! très-bien!)

Cela est impossible. Elles ne le voudraient pas, elles ne le voudront pas, car elles sont composées d'hommes honorables qui certainement refuseraient de s'y prêter; mais elles le voudraient qu'elles ne pourraient pas le faire. Il est évident qu'on ne livre pas de pareils secrets à tout un personnel de 40,000 employés. La vérité est imposée par la force même des choses; il est absolument impossible de rien dissimuler dans les grandes compagnies de chemins de fer.

Quand j'ai expliqué pour la première fois nos précautions minutieuses aux inspecteurs des finances, je voyais à leur figure qu'ils se disaient en eux-mêmes : « La théorie est irréprochable, mais nous voudrions voir la pratique. Je m'empressai de la leur montrer. Nous avons parcouru toute la hiérarchie, depuis le premier employé, celui qui pèse les marchandises, celui qui les visite, jusqu'à celui qui les taxe; nous avons suivi toutes les opérations. Eh bien, consultez les inspecteurs des finances, ceux qui ont fait partie des commissions de finances, et vous verrez ce qu'ils diront. Ils vous diront que la comptabilité des grandes compagnies de chemins de fer, si on a égard aux problèmes qu'elles ont à résoudre, si on

veut tenir compte de ce fait qu'elles liquident leur situation tous les jours au lieu de faire une liquidation annuelle comme les commerçants, si on veut tenir compte de l'infinité d'opérations journalières qu'elles doivent faire, des rapports de compagnies à compagnies dans la France entière, les inspecteurs des finances vous diront qu'il n'y a pas de comptabilité de l'État, de l'administration publique qui puisse présenter des procédés aussi ingénieux, aussi complets, aussi réguliers. Voilà le témoignage que j'attends d'eux, et je défie qu'on en apporte un autre.

M. Pouyer-Quertier ajoutait, en parlant de la convention de l'État : Quand j'étais ministre des finances, j'ai dit aux compagnies : Vous demandez 40 millions de garantie d'intérêt, vous ne les aurez pas. Allez les demander à la commission du budget ; je suis fatigué de ces garanties d'intérêt ; ce sont des comptes fantastiques, faits comme on a voulu. Non, vous ne les aurez pas !

Et cependant, messieurs, il les a donnés et ses successeurs les ont également donnés. S'il ne les avait pas accordés, il n'aurait pas trouvé dans son ministère un seul de ses collaborateurs qui eût été de son avis. S'il avait persisté à tenir ces comptes comme des comptes illusoires, falsifiés, il aurait été condamné par le conseil d'État irrévocablement.

Mais, dit notre collègue, ces comptes sont si embrouillés, qu'il faudrait vingt ans pour les mettre au clair. Eh bien, messieurs, les comptes de l'ancien réseau, ceux du nouveau, les comptes des garanties de l'État avec les compagnies, sont généralement réglés la seconde année ; ceux de 1872 en 1874, ceux de 1873 en 1875, et ainsi de suite ; c'est-à-dire que ces comptes si compliqués, si embrouillés, sont réglés à peu près comme ceux du budget de l'État.

Après ces accusations, tant de fois renouvelées et les réponses tant de fois réfutées, je crois que nous aurions bien le droit d'exiger un peu plus de justice. L'État a pris tant de précautions, lorsqu'il s'est engagé vis-à-vis des grandes compagnies; il a pris tant de soin pour imprimer à ces comptes la régularité la plus complète ; il les a confiés à des hommes si honorables et si considérables dans l'administration française, qu'il est réellement pénible d'entendre dire que ces comptes seront une pure fantasmagorie. Ce n'est pas soutenable.

Mais notre collègue nous a dit encore, — car, enfin, il y a des énormités que je ne puis laisser passer ; je demande pardon à l'Assemblée et je suis un peu long. (Non ! non ! — Parlez ! parlez !) — notre honorable collègue nous a dit encore : « Mais dans cette convention il y a le déversoir, et, derrière le déversoir, qu'est-ce que je vois ? Je vois la compagnie tout entière, et je vois la garantie d'intérêts par l'État lui-même qui est entamée, et, si on avait montré tout cela à l'Assemblée, elle aurait reculé. Mais, on s'en est bien gardé, on lui a caché ces conséquences. On vous dit : Sans garantie d'intérêt, et la garantie d'intérêt est au fond de la convention. »

Eh bien, je prends le rapport de la commission et nous allons voir si on a caché. Je me suis permis d'interrompre hier notre collègue quand il a prononcé ces mots : « On vous les a cachées. » Je me sentais directement atteint ; car j'ai la prétention, dans ce rapport, fidèle interprète de la commission, de n'avoir rien caché. (Très-bien ! très-bien !)

Ainsi nous aurions caché qu'en droit la garantie d'intérêt, par suite des combinaisons de la convention, pouvait intervenir, que l'Etat n'est pas absolument couvert en droit contre la garantie d'intérêt! Mais nous n'avons jamais dit le contraire, et voici les propres termes de mon rapport :

« Mais si ces nouvelles lignes, considérées comme un groupe spécial, se soldent par une insuffisance, cette insuffisance pèsera directement sur l'ancien réseau, dont le produit net sera diminué de la totalité de cette insuffisance ; par suite, l'ancien réseau aura moins de ressources pour déverser sur le nouveau réseau, et il peut arriver que, par le fait des lignes nouvelles attribuées à l'ancien réseau, cet ancien réseau soit appauvri assez pour n'être plus en état de couvrir les insuffisances du nouveau ; dans ce cas, les nouvelles lignes,. bien que classées dans l'ancien réseau, pourraient exercer une influence sur le nouveau réseau et amener le jeu de la garantie d'intérêt. »

Voilà la question de droit. Est-ce que nous l'avons cachée? Non. Pourquoi donc prétendez-vous que nous l'avons cachée, puisqu'elle est tout au long dans le rapport?

M. Pouyer-Quertier. Ce n'est pas cela !

M. le rapporteur. Pardon! vous avez dit que nous l'avions cachée. Eh bien, nous ne l'avons pas cachée du tout ; au contraire, nous l'avons montrée.

Vous avez dû lire notre rapport avant de porter contre nous une pareille accusation, et si vous l'avez lu, vous avez vu que nous n'avons rien caché. (Très-bien! très-bien ! sur divers bancs.) Nous n'avons pas caché la question de droit, nous avons examiné la question de fait et nous avons dit : Les charges de la convention sont fixées par la convention même. Il est impossible d'y ajouter un centime sans une loi nouvelle.

Mais il y a le produit qui devra couvrir ces charges. Oh ! là-dessus on n'a pas une certitude absolue; il faut se livrer à des appréciations. Eh bien, nous en avons fait le compte, nous avons fait une évaluation très-réservée, la même que nous faisions à l'époque où nous avions à démontrer, à propos du chemin de Calais à Marseille, que si l'on concédait cette ligne rivale, on amènerait la garantie d'intérêt. Nous aurions eu intérêt alors à réduire les produits probables dans l'avenir ; aujourd'hui nous aurions intérêt à exagérer ces produits. Nous avons dans les deux cas adopté les mêmes bases, et en admettant ces bases très-modérées, nous disons que non-seulement vous n'aurez pas de garantie d'intérêt à payer, mais que quand le poids de la convention tombera sur la compagnie, nous trouverons encore des excédants de 10 à 12 millions. Démontrez-nous que nos évaluations sont fausses, mais ne dites pas que nous avons caché le principe.

Encore une fois, nous avons établi des faits ; ils ont été acceptés dans la commission à une immense majorité; ils ne sont pas contesta-

bles, jusqu'ici ils n'ont pas été contestés. Et, d'ailleurs, M. le ministre vous l'a dit lui-même, je suppose que, par le jeu de cette convention, on arrive un jour à la limite, qu'on entre dans la garantie d'intérêts, comme cela est arrivé pour l'année de la guerre, il est évident qu'une compagnie qui se développe aussi vite ne la demandera pas pour un an ou deux, parce qu'elle serait en mesure de la rendre avant qu'on ait eu le temps de faire son compte. (Très-bien ! très-bien !)

J'aborde maintenant la grande question des tarifs. Ah! messieurs, la question des tarifs, c'est la question brûlante, le champ de bataille inévitable, et par une raison bien simple: c'est que nous y sommes tous intéressés; les agriculteurs, les industriels, les simples particuliers, tous sont intéressés dans la question des tarifs. Quand je règle mes comptes, à la fin de l'année, je trouve que je paye beaucoup trop d'argent aux compagnies de chemin de fer. Chaque fois qu'on soulève devant une Assemblée quelconque la question des tarifs, il y a une infinité de gens intéressés dans cette question qui peuvent citer des espèces, des cas particuliers. Tout à l'heure un de nos collègues me disait hier : Il a raison, M. Pouyer-Quertier ; nous avons, dans notre région, des tarifs détestables. En effet, chacun se trouve en présence d'un tarif qui ne le satisfait pas.

Eh bien, examinons cette question des tarifs ; examinons-la, non pas en prenant çà et là quelques cas particuliers, — il y a un très-grand nombre de tarifs, et il n'est pas étonnant que dans un réseau de chemin de fer qui embrasse le territoire entier, qui s'étend en Italie, en Belgique, en Suisse, en Allemagne, qui, par les bateaux à vapeur, est en correspondance avec toutes les parties du monde, il n'y ait pas étonnant que dans ces tarifs, il n'y ait pas quelques sujets de plaintes; — mais en nous élevant au-dessus des cas particuliers, voyons l'ensemble.

La commission s'est livrée à une sérieuse étude de cette question des tarifs ; elle avait nommé une sous-commission spéciale chargée de cet objet. Cette sous-commission était présidée par M. Feray. Il n'y a pas un homme en France qui ait mis plus de zèle que M. Feray à défendre les intérêts du commerce. Vous l'avez vu en toute occasion consulter les chambres de commerce, provoquer les pétitions ; c'est un des hommes qui ont apporté le plus de zèle et de dévouement aux intérêts du commerce.

Et quel était le rapporteur? M. Dietz-Monnin, négociant à Paris, plus désireux que personne d'apporter quelques lumières dans cette question des tarifs.

Nous avons provoqué partout par lettres directes, par les journaux, près des chambres de commerce, des renseignements et des dépositions.

Notre honorable collègue M. Pouyer-Quertier aurait pu nous adresser des propositions s'il en avait eu à faire, il a préféré les porter à cette tribune; il est, en effet, plus commode d'émouvoir une Assemblée que de convaincre une commission.

Le rapporteur, analysant toutes les réponses

que la commission a reçues, toutes les plaintes du commerce, résume cette enquête :

« Ces réponses, au nombre de cent huit,» suivant la nomenclature ci-après, sont, pour la plupart, conçues en termes généraux et sans être suffisamment appuyées de faits précis, ce dont il importait surtout de se préoccuper : il est impossible de nier que, dans leur ensemble, elles laissent beaucoup à désirer.

« Un petit nombre seulement des groupes intéressés nous ont fait parvenir des observations présentées dans un langage excellent et qui peuvent servir de base à un supplément d'enquête. »

Est-ce que l'ensemble de ces plaintes incohérentes nous sommes parvenus à dégager quelques faits précis? Non, malheureusement; et en voici les motifs. Il suffit d'entrer dans les détails des tarifs pour constater toujours ce fait : à savoir qu'un tarif qui favorise les uns donne lieu aux plaintes des autres, non pas parce que ceux-ci sont atteints ou blessés par le tarif favorable pour quelques-uns, mais parce qu'ils disent : Sur tel réseau on accorde à des industriels des prix meilleurs qu'à nous, et nous demandons l'égalité des tarifs.

L'égalité! voilà le grand mot! Il s'agit de faire régner, par toute la France, l'égalité des tarifs, une égalité qui est tout à fait chimérique. Voilà le vrai motif de beaucoup de plaintes sur lesquelles je reviendrai; je ne dis pas de toutes les plaintes, car il y en a de fondées. Mais avant d'aborder les cas particuliers, je dirai quelques mots de la question générale des tarifs.

On a contesté l'économie de frais de transport par les chemins de fer relativement à l'ancien roulage. Je ne m'arrêterai pas à l'examen de cette allégation. (Très-bien ! très-bien !!)

Il est reconnu de tous que les grandes compagnies ont procuré un grand abaissement des tarifs de transport ; j'ajoute que les grandes compagnies abaissent continuellement leurs tarifs. La compagnie de Paris à Lyon et à la Méditerranée, dont notre honorable collègue a dit qu'elle faisait la ruine du pays. — ces paroles sont au Journal officiel, et je les relèverai plus tard, — cette compagnie avait, en 1853, il y a plus de vingt ans, un tarif moyen de 7.33. Elle avait, en 1863, un tarif moyen de 6 centimes 239; elle a, en 1874, un tarif moyen de 5 centimes 856 ; c'est-à-dire qu'en vingt ans son tarif moyen s'est abaissé de 1 centime 474. 1 centime 1/2 sur 7, c'est un abaissement considérable.

Ainsi, ces compagnies qui « ruinent le pays», non-seulement ont donné un tarif plus bas que le roulage, mais, de plus, elles abaissent progressivement leurs tarifs. La main-d'œuvre augmente, le prix de la houille augmente. tout augmente, il n'y a que cet affreux monopole qui abaisse ses tarifs, il n'y a que les compagnies de chemins de fer qui, progressivement, sous la pression de demandes venant de toutes parts et dans leur propre intérêt, je ne le nie pas, — elles ont des actionnaires, elles ont un capital derrière elles, elles sont obligées de compter, — dans leur propre intérêt, dis-je, abaissent leurs tarifs; et, en faisant leurs affaires, elles font celles du pays. Or, elles ne font leurs affaires qu'à la condition d'opérer beaucoup de transports ; plus elles opèrent de

transports, plus elles font de recettes et plus elles rendent de services au pays.

Voilà des chiffres qui ne sont pas contestés, je les livre à notre honorable collègue — il est vrai que je les tiens de la compagnie, c'est peut-être une source qui lui sera suspecte, mais il les vérifiera s'il veut.

M. Pouyer-Quertier. Je les vérifierai tout à l'heure.

M. le rapporteur. Les tarifs ont donc toujours été en décroissant, malgré les circonstances que je viens de rappeler, c'est-à-dire malgré le renchérissement de toutes choses.

Mais ce n'est pas le seul service que les compagnies aient rendu. Elles en ont rendu un autre énorme dont vous profitez tous les jours, vous qui vous plaignez : c'est la fixité des tarifs.

Rappelez-vous ce qui se passait avant les chemins de fer. Soit dans les entreprises de roulage, soit dans les entreprises de batellerie, les tarifs variaient d'un jour à un autre, comme l'escompte de la Banque de France : il y avait les tarifs des vacances, les tarifs d'été, les tarifs d'hiver, les tarifs des jours de foire. Ainsi, dans une seule année, la batellerie du Rhône a changé dix-neuf fois ses tarifs, et, dans la dernière crise, les compagnies de batellerie du Nord ont également modifié leurs tarifs du simple au double pendant que les chemins de fer, surchargés, ne pouvaient augmenter les leurs d'un seul centime.

Mais, messieurs, c'est quelque chose pour le commerce que d'avoir ainsi la sécurité, que de savoir que, dans quinze jours, il ne payera pas plus qu'il ne paye aujourd'hui ; c'est quelque chose, quand on est engagé dans un courant d'affaires, de savoir qu'aucune surélévation des frais de transport ne viendra modifier les conditions du marché.

Eh bien, cette fixité des tarifs, c'est un bienfait que nous devons aux compagnies de chemins de fer, comme nous leur devons la décroissance de ces mêmes tarifs.

Oh ! je ne conteste pas qu'il y ait, çà et là, dans le grand nombre, quelques faits regrettables qu'il faut corriger; je ne soutiendrai pas que tout est parfait ; je ne dis pas que les compagnies soient des êtres parfaits ; mais je ne dirai pas non plus qu'il faut les condamner sans remise. Il faut garder une certaine mesure: relevons les faits particuliers blâmables, mais tenons compte de leur proportion dans l'ensemble, n'exagérons rien ; d'une exception, ne faisons pas la généralité. (Approbation sur plusieurs bancs.)

Grâce à ces compagnies si décriées, vous avez encore un avantage énorme : c'est la publicité des tarifs. Au moyen de cette publicité, non-seulement vous savez ce que vous payez, mais vous savez ce que paye votre voisin. C'est cette publicité des tarifs, — il faut bien le dire et le reconnaître, — qui vous permet d'apporter ici tant de plaintes. Et en effet, on regarde les avantages qui peuvent être faits au voisin, sans tenir compte des avantages dont on jouit soi-même.

Donc les tarifs sont publiés et c'est, je le répète, un avantage énorme.

En Angleterre, les tarifs ne sont pas publiés; là ils sont plus élevés que chez nous kilométriquement, mais, en outre, ils sont secrets.

En Allemagne, il en est de même, et, là aussi, les tarifs sont plus élevés que chez nous; je l'ai établi, cela n'a pas été contesté, ni pouvait être contesté par personne, car les chiffres que j'ai cités avaient été relevés sur les comptes des grandes compagnies de l'Allemagne. En Angleterre et en Allemagne, les tarifs ne sont pas publiés. Chacun, dans ces deux pays, sait savoir ce qu'il paye, mais personne ne peut savoir ce que paye son voisin. Cela est une grande gêne. Comment entreprendre, en effet, une affaire avec certitude, lorsqu'on doute si le concurrent n'obtiendra pas quelque faveur spéciale?

Cette dissimulation des tarifs offre tant d'inconvénients, que, dans la grande enquête parlementaire qui a eu lieu en Angleterre, en 1872, — enquête dont votre commission vous a rendu compte, après avoir compulsé l'énorme « blue book » dans lequel on en avait relaté tous les détails, — cette dissimulation, dis-je, offre tant d'inconvénients, que les nombreuses dépositions sténographiées des personnes qui ont été consultées, il ressort des vœux très-nettement exprimés au sujet de diverses réformes très-importantes à introduire dans le régime des chemins de fer anglais.

Dans un rapport que quelques-uns de vous ont lu peut-être, un rapport que j'ai déposé, au nom de votre commission, sur la question de Calais-Manche, je vous ai donné l'analyse de quelques-uns de ces vœux de l'enquête anglaise. Ces vœux demandent au parlement qu'il lui plaise de vouloir bien établir en Angleterre quelques-uns de nos usages français, usages établis chez nous depuis quarante ans par nos cahiers des charges. Les Anglais n'apportent aucun amour-propre dans ces questions; ils disent tout crûment: Nous demandons que les choses se passent sur ce point comme cela est usuel en France.

Il y avait notamment deux griefs auxquels le parlement a donné satisfaction; quant aux tarifs secrets, le parlement a fait une loi, il a prescrit que les tarifs seraient publiés.

Mais il ne suffit pas de faire des lois, il faut avoir des organes pour les faire exécuter. En France, pour qu'un tarif entre en vigueur, il faut qu'il ait été affiché pendant un certain temps dans toutes les gares; toutes les chambres de commerce ont pu. en prendre connaissance; elles envoient au ministre de l'agriculture et du commerce, au ministre des travaux publics leurs réclamations. Les tarifs sont ensuite homologués, puis immédiatement imprimés, et réunis dans ce gros livre sur lequel je reviendrai tout à l'heure. Une fois publiés, on ne peut plus les changer qu'après un certain délai. Toute compagnie est tenue de les appliquer; si elle ne le faisait pas, elle commettrait un délit.

De plus, les compagnies sont contrôlées jour par jour. Il y a les commissaires de surveillance, les agents des contributions indirectes, les agents du parquet qui pénètrent successivement dans les gares et vérifient si les tarifs sont appliqués scrupuleusement.

Ainsi, messieurs, non-seulement nous avons la publicité des tarifs, mais encore la certitude qu'ils sont appliqués; il ne peut y avoir aucun traité particulier, et notre honorable collègue M. Pouyer-Quertier sait ce qu'il paye, ce que

paye son voisin, ce que l'on paye à Bordeaux, à Marseille; partout en France.

Un étrange reproche qu'on adresse à ce livre, c'est qu'il est. incommode; c'est, dit-on, un immense fatras auquel les employés même des chemins de fer ne se reconnaissent pas.

Mais, s'il en était ainsi, les simples particuliers ne s'y reconnaîtraient pas davantage. Cependant ce gros livre a un éditeur qui le publie; s'il le publie, c'est, apparemment, qu'on le lui achète, et, si on le lui achète, il faut bien qu'il serve à quelque chose. (Rires approbatifs sur plusieurs bancs.) Est-ce que vous croyez que les industriels, les commerçants, les petites et les grandes compagnies l'achèteraient, ce gros livre, si, véritablement, il n'était qu'un immense fatras? Tous ces gens payent ce livre à gros deniers: c'est, vraisemblablement parce qu'il leur est utile et qu'ils s'y reconnaissent. Vous - même, monsieur Pouyer-Quertier, vous vous en servez: c'est même grâce à lui que vous pouvez apporter à cette tribune vos critiques contre les chemins de fer.

Je demande pardon à l'Assemblée d'invoquer ici un souvenir personnel... (Parlez! parlez!)

J'ai été pendant de longues années à l'étranger; j'ai conservé des amis en Autriche; je vais les voir quelquefois. Je vous disais, lors de la première délibération, que les compagnies autrichiennes étaient syndiquées toutes ensemble. La dernière fois que j'ai été à Vienne, j'ai trouvé un ami, un camarade, qui est directeur d'une grande compagnie autrichienne. Je me suis naturellement promené sur son réseau; j'ai cherché dans les gares, dans les bureaux, dans les documents, s'il n'y avait pas eu quelque perfectionnement introduit depuis que j'avais quitté la compagnie, en un mot, je me suis informé de tout. Mon ami m'a répondu : Oui, nous avons un progrès considérable qui est entièrement apprécié dans le public; pour lequel, moi qui en suis l'auteur, — c'est mon ami qui parle, — j'ai reçu beaucoup de témoignages de reconnaissance. Eh bien, ce progrès, messieurs, c'est un gros livre comme celui-ci. En Autriche, ce livre, on le considère comme un immense progrès : et vous venez nous le présenter comme un témoignage du désordre qui règne chez nous !...

Si j'insiste sur ce point, c'est que l'honorable M. Pouyer-Quertier a déjà usé de ce moyen au Corps législatif. Oui, au Corps législatif, il a porté ce livre à la tribune et il a dit : Voyez, voilà la preuve que nos tarifs sont inextricables !

Divers membres à gauche. Assez ! assez ! — Aux voix !

A droite et au centre. Mais non ! — Laissez donc parler le rapporteur !

M. le président. La parole est au rapporteur; veuillez faire silence et l'écouter !

M. le rapporteur. Je comprends que je dois un peu fatiguer l'Assemblée par ces longs détails...

Sur divers bancs. Non ! non ! — Parlez !

M. le rapporteur. J'ai déjà eu l'honneur, en ouvrant la séance, de le dire à nos collègues: le temps que nous employons ici n'est pas perdu; toutes les questions ont été soulevées par l'amendement de M. Pascal-Duprat, —

je le répète, parce qu'un grand nombre de nos collègues n'y étaient pas, — nous allons trancher toutes ces questions sur cet amendement ; lorsqu'un scrutin aura prononcé, j'espère que les vingt et quelques amendements qui nous restent à examiner pourront être expédiés un peu plus vite ; en tous cas, je m'engage pour l'avenir, — à moins que la commission ne me donne un mandat contraire, — comme les mêmes questions reviendront, à répondre très-brièvement, si vous voulez bien me faire un peu de crédit actuellement. (Parlez ! parlez !)

Je vous ai dit, à un point de vue général, quels étaient déjà les grands avantages d'ensemble que les tarifs de chemins de fer nous avaient apportés.

Entrons dans les détails, car enfin — ceci est singulier, — je viens de vous dire qu'il y a de grands avantages à ces tarifs, et cependant vous n'entendez que des plaintes. Je vais expliquer pourquoi. Je prendrai mes exemples dans ceux qui se sont produits devant la commission.

Voici par exemple les raffineurs de Paris qui demandent un tarif réduit pour transporter leurs sucres sur le chemin d'Orléans en allant vers Nantes. D'un autre côté, les raffineurs de Nantes demandent un tarif réduit pour transporter leurs sucres en allant vers Paris. Ces deux tarifs se rencontreront quelque part. Eh bien, où que vous placiez la limite, qu'elle soit à Orléans, à Tours, à Angers, vous pouvez être assurés d'une chose, c'est que les Parisiens trouveront qu'elle n'est pas assez loin vers Nantes, et que les Nantais trouveront qu'elle est trop éloignée de Paris ; ils se plaindront tous les deux. Déplacez la limite, modifiez-la, changez-la, ils se plaindront toujours tous les deux. Voilà des mécontents !

Voici les carrossiers de Paris ; ils nous ont envoyé un mémoire que je vais traduire peut-être dans une forme un peu crue, mais qui en rend bien la pensée.

Les compagnies de chemins de fer, disent-ils, nous ont donné des tarifs au moyen desquels nous avons pu écraser toute la carrosserie départementale dans un rayon de 500 kilomètres autour de Paris. — Je ne parle pas de la carrosserie fine, de la carrosserie de luxe, qui est envoyée de Paris dans toutes les parties du monde ; je parle de la carrosserie ordinaire. — Les carrossiers de Paris reconnaissent donc, — ils ne le disent pas dans les termes que j'emploie, je présente leur mémoire sous une forme saisissante, — ils reconnaissent que les tarifs leur permettent d'écraser la carrosserie départementale dans un rayon de 500 kilomètres autour de Paris ; mais, ajoutent-ils, nous voudrions bien pouvoir aller un peu plus loin. (On rit.) Les carrossiers de Bordeaux, eux, ne sont pas contents ; ils trouvent que les carrossiers de Paris vont déjà trop loin. Voilà encore tout une série de mécontents.

Je passe à un autre mémoire : les expéditeurs de dentelles nous disent : C'est un abus criant ! On nous taxe ad valorem. Taxer des dentelles ad valorem, ce n'est pas tolérable ! Et les compagnies répondent : Quand nous perdons un colis, vous nous le faites payer ad valorem. On ne peut cependant pas appliquer aux dentelles le tarif d'une marchandise ordinaire. La dentelle vaut plus que son poids d'argent, et cependant les marchands de dentelles trouvent qu'on les traite très-mal en les faisant payer ad valorem. Il faut cependant que la compagnie ait une certaine rémunération, puisqu'elle court de grands risques.

Je prends un autre exemple, que je choisis précisément parce qu'il a été porté à la tribune du Corps législatif par notre honorable collègue ; c'est un tarif dont vous vous servez tous les jours ; c'est le tarif des lignes de banlieue de la compagnie de l'Ouest. A la longue sans doute vous le trouvez trop cher, je suis de votre avis ; mais voici ce qui est arrivé : la compagnie avait fait une première réduction. Une campagne s'est organisée, des employés, des ouvriers, tout ce monde un peu nomade des environs de Paris, s'adressent au ministre des travaux publics et à la compagnie, et ils disent : Ayez pitié de nous ; nous faisons le voyage deux fois par jour, tous les jours que Dieu fait, excepté le dimanche : ce jour-là nous restons chez nous. Abaissez votre tarif pour la semaine ; quant au dimanche, nous restons chez nous, à la campagne : vous pouvez maintenir votre tarif ; ce jour-là, d'ailleurs, vous avez besoin d'un grand matériel pour répondre aux habitudes de la circulation ; vous avez une sujétion considérable. N'abaissez pas le tarif du dimanche. La compagnie écoute ces réclamations et elle abaisse le tarif de la semaine, et cela par ce motif qu'on avait surtout fait valoir : l'argent perçu pendant la semaine est prélevé sur le travail ; les tarifs des dimanches sont prélevés sur le plaisir.

Voilà donc les tarifs abaissés pendant la semaine. Aussitôt, l'honorable M. Pouyer-Quertier monte à la tribune du Corps législatif et s'écrie : Voyez la conduite de ces compagnies!! leurs administrateurs sont sans entrailles, ils frappent sur le pauvre ouvrier du dimanche en haussant les tarifs.

Et c'est en vain que M. de Forcade La Roquette, alors ministre des travaux publics, répondait à M. Pouyer-Quertier : Mais non ! non ! vous êtes dans l'erreur, la compagnie n'a pas élevé le tarif du dimanche, mais elle a abaissé celui de la semaine.

Et M. Pouyer-Quertier de répliquer : Abaissé, haussé, c'est la même chose, je ne vois pas la différence ! (Hilarité.)

M. Pouyer-Quertier. Je m'expliquerai !

M. le rapporteur. Voilà donc encore des mécontents. Je pourrais citer d'autres faits, mais vous voyez grossir, à chaque pas, le flot des mécontents et, parmi eux, cet immense peuple qui sort de Paris les dimanches pour se répandre dans les environs de la ville et qui a appris, grâce à notre honorable collègue, qu'il était très-maltraité, très-malheureux.

Mais il y a bien d'autres mécontents.

Plusieurs membres. Vous parlez trop vite ! — On ne vous entend pas !

M. le rapporteur. Messieurs, il y a une certaine catégorie de tarifs qui est d'ordinaire plus particulièrement que les autres exposée aux attaques de notre honorable collègue M. Pouyer-Quertier, ce sont les tarifs de transit.

Hier il n'a pas manqué d'en parler. Il vous

a dit : Il y a entre la compagnie de Paris-Lyon-Méditerranée et la compagnie du Midi un tarif de transit de 20 francs par tonne entre Marseille et Bordeaux ; c'est un abus, dit-il. Tous les tarifs sont des abus pour ceux qui n'en profitent pas. Cela m'oblige, dit notre collègue, si je veux expédier une marchandise du Havre à Marseille, de l'envoyer à Liverpool, de Liverpool je la renvoie à Londres et de Londres à Bordeaux ; parce qu'arrivant par un bateau anglais, elle jouit du tarif de 20 francs, elle va à Marseille pour 20 francs par tonne. En employant ce circuit, j'arrive à un tarif plus bas que si j'allais du Havre à Marseille sur un navire français.

(A ce moment, M. Pouyer-Quertier, qui était sorti un instant, rentre dans la salle et vient reprendre sa place.)

M. le rapporteur. Je suis très-heureux de voir rentrer notre collègue, parce que j'avais besoin de sa présence. (On rit.)

Il s'est donc plaint de ces tarifs de transit de 20 fr. entre Bordeaux et Marseille. C'est ce que j'ai vu dans le *Journal officiel* ; je pense que je ne me suis pas trompé. Notre honorable collègue a rectifié une petite erreur de chiffres que la sténographie avait commise, mais qui n'avait pas d'importance, qui ne change rien à mon raisonnement. Je prends les chiffres que nous donne notre collègue ; ils sont exacts. Ils établissent qu'en allant du Havre à Liverpool, du Liverpool à Londres, puis à Bordeaux, et de Bordeaux à Marseille, les marchandises obtiennent un tarif plus bas que si elles vont directement du Havre à Bordeaux sur un navire français. Et notre collègue nous a dit : moi qui envoie des marchandises à Marseille, voilà la situation où je me trouve. Si je prends un navire français, je suis réduit à payer une taxe plus élevée que si je fais voyager mes marchandises du Havre à Liverpool et de Liverpool à Bordeaux, et de Bordeaux à Marseille. Je demande à notre collègue s'il est bien sûr du fait, et avant de me donner la peine de lui répondre, je lui demande s'il est parfaitement sûr, qu'en fait les expéditions du Havre à Marseille suivent le circuit qu'il indique.

M. Pouyer-Quertier. Parfaitement !

M. le rapporteur. Et moi, messieurs, je suis parfaitement sûr du contraire, et je vais vous le prouver. Nous allons prendre ce gros livre. Vous allez voir combien il est difficile à manier !

Il s'agit d'un tarif entre Bordeaux et Marseille, c'est-à-dire qui va de la compagnie du Midi à la compagnie de Lyon-Méditerranée, c'est ce que nous appelons un tarif commun. Je regarde à la table, et je vois : Tarifs communs, à la page 901. Je me transporte, par une opération laborieuse, à la page 901, premier voyage... (On rit.) A la page 901, je vois que les tarifs communs entre le Midi et Paris-Lyon-Méditerranée commencent à la page 903, second voyage. A la page 903, on me renvoie au corps du livre, à la page 981 ; troisième voyage.

Une voix. Gratuit ! sans payer le prix du tarif.

M. le rapporteur. Oui, il est vrai, comme le fait observer un de nos collègues, que ces voyages se font avec des tarifs très-réduits.

J'arrive au fameux tarif que notre honorable collègue a critiqué hier à la tribune et qu'il vient de confirmer. Voyez, messieurs, comme il est difficile de comprendre ce tarif. Voici ce que je lis :

« Tarif commun du transit entre la compagnie Paris-Lyon-Méditerranée et la compagnie du Midi, n° 5, de la Méditerranée, n° 17 du Midi, pour le transport en petite vitesse des marchandises ci-après désignées, savoir : marchandises de toute nature arrivant des ports de l'étranger ou des colonies, et dirigées sur un autre port de l'étranger ou des colonies. »

Or, messieurs, Marseille n'est pas un port étranger ni un port des colonies ; il s'ensuit que la combinaison qui consiste à partir du Havre pour aller à Liverpool et revenir à Bordeaux, afin de trouver le tarif réduit pour Marseille, cette combinaison que notre collègue a citée hier, qu'il a tout à l'heure encore indiquée comme la seule pratique, cette combinaison n'est pas possible, le tarif ne l'autorise pas.

Si vous m'aviez dit : Gênes, ce serait possible ; si vous m'aviez dit : Constantinople, ce serait possible ; mais vous dites : Marseille, et cela n'est pas possible. Le fait que vous alléguez n'existe pas ; le tarif ne s'y applique pas.

M. Pouyer-Quertier. Comment ! pour sortir de Marseille, il ne s'applique pas !

M. le rapporteur. Vous n'avez pas dit : Pour sortir de Marseille, hier.

M. Pouyer-Quertier. Je vous ai parlé des marchandises en transit !

M. le rapporteur. Remarquez bien que je ne suspecte pas le moins du monde la bonne foi de notre honorable collègue. Il est certain que des erreurs pareilles sont faciles à commettre, et notamment lorsque l'on ne dit que la moitié des phrases.

Quand on dit : « Marchandises de toute nature d'un port étranger pour un autre port étranger transitant par Marseille, » on peut négliger ce petit détail : qu'il faut que ce soit de-là de Marseille. Ah ! si pour aller du Havre à Marseille, il était plus avantageux de passer en Angleterre, ce serait un fait grave. Mais si vous voyez dans nos compagnies des chemins de fer français un tarif combiné qui a pour objet d'aller ramasser en Angleterre de la marchandise et de la porter en Italie en la faisant transiter par France, je crois que le tarif peut se défendre ; je crois qu'il a du bon.

Mais ce qu'il y a de piquant, c'est que vous blâmez la compagnie de la Méditerranée à cause de son tarif et que ce n'est pas elle qui l'a demandé ; on le lui a imposé. Ce n'est pas elle qu'il l'a fait ; c'est la convention de 1863 qui le lui a imposé.

Qui est-ce qui est l'auteur de ce tarif ? C'est la compagnie du Midi ; et c'est par suite de la convention de 1863 que le tarif du Midi a été imposé à la compagnie de la Méditerranée.

Voici, d'aill urs, l'origine de ce tarif :

Un armateur de Marseille vint trouver le directeur de la compagnie, et M. le ministre et leur dit : « J'ai des bateaux qui font la cueillette le long des côtes de l'Italie ; je trouve à Naples, à Gênes, à Libourne, des marchandises pour l'Angleterre qui attendent des bateaux anglais. D'autre part, il y a à Bordeaux un grand nombre de navires, non pas anglais, mais français, qui demandent à transporter des marchandises pour la Tamise ; si vous nous faisiez des tarifs assez bas, je pourrais d'abord ramasser ces marchandises en Italie et les amener à Marseille : ce serait un avantage pour moi et pour Marseille; puis je les conduirais à Bordeaux : ce serait en second lieu un avantage pour Bordeaux.

Ces observations paraissaient fondées ; on trouva bon que les armateurs français et les chemins de fer français pussent profiter de ce transit qui leur échappait.

Telle est l'origine de ce tarif, dont l'objet réel est de lutter au profit des ports français contre le transit par le détroit de Gibraltar.

Eh bien, messieurs, dites-moi ce qu'on peut reprocher à ces tarifs? Y a-t-il quelque chose de blâmable dans l'intention qui les a dictés ?

Mais je puis citer un autre fait ; car, enfin, on apporte ici des allégations qui sont toujours les mêmes : il faut bien que je prenne mes armes où je les trouve. Eh bien, dans le compte rendu du Corps législatif, je vois les mêmes récriminations présentées par mon honorable collègue : il s'agissait alors du tarif de transit pour les cotons.

Les compagnies de l'Ouest, du Nord et de l'Est, sollicitées par l'opinion publique, par l'État et par leur intérêt, s'étaient entendues pour faire un tarif réduit qui fît transiter par la France les cotons d'Angleterre destinés à la Suisse et qui, alors, transitaient par l'Allemagne.

Ce tarif n'altérait en rien les conditions de travail du plateau de Rouen ; ceux-ci n'étaient pas lésés, car il leur était indifférent que la Suisse reçût son coton soit par l'Allemagne, soit par la France, pourvu qu'il n'y eût pas un écart considérable entre les deux tarifs, que la France n'accordât pas un grand avantage à la Suisse et qu'elle se bornât à attirer sur le territoire français les produits du transit qui ne profitent qu'à l'Allemagne. Cela était irréprochable et ne changeait rien à la situation de M. Pouyer-Quertier.

Cependant, notre honorable collègue monte à la tribune du Corps législatif et attaque ces tarifs ; il ne peut voir sans mauvaise humeur les cotons étrangers qui passent sous ses yeux, en destination de ses concurrents de Suisse. En exagérant le fait fort simple du tarif de transit, il s'écrie : « L'abus est ici criant, que les filateurs de Mulhouse sont obligés d'envoyer leurs cotons d'Angleterre en Suisse et de les faire revenir de Suisse à Mulhouse. »

M. de Forcade lui répondit : Citez un fait ! Il n'a été cité aucun fait, l'allégation a été mise à néant : elle était inexacte.

M. Pouyer-Quertier. Elle était exacte !

M. le rapporteur. Je n'ai pas le moyen de vous contredire en ce moment ; je ne puis que me borner à analyser la discussion qui a eu lieu au Corps législatif.

M. Pouyer-Quertier. Je demande la parole.

M. le rapporteur. Aujourd'hui, malheureusement, la cession de l'Alsace a changé toutes les conditions ; mais je maintiens qu'à cette époque vous avez dit que Mulhouse s'approvisionnait de coton en Suisse, et qu'à la tribune le fait a été démontré inexact.

ANNALES. — T. XXXIX.

M. Pouyer-Quertier. Demandez à M. Ferry qui est ici, vous verrez ce qu'il vous répondra.

M. le rapporteur. Je m'en tiens à la discussion de cette époque.

Je crois que voilà un assez grand nombre d'exemples... (Oui ! oui !) pour vous montrer combien cette question des tarifs est délicate.

Je répète que je ne conteste pas qu'il y ait sur chacun de ces tarifs beaucoup à dire. Je crois que parmi les observations que votre commission a réunies avec beaucoup de soin, — le travail a été fait très-soigneusement sous la présidence de M. Feray, par M. Dietz-Monnin, rapporteur, — je crois, dis-je, que de ce grand nombre de faits, le ministre des travaux publics pourra faire son profit. Les compagnies feront aussi leur profit de cette discussion et s'appliqueront à écarter les motifs de plaintes. Je suis persuadé qu'elles tiendront compte de ces observations; mais qu'on ne vienne pas nous dire qu'il faut renverser le système de nos chemins de fer parce qu'il y a quelques défauts de détails dans les tarifs.

Ces petites compagnies départementales vous donneront-elles de meilleurs tarifs, et ces compagnies isolées dans quelque coin du territoire desserviront-elles mieux les intérêts généraux du commerce? Voilà la vraie question. Il est bien facile de critiquer d'une façon générale ; mais nous offrez-vous mieux ? Quel est votre remède? Vous n'avez pas apporté de remède ; tous les déposants de notre enquête ne nous en ont pas apporté davantage.

La première fois qu'au Corps législatif vous avez soulevé cette grosse question, vous avez fait une proposition ; vous avez demandé ce que vous appelez les tarifs par cascades, c'est-à-dire le tarif décroissant par fraction de 50 ou de 100 kilomètres.

On vous a répondu : Ce système est très-séduisant ; c'est une formule algébrique très-simple, mais c'est un principe trop absolu. Le commerce admettrait-il votre formule? certainement non !

Dans l'enquête que nous avons faite, nous avons demandé à toutes les chambres de commerce, à tous les négociants principaux : Faut-il supprimer les tarifs spéciaux? Tous nous ont répondu : « Non, l'industrie ne peut s'en passer, nous en vivons ! » Mais chacun a dit : « Il y a tel tarif spécial qui me gêne, tel autre que je voudrais obtenir. » Quant au principe des tarifs différentiels, personne ne l'a contesté.

Je ne connais que trois formules simples applicables aux tarifs. Il y a d'abord le système des tarifs généraux, qui proportionne le prix à la distance. C'est une formule très-simple mais fausse, au point de vue commercial ; en fait elle n'est pas appliquée. Elle a cette conséquence que, les transports devenant plus avantageux pour la compagnie à mesure que le parcours s'allonge, les destinataires les plus éloignés assurent à la compagnie des bénéfices croissant de kilomètre en kilomètre, alors que plus que tous autres ils ont besoin d'avoir des tarifs abaissés. On peut dire que c'est une formule à l'envers des besoins du commerce.

La formule par cascades a été abandonnée ; on ne l'a pas reproduite.

37

Reste la formule de l'honorable M. Tolain, consistant à dire que la marchandise, quelle que soit la distance, aura à payer un prix de transport uniforme. C'est le système des timbres-poste. De cette façon, les oranges ne seront pas plus chères en Norvége qu'à un kilomètre du jardin qui les produit; les houilles de Saint-Etienne seront aussi bon marché à l'autre extrémité de la terre qu'aux environs de Saint-Etienne. Comme formule, c'est simple; comme pratique, cela ne supporte pas l'examen. Notre collègue, je lui rends cette justice, n'a pas demandé qu'on appliquât cette formule du jour au lendemain, il nous l'a présentée comme un idéal vers lequel il fallait tendre. Si c'est un idéal, je l'accepte, mais quand pourra-t-il être appliqué? La vérité est qu'en matière de tarifs il y a une infinité de circonstances particulières dont il faut tenir compte; il n'y a pas une formule simple dans laquelle on puisse enfermer cette immensité de cas particuliers.

En, définitive, que propose M. Pouyer-Quertier? Rien. Vous attaquez un ensemble dans lequel il y a à critiquer, je ne le conteste pas; mais vous ne proposez aucun remède, et vous faites cette attaque au moment où la question agitée est celle-ci : Donnerons-nous toutes ces lignes aux petites compagnies départementales ou à la grande compagnie? Je mets en fait que les petites compagnies toutes ensemble ne pourraient pas vous donner des tarifs aussi avantageux que la grande compagnie, et qu'en demandant la concession de quatorze lignes à ces petites compagnies, vous compromettez la question des tarifs au lieu de la servir.

Je termine en relevant une dernière assertion de notre honorable collègue. Voici ce qu'il nous a dit hier:

Après avoir cité un certain nombre d'exemples, il nous a dit — je lis textuellement dans le *Journal officiel*: — « Voilà les tarifs de la compagnie de Paris à Lyon et à la Méditerranée, auxquels vous n'avez pas pris garde. »

Je vous demande pardon, mon cher collègue; nous y avons parfaitement pris garde; nous avons un gros livre plein des études que nous avons faites. Tout à l'heure vous nous accusiez de vous cacher ce qu'il y avait dans la convention, et maintenant vous nous accusez d'avoir négligé ce qu'il y a de plus essentiel. Les deux accusations sont également injustes.

« Voilà, dit M. Pouyer-Quertier, les tarifs de la compagnie de Paris-Lyon-Méditerranée auxquels vous n'avez pas pris garde, et qui sont la ruine de l'industrie, la ruine du pays! »

Eh quoi! mon honorable collègue, cette compagnie, dont les revenus sont en proportion des services qu'elle rend, cette compagnie est donc la ruine du pays? Qui donc espérez-vous convaincre par des exagérations pareilles? (Rumeurs sur quelques bancs. — Parlez! parlez! sur d'autres bancs.)

M. Galloni d'Istria. Parlez! C'est un des discours les plus intéressants que l'Assemblée ait entendus depuis longtemps!

M. le rapporteur. Messieurs, je serai bref.

Je pourrais d'abord donner cette première preuve : Puisque les recettes vont en croissant sur le réseau de la Méditerranée, ce qui n'est pas contestable, puisque les transactions augmentent de plus en plus, c'est apparemment que le pays ne tombe pas en ruines. Mais examinons un point particulier, le point d'où partent les plaintes les plus vives, je veux parler de Marseille. On entend souvent parler de la décadence de Marseille. Recherchons en quoi consiste cette décadence.

On répète souvent: Marseille est enveloppée par le réseau de la Méditerranée, elle est écrasée par le monopole de cette odieuse compagnie!

Voyons la ruine, voyons la décadence de Marseille; car enfin si la compagnie de Paris-Lyon-Méditerranée doit faire des ruines quelque part, c'est à coup sûr dans la ville de Marseille. Or, messieurs, il n'y a pas en France de ville dont la prospérité importe plus à l'intérêt public que celle de Marseille.

J'ai réuni un ensemble de documents relatifs à Marseille. De quelque côté que j'aie jeté le regard, à quelque porte que j'aie frappé, j'ai partout trouvé des signes, non de décadence, mais de progrès. La population augmente, les droits d'octroi augmentent, le chiffre des importations et des exportations augmente dans une proportion considérable, les recettes des théâtres, qui donnent dans une certaine mesure l'appréciation de l'argent disponible, augmentent. Je ne citerai pas des chiffres que j'ai recueillis sur ces objets, je désire épargner le temps de l'Assemblée; mais je dirai un mot de l'isthme de Suez. On répète sans cesse que les ports d'Italie font à Marseille une concurrence redoutable.

On a été jusqu'à dire — notre honorable collègue M. Pouyer-Quertier est un peu coupable de cette assertion — que nos compagnies françaises étant administrées par des administrateurs chargés des intérêts de compagnies étrangères, ces administrateurs ne sont pas éloignés de favoriser les ports italiens au détriment des nôtres. Cela a été fait par un autre de nos collègues, mais l'honorable M. Pouyer-Quertier a fait quelque insinuation à cet égard.

M. Pouyer-Quertier. Je partage un peu son avis.

M. le rapporteur. Notre honorable collègue a au moins la franchise de son opinion.

Quand j'ai cherché à me rendre compte de cette situation, le correspondant auquel je me suis adressé à Marseille m'a envoyé un article que je voudrais pouvoir vous lire en entier. C'est un article du secrétaire de la chambre de commerce de Marseille. Il avait tant entendu dire autour de lui que Marseille était en décadence, qu'il avait fini par le croire. (Interruptions à gauche. — Parlez! parlez! à droite.) Or, il résulte d'un article que j'ai sous les yeux que cet honorable fonctionnaire a voulu savoir à quoi s'en tenir.

Dans cet article de journal, que je ne lirai pas à l'Assemblée, mais que je tiens à la disposition de ceux de mes collègues qui voudraient en prendre connaissance, il dit, après avoir fait une comparaison de Marseille avec Gênes : « Notre situation n'est pas compromise, et les faits prouvent que le mouvement du port de Marseille est supérieur de 2,000 tonneaux à celui du port de Gênes. »

La situation de Marseille n'est donc pas compromise.

Mais voyons quelle est la situation du port de Marseille dans le trafic de l'isthme de Suez. J'ai ici, pour les années 1871-74, la répartition du tonnage par pavillon, et je trouve qu'en 1871, le pavillon français a pris 89,000 tonnes, et qu'en 1874, il en a pris 222,000.

Ainsi, 89,000 en 1871, 222,000 en 1874.

Vous savez, messieurs, que le port de Marseille est presque le seul de nos ports français qui trafique activement avec l'isthme de Suez.

Voilà donc un immense accroissement pour Marseille.

Voici maintenant pour les ports italiens, dans leur ensemble. Pendant la même période, ces ports italiens, qui vont nous ruiner, sont passés de 27,000 tonnes à 63,000 tonnes, c'est-à-dire qu'ils ont augmenté de 36,000 tonnes lorsque le port de Marseille a augmenté de 133,000 tonnes.

Les ports autrichiens ont passé de 38,000 à 84,000; les ports russes, de 4,000 à 11,000; les ports anglais, de 500,000 à 1,700,000; les ports allemands, de 0 à 39,000.

Il résulte de là que les ports du nord de l'Allemagne ont établi, par le détroit de Gibraltar et par l'isthme de Suez, une navigation qui n'existait pas. Mais dans la Méditerranée, les progrès de Marseille sont beaucoup plus considérables que les progrès de tous les autres ports de cette mer, et il y a une raison à cela : ce sont les tarifs de la compagnie Paris-Lyon-Méditerranée. Ces tarifs, si néfastes, qui ruinent le pays, c'est cependant eux qui permettent ce grand trafic ; car ce n'est pas Marseille qui absorbe cet immense tonnage, il faut que cela se répande au loin. J'ai voulu me rendre compte de ces tarifs, et j'ai pris comme objectif la Suisse.

Voici pour les soies... (Marques d'impatience sur quelques bancs à gauche.)

Voix nombreuses. Parlez! parlez!

M. le rapporteur. Il vaut mieux faire justice une fois de toutes ces allégations. (Oui! oui! — Parlez! parlez!)

Pour les soies, le tarif d'importation de Marseille à Berne est de 88 fr. 45 la tonne. De Gênes, il faut payer 106 fr. Voilà comment les administrateurs sacrifient le port de Gênes au port de Marseille.

De Venise, il faut payer 104 fr.; de Trieste, 115 fr. Il est évident que toute la soie en destination de la Suisse, lors même qu'elle ne serait pas attirée à Marseille par la puissance commerciale de cette cité, les tarifs l'y attireraient.

Voulez-vous les céréales ?

De Marseille à Berne, 37 fr. 80; de Gênes, 75 fr. 10; de Venise, 44 fr. 70; de Trieste, 74 fr. 85. Les tarifs sont plus avantageux au départ de Marseille.

Voulez-vous les arachides ? c'est un article important : 46 fr. au départ de Marseille; 75 fr. et 64 fr. pour les autres ports de la Méditerranée.

Enfin, voici les cotons : encore ici Marseille a l'avantage. Je ne cite pas les chiffres pour abréger.

Messieurs, j'ai encore bien d'autres documents; mais j'ai abusé longuement de la patience de l'Assemblée... (Non! non!)

Un membre au centre. Vous l'avez vivement intéressée.

M. le rapporteur. Je m'en tiendrai là.

Je crois avoir démontré que si, au lieu de vous attacher à quelques faits particuliers que vous allez prendre au milieu d'un vaste ensemble, au lieu de grossir ces faits, de les exagérer tellement, qu'ils dissimulent tout ce qui est derrière, si vous embrassez l'ensemble avec sincérité, avec impartialité, je suis persuadé que vous serez convaincus comme moi que ces tarifs tant décriés, au lieu de ruiner le pays, font sa richesse.

Voilà ma conclusion; elle est directement contraire à celle des auteurs et des défenseurs de l'amendement.

Et maintenant, messieurs, je vous supplie de ne pas vous laisser arrêter par cette guerre si passionnée, si ardente, qui est faite à cette convention, la meilleure qu'on ait présentée à une Assemblée délibérante depuis longtemps et dont vous ne verrez que bien difficilement la pareille. Je vous supplie de ne pas vous arrêter à l'amendement de M. Pascal Duprat; il ne représente ni l'intérêt général, ni l'intérêt local, puisque les départements intéressés le repoussent. Oui, messieurs, finissons-en, et repoussons cet amendement. (Oui! oui! — Très-bien! très-bien!)

Et comme la plupart des amendements qui viennent après lui reprennent exactement la même question sous d'autres formes, je m'engage, quant à moi, à y répondre que très-sommairement à leurs défenseurs, et je demande d'avance à l'Assemblée et aux auteurs de ces amendements de ne pas se formaliser si je ne réponds pas par de longs discours. (Très-bien ! très-bien! — Rires et applaudissements.)

M. le président. La parole est à M. Tolain.

M. Tolain. Je cède mon tour de parole à M. Pouyer-Quertier.

M. le président. La parole est à M. Pouyer-Quertier.

M. Pouyer-Quertier. Messieurs, les jours se suivent et ne se ressemblent pas (On rit.) Hier, j'avais à répondre à un adversaire qui avait fait une violente attaque contre les petites compagnies, et qui avait érigé en principe, comme chef des travaux publics de France, la lutte contre les petites compagnies. (Dénégations sur plusieurs bancs. — Approbation sur d'autres.) C'est à l'*Officiel.*

Aujourd'hui ma tâche est plus facile. J'ai à répondre à un orateur très-modéré qui respecte les intérêts des petites compagnies et qui est venu ici défendre les intérêts des grandes dans des termes extrêmement modérés. Il est cependant certaines assertions que je ne puis laisser passer ; j'avais avancé devant cette Assemblée des faits et des chiffres ; on est venu les contredire. Voici ma réponse :

Je commence immédiatement par la fin du discours de M. le rapporteur, afin d'en finir une bonne fois avec cette question des tarifs qui l'a tant préoccupé. Il avait ici le tarif de Paris-Lyon-Méditerranée, les tarifs généraux de tous les chemins de fer et il a reconnu que le tarif de transit, car je n'ai parlé que du tarif de transit.... (Interruptions.)

Je vous ai cité les chiffres. Je n'ai parlé que du tarif de transit, et j'ai dit que le tarif de transit de Bordeaux à Marseille était de 20 francs la tonne et ne comportait pas un chiffre de plus de 1 centime 80 par kilomètre pour le transport de toute espèce de marchandises.

J'ai dit que pour profiter de ce tarif nous étions obligés d'envoyer nos marchandises en Angleterre, car on ne peut appliquer ce tarif, d'après les conditions formulées entre les deux compagnies, qu'à la condition que les marchandises viennent d'un port étranger avec destination pour Marseille, pour s'y embarquer.

Et si vous voulez lire l'*Officiel*, vous y trouverez que j'ai parlé de l'Algérie. J'ai dit que tous les produits que nous envoyons du Nord en Algérie doivent passer par cette ligne pour aller s'embarquer à Marseille; que ces produits sont frappés par Lyon-Méditerranée et par la compagnie du Midi d'une surtaxe de 65 fr. 80 c par tonne. Nous ne pouvons nous servir de ces chemins pour nos marchandises qu'à une seule condition, c'est de les faire toucher à un port anglais qui les rapporte en France. Elles transitent alors comme marchandises anglaises.

Voilà ce que j'ai dit et je défie qui que ce soit de me contredire à cette tribune. J'ai parlé du tarif de transit et j'ai dit qu'en parlant de Dunkerque pour aller à Bordeaux on payait 25 francs, et qu'on trouvait là un tarif qui faisait payer 65 fr. 80, tandis que les marchandises anglaises, partant de Londres, de Liverpool, de Hull ou de tout autre point étaient transportées à Bordeaux au prix de 25 fr. la tonne, qu'elles payaient là le tarif de transit de 20 fr. et arrivaient moyennant 45 fr. au port de Marseille. Mais je n'ai pas voulu parler de marchandises consommées dans la ville de Marseille. Je vous ai parlé des tissus exportés par cette ligne de transit. Et puisque j'ai parlé de transit, cela ne voulait pas dire que les marchandises devaient rester à l'intérieur du pays.

J'ai demandé alors que dans les tarifs on ménageât autant les intérêts français que les intérêts étrangers; j'ai demandé que lorsque des produits partaient du Nord, ils fussent traités par la compagnie de Paris-Lyon-Méditerranée et par la compagnie du Midi sur le même pied que des produits étrangers. Je ne demande pas de faveur pour eux; je demande en France le traitement de l'étranger. Je ne suis pas bien exigeant. (Très-bien! très-bien! sur divers bancs.)

Je vous avais cité ces exemples, parce qu'ils sont saisissants.

Je profite de la circonstance qui m'amène à la tribune pour dire encore que, lorsqu'on est venu affirmer ici que jamais on n'avait relevé les tarifs des chemins de fer, on oubliait ce qu'ont fait la compagnie de Paris-Lyon-Méditerranée et la compagnie du Midi, qui, après avoir accordé aux marchandises françaises le droit de passer sur ces deux chemins, moyennant 36 fr. 80 la tonne, ont relevé depuis deux ans leurs tarifs à 85 fr. 80.

Voilà ce que j'affirme encore aujourd'hui, et ceci vous pouvez encore le trouver dans les tarifs de la compagnie de Paris-Lyon-Méditerranée et de la compagnie du Midi.

Finissons-en, messieurs, avec cette question des tarifs. Nous demandons qu'en France les marchandises et les commerçants français

soient traités sur un pied d'égalité parfaite avec les étrangers; qu'on ne leur fasse pas de faveur...

M. Mettetal. Ce n'est pas la question que nous discutons!

M. Pouyer-Quertier. Comment! ce n'est pas la question? Il me semble que c'est bien la question.

De divers côtés. Oui! oui! — Parlez! parlez!

M. Pouyer-Quertier. On croirait vraiment, messieurs, que, quand nous parlons des tarifs, nous ne parlons pas des chemins de fer. A quoi servent donc les chemins de fer, si ce n'est à faire des transports de voyageurs ou de marchandises? (C'est évident!) Les chemins de fer ne sont destinés qu'à transporter les produits, de quelque nature qu'ils soient, suivant un certain tarif qui est la richesse ou la ruine du pays. (Très-bien!)

Nous demandons que les tarifs soient appliqués comme je l'ai dit, et ma réponse à M. le rapporteur est faite sur ce point.

Je ne suivrai pas l'honorable M. Cézanne dans toute l'étendue de son discours; mais il me permettra de lui dire que quand on vient parler des grands services qui ont été rendus par les grandes compagnies, il ne faut pas confondre deux questions distinctes. Il n'a jamais été dit que les chemins de fer et les compagnies n'avaient pas rendu de services au pays; on n'a pas nié que les chemins de fer ne fussent un progrès sur le transport par le roulage et les diligences; ce qu'on a dit et ce que je viens répéter, c'est que les grandes compagnies ont puisé largement dans les caisses de l'Etat pour se créer; c'est que nous avons constitué des monopoles et que ces monopoles sont devenus de plus en plus formidables partout par la facilité qui leur a été donnée de s'entendre entre eux. Ce qu'on a dit c'est que ces monopoles ont été tels, qu'ils ont porté une atteinte profonde à la navigation intérieure du pays; et qu'aujourd'hui c'est contre la navigation extérieure de nos ports qu'ils font tous leurs efforts. Ces monopoles ont sans doute rendu de grands services; mais il faudrait prouver une chose: Croyez-vous, si l'on n'avait pas constitué le monopole des chemins de fer, que, pendant que le monde entier s'est couvert de chemins de fer, pendant que l'Angleterre, la Belgique, l'Allemagne, la Suisse se couvraient de chemins de fer, sans avoir créé des monopoles, croyez-vous que, parce que vous n'auriez pas mis, en France, dans les mains de cinq ou six grandes compagnies, la totalité de l'exploitation du territoire français, la France n'aurait pas aujourd'hui des chemins de fer et qu'elle serait restée avec ses diligences et son roulage? Oh! messieurs, ce qu'il faudrait démontrer, c'est qu'avec le monopole nous avons marché plus vite que les autres, c'est quenous sommes en avance sur l'Europe entière, c'est qu'avec les services rendus par le monopole, nous devrions être au premier rang, alors que nous ne sommes qu'au sixième. (Mouvements divers.)

Comment! la France est le premier pays du monde au point de vue agricole. Dans aucun autre pays du monde, par rapport à l'étendue du territoire, on ne récolte une si grande quantité de produits, et on n'en fait circuler autant, soit à l'intérieur, soit à destination de l'extérieur.

Et, quand il s'agit de commerce ou d'industrie, quel rang occupe la France? Le premier ou le second. Par conséquent, voilà un pays qui, comme agriculteur, occupe le premier rang, et, comme industrie et commerce le premier ou le second rang, et ce pays n'occupe que le sixième rang quant à l'exploitation des chemins de fer! Messieurs, je dis ceci: Quand vous venez prétendre, vous, monopole, vous, grandes compagnies, que vous avez rendu de grands services, je réponds: Oui, vous en avez rendu relativement à ce qui existait autrefois; mais vous ne prouvez pas, vous n'établissez pas que le système suivi par vous ait doté notre pays de plus de lignes que nous en auraient donné la concurrence et la liberté dans la création des chemins de fer. (Approbation sur divers bancs.)

Quel a été la pensée de la loi de 1865? Cette loi a eu précisément pour but de réagir contre la pression du monopole. Le pays a senti qu'il ne pouvait plus faire aucun chemin de fer sans l'agrément des grandes compagnies. Alors on a fait la loi d'intérêt local de 1865 que vous avez confirmée par la loi de 1871 et dont vous avez étendu l'application.

Je dis que, sans cette loi de 1865, la compagnie de Paris-Lyon-Méditerranée ne viendrait pas vous demander aujourd'hui les petites lignes qu'elle vous demande de comprendre dans son réseau. (C'est cela! sur plusieurs bancs.) Elle vous laisserait parfaitement tranquilles et elle vous dirait: On ne les fera pas!

Mais aujourd'hui, en présence de la concurrence qui s'élève, elle n'hésite pas à dire: Nous prenons ces lignes, pour n'avoir pas à côté de nous des compagnies qui ne nous feront peut-être pas une grande concurrence, mais dont le voisinage sera gênant pour nous; elles exploiteront dans d'autres conditions qui viendront gêner notre système de tarifs, notre système d'exploitation.

Voilà pourquoi je dis qu'il est indispensable de maintenir la loi de 1865, qu'il ne faut pas accepter les propositions du Gouvernement telles qu'elles sont formulées, parce que c'est l'anéantissement indirect de la loi de 1865.

Il vous sera impossible, une fois que vous aurez voté les propositions qui vous sont soumises par la commission, de trouver des entrepreneurs pour faire les petites lignes, parce qu'il sera notoire que, aussitôt que quelqu'un se présentera, les grandes compagnies d'intérêt général protégées, soutenues par le Gouvernement, pour lesquelles le Gouvernement a combattu avec la plus grande vigueur, ces grandes compagnies empêcheront les petites de créer soit un réseau, soit une ligne départementale.

Messieurs, je n'insiste pas davantage sur ce point, mais je dis que la situation est des plus graves pour le pays, que nous ne pouvons rester dans l'état où nous sommes en présence des pays voisins, dans lesquels des lignes nouvelles se créent chaque jour, et qu'il faut laisser à l'initiative individuelle en France le moyen ou de créer des lignes d'intérêt local ou de grandes lignes à côté des grands réseaux.

Messieurs, vous serez appelés à juger toutes ces questions, rien ne sera décidé sans votre autorisation; il faut la déclaration d'utilité publique, il faut observer toutes les formalités prescrites par la loi; mais, je vous en supplie, moyennant ces garanties, laissez subsister la loi de 1865, et ne permettez pas qu'on y porte la plus grave atteinte qu'on puisse lui porter, car c'est un coup moral dont elle ne pourrait jamais se relever. (Mouvements divers.)

On a dit encore que la ligne de Paris-Lyon-Méditerranée ne se cachait pas derrière son déversoir, qu'on avait rappelé dans le rapport de M. Cézanne qu'en effet on ne lui donnait pas de garantie d'intérêt, mais que cette garantie d'intérêt existait d'une manière indirecte. Je crois maintenant que l'Assemblée est parfaitement édifiée sur ce point, mais alors il ne faut pas venir dire encore ici que la compagnie Paris-Lyon-Méditerranée, toute grande et toute prospère qu'elle est, n'a jamais eu recours à l'Etat. D'abord, elle a eu des subventions pour la création de son réseau en différentes circonstances. (Interruptions.) Car, messieurs, il ne faut pas oublier que le réseau français des grandes compagnies a reçu de l'Etat 1,600 millions, c'est-à-dire que l'Etat lui a donné plus d'argent pour faire son réseau que les actionnaires n'en ont jamais fourni. Car les actionnaires n'ont versé que 1,465 millions, tandis que vous avez donné, vous et vos prédécesseurs, près de 1,600 millions. Mais ce n'est pas tout. Vous avez eu besoin d'emprunter, vous, grandes compagnies! Et qu'avez-vous fait? Vous êtes venues demander la protection de l'Etat, et c'est l'Etat qui est aujourd'hui garant des 6 milliards d'obligations qui circulent dans le pays.

M. le ministre des travaux publics. Non! non!

M. Pouyer-Quertier. Comment! l'Etat n'est pas garant des 6 milliards?

M. le ministre. Mais non! Il l'est pour une partie du nouveau réseau, c'est-à-dire pour à peu près la moitié des 6 milliards.

M. Pouyer-Quertier. Enfin, pour les 6 milliards, l'Etat est garant... (Non! non!) ...et la preuve que cette garantie est effective, c'est que vous inscrivez, de ce chef, à votre budget 42 millions par an. Donc, les grandes compagnies ont eu recours à l'Etat, elles ont été protégées par lui et nous avons le droit de leur dire qu'elles ne sont pas des entreprises privées, qu'elles sont des entreprises d'intérêt général et que l'intérêt général doit être aussi bien l'objet de leur exploitation que si elles étaient des propriétés de l'Etat. L'Etat a été le bailleur primitif de fonds, il est toujours venu à leur secours, et chaque jour, quand une grande compagnie se trouve dans une situation délicate et difficile, il ajoute quelques garanties à celles qu'elle avait déjà.

Et je trouve que cette nouvelle convention avec la compagnie de Paris-Lyon-Méditerranée augmente précisément les obligations de l'Etat dans une immense mesure et que, par conséquent, avant de s'engager dans cette voie, il faudrait au moins obtenir de ces grandes compagnies les compensations que j'avais demandées hier à M. le ministre des travaux publics; il faut, comme le disait tout à l'heure M. Cézanne, veiller à ce que ces exploitations se fassent au point de vue de l'intérêt général, et non pas contre l'intérêt de la plupart des commerçants.

Comment ! vous avez fait, dites-vous, une enquête sur les tarifs des chemins de fer ! Mais vous n'avez qu'à ouvrir les cartons du ministère du commerce, vous y trouverez les réclamations de la totalité des chambres d'agriculture de France, de toutes les chambres de commerce, de tous les commerçants, pourrais-je dire. Non pas qu'ils veuillent bouleverser, comme on le disait tout à l'heure, les tarifs dans leur ensemble; non, ce qu'on demande, c'est que ces tarifs qui favorisent au-delà de toute expression telle ou telle localité, tel ou tel pays étranger, au détriment de telle autre localité ou de la France, soient supprimés, qu'ils ne soient pas maintenus.

C'était plus que jamais l'occasion d'apporter dans la convention nouvelle des modifications au cahier des charges et de faire consentir la compagnie aux améliorations et aux réformes qui sont indispensables. Comment ! messieurs, vous voulez laisser à ces compagnies, à qui vous avez accordé et vous accordez aujourd'hui tant de faveurs, vous leur laissez le cahier des charges de 1842; vous n'y changez rien, vous ne modifiez pas les délais; il faudra encore quinze jours pour venir de Marseille à Paris !

M. le ministre des travaux publics. C'est le cahier des charges de 1857 !

M. Pouyer-Quertier. C'est tout un, car l'un n'est que la copie de l'autre !

M. Wilson. C'est la même chose aggravée !

M. Pouyer-Quertier. Je dis donc qu'il y a là des réformes à faire, et vous auriez dû les obtenir en faisant la convention nouvelle avec la compagnie.

Time is money, le temps, c'est de l'argent ! Vous laissez subsister ces mêmes délais contre lesquels le commerce tout entier s'élève. Il faut quinze jours pour faire venir une tonne de marchandises de Marseille à Paris, et, si vous empruntez deux ou trois lignes correspondantes, avec les délais de transmission, il vous faut vingt jours pour une distance de 800 kilomètres. C'est le train du roulage accéléré d'autrefois !

Vous nous dites : Nous exploitons à meilleur marché ! Qui est-ce qui le conteste ? Mais quand nous comparons vos tarifs avec ceux des compagnies étrangères, nous trouvons que, de même que vos délais sont plus longs, vos tarifs sont plus élevés.

L'honorable M. Cézanne disait tout à l'heure ; Ne vous plaignez donc pas ! Le prix de la main-d'œuvre a augmenté; le fer a augmenté; le charbon a augmenté depuis 1842 et depuis 1857; il est évident qu'on ne peut pas nous demander de réduire les tarifs, et que peut-être on pourrait plutôt les relever.

A cela, voici ce que je réponds : Que diriez-vous à un industriel qui emploie la houille et le fer, qui occupe beaucoup d'ouvriers et qui viendrait vous dire : Mes produits, à cause de l'élévation du prix de la houille, du charbon et de la main-d'œuvre, me coûtent plus cher qu'il y a vingt ans et cependant je n'augmente pas mes prix ! Savez-vous comment nous appellerions cet homme qui produirait au même prix qu'il y a vingt ans? Nous l'appellerions un routinier. Comment ! depuis vingt ans les machines à vapeur ne consomment pas la moitié du charbon qu'on consommait alors; c'est une réduction de 50 p. 100 sur le charbon; vous ne payez la main-d'œuvre que 10 ou 15 p. 100 de ce qu'elle vous coûtait autrefois, et vous venez sérieusement nous parler d'augmentation du charbon, du fer et de la main-d'œuvre !

Eh ! mon Dieu, je vous assure que quelquefois je suis étonné de voir dans nos gares de chemins de fer sept ou huit hommes attelés pour pousser péniblement de très-lourds wagons, quand j'ai vu en Angleterre, avec un simple petit cheval-vapeur, traîner un quart ou une moitié de train. Vos compagnies veulent nous faire croire qu'elles ont des frais considérables de main-d'œuvre. Sans doute, le prix de la main-d'œuvre a augmenté, mais avec les machines, vu la somme de travail produite, il y a une économie considérable sur ce chapitre depuis vingt ans. (Assentiment sur divers bancs.) Par conséquent, les compagnies, qui ne sont pas plus arriérées que les industriels, qui ont à leur disposition de plus grands capitaux pour faire des expériences, n'ont rien à demander, ni pour la main-d'œuvre, ni pour l'augmentation du prix de la houille. Non, les économies faites, grâce aux machines, sur l'emploi de la main d'œuvre, dépassent dans une immense proportion les dépenses que l'augmentation du taux des salaires a pu occasionner.

Vous le voyez donc, sur tous les points, il n'y a aucune raison de ne pas exiger de la compagnie de Paris-Lyon-Méditerranée, dans cette convention nouvelle toutes les concessions que nous avons indiquées tout à l'heure.

Je ne veux pas abuser plus longtemps des moments de l'Assemblée. Mais je l'adjure de bien considérer l'importance de la question. Les chemins de fer qu'il s'agit de concéder ne doivent être faits ni demain ni après-demain.

M. Langlois. Très-bien ! très-bien !

M. Pouyer-Quertier. Le premier de ces chemins de fer ne sera pas commencé avant quatre ans, et qui sait si la compagnie ne trouvera pas le moyen de retarder encore ce terme? (Rires d'assentiment sur plusieurs bancs.) Il n'y a donc pas urgence à inaugurer, comme l'a dit M. le ministre des travaux publics, un système nouveau qui transforme la législation actuelle, change tous nos rapports avec les grandes et avec les petites compagnies, il n'y a donc pas d'urgence à décider une pareille question après toutes les explications qui ont été données devant cette Assemblée et qu'elle a bien voulu écouter, depuis huit jours, avec une si grande bienveillance ; il n'y a pas urgence, et vous n'avez pas de raison pour ne pas renvoyer à la commission l'étude de cette question. (Nombreuses réclamations.)

Nous ne demandons pas le rejet du projet de loi...

M. Dufaure, *garde des sceaux, ministre de la justice.* Cela équivaudrait au rejet.

M. Pouyer-Quertier. ...ce qui est acquis est acquis, la déclaration d'utilité publique est faite. Mais ce que nous vous demandons, c'est que la convention sur laquelle vous êtes appelés à statuer et qui, selon nous, doit être, non pas rejetée, mais améliorée, soit renvoyée devant la commission, afin qu'elle y soit l'objet d'un nouvel examen et que l'Assemblée soit appelée à trancher cette grande question en connaissance de cause. (Très-bien! très-bien! sur plusieurs bancs à gauche. — Aux voix! aux voix!)

M. Wilson. Messieurs, comme conclusion des observations qui viennent d'être présentées par l'honorable M. Pouyer-Quertier, je viens, au nom des membres de la minorité de la commission des chemins de fer, vous demander le renvoi de l'article 2 à la commission.

M. Courbet-Poulard. De combien de membres se compose cette minorité de la commission?

M. Wilson. Permettez-moi, messieurs, de justifier très-brièvement la demande que je produis devant vous. (Aux voix! aux voix! à droite.)

M. Paris (Pas-de-Calais). Vous étiez deux pour former la minorité de la commission.

M. Wilson. Je répondrai aux interrupteurs, que, s'il y avait moins d'ingénieurs dans la commission, la minorité serait plus nombreuse! (Exclamations.)

C'est M. le ministre des travaux publics qui vous l'a dit lui-même, vous n'êtes pas en mesure de vous prononcer sur l'amendement de M. Pascal Duprat en connaissance de cause. (Nouvelles exclamations.) Il résulte, en effet, de son discours que les dossiers des concessions faites à titre d'intérêt local par les conseils généraux n'ont pas été soumis par lui à l'examen de la commission.

M. le rapporteur. Il ne s'est pas présenté de compagnies!

M. Wilson. Je vous demande pardon! il y a un grand nombre de compagnies qui ont obtenu des conseils généraux des concessions auxquelles il ne manquait pour être définitives que la déclaration d'utilité publique. (Assentiment sur divers bancs.)

Or, lorsque aujourd'hui M. Pascal Duprat vous propose d'attribuer, à titre d'intérêt général, à ces mêmes compagnies plusieurs des lignes dont vous avez déclaré l'utilité publique par l'article 1er, il me semble que vous ne pouvez pas passer au vote de l'amendement sans un supplément d'instruction de la part de la commission.

Vous ne voudrez pas non plus, d'autre part, paraître sanctionner par votre vote les doctrines qui ont été apportées à cette tribune par M. le ministre... (Mais si! mais si!), et qui sont la négation même des lois de 1865, de 1867 et de 1871. (Très-bien! sur plusieurs bancs à gauche.)

Enfin, messieurs, si vous vous placez à un autre point de vue, il faut encore un examen complémentaire. On vous l'a dit tout à l'heure, nous sommes au début de la discussion de cette question... (Oh! oh!); il y a encore vingt-quatre amendements à discuter; ces amendements traitent des questions les plus importantes, notamment de la question des tarifs.

La commission des chemins de fer s'est livrée à une enquête approfondie sur cette grave question des tarifs, et elle est plus avancée dans ses études que ne l'a dit M. le rapporteur. En effet, en dehors du rapport dont M. le rapporteur a parlé, notre collègue M. Dietz-Monnin a fait un deuxième rapport qui est prêt

à être soumis au vote de la commission, et dont les conclusions pourront être très-utilement introduites dans la présente convention.

Je dois vous faire remarquer, à ce sujet, que cette convention est peut-être la dernière qui sera faite avec la compagnie Paris-Lyon-Méditerranée. En tous cas, vous n'aurez pas, d'ici à longtemps, une semblable occasion de remanier le cahier des charges de cette compagnie. Voulez-vous négliger cette occasion?

En outre, on vous annonce des conventions avec toutes les grandes compagnies; si vous voulez apporter des modifications à leurs cahiers des charges, on ne manquera pas de vous objecter avec raison que vous n'avez pas voulu le faire pour la compagnie de Paris-Lyon-Méditerranée, dont la situation est la plus prospère?

Il est donc nécessaire que vous prononciez le renvoi à la commission de l'article 2 sur lequel porte l'amendement de M. Pascal Duprat, afin qu'elle vous apporte un travail complet sur la question, tant en ce qui concerne les concessions faites aux compagnies d'intérêt local qu'en ce qui concerne la question des tarifs. (Approbation sur divers bancs. — Aux voix! aux voix!)

M. de Clercq. Nous avons déjà étudié cette question pendant un an.

M. Raudot. Messieurs... (Aux voix! aux voix! La clôture! — Non! non! Parlez!) Je n'ai que quelques mots à dire. (Parlez! parlez!)

Comme président de la commission des chemins de fer, je viens vous demander, au contraire, de ne pas renvoyer la question qui vous occupe à la commission, attendu que ce renvoi ne servirait absolument à rien autre chose qu'à mettre à néant le projet de loi lui-même. (Oui! oui! — Très-bien! — Aux voix!)

On demande le renvoi à la commission pour que celle-ci oblige la compagnie de Paris à Lyon et à la Méditerranée à changer ses tarifs. Or, les changements de tarifs ne sont, en aucune manière, de la compétence de la commission; elle n'est pas chargée de faire des traités ou des conventions nouvelles avec les compagnies de chemins de fer, surtout pour un objet comme la révision des tarifs, question si difficile et si complexe.

Si nous demandions à la compagnie de Paris-Lyon-Méditerranée de changer les tarifs qui sont appliqués aux 6,000 kilomètres qui lui sont actuellement concédés, elle nous dirait: Ils sont le résultat d'un traité avec l'État, et je ne veux pas y renoncer. (Oui! oui! C'est vrai! — Aux voix! aux voix!)

Le projet qui vous est soumis, qui a été l'objet d'études consciencieuses de la commission pendant un an, serait donc, par le vote du renvoi à la commission, rejeté en réalité; il ne pourrait plus être voté cette année, et probablement il ne le serait pas l'année prochaine. Quoique ce projet puisse être critiqué sur certains points, je verrais avec chagrin qu'il fût mis à néant.

Messieurs, voulez-vous que l'on dise que nous ne sommes aptes qu'à faire des discours et que nous ne savons pas, que nous ne pouvons pas agir et terminer de grandes choses? (Très-bien! très-bien!)

Il s'agit de chemins de fer que non-seulement de nombreuses populations attendent avec impatience, de chemins de fer qui devraient être faits depuis longtemps pour la plupart, mais parmi ces chemins qui seront tous dans l'est-sud de la France, à des distances peu considérables de nos frontières, il y en a qui intéressent la défense du pays tout entier. (C'est vrai!) Voulez-vous qu'on ne fasse rien, qu'on discute encore pendant des années? (Nouvelles marques d'approbation. — Aux voix! aux voix!)

M. le président. Je fais observer à l'Assemblée que cette question de renvoi a été soulevée déjà au début de la discussion de l'article 1er comme elle se soulève maintenant au début de la discussion de l'article 2. Or, il semble avoir été convenu alors, d'un accord unanime, qu'au lieu d'interrompre la délibération à propos de chaque amendement en renvoyant à la commission, comme l'article n'était pas voté et que le vote était réservé, il était plus logique et plus pratique de discuter d'abord tous les amendements; que si l'Assemblée en acceptant quelques-uns d'où résultât la nécessité de nouvelles négociations avec la compagnie, le Gouvernement et la commission seraient parfaitement informés de la volonté de l'Assemblée, et qu'ainsi tous les intérêts étant sauvegardés, la discussion pouvait suivre son cours. (Oui! oui! — Très-bien!) Si l'Assemblée entend revenir sur cette sorte de convention... (Non! non!)

Sous le bénéfice de ces observations, qu'il était de mon devoir de faire à l'Assemblée, pour lui rappeler ce qui avait été convenu, je la consulte sur la proposition de M. Wilson qui demande le renvoi de l'article 2 à la commission.

(L'Assemblée, consultée, n'adopte pas la proposition de renvoi.)

M. le président. Je mets aux voix maintenant l'amendement de M. Pascal Duprat. L'Assemblée veut-elle que je lui en donne une nouvelle lecture? (Oui! oui!)

Cet amendement est ainsi conçu :

« Art. 2. — Celles des lignes indiquées ci-dessus, qui ont déjà fait l'objet de concessions départementales, resteront attribuées, à titre d'intérêt général, aux compagnies qui en ont obtenu la concession; elles seront exécutées dans les délais stipulés par les départements.

« L'Etat se réserve la faculté de racheter ces chemins de fer, à toute époque, après la mise en exploitation, en remboursant aux concessionnaires les dépenses de premier établissement, les intérêts du capital engagé pendant la construction et les insuffisances de produits.

« Toutefois, le prix du rachat ne pourra jamais excéder, pour chaque ligne, l'estimation admise par la convention passée entre le Gouvernement et la compagnie de Paris à Lyon et à la Méditerranée, diminuée de 20 p. 100.

« Quant aux lignes qui n'ont pas été concédées par les conseils généraux, elles pourront être attribuées à la compagnie de Paris à Lyon et à la Méditerranée ou mises en adjudication. Elles devront former, dans tous les cas, une concession distincte, tant de l'ancien que du nouveau réseau. »

Il y a une demande de scrutin.

Cette demande est signée par MM. Delille, Ricot, Victor Hamille, Delisse-Engrand, comte

de Bryas, Mathieu (Saône-et-Loire), Adam (Pas-de-Calais), comte de Diesbach, Emile Carron, Pradié, de Saint-Germain, de Beauvillé, Paris, Benoist du Buis, Alfred Giraud, comte de la Monneraye, Charreyron, de Chamaillard, Amy.

Il va être procédé au scrutin.

(Le scrutin est ouvert et les votes sont recueillis.)

M. le président. Voici le résultat du dépouillement du scrutin :

Nombre des votants............	598
Majorité absolue...............	300
Pour.................	118
Contre...............	480

L'amendement n'est pas adopté.

La parole est à M. le général Pellissier pour déposer un rapport.

M. le général Victor Pellissier. J'ai l'honneur de déposer sur le bureau, au nom de la commission de l'armée, un deuxième rapport supplémentaire sur le projet de loi destiné à déterminer les conditions suivant lesquelles les Français domiciliés en Algérie seront soumis au service militaire.

M. Delsol. J'ai l'honneur de déposer sur le bureau, au nom de la commission du budget de 1876, le rapport sur le budget des dépenses du ministère de l'instruction publique, des cultes et des beaux-arts, section 3e : Cultes.

M. Rameau. J'ai l'honneur de déposer sur le bureau de l'Assemblée, au nom de la 32e commission d'intérêt local, un rapport sur le projet de loi ayant pour objet d'autoriser le département de l'Ariége à contracter un emprunt pour les travaux des chemins de grande communication et d'intérêt commun.

M. le président. Les rapports seront imprimés et distribués.

Nous reprenons la discussion.

L'amendement qui doit être soumis maintenant à la délibération de l'Assemblée est celui que M. Clapier a présenté et qui est conçu en ces termes :

« Remplacer l'article 1er de la convention par l'article suivant :

« Le ministre des travaux publics, au nom de l'Etat, dans le cas où les concessions faites par les départements des Bouches-du-Rhône, du Gard, de l'Hérault et de l'Ardèche ne sortiraient pas à effet dans le délai d'un an à partir du décret d'utilité publique, concède à la compagnie de Paris à Lyon et à la Méditerranée, qui les accepte, les chemins de fer ci-après... »

« Le reste comme au projet. »

Plusieurs membres à droite et au centre. A demain! à demain!

A gauche. Non! non! Continuons!

M. le président. J'entends demander le renvoi de la suite de la discussion à demain. (Oui! — Non! non!)

Je vais consulter l'Assemblée.

(L'Assemblée, consultée, décide que la discussion continue.)

M. le président. La parole est à M. Clapier.

M. **Clapier.** Messieurs, j'aurai à solliciter environ une heure d'attention pour l'important amendement que je suis chargé de défendre.

A droite. A demain! à demain!.

A gauche. Non! non! — Laissez parler!

M. **Clapier.** De plus, j'aurais désiré pouvoir vérifier les chiffres qui ont été produits à cette tribune. Sous ce double rapport, un renvoi à demain eût été peut-être convenable. Cependant je suis aux ordres de l'Assemblée.

A droite et au centre. A demain! à demain!

M. **le président.** L'Assemblée vient de décider que la discussion devait continuer.

A droite. Mais l'orateur demande le renvoi à demain!

A gauche. Laissez parler l'orateur! — Parlez! parlez! monsieur Clapier!

Un membre à droite. L'Assemblée a bien accordé un renvoi au lendemain à M. Madier de Montjau, qui l'avait demandé!

M. **le président.** L'Assemblée s'est tout à l'heure prononcée pour la continuation de la discussion. J'ai donné la parole à M. Clapier. Veuillez bien l'écouter.

M. **Clapier.** Messieurs, puisqu'on a parlé de la prospérité de votre premier port commercial sur la Méditerranée et qu'on attribue cette prospérité à l'influence des chemins de fer qui la desservent, qu'il me soit permis de vous fournir, à cet égard, quelques renseignements qui contrediront peut-être ceux trop favorables qui vous ont été soumis.

L'importance vingt fois séculaire de votre premier port de la Méditerranée, de Marseille, tenait à ceci : tandis que l'Italie était environnée d'une chaîne de montagnes qui la séparait du reste de l'Europe, Marseille pouvait pénétrer en France, en Suisse, en Allemagne, par la riche vallée du Rhône et par ses affluents.

Les deux grands événements qui se sont accomplis dans la Méditerranée depuis six ans ont complètement bouleversé cet état de choses; ces deux événements sont le percement de l'isthme de Suez et le percement des Alpes par deux chemins de fer qui y ont été établis.

Par suite du percement de l'isthme de Suez, Marseille, qui, lorsque le retour de l'Inde se faisait par le détroit de Gibraltar, était aux avant-postes, se trouve placée à l'arrière-garde. Elle est dominée par Brindisi, point sur lequel s'est déjà concentrée la presque totalité des voyageurs venant de l'extrême Orient.

La compagnie anglaise orientale et péninsulaire a déjà déserté Marseille pour établir son point d'attache à Brindisi, et n'était l'excellent service de notre compagnie des Messageries maritimes, le transit des voyageurs nous aurait déjà complètement abandonné.

Sous le rapport commercial, l'axe commercial de la Méditerranée s'est déplacé. Il était autrefois à Marseille; il est maintenant à Gênes. Gênes possède deux chemins de fer qui le relient, l'un par le percement du mont Cenis à la France, l'autre, par le chemin de fer du Brenner, à la partie méridionale de l'Allemagne, chemin qui le conduit jusqu'à Munich.

Dans un avenir qu'on peut prévoir, un troisième chemin de fer, celui qui se fera à travers le mont Saint-Gothard, lui ouvrira le marché de la Suisse et tout le marché du nord de l'Allemagne.

[Texte partiellement effacé] Marseille, se compose des grandes villes [...] cinq ou six chemins de fer [...] mercial. Que de [...] sant pour satisfaire [...] circulation de ces [...] vont vous le démontrer [...] raison des trains directs et de [...] est obligé de desservir [...] transport de la marchandise [...] lativement restreint de trains [...] ments que j'ai lieu de croire [...] je n'ai pas pu vérifier [...] que la compagnie de Paris-Lyon-Méditerranée met à nous les fournir [...] cette compagnie ne peut [...] Marseille qu'environ 3,000 [...] chandises par jour, ce qui donne [...] 1 million ou 1,200,000 tonnes par an. Or, messieurs, de l'état général du commerce de France, publié par l'administration des douanes, il résulte que Marseille reçoit chaque année 1,500,000 tonnes de marchandises. Si vous ajoutez à ce tonnage celles qui lui viennent de Toulon et de Nice, si vous y ajoutez toutes les denrées produites par le département du Var et le département des Bouches-du-Rhône, les huiles, les vins et une foule d'autres, vous reconnaîtrez qu'un chemin de fer qui, au maximum de sa puissance, ne peut pas déboucher plus de 1,200,000 tonnes par an, est complètement insuffisant pour votre premier port.

Du reste ce fait est reconnu par M. le rapporteur lui-même. Voici comment il s'exprime dans son rapport:

« Dans l'état actuel, la ligne de Lyon à Tarascon doit suffire à deux courants entièrement distincts, et chacun de la plus grande importance; ces courants ont pour point de départ ou de destination, soit Marseille, soit le Languedoc. La superposition de ces deux courants sur une même ligne a produit de graves inconvénients dont souffrent à la fois Marseille et le Languedoc, et l'on peut dire la France entière. Il est, en effet, dans la nature des choses, que les transports qui prennent naissance, soit dans un grand port, soit dans une région vinicole, sont irréguliers et intermittents; les premiers dépendent des vents, et les seconds de la récolte. Il arrive quelquefois qu'après plusieurs jours de vent contraire, une brise favorable amène dans le port de Marseille une flotte chargée des blés de la mer Noire; si, dans le même moment, le Languedoc, pressé par l'approche des vendanges, est obligé de vider ses caves, il en résulte une accumulation de transports auxquels une ligne unique ne suffit qu'avec peine. Il est donc nécessaire de construire une seconde ligne à côté de la première. »

Un membre. Ce n'est pas dans la loi.

M. **Clapier.** Je tiens à vous prouver que le premier obstacle à ce que nous demandons, la construction d'une seconde ligne, c'est la loi qu'on vous propose, que si vous adoptez cette loi, une seconde ligne sera à jamais impossible. Or, il fallait vous démontrer tout d'abord que la construction d'une seconde ligne est une nécessité de premier ordre.

Je vous démontrerai ensuite qu'avec votre loi cette seconde ligne est à jamais impossible, et que Marseille est enserrée dans un cercle dont elle ne pourra jamais sortir. Ce point a été également reconnu par M. le rapporteur dans son rapport de 1873.

Voici, messieurs, quelles étaient les nécessités qu'il indique comme indispensables pour développer la prospérité de notre premier port :

« Reprendre, en la modifiant conformément aux circonstances actuelles, l'idée lancée prématurément, il y a quelques années, d'une seconde entrée à Marseille, par un embranchement ayant son terminus dans une gare maritime placée sur les ports eux-mêmes, et indépendante du tunnel de la Nerthe. »

Voilà donc un point de départ incontestable : une seconde ligne, une seconde entrée et une entrée indépendante du tunnel de la Nerthe.

Marseille n'est pas seulement une ville commerciale et de transit, c'est également une grande ville industrielle : elle produit des sucres raffinés, des savons, des huiles ; son industrie métallurgique a pris de très-grands développements, et si vous voulez, messieurs, mesurer son importance à sa consommation de charbon, voici ce qu'il en est : Marseille consomme chaque année 500,000 tonnes de charbon ; c'est-à-dire presque autant et peut-être autant que les principales et les plus grandes villes industrielles du pays. Sur cette quantité elle en reçoit 80,000 d'Angleterre. Le reste lui est fourni par les riches mines qui l'environnent et qui sont soit dans le département des Bouches-du-Rhône, soit dans le département du Var.

Voix à droite. A demain !

A gauche. Non ! non ! Continuez !

M. Clapier. Voici la situation qui résulte du rapport qui a été fait.

Tandis que pour le chemin de fer de Marseille, le tarif des transports ne lui coûte à lui que deux centimes, que ces transports s'exécutent dans le Nord à deux centimes et demi, Marseille est obligé de payer le transport de ses charbons cinq centimes, situation inouïe. (Très-bien !)

Ce n'est pas tout encore. Tandis que pour Marseille le transport du charbon se fait à cinq centimes, par le jeu de ces tarifs d'exportation que l'on célébrait tout à l'heure les charbons destinés à Gênes ne payent que deux centimes et demi. De telle sorte que dans quelques circonstances il y aurait intérêt pour avoir du charbon français, à le faire venir de Gênes.

C'est là une situation intolérable que nous ne pouvons pas accepter. Mais voici qui est mieux. On n'a cessé de dire et de répéter, que ce qui empêche notre marine de prendre du développement, c'est l'absence du fret. Or, le fret le plus abondant, c'est le charbon. Ce qui fait en grande partie la supériorité de la marine anglaise sur la marine française, c'est qu'elle peut toujours avoir un fret, tandis que nous ne l'avons pas. Eh bien, il résulte du rapport de M. Ducarre que les mines qui nous environnent pourraient produire le double de charbon qu'elles produisent, si elles avaient des moyens suffisants de transport. Leur production n'est limitée que par l'insuffisance de

ces moyens de transport et un peu aussi par l'insuffisance des bras.

Savez-vous dans quelle situation nous met cette impossibilité d'avoir du charbon, faute de moyens de transport, je ne dis pas à cause des tarifs élevés, je dis à cause de l'impuissance où est la compagnie de Paris-Lyon-Méditerranée de transporter une quantité de charbon suffisante par la voie qu'elle nous a ouverte ? Il se consomme annuellement dans la Méditerranée 1,800,000 tonnes de charbon. Quelle est la part que nous prenons à cette consommation à Marseille? 80,000 tonnes. Et ces 80,000 tonnes, d'où viennent-elles ? de l'Angleterre. Nous n'envoyons pas ou presque pas une tonne de charbon français dans toute la Méditerranée ; et, cependant, messieurs, pourrions-nous la faire?

Voici, messieurs, quelle est la situation :

En 1874 il est sorti du port de Marseille, — je cite, à cet égard, les chiffres empruntés à l'état général du commerce français; — en 1874, il est sorti du port de Marseille 1,849 navires sur lest de 423,845 tonnes. Voilà donc ces navires sortis de Marseille sans emploi, pouvant cependant prendre nos charbons, et qui sont sortis en lest allant chercher un fret ailleurs parce qu'ils n'ont pas pu trouver de charbon chez nous. Ils n'ont pas pu en trouver, quoique nous soyons environnés des plus riches mines du monde, parce que nous avons un chemin de fer qui s'y oppose, qui ne peut pas les transporter, et qui, quand il les transporte, ne le fait qu'à des prix exagérés, qu'il n'est pas permis d'aborder.

Voilà donc, messieurs, les deux nécessités de Marseille : avoir une seconde sortie et un deuxième chemin de fer, et c'est M. le rapporteur qui vous le dit ; obtenir des charbons à bon marché, pour développer son industrie, obtenir des charbons en abondance pour fournir aux navires qui quittent son port en lest les moyens de charger et les moyens d'aller au loin faciliter notre commerce et notre industrie.

Voilà pour Marseille un intérêt commercial de premier ordre.

Ce n'est pas ici une question de clocher, c'est une question de commerce français au premier chef.

Le département du Gard a des intérêts analogues. Nous avons intérêt à recevoir du charbon; il a intérêt à nous en donner. Il y a dans le département du Gard, dans la vallée de l'Auzonnet, les mines les plus riches et les plus abondantes, et qui ne peuvent pas développer toute leur importance, faute de moyens de transport.

Vient ensuite, — puisque l'amendement que j'ai l'honneur de vous soumettre intéresse les trois départements voisins : les Bouches-du-Rhône, le Gard, l'Hérault, — vient le département de l'Hérault. Sa situation est tout aussi mauvaise que celle de Marseille. (A demain ! — Parlez! parlez!)

Le département de l'Hérault renferme deux villes importantes : le port de Cette, la ville de Montpellier et son riche territoire. Or, ce département, ainsi que vous l'a très-bien exprimé notre honorable collègue qui m'a précédé à cette tribune, ce département voit chaque année, — toutes les fois qu'une récolte de vin y est un peu abondante, — le transport de ses vins entravé par l'insuffisance des chemins de fer. Et je vais vous l'expliquer, ce qui justifiera l'amendement très-judicieux qui vous a été présenté par notre honorable collègue M. de Rodez-Bénavent, amendement que vous avez très-bien fait d'accepter.

A droite. A demain ! à demain !

M. le président. Il y a un quart d'heure, l'Assemblée a décidé la continuation de la discussion ; je ne peux pourtant pas mettre aux voix, tous les quarts d'heure, le renvoi de la discussion à demain ! (Très-bien !)

M. Clapier. En l'état, toutes les marchandises qui viennent soit du port de Cette, soit de la ville de Montpellier et de ses environs, sont obligées de passer par Nîmes. Il n'y a qu'un seul chemin de fer. A Nîmes, on rencontre tous les charbons qui descendent des houillères ou des charbonnages du département et qui viennent faire concurrence. Or, comme ces charbons jouissent d'un droit de primauté pour le transport, — car je déclare et j'affirme qu'il n'y a pas de délais de transport pour les charbons de la Grand'-Combe, — lorsqu'un propriétaire de vins voit ses vins arriver à Nîmes, on lui dit : Attendez ; il y a des charbons qui doivent passer avant vos vins ; lorsque la voie sera libre, on les transportera.

Enfin, ce moment arrive, on va transporter ses vins...

M. Baragnon. Les marchandises de l'Hérault n'ont pas besoin de passer par Nîmes ; elles vont par Lunel et Arles.

M. Clapier. Etes-vous jamais passé par le chemin de fer de Lunel ? Moi, j'y suis passé, j'ai été obligé d'attendre quatre heures à la gare de Lunel. Je m'y suis morfondu et je n'ai vu passer aucun train de marchandises.

Arrivés à Nîmes, les vins ont enfin la possibilité de partir. Ils vont à Tarascon. Là un encombrement plus grand encore. Là vous avez non-seulement les charbons, mais toutes les marchandises venant des environs. Il est impossible dans ce cas-là de faire expédier des vins qui sont soumis à des retards infinis.

Voilà le grand intérêt du département de l'Hérault, et principalement des villes de Cette et de Montpellier, c'est d'obtenir une voie directe qui, évitant Nîmes, lieu d'encombrement, et Tarascon, lieu de plus grand encombrement encore, lui permette de faire transporter directement, soit par le Theil, pour aller vers Paris, soit du côté de l'Ardèche, pour atteindre le centre de la France.

Tels sont, messieurs, les grands intérêts qui s'agitent dans le Midi. Je les résume en quatre mots :

Pour Marseille, une seconde sortie des charbons abondants et des charbons à bon marché ; pour le Gard, la facilité d'exploiter ses vignes ; pour l'Hérault, la possibilité d'évacuer ses vins et tous les produits accessoires qui abondent dans ce pays.

Ces vins, messieurs, ne s'élèvent pas à moins 1,200,000 hectolitres par an. Comment voulez-vous qu'un chemin de fer qui déjà est insuffisant pour transporter les 1,500,000 tonnes que lui fournit le commerce de Marseille, puisse parvenir à transporter les denrées d'un

département qui expédie 1,200,000 tonnes par an ?

Plusieurs membres à droite. A demain ! à demain !

A gauche. Non ! non ! Parlez !

M. Clapier. J'ai déjà exposé à J'Assemblée les bases de ma discussion.

Si l'Assemblée doit interrompre mon discours... (Oui ! oui ! — Non ! non !) le moment serait venu, car ce que j'ai à dire se détache parfaitement de ce que je vous ai dit.

M. Jules Brame. On ne peut pas discuter des questions si graves dans une situation pareille ! Nous demandons qu'on renvoie à demain, ou bien qu'on écoute l'orateur. Je fais d'ailleurs remarquer que nous ne sommes plus en nombre. (A demain ! à demain ! — Non ! non !)

M. le président. Je demande à l'Assemblée de faire silence ; elle a décidé que la délibération continuerait. (Très-bien ! à gauche.)

M. Clapier. Maintenant que j'ai fait connaître les grands intérêts qui s'agitent autour de cette question, je dois indiquer en quel état elle est parvenue et quelles sont les antécédents qui ont amené le projet de loi qui nous est soumis et que je combats. (Parlez ! parlez ! — A demain ! à demain !)

M. le président. La majorité a déclaré que la discussion continuerait. (Oui ! oui ! à gauche.)

Je comprendrais qu'on insistât pour la remise à demain, si l'orateur avait terminé son discours ou s'il demandait lui-même à le suspendre : il continue son discours, écoutez-le, messieurs.

M. Clapier. Je suis aux ordres de l'Assemblée... (Parlez ! parlez !) et je suis en état de continuer mon discours ; mais je crois qu'avant qu'il soit terminé, vous demanderez vous-mêmes la remise à demain... (Ah ! ah ! — A demain ! — Parlez !), et si cette remise doit avoir lieu, il n'y a pas de moment plus opportun que celui auquel je suis arrivé en ce moment. (A demain ! à demain !)

M. le président. Je suis, comme l'orateur, aux ordres de l'Assemblée ; mais je dois lui faire observer que, tous les jours, à cinq heures et demie, le même incident se produit. (Très-bien ! à gauche.)

Régulièrement, une majorité décide que la discussion continuera, et, régulièrement aussi, un quart d'heure après, la discussion est interrompue.

Un membre à droite. Ceux qui votent pour la continuation de la discussion s'en vont, et alors l'Assemblée n'est plus en nombre. (Bruit.)

M. le président. Je demande à l'Assemblée de vouloir bien prendre un parti.

Si elle croit que l'on peut tous les jours commencer la délibération à trois heures moins un quart et l'interrompre à cinq heures et demie, le président n'a rien à y voir.

Si, au contraire, il doit être entendu que l'on prolongera la séance jusqu'à six heures, et il me semble que c'est là l'usage déjà ancien... (Non ! non ! — Si ! si !), alors on ne remettrait pas chaque jour en question la durée de la séance.

Maintenant, si on insiste, je mettrai aux voix la remise à demain de la suite de la discussion ; mais je demande que l'Assemblée

comte de). Kolb-Bernard. La Bouillerie (de). Lamy.
Lebreton. Lepetit. Levéque. Limperani. Loc-
kroy. Lur-Saluces (marquis de). Malartre. Ma-
lens. Mangini. Martin (Charles). Martin des
Pallières (général). Mathieu (Saône-et-Loire).
Mayaud. Mazeau. Melun (comte de). Mes-
treau. Montlaur (marquis de). Nioche. Pari-
got. Pernolet. Pompery (de). Princeteau.
Raoul Duval. Rémusat (Paul de). Reymond
(Loire). Rivaille. Rodez-Bénavent (vicomte de).
Roussel. Rouvier. Saintenac (le vicomte de).
Schœlcher. Sénard. Serph (Gusman). Soye.

Swiney. Tamisier. Target. Temple (du).
Thiers. Thurel. Tiersot. Tillancourt (de).
Turquet. Vinols (baron de).

ABSENTS PAR CONGÉ :

MM. Aumale (le duc d'). Chabrol (de). Cham-
brun (comte de). Chanzy (général). Chaudordy
(comte de). Corcelle (de). Desbons. Flotard.
Gontaut-Biron (vicomte de). La Roncière Le
Noury (vice-amiral baron de). Le Flô (général).
Magne. Maure. Monnot-Arbilleur.

PÉTITIONS

« Art. 95 du Règlement. — Après l'expiration du délai ci-dessus indiqué (délai d'un mois
après la distribution du feuilleton de pétitions indiqué dans l'article 94), les résolutions de
la commission deviennent définitives à l'égard des pétitions qui ne doivent pas être l'objet d'un
rapport public et sont mentionnées au *Journal officiel*. »

RÉSOLUTIONS (1)

*Des 6e, 18e, 31e et 34e commissions des péti-
tions, insérées dans les feuilletons des 13 et
27 mai 1875, devenues définitives aux termes
de l'article 95 du règlement.*

SIXIÈME COMMISSION

M. Prétavoine, *rapporteur.*

Pétition n° 2552. — Le sieur Jaccoux, à Paris, soumet à l'Assemblée nationale un projet
relatif à la transformation de la presse.

Motifs de la commission. — L'auteur de la
pétition demande à l'Assemblée la transformation de la presse périodique et développe ses
vues à cet égard dans un volumineux travail
qui constitue toute une théorie sociale et politique.

Il serait aussi inutile que difficile de présenter à l'Assemblée une analyse même succincte
de ce long exposé. Les idées de l'auteur respi-
rent l'honnêteté et le patriotisme, mais quand
il aborde les conclusions pratiques, son système échappe, nous avons le regret de le dire, à
toute discussion; un mot suffira pour en convaincre.

Le pétitionnaire demande l'organisation officielle de la presse sur les bases suivantes :
2 journaux par département, 10 journaux pour
Paris; les 180 journaux seraient pourvus de
1,160 rédacteurs, divisés en 12 groupes de 180
chacun. Les cinq académies auraient chacune
la nomination d'un groupe; les ministères de
la guerre, des finances, de l'intérieur, du commerce, de la justice, de la marine et des affaires étrangères désigneraient chacun un des
sept autres groupes; chaque rédacteur révocable en conseil des ministres; enfin, l'auteur de
la pétition, réglant jusqu'à la composition du
journal lui-même ajoute : « Une page du
journal serait réservée gratuitement aux opinions, à la polémique et aux communications
des citoyens, une seconde page aux répliques
approbatives ou improbatives, ainsi qu'aux
discussions diverses des dix rédacteurs, la
troisième page aux actes officiels et la quatrième aux annonces. »

Toutefois l'auteur accorde « la faculté de
varier ces proportions d'un jour à l'autre, et
d'en rétablir l'équilibre selon les besoins de la
discussion et des communications. »

Tout en rendant, ainsi que nous l'avons déjà
fait, hommage aux sentiments et aux intentions du pétitionnaire, la 6e commission des
pétitions ne peut que proposer l'ordre du jour
pur et simple pour le projet qu'il a soumis à
l'Assemblée. — (Ordre du jour.)

DIX-HUITIÈME COMMISSION

M. Testelin, *rapporteur.*

Pétition n° 5269. — Mme veuve Jacquix, à la
Sauvetat (Lot-et-Garonne), demande que les
certificats de vie, dont la production est nécessaire pour toucher les arrérages de pensions
de l'Etat, puissent être délivrés par les maires,
en leur qualité d'officiers de l'état civil.

Motifs de la commission. — La modification
demandée par la pétitionnaire dans la législa-

(1) Ces résolutions ont été insérées dans le *Journal officiel* du 1er juillet, à la suite du compte
rendu de la séance du 30 juin.

tion relative à la délivrance des certificats de vie pourrait présenter de sérieux inconvénients. — (Ordre du jour.)

Pétition n° 5287. — Le sieur Beuchot, à Paris, demande à l'Assemblée nationale de décider que tout fonctionnaire est tenu d'accuser réception des communications qui lui sont faites par tout électeur.

Motifs de la commission. — Cette pétition est sans intérêt. La mesure qu'elle propose augmenterait sans aucune utilité le travail dans les administrations publiques. — (Ordre du jour.)

M. Gusman Serph, *rapporteur.*

Pétition n° 5325. — Des habitants de Saint-Amant-de-Boix (Charente), conseillers municipaux, demandent que le bureau de l'enregistrement de leur canton, établi actuellement dans la commune de Mortignac, soit transféré dans la commune de Saint-Amant-de-Boix, qui est le chef-lieu du canton.

Pétition n° 5346. — Des habitants du canton de Prahecq (Deux-Sèvres) demandent l'établissement d'un service postal en voiture ou à cheval entre Niort et Prahecq.

Motifs de la commission. — Les pétitionnaires devaient adresser leurs réclamations aux chefs de service dans lesquels ils sollicitent des changements. L'Assemblée n'a pas à intervenir dans ces questions purement administratives. — (Ordre du jour.)

M. Philippoteaux, *rapporteur.*

Pétition n° 5285. — Le docteur Cangrain, à Fougerolles (Mayenne), sollicite l'intervention de l'Assemblée nationale pour qu'il soit donné suite à une demande en dégrèvement d'impôts qu'il a adressée au ministre des finances depuis le 1er mai 1872, et dont il attend encore la réponse.

Motifs de la commission. — La loi indique la marche à suivre pour obtenir les réductions ou dégrèvements d'impôts; le pétitionnaire a dû ou pu présenter sa réclamation aux juridictions administratives compétentes ; c'est une question d'intérêt privé, dans laquelle l'Assemblée nationale ne peut intervenir.—(Ordre du jour.)

Pétition n° 5290. — Le sieur Ducos, de la Haille, propriétaire à Saint-George d'Oléron (Charente-Inférieure), demande que toute liberté dans les prix de vente soit laissée aux boulangers.

Motifs de la commission. — La pétition n'est qu'une sorte de demande de consultation dans un intérêt privé, qui ne concerne nullement l'Assemblée. — (Ordre du jour.)

Pétition n° 5333. — Le sieur Wagener, résidant à Londres depuis le mois de septembre 1870, après avoir été chassé de Paris comme Allemand, quoique né en France et y ayant toujours résidé, sollicite de l'Assemblée nationale un secours comme compensation des pertes que cette brutale expulsion lui a fait subir.

Motifs de la commission. — Si le sieur Wagener est Allemand, qu'il s'adresse à l'Allemagne qui s'est fait allouer une large indemnité pour dommages à ses nationaux. S'il est Français, qu'il s'adresse à l'administration française. Dans aucun cas, il n'appartient à l'Assemblée d'intervenir directement dans cette question. — (Ordre du jour.)

Pétition n° 5360. — Le sieur Colas, à Epernay (Marne), demande qu'il y ait une Bourse pour les valeurs dans chaque chef-lieu d'arrondissement.

Motifs de la commission. — La commission ne croit pas avoir besoin d'insister sur l'impossibilité absolue de donner satisfaction à l'idée du pétitionnaire. — (Ordre du jour.)

Pétition n° 5408. — 1,322 boulangers et autres commerçants, de vingt-huit villes de France, demandent la liberté du commerce de la boulangerie.

Motifs de la commission. — La taxe du pain peut devenir, dans certains cas, une mesure nécessaire, à laquelle il importe que les maires puissent au besoin recourir. — (Ordre du jour.)

Pétition n° 5421. — Le sieur Choppin d'Arnouville, ancien magistrat, et le sieur Guerquin, ancien conseiller de préfecture, à Montpellier (Hérault), héritiers du sieur Rollin, décédé notaire honoraire à Metz, depuis l'annexion de l'Alsace et de la Lorraine à l'Allemagne, appellent l'attention toute spéciale de l'Assemblée nationale sur la situation qui leur est faite par l'administration française, qui exige d'eux les droits de mutations par décès qu'ils ont déjà payés à l'Allemagne. Ils supplient l'Assemblée nationale de rendre une décision qui règle cette question d'une façon générale, question qui intéresse tous les Alsaciens-Lorrains qui ont opté pour la nationalité française.

Motifs de la commission. — La situation exposée par les pétitionnaires est très-digne d'intérêt, mais il ne semble pas possible de provoquer une loi d'exception en leur faveur.

D'autre part, le renvoi à M. le ministre des finances serait sans objet. Les pétitionnaires se sont déjà adressés directement à lui, et la réponse officielle et péremptoire du ministre est jointe à la pétition elle-même.

La commission regrette de ne pouvoir conclure qu'à l'ordre du jour. — (Ordre du jour.)

M. le général Robert, *rapporteur.*

Pétition n° 5319. — Le sieur Girod-Genet, à Bagnères-de-Luchon (Haute-Garonne), médaillé de Sainte-Hélène, presque aveugle et sans ressource aucune, supplie l'Assemblée nationale de lui faire allouer un secours.

Motifs de la commission. — Le pétitionnaire reconnaît que ses services militaires ne lui donnent pas droit à une pension ; mais à raison de son âge et de sa cécité presque complète, il paraît être dans les conditions voulues pour qu'on lui accorde un secours ; c'est à l'autorité militaire qu'il doit s'adresser pour l'obtenir. — (Ordre du jour.)

Pétition n° 5329. — Le sieur Vianey, à Lyon, ancien capitaine-commandant, chevalier de la Légion d'honneur et mis à la retraite d'office, demande sa réintégration dans l'armée active.

Motifs de la commission. — Le droit du ministre de la guerre de mettre d'office à la retraite un officier qui remplit les conditions voulues ne saurait être contesté. — (Ordre du jour.)

Pétition n° 5330. — Le sieur Piland, à Faverges (Haute-Savoie), militaire en retraite et blessé à Sébastopol, demande qu'on continue à lui allouer le supplément de pension qu'il recevait, avant le 4 septembre 1870, sur les fonds de la liste civile, pension complémentaire qu'il n'a pu toucher depuis cette époque.

Motifs de la commission. — Si le pétitionnaire se trouve, ainsi qu'il l'indique, dans les conditions exigées par la loi du 4 décembre 1872 pour obtenir une allocation supplémentaire élevant sa pension à 600 fr., il doit adresser sa réclamation au ministre de la guerre et non à l'Assemblée nationale. — (Ordre du jour.)

Pétition n° 5321. — Des militaires en retraite habitant les communes de Luxeuil et de Saint-Loup (Haute-Saône) demandent que les militaires retraités soient admis à voyager à prix réduit sur les lignes du chemin de fer, comme les militaires en activité de service.

Motifs de la commission. — Le Gouvernement ne peut modifier les traités qu'il a passés avec les compagnies des chemins de fer ; en conséquence, la demande des pétitionnaires ne peut être accueillie. — (Ordre du jour.)

Pétition n° 5345. — Le sieur Pigeon, à Château-Chinon (Nièvre), sollicite un secours ou une pension viagère pour sa mère ou pour lui, en raison des services rendus à l'État par son frère le commandant Pigeon, décédé quelques mois après sa mise à la retraite.

Motifs de la commission. — La situation du pétitionnaire paraît digne d'intérêt. Mais les services militaires de son frère ne constituent ni pour lui, ni pour sa mère, aucun droit à l'obtention d'une pension ou d'un secours. — (Ordre du jour.)

Pétition n° 5417. — Le sieur Desvignes, à Chiroubles (Rhône), ancien militaire blessé, demande qu'on continue à lui payer la gratification qu'il recevait depuis dix ans, en raison de sa blessure, gratification qui lui a été refusée le 25 novembre 1872, à la suite d'une contre-visite subie par lui à l'hôpital militaire de Lyon.

Motifs de la commission. — Le pétitionnaire a joui pendant quelques années d'une gratification renouvelable ; ces gratifications, essentiellement temporaires, cessent à la suite de constatations médicales bisannuelles, lorsque l'ancien militaire est considéré comme guéri de ses blessures. Si le pétitionnaire veut réclamer contre la suppression de la gratification, c'est à l'autorité militaire de sa résidence qu'il doit s'adresser. — (Ordre du jour.)

M. de Carbonnier de Marzac, *rapporteur.*

Pétition n° 5236. — Le sieur Loubriat, à Luberzaz (Corrèze), demande que les percepteurs soient autorisés à payer les arrérages de rentes sur l'État.

Motifs de la commission. — Le payement des arrérages de rentes sur l'État exige des vérifications et est soumis à des règles de comptabilité qui ne permettent pas de confier ce service à de simples percepteurs. — (Ordre du jour.)

Pétition n° 5244. — Le sieur Caubet, typographe à Paris, demande qu'on lui restitue la somme de 574 francs qu'il a dû payer en 1852, pour une prétendue contravention à la loi sur les signatures, jugée par défaut le 13 décembre 1851, alors qu'il était en fuite pour se soustraire aux conséquences de sa résistance légale au coup d'État.

Motifs de la commission. — L'Assemblée nationale ne peut faire restituer au pétitionnaire la somme qu'il a payée en 1852 par suite d'une condamnation prononcée contre lui. Il ne lui reste que la voie gracieuse pour obtenir du Gouvernement la restitution qu'il réclame. — (Ordre du jour.)

Pétition n° 5275. — Le sieur Bourgne, au Luc (Var), sollicite l'intervention de l'Assemblée nationale pour que justice lui soit rendue.

Motifs de la commission. — Cette pétition est relative à des querelles et des désordres de famille, dont l'Assemblée n'a pas à s'occuper. — (Ordre du jour.)

Pétition n° 5313. — Le sieur Razoir, clerc de notaire à Arzy (Oise), supplie l'Assemblée nationale d'ajouter à la loi une disposition législative dont le but serait d'obliger le débiteur et le créancier solidairement à faire opérer dans les trois mois du payement intégral d'une créance quelconque, la radiation de l'inscription hypothécaire prise pour sûreté de cette créance, et dont la péremption ne serait pas acquise dans l'année du remboursement.

Motifs de la commission. — Le défaut de radiation des inscriptions hypothécaires, après l'extinction des créances qu'elles garantissent, entraîne, il est vrai, les inconvénients signalés par le pétitionnaire. Mais la disposition législative qu'il demande à l'Assemblée d'ajouter à la loi actuelle, n'est pas admissible.

L'auteur de la pétition veut que le créancier soldé et le débiteur soient tenus solidairement à faire opérer la radiation de l'inscription hypothécaire, à peine contre chacun d'eux d'une amende de 50 fr. au moins et à la charge par le créancier désintéressé, qui n'aurait pas surveillé cette radiation, de supporter seul et sans recours tous les frais de sommation, notification, convocation et autres, occasionnés par sa négligence.

Cette disposition serait contraire à l'équité et aux principes du droit ; elle serait injuste, parce qu'elle traiterait le créancier soldé, qui n'a aucun intérêt à la radiation de l'inscription, plus sévèrement que le débiteur libéré à qui cette radiation peut être utile. Elle serait en opposition avec la loi, qui met à la charge du débiteur tous les frais de payement. — (Ordre du jour.)

Pétition n° 5323. — Le sieur Leroux, à Rouen, demande : 1° que les honoraires des notaires soient réduits et que la fixation des nouveaux tarifs soit confiée à des commissions spéciales et non aux chambres des notaires ; 2° que l'on réduise le plus possible les cas où le ministère des notaires est obligatoire et qu'on enlève à des officiers ministériels le privilège de certaines ventes ; 3° qu'on autorise la création d'un plus grand nombre d'études de notaires, de façon à faire naître la concurrence et amener, par suite, la diminution des prix d'actes.

Motifs de la commission. — En cas de contestation, la fixation des honoraires des notaires appartient au président du tribunal, qui fixe la rétribution due au notaire rédacteur d'après l'importance et les difficultés de l'acte soumis à son examen. C'est un recours toujours ouvert aux clients contre les prétentions exagérées des notaires. Les tarifs arrêtés par les chambres des notaires n'ont un caractère obligatoire ni pour les clients, ni pour les notaires eux-mêmes. Ils ne sont qu'une simple indication destinée à empêcher les écarts qui pourraient se produire dans les perceptions des honoraires entre les études d'un même arrondissement. L'établissement d'un tarif général pour toute la France a été discuté dans les chambres législatives, au conseil d'État et à la cour de cassation. Il a été reconnu impossible et, après un examen attentif, on n'a apporté aucun changement à la législation sur cette matière.

La réduction des cas où le ministère des notaires est obligatoire n'est pas demandée par

l'opinion publique ; elle pourrait compromettre la régularité d'actes importants.

Enfin la concurrence que le pétitionnaire voudrait voir établir entre les notaires au moyen de la création d'un plus grand nombre d'études ne serait pas sans inconvénient. Le notariat ne peut être considéré comme un commerce où l'on doive surtout rechercher le prix réduit. — (Ordre du jour.)

Pétition n° 5342. — Des anciens notaires alsaciens et lorrains demandent qu'on accorde l'honorariat aux notaires de l'Alsace et de la Lorraine qui ont préféré donner leur démission et qui ont opté pour la nationalité française.

Motifs de la commission. — Quelque patriotique qu'ait été la conduite des anciens notaires alsaciens ou lorrains qui ont donné leur démission et opté pour la nationalité française, il ne serait pas possible de leur accorder l'honorariat qu'ils sollicitent soit pour ceux d'entre eux qui ont les vingt années d'exercice exigées pour l'obtention de cette qualité, soit pour ceux qui ne remplissent pas les conditions de temps requises.

Outre l'impossibilité de faire procéder à l'instruction préparatoire par une chambre de discipline ayant qualité pour apprécier leur honorabilité pendant leur exercice, il faut reconnaître que l'honorariat institué pour récompenser exclusivement les qualités professionnelles des notaires, ne peut être accordé pour un acte de patriotisme digne d'éloges, mais complètement étranger au notariat. — (Ordre du jour.)

Pétition n° 5362. — Le sieur Verbet, juge de paix du canton d'Auneau (Eure-et-Loir), demande : 1° la modification de l'article 23 de la loi du 25 ventôse an XI, sur le notariat ; 2° la franchise télégraphique pour les juges de paix ; 3° l'interdiction de la chasse en plaine au rabat ; 4° la modification de la loi en ce qui concerne les propriétés frappées d'alignement.

Motifs de la commission. — La modification demandée par le pétitionnaire à l'article 23 de la loi du 25 ventôse an XI, sur le notariat, serait contraire à l'ordre public, qui exige le secret des affaires particulières ; la franchise télégraphique pour les juges de paix ne paraît pas nécessaire ; l'interdiction de la chasse en plaine au rabat n'est pas une mesure réclamée par l'opinion publique ; la législation sur les propriétés bâties frappées d'alignement répond à un intérêt général qu'on ne peut sacrifier aux intérêts privés. — (Ordre du jour.)

Pétition n° 5370. — Le sieur Béchet, à Barenton (Manche), maire et conseiller d'arrondissement, demande, afin de faciliter les recherches dans les bureaux d'hypothèques, que la loi ordonne, à peine de nullité, que dans tous les actes notariés et autres, dans les jugements, dans les bordereaux et même dans tous les actes de la vie civile, il sera fait mention des prénoms, noms, professions, domicile, date et lieu de naissance des parties.

Motifs de la commission. — Exiger à peine de nullité dans les actes de toute nature l'ensemble des mentions indiquées par le pétitionnaire serait créer de nombreuses causes d'erreurs, de procès et d'annulations de contrats, car on trouve encore assez souvent des gens qui ignorent l'orthographe de leur nom, le nombre et l'ordre de leurs prénoms et la date exacte de leur naissance. — (Ordre du jour.)

———

Pétition nº 5416. — Le sieur Assier, à Saint-Jean-le-Blanc (Loiret), maire et ancien notaire, demande l'établissement dans chaque commune d'un registre matricule mentionnant pour chaque habitant le vrai domicile, l'état civil, la nationalité et la capacité civile et politique. Il demande qu'une loi rende ce registre obligatoire dans toute mairie.

Motifs de la commission. — Le registre demandé par le pétitionnaire exigerait des soins assidus et des aptitudes que l'on ne saurait exiger d'un grand nombre de maires. Le registre mal tenu causerait plus d'erreurs qu'il ne rendrait de services. — (Ordre du jour.)

———

TRENTE ET UNIÈME COMMISSION

M. Martin (d'Auray), *rapporteur.*

Pétition nº 6803. — Le sieur Jean Donneux, à Colney (Nièvre), ancien militaire, estropié à Waterloo, sollicite l'intervention de l'Assemblée nationale pour obtenir une pension.

Motifs de la commission. — La demande du sieur Donneux, si digne d'intérêt qu'elle soit, ne peut être utilement présentée qu'au ministère de la guerre. En conséquence, la commission invite le pétitionnaire à s'adresser directement à M. le ministre de la guerre. — (Ordre du jour.)

TRENTE-QUATRIÈME COMMISSION

M. Lebourgeois, *rapporteur.*

Pétition nº 7063. — Le sieur Guyennet, à Miramont (Lot-et-Garonne), sollicite la haute intervention de l'Assemblée nationale pour qu'il lui soit rendu justice par l'administration de l'instruction publique et qu'il puisse être enfin appelé à faire valoir ses droits à la retraite, conformément à la loi du 19 juin 1853, en sa qualité d'ancien fonctionnaire de l'instruction publique.

Motifs de la commission. — L'Assemblée nationale n'a pas le droit d'intervenir dans la question soulevée par le pétitionnaire. Il peut solliciter l'assistance judiciaire devant le conseil d'État, qui est seul compétent pour réformer, s'il y a lieu, la décision du ministre. — (Ordre du jour.)

M. Maseau, *rapporteur.*

Pétition nº 7067. — Mlle Apoline Commarmond, à Lyon (Rhône), demande qu'on lui facilite les moyens de propager ses doctrines sur les droits et les devoirs respectifs de l'homme et de la femme dans la société moderne.

Motifs de la commission. — Cette pétition ne saurait être utilement l'objet d'un rapport, et la commission estime qu'il y a lieu de prononcer la question préalable. — (Question préalable.)

ASSEMBLÉE NATIONALE

SÉANCE DU MARDI 1er JUILLET 1875

PRÉSIDENCE DE M. LE DUC D'AUDIFFRET-PASQUIER

La séance est ouverte à deux heures et demie.

M. Félix Voisin, *l'un des secrétaires*, donne lecture du procès-verbal de la séance d'hier.

Le procès-verbal est adopté.

M. le président. L'ordre du jour appelle la discussion du projet de loi portant établissement de surtaxes sur les vins et sur les alcools à l'octroi de Rambervillers (Vosges).

« *Article unique*. — A partir de la promulgation de la présente loi, et jusqu'au 31 décembre 1879 inclusivement, les surtaxes suivantes seront perçues à l'octroi de Rambervillers, département des Vosges, savoir :

« Vins en cercles et en bouteilles, par hectolitre, 60 centimes.

« Alcool pur contenu dans les eaux-de-vie, esprits, liqueurs et fruits à l'eau-de-vie, par hectolitre, 4 fr.

« Absinthe, volume total, par hectolitre, 4 fr.

« Ces surtaxes sont indépendantes des droits de 1 franc sur les vins et 6 francs sur les alcools, établis, par hectolitre, à titre de taxes principales. »

(Le projet est mis en délibération dans les formes réglementaires et voté par l'Assemblée sans discussion.)

M. le président. M. Faye a la parole pour adresser une question à M. le ministre des finances.

M. Léopold Faye. Messieurs, j'ai demandé la parole pour adresser à M. le ministre des finances — que j'ai eu l'honneur de prévenir il y a quelques instants, — une question qui intéresse au plus haut degré nos départements riverains de la Garonne.

Au milieu des désastres qui viennent de frapper nos malheureuses populations, une pensée se présente naturellement à tous les esprits : toutes nos récoltes sont détruites ; le travail d'une année entière est perdu. Sans doute les secours que déjà l'Assemblée a votés, et ceux qui viendront s'ajouter par suite des souscriptions qui s'ouvrent en ce moment, auront pour effet d'atténuer dans une certaine proportion nos pertes.

Mais je demande à M. le ministre si, pour remédier à un mal plus immédiat et plus urgent, il a pris des mesures pour arriver au dégrèvement de l'impôt foncier.

Cette pensée préoccupe nos malheureux inondés qui, pour la plupart, n'ont pas payé les derniers mois de leurs contributions.

Je ne doute pas que M. le ministre veuille bien répondre à la question que j'ai l'honneur de lui adresser, et je suis convaincu que sa réponse sera de nature à donner une satisfaction complète à nos infortunés compatriotes. (Approbation sur plusieurs bancs.)

M. Léon Say, *ministre des finances*. Messieurs, je répondrai à mon honorable collègue que le ministre des finances s'est occupé de cette question. Les dégrèvements auront lieu de la manière et dans la proportion qu'il sera juste d'adopter.

M. Léopold Faye. Il faut que les fonds soient suffisants.

M. le ministre des finances. Le seul point qui dût me préoccuper était de savoir si j'avais entre les mains les ressources suffisantes pour faire face à ces dégrèvements nécessaires.

Je puis rassurer mon honorable collègue; le fonds de dégrèvement est en ce moment fort riche, parce que les reliquats des années antérieures se sont accumulés. Nous avons de quoi subvenir à tous les besoins.

M. Léopold Faye. Cette déclaration était extrêmement utile pour rassurer les populations inondées. Je remercie l'honorable ministre des finances d'avoir bien voulu la porter à la tribune.

M. le président. L'ordre du jour appelle la suite de la discussion du projet de loi relatif à la déclaration d'utilité publique de plusieurs chemins de fer et à la concession de ces chemins à la compagnie de Paris-Lyon-Méditerranée.

La parole est à M. Clapier.

M. Clapier. Messieurs, à la fin de la séance d'hier, j'ai eu l'honneur de vous faire connaître les besoins auxquels un chemin de fer était tenu de satisfaire pour les départements des Bouches-du-Rhône, du Gard et de l'Hérault. Pour le département des Bouches-du-Rhône, il faut à Marseille une nouvelle sortie indépendante du tunnel de la Nerthe, et je ne pense pas — j'aurais dû l'ajouter, — qu'on puisse prétendre que ce besoin ait été suffisamment satisfait par le chemin de fer qui se fait actuellement entre Aix et Marseille. Il existe un chemin de fer à 25 kilomètres de Marseille, en dehors de la Nerthe, qui de Rognac va à Aix, et qui d'Aix, lorsque cette ligne sera complètement ouverte, reviendra sur Marseille. C'est une espèce de chemin de fer de circonvallation. Si jamais le tunnel de la Nerthe venait à s'écrouler, ce chemin pourrait offrir un secours momentané, mais il serait impuissant à satisfaire aux besoins de tout notre commerce. Il allonge le parcours de 25 kilomètres; il est à une voie, il offre des pentes de 15 à 18 millimètres; il ne pourrait sous aucun rapport suffire au transport d'une quantité considérable de marchandises et au passage de nombreux trains de voyageurs, surtout de trains rapides.

Marseille a donc besoin, ainsi que vous l'a indiqué M. le rapporteur lui-même, d'une seconde sortie indépendante de celle qui existe actuellement. Elle a besoin, pour son industrie, de charbon à bon marché; elle a besoin, pour son commerce d'exportation, et pour fournir du fret à ses navires, de charbons plus abondants que ceux que le chemin de fer actuel peut lui apporter.

Le département du Gard a besoin, lui, de son côté, de voies plus faciles qui lui permettent d'exploiter dans de plus grandes proportions les riches bassins houillers qu'il possède,

et dont l'exploitation est actuellement restreinte parce que ces exploitations ne peuvent pas évacuer tout le charbon qu'ils pourraient produire.

Le département de l'Hérault a besoin d'une ligne directe vers Paris et le centre de la France, afin de pouvoir y transporter les quantités considérables de vins que ce département récolte chaque année et qui ne s'élèvent pas à moins de 12,000,000 d'hectolitres.

De tout temps et à toutes les époques, ces trois départements ont été unanimes pour réclamer un réseau de chemins de fer qui satisfît à leurs besoins. En 1863, la compagnie du Midi, qui se trouvait alors en compétition avec la compagnie de Paris à Lyon et à la Méditerranée, offrit de satisfaire à ces nécessités; elle demanda l'autorisation de construire une ligne qui lui permît de continuer le chemin qu'elle possède déjà de Bordeaux à Cette, de le continuer, dis-je, jusqu'à Marseille, ce qui aurait donné à Marseille le moyen de pénétrer, à la fois, dans tout le Languedoc et de communiquer même avec l'importante ville de Bordeaux.

Cette réclamation de sa part souleva un très-vif débat, une vive compétition entre les compagnies du Midi et celle de Paris à Lyon et à la Méditerranée qui, en 1863, soutenait, comme aujourd'hui, que les abords de Marseille lui appartiennent et qu'il ne doit être permis à aucune compagnie d'y pénétrer sous aucun prétexte.

La compagnie du Midi succomba dans ce débat: il lui fut interdit de faire un chemin de fer de Cette jusqu'à Marseille, de nous donner une seconde sortie et de pénétrer sur nos quais. Elle succomba malgré l'adhésion unanime de tous les conseils généraux, de tous les conseils municipaux et des populations. Quelques compensations insignifiantes furent données à cette compagnie et, notamment, ce chemin de fer de Lunel à Arles, dont on vous a parlé, qui a été exécuté et qui ne rend aucun service.

Ces départements n'ont jamais perdu de vue le désir manifesté par eux, depuis 1863, de faire constituer ce réseau. Ils ont cru trouver dans la loi de 1865 un moyen d'y donner satisfaction. Ce n'est point ici, messieurs, une compagnie de spéculateurs qui est venue solliciter les diverses concessions de chemins de fer d'intérêt local; c'est le département du Gard, M. le préfet en tête, qui a pris cette initiative.

Celui-ci écrivit à M. le ministre de l'intérieur de vouloir bien user de son influence sur la compagnie de Paris-Lyon-Méditerranée pour lui faire achever les chemins de fer dont le département avait besoin. La compagnie de Paris-Lyon-Méditerranée s'y refusa. Ce fut alors que M. le ministre écrivit une lettre dont j'ai ici la copie. Il répondit: Ce sont là des chemins de fer d'intérêt local; exécutez-les à ce titre!

M. le préfet saisit alors le conseil général d'une proposition de vote de fonds pour faire les premières études: une somme de 12 à 15,000 fr. fut votée à cet effet. Mais il ne suffisait pas de faire des études, il fallait rechercher une compagnie pour s'occuper de l'exécution. M. le préfet du département et MM. les ingénieurs firent directement des ouvertures, non pas à une compagnie existante, mais à une personnalité qui paraissait convenir à cet objet.

Il y avait, à cette époque, une personne qui venait d'exécuter avec succès le chemin de fer départemental des Bouches-du-Rhône, et qui depuis était devenu le chef d'une société de crédit établie à Paris sous le nom de Crédit rural. M. le préfet s'adressa directement à cette personne, l'engageant à venir s'occuper de l'étude des chemins de fer dont le département avait besoin. Ce fut à sa sollicitation, sous sa pression que cette personne consentit à faire les études ; et, ces études faites, un traité fut directement passé entre cette personne et le conseil général du Gard.

J'ai tort de dire avec cette personne. Comprenant bien qu'un individu isolé ne pouvait offrir de suffisantes garanties, elle avait formé un groupe d'hommes honorables, de banquiers, de propriétaires qui, réunis à la société du Crédit rural, firent une société préparatoire et d'études pour s'occuper de la concession. C'est avec cette réunion d'hommes considérables, riches, au-dessus de toute espèce de soupçon de spéculation, qu'a traité le département du Gard.

Dans quelles conditions a-t-il traité ? Le voici.

Le département du Gard a exigé le versement en espèces d'un cautionnement de 300 mille francs. Le cautionnement a été versé. Il a exigé de plus la promesse de verser une somme de 1,200,000 fr. dans les huit jours qui suivraient le décret portant déclaration d'utilité publique. Cet engagement a été pris.

La concession du département a été faite le 18 mars 1872.

Après la concession du département du Gard vient celle du département de l'Ardèche. Elle ne touchait à cet ensemble que par un petit coin. La concession eut lieu le 9 juin 1872. On exigea un cautionnement de 150,000 francs dont 50,000 versés immédiatement, et 100,000 francs en un engagement réalisable après la déclaration d'utilité publique.

La troisième concession a eu lieu par le département des Bouches-du-Rhône. Aucun cautionnement n'a été exigé ; mais on a réclamé et obtenu un dédit d'un million, consenti par tous les signataires, dans le cas où les promesses faites ne seraient pas remplies.

Enfin, le département de l'Hérault lui-même a également contracté : il a fait une concession et a exigé à titre de garantie une traite de 500,000 fr. acceptée par le Crédit rural, et un dédit d'un million de francs. Le tout a été accepté.

Ainsi, toutes les garanties nécessaires ont été offertes à ces départements pour démontrer que les actionnaires étaient des concessionnaires sérieux, en état de remplir parfaitement les engagements qu'ils avaient pris.

Telles sont, messieurs, les bases sur lesquelles ces différents traités ont eu lieu. Tous ces traités sont signés par les préfets des départements, qui apparemment ont dû connaître et apprécier le caractère et l'honorabilité des personnes avec lesquelles ils ont contracté.

On s'est ensuite occupé de régulariser l'ensemble du réseau, et voici en deux mots les bases sur lesquelles il a été établi.

Une ligne principale doit conduire de Marseille au Rhône ; c'est la ligne qui est nécessaire pour donner à Marseille cette seconde sortie reconnue indispensable par M. le rapporteur lui-même. Arrivé au Rhône, le réseau de cette compagnie départementale décrit un triangle dont la base va du Rhône à Cette, dont un des côtés remonte vers le Theil, dont l'autre, prenant son point de départ à Cette et à Montpellier, remonte et va rejoindre également cette première ligne.

Ce triangle est coupé au milieu par une ou deux lignes transversales qui, partant de la vallée de l'Auzonnet, là où sont situées les riches mines de charbon, se dirigent vers la ligne principale pour écouler ses charbons en droite ligne vers Cette et Marseille, de manière à éviter l'encombrement de Nimes et de Tarascon.

Les études statistiques ont pris pour point de départ celles qui avaient été faites en 1863 par la compagnie du Midi et qui donnaient un produit de 42,000 fr. par kilomètre ; elles ont été contrôlées par l'appréciation qui a été faite d'abord de l'ensemble et de la densité de la population et ensuite des produits considérables que présente la partie du territoire traversée. Cette ligne traverse la Camargue, l'un des pays les plus riches qui est actuellement privé de toute communication ; elle rencontre la côte des Salins, qui offrent des produits chimiques considérables et, dans le département de l'Hérault, tous les produits vinicoles ; enfin, dans le département du Gard, elle rencontre ces gîtes de houille qui doivent vivifier le commerce et l'industrie de Marseille.

Cette ligne fournira également au bassin de Graissaisac, à l'heure qu'il est imparfaitement exploité, les moyens d'écouler de et développer ses produits.

Quant à la compagnie, elle a satisfait à toutes les conditions légales ; elle a versé des cautionnements et présenté des hommes d'une notoriété indiscutable ; elle ne s'est pas formée sous l'initiative de ces entrepreneurs dont vous parlait M. le ministre des travaux publics ; elle s'est formée sous la pression, à la sollicitation, comme l'attestent de nombreuses correspondances, de M. le préfet du département du Gard, et sur les réclamations incessantes du conseil général du Gard, de plus avec l'assentiment des autres conseils généraux et l'adhésion de la population tout entière et de toutes les chambres de commerce.

On me demandera peut-être si cette compagnie possède en caisse les 2 ou 300 millions qui seront peut-être nécessaires pour exécuter ce chemin. Je ne le crois pas. Mais, est-ce que jamais, lorsqu'une concession de chemin de fer a été faite, on a exigé des concessionnaires la justification hic et nunc de l'existence d'une société, d'un fonds versé et établi ? Comment se sont faites les concessions de toutes les grandes lignes ? Elles se sont faites à deux ou trois individus qui ont versé un cautionnement, auxquels on a accordé confiance, et ce n'est qu'après la concession obtenue que les sociétés ont été formées, que les fonds ont été versés.

C'est ainsi qu'il en sera pour les chemins de fer départementaux.

Maintenant, que s'est-il passé ? Voilà la concession obtenue; les plans sont dressés, ils sont soumis à l'enquête; une commission d'ingénieurs est appelée à délibérer : on trouve cette concession exempte de reproches; une commission nautique est également appelée à délibérer et lui donne son consentement. Il ne fallait plus qu'une chose : obtenir le décret déclarant l'utilité publique. C'est alors que la compagnie Paris-Lyon-Méditerranée, qui avait gardé complètement le silence jusqu'à ce moment, se réveille, et voici ce qu'elle dit : « Parmi les lignes concédées, il en est une qui me porte ombrage, c'est celle qui est établie sur la rive droite du Rhône et qui pourra servir d'amorce, de commencement, à la grande ligne rivale de Marseille à Calais que je redoute tant : j'en demande le sacrifice. » Une négociation s'ouvrit sous les auspices de M. Deseilligny, alors ministre des travaux publics; on lui accorda ce qu'elle demandait, et la compagnie de Paris-Lyon-Méditerranée se déclara satisfaite.

Les négociations se poursuivent sous le ministère de M. de Larcy, dans les mêmes conditions. On croyait avoir satisfait la compagnie en lui concédant cet embranchement qui lui donnait sécurité. Un nouveau ministre arrive aux affaires; alors tout change de face. La compagnie de Paris à Lyon et à la Méditerranée parle sur un ton plus haut : Nous exigeons, dit-elle, que la compagnie locale soit complètement évincée; nous exigeons que les délibérations des conseils généraux et tout ce qui a été fait depuis soit complètement mis de côté; nous exigeons que Marseille n'ait plus plus de seconde ligne de sortie; nous ne voulons pas que Marseille obtienne désormais la moindre réduction sur le transport de ses charbons, les tarifs seront toujours aussi élevés qu'aujourd'hui; nous n'accepterons aucun des délais offerts par la compagnie locale, nous attendrons un an pour délibérer, deux ans pour faire nos plans, et quatre ou cinq ans pour les exécuter.

Voilà, messieurs, quelles furent les prétentions nouvelles manifestées par la compagnie de Paris à Lyon et à la Méditerranée, et ces prétentions, le Gouvernement les a acceptées.

On a fait déclarer alors par le conseil d'État...

M. Caillaux, ministre des travaux publics. Comment! on a fait déclarer! Mais le conseil d'État est maître de ses déclarations.

M. Clapier. Le conseil d'État déclare après avoir été saisi; il n'est saisi que par vous!

M. le ministre. Le conseil d'État délibère en toute indépendance.

M. Clapier. Je ne conteste pas l'indépendance du conseil d'État; d'ailleurs, je ne conteste l'indépendance de personne.

Le conseil d'État déclare donc que cette ligne ne peut pas être considérée comme étant d'intérêt local, que la ligne de Marseille à Cette, — cette ligne vitale, indispensable pour nous, — doit être écartée.

On vous lira sans doute, messieurs, cette décision; je n'en dirai que deux mots. Le conseil d'État a-t-il prétendu que les intérêts de notre commerce n'exigeaient pas cette ligne, qu'elle était complètement inutile, que l'intérêt public la repoussait ? En aucune façon. Les

intérêts de Marseille ? Il n'en est pas question. Les intérêts de notre commerce ? Ils sont complètement à l'écart.

La déclaration du conseil est fondée sur deux motifs. On prétend que, par suite de la transaction qui a eu lieu en 1863 et par laquelle la compagnie du Midi a été éconduite, Marseille, qui était certainement étranger à ces transactions, a été placé en interdit, qu'il lui a été défendu à tout jamais d'avoir une seconde ligne, et qu'on ne pourrait la lui accorder sans violer des droits acquis. Comme si quelqu'un pouvait avoir un droit acquis à emprisonner à tout jamais une ville aussi importante que le premier port de France!

Le conseil déclare ensuite que les concessionnaires sont imprudents; qu'il n'est pas exact que cette ligne doive rapporter 42,000 fr. par kilomètre, que si l'on fait le compte de ce que rend cette ligne à la compagnie de Paris-Lyon-Méditerranée, qui l'exploite, qui la sacrifie à ses lignes principales, elle ne doit produire au plus que 12,000 ou 15,000 fr. Mais nous répondons : C'est précisément parce que cette ligne ne donne pas satisfaction à nos besoins, parce qu'elle n'est pas exploitée comme elle devrait l'être, parce qu'elle ne rend pas tout ce qu'elle devrait rendre que nous en demandons la concession. Et vous venez nous opposer précisément l'abus auquel nous voulons remédier pour nous dire que cet abus doit exister toujours !

Voilà les deux motifs sur lesquels on s'est fondé pour repousser et mettre à néant des concessions faites par trois départements, qui connaissaient, eux, parfaitement ce que cette ligne devait rendre, et qui n'auraient pas voulu y engager des capitalistes, s'ils n'avaient eu la certitude morale qu'en les y engageant, leurs fonds n'étaient pas compromis.

Quoi qu'il en soit, la décision est rendue, et en vertu et par suite de cette décision un nouveau projet vous est présenté. Je vous ai dit dans quelles conditions les conseils généraux avaient traité avec les compagnies locales : obligation de faire une ligne générale, obligation de réduire à 3 centimes le transport des charbons venant du département du Gard, obligation de réduire de 10 p. 100 le droit sur le transport des voyageurs, obligation de le réduire encore dans le cas où le produit net de ces chemins dépasserait 24,000 ou 25,000 fr. par kilomètre, obligation enfin de terminer les travaux en trois ans.

Je vous ai dit que son réseau enveloppait les trois départements tout entiers, qu'il donnait satisfaction à tous les besoins, qu'il permettait d'écouler tous les produits et de recevoir en abondance tous les charbons qui alimentent nos industries.

Le nouveau chemin de fer qu'on vous propose met de côté la ligne de Marseille, la ligne de Cette, la ligne directe de Montpellier vers le centre de la France. Il ne conserve de l'ancien projet que la ligne transversale et quelques embranchements insignifiants, qui n'ont d'autre utilité que de rendre à jamais impossible la reconstitution de ce réseau général embrassant les trois départements, qui peut seul donner satisfaction à tous nos besoins.

Dans le nouveau projet, point de réduction sur le prix du transport des charbons, point de réduction sur le prix du transport des voyageurs, délai de cinq ou six ans pour exécuter des travaux qui sont extrêmement urgents.

Tel est, messieurs, le projet qui vous est soumis aujourd'hui. Vous reconnaissez l'énorme différence qui existe entre ce projet et celui des compagnies départementales. Et, en admettant que les deux compagnies vous inspirassent un intérêt égal et offrissent les mêmes garanties, évidemment c'est le projet des compagnies départementales qui devrait être préféré, parce qu'il offre des avantages incontestables.

Je ne viendrai point ici soulever la question du droit acquis résultant de concessions faites par les départements, en vertu de la loi de 1865 ; je ne vous dirai point que les concessions ont été approuvées par le Gouvernement, par cela seul qu'il y a eu intervention de ses agents, par cela seul que deux commissions gouvernementales ont été appelées à en délibérer et ont donné un avis favorable ; je ne vous dirai point que la compagnie Paris-Lyon-Méditerranée les a elle-même sanctionnées par son silence en ne pas intervenant, en ne pas protestant dans les enquêtes, et en ouvrant avec M. Desseilligny un projet de conciliation par lequel elle consentait à ce que ces lignes fussent faites, moins celles de Nîmes au Theil, qu'on avait bien voulu lui abandonner. Je ne vous demanderai pas s'il est bien honnête et bien loyal de venir dire à une compagnie qu'on a laissée pendant trois ans s'occuper d'un chemin, déposer 500,000 francs de cautionnement, et dépenser, en outre, 500,000 francs en frais d'études, s'il est bien honnête de venir dire à cette compagnie : Je me ravise ; ces lignes me sont aujourd'hui concédées comme lignes d'intérêt général ; je vous évince, et je vous mets de côté, en vous refusant la déclaration d'utilité publique.

Je ne vous dirai pas tout cela. Mes propositions sont plus modérées.

Je dis à la compagnie de Paris-Lyon-Méditerranée : Évidemment le projet rival, celui qui avait été fait à l'origine, est meilleur que le vôtre. Exécutez-le. Nous ne demandons pas mieux, venez nous apporter le concours de votre honorabilité et de vos capitaux, prenez l'engagement de le faire, et immédiatement je déchire mon amendement et je suis le premier à vous soutenir. Mais, si vous ne le voulez pas, si vous trouvez que cette concession est pleine de périls et de hasards, permettez tout au moins à la compagnie locale de tenter l'épreuve donnez-lui un an pour se mettre à l'œuvre, pour justifier de ses forces et de sa puissance, et si elle ne réussit pas, si au bout d'un an elle n'a pas rempli ses obligations et prouvé qu'elle peut tout ce qu'elle espère, eh bien, dans ce cas, le projet du Gouvernement suivra son cours et les concessions faites par votre loi sortiront leur plein et entier effet.

Messieurs, voyez quel est l'avantage de l'amendement que j'ai l'honneur de vous proposer. Si les compagnies locales s'exécutent...

Un membre. On les exécute !

M. Clapier. ... si elles remplissent leurs obligations, si le chemin de fer se fait, la compagnie de Paris-Lyon-Méditerranée, qui a de

grands intérêts à Marseille, devra se féliciter de voir cette ville, qui a tant fait pour elle, obtenir une satisfaction qu'elle poursuit depuis dix années.

Si les compagnies locales ne s'exécutent pas, la situation de Paris-Lyon-Méditerranée sera excellente. Nous-mêmes, si jamais les populations qui toutes nous demandent le maintien des concessions locales, venaient à nous dire : Mais nous avions des concessions qui nous satisfaisaient complètement, qui répondaient à tous nos besoins, vous les avez repoussées sans motifs, en présence de cautionnements versés, en présence de concessionnaires honorables ; nous leur répondrions : Non ! nous ne vous avons rien refusé ; nous avons donné à ces concessionnaires, qui sont l'objet de vos prédilections, le moyen de s'exécuter. S'ils ne l'ont pas fait, ce n'est pas notre faute.

D'autre part, nous dirions à ces concessionnaires, qui aujourd'hui prétendent avoir des dommages-intérêts à réclamer, qui se plaignent d'avoir été évincés injustement, arbitrairement : Non ! nous n'avons rien fait d'arbitraire ; vous avez une concession que nous vous avons donnée ; vous ne l'exécutez pas, vous ne justifiez pas de votre solvabilité et de votre existence ; ce n'est pas notre faute ; vous ne pouvez vous en prendre qu'à vous-mêmes. Dès-lors, nous serions à l'abri de toute responsabilité pécuniaire d'abord — car M. le rapporteur lui-même n'a pas pu nier qu'une indemnité fût due à ces compagnies ; nos départements seraient à l'abri de toute réclamation pécuniaire d'abord, et ensuite de toute responsabilité morale ; l'honneur et la loyauté, aussi bien que le droit, auraient été satisfaits dans cette combinaison.

Cette combinaison aurait encore un autre avantage : c'est qu'elle mettrait fin à ces accusations pénibles que nous avons entendues tomber du haut de cette tribune.

J'ai entendu dire, non sans étonnement, que toutes les petites compagnies, les compagnies d'intérêt local, étaient suspectes.

M. Caillaux, *ministre des travaux publics.* Je n'ai pas dit : toutes les compagnies ! J'ai dit qu'il y en avait beaucoup, qu'il y en avait trop !

M. Clapier Il ne suffit pas de dire : Il y en a beaucoup ; il faut signaler celles qu'on a en vue, et ne pas faire planer sur un ensemble de personnes des soupçons qui devraient atteindre seulement celles qui les ont mérités.

On ne peut pas envelopper dans une réprobation générale des compagnies et des gens qui peuvent se croire légitimement froissés par cette assertion et par ce soupçon que vous faites planer sur tous en ne donnant aucune indication. Quand on apporte de pareilles allégations à la tribune, avec l'autorité que donne le caractère de ministre des travaux publics, il faut les préciser, il faut les justifier, il faut dire : Tel jour et à telle époque, il y a eu telle et telle compagnie qui a manqué à ses devoirs. Il faut dire : La compagnie qui vient aujourd'hui réclamer une concession de chemin de fer d'intérêt local, cette compagnie est légitimement suspecte pour tel ou tel motif. Il faut dire : Consultez les archives des tribunaux vous y verrez de nombreuses condamnations, vous y verrez des scandales.

Mais on n'a rien dit de pareil, on n'a pu rien citer. Lorsqu'on produit de semblables accusations, sans preuves, on se montre tout au moins téméraire, pour ne pas dire plus, dans cette circonstance.

L'amendement que je vous propose, messieurs, écarte au moins cet argument irritant. Vous n'avez pas à savoir si cette compagnie demande à faire ses preuves, à être mise à l'œuvre, à justifier de son honorabilité, de sa solvabilité, vous ne pouvez pas aujourd'hui la repousser par une accusation générale, vague, mal formulée, que vous faites peser sur beaucoup de gens qu'elle ne saurait atteindre.

Et puisqu'il s'agit ici de nos départements du Midi, — je ne connais pas les autres départements, — je dirai qu'il n'y a pas dans ces départements du Midi une seule compagnie qui mérite un pareil reproche. Le département de l'Hérault a fait une concession considérable à M. Joret, — je le cite ici; — venez dire que la compagnie a manqué à ses engagements, qu'elle a négocié des actions pour tromper ses actionnaires! Cette compagnie a exécuté péniblement, mais honorablement, toutes les concessions qui lui ont été faites, et rien ne prouve que les compagnies qui viendront après elle n'en feront pas autant. (Très-bien! sur quelques bancs.)

Ainsi, l'amendement que je vous propose écarte toute objection. Aucune ne peut être admise. Je me trompe, des objections, on en fait toujours; mais vous allez juger de la valeur de celles qui m'ont été opposées.

On vous dit : C'est un délai d'un an qui retardera d'autant la légitime aspiration des populations, et nous sommes, nous compagnie de Paris à Lyon et à la Méditerranée, désireuse de les satisfaire immédiatement.

Je suis heureux de constater cette impatience nouvelle de la part de la compagnie de Paris à Lyon et à la Méditerranée qui, jusqu'à ce jour, n'en avait pas fait preuve, surtout dans notre Midi, et qui n'entreprend même pas encore l'exécution de chemins qui, d'après la loi, devraient être terminés depuis sept à huit ans.

Mais, en outre, en quoi ce délai pourra-t-il lui nuire? en quoi aussi pourra-t-il nuire aux populations?

D'abord, le projet de loi qui vous propose l'adoption de la convention donne à la compagnie de Paris-Lyon-Méditerranée un an pour se décider sur la question de savoir si elle doit accepter; après cela, elle a deux ans pour faire ses plans, et, ensuite, elle a un délai indéterminé pour les faire approuver. Or, nous savons ce que sont les délais indéterminés. Ils sont longs ou courts, suivant que les compagnies ont intérêt, soit à presser leurs travaux, soit à les allonger. Puis elle a encore quatre ou cinq ans pour les délais d'exécution. Je vous le demande, est-ce que ce délai d'une année, en présence de ceux que je viens de signaler, peut-il peser pour quelque chose? Non, ce n'est pas sérieux.

La seule objection qui vous est faite, celle que l'on insinue et qui probablement a le plus d'influence sur vos esprits est celle-ci : Si vous touchez à la convention, si vous y apportez la

moindre modification, cette convention croulera par sa base et alors toutes les petites concessions de détail qui y ont été annexées ne pourront pas être exécutées. Prenez garde de toucher à cette œuvre fragile qu'un seul mot pourrait renverser.

Ainsi on nous appelle à délibérer sur un traité, et il nous est interdit de le modifier dans le plus simple et le plus léger de ses détails.

Oh! je conçois cela pour les traités diplomatiques, lorsque nous traitons de puissance à puissance; l'Assemblée ne peut alors intervenir; d'après votre règlement, elle est obligée d'approuver ou de désapprouver en bloc. Mais je ne sache pas que rien de pareil existe pour de simples compagnies de chemins de fer. Ces compagnies ne peuvent pas nous imposer la loi, elles doivent la recevoir de nous. Sans cela, messieurs, les rôles seraient intervertis.

Mais on vous parle souvent et beaucoup de cette convention; est-ce qu'il existe une convention? Non, messieurs, il n'existe pas de convention, et on vous leurre, on vous fait illusion lorsqu'on vous en parle. Pour qu'une convention existe, il faut que les deux parties soient liées. Or, nous sommes liés, mais la compagnie Paris-Lyon-Méditerranée ne l'est pas; elle a un an de dédit.

Voici, en effet, comment s'exprime le préambule de cette convention entre le ministre et la société anonyme de Paris-Lyon-Méditerranée, établie à Paris, et agissant en vertu des pouvoirs qui lui ont été conférés.

« Ces pouvoirs lui ont été conférés par délibération non pas de l'assemblée générale, mais par décision du conseil d'administration et sous la réserve de l'approbation des présentes par l'assemblée générale des actionnaires dans le délai d'un an au plus tard.

Ainsi, messieurs, vous pouvez délibérer, légiférer, et, au bout d'un an, l'assemblée générale peut vous dire : Votre loi, je n'en veux pas! elle ne me convient guère, je la mets à néant! et je me libère vis-à-vis de vous. Est-ce là une situation convenable? est-ce là une situation digne pour cette Assemblée? Vous aurez à l'apprécier.

Mais on me dit : C'est une clause de pure forme! L'assemblée générale acceptera incontestablement cette loi que vous allez voter. Eh bien, je n'en sais rien, mais j'en doute, et j'ai de forts motifs d'en douter. J'ai au contraire la conviction que votre loi sera mise à néant, et je vais vous dire pourquoi.

D'abord, si je suis informé, ce projet de convention dans l'assemblée de MM. les administrateurs n'a passé qu'à une voix. Vous voyez que votre convention court de terribles dangers.

Et ce n'est pas tout : il faudra la faire accepter par l'assemblée générale.

Eh bien, je suppose que je suis actionnaire et membre de cette assemblée. Voici le langage que je tiendrais : Que venez-vous nous proposer, de nouvelles concessions? Mais nous avons des lignes très-productives; nous avons un dividende de 60 ou 55 fr. par an, cela nous suffit. Que nous proposez-vous? 855 kilomètres de nouveaux chemins de fer qui, de l'aveu de tout le monde, ne pourront pas faire leurs frais, qu'il faudra alimenter avec ces 10 millions de déversoir qui, eux, nous viennent en aide, et nous permettent d'arrondir notre dividende de 47 fr. Ma foi, je ne suis pas pressé d'accepter ces lignes, moi simple actionnaire, moi qui ne suis pas ingénieur, qui n'ai pas le désir de faire de grands travaux.

On vous dira : Ah ! oui ! mais il s'agit d'étouffer une concurrence redoutable ; il s'agit d'empêcher que l'on vienne, à côté de nous, percevoir des produits, des profits qui pourraient nous revenir.

Je répondrai, moi, dans mon bon sens : Mais les dommages de cette prétendue concurrence sont hypothétiques, tandis que le dommage résultant de l'acceptation de vos lignes est certain. Pourquoi voulez-vous que, par crainte d'une concurrence dont je ne puis apprécier l'importance, je m'engage aujourd'hui à sacrifier 10 millions ? Mais il faudra longtemps avant que la concurrence n'ait enlevé à moi, actionnaire, les 10 millions qui me permettent de toucher un dividende de 60 fr.

Si je prends des exemples, je vous prouverai, par celui de la ligne du Nord, que la concurrence, qui avait fait perdre 4 p. 100 sur le transport des voyageurs et 8 p. 100 sur le transport des marchandises, a donné en définitive un bénéfice de plusieurs millions. Non ! cela est tout à fait hypothétique.

Il y a six ans vous nous teniez le même langage. En 1863, lorsque vous avez fait cette belle campagne contre la compagnie du Midi, quand vous avez accepté de nouvelles lignes, qu'avez-vous dit ? vous avez dit : Ces lignes sont mauvaises, il est vrai ; mais il faut étouffer la concurrence. En 1863 je touchais un dividende de 75 fr. par action, et aujourd'hui vous avez si bien étouffé la concurrence que je ne touche plus que 55 fr. Je le répète, de votre proposition, je n'en veux pas.

Un membre. Soyez tranquille, l'assemblée générale acceptera !

M. Clapier. Si vous étiez administrateurs et que vous eussiez à répondre à cette argumentation de simple bon sens, je crois que vous éprouveriez quelque difficulté.

Et si, par hasard, cette convention venait à être repoussée, — il faut prévoir toutes les chances, — quelle serait la situation d'une Assemblée qui aurait voté le monopole et qui verrait ceux auxquels ce monopole doit profiter, vous dire : Je n'en veux pas, je le répudie, je vous le renvoie. Et tous ceux d'entre vous qui vont retourner chez eux, heureux de rapporter à leurs populations l'espérance d'un petit tronçon, et qui peut-être dans le courant de l'année se verraient obligés de leur dire : Mais la convention n'a pas été acceptée, les espérances qui vous ont été données ne se réaliseront pas ! quelle serait leur situation ? Est-ce qu'on peut jamais traiter dans des conditions pareilles ? Est-ce qu'on peut s'engager législativement, c'est-à-dire prendre l'engagement le plus solennel, avec un adversaire qui ne s'engage pas et qui peut, à un jour donné, déchirer votre loi ou vous la renvoyer comme un papier sans valeur ? Et nous, gens des trois départements, quelle sera notre situation ? Par votre loi, vous déchirez les traités que nous avons avec les compagnies locales, et si la grande compagnie n'accepte pas la loi, nous

n'aurons plus ni compagnies locales, ni compagnie générale, c'est-à-dire que nous n'aurons plus du tout de chemins de fer.

Voilà dans quelle situation vous nous placez, et voilà pourquoi je viens aujourd'hui vous demander de permettre à la compagnie locale de faire acte de vitalité, de prouver qu'elle peut — et elle le peut réellement, — exécuter ces chemins de fer.

Il est encore un point important que certaines déclarations du rapport m'obligent à traiter.

La compagnie, dit-on, exécutera les chemins de fer sans subvention et sans garantie d'intérêt.

Légalement, la compagnie ne peut vous réclamer ni subvention ni garantie d'intérêt ; mais il est bien connu de tout le monde que l'ingénieuse combinaison de faire classer les nouvelles lignes dans le premier réseau Paris-Lyon-Méditerranée contient une demande indirecte de subvention.

J'ai entendu, il y a quelque temps, M. le ministre des travaux publics vous faire un excellent discours pour vous prouver qu'il est important d'imposer aux compagnies locales l'obligation de dépenser la moitié de leurs capitaux en actions avant de pouvoir emprunter un sou par obligations ; et il disait avec raison : Il faut ménager ce capital précieux des obligations. — C'est bien ce que vous disiez, monsieur le ministre, et je l'ai bien retenu, car vos paroles demeurent gravées dans mon esprit et dans mon cœur. (On rit.)

Eh bien, la compagnie de Paris-Lyon-Méditerranée exécutera tous ces chemins avec un capital d'obligations, ébréchera, épuisera ce capital d'obligations qui est celui qui pèse le plus lourdement sur la bourse, tandis que les compagnies d'intérêt local seront obligées de débourser, de leurs propres deniers, la moitié des frais d'exécution.

Ainsi, sous le rapport du crédit, nous devrions encore essayer de la combinaison que je vous offre.

Mais nous le devons encore sous le rapport commercial, et nous le devons également dans l'intérêt de la grande cité pour laquelle je parle en ce moment.

M. le rapporteur vous a dit à la dernière séance : Marseille a tort de se plaindre, sa prospérité a toujours été croissante ; cette prospérité est exubérante, et c'est grâce aux chemins de fer.

Il est douloureux pour moi d'avoir à vous montrer une ombre bien noire à ce brillant tableau. Je soutiens, au contraire, que, — je ne dis pas seulement à cause des chemins de fer, mais par suite du concours fatal de circonstances dans lesquelles les chemins de fer ont une large part, — cette prospérité va décroissant. (Dénégations sur divers bancs.)

Sans doute, messieurs, vous ne pensez pas qu'une ville aussi importante que Marseille puisse être réduite à néant, voir complètement son commerce disparaître en quelques années. Non, messieurs ! ce résultat s'accomplit lentement, jour par jour, et ce qui m'effraye, c'est de voir, non pas cette prospérité complètement détruite, c'est de voir les signes précurseurs de la décadence.

M. le rapporteur nous disait hier : Je tiens

en mains un état dressé par le secrétaire de la chambre de commerce qui atteste que Marseille domine encore de 200,000 tonnes le commerce de Gênes.

Je ne conteste pas ce point; mais, s'il y a quatre, cinq ou six ans, Marseille dominait le commerce de Gênes de 400,000 tonnes, et que sa supériorité soit réduite aujourd'hui à 200,000 tonnes, ce n'est pas là une preuve de prospérité, c'est un commencement de décadence.

Mais, messieurs, à l'appui de mon allégation, permettez-moi d'apposer des preuves certaines, irrécusables, qui vous démontreront quelle est, en l'état, la situation de ce port, le plus important de la Méditerranée.

Voici les chiffres que je puis citer :

En 1871, son commerce s'élevait à 1 milliard 318,000,000 fr. En 1872, il était de 1 milliard 352,000,000 fr. En 1873, il est tombé à 1 milliard 304,000,000 fr., perdant ainsi 48 millions sur 1872, et 14 millions sur 1871, année désastreuse !

Et ce n'est pas tout. Quand on examine sur quoi a frappé cette décadence, on s'aperçoit qu'elle a frappé spécialement sur le commerce marseillais.

Le commerce marseillais se divise en deux parties : le commerce de transit...

Voix diverses à gauche. A la question ! — Parlez des chemins de fer !

M. Clapier. Je suis dans la question. J'ai à vous prouver, d'abord, qu'il y a décadence, et ensuite que cela vient des chemins de fer. On vous a dit que le chemin de fer a doublé notre prospérité; je vais, au contraire, vous montrer que notre prospérité a diminué.

M. le ministre des travaux publics. Vous ne ferez croire cela à personne; c'est contraire à tous les documents!

M. Clapier. Si vous avez des documents qui contrarient ce que je dis, vous les produirez; quant à moi, je ne cite pas un chiffre qui ne soit extrait des documents officiels.

On vous a parlé de l'isthme de Suez; je vous en parlerai tout à l'heure... (Bruyantes exclamations à gauche.)

Quand M. le rapporteur vous parle et qu'il nous accuse, vous l'écoutez avec bienveillance; et lorsque je réfute les erreurs énormes qu'il vient professer à cette tribune, vous ne me permettriez pas de les relever ! Je les relèverai malgré vous ! (Très-bien ! sur plusieurs bancs à droite et au centre.)

Ainsi, par exemple, je vais vous parler d'un article important, qui vous occupera un de ces jours : les sucres raffinés. En 1872, nous en exportions pour 46 millions ; en 1873, pour 37 millions. Aussi, chaque jour, nous perdons cette fabrication.

Voulez-vous voir la comparaison avec Trieste ? Voici ce que je lis dans le *Journal des sucres* du 3 juin 1875 ; on ne m'accusera pas de venir apporter ici des documents falsifiés.

En 1865, Trieste ne fabriquait que 44.640 quintaux de sucre; en 1874, sa fabrication s'est élevée à 221,500 quintaux ; c'est-à-dire que cette fabrication a quintuplé, tandis que la nôtre a complétement dépéri.

Parlons de notre navigation. Cela vous intéresse : toutes les fois qu'on parle de la ma-

rine, on est sûr d'o' : nir votre attention. Eh bien, je vais vous montrer que, sous ce rapport, nous sommes complétement en décadence, et cela au profit de nos voisins.

Les chiffres que je vais citer sont extraits de nos propres documents officiels, de ce *Tableau du commerce général de la France* qui est publié chaque année. Je n'ai que deux chiffres à indiquer :

En 1872, l'Italie a construit 147 navires du port de 51,911 tonneaux, dont 66 navires pour Gênes et 57 pour Port-Maurice.

Et nous, qu'avons-nous construit? 15 navires du port de 1,500 tonneaux !

Nous ne construisons plus à Marseille; on n'a plus besoin de nos navires, nous ne pourrions pas leur donner de fret; le charbon nous manque, les chemins de fer nous interdisent d'en recevoir !

Suis-je dans la question, lorsque je viens vous prouver que la décadence dont je parle est le résultat de l'organisation de ces chemins de fer que vous portez si haut?

Nous avons construit huit navires à vapeur seulement d'un port presque insignifiant de tonneaux !

Parlons maintenant des affaires de banque.

Toute opération commerciale se résout, en définitive, par une opération de banque ; ce genre d'opérations est comme le thermomètre du commerce entier. Voulez-vous des chiffres concernant les opérations de banque à Marseille? Voici ce qu'on pouvait lire dans le dernier compte rendu de la Banque de France:

En 1873, Marseille faisait pour 1,041,563,000 francs d'affaires de banque. En 1874, ce chiffre descend à 930,507,000 fr. Différence, après une année : 111 millions de diminution dans nos opérations de banque ; ce qui indique la prostration complète de notre commerce.

Voulez-vous que nous parlions des faillites ?

Consultez le discours d'ouverture du président du tribunal de commerce et vous verrez que, dans le courant de l'année 1874, il a été déclaré 296 faillites, au total 38 de plus qu'en 1873. Et quel dividende donnent ces faillites? Le dividende misérable et moyen de 13 p. 100 !

Maintenant, il est de notoriété publique que le prix de tous les loyers, à Marseille, a baissé de près d'un quart, et, si vous allez sur notre port, vous constaterez que la construction des maisons est abandonnée pour la moitié et que celles qui sont construites manquent de locataires.

M. le ministre des travaux publics. Expliquez alors pourquoi la chambre de commerce de Marseille offre à l'État une avance de 15 millions pour l'agrandissement de son port?

M. Clapier. C'est parce que la chambre de commerce de Marseille espère que si l'on agrandit son port d'une part, vous ne lui enlèverez pas, d'autre part, les moyens d'écouler ses produits. Vainement vous agrandiriez son port si, en même temps, vous ne lui permettiez pas d'en tirer tout le parti possible. Que me fait à moi la coupe de l'entonnoir s'élargisse, si le goulot est toujours aussi étroit et si la liqueur ne peut y trouver passage! (Hilarité.)

On a parlé de l'isthme de Suez. J'ai ici des comptes qui m'ont été fournis par l'administration elle-même. Vous allez voir le spectacle douloureux que présente notre commerce de la Méditerranée.

Le canal de Suez, qui a été construit avec les deniers français, pour lequel vous avez engagé 500 millions, dans quelle proportion est-il utile à la France?

Le voici : En 1874, il y est passé 1,264 navires, du port de 2 millions 429,672 tonnes; l'Angleterre entre dans ce chiffre pour 892 navires et pour 1 million 697,000 tonnes; la France pour 287 navires et pour 222 millions de tonnes.

Voilà à quoi se réduit le service que nous rend ce canal de Suez, qui devait vivifier notre commerce.

Un membre à gauche. Supprimez-le, alors!

M. Clapier. Il est paralysé par l'impossibilité où nous sommes d'y faire des transports utiles.

On vous a dit : 287 navires, 222 millions de tonnes, c'est déjà quelque chose, c'est même très-beau.

Mais décomposons ces chiffres... (Exclamations à gauche.)

Oh! messieurs, deux mots seulement.

Sur ce nombre, il y a eu 28 navires de l'Etat, 58 navires des Messageries subventionnées et qui le traversent obligatoirement; et nous avons eu pour le commerce libre, en présence de l'énorme tonnage de l'Angleterre, dans toute l'année, 7 navires du port de 4,227 tonneaux.

Un membre de la commission. Tâchez d'avoir 248 millions de sujets dans l'Inde!

M. Clapier. Je veux vous prouver que votre prétendue prospérité de Marseille est une illusion et que, depuis que vos chemins de fer existent, Marseille est en décadence continuelle.

Si je vous montrais les six premiers mois de cette année, vous la trouveriez encore plus effrayante.

Oui, messieurs, il y a pour Marseille une décadence évidente qui est le résultat de la situation dans laquelle vous l'avez mise.

Un membre. Vous mettez tout cela à la charge des chemins de fer!

M. Clapier. Je réponds à mon collègue : Non, je ne mets pas tout cela à la charge des chemins de fer. Je sais que depuis quelque temps des causes nombreuses y ont également contribué. Marseille a été grevée d'impôts de toutes les manières; il n'y a pas un de ses produits qui n'ait été frappé : les sucres, la savonnerie, l'huilerie, les papiers de commerce, le droit de quai, etc.

Un membre au centre. Eh bien, et nous, est-ce que nous ne payons pas d'impôts?

M. Clapier. Marseille, messieurs, supporte avec résignation tous ces impôts : il n'y a ni grève, ni insurrection, ni pétition de sa part. Elle les supporte dans le sentiment de l'intérêt public; mais quand elle voit sa prospérité arrêtée dans l'unique but de maintenir à 10 ou 12 p. 100 les dividendes des actionnaires de la compagnie, qui pourraient se contenter de moins, c'est là, messieurs, ce qui la blesse, et c'est là ce qui est injuste.

Voilà ce que j'avais à dire. Vous avez le sort de Marseille entre vos mains, je le déclare et j'en suis intimement convaincu. Si vous

voulez que Marseille ne puisse pas recevoir dans son port une tonne de plus parce qu'elle n'a pas le moyen de faire sortir tout ce qu'elle pourrait recevoir; si vous voulez que les millions qui ont été dépensés pour son port soient stériles; si vous voulez qu'elle reçoive le charbon plus cher que partout ailleurs; si vous voulez que ses navires qui sortent en lest ne puissent recevoir du charbon; si vous voulez que la Méditerranée, au lieu d'être un lac français, soit désormais un lac italien ou un lac génois; si, par suite de ce culte fanatique que vous avez pour les grandes compagnies, vous voulez que Marseille soit réduite au rang d'un port commercial de troisième ordre, je n'ai rien à dire. Quant à moi, qui vous parais peut-être un peu excessif, dans cette affaire, je suis bien désintéressé dans la question.

Cette épouvantable loi... (Oh! oh!) ne portera ses effets que dans dix ou douze ans, et dans dix ou douze ans, qu'est-ce qu'il aura plu à la Providence de décider sur mon sort? je ne sais; mais ce que je puis bien pressentir, c'est que je ne verrai pas les tristes effets de cette loi. J'aurai du moins la consolation d'avoir essayé de conjurer le mal et de ne pas m'être associé à vos efforts pour briser dans ses mains le sceptre de la reine déchue de la Méditerranée. (Mouvement. — Très-bien! sur quelques bancs. — Aux voix! aux voix!)

M. le président. Je mets aux voix l'amendement de l'honorable M. Clapier, qui a pour but de remplacer l'article 1er de la convention par l'article suivant :

« Le ministre des travaux publics, au nom de l'Etat, dans le cas où les concessions faites par les départements des Bouches-du-Rhône, du Gard, de l'Hérault et de l'Ardèche ne sortiraient pas à effet dans le délai d'un an à partir du décret d'utilité publique, concède à la compagnie de Paris à Lyon et à la Méditerranée, qui les accepte, les chemins de fer ci-après... » Le reste comme au projet.

(L'amendement est mis aux voix et n'est pas adopté.)

M. le président. Vient ensuite l'amendement déposé par MM. Laget et Cazot (Gard), lequel aurait pour but de modifier comme suit l'article 2 de la convention :

« La compagnie s'engage à exécuter les chemins de fer énoncés à l'article 1er ci-dessus, sous le n° 1, dans le délai de deux ans; sous les n°s 2, 3, 4, 5, 6, 7 et 8, dans un délai de cinq ans, à partir de l'approbation par l'administration de l'ensemble des projets définitifs de chacun de ces chemins. » Le reste comme au projet.

Personne ne demandant la parole, je mets aux voix l'amendement.

(L'amendement, mis aux voix, n'est pas adopté.)

M. le président. Un autre amendement a été déposé par MM. de Larcy, de Crussol d'Uzès, de Tarteron, Baragnon, le marquis de Valfons, Ferdinand Boyer.

Cet amendement aurait pour objet de modifier ainsi qu'il suit l'article 2 de la convention :

« La compagnie s'engage à exécuter les chemins de fer énoncés à l'article 1er ci-dessus, sous les n°s 1, 2 et 13 dans un délai de quatre ans, les lignes, etc. » — Le reste comme au projet.

Quelqu'un demande-t-il la parole?

Quelques membres. Il est retiré!

M. le président. J'entends dire que l'amendement est retiré. Les auteurs de l'amendement le retirent-ils?...

M. le baron de Larcy. Je demande la parole.

M. le président. La parole est à M. de Larcy.

M. le baron de Larcy. Messieurs, c'est M. le duc d'Uzès qui devait défendre cet amendement.

Voici quels en sont le sens et la portée. Le chemin n° 2 d'Uzès à Remoulins est une annexe du chemin n° 1 ; il a toujours été considéré comme faisant corps avec lui. Le but de l'amendement est de fixer le même délai pour l'exécution du chemin n° 2 que pour celle du chemin n° 1, lequel n° 2 n'est, je le répète, qu'une annexe du n° 1, ainsi que le conseil d'État l'a décidé.

M. le rapporteur. L'annexe viendra après le principal.

M. le président. Demandez-vous la parole?

M. le rapporteur. Oui, monsieur le président.

M. le président. Vous avez la parole.

M. Cézanne, *rapporteur.* Messieurs, notre honorable collègue M. de Larcy vous a donné lui-même les motifs pour lesquels la commission repousse son amendement. Il y a une ligne principale et une ligne annexe, c'est-à-dire accessoire. Nous faisons passer la ligne principale avant la ligne annexe.

Voilà pourquoi nous repoussons l'amendement.

Puisque je suis à la tribune, permettez-moi de vous dire que nous entrons actuellement dans une série particulière d'amendements. Il y en a sept ou huit, tous relatifs aux délais de construction. Il est tout naturel que ceux de nos collègues qui représentent certaines régions soient plus naturellement frappés des avantages des lignes qui traversent ces régions ; il est naturel qu'ils demandent qu'on accélère la construction de ces lignes et qu'on leur donne un tour de faveur. Mais, messieurs, je puis vous donner l'assurance la plus formelle que, dans le classement que la commission a fait au point de vue des délais, classement qui n'est pas le même que le classement primitivement proposé par le Gouvernement, nous nous sommes préoccupés de mettre au premier rang les lignes les plus importantes. Pour ces raisons, j'ai l'honneur de prier l'Assemblée de repousser tous les amendements relatifs aux délais.

M. le duc de Crussol d'Uzès. Messieurs, je n'ai qu'un mot à répondre à l'honorable M. Cézanne.

L'embranchement de Remoulins à Uzès a toujours été séparé du reste du réseau, et, lorsque le conseil général a concédé l'ensemble du réseau en 1872, le conseil d'État, appelé à donner son avis, a émis l'avis suivant, du 1er mai 1873 :

« Que le chemin n° 1 et son embranchement sur Uzès, classé sous le n° 2, était un chemin d'intérêt général formant partie intégrante de la ligne de Nîmes à Lyon, par la rive droite du Rhône, et qu'il était urgent de pourvoir à sa prompte exécution. »

Vous voyez donc, messieurs, que cette ligne a toujours été détachée du reste du réseau et réunie à la ligne principale. (Aux voix! aux voix ! à gauche. — Non! non! Parlez! à droite.)

« Lorsque la commission d'enquête a été nommée, elle a émis l'avis que la ligne n° 1 et la ligne n° 2 reçussent une prompte exécution et fussent construites en trois ans.

Je vous demande de voter notre amendement. Vous donnerez ainsi une satisfaction légitime à l'impatience des populations qui attendent depuis si longtemps la construction de ce chemin de fer.

M. le président. Je consulte l'Assemblée.

(L'amendement, mis aux voix, n'est pas adopté.)

M. le président. Voici un amendement de M. Moreau (de la Côte-d'Or).

M. Moreau propose de modifier ainsi l'article 2 de la convention :

À la place de :

« La compagnie s'engage à exécuter les chemins de fer énoncés à l'article 1er sous les n°s 1 et 13 dans un délai de quatre ans, »

Mettre :

« La compagnie s'engage à exécuter les chemins de fer énoncés à l'article 1er sous les n°s 1, 13 et 18 dans le délai de quatre ans, les lignes numérotées 12 et 20...» — Le reste comme au projet.

M. Moreau a la parole.

M. Moreau (Côte-d'Or). J'ai, messieurs, bien peu de mots à vous dire pour justifier mon amendement.

Il y a trente-cinq ans que les habitants des contrées que doit traverser cette ligne attendent les bienfaits d'un chemin de fer qui ne leur a été enlevé que par une injustice, et, depuis trente-cinq ans, les maux que ces populations ont soufferts, ceux-là seuls peuvent s'en rendre compte qui ont vu de près les abus du monopole se livrant sans frein à toute sa brutalité.

68 kilomètres qui n'exigent aucun travail d'art peuvent-ils être achevés dans un délai moindre que sept ans? Il me semble que poser la question c'est la résoudre, et surtout lorsque l'on sait que la compagnie Paris-Lyon-Méditerranée est d'accord avec l'administration des ponts et chaussées sur le tracé qui, depuis quarante ans, exerce le talent de MM. les ingénieurs et qui, par conséquent, ne doit plus avoir de mystère pour eux. Conçoit-on que, dans pareille situation, le Gouvernement accorde à la compagnie un délai de deux ans pour faire des études?

Aucune raison sérieuse n'existe donc pour concéder à la compagnie un délai aussi long ; et, à mon avis, un argument sans réplique exige qu'il soit réduit : c'est l'intérêt général.

Le tracé en question abrège de plus de 30 kilomètres le parcours de Paris à Lyon. Combien de millions eussent été économisés, pendant trente ans, par les commerces lyonnais et parisien si les gouvernements divers qui se sont succédé eussent été plus soucieux des intérêts de leur pays !

Vous devez donc, messieurs, vous estimer heureux d'avoir la bonne fortune de pouvoir réparer en partie une injustice aussi monstrueuse, et vous refuserez à la compagnie le droit de prolonger encore pendant plus de trois ans la durée de cette iniquité.

On objecte que la compagnie doit exécuter 855 kilomètres de chemin de fer; mais la compagnie a un délai de huit ans pour les confectionner, ce qui représente presque trois fois plus de temps que n'en demande la compagnie de Calais à Marseille pour terminer les 1,160 kilomètres qui séparent ces deux villes. Et cependant, quelle différence entre la situation financière de ces deux compagnies.

Je l'avouerai, messieurs, en présence du tableau si brillant tracé par M. le ministre des travaux publics et par notre honorable rapporteur, de la toute-puissance de la compagnie Paris-Lyon-Méditerranée, j'ai conçu l'espoir, très-logique à mes yeux, qu'ils ne viendront pas s'opposer à la confection, dans le plus bref délai possible, d'un tronçon si court et cependant si utile.

J'espère aussi, messieurs, que vous prendrez en considération les souffrances si patiemment supportées par nos populations et que vous soutiendrez le commerce parisien et lyonnais, si abandonné jusqu'à ce jour, en accueillant avec faveur l'amendement que j'ai l'honneur de vous proposer. (Très-bien! — Aux voix! aux voix!)

(L'amendement, mis aux voix, n'est pas adopté.)

M. le président. Il y a un amendement présenté par MM. Destremx, le comte Rampon et Seignobos, et qui consisterait à modifier ainsi qu'il suit l'article 2 de la convention:

« La compagnie s'engage à exécuter le chemin de fer énoncé à l'article 1er sous le n° 9, dans un délai de deux ans, etc. » — Le reste comme au projet.

La parole est à M. Destremx.

M. Destremx. Messieurs, je viens retirer mon amendement... (Ah! ah! — Très-bien! très-bien!), en prenant simplement acte des paroles que vient de prononcer M. le rapporteur, à savoir que la ligne annexe sera faite sans interruption après la ligne principale à laquelle elle se rattache. (Très-bien!)

M. le président. L'amendement étant retiré, je n'ai pas à le mettre aux voix.

Il y a ensuite un amendement présenté par MM. Parent et Carquet, lequel tendrait à modifier l'article 2 de la convention comme suit:

« La compagnie s'engage à exécuter le chemin de fer n° 15 de Saint-André-le-Gaz à Chambéry, dans un délai de trois ans, à partir de l'approbation par l'administration de l'ensemble du projet définitif de ce chemin de fer. » — Le reste comme au projet.

Quelqu'un demande-t-il la parole?

M. le ministre des travaux publics. Je la demande, monsieur le président.

M. le président. La parole est à M. le ministre des travaux publics.

M. le ministre des travaux publics. MM. Parent et Carquet demandent à leur

tour une réduction de délai en faveur de la ligne de Saint-André-le-Gaz à Chambéry. Je vous propose de maintenir le délai fixé par la commission et de ne rien changer à ce qui vous est proposé. Mais en même temps je n'hésite pas à déclarer, et j'espère que cette déclaration donnera satisfaction à nos honorables collègues, que le Gouvernement considère la ligne de Saint-André-le-Gaz à Chambéry comme ayant un intérêt général d'une grande importance. Cette ligne exigera un long temps sans doute avant d'être construite, car il y a, pour l'établir, à ouvrir un souterrain qui n'a pas moins de 3,800 mètres de longueur. Je déclare cependant que nous nous hâterons le plus possible d'en assurer l'exécution. (Très-bien! très-bien!)

M. Parent (Savoie). Quoique je ne partage pas l'opinion de M. le ministre des travaux publics sur la durée nécessaire de l'exécution du chemin en question, ou plutôt, précisément parce que je ne la partage pas, et parce que je crois, au contraire, qu'il sera possible d'exécuter la ligne rapidement et dans beaucoup moins de temps qu'on ne s'imagine, je considère que les déclarations qui viennent d'être faites nous donnent une suffisante satisfaction, puisqu'elles contiennent l'engagement de hâter, de presser le plus possible cette construction.

Nous retirons, en conséquence, notre amendement. (Très-bien!)

M. le président. Il y a un autre amendement de M. Moreau.

Plusieurs membres. Il est retiré.

M. le président. Sur l'article 4 de la convention, MM. Schœlcher, Rouvier, Henri de Lacretelle et de Mahy ont présenté un amendement ainsi conçu:

« Les voitures de toutes classes seront chauffées en hiver. »

La parole est à M. Schœlcher.

M. Schœlcher. Nous demandons par notre amendement que les voitures de 3e et de 2e classes soient chauffées comme celles de 1re classe. Tout le monde comprend l'importance de cette proposition. Je ne veux pas la développer, pour épargner le temps de l'Assemblée. (Rires à droite. — Très-bien! à gauche.) Tout le monde sait ce que je pourrais dire sur ce sujet.

Je demande à M. le ministre et à M. le rapporteur ce qu'ils pensent de cet amendement. Je le recommande, non pas seulement à leur attention, mais aussi à leur charité.

M. de Belcastel. Très-bien!

M. le ministre des travaux publics. Messieurs, le Gouvernement voudrait pouvoir être en mesure de vous proposer d'accepter l'amendement de l'honorable M. Schœlcher et de plusieurs autres de nos collègues. S'il existait un moyen pratique de le réaliser, nous n'aurions pas attendu l'invitation qui nous est adressée, pour en faire l'objet d'une stipulation précise. Nous considérons, en effet, que l'on doit arriver à chauffer les voitures de toutes classes et qu'il faut y arriver. (C'est vrai! — Très-bien! très-bien!)

Il y a longtemps que l'administration et les compagnies de chemins de fer sous son contrôle, s'occupent de cette question; il y a longtemps que des expériences sont commencées et

poursuivies sur les divers modes de chauffage.
(Chuchotements et mouvements divers.)

Mais les divers systèmes mis à l'essai soit
en France, soit à l'étranger, n'ont pas donné
jusqu'à ce jour de résultat pratique et on ne
saurait imposer une semblable obligation à la
compagnie de Paris-Lyon-Méditerranée sans
savoir comment il lui sera possible de la remplir. C'est là qu'est la difficulté.

Un membre. On chauffe bien les premières !

M. le ministre. Le chauffage par les bouillottes d'eau chaude n'est pas possible pour de
grands trains. S'il était facile de l'appliquer, on
trouverait l'exemple de son application à l'é-
tranger. (Interruptions diverses.)

M. Testelin. Il est pratiqué dans divers
pays !

M. le ministre. En Angleterre, on ne
chauffe aucune classe de voiture; mais les
voyageurs peuvent, en payant une taxe spéciale, réclamer des bouillottes d'eau chaude.

Un membre. Les voitures sont chauffées en
Amérique !

M. le ministre. En Russie, le chauffage se
fait au moyen de poêles marchant au bois,
placés au milieu de grandes voitures de 11 mètres de longueur. Il ne peut être question de
ce système en France.

En Bavière, les voitures sont chauffées au
moyen d'une prise de vapeur faite sur la locomotive, et on ne peut arriver à régulariser la
chaleur ; les voyageurs étouffent par moments.
Tous ceux qui ont été à même d'expérimenter
ce système de chauffage le déclarent intolérable.

Les chemins du nord de l'Autriche emploient
les bouillottes ; mais ils ne chauffent que les
trains-poste, d'où sont exclus les voyageurs
de 3ᵉ classe.

Sur les chemins du sud de l'Autriche on a
dû renoncer au système des bouillottes, reconnu impraticable dès que la circulation est
un peu notable. On a mis alors des poêles
dans les voitures de 3ᵉ classe ; mais les résultats ont été si peu satisfaisants, qu'on y a
renoncé. Enfin, en ce moment, on expéri-
mente le chauffage par la combustion de bri-
quettes placées dans des gaines métalliques
que l'on introduit sous les banquettes ; mais
ce système ne peut être appliqué que sur des
voitures construites pour cela et ne pourrait
être pratiqué en France qu'en reformant le
matériel existant. On ne chauffe d'ailleurs par
ce système que les trains-poste de nuit. Ce
système n'est pas d'ailleurs sans danger, car
en 1874 on cite huit wagons qui ont pris feu
pendant la marche des trains.

Nous n'avons encore d'autre moyen de
chauffer les voitures que l'emploi des bouillottes pour les 2ᵉ et 3ᵉ comme les 1ʳᵉˢ (C'est
cela !). Mais il y a de très-grandes difficultés à
cela. Je vais les résumer, si l'Assemblée le
permet, et je suis prêt à donner quelques
courtes explications à ce sujet. (Parlez ! parlez !)

Le moyen de chauffage par les bouillottes
d'eau peut convenir pour les voitures de 1ʳᵉ
classe, dans des caisses garnies de drap et de
tapis et assez hermétiquement closes. Il ne
produirait aucun effet dans les voitures de 3ᵉ
classe. Des bouillottes placées dans les 3ᵉ classe
ne les chaufferaient pas comme elles chauffent
les 1ʳᵉ classe.

Plusieurs membres. Elles chaufferaient toujours un peu !

M. le ministre. On en a fait l'essai, mais on
a reconnu l'impossibilité d'obtenir un bon résultat.

M. de Tillancourt. Le chauffage des wagons de toutes les classes se fait en Suisse !

M. le ministre. Voudriez-vous qu'on prît
l'engagement de chauffer les 2ᵉ et les 3ᵉ au
moyen des bouillottes, sachant que ce mode
de chauffage serait insuffisant ? Ce serait une
situation inacceptable pour tout le monde.
Mais en admettant même que ce système pût
donner un résultat utile, son emploi général
serait impraticable. Il faut de huit à dix bouillottes pour garnir une voiture et environ cent
cinquante bouillottes pour un train omnibus ;
il faudrait à chaque renouvellement de très-
longs stationnements et un personnel très-
nombreux.

Dans certaines gares, où les trains se croisent, il faudrait des volumes considérables
d'eau chaude.

M. Scheurer-Kestner. Je demande la parole.

M. le ministre. Ainsi, à Dijon, de onze
heures du soir à trois heures du matin, il passe
cinq trains express, trois omnibus, dont le service exigerait huit cents bouillottes. Il faudrait des chaudières capables de contenir
17,000 litres d'eau ; il faudrait aussi un personnel spécial, et il en résulterait une perte de
temps considérable dans le service.

M. Farcy. Il serait bien simple, à mon
sens, d'appliquer le système des chaufferettes
portatives qu'on trouve chez tous les quincail-
liers à Paris, et qui chauffent au moyen d'un
charbon chimique. (Bruit.)

M. le ministre. S'il y a des difficultés
matérielles vraiment grandes, on n'en a pas
moins continué les études et les essais et
tâché d'obtenir un résultat que nous désirons
tous.

La compagnie de l'Est en a été spécialement
chargée. Elle a essayé des appareils à combustible aggloméré, qui offrent des inconvénients
réels, notamment des inégalités très-sensibles
et très-brusques de température, dont le service exigerait huit cents bouillottes. Il faudrait des chaudières capables de contenir
difficile. Elle a essayé l'appareil à air chaud ;
ce système a des défauts analogues aux
précédents, il excite en outre les réclamations
des voyageurs, pour la mauvaise odeur de l'air
réchauffé. Un des procédés qui, à l'heure
actuelle, paraît le plus satisfaisant parmi tous
ceux qui ont été ainsi étudiés et essayés, est
celui qui consiste à chauffer les voitures au
moyen de tuyaux d'eau chaude, circulant dans
l'intérieur de la voiture et contenant de l'eau
échauffée par un foyer spécial, placé à l'une
des extrémités du véhicule. Mais il exige un
foyer dans chaque voiture et on comprend le
danger d'une semblable installation.

Dans une pareille situation, il serait donc
imprudent d'imposer une condition qu'on n'est
pas sûr de pouvoir réaliser, qu'on est même
certain de ne pouvoir accomplir dans des conditions pratiques et de nature à ne pas bouleverser le service, avant qu'on ait trouvé de
nouveaux procédés.

Mais je n'hésite pas, messieurs, à prendre
l'engagement, dans le cas où, soit en France,
soit à l'étranger, on arriverait à trouver un

procédé susceptible d'être appliqué, jugé tel par l'administration et pouvant procurer enfin une amélioration que l'intérêt de tous exige et que l'humanité commande, de le faire accepter et appliquer non seulement par la compagnie de Paris-Lyon-Méditerranée, mais encore par toutes les autres compagnies subventionnées et garanties par l'État. (Marques d'approbation.)

M. Scheurer-Kestner. Messieurs, j'ai demandé la parole pour une simple rectification.

M. le ministre des travaux publics a commis tout à l'heure une erreur matérielle en disant que le chauffage des wagons n'était pas pratiqué en Allemagne autrement que par des bouillottes. (Interruptions.)

M. le ministre des travaux publics. Je n'ai pas dit cela : j'ai parlé des poêles.

M. Scheurer-Kestner. Permettez ! je crois me souvenir exactement de ce qu'a dit le ministre. (Non ! non !) Vous ne me laissez pas achever ma pensée...

Plusieurs membres. Vous vous trompez !

M. le ministre des travaux publics. Je n'ai pas dit ce que vous me faites dire !

M. Scheurer-Kestner. Je vais moi-même rectifier ce qui peut paraître inexact dans ma pensée.

M. le ministre a dit qu'en Allemagne on avait de grands wagons dans lesquels on mettait un poêle. (C'est cela !)

Eh bien, messieurs, en Allemagne, il y a en ce moment un système de chauffage qui s'applique depuis pl...sieurs années et qui consiste en de petits tubes qui passent au-dessous des sièges dans les wagons et qui sont chauffés au moyen de charbon de bois aggloméré et préparé d'une certaine manière. (C'est vrai !)

Ce procédé de chauffage n'est pas nouveau, il date de plusieurs années; on en est pleinement satisfait... (Dénégations), et rien ne serait plus facile que de l'appliquer aux wagons de 2e et 3e classes.

Il y a plusieurs années qu'en Autriche on a employé un autre procédé, celui du chauffage des wagons au moyen de la vapeur. Ce système, il est vrai, n'est appliqué qu'aux voitures de 1re classe ; mais comme le générateur de vapeur se trouve dans un wagon spécial placé à la tête du train, rien ne serait plus facile que de multiplier les tuyaux et de porter la chaleur dans tous les wagons de 1re et 3e classes. (Mouvements divers.)

Je tenais à rectifier l'erreur matérielle dans laquelle était tombé M. le ministre en parlant des systèmes de chauffage employés à l'étranger. (Aux voix ! aux voix !)

M. Malartre. Un mot seulement.

Il est, messieurs, pour préserver les voyageurs des atteintes du froid, ou du moins pour atténuer ses atteintes, un procédé très-simple et très-primitif qui peut être employé immédiatement et sans grands frais par les compagnies de chemins de fer: c'est le simple procédé dont se sont servis tous les entrepreneurs de diligences jusqu'à ce jour, et qui consiste à mettre dans les wagons de 2e et de 3e classe, au moins de la paille ! — En attendant un système plus perfectionné, les compagnies devraient être assez humaines pour avoir recours à ce procédé peu compliqué. (Rires et exclamations diverses.)

M. Ducarre. Messieurs, permettez-moi de dire un mot sur la question qui vient d'être soulevée et qui, au point de vue de l'humanité, me paraît avoir une très-grande importance. (Très-bien !)

Je ne crois pas que par le vote de l'amendement proposé on puisse appliquer immédiatement le chauffage des wagons de toutes classes au matériel existant des chemins de fer. Je ne crois pas cela soit possible. Seulement je dois dire ici — et le Gouvernement devra reconnaître — que, dans la contrée même où plusieurs des lignes en discussion sont concédées, sur une étendue de près de 200 kilomètres de chemins de fer, exploités par les compagnies des Dombes et du Sud-Est, depuis dix ans les wagons de toutes les classes sont chauffés d'une manière très-simple et très-pratique.

Cela admis, on ne peut pas dire qu'il sera impossible de chauffer de la même manière les lignes que nous concédons aujourd'hui à côté de ce réseau.

Je crois donc que nous devons recommander d'une manière expresse, et je ne doute pas que le Gouvernement n'accueille notre recommandation avec sollicitude, qu'on applique sur ces lignes ce perfectionnement actuellement réalisé, essentiellement pratique, et n'offrant aucun inconvénient.

Je ne crois pas qu'il soit possible, je le répète, de voter un amendement qui impose d'une manière absolue à tout le matériel existant, une mesure comme celle dont je parle; mais il n'est pas possible non plus qu'on vienne dire ici que la question n'est pas résolue, alors que l'expérience est faite sur une très-grande échelle dans la contrée même où l'on va concéder les chemins en discussion. (Très-bien ! — Aux voix !)

M. de Tillancourt. L'expérience a été faite par les petites compagnies.

M. le ministre des travaux publics. Je ne viens dire qu'un mot de réponse à M. Ducarre relativement au fait exceptionnel qu'il a cité.

Le fait qu'il vient de rapporter est exact, sauf que, sur la ligne des Dombes dont il vient de parler — et qui appartient à une compagnie secondaire d'intérêt général dont l'exploitation n'a pas une grande étendue, — il n'y a pas de trains ni de service de nuit, et il n'y a ordinairement que deux ou trois wagons de voyageurs par train. De sorte qu'il n'est pas très-difficile de les chauffer au moyen de bouillottes.

Un membre. C'est un poêle !

M. le ministre. Alors, c'est que les wagons, comme en Russie ou en Allemagne, n'ont qu'un seul compartiment, qu'ils communiquent tous entre eux, et qu'un gardien spécial peut exercer partout la surveillance et prévenir les causes d'incendie.

Il y a, dans tous les cas, messieurs, vous le voyez, des difficultés considérables, surtout lorsqu'il faut suffire aux exigences du service des grandes lignes, sur lesquelles circulent un très-grand nombre de trains composés chacun d'un grand nombre de wagons.

M. Malartre. Et la paille ? (Rires et bruit.)

M. Henri de Lacretelle. Il y a trois ans, messieurs, j'ai eu l'honneur d'adresser à M. de Larcy, alors ministre des travaux publics, la question que l'honorable M. Schœlcher, plusieurs de mes amis et moi, nous venons de formuler par un amendement.

M. de Larcy m'a fait exactement la même réponse que M. le ministre actuel des travaux publics.

Un membre au centre. Que vouliez-vous qu'il répondît?

M. Henri de Lacretelle. Or, si comme l'assure M. le ministre, on meurt quelquefois par le feu dans les wagons de l'Allemagne, dans ceux de France, en 3e classe, on meurt toujours de froid. (C'est vrai! sur plusieurs bancs à gauche.)

De divers côtés. Aux voix! aux voix!

M. Schœlcher. Sous le bénéfice de l'engagement très-sérieux pris par M. le ministre des travaux publics, et considérant aussi que le moyen de chauffer tous les wagons est facile à appliquer, je retire l'amendement. (Très-bien! très-bien!)

Quelques membres à gauche. Mais non! maintenez-le!

M. Varroy. On pourrait au moins, dès l'hiver prochain, chauffer avec des bouillottes les compartiments de dames de toute classe.

M. le président. L'amendement étant retiré, il n'y a pas à en délibérer.

Sur ce même article, il y a un amendement de MM. Jules Brame, Clapier et le baron de Janzé.

Cet amendement étant présenté au cours de la discussion, doit être soumis à la prise en considération.

J'en donne lecture à l'Assemblée :

« Art. 4 de la convention. — L'article 48 du cahier des charges de la compagnie Paris-Lyon-Méditerranée, paragraphe 2, sera modifié de la manière suivante:

« Toute modification de tarif proposée par la compagnie sera annoncée un mois d'avance par des affiches et par l'insertion au *Journal des travaux publics.*

« L'examen de ces modifications sera remis à une commission spéciale permanente ainsi composée :

« Un inspecteur général des chemins de fer, président;

« Deux ingénieurs des ponts et chaussées;

« Deux inspecteurs généraux de l'agriculture, nommés par le ministre de l'agriculture et du commerce;

« Deux inspecteurs des finances désignés par le ministre des finances.

« Cette commission, avant de statuer, devra prendre l'avis des chambres de commerce intéressées. »

M. Brame a la parole pour développer cet amendement.

M. Jules Brame. Messieurs, je n'abuserai ni du temps ni de la patience de l'Assemblée.

Vous connaissez, du reste, les motifs et l'esprit de notre amendement. Il n'a absolument aucun rapport avec ces grandes luttes qui ont lieu entre les petites et les grandes compagnies. Il est frappé au caractère de la simplicité, de la sagesse et de la modestie; il peut servir de modèle, il est fait pour inspirer confiance, si c'est possible, à M. le ministre des travaux publics lui-même. (Rires et bruit.)

Nous venons vous demander la division des attributions des agents commerciaux des chemins de fer de celles du personnel de la partie technique.

Nous vous demandons, à cet effet, la création d'une commission spéciale et permanente pour étudier ces questions avant de les résoudre.

C'était positivement la pensée du législateur dès l'établissement des chemins de fer, et j'en trouve la preuve dans une ordonnance de 1846, qui a pour but de définir le rôle et les attributions des commissaires royaux.

L'article 52 de cette ordonnance est ainsi conçu :

« Les commissaires royaux seront chargés :

« De surveiller le mode d'application des tarifs approuvés et l'exécution des mesures prescrites pour la réception et l'enregistrement des colis, leur transport et leur remise aux destinataires;

« De veiller à l'exécution des mesures approuvées ou prescrites pour que le service des transports ne soit pas interrompu aux points extrêmes des lignes en communication l'une avec l'autre;

« De vérifier les conditions des traités qui seraient passés par les compagnies avec les entreprises de transport par terre ou par eau en correspondance avec les chemins de fer, et de signaler toutes les infractions au principe de l'égalité des taxes. »

Je ne puis vous donner ici, messieurs, qu'un aperçu incomplet des attributions des anciens commissaires royaux, mais il servira à fixer votre opinion sur la question lorsqu'il sera complété par l'article 55 de la même ordonnance qui établit nettement les prérogatives du personnel technique. Voici comment est conçu cet article 55 :

« Les ingénieurs, les conducteurs et autres agents du service des ponts et chaussées seront spécialement chargés de surveiller l'état de la voie de fer, des terrassements, des ouvrages d'art et des clôtures. »

Ainsi l'esprit du législateur se manifestait d'une façon formelle : il exigeait la division des attributions entre les agents commerciaux et le personnel technique; mais les commissaires royaux ont sans doute voulu, dès l'abord, profiter des prérogatives que leur donnait la loi. Ils se sont rendus indépendants du personnel technique, c'est-à-dire de MM. les ingénieurs. Alors ils ont été supprimés par une ordonnance de 1848 et remplacés par des agents d'un grade inférieur, placés sous la domination du personnel technique avec le titre d'inspecteurs commerciaux. Puis, enfin, un décret du 26 juillet 1852 les mit à la complète discrétion des ingénieurs du contrôle, et ils ne devinrent plus, malgré la loi, les égaux des ingénieurs avec des attributions différentes : ils furent complètement leurs subordonnés.

Et lorsque le négociant pèse, la plume à la main, ses plus minimes et ses plus importantes opérations sur des tarifs connus, lorsque du résultat de ces opérations dépend la fortune de toute sa famille, il se trouve que deux personnes seulement, à la même heure, inconsciemment, bouleversent toutes ses combinaisons et amènent sa ruine.

Dans l'état actuel des choses, l'ingénieur de la compagnie, toujours le supérieur en

des infamies comme celles qui sont commises.
Il ne faut pas les mettre hors la loi ; mais il
n'en est pas moins vrai que nous n'avons à
lutter ici que contre des ingénieurs, qu'ils sont
nombreux dans cette enceinte, et, en leur ré-
sistant, je dis qu'il faut interdire aux grandes
compagnies d'abaisser leurs tarifs pour écraser
les entreprises de batellerie et, après les
avoir écrasées, remonter les chiffres de leurs
tarifs. On ne l'a pas fait deux fois, mais cent
fois, je le répète ; nous le prouverons dans le
cours de la discussion.

Je reprends l'idée que je poursuivais avant
l'interruption de l'honorable ingénieur M. Ricot et de l'ingénieur M. Cézanne.

M. Ricot. Je vous ai dit, mon cher collègue,
que je ne m'étais jamais plaint des baisses de
tarifs.

J'ajoute que je me sers aussi, pour mes transports, de la Saône et du Rhône, de Gray à
Beaucaire.

M. Jules Brame. Alors il ne fallait pas
m'interrompre. (On rit.) Vous me répondrez
à cette tribune et je le ferai à mon tour. Laissez-moi continuer.

Ainsi je reprends la pensée que je développ-
ais au moment où mon honorable collègue
M. Ricot m'a interrompu pour me dire qu'il
était satisfait. Nous ne le sommes pas, et je
vais vous prouver que nous avons raison de
ne pas l'être.

Ainsi, messieurs les membres de la commission du budget, vous votez chaque année une somme pour la garantie d'intérêt
due d'après engagement de l'État envers les
compagnies de chemins de fer ; vous a-
vez calculé le chiffre de votre garantie
sur les revenus supposés de ces lignes en
vertu de tarifs connus. Si deux ingénieurs
étrangers à votre pensée, à vos combinaisons,
à votre prudence, viennent diminuer les tarifs
ou les remanier sur 100 ou 200 kilomètres,
vos prévisions sont détruites : le chiffre de
votre garantie n'est plus suffisant et vous êtes
obligés de la compléter.

Ce sont donc deux ingénieurs étrangers à cette
Assemblée et, par conséquent, à la commission
du budget, qui, par le fait de leur
concours, prendre part à l'établissement de
l'impôt, car il s'agit là d'un véritable impôt ;
en effet, toucher à la garantie, au déversoir,
pour la modifier, c'est toucher à l'impôt.
(Très-bien !)

Voilà la vérité. C'est là une situation extrêmement grave et intolérable pour notre dignité,
nos prérogatives et pour le ministre lui-même,
quoi qu'il en dise.

C'est là une question de premier ordre, puisqu'elle touche à l'impôt que vous seuls avez le
droit de fixer et de voter. Si vous repoussez notre
amendement, il n'y aurait qu'un moyen d'atténuer le mal : il consisterait à inviter les deux
ingénieurs à se rendre dans la commission du
budget avec voix délibérative sur ces matières.
Ils ne s'y refuseront sans doute pas ; mais,
malgré l'avis de la commission, nous prétendons que notre amendement est excellent ; aussi espérons-nous que vous le voterez parce que vous ne pouvez pas nous refuser des juges.

Vous ne pouvez nous refuser ni un tribunal
indépendant, ni un tribunal éclairé et intègre.

Comment ! nous vivons dans un pays où, lorsqu'il s'agit d'une somme de 500 fr. en litige,
on a une triple juridiction, et lorsqu'il s'agit
des millions de notre commerce, de notre industrie, de notre agriculture, de notre budget,
tout cela serait abandonné à deux juges en dernier appel, et l'Assemblée nous refuserait une
justice que nos lois ne refusent à aucun citoyen !

M. le ministre lui-même doit se réjouir
de la modeste portée de notre amendement
et des heureuses conséquences qu'il doit avoir.
Nous ne voulons pas restreindre ses prérogatives ! On veut empiéter sur nos droits, dites-
vous à l'instant ; nous vous faisons, au contraire, une large part. Le président de la commission dont nous réclamons la création sera
choisi parmi vos inspecteurs généraux et aura
pour collègues deux ingénieurs ; mais ils seront
assistés de deux inspecteurs généraux du ministère de l'agriculture et de deux inspecteurs
généraux du ministère des finances. Serait-
ce la présence de ces derniers qui viendrait
vous porter ombrage ? Mais M. Pouyer-Quar-
tier vous l'a rappelé hier, notre garantie s'é-
lève aujourd'hui à la somme énorme de 47
millions par an, et vous prétendez que deux
de vos agents viennent, sans contrôle, ma-
nipuler, augmenter encore cet énorme chiffre !

Prononcez-vous enfin. Est-ce l'avis des
chambres de commerce, intéressées dans la
question qui vous gêne ? Mais les membres qui
composent ces assemblées représentent les contribuables, ils ont bien droit d'avoir voix au
chapitre par un simple avis.

M. le ministre des travaux publics. Les
chambres de commerce sont toujours consultées !

M. Jules Brame. Si je ne crois pas qu'il soit
possible de rejeter un amendement aussi clair,
aussi rationnel, aussi logique que celui-là.

Ce n'est pas tout, messieurs, le conseil supérieur du commerce ne devrait-il pas prendre
part également à ces vérifications ? (Mouvement au banc des ministres.)

S'il est consulté, c'est sous votre bon plaisir,
monsieur le ministre !

M. le ministre. Mais non !

M. Jules Brame. ... et, pour donner suite
à votre bon plaisir, avec des agents qui émanent de vous et non pas de l'Assemblée. Et
vous prétendez ainsi perpétuer ce déplorable
état de choses !

Nous vous demandons un tribunal, refusez
le donc, et un jour arrivera bientôt peut-être
où l'on vous en donnera un qui pourrait moins
vous convenir.

Plusieurs membres. Il existe !

M. Jules Brame. Ce sont des ingénieurs
qui le prétendent et qui le répondent en ce
moment.

Mais je termine, et je dis qu'il est sans
exemple que, dans un pays civilisé qui possède à un haut degré l'amour de l'égalité et
de la justice, on puisse laisser des questions
aussi importantes au bon plaisir et à l'arbitraire de deux ingénieurs et d'un ministre.
(Très-bien ! très-bien ! — Aux voix !)

M. le président. Je mets aux voix l'amendement.

M. Tolain. Je demande la parole.

Un membre de la commission. Il ne s'agit que

d'une prise en considération : on ne peut pas discuter.

M. le président. Je donne une nouvelle lecture de l'amendement, qui consiste à dire que l'article 48 du cahier des charges de la compagnie Paris-Lyon-Méditerranée, paragraphe, sera modifié de la manière suivante :

« Toute modification de tarif proposée par la compagnie sera annoncée un mois d'avance par des affiches et par l'insertion au *Journal des travaux publics.*

« L'examen de ces modifications sera remis à une commission spéciale permanente ainsi composée :

« Un inspecteur général des chemins de fer, président;

« Deux ingénieurs des ponts et chaussées;

« Deux inspecteurs généraux de l'agriculture, nommés par le ministre de l'agriculture et du commerce;

« Deux inspecteurs des finances, désignés par le ministre des finances.

« Cette commission, avant de statuer, devra prendre l'avis des chambres de commerce intéressées. »

(L'Assemblée, consultée, se prononce pour la prise en considération.)

M. le président. L'amendement étant pris en considération, sera renvoyé à la commission.

Vient ensuite un amendement présenté par MM. Raoul Duval et Ganivet.

Il consiste à ajouter au premier paragraphe de l'article 4 de la convention annexée au projet de loi, et sous la réserve de l'addition à l'article 61 du cahier des charges, la disposition suivante :

« La compagnie sera tenue, dans les gares communes, d'accorder aux compagnies en communauté avec elle, qui la demanderont, un bureau particulier pour la délivrance des billets de voyageurs et l'enregistrement des marchandises. »

M. Ganivet. Messieurs, l'amendement dont il vient de vous être donné lecture se rattache à un autre amendement que j'ai présenté également de concert avec mon honorable collègue, M. Raoul Duval, et les courtes explications que j'ai à soumettre à l'Assemblée pour en demander la prise en considération s'appliquent aux deux amendements.

Il s'agit, messieurs, des facilités et de la liberté que les cahiers des charges et la loi doivent accorder aux voyageurs suivant les lignes de chemins de fer qu'ils ont l'intention de parcourir. Toutes nos lignes secondaires, toutes celles qui ont été établies ou qui doivent être établies à l'avenir par des compagnies d'intérêt local sont nécessairement soudées aux grandes lignes que l'État a fait exécuter. Tous les points de raccordement sont en effet indiqués dans les concessions à ou près de telle localité, et on est dans la nécessité d'établir une communauté de gare entre la ligne préexistante et la ligne nouvelle, au point où elles se rencontrent. Cette communauté de gare est utile dans l'intérêt des compagnies elles-mêmes, comme dans l'intérêt du public. Loin de m'en plaindre, je l'approuve complétement, et les justes réclamations que fait naître l'établissement de deux gares distinctes dans certaines localités justifient à plus d'un titre la nécessité de cette communauté.

Il y a, en effet, des difficultés de transbordement et pour les voyageurs, et pour les marchandises, et il en résulte des obstacles et des retards pour tous les transports. La communauté de gare est donc une chose nécessaire. Or, une ligne d'intérêt local est toujours inaérée dans les différentes lignes d'une même compagnie ou dans les lignes de deux compagnies ayant un caractère plus général.

Ces lignes d'intérêt local ont l'avantage, le plus souvent, d'abréger la distance à franchir pour aller d'un point à un autre; si l'on veut suivre cette ligne la plus courte, il est nécessaire d'avoir un billet délivré par la gare commune, toujours administrée par la compagnie la plus importante et la plus ancienne, un billet qui vous permette de circuler sur les différentes lignes qu'on a à suivre pour atteindre le point d'arrivée. Eh bien, qu'arrive-t-il ? Quand, dans une gare commune, vous demandez ce billet, si vous voulez suivre le tracé, la route la plus longue, celle qui est desservie par la compagnie dominante, elle vous le donne pour circuler sur ses rails; mais, si vous voulez suivre la ligne la plus courte en passant sur le chemin d'intérêt local qui est inséré dans le réseau de la grande compagnie, on vous refuse le billet. Le fait est très-vrai... (Oui! oui! sur plusieurs bancs.)

Je puis en citer un exemple qui, je crois, est à la connaissance d'un grand nombre de mes collègues : la gare de Boulogne, qui appartient à la compagnie du Nord, est commune à cette compagnie et à celle du Nord-Est.

Demandez à cette gare de Boulogne un billet pour aller soit à Hazebrouck, soit à Arras, soit à Lille, en exprimant la volonté de suivre la ligne la plus courte, c'est-à-dire celle du Nord-Est, on vous le refusera d'une manière absolue; de telle sorte que vous êtes obligés de prendre la voie de la compagnie du Nord et de suivre un parcours plus considérable. Et si vous voulez avoir un billet qui vous permette de suivre le petit réseau du Nord-Est, il faut sortir de la gare, aller dans un établissement voisin, où je ne me trompe, dans un bureau de tabac, où la compagnie secondaire a déposé des billets pour satisfaire aux désirs des voyageurs.

Que résulte-t-il de cet état de choses ? C'est que la compagnie du Nord exerce à son profit un monopole, non-seulement sur ses rails, mais en même temps sur ceux de la petite compagnie qui la joint C'est là, en effet, un véritable monopole, puisqu'elle retient par ce procédé les voyageurs qu'elle empêche de suivre la ligne qu'ils préfèrent.

Ce monopole est-il légal ? Je le croirais. Mais est-il juste? Je le nie.

Je sais qu'à une certaine époque, alors qu'il ne s'agissait pas de l'exploitation des chemins de fer, alors qu'il y avait des routes nationales ouvertes à tout le monde, il y avait de grandes entreprises de messageries qui exploitaient particulièrement la circulation de ces routes.

Deux grandes compagnies, notamment les messageries royales et les messageries Laffite et

Caillard étaient connues dans toute la France. Ces messageries établissaient entre elles des conventions au moyen desquelles elles s'assuraient en quelque sorte le transport exclusif des voyageurs qui se présentaient et à qui il était impossible en quelque sorte de prendre le service des messageries concurrentes.

Que disait-on alors? On prétendait qu'il y avait là un mode d'accaparement, constituant le délit de coalition et tombant sous les dispositions du code pénal (Oh! oh!) Il s'est trouvé des tribunaux qui l'ont ainsi décidé et qui ont prononcé des peines correctionnelles contre les entrepreneurs d'une de ces compagnies.

Il est vrai que cette jurisprudence n'a pas persisté, et que la cour de cassation a décidé qu'il n'y avait pas dans ce fait les caractères constitutifs d'un délit.

Cependant au point de vue de l'équité et de la justice, quand je vois qu'on était aussi sévère dans l'appréciation d'un fait de ce genre à l'égard de messageries qui circulaient sur des routes royales, sur des routes ouvertes à tout le monde, il me semble qu'on aurait raison d'être plus sévère quand il s'agit de chemins de fer appartenant à une compagnie, et sur lesquels elle a seule le privilège d'établir une circulation.

Voilà l'observation que je soumets à l'Assemblée. Hier on discutait la question de savoir si on devait sacrifier les grandes compagnies aux petites compagnies, ou si, au contraire, on ne devait pas jeter à l'écart les petites compagnies comme étant dangereuses. Cette question n'est plus dans le débat. Du moment où la loi et le Gouvernement ont autorisé l'établissement de compagnies secondaires, il me semble que la loi ne doit pas leur enlever le seul moyen qu'elles aient de subsister. (Aux voix! aux voix!)

Je vous demande de donner à ces compagnies secondaires un droit qui leur est imposé par la situation même dans laquelle on les place par la communauté des gares, et qu'elles aient au moins la certitude que le voyageur, se présentant dans la seule gare dont elles ont la disposition, pourra y trouver le billet qui lui est nécessaire pour son voyage. (Aux voix! aux voix!) Je demande sans que cela puisse porter la moindre atteinte aux droits respectables des grandes et anciennes compagnies.

Un mot encore, messieurs. Il s'agit de la délivrance des billets sur les lignes qu'il faut successivement parcourir. Partant du même principe, ou plutôt de cet abus du droit que je vous signalais tout à l'heure, quand vous présentez dans une gare pour demander un billet pour une localité où vous voudriez arriver en suivant les rails de plusieurs compagnies distinctes, on vous le refuse, à moins qu'il s'agisse de lignes qui sont liées entre elles par une convention toujours arbitraire et qui admettent la réciprocité dans leurs billets. Cette réciprocité n'existe le plus souvent qu'à l'égard des grandes compagnies, et elles la refusent obstinément à toutes les autres moins importantes. Je vais vous citer un fait qui est véritablement extraordinaire.

Si, par exemple, vous voulez aller d'Atres à Armentières, en passant par les lignes du Nord-Est, vous êtes obligés de prendre trois billets, et de procéder à trois enregistrements de baga-

ges : à Atres, à Valenciennes et à Lille; donc, trois voyages, du temps perdu et une augmentation dans les frais de voyage.

Il y a dans cet ordre d'idées un fait qui est encore plus curieux.

Si, sur la ligne d'Orléans à Rouen, ou à la gare de Chartres, vous demandez un billet pour un point quelconque des lignes d'Evreux à Paris ou d'Evreux à Cherbourg, voici ce qui arrive : vous ne pouvez obtenir votre billet que jusqu'à une gare commune, celle de Brueil. Quand le train y est arrivé, vous voyez sur le côté opposé du quai de la gare le train qui doit vous emmener. Il n'y aurait pour y monter qu'à traverser la largeur de la voie; mais comme ces lignes sont exploitées par des compagnies distinctes et qu'il n'y a pas entre elles réciprocité de billets, vous êtes obligés de sortir de la gare pour aller prendre un nouveau billet au quai de départ. Et savez-vous le trajet qu'il faut faire pour arriver à ce quai de départ? Au lieu d'avoir à franchir tout simplement les quinze ou vingt mètres de la largeur de la voie, il faut aller à l'extérieur, longer la voie pendant environ cinq cents mètres, passer par-dessous la ligne, revenir en faisant encore un trajet de 500 mètres, enfin entrer dans la gare et prendre un billet. Est-ce dans de telles conditions qu'on veut que, sur des chemins de fer qui se rencontrent à des points communs imposés par la loi, les voyageurs puissent circuler?

Notre second amendement a pour but de demander que cette réciprocité qui existe souvent entre les grandes compagnies, d'accord entre elles, leur soit imposée lorsqu'il s'agit du passage sur les autres compagnies qui sont en communication avec elle par la voie ferrée. C'est là une mesure de justice évidente, et je suis convaincu que l'Assemblée la prendra en considération. (Très-bien! très-bien! — Aux voix! aux voix!)

M. le président. Je consulte l'Assemblée sur le premier amendement de MM. Raoul Duval et Ganivet, amendement dont j'ai donné lecture.

(L'Assemblée, consultée, prononce la prise en considération de l'amendement.)

M. le président. La parole est à M. le rapporteur.

M. le rapporteur. Messieurs, votre commission a examiné cet amendement et je suis en mesure de vous faire connaître immédiatement le résultat de ses délibérations. (Parlez! parlez!)

Les deux amendements qui viennent d'être développés devant vous par notre honorable collègue se rapportent à des faits trop réels, et à l'égard desquels il est certain qu'il faut prendre quelques dispositions.

Il est certain qu'au point de contact des différentes compagnies, bien des difficultés se produisent; ces difficultés se produisent de grande compagnie à grande compagnie, mais elles se produisent peut-être plus particulièrement de grande compagnie à petite compagnie.

Il y a des cas où ces difficultés sont presque insolubles; en effet, la plupart des arrangements que font entre elles les compagnies sont nécessairement réciproques. Or, il est très-difficile d'établir un traité de réciprocité entre une compagnie qui exploite plusieurs milliers de kilomètres de chemins de fer et une compagnie qui n'a que 50 ou 60 kilomètres à desservir. Il y a des difficultés relatives à la comptabilité, à l'échange de matériel, à l'approvisionnement des imprimés, à la répartition des dépenses. Il arrivera, par exemple, qu'une grande compagnie montrera beaucoup de répugnance, si on lui demande d'approvisionner trois ou quatre cents gares d'imprimés relatifs à un service commun avec quatre ou cinq gares sans importance, tandis que la petite compagnie ne fera aucune difficulté pour cet approvisionnement qui ne l'oblige que pour ces quatre ou cinq gares.

Mais voici une autre question bien intéressante pour les voyageurs et très-grave à cause de la responsabilité qui en résulte pour les compagnies : c'est le passage des voitures et des fourgons à bagage d'un embranchement sur l'autre pour éviter les transbordements. Une grande compagnie accepte cette dispositions sur ses lignes ou sur les lignes d'une autre grande compagnie dont le matériel roulant est notoirement en bon état d'entretien ; mais lui imposerez-vous cette réciprocité avec une petite compagnie que sa situation financière empêche d'entretenir convenablement son matériel ? Vous voyez qu'ici la sécurité est directement en jeu.

La question des gares communes est hérissée de difficultés, mais je n'hésite pas à le dire, messieurs, c'est une de celles où il est le plus urgent que le ministère intervienne pour exercer une action efficace.

Le problème des gares communes, peu important autrefois, a pris une grande importance dans ces dernières années par la multiplication incessante de lignes nouvelles. Certains abus qu'on a pu tolérer dans le passé sont devenus intolérables aujourd'hui ; ils exigent l'intervention active, efficace, persistante de l'administration, je le reconnais sans hésitation.

Mais la solution de ces difficultés est-elle dans les amendements qu'on vous propose ? Je crois être en mesure de vous démontrer que ces amendements sont inutiles ou dangereux.

Ces difficultés relatives aux gares communes nous ont beaucoup préoccupé dans le sein de la commission Nous en avons cherché le remède avec beaucoup de persévérance, et nous pensons le l'avoir trouvé dans un article nouveau que nous avons introduit dans le cahier des charges par la loi du 23 mars 1874. Cette loi est celle par laquelle vous avez déclaré définitives des concessions qui ne figuraient qu'à titre éventuel dans la loi de 1868. C'est l'honorable M. de Montgolfier qui a été le rapporteur de cette loi du 23 mars 1874. A cette époque, nous avons demandé et obtenu de toutes les compagnies intéressées que l'ancien article du cahier des charges qui était relatif aux gares communes fût modifié, et voici en quoi consiste cette modification essentielle :

Nous avons établi que, dans toutes les questions relatives soit au principe de la gare commune, c'est-à-dire relatives à la question de savoir si les compagnies feront gare com-

mune ou gares séparées, et à l'usage de la gare commune, nous avons établi, dis-je, que sur toutes ces questions le ministre statuerait, les deux compagnies entendues.

L'ancien cahier des charges avait à peu près statué sur la question de savoir si on ferait gare commune ; mais il restait des doutes sur la compétence du ministre en ce qui touche l'usage des gares communes. Nous avons donc modifié l'ancien article du cahier des charges ; cette modification a été acceptée par la compagnie de la Méditerranée, et le ministre a maintenant une pleine etentière compétence pour régler toutes ces questions relatives à la gare commune, les deux compagnies entendues.

Si une petite compagnie, ou plutôt, une compagnie nouvelle — il importe peu qu'elle soit grande ou petite, — a une plainte quelconque à formuler, l'arbitre est là, il est désigné par la loi, les deux compagnies seront entendues. Le ministre tranchera la question ; si le ministre se trompe, si l'on trouve que sa juridiction n'est pas bonne, que la solution qu'il a donnée est mauvaise, on a le recours de la responsabilité ministérielle, qui peut être engagée ici par un cas particulier.

Un membre. Ce n'est pas la question !

M. le rapporteur. Je vous demande pardon ! c'est, rigoureusement la question.

On dit, par exemple : La compagnie sera tenue de délivrer des billets directs. Or, elle ne peut délivrer de billets directs qu'en vue du service d'une gare commune. Eh bien, le ministre a le droit de régler toutes les circonstances relatives à l'usage des gares communes, il peut donc prescrire que le transit par la gare commune se fera par billets directs. C'est ce que nous avons entendu, c'est là son droit.

Voulez-vous vous engager dans ce dédale de détails et de cas particuliers ? Voulez-vous remettre ces mille difficultés de tous les jours au pouvoir législatif ? Voulez-vous engager votre responsabilité dans ces questions qui touchent de très-près à la sécurité ?

Voici, par exemple, un cas qui a été cité dans la discussion.

On parlait tout à l'heure des retards qui se produisent dans la marche des trains, et du refus des grandes compagnies d'attendre les trains d'embranchement. Mais, messieurs, il y a là une grave question qui intéresse la sécurité publique. La sécurité veut que les trains d'une ligne n'attendent pas au delà d'un certain temps les trains d'une autre ligne, car si on veut que les trains s'attendent, un seul train mis en retard jettera le désordre dans la circulation de la France entière. (Mouvements divers.)

Ce que je prie l'Assemblée de vouloir bien retenir, c'est que toutes les questions qui se rattachent aux gares communes, le ministre a le pouvoir de les trancher. Légalement il en est responsable. Je ne crois pas qu'il soit possible à une Assemblée délibérante de se rendre juge de ces détails ; le ministre seul peut en connaître, et nous lui avons donné le pouvoir d'imposer sa décision.

Je vous prie donc, messieurs, de vouloir bien repousser les amendements qui nous obligeraient à reprendre avec la compagnie des négociations qui ne peuvent aboutir et qui nous obligeraient aussi à revenir une seconde fois devant vous pour vous demander d'accepter ou de repousser la convention telle qu'elle est aujourd'hui.

Permettez-moi d'ajouter encore un mot.

Il y a dans un de ces amendements une disposition qui impose la réciprocité aux compagnies qui seraient en contact avec Paris-Lyon-Méditerranée. Mais si vous pouvez, à la rigueur, admettre cette disposition à l'égard de la compagnie Paris-Lyon-Méditerranée, vous ne pouvez pas l'imposer à la compagnie d'Orléans, par exemple, car nous ne traitons pas avec elle. (C'est évident !)

Donc, cette proposition relative à la réciprocité tombe d'elle-même. La considération principale que je me permets de recommander en finissant à l'Assemblée, c'est celle-ci : Dans la commission, nous nous sommes préoccupés de toutes ces difficultés ; elles sont innombrables, et nous n'avons vu qu'une solution, c'est de donner au ministre le pouvoir d'aviser et de l'en rendre responsable. (Très-bien ! très-bien ! sur divers bancs.)

M. Ganivet. L'article de la loi du 30 mars 1874, que M. le rapporteur vient de citer, est, si je ne me trompe, étranger à la difficulté actuelle.

Les cahiers des charges antérieurs avaient, en effet, prévu l'existence de gares communes ; mais ils n'avaient pas prévu les contestations qui pouvaient surgir entre les compagnies appelées à en jouir en commun.

Il y avait, en effet, de nombreuses difficultés, par exemple celle de savoir quelle était l'indemnité qu'une compagnie devait payer à une autre à raison des frais de régie, et l'honorable M. Cézanne sait, comme moi, que cette difficulté c'est présentée dans une compagnie qui ne lui est pas complètement étrangère. Eh bien, quand s'élevait un débat de ce genre devant le ministre, le ministre ne trouvait aucun texte de loi qui l'armât du droit de décider, de trancher la difficulté. Fallait-il aller devant les tribunaux ? C'était alors une série de procès et, comme il y avait de nombreux exemples de ces difficultés, on a introduit dans la loi de mars 1874 un article qui ne fait que régler la compétence de M. le ministre ; mais cette compétence est limitée aux questions relatives à l'usage des gares.

Qu'est-ce que nous demandons aujourd'hui ? Est-ce que nous demandons par hasard qu'on règle l'usage des gares communes ? Nullement : nous demandons qu'on règle le mode de délivrance des billets, ce qui n'entraîne pas toutes les dépenses que M. le rapporteur se plaisait tout à l'heure à énumérer. La réciprocité existe actuellement entre différentes compagnies : est-ce que, par hasard, elle a pour effet d'augmenter d'un centime les frais de leurs papiers, de leurs imprimés ? Nullement. Il y a des papiers sur lesquels les employés écrivent à la main la localité.

Voilà ce qui se passe tous les jours ; il n'y a pas augmentation de dépenses.

Cette circulation sur les chemins de fer que nous demandons de régler est essentiellement du domaine législatif qui doit examiner et approuver les cahiers des charges ; c'est pourquoi nous avons présenté notre amendement.

Mais, nous dit-on, vous exigez qu'il y ait ré-

ciprocité ; or, si vous pouvez imposer, aujourd'hui à la compagnie Paris-Lyon-Méditerranée l'obligation que vous sollicitez, est ce que vous auriez le droit de l'imposer aux autres ?

Non, les autres compagnies n'étant pas liées, à ce point de vue, par leurs cahiers des charges, on ne pourrait pas leur imposer une telle charge ; nous exigeons-nous seulement que l'obligation existe là seulement où il y a réciprocité possible.

Quand une compagnie, qui n'y sera pas obligée par son cahier des charges, viendra dire à une autre compagnie : — Délivrez des billets sur mon réseau ; je consens à accepter la même charge à votre égard ; — je ne pense pas que la compagnie la plus puissante puisse se refuser à l'exécution de cette disposition-là.

Voilà le sens de l'amendement : la réciprocité, quand il y aura lieu ; autrement, l'article ne sera pas applicable. Nous croyons être ainsi dans le domaine législatif, et nous demandons à l'Assemblée de rendre définitif l'amendement qu'elle vient de prendre en considération. (Approbation sur plusieurs bancs. — Aux voix ! aux voix !)

M. le président. Dans la discussion qui vient d'avoir lieu, les orateurs qui ont été entendu ont, les uns soutenu, les autres repoussé deux amendements à la fois ; mais ces amendements ne sont pas tous les deux arrivés au même degré de procédure devant l'Assemblée.

En effet, l'Assemblée a pris d'abord en considération le premier de ces deux amendements et, peu d'instants après, la commission a pu en dire son opinion ; de telle sorte que, maintenant, rien n'empêche de statuer au fond sur celui-là.

En ce qui concerne le second de ces deux amendements, l'Assemblée n'a même pas encore prononcé la prise en considération. Il faut donc, avant de statuer au fond sur ce dernier, que l'Assemblée statue préalablement sur la question de prise en considération.

Je vais donc consulter l'Assemblée sur la prise en considération du second amendement présenté par MM. Ganivet et Raoul Duval. (C'est cela ! — Très bien !)

Je consulte l'Assemblée sur la prise en considération de ce second amendement, qui s'applique à l'article 4 de la convention.

(La prise en considération est mise aux voix et prononcée.)

M. le président. Les deux amendements ayant été pris en considération et la commission ayant fait verbalement son rapport sur l'un et sur l'autre...

M. le ministre des travaux publics. Pardon, monsieur le président ! je demande la parole.

M. le président. La parole est à M. le ministre des travaux public.

M. le ministre des travaux publics. Messieurs, j'adhère entièrement à l'opinion qui vient d'être exprimée par M. le rapporteur, et j'accepte l'avis donné au nom de votre commission sur les deux questions qui vous ont été soumises par MM. Raoul Duval et Ganivet.

Le premier des deux amendements de nos honorables collègues stipule que la compagnie sera tenue, dans les gares communes, d'accorder aux compagnies en communauté avec elle, quand celles-ci le demanderont, un bureau particulier pour la délivrance des billets de voyageurs et l'enregistrement des marchandises, et quand la disposition des lieux le permettra. Mais on n'a pas entendu dire, je pense, que cet avantage serait accordé sans que les compagnies qui en pourront profiter vinssent contribuer pour leur quote-part aux frais des dépenses ? (Non ! non ! — C'est bien entendu !) Il y aura donc une transaction à faire, et il paraît absolument impossible d'en stipuler les termes à l'avance, parce qu'ils dépendent de l'accord à faire entre deux parties, et que, d'ailleurs, il ne serait pas juste de lier à l'avance une des parties vis-à-vis de l'autre. Le ministre est juge, sans aucun doute, lorsqu'il s'agit de l'organisation du service, de tout ce qui est nécessaire pour l'assurer ; il en a la responsabilité et il l'accepte tout entière.

Je crois, par ce motif, que l'Assemblée prendrait une mesure qui irait au delà du but qu'elle veut atteindre, si elle adoptait l'amendement de MM. Ganivet et Raoul Duval.

Il me paraît en être de même en ce qui concerne le second amendement des mêmes auteurs.

D'après cet amendement, la compagnie serait tenue de délivrer des billets directs et d'inscrire les bagages jusqu'à destination pour toutes les gares des compagnies en relation avec elle par voie ferrée non interrompue ; il y aurait, en outre, réciprocité de la part de ces compagnies.

L'honorable M. Cézanne a très-bien fait remarquer, sur ce point, qu'il est impossible de stipuler un traitement réciproque de la part des autres compagnies correspondantes. J'ajoute qu'il est exagéré, à mon sens, de vouloir imposer une pareille charge à la compagnie de Paris-Lyon-Méditerranée.

Cette charge serait très-lourde ; les compagnies ne peuvent pas actuellement pour elles-mêmes, dans l'étendue de leur réseau, délivrer des billets directs et inscrire les bagages jusqu'à destination pour toutes les gares sans employer des billets spéciaux dits passe-partout, que les receveurs ont à compléter.

La compagnie de Paris-Lyon-Méditerranée, par exemple, a aujourd'hui 733 stations. La mise en relation de 733 stations entre elles est représentée par le produit de 733 multiplié par 732, ce qui est de 536,556.

On ne peut pas avoir, préparés à l'avance, un aussi grand nombre de billets pour toutes les gares indistinctement ; cela est absolument impossible. On n'en a généralement que pour les gares les plus importantes en vue des relations qui existent entre elles.

Si l'amendement devenait la règle, il faudrait que, dans les plus petites gares, on pût distribuer des billets pour la moins importante des gares du réseau français, et qu'on organisât, par suite, dans chacune, des casiers contenant des billets pour plus de 3,000 gares. (Mouvements divers.) Oui, messieurs, pour plus de 3,000 gares, réparties sur 21,000 kilomètres, et distantes en moyenne de 7 kilomètres entre elles, ce qui, avec les billets de trois classes à plein tarif, à demi tarif pour les enfants et au quart de tarif pour les militaires, représenterait des casiers de plus de 27,000 cases.

Ce sont là, messieurs, des difficultés d'un ordre vulgaire assurément, mais qui ont leur importance et dont il faut tenir compte. Si, au lieu d'établir ces casiers, on se borne à créer des billets qu'on appelle « billets passe-partout, » sur lesquels l'agent distributeur écrit à la main le lieu de destination, il faudra, pour chacun de ces billets, au moment de la délivrance, établir la taxe, et on comprend la difficulté d'une pareille opération, au milieu d'un travail de distribution qui doit toujours être fait avec la plus grande célérité. (Assentiment sur plusieurs bancs.)

Il y a donc des difficultés pratiques très-considérables à donner satisfaction à nos honorables collègues.

Ce second amendement qu'ils ont présenté est peut-être encore moins praticable, à mon avis, que le premier, et je vous prie, par ces motifs, de les repousser tous deux. (Approbation sur plusieurs bancs.)

M. Raoul Duval. Deux mots, messieurs, pour vous prouver qu'il peut parfaitement faire ce que nous demandons dans l'intérêt du public.

En ce qui concerne les bureaux spéciaux dans les gares communes, M. le ministre vous a dit que, apparemment, la compagnie qui demanderait à avoir un bureau spécial contribuerait aux frais.

Je me bornerai à lui indiquer deux exemples qui sont à ma connaissance directe : l'un sur la compagnie du Nord, l'autre sur la compagnie de l'Ouest.

La compagnie du Nord a une gare commune, à Dunkerque, avec la compagnie de Dunkerque à Furnes. Celle-ci paye par an 120,000 francs pour l'usage commun de la gare de Dunkerque, et comme les frais ne se sont élevés en moyenne qu'à 20,000 fr., il en résulte un total de 100,000 fr. de bénéfices nets pour la compagnie du Nord. Or, la compagnie de Dunkerque à Furnes ne pouvait pas obtenir un agent spécial pour la délivrance de ses billets, parce que la compagnie du Nord voulait avoir un circuit à faire parcourir à son profit. (Interruptions.)

M. le ministre des travaux publics. Mais c'est une autre question !

M. Raoul Duval. Je vous citais cela comme exemple.

Je prends un autre exemple dont j'ai été témoin ces jours-ci.

Une personne avait, pour ses affaires, à se rendre de Caen à Louviers. Or, pour aller de Caen à Louviers, il y a un trajet direct, un chemin naturel, en passant par Évreux : c'est un trajet de quatre ou cinq heures.

M. le rapporteur. Je demande la parole.

M. Raoul Duval. Que mon honorable collègue et ami M. Cézanne, s'il veut me répondre comme rapporteur, me laisse compléter mes renseignements.

La compagnie de l'Ouest peut encore transporter les voyageurs de Louviers à Caen en passant par Mantes, et ce trajet-là prend huit heures. Or j'ai vu délivrer pour cette ligne à la personne dont je parle un billet dont on n'a pas voulu lui restituer la valeur, quand elle a été informée qu'il y avait par Évreux un chemin plus direct et moins coûteux, car ce dernier trajet lui aurait coûté 8 fr. et on lui avait demandé 24 fr. pour le premier. (Interruptions diverses.)

Messieurs, je ne suis, en ce moment, l'avocat ni des petites ni des grandes compagnies ; je ne suis que l'avocat du public dont nous représentons les intérêts, intérêts que nous devons sauvegarder. (Approbation sur plusieurs bancs.)

En ce qui concerne l'usage des gares communes à plusieurs compagnies, j'estime que nous n'avons pas à nous occuper de la concordance ou de la non-concordance des trains. On vous donne un billet direct, on inscrit votre bagage lorsque vous êtes dans la gare commune ; vous prenez le premier train qui se présente, on y transporte vos bagages, et cela se fait sans la moindre difficulté.

Quant aux très-grandes difficultés dont M. le ministre vient de faire tout à l'heure l'étalage devant vous, il me permettra de vous dire qu'il a trop prouvé, attendu que les agents des chemins de fer, soit d'intérêt local, soit des grandes lignes ne délivreront, jamais de billets pour les 23 ou 24,000 gares de France ; ils n'en délivreront que pour les stations qu'ils desservent respectivement. (C'est vrai! c'est vrai!)

Et voyez l'inconvénient de l'état de choses actuel!

J'habite dans l'Eure à cinq kilomètres de Louviers, dont je parlais tout à l'heure. Il y a un embranchement qui appartient à la compagnie de l'Ouest, et qui aboutit à la gare de Louviers comme à la gare d'Orléans à Rouen et à la compagnie de l'Ouest. Si j'ai besoin d'aller au chef-lieu du département, à 25 kilomètres, il faut que je prenne un billet de chez moi à Louviers, — 5 kilomètres, — que je descende, que je retire mes bagages, et que je prenne un second billet en faisant enregistrer mes bagages pour Evreux. Tout le public en est là.

Sur divers bancs. C'est vrai ! — Vous avez raison !

M. Raoul Duval. En ce qui concerne les billets à délivrer par les gares qui sont en relation directe les unes avec les autres, il y a de véritables abus dont le public n'est que trop fondé à se plaindre ; mais je crois qu'il serait facile d'y mettre un terme.

Je pourrais, à cet égard, citer ce qui s'est passé sur le chemin de fer de la Vendée : Je ne veux pas vous lire ici des assignations, mais j'en ai ici entre les mains, devant lesquelles la compagnie d'Orléans a été obligée de battre en retraite.

Qu'est-il arrivé? Comme on voulait détourner avant tout le public de l'usage des petits chemins de fer d'intérêt local, — qui sont pourtant créés pour l'usage du public, — la compagnie de la Vendée était obligée d'établir à la porte de la gare un agent qui recevait les voyageurs, prenait des billets pour eux et enregistrait leurs bagages, et elle était obligée de placarder des affiches pour faire savoir que dans le premier bureau de tabac ou chez le premier marchand de vins venu on trouverait des billets. Pourquoi? parce que dans la gare d'Orléans cela était absolument impossible, cette grande compagnie ne cherchant qu'à faire faire un détour aux voyageurs et aux marchandises.

Les compagnies qui font usage des gares communes ont intérêt à y avoir un représentant, parce qu'on ne peut faire que l'employé d'une compagnie de chemin de fer, payé par cette compagnie, attendant d'elle l'avancement, ne soit pas infiniment plus soucieux des intérêts de cette compagnie dont il dépend que des intérêts d'une autre.

En adoptant notre amendement, l'Assemblée fera certainement une bonne chose dans l'intérêt du public, dont, jusqu'à présent, je ne me suis pas aperçu qu'on se soit beaucoup préoccupé.

J'ajoute — j'avais oublié d'en parler, — que, relativement à la réciprocité des compagnies, nous n'avons jamais eu la pensée que cette réciprocité pourrait être imposée. Nous avons cru seulement, que c'était une garantie qu'il fallait prendre contre les compagnies en exigeant d'elles la délivrance des billets dans des conditions de réciprocité. D'ailleurs, pour éviter toute difficulté, nous avons modifié ainsi la rédaction de notre amendement :

A ces mots : « La compagnie sera tenue dans les gares communes d'accorder aux compagnies, en communauté avec elle, qui le demanderont, un bureau particulier pour la délivrance des billets de voyageurs et l'enregistrement des marchandises » Nous ajoutons ceux-ci : « ...à la condition qu'il y aura réciprocité acceptée de la part de ces compagnies. » (Approbation sur plusieurs bancs.)

M. le ministre des travaux publics. C'est impossible!

M. le rapporteur. Vous voyez, messieurs, à l'examen de quels détails vous êtes conduits par la prolongation de la discussion.

M. Testelin. Si l'administration défendait mieux nos intérêts, nous ne serions pas obligés de descendre à l'examen de ces détails.

M. le rapporteur. L'honorable M. Testelin m'interrompt et me dit que, si l'administration défendait mieux les intérêts du commerce, il n'aurait pas à s'en préoccuper ; mais l'administration, ajoute-t-il, nous sacrifie toujours.

Je répondrai à M. Testelin, en l'invitant à choisir un cas de négligence administrative, et à l'apporter à la tribune par une interpellation. (Rumeurs à gauche.)

Une voix. Ce n'est pas possible.

Un membre à gauche. L'interpellation serait renvoyée à six mois !

M. Delacour. Tous les jours on a à se plaindre des compagnies de chemins de fer. Peut-on apporter toutes ces plaintes à la tribune? Ce n'est pas possible.

M. le rapporteur. Il faut cependant choisir entre deux partis et décider, soit que ces détails seront réglés par l'administration, par le pouvoir exécutif, soit que vous preniez la responsabilité de les régler vous-mêmes. Voulez-vous accepter cette responsabilité?

Voici, par exemple, l'honorable M. Raoul Duval qui apporte un fait à la tribune. Il accuse la compagnie du Nord : je demande que la compagnie du Nord puisse répondre.

Je ne connais pas le fait qu'on a cité, je n'ai pas d'opinion ; mais le pouvoir législatif statuera-t-il dans le tumulte d'un débat désordonné? Condamnerez-vous la compagnie du Nord sans l'entendre?

M. de Tillancourt. On ne la condamne pas!

M. le rapporteur. On vous a dit que, dans une des gares du Nord, une petite compagnie était venue établir son service, et qu'elle avait à payer, de ce chef, 120,000 fr. par an. Or, ajoute-t-on, comme la compagnie du Nord ne dépense que 20,000 francs pour le supplément des frais d'exploitation, elle réalise ainsi un bénéfice de 100,000 francs par an.

Mais dans ce calcul, messieurs, on oublie de mentionner le loyer des bâtiments. Si la petite compagnie s'est installée dans la gare du Nord, elle a économisé la construction d'une gare spéciale; elle utilise des locaux qui ne sont pas à elle et dont elle doit évidemment payer le loyer en plus de ses frais d'exploitation.

Ce chiffre de 100,000 fr. que l'on vous présentait comme un bénéfice, c'est un loyer; et vous voyez combien il eût été dangereux à vous de statuer sur un cas particulier qui, sans doute, n'était pas bien interprété de celui même qui est venu l'apporter ici.

Cette appréciation du loyer à payer pour les gares communes, elle donne lieu à des difficultés incessantes entre les compagnies qui se soudent ensemble, et cela aussi bien entre les grandes compagnies qu'entre les petites. Votre commission s'est préoccupée de ces difficultés dont elle a été saisie. L'ancien cahier des charges ne nous a pas paru les résoudre suffisamment, et c'est encore un des objets de notre article nouveau.

J'ai eu l'honneur de vous lire tout à l'heure un paragraphe de cet article nouveau que votre commission a cru insérer en 1874 dans le cahier des charges de la compagnie de Paris-Lyon-Méditerranée.

Dans un autre paragraphe du même article, nous avons statué sur le cas que cite notre honorable collègue M. Raoul Duval.

Voici le paragraphe relatif au loyer des gares communes:

« Dans le cas où le service de ces mêmes chemins de fer devrait être établi dans les gares appartenant aux compagnies rendues concessionnaires ou adjudicataires par la présente loi, la redevance à payer à ces compagnies sera réglée d'un commun accord entre les deux compagnies intéressées, et, en cas de dissentiment, par voie d'arbitrage. »

Si la compagnie qu'a cité notre honorable collègue M. Raoul Duval trouve que la compagnie du Nord fait payer trop cher, elle recourra à l'arbitrage. Pensez-vous que vous puissiez être amené à attribuer le jugement de ces différends? (Interruptions.)

Mais j'aborde un autre point.

On vous a parlé des billets directs à distribuer dans toutes les gares d'un réseau pour toutes les gares d'un autre réseau, et l'on vous a dit: C'est bien simple, il n'y a aucune complication; on peut avoir des billets en blanc sur lesquels on écrit la destination à la main; il n'est pas nécessaire d'approvisionner les gares d'un aussi grand nombre de billets qu'a bien voulu le dire M. le ministre. Voilà ce qu'on vous a dit.

Messieurs, j'ai passé de longues années de service aux prises avec ces difficultés.

Quand on expédie un voyageur, on expédie en même temps ses bagages. Les deux sont

inséparables. Si donc il est possible de donner au voyageur de ces billets en blanc que dans notre langue technique nous appelons des passe-partout, et qui, soit dit en passant, sont un sujet perpétuel de plaintes de la part du public, à cause de l'obligation qu'ils imposent au distributeur de billets de les écrire à la main et par suite de ralentir la distribution, — billets, je l'ajoute encore, qui ne peuvent aller que d'une compagnie sur la voisine et non d'une compagnie sur une troisième, car il faut que chaque compagnie qui a concouru au transport conserve en main quelque document qui lui permette de réclamer sa quote-part de la recette à la compagnie d'origine qui a délivré le billet et a perçu la recette; si, dis-je, il est relativement facile d'expédier le voyageur d'une compagnie sur une autre compagnie voisine, l'opération est déjà beaucoup plus compliquée pour les bagages. Il faut des étiquettes de forme et de couleur spéciales, il faut des feuilles de route à plusieurs comparti-timents pour que chaque compagnie puisse conserver un document, un texte qui établisse non-seulement ses droits à une quote-part dans le prix de transport, mais qui dégage sa responsabilité et constate la remise des colis à la compagnie suivante. Ces feuilles de route sont des imprimés déjà très-compliqués lorsqu'il s'agit du trafic commun entre deux compagnies; mais la complication croît rapidement et devient extrême lorsqu'il s'agit d'établir un service direct entre trois, quatre compagnies.

Outre cette complication dispendieuse que votre amendement impose à la compagnie Paris-Lyon-Méditerranée, il y a encore pour cette compagnie un motif de repousser l'obligation que vous nous proposez. Quand il y a service commun entre deux compagnies, il y a nécessairement compte courant entre elles; chacune est à la fois débiteur et créancier de l'autre, et si vous voulez réfléchir aux conditions du service commun, vous verrez qu'entre une très-grande compagnie et une très-petite, le compte courant se solde toujours par une grosse somme que la petite compagnie doit à la grande. Cette différence tient à la disposition même des deux réseaux, et c'est toujours le grand réseau qui est créancier du petit.

Eh bien, s'il en est ainsi, vous comprenez de suite qu'il y a telle petite compagnie avec laquelle une grande compagnie ne pourra être contrainte à trafiquer en compte courant. J'ai ouï dire ce moment même la compagnie Paris-Lyon-Méditerranée est créancière pour 2 millions dans la faillite d'une petite compagnie suisse. Ce sont 2 millions qu'elle ne reverra peut-être jamais, et que lui coûte la condescendance qu'elle a montrée en consentant à établir un service de billets directs.

En outre de ce risque à courir en faisant crédit à une compagnie peu solvable, le trafic commun entraîne une grande dépense sur le réseau propre de la grande compagnie.

Vous demandez, par exemple, que toutes les gares de Paris-Lyon-Méditerranée soient mises en communication avec toutes les gares de France, chaque gare de la Méditerranée devra être approvisionnée des imprimés préparés pour toutes les compagnies annexes, imprimés qui seront différents pour le trafic avec la compagnie d'Orléans, avec la compagnie des Dombes, du Nord, de l'Ouest, etc. ; puis il faudra d'autres imprimés pour trafic à Lyon, compagnie Méditerranée-Orléans et l'Est, d'autres encore pour Méditerranée, Orléans et Ouest, et ainsi de suite.

Si je me suis arrêté sur cette question, c'est pour vous montrer, messieurs, que plus vous pénétrez dans les détails, plus les questions deviennent difficiles à résoudre, plus elles vous échappent.

Je donne à mon collègue M. Raoul Duval, — à mon collègue et ami, car je lui retourne cordialement cette qualification bienveillante qu'il m'adressait tout à l'heure, — je lui donne l'assurance la plus formelle que quand il s'agit d'établir le service entre deux compagnies, cela est déjà très-compliqué ; mais que lorsqu'il s'agit de trois compagnies, la complication est beaucoup plus grande qu'il ne suppose.

J'ai pour exemple ma propre expérience. J'ai concouru autrefois à établir le service direct de Paris à Madrid. Il y avait trois compagnies intéressées : la compagnie d'Orléans, la compagnie du Midi et la compagnie du Nord de l'Espagne. Ces trois compagnies étaient bien décidées à établir le service commun. Mais la complication fut trouvée si grande, que nous avons renoncé à établir le trafic commun entre toutes les gares du réseau français, avec toutes les gares du réseau espagnol, parce que cela devenait inextricable et conduisait à des complications infinies, à des montagnes d'imprimés, à des dépenses dont vous ne pouvez pas vous faire une idée. On s'est restreint et l'on s'est contenté de mettre en service commun les principales gares de la compagnie d'Orléans, de la compagnie du Midi et du nord de l'Espagne.

Mais ce que vous nous demandez est bien autrement grand, ce n'est pas moins que le service commun de toutes les gares de France les unes avec les autres.

Vous voyez, messieurs, quel danger il peut y avoir pour vous à pénétrer dans ces détails obscurs, mais que cependant vous ne pouvez pas régler arbitrairement.

Ah ! messieurs, n'entrez pas dans cette voie ! Je l'ai dit tout à l'heure, je m'associe absolument à l'intention de nos collègues, mais je ne puis adopter leur proposition. J'ai une raison particulière pour m'associer à l'intention de nos collègues, je vais vous le dire. (Aux voix ! aux voix !)

Permettez ! messieurs, permettez ! il ne faut pas souffrir qu'on vienne ici soulever des questions graves, si vous ne voulez pas qu'on y réponde. Quant à moi, je suis plus que personne pressé d'en finir, mais j'ai une mission à remplir ; j'ai une responsabilité dans cette affaire ; je résisterai de tout mon énergie, j'userai ce qui me reste de force pour empêcher l'Assemblée de s'engager dans la voie si dangereuse de statuer par décision législative sur les détails de l'exploitation des chemins de fer. Puisque j'y suis réduit, messieurs, permettez-moi de mettre des faits particuliers sous vos yeux.

Je ne suis attaché à aucune grande compagnie française ; mais une compagnie secondaire m'a plusieurs fois fait l'honneur de me consulter sur les difficultés techniques qu'elle éprouve ; en sorte que moi, qui défends ici les grandes compagnies, je n'ai, en réalité, d'attache qu'avec une compagnie secondaire. (Sourires.) Vous trouverez, messieurs, dans cette circonstance singulière la preuve que je n'apporte dans ce débat d'autre passion que celle de la vérité et de l'intérêt public. (Très-bien !)

La compagnie secondaire à laquelle je fais allusion est celle des Charentes ; il n'y a pas de petite compagnie qui ait plus souffert que la compagnie des Charentes relativement aux gares communes, parce qu'elle touche par un très-grand nombre de points au grand réseau voisin. J'ai étudié toutes ces difficultés, et je prétends qu'elles sont de nature telle, qu'une commission de trois membres très-expérimentés aurait beaucoup de peine à les résoudre. Et ce sont ces questions que l'on veut porter devant un Sénat, devant une Chambre des députés !

M. Jules Brame. A qui voulez-vous vous plaindre ?

M. le rapporteur. J'admets bien que la plainte soit portée ici ; j'admets que vous signaliez ces faits au ministre ; j'admets que votre plainte, — je dirai presque notre plainte : la vôtre et la mienne, — par le grand retentissement de cette tribune, aille frapper les différentes compagnies intéressées et démontrer à tout le monde la nécessité de se prêter à des solutions équitables. Mais, encore une fois, prétendez-vous que l'Assemblée soit notre juge ?

Il n'y a que l'administration supérieure qui puisse trancher ces questions, et c'est pourquoi, par la loi de 1874, nous lui en avons donné le pouvoir.

J'ajoute que si vous n'êtes pas satisfaits de la direction générale de l'administration, de son esprit, de ses tendances, vous avez un moyen, c'est de renverser le ministre.

M. Raoul Duval. Comment ! renverser un ministère !... Serait-il seulement possible d'interpeller le ministre pour un détail de cette nature ?

M. le rapporteur. Sans doute, vous ne pouvez pas renverser le ministre parce que telle compagnie n'aura pas tel ou tel billet dans ses casiers ; mais si vous voyez que, dans la pratique journalière, le ministre n'est pas impartial, si par une série de faits blâmables il vous devient suspect, apportez-nous ici des faits nombreux, bien constatés, des faits probants, des faits qui aient de l'importance, et, alors, je serai avec vous et j'unirai mon effort au vôtre pour renverser le ministre. (Interruptions.)

Messieurs, il est d'usage, et je crois qu'il est de la dignité du législateur, que les grandes questions soient tranchées par la loi, et que les questions de détail soient par les règlements d'administration publique. Mais quant aux questions de sous-détails, si je puis ainsi dire, il faut les réserver à l'administration sous le contrôle du parlement et de l'opinion publique. Si vous voulez prendre la responsabilité de trancher ces questions de détail, demain on vous saisira des questions qui intéressent la sécurité.

M. Ganivet. Les cahiers des charges sont bien soumis à notre approbation !

M. le rapporteur. Demain on viendra

vous demander à faire vous-mêmes les tarifs. Je n'hésite pas à dire que ce serait la pratique la plus détestable, la plus contraire à la dignité d'une Assemblée législative. Ah! messieurs, il est facile d'émotionner, de passionner une assemblée, mais lui faire comprendre et décider de sang-froid, en parfaite connaissance de cause, des questions si minutieuses, cela échappe à sa compétence. Ne l'avez-vous pas vu, lorsqu'il s'est agi de tracés? Avez-vous pu vous rendre compte de la valeur relative de ces tracés? Cependant un tracé, c'est une question relativement simple, mais l'exploitation, il n'y a rien de plus compliqué.

Les chemins de fer sont une machine des plus compliquées et qui a besoin de la précision d'une horloge. Voici une montre: pensez-vous qu'il soit possible de la démonter sous vos yeux et de vous en faire apprécier les qualités et les défauts?

Je supplie donc l'Assemblée de repousser les amendements qui lui sont soumis. Ne vous y trompez pas, messieurs, si vous les adoptiez, cela reviendrait à renvoyer provisoirement la convention à M. le ministre des travaux publics, et nous reviendrions demain vous rapporter cette même convention et vous dire, oui ou non voulez-vous l'accepter? Décidez-vous dès maintenant, ce sera plus digne. Si vous voulez rejeter la convention, dites-le. (Interruptions.)

M. Testelin. Il ne faut pas nous faire discuter.

M. Raoul Duval. Oui! c'est la carte forcée ! Inutile alors de nous faire discuter les conventions !

M. le rapporteur. Il n'y a ici que deux questions. Ou vous acceptez la convention, et dans ce cas, rejetez tous ces amendements qui nous arrêtent à chaque pas. (Interruptions nouvelles.)

Il y a une seconde question. L'Assemblée veut-elle prendre directement la responsabilité des détails du service des compagnies de chemins de fer, ou entend-elle laisser cette responsabilité au ministère ?

Voilà les deux questions que ce débat a soulevées, vous les résoudrez dans votre sagesse. (Aux voix!)

M. Ganivet. Je demande à répondre un mot. (Aux voix! aux voix! — La clôture!)

Je ne veux pas m'imposer à l'Assemblée. Si elle n'est pas disposée à m'entendre, je descends de la tribune.

M. le président. Le règlement s'oppose à ce que deux amendements soient mis ensemble aux voix.

Je mets d'abord aux voix l'amendement n° 41, qui a pour objet d'ajouter à l'article 4 de la convention annexée au projet de loi, après le premier paragraphe, ce qui suit :

« Et du paragraphe suivant à l'article 61 dudit cahier des charges.

« La compagnie sera tenue de délivrer des billets directs et d'inscrire les bagages jusqu'à destination pour toutes les gares des compagnies en relation avec elles, par voie ferrée non interrompue, à la condition qu'il y aura réciprocité acceptée de la part de ces compagnies. »

Il y a sur cet amendement une demande de de scrutin.

Cette demande est signée par MM. Declercq, Delisse-Engrand, Ch. Wartelle, Dussaussoy, Douay, général Mazure, de Pioger, Boreau-Lajanadie, de La Borderie, Courbet-Poulard, marquis de Flaghac, X. Dufaur, Sacase, Eugène Perrier, Achille, Vander, Vidal, Bourgeois, Grange, Achille, Adam (Pas-de-Calais).

(Le scrutin est ouvert et les votes sont recueillis.)

Le dépouillement, opéré par MM. les secrétaires, est remis à M. le président.

M. le président. Voici le résultat du dépouillement du scrutin :

Nombre des votants	521
Majorité absolue	261
Pour l'adoption	139
Contre	382

L'Assemblée nationale n'a pas adopté.

M. le ministre des travaux publics. Messieurs, j'ai dû m'opposer à l'adoption des deux amendements qui vous ont été présentés par MM. Raoul Duval et Ganivet, parce que je considère que la mesure législative qui vous était proposée, si vous l'aviez adoptée, aurait pu créer plus de difficultés qu'elle n'en aurait fait disparaître. (Marques d'assentiment.)

Mais après le vote qui vient d'avoir lieu, je crois devoir reconnaître que sur les deux points qui vous ont été indiqués il y a des abus... (Très-bien ! très-bien ! de divers côtés) que je m'appliquerai à faire disparaître dans la mesure de ce qui est juste, par les moyens possibles.

J'en prends l'engagement devant l'Assemblée. (Marques générales d'approbation et de satisfaction.)

M. Raoul Duval. Messieurs, en présence de la décision de l'Assemblée et des déclarations de M. le ministre, nous croyons devoir retirer le second amendement que nous avions présenté. (Très-bien! très-bien !)

Et puisque je suis monté à la tribune, permettez-moi de vous dire encore que je retire dès à présent un autre amendement qui, évidemment, aurait un sort analogue, et sur lequel je donnerai seulement quelques courtes explications. (Parlez!)

Cet amendement avait trait aux tarifs communs. Ces tarifs communs amènent pour les marchandises, lorsque s'établissent certaines compagnies secondaires, un résultat analogue à celui qui se produit pour les voyageurs. Lorsque la marchandise est remise à une gare de chemin de fer en relation avec d'autres régions par une voie transversale, il arrive très-souvent que la grande compagnie fait faire un énorme circuit à la marchandise.

Par exemple, le vin expédié de Beaugency au Havre, au lieu de prendre la voie directe par Evreux et Louviers, passe par Paris, et cela au grand détriment de l'État, puisque le déversoir de la compagnie de l'Ouest fonctionne, et que c'est sur l'État que retombent les conséquences de ces détours inutiles.

De même, les Sables-d'Olonne sont en relation directe avec Paris Or, au lieu de suivre la voie directe, en empruntant la ligne d'Orléans, les marchandises, par suite des tarifs combinés entre les deux grandes compagnies, prennent un peu la ligne de la compagnie d'Orléans, entrent à Angers, et suivent la ligne de l'Ouest pour arriver à Paris. Les transports sont donc plus longs et sont plus coûteux pour les compagnies.

Ces combinaisons n'ont pas d'autre but que d'empêcher le public de se servir des nouvelles voies ferrées.

Je pense que M. le ministre voudra bien s'occuper des marchandises, comme il a bien voulu déclarer qu'il s'occuperait des transports des voyageurs, et je retire mon amendement. (Très-bien !)

M. le ministre des travaux publics. Je dois, messieurs, vous donner une explication sur le fait spécial dont vient de parler M. Raoul Duval.

Il s'est présenté, en effet, sur le point qu'il vient d'indiquer, entre la compagnie d'Orléans et la compagnie de la Vendée, au moment de l'ouverture de la ligne de Tours aux Sables-d'Olonne, une difficulté dont j'ai été saisi par les intéressés ; je l'ai renvoyée à l'examen d'une commission d'inspecteurs du service technique et commercial des chemins de fer, qui est chargée de donner son avis sur les mesures à prendre pour la résoudre ; car, contrairement à ce qui a été dit aujourd'hui à cette tribune, il existe des tribunaux et des juges pour toutes les contestations que soulève l'application des tarifs.

Le service ·le l'inspection commerciale des chemins de fer est organisé sous la haute direction d'un inspecteur général des ponts et chaussées, mais il fonctionne indépendamment des ingénieurs chargés plus spécialement de la partie technique de l'exploitation.

Les inspecteurs du service commercial donnent d'abord leur avis sur les propositions des compagnies. Cet avis est examiné par l'administration et le ministre statue. En cas de difficultés, la question doit être soumise à la commission centrale des chemins de fer, dans laquelle figurent les représentants les plus élevés et les plus distingués de toutes les administrations, du ministère des finances aussi bien que du ministère du commerce et du ministère de la guerre.

J'ai cru qu'il était utile de saisir cette occasion pour éclairer l'Assemblée sur les garanties données au public, en toute occasion et sur toutes les parties du service commercial des compagnies. Quant au point particulier dont a parlé l'honorable M. Raoul Duval, je le répète, il est l'objet d'un examen spécial et je ne doute pas qu'il ne soit résolu suivant les règles de l'équité. (Très-bien ! très-bien !)

M. le président. L'amendement ayant été retiré, l'Assemblée veut-elle passer à l'article 5 de la convention ? (Oui ! oui ! — Non ! non ! À demain !)

La parole est à M. Schœlcher. (A demain ! — Non ! non ! — Parlez ! parlez !)

M. Schœlcher. Messieurs, je représente l'amendement que j'avais retiré; seulement, je le modifie en disant que les voitures seront chauffées à partir du mois de novembre 1876.

D'ici là, la compagnie aura parfaitement le temps nécessaire pour étudier les divers modes de chauffage qui sont proposés et pour se procurer le matériel nécessaire à l'application du système qui sera adopté.

M. le rapporteur. C'est un amendement nouveau qui doit être soumis à la prise en considération.

M. Edouard Millaud. Pourquoi ne chaufferait-on pas au moins, dès cet hiver, les wagons spéciaux aux femmes et aux enfants ?

M. le président. MM. Schœlcher, Scheurer-Kestner, Edouard Lockroy et Farcy présentent de nouveau , avec une modification, l'amendement qu'ils avaient retiré tout à l'heure.

Il en résulte que je suis obligé de considérer cet amendement comme étant présenté au cours de la discussion et , par suite, de le soumettre à la prise en considération.

Voici l'amendement nouveau présenté par ces messieurs :

« Les voitures de toutes classes seront chauffées en hiver à partir du 1er novembre 1876. »

Je consulte l'Assemblée sur la prise en considération.

(L'amendement, mis aux voix, est pris en considération.)

Plusieurs membres. A demain ! à demain !

M. le président. J'entends demander le renvoi de la discussion à demain. (Oui ! — Non ! non!)

Quelques membres. Il est six heures !

M. le président. Je vais consulter l'Assemblée.

(Il est procédé au vote. — Une épreuve par mains levées est déclarée douteuse par le bureau.)

M. de La Rochefoucauld duc de Bisaccia, *se tournant vers la gauche.* La consigne défend de dîner !

M. le président. Je renouvelle l'épreuve.

(L'Assemblée, consultée, se prononce par assis et levé contre le renvoi à demain.)

M. le président. La discussion continue.

Je donne lecture de l'article 5 de la convention.

« Art. 5. — Les lignes mentionnées à l'article 1er ci-dessus feront partie de l'ancien réseau de la compagnie, à l'exception de la ligne de Gap à Briançon et à la frontière d'Italie, laquelle a été concédée à titre éventuel par la convention du 11 avril 1857 et classée dans le nouveau réseau par la convention des 22 juillet 1858 et 11 juin 1859.

« En conséquence, lesdites lignes seront respectivement soumises, en ce qui touche le partage des bénéfices et la garantie d'intérêt, aux dispositions qui régissent chacun de ces réseaux, en vertu tant des conventions antérieures que de la présente convention. »

Il y a deux amendements sur cet article : l'un de l'honorable M. Krantz, l'autre de M. Wilson.

Voici l'amendement de M. Krantz :

« Les sept lignes ci-dessous mentionnées :

« De Remoulins à Uzès ;

« De Remoulins à Beaucaire ;

« D'Uzès à Saint-Julien, avec prolongement sur 10 kilomètres dans la vallée de l'Auzonnet ;

« D'Uzès à Nozières ;

« De Vézenobres à Quissac, avec embranchement sur Anduze ;

« De Nîmes à Sommières ;

« De Sommières aux Mazes ;

« Portant à l'article 1er du projet de loi les numéros 2, 3, 4, 5, 6, 7 et 8 et présentant ensemble une longueur de 166 kilomètres,

« Seront exécutées pour une seule voie.

« La dépense prévue qui est portée à 53 millions, sera réduite au chiffre de 29,050,000 fr., représentant une dépense kilométrique de 175,000 fr.

« Une réduction proportionnelle sera faite sur le revenu réservé. »

M. Wilson. Monsieur le président, M. Krantz est absent ; je demande la priorité pour mon amendement.

M. le président. Vu l'absence de M. Krantz, je mets d'abord en délibération l'amendement de M. Wilson, qui consisterait à rédiger comme suit l'article 5 de la convention :

« Art. 5. — Les lignes mentionnées à l'article 1er ci-dessus formeront une concession distincte, tant de l'ancien que du nouveau réseau de la compagnie de Paris à Lyon et à la Méditerranée, à l'exception de la ligne de Gap à Briançon et à la frontière d'Italie, laquelle a été concédée à titre éventuel, par la convention du 11 avril 1857 et classée dans le nouveau réseau par la convention des 22 juillet 1858 et 11 juin 1859.

« En conséquence, il sera tenu un compte à part des dépenses et des produits de l'exploitation de ces lignes.

« Lorsque les produits nets de l'ensemble de ces lignes excéderont la somme nécessaire pour représenter l'intérêt à 6 1/2 p. 100 du capital effectivement dépensé pour la construction de ces lignes, l'excédant sera partagé par moitié entre l'État et la compagnie. »

La parole est à M. Wilson.

M. Wilson. Messieurs, je ne développerai mon amendement qu'en très-peu de mots.

Mon amendement a pour objet de rendre effective la promesse contenue, tant dans l'exposé des motifs du projet de loi, que dans le rapport de la commission :

« Ces lignes sont données sans subvention et sans garantie d'intérêt. »

J'ai, quant à moi, la conviction que ces lignes ne sont nullement données sans garantie d'intérêt ; il me sera facile de l'établir par quelques chiffres… (Interruptions à droite. — A demain !)

A gauche. Parlez ! parlez !

M. Wilson. Je dis qu'il me sera facile d'établir par un très-petit nombre de chiffres que la garantie d'intérêt sera effective et atteindra par le fait de cette convention au moins une somme de 15 millions.

Le système par lequel M. le rapporteur de la commission des chemins de fer s'est plu à démontrer que la garantie d'intérêt ne serait pas effective a été absolument abandonné à cette tribune par M. le ministre des travaux publics.

M. le ministre des travaux publics. Pas du tout !

M. Wilson. Il a compris sans doute que les chiffres de M. le rapporteur de la commission seraient trop difficiles à défendre : il a apporté des chiffres beaucoup plus modestes…

M. le ministre. Ces chiffres n'avaient pas besoin d'être défendus, et je n'en ai pas apporté de plus modestes.

M. Wilson. Je m'attache uniquement à ces derniers chiffres.

Qu'a dit M. le ministre ? Dans l'état actuel des choses, la compagnie de Paris à Lyon et à la Méditerranée a, en dehors des sommes déversées pour combler les insuffisances de son nouveau réseau, une somme de 10 millions qu'elle distribue à ses actionnaires à titre de dividende, en outre du revenu réservé. Cette somme, a-t-il ajouté, servira à combler les insuffisances des lignes comprises dans la présente convention, avant que la garantie de l'État ne soit appelée à fonctionner.

Il y a là une première inexactitude que j'ai relevée par voie d'interruption pendant le discours de M. le ministre.

En effet, M. le ministre doit savoir que la compagnie a, en outre du dividende convenu de 47 fr. par action, le bénéfice résultant de la différence entre le taux réel de négociation 5.42 p. 100, — indiqué dans l'exposé des motifs pour le capital réalisé jusqu'au 31 décembre 1872, — et le taux convenu de 5.75 p. 100. Ce bénéfice est de 33 centimes par 100 francs. Supprimons 8 centimes pour timbre, courtage, etc., reste 25 centimes par 100 francs. Sur 2,600 millions en obligations, soit 6 millions 1/2 à partager entre 800,000 actionnaires, ce qui équivaut à 8 fr. par action.

Le dividende assuré par le calcul du revenu réservé est donc de 55 fr. Or, c'est là précisément le dividende que la compagnie a distribué l'an dernier à ses actionnaires.

Les 10 millions dont a parlé M. le ministre et qui, selon lui, devaient faire face aux insuffisances des lignes comprises dans la présente convention, avant qu'il fût fait appel à la garantie d'intérêt, ces 10 millions n'existent pas, puisqu'en 1874, le dividende de la compagnie est tombé aussi bas qu'il pouvait tomber.

En outre, ce qu'on n'a pas encore suffisamment établi devant vous, c'est que la convention a pour objet principal d'augmenter le compte de premier établissement de l'ancien et du nouveau réseau d'une somme d'environ 150 millions à titre de supplément du capital ancien et des travaux complémentaires. L'intérêt de cette somme viendra augmenter les revenus réservés, et garantir et diminuer d'autant le déversoir.

Je ne voudrais pas fatiguer l'attention de l'Assemblée en venant à cette heure avancée apporter des chiffres. (A demain ! — Parlez ! parlez !)

Un membre à droite. A demain ! On n'écoute pas !

Un autre membre. C'est très-important à démontrer !

M. Wilson. Je suis cependant obligé d'en produire un certain nombre.

M. Malartre. Vous êtes maître de vos arguments, vous pouvez les choisir, usez-en !

M. Wilson. M. le rapporteur de la commission nous a dit qu'il nous serait complètement impossible d'établir à la tribune que la garantie d'intérêt fonctionnerait. Je pense qu'elle doit jouer jusqu'à concurrence de 15 millions environ, et je vais chercher à le démontrer.

Pour cela nous devons nous demander quelle

serait la situation de la compagnie en 1882, après l'achèvement de toutes les lignes concédées en 1868 et 1869, y compris la ligne de Gap à Briançon et à la frontière, et sans tenir compte des lignes comprises dans la présente convention.

Le capital du nouveau réseau de la compagnie Paris-Lyon-Méditerranée est de 630 millions. En y ajoutant 7 millions de travaux complémentaires alloués en 1868, nous obtenons un total de 637 millions dont l'intérêt garanti à 4, 65 équivant à 29 millions et demi. C'est là la charge du nouveau réseau. Quel en est le produit? L'étendue de ce nouveau réseau est de 1,755 kilomètres dont 1,035 kilomètres seulement étaient exploités en 1874.

En examinant les résultats de l'exploitation de ces 1,035 kilomètres, il est impossible d'admettre que la totalité du nouveau réseau puisse donner en 1882 plus de 2,000 fr. par kilomètre. En effet, ces 1,035 kilomètres exploités jusqu'à ce jour ne produisent que 2 millions environ, soit 2,000 fr. par kilomètre. Rien ne fait prévoir une amélioration de produit.

Par conséquent, on ne sera pas éloigné de la vérité, en admettant que ces 1,755 kilomètres, à 2,000 fr. par kilomètre, donneront un produit de 4 millions, qu'il faut déduire des 29 millions et demi, total des charges du nouveau réseau.

L'insuffisance de recettes à couvrir, soit par voie d'appel à la garantie d'intérêt, soit par déversement de l'excédant des produits nets de l'ancien réseau en sus du revenu réservé peut donc être évalué à 25 millions et demi.

Quels sont maintenant les produits probables de l'ancien réseau en 1882?

Pour se rendre compte de l'accroissement de produit de l'ancien réseau, examinons d'abord les lignes exploitées en 1869, nous examinerons ensuite les lignes exploitées depuis lors.

Les lignes de l'ancien réseau exploitées en 1869 ont donné une augmentation de produit, dont la progression est facile à apprécier en consultant les documents officiels.

En 1869 les lignes de l'ancien réseau ont donné 131 millions. En 1874 elles ont donné 146 millions 1/2. Soit, pour ces six années, un accroissement annuel moyen de 2 millions 1/2; c'est, du reste, le chiffre que M. le ministre a apporté à la tribune.

Par conséquent, de 1875 à 1882, époque probable de l'ouverture des nouvelles lignes comprises dans la présente convention, nous pouvons prévoir sur l'ancien réseau, tel qu'il était établi en 1874, un accroissement de 20 millions.

Quant aux lignes de l'ancien réseau qui n'étaient pas exploitées en 1869, et dont la plupart ne sont pas exploitées encore aujourd'hui, on pourrait admettre que ces lignes ne rapporteront pas plus de 2,000 fr. par kilomètre.

Cependant, comme ces lignes semblent un peu meilleures que celles du nouveau réseau, dont j'ai évalué tout à l'heure le produit à 2,000 fr., je veux bien admettre qu'elles pourront donner 4,000 fr. par kilomètre. (Aux voix! aux voix! à gauche. — Parlez! à droite.)

Je demande pardon à l'Assemblée d'exposer ces chiffres à la tribune, mais il est indispensable que le côté financier de la convention soit discuté, il est indispensable de montrer au pays les sacrifices qu'on veut lui imposer. (Bruit. — On n'entend pas!)

M. des Rotours. On veut que nous votions sans entendre!

M. Wilson. On a apporté ici des assertions que je considère comme peu fondées; il est de mon devoir de les détruire. (Parlez! parlez! à droite.)

Je continue en disant que j'évalue à environ 4,000 fr. par kilomètre le produit des 780 kilomètres de l'ancien réseau, qui n'étaient pas exploités en 1869, et qui le seront sûrement à l'époque où les nouvelles lignes formant l'objet de la convention actuelle seront ouvertes. A 4,000 fr. par kilomètre, cela fait 3 millions. Si nous ajoutons ces 3 millions aux 20 millions d'accroissement de l'ancien réseau non ouvert en 1869 et aux 146 millions de produit net de 1874, nous trouvons un total de 170 millions.

Voilà donc quel sera, en 1882, le produit total de l'ancien réseau.

Le revenu réservé de l'ancien réseau, tel qu'il a été établi par les conventions de 1868, étant, y compris le produit de 96 millions de travaux complémentaires, de 144 millions, il en résulte que le déversoir, en 1882, sera de 170 millions, moins 144, c'est-à-dire de 26 millions qui seront employés à faire face aux insuffisances du nouveau réseau. J'ai en effet établi tout à l'heure que ces insuffisances devaient être de 25 millions et demi. Il y aurait donc compensation. La compagnie a juste en ce moment la charge qu'elle peut vraisemblablement porter à l'avenir, et le dividende actuel tombera, en 1882, au niveau inférieur qui est assuré par le calcul du revenu réservé, savoir, comme je l'ai établi en commençant, 55 fr. par action.

La compagnie ne risque donc rien en acceptant les nouvelles concessions qu'on lui offre. Il est certain que déjà elle est réduite à son revenu-réserve, et qu'elle peut parfaitement accepter toutes les nouvelles concessions; c'est l'État qui, par l'intérêt, fera les frais des insuffisances.

Reste maintenant à savoir à combien se monteront ces insuffisances, c'est-à-dire quelles seront les sommes à payer par l'État à titre de garantie d'intérêt. Pour établir le montant de ces sommes, voyons quelles sont les charges qui résultent de la nouvelle convention.

M. Malartre. C'est tout un traité sur la matière.

M. Wilson. L'augmentation résultant du fait de la présente convention, tant des suppléments de capital ancien que des travaux complémentaires et les 248 millions de capital que doivent coûter les nouvelles lignes, s'élève à 22,750,000 fr. d'intérêt annuel; c'est là un chiffre qui ne peut être contesté.

Il est clair que la différence entre le produit probable des nouvelles lignes et ces 22 millions constitue la somme que l'État aura à payer, à titre de garantie d'intérêt.

Or, il est complétement impossible d'admettre, comme M. le ministre des travaux publics le disait l'autre jour, que les nouvelles lignes rapporteront 18 millions; on peut tout an plus admettre que ces 755 kilomètres rapporteront 10,000 fr. par kilomètre, chiffre déjà bien considérable. Par conséquent, nous nous trouvons en présence d'une somme totale de produits de 7 millions et demi, soit une insuffisance de 15 millions environ, que la garantie d'intérêt aura à couvrir en 1882.

Il me reste à indiquer quel a été le but principal de la compagnie en demandant cette concession. La compagnie Paris-Lyon-Méditerranée était dans la nécessité absolue de faire, dans un délai de dix ans, environ 150 millions de travaux complémentaires limités. Ces 150 millions de travaux complémentaires, elle en devait supporter les charges, d'après la convention de 1868.

Sur divers bancs. Aux voix ! — Parlez ! parlez !

M. Wilson. Si vous ne m'interrompiez pas, j'aurais déjà fini.

Je disais que la compagnie Paris-Lyon-Méditerranée était proposé d'obtenir par cette convention cet avantage énorme, dont M. le ministre des travaux publics a négligé de parler à l'Assemblée dans les discours qu'il a prononcé, cet avantage énorme, dis-je, de pouvoir porter au compte de premier établissement 150 millions de travaux complémentaires dont l'intérêt à 5 fr. 75 augmentera le revenu réservé kilométrique de 11 fr. 50 par million dépensé.

Les travaux complémentaires devaient créer à la compagnie Paris-Lyon-Méditerranée une charge de 8 millions et demi par an, qu'il lui aurait fallu prélever sur son revenu réservé, si M. le ministre n'avait pas consenti à augmenter d'autant la somme de travaux complémentaires alloués en 1868 et à proroger de dix ans le délai d'exécution de ces travaux.

Le véritable intérêt de la compagnie est là : elle a tout à gagner à cette convention, rien à y perdre, puisqu'elle obtient l'intérêt annuel de 8 millions et demi de ses travaux complémentaires, et que, dans le cas où les lignes nouvelles présenteraient des insuffisances, l'État les prend à son compte. Ces insuffisances, je crois l'avoir établi, s'élèvent au moins à 15 millions.

Telle est la charge que doit faire peser sur le Trésor cette convention, qu'on vous annonce comme ne devant rien coûter au Trésor ; et voilà pourquoi je vous demande de faire de ces nouvelles lignes une concession distincte des réseaux qui, directement ou indirectement, sont garantis par l'État. (Aux voix ! aux voix !)

M. le ministre des travaux publics. Il est nécessaire que je réponde au moins en peu de mots à ce que vient de dire l'honorable M. Wilson.

A gauche. Non ! non ! — Aux voix ! aux voix !

M. le ministre. Si l'Assemblée se considère comme suffisamment éclairée, je n'insiste pas. (Parlez ! parlez ! à droite.)

M. le vicomte de Lorgeril, *se tournant vers la gauche.* Le ministre n'est pas tenu d'obéir à une consigne !

M. le ministre. Je vais répondre, le plus brièvement possible, aux nouveaux arguments apportés à cette tribune par l'honorable M. Wilson.

Je dois d'abord faire observer à l'Assemblée que, contrairement à ce que vient de dire l'honorable préopinant, le point particulier de la convention qu'il a traité a déjà été discuté. M. le rapporteur de la commission et moi-même nous avons exposé et examiné avec d'assez longs développements les conditions financières de la convention, et l'Assemblée a en quelque sorte déjà statué par les votes qu'elle a précédemment émis. Je n'aurais, pour ma part, qu'à répéter une partie des considérations que j'ai déjà présentées à l'Assemblée. Il est indispensable cependant que j'y ajoute quelques explications. (A demain ! à gauche. — Non ! non ! — Parlez ! parlez ! à droite.)

Ce que propose M. Wilson n'est autre chose qu'un nouveau projet de convention avec la compagnie de Paris à Lyon et à la Méditerranée ; c'est, par suite, le rejet de la convention que nous avons préparée, qui a été renvoyée à l'examen de votre commission, acceptée par elle, et sur laquelle vous êtes appelés à vous prononcer en ce moment.

M. Wilson demande qu'il soit tenu un compte à part des dépenses et des produits de l'exploitation des nouvelles lignes à concéder à la compagnie de Paris à Lyon et à la Méditerranée, en stipulant que, lorsque les produits de l'ensemble de ces lignes excéderont la somme nécessaire pour représenter l'intérêt à 6 1/2 p. 100 du capital effectivement dépensé pour la construction de ces lignes, l'excédant sera partagé par moitié entre l'État et la compagnie.

Il me paraît impossible de constituer un compte à part, comme le propose l'honorable M. Wilson, par les deux motifs que voici :

Le premier, c'est que les lignes qui font l'objet de la convention ne sont pas réunies, elles ne composent pas un ensemble, elles sont disséminées dans toute l'étendue du réseau de Paris-Lyon-Méditerranée. Dans de telles conditions, il paraît assez difficile de faire un compte à part. (C'est évident !) Vous avez remarqué que plusieurs de ces lignes ne sont que des tronçons réunissant des lignes existantes. Ainsi, la ligne de Nîmes au Theil, la ligne de Roanne à Paray-le-Monial, la ligne de Saint-André-le-Gaz à Chambéry, ne font que compléter des lignes déjà existantes en en faisant communiquer directement les diverses parties entre elles, Comment en faire un compte à part ? Cela paraît assez difficile.

Mais, en supposant qu'on y puisse réussir, n'y aurait-il pas des inconvénients ? Il y en a de très-graves, et je crois qu'il me sera facile de le démontrer.

La compagnie de Paris-Lyon-Méditerranée restant libre de diriger les transports suivant le parcours qu'elle préfère, pourrait en profiter pour faire passer les marchandises sur les lignes pour lesquelles serait ouvert le compte à part, tant que leur revenu ne resterait inférieur au minimum qui lui serait réservé.

Il est évident qu'en lui concédant la faculté de réserver l'intérêt des sommes dépensées jusqu'à 6 1/2 p. 100, avant tout partage, on la met à l'abri de tout mécompte. Il est incontestable que, par exemple, sur la ligne de Nîmes au Theil — je cite cette ligne parce qu'elle est une des plus importantes de la convention et une de celles auxquelles le raisonnement s'applique le mieux, — il est incontestable que la compagnie de Paris-Lyon-Méditerranée s'y prendrait de manière à faire passer assez de trains sur cette ligne pour obtenir au moins le revenu à 6 1/2 p. 100 du capital dépensé, et quand elle aurait atteint ce revenu de 6 1/2 p. 100, au delà duquel elle devrait partager avec l'État, elle ne manquerait pas de diriger l'excédant sur les lignes de la rive gauche, toutes les fois que les circonstances le permettraient, sans nuire au bien du service.

Vous n'auriez, par conséquent, obtenu en aucune façon le résultat que vous avez cherché. Il n'y aurait donc que des inconvénients à faire un compte à part, sans aucun avantage pour le Trésor. Il y aurait plutôt perte dans certains cas, puisque le revenu réservé de l'ancien réseau n'y serait pas engagé.

M. Wilson a voulu soutenir en outre... (A demain! à demain! — Parlez! parlez! à gauche) qu'il n'était pas juste de prétendre que les conventions qui vous sont soumises n'augmenteraient en rien les charges de l'État, et il a déclaré qu'il n'était pas vrai que la concession fût faite sans subvention ni garantie d'intérêt.

Je n'ai jamais dit, et M. le rapporteur de la commission des chemins de fer pas plus que moi n'a dit que la garantie de l'État ne pouvait pas se trouver engagée à un moment donné. J'ai déclaré formellement le contraire. Mais j'ai affirmé que, suivant toutes probabilités, cette garantie d'intérêt ne fonctionnerait jamais, et j'ai fait observer que dans le cas où, contrairement à ces prévisions, elle aurait à fonctionner, les charges de l'État, de ce chef, seraient réellement sans importance et assurément sans durée. Je n'en veux d'autre preuve que les chiffres mêmes que M. Wilson a donnés à la tribune, et que je crois avoir assez exactement retenus pour les citer. Il a admis avec moi qu'on pouvait compter sur une augmentation annuelle de revenu net de 2 millions et demi sur les lignes principales de Paris-Lyon et Marseille. Il a calculé d'autre part que dans sept ans, en 1882, la garantie d'intérêt que l'État aurait à payer serait d'environ 15 millions.

Eh bien, messieurs, même en prenant cette dernière évaluation, que je prétends n'être pas exacte, il en résulterait que le montant de la garantie de 15 millions à fournir en 1883 se réduirait chaque année de 2 millions et demi au moins jusqu'à ce qu'elle soit entièrement compensée, ce qui arriverait dans six années au maximum, et le total des avances à faire jusqu'à l'époque où le remboursement commencerait, ne serait pas assurément hors de proportion avec les excédants de revenu probable. Le raisonnement que j'ai fait se trouve donc justifié même par les chiffres de l'honorable M. Wilson, quelque exagération qu'il y ait apporté ; et je persiste à dire que, dans tous les cas, si la garantie d'intérêt vient jamais à fonctionner, s'il y a quelque charge qui puisse en résulter par l'État, les sacrifices à faire seront de courte durée et les sommes payées ne tarderont pas à être remboursées par la compagnie Paris-Lyon-Méditerranée. Car vous n'ignorez pas que les garanties d'intérêt ne sont que des avances qui doivent être

remboursées par l'excédant du produit net au-dessus d'un revenu minimum réservé.

Je n'ai plus qu'un mot à ajouter pour ce qui concerne les travaux complémentaires.

L'honorable M. Wilson a insisté sur ce fait, que la compagnie de Paris-Lyon-Méditerranée augmenterait ses charges dans une proportion considérable par suite des travaux complémentaires qu'elle se réserve d'exécuter.

Cette expression de travaux complémentaires mérite une explication. (Exclamations à gauche. — Parlez! parlez! à droite.)

On appelle travaux complémentaires pour des lignes déjà en exploitation, —et c'est le cas de celles dont nous parlons en ce moment, — des travaux qui consistent, par exemple, soit à poser une double voie là où il n'y en a qu'une, soit à agrandir des gares insuffisantes à raison du développement de trafic, comme vous avez jugé nécessaire de faire en plusieurs occasions et dernièrement encore sur le réseau du Midi. Mais, remarquez-le, messieurs, ces travaux complémentaires ne sont mis à exécution que lorsqu'un projet, justifié par les circonstances et les nécessités du service, a été approuvé par l'administration et la dépense autorisée par le conseil d'État, c'est-à-dire lorsque l'excédant de revenu qu'on en doit obtenir paraît suffisant pour payer l'intérêt de la dépense à faire. Par conséquent, ces travaux ne peuvent être une charge nouvelle ; ils ne peuvent occasionner une augmentation des charges prévues ; la compagnie n'est pas libre de les exécuter à sa fantaisie, à sa volonté ; elle en présente les projets à l'État ; à l'administration des travaux publics, qui les examine et juge de l'opportunité de leur exécution. Sur la proposition du ministre, le conseil d'État autorise ensuite la dépense, mais il ne l'autorise que lorsqu'il y a utilité démontrée par les besoins du service, par les exigences du commerce à satisfaire, et cette utilité correspond évidemment à une augmentation de produit ; les dépenses des travaux complémentaires, qui ne se font qu'en vue d'un excédant assuré de recettes, ne peuvent donc, en aucun cas, exposer l'État au payement d'une garantie d'intérêt.

J'espère, messieurs, que ces courtes explications suffiront, et que vous repousserez l'amendement de l'honorable M. Wilson. (Très-bien! très-bien! à droite.)

M. Wilson. Messieurs... (Aux voix! aux voix! — Parlez! parlez!)

Messieurs, je voudrais répondre quelques mots seulement aux objections que M. le ministre des travaux publics vient d'apporter à la tribune.

En premier lieu, je lui ferai remarquer qu'un système absolument identique à celui que je présente a été proposé par le Gouvernement lui-même pour une concession faite en 1872 à compagnie du Nord des lignes de Cambrai à Dour et de Montsault à Amiens. On a créé alors pour la compagnie du Nord le réseau spécial, sans garantie d'intérêt, que je vous propose de créer pour la compagnie Paris-Lyon-Méditerranée.

Quant à l'objection de M. le ministre, qui craignait un détournement du trafic des anciennes lignes au profit de ce réseau spécial, elle n'est pas fondée. puisque mon amendement. impose à la compagnie le partage des bénéfices au delà d'un produit représentant à 6,5 p. 100 l'intérêt du capital. J'ai adopté ce taux de 6,5 p. 100 au lieu de celui de 6 p. 100, adopté en 1868, parce que c'est le taux proposé dans la convention par M. le ministre lui-même, et que je n'ai pas voulu engager de discussion sur un point peu important. Du reste je ne veux pas revenir sur les chiffres que j'ai indiqués tout à l'heure, ils n'ont été en aucune façon détruits par M. le ministre. (Bruit.)

Il m'est complétement impossible de dominer le bruit.

Voix à droite. Ce sont ceux qui ont voté pour la continuation de la séance qui ne vous écoutent pas !

M. Wilson. Je n'insiste pas sur mon amendement : je vois que l'Assemblée a pris le parti de voter la convention. J'ai cru devoir apporter à la tribune des chiffres établissant que la garantie d'intérêts se montera à 15 millions. L'Assemblée est éclairée, cela me suffit (Aux voix ! aux voix !)

M. le président. Je consulte l'Assemblée sur l'amendement de M. Wilson.

Il y a une demande de scrutin.

Cette demande est signée par MM. de Clercq, Ricot, Victor Hamille, Delisse-Engrand, comte de Bryas, Mathieu, Achille Adam (Pas-de-Calais), Bouillé, Douay, général Mazure, comte de Diesbach, E. Carron, Pradié, de Beauvillé, de Saint-Germain, Alfred Giraud, général Robert, Benoist du Buis, comte de la Monneraye, Charreyron, Amy, de Chamaillard.

(Le scrutin est ouvert et les votes sont recueillis.)

Le dépouillement est fait par MM. les secrétaires.

M. le président. Voici le résultat du dépouillement du scrutin :

Nombre des votants............ 525
Majorité absolue.............. 263

Pour l'adoption...... 47
Contre............... 478

L'Assemblée nationale n'a pas adopté.

De toutes parts. A demain ! à demain !

M. le président. La commission des congés est d'avis d'accorder à M. Petau un congé de six jours.

Il n'y a pas d'opposition ?

Le congé est accordé.

L'Assemblée veut-elle régler son ordre du jour pour demain ? (Oui ! oui !)

Demain, à deux heures, séance publique :

Suite de l'ordre du jour.

Il n'y a pas d'opposition ?...

L'ordre du jour reste ainsi fixé.

(La séance est levée à six heures trente-cinq minutes.)

Le directeur du service sténographique de l'Assemblée nationale,

CÉLESTIN LAGACHE.

SCRUTIN

Sur l'amendement de MM. Raoul Duval et Ganivet.

Nombre des votants............ 521
Majorité absolue.............. 261

Pour l'adoption........ 139
Contre................. 382

L'Assemblée nationale n'a pas adopté.

ONT VOTÉ POUR :

MM. Abbadie de Barrau (comte d'). Allanou. Amat. Ancel. André (Charente). Arrazat. Bagneux (comte de). Barodet. Belcastel (de). Bernard (Martin). Billy. Blavoyer. Boffinten. Boisboissel (comte de). Bottieau. Boucau. Boysset. Bozérian. Brabant. Brame. Brettes-Thurin (comte de). Brillier.

Caduc. Caillet. Casse (Germain). Castelnau. Chabaud La Tour (Arthur de). Challemel-Lacour. Chaurand (le baron). Chavassieu. Cherpin. Chevandier. Cintré (le comte de). Clapier. Claude (Meurthe-et-Moselle). Corbon. Costa de Beauregard (le marquis de). Cotte. Cunit.

Dampierre (le marquis de). Daumas. Delacour. Delavau. Delisse-Engrand. Delpit. Depasse. Deregnaucourt. Desbassayns de Richemont (le comte). Dezanneau. Dréo. Dubois. Du Chaffaut (le comte). Duchatel (le comte). Durfort de Civrac (le comte de). Dussaussoy. Eschasseriaux (le baron). Esquiros.

Favre (Jules). Féligonde (de). Fernier. Ferrouillat. Folliet. Franclieu (marquis de).

Gagneur. Ganivet. Gérard. Germonière (de la). Girot-Pouzol. Godin. Godissart. Grandpierre. Greppo.

Huon de Penanster.

Jaffré (abbé). Janzé (baron de). Jouin.

Kermenguy (vicomte de).

Lacretelle (H. de). Lafayette (O. de). Lamy. Largentaye (de). La Roche-Aymon (marquis de). Lavergne (L. de). Lebourgeois. Lebreton. Lepouzé. Leurent. Levêque. Lorgeril (vicomte de). Loustalot.

Madier de Montjau. Magniez. Malézieux. Marchand. Marcou. Martin des Pallières. Mazure (général). Mestreau. Michel. Millaud. Morvan.

Nioche. Nouaillan (comte de).

Ordinaire (fils).

Pascal Duprat. Belletan. Périn. Perret. Peulvé. Pompery (de). Pontoi-Pontcarré (marquis de). Pouyer-Quertier.

Raoul Duval. Rathier. Renaud (Michel). Reymond (Ferdinand) (Isère). Robert (Léon). Rotours (des). Roy de Loulay. Roys (marquis des).

Saintchorent (de). Saint-Malo (de). Salneuve. Sansas. Sers (marquis de). Silva (Clément). Simiot.

Tallon. Tamisier. Tardieu. Tassin. Testelin. Thurel. Tocqueville (comte de). Turquet. Vast-Vimeux (baron). Vente. Vitalis. Wilson.

ONT VOTÉ CONTRE :

MM. Abbatucci. Aboville (vicomte d'). Aclocque. Adam (Pas-de-Calais). Adrien Léon. Alexandre (Charles). Allemand. Amy. Andelarre (marquis d'). André (Seine). Arfeuillères. Arnaud (de l'Ariége). Aubry. Audren de Kerdrel. Auxais (d'). Aymé de la Chevrelière. Bamberger. Baragnon. Barante (baron de). Barascud. Bardoux. Barthe (Marcel). Barthélemy Saint-Hilaire. Bastid (Raymond). Bai-

ble. Baze. Beau. Beaussire. Beauvillé (de).
Benoist d'Azy (comte). Benoist du Buis. Benoit
(Meuse). Bérenger. Bernard (Charles) (Ain).
Bernard-Dutreil. Bert. Bertauld. Besnard.
Besson (Paul). Bethmont. Béthune (comte de).
Beurges (comte de). Bidard. Bienvenüe. Bigot.
Billot (général). Blin de Bourdon (le vicomte).
Boduin. Boisse. Bonald (vicomte de). Bondy
(comte de). Boreau-Lajanadie. Bottard. Bouis-
son. Boullier de Branche. Bourgeois. Brice
(Ille-et-Vilaine). Broët. Broglie (duc de). Brun
(Charles) (Var). Brun (Lucien) (Ain). Bryas
(comte de). Buée. Buffet. Buisson (Jules)
(Aude). Busson-Duviviers.

Caillaux. Calmon. Carayon La Tour (de).
Carnot (père). Carnot (Sadi). Carron (Emile).
Casimir Perier. Castellane (marquis de). Ca-
zeaux. Cazenove de Pradine (de). Cazot (Jules)
(Gard). Cézanne. Chadois (le colonel de).
Chamaillard (de). Champagny (vicomte Henri de).
Changarnier (général). Chasper. Chareton (gé-
néral). Charréyron. Charton. Chatelin. Che-
guillaume. Chesnelong. Chiris. Cissey (général
de). Clément (Léon). Clerc. Colombet (de).
Combarieu (de). Combier. Cordier. Corne.
Cornulier-Lucinière (comte de). Cottin (Paul).
Courbet-Poulard. Courcelle. Crémieux. Crus-
sol d'Uzès (duc de). Cumont (vicomte Arthur
de).

Daguenet. Daguilhon-Lasselve. Danelle-Bernardin. Daru (comte). Dauphinot. Decazes
(le baron). Decazes (le duc). Delacroix. Delille. Denormandie. Depeyre. Deslardins.
Destremx. Diesbach (comte de). Doré-Graslin.
Douay. Duboys-Fresnay (général). Du Breuil
de Saint-Germain. Ducarre. Duclerc. Ducuing.
Dufaur (Xavier). Dufaure (Jules). Dufournel.
Dumaray. Dumon. Duparc. Dupin (Félix).
Dupont (Alfred). Durdault. Duvergier de Hauranne.

Eymard-Duvernay.

Farcy. Feray. Ferry (Jules). Flaghac (baron
de). Fleuriot (de). Forsans (vicomte de). Fouquet. Fourcand. Fourichon (amiral). Fournier
(Henri). Fraissinet. Prébault (général). Fresneau.

Gailly. Gallicher. Galloni d'Istria. Gambetta. Ganault. Gasionde. Gasselin de Fresnay. Gatien-Arnoult. Gaudy. Gaulthier de Rumilly. Gaulthier de Vaucenay. Gavardie (de).
Gayot. Germain. Gévelot. Gillon (Paulin). Ginoux de Fermon (comte). Giraud (Alfred).
Girerd (Cyprien). Gouin. Gouvion Saint-Cyr
(marquis de). Grivart. Grollier. Gueidan.
Guibal. Guichard. Guiche (marquis de la).
Guillemaut (général).

Haentjens. Harcourt (comte d'). Harcourt
(duc d'). Haussonville (vicomte d'). Hespel
(comte d'). Hèvre. Houssard. Humbert.

Jaurès (amiral). Jocteur-Monrozier. Joinville
(prince de). Jordan. Joubert. Jourdan. Jozon.
Juigné (comte de). Juigné (marquis de).

Kergariou (comte de). Kergorlay (comte de).
Kéridec (de). Kerjégu (amiral de). Kolb-
Bernard.

Laboulaye. Lacave-Laplagne. La Caze (Louis).
Lacombe (de). Lafon de Fongaufier. Lagct.
Lagrange (baron A. de). Lambert (Alexis).
Lambert de Sainte-Croix. Lamberterie (de).
Lanel. Larcy (baron de). La Rochefoucauld
(duc de Bisaccia). La Rochejaquelein (marquis
de). La Sicotière (de). Lassus (baron de). Las-
teyrie (Jules de). Latrade. Laurent-Pichat.
Laurier. Leblond. Lecamus. Le Chatelain.
Lefébure. Lefèvre (Henri). Lefèvre-Pontalis
(Eure-et-Loir). Lefèvre-Pontalis (Seine-et-Oise).
Lefranc (Victor). Le Gal La Salle. Legge (le
comte de). Legrand (Arthur). Le Lasseux.
Lenoël (Emile). Lepère. Lepetit. Leroux
(Aimé). Le Royer. Lespinasse. Lestapis (de).
Lestourgie. Limairac (de) (Tarn-et-Garonne).

Limperani. Littré. Lortal. Louvet. Loysel
(général). Lur-Saluces (marquis de).

Magnin. Maillé (comte de). Maillé. Malens.
Maleville (Léon de). Mallevergne. Marc-Du-
fraisse. Margaine. Martel (Pas-de-Calais).
Martin (Charles). Martin (Henri). Mathieu-
Bodet (Charente). Maurice. Max-Richard.
Meaux (vicomte de). Médecin. Mettetal. Mi-
chal-Ladichère. Monjaret de Kerjégu. Monne-
raye (comte de la). Monnet. Montalgme (ami-
ral de). Montgolfier (de). Montrieux. Moreau
(Côte-d'Or). Moreau (Ferdinand). Mornay (mar-
quis de). Mortemart (duc de). Mouchy (duc de).
Murat (comte Joachim). Murat-Sistrières.

Nétien. Noël-Parfait.

Pagès-Duport. Pajot. Palotte (Jacques). Paris. Parsy. Partz (marquis de). Passy (Louis).
Patissier (Sosthène). Pellissier (général). Peltereau-Villeneuve. Perrier (Eugène). Peyrusset
(de). Philippoteaux. Picart (Alphonse). Pin.
Pioger (de). Piou. Picque (marquis de). Pothuau (amiral). Pradié. Pressensé (de). Préti-
voine. Puibarneau (de).

Rainneville (de). Rambures (de). Rameau.
Rampon (le comte). Rampont. Raudot. Ravi-
nel (de). Renaud (Félix). Rességuier (comte de).
Ricard. Ricot. Riondel. Rivé (Francisque).
Robert (général). Robert de Massy. Rodier-Be-
navent (vicomte de). Roger du Nord (comte).
Roger-Marvaise. Rolland (Charles) (Saône-et-
Loire). Roudier. Rousseau. Rouveure. Reux
(Honoré).

Saint-Germain (de). Saint-Pierre (de) (Calvados). Saint-Pierre (Louis de) (Manche). Baisset
(vice-amiral). Salvandy (de). Salvy. Sarrette.
Savary. Savoye. Say (Léon). Scheurer-Kestner. Schœlcher. Ségur (comte Louis de). Seignobos. Sénard. Sens. Simon (Jules). Soye.
Staplande (de). Bugny (de). Swiney.

Taberiet. Tailhand. Taillefert. Talhouët
(marquis de). Tarteron (de). Théry. Thomas
(docteur). Tillancourt (de). Toupet des Vignes.
Tréveneuc (comte de). Tribert.

Vacherot. Valady (de). Valentin. Valfons
(le marquis de). Valon (de). Vandier. Vani-
chier (comte de). Vautrain. Ventavon (de).
Vétillart. Vidal (Saturnin). Viennet. Villel.
Villain. Vimal-Dessaignes. Vinay (Henri).
Vinols (le baron de). Vogüé (le marquis de).
Voisin.

Waddington. Wallon. Warnier (Marne).
Wartelle de Retz. Witt (Cornélis de).

Brice (Meurthe-et-Moselle). Brisson (Henri).
Brunet. Buisson (Seine-Inférieure). Calemard
de la Fayette. Carbonnier de Marzac (de). Carquet.
Carré-Kérisouët. Chabaud La Tour (général baron de). Chabrun (général de). Champvallier
(de). Chardon. Choiseul (Horace de). Claude
(Vosges). Clercq (de). Contaut. Daron. Daussel. Delord. Denfert (colonel). ·Descat. Deschange. Dietz-Monnin. Dompierre d'Hornoy
(amiral de). Douhet (comte de). Drouin. Du Bodan. Dufay. Dufour. Dupanloup (Mgr). Dupouy. Durieu. Ernoul. Escarguel. Fontaine (de).
Foubert. Fourtou (de). Gavini. Gent. George
(Émile). Gias. Goblet. Godet de la Riboullerie.
Gouvello (de). Grammont (marquis de). Grange.
Grasset (de). Grévy (Jules). Guinard. Guinot.
Guyot. Hamille. Hérisson. Jacques. Jamme.
Johnston. Joigneaux. Journault. Journel
(baron de). Keller. La Bassetière (de). Labitte.
La Borderie (de). La Bouillerie (de). Lafize.
Lallié. Lanfrey. La Pervanchère (de). La Rochethulon (marquis de). La Rochette (de). La
Serve. L'Ebraly. Lefranc (Pierre). Le Provost
de Launay. Lesguillon. Levert. Lherminier.
Limayrac (Léopold) (Lot). Lockroy. Mahy (de).
Malartre. Maleville (marquis de). Mangini.
Marck. Martell (Charente). Martenot. Martin (d'Auray). Mathieu (Saône-et-Loire). Mathieu de la Redorte (le comte). Mayaud.
Mazeau. Mazerat. Méline. Melun (comte
de). Méplain. Mercier. Mérode (de). Merveilleux du Vignaux. Montell. Montlaur (marquis de). Morin. Naquet. Parent. Parieu·
get. Pernolet. Peyrat. Prax-Paris. Princeteau. Quinsonas (marquis de). Rémusat (Paul
de). Reymond (Loire). Riant. Rivaille. Rouher.
Roussel. Rouvier. Saincthorent (de). Saint-Victor (de). Saisy (Hervé de). Sebert. Serph
(Gusman). Simon (Fidèle). Soury-Lavergne.
Target. Temple (du). Thiers. Tiersot. Tolain.
Tréville (comte de). Turigny. Valazé (général).
·Varroy. Vingtain (Léon).

ABSENTS PAR CONGÉ :

MM. Aumale (le duc d'). Chabrol (de). Chambrun (comte de). Chanzy (général). Chaudordy
(comte de). Corcelle (de). Desbons. Flotard.
Gontaut-Biron (vicomte de). Jullien. La Roncière Le Noury (vice-amiral baron de). Le Flô
(général). Magne. Maure. Monnot-Arbilleur.
Fétau.

SCRUTIN

Sur l'amendement de M. Wilson.

Nombre des votants........... 525
Majorité absolue.............. 263

    Pour l'adoption....... 47
    Contre.............. 478

L'Assemblée nationale n'a pas adopté.

ONT VOTÉ POUR :

MM. Aboville (le vicomte d'). Arrazat.
Beaucarne-Leroux. Belcastel (de). Boisboissel (le comte de). Bottieau. Boucau. Bozérian.
Brame. Brillier.

Caduc. Castelnau. Chavassieu. Choiseul
(Horace de). Cintré (comte de). Cunit.

Favre (Jules). Fernier.

Gérard. Grévy (Jules). Guyot.

Krantz.

Lanfrey. Lépouzé. Loustalot.

Magniez. Malézieux. Mark. Martin (Charles).
Millaud. Moreau (Côte-d'Or).

Pouyer-Quertier.

Reymond (Ferdinand). Reymond (Loire). Robert (Léon). Rotours (des). ·

Saisy (Hervé de). Sansas. Simiot.

Taberlet. Tallon. Tardieu. Tassin. Thurel.
Turigny.

Vente.

Wilson.

ONT VOTÉ CONTRE :

MM. Abbadie de Barrau (comte d'). Abbatucci. Aclocque. Adam (Pas-de-Calais). Adnet.
Adrien Léon. Aigle (comte de l'). Alexandre
(Charles). Allemand. Amat. Amy. Ancel.
Ancelon. André (Seine). Anisson-Duperon.
Arbel. Arfeuillères. Arnaud (de l'Ariège).
Aubry. Audren de Kerdrel. Aurelle de
Paladines (le général d'). Auxais (d'). Aymé de
la Chevrelière.

Bagneux (comte de). Bamberger. Báragnon.
Barante (le baron de). Barascud. Bardoux.
Barthe (Marcel). Barthélemy Saint-Hilaire. Bastard (comte Octave de). Bastid (Raymond).
Bathie. Baze. Beau. Beaussire. Beauvillé
(de). Benoist d'Azy (comte). Benoist du Bulz.
Benoit (Meuse). Bérenger. Berlet. Bernard
(Charles) (Ain). Bernard-Dutreil. Bertauld.
Besnard. Besson (Paul). Bethmont. Béthune
(comte de). Beurgos (comte de) Bidard. Bienvenüe. Bigot. Billy. Blavoyer. Bin de Bourdon (vicomte). Boduin. Boisse. Bompard.
Bonald (vicomte de). Bondy (comte de). Bonnet. Boreau-Lajanadie. Hottard. Bouillé
(comte de). Bouillier (Loire). Boullier de Branche. Bourgeois (Vendée). Boyer. Brettes-Thurin (comte de). Brice (Ille-et-Vilaine). Broët.
Brun (Charles) (Var). Brun (Lucien) (Ain).
Bryas (comte de). Buée. Buffet. Buisson (Jules) (Aude). Buisson-Duviviers.

Cailleux. Calemard de la Fayette. Callet.
Carayon La Tour (de). Carnot (père). Carnot
(Sadi). Carquet. Caron (Émile). Casimir Perier. Castellane (marquis de). Cazeaux. Cazenove de Pradine (de). Cazot (Jules) (Gard). Cézanne. Chabaud La Tour (Arthur de). Chabaud La Tour (général baron de). Chabron (général de). Chadois (colonel de). Chamaillard
(de). Champagny (vicomte Henri de). Champvallier (de). Changarnier (général). Chaper.
Chareton (général). Charreyron. Chatelain.
Chaurand (baron). Chéguillaume. Chesnelong.
Chiris. Cissey (général de). Clément (Léon).
Clerc. Clercq (de). Cochery. Colombet (de).
Combarieu (de). Combier. Contaut. Cordier.
Cornulier-Lucinière (comte de). Costa de Beauregard (marquis de). Cotin (Paul). Courbet-
Poulard. Courcelle. Crémieux. Grussol d'Uzès
(duc de). Cumont (vicomte Arthur de).

Daguenet. Daguilhon-Lasselve. Dampierre
(le marquis de). Danelle-Bernardin. Daron.
Daru (le comte). Dauphinot. Daussel. Decazes
(le comte). Decazes (le duc). Delacour. Delacroix. Delavau. Delille. Delisse-Engrand.
Denormandie. Depasse. Depeyre. Descat.
Desjardins. Destremx. Dezanneau. Diesbach
(le comte de). Dompierre d'Hornoy (l'amiral de).
Doré-Graslin. Douay. Drouin. Du Bodan.
Duboys-Fresnay (le général). Du Breuil de
Saint-Germain. Du Chaffaut. Duchâtel (le
comte). Duclerc. Ducuing. Dufaur (Xavier).
Dufaure (Jules). Dufour. Dufournel. Dumarnay. Dumon. Dupin (Félix). Dupont
(Alfred). Duréault. Durfort de Civrac (le
comte de). Dussaussoy. Duvergier de Hauranne.

Ernoul. Eymard-Duvernay.

Faye. Feray. Ferry (Jules). Flaghac (baron
de). Fleuriot (de). Fontaine (de). ·Forsanz (vi-

comte de). Fourcand. Fourichon(amiral). Fournier (Henri). Fourtou-(de). Franclieu (marquis (de). Frébault (général). Fresneau.

Gailly. Gallicher. Galloni d'Istria. Gambetta. Ganault. Gaslonde. Gasselin de Fresnay Gaudy. Gaulthier de Vaucenay. Gavardie (de). Gavini. Gayot. George (Emile). Germain. Germonière (de la). Gévelot. Gillon (Paulin). Ginoux de Fermon (comte). Giraud (Alfred). Girard (Cyprien). Girot-Pouzol. Godet de la Riboullerie. Godin. Gouin. Gouvion Saint-Cyr (marquis de). Grammont (marquis de). Grandpierre. Grange. Grivart. Grollier. Gueidan. Guibal. Guichard. Guiche (marquis de la). Guillemaut (général).

Haentjens. Hamille. Harcourt (comte d'). Harcourt (duc d'). Haussonville (vicomte d'). Hespel (comte). Hèvre. Houssard. Humbert.

Jaffré (abbé). Jamme. Jaurès (amiral). Jocteur-Monrozier. Johnsten. Jordan. Jourdan. Jozon. Juigné-(comte de). Juigné (marquis de). Kergariou (comte de). Kergorlay (comte de). Kéridec (de). Kerjégu (amiral de). Kermenguy (vicomte de). Kolb-Bernard.

La Bassetière (de). Lablitte. La Borderie (de). Laboulaye. Lacave-Laplagne. La Caze (Louis). Lacombe (de). Lacretelle (Henri de). Laflize. Lafon de Fongaufier. Lagat. Lagrange (le baron A. de). Lallié. Lambert (Alexis). Lambert de Sainte-Croix. Lamberterie (de). La Pervanchère (de). Larcy (baron de). Largentaye (de). La Roche-Aymon (le marquis de). La Rochefoucauld (duc de Bisaccia). La Rochejaquelein (marquis de). La Rochethulon (le marquis de). La Rochette (de). La Serve. La Sicotière (de). Lassus (le baron de). Lasteyrie (Jules de). Latrade. Laurent-Pichat. Lavergne (Léonce de). Leblond. Lebourgeois. L'Ebraly. Lecamus. Le Chatelain. Lefébure. Lefèvre (Henri). Lefèvre-Pontalis (Eure-et-Loir). Lefèvre-Pontalis (Seine-et-Oise). Lefranc (Victor). Legrand (Arthur). Le Lassoux. Lenoël (Emile). Lepetit. Le Provost de Launay. Leroux (Aimé). Le Royer. Lespinasse. Lestanis (de). Lestourgie. Leurent. Levert. Limairac (de) (Tarnet-Garonne). Littré. Lorgeril (le vicomte de). Lortal. Louvet. Loysel (général). Luro. LurSaluces (marquis de).

Magnin. Maillé (comte de). Maillé. Malens. Maleville (Léon de). Mallevergne. Marchand. Margaine. Martel (Pas-de-Calais). Martell (Charente). Martenot. Martin (Henri). Martin (d'Auray). Mathieu-Bodet (Charente). Mathieu de la Redorte (comte). Maurice. Max-Richard. Mazerat. Mazure (général). Meaux (vicomte de). Médecin. Melun (comte de). Méplain. Mercier. Mérode (de). Merveilleux du Vignaux. Mettetal. Michal-Ladichère. Michel. Monjaret de Kerjégu. Monneraye (comte de la). Monnet. Montsalgnac (amiral de). Monteil. Montgolfier (de). Montlaur (marquis de). Montrieux. Morin. Mornay (le marquis de). Mortemart (duc de). Morvan. Mouchy (duc de). Murat (comte Joachim). Murat-Sistrières.

Nétien. Noël-Parfait.

Pagès-Duport. Pajot. Palotte (Jacques). Parent. Paris. Parsy. Partz (marquis de). Passy (Louis). Patissier (Sosthène). Pellissier (général). Peltereau-Villeneuve. Perret. Perrier (Eugène). Peulvé. Peyramont (de). Philippoteaux. Picart (Alphonse). Pin. Pioger (de). Piou. Plichon. Picuc (marquis de). Pontoi-Pontcarré (marquis de). Pothuau (amiral). Pradié. Prax. Paris. Pressensé (de). Préfavoine. Puiberneau (de).

Quinsonas (marquis de).

Rainneville (de). Rameau. Rampon (comte). Rampont. Raudot. Ravinel (de). Renaud (Félix). Renaud (Michel). Rességuier (comte de). Riant (Léon). Ricard. Ricot. Riondel. Rive (Francisque). Robert (général). Robert de Massy. Roder-Bénavent (vicomte de). Roger du

Nord (comte). Roger-Marvaise. Rolland (Charles) (Saône-et-Loire). Roudier. Rouher. Rousseau. Rouvoure. Roux (Honoré). Roys (marquis des).

Sacase. Saincthorent (de). Saint-Germain (de). Saint-Malo (de). Saint-Pierre (de) (Calvados). Saint-Pierre (Louis de) (Manche). SaintVictor (de). Saisset (vice-amiral). Salneuve. Salvandy (de). Salvy. Sarrette. Savary. Savoye. Say (Léon). Sébert. Ségur (comte Louis de). Seignobos. Sénard. Sens. Serph (Gusman). Sers (marquis de). Simon (Jules). Soubeyran (le baron de). Soury-Lavergne. Soye. Staplande (de). Sugny (de). Swiney.

Tailhand. Taillefert. Talhouët (marquis de). Tarteron (de). Temple (du). Théry. Tillancourt (de). Toupet des Vignes. Tréveneuc (le comte de). Tréville (comte de). Tribert.

Vacherot. Valady (de). Valentin. Valon (de). Vandier. Varroy. Vaulchier (comte de). Ventrain. Ventavon (de). Vétillart. Vidal (Saturnin). Villou. Villain. Vimal-Dessaignes. Vinay (Henri). Vingtain (Léon). Vinols (baron de). Vogüé (marquis de). Voisin.

Waddington. Wallon. Warnier (Marne). Wartelle de Retz. Witt (Cornélis de).

N'ONT PAS PRIS PART AU VOTE

Comme étant retenus à la commission des lois constitutionnelles :

MM. Christophle (Albert). Delorme. Deisol. Grévy (Albert). Marcère (de). Picard (Ernest). Schérer.

N'ONT PAS PRIS PART AU VOTE

Comme étant retenus à la commission du budget :

MM. Adam (Edmond). Dréo. Langlois. Lepère. Lucet. Osmoy (comte d'). Saussier (général). Teisserenc de Bort. Tirard. Wolowski.

N'ONT PAS PRIS PART AU VOTE :

MM. Allenou. Andelarre (le marquis d'). André (Charente). Arago. Audiffret-Pasquier (le duc d'). Babin-Chevaye. Balsan. Barni. Barodet. Bernard (Martin). Bert. Biffot (le général). Blanc (Louis). Bocher. Boffinton. Bonnel (Léon). Bouchet. Bouisson. Bourgoing (le baron de). Boysset. Brabant. Brelay. Breton. Brice (Meurthe-et-Moselle). Brisson (Henri) (Seine). Broglie (duc de). Brunet. Buisson (Seine-Inférieure). Calmon. Carbonnier de Marzac (de). Carré-Kérisouët. Casse (Germain). Challemel-Lacour. Chardon. Charton. Cherpin. Chevandier. Clapier. Claude (Meurthe-etMoselle). Claude (Vosges). Corbon. Corne. Cotte. Daumas.

Delord. Delpit. Denfert (le colonel). Deregnaucourt. Desbassayns de Richemont (comte). Deschange. Dietz-Monnin. Douhet (comte de). Dubois. Ducarre. Dufay. Dupanloup (Mgr). Dupouy. Durieu. Escarguel. Eschasseriaux (baron). Esquiros. Farcy. Féligonde (de). Ferrouillat. Folliet. Foubert. Fouquet. Fraissinet. Gagneur. Ganivet. Gation-Arnoult. Gaulthier de Rumilly. Gent. Glas. Godisart. Gouvello (de). Grasset (de). Greppo. Guinard. Guinot. Hérisson. Huon de Penanster. Jacques. Janzé (baron de). Joigneaux. Joinville (prince de). Joubert. Jouin. Journault. Jouvenel (baron de). Keller. La Bouillerie (de). Lafayette (O. de). Lamy. Lanel. Laurier. Lebreton. Lefranc (Pierre). Le Gal La Salle. Legge (comte de). Lesguillon. Levêque. Lhermimier. Limayrac (Léopold) (Lot). Limperani. Lockroy. Madier de Montjau. Mahy (de). Malartre. Maleville (marquis de). Man gini. Marc-Dufraisse. Marcou. Martin des Pallières (général). Mathieu (Saône-et-Loire). Mayaud. Mazeau. Méline. Mestreau. Moreau (Ferdinand). Naquet. Nioche. Nouaillan (comte de). Ordinaire (fils). Parigot. Pascal Duprat Pelletan. Périn. Pernolet. Peyrat. Pompery (de) Princeteau. Rambures(de). Raoul Duval. Rathier. Rémusat (Paul de). Rivaille. Roussel. Rouvier. Roy de Loulay. Saintenac (vicomte de). Scheurer-Kestner. Schœlcher. Silva (Clément). Simon (Fidèle). Tamisier. Target. Testelin. Thiers. Thomas (docteur). Tiersot. Tocqueville (comte de). Tolain. Turquet. Valazé (général). Valfons (marquis (de). Vast-Vimeux (baron). Viennet. Vitalis.

MM. Aumale (le duc d'). Chabrol (de). Chambrun (comte de). Chanzy (général). Chaudordy (comte de). Corcelle (de). Desbons. Flotard. Gontaut-Biron (vicomte de). Jullien. La Roncière Le Noury (vice-amiral baron de). Le Flo (général). Magne. Maure. Monnot-Arbilleur. Petau.

ASSEMBLÉE NATIONALE

SÉANCE DU VENDREDI 2 JUILLET 1875

PRÉSIDENCE DE M. LE DUC D'AUDIFFRET-PASQUIER

La séance est ouverte à deux heures et demie.

M. le vicomte Blin de Bourdon, *l'un des secrétaires*, donne lecture du procès-verbal de la séance d'hier.

M. Caillaux, *ministre des travaux publics.* Dans le compte rendu de la séance d'hier, à la page 4862 du *Journal officiel*, on me fait dire que la compagnie de l'Est a essayé, comme mode de chauffage des wagons, un appareil à eau chaude. C'est d'un appareil à air chaud que j'ai parlé.

Après cette rectification peu grave, je désire en faire une autre à laquelle j'attache plus d'importance.

Dans le discours de M. Brame, une interruption que j'ai faite a été transposée. Lorsque M. Brame a parlé de l'avis des chambres de commerce, intéressées dans la question des tarifs, j'ai répondu que les chambres de commerce étaient toujours consultées. Le compte rendu *in-extenso* me fait dire que le conseil su-périeur du commerce est toujours consulté. C'est une erreur que je ne crois pas avoir commise. Dans tous les cas, je la rectifie.

M. le président. Il n'y a pas d'autres observations sur le procès-verbal?...

Le procès-verbal est adopté.

M. Tardieu, obligé de se rendre dans le département des Bouches-du-Rhône pour présider le conseil général, convoqué extraordinairement, demande un congé d'urgence de quatre jours.

Il n'y a pas d'opposition?...

Le congé est accordé.

M. Gouin. Au nom de la commission du budget de 1875, j'ai l'honneur de déposer sur le bureau de l'Assemblée un rapport sur le projet de loi portant ouverture au ministre de la guerre, au titre du compte de liquidation, d'un crédit de 100 millions pour les dépenses de l'année 1875.

M. le président. Le rapport sera imprimé et distribué.

L'ordre du jour appelle la suite de la discussion du projet de loi relatif à la déclaration d'utilité publique de plusieurs chemins de fer et à la concession de ces chemins de fer à la compagnie de Paris-Lyon-Méditerranée.

Hier, deux amendements ont été pris en considération par l'Assemblée et renvoyés à la commission. M. le rapporteur est-il en mesure de faire connaître le résultat des délibérations de la commission sur ces deux amendements ?

M. Cézanne, *rapporteur*. Nous attendons encore une communication, monsieur le président, et si l'Assemblée veut bien le permettre, je ferai, un peu plus tard, mon rapport sur ces deux amendements.

M. le président. M. Krantz a proposé un amendement à l'article 5 du projet de convention.

Plusieurs membres. Il n'est pas présent !

M. le président. M. Grange a aussi proposé, sur le même article, un amendement ainsi conçu :

« Ajouter à l'avant-dernier paragraphe de l'article 5 de la convention ce qui suit :

« La section de chemin de fer du Rhône au mont Cenis, exploitée par la compagnie de la Méditerranée en dehors de ses réseaux, sera également classée dans le nouveau réseau et régie comme il est dit à l'article 4 pour les lignes présentement concédées. »

Cet amendement a été présenté au cours de la discussion ; par conséquent, il doit être soumis à la prise en considération.

M. Grange a la parole pour développer sommairement son amendement.

M. Parent (Savoie). Je demande la parole pour une motion d'ordre.

M. le président. Vous avez la parole.

M. Parent (Savoie). J'ai l'honneur de demander à l'Assemblée de vouloir bien renvoyer la discussion sur cet amendement que notre honorable collègue M. Grange a rattaché, je ne sais pourquoi, à l'article 5, lors de la discussion qui aura lieu sur l'article 9 du projet de convention, où il a sa place naturelle.

Un membre M. Grange est présent.

M. Parent (Savoie). Je le sais, et si je demande le renvoi, c'est aussi bien dans l'intérêt de la question elle-même que pour simplifier la procédure et épargner à l'Assemblée peut-être un double débat, alors qu'un seul suffirait.

En effet, j'ai déposé, le 12 juin dernier, un amendement qui a pour objet de faire cesser le régime des tarifs exceptionnels, excessivement lourds, qui pèsent sur les transports des voyageurs et des marchandises sur la ligne du Rhône au mont Cenis, dans le parcours de l'arrondissement de Maurienne, et en outre, ce résultat, d'accroître proportionnellement l'impôt, au préjudice des localités, lesquelles ne sont rien moins que riches.

M. le rapporteur. C'est là de la discussion !

M. Parent (Savoie). J'ai rattaché mon amendement du 12 juin à l'un des paragraphes de l'article 9, ainsi conçu :

« La ligne du Rhône au mont Cenis demeure soumise aux dispositions spéciales déterminées par les conventions des 9 juin 1866 et 17 juin 1867 et approuvées par la loi du 27 septembre 1867. »

Là, et là seulement où il s'agissait de la ligne du Rhône, se trouvait la place naturelle à une proposition la concernant. L'amendement de M. Grange, du 30 juin dernier, est, sinon dans la forme, au moins dans le fond et à peu de chose près, la répétition de mon propre amendement, en d'autres termes ; il y a au moins une très-grande analogie. Seulement, l'amendement présenté tardivement par M. Grange est, suivant le règlement, soumis, après exposé sommaire et sans débat, à la prise en considération ; tandis que le mien pourra être l'objet d'une discussion approfondie.

La question est grave. Je demande à l'Assemblée, — je le demande à M. Grange luimême, qui comprendra qu'il peut y avoir quelque danger à laisser engager la question incomplètement et qu'il y a intérêt de lui réserver une discussion ample et non sommaire, — je demande, je le répète, que la discussion de l'amendement de M. Grange soit renvoyée au moment où l'on abordera l'article 9, et où la question se posera naturellement, nécessairement.

M. le président. La parole est à M. Grange.

M. Grange. Messieurs, l'honorable M. Parent demande de renvoyer la discussion de mon amendement à la discussion de l'article 9, sous le prétexte qu'il aurait déposé un amendement antérieur au mien ; mon amendement aurait, dit-il, de l'analogie avec le sien.

M. Parent (Savoie). C'est la même chose !

M. Grange. Je demande à l'Assemblée de ne pas prononcer ce renvoi. M. Parent n'est pas juge de la question. Je crois que mon amendement, plus complet que le sien, doit venir en ce moment et je demande à l'Assemblée la permission de lui présenter les raisons qui militent en faveur de sa prise en considération.

M. Parent (Savoie). Vous ne pouvez discuter votre amendement que d'une manière sommaire. Vous pouvez compromettre une question très-grave, en ne la laissant pas discuter à fond.

M. Grange. Je ne suis pas obligé de faire droit à votre observation. Tout député qui dépose un amendement a le droit de le développer. (Oui ! oui !) Vous discuterez votre amendement à votre tour comme vous l'entendrez. Je vais développer le mien (Parlez ! parlez !)

Quelques membres. Développez-le sommairement.

M. Grange. Messieurs, l'amendement que je vous demande de prendre en considération a pour but de faire classer dans ses réseaux de la compagnie de Paris-Lyon-Méditerranée, une ligne qui, jusqu'à présent, a été exploitée en dehors de ces réseaux, quoiqu'elle soit le prolongement de la grande ligne qui va de Paris en Italie sous le tunnel des Alpes.

L'État est devenu propriétaire de cette ligne moyennant le payement de l'annuité des obligations qui représentaient les dépenses de construction des sections exploitées au moment de l'annexion.

Il s'est chargé en outre de finir le chemin jusqu'au tunnel des Alpes.

Les dispositions qui ont été prises entre l'État et la compagnie sont toutes provisoires.

car l'article 3 du décret du 27 septembre 1867, qui lui a approuvées, dit :

« Provisoirement et jusqu'à ce que, par une convention ultérieure, le chemin de fer Victor-Emmanuel ait été réuni à l'un ou l'autre des réseaux de la compagnie Paris Lyon-Méditerranée, le ministre s'engage à garantir à la compagnie : 1° etc. »

Vous voyez que la réunion de cette section du Rhône au Mont-Cenis a été prévue par la convention de 1867, par laquelle l'État avait pris cette ligne.

J'ai pensé que le moment était venu de demander à l'État de réunir cette section à la Méditerranée. Voici mes motifs :

Avant que le tunnel fût ouvert, l'ancienne ligne de Victor-Emmanuel avait un tarif général de 8 à 16 centimes par tonne et par kilomètre. Toutes les gares de cette ligne jouissaient également de tarifs spéciaux. Dans ce moment le rendement de la ligne était peu élevé et ne couvrait certainement pas les frais de la compagnie. Il n'était guère que de 15,000 francs par kilomètre ; mais depuis que le tunnel a été ouvert, il est devenu beaucoup plus considérable, puisqu'il s'est élevé en chiffre rond à 40,000 francs par kilomètre. Il y a donc une augmentation, depuis l'ouverture du tunnel des Alpes, de 25,000 francs par kilomètre.

On aurait pu croire qu'il était bon, puisqu'il y avait augmentation dans le rendement, de diminuer les tarifs. Pas du tout ! Au lieu d'être diminués, ces tarifs ont été doublés. Je parle des tarifs généraux, car il y a des tarifs communs assez avantageux pour certaines industries. Mais les tarifs généraux ont été doublés, et de 1 à 16 centimes ils ont été portés à 16 et à 32 centimes par tonne et par kilomètre sur le parcours de Saint-Jean-de-Maurienne à Modane. En même temps, — et j'appelle votre attention sur ce point, — le prix des places était doublé, de telle sorte que les premières places coûtent le double de ce qu'elles coûtent sur les autres lignes ; et, chose plus inouïe encore, le prix des 3e classe est égal à celui des 1res sur les autres lignes en général.

Cet état de choses est tout à fait anormal et injuste pour les populations qui sont soumises journellement à ces tarifs. De plus, il est très-nuisible à l'exportation des productions du pays, surtout sur la ligne extrême vers la frontière ; notre industrie ne trouve du côté de l'Italie aucun débouché ; les marchands du territoire de Saint-Jean-de-Maurienne à Modane, pour les anthracites, les bois de constructions et autres produits, ne trouvent aucun débouché, par suite de l'élévation de ces tarifs.

Je crois donc, messieurs, que vous voudrez bien tenir compte de cette situation. Cette ligne est le prolongement du chemin de fer de la Méditerranée, et nous ne jouissons d'aucun des tarifs de ce réseau.

L'honorable rapporteur faisait remarquer, dans une séance précédente, à M. Pouyer-Quertier, je crois... (Bruit.)

Un membre au fond de la salle. On n'entend absolument rien !

M. le rapporteur. Il s'agit d'une prise en considération, monsieur Grange ; je ne puis vous répondre.

M. Grange. M. le rapporteur faisait observer dans une précédente séance que le public avait tout avantage à avoir affaire à de grandes compagnies, au lieu d'avoir affaire à des petites ; que, par exemple pour une distance de 100 kilomètres lorsque les marchandises parcouraient 100 kilomètres sur deux lignes différentes, elles payaient, je suppose pour 50 kilomètres d'un côté et 50 kilomètres de l'autre, tandis que pour une grande ligne, elles payaient pour 100 kilomètres, ce qui amenait une diminution dans ce cas. Cette réduction, je le reconnais, est toute naturelle, et devrait pouvoir s'appliquer à notre ligne qui est de 144 kilomètres de parcours. Eh bien, la disposition est inapplicable pour les parcours au-delà de 140 kilomètres.

En outre, toutes les gares ne jouissent pas de tarifs spéciaux.

En ce moment l'État est propriétaire de cette ligne ; la Méditerranée l'exploite pour son compte, elle n'a par conséquent aucun intérêt à en développer le rendement. Il n'en serait pas de même si elle était directement intéressée, et je crois qu'il n'y a à cela aucun inconvénient.

Cette disposition a été prévue dans la convention préliminaire ; le provisoire a duré depuis 1867 jusqu'en 1875 ; il pourrait, sans inconvénient cesser, et c'est ce que je demande. (Aux voix ! aux voix !)

M. le président. Je mets aux voix la prise en considération de l'amendement présenté par M. Grange.

(L'Assemblée, consultée, ne prend pas l'amendement en considération.)

M. le président. La commission est-elle prête maintenant à faire son rapport sur les amendements qui ont été renvoyés à son examen ?

M. le rapporteur. Oui, monsieur le président.

M. le président. La parole est à M. le rapporteur.

M. le rapporteur. Messieurs, hier, vous avez renvoyé à votre commission deux amendements. L'un de ces amendements déposé par MM. Jules Brame, Clapier et le baron de Janzé, est ainsi conçu :

« L'article 48 du cahier des charges de la compagnie Paris-Lyon-Méditerranée , paragraphe 2, sera modifié de la manière suivante :

« Toute modification du tarif proposée par la compagnie sera annoncée un mois d'avance par des affiches et par l'insertion au *Journal des travaux publics.* »

Je m'arrête d'abord sur cette partie de l'amendement.

Le cahier des charges actuel, dans son article 48, statue qu'aucun tarif ne peut être mis en vigueur, et ne peut recevoir l'homologation ministérielle, sans avoir été affiché pendant un mois entier dans toutes les gares de la région intéressée.

Notre honorable collègue demande qu'en outre de cette publicité par voie d'affiches, il soit fait une publicité supplémentaire par voie d'insertion dans le *Journal des travaux publics,* qui est en effet un journal très-répandu et très-consulté par les personnes intéressées dans les questions de chemins de fer. C'est bien là sur ce premier point la portée de l'amendement.

M. Clapier. Oui, c'est cela !

M. le rapporteur. Votre commission n'élève aucune objection contre cette partie de l'amendement. Elle se borne à attirer l'attention de l'Assemblée sur cette considération qu'il n'y a dans cette prescription rien qui puisse entrer dans une convention entre l'État et une compagnie. C'est une simple mesure d'ordre intérieur. Le cahier des charges prescrit que la compagnie affichera ses tarifs, qu'elle enverra ses projets d'affiches au ministre des travaux publics; il dépend du ministre de faire publier, insérer ces affiches dans le journal qu'il voudra choisir. C'est, je le répète, une prescription d'ordre intérieur pour laquelle il n'est pas nécessaire de consulter la compagnie. De sorte que sur ce premier point, il ne me paraît pas qu'il y ait lieu d'insister.

Mais voici la seconde partie de l'amendement, qui est sans doute celle à laquelle les auteurs de l'amendement attachent le plus d'importance :

« L'examen de ces modifications de tarifs sera remis à une commission permanente ainsi composée :

« Un inspecteur général des chemins de fer ;

« Deux ingénieurs des ponts et chaussées;

« Deux inspecteurs généraux de l'agriculture nommés par le ministre de l'agriculture et du commerce;

« Deux inspecteurs des finances désignés par le ministre des finances.

« Cette commission, avant de statuer, devra prendre l'avis des chambres de commerce intéressées. »

C'est encore là une prescription qui n'intéresse en rien la convention qui vous est soumise.

Il dépend du ministre des travaux publics de constituer, pour examiner les projets de tarifs, telle commission qu'il lui plaît d'instituer, de consulter telle chambre de commerce qu'il jugera pouvoir l'éclairer.

Il dépend de l'Assemblée d'imposer à M. le ministre des travaux publics la composition de cette commission; mais la compagnie de la Méditerranée est étrangère à tous ces objets. Si vous insérez dans une convention avec la Méditerranée une clause déterminant la composition de la commission que convoquera le ministre, en quoi la compagnie de la Méditerranée a-t-elle intérêt à s'opposer à cette clause ou à l'accepter? Elle lui est absolument indifférente, c'est une clause d'administration intérieure dans le ministère des travaux publics.

M. le ministre des travaux publics. Cela peut venir dans la discussion du budget.

M. le rapporteur. En résumé, messieurs, nos collègues demandent que les modifications proposées par les compagnies à leurs tarifs soient examinées par une commission dont ils déterminent eux-mêmes la composition.

Je réponds que ce n'est pas un article à introduire dans une convention avec la compagnie Paris-Lyon-Méditerranée. C'est, si vous voulez, un article à mettre dans la loi de finances ; c'est une recommandation à faire au ministre ; mais je n'admets pas qu'une compagnie quelconque ait à donner son avis sur la composition d'une commission qu'il plairait au ministre de consulter.

Ce point de droit étant écarté, j'arrive au point de fait. Notre honorable collègue, en demandant la création d'une commission, semble ignorer qu'il en existe une dès à présent, il semble ignorer que la procédure qu'il propose est déjà appliquée. (C'est cela ! — Très-bien !)

Si l'Assemblée veut que j'entre dans ces détails... (Non! non! — C'est compris!)... mais si son opinion est faite... (Oui ! oui !) je suis prêt à descendre de la tribune.

M. Clapier. Et l'avis des chambres de commerce?

M. le rapporteur. M. Clapier me dit : Et l'avis des chambres de commerce!

Demandez à M. le ministre que les chambres de commerce soient consultées ; la compagnie de Paris-Lyon-Méditerranée n'a pas le droit de s'y opposer ; cela ne la regarde pas. Vous m'accorderez bien que, pour vous donner satisfaction, il n'est pas besoin de faire intervenir la compagnie et d'insérer votre vœu dans la convention.

D'ailleurs les chambres de commerce sont représentées dans la commission actuelle; le président de la chambre de commerce de Paris, notamment, fait partie de cette commission; vous pouvez demander à M. le ministre d'y faire entrer les présidents des chambres de commerce de Rouen, de Bordeaux, de Marseille ; mais, encore une fois, cela ne regarde pas la compagnie Paris-Lyon-Méditerranée, ni aucune autre compagnie.

Donc tout ce que réclame l'honorable M. Brame existe effectivement, dans des conditions, suivant moi, meilleures que celles qu'il propose, et en tous cas les dispositions nouvelles qu'il apporte sont des prescriptions d'administration intérieure à insérer dans une loi de budget ou dans une loi spéciale, mais sur lesquelles je n'admets pas que la compagnie ait à avoir aucun avis à donner. (Très-bien ! très-bien ! — Aux voix ! aux ! voix !)

M. Tolain. Messieurs, je serai très-bref ; je sais combien l'Assemblée est impatiente, je n'en ai que pour quelques minutes. (Parlez ! parlez !)

M. le rapporteur s'étonne qu'on apporte à cette tribune des amendements qui, à son avis, ne doivent pas trouver place dans la convention qui nous est soumise. Ces amendements touchent à la question la plus grave qui ait été agitée devant l'Assemblée : la question des tarifs.

M. le rapporteur. Elle est étrangère à la convention !

M. Tolain. Si, en effet, par un moyen qui peut paraître indirect à M. le rapporteur, on revient constamment sur cette question des tarifs, c'est qu'elle est la plus grave de toutes, et que, jusqu'ici, la commission des chemins de fer, que l'Assemblée a nommée, ne nous a proposé aucune réforme ayant pour but d'améliorer la situation impossible qui est faite au commerce et à l'industrie.

Lorsque, dans une de nos dernières séances, M. le rapporteur demandait : Au nom de qui parlez-vous? nous pouvions lui répondre : Au nom du commerce, de l'industrie et du Trésor dont l'intérêt est en cause. Si l'Assemblée me le permet, je citerai deux exemples qui ont été fournis par M. le rapporteur lui-même, pour vous montrer quelle est l'importance du point qui nous occupe.

La grosse question soulevée l'autre jour par l'honorable M. Pouyer-Quertier, ce tarif international à 20 fr. pour aller de Bordeaux à Marseille, cette question sur laquelle on a tant discuté, a des conséquences qu'il importe d'exposer.

M. le rapporteur. Ce n'est pas la question qui se débat en ce moment !

M. Tolain. Ce sera la question tout à l'heure, et je vous dirai pourquoi.

Voici ce qui montre combien il importe d'étudier la question des tarifs et de remettre le soin d'en décider à d'autres juges que ceux qui en sont chargés aujourd'hui. Un négociant anglais, jouissant, précisément parce qu'il est Anglais, de ce tarif de transit de Bordeaux à Marseille, expédie ses produits, grâce à cette faveur, sur les marchés de l'Algérie et de l'extrême Orient, dans des conditions meilleures que les négociants et les industriels français.

Eh bien, voici ce que je dis : La ligne du Midi, par exemple, est une ligne subventionnée avec quoi ? avec l'argent des contribuables. Les obligations sont garanties avec quoi ? avec l'argent des contribuables. Or, est-il admissible qu'une compagnie subventionnée dans ces conditions puisse faire des tarifs de transit plus favorables aux étrangers qu'à des Français ?

M. de Montgolfier. Si la compagnie ne faisait pas de conditions favorables pour le transit, ce transit serait perdu pour la France.

M. Tolain. Je le veux bien ; c'est un point auquel je vais répondre, que je vais examiner tout à l'heure.

Est-il admissible, dis-je, qu'un tarif de transit puisse être établi par un chemin de fer subventionné dans des conditions telles qu'il accorde une prime de faveur aux étrangers, au détriment des négociants français ? Non, ce n'est pas discutable.

On m'objecte maintenant que, sans conditions de transit favorables, ce transit ne se ferait pas par la France.

Examinons cette hypothèse, puisqu'elle vient d'être soulevée, et vous allez voir qu'elle n'est pas plus favorable à votre thèse.

Qu'arriverait-il si le transit n'en question ne passait pas par la France ? La compagnie du Midi pourrait peut-être perdre un peu de trafic, mais les négociants français se trouveraient dans de bien meilleures conditions pour soutenir la concurrence contre les produits anglais qui seraient obligés de passer par Gibraltar. (Bruit.)

Il y a encore une autre conséquence à laquelle il faut faire attention.

De deux choses l'une : ou ce tarif de transit est rémunérateur au prix où il est fixé, ou il ne l'est pas. Si elle fait encore un bénéfice, pourquoi la compagnie du Midi, compagnie subventionnée par l'argent des contribuables, ne ferait-elle pas jouir les négociants français de la même faveur qu'elle accorde aux négociants anglais ? Il n'y a aucune raison pour admettre qu'elle puisse accorder une préférence à ces derniers, au détriment de nos nationaux.

Si, au contraire, comme je le crois, ce tarif n'est pas rémunérateur, si la compagnie est en perte en transportant à ce prix, c'est bien plus grave encore, car elle vient demander au Trésor l'argent nécessaire pour couvrir ses insuffisances. De telle sorte que les négociants et les industriels français payent par l'impôt les insuffisances de la compagnie, lequel impôt sert à fournir aux étrangers les moyens de leur faire concurrence sur les marchés des autres pays.

Il y a là quelque chose d'anormal, et je ne suis pas de l'avis de M. le rapporteur qui disait : Cela n'a rien que de très-simple et de très-naturel.

M. le général Robert. Nos deux ports de Bordeaux et de Marseille y gagnent.

M. Tolain. Il y a là, messieurs, deux intérêts, et il ne vous est pas permis, à vous qui êtes chargés des intérêts du pays, de sacrifier l'intérêt du commerce français à l'intérêt d'un de nos ports de mer, ni l'intérêt d'un port de mer à celui du commerce français.

La seule chose que vous puissiez faire, c'est un tarif de transit, qui soit aussi avantageux pour nos nationaux que pour les étrangers ; il faut au moins établir l'égalité ; dans le cas présent, l'égalité n'existe pas. Vous avez l'anarchie, et c'est cette anarchie qui fait que M. Brame et nous tous, nous venons vous présenter, sous toutes les formes, les griefs légitimes de ceux qui souffrent.

Un fait a été cité par M. le rapporteur. M. Cézanne vous a dit que les carrossiers de Paris avaient obtenu de la compagnie Paris-Lyon-Méditerranée un tarif qui leur avait permis de tuer la concurrence dans un rayon de 500 kilomètres. Cela ne leur a pas suffi : ils ont eu des exigences plus grandes ; ils ont demandé un nouveau tarif qui leur permît d'aller tuer la concurrence encore un peu plus loin.

Rien n'était si facile. On leur a refusé cette fois ; mais la compagnie aurait pu leur accorder, et M. le ministre aurait pu homologuer un nouvel abaissement de tarif, grâce auquel ils auraient pu tuer la concurrence à 1,000 kilomètres.

Vous voyez que j'ai eu raison de dire que c'est de l'anarchie, car la prospérité ou la ruine de l'industrie dépend de l'arbitraire d'une compagnie et d'un ministre.

Une pareille situation n'est pas tenable ; il faut absolument en sortir ; mais les compagnies, qui, dit-on, sont si désireuses de créer du transit, savez-vous ce qu'elles font ? Il y a, en ce moment, depuis plus de deux années, une campagne organisée par les compagnies pour supprimer les agents en douane et les commissionnaires à l'exportation. Il y a, depuis deux ans, un procès de ce genre pendant au sujet de la gare de Modane-transit. Ce procès est aujourd'hui devant la cour de cassation. Il a fallu traîner la compagnie de Paris-Lyon-Méditerranée du tribunal de commerce devant la cour d'appel, et enfin devant la cour de cassation.

Le même fait s'est produit sur la ligne du Nord.

Il y a un tarif particulier, spécial, que la compagnie s'applique, pour ainsi dire, à elle-même et dont elle ne veut pas faire jouir les autres. Elle a un tarif de transit entre Paris et

Londres. Si le commerçant veut bien charger la compagnie du Nord de faire pour lui les opérations de douanes, ce tarif de faveur lui est accordé. Mais si le négociant a la prétention pour ses opérations de douanes de prendre un agent à son gré, ce tarif ne lui est plus accessible et on lui en applique un plus élevé.

M. Jules Brame. On a fait ainsi à Modane.

M. Tolain. C'est ce que j'ai déjà dit.

Eh bien, je dis que cette compagnie qui prétend vouloir développer le transit, le développe ou le supprime au gré de son caprice, car il n'est pas possible qu'une compagnie de chemins de fer puisse remplacer les commissionnaires à l'exportation et les agents en douane.

Ce sont ces agents qui peuvent créer l'exportation et maintenir le transit, ce n'est pas la compagnie, elle n'est capable que de le perdre.

Je le répète, cette question est de la plus haute importance, et c'est pour cela que nous ne cesserons de vous répéter, sous toutes les formes : Étudiez les tarifs. Il y a une commission des chemins de fer nommée par l'Assemblée, elle n'a pas été nommée uniquement pour examiner les projets de concession : c'est le régime tout entier des chemins de fer qui est dans son domaine.

Eh bien, comment se fait-il que, depuis deux ans, elle ne soit pas venue proposer des réformes? Si elle l'avait fait, nous ne serions pas ici. On nous dit : Faites des propositions. Mais évidemment, ce n'est ni moi, ni tel ou tel de mes collègues qui pouvons apporter des propositions de loi sur une question aussi complexe. Une commission seule le peut.

Pour l'établissement des tarifs, on peut prendre trois bases : le tarif décroissant, le tarif en raison du poids, le tarif en raison de la superficie occupée par les colis. Ce n'est pas là une question à régler par l'initiative parlementaire individuelle.

Mais pourquoi la commission que vous avez nommée n'a-t-elle rien fait? Eh bien, je le déclare, tant que la commission ou le Gouvernement n'aura pas apporté à cette tribune des projets de réforme pour nous tirer de cet état d'anarchie dans les tarifs, nous viendrons en toute occasion et sous toutes les formes saisir l'Assemblée de cette question, parce qu'il n'y en a pas de plus importante pour le commerce français.

Voilà pourquoi je vous demande de voter l'amendement. (Très-bien ! sur plusieurs bancs à gauche. — Aux voix !)

M. le rapporteur. Messieurs, à mesure que nous croyons approcher de la fin de cette discussion, elle fuit devant nous comme un mirage.

Il me semblait, cependant, que nous devions avoir gagné quelque terrain depuis quelques jours, mais on revient sans cesse sur les mêmes sujets.

L'Assemblée veut-elle, — je suis à sa disposition, — que je recommence une discussion générale sur les tarifs? (Non ! non ! — Oui !) Je croyais que nous en avions dit assez sur cette question, qu'il était temps de se borner à l'examen des amendements et de ne pas rentrer dans la discussion générale à tout propos.

Qu'est-ce que nous propose notre collègue M.

Brame ? Il nous propose d'insérer dans la convention un article en vertu duquel, lorsque M. le ministre recevra une proposition de tarif émanée d'une compagnie, il sera tenu de faire examiner cette proposition par une commission ! Eh bien, je fais appel au jugement de l'Assemblée : est-ce que cet article trouve sa place dans la convention avec la compagnie de la Méditerranée?

N'admettez-vous pas que le ministre est libre, et que vous êtes libres aussi d'instituer une commission spéciale, et de la composer comme il vous plaira sans avoir à vous mettre en quête de l'agrément de la compagnie ?

Voulez-vous que j'aille dire demain à la compagnie : Voici la commission que M. Brame propose, cette commission vous convient-elle ? Avez-vous quelque objection à présenter ? Consentez-vous à ce que j'insère la composition de cette convention dans la convention ?

La compagnie me répondrait : Le ministre est libre de consulter qui lui plaît ; mettez cet article dans la convention, ne l'y mettez pas, je n'ai rien à en dire.

M. Testelin. Eh bien, instituons cette commission !

M. le rapporteur. M. Testelin me dit : Instituons cette commission ! Mais je m'éventue à lui dire qu'elle existe. Faut-il donc que je classe notre honorable collègue parmi ceux dont l'Écriture dit : Ils ont des oreilles et n'entendent point? (On rit.)

Nous avons dit et répété plusieurs fois que cette commission existe depuis des années, qu'elle fonctionne, qu'elle est consultée par le ministre.

Messieurs, je supplie l'Assemblée de ne pas nous obliger à reprendre incessamment les mêmes questions. La composition de la commission actuelle ne plaît pas à notre honorable collègue, M. Brame. Il en propose une autre, c'est son droit. Mais, encore une fois, quelle relation veut-il établir entre sa proposition et la convention conclue avec la Méditerranée? Je déclare, — et je suis prêt à discuter à fond la question, s'il le veut, s'il insiste, — je déclare que la commission qui fonctionne actuellement pour l'examen des tarifs est mieux composée, offre plus de garanties que celle qu'il propose. Mais, s'il veut qu'on la complète, qu'on la perfectionne, nous sommes à sa disposition pour examiner ces perfectionnements avec lui : c'est l'affaire du ministre, c'est l'affaire de l'Assemblée, ce n'est pas l'affaire de la compagnie, et cela ne peut pas entrer dans la convention.

M. Jules Brame. Messieurs... (Aux voix ! aux voix !)

Messieurs, la question est excessivement grave. Si l'Assemblée veut me permettre de m'étendre un peu pour le lui prouver... (Parlez ! parlez ! — Non ! non ! — Aux voix !) Je vais donner satisfaction à votre impatience, et je ne dirai que peu de mots pour vous montrer à quel point l'honorable rapporteur a fait dévier la question en tenant le langage qu'il vient d'apporter à la tribune.

Comment ! vous l'avez entendu maintes fois, au sujet des amendements qui vous étaient présentés, vous répéter ceci : Nous ne pouvons accepter ces amendements sans en avoir référé à la compagnie; et aujourd'hui il vient nous dire : Nous n'avons pas besoin d'en référer à la compagnie; par conséquent, nous ne pouvons accepter votre proposition qui est étrangère au projet.

M. le rapporteur. Certainement! Cela ne regarde pas la compagnie!

M. Jules Brame. Vous n'avez pas de meilleur motif à donner!

Si cela ne la regarde pas, cela nous regarde, nous.

M. le rapporteur. Réservez votre amendement pour la discussion du budget!

M. Jules Brame. Messieurs, il s'agit de nous défendre contre l'envahissement de l'administration en défendant l'industrie, l'agriculture et le commerce.

Quelle est la situation? Je vois que vous êtes pressés, je ne vais vous citer qu'un seul fait.

Je prétends que les agents inférieurs du ministre des travaux publics imposent à leur gré le commerce et les populations. En voici la preuve : en 1871 il y avait encombrement dans les gares; on décida alors que pour chaque jour de retard, chaque wagon payerait 10 fr. au lieu de 5 fr. C'était bien là un véritable impôt qui pesait sur le commerce et l'agriculture, et je dois dire qu'à cette époque on a eu raison d'agir ainsi parce qu'il fallait avant tout dégager les gares; c'était une question de salut public. Mais quatre ou six mois après, on aurait pu supprimer cette surtaxe de 5 fr. Eh bien, je puis certifier qu'elle a duré quatre ans... (Interruptions.) Oui, elle a duré quatre ans et vous le savez parfaitement. Les conseils généraux s'en sont plaint; le conseil général de l'Hérault, en particulier, a demandé une enquête. Pendant quatre ans, on avait oublié de supprimer cette surtaxe de 5 fr. par wagon, de telle façon que le commerce, l'industrie, l'agriculture, sans que vous l'ayez voté, a payé un impôt de plusieurs millions, et cela par la seule volonté, la seule initiative, le seul pouvoir de deux ingénieurs. Et vous voulez que nous ne nous inquiétons pas de choses si ruineuses, si arbitraires!

Quand vous avez le plus petit impôt à voter, vous le discutez longuement dans vos commissions. Ici, il s'agit de millions décrétés en dehors de l'Assemblée, en dehors de la commission du budget, et vous repoussez toute espèce de réclamation

M. le ministre nous dit : Mais ce que vous proposez existe déjà chez moi!

Je ne sais pas ce qui se passe dans les catacombes de l'administration...

M. le rapporteur. Vous devriez le savoir avant de l'attaquer!

M. Jules Brame. ...je sais seulement que les ministres se succèdent et disparaissent pour faire place à d'autres qui suivent les mêmes errements et retombent dans les mêmes erreurs. M. le ministre est implacable. (Interruptions diverses.) Je sais encore qu'il appartient à la catégorie de ces hommes qui ne cèdent, qui ne font en public à nos réclamations aucune concession, qu'il tendra la corde au point de la casser et est bien l'homme qu'il nous faut sous ce rapport, pour faire ressortir davantage le vice du système qu'il dé-

fend. Eh bien, je demande qu'on le conserve au poste qu'il occupe. (Mouvements divers.)

Que demandons-nous? Nous demandons des juges; nous demandons un tribunal; nous demandons que, lorsqu'il s'agit d'impôts qui se traduisent par des millions, ce ne soit plus vos agents inférieurs qui décident seuls.

Et vous nous refusez un tribunal que nous avons eu le soin de composer de vos propres agents! Nous nous sommes efforcés de ne point éveiller votre excès de susceptibilité, nous avons respecté vos prérogatives; que voulez-vous de plus?

Nous combattons ce que vos mesures contiennent d'arbitraire et de personnel. Notre droit est inscrit dans la loi; il a été supprimé par ordonnances et par décret. Ces mesures ont produit des désordres qui se sont traduits par des pertes de millions pour nos industries. Nous prétendons que, dans un pays où règne la justice, notre réclamation est de droit et qu'on ne peut réduire l'Assemblée au rôle d'un bureau d'enregistrement de la volonté d'un ministre. (Très-bien! sur divers bancs. — Aux voix! aux voix!)

M. le ministre des travaux publics. Messieurs, à l'occasion de ce débat, je suis bien aise de répondre quelques mots aux critiques soulevées par l'honorable M. Tolain sur les tarifs de transit. (Parlez! parlez!)

Vous avez entendu, dans une de vos dernières séances, l'honorable M. Pascal Duprat nous citer comme exemple ce qui se passe chez nos voisins de Belgique et d'Allemagne, où les marchandises en transit bénéficient de tarifs beaucoup plus bas que ceux qu'on applique au transport des marchandises circulant dans l'intérieur du pays. Il a cité notamment l'exemple de l'Allemagne; il a rappelé que le relèvement de 20 p. 100 des tarifs qui vient d'y être autorisé n'a pas atteint les tarifs de transit, que ces tarifs sont maintenus plus bas, et il a prétendu que, par ce procédé, on attirait un trafic que nous laisserions échapper.

Il m'a paru que cet argument avait fait impression sur l'Assemblée, et je saisis l'occasion de dire qu'il n'est pas exact. Du reste, le chiffre du transit en France est fort inférieur à ce qu'on pourrait supposer et fort loin d'avoir l'importance qu'on lui a donnée.

Le tonnage du transit était, en 1868, de 344,208 tonnes; il était de 326,187 tonnes en 1869; en 1873, il est tombé à 239,690 tonnes. On peut donc dire que le transit en France ne représente pas en moyenne plus de 250 à 300,000 tonnes. Or, savez-vous quel est actuellement le transport total sur nos lignes de chemin de fer? Il est de 58 millions de tonnes...

M. Clapier. Vous voulez dire « de tonnes kilométriques! »

M. le ministre. Du tout! je parle des tonnes expédiées; le nombre des tonnes kilométriques est de 8 milliards.

Qu'est-ce donc, par rapport à ce gros chiffre, que celui de 300,000 tonnes de transit? C'est environ 1/2 p. 100, et véritablement, cela est sans grande importance, sans compter que, par suite de la séparation de trois de nos départements de l'Est, une notable partie du transit qui se faisait du Luxembourg dans la Prusse rhénane, en passant sur le territoire français, a disparu pour nous.

Je tiens à constater ainsi que le transit est loin d'avoir l'importance qu'on lui avait prêtée. Cependant l'honorable M. Pascal Duprat a attaqué la convention passée avec la compagnie de Paris-Lyon-Méditerranée, par ce motif qu'elle aurait pour effet de détourner une partie du transit au grand détriment de notre pays et au profit des lignes allemandes, surtout en prévision du percement du Saint-Gothard.

Vous le voyez, les renseignements sur lesquels on s'est basé n'étaient pas exacts, le raisonnement péchait par la base; mais il est curieux qu'après M. Pascal Duprat nous accusant de ne pas nous être préoccupés de conserver le transit, l'honorable M. Tolain vienne nous dire que nous faisons des sacrifices exagérés pour favoriser le transit, que nous favorisons ainsi le commerce étranger au grand détriment du commerce français.

Il faudrait pourtant s'entendre.

M. Clapier nous a adressé le même reproche: il reproche à la compagnie Paris-Lyon-Méditerranée de transporter les charbons à Marseille à un tarif plus élevé que ceux qui sont destinés à être exportés jusqu'à Gênes, et il en conclut que le charbon français reviendrait plus cher à Marseille qu'à Gênes.

C'est une erreur. Si la compagnie n'avait pas fait ce tarif spécial, les charbons français ne s'expédieraient pas; ils ne pourraient pas faire concurrence aux charbons anglais, et Marseille n'y gagnerait rien.

M. Clapier. Alors, donnez-nous le même tarif!

M. le ministre. Si, au prix du transport par chemin de fer jusqu'à Marseille, on ajoute le prix du fret jusqu'à Gênes, on reconnaît qu'en réalité le prix est plus élevé à Gênes qu'à Marseille. M. Clapier demande que le tarif d'exportation soit appliqué à l'intérieur, M. Tolain demande qu'il en soit de même pour le tarif de transit. M. Pascal Duprat réclame de plus bas tarifs pour le transit.

Ainsi, on commence par dire: il faut abaisser les tarifs pour le transit; il faut aussi les abaisser pour l'exportation afin de favoriser notre production.

Puis, quand des tarifs bas ont été faits pour le transit et pour l'exportation, on réclame et on dit : Il faut appliquer ces tarifs réduits aux commerçants français; il faut au moins les traiter comme les étrangers, sans quoi on commet une injustice abominable.

Quelle est, en définitive, la conclusion? c'est qu'il faut pour tout le monde abaisser les tarifs. Eh bien, la vérité, c'est que toute diminution de tarifs aboutit infailliblement à une augmentation des charges de l'Etat.

C'est une erreur de croire, en effet, messieurs, que ces grandes compagnies de chemin de fer soient si riches et réalisent ces grands bénéfices auxquels on semble faire si souvent allusion. Le capital total dépensé par elles, à l'heure actuelle, et qui est de 8 milliards, 1,500 millions d'actions et 6,500 millions d'obligations, ne rapporte pas en réalité 6 p. 100. En présence des engagements pris par l'Etat vis-à-vis d'un si grand nombre d'actionnaires et d'obligataires répandus sur toute la surface du pays, appartenant à toutes les classes, vous n'admettriez pas, vous ne pourriez pas admettre qu'au mépris de ces engagements, on vint les atteindre dans leur revenu. C'est donc l'Etat qui sera obligé d'intervenir et de payer les différences par l'augmentation des garanties d'intérêt; et cependant, tandis qu'on se plaint d'un côté que les tarifs sont trop élevés, on se plaint de l'autre que les charges de l'Etat vont sans cesse en croissant et en s'exagérant. Il faut pourtant s'expliquer et prendre l'un ou l'autre des deux partis possibles.

Si vous abaissez les tarifs, vous aboutirez nécessairement à une augmentation des charges de l'Etat; ce sera, comme l'a dit un jour M. Thiers en se servant d'une expression qui m'a frappé, du socialisme par l'impôt.

C'est évidemment ce à quoi nous condamnerait l'abaissement des tarifs, sans que cet abaissement corresponde à une augmentation de transports, et par conséquent de produits.

Si vous ne pouvez pas abaisser les tarifs, et si vous voulez que tous les tarifs soient égaux, il faut renoncer aux tarifs d'exportation et aux tarifs de transit. (Très-bien! très-bien!)

M. Jules Brame. Nous demandons des juges!

M. le ministre. Je crois qu'il était bon de présenter d'abord ces courtes observations à l'Assemblée. Je la prie de me permettre maintenant de répondre particulièrement à l'amendement de M. Brame.

À gauche. Aux voix! aux voix!

M. le ministre. M. Brame vous demande, comme l'a très-justement indiqué M. le rapporteur, que, à propos de la convention qui vous est soumise, vous adoptiez des dispositions qui ne se rapportent qu'à l'intervention administrative, qui n'ont d'autre objet que de régler le mode de contrôle et de surveillance exercé par le ministre et par l'administration, et qui sont absolument étrangères à la convention proprement dite avec la compagnie de Paris-Lyon-Méditerranée.

La compagnie de Paris-Lyon-Méditerranée n'a rien à voir à la procédure administrative employée pour vérifier comment elle remplit ses engagements, pour constater si elle se renferme dans les conditions fixées par son cahier des charges, et, par conséquent l'article qu'il voudrait introduire dans la convention est tout à fait hors de propos.

Je m'empresse d'ajouter que tout ce que l'honorable M. Brame demande est déjà réalisé de la façon la plus complète et de manière à donner une garantie absolue aux intérêts du commerce. Si des perfectionnements sont possibles, —et je l'admets volontiers,—l'administration fera tous ses efforts pour qu'ils soient opérés; mais tout ce que M. Brame réclame en ce moment existe, et, je le répète, donne toute garantie.

M. Jules Brame. Je proteste formellement. (Exclamations.) Je demande la parole. (Non ! non ! — Aux voix ! aux voix !)

M. le président. J'invite l'Assemblée à écouter M. le ministre.

M. le ministre. Je serai très-bref, messieurs... (Parlez ! parlez !)

Je crois qu'il est indispensable, en présence des allégations qui ont été apportées à cette tribune et dont la plupart ne sont justes ni dans les termes ni dans le fond, je crois qu'il est indispensable de préciser comment sont établis aujourd'hui les tarifs et comment l'administration en autorise l'application et accorde son homologation.

Les tarifs ont d'abord une base certaine, qui ne peut être changée : ce sont les cahiers des charges. C'est dans les limites des tarifs annexés aux cahiers des charges que les compagnies de chemins de fer peuvent se mouvoir. Elles seules font des propositions et ont le droit d'en faire, soit qu'il s'agisse de modifications aux tarifs existants, soit qu'il s'agisse de l'établissement de tarifs nouveaux.

Si je vous expose comment ces propositions sont instruites, quelles précautions sont prises, quelles études sont faites avant qu'elles soient approuvées et homologuées, vous jugerez des garanties données au commerce, et vous reconnaîtrez qu'il n'y a rien de nouveau dans l'amendement de M. Brame.

L'affichage préalable, pendant un mois, des modifications de tarifs ou des tarifs nouveaux, est prescrit par le 2e paragraphe de l'article 48 du cahier des charges et par l'article 49 de l'ordonnance du 15 novembre 1846, et il est régulièrement exécuté.

L'insertion au *Journal des travaux publics* n'est pas nécessaire, on le voit, pour que les propositions faites reçoivent une publicité complète. L'affichage suffit; il doit être pratiqué, et il est effectivement pratiqué sur tous les points où sont les intéressés aux modifications de tarifs qu'il annonce; il est constaté par des procès-verbaux des commissaires de surveillance administrative.

L'instruction des tarifs est faite ensuite par des inspecteurs de l'exploitation commerciale, qui ont remplacé les commissaires royaux, supprimés par arrêté du Gouvernement provisoire, en date du 20 mars 1848. Les inspecteurs de l'exploitation commerciale sont aujourd'hui institués par l'article 66 du cahier des charges, qui dispose :

« Qu'il sera institué auprès de chaque compagnie un ou plusieurs inspecteurs ou commissaires spécialement chargés de surveiller les opérations de la compagnie pour tout ce qui ne rentre pas dans les attributions des ingénieurs de l'État. »

Ces inspecteurs adressent leurs rapports au ministre par l'intermédiaire de l'inspecteur général des ponts et chaussées ou des mines, directeur du contrôle; toutes les fois que les tarifs proposés ne soulèvent aucune réclamation, le ministre statue directement, et les décisions ministérielles sont communiquées aux préfets, qui les publient dans leurs départements respectifs.

Ainsi, lorsque les propositions des compagnies, affichées préalablement pendant un mois, communiquées pour avis aux chambres de commerce, comme le prescrit aux préfets la circulaire ministérielle du 25 février 1862, lorsque ces propositions ne soulèvent aucune réclamation de la part du public, lorsqu'elles ont été l'objet d'un examen de la part des inspecteurs commerciaux, le ministre statue et les homologue.

Un membre au centre. Provisoirement !

M. le ministre. Oui, l'approbation du ministre n'est que provisoire; elle est donnée sous la réserve des réclamations qui pourraient se produire.

Vous voyez, messieurs, que toutes garanties sont données sur ce point, et je n'imagine pas qu'il y ait véritablement de motifs sérieux d'en demander d'autres.

En cas de réclamation ou de difficultés graves, le ministre soumet l'affaire à la commission centrale des chemins de fer, qui a, entre autres attributions, celle de donner son avis sur les questions relatives à l'exploitation et, notamment, sur la question des tarifs. Cette commission est instituée par un arrêté ministériel du 6 janvier 1872, et je prétends qu'elle est formée de manière à donner aux grands intérêts dont elle est chargée la confiance la plus entière et les garanties les plus complètes. Vous en jugerez vous-mêmes, quand je vous en aurai indiqué la composition.

Elle est composée d'abord des fonctionnaires les plus élevés du ministère des travaux publics, du secrétaire général du ministère et du directeur général des ponts et chaussées et des chemins de fer. Il y a ensuite un délégué du ministère de l'intérieur, trois délégués du ministère des finances, un délégué du ministère de l'agriculture et du commerce, deux délégués du ministère de la guerre, un membre de la chambre de commerce de Paris, deux inspecteurs généraux des ponts et chaussées et un inspecteur général des mines. Telle est l'institution officielle de la commission centrale depuis sa création. Le commerce est représenté par deux délégués au lieu d'un, et ces délégués sont le président actuel et l'ancien président de la chambre de commerce de Paris.

Je répéterai, en terminant, que les chambres de commerce sont toujours appelées à donner leur avis sur les tarifs, en vertu d'une circulaire du 25 février 1862, adressée aux préfets, et dont toutes les prescriptions sont strictement remplies et régulièrement exécutées.

Je puis affirmer, en outre, que lorsqu'il s'agit d'une modification de tarifs un peu importante, il est rare que l'administration ne reçoive pas les observations de quelques chambres de commerce, et ces observations sont l'objet de la plus sérieuse attention.

L'exposé que je viens de vous faire, messieurs, est de la plus rigoureuse exactitude et, après l'avoir fait, j'espère que vous voudrez bien rejeter l'amendement de M. Brame, qui n'offre au commerce d'autres garanties que celles que lui donnent déjà des institutions dont la création a été déterminée par une longue expérience.

Cette grande œuvre des chemins de fer ne s'est pas faite en un jour; depuis vingt-cinq ans, chaque année d'études et d'expériences apporte son amélioration. Il est impossible du jour au lendemain, sur une simple proposition introduite au cours du débat, d'improviser des modifications et changer une situation qui est bonne surtout parce qu'elle est le résultat des faits observés et de l'expérience acquise.

Qu'il y ait des perfectionnements à introduire à l'état de choses actuel, je ne le nie pas; mais je puis affirmer que l'administration des travaux publics s'applique à le faire toutes les fois qu'elle le peut, toutes les fois qu'elle trouve l'occasion de réaliser un progrès, d'apporter une amélioration.

Il n'y a, en vérité, messieurs, aucune raison d'introduire dans la convention soumise actuellement à votre approbation un article qui changerait ce qui existe sans aucun avantage pour le public, je puis vous en donner l'assurance. (Très-bien! très-bien! — Aux voix! aux voix!)

M. Jules Brame. Je demande la parole.

Sur divers bancs. Ah! ah! — Assez! — Aux voix! aux voix!

M. le président. Je dois donner la parole à un orateur qui la demande après un ministre.

La parole est à M. Brame.

M. Jules Brame. Messieurs, vous remarquerez combien il est déplorable pour l'Assemblée, pour les intérêts du pays tout entier que ce soit toujours à la fin de la session que le Gouvernement vienne nous donner les questions les plus graves à résoudre. Toujours aux derniers moments de chaque session, il compte sur notre impatience et nos embarras des derniers jours.

M. le rapporteur. Mais c'est vous qui les soulevez!

M. Jules Brame. Monsieur l'ingénieur Cézanne, c'est vous qui m'interrompez et qui prolongez le débat. (Rumeurs sur divers bancs.)

Cependant, ces discussions exigent le calme et le recueillement, au lieu d'une rapidité qui les étrangle.

Et, en vérité, quel est le point qui nous sépare de la prétention du ministre? M. le ministre nous dit que, s'il y a des progrès à exécuter, il se charge de les exécuter lui-même.

Mais la prérogative de créer ou de diminuer les impôts n'appartient ni à lui ni à ses subordonnés; c'est là le point capital, culminant de la question: vous évitez d'y répondre.

M. Bompart. Il faudrait savoir si ce que vous demandez serait un progrès!

M. Jules Brame. Vous avez, hier, à une très-grande majorité, voté la prise en considération de notre amendement. Le ministre a-t-il donné une seule raison qui puisse vous faire revenir aujourd'hui sur votre détermination d'hier? Si notre amendement est rejeté, il faut, pour être logique, admettre dans la convention du budget les agents ministériels. Chaque année vous votez les garanties. S'il y a diminution dans les tarifs, il y a diminution dans les recettes; s'il y a diminution dans les recettes, vous êtes obligés d'augmenter le chiffre de la garantie, qui s'élève déjà à 42 millions. Eh bien, s'il en est ainsi, je prétends que l'impôt qu'on fait ainsi payer au public est déterminé par deux agents de l'administration, alors que tout impôt doit être déterminé par l'Assemblée nationale.

C'est ici une question de principe.

Nous vivons dans un pays qui a le sentiment de la légalité: eh bien, écraser les faibles au profit des forts, est un abus de pouvoir que vous ne sauriez tolérer. Cette perturbation jetée par le caprice dans le remaniement des tarifs, produit des ruines, jette le désespoir dans les familles. (Exclamations au banc de la commission.)

Vous riez, monsieur de Montgolfier; vous riez, monsieur Cézanne; vous riez, messieurs les ingénieurs...

A droite. Il n'y a pas d'ingénieurs, ici! — Il n'y a que des députés!

M. Jules Brame. Il y a des députés ingénieurs. Puisque je ne suis interpellé que par des ingénieurs, je suis bien obligé de leur répondre. Ils défendent, paraît-il, les compagnies; je défends les intérêts de mon pays; c'est une façon de voir différente, nous sommes à des points de vue opposés.

M. le ministre n'a point répondu au sujet de cet impôt de 5 fr. qui a été établi sur chaque wagon par jour de retard, pourquoi? c'est qu'il n'en savait pas le premier mot... (Exclamations sur divers bancs) il l'ignorait complètement, et il en ignore bien d'autres, permettez-moi de le dire. Il est impossible, après tout, qu'un ministre des travaux publics puisse se retrouver seul dans ce labyrinthe inextricable de chiffres et de détails que contiennent les tarifs, voilà pourquoi nous voulons lui venir en aide et avons présenté notre amendement.

Eh bien, voilà un impôt qui, au lieu de durer huit jours, a duré quatre ans, et sûrement il fait payer des sommes considérables au commerce.

Ce fait vaut toutes les démonstrations; et, remarquez le silence du ministre sur ce point, il ne saurait m'opposer une seule raison pour me réfuter.

Vous tuez maladroitement les petites compagnies: donnez-nous au moins la sécurité et des garanties contre les grandes et contre vous-mêmes. (Très-bien! très-bien! sur plusieurs bancs. — Aux voix! aux voix!)

M. le président. L'Assemblée a à se prononcer sur l'amendement présenté par MM. Brame, Clapier et de Janzé.

Il y a une demande de scrutin.

Plusieurs membres à gauche Elle est retirée!

M. le président. La demande est retirée?... (Oui! oui!)

Je consulte donc l'Assemblée, par mains levées, sur l'amendement.

(L'amendement, mis aux voix, n'est pas adopté.)

M. le président. La parole est à M. le rapporteur, pour faire le rapport sur le second amendement renvoyé hier à la commission, celui de MM. Schœlcher, Rouvier, et plusieurs autres de nos collègues.

M. le rapporteur. Messieurs, vous avez pris, hier, en considération et vous avez renvoyé à l'examen de votre commission l'amendement de nos honorables collègues MM. Schœlcher, Rouvier, de Lacretelle, de Mahy, Scheurer-Kestner, Lockroy, Farcy, relatif au chauffage des wagons de toutes les classes dans les trains de voyageurs.

Cet amendement est ainsi conçu:

« Les voitures de toutes les classes seront chauffées en hiver, à partir du 15 novembre 1876. »

Messieurs, votre commission était acquise d'avance à l'intention de l'amendement, et elle a la satisfaction de vous apporter une solution qui, je l'espère, sera acceptée par les auteurs de l'amendement. Cette solution servira de point de départ. Ce sera le germe d'un progrès dont la solution définitive est très-désirable et que personne de nous ne voudrait retarder en refusant de lui faire faire aujourd'hui un premier pas.

Si nous n'acceptons pas l'amendement tel qu'ils l'ont rédigé, nos honorables collègues verront que nous leur donnons cependant une satisfaction immédiate, qui est le gage d'un progrès ultérieur. (Mouvements divers.)

Voix diverses. Laquelle? — Lisez votre rédaction !

M. le rapporteur. Je tiens d'abord à vous dire, en quelques mots, quelles sont les raisons qui nous ont empêchés d'accepter l'amendement. On vous a parlé, hier, de plusieurs systèmes de chauffage des voitures, et je crois qu'il est resté dans votre esprit cette impression qu'aucun de ces modes de chauffage actuellement en usage ne remplit complètement l'objet qu'on a en vue.

Il est incontestable que le chauffage par le système des bouillottes est un système tout à fait barbare, même lorsqu'il ne s'applique qu'aux voitures de 1re classe. Personne de vous, certainement, n'a oublié quelles incommodités on a à souffrir lorsqu'on vient ouvrir un compartiment bien clos et que, sous prétexte de le réchauffer avec des bouillottes, on le laisse envahir par un air glacial. (Exclamations sur un grand nombre de bancs.)

M. Pouyer-Quertier. Et que diront les voyageurs des 2e et des 3e, qui ont les pieds gelés ?

M. le rapporteur. Demander à une compagnie d'appliquer ce système à toutes les voitures, de faire des dépenses qui représenteraient peut être 3 ou 4 millions sur le chemin de fer de la Méditerranée, et cela pour un système que tout le monde reconnaît défectueux et dont on cherche les perfectionnements, cela est-il raisonnable? pouvez-vous espérer que la compagnie l'accepte?

J'ai, à ce sujet, un précédent formel, et je prie l'Assemblée de me permettre de le lui faire connaître, car, en pareille matière, l'expérience est notre meilleure conseillère. Voici, messieurs, ce qui s'est passé en Autriche, d'après le témoignage du directeur général d'une des grandes compagnies de ce pays.

Il y a quelques années, en Autriche, le gouvernement a décidé que toutes les classes des voitures des compagnies seraient chauffées. Le gouvernement hongrois, à l'exemple du gouvernement autrichien, a pris la même décision. On a essayé de passer à la pratique. Aucun des systèmes de chauffage usités dans ces pays n'a pu être généralisé pour tout le matériel d'une compagnie, le système des bouillottes pas plus que les autres.

La loi existe, elle est restée lettre morte, malgré les efforts de deux gouvernements. Mais, à l'heure qu'il est, les compagnies françaises ont confié à la compagnie de l'Est le soin de faire des expériences et d'essayer un système qui se rapproche beaucoup du système employé dans l'Allemagne du Nord, dont nous a parlé l'honorable M. Scheurer-Kestner, mais qui est plus perfectionné.

Les essais faits sur le chemin de fer de l'Est promettent des résultats très-heureux et d'une application suffisamment facile. Dans ces circonstances, M. le ministre, qui était depuis

longtemps saisi de la question et qui négociait avec la compagnie de la Méditerranée... (Bruit et rumeurs diverses.)

M. le président, *s'adressant à plusieurs membres qui se tiennent debout dans les couloirs à gauche et à droite de la tribune.* Messieurs, veuillez regagner vos places.

Je ferai observer à l'Assemblée qu'il n'est pas possible de continuer la délibération au milieu de ce bruit. La question l'intéresse, puisqu'elle l'a prise en considération hier ; elle ne peut pas refuser d'écouter les explications qui lui sont données au nom de la commission. (Très-bien ! très-bien !)

M. le rapporteur. Messieurs, depuis longtemps déjà, M. le ministre, d'accord avec la commission, était en négociation avec la compagnie de la Méditerranée pour obtenir qu'elle chauffât les voitures de toutes les classes.

La compagnie lui a finalement répondu : Avec le système actuel, il m'est absolument impossible de prendre cet engagement; mais la compagnie de l'Est essaye un système qui paraît devoir réussir ; dans cette espérance, je prendrai un double engagement ; je m'engage d'abord à chauffer, dès l'hiver prochain, les compartiments de dames seules dans les trois classes. (Mouvements divers et marques d'approbation.)

Voilà, messieurs, le premier engagement que prend la compagnie. Elle en prend un second.

Je m'engage, dit la compagnie, s'il sort de ces essais un système praticable, — comme il y a lieu de l'espérer, puisqu'il s'agit d'un perfectionnement appliqué à un système déjà pratiqué en Allemagne, — je m'engage à l'appliquer, si l'une des compagnies françaises l'applique. (Ah! ah! à gauche. — Parlez ! parlez ! à droite.)

La compagnie ajoute : si M. le ministre des travaux publics reconnaît que ce système que l'on essaye est bon, qu'il est praticable, s'il l'agrée, s'il le fait entrer dans la convention prochaine avec une compagnie quelconque, — et il est certain qu'une fois que les essais seront terminés et qu'ils auront réussi, il sera facile d'imposer ce système, — je m'engage, dit la compagnie, sur la simple réquisition du ministre, à mettre ce système en pratique sur tout mon réseau.

Voici la rédaction d'un article additionnel que le Gouvernement et la commission vous proposent d'ajouter à la convention, et que la compagnie a acceptée ; nous espérons que les auteurs de l'amendement voudront bien s'y rallier.

Cet article additionnel à la convention, qui prendrait le numéro 12, est ainsi conçu :

« Dans le cas où l'une des compagnies d'Orléans, de l'Est, du Nord, du Midi ou de l'Ouest appliquerait aux voitures des trois classes, sur l'ensemble de son réseau, un système de chauffage agréé par le ministre des travaux publics, la compagnie Paris-Lyon-Méditerranée s'engage, si elle en est requise par le ministre, à mettre en pratique sur son réseau, soit ce même système de chauffage, soit tout autre système jugé préférable et agréé par le ministre. La mise en pratique de ce système aura lieu dans les délais qui seront prescrits par le ministre.

« La compagnie s'engage en outre, dès à présent à chauffer désormais les compartiments de dames seules dans les trois classes. » (Très-bien ! — Aux voix !)

M. Schœlcher. Nous sommes très-heureux de la concession qui a été obtenue de la compagnie Paris-Lyon-Méditerranée. C'est déjà un bienfait immense qui est acquis, et nous en prenons acte. Mais nous ne croyons pas pouvoir retirer notre amendement. Le système de chauffage qu'on étudie au chemin de fer de l'Est et qui, nous l'espérons, sera reconnu bon, peut certainement être appliqué d'ici au mois de novembre 1876. Si ce délai est trop court, qu'on l'allonge. Mettez novembre 1877, si vous le croyez utile. Tout ce que nous voulons, c'est qu'une date soit fixée d'une manière précise, c'est que cette amélioration ne puisse pas être ajournée indéfiniment comme elle l'a été jusqu'à présent. Nous désirons que les voyageurs pauvres soient assurés de jour, dans un temps déterminé, des avantages que doit leur procurer la décision que l'Assemblée aura rendue. (Très-bien ! — Aux voix ! aux voix !)

M. le président. L'amendement étant maintenu par ses auteurs, je dois le mettre aux voix.

M. de Montgolfier. M. Schœlcher maintient son amendement tout en vous proposant de reculer d'un an l'application de la mesure relative au chauffage de toutes les voitures.

M. le président. J'ai demandé à M. Schœlcher s'il modifiait dans ce sens son amendement et il m'a répondu que non.

M. de Montgolfier. Monsieur Schœlcher, ne modifiez-vous pas dans ce sens votre amendement ?

M. Schœlcher. Acceptez-vous la date de 1877?

M. de Montgolfier. Non, nous ne l'acceptons pas.

M. le président. Je répète que M. Schœlcher m'a dit, sur la demande que je lui en ai faite, qu'il ne modifiait pas la date indiquée dans son amendement.

M. Schœlcher. Je vous demande pardon, monsieur le président; je me suis trompé. J'admets la date de 1877.

M. de Montgolfier. M. Schœlcher propose la date de 1877. Eh bien, il me paraît impossible d'ordonner à jour fixe la mise en vigueur d'un système général de chauffage, il y a des difficultés considérables à surmonter. (Non ! non ! à gauche.)

Vous ne pouvez pas fixer absolument une date déterminée. (Bruit causé par des observations échangées entre plusieurs membres devant le banc de la commission.)

M. le président. Je demande qu'il n'y ait pas deux délibérations en même temps : on délibère à la tribune et on délibère au banc de la commission.

M. de Montgolfier. Vous ne pouvez pas décréter qu'au 1er janvier 1877, on aura trouvé un système possible !

Quelques membres. Il est trouvé !

M. de Montgolfier. Il faut que vous sachiez, messieurs, qu'à l'heure qu'il est on a fait les plus grands efforts dans les pays étrangers pour arriver à cette solution. On en a fait aussi de considérables en France. On n'est pas

parvenu d'une manière normale et régulière à résoudre la question, il me semblerait donc imprudent pour l'Assemblée de décréter qu'en 1877 on aura trouvé un système qui permettra de chauffer toutes les voitures.

Il vaut beaucoup mieux accepter la proposition faite par M. le ministre et la commission, elle donne satisfaction à tous les intérêts. (Aux voix ! aux voix !)

M. le président. Je mets aux voix l'amendement. J'en donne de nouveau lecture :

« Les voitures de toutes classes seront chauffées en hiver, à partir du 1er novembre 1877. »

Il y a une demande de scrutin.

Cette demande est signée par MM. Tassin, Tamisier, Mazeau, Gagneur, Dubois, Ch. Lepère, Dufay, Edmond Adam, E. Arago, Eugène Farcy, de Mahy, P. Cotte, L. Greppo, Esquiros, Lherminier, Berlet, Henri Brisson, Scheurer-Kestner, Villain, Guyot.

(Le scrutin est ouvert et les votes sont recueillis.)

M. le président. Voici le résultat du dépouillement du scrutin :

Nombre des votants	587
Majorité absolue	294
Pour l'adoption	267
Contre	320

L'Assemblée nationale n'a pas adopté.

Je mets aux voix l'article additionnel proposé par la commission, et dont je donne une nouvelle lecture :

« Dans le cas où l'une des compagnies d'Orléans, de l'Est, du Nord, du Midi ou de l'Ouest appliquerait aux voitures des trois classes, sur l'ensemble de son réseau, un système de chauffage agréé par le ministre des travaux publics, la compagnie de Paris-Lyon-Méditerranée s'engage, si elle en est requise par le ministre, à mettre en pratique sur son réseau, soit ce même système de chauffage, soit tout autre système jugé préférable et agréé par le ministre. La mise en pratique de ce système aura lieu dans les délais qui seront prescrits par le ministre.

« La compagnie s'engage, en outre, dès à présent, à chauffer désormais les compartiments de dames seules dans les trois classes. »

(L'article additionnel est mis aux voix et adopté.)

M. le président. La parole est à M. de Bourgoing sur l'ordre du jour. (Mouvement général d'attention.)

M. le baron de Bourgoing. Le 5 juin dernier, j'eus l'honneur de monter à cette tribune pour demander à l'Assemblée de vouloir bien fixer au 24 juin la discussion de l'élection de la Nièvre. Les déclarations toutes courtoises de l'honorable M. Albert Grévy me déterminèrent à souscrire à un nouveau délai de quelques jours... (Rumeurs à gauche), — car on ne me demandait pas davantage, — et, confiant dans la loyauté de mes adversaires politiques, je retirai ma proposition.

Cependant les semaines se passent ; le texte du rapport ou de ses annexes se modifie chaque jour sans raison, ni mesure ; l'impression du rapport devient ainsi interminable, et la distribution en est indéfiniment retardée. (Nouvelles rumeurs à gauche.)

Je viens, messieurs, me plaindre formellement de ces retards inouïs. (Assentiment sur plusieurs bancs à droite.)

M. Charles Abbatucci. C'est une comédie qui se prolonge beaucoup trop longtemps!

M. le baron de Bourgoing. De graves intérêts sont en jeu : il s'agit du vote de tout un département que l'on tient depuis quatorze mois en interdit... (C'est cela! — Très-bien! sur les mêmes bancs à droite); il s'agit des droits du suffrage universel; il s'agit de la dignité même de cette Assemblée, puisqu'il s'agit de la dignité d'un homme qui a l'honneur de siéger parmi vous! (Très-bien! sur plusieurs bancs.)

C'est donc, messieurs, avec la plus entière confiance que je fais un nouvel appel à votre justice, et vous demande de vouloir bien fixer à un très-proche délai la discussion du rapport sur l'élection de la Nièvre. (Approbation à droite.)

M. le président. La parole est à M. Albert Grévy, président de la commission.

M. Albert Grévy. Messieurs, je comprends parfaitement l'impatience légitime de l'honorable M. de Bourgoing; seulement je regrette qu'il n'ait pas cru devoir attendre la présence du rapporteur de la commission...(Exclamations à droite), auquel il appartiendrait plus spécialement de lui répondre.

Un membre. Pourquoi ne vient-il pas?

M. Charles Abbatucci. Nous ne sommes pas aux ordres de M. Savary!

M. Albert Grévy. En ce qui me concerne personnellement, je déclare que je n'ai point attendu que cette question fût portée à la tribune pour me préoccuper des lenteurs dont vient de se plaindre notre honorable collègue. (Marques d'approbation.)

Plusieurs membres. Nous le savons.

M. le baron de Bourgoing. C'est vrai! vous avez raison!

M. Albert Grévy. Non-seulement je me suis adressé à M. le rapporteur de la commission, que j'ai interrogé pour ainsi dire chaque jour, mais je me suis adressé directement à l'imprimeur lui-même, et j'ai prié la questure de faire, de son côté, de pressantes recommandations pour hâter autant qu'on le pourrait l'exécution du travail.

Un membre. Elle les a faites!

Un autre membre. Qu'est-ce qui arrête l'impression?

M. Albert Grévy. Des renseignements fournis par l'imprimeur, non-seulement au président de la commission, mais à la questure, je crois même à M. le président de l'Assemblée, et donnés tout à l'heure encore devant l'honorable M. de Bourgoing lui-même, il résulte que l'impression du rapport et de ses annexes est un travail considérable... (Exclamations à droite), qui exige beaucoup de soin et beaucoup de temps. L'imprimeur ajoute que jamais, dans cette Assemblée, une commission d'enquête n'a fait exécuter et distribuer un travail de cette importance dans un aussi court délai.

Messieurs, nos collègues de l'Appel au peuple nous ont mis en demeure de publier tous les documents qui nous avaient été communiqués;

ce n'est pas notre faute s'il faut du temps pour leur donner satisfaction.

L'imprimeur, que vient d'entendre M. de Bourgoing lui-même, estime que, vers le milieu de la semaine prochaine, la distribution du rapport pourra être faite.

Quoi qu'il en soit, la commission et son président n'en peuvent mais; il s'agit d'un travail matériel dont ils ne peuvent que presser l'exécution. (C'est vrai! — Très-bien!)

M. Bottieau. Messieurs, j'ai l'honneur de déposer sur le bureau de M. le président une proposition ainsi conçue :

« L'Assemblée nationale porte à son ordre du jour du 12 juillet prochain la vérification des pouvoirs de M. de Bourgoing. »

M. le baron Eschasseriaux. Très-bien! Il faut qu'on soit en mesure à cette date.

M. Bottieau. Messieurs, la question de la vérification des pouvoirs de M. le baron de Bourgoing n'intéresse pas seulement le député de la Nièvre; elle intéresse l'Assemblée, dont la dignité est engagée dans cette question. (Très-bien! très-bien! sur plusieurs bancs à droite. — Rumeurs à gauche.)

En effet, messieurs, le fait qui se produit à l'égard de M. le baron de Bourgoing... (Interruptions à gauche. — L'ordre du jour!)

A droite. Attendez le silence!

M. Gavini. C'est un scandale, que ces interruptions!

M. Bottieau. Les interruptions de ces messieurs ne m'empêcheront pas de continuer.

M. le président. Veuillez ne pas interrompre, messieurs.

M. Bottieau. Le retard apporté à la vérification des pouvoirs de notre honorable collègue est un fait tout à fait inouï, anormal, et dont nous n'avons aucun exemple dans nos annales parlementaires.

M. Charles Abbatucci. Ni dans aucun pays!

M. Bottieau. M. le baron de Bourgoing a été nommé député de la Nièvre le 24 mai 1874, c'est-à-dire il y a plus de treize mois, et malgré ses insistances et celles de ses amis, il a été impossible d'obtenir que l'on recherchât si véritablement les articulations portées contre lui étaient exactes ou mal fondées. (Mouvements divers.)

Vous avez ordonné une enquête; nous n'avons qu'à nous incliner devant votre décision, nous vous le déclarons. Si nous sommes à cette tribune, nous y sommes parce que nous avions l'honneur de faire partie du cinquième bureau, qui a été chargé de décider sur cette élection, et parce que, après avoir lu toutes les pièces du dossier qui nous furent communiquées, tout aussi bien que les procès-verbaux de l'élection, j'étais convaincu que cette élection était régulière, exempte de toute manœuvre répréhensible et de toute pression irrégulière.

A gauche. C'est de la discussion!

A droite. Écoutez donc!

M. Bottieau. Nous le répétons, nous nous inclinons devant la volonté de l'Assemblée, et cette enquête que vous avez ordonnée, nous en attendons les résultats avec la même impatience que les amis ou les adversaires de M. de Bourgoing.

Qu'y avait-il à faire? Il y avait, pour la commission, à interroger les électeurs et les autorités de la Nièvre, et on aurait su à quoi s'en tenir; on aurait su si les manœuvres imputées à M. de Bourgoing et à ses amis étaient réelles.

Eh bien, messieurs, rien de tout cela n'a été fait... (Réclamations à gauche;) on n'a pas entendu ni les électeurs ni les autorités de la Nièvre. Cela est à noter. (Interruptions.) Pas un témoin n'a été entendu; on ne s'est livré sur les lieux à aucune investigation. (Dénégations à gauche.)

M. Albert Grévy. Ce que vous dites là est complètement inexact. Vous verrez que la commission a entendu des témoins et l'Assemblée appréciera l'importance de leurs dépositions. (Bruit.)

M. Bottieau. Le 5e bureau et la commission se sont bornés à demander à M. le garde des sceaux communication des procédures qu'il avait entre les mains. Après de nombreuses hésitations, cette communication a été faite. Voilà trois mois que la commission est saisie de ces documents; voilà trois mois qu'elle a pu rechercher et établir l'intervention du comité bonapartiste dans l'élection de la Nièvre et l'existence de manœuvres coupables de la part de M. de Bourgoing et de ses amis. (Interruptions et dénégations à gauche.)

Plusieurs membres. A la question ! Vous discutez le fond !

M. le président. M. Bottieau a déposé une proposition; il a le droit de la motiver: veuillez l'écouter.

M. Bottieau. Fallait-il trois mois, je vous le demande, pour dépouiller ces dossiers, pour rechercher dans ces dossiers la preuve des articulations diverses qui se sont produites sans preuve à cette tribune? Il n'y a pas un homme habitué aux affaires judiciaires qui ne soit à même de répondre négativement à cette question.

Mais il fallait justifier tout ce qui avait été dit de fâcheux, de regrettable, de blessant, contre M. de Bourgoing, et c'est précisément pour atteindre ce but qu'on ne s'est pas livré à l'examen de ce dossier avec toute la célérité convenable que réclamait la gravité des imputations elles-mêmes.

A droite. C'est vrai ! (Rumeurs à gauche.)

M. Bottieau. Vous vous rappelez qu'à la date du 4 juin, M. de Bourgoing montait à cette tribune pour réclamer qu'on déposât le rapport de la commission d'enquête et, alors, l'honorable M. Grévy, après M. Savary, disait que, quant à lui, il ferait tous ses efforts pour que les pièces fussent déposées et publiées dans le plus bref délai, et pour que satisfaction fût donnée à M. Haentjens. M. Grévy a rempli sa promesse.

De divers côtés. C'est vrai !

M. le baron de Bourgoing. Oui ! c'est vrai !

M. Bottieau. Il est intervenu à maintes reprises, depuis le dépôt du rapport, il intervenait chaque jour à l'heure pour prier l'imprimeur de hâter son travail. De telle sorte que, si nous ne sommes pas saisis de l'enquête, si l'enquête n'est pas publiée, ce retard n'est nullement imputable à M. Grévy (Très-bien!); la responsabilité en revient tout entière à M. Sa-

vary, qui n'est pas fâché de rencontrer sur son chemin l'imprimeur de l'Assemblée, pour s'abriter derrière lui. (Vives réclamations à gauche.)

Voix à gauche. M. Savary n'est pas là !

M. Bottieau. Rappelez-vous, en effet, ce que vous disait M. Savary, à la date du 4 juin dernier. Il vous disait :

« Les pièces seront à votre disposition à partir du dépôt du rapport. »

Aussitôt que le rapport fut déposé, nous sommes allés à la questure, où nous avons vu ces fameux dossiers, ces fameuses instructions (Exclamations à gauche), nous avons été frappés en effet de la quantité des pièces qui avaient été remises par M. le garde des sceaux (Ah ! ah !); mais nous avons pu constater que parmi ces pièces, il y en avait un grand nombre qui, pour les unes, n'eussent pas dû être remises à la questure à raison de leur caractère compromettant pour certaines personnes étrangères à nos discussions; les autres n'intéressaient, en aucune façon, ni directement ni indirectement, l'élection de M. de Bourgoing.

M. Albert Grévy. Nous verrons !

A gauche. L'ordre du jour !

A droite. Parlez ! parlez !

M. Bottieau. Si, à l'appui du rapport de M. Savary, il était nécessaire de publier toutes les annexes déposées à la questure, si ces annexes avaient été remises à l'imprimeur en même temps que le rapport, ce dernier serait depuis longtemps publié. Ce n'est pas ainsi qu'a procédé M. Savary.

Plusieurs membres. Il n'est pas là !

D'autres membres, à droite. Pourquoi n'est-il pas là ?

M. Bottieau. Voici trois jours que nous l'attendons, et vous comprenez que de jour en jour nous finirons par arriver, sinon à la dissolution, du moins à la séparation de l'Assemblée.

Voix au centre. Concluez !

M. Bottieau. Eh bien, nous disons ceci, ne voulant pas retenir davantage l'Assemblée : Si l'on avait déposé chez l'imprimeur les annexes en même temps que le rapport, depuis longtemps l'Assemblée serait saisie de la question de validation de l'élection de M. de Bourgoing.

Mais ces annexes ont été et sont remises successivement à l'imprimeur. Ce dernier attend encore de nouvelles pièces, si bien que sa bonne volonté est paralysée.

De cette façon, de remise en remise, nous arriverons très-probablement à la fin de ce mois.

Est-ce là votre intention ? Évidemment non, messieurs.

Vous estimez comme nous qu'il faut en finir avec cette élection... (Oui ! oui !); il y a trop longtemps qu'elle dure, et pour vous et pour M. de Bourgoing.

M. le baron de Bourgoing. Et pour mes électeurs !

M. Bottieau. Moi qui ai eu connaissance de toutes les pièces, moi qui ai fait partie du 5e bureau, je puis vous affirmer que l'élection de M. de Bourgoing est parfaitement licite... (Dénégations à gauche.)

Plusieurs membres. Nous verrons !

M. Bottieau. ...qu'elle est exempte de toute manœuvre coupable, et, de plus, écoutez bien ceci : si on avait voulu vous communiquer deux pièces extrêmement importantes, dont une seule figure dans le premier rapport de M. Savary, c'est-à-dire deux lettres de M. le procureur général de Bourges, en date des 14 juin et 11 juillet 1874, vous seriez depuis longtemps complétement édifiés sur les mérites de cette élection, et depuis longtemps aussi elle serait validée. Mais, au lieu de vous communiquer ces deux pièces, au lieu de les publier dans le rapport que j'ai là sous les yeux, on n'en a communiqué qu'une seule ..

M. Dufaure, *garde des sceaux, ministre de la justice.* Vous vous trompez! on a communiqué tout ce qui a été demandé... (Très-bien! très-bien! à gauche.) Vous le verrez lors de la discussion ; ne procédez pas par insinuation ; attendez cette discussion ; nous nous expliquerons à ce moment-là. (Très-bien! très-bien! a gauche. — Rumeurs diverses à droite.)

M. Bottieau. Je ne puis rester sous le coup du démenti que vient de donner M. le garde des sceaux... (Interruptions diverses.)

M. le garde des sceaux. Vous verrez!

M. Bottieau. ... et j'en appelle, à cet égard, à l'Assemblée tout entière. (Parlez! parlez! à droite.)

M. Césanne. Mais la discussion sur le fond n'est pas ouverte!

M. Bottieau. M. le garde des sceaux prétend que toutes les pièces ont été communiquées, que toutes celles qui sont parvenues à son ministère ont été publiées dans le rapport de M. Savary qui nous a été distribué.

Je déclare à nouveau qu'on n'a publié jusqu'ici qu'une seule dépêche du procureur général de Bourges, celle qui porte la date du 14 juin 1874 ; mais cette dépêche en annonçait une autre, et cette autre est parvenue au ministère de la justice le 11 juillet suivant...

A gauche. Assez! assez! — Ce n'est pas la question!

M. Bottieau. Je vous trouve bien faciles, messieurs, en matière de démenti! Veuillez ne pas m'interrompre et permettez-moi de vous lire cette dépêche... (Non! non! à gauche.)

M. le président. Tout cela est étranger à votre proposition. (C'est évident! à gauche.)

Plusieurs membres à droite. Parlez! parlez!

M. le président. La discussion n'est pas ouverte sur l'élection de la Nièvre.

M. Bottieau. M. le garde des sceaux m'a donné un démenti ; j'ai le droit de m'expliquer. En définitive, je vous demande seulement la permission de lire la dépêche du procureur général de Bourges, en date du 11 juillet ; vous verrez qu'elle mérite toute votre attention.

A gauche. Non! non! c'est de la discussion !

M. Albert Grévy. Vous voulez discuter avant la distribution des pièces.

M. Bottieau. Voulez-vous, monsieur Albert Grévy, que je reste sous le coup du démenti de M. le garde des sceaux?

M. Dufaure, *garde des sceaux, ministre de la justice.* Je ne vous ai pas donné de démenti. Vous ne m'avez pas compris. En ce moment, vous voulez entrer dans une discussion qui n'est pas ouverte.

M. le président. J'ai déjà fait observer à

M. Bottieau que les détails dans lesquels il entrait touchaient au fond de la question, et qu'il devait se borner présentement aux arguments à l'appui de sa proposition.

M. Bottieau. Je m'incline devant l'observation de M. le président. (Très-bien !)

Je n'ai plus qu'un mot à dire pour justifier ma proposition.

M. Jules Ferry. Nous acceptons la date du 12 juillet.

M. Bottieau. Il y a treize mois que M. de Bourgoing a été nommé ; l'instruction est complète, l'enquête qui a été ordonnée par l'Assemblée, est terminée. Il ne reste plus qu'à imprimer quelques pièces. Dans ces conditions, vous n'hésiterez pas, messieurs, à décider que la vérification des pouvoirs de M. de Bourgoing sera mise à l'ordre du jour de la séance du 12 juillet. (Oui! oui! —Très-bien !)

M. Albert Grévy. Je ne remonte à la tribune que pour dire un seul mot. Ce mot doit être une .protestation, d'abord contre la prétention de nos contradicteurs qui voudraient engager le débat avant la distribution des pièces... (Très-bien ! à gauche) .. ensuite contre cet étrange procédé qui consiste à essayer de séparer un rapporteur de sa commission, et à venir à cette tribune attaquer personnellement et prendre à partie aussi vivement un collègue dont j'avais fait connaître l'absence. (Très-bien ! très-bien !)

M. le président. Le président n'a pas à intervenir dans ce débat. Mais, comme son nom a été cité tout à l'heure à cette tribune, il doit dire qu'en effet il s'était préoccupé de cette situation, parce qu'il estime que, quand le droit d'un représentant est en péril, son premier devoir est de le protéger. (Très-bien ! très-bien !)

Votre président s'est donc fait, auprès de la commission, l'interprète des impatiences légitimes de M. de Bourgoing ; il a donné à M. de Bourgoing toutes les explications nécessaires. Il a fait plus : il a fait procéder à une enquête pour savoir s'il y avait, ainsi qu'on l'a prétendu, une sorte de mauvais vouloir et comme un parti pris de supprimer les droits de notre collègue.

L'imprimeur, interrogé, a donné les explications les plus catégoriques, et il a reçu l'ordre de remettre chaque jour à la présidence le nombre d'épreuves imprimées dans les vingt-quatre heures.

Je dois ajouter, et c'est pour moi un devoir d'autant plus strict que notre honorable collègue M. Savary est absent...

M. le vicomte de Lorgeril. Pourquoi est-il absent? (Exclamations à gauche.)

M. le président. Je vais vous dire, monsieur de Lorgeril, pourquoi M. Savary est absent.

L'imprimeur a déclaré que M. Savary travaillait jour et nuit... (Rires ironiques sur quelques bancs à droite.)

M. Hervé de Saisy. L'imprimeur attend des caractères !

M. le président. Messieurs, j'aime à croire que vous ne mettez pas en doute la parole de votre président. (Vives marques d'approbation et applaudissements.) Je vous rapporte les déclarations de l'imprimeur de l'Assemblée.

Or, cet imprimeur a affirmé que non-seulement M. Savary ne mettait pas de mauvaise volonté dans l'accomplissement de son travail, mais qu'il était étonné lui-même de la somme de copie qu'il apportait chaque jour à ses presses.

Voilà, messieurs, les témoignages recueillis par votre président ; il avait le devoir de vous les communiquer, en l'absence de notre collègue, M. Savary. (Nouveaux applaudissements.)

M. Dufaure, *garde des sceaux, ministre de la justice.* Je demande la parole.

M. le président. M. le garde des sceaux a la parole.

M. Dufaure, *garde des sceaux, ministre de la justice.* Messieurs, je suis peut-être trop susceptible, mais je ne veux pas laisser dire à la tribune que j'ai refusé de communiquer un seul des documents qui m'ont été demandés par la commission.

M. Bottieau. Je n'ai pas parlé de cela.

M. le garde des sceaux. Je tiens à faire cette déclaration parce qu'on a répandu depuis quelque temps dans les journaux le bruit qu'il y avait une quantité de rapports de procureurs généraux que j'avais gardés par devers moi.

J'ai montré, non pas aux journaux... (Sourires)... mais aux honorables collègues qui pouvaient partager leur opinion, qu'aucun des rapports qu'on me reprochait de n'avoir pas fait connaître n'existait; que, par conséquent, j'étais bien justifiable de n'en avoir pas donné communication. (On rit.)

Quant aux deux rapports dont parle l'honorable M. Bottieau, je crois qu'ils ont été remis, non pas par moi, mais avant moi, et j'affirme qu'ils ne m'ont jamais été demandés. (Applaudissements à gauche.)

M. Bottieau. Messieurs, il ne s'agissait pas dans mes rapports de pièces communiquées ou non communiquées par M. le garde des sceaux; il s'agissait du premier rapport qui a été déposé par M. Savary, et je disais que, si, en même temps qu'il publiait et portait à votre connaissance la lettre du 11 juin 1874, M. Savary en eût fait autant pour la lettre du 22 juillet 1874, l'Assemblée aurait depuis longtemps validé l'élection de M. de Bourgoing. (C'est cela ! sur plusieurs bancs à droite.)

Voilà ce que j'ai dit et ce que je maintiens. Si l'Assemblée veut me permettre de lui donner lecture de ces deux lettres... (Non ! non ! à gauche)... elle aura la justification de mes paroles; et ces lettres sont à ce point décisives, elles répondent si nettement et si péremptoirement à tous les faits, qu'on s'étonne, en vérité, d'être encore aujourd'hui à discuter sur la validité de cette élection.

M. le garde des sceaux. Nous verrons cela.

M. Baze. Attendez le jour de la discussion !

M. Bottieau. Je ne comprends pas l'ardeur de M. Baze...

M. Baze. Je vous dis simplement que ce n'est pas le moment de discuter le fond.

M. Bottieau. Je suis surpris de voir M. Baze s'opposer à la lecture de ces deux lettres, alors surtout que j'affirme qu'elles doivent justifier notre collègue des imputations dirigées contre son élection, et alors aussi que la

majorité de l'Assemblée manifeste le désir d'en avoir connaissance. (Non ! non ! à gauche.)

Voix diverses à gauche. Au 12 juillet ! au 12 juillet !

M. le garde des sceaux. Nous discuterons à la date que vous avez vous-même fixée, le 12 juillet.

M. Bottieau. Voici ces lettres.... (Non ! non ! — Le 12 ! le 12 juillet !)

Eh bien, soit ! au 12 juillet ! (Approbation sur divers bancs à droite.)

M. le président. Je consulte l'Assemblée sur la proposition de M. Bottieau, dont je relis les termes :

« L'Assemblée nationale porte à son ordre du jour du 12 juillet la vérification des pouvoirs de M. de Bourgoing. »

(La proposition est mise aux voix et adoptée.)

M. le président. L'élection de M. de Bourgoing sera mise à l'ordre du jour du 12 juillet.

M. le baron de Bourgoing. Enfin !

M. le président. La parole est à M. Ricot pour un dépôt de rapport.

M. Ricot. J'ai l'honneur de déposer sur le bureau de l'Assemblée un rapport sur le projet de loi ayant pour objet la déclaration d'utilité publique et la concession à un syndicat représentant les compagnies du Nord, de l'Est, d'Orléans et de Paris à Lyon et à la Méditerranée, d'un chemin de fer de grande ceinture autour de Paris. (Très-bien ! très-bien !)

M. le président. Le rapport sera imprimé et distribué.

Nous reprenons la discussion sur les chemins de fer.

La parole est à M. Krantz, pour développer son amendement à l'article 5 de la convention.

M. Krantz. Messieurs, ce n'est pas sans quelque embarras et presque sans quelque regret que j'entre dans ce débat, qui a déjà rempli tant de laborieuses séances. Cependant il est un point qui, dans la discussion, ne me paraît pas avoir été touché et qui n'est vraiment pas sans quelque importance.

Je n'ai pas besoin de vous dire que, comprenant aisément vos fatigues, les difficultés que vous avez éprouvées à prêter une attention soutenue à des débats si complexes, je crois devoir faire tous mes efforts pour être à la fois clair et court. (Très-bien ! — Parlez !)

Si vous jetez les yeux sur la nomenclature inscrite à l'article 1er du projet de loi, vous voyez d'abord, sous le n° 1, la ligne de Nîmes au Theil; celle-là n'est pas visée par mon amendement; elle est évidemment de première importance, et elle ne pouvait pas, elle ne devait pas être détournée du réseau de Paris-Lyon-Méditerranée ; celle-là doit être construite comme ligne de premier ordre, comme une artère magistrale, avec toutes les sujétions de pentes et de rampes nécessaires pour une bonne et très-économique exploitation. De celle-là, je n'ai rien à vous dire.

Mais, à la suite, vous voyez figurer, sous les n°s 2 à 8 inclusivement, sept petites lignes, dont la longueur cumulée est de 166 kilomètres, ce qui veut dire qu'en moyenne elles ont chaîne de 23 à 24 kilomètres. Ce sont celles que j'ai en vue dans mon amendement.

Comment ces lignes devaient-elles être construites lorsque le département du Gard les a concédées ? Je crois savoir qu'elles étaient projetées et qu'elles devaient être exécutées avec une seule voie.

Comment le seront-elles aujourd'hui ? Si vous ouvrez le cahier des charges à la page 82, ce cahier des charges qui date, si je ne me trompe, de 1857 et auquel on s'en réfère, vous verrez que ces lignes devront être établies suivant l'ancienne formule en usage dans l'administration des ponts et chaussées, à savoir : les terrains acquis pour deux voies, les ouvrages d'art pour deux voies et facultativement, les terrassements établis pour recevoir ces deux voies... facultativement, je veux dire, si la Compagnie le demande.

Mais, à l'article 4 de la convention, au troisième paragraphe, vous voyez une petite modération dans ces dispositions habituelles de nos cahiers des charges : vous y voyez que la compagnie pourra faire les ouvrages d'art pour une seule voie si l'administration l'y autorise, sous les conditions que l'administration mettra à cette autorisation.

En fait, c'est donc bien des chemins à deux voies que l'on a en vue ; les chemins dont il s'agit doivent être établis pour deux voies, peut-être pas immédiatement, mais dans un avenir prochain en vue duquel on prend toutes les dispositions.

Du reste, le prix lui lequel on a basé les dépenses prévues suffit pour l'expliquer. Ce prix est de 53 millions pour 166 kilomètres, soit par kilomètre 315,000 fr. Évidemment il dépasse de beaucoup ce qui est nécessaire pour l'établissement d'un chemin à voie unique.

C'est sur ce point, messieurs, que je veux appeler votre attention, et, — je me hâte de vous le dire, — il s'agit pour moi plutôt d'une question de principe que d'une question d'espèce. Je la soulève plus pour l'avenir que pour le présent ; et, afin que ma pensée soit plus claire, je vous dirai qu'il s'agit en ce moment moins d'apporter à la convention une difficulté de plus que d'appeler l'attention de l'administration sur un point qui me paraît avoir été indûment laissé trop souvent à l'écart.

Non, une grande convention longuement élaborée, qui engage de puissants intérêts, ne peut pas, à mon avis, être battue en brèche par un point de détail. Je ne vise pas si haut, je veux dire si haut en apparence, mais j'ai la prétention de porter plus loin, en réalité, car je vous demande d'exprimer nettement votre opinion souveraine sur ce point : qu'il faut enfin que les chemins à une voie interviennent sur notre réseau et y prennent leur place.

Puisque je vous parle des chemins à une voie et que je vous demande pour eux l'hospitalité de notre réseau, il me semble naturel de vous dire tout d'abord que ces chemins présentent autant de sécurité que les autres et qu'ils peuvent faire un trafic beaucoup plus étendu qu'on ne l'a supposé jusqu'à ce jour.

Comme sécurité, il est manifeste que si vous n'engagez jamais sur une voie unique de trains que dans un sens, il est fort difficile qu'il y ait une rencontre... (Sourires d'approbation), et

cette précaution est tellement élémentaire, qu'elle n'est jamais oubliée.

Je dis plus ; non-seulement il y a autant de sécurité, mais il y en a même davantage ; car sur les chemins à double ligne de rails, quelquefois le parcours sur la voie de droite peut être troublé par un accident arrivé à la voie de gauche. Cela est tellement vrai, que sur les chemins de fer anglais, quand la reine voyage, tout le parcours est interdit sur la voie qu'elle ne doit pas suivre. Et, en effet, vous comprenez parfaitement qu'un accident survenant à l'une des voies peut interrompre ou troubler le service sur l'autre.

Donc, au point de vue de la sécurité, les chemins à une voie ne sont pas inférieurs aux autres.

En présence de cette espèce, je ne dirai pas d'engouement, mais d'attachement outré que nous professons pour les chemins de fer à voie double, je ne veux pas exagérer les mérites des lignes à simple voie, et prétendre qu'elles ont autant de puissance que les autres ; mais je me crois autorisé à vous dire qu'elles en ont beaucoup plus qu'on ne l'avait supposé jusqu'à présent. Il faut bien qu'il en soit ainsi, car si en France nous éprouvons une répulsion presque traditionnelle contre les chemins de fer à une seule voie, d'autres pays ne l'éprouvent pas. En Russie, il y a d'immenses lignes à une seule voie, et, si je suis bien informé, celle de Varsovie aux confins de la Prusse est dans ce cas, et elle constitue assurément une artère magistrale.

En Allemagne, en Suisse, un très-grand nombre de chemins de fer n'ont également qu'une seule voie.

Le long du Danube, dans ces régions où le chemin de fer amène la civilisation — car la civilisation progresse partout où s'avancent les rails, — on emploie des voies uniques.

Un de mes vieux amis, directeur des chemins de fer autrichiens Nords-Bahn, à qui je demandais dernièrement la limite du trafic possible des chemins de fer à une voie, m'affirmait qu'on ne pouvait pas faire un trafic de 90,000 fr. sur un chemin de fer à voie unique. Je ne pense pas que l'on puisse obtenir en France de pareils résultats, et je ne crois pas qu'il faille même y viser ; 90,000 fr. me paraissent un bien gros chiffre de trafic pour être obtenus à l'aide d'une seule voie, dans les circonstances où nous pratiquons l'exploitation. Mais, d'autre part, je puis vous dire aussi que, toutes réserves faites des difficultés spéciales à tel et tel chemin, on peut assurer qu'en moyenne 40 ou 50,000 fr. de trafic sont aisément accessibles à l'aide d'une seule voie.

Je dois faire immédiatement une double réserve, car je me garderai bien d'apporter ici, à l'appui de la thèse que je défends, une appréciation qui pourrait être exagérée.

Il est évident que si un chemin doit être parcouru par des express, si l'on doit engager sur la même voie des trains qui se meuvent avec des vitesses différentes, il en résultera de grandes sujétions, auxquelles correspondrait inévitablement et immédiatement un amoindrissement notable du trafic.

Il est certain encore que si un chemin a des pentes très-fortes, son trafic sera encore réduit par suite de l'accroissement de travail imposé par la pente aux machines.

Mais je dis qu'avec des chemins dans les limites ordinaires, vous pouvez aisément faire de 40 à 45,000 francs de trafic, et cela suffit pour l'objet que j'ai en vue.

De fait, messieurs, bien que notre cahier des charges ne soit pas favorable aux chemins à une voie, beaucoup sont aujourd'hui exploités à une voie seulement. Je veux bien que la plate-forme y soit faite, et le ouvrages d'art construits pour deux voies, mais, en réalité, sur un grand nombre il n'y a qu'une seule ligne de rails en service pour un certain nombre d'entre eux; je le regrette beaucoup, car il y a une circonstance dans laquelle on ne peut pas contester la nécessité d'une seconde voie, c'est quand le chemin de fer est stratégique, quand il doit servir à des mouvements précipités de troupes : on ne peut pas alors se servir en toute sécurité d'une seule voie. Nous avons appris par une cruelle expérience quels peuvent en être les inconvénients.

Mais je dis que beaucoup de nos chemins de fer, bien que dans l'avenir ils doivent recevoir deux voies, sont actuellement exploités avec une seule, et l'expérience faite sur un chemin nous montre clairement ce qu'on peut attendre des lignes à voie unique; car enfin, qu'il y ait à côté de la voie un intervalle plus ou moins considérable, que le pont qui reçoit les rails ait plus ou moins de largeur, toujours est-il qu'il n'existe qu'une seule ligne de rails.

Si vous voulez bien, messieurs, consulter la carte qui nous a été distribuée, — je crois qu'elle a été préparée à propos des chemins du Nord ; l'honorable M. Cézanne pourrait dire à quelle occasion elle nous a été distribuée, — si, dis-je, vous jetez les yeux sur cette carte (l'orateur en déploie un exemplaire à la tribune); vous verrez, par exemple, que la ligne de Nancy à Gray, qui certainement a une grande importance et qui est aujourd'hui exploitée à une voie, fait 31,000 francs de recette kilométrique.

Assurément, pour celle-ci, malgré qu'elle suffise à son trafic, en vue des nécessités dont je vous entretenais, j'admettrais volontiers une seconde voie beaucoup plus assurément que sur celles auxquelles a trait mon amendement. Mais bien que tracée au travers de la chaîne des Vosges, puisqu'elle va du bassin de la Moselle dans celui de la Saône, et qu'elle est naturellement accidentée dans son profil, elle fait, je le répète, 31,000 fr. de recette kilométrique, et elle est parcourue par des trains rapides.

A l'autre extrémité de la France, au sud-ouest, vous voyez la ligne de Bordeaux à Bayonne, qui est également parcourue par des trains rapides et qui fait 34,000 fr. de recette kilométrique. Ce qui vous démontre que la limite de 30 à 40,000 fr. peut être atteinte et atteinte dans des conditions toutes spéciales que les chemins visés par mon amendement n'atteindront pas, car, s'il y a des trains rapides entre Nancy et Gray, entre Bordeaux et Bayonne, croyez-vous qu'il y en ait jamais entre Vézenobres et les Mazes?

A ce sujet, je ne puis mieux faire que de reproduire ici un document qui, pour ma part, m'a paru singulièrement concluant.

Dans l'origine, l'administration des ponts et chaussées, avec une prudence qu'on ne saurait trop louer, n'avait pas voulu qu'on exploitât au delà d'une recette kilométrique de 18 à 20,000 fr. avec un chemin à une seule voie. C'était là à peu près sa formule.

Mais à l'usage on s'est peu à peu enhardi, on s'est familiarisé avec l'exploitation, et c'est sur les chemins de fer du Midi qu'on est arrivé à obtenir dès l'abord les meilleurs résultats.

Or, je trouve dans un rapport présenté aux actionnaires à la date du 15 avril 1861, à la page 24, quelques renseignements que je vous demande la permission de vous communiquer :

« Depuis six ans, notre exploitation n'a pas cessé de se développer, et elle est arrivée aujourd'hui à desservir un trafic qui, sur la ligne de Cette, est très élevé, en 1860, à une moyenne de 36,600 francs par kilomètre et par an, et qui, pendant les quatre derniers mois de l'année, a dépassé 40,000 fr.

« Tout ce service s'est accompli sur la voie unique, et notre ligne est la première en France qui présente l'exemple d'une exploitation de ce genre, étendue à un aussi vaste réseau et développée sur une si grande échelle. Grâce au zèle de nos chefs de service et à l'expérience toujours croissante de notre personnel, le service s'est fait régulièrement et avec sécurité... »

« Cette expérience... » — voici surtout le point que je voulais souligner dans cette citation — « ... cette expérience, nous l'espérons, portera ses fruits dans la construction des lignes secondaires. L'on jugera, sans doute, peu rationnel d'engager des capitaux considérables dans des travaux et des acquisitions de terrain destinés à recevoir une seconde voie, dont ces lignes n'auront jamais besoin, tant que leur recette kilométrique ne dépassera pas 40,000 francs par an. »

Si j'ai cité ce passage d'un rapport qui date d'une époque déjà assez éloignée, c'est qu'il a pour moi une valeur toute spéciale. D'abord, c'est la constatation de l'expérience faite dans les conditions les plus défavorables, d'un large trafic avec une ligne que de nombreux express parcouraient dans tous les sens, qui desservait cette vallée si riche alors, si désolée aujourd'hui, et qui touche à des villes telles que Bordeaux, Agen, Montauban, Toulouse, Carcassonne et Cette, c'est-à-dire à des villes de premier ordre : dans ces conditions, l'expérience était plus concluante que partout ailleurs. De plus, ce rapport est l'œuvre de l'un des hommes les plus distingués, de l'un des esprits les plus lucides et les plus nets que j'aie connus : vous me permettrez de citer son nom, c'est M. Surell.

Cette expérience est, à mon avis, très-concluante pour le cas dont il s'agit: car, enfin, qu'est-ce que vous pensez obtenir, d'ici longtemps, sur vos petites lignes du Gard ?

Eh! mon Dieu, — on l'a déjà dit dans cette discussion, — le département du Gard est un des premiers, qui aient été desservis par les voies ferrées; il est sillonné dans tous les sens par de nombreuses lignes de fer, et cela depuis longtemps ; la capacité productive des voies ferrées y est déterminée expérimentalement.

Eh bien, si vous voulez consulter ce plan dont je vous ai parlé et qui a été produit par l'une de vos commissions...

M. Delsol. Non, c'est le Gouvernement qui nous l'a fait distribuer !

M. Krantz. ...vous verrez que, à l'exception de la grande ligne qui aboutit à Cette, et d'une portion comprise entre Nîmes et Alais, vous avez, de Graissessac à Béziers, un produit de 22,000 fr.; de Lodève à Paulian, un produit de 16,000 fr.; de Paulian à Agde, un produit de 16,000 fr.; de Paulian à Montpellier, un produit de 33,000 fr.; du Vigan à Lunel, un produit de 14,000 fr. Je pourrais vous citer toutes les autres lignes et vous verriez qu'elles sont bien loin de produire ces 40,000 fr. dont on a parlé.

Qu'en conclure ? C'est que, évidemment, les petites lignes que vous introduisez dans ce réseau ne sont pas, de longtemps, appelées à de plus brillantes destinées, que de longtemps ces lignes n'atteindront pas 40,000 fr. Car enfin quel trafic vont-elles desservir ? Celui qu'elles glaneront au travers des mailles déjà suffisamment serrées d'un ancien réseau. Elles n'ont pas à prétendre, de longtemps, à d'opulents trafics. Eh bien, si ce produit de 40,000 fr., qui apparaît, comme la limite où la seconde ligne devient nécessaire, s'il tarde une trentaine d'années à se produire, aurez-vous bien fait de consentir, dès aujourd'hui, à des dépenses notables pour l'établissement d'une seconde voie ? Car enfin, messieurs, étant admis que votre service, jusqu'à concurrence de 40,000 fr. de recette, ne souffrira pas de la voie unique, — et il n'en souffrira pas, étant admis que vous aurez, dans un cas comme dans l'autre, les mêmes produits, — les quelques millions que vous aurez économisés auront grandi et, au bout de trente ans, auront presque quintuplé à un intérêt de 5,75 p. 100.

Qu'arrivera-t-il alors ? De deux choses l'une: ou bien cette limite de 40,000 fr. ne sera jamais dépassée, et votre argent économisé restera dans votre caisse; ou bien cette limite sera atteinte, et alors l'établissement de la seconde voie deviendra nécessaire; mais vous pourrez largement y pourvoir au moyen d'une partie des capitaux économisés. Car enfin, l'établissement de cette seconde voie ne vous coûtera pas cinq fois plus qu'elle ne vous aurait coûté dès l'origine; quand bien même le prix des terrains se serait notablement accru vous n'atteindrez pas cette limite, et votre capital se sera plus vite et plus sûrement accru que le montant des dépenses à faire. Même dans ce cas, vous ne serez guère à plaindre.

Ainsi, il est manifestement de l'intérêt de la compagnie elle-même, de l'intérêt du public, de l'intérêt de nous tous enfin, que nous ne fassions, sur ce point comme ailleurs, que des dépenses absolument nécessaires.

J'ai beaucoup entendu parler, dans les discussions qui se sont élevées, de l'utilité de la concurrence entre les chemins de fer. On est venu vous dire : Oui, ce principe de la concurrence est absolu ; on peut et on doit faire concurrence aux grandes compagnies ; c'est le seul moyen de réprimer les inévitables abus de leur exploitation.

A cela, les esprits habitués à l'étude des faits économiques répondaient immédiate-

ANNALES. — T. XXXIX.

ment : Mais non, quand vous mettez dans le champ d'exploitation d'une première compagnie les instruments de transport au delà du nécessaire, il faut que quelqu'un paye cet excédant de dépenses, ces frais inutiles que vous faites, et ce quelqu'un, c'est le public, le négociant, l'industriel, nous tous enfin. (Approbation sur plusieurs bancs.) Oui, il est certain que cette dépense inutile doit retomber à la charge de quelqu'un, et ce quelqu'un c'est celui qui se sert de la voie.

Ce raisonnement est exact, et on ne saurait le contester quand il s'agit de l'établissement d'une nouvelle voie parallèle à une ancienne. Mais, messieurs, l'est-il moins quand, au lieu d'un second chemin de fer à établir à côté d'un premier, il s'agit d'une seconde voie à placer inutilement à côté d'une première ? Non, assurément. On aura beau dire qu'il ne s'agit pas de l'argent de l'État, que c'est celui de la compagnie qui est en cause et que, après tout, nous n'avons pas de motifs suffisants pour nous intéresser jusque là dans l'usage que la compagnie fait ou peut faire de ses capitaux : je réponds que nous avons le droit et le devoir de ne pas tant nous en désintéresser.

M. le ministre des travaux publics. Personne ne dit cela !

M. Krantz. Je ne réponds à personne ; je réfute des objections...

M. le ministre des travaux publics. Que vous vous faites !

M. Krantz .. que j'ai entendues, et je trouve, en passant, l'occasion de les discuter.

Je dis donc que j'ai le droit et le devoir de veiller à tout emploi de capitaux qui pourrait être inutile ; car enfin les capitaux que l'on emploie dans les travaux publics sont le fruit du travail et de l'épargne ; ils ne poussent pas spontanément, ils ne se créent pas en quantité indéfinie ; quand vous aurez employé 8 ou 18 millions en œuvres inutiles d'un côté, vous ne les trouverez plus de l'autre pour des ouvrages nécessaires.

Je vous ai dit, — et je crois l'avoir justifié par des exemples, — que qu'il peut y avoir de sage et d'utile à construire ces petites lignes, qui sont classées dans le projet sous les n° 2 à 8 inclus, à construire, dis-je, ces petites lignes à voie unique.

Mais j'ai, en même temps, fixé à 175,000 fr. la dépense nécessaire à leur construction. Ce chiffre a paru très faible à certaines personnes ; quant à moi, je le regarde comme largement suffisant.

Je sais bien que, quand il s'agit de construction de chemins de fer, il est assez difficile de fixer le prix normal, le prix véritable, et cela, pour beaucoup de raisons : le terrain n'est pas partout le même, les conditions ne sont pas partout semblables. Cependant, messieurs, remarquez bien ceci : il peut bien y avoir une limite inférieure au-dessous de laquelle vous ne pouvez pas descendre ; mais il n'y a pas de limite supérieure. Une administration médiocre, d'une habileté technique médiocre, mauvaise, peut vous faire passer le même travail par toutes les gammes de prix possibles.

Le prix le plus bas que l'on ait déjà atteint vous donne une base d'après laquelle vous

46

pouvez établir un prix normal. Vous savez qu'on peut à la rigueur construire un chemin dans ces conditions, puisqu'elles ont déjà été atteintes ; mais, quant aux chiffres maxima élevés, vraiment ils relèvent quelquefois tellement de la fantaisie, ou sont le résultat de circonstances tellement exceptionnelles qu'ils ne sauraient en vérité rien prouver.

Je vous ai rappelé que j'avais fixé à 175,000 francs le coût kilométrique d'une voie unique. J'avoue que, dans ma pensée, cette fixation n'a qu'une importance fort secondaire. Assurément si l'application de ce chiffre, si l'application des dépenses prévues qui peuvent en résulter devait imposer de réels sacrifices à la compagnie, je m'y refuserais, je vous dirais : Forcez cette évaluation, portez-la à 200,000 francs ; prenez même tel chiffre qui vous conviendra.

La question que je pose n'est pas une question de prix, c'est avant tout une question de principe.

Dans les discussions de ces jours derniers, j'ai entendu établir quelques chiffres dont, pour ma part, et à tort probablement, j'ai été très-peu satisfait. Je dois croire que je me trompe, mais cependant je vous demanderai la permission de vous dire ce que je pense. Vous rectifierez ce qu'il y aura d'erroné dans mes appréciations.

Un chemin de fer à une voie, dans des conditions suffisantes pour un trafic moyen, peut-il être construit à 90,000 fr.?

Eh ! mon Dieu, oui, il peut l'être, et je n'aurais qu'à citer ce qu'a fait avec tant de sagesse notre collègue M. Varroy dans le département de Meurthe-et-Moselle. (Très-bien ! à gauche.) Il a fait de véritables modèles de chemins d'intérêt local ; et il les a faits suivant une méthode parfaite et, pour ceux qui le connaissent, je n'ai pas besoin d'ajouter irréprochable de toutes façons. (Très-bien ! très-bien !)

C'étaient les localités qui intervenaient, c'étaient les communes qui subventionnaient dans une suffisante mesure les travaux. Tout cela s'est fait sagement et les chemins sont productifs.

Car enfin, on n'a dépensé que 85,000 fr. par kilomètre. Le produit est aujourd'hui de 4 p. 100 et quelque chose sur l'ensemble de la dépense et, comme les communes avaient fourni des subventions, le bénéfice des actionnaires est de 11 p. 100. D'où résulte ce fait, sur lequel j'insiste, c'est qu'on peut faire des chemins à bas prix, les faire honnêtement et d'une manière productive. (Très-bien ! très-bien !)

Ce n'est pas le seul exemple que je puisse citer ; d'autres chemins ont été faits à des conditions de terrains différentes, mais de prix fort analogues.

Ainsi le chemin de fer de Poitiers à Saumur, que je connais d'une manière particulière, — et remarquez, messieurs, que je ne cite que des exemples que je connais, afin d'être beaucoup plus sûr de l'exactitude de mes citations, afin de ne m'écarter en rien de la rigoureuse exactitude nécessaire à quiconque a l'honneur de parler devant une Assemblée comme celle-ci (Très-bien ! très-bien !), — ce chemin, de Poitiers à Saumur, de 90 kilomè-

tres de longueur, construit avec des rails de 35 kilogrammes, des courbes et des pentes qui permettent une large exploitation, ce chemin, dis-je, construit dans les meilleures conditions, a coûté 93,000 fr. par kilomètre.

Je reconnais que ce prix ne comprend pas le matériel roulant ; mais ajoutez, si vous voulez, 12,000 fr. pour cet objet, et il n'en faut pas plus ; vous arriverez ainsi, pour un chemin bien construit, bien outillé, à un coût de 110,000 fr.

Prenez son voisin, celui de la Vendée. Ce chemin de fer, qui est un des mieux établis que je connaisse, part de Tours, où il a été obligé de se construire une gare ; il franchit successivement les vallons du Cher, de l'Indre, de la Vienne, du Touat, et il traverse des terrains primitifs de la Vendée ; et, quoiqu'il ait été établi au moyen de capitaux pour lesquels il payait un intérêt très-élevé, — car les petites compagnies achètent très-cher l'argent qu'elles emploient, — il n'a coûté que 225,000 fr. par kilomètre. Et remarquez que les terrains sont acquis pour deux voies, que les ouvrages d'art, à l'exception des viaducs sur les grandes rivières, sont à deux voies. D'où résulte que si vous retranchez du total précité les excédants des dépenses dues à l'excédant de largeur des terrains et des ouvrages d'art à deux voies, vous retombez, à peu de chose près, dans les chiffres que je vous ai indiqués.

Ceci est une nouvelle confirmation de mes chiffres. Mais je puis vous citer un exemple bien plus frappant encore, et qui montre que, s'il n'y a pas de limites pour les exagérations de dépense, il y a pour le prix le plus bas une limite qui apparaît à peu près partout la même, et que je chiffrerais de 100 à 175,000 fr. pour les chemins à une voie. En Algérie... (Interruptions.—Parlez ! parlez !)

En Algérie, le début des chemins de fer n'a pas été très-heureux ; les dépenses ont été lourdes, et si j'en crois la statistique, la ligne de Constantine à Philippeville aurait coûté quelque chose comme 600,000 francs. Probablement il y avait quelques raisons spéciales qui motivaient cette dépense ; mais enfin ce que je puis vous dire c'est que, parallèlement à cette ligne, à quelques kilomètres de là, courant également du nord au sud, s'établit en ce moment une ligne que l'un de nos meilleurs constructeurs aborde au prix de 133,000 francs, tout compris, même les frais d'organisation de la compagnie, même les frais de courtage, je veux dire de constitution du capital ; ces frais sont plus considérables qu'on ne se l'imagine. D'un côté, 300,000 fr.; de l'autre, 600,000 fr.

L'une des lignes est établie pour deux voies, l'autre à voie unique. Admettant que l'on n'ait rien dépensé de trop sur l'une, j'y trouve en faveur de l'autre un argument qui me paraît concluant. Car, enfin, avec le prix du chemin à double voie, on en aurait établi deux ou trois à voie unique, qui rendraient assurément plus de services à notre colonie.

Vous me permettrez de conclure de tout ceci, messieurs, qu'il faut résolument établir les chemins de fer à une voie quand aucune nécessité n'oblige à les faire à deux. Vous voyez quelle différence peut en résulter. (Très-bien ! très-bien !)

Mais, dans cette affaire, comme on vous l'a fait remarquer à diverses reprises, nous ne sommes !pas seuls ; nous avons un tiers, non-seulement très-autorisé, mais dont les intérêts sont infiniment respectables, comme ceux de toutes les personnes ou de toutes les associations qui traitent avec l'Etat. La raison en est bien simple. Je n'appartiens pas aux grandes compagnies, je n'appartiens pas davantage aux autres, mais toutes, même les plus grandes, se trouvent très-petites devant l'Etat, et toutes ont besoin d'être traitées avec le respect que le fort doit au faible. (Très-bien! très-bien!)

Nous avons devant nous une commission ; et nous devons nous demander quel sera le résultat de la modification indiquée dans mon amendement? Vous savez quelle a été la constitution du revenu réservé. Pour chaque million dépensé sur l'ancien réseau, — et les nouvelles lignes sont placées dans ce réseau, — vous augmentez le revenu réservé de 5 fr. 75 p. 100, c'est-à-dire de ce qui est nécessaire pour l'amortissement et l'intérêt des obligations.

Or, je suppose un instant que vous ayez, en ne vous livrant pas à des dépenses à mon avis inutiles pour l'établissement d'une seconde voie, que vous ayez économisé 10 millions; quelle sera votre situation ? quelle sera celle de la compagnie?

Pour la compagnie, elle sera très-simple : vous réduisez son revenu réservé de 5 fr. 75, ce qui, appliqué à 10 millions, vous donnera. 575,000 francs. Mais qu'en résulte-t-il ?

Deux hypothèses se présentent : ou bien l'ancien réseau — et c'est l'opinion exprimée et chiffrée par le rapporteur, — devra produire de quoi couvrir à la fois les insuffisances du second réseau et pourvoir au revenu réservé. Dans ce cas, la situation est bien nette : vous avez 575,000 fr. de moins à payer aux obligataires, c'est-à-dire à distribuer en plus à vos actionnaires ; leur dividende sera donc augmenté de 575,000 francs.

Mais, il peut arriver aussi, et j'admets pour l'instant cette seconde situation, il peut arriver que, contrairement aux calculs de M. Cézanne, calculs très-bien faits je le reconnais, mais cependant hypothétiques, calculs probables, je l'admets, mais non certains, parce qu'après tout ils reposent sur la supposition d'un accroissement graduel de 3 p. 100 par an qui ne se réalise pas toujours ; il peut arriver, dis-je, que la garantie de l'Etat devienne effective. Que se passera-t-il alors? Le déversoir fonctionnera, et dans ce cas il déversera 575,000 fr. de plus en atténuation de la garantie de l'Etat.

Vous voyez donc qu'ici nous rencontrons absolument connexes les intérêts de la compagnie et les intérêts de l'Etat, et j'ajoute encore, messieurs, les intérêts du public.

Car enfin nous avons tous intérêt à ce que l'économie règne dans notre pays du haut en bas de l'échelle, chez les particuliers, chez les grandes administrations et enfin dans l'Etat. Pour les particuliers, nous ne pouvons rien, sinon exprimer un désir ; mais pour toutes les grandes compagnies, qui consomment la meilleure partie de notre épargne, nous devons faire tous nos efforts afin de les amener à la plus

stricte économie. (Très-bien ! à gauche.) Cette laborieuse vertu de l'économie a produit de véritables miracles ; c'est elle qui a permis à la Fiance de reconstituer promptement son capital, alors qu'il avait été si rudement ébréché. C'est elle qui, à la suite des plus rudes épreuves que jamais peuple ait subies, nous a permis de nous relever avec une admirable rapidité. C'est à l'économie que nous devons d'avoir fait tout cela. Cette laborieuse vertu qui nous enrichit, qui nous permet de reprendre notre place dans le monde, il faut l'entretenir et l'encourager partout. (Très - bien ! très-bien! — Applaudissements.)

Il n'est pas indifférent, croyez-le bien, messieurs, qu'on empêche telle ou telle compagnie de prodiguer inutilement ses capitaux, qu'on l'empêche de dépenser, par exemple, 10 millions en œuvres inutiles, car, je le répète, ce qui a produit ces 10 millions, c'est le travail, c'est l'épargne.

Leur production n'est pas indéfinie. Elle est lente, elle est limitée. Si on emploie ces capitaux à exécuter des travaux sans utilité, on ne les retrouve plus pour faire des travaux, qui sont nécessaires. Si vous les employez pour faire dans le Gard une ligne à deux voies que personne ne demande, vous ne les aurez pas pour construire dans les Alpes ces chemins stratégiques dont nous avons besoin. (Très-bien ! très-bien!)

En terminant, je tiens essentiellement, messieurs, à vous faire voir toute ma pensée. Je n'ai pas pour but d'attaquer le projet de loi ; je pense qu'une grande convention qui touche à tant d'intérêts, ne peut pas être compromise pour un point de détail. (Très bien !)

Je préférerais beaucoup, sans aucun doute, que cette faute de détail, si faute il y a, n'eût pas été commise ; mais je déclare que je ne trouve pas là une raison suffisante pour essayer de détruire un projet qui touche à de si nombreux et si puissants intérêts. (Très - bien !) Je désire beaucoup qu'il reste trace de mes observations, et j'avoue que je serais très-heureux si M. le ministre, tenant compte des observations qui précèdent, voulait bien annoncer que trois ou quatre des lignes dont il s'agit, qui n'ont aucune réelle importance, seront construites à une seule voie. C'est là mon objectif immédiat. Mais si de plus, après cette discussion, vous restiez convaincus, messieurs, qu'il est temps, grand temps de renoncer à construire des chemins à deux voies là où une seule voie peut suffire, si cette considération était admise par M. le ministre et par ses collaborateurs, eh bien, j'aurai atteint mon véritable et principal but. (Très-bien ! très-bien ! — Nouveaux applaudissements.)

M. le rapporteur. Messieurs, vous avez pu juger, par le très-intéressant discours que vous venez d'entendre, qu'au fond il n'y a, entre la commission et notre honorable collègue, qu'un très-petit différend.

M. Krantz a commencé et terminé son discours en vous disant : J'aperçois, dans la convention, une imperfection ; j'aperçois un détail qui, suivant moi, n'a pas été bien traité. Mais cette convention embrasse des intérêts considérables et divers qui s'étendent sur un grand nombre de départements ; je ne veux pas, pour une satisfaction peut-être un peu théorique, compromettre l'intérêt de ce grand projet.

Voilà une déclaration que notre honorable collègue avait déjà faite, dans le sein de la commission, qu'il a confirmée ici, dont je prends acte et dont l'Assemblée voudra bien se souvenir.

Je tiens à dire encore que si j'examinais ici la question de principe, la question de savoir si les lignes secondaires, quoique d'intérêt général, doivent être construites à une voie, je serais, sur plus d'un point, de l'avis de notre collègue M. Krantz, je ne serais pas loin de partager son sentiment.

Il vous a dit, par exemple, qu'une ligne à une voie peut suffire à un trafic de 30 à 40,000 francs par kilomètre ; je l'accorde, il n'y a aucun doute sur ce point. Mais j'aurais bien aussi quelques réserves à faire. M. Krantz a peut-être un peu dépassé la vraie mesure, qu'il me permette de le lui dire. Et ici, messieurs, vous allez constater la divergence qui se rencontre fréquemment dans la pratique journalière entre les ingénieurs-constructeurs et les ingénieurs de l'exploitation.

Notre honorable collègue vous a dit : Avec une voie vous avez une sécurité aussi grande qu'avec deux voies, et même vous échappez aux chances de certains accidents qui peuvent se produire sur les lignes à deux voies : l'une des voies peut compromettre l'autre.

Sans recourir à aucune considération technique, je fais appel, messieurs, au jugement de chacun de vous. Je vous demande s'il est possible d'admettre qu'avec deux voies il n'y a pas plus grande facilité de trafic et plus grande sécurité.

Il est bien rare qu'une voie puisse compromettre la voie qui lui est juxtaposée ; il est fréquent au contraire que l'une des voies étant interrompue, la seconde permette de maintenir le service et faciliter la réparation de l'autre. Il y a donc là une exagération évidente : j'en pourrais citer d'autres, mais notre honorable collègue n'ayant pas insisté sur ces considérations, je n'insiste pas davantage.

Je pourrais relever aussi une légère contradiction d'un autre ordre. Le cahier des charges actuel, vous a dit l'honorable M. Krantz, est très-peu favorable à l'établissement des lignes à simple voie. Puis un moment après, il a ajouté et il était dans la vérité : Nous avons cependant un grand nombre de lignes à simple voie.

Chacun de vous, messieurs, connaît en effet dans la région qu'il habite, quelqu'un de ces chemins ; il y en a un grand nombre en France.

Le cahier des charges actuel n'est donc pas si contraire que le dit notre collègue à l'établissement de ces lignes à une seule voie. Quant aux dispositions de l'administration des travaux publics, je les connais bien, elles sont favorables aux lignes à une seule voie. J'ai souvent traité cette question avec le ministre et avec les principaux fonctionnaires du ministère : la déclaration que j'apporte, l'Assemblée peut la considérer comme s'accordant avec la pensée du ministre, comme si elle était faite par M. le ministre lui-même ; j'en prends pour preuve les projets mêmes soumis aux enquêtes : la plupart des lignes que notre collègue désire voir exécuter à une voie sont projetées en effet pour une seule voie.

La très-mince différence qui a porté M. Krantz à blâmer la convention sur un point, est celle-ci : L'ancien cahier des charges, le cahier qui est actuellement en vigueur dans presque toutes les compagnies, prescrit que les terrains seront achetés pour deux voies alors même que la ligne pourra n'être exécutée que pour une seule voie. C'est le cas ici, c'est l'intention de l'administration, c'est la condition des projets soumis aux enquêtes : terrains pour deux voies, travaux pour une voie. Il n'y a donc, entre le desideratum de M. Krantz et la convention, que cette seule différence : il désire que les terrains ne soient achetés que pour une voie ; le cahier des charges prescrit qu'ils seront achetés pour deux voies. Voilà la divergence qui a conduit notre collègue à la tribune et qui nous a valu le plaisir de l'entendre.

Sans doute, à mesure que le réseau se développe, à mesure que les mailles du réseau se resserrent, les lignes nouvelles ayant de moins en moins de trafic à espérer, les moindres économies de continuation prennent une importance croissante, et l'on sera plus souvent amené à examiner s'il ne convient pas de réduire l'achat du terrain à ce qui est nécessaire pour une seule voie.

Dans cette mesure, je suis de l'avis de notre collègue ; dans cette mesure, je suis disposé à le suivre dans la voie nouvelle qu'il veut ouvrir.

Mais je me défie des généralisations, et je me réserve d'examiner les cas particuliers.

D'abord, vous vous rendez bien compte de cette situation ; c'est que si vous achetez le terrain pour deux voies, sans doute vous faites une dépense un peu plus considérable ; mais cette dépense est peu de chose dans l'ensemble de la dépense du chemin de fer, par les raisons que je vais vous dire.

Vous savez tous que la cherté des terrains provient, pour une large part, du morcellement des parcelles. Que vous preniez un peu plus dans une parcelle, cela n'augmentera pas toujours beaucoup la dépense.

Mais, en outre, une partie considérable des terrains occupés par le chemin de fer se trouve prise pour l'emplacement des gares. Vous savez quelle est l'importance de la surface des gares relativement à celle de la ligne courante. Vous savez aussi que sur un chemin à une voie, les gares ont besoin de plus de développement que sur les lignes à deux voies, parce que, dans le cas d'une seule voie, les gares servent de refuge aux trains qui s'attendent les uns les autres ; puisqu'on n'en peut lancer deux à la fois sur la voie, il faut que les gares soient plus grandes pour une voie que pour deux voies. Vous jugez par là qu'en achetant les terrains pour une voie on fait une très-mince économie, qui n'est pas le quart du prix total des terrains. Mais, si l'économie est peu de chose, le risque à courir est grand : vous vous exposez dans l'avenir, le trafic se développant, à de graves embarras par l'impossibilité où vous vous serez mis de poser une seconde voie. Pour traduire ma pensée en chiffres, je dirai que si une ligne à une voie doit coûter 200.000 fr. par kilomètre, l'achat des terrains pour deux voies n'augmentera pas la dépense de 10,000 fr. par kilomètre.

Ainsi donc : petite économie, risque notable, voilà le bilan de l'opération.

Ce risque s'est révélé sur des lignes où on ne l'attendait pas. Ainsi, quand on a ouvert la ligne de Bordeaux à Bayonne en pleines landes, dans des terrains qui n'avaient nulle valeur, on n'a pas hésité à acheter le terrain pour deux voies; et cependant, alors, on attendait peu de trafic sur cette ligne. Ceux de nos collègues qui habitent cette région, ceux qui connaissent l'histoire de la compagnie du Midi savent très-bien qu'à l'origine on estimait que cette ligne à travers les landes, à travers un désert, ne rapporterait pas 16,000 fr. par kilomètre; ce chiffre même paraissait une exagération énorme.

Si je remonte au delà de la loi, je trouve un rapport signé d'un homme dont le nom, resté populaire en France, est associé de la manière la plus brillante au mouvement scientifique de notre siècle.

Eh bien, dans ce rapport, Arago, parlant de ce chemin de fer à travers les landes, disait : «Qu'on n'essaye pas de me persuader que deux tringles de fer posées à travers les landes auront jamais une utilité réelle. »

Voilà ce qu'on pensait à l'origine. Eh bien, aujourd'hui, ce chemin de fer qui traverse cet ancien désert, fait 40,000 fr. par kilomètre; et il a fallu poser une nouvelle double voie sur une partie notable de la longueur entre Bordeaux et Bayonne.

Supposez qu'à l'origine on se soit astreint à ne prendre que la bande nécessaire pour une voie; aujourd'hui ces terrains ont pris de la valeur tout le long du chemin de fer, on y a établi des cultures, et s'il fallait exproprier tout le long du chemin de fer le terrain nécessaire pour la banquette de la seconde voie: ce serait déjà une dépense notable, et on aurait couru un grand risque pour une économie nulle.

Mais dans la région du Midi, dont nous nous occupons, il se présente un cas très-particulier, et, j'en demande pardon à mon collègue et ami M. Krantz, il faut se placer, là encore, au point de vue de l'exploitation. Cette région viticole du Gard et de l'Hérault, — région qu'on peut traverser, examiner sur les cartes, étudier au point de vue de l'ingénieur, de la topographie, mais de la vitalité de laquelle on ne se rend bien compte que quand on l'a étudiée au point de vue de l'exploitation, — cette région offre deux éléments considérables de transports : la houille et le vin. Cette région, aboutit aux deux ports de Marseille et de Cette ; ce dernier port aurait bien mérité un chapitre spécial dans cette discussion, car il est appelé à un très-grand avenir. Permettez-moi, messieurs, des détails qui, je crois, vous intéresseront.

Voilà une région où les chemins de fer font des recettes kilométriques assez considérables. Ainsi, je suppose que quelques-unes de ces lignes nouvelles vont faire 20,000 francs de recette par kilomètre et par an; cela ne paraît pas exagéré; eh bien, dans quelles conditions se fait cette recette de 20,000 fr. ?

Il est connu de tous ceux qui ont la pratique de l'exploitation que le trafic des régions viticoles se condense dans quelques mois de l'année, — les mois qui précèdent et les mois qui suivent la récolte, — de sorte qu'un chemin de fer qui figure dans les états statistiques comme faisant 20,000 francs de recette fait, dans certains mois, jusqu'à 60,000 francs. C'est là le point de vue pratique. De sorte que si vous venez me dire d'une façon générale : « Ce chemin fera 20,000 fr. de recette parce que celui d'à côté fait la même recette : il n'est donc pas nécessaire de s'outiller pour une recette supérieure à 20,000 fr. Je répondrai : « Vous êtes dans l'erreur; outillez-vous pour 60,000 fr. de recette. » Tout le monde sait dans le Midi, une cause de souffrance continuelle pour les propriétaires vient de ce qu'on est outillé pour 30,000 ou 40,000 fr. de recette, tandis que dans certains moments on a une recette quadruple. Je puis citer comme exemple le chemin de fer de Montpellier à Paulian, construit par la compagnie du Midi. J'étais alors chargé de l'exploitation. Mon collègue chargé de la construction me disait : Je veux construire une ligne très-économique. Je lui répondais : Oui, mais tâchez que nous puissions nous en servir. (Aux voix ! — Non ! parlez!)

Cette ligne, elle est exploitée depuis peu d'années ; elle est à une voie. Notre collègue M. Krantz l'a citée lui-même tout à l'heure ; il a donné les chiffres exacts en disant qu'elle rapportait 33,000 fr. par an et par kilomètre; Oui, mais il y a des moments de l'année où son trafic est de 60,000 fr. , et je sais pertinemment que sur cette ligne, qui a coûté 259,000 fr. le kilomètre, que je trouvais qu'on construisait à trop bon marché, on est déjà préoccupé de l'insuffisance des gares. Dans le Midi, ces agrandissements de gares sont très-fréquents; cependant il n'est pas rare de voir des charrettes stationnant aux abords des gares, sur une étendue de plusieurs centaines de mètres, pour attendre leur tour. Non-seulement il faut que ces gares soient spacieuses, mais en même temps il faut qu'elle soient rapprochées les unes des autres, car la région est couverte de gros villages et de riches cultures.

On ne peut ces comparer chemins de fer avec ceux de la Touraine ou de la Vendée, parce que pour ceux-ci le trafic est beaucoup moindre et beaucoup plus régulier.

Je réponds ainsi par des exemples de fait à un système, à une théorie ; mais abordons la convention. (Exclamations à gauche. — Parlez! parlez! à droite.)

Je comprends bien l'impatience de l'Assemblée, et je n'ai plus qu'un mot à dire. (Parlez ! parlez!)

Notre collègue nous a dit : J'ai évalué la dépense de ces lignes à 175,000 fr.; je ne tiens pas à mon chiffre, prenez 200,000 fr., 220,000 francs, peu importe.

En effet, il a voulu poser un principe qui portera ses fruits, je le veux bien, mais qui n'est pas applicable ici. L'évaluation qu'il a faite est arbitraire. Je viens de citer une ligne qui coûte 259,000 francs. Dans l'Hérault on projette des chemins de fer départementaux qui coûteront 240,000 francs le kilomètre. Je n'insiste pas, d'ailleurs, sur l'évaluation donnée par notre collègue, pas plus qu'il n'a fait lui-même : puisqu'il n'y tient pas, je n'y tiens pas plus que lui. Mais je demande encore à l'Assemblée une minute d'attention, et j'ai fini. (Rumeurs à gauche. — Parlez! parlez! à droite.)

Je dois à notre collègue M. Krantz, que vous avez écouté avec tant d'intérêt, et c'est la moindre chose, l'honneur d'une réponse. Nous n'avons pas accepté son amendement dans la commission; lui-même n'y insiste pas ici; mais après les développements qu'il vous a présentés je lui dois une réponse.

Les évaluations dont il a parlé ne figurent pas dans la convention; on vous les a données à titre de renseignements dans le rapport, mais la convention forme un ensemble. Le chiffre intéressant pour vous est celui du revenu réservé; il dépend de deux éléments; les charges qu'il est appelé à couvrir forment deux chapitres distincts : il y a les dépenses immédiates nécessitées par la construction des lignes; puis il y a les dépenses complémentaires formant pour l'avenir une sorte de somme à valoir.

Nous n'avons pas à discuter très-sévèrement l'évaluation des dépenses de construction, par la raison que nous avons modifié sur plusieurs points les conditions des tracés et que toutes nos modifications sont onéreuses pour la compagnie. Dans le département de Seine-et-Marne, nous avons demandé un chemin plus long; dans la Côte-d'Or, nous avons également allongé le tracé; de même dans l'Isère pour le passage du Rhône. Mais en outre, et c'est mon dernier mot, savez-vous de quelle somme nous avons diminué, dans le chapitre des sommes à valoir, les évaluations de la compagnie? Nous avons réduit ce chapitre de 91 millions? C'est une somme.

Notre collègue ne nous demande pas de détruire ou de troubler la convention, mais, si on m'insistait, je dirais : Soit, révisons tout. Otons 10 ou 12 millions sur les lignes du Gard, objet de l'amendement de M. Krantz. Mais alors la compagnie nous demandera de lui rendre une somme équivalente sur un autre chapitre. Qu'est-ce que vous aurez gagné? Rien du tout.

Je borne là mes explications. Vous voyez que, dans toutes ces questions délicates, il y a le pour et le contre, il y a deux points de vue : on peut soutenir une thèse et aussi une thèse différente. Mais il faut s'en tenir à cette parole que notre collègue vous a dite dans sa prudence : Quand on a un immense ensemble qui a été si longuement élaboré, si longuement travaillé, discuté avec tant de soin, soit entre l'État et la compagnie, soit entre la commission, le Gouvernement et l'Assemblée elle-même, il ne faut pas chercher à ébranler la convention par la discussion d'une question de principe qui trouvera mieux son application quand il s'agira de lignes subventionnées pour lesquelles il sera tout naturel de chercher à réaliser toutes les économies possibles.

Non, il ne faut pas risquer, par une modification de détail dans une disposition que notre collègue conteste, quant à moi je trouve bonne, de détruire ce vaste ensemble qui offre des avantages si précieux et certains, si prochains, à des populations qui les réclament. (Très-bien! très-bien! — Aux voix! aux voix!)

M. Krantz. J'aurais assurément pu faire

aux considérations qui viennent d'être exposées des réponses péremptoires, mais je comprends la fatigue de l'Assemblée et je reconnais aisément qu'une grande convention qui touche à tant d'intérêts ne doit pas être attaquée à cause d'une imperfection de détail. Seulement, je serais très-heureux si le ministre des travaux publics voulait bien enfin admettre que les lignes à une seule voie sont destinées à figurer d'une manière effective dans notre réseau secondaire, et qu'il y a lieu de les y introduire non plus comme exception mais comme règle.

Je crois devoir rappeler à ce sujet que quand nous avons reconstitué la compagnie de l'Est, il y avait dans le réseau concédé trois lignes de même importance que celles visées par mon amendement, à savoir : les lignes du Val-d'Ajol, de Plombières et de Bourbonne-les-Bains. Ces trois lignes ont été projetées avec une seule voie, et le coût kilométrique en a été fixé à 126,000 fr. pour l'une, à 163,000 fr. et à 166,000 fr. pour les deux autres.

Vous voyez, par ces exemples, que le chiffre de 175,000 fr. n'avait rien de tellement excessif, qu'on n'ait pu le proposer à la compagnie de la Méditerranée, puisque ailleurs nous avons déjà concédé des lignes à un prix moins élevé. Mais, je vous le répète, messieurs, mon principal but sera atteint si j'ai pu porter cette conviction dans vos esprits, qu'il est grandement temps d'introduire sérieusement les lignes à une voie dans notre réseau secondaire. Dans cet espoir, je retire mon amendement. (Très-bien! très-bien !)

M. le ministre des travaux publics. Messieurs, je ne veux pas ajouter mon opinion à celles que viennent d'être exprimées, et traiter de l'avantage des lignes à une voie ou à deux voies, ainsi que des économies qu'on y peut faire.

Je ne veux citer qu'un fait, et cela suffira. Ce fait est que nous avons, en France, plus de lignes à une voie que de lignes à deux voies. L'administration des travaux publics a donc suivi par avance les excellents conseils que lui donne aujourd'hui l'honorable M. Krantz.

La plus grande partie de nos réseaux, je le répète, est à une seule voie, et je ne fais aucune difficulté de reconnaître qu'il faut persévérer dans le système des lignes à une voie, toutes les fois que cela est possible. Dans le cas dont a parlé M. Krantz, j'estime que cela est possible, et c'est à une seule voie, en effet, que les lignes qui figurent dans son amendement doivent être construites.

Je dois, toutefois, faire une réserve en ce qui concerne l'achat des terrains. Il est absolument impossible d'admettre que nous fassions des lignes de l'importance de celles dont il est question, sans acheter les terrains pour deux voies. Ces petites lignes dont il s'agit ne sont pas précisément et ne seront pas sans importance. Elles nous ont été présentées par parties, par tronçons; mais tous ces tronçons, réunis dans le département du Gard, constitueront ensemble des lignes sur lesquelles le trafic est appelé à se développer plus qu'on ne semble le supposer. Ainsi les lignes de Remoulins à Uzès, de Remoulins à Beaucaire, d'Uzès à Saint-Julien avec prolongement dans la vallée de l'Auznonnet, constituent une seule ligne allant de la Grand'-Combe au Rhône, à Beaucaire, et si l'exploitation du bassin houiller d'Alais qui est déjà si considérable prend, comme on l'espère, de nouveaux développements, il y a quelque raison de supposer qu'il faudra peut-être un jour exécuter une deuxième voie. Il est au moins prudent de réserver la possibilité de la faire. (C'est juste !)

Je fais d'autant moins objection au système recommandé par l'honorable M. Krantz, toutes les fois que cela peut se faire sans inconvénient pour le présent et pour l'avenir, que je me préoccupe en ce moment même des moyens de l'étendre et d'en tirer tout le parti possible.

En ce moment même, je fais examiner par une commission divers systèmes déjà expérimentés en Autriche et en Allemagne, ayant pour but d'augmenter, par l'emploi de signaux et de communications télégraphiques, la production ou plutôt le débit des lignes à une seule voie, sans y compromettre la sécurité. Ainsi on applique en Autriche un système dont la compagnie du Nord a déjà fait usage, et qu'elle a fait connaître sous le nom de « sonneries allemandes. » En Belgique et en Allemagne, on donne une grande extension à un système connu sous le nom de « block system. »

Je fais étudier en ce moment ces divers procédés ; je fais rechercher sur quelles lignes il pourrait convenir d'en faire l'essai pour les expérimenter et obtenir, par ce moyen, sur les lignes à une voie un trafic plus considérable que celui pour lequel on les utilise aujourd'hui.

L'administration des travaux publics est donc bien d'accord, sur le principe, avec l'honorable M. Krantz ; elle l'est depuis longtemps, et elle est toute disposée, comme je viens de vous l'exposer, à en étendre encore l'application. Je réserve seulement l'acquisition des terrains pour deux voies, afin que dans l'avenir les lignes construites aujourd'hui à une voie puissent être transformées, si les besoins de l'exploitation l'exigent. (Très-bien !)

Je n'ai plus, messieurs, qu'une dernière observation à présenter ; je la crois importante.

C'est qu'en supposant que la compagnie de Paris à Lyon et à la Méditerranée réalise, sur l'exécution des lignes réduites à une seule voie au lieu de deux voies, une économie par suite d'un travail fait à un prix moindre que celui qu'on avait prévu, cette économie ne pourra pas lui servir à augmenter indûment le revenu réservé à son ancien réseau en vue des dépenses auxquelles elle s'engage.

Cela résulte des termes mêmes du second paragraphe de l'article 5 de la convention ; je crois inutile de l'expliquer davantage. (C'est entendu ! — Très-bien ! très-bien !)

Je vous donne l'assurance, messieurs, que les économies faites sur l'exécution ne profiteront pas à l'augmentation du revenu réservé aux actionnaires de la compagnie de Paris à Lyon et à la Méditerranée. Ce revenu réservé ne sera calculé qu'en raison des dépenses réellement effectuées, et les réductions profiteront d'abord à l'Etat, qui, on le comprend, y est particulièrement intéressé. (Très-bien ! — Aux voix !)

M. le président. L'amendement de M. Krantz étant retiré, il n'y a rien à mettre aux voix.

M. Buffet, *vice-président du conseil, ministre de l'intérieur.* J'ai l'honneur de déposer sur le bureau de l'Assemblée :

Un projet de loi tendant : 1° à ratifier une convention passée entre l'Etat et la ville d'Issoudun (Indre), en vue d'assurer les dépenses de casernement ; 2° à autoriser ladite ville à emprunter une somme de 600,000 fr. et à s'imposer extraordinairement ;

Un projet de loi tendant à réunir à la commune de Coat-Méal, canton de Plabennec, arrondissement de Brest (Finistère), plusieurs villages dépendant de la commune de Plouguin (canton de Ploudalmézeau), même arrondissement ;

Un projet de loi tendant à autoriser le département du Loiret à s'imposer extraordinairement pour la construction d'une école normale et l'établissement d'un chemin de fer d'intérêt local.

M. le président. Ces projets de lois seront imprimés, distribués et renvoyés à la commission d'intérêt local.

Je vais consulter l'Assemblée sur son ordre du jour de demain.

Plusieurs membres à gauche. Continuons la discussion !

A droite. Non ! non ! A demain !

M. le président. J'entends dire : A demain ! d'autres membres disent : Continuons !

Il avait été convenu, messieurs, que l'heure à peu près réglementaire pour la fin de la séance était six heures. Il est près de six heures, et votre président devait en conclure qu'il n'avait qu'à consulter l'Assemblée sur l'ordre du jour de demain. (Marques d'assentiment.)

Maintenant, comme il est désirable que cet incident ne se produise pas tous les jours, et l'Assemblée n'est pas d'avis que, suivant les anciennes habitudes, ce soit vers six heures qu'elle devra se séparer, eh bien, qu'elle prenne une résolution fixe, le président aura pour devoir de la faire respecter ; mais, jusquelà, il ne pouvait que se fonder sur les usages anciens et sur les décisions que la majorité lui impose. Donc, s'il n'intervient pas de décision nouvelle, le président aura pour un devoir, vers six heures, sans fixer la minute, de proposer l'ordre du jour du lendemain. Si l'Assemblée n'est pas de cet avis, elle manifestera sa volonté. (Très-bien ! très-bien !)

M. Jules Ferry. Monsieur le président, on a proposé d'ouvrir la séance à une heure, demain.

M. le président. Je n'en ai pas connaissance, et je ne puis soumettre une proposition à l'Assemblée qu'autant qu'elle m'est remise ou qu'elle est faite à la tribune.

M. Lepère Je demande la parole.

M. le président. M. Lepère a la parole.

M. Lepère. Messieurs, maintenant que les travaux des commissions sont complètement épuisés, ou à peu près... (Réclamations à droite. — Très-bien ! à gauche), il me semble qu'il nous serait possible de nous réunir avant deux heures, que nous pourrions facilement commencer nos séances une heure plus tôt que nous ne les commençons d'habitude, et les finir à six heures seulement.

A gauche. Oui! oui! — Appuyé!

Plusieurs voix à droite. Non! non!

M. Lepère. J'entends dire : Non ! mais je crois qu'il serait préférable d'agir de la façon que je viens d'indiquer plutôt que de prolonger les séances jusqu'à sept heures et demie ou huit heures.

Un membre à droite. On finit toujours vers six heures !

M. Lepère. Nous voulons assurément tous faire de la besogne, et de la bonne besogne... (Exclamations à droite. — Très-bien ! à gauche.)

M. Baragnon. Je demande la parole.

M. Lepère. Eh bien, commençons à une heure qui ne vous paraîtra certainement pas trop hâtive. C'est celle que je vous indique. Je fais donc la proposition formelle que nos séances commencent à une heure et quart et ne finissent pas avant six heures. (Vive approbation à gauche.)

M. de Tillancourt. A partir de lundi !

M. Baragnon. Messieurs, j'imagine que jusqu'à ce jour, siégeant de deux heures à six heures, nous avons pourtant fait de la bonne besogne. (Bruit à gauche.)

Un membre à gauche. Nous ne commençons jamais à deux heures.

M. Baragnon. Soit, de deux heures et demie à six heures !... Il me semble, dis-je, que nous avons fait généralement de la bonne besogne, pas toujours peut-être... (Ah ! ah ! à gauche.) mais enfin nous en avons fait.

Si l'on veut, par une résolution, non pas fixer un ordre du jour, mais changer les usages de l'Assemblée, il faut le faire à une heure où l'Assemblée réunie tout entière pourra statuer... (Très-bien ! à droite.)

A gauche. Nous sommes en nombre !

M. Baragnon. ...autrement, vous seriez exposés à voir changer le lendemain ce que vous aurez décidé la veille et ce ne serait pas sérieux.

Donc, que devant l'Assemblée tout entière, M. Lepère revienne ici faire sa proposition, elle sera examinée. (Rumeurs diverses.) Mais au fond, il y a dans cette proposition une question plus haute, tout le monde le sait. (Oui ! — C'est vrai !) Eh bien, cette question, au lieu de l'examiner par son tout petit côté, nous l'examinerons un jour sérieusement et définitivement. (C'est cela ! à droite.) Vous l'apporterez à cette tribune autrement, permettez-moi le mot, que par un enfantillage fait tous les soirs. (Vives réclamations à gauche.)

M. Tolain. Mais c'est la droite qui tous les jours, à cinq heures et demie, s'amuse à crier : A demain ! (Bruit.)

M. Tirard. Nous ne faisons pas d'enfantillages; nous travaillons pour le bien du pays. Pour ma part, je n'accepte pas ce mot injurieux. (Agitation.)

M. Baragnon. Si cette expression vous blesse, je la retire volontiers. (Très-bien !) Il n'y a d'enfantillage qu'en apparence; mais enfin, tous les soirs, la même scène se renouvelle, et elle est sérieuse, de votre part, par le but vers lequel vous tendez. Eh bien, oui, cette question n'est pas un enfantillage, c'est une question sérieuse que nous aborderons un

jour, quand vous voudrez, autrement que sur une question d'ordre du jour.

A droite. Vous avez raison !

M. Henri de Lacretelle. Elle a été abordée le jour où vous avez décidé la suppression des élections partielles.

M. Baragnon. Pour aujourd'hui, si on persiste dans une proposition qui n'est pas une fixation d'ordre du jour, mais qui est une modification profonde à ses habitudes, je prie l'Assemblée de vouloir bien renvoyer à demain sa décision ; autrement vous déciderez ce soir que la séance aura lieu demain à une heure, et demain nous vous demanderons de reprendre l'heure habituelle. (Très-bien ! à droite.)

M. Lepère. La question que M. Baragnon nous reproche de ne pas aborder carrément a été abordée par cinquante de mes amis et par moi au mois d'août 1871. (Exclamations à droite. — Très-bien ! à gauche.)

M. Lepère. Cette question qui vous effraye tellement, que vous n'osez pas en prononcer le nom, cette question de la dissolution, nous l'avons posée, quant à nous...

A droite. A Bordeaux !

M. Lepère. ...à trois ou quatre reprises différentes, toutes les fois qu'il nous a été possible de faire entendre à cet égard le vœu du pays.

Un membre à droite. Le vôtre !

M. le vicomte de Rodes-Bénavent. La vôtre !

M. Lepère. Aujourd'hui, comme j'entendais un de mes honorables collègues le dire tout à l'heure, il n'y a plus de question ; la question est résolue...

A droite. Par qui ?

M. Lepère. Elle l'a été par vous le jour où vous avez supprimé les élections partielles. (Oui! oui! — Bravos et applaudissements à gauche.) Autrement vous auriez porté atteinte à la souveraineté du pays. (Nouveaux applaudissements à gauche.)

Ainsi la dissolution ne fait plus question ; elle est imminente, elle vous talonne, comme on le disait tout à l'heure.

Un membre à droite. Eh bien, proposez-la !

M. Lepère. C'est précisément parce que cette solution est dans la nécessité même des choses qu'il faut que nous nous hâtions de terminer les travaux qui peuvent rester à l'ordre du jour ; et pour cela il est nécessaire que nos séances commencent de bonne heure et finissent tard ; en un mot, il faut que nos séances soient bien remplies.

Je persiste dans ma proposition. (Très-bien ! très-bien ! à gauche.)

M. le président. Messieurs, vous êtes en présence de deux propositions : celle de M. Lepère, et la proposition préjudicielle de M. Baragnon, qui consiste à demander le renvoi de la question à demain. Je dois mettre aux voix d'abord la proposition préjudicielle de M. Baragnon. Si elle est rejetée, je mettrai ensuite aux voix la proposition de M. Lepère.

(L'Assemblée, consultée, adopte la proposition de M. Baragnon.)

M. le président. Voici quel serait l'ordre du jour pour demain :

Discussion de deux projets de lois autorisant des échanges d'immeubles domaniaux ;

Discussion de deux projets de lois d'intérêt local ;

Suite de l'ordre du jour, tel qu'il a été précédemment fixé.

Il n'y a pas d'opposition ?...

L'ordre du jour est ainsi réglé.

(La séance est levée à six heures.)

Le directeur du service sténographique
de l'Assemblée nationale,

CÉLESTIN LAGACHE.

SCRUTIN

Sur l'amendement de M. Schœlcher.

Nombre des votants.	587
Majorité absolue.	294
Pour l'adoption	267
Contre.	320

L'Assemblée nationale n'a pas adopté.

ONT VOTÉ POUR :

MM. Adam (Edmond) (Seine). Alexandre (Charles). Allemand. Amat. Ancel. Ancelon. André (Charente). Arago (Emmanuel). Arnaud (de l'Ariège). Arrazat.

Bamberger. Barodet. Baucarne - Leroux. Beaussire. Beauvillé (de). Belcastel (de). Berlet. Bernard (Charles) (Ain). Bernard (Martin) (Seine). Bert. Besnard. Bethmont. Billy. Blanc (Louis). Blin de Bourdon (le vicomte). Bonnet (Léon). Bottard. Bottieau. Boucau (Albert). Bouchet (Bouches-du-Rhône). Boysset. Borérian. Brame (Jules). Brelay. Breton (Paul). Brillier. Brisson (Henri) (Seine). Brun (Charles) (Var). Brun (Lucien) (Ain). Brunet. Billy.

Caduc. Carnot (père). Carnot (Sadi). Carquet. Carré-Kérisouët. Casse (Germain). Casteinau. Cazenove de Pradine (de). Cazot (Jules) (Gard). Chadois (colonel de). Challemel-Lacour. Chardon. Charton. Chavassieu. Cherpin. Chevandier. Chiris. Cintré (comte de). Claude (Meurthe-et-Moselle). Claude (Vosges). Colombet (de). Combarieu (de). Contaut. Corbon. Cordier. Costa de Beauregard (marquis). Cotte. Crémieux. Cunit.

Danelle-Bernardin. Daron. Daumas. Dauphinot. Delacroix. Delord. Denfert (colonel). Depasse. Deregnaucourt. Descat. Deschange. Destremx. Dezanneau. Dietz-Monnin. Dréo. Dubois. Duchâtel (le comte). Ducuing. Dufay. Duparc. Dupouy. Durieu. Duvergier de Hauranne.

Escarguel. Eschasseriaux (le baron). Esquiros.

Farcy. Favre (Jules). Fernier. Ferrouillat. Folliet. Fontaine (de). Fonquet. Fourcand. Frébault (général).

Gagneur. Gailly. Gambetta. Ganault. Ganivet. Gatien-Arnoult. Gaudy. Gaulthier de Rumilly. Gayot. Gent. George (Emile). Gérard. Germain. Gévelot. Girard (Cyprien). Girot-Pouzol. Godin. Godissart. Gouvello (de). Grandpierre. Greppo. Grévy (Albert). Grévy (Jules). Grollier. Guinot. Guyot.

Hérisson. Hèvre. Humbert.

Jacques. Jaffré (abbé). Janzé (baron de). Jaurès (amiral). Joigneaux. Jouin. Jouvenel (baron de). Juigné (comte de).

Kermenguy (vicomte de). Krantz.

La Bassetière (Henri de). Laboulaye. Lacretelle (Henri de). Lafayette (Oscar de). Lafize. Lafon de Fongauffier. Laget. Lambert (Alexis). Langlois. La Rochejaquelein (marquis de). La

ANNALES — T. XXXIX.

Rochette (de). La Serve. Latrade. Laurent-Pichat. Leblond. Lebreton. Lefèvre (Henri). Lefranc (Pierre). Lenoël (Emile). Lepère. Le petit. Lépouzé. Leroux (Aimé). Lesguillon. Lestourgie. Levèque. Lherminier. Littré. Lockroy. Lorgeril (vicomte de). Loustalot. Lucet.

Madier de Montjau. Magnier. Mahy (de). Maillé. Malens. Malézieux. Marc Dufraisse. Marok. Marcou. Martin (Henri). Mazeau. Médecin. Méline. Mercier. Mérode (de). Mestreau. Michal-Ladichère. Millaud. Moreau (Côte-d'Or). Morvan.

Naquet. Nioche. Noël-Parfait.

Ordinaire (fils).

Palotte (Jacques). Parent. Pascal Duprat. Patissier (Sosthéne). Pelletan. Périn. Pernolet. Peyrat. Philippoteaux. Picart (Alphonse). Pin. Pompery (de). Pothuau (amiral). Pouyer-Quertier. Pressensé (de).

Rameau. Rampon (comte). Rampont. Raoul Duval. Rathier. Renaud (Félix). Renaud (Michel). Reymond (Ferdinand) (Isère). Reymond (Loire). Rive (Francisque). Robert (Léon). Rotours (des). Roudier. Roussel. Rouvier. Roux (Honoré). Roy de Loulay.

Saisy (Hervé de). Salneuve. Sansas. Saussier (le général). Schcurer-Kestner. Schœlcher. Sebert. Seignobos. Sénard. Silva (Clément). Simiot. Simon (Fidèle). Simon (Jules). Soye. Taberlet. Tamisier. Tarafleu. Tassin. Temple (du). Testelin. Thurel. Tiersot. Tillancourt (de). Tirard. Tocqueville (comte de). Tolain. Turigny.

Valentin. Varroy. Vast-Vimeux (baron). Vautrain. Vente. Villain.

Warnier (Marne). Wilson.

ONT VOTÉ CONTRE :

MM. Abbadie de Barrau (comte d'). Abbatucci. Aboville (vicomte d'). Aclocque. Adam (Pas-de-Calais). Adnet. Aigle (comte de l'). Allenou. Amy. Andelarre (marquis d'). André (Seine). Anisson-Duperon. Aubry. Audren de Kerdrel. Auxais (d'). Aymé de la Chevrelière. Babin-Chevaye. Bagneux (comte de). Barante (baron de). Barascud. Barthe (Marcel). Bastard (comte Octave de). Bastid (Raymond). Batbie. Baze. Beau. Benoist d'Azy (comte). Benoist du Buis. Benoit (Meuse). Béranger. Bernard-Dutreil. Besson (Paul). Béthune (comte de). Beurges (comte de). Bidard. Bienvenüe. Bigot. Blavoyer. Bocher. Boduin. Boisboissel (comte de). Boisse. Bompard. Bonald (vicomte de). Bondy (comte de). Bonnet. Boreau-Lajanadie. Bouillé (comte de). Bouisson. Boullier (Loire). Boullier de Branche. Bourgeois (Vendée). Boyer. Brettes-Thurin (comte de). Brice (Ille-et-Vilaine). Broët. Bryas (comte de). Buffet. Buisson (Jules) (Aude). Busson-Duviviers.

Caillaux. Calemard de La Fayette. Callet. Carayon La Tour (de). Carbonnier de Marzac (de). Carron (Emile). Casimir Perier. Chabaud La Tour (général baron de). Chabron (général de). Chamaillard (de). Changarnier (général). Chaper. Charreyron. Chatelin. Cheguillaume. Chesnelong. Cissey (général de). Clément (Léon). Clerc. Clercq (de). Combier. Courbet Poulard. Courcelle. Crussol d'Uzès (duc de). Cumont (le vicomte Arthur de).

Daguenet. Daguilhon-Lasselve. Dampierre (marquis de). Daru (comte). Daussel. Décazes (duc). Delacour. Delavau. Delille. Delisse-Engrand. Delsol. Denormandie. Desjardins. Diesbach (comte de). Domerre d'Hornoy (amiral de). Doré-Graslin. Douay. Drouin. Duboys-Fresnay (général). Du Breuil de Saint-Germain. Du Chaffaut. Duclerc. Dufaur (Xavier). Dufaure (Jules). Dufour. Dufournel. Dumarnay. Dumon. Dupin (Félix). Dupont (Alfred). Duréault. Dussaussoy.

47

Ernoul. Eymard-Duvernay. Feray. Flaghac (baron de). Fleuriot (de). Foubert. Fourichon (amiral). Fournier (Henri). Fourtou (de). Franclieu (marquis de). Fresneau.

Gallicher. Galloni d'Istria. Gaslonde. Gasselin de Fresnay. Gaulthier de Vaucenay. Gavardie (de). Gillon (Paulin). Ginoux de Fermon (comte). Giraud (Alfred). Godet de la Riboullerie. Gouin. Gouvion Saint-Cyr (marquis de). Grammont (marquis de). Grasset (de). Grivart. Gueidan. Guibal. Guiche (marquis de la).

Haentjens. Hamille. Harcourt (comte d'). Harcourt (duc d'). Haussonville (vicomte d'). Hespel (comte d'). Huon de Penanster.

Jamme. Jocteur-Monrozier. Johnston. Joinville (prince de). Jordan. Joubert. Jourdan. Juigné (marquis de). Jullien.

Kergariou (comte de). Kergorlay (comte de). Kéridec (de). Kerjégu (amiral de).

Labitte. La Borderie (de). Lacave-Laplagne. Lagrange (baron A. de). Lallié. Lambert de Sainte-Croix. Lamberterie (de). Lanel. La Pervanchère (de). Lacroy (baron de). Largentaye (de). La Roche-Aymon (marquis de). La Rochefoucauld (duc de Bisaccia). La Sicotière (de). Lassus (baron de). Lasteyrie (J. de). Laurier. Lavergne (Léonce de). Lebourgeois. Lecamus. Le Chatelain. Lefébure. Lefèvre-Pontalis (Eure-et-Loir). Lefèvre-Pontalis (Seine-et-Oise). Legge (comte de). Legrand (Arthur). Le Lasseux. Le Provost de Launay. Le Royer. Lespinasse. Lestapis (de). Leurent. Levert. Limairac (de) (Tarn-et-Garonne). Limayrac (Léopold) (Lot). Lortal. Louvet. Loysel (général). Luro. Lur-Saluces (marquis de).

Magnin. Maillé (comte de). Marchand Martel (Pas-de-Calais). Martenot. Martin (Charles). Martin des Pallières (général). Mathieu (Saône-et-Loire). Mathieu-Bodet (Charente). Mathieu de la Roderie (comte). Maurice. Max-Richard. Mazerat. Mazure (général). Meaux (vicomte de). Méplain. Merveilleux du Vignaux. Mettetal. Michel. Monjaret de Kerjégu. Monnet. Montaignac (amiral de). Monteil. Montgolfier (de). Monténeux. Moreau (Ferdinand). Mornay (marquis de). Mortemart (duc de). Mouchy (duc de). Murat (comte Joachim). Murat-Sistrières.

Nétien. Nouaillan (comte de).

Pagès Duport. Pajot. Paris. Parsy. Partz (marquis de). Passy (Louis). Peltereau-Villeneuve. Perrier (Eugène). Peulvé. Peyramont (de). Pioger (de). Piou. Pontoi-Pontcarré (de marquis de). Pradié. Prétavoine. Puibdraud (de).

Rainneville (de). Raudot. Ravinel (de). Rességuier (comte de). Riant (Léon). Ricard. Riondel. Robert (général). Robert de Massy. Rodez-Bénavent (vicomte de). Roger du Nord (comte). Roger-Marvaise. Rousseau. Rouveure. Roys (marquis des).

Sainethorent (de). Saint-Germain (de). Saint-Malo (de). Saint-Pierre (de) (Calvados). Saint-Pierre (Louis) (Manche). Saint-Victor (de). Saisset (vice-amiral). Salvandy (de). Salvy. Sarrette. Savary. Savoye. Say (Léon). Ségur (comte Louis de). Sens. Sers (marquis de). Soubeyran (baron de). Soury-Lavergne. Staplande (de). Saguy (de).

Talibaud. Taillefert. Talhouët (marquis de). Tailon. Tarteron (de). Théry. Thomas (docteur). Tréville (comte de). Tribert.

Valady (de). Valfons (marquis de). Valon (de). Vandier. Vaulchier (comte de). Ventavon (de). Vétillart. Vidal (Saturnin). Viennet. Vilfeu. Vimal-Dessaignes. Vinay (Henri). Vingtain (Léon). Vinois (baron de). Vitalis. Vogüé (marquis de). Voisin. Waddington. Wallon. Wartelle de Retz. Witt (Cornélis de).

ASSEMBLÉE NATIONALE

SÉANCE DU SAMEDI 3 JUILLET 1875

La séance est ouverte à deux heures vingt minutes.

M. le comte Louis de Ségur, *l'un des secrétaires*, donne lecture du procès-verbal de la séance d'hier.

M. le président. La parole est à M. Lamy sur le procès-verbal.

M. Etienne Lamy. Messieurs, le *Journal officiel* me porte au nombre des membres qui se sont abstenus hier dans le scrutin sur l'amendement de M. Schœlcher. Une commission me retenait, en effet, à Paris, au ministère de la marine. Si j'avais été présent, j'aurais voté pour l'amendement.

M. le président. Il n'y a pas d'autres observations sur le procès-verbal ?. .

Le procès-verbal est adopté.

M. Léopold Faye, appelé dans son département pour prendre part aux travaux du conseil général de Lot-et-Garonne, réuni en session extraordinaire, demande un congé d'urgence de trois jours.

Il n'y a pas d'opposition ?. . .

Le congé est accordé.

La parole est à M. l'amiral Jaurès pour un dépôt de rapport.

M. l'amiral Jaurès. J'ai l'honneur de déposer sur le bureau de l'Assemblée un rapport au nom de la commission chargée d'examiner le projet de loi portant approbation d'un traité de commerce conclu à Saïgon le 31 août 1874, entre la France et le royaume d'Annam.

M. le président. Le rapport sera imprimé et distribué.

L'ordre du jour appelle la discussion de plusieurs projets de loi d'intérêt local.

1er PROJET

(M. Méline, rapporteur.)

« *Article unique.* — Est approuvé, sous les conditions stipulées dans l'acte administratif passé le 15 octobre 1874, entre le préfet du Loiret, agissant au nom de l'État, et M. Paget, propriétaire à Paucourt, le contrat d'échange, moyennant une soulte à la charge de celui-ci de 189 fr. 05, d'une parcelle boisée de 1 hectare 36 ares, appartenant à ce particulier et enclavée dans la forêt domaniale de Montargis, contre une parcelle d'égale contenance à détacher de ladite forêt, dans la série du Château-Lassalle au canton du Buisson. »

2e PROJET

(M. Ancelon, rapporteur.)

« *Article unique.* — Est approuvé, sous les conditions stipulées dans l'acte administratif passé le 8 août 1874, entre M. le préfet de Meurthe-et-Moselle, agissant au nom de l'État, et les héritiers de M. Adolphe et Camille Thirion, de Saint-Sauveur, le contrat d'échange, moyennant une soulte de 375 fr. 25 au profit des héritiers de M. Adolphe Thirion et une autre soulte de 50 fr. au profit des héritiers de MM. Adolphe et Camille Thirion, conjointement : 1° de neuf parcelles de pré d'une contenance de 26 ares 96 centiares, dépendant de la succession de M. Adolphe Thirion, contre quatre parcelles boisées de 26 ares 62 centiares, à détacher de la forêt domaniale du Grand-Cheneau ; 2° de deux parcelles, en pré et jardin, de 6 ares 37 centiares dépendant par indivis des successions de MM. Adolphe et Camille Thirion, contre une parcelle boisée de ladite forêt du Grand-Cheneau, d'une contenance de 19 ares 11 centiares. »

3e PROJET

(M. Reymond [Loire], rapporteur.)

« La ville de Toulon (Var) est autorisée à proroger jusqu'en 1894 inclusivement :

« 1° La durée de l'amortissement de l'emprunt de 5,706,039 fr. qu'elle a contracté, en vertu de la loi du 11 juillet 1866, pour la conversion de ses dettes, et sur lequel il reste à rembourser, en capital, 3,914,504 fr.

« 2° Le recouvrement de l'imposition extraordinaire de 20 centimes additionnels au principal des quatre contributions directes affectée par ladite loi à l'amortissement de l'emprunt, concurremment avec un prélèvement sur les revenus ordinaires. »

4e PROJET

(M. Rameau, rapporteur.)

« Art. 1er. — Le département de l'Ariége est autorisé, conformément à la demande que le conseil général en a faite, à emprunter à la caisse des chemins vicinaux, aux conditions de cet établissement, une somme de 150,000 francs, qui sera affectée aux travaux des chemins de grande communication et d'intérêt commun.

« La réalisation de l'emprunt, soit en totalité, soit par fractions successives, ne pourra avoir lieu qu'en vertu d'une décision du ministre de l'intérieur.

« Art. 2. — Les fonds nécessaires au service des intérêts et au remboursement de l'emprunt à réaliser en vertu de l'article 1er ci-dessus, seront imputés, tant sur les contingents à fournir par les communes, que sur les produits des centimes dont le maximum est fixé chaque année par la loi de finances, en exécution de la loi du 10 août 1871. »

(Les quatre projets de lois sont successivement mis en délibération dans les formes réglementaires et votés, articles et ensemble, sans discussion.)

M. le président. La parole est à M. le général Saussier, pour un dépôt de rapport.

M. le général Saussier. J'ai l'honneur de déposer sur le bureau de l'Assemblée le rapport de la commission du budget sur le projet de loi relatif à la construction de l'enceinte-annexe avancée pour couvrir le faubourg ouest de Grenoble.

Je ferai respectueusement observer à l'Assemblée que M. le ministre de la guerre avait l'intention de demander la déclaration d'urgence. Elle sait quelle noble tâche retient celle de nous M. le ministre de la guerre en ce moment. C'est d'accord avec lui que je viens vous prier de vouloir bien déclarer l'urgence pour un projet de loi qui ne peut donner lieu à aucune discussion.

M. Cochery. C'est un rapport de la commission du budget ; il y a urgence nécessairement.

M. le président. Le projet de loi dont M. le général Saussier vient de présenter le rapport étant un projet de loi de finances, il n'est soumis qu'à une seule délibération et il n'y a pas lieu de demander l'urgence.

M. l'amiral Jaurès. Je prie l'Assemblée de vouloir bien prononcer l'urgence pour le projet de loi portant approbation du traité de commerce conclu avec le royaume d'Annam, projet de loi dont j'ai eu l'honneur de lui présenter le rapport au commencement de la séance.

Le traité commercial n'étant, pour ainsi dire, que l'annexe du traité politique, je pense que l'Assemblée voudra bien accueillir ma demande.

M. le président. Je consulte l'Assemblée sur la proposition faite par l'honorable amiral Jaurès.

(L'Assemblée, consultée, déclare l'urgence.)

M. le président. L'ordre du jour appelle la suite de la discussion du projet de loi relatif à la déclaration d'utilité publique de plusieurs chemins de fer et à la concession de ces chemins à la compagnie de Paris-Lyon-Méditerranée.

Nous continuons la délibération des amendements portant sur les articles de la convention.

Il y a, sur l'article 5, une disposition additionnelle proposée par MM. des Rotours et de Janzé, qui est ainsi conçue :

« En considération des concessions qui lui sont faites, la compagnie s'engage à assurer aux employés blessés et aux veuves et enfants des employés, tués dans l'exercice de leurs fonctions, des pensions égales au traitement que l'employé recevait alors qu'il était en activité. »

La parole est à M. des Rotours.

M. des Rotours. Messieurs, le cahier des charges des compagnies contient une lacune que notre amendement a pour objet de combler.

Au milieu des appréciations si diverses qui se sont produites ici, il est un point sur lequel tout le monde a été d'accord : ç'a été lorsqu'il s'est agi de rendre hommage au dévouement du personnel des compagnies des chemins de fer, au patriotisme et au courage dont il a fait preuve pendant la dernière guerre.

On vous a montré, dans le cours des discussions relatives aux chemins de fer, notamment celle relative au chemin de l'Est, les employés des compagnies de chemin de fer se faisant les compagnons dévoués de nos soldats, partageant leurs périls et faisant parfois leur service sous le feu de l'ennemi.

Le danger, pour les employés de chemin de fer, n'existe pas seulement en temps de guerre. Il est de tous les instants. Quand vous voyez circuler la nuit le long des trains en marche des employés qui font le contrôle, quand vous traversez ces gares où les voies se croisent et s'entrecroisent dans tous les sens, où l'on forme des trains à toute heure de la nuit, vous pouvez vous rendre compte des dangers incessants auxquels ce personnel est exposé. Eh bien, messieurs, quand l'employé de chemin de fer tombe victime d'un accident, les cahiers des charges ne lui donnent droit à aucune indemnité soit pour lui-même, soit pour sa famille.

M. de Tillancourt. Il a les tribunaux.

M. des Rotours. On me répond qu'il peut s'adresser aux tribunaux. Oui, sans doute ; mais cela ne suffit pas en l'absence d'une disposition du cahier des charges ; l'expérience le démontre de la manière la plus claire, et la *Gazette des Tribunaux* en fait foi. En effet, quand l'accident est le résultat d'un cas fortuit, l'employé blessé n'a droit à aucune indemnité.

Pour s'adresser aux tribunaux, il faut que l'employé puisse établir que cet accident est le résultat de la faute d'un autre employé, dont la compagnie est civilement responsable. Lorsque l'employé n'est que blessé, il peut venir témoigner des circonstances dans lesquelles l'accident s'est produit ; la situation est pour lui difficile ; car il se trouve avoir comme contradicteur le compagnon dont l'imprudence a causé l'accident. Il faut d'ailleurs qu'il passe par tous les degrés de juridiction où les compagnies entretiennent à l'année un personnel contentieux. La situation est pour lui difficile ; mais, à la rigueur, il peut obtenir justice.

Mais quand l'accident a entraîné la mort de l'employé, la situation de la famille est impossible. Comme dit le proverbe : les morts ne parlent pas. La famille se trouve presque toujours sans défense dans l'impossibilité d'établir la faute de la compagnie.

Il en serait autrement si une disposition spéciale du cahier des charges imposait à la compagnie l'obligation d'assurer une pension aux employés victimes d'accident. En présence d'une stipulation pareille l'employé victime d'accident résultant d'un cas fortuit aurait droit à une indemnité. Et si la compagnie voulait soutenir que l'accident est le résultat de la faute de l'employé, la charge de la preuve lui incomberait.

L'employé de chemin de fer remplit un service public. Quand il meurt dans l'exercice de ses fonctions, il est dans la situation du soldat tombé sur le champ de bataille. Il est de toute justice, en pareil cas, qu'il ait droit à une pension, et que sa famille ne reste pas sans secours. Ce droit, il faut l'inscrire dans la loi.

Il existe à cet égard une lacune fâcheuse dans la loi, lacune que les tribunaux sont les premiers à reconnaître et à déplorer.

En vous demandant de voter cet amendement, je me place à la fois au point de vue de l'intérêt bien entendu des compagnies, des employés et du public.

Pour les compagnies, ces procès ne sont pas bons.

Au point de vue des employés des chemins de fer, de ce personnel si méritant, auquel tous les orateurs qui se sont succédé ici, ont été unanimes à rendre hommage, qui le pourrait mettre en doute ? Il ne suffit pas de leur témoigner de l'intérêt en paroles. Il faut le leur témoigner par des actes.

Un dernier point de vue doit vous préoccuper, celui de la sécurité publique.

Je pourrais vous citer des documents judiciaires où se trouvent reproduites les prétentions des compagnies extrêmement dangereuses pour la sécurité des voyageurs. Je pourrais vous montrer les conclusions d'une compagnie de chemin de fer venant déclarer que l'employé de chemin de fer, qui court au devant d'un train pour sauver la vie des voyageurs est blâmable, et que s'il se trouve blessé par l'effet de son dévouement il n'a droit à aucune indemnité.

Messieurs, il n'est pas possible de maintenir cette situation. Je vous demande donc de vouloir bien voter notre amendement. (Aux voix ! aux voix !)

M. Cézanne, *rapporteur.* Messieurs, votre commission vous demande à l'unanimité de repousser cet amendement. (Très-bien !)

Je n'entrerai pas dans de longs détails ; je me borne à dire que l'Assemblée n'est pas compétente pour régler les questions de salaire entre les employés et la compagnie. (C'est vrai ! — Très-bien ! très-bien ! — Aux voix ! aux voix !)

M. le président. Je mets aux voix l'amendement.

(L'amendement, mis aux voix, n'est pas adopté.)

M. le président. Il y a une seconde disposition additionnelle présentée par MM. des Rotours et de Janzé.

« Les taxes perçues par la compagnie, au moment de la promulgation de la présente loi, pour le transport des voyageurs ou des marchandises, deviendront des tarifs *maxima*. Les taxes qui viendraient à être abaissées ultérieurement sur tout ou partie du réseau de la compagnie, ne pourront plus être relevées par elle. Si des circonstances exceptionnelles exigeaient un relèvement de tarif, ce relèvement ne pourrait être opéré que par décret rendu en conseil d'Etat, les chambres de commerce préalablement consultées. »

M. des Rotours. Je demande à dire un mot... (Exclamations), non pour développer l'amendement, mais pour faire observer qu'il n'y a pas lieu de le mettre en délibération. (Ah ! — Très-bien !)

Cet amendement a été implicitement repoussé hier par l'Assemblée, lorsqu'elle a rejeté l'amendement de M. Brame, lequel demandait moins que celui-ci. Nous ne saurions espérer, à un jour de distance, faire revenir l'Assemblée sur son vote d'hier. Aussi n'y a-t-il pas lieu de mettre l'amendement en délibération. (Très-bien !)

M. le président. L'amendement étant retiré, je n'ai pas à le mettre aux voix.

Il y a un troisième amendement présenté par MM. des Rotours, de Janzé et Brame.

M. Jules Brame. Je demande la parole.

M. le président. Permettez-moi de donner lecture de l'amendement.

Il est ainsi conçu :

« A partir de la promulgation de la présente loi, seront passibles de l'impôt de 20 p. 100 sur la grande vitesse toutes les cartes et tous les permis de circulation gratuite sur l'ensemble du réseau de la compagnie Paris-Lyon-Méditerranée.

« Seront seules exemptes de cet impôt les cartes de circulation gratuite délivrées aux agents du contrôle, aux commissaires de police, aux employés de la compagnie ou aux indigents. »

M. Jules Brame. Messieurs, je vais complaire à l'Assemblée et satisfaire au désir bien légitime qu'elle a de finir cette discussion. Je retire mon amendement. (On rit. — Très-bien ! très-bien ! à gauche.)

Je vous remercie, messieurs, de votre approbation, mais j'ai l'honneur de vous prévenir que nous le représenterons à la commission du budget...

M. Cézanne, *rapporteur.* Vous avez raison !

M. Jules Brame. Vous dites, monsieur Cézanne ?...

M. le rapporteur. Je dis que vous avez raison, parce que c'est là sa place.

M. Jules Brame. J'ai l'honneur de vous répondre, monsieur l'ingénieur Cézanne, que nous présenterons notre amendement à la commission du budget, et nous vous promettons, là, des révélations très-piquantes.

M. le rapporteur. Je regretterai beaucoup de ne pas être à la commission pour vous entendre !

M. Jules Brame. Je n'en suis nullement surpris, et, le moment venu, vous aurez toute satisfaction.

M. le président. Il y a un amendement de M. Parent, qui consiste à modifier l'article 9 de la convention en ajoutant au paragraphe dudit article 9 portant :

« La ligne du Rhône au mont Cenis demeure soumise aux dispositions spéciales déterminées par la convention des 9 juin 1866 et 17 juin 1867, et approuvées par la loi du 27 septembre 1867 » cette disposition :

« Toutefois est abrogé l'article 64 du cahier des charges annexé à la loi arde 15 août 1857 et maintenu en vigueur par la loi du 27 septembre 1867, ledit article ainsi conçu :

« La compagnie est autorisée à appliquer « pour le tronçon de Saint-Jean-de-Maurienne « à Modane, dès son ouverture totale ou par- « tielle, un tarif exceptionnel approuvé par le « Gouvernement.

« Sont abrogées pareillement toutes autres « dispositions de même nature. »

M. Parent a la parole.

M. Parent (Savoie). Messieurs, bien que des intérêts généraux et des intérêts locaux de grande importance se rattachent essentiellement à mon amendement, je serai très-bref dans les développements que j'ai l'intention de lui donner.

Je viens vous demander de ne pas consacrer, en votant l'article 9 de la convention tel qu'il est conçu, et sans réserve, ce que je ne puis m'empêcher de considérer comme une injustice flagrante. Cet article 9 porte : « La ligne du Rhône au mont Cenis demeure soumise aux dispositions spéciales déterminées par les conventions des 9 juin et 17 juin 1866, et approuvées par la loi du 27 septembre 1867. »

La ligne du Rhône au mont Cenis, vous le savez, commence à Culoz, et, par Aix-les-Bains, Chambéry, Saint-Jean-de-Maurienne et Modane, conduit au grand tunnel des Alpes. Vous pouvez ainsi apprécier quelle est son étendue et son importance.

Or, ces conventions des 9 et 17 juin 1866 font au département de la Savoie une situation spéciale et plus particulièrement douloureuse lorsqu'il s'agit d'un de ses arrondissements, celui de Maurienne. J'aurais beaucoup à dire sur ce sujet ; je veux me borner à toucher les points principaux ; les voici... (Bruit et interruptions à gauche.)

Quand vous aurez entendu mes explications, j'espère qu'il ne se trouvera dans cette Assemblée personne pour consacrer, par un vote, la légalité d'un tel régime.

Les conventions de juin 1866 stipulent que la ligne du Rhône au mont Cenis, — ligne internationale, — sera régie par le cahier des charges annexé à la convention du 1er mai 1863, passée entre l'Etat français et la compagnie de Victor-Emmanuel ; de là une première conséquence : c'est qu'au lieu des tarifs de l'article 42 du projet en discussion donnés avec détails aux pages 99 et 123 du rapport de M. Cézanne, tout le département de la Savoie est soumis à un tarif plus élevé, le tarif annexé à la convention du 1er mai 1863.

J'ai dit « plus élevé » et la différence est assez importante ; je veux faire passer sous vos yeux quelques-uns des points principaux.

Pour la grande vitesse, il y a entre le tarif de 1863 et celui du projet en discussion, qu'on refuse d'étendre à la ligne du Rhône au mont Cenis, une surtaxe de 0 fr. 14 par kilomètre et par tonne, — 50 centimes, au lieu de 38 centimes — à charge de la ligne du Rhône au mont Cenis.

Eh bien, je m'adresse aux industriels, aux hommes spéciaux qui siègent dans cette Assemblée : N'est-ce pas là une surtaxe exorbitante ?

Pour la petite vitesse, la surtaxe, quoique moins considérable, ne laisse pas d'être très-onéreuse ; elle est, pour les marchandises de 1re et de 2e classe, de 4 centimes par tonne et par kilomètre en sus du taux maximum des tarifs du projet en délibération.

Pour les marchandises de 3e classe, la surtaxe est de 6 centimes par tonne et par kilomètre, — 16 centimes au lieu de 10 centimes, chiffre maximum du projet en discussion ; — enfin la ligne du Rhône au mont Cenis n'a ni la 4e classe, ni les tarifs spéciaux A, B, C, du projet.

Ces surtaxes élèvent d'autant l'impôt.

Or, l'impôt sur le transport à grande vitesse est de 20 p. 100 du prix et de 5 p. 100 pour la petite vitesse ; en votant l'article 9, sans la réserve que je propose, vous maintenez ces tarifs exceptionnels et vous infligez à mon petit pays un impôt plus élevé que sur les autres parties du réseau ; double aggravation : tarif et impôt.

C'est un régime injuste et ruineux, pour l'industrie de la Maurienne surtout.

Mais, ce n'est pas tout. Il y a un autre fait grave : la convention de 1866 maintient en vigueur — et on vous demande de la maintenir à votre tour, — une disposition exceptionnelle insérée dans le cahier des charges annexé à la loi sarde de 1857, en vue d'une situation qui n'existe plus, disposition si anormale qu'elle ne se retrouve nulle part ailleurs : c'est l'article 64. (Bruit de conversations.)

Messieurs, permettez-moi de le dire, ceux d'entre vous qui, faute d'avoir prêté quelque attention à ces développements, voteront contre mon amendement, seront douloureusement surpris du vote qu'ils auront émis lorsque, demain, ils liront à l'*Officiel* les arguments et les faits que j'apporte à l'appui de ma proposition.

Quant à moi, j'aurai dégagé ma responsabilité. (Parlez ! à droite.)

Cet article 64 du cahier des charges annexé à la loi sarde de 1857, que sanctionne et conserve religieusement l'article 9, est ainsi conçu :

« La compagnie est autorisée à appliquer pour le tronçon de Saint-Jean-de-Maurienne à Modane, dès son ouverture totale ou partielle, un tarif exceptionnel approuvé par le Gouvernement.

« La même disposition est applicable au tronçon de Modane à Suse, lorsque la compagnie en prendra l'exploitation. »

Ainsi, un tarif exceptionnel, un tarif sans limite maxima ! Nous sommes donc livrés purement et simplement à l'arbitraire ; le Gouvernement et la compagnie ont pleine carrière pour faire des tarifs ; aucune protection pour nous à la différence de ce qui est stipulé dans toutes les concessions de chemins de fer.

Et ce droit créé par l'article 64 au profit de la compagnie, comment a-t-il été appliqué ? Le voici. En ce qui concerne le transport des voyageurs, les prix ont atteint des chiffres

que je ne crains pas d'appeler scandaleux ; mon appréciation a-t-elle quelque chose d'excessif ? Jugez-en.

On entre dans l'arrondissement de Maurienne à Aiguebelle ; d'Aiguebelle à Saint-Jean-de-Maurienne, le prix des transports des voyageurs commence à s'élever sensiblement ; de Saint-Jean-de-Maurienne à Saint-Michel, pour 12 kilomètres, ces prix sont : en 1re classe, de 3 fr. ; en 2e classe, de 2 fr. 20 ; plus que nous ne payons en 1re classe pour les 23 kilomètres qui nous séparent de Paris.

De Saint-Michel à Modane, l'élévation des prix est encore plus considérable, et la distance est de 15 kilomètres. 1re classe, 3 fr. 90 ; 2e classe, 3 fr. ; 3e classe, 2 fr. 15. Les 3e coûtent plus cher que les 1re de Paris à Versailles, où la distance est de 23 kilomètres et non de 15. Le rapport est le même relativement aux autres parties de tout le réseau français ! Aggravation donc et surélévation considérable des prix en Maurienne.

Voilà quelle application a été faite de cet article 64 en matière de transport de voyageurs. Ces chiffres que je viens de citer, je les ai puisés dans le *Livret-Chaix* du 30 mai 1875 et dans les indicateurs locaux. Je sais que le Gouvernement vient de décréter un nouveau tarif pour les voyageurs : il abaisse les prix, mais d'un quart seulement ; au lieu d'être deux fois ce qu'ils sont ailleurs, ils ne le seront plus qu'une fois et demi ; mais, en même temps, le Gouvernement demande le maintien de l'article 64, et alors qui empêcherait de relever plus tard ces prix ? Puis enfin, cette diminution laisse subsister une inégalité profonde, que rien ne justifie raisonnablement, entre cette partie de la ligne du Rhône au mont Cenis et tout le réseau du Paris-Lyon-Méditerranée ; et cette exagération des tarifs est réservée à un arrondissement le plus pauvre peut-être de tous !

Ces tarifs excessifs élèvent d'autant l'impôt, car l'impôt croît avec les prix de transports, et, je le répète, cette situation anormale, sans exemple en France, est réservée, imposée à une population assez âprement la moins heureuse de toute la France ! Tous ceux qui ont traversé la Maurienne ont été frappés de son aspect : la population est sobre, économe, intrépide au travail, intelligente, et cependant elle a peine à subsister. C'est qu'elle a à lutter contre l'âpreté du climat. Peu de sol arable, de hautes montagnes constamment en éboulement ou en mouvement, des torrents dévastateurs, des glaces éternelles : tel est le pays qu'on écrase de tarifs.

Ces populations, messieurs, avant l'ouverture des chemins de fer, trouvaient l'appoint de travail, qui leur est absolument nécessaire, dans le roulage et les messageries qui suivaient cette vallée, la seule ouverte aux communications entre la France et l'Italie. Cette ressource a disparu, et il a fallu la remplacer ; car, je le répète, le sol arable ne suffit pas à nourrir cette population de 50,000 âmes. Cette ressource nouvelle, elle l'a cherchée dans l'exploitation de ses richesses naturelles auxquelles la facilité de communication créée par l'établissement du chemin de fer pouvait ouvrir enfin des débouchés sérieux et importants : ses bois d'abord, car c'est un des arrondisse-

ments les plus forestiers de France, puis ses
sulfates si abondants, si précieux ; la gare de
Saint-Jean en expédie à elle seule, malgré
les entraves que je signale, 25,000 tonnes par
an, et enfin ses anthracites.

Eh bien, messieurs, je pourrais vous démontrer, en comparant les tarifs exceptionnels de la ligne du Rhône au mont Cenis, avec
ceux des réseaux français, que la concurrence
avec les produits similaires des autres régions
est rendue très-difficile par l'élévation des
prix des transports. Il n'est guère possible de
les faire pénétrer dans l'intérieur au delà de
limites restreintes, et, quant à l'Italie, où le
placement de ces marchandises serait assuré,
il faut presque y renoncer, m'écrit-on.

Je demande donc que l'article 9 ne soit pas
voté sans restriction ; je demande pour la ligne
du Rhône au mont Cenis le régime du droit
commun. Est-ce trop d'ambition ?

M. le ministre a parlé de l'intérêt de l'Etat.
L'intérêt de l'Etat ! une simple observation.

Deux intérêts graves se lient à la question :
intérêt local, départemental ; intérêt général,
international, ces tarifs élevés affectent
nos relations avec l'Italie.

Mon honorable ami Paul Morin, qui arrive
d'Italie, me disait hier qu'on y attend avec
impatience l'ouverture du Saint-Gothard. Je
comprends cette impatience, puisque la communication par le tunnel des Alpes, qu'il eût
fallu favoriser est, sinon interdite, au moins
grandement gênée, entravée grâce à nos tarifs.
(Aux voix ! aux voix !)

Mes chers collègues, ceux d'entre vous qui
crient aux voix ne savent pas que ces cris auront un douloureux retentissement dans tous
les replis des Alpes, au milieu de ces populations qui en sont les gardiennes. Je le répète,
ce que je défends ici, c'est un intérêt, le plus
essentiel de tous pour elles, celui d'existence. Vous avez pu vous en convaincre
par les quelques chiffres que j'ai dû me borner
à présenter à la hâte pour répondre à l'impatience de l'Assemblée.

L'intérêt de l'Etat n'est-il pas là avant tout
et bien plutôt que dans quelques centaines
de mille francs où on le place tout entier ?
L'intérêt de l'Etat ! Je comprends que le
petit royaume de Sardaigne, au moment où
il concédait la ligne de Victor-Emmanuel,
devenue la ligne du Rhône au mont Cenis,
disposant de ressources bien modestes au lendemain d'une guerre désastreuse et avec une
rançon considérable à payer, ait pu édicter cet
article 64 ! il devait chercher tous les moyens
propres à créer des revenus pour la ligne
projetée afin d'attirer les capitaux. A cette époque, en outre, il y avait plus que de l'incertitude sur la solution si heureusement obtenue
depuis ; on ne savait pas si la ligne qu'on allait
construire dans la Maurienne pourrait traverser
les Alpes ou si elle ne serait pas condamnée à s'arrêter au pied de ces monts infranchissables pour elle ; l'œuvre, accomplie plus
tard par le génie d'un homme, M. Sommeiller,
dont je m'honore d'être le compatriote et d'a-
voir été l'ami, le camarade, était à peine à
l'état de projet !

Mais aujourd'hui que la Savoie est, Dieu
merci, rentrée dans le sein de la mère patrie
française, que l'on vienne prétendre que l'inté-

rêt du Trésor de ce grand pays justifie ces
charges exceptionnelles, qu'on vienne affirmer
qu'il est bon, juste de reprendre, dans la plus
grosse partie, sur des populations pauvres,
des ouvriers, des cultivateurs, les quelques
cent mille francs par an que coûte en plus la
traction sur une longueur de 15 à 20 kilomètres, cela je ne le comprends pas. Et permettez-moi d'ajouter : Ne repoussez pas mon
amendement, de peur d'occasionner des comparaisons regrettables, fâcheuses ; car cet article 64, que la loi sarde appliquait de Saint-
Jean-de-Maurienne à Suze, a disparu de la
législation italienne depuis que le petit Etat de
de Sardaigne est devenu le grand royaume
que nous avons aidé à fonder.

Sur le versant italien, point d'article 64, pas
de tarif exceptionnel ! Les tarifs sont partout
les mêmes, à partir de Bardonnèche, à la sortie du tunnel, jusqu'à Tunis, Alexandrie.

C'est ce qu'on nous refuse de ce côté des
Alpes.

J'avais donc raison de vous dire qu'il y avait
un intérêt général, aussi bien qu'un intérêt
spécial et considérable qui se rattache à l'adoption de mon amendement. (Très-bien ! sur
quelques bancs à gauche.)

M. Caillaux, ministre des travaux publics.
Messieurs, l'amendement qui vous est présenté
par l'honorable M. Parent a pour objet de supprimer l'augmentation des tarifs qui sont appliqués, sur une longueur de 34 kilomètres environ, depuis Saint-Jean-de-Maurienne jusqu'à
Modane.

Lorsque, en 1867, on a réglé les conditions
d'exploitation de la ligne franco-italienne, qui
traverse le mont Cenis, il a été stipulé, conformément aux dispositions du cahier des
charges qui a servi de base à la concession
faite par le gouvernement sarde, du chemin de
fer Victor-Emmanuel, que le tarif subirait une
augmentation dans la section de Saint-Jean-
de-Maurienne à Modane, à raison du chiffre
exceptionnel des dépenses et des pentes considérables dont cette ligne est affectée. Ainsi,
pour l'établissement du tunnel du mont Cenis,
le Gouvernement français a payé plus de 26
millions au gouvernement italien ; la construction des abords du tunnel a également nécessité de très-grandes dépenses. C'est pour
cela que le tarif a subi une augmentation du
double.

Je vous ferai remarquer d'abord, • messieurs que la question soulevée par M. Parent n'a aucun rapport avec la convention
qui vous est actuellement soumise. Quelle
que soit votre décision sur cet amendement,
elle ne peut toucher, en aucune façon, les intérêts de la compagnie Paris-Lyon-Méditerranée.

En effet, la section de Saint-Jean-de-Maurienne à Modane est exploitée par cette compagnie pour le compte du Gouvernement, de
telle sorte que toutes les diminutions de tarifs
que vous imposeriez n'auraient d'autre effet
que de réduire des produits qui appartiennent
au Trésor français, en compensation des grands
sacrifices qu'il a faits et qu'il fait encore pour
compléter les installations nécessaires au développement du trafic.

Si vous diminuez de 350,000 fr. — c'est à
ce chiffre que j'évalue le total de l'augmenta-

tion de recettes dont l'amendement, si vous l'adoptiez, aurait pour résultat de grever le Trésor, — le montant des produits de la ligne, je le répète, cela ne touchera nullement la compagnie, ce sera un sacrifice que nos finances seules auront à apporter.

Je dois ajouter que dès à présent le Gouvernement est entré dans la voie de modération réclamée par M. Parent, et qu'il vient de lui donner une satisfaction, je ne dirai pas complète, mais assurément considérable. Par une décision ministérielle de date récente, prise d'accord avec la compagnie, l'augmentation a été déjà réduite de moitié (Très-bien ! très-bien !)

Et ce n'est pas au moment où nous venons d'apporter cette amélioration à des dispositions appliquées depuis plusieurs années qu'il convient d'en proposer d'autres. (Très-bien ! très-bien !)

Par ces motifs, je prie l'Assemblée de repousser l'amendement de M. Parent. (Aux voix ! aux voix !)

Je ne veux ajouter qu'un mot.

Le Gouvernement français n'a pas été le seul à établir un tarif supplémentaire en raison des dépenses exceptionnelles comme celles qui ont été faites pour la construction du tunnel du mont Cenis. Une augmentation de prix analogue doit être également imposée par le gouvernement allemand, à raison des dépenses exceptionnelles de construction aux abords du Saint-Gothard. Dans tout ce qui a été fait, il n'y a donc rien qui ne soit normal, et la réduction qui vient d'être opérée est une satisfaction suffisante à laquelle il n'y a rien à changer. (Nouvelles marques d'approbation.)

M. Parent Messieurs... (Aux voix ! aux voix !). J'ai le droit de répondre à un ministre ; je répondrai donc à M. Caillaux.

M. le ministre vous a dit que l'article 9 n'avait aucun rapport avec la convention en discussion ! Si cet article 9 n'avait pas dans la convention, je n'aurais pas senti le besoin de monter à la tribune aujourd'hui ; j'aurais pris depuis longtemps une autre voie pour faire cesser un état de choses regrettable. Mais dès que l'on vous demande de consacrer par votre vote les conventions de juin 1866, c'est qu'il est donc bien entendu que l'état de choses que je viens de signaler n'est pas près de cesser, et qu'on entend, au contraire, le rendre en quelque sorte irrévocable par votre sanction.

Que M. le ministre consente à supprimer l'article 9 de la convention et je retirerai mon amendement, sauf à prendre, je le répète, une autre voie pour arriver au résultat que je poursuis, car je ne dois rien négliger pour l'obtenir. (Aux voix ! aux voix !)

M. le ministre a parlé du Saint-Gothard. Je ne demande pas mieux qu'on prenne pour exemple le Saint-Gothard. Sur le Saint-Gothard les surtaxes ne sont pas aussi élevées...

M. le ministre des travaux publics. 50 p. 100 en plus !

M. Parent. Je vous demande bien pardon, monsieur le ministre ! C'est 3 centimes en plus par tonne et par kilomètre lorsque la pente dépasse un certain chiffre, et encore, si mes souvenirs ne me trompent pas, cette surtaxe est limitée aux transports à grande vi-

... à droite. Nous le savions bien ... ... qu'il était très-difficile d'obtention quelconque aux conditions ... et je puis dire qu'elle nous ... devrais pas plutôt dire que ...

Une expression ...

Cette satisfaction ... vez voté le paragraphe ... sur les tarifs ... avoir modifié ... même, pour ... ribuée et il ... une surtaxe de ... commis... les autres parties ... pas modifié ; il subsiste ... les ... qui concerne les marchan... ne ... donc à appliquer aux tran... dises sur la ligne du Rhône ... des tarifs exceptionnels, qui, ... ne sont pas à bases kilométriques comme ... tout ailleurs, qui permet de ... et de mettre à profit les tarifs décroissants ... mais qui sont à prix fermes et trop élevés.

Enfin, dernière observation : On a parlé des sacrifices imposés au Trésor. Je comprendrais parfaitement que l'on pût faire valoir un tel argument si le chemin de fer en question avait été construit exclusivement pour la Maurienne, ne servait qu'à elle et pour elle. Mais est-ce pour les 50,000 habitants de cet arrondissement que ce chemin de fer a été établi ? Non, assurément : on l'a fait pour la France, dans l'intérêt des communications de la France avec l'Italie et avec l'Orient !

Prenez garde ! en croyant sauvegarder les intérêts du Trésor, vous vous exposez à les compromettre gravement, à compromettre des intérêts vitaux pour la France ; vous pouvez détourner d'elle, lui ôter, le commerce, le transit, après avoir sacrifié tant de millions à la percée des Alpes. (Aux voix ! aux voix !)

M. le président. Je mets aux voix l'amendement de M. Parent.

(L'amendement, mis aux voix, n'est pas adopté.)

M. le président. Maintenant vient un article additionnel présenté par M. Destrem.

M. Tolain. Pardon, monsieur le président ! Je demande la parole pour présenter une simple observation au Gouvernement et à la commission.

M. le président. Vous avez la parole.

M. Tolain. Je crois, messieurs, qu'il y a une erreur dans la rédaction de l'article 8 de la convention.

Le nombre des kilomètres de l'ancien réseau, tel qu'il est indiqué par la convention proposée, est de 5,123 kilomètres, si je ne me trompe.

Eh bien, il y a sur ce réseau des dépenses complémentaires à effectuer, et chaque million dépensé pour ces travaux doit, à 5 fr. 75 p. 100 d'intérêt, représenter une somme de 57,500 fr., et il est dit, dans l'article 8 de la convention, que chaque million dépensé élèvera le revenu kilométrique de 11 fr. 50 par kilomètre.

Je me suis permis de multiplier 11 fr. 50 par 5,123, et, au lieu de trouver le chiffre de 57,500 fr., j'ai trouvé celui de 58,914 fr. 50 : ce qui fait, par chaque million dépensé, un écart de 1,414 fr. 50 par an et par million.

Et si vous voulez bien remarquer qu'il pourra être dépensé en travaux complémentaires, d'une part, 192 millions, et, d'autre part, 40 millions pour les évaluations insuffisantes, c'est-à-dire

48

232 millions; si, de plus, vous voulez bien vous rappeler que la convention a quatre-vingts ans à courir, vous vous apercevrez que cette petite erreur que je vous signale correspond à un chiffre de plus de 26 millions, sans compter les intérêts.

Je ne crois pas m'être trompé dans mes calculs. Cependant, je prie M. le rapporteur et M. le ministre de vouloir bien examiner de près les chiffres que j'indique et les rectifier, s'il y a lieu.

M. le rapporteur. Nous demandons la permission de ne répondre à cette observation qu'après avoir fait les calculs nécessaires pour constater l'erreur, si elle existe. (Oui ! oui ! — Très-bien !) Ce ne peut être, dans tous les cas, qu'une erreur matérielle.

M. le président. Voici l'article additionnel proposé par M. Destremx :

« Les voyageurs seront en communication directe avec le chef de train, au moyen d'une sonnette d'appel ou par tout autre analogue. »

La parole est à M. Destremx.

M. Destremx. Messieurs, pour abréger cette longue discussion et ménager le temps de l'Assemblée, je consens à retirer mon article additionnel... (Très-bien ! très-bien !), et je me contente de le recommander à la bienveillante attention de M. le ministre des travaux publics.

M. le président. L'honorable M. Destremx a proposé un autre article additionnel dont je vais lire le texte :

« Tous les engrais insecticides... » (Bruyantes exclamations) « destinés à combattre le phylloxera seront transportés à prix réduits par les chemins de fer. »

La parole est à M. Destremx.

M. Destremx. Messieurs, l'article additionnel que j'ai l'honneur de proposer résulte d'un vœu émis au mois d'octobre dernier par le congrès viticole de Montpellier. Il s'agit d'obtenir des compagnies le transport à prix réduit des matières employées comme engrais insecticides, surtout ceux qui ont un volume encombrant, et qui sont de nulle valeur, comme les marcs de soude, les cendres de pyrites et schistes grillés, qui doivent être employés, pour être efficaces, à de hautes doses.

Si les insecticides n'ont pas produit tous les effets qu'on en attendait, c'est peut-être qu'on n'a pas pu, à cause du prix élevé qu'ils atteignent par suite des transports, les employer en quantité suffisante. Les compagnies sont trop intéressées dans cette question, pour nous refuser cette satisfaction, alors même que l'Assemblée n'adopterait pas mon article additionnel.

M. le président. Je mets aux voix l'article additionnel de M. Destremx.

(L'article additionnel, mis aux voix, n'est pas adopté.)

M. le président. Un dernier article additionnel présenté au cours de la discussion, et par conséquent soumis à la prise en considération, a été déposé par M. de Tillancourt. (Exclamations diverses.)

Voici dans quels termes il est conçu :

« La compagnie concessionnaire ne pourra dans aucun cas appliquer à la circulation du dimanche ou des jours de fête un tarif plus élevé que celui des autres jours de la semaine. »

M. de Tillancourt. Messieurs, l'article additionnel que vous avez entre les mains ne nous occupera que peu d'instants, si vous voulez me prêter un peu d'attention. Si vous m'interrompez, au contraire, j'en tirerai cette conséquence : que vous désirez me retenir plus longtemps à la tribune, et je prolongerai, bien malgré moi, l'exposition que j'ai à vous faire. (On rit. — Parlez ! parlez !)

L'article additionnel que j'ai l'honneur de présenter a pour but d'imposer à la compagnie l'interdiction d'exiger des personnes qui voyagent les dimanches et les jours de fête, un prix plus élevé que le prix qu'elle fait payer pendant le cours de la semaine.

Or cette différence de prix n'est aucunement justifiée. En effet, la plupart des voyageurs du dimanche sont des personnes peu fortunées, occupées dans le cours de la semaine et, par conséquent, dignes d'un vif intérêt elles voyagent en famille ; ce sont, en grande partie, des femmes et des enfants, et toute augmentation de dépenses est très-onéreuse à des personnes placées dans ces conditions. (Mouvements divers.)

Les réclamations que je présente se sont produites à plusieurs reprises, notamment devant le Corps législatif, à propos des budgets, et dans plusieurs discussions relatives aux chemins de fer. Les ministres qui se sont succédé ont toujours reconnu que ces observations étaient justes, que les compagnies, en frappant les voyageurs du dimanche, faisaient une chose injustifiable.

Seulement les organes du Gouvernement ont dit qu'ils n'avaient aucun moyen de coercition vis-à-vis des compagnies ; qu'il fallait attendre une occasion où des modifications aux traités seraient présentées, et qu'alors on obtiendrait facilement d'un vote du pouvoir législatif ce qui ne pouvait être fait par le pouvoir exécutif.

Cette occasion se présente aujourd'hui, messieurs ; nous sommes saisis d'un traité avec l'une des grandes compagnies des lignes ferrées, et il est indispensable de profiter d'une circonstance qui ne s'est pas produite depuis plus de dix années.

Comment se fait-il, messieurs, que le Gouvernement ait été jusqu'à présent dans l'impossibilité d'intervenir pour soutenir les intérêts des voyageurs du dimanche ? C'est que, bien que les cahiers des charges aient imposé un maximum de tarif aux compagnies, celles-ci ont abaissé ces tarifs au-dessous de ce maximum pour les jours ordinaires ; mais elles l'ont maintenu pour les dimanches, créant ainsi cette inégalité choquante que je signale.

Sur divers bancs. C'est vrai ! c'est vrai !

Un membre. Mais le tarif du dimanche est encore moins élevé que le tarif maximum !

M. de Tillancourt. Aussi, je ne prétends nullement que les compagnies violent les contrats qui les lient ni que le ministre ait eu tort de tolérer les agissements que je signale ; ce que je demande, c'est que vous votiez une disposition qui proscrive pour l'avenir ces tarifs qui varient suivant les jours et contre lesquels tous les ministres ont déclaré qu'ils avaient le désir de réagir, ne demandant pour cela que le concours du pouvoir législatif.

En ce qui concerne la compagnie Lyon-Méditerranée, avec laquelle nous traitons aujourd'hui, il ne saurait y avoir de résistance de sa part à accepter ce que je propose, car elle n'a point abusé des tarifs qui surchargent les voyages des dimanches : je m'empresse de le reconnaître.

Mais ce qu'elle n'a pas fait dans le passé, elle pourrait le faire dans l'avenir. Il est toujours prudent de fermer la porte aux abus et plus encore d'empêcher qu'elle ne puisse être ouverte. (Approbation sur divers bancs.)

J'espère donc, messieurs, que vous accepterez mon amendement. Il formera un précédent dont on pourra tirer parti vis-à-vis de celles des autres compagnies avec lesquelles l'État aura, dans l'avenir, à suivre une négociation; vous aurez fait ainsi une chose bonne et avantageuse. (Aux voix! aux voix!)

M. le président. Je consulte l'Assemblée sur la prise en considération de l'article additionnel de M. de Tillancourt.

(L'Assemblée, consultée, ne prend pas l'article additionnel en considération.)

M. le président. Les amendements et les articles additionnels relatifs à la convention étant épuisés...

Sur divers bancs. Ah! enfin!

M. le président. ... je vais mettre aux voix l'article 2 du projet de loi.

M. Arrazat. Je demande la parole avant le vote sur l'article 2, pour présenter une observation.

M. le président. Vous avez la parole.

M. Arrazat. Je viens prier l'Assemblée de remarquer qu'elle doit modifier l'article 2 de la convention dans sa rédaction, si elle veut qu'il soit en harmonie avec un vote précédemment émis sur la loi elle-même. (Parlez! parlez!)

Messieurs, il y a quelques jours vous avez modifié l'article 1er du projet de loi, en ajoutant au paragraphe 6, qui était ainsi conçu : « De Vénezobres à Quissac avec embranchement sur Anduze, » les mots : « ... et prolongement direct sur Montpellier. »

Pour que notre vote ne demeure pas une résolution purement platonique, il faut que, dans l'article 2 de la convention faite avec la compagnie, et qui contient l'énumération de toutes les lignes concédées, on ajoute au paragraphe, correspondant à celui numéroté 6 dans l'article 1er du projet de loi, les mots : « avec prolongement direct sur Montpellier. »

Je demande à M. le ministre si cette rédaction est acceptée. Si elle l'est, je n'ai plus rien à dire.

M. le ministre des travaux publics fait un signe de dénégation.

M. Arrazat. M. le ministre me fait un signe de dénégation. J'avoue que j'en suis grandement surpris.

Cette discussion a enseigné bien des choses. Pour mon compte elle aura démontré que la compagnie de la Méditerranée était une compagnie puissante...

Quelques voix à droite. Nous le savions bien!

M. Arrazat. ...qu'il était très-difficile d'obtenir une modification quelconque aux conditions, je ne sais pas si je puis dire qu'elle nous soumet, ou si je ne devrais pas plutôt dire qu'elle nous impose.

J'incline pour cette dernière expression.

Et, en effet, quand vous avez voté le paragraphe 6 de l'article 1er après l'avoir modifié, M. le rapporteur est monté à la tribune et il a demandé le renvoi de l'article à la commission.

Quels étaient les motifs du renvoi? Il les a expliqués en vous faisant connaître qu'on ne pouvait faire ici un contrat, qu'il fallait consulter la compagnie et savoir d'elle si elle acceptait la nouvelle rédaction que vous veniez d'approuver.

M. le rapporteur est revenu le lendemain à la tribune, en vous disant qu'après délibération et examen très-sérieux, la commission acceptait le paragraphe 6, et qu'elle vous priait de voter, dans son ensemble, l'article 1er ainsi modifié.

Qu'avez-vous pu croire après cette déclaration? Evidemment, vous avez tous pensé que ce que vous veniez de décider était accepté par la commission et la compagnie qui avaient été consultées, et qu'on délibérait là-dessus. (C'est vrai! sur quelques bancs.)

C'est sous le bénéfice de cette déclaration que vous avez continué l'examen du projet de loi et que vous l'avez voté.

Eh bien, aujourd'hui, si la question que je pose n'avait pas été faite, je m'aperçois que, contrairement à ce que vous avez pu toute le monde suppose, contrairement à ce qui est la seule interprétation loyale de ce qui s'est passé ici, j'ose le dire, de ce qui a été fait ici, on nous a soutenu que l'Assemblée avait bien pu déclarer l'utilité publique d'un chemin concédé à la compagnie de Paris-Lyon-Méditerranée, mais qu'en réalité ce chemin n'était concédé à personne.

Savez-vous quelle est la situation si l'on fait au département de l'Hérault? La voici, et c'est peut-être ce que pourrait la compagnie de Paris-Lyon-Méditerranée.

Je ne me fais pas illusion. Vous avez déclaré que la ligne de Quissac à Montpellier était une ligne d'intérêt général, et, par là même, vous empêchez toutes les compagnies de chemins de fer d'intérêt local d'en demander la concession.

M. le ministre des travaux publics. Non!

M. Arrazat. Vous savez bien que c'est absolument impossible, en présence de la concession de Sommières aux Mazes.

Voilà donc le but que se proposait la compagnie de Paris-Lyon-Méditerranée parfaitement atteint. Vous déclarez un chemin d'utilité publique, vous le déclarez d'intérêt général, et par là vous fermez la porte à toutes les compagnies locales. On ne peut mieux préparer sa situation.

Vraiment, je suis étonné que ce soit ici M. le ministre et M. le rapporteur qui se fassent à ce point les avocats de la Méditerranée. Car enfin, au nom de qui venez-vous soutenir qu'il ne faut pas modifier la rédaction de l'article 2? Est-ce au nom des intérêts que vous représentez ? J'ai cru que, jusqu'ici, vous représentiez l'intérêt public et le Gouvernement.

Je me demande de quel droit, alors que l'Assemblée a voté un article, alors qu'il a été pris une décision, de quel droit, vous, représentant du Gouvernement, venez-vous dire que la décision que l'Assemblée a prise ne signifie absolument rien...

M. de Montgolfier. C'est une convention !

M. Arrazat. ...et qu'on n'en tiendra aucun compte. (Très-bien ! à gauche.)

Je demande que l'Assemblée, conséquente avec elle-même et ayant de sa dignité un soin qu'elle ne peut négliger, veuille bien décider que la rédaction du paragraphe 2 de la convention sera mise en harmonie avec le paragraphe 1er de l'article que vous avez voté.

Cet incident, messieurs, me démontre la confiance qu'on doit avoir dans les intentions de la Méditerranée, et me détermine à poser une autre question à M. le ministre ; celle-ci est bien plus importante, car elle s'applique à toutes les lignes dont vous aurez donné la concession.

Vous avez dû voir dans le rapport de la commission que la concession actuelle serait régie par le cahier des charges sur lequel a été faite la concession de 1857. Assurément, vous désirez que la concession actuelle soit exécutée, vous croyez que vous alliez avoir les mêmes garanties qu'on avait de l'exécution de la concession de 1857. Eh bien, il y a dans ce cahier des charges un article n° 39 que je ne vais pas vous lire, mais dont je vais vous analyser le contenu. Il porte que, en cas d'inexécution, l'État aura le droit de faire construire les lignes non exécutées par la compagnie, aux frais de la compagnie elle-même.

Je me demande, et je demande à M. le ministre de nous dire si cet article 39 du cahier des charges sera applicable à la concession actuelle.

M. Francisque Rive. Évidemment non, puisqu'il n'est pas compris dans la convention faite avec la compagnie Paris-Lyon-Méditerranée !

M. Arrazat. On pourrait le croire ; mais on n'a pas toujours compris la question de cette manière. Vous avez déclaré dans l'article 4 de la convention que la concession serait régie par le cahier des charges de 1857. De cette déclaration, il est résulté pour tout le monde la conviction que ce cahier des charges de 1857 serait applicable à tous les nouveaux chemins de fer. Cela est incontestable. Eh bien, je commence à comprendre maintenant l'importance de l'article 2 de votre convention.

Tandis que l'article 39 du cahier des charges de 1857 introduit une clause pénale qui est celle-ci : « Dans le cas où la compagnie n'exécutera pas les travaux, on les exécutera à ses frais, » vous avez introduit, vous, dans votre convention, un article 2 qui, dans sa partie finale, porte simplement ceci : « Si la compagnie n'exécute pas, etc., on lui retiendra une certaine somme sur les frais de premier établissement. »

Quand j'ai voulu consulter le rapport, afin de me rendre compte de l'importance de cette déclaration qui termine l'article 2 de la convention, j'y ai vu ceci :

« Pour établir une sanction efficace aux stipulations qui concernent les délais, en sorte que la compagnie fût soumise à une pénalité sensible dans le cas où, par sa faute, elle se mettrait en retard ;

« Il nous a paru, après avoir examiné divers systèmes que le plus convenable, eu égard aux diverses circonstances à prendre en considération, pourrait être formulé dans les termes suivants que nous demanderons au ministre de faire introduire dans la convention. » Le rapport indique, qu'en cas de non exécution, il sera retranché du compte de premier établissement une somme à calculer, etc.

Si cet article, dans l'esprit de M. le ministre et dans celui de la commission, a la prétention de remplacer l'article 39, je déclare que l'Assemblée, en le votant, abandonnerait aujourd'hui toutes les garanties qu'avaient cru devoir exiger vos prédécesseurs en 1857.

En effet, l'article 39 vous donnait le droit de faire construire aux frais de la compagnie, si la compagnie ne construisait pas. Le droit donné à l'État par l'article actuel est absolument nul. Voici comment.

Si la compagnie ne construit pas, ou si elle passe les délais, quel sera votre droit ? Vous aurez celui de retrancher une certaine somme sur le compte de premier établissement ; mais le compte de premier établissement ne sera jamais fait si on ne construit pas, et alors où prendrez-vous la somme et comment pourrez-vous la fixer ?

Il en résulterait que la compagnie aurait un moyen extrêmement simple de se soustraire à toute garantie, celui de ne pas exécuter.

Je défie quiconque examinera l'article 2 de la convention d'y trouver une garantie.

Si vous supprimez l'article 39, vous ne laissez absolument aucune garantie. Vous venez de décider la concession de plusieurs lignes de chemins de fer à la compagnie Paris-Lyon-Méditerranée. Eh bien, vous voulez que désirez que ces lignes concédées soient exécutées, vous n'aurez pas la moindre assurance que la compagnie les exécutera. Déjà vous avez dû être frappés des délais qu'elle s'imposait à elle-même : en moyenne, c'est un délai de cinq années. Ces cinq années ne commencent à courir qu'après l'approbation des projets définitifs. D'un autre côté, on a deux ans pour présenter les projets définitifs ; mais le délai de cinq années ne court qu'après l'approbation des projets définitifs, il y a un délai indéterminé pour l'approbation de ces projets... (Aux voix !), de sorte que ce délai indéterminé est là comme un trésor d'exceptions dilatoires dans lequel la compagnie puisera certainement. (Mouvements et bruits divers.)

Si, à côté de cela, vous n'avez aucune espèce de moyen d'exécuter à la place de la compagnie, quelle garantie avez-vous que la compagnie exécutera les lignes que vous concédez ?

Ainsi, voilà qui est démontré : nulle sécurité dans la convention, nulle garantie d'une exécution certaine, et les intentions ultérieures de la compagnie peuvent être facilement préjugées d'après ce qui se passe aujourd'hui.

Je n'ai qu'une chose à ajouter : c'est que dans le cas où M. le ministre, après y avoir réfléchi, n'accepterait pas ma manière de voir, je demanderais que ma proposition fût ajoutée comme paragraphe additionnel à la convention. (Aux voix !)

M. Caillaux, *ministre des travaux publics.* L'Assemblée, sur la proposition de M. de Rodez Bénavent et plusieurs de ses collègues, a ajouté au paragraphe 6 de l'article 1er du projet de loi l'embranchement de Quissac à Montpellier. Lorsque j'ai objecté à cet amendement que la convention passée avec la compagnie de Paris-Lyon-Méditerranée ne pouvait s'y appliquer, on a soutenu — et je crois qu'on a eu raison de le soutenir, — que l'Assemblée avait le droit de déclarer l'utilité publique d'une ligne, quoique cette ligne ne fût pas comprise dans la convention. C'est en conséquence de cette opinion que votre commission n'a présenté aucune observation sur le vote que vous avez émis qu'elle l'a accepté, et c'est par la même raison que pour ma part, à son exemple, je me suis incliné devant votre décision.

Il a donc été entendu que l'embranchement de Quissac à Montpellier se trouverait ajouté à l'article 1er, qui prononçait la déclaration d'utilité publique d'un certain nombre de chemins. Mais il a été compris en même temps qu'il n'en résulterait pas que l'embranchement de Quissac à Montpellier serait compris dans la convention.... (Exclamations sur plusieurs bancs.)

M. de Montgolfier. C'est évident !

M. le vicomte de Rodez-Bénavent. Je demande la parole.

M. le ministre des travaux publics. Il n'en pouvait pas résulter, dis je, que l'embranchement de Quissac à Montpellier fût considéré comme devant être compris dans la convention passée avec la compagnie de Paris à Lyon et à la Méditerranée, puisqu'il ne pouvait pas dépendre de l'Assemblée, assurément, de modifier les termes de cette convention.

D'un côté, l'Assemblée a fixé les lignes qui doivent être déclarées d'utilité publique ; de l'autre, la compagnie de Paris à Lyon et à la Méditerranée a demandé la concession d'un certain nombre de ces lignes pour en faire successivement l'exécution et l'exploitation, mais elle ne demande pas et elle ne consent pas à accepter l'embranchement de Quissac à Montpellier.

On me reproche, à cause de cela, de ne pas me conformer aux volontés de l'Assemblée, de ne pas faire exécuter ses décisions. J'en demande bien pardon à mes contradicteurs, je suis tout prêt à présenter à l'Assemblée un projet de concession pour l'exécution de l'embranchement qu'elle a voté par une compagnie, quelle qu'elle soit, qui se présentera et consentira à se charger des travaux et de leur exploitation. (Murmures.)

Je dis que, pour me conformer à la décision de l'Assemblée, je présenterai un projet de loi soit pour mettre en adjudication l'embranchement de Quissac à Montpellier, soit pour le concéder à un concessionnaire qui se chargerait de l'exécuter.

Il me semble qu'en agissant ainsi, je me soumettrai, je le répète, à la décision de l'Assemblée, mais il ne peut dépendre de moi de faire entrer, dans une convention signée et acceptée par une partie contractante, l'exécution et l'exploitation d'une nouvelle ligne de chemin de fer qui n'était pas prévue, qui n'a été ni étudiée ni discutée.

Par ces motifs, j'ai l'honneur de proposer à l'Assemblée de voter l'article 2, en supprimant de cet article le dernier membre de phrase qui est ainsi conçu : « pour la concession des chemins de fer énoncés à l'article premier ci-dessus. »

L'article 2 se trouverait réduit à ceci :

« Est approuvée la convention provisoire passée le   entre le ministre des travaux publics et la compagnie des chemins de fer de Paris à Lyon et à la Méditerranée. »

Ainsi modifié, il s'appliquerait exactement à la convention passée avec la compagnie de Paris-Lyon-Méditerranée, en laissant à part l'article premier.

L'article 1er a été l'objet d'une décision spéciale de l'Assemblée, qui recevra son exécution complète. (Très-bien ! très-bien !)

M. le vicomte de Rodez-Bénavent. Messieurs, il paraît que nous ne sommes pas d'accord avec M. le ministre des travaux publics — et je le regrette, — sur l'interprétation à donner au vote que vous avez émis le 23 juin dernier. A l'heure actuelle, il serait superflu de se livrer à de longues dissertations, que vous écouteriez mal peut-être ; la meilleure manière de comprendre le sens et la portée que vous avez voulu attribuer à ce vote, consiste, il me semble, à vous lire les paroles que M. le rapporteur a prononcées à cette tribune.

Quelques membres. Très-bien ! C'est cela !

M. le vicomte de Rodez-Bénavent. Vous savez, messieurs, qu'après le vote que vous avez émis et par lequel vous avez approuvé notre amendement, vote qui, je dois le dire ici publiquement, est approuvé par les représentants officiels et officiels du commerce de notre région, j'en reçois tous les jours de nouvelles appréciations, et je pourrais vous les faire passer sous les yeux, vous verriez que votre vote a été éminemment utile, éminemment intelligent des intérêts généraux du pays. (Interruptions et mouvements en sens divers.)

M. le rapporteur. Je demande la parole.

M. le vicomte de Rodez-Bénavent. Vous vous rappelez en effet, messieurs, quelle émotion a succédé au vote que vous avez émis. M. le rapporteur a demandé à plusieurs reprises, comme étant de droit, le renvoi à la commission du paragraphe 6 de l'article 1er ; il paraît que le règlement s'y opposait, et vous avez été obligés de décider la question par un vote.

Vous l'avez renvoyé à la commission, et voici dans quels termes M. le rapporteur s'est exprimé :

« *M. le rapporteur.* J'ai l'honneur de demander à l'Assemblée de vouloir bien renvoyer à la commission le paragraphe 6 de l'article 1er, avec l'addition adoptée tout à l'heure. En effet, messieurs, vous ne pouvez pas perdre de vue que vous n'êtes pas, lorsque vous êtes appelés à voter sur un texte de loi, qu'il ne dépend pas de vous seuls de changer.

« Il est absolument nécessaire, dit-il plus loin, que le Gouvernement et la commission recherchent, pour en faire part à l'Assemblée, quelle peut être la conséquence du vote que vous venez d'émettre .. »

M. le rapporteur. C'est bien, en effet, ce que j'ai dit.

M. le vicomte de Rodez-Bénavent. « ...car dans l'état actuel des choses, cette conséquence, c'est la suppression de la convention. Il est absolument nécessaire que l'Assemblée sache si la conséquence du vote qu'elle vient d'émettre est le renversement complet de la convention et la suppression du projet . Cette disposition, qui ne sera pas acceptée par la compagnie, peut être une raison de rupture ; nous ne pouvons pas négocier à la tribune. »

Voilà, messieurs, le vrai motif pour lequel on vous demandait le renvoi à la commission. Après ce renvoi prononcé, que s'est-il passé ? je n'en sais rien ; mais il n'est pas téméraire, je le suppose, d'avancer qu'on a négocié avec la compagnie Paris-Lyon-Méditerranée ; que la compagnie ait dû se refuser à accepter de prime abord cette addition, on pouvait le prévoir ; mais on peut prévoir aussi, en présence des avantages que lui concède la convention, qu'elle acceptera le projet si on veut bien l'y obliger... (Dénégations sur plusieurs bancs. — Rumeurs en sens divers.)

Voilà pourquoi, le lendemain, après avoir réfléchi, après avoir négocié, votre commission vous fit connaître, par l'organe de son rapporteur, la décision suivante :

« M. Césanne, rapporteur. La commission a délibéré sur le paragraphe que vous lui avez renvoyé, et elle m'a chargé d'informer l'Assemblée qu'elle s'inclinait absolument devant le vote que vous avez émis hier, et que tenant pour bonne la déclaration d'utilité publique que vous avez voté sur l'embranchement de Quissac à Montpellier, elle vous prie de voter l'ensemble du paragraphe »

M. le rapporteur et plusieurs membres. Eh bien ? C'est là ce qu'on a fait !

M. le ministre des travaux publics. Nous sommes d'accord.

M. le vicomte de Rodez-Bénavent. Il faut savoir lire entre les lignes. (Exclamations.) C'est évident ! Et quelle était alors la pensée de tous ?... (Bruit)

Un mot encore, messieurs. Vous n'avez certainement pas voulu rendre un vote uniquement platonique ; c'est un vote sérieux, positif, efficace que vous avez voulu émettre et dont vous vouliez imposer les obligations à la compagnie Paris-Lyon-Méditerranée.

Ah ! messieurs, si je pouvais négocier à la tribune, ou si je pouvais inspirer ceux qui ont ce droit, savez-vous ce que je dirais à la compagnie de Paris-Lyon-Méditerranée ? Je lui dirais : L'Assemblée nationale a voté, pour le département de l'Hérault, deux lignes de chemins de fer, l'une de Quissac à Montpellier, l'autre de Sommières aux Mazes. Eh bien, voulez-vous les faire ? soit. nous n'y contredisons pas, et nous les verrons avec satisfaction, exécutées par vous. Si, au contraire, vous ne voulez pas les construire, laissez-nous les faire.

Et dans un intérêt que vous connaissez et que réclament à la fois l'intérêt général et celui du département, je puis vous assurer dans ce cas, mes-leurs, qu'en moins de temps que n'en demande la compagnie Paris-Lyon-Méditerranée, les deux chemins seraient exécutés dans le département de l'Hérault. Voilà

la justice et la vérité. (Très-bien ! sur quelques bancs.—Mouvements divers.)

Je n'ai pas la prétention, messieurs, de croire que vous avez conservé le souvenir des arguments que je vous ai déjà donnés dans la séance du 23 juin... (Si ! si !); mais je ne puis oublier que vous avez émis un vote favorable à notre amendement que vous voulez rendre efficace, et que justifiaient d'ailleurs les besoins du pays et les vœux unanimes, de nos populations. A cet effet, messieurs, je ne puis mieux faire, en terminant, que d'emprunter les paroles que faisait entendre hier M. le rapporteur, parlant des régions du Midi et de l'importance de leur trafic ; voici ce qu'il disait : :

« Dans la région du Midi dont nous nous occupons, il faut se placer, là encore au point de vue de l'exploitation. Cette région viticole du Gard et de l'Hérault... » — de l'Hérault dont l'importance, je vous le rappelle, peut donner lieu à un trafic de 1,500,000 tonnes. — « région qu'on peut traverser, examiner sur les cartes, étudier au point de vue de l'ingénieur, de la topographie, mais de la vitalité de laquelle on ne se rend bien compte que quand on l'a étudiée au point de vue de l'exploitation, — cette région offre deux éléments considérables de transports, : la houille et le vin ; cette région aboutit aux deux ports de Marseille et de Cette. Ce dernier port aurait bien mérité un chapitre spécial dans cette discussion ; car il est appelé à un très-grand avenir. »

Eh bien, messieurs, c'est au nom de l'avenir du commerce de Cette et des intérêts régionaux de tout le Midi que je vous demande de maintenir dans la convention l'addition que vous avez déjà sanctionnée par votre vote. Ne craignez pas de refus de la part de la compagnie Paris-Lyon-Méditerranée ; les avantages qu'on lui fait par cette convention sont assez considérables d'ailleurs pour qu'elle se garde bien de refuser l'exécution de cette dernière ligne. (Assentiment sur quelques bancs.)

M. le rapporteur. Messieurs, l'Assemblée ne s'est pas méprise sur la situation exacte dans laquelle nous nous trouvons.

L'autre jour, lors des votes sur le paragraphe 6 de l'article 1er, notre honorable collègue M. de Rodez-Bénavent vous a demandé et vous avez accordé la déclaration d'utilité publique d'un embranchement de Quissac à Montpellier. qui ne figurait pas dans la convention.

M. le ministre et la commission ont hésité un moment sur la portée du vote ; c'est alors que j'ai prononcé les paroles que va rappeler notre honorable collègue.

M. le président. vous vous en souvenez, a interprété lui-même le vote que vous veniez d'émettre, et son interprétation a reçu, au moins à ce moment, une adhésion générale.

Quelques membres. C'est avant vous qu'il l'a dit !

Quelques autres membres. Non, c'est après !

M. le rapporteur. M. le président a dit que la déclaration d'utilité publique d'une ligne inscrite à l'article 1er est indépendante de la convention qui est mentionnée à l'article 2, et que cette ligne peut être exclue de la convention. (Interruption.) Je pense que tout le monde se rappelle cet incident de séance (Oui ! oui !); le lendemain quand je me suis présenté au nom de la commission, que pouvais-je vous dire?

Ce n'est pas la commission qui est chargée de négocier avec la compagnie, c'est M. le ministre; la commission m'a donc chargé de vous dire que, sans préjuger le résultat des négociations poursuivies par le ministre, elle s'inclinait devant l'interprétation que M. le président avait donnée au vote de l'Assemblée. Nous nous sommes inclinés devant votre vote quant à l'article 1er, et nous avons admis avec M. le président que la question de l'article 2 et de la convention restait entière et réservée.

Maintenant, notre honorable collègue nous dit : Cette ligne, que vous avez déclarée d'utilité publique par votre article 1er, il faut la faire entrer dans la convention visée à l'article 2.

Mais, messieurs, vous n'avez pas accordé l'utilité publique à cette seule ligne. Le même jour, vous avez accordé la déclaration d'utilité publique, non pas à une seule ligne, mais à plusieurs lignes, à la ligne de Quissac à Montpellier que nous demandait notre collègue, et à celles qui étaient dans la convention, et parmi elles à la ligne de Sommières aux Mazes. Or, ces deux lignes de Quissac à Montpellier et de Sommières aux Mazes font double emploi. (Exclamations sur quelques bancs.)

M. Wilson. C'est en disant le contraire que vous avez entraîné le vote de l'Assemblée.

M. le vicomte de Rodez-Bénavent. Oui! il fallait dire cela au moment du vote!

M. le rapporteur. Je n'ai jamais dit ce que m'attribue gratuitement M. Wilson. J'ai dit que la ligne de Quissac à Montpellier était une ligne plus directe que l'autre, qu'elle traversait le département de l'Hérault dans une étendue plus considérable; mais je n'ai jamais dit que la compagnie fût disposée à les accepter toutes les deux; j'ai dit que la ligne de Sommières aux Mazes était préférable à celle de Quissac à Montpellier. Je n'ai jamais dit qu'il fallait les exécuter toutes deux.

D'ailleurs, il est tellement vrai que l'une de ces lignes exclut l'autre, que notre collègue M. de Rodez-Bénavent, pour vous amener à voter la ligne de Quissac à Montpellier, vous demandait par son amendement de supprimer la ligne de Sommières aux Mazes.

Mais, messieurs, vous n'en êtes pas réduits à choisir aveuglément entre deux affirmations contraires. Il vous est facile de juger vous-mêmes cette question de l'incompatibilité des deux lignes.

En effet, voici quelle est la situation. Je vais essayer de la rendre sensible pour ceux-mêmes qui n'ont pas la carte sous les yeux.

Vous connaissez bien la grande ligne de Montpellier à Nîmes. Sur cette ligne tombent deux lignes perpendiculaires, l'une d'Alais à Nîmes, l'autre du Vigan à Lunel. Ce que nous cherchons, c'est de tracer une ligne oblique qui, d'Alais, se dirige sur Montpellier, et, par suite, évite aux transports de houille en destination de Cette le détour qu'ils sont obligés de faire par Nîmes. Nous voulons concéder une ligne oblique d'Alais à Montpellier, pour éviter le détour d'Alais à Nîmes et de Nîmes à Montpellier. Partant donc d'Alais, notre ligne oblique passant à Vézenobres rencontre à Quissac la ligne du Vigan à Lunel.

De ce point de Quissac, il s'agit d'aller à Montpellier. Trois solutions se présentent. On aurait pu s'en tenir aux lignes actuelles, Quissac-Lunel-Montpellier; mais on a voulu raccourcir encore ce trajet et éviter le détour par Lunel, comme on a évité le détour par Nîmes. On a été ainsi amené à choisir entre les deux solutions : soit une ligne directe de Quissac à Montpellier, — c'est ce que demande notre collègue M. de Rodez-Bénavent, — soit une ligne qui emprunte quelque temps la ligne de Quissac vers Lunel, s'en détache à Sommières et aboutit aux Mazes, à la porte de Montpellier. C'est la ligne qui figurait dès l'origine dans la convention. Vous voyez bien que ces deux lignes ont le même objet.

Quelle est la meilleure de ces deux solutions? C'est incontestablement celle que nous offre la convention par la ligne de Sommières aux Mazes. Cette dernière descend par une pente douce et continue de Quissac à Montpellier; tandis que la ligne directe de Quissac à Montpellier, si elle est plus courte en plan, est beaucoup plus désavantageuse pour l'exploitation parce qu'elle franchit un faîte qui l'oblige à remonter, puis à redescendre.

De plus, la ligne de Sommières aux Mazes, prolongeant celle de Nîmes à Sommières, établit une seconde ligne de Nîmes à Montpellier; c'est un avantage considérable que ne procure pas la ligne directe de Quissac à Montpellier : celle-ci n'a qu'un objet, l'autre ligne satisfait à deux objets distincts.

Voilà, messieurs, les deux solutions avec leurs avantages respectifs. En cet état, on vous demande de contraindre la compagnie. Peut-on raisonnablement espérer que la compagnie accepte cette exigence?

Vous voyez que M. le ministre, en fait et en droit, a certainement raison lorsqu'il vous déclare qu'il est impossible d'insister pour faire entrer la ligne de Quissac à Montpellier dans la convention en même temps que la ligne de Sommières aux Mazes.

Pour résoudre cette difficulté et pour maintenir au vote de l'Assemblée toute sa plénitude en ce qui concerne la déclaration d'utilité publique de la ligne de Quissac à Montpellier, il est nécessaire de maintenir l'article 1er du projet de loi, tel que vous l'avez voté, et d'adopter pour l'article 2 le texte qui vous est proposé par M. le ministre, et auquel la commission se rallie.

Puisque je suis à la tribune, j'ai encore quelques mots à dire sur deux rectifications matérielles.

La première a été indiquée tout à l'heure par l'honorable M. Tolain. Dans l'exposé des motifs déposé par le Gouvernement, le ministre a indiqué très-nettement les bases du calcul à faire pour établir la majoration du revenu réservé qui correspond à chaque million de dépenses complémentaires. D'après les bases de calcul indiquées par le ministre lui-même dans son exposé de motifs, il doit être de 11 fr. 25 au lieu de 11 fr. 50 qui a figuré par erreur dans le texte de la convention.

C'est une erreur matérielle, qui sera rectifiée dans la convention, en vertu du principe : Erreur ne fait pas compte.

Voici, maintenant, ma seconde rectification :

Dans le rapport de votre commission,

page 56, nous rendons compte d'un détail de la convention qui a attiré l'attention du conseil d'État, et nous indiquons une légère rectification que le conseil d'État réclame dans la rédaction pour établir d'une manière plus claire, sur ce point de détail, la conformité de la convention nouvelle avec la convention ancienne.

En corrigeant les épreuves imprimées du texte de la convention, j'ai négligé de faire au texte de la convention la correction que j'avais signalée dans la discussion du rapport.

C'est une erreur matérielle dont je m'accuse et qui sera rectifiée.

Je conclus en demandant à l'Assemblée de vouloir bien voter le texte de l'article 2 tel qu'il vient d'être proposé par M. le ministre. (Aux voix ! aux voix !)

M. Arrazat. Messieurs, permettez-moi un mot.

Je n'ai pas l'intention de répondre à l'honorable rapporteur ; je vous prie seulement de remarquer que la divergence qui s'est produite aujourd'hui entre votre décision et son opinion tient uniquement à un manque de mémoire.

En effet, on vient de vous dire tout à l'heure que la ligne de Sommières aux Mazes faisait double emploi avec la ligne de Quissac à Montpellier.

J'ai là le compte rendu *in extenso* et j'y vois que, l'autre jour, l'honorable ministre a dit exactement le contraire :

« Messieurs, a-t-il dit, j'ai l'honneur de faire observer à l'Assemblée que le vote d'une ligne de Quissac à Montpellier n'entraîne pas le rejet de celle qui a été proposée de Sommières aux Mazes.

M. le ministre des travaux publics. C'est évident !

M. Arrazat. Permettez-moi de continuer :

« En effet, la ligne de Sommières aux Mazes est projetée dans un double but : elle doit mettre en communication plus directe Alais et Montpellier, et sous ce rapport, je reconnais qu'elle devient sans objet par suite du vote de la ligne de Quissac à Montpellier. »

M. le ministre. Eh bien ?

M. Arrazat. Je poursuis :

« Mais la ligne de Sommières aux Mazes est appelée à remplir un autre objet plus important... »

M. le rapporteur. Bien entendu !

M. Arrazat. « ... elle doit, réunie à la ligne de Sommières à Nîmes, servir à doubler sur la plus grande partie de sa longueur le chemin de Montpellier à Nîmes et faire suite à la nouvelle ligne de la rive droite du Rhône, du Theil à Nîmes. »

Qu'est-ce que cela signifie, messieurs ? Cela signifie qu'à la tribune, aujourd'hui, on veut faire revenir l'Assemblée sur un de ses votes.

M. le ministre. Pas du tout !

M. Arrazat. ... et soutenir exactement le contraire de ce qui avait été soutenu l'autre jour. (Approbation sur divers bancs. — Dénégations sur d'autres.)

Je ne veux plus dire qu'un mot.

Des deux questions que je vous ai soumises, l'une s'applique à toutes les lignes, — c'est celle qui est relative à l'article 39 du cahier des charges de 1857 ; — l'autre est spéciale à la ligne de Montpellier.

Il m'est impossible de descendre de cette tribune sans vous exprimer le sentiment que j'éprouve.

Quand dans une Assemblée, quand à la tribune, on donne de pareils exemples, on n'a plus le droit de dire aux populations qu'on gouverne que l'on veut rétablir l'honneur, la dignité, la justice dans un pays ! (Vives réclamations à droite et au centre. — Marques d'assentiment sur plusieurs bancs à gauche.)

J'ajoute que, dans ce département où les passions sont vives, où vous cherchez, sans doute, à rétablir le calme et la paix, vous ne pourrez atteindre ce but qu'en mettant en pratique, vis-à-vis d'elles et devant elles, ces sentiments dont on parle souvent, mais dont malheureusement je trouve qu'on ne donne guère l'exemple en ce moment. (Nouvelles réclamations. — Assez ! — Aux voix ! aux voix !)

Un membre au centre. C'est vous qui n'en donnez pas l'exemple.

M. le ministre des travaux publics. Je demande la parole.

Messieurs, on a cité le compte rendu *in extenso*. Permettez-moi de le citer à mon tour pour justifier l'opinion que j'ai émise à la tribune. Vous reconnaîtrez, j'espère, que je comprends bien les résolutions que vous avez prises et que j'en poursuis loyalement l'application.

Voici ce que j'avais dit dans la séance du 29 juin :

« Je crois, dans le cas qui vous est soumis, — c'était au sujet de l'embranchement de Quissac à Montpellier, — qu'il est impossible de déclarer d'utilité publique des lignes de chemins de fer, dans l'article 1er du projet de loi, sans que l'article suivant ne comporte en même temps l'approbation d'une convention correspondante. »

L'opinion que j'exprimais de cette façon a été vivement combattue par l'honorable M. Wilson, d'abord, qui a dit :

« On a fréquemment déclaré d'utilité publique un certain nombre de lignes, en réservant la question de savoir si ces lignes seraient adjugées ou si elles seraient concédées à des compagnies déjà existantes. »

Plus tard, par l'honorable M. Pouyer-Quertier, qui s'exprimait ainsi :

« Que vous demande-t-on par l'article 1er ? On vous pose tout simplement cette question : Tel chemin est-il, oui ou non, d'utilité publique ? Est-il, oui ou non, réclamé par les populations ? Est-il d'utilité générale ou d'utilité locale ? Voilà ce que dit l'article 1er. »

« Puis ensuite vient l'article 2, qui vous soumet une convention. Mais cette convention, si la compagnie de Lyon-Méditerranée ne l'accepte plus, parce que vous aurez supprimé dans l'article 1er certaines lignes, parce que vous aurez modifié certains tracés, parce que vous aurez fait certaines autres conditions sur ces tracés, il restera au ministre des travaux publics à chercher une compagnie qui l'exécutera.

« Le chemin n'en sera pas moins déclaré d'utilité publique par l'Assemblée ; ce sera au Gouvernement ou au pays à trouver les moyens d'exécuter une ligne qui aura été déclarée d'utilité publique. »

C'est à la suite de ces paroles, messieurs, que l'Assemblée a voté l'amendement de MM. de Rodez-Bénavent et ses collègues. J'ai donc raison de lui dire que quand elle a voté l'embranchement de Quissac à Montpellier, elle n'a pas supposé que cet embranchement serait ajouté nécessairement et ferait partie intégrante de la convention. (C'est vrai! — Aux voix! aux voix!)

M. de Gavardie. Messieurs... (Assez! — Aux voix! aux voix!) il y a ici une double question excessivement délicate : une question de bonne foi et une question de droit.

Sur la question de bonne foi, je ne m'étendrai pas longuement : ce sont des choses qui se sentent. Il y avait une chose bien simple à dire : M. le rapporteur, qui est parfaitement au courant des intentions de la compagnie, devait nous déclarer que, dans la pensée de la compagnie, l'adoption de cette ligne était une condition qu'elle ne pouvait pas accepter.

M. le rapporteur. On vous l'a dit!

M. de Gavardie. Non, monsieur le rapporteur, cette déclaration n'a pas été faite; si nous avions su que la compagnie attachait une si grande importance à l'adoption par l'Assemblée de la ligne qu'elle repousse aujourd'hui, qu'elle y attachait le sort de l'ensemble de la convention, il est certain que le vote eût été différent de la part d'un grand nombre de nos collègues parfaitement disposés à sacrifier un point particulier à l'ensemble d'un réseau avantageux.

Un membre. Vous pouvez voter encore!

M. de Gavardie. Reste la question de droit. Si la doctrine qui vient de vous être apportée devait dorénavant servir de règle de conduite dans de pareilles discussions, ce serait la suppression complète du droit d'amendement de la part de l'Assemblée, car il suffirait à la compagnie de dire au ministre : Je ne peux pas accepter cet amendement. Vous avez bien fait une déclaration d'utilité publique, mais c'est une déclaration qui ne me regarde pas; vous exécuterez comme vous le pourrez les décisions de l'Assemblée.

Je trouve qu'une telle doctrine peut avoir les plus graves conséquences. En effet, son application aurait pour résultat de rendre applicable, en matière de chemins de fer, une disposition de notre règlement qui n'admet pas la présentation d'amendements dans le cas d'approbation de traités de puissance à puissance. La compagnie de Paris-Lyon-Méditerranée serait considérée comme une puissance dont les décisions ne pourraient être modifiées par l'Assemblée qu'avec son bon vouloir.

Cette question, je le répète, a une très-grande gravité. De nouvelles conventions vont être soumises à l'Assemblée; la question se représentera. Il y a donc ici une question de principe à vider, c'est une question préalable dont l'importance dépasse le débat actuel.

On dit qu'il y a une convention. C'est vrai, mais les rapports entre l'Assemblée et une compagnie ne sont pas les rapports entre deux parties contractantes ordinaires.

Quand deux parties contractantes ne sont pas d'accord, on comprend très-bien, comme

il s'agit alors d'intérêts privés, que leur volonté fasse réciproquement loi, et que rien ne puisse être modifié que par la volonté concordante de chacune; mais l'Assemblée représente l'intérêt général du pays vis-à-vis d'une compagnie qui, en définitive, ne représente que des intérêts privés. La conduite de la compagnie, en pareil cas, est bien simple. De deux choses l'une : ou elle doit accepter la convention tout entière avec les modifications résultant d'amendements, ou elle doit refuser son acceptation, s'il y a un intérêt tellement grand pour elle à ce que telle ligne particulière ne soit pas adoptée.

Elle doit prendre ou sacrifier le tout.

M. le général Guillemaut. Et c'est ce que nous ne voulons pas!

M. de Gavardie. Mais alors que la compagnie accepte l'amendement en question : ce qu'elle fera sans difficulté, tout le monde le sait bien, si l'Assemblée le demande formellement.

Plusieurs membres au centre. Concluez!

M. de Gavardie. Voilà les observations que je voulais présenter à l'Assemblée. Vous en comprenez certainement la portée, et je n'insiste pas. (Aux voix!)

M. le président. La proposition déposée à la tribune par M. Arrazat constitue un article additionnel à l'article 2 du projet de loi.

Je vais d'abord mettre aux voix cet article 2, et ensuite je consulterai l'Assemblée sur l'article additionnel.

« Article 2. — Est approuvée la convention provisoire passée le   entre le ministre des travaux publics et la compagnie des chemins de fer de Paris à Lyon et à la Méditerranée pour la concession des chemins de fer énoncés à l'article 1er ci-dessus. »

Un membre au banc de la commission. Le ministre a demandé et la commission admet la suppression du dernier membre de phrase : « ...pour la concession des chemins de fer énoncés à l'article 1er ci-dessus. »

M. le président. C'est juste et c'est l'article réduit aux termes indiqués par le ministre que je mets aux voix.

Il y a une demande de scrutin.

Plusieurs membres. Pourquoi un scrutin? Que les auteurs de la demande la retirent!

D'autres membres. Elle est retirée.

M. le président. La demande de scrutin étant retirée, je consulte l'Assemblée sur l'article 2 par vote à mains levées.

(L'article 2 est mis aux voix et adopté, avec suppression des mots « ...pour la concession des chemins de fer énoncés à l'article 1er ci-dessus. »)

M. le président. Je mets maintenant aux voix l'article additionnel de M. Arrazat.

Il y a une demande de scrutin. (Exclamations. — Non! non! — Oui!)

M. Gambetta. Mais non! la demande est retirée.

A gauche. La demande de scrutin est retirée.

M. le président. Je fais observer à l'Assemblée que cet article additionnel ayant été déposé au cours de la discussion, il est soumis à la prise en considération.

J'en donne lecture :

« Le paragraphe 6 de l'article 1er de la con-

vention sera suivi des mots « et prolongement direct sur Montpellier. »

« L'article 29 du cahier des charges annexé à
la convention de 1857 sera applicable à la
concession actuelle. »

(L'article additionnel n'est pas pris en
considération.)

M. le président. Je préviens l'Assemblée
qu'il y a une rectification à faire au texte de
l'article 3.

L'article 3 est ainsi conçu :

« Ladite convention ne sera passible que du
droit fixe de 3 fr. »

Or, il est d'usage d'annexer la convention à
la loi. Je propose donc à l'Assemblée de vouloir bien, suivant l'usage,. rectifier le texte
ainsi qu'il suit :

« Ladite convention, annexée à la présente
loi, ne sera passible que du droit fixe de
3 francs. »

Il n'y a pas d'opposition? (Non ! non !)

Je consulte l'Assemblée sur l'article 3 ainsi
libellé.

(L'article 3, ainsi libellé, est mis aux voix
et adopté.)

L'ensemble du projet de loi est ensuite mis
aux voix et adopté.

M. Baragnon. Je demande la parole.

M. le président. M. Savary l'a demandée
avant vous.

M. Baragnon. C'est sur la proposition de
M. Lepère...

M. le président. M. Baragnon demande
la parole sur la proposition déposée hier par
M. Lepère : cette proposition est retirée.

M. Baragnon. Je n'ai plus rien à dire.

M. le président. La parole est à M. Savary.
(Ah ! ah ! — Mouvement général d'attention.)

M. Savary. Messieurs, je ne veux pas
rentrer dans l'incident qui a eu lieu hier, en
mon absence, à propos de la fixation de l'ordre du jour; mais, dans cet incident, il y a eu
un point sur lequel il m'est nécessaire d'insister, parce qu'il importe à la manifestation de
la vérité, et parce qu'il a donné lieu, contre
moi et contre la commission dont j'ai l'honneur d'être le rapporteur, à une accusation que
nous ne saurions accepter.

L'honorable M. Bottieau, avec une courtoisie que l'Assemblée a pu apprécier et une
équité dont je vais la faire juge, nous a reproché d'avoir fait un choix entre deux rapports
fort importants, paraît-il, qui seraient émanés
de M. le procureur général de Bourges. Intentionnellement, sans doute, d'après M. Bottieau,
nous aurions publié le premier rapport qui
n'importait point à la cause, tandis que nous
aurions omis celui sur lequel les partisans de
la validation de l'élection de M. de Bourgoing
fondent leurs arguments les plus sérieux.

Il faut avouer, messieurs, que la situation
de la commission, en présence des reproches
contradictoires auxquels elle est en butte, est
singulièrement difficile.

Lorsque, à la suite d'une demande qui s'est
produite à la tribune, et qui a été faite par
l'honorable M. Haentjens, la commission publie l'ensemble des documents qui sont en sa
possession, on lui reproche les lenteurs qui en
sont la conséquence, et on l'accuse d'avoir publié des pièces inutiles ; puis, lorsqu'enfin
cette publication va paraître, on lui reproche
de n'avoir point publié assez et d'avoir omis
des pièces dont personne ne lui avait révélé
l'existence, ou des pièces qui n'ont jamais
existé. (Très-bien ! à gauche.)

C'est ainsi qu'un certain nombre de nos collègues nous demandaient, il y a quelques
jours, pourquoi nous ne reproduisions pas un
certain nombre de rapports dont on allait jusqu'à nous donner le sens général et qui, nous
disait-on, seraient émanés de tous les procureurs généraux de France, en réponse à une
circulaire que M. Tailhand avait lue à la tribune, le 9 juin dernier, et par laquelle il prescrivait une enquête.

Puis, renseignements pris par l'autorité compétente, on a appris qu'aucun de ces rapports
n'existait, par la bonne raison qu'aucune dépêche ni aucune demande d'enquête n'avait été
adressée nulle part, excepté à Bourges. (Exclamations suivies d'applaudissements à gauche).

Une voix. Et à Paris !

M. Savary. Et à Paris.

M. Tailhand. Je proteste absolument !

M. le président. Veuillez ne pas interrompre. Vous aurez la parole tout à l'heure.

M. Tailhand. Je proteste absolument contre cette assertion !

M. Savary. En ce qui concerne la pièce
dont il est question, et qui serait un second
rapport de M. le procureur général de Bourges, omis par la commission, — l'honorable M.
Bottieau nous en a révélé l'existence,— quelque
bizarre et irrégulier que soit le circuit par lequel cette connaissance nous soit parvenue,
nous en sommes heureux, puisqu'il est temps
encore, et nous espérons que l'honorable M.
Bottieau voudra bien faire part à la commission
des documents qui lui ont été remis sans doute
par des mains plus libérales envers lui qu'envers nous. (Rires et applaudissements à
gauche.)

Mais, puisqu'on nous a demandé pourquoi,
ayant publié un premier rapport de M. le procureur général de Bourges, nous n'avions pas
publié le second, et puisque sur ce point on a
paru mettre en doute la bonne foi de la commission ou celle de son rapporteur, il y a une
explication que je dois à l'Assemblée.

Non-seulement nous n'avons jamais connu
l'existence de ce second rapport ; mais, si la
commission avait publié le premier, ce n'est
pas que cette communication lui eût été faite
par M. le garde des sceaux Tailhand. Avait-
elle été faite au 5ᵉ bureau, qui s'est occupé
avant nous de la même affaire? Sur ce point,
les souvenirs sont contradictoires : l'honorable
M. Tailhand pense que oui, les membres du
bureau ont pensé, dès le premier jour où ces
pièces lui ont été révélées par nous, qu'ils en
avaient connaissance pour la première fois.
(Exclamations à droite).

Mais ce point est de peu d'importance, car,
à supposer que les pièces eussent été communiquées au 5ᵉ bureau, elles avaient été restituées
presque immédiatement après à M. le garde des
sceaux ; personne n'en avait gardé copie, et la
communication n'a pas été renouvelée à la

commission d'enquête; de telle sorte que ceux d'entre nous, — et je suis du nombre, — qui ne faisaient pas partie du 5ᵉ bureau n'ont, dans aucun cas, pu la connaître.

Si donc nous avons publié un rapport de M. le procureur général de Bourges, c'est qu'il figurait dans une série de pièces qui nous avaient été remises en copie par l'honorable baron de Bourgoing, à la suite de sa déposition. (Interruption à droite. — Très-bien! très-bien! à gauche.)

Nous les avons publiées à la page 142 du premier rapport de la commission, sous la rubrique suivante : « Rapport de M. le procureur général de Bourges et réponses du ministre de la justice, communiqué à M. le baron de Bourgoing par M. le garde des sceaux, à l'occasion de son procès. » (Rires à gauche.)

M. Tailhand. Jamais! jamais!

M. Savary. Voici le texte.

M. Bottieau. C'est votre texte à vous!

M. Tailhand. J'oppose à cette assertion la dénégation la plus formelle! (Parlez! parlez! — Laissez parler! à gauche.)

M. le président. N'interrompez pas. Vous aurez la parole tout à l'heure pour répondre.

M. Savary. Je n'ai pas besoin d'ajouter que, si la commission, qui a reçu de l'honorable M. de Bourgoing quatorze pièces publiées à l'endroit que j'indique et adressées, soit par la cour de Bourges à la chancellerie, soit par la chancellerie à la cour de Bourges; si, dis-je, la commission en avait reçu une quinzième, elle l'eût publiée avec les autres.

Et puisque, paraît-il, cette quinzième pièce a été retrouvée depuis, ou que, par erreur, sans doute, on avait omis de nous la signaler, j'espère que l'honorable M. Bottieau voudra bien nous la communiquer ; et, sur ce point, nous sommes prêts à lui donner ample satisfaction. (Très-bien! sur plusieurs bancs à gauche.)

Mais l'Assemblée me permettra d'ajouter, en terminant, que, si l'honorable M. Bottieau avait montré dans cette affaire plus de souci de l'équité... (Réclamations à droite. — Vives marques d'approbation à gauche)... et si, avant de proférer contre un collègue absent des accusations aussi contraires à la vraisemblance qu'à la vérité, il avait pris la peine de se renseigner, il ne nous eût pas reproché d'avoir omis dans nos publications une pièce dont l'existence ne nous avait été révélée par personne avant lui. (Vive approbation et applaudissements à gauche.)

M. le président. M. Bottieau a la parole.

M. Bottieau Messieurs, je suis très-surpris du reproche qui vient de m'être adressé par l'honorable M. Savary. Il nous paraît, il n'y a qu'un instant, c'est celle qui nous oblige, quand nous nous trouvons en face d'un collègue accusé d'avoir usé dans une élection de manœuvres illicites et coupables, telles que celles qu'on impute à l'honorable M. de Bourgoing, à instruire tout aussi bien à charge qu'à décharge... (C'est cela! — Très-bien! à droite.)... et de ne pas prendre dans un dossier qui vous est remis pour éclairer votre religion les pièces qui servent vos passions politiques en justifiant l'accusation, et de rejeter les autres. (Très-bien! et applaudissements à droite.)

M. Savary. Quelles pièces avons-nous rejetées? Nous n'en avons pas rejeté une seule.

M. Bottieau. Je vous réponds immédiatement, monsieur Savary ; veuillez ne pas m'interrompre.

M. le président. Je demande qu'on n'interrompe pas. On aura la parole pour répondre.

M. Bottieau. M. Savary vous disait, il n'y a qu'un instant, qu'on ne lui avait communiqué ni les rapports du procureur général de la Nièvre, ni les enquêtes faites dans le département de la Nièvre par MM. les procureurs de la République, et qu'il ignorait si des enquêtes avaient eu lieu ou si des rapports avaient été faits par les procureurs généraux, non pas en vertu d'ordres du garde des sceaux qui siège en ce moment sur ces bancs, mais par les ordres de l'honorable M. Tailhand.

Eh bien, je suis en mesure d'établir, par le premier rapport même de M. Savary, qu'il connaissait les enquêtes et les rapports des procureurs généraux, rapports et enquêtes dont, je le répète, il avait eu connaissance sinon par lui-même, au moins par les membres de la commission qui avaient fait, comme moi, partie du 5ᵉ bureau. (Ah! ah! — Très-bien! à droite.)

Vous connaissiez si bien les rapports de MM. les procureurs généraux, que vous en insériez deux dans votre rapport. Or, dans ces rapports, il est précisément question des enquêtes qui ont été faites, d'après les ordres de M. le garde des sceaux, et des causes du retard apporté à l'envoi de celle faite dans l'arrondissement de Cosne par M. le procureur de la République de Bourges. (Interruptions à gauche. — Parlez! parlez! à droite.)

J'espère que l'Assemblée sera unanime aujourd'hui pour demander la lecture des rapports du procureur général de Bourges, car elle verra qu'il résulte de ces documents... (Réclamations à gauche)... que M. Savary a parfaitement connu toutes les enquêtes qui ont été faites en vertu des ordres donnés par M. le garde des sceaux Tailhand, et que ses dénégations sont injustes et mal fondées.

« Bourges, le 14 juin 1874.

« Monsieur le garde des sceaux,

« J'ai l'honneur de vous faire connaître le résultat des investigations prescrites par moi en vue de rechercher si des manœuvres répréhensibles auraient été employées lors des dernières élections de la Nièvre, pour corrompre les électeurs ou surprendre leur vote, comme semblerait l'indiquer le texte de la note publiée en fac simile dans le nᵒ 257 du journal la République.

« Mon subsitut de Nevers, que j'avais mandé immédiatement à Bourges pour lui donner toutes instructions utiles, m'a adressé une déclaration écrite du sieur Levaillant, rédacteur en chef de la République, dont j'ai l'honneur de vous transmettre copie ci-jointe. »

M. Savary. Mais cela est imprimé dans mon rapport, puisque c'est dans le texte même de mon rapport que vous le lisez! (Très-bien! à gauche.)

M. Bottieau. Mais précisément c'est ce que je vous dis : Vous avez imprimé ce rapport, donc vous le connaissez; et vous en niez l'existence ! (Exclamations à gauche.)

Je poursuis ma lecture :

« Jusqu'ici il n'en résulte rien de bien précis au sujet de l'authenticité de la note elle-même publiée par le journal, et on ne peut pas dire que la rédaction ait justifié sa promesse de garantir cette authenticité. »

M. Savary. Je vous fais observer que le rapport que vous lisez a été imprimé et distribué au nom de la commission.

M. Bottieau. C'est ce que je ne cesse de répéter, et vos interruptions incessantes et inutiles ont lieu de m'étonner. Veuillez me laisser continuer.

« Le sieur Levaillant déclare tenir la pièce d'une personne qui l'aurait ramassée dans un wagon de la ligne de Paris à Nevers, et qui la lui aurait remise le vendredi 5 juin : cette personne était seule lors de sa découverte et elle n'a pas autorisé le sieur Levaillant à la nommer. Ce dernier déclare ignorer lui-même dans quelles circonstances précises la pièce a été trouvée. » (Rires à droite.)

« Levaillant donne encore des indications qui, selon lui, pourraient servir à constater à Paris l'existence d'une association permanente non autorisée, dont le siège serait établi rue d'Amsterdam, dans le cabinet de lecture d'un sieur Christophe, sous la présidence d'un ancien préfet, avec l'assistance, comme secrétaire, d'un rédacteur du *Gaulois*.

« Il ajoute que deux faits relatifs aux élections de la Nièvre auraient été rapportés comme présentant les caractères d'une tentative de corruption. M. de Bourgoing lui-même, d'après ses dires, aurait offert à un sieur Archambault, négociant à Brinon-les-Allemands, ancien sous-officier, de lui faire obtenir un poste dans l'armée territoriale, et au sieur de Veville, officier retraité à Taunay, de lui procurer une perception, soit une recette particulière.

« Dans l'entretien qu'il a eu avec mon substitut, le sieur Levaillant lui a également parlé de la présence dans la Nièvre, au cours de la période électorale, d'un sieur Acker, soupçonné d'être un agent d'élections. Déjà, paraît-il, en mars dernier, il aurait été question d'un individu du nom d'Acker, qui se serait présenté dans les bureaux du journal *le Nivernais* et chez plusieurs personnes passant pour professer des opinions favorables à l'empire. »

A gauche. Mais nous connaissons tout cela ! — Vous nous faites perdre le temps !

M. Bottieau. Attendez, messieurs, attendez ! Votre impatience est vraiment étrange. Vous qui parlez sans cesse d'équité, — et vous avez raison d'en parler, — vous qui la réclamez sans cesse pour les vôtres, veuillez au moins avoir l'équité de m'entendre. Je réponds en ce moment aux assertions de l'honorable M. Savary, pour en revenir ensuite à cette dépêche dont M. Savary niait tout à l'heure l'existence.

Je reprends :

« Il était porteur d'une adresse à l'impératrice et il sollicitait des signatures. On prétend, d'ailleurs, que l'ardeur peu mesurée de sa propagande l'aurait rendu suspect à ceux-là mêmes auxquels il s'adressait et l'aurait fait éconduire par eux. Il aurait néanmoins reparu

tous les jours qui ont précédé la dernière élection et il aurait essayé, mais sans succès encore, de se mêler au mouvement électoral. On ajoute même que, pour s'en débarrasser, M. de Bourgoing lui aurait donné une somme de 100 francs. Acker, dont les deux partis semblent ainsi mettre en suspicion la sincérité et les agissements, résiderait à Sancergue ou à Sancerre, dans le Cher. Son identité n'est pas autrement établie et il y aurait lieu de rechercher ce qu'il est en réalité. »

Et puis :

« Aucun avis affirmatif n'est parvenu à mes substituts de Château-Chinon ou de Clamecy, au sujet des faits signalés par le journal *la République*. Je n'ai pas encore reçu les renseignements demandés à mon substitut de Cosne sur le même sujet; mais, à part quelques distributions irrégulières d'écrits électoraux qui ont été relevées à la charge du candidat radical... » (Rires à droite), « et un fait de publication de fausses nouvelles imputé à l'un de ses agents, les précédents rapports du parquet de Cosne ne signalaient aucun agissement délictueux de la nature de ceux dénoncés. D'après les informations fournies à mon substitut, c'est exclusivement avec M. de Bourgoing... » (Bruit.)

Écoutez, messieurs, ceci est intéressant :

« .... que paraissent avoir correspondu les agents dévoués à sa candidature. Ces agents auraient agi dans leurs résidences respectives, et nulle part la présence d'émissaires étrangers ne nous a été signalée. »

M. Barthélemy Saint-Hilaire. Cela n'a pas de rapport avec la question !

M. Bottieau. Comment ! cela n'a pas de rapport avec la question ? Je trouve que cela répond péremptoirement aux dénégations de M. Savary.

Plusieurs membres à gauche. Aucun rapport !

M. Bottieau. Mais vous avez donc oublié la dépêche qu'on a lue à cette tribune ? (Interruptions diverses à gauche.)

M. le président. Messieurs, n'interrompez pas. Vous ne pouvez établir ainsi des dialogues avec l'orateur; laissez-le continuer. Si vous voulez la parole, demandez-la, je vous la donnerai.

M. Bottieau. Je demande la permission de continuer.

« En l'état, il me semble qu'à Paris seulement une instruction peut être ouverte utilement dans le but d'y rechercher s'il existe réellement un comité central illégalement constitué, et aussi d'acquérir la preuve de la fausseté ou de l'authenticité de la pièce produite.

« Quant aux manœuvres coupables qui, dans la Nièvre, auraient pu être tentées, soit pour corrompre les électeurs, soit pour surprendre leur vote, aux termes des articles 38 et 40 du décret du 17 février 1852, elles ne semblent pas jusqu'ici suffisamment indiquées pour donner ouverture à une information judiciaire. Je crois préférable de poursuivre les investigations discrètes auxquelles il est procédé par les parquets, et d'attendre des données plus sûres pour agir différemment.

« Je me conformerai immédiatement, d'ailleurs, monsieur le garde des sceaux, à toute instruction qu'il vous paraîtra convenable de me donner au reçu de ma dépêche, et je continuerai à vous rendre compte exactement de tout fait nouveau qui me serait révé... tivement à ce grave incident. »

Je le demande à l'Assemblée, après la lecture de cette lettre, n'était-il pas démontré qu'une enquête avait été faite par les divers substituts de M. le procureur général de Bourges... (Vives interruptions à gauche), et que M. Savary était parfaitement en mesure, et aussi en droit, de réclamer de M. le garde des sceaux Tailhand la production de toutes ces pièces?

M. Savary. On nous a refusé la communication de ces pièces!

M. Bottieau. Toutes ces pièces ont été produites, absolument toutes, au 5° bureau dont plusieurs des membres font aussi partie de la commission d'enquête. Oui, toutes les pièces de l'enquête faite par les trois procureurs de la République ont été remises par M. Tailhand, au président du 5° bureau chargé de la vérification de l'élection de M. de Bourguing, puis communiquées par lui au bureau lui-même. C'est ainsi que pour ma part j'en ai eu connaissance. C'est parmi ces pièces que nous avons trouvé cette lettre si importante du procureur général de Bourges non mentionnée dans son rapport par M. Savary, tandis qu'il prend soin de nous en faire connaître deux autres du même procureur général.

En effet, entre la dépêche du 14 juin et celle du 21 juillet, il y avait, dans le dossier communiqué au 5° bureau, une dépêche, en date du 11 juillet, qui complétait du 14 juin et qui résumait les résultats des enquêtes faites dans la Nièvre.

Cette lettre avait une importance capitale, et il convenait, en bonne équité, de la faire connaître à l'Assemblée...

M. Savary. Eh bien, faites-la connaître!

M. Bottieau. C'est ce que je vais faire.

M. Latrade. Communiquez-la à la commission, on l'imprimera.

M. Bottieau, *lisant.* « Monsieur le garde des sceaux, j'ai l'honneur de vous informer... » (Bruyantes interruptions à gauche.)

M. Testelin. C'est un pari que M Bottieau a fait de faire perdre deux heures à l'Assemblée!

M. le président Monsieur Testelin, vous n'avez pas la parole.

M. Tolain. C'est un abus de pièces!

M. Bottieau. Comment! un abus de pièces! Est-ce que vous croyez que nous usons de tels procédés? Non : nous n'abusons pas de la confiance d'un garde des sceaux, nous n'allons pas soustraire des pièces dans son cabinet. Cette lettre a été livrée par M. Tailhand au 5° bureau dont je faisais partie, et c'est là que j'en ai eu connaissance et que j'en ai pris copie. (Vives interruptions à gauche.)

M. Dussaussoy, *se levant.* Laissez donc parler! Je réclame le silence pour l'orateur.

M. le président. Monsieur Dussaussoy, je vous fais remarquer que voilà plusieurs fois que vous interrompez. Si vous voulez la parole je vous la donnerai, mais vous ne devez pas interrompre.

M. Dussaussoy. C'est à ceux qui interrompent sans cesse l'orateur...

M. le président. Vous n'avez pas la parole.

Continuez, monsieur Bottieau.

vingt-sept procureurs généraux de France, en réponse à la dépêche lue par lui, — je veux M. Tailhand, — à la tribune

... messieurs, je crois que, sur ce se... ..nt, comme sur le premier, l'honorable ... m'a répondu et à l'une m à l'au... ...tions que j'avais eu l'honneur ... tribune.

.... gauche. Très-bien! très

... concerne l'honorable ...'est assez difficile .... je peux inté-... ne nous avons .... commission ... rapport ..'ai est

« La circulaire ... pie n'a été connue ... Cosne que par la le... la tribune et par la p... *la République* de la N....re.

« Un exemplaire de ce journal a ét... dans la nuit du 10 au 11 juin dans la comm... de Saint-Armand, où quelque ex-abonné ... journal radical a pu seul l'y placer.

Si cette dépêche avait été portée à la connaissance de l'Assemblée, nous n'aurions plus toutes ces discussions irritantes, l'élection de M. de Bourgoing serait depuis longtemps validée. (Mouvement divers.)

Il était important, je le répète, de communiquer cette pièce à l'Assemblée, de l'insérer entre ces deux lettres que vous avez pris soin de nous rapporter. Je dis et je répète que si ces trois documents avaient été mis sous les yeux de l'Assemblée, elle eût été en mesure de statuer immédiatement sur l'élection de M. de Bourgoing. Ainsi se trouvent justifiées toutes les articulations que j'ai produites hier devant l'Assemblée et que M. Savary a mis en dénégation. Nous les maintenons...

M. Savary. Comme nous, nous maintenons les nôtres.

M. Bottieau. L'Assemblée nous a donné satisfaction en portant à son ordre du jour l'élection de la Nièvre à la date du 12 juillet. Nous n'avons pas à insister : ce serait prolonger inutilement ce débat. (Très-bien! très-bien! à droite.)

M. Tailhand. Je demande la parole.

M. le président. M. Tailhand a la parole.

M. Tailhand. Messieurs, je serai bref. Je viens opposer une triple dénégation aux affirmations apportées à cette tribune par M. Savary. (Très-bien! très-bien! à droite. — Exclamations à gauche.)

L'honorable M. Savary a cité d'une manière inexacte les paroles que j'ai prononcées dans la séance du 9 juin dernier.

Je n'ai jamais dit à l'Assemblée que j'avais adressé une circulaire à tous les procureurs généraux dans le but de commencer des poursuites à raison de l'existence des comités qui venaient de m'être signalés. Voici les faits.

Informé à midi, que très-probablement, je serais amené à m'expliquer sur un document que l'honorable M. Girard avait le projet de porter à la connaissance de l'Assemblée, et dont je ne connaissais moi-même le contenu que par un simple résumé, j'ai adressé successivement deux dépêches télégraphiques, l'une à M. le procureur **général** de Bourges, — elle était la plus urgente puisque le délit signalé se serait plus particulièrement réalisé dans son ressort; — l'autre à M. le procureur général de Paris.

J'étais occupé à rédiger un troisième télégramme lorsque M. Girerd est venu m'annoncer qu'il allait me poser une question à la tribune. Son interpellation s'est, en effet, produite presque immédiatement, et j'ai répondu à notre collègue que j'avais adressé, non pas à tous les procureurs généraux, ainsi que vient de le dire M. Savary, mais à divers procureurs généraux, une circulaire pour leur demander des renseignements et prescrire au besoin une enquête. Je n'ai jamais eu la pensée de généraliser cette circulaire, une pareille mesure eût été de ma part un acte inutile et peu raisonnable; comment aurais-je pu réclamer du procureur général d'Aix, par exemple, des indications sur des faits qui s'étaient passés dans le département de la Nièvre? (C'est évident!)

C'était bien mon projet de faire parvenir la même instruction à un ou deux autres chefs de parquet, lorsque, dans la soirée, il m'est devenu impossible, malgré tous les efforts que j'ai tentés, de retrouver l'honorable M. Girerd et de réclamer de lui la remise du document dont il avait donné lecture à la tribune: il m'a paru prudent, alors, de m'abstenir de toute nouvelle démarche.

A droite et au centre. Et vous avez très-bien fait !

M. Tailhand. Après ces premières explications, permettez-moi, messieurs, d'appeler votre attention sur les allégations bien autrement sérieuses de l'honorable M. Savary.

Voici les faits tels qu'ils se sont passés, je l'affirme sur l'honneur. (Rires et exclamations ironiques sur divers bancs à gauche.)

A droite et au centre. Ces rires sont inconvenants ! — Rappelez les interrupteurs à l'ordre, monsieur le président.

M. Tailhand. Messieurs...

M. le président. Veuillez attendre un instant, je vous prie, monsieur Tailhand.

Je dois déclarer que la manifestation que plusieurs membres, siégeant de ce côté de l'Assemblée (M. le président se tourne vers la gauche), viennent de se permettre, est profondément irrespectueuse et blessante pour le collègue qui est à la tribune.

Sur un grand nombre de bancs. Très-bien ! très-bien !

M. Tailhand. Je ne me sens nullement atteint.

Vers le milieu du mois de juillet, — il m'est impossible de préciser davantage, — le président de la sous-commission du 5e bureau, l'honorable M. Cornulier-Lucinière, m'a fait l'honneur de me demander communication de la partie de la procédure qui avait été instruite dans le département de la Nièvre et qui pouvait éclairer la religion des membres de ce bureau chargés de vérifier l'élection de M. le baron de Bourgoing.

Je me suis empressé de déférer à cette demande. Lorsque nous aborderons le fond de cette discussion, j'exposerai les raisons qui m'ont engagé à me rendre au vœu qui m'était exprimé. Je me borne à dire aujourd'hui qu'il

n'y avait aucun inconvénient et qu'il y avait au contraire avantage à faire cette communication.

· J'ai donc réclamé le dossier à M. le procureur de la République de la Seine, et je l'ai remis tout entier, dans les conditions matérielles où il m'était parvenu, à M. le président de la sous-commission. Celle-ci l'a gardé plusieurs jours, et c'est pendant qu'elle procédait à ses investigations que M. le baron de Bourgoing s'est présenté dans mon cabinet. Notre honorable collègue m'a déclaré qu'il avait pu prendre lecture du dossier, mais qu'il lui avait été impossible de faire copier les pièces qui lui étaient nécessaires pour défendre son élection. Il m'a prié, en conséquence, de mettre ses divers documents à sa disposition aussitôt qu'ils auraient été restitués à la chancellerie. J'ai répondu sans hésitation à M. le baron de Bourgoing que je ferais droit à sa réclamation. Il y avait pour moi un devoir d'équité auquel je ne pouvais me soustraire.

A droite et au centre. Très-bien ! très-bien !

Un membre à gauche. Un sentiment de compassion ! (Rumeurs à droite et au centre.)

M. Tailhand. J'ai dit à M. de Bourgoing que, attaqué, il avait incontestablement le droit de se défendre et qu'il pouvait user au profit de la défense des mêmes moyens que ses adversaires employaient pour se rencontre. J'ai prié, en conséquence, l'engagement de lui confier le dossier dont il s'agit aussitôt après que la commission l'aurait remis entre mes mains.

Le hasard a fait que, à l'heure même où l'honorable comte de Choiseul, je crois, m'a fait cette remise, M. de Bourgoing est venu s'informer auprès de moi si je pouvais réaliser ma promesse.

Fidèle à la parole donnée, j'ai remis à M. Bourgoing le dossier exactement dans l'état où je venais de le recevoir.

Je n'ai pas remis à M. de Bourgoing une seule ligne en dehors de ce que j'avais préalablement communiqué à la sous-commission. Je le répète, je n'y ai rien ajouté, je n'en ai rien retranché: tel il m'est revenu de la sous-commission, tel je l'ai donné à M. de Bourgoing.

Voix diverses à droite et au centre. Nous vous croyons parfaitement ! — Vous n'avez pas besoin de vous défendre sur ce point !

M. Tailhand. Quant à cette troisième imputation que j'aurais, soit à ce moment, soit quelques jours après, extrait du dossier général certains documents dont l'honorable M. de Bourgoing aurait fait usage dans le cours du procès en diffamation qu'il a intenté contre le directeur d'un journal, je déclare qu'une semblable allégation est absolument inexacte.

Il y a, d'ailleurs, un fait matériel qui suffit à en faire bonne justice.

Lorsque j'ai eu connaissance des bruits que l'on avait répandus à cet égard, je me suis adressé au parquet de Bourges. Il résulte des renseignements qui m'ont été transmis que le procès en question n'a été engagé par M. de Bourgoing que le 1er septembre; or, la seule communication que j'ai faite à M. de Bourgoing remonte, au plus tard, au 15 ou 20 juillet. Je ne pouvais donc pas remettre à M. de Bourgoing, à cette époque, des pièces destinées à être produites dans une instance qui n'existait pas. (Applaudissements prolongés à droite et au centre.)

M. Savary. Je n'ai que peu de mots à ajouter aux explications que j'ai déjà données tout à l'heure.

L'honorable M. Tailhand vient de traiter deux questions qui pourront faire l'objet du fond du débat, mais qui étaient absolument étrangères à l'incident d'hier.

A gauche. C'est vrai !

A droite et au centre. Mais non ! mais non !

M. Savary. Vous allez le voir. L'honorable M. Tailhand nous a dit, par exemple, qu'il affirmait avoir fait à M. le baron de Bourgoing exactement la même communication qu'au 5e bureau.

J'avais précisément dit, il y a quelques minutes, que l'honorable M. Tailhand affirmait ce fait, et c'est après l'avoir reconnu que j'avais ajouté qu'il y avait, sur ce point, une regrettable divergence de souvenirs entre les membres du 5e bureau et M. Tailhand.

A droite et au centre. Allons donc ! allons donc !

M. Savary. J'avais ajouté ensuite que peu importait, au fond, de savoir qui avait la meilleure mémoire ; car, à supposer que le 5e bureau eût reçu cette communication, le 5e bureau n'est pas la commission d'enquête, et la commission d'enquête n'avait, en ce qui la concerne, reçu ni en original, ni en copie, les pièces auxquelles on fait allusion.

J'ai donc indiqué un conflit de souvenirs qui existe en réalité, — le discours de l'honorable M. Tailhand vient de le démontrer, — mais je n'avais pas prêté à M. Tailhand un autre langage que celui qu'il vient lui-même de tenir à la tribune, et en le reproduisant après moi, il n'a répondu à aucune de mes assertions.

Quant au second point, celui qui est relatif à l'enquête, l'honorable M. Tailhand me reproche d'avoir dit qu'il avait annoncé qu'il venait d'adresser des dépêches à « tous » les procureurs généraux de la France, tandis qu'il aurait dit en réalité, dans la séance du 9 juin 1874, « à divers » procureurs généraux.

L'honorable M. Tailhand se trompe : je n'ai pas dit qu'il eût parlé de tous les procureurs généraux, mais j'ai dit qu'un certain nombre de nos collègues, autorisés apparemment, ayant compris comme nous les paroles de M. Tailhand, étaient venus demander au rapporteur de la commission d'enquête pourquoi elle ne publiait pas les réponses que M. le garde des sceaux avait dû recevoir de tous les procureurs généraux, en réponse à la dépêche qu'il leur avait adressée. (Mouvements divers.)

Ce ne sont pas les paroles de M. Tailhand que j'ai reproduites, ce sont celles de nos quatre honorables collègues qui avaient été chargés, par leurs amis politiques, de compulser, dans l'intérêt de M. de Bourgoing, le dossier judiciaire.

A tort ou raison, ces quatre collègues avaient compris ainsi la déclaration faite, le 9 juin, à la tribune, par l'honorable M. Tailhand. Cela est tellement vrai que, après s'être adressés à la commission, ils se sont adressés ensuite à M. le garde des sceaux, et ils lui ont demandé la communication de ces rapports qui n'existaient pas, en réalité, mais qui, dans leur pensée, avaient dû lui être adressés par les

vingt-sept procureurs généraux de France, en réponse à la dépêche lue par lui, — je veux dire M. Tailhand, — à la tribune.

Ainsi, messieurs, je crois que, sur ce second point, comme sur le premier, l'honorable M. Tailhand n'a répondu ni à l'une ni à l'autre des affirmations que j'avais eu l'honneur d'apporter à cette tribune.

Voix diverses à gauche. Très-bien ! très-bien !

M. Savary. En ce qui concerne l'honorable M. Bottieau, j'avoue qu'il m'est assez difficile de comprendre en quoi la longue et peu intéressante lecture d'un rapport que nous avons publié peut servir à prouver que la commission avait eu connaissance d'un second rapport postérieur en date au premier, alors qu'il est constant qu'aucune communication n'a été faite à la commission d'enquête par l'honorable M. Tailhand, et alors qu'il résulte du texte même que l'honorable M. Bottieau avait entre les mains, que ce document a été publié par la commission, sur la remise qui lui en avait été faite par l'honorable M. de Bourgoing.

La vérité est cependant bien plus simple que toutes ces subtilités. M. de Bourgoing, soit que, avec raison, il n'attachât pas au second rapport que vient de lire M. Bottieau l'importance que M. Bottieau y attache, soit par suite d'une simple erreur, remit à la commission quatorze pièces. Il les lui a remises bénévolement, je dois le dire, tout à fait bénévolement, car un candidat n'est pas tenu de faire des communications à une commission.

M. de Bourgoing nous a donc remis quatorze pièces, parmi lesquelles figurait un premier rapport de M. le procureur général de Bourges.

Nous avons fait imprimer ces quatorze pièces, et s'il nous en avait remis une quinzième, qui eût été le second rapport qu'on vient de vous lire, nous l'aurions également fait imprimer.

M. René Goblet. M. de Bourgoing ne dit pas qu'il ait remis cette quinzième pièce !

M. Savary. Nous l'aurions fait imprimer avec d'autant plus de facilité, que cette pièce, considérée par l'honorable M. Bottieau comme si importante, est le résumé d'une série de dépositions dont la plus grande partie avait déjà été publiée par nous dans notre premier rapport, et dont l'ensemble figure, que M. Bottieau le sait, puisqu'il a pris connaissance du dossier que nous devons publier, dans les annexes au second rapport. (Approbation à gauche.)

Nous avons donc, d'une part, un rapport de M. le procureur général de Bourges, qui nous a été communiqué et que nous avons publié ; d'autre part, un second rapport dont nous ignorions l'existence et dont nous sommes heureux d'avoir entendu la lecture, quoiqu'il ne nous révèle rien de nouveau, qu'il soit le résumé d'une série de dépositions que nous connaissions, qu'il constate des faits dont le rapport rend compte, et à propos desquels, non content de communiquer à l'Assemblée le texte du rapport qui résume les dépositions, nous avions depuis longtemps décidé de lui communiquer les dépositions elles-mêmes.

Je crois avoir répondu sur tous les points.

J'ai dit qu'on avait, hier; injustement reproché à la commission et à son rapporteur, d'avoir intentionnellement supprimé une pièce ; je viens, je crois, de vous démontrer que la commission n'en connaissait pas et n'en pouvait pas connaître l'existence. Vous venez d'en entendre la lecture, et cette lecture vous a démontré combien puérile était l'accusation et combien ridicule eût été l'acte d'une commission qui, au milieu de publications si graves, eût choisi pour la supprimer, une pièce dont l'intérêt n'est pas saisissable. (Très-bien ! très-bien ! — Applaudissements à gauche).

M. Baragnon paraît à la tribune.

M. Bottieau, *de sa place*. J'aurais une seule observation à faire.

A gauche Ah ! ah ! — Assez ! assez !

Au centre et à droite. Laissez parler !

M. Bottieau Je n'ai eu connaissance de la lettre de M. le procureur général de Bourges, que comme membre du 5ᵉ bureau, et par suite de la communication qui en avait été faite par M. le garde des sceaux. (Mouvements divers.)

M. le président. La parole est à M. Baragnon.

M. Baragnon. Je ne compte pas prolonger longtemps ce débat. (Ah ! ah ! à gauche.)

L'honorable M. Tailhand, après les paroles qu'il a prononcées et qui ont obtenu l'adhésion de la très-grande majorité des membres de cette Assemblée... (Vives exclamations et rires ironiques à gauche. — Oui ! oui ! à droite.)

Sur d'autres bancs. Continuez ! continuez !

M. le président. Veuillez ne pas interrompre. Cet incident dure depuis assez longtemps.

M. Baragnon. L'honorable M. Tailhand, dis-je, après ses paroles, n'a pas besoin d'être défendu... (Rires à gauche), et il en reste pour moi cette impression que c'est un honneur de plus d'avoir été associé à son action pendant quelques mois... (Hilarité à gauche. — Très-bien ! à droite), honneur et responsabilité que j'accepte volontiers. (Oh ! oh ! à gauche. — Très-bien! très-bien! à droite.)

C'est pour avoir bien compris les devoirs de chef de la magistrature française qu'il est calomnié par une partie de cette Assemblée. (Protestations nombreuses et cris : A l'ordre ! à gauche.)

M. le président. Monsieur Baragnon, veuillez retirer cette expression.

M. Baragnon. Vous avez raison, monsieur le président ! mon expression va trop loin : la calomnie suppose la mauvaise foi, et je dois admettre que ceux qui accusent si violemment croient à ce qu'ils disent. Je retire donc mon expression : M. Tailhand n'est qu'injustement attaqué ; mais il n'a pas besoin d'être défendu maintenant... (Rires à gauche.)

Un membre à gauche. Eh bien, ne le défendez pas !

M. Baragnon. Je me borne à faire remarquer qu'il est singulier que l'on traite ici d'incidents étrangers à l'affaire des explications qui se produisent précisément parce qu'on les a provoquées. (Très-bien ! très-bien ! à droite.)

Pour moi, messieurs, si je suis monté à cette tribune, c'est pour apporter un élément de plus à ce qui a été dit sur ce point.

On a soutenu... (Interruptions à gauche),

a répandu dans une certaine presse que M.

le baron de Bourgoing avait reçu des communications qui n'avaient pas été faites au 5ᵉ bureau.

Pour répondre à cette assertion, M. le garde des sceaux m'a chargé, il y a plusieurs mois, de rédiger un communiqué qui fut adressé à divers journaux. Le 5ᵉ bureau existait alors, le fait était récent ; il ne pouvait pas se produire dans l'esprit de ses membres cette hésitation que M. Savary affirme exister aujourd'hui. (Très-bien ! très-bien ! à droite.)

Le communiqué a été rédigé par moi, je l'ai envoyé aux journaux, il a été publié ; il déclarait que M. de Bourgoing n'avait reçu d'autres communications que celles faites aux juges de son élection Les membres du 5ᵉ bureau se sont tus : ce qui prouve que le communiqué avait raison. (Vives marques d'approbation et applaudissements à droite.)

M. le président. L'incident est clos.

M. Albert Grévy. J'avais demandé la parole.

M. le président. Ah ! — Vous avez la parole. (Réclamations à droite.)

M. Grévy avait demandé la parole avant que j'eusse prononcé la clôture de l'incident ; il est équitable de le laisser parler.

Je n'aurais pas déclaré l'incident clos si je m'étais aperçu que l'honorable M. Albert Grévy avait demandé la parole.

M. Albert Grévy. Je me garderais bien d'entrer dans une discussion qui ne serait pas à sa place.

Je ne veux que constater un fait, et en déclarant ce que je vais dire, j'ai la conviction de n'être démenti ni par M. Tailhand ni par M. le baron de Bourgoing.

Les pièces venant de M. le procureur général de Bourges n'ont jamais été communiquées par M. Tailhand à la commission d'enquête. Ce qu'elle a reçu, elle l'a reçu de M. le baron de Bourgoing exclusivement, et dans les pièces qu'a communiquées M. le baron de Bourgoing, ne se trouve pas le second rapport dont on vient de parler. (Mouvement. — Très-bien ! à gauche.)

M. Tailhand. Il ne faut pas, messieurs, que les paroles prononcées par l'honorable M. Albert Grévy laissent dans vos esprits la moindre équivoque. J'ai remis le dossier, dit « dossier de la Nièvre, » au 5ᵉ bureau.

Un membre à gauche. Ce n'est pas la même chose !

M. Tailhand. Comment ! ce n'est pas la même chose?

Le même membre. Il s'agit de la commission d'enquête!

M. Tolain. Ne faites pas de confusion entre le 5ᵉ bureau et la commission d'enquête !

M. Tailhand. Non, je ne fais pas de confusion et je ne veux en laisser subsister aucune. Je n'ai jamais déclaré à l'Assemblée que j'avais remis à la commission d'enquête le dossier connu sous le nom de « dossier de la Nièvre, » je l'ai confié à la sous-commission du 5ᵉ bureau, qui me l'avait réclamé. (Bruit et mouvements divers.)

Lorsque ce dossier spécial m'a été rendu, des membres appartenant au 5ᵉ bureau avaient certainement pris copie de toutes les pièces auxquelles ils attachaient quelque importance. C'est au moins ma conviction.

Plus tard, après la nomination des membres composant la commission parlementaire, l'honorable M. Albert Grévy m'a prié de me rendre auprès d'elle. J'ai été entendu à deux reprises différentes. J'ai répondu aux questions qui m'ont été adressées. On ne m'a pas réclamé une nouvelle communication du dossier de la Nièvre. La présence dans cette commission de quelques membres qui avaient appartenu au 5e bureau, me disait assez que cette mesure était inutile. Encore une fois, on ne m'a rien réclamé, et je n'avais rien à offrir. (Applaudissements à droite. — Rumeurs à gauche.)

M. le président. L'incident est clos.

M. Ordinaire. Je demande la parole.

M. le président. La parole est à M. Ordinaire.

M. Ordinaire. J'ai l'honneur de déposer sur le bureau de l'Assemblée un projet de loi relatif à un emprunt au profit des inondés u Midi. (Mouvement en sens divers.)

J'ai l'honneur de solliciter l'urgence, et je pense, pour l'appuyer, n'avoir besoin que de lire l'exposé des motifs de la proposition de loi que je vous soumets. (Lisez ! lisez ! à gauche. — Déposez ! déposez ! à droite.)

Je donne lecture de l'exposé des motifs :

« L'immense désastre qui vient de frapper nos départements du Midi a permis de constater, une fois de plus, l'admirable sentiment de solidarité qui unit étroitement les différentes parties du corps national. Sur tous les points de la France, des souscriptions ont surgi avec une remarquable spontanéité, et chaque jour ce magnifique mouvement grandit et s'affirme. » (Rumeurs diverses.)

« On ne saurait trop louer et encourager d'aussi généreux et utiles efforts... » (Bruit croissant.)

Messieurs, je renonce, au milieu du bruit qui se fait, à lire mon exposé de motifs ; mais je tiens à vous lire les articles de la proposition.

« Art. 1er. — Le ministre des finances est autorisé à contracter un emprunt de 200 millions de francs... » (Exclamations à droite et au centre.) « à l'effet d'indemniser les habitants des départements inondés.

« Art. 2. — Cet emprunt sera émis sous forme d'obligations de 500 fr., portant 25 fr. d'intérêt annuel. Il sera remboursable en dix ans par dixièmes. Le taux de l'émission sera ultérieurement fixé par M. le ministre des finances. »

M. Dufaure, *garde des sceaux.* Attendez que M. le ministre des finances le demande ! Cela ne doit pas venir de l'initiative parlementaire.

M. Ordinaire. « Art. 3. — L'emprunt sera payé par un impôt progressif établi sur le revenu. » (Nombreuses exclamations.)

Un membre à droite. Ah ! ah ! Nous y voilà !

M. Ordinaire. « Une loi ultérieure fixera les conditions de cet impôt, dont le produit ne pourra excéder la somme nécessaire au service de l'emprunt.

« Art. 4. — La répartition entre les sinistrés sera faite par des commissions départementales. Ces commissions se composeront de vingt membres. Dix membres seront désignés par l'administration ; dix membres seront élus par les conseils généraux. »

Cette proposition est signée par M. Naquet et par moi.

Nous avons l'honneur de demander l'urgence.

M. Léon Say, *ministre des finances.* Je demande la parole contre l'urgence.

M. le président. La parole est à M. le ministre des finances.

M. le ministre des finances. Je prie l'Assemblée de ne pas se prononcer en faveur de l'urgence. Je considérerais comme étant la destruction des finances du pays... (Très-bien ! très-bien !)

Un membre. Et de la souscription.

M. le ministre. ...l'emploi de l'initiative parlementaire dans les matières qui viennent d'être traitées à cette tribune par l'honorable M. Ordinaire. C'est au Gouvernement (Très-bien !) qu'il appartiendra de vous proposer les mesures qui lui paraîtront nécessaires, et vous pouvez être assurés que le Gouvernement, dans cette occasion, ne manquera pas à ses devoirs. (Vive approbation sur un grand nombre de bancs.)

M. le président. Je consulte l'Assemblée sur l'urgence.

(L'Assemblée, consultée, ne déclare pas l'urgence.)

M. le président. La proposition suivra son cours réglementaire.

L'ordre du jour appelle la 2e délibération sur le projet de loi ayant pour objet la concession à la compagnie de Picardie et Flandres, des chemins de fer : 1° de Cambrai à Douai ; 2° d'Aubigny-au-Bac à Somain avec embranchement sur Abscon.

M. Krantz, *rapporteur,* se présente à la tribune.

Quelques membres à droite. A lundi ! à lundi !

A gauche. Non ! non ! Parlez !

M. Henri Vinay. On demande le renvoi à lundi.

M. le président. Si l'on insiste pour le renvoi à lundi... (Oui ! — Non ! non !), je consulterai l'Assemblée.

Je dois faire remarquer qu'hier encore il a été convenu que les séances dureraient jusqu'aux environs de six heures. Or, il n'est guère que cinq heures et quart. (Rumeurs en sens divers.)

Je répète que si l'on insiste, je mettrai la proposition aux voix. (Non ! non !)

Si l'on n'insiste pas, je donne la parole à M. le rapporteur du projet de loi.

M. Krantz, *rapporteur.* Messieurs, je crois me rendre au désir de l'Assemblée, en ouvrant cette discussion par une demande d'urgence. La commission m'en a expressément chargé, et j'ajoute que l'époque avancée de notre session, les grands travaux parlementaires qui nous restent à accomplir, me paraissent rendre cette mesure tout à fait désirable.

J'ajoute encore que la question engagée est en elle-même tellement simple, qu'une seule discussion suffira à l'éclaircir complètement.

Je vous demande donc, avant d'aller plus loin, de vouloir bien accorder la déclaration d'urgence. (Marques d'assentiment.)

50

M. le ministre des travaux publics. Je m'associe à la demande d'urgence.

M. le rapporteur. Le Gouvernement s'associant à la demande d'urgence, il me semble qu'aucune difficulté ne peut s'élever pour cette déclaration.

M. le président. Je consulte l'Assemblée sur la demande d'urgence faite par la commission et à laquelle le Gouvernement se rallie.

(L'urgence, mise aux voix, est déclarée.)

M. le président et M. le rapporteur échangent quelques paroles à voix basse.

M. le président. La discussion est ouverte. Je donne la parole à M. le rapporteur.

M. Krantz, *rapporteur.* M. le président me fait observer, messieurs, que peut-être il serait plus conforme aux règles de la procédure parlementaire, de discuter d'abord l'amendement qui a été déposé. Cependant, je viens avec son autorisation vous prier de vouloir bien intervertir cet ordre de discussion et de m'permettre de vous présenter aujourd'hui l'exposé de cette affaire.

M. Paris. Comme auteur de l'amendement, je n'y vois aucun inconvénient.

M. le rapporteur. J'avais eu l'honneur de vous dire, lorsque je vous avais demandé, avec moins de succès qu'aujourd'hui, la déclaration d'urgence, que la question qui s'agite, malgré tout le bruit qu'elle a fait, toutes les passions qu'elle a soulevées, est au fond très-simple et n'engage pas de très-grands intérêts.

Je crois devoir justifier tout d'abord cette première proposition. De quoi s'agit-il, en réalité? Il s'agit de deux lignes ayant ensemble 42 kilomètres; elles sont d'intérêt général, personne n'y contredit; elles doivent être exécutées avec le même cahier des charges, qu'on les donne au Nord, qu'on les donne à la compagnie de Picardie et Flandres; elles seront exécutées sans subvention ni garantie d'intérêt, pour la même durée de concession, avec un partage équivalent des bénéfices au profit de l'Etat.

Il serait, en vérité, difficile, après ce court énoncé, de voir quels grands intérêts peuvent être engagés pour l'Etat dans une question de cette nature.

J'ajoute que si l'on concède ces lignes à la compagnie du Nord, elles doivent faire partie d'un troisième réseau, absolument distinct pour la comptabilité des deux réseaux de cette compagnie. De telle sorte qu'elles ne peuvent pas plus augmenter les produits et le revenu de l'ancien réseau, que diminuer les insuffisances du second, puisque leurs administrations et leurs revenus seront absolument distincts.

Si on concède ces lignes à la compagnie de Picardie et Flandres, la situation ne sera guère différente au regard des produits de l'ancien et du nouveau réseau de la compagnie du Nord; d'une façon comme de l'autre, elles sont appelées à faire une certaine concurrence à la grande compagnie comme aussi à lui apporter certains produits.

Je tenais, messieurs, à vous faire tout d'abord ce court résumé qui, dans ma pensée, pose déjà nettement la question. Vous verrez qu'elle ne saurait avoir la gravité qu'on s'est plu à lui attribuer, et les détails dans lesquels je vais entrer vous le démontreront encore mieux. Cependant, il n'est guère possible d'ad-

mettre, que tout ce bruit, toutes ces passions, toutes ces querelles engagées, — car on est allé jusqu'aux querelles, — n'aient eu aucun motif.

Oui, au fond, il y a, en dehors de l'intérêt matériel un intérêt moral engagé, surtout au droit de l'Etat, et cet intérêt moral, — qui peut être, qui est aussi puissant que n'importe quel intérêt matériel, — ne permet pas que la question soit résolue indifféremment dans un sens ou dans l'autre.

Cet intérêt, je n'ai pas à le discuter en ce moment; il résultera clairement de l'exposé que je vais vous faire.

En 1870, la compagnie de Picardie et Flandres demanda la concession à titre d'intérêt général des deux lignes de Cambrai à Douai et de Douai à Orchies, c'est-à-dire de Douai vers la frontière belge dans la direction de Tournai.

Notre collègue M. de Talhouët, alors ministre des travaux publics, prescrivit une enquête; car l'une de ces lignes, celle de Cambrai à Douai, si je ne me trompe, n'avait pas été soumise aux enquêtes.

Je n'ai pas besoin de vous dire que nous étions près de très-graves événements, et que ces demandes, ces enquêtes, furent forcément oubliées pendant quelque temps. Mais aussitôt la tourmente passée, le département du Nord revint à ses anciens projets, et il avait raison. Il savait parfaitement qu'à la suite de pareilles épreuves, ce n'était qu'en renforçant son outillage industriel qu'il pourrait refaire ses capitaux et sa fortune ébréchée. Il poursuivit donc la demande de concession; mais très-probablement avec l'assentiment de l'administration, et sûrement à sa connaissance, il s'attribua ces lignes dont il s'agit, à titre d'intérêt local; il annonça l'intention de mettre en adjudication ces deux lignes de Douai à Orchies et de Cambrai à Douai. Ce ne fut assurément, je le répète, un mystère ni pour l'administration, ni pour la compagnie du Nord. Aucune opposition ne survint de nul côté, au moins que je sache; la compagnie du Nord elle-même se borna à se présenter à l'adjudication, qui fut conclue en faveur de la compagnie de Picardie et Flandres. Ceci se passait en 1871.

En 1872, une concession directe fut faite d'un troisième petit chemin qui se détache de l'autre à Aubigny-au-Bac, c'est-à-dire à peu près à moitié distance entre Cambrai et Douai et qui va chercher les charbonnages dans la direction d'Aniche; c'est l'embranchement d'Aubigny-au-Bac à Somain et Abscon. La compagnie du Nord fut encore prévenue; d'ailleurs, elle ne pouvait en ignorer, puisque c'était au milieu de son réseau que ces actes se passaient publiquement. Elle n'intervint pas; la ligne fut donnée à la compagnie de Picardie et Flandres, sans qu'aucune opposition se produisît d'aucun côté.

Les choses en étant à ce point, l'intervention administrative devenait nécessaire, car il n'y avait pas encore de déclaration d'utilité publique, et la concession faite par le département était absolument, je ne dirai pas sans valeur, mais sans effet possible, dès l'instant qu'elle n'avait pas obtenu l'exequatur de l'Etat.

Amené par la force des choses à intervenir, le Gouvernement fit étudier la question, et les projets furent soumis au conseil général des ponts et chaussées, qui les examina avec le soin qu'il met habituellement à ces sortes d'études.

En ce qui concerne la ligne de Douai à Orchies, il pensa qu'elle devait être classée parmi les lignes d'intérêt général. De fait, il me semble difficile, et il a paru difficile aussi à la commission de lui assigner un autre caractère.

Si vous voulez jeter les yeux sur la carte, vous verrez que cette ligne de Douai à Orchies est le prolongement direct du chemin de Rouen à Amiens et Douai, qu'en poursuivant vers la Belgique jusqu'à Tournay on la raccordera avec la ligne qui aboutit à Anvers, de telle sorte qu'elle devient le dernier chaînon, sur notre territoire d'une ligne qui réunirait directement les deux ports les plus importants de la mer du Nord et de la Manche.

Quant aux deux autres lignes, le conseil des ponts et chaussées, sans se montrer très-favorable à la décision prise par les représentants du département du Nord, on regrettant même qu'il eussent songé à retenir pour ce département deux lignes aussi importantes, fut d'avis, comme je le dirai tout à l'heure, d'acquiescer aux faits accomplis. Il regrettait bien que la concession du dernier tronçon d'Epehy à Cambrai constituât définitivement, à titre d'intérêt local, le chemin qui va de Beauvais à Cambrai.

Mais la question était tellement engagée par la concession antérieure, qu'il ne paraissait pas utile ou possible de la modifier.

Aussi, tout en exprimant ce regret, même avec une certaine vivacité, le conseil des ponts et chaussées fut d'avis qu'il y avait lieu de laisser à ces diverses lignes le caractère d'intérêt local et de les donner à la compagnie de Picardie et Flandres.

J'insiste sur ce détail parce que la commission a été très-heureuse de se trouver en plein accord de vues avec le conseil des ponts et chaussées, et comme il accord répondait par avance à bien des doléances et à bien des reproches immérités.

Ce rapport dont je vous donnerai, dans le cours de la discussion, quelques extraits, mais dont je vous lis simplement la conclusion, s'exprimait ainsi :

« J'estime en conséquence — disait le rapporteur, et ce rapporteur vous est connu ; le département du Nord ne saurait oublier les soins, l'intelligence qu'il mettait à l'étude des affaires qui intéressaient le département ; c'est M. Kolb, le frère de notre honorable collègue, M. Kolb Bernard — « j'estime, en conséquence, qu'il y a lieu :

« 1° De faire déclarer d'utilité publique les chemins de fer ci-dessous désignés, savoir :

« 1° D'Epehy à Cambrai ;

« 2° De Cambrai à Douai ;

« 3° D'Aubigny-au-Bac à Somain, avec embranchement sur Abscon ;

« 4° D'autoriser le département du Nord à poursuivre l'exécution de ces chemins comme chemins d'intérêt local, suivant les dispositions de la loi du 12 juillet 1865 et conformément aux conditions, tant de la convention passée

en février 1872 par le préfet du Nord avec la compagnie de Picardie et Flandres, représentée par M. Gaston de Saint-Paul, que du cahier des charges annexé à ladite convention. »

Je vous avais dit, messieurs, que la commission se trouvait en plein accord avec le conseil général des ponts et chaussées, ceci est exact, sauf un point cependant, car nous avons reconnu le caractère d'intérêt général à ces lignes, tandis que le conseil des ponts et chaussées consentait à leur reconnaître le caractère d'intérêt local.

Après l'avis du conseil des ponts et chaussées devait venir, dans l'ordre habituel, l'avis du conseil d'État. Consulté à son tour, le conseil d'État, en ce qui concerne la ligne de Douai à Orchies exprima tout à fait la même opinion que le conseil général des ponts et chaussées. Il fut d'avis qu'elle devait être retenue à titre d'intérêt général et attribuée soit directement à la compagnie du Nord, soit mise en adjudication. Quant aux deux autres, il estima, — ce fut du moins l'avis de la section des travaux publics, — il estima qu'elles étaient d'intérêt général, et se sépara sur ce point du conseil des ponts et chaussées; mais il exprima l'opinion qu'on pouvait sans inconvénient les concéder à la compagnie de Picardie et Flandres, et, en cela, il fut du même avis que le conseil des ponts et chaussées. Cet avis de la section des travaux publics fut soumis à l'assemblée générale du conseil d'État; celle-ci allait, selon toute probabilité, adopter l'avis de la section des travaux publics quand un nouvel élément intervint subitement dans la discussion, ce fut une demande de la compagnie du Nord. A la dernière heure, lorsque le conseil allait délibérer, la compagnie du Nord, par l'intermédiaire du rapporteur, M. Collignon, introduisit une demande pour que la concession fût faite à son profit.

A ce moment, le conseil d'État se borna à retenir de l'avis de la section ce qui concernait le caractère d'intérêt général ; quant à ce qui concernait l'attribution à l'une des deux compagnies demanderesses, il déclara s'en rapporter à la sagesse du Gouvernement. Cet avis du conseil d'État a clos l'instruction administrative.

Le moment était venu de passer de la délibération à l'action.

Le premier ministre auquel échut cette épineuse affaire fut M. dé Fourtou; mais on ne croit pas qu'il s'y soit bien sérieusement engagé, du moins, je n'ai pu trouver, dans les dossiers, aucune trace de son intervention. Il m'a été dit, sans que j'aie pu le vérifier, qu'il était favorable à la compagnie Flandres et Picardie ; mais je le répète, aucun document ne me permet d'affirmer le fait.

M. Deseilligny, qui lui succéda, ne fut pas exactement de son avis ; ses préférences, ou pour mieux dire, son opinion, car je ne crois pas qu'il y mît de préférence personnelle, son opinion le fit incliner vers la grande compagnie du Nord, et il signa avec elle une convention qui lui attribuait la ligne de Cambrai à Douai. Des deux autres lignes, il n'était rien dit.

Vous comprendrez aisément, messieurs, sans qu'il soit besoin d'insister longuement sur ce point, le sentiment qu'éprouva immédiatement le conseil général du département du Nord. Dans les observations qu'il a adressées à l'administration, perce un sentiment d'amour-propre blessé : il parle de son honneur mis en cause. (Légère rumeur sur quelques bancs.)

A mon avis, le mot d'honneur est de trop. Son honneur n'était pas, ne pouvait pas être engagé ; mais cependant on comprend aisément que le conseil général du Nord se soit trouvé blessé dans sa dignité quand la concession qu'il avait faite a été retirée.

Au banc des ministres. Il y en a beaucoup dans ce cas !

M. le rapporteur. De plus, ce n'était pas le sentiment seul de dignité blessée qui était en cause, il devenait évident qu'en concédant une seule des trois lignes... — si vous voulez jeter les yeux sur la carte, vous en serez convaincus — il était évident, dis-je, qu'en concédant la ligne de Cambrai à Douai, on rendait impossible la concession des deux autres.

Ainsi, la concession d'Aubigny-au-Bac à Somain, comme aussi celle de Douai à Orchies devenaient absolument sans utilité pour la compagnie de Picardie et Frandres. La ligne de Douai à Cambrai, donnée à la compagnie du Nord, isolait les deux autres du reste du réseau de Picardie et Flandres.

On comprend que les représentants du département du Nord aient protesté avec une certaine vivacité.

M. de Larcy succéda à M. Deseilligny, et il ne fut pas de l'avis de son prédécesseur. Touché par les plaintes du département du Nord, il prit la chose exactement à l'inverse, et concéda directement, par le projet qui nous a été soumis, les trois lignes de Douai à Orchies, de Douai à Cambrai, d'Aubigny-au-Bac à Somain et à Abscon, à la compagnie de Picardie et Flandres.

Vous me permettrez, dans l'exposé des motifs fait par l'honorable M. de Larcy, de relever un passage qui a beaucoup frappé la commission.

Il y est dit en termes excellents que « le Gouvernement, frappé par les considérations qui lui ont été soumises ; déterminé, d'ailleurs, par des motifs d'équité et de sage administration, à respecter dans tout ce qui n'est pas contraire à l'intérêt public les votes des conseils généraux des départements, renonce à donner suite au projet de concession préparé en faveur de la compagnie du Nord.

Mais le projet de M. de Larcy déposé, les réclamations arrivèrent, et cette fois d'un autre côté.

Notre spirituel collègue M. Laboulaye nous l'a dit dernièrement à cette même place : « Nul ne peut contenter tout le monde et son père ! »

Une voix. Après La Fontaine !

M. le rapporteur. M. de Larcy en fit l'épreuve. (On rit.)

A peine un projet de loi était-il déposé, que les députés de la Somme et du Pas-de-Calais formulèrent une proposition de loi qui remettait les choses dans l'état où les avait amenées M. Deseilligny, et même avec aggravation ; car ce n'était plus seulement une seule des li-

gnes, mais les trois qui devaient être concédées à la compagnie du Nord.

C'est dans cette situation fort compliquée, fort embarrassée de toutes sortes de compétitions, que l'affaire arriva devant la commission des transports.

L'honorable M. Caillaux, qui alors était notre collègue dans cette commission, fut le premier rapporteur désigné du projet de loi préparé par M. de Larcy. Nommé ministre, il abandonna naturellement le dossier, qui échut à M. de Montgolfier, et c'est de troisième main que j'ai reçu l'honneur d'être devant vous l'interprète de la commission en cette épineuse affaire.

L'honneur est grand, sans doute, mais il n'est pas sans quelques ennuis. En vérité, je n'ai jamais vu une affaire, aussi mince par son importance réelle, susciter autant de difficultés.(On sourit.)

Ainsi la grosse convention, bien autrement importante, avec la compagnie Paris-Lyon-Méditerranée, que M. le ministre des travaux publics vient de mener à bonne fin, n'a pas, à beaucoup près, autant occupé les journaux et l'opinion que cette petite concession de 42 kilomètres à la compagnie Picardie et Flandres. (Rires d'approbation) On aurait cru qu'il s'agissait, en cette affaire, du salut de la France.

Je vous ai dit que le dernier incident, le plus grave de toute cette instruction si incidentée, avait été l'intervention de nos collègues de la Somme et du Pas-de-Calais.

J'avoue, pour ma part, qu'elle m'a profondément étonné. J'avais beau regarder sur la carte : je ne voyais pas comment le petit réseau dont il s'agit, enfermé dans le cœur du département du Nord, pouvait en quoi que ce fût intéresser les départements de la Somme ou du Pas-de-Calais.

Plusieurs membres. C'est vrai !

M. le rapporteur. Je n'ai pas assurément ici à sonder, comme on dit, les reins et les cœurs, à voir les intentions et les motifs secrets ; mais je pourrai discuter, —et je le ferai certainement avec le plus grand soin,—les motifs apparents de cette intervention, que, pour ma part, je me refuse absolument à trouver légitime. (Très-bien ! très-bien ! sur divers bancs.)

Elle m'a étonné d'autant plus que je savais le département du Pas-de-Calais associé aux départements du Nord et de l'Aisne dans une garantie collective en faveur de la compagnie du Nord-Est. Or, on a dit et répété dans les journaux que la petite concession dont il s'agit, cette minuscule concession de 42 kilomètres devait révolutionner toutes les relations et tous les transports du département du Nord, qu'elle devait enrichir la compagnie du Nord-Est aux dépens de la grande compagnie du Nord. Comment pouvait-il se faire que les députés du Pas-de-Calais—que ce te concession devait pleinement satisfaire,—vinssent la combattre avec autant de résolution ?

La situation ne paraissait pas moins singulière du côté des députés de la Somme ; car, enfin, aux termes des traités intervenus, le département de la Somme est l'associé de la compagnie des chemins de fer de Picardie et Flandres ; il entre avec elle et partage des bénéfices au-delà d'une certaine limite ; il a donc, ou paraît avoir le plus grand intérêt à ce que cette compagnie prospère. Comment, se tournant contre elle, demande-t-il qu'on ne lui donne pas ce qui doit l'enrichir ? (Nouvelles marques d'adhésion).

Je discuterai les motifs apparents de cette singulière attitude, je les prendrai comme on nous les a donnés et je montrerai qu'ils n'ont en réalité aucune valeur.

Messieurs, je vous ai exposé l'affaire. Me permettez-vous de prolonger encore un peu ces explications ? (Oui ! oui !) Je crois que l'heure nous permet de continuer encore un peu l'examen des intérêts engagés. (Parlez ! parlez !)

Je n'ai besoin de vous dire qu'ici, interprète fidèle de la commission, je n'apporterai aucune passion dans l'étude de cette question et dans les débats qui vont suivre. Je puis bien m'en dispenser, car il en a été assez mis ailleurs. (Sourires sur divers bancs).

Dans cette affaire quels peuvent être les intérêts en jeu ? Je parle des intérêts sérieux, des intérêts qui peuvent comparaître devant vous, qui ont assez d'importance et de respectabilité pour mériter d'être discutés devant l'Assemblée des représentants du pays.

Au premier rang, je trouve l'intérêt de l'Etat, dont vous êtes les défenseurs. L'intérêt de l'Etat est lié à celui de la compagnie du Nord; car je ne vois pas, en vérité, à quel autre titre, de quelle autre façon l'Etat pourrait être engagé dans cette affaire. Par conséquent, je peux dire que l'intérêt de l'Etat ne peut ici être en jeu que parce qu'il est connexe avec les intérêts de la compagnie du Nord.

Il me semble donc que tout d'abord nous avons à voir jusqu'à quel point la compagnie du Nord peut être menacée par la décision à intervenir. Nous devons examiner jusqu'à quel point cette petite concession de 42 kilomètres, faite à la compagnie de Flandres et Picardie, peut ébranler sur sa base l'édifice si solidement construit de la compagnie du Nord.

A ce sujet, la commission a reçu à diverses reprises des observations et des plaintes. On lui a dit : Voyez l'effet déjà produit par les concessions qui ont été faites vers 1870 ! Le revenu net diminue, non pas peut-être le revenu brut, mais les excédants. En 1869, ils dépassaient 9 millions, et en 1874 ils tombent à 2,200,000 fr. environ, tandis que, d'autre part, les insuffisances du nouveau réseau s'accroissent. Or, entre ces excédants sur le revenu réservé, qui décroissent, d'un côté, et, de l'autre, cette insuffisance qui va toujours croissant, il est manifeste qu'il arrivera un moment où les insuffisances déborderont les excédants, et où la garantie de l'Etat devra fonctionner.

Nous touchons à ce moment, ajoutait-on ; et on accusait, de plus, ce fait de se produire uniquement par suite des concessions données en dehors de la compagnie du Nord.

En apparence, l'objection était formidable, les coïncidences vraiment fâcheuses ; il semblait dès lors qu'on n'eût qu'à conclure. Mais, si l'on examinait de plus près les faits, tout ce mirage disparaissait.

Car enfin, ces excédants qui allaient toujours décroissant, que représentaient-ils? Ils représentaient la différence entre le produit net de l'ancien réseau et la somme formée par les insuffisances et le revenu réservé. Ceci a été expliqué maintes fois, et vous le savez tout aussi bien que moi.

L'excédant étant constitué par la différence entre deux valeurs, son amoindrissement pouvait provenir soit de l'accroissement de l'une, soit de l'affaissement de l'autre, et il n'était pas indifférent d'en discerner au juste la provenance.

En ce qui concerne les insuffisances du nouveau réseau, l'accroissement de longueur de ce réseau suffit à tout expliquer, sans mettre en cause la concurrence des lignes rivales.

Quant à l'affaissement relatif du revenu net de l'ancien réseau, il peut provenir soit d'une diminution de recettes brutes, soit d'un accroissement des frais d'exploitation. La décroissance de l'excédant causé uniquement par un déficit sur les recettes brutes pouvait mettre en cause la concurrence, mais, provoquée par l'accroissement des frais d'exploitation, elle n'avait plus le même caractère.

Si, par hasard, les dépenses de l'exploitation s'étaient accrues dans la période que l'on examinait, si c'était à ce seul fait que l'affaissement du revenu net devait être attribué, l'objection tombait. Et elle tombe complètement en effet ; si vous voulez bien examiner les recettes kilométriques brutes, de 1869 à 1874, vous trouverez que, pour l'ancien réseau de la compagnie du Nord, elles ont toujours suivi une marche ascendante, ascendante non-seulement dans les proportions habituelles, mais très-rapidement ascendante. Ainsi, en 1869, la recette brute a été de 85,399,949 fr.; le réseau avait 1,066 kilomètres.

En 1874, il a 1,150 kilomètres, mais la recette s'élève à 103,624,000 fr.

Pour dégager immédiatement ces chiffres de l'incertitude que peuvent causer les différences des longueurs, prenons le revenu kilométrique :

En 1869, il était, sur l'ancien réseau, de 80,113 fr. En 1874, de 90,108 fr. Ce qui constitue un accroissement de 2 1/2 p. 100 par an.

Si nonobstant, le revenu réservé a diminué, vous n'êtes plus autorisés, en face de ces chiffres, à attribuer le fait à la concurrence des lignes rivales. Il faut en chercher la cause ailleurs, et cette cause est tellement apparente, qu'il n'y a vraiment pas d'hésitation à avoir sur ce point.

Comment! au lendemain de la guerre, quand tous les chemins de fer étaient bouleversés, quand tant d'ouvrages d'art étaient à refaire, quand le prix du charbon avait dépassé toutes les limites habituelles, quand le prix de la main-d'œuvre était si élevé, vous vous étonnez de n'avoir pas exploité dans les conditions normales !

Mais évidemment ce qui est arrivé était inévitable, et il n'y a qu'une chose qui doive vous étonner : c'est que, lorsque toutes les autres industries étaient en souffrance, lorsque ceux qui, par leur sagesse, par leurs combinaisons habiles, étaient parvenus à constituer des établissements solides, quand ceux-là voyaient succéder des pertes notables à d'opulents inventaires, seuls vous n'en ayez pas subi. (Très-bien !)

Mais je vais plus loin. Creusons un peu la question.

Comment! vous trouvez que vos recettes brutes augmentent constamment, qu'elles ont suivi une marche ascendante! Mais est-ce que ces lignes, que vous accusez à tort d'avoir détourné vos trafics, n'auraient pas, par hasard, beaucoup plus apporté qu'elles ne vous ont enlevé? Oui, c'est ce qui a eu lieu effectivement; je vous le démontrerai d'une manière très-nette dans l'étude de la petite ligne de Lille à Valenciennes, étude qui est des plus instructives pour le cas dont il s'agit.

Je demande la permission de vous faire sommairement cette petite étude, qui nous permettra, par la connaissance du passé, de prévoir l'avenir pour la ligne de Cambrai à Douai. (Très-bien! très bien! — Parlez!)

Et d'abord, messieurs, si vous le permettez, dans cet historique, je remonterai jusqu'à l'Assemblée qui vous a précédés. (Parlez!)

Je vous lirai un passage du rapport de M. le comte Le Hon, relatif à la concession de la ligne de Valenciennes à Lille :

« Nous n'avons trouvé, dit le rapporteur, qu'une ligne dont l'établissement a un caractère d'urgence et de réelle utilité au double point de vue de l'intérêt local et général, c'est la ligne directe de Lille à Valenciennes. Nous avons donc insisté particulièrement pour que cette ligne fût concédée à la compagnie du Nord et exécutée par elle dans un bref délai. La compagnie, nous avons le regret de le dire, a repoussé les instances que lui adressait l'administration, pour se conformer au vœu exprimé par nous, et n'a pas consenti à se charger de l'exécution du chemin direct de Lille à Valenciennes. »

M. le colonel de Chadois. C'est toujours la même chose !

M. Emmanuel Arago. On refuse de se charger de la construction d'une ligne, et quand une autre compagnie est prête à l'entreprendre, alors on la lui enlève !

M. le rapporteur, *continuant sa lecture.* « Elle alléguait qu'il avait perdu toute son importance par l'engagement qu'elle prenait d'adopter pour les voyageurs et les marchandises un tarif réduit, basé sur la plus courte distance entre Lille et Valenciennes.....

« Enfin, grâce à la concession faite à une compagnie formée par de riches industriels de la localité, nous avons vu se réaliser le désir très-vif que nous avons formé pour la création d'une ligne dont l'intérêt ne peut être méconnu, mais non sans regretter qu'elle n'ait pas été entreprise par la compagnie du Nord. »

J'ai peut-être eu tort de ne pas tout lire; car le rapporteur, dans les lignes que j'ai omises, explique la formation de la ligne de Lille à Valenciennes et la première intervention, si je ne me trompe, de M. Philippart en nos affaires.

Ceci, messieurs, est une histoire déjà connue, mais qui, vraiment, n'est pas sans quelque ressemblance avec ce qui s'est passé, dans ces derniers temps pour la ligne de Cambrai à Douai.

Mais qu'a produit cette concession? Quelle action a-t-elle exercée sur les recettes de la compagnie du Nord?

Des documents qui m'ont été remis en ma qualité de rapporteur, il résulte que la compagnie du Nord a perdu 85 p. 100 de voyageurs et 45 p. 100 de marchandises, ce qui constituait un déficit total de 154,000 fr. sur ses recettes. Qu'elle ait perdu les voyageurs de Lille pour Valenciennes, par suite de l'ouverture d'une ligne directe qui offrait un raccourci de 26 kilomètres, il n'y a vraiment pas lieu de s'en étonner. Qu'elle ait perdu également une partie du trafic des marchandises qui s'effectue d'une ville à l'autre, c'est également dans l'ordre naturel des choses. Ces pertes se chiffrent, d'après elle, par 154,000 fr. Mais, d'autre part, cette compagnie de Lille à Valenciennes est entrée dans les gares du Nord; elle en a demandé la jouissance commune, et, pour ce f il, elle a payé 170,000 fr. En outre, pour arriver à ses deux gares, elle a dû passer sur passage, elle a payé 34,000 fr., ce qui fait en tout 204,000 fr.

Et remarquez bien, messieurs, que les 154,000 francs qui ont été perdus n'étaient acquis à la compagnie du Nord qu'après un certain travail effectué ; il fallait recevoir les voyageurs et marchandises, les voiturer, les transporter, faire enfin tout ce qui concerne le service des transports, tandis que les 204,000 fr. précités lui arrivent dans de tout autres conditions; ils n'ont pas coûté beaucoup de peine et de soins. C'est avant tout le loyer d'établissements qui étaient déjà faits pour l'usage de la compagnie et dont elle continue à se servir; je ne crains donc pas d'être démenti par personne quand je dirai que les 204,000 fr payés par la compagnie de Lille à Valenciennes, laissent à la compagnie du Nord beaucoup plus de bénéfice net que les 154,000 fr. de trafic qui lui ont été enlevés. (Marques d'assentiment.)

Ce n'est pas tout, messieurs. Cette petite ligne qui traverse un pays fort riche, comme disait l'exposé des motifs, qui amène à Lille, de Valenciennes les produits industriels des régions intermédiaires, a suscité, comme cela arrive toujours en pareil cas, un trafic nouveau, qui n'existait pas auparavant. Quelles ont été les conséquences de ce trafic nouveau? Si vous prenez le mouvement des deux gares de Lille et de Valenciennes pendant les trois années qui ont précédé l'ouverture de la ligne de Lille à Valenciennes, et si vous prenez le trafic dans les trois années qui ont suivi, vous trouvez une différence moyenne de 1,200,000 fr. en faveur de la dernière période; par conséquent, les lignes dont il s'agit et les autres lignes établies à la même époque jouent le rôle d'affluentes beaucoup plus que celui de concurrentes.

J'ai cité les chiffres, les résultats en bloc, je vais vous les donner en détail, si vous le désirez. (Non! non! à lundi!)

Messieurs, je n'ai plus que quelques mots à ajouter...

Plusieurs membres. Parlez! parlez! — Nous avons encore un quart d'heure !

M. le rapporteur. Je vous demande encore cinq minutes d'attention pour clore l'histoire de la ligne de Lille à Valenciennes.

Une conséquence assez singulière apparaît, au premier abord, des divers chiffres que je vous ai produits. Ainsi, par exemple, on peut se demander quelle eût été la situation de la compagnie du Nord si elle avait exécuté elle-même la ligne de Lille à Valenciennes ? Dites si elle y eût gagné ? On est porté à le croire, puisqu'elle l'a revendiquée depuis, et qu'elle a paru très-blessée de ne l'avoir pas en sa possession.

Eh bien, malgré les apparences, elle n'a rien perdu, elle a même gagné à ce que cette ligne fût en d'autres mains que les siennes. En effet, je vous ai signalé, par le fait de cette ligne, un détournement de trafic de 154,000 fr. Il aurait eu lieu de la même manière ; les voyageurs de Lille par Valenciennes, ou réciproquement, auraient pris comme aujourd'hui la voie la plus courte. Les marchandises qui empruntent aujourd'hui cette direction ne les prennent pas uniquement parce qu'elle appartient à la compagnie de Picardie et Flandres. Elles l'auraient suivie de la même manière et n'auraient pas pris la direction par Douai. La compagnie du Nord aurait donc également perdu de ce fait 154,000 fr. sur la voie pour son ancienne ligne exactement comme aujourd'hui.

Mais elle aurait perdu de plus les 204,000 fr. de loyer que l'autre compagnie lui paye ; car j'imagine qu'elle ne se les serait pas payés à elle-même. Vous voyez que cette perte, au lieu de compenser et au delà la perte produite par le détournement du trafic, venait l'aggraver. Les 1,200,000 fr. d'augmentation dans le revenu des gares seraient restés les mêmes dans l'une et l'autre hypothèses.

En définitive, il reste acquis que la compagnie aurait perçu 204,000 fr. de moins qu'aujourd'hui.

Mais ce n'est pas tout. Combien produit actuellement la ligne de Lille à Valenciennes ? Elle produit 19,300 fr. de recette. Sur ces 19,300 fr. de produit brut, quel eût été le net entre les mains de la compagnie du Nord? Consultez les documents officiels et vous verrez que ce net n'aurait pas dépassé 8,000 fr.

Ainsi, la compagnie du Nord aurait eu 8,000 fr. pour payer l'intérêt et l'amortissement des capitaux engagés dans la ligne de Lille à Valenciennes.

Or, si vous prenez le tableau officiel de ces dépenses de premier établissement, vous trouverez que la moins coûteuse des lignes de ce nouveau réseau du Nord, celle d'Amiens à Targnier, a coûté 224,000 fr. par kilomètre. La compagnie du Nord n'aurait donc reçu

pour les intérêts et l'amortissement de ses dépenses de construction que 8,000 fr., elle y eût perdu ; ajoutez cette perte aux 204,000 fr. déjà indiqués, et vous verrez ce qu'eût produit pour elle la construction de la ligne de Lille à Valenciennes.

Il n'est donc pas toujours sage de s'agrandir outre mesure ; il n'est pas toujours sage de vouloir faire tout par soi-même, et souvent il est d'une bonne politique de laisser vivre à côté de soi de petites lignes qui font peut-être concurrence, mais dont l'existence à une valeur réelle et une utilité réelle, puisqu'en fin de compte, sans rien coûter, elles donnent des produits, du trafic et des péages. (Très-bien ! très-bien ! — Applaudissements.)

De toutes parts. A lundi ! à lundi !

M. le président. La 36ᵉ commission des congés est d'avis d'accorder un congé de vingt jours à M. le comte Octave de Bastard.

Il n'y a pas d'opposition ?...

Le congé est accordé.

M. Lucet. Messieurs, j'ai l'honneur de déposer sur le bureau de l'Assemblée, au nom de la commission du budget de 1876, le rapport sur le budget des dépenses du gouvernement général civil de l'Algérie.

M. le président. Le rapport sera imprimé et distribué.

Voici l'ordre du jour de lundi.

A deux heures, séance publique.

Discussion du projet de loi tendant à autoriser le département de Loir-et-Cher à contracter un emprunt pour l'agrandissement de l'asile des aliénés ;

Discussion du projet de loi portant ouverture au ministre de la guerre, au titre du compte de liquidation, d'un crédit de cent millions pour les dépenses de 1875 ;

Suite de l'ordre du jour.

Il n'y a pas d'observation ?

L'ordre du jour est ainsi fixé.

(La séance est levée à six heures cinq minutes.)

Le directeur du service sténographique
de l'Assemblée nationale,

CÉLESTIN LAGACHE

ASSEMBLÉE NATIONALE

SÉANCE DU LUNDI 5 JUILLET 1875

PRÉSIDENCE DE M. LE DUC D'AUDIFFRET-PASQUIER.

La séance est ouverte à deux heures et quart.

M. le comte de Ségur, *l'un des secrétaires,* donne lecture du procès-verbal de la dernière séance.

M. le président. Quelqu'un demande-t-il la parole sur le procès-verbal?

M. Hervé de Saisy. Je demande la parole.

M. le président. La parole est à M. Hervé de Saisy.

M. Hervé de Saisy. Je viens faire appel à la sollicitude de l'Assemblée et lui demander de vouloir bien veiller à l'observation de son règlement, en ce qui concerne l'article 75, relatif au délai maximum dont jouissent les commissions d'initiative pour remettre leurs rapports.

Voici ce qui motive ma présence à la tribune.

Il y a quatre mois environ, ou, pour parler plus exactement, le 25 février dernier, j'ai eu l'honneur de déposer sur le bureau de l'Assemblée une proposition de loi tendant à substituer aux conseils généraux, dans la vérification des pouvoirs de leurs membres, une juridiction que je jugeais plus indépendante et offrant plus de garanties d'impartialité pour l'accomplissement de cette mission.

Quelques jours après, l'honorable M. Tallon a déposé une autre proposition portant sur le même sujet, mais essentiellement différente

ANNALES. — T. XXXIX.

de la mienne, quant au mode de vérification soumis à votre examen.

À l'heure actuelle, ces propositions n'ont été l'objet d'aucun rapport. Ce long retard indique évidemment une sorte de détente dans nos habitudes parlementaires. (Rumeurs diverses).

Quoi qu'il en soit, je demande que le règlement soit exécuté, aussi bien en ce qui concerne la proposition de M. Tallon qu'en ce qui concerne la mienne; d'autant plus qu'il y a deux raisons très-urgentes de rapporter ces propositions : la première consiste en ce que la loi de 1871, que j'avoue être, du reste, l'une des meilleures réformes accomplies par cette Assemblée, présente, dans son article 16, qui concède sans recours à la vérification des pouvoirs de leurs membres aux conseils généraux, une disposition réellement impraticable dont les graves inconvénients et dont les périls n'ont pas manqué de provoquer les plus justes critiques et se feront sentir avec la même force lors des validations ou invalidations nombreuses qui se produiront à la prochaine session du mois d'août.

Si vous maintenez l'état actuel de la loi, vous pouvez dire en réalité que ce sont surtout les influences, les coteries politiques qui prédomineront dans l'exercice de cette prérogative que vous avez accordée imprudemment aux conseils généraux. Quelle est, au milieu de ce conflit, la place réservée à l'impartiale justice? celle que le hasard lui attribue, ou que l'esprit de parti lui abandonne. Cette situation ne peut continuer.

51

Il y a donc là une importante lacune à combler, et il suffirait d'un instant pour obtenir ce résultat.

L'autre raison, messieurs, la raison majeure, à mon avis, pour que cette correction ait lieu le plus tôt possible, résulte de cette circonstance, que depuis que vous avez voté la loi du 29 août 1871 sur les conseils généraux, un fait nouveau s'est produit ; les conseils généraux ont reçu une nouvelle attribution en vertu de la Constitution du 25 février.

Ils sont appelés, nous le savons tous, à devenir des électeurs sénatoriaux. Eh bien, n'est-il pas nécessaire que leurs pouvoirs soient indiscutables, et aujourd'hui en est-il ainsi ? Ne convient-il pas que la juridiction qui vérifie leurs pouvoirs soit la même qui vérifie les pouvoirs des délégués des communes ? Or, dans le projet de loi qui vous a été soumis par l'honorable M. Dufaure, les délégués des communes verront examiner leurs pouvoirs par la juridiction impartiale, à l'abri de tout soupçon comme de toute influence, que constitueront les conseils de préfecture (Interruptions à gauche), lorsque, toutefois, cette institution aura reçu quelques améliorations nécessaires.

Il y aura très-certainement des modifications à apporter à leur composition actuelle, à leur mode d'action, non moins qu'à l'attribution du droit de les présider, et j'espère que l'honorable M. Gent, qui me fait l'honneur de m'interrompre en ce moment, voudra bien, lors de ce débat, produire, dans une pensée qui nous est commune à tous deux, un amendement que je crois nécessaire et auquel je me rallierai pleinement ; car, plus que lui, je ne veux de préfet pour présider à la vérification des pouvoirs électoraux ayant un caractère politique.

Mais ce point admis, il est évident que la juridiction des conseils de préfecture, agissant complétement en dehors des influences de partis, sera meilleure que l'état de choses actuel qui tend inévitablement à la confusion et à l'anarchie des pouvoirs.

Je vous ai signalé une ou deux des considérations importantes qui motivent ma demande d'un prompt rapport de ces deux propositions, me bornant, pour le moment, à cet aperçu, puisque je ne puis entrer dans le fond du débat. Plus tard, je m'étendrai davantage sur ce sujet.

En résumé, il y a deux systèmes en cause : le système de M. Tallon, qui, sauf quelques modifications à l'ancien procédé de vérification, en sollicite le retour avec l'adjonction de deux conseillers généraux.

Plusieurs membres. L'ordre du jour !

M. Hervé de Saisy. Puis, ma proposition qui substitue au bon plaisir des conseils généraux une juridiction de magistrats dont l'indépendance ne pourra être discutable, qui seront inamovibles, qui jugeront complétement au dehors et à l'abri de l'influence des passions politiques.

Vous aurez à choisir entre les deux ; mais ce qu'il y a de certain dès aujourd'hui, c'est que le rapport de ces propositions devait, aux termes de l'article 75 du règlement, être effectué dans le délai de dix jours, et voilà quatre mois que ce rapport reste en souffrance.

Je demande donc qu'il soit mis un terme à ce retard (Bruit), afin que l'Assemblée puisse décider dans quelques jours qu'elle examinera ces propositions.

Quelle que soit du reste celle que vous adoptiez, vous aurez rendu un grand service à nos départements, en permettant à leurs conseils généraux de consacrer tous leurs instants aux affaires locales et d'attendre la vérification de leurs pouvoirs d'un tribunal absolument étranger aux compétitions des partis. (Rumeurs diverses.)

A gauche. L'ordre du jour !

M. Eugène Pelletan. Messieurs, je ne suis pas le rapporteur de la proposition déposée par l'honorable M. Hervé de Saisy, mais j'ai été nommé rapporteur de la proposition similaire de l'honorable M. Tallon.

La commission d'initiative s'est réunie ; elle a invité M. de Saisy à lui présenter ses observations, et M. de Saisy, jusqu'à présent, n'a contribué à hâter le rapport que par son absence. (Ah ! ah ! — On rit.)

M. Hervé de Saisy. On n'a jamais attendu la présence de l'auteur d'une proposition pour en faire le rapport ! Dans tous les cas, M. Tallon y était, et ma proposition était suffisamment motivée.

M. Eugène Pelletan. Quant à moi, qui ne suis saisi, comme rapporteur, de la proposition de M. Tallon que depuis quelques semaines, j'ai prié M. Tallon de vouloir bien me fournir les documents qu'il avait annoncés à la commission d'initiative ; je les attends encore.

Un membre. M. Tallon est malade !

M. Eugène Pelletan. Cependant, pour rendre à M. de Saisy la justice qu'il réclame du rapporteur, en vertu du règlement, je puis lui promettre que le rapport sera déposé prochainement, et que, par conséquent, il aura toute satisfaction. (Très-bien ! — L'ordre du jour !)

M. le président. Y a-t-il d'autres observations sur le procès-verbal ?...

Le procès-verbal est adopté.

L'ordre du jour appelle la discussion du projet de loi tendant à autoriser le département de Loir-et-Cher à contracter un emprunt pour l'agrandissement de l'asile des aliénés de Blois.

Je consulte l'Assemblée pour savoir si elle entend passer à la discussion des articles.

(L'Assemblée, consultée, décide qu'elle passe à la discussion des articles.)

M. le président. Je donne lecture de l'article 1er :

« Le département de Loir-et-Cher est autorisé, conformément à la demande que le conseil général en a faite dans sa session d'octobre 1874, à emprunter, à un taux d'intérêt qui ne pourra dépasser 5 1/2 p. 100, une somme de 200,090 fr. qui sera affectée à l'agrandissement de l'asile des aliénés de Blois.

« Cet emprunt pourra être réalisé soit avec publicité et concurrence, soit par voie de souscription, soit à gré à gré avec faculté d'émettre des obligations au porteur ou transmissibles par voie d'endossement, soit directement auprès de la caisse des dépôts et consignations.

« Les conditions des souscriptions à ouvrir ou des traités à passer de gré à gré seront préalablement soumises à l'approbation du ministre de l'intérieur. »

(L'article 1er est mis aux voix et adopté.)

« Art. 2. — Il sera pourvu au remboursement et au service des intérêts de l'emprunt autorisé par l'article 1er ci-dessus, au moyen de prélèvements opérés sur les ressources spéciales de l'asile où, au besoin, sur le budget départemental. » — (Adopté.)

(L'ensemble du projet est mis aux voix et adopté.)

M. le président. L'ordre du jour appelle la discussion du projet de loi portant ouverture au ministre de la guerre, au titre de compte de liquidation, d'un crédit de 100 millions pour les dépenses de 1875.

Je dois faire observer à l'Assemblée que, contrairement à la classification qui a été suivie jusqu'à présent, les différents crédits qui autrefois faisaient l'objet de chapitres, sont présentés, dans le projet de loi actuel, comme articles. Après cette explication, je vais donner lecture de l'article 1er.

M. Gouin, *rapporteur.* Je demande la parole.

M. le président. M. le rapporteur a la parole.

M. le rapporteur. Messieurs, la commission s'est mise d'accord avec le Gouvernement pour répartir les crédits, sur lesquels vous êtes appelés à vous prononcer, en deux chapitres au lieu de six, en raison même de la similitude des travaux et des difficultés que présente l'application à faire des dépenses.

M. le président. Je consulte l'Assemblée pour savoir si elle entend passer à la discussion des articles.

(L'Assemblée, consultée, décide qu'elle passe à la discussion des articles.)

« Art. 1er. — Il est ouvert au ministre de la guerre, au titre du compte de liquidation, pour les dépenses à effectuer en 1875, un supplément de crédits de 100 millions, qui est et demeure réparti par chapitres, conformément à l'état A, annexé à la présente loi. »

État A.

État de répartition, par chapitres, du crédit de 100 millions ouvert pour les dépenses de l'année 1875.

DÉSIGNATION DES SERVICES	SOMMES allouées.
Chap. 1er. — Art. 1er. — Approvisionnement et armement......	25.000.000
Art. 2. — Génie.............	49.200.000
Art. 3. — Subsistances..........	3.000.000
Art. 4. — Hôpitaux............	1.000.000
Art. 5. — Harnachement........	4.650.000
Art. 6. — Habillement........	14.000.000
Chap. 2. — Art. 1er. — Dépôt de la guerre.................	200.000
Art. 2. — Secours aux masses générales d'entretien.........	2.300.000
Art. 3. — Indemnités pour les armes réintégrées dans les arsenaux...................	550.000
Art. 4. — Administration centrale...................	100.000
Total............	100.000.000

« Art. 2. — Les portions de crédit non consommées à la clôture de l'exercice 1875 pourront être reportées par décrets, avec la même affectation, aux exercices suivants, en même temps qu'une ressource correspondante. »

« Art. 3. — Il sera pourvu à la dépense de 100 millions au moyen de ressources nouvelles affectées au compte de liquidation. »

« Art. 4. — Le ministre des finances est autorisé à réaliser le solde des rentes disponibles restant sans emploi par suite de la liquidation de la caisse de la dotation de l'armée, et à en porter le produit à l'actif du compte de liquidation. »

(L'Assemblée, consultée successivement sur les deux chapitres de l'état A et sur les divers articles du projet, les adopte sans discussion par assis et levé.)

Il est ensuite procédé, sur l'ensemble du projet de loi, à un scrutin dont le dépouillement donne les résultats suivants :

Nombre de votants.........	601
Majorité absolue.............	301
Pour l'adoption.....	601
Contre...............	0

L'Assemblée nationale a adopté.

M. Carquet. J'ai l'honneur de déposer sur le bureau de l'Assemblée, au nom de la 30e commission d'initiative, un rapport sommaire sur la proposition présentée par l'honorable comte de Douhet et ayant pour objet « la création d'un nouveau et puissant moyen de trésorerie nationale, d'une valeur de 1 milliard de francs, pour le service de nos finances et les besoins du public. »

M. le président. Le rapport sera imprimé et distribué.

L'ordre du jour appelle la suite de la discussion du projet de loi ayant pour objet la concession à la compagnie de Picardie et Flandres des chemins de fer : 1o de Cambrai à Douai ; 2o d'Aubigny-au-Bac à Somain avec embranchement sur Abscon ; 3o de Douai à Orchies.

M. le rapporteur a la parole pour continuer son discours.

M. Krantz, *rapporteur.* Messieurs, l'heure avancée ne m'a pas permis, à la dernière séance, de compléter l'exposé que je vous faisais des précédents de la concession des chemins de fer dont il s'agit à la compagnie de Picardie et Flandres. Je reprends aujourd'hui mon exposé où je l'ai laissé samedi. Peut-être me permettrez-vous également de rappeler en quelques mots et très-sommairement les divers points que j'ai déjà touchés. (Oui ! oui ! — Parlez ! parlez !)

J'ai débuté par vous dire à quelle date déjà éloignée remonte la demande de ces concessions ; je vous ai fait voir les péripéties successives qu'elle a subies ; les différentes phases de l'instruction administrative ont été également rappelées ; j'ai dû, pour clore cet historique, vous montrer quelles avaient été au sujet de cette concession les diverses opinions des ministres qui se sont succédé au pouvoir. Abordant enfin la question de l'intérêt général qui seul ici doit nous occuper, j'avais cherché de quelle manière cet intérêt pouvait être engagé. Il ne semble pas pouvoir l'être autrement que par la compagnie du Nord, qui, dans une certaine mesure, est l'associée de l'Etat. J'ai dû, en conséquence, rechercher quels pouvaient être dans cette question spéciale les intérêts particuliers de la compagnie du Nord, et je vous ai dit : La compagnie du Nord, comme toutes les compagnies, et, mon Dieu ! comme un peu tous les industriels et tous les négociants, s'est préoccupée beaucoup de toutes les concurrences qui peuvent lui être faites, et ne voit pas, sans un certain sentiment de jalousie, les compagnies qui peuvent, dans son voisinage, exercer la même industrie.

Ce n'est pas un fait particulier à la compagnie du Nord, ce n'est même pas un fait particulier aux grandes compagnies, et, pour l'en blâmer, en vérité, il faudrait n'avoir jamais pénétré dans les affaires industrielles. Mais si cette préoccupation de la compagnie du Nord, est essentiellement humaine dans son principe, c'est à nous à voir si, au fond, elle est légitimée par la situation qu'on veut constituer autour d'elle.

La compagnie du Nord s'est beaucoup préoccupée de la concurrence et elle a dit et répété, ses nombreux amis ont dit et répété avec encore plus de vivacité : que cette concurrence lui a nui, lui nuit tous les jours, et, par la décroissance successive des excédants, l'amènerait bientôt à faire appel à la garantie de l'Etat ; car vous savez que parmi nos plus grandes compagnies, celle du Nord et celle de la Méditerranée sont les seules qui en soient jamais arrivées à cette extrémité d'emprunter à l'Etat pour couvrir les insuffisances du premier réseau. Eh bien, la compagnie a dit qu'elle craignait cette extrémité, ses amis ont répété après qu'elle la voyaient venir à brève échéance. Non pas assurément qu'au fond le fonctionnement de la garantie, soit profondément dommageable pour la compagnie ; mais enfin il accuse une situation qui n'est pas bonne, il atteint dans une certaine mesure l'amour-propre des administrateurs. Eh bien, la compagnie se plaignait à tort, elle témoignait des craintes que rien ne justifiait.

J'ai eu l'honneur de vous le dire ; car ces insuffisances sur le nouveau réseau ne se sont pas accrues d'une manière exceptionnelle ; et sur l'ancien réseau, la défaillance progressive des excédants, défaillance qu'il est impossible de contester, est très-facile à expliquer : ces insuffisances, vous le savez, messieurs, se sont constituées par la différence entre deux termes ; et dire qu'ils ont diminué, ce n'est pas prouver d'une manière absolue que l'un des termes, je veux dire le revenu brut, se soit amoindri. Le même fait peut aussi bien arriver par le simple accroissement des dépenses de l'exploitation, et c'est précisément ce qui est arrivé, j'ajoute ce qui devait arriver ; car il est absolument impossible de supposer un seul instant que, sur ces chemins coupés naguère par les armées et à peine rétablis avec le prix sans cesse croissant des charbons et du fer, on puisse conduire encore une grande exploitation dans les mêmes conditions que précédemment. Aussi, qu'est-il arrivé ? En 1866, les excédants étaient de 9,161,000 fr. On a pu crain-

dre un instant qu'ils ne descendissent à 2 millions 200,000 francs en 1871. Mais, parallèlement à cette décroissance des excédants, vous voyez cependant monter d'une manière continue le produit brut kilométrique.

Je vais peut-être un peu loin quand je dis « monter toujours ; » car il y a eu également, en 1874, défaillance sur le produit brut. Cette défaillance n'a pas été grave, puisqu'elle se chiffre à 1,155,605 fr. seulement pour l'ancien réseau, et doit, pour l'ensemble, être diminuée des 483,232 fr. qu'a produits en plus le nouveau réseau.

Le déficit se balance donc, définitivement, par 672,373 fr. de produit total en moins sur les deux réseaux, et, comparativement à 1872, ce n'est pas assurément bien grave, et nombre de négociants se seraient estimés heureux d'en être quittes pour des pertes proportionnellement aussi fortes. Mais l'année 1875, et je suis heureux de le dire, répare, et au delà, tous les torts de sa devancière. A cette heure, si je consulte les derniers relevés des produits de l'ancien réseau, je trouve, à la semaine qui se termine au 17 juin, 3,376,942 fr. de plus qu'en 1874, et sur le nouveau réseau 595,000 francs, ce qui forme en tout 3,972,000 fr. d'accroissement de trafic.

A ce compte, vous aurez environ 8 à 9 millions d'accroissement de produit brut pour l'année 1875 ; et comme maintenant le prix des charbons n'est plus aussi élevé, et que la compagnie n'est plus sous l'empire de marchés qu'elle avait consentis au moment de la cherté ; comme le prix de la main d'œuvre a repris son cours habituel et le prix du fer également, 1875 donnera de larges excédants et vous pouvez être certains qu'ils atteindront, s'ils ne dépassent ceux de 1869. La compagnie n'a donc pas eu à se plaindre sérieusement jusqu'à ce jour des concurrences qui lui ont été faites par les nouvelles lignes.

Et peut-être, en creusant un peu la question, arriverait-on à reconnaître que ce sont ces chemins, fonctionnant comme affluents, beaucoup plus encore que comme concurrents, qui ont permis au produit brut de suivre constamment une marche ascendante ; et si j'osais me permettre ce qui vous paraîtra une hardiesse, je vous dirais que ce sont peut-être ces chemins qui ont en définitive sauvé la compagnie ; car enfin, si cette compagnie dont l'exploitation était renchérie par le haut prix de toutes choses, n'avait eu que les produits de 1869, soit 85,400 fr. par kilomètre, elle aurait difficilement traversé la crise de 1869. Qu'est-ce qui peut affirmer que ce ne sont pas ces petites lignes placées autour d'elle et dont elle se plaint si fort, qui ont augmenté les produits bruts et l'ont sauvé d'une situation fâcheuse ? (Marques d'adhésion sur divers bancs.)

C'est précisément en vue de fournir d'une manière indirecte cette démonstration, que je vous ai fait l'histoire du petit chemin de Lille à Valenciennes. Je vous ai montré que ce chemin, dont la compagnie n'avait d'abord pas voulu pour elle et qu'elle ne voulait pas laisser constituer par d'autres, parce qu'il doublait celle de ses lignes qui passe par Douai ; je vous ai montré quelle réaction il a exercée sur la ligne directe. Je vous ai dit que, par les péages, sur les tronçons empruntés par la location des gares, par l'accroissement des produits des gares de Lille et de Valenciennes, il réparait largement le dommage qu'il avait causé par les détournements, et qui s'élèvent en total à 154,000 francs. Je suis allé plus loin encore, et, en vérité, ce que je vous ai dit peut peut-être vous paraître paradoxal, et pour moi cependant ce n'est pas un paradoxe, j'ai l'absolue conviction que c'est une vérité; je vous ai dit qu'il valait mieux pour la grande compagnie du Nord, que cette ligne de Lille à Valenciennes fût en d'autres mains, et cela par une raison très-simple: cette ligne lui paye des péages considérables, elle est son locataire. Si la compagnie du Nord l'exploitait, elle ne recevrait ni locations, ni péages, et elle ne percevrait pas sur la recette propre à cette ligne de quoi rémunérer les capitaux qui y auraient été engagés. En effet, la recette brute kilométrique ne dépasse pas aujourd'hui 19,000 fr. par kilomètre, — et la recette nette au prorata des autres lignes exploitées par le Nord resterait aux environs de 8,000 fr.

Si je me suis appesanti un peu sur ces détails relatifs à la ligne de Lille à Valenciennes, c'est que cette histoire d'hier sera celle de demain si vous l'appliquez à la ligne de Cambrai à Douai, avec cette petite différence toutefois, d'une part, que la ligne de Cambrai à Douai ne peut pas faire le même détournement de marchandises que l'autre, car dans cette direction existe déjà le canal de la Sensée, qui, par l'Escaut et la Scarpe, réunit Douai et Cambrai. Sur cette ligne, il se fait un trafic de 900,000 tonnes.

Ce canal est le véritable concurrent du chemin du Nord; la nouvelle ligne que vous allez établir ne saurait faire qu'une concurrence bien secondaire à côté de celle-là, c'est-à-dire, qu'elle n'augmentera pas sensiblement le tort que subit ou croit subir la compagnie du Nord.

Mais, d'autre part, cette ligne que vous voulez concéder à la compagnie de Flandres et Picardie à des aboutissants: elle s'étend jusqu'à Beauvais, elle occupe le milieu d'un vaste quadrilatère très-riche, très-populeux, et par conséquent elle amènera des produits très-considérables, d'une part à Cambrai, de l'autre à Douai. De telle sorte que, je n'hésite pas à le dire, quel que soit le détournement de trafic qu'elle opère, le tort qu'elle pourra faire de cette manière sera largement compensé. Remarquez, en outre, qu'il ne s'agit plus ici de puissantes villes comme Valenciennes d'un côté et Lille de l'autre: il s'agit de Cambrai et de Douai, villes de 26,000 âmes, qui ont assurément leur importance, mais qui n'ont pas la prétention de rivaliser, comme industrie, comme population et comme richesse, avec Valenciennes et Lille.

Mais, messieurs, si, comme vous le voyez, le dommage est nul quand il s'agit de la ligne de Lille et Valenciennes, ce qu'il peut-être bien grand, bien sérieux pour la ligne de Cambrai à Douai? Non, je crois que la compagnie du Nord peut être parfaitement rassurée; elle est assez forte, assez puissante, par son crédit, par son habile administration, par ses diverses lignes qui rayonnent de Paris à la frontière belge, par les produits de cette

riche contrée dont elle occupe toutes les avenues, pour ne pas se préoccuper de quelques petits détournements qui peuvent être faits, et qui lui seront amplement restitués sous une autre forme.

Mais, à côté de la compagnie du Nord, et prenant fait et cause pour elle, sont intervenus des alliés que l'on n'attendait, ou du moins que je n'attendais guère, et qui ont signalé leur intervention dans des protestations très-vives; ce sont les départements de la Somme et du Pas-de-Calais.

M. Caillaux, *ministre des travaux publics.* Et de Seine-et-Oise!

M. le rapporteur. Je vous ai dit que j'avais été étonné, que beaucoup d'autres que moi avaient été étonnés de cette intervention, dont nous ne pouvions nullement discerner le but et la cause. Car, enfin, on se disait: Voilà le département de la Somme, par exemple, qui est l'associé de la compagnie Picardie et Flandres; comment se fait-il que cet associé se plaigne de ce que l'industrie dans laquelle il a un gros intérêt, dont il a fait une partie des fonds et dont il doit partager les bénéfices; comment cet associé peut-il se plaindre de ce que cette industrie court le risque d'être trop prospère?

Quant au Pas-de-Calais, sa situation était à peu près la même. Ce département est garant, de concert avec les départements de l'Aisne et du Nord, pour la moitié, l'État étant garant pour l'autre moitié, du réseau du Nord-Est. Et, s'il est bien vrai, comme on l'a dit, et comme je l'ai lu maintes fois, que cette petite ligne de Cambrai à Douai soit destinée à révolutionner toutes les relations de transports dans cette partie de la France, à prendre violemment une grande partie du trafic et des produits de la compagnie du Nord pour les porter au Nord-Est; comment se fait-il que ce Pas-de-Calais comprenne assez peu ses intérêts pour vouloir l'en empêcher?

Eh bien, le département du Pas-de-Calais, pas plus que celui de la Somme, ni les représentants de ces deux départements, n'ont pu nous expliquer d'une manière satisfaisante cet oubli d'un intérêt qui nous paraissait si naturel.

Portant la question sur un autre terrain, ils nous ont dit: Vous méconnaissez, par votre conviction, les intérêts les plus sérieux de l'État; car, enfin, la compagnie du Nord propose, si vous lui accordez les lignes dont il s'agit, d'abandonner toutes ses répétitions pour les dommages de guerre qu'elle a subis, et ces répétitions se chiffrent à 2,200,000 fr., non compris les intérêts et les accessoires.

Assurément, messieurs, pareille proposition, surtout pour un budget aussi surmené que l'était alors le nôtre, n'était pas à dédaigner. Aussi l'avons-nous évaluée de notre mieux. Je vous demanderai tout à l'heure la permission de vous dire au juste ce qu'elle valait; mais ce n'était encore qu'une des avantages qu'on nous promettait. Actuellement, la compagnie du Nord doit avancer les fonds de la construction des lignes d'Arras à Étaples et de Béthune à Abbeville, qui forment ce qu'on a appelé la croix du Pas-de-Calais. Or, elle s'engageait, si on voulait bien lui faire la concession qu'elle paraît si ardemment désirer, à anticiper une partie de ces avances. J'examinerai encore tout à l'heure ce que vaut cette seconde offre. Enfin, ce qui n'est pas le moins cher au département de la Somme ou du moins à une partie de ce département, la compagnie du Nord s'engageait à prendre la concession de la ligne d'Abbeville à Eu et au Tréport.

Voilà les trois points visés par nos collègues des deux départements, reproduits depuis dans un projet de convention, et que j'ai à examiner devant vous.

Je commence naturellement par ce qui intéresse l'Etat. La compagnie du Nord propose d'abandonner le montant de ses répétitions pour dommages de guerre, et les évalue, au bas mot, à 2,200,000 fr.

J'avoue, messieurs, que cette offre d'argent pour un acte d'administration, qui ne doit être déterminé que par des considérations d'ordre et d'utilité publics, m'a paru quelque peu singulière. (Vives et nombreuses marques d'adhésion.)

Je dois me tromper, je me trompe assurément, car sans aucun doute mes collègues sont aussi honorables que je puis l'être moi-même, mais je ne dois cependant pas vous cacher mon impression. (Très-bien! très-bien!)

Laissons ce point de côté. Examinons ce que cette offre, convenable ou non, peut valoir.

Rappelez-vous, messieurs, que vous avez successivement voté trois crédits, l'un de 100 millions, le second de 120 et le troisième de 26, soit en tout 246 millions, destinés, non pas à des indemnités, mais à des dédommagements, — c'est le mot dont vous vous êtes servis à dessein, — à des dédommagements pour tous les sinistrés de la guerre. J'insiste sur le mot dédommagement parce qu'il ne s'agissait pas de droits lésés, mais de malheurs éprouvés. Il s'agissait non pas d'indemnités, mais bien de secours que volontairement, et obéissant à de hautes considérations de solidarité nationale et d'intérêt public, vous vouliez donner à tous ceux qui avaient souffert. Il n'y avait pas de droit ouvert, la loi de 1791 s'y opposait, et ceci répond au premier point. Que valait cette offre faite par la compagnie du Nord, de renoncer à toutes répétitions, si ces répétitions étaient sans valeur légale? (Très-bien! très-bien!)

Ce n'est pas tout. Vous avez dit, quand vous avez voté ce large dédommagement, vous avez dit que les finances publiques ne vous permettaient pas de faire un pas au delà; que, par conséquent, quels que fussent les misères et les sinistres, 246 millions étaient l'extrême limite de ce que vous vouliez, ou, pour mieux dire, de ce que vous pouviez donner. Cette limite était fixée non par votre volonté, mais par les nécessités budgétaires. Eh bien, à la date du 2 octobre dernier, la compagnie du Nord est arrivée, comme tous les autres sinistrés, vous apporter le chiffre de ses réclamations. Je les ai là; le total était de 2,595,000 francs; il se décomposait naturellement et suivant l'ordre que vous-mêmes vous aviez adopté en deux catégories : l'une répondant aux sinistres occasionnés par l'armée allemande, l'autre aux dommages causés par l'armée française. La première était de 740,000 fr.; la seconde, de 1,855,000 fr.

La répartition au marc le franc, pour la pre-

mière, donnait un prorata de 15 p. 100; pour la seconde, de 50 p. 100; ce qui faisait 111,000 francs pour la première, et pour la seconde 927,500 fr. Total : 1,038,500 fr. Sans aller plus loin, je serais autorisé à dire que non-seulement, en principe, rien n'était dû, mais qu'en fait le chiffre de 2,200,000 fr. était excessif. D'un autre côté, on se demande en quoi cet abandon pouvait profiter à l'Etat; car, enfin, si la compagnie renonce à toute répétition, permettez-moi de vous demander : qui peut avoir le bénéfice de cet abandon? Les autres sinistrés de la guerre, évidemment. Quant à l'Etat, il paye en tout et pour tout, avec ou sans renonciation, les 246 millions votés. Par conséquent les offres de la compagnie du Nord étaient absolument illusoires. (Très-bien! très-bien!)

J'arrive aux anticipations d'avances. Pour vous expliquer, en quelques mots, comme je dois le faire, mais cependant avec une suffisante clarté, ce qu'on a entendu par ces anticipations, je dois me reporter aux conventions intervenues entre l'Etat et la compagnie du Nord, à l'occasion des lignes d'Arras à Etaples, de Béthune à Abbeville et de la petite ligne de Luzarches à Epinay.

Le Gouvernement a concédé ces lignes à la compagnie du Nord, suivant un traité dont les bases essentielles sont empruntées à la loi de 1842.

Seulement, comme il a pensé que les lignes dont il s'agit devaient, dans une certaine mesure, être productives, il a demandé que la compagnie lui restituât un quart de ce qu'il aurait dépensé pour l'infrastructure; autrement dit, il n'en paye que les trois quarts, mais il a imposé à la compagnie l'obligation de lui faire l'avance de tous les fonds nécessaires, et cela à l'aide de seize termes semestriels égaux. Huit termes sont payés, la compagnie propose d'octroyer les avances qui restent à faire suivant les besoins des travaux et à la demande de M. le ministre.

Eh bien, j'ai essayé de chiffrer, en me plaçant dans les conditions mêmes du traité, ce que pouvait coûter et valoir cette anticipation. Je crois mon calcul exact, mais il ne le serait pas, aux centimes près, que pour les conséquences à en tirer, ce serait de peu d'importance. Or, il résulte de mes calculs que l'Etat, pour se créer les mêmes avantages devrait faire une dépense de 384,000 fr., soit de 400,000 fr. en nombres ronds. Assurément, c'est quelque chose, mais il est permis de se demander quel serait, le cas échéant, le plus obligé des deux, de l'Etat ou de la compagnie, car, remarquez que la concession des lignes dont il s'agit a un terme fixe : elle expire le 31 décembre 1850. Or, si la compagnie du Nord, par ses avances, permet de terminer plus tôt la construction de ces lignes, il en résultera qu'elle aura acquis par cette somme de 400,000 fr. deux années d'exploitation, et en vérité, le marché ne serait pas mauvais; c'est même encore meilleur qu'il ne le paraît pour la compagnie du Nord, si on veut bien examiner de cette heure, il y a des capitaux engagés d'abord pour ce quart d'infrastructure qu'elle paye, des capitaux engagés pour la suprastructure des voies, et que de ces capitaux engagés, elle ne tire absolument aucun intérêt.

Eh bien, messieurs, cette considération nous a paru dicter notre choix. Si la ligne doit rester à peu près stérile entre les mains de la compagnie du Nord; si elle devient productive entre les mains de l'autre, c'est à l'autre qu'il faut la concéder. Évidemment la compagnie qui peut le mieux utiliser une ligne doit l'obtenir. A défaut d'autre raison, celle-là suffit, car la plus grande utilisation d'une ligne correspond à la plus grande somme de services rendus aux contrées traversées.

Quant à la petite ligne d'Aubigny-au-Bac à Abscon, celle-là, assurément, ne méritait guère les honneurs d'un si long débat, et d'une attribution d'intérêt général.

Elle a pour but, partant du milieu de la ligne de Douai à Cambrai, d'aller aborder des charbonnages incomplètement desservis par le réseau des chemins de fer actuels.

La compagnie du Nord craint qu'on vienne puiser dans ses mines, qu'on détourne une partie de ce riche trafic qu'elle exploite. Mais quoi! Le charbon du Nord appartient bien un peu à tout le monde, je veux dire à tous ceux qui peuvent l'acheter et le payer, et notamment à toute cette zone comprise de Cambrai à Beauvais; là se trouve une région fertile, très-peuplée, où l'industrie n'existe pas parce que le charbon lui fait défaut. Cette matière première de la grande industrie lui arrivera aux meilleures conditions possibles le jour où la compagnie de Flandres-Picardie pourra aller le puiser dans les charbonnages du côté d'Aniche pour l'amener sur la ligne actuelle. Peut-elle en outre faire à la compagnie du Nord une concurrence redoutable, venir alimenter les industries de Paris? Non, mille fois non; et la preuve en est facile à fournir. En effet, les deux compagnies aujourd'hui en guerre vivaient autrefois en bonne intelligence; à cette époque elles avaient fait des traités que je mettrai à l'occasion sous les yeux de l'Assemblée. Dans un de ces traités il est dit expressément que la compagnie de Flandres-Picardie s'interdit toute exploitation directe ou indirecte au sud de la ligne allant de Saint-Valéry à Terguier.

Or, Paris, tout le département de la Seine et tout le département de Seine-et-Oise, toutes ces contrées riches et manufacturières, sont au sud du parallèle en question. En concédant à la compagnie de Flandres-Picardie le petit tronçon d'Aubigny-au-Bac à Somain, on lui donne simplement ce qui lui est absolument nécessaire pour alimenter la contrée qu'elle doit desservir entre Beauvais et Cambrai. On fait ainsi acte de bonne administration de justice, rien de plus. Vous devez lui donner ce tronçon sans crainte qu'elle vienne sur les brisées de la compagnie du Nord apporter ici ses charbons: elle ne le doit pas, parce qu'elle s'est engagée à ne pas le faire; elle ne le peut pas, parce que son réseau est séparé de Paris par un long intervalle qu'elle ne saurait franchir sans imprudence, et que la compagnie du Nord est en mesure de lui faire expier rudement toute témérité de ce genre.

Vous me permettrez, messieurs, de ne pas poursuivre plus avant cet exposé; je n'ai voulu qu'indiquer sommairement les conditions essentielles du projet de loi, me réservant d'intervenir dans la discussion des articles. aussi souvent que vous le désirerez. Je combattrai pied à pied pour défendre l'œuvre de la commission, que je considère comme étant absolument juste.

En terminant, je dois remercier notre président d'avoir bien voulu m'autoriser à déroger un peu aux usages en ouvrant la discussion par cet exposé. Je remercie également mes adversaires de ne pas s'y être opposés, et vous tous, messieurs, de l'indulgente attention que vous avez bien voulu m'accorder. (Très-bien! très-bien!) — Applaudissements sur divers bancs.)

M. Paris (Pas-de-Calais). Messieurs, j'aborde sans aucun préambule l'examen de la question que vous avez à résoudre.

A qui faut-il attribuer la concession des chemins de fer de Cambrai à Douai, d'Aubigny-au-Bac à Somain, de Douai à Orchies?

L'honorable rapporteur, auquel j'ai l'honneur et le péril de répondre, vous a dit que la question était à la fois épineuse et très-simple. Épineuse, vous le verrez si vous tenez compte de la divergence d'appréciations qu'elle a produite chez ceux qui l'ont déjà examinée.

D'une part, en effet, l'honorable M. Pichon et ses collègues du Nord ont demandé que l'on concédât les deux premières lignes à la compagnie de Picardie et Flandres, et que l'on réservât la troisième, celle de Douai à Orchies, pour les compagnies de Picardie et Flandres et de Lille-Valenciennes, associées solidairement.

D'autre part, au nom de mes collègues du Pas-de-Calais, avec le concours des députés de la Somme et de Seine-et-Oise, j'ai demandé que les trois lignes fussent attribuées à la compagnie du Nord.

Quelques membres à gauche. Pourquoi de Seine-et-Oise?

M. Paris (Pas-de-Calais). Je vous l'expliquerai tout à l'heure. Le contre-projet que j'ai déposé est signé par les représentants du Pas-de-Calais, de la Somme et de Seine-et-Oise.

M. le ministre des travaux publics. Tous les députés de Seine-et-Oise ne l'ont pas signé.

M. Paris (Pas-de-Calais). La plupart.

Vous savez quelle a été l'attitude du Gouvernement.

Une première fois, il avait proposé que la concession fût faite à la compagnie du Nord.

Plus tard, un revirement se produisait en faveur de Picardie et Flandres.

Enfin, dans ces derniers temps, nous avons vu l'honorable ministre des finances, M. Mathieu-Bodot, défendant les intérêts de l'État, soutenir, dans la commission des chemins de fer, les droits de la compagnie du Nord.

Partageant les mêmes vues, M. le ministre des travaux publics est monté à cette tribune et vous a dit que, en temps opportun, il vous ferait connaître les motifs de ses préférences pour le contre-projet que nous avons déposé.

La commission, après de longues hésitations, a fini par rendre une sorte de jugement de Salomon. Déterminée par des considérations stratégiques, elle n'a pu refuser de donner la ligne de Cambrai à Douai à la compagnie du Nord; mais elle entend concéder les deux autres à la compagnie de Picardie et Flandres.

La question est simple, vous a-t-on dit.

Oui, si nous ne considérons que les distances kilométriques que les trois voies comprennent; mais si, après avoir examiné l'instrument, nous recherchons l'usage qu'on en veut faire, et si nous écartons le voile dont M. le rapporteur n'a soulevé qu'un coin, nous verrons que le débat acquiert une importance sérieuse.

Je traiterai cette question devant vous, messieurs, en la dégageant de toute espèce de passion; je ne veux pas oublier que nous rencontrons comme adversaires des collègues qui ont habituellement les mêmes intérêts économiques que nous-mêmes à défendre, et qui sont pour nous non-seulement des voisins, mais encore des amis. (Très-bien! très-bien!) J'ajouterai, messieurs, que, dans les discussions d'affaires, nous devons laisser à une certaine presse le soin de remplacer les arguments par des attaques injustes et même injurieuses; qu'il convient, à cette tribune, de ne discuter les intérêts du pays qu'avec calme, avec réflexion. (Très-bien! très-bien!)

La première question qui se pose devant vous est celle-ci : Y a-t-il des droits acquis par la compagnie de Picardie-Flandres? tout au moins cette compagnie peut-elle, au nom de l'équité, invoquer les précédents? Est-il exact que la compagnie du chemin de fer du Nord, se renfermant dans une abstention systématique, ait attendu que la compagnie de Picardie-Flandres ait obtenu sa concession, et, que, ensuite, dans le but d'entraver bien plus que d'agir, elle soit venue réclamer pour elle ce qu'on avait donné à d'autres?

Nous avons besoin, pour éclairer le débat, de reprendre, d'une manière rapide, le récit des faits et de compléter, de rectifier, sur certains points, le rapport si remarquable que vous a présenté M. Krantz. Exposez c'est discuter! (Très-bien! — Parlez!)

La compagnie de Picardie-Flandres a pris naissance en 1869. A titre d'intérêt local, elle obtint du département de la Somme une ligne de 115 kilomètres qui devait rejoindre la ligne du Nord à Gannes, — ce point de jonction a été modifié et remplacé par Saint-Just, — et, de l'autre côté, traversant à Epehy la frontière des deux départements de la Somme et du Nord, aboutir à Cambrai. La concession était accompagnée d'une subvention de 75,000 fr. par kilomètre, soit 4,831,000 fr. versés par le département de la Somme.

A peine le traité était-il signé que la compagnie de Picardie-Flandres, démasquant ses batteries, montra clairement que ce n'étaient point des voies d'intérêt local qu'elle entendait desservir, mais bien une ligne d'intérêt général, une ligne internationale.

Il est très-important de signaler de suite le but poursuivi par cette compagnie, car vous allez voir, messieurs, que, avec une stratégie fort habile, en prenant tour à tour des positions diverses, c'est encore le même objectif que la compagnie de Picardie-Flandres poursuit.

En 1869, MM. Débrousse et Baroche ont avaient obtenu, en leur nom, la concession du département de la Somme, s'adressèrent au ministre des travaux publics. L'honorable marquis de Talhouët répondit, le 12 avril 1870, par une dépêche adressée à M. de Saint-Paul,

devenu directeur de la compagnie de Picardie-Flandres.

La réponse nous fait connaître d'une manière précise l'objet de la demande.

« Monsieur, vous m'avez fait l'honneur de m'adresser, de concert avec MM. Débrousse et Baroche, une demande tendant à obtenir la concession, sans subvention ni garantie d'intérêt, d'un chemin de fer qui, partant de la limite des départements du Nord et de la Somme, puis Epehy, passerait par ou près Marcoing, Marquise et Arleu, Douai et Orchies, et aboutirait à la frontière de Belgique, dans la direction de Tournay. »

Vous le voyez donc, le but que la compagnie de Picardie-Flandres veut atteindre, alors qu'elle n'est qu'une compagnie d'intérêt local, formée dans trois départements à l'aide de tronçons successivement obtenus, c'est la Belgique et c'est Tournay.

Que répond le ministre?

On a dit qu'il était entré dans les vues des demandeurs, MM. Débrousse, Baroche et de Saint-Paul.

Non : il s'est contenté de leur adresser un accusé de réception, avec promesse de mettre à l'enquête la partie du projet située entre Epehy et Douai. Et en effet, la dépêche ministérielle se termine par ces mots : « Il est bien entendu, d'ailleurs, que ce ne sera qu'ultérieurement, et d'après les résultats de cette enquête, qu'il pourra être statué sur la question d'établissement du chemin dans les conditions que vous indiquez. »

Bientôt, messieurs, des événements — que nous connaissons trop — bouleversèrent les projets de la compagnie de Picardie-Flandres.

Mais, dès l'année 1871, elle opère un mouvement habile, et se dirige par un autre chemin vers le même but. Elle ne croit plus pouvoir s'adresser à l'Etat et lui demander, simple compagnie locale, la transformation de la ligne qu'elle avait obtenue en ligne internationale; non, le prétexte, le semblant d'intérêt local avait parfaitement servi à ses fins au début de ses entreprises : elle s'adresse au département du Nord, ne perdant pas de vue la Belgique et Tournay, et lui demande les lignes d'Epehy à Cambrai, de Cambrai à Douai, de Douai à Orchies.

Sur divers bancs. C'est cela! c'est cela!

M. Paris (Pas-de-Calais). Dans quelle disposition trouvait-elle le département du Nord?

Ce grand département où l'agriculture, l'industrie et le commerce se sont développés avec tant d'activité, ne s'occupait au lendemain de nos désastres, qu'à réparer les pertes qu'avait causées la guerre. Doté de nombreux chemins de fer, privilégié, sous ce rapport, au regard de ses voisins, il avait cependant besoin, je le reconnais, de nouvelles voies ferrées pour lutter contre l'Angleterre et la Belgique.

Je n'hésite pas à dire ici ici, — car je ne suis pas le défenseur de la compagnie du Nord; je plaide la cause de l'Etat et du département que je représente, — je n'hésite pas à dire que la compagnie du Nord, pendant une période de temps, s'est trop exclusivement préoccupée de savoir ce que pouvait rapporter son réseau primitif; elle s'est trop arrêtée à cette considération que les fonds engagés dans son nouveau réseau ne rapportaient qu'un intérêt de 3 fr. 12, — je cite le chiffre que nous indique l'honorable M. Krantz; — elle s'est dit : Procédons avec circonspection ! Eh bien, cette circonspection pouvait passer pour de la pusillanimité.

Une compagnie nouvelle, dite du Nord-Est, avait profité de l'occasion, et s'était fait donner, par le Nord, le Pas-de-Calais, 300 kilomètres de chemin à construire et à exploiter, à la condition qu'on lui assurerait 5 p. 100 de garantie, payés moitié par l'État et moitié par les départements intéressés, chacun pour sa part et portion.

A côté du Nord-Est, s'était implantée dans la même contrée une seconde compagnie rivale du Nord, la compagnie de Lille-Valenciennes, que devait diriger un financier fort habile, dont on a beaucoup parlé dans ces derniers temps : vous avez nommé M. Philippart.

D'extension en extension, le Lille-Valenciennes est en possession de lignes qui embrassait 989 kilomètres dont 200 kilomètres environ sont exploités.

Le département du Nord avait favorisé le Nord-Est et le Lille-Valenciennes, qui se donnent aujourd'hui la main; il avait l'intention ouvertement déclarée de créer, pour le service de leurs intérêts communs, un réseau spécial en concurrence avec le réseau du Nord.

Ce plan est vingt fois indiqué dans les délibérations du conseil général du Nord : créer une concurrence contre le réseau du Nord !

On devait bientôt voir à quoi aboutissaient de pareils projets. L'honorable M. Krantz vous rappelait hier que la compagnie du Nord-Est, une fois qu'elle eut enlacé la compagnie du Nord dans ses tentacules... (Exclamations et rires.)

De divers côtés. Une pieuvre !

M. Tolain. Comment ! c'est le Nord-Est qui était la pieuvre du Nord?...

M. Paris (Pas-de-Calais). ...dans ses liens, si vous voulez... le Nord-Est dit au Nord : « Voulez-vous reprendre mon affaire ? » et que le marché était fait à raison de 750,000 fr. par an. Ce marché aurait été mis à exécution si la compagnie du Nord n'était venue dire aux départements intéressés : « Si je reprends à chers deniers la concession du Nord-Est, c'est, bien entendu, avec le maintien de la garantie d'intérêts »

La compagnie du Nord, vous le savez, trouva de la résistance du côté de l'État et aussi de la part du département du Nord, qui voulait se décharger de l'obligation qu'il avait contractée. Et à cette occasion, un mémoire fort intéressant publié par la compagnie du Nord-Est démontra d'une manière évidente que, à tort, le conseil général du département du Nord avait voulu échapper à ce qu'il appelait « l'étreinte du monopole. »

La concurrence entre chemins de fer est une erreur économique.

Vous voyez, messieurs, que le département du Nord, en 1871, était parfaitement disposé à écouter les ouvertures faites par la compagnie Picardie et Flandres.

Aussi, qu'advint-il ? A sa session d'avril 1871, le conseil général du Nord classa les lignes suivantes : de Cambrai à Douai, d'Aubigny-au-Bac à Somain, de Douai à Orchies.

On nous dit qu'on invita la compagnie du Nord à concourir à l'adjudication ; nous devons le croire, car cette assertion émane d'un homme dont la parole est d'or... (Oh! oh !)

M. Pouyer-Quertier. Saint-Jean-Chrysostôme !

M. Paris (Pas-de-Calais). C'est l'honorable M. Plichon qui nous fait cette déclaration ; je trouve que sa parole est d'or, parce que c'est celle d'un de nos collègues. (Très-bien ! très-bien!) J'admets donc, messieurs, que la compagnie du Nord fut prévenue de la mise en adjudication de ces lignes.

Mais, d'un autre côté, l'administration du Nord, dans une note qui vous a été remise, déclare qu'en même temps qu'elle recevait la communication officieuse de M. Plichon, le rapporteur lui disait : « Il y a un parti pris de ne pas traiter avec vous. » Vous allez voir que le parti pris existait ; il s'est révélé de la manière la plus manifeste.

Voici en quoi il consistait : le conseil général du Nord, connaissant la richesse du pays qu'allaient traverser ces nouvelles lignes, avait résolu de créer un réseau sans bourse délier.

Sur divers bancs. Eh bien ? — Il avait raison!

Un membre. C'était très-bien imaginé.

M. Paris (Pas-de-Calais). C'était très-bien imaginé, et j'ajoute que c'était parfaitement légitime. Il voulait aller plus loin et créer un réseau qui, ne coûtant rien, rapportât au département des revenus. Vous dites peut-être : Très-bien ! Mais l'État trouva que c'était mal, vous allez le voir. Les conditions mises à la concession des trois chemins de fer étaient, qu'au delà d'une recette brute de 24,000 fr. par kilomètre, un quart de la recette brute appartiendrait au département du Nord, qui, je le répète, n'avait pas délié les cordons de sa bourse. Le département du Nord...

M. Testelin. Cela prouve qu'il entend mieux ses intérêts que l'État et qu'il fait mieux ses marchés.

M. Paris (Pas-de-Calais). Vous me répondrez, mon cher collègue ; vous pouvez être certain d'une chose, c'est que je n'interromprais pas les orateurs qui défendent le département du Nord à cette tribune. Je vous en prie, n'interrompez pas, la discussion marchera plus vite.

Je disais donc que la compagnie de Picardie-Flandres devint concessionnaire des trois lignes classées par le conseil général.

L'instruction commence, M. le rapporteur vous a dit qu'il y avait entre le conseil général des ponts et chaussées et votre commission unanimité de vues presque complète. J'ai besoin de vous apprendre ce qui s'est passé au conseil des ponts et chaussées.

Lorsqu'on instruisit l'affaire qui concernait la Douai-Orchies, l'examen en fut confié à trois inspecteurs généraux, parmi lesquels figurait M. Kolb, à qui l'on a rendu ici un légitime hommage. Eh bien, le rapport de ces ingénieurs constate que la compagnie du Nord avait fait connaître à l'État les motifs qui s'opposaient à ce qu'elle concourût aux adjudications de lignes d'intérêt général faites par le conseil général du département du Nord. Il disait en effet :

« Au moment où le département du Nord

avait manifesté l'intention d'adjuger ces deux chemins (Douai à Orchies et Lens à Armentières) comme lignes d'intérêt local, la compagnie fit une démarche auprès de l'administration pour qu'elle avertît M. le préfet du Nord, comme elle avait averti M. le préfet du Pas-de-Calais par lettre du 30 octobre 1871, que, lesdites lignes étant d'intérêt général, au Gouvernement seul il appartenait de les concéder. Il lui fut répondu que l'administration persistait invariablement à soutenir ce principe; que si elle ne l'avait formellement notifié qu'à M. le préfet du Pas-de-Calais, c'est parce qu'elle avait été consultée par lui, mais que, le département du Nord n'ayant pas posé la question, elle ne croyait pas devoir prendre vis-à-vis de lui l'initiative d'une interdiction qui, donnée préventivement pour certaines lignes, pourrait être interprétée comme impliquant le consentement du Gouvernement à la concession, pour le département, de toutes celles pour lesquelles il n'aurait pas pris la même précaution; il a été ajouté que si la concession des deux chemins précités avait lieu dans le Nord, elle se heurterait contre le refus de sanction que le Gouvernement serait, alors seulement, en mesure de lui opposer.

« Après une assurance aussi explicite, et le principe qu'elle affirmait n'étant pas contestable, la compagnie du Nord a considéré comme un devoir de ne pas se présenter au concours ouvert par le département du Nord dans des conditions tout à fait illégales. »

Ce point acquis, il est inutile de nous occuper davantage de l'instruction relative à Douai-Orchies. Vous savez qu'elle aboutit à faire reconnaître qu'à un point de vue supérieur à tous les autres, celui de la défense militaire et en même temps au point de vue de l'unité du réseau, la ligne de Douai à Orchies devait rester à la compagnie du Nord. Le rapport relatif aux deux autres lignes fut présenté par M. Kolb, à la date du 17 juin 1872.

D'après l'honorable rapporteur, M. Kolb se serait contenté d'exprimer des regrets de céder au fait accompli, et, en fin de compte, aurait conclu à ce qu'on laissât aux deux lignes le caractère d'intérêt local.

Voici les termes dont M. Kolb s'est servi; ils me paraissent très-significatifs. — Je ne lis, bien entendu, que l'avis exprimé, sans vous présenter l'exposé des motifs.

« En présence du caractère d'intérêt local attribué par plusieurs décrets à la ligne qui, partant de Beauvais, vient aboutir à Epehy en passant par Saint-Just, Montdidier et Péronne, il serait oiseux de contester le même caractère au prolongement de cette ligne sur Cambrai et Douai, son embranchement sur Somain et Abscon, bien que cet ensemble ait essentiellement, par son étendue, par son importance, par sa destination, par la concurrence qu'il est appelé à faire à de grandes lignes, le caractère d'intérêt général.

« On doit regretter qu'un département se réserve ainsi, non-seulement la nue-propriété d'un chemin à l'établissement duquel il ne concourt par aucun sacrifice, mais encore une participation aux produits bruts de l'exploitation; qu'il renverse de fond en comble l'esprit et le but incontestable de la loi de 1865; qu'il méconnaisse le droit de l'État et qu'il porte une atteinte aussi grave à l'intérêt général, en frustrant le Trésor d'un revenu et en mettant la compagnie dans l'impossibilité de réduire ses tarifs. Mais ce n'est pas à l'occasion des chemins dont il s'agit que la question peut être utilement soulevée. »

Ainsi, la ligne de Saint-Just à Cambrai est une ligne d'intérêt général; elle a ce caractère à tous les points de vue; elle est destinée à faire concurrence au grand réseau. Cette ligne a été concédée par le conseil général du Nord, qui, parfaitement intentionné, a songé aux intérêts du département, beaucoup plus qu'au respect de la loi; la concession en a été faite en violation flagrante de la loi de 1865. Voilà ce qui résulte du rapport. Après une vive discussion, le conseil des ponts et chaussées adopta, à regret, je puis le dire, les conclusions dont vous a parlé le rapporteur.

N'est-il pas, dès lors, n'est-il pas vrai de dire que le conseil général du département du Nord a outrepassé ses pouvoirs, et qu'à ceux de mes collègues qui demandent à l'Assemblée de ratifier les engagements pris par le conseil général du Nord, j'ai le droit de répondre : Oui, mais à la condition qu'ils ne violent pas la loi !

Je vous ai exposé, messieurs, ce qui s'est passé devant le conseil général des ponts et chaussées. L'instruction se continue au conseil d'État.

La section des travaux publics établit, d'une manière lumineuse, les règles qui distinguent les lignes d'intérêt local d'avec les lignes d'intérêt général. Quant à la ligne d'Epehy à Cambrai, on la déclare d'intérêt local, et la concession en sera nécessairement faite à la compagnie Picardie et Flandres. On ne pouvait songer en effet à arrêter cette ligne au village d'Epehy, à la frontière du département.

Quant aux lignes de Cambrai, Douai et Aubigny-au-Bac, la section n'hésite pas à proclamer qu'elles sont des lignes d'intérêt général. Mais on a dit que la section des travaux publics avait émis le vœu qu'elles fussent concédées à la compagnie de Picardie et Flandres.

Je n'ai trouvé l'expression d'aucun vœu semblable dans l'avis du conseil d'État. Savez-vous ce qui s'est produit ? Une seule question sollicitait la concession, — la compagnie du Nord n'était en cause; — la rédaction de l'avis s'est naturellement formulée au profit du demandeur unique.

La voici :

....

« Est d'avis :

« 1° Que les lignes de Douai à Cambrai et d'Aubigny-au-Bac à Somain soient retranchées de la convention passée entre le département du Nord et la compagnie de Picardie et Flandres, pour être rattachées au réseau des chemins de fer d'intérêt général et concédées, à ce titre, par une loi à la même compagnie. »

« La même compagnie, » voilà ce que vous appelez l'expression d'un vœu !

J'avais raison de dire : Aucun vœu n'a été exprimé en faveur de Picardie et Flandres.

M. le ministre des travaux publics. C'est la section qui parle ainsi.

M. Paris (Pas-de-Calais). Oui, c'est la section des travaux publics.

On arrive à l'assemblée générale du conseil d'Etat. Il était présidé, ce jour-là, par l'honorable M. Dufaure. On remet en ses mains un pli de la compagnie du Nord, qui fait valoir ses motifs d'opposition à la concession demandée par Picardie et Flandres. Que se passe-t-il alors ?

Le conseil d'Etat adopte le projet d'avis émis par la section des travaux publics, à la seule différence qu'il retranche la dernière partie de de la phrase : « à la même compagnie, » et qu'il se contente de dire : « Les lignes dont il s'agit seront concédées par une loi. »

Il n'est plus question ni de Picardie et Flandres, ni du Nord ; le conseil d'Etat s'en remet, d'une manière implicite, à la sagesse du Gouvernement et de l'Assemblée nationale, qui ont seuls le droit de dire le dernier mot sur la question et de la trancher.

Immédiatement le Gouvernement examine le parti qu'il doit prendre dans l'intérêt de l'Etat. Le ministre des travaux publics, l'honorable M. Deseilligny, le collègue que nous regrettons tous — vous me permettrez, messieurs, de lui rendre ici ce dernier témoignage — juge cette affaire avec son esprit si pratique et il dit : nous ne pouvons pas concéder des lignes d'intérêt général à la compagnies d'intérêt local de Picardie et Flandres. Elles se rattachent de la manière la plus intime au réseau du Nord. Mais l'honorable ministre essaye d'obtenir de la compagnie du Nord, en échange de la concession que l'on est disposé à lui faire, divers avantages, et vous ne trouverez pas mauvais assurément qu'il s'occupe, en même temps, des droits de l'Etat et de l'intérêt des départements engagés dans la solution des questions de chemins de fer de la région du Nord.

L'honorable M. Deseilligny envoie le 11 septembre 1873, à la compagnie des chemins de fer du Nord, une lettre ainsi conçue. Il est important de vous la mettre sous les yeux :

« Messieurs, conformément aux accords verbaux intervenus, il y a deux mois, entre M. le baron Alphonse de Rothschild et moi, vos délégués viennent de signer une convention par laquelle il est fait concession à votre compagnie :

« 1° De la ligne de Cambrai à Douai, par ou près Aubigny-au-Bac ;

« 2° D'Abbeville au Tréport, avec embranchement aboutissant à Eu.

« En échange de ces concessions, votre compagnie a déclaré, d'une part, renoncer à toute répétition contre l'Etat, au sujet des dommages qu'elle a subis par suite de la guerre ; d'autre part, consentir à anticiper, sans aucune modification au montant ni aux échéances des annuités de remboursement, les six derniers termes des avances qu'elle est tenue de faire pour le chemin de fer d'Arras à Etaples avec embranchements sur Béthune et Abbeville.

« Je compte, messieurs, soumettre à l'Assemblée nationale, aussitôt après sa rentrée, un projet de loi destiné à ratifier cette convention.

« Recevez, etc.

« *Le ministre des travaux publics,*

« Signé: DESEILLIGNY. »

La lettre est adressée aux administrateurs de la compagnie des chemins de fer du Nord qui avaient remis à M. Deseilligny un projet de convention signé par MM. Alphonse de Rothschild, Delebecque et de Saint-Didier.

M. Deseilligny ne demandait pas mieux que d'être favorable au département du Nord. Il confirma en même temps la concession par lui faite à la compagnie de Lille-Valenciennes de diverses lignes pour lesquelles il y avait eu adjudication en 1871, et il engagea la compagnie du Nord à faire une démarche auprès du conseil général au sujet du Cambrai et Douai. Il était impossible que cette démarche aboutît. Une délibération du conseil général du 25 août 1873 renferme ce qui suit :

« Le point de départ de toutes négociations avec la compagnie du Nord, pour l'exécution de nos lignes d'intérêt local, consiste dans sa renonciation à la garantie d'intérêt sur le réseau du Nord-Est, et, en outre, dans l'exploitation par elle de ce même réseau.

« Cette condition, si puissamment indiquée par la nature même des choses, nous est garantie dans le cas où les compagnies seraient mises en possession définitive de l'ensemble des lignes qui leur ont été concédées, par la déclaration d'utilité publique. Elle n'a pas rencontré l'agrément de MM. les représentants de la compagnie du Nord, mais, de leur refus résulte pour l'Etat l'obligation de ne pas nous priver des avantages d'une situation acquise par la transmission dans d'autres mains que celles qui en sont pourvues à l'état d'intérêt local, de la concession des lignes auxquelles le conseil d'Etat a attaché le caractère d'intérêt général. »

Vous voyez, messieurs, que quand la compagnie du Nord frappait à la porte du conseil général, la réponse qui lui était faite était fort simple : Nous avons engagé notre signature jusqu'à concurrence de 2 et 2 1/2 p. 100 vis-à-vis du Nord-Est. Eh bien, comme condition essentielle de tout traité, avant toute espèce de discussion, vous allez prendre l'exploitation du réseau du Nord-Est, et nous décharger de notre garantie d'intérêt, sinon, il n'y a rien à faire avec nous. La raison de notre refus est bien simple, nous trouvons une autre compagnie qui, pour le cas où toutes les concessions que nous avons faites seraient approuvées par l'Etat, consent à nous décharger de notre garantie d'intérêt.

Cette autre compagnie, c'est Lille-Valenciennes ; c'est la société de MM. Philippart, qui a pris l'engagement d'exploiter le Nord-Est et de dégager le département du Nord de toute espèce de garantie d'intérêt.

Vous comprenez, messieurs, dans quelle impossibilité se trouvait la compagnie du Nord essayant, vis-à-vis du conseil général du Nord, de faire concurrence à la compagnie Picardie et Flandres, en présence d'un département qui voulait avoir son réseau spécial, son réseau complet, son réseau qui concurrent avec celui du Nord, son réseau qui lui rapportera des bénéfices sans bourse délier, et qui, par suite de concessions et de rétrocessions, le dégagera de la signature donnée à l'origine de toute cette affaire.

Le conseil général du Nord n'avait qu'un parti à prendre, c'était de s'incliner et attendre les résolutions que prendrait le Gouvernement. Pas du tout; le conseil général, qui s'était engagé à fond dans la question, qui avait mis trop d'ardeur à défendre sa manière de voir, prit, *ab irato*, la délibération suivante:

« Le conseil général confie à la députation du Nord le soin d'assurer l'exécution de ses délibérations par tous les moyens qu'elle jugera convenables, et de recourir au besoin à son droit d'initiative pour faire reconnaître qu'il a usé des lois de 1865 et 1871, dans les limites de son droit;

« Nomme une délégation de huit membres pour se concerter avec la députation du Nord, fortifier autant que de besoin son action, et se constituer l'organe de la ferme intention du conseil général, non-seulement de sauvegarder le domaine de ses attributions légales, mais encore et surtout de défendre la signature départementale apposée au bas des contrats de concessions. »

C'est en exécution du mandat ainsi conféré par le conseil général du Nord que l'honorable M. Plichon et ses collègues déposaient, à la date du 26 novembre 1873, une proposition de loi qui était destinée surtout à montrer au Gouvernement qu'il éprouverait une résistance très-énergique à ces desseins, et qui ne devait pas voir le jour. Ce n'est qu'après quatorze ou quinze mois qu'elle a été imprimée et distribuée.

Dans l'intervalle, voici ce qui se produisit :
Vous avez pu remarquer, messieurs, que la convention qui avait été préparée par M. Deseilligny avec la compagnie du chemin du Nord renfermait une lacune. Elle concédait à la compagnie du Nord la ligne de Cambrai à Douai, mais il n'était question ni de l'embranchement d'Aubigny-au-Bac à Somain et Abscon, ni de la ligne de Douai à Orchies.

L'honorable ministre qui succéda à M. Deseilligny s'aperçut que les intérêts du département du Nord ne recevaient pas de la compagnie du Nord la même satisfaction que de Picardie et Flandres, et immédiatement il se dit : Puisque la compagnie du Nord ne construira qu'une ligne, tandis que Picardie et Flandres en exécutera trois, je fais pencher la balance du côté où se trouvent satisfaits plus pleinement les intérêts du département intéressé, et je propose un projet qui adjugera les trois lignes à Picardie et Flandres. Je me contente de biffer la clause insérée dans leur projet par MM. les députés du Nord, laquelle consiste à concéder solidairement Douai et Orchies à la compagnie du Nord-Est et à la compagnie de Lille à Valenciennes.

Vous comprenez, messieurs, pour quel motif le conseil général avait tenu à unir solidairement Lille à Valenciennes.

M. Ganault. Nous n'y comprenons plus rien du tout! (On rit.)

M. Paris (Pas-de-Calais). Eh bien si vous voulez regarder la carte qui vous a été distribuée, je vais essayer de vous donner l'explication que vous désirez.

M. Ganault. Vous allez vous noyer dans des détails que l'Assemblée ne peut suivre! C'est dans l'intérêt de votre discussion que je dis cela.

M. Paris (Pas-de-Calais). Prenez patience, ce point est important, quoiqu'il ne paraisse

qu'un détail, vous le verrez dans la suite de la discussion. En concédant à Picardie et Flandres et à Lille-Valenciennes solidairement le tronçon de Douai-Orchies, on atteignait le double but dont je parlais au début de mon exposé. D'abord à Orchies on rencontrait une ligne appartenant à la compagnie Lille-Valenciennes, qui, à travers le département du Nord, gagnait la Belgique, et, par conséquent, on avait un débouché sur la frontière belge assuré.

En second lieu, le conseil général désirait voir former une association entre la compagnie du Nord-Est, celle de Lille-Valenciennes et celle de Picardie et Flandres, destinées à battre en brèche la compagnie du Nord. La jonction s'opérait de Douai à Orchies; et les trois compagnies étaient aussi associées pour la défense de leur cause commune.

Ce que l'honorable M. de Larcy ne voulait pas autoriser, les compagnies intéressées l'ont fait malgré lui.

En effet, nous trouvons dans le compte rendu adressé par la compagnie de Lille à Valenciennes à ses actionnaires, le 31 juillet 1874 :

« Pour la ligne de Douai à Orchies, un projet de loi a été présenté à l'Assemblée nationale. Il concède cette ligne à la compagnie de Picardie et Flandres, le Gouvernement ayant exprimé l'intention de n'avoir qu'un titulaire pour la concession. Seulement, tous nos droits de copropriétaires ont été réservés par une convention préalable faite avec la compagnie associée.

Vous découvrez, messieurs, le but réalisé par la convention secrète. Entre Douai et Orchies, le Gouvernement ne voulait qu'un seul exploitant; il y en avait deux, et les deux associés se donneront la main. La compagnie de Picardie et Flandres ira chercher librement en Belgique le transit qu'elle convoite. Cette explication répond, je crois, à l'observation que me faisait tout à l'heure, avec un intérêt dont je le remercie, l'honorable M. Ganault, qui me recommandait de ne pas insister sur les points accessoires du débat. Je crois que le détail avait son importance.

J'ai hâte de terminer cet exposé indispensable et d'aborder une discussion qui sera brève. (Rumeurs sur quelques bancs. — Parlez ! parlez ! sur d'autres.)

Je vous ai dit, messieurs, qu'on ne peut faire un grief sérieux à la compagnie du Nord de ne pas avoir demandé au conseil général du département du Nord sa part dans les lignes qu'il voulait concéder en 1871; elle aurait rencontré, vous le voyez, une barrière insurmontable. Ce qui va le démontrera d'une manière plus évidente encore, c'est le procès-verbal d'une séance du 18 avril 1874 ; vous verrez jusqu'à quel point, lorsqu'on est entré dans une mauvaise voie, on y persévère obstinément.

Il s'agissait d'un simple vœu à émettre en faveur de Boulogne, où on se proposait, sans subventions de l'État, de créer un grand port ; les capitaux étaient réunis ; les auteurs du projet avaient demandé un avis aux chambres de commerce : celle de Douai s'était montrée favorable ; je ne sais par quel hasard l'avis de la chambre de Douai fut communiqué au conseil général du Nord, nous trouvons

dans le procès-verbal de la séance que «
préfet déclare qu'il était loin de s'attendre à
trouver dans le conseil général du Nord un
défenseur d'un projet formé dans le département du Pas-de-Calais. »

Je passe sur la discussion ; on émet à l'unanimité, moins deux voix, le vœu suivant :

« Que l'Etat n'accorde de concession de création de nouveaux ports que sur des points où
la concurrence des voies navigables pourra, en
tout temps, soustraire, autant que possible, le
commerce du pays au monopole des chemins de fer. »

De sorte que si ce vœu était exaucé, nous ne
pourrions améliorer un port où aboutirait, non
un canal, mais un chemin de fer, par la raison
que l'odieux monopole de ces maudits chemins
de fer profiterait de ces travaux d'amélioration.

N'avais-je pas raison de dire, messieurs, que
l'on pousse parfois l'esprit de système aux
dernières limites? N'ai-je pas raison de conclure de là que vous ne pouvez reprocher,
comme vous l'avez fait, à la compagnie du
Nord d'avoir sollicité seulement, devant le
conseil d'Etat, des concessions qui lui auraient
été refusées très-certainement, pour toutes les
raisons que j'ai indiquées , par le conseil général du Nord?

Ce conseil général avait agi illégalement en
concédant des lignes d'intérêt général.

Ce point maintenant acquis, c'était devant
le conseil d'Etat, juge de la question, que la
compagnie du Nord avait à présenter ses
moyens d'opposition ; elle les a fait valoir, et
désormais nos honorables contradicteurs n'in-
voqueront plus ce qu'ils appelaient tantôt « les
titres de la compagnie de Picardie et Flandres, » tantôt « les précédents favorables. »

J'aborde le second point du débat et je me
demande quel est l'intérêt supérieur engagé
dans cette contestation ; j'espère vous montrer que vous ne pouvez pas sans injustice attribuer à la compagnie de Picardie et Flandres
les tronçons qu'elle convoite en ce moment.

J'oubliais de dire auparavant que le conseil
général du Nord ne peut pas trouver mauvais
que nous discutions le mérite des concessions
de chemins d'intérêt général qu'il a faites, il se
trouve placé dans la même situation que les
conseils généraux des Bouches-du-Rhône, du
Gard, de l'Ardèche et de l'Hérault qui, à tort
également, avaient consenti, au profit de compagnies d'intérêt local, des concessions que
vous avez repoussées dans la dernière loi
comme étant d'intérêt général. (Interruptions.)

Je continue.

L'honorable rapporteur a envisagé isolément
les deux lignes de Cambrai à Douai et d'Aubigny-au-Bac à Somain et à Abscon.

Je suivrai le plan qu'il m'a tracé. Ce sont,
suivant lui, de toutes petites lignes qui n'ont
pas à attendre, pas plus l'une que l'autre, de
trafic profitable.

Qu'il me permette de lui opposer l'appréciation du conseil général du Nord, le meilleur
des juges sur cette question. Lors de l'instruction à laquelle il a été procédé, le conseil général a eu soin de faire valoir que, « dans la région traversée, la population est très-dense,
l'agriculture fort riche. La circulation sur les

voies de terre que les lignes projetées sont appelées à remplacer, se trouve représentée par le
chiffre énorme de 4,394,600 tonnes kilométriques par an. » Un trafic important est donc
assuré à la ligne de Cambrai à Douai.

Mais qu'est-ce que cette ligne ? Une simple
rectification de tracé.

A l'époque où l'on construisit nos premières
voies ferrées, on adoptait volontiers, vous le
savez, les détours, afin de desservir plus facilement les grands centres ; on créait ainsi ce
qu'on appelait « les troncs communs. »

Plus tard, on a reconnu qu'une fois l'intérêt général satisfait, il y avait des intérêts particuliers qu'il fallait également desservir, et on
a substitué les lignes droites aux lignes courbes tracées à l'origine.

C'est ainsi, notamment, qu'en partant de
Paris pour aller à Creil, on était obligé de passer par Pontoise, tandis que la ligne la plus
courte aurait dû passer par Chantilly. On avait
commencé par construire la ligne courbe, et
ensuite on a opéré la rectification. Personne
n'a songé, à ce moment, à soutenir que la ligne de Paris à Creil par Chantilly dût appartenir à une autre compagnie que celle qui avait
organisé le réseau lui-même.

Toute proportion gardée, le principe doit
être appliqué dans les mêmes conditions au
chemin de Cambray à Douai. La compagnie
du Nord a compté, notez-le bien, sur le tronçon
de Cambrai à Douai, desservi actuellement par
Somain, quand elle a construit sa ligne de
Busigny ; elle est en possession d'un trafic
sans autre concurrence que les canaux dont a
parlé M. Krantz. Si vous concédez la ligne de
rectification de Cambrai à Douai à la compagnie Picardie et Flandres, vous enlevez à la
compagnie du Nord le bien qui lui appartient...
(Réclamations au banc de la commission.)

Oui, messieurs, le bien qui lui appartient.

Je prétends que vous ne pouvez pas implanter
dans un réseau une compagnie étrangère sous
prétexte d'abréger de quelques kilomètres la
distance à parcourir entre deux villes, alors
que la compagnie qui a les avantages de la
possession offre elle-même la rectification. Vous détruiriez ainsi l'unité du tracé,
et vous arriveriez à créer dans notre grand réseau de chemins de fer un véritable labyrinthe
où régnerait une inextricable confusion.

On nous dit : Cependant il faut bien faire
vivre la ligne de Cambrai à Douai ! La compagnie du Nord se charge de ce soin. Je crois
que quand le tronçon sera placé entre les
mains de la puissante compagnie, on n'aura
pas à s'inquiéter de le voir dépérir d'inanition ;
le Nord fera vivre cette section comme il fait
vivre toutes ses lignes.

On nous demande encore : De quel côté va
donc être desservi principalement le Cambrai-
Douai? Ce sera surtout par les apports qui viendront de la ligne de Picardie et Flandres, qui
partant aujourd'hui de Saint-Just, et prolongeant dans la direction de Douai son exploitation, apportera ce petit tronçon qu'elle
sollicite la plus grande partie du trafic.

Je réponds à l'honorable M. Krantz : la
compagnie de Picardie et Flandres, dès sa
création, a voulu rattacher Saint-Just à Cambrai, par une ligne dite d'intérêt local, qui,

personne ne le conteste plus, **...**
d'intérêt général.

Or, cette ligne est parallèle aux deux grandes des voies de la compagnie du Nord, dont l'une rapporte annuellement 143,800 fr. de Paris à Amiens, et d'Amiens à Arras 105,800 fr., l'autre 125,000 fr. dans la direction de Creil, Tergnier et Busigny.

Par leurs produits considérables, ce sont ces deux lignes de la compagnie du Nord qui parent à l'insuffisance des petites lignes à faible rendement, Laon à la frontière, Chantilly à Crépy, Beauvais à Gournay, etc., que la compagnie du Nord a établies en grande quantité. La compagnie Picardie et Flandres a déjà enlevé une partie du trafic du Nord dans la direction dont nous parlons. Voulez-vous lui permettre de continuer cette dérivation et de la poursuivre de Cambrai à Douai?

Vous m'objectez encore que la concession de Cambrai à Douai au Nord créerait une interposition fâcheuse.

Je comprendrais qu'on parlât d'interposition, si l'on proposait de concéder la ligne de Douai à Orchies à la compagnie du Nord, car alors, manifestement, la compagnie Picardie et Flandres, arrivant jusqu'à Cambrai, rencontrerait là une ligne à laquelle elle devrait remettre son trafic jusqu'à Douai, avant de parvenir ensuite sur sa propre voie jusqu'à Orchies.

Mais la ligne de Douai à Orchies n'est pas concédée. Où donc se trouve l'interposition? Je la cherche en vain. Vous n'ignorez pas que les produits à transporter ne s'arrêteront pas à Douai; qu'ils iront au delà, et, par conséquent, s'il y a une interposition, c'est de la part de la compagnie Picardie et Flandres; c'est elle qui vient s'interposer dans le réseau du Nord, au grand détriment des industriels et des négociants.

J'arrive maintenant au tronçon d'Aubigny-au-Bac à Somain.

Le tronçon d'Aubigny-au-Bac à Somain, M. le rapporteur vous l'a dit, a pour but de permettre à la compagnie concessionnaire d'aller puiser dans le bassin houiller même la richesse houillère qui sera transportée dans la direction de Paris, non pas à Paris même, puisqu'on doit s'arrêter au point fixe de Saint-Just. Eh bien, cette exploitation-là est faite actuellement par la compagnie du Nord.

Une seule compagnie s'est plainte de n'être pas desservie d'une manière suffisante : c'est la compagnie houillère d'Azincourt. Eh bien, la compagnie du Nord offre actuellement, dans la convention que vous sanctionnerez de votre vote, je l'espère, de se charger non-seulement de la ligne de Cambrai à Douai, mais de l'embranchement d'Aubigny-au-Bac à Somain et Abscon. Par conséquent, tous les services du bassin houiller seront faits par la compagnie du Nord, et, quand bien même la concession du tronçon de Cambrai à Douai serait accordée à la compagnie de Picardie et Flandres, M. le rapporteur reconnaît qu'à l'aide des tarifs communs, il serait extrêmement facile de transporter au même prix tous les produits houillers de ce bassin dans le quadrilatère que dessert aujourd'hui, entre les lignes parallèles du Nord, la compagnie de Picardie et Flandres.

J'arrive au vif de la question. Si vous jetez les yeux sur la carte... (Bruit.)

... longtemps dépourvus de chemins de fer, d'obtenir, dans un délai très-bref, des voies ferrées qu'aux termes des conventions ils sont obligés d'attendre jusqu'en 1880.

... vœux des populations du Pas-de-Calais, comme, ont été unanimes à cet égard. ... chambres de commerce, il n'est ... conseil municipal qui n'ait envoyé ... pétition sur pétition. Pour ... personnel, j'en ai déposé sur le ... couvertes de 4,000 signatu- ... seul arrondissement de ... montre que telle ques- ... presque indifférente, ... de près, un intérêt ... de nos départe- ... une décision ... de chemins ... central du ... progrès du ... l'on ...

Nord; en obtenant Azincourt, ... main, elle doit être satisfa... médiatement ce qu'elle convoi... elle cherchait à Orchies deux ... bouché vers la Belgique, qui lui ... se transformer de ligne d'intérêt lo... internationale, et la facilité de s'unir au ... créé par le conseil général. Si vous lui ... dez l'autorisation de se rendre à Aubigny-au-Bac, elle se soude à la compagnie de Lille-Valenciennes, qui va rejoindre sur trois points la Belgique.

Il est très-facile de dire qu'on peut prendre sans inconvénient dans le réseau de la compagnie du Nord de quoi faire vivre la compagnie de Picardie et Flandres, et que la compagnie du Nord est assez puissante pour qu'il ne soit pas à craindre que le développement de sa rivale, dans des conditions aussi exiguës, puisse amener sa ruine. On oublie en disant cela que la compagnie du Nord est représentée aujourd'hui par 400,000 actionnaires, et qu'il n'y a aucune raison pour aller prendre dans la bourse de ces 400,000 actionnaires de quoi enrichir ceux de Picardie et de Flandres. (Humeurs et réclamations sur divers bancs.)

Assurément, messieurs, l'atteinte portée par cette concession à la compagnie du Nord, si elle n'est pas bien profonde, comme le disait M. Krantz, est néanmoins sérieuse, car, je le répète, ce n'est pas seulement un trafic intérieur que vous assurez à la compagnie Picardie et Flandres au détriment de la compagnie du Nord et de l'État qui lui est lié par la garantie d'intérêt, c'est aussi le trafic de la Belgique dont les produits seront transportés par la compagnie Picardie et Flandres jusqu'à Saint-Just; vous lui donnez encore un autre avantage; vous lui permettez, en effet, alors qu'elle ne peut pas donner la main à la compagnie de Lille-Valenciennes à Orchies, d'opérer sa jonction sur un autre point, à Aubigny-au-Bac; là elle rencontre la compagnie de Lille-Valenciennes, comme elle l'aurait rencontrée à Orchies, et la fusion complète de trois compagnies qui se ligueront avec une union parfaite contre la compagnie du Nord devient un fait acquis. Et notez bien que M. Krantz lui-même ne se faisait pas illusion à cet égard.

Il disait, en effet, dans son rapport : « La

compagnie du Nord ne nous paraît avoir à la concession de l'embranchement dont il s'agit qu'un seul intérêt, celui de se défendre contre des attaques auxquelles, dans l'état actuel des choses, nous ne la croyons pas encore bien exposée. »

Ainsi, des attaques sont à craindre, mais on n'y est pas encore bien exposé, et la rédaction même de votre habile rapporteur vous révèle d'une manière suffisante un péril véritable, péril manifeste, messieurs ; le plan qui vous a été distribué, vous permet, avec ses teintes différentes, de saisir d'un coup d'œil et dans son ensemble la véritable question engagée dans le débat, en dehors des 42 kilomètres, sur lesquels nous avons peut-être trop discuté.

Le péril qui menace l'État, associé à la prospérité des grands réseaux, c'est de voir constituer contre le Nord cette concurrence des petites lignes associées dans un but commun, que vous avez voulu proscrire, la semaine dernière, quand il s'est agi de la compagnie Paris-Lyon-Méditerranée. Et, en effet, que nous montre la carte ?

D'une part entre le Nord-Est et Lille-Valenciennes, la fusion est faite ; les lignes du Nord-Est sont exploitées par Lille-Valenciennes. D'autre part, vous voyez que, dans la direction de Saint-Just, on n'a plus qu'à franchir un intervalle de quelques kilomètres pour aller rejoindre un autre réseau, celui de Rouen à Orléans. En troisième lieu, la compagnie Picardie et Flandres, si vous lui donnez la concession d'Aubigny-au-Bac à Abscon et à Somain, va se souder immédiatement avec la compagnie du Nord-Est et avec celle de Lille-Valenciennes, c'est-à-dire la société Philippart.

Enfin, si vous voulez bien suivre le tracé des lignes en projet, vous verrez qu'Amiens doit être rattaché à Dijon par un réseau qui fera suite à Picardie et Flandres.

L'honorable M. Krantz reconnaît, comme nous, le péril ; en effet, dans le rapport, à la page 10, il vous dit : « Toute crainte de danger immédiat doit être écartée ; mais ne peut-on prévoir cependant que la nouvelle concession devienne le point de départ d'alliances compromettantes et de combinaisons dangereuses, aussi bien pour le Trésor lui-même que pour la compagnie du Nord. »

Messieurs, quand des législateurs se préoccupent de dangers aussi sérieux que celui-ci, il ne suffit pas d'y mettre obstacle pour le présent, il faut les empêcher de se réaliser dans l'avenir. Or, vous ne pouvez assurer ce résultat qu'à une condition. Le Gouvernement a donné à la compagnie de Picardie et Flandres le débouché auquel elle a droit, et lui a permis de sortir du département de la Somme pour se rattacher à Cambrai. Picardie et Flandres ne peut avoir la prétention de s'ériger en ligne d'intérêt général, de faire concurrence à un réseau garanti par l'État, de s'associer à d'autres compagnies pour compromettre les intérêts de l'État liés à l'avenir de la grande compagnie du Nord.

Nous devons, messieurs, apporter, dès aujourd'hui, obstacle à ces desseins, et cet obstacle peut être créé à une condition, c'est d'accorder la concession de la ligne de Douai

à Cambrai et de Cambrai à Aubigny-au-Bac et à Somain à la compagnie du Nord, parce qu'alors entre la compagnie de Picardie et Flandres et la frontière qu'elle convoite, vous créerez une barrière, et par ce moyen vous pouvez être sûr que ce grand réseau du Nord que l'on travaille depuis tant d'années à créer, — et qui est un de ceux qui n'ont point encore fait appel à la garantie de l'État — ne sera compromis ni aujourd'hui ni demain.

Et c'est pour l'avenir, je le répète, que des législateurs prévoyants doivent prendre des précautions.

Je ne fatiguerai pas, messieurs, votre bienveillante attention en suivant le rapporteur dans la discussion à laquelle il s'est livré au sujet de la compagnie de Lille à Valenciennes. M. Krantz me permettra de lui dire qu'il est sorti quelque peu de la question ; nous avons bien assez de l'affaire de Picardie et Flandres sans nous permettre des excursions en dehors du sujet. J'aime mieux vous montrer, en quelques mots, que le département du Nord est complètement désintéressé dans le vote que vous émettrez, et vous signaler quel est, au contraire, l'intérêt vital des départements que j'ai l'honneur de défendre en ce moment. (Aux voix ! aux voix ! à gauche.)

A droite. Très-bien ! — Parlez ! parlez !

M. Paris (Pas-de-Calais). Une partie de l'Assemblée crie : aux voix ! Je dis que crier aux voix, c'est vouloir juger une cause sans la connaître, et frapper sans avoir écouté. (Très-bien ! parlez ! parlez ! à droite).

M. le président. Je réclame le silence. L'orateur se plaint avec raison, d'être obligé de faire des efforts qui le fatiguent pour dominer le bruit des conversations particulières.

J'engage ceux qui veulent causer à aller à la salle des conférences ; ils ne troubleront pas la discussion. (Très-bien !)

M. Paris (Pas-de-Calais). Dans la convention préparée par M. Deseilligny, le département du Nord se trouvait lésé ; c'est ce qui explique, à mon avis, comment ce projet n'a point été accepté par son successeur. Se trouvant en présence de trois lignes, dont une seule devait être concédée au département du Nord, l'honorable M. de Larcy s'est dit, sans doute : Les deux autres lignes ne seront pas exécutées par la compagnie du Nord. Je vais les adjuger toutes trois à la compagnie de Picardie et Flandres.

Pour répondre à l'objection, nous avons proposé à la compagnie du Nord de combler la lacune qui existait dans la convention, et elle y a consenti. De telle sorte qu'aujourd'hui le contre-projet qui vous est soumis comprend, non pas seulement le premier tronçon Cambrai-Douai, qui figurait seul dans le projet Deseilligny, mais encore l'embranchement d'Aubigny-au-Bac à Abscon et à Somain, et aussi la ligne de Douai à Orchies. Ainsi, le département du Nord n'a plus aucun intérêt engagé dans la solution ; que vous concédiez à la compagnie de Picardie et Flandres, que vous concédiez à la compagnie du Nord, le département du Nord obtiendra ses trois lignes ; par conséquent les objections formulées dans l'exposé des motifs de la proposition que faisait l'honorable M. Plichon disparaissent. M. Plichon disait : « D'un côté on nous donne la ligne de Cambrai à Douai ; de l'autre on nous en offre trois. » Eh bien, non. D'un côté comme de l'autre, on vous donnera vos trois lignes.

M. Plichon disait encore : « Nous attendrons longtemps l'exécution de la ligne de Douai à Orchies. » Eh bien, non ; la compagnie du Nord s'engage à construire le tronçon de Douai à Orchies dans le délai de trois années.

M. Testelin. Oui, mais elle ne tient jamais ses engagements!

M. Paris (Pas-de-Calais). Vos intérêts seront satisfaits; je parle de vos intérêts légitimes, et non de vos projets de réseau départemental, de fusion entre compagnies, que sais-je?

Il y a plus. Si la compagnie du chemin de fer du Nord obtient la concession que nous demandons pour elle, les trois lignes seront exécutées avec le soin qu'apportent ordinairement les grandes compagnies dans les travaux qui leur sont confiés, au lieu d'être construites avec les procédés habituels des entrepreneurs de lignes d'intérêt local.

Votre intérêt, messieurs les députés du Nord, je ne l'aperçois vraiment plus, et j'ai bien le droit de venir vous dire, à mon tour, quels sont les intérêts départementaux que nous avons à défendre.

L'honorable M. Krantz a paru contester, même au point de vue de la recevabilité, notre intervention. Je lui répondrai que nous sommes ici les défenseurs de l'État, en même temps que des départements que nous représentons spécialement. Du moment où les députés du département du Nord, s'associant dans une action commune, venaient déposer à la tribune un projet de concession de chemin de fer à la compagnie de Picardie et Flandres, nous étions amenés, par leur exemple même, à déposer conjointement un contre-projet qui, tout en étant favorable aux intérêts du département du Nord, sauvegardait en même temps ceux de la Somme, du Pas-de-Calais et de Seine-et-Oise... (Rires au banc de la commission.) Voici dans quelles conditions nous avons agi.

L'honorable M. Deseilligny, vous le savez, en voulant concéder la compagnie du Nord la ligne de Cambrai à Douai, a pris soin de demander à la compagnie : 1º de renoncer à toute espèce de réclamations pour des dommages de guerre ; 2º d'exécuter dans un intervalle de temps qui équivaut à deux années de différence les chemins de fer d'Arras à Étaples et de Béthune à Abbeville et d'exécuter en même temps la petite ligne de Luzarches, sise dans le département de Seine-et-Oise ; enfin il a imposé à la compagnie du Nord l'obligation de prolonger le chemin de Béthune à Abbeville jusqu'au Tréport et à Eu.

Et vous viendrez dire que ce ne sont pas là des avantages ! Je ne parle pas de la créance, qui a un caractère litigieux ; il est évident que la compagnie du Nord, quand elle vient produire un compte montant à plus de 2 millions, ne doit pas être crue sur parole. Mais, enfin, c'est un avantage pour l'État d'écarter toute réclamation à ce sujet.

Un avantage autrement considérable, c'est de permettre à deux départements qui ont été

longtemps dépourvus de chemins de fer, d'obtenir, dans un délai très-bref, des voies ferrées qu'aux termes des conventions ils sont obligés d'attendre jusqu'en 1880.

Les vœux des populations du Pas-de-Calais, de la Somme, ont été unanimes à cet égard. A côté des chambres de commerce, il n'est point de conseil municipal qui n'ait envoyé à l'Assemblée pétition sur pétition. Pour mon compte personnel, j'en ai déposé sur le bureau qui étaient couvertes de 4 000 signatures appartenant au seul arrondissement de Saint-Pol ; cela vous montre que telle question, que l'on juge de loin presque indifférente, prend, quand on l'examine de près, un intérêt considérable. Les populations de nos départements salueront avec bonheur une décision qui leur permettra de jouir bientôt de chemins de fer qui, desservant le plateau central du Pas-de-Calais, y favoriseront les progrès du commerce et de l'industrie.

Voilà, messieurs, les avantages que l'on nous assure dans un cas et que l'on nous refuse dans l'autre.

J'appellerai votre attention sur une dernière considération.

Si vous suivez les conseils de la commission, vous allez concéder la ligne de Cambrai à Douai à une simple compagnie d'intérêt local ; mais vous ne songez pas que Cambrai et Douai sont situées en plein réseau des places fortes du Nord ; qu'un intérêt militaire est engagé dans le débat, qu'il importe à la facilité des mouvements qui peuvent s'opérer, soit en matériel, soit en troupes, dans cette région voisine de la frontière, d'établir une unité complète pour l'administration du réseau.

Si vous rompiez cette unité en permettant à une petite ligne de s'interposer dans la grande, vous occasionneriez des complications dont, à un moment donné, vous pourriez avoir à vous repentir.

J'ai terminé, messieurs. Je crois avoir montré à l'Assemblée, du moins à ceux qui ont bien voulu m'écouter, car sur certains bancs je constate un parti pris...

Plusieurs membres. Mais non! mais non!

M. Paris (Pas-de-Calais). ...je crois avoir montré à ceux qui ont bien voulu prêter à cette question épineuse, délicate, l'attention qu'elle comporte, qu'au-dessus des intérêts respectifs de la compagnie du chemin de fer du Nord et de la compagnie de Picardie et Flandres, je puis invoquer, en faveur de notre contre-projet l'équité et la justice ; je puis affirmer que je protège les intérêts de l'État et ceux des départements de la Somme et du Pas-de-Calais, qui attendent depuis si longtemps l'exécution de leurs voies ferrées.

Je suis convaincu que, pénétré de ces raisons, et les appréciant comme des juges éclairés, avec réflexion, équité et impartialité, vous accueillerez notre contre-projet (Marques d'approbation.)

M. Plichon. Messieurs, l'honorable préopinant vous a dénoncé les concessions dont la ratification vous est proposée comme contraires aux intérêts de l'État et funestes à ceux de la compagnie du Nord.

Si ces concessions pouvaient amener un semblable résultat, vous pouvez être convaincus que je ne viendrais pas à la tribune les défendre. (Très-bien ! très-bien ! sur divers bancs.)

J'ai concouru à la création de nos grands réseaux, je m'en fais honneur. Je ne veux pas les détruire; je les ai défendus à une autre époque, quand ils étaient attaqués; je les défendrais encore si leur existence pouvait être mise en péril. Mais je crois pouvoir vous démontrer que les concessions dont il est question ne sauraient causer aucun préjudice à la compagnie du Nord, et que, faites à la compagnie de Picardie-Flandres, les intérêts de l'Etat seront mieux sauvegardés que si elles étaient données à la compagnie du Nord. (Nouvelle approbation sur les mêmes bancs.)

D'ailleurs, si la compagnie du Nord n'a pas les chemins dont il s'agit...

Une voix. C'est qu'elle n'en a pas voulu !

M. Pichon. .... je suis obligé de le dire, c'est qu'elle ne les a pas demandés.

M. de Tillancourt. Elle les a même refusés !

M. Pichon. Je puis vous affirmer que personnellement j'ai été informer la compagnie du Nord de ce qui se passait dans le sein du conseil général du département du Nord, alors qu'il avait à se prononcer sur la concession des lignes déjà sollicitées par Picardie et Flandres. J'ai invité la compagnie du Nord à se présenter. Je désirais très-vivement que la paix pût se faire entre elle et le conseil général. La compagnie du Nord m'avait promis qu'un de ses administrateurs se présenterait. Cet administrateur a été attendu, messieurs : il n'est pas venu ! Le conseil général du Nord a, dès lors, donné la concession à la compagnie de Picardie et Flandres.

Voilà la vérité.

Au surplus, en s'abstenant, la compagnie du Nord suivait sa politique générale, qui, à cette époque, consistait à ne rien faire. Heureusement pour le pays elle a changé de sentiments à cet égard. Mais, pendant de longues années, la compagnie du Nord, satisfaite de son réseau et des beaux dividendes qu'il rapportait à ses associés, se refusait d'une manière absolue à accepter de nouvelles concessions.

C'est ainsi — l'honorable M. Krantz vous l'a démontré, — qu'elle a refusé la ligne de Valenciennes; elle l'a refusée au Gouvernement et refusée à une commission du Corps législatif, malgré toutes les instances répétées auprès d'elle.

En 1868, le Gouvernement se résout à faire de nouvelles concessions : 3,200 kilomètres nouveaux sont classés. Toutes les compagnies s'empressent de porter leur concours au Gouvernement, la compagnie du Nord seule exceptée. Elle est sollicitée: elle refuse d'abord; puis, sur de nouvelles instances qui lui sont faites, elle consent à exécuter 257 kilomètres dont 46 seulement du département du Nord qui en réclamait quatre ou cinq fois autant, et, pour prix de cette concession, elle exige des subventions excessives, les travaux de la loi de 1842, et cela dans un pays qui, en général, rémunère les capitaux consacrés à ce genre d'entreprises.

Et pour l'un de ces chemins, celui de Gravelines à Watten, — dont les travaux de la loi de 1842 avaient été évalués à 900,000 fr. par les ingénieurs de l'Etat, — la compagnie du Nord exigea qu'ils fussent portés à 2,300,000 fr., c'est-à-dire beaucoup plus que le coût du chemin tout entier; car il a été exécuté depuis lors, et il n'a pas coûté plus de 100,000 fr. du kilomètre. Il n'a, du reste, qu'une étendue de 19 kilomètres.

La commission législative, frappée de ces avantages excessifs et des besoins des départements, pressa la compagnie du Nord d'accepter la concession des nouvelles lignes, qui lui était demandée par voie d'amendements proposés par les députés, tant du Nord que du Pas-de-Calais, etc.: elle refusa d'une manière absolue à condescendre à ce vœu.

Voici ce que dit, à cet égard, le rapport de la commission législative :

« Cette proposition n'eut pas un sort meilleur que la première. Le Gouvernement nous déclara que la compagnie du chemin de fer du Nord ne voulait consentir à aucune modification des conventions qui avaient été arrêtées avec elle. »

C'est, messieurs, de cette résistance, de ces refus obstinés de la compagnie du Nord de satisfaire aux vœux et aux besoins des populations, qu'est sortie la compagnie du Nord-Est.

Cette compagnie a proposé d'abord d'exécuter toutes les concessions faites à la compagnie du Nord et tous les chemins demandés par voie d'amendement, moyennant la subvention promise à la compagnie du Nord. Plus tard elle a renoncé à toute espèce de subvention et s'est contentée d'une simple garantie d'intérêt sur un capital maximum de 150,000 fr. par kilomètre, garantie à partager par moitié entre l'Etat et les départements. Les départements ont voté leur part dans cette garantie d'intérêt.

Cette offre a été acceptée et par l'Etat et par les départements, sauf en ce qui touche les lignes d'Arras à Etaples et de Béthune à Abbeville, qui étaient comprises dans la convention avec la compagnie du Nord et que, sur la demande du département du Pas-de-Calais, on a conservées à la compagnie du Nord avec la subvention primitive réduite du quart. Et c'est ainsi que le réseau du Nord-Est a été constitué. (C'est vrai ! c'est vrai !)

En 1869, le conseil général du Nord classe un certain nombre de chemins de fer d'intérêt local, et, d'accord avec le Gouvernement, les met en adjudication, car à cette époque un préfet ne pouvait pas, sans le consentement du Gouvernement, mettre en adjudication publique un chemin d'intérêt local. La compagnie du Nord ne se présente pas pour les soumissionner. Ils sont adjugés, et cependant, en 1872, elle vient en réclamer deux, auxquels le conseil d'Etat assigne le caractère d'intérêt général.

En 1871, la compagnie de Picardie et Flandres qui avait sollicité du Gouvernement la concession des chemins de fer de Cambrai à Douai et de Douai à Orchies vers la frontière de la Belgique, vient, d'accord avec le Gouvernement, demander ces concessions au conseil général du Nord à titre de chemin d'intérêt local. Ainsi que j'ai eu l'honneur de vous le dire, messieurs, j'en informe la compagnie du Nord qui refuse de les soumissionner. Ils sont concédés à la compagnie de Picardie et Flandre. Le Gouvernement autorise les études définitives, il fait procéder à l'instruction de ces lignes, au point de vue de la déclaration d'utilité publique au titre de chemin d'intérêt local. Le conseil des ponts et chaussées estime que l'on doit assigner le caractère d'intérêt général au chemin de Cambrai à Orchies, mais qu'il convient de conserver le caractère d'intérêt local à ceux de Douai à Cambrai et d'Aubigny-au-Bac à Somain.

Je n'ai pas compris, je dois vous le confesser, cette espèce de prohibition qui aurait été faite à la compagnie du Nord de se présenter à l'adjudication des chemins d'intérêt local. Je ne connais ni texte de loi ni règlement qui interdise aux grands réseaux de l'État de soumissionner des chemins de fer d'intérêt local; je sais seulement qu'ils en soumissionnent et qu'ils en exécutent. J'ai devant les yeux le libellé de l'avis du conseil d'État, et je n'y vois rien de ce qui a été lu par l'honorable M. Paris; mais j'y vois cette mention : « qu'il est d'autant plus rationnel de laisser faire ces deux chemins de fer par la compagnie de Picardie et Flandres, que la compagnie du Nord ne les a pas demandés. »

Le conseil d'État, appelé à donner son avis, estime qu'on doit donner le caractère d'intérêt général aux trois chemins. La section des travaux publics propose, toutefois, d'en maintenir la concession à Picardie et Flandres. Mais lorsqu'en séance générale, le conseil d'État est saisi de la demande en concession produite par la compagnie du Nord, il adopte l'avis de la section en ce qui touche le caractère des nouvelles lignes, mais il évite de se prononcer sur le choix du concessionnaire.

Le Gouvernement, placé en face des prétentions de la compagnie du Nord et des concessionnaires du département, avait à opter. A qui donnerait-il les lignes? L'opinion de M. de Fourtou, alors ministre des travaux publics, ne fut pas un instant douteuse. Il promit les chemins à la compagnie de Picardie et Flandres.

L'opinion de M. Deseilligny fut différente. Et ce qu'il y a d'étrange, messieurs, c'est que, pendant la session du conseil général du Nord de 1873, M. Deseilligny nous annonçait par télégramme que tous les chemins de fer que nous, conseil général du Nord, avions concédés, à titre d'intérêt local, seraient donnés à titre d'intérêt général aux compagnies qui les avaient précédemment obtenus de nous.

Lorsque M. de Larcy reprit possession du ministère des travaux publics, il se rallia à l'opinion de M. de Fourtou; et vous savez, messieurs, avec quel soin scrupuleux il traitait toutes les affaires; de l'avis du conseil des ministres, il conserva les chemins de fer à la compagnie de Picardie et Flandres, et déposa le projet de loi sur lequel vous avez à statuer en ce moment.

Enfin, est arrivé l'honorable M. Caillaux, dont vous connaissez les doctrines générales en matière de chemins de fer. Il n'était pas favorable à la compagnie de Picardie et Flandres; il eût préféré que les concessions eussent été faites à la compagnie du Nord. Cependant, il a cherché un élément de transaction; il s'y est appliqué; il a demandé qu'on abandonnât à Picardie et Flandres le chemin de Douai à Orchies. Il m'a exprimé ce désir; j'ai négocié moi-même, et j'ai obtenu de la compagnie de Picardie et Flandres l'abandon de ce chemin. Mais cela n'a pas suffi à la compagnie du Nord, qui, au fond, voulait le tout. On a cherché la conciliation à l'aide d'une autre combinaison, dont il est rendu compte dans le rapport; mais cette combinaison n'était admissible ni au point de vue des intérêts de l'État, ni au point de vue de la compagnie de Picardie et Flandres. Les négociations ont échoué et, aujourd'hui, nous nous trouvons en présence de l'Assemblée qui est juge en dernier ressort de ce débat.

Faut-il conserver les concessions à la compagnie de Picardie et Flandres, ou faut-il les donner à la compagnie du Nord? Telle est, messieurs, la question que vous avez à résoudre.

L'honorable M. Paris, tout à l'heure, invoquait la justice. Et, moi aussi, j'invoque la justice : c'est au nom de la justice que je viens vous dire que vous ne pouvez pas accorder ces chemins à la compagnie du Nord. La compagnie de Picardie et Flandres en a réclamé la concession dès 1870; la compagnie du Nord ne s'y est point opposée. La compagnie de Picardie et Flandres a de nouveau réclamé ces chemins au conseil général du Nord en 1871; la compagnie du Nord, informée, ne s'y est point opposée. Des enquêtes ont eu lieu; la compagnie du Nord n'y a point comparu. Le conseil général des ponts et chaussées a statué; la compagnie du Nord est restée muette; elle n'a fait entendre aucune réclamation auprès du ministère des travaux publics. Et quand intervient-elle? A la dernière heure, au dernier moment, alors que le conseil d'État, en séance générale, va décider, après avis de la section du conseil, qu'il y a lieu d'attribuer le chemin à la compagnie de Picardie et Flandres.

Eh bien, messieurs, je dis qu'il y a dans tous ces précédents des titres que vous ne pouvez méconnaître, et que vouloir aujourd'hui déposséder de ces chemins la compagnie de Picardie et Flandres après les démarches, les études, les dépenses qui ont déjà été faites pour réunir des capitaux, déposer le cautionnement, je dis que ce serait véritablement méconnaître la justice.

Il ne faut pas décourager les petites compagnies : ce serait bien dangereux, croyez-le, messieurs. C'est en elles que se trouve votre seule ressource contre les abus toujours à craindre de ces grandes puissances qui sont maîtresses de nos réseaux. Ne les découragez pas; vous vous en repentiriez, tout le monde s'en repentirait, population et Gouvernement. (Approbation sur divers bancs.)

Maintenant, messieurs, je veux vous démontrer que ces chemins sont indispensables à la petite compagnie de Picardie et Flandres.

On vous l'a rappelé, la compagnie de Picardie et Flandres est concessionnaire d'un chemin situé entre Saint-Just et Cambrai; ce chemin de Saint-Just à Cambrai suit à peu près parallèlement la route nationale n° 17, de Paris à Lille. Le chemin de Cambrai à Douai suit aussi parallèlement cette même route. Ce prolongement du chemin de Saint-Just jusqu'à

Douai et Somain est indispensable à la compagnie, pour lui permettre d'introduire dans la vaste région située entre Cambrai et Saint-Just les houilles qui sont nécessaires à son industrie et pour les y introduire aux meilleures conditions d'économie.

Si cette région est obligée d'emprunter deux réseaux de chemins de fer pour arriver à obtenir des houilles, elle les payera plus cher, elle ne profitera pas des tarifs réduits en raison des longueurs parcourues ; elle sera obligée de payer des droits de transmission ; elle recevra ses houilles beaucoup plus lentement : il y aura perte de temps et perte d'argent.

Mais la compagnie du Nord revendique ces lignes au nom de son droit.

Je dis à la compagnie du Nord qu'elle n'a aucun droit : on ne concède pas une ligne dont elle soit en possession. Le chemin direct entre Cambrai et Douai n'a jamais été concédé. Les rapports entre Douai et Cambrai sont actuellement desservis au moyen d'un tronçon de la ligne de Douai à Valenciennes et d'un autre tronçon de la ligne de Somain à Busigny ; mais quant à la ligne directe de Douai à Cambrai, jamais elle n'a été concédée.

La concession de ces chemins à la compagnie de Picardie et Flandres peut-elle causer un préjudice quelconque à la compagnie du Nord ? Je réponds que non.

L'honorable M. Krantz l'a démontré à l'évidence : il n'existe pas de trafic entre Douai et Cambrai ; ces deux villes ont le même commerce, la même industrie ; les transports de houille à destination de Cambrai se font aujourd'hui par les gares de Lourches et de Somain, sur les rails du Nord, ou directement de Valenciennes par l'Escaut. Par conséquent, il n'y a pas de transports pondéreux. La route nationale au moyen de laquelle s'effectuent les rapports entre ces deux villes a, comme l'honorable M. Krantz vous l'a dit, une activité moins grande que la plupart des chemins vicinaux ordinaires du département du Nord.

Il se passera, comme l'a dit encore M. Krantz, à l'égard du chemin de fer de Douai à Cambrai, ce qui s'est produit à l'égard du chemin direct de Valenciennes à Lille, qui était aussi un raccourci du chemin préexistant. Ce chemin, loin d'avoir causé un préjudice à la compagnie du Nord, l'a au contraire enrichie.

Le chemin de Douai à Cambrai, comme celui de Valenciennes à Lille, sera surtout affluent au lieu d'être concurrent. S'il prend quelques marchandises, s'il enlève quelques voyageurs, en définitive il transportera aux gares de la compagnie du Nord les produits des régions qu'il dessert, et on verra le trafic de ces gares sensiblement s'accroître.

Mais l'honorable M. Paris me dit : Ce n'est pas de ce côté qu'est le péril ; le péril est dans la jonction de ces chemins avec celui de la compagnie du Nord-Est, de Tourcoing à Somain ; on va constituer, à partir de Tourcoing jusqu'à Saint-Just une seule ligne et, au fond, les intérêts des deux compagnies sont confondus.

J'affirme ici de la manière la plus positive, d'après toutes les déclarations qui ont été ap-

portées à la commission, qu'il n'y a aucun intérêt commun entre la compagnie du Nord-Est et celle de Picardie et Flandres ; et qu'il n'existe entre elles aucun traité de fusion. Elles ont pu s'entendre pour l'exploitation d'un embranchement commun entre Orchies et Douai ; mais en dehors de ce fait, il n'existe entre elles aucun intérêt commun. Il y aura certainement entre elles des tarifs communs pour l'exploitation de leurs lignes respectives, comme il en existe entre toutes les compagnies. Il est impossible d'assurer autrement une bonne exploitation, une exploitation fructueuse pour les populations.

Il n'y a donc rien à craindre, à cet égard, et permettez-moi de vous livrer cette réflexion : les lignes dont il est question n'aboutissent à aucune des sources du grand trafic qui alimente les recettes de la compagnie du Nord ; elles ne peuvent obtenir que le trafic local, et elles ne peuvent prendre un atome du trafic de transit.

Les marchandises une fois portées sur les rails de la compagnie du Nord, — comme sur les rails de toute autre compagnie, — ne les quittent plus.

Il suffit de jeter les yeux sur la carte figurative de la circulation de nos grands réseaux, pour s'assurer que les lignes de Picardie et Flandres et celles même du Nord-Est n'aboutissent à aucune des sources génératrices du trafic de la compagnie du Nord ; ces sources se trouvent vers Erquelines, Quiévrain, Lille, Dunkerque, Calais, Boulogne, dans les aports de la Belgique et de l'Angleterre vers Paris.

Il est impossible que la compagnie de Picardie et Flandres, et même celle du Nord-Est, puissent enlever la moindre partie de ce trafic. La compagnie de Picardie et Flandres ne peut aller que jusqu'à Saint-Just et jamais au delà : d'une part, parce que M. le ministre des travaux publics ne le permettrait pas, et il aurait raison ; d'autre part, parce qu'il existe entre la compagnie Picardie et Flandres et la compagnie du Nord un traité qui interdit à la compagnie de Picardie et Flandres de conduire ses rails au delà de Saint-Just.

Vous le voyez, messieurs, la concurrence que redoute l'honorable M. Paris n'est pas possible, et la compagnie du Nord n'a rien à redouter à cet égard.

Maintenant, si je vous ai démontré que la concession des chemins dont il s'agit ne peut causer aucun préjudice à la compagnie du Nord, il est évident que les intérêts de l'État n'en sauraient souffrir.

Cependant l'honorable M. Paris a voulu, à cet égard, jeter quelque incertitude dans vos esprits, et il a dit : Vous voyez fléchir chaque jour les déversements libres de l'ancien réseau de la compagnie du Nord ; ils étaient de 6 millions en 1873, ils ne sont plus que de 2 millions en 1874 ; le ministre des finances, l'honorable M. Mathieu-Bodet, s'en est inquiété.

Messieurs, je voudrais bien voir les comptes de la compagnie du Nord, car il est constant que s'il y a eu une diminution de 4 millions dans les déversements, qui sont un produit net, il faut qu'il y ait une diminution de 8 millions dans le produit brut, puisqu'il y a à peu près 50 p. 100 de frais d'exploitation.

Mais si je recherche dans le *Journal officiel* le résultat de l'exploitation de la compagnie du Nord en 1874, je trouve qu'il n'y a dans le produit brut qu'une différence de 1,300,000 fr. environ sur l'année précédente. Où donc a passé le reste?

D'une autre part, on ne peut accuser les petites compagnies d'avoir amené ce résultat par leur concurrence, car leurs recettes sont restées stationnaires.

Cet affaissement du déversement libre ne peut donc s'expliquer que par des dépenses d'exploitation plus considérables. Cependant la houille a coûté moins cher en 1874 qu'en 1873; c'est à un point qui sera très-curieux à étudier lorsqu'on aura les comptes de la compagnie du Nord.

Je ne crains pas, en ce qui me touche, qu'à aucune époque nous puissions être appelés, si ce n'est en cas de sinistre ou de cataclysme, à payer des garanties d'intérêts dans le réseau de la compagnie du Nord. La compagnie du Nord elle-même n'a jamais, à cet égard, éprouvé la moindre inquiétude, et tout dans sa conduite le prouve.

Ainsi, depuis 1859, elle a transporté de son réseau garanti à son réseau non garanti, 164 kilomètres; elle a reçu 295 kilomètres de concessions nouvelles; elle en a transporté 74 à son réseau non garanti. Il est évident que si la compagnie du Nord avait pensé que la garantie d'intérêt pût devenir effective, elle n'eût point transporté ces lignes à son réseau non garanti.

Bien plus, en 1864, elle a proposé à l'État de supprimer la garantie d'intérêt à la condition qu'il renonçât au partage des bénéfices, et cependant les déversements libres ne s'élevaient à cette époque qu'à 4,800,000 francs.

La commission du Corps législatif chargée d'examiner le projet de loi relatif à cette proposition a trouvé dans une minorité une résistance absolue, et le projet de loi n'a jamais été discuté, parce qu'il n'était pas discutable, et je me demande, quand vous venez de concéder à la compagnie Paris-Lyon-Méditerranée 855 kilomètres qui entraînent une dépense de 293 millions, et que toute l'économie du projet de loi repose sur cette donnée que les recettes de la compagnie doivent nécessairement s'accroître, qu'elles doivent s'accroître de 33 p. 100 en treize ans, soit de près de 3 p. 100 par an; je me demande comment on admettrait ici que la compagnie du Nord, qui se trouve dans des conditions plus favorables encore, au lieu de voir ses recettes s'accroître, puisse avoir à redouter dans son exploitation des échecs qui pourraient l'obliger à recourir à la garantie d'intérêt.

Ce qu'il y a de plus probable, messieurs, c'est que, dans un temps qui n'est pas éloigné, l'État sera appelé au partage des bénéfices. Si la compagnie du Nord exploite économiquement son réseau, ou bien si elle n'emploie pas une partie de ses recettes aux travaux de premier établissement, le partage des bénéfices doit arriver avant sept ou huit ans. Par conséquent nous n'avons pas à nous préoccuper de la garantie d'intérêt.

Mais si les chemins dont il s'agit étaient concédés à la compagnie du Nord, leur concession pourrait réagir sur le partage des bénéfices et en retarder l'époque. Ils ne feraient partie ni du premier ni du second réseau, ils devraient faire partie du réseau dit spécial, car il est bon que vous sachiez, messieurs, que pendant que la compagnie du Nord se plaint de la concurrence qu'on veut faire aux réseaux dans lesquels l'État est intéressé, elle crée elle-même une concurrence à ces réseaux. Son réseau, dit spécial, n'est pas autre chose qu'un réseau concurrent des réseaux associés de l'État. Les deux lignes qui le composent jusqu'à présent, la ligne de Cambrai à Dour et la ligne d'Amiens à Montsoult qui, au moyen du chemin de Luzarches à Épinay, doit établir une nouvelle communication directe d'Amiens à Paris, sont deux lignes concurrentes aux lignes les plus fécondes de l'ancien réseau du Nord.

Ainsi le chemin de Cambrai à Dour plonge au milieu des bassins houillers de Mons et constitue une concurrence aux chemins actuellement existants de Quiévrain à Valenciennes et d'Erquelines à Busigny; le chemin de Montsoult à Amiens est destiné à prendre une partie des produits de l'artère la plus riche de la concession du Nord, c'est-à-dire de la ligne d'Amiens à Paris, qui rapporte, entre Amiens et Creil 148,130 fr et, entre Creil et Saint-Denis, 169,600 fr. par kilomètre.

Si on concède à la compagnie du Nord le chemin de Douai à Cambrai, tout son trafic de Lille et en deçà de Lille vers Paris va être enlevé à la ligne de Douai à Arras, qui se trouve dans le premier réseau du Nord, et va être porté sur la ligne de Douai à Cambrai.

Si on le concède, au contraire, à la compagnie de Picardie et Flandres, la compagnie du Nord aura tout intérêt à garder son trafic.

On me dit: Mais l'intérêt du département du Nord, dans ce débat, n'apparaît pas. Que lui importe que les chemins soient concédés à la compagnie du Nord? Le département du Nord n'aura-t-il pas ses chemins bien construits et bien exploités?

Vous avez déjà appris, dans cette discussion, qu'il existe dans le département du Nord un réseau garanti par l'État et par le département. Or, parmi les lignes du réseau garanti, celle de Tourcoing à Somain sera complétement déshéritée de tout le trafic à destination de Cambrai et au delà, jusqu'à Saint-Just, si les chemins sont concédés à la compagnie du Nord, parce qu'elle prendra ce trafic et le conduira sur ses rails jusqu'à Cambrai.

Le trafic de la ligne garantie par l'État et le département sera appauvri sa dépens. La garantie d'intérêt que l'on redoute du côté de la compagnie du Nord où elle ne peut pas devenir effective, on semble ne pas vouloir la craindre du côté du réseau du Nord-Est où elle est menaçante. Il y a là pour le département du Nord un intérêt de premier ordre : il est nécessaire de défendre contre toute concurrence la ligne de Tourcoing à Somain, et l'on veut empêcher que la garantie d'intérêt devienne effective aux dépens de l'État comme du département du Nord. Il n'est pas possible que l'Assemblée ne se préoccupe pas de cet intérêt, qui est véritablement réel et sé-

rieux, et sur lequel j'appelle toute votre attention. (Aux voix ! — Parlez ! parlez !)

Messieurs, je ne veux pas prolonger ce débat. L'Assemblée est pressée d'en finir : j'aurais bien des choses à dire encore ; mais elles ne
sont point essentielles. L'honorable M. Krantz
a considérablement amoindri ma tâche ; cependant il m'est impossible de ne pas vous dire un
mot de l'intérêt départemental au nom duquel
l'honorable M. Paris a justifié son intervention dans le débat. (Parlez ! parlez !)

Cette intervention, je la comprends dans
une certaine mesure. Je ne la crois pas légitime.

Le département du Pas-de-Calais pouvait
avoir les chemins qui l'intéressent deux ans
plus tôt s'il les avait donnés à la compagnie du
Nord-Est. Il a préféré les donner à la compagnie
du Nord, afin de se soustraire à la garantie d'intérêt qu'a assumée le département du Nord. Ces
chemins étaient étudiés : ils seraient exécutés
depuis longtemps ; mais, je le répète, il a préféré
les donner à la compagnie du Nord, au prix de
délais d'exécution plus longs pour lui et d'une
subvention de onze millions à la charge de
l'État.

Le département du Nord ne s'y est point
opposé ; mais aujourd'hui, quand après avoir
accepté des délais plus longs, le département
du Pas-de-Calais cherche à les abréger de deux
ans, en exposant le département du Nord à
payer cette garantie d'intérêt dont il s'est exo-
néré lui-même, je trouve qu'il y a là quelque
chose d'excessif que l'Assemblée ne saurait
admettre.

Au surplus, que le département du Pas-de-
Calais se rassure ; il ne tardera pas à avoir ses
chemins, car l'intérêt de la compagnie du Nord
est de les achever au plus tôt. Du reste, 100
kilomètres vont être mis en exploitation à la
fin de l'année. Le restant des lignes pourra
être livré à l'exploitation dans deux ans, mais
ne saurait l'être plus tôt. La ligne de Lu-
marches à Épinay est terminée sur une longueur de 20 kilomètres, et sera livrée à
l'exploitation sur cette longueur à la fin de
l'année. Il ne restera plus ensuite que trois
kilomètres à construire. (Aux voix ! aux voix !
à gauche.)

Voilà, messieurs, la mesure de l'intérêt...
.(Aux voix ! aux voix !)

Je crois que l'Assemblée est pressée d'en
finir ; je m'arrête. (Très-bien ! très-bien ! —
Aux voix ! aux voix !)

M. le président. La parole est à M. Courbet-Poulard. (Bruyantes exclamations et cris :
La clôture !)

J'entends demander la clôture...

Sur divers bancs. Oui ! oui ! — Non ! non !

M. le baron de Vinols. On ne peut pas
clore une discussion à peine commencée.

M. Caillaux, ministre des travaux publics.
Je demande la parole contre la clôture.

M. le président. M. le ministre des travaux
publics a la parole contre la clôture.

M. le ministre des travaux publics.
Messieurs, permettez-moi de vous faire observer qu'il est difficile de prononcer la clôture
ce soir.

Sans vouloir entrer dans les détails du débat qui s'agite, il sera indispensable que le
ministre des travaux publics résume la ques-

tion et exprime son opinion dans l'affaire que
vous avez à juger. (Oui ! oui ! — C'est juste !)
Et comme, lorsqu'il aura parlé, on aura le
droit de lui répondre, il ne me paraît pas que
la discussion puisse être close ce soir.

Par ce motif, je pense qu'il n'y a pas lieu
de prononcer maintenant la clôture, et je prie
l'Assemblée de vouloir bien laisser la parole à
l'honorable collègue qui l'a demandée. (Mouvements en sens divers.)

Quelques membres. Parlez vous même maintenant !

Sur plusieurs bancs. La clôture ! la clôture !

Sur d'autres bancs. Non ! non ! — Continuons !

Un membre à gauche. Nous demandons à entendre M. le ministre.

M. le président. Un certain nombre de
membres persistent à demander la clôture ;
d'autres s'y opposent. Il n'y a qu'une manière
de trancher la question, c'est de consulter
l'Assemblée. (Oui ! oui !)

Je mets aux voix la clôture de la discussion.

(Pendant la première partie de l'épreuve,
qui a lieu par mains levées, des réclamations se
produisent sur plusieurs bancs.)

M. le président. Je ne saisis pas le sens
de ces réclamations.

Plusieurs membres. On n'a pas compris le
vote !

M. le président. Voici la question sur
laquelle je consulte l'Assemblée.

La clôture a été réclamée par une partie de
l'Assemblée, de nombreuses protestations se sont
élevées dans une autre partie. Dans cette situation, le président ne peut que consulter
l'Assemblée, car ces murmures contradictoires
n'avancent en quoi que ce soit la solution.
(Marques d'assentiment.)

Je consulte l'Assemblée.

(L'Assemblée, consultée, ne prononce pas la
clôture de la discussion.)

M. Lepère. J'ai l'honneur de déposer sur
le bureau de l'Assemblée, au nom de la commission du budget, le rapport sur les dépenses
de l'instruction publique pour l'exercice de
1876, section 1re (Instruction publique).

M. le président. Ce rapport sera imprimé
et distribué.

Nous reprenons la discussion. M. Courbet-
Poulard a la parole.

M. Courbet-Poulard. Messieurs, l'heure
est tellement avancée (Parlez ! parlez ! à gauche), que je demanderai à l'Assemblée de vouloir bien, pour ne pas scinder mon discours,
renvoyer la discussion à demain. (Non ! non !
Parlez ! à gauche. — A demain ! à droite.)

Plusieurs membres à droite. A demain ! à
demain !

D'autres membres à gauche. Non ! non !

M. le président. Une seconde question se
pose.

D'un côté, on demande le renvoi de la discussion à demain ; d'un autre côté, on demande que la discussion continue aujourd'hui.

Un membre. Il n'est pas six heures !

M. Courbet-Poulard. Si on continue la

séance on va couper mon discours en deux. (Parlez ! parlez ! — A demain !)

M. le président. Puisqu'on insiste, je mets la question aux voix.

(L'Assemblée, consultée, décide que la discussion continue.)

M. le président. Parlez, monsieur Courbet-Poulard.

M. Courbet-Poulard. J'arriverais bien tard, s'il s'agissait, pour moi, d'entrer dans la question générale des chemins de fer, après une discussion aussi solennelle et aussi approfondie que celle qui a été soutenue devant vous avec tant d'autorité et de talent.

Mais j'arrive à temps pour aborder un chapitre spécial, qui a essentiellement besoin d'être éclairé dans son ensemble et dans ses détails, parce qu'il n'est pas assez compris, j'en suis convaincu, malgré tout ce que vous avez entendu dire à cette tribune et malgré tout ce que vous avez pu lire dans les journaux et les brochures qui nous battent en brèche depuis plus d'un an, et qui nous ont enfin livré ces jours-ci leurs derniers assauts.

La difficulté de ma tâche, je ne me la dissimule pas, mais je n'ai pas le droit de m'en effrayer, parce que j'ai la conscience du devoir impérieux qui m'incombe. Ce devoir, je compte sur toute votre bienveillance, pour m'aider à le remplir. Aussi bien je me bornerai à plaider, en toute simplicité, la cause de la vérité et de la justice. (Très-bien! très-bien! sur divers bancs. — Exclamations sur plusieurs bancs à gauche.) Or, avec des hommes sages et expérimentés qui savent deviner les sous-entendus, débusquer les arrière-pensées, la vérité et la justice sont toujours sûres de triompher.

Il s'agit, messieurs, d'une concession de quelques lignes de fer, qu'une convention préparée par l'honorable M. Deseilligny, destinait à la compagnie du Nord, qu'une convention ultérieure signée par l'honorable M. de Larcy avait attribuée à la compagnie de Picardie et Flandres, et qu'une résolution définitive du Gouvernement, qui a vu les choses d'assez haut pour ne pas se méprendre sur le véritable intérêt général, et d'assez près pour saisir la trace de certains autres intérêts d'un ordre moins élevé... (Ah! ah! à gauche. — Très-bien ! très-bien !), vient de restituer équitablement à la compagnie du Nord.

Permettez-moi de vous rappeler, tout d'abord, quelques incidents de votre séance du 8 mars, où s'est trahi, en quelques instants, tout le plan de campagne de nos adversaires.

Que s'est-il donc passé, le 8 mars dernier ? Que voyons-nous dans le *Journal officiel* ?

En premier lieu, c'est l'honorable M. Krantz, rapporteur de la commission qui, au moment où personne n'y songe, où M. le ministre n'est pas à son banc, vient vous proposer d'inscrire à votre ordre du jour le projet de concession à la compagnie de Picardie et Flandres, et qui, de plus, encouragé peut-être par l'inattention générale, sollicite la déclaration d'urgence. Il s'agit, vous dit-il, de la concession faite, à la compagnie de Picardie et Flandres, de deux petites lignes situées dans le Nord...; l'affaire date de guerre...; en 1870, avant la guerre, la petite compagnie avait demandé la concession, dans le département du Nord, de diverses lignes, éminemment utiles et ardemment dé-

sirées... Voilà où de la préférence, de laquelle se l'xxxx xxx le journaux xxxx rait vraiment, xxxxxxxx xxxxxxxx que et xxx la France et xxxxxxxxx xxx xxxxxxxxx lignes dont il s'xxx xx xxxxxxxx xxxx 42 kilomètres, xxxx xx xx xx xx délai, votre décision xxxxxxxx xxx xxx finisse avec une xxxxxxx xxxxxxxxx bien !)

Votre prudence, xxxxxxxxx xx xxxxx laissé prendre à un xxxxxxx xx xxx xx la forme; elle a bien vu xxxx xxxx compagnie, les sol-disant xxxxxxxxx xxxxx elle a vu de l'autre l'émotion xxxxxxx résistance de l'opinion, elle a entendu les protestations s'élever de ces bancs, et a compris que certaines lignes peuvent être contestées et ne pas être petites pour cela... C'est vrai!), et elle a surtis à statuer au xxxxx jusqu'à plus ample informé.

L'honorable M. Paris, du reste, avec lequel j'ai eu l'honneur de vous soumettre le contre-projet que le Gouvernement s'est approprié, est venu aussitôt vous confirmer dans votre judicieuse réserve, et vous disant :

« Sous les apparences très-modestes que M. Krantz, dans son rapport, habilement rédigé, a données au projet de loi, vous avez dû voir, par les discussions qui ont éclaté dans les journaux, que la concession du chemin de fer de Cambrai à Douai met en présence les vœux contraires de plusieurs départements, le Nord, le Pas-de-Calais, la Somme, etc. ; les prétentions de la compagnie du Nord et de la compagnie Picardie et Flandres; en enfin, d'autres intérêts beaucoup plus considérables à vos yeux, ceux de l'État.

« Il convient, ajoutait l'honorable M. Paris, de ne pas aborder cette discussion et d'attendre le moment où nous pourrons la traiter en présence du Gouvernement, et vous montrer, avec le concours de M. le ministre des travaux publics, que l'honorable M. Caillaux a eu raison de ne point concéder à la compagnie, dont M. Débrousse est le principal intéressé, le chemin de Cambrai à Douai. »

L'honorable ministre des travaux publics, qui suit la ligne droite, quand même, dans toute l'indépendance de sa loyauté, et dans toute l'énergie de son patriotisme (Très-bien!), dédaignant avec la noble fierté d'une conscience intègre, les attaques, que dis-je, les injures payées qui tombent à ses pieds chaque matin, *telum sine ictu*, l'honorable M. Caillaux a fait ensuite cette déclaration :

« A mon sens, la question a une importance capitale... je crois qu'elle mérite d'être traitée à fond devant vous... J'insiste pour que l'ordre du jour ne soit pas indiqué dans une affaire aussi grave, pour qu'aucune décision ne soit prise, avant que le Gouvernement se soit prononcé, comme il pourra le faire lorsque le nouveau ministère sera composé. »

Sur ces entrefaites, messieurs, un de nos honorables collègues se précipita du fond de la salle vers la tribune, comme si le règlement de l'Assemblée allait se mouvoir. (Hilarité.) Il n'en était rien, heureusement ! Mais ce collègue tenait à dire tout haut que, comme membre de la commission, il appuyait la demande d'urgence, parce qu'il n'y avait, selon lui, qu'une seule question excessivement simple à résoudre. Jusque-là, très-bien. Mais, quand ce collègue a cru devoir ajouter, probablement pour donner plus de poids à son intervention inattendue, qu'il n'appartient à aucun des départements intéressés, il oubliait trop volontiers qu'on peut être étranger par sa naissance, par son domicile, par ses propriétés, etc., etc., à tel et tel département, et néanmoins ne pas être tout à fait étranger, ne fut-ce qu'indirectement, aux intérêts industriels et financiers qui s'y agitent ou qui s'y règlent.

M. Ganivet. Veuillez vous expliquer.

M. Courbet-Poulard. Ma discrétion, messieurs, s'arrête ici ; mais votre pénétration y suppléera. (Rumeurs diverses.)

Enfin, il n'était pas possible que l'honorable M. Plichon, dont tout le monde connaît les sentiments à l'égard de la compagnie du Nord, gardât le silence, quand, soit au conseil général de son département, soit partout ailleurs, il s'est montré constamment le patron dévoué de la compagnie Picardie et Flandres, — comme complément, sans doute, de la compagnie du Nord-Est. — On veut, dit-il, donner à la question des chemins de fer du Nord une importance qu'elle n'a pas, c'est une toute petite question.

Vous l'aurez remarqué, certainement, c'est toujours la même système, toujours la même tactique : il n'y a là qu'une petite compagnie, que de petites lignes, qu'une petite affaire, qu'une question excessivement simple... qui ne vaut pas qu'on s'y arrête ; dispensez-vous donc de la discuter, votez-la de confiance, au pas de course et qu'on n'en parle plus ! (Rires et bruits divers.)

Mais, je le demande à mes honorables adversaires, si l'affaire est vraiment petite, pourquoi tant de bruit, tant de mouvements, tant de passions autour d'elle? pourquoi tant de ténacité à la poursuivre ? Et si elle est loin d'être petite, si elle a, au contraire, une grande valeur, pourquoi tant de soin, tant de précaution, tant d'art, pour atténuer son importance, pour précipiter sa marche?

Vous comprendrez qu'il m'était paru fort utile pour vous mettre en garde contre toute surprise, de reproduire la physionomie de votre séance du 8 mars, parce qu'elle est de nature à jeter un nouveau jour sur le chapitre qui nous occupe et à faire naître des réflexions sérieuses.

Plusieurs membres à droite. A demain ! à demain !

A gauche. Non ! non ! — Continuez!

M. Courbet-Poulard. Les débats aussi éloquents qu'instructifs que vous avez entendus, messieurs, relativement aux principes qui doivent prévaloir dans notre régime des chemins de fer ont été complets ; la théorie à laquelle se sont arrêtés, d'après leur longue pratique, les hommes les plus compétents et les plus autorisés de l'Assemblée, semble solidement affermie. C'est pourquoi, supprimant les considérations générales par lesquelles je me prononçais en faveur des grandes compagnies, mais en les harmonisant avec les petites, car les petites compagnies ont leur raison d'être, et elles doivent avoir une place, mais leur place au soleil... (Rires), je mets de suite le pied sur le terrain spécial de la lutte entre la compagnie du Nord et la compagnie de Picardie et Flandres.

La question, quoi qu'on en ait dit et écrit, messieurs, et précisément parce qu'elle offrait matière à tant dire et à tant écrire, est très-grave et très-complexe ; elle revendique, dès lors, la maturité de votre examen, voire même la patience de votre attention, cette patience qui est dans le juge partie intégrante de sa justice. Oui, je dis la patience de votre attention, parce que, malgré toute ma bonne volonté, je ne pourrais être bref sans être insuffisant. (Parlez ! parlez !) Vous me pardonnerez donc quelques développements indispensables ; aussi bien, c'est moins un discours que je prétends faire qu'une étude appuyée sur des communications de pièces.

On a présenté, dans certaines feuilles publiques et jusque dans la commission, messieurs, un historique de l'affaire, auquel je ne saurais souscrire, car un homme qui raisonne ne se contente pas d'allégations : il lui faut des preuves. On a parlé des promesses de l'honorable M. de Fourtou, des promesses de l'honorable M. de Larcy, antérieurement à la convention Deseilligny.

Il faudrait savoir, d'abord, s'il y a eu des promesses ; et puis, admettant l'affirmative, de quelle nature étaient ces promesses ; quelle portée elles pouvaient avoir ; jusqu'à quel point elles nous engageraient. Autant d'inconnues qu'il nous a été absolument impossible de dégager. (A demain ! — Non ! non ! continuez !)

Le premier document écrit qui nous apparaisse sur le sujet, quant à l'action ministérielle, c'est la convention, dont nous invoquons le bénéfice, convention commencée en juillet et achevée en septembre 1873, entre la compagnie du Nord et le ministre distingué non moins que sympathique, dont la mort si prématurée a été pour l'Assemblée un véritable deuil, en même temps qu'une véritable perte pour le pays tout entier. (Très-bien ! très-bien !)

Nous reviendrons à cette convention de juillet-septembre 1873, dont l'honorable M. Deseilligny avait rapporté l'idée d'un voyage d'exploration à travers la zone du nord-ouest de la France, et dont il aurait, je le sais, défendu pied à pied tous les articles à cette tribune.

En attendant, vous tenez, sans doute, à bien connaître quelles sont les parties en présence dans ce grand litige que vous êtes appelés à vider : c'est la compagnie du Nord, d'une part ; c'est la compagnie de Picardie et Flandres, de l'autre.

Qu'est-ce que la compagnie du Nord, messieurs? La compagnie du Nord peut se passer de définition, tant elle a de notoriété. Issue de la loi de 1842, pour l'intérêt général, elle se recommande à tous, par l'ancienneté relative de sa formation, par l'importance toujours croissante de ses services, par l'immense étendue de ses ressources, et par l'assiette inébranlable de son crédit.

Qu'est-ce que la compagnie de Picardie et Flandres ? C'est une compagnie de date récente : née de la loi de 1865, pour l'intérêt local, elle a soumissionné lors de la concession des chemins de fer départementaux, dans la Somme, pour le chemin de Cambrai à Gannes devenu, je ne sais comment, chemin de Cambrai à Saint-Just, et elle en a été déclarée concessionnaire.

Par sa destination, le chemin de Cambrai à Gannes devait être le simple trait-d'union entre deux points, parfaitement déterminés de la grande artère du Nord, et remplir ainsi son rôle naturel dans la vicinalité ferrée ; car on n'avait pas songé encore à son prolongement, soit dans un sens, soit dans l'autre. C'est même parce que son parcours était limité, et qu'on voulait que la compagnie pût vivre de sa vie propre, comme compagnie d'intérêt local, que le département de la Somme lui avait accordé une subvention énorme, pour un pays généralement plat, la subvention de 65,000 fr. par kilomètre. (Oh! oh!) Oui, messieurs, 65,000 fr. par kilomètre.

Depuis, cette compagnie que dirige administrativement une des personnalités les plus importantes et les plus honorables de l'empire et que représente financièrement un grand capitaliste, connu dans le monde des affaires, s'est ingéniée, afin de changer le caractère primitif de son institution.

Elle a visé tout bas à se faire, insensiblement, grande compagnie ; mais comme elle ne pouvait se développer qu'aux dépens de sa puissante voisine, la compagnie du Nord, elle s'est mise en quête d'hommes susceptibles par leur position, par leurs antécédents et par leurs relations, de servir ses calculs... et ces hommes, messieurs, elle les a trouvés, et quand elle les a eu trouvés, elle les a étroitement attachés à sa cause... peut-être même à sa fortune ; c'est fort habile incontestablement comme combinaison diplomatique, mais admettrez-vous jamais que, par le jeu des influences, on puisse arriver, dans cette enceinte, à l'élimination des droits acquis ? Poser une pareille question, c'est la résoudre. (Très-bien! sur plusieurs bancs.)

Voix nombreuses. A demain! à demain!
Sur quelques bancs à gauche. Non! non!

M. le président. Messieurs, il est plus de six heures, et l'orateur demande lui-même que la suite de la discussion soit remise à demain. (Oui! oui! — A demain! à demain!)

La suite de la discussion est renvoyée à demain.

La parole est à M. l'amiral Jaurès sur l'ordre du jour.

M. l'amiral Jaurès. J'ai l'honneur de demander à l'Assemblée de vouloir bien placer en tête de son ordre du jour de demain la discussion du projet de loi portant approbation du traité de commerce conclu entre la France et le royaume d'Annam.

Selon toute probabilité, ce projet ne donnera lieu à aucune discussion. (Appuyé! appuyé!)

M. le président. Il n'y a pas d'opposition? (Non! non!)

Alors, voici quel serait l'ordre du jour de demain :

A deux heures, séance publique ;

Discussion du projet portant approbation du traité de commerce conclu entre la France et le royaume d'Annam ;

Suite de l'ordre du jour.

ANNALES. — T. XXXIX.

Il n'y a pas d'objection ?...
L'ordre du jour est ainsi réglé.
(La séance est levée à six heures dix minutes.)

*Le directeur du service sténographique
de l'Assemblée nationale,*

CÉLESTIN LAGACHE.

SCRUTIN

Sur le projet de loi portant ouverture au ministre de la guerre, au titre du compte de liquidation, d'un crédit de 100 millions pour les dépenses de 1875

Nombre des votants.	601
Majorité absolue.	301
Pour l'adoption	601
Contre.	0

L'Assemblée nationale a adopté.

ONT VOTÉ POUR :

MM. Abbadie de Barrau (comte d'). Abbatucci. Aboville (vicomte d'). Aclocque. Adam (Pas-de-Calais). Adam (Edmond)(Seine). Adnet. Adrien Léon. Alexandre (Charles). Allemand. Allenou. Amat. Amy. Ancel. Ancelon. Andelarre (marquis d'). André (Charente). André (Seine). Arago (Emmanuel). Arbel. Arfeuillères. Arnaud (de l'Ariége). Arrazat. Aubry. Audren de Kerdrel. Aurelle de Paladines (le général d'). Auxais (d'). Aymé de la Chevrelière.

Babin-Chevaye. Bagneux (comte de). Balsan. Bamberger. Baragnon. Barante (baron de). Barascud. Barodet. Barthe (Marcel). Barthélemy Saint - Hilaire. Bastard (le comte Octave de). Bastid (Raymond). Batbie. Baucarne-Leroux. Beau. Beaussire. Beauvillé (de). Benoist-d'Azy (le comte). Benoist du Buis. Benoît (Meuse). Bérenger. Berlet. Bernard (Charles) (Ain). Bernard - Dutreil. Bert. Bertauld. Besnard. Besson (Paul). Bethmont. Béthune (le comte de). Beurges (le comte de). Bidard. Bienvenue. Bigot. Billy. Blanc (Louis). Blavoyer. Blin de Bourdon (vicomte). Bocher. Boduin. Boffinton. Boisboissel (comte de). Boisse. Bompard. Bonald (vicomte de). Bondy (comte de). Bonnet (Léon). Bonnet. Boreau-Lajanadie. Bottard. Bottieau. Boucau (Albert). Bouchet (Bouches-du-Rhône). Bouillé (comte de). Boullier (Loire). Boullier de Branche. Bourgeois (Vendée). Boyer. Boysset. Bozérian. Brabant. Brame (Jules). Brelay. Breton (Paul). Brettes-Thurin (comte de). Brice (Ille-et-Vilaine). Brice (Meurthe-et-Moselle). Brillier. Brisson (Henri). (Seine). Broët. Bron (Charles) (Var). Brun (Lucien) (Ain). Brunet. Bryas (le comte de). Buée. Buffet. Buisson (Jules) (Aude). Busson-Duvivier.

Cailuc. Caillaux. Calemard de La Fayette. Callet. Calmon. Carayon La Tour (de). Carbonnier de Marzac (de). Carnot (père). Carnot (Sadi). Carquet. Carré-Kérisouët. Carron (Émile). Casse (Germain). Castelnau. Cazenove de Pradine (de). Cazot (Jules) (Gard). Chabaud La Tour (Arthur de). Chabaud La Tour (général baron de). Chabron (général de). Chadois (colonel de). Challemel-Lacour. Chamaillard (de). Champagny (vicomte Henri de). Champvallier (de). Changarnier (général). Chaper. Chardon. Chareton (le général). Charreyron. Charton. Chatelin. Chaurand (baron). Chavassieu. Cheguillaume. Cherpin. Chesnelong. Chiris. Choiseul (Horace Cintré (le comte de). Cissey

51

(le général de), Clapier. Claude (Meurthe-et-Moselle). Claude (Vosges). Clerc. Clercq (de). Cochery. Colombet (de). Combarieu (de). Combier. Contaut. Corbon. Cordier. Corne. Cornulier-Lucinière (comte de). Cottin (Paul). Courbet-Poulard. Courcelle. Crémieux. Crussol d'Uzès (duc de). Cumont (vicomte Arthur de). Cunit.

Daguilhon-Lasselve. Dampierre (le marquis de). Danelle-Bernardin. Daru (comte). Daumas. Dauphinot. Daussel. Decazes (baron). Decazes (duc). Delacour. Delacroix. Delavau. Delille. Delisso-Engrand. Delord. Delsol. Denfert (le colonel). Depasse. Deregnaucourt. Descat. Deschange. Dezanneau. Diesbach (comte de). Dietz-Monnin. Dompierre d'Hornoy (amiral de). Doré-Graslin. Douay. Douhet (le comte de). Dréo. Drouin. Du Bodan. Duboys-Fresnay (général). Du Breuil de Saint-Germain. Ducarre. Du Chaffaut. Duchâtel (le comte). Duclerc. Ducuing. Dufaur (Xavier). Dufaure (Jules). Dufay. Dufournel. Dumarnay. Dumon. Duparc. Dupin (Félix). Dupont (Alfred). Dupouy. Duréault. Durfort de Civrac (marquis de). Durieu. Dussaussoy. Duvergier de Hauranne.

Ernoul. Escarguel. Eschasseriaux (baron). Esquiros. Eymard-Duvernay.

Favre (Jules). Féligonde (de). Feray. Fernier. Flaghac (le baron de). Fleuriot (de). Folliet. Fontaine (de). Forsans (vicomte de). Foubert. Fouquet. Fourcand. Fourichon (amiral). Fournier (Henri). Fouriou (de). Fraissinet. Franclieu (marquis de). Frébault (général). Frosneau.

Gagneur. Gailly. Gallicher. Galloni d'Istria. Gambetta. Ganault. Ganivet. Gaslonde. Gasselin de Fresnay. Gatien-Arnoult. Gaudy. Gaulthier de Rumilly. Gaulthier de Vaucenay. Gavardie (de). Gavini. Gayot. Gent. George (Emile). Gérard. Germain. Germonière (de la). Gévelot. Gillon (Paulin). Ginoux de Fermon (le comte). Giraud (Alfred). Girerd (Cyprien). Glas. Goblet. Godet de la Riboullerie. Godissart. Gouin. Gouvello (de). Grammont (marquis de). Grandpierre. Grasset (de). Greppo. Grivart. Grollier. Gueidan. Guilbal. Guichard. Guiche (marquis de la). Guillemaut (général). Guinot. Guyot.

Haentjens. Hamille (Victor). Harcourt (comte d'). Harcourt (duc d'). Haussonville (vicomte d'). Hospel (comte d'). Hèvre. Houssard. Humbert. Huon de Pénanster.

Jacques. Jammo. Jaurès (amiral). Joctaur-Monrozier. Johnston. Joignoaux. Jordan. Joubert. Jouin. Jourdan. Jouvenel (baron de). Jozon. Juigné (comte de). Juigné (marquis de). Keller. Kergariou (le comte de). Kergorlay (comte de). Kerjégu (amiral de). Kermenguy (vicomte de). Krantz.

La Bassetière (de). Labitte. La Borderie (de). La Bouillerie (de). Laboulaye. Lacave-Laplagne. La Caze (Louis). Lacombe (de). Lacretelle (Henri de). Lafayette (Oscar de). Laflize. Lafon de Fongaufier. Laget. Lagrange (le baron A. de). Laillé. Lambert (Alexis). Lambert de Sainte-Croix. Lambertorie (de). Lamy. Lanel. Langlois. La Pervanchère (de). Larcy (le baron de). Largentaye (de). La Roche-Aymon (le marquis de). La Rochefoucauld (duc de Bisaccia). La Rochejaquelein (marquis de). La Rochette (de). La Serve. La Sicotière (de). Lassus (baron de). Lasteyrie (Jules de). Latrade. Laurent-Pichat. Laurier. Lebourgeois. L'Ebraly. Lebreton. Lecamus. Le Chatelain. Léfébure. Lefèvre (Henri). Lefèvre-Pontalis (Eure-et-Loir). Lefèvre-Pontalis (Seine-et-Oise). Lefranc (Pierre). Lefranc (Victor). Le Gal La Salle. Legge (comte de). Legrand (Arthur). Le Lasseux. Lenoël (Emile). Lepère. Lepetit. Lépouzé. Le Provost de Launay. Leroux (Aimé).

Le Royer. Lesguillon. Lespinasse. Lestapis (de). Lestourgie. Leurent. Levêque. Levert. Lherminier. Limairac (de) (Tarn-et-Garonne). Limayrac (Léopold) (Lot). Limperani. Littré. Lockroy. Lorgeril (vicomte de). Lortal. Loustalot. Loysel (général). Lur-Saluces (marquis de).

Madier de Montjau. Magniez. Magnin. Maillé (comte de). Maillé. Malartre. Malens. Maloville (le marquis de). Maléfieux. Malevergne. Mangini. Marc-Dufraisse. Marcère (de). Marchand. Marck. Margaine. Martel (Pas-de-Calais). Martoll (Charente). Martenot. Martin (Charles). Martin (Henri). Martin (d'Auray). Martin des Pallières (général). Mathieu (Saône-et-Loire). Mathieu-Bodet (Charente). Mathieu de la Redorte (comte). Maurice. Max-Richard. Mazeau. Mazerat. Mazure (le général). Meaux (vicomte de). Médecin. Méline. Melun (comte de). Méplain. Mercier. Mérode (de). Merveilleux du Vignaux. Mestreau. Mettetal. Michal-Ladichère. Michel. Milland. Monjaret de Kerjégu. Monneraye (comte de La). Monnet. Montaignac (amiral de). Monteil. Montgolfier (de). Montlaur (le marquis de). Montrieux. Moiceau (Côte-d'Or). Morin. Mornay (marquis de). Mortemart (duc de). Morvan. Mouchy (le duc de). Murat (le comte Joachim). Murat-Sistrières.

Niocho. Noël-Parfait. Ordinaire fils.

Pagès-Duport. Pajot. Palotte (Jacques). Parent. Paris. Pariz (le marquis de). Pascal Duprat. Passy (Louis). Pelletan. Pellissier (général). Pelletreau-Villeneuve. Pernolet. Perret. Perrier (Eugène). Peuivé. Peyramont (de). Peyrat. Philippoteaux. Picart (Alphonse). Pin. Pioger (de). Piou. Pichon. Plœuc (marquis de). Pompery (de). Pontoi-Pontcarré (le marquis de). Pouyer-Quertier. Pradié. Pressensé (de). Pulberneau (de). Quinsonas (le marquis de).

Rambures (de). Rameau. Rampont. Raoul Duval. Rathier. Ravinel (de). Renaud (Félix). Renaud (Michel). Rességuier (de). Saint-Pierre (Louis de) (Manche). Reymond (Loire). Ruant (Léon). Ricard. Ricot. Riondel. Rive (Francisque). Robert. Robert de Massy. Rodez-Bénavent (vicomte de). Roger du Nord (comte). Roger-Marvaise. Rolland (Charles) (Saône-et-Loire). Rotours (des) Roudier. Rouher. Rousseau. Roussel. Rouveure. Rouvier. Roy de Loulay. Roys (marquis des).

Sacase. Saincthoront (de). Saint-Germain (de). Saint-Pierre (de) (Calvados). Saint-Pierre (Louis de) (Manche). Saissct (vice-amiral). Saisy (Hervé de). Salvandy (de). Salvy. Sansas. Sarrette. Savary. Savoye. Say (Léon). Scheurer-Kestner. Schœlcher. Sebert. Ségur (comte Louis de). Seignobos. Sénard. Sens. Serph (Gusman). Sers (marquis de). Silva (Clément). Simiot. Simon (Fidèle). Simon (Jules). Soubeyran (baron de). Soury-Lavergne. Soye. Staplande (de). Swiney.

Taberlet. Tailhand. Taillefert. Talhouët (le marquis de). Tamisier. Tarteron (de). Tassin. Testelin. Théry. Thomas (docteur). Thurel. Tiersot. Tillancourt (de). Tirard. Tocqueville (comte de). Tolain. Toupet des Vignes. Trévenouc (comte de). Tribert. Turigny. Turquet.

Vacherot. Valady (de). Valazé (général). Valentin. Valfons (marquis de). Vallon (de). Varroy. Vast-Vimeux (baron). Vaulchier (comte de). Vautrain. Ventavon (de). Vente. Vétillart. Vidal (Saturnin). Viennet. Viffeu. Villain. Vimal-Dessaignes. Vinay (Henri). Vingtain (Léon). Vinols (baron de). Vitalis. Vogüé (marquis de). Voisin.

Waddington. Wallon. Warnier (Marne). Wartelle de Retz. Witt (Cornélis de).

N'ONT PAS PRIS PART AU VOTE

Comme étant retenus à la commission des lois constitutionnelles :

MM. Baze. Cézanne. Christophle. Delorme. Ferry (Jules). Grévy (Albert). Lavergne (de). Luro. Picard (Ernest). Rampon (le comte). Schérer. Sugny (de).

N'ONT PAS PRIS PART AU VOTE

Comme étant retenus à la commission du budget :

MM. Lucet. Osmoy (comte d'). Pothuau (amiral). Raudot. Saussier (général). Teisserenc de Bort. Wolowski.

N'ONT PAS PRIS PART AU VOTE :

MM. Aigle (comte de l'). Anisson-Duperon. Audiffret-Pasquier (duc d'). Bardoux. Barni. Belcastel (de). Bernard (Martin). Billot (le général). Bouisson. Bourgoing (baron de). Broglie (duc de). Buisson (Seine-Inférieure). Casimir Perier. Castellane (marquis de). Cazeaux (Hautes - Pyrénées). Chevandier. Clément (Léon). Costa de Beauregard (le marquis de).

Cotte. Daguenet. Daron. Delpit. Denormandie. Depeyre. Desbassayns de Richemont (le comte). Desjardins. Destremx. Dubois. Dufour. Dupanloup (Mgr). Farcy. Ferrouillat. Girot-Pouzol. Godin. Gouvion Saint-Cyr (marquis de). Grange. Grévy (Jules). Guinard. Hérisson. Jaffré (l'abbé). Janzé (le baron de). Joinville (prince de). Journault. Kéridec (de). Kolb-Bernard. Lanfrey. La Rochethulon (marquis de). Leblond. Louvet. Mahy (de). Maleville (Léon de). Marcou. Mayaud. Moreau (Ferdinand). Naquet. Nétien. Nouaillan (comte de). Parigot. Parsy. Patissier. Périn. Prax-Paris. Prétavoine. Princeteau. Rainneville (de). Rémusat (Paul de). Rivaille. Robert (Léon). Roux (Honoré). Saintenac (vicomte de). Saint-Malo (de). Saint-Victor (de). Salneuve. Tallon. Target. Temple (du). Thiers. Tréville (comte de). Vandier. Wilson.

ABSENTS PAR CONGÉ :

MM. Aumale (le duc d'). Chabrol (de). Chambrun (comte de). Chanzy (général). Chaudordy (comte de). Corcelle (de). Desbons. Faye. Flotard. Gontaut-Biron (vicomte de). Jullien. La Roncière Le Noury (vice-amiral baron de). Le Flo (général). Magne. Maure. Monnot-Arbilleur. Petau. Tardieu.

ASSEMBLÉE NATIONALE

SÉANCE DU MARDI 6 JUILLET 1875

PRÉSIDENCE DE M. LE DUC D'AUDIFFRET-PASQUIER.

La séance est ouverte à deux heures et quart.

M. Voisin, l'un des secrétaires, donne lecture du procès-verbal de la séance d'hier.

M. le président. Quelqu'un demande-t-il la parole sur le procès-verbal?

M. Ganivet. Je la demande!

M. le président La parole est à M. Ganivet.

M. Ganivet. L'honorable M. Courbet-Poulard, dans le discours qu'il a lu hier, a rappelé ce qui s'était passé dans la séance du 8 mars, et il m'a fait souvenir que j'étais venu à la tribune après l'honorable M. Krantz, pour demander qu'on mît à l'ordre du jour le projet de loi actuellement en discussion. L'honorable M. Courbet-Poulard a voulu donner à mon intervention dans cette affaire un sens que je ne puis accepter.

Voici ce qu'il a dit et ce que je lis dans le Journal officiel :

« Quand ce collègue a cru devoir ajouter, probablement pour donner plus de poids à son intervention inattendue, qu'il n'appartient à aucun des départements intéressés, il oubliait trop volontiers qu'on peut être étranger par la naissance, par son domicile, par ses propriétés, etc., etc., à tel et tel département, et néanmoins ne pas être tout à fait étranger, ne fût-ce qu'indirectement, aux intérêts industriels et financiers qui s'y agitent ou qui s'y règlent. »

À cette phrase j'ai interrompu l'honorable M. Courbet-Poulard, en lui demandant de vouloir bien expliquer sa pensée.

M. Courbet-Poulard s'est borné à faire cette réponse : « Ma discrétion, messieurs, s'arrête ici; mais votre pénétration y suppléera. »

Je regrette que l'honorable M. Courbet-Poulard se soit ainsi renfermé dans sa discrétion; je n'avais rien à redouter de ses indiscrétions !

M. Testelin. C'était, dans son manuscrit, la fin d'un alinéa. (Rires et bruit.)

M. Ganivet. Cela peut être vrai ! Néanmoins il a continué sa lecture, car il y a d'autres alinéas dans son discours à la suite de celui-ci.

Je dois une réponse à l'honorable M. Courbet-Poulard.

Un membre. Cela n'a aucun rapport avec le procès-verbal ! c'est de la discussion.

M. Ganivet. J'aurais pu comprendre que, dans la chaleur de l'improvisation, un mot imprudent, désobligeant à l'égard d'un collègue, eût pu échapper; mais je ne le comprends pas quand on obéit uniquement à la plume, qui n'a pas les entraînements de la parole. Et je répondrai à cette insinuation essentiellement fausse et quelque peu malveillante, que M. Courbet-Poulard peut être convaincu que je suis complètement étranger à tous les intérêts industriels et financiers qui peuvent être en jeu dans la discussion actuelle, comme à tout autre intérêt de cette nature.

M. Jules Brame. Je demande la parole.

M. le président. La parole est d'abord à M. Courbet-Poulard.

M. Courbet-Poulard. Messieurs, je ne devais pas m'attendre à ce que, par une susceptibilité qui me semble singulièrement exagérée, notre honorable collègue pût, à un degré quelconque, se trouver froissé du passage de mon discours où je dis : « On peut être étranger... »

Plusieurs membres. On a déjà lu cela!

M. Courbet-Poulard. Laissez-moi le relire.

« On peut être étranger par sa naissance, par son domicile, par ses propriétés, etc., à tel et tel département, et néanmoins ne pas être tout à fait étranger, ne fût-ce qu'indirectement, aux intérêts industriels et financiers qui s'y règlent ou qui s'y règlent.

Rien, cependant, de plus simple à expliquer. Tous les jours il nous arrive d'avoir un ami intéressé matériellement dans une affaire importante; tous les jours aussi il nous arrive de nous intéresser moralement à cette affaire, à raison de la communauté d'idées et de sentiments qui nous unissent à cet ami.

Eh bien, dans ce cas, nous pouvons parfaitement être étrangers par notre naissance, par nos domicile, par notre domicile, au département, voire même au pays où l'affaire est engagée, et ne pas être étrangers pour cela, à raison de nos sympathies, aux intérêts industriels et financiers qui s'y agitent.

Telle était ma pensée hier, telle est ma pensée aujourd'hui. (Très-bien! très-bien!)

M. Jules Brame. Messieurs, j'ai, comme vous tous, écouté hier avec la plus religieuse attention le remarquable discours, ou plutôt le commencement du remarquable discours de l'honorable M. Courbet-Poulard; je dirai plus, je l'ai lu ce matin avec le plus grand plaisir, et personne n'a lieu d'en être étonné.

Voici le commencement du discours de M. Courbet-Poulard : « Si l'on continue la séance, on va couper mon discours en deux. »

Eh bien, messieurs, permettez-moi de le dire, pour notre malheur, c'est l'honorable M. Courbet-Poulard qui a coupé ses adversaires en quatre... (Hilarité générale), jusqu'à présent.

Nous nous défendrons, si l'Assemblée nous le permet; nous ferons à M. Courbet-Poulard une réponse qui ne lui laissera rien à désirer.

Seulement, en lisant le discours de M. Courbet-Poulard, la France et son département pourraient croire que ses appréciations si peu bienveillantes pour ses collègues sont le résultat des impétuosités de l'improvisation, M. Courbet-Poulard ne trouvera pas mauvais que je dise ou plutôt que je rappelle ceci :

C'est qu'il existait, si je ne me trompe,

dans les précédentes Assemblées une disposition réglementaire ou un usage qui obligeait le *Journal officiel* à faire connaître si le discours était prononcé à la tribune ou s'il y était simplement lu. C'était là une disposition sage et dont l'honorable M. Courbet-Poulard, pour l'honneur de son œuvre, devrait plus que personne désirer le rétablissement. Déjà M. Courbet-Poulard a donné lecture de son discours à un grand nombre de ses collègues, et ce n'est pas sans émotion que l'Assemblée apprendra que la continuation de la lecture de ce discours doit absorber au moins toute la séance. (Exclamations.)

Plusieurs membres. Ce n'est pas là parler sur le procès-verbal !...

M. Jules Brame. Pardon! c'est une rectification au procès-verbal.

Permettez-moi de dire que, lorsque l'honorable M. Courbet-Poulard, usant de tous les artifices de la rhétorique et de l'éloquence écrite, vient, avec sa plume acérée trempée dans du vitriol... (Exclamations prolongées.)

M. le président. Je suppose, monsieur Brame, qu'il suffira au président de vous faire observer que les paroles dont vous venez de vous servir peuvent être blessantes envers votre collègue, pour vous empêcher de poursuivre votre discours sur un ton qui ne serait pas parlementaire. (Très-bien! très-bien!)

M. Jules Brame. Messieurs, j'ai le plus grand respect pour la parole et la pensée de M. le président; mais j'ai bien le droit de me défendre en disant que les mots « vitriol » et « plume acérée » ne sont pas des termes antiparlementaires. Ce qui est antiparlementaire, c'est de venir, comme l'a fait M. Courbet-Poulard, apporter des insinuations blessantes pour ses collègues. Voilà ce qui est antiparlementaire et ce qui a motivé la légitime protestation de l'honorable M. Ganivet.

Je demande qu'il soit constaté que M. Courbet-Poulard est venu lire à la tribune des paroles acerbes méditées dans le silence du cabinet. La tribune a même pas mot a été de constater par un rappel au règlement que les ardeurs de la composition écrite sont aussi redoutables pour l'honorable M. Courbet-Poulard qu'elles sont désobligeantes pour des collègues qu'il doit estimer. (Assez! assez! — Aux voix le procès-verbal!)

M. Courbet-Poulard. Je ne me fais pas illusion, messieurs, sur l'intention qui a amené notre honorable collègue à la tribune. Je sais qu'il n'est pas permis d'avoir une opinion contraire à la sienne et de l'exprimer sans le sentiment énergique de sa conviction. (Très-bien! très-bien! sur divers bancs.)

M. Jules Brame prononce quelques paroles qu'il est impossible à la sténographie de saisir.

M. le président. N'interrompez pas, monsieur Brame!

M. Courbet-Poulard. C'est ce que j'ai éprouvé à différentes reprises. Mais que mon honorable collègue ne s'imagine pas que le système d'intimidation qu'il veut exercer puisse aboutir. J'ai une cause à défendre, et je la défendrai envers et contre tous ! (Approbation et rires.)

J'ai pour moi ma conscience, et cela me suffit. (Très-bien!)

M. le président. Personne ne demande plus la parole sur le procès-verbal ?...
Le procès-verbal est adopté.

M. le ministre des finances. J'ai l'honneur de déposer sur le bureau de l'Assemblée :

1° Un projet de loi portant établissement de surtaxes sur les vins, cidres, poirés, hydromels, alcools et absinthes à l'octroi de Châteaugiron (Ille-et-Vilaine) ;

2° Un projet de loi portant établissement de surtaxes sur l'alcool et l'absinthe à l'octroi de Landerneau (Finistère) ;

3° Un projet de loi portant établissement de surtaxes sur les vins à l'octroi de Cluses (Haute-Savoie).

M. le président. Les projets de lois seront imprimés, distribués et renvoyés à la commission d'intérêt local.

M. Dréo. J'ai l'honneur de déposer sur le bureau de l'Assemblée, au nom de la 30e commission d'initiative parlementaire, un rapport sommaire sur la proposition de M. Destremx, tendant à la création d'un prix de 500,000 fr. pour l'inventeur d'un remède curatif, pratique et efficace, contre la maladie épidémique des vers à soie.

M. Dauphinot. J'ai l'honneur de déposer, au nom de la commission du budget de 1875, un rapport sur le projet de loi ayant pour objet d'autoriser le ministre des travaux publics à accepter, au nom de l'Etat, les offres faites par les départements du Nord et du Pas-de-Calais, d'avancer à l'Etat la somme de 5,900,000 fr. pour assurer l'exécution des travaux d'amélioration de la rivière d'Aa, de la Scarpe inférieure et des canaux de Neuffossé, de Bourbourg et de Calais.

M. le président. Les rapports seront imprimés et distribués.

L'ordre du jour appelle la discussion du projet de loi portant approbation d'un traité de commerce conclu à Saïgon, le 31 août 1874, entre la France et le royaume d'Annam

(L'Assemblée, consultée, décide qu'elle passe à la discussion de l'article unique du projet de loi.)

« *Article unique.* — Le Président de la République française est autorisé à ratifier et, s'il y a lieu, à faire exécuter le traité de commerce conclu à Saïgon, le 31 août 1874, entre la France et le royaume d'Annam.

« Une copie authentique de ce traité sera annexée à la présente loi. »

(L'article unique est mis aux voix et adopté.)

M. le président. L'ordre du jour appelle la suite de la discussion du projet de loi ayant pour objet la concession à la compagnie de Picardie et Flandres des chemins de fer : 1° de Cambrai à Douai ; 2° d'Aubigny-au-Bac à Somain, avec embranchement sur Abscon.

La parole est à M. Courbet-Poulard. (Exclamations diverses. — Assez ! assez ! — Parlez ! parlez !)

M. Courbet-Poulard. Il ne m'a pas été possible, hier, vu l'heure avancée, de continuer l'exposé que j'avais entrepris, relativement à la question qui divise la compagnie du Nord et la compagnie de Picardie et Flandres, quant aux concessions des chemins de fer que vous savez, dans le département du Nord. Je reprends aujourd'hui mon discours au point où je l'ai laissé. Permettez-moi de vous rappeler en quelques mots ce que j'ai eu l'honneur de vous dire.

D'abord, je vous ai présenté la physionomie de votre séance du 8 mars dernier, où l'attitude des parties en cause s'est immédiatement révélée ; j'ai demandé quels motifs pouvaient avoir nos honorables adversaires pour atténuer, dans leur langage, les proportions réelles d'une question dont l'importance s'est accusée partout, dans les feuilles publiques, dans les conseils généraux, dans la commission spéciale de l'Assemblée.

Je me suis rangé, ensuite, au système qui a prévalu, dans le grand débat, sur le Paris-Lyon-Méditerranée, en faveur des grandes compagnies, mais sans préjudice de la place légitime qui revient aux petites dans la circulation. Je vous ai montré les deux compagnies en présence dans le grave litige qui nous occupe : l'une, la compagnie du Nord, ancienne déjà, née de la loi de 1842, pour l'intérêt général ; l'autre, la compagnie de Picardie et Flandres, issue plus récemment de la loi de 1865 pour l'intérêt local ; l'une voulant maintenir fermement le principe de son origine et les droits qui en résultent ; l'autre visant à changer son caractère natif pour devenir insensiblement grande compagnie, et appelant à son aide, pour atteindre ce but, de puissantes influences.

J'ai demandé si les influences, quelles qu'elles fussent, parviendraient jamais, dans cette enceinte, à éliminer les droits acquis. J'en étais là, messieurs ; je continue, si vous le permettez. (Parlez ! parlez !)

La compagnie de Picardie et Flandres, indépendamment des patrons plus ou moins visibles qui la protègent et la préconisent, a pour principal point d'appui le conseil général du Nord, qui intervient unanimement, ici, sans qu'aucun intérêt de l'industrie et du commerce de son département puisse justifier son intervention.

Naturellement, messieurs, la compagnie du Nord, usant du droit de légitime défense, se dresse contre les agresseurs qui veulent envahir son domaine ; elle combat pour sauvegarder ses intérêts, auxquels sont directement liés, dans l'espèce, les intérêts de quatre départements, ceux du Pas-de-Calais, de la Somme, de la Seine-Inférieure et de Seine-et-Oise.

On a paru s'étonner que les trois petites lignes à construire dans le Nord se rencontrassent dans la même convention que les lignes du Pas-de-Calais, de la Somme, de la Seine-Inférieure et de Seine-et-Oise. Rien de plus simple cependant : l'honorable M. Deseilligny, après être descendu, dans le cours de son voyage d'inspection, du Nord vers le Nord-Ouest, a constaté les besoins qui exigeaient une prompte satisfaction ; il a enveloppé dans une pensée d'équilibre et de compensation les lignes onéreuses qui se présentaient d'un côté, avec les lignes avantageuses qui se présentaient de l'autre, et il les a comprises, les unes et les autres, dans la même concession. Quoi de plus judicieux et de plus juste en même temps ? Il n'allait pas, pour cela, d'ailleurs, du Nord au Midi, messieurs ; il allait d'un département aux départements qui lui sont limitrophes.

Nous voilà parvenus à l'époque où la question se complique :

Dans la séance du 27 janvier 1874, messieurs, le Gouvernement déposa sur le bureau de l'Assemblée nationale un projet de loi ayant pour objet la concession à la compagnie de Picardie et Flandres des chemins de fer :

1° De Cambrai à Douai ;
2° D'Aubigny-au-Bac à Somain ;
3° De Douai à Orchies.

Sur la demande de M. le ministre des travaux publics, le projet fut renvoyé à l'examen de la commission parlementaire d'enquête sur le régime des voies de transport.

Comment ce projet n'avait-il pas été soumis au conseil d'État ? Pourquoi l'avait-on dispensé de cette élaboration essentielle dont nous connaissons tout le prix ? Énigme !

Ce projet n'était, du reste, autre chose que la proposition de loi faite par MM. les députés du Nord, mais marquée cette fois de l'estampille du Gouvernement.

Quant à cette proposition elle-même, à quelle date en avait-on fait le dépôt sur le bureau de l'Assemblée ? Énigme encore ! énigme dont nous ne sommes point parvenus à découvrir le mot, malgré les recherches auxquelles nous nous sommes livrés, soit dans le *Journal officiel*, soit à la questure, soit au ministère des travaux publics. (Bruit.)

M. le baron de Larcy. Voudriez-vous bien, monsieur Courbet-Poulard, répéter vos dernières phrases, que je n'ai point parfaitement saisies ?

M. Courbet-Poulard. Je disais :

Ce projet n'était, du reste, autre chose que la proposition de loi faite par MM. les députés du Nord, mais marquée toutefois de l'estampille du Gouvernement.

Quant à cette proposition elle-même, à quelle date en avait-on fait le dépôt sur le bureau de l'Assemblée ? Énigme encore ! énigme dont nous ne sommes point parvenus à découvrir le mot, malgré les recherches auxquelles nous nous sommes livrés, soit dans le *Journal officiel*, soit à la questure, soit au ministère des travaux publics.

M. le baron de Larcy. Je demande la parole.

M. Courbet-Poulard. J'expose, messieurs, je n'apprécie pas. Ce qui est positif, c'est que le projet, qui fut révélé le 27 janvier par l'honorable M. de Larcy, fut une surprise des plus pénibles pour les quatre départements qui se voyaient soudain frappés du même coup que la convention du 11 septembre 1873 ; aussi, leurs députés se levèrent-ils comme un seul homme et signèrent-ils incontinent un contre-projet presque uniquement calqué sur la convention Deseilligny. Aussi les populations intéressées, depuis Arras jusqu'à Etaples et depuis Béthune jusqu'à Dieppe, jetèrent-elles toutes à la fois le cri d'alarme ; aussi, leurs municipalités, leurs chambres de commerce se donnèrent-elles de suite rendez-vous pour faire entendre elles-mêmes à M. le ministre des travaux publics l'expression la plus vive de leurs doléances et de leurs réclamations.

Notre contre-projet a pour but de réintégrer la compagnie du Nord dans la concession des chemins de fer :

1° De Cambrai à Douai et de Douai à la frontière belge par Orchies ;
2° D'Aubigny-au-Bac à Somain, avec embranchement sur Abscon ;
3° D'Abbeville au Tréport et à Eu.

Le tout aux conditions du cahier des charges. Telles en sont les dispositions essentielles ; vous connaissez les autres.

Les motifs du contre-projet, qui est devenu le projet du Gouvernement, sont aussi nombreux que solides.

En effet, la compagnie du Nord, messieurs, est en possession de la ligne actuelle de Cambrai à Douai ; or, la ligne nouvelle ne serait qu'une rectification de tracé, qu'une corde d'arc entre ces deux villes. Or, permettez-moi de poser une question que je posais il y a quinze mois — session d'avril 1874, — au conseil général de la Somme :

Est-ce que vous auriez voulu, en conscience, concéder la ligne droite de Paris à Amiens par Chantilly à une autre compagnie que la compagnie du Nord, qui avait dû créer et qui avait jusqu'ici exploité la ligne courbe par Pontoise ? Non assurément, car c'eût été une spoliation !

Est-ce que vous pourriez, en conscience, couper les vivres, par la ligne droite, à une compagnie qui a, jusqu'ici, exploité la ligne courbe de Cambrai à Douai par Somain ? Il y a entre les deux situations identité parfaite : l'application de la même règle s'impose donc à votre conduite aujourd'hui.

Il est évident que, si jamais la concession-naire de la ligne abréviative entre Cambrai et Douai était la compagnie de Picardie et Flandres, tout aussitôt la ligne de Saint-Just, contrairement au principe de la ligne d'intérêt local — généreusement dotée à ce titre, il vous en souvient — la ligne de Saint-Just se transformerait en ligne de grand parcours, non seulement de Cambrai à Douai, mais de Saint-Just à Douai par Amiens.

Dans cette hypothèse, messieurs, qu'en essaie-je de supputer loyalement tout le préjudice que subirait la compagnie du Nord, par le seul fait d'une ligne rivale qui s'attacherait à ses flancs pour lui soutirer son trafic ? Ne serait-ce point mettre absolument la grande compagnie à la merci de la petite ?

Et de quel droit irait-on dépouiller une ancienne compagnie pour enrichir sa jeune voisine ? Est-ce que la propriété d'une compagnie n'est pas aussi sacrée que celle d'un particulier ?

Il y aurait là, messieurs, une injustice flagrante ; aussi vous n'en serez jamais les complices.

Eh bien, messieurs, le préjudice qui atteindrait si gravement la compagnie du Nord, ce préjudice, si énorme fût-il, ne serait rien en comparaison des conséquences désastreuses d'un pareil précédent, car ce précédent contient, en germe, la destruction des grands réseaux créés en 1859.

Les grandes compagnies, que je vous le rappelle très-sommairement, car ce souvenir dévra peser sur vos résolutions; les grandes compagnies, si vous interrogez leur origine, avaient, chacune son existence individuelle : il leur manquait à toutes un lien de cohésion, qui leur conférât force et puissance par l'unité.

Le Gouvernement, à partir de 1853, favorisa leur fusion, et la fusion des compagnies en six groupes releva incontinent leur crédit.

Toutefois, elles ne se trouvèrent pas en position d'accepter de nouvelles charges ; c'est pourquoi l'Etat s'intéressa pour leur prêter son appui financier et conclut avec elles les conventions de 1859.

Remarquez, messieurs, que ces conventions associent, en quelque sorte, l'Etat aux six grandes compagnies, quant aux capitaux déboursés, par des garanties d'intérêt et des partages de bénéfices ; elles limitent les pertes que la création de lignes nouvelles pourrait imposer aux compagnies.

L'association de l'Etat aux six compagnies, voilà une raison majeure, s'il en fut, pour des gardiens vigilants, comme vous l'êtes, de nos deniers publics. J'en appelle ici à l'honorable M. Mathieu-Bodet, pour qu'il veuille bien reproduire sommairement, devant l'Assemblée, les considérations arithmétiques si lumineuses et si concluantes, qu'il a, comme ministre des finances, développées devant la commission sur l'intérêt considérable du Trésor dans la question pendante. (Très-bien ! sur divers bancs. — Bruit.)

L'Etat, messieurs, eut, dans ce faisceau des compagnies, un puissant élément d'action, moyennant lequel il assura la prompte exécution des lignes concédées, et put en concéder beaucoup d'autres, dont l'achèvement se poursuit sans difficulté. . chaque réseau faisant vivre ses parties les plus stériles de l'excédant de ses parties les plus fécondes.

Ces réseaux ont rendu d'immenses services, depuis seize ou dix-sept ans, tout en traversant les plus rudes épreuves. C'est par leur union que les compagnies en France se sont sauvées, comme c'est par leur division qu'elles se sont perdues en Angleterre et en Amérique, où elles ont causé les plus grands désastres financiers.

Et vous toucheriez à cet instrument de travail pour le briser? Il n'y aurait, en cela, ni logique, ni équité, ni prévoyance !

Vous y toucheriez, cependant, messieurs, si vous accordiez à la compagnie Picardie et Flandres la ligne rectifiée entre Douai et Cambrai ; vous y toucheriez, si vous accordiez à la compagnie de Picardie et Flandres les petits tronçons par lesquels elle irait directement puiser aux sources mêmes où s'alimente la vie du réseau du Nord.

L'intrusion de la compagnie de Picardie et Flandres, dans le domaine de la compagnie du Nord, serait le symptôme, le signal de la fin des grands réseaux.

Eh bien, cette intrusion se fait consommé le jour où se trouverait accompli l'unité de ligne entre Saint-Just et Douai par Cambrai.

Je reconnais que les grandes et les petites compagnies sont destinées à vivre ensemble; mais je n'admets pas que les petites viennent braconner pour vivre aux dépens des grandes.

(Approbation sur plusieurs bancs. — Exclamations et rires sur d'autres.)

M. Baucarne-Leroux. Le braconnage est défendu !

M. Courbet-Poulard. Elles ont, les unes et les autres, leur objet parfaitement défini dans l'économie générale des voies ferrées. Mais que les lignes secondaires n'oublient pas qu'elles sont aux lignes magistrales ce que les rivières sont aux fleuves : des affluents.

Il y a nécessairement entre elles la différence de la grande à la petite voierie... et cette différence ne saurait être raisonnablement une cause d'antagonisme : elle devra même devenir un moyen d'harmonie pour le plus grand avantage de tous, comme l'harmonie existe entre le tronc et les branches pour le plus grand avantage de l'arbre entier.

Non, messieurs, vous ne perirez de vue ni l'origine des grandes compagnies, ni l'effet de leur fusion qui solidarise l'Etat avec elles, ni les sinistres financiers que cette fusion si sage et si opportune a prévenus chez nous.

« Il y a — j'extrais ce passage du procès-verbal du conseil général du Nord, session d'avril 1873, — il y a de grands réseaux constitués : Est-il bien loisible aux départements, s'abritant derrière la loi de 1865, de venir faire une concurrence directe à ces réseaux, alors qu'ils sont devenus des réseaux d'Etat ; alors que l'Etat s'est, dans une certaine mesure, rendu responsable ; alors que, par suite d'une certaine convention, les lignes les plus rémunératrices, les plus nourricières viennent déverser sur les lignes secondaires le trop plein de leurs produits, pour donner à l'Etat la possibilité de faire exécuter ces mêmes lignes? Si les départements, invoquant cette loi de 1865, venaient faire des concessions de lignes, soit directement concurrentes aux grands réseaux, soit susceptibles de leur enlever une certaine partie de leur trafic, d'abord l'Etat violerait la bonne foi, en laissant les départements faire des concessions de nature à enlever à des entreprises honnêtes, qui ont rendu des services, le bénéfice de l'aléa qu'elles ont couru ; d'autre part, il pourrait résulter de ces concessions, ou qu'il y aura un retard dans le partage, entre l'Etat et les compagnies, des bénéfices surabondants, ou que l'Etat se trouvera entraîné par la garantie d'intérêt à payer des sommes plus considérables que celles qu'il devait payer.

C'est ainsi que, en faisant l'intégrale, en quelque sorte, de toutes les concessions demandées, on cherchait quelle pourra être la part de l'Etat dans cette garantie d'intérêt, aujourd'hui représentée par un capital annuel de 40 millions, on arriverait au chiffre de 200 millions.

Ce résultat, qui serait grave en toute circonstance, serait intolérable en présence d'un budget que les malheurs de la France ont amené à 2 milliards 600 millions. Par conséquent, c'est un devoir imposé au conseil d'Etat d'examiner, d'une manière très-attentive, quel peut-être le produit des lignes à construire et quel peut être aussi le coéfficient, en quelque sorte, de ces mêmes lignes, au point de vue du dommage qu'elles causeraient à ces réseaux. (Très-bien ! sur quelques bancs.)

Ces règles de conduite, opposées par le conseil d'Etat, précisément aux instances ou plutôt aux insistances ardentes du conseil général du Nord ; ces règles n'ont rien perdu de leur justesse ni de leur puissance, et jamais vous n'aurez d'occasion plus propice pour les appliquer sainement.

Il s'agit donc de savoir si le département Ju Nord, lui surtout, département frontière, a usé, dans ses limites véritables, de la loi de 1865 ; s'il n'a pas franchi sa prérogative, s'il n'a pas commis un excès de pouvoir. en concédant des lignes qui appartenaient, évidemment, par leur position géographique, à l'intérêt général, alors qu'il ne pouvait concéder que des lignes d'intérêt local ; si,;en un mot, le département du Nord a pu se substituer à l'Etat, et si, quand il s'est effectivement substitué à l'Etat, il serait possible de sanctionner ses empiétements ?

Est-ce que vous consentiriez, messieurs, à bouleverser tous les principes et toutes les idées reçues, en méconnaissant ici à la ligne de Cambrai à Gannes — maintenant de Cambrai à Saint-Just, — le caractère d'intérêt purement local? La concession faite par le département de la Somme, et acceptée par la compagnie de Picardie et Flandres, pouvait-elle, d'ailleurs, être autre chose qu'une concession d'intérêt local ?

La compagnie, maintenant, après avoir reçu, comme compagnie d'intérêt local, une subvention exorbitante, vient vous dire qu'elle ne saurait vivre dans ses limites natives ; qu'il faut de toute nécessité qu'elle s'agrandisse! Mais, messieurs, le code ne dit-il pas que les conventions font la loi des parties, qu'elles doivent être exécutées de bonne foi? La compagnie Picardie et Flandres a été déclarée concessionnaire de la ligne d'intérêt local de Cambrai à Gannes, parce qu'elle a souscrit aux conditions de longueur kilométrique et de subvention pécuniaire qu'on lui proposait. Il ne lui reste donc qu'à s'exécuter. Eh bien, qu'elle s'exécute, et puis qu'à plus prétendre elle soit, une bonne fois pour toutes, déclarée non recevable.

Elle ne peut pas vivre, dit-elle? Prétexte, messieurs ! Non-seulement elle peut vivre, mais elle peut prospérer et elle le sait parfaitement; aussi se garde-t-elle bien de renoncer à sa concession, qui ne manquerait pas de preneurs.

Mais, non : il n'y aurait aucune témérité à penser que, pour la compagnie de Picardie et Flandres, le fond de la question n'est pas là. Il n'y aurait aucune témérité à penser qu'elle veut grandir en étendue pour grandir en importance, grandir en importance pour grandir en valeur cotée, et grandir en valeur cotée pour se vendre un jour ou l'autre à plus beaux deniers. Qui vous dit que ce n'est pas pour rétrocéder à plus haut prix son traité d'exploitation — puisque les compagnies ne sont que les fermières de l'Etat — que la compagnie Picardie et Flandres sollicite si vivement voire concours? En toute hypothèse, soit qu'elle doive exploiter elle-même, soit qu'elle doive céder son traité d'exploitation, pourriez-vous dignement, pourriez-vous loyalement vous prêter à la savante et lucrative combinaison de la compagnie Picardie et Flandres?

Heureusement, nous ne sommes pas, ici,

dans une succursale de la Bourse, où trop souvent l'intérêt moral s'efface devant l'intérêt matériel... Défiez-vous, toutefois, des opérations financières qui ont, de vieille date, appris à revêtir les apparences les plus honnêtes.

Quand je parle d'opérations financières à propos de la question qui nous occupe ; quand je raisonne comme la compagnie de Picardie et Flandres pouvait, une fois nantie de sa concession, se mettre à prix, n'allez pas supposer que je voyage dans la région des chimères! Non, je marche purement et simplement dans la voie des inductions permises.

La tentative qui s'est vue, et qui a été poussée si loin par une petite compagnie qu'avait créée précisément le conseil général du Nord, la compagnie du Nord-Est, serait-elle invraisemblable de la part d'une autre petite compagnie, la compagnie de Picardie et Flandres, qui proviendrait de la même paternité? Qu'y aurait-il d'étonnant que, ces deux compagnies-sœurs, unies par une communauté d'origine et par une communauté d'intérêts, solidarisaient leurs plans et leurs efforts, du moment où elles seraient en mesure, grâce à la concession demandée, d'enserrer de leurs replis, de fatiguer de leurs étreintes la grande compagnie, de manière à la réduire ainsi, de guerre lasse, à composition ?

L'exemple de la Belgique est là qui nous avertit par ces paroles de son ministre des travaux publics, M. Bernaert (1er mai 1874): « Le Gouvernement avait successivement accordé, sans y prendre garde, toutes les concessions demandées ; il avait laissé, sans le voir, s'organiser autour de lui tout un réseau qui devait lui dérober tout le trafic qui lui revenait; et, un beau jour, il s'est éveillé enlacé dans les mailles de ce réseau et obligé de s'en débarrasser à tout prix. » Une telle leçon est concluante, assurément. Donc, messieurs, *caveant consules!*

Est-ce que, d'ailleurs, le conseil général du Nord ne vous dit pas, dans sa dernière session,—avril 1875,—que la mission de la compagnie Picardie et Flandres sera de « féconder la compagnie du Nord-Est, dont les lignes, placées dans de contrées riches, sans doute, mais désunies entre elles, seraient menacées de stérilité, si on leur enlève les éléments de trafic destinés à leur porter la vie? »

Le mot est joli, messieurs: « si on leur enlève »... si on leur enlève quoi ! des éléments qu'elles n'ont pas, des éléments sans lesquels elles ont été établies, mais des éléments qu'elles tendent à s'annexer, bon gré malgré, en les enlevant elles-mêmes à leur légitime possesseur.

Et puis, est-ce que la compagnie du Nord-Est n'est pas fusionnée, pour l'exploitation des lignes, avec la compagnie de Lille à Valenciennes, qui annonçait à ses actionnaires, dans un de ses comptes rendus, qu'elle avait obtenu la concession, de compte à demi, avec la compagnie de Picardie et Flandres, d'une ligne d'Orchies à Douai ; car telle est l'entente cordiale qui régnerait bientôt entre les trois compagnies du Nord-Est, de Picardie-Flandres et de Lille-Valenciennes ? »

C'est ce que semble avoir oublié l'honorable M. Plichon, quand, dans la séance du 8 mars, il affirmait que la compagnie de Picardie et Flandres n'a rien de commun avec cette compagnie qui centralise l'exploitation de toutes les lignes secondaires du Nord.

Enfin, est-ce que la ligne d'Aubigny-au-Bac à Somain ne se souderait pas à la ligne du Nord-Est, vers Tourcoing et Roubaix? Est-ce que la compagnie du Nord ne serait pas, dès lors, complètement et définitivement enlacée?

Encore une fois, messieurs, pouvez-vous vouloir livrer ainsi la compagnie du Nord aux jalousies et aux convoitises qu'elle excite?

Il ne faut qu'interroger la carte, pour être convaincu qu'en accordant à la compagnie de Picardie et Flandres les concessions que le Gouvernement vous demande, mais vous demande pour la compagnie du Nord, dont elles sont des dépendances naturelles, vous commettriez la faute capitale que la Belgique a commise, qu'un de ses ministres déplorait tout à l'heure, et qu'elle a payée à beaux deniers.

Quant à l'idée de se vendre, c'est-à-dire de rétrocéder son traité d'exploitation, quant à cette idée qui viendrait d'elle-même, quand on se serait rendu très-gênant et qu'on pourrait, en conséquence, se rendre très-exigeant, vous ne devez pas ignorer qu'il y a eu, à nos portes même, une tentative de ce genre et que cette tentative n'a manqué son effet que par diverses circonstances indépendantes de la volonté de ses auteurs; j'en tire la preuve des procès-verbaux du conseil général du Nord — session d'août 1872, p. 1030 et 1031 — et c'est l'honorable M. Testelin qui me la fournit. (Rires et exclamations diverses.)

« Il paraît, dit-il, que le marché que la compagnie du Nord a fait est très-bon, puisque la compagnie du Nord a lui rachète au prix de 587,000 fr. payés tous les ans... »

Et plus loin : « Tout fait présumer que le conseil d'administration du Nord-Est tentera, en présence du pot-de-vin de 587,000 fr. par an qu'assure aux actions de dividende son traité avec la compagnie du Nord, d'obtenir du Gouvernement et du conseil général du Nord et du Pas-de-Calais la ratification de son traité. »

M. Testelin. Il y a erreur : c'était 750,000 francs!

M. Courbet-Poulard. Je donne l'extrait textuel des procès-verbaux du conseil général.

« Cette compagnie, reprend M. Testelin, s'est adressée au conseil général en lui disant : Vous avez une raison péremptoire pour nous prendre; nous allons vous faire un réseau concurrentiel. »

« On pensait alors, continue l'honorable orateur, que la concurrence était une chose excellente, et c'est au nom de cette concurrence que la députation du Nord pesait sur le ministre et le forçait de revenir sur un marché qu'il avait faite avec la compagnie du Nord, et qu'ensuite, sans adjudication, par privilége spécial, le ministre concédait les lignes à la compagnie du Nord-Est. »

Ne trouvez-vous pas, messieurs, des analogies très-étroites entre ce que la députation du Nord a fait contre la compagnie du Nord au profit de la compagnie du Nord-Est, et ce qu'elle fait, à l'heure qu'il est, toujours contre la compagnie du Nord, bien entendu, mais cette fois au profit de la compagnie de Picardie et Flandres.

Je cite toujours M. Testelin, dont le témoignage est plein d'enseignement.

« Aussitôt que la compagnie du Nord-Est a obtenu la concession qu'elle souhaitait, la première chose qu'elle a faite a été de la vendre à la compagnie du Nord. »

M. le comte de Melun. C'est tout à fait inexact ! Elle n'a pas vendu et elle n'a jamais songé à vendre.

M. Courbet-Poulard. Je ne fais que lire le texte des procès-verbaux du conseil général.

On connaît et on pratique une industrie de ce genre de l'autre côté de la Manche.

Voici ce que nous lisons dans l'ouvrage si savant et si clair qu'a publié, sur le régime des travaux publics en Angleterre, M. Charles de Franqueville — un fils qui n'a pas dégénéré ! — : « Là, dit-il, il se forme des compagnies dont le seul objet est de construire un chemin de fer dans un district non desservi directement, mais assez près des lignes d'une grande compagnie, ou mieux encore, entre des lignes possédées par des compagnies puissantes. Le travail fini, il n'y a plus qu'à s'adresser à ces compagnies... Tel est le système de spéculation et de chantage ainsi que tous les abus auxquels ont donné lieu ces *contractor's lines*, comme on a nommé ces chemins. »

La compagnie du Nord-Est s'est donc hâtée de vendre sa concession à la compagnie du Nord.

Et notez, messieurs, la candeur de ses aveux qui la condamnent : afin d'obtenir la sanction de son marché avec la compagnie du Nord, elle a — comme l'établissent les procès-verbaux du conseil général du Nord — session d'avril 1872 — « elle a répandu un mémoire dans lequel elle met en relief les motifs qui l'ont déterminée à traiter avec la compagnie du Nord ; elle a, dit-elle, combiné chacune des dispositions du traité de façon à donner plus et mieux, par la compagnie du Nord, qu'elle ne serait en position de faire elle-même, par une exploitation directe... » *Habemus confitentem reum !*

Jugez de la manœuvre, messieurs ; avant la concession, on va faire mieux pour le public, grâce à la concurrence qu'on opposera à la compagnie du Nord ; après la concession, on ne peut faire aussi bien, puisque le public, on ne peut faire aussi bien, et on se vend ; mais on se vend chèrement à elle ! On n'exploitera pas son réseau, on aura exploité la position. (Approbation et rires sur divers bancs.)

Concluez tout bas, je vous prie, car je n'ose conclure tout haut. (Exclamations.)

Au reste, notre honorable collègue M. Testelin, était convaincu — c'est lui qui reprend ici la parole, — : « Que dès le premier moment, l'intention du Nord-Est n'avait jamais eu l'intention d'exploiter ces chemins, mais uniquement d'en obtenir la concession, afin de les revendre au Nord... La preuve, c'est que, contrairement à tout ce qui s'était toujours fait jusqu'alors, la compagnie du Nord-Est avait divisé ses actions en deux moitiés ; une action de capital de 375 fr. devant rapporter un intérêt fixe, sans aucun aléa, sans chance de bénéfice ou de perte, que les 20 fr. d'intérêt par action, et une action de 125 fr. devant profiter, seule, des bénéfices ; dans le rapport de M. Philippart, on voit qu'il reconnaît lui-même, qu'il fait valoir auprès de ses actionnaires que si le conseil général du Nord et le Gouvernement français ratifiaient le traité qu'il a fait avec la compagnie du Nord, les actions de 125 fr. monteraient immédiatement à 625 fr., ce qui donnerait, par action, un bénéfice de 500 fr. L'honorable M. Testelin est convaincu que M. Philippart avait ce projet là à l'avance. »

Ce n'est pas sans raison, messieurs, que je vous ai fait cette instructive citation, elle vous édifie, en effet, une fois de plus sur les agissements de certains spéculateurs avec lesquels la prudence doit compter de très-près. Car on ne rencontre que trop de ces hommes qui ont le dangereux secret de faire de l'intérêt public un passeport commode à l'usage de l'intérêt personnel.

Vous avez vu sortir des replis cachés de l'affaire du Nord-Est le célèbre banquier belge qui en est l'âme... Le nom de ce banquier, directeur d'un réseau ferré en Belgique, et déjà propriétaire de nombreuses concessions en France, vous aura donné à penser; ce nom qui a eu, ces temps derniers, un très grand retentissement à la Bourse, vous aura rappelé la proposition de M. le marquis de Plœuc... Je suis, dès lors, rassuré sur le dernier mot de votre patriotisme.

Il vous conviendra, sans doute, après avoir entendu M. Testelin sur la compagnie du Nord-Est, d'entendre à son tour l'honorable M. Plichon.

Eh bien, l'honorable M. Plichon répond... (Bruit.)

M. Plichon. Nous n'entendons rien de ce côté! Tournez-vous vers nous, que nous entendions!

M. Courbet-Poulard, *se tournant vers la droite.* L'honorable M. Plichon répond : « qu'il ne sait pas quelle a pu être la pensée de M. Philippart — ce qui l'étonne beaucoup,— mais qu'il sait ce qu'a fait la compagnie du Nord-Est après sa constitution; il le sait pour avoir été trop souvent en campagne, afin de l'aider à réaliser les projets d'agrandissement qu'elle avait formés; elle a sollicité divers travaux de l'État : l'honorable membre s'est employé, avec toute l'énergie possible, pour les faire réussir, il a toujours été repoussé et n'a absolument rien obtenu. »

C'est avec toute l'énergie possible également que l'honorable M. Plichon s'est employé et s'emploie encore pour faire réussir la compagnie de Picardie et Flandres, qui donnerait fraternellement la main à la compagnie du Nord-Est; aussi j'ai la confiance, la ferme confiance qu'il sera également il sera repoussé et qu'ici, non plus, il n'obtiendra absolument rien.

Un mot, messieurs, si vous le voulez bien, sur la comparaison des grandes et petites compagnies ; un seul mot, puisque j'ai été devancé dans la production de bien des arguments que j'avais groupés, en faisant mon siège, dont les orateurs qui m'ont précédé, ont dérangé toutes les batteries.

Les chemins de fer nouveaux doivent être exécutés sans subvention ni garantie d'intérêt.

Il est évident que la compagnie du Nord les exécuterait avec une ampleur qui permettrait une exploitation plus sérieuse et plus prochaine.

Quant à la compagnie de Picardie et Flandres, elle exécuterait comme elle exécute, quand elle se décide à exécuter.

Qu'il me suffise d'être l'écho du conseil général de la Somme dans sa dernière session, — avril 1875.

On y disait hautement — et je m'appuie sur les procès-verbaux de cette assemblée, — que depuis qu'on a traité avec cette compagnie, « elle n'exécute jamais les conditions du traité.., qu'elle donne toujours lieu à des plaintes.., que tel membre en a l'expérience propre, que tel autre lui reproche l'inexécution de ses engagements... »

Et n'allez pas supposer que ces accusations soient isolées ? Non, messieurs, on les entend de partout. Aussi le conseil général, adoptant le rapport de sa commission spéciale, a-t-il été forcé — je lis le texte, messieurs!

« 1° De donner acte à M. le préfet de sa communication relativement à la compagnie de Picardie et Flandre.;

« 2° De déléguer ses pouvoirs à la commission de permanence, à l'effet d'autoriser, s'il y a lieu, M. le préfet à poursuivre judiciairement l'exercice des droits du département;

« 3° De prier M. le préfet de surseoir au payement du solde de la subvention et au remboursement du cautionnement déposé par la compagnie, jusqu'au parfait accomplissement de toutes ses obligations et jusqu'au payement intégral des terrains acquis ou occupés par elle ;

« 4° D'inviter M. le préfet à appeler l'attention de MM. les ingénieurs du contrôle sur les points concernant la construction et l'exploitation, et qui sont relatés au rapport. »

Et c'est quand le conseil général de la Somme s'exprime aussi sévèrement sur une compagnie, que le conseil général du Nord lui délivre un brevet de satisfaction. Écoutez, messieurs, et vous resterez stupéfaits comme je l'ai été moi-même.

« Considérant, dit le conseil général du Nord, — session de 1875, p. 1111, — que la compagnie de Picardie et Flandres a rempli toutes ses obligations..., relativement... aux lignes dont elle a la possession dans les départements voisins, avec une ponctualité qui ne peut avoir pour résultat d'infirmer ses droits acquis. » (Exclamations et rires sur divers bancs.)

En lisant ce passage, messieurs, j'avais cru rêver! Quoi! c'est ainsi qu'on écrit l'histoire? Quoi! le département de la Somme, où sont les travaux, est prêt à poursuivre la compagnie qui ne s'exécute pas, et le département du Nord rend un témoignage éclatant à la ponctualité avec laquelle elle s'exécute chez nous.

Assurément, le conseil général du Nord ne s'est pas suffisamment renseigné. Il a supposé ce qu'il désirait.

Ce serait à n'y rien comprendre, en vérité ! Comment expliquer, sur la même demande, deux certificats aussi contradictoires sur les mêmes personnes et sur les mêmes faits ?

Je reviens, messieurs, au raisonnement que j'ai interrompu.

La compagnie du Nord, disais-je, exécuterait les chemins à de bien meilleures conditions. C'est évident, puisqu'elle peut faire des emprunts beaucoup moins onéreux, attendu qu'avec moins d'obligations elle réaliserait le même capital.

Vienne une large émission de titres par la compagnie de Picardie et Flandres, il s'ensuit une baisse; vienne une large émission par la compagnie du Nord, pas la plus légère variation dans les cours.

La conséquence se touche du doigt. Moyennant une construction moins dispendieuse, vous aurez des tarifs plus doux.

Que les petites compagnies transportent à un prix notablement plus élevé que les grandes? C'est un fait indiscutable. Le Paris-Lyon-Méditerranée transporte à 5,71 par tonne et par kilomètre; le Nord, à 5,79; l'Est, à 5,96, alors qu'il en coûte 13,98 sur les chemins de fer de la Vendée, 14,40 de Vitré à Fougères, 16,41 sur le chemin de Ceinture. Mais il n'y a rien que de fort simple dans ce phénomène : les petites compagnies sont écrasées par leurs frais généraux; elles ne peuvent pas faire un emploi aussi utile de leur matériel et de la vapeur qu'elles créent. Ajoutons qu'en demandant beaucoup plus au public, elles lui donnent beaucoup moins comme services. (Mouvements divers.)

Vous le voyez, messieurs, en portant atteinte au principe des grands réseaux, qui ne sont pas sans reproche, je le reconnais, et qui appellent plus d'une réforme; en portant atteinte au principe des grands réseaux, par une sorte de révolution, à laquelle poussent quelques hommes fort recommandables d'ailleurs, mais qu'illusionnent encore des théories que la pratique a pourtant jugées; en portant atteinte au principe des grands réseaux, vous porteriez atteinte du même coup, messieurs, à l'intérêt du Trésor, à l'intérêt du public, à l'intérêt de la richesse générale qu'affecte directement tout capital perdu, à l'intérêt des fortunes privées, qui ne connaissent que trop les déceptions attachées à nombre de petites lignes.

Quelle est la contrée qui n'a pas connu quelqu'un de ces faiseurs peu scrupuleux, qui montent audacieusement une affaire, à grand renfort de réclames et de prospectus, qui la poussent, qui la surmènent jusqu'au jour où les naïfs, pris à la glue de promesses illusoires, s'aperçoivent, mais trop tard, à la chute brusquée des actions, dont ils ont gonflé leur portefeuille, qu'ils sont les dupes de leur crédulité, alors que les organisateurs de l'entreprise ont écoulé leurs titres, au moment de la hausse factice qu'ils avaient provoquée? Les administrateurs se retirent les mains pleines et les actionnaires restent les mains vides. N'est-ce pas un spectacle, dont plusieurs petites compagnies ont attristé notre époque? Quelle est la contrée qui n'a pas vu quelqu'un de ces constructeurs de chemins de fer qui consentent à recevoir, en actions, le payement d'une partie de leurs travaux, parce qu'ils ont calculé leurs bénéfices d'après les pertes qu'ils auront à subir sur leurs titres? Ceci, messieurs, dans un sens absolument général, uniquement pour noter, qu'il ne faut pas lancer légèrement ses fonds dans toutes les petites compagnies.

Je n'ignore pas, messieurs, que, pour combattre les principes que je défends, dans la plénitude complète de mon désintéressement, je n'ignore pas qu'on a jeté dans la circulation deux grands mots : « monopole, concurrence »; je n'ignore pas que c'est au nom de la concurrence que l'on a organisé une croisade contre le prétendu monopole de la compagnie du Nord; les procès-verbaux du conseil général du Nord le redisent à chaque page, je prends au hasard dans le compte rendu de la session extraordinaire de 1869.

« Il y a une idée dominante dans le sein de la commission, disait l'honorable M. Plichon, à savoir désirer la « concurrence » : on était préoccupé des inconvénients du monopole de la compagnie du Nord, et l'on eût désiré pouvoir adopter une formule qui eût créé la concurrence dans le réseau départemental; mais il n'était pas possible de donner une satisfaction complète à cette préoccupation... La difficulté vient de ce que, en admettant l'adjudication publique, la compagnie du Nord sera évidemment admise, comme les autres, à concourir; on ne peut pas lui refuser ce qui est de droit commun... Or, si la compagnie du Nord devient adjudicataire, « le département serait exposé à un immense péril. »

Vous entendez, messieurs : d'une part, le désir de la concurrence anime le conseil général contre le monopole...; de l'autre, si la compagnie du Nord devenait adjudicataire, — au cas d'adjudication — le département serait exposé à un immense péril. Et plus loin : « Il faut déclarer ici que si, par adjudication ou autrement, la compagnie du Nord venait à prendre le réseau nouveau, il y aurait un très-grand danger et un très-grand malheur pour les intérêts futurs du département.

Je continue d'extraire : « Il est sage de faire savoir au Gouvernement quelle est la pensée intime du conseil général... Or, le conseil général a émis plusieurs fois le vœu qu'on introduisît la concurrence dans le réseau, ce réseau destiné à faire cesser le monopole de la compagnie du Nord. »

Et enfin, messieurs, « la députation du conseil général du Nord a demandé que les chemins sollicités fussent concédés dans un intérêt de concurrence à la compagnie du Nord-Est, qui les a obtenus. » — 1872, p. 1020.

Est-ce assez clair? Constituer un réseau concurrent, tel est l'objectif du conseil général du Nord.

Aussi, messieurs, la compagnie du Nord-Est s'est-elle établie avec le bénéfice d'une concession de faveur, sans que la compagnie du Nord fût appelée, oui, sans que la compagnie du Nord fût appelée.

Et comment la compagnie du Nord eût-elle été appelée, puisque c'était contre elle directement que l'on travaillait et que l'on s'établissait, sous le prestige magique, mais trompeur, de la concurrence; prestige magique, auquel Gouvernement et population ont pu se laisser prendre; prestige trompeur, car tout aussitôt qu'on a eu obtenu la concession, on a cherché à la rétrocéder.

En ce qui touche la compagnie du Nord-Est, vous arriverez, quand il vous plaira, à vous édifier sur ce qui s'est passé, par rapport à elle, et vous ne vous étonnerez pas si le Nord-Est, par tous ses représentants, à n'importe quel degré, appuie la cause de Picardie et Flandres qui est réellement la sienne.

Eh bien, messieurs, si vous n'y obviez, l'histoire de la compagnie de Picardie et Flandres menace d'être l'histoire du Nord-Est, nouvelle édition, revue, mais je ne dis pas corrigée.

Je sais, messieurs, qu'on accuse la compagnie du Nord de n'avoir pas répondu aux appels qui lui ont été faits par le conseil général du Nord.

C'est l'argument principal, c'est peut-être même l'unique argument sur lequel repose la plaidoirie des avocats de la compagnie de Picardie et Flandres.

A cet argument, qui a fait impression sur plusieurs de nos collègues, à cet argument, je répondrai d'abord : Je ne saurais mettre un instant en doute la véracité de notre honorable collègue M. Plichon, mais peut-être se défie-t-il trop peu de sa mémoire.

Dans tous les cas, je le prierais de vouloir bien expliquer deux lettres de M. Rothschild, qui ne sont pas d'accord avec ses souvenirs. Voici ces deux lettres... (Exclamations.)

Sur divers bancs. Aux voix ! aux voix ! — Concluez !

M. Courbet-Poulard. ...l'une datée du 18 septembre 1874, l'autre du 3 avril 1875.

La première est ainsi conçue :

« Monsieur le ministre,

« La députation du département du Nord a présenté à l'Assemblée nationale un projet de loi portant concession du chemin de fer direct de Cambrai à Douai, à la compagnie de Picardie et Flandres.

« La concession de la même ligne fait l'objet d'une convention passée, dans le mois de juillet de la présente année, entre votre prédécesseur et notre compagnie.

« Nous ne voulons pas discuter ici les motifs invoqués par MM. les députés du Nord en faveur de leur proposition, mais nous ne pouvons nous dispenser de vous signaler une erreur de fait qu'ils ont commise. » (Assez ! assez !)

« Selon les auteurs de la proposition, le président du bureau des travaux publics au conseil général du département du Nord aurait informé notre compagnie du classement du chemin de fer de Cambrai à Douai et l'aurait invitée à se présenter comme soumissionnaire de ce chemin. Ce n'est qu'après avoir inutilement attendu nos propositions, que le conseil général se serait décidé à concéder la ligne à une autre compagnie.

« Cette déclaration nous a causé la plus vive surprise. Il n'existe de traces d'une telle communication, ni dans nos archives, que nous avons compulsées avec le plus grand soin, ni dans la mémoire de l'inspecteur principal de notre compagnie à Lille, qui est en relations journalières avec MM. les membres du conseil général du département, ni dans le souvenir d'aucun de nos collègues.

« Il est absolument certain que si l'un de nous avait reçu une invitation aussi formelle, il l'aurait portée, sans retard, à la connaissance du comité de direction de notre compagnie, qui aurait délibéré sur la question, et le

souvenir d'un tel fait ne pourrait s'être effacé dans la mémoire de tous.

« Nous affirmons donc, avec la certitude de ne pas nous tromper, que notre compagnie n'a pas reçu du conseil général du département du Nord la communication ci-dessus relatée et que nous n'avons pas connu le classement de la ligne, avant d'apprendre qu'elle était concédée par le département. »

La seconde lettre est du 3 avril 1875 :

« Monsieur le ministre,

« Je m'empresse de répondre à la lettre que vous venez de m'adresser et dans laquelle vous me dites que :

« Le projet de concession des lignes de Douai à Cambrai, d'Aubigny-au-Bac à Somain et de Douai à Orchies a donné lieu, au sein de de la commission de l'Assemblée nationale chargée de l'examiner, aux plus sérieuses discussions.

« Il a été déclaré et soutenu que la compagnie du Nord a longtemps refusé de se charger de l'exécution de ces lignes qui lui ont été positivement offertes, et qu'elle n'est intervenue pour en demander la concession que lorsque, faute de pouvoir s'entendre avec elle, le conseil général du Nord a obtenu l'engagement de la compagnie de Picardie et Flandres. Notre compagnie a été ainsi accusée de ne vouloir rien faire, mais de vouloir empêcher de faire.

« Je n'hésite pas à vous déclarer, de la manière la plus formelle, que la compagnie du chemin de fer du Nord n'a jamais reçu, soit par écrit, soit par communication verbale, aucune proposition... » (Rumeurs et bruit. — Aux voix ! aux voix !)

M. Jules Brame. Nous déclarons le contraire, nous !

M. Courbet-Poulard. Je reprends.

« Je n'hésite pas à vous déclarer, de la manière la plus formelle, que la compagnie du chemin de fer du Nord n'a jamais reçu, soit par écrit, soit par communication verbale, aucune proposition du préfet, ni du conseil général du département du Nord, pour la construction de la ligne directe de Cambrai à Douai. Nous avons tous interrogé nos souvenirs, nous avons compulsé nos dossiers et notre correspondance, et nous n'avons trouvé nulle trace d'une ouverture quelconque sur l'affaire dont il s'agit. Toute assertion contraire doit donc être considérée comme inexacte. »

Sur un grand nombre de bancs. Aux voix ! aux voix !

M. Jules Brame. Parlez ! parlez !

M. Courbet-Poulard. Ces lettres sont suffisamment formelles. De leur lecture, cependant, je ne veux rien conclure, Dieu m'en garde ! mais notre honorable collègue M. Plichon voudra bien admettre qu'il ait pu se produire — je ne sais comment, — un malentendu pour ce point, et que son attaque contre la compagnie du Nord ait perdu ainsi une certaine partie de sa force.

M. Plichon. Il n'y a pas de malentendu ! Cette communication a été faite au bureau du conseil général.

M. Courbet-Poulard. La vérité nous échappe entre les affirmations contradictoires de deux hommes également indiscutables, également sincères.

Il nous reste la vraisemblance à consulter : or, la vraisemblance nous dit qu'il n'était pas possible que la compagnie du Nord fût appelée, puisque, dès avant la constitution du Nord-Est, en 1869, on travaillait directement contre elle au nom de la concurrence.

Et le bon sens nous dit, à son tour, que la compagnie du Nord, sachant pertinemment qu'elle était exclue d'office, quant aux chemins départementaux, attendait, dans sa dignité, qu'il s'agit d'une ligne d'intérêt général, pour se déranger.

Mais il est temps, messieurs, de laisser enfin les compagnies, dont il nous a bien fallu parler, dans l'intérêt des principes comme dans l'intérêt de la vérité historique, sans nous occuper, désormais, de leur lutte, qui ne devrait être qu'accessoire dans le sujet : songeons, messieurs, songeons surtout aux populations qui sont en jeu, soit dans la convention du 11 septembre, que nous soutenons, soit dans le projet de loi du 27 janvier, que nous combattons.

Où est, dans l'espèce, le véritable intérêt public ?

Telle est la vraie, telle aurait dû être la seule question.

L'intérêt public consiste-t-il en ce que les lignes de Douai à Cambrai et autres soient exécutées par telle, plutôt que par telle compagnie ?

Abstraction faite de la différence, comme exécution et comme prix de revient entre le travail des grandes compagnies et celui des petites, différence dont il est essentiel de tenir compte, peu importe, au fond, n'est-ce pas ? que les lignes dont il s'agit soient faites par telle ou par telle compagnie, pourvu qu'elles soient faites.

Comme ces lignes seront faites, quoi qu'il advienne, le département du Nord est complètement hors de cause de ce côté-là.

La concurrence, vous le savez, après l'avoir exaltée, on l'a abandonnée pour ce qu'elle vaut... M. Plichon avoue loyalement — 1872, p. 1020, — qu'il était sous l'impression d'un mirage qui a abusé tout le monde ; il croyait qu'on pouvait arriver à l'économie des transports par la concurrence des chemins de fer. » — (Aux voix ! aux voix !) — » Il ne connaissait pas encore, à cette époque, les résultats de l'expérience qui a été faite en Angleterre et en Belgique, ces pays classiques de la concurrence entre lignes de chemins de fer, résultats qui établissent, de la manière la plus évidente, qu'en matière de chemins de fer, la concurrence est une pure illusion ; que l'exploitation des chemins de fer est nécessairement un monopole, et que loin d'amener l'abaissement du prix des transports, la concurrence a plutôt pour effet de l'élever... » (Très-bien ! — Aux voix ! aux voix !)

M. Plichon est tellement revenu de son erreur, en faveur de la concurrence, que c'est lui-même qui fait connaître en détail à ses collègues les résultats de l'enquête à l'étranger, afin de les convertir à sa nouvelle opinion.

De l'enquête anglaise, du reste, dont j'ai lu les résultats si probants dans l'ouvrage déjà cité de M. de Franqueville, je lis : « C'était une opinion générale à l'origine des chemins de fer que la concurrence, ce puissant stimulant du commerce, devait exercer une influence considérable et bienfaisante—t. I, p. 9.— Bientôt après un comité, nommé par le parlement, et dans lequel on trouve des hommes éminents comme Peel, Seymour, Baring, Graham, etc., déclare que la concurrence est impossible et que les intérêts des compagnies sont, la plupart du temps, identiques à ceux du public—d°, p. 10. — Et depuis, un comité également nommé par le parlement et présidé par M. Gladstone conclut, après de longues études, que la concurrence serait plus nuisible qu'avantageuse au public ; que la création des lignes concurrentes, en effet, a pour conséquence d'élever les tarifs, parce qu'il y a deux dividendes à produire au lieu d'un, et que les compagnies s'arrangent entre elles pour satisfaire, avant tout, leurs actionnaires ; qu'il n'y a pas un seul exemple, en ce moment, que là où une ligne a été créée pour la concurrence, cette concurrence existe encore ; que sur une seule ligne, au contraire, l'accroissement des dividendes aboutit à un abaissement des tarifs. »

Je trouve encore dans l'enquête anglaise l'opinion des hommes les plus forts en la matière, Adam Smith, Stephenson, l'ingénieur, et que disent-ils ?

« Là où la coalition est possible, la concurrence est impossible. Les compagnies ne se font pas concurrence, elles se partagent le monopole. La concurrence en chemins de fer est une pure illusion... elle aboutit toujours à une entente.

« Il est arrivé, souvent, que la concurrence a amené l'application de tarifs plus élevés.

Passons d'Angleterre en Belgique et là, après M. Malou, le ministre des travaux publics que nous a cité l'honorable M. Caillaux en faveur du système français, auquel reviennent les autres nations parties cependant de principes différents, vous entendrez M. Jamar, aujourd'hui ministre des travaux publics, chez cette puissance voisine, vous dire lui aussi : « On a cru en Belgique comme en Angleterre, que pour assurer le bon marché des transports, il fallait empêcher le monopole des chemins de fer ; qu'aux lignes existantes, il fallait opposer des lignes concurrentes. Or, l'expérience prouve que la concurrence des chemins de fer produit des effets en sens inverse ; qu'au lieu de la réduction elle a pour résultat final le renchérissement des prix de transport. »

Ainsi, le conseil général du Nord n'a plus, dans l'affaire de Picardie et Flandres, le motif de la concurrence qu'il avait dans l'affaire du Nord-Est. Quel argument va-t-il invoquer cette fois?

Si ce sont ses hostilités et ses rancunes contre la compagnie du Nord, nous ne sommes pas ici pour épouser ces hostilités et ces rancunes. S'il tend à nous faire sanctionner un excès de pouvoir, qu'il aurait commis en concédant comme lignes d'intérêt local des lignes qui, réellement, ont le caractère d'intérêt général, — un excès de pouvoir qui, en se généralisant, jetterait dans notre système de voies ferrées le désordre et l'anarchie, en subordonnant la raison d'État qui embrasse tout le pays, aux volontés d'un département qui n'a qu'un horizon restreint, — nous ne sommes pas ici pour laisser entamer la raison de l'État. S'il vise en s'obstinant dans une résolution première et qui manque, évidemment, de base, à empêcher quatre départements de profiter des avantages qui leur sont assurés par la convention Deseilligny, on ne comprendrait pas que quatre départements fussent sacrifiés à l'arbitraire d'un seul. S'il y a des motifs secrets qui se cachent sous ces prétextes dont on excipe, nous n'avons pas à en tenir compte, nous avons même à nous en délier, puisqu'ils se cachent.

Il y en a pourtant un qui semble se dévoiler. Le conseil général du Nord a renoncé à la concurrence? Très-bien! mais il n'a pas renoncé à tirer tout le parti possible de la compagnie du Nord-Est, qui avait été mise au monde pour la concurrence; il est associé à cette compagnie du Nord-Est, par la cause de garantie d'intérêt et de partage des bénéfices... Voilà pourquoi il tient à développer son trafic, en favorisant l'extension de la compagnie de Picardie et Flandres. Le département du Nord fait donc une spéculation pécuniaire en combattant la compagnie du Nord et en nous combattant.

Serait-il possible que nous fussions immolés à une spéculation pécuniaire du département du Nord? Il n'y aurait donc de prospérité que pour le département du Nord, il en aurait le monopole, et c'est aux dépens de la nôtre que la sienne s'augmenterait encore? Le département du Nord ne voudrait que pour lui : ce serait par trop d'égoïsme! Mais nous aussi, messieurs, nous voulons vivre, et si le département du Nord compte 1,400,000 habitants, les quatre départements qu'il empêcherait de grandir en comptent le double. S'il est indifférent pour lui que ces quatre départements aient, trois ans plus tôt, 212 kilomètres de chemins de fer en exploitation; s'il est indifférent pour lui qu'à cette exploitation anticipée se joignent 45 kilomètres de chemins qui seraient établis sans subvention ni garantie d'intérêt d'Abbeville à Eu et au Tréport, ce n'est certes pas indifférent, ni pour notre intérêt régional, ni même pour l'intérêt général du pays. Deux choses apparaissent nettement ici, messieurs : 1° le droit de l'État reste entier, c'est en vertu de ce droit que le Gouvernement se déclare pour la compagnie du Nord, en revenant à la convention Deseilligny dont se produit notre contre-projet.

2° L'intérêt de quatre départements à ce que cette convention sorte son plein et entier effet. Je dis quatre départements, je dois dire cinq, car le département du Nord lui-même, comme département — abstraction faite de la spéculation que je viens de vous dénoncer et de celle des actionnaires qui pourraient se trouver à sa remorque, — oui, l'intérêt économique du département du Nord, c'est que l'on ouvre, le plutôt possible, la ligne qui doit le conduire par les raccourcis jusqu'au Havre, en suivant cette longue série de plateaux que coupent les belles vallées de la Ternoise, de la Canche, de l'Authie, du Scardou, de la Somme, de la Bresle, où l'industrie déjà vivace n'attend pour s'agrandir davantage encore, que la visite des locomotives.

Aussi bien, messieurs, la convention Deseilligny, elle, a été connue des populations, dès 1873, par une dépêche ministérielle qui m'avait été personnellement adressée et que j'avais dû publier afin de modérer l'impatience publique par l'espérance d'une satisfaction prochaine. La même espérance a été ravivée naguère dans le Pas-de-Calais et dans la Somme (*Bulletin des Communes*, 18 septembre 1874), lors du voyage officiel de M. le Maréchal Président de la République. Vous comprenez, dès lors, l'explosion de mécontentement que soulèverait de toutes parts une violation de promesses, un déni de justice... Et tout cela, uniquement parce que le département du Nord aurait voulu avoir, envers et contre tous, ce qu'il appelle, son « mot bon » que j'appelle, moi, son bénéfice dans une affaire. (Assez! assez!)

M. Challemel-Lacour. *Quousque tandem!...* (On rit.)

M. Courbet Poulard. Que l'on passe outre au veto que le conseil général du Nord oppose, sans la moindre raison valable, aux désirs, et aux besoins de plusieurs départements, qui ont bien le droit d'obtenir main levée, eux aussi, de la moins-value dont il restent frappés depuis trente ans, et la machine à vapeur ne tardera pas à prendre possession des soixante à soixante-dix lieues qui séparent Lille du Havre, et dans une direction différente, elle reliera bientôt Luzarches à la ligne de Saint-Denis à Pontoise.

La ligne de Lille au Havre, messieurs, on la connaît trop peu, je crois, malgré le nombre de cités et de villages qu'elle traverse, malgré la richesse agricole qui la distingue, malgré l'activité industrielle qui l'anime... car on n'y rencontre que filatures de coton, de lin, de chanvre, que tissages de toutes sortes. que sucreries, tanneries, etc. Eh bien, cette ligne déjà commencée et qu'il s'agit de continuer, n'est autre que l'ancienne route nationale n° 25, qui se transformerait, conformément au progrès de l'époque. Or, cette route n° 25 fut la première des grandes voies transversales créées par le premier empire pour mettre en rapports directs les plus grands ports de la France septentrionale, le Havre et Anvers, car Anvers était français alors! Elle était depuis 1811, fatiguée, jour et nuit, par le passage incessant d'énormes chariots de roulage, qui portaient en Flandres, les produits naturels des Amériques et qui ramenaient, en Normandie, les produits industriels du Nord, à embarquer pour le nouveau monde.

C'est à peine croyable et c'est pourtant l'exacte vérité, messieurs. Eh bien, en courant était tellement bien établi entre ces deux points, que la route abandonnée depuis 1846 par les transports d'autrefois, n'a pas cessé de garder, malgré tout, une importance réelle... Dans quelle proportion? Nous l'aurons dans les relevés de l'administration des ponts et chaussées qu'il se fait encore sur son parcours un mouvement de 100,000 voyageurs et de 110,000 tonnes de marchandises...

Il y a lieu d'examiner, en outre, les éléments nouveaux d'activité qui se sont imposés depuis, pour réclamer leur satisfaction.

Or, vous ne l'ignorez pas, entre la Flandre et la Picardie, on exploite, depuis 1843, un immense bassin houiller, dont les extractions augmentent d'année en année.

Le trafic de la route nº 25 convertie en voie ferrée s'enrichirait donc du commerce immense des charbons du Pas-de-Calais, sans préjudice de ceux du Nord lui-même qui aurait là une issue qui lui manque. Grâce à ce débouché, qui crèverait l'impasse actuelle, nous serions beaucoup mieux en mesure de pourchasser le long du littoral la houille anglaise qui nous envahit, et de conserver ainsi, à l'intérieur, les capitaux français qu'il importe, plus que jamais, de ne pas laisser sortir du pays.

N'oublions pas, dans la supputation des nouvelles ressources, qui seraient assurées à notre grande voie, de Lille au Havre, dont les premiers tronçons ont été classés par la loi du 18 juillet 1868; n'oublions pas le cabotage du Havre à Dunkerque qui est le port de Lille et de Dunkerque au Havre, ce cabotage qui se chiffre par 484,000 tonnes.

Admettant que le chemin de fer ne retire à la petite navigation, qui s'en va malheureusement, mais fatalement, tous les jours, que la moitié de ses affrétements, nous voilà avec 240,000 ou 250,000 tonnes pour grossir les recettes de la ligne.

Et tout cela, je le répète, en sus des ressources énormes que garantit une région des plus riches par la fertilité de ses campagnes, la vitalité de ses manufactures et le nombre de ses ports maritimes.

C'est l'ensemble de ces données positives qui a déterminé la concession de Lille à Béthune, puis celles d'Arras à Étaples et de Béthune à Abbeville; ces dernières en vertu de la loi du 18 juillet 1869.

La compagnie du Nord ne pouvait évidemment pas avoir à Abbeville son aboutissement final. Il faut d'Abbeville suivre jusqu'au Havre, en marquant la ville d'Eu comme première étape; or c'est là que nous conduirait de suite le projet du Gouvernement.

Il a eu ainsi à cœur de soulager de ses longues souffrances cette magnifique agglomération d'usines où des milliers de bras sont mis, chaque jour, en mouvement, soit pour le tissage des toiles, soit pour la manipulation des divers métaux. Un puissant intérêt s'attache notamment, non loin d'Abbeville, à peu de distance de l'embouchure de la Somme et de l'embouchure de la Bresle, à un district exceptionnel, le district du Vimeu, qui s'est accoutumé, en fait de serrures et de cadenas, à une suprématie qu'il s'efforce de défendre par le progrès, non moins que par le courage.

L'importance de l'industrie du fer, qui s'est cantonnée là depuis deux siècles; l'effectif de son personnel — 6,000 travailleurs, — le chiffre et le mérite de ses produits, la somme de trafic qu'y garantit la pesanteur des matières premières, des matières fabriquées et du combustible , matière de transformation; l'étendue des distances, depuis la mine jusqu'à la forge et depuis la forge jusqu'aux marchés de consommation; la nécessité de réduire les prix de revient en réduisant les prix de transport, pour battre la concurrence étrangère, à laquelle les traités ont ouvert une porte si large, tout appelle votre justice. Oui, messieurs, votre justice sur une population intelligente et laborieuse, qui a

brillé dans toutes les expositions pour tous les articles de sa spécialité; car rien n'est à son épreuve, ni la serrure de précision, ni la serrure de luxe, ni la serrure de vente ordinaire. Cette industrie qui lutte non-seulement contre la concurrence étrangère, mais aussi et dans les conditions les plus inégales, contre la concurrence indigène de la fabrication serrurière, Tinchebraï, Saint-Étienne, etc., qui ont avec le fer et le charbon sous les pieds, la voie ferrée sous la main; cette industrie qui a entendu la promesse de M. Deseilligny, la promesse plus récente du chef de l'État, est désormais fatiguée d'attendre, et elle se désole d'assister à un commencement d'émigration qu'il n'est que temps d'arrêter.

Aussi bien, messieurs, après le tronçon sur le Tréport et sur Eu, le tronçon sur Dieppe qu'a subventionné le conseil général de la Seine-Inférieure, suivra de près, et la dernière lacune de Dieppe au Havre sera bientôt comblée. Ce jour-là, Béthune, Saint-Pol, Frévent, Auxi-le-Château, Abbéquier, Abbeville, Freddenneville, Fréville, Escarbotin, Saint-Valery — relié à notre ligne par un petit raccordement, — Eu, le Tréport et Dieppe se donneront la main, et la reconnaissance de leurs habitants, jusque-là déshérités, vous appartiendra sans réserve.

Les abréviations de parcours que donnera notre ligne sur les lignes exploitées? les voici: de Lille à Abbeville, 122 kilomètres au lieu de 171: bénéfice, 49 kilomètres; de Lille à Dieppe, 190 kilomètres au lieu de 273 : bénéfice, 83 kilomètres, etc. Je prends sur le tableau des ingénieurs ces comparaisons qui sont concluantes.

Et si l'industrie, si le commerce gagnent à ce qu'une ligne ferrée se substitue à la route nº 25, la défense nationale n'y aura pas perdu. En effet, cette ligne comprise dans son ensemble rentre naturellement dans le système des chemins de fer, qui doivent relier tous les ports du pays dans une pensée de haute prévoyance. « Les chemins de fer, disait, le 3 juin 1868, M. de Forcade la Roquette, » à propos de la zone entre Bordeaux et le Havre, que compléterait la zone du Havre à Lille, qui est avec Dunkerque la clef de la France vers le Nord, « ces chemins sont destinés à jouer, en temps de guerre, un rôle considérable; en temps de paix, un rôle non moins important; ces chemins, dans les temps qu'il faut écarter par la pensée, mais qui, enfin, ne sont pas impossibles — 1870 et 1871 ne l'ont que trop prouvé, — peuvent être la grande ligne stratégique entre les arsenaux de la France. Le devoir de l'administration est donc de les faire en rapport avec la grandeur de leur but et avec les services qu'ils peuvent être appelés à rendre. C'est le cas ou jamais de ne plus fermer l'oreille à cette maxime romaine, qui malheureusement n'a pas vieilli : *Si vis pacem para bellum.* Travaillons pour la paix sans oublier la guerre. »

C'est ce que vous ferez, messieurs, moyennant la ligne qui viendra ranimer cette grande voie artérielle, dont les chemins de fer de 1845 avaient si brusquement supprimé le mouvement et la vie.

J'arrive aux objections.

On a, messieurs, attaqué notamment deux

articles de notre contre-projet, on a dit d'abord : « L'article 4, par lequel la compagnie renonce à toutes répétitions contre l'État au sujet des dommages qu'elle a subis par suite de la guerre, et dont le montant est évalué à 2,207,000 fr., non compris les intérêts et frais généraux », ce qui, selon nous, ferait 3 millions ou à peu près, cet article, en réalité, ne renonce à rien.

D'abord, ce serait faire bien bon marché de l'estimation à laquelle s'est arrêté l'honorable M. Deseilligny, dont le caractère grave et positif n'était pas susceptible d'admettre en ligne de compte quoi que ce fût de chimérique.

Mais nous avons mieux, messieurs, que la reconnaissance, par M. Deseilligny, du préjudice souffert par la compagnie du Nord ; nous avons la reconnaissance même du conseil général du Nord. Voici comme il l'exprimait dans sa session d'août 1871 (p. 913):

« Les lignes de la compagnie du Nord sont — dans notre région. bien entendu, — les seules qui aient eu à souffrir, du fait de la guerre : les dévastations et les dégâts causés aux ouvrages d'art, aux voies, bâtiments, ont été importants. Quarante-cinq ouvrages d'art ont été démolis ou endommagés, la compagnie a déployé une grande énergie et une grande activité pour rétablir son service. Cinq jours après l'armistice, elle était en mesure de contribuer au ravitaillement de Paris. La circulation était rétablie au moyen de ponts de bois, et, du 5 février au 21 mai 1871, au milieu des embarras causés par la désorganisation du service, l'interruption de plusieurs de ses lignes, l'occupation de ses gares par les Prussiens, elle conduisait à la Chapelle 1,138 trains, composés de 34,786 wagons et contenant 284,000 tonnes de diverses marchandises d'approvisionnements et 59,000 têtes de bétail. Un mois après, trente de ses ponts étaient rétablis et ils le sont tous aujourd'hui. »

Vous voyez, messieurs, l'hommage rendu à l'activité patriotique qu'a déployée la compagnie du Nord au milieu des plus cruels événements.

Que vous semble, quand vous voyez la députation du Nord dont la gratitude s'exprime si bien, se ranger contre une compagnie qui a su trouver si promptement et si largement des ressources au service des besoins d'une capitale affamée ; qui a su si vite et si bien remédier à des dévastations et des dégâts, dont on reconnaissait toute l'importance, qu'on méconnaît aujourd'hui pour les besoins de la cause ; qui a été systématiquement écartée des concessions secondaires faites à ses côtés dans le Nord même, et qui, maintenant encore, est traquée par des amours-propres qui se montrent, et, je le crains beaucoup, par des intérêts exclusivement financiers qui ne se montraient pas, mais que je crois vous avoir dûment signalés.

Or, messieurs, nous ne le savons que trop, l'égoïsme est le dissolvant le plus actif — et malheureusement le plus commun, — du patriotisme !

Vous admettez que l'article 4 du contre-projet est parfaitement établi, fondé.

Vous admettez, de plus, que si la compagnie n'a pas introduit en temps sa demande régulière d'indemnité pour dommages de guerre, c'est qu'elle attendait, en toute confiance, l'accomplissement de la convention Deseilligny. Passons maintenant à une autre objection plus grave en apparence, mais qui n'est pas plus fondée.

Mais le chemin de fer d'Abbeville à Eu et au Tréport, la compagnie du Nord en a demandé la concession, elle est obligée de le faire, en tout état de choses.

Messieurs, s'il y a de quoi m'étonner, c'est d'entendre répéter à tous les étages cet argument qui n'est qu'une erreur. J'ai été, jour par jour, au courant de ce qui avait lieu sur ce chapitre, et je sais —ce que nos honorables adversaires ne doivent pas ignorer non plus,— que la demande de concession du chemin de fer d'Abbeville à Eu formait un des éléments de la combinaison concertée avec M. le ministre, combinaison qui devait ou réussir tout entière ou avorter tout entière. — Il y avait ce qu'on appelle vulgairement une partie liée. — Or, cette combinaison a avorté !

La compagnie du Nord a bien proposé, en 1872, de faire le chemin d'Abbeville à Eu et au Tréport, afin de provoquer une enquête qui lui ouvrirait les yeux sur l'importance des intérêts à desservir. Qu'y a-t-il là autre chose qu'une proposition d'affaires, a examiné la demande, il l'a pesée, il l'a débattue avec la partie intéressée, et c'est alors, seulement alors, qu'est intervenu un acte bilatéral dont les dispositions sont contenues dans la convention du 11 septembre, dans le contre-projet que nous avons signé, que le Gouvernement a fait sien et qu'il vous prie de voter.

La lettre de M. Léon Say, en date du 16 avril 1874, est positive... on y lit que « la compagnie du Nord ne se considère pas comme dégagée de l'obligation de construire le chemin de fer d'Abbeville à Eu et au Tréport, si l'Assemblée nationale fait revivre la convention de septembre dans son entier. »

La déclaration du 20 avril n'est pas moins formelle, en voici l'extrait textuel :

« La compagnie du Nord se considérera comme dégagée de l'obligation de construire le chemin de fer d'Abbeville au Tréport, si toutes les conditions de la convention du 11 septembre ne sont pas, etc. »

Ce document ne suffirait peut-être pas aux exigences de plusieurs d'entre vous.

Eh bien, il est complété par des dépêches ministérielles adressées à M. le préfet de la Somme par l'honorable M. de Larcy.

La première, du 4 avril 1874, porte : « Le ministre des travaux publics n'a point eu à s'expliquer au sujet de la concession du chemin de fer d'Abbeville au Tréport, demandée par la compagnie du Nord le 10 juillet 1872. Il n'a donc, à cet égard, exprimé aucune opinion ni engagé celle du Gouvernement.

La deuxième, du 22 avril, est ainsi conçue : « Je complète, après un nouvel et attentif examen du dossier, ma dépêche d'hier, relative au chemin de fer d'Abbeville au Tréport. Je constate qu'il n'est intervenu aucun acte de l'administration, acceptant la soumission du 10 juillet 1872 et établissant un lien de droit entre l'administration et la compagnie du Nord pour la concession de cette ligne, jusqu'au jour où a été signée la convention provisoire du 7 septembre 1873, qui accordait simultanément les concessions des chemins de fer d'Abbeville au Tréport et de Cambrai à Douai, concessions qui se sont trouvées ainsi liées l'une à l'autre.

« Signé : Baron DE LARCY. »

Vous voyez, messieurs, ce que devient l'obligation prétendue par laquelle on aurait voulu endormir notre vigilance, comme si nous avions réellement un titre exécutoire contre la compagnie du Nord pour la contraindre à faire le chemin d'Abbeville à Eu, qui serait l'amorce du chemin sur le Havre par Dieppe.

On a parlé beaucoup, messieurs, ici et ailleurs, du conseil général de la Somme, et on a voulu tirer de ses procès-verbaux de quoi désavouer en quelque sorte notre action en faveur de la compagnie du Nord contre la compagnie de Picardie et Flandres, dans la grande discussion qui va enfin se terminer.

Eh bien, messieurs, au lieu du roman qu'on vous a présenté, relativement au conseil général de la Somme, je vais vous en faire l'histoire, qui ne sera pas démentie ; j'y étais, j'ai tout vu, tout entendu.

C'est triste à dire, messieurs, mais c'est la vérité. Un grand système de captation avait été organisé contre le conseil général tout entier. On avait fait miroiter à ses yeux la perspective d'un revenu annuel de 76,000 fr., soit, pour quatre-vingt-dix-neuf ans, plus de 8 millions ! Il y avait vraiment de quoi séduire.

Toutefois, j'eus la pensée de faire remarquer qu'entre les 76,000 fr. qu'offrait annuellement la compagnie de Picardie et Flandres et les 300,000 fr. que nous promettaient les calculs de la chambre de commerce, il y avait un singulier écart. Aussitôt, la compagnie de Picardie et Flandres reconnaissait que sa proposition était insuffisante, « que le conseil général ne pouvait l'accepter, parce que le département y perdrait beaucoup. »

Puis, elle consentait la modification des tarifs entre Montdidier et la limite du département de l'Oise ; elle se conciliait ainsi Montdidier.

Est-ce tout ? messieurs, pas encore. La compagnie de Picardie et Flandres, dans l'intérêt d'Amiens et de la partie est du département, entrait pour une grande part dans la constitution du capital de la société demanderesse en concession de la ligne d'Amiens à Dijon.

Mais il y avait une condition *sine quâ non* à tant de générosités de la part du représentant de M. Débrousse ; cette condition c'est que le conseil général consentirait à émettre un avis favorable à la confirmation des concessions qui ont été faites par le département du Nord à la compagnie de Picardie et Flandres.

Vous voyez, messieurs, si la question est petite, toute petite, comme vous l'affirmaient, le 8 mars, nos honorables collègues.

Je me dispense de juger les moyens : je les livre à l'appréciation de vos consciences Oui, voilà les armes qu'on employait contre nous !

Eh bien, messieurs, à quoi est-on parvenu,

en fin de compte, après tant de marches, de contre-marches, de promesses, d'engagement ? on a seulement abouti à partager le conseil général de la Somme en deux parties égales.

Et pourtant la commission des chemins de fer avait pour président et pour rapporteur l'un des vice-présidents de la compagnie du Nord-Est, qui n'était certes pas désintéressée.

Oui, on a seulement abouti, en 1874, à partager le conseil en deux parties égales. . et encore cette égalité n'a pas duré ; les absents se sont hâtés d'écrire et, grâce à leurs lettres, la majorité, sinon légale, du moins réelle, s'est définitivement déclarée en faveur de la compagnie du Nord. Et voilà comme, dans une assemblée aussi déplorablement travaillée, la raison a encore fini par avoir raison.

Vous étonnerez-vous, en m'adressant à mes collègues du conseil général, tous très-honorables incontestablement mais dont plusieurs avaient été momentanément fascinés, j'ai éprouvé le besoin de leur dire, avant le vote :

« Supposez — car on peut tout supposer,— que nous soyons déboutés ici en première instance : nous entrerions de plain-pied dans la voie de l'appel, où l'on n'examinerait pas seulement, sans doute, le nombre des votes exprimés, mais le poids des arguments produits... et la position particulière de certains votants. »

Car il y a des juges... on ne dit plus à Berlin, messieurs, où la force prime le droit, mais à Versailles où le droit, nous l'espérons, primera la force, la force plus ou moins opérante dans les interventions qui ont paralysé la convention de juillet et septembre 1873.

Nous sommes toute confiance devant nos juges d'appel, qui n'ignorent pas, du reste, que lors de sa dernière session en 1875, le conseil général de la Somme, plus pleinement édifié sur la situation, a donné une forte majorité à la compagnie du Nord, et qu'il a prescrit des mesures très-sévères à exercer, le cas échéant, contre la compagnie Débrousse.

Vous voudrez bien me pardonner, messieurs, si, sous l'impulsion unique de la vérité et de la justice, — car on ne pourra pas me reprocher, à moi, de plaider *pro domo meâ*, — il m'a fallu vous conduire à travers toutes les phases d'une affaire dont l'importance majeure ne fait plus de doute dans vos esprits.

Je vous ai présenté un historique des faits aussi complet que loyal.

Vous connaissez parfaitement ce que sont les deux compagnies en présence : l'une, la grande compagnie, née de la loi de 1842, pour l'intérêt général ; l'autre, la petite compagnie, issue de la loi de 1865 pour l'intérêt local ;—l'une destinée, dès son origine et par son contrat, à aller puiser dans un État voisin les ressources vitales de son réseau ; l'autre, destinée seulement à rapprocher par un rail de raccordement deux points définis de la ligne du Nord ; — la première, défendant l'intégrité d'un domaine d'exploitation qu'elle possède en droit comme en fait ; la seconde, jalousant sa riche voisine, dont elle vise, par de savantes combinaisons et de puissantes influences, à entamer et à partager le trafic.

J'ai eu l'honneur de vous dire que, dès 1869, au nom de la concurrence, le conseil général du Nord pesait sur le ministre et le forçait de revenir sur un marché qu'il avait fait avec la compagnie du Nord, et qu'en suite, sans adjudication — car la compagnie du Nord s'y serait présentée, — le ministre, M. Gressier, concédait, par un privilège spécial, les lignes à la compagnie du Nord-Est ;

Que du moment où on avait exclu ainsi, au nom de la concurrence, la compagnie du Nord, dont on voulait combattre le monopole, il était naturel qu'elle s'abstînt de paraître pour des lignes d'intérêt local dans un département où on l'avait mise, en quelque sorte, hors la loi ;

Que les appels qu'on prétend lui avoir faits n'auraient pas eu lieu, affirme itérativement M. de Rothschild, qu'ils ne seraient même pas vraisemblables, puisque c'est contre elle que l'on travaillait ;

Que le conseil général du Nord avait commencé à entamer la grande compagnie, et que, fidèle à un système malheureux, il avait continué et voulait continuer encore, dans l'espèce, son œuvre d'hostilité.

J'ai eu l'honneur de vous dire qu'en 1873, notre si regrettable et si regretté collègue M. Deseilligny, ministre des travaux publics, avait, après une inspection sérieuse du Nord-Ouest de la France, arrêté avec la compagnie du Nord une convention; que l'accomplissement de cette convention devait satisfaire aux besoins dont il avait, de visu, constaté l'urgence; que cette convention allait suivre son effet, lorsque l'honorable M. de Larcy, devenu ministre à son tour, crut devoir céder à la pression du conseil général du Nord et transférer à la compagnie de Picardie et Flandres la concession de quelques lignes que la compagnie du Nord se mettait déjà en mesure d'exécuter; qu'enfin le Gouvernement, parfaitement édifié et sur l'intérêt général et sur les intérêts secondaires qui voudraient quand même lui barrer le passage, avait définitivement restitué à la compagnie du Nord une concession qui lui revenait naturellement.

J'ai fait remarquer qu'il n'y avait rien que de fort simple dans la rencontre, en une même convention, de quatre autres départements avec le département du Nord.

J'ai tâché de vous démontrer quel préjudice énorme éprouverait la compagnie du Nord si l'on attachait à ses flancs une autre compagnie sans titre aucun, sinon la convoitise... sentiment fatal, qui n'explique que trop, à notre époque, le désordre et le péril de la société.

J'ai ajouté que ce préjudice, si grand fût-il pour la compagnie du Nord en particulier, ne serait rien en comparaison des conséquences désastreuses qu'il entraînerait par la destruction des grands réseaux, dont le souvenir de la veille et la prévoyance du lendemain devraient sauvegarder à tout prix, en raison des services immenses qu'ils ont rendus, des catastrophes financières qu'ils nous ont épargnées et des clauses de bénéfices et de garanties d'intérêt qui leur associe l'État lui-même.

J'ai dit encore que les grandes et les petites compagnies sont faites pour vivre ensemble; qu'elles ont respectivement leur sphère d'action et leur sphère de relations. Je n'ai pas nié qu'attendu leurs conditions particulières dans la circulation générale, les petites compagnies eussent souvent besoin de subventions pour se constituer — le conseil général de la Somme avait subventionné, en conséquence, la compagnie de Picardie et Flandres pour la ligne locale de Cambrai à Gannes; — mais j'ai maintenu cette affirmation, que les lignes secondaires doivent être les affluentes et non les concurrentes des lignes principales : que du jour où l'on exagérerait l'application des lois de 1865 et de 1871, on compromettrait la richesse publique en même temps que les fortunes privées, parce que, sous prétexte de décentralisation, on opérerait effectivement la désorganisation de notre beau système de voies ferrées.

J'ai rappelé une circonstance récente où telle petite compagnie, ayant obtenu, non de l'autorité d'une loi, mais de la faveur d'un ministre, la construction d'un réseau intérieur, soi-disant concurrentiel, cette compagnie, qui n'est autre que la compagnie du Nord-Est, avait trouvé, une fois devenue concessionnaire, que la concurrence est chose impossible et s'était empressée aussitôt de rétrocéder à la compagnie du Nord son traité d'exploitation, moyennant ce que les procès-verbaux du conseil général appellent un pot-de-vin de 587,000 fr. par an, et vous ai avertis que c'est précisément cette création de faveur qu'on veut étendre et fortifier, en la doublant par la création véritable d'une ligne de grand parcours, telle que le deviendrait immédiatement la ligne de Cambrai à Gannes; la compagnie du Nord-Est et la compagnie de Picardie et Flandres n'en auraient plus qu'à l'aise, en effet, réunies et liguées, pour faire une guerre active et fructueuse à la compagnie du Nord.

J'ai appelé votre attention, messieurs, sur la différence qu'il y aurait, comme solidité et comme prix de revient pour la construction d'une ligne, entre la compagnie du Nord et la compagnie Picardie et Flandres; sur la différence qui devrait s'ensuivre relativement aux tarifs; sur l'objection tirée de ce que le conseil général du Nord avait déjà concédé, comme lignes d'intérêt local, les lignes aujourd'hui en jeu comme lignes d'intérêt général.

Veuillez vous souvenir qu'il a été répondu :

1° Que le conseil général, ayant concédé ce qu'il ne pouvait légalement concéder, sa concession était non avenue, et que, dès lors, le droit de l'État était entier;

2° Que le conseil général du Nord était systématiquement hostile à la compagnie du Nord, contre laquelle il avait arboré l'étendard de la concurrence, qu'il avait dû bientôt abandonner, mais qui lui avait valu une création de privilège : la création de la compagnie du Nord-Est;

3° Qu'il n'aurait jamais dû faire de concession, même des concessions d'intérêt réellement local, la compagnie du Nord qui, se sentant exclue d'office, avait dû attendre pour se présenter qu'il fût question de lignes d'intérêt général ;

4° Que, sauf un sentiment d'amour-propre et de rancunes auquel nous ne saurions nous associer, le conseil général du Nord était désintéressé dans la question économique des lignes du projet, puisqu'elles s'exécuteraient, en toute hypothèse, par l'une ou l'autre des compagnies et mieux par celle du Nord, qui lui ouvrirait ensuite un débouché nouveau dans la direction du Havre ;

5° Qu'il était sage, d'ailleurs, de ne pas trop croire à ces motifs d'amour-propre et de rancune qui en cachaient un autre, bien plus sérieux : l'intérêt qu'a le département du Nord, au point de vue de ses finances, de féconder par la ligne de Picardie et Flandres—comme il l'a dit, dans sa dernière session — la ligne du Nord-Est, à laquelle il est lié par la garantie d'intérêt et le partage des bénéfices ;

6° Mais qu'on ne saurait sacrifier quatre départements à cette spéculation qui n'a rien d'industriel ni de commercial, à cette spéculation purement financière du département du Nord, dont la prospérité fort enviable doit être, non l'objet d'un monopole pour lui, mais un objet d'émulation pour d'autres départements, qui sont moins bien partagés.

Et puis, messieurs, après vous être maintenus aussi longtemps qu'il le fallait sur le terrain où l'on avait placé la question, je me suis élevé au-dessus de ces misérables luttes de compagnies, pour découvrir où est le véritable intérêt public, et voici à quelles conclusions je me suis arrêté, et j'ai la confiance qu'il vous plaira vous y arrêter vous-mêmes.

I. — Il y a un intérêt public à maintenir les principes qui régissent les grandes compagnies : c'est l'intérêt démontré du Trésor, de la richesse générale, des fortunes privées, de l'industrie et du commerce.

II. — Il y a un intérêt public à mettre un frein aux petites compagnies qui, sous prétexte d'user des lois de 1865 et de 1871 — dont la révision est nécessaire, — pour décentraliser le régime de nos chemins de fer, iraient directement à les désorganiser.

Il suffit, pour cela :

1° Comme le disait l'honorable M. Deseilligny : que chacun soit à sa place, que l'ambition des lignes d'intérêt local ne vise pas plus ou moins subrepticement à se transformer en lignes d'intérêt général, dont elles doivent être les auxiliaires et non les ennemies, les affluentes et non les concurrentes ;

2° Qu'elles ne puissent pas plus se liguer dans la région du nord que sur la ligne Paris-Lyon-Méditerranée, où votre loi générale vient de prendre, sous ce rapport, toutes les précautions.

III. — . . . .

IV. — Il y a un intérêt public à ce que l'équité ne soit pas violée, comme elle le serait :

1° Si on concédait à la compagnie de Picardie et Flandres le chemin direct de Cambrai, quand primitivement la compagnie du Nord a été obligée, par sa loi de concession, de faire, chèrement, un chemin long et sinueux pour desservir un très grand nombre de localités ;

2° Si l'on concédait les autres petites lignes, qui, d'une part, vont puiser aux sources mêmes de la vie du réseau du Nord, —au bassin houiller, — et qui, de l'autre, se relient avec toutes les lignes secondaires du département pour éteindre dre les lignes d'intérêt local. Il y avait là, en effet, une expropriation caractérisée, et sans cause aucune, d'utilité publique.

En vain l'honorable M. Krantz nous affirmet-il que les petites lignes créées déjà ont payé leur tribut à la compagnie du Nord, au lieu de lui rien enlever. 'Que sa sollicitude ne s'étende pas aussi loin ! qu'il permette à la compagnie du Nord d'être le meilleur juge de ses intérêts.

V. — Il y a un intérêt public à ce que les promesses faites par le Gouvernement soient religieusement tenues, car les dépêches de M. Deseilligny, en 1873, et les paroles de M. le maréchal de Mac Mahon à Arras et à Amiens ont vivement ranimé les espérances de nos populations trop longtemps délaissées.

VI. — Il y a un intérêt public à ce que la caisse de l'État bénéficie :

1° Des 2,207,000 fr. qui pourraient être réclamés par la compagnie du Nord pour les dommages qu'elle a soufferts pendant l'invasion ;

2° Du partage de la moitié des bénéfices sur les lignes reprises dans la convention, quand leur produit net excédera 13,000 fr.

VII. — Il y a un intérêt public à ce que la compagnie du Nord anticipe les six derniers termes des avances qu'elle doit faire, en vertu de la convention du 22 mai 1869, pour l'achèvement :

1° Du chemin de fer d'Arras à Etaples et de Béthune à Abbeville, 186 kilomètres.

2° Du chemin de Luzarches à la ligne de Saint-Denis à Pontoise, 26 kilomètres ;

Ensemble : 212 kilomètres.

VIII. — Il y a un intérêt public à construire, d'Abbeville au Tréport et à Eu, 45 kilomètres de chemins de fer qui se souderaient là au chemin subventionné d'Eu à Dieppe, d'où l'on gagnerait vite le Havre.

IX. — Il y a un intérêt public à ce qu'une ligne stratégique courte, à proximité de nos côtes, dans la zone Nord-Ouest, d'autant plus que cette ligne desservirait sur son parcours d'immenses intérêts agricoles et industriels, qu'on a dépossédés en 1846, en annihilant la route n° 25.

J'ai eu l'honneur de vous présenter les considérations impérieuses qui s'opposent à ce que la compagnie du Nord soit partiellement spoliée au profit de la compagnie de Picardie et Flandres ; vous avez vu qu'en toute hypothèse, ces lignes sont exécutées de sorte que le conseil général du Nord, qui est pressé, ne tarderait pas à être satisfait. Je viens de vous énumérer les avantages, de toute nature, qui s'attachent à ce que la concession des lignes du projet soit, comme de droit, assurée à la compagnie du Nord.

Maintenant, messieurs, votre conscience est infailliblement faite, et loin d'avoir le moindre motif pour infirmer le principe tutélaire que vous avez consacré par le vote sur les concessions de chemins de fer à la compagnie de Lyon-Méditerranée, vous avez tous les motifs pour le confirmer. Vous ne voudriez pas vous déjuger à quelques jours d'intervalle ; vous ne voudriez faillir ni à la justice ni à la logique.

Je finis en empruntant quelques lignes à l'honorable rapporteur de la commission, mais en les appliquant autrement que lui :

« Il importe que le nouveau réseau de Picardie et Flandres ne puisse apporter de perturbations graves dans le service et les recettes de la compagnie du Nord .. Solidaire de cette compagnie par les traités intervenus, l'État a le droit et le devoir de la protéger.

« La concession projetée est-elle de nature à compromettre sérieusement les intérêts de la compagnie du Nord et à provoquer le fonctionnement des stipulations de garanties ? »

Ici, l'honorable M. Krantz dit non, pour les besoins de sa cause... Je ne crains pas, après avoir donné ci-dessus mes preuves, de dire oui, et j'ai la confiance que l'Assemblée, dans sa haute raison et sa haute impartialité, regardera « comme un devoir de protéger avec fermeté les intérêts du Trésor et ceux de la compagnie du Nord, alors surtout qu'aucun intérêt de premier ordre ne commande d'y porter atteinte. » (Mouvements et bruits divers. — Aux voix aux voix !)

M. le président. La parole est à M. le baron de Larcy.

M. le baron de Larcy. Messieurs, j'avais demandé la parole en entendant les premières phrases du discours de l'honorable M. Courbet-Poulard...

Une voix à gauche. Il y a longtemps de cela !

M. le baron de Larcy. Vous les avez peut-être déjà oubliées ?... (Oui ! oui ! — Non ! non ! — On rit). Mais puisqu'il a gratifié d'énigme la présentation que j'avais faite du projet de loi sur lequel vous délibérez et, quoique je ne conçoive pas qu'il ait pu apercevoir des obscurités dans une affaire aussi simple, je me vois obligé de vous exposer, en très-peu de mots, le rôle que j'ai joué dans cette affaire, et comment j'ai été amené à vous apporter ce projet. (Parlez ! parlez ! — Mouvement marqué d'attention.)

Lorsque j'ai eu l'honneur, vers la fin du mois de novembre 1873, d'être appelé au ministère des travaux publics, je me suis trouvé peu de temps après en présence de prétentions rivales qui ne manquaient, les unes et les autres, ni de puissance ni d'autorité. J'étais, vis-à-vis d'elles, dans un état d'impartialité absolue ; aucune préoccupation personnelle ni de localité ne pesait sur mon esprit. (Très-bien ! très-bien !)

J'ai dû étudier cette affaire avec le plus grand soin pendant plus d'un mois ; et lorsque enfin je me fus fait une opinion, je la soumis au conseil des ministres, qui en délibéra longuement et en parfaite connaissance de cause. Le conseil tout entier, en présence de l'honorable M. Deseilligny, qui occupait alors le ministère du commerce, accepta le projet dont vous êtes saisis.

Les motifs qui avaient déterminé le conseil étaient à peu près ceux-ci : l'antériorité de la demande de la compagnie de Picardie et Flandres ; la nécessité absolue où se trouvait cette compagnie, sous peine de périr, d'obtenir cette concession qui était pour elle une question d'existence ; enfin, les vœux formels et persistants du conseil général du Nord.

Ce sont là, messieurs, les raisons qui ont déterminé l'opinion du conseil des ministres. (Très-bien ! très-bien ! sur plusieurs bancs.)

Il est vrai que si ce projet donnait satisfaction à de nombreux intérêts, il en mécontentait d'autres.

Il y a quelques jours, on disait spirituellement qu'il était difficile de contenter tout le monde et son père, et que, dans cette circonstance, j'en avais fait l'épreuve. Je ne puis le nier ; mais quand on ne peut pas contenter tout le monde, il est toujours bon de contenter son père, si on le peut. (Sourires d'assentiment.) Or, dans la circonstance, quel était le père de ces chemins ? incontestablement, c'était le département du Nord. Il avait donc le droit d'être sérieusement entendu, et il y avait nécessité de tenir grand compte de son opinion. (Très-bien ! très-bien !)

Il y avait encore, à cette époque, une autre raison pour prendre ce parti. La convention avec la compagnie du Nord, qui avait été acceptée par M. Deseilligny, ne comprenait que les chemins de Cambrai à Douai et d'Abbeville à Eu. Les chemins d'Aubigny-au-Bac à Somain et de Douai à Orchies n'étaient pas mentionnés dans la convention. Il en résulte que, si on s'en était tenu à ce projet, les chemins d'Aubigny-au-Bac à Somain et de Douai à Orchies ne seraient plus en cause et seraient définitivement écartés.

Ainsi, dans tous les cas, vous devrez, ou on devra à la présentation que j'ai faite de ce projet, l'existence des deux chemins d'Aubigny-au-Bac à Somain et de Douai à Orchies. Nous n'aurons donc pas à regretter ce que nous avons fait. (Très-bien !)

L'honorable M. Courbet-Poulard ne s'est pas, il est vrai, laissé fléchir. Mais, messieurs, qu'il me soit permis de dire ici toute ma pensée : je crois qu'il n'aurait pas été aussi éloquent... (Sourires), et qu'il n'aurait pas pris aussi chaudement parti pour la compagnie du Nord si, dans le projet de convention que nous avions consenti avec la compagnie de Picardie et Flandres, il avait trouvé ce chemin d'Abbeville à Eu qui doit lui tenir à cœur très-légitimement. (On rit.)

Il nous en coûtait, je dois l'avouer, de voir cette ligne ne pas trouver place dans notre projet ; mais il fallait opter.

Eh bien, nous avons cru que, dans une question où se débattaient spécialement, primitivement, les intérêts du département du Nord, c'était là la question principale ; nous avons cru qu'on ne devait pas décider la question principale par une question accessoire. (Marques d'adhésion.)

Je ne rentrerai pas dans le fond du débat, j'en laisse le développement aux représentants du département qui sont nombreux et dont vous connaissez la puissante parole. (On sourit.)

Je dis seulement que si on admet que les intérêts du département du Nord exigent que ces chemins soient concédés à la compagnie de Picardie et Flandres, il n'est pas permis de méconnaître cette vérité économique en venant dire que, par compensation, on fera un chemin d'Abbeville à Eu.

Maintenant, messieurs, de quelque manière que l'on veuille considérer cette question, il nous sera permis de dire que nous avons fait, — du moins nous nous rendons cette justice à nous-mêmes, — que nous avons fait une œuvre consciencieuse et désintéressée.

M. le ministre des travaux publics. Mais cela ne fait de doute pour personne !

M. le baron de Larcy. Le projet a été naturellement envoyé à la commission des chemins de fer. Par un effet des circonstances, par suite des petites révolutions ministérielles, je n'ai pas pu aller y soutenir le projet. Mon enfant a été abandonné, et je ne crois pas avoir été une seule fois dans le sein de la commission des chemins de fer pour prendre la parole en sa faveur...

M. le ministre des travaux publics. Si! une fois.

M. le baron de Larcy. Il a donc été privé de tout protecteur officiel. Il a cependant résisté à cette épreuve, il en a triomphé; la commission l'a adopté, et vous avez entendu son éloquent, son savant et je dirais presque son ingénieux rapporteur... (On rit. — Très-bien! très-bien!), si ce mot est de mise dans des questions d'affaires; vous l'avez entendu défendre notre projet dans de tels termes, qu'en l'écoutant, je me disais : En vérité, je ne croyais pas avoir eu autant raison! (Rires d'adhésion et applaudissements.)

J'ai fini, messieurs. C'est à vous maintenant de voir si vous voulez faire à ce projet un accueil aussi bienveillant que celui qui lui a été fait par la commission. C'est à votre sagesse à en décider. (Très-bien! très-bien ! — Applaudissements sur un grand nombre de bancs.)

M. le président. La parole est à M. le ministre des travaux publics.

M. Caillaux, *ministre des travaux publics.* Messieurs, il me serait infiniment plus commode et assurément plus agréable de vous laisser juger la question et de m'en rapporter simplement à votre décision. Cependant, j'ai un devoir à remplir : je ne puis oublier, quoi qu'il m'en coûte, que j'ai le devoir de vous faire connaître toutes les circonstances qui me paraissent de nature à modifier l'impression qu'a pu vous laisser le discours que vous venez d'entendre et éclairer votre jugement.

Si j'avais été à la place de M. de Larcy, à l'époque à laquelle il a rédigé le projet de concessions des lignes dont il s'agit, à la compagnie de Picardie et Flandres, qu'il me permette de le lui dire, je crois que je n'aurais pas hésité à faire ce qu'il a fait; par conséquent, si, aujourd'hui, j'exprime une opinion contraire, ce n'est pas que je critique ou que je blâme la proposition qu'il a présentée à l'Assemblée, c'est parce que les circonstances ont changé. (Très-bien! très-bien! et mouvements divers.)

Vous vous rappelez, en effet, qu'il y a eu un premier projet de concession préparé par M. Deseilligny. Au lieu de faire déclarer d'utilité publique au titre d'intérêt local les trois lignes de Cambrai à Douai, d'Aubigny-au-Bac à Somain et de Douai à Orchies, concédées à la compagnie de Picardie et Flandres par le conseil général du Nord, l'honorable M. Deseilligny, observant avec la perspicacité qui le distinguait et à cet esprit pratique auquel il a été si souvent rendu hommage, avait proposé de concéder la ligne de Douai à Cambrai à la compagnie du Nord et laissé les deux autres lignes de côté.

Ce projet était difficilement acceptable, par ce motif, comme vient de le dire très-justement l'honorable M. de Larcy, qu'au lieu de donner au département du Nord trois chemins sur lesquels il comptait, on ne lui en accordait qu'un ; et non-seulement on ne lui en accordait qu'un, mais on rendait l'un des deux autres inexécutable. Ainsi, par le fait de la con-

cession à la compagnie du Nord de la ligne de Douai à Cambrai, on rendait inexécutable ou à peu près la ligne d'Aubigny-au-Bac à Somain, et on ajournait l'exécution de la ligne de Douai à Orchies. Dans cette situation, je comprends très-bien que le Gouvernement, mis en demeure en quelque sorte par le conseil général du Nord, de se prononcer, ait adopté la décision qu'il a prise, et, je le répète encore, je crois par ce motif que, si j'avais eu l'honneur d'être à la place de l'honorable M. de Larcy, j'aurais fait comme lui.

Mais, messieurs, immédiatement après la présentation du projet de loi, je ne dirai pas qui vous est soumis — car le projet a été changé par la commission, vous n'êtes plus en présence du projet du Gouvernement, vous vous trouvez en présence d'un nouveau projet de la commission, — immédiatement, dis-je, après la présentation du projet de loi qui avait été dé terminée par la protestation de la députation du Nord, agissant sous l'influence du conseil général de ce grand et riche département; immédiatement après cette présentation, est intervenue la protestation non moins ferme des députés du département du Pas-de-Calais, de la Somme, et d'une partie des députés de Seine-et-Oise. (Interruption au banc de la commission.)

Oui, messieurs, d'une partie des députés du département de Seine-et-Oise, et je ferai connaître quels ont été les motifs de cette protestation.

Il est survenu un autre fait : c'est que la compagnie du Nord qui, jusqu'alors, n'avait demandé que les lignes de Cambrai à Douai et de Douai à Orchies, et qui n'avait jamais proposé de se charger de la ligne d'Aubigny-au-Bac à Somain crut devoir proposer de prendre les trois lignes.

De telle sorte qu'aujourd'hui la situation nouvelle est celle-ci : Il y a deux compagnies en présence pour exécuter trois lignes que tout le monde est d'accord pour reconnaître comme étant d'intérêt général et comme devant être déclarées d'utilité publique, il n'y a aucune difficulté à cet égard.

Il faut les exécuter, et pour cela nous avons à choisir entre deux compagnies : la compagnie de Picardie et Flandres, qui offre de les exécuter à certaines conditions, et la compagnie du Nord, qui offre de les exécuter aux mêmes conditions, mais qui propose en outre de libérer l'État d'une créance litigieuse de plus de 2 millions 207,000 fr... (Interruption au banc de la commission.)

Permettez, messieurs : je prouverai la réalité de l'offre.

... et d'avancer les sommes nécessaires pour terminer, dans un délai rapproché, des lignes qui intéressent au plus haut point les départements du Pas-de-Calais et de Seine-et-Oise. Aux termes des conventions passées, ces lignes ne doivent être terminées qu'en 1879 : la compagnie du Nord offre de les achever plus tôt que ne l'a fixé son cahier des charges.

C'est spécialement par ce motif que plusieurs députés du département de Seine-et-Oise sont intervenus et ont apporté leur concours à leurs collègues des départements de la Somme et du Pas-de-Calais pour protester contre le projet ministériel qui les avait privés de cet avantage.

Il y a eu enfin une troisième proposition faite par la compagnie du Nord : c'est de construire sans subvention ni garantie d'intérêt la ligne d'Abbeville au Tréport, qui intéresse vivement le département de la Somme et qui intéresse aussi bien un peu d'autres départements, comme le département de la Seine-Inférieure et les départements du Pas-de-Calais et du Nord. Car cette ligne d'Abbeville à Eu n'est que le commencement d'un chemin qui se prolongera jusqu'à Dieppe et mettra ce port en communication directe avec Lille.

Ainsi donc, voilà deux compagnies qui se présentent pour faire les trois mêmes chemins que demande le département du Nord : l'une propose de les faire à des conditions déterminées ; l'autre propose de les faire aux mêmes conditions, et elle offre en outre les avantages que je viens d'indiquer.

Il semble, au premier abord impossible, de comprendre qu'on puisse hésiter dans le choix à faire entre les deux combinaisons qui n'avaient pas été présentées à M. de Larcy, et entre lesquelles il n'avait pas eu à prendre parti, puisque l'une d'elles, la dernière, n'existait pas. La compagnie du Nord à cette époque, ne paraissait pas disposée à se charger des trois lignes.

Par conséquent, étant admis en principe qu'il fallait donner au département du Nord la satisfaction de faire exécuter les trois chemins, puisqu'elle n'avait pas fait les offres que je viens de rappeler, on ne pouvait pas accorder la concession de ces chemins à la compagnie du Nord ; mais, quand cette compagnie est venue proposer de construire les trois lignes en offrant, en sus des conditions communes, de si sérieux avantages, il semble, je le répète, que toute hésitation dans le choix à faire devait cesser, et qu'on devait lui donner la concession. Le département du Nord, cependant, a persisté à y faire obstacle.

Au sujet de la créance litigieuse de 2,207,000 francs, on a objecté, et l'honorable rapporteur a répété que la renonciation de la compagnie du Nord n'était point un avantage pour l'État, et qu'il n'y avait pas lieu d'en tenir compte. A cela je réponds que, en fait, il y a une créance dont le chiffre peut être discuté, dont le chiffre peut être réduit ; mais qu'elle n'en est pas moins recevable, au moins pour partie ; et je rappellerai à l'honorable M. Krantz ce qu'il disait dans un cas semblable, lorsqu'il était rapporteur du projet de loi concernant le règlement des créances dues à la compagnie de l'Est, et lorsqu'il faisait entrer en compte, dans l'indemnité qu'on a accordée à cette compagnie, une part représentative des dommages subis par elle pendant la guerre. Il n'est donc pas exact de dire que l'abandon d'une créance analogue, de la part de la compagnie du Nord, soit absolument sans valeur.

Il y a un second avantage offert par la compagnie du Nord, c'est celui d'avances faites pour activer l'exécution des lignes et la construction situées dans les départements du Pas-de-Calais, de la Somme et de Seine-et-Oise, et les livrer à l'exploitation dans un délai plus court que celui qui est fixé par le cahier des charges.

M. le rapporteur a dit que c'était là un très-mince bénéfice, qu'on pouvait chiffrer en faisant le calcul des intérêts, à 400,000 fr. au maximum. C'est possible, encore est-ce quelque chose que l'autre compagnie ne donne pas.

En faisant cette avance, la compagnie du Nord donne plus que l'avantage d'un bénéfice d'intérêts de 400,000 fr., elle assure dans un délai rapproché la construction des lignes dont la mise en exploitation est considérée comme un bienfait dont les populations profiteront, et qui est tellement apprécié par elles que nos collègues de ces départements qu'ils représentent appuyent sa proposition de tous leurs efforts.

Enfin, pour le chemin d'Abbeville au Tréport, on dit que la compagnie du Nord l'avait demandé, il y a quelque temps déjà. Soit ; mais il n'y avait eu ni contrat passé, ni convention conclue : cette ancienne proposition n'avait pas reçu de suite. On doit la considérer comme nulle et non avenue, car elle n'engage personne aujourd'hui. C'est donc bien réellement une offre nouvelle et avantageuse que fait la compagnie du Nord.

Dans ces termes, il semble, je le répète, que toute difficulté doive disparaître. On donne au département du Nord les trois chemins qu'il demande. Et qui les fait? C'est la compagnie du Nord. On me permettra de le dire, et M. Plichon l'a reconnu, il n'est pas douteux que la compagnie du Nord ne fasse ces trois chemins au moins aussi bien que la compagnie de Picardie et Flandres; je crois qu'elle les fera mieux; mais enfin, on ne me trouvera sans doute pas trop partial, si je dis qu'elle les fera aussi bien. Non-seulement, elles les fera aussi bien, mais elle les exploitera infiniment mieux, par l'excellente raison qu'elle a une organisation plus complète, un outillage plus perfectionné, et, — ce qui intéresse particulièrement le public, — des tarifs beaucoup plus bas que ceux de la compagnie de Picardie et Flandres.

On a pu le voir, cela n'est pas douteux et l'exemple des compagnies du Nord-Est et de Lille-Valenciennes est là pour le constater, ces compagnies sont obligées d'avoir des tarifs plus élevés que les grandes compagnies. L'avantage de ces puissantes organisations est précisément de pouvoir abaisser les tarifs.

Donc, la compagnie du Nord construira mieux, exploitera mieux, et aura des tarifs plus bas. Ainsi, voilà une combinaison dans laquelle le département du Nord trouve les mêmes avantages, en ce qui concerne la construction des trois chemins. Ces mêmes chemins seront mieux construits, mieux exploités, auront des tarifs plus bas. Où est donc l'intérêt public? N'est-il pas de ce côté-là?

Ces avantages ne sont pas les seuls que nous apporte la compagnie du Nord; d'autres départements doivent en même temps et par la même combinaison obtenir des améliorations ou des travaux qu'ils sollicitent. Que le conseil général du Nord ne se préoccupe pas des intérêts des autres départements; qu'il ne songe qu'aux siens, cela se comprend; mais le ministre des travaux publics serait complétement dans son tort, s'il ne se préoccupait aussi de ceux des autres. (Très-bien! très-bien!)

Le ministre, en effet, n'a pas à s'occuper d'un seul département, il doit avoir souci des intérêts de tous, et lorsque, en satisfaisant le département du Nord, en lui assurant l'exécution dans les meilleures conditions possibles des trois chemins qu'il a demandés, il peut trouver moyen de donner à d'autres départements des avantages incontestables et réclamés par eux, il serait absolument coupable s'il ne vous les signalait pas et s'il ne vous proposait pas le moyen de les obtenir. (Vives et nombreuses marques d'approbation.)

Les choses étant ainsi, d'où vient donc, messieurs, l'opposition que nous rencontrons, et d'où vient qu'elle se produise, soutenue par des hommes dont l'autorité est incontestable et dont je regrette d'être aujourd'hui l'adversaire ?

En voici le motif : la compagnie de Picardie et Flandres est chargée seulement de deux des trois lignes de chemins de fer qu'il s'agit de concéder, car la commission n'a pu s'empêcher de reconnaître qu'il y en a une qui est indispensable de réserver à la compagnie du Nord, c'est la ligne de Douai à Orchies. Ce sont les deux autres chemins : celui de Douai à Cambrai, et celui d'Aubigny-au-Bac à Somain que votre commission propose de concéder à la compagnie de Picardie et Flandres.

Ce sont deux petites lignes, comme on l'a dit, mais qui n'en ont pas moins une grande importance, comme vous allez voir. Ces deux petites lignes vont, en effet, desservir le riche bassin houiller d'Anzin.

Celle d'Aubigny-au-Bac à Somain et à Abscon vient se raccorder à Somain non-seulement au chemin de fer du Nord, mais encore, par suite de son raccordement dans ou près la gare de Somain, avec les chemins de la compagnie du Nord-Est et y aboutit et qui de Somain se dirige par Tourcoing vers la frontière, et à Abscon avec le chemin de fer qui appartient à la compagnie d'Anzin et entre en Belgique par Peruwelz.

La compagnie de Picardie et Flandres trouvera ainsi le moyen, par une entente qui ne peut manquer de s'établir avec la compagnie du Nord-Est et avec celle de Lille à Valenciennes, de transformer sa ligne d'intérêt local en ligne d'intérêt général et même en ligne d'intérêt international.

Quelques voix. C'est cela ! Voilà toute l'affaire !

M. le ministre. Ainsi, la compagnie de Picardie et Flandres qui, jusqu'à présent, s'est formée par tronçons de Saint-Just à Cambrai; qui a obtenu dans trois départements : l'Oise, la Somme et le Nord, trois concessions qui lui ont permis de constituer une ligne de 410 kilomètres, qui a été constituée comme compagnie d'intérêt local, trouve le moyen, je le répète, par l'addition de la petite ligne d'Aubigny-au-Bac à Somain, avec embranchement de 42 kilomètres que de se souder aux lignes de deux compagnies qui, toutes deux, sont étrangères à la compagnie du Nord, et ont toutes deux des communications directes avec la Belgique : la compagnie d'Anzin par Peruwelz, et la compagnie du Nord-Est par Tourcoing et Menin. C'est donc la transformation d'une ligne d'intérêt local en ligne d'intérêt général et même en ligne internationale, que vous auto-

riserez, si vous acceptez les propositions de la commission. (C'est vrai ! — Très-bien !)

Vous avez à juger, messieurs, s'il vous convient et s'il convient à l'intérêt du pays d'autoriser l'établissement de grands réseaux par ces moyens détournés, — je voudrais trouver une autre expression moins vive que celle-là ; mais elle rend bien ma pensée, et je vous prie de l'excuser, — de transformer des lignes d'intérêt local en lignes d'intérêt général. Il y a là, à mon sens, une très-grosse question, sur laquelle j'appelle vos réflexions.

Il en est une autre que je vous signale, c'est celle qui se rapporte à l'intérêt financier de l'Etat, associé par le fait aux intérêts de la compagnie du Nord. A l'heure actuelle, il s'est formé, dans le département du Nord, une réunion de compagnies diverses qui constituent un ensemble déjà considérable. Il y a d'abord la compagnie du Nord-Est, concessionnaire de 300 kilomètres, dont environ 100 sont en exploitation, 100 en construction, et 100 restant à construire ; je crois ne pas me tromper dans ces chiffres. A côté de la compagnie du Nord-Est se trouve la compagnie de Lille à Béthune. Enfin, vient à côté la compagnie de Lille à Valenciennes et ses extensions, comme on dit. Ces trois compagnies réunies peuvent avoir, dans le département du Nord, une longueur d'à peu près 800 kilomètres.

M. Plichon. 700 kilomètres !

M. le ministre. 700 kilomètres, dit l'honorable M. Plichon, qui doit le savoir mieux que moi.

Voilà donc, dans le département du Nord, des lignes dont l'ensemble représente environ 700 kilomètres.

La compagnie du Nord, de son côté, n'a pas plus de 525 kilomètres dans ce même département. Par conséquent, les trois compagnies que j'ai citées ont, dans le département dont il s'agit, une plus grande longueur de chemins de fer que n'en a la compagnie du Nord elle-même, et les lignes de ces compagnies aboutissent à tous les points principaux du pays, tellement qu'il n'y en a pas un seul qui ne soit ou ne doive être desservi par elles.

Or, messieurs, ces trois compagnies, qui avaient été fondées séparément et pour satisfaire à des besoins différents, ont passé entre elles un traité d'exploitation qui n'est pas encore approuvé par le Gouvernement, mais qui le sera sans doute; de telle façon qu'elles constitueront, en fait, un ensemble. Leurs lignes, qui étaient séparées sur certains points par celles de la compagnie du Nord, finiront par se joindre entre elles, — c'est ce qu'on demande, — de manière à être partout indépendantes; elles se réuniront peut-être même un jour dans une gare spéciale qu'on demande déjà l'autorisation d'établir dans la ville de Lille.

Tous ces projets seront sans doute exécutés ; pour ma part, je l'ai déjà fait connaître, je n'y ferai pas d'objection. Par conséquent, il va exister, dans le département du Nord, par le fait de la fusion, de la réunion de ces trois compagnies, une compagnie nouvelle qui ira puiser aux mêmes sources que la compagnie du chemin de fer du Nord, pour le transport des marchandises et des voyageurs, et qui devra évidemment faire à cette dernière compagnie une concurrence sérieuse.

Voix à gauche. Tant mieux !

M. le ministre. Ce sont des faits accomplis ou en voie de s'accomplir ; il n'y a plus à s'y opposer, il est inutile de blâmer. Je ne blâme donc pas, je demande seulement s'il faut laisser se compliquer encore une situation si grave. Là est la question.

Si vous autorisez la construction de la ligne d'Aubigny-au-Bac à Somain, en la remettant aux mains de la compagnie de Picardie et Flandres, vous donnez à toute l'agglomération dont je viens de faire la description le moyen d'arriver jusqu'à Saint-Just, c'est-à-dire près de Paris. Entre Saint-Just et Cambrai, la ligne de la compagnie Picardie et Flandres doit être traversée, — on l'a annoncé dans les enquêtes, — par une ligne projetée d'Amiens à Dijon à Saint-Just. Elle ne se trouve distante que de quelques kilomètres seulement du réseau de la compagnie d'Orléans à Rouen. Il s'est constitué, d'Orléans à Rouen, une compagnie dite d'intérêt local qui, par des annexions successives et en même temps par des traités d'exploitation, est parvenue à réunir un ensemble de plus de 1,000 kilomètres, dont près de 400 sont en exploitation et 100 environ sont en construction.

Cette compagnie d'Orléans à Rouen appartient — non pas absolument, mais à peu près, — aux mêmes personnes qui ont organisé l'exploitation du réseau de Lille à Valenciennes et ses extensions, dans le département du Nord.

Si vous permettez à la compagnie de Picardie et Flandres de se joindre à la compagnie du Nord-Est et à la compagnie de Lille à Valenciennes, vous favorisez la jonction possible de ce réseau avec celui d'Orléans à Rouen, et plus tard avec celui de la Vendée, qui est aujourd'hui tombé dans les mêmes mains ; de telle sorte que vous laissez constituer, sans l'avoir autorisée, sans l'avoir voulu, sans en avoir été même prévenus, une compagnie qui, si elle n'est pas arrêtée dans l'accomplissement de ses desseins, pourra réunir près de 3,000 kilomètres de chemins de fer.

Ce que j'annonce là, messieurs, n'est pas contestable : cela court les journaux depuis plus de trois mois ; tout le monde le répète ; tout le monde, à la Bourse, a entendu parler de projets de grandes lignes nouvelles devant aller, d'un côté, de Lille à Bordeaux et, de l'autre, de Lille vers Lyon, à travers des réseaux formés par l'État, construits avec ses subventions, exploités avec sa garantie.

Il me paraît qu'il y aurait dans le succès de ces combinaisons un danger pour les finances de l'État, du pays. Oui, messieurs, un danger sérieux, car de deux choses l'une : ou ces compagnies nouvelles que vous aurez laissé se constituer vivront en s'emparant d'une partie des profits des grandes compagnies actuelles garantis par l'État, et cela au détriment du Trésor public, ou bien elle n'obtiendra pas la rémunération des capitaux qu'elle aura employés, et ce sera une perte pour la fortune publique. (Mouvements en sens divers.)

Dans tous les cas, il me semble qu'il y aura certainement une perte, et je ne crains pas de dire qu'avant d'autoriser ou de tolérer de pareilles entreprises, ou de laisser préparer de petites lignes et de petites jonctions de pareilles entreprises, il serait tout au moins prudent de réfléchir et d'essayer de se rendre compte des conséquences auxquelles on peut être conduit.

Les conséquences fâcheuses que peut avoir la concession à la compagnie de Picardie et Flandres du chemin d'Aubigny-au-Bac à Somain sur les revenus de la compagnie du Nord ont été mises en doute par mes honorables contradicteurs, MM. Krantz et Plichon. A cet égard, on peut sans doute soutenir des opinions différentes, mais je ferai appel à l'autorité de mon ancien collègue et ami M. Mathieu-Bodet. Je l'ai consulté, alors qu'il était ministre des finances, sur ce sujet, et son avis, après qu'il a eu mûrement étudié la question, a été que la concurrence qu'on voulait élever contre la compagnie du Nord pouvait avoir comme conséquence une influence désastreuse sur les finances de l'État.

La compagnie du Nord... (Rumeurs à gauche.)

Messieurs, pour ne pas prolonger ce débat, car je comprends l'impatience de l'Assemblée, je ne vous donnerai que les principaux chiffres, sans entrer dans les détails.

La compagnie du Nord n'a en effet, en ce moment, en sus de son revenu réservé, que cinq ou six millions de produit net ; de telle sorte que si son produit net était diminué de cette somme, elle serait obligée de faire appel à la garantie de l'État.

On dit que cela n'arrivera pas, je l'espère et pourtant cela est arrivé en 1870 ; c'était, il est vrai, une année exceptionnelle, mais enfin il y eut alors pour la compagnie, non-seulement la perte de tout excédant de revenu réservé, mais encore une insuffisance de plus de 5 millions, c'est-à-dire une différence de plus de 10 millions sur le produit net des dernières années.

La circonstance que j'ai citée ne se reproduira pas, sans doute ; vous admettrez bien, cependant, que le même déficit peut se reproduire, et qu'il est juste et sage, en face d'une détermination comme celle que vous êtes appelés à prendre, de réfléchir aux conséquences qu'elle peut avoir. En supposant que ces conséquences regrettables ne soient pas immédiatement à redouter, il semble cependant qu'elles vous commandent une grande circonspection.

Telles sont, messieurs, les considérations principales qui m'ont déterminé, et je crois, pour ma part, que l'Assemblée fera un acte prudent en acceptant le contre-projet présenté par l'honorable M. Paris et ses collègues.

Je crois que ce contre-projet vaut mieux que le projet présenté par la commission, qui nous expose à de semblables aléa, aléa, du reste, qui n'ont été qu'en partie dissimulés par l'honorable rapporteur. En effet, M. Krantz, dans plusieurs passages de son rapport, n'a pas nié qu'il pût se présenter telles circonstances où la garantie de l'État pouvait être engagée vis-à-vis de la compagnie du Nord. Il me semble donc qu'il y a, sous ce rapport encore, un véritable intérêt à ne pas donner la concession à la compagnie de Picardie-Flandres, surtout quand on reconnaît, messieurs, — permettez-moi de vous le rappeler, — que la compagnie du Nord est en état de construire mieux, d'exploiter mieux encore. (Rumeurs dubitatives sur plusieurs bancs à gauche.)

Mais, certainement ! cela n'est pas discutable d'exploiter avec des tarifs plus bas, en même temps qu'elle propose de faire l'abandon d'une créance qu'elle peut réclamer à l'Etat; puis d'exécuter dans le plus court délai des travaux qui intéressent trois autres départements; et enfin de construire sans subvention ni garantie d'intérêt la ligne d'Abbeville au Tréport.

J'avoue que je ne saurais m'expliquer comment on peut insister aussi vivement en faveur de la solution opposée.

Le département du Nord, je le reconnais, a cependant un motif qui lui est particulier, et j'aurais tort de le passer sous silence. C'est un motif qui l'intéresse, mais qui intéresse beaucoup moins l'Etat et le public surtout, pour lequel la solution que j'ai l'honneur de vous recommander est infiniment préférable.

Le conseil général du département du Nord a obtenu de l'Etat la concession de 300 kilomètres formant le réseau du Nord, et moyennant une contribution de moitié au payement de la garantie d'intérêt. Aux termes de la convention accordée, passée, les dépenses faites sont, jusqu'à concurrence d'une somme de 150,000 fr. par kilomètre, assurées pendant cinquante ans d'une garantie de 5 p. 100, amortissement compris. Cette garantie doit être payée moitié par l'Etat, moitié par le département du Nord. On peut supposer que ces lignes du Nord-Est ne donneront pas une rémunération suffisante pendant les premières années et que le département du Nord sera tenu de payer la moitié de l'intérêt à laquelle il s'est obligé. Ce ne sera sans doute que pour peu de temps, car tous les produits augmenteront, et il en sera pour les lignes du Nord-Est comme pour les autres, mais dans cette hypothèse on calcule qu'il est exposé à payer annuellement 600,000 fr.

Eh bien, le département du Nord cherche, à tout prix, à se dégager de cette part de garantie d'intérêt et à obliger la compagnie du Nord à prendre à ses frais l'exploitation de toutes ces lignes,—cela ressort très-clairement dans les rapports du conseil général,—à prendre en outre celle de toutes les lignes d'intérêt local, et enfin à le débarrasser de toute garantie d'intérêt. C'est pour arriver à ce résultat qu'il a voulu constituer un nouveau réseau, qu'il veut l'étendre, le développer autant que possible, dans le but de faire concurrence à la compagnie du Nord et de l'amener à composition.

Tel est le calcul du conseil général du Nord. Je ne puis trouver mauvais qu'il défende ses intérêts; et, pour ma part, si j'en avais l'occasion, s'il y avait une combinaison possible, je l'aiderais à se dégager de cette garantie d'intérêt; mais, en fait, et dans l'état actuel des choses, il n'en est pas moins exact que cela ne l'intéresse guère le public, et que cela intéresse peu l'Etat, tout au contraire.

On a dit qu'en améliorant les conditions d'exploitation des lignes du Nord-Est, et en se dispensant ainsi du payement de la garantie d'intérêt de 5 p. 100, qui lui est attribuée, moitié par le département du Nord et moitié par l'Etat, on ferait bénéficier l'Etat pour une part égale de l'avantage qu'obtiendrait le département.

Oui, mais à quel prix, en supposant qu'on le réalise ? au prix d'une diminution de recettes pour la compagnie du Nord, ou, sinon d'une diminution de recettes, au prix de l'éloignement du terme auquel l'Etat entrera en partage avec la compagnie du Nord.

Dans tous les cas, la totalité de la somme sera prise en déduction du revenu net que l'Etat sera obligé de parfaire en cas d'insuffisance par le nouveau réseau et qu'il ne pourra partager en cas d'excédant.

Ainsi, le Trésor public ne peut rien gagner à cela, mais il a beaucoup de chances d'y perdre.

Vous pouvez juger, messieurs, par ces explications, combien ces questions sont difficiles à résoudre, surtout lorsqu'elles ont été mal engagées.

Lorsqu'ont commencé les discussions auxquelles le projet de concession a donné lieu, lorsque les difficultés se sont présentées, je me suis efforcé, comme du reste a bien voulu le rappeler l'honorable M. Plichon, d'arriver à un arrangement.

Le seul moyen d'arrangement possible était de faire racheter les concessions de Picardie et Flandres par la compagnie du Nord. La compagnie de Picardie et Flandres a accepté le principe du rachat; mais on n'a pu s'accorder, je ne dirai pas sur le prix du rachat, mais sur les conditions suivant lesquelles le tribunal arbitral qui devait être composé fixerait ce prix.

L'honorable M. Krantz a bien voulu intervenir de son côté pour m'aider à conclure cet arrangement.

J'avais stipulé dans celui que j'avais préparé, que la compagnie de Picardie et Flandres construirait les trois lignes, qu'elle les exploiterait pendant cinq années pour les mettre en valeur, et qu'au bout de ces cinq années on fixerait par voie d'arbitrage la somme moyennant laquelle la compagnie du Nord reprendrait les trois lignes. Cette solution n'a pas été acceptée. C'est alors qu'à la fin du mois de juillet de l'année dernière, l'honorable M. Krantz a bien voulu me prêter aide pour arriver à terminer à l'amiable une affaire qui ne l'embarrassait pas moins que moi.

Il est intervenu alors et, au lieu d'un terme de cinq ans, c'est le terme de quinze ans qu'il a proposé, et, comme dans tous les cahiers des charges, l'Etat se réserve la faculté de racheter au bout de quinze ans, dans des conditions déterminées, les lignes concédées, il n'y avait plus à fixer les conditions du rachat, puisqu'elles étaient ainsi fixées par avance dans le cahier des charges, comme pour toutes les compagnies. Ainsi il est certain qu'en portant le terme de cinq à quinze ans, on prévenait toute difficulté.

Il demeurait bien entendu, ou au moins on l'avait ainsi compris, qu'au lieu de rétrocéder à la compagnie du Nord, à la fin d'un délai de cinq ans, la compagnie Picardie et Flandres ne lui rétrocéderait ses lignes qu'au bout d'un délai de quinze ans.

Cette transaction, à laquelle j'avais adhéré, paraissait acceptée par les deux parties, d'abord par la compagnie du Nord, qui n'a jamais

varié; puis, par la compagnie de Picardie et
Flandres, comme M. Krantz l'avait compris,
puisqu'il me l'a écrit, comme je l'avais compris moi-même, après en avoir reçu, du représentant principal de cette compagnie, l'assurance verbale.

Mais, au moment de réaliser ce projet qui
mettait un terme à toute difficulté et conciliait
tout, il s'est trouvé qu'il y avait eu un malentendu, qu'on ne s'était pas exprimé d'une
façon suffisamment claire, que tout était remis
en question.

C'est à partir de ce moment que votre commission a pris la détermination de vous présenter le projet qui est en délibération. La
transaction essayée n'ayant pas abouti, la commission a été dans l'obligation de prendre un
parti. Elle l'a pris en faveur de la compagnie
de Picardie et Flandres.

Pour moi, messieurs, je vous propose de la
prendre en faveur de la compagnie du Nord,
par ce motif que je considère comme essentiel,
que l'intérêt public, l'intérêt de l'État seront
par elle beaucoup mieux desservis et assurés.
C'est la seule considération par laquelle je
vous demande la permission de terminer, en
m'en rapportant d'ailleurs absolument à votre
jugement. Je serai le premier à m'incliner devant votre décision. (Vives marques d'approbation. — M. le ministre, en retournant à sa
place, est entouré et félicité par ses collègues.)

M. le président. La parole est à M. le rapporteur.

M. Krantz, *rapporteur.* Messieurs, au point
où en est arrivée la discussion, je n'ai pas assurément l'intention de discuter tous les arguments qui ont été produits. Si vous me le permettez, j'en examinerai seulement quelques-
uns, les plus importants, naturellement, et
j'espère de cette façon ne vous retenir que peu
d'instants. (Parlez! parlez!)

L'incident que M. le ministre a rappelé à
la fin de son discours, n'a pas, à beaucoup près,
l'importance que l'on suppose, et il n'a que
fort peu préoccupé la commission.

La commission, aussi bien que M. le ministre, s'était aisément aperçue que, dans la
question dont il s'agit, il y a avait en réalité plus de passions que d'intérêts engagés.
Aussi désirait-elle beaucoup qu'on coupât
court à cette agitation naissante, et qu'on permit aux départements de la Somme, du Pas-
de-Calais et du Nord de reprendre leurs anciennes et cordiales relations.

C'est dans ce but, et par ordre de la commission, que j'ai fait tous mes efforts, — comme
du reste, M. le ministre lui-même, — pour arriver à une transaction. Les bases qui viennent d'être rappelées m'avaient paru acceptables. J'avais cru réussir, mais vous comprendrez, sans que j'entre dans de longs détails,
sur quel écueil j'ai échoué.

Évidemment je ne pouvais pas, au nom de
la commission, qui est une émanation de cette
Assemblée, je ne pouvais pas traiter pour le
rachat de lignes qui appartiennent au département de la Somme. Dès le début, les représentants de la compagnie de Picardie et Flandres,
— quand je leur ai parlé de rachat éventuel
des lignes d'intérêt général qui sont l'objet de la
présente convention, — y consentaient, mais
sous-entendaient, en même temps, le rachat

des lignes de leur réseau d'intérêt local. Sur ce
point, je ne pouvais ni discuter, ni consentir,
car nous n'avons pas qualité pour racheter ce
qui ne nous appartient pas.

Au surplus, comme je voyais que cette convention ne satisfaisait qu'à moitié le département du Nord et les autres départements intéressés, j'ai dû proposer à la commission d'en
rester là et de remettre le plus tôt possible la
question à votre décision souveraine. C'est ce
qui a eu lieu.

La convention qui vous est soumise n'intéresse que fort médiocrement l'État, je vous
l'ai dit, mais elle paraît n'avoir pas une grande
importance pour la compagnie du Nord et
pour un certain nombre de départements. Du
moins on le pense, et, sur ce point, il est peut
être utile de donner encore quelques explications.

Si on examine quelles ont été les variations
du revenu kilométrique de l'ancien réseau du
Nord dans ces dernières années, on voit que,
dans la période comprise entre 1869 et 1874,
il a passé de 80 à 90,000 fr. Or, pendant cette
période, ont été ouvertes et livrées à la circulation les lignes dont il signale la concurrence.
De là résulte évidemment que ces lignes, que
ce réseau qui l'enveloppe de tous côtés, ne lui
font pas le mal qu'elle accuse.

Du reste, cela se comprend. En effet, supposez — ce qui est exact, ce que personne ne
peut contester, — que ces lignes doublent
les pays qu'elles traversent, qu'elles doublent
leurs produits : sur quelles voies vont s'écouler
les produits nouvellement créés? Jetez les yeux
sur la carte du réseau du Nord, et vous y verrez
par quel éventail de lignes il est constitué et
comment toutes ces lignes embrassent étroitement une partie de notre territoire.

M. Mathieu-Bodet. Je demande la parole.

M. le rapporteur. Que l'on marche de Paris vers le Nord, ou de la Belgique vers Paris :
c'est nécessairement sur les rails de la compagnie du Nord qu'il faut voyager. D'où il résulte que si toutes les lignes enrichissent les
départements où on vient de les établir, c'est
nécessairement la compagnie du Nord qui est
la première à recueillir le bénéfice de cet accroissement de trafic. Ce n'est pas là seulement un raisonnement théorique que je vous
soumets, c'est un fait d'expérience que je constate. On le voit très-clairement à l'accroissement
continu des revenus kilométriques de l'ancien
réseau du Nord, puisque de 80,000 fr. qu'il
avait atteint en 1869, avant l'ouverture des
lignes concurrentes, il est passé à 90,000 francs.

M. Plichon. Et même à 92 000 francs !

M. le rapporteur. J'entends très-souvent,
dans toutes ces discussions, faire ce qui me
paraît être une confusion des véritables intérêts de l'État avec les intérêts particuliers des
compagnies.

Il me semble, au premier aspect, d'abord
que toutes les compagnies d'intérêt général
devraient avoir les mêmes droits à la sollicitude de l'État. (Assentiment sur plusieurs
bancs.) Je me demande, par exemple, pourquoi le Nord Est, compagnie d'intérêt général
créée par l'État, garantie par l'État, n'est pas
aussi haut placée dans sa sollicitude que la
compagnie du Nord. Il me semble même qu'il

devrait en être à l'inverse : l'Etat, un peu comme les mères de famille, devrait avoir plus de sollicitude pour les plus petits de ses enfants. (Nouvel assentiment sur les mêmes bancs.)

Prenez, si vous voulez, comme étant ses enfants légitimes, les lignes d'intérêt général ; j'y consens ; mais, je vous le répète, très-légitime est la compagnie de Lille à Valenciennes que vous avez créée ; très-légitime est ce réseau du Nord-Est que vous avez créé. Pourquoi alors suivez-vous du regard, avec cette attention inquiète, jalouse, une tonne de marchandises ou un voyageur qui passe des rails du Nord aux rails du Nord-Est ?

J'ai fait cette distinction entre les lignes d'intérêt général et les lignes d'intérêt local, et j'ai bien voulu admettre — pour un moment, — que les unes étaient les enfants légitimes de l'Etat ; mais les autres, — ces enfants, non pas illégitimes, mais étrangers, — elles appartiennent à quelqu'un, elles appartiennent aux départements, et, à raison de leur origine, elles sont infiniment respectables et nous doivent aussi être chères.

Je vais plus loin, et je déclare que, dans la situation actuelle de la France, ce que vous avez surtout à protéger, à défendre, ce sont les petits réseaux qui ne sont pas encore assez forts pour se soutenir eux-mêmes. (Approbation sur plusieurs bancs.)

Mais, dit-on, on est parvenu à grouper, sous une seule direction, 3,000 kilomètres de ces petites lignes ! Voyez le danger, il est redoutable !

Je ne le pense pas, car enfin, j'ai entendu presque immédiatement faire, à ce sujet, deux raisonnements absolument contraires. En effet, on a dit d'une part : Un réseau de 3,000 kilomètres, c'est énorme ! Avec ces 3,000 kilomètres, on va s'emparer du trafic de toutes les grandes lignes ! Puis, d'autre part, on a ajouté : Les petites lignes qui constituent ces 3,000 kilomètres sont mal construites, chèrement exploitées et ne peuvent faire un trafic économique ; elles doivent fatalement conduire leurs actionnaires à la ruine !

Il faudrait cependant s'arrêter à l'une de ces deux suppositions. (Marques d'assentiment sur plusieurs bancs.) Si ces lignes font des pertes parce qu'elles ne peuvent pas exploiter convenablement, plus on en aura réuni dans les mêmes mains et plus.les pertes seront considérables. La malheureuse compagnie qui a ainsi groupé, réuni 3,000 kilomètres de lignes ruineuses, ne doit pas vous inquiéter. Elle succombera rapidement. Malheureusement, cette opinion n'est pas absolument sans fondement.

Aussi je vous dis, prenant la seconde partie du raisonnement comme exacte : Cessez de craindre ou de jalouser ces petites lignes ! Si elles ont, comme je le crains bien, besoin d'être soutenues, d'être aidées, aidez-les, soutenez-les ; car, en vérité, bien qu'elles ne soient pas l'émanation directe de l'Etat, comme leurs aînées, elles concourent à l'enrichissement de notre pays. Que si on ne veut pas les protéger, tout au moins ne faut-il rien faire qui puisse leur nuire, et il nous est très-facile, sans causer le moindre dommage aux grandes compagnies, de soutenir, d'une manière efficace, les infimes réseaux dont il s'agit.

Je vous ai dit que ces lignes enrichissaient les pays traversés. C'est évident et, s'il en était autrement, les départements ne les rechercheraient pas avec tant d'ardeur. Ceci étant, qu'est-ce qui recueille les premiers produits créés, si ce n'est notre grand réseau qui couvre de ses larges mailles le pays tout entier.

On trouve un exemple bien remarquable de ce que j'avance dans l'exploitation des chemins de fer étrangers. Je me rappelle avoir vu, à une certaine époque, en Espagne, des lignes magnifiquement construites ; aucune concurrence ne leur était faite, et cependant elles ne produisaient rien ; elles ouvraient à deux battants les portes de leurs gares et rien n'y arrivait : pourquoi ? Parce qu'elles étaient absolument isolées au milieu du pays qu'elles traversaient, parce qu'aucune autre voie n'allait à quelque distance susciter la production ou rechercher les produits créés. Croyez-vous, par hasard que si, au risque d'une certaine concurrence, on avait constitué un réseau secondaire, quelque chose comme nos lignes d'intérêt local, on aurait fait du tort aux grandes lignes ? non : on aurait enrichi le pays et, du même coup, on les aurait sauvées. (Approbation sur plusieurs bancs.)

Ainsi, je prétends et, sur ce point, ma conviction est absolue, que les grandes compagnies plus que personne sont intéressées au prompt achèvement de notre réseau d'intérêt local, parce que ce sont elles qui en recueilleront presque tout le bénéfice.

Remarquez, en effet, que la concurrence ne se fait pas aussi facilement qu'on semble le croire, et qu'il ne suffit pas toujours d'un raccourci au trafic pour le faire affluer.

Vous avez entre les mains cette carte qui représente les produits de nos lignes par des largeurs graduées. Eh bien, sur cette carte, cherchez la direction de Lille à Valenciennes. Vous voyez que, dans un coude de beau fleuve bleu, qui passe par Douai, elle ouvre une sorte de dérivation. Il semble que le trafic doive s'y précipiter et déverser d'une extrémité à l'autre. Cela paraît naturel à première vue : vous avez 105,000 fr. de produit kilométrique d'un côté, 105,000 fr. de l'autre. Ces 105,000 fr. produits par les voyageurs et les marchandises doivent, on est porté à le croire, s'écouler par le chemin le plus court d'un côté à l'autre. Il n'en est rien cependant, et l'on peut assez aisément se rendre compte qu'il n'en puisse rien être.

Cette traverse de Lille à Valenciennes produit 19,000 fr. par kilomètre, alors cependant qu'elle raccourcit notablement un chemin qui produit 105,000 fr. Il y a à cela une explication très-simple, car ce n'est pas un résultat de hasard, c'est un fait économique que vous allez comprendre.

Un voyageur, ou une tonne de marchandises, à cinq kilomètres de Lille n'ira pas prendre la traverse, au risque de subir les retards, les ennuis et les frais d'un transbordement.

Si je cite cet exemple de la ligne de Lille à Valenciennes, c'est parce que, comme j'ai déjà eu l'honneur de vous le dire, son histoire c'est l'histoire écrite à l'avance de la ligne de Cambrai à Douai, si vous la concédez à la compagnie de Picardie et Flandres.

M. le ministre a paru s'inquiéter beaucoup

de ce que ce petit réseau de Picardie-Flandres, par une annexion à une ligne d'intérêt général, ne devint, à son tour, ligne d'intérêt général, et de ce que, touchant à Somain à une ligne qui va du côté de la Belgique, il ne devint, par la suite, ligne internationale.

Mon Dieu ! messieurs, je trouve que les mots sont bien gros pour un fait bien petit, et que, en somme, les lignes d'intérêt local, d'intérêt général et internationales ne diffèrent pas beaucoup dans l'espèce.

Pour moi, la véritable ligne d'intérêt général dans le nouveau réseau qui nous occupe en ce moment, celle qui rendra de grands services, qui fonctionnera comme une grande ligne de notre grand réseau, c'est celle qu'on a classée comme ligne d'intérêt local, je veux parler de la ligne de Beauvais à Cambrai; qu'elle vienne ensuite à son extrémité et pour quelques kilomètres se raccorder avec une ligne d'intérêt général, qu'elle exploite même cette ligne, son caractère n'en sera pas changé pour cela.

Et, quant à aborder la frontière de Belgique, il faut bien qu'il y ait, sur notre frontière, de nombreux points de contact entre nous et nos voisins. Nous n'avons sur l'ancien réseau de la compagnie du Nord que sept ou huit entrées de France en Belgique et réciproquement. Nous en aurons un plus grand nombre quand les lignes nouvelles toucheront, comme c'est inévitable, à la frontière du Nord.

Donnerez-vous aux lignes d'intérêt local de Meurthe-et-Moselle le caractère international parce qu'elles touchent à la frontière allemande ? Non ! c'est un honneur dont elles se seraient assurément bien passées, mais qui ne change en rien leur situation ni leur importance. Elles sont internationales, soit, mais toujours d'intérêt local.

Eh bien, ces lignes qui vont vers la frontière du Nord, qui ont quelques kilomètres, sont, malgré le nom pompeux de lignes internationales dont on les décore, de très-humbles et très-petites lignes.

M. Plichon. Elles ne produisent rien !

M. le rapporteur. Cela, en effet, ne peut rien changer à leur production.

Messieurs, si je voulais reprendre dans leur ordre les diverses questions qui ont été posées, j'aurais assurément beaucoup à dire encore; mais comme il me semble qu'elles ont été suffisamment discutées, je me bornerai à deux ou trois considérations générales pour terminer. J'estime que nos opinions doivent être, en ce moment, à peu près arrêtées.

La première considération est celle-ci : J'avoue que ce qui m'avait beaucoup frappé dès le début, ce sont ces paroles excellentes qui se trouvaient dans l'exposé des motifs du projet de loi présenté par l'honorable M. de Larcy : Nous avons pensé, dit M. de Larcy, que quand l'intérêt public n'est pas en jeu, que l'ordre public n'est pas compromis, nous devons déférer au vœu des départements. Je reproduis, sinon dans leur texte, au moins dans leur esprit, les paroles de notre honorable collègue.

Ce sentiment a été aussi celui de la commission.

Une autre considération a également déterminé votre commission ; je me permettrai de la développer en quelques mots.

Vous savez, par l'historique qui en a été fait à diverses reprises, comment la négociation qui devait aboutir au projet de loi actuel s'est engagée ; vous savez que, dès le début, c'est la compagnie de Picardie-Flandres qui a demandé la concession ; vous savez que le département du Nord la lui a donnée; vous savez que pendant toute l'instruction administrative, la compagnie du Nord s'est tenue à l'écart. Je ne cherche pas quels ont été ses motifs : elle a cru sage de se tenir à l'écart. Pour moi, au point de vue financier, je crois qu'elle avait raison.

Je maintiens qu'il vaut mieux, pour la plupart de ces grandes compagnies, faire exploiter les petites lignes par d'autres, que les exploiter elles-mêmes. Mais quel que soit son motif, après s'être constamment tenue à l'écart, tout à coup, à la dernière minute de la dernière formalité administrative, elle fait acte de présence et réclame les lignes concédées comme son bien.

Je conviens qu'entre ses mains ces lignes seront aussi bien placées qu'entre les mains de la compagnie Picardie et Flandres, quoique cependant je ne croie pas qu'elles soient mieux construites, puisque, en définitive, elles seront construites en vertu du même cahier des charges et sous le contrôle immédiat des ingénieurs de l'Etat. (Très-bien ! très-bien !) Seraient elles mieux exploitées par le Nord ? je ne le pense pas.

Je sais que, répartissant leurs frais sur une grande masse d'opérations, les grandes compagnies arrivent à faire voyager la tonne kilométrique à 6 centimes environ, et que les petites compagnies, payant l'argent plus cher, faisant des opérations moins nombreuses, atteignent un chiffre plus élevé ; mais il faut cependant qu'il y ait à tout cela une certaine compensation. Car enfin, croyez-vous que, de gaieté de cœur, le département du Nord s'exposerait à payer la tonne kilométrique 8 centimes au lieu de 6 centimes? Cette compensation, vous la voyez immédiatement apparaître dans le cas actuel. Est-ce que, quand la compagnie du Nord sera chargée d'apporter les houilles dans le quadrilatère que dessert la ligne de Beauvais à Cambrai, vous n'aurez pas un transbordement à subir? Est-ce que vous pouvez espérer que la compagnie du Nord servira avec la même diligence, avec la même attention, le même soin, les intérêts d'une clientèle qui n'est pas la sienne? Évidemment non. Les localités qui sont sur la ligne de Beauvais à Cambrai aiment assurément mieux être directement et bien desservies, même au prix d'un excédant de 2 centimes, et elles savent que l'économie de 1 ou 2 centimes disparaîtrait aisément par les lenteurs, les difficultés possibles, qui leurs produits devaient passer sur les rails de la compagnie du Nord.

On comprend que ces contrées aiment mieux être desservies par la ligne qu'elles ont construite, qui leur appartient, que par une ligne étrangère.

Je vous l'ai dit et le répète, l'avantage d'être desservi par une grande compagnie n'est pas toujours ce que vous pensez. La petite compagnie servira plus diligemment, plus soigneusement sa clientèle que la grande compagnie ne le ferait.

Enfin, j'admets encore que la compagnie du Nord exploite, tout autant que l'autre, à la satisfaction complète des localités ; mais est-ce une raison suffisante pour oublier qu'elle est intervenue à la dernière heure, se bornant à dire : Je réclame ces lignes parce que je suis la grande compagnie du Nord !

Une voix. Quia nominor leo !

M. le rapporteur. Voyez, messieurs, où tout ceci va vous conduire. Vous avez parlé des intérêts immédiats de l'administration, des intérêts immédiats du pays ; permettez-moi de jeter les yeux un peu en avant, et de vous parler des intérêts de l'avenir.

Vous n'avez assurément pas terminé la construction du réseau des chemins de fer ; vous avez encore beaucoup de lignes qui devront être faites et ne sont comprises ni dans les conventions déjà approuvées, ni dans celles qui doivent vous être soumises. Voulez-vous me dire comment vous ferez pour les concéder, ces petites lignes ? à qui vous adresserez-vous pour les faire exécuter ?

Si vous vous adressez aux grandes compagnies, elles vous répondront que rien ne les sollicite à les faire. Elles ont leur position assurée ; elles savent que ces nouvelles lignes leur apporteront plus de troubles que de bénéfices ; elles se refuseront à vos désirs. Et ceci n'est pas une simple supposition, c'est ce qui est arrivé, veuillez le remarquer, jusqu'à présent. (C'est vrai ! à gauche.)

Voulez-vous me dire, en effet, quelle est la grande compagnie qui a témoigné le moindre empressement pour construire ces petites lignes ? Je ne les en blâme pas. J'ai eu l'honneur de vous dire que, suivant moi, au point de vue financier, les compagnies ont raison. Mais enfin, à côté de leur intérêt propre, il y avait l'intérêt du pays. Comment maintenant y pourvoirez-vous ?

Vous adresserez-vous aux départements ? Mais, en vérité, les départements ne voudront plus entrer dans cette voie quand ils se rappelleront tous les ennuis, toutes les difficultés, tous les troubles qu'a eu à supporter le département du Nord pour la malheureuse concession dont nous nous occupons. Ils vous diront qu'ils n'éprouvent pas la moindre envie de se ménager de pareils ennuis. Quels concessionnaires chercherez-vous maintenant ? Où les trouverez-vous ? — je parle de concessionnaires sérieux, d'honnêtes gens ! — vous n'en trouverez pas. (Approbation sur un grand nombre de bancs.)

Quel est l'homme qui voudra employer deux ou trois années de sa vie à faire les démarches nécessaires pour obtenir une concession et faire les sacrifices d'argent inévitables, au risque de voir au dernier moment, quand le fruit sera mûr, de le voir, dis-je, cueillir et prendre par un autre ? (C'est vrai ! — Très-bien ! très-bien !)

Ne vous laissez pas aller à ce que je regarde comme une haute imprudence ; ménagez avec grand soin l'élan des départements ; car, si vous le ménagez pas maintenant, vous ne le retrouverez plus quand vous en aurez besoin. (Très-bien ! très-bien !)

Oui, et c'est là ce qui m'a frappé dès l'origine.

A la suite de la loi de 1865, il s'était produit un grand mouvement dans notre pays. Vous avez vu que déjà, au bout de sept à huit ans, 1,600 kilomètres de chemins avaient été concédés, construits et exploités comme lignes d'intérêt local, autant au moins étaient en construction.

Eh bien, la loi si vantée de 1842, qu'est-ce qu'elle a produit dans le même laps de temps ? L'État s'en mêlant, sollicitant les compagnies à intervenir, elle avait produit 1,900 kilomètres.

Maintenant, moyennant un crédit annuel qui, aux termes de l'article 6 de la loi de 1865, ne dépasse pas 6 millions, vous avez fait surgir, grâce aux départements, en huit années, 1,600 kilomètres de lignes d'intérêt local.

Eh bien, je dis qu'il y a là un intérêt de premier ordre, un intérêt capital, et, je vous en prie, ne tarissez pas cette source si féconde, car vous aurez encore à y puiser. (Très-bien ! très-bien ! et applaudissements sur un grand nombre de bancs. — La clôture ! — Aux voix !)

M. Mathieu-Bodet se présente à la tribune.

Voix nombreuses. La clôture ! la clôture !

M. le président. La clôture étant demandée, je vais consulter l'Assemblée.

(L'Assemblée, consultée, prononce la clôture.)

M. le président. Je vais maintenant mettre aux voix l'article 1er...

Un membre. L'amendement.

M. le président. ...l'article 1er du contre-projet de M. Paris.

J'en donne lecture.

M. Mathieu-Bodet. Je demande la parole sur le contre-projet.

M. le président. On a discuté le contre-projet.

M. Mathieu-Bodet. Mais non !

M. le président. Il ne faut pas qu'il y ait de surprise.

Il n'y a pas de discussion générale à une seconde lecture, alors que l'urgence a été demandée et déclarée. La discussion générale d'un projet de loi n'a lieu qu'à la première lecture, bien que l'usage se soit quelquefois introduit d'une discussion générale à une seconde lecture.

Dans l'espèce, je rappellerai à l'Assemblée que j'ai bien eu l'honneur, dès le début de la discussion, de la prévenir qu'on discutait l'amendement ou le contre-projet, puisque j'ai fait observer que ce n'était que par le consentement de l'honorable M. Paris que M. Krantz prenait place à la tribune avant lui. C'est donc bien l'amendement ou le contre-projet de M. Paris qui a été l'objet de la discussion. (Oui ! oui !)

Je mets sous les yeux de l'Assemblée l'article 1er du contre-projet présenté par MM. Paris, de Clercq, Wartello de Retz, Adam (Pas-de-Calais), le comte Bryas, Martel, le comte de Diesbach, Hamille, le marquis de Partz, le comte Fouler de Relingue, Douay, Levert, de Saint-Malo, Sens, Courbet-Poulard, le général Changarnier, de Rainneville, Goblet, Barni, Gaulthier de Rumilly, de Beauvillé, de Rambures, Lefèvre-Pontalis (Seine-et-Oise), Barthélemy Saint-Hilaire, Labélonye, Caimon, Schérer.

« Art. 1er. — Sont concédés à la compagnie du chemin de fer du Nord les chemins de fer ci-après désignés :

« 1° De Douai à Cambrai, et de Douai à la frontière de Belgique par Orchies;

« 2° D'Aubigny-au-Bac à Somain, avec embranchement sur Abscon;

« 3° D'Abbeville au Tréport, avec embranchement se détachant de la ligne principale en en un point à déterminer par l'administration, la compagnie entendue, et aboutissant à la station d'Eu sur le chemin de fer d'intérêt local d'Abancourt au Tréport. »

Cette demande est signée par MM. de Clercq, Delisse-Engrand, Charles Wartelle, Dussaussoy, Douay, général Mazure, de La Borderie, Boreau-Lajanadie, de Poger, Courbet-Poulard, baron de Flaghac, Lallié, X. Dufaur, Sacase, Eugène Perrier, Vandier, Grange, Achille Adam (Pas-de-Calais), Vidal, Lebourgeois.

(Le scrutin est ouvert et les votes sont recueillis.)

Le compte des bulletins blancs et des bulletins bleus est immédiatement fait par MM. les secrétaires et communiqué à M. le président.

M. le président. J'avertis l'Assemblée qu'il y a lieu au pointage des votes.

(Les bulletins sont emportés dans une des pièces du bureau des procès-verbaux pour être soumis à une vérification attentive par MM. les secrétaires.)

M. le président. Je donne la parole à M. le garde des sceaux pour un dépôt de projets de lois.

M. le garde des sceaux, ministre de la justice. J'ai l'honneur de déposer sur le bureau de l'Assemblée un projet de loi ayant pour but d'établir à titre définitif la chambre temporaire de la cour de Nancy et d'augmenter le personnel des tribunaux de première instance de la Seine et de Lille.

Je demande le renvoi de ce projet à la commission du budget.

M. le président. Le projet de loi sera imprimé, distribué et renvoyé à la commission du budget.

M. le garde des sceaux. J'ai l'honneur de déposer un projet de loi tendant à modifier certaines dispositions de la loi du 12 février 1872, relative à la reconstitution des actes de l'état civil.

M. le président. Le projet de loi sera imprimé, distribué et renvoyé à l'examen des bureaux.

(La séance reste suspendue de fait durant plus de vingt minutes.)

Il est près de six heures lorsque le résultat du scrutin est apporté à M. le président.

M. le président. Voici le résultat du dépouillement du scrutin vérifié sur l'article 1er du contre-projet Paris, etc. :

Nombre des votants........	611
Majorité absolue............	306
Pour l'adoption.....	294
Contre	317

L'Assemblée nationale n'a pas adopté

Je consulte l'Assemblée sur l'ordre du jour de demain.

A gauche. Continuons la discussion !

A droite. Non ! non ! A demain ! à demain !

M. le président. L'Assemblée entend-elle continuer la discussion ? (Oui ! oui ! — Non ! non !)

M. le président. On me paraît difficilement accepter — ce qui, je le croyais du moins, avait été convenu. — que, lorsqu'il est près de six heures, le président doit proposer la fixation de l'ordre du jour du lendemain.

A droite. Oui ! oui ! Très-bien !

A gauche. Continuons la discussion !

A droite. A demain ! à demain !

M. le président. Le président n'a pas la prétention d'imposer sa volonté à l'Assemblée. Le règlement dit que, chaque jour, le président, avant de prononcer la clôture de la séance, règle, après avoir consulté l'Assemblée, l'ordre du jour de la séance suivante. Mais il est évident que si chaque jour on remet en question ce qui a été décidé par l'Assemblée, le président est obligé de la faire voter chaque jour.

Je demande si le président est autorisé, quand il est près de six heures, à proposer la fixation de l'ordre du jour de la séance suivante. (Oui ! oui ! à droite.)

A gauche. La suite de la délibération !

M. le vicomte d'Aboville. Messieurs, j'ai l'honneur de déposer sur le bureau de M. le président une proposition revêtue de cinquante signatures et tendant à ce que les séances soient levées à six heures moins un quart.

Je demande la permission de justifier cette motion d'ordre par quelques mots.

A gauche. Il faut finir la loi ! La suite de l'ordre du jour !

M. le vicomte d'Aboville. Messieurs, je ne serai pas long, vous aurez plus tôt fait de m'écouter.

Il y a plusieurs raisons pour cela...

A gauche. L'ordre du jour ! l'ordre du jour !

M. le vicomte d'Aboville. Messieurs, je veux parler de ce qui est en question. M. le président m'a donné la parole ; vous n'avez pas le droit de me l'ôter. (Parlez ! parlez ! — L'ordre du jour ! l'ordre du jour !)

M. le président. C'est sur l'ordre du jour que M. d'Aboville a demandé la parole ; je ne peux pas la lui refuser.

M. le vicomte d'Aboville. Il y a longtemps qu'il a été décidé, sur la proposition de l'honorable M. Grévy, que les séances seraient levées à six heures moins le quart.

Un membre. A six heures moins vingt minutes !

M. le vicomte d'Aboville. En vertu de cette décision...

Plusieurs membres à gauche. Il faut finir la loi !

M. le vicomte d'Aboville. Je ne parle pas pour aujourd'hui seulement, mais le spectacle que nous donnons tous les jours ne se renouvelle pas : il est peu honorable pour l'Assemblée.

A gauche. Laissez continuer l'ordre du jour !

M. le vicomte d'Aboville. Sur la décision prise par l'Assemblée que les séances seraient d'habitude, et sauf des cas exceptionnels, levées à six heures moins un quart, a été basé le 'cahier des charges relatif à la publication des comptes rendus sommaire et analytique qui a été mise en adjudication le 4 août 1873.

L'article 5 stipule que le compte rendu s'arrêtera à cinq heures quarante-cinq minutes.

Plusieurs voix à gauche. L'ordre du jour! l'ordre du jour!

M. le vicomte d'Aboville. Veuillez faire silence un instant, messieurs! La question n'est pas bien compliquée : elle peut s'éclaircir facilement.

A gauche. Après la loi en discussion!

M. le président, *à l'orateur.* Parlez seulement sur l'ordre du jour.

(M. le président échange quelques paroles à voix basse avec l'orateur.)

M. le vicomte d'Aboville. Messieurs, M. le président me fait observer que la proposition que j'ai déposée est un projet de résolution, et, sur la promesse qu'il me fait de me permettre de la présenter après le prochain scrutin, je renonce à parler sur l'ordre du jour, et je descends de la tribune.

M. le président. C'est par erreur, je crois, que notre collègue M. d'Aboville vient de dire que mon honorable prédécesseur M. Grévy avait fait prendre par l'Assemblée une décision absolue sur la levée de la séance à six heures ou avant six heures. Cela n'est pas possible, car cela serait contraire au règlement.

Le règlement dit en effet, à l'article 46 :

« Le président, avant de prononcer la clôture de la séance, règle, après avoir consulté l'Assemblée, l'ordre du jour de la séance suivante. »

Pour ce qui est de la proposition qui vient d'être déposée sur le bureau, elle est soumise à une procédure spéciale. C'est une modification au règlement : tout le monde a le droit de déposer sur le bureau des demandes de modification au règlement, et ces sortes de demandes sont renvoyées, comme toutes autres propositions, à la commission d'initiative pour être ensuite, s'il y a lieu, étudiées par une commission spéciale qui en fait rapport à l'Assemblée. Mais on ne peut pas modifier le règlement *de plano* par une simple proposition déposée sur le bureau de l'Assemblée. (Marques d'assentiment.)

M. le vicomte d'Aboville. Je demande la parole.

A gauche. Non! non! La loi! la suite de la discussion de la loi de chemin de fer!

M. le président. Il ne peut y avoir, en fait d'heure de levée des séances, qu'un usage respecté par chacun, usage qui ne peut en quoi que ce soit engager la décision de l'Assemblée. Aussi, toutes les fois qu'une partie de l'Assemblée demandera que la séance soit prolongée ou qu'elle finisse plus tôt, le président n'aura, aux termes du règlement, qu'une chose à faire : consulter l'Assemblée, et c'est alors l'Assemblée qui décidera. (Très-bien!)

M. le vicomte d'Aboville. Je n'ai point parlé d'une disposition réglementaire ; j'ai voulu dire simplement que l'Assemblée avait autorisé précédemment son président à proposer habituellement la levée de la séance à six heures moins un quart. Je crois être en cela parfaitement d'accord avec M. le président.

Je ne demande point de modification au règlement.

ANNALES. — T. XXXIX.

M. le président. L'honorable M. d'Aboville déclare que son intention n'était pas de provoquer une modification au règlement; qu'au contraire il venait constater ce que le président lui-même a reconnu, à savoir : qu'il était nécessaire qu'il y eût une sorte d'usage qui, sans engager personne strictement, autorisât le président, quand il est près de six heures, à proposer la fixation de l'ordre du jour du lendemain. Ceux qui ne veulent pas y consentir peuvent toujours poser la question de la continuation de la séance, et cette question, l'Assemblée la résoudra. Mais, je persiste à demander que tous les jours, à la fin de la séance, un tel débat ne s'établisse pas.

Il est six heures, je propose à l'Assemblée de régler l'ordre du jour de demain.

A droite. Appuyé! appuyé!

A gauche. Non! non! la suite de l'ordre du jour! la continuation de la discussion commencée!

M. le président. Si quelqu'un a une autre proposition à faire, je la mettrai aux voix. (L'ordre du jour!)

Personne ne demandant la parole, je propose à l'Assemblée l'ordre du jour de demain.

A gauche. Mais non! mais non!

Un membre. C'est la continuation de l'ordre du jour d'aujourd'hui que nous demandons.

M. le président. Je vois, messieurs, que nous ne nous sommes pas entendus; je me suis mal fait comprendre, ou je vous ai mal compris. Quand je parlais de l'ordre du jour, c'était de l'ordre du jour de demain ; nos honorables collègues entendaient, eux, qu'il s'agissait de la suite de la discussion.

A gauche. Oui! oui! C'est cela!

M. le président. Je vais consulter l'Assemblée sur la question de savoir si elle entend continuer la discussion.

(Une première épreuve a lieu par mains levées; elle est déclarée douteuse par le bureau.

— A la seconde épreuve, par assis et levé, l'Assemblée décide que la discussion continue.)

M. le président. Puisque l'ordre du jour d'aujourd'hui est continué, nous reprenons la délibération de la loi de concession de chemins de fer au point où nous l'avons laissée.

L'auteur du contre-projet m'a fait savoir qu'il le retirait, le rejet de l'article 1er impliquant le rejet du reste.

Je dois maintenant mettre aux voix l'article 1er du projet de la commission, ainsi conçu :

« Art. 1er. — Est déclaré d'utilité publique l'établissement des chemins de fer ci-après :

« 1o De Cambrai à Douai ;

« 2o D'Aubigny-au-Bac à Somain, avec embranchement sur Abscon. »

Je consulte l'Assemblée.

(L'article 1er est mis aux voix et adopté.)

« Art. 2. — Est approuvée la convention provisoire passée le...... 1874, entre le ministre des travaux publics et la société anonyme établie à Paris sous la dénomination de compagnie des chemins de fer de Picardie et Flandres, ladite convention portant concession à cette société des chemins de fer énoncés à l'article 1er ci-dessus. » — (Adopté.)

« Art. 3. — Ladite convention et le cahier

58

des charges annexé à la présente loi ne seront passibles que du droit fixe de 3 francs. » —
(Adopté)

(L'ensemble du projet de loi est ensuite mis aux voix et adopté.)

M. le président. L'Assemblée entend-e'le continuer son ordre du jour?

Voix nombreuses. Non! non ! A demain !

M. le président. Voici le projet d'ordre du jour de demain.

A deux heures, séance publique ;

Discussion du projet de loi relatif à la construction d'une enceinte avancée pour couvrir les faubourgs ouest de la place de Grenoble ;

2e délibération sur le projet de loi organique relatif aux rapports des pouvoirs publics ;

Suite de l'ordre du jour.

Il n'y a pas d'opposition?...

L'ordre du jour est ainsi réglé.

(La séance est levée à six heures dix minutes)

Le directeur du service sténographique de l'Assemblée nationale,

CÉLESTIN LAGACHE.

SCRUTIN

Sur l'article 1er du contre-projet de M. Paris.

Nombre des votants................ 611
Majorité absolue 306

Pour l'adoption........ 294
Contre..................... 317

L'Assemblée nationale n'a pas adopté

ONT VOTÉ POUR:

MM. Aclocque. Adam(Pas-de-Calais). Adnet. Adrien Léon. Aigle (comte de l'). Allenou. André (Seine). Anisson-Duperon. Arbel. Arfeuillères. Aubry. Audren de Kerdrel. Aurelle de Paladines (général d'). Auxais (d'). Babin-Chevaye. Bagneux (comte de). Buisan. Baragnon. Barante (le baron de). Barascud. Bardoux. Barni. Barthe (Marcel). Barthélemy Saint-Hilaire. Bastard (le comte Octave de). Baze. Beau. Beauvillé (de). Benoist d'Azy (comte). Benoist du Buis. Benoît (Meuse). Bérenger. Bernard-Dutreil. Bertauld. Besson (Paul). Béthune (le comte de). Beurges (le comte de). Bidard. Bienvenüe. Bigot. Blin de Bourdon (vicomte). Bocher. Boisse. Bompard. Bonald (vicomte de). Bondy (le comte de). Boreau-Lajanadie. Bouisson. Boullier (Loire). Boullier de Branche. Bourgeois. Brettes-Thurin (le comte de). Broët. Bryas (comte de). Buffet. Buisson (Jules) (Aude). Busson-Duviviers. Caillaux. Calet. Calmon. Carayon La Tour (de). Carron (Emile). Casimir Perier. Castellane (marquis de). Chabaud La Tour (Arthur de). Chabaud La Tour (général baron de). Chabron (général de). Chamaillard (de). Champvallier (de). Changarnier (général). Chaper. Chareton (général). Charreyron. Chatelin. Chaurand (baron). Cheguillaume. Chiris. Choiseul (Horace de). Cintré (comte de). Cissey (général de). Clément (Léon). Clercq (de). Cochery. Combier. Cornulier-Lucinière (comte de). Costa de Beauregard (marquis de). Cottin (Paul). Crussol d'Uzès (duc de). Cumont (vicomte Arthur de).

Daguenet. Daguillon-Lasselve. Dampierre (le marquis de). Danelle-Bernardin. Decazes (baron). Decazes (duc). Delacour. Delavau. Delille. Delisse-Engrand. Delorme. Denormandie. Depasse. Desjardins Dieabach (vicomte de). Dompierre d'Hornoy (l'amiral de). Doré-Graélin. Douay. Drouin. Duboys-Fresnay (le général). Du Chaffaut. Dufaur (Xavier). Dufaure (Jules.) Dufournel. Dumarnay. Dumon. Duréault. Duvergier de Hauranne.

Flaghac (baron de). Fleuriot (de). Foubert. Fourichon (amiral). Fournier (Henri). Franclieu (marquis de). Fresneau.

Gaslonde. Gasselin de Fresnay. Gatien-Arnoult. Gaulthier de Rumilly. Gaulthier de Vaucenay. Gavardie (de). Gavini. Germonière (de la). Gévelot. Gillon (Paulin). Giraud (Alfred). Glas. Goblet. Godet de La Riboulerie. Gouin. Gouvion Saint-Cyr (le marquis de). Grammont (le marquis de). Grange. Grivart. Grollier. Guibal. Guichard. Guiche (le marquis de la). Guillemaut (général).

Hamille. Harcourt (comte d'). Harcourt (duc d'). Haussonville (vicomte d'). Huon de Penanster.

Jaffré (abbé). Jaurès (amiral). Jocteur-Monrosier. Johnston. Joinville (prince de). Jordan. Joubert. Jourdan. Juigné (comte de). Juigné (marquis de). Kergorlay (comte de). Kerjégu (amiral de).

Labitte. La Borderie (de). Laboulaye. Lacave-Laplagne. La Caze (Louis). Laillé. Lambert de Sainte-Croix. La Pervanchère (de). Largentaye (de). La Rochefoucauld (duc de Bisaccia). La Sicotière (de). Lassus (le baron de). Lasteyrie (Jules de). Latrade. Laurier. Lavergne (Léonce de). Leblond. Lebourgeois. Lecamus. Le Chatelain. Lefèvre - Pontalis (Eure-et-Loir). Lefèvre-Pontalis (Seine-et-Oise). Lefranc (Victor). Le Gal La Salle. Le Lasseux. Lenoël (Emile). Le Provost de Launay. Lespinasse. Lestapis (de). Lestourgie. Levert. Limairac (de) (Tarn-et-Garonne). Limayrac (Léopold) (Lot). Lorgeril (vicomte de). Lortal. Louvet. Loysel (général). Lur-Saluces (marquis de). Maillé (comte de). Malartre. Maleville (marquis de). Maleville (Léon de). Mallevergne. Martel (comte de). Martell (Charente). Martin des Pallières (général). Mathieu-Bodet (Charente). Mathieu de la Redorte (comte). Max-Richard. Meaux (vicomte de). Médecin. Mettetal. Michel. Montaignac (amiral de). Montgolfier (de). Montrieux. Moreau (Ferdinand). Mortemart (duc de).

Pagès-Duport. Palotte (Jacques). Paris. Paris (le marquis de). Passy (Louis). Pellissier (général). Pelterau-Villeneuve. Perrier (Eugène). Petau. Poulvé. Peyramont (de). Picard (Ernest). Pioger (de). Piou. Pontoi-Pontcarré (le marquis de). Pradlié. Prétavoine. Pulberneau (de).

Quinsonas (marquis de).

Rainneville (de). Rambures (de). Rampon (comte). Rampont. Ravinel (de). Renouvier (comte de). Ricot. Robert (général). Roger-Marvaise. Roys (marquis des).

Sacase. Saint-Germain (de). Saint-Malo (de). Saint-Pierre (de) (Calvados). Saint-Pierre (Louis de) (Manche). Saisset (vice-amiral). Salvandy (de). Sarrette. Savoye. Say (Léon). Sebert. Ségur (comte Louis de). Sens. Sers (marquis de). Soury-Lavergne. Sugny (de).

Tailhand. Talhouët (le marquis de). Théry. Thiers. Tocqueville (comte de). Trévéneuc (comte de). Tréville (comte de).

Vacherot. Valady (de). Valazé (général). Valfons (marquis de). Vandier. Vauchier (comte de). Vautrain. Ventavon (de). Vétillart. Vidal (Saturnin). Viennet. Vilfeu. Vinay (Henri). Vingtain (Léon). Vitalis. Vogué (marquis de). Voisin.

Wartelle de Retz. Witt (Cornélis de).

ONT VOTÉ CONTRE :

MM. Abbadie de Barrau (le comte d'). Abbatucci. Aboville (vicomte d'). Adam (Edmond) (Seine). Alexandre (Charles). Allemand. Amat. Amy. Ancel. Ancelon. André (Charente). Arago (Emmanuel). Arrazat.

Bamberger. Barodet. Bastid (Raymond). Baucarne-Leroux. Beaussire. Bernard (Charles) (Ain). Bernard (Martin) (Seine). Bert. Besnard. Bethmont. Billot (général). Billy. Blanc (Louis). Blavoyer. Boduin. Boffinton. Boisboissel (comte de). Bonnet (Léon). Bonnet. Bottard. Boucau (Albert). Bouchet (Bouches-du-Rhône). Bouillé (comte de). Boyer. Boysset. Bozérian. Brabant. Brame (Jules). Brelay. Breton (Paul). Brice (Ille-et-Vilaine). Brice (Meurthe-et-Moselle). Brillier. Brisson (Henri) (Seine). Brun (Charles) (Var). Buée. Buisson (Seine-Inférieure).

Caduc. Calemard de La Fayette. Carbonnier de Marzac (de). Carnot père. Carnot (Sadi). Carquet. Carré-Kerisouet. Casse (Germain). Castelnau. Cazeaux. Chadois (colonel de). Chalemel-Lacour. Champagny (vicomte Henri de). Chardon. Charton. Chavassieu. Cherpin. Chesnelong. Chovandier. Christophle (Albert). Clapier. Claude (Meurthe-et-Moselle). Claude (Vosges). Clerc. Colombet (de). Combarieu (de). Contaut. Corbon. Cordier. Corne. Cotte. Crémieux. Cunit. Daru (comte). Daumas. Dauphinot. Daussel. Delacroix. Delord. Delpit. Denfert (colonel). Deregnaucourt. Descat. Deschange. Destremx. Dietz-Monnin. Douhet (comte de). Dréo. Du Bodan. Dubois. Ducarre. Dufay. Dufour. Duparc. Dupont (Alfred). Dupouy. Durfort de Civrac (comte de). Durieu. Dussausoy.

Ernoul. Escarguel. Esquiros. Eymard-Duvernay.

Farcy. Favre (Jules). Faye. Féligonde. Feray. Fernier. Ferrouillat. Ferry (Jules). Folliet. Fontaine (de). Forsanz (vicomte de). Fouquet. Fourcand. Fourtou (de). Fraissinet. Frébault (général).

Gagneur. Gailly. Gallicher. Galloni d'Istria. Gambetta. Ganault. Ganivet. Gaudy. Gayot. Gent. George (Émile). Gérard. Germain. Ginoux de Fermon (comte). Girerd (Cyprien). Girot-Pouzol. Godin. Godissart. Gouvello (de). Grandpierre. Grasset (de). Greppo. Grévy (Albert). Grévy (Jules). Gueidan. Guinot. Guyot. Haentjens. Hérisson. Hèvre. Houssard.

Jacques. Janzé (baron de). Joigneaux. Jouin. Journault. Jozon.

Kermenguy (le vicomte de).   Kolb-Bernard. Krantz.

La Bassetière (de). La Bouillerie (de). Lacretelle (Henri de). Laflize. Lafon de Fongaufier. Laget. Lambert (Alexis). Lamy. Langlois. Larcy (baron de). La Roche-Aymon (le marquis de). La Rochette (de). La Serve. Laurent-Pichat. Lebreton. Lefèvre (Henri). Lefranc (Pierre). Legrand (Arthur). Lepère. Lepetit. Lépouzé. Leroux (Aimé). Le Royer. Lesguillon. Leurent. Levêque. Lherminier. Lockroy. Loustalot. Lucet. Luro.

Madier de Montjau. Magniez. Magnin. Mahy (de). Maillé. Malens. Malézieux. Marc-Dufraisse. Marcère (de). Marchand. Marck. Marcou. Margaine. Martin (Charles). Martin (Henri). Martin (d'Auray). Maurice. Mazeau. Mazerat. Mazure (général). Melun (comte de). Méplain. Mérode (de). Merveilleux du Vignaux. Mestreau. Michel-Ladichère. Millaud. Monjaret de Kerjégu. Monneraye (comte de la). Monteil. Montlaur (marquis de). Moreau (Côte-d'Or). Morin. Morvan. Murat-Sistrières.

Naquet. Nétien. Nioche. Noël-Parfait. Ordinaire (fils).

Pajot. Parent. Parsy. Pascal Duprat. Palissier (Sosthène). Pelletan. Périn. Pernolet. Peyrat. Philippoteaux. Picart (Alphonse). Pichon. Pompory (de). Pouyer-Quertier. Pressensé (de).

Rameau. Raoul-Duval. Rathier. Raudot. Renaud (Félix). Renaud (Michel). Reymond (Ferdinand) (Isère). Reymond (Loire). Ricard. Riondel. Rive (Francisque). Robert (Léon). Robert de Massy. Rolland (Charles) (Saône-et-Loire). Rotours (des). Roussel. Rouveure. Rouvier. Roux (Honoré). Roy de Loulay.

Salay (Hervé de). Salneuve. Salvy. Sansas. Saussier (général). Savary. Schérer. Scheurer-Kestner. Schœlcher. Seignobos. Sénard. Silva (Clément). Simiot. Simon (Fidèle). Simon (Jules). Soye. Swiney.

Taberlet. Taillefert. Tallon. Tamisier. Tartoron (de). Tassin. Testelin. Thomas (docteur). Thurel. Tiersot. Tillancourt (de). Tirard. Tolain. Toupet des Vignes. Tribert. Turigny. Turquet.

Valentin. Valon (de). Vast-Vimeux (baron). Vente. Villain. Vimal-Dessaignes. Warnier (Marne). Wilson.

N'ONT PAS PRIS PART AU VOTE

Comme étant retenus à la commission des lois constitutionnelles :

Cazot (Jules) (Gard). Cézanne. Delsol. Duclerc. Humbert. Waddington.

N'ONT PAS PRIS PART AU VOTE

Comme étant retenus à la commission du budget :

MM. Batbie. Lefébure. Osmoy (comte d'). Pothuau (amiral). Soubeyran (baron de). Teisserenc de Bort. Wolowski.

N'ONT PAS PRIS PART AU VOTE :

MM. Andelarre (le marquis d'). Arnaud (de l'Ariége). Audiffret-Pasquier (le duc d'). Aymé de la Chevrelière. Belcastel (de). Berlet. Bottieau. Bourgoing (le baron de). Broglie (duc de). Brun (Lucien) (Ain). Brunet. Cazenove de Pradine (de). Courbet-Poulard. Courcelle. Daron. Depeyre. Desbassayns de Richemont (comte). Dezanneau. Du Breuil de Saint-Germain. Duchâtel (comte). Ducuing. Dupanloup (Mgr). Dupin (Félix). Eschasseriaux (baron). Guinard. Hespel (comte d'). Jamme. Jouvenel baron de). Keller. Kergariou (comte de). Kéridec (de). Lacombe (de). Lafayette (O. de). Lagrange (baron A. de). Lamberterie (de). Lanel. Lanfrey. La Rochejaquelein (marquis de). La Rochethulon (marquis de). L'Ebraiy. Legge (comte de). Limperani. Littré. Mangini. Martenot. Mathieu (Saône-et-Loire). Mavaud. Méline. Mercier. Monnet. Mornay (marquis de). Mouchy (duc de). Murat (comte Joachim). Nouaillan (comte de). Parigot. Perret. Pin. Plœuc (marquis de). Prax-Paris. Princeteau. Rémusat (Paul de). Riant. Rivaille. Rodez-Bénavent (vicomte de). Roger du Nord. Roudier. Rouher. Rousseau. Saincthorent (de). Saintenac (vicomte de). Saint-Victor (de). Serph (Gusman). Staplande (de). Target. Temple (du). Varroy. Vinols (baron de). Wallon.

ABSENTS PAR CONGÉ :

MM. Aumale (le duc d'). Chabrol (de). Chambrun (comte de). Chanzy (général). Chaudordy (comte de). Corcelle (de). Desbons. Plotard. Gontaut-Biron (vicomte de). Jullien. La Roncière Le Noury (vice-amiral baron de). Le Flô (général). Magne. Maure. Monnot-Arbilleur. Tardieu.

ASSEMBLÉE NATIONALE

SÉANCE DU MERCREDI 7 JUILLET 1875

PRÉSIDENCE DE M. LE DUC D'AUDIFFRET-PASQUIER.

La séance est ouverte à deux heures et quart.

M. le comte Duchâtel, l'un des secrétaires, donne lecture du procès-verbal de la séance d'hier.

M. le président. Quelqu'un demande-t-il la parole sur le procès-verbal ?

M. Dussaussoy. Je la demande.

M. le président. Vous avez la parole.

M. Dussaussoy. Messieurs, je suis le seul des quinze députés du Pas-de-Calais qui soit porté comme ayant voté contre l'amendement de l'honorable M. Paris.

Je déclare que c'est une erreur manifeste ; j'étais présent à la séance et, n'ayant pu approcher de ma boîte au moment du vote, j'ai prié un de mes collègues de voter pour moi ; je lui ai dit de voter blanc. A-t-il entendu bleu ? C'est possible ; mais j'ai voulu voter pour la concession à la compagnie du Nord.

M. Courbet-Poulard. Hier, lorsqu'on a recueilli les votes, j'ai déposé dans l'urne deux bulletins blancs : l'un pour l'honorable M. Cézanne, et l'autre pour moi-même.

Néanmoins, nous figurons tous deux parmi les membres qui se sont abstenus au scrutin.

Je tiens à réclamer, sans retard, contre une telle erreur.

M. Berlet. Messieurs, le *Journal officiel* me met au nombre de ceux de mes honorables collègues qui se sont abstenus de voter sur l'article 1ᵉʳ du contre-projet de M. Paris. J'ai mis moi-même mon bulletin dans l'urne et je déclare avoir voté bleu, c'est-à-dire contre cet article.

M. Courcelle. J'ai ostensiblement et sans hésitation voté blanc en faveur de l'amendement de M. Paris. C'est donc par erreur que mon nom figure au *Journal officiel* parmi ceux de mes honorables collègues qui se sont abstenus sur cette question.

M. L'Ebraly. C'est par erreur que je suis porté au *Journal officiel* comme m'étant abstenu dans le scrutin sur l'article 1er du contre-projet de M. Paris. J'ai voté contre.

M. Daron. Le *Journal officiel* fait figurer mon nom parmi ceux de nos collègues qui se sont abstenus dans le vote d'hier sur l'amendement de M. Paris. C'est une erreur : j'ai pris part au vote, et j'ai voté contre l'amendement.

M. le président. Il n'y a pas d'autres observations sur le procès-verbal ?...

Le procès-verbal est adopté.

M. Carron demande un congé de vingt jours. La demande sera renvoyée à la commission des congés.

La parole est à M. Destremx, pour le dépôt d'une proposition de loi.

M. Destremx. J'ai l'honneur de déposer sur le bureau de l'Assemblée une proposition de loi tendant à demander à l'Assemblée de faire rechercher les causes de la crise agricole qui sévit dans la région méridionale, et qui a pour résultat la dépréciation du vin et de la soie.

M. le président. La proposition sera imprimée, distribuée et renvoyée à la commission d'initiative parlementaire.

L'ordre du jour appelle la discussion du projet de loi relatif à la construction d'une enceinte avancée pour couvrir les faubourgs ouest de la place de Grenoble.

Quelqu'un demande-t-il la parole ?...

Je consulte l'Assemblée sur la question de savoir si elle entend passer à la discussion des articles.

(L'Assemblée, consultée, décide qu'elle passe à la discussion des articles.)

« Art. 1er. — Il sera construit, pour couvrir les faubourgs ouest de Grenoble, une enceinte avancée entre le front 4-5 de l'enceinte actuelle et le Drac, suivant l'un des tracés figurés sur le plan annexé à la présente loi. Le tracé à adopter définitivement sera fixé par un décret du Président de la République. »

(L'article 1er est mis aux voix et adopté.)

« Art. 2. — La construction de cette enceinte avancée est déclarée d'utilité publique et d'urgence, ainsi que l'ouverture d'une nouvelle porte sur le front 2-3. La dépense sera imputée sur le compte de liquidation des frais de guerre. » — (Adopté.)

« Art. 3. — Cette enceinte sera classée dans la première série, mais elle ne portera servitude que sur une zone unique de 250 mètres. Les servitudes portées par les anciennes fortifications à l'intérieur de l'enceinte avancée seront supprimées lorsque les fossés de cette nouvelle enceinte seront à profondeur et ses parapets massés et profilés. » — (Adopté.)

« Art. 4. — Le traité passé le 15 octobre 1874 avec la ville de Grenoble est approuvé. En conséquence, la subvention de 470,000 fr. à payer par cette ville sera portée au crédit du compte de liquidation, ainsi que le produit de la vente des terrains qu'elle cède à l'État. » — (Adopté).

« Art. 5. — Les terrains dépendant de la fortification rendus disponibles par la construction de la nouvelle enceinte et qu'il n'y aurait pas lieu de garder pour d'autres usages auxiliaires du service militaire, seront aliénés au mieux des intérêts de l'État et le produit de la vente sera également porté au crédit du compte de liquidation. » — (Adopté).

(L'ensemble du projet de loi est ensuite mis aux voix et adopté.)

M. le président. L'ordre du jour appelle la deuxième délibération sur le projet de loi organique relatif aux rapports des pouvoirs publics.

Je donne lecture de l'article 1er :

« Le Sénat et la Chambre des députés se réunissent chaque année, le second mardi de janvier, à moins d'une convocation antérieure faite par le Président de la République.

« Les deux Chambres doivent être réunies en session cinq mois au moins chaque année. La session de l'une commence et finit en même temps que celle de l'autre. »

Il y a sur cet article un amendement de M. Marcou, ainsi conçu :

« Remplacer les articles 1er et 2 par les dispositions suivantes :

« Les deux Assemblées, le Sénat et la Chambre des députés, sont permanentes.

« Elles se réunissent, chaque année, le second mardi de janvier ;

« Elles peuvent s'ajourner à les termes qu'elles fixent ;

« Pendant la durée des prorogations, une commission composée de membres des deux bureaux, de douze sénateurs et de douze députés nommés au scrutin de liste, a le droit de convoquer les deux Assemblées en cas d'urgence.

« Le Président de la République aura également le droit de les convoquer. »

La parole est à M. Marcou.

M. Marcou. Messieurs, je viens vous proposer, non pas une innovation, mais le maintien de ce qui existe, c'est-à-dire la permanence des futures Assemblées. Je n'ai donc pas de grands efforts à faire pour vous démontrer ce qui est l'évidence même.

Avant de m'engager dans cette discussion, j'éprouve le besoin de vous dire que ce n'est pas uniquement pour le plaisir de faire un discours et pour l'honneur d'être entendu de vous que je vous présente l'amendement dont la lecture a été faite par M. le président.

Plus ou tout autant que mes collègues, mes amis et moi nous voulons la dissolution, et nous n'apporterons de notre chef aucun retard à l'accomplissement de cette mesure.

Oui, nous voulons que la parole soit rendue au pays, mais nous ne voulons pas que cette parole que vous lui aurez irez soit étouffée pendant six ou sept mois de l'année ; nous ne voulons pas aller au combat après avoir déposé notre armure. (Rumeurs et mouvements divers.)

Voilà pourquoi nous estimons que ce n'est pas perdre notre temps et retarder d'une manière néfaste l'époque de la dissolution que de venir ici discuter des questions qui intéressent essentiellement le pays, car elles renferment en elles-mêmes la conservation du principe de la souveraineté nationale.

Quelques voix à gauche. Très-bien !

M. Marcou. Il est certain, en effet, que si nous allons aux élections sans que les municipalités aient recouvré le droit de nommer leurs maires, sans que l'état de siége soit levé, sans que d'autres mesures aient été prises, il est incontestable que nous accepterions la bataille électorale dans de très-mauvaises conditions. (Rumeurs. — Bruit.) Il est dès lors du devoir de nous tous, avant de nous séparer, de faire tous nos efforts pour que les conditions antérieures soient rétablies. Vous avez été élus sous l'empire de circonstances déplorables, lamentables; mais, tout au moins, vous aviez à cette époque la liberté de la presse... (Oh ! oh ! à droite): vous aviez alors l'indépendance des communes, les maires étaient les vrais représentants de leurs conseils municipaux. (Interruptions à droite et au centre.)

M. Gavini. Il n'y avait que des commissions municipales !

Un membre. Et pas de conseils généraux !

M. Marcou. L'état de choses n'est plus le même; nous devons dès lors essayer de ressaisir les armes loyales du combat électoral; nous devons surtout, autant que possible, prévenir les candidatures officielles, et, pour cela, ne pas augmenter les pouvoirs du Gouvernement.

M. Depasse. Je demande la parole.

M. Marcou. Ces explications m'ont paru nécessaires pour donner à mon amendement son véritable caractère; je vais ainsi au-devant du reproche qu'on pourrait me faire, celui de retarder la dissolution.

Nous la désirons, nous l'appelons depuis longtemps; et ce serait une criante injustice que nous accuser d'avoir voulu ajourner d'une heure, d'une minute le moment où le pays pourra manifester sa volonté! Aussi je ne serai pas long dans la démonstration que j'ai à vous présenter. On ne m'accusera pas de dépenser en inutilités le temps que je vous demande pour traiter des questions de la plus haute importance, puisqu'elles se rattachent à l'établissement d'un nouveau Gouvernement. Il ne faut pas seulement se préoccuper du présent, il faut encore songer au lendemain.

Eh bien, que nous demande-t-on de supprimer? la permanence de l'Assemblée. Et pourquoi, quelles sont les raisons que l'on invoque, quelles sont les circonstances nouvelles, les besoins nouveaux auxquels il faudrait donner satisfaction et qui réclameraient la suppression de cette permanence?

M. le vice-président du conseil nous a parlé de besoins qu'il ne fallait pas méconnaître, et de la nécessité de ne pas précipiter le mouvement républicain. Mais, messieurs, ce sont des mots vagues qui, en eux-mêmes, ne déterminent, n'expriment aucune idée. Des besoins! Mais de quels besoins parlez-vous ? (Ah ! ah ! — Rires à droite.) Voulez-vous dire que le pays éprouve le besoin de se monarchiser davantage?

Un membre. Peut-être !

M. Marcou. Nous, au contraire, nous éprouvons le besoin de le républicaniser de plus en plus. (Exclamations et rires à droite. — Très-bien ! sur quelques bancs à gauche.)

De là naît pour nous la question de savoir si nous avons réellement une République, et quelle est cette République. (Ah! ah! à droite. — Mouvements divers.)

On a bien dit qu'il fallait ne pas s'asservir aux principes, s'en préoccuper, qu'on devait au contraire se désintéresser complétement de l'absolu, de la logique, et ne considérer que le moment actuel, que l'œuvre relative au temps présent; soit; mais dites-moi quelle est cette œuvre, et dites-moi du moins si vous avez entendu établir une République démocratique ou une République monarchique.

Un membre à droite. L'une et l'autre !

M. Marcou. Si notre République doit conduire à une restauration monarchique, il est évident que vous êtes conséquents, car vous faites tout ce qu'il faut pour arriver à ce résultat; mais ayez donc le courage de l'avouer; dites franchement que cet outil que vous nous présentez servira merveilleusement à reconstruire l'édifice monarchique. Vous n'osez pas aller jusqu'à cet aveu; vous cheminez dans des voies souterraines... (Oh! oh!); vous employez des moyens détournés. Eh bien, messieurs, il faut aujourd'hui que le voile se déchire.

Il y a dans l'histoire et dans le temps présent, des républiques diverses. Cette institution, comme celle de la monarchie, est assez flexible; elle revêt différentes formes; mais ces formes sont toujours en harmonie avec le principe qui leur a donné naissance, avec l'idée qui a présidé à leur établissement et qui dirige leur développement.

La république aristocratique est basée sur le privilége, sur la minorité, sur une classe de citoyens; la république démocratique a pour fondement le suffrage universel, la volonté de la majorité. C'est en d'autres termes le gouvernement du pays par le pays.

Un membre. Il y a longtemps qu'on l'a dit !

M. Marcou. Je pars donc de ce principe que la république qui a été votée est une République démocratique. Mais cette république a été implantée sur un sol qui est miné par des conspirations sourdes, latentes. Il est certain, en effet, que nous avons cette grande difficulté d'acclimater un nouveau gouvernement dans un pays qui a vécu pendant de longs siècles sous la monarchie, dans un pays qui a gardé encore dans le sol des racines profondes du passé. (Oui! oui ! C'est vrai ! à droite.)

Les Etats-Unis, au contraire, organisèrent leur république sans avoir à se préoccuper des dangers que présente la compétition des races royales; ils fondaient sur une table rase. Ils n'avaient pas dès lors de précaution à prendre contre des conspirations royalistes, et néanmoins ses fondateurs se gardèrent bien d'attribuer au président un pouvoir égal à celui que vous voulez aujourd'hui conférer au Président de la République française, oubliant qu'elle est née, cette République française, d'un accord passager entre des républicains de la veille, des républicains de raison et des républicains...

A droite. Ah ! voyons.

M. Henri Vinay. Des républicains de transition !

M. Marcou. ... ou plutôt des monarchistes ondoyants qui se sont subitement ralliés pour un jour à cette forme de gouvernement. Chose pleine de périls et d'arrière-pensées, cette République a été votée presque en silence. Personne ne s'est expliqué sur ses intentions, sur ses projets dans l'avenir, chacun a conservé son programme, ses visées ultérieures. Eh bien, il serait temps de dissiper cette équivoque.. car aussi longtemps qu'elle planera sur votre institution, il y aura un trouble profond, un malaise dans le pays; sinon cette République deviendrait semblable à une sorte de septennat républicain. (Ah! Ah! — Interruption prolongée.)

Le septennat était une idée bien simple, et cependant il a donné lieu à je ne sais combien de discussions et d'interprétations diverses. Et pourquoi? Parce que ceux qui l'avaient voté s'étaient réservé chacun de s'en servir à son profit exclusif. L'inquiétude régnait dans le pays; tous les partis s'agitaient, se demandant ce qui sortirait de cette institution. Il en sera peut-être de même de la République, tant qu'on ne l'aura pas définie.

Le jour est arrivé où il faut qu'on sache si on veut entrer dans les voies de la démocratie ou si l'on entend rétrograder vers la monarchie.

Eh bien, messieurs, l'abolition de la permanence est un acheminement au rétablissement de la monarchie. Voyez en effet quels sont les pouvoirs que vous avez accordés jusqu'à ce jour au Président de la République. Vous lui avez conféré le droit de dissoudre la Chambre des députés, d'accord avec le Sénat. Vous lui avez attribué le commandement personnel de l'armée; vous ne vous êtes pas même réservé, comme en 1848, le droit de disposer d'une partie de la force publique, en cas de péril, pour la protection et la défense de votre propre sécurité.

Nous n'avons plus de garde nationale... (Exclamations et rires bruyants à droite), et vos exclamations me prouvent que vous n'en désirez pas le rétablissement ! (Oh ! non ! non ! à droite.)

Un membre. Ni vous non plus, au fond!

M. Marcou. Le Président de la République dispose donc seul de la force armée. Il est, de plus, irresponsable! N'est-ce pas là une nouveauté étrange sous une République démocratique? L'irresponsabilité était une invention importée de l'Angleterre, et qui ne pouvait s'appliquer, s'adapter qu'à la monarchie, et pourquoi? Parce qu'elle était nécessaire pour maintenir l'hérédité, et assurer la transmission des pouvoirs monarchiques dans la même famille.

M. Louis Blanc. C'est cela! Très-bien!

M. Marcou. Mais sous la République, vous espérez faire du Président une espèce de roi fainéant; vous croyez qu'il se désintéressera de vos querelles, de vos débats; qu'il n'interviendra pas dans la conduite des affaires, qu'il n'aura pas une pensée à lui, une volonté à lui et qu'il ne fera pas rayonner sa volonté dans toute la France, qu'il ne pèsera pas sur son ministère et qu'il se contentera d'être un ressort secondaire dans la machine gouvernementale, de jouer le rôle d'un simple soliveau! (Dénégations nombreuses.)

Le Président de la République, soyez-en convaincus, dirigera, gouvernera la France. Il agira et ne répondra pas pourtant de ses actes; il sera placé au-dessus de toute critique, de toute attaque; il planera, comme le roi de son Olympe ministériel... (Exclamations et rires à droite) ... il aura des ministres soumis, dociles, qui seront chargés de porter seuls le poids de la responsabilité gouvernementale.

Eh bien, je prétends que cela n'est pas moral, que cela n'est pas vrai, que c'est là une fiction mensongère qui jette le trouble dans les consciences, qui bouleverse les lois de la raison. (Mouvements divers.) Vous ne ferez, en effet, jamais croire au pays, jamais la France ne croira que le Président de la République, — je ne parle pas de l'honorable maréchal, bien entendu, je me place dans l'avenir, je n'envisage que l'institution de la présidence en elle-même, — jamais, dis-je, vous ne persuaderez au pays, à ce pays si intelligent, si prompt à déduire les conséquences des principes, à ce pays qui voit à travers les voiles, qui repousse les fictions, vous ne lui ferez jamais croire que ce Président est complétement désintéressé dans la conduite politique, dans les actes de ses ministres; qu'il est là, en un mot, uniquement pour garder le fauteuil du pouvoir, en attendant qu'il le cède à un autre. Non! cela n'est ni moral, ni vrai, ni vraisemblable.

Mais ce n'est pas tout. Après lui avoir attribué ces prérogatives, cette faculté presque surnaturelle, incompréhensible... (Rires à droite)... vous voulez encore lui donner d'autres pouvoirs. Et quels sont ces pouvoirs? Celui de clore les sessions des Assemblées, celui d'ajourner le Parlement!

Mais quel est-il donc, ce Président? D'où vient-il? Est-ce qu'il a un long passé qui environne sa personne et son autorité d'une auréole plus ou moins auguste? (Rumeurs.) Est-ce que c'est un Président de droit divin? Est-ce qu'il n'émane pas de cette Assemblée qui l'a nommé, qui l'a choisi comme son agent et son délégué?

Eh bien, ce serait lui pourtant qui viendrait vous dire: Messieurs, l'heure de vous séparer est arrivée, je ferme la porte et je mets la clef dans ma poche! (Rires.) Et vous serez obligés de vous retirer! Pendant combien de temps? Pendant sept mois de l'année! Pendant sept mois, le pays n'aura pas la parole que vous voulez lui rendre, direz-vous, pendant sept mois, le pays sera gouverné comme le voudra le Président de la République. Il pourra changer son ministère, il pourra modifier le personnel de son administration, faire les circulaires qu'il croira convenable; en d'autres termes, il régnera et il gouvernera sans aucune espèce de contrôle parlementaire.

Quel est le pouvoir qui pourrait lui résister? La presse essaiera de faire entendre timidement, de temps en temps, quelques réclamations; mais ce contrôle, messieurs, ce contrôle de l'opinion publique trouvera une barrière dans l'institution du jury tel qu'il existe aujourd'hui. Il y aura donc très-peu de garanties pour les partis qui ne seront pas au pouvoir.

M. Henri Vinay. Attendez le projet de loi sur la presse.

M. Marcou. Vous instituez donc un pouvoir véritablement absolu, arbitraire, pendant sept mois de l'année

Ce n'est pas tout. Il pourra vous ajourner. N'est-ce pas que ce droit excessif vous rappelle les édits royaux qui renvoyaient les Parlements et les exilaient dans telle ou telle province quand ils étaient récalcitrants ?

Un membre. Nous ne serons pas exilés !

M. Marcou. Les parlements étaient mis à la porte, de même que vous le serez quand il plaira au Président de débarrasser ses ministres de vos importunes, de vos pressantes attaques. C'est ainsi qu'il vous traitera, vous, les représentants de la souveraineté ! Pendant trente jours, vous irez à travers la France promener votre impuissance. Vous serez comme des serviteurs cassés aux gages pendant un mois. (Réclamations)

Eh bien, messieurs, cela est-il digne? cela est-il conforme aux véritables principes républicains ?

Comment! le subordonné, le délégué, le commis... (Vives réclamations à droite)... l'agent! l'agent sera plus fort que le maître !

M. Louis Blanc. Très-bien ! très-bien !

M. Marcou. Fermer cette tribune pendant un mois, vous enlever la parole, n'est-ce pas la destruction de la souveraineté ? Peut-elle être ainsi absorbée par le chef de l'Etat, par le pouvoir exécutif?

Et enfin, revenant à la question de la permanence, je dis que cette intermittence pendant plus de la moitié de l'année ouvre la porte à toutes les éventualités les plus dangereuses, en suspendant l'action de la souveraineté nationale, ce qui est sa négation partielle, car la permanence est inhérente à la souveraineté ; elle est au corps social ce que l'âme ou le principe de vie est au corps de l'individu... (Oh ! oh ! à droite.)

M. Madier de Montjau. Très-bien ! très-bien !

M. Marcou. Vous ne pouvez pas suspendre l'activité de l'âme pendant une minute sans la nier, sans la détruire ! De même pour la souveraineté populaire.

M. Louis Blanc. C'est vrai !

M. Haentjens. Parlez à la gauche !

M. Marcou. Cela est élémentaire, messieurs; j'ajoute que la permanence n'a pas besoin d'être toujours en acte, mais qu'elle doit être toujours en essence.

M. Louis Blanc. Très-bien ! très-bien !

M. Marcou. Je ne dis pas cependant que vous deviez rester constamment réunis ; non, vous vous ajournerez quand vous le voudrez ; vous vous prorogerez; mais, durant cet intervalle, la souveraineté devra être représentée pour qu'elle puisse faire acte de vie, s'il y a nécessité, s'il y a urgence, c'est la les circonstances le commandent ; c'est là le but, c'est la mission des commissions de prorogation que vous avez nommées tous les ans, depuis que vous êtes réunis, c'est-à-dire depuis 1871. Que maintenant cette commission de prorogation ne tienne pas séance tous les huit jours, tous les quinze jours, ou tous les mois, pour décocher quelques traits à tels ou tels ministres, ou pour leur causer des embarras... (Rires à droite)... Soit, je ferais bon marché de ces causeries hebdomadaires ou bimensuelles ; mais je voudrais que la commission, telle que je la propose e,

ANNALES. — T. XXXIX.

composée de douze députés, de douze sénateurs et du bureau de l'Assemblée, fût permanente, c'est-à-dire siégeât dans Paris... (Ah ! ah ! à droite)... qu'elle suivît, qu'elle observât d'un œil toujours vigilant la ligne politique du Gouvernement ; qu'elle s'enquît des besoins, des nécessités qui pourraient motiver le rappel du parlement. Mais, au lieu de cela, que vous propose-t-on?

Voyez ! Par une inconséquence forcée, on nous accorde en principe ce qu'on nous refuse en fait; on nous dit: Vous pourrez vous réunir si vous êtes la moitié plus un de cet avis-là. Par là même on reconnaît le principe de la permanence; on lui rend hommage, mais un hommage dérisoire, puisqu'on exige la majorité pour la convocation du Parlement.

M. Madier de Montjau. C'est vrai!

M. Marcou. Mais où est en ce moment-là cette majorité, où est-elle ? Elle est éparpil ée, elle est disséminée sur toute la surface de la France. Et comment voulez-vous qu'on puisse réunir ces divers éléments, ces trois ou quatre cents volontés dans un même avis, lorsque les députés, les sénateurs sont l'un au Midi, l'autre au Nord, celui-ci à l'Est et celui-là à l'Ouest?

Comment concevez-vous qu'il soit possible de réaliser cette condition ? comment s'entendre à de telles distances? quelles sont donc les nouvelles facultés physiques dont vous devrez l s doter, sans doute, pour qu'ils puis ent se concerter, délibérer, échanger leurs observations et en définitive arrêter une délibération ? Ne dirait-on pas que nous voilà dans un conte de fées ? ou que ce que vous proposez là, c'est le jeu de Colin-Maillard, un jeu d'enfants... en un mot ce n'est pas sérieux. (Rires à droite.)

M. Haentjens. Très-bien ! adressez-vous à la gauche.

M. Marcou. De deux choses l'une : ou vous voulez que la permanence soit une vérité et non pas une déception, une fiction trompeuse pour le peuple, et dans ce cas vous devez voter le principe même de la permanence, avec les moyens de la réaliser.

Vous comprenez que, lorsqu'il s'agit de discuter les bases d'un gouvernement, on doit moins se préoccuper des circonstances variables du moment que des évolutions probables de l'idée renfermée dans la Constitution.

Aujourd'hui, c'est tel parti qui a la majorité ; demain, peut être, ce sera un autre. Quand donc vous travaillez à une œuvre pareille, désintéressez-vous des circonstances passagères du jour, et songez à l'avenir et surtout à la mobilité des passions.

Vous n'ignorez pas quelle est la facilité avec laquelle quelquefois notre nation passe d'une idée, d'un système, d'une opinion à une autre. J'ai vu plusieurs révolutions. En 1848, par exemple, est-ce qu'on ne disait pas : Les rois sont descendus dans la tombe pour toujours !

Eh bien, quoique jeune alors, je souriais de pitié, parce que je connaissais mon pays, parce que je savais combien sont profondes les racines du vieux tronc monarchique, combien sont difficiles à changer les mœurs, les préventions, les intérêts créés par la monarchie. (Sourires à droite.)

Et vous voudriez, dans notre pays, faire de la présidence un pouvoir aussi fort que celui de la royauté, et à l'aide duquel il serait facile

59

d'escamoter la République, surtout à l'aide des autres éléments de votre organisation ; car enfin il faut le dire...

M. Haentjens. Dites-le à la gauche !

M. Marcou. ... Qu'est-ce que votre Sénat ? (Ah ! ah ! à droite.)

Je l'ai voté, quoique à regret... (Ah ! ah !)... car j'étais partisan du principe unique de la représentation nationale. Néanmoins, je comprends cette institution avec le suffrage universel. Mais, tel qu'il est, savez-vous ce qu'il produira, ce qu'il sera ? C'est l'inconnu ; c'est une énigme pour nous tous.

Nous allons nous trouver, lors des élections, en face de deux civilisations : la civilisation des villes et la civilisation des campagnes. Y a-t-il égalité, y a-t-il similitude entre ces deux forces ? Ces deux courants, ces deux puissances, iront-ils de concert ? ne se heurteront-ils pas de façon que l'un absorbera l'autre ? Que sortira-t-il de ce choc ? Je n'en sais rien. Mais ce qu'il y a de sûr pour moi, c'est que, quand on a voté le Sénat, on cachait de part et d'autre des arrière-pensées. Quoi qu'il en soit, il faut se pénétrer de cette vérité, c'est qu'en présence d'un tel Sénat et d'un Président armé de tous ces pouvoirs, l'Assemblée sera dans une situation subalterne et précaire. Savez-vous pourquoi on a fait le coup d'État du 18 brumaire ? Parce qu'il y avait un Conseil des Anciens, et qu'avec l'appui et la complicité de ce conseil, on a pu faire sauter par les fenêtres le conseil des Cinq-Cents.

M. Louis Blanc. C'est vrai ! — Très-bien !

M. Marcou. Le Sénat, — laissez-moi vous le dire, messieurs, — me fait l'effet du cheval de Troie. (Rires bruyants.) Oui, messieurs, et j'ajoute qu'Ulysse n'est pas mort. (Nouveaux rires. — Très-bien ! très-bien ! sur plusieurs bancs à gauche.)

Je crois remplir un devoir en parlant ainsi en toute vérité...

A droite. Parlez ! parlez !

M. Marcou. ... et sans avoir le mérite du chevalier d'Assas, quand je vois le péril, je dis à mes amis : À moi, Auvergne, l'ennemi est là !

Messieurs, je crois vous avoir démontré que supprimer la permanence de l'Assemblée et donner au Président de la République le droit absolu de gouverner pendant sept mois de l'année, c'est aller absolument contre le principe même de la souveraineté nationale, c'est renverser les fondements essentiels de notre établissement républicain. Peut-on le nier ? Je voudrais bien qu'on m'opposât des objections ; je n'en vois aucune. Mais, au nom et par respect de la logique, au moins, vous républicains rationalistes, convenez que vous faites là une chose tout à fait illogique, déraisonnable, tout à fait monstrueuse... (Très-bien ! très-bien ! à droite.)

Si le chemin de Paris à Versailles a été, pour vous, le chemin de Damas, que la lumière, au moins, descende complète dans vos intelligences. Comment ! vous reconnaissez que la souveraineté nationale est le principe de nos institutions, que c'est le peuple seul ou plutôt la majorité du peuple qui nomme les Assemblées d'où émerge le président ; vous avez toujours demandé le Gouvernement du pays par le pays, et vous effacez, vous supprimez la

représentation du pays pendant sept mois de l'année !

Mais enfin, je vous le demande, pourquoi faites-vous ce sacrifice au sens commun, à la raison, au bon sens ? Vous ne voulez pas nous le dire ? Je suis donc obligé de chercher dans mon esprit, et de lui demander pourquoi vous organisez une république aussi bizarre, une œuvre aussi hétérogène ? Est-ce pour la dissolution ? (Bruit.)

A droite. Écoutez ! écoutez !

M. Marcou. En vérité, si cela était, vous vous comporteriez comme des enfants impatients, vous abandonneriez la proie pour l'ombre. Prenez garde ! L'Achille populaire, lorsque vous lui aurez enlevé ses armes, sera incapable de combattre, de vous défendre et de vous réélire.

Un membre à droite. Décidément, nous sommes dans la guerre de Troie !

M. Marcou. Oui, vous faites peu à peu tomber les armes de ses mains, vous allez le livrer à une autorité absolue. Et vous croyez que, lorsque vous comparaîtrez devant vos électeurs, non pas demain, mais dans quelques semaines, vous croyez qu'ils ne vous demanderont pas compte de tous ces abandons ? Est-ce que nous travaillons pour une satisfaction momentanée ? Est-ce que nous ne devons pas travailler, si nous sommes des gens sérieux, pour les générations futures ?

Mais, dites-vous, ce que nous avons fait, nous le déferons ; ce que nous avons donné, nous le reprendrons !

Ah ! voulez-vous que je vous dise, messieurs ?... (Interruptions sur divers bancs à gauche.)

A droite. Parlez ! parlez !

M. Marcou. Voulez-vous que je vous exprime la comparaison qui naît dans mon esprit ? Vous faites comme ces rôdeurs de barrière qui jettent à l'eau un homme pour le repêcher et gagner la prime de sauvetage. (On rit.)

Eh bien, la souveraineté nationale, ne la jetez pas à l'eau pour avoir ensuite l'honneur périlleux de la repêcher. Nous l'avons, non entière, du moins en partie ; gardons ce dernier lambeau, nous en avons d'autant plus besoin que nous sommes dans un pays où il faut précisément suivre une tendance tout opposée à celle que veut faire prévaloir le Gouvernement.

Le pouvoir exécutif est trop fort en France, il faut l'amoindrir. Nous sommes dans le pays où il existe la plus complète centralisation politique et administrative. Cette centralisation est l'œuvre de l'ancienne royauté, de la Révolution française, de Napoléon ; voilà pourquoi le Gouvernement, à l'aide de cette centralisation, exerce une autorité immense. Elle pénètre dans tous les détails de la vie ; il n'est pas un village, pas un hameau où la main du Gouvernement ne puisse se faire sentir. Tout aboutit au pouvoir central ; on ne peut rien faire, on ne peut rien décider, on ne peut pas délibérer sans avoir affaire au préfet, qui est l'agent immédiat du ministère.

Vous n'avez donc pas la liberté des mouvements ; vous n'avez plus les anciens corps indépendants comme, par exemple, les anciennes assemblées provinciales, les parlements, les aristocraties anciennes; on nous a réduits à l'état de poussière démocratique...

M. Louis Blanc. Très-bien!

M. Marcou. Et vous voulez accroître encore le pouvoir exécutif! Mais où allez-vous donc? Vous vous précipitez vers des abîmes! il suffira en effet à ce pouvoir d'un jour, d'une occasion, pour forcer la main à cette Assemblée.

Le fauteuil présidentiel du Sénat, sur lequel j'aperçois déjà assis un prince, ressemble bien à un trône. Quand on croira le moment venu, on appellera un tapissier, on dressera quatre planches, on y jettera un tapis brodé, et la monarchie sera rétablie. (Sourires.) Et vos successeurs n'auront pas la peine de faire une Constitution; ils la trouveront, elle est toute faite. Ils n'auront qu'à changer un mot: au lieu de « Président » ils écriront dans la Constitution le mot: « Roi, » tout sera consommé et le fond restera le même. (Mouvements divers.)

M. Madier de Montjau. Ah! si on pouvait!

M. Marcou. Mais heureusement ce qui me rassure, messieurs, c'est que je vois une compétition entre trois dynasties. Les prétendants sont trois pour une seule place; ils se jalousent, s'observent. A vrai dire, on dirait qu'ils montent la garde dans le vestibule de la République pour empêcher l'un et l'autre d'y pénétrer. Il y en a un, cependant, qui a fait un premier pas; il s'avance sournoisement; c'est lui qui crie et fait crier « Au loup! » afin de faire perdre la piste du renard. (On rit.)

M. Louis Blanc. Très-bien! très-bien!

M. Marcou. Aussi, messieurs, à ce point de vue, je suis assez tranquille. Ces trois dynasties ne sont pas près de s'entendre. Deux d'entre elles ont essayé de s'embrasser pour faire la monarchie: elles ont échoué, et cet avortement a précisément creusé l'abîme entre ces deux partis.

Voilà pourquoi, du haut de cette tribune, je fais des vœux pour la conservation des jours du prétendant qui est à Frohsdorf... (Mouvement) sa mort pourrait être une sorte de calamité, en ce sens qu'elle ferait peut-être apparaître à la raison de certains de nos collègues la nécessité d'un rapprochement vers lequel en ce moment-ci...

Quelques membres. Plus haut! plus haut!

M. Marcou. Je disais, messieurs que la mort de M. le comte de Chambord... (Rumeurs sur quelques bancs à droite.)

Eh! mon Dieu! messieurs, ne vous étonnez pas que nous parlions avec liberté; nous sommes tous *morituri*... eh bien, à l'article de la mort, au moment de trépasser, on doit se dire toute la vérité.

A droite. Parlez! parlez!

M. Marcou. Je craindrais, si un malheur individuel arrivait, — celui auquel je fais allusion, — je craindrais que les raisons transcendantes qui ont fait accepter à quelques-uns d'entre vous la République, ne revêtissent un autre aspect et ne fissent place à des raisons plus transcendantales encore.

Il n'y a rien de plus variable, messieurs, que la raison humaine, croyez-le, quand les croyances ne plongent pas leurs racines dans la conscience et dans le cœur. Vous le savez, cette souveraineté de la raison joue quelquefois de vilains tours. Elle se trouble souvent. Il y a un parti, par exemple, qui nie la souveraineté du nombre et qui exalte la souveraineté de la raison, mais à la condition que lui seul en aura le monopole.

Plusieurs membres à droite. Très-bien! très-bien!

M. Marcou. Eh bien, messieurs, je disais donc que, dans l'état actuel de la France, il serait très-dangereux de concentrer tous les pouvoirs dans les mains d'un seul homme; si vous le pensez, vous ne devez pas voter la suppression de la permanence de l'Assemblée.

Je sais que je plaide une question gagnée dans les meilleurs esprits et dans les consciences mêmes de ceux qui m'écoutent...

De divers côtés. Plus haut! Nous n'entendons rien!

M. Marcou. Je demande pardon à l'Assemblée de ne pouvoir élever la voix, mais je suis souffrant depuis deux jours, et j'ai même de la peine à donner à ma voix une étendue même insuffisante.

Qu'a-t-on dit pour repousser la permanence? On ne peut disconvenir qu'elle est une conséquence, une nécessité du principe républicain, c'est-à-dire du principe de la souveraineté nationale; mais on répond — c'est d'abord M. Laboulaye dans son rapport, — que, quand vous êtes réunis, vous fatiguez le pays, et que, quand vous êtes absents, on vous regrette.

C'est là un argument à l'adresse d'une coquette. (On rit.) Il ne saurait vous toucher.

De son côté, l'honorable ministre de l'intérieur a fait une réponse à l'objection d'un coup d'État.

La permanence, a-t-il dit, n'empêche pas les coups d'État!

Expliquons-nous.

Il y a deux sortes de coups d'État. Il y a le coup d'État violent, exécuté par le fer, subitement.

Ah! j'en conviens, si le Président futur voulait consommer un tel crime, où serait notre force matérielle, légale, pour lui résister? Nous ne pourrions recourir qu'aux moyens révolutionnaires.

Mais, messieurs, convenez d'une chose, c'est que ce n'est pas là l'hypothèse ordinaire; j'admets bien qu'il y a des exceptions dans la série des rois et des présidents, mais ce n'est pas sur des exceptions que nous devons spéculer, que nous devons fonder nos raisonnements.

D'ailleurs, il faut, pour un coup d'État, une réunion de conditions qu'on ne rencontre pas toujours. Croyez-vous, par exemple, sans le conseil des Anciens, Bonaparte eût pu exécuter le coup d'État du 18 brumaire? Croyez-vous que, au Deux Décembre, Louis Napoléon, même après trois ans de présidence, eût pu tenter son crime, si l'Assemblée, usant du pouvoir de la force armée, avait adopté la proposition des questeurs? On aurait arrêté le Président de la République, on avait les mains pleines de preuves de sa conspiration, et l'attentat eût été ainsi empêché. (Mouvements divers.)

Un membre à droite. S'il y avait eu un Sénat!...

M. Marcou. Mais il y a d'autres coups

d'Etat qui s'exécutent perfidement, peu à peu, lentement, à l'aide de l'administration, par les lois, par la pression sur l'opinion publique, qu'on s'efforce d'incliner peu à peu vers d'autres idées, vers un autre but, et qu'on pousse dans une direction fatale, par une politique funeste et contraire à l'esprit primitif de la Constitution, c'est à-dire par la propagande monarchique ou impérialiste. En d'autres termes, on prépare l'exécution du crime par la révolution silencieuse, ténébreuse, mais lente de l'esprit public qu'on a tant de moyens de tromper.

Eh bien, là est le danger, parce que, alors, il ne s'agit plus que de réaliser ce qui est dans les tendances des populations ; et, il faut bien en convenir, il y a une grande et malheureuse mobilité dans l'esprit français.

Dès lors, vous qui avez charge d'âmes, vous qui êtes, en ce moment, investis de cette grande mission de travailler pour les générations futures, il est indispensable que vous preniez certaines précautions, que vous n'augmentiez pas, par conséquent, les attributions du pouvoir exécutif, sinon vous faciliteriez un coup d'Etat, je ne dis pas par les armes, — mais un coup d'Etat légal, un coup d'Etat législatif.

Ainsi, messieurs, je crois vous avoir démontré qu'il y aurait une souveraine imprudence, pour ne pas dire plus, à consentir de nouvelles concessions, et, m'adressant à mes amis, à mes coreligionnaires politiques, je leur dis :

Eh ! qui vous a donné mandat pour mutiler ainsi la souveraineté nationale ? Vous avez reçu entier ce dépôt de vos commettants, vous allez comparaître devant eux, que leur répondrez-vous, si vous ne pouvez le leur restituer, quand ils vous reprocheront d'avoir voté la suppression de la permanence des Assemblées ? D'un autre côté, songez que si le parti républicain a fait de grands progrès, s'il a vaincu bien des résistances, c'est parce qu'il avait une foi entière en ses dogmes, parce qu'il avait une religion politique. Si nos dogmes politiques sont reniés, sont détruits, mis en oubli, ou sera notre point d'appui, quand il faudra lutter, quand il faudra faire des sacrifices ? Car ne croyez pas, en effet, que nous ayons atteint l'Eldorado, que nous soyons arrivés définitivement à la terre promise.... (Interruption.) nous avons encore beaucoup de luttes à soutenir, beaucoup de sacrifices à accomplir. Lorsque cette religion sera bafouée, raillée, méprisée ; lorsque, à la place de ces croyances, de ces nobles fanatismes, vous aurez introduit le scepticisme, cette maladie du siècle qui affaiblit les individus, qui dissout les sociétés; lorsque, à la place de ces fortes convictions, vous aurez introduit l'indifférence politique, résultat du doute, nous serons bien près de devenir la proie de nos ennemis, et peut être de l'étranger. (Mouvements divers.)

Oui, la société républicaine, le parti républicain ne peut faire de grandes choses, ne peut réaliser son œuvre, sa mission, qu'à une condition : c'est qu'il gardera ses croyances, sa flamme, le germe des grandes vertus, pour accomplir les plus saints et les plus pénibles devoirs.

Mes amis, croyez-moi : restons fidèles aux principes. On ne se trompe jamais de route

quand on suit celle que nos pères nous ont tracée. Aussi, je crois que vous voterez comme moi en faveur de l'amendement que j'ai eu l'honneur de déposer. (Approbation sur quelques bancs à droite et à gauche.)

M. Buffet, *vice-président du conseil, ministre de l'intérur*. Je demande la parole.

M. le président. La parole est à M. le vice-président du conseil.

M. Buffet, *vice-président du conseil, ministre de l'intérieur*. Messieurs, je répondrai brièvement au discours que vous venez d'entendre.

L'honorable M. Marcou vous a dit : Que fait-on ? Que se propose-t-on ? A quel but veut-on nous conduire ? On marche souterrainement.

Je demanderai à l'honorable M. Marcou : A qui ce reproche s'adresse-t-il ?

Quelques membres à droite. A ses amis !

M. le vice-président du conseil. Ne peut-il pas se l'adresser à lui-même ?

Non content de chercher à justifier l'amendement qu'il soumet à l'Assemblée, l'honorable préopinant a dirigé la critique la plus acerbe contre la loi du 25 février ; il vous a montré le danger que cette loi fait courir, suivant lui, à la liberté, et l'omnipotence qu'elle crée au profit du pouvoir exécutif.

Si ce danger existe, l'honorable M. Marcou ne croit-il pas qu'il est un peu tard aujourd'hui pour le signaler. Pourquoi a-t-il gardé le silence!...

Sur plusieurs bancs à droite et au centre. C'est cela! c'est cela !

M. le vice-président du conseil. ... pourquoi a-t-il gardé le silence et pourquoi ceux qui partagent son opinion ont-ils également gardé le silence au moment où cette loi était soumise au jugement de l'Assemblée nationale et où chacun avait le droit de la combattre et de la rejeter ? Aujourd'hui la loi est votée ; elle est, quant à présent, irrévocable, et elle recèle un danger réel, ce danger est sans remède... (Mouvement de dénégation sur quelques bancs). Il est, pour le moment, sans remède. (Oui ! oui ! — Très-bien !)

Mais l'honorable M. Marcou, qui vous a signalé toutes les dispositions si défectueuses, je pourrais dire si monstrueuses, à ses yeux, de la loi du 25 février, laquelle crée, suivant lui, une sorte de royauté, comment ne s'est-il pas aperçu que son amendement était condamné par cette loi même?

L'honorable M. Marcou demande que les Assemblées s'ajournent elles-mêmes et que le droit de les ajourner n'appartienne pas au pouvoir exécutif.

L'honorable membre a-t-il oublié qu'il y a deux Assemblées ? Or, si ces deux Assemblées ne s'accordaient pas sur l'opportunité, sur la durée de leur ajournement, que ferait-on ?

Lorsqu'il y a deux Assemblées, il est indispensable qu'il y ait, en face d'elles, un autre pouvoir chargé, entre autres choses, de coordonner leur action.

L'honorable M. Marcou admettrait-il, par hasard, que l'une des deux Assemblées siégeât en l'absence de l'autre ? Il en peut être ainsi aux Etats-Unis, parce que les deux assemblées ont des attributions différentes ; mais chez nous leurs attributions sont les mêmes, et l'on a toujours considéré comme une garantie précieuse la simultanéité de leur présence et de leur action.

Est-il dans la volonté de l'honorable préopinant de sacrifier cette garantie? Aux États-Unis, messieurs, on a résolu la difficulté, et vous savez comment elle l'a été, par une disposition très-analogue à celle qui est proposée par le projet de loi.

En effet, la section 3 du chapitre 2 de la constitution des États-Unis porte :

« Le président peut, dans des circonstances extraordinaires, convoquer les deux Chambres ou l'une d'elles, et, en cas de dissentiment entre elles sur le temps de leur ajournement, il peut les ajourner à telle époque qui lui paraîtra convenable. »

L'honorable M. Marcou ignorait-il cette disposition de la constitution d'un pays qui est assurément dans le monde la plus grande et la plus prospère des républiques? Lorsque viendra la discussion de l'article même, il sera facile de montrer que les dispositions du projet de loi sont, non pas identiques dans la forme, mais conduisent à peu près aux mêmes résultats que la disposition de la constitution des États-Unis.

L'honorable M. Marcou ne s'est-il pas aperçu aussi que le système de la permanence était la conséquence de la loi constitutionnelle du 25 février?

Sans doute, la permanence est la conséquence du principe qu'il a posé. Les déductions qu'il a présentées sont parfaitement logiques; mais, je le répète, elles viennent trop tard. L'idéal de M. Marcou, c'est évidemment une Assemblée unique — il l'a déclaré — concentrant tous les pouvoirs, exerçant directement le pouvoir législatif, et confiant le pouvoir exécutif à un agent d'un rang élevé, mais à un agent qui lui est immédiatement subordonné et qu'elle peut révoquer.

Dans cet ordre d'idées, il est tout naturel que l'Assemblée soit permanente, car c'est d'elle et d'elle seule que le pouvoir exécutif tire l'existence, la force, la direction : il ne peut donc pas subsister sans elle.

L'Assemblée, alors, doit être toujours présente.

Mais est-ce que l'honorable M. Marcou n'a pas remarqué que l'article 5 de la loi du 25 février donne au Président de la République le droit de dissoudre la Chambre des députés. Et, quand il a usé de ce droit, il peut différer, pendant trois mois, la convocation des électeurs.

Ainsi, pendant trois mois, le Président de la République, dont vous redoutez si fort l'isolement, reste seul, gouverne seul, choisissant ses ministres comme il l'entend. Pendant trois mois, il n'a en face de lui ni un Sénat, qui ne peut se réunir lorsque la Chambre des députés n'est pas convoquée, ni une Chambre des députés, qui non-seulement n'est plus en action, mais qui n'a plus d'existence.

Que devient alors, en présence de cette loi, le système de la permanence? Et, s'il y a là un danger, c'est le droit de dissolution qui le crée beaucoup plus que l'ajournement des Assemblées.

S'il y a un danger de coup d'État, c'est à ce moment surtout qu'il pourrait se produire, et aboutir au résultat que vous voulez empêcher.

Quant à moi, je vous le déclare, je fais, dans l'examen des dispositions constitutionnelles, abstraction complète de l'éventualité d'un coup d'État, et voici pourquoi :

Ce n'est point parce qu'aujourd'hui la personne et le caractère de M. le maréchal de Mac Mahon offrent à cet égard une garantie absolue. Non, cette garantie, je le reconnais avec vous, pourrait disparaître d'un moment à l'autre. Je fais, dis-je, abstraction de l'éventualité d'un coup d'État, parce que, dans ma conviction profonde, il n'y a aucune disposition constitutionnelle qui puisse préserver d'un coup d'État... (Très-bien! très-bien! à droite et au centre); parce que les dispositions qui ont spécialement cet objet sont toujours vaines et illusoires, quand elles ne sont pas, ce qui arrive souvent, une provocation et une facilité pour un coup d'État. (Très-bien! très-bien!
— C'est vrai!)

L'honorable M. Marcou a cité la Constitution de 1848. Dans cette Constitution on avait accumulé les précautions; on croyait n'avoir négligé aucune garantie; on en avait pris contre le président, on en avait pris contre le pays, n'étant pas bien convaincu, comme M. Marcou n'est pas bien convaincu lui-même, que le pays porterait à cette Constitution une affection, un attachement et un dévouement invariables. (Sourires sur divers bancs à droite et au centre.)

On avait pris, ai-je dit, des précautions contre le Président : ainsi, les Assemblées étaient permanentes. Mais est-ce en l'absence de l'Assemblée que le coup d'État a eu lieu? On n'avait pas non plus accordé au Président le droit de dissolution, et, s'il avait existé, croyez-vous que le coup d'État eût été plus facile?

Croyez-vous que lorsque l'Assemblée se trouvait en désaccord avec le Président de la République, si elle avait pu lui dire : Nous ne nous entendons pas; vous croyez avoir raison; nous avons, de notre côté, la même conviction; portons le différend devant le pays; croyez-vous, encore une fois, que le coup d'État eût été plus facile?

On avait pris des précautions contre le pays lui-même : on avait déclaré que le Président ne serait pas rééligible. Était-ce là une garantie de stabilité? On avait rendu la révision de la Constitution à peu près impossible; je pourrais même dire en fait complètement impossible, puisqu'il fallait l'expression d'un vœu aux trois quarts des voix, d'un vœu émis plusieurs fois, à plusieurs mois d'intervalle, pour que l'on pût aboutir, par la convocation d'une Constituante, à la révision de la Constitution.

Eh bien, messieurs, qu'est-il arrivé? Le Président a exprimé le vœu d'une révision, et la majorité, la grande majorité, les deux tiers de l'Assemblée, non pas les trois quarts, mais les deux tiers, ont exprimé le même vœu. Or, quand la grande majorité d'une Assemblée, nouvellement élue, est d'accord avec le pouvoir exécutif pour déclarer que la Constitution est mauvaise, qu'elle doit être réformée, croyez-vous que cette déclaration, si elle ne peut être suivie d'aucun effet, soit une cause de sécurité et de durée pour cette Constitution... (Très-bien!), et trouvez-vous qu'il y ait là un

obstacle et non une facilité à un coup d'État ?
(Très-bien ! très-bien !)

J'écarte donc complétement, je le répète, cette hypothèse du coup d'État, ne voyant contre les coups d'État qu'une garantie.

Cette garantie, elle consiste à donner au pays un gouvernement qui ne lui paraisse pas trop en désaccord avec ses traditions, avec ses instincts, avec ses intérêts, ses besoins et les nécessités mêmes auxquelles il est soumis. (Très-bien !!) Et quand un gouvernement remplit à un degré suffisant ces conditions, quand le pays croit que ce gouvernement peut assurer sa sécurité, qu'il n'énerve pas ses forces, qu'il est favorable au développement de sa prospérité, et quand enfin l'expérience le lui a démontré, le pays s'y attache et lui donne un concours qui le rend réellement fort. C'est là, selon moi, la meilleure, ou pour mieux dire, l'unique garantie contre les coups d'État ; les autres n'ont aucune valeur. (Très-bien ! très-bien !)

Eh bien, messieurs, je le répète, lorsque, dans l'ordre d'idées développées tout à l'heure par l'honorable M. Marcou, vous présentez au pays comme un gouvernement, un système où il y a une Assemblée unique, concentrant en elle-même tous les pouvoirs, exerçant les uns directement, les autres par un délégué qui est toujours à sa merci ; lorsque vous présentez ce gouvernement on ne le donne pas, et si ce besoin d'un gouvernement, qui est si grand en France, s'exaspère, le pays qui n'est pas, comme on l'a dit, partisan du pouvoir absolu, mais qui veut un gouvernement fort, pourvu qu'il soit contrôlé, et sérieusement limité par la représentation nationale, apercevant devant lui au lieu du pouvoir fort, mais limité, qu'il désire, un pouvoir qui lui apparaît sanschef, comme sans direction, et n'ayant pas la satisfaction de se sentir gouverné, le pays, dis-je, si cet état dure quelque temps, est disposé à se jeter dans les bras du premier venu. (Vives marques d'assentiment.)

L'honorable M. Marcou vous disait : Je ne crains pas beaucoup les coups d'État violents ; ce que je crains, ce sont, en quelque sorte, bien que les mots hurlent de se trouver les uns à côté des autres, ce sont les coups d'État réguliers, législatifs ; voilà qui est redoutable.

Eh bien, messieurs, permettez-moi de vous citer un exemple ; je le prends dans l'histoire d'un autre pays.

L'honorable M. Louis Blanc, au cours du discours qu'il a prononcé lors de la première délibération, vous a dit : Il n'y a eu de paix publique, d'ordre véritable en Angleterre, que le jour où le pouvoir exécutif a été complétement subordonné à la chambre des communes, et où le premier ministre et le cabinet à la tête duquel il est placé n'ont plus été, suivant l'expression du publiciste qu'il a cité, M. Bagehot, qu'un comité de la chambre des communes.

Je crois que l'honorable M. Louis Blanc a singulièrement amoindri la situation de la royauté en Angleterre ; je crois que le rôle qu'elle joue dans ce pays est encore, en fait, à l'heure actuelle, infiniment plus considérable qu'il ne le suppose. (C'est vrai ! c'est vrai !)

Un membre. Très-considérable !

M. le vice-président du conseil. Je reconnais toutefois que depuis la révolution de 1688 il s'est opéré en Angleterre, dans les pratiques parlementaires, dans les fonctions du gouvernement, de nombreux changements; car M. Louis Blanc n'ignore pas que cette révolution de 1688 n'a pas eu lieu en Angleterre, comme la révolution de 1830 en France, pour faire prévaloir cette maxime que « le roi règne et ne gouverne pas ». Lord Macaulay, dont les sentiments ne sont pas suspects, déclare qu'une des causes qui avaient le plus contribué à rendre les Stuarts impopulaires avait été la délégation habituelle de l'autorité royale à un premier ministre, tandis que la popularité de Guillaume III tint en partie à ce que rompant avec cet usage, il se réserva la direction personnelle, directe, sans intermédiaire, de deux des plus importants départements ministériels, la marine, je crois, et les affaires étrangères. Cette résolution du roi de gouverner lui-même obtint l'approbation de la nation anglaise.

Par quels procédés est-on passé de cet état de choses à l'état actuel qui est très-différent ? Est-ce par des lois ? par des réformes législatives ? Il n'en est intervenu aucune pour restreindre l'autorité royale. Le changement est venu de la force des choses, de la nécessité, du concours que l'opinion publique a prêté à la représentation nationale.

J'ai donc le droit, messieurs, de tirer de cet exemple la conséquence suivante :

En réalité, la force des Assemblées consiste dans le concours que l'opinion publique leur prête… (Très-bien ! très-bien ! à gauche) ; et lorsque ces Assemblées apparaissent au pays, non pas comme des instruments indispensables de contrôle, mais en quelque sorte comme une cause d'agitation, d'excitation permanente, le sentiment public se détourne d'elles et se reporte vers le pouvoir exécutif. (Très-bien ! très-bien !)

Il n'y a pas de moyen plus sûr de discréditer les Assemblées que de leur donner la permanence ; c'est là, pour elles, le présent le plus funeste qui puisse leur être fait. (Marques d'approbation.)

J'accepte les dispositions du projet de loi, et je crois que la concession faite par ce projet au principe de la permanence n'a pas, dans la pratique, les inconvénients qu'on pourrait, à mon point de vue, signaler en théorie. Je suis rassuré à cet égard, non pas parce que l'usage exagéré du droit conféré aux Assemblées trouvera un frein dans l'exigence d'une majorité de la moitié plus un des membres de ces Assemblées, mais parce que le pouvoir législatif étant partagé entre deux Chambres, la difficulté naîtra de l'accord indispensable de ces deux Assemblées. S'il n'y avait qu'une Assemblée unique, la disposition du projet de loi, je le reconnais, équivaudrait à la permanence.

Permettez-moi d'ajouter un mot en réponse à cette observation que, d'après le projet de loi, les Assemblées n'étant réunies que pendant cinq mois, le pouvoir exécutif sera le reste du temps absolument affranchi de tout contrôle.

Mais, messieurs, ignorez-vous que les Assemblées ont les moyens les plus faciles, de prolonger leurs sessions?... (Interruption et sourires sur divers bancs.)

Une voix à gauche. C'est évident! Nous en avons l'exemple.

M. le vice-président du conseil. Je n'ai pas entendu l'interruption.

Un membre à gauche. On dit que nous en avons l'exemple.

M. le vice-président du conseil. L'Assemblée actuelle est permanente.

La Constitution impériale, par exemple, fixait à trois mois la durée des sessions. Combien de temps cette limitation a-t-elle existé en fait? Deux ans. A partir de la troisième année, la session, par la force même des choses, s'est prolongée fort au delà de trois mois, souvent même au delà de six mois; elle a été, je crois, une année, de huit mois.

Par conséquent, il ne faut pas dire que la limitation qui est dans la loi, que les difficultés, — et je ne sais pas si elles sont suffisantes, — apportées à la convocation des Assemblées par elles-mêmes, rendront le pouvoir sans contrôle pendant un temps très-long. Non, messieurs, cela ne sera pas; mais le pouvoir exécutif convoquant les Assemblées, prononçant la clôture de leur session, soumis à leur libre contrôle, apparaîtra avec son véritable caractère; il n'aura pas cette situation humble, abaissée, que le pays ne supportera jamais pour le pouvoir exécutif. (Très bien! très bien!) Mais il aura sa vraie part et sa vraie place, il pourra enfin remplir sa mission.

Quant aux Assemblées, renfermées dans leur droit de critique et de contrôle, elles exercent pendant un temps suffisant cette critique et ce contrôle sur les actes du Gouvernement et sur l'existence même des ministères, elles rempliront un rôle utile, un rôle qui paraîtra tel au pays, et alors il est à espérer que la faveur publique ne les abandonnera pas. (Vive approbation sur un grand nombre de bancs. — Applaudissements.)

M. le président. L'Assemblée est appelée à prononcer sur l'amendement de M. Marcou.

Il y a une demande de scrutin.

Cette demande est signée par MM. de Tarteron, Boullier de Branche, Lestourgie, Le Châtelain, Lur-Saluces, Lespinasse, Bernard-Dutreil, Baragnon, de Limairac (Tarn-et-Garonne), Gasselin de Fresnay, duc de Crussol-d'Uzès, comte de Kergariou, Lefèvre-Pontalis (Amédée), comte de Kergorlay, duc de La Rochefoucauld-Bisaccia, de Féligonde, de Kermenguy, de Saint-Victor, de Carayon La Tour, de Puiberneau.

Il va être procédé au scrutin.

(Le scrutin est ouvert et les votes sont recueillis.)

M. le président, *pendant le dépouillement*

du scrutin par MM. les Secrétaires. Je donne la parole à M. Krantz pour un dépôt de rapport.

M. Krantz. J'ai l'honneur de déposer sur le bureau de l'Assemblée un rapport fait au nom de la commission chargée d'examiner le projet de loi ayant pour objet la déclaration d'utilité publique et la concession d'un chemin de fer partant d'un point déterminé sur la ligne de Boulogne à Calais, pénétrant sous la mer et se dirigeant vers l'Angleterre jusqu'à la rencontre d'un pareil chemin parti de la côte d'Angleterre dans la direction du littoral français.

M. le président. Ce rapport sera imprimé et distribué.

La parole est à M. le ministre de l'instruction publique.

M. Henri Wallon, *ministre de l'instruction publique, des cultes et des beaux-arts.* J'ai l'honneur de déposer sur le bureau de l'Assemblée :

1° Un projet de loi portant ouverture au ministre de l'instruction publique, des cultes et des beaux-arts, d'un crédit supplémentaire de 125,000 fr. (exercice 1875) applicable aux dépenses diverses pour l'étude de la parallaxe du soleil;

2° Un projet de loi portant ouverture au même ministre d'un crédit supplémentaire de 9,250 fr. (exercice 1874) applicable aux frais de passage des fonctionnaires de l'instruction publique qui se rendent en Algérie.

Je demande le renvoi de ces projets à la commission du budget.

M. le président. Ces projets de lois seront imprimés et distribués.

Y a-t-il opposition au renvoi demandé par M. le ministre?...

Les deux projets sont renvoyés à la commission du budget.

Voici maintenant le résultat du dépouillement du scrutin sur l'amendement de M. Marcou :

Nombre des votants..........	612
Majorité absolue.............	307
Pour l'adoption......	24
Contre.............	588

L'Assemblée nationale n'a pas adopté.

Sur le premier paragraphe de l'article 1er, il y a un amendement de M. Cherpin, qui consiste à substituer à la date du second mardi de janvier la date du 20 novembre.

La parole est à M. Cherpin.

M. Cherpin. Messieurs, cet amendement ne peut éveiller les susceptibilités politiques de personne : il s'agit de mettre une date à la place d'une autre, et j'ajouterai que cet amendement ne comporte absolument aucune espèce de discussion. Je pourrais même, après la lecture qui en a été donnée, demander qu'il fût simplement mis aux voix. (Oui! oui! — Aux voix!)

Je demanderai seulement à mes collègues de me permettre quelques observations.

Il me semble que nous nous réunirions plus utilement le 20 novembre qu'au mois de janvier.

Voix diverses. Mais non ! — Pourquoi ?

M. Cherpin. Chacun peut avoir son opinion sur ce point.

Le second mardi de janvier peut nous conduire à la mi-janvier. Eh bien, je crois qu'en nous réunissant à la mi-janvier, ou même au commencement de janvier, nous engageons une très-grande partie du temps pendant lequel les travaux de la campagne s'exécutent, et je pense qu'il vaudrait bien mieux nous réunir pendant le temps de l'hiver, qui est assurément plus agréable et plus favorable pour les travaux législatifs que la température que nous subissons dans ce moment-ci, par exemple. Il vaudrait infiniment mieux employer le temps de l'hiver aux travaux législatifs, et laisser à ceux qui ont des travaux des champs à surveiller, — et ils sont nombreux dans cette enceinte, — les quelques mois du printemps, pendant lesquels les grands travaux des champs reprennent avec activité.

Voilà tout simplement le motif qui m'a fait demander de substituer une date à une autre. Chacun votera comme il l'entendra. (Approbation sur quelques bancs. — Aux voix! aux voix!)

M. le président. Je mets aux voix l'amendement de M. Cherpin.

(L'Assemblée, consultée, n'adopte pas l'amendement.)

M. le président. Je donne une nouvelle lecture de l'article 1er :

« Le Sénat et la Chambre des députés se réunissent chaque année, le second mardi de janvier, à moins d'une convocation antérieure faite par le Président de la République ;

« Les deux Chambres doivent être réunies en session cinq mois au moins chaque année ; la session de l'une commence et finit en même temps que celle de l'autre. »

Je mets aux voix l'article dans ces termes, en prévenant l'Assemblée qu'il y a un paragraphe additionnel présenté par M. de Belcastel, sur lequel elle aura ensuite à statuer.

(Les deux paragraphes de l'article 1er sont mis aux voix et adoptés.)

M. le président. La parole est à M. de Belcastel pour développer son paragraphe additionnel.

M. de Belcastel. J'ai l'honneur de déposer sur le bureau de M. le président un paragraphe additionnel ainsi conçu :

« Le dimanche qui suivra la rentrée, des prières publiques seront adressées à Dieu dans les églises et dans les temples pour appeler son secours sur les travaux des Assemblées. » (Mouvements divers.)

Oui, messieurs, cette disposition que depuis trois années vous votez régulièrement sans hésitation, et j'ose le dire sans regrets, je viens vous proposer de l'insérer dans la loi à titre constitutionnel. (Exclamations à gauche. — Très-bien! très-bien! à droite.)

Certes, messieurs, on ne m'accusera pas d'être poussé à cet acte... (Bruit de conversations.)

J'attendrai le silence; ce n'est pas ma parole, c'est le sujet qui le commande. (Parlez! parlez! à droite.)

Certes, on ne m'accusera pas d'être porté à cet acte par l'esprit de parti, car si quelque chose pouvait fortifier le régime nouveau que je n'ai

point voté parce qu'il n'est pas celui de la grandeur de la France, si quelque chose pouvait le consacrer, ce serait bien d'y introduire une pensée religieuse et chrétienne; si quelque chose aussi pouvait le rendre encore plus fragile, ce serait d'y laisser ce vide irréparable et de joindre cette Constitution républicaine au cortège de ses sœurs aînées sans y écrire le nom de Dieu. (Très-bien! à droite.)

Mais non! messieurs, j'aime trop mon pays pour lui refuser, sous prétexte d'institutions défectueuses, un honneur pour elles et une force pour le bien public. Je vous respecte trop pour vous laisser commettre par oubli une faute qui n'est pas dans vos cœurs, et je viens vous dire : Pas plus que les monarchies, les républiques ne peuvent se passer de Dieu ; les sociétés humaines quels que soient leur âge, leur forme et leurs progrès, en ont toutes un besoin égal... (Bruit croissant.)

Je vous déclare, messieurs, que j'attendrai le silence, non pour moi, mais pour la cause que je viens défendre. (Très-bien! à droite. — Rumeurs à gauche.)

Je n'avais pas besoin, messieurs (l'orateur se tourne vers la gauche), de vos murmures, je n'avais pas besoin de cette leçon pour me rappeler combien je suis au-dessous de la cause que je viens défendre; mais je sais aussi qu'elle ne dédaigne aucun instrument; si ces instruments sont parfois désavoués par le succès et par les hommes, Dieu et la conscience ne les désavouent jamais. (Très-bien!)

Je disais, messieurs, que toutes les sociétés humaines, quel que soit leur âge, quels que soient leur forme et leur progrès, ont un besoin égal, parce qu'il est absolu, du secours de celui qui commande là-haut, de celui de qui émanent la force, la justice, la vérité, la lumière. Aucun pouvoir au monde, vous le savez, ne peut arrêter les fléaux; mais lui seul peut les adoucir en envoyant sa grande messagère, qui se nomme la charité. (Très-bien! sur plusieurs bancs à droite.)

Ne venez pas dire que c'est affaire à traiter par nos successeurs; qu'il ne faut pas enchaîner leur liberté d'avance; qu'ils seront libres de voter, s'ils le veulent, cette disposition et d'imiter notre exemple, à leur tour; vous n'avez pas le droit de tenir un pareil langage, car le propre des Constitutions qui sont, après tout, les règlements des peuples, le propre des Constitutions, c'est précisément d'édicter des lois, on vous l'a dit, plus stables, plus durables que les autres; des lois qui dominent les intentions d'un jour et fixent les volontés mobiles et, permettez-moi d'ajouter, des lois qui expriment et qui consacrent, en les exprimant, les principes supérieurs auxquels doivent hommage tous les pays et tous les temps.

Or, s'il est un principe supérieur, fixe et universel, c'est le culte dû à la divinité. S'il est une loi indestructible dans l'humanité, c'est la loi de la prière. Aussi tous les peuples qui se sont succédé sous le soleil l'ont pris à témoin de leur adoration. La France révolutionnaire elle-même, malgré les prétentions puériles autant qu'orgueilleuses que quelques-uns de ses politiques ont affiché de faire à l'athéisme légal, ne l'a jamais pratiqué et ne le pratiquera jamais. (Très-bien! très-bien! à droite.)

J'en atteste l'image du Christ qui est au fond de nos prétoires, le sacrifice chrétien qui préside à la rentrée des juges, les chants de l'Eglise après nos triomphes et ses supplications funèbres sur nos deuils publics ; de telle sorte qu'en votant ce que je vous propose, en appelant les secours du ciel sur les travaux des Assemblées futures, non-seulement vous serez d'accord avec la tradition générale de la race humaine, mais vous serez en harmonie, bien plus que vous ne le pensez, avec les sentiments religieux dont la France contemporaine est animée, plus vivement peut-être qu'aucun autre peuple de l'univers. (C'est vrai ! Très-bien ! à droite.)

Oui, messieurs, sur ce sol labouré par tant de transformations sociales, bouleversé par des changements sans nombre dans la scène politique, sillonné par tant d'idées et d'inventions nouvelles, il y a quelque chose qui domine, aujourd'hui, comme il y a cent ans, comme il y a des siècles, nos champs, nos villes, nos monuments, nos palais et même nos théâtres : c'est l'Eglise chrétienne. A travers nos révolutions, il se bâtit plus d'Eglises qu'il n'en tombe ; c'est pour vous aussi, messieurs (l'orateur se tourne vers la gauche), c'est pour tout le monde qu'elles sont bâties, et c'est pour vous qu'on y prie.

Oui, messieurs, ce qui domine encore le sol de la France, après tant de révolutions, c'est l'Eglise chrétienne, et j'avoue que je contemple, après tant de malheurs, malgré la chute de quelques espérances, et malgré mes craintes pour l'avenir, je contemple avec espoir, comme le plus heureux des présages et le plus admirable des tableaux, la vitalité immortelle du catholicisme sur cette terre française baptisée pour toujours. Parmi les pierres qui se détachent de l'édifice du passé, il en est une qui demeure infrangible : la pierre sacrée de nos autels. Soyons-en fiers pour l'avenir de la patrie, car un peuple qui garde ses autels n'a pas dit adieu à la gloire et à la grandeur.

En résumé, messieurs, ce que je vous demande, c'est de faire un acte qui réponde pleinement à ce que, depuis trois ans, vous avez fait chaque année.

Je vous demande d'écrire le nom de Dieu dans la loi, de formuler cet acte dans la Constitution qui régira les Assemblées futures, parce que c'est le propre des Constitutions de consacrer les principes qui doivent dominer l'humanité tout entière ! (Très bien ! très-bien ! à droite. — Aux voix ! aux voix !)

M. Edouard Laboulaye, *rapporteur.* Messieurs, loin de moi la pensée de combattre le sentiment qui a inspiré l'honorable M. de Belcastel. Je crois, comme lui, que, sans religion, il n'y a pas de liberté possible ; mais la question est de savoir si la disposition qu'il propose est à insérer dans la Constitution.

M. de Belcastel. Je demande la parole !

M. le rapporteur. M. de Belcastel nous a dit lui-même : « Je demande que l'on prescrive dans la Constitution ce que vous avez fait vous-mêmes depuis trois ans. »

Eh bien, je demande, quant à moi, qu'on laisse à nos successeurs le mérite de faire eux-mêmes cette démarche et qu'ils n'y soient pas astreints par une disposition constitutionnelle ; c'est à chaque Assemblée de voter ou de ne pas

voter des prières. Mais c'est une chose que, dans l'intérêt religieux même, on ne doit pas fixer par avance et imposer. Il n'y a rien de plus personnel que la prière ; c'est aux futures Assemblées à régler, comme elles l'entendront, leurs rapports avec Dieu. (Exclamations à droite. — Très-bien ! très-bien ! à gauche. — Aux voix ! aux voix !)

M. de Belcastel. Messieurs, je ne demanderai qu'une chose à M. Laboulaye, c'est de relire les Constitutions de tous les peuples libres. Je lui demande de relire surtout le plus ancien monument de la liberté du plus grand peuple libre qui existe sur la surface du monde, je veux dire la grande charte anglaise de 1215. L'honorable rapporteur me dira ensuite s'il persiste à vouloir écarter de la loi une disposition religieuse.

M. le marquis de Dampierre. Il y en avait une en tête de la Constitution de 1848 !

M. de Belcastel. J'ajoute que la Constitution de 1848 commençait par ces mots : « En présence de Dieu... » (Très-bien ! à droite. — Aux voix !)

M. le président. Il a été déposé sur l'amendement de M. de Belcastel une demande de scrutin signée par MM. de Kéridec, de Belcastel, comte de Cintré, comte de Vaulchier, vicomte de Cintré, vicomte de Lorgeril, de Kermenguy, vicomte d'Aboville, Emile Carron, de Colombet, de Bouillé, de Boisboissel, de Limairac (Tarn-et-Garonne), Charles Combier, de Féligonde, Dezanneau, comte d'Abbadie de Barrau, marquis de Juigné, d'Auxais.

Il va être procédé au scrutin.

(Le scrutin est ouvert et les votes sont recueillis.)

M. le président. Voici le résultat du dépouillement du scrutin :

Nombre des votants..........	574
Majorité absolue..............	288
Pour l'adoption......	328
Contre......	246

L'Assemblée nationale a adopté.

Je donne la parole à M. de Kerjégu pour un dépôt de rapport.

M. Monjaret de Kerjégu. J'ai l'honneur de déposer sur le bureau de l'Assemblée, au nom de la commission du budget de 1876, un rapport sur la proposition de MM. le comte de Bouillé et plusieurs de ses collègues, relative à la création d'une école supérieure d'agriculture.

M. le président. Le rapport sera imprimé et distribué.

Nous reprenons la délibération.

Je consulte l'Assemblée sur l'ensemble de l'article 1er.

(L'ensemble de l'article 1er est mis aux voix et adopté.)

« Art. 2. — Le Président de la République prononce la clôture de la session. Il a le droit de convoquer extraordinairement les Chambres. Il devra les convoquer si la demande en est faite par le tiers au moins des membres composant chaque Chambre. »

« Le Président peut ajourner les Chambres. Toutefois, l'ajournement ne peut excéder le

terme d'un mois, ni avoir lieu plus de deux
fois dans la même session. »

M. le garde des sceaux. Je demande la
parole.

M. le président. J'avertis l'Assemblée que
le Gouvernement maintient sa rédaction primitive du paragraphe 1er, fixant à la moitié
plus un le nombre des membres de chaque
Chambre nécessaire pour demander leur convocation, et que M. Seignobos propose, par
amendement, un article additionnel qui devrait
prendre place après l'article 1er.

La parole est à M. le garde des sceaux.

M. Dufaure, *garde des sceaux, ministre de
la justice.* Messieurs, grâce au soin que le Gouvernement a pris de demeurer, dans la rédaction du projet de loi, fidèle aux dispositions et
aux principes des lois que vous avez votées le
25 février, il a eu l'avantage de rencontrer, sur
presque tous les points, l'assentiment de la
commission, nombreuse et éclairée, que vous
aviez nommée. (Rumeurs sur plusieurs bancs
à droite. — Très-bien! très-bien! à gauche.)

Ainsi, nous avons été d'accord sur le principe que si, en droit, les Assemblées sont permanentes, en fait, l'exercice de leurs pouvoirs
ne peut pas être continu. Nous avons partagé
de la même manière l'année dans laquelle la
session des Assemblées est ouverte. Nous
avons reconnu qu'une commission de prorogation établie pendant l'intervalle des sessions
pouvait avoir des inconvénients, nous en
avons repoussé l'idée; mais nous avons été
d'avis que, néanmoins, le temps qui
sépare les sessions, il pouvait y avoir des événements exceptionnels qui rendissent la présence des Assemblées nécessaire. Nous avons
été d'accord pour donner au Président de la
République, dans ce même intervalle des sessions, le droit de convoquer en réunion extraordinaire les deux Chambres.

Mais quel pouvoir devaient avoir les chambres
de se convoquer elles-mêmes, ou, ce qui revient au même, de demander au Président de
la République leur convocation?

Le Gouvernement avait proposé, par le projet de loi qui est sous vos yeux, d'accorder à
la moitié plus un, c'est-à-dire à la majorité de
chacune des Chambres le droit de la demander.

La commission a délibéré sur cette proposition. Elle a cru que le Gouvernement avait trop
exigé en proposant que la demande fût faite
par la majorité des deux Chambres, elle a réduit au tiers, dans chacune des Chambres, le
nombre des membres qui pouvaient faire cette
demande.

La commission a-t-elle eu raison de proposer à l'Assemblée cet amendement? Nous ne
le croyons pas, et nous persistons dans notre
proposition. En très-peu de mots je prends la
liberté de vous en exposer les motifs.

Je ferai remarquer d'abord à l'Assemblée
que, dans le projet qu'elle a proposé, par des
dispositions que nous avons omises, mais
auxquelles nous donnons notre assentiment,
la commission a pris soin de prévoir les cas
les plus fréquents dans lesquels, en l'absence
des Chambres, il pourrait être nécessaire de
les réunir. Ainsi elle a prévu, par l'article 3
qui vous sera soumis tout à l'heure, et auquel
nous ne ferons pas d'objection, le décès ou la

démission du Président de la République. Si
l'un ou l'autre de ces événements se produit
pendant que les Chambres sont absentes, la
commission propose qu'immédiatement et de
plein droit les Chambres se réunissent. Nous
y adhérons. Par conséquent, c'est une convocation de plein droit des Chambres au lieu de
la convocation facultative que nous avions
prévue.

Nous avions cru aussi que le droit public de
la France était suffisant pour donner l'assurance que le Président de la République ne
déclarerait pas la guerre sans l'assentiment des
Assemblées législatives; nous n'en avons pas
parlé. La commission a voulu l'écrire dans la
Constitution, et elle l'a écrit en déclarant que
le Président de la République ne pourrait déclarer une guerre qu'avec l'assentiment des
Chambres. Voilà encore une disposition qui,
pour un cas grave, — et nous souhaitons du
fond de l'âme qu'il ne se présente pas, — mais
qui, pour un cas grave, prévoit la réunion des
Chambres, la rend nécessaire et, du même
coup, rend inutile la disposition de l'article 2.

Ainsi, deux cas : dans l'un, réunion de plein
droit; dans l'autre, réunion qui sera la conséquence nécessaire de la volonté que le Président de la République peut avoir ou de la nécessité dans laquelle il peut se trouver d'obtenir
l'assentiment des Chambres. Il faut bien en
convenir, les autres cas qu'on peut prévoir, et
qui, le système de la permanence étant admis, pourraient amener la réunion des Chambres, ces cas sont rares, ils se présenteront
très-rarement; il n'y a pas à prendre des précautions infinies contre des éventualités si peu
menaçantes.

Cependant, messieurs, nous n'avons pas
voulu que cette réunion fût absolument impossible; nous avons proposé un article qui
la permet, et à quelle condition? A cette condition que la majorité de chacune des deux
Chambres la croira utile et la demandera.

Cependant, on préfère le tiers! **Je ne comprends pas bien pourquoi on nous dit: La réunion sera plus facile.**

Messieurs, ne nous faisons pas illusion : si
les circonstances sont assez graves pour engager légitimement le tiers de l'une de
l'autre Chambre à demander la convocation,
n'en doutez pas, on obtiendra aussi bien la
moitié que le tiers. (Mouvements en sens divers.)

Et vous aurez l'avantage, en exigeant la
moitié pour demander la convocation, d'éviter
une situation singulière dans laquelle la proposition de la commission risque de vous placer.

Ainsi, les membres des Chambres seront
dispersés sur la surface du territoire. Un tiers
de chacune d'elles pourra les convoquer, il
aura le droit de se réunir à de convoquer; les Chambres vont donc se réunir à la voix de ce
tiers, qui formera peut-être une opposition
systématique dans chacune d'elles. Mais la
majorité, qui ne croirait pas, elle, qu'il y eût
lieu de se réunir, que fera-t-elle? De deux
choses l'une : où la majorité viendra déclarer
la réunion inutile, refuser d'y prendre part, et,
par conséquent, la rendra absolument illusoire;
ou bien la majorité, convaincue, qu'il n'y a pas
lieu de se réunir, ne viendra pas et abandon-

nera les délibérations aux passions et aux caprices de la minorité.

Nous avons pensé, messieurs, qu'il valait beaucoup mieux ne permettre la réunion des Chambres qu'à la condition que la majorité de chacune d'elles la désirerait.

Veuillez bien remarquer, je vous en prie, que lorsque, peu à peu, nous nous serons habitués à ce régime — contre lequel parlait l'honorable M. Marcou, mais qui est depuis longtemps observé avec tant de succès dans les deux pays voisins, qui l'a été chez nous dans le temps de la véritable monarchie parlementaire, — veuillez bien remarquer, dis-je, que ce régime une fois admis, la réunion des Chambres ne sera pas un accident sans portée. On se demandera pourquoi elles se réunissent, le pays en sera inquiet; à l'extérieur même on s'en préoccupera; on se demandera si le Président ou les Chambres n'ont pas quelque arrière-pensée menaçante. Ne laissons pas, messieurs, renouveler souvent ces inquiétudes inutiles.

Nous prions l'Assemblée de remarquer aussi qu'il y a contre le défaut de convocation une garantie dont tout à l'heure M. Marcou faisait peu de compte et qui, cependant, a la plus grande importance, je veux parler de la responsabilité ministérielle. J'ai été confondu de lui entendre dire que la responsabilité ministérielle, dans une monarchie, pouvait être efficace, mais qu'elle n'était rien sous un président qui avait nécessairement ses projets, sa volonté; qu'elle serait alors un mensonge qui ne garantirait rien.

Elle aurait, à mon avis, une bien autre importance; elle serait bien moins un mensonge sous la république que sous la monarchie. C'est sous la monarchie, en présence de ce pouvoir que vous appelez divin, que les ministres sont exposés à faiblir et à perdre toute autorité réelle. Mais, sous la République, en présence d'un chef temporaire qui disparaîtra peut-être de la vie politique avant eux, pourquoi ne garderaient-ils pas leur ferme volonté, leur pleine indépendance, et pourquoi leur responsabilité deviendrait-elle une illusion? Non, la responsabilité ministérielle n'est pas une illusion, elle est une vérité; et si, dans l'intervalle des sessions, en l'absence des Chambres, il y avait des raisons politiques qui exigeassent leur réunion, les ministres qui la refuseraient ou s'y opposeraient encourraient une terrible responsabilité que les Chambres leur feraient bien sentir à leur prochaine réunion.

Je demande donc à l'Assemblée de maintenir le projet de loi présenté par le Gouvernement, de ne pas donner à un tiers de chaque Assemblée le pouvoir de réunir malgré elle une majorité des deux tiers, et d'exiger la moitié plus un des membres de chacune des Assemblées. (Très-bien! très-bien! — Aux voix! aux voix!)

M. le président. La parole est à M. le rapporteur.

M. le rapporteur. Messieurs, nous ne pouvons que nous associer complètement à la théorie que vient d'exposer M. le garde des sceaux. Oui, le caractère de notre République est d'être une République parlementaire; par conséquent, tout y repose sur la responsabilité ministérielle : c'est là qu'est la garantie.

Nous n'avons pas été très-séduits par la proposition du Gouvernement, d'après laquelle la faculté serait donnée à la moitié plus un des membres de chaque Assemblée, de convoquer l'ensemble du pouvoir législatif; il nous a toujours paru qu'il y avait dans cette proposition, faite en vue de cette convocation, quelque chose qui n'était pas parfaitement régulier et, pour dire le mot, quelque chose d'assez révolutionnaire.

Si la commission avait été libre, il est probable qu'elle aurait plutôt accepté une disposition par laquelle les bureaux des deux Chambres auraient été chargés de la convocation dont il s'agit; car, pour ma part, je suis peu touché de cette objection, faite par M. le garde des sceaux au projet de la commission, que, s'il était adopté, ce serait une minorité qui pourrait convoquer une majorité. Il est évident qu'il y aura toujours responsabilité pour quelqu'un.

Toutefois, puisqu'il y a dissentiment entre le Gouvernement et la commission au sujet du tiers ou de la moitié, nous n'en ferons certainement pas une affaire... (Rires ironiques à droite et au centre. — Très-bien! très-bien! à gauche.)

Messieurs, vous pouvez sourire, mais vous rendrez cette justice à la commission, composée en majorité de membres de la gauche, qu'elle a parfaitement l'esprit gouvernemental. (Nouveaux rires à droite.) Mais, oui, messieurs, elle a cherché de toutes les façons à s'entendre avec le Gouvernement, de manière à ce que ces lois organiques soient acceptées par le plus grand nombre des membres de l'Assemblée... (Approbation à gauche), et je ne doute pas que, par cette sagesse et cette prudence, elle arrivera au but qu'elle désire atteindre, c'est-à-dire, je le répète, à ce que ces lois soient votées par le plus grand nombre des membres de cette Assemblée et à ce que le vote soit ainsi une consécration nouvelle de la République. (Applaudissements à gauche. — Rumeurs à droite.)

M. le président. C'est donc la rédaction primitive du Gouvernement que je vais mettre aux voix.

J'en donne lecture :

« Art. 2. — Le Président de la République prononce la clôture de la session. Il a le droit de convoquer extraordinairement les Chambres. Il devra les convoquer si la demande en est faite par la moitié plus un du nombre des membres composant chaque Chambre.

« Le Président peut ajourner les Chambres. Toutefois, l'ajournement ne peut excéder le terme d'un mois, ni avoir lieu plus de deux fois dans la même session. »

(L'article 2 est mis aux voix dans les termes ci-dessus et adopté.)

M. le président. Je donne lecture de l'article additionnel, présenté par M. Seignobos, et qui est ainsi conçu :

« Dans le cas où, par application de l'article 5 de la loi du 25 février 1875, la Chambre des députés se trouverait dissoute au moment où la présidence de la République deviendrait vacante, il serait, à moins de convocation antérieure des électeurs pour un jour plus rapproché, procédé à l'élection d'une nouvelle Chambre, le troisième dimanche qui suivrait le jour où la vacance serait survenue. »

La parole est à M. Seignobos.

M. Seignobos. Messieurs, cet article additionnel, au moment où j'ai eu l'honneur de le présenter, avait pour objet de combler une lacune qui se trouvait dans la loi constitutionnelle du 25 février, lacune qui n'avait été comblée ni par le projet de loi présenté par le Gouvernement, ni par le projet de loi de la commission, tel que celle-ci l'avait d'abord rédigé.

En effet, ni l'un ni l'autre de ces projets ne s'occupaient d'un cas qui sera, il faut l'espérer, très-rare, mais qu'il faut prévoir : c'est celui où la présidence de la République serait vacante à un moment où la Chambre des députés serait dissoute, c'est-à-dire celui où la France se trouverait à la fois sans Président et sans Chambre des députés.

J'ai appelé l'attention de la commission sur cette lacune. La commission l'a comblée par l'article 3. J'aurais pu demander seulement qu'elle accentuât davantage l'obligation pour le Sénat de convoquer immédiatement les colléges électoraux ; mais j'ai appris que, sur la demande de M. Amat, la commission m'avait donné complète satisfaction. Je retire donc mon article additionnel. (Très-bien ! très-bien !)

M. le président. L'article additionnel étant retiré, nous passons à l'article 3 :

« Art. 3. — En cas de décès ou de démission du Président de la République, les deux Chambres se réunissent immédiatement et de plein droit.

« Dans le cas où, par application de l'article 5 de la loi du 25 février 1875, la Chambre des députés se trouverait dissoute au moment où la présidence de la République deviendrait vacante, le Sénat se réunira dans le plus bref délai et de plein droit, afin de prendre les mesures nécessaires pour assurer la convocation des colléges électoraux. »

Il y a sur cet article un amendement présenté par M. Amat.

Cet amendement est ainsi conçu :

« Modifier comme il suit la fin du deuxième paragraphe :

« Dans le cas où, par application de la loi du 25 février 1875, la Chambre des députés se trouverait dissoute au moment où la présidence de la République deviendrait vacante, les colléges électoraux seraient aussitôt convoqués, et le Sénat se réunirait de plein droit dans le plus bref délai. »

Je donne la parole à M. Amat.

M. Amat. Messieurs, la pensée de la commission et, je crois, la pensée de tout le monde, est que, dans le cas où une vacance se produirait à la présidence de la République au moment où l'Assemblée serait dissoute, ce qui importerait, ce serait que les électeurs fussent immédiatement convoqués pour l'élection des députés. La commission, en effet, vise ce but, tout l'intérêt se trouve dans la manière dont on doit y atteindre.

La commission dit que le Sénat se réunira immédiatement et prendra les mesures nécessaires pour assurer la convocation des électeurs.

Mais, messieurs, le Sénat n'est pas une autorité exécutive ; le Sénat ne peut se mettre en relation ni avec les préfets, ni avec les maires pour arriver à convoquer les électeurs.

Je crois donc qu'il faut adopter une autre rédaction, et voici celle que j'ai cru devoir proposer.

« Dans le cas,... etc., les colléges électoraux seraient aussitôt convoqués, et le Sénat se réunirait de plein droit dans le plus bref délai. »

La rédaction de la commission contient, il est vrai, ces deux idées : que le Sénat se réunirait immédiatement, et que les électeurs seraient aussitôt convoqués ; seulement, la commission charge le Sénat de prendre les mesures nécessaires pour assurer la convocation des électeurs. Il me semble que c'est là une irrégularité qui va contre le but qu'on se propose, et qu'il faut dire tout d'abord que les électeurs seront immédiatement convoqués.

M. de Staplande. Par qui ?

M. Amat. On n'a pas besoin de dire par qui, puisque les lois générales déterminent par qui sont prises les mesures nécessaires. C'est le ministre qui s'adresse aux préfets et qui fait convoquer les électeurs. Si le ministre devait attendre les délibérations du Sénat, l'élection des députés s'en trouverait retardée.

Voilà, messieurs, les motifs très-simples sur lesquels mon amendement est fondé, amendement dont le Sénat adopte, je crois, sinon tous les termes, du moins l'esprit. (Très-bien ! très-bien !)

M. le rapporteur. La commission adopte l'amendement de M. Amat.

Cet amendement régularise, en effet, la marche à suivre dans le cas où, par hasard, le Président de la République donnerait sa démission, ou viendrait à mourir, lorsque la Chambre des députés serait dissoute. Dans l'un ou l'autre de ces deux cas, le pouvoir exécutif ne pourrait pas convoquer les électeurs ; aussi acceptons-nous, dans ces mêmes cas, la réunion de droit du Sénat et la convocation des colléges électoraux.

Nous adoptons l'amendement de M. Amat ; seulement nous en retranchons les derniers mots, suivant nous, inutiles : « dans le plus bref délai. »

M. le garde des sceaux. Le Gouvernement adhère à l'amendement tel que la commission le modifie.

M. le président. Voici la nouvelle rédaction de l'article 3 acceptée par la commission et par le Gouvernement :

« En cas de décès ou de démission du Président de la République, les deux Chambres se réunissent immédiatement et de plein droit.

« Dans le cas où, par application de l'article 5 de la loi du 25 février 1875, la Chambre des députés se trouverait dissoute au moment où la présidence de la République deviendrait vacante, les colléges électoraux seraient aussitôt convoqués, et le Sénat se réunirait de plein droit. »

(L'article 3, ainsi modifié, est mis aux voix et adopté.)

« Art. 4.—Toute assemblée de l'une des deux Chambres qui serait tenue hors du temps de la session commune, est illicite et nulle de plein droit, sauf le cas prévu par l'article précédent, et celui où le Sénat est réuni comme cour de justice ; et dans ce dernier cas. il ne peut exercer que des fonctions judiciaires. » — (Adopté).

« Art. 5.—Les séances du Sénat et celles de la Chambre des députés sont publiques.

« Néanmoins, chaque Chambre peut se former en comité secret sur la demande d'un certain nombre de ses membres, fixé par le règlement.

« Elle décide ensuite à la majorité absolue si la séance doit être reprise en public sur le même sujet. » — (Adopté).

« Art. 6.—Le président de la République communique avec les Chambres par des messages qui sont lus à la tribune par un ministre.

« Les ministres ont leur entrée dans les deux Chambres et doivent être entendus quand ils le demandent. Ils peuvent se faire assister par des commissaires désignés, pour la discussion d'un projet de loi déterminé par décret du président de la République. » — (Adopté).

« Art. 7. — Le Président de la République promulgue les lois dans le mois qui suit la transmission au Gouvernement de la loi définitivement adoptée. Il doit promulguer dans les trois jours les lois dont la promulgation, par un vote exprès dans l'une et l'autre Chambre, aura été déclarée urgente.

« Dans le délai fixé pour la promulgation, le Président de la République peut, par un message motivé, demander aux deux Chambres une nouvelle délibération qui ne peut être refusée. » — (Adopté).

M. le président. Il y a un paragraphe additionnel présenté par M. Antonin Lefèvre-Pontalis.

J'en donne lecture à l'Assemblée :

« Dans le cas où, sur la demande du Président de la République, il est procédé à une nouvelle délibération, la majorité requise dans chacune des deux Chambres est celle des deux tiers. »

La parole est à M. Antonin Lefèvre-Pontalis.

M. Antonin Lefèvre-Pontalis. Messieurs, il me serait facile de justifier mon amendement relatif au droit de veto à donner au Président de la République en invoquant la constitution des États-Unis d'Amérique à laquelle il est emprunté ; ne fût-ce qu'à ce titre, il me semble qu'il aurait été à sa place dans la nôtre. Mais puisqu'un heureux accord s'est établi entre la commission et le Gouvernement sur l'article 2, je me reprocherais de paraître vouloir le troubler sur l'article 7, et je crois bien faire en retirant mon amendement. (Très-bien ! très-bien !)

M. le président. Le paragraphe additionnel étant retiré, je passe à l'article 8.

« Art. 8. — Le Président de la République négocie et ratifie les traités. Il en donne connaissance aux Chambres aussitôt que l'intérêt et la sûreté de l'État le permettent.

« Les traités de paix, de commerce, les traités qui engagent les finances de l'État, ceux qui sont relatifs à l'état des personnes, et au droit de propriété des Français à l'étranger, ne sont définitifs qu'après avoir été votés par les deux Chambres. Nulle cession, nul échange, nulle

adjonction de territoire ne peut avoir lieu qu'en vertu d'une loi. » — (Adopté.)

« Art. 9. — Le Président de la République ne peut déclarer la guerre sans l'assentiment préalable des deux Chambres. »

M. le président. Il y a un amendement présenté par M. Hervé de Saisy.

M. Hervé de Saisy. Monsieur le président, je réserve mon amendement pour la 3e délibération.

M. le président. Il y a un amendement présenté par M. le duc de La Rochefoucauld-Bisaccia.

M. de La Rochefoucauld duc de Bisaccia. Messieurs, j'ai l'honneur de vous proposer, sur l'article 9, un amendement qui consiste à remplacer cet article par la disposition suivante :

« Le maréchal de Mac Mahon, pendant la durée de ses pouvoirs, a seul le droit de déclarer la guerre. » (Mouvements divers.)

Messieurs, mes amis et moi... (Bruit.)

Messieurs, ce que j'ai à dire étant très-grave, je réclame votre silence. (Écoutez ! écoutez !)

Messieurs, mes amis et moi nous n'avons pas voté la Constitution du 25 février parce que nous sommes convaincus que la monarchie seule peut rendre à notre pays, à l'intérieur, la liberté... (Réclamations à gauche.)

M. Barthélemy Saint-Hilaire. C'est factieux maintenant !

A droite. Laissez parler !

Voix diverses. Il est trop tard ! — Il fallait dire cela le 25 février !

M. de La Rochefoucauld duc de Bisaccia. ...et la sécurité auxquelles il aspire, et à l'extérieur, le prestige et la force qui commandent le respect et font les alliances. (Nouvelles réclamations à gauche. — Très-bien ! à droite.)

Cette Constitution, à peine votée, a eu le sort étrange d'être attaquée par tous les partis.

Un membre de la nouvelle commission des Trente s'exprimait en ces termes devant elle, le 28 mai dernier : « Nous avons fait une République parlementaire ; on glisse maintenant sur une pente qui nous conduit à la monarchie parlementaire sans l'hérédité, ce qui est, à mes yeux, la pire des monarchies. »

Ce membre est l'honorable M. Laboulaye rapporteur de la commission. (Ah ! ah ! à droite.)

Nous ne nous dissimulons pas, messieurs, que les lois qui vous sont proposées passeront sans nous et malgré nous et nous regardons comme un devoir de vous avertir du danger que nous y voyons... (Oh ! oh ! à gauche) et de chercher à le prévenir, car la France n'a pas d'amis plus fidèles et plus désintéressés que les royalistes. (Exclamations à gauche.)

M. Tolain. C'est votre opinion !

M. le président. Messieurs, je vous invite à écouter avec courtoisie une opinion qui n'est pas la vôtre. (Très-bien ! très-bien !)

M. de La Rochefoucauld duc de Bisaccia. Pour ne parler que des plus illustres, qui ne se souvient des Berryer, des Dreux-Brézé, de notre honorable collègue M. le baron de Larcy et de tous ceux qui, avec eux, ont soutenu dans nos Assemblées la cause du droit et de la liberté, pendant que d'autres la défendaient dans les assemblées provinciales et sur les champs de bataille.

Je vois un péril dans l'article 9 de la commission et dans l'amendement de notre honorable collègue M. de Saisy.

En effet, messieurs, l'honorable M. de Saisy vous proposait de donner...

Quelques membres. L'amendement est retiré!

M. Hervé de Saisy. Non, il n'est pas retiré, il est réservé.

M. de La Rochefoucauld duc de Bisaccia. Messieurs, le sujet est véritablement assez grave pour que vous vouliez bien y donner un moment d'attention ; il s'agit de la France. (Parlez ! parlez !)

En effet, messieurs, l'honorable M. de Saisy vous propose de donner au Président de la République le droit de déclarer la guerre sans l'assentiment des deux Chambres.

Mais, messieurs, le Président de la République, qui sera-t-il ? Il peut, après le Maréchal, être un des hommes qui, à Bordeaux, malgré l'état d'épuisement où se trouvait la France... (Très bien ! à droite), voulaient continuer la guerre...

M. Gambetta C'est la vérité !

M. de La Rochefoucauld duc de Bisaccia. ...et alors, messieurs, songez aux conséquences d'un pareil droit.

Dans son rapport, l'honorable M. Laboulaye au sujet du droit de déclarer la guerre, dit :

« Le roi est le représentant de la nation ; l'intérêt de sa couronne et de sa dynastie se confond souvent avec l'intérêt du peuple. »

Il serait plus juste de dire toujours.

M. Brelay. Pas toujours !

M. de La Rochefoucauld duc de Bisaccia. M. Laboulaye continue et dit :

« Un Président n'est que le délégué des deux Chambres, et il peut avoir des visées particulières, une ambition personnelle, et il est donc prudent de réserver la libre convocation du parlement comme un moyen de salut. »

Avec l'honorable M. Laboulaye et avec votre commission, je crois qu'il n'est ni prudent, ni logique de donner à un président de république le droit de déclarer la guerre. (Mouvement en sens divers.)

A gauche. Eh bien, alors, pourquoi votre amendement ?

M. de La Rochefoucauld duc de Bisaccia. Un président de république n'a pas l'autorité et la puissance nécessaires pour contracter des alliances. (Dénégations à gauche. — Très-bien ! très-bien ! à droite.)

Messieurs, vous avez reproché aux rois de ne pas entendre la vérité, tâchez de l'écouter une fois !

M. George. Vous affaiblissez le Gouvernement qui existe : ce sont des paroles d'un mauvais citoyen (Vifs murmures à droite. — Cris : A l'ordre ! à l'ordre !)

M. le président. Je ferai observer à M. George qu'il vient de se permettre, vis-à-vis de son collègue, une expression que le président ne peut pas laisser passer.

Un membre à gauche. Et pourquoi donc ?

M. le président. Parce qu'elle est inconvenante. (Très-bien ! très-bien ! à droite et au centre.)

Le président ne laissera jamais passer de semblables expressions ; M. George s'est permis de dire à l'orateur que ses paroles étaient celles d'un mauvais citoyen...

Quelques membres à gauche. Oui ! oui !

A droite. Non ! non ! — A l'ordre ! à l'ordre !

M. le président. Je rappelle M. George aux convenances. (Très-bien ! très-bien !)

M. George. Je demande la parole !

M. le président. Tout à l'heure, vous aurez la parole. Laissez continuer l'orateur.

Je ferai remarquer à l'Assemblée, — l'équité m'y force, — que tout à l'heure, lorsque M. Marcou exposait ici des opinions qui, certainement, n'étaient pas partagées par ce côté de l'Assemblée (la droite), il a été écouté avec respect. J'exige que l'orateur qui est en ce moment à la tribune ait le même traitement de ce côté-ci (la gauche). (Marques générales d'approbation et applaudissements.)

Continuez, monsieur de Bisaccia !

M. de La Rochefoucauld duc de Bisaccia. Je n'avais pas entendu l'interruption, et je ne veux pas l'avoir entendue.

Un président de république n'a pas l'autorité et la puissance nécessaires pour contracter des alliances... (Nouvelles interruptions à gauche.)

Plusieurs membres. Alors, pourquoi votre amendement ?

M. de La Rochefoucauld duc de Bisaccia. Mais, messieurs, laissez-moi donc finir ma phrase; alors vous le comprendrez.

Je vous demande la permission de la répéter tranquillement : elle est tout à fait dans votre ordre d'idées ; seulement, si elle est coupée en deux, il est impossible de la comprendre.

Un président de république n'a pas l'autorité et la puissance nécessaires pour contracter des alliances, parce que son pouvoir et sa parole sont toujours subordonnés à la volonté des Chambres, dont il est le délégué. C'est du droit républicain.

Ses propositions, ses acceptations, ses refus doivent avoir la sanction de la souveraineté nationale, et les chefs des puissances voisines n'ont à compter avec lui que lorsque cette sanction lui a été donnée ; par suite, un président de république ne traite pas d'égal à égal avec les rois et les empereurs, et, pour compenser cette infériorité, l'assentiment des représentants du pays est indispensable à tous les actes du Président de la République.

C'est du droit républicain.

M. Galloni d'Istria. Voilà le langage d'un bon citoyen !

M. de La Rochefoucauld duc de Bisaccia. Je crois, messieurs, que ce raisonnement est indiscutable.

Je pense donc que l'amendement de l'honorable M. Hervé de Saisy ne peut être accepté, et je serais fort heureux s'il voulait bien lui-même se rallier au nôtre, qui doit, je crois, rendre sa pensée.

M. Hervé de Saisy. Non ; pas le moins du monde.

M. de La Rochefoucauld, duc de Bisaccia. Je comprends donc très-bien l'article 9 de votre commission : il est dans *le droit républicain*. Mais, avec les lois actuelles sur l'organisation de l'armée, avec la promptitude de la mobilisation, les armées peuvent se trouver en présence et la guerre peut être un fait avant que les Chambres aient commencé à délibérer. (Marques d'assentiment sur divers bancs.—Réclamations à gauche.)

Un membre. C'est évident !

M. de La Rochefoucauld duc de Bisaccia. Voyez quels périls ! L'honorable M. Laboulaye l'a si bien compris qu'il reconnaît dans son rapport que « le chef de l'État, qui dispose de la force armée, suivant l'article 3 de la Constitution, a le droit et le devoir de prendre les mesures exigées par les circonstances pour ne pas laisser surprendre la France par une invasion ; » et il ajoute : « Ce droit est plus nécessaire aujourd'hui que jamais. »

C'est l'honorable M. Laboulaye, votre rapporteur, qui s'exprime ainsi dans son rapport. (Interruptions à gauche.)

A droite. Continuez ! continuez !

M. de La Rochefoucauld duc de Bisaccia. Eh bien, messieurs, puisque vous avez reconnu vous-mêmes que vous êtes obligés de donner des pouvoirs exceptionnels au maréchal de Mac Mahon, puisque vous l'avez déjà fait dans votre Constitution, — car à lui seul appartient l'initiative de la révision, — n'hésitez pas à le faire encore une fois.

Nous ne pouvons nous dissimuler que notre état de grande République isolée au centre de l'Europe monarchique donne à notre pays un sérieux désavantage dans des éventualités de guerre. (Rumeurs sur plusieurs bancs.— Très-bien ! à droite.)

Tâchons au moins, messieurs, de remédier autant que possible à cette situation, en donnant au maréchal de Mac Mahon, placé au pouvoir par l'initiative de la droite, le droit qui lui est indispensable pour la sûreté de notre pays. Sa prudence vous est aussi connue que sa bravoure ; elle est connue de l'Europe entière. (Très-bien !) Il sait que tous ici nous désirons ardemment la paix, il la veut lui-même avec le pays entier. (Très-bien ! à droite.) Il n'y a donc aucune imprudence à lui donner personnellement le droit de déclarer la guerre. (Vives exclamations et rires ironiques à gauche.)

M. Henri de Saisy. Je demande la parole.

M. de La Rochefoucauld duc de Bisaccia. Et si, ce qu'à Dieu ne plaise, un jour nous étions attaqués, vous aurez rendu à votre pays un immense service en lui épargnant les lenteurs de la convocation des Chambres.

On me dira sans doute : Mais, à l'expiration des pouvoirs du Maréchal de Mac Mahon, à qui reviendra ce droit ?

Messieurs, d'après votre Constitution, les Chambres seront alors réunies en Assemblée nationale et le pays verra ce que les circonstances exigeront. Mais, pour le moment, vous-mêmes ce que les circonstances exigent de votre patriotisme. Soyez persuadés, messieurs, que ces paroles partent d'un cœur vraiment français qui n'a d'autre mobile en les prononçant que son dévouement profond à son pays. (Rumeurs sur quelques bancs à gauche. — Très-bien ! très-bien ! et applaudissements à droite.)

Je n'accepte pas l'interruption qui vient de se produire de ce côté (la gauche). Vous n'avez pas le droit, messieurs, de douter de mon patriotisme, pas plus que je ne doute du vôtre. (Très-bien ! très-bien ! à droite.)

M. Galloni d'Istria. Vous avez donné des preuves de votre patriotisme.

M. de La Rochefoucauld duc de Bisaccia. Je crois, messieurs, ne pas me faire illusion en espérant pour mon amendement la majorité, et ma conviction profonde est que tous ceux qui s'y seront ralliés, auront fait acte de bons citoyens.

Voix à gauche. Et les autres ?...

M. de La Rochefoucauld duc de Bisaccia. ... car il peut être un jour pour la France le salut. (Marques d'approbation et nouveaux applaudissements à droite.)

M. le rapporteur paraît à la tribune.

M. Hervé de Saisy. J'avais demandé la parole parce que j'avais été mis en cause ; je prierai M. le président de vouloir bien me la donner après M. le rapporteur.

M. le président. M. le rapporteur a la parole.

M. le rapporteur. Messieurs, je ferai remarquer à l'Assemblée que l'amendement dont on vient de lui donner lecture n'a pas été soumis à la commission et que par conséquent il ne s'agit que d'une prise en considération. (Non ! non !)

M. le président. Je fais observer à M. le rapporteur que nous sommes en seconde délibération et que l'urgence n'a pas été déclarée.

M. le rapporteur. C'est juste et je retire mon observation.

Messieurs, je rends pleinement justice au patriotisme de notre collègue et ce n'est certes pas de notre côté qu'on peut oublier ce qu'il a souffert pendant la guerre. (Très-bien ! très-bien !) Mais il me semble, dans la circonstance actuelle, qu'il est plus royaliste que le roi. Il demande pour M. le maréchal de Mac Mahon des attributions qui, dans la monarchie constitutionnelle, au temps du roi Louis XVIII et du roi Charles X, appartenaient aux Chambres. Il n'est pas douteux que la Constitution française, comme aujourd'hui la constitution anglaise, donne, en droit, au chef de l'État, la pleine liberté de déclarer la guerre ; mais il n'est pas moins certain, en fait et en pratique, que comme il faut de l'argent pour faire la guerre, on ne la fera jamais sans consulter le parlement. (Interruptions et mouvements divers.)

C'est là la théorie constitutionnelle. M. le duc de Bisaccia a bien voulu nous donner des leçons de droit républicain, il peut bien me permettre de lui donner une petite leçon de droit monarchique. (Sourires.)

M. de La Rochefoucauld duc de Bisaccia. Oh ! je l'accepte de très-bon cœur !

M. le rapporteur. Maintenant, je dirai que l'amendement proposé met le rapporteur dans une situation bien difficile. En général, les lois sont faites pour tout le monde, et ici, on nous apporte un véritable privilège, une loi faite pour une personne !

Je n'ai pas besoin de protester de mon respect pour M. le Maréchal, et j'ajoute qu'en ce moment c'est la France entière qui est pénétrée de reconnaissance pour le zèle et le dévouement avec lesquels il est allé secourir les misères qui ont accablé le Midi de la France.

(Très-bien! très-bien! — Applaudissements.) Je ne puis donc pas être suspect en disant que la mesure que l'on vous propose est une mesure tout à fait insolite, et qui, à mon avis, devrait jusqu'à un certain point blesser la personne qu'on veut honorer. (Réclamations à droite.)

M. de La Rochefoucauld duc de Bisaccia. Je demande la parole.

M. le rapporteur. Quel est le pouvoir que nous donnons au Maréchal par cette Constitution? Est-ce que nous lui interdisons de mobiliser les troupes? Est-ce que nous lui interdisons de prendre les mesures nécessaires à la défense du pays? Non; le seul pouvoir que nous déterminons est celui qui est dans toutes les constitutions, c'est-à-dire que la déclaration d'une guerre offensive appartient au pays. Il n'y a pas véritablement de discussion possible sur un pareil sujet. (Non! non! C'est vrai! Très-bien!)

Le Gouvernement l'avait senti; il a accepté l'amendement de la commission par un sentiment que tout le monde apprécie. Je demande, dans cet intérêt de concorde, d'union, auquel nous faisons sans cesse appel, que l'Assemblée ne prenne pas en considération l'amendement de M. de La Rochefoucauld. (Marques d'approbation à gauche. — Aux voix! aux voix!)

M. le président. La parole est à M. Hervé de Saisy.

M. Hervé de Saisy. Je n'ai qu'un mot à dire. J'ai été mis en cause par l'honorable duc de Bisaccia sans en avoir été prévenu. Mon intention formelle était de réserver mon amendement pour le développer à la 3e délibération et je persiste dans cette intention. Toutefois, les paroles de l'honorable duc demandent une réponse immédiate de ma part et m'obligent à déclarer ici que je n'envisage pas la question au même point de vue que lui et que je n'éprouve pas des appréhensions identiques aux siennes au sujet d'une délégation du droit de paix ou de guerre au chef de l'État, quelle que soit sa dénomination.

Je crois, au contraire, que ce droit appartient virtuellement à la nation, en théorie; mais que, dans la pratique, sous peine de compromettre sa sécurité et de se placer à cet égard dans une situation d'infériorité évidente vis-à-vis des puissances de l'Europe, elle doit en attribuer l'usage au gouvernement de son choix. Elle doit mettre tous les moyens de défense, les concentrer pour ainsi dire, dans les mains de celui qui a le devoir et l'honneur de sauvegarder son indépendance et dont tous les efforts doivent tendre à lui conserver la paix.

Telle est la thèse que je développerai devant vous avec une entière modération et une entière prudence à la troisième délibération de ce projet de loi.

Je dois ajouter un dernier mot à cette brève indication de ma manière de voir sur un point si important : c'est que je mets, dans ma pensée, bien au-dessus des questions de personnes la sécurité, la force et l'honneur de ma patrie. (Très-bien! sur plusieurs bancs à droite. — Aux voix! aux voix!)

M. de La Rochefoucauld duc de Bisaccia. Je ne veux pas répondre à l'honorable M. Laboulaye. Il me permettra seulement de lui dire un mot. Je crois que, comme j'ai

été souvent interrompu, ma pensée n'a pas été très-bien comprise. Je n'ai pas besoin de dire que je m'associe à l'éloge si mérité qu'il a rendu à M. le maréchal de Mac Mahon. Mais, dans la proposition que je fais, ce n'est pas un nouveau titre que je demande à M. le maréchal de Mac Mahon de vouloir bien accepter : c'est un nouvel acte de sacrifice pour nous, qui peut être utile, nécessaire dans certains moments. C'est comme cela que je pose la question; je n'ai pas eu une autre pensée; j'espère que l'Assemblée votera mon amendement, et j'ai la conviction profonde que si vous ne l'adoptez pas, vous pourriez un jour vous en repentir. (Vives exclamations à gauche. — Aux voix! aux voix!)

M. le président. Je relis les termes de l'amendement de M. de La Rochefoucauld :

« Le maréchal de Mac Mahon, pendant la durée de ses pouvoirs, a seul le droit de déclarer la guerre. »

Sur cet amendement, une demande de scrutin a été déposée.

Elle est signée par MM. de Kéridec, Joseph de Carayon La Tour, comte de Boisboissel, Du Bodan, de Forsanz, vicomte de Kermenguy, vicomte de Lorgeril, de la Bassetière, vicomte de Rodez-Bénavent, A. de Colombet, G. de Belcastel, marquis de Lur-Saluces, de Saint-Victor, Amédée Lefèvre-Pontalis, marquis de la Roche-Aymon, comte de la Moneraye, de Bouillé, Vimal.

Il va être procédé au scrutin.

(Le scrutin est ouvert, et les votes sont recueillis.)

M. le président. Voici le résultat du dépouillement du scrutin :

Nombre des votants..........	588
Majorité absolue..............	295
Pour l'adoption.......	163
Contre..............	425

L'Assemblée nationale n'a pas adopté.

A droite. A demain!

A gauche. Non! non! — Continuons!

M. Chaper. C'est tous les soirs la même plaisanterie!

Plusieurs membres. Finissons la loi!

M. le président. Je fais observer à l'Assemblée qu'il ne reste à voter que cinq articles sur lesquels il n'y a pas d'amendements. (A demain! — Non! — Aux voix!)

Dans tous les cas l'Assemblée voudra sans doute statuer sur l'article 9? (Oui! oui!)

Je le mets aux voix.

(L'article 9 est mis aux voix et adopté.)

M. le président. L'Assemblée entend-elle passer à l'article 10?

Voix nombreuses. Oui! oui!

A droite. Non! non! — A demain!

M. le président. La question étant contestée, je consulte l'Assemblée.

M. Malartre. Il est six heures! il est convenu qu'on lèvera la séance à six heures.

M. le président. Non, il n'est pas six heures.

M. Malartre. Moins quelques minutes.

M. le président. Je suis très-disposé à donner à M. Malartre l'explication que j'ai déjà donnée. Je la répète pour la septième fois. Quoique l'Assemblée ait l'habitude de se sé-

parer à six heures, j'ai prouvé, le règlement en
mains, que toutes les fois qu'à cette heure,
la question de la continuation de la discussion
était soulevée, le devoir du président était de
la faire trancher, et de se soumettre à la volonté de la majorité. (Très-bien! très-bien!)

Je ne puis pas faire qu'on ne la soulève pas
en ce moment. (Très-bien! — C'est vrai!)

Il est évident que le président lève la séance
toutes les fois qu'il n'y a pas de réclamation
ou de proposition contraire; mais dès qu'il y
a une protestation, il faut aller aux voix. (Très-
bien! — C'est évident!)

Je consulte donc l'Assemblée sur la question
de savoir si elle entend continuer la délibération.

(L'Assemblée, consultée, décide que la délibération continue.)

M. le président. L'article 10 est ainsi
conçu:

« Chacune des Chambres est juge de l'éligibilité de ses membres et de la régularité de
leur élection; elle peut seule recevoir leur
démission. »

(L'article 10 est mis aux voix et adopté.)

« Art. 11. — Le bureau de chacune des
deux Chambres est élu chaque année pour la
durée de la session, et pour toute session
extraordinaire qui aurait lieu avant la session
ordinaire de l'année suivante.

« Lorsque les deux Chambres se réunissent
en Assemblée nationale, leur bureau se compose des président, vice-présidents et secrétaires du Sénat. » (Adopté.)

« Art. 12. — Le Président de la République
ne peut être mis en accusation que par la
Chambre des députés, et ne peut être jugé que
par le Sénat.

« Les ministres peuvent être mis en accusation par la Chambre des députés pour crimes
commis dans l'exercice de leurs fonctions. En
ce cas, ils sont jugés par le Sénat.

« Le Sénat peut être constitué en cour de justice par un décret du Président de la République, rendu en conseil des ministres, pour juger
toute personne prévenue d'attentat commis
contre la sûreté de l'Etat.

« Si l'instruction est commencée par la justice ordinaire, le décret de convocation du
Sénat peut être rendu jusqu'à l'arrêt de
renvoi.

« Une loi déterminera le mode de procéder
pour l'accusation, l'instruction et le jugement. »
— (Adopté.)

« Art. 13. — Aucun membre de l'une ou de
l'autre Chambre ne peut être poursuivi ou recherché à l'occasion des opinions ou votes émis
par lui dans l'exercice de ses fonctions. » —
(Adopté.)

« Art. 14. — Aucun membre de l'une ou de
l'autre Chambre ne peut, pendant la durée de
la session, être poursuivi ou arrêté en matière
criminelle ou correctionnelle, qu'avec l'autorisation de la Chambre dont il fait partie, sauf
le cas de flagrant délit.

« La détention ou la poursuite d'un membre
de l'une ou de l'autre Chambre est suspendue,
pendant la session, et pour toute sa durée, si
la Chambre le requiert. » — (Adopté.)

M. le président. Je consulte l'Assemblée
pour savoir si elle entend passer à une troisième délibération.

M. Audren de Kerdrel. Je demande la
parole.

M. le président. La parole est à M. de Kerdrel.

M. Audren de Kerdrel. Messieurs, je ne
retiendrai l'Assemblée que pendant très-peu
d'instants. Je viens, au nom d'un grand nombre de mes amis, et en mon nom propre, vous
apporter à la tribune une très-courte déclaration. Je fais appel à votre patience. (Parlez!)

Messieurs, au moment où se pose la question de savoir si l'Assemblée doit passer à
une troisième lecture du projet de loi sur les
pouvoirs publics, vous me permettrez d'expliquer brièvement le vote que nous allons émettre.

Nous n'avons pas voté la loi qui, le 25 février, a établi la République. Fermement convaincus que la monarchie héréditaire et constitutionnelle... (Bruyante interruption à gauche.)

Messieurs, je n'ai jamais compris que l'expression loyale d'une conviction sincère pût
exciter des murmures. (Très-bien! très-bien! à
droite et au centre.)

A gauche. C'est trop tard maintenant! — Il
fallait dire cela le 25 février! (Agitation.)

A droite. Laissez parler! N'interrompez pas!

M. Audren de Kerdrel. Je reprends ma
phrase, ou plutôt la phrase de mes amis, dont
je ne suis ici que l'organe absolument fidèle.
(Ecoutez! écoutez! à droite.)

Fermement convaincus que la monarchie
héréditaire et constitutionnelle est le gouvernement qui convient le mieux aux intérêts du
pays, à ses traditions, à ses mœurs, et qui
peut le mieux assurer sa sécurité au dedans et
au dehors... (Rumeurs à gauche) ... nous n'a-
vons pas cru pouvoir adhérer au principe du
gouvernement républicain. D'autres, monarchistes aussi, ont pensé qu'en soumettant la
République à un droit absolu de révision, ils
pouvaient la voter comme une nécessité qui
s'imposait à eux.

Loin de nous, en rappelant cette divergence,
de vouloir y chercher un sujet de récrimination. Il est, dans la vie publique, des heures si
profondément troublées que les esprits les plus
fermes et les plus sûrs se demandent alors de
quel côté est la voie qu'il faut suivre, de quel
côté le devoir qui commande. (Très-bien!
très-bien! sur divers bancs à droite et au centre.)

Ces dissidences entre des hommes qu'anime
le même amour du pays et qui, au fond, restent
attachés les uns et les autres à une même conviction politique... (Rumeurs à gauche)... n'ont
plus aujourd'hui de raison d'être. Il s'agit en effet,
non d'établir un Gouvernement nouveau, puisqu'il existe depuis le 25 février, mais seulement
de déterminer les règles suivant lesquelles ce
Gouvernement devra fonctionner, jusqu'au
jour où le droit de révision pourra légalement
s'exercer.

Dans un débat où les principes conservateurs se trouvent si vivement engagés, nous ne
pouvons être des spectateurs indifférents et
désintéressés. (Très-bien! très-bien! à droite
et au centre.)

D'ailleurs, royalistes, plus nous sommes
effrayés des dangers dont le principe républicain menace le pays, plus nous devons nous

61

efforcer d'atténuer les conséquences de ce principe. (Exclamations à gauche.)

Telles sont, en quelques mots, messieurs, les raisons qui nous déterminent à voter pour une troisième lecture. (Vives marques d'approbation sur plusieurs bancs à droite et au centre.)

A gauche. Aux voix! aux voix!

M. le président. L'Assemblée doit maintenant se prononcer sur la question de savoir si elle passera à une troisième délibération.

Il y a une demande de scrutin signée par MM. le comte de Cornulier-Lucinière, Dezanneau, Vimal, vicomte de Saintenac, vicomte de Lorgeril, vicomte d'Aboville, de la Bassetière, marquis de La Rochejaquelein, de Fontaine, de La Bouillerie, Dumon, comte d'Abbadie de Barrau, marquis de Lur-Saluces, vicomte de Kermenguy, de FélIgonde, comte de Kergariou, de Carayon La Tour, vicomte de Rodez-Bénavent, comte de Juigné, de La Rochette.

Il va y être procédé.

(Le scrutin est ouvert et les votes sont recueillis.)

M. le président. Voici le résultat du scrutin :

Nombre des votants.......... 619
Majorité absolue.............. 310

Pour l'adoption....... 526
Contre............... 93

L'Assemblée nationale a décidé qu'elle passera à une 3e délibération.

M. Martel, obligé de se rendre à Arras pour y présider la commission d'enquête concernant les travaux projetés du port de Calais, demande un congé d'urgence de deux jours.

Il n'y a pas d'opposition ?...

Le congé est accordé.

M. Cézanne demande un congé de vingt jours pour raison de santé.

La demande sera renvoyée à la commission des congés.

Demain, à deux heures, séance publique :

Suite de l'ordre du jour tel qu'il a été précédemment réglé, et en tête duquel se trouve maintenant la 3e délibération sur la liberté de l'enseignement supérieur.

(La séance est levée à six heures un quart.)

Le directeur du service sténographique de l'Assemblée nationale,

CÉLESTIN LAGACHE.

SCRUTIN

Sur l'amendement de M. Marcou.

Nombre des votants....... 612
Majorité absolue........... 307

Pour l'adoption.. 24
Contre.......... 588

L'Assemblée nationale n'a pas adopté.

ONT VOTÉ POUR :

MM. Barodet. Bernard (Martin). Blanc (Louis). Bouchet. Casse. Chevandier. Daumas. Escarguel. Esquiros. Goblet. Godissart. Joigneaux. Lherminier. Lockroy. Madier de Montjau. Marck. Marcou. Naquet. Ordinaire. Périn. Peyrat. Rathier. Saisy (Hervé de). Turigny.

ONT VOTÉ CONTRE :

MM. Abbadie de Barrau (comte d'). Aboville (vicomte d'). Aclocque. Adam (Pas-de-Calais). Adam (Edmond) (Seine). Adnet. Adrien Léon. Aigle (comte de l'). Alexandre (Charles). Allemand. Allenou. Amat. Amy. Ancel. Ancelon. Andelarre (le marquis d'). André (Charente). André (Seine). Anisson-Duperon. Arago (Emmanuel). Arbel. Arfeuillères. Arnand (de l'Ariége). Aubry. Audren de Kerdrel. Aurelle de Paladines (général d'). Auxais (d'). Aymé de la Chevrelière.

Babin-Chevaye. Bagneux (comte de). Balsan. Bamberger. Baragnon. Barante (baron de). Barascud. Bardoux. Barthe (Marcel). Barthélemy Saint-Hilaire. Bastard (comte Octave de). Bastid (Raymond). Batbie. Baucarne-Leroux. Baze. Beau. Beaussire. Beauvillé (de). Belcastel (de). Benoist d'Azy (comte). Benoist du Buis. Benoit (Meuse). Bérenger. Berlet. Bernard (Charles) (Ain). Bernard-Dutreil. Bertauld. Besnard. Besson (Paul). Bethmont. Béthune (comte de). Beurges (comte de). Bidard. Bienvenüe. Bigot. Billot (général). Billy. Blavoyer. Blin de Bourdon (vicomte). Bocher. Boduin. Boisboissel (comte de). Boissé. Bompard. Bonald (vicomte de). Bondy (comte de). Bonnet. Boreau-Lajanadie. Botard. Bottieau. Boulisson. Bourbon (Loire). Boullier de Branche. Bourgeois (Vendée). Boyer. Boysset. Bozérian. Brabant. Brame (Jules). Brice (Ille-et-Vilaine). Brice (Meurthe-et-Moselle). Brisson (Henri) (Seine). Broët. Broglie (le duc de). Brun (Charles) (Var). Brun (Lucien) (Ain). Brunet. Bryas (comte de). Buée. Buffet. Buisson (Jules) (Aude). Busson-Duvivière. Caillaux. Calemard de La Fayette. Callet. Calmon. Carayon La Tour (de). Carbonnier de Marzac (de). Carnot (père). Carnot (Sadi). Carquet. Carré-Kérisouët. Carron (Émile). Casimir Perier. Castellane (marquis de). Castelnau. Cazeaux. Cazenove de Pradine (de). Cazot (Jules) (Gard). Cézanne. Chabaud La Tour (Arthur de). Chabaud La Tour (général baron de). Chabron (général de). Chadois (colonel de). Chaillemel-Lacour. Chamaillard (de). Champagny (vicomte Henri de). Champvallier (de). Changarnier (général). Chaper. Chardon. Chareton (général). Charreyron. Charton. Chatelin. Chaurand (baron). Chavassieu. Cheguillaume. Cherpin. Chesnelong. Chiris. Choiseul (Horace de). Christophle (Albert). Cintré (comte de). Cissey (général de). Clapier. Claude (Meurthe-et-Moselle). Claude (Vosges). Clément (Léon). Clerc. Clercq (de). Cochery. Colombet (de). Combarieu (de). Combier. Contaut. Corbon. Cordier. Corne. Costa de Beauregard (marquis de). Cottin (Paul). Courbet-Poulard. Courcelle. Crémieux. Crussol d'Uzès (duc de). Cumont (vicomte Arthur de). Cunit. Daguenet. Daguilhon-Lasselve. Dampierre (le marquis de). Danelle-Bernardin. Daron. Daru (comte). Dauphinot. Daussel. Decazes (baron). Decazes (duc). Delacour. Delacroix. Delavau. Delille. Delisse-Engrand. Delorme. Delpit. Deisol. Denfert (colonel). Denormandie. Depasse. Depoyre. Deregnaucourt. Desbassayns de Richemont (comte). Descat. Deschaugo. Desjardins. Destremx. Dieabach (comte de). Dietz-Monnin. Dompierre d'Hornoy (amiral de). Doré-Graslin. Douay. Douhet (le comte de). Drouin. Du Bodan. Dubois. Duboys-Fresnay (le général). Du Breuil de Saint-Germain. Ducarre. Du Chaffaut. Duchâtel (comte). Duclerc. Ducuing. Dufaur (Xavier). Dufaure (Jules). Dufay. Dufour. Dufournel. Dumarnay. Dumon. Duparc. Dupin (Félix). Dupont (Alfred). Dupouy. Duréault. Durfort de Civrac (comte de). Durieu. Duvergier de Hauranne.

Ernoul. Eymard-Duvernay.

Farcy. Favre (Jules). Féligonde (de). Feray. Fernier. Ferry (Jules). Flagbac (baron de). Fleuriot (de). Folliet. Fontaine (de). Forsanz (le vicomte de). Foubert. Fouquet. Fourcand. Fourichon (amiral). Fournier (Henri). Fourtou (de). Fraissinet. Frébault (général). Fresneau. Gagneur. Gailly. Gallicher. Gambetta. Ganault. Ganivet. Gaslonde. Gasselin de Fresnay. Gatien-Arnoult. Gaudy. Gaulthier de Vauxenay. Gavardie (de). Gayot. George (Emile). Gérard. Germain. Germonière (de la). Gévelot. Gillon (Paulin). Giraud (Alfred). Girerd (Cyprien). Girot-Pouzol. Glas. Godet de la Riboullerie. Godin. Gouin. Gouvello (de). Gouvion Saint-Cyr (marquis de). Grammont (marquis de). Grange. Grasset (de). Grivart. Grollier. Gueidan. Guibal. Guichard. Guiché (marquis de la). Guillemaut (général). Guinot. Hamille. Harcourt (comte d'). Harcourt (duc d'). Haussonville (vicomte d'). Hérisson. Hespel (comte d'). Hèvre. Houssard. Huon de Penansier.

Jacques. Jaffré (abbé). Jamme. Jaurès (amiral). Jocteur-Monrozier. Johnston. Joinville (prince de). Jordan. Joubert. Jourdan. Journault. Jouvenel (baron de). Jozon. Juigné (comte de). Juigné (marquis de).

Keller. Kerţariou (comte de). Kergorlay (comte de). Kéridec (de). Keriégu (amiral de). Kermenguy (vicomte de). Kolb-Bernard. Krantz. La Bassetière (de). Labitte. La Borderie (de). La Bouillerie (de). Laboulaye. Lacave-Laplagne. La Caze (Louis). Lacombe (de). Lafayette (Oscar de). Lallize. Lafon de Fongaufier. Laget. Lagrange (baron A. de). Laillé. Lambert de Sainte-Croix. Lamberterie (de). Lamy. Lanel. Lanfroy. Langlois. La Pervanchère (de). Larcy (baron de). La Roche-Aymon (marquis de). La Rochefoucauld (duc de Bisaccia). La Rochethulon (marquis de). La Sicotière (de). Lassus (baron de). Lasteyrie (J. de). Latrade. Laurier. Lavergne (Léonce de). Leblond. Lebourgeois. L'Ébraly. Lebreton. Lecamus. Le Chatelain. Lefébure. Lefèvre-Pontalis (Eure-et-Loir). Lefèvre-Pontalis (Seine-et-Oise). Lefranc (Pierre). Lefranc (Victor). Le Gal La Salle. Legge (comte de). Le Lasseux. Lenoël (Emile). Lepère. Lepetit. Le Provost de Launay. Leroux (Aimé). Le Royer. Lesguillon. Lespinasse. Lestapis (de). Lestourgie Leurent. Levêque. Limairac (de) (Tarn-et-Garonne). Limayrac (Léopold) (Lot). Limperani. Littré. Lortal. Louvet. Loysel (général). Lucet. Luro. Lur-Saluces (marquis de).

Magniez. Magnin. Maillé (comte de). Maillé. Malartre. Malens. Maleville (marquis de). Maleville (Léon de). Malézieux. Mangini. Marc-Dufraisse. Marcère (de). Marchand. Margaine. Martell (Charente). Martenot. Martin (Charles). Martin (Henri). Martin (d'Auray). Martin des Pallières (général). Mathieu-Bodet (Charente). Mathieu de la Redorte (comte). Maurice. Max-Richard. Mayaud.

Mazeau. Mazerat. Mazure (général). Meaux (vicomte de). Médecin. Méline. Melun (comte de). Méplain. Mérode (de). Merveilleux du Vignaux. Mestreau. Mettetal. Michal-Ladichère. Michel. Monjaret de Kerjégu. Monneraye (comte de la). Monnet. Montaignac (amiral de). Monteil. Montgolfier (de). Montlaur (marquis de). Montrieux. Moreau (Ferdinand). Morin. Mornay (marquis de). Mortemart (duc de). Morvan. Murat-Sistrières.

Nétien. Nioche. Noël-Parfait. Nouaillan (le comte de).

Pagès-Duport. Palotte (Jacques). Parent. Paris. Parsy. Partz (le marquis de). Passy (Louis). Paüissier (Sosthène). Pelletan. Pellissier (général). Poltereau-Villeneuve. Pernolet. Perret. Perrier (Eugène). Petau. Peulvé Payramont (de). Philippoteaux. Picard (Alphonse). Pin. Ploger (de). Piou. Plichon. Pompery (de). Pontoi-Pontcarré (marquis de). Pothuau (l'amiral). Pouyer-Quertier. Pradié. Pressensé (de). Prétavoine. Puiberneau (de). Quinsonas (marquis de).

Hainneville (de). Rambures (de). Rameau. Rampon (le comte). Rampont. Raudot. Ravinel (de). Rémusat (Paul de). Renaud (Félix). Renaud (Michel). Rességnier (comte de). Reymond (Ferdinand) (Isère). Reymond (Loire). Riant (Léon). Ricard. Ricot. Riondel. Rive (Francisque). Robert (le général). Robert (Léon). Robert de Massy. Roger du Nord (comte). Roger-Marvaise. Holland (Charles) (Saône-et-Loire). Rotours (des). Roudier. Rousseau. Roussel. Rouvoure. Roux (Honoré). Roys (marquis des). Sacase. Saincthorent (de). Saintenac (vicomte de). Saint-Germain (de). Saint-Malo (de). Saint-Pierre (de) (Calvados). Saint-Pierre (Louis de) (Manche). Saint-Victor (de). Salsset (vice-amiral). Salneuve. Salvandy (de). Salvy. Sarrette. Saussier (général). Savary. Savoye. Say (Léon). Schérer. Sebert. Ségur (comte Louis de). Seignobos. Sénard. Serph (Gusman). Sers (marquis de). Silva (Clément). Simon (Fidèle). Simon (Jules). Soubeyran (baron de). Soury-Lavergne. Soye. Staplande (de). Sugny (de). Swiney.

Tailhand. Taillefert. Talhouët (marquis de). Tallon. Tamisier. Tarteron (de). Tassin. Teisserenc de Bort. Testelin. Thomas (docteur). Thurel. Tillancourt (de). Tirard. Tocqueville (comte de). Toupet des Vignes. Tréveneuc (comte de). Tribert. Turquet. Vacherot. Valady (de). Valazé (général). Valentin. Valfons (marquis de). Vandier. Varroy. Vaulchier (comte de). Vautrain. Ventavon (de). Vento. Vétillart. Vidal (Saturnin). Viennet. Vilfeu. Villain. Vimal-Dessaignes. Vinay (Henri). Vingtain (Léon). Vinols (baron de). Vitalis. Vitalis. Vogué (marquis de). Voisin.

Waddington. Wallon. Warnier (Marne). Wartelle de Retz. Witt (Cornélis de). Wolowski.

N'ONT PAS PRIS PART AU VOTE

Comme étant retenus à la commission des lois constitutionnelles :

MM. Grévy (Albert). Humbert. Picard (Ernest).

N'ONT PAS PRIS PART AU VOTE

Comme étant retenus à la commission du budget :

MM. Dréo. Osmoy (comte d').

N'ONT PAS PRIS PART AU VOTE :

MM. Abbatucci. Arrazat. Audiffret-Pasquier (le duc d'). Barni. Boffinton Bonnel (Léon). Boucau. Bouillé (le comte de). Bourgoing (le baron de). Brelay. Breton. Brillier. Buisson

(Seine-Inférieure). Caduc. Cornulier-Lucinière (comte de). Cotte. Delord. Dezanneau. Dupanloup (Mgr). Dussaussoy. Eschasseriaux (le baron). Ferrouillat. Franclieu (marquis de). Galloni d'Istria. Gaultier de Rumilly. Gavini. Gent. Ginoux de Fermon (comte). Grandpierre. Greppo. Grévy (Jules). Guinard. Guyot. Haentjens. Janzé (baron de). Jouin. Lacretelle (Henri de). Largentaye (de). La Rochejaquelein (marquis de). La Rochette (de). La Serve. Laurent-Pichat. Lefèvre (Henri). Legrand. Lépouzé. Lovert. Lorgeril (vicomte de). Loustalot. Mahy (de). Mathieu (Saône-et-Loire). Mercier. Millaud. Moreau (Côte-d'Or). Mouchy (duc de). Murat (comte Joachim). Pajot. Parigot. Pascal Duprat. Plœuc (marquis de). Prax-Paris. Princeteau. Raoul Duval. Rivaille. Rodez-Bénavent (vicomte de). Rouher. Rouvier. Roy de Loulay. Sansas. Scheurer-Kestner. Schœlcher. Sens. Simiot. Taberlet. Target. Temple (du). Théry. Thiers. Tiersot. Toisin. Tréville (comte de). Valon (de). Vast-Vimeux (baron). Wilson.

ABSENTS PAR CONGÉ :

MM. Aumale (le duc d'). Chabrol (de). Chambrun. Chanzy (général). Chaudordy (comte de). Corcelle (de). Desbons. Faye. Flotard. Gontaut-Biron (vicomte de). Jullien. La Roncière Le Noury (vice-amiral comte de). Le Flo (général). Magne. Martel (Pas-de-Calais). Maurs. Monnot-Arbilleur. Tardieu.

SCRUTIN

Sur l'amendement de M. de Belcastel.

Nombre des votants..............	574
Majorité absolue................	288
Pour l'adoption.............	328
Contre.....................	246

L'Assemblée nationale a adopté.

ONT VOTÉ POUR :

MM. Abbadie de Barrau (le comte d'). Aboville (vicomte d'). Aclocque. Adam (Pas-de-Calais). Aduet. Allenou. Ancel. André (Charente). Anisson-Duperon. Arfeuillères. Aubry. Audren de Kerdrel. Aurelle de Paladines (général d'). Auxais (d'). Aymé de la Chevrelière.

Babin-Chevaye. Bagneux (comte de). Balsan. Baragnon. Barante (baron de). Barascud. Bastard (comte Octave de). Bastid (Raymond). Baucarne-Leroux. Beau. Beauvillé (de). Belcastel (de). Benoist d'Azy (comte). Benoist du Buis. Benoît (Meuse). Bernard-Dutreil. Bertauld. Besson (Paul). Béthune (comte de). Beurges (comte de). Bidard. Bienvenue. Blavoyer. Blin de Bourdon (vicomte). Bocher. Boduin. Boisboissel (comte de). Boisse. Bompard. Bonald (vicomte de). Boreau-Lajanadie. Bottieau. Bouillé (comte de). Bouisson. Boullier de Branche. Bourgeois (Vendée). Boyer. Brabant. Brame (Jules). Brettes-Thurin (comte de). Brœt. Broglie (duc de). Brun (Lucien) (Ain). Brunet. Bryas (comte de). Buffet. Busson (Jules) (Aude). Busson-Duviviers. Caillaux. Calémard de La Fayette. Callet. Carayon La Tour (de). Carbonnier de Marzac (de). Carron (Émile). Castellane (marquis de). Cazeaux. Chabaud La Tour (général baron de). Chabaud La Tour (Arthur de). Chadois (colonel de). Chamaillard (de). Champagny (le vicomte Henri de). Champvalifer (de). Changarnier (général). Chaper. Charreyron. Chatelin.

Chaurand (baron). Cheguillaume. Chesnelong. Cissey (général de). Clapier. Clément (Léon). Clercq (de). Colombet (de). Combarieu (de). Combier. Cornulier-Lucinière (le comte de). Costa de Beauregard (marquis de). Cotiin (Paul). Courbet-Poulard. Crussol d'Uzès (duc de). Cumont (vicomte Arthur de). Daguilhon-Lasselve. Dampierre (marquis de). Daru (le comte). Daussel. Decazes (le baron). Decazes (le duc). Delacour. Delavau. Delille. Delisse-Engrand. Delpit. Delsol. Dezdormandie. Depasse. Depeyre. Desbassayns de Richemont (comte). Desjardins. Dezanneau. Diesbach (comte de). Dompierre d'Hornoy (amiral de). Doré-Graslin. Douay. Douhet (comte de). Drouin. Du Bodan. Du Breuil de Saint-Germain. Dufaur (Xavier). Dufaure (Jules). Dufour. Dumarnay. Dumon. Dupanloup (Mgr). Dupin (Félix). Dupont (Alfred). Duréault. Durfort de Civrac (comte de). Ernoul.

Féligonde (de). Flaghac (baron de). Fleuriot (de). Fontaine (de). Forsanz (vicomte de). Fournier (Henri). Fourtou (de). Franclieu (le marquis de). Fresneau.

Galloni d'Istria. Gaslonde. Gasselin de Fresnay. Gaulthier de Vaucenay. Gavardie (de). Germonière (do la). Gillon (Paulin). Giraud (Alfred). Glas. Godet et la Riboullerie. Gouin. Gouvello (de). Gouvion Saint-Cyr (marquis de). Grammont (marquis de). Grange. Grasset (de). Grivart. Guéidan. Guiche (marquis de la). Hamille. Harcourt (comte d'). Harcourt (duc d'). Haussonville (vicomte d'). Huon de Penanster.

Jaffré (abbé). Jamme. Jocteur-Monrozier. Jordan. Joubert. Jourdan. Jouvenel (baron de). Juigné (comte de). Juigné (marquis de). Keller. Kergarion (le comte de). Kergorlay (comte de). Kéridec (de). Kerjégu (amiral de). Kermenguy (vicomte de). Kolb-Bernard.

La Bassetière (de). Labitte. La Borderie (de). La Bouillerie (de). Lacave-Laplagne. Lacombe (de). Lagrange (baron A. de). Laillé. Lambert de Sainte-Croix. Lamberterie (de). Lanel. La Pervanchère (de). Larcy (baron do). Lataye (de). La Roche-Aymon (marquis de). La Rochefoucauld (duc de Bisaccia). La Rochejaquelein (marquis de). La Rochethulon (marquis de). La Sicotière (de). Lassus (baron de). Laurier. L'Ebraly. Le Chatelain. Lefébure. Lefèvre-Pontalis (Eure-et-Loir). Lefèvre-Pontalis (Seine-et-Oise). Le Gal La Salle. Legge (comte de). Le Lasseux. Le Provost de Launay. Lespinasse. Lestapis (de). Lestourgie. Leurent. Limairac (do) (Tarn-et-Garonne). Limayrac (Léopold) (Lot). Lorgeril (vicomte de). Lortal. Louvet. Loysel (général). Lur-Saluces (marquis de).

Maillé (comte de). Malartre. Martenot. Martin (Charles). Martin (d'Auray). Martin des Pallières (général). Mathieu de la Redorte (comte). Maurice. Mayaud. Mazeras. Mazure (général). Meaux (vicomte de). Melun (comte de). Méplain. Mérode (de). Merveilleux du Vignaux. Mettetal. Monjaret de Kerjégu. Monneraye (comte de la). Monnet. Montaignac (amiral de). Montel. Montgolfier (de). Montlaur (marquis de). Montrieux. Moreau (Ferdinand). Mornay (marquis de). Mortemart (le duc de). Mouchy (duc de). Murat (comte Joachim). Nouaillan (comte de).

Pagès-Duport. Pajot. Parigot. Paris. Paris (marquis de). Pellorean-Villeneuve. Perret. Perrier (Eugène). Peyramont (de). Pioger (de). Piou. Plichon. Plœuc (marquis de). Pontoi-Pontcarré (marquis de). Pouyer-Quertier. Pradié. Prétavoine. Puiberneau (de). Quinsonas (marquis de).

Rainneville (de). Rambures (de). Ravinel (de). Renaud (Michel). Rességuier (comte de). Riant (Léon). Ricot. Rive (Francisque). Robert (de).

néral). Rodez-Bénavent (vicomte de). Rotours (des). Rouveure.

Sacase. Saincthorent (de). Saintenac (le vicomte de). Saint-Germain (de). Saint-Male (do). Saint-Pierre (Louis de) (Manche). Saint-Victor (de). Saisset (vice-amiral). Saisy (Hervé de). Salvy. Sarrette. Sers (marquis de). Soury-Lavergne. Staplande (de). Sugny (de).

Tailhand. Taillefert. Talhouët (marquis de). Tarteron (de). Temple (du). Théry. Trévenouc (comte de). Tréville (comte de).

Valady (de). Valfons (marquis de). Valon (de). Vandier. Vaulchier (comte de). Ventavon (de). Vente. Vétillart. Viennet. Vilfeu. Vimal-Dessaignes. Vinay (Henri). Vinols (baron de). Vitalis. Vogué (marquis de). Voisin.

Wallon. Wartelle de Retz. Witt (Cornélis de).

ONT VOTÉ CONTRE :

MM. Adam (Edmond) (Seine). Alexandre (Charles). Allemand. Amat. Ancelon. Arago (Emmanuel). Arbel. Arnaud (de l'Ariége). Arrazat. Bamberger. Barni. Barodet. Barthe (Marcel). Barthélemy Saint - Hilaire. Baze. Beaussire. Bérenger. Berlet. Bernard (Martin) (Seine). Bert. Bethmont. Billot (général). Billy. Blanc (Louis). Bonnet (Léon). Bouchet (Bouches-du-Rhône). Boysset. Bozérian. Bralay. Brice (Meurthe-et-Moselle). Brillier. Brisson (Henri) (Seine). Brun (Charles) (Var). Buisson (Seine-Inférieure).

Caduc. Calmon. Carnot (père). Carnot (Sadi). Carquet. Casimir Perier. Casse (Germain). CasteInau. Cazot (Jules) (Gard). Challemel-Lacour. Chardon. Charton. Chavassieu. Cherpin. Chevandier. Choiseul (Horace de). Christophe (Albert). Claude (Meurthe-et-Moselle). Claude (Vosges). Clerc. Cochery. Contaut. Corbon. Cordier. Corne. Cotte. Crémieux. Cunit.

Daron. Daumas. Dauphinot. Dolacroix. Delord. Delorme. Denfert (colonel). Deregnaucourt. Deschange. Dietz-Monnin. Dréo. Dubois. Ducarre. Duclerc. Ducuing. Dufay. Dupare. Dupouy. Durieu. Duvergier de Hauranne.

Escarguel. Esquiros. Eymard-Duvernay.

Farcy. Favre (Jules). Feray. Fernier. Ferroullat. Ferry (Jules). Folliet. Fouquet. Fourcand. Fraissinet. Frébault (général).

Gagneur. Gailly. Gambetta. Ganault. Gatien-Arnoult. Gaudy. Gaulthier de Rumilly. Gayot. Gent. George (Emile). Gérard. Girard (Cyprien). Girot-Pouzol. Goblet. Godin. Godissart. Grandpierre. Greppo. Grévy (Albert). Grollier. Guichard. Guillemaut (général). Guinard. Guyot.

Hérisson. Hèvre. Humbert.

Jacques. Janzé (baron de). Joigneaux. Journault. Jozon.

Krantz.

Laboulaye. Lacretelle (Henri 'de). Lafayette (Oscar de). Laflize. Lafon de Fongaufier. Laget. Lambert (Alexis). Lanirey. Langlois. La Serve. Lairade. Laurent-Pichat. Lavergne (Léonce de). Leblond. Lebourgeois. Lebreton. Lefèvre (Henri). Lefranc (Pierre). Lepère. Lépouzé. Leroux (Aimé). Le Royer. Lesguillon. Levêque. Lherminier. Littré. Lockroy. Lucet. Luro.

Madier de Montjau. Magnin. Mahy (de). Maillé. Malens. Maleville (Léon de). Malézieux. Mangini. Marc-Dufraisse. Marcère (de). Marck. Marcou. Margaine. Martin (Henri). Mazeau. Méline. Mercier. Mestreau. Millaud. Moreau (Côte-d'Or). Morin. Morvan. Murat-Sistrières.

Naquet. Nioche. Noël-Parfait.

Ordinaire (fils).

Palotte (Jacques). Parent, Parsy. Pascal

Duprat. Patissier (Sosthène). Pelletan. Périn. Pernolet. Peyrat. Picart (Alphonse). Pin. Pompery (de). Pressensé (de).

Rameau. Rampont. Rathier. Rémusat (Paul de). Reymond (Loire). Ricard. Riondel. Robert (Léon). Robert de Massy. Roger du Nord (comte). Roger-Marvaise. Rolland (Charles) (Saône-et-Loire). Roudier. Rousseau. Rouvier.

Salneuve. Sansas. Saussier (général). Schérer. Scheurer - Kestner. Schœlcher. Sebert. Sénard. Silva (Clément). Simiot. Simon (Fidèle). Simon (Jules). Soye. Swiney.

Taberlet. Tamisier. Tassin. Testelin. Thomas (docteur). Thurel. Tiersot. Tirard. Tolain. Tribort. Turigny. Turquet.

Vacherot. Valentin. Varroy. Vautrain. Villain.

Warnier (Marne). Wilson.

N'ONT PAS PRIS PART AU VOTE

Comme étant retenus à la commission des lois constitutionnelles :

MM. Adrien Léon. Cézanne. Picard (Ernest). Rampon (le comte). Waddington.

N'ONT PAS PRIS PART AU VOTE

Comme étant retenus à la commission du budget :

MM. André (Seine). Bathie. Chareton (général). Osmoy (comte d'). Pothuau (amiral). Raudot. Teisserenc de Bort. Wolowski.

N'ONT PAS PRIS PART AU VOTE :

MM. Abbatucci. Aigle (le comte de l'). Amy. Andelarre (le marquis d'). Audiffret-Pasquier (le duc d'). Bardoux. Bernard (Charles). Besnard. Bigot. Boffinton. Bondy (le comte de). Bonnet. Bottard. Bouceau. Boullier (Loire). Bourgoing (le baron de). Breton. Buée. Carré-Kérisouët. Cazenove de Pradine (de). Chabron (général de). Chiris. Cintré (comte de). Courcelle. Daguenet. Danelle-Bernardin. Descat. Destremx. Duboys-Fresnay (général). Du Chaffaut. Duchâtel (comte). Dufournel. Dussaussoy. Eschasseriaux (baron). Feubert. Fourichon (amiral). Gallicher. Ganivet. Gavini. Germain. Gévelot. Ginoux de Fermon (le comte). Grévy (Jules). Guibal. Guinot. Haentjens. Hespel (comte d'). Houssard. Jaurès (amiral). Johnston. Joinville (prince de). Jouin. La Caze (Louis). Lamy. La Rochette (de). Lasteyrie (Jules de). Lecamus. Lefranc (Victor). Legrand. Lenoël. Lepelit. Levert. Limperani. Loustalot. Magniez. Maleville (le marquis de). Mallevergne. Marchand. Martell (Charente) (baron de). Tallon. Target. Thiers. Tillancourt (de). Tocqueville (comte de). Toupet des Vignes. Valazé (général). Vast-Vimeux (baron). Vidal. Saturnin). Vingtain (Léon). Mathieu (Saône-et-Loire. Mathieu-Bodet. Maxs-Richard. Médecin. Michal-Ladichère. Michel. Nétien. Pellissier (le général). Petau. Peulvé. Philippoteaux. Præx-Paris. Princeteau. Raoul Duval. Renaud (Félix). Reymond (Ferdinand). Rivaille (Arthur). Rouher. Roussel. Roux (Honoré). Roy de Loulay. Roys (marquis des). Saint-Pierre (de) (Calvados). Salvandy (de). Savary. Savoye. Say (Léon). Ségur (comte de). Seignobos. Sens. Serph (Gusman). Soubeyran

ABSENTS PAR CONGÉ :

MM. Aumale (le duc d'). Brice (Ille-et-Vilaine). Chabrol (de). Chambrun (comte de). Chanzy (général). Chaudordy (comte de). Corcelle (de). Desbons. Faye. Flotard. Gontaut-Biron (vicomte de). Juillien. La Roncière Le Noury (vice-

amiral baron de). Le Flo (général). Magne.
Martel (Pas-de-Calais). Maure. Monnot-Arbilleur. Passy (Louis). Tardieu.

SCRUTIN

Sur l'amendement de M. de La Rochefoucauld.

Nombre des votants....... 588
Majorité absolue........... 295

Pour l'adoption....... 163
Contre................. 425

L'Assemblée nationale n'a pas adopté.

ONT VOTÉ POUR :

MM. Abbadie de Barrau (comte d'). Abo-
ville (vicomte d'). Ancel. Aubry. Audren de
Kerdrel. Auxais (d').
Bagneux (le comte de). Baragnon. Beauvillé
(de). Benoist d'Azy (comte). Benoist du Buis.
Benoit (Meuse). Bernard-Dutreil. Besson (Paul).
Béthune (comte de). Blin de Bourdon (vicomte).
Boisboissel (comte de). Boisse. Bonnet. Bouillé
(comte de). Boullier de Branche. Bourgeois
(Vendée). Boyer. Brettes-Thurin (le comte de).
Brun (Lucien) (Ain). Brunet. Bryas (comte de).
Calemard de La Fayette. Carayon La Tour
(de). Carbonnier de Marzac (de). Carron (Emile).
Cazeaux. Cazenove de Pradine (de). Chamail-
lard (de). Champagny (le vicomte Henri de).
Changarnier (général). Chatelin. Chaurand
(baron). Cheguillaume. Chesnelong. Cintré (le
comte de). Colombet (de). Combier. Costa
de Beauregard (marquis de). Cottin (Paul).
Crussol d'Uzès (duc de). Cumont (vicomte
Arthur de)
Dampierre (le marquis de). Daru (le comte).
Daussel. Delavau. Delpit. Depasse. Depeyre.
Diesbach (le comte de). Dompierre d'Hornoy
(l'amiral de). Douay. Du Bodan. Dufaur
(Xavier). Dumon. Dupanloup (Mgr). Dupin
(Félix). Durfort de Civrac (comte de).
Firnoul.
Féligonde (de). Flaghac (baron de). Fleuriot
(de). Fontaine (de). Forsanz (vicomte de). Fres-
neau.
Galloni d'Istria. Gasselin de Fresnay. Gaul-
thier de Vaucenay. Gavardie (de). Gillon
(Paulin). Gouvello (de). Grange. Grasset (de).
Guiche (marquis de).
Huon de Penanster.
Jaffré (l'abbé). Jamme. Joubert. Juigné
(comte de). Juigné (marquis de).
Kergariou (le comte de). Kergorlay (le comte
de). Kéridec (de). Kerjégu (amiral de). Ker-
menguy (vicomte de).
La Bassetière (de). Labitte. La Bouillerie (de).
Lagrange (baron A. de). Lamberterie (de).
La Pervanchère (de). Larcy (le baron de).
Largentaye (de). La Roche-Aymon (marquis
de). La Rochejaquelein (le marquis de). La
Rochethulon (le marquis de). La Rochette (de).
Lassus (baron de). Le Chatelain. Lefèvre-Pon-
talis (Eure-et-Loir). Legge (comte de). Le
Lasseux. Lespinasse. Lestourgie. Limairac
(de) (Tarn-et-Garonne). Lorgeril (vicomte de).
Lortal. Loysel (général). Lur-Saluces (marquis
de).
Maillé (comte de). Malartre. Marchand.
Martenot. Martin (Charles). Martin (d'Auray).
Martin des Pallières (général). Mathieu de la
Redorte (comte). Mazure (général). Méplain.
Merveilleux du Vignaux. Monjaret de Kerjégu.
Monneraye (comte de la). Monteil. Montlaur
(marquis de). Mornay (marquis de). Mortemart
(duc de). Mouchy (duc de).

Parts (marquis de). Pioger (de). Plichon.
Pontoi-Pontcarré (marquis de). Puiberneau (de).
Quinsonas (marquis de).
Rambures (de). Rességuier (comte de). Rodez-
Bénavent (vicomte de). Roys (marquis des).
Saincthorent (de). Saintenac (vicomte de).
Saint-Malo (de). Saint-Pierre (Louis de) (Man-
che). Saint-Victor (de). Saisset (le vice-amiral).
Sarrette. Sers (marquis de). Soury-Lavergne.
Staplande (de). Sugny (de).
Tailhand. Tarteron (de).
Valady (de). Vaulchier (comte de). Vétil-
lart. Viennet. Vimal-Dessaignes. Vitalis.
Vogüé (marquis de).
Wartelle de Retz.

ONT VOTÉ CONTRE :

MM. Aclocque. Adam (Pas-de-Calais). Adam
Edmond) (Seine). Adrien Léon. Aigle (comte
de l'). Alexandre (Charles). Allemand. Alisou.
Amat. Amy. Ancelon. Andelarre (marquis d').
André (Seine). Arago (Emmanuel). Arbel. Ar-
feuillères. Arnaud (de l'Ariège). Arrazat.
Balsan. Bamberger. Barante (le baron de).
Barascud. Bardoux. Barni. Barodet. Barthe
(Marcel). Barthélemy Saint-Hilaire. Bastid
(Raymond). Batbie. Baucarne-Leroux. Baze.
Beau. Beaussire. Bérenger. Berlet. Bernard
(Charles) (Ain). Bernard (Martin) (Seine). Bert.
Bertauld. Besnard. Bethmont. Bieuvenu.
Bigot. Billot (général). Billy. Blanc (Louis).
Boduin. Bompard. Bondy (comte de). Bonnel
(Léon). Boreau-Lajanadie. Bottard. Bottleau.
Boucau (Albert). Bouchet (Bouches-du-Rhône).
Boullier (Loir-). Boyssel. Bozérian. Brabant.
Bramo (Jules). Braisy. Breton (Paul). Brice
(Ille-et-Vilaine). Brice (Meurthe-et-Moselle).
Brillier. Brisson (Henri) (Seine). Broët. Bro-
glie (duc de). Brun (Charles) (Var). Buée.
Buffet.
Caduc. Caillaux. Callet. Calmon. Carnot
(père). Carnot (Sadi). Carquet. Carré-Kéri-
souët. Casimir Perier. Casse (Germain). Cas-
telnau. Cazot (Jules) (Gard). Chabaud La Tour
(Arthur de). Chabaud La Tour (général baron
de). Chabron (général de). Chadois (colonel de).
Challemel-Lacour. Chardon. Chareton (général).
Charreyron. Charton. Chavassieu. Cherpin.
Chevandier. Chiris. Choiseul (Horace de). Cla-
pier. Claude (Mourthe-et-Moselle). Claude
(Vosges). Clément (Léon). Clerc. Cochery.
Combarieu (de). Contaut. Corbon. Cordier.
Corne. Cotte. Courcelle. Crémieux. Cunit.
Daguilhon-Lasselve. Danelle-Bernardin. Da-
ron. Daumas. Dauphinot. Decazes (baron).
Decazes (duc). Delacour. Delacroix. Delille.
Delord. Delorme. Denfert (colonel). Denor-
mandie. Deregnaucourt. Descat. Deschanges.
Desjardins. Destremx. Dietz-Monnin. Doré-
Graslin. Douhet (comte de). Dréo. Drouin.
Dubois. Dubois-Fresnay (général). Du Breuil
de Saint-Germain. Ducarre. Du Chaffaut. Du-
châtel (comte). Duclerc. Ducuing. Dufaure
(Jules). Dufay. Duparc. Dupont (Alfred).
Dupouy. Durdault. Durieu. Duvergier de
Hauranne.
Escarguel. Esquiros. Eymard-Duvernay.
Farcy. Favre (Jules). Feray. Fernier. Fer-
rouillat. Ferry (Jules). Folliet. Foubert. Fou-
quet. Fourcand. Fraissinet. Frébault (gé-
néral).
Gagneur. Gailly. Gallicher. Gambetta.
Ganault. Gaudy. Gaultier de Rumilly. Gayot.
Gent. George (Emile). Gérard. Germain.
Germonière (de la). Gévelot. Giraud (Alfred).
Girard (Cyprien). Girot-Pouzol. Goblet. Godet
de la Riboullerie. Godin. Godissart. Gonin.
Gouvion Saint-Cyr (marquis de). Grammont
(marquis de). Grandpierre. Greppo. Grévy
(Albert). Grivart. Grollier. Guibal. Gui-

chard. Guillemaut (général). Guinard. Guinot. Guyot.

Harcourt (comte d'). Harcourt (duc d'). Haussonville (vicomte d'). Hérisson. Hèvre-Houssard. Humbert.

Jacques. Janzé (baron de). Jaurès (amiral). Joigneaux. Joinville (prince de) Jordan. Journault. Jozon.

Krantz.

Laboulaye. Lacave-Laplagne. La Caze (Louis) Lacombe (de). Lacretelle (Henri de). Lafayette (Oscar de). Laflize. Lafon de Fongaufier. Laget. Lambert (Alexis). Lambert de Sainte-Croix. Lamy. Lanel. Lanfrey. Langlois. La Serve. Lasteyrie (J. de). Latrade. Laurent-Pichat. Laurier. Lavergne (Léonce de). Leblond. Lebourgeois L'Ebraly Lebreton. Lecamus. Lefèvre (Henri). Lefranc (Pierre). Lefranc (Victor). Le Gal La Salle. Lenoël (Emile). L'père. Lepetit. Lépouzé. Leroux (Aimé). Le Royer. Lesguillon. Lestapis (de). Leurent. Levêque. Lherminier. Limperani. Littré. Lockroy. Loustalot. Louvet. Lucet. Luro.

Madier de Montjau. Magnies. Magnin. Mahy (de). Maillé. Malens. Maleville (marquis de). Maleville (Léon de). Malézieux. Mallevergne. Mangini. Marc-Dufraisse. Marcère (de). Marck. Marcou. Margaine. Martell (Charente). Martin (Henri). Mathieu-Bodet (Charente). Maurice. Max-Richard. Mazeau. Meaux (vicomte de). Médecin. Méline. Mercier. Mestreau. Mettetal. Michal-Ladichère. Michel. Millaud. Montaignac (amiral de). Moreau (Côte-d'Or). Morin. Mervann. Murat-Sistrières.

Naquet. Nétien. Nioche. Noël-Parfait.

Ordinaire (fils).

Pagès-Duport. Palotte (Jacques). Parent Paris. Parsy. Pascal Duprat. Passy (Louis). Patissier (Sosthène). Pelletan. Pellissier (général). Peltereau-Villeneuve. Périn. Pernolet. Perret. Perrier (Eugène). Petau. Peulvé. Peyrat. Philippoteaux. Picard (Ernest). Picart (Alphonse). Pin. Piou. Pompery (de). Pothuau (l'amiral). Pouyer - Quertier. Pradié. Pressensé (de).

Rainneville (de). Rameau. Rampon (comte). Rampont. Rathier. Ravinel (de). Rémusat (Paul de). Renaud (Félix). Renaud (Michel). Reymond (Ferdinand) (Isère). Reymond (Loire). Ricard. Ricot. Riondel. Rive (Francisque). Robert (général). Robert (Léon). Robert de Massy. Roger du Nord (comte). Roger-Marvaise. Rolland (Charles) (Saône-et-Loire). Rotours (des). Roudier. Rousseau. Roussel. Rouveure. Rouvier. Roux (Honoré).

Saint-Pierre (de) (Calvados). Saisy (Hervé de). Salneuve. Salvandy (de). Salvy. Sansas. Saussier (général). Savary. Savoye. Say (Léon). Schérer. Scheurer-Kestner. Schœlcher. Sébert. Ségur (comte Souis de). Seignobos. Sénard. Serph (Gusman). Silva (Clément). Simiot. Simon (Fidèle). Simon (Jules). Soubeyran (baron de). Soye. Swiney.

Taberlet. Tallon. Tamisier. Tassin. Teisserenc de Bort. Testelin. Thomas (docteur). Thurel. Tiersot. Tillancourt (de). Tirard. Tocqueville (comte de). Tolain. Toupet des Vignes. Trévencuc (comte de). Tribert. Tarigny. Turquet.

Vacherot. Valazé (général). Valentin. Vandier. Varroy. Vautrain. Vente. Vilfeu. Villain. Vinay (Henri). Vingtain (Léon). Voisin. Waddington. Wallon. Warnier (Marne). Wilson. Witt (Cornélis de).

N'ONT PAS PRIS PART AU VOTE

Comme étant retenus à la commission des lois constitutionnelles :

MM. Adnet. Cézanne. Delsol. Sacase.

N'ONT PAS PRIS PART AU VOTE

Comme étant retenus à la commission du budget.

MM. Lefébure. Osmoy (comte de). Raudot Talhouët (marquis de). Wolowski.

N'ONT PAS PRIS PART AU VOTE :

MM. Abbatucci. André (Charente). Apissan-Duperon. Audiffret-Pasquier (duc d') Aurelle de Paladines (général d'). Aymé de la Chrevelière. Babin-Chevaye. Belcastel (de). Bourges (comte de). Bidard. Blavoyer. Hocher. Bofflinton. Bonald (comte de). Boussson. Bour-going (baron de). Buisson (Jules) (Aude). Buisson (Seine-Inférieure). Busson-Duviviers. Castellane (marquis de). Champvallier (de). Chaper. Clercq (de). Cornulier-Lucinière (le comte de). Courbet-Poulard. Daguenet. Delisse-Engrand. Desbassayns de Richemont (comte). Dezanneau. Dufour. Dufournel. Dumarnay. Dussaussoy. Eschasseriaux (baron). Fourichon (amiral). Fournier (Henri). Fourtou (de). Francisjeu (marquis de). Ganivet. Gaslonde. Gatien-Arnoult. Gavini. Ginoux de Fermon (comte). Glass. Grévy (Jules). Gueidan. Hacntjens. Hamille. Hespel (comte d'). Jocteur-Monrozier. Johnston. Jouin. Jourdan. Jouvenel (baron de). Keller. Kolb-Bernard. La Borderie (de). Lallié. La Rochefoucauld (duc de Bisaccia). La Sicotière (baron de). Lefèvre - Pontalis (Seine-et-Oise). Legrand. Le Provost de Launay. Levert. mayrac (Léopold) (Lot). Mathieu (Saône-et-Loire). Mayaud. Mazerat. Molun (comte de). Mérode (de). Monnet. Montgolfier (de). Montrieux. Moreau (Ferdinand). Murat (le comte Joachim). Nouaillan (le comte de). Pajot. Parigot. Peyramont (de). Plœuc (marquis de). Prax-Paris. Prétavoine. Princeteau. Raoul Duval. Riant. Rivaille. Rouher. Roy de Loulay. Saint-Germain (de). Sens. Taillefert. Target. Temple (du). Théry. Thiers. Tréville (le comte de). Valfons (le marquis de). Valon (de). Vast. Vimeux (le baron). Ventavon (de). Vidal (Saturnin). Vinols (le baron de).

ABSENTS PAR CONGÉ :

MM. Aumale (le duc de). Bastard (comte de). Chabrol (de) Chambrun (comte de). Chanzy (général). Chauderdy (le comte de). Corcelle (de). Desbons. Faye. Fiotard. Gontaut-Biron (vicomte de). Jullien. La Roncière Le Noûry (vice-amiral baron de). Le Flo (général). Magne. Martel (Pas-de-Calais). Maure. Monnot-Arbilleur. Tardieu.

SCRUTIN

Sur le passage à une 3ᵉ lecture du projet de loi relatif aux pouvoirs publics.

Nombre des votants	619
Majorité absolue	310
Pour l'adoption	526
Contre	93

L'Assemblée nationale a adopté.

ONT VOTÉ POUR :

MM. Aclocque. Adam (Pas-de-Calais). Adam (Edmond) (Seine). Adnet. Adrien Léon. Aigle (comte de l'). Alexandre (Charles). Allemand. Allenou. Amat. Amy. Ancel. Ancelon. Andelarre (marquis d'). André (Seine). Arago

(Emmanuel). Arbel. Arnaud (de l'Ariége). Audren de Kerdrel. Aurelle de Paladines (général d'). Aymé de la Chevrelière. Babin-Chevaye. Balsan. Bamberger. Baragnon. Barante (baron de). Barascud. Bardoux. Barni. Barthe (Marcel). Barthélemy Saint-Hilaire. Bastid (Raymond). Batbie. Baucarne-Leroux. Baze. Beau. Beaussire. Beauvillé (de). Benoist d'Azy (comte). Benoist du Buis. Benoit (Meuse). Bérenger. Berlot. Bernard (Charles) (Ain). Bernard—Dutreil. Bert. Bertauld. Besnard. Bethmont. Beurges (comte de). Bienvenüe. Bigot. Billot (général). Billy. Blavoyer. Blin de Bourdon (vicomte). Bocher. Boduin. Bompard. Bonald (vicomte de). Bondy (comte de). Bonnel (Léon). Bonnet. Boreau-Lajanadie. Bottard. Bottieau. Boucau Albert). Bouisson. Boullier (Loire). Boysset. Bozérian. Brabant. Brame (Jules). Brelay. Breton (Paul). Brice (Ille-et-Vilaine). Brice (Meurthe-et-Moselle). Brisson (Henri). Broët. Broglie (duc de). Brun (Charles) (Var). Bryas (comte de). Buée. Buffet. Busson-Duviers.

Caduc. Caillaux. Calemard de La Fayette. Callet. Calmon. Carbonnier de Marzac (de). Carnot (père). Carnot (Sadi). Carquet. Carré-Kérisouët. Casimir Perier. Castelnau. Cazot (Jules) (Gard). Chabaud La Tour (Anzhur de). Chabaud La Tour général (baron de). Chabron (général de). Chadois (colonel de). Challemel-Lacour. Chamaillard (de). Champvallier (de). Chaper. Chardon. Chareton (général). Charreyron. Charton. Chatelin. Chavassieu. Chevguillaume. Cherpin. Chevandier. Chiris. Choiseul (Horace de). Christophle (Albert). Cissey (général de). Clapier. Claude (Meurthe-et-Moselle). C'aide (Vosges). Clément (Léon). Clerc. Clercq (de). Cochery. Combarieu (de). Contaut. Corbon. Cordier. Corne. Cotte. Cottin (Paul). Courbet-Poulard. Courcelle. Crémieux. Cumont (vicomte Arthur de). Cunit.

Daguenet. Daguilhon-Lasselve. Dampierre (marquis de). Danelle-Bernardin. Daron. Daru (comte). Dauphinot. Daussel. Decazes (baron). Decazes (duc) Delacour. Delacroix. Delavau. Delille. Delisse-Engrand. Delord. Delorme. Delpit. Delsol. Denfert (colonel). Denormandie. Depasse. Depeyre. Dereguaaucourt. Des bassayns de Richemont (le comte). Descat. Deschange. Desjardins. Destremx. Dietz-Monnin. Dompierre d'Hornoy (amiral de). Doré-Graslin. Douhet (comte de). Dréo. Drouin. Dubois. Duboys-Fresnay (général). Du Breuil de Saint-Germain. Ducarre. Du Chaffaut. Duchâtel (comte). Duclerc. Ducuing. Dufaure (Jules). Dufay. Dufour. Dufournel. Dumarnay. Dupanloup (Mgr). Duparc. Dupin (Félix). Dupont (Alfred). Dupouy. Duréault. Durfort de Civrac (comte de). Duvergier de Hauranne. Eymard-Duvernay.

Farcy. Favre (Jules). Féligonde (de). Feray. Fernier. Ferrouillat. Ferry (Jules). Fieuriot (de). Folliet. Foubert. Fouquet. Fourcand. Fournier (Henri). Fourtou (de). Fraissinet. Frébault (général).

Gagneur. Gailly. Gallicher. Gambetta. Ganault. Gasiorde. Gasselin de Fresnay. Gatien-Arnoult. Gaudy. Gaulthier de Rumilly. Gavardie (de). Gayot. Gent. George (Emile). Gérard. Germain. Germonière (de la). Gévelot. Gillon (Paulin). Giraud (Alfred). Girerd (Cyprien). Giror-Pouzol. Glas. Goblet. Godet de la Riboullerie. Godin. Gouin. Grammont (marquis de). Grandpierre. Grivart. Grollier. Guerdan. Guibal. Guichard. Guiche (le marquis de la). Guillemaut (général). Guinard. Guinot. Guyot.

Hamille. Harcourt (le comte d'). Harcourt (duc d') Haussonville (vicomte d'). Hérisson. Hespel (comte d'). Hèvre. Houssard. Humbert. Huon de Penanster.

Jacques. Jamme. Janzé (baron de). Jaurès (amiral). Jocteur-Monrozier. Johnston. Joigneaux. Joinville (prince de). Jordan. Joubert. Jourdan. Journault. Jouvenel (baron de). Jozon.

Kergorlay (comte de). Kerjégu (amiral de). Kolb-Bernard. Krantz.

La Borderie (de). Laboulaye. Lacave-Laplagne. La Caze (Louis). Lacombe (de). Lacretelle (Henri de). Lafayette (Oscar de). Lafitte. Lafon de Fongaufier. Laget. Lallié. Lambert (Alexis). Lambert de Sainte-Croix. Lamberterie (de). Lamy. Lanel. Lanfrey. Langlois. La Pervanchère (de). Larcy (baron de). Lergentaye (de). La Serve. La Sicotière (de). Lassus (baron de). Lasteyrie (J. de). Latrade. Laurent-Pichat. Laurier. Lavergne (Léonce de). Leblond. Lebourgeois. L'Ebraly. Lebreton. Lecamus. Le Chatelain. Loféburo. Lefèvre (Henri). Lefèvre-Pontalis (Seine-et-Oise). Lefranc (Pierre). Lefranc (Victor). Le Gal La Salle. Le Lasseux. Lenoël (Emile). Lepère. Lepetit. Lépouzé. Leroux (Aimé). Le Royer. Lesguillon. Lespinasse. Lestapis(de). Leurent. Levêque. Lherminier. Limperani. Littré. Lorial. Loustalot. Louvet. Loysel (général). Lucet. Luro.

Magniez. Magnin. Mahy (de). Maillé (comte de). Maillé. Malartre. Malens. Maleville(marquis de). Maleville (Léon de). Malézieux. Malvergne. Mangini. Marc-Dufraisse. Marcère (de). Margaine. Martell (Charente). Martin (Henri). Mathieu-Bodet (Charente). Maurice. Max-Richard. Mazeau. Mazerat. Mazure (général). Meaux (vicomte de). Médecin. Méline. Molun (comte de). Méplain. Mercier. Mérode (de). Mestreau. Mettetal. Michal-Ladichère. Michel. Millaud. Monjaret de Kerjégu. Monnet. Montaignac (amiral de). Montell. Montellier (de). Montlaur (marquis de). Montrieux. Moreau (Côte-d'Or). Moreau (Ferdinand). Morin. Mortemart (duc de). Morvan. Murat-Sistrières.

Nétien. Nioche. Noël-Parfait. Nouaillan (le comte de).

Pagès-Duport. Palotte (Jacques). Parent. Paris. Parsy. Pascal Duprat. Passy (Louis). Patissier (Sosthène). Pelletan. Pellissier (général). Peltereau-Villeneuve. Pernolet. Perret. Perrier (Eugène). Petau. Peulvé. Peyramont (de). Philippoteaux. Picard (Ernest). Picart (Alphonse). Pin. Piou. Plichon. Pompery (de). Pontoi-Pontcarré (marquis de). Pothuau (amiral). Pouyer-Quertier. Pradié. Pressensé (de). Prétavoine.

Quinsonas (marquis de).

Rainneville (de). Rambures (de). Rameau. Rampon (comte). Rampont. Randot. Ravinel (de). Rémusat (Paul de). Renaud (Félix). Rescéguier (comte de). Reymond (Ferdinand) (Isère). Reymond (Loire). Riant (baron). Ricard. Ricot. Riondel. Rive (Francisque). Robert (général). Robert (Léon). Robert de Massy. Roger du Nord (comte). Roger-Marvaise. Rolland (Charles) (Saône-et-Loire). Rotours (des). Roudier. Rousseau. Roussel. Rouveure. Rouvier. Roux (Honoré). Roys (marquis des).

Sacase. Saint-Pierre (de) (Calvados). Saisy (Hervé de). Salneuve. Salvandy (de). Sansas. Saussier (général). Savary. Savoye. Say (Léon). Scherer. Scheurer-Kestner. Schœlcher. Sebert. Ségur (comte Louis de). Seignobos. Senard. Serph (Gusman). Sers (marquis de). Silva (Clément). Simiot. Simon (Fidèle). Simon (Jules). Soye. Sugny (de). Swiney.

Taberlet. Tailhand. Taillefert. Talhouet (marquis de). Tallon. Tamisier. Tassin. Teisserenc de Bort. Testelin. Thiers. Thomas (le docteur). Tiersot. Tillancourt (de). Tirard. Tocqueville (comte de). Tolain. Toupet des Vignes. Tréveneuc (comte de). Tribert. Turquet.

Vacherot. Valazé (le général). Valentin. Valfons (le marquis de). Vandier. Varroy. Vautrain. Ventavon (de). Vente. Vétillart. Vidal (Saturnin). Viennet. Vilfeu. Villain. Vinay (Henri). Vingtain (Léon). Vinols (le baron de). Vitalis. Vogué (marquis de). Voisin. Waddington. Wallon. Warnier (Marne). Wartelle de Retz. Witt (Cornélis de).

ONT VOTÉ CONTRE :

MM. Abbadie de Barrau (le comte d'). Abbatucci. André (Charente).

Barodet. Bernard (Martin). Blanc (Louis). Boffinton. Boisboissel (le comte de). Boisse. Bouillé (le comte de). Boyer. Brun (Lucien) (Ain).

Carayon La Tour (de). Cazeaux (Hautes-Pyrénées). Cazenove de Pradine (de). Champagny (vicomte Henri de). Chaurand (baron). Cintré (comte de). Colombet (de). Cornulier-Lucinière (comte de).

Daumas. Dezanneau. Diesbach (le comte de). Douay. Du Bodan. Dumon. Dussaussoy.

Ernoul. Eschasseriaux (le baron).

Fontaine (de). Foresnz (le vicomte de). Franclieu (le marquis de). Fresneau.

Galloni d'Istria. Ganivet. Gavini. Ginoux de Fermon (comte). Grasset (de).

Haentjens.

Jaffré (abbé). Juigné (marquis de). Juigné (comte de).

Kergariou (comte de). Kéridec (de). Kermenguy (vicomte de).

La Bassetière (de). Labitte. La Bouillerie (de). La Rochefoucauld (duc de Bisacca). La Rochejaquelein (marquis de). La Rochette (de). Legge (comte de). Legrand. Lestourgie. Levert. Limairac (de) (Tarn-et-Garonne). Lorgeril (vicomte de). Lur-Saluces (marquis de).

Madjer de Montjau. Marchand. Marck. Marcou. Marienot. Martin (d'Auray). Merveilleux du Vignaux. Monneraye (comte de la). Mornay (marquis de). Mouchy (duc de). Murat (comte Joachim).

Naquet.

Ordinaire (fils).

Pajot. Partz (marquis de). Peyrat. Pioger (de). Rathier. Rodez-Bénavent (vicomte de). Rouher. Roy de Loulay.

Saintenac (le vicomte de). Saint-Malo (de). Saint-Victor (de). Saisset (vice-amiral). Barrette. Sens. Soury-Lavergne.

Tarteron (de). Théry. Tréville (le comte de). Turigny.

Valon (de). Vast-Vimeux (baron). Vimal-Dessaignes.

ASSEMBLÉE NATIONALE

SÉANCE DU JEUDI 8 JUILLET 1875

PRÉSIDENCE DE M. LE DUC D'AUDIFFRET-PASQUIER

La séance est ouverte à deux heures et quart.

M. Lamy, *l'un des secrétaires,* donne lecture du procès-verbal de la séance d'hier.

M. Léopold Limayrac. Messieurs, je suis porté au *Journal officiel* comme m'étant abstenu, à la séance d'hier, dans le vote sur le passage à la troisième lecture de la loi relative aux pouvoirs publics.

J'étais absent au moment du vote; mais je déclare que si j'avais été présent, j'aurais voté pour la troisième lecture du projet.

M. le comte de Bouillé. Messieurs, je suis porté au *Journal officiel* comme m'étant abstenu lors du scrutin sur l'amendement présenté par M. Marcou. Je dois déclarer que j'ai voté contre cet amendement et que j'ai déposé moi-même mon bulletin dans l'urne.

M. Saturnin Vidal. Messieurs, je suis porté au *Journal officiel* comme m'étant abstenu sur l'amendement de M. de Belcastel. C'est là une erreur que je tiens essentiellement à rectifier ; j'ai voté pour cet amendement.

M. Buisson (Aude). Messieurs, j'étais absent au moment du vote sur le passage à la 3e délibération. Je déclare que, si j'avais été présent, j'aurais voté pour.

M. de La Rochefoucauld duc de Bisaccia. Je suis porté au *Journal officiel* comme n'ayant pas pris part au scrutin qui a eu lieu sur mon amendement. C'est évidemment une erreur : j'ai déposé un bulletin blanc.

M. de Belcastel. J'étais absent au moment du scrutin sur l'amendement de M. de La Rochefoucauld. Si j'avais été présent, j'aurais voté pour.

Mon collègue M. de Cintré est porté comme n'ayant pas pris part au scrutin sur mon amendement relatif aux prières publiques. M. de Cintré était absent au moment du vote, et il me charge de dire à l'Assemblée que, s'il avait été présent, il aurait voté pour.

M. l'amiral Fourichon. Absent à la fin de la séance d'hier, je n'ai pas pris part au scrutin sur le passage à la 3e délibération de la loi des pouvoirs publics. Présent, j'aurais voté pour.

M. le président. Il n'y a pas d'autres réclamations sur le procès-verbal?

Le procès-verbal est adopté.

M. Lefébure. J'ai l'honneur de déposer sur le bureau de l'Assemblée, au nom de la commission du budget de 1876, le rapport sur le budget des dépenses du ministère des affaires étrangères pour l'exercice 1876.

M. le président. Le rapport sera imprimé et distribué.

M. Courcelle. J'ai l'honneur de déposer sur le bureau de l'Assemblée, au nom de sa commission de comptabilité, un rapport : 1° sur la fixation du budget des dépenses de l'Assemblée nationale pour l'exercice 1876; 2° sur l'évaluation des recettes et des dépenses de la caisse des retraites des employés de l'Assemblée pour le même exercice.

M. le président. Ces rapports seront imprimés et distribués.

L'ordre du jour appelle la 3° délibération sur la proposition de M. le comte Jaubert, relative à la liberté de l'enseignement supérieur.

La parole est à M. le rapporteur.

M. Laboulaye, rapporteur. Messieurs, on vous a distribué, il y a trois jours, le nouveau texte arrêté par la commission de la loi sur l'enseignement supérieur.

Ce nouveau texte diffère assez sensiblement du texte adopté en seconde lecture, pour que la commission ait jugé nécessaire de vous donner quelques explications.

Tout ce que nous avons changé, sauf un article sur lequel je reviendrai, nous l'avons fait d'accord avec M. le ministre de l'instruction publique et de façon à donner satisfaction à des scrupules, selon nous, très-légitimes qui s'étaient élevés dans l'Assemblée et dans le public à la suite du vote en seconde lecture.

En premier lieu, vous vous rappelez la discussion qu'a soulevée dans l'Assemblée la question des diocèses. On a trouvé qu'on introduisait dans la loi, et par le petit côté, une question qui n'intéressait pas l'enseignement supérieur. La question de savoir si le diocèse est ou non une personne civile, est une question dans laquelle nous n'entendons pas entrer; il nous a semblé sage de n'en pas compliquer notre loi, la question restant tout entière. Si le diocèse est une personne civile, il aura le droit de fonder des facultés; s'il n'est pas une personne civile, ce sera l'évêque ou l'évêché qui en fondera.

Du même coup, nous avons retranché les départements et les communes, sur l'observation de M. le ministre de l'instruction publique.

Ce n'est pas sans regrets cependant que nous avons retranché les communes de notre énumération, non pas qu'en les retranchant nous diminuions rien de la liberté qui leur appartient aujourd'hui; mais M. le ministre de l'instruction publique ne considère comme seul autorisé à nommer les professeurs dans toutes les fondations communales. Il y a là peut-être un inconvénient, non pas pour les facultés où l'on confère les grades, mais pour différentes études qui n'ont pas un trait direct à l'enseignement proprement dit.

Ainsi, par exemple, la ville de Toulouse peut avoir un très-grand intérêt à rappeler le souvenir de son passé, à fonder un cours d'histoire du Languedoc, des chaires de langues romanes, et il semble bien naturel qu'on pareil cas la ville ait le choix du professeur à qui elle confie cet enseignement; car si, dans une foule de circonstances, c'est la place qui est la chose importante, on peut dire que, dans l'enseignement, c'est l'homme qui est le personnage intéressant, et qu'il n'y a rien de plus sage que de fonder une chaire quand on a sous la main l'homme capable de la remplir.

Or, cet homme capable peut très-bien n'être pas un gradué universitaire; mais nous sommes convaincus qu'en y mettant de la bonne volonté de part et d'autre, on s'entendra aisément. Nous avons donc retranché ce qui concernait les départements, les communes, les diocèses, les consistoires.

Le deuxième changement est plus considérable. L'Assemblée a décidé l'établissement d'un jury mixte. La commission n'entend en rien contester cette décision; mais il avait été fait une objection très-sérieuse, et cette objection, vous vous le rappelez, était celle qui consistait à dire : Vous donnez une telle liberté, qu'il se formera bientôt des facultés qui n'auront pas pour objet principal la science; vous verrez des répétiteurs de droit s'associer et vous assurerez le triomphe, non pas de l'enseignement, non pas de la science, mais de la préparation aux examens.

Cette objection nous a frappés, et M. le ministre, reprenant une idée qui avait été défendue par MM. Chesnelong et de Belcastel, nous a proposé de décider que tout le monde sans doute pourrait, à certaines conditions, fonder des facultés libres; et que, dans ces facultés libres, on délivrerait des inscriptions; mais, pour être admis à prendre part aux examens et faire partie d'un jury mixte, il faudrait un établissement plus considérable; et il nous a proposé que la réunion de trois facultés fût nécessaire pour cet établissement.

Il est évident, en effet, que là où vous aurez trois facultés réunies, il y aura des garanties qui assureront le bon recrutement et le bon fonctionnement des jurys mixtes.

Il est bien évident qu'en parlant de trois facultés, nous avons en vue les lettres, les sciences, le droit et la médecine. Nous avons tenu tout à fait en dehors de nos considérations la théologie.

La théologie, en effet, en France, figure bien sur nos programmes; il y a bien une faculté de théologie, où, dans celle de Paris notamment, ont passé les hommes les plus éminents de l'épiscopat; mais nos facultés de théologie ne donnent pas de grades. Qu'il se fonde des facultés sous la direction des évêques, avec l'institution canonique, nous y applaudirons. Mais, en vérité, quand on supprimerait les facultés de théologie de l'État, je crois que cette réforme n'exciterait pas de grandes réclamations.

Ce sont là les deux modifications essentielles que nous avons faites d'accord avec M. le ministre et que nous espérons que vous voudrez bien accepter.

Restait un troisième point.

On nous avait une objection très-juste : c'est que lorsqu'il s'élève des troubles dans un cours, nous n'avions pas stipulé qu'on pût l'arrêter immédiatement. Fidèles à l'idée que nous avons toujours défendue : que c'était à la justice seule à arrêter le désordre, nous avons proposé un article pour décider que le cours serait suspendu dès qu'il y aurait une poursuite judiciaire, mais que la poursuite serait jugée à la plus prochaine audience.

Enfin, et pour ceci nous n'avons pas pris conseil de M. le ministre, — non pas que nous n'eussions pas pu profiter de ses conseils, mais parce que nous n'avons pris parti qu'au dernier moment, — enfin, disais-je, nous n'avons pas pu accepter l'article 24, c'est-à-dire l'amendement de M. Giraud, qui mettait les cours et les facultés dans la main des préfets.

M. Giraud nous a présenté un amendement beaucoup plus radical, qui supprime à peu près complètement la liberté des cours. Cet amendement, nous le discuterons quand il viendra en délibération. La dernière fois je me suis plaint que M. Giraud proposât son amendement à la fin d'une discussion. L'honorable M. Giraud m'a répondu qu'il avait déposé cet amendement il y avait déjà quinze jours. Ce n'est pas là-dessus que portait mon objection. A Dieu ne plaise que je conteste le droit de mes collègues de déposer un amendement jusqu'au dernier moment ! Au dernier moment ils peuvent nous éclairer de leurs lumières. Je disais seulement que c'est après quatre ans d'étude, et quand nous avions fait une loi fondée exclusivement sur le régime de la liberté, qu'on venait présenter un amendement qui mettait l'enseignement sous le régime de l'administration.

Je ne veux pas entrer sur ce point dans la discussion qui viendra plus tard ; je dis seulement que c'est le démenti le plus formel donné à la loi. L'article 1er dit que l'enseignement est libre et l'article 24, ou dernier, dit que l'enseignement est dans les mains de l'administration. Nous viendrons à discuter ce point. Quant aux autres amendements, introduits d'accord avec le Gouvernement, j'espère qu'ils seront de nature à satisfaire un grand nombre de membres dans les diverses parties de cette Assemblée et que vous voudrez bien les accepter. (Marques d'assentiment.)

M. le président. La parole est à M. Henri Brisson.

M. Henri Brisson. Messieurs, j'appartiens au groupe des 124 députés qui lors de la première lecture du projet de loi, convaincus que l'Eglise romaine seule en pouvait profiter, au détriment de notre société civile, de notre paix intérieure et de notre rôle dans le monde... (Rumeurs ironiques à droite. — Marques d'assentiment sur plusieurs bancs à gauche), refusèrent de passer à la seconde délibération.

Les répugnances que ce projet nous inspirait furent alors exprimées à la tribune par mon éloquent ami M. Challemel-Lacour. La majorité, la grande majorité de cette Assemblée crut devoir passer outre aux observations qui lui furent présentées avec tant de force.

Lors de la seconde délibération, nous ne sommes point intervenu : nous avons laissé la loi se faire entre les deux partis qui pouvaient se présenter comme les collaborateurs du projet, et il s'est trouvé qu'à la seconde délibération, ce n'étaient plus 124 voix, mais 250 suffrages qui refusaient de passer à la troisième. (Très-bien ! à gauche.)

Ainsi, messieurs, l'opinion publique a été avertie des répugnances croissantes que le projet rencontrait dans la gauche de l'Assemblée. Et comment ces répugnances n'auraient-elles pas été s'augmentant sans cesse ? Deux tendances, deux points de vue adverses avaient concouru à la confection du projet de loi ; il avait, en quelque sorte, deux auteurs, deux partis étonnés de se rencontrer ensemble : je veux parler du parti libéral et de l'Eglise catholique. (Rumeurs diverses.)

Un membre à droite. L'Eglise catholique n'est pas un parti !

M. Henri Brisson. Les libéraux professaient que la liberté d'enseignement était un droit individuel aussi sacré, aussi naturel, aussi primordial que la liberté de la parole, que la liberté même de la conscience. Ils ajoutaient que, comme il ne peut rien y avoir dans le droit collectif qui ne soit puisé dans un droit individuel, c'était celui-ci que la loi devait tout d'abord consacrer, et la satisfaction qu'ils cherchaient dans le projet de loi, c'était la liberté des conférences et des cours isolés.

La satisfaction que l'Eglise cherchait, le dessein qui l'animait, c'était d'établir des corporations puissantes, ou plutôt, c'était d'étendre sur un nouveau domaine la domination de cette grande corporation qui n'est autre que l'Eglise elle-même.

On aurait pu croire, messieurs, que, lors de la seconde délibération, ces deux collaborateurs de la loi se tendraient la main, que nous verrions leur alliance se consommer à la tribune et trouver une consécration dans la rédaction définitive. Nous avons vu, au contraire, pour le grand enseignement de l'opinion publique, les deux collaborateurs se combattre : ce n'étaient pas des alliés, c'étaient des adversaires ! (Très-bien ! sur plusieurs bancs à gauche.)

Et qui donc, dans cette lutte livrée à la tribune, devant le pays, qui a triomphé ? qui a été battu ? Les libéraux ont succombé ; l'Eglise a triomphé : elle a obtenu tout ce qu'elle demandait. (C'est vrai ! sur les mêmes bancs.)

Je dis que les libéraux qui avaient collaboré à la confection du projet ont été battus ; car la liberté des conférences et des cours isolés, disons-le franchement, a complètement disparu du projet de loi. Les citoyens qui voudront faire des conférences et des cours isolés sont assujettis, soit à n'admettre que des personnes inscrites par avance, soit à subir les prescriptions de la loi de 1868 sur les réunions publiques. Ils seront non-seulement astreints — ce qui peut-être serait un désagrément médiocre, — à parler sous la surveillance des commissaires de police, mais encore à se procurer, dans des délais préfixés, la signature de sept citoyens, avant chaque cours, avant chaque conférence.

En outre, grâce à l'article 21 nouveau qui a été introduit dans le projet sur la proposition de M. Giraud, en seconde délibération, les conférences et cours isolés sont soumis à la juridiction administrative. On peut donc dire que la situation de ceux qui compteraient obtenir la liberté des cours et des conférences isolés sera pire qu'avant le projet de loi que nous discutons. Jusqu'à présent, en effet, ils ne se trouvaient soumis qu'aux prescriptions de la loi sur les réunions publiques, et, désormais, si la loi sur l'enseignement supérieur est votée, ils trouveront, en outre, devant eux la juridiction administrative que l'amendement de M. Giraud a fait passer dans la loi. (Très-bien ! sur divers bancs à gauche.)

Aujourd'hui, enfin, on nous distribue un amendement signé par quarante ou cinquante membres appartenant aux diverses fractions de la droite, destiné probablement par cette diversité même, à être adopté, et dont voici le texte :

« Le préfet de police à Paris, les préfets dans les départements, peuvent suspendre tout cours qui leur paraîtrait de nature à troubler l'ordre ou à compromettre la sécurité publique. » (Exclamations sur divers bancs à gauche.)

« La durée de cette suspension ne pourra pas excéder un mois. »

M. de Pressensé. Voilà la liberté de l'enseignement supérieur !

M. Henri Brisson. Ainsi, messieurs, comme je vous le disais il y a un instant, la liberté des cours et des conférences disparaît du projet de loi ; les amis de cette liberté particulière et précieuse se trouvent, grâce au projet, si vous l'adoptez en troisième lecture, dans une situation pire que celle qui leur était faite par la loi de 1868 sur les réunions publiques.

Voilà la vérité. M. le rapporteur de la commission le proclamait pour ainsi dire lui-même tout à l'heure ; car il semblait dire que le premier projet était une sorte de traité et que ce traité avait été rompu. (Réclamations sur divers bancs).

Mais, messieurs, si nous nous rendons compte des déceptions des libéraux qui ont collaboré à la loi, nous pouvons nous rendre compte aussi des satisfactions inouïes que l'Eglise catholique a obtenues en seconde lecture. Son dessein, disais-je, était de rétablir des corporations puissantes qui renouvelleraient son ancien empire, sous le couvert d'établissements d'enseignement supérieur. (Très-bien ! sur divers bancs à gauche.)

Sans doute l'on nous dit que la liberté de former des associations est donnée par le projet de loi à tout le monde ; et l'on prétend qu'ainsi les libéraux pourront lutter avec leurs adversaires dans des conditions d'égalité parfaites.

M. Méplain. C'est bien libéral cependant !

M. Henri Brisson. C'est bien libéral, me dit-on ! Malheureusement, cela n'est point exact. On vous a déjà montré l'inégalité évidente des conditions faites aux libéraux et à l'Eglise, on vous a parlé d'abord de la faveur dont jouissait l'Eglise dans les hautes régions gouvernementales, faveur dont sont loin de jouir ceux qui veulent défendre les droits de la société moderne et de la pensée laïque ; on vous a rappelé que l'Eglise et les fidèles possèdent seuls le droit de réunion et d'association ; on vous a parlé enfin de cette législation restrictive qui interdit, en quelque sorte, toute communication entre les citoyens. Toutes ces raisons sont excellentes.

Il y en a pourtant une autre qui me paraît mieux démontrer encore que les conditions ne seront point égales entre les libéraux et les cléricaux. Cette raison est décisive, à mon sens ; la voici : c'est que les libéraux, fils de la Révolution française, habitués, par cela même qu'ils se réclament des principes de la Révolution, à considérer les richesses comme le patrimoine inviolable des familles, ne peuvent pas lutter à armes égales pour la fondation d'établissements qui demandent des ressources énormes, avec une Eglise dont les ministres, sans famille procédant d'eux, élevés au-dessus, — du moins c'est ce qu'ils pensent, — mais

moi je dis entraînés en dehors de l'idée de cité, de l'idée d'Etat... (Protestations à droite — Oui ! oui ! — Très-bien ! et applaudissements sur plusieurs bancs à gauche), entraînés en dehors de l'idée de cité, de l'idée d'Etat, de l'idée de nationalité par une obédience étrangère... (Murmures à droite. — Très-bien ! et applaudissements sur les mêmes bancs à gauche.)

M. Jean Brunet. Je demande la parole.

M. Henri Brisson. ... regrettant tout et quelques-uns attaquant ouvertement notre droit successoral tel qu'il est établi par le code civil, peuvent consacrer tous leurs instants, tous leurs soins, toute leur activité et jusqu'aux moyens de séduction que leur donne leur ministère lui-même... (Vives marques d'adhésion à gauche. — Protestations à droite), peuvent consacrer, dis-je, tous ces moyens précieux à l'agrandissement et à l'enrichissement indéfinis de la communauté... (Très-bien ! très-bien ! et applaudissements à gauche)..

M. le marquis de Dampierre. Voilà les libéraux !

M. Henri Brisson. Eh bien, messieurs, c'est à cette Eglise investie de moyens aussi exceptionnels, de moyens dont les autres citoyens sont dépourvus, c'est à cette Eglise que vous avez cédé sur la question de la constitution des personnes civiles, sur la question plus grave encore de la collation des grades. Ah ! cette collation des grades, pour en dessaisir l'Etat qui en est le si légitime possesseur, j'attendais des arguments triomphants, et en réalité je n'en ai rencontré qu'un seul. Ce n'était même pas la liberté des pères de famille, c'était la liberté des fils de famille. (Rires approbatifs à gauche.)

Vous avez entendu, messieurs, et vous avez admiré peut-être le tableau que M. l'évêque d'Orléans vous a tracé de ces jeunes gens, de ces jeunes hommes si admirablement doués et qui ne refusent de prendre des grades que parce qu'ils ne trouvent pas, nous dit-il, des professeurs et des méthodes à leur convenance. (Rires d'adhésion sur plusieurs bancs à gauche.)

Ainsi, voilà des jeunes gens qui sont, à certains points de vue, l'élite de la société française et qui jugent d'avance, avant de les avoir entendus, avant même de s'être inscrits à leurs cours, jugent les princes de la science... (Très-bien ! très-bien ! sur quelques bancs à gauche), citent nos maîtres les plus illustres au petit tribunal de leur paresse... (Applaudissements sur les mêmes bancs à gauche. — Vives protestations à droite) les déclarent hétérodoxes et, plutôt que de se soumettre à un enseignement contraire à leur foi, préfèrent gaspiller leur existence dans des plaisirs généralement peu édifiants ! (Rires approbatifs et applaudissements à gauche.)

C'est pour ceux-là qu'il faut créer des universités libres, qu'il faut dépouiller l'université du droit de conférer les grades !

Ainsi, messieurs, d'après ces doctrines étranges, inouïes, le haut enseignement en France doit être dirigé, non pas dans l'intérêt et pour le profit de cette jeunesse lettrée, savante, studieuse, curieuse, qui se presse autour des chaires de nos maîtres illustres, mais pour l'agrément et les facilités de cette autre jeunesse qui, à l'âge où la passion de connaître envahit, domine, possède, entraîne toutes les âmes généreuses, tous les esprits nobles, tous ceux enfin qui sont destinés à accroître le patrimoine moral et matériel de la nation; l'enseignement supérieur, dis-je, d'après ces doctrines nouvelles, doit être dirigé pour l'agrément de cette jeunesse... (Allons donc ! à droite. — Très-bien! très-bien ! à gauche) qui, à l'âge heureux dont je parle, déserte volontairement toute culture intellectuelle. (Applaudissements à gauche.)

Et vous vous récriez quand nous vous disons que vous allez abaisser le niveau des études! Ne vous êtes-vous pas jugés vous-mêmes? (Nouvelle approbation à gauche.)

C'est dans le même dessein que vous demandez le droit de couvrir la France de nouvelles personnalités civiles, douées de la faculté d'acquérir, de posséder, de recevoir des dons et legs.

Ah ! ici, l'on nous dit une autre chose. Vous avez entendu l'honorable M. Depeyre ; il est monté à la tribune pour rassurer les libéraux, pour rassurer l'opinion publique, et il vous a dit : Mais il n'y a rien de nouveau dans l'article 2 relatif aux diocèses ! le diocèse a déjà la personnalité civile, il n'y a rien de nouveau dans l'article 11...

Un membre à droite. Ne le supprime-t-on pas?

M. Henri Brisson. ...relatif à la personnalité civile des établissements d'enseignement supérieur. Le projet de loi maintient, nous a-t-il dit, toutes les restrictions que notre droit a mises à l'établissement de nouvelles personnes morales, et à la faculté qu'elles peuvent avoir de recevoir des dons et legs; l'article 910 du code civil n'est pas aboli. Le projet n'introduit aucune innovation.

Il me serait facile, si je ne voulais faire court, de vous démontrer le contraire, de vous prouver que vous introduisez de grandes innovations dans l'article 11...

Plusieurs membres au centre. Il est supprimé !

M. Henri Brisson. ...que vous faites quelque chose d'entièrement nouveau, que l'ancien droit n'a pas connu, et qui répugne absolument au droit concordataire. (Très bien! très-bien ! sur divers bancs à gauche.)

Je ne veux pas, messieurs, revenir sur cette démonstration : elle a été admirablement faite par l'honorable M. Robert de Massy. Mais voici ce que je vous demande :

Il n'y a rien de nouveau, dites-vous, et en effet il ne paraît y avoir rien de nouveau dans l'article 11.

Il est ainsi conçu:

« Les établissements d'enseignement supérieur fondés, ou les associations formées en vertu de la présente loi pourront, sur leur demande, être déclarés établissements d'utilité publique dans les formes voulues par la loi...

« Une fois reconnus, ils pourront recevoir des dons et legs.

Il semble, dis-je, qu'il n'y ait là rien de nouveau; admettons-le ! Soit : il n'y a pas là d'innovation ; mais alors, pourquoi cet article? Il était bien certain d'avance que les établissements d'enseignement supérieur pourraient, comme tous autres, être déclarés établissements d'utilité publique.

Eh bien, s'il n'y a rien de nouveau dans l'article 2, s'il n'y a rien de nouveau dans l'article 11, pourquoi donc avez-vous tant tenu à les faire voter? (Très-bien! très-bien ! à gauche.) Pourquoi donc avez-vous livré bataille? Pourquoi donc avez-vous fait entrer en lice vos orateurs les plus expérimentés?

S'il n'y a rien de nouveau dans ces dispositions si débattues, votre unique raison d'y insister était d'obtenir, par une pression exercée sur une fraction de cette Assemblée, une manifestation cléricale, et vous l'avez obtenue. (Vives marques d'approbation à gauche. — Exclamations ironiques à droite. — Bruit.)

Et c'est cette manifestation cléricale, inutile et dangereuse, qui caractérise la tendance de la loi.

Aussi, l'opinion publique s'en est émue. (Exclamations à droite. — Oui ! oui ! à gauche.)

Elle s'en est émue, d'abord à raison des dispositions mêmes qui y sont inscrites; mais elle s'en est émue aussi à un autre point de vue : elle a remarqué que les dispositions les plus blessantes du projet, celles qui ont trait à la mainmorte et à la collation des grades, n'ont été soutenues à la tribune que par des orateurs qui passent pour être liés plus particulièrement à l'Eglise, et surtout par ceux qui ont déclaré que le *Syllabus* était la règle de leur vie publique et privée... (Applaudissements à gauche. — Rumeurs à droite), et qu'en même temps qu'elles étaient soutenues par ceux-là, ces dispositions excessives étaient votées avec une résignation silencieuse par certaine fraction de l'Assemblée à laquelle, en vertu de ses traditions mêmes, semblait incomber le devoir de défendre, avec les droits de l'Etat, les principes libéraux de notre société civile. (Vive approbation à gauche.)

Oui, l'opinion publique s'est émue; oui, elle a tressailli, parce qu'elle a reconnu où l'on voudrait conduire la France. (Allons donc ! à droite. — Très-bien ! à gauche.)

On nous assure que l'Eglise ferait des concessions aujourd'hui. C'est que, probablement, elle a senti le frémissement de l'opinion publique. (Bruit à droite.) Mais celle-ci est avertie; et elle se demande si, la loi étant déjà mauvaise, les intentions de ceux qui la veulent, et qui la veulent si obstinément, ne sont pas plus redoutables encore. (Mouvement. — Très-bien ! à gauche.)

Dans ces conditions, messieurs, si vous votez la loi en 3ᵉ délibération, — je voudrais espérer que ceux d'entre vous qui peuvent faire la majorité sur cette grave question hésiteront avant de déposer dans l'urne un bulletin blanc, — si vous votez la loi en 3ᵉ délibération, du moins elle aura été dénoncée au public libéral par l'opposition de tous ceux qui sont demeurés fidèles aux principes de la Révolution française et de l'Etat laïque. (Nouvelle approbation à gauche.)

L'opinion est, dès à présent, avertie : cette loi même aura été pour elle un trait de lumière. La société moderne, la société civile, sait désormais qui la menace et qui la défend. (Même mouvement sur les mêmes bancs.)

Je n'insisterai pas davantage : je ne veux pas prolonger cette délibération, je ne veux rien faire qui puisse reculer le terme à peu près fixé de vos travaux... (Ah! ah! à droite. — Parlez! parlez!); mais nous en appelons de cette loi, si vous la votez, au suffrage universel. Nous n'avons plus d'autre souci, aujourd'hui, que de rendre la parole à la France... (Assentiment à gauche) et de presser le moment où les électeurs consultés s'empresseront de prouver que le cléricalisme ultramontain, — qui semble l'emporter ici, grâce à de regrettables faiblesses, — est, au contraire, en infime minorité dans la nation elle-même. (Vifs applaudissements à gauche. — L'orateur, en retournant à son banc, est entouré et félicité par ses collègues.)

M. le président. La parole est à M. Desbassayns de Richemont.

M. le comte Desbassayns de Richemont. Messieurs, le discours que vous venez d'entendre est un écho, et encore un écho affaibli, des attaques qui, avant, pendant et depuis nos débats, n'ont cessé de poursuivre l'œuvre qui se présente aujourd'hui devant vous pour la troisième fois.

Je ne sais, en effet, messieurs, si, depuis que nous siégeons dans cette enceinte, il est une seule loi, — et je n'en excepte pas celles dont le caractère politique semblait le mieux fait pour exciter les passions, — je le sais, dis-je, s'il est une seule loi qui ait été attaquée, défigurée, dénaturée avec une persévérance et souvent avec une habileté aussi grandes que celle qui va recevoir enfin, je l'espère, votre définitive approbation. (Très-bien! très-bien! à droite.)

Pour essayer de soulever et d'effrayer l'opinion publique, il n'est pas de procédé de polémique qu'on n'ait employé; on a réveillé tous les fantômes: main morte, domination de la cour de Rome, accaparement du sol national, destruction même de la société moderne; tous les épouvantails ont été agités, pour essayer d'agiter à son tour l'opinion. (Vives marques d'approbation à droite et au centre.) Enfin, tout récemment encore, dans une autre enceinte, une des voix les plus écoutées a appelé cette loi une des dernières attaques de la réaction contre le génie même du pays.

A ces accusations confirmées, fortifiées, pour ainsi dire, par l'autorité qui s'attache à tout ce qui descend de cette tribune, il est de notre devoir de répondre une dernière fois, et de dire ici franchement, sincèrement, sans ambages et sans dissimulation, ce que nous avons voulu et ce que nous avons fait.

Le reproche, le voici dans sa forme la plus courte et la plus courtoise. On nous dit: Vous n'avez pas fait une loi de liberté! vous avez fait une loi de privilège!

M. de Pressensé. C'est vrai!

M. le comte Desbassayns de Richemont. Il y a en effet ici, messieurs, deux adversaires: le privilège et le droit commun. Mais ce que je dis et ce que j'espère vous démontrer, c'est que les défenseurs du privilège sont ceux qui attaquent la loi, et que nous qui la défendons, nous sommes les véritables amis et les véritables défenseurs du droit commun. (Très-bien! très-bien! à droite.)

Non, messieurs, — et j'espère n'être démenti par aucun des esprits impartiaux qui m'écou-

tent, — non, nous n'avons fait ni une loi de privilège ni une loi de monopole, ni une loi de réaction; nous avons fait essentiellement une loi d'égalité. une loi de liberté, une loi de transaction...

M. Tolain. Et de fraternité!

M. le comte Desbassayns de Richemont. Je dis d'abord que c'est une loi d'égalité.

Qu'est-ce, en effet, que l'égalité dans une loi, si ce n'est le droit reconnu à tous, sans distinction de personne, de faire certains actes, à des conditions possibles à accomplir par tous? Eh bien, je défie qu'on me montre que ce n'est pas là un des caractères essentiels de la présente loi; je défie qu'on me montre que le droit que nous donnons à telle ou telle classe ou, pour parler plus correctement, à tel ou tel groupe de Français, nous ne le donnons pas également à tous.

Oui, messieurs, tout ici est clair, lucide, facile à comprendre, facile à juger, et il suffit, je le répète, d'une étude même superficielle de la loi pour voir que les arènes que nous ouvrons, nous les ouvrons à tous, et que, s'il en est parmi nos concitoyens qui refusent d'y entrer, ils devront s'en prendre à eux-mêmes, à leur volonté propre, mais ils ne pourront, à aucun degré et dans aucune mesure, accuser la loi que nous vous proposons.

Je sais bien, messieurs, que tous les jours on dit et on écrit précisément le contraire; je sais bien qu'on répète depuis quatre ans que notre loi ne favorise que les congrégations religieuses. Je sais tout cela, messieurs. Mais qu'est-ce que cela prouve? Une seule chose: c'est que, ne trouvant pas dans la loi elle-même des ressources suffisantes pour la combattre, on est allé chercher ailleurs un moyen d'attaque.

Ce moyen d'attaque, on l'a choisi heureusement, habilement je le reconnais; il s'est appelé tantôt « les jésuites », tantôt « les congrégations religieuses »; on l'a étudié, on l'a développé, on l'a fait miroiter aux yeux de tous; mais il n'en demeure pas moins un prétexte où, si vous me permettez de souvenir, il est comme ce cheval de la fable dont vous parliez hier un de vos collègues, où se cachent les défenseurs du monopole pour mieux l'assaut de la liberté. (C'est cela! — Très-bien! très-bien! à droite.)

Les congrégations religieuses! certes c'est une des formes les plus légitimes de l'association, et, pour ma part, je ne prétends pas cacher ici la sympathie particulière qu'elles m'inspirent.

Mais enfin ce que je dis, c'est que, dans la loi présente, nous les ignorons absolument. Nous ne connaissons que des Français, sans distinction d'origine sociale, politique ou religieuse; que des Français auxquels nous donnons le droit de s'associer pour se livrer à l'enseignement supérieur. Et quant aux congrégations, la seule chose que nous passions, non pas pour elles, mais pour ceux de nos concitoyens qui peuvent en faire partie, c'est de ne pas leur refuser le bénéfice du droit commun.

Oui, c'est vrai, nous avons voulu rester fidèles aux traditions des pays libres, de l'Angleterre et de l'Amérique par exemple; nous n'avons pas voulu nous laisser envahir par les systèmes qui troublent la paix publique au delà de nos frontières, et, nous rappelant avec le premier consul, au début de ce siècle, que ce qui est à craindre de nos jours, ce n'est pas le fanatisme, mais l'athéisme, nous n'avons pas voulu refuser le droit ouvert à tous, à des Français, par cela seul qu'ils sont consacrés plus spécialement au service de Dieu et de leurs semblables.

Mais c'est pour cela que nous avons fait une loi de droit commun ; et si nous avions agi autrement, c'est vous, messieurs, qui, dévoués aux principes républicains, vous proclamez les amis les plus chauds de l'égalité, c'est vous qui auriez droit de nous reprocher de l'avoir violée, et de venir nous demander compte de notre conduite à cette tribune. Mais cette loi n'est pas seulement une loi d'égalité, je dis que c'est aussi une loi de liberté.

Il ne s'agit pas, il est vrai, et je m'en félicite, d'une liberté sans frein et sans mesure, telle qu'il n'en existe ou qu'il n'en devrait exister dans aucune constitution humaine ; et, soit dit en passant, les adversaires les plus dangereux peut-être de la liberté de l'enseignement supérieur sont ceux qui, en voulant la faire sortir de sa sphère, risquent de la compromettre dès ses débuts, et de la tuer de ses propres mains.

Mais il s'agit d'une liberté véritable, sincère, générale et qui n'est protégée que par le minimum des garanties nécessaires contre ses propres excès.

Cette liberté, nous espérons bien qu'elle se répandra sur tous les grands intérêts qu'en dehors de toute opinion politique, nous avons pour mission de protéger et de défendre, qu'elle se répandra sur la famille, qu'elle se répandra sur la patrie et sur la science.

La famille, le père, y trouvera enfin la restitution de ce droit naturel de choisir les maîtres de ses fils, surtout à cet âge de la vie où se produisent ce que j'appellerai les crises de l'intelligence et où l'esprit prend sa véritable forme et sa direction définitive. Mais le pays lui-même, nous l'espérons bien, y prendra une puissance nouvelle, et nous verrons notamment, nous en avons la confiance, quelques-unes de ces vieilles villes, glorieuses dans le passé, dépossédées par la marche de l'histoire contemporaine, retrouver au souffle de la liberté intellectuelle quelque chose de leur jeunesse et de leur vitalité. (Vive approbation à droite.)

Tous ou presque tous, nous nous disons ici, messieurs, les amis de la décentralisation. Nous, nous en avons été les premiers apôtres. Vous, messieurs, — vous ne vous offenserez pas de cette expression, — vous, les ouvriers de la onzième heure, vous vous en dites aujourd'hui les plus chauds partisans.

Eh bien, voici une œuvre de décentralisation légitime, féconde, à accomplir. Donnons-nous la main pour en doter ensemble ce pays, qui en a besoin.

Et, en agissant ainsi, ne craignez rien pour la science ; car c'est au contraire son émancipation que vous accomplirez.

Savez-vous, messieurs, ceux qui, à mon sens, grandiront le plus par la liberté de l'enseignement supérieur ? ce sont les professeurs !

Certes, nous avons en France des professeurs éminents et respectés, et l'auditoire devant lequel j'ai l'honneur de parler suffirait pour le rappeler à tous. Mais enfin, ils ne me contrediront pas, j'en suis sûr, si je dis que, dans la considération qui les entoure, à côté de la part très-légitime qui appartient à leur mérite personnel, il n'y a pas une part suffisante faite au caractère même dont ils sont revêtus.

Il faut bien le reconnaître, le professeur, celui que notre honorable collègue, M. Paul Bert, nommait éloquemment un jour « le magistrat de la vérité démontrée », n'est pas environné chez nous de tout le prestige que nous désirerions pour lui ; il n'est pas environné de cette sorte d'auréole de respect qui l'entoure chez plusieurs des grands peuples qui sont nos voisins.

Pourquoi, messieurs ? Je me le suis demandé souvent et, pour ma part, je n'ai jamais trouvé qu'une réponse, c'est qu'il lui manque une chose, une seule, une chose que rien ne remplace : la liberté. Le professeur, celui qui prépare, qui élève — selon la belle expression de notre langue, — les jeunes générations qui se pressent autour de sa chaire, a besoin pour être lui-même tout entier, de posséder, sous l'empire et avec le respect des principes éternels, la spontanéité et l'indépendance de son enseignement. Il faut qu'il soit maître de ses leçons, maître de sa méthode, roi de sa science pour ainsi parler, et c'est à cette condition seule que, recevant par contre-coup les bienfaits de l'enseignement qu'il donne, il est poussé chaque jour plus avant, par l'exposé même de ses découvertes, dans le champ de l'exploration et de la pensée. Eh bien, ce droit, cette faculté, cette couronne, si vous me permettez cette expression, — nous voulons la restituer au professeur français. Ses ancêtres l'avaient dans la vieille France ; ses émules l'ont encore chez des nations plus heureuses, — nous voulons qu'il la retrouve aujourd'hui dans sa patrie. En agissant ainsi, je le répète, nous donnons la liberté à la science en même temps qu'à lui. (Très-bien ! très-bien ! à droite.)

Maintenant, je le reconnais, cette liberté que nous faisons n'est pas absolue, sans lacune. Il y aura des chaînes, il y aura des sacrifices à faire et à accepter. Pour ma part, je le regretterai sur plusieurs points; mais enfin, c'est là le sort nécessaire de toute loi de transaction, et, comme je vous le disais au début, la loi que nous faisons est essentiellement une loi de transaction.

Messieurs, il ne sert de rien d'abaisser et d'amoindrir les questions. On n'y a jamais rien gagné. Il faut, au contraire, regarder les difficultés en face et embrasser les problèmes dans toute leur largeur. Eh bien, c'est vrai, vous le savez, il y a deux systèmes puissants, deux aspirations ardentes, en présence l'une de l'autre. D'une part, il y a l'État, avec son organisation concentrée, avec le monopole qu'il exerce depuis le commencement de ce siècle sur le haut enseignement ; l'État, fier de la direction des intelligences, choisissant les professeurs, disposant des examens, des programmes, des grades, et vous demandant, par la bouche de ses défenseurs les plus éloquents, de lui conserver un privilège auquel il croit attachée une part de sa grandeur.

D'autre part, il y a le droit des esprits à la liberté, droit dont la notion chez nous germe, grandit, se développe depuis cinquante ans, et qui, arrivé à la pleine connaissance de lui-même, refuse à l'État, non le droit de surveillance, qui appartient légitimement à toute société, mais le droit d'imposer des doctrines et de façonner pour ainsi dire la pensée.

Tels sont, messieurs, les grands aspects de ce grand débat, et ne nous abaissons pas à en considérer d'autres. (Très-bien ! très-bien ! à droite.)

Non, il ne s'agit ici, ni de votre côté, ni du nôtre, d'ambitions peu avouables ; il ne s'agit ni de jalousies mesquines, ni de je ne sais quelles spéculations plus ridicules encore qu'indignes. Il s'agit des idées qui passionnent nos âmes ; il s'agit de la vérité à répandre avec la forme même sous laquelle elle nous apparaît, et avec un ensemble indispensable, depuis que le progrès des sciences, en nous montrant les liens qui les relient, a créé pour ainsi dire une science générale qui domine tout l'enseignement.

Eh bien, entre ces deux puissances, l'État en possession, la liberté aspirant à l'être, nous avons cru qu'une transaction était possible ; nous avons cru qu'on pouvait concilier les exigences doctrinales des établissements libres avec le droit de surveillance incontestable qui appartient à l'État. Nous avons cru qu'on pouvait organiser la garantie sociale sans nuire à l'expansion de la liberté scientifique, et c'est pour cela que nous avons établi le jury mixte.

Je le reconnais, le système n'est pas parfait; pour ma part, je l'avoue, j'en ai longtemps défendu dans la commission et j'en aurais préféré un autre qui, à mon sens, aurait donné, avec des garanties suffisantes, des libertés supérieures. Il est évident que quoi qu'on fasse, avec le système du jury mixte, l'enseignement libre recevra encore, dans une assez large mesure, la direction générale de l'enseignement de l'État ; mais enfin, tel qu'il est, c'est un progrès, un progrès réel, sérieux, grâce auquel les établissements libres pourront naître et faire leurs preuves devant le pays avec honneur.

Et enfin, messieurs, ce n'est pas une œuvre de guerre, c'est une œuvre de concession que nous accomplirons, de concession entre les systèmes, entre les espoirs, entre les prétentions ; et c'est pour cela que cette Assemblée, qui incline vers les lois qui sont le résultat d'un accord, lui donnera, je l'espère, son approbation.

Mais il est une autre raison pour laquelle elle votera cette loi, et, permettez-moi de le dire, pour laquelle elle devra la voter ; et ici, messieurs, je ne fais plus acception d'opinion politique : c'est parce que c'est une loi nationale et patriotique par essence.

Depuis quelques années, on nous a répété souvent que, si nous avions été vaincus, c'était par l'école plus encore que par l'armée ; et, soit dit en passant, on a voulu appuyer sur cette appréciation une thèse dont je n'ai pas à parler ici, mais qui poursuivait, à mon sens, un but tout autre que celui de la liberté.

Eh bien, s'il y a quelque chose de vrai dans cette affirmation, ce n'est pas à l'école primaire, comme on l'a dit, c'est à l'école supérieure avant tout qu'elle doit s'appliquer.

Ne craignez pas, messieurs, que, parce que j'ai l'honneur de défendre ici la liberté, je m'appesantisse avec complaisance sur les misères, je devrais peut-être dire sur les douleurs de notre haut enseignement. Non, j'aime la gloire de la France partout, et je ne crains pas d'être désavoué si je dis que, comme Français, nous prenons, dans le passé, tous, notre part des gloires de l'université. Mais enfin, il faut bien avoir le courage de voir et d'avouer, et, sans y insister, il est indispensable de vous rappeler, en quelques mots seulement, les révélations qui vous ont été faites au début de ces débats.

Qui de nous, messieurs, a perdu le souvenir du courageux discours dans lequel notre honorable collègue, M. Paul Bert, nous faisait assister, il y a six mois, au résultat de l'enquête poursuivie par lui à travers les établissements d'enseignement supérieur de France ? Qui de nous ne se souvient de ces descriptions émues dans lesquelles il faisait passer devant nous ces laboratoires, tombeaux des savants, — je cite textuellement, — ces facultés presque désertes, réduites à quelques élèves, où un seul professeur est chargé d'enseigner toutes les sciences naturelles en deux temps, et un autre professeur, dans la même lapse de temps, toute l'histoire ou toute la littérature? Qui ne se rappelle encore ces paroles qu'il nous citait, émanées d'un des hommes les plus considérables de l'université, qui nous décrivait cet enseignement mondain, contraint de rester brillant sous peine de tomber dans d'insipides médiocrités et réduit, en général, au point de vue scientifique, à demeurer au-dessous de l'enseignement appelé secondaire? Et notre honorable collègue terminait ces révélations courageuses, je le répète, en nous disant que cet état de choses, — je cite encore ses paroles, — c'était presque la destruction de l'enseignement supérieur en France et qu'il risquait d'avoir pour résultat l'abaissement du niveau intellectuel de la nation.

Eh bien, en face de cet aveu tombé d'une bouche dont la sincérité ne peut être contestée, n'est-ce pas l'heure de nous écrier, comme M. Guizot en 1836 : « Messieurs, tout est ici urgent, continu. Il n'y a pas un moment à perdre, car chaque moment peut avoir des conséquences irréparables, salutaires ou amères ! » (Approbation au centre et à droite.)

En face de cet état de choses, quels sont les remèdes ?

Ils sont de nature diverse.

Il y a d'abord les améliorations possibles à apporter dans l'université ; et je ne serai encore contredit par personne, j'en suis sûr, si je dis que, quand le Gouvernement croira devoir nous les présenter, nous les étudierons avec la profonde attention qu'elles méritent.

Mais il y a un autre remède, un remède qui sort, pour ainsi dire, à cette heure, de la conscience publique, et ce remède : c'est encore la liberté. La liberté qui, nous l'espérons, rendant son essor au libre génie de la France, en ranimant la flamme éteinte sous le monopole, fera jaillir au milieu de nous quelques-uns de ces élans magnifiques de générosité, dont les États-Unis nous donnent le glorieux exemple la liberté qui répandra enfin ses bienfaits dans l'université elle-même en lui rendant un bien qu'avait la vieille France, que possèdent encore l'Allemagne et l'Angleterre, et qui manque totalement dans notre haut enseignement : l'émulation.

C'est pour cela que l'honorable ministre de l'instruction publique a fait, à mon sens, non-seulement une œuvre patriotique, mais, encore, l'œuvre d'un défenseur intelligent de l'université, en venant s'associer à la grande loi que nous allons achever, c'est l'espère ; c'est pour cela que, quelles que soient les accusations qui le poursuivent aujourd'hui, l'avenir, et l'avenir de l'université elle-même, sera là pour le venger. (Applaudissements sur plusieurs bancs à droite et au centre.)

Achevons donc notre œuvre, messieurs, achevons-la sans craindre la prophétie sinistre dont on a essayé au commencement et dont on essaie encore à la fin de ces débats — car je ne puis oublier, que je réponds à l'honorable M. Brisson, — de projeter l'ombre sur notre œuvre.

On nous a dit que le seul résultat de nos efforts serait d'augmenter les séparations et de créer, pour ainsi dire, la guerre civile dans les esprits. On nous a dit que, si les jeunes gens pouvaient, au commencement de leurs études, vivre dans des établissements d'origines différentes, ils devaient nécessairement, au moment de les couronner, être fondus, confondus au pied des mêmes chaires et devant le même enseignement. On a ajouté que, agir autrement, ce serait compromettre la paix sociale, l'unité morale et scinder, pour ainsi dire, l'âme nationale de la France.

Messieurs, en pareille voie, il est difficile de s'arrêter. Ceux auxquels je fais allusion, ne parlaient que de l'enseignement supérieur. D'autres ont été plus loin, et il me serait facile de vous citer des auteurs célèbres qui, dans leurs préoccupations, sont descendus jusqu'à l'enseignement secondaire, jusqu'à l'enseignement primaire lui-même, et qui se sont demandé s'il n'y avait pas un danger réel pour l'harmonie sociale et domestique de la France, dans ce fait qu'il y avait plus de jeunes filles élevées dans les écoles congréganistes que de jeunes garçons. Prenez garde! s'est-on écrié, il y a là un danger ; prenez garde! vous allez avoir des femmes du dix-septième siècle et des hommes de la fin du dix-huitième!

Messieurs, si ces thèses étaient vraies, il faudrait en conclure que, pour établir la paix dans les âmes, il faut travailler nécessairement au scepticisme des esprits.

Non, messieurs, l'unité et la paix sont des biens positifs, et elles ne sauraient jamais sortir d'une négation. (Très-bien! très-bien!)

L'harmonie sociale ne naîtra jamais du trouble dans les régions les plus hautes de l'intelligence, et, s'il m'était permis de demander un exemple à l'histoire, je vous rappellerais que l'envahissement du scepticisme a accompagné dans la vieille Rome les guerres civiles de la république et a précédé l'empire de bien peu. (Très-bien! très-bien!)

Mais j'aime mieux m'en tenir au présent, et invoquer à l'appui de ma thèse un témoignage que mes honorables contradicteurs ne récuse-

ront pas, j'espère, celui de notre éloquent collègue M. Jules Simon.

Dans un livre, publié il y a quelques années, je retrouvais récemment ces lignes que je vous demande la permission de vous lire :

« La paix entre deux âmes » disait-il, « est possible quand elle est fondée sur l'identité de la foi. Elle est encore possible quand elle est fondée sur le respect réciproque d'une foi diverse et sincère ; mais appeler paix cette absence de lutte qui naît de l'indifférence, c'est confondre la paix avec la défaite et la vie avec le néant. »

A droite et au centre. Très-bien! très-bien!

M. le comte Desbassayns de Riche-mont. Je m'arrête, messieurs, sur ces belles paroles, et, m'adressant à mon tour à mes adversaires, je leur dis : Oui, nous avons ici un intérêt commun : la paix! Mais prenons garde de nous tromper sur les conditions d'existence nécessaires! Prenons garde! et si nous ne pouvons vivre dans cet âge d'or, où l'accord et l'harmonie règnent entre les esprits sur les plus grands problèmes de la destinée humaine, essayons au moins d'inaugurer cet âge de bonheur relatif dans lequel, divisés, malheureusement, en opinions rivales, on se lutte au moins que sur le terrain de la pensée et avec le respect d'une bonne foi réciproque! Aller plus loin, messieurs ; chercher, sans y parvenir, dans l'égalité abaissée du scepticisme, un calme qui serait bien plutôt l'abrutissement que la paix, ce serait aller à l'âge de fer dans toutes les acceptions, et avec toutes les conséquences de ce mot.

Je ne dis plus qu'un mot, et je finis. (Parlez! parlez!)

Messieurs, on a dénoncé souvent, depuis le début de ces discussions, au dedans et au dehors de cette enceinte, ce qu'on a appelé l'ambition de l'Église catholique.

Cette ambition, messieurs, y en a-t-il parmi vous qui oseriez sincèrement en avoir peur? Est-il besoin de vous rappeler qu'aujourd'hui, comme il y deux mille ans, le but suprême de cette ambition, c'est le droit d'enseigner à tous ceux qui veulent l'entendre ce qu'elle pense et ce qu'elle croit? (Approbation à droite et au centre.)

Messieurs, dans un de ses discours les plus applaudis, notre éminent rapporteur vous parlait des cinq joyaux d'or enfouis sous les vieux murs de Babylone.

Il y a quelques années, en fouillant, en Angleterre, des habitations contemporaines de la prédication chrétienne, on trouvait dans les fondations d'autres joyaux non moins précieux à un autre titre. C'étaient des pierres sur lesquelles était gravé le monogramme du nom du Christ.

C'est sur ce fondement que s'est élevé le magnifique édifice des libertés de la vieille Angleterre.

Si vous voulez, voir renaître chez nous une race d'hommes à la fois respectueux de la loi et conscients de leur indépendance, d'hommes avides de lumières, soumis à l'autorité, mais en même temps prêts à résister à tout despotisme, de quelque nom qu'il se couvre, laissez-nous, nous aussi, mettre à la base du haut enseignement de la France le nom de Celui qui est la source de toutes les libertés vraies et de tous les progrès sérieux accompli par l'humanité. (Vifs applaudissements à droite et au centre. — Félicitations de l'orateur par un grand nombre de ses collègues.)

M. Taberlet. Je ne répondrai pas au discours que vous venez d'entendre, qui me paraît du reste n'avoir rien détruit du tout de l'éloquent discours que vous avez entendu de la bouche de l'honorable M. Brisson.

J'ai un souci beaucoup plus modeste.

Je voudrais soumettre à l'Assemblée une courte observation que je crois utile au début de la 3ᵉ délibération du projet de loi qui vous est présenté.

Dans cette grave question de l'enseignement supérieur, je suis en principe pour la liberté. Cependant, je dois déclarer qu'il me serait impossible de voter le projet de loi sans lui faire subir de profondes modifications.

Je ne puis admettre que l'État se dessaisisse même d'une part de son droit absolu dans la collation des grades, pas plus que je ne puis comprendre une infraction à nos lois aussi considérable que celle qui donne la personnalité civile à tous les évêchés de France.

Un membre. C'est supprimé!

M. Taberlet. Ce n'est pas voté définitivement.

Il est encore une autre restriction sur laquelle je m'expliquerai tout à l'heure. J'ai peu de confiance que ces modifications soient acceptées et votées par l'Assemblée : c'est vous dire que, si je suis monté à cette tribune, c'est avant tout pour obéir à un impérieux devoir de conscience.

Quoiqu'il en soit, je déclare tout d'abord que je ne suis point surpris de voir une majorité animée du même esprit religieux tenter d'assurer à la religion de son cœur autant d'avantages, autant de privilèges que possible. — Elle obéit en cela à la voix de sa conscience, à ses plus hautes, à ses plus chères aspirations. Il est cependant une limite qu'elle ne saurait franchir sans un véritable péril pour l'ordre et la paix sociale, comme aussi sans un danger sérieux pour la durée et la solidité de l'œuvre qu'elle a entreprise. C'est pour avoir méconnu cette juste mesure que toutes les œuvres trop exclusives ont été souvent dangereuses et toujours éphémères.

Lors de la première lecture de ce projet de loi, on vous a exprimé ici en termes éloquents les dangers qu'il pouvait y avoir à opposer les citoyens les uns contre les autres dans une société qui compte et qui accepte des croyances et des religions multiples. On vous a fait entrevoir que c'était presque volontairement s'exposer à faire naître des troubles et des désordres civils, qui semblaient avoir pris fin d'une manière définitive depuis notre glorieuse révolution française.

Cette révolution, messieurs, malgré les attaques qu'on lui a prodiguées à cette tribune, et sans vouloir rechercher qui l'avait rendue inévitable, a eu la gloire de proclamer et d'affirmer la tolérance, et de mettre fin à ces abominables guerres fratricides fomentées par les questions religieuses. (Rumeurs diverses.)

Il me paraît impossible que vous puissiez vouloir rappeler ces époques troublées où deux ou trois catégories de citoyens n'ayant plus le même langage étaient impuissants à se comprendre, pas plus que vous ne pouvez espérer le retour de ce temps néfaste où un seul parti tenait en échec, non-seulement le pouvoir, mais aussi la sécurité et l'indépendance d'un grand nombre de citoyens. Votre loi, telle qu'elle nous est présentée, me paraît devoir aboutir presque fatalement à ces funestes conséquences.

Ces périls, messieurs, ne sont point illusoires : ils ont existé déjà; ils ont profondément troublé notre France, l'Europe et le monde entier.

Ils préoccupent encore des gouvernements et des hommes d'État qui ne passent pas pour se nourrir de chimères. Et quoique vous en puissiez penser, vous conviendrez que ce n'est point pour le sot plaisir de faire quelque bon tour au parti catholique qu'ils ont entrepris de le combattre avec tant de force et tant de violence. Ces hommes d'État sont comme vous : ils aiment leur pays. Comme vous, messieurs, ils ont le plus haut sentiment du patriotisme, et ils mesurent avec le plus grand soin leurs actes à l'utilité, au bien qu'il peut en revenir à leur patrie. Quand je vois ces hommes politiques de nations différentes, tous avisés, tous rompus aux affaires publiques, redouter par dessus tout le danger d'une influence religieuse, particulière, j'avoue sans peine que je me sens ébranlé par le doute et l'incertitude. Et je m'étonne que vous ne songiez pas vous-mêmes à vous défier dans une certaine mesure d'une entreprise qui n'a d'autre avantage, à mon sens, que de flatter votre cœur et vos sentiments, pour ne pas dire vos passions religieuses. Vous savez cependant, mieux que moi, que, en affaires, quand on a mission de conclure pour son pays, le sentiment est un conseiller dangereux dont il faut particulièrement se défier.

Mais quoi qu'il en soit, vous avez le dessein de faire une œuvre sérieuse et durable. Or, vous ne sauriez réussir qu'en faisant une œuvre en rapport avec les exigences et les nécessités de la société moderne, c'est-à-dire qui ne soit pas le privilège exclusif d'une croyance, d'un parti, mais qui puisse être franchement et loyalement acceptée par toutes les opinions modérées.

Pour accomplir une œuvre de parti et la faire vivre, il faut avoir la certitude d'être, sinon toujours, du moins fort longtemps, les maîtres du pouvoir.

Mais, messieurs, votre expérience a pu vous convaincre qu'en France, et notamment sous un régime républicain, le pouvoir est susceptible de changer de face. Dans cette situation, n'oubliez pas que vos adversaires, bientôt vos successeurs, n'auraient rien de plus pressé que de détruire votre édifice et de lui en substituer un autre dans des conditions toutes différentes, toutes contraires.

Vous auriez vous-mêmes donné l'exemple du parti pris et de l'abus de la force ; ce serait le juste châtiment que vous vous seriez préparé de vos propres mains. On risque souvent de tout perdre en s'obstinant à vouloir tout garder, tout sauver.

Je voudrais ajouter deux mots encore, et je me hâte de dire que mon plus ferme désir est de ne heurter aucune opinion dans cette enceinte.

Messieurs, il ne vous a pas échappé, sans doute, que la liberté d'enseignement supérieur allait donner à ceux qui en feront usage une influence décisive, un pouvoir immense sur l'avenir de notre pays.

Vous avez dû, comme moi, vous préoccuper avec la plus grande sollicitude du choix des hommes aux mains desquels vous alliez confier un levier de cette puissance. J'ose dire que c'est là une question d'ordre capital ; c'est, messieurs, pour être sincère, presque toute la question qui nous occupe et nous divise.

Eh bien, je vous demanderai la permission de faire une simple hypothèse.

Je suppose que je vienne ici même revendiquer la liberté d'enseignement supérieur au nom d'une société d'athées ou de libres penseurs. Je crois avoir l'honneur de vous connaître assez pour être fixé d'avance sur votre réponse.

Mais, messieurs, quelle ne serait pas votre légitime indignation si je venais plaider devant vous la cause d'une société de libres penseurs qui, après avoir vu ses doctrines hautement flétries par un des plus grands génies de la France catholique, eût été, à une certaine époque, publiquement dénoncée par l'opinion, par nos anciens parlements et par nos hommes d'État français, comme une société dangereuse pour la sécurité publique et pour l'ordre social, nuisible par ses agissements et son étrange morale, et contre laquelle, enfin, il eût été lancé un décret solennel qui l'expulsait de tout le territoire de la France?

J'imagine, messieurs, que vous trouveriez là matière à être de plus en plus scandalisés ; et bien certainement l'un de vous monterait à cette tribune pour venir, au nom de la religion menacée, de l'ordre moral en péril, flageller et accabler une société d'hommes aussi gravement compromis.

Mais si, continuant mon hypothèse, je venais vous dire que nos parlements se sont trompés, qu'ils ont méconnu et calomnié cette société de libres penseurs, et que vous puissiez, l'histoire en main, me répondre qu'en tout cas ils se sont trompés en bonne et nombreuse compagnie ; que la mesure d'expulsion contre la société dont il s'agit a été prise non-seulement par la France indignée, mais encore par presque toutes les puissances de l'Europe ; que toutes, en effet, ont déclaré cette société dangereuse pour la paix sociale et nuisible à l'émancipation morale et matérielle des peuples.

Et si, pour donner plus de force et comme une sanction au verdict des hommes d'État de l'Europe et de l'histoire elle-même, on pouvait ajouter que, pour mieux juger l'influence effective de cette société, il suffisait de jeter un rapide coup d'œil sur les pays qui ont été enseignés, gouvernés et travaillés par elle, tous, sans exception, nous offrent le triste spectacle de nations qui se débattent dans l'impuissance et le dépérissement. Parmi ces nations, le petit nombre de celles qui ont gardé une lueur de vie et de patriotisme, cherchent leur relèvement avec plus ou moins de succès dans un effort désespéré contre l'influence de cette détestable société.

Enfin les peuples qui, au contraire, ont pu se soustraire à son action, marchent d'un pas ferme et résolu dans la voie du progrès et de l'émancipation. Tous sont relativement prospères et puissants.

Vous trouveriez, messieurs, que ce sont là des faits saisissants bien capables d'impressionner les hommes les plus prévenus. (Aux voix !) Après une telle démonstration fournie par l'histoire et l'évidence même des faits, j'avoue pour ma part que je serais confus d'avoir osé un seul instant prendre la défense d'hommes aussi généralement et aussi justement condamnés.

Il ne s'agit point d'une société de libres penseurs, mais d'une société qui a existé, et qui existe encore. Ces hommes ne sont point des fantômes : vous les avez nommés dans vos esprits ; vous les avez facilement reconnus à leur propre histoire. (Aux voix ! aux voix ! — Parlez ! parlez !)

Et j'ajoute que non-seulement leur influence est tenue pour nuisible à tout genre de développement, mais encore que le patriotisme lui-même, cette sauvegarde de l'honneur et de la vie des peuples, succombe et s'anéantit sous les coups de leur action prolongée.

Plusieurs membres à droite. Où cela !

M. Taberlet. En voulez-vous la preuve ?

M. le baron Chaurand. Oui ! dites-nous dans quel pays?

M. Calemard de La Fayette. Nous savons qu'ils ont été fusillés sous la Commune. Voilà ce que nous savons!

M. Taberlet. Suivons ces hommes dans un pays voisin au milieu d'un peuple confié depuis quelques siècles à leur gouvernement absolu. Ils avaient, si bien donné le coup de la mort au dernier vestige du patriotisme, que leur chef suprême, roi de cette nation... (Interruptions à droite), dans ses propres États, ne trouvait plus mille bras pour le défendre, lui, son pays et ses institutions.

M. le baron Chaurand. Les élèves des jésuites se sont fait tuer sur nos champs de bataille. Il est incroyable que vous osiez parler ainsi !

M. Calemard de La Fayette. Allez voir rue des Postes.

M. Taberlet. ...Il en était réduit à solliciter de l'étranger... (Interruptions à droite. — Bruit.)

M. le baron Chaurand interrompt de nouveau avec vivacité ; mais ses paroles se perdent dans le bruit.

M. le président. N'interrompez pas ! Vous répondrez.

M. Taberlet. Il en était réduit à solliciter de l'étranger sa garde prétorienne pour l'opposer à ses propres sujets.

C'est là, vous le reconnaîtrez, de l'histoire contemporaine, de l'histoire palpitante d'intérêt et pleine d'enseignement pour nous et pour la France dans la situation où elle se trouve.

Et maintenant, messieurs, si on voulait m'objecter que ces hommes réputés, par l'histoire et les faits eux-mêmes, si dangereux pour les nations qui les subissent, ont pu changer d'allure, d'esprit et de doctrines, ils se chargeraient eux-mêmes de la réponse. A une certaine époque, à qui leur demandait, que dis-je ? les suppliait de changer leur règlement, de modérer leur action, afin d'avoir un motif pour user de clémence envers eux, ils firent entendre ces paroles mémorables : *Sint ut sunt aut non sint !* Qu'ils soient ce qu'ils sont ou qu'ils ne soient pas !

M. le baron Chaurand. Allons donc !

M. Taberlet. Comme vous voyez, messieurs, il n'y a pas d'illusions possibles à cet égard. On peut dire que ce sont les mêmes hommes ou, du moins, des hommes animés du même esprit, et ils nous reviennent aujourd'hui avec une force toute nouvelle.

Ils ont vaincu Rome, ils ont vaincu le gallicanisme, d'illustre mémoire, et vous avez dû courber la tête. Quand je vous vois, messieurs, venir à cette tribune stipuler — c'est votre expression, — dans l'intérêt, peut-être au nom de ces hommes condamnés par l'Europe, par l'histoire et par leurs faits ; quand je vous vois, dis-je, nous convier à leur livrer ce que nous avons de plus cher, de plus précieux au monde, notre jeunesse française, le cœur même de la France... (Réclamations à droite. — Assentiment à gauche), notre patriotisme, l'avenir enfin de ce pays si malheureux et pourtant si grand encore dans ses désastres... (Interruptions), vous ne trouverez pas étonnant que je vienne aussi à mon tour protester au nom du bon sens... (Exclamations ironiques à droite.)

Un membre à droite. Et de l'égalité !

M. Taberlet. ...au nom de mon pays, enfin au nom de nos gloires scientifiques que vous avez si injustement, si inconsciemment — et c'est là votre excuse... (Humeurs à droite), — attaqué et maltraité à cette tribune... (Interruptions.)

Permettez !

...vous trouverez bon que je vienne vous dire... (Non ! non ! à droite) que nous n'assumerons jamais l'écrasante responsabilité de livrer notre pays à ces hommes si justement redoutés de tous les citoyens, de tous les politiques qui ont quelque souci de l'avenir et de leur pays.

M. le comte de Rességuier. Votre appréciation est absolument inexacte !

M. Taberlet. Après les faits authentiques, indéniables, que l'impartiale histoire nous enseigne d'eux, leur livrer la France serait à nos yeux un crime de lèse-nation...

Un membre à droite. C'est la thèse de la Prusse !

M. Taberlet. ...Et nous estimons que vous réfléchirez encore avant de consentir à faire de cette noble terre de France, de la patrie des Pascal, des Bayle, des Voltaire et des Montesquieu, une Espagne nouvelle, et peut-être, avec le temps, — si la France pouvait assez s'oublier elle-même, comme elle l'a fait pendant ces vingt dernières années, — un misérable Paraguay. (Réclamations à droite. — Très-bien ! très-bien ! sur plusieurs bancs à gauche.)

M. le président. La parole est à M. Calemard de La Fayette. (Exclamations à gauche.)

M. Calemard de La Fayette. Je ne me proposais pas d'allonger cette discussion ; mais je ne puis laisser passer sans protestation les paroles si violemment agressives que vous venez d'entendre. (Réclamations à gauche. — Très-bien ! à droite.)

Quelques membres. La clôture !

Un membre à gauche. Il n'y a rien eu d'agressif.

M. Calemard de La Fayette. Il n'y a rien eu d'agressif ?

On vient de déclarer... (La clôture ! la clôture !) qu'une grande institution qui tient une large place dans le catholicisme détruisait partout le patriotisme. Moi, je dis à l'honorable orateur qui descend de cette tribune que, s'il veut avoir une notion exacte du patriotisme que l'enseignement auquel il a fait allusion propage parmi nous, je l'engage à aller voir à la rue des Postes... (Rires et applaudissements ironiques à gauche. — Très-bien ! très-bien ! et vif assentiment à droite) la liste des jeunes gens morts...

Plusieurs membres à gauche. Il y a eu des morts de tous les côtés !

M. Calemard de La Fayette. ... la liste des jeunes élèves qui se sont fait tuer sur les champs de bataille de la dernière guerre en défendant la France. (Approbation et applaudissements à droite.)

M. Tiersot. A la rue des Postes, ils font leur liste ; ailleurs on n'en éprouve pas le besoin. (Bruit.)

M. Calemard de La Fayette. Je n'entends pas l'interruption, et il m'est impossible d'y répondre. (Assez ! assez ! — Bruit et interruptions.)

M. le président. Veuillez ne pas interrompre, messieurs. J'engage l'orateur à ne pas répondre aux interruptions.

M. Calemard de La Fayette. Je ne croyais pas qu'à la fin d'une discussion pareille, de telles passions s'éveilleraient de nouveau. (Interruptions et mouvements divers.)

Un membre à gauche. C'est vous qui les réveillez !

M. Calemard de La Fayette. Je voulais, en circonscrivant le débat, aborder un point de vue spécial, des circonstances particulières m'ayant donné, sur le mouvement intellectuel en France, des moyens d'appréciation qui ne sont peut-être pas également à la portée de tout le monde. (Aux voix ! — Parlez !)

J'ai eu l'honneur — permettez-moi d'évoquer ce souvenir personnel — d'être le collaborateur, et, dans une certaine mesure, le second de l'homme qui, selon moi, a fait dans notre pays les plus nobles tentatives pour la décentralisation intellectuelle.

Je parle ici, en revendiquant pour lui, comme un public hommage, le droit d'être nommé devant vous, je parle de l'éminent et regretté et si profondément regrettable M. de Caumont. (Mouvements et bruits divers.)

Pendant trente ans d'une vie à laquelle n'a pas manqué l'autorité, M. de Caumont a créé dans nos provinces un courant intellectuel auquel la plupart d'entre nous, — j'en excepte aucun des côtés de l'Assemblée, — ont rendu également justice. (C'est vrai ! — Interruptions diverses.)

M. Lepère. Sans doute ! mais ce n'est pas la question.

M. Calemard de La Fayette. Je crois que je suis parfaitement dans la question, et je le prouve.

A droite. Parlez ! parlez !

M. Calemard de La Fayette. J'ai eu, messieurs, plus d'une fois le regret de n'avoir partagé que très-imparfaitement les espérances inspirées au plus grand nombre d'entre nous par les lois dites de décentralisation qui nous ont été soumises jusqu'à ce jour. Pour moi, la première, la plus précieuse loi de véritable décentralisation dont nous ayons eu à nous occuper, c'est celle-ci.

A gauche. À la question !

M. Calemard de La Fayette. Je suis parfaitement dans la question. (Oui ! oui ! à droite.)

M. de Gaumont, disais-je tout à l'heure, avait suscité en France un vaste effort qui a produit des fruits appréciés de tout le monde. (Bruit à gauche.)

Eh bien, dans les derniers temps, nous avons dû reconnaître... (Bruit croissant. — L'orateur s'arrête un instant.)

Un membre. Parlez donc !

M. Calemard de La Fayette. Quand les interrupteurs voudront bien se taire et me laisser parler, je parlerai. (Le bruit continue.)

M. le président. Laissez donc, messieurs, parler l'orateur !

M. Calemard de La Fayette. ... nous avons dû constater avec regret de graves défaillances. Partout le recrutement des hommes au concours desquels nous avions fait longtemps appel devenait de plus en plus difficile. Il s'est dès lors produit dans nos rangs des désertions de plus en plus sensibles.

Et pourquoi, messieurs ! C'est que le mouvement intellectuel, sous l'empire de circonstances que je n'ai pas à apprécier en ce moment-ci, s'amoindrissait partout en France, et bientôt nous avons pensé qu'il n'y avait qu'une seule chance de relèvement pour les travaux de l'esprit en province ; nous avons pensé qu'il fallait — c'était une dernière tentative à faire, — régénérer l'enseignement public par la liberté ! (Interruptions ironiques à gauche.)

M. Émile Bouchet. Oui, le moyen est bon !

M. Calemard de La Fayette. Je le crois.

M. le général Loysel. Ne vous arrêtez pas aux interruptions !

M. Calemard de La Fayette. Cette constatation qu'il nous avait été donné de faire, elle a été confirmée par les déclarations qui ont été apportées à cette tribune de tous les côtés de l'Assemblée.

Ce n'est pas à dire que nous considérions le projet de loi comme devant tout assurer. Nous ne croyons pas, je ne crois pas, pour ma part, aux panacées universelles. Je ne crois pas que les institutions, ni les lois elles-mêmes soient des talismans ; elles ne dispensent pas l'homme de la contribution du devoir. Mais enfin ce projet de loi, qui est pour nous le legs d'une incomparable intelligence, d'un grand historien, d'un grand homme d'État, M. Guizot, l'adieu, pour ainsi dire, d'un esprit éminent, M. le comte Jaubert, ce projet, qui a été défendu à cette tribune par l'éloquent évêque dont M. Villemain, le meilleur des juges, a pu dire qu'il avait rappelé plus d'une fois à notre âge la grande parole de Bossuet (Très-bien ! très-bien ! sur plusieurs bancs à droite), ce projet, il est pour nous la dernière espérance de la régénération intellectuelle.

Oui, messieurs, dans ce moment, en France,

le courant des études est entraîné du côté des intérêts matériels ; il en est résulté que la jeunesse cherche immédiatement la réalisation du lucre au détriment des joies de l'esprit et de la science.

Et cependant, quand donc ce pays eut-il plus besoin d'un relèvement moral ? Au milieu de ces progrès matériels auxquels nous rendons tous hommage, que nous aimons, que nous voulons servir, qu'on peut glorifier même, mais qu'il ne faut pas diviniser, au milieu de ces progrès, il importe particulièrement qu'un effort intellectuel fasse contre-poids à de regrettables entraînements vers les triomphes exclusifs de la matière.

Voilà pourquoi, messieurs, nous avons salué la loi nouvelle comme une grande espérance... (Marques d'impatience à gauche. — Assez ! assez !)

Voix nombreuses à droite. Parlez ! parlez !

M. Calemard de La Fayette. Nous sommes dans la discussion générale, messieurs.

À droite. Oui ! oui ! parlez !

M. Calemard de La Fayette. Cette loi, messieurs, elle a rencontré deux sortes d'adversaires : d'un côté, les hommes qui sont séparés de nous par un simple fossé et non pas du tout par un abîme ; les hommes comme l'honorable rapporteur de la commission qui professent cette noble doctrine de la liberté pour tous, de la liberté même pour les autres... (Interruptions et rires sur plusieurs bancs à gauche.)

M. Galloni d'Istria. C'est scandaleux ! Nous avons écouté leurs orateurs, et ils n'écoutent pas un seul des nôtres !

M. le président. N'interrompez pas, messieurs.

M. Calemard de La Fayette. Avec ces hommes, il nous paraît facile de nous entendre. L'un des derniers dissentiments sérieux, presque le seul, portait sur la collation des grades, et je suis convaincu que les hommes comme MM. Bardoux et Laboulaye nous feraient, à coup sûr, la concession que nous demandions encore si nous pouvions simplement les convaincre que l'expérience ne sera pas suffisamment sérieuse, suffisamment sincère, absolument concluante, tant que le monopole de la collation des grades restera réservé à l'enseignement de l'État. Or, cette démonstration, il sera, je crois, facile de la faire au moment opportun.

D'autres adversaires se sont produits dans ce débat, et ceux-là ont porté à cette tribune, avec une sincérité très-grande, avec une franchise dont on a pris acte, une profession de foi de haine contre le catholicisme. (C'est cela ! à droite.)

Eh bien, à ceux-là nous venons dire que nous ne déserterons jamais le drapeau de ce que nous appelons la civilisation chrétienne. Ils ont été pleins de franchise, oui, et pourtant ils auraient pu être plus francs encore. La guerre qu'on a déclarée au catholicisme, on voudra la mener plus loin ; après le catholicisme, on visera toutes les religions révélées et le spiritualisme tout entier. (C'est vrai ! à droite.)

Eh bien, nous croyons que ce pays serait perdu si les doctrines démoralisantes, énervantes, ces doctrines détestables, qu'on appelle la science positive, prévalaient dans l'enseignement. (Exclamations ironiques sur un certain nombre de bancs à gauche.)

Messieurs, on a souvent reproché à une partie de cette Assemblée de ne pas oublier assez; et moi je dis : N'oublions pas ! (Très-bien ! à droite.) La dictature du matérialisme et de l'athéisme, nous l'avons vue à l'œuvre il n'y a pas encore bien longtemps. (Oui ! oui ! — Très-bien ! très-bien ! à droite.) Elle aura laissé, à la face de notre pays, des souvenirs cruellement ineffaçables, des traces fatales qu'on n'oubliera jamais. (Marques d'assentiment sur les mêmes bancs.)

Je dis donc à l'Assemblée, je dis à mon pays: Ne préparons pas un semblable avenir, ne préparons pas le retour à ces jours néfastes qui sembleront un des mauvais rêves de notre histoire ; ne préparons pas le retour de ces calamités en donnant aux générations qui nous suivent, par un enseignement sans foi, une vie sans espérance et une mort sans Dieu. (Très-bien ! très-bien ! et applaudissements à droite, mêlés de bravos ironiques sur quelques bancs de la gauche.)

M. le président. La parole est à M. du Temple.

Un membre. Il est absent !

Voix nombreuses. La clôture ! la clôture !

M. le président. On demande la clôture ? (Oui ! oui !)

M. le comte de Boisboissel. La discussion est close par le fait, si personne ne demande la parole.

M. le président. Il y a encore des orateurs inscrits : mais si l'on demande la clôture, je dois consulter l'Assemblée.

(L'Assemblée, consultée, déclare close la discussion générale.)

M. le président. Avant de passer à l'article 1er, je dois donner lecture à l'Assemblée d'un amendement présenté par M. Jean Brunet et qui est destiné à remplacer le titre Ier du projet de loi.

TITRE Ier

SANCTION SUPÉRIEURE DE LA LOI

« *Article unique.* — L'intelligence venant de Dieu et retournant à Dieu, aucune instruction supérieure ne pourra se produire en public sans reconnaître le principe de ce dogme fondamental.

« En conséquence, tout établissement d'instruction supérieure portera, sur sa façade et dans l'intérieur de toute salle de cours, l'inscription suivante, qui sera tracée en caractères nettement visibles :

« Gloire à Dieu, le créateur et le maître de l'intelligence universelle. » (Impressions et rumeurs diverses.)

La parole est à M. Jean Brunet.

M. Jean Brunet. Messieurs, l'amendement dont M. le président vient de vous donner lecture suffit pour vous indiquer quel est son but supérieur.

Je comprends que de pareilles propositions étonnent non-seulement ceux qui, par principe ou par nécessité de tactique, affichent la proscription de toute croyance en Dieu...

M. de Pressensé. Il ne s'agit pas de cela !

C'est prendre le nom de Dieu en vain que de faire une telle proposition !

M. Jean Brunet. Il ne s'agit pas, monsieur de Pressensé, d'attaquer vos croyances, plus ou moins vagues, ou plus ou moins fermes... (Exclamations et rires sur divers bancs.)

M. Scheurer-Kestner. Les vôtres sont plus solides !

M. Jean Brunet. ...Il s'agit, en ce moment, de demander à l'État d'affirmer et d'imposer un principe. (Ah ! ah ! à gauche.) Vous voyez que la question vaut la peine d'être écoutée sérieusement.

Je disais donc, messieurs, que mon but était de mettre la loi sous l'égide d'une sanction supérieure, ce qui manque trop souvent à toutes les lois, que non-seulement vous, mais toutes les Assemblées de France, depuis près de cent ans, ont discutées et votées, et que les divers pouvoirs ont promulguées.

Je disais donc que ma proposition peut étonner non-seulement ceux qui ont pour principe la non-croyance en Dieu, mais aussi, il faut bien le dire, la majorité de ceux qui croient en Dieu, et même de ceux qui se rattachent aux principes du christianisme.

Remarquez, en effet, que nous sommes tous le produit, au point de vue de l'instruction supérieure, d'un système qui, depuis le commencement de la Révolution française, a proscrit de tous les actes officiels toute sanction et même toute mention religieuse; et il en résulte ce fait, c'est que notre système d'instruction marche isolément, comme séparé des facultés les plus puissantes de l'âme, de celles qui sont les plus appelées à élever l'intelligence, à la rendre plus lucide et plus ferme dans la voie de la vérité. (Très-bien ! à droite. — Applaudissements ironiques à gauche.)

Oui, messieurs, un des plus grands vices de notre état actuel, ce ce qu'on appelle avec affectation la civilisation moderne, c'est la séparation entre l'instruction et l'éducation.

Plusieurs membres. C'est très-vrai !

M. Jean Brunet. L'éducation, messieurs, prend l'homme dans ses instincts, dans ses mœurs, dans ses sentiments, dans toutes les aspirations de son âme, et alors il faut, pour que l'instruction soit vraie et solide, pour qu'elle entre dans le courant de cette vie organique, il faut que l'instruction fasse corps avec elle, à l'encontre de ce qui existe depuis près de cent ans, dans ce système artificiel et isolé de l'instruction actuel.

Ce système, en effet, proclame le principe de ne pas faire appel à la religion, c'est-à-dire à tous les sentiments moraux, spirituels, qui sont le mobile, le soutien de la vie organique de nos populations. (Très-bien ! très-bien !)

Eh bien, messieurs, l'amendement a pour but de rétablir cette liaison nécessaire, indispensable, entre l'instruction et l'éducation ; il a pour but aussi d'établir la liaison nécessaire, indispensable, entre la croyance supérieure de la direction de l'État et les droits spirituels de chacun des individus de notre nation.

Messieurs, comme je vous le disais, cette vérité et cette nécessité primordiales vous étonnent, et, je le crains, nous étonnent peut-être, on peut le dire, dans toutes les parties de cette Assemblée.

A droite. Mais non ! Du tout !

M. Jean Brunet. Évidemment on généralement surpris par la présentation d'une pareille demande. C'est que nous sommes élevés dans cette habitude de voir l'État s'abstenir en fait de croyance religieuse, et proclamer même qu'il doit s'abstenir, que c'est là une nécessité.

Eh bien, messieurs, c'est là une erreur profonde et fatale ; car enfin nous ne sommes pas tombés du ciel depuis moins de cent ans ; nous n'avons pas poussé subitement sur un sol inconnu. La France a vécu, au contraire, et magnifiquement, pendant de longues séries de siècles en s'appuyant sur cette croyance proclamée par l'État.

Et en effet, y a-t-il, je le demande à tous ceux qui ont approfondi l'histoire de l'humanité, peuvent-ils indiquer un peuple, une nation qui, depuis la plus haute antiquité jusqu'à nos jours, n'ait pas reconnu la nécessité de cette sanction religieuse ?

Quelques membres à gauche. Aux voix ! aux voix ! (Parlez ! parlez ! à droite.)

M. Jean Brunet. Et, s'il en est ainsi, pourquoi donc nous poser dans l'ensemble de l'humanité comme des exceptions, et même, passez-moi le mot, avoir la sottise de nous poser comme des modèles ? Pourquoi donc rester isolés dans l'ensemble de l'humanité, en nous disant : Notre grande Révolution a aboli tous les fétiches du passé, et désormais nous devons marcher dans le monde, dégagés de cette chaîne, de cette vanité des croyances religieuses ? Oui, nous sommes maîtres dans notre raison, nous sommes puissants dans nos passions, marchons en toute liberté dans la variété et la force de notre génie ; c'est nous qui créerons la vérité par la pratique de la science et la recherche des infiniment petits ; de là nous créerons ces lois universelles qui seront la seule divinité.

Voilà, s'écrie-t-on, voilà le seul dogme nouveau de la régénération humaine ; c'est nous, France, qui le proclamons et qui commençons à l'appliquer. Les autres puissances de la terre qui resteront assujetties aux croyances religieuses ne sont encore que des esclaves ; nous les appelons à l'affranchissement en nous offrant à elles comme modèles. Elles se trouveront trop heureuses de marcher dans la voie nouvelle en nous imitant.

Voilà le langage que tient ce qu'on appelle la civilisation moderne en proscrivant de l'État la sanction religieuse. Oui, mais en attendant, nous, la France affranchie, dit-on, nous descendons de plus en plus, et ces puissances qui proclament la croyance en Dieu montent, montent toujours. (C'est vrai ! — Très-bien ! très-bien ! à droite.)

Messieurs, comme je vous le disais tout à l'heure, pour comprendre la question dans son ensemble et dans son importance, il faut voir d'où vient l'état de choses actuel, et quel est cet état.

Eh bien, notre état d'instruction générale, quelle en est la source ? C'est évidemment des grands peuples de l'Asie, d'où elle fut transmise à la Grèce, puis à Rome et de là la Gaule.

Or, dans la Gaule, puis dans la France des premiers siècles, quels étaient les dispensateurs

voix et ses raisons. Je suis donc obligé, de [temps] en temps, d'attendre que les bruits plus [m]oins systématiques s'apaisent et me per[mettent] de continuer.

[...]nds. Voici une autre considération...
[...]che. — Continuez.)

[...] messieurs, je ne comprends [...] demandiez de continuer, si [...] us travaillez à étouffer ma

[...] garder le silence

[...]

Ce système d'instruction générale, bâti sur le principe religieux, qu'est-ce qu'il a fait, à toutes les époques, dans toutes les parties des services publics et dans toutes les couches sociales ? Il nous a donné cette race des Francs qui a fait le plus grand royaume que la terre ait jamais vu ; or, cette race des Francs, elle a toujours été grande, tant qu'elle a conservé le système d'éducation ayant pour base et pour but supérieur les croyances religieuses.

Et dans ce palais, messieurs, où nous délibérons, ne vous rappelez-vous pas l'épanouissement magnifique des conséquences de l'instruction générale de la vieille France ? Vous rappelez-vous que, sous Louis XIV, de chef que des soi-disant historiens modernes s'amusent à traîner dans la boue, en ramassant dans tous les recoins quelques débris de fautes qu'ont pu produire les faiblesses humaines, rappelez-vous ce grand roi, un des plus grands assurément qu'on ait vus, s'est trouvé entouré d'une pléiade incomparable d'hommes formés tous par ce système d'instruction basé sur les croyances religieuses.

Rappelez-vous, messieurs, que tous ces génies façonnés et instruits par les ministres du culte, ont manifesté des puissances supérieures dans la littérature, la philosophie et la science, dans la guerre, dans l'administration, dans le gouvernement, dans la diplomatie, dans les beaux-arts, dans l'industrie, dans le commerce, dans les colonies, etc. ; partout, en un mot, ces hommes du grand siècle ont posé les bases de la grandeur de la France et de la civilisation générale.

Oui, réfléchissez bien là-dessus : à aucune époque, chez aucun peuple, vous n'avez vu une réunion pareille de grands hommes produits par un système d'instruction aussi supérieur que celui qui régnait alors en France, depuis le roi et son gouvernement jusqu'au moindre citoyen. C'est là un couronnement incomparable d'un

64

système fort, organique et fécond. Car, dans chaque partie, comme dans chaque ensemble, vous voyez dominer des génies qui sont encore vos maîtres inimitables, à vous tous, quelques prétentions que vous ayez avec toutes vos acquisitions modernes. (Très-bien! très-bien! à droite.)

Eh bien, messieurs, ce magnifique état de l'instruction générale en France, on ne lui ménage pas les embûches anticatholiques : mais, jusqu'au dernier moment, le grand roi qui siégeait dans ce palais a déployé la plus grande énergie pour résister à tous les novateurs soi-disant libéraux, mais au fond rationalistes et matérialistes, pour résister à ces attaques antireligieuses.

Le grand roi mourut, et alors qu'arriva-t-il? c'est que cette discipline ferme, que l'esprit religieux met dans l'instruction générale, sans laquelle les grandes nations succombent, se trouva relâchée complètement, sous l'influence de gouvernements faibles et sceptiques; alors l'instruction se trouva relâchée dans tous les débordements, descendit de degré en degré. Toutes les croyances solides furent bafouées et insultées ; tous les esprits furent surexcités dans toutes les rêveries, toutes les vanités, toutes les prétentions possibles ; les excès sous les noms les plus divers, envahirent tous les degrés de l'instruction supérieure, et alors, d'abus en abus, se produisit la décadence, le dévergondage hideux dont le couronnement fut le abus monstrueux de la loi de la Révolution française.

A gauche. A l'amendement!

M. Jean Brunet. Le désordre était devenu si grand, qu'un homme de génie, mais en même temps un homme qui n'avait pas le sentiment des aspirations spiritualistes et religieuses, un homme qui n'était qu'un disciplinaire matériel, un homme — passez-moi le mot, assurément excessif, — qui avait surtout le génie du caporalisme... (Mouvement) Napoléon imagina de substituer à l'anarchie intellectuelle qui existait une vraie fabrique d'enseignement césarien, en dehors de toute sanction religieuse.

Et c'est là, messieurs, la source de notre université; c'est là ce qui a produit l'état de faiblesse où nous sommes.

Je ne vous parle pas de ce qui s'est passé...

A gauche. Parlez de l'amendement!

M. Jean Brunet, *se tournant vers la gauche.* Comment! messieurs, ce n'est pas l'amendement? J'aime à croire que vous n'écoutez pas ; car j'ai une assez haute opinion de votre intelligence pour croire que, si vous vouliez écouter, vous comprendriez que je suis au cœur même de la question. (Oui! oui! — Parlez! parlez! à droite.)

J'en suis fâché, messieurs, mais quand les grandes questions sont posées, on ne peut pas les résoudre d'une manière mécanique, sur un ordre donné par un meneur de parti. (Très-bien! très-bien! à droite.) Soyez donc convaincus qu'il y a des hommes de conscience et de travail qui tiennent à remplir leur devoir en venant ici débattre les questions les plus graves de notre pays. (Parlez!)

Je reprends donc.

Notre état de choses actuel est résulté de ce fait : que notre système d'instruction moderne a été basé sur ces idées césariennes, en dehors de toute espèce de sanction religieuse. Le ver rongeur de l'université... (Oh! oh! à gauche.)

M. Testelin. Vous parlez comme Mgr Gaume!

M. Jean Brunet. . c'est qu'elle a été condamnée à se tenir en dehors de toutes ces idées spiritualistes, de toutes ces croyances qui sont la seule source de force, de grandeur et de fécondité, et alors l'université a été trop souvent stérile ou délétère. De son vice organique, en effet, est résulté que le champ de l'instruction publique s'est trouvé libre pour toutes les vagues aspirations, pour tous les essais, pour toutes les vanités et pour toutes les théories; les gouvernements comme les populations se sont habitués à laisser de côté les rigueurs spiritualistes pour se donner aux spéculations dites positives. Aussi, qu'en est le lien gouvernemental a été relâché, il est arrêté, comme nous l'avons vu en 1848 et comme nous le voyons de nos jours, que les défauts et les vices de notre instruction supérieure ont éclaté de tous côtés en se heurtant au chaos des conceptions et des prétentions les plus stupides et les plus dangereuses ; notre système d'instruction supérieure s'est trouvé abandonné. Ces conséquences désordonnées de l'instruction, privée de sanction religieuse, étant bien établies, il faut reconnaître que notre état actuel se résume ainsi :

Vous avez, en premier lieu, une partie de votre instruction supérieure qui obéit à ce principe des croyances religieuses ; mais, dirigée par le clergé, elle est abandonnée, on peut même dire généralement paralysée par l'État, et cependant c'est encore le système supérieur.

En second lieu, vous avez le principe du scepticisme, qui appartient essentiellement à nos classes gouvernantes et à notre université. C'est ce qui nous donne l'instruction énervée dont on se plaint.

En troisième lieu, enfin, vous avez le système de la liberté à outrance, qui vous mène, par une pente fatale, au matérialisme le plus outré, source de dangers et de menaces continuels. (Interruption à gauche.)

Voilà donc les trois positions en face desquelles vous vous trouvez. L'une élève l'instruction en partant de la volonté divine, pour descendre par la synthèse jusqu'aux infiniment petits ; l'autre veut partir de l'analyse des infiniment petits pour diviniser la matière, et la dernière, plaçant l'instruction entre les deux premiers systèmes, ne recherche que le juste-milieu de ce qu'elle appelle les faits positifs.

Eh bien, que doit faire l'État dans une situation pareille? Doit-il continuer à se tenir en dehors? Doit-il établir légalement le principe du scepticisme, comme le prétendent les classes dirigeantes depuis longtemps? Oh! ce serait là une désolante erreur qui perdrait de plus en plus la puissance de l'instruction supérieure. Des principes négatifs ou toujours flottants, n'en avez-vous pas assez?

Croyez-vous qu'en mettant l'État à la remorque de l'affreux, du mortel scepticisme, vous relèverez et agrandirez votre nation? Non, mille fois non. Parlons nettement et fermement : un Etat qui a le sentiment de sa dignité a des devoirs rigoureux à remplir envers les individus comme envers les familles, au point de vue de l'instruction générale. Il faut qu'il leur offre des garanties, qu'il pose devant eux les principes spiritualistes qui empêcheront les âmes et les intelligences de s'énerver et de se dégrader ; et non-seulement il faut que l'Etat proclame les principes spiritualistes, mais encore il faut qu'il les impose à ses professeurs comme à ses élèves, dans tous les cours publics.

Messieurs... (Aux voix ! aux voix ! — Parlez ! parlez !), quand on veut appliquer des règles conformément à des principes, il faut tenir compte des dispositions de la nature humaine qui portent les individus comme les sociétés à s'affranchir des applications de la règle et à éviter toute discipline sévère ; à cet effet, l'Etat a le devoir d'employer tous les moyens d'inculquer ces principes dans tous les établissements d'instruction publique.

Or, remarquez-le, messieurs, dans toutes les écoles des cultes reconnus, vous voyez écrits, mentionnés, de manière à frapper constamment les yeux des professeurs et des élèves, les préceptes principaux qui doivent servir de guides pour leur esprit.

C'est pourquoi, dans mon amendement, je vous demande, non pas seulement de reconnaître qu'il faut à notre instruction générale la sanction supérieure de la croyance en Dieu, mais aussi et surtout qu'il faut habituer directeurs, professeurs et élèves à avoir toujours sous les yeux le texte du principe primordial et essentiel, régénérateur et conservateur.

Depuis longtemps, l'Etat, dans son scepticisme, a perdu de vue cette condition capitale, mais, messieurs, les différents cultes ne l'ont pas négligé ainsi. Cet affichage des maximes principales n'existe-t-il pas dans toutes les écoles des catholiques, des protestants, des juifs, des musulmans, etc. ? C'est que, depuis des siècles, toutes ces écoles en ont senti la nécessité ; eh bien, s'il en est ainsi, vous, Etat, ne pourrez-vous pas tenir encore plus à ce qu'aucune école qui dispensera l'instruction publique n'abandonne pas ce principe ?

Oui, messieurs, il faut que l'Etat se pénètre bien de cette nécessité. De même que vous pratiquez la police au point de vue matériel dans l'intérieur des villes et des régions territoriales, vous devez, dans l'intérieur des établissements où vous dispensez l'instruction publique, vous devez veiller à ce que le principe, vivifiant et élevé vers Dieu, de toute votre instruction, soit constamment imposé, grâce au contact continuel des professeurs avec les jeunes intelligences ; que ces principes là soient proclamés et observés, et vous verrez grandir énormément le niveau de votre instruction générale.

A gauche. Aux voix ! aux voix !

Quelques membres. Non ! non ! continuez, mais résumez !

M. Jean Brunet. Messieurs, je ne demande pas mieux que de continuer ; cependant il y a des conditions qui rendent véritablement impossible la parole à un orateur, c'est quand on crie : « Parlez ! » mais, que de tout un côté, il se fait un bruit tel, qu'il faut s'épuiser pour parvenir à faire entendre sa

voix et ses raisons. Je suis donc obligé, de temps en temps, d'attendre que les bruits plus ou moins systématiques s'apaisent et me permettent de continuer.

Je reprends. Voici une autre considération... (Bruit à gauche. — Continuez.)

En vérité, messieurs, je ne comprends pas que vous me demandiez de continuer, si immédiatement vous travaillez à étouffer ma voix. (Bruit.)

M. le président. Veuillez garder le silence messieurs ! Laissez parler l'orateur.

M. Jean Brunet. Une autre considération qui mérite d'appeler votre attention, c'est celle-ci : par votre système d'instruction supérieure vous créez en droit, en science, en médecine, des docteurs et à ces docteurs vous donnez le monopole des fonctions les plus importantes qui touchent à tous les intérêts les plus sérieux des populations.

Sans doute, vous demandez à ces docteurs des garanties de sciences techniques ; mais croyez-vous que cela suffise ? Croyez-vous que les populations soient complètement rassurées et satisfaites lorsque, pour exercer un de ces droits les plus précieux à leur existence, elles en sont réduites à s'adresser à des hommes qui, au point de vue spiritualiste et au point de vue religieux, ne leur offrent aucune garantie ?

Il y a là, messieurs, à réfléchir profondément. Ainsi, pour ne citer qu'un cas particulier, voyez ce qui peut se passer lorsqu'un mourant, qui a la foi en Dieu, est obligé d'appeler à son chevet un médecin athée.

Ce médecin, quelque savant qu'il soit dans la partie pratique de son art, est convaincu que la croyance en l'existence de Dieu, sur laquelle reposent en principe toutes nos facultés, n'est qu'une erreur, une duperie, un abus dangereux même pour la santé de son malade. Pour lui, nos aspirations ne sont que des sécrétions d'organes matériels, et notre âme elle-même n'est autre chose que le résumé de ces sécrétions ! Que voulez-vous que l'homme qui sent sa fin venir et qui serait réconforté par la foi qu'il existe au-dessus de lui un être supérieur devant lequel il va comparaître, que voulez-vous que devienne ce moribond, si non-seulement le médecin ne relève pas sa pauvre âme, mais croit l'assister à son dernier moment en le palpant pour lui dire : Soyez un homme sérieux, ne fatiguez pas votre esprit par ces billevesées dangereuses, acceptez stoïquement la fin de votre vie, elle approche, car tel organe va sécréter plus, telle sécrétion, dans un moment, va cesser, et alors vous ne serez plus qu'une masse inerte tombant en pourriture et dont il ne restera plus rien !

M. Bamberger. Les médecins ne disent pas cela à leurs malades.

M. Jean Brunet. Je l'espère bien ; mais cela ne résultera-t-il pas de la force même des choses avec des docteurs athées ?

Eh bien, messieurs, croyez-vous qu'un Etat, un Gouvernement qui dispense les grades de docteur sans prendre aucune garantie au point de vue de ce spiritualisme nécessaire dans ces hautes fonctions, croyez-vous que ce Gouvernement, qu'il s'appelle Assemblée ou pouvoir exécutif, aura rempli ses devoirs envers les populations, envers l'humanité, envers l'Âme humaine? Non, mille fois non.

Il faut donc exiger cette sanction que je vous demande.

Messieurs, pensez-y, prenez garde que la France baisse en force spiritualiste et matérielle, baisse à tous les points de vue. (Allons donc! — Bruit.)

Croyez-moi, messieurs, il y a un vice général et venant de haut dans l'état de la France.

Les Gouvernements abdiquent trop le côté spiritualiste. Les institutions ne s'occupent que des intérêts matériels et économiques. Eh bien, même sous ce rapport, nous sommes loin d'être en progrès. Nos populations ne s'accroissent ni en nombre ni en vigueur, et même, sous ce rapport, nous sommes en retard sur la moyenne de l'Europe. Quant à l'état moral du pays, ah! messieurs, écoutez ce qui se dit en France et ce qui se dit au dehors; et vous verrez qu'à aucune époque on n'a tenu un langage pareil à celui qu'on tient aujourd'hui. On dit que nous sommes une nation sur la pente du déclin. Et pourquoi cela? C'est parce que la sanction religieuse et morale a manqué à notre système d'instruction, c'est parce que l'Etat a trop abdiqué: de telle sorte que notre élévation morale est négligée depuis trop longtemps. (Aux voix! aux voix! à gauche.)

Ainsi, messieurs, pour remplir notre devoir envers la jeunesse actuelle, comme envers les générations futures, l'Etat, représenté aujourd'hui par vous, doit comprendre la nécessité d'établir comme principe régénérateur de l'instruction générale la ferme croyance en Dieu, le créateur et le maître de l'intelligence humaine; et non-seulement l'Etat doit établir ce principe comme une formule, mais il doit l'imposer comme une résistance aux vagues doctrines du rationalisme et aux dangers du matérialisme, comme le principe fonctionnant dans toutes les parties de votre instruction supérieure. Si vous ne faites pas cette réforme d'imposer un principe élevé de la religion, soyez sûrs que la nation aura à s'en repentir et à vous demander compte de cette négligence.

Si, au contraire, vous imposez avec fermeté et avec suite cette croyance à nos institutions enseignantes, si vous dirigez tous les esprits et tous les cœurs de la France dans cette voie de la croyance en Dieu, sachez-le bien, vous resouderez le faisceau national qui se relâche de plus en plus, vous relèverez les esprits et les caractères qui tombent; et alors, messieurs, vous aurez fait plus pour la France qu'avec toutes les lois que vous avez votées jusqu'à présent; car, ne vous y trompez pas, un entassement de mesures sans principe général, élevé et ferme, finit par fatiguer, énerver, épuiser les nations. Relevez les esprits par une instruction fermement spiritualiste; par là vous relèverez de tous côtés les cœurs, et alors vous aurez mis notre chère et malheureuse patrie dans la voie de Dieu, qui est la seule et véritable voie du salut. (Très-bien! très-bien! à droite.)

A gauche. Aux voix! aux voix!

M. le président Je mets aux voix l'amendement de M. Jean Brunet.

(L'amendement, mis aux voix, n'est pas adopté.)

M. le président. Je lis l'article 1er du projet:

« Art. 1er. — L'enseignement supérieur est libre. »

La parole est à M. Lortal.

A gauche. Ah! ah! — Aux voix! aux voix!

M. Lortal. Messieurs, je ne demande que quelques minutes de votre bienveillante attention.

A droite. Parlez! parlez!

M. Lortal. Messieurs, le débat solennel sur la liberté de l'enseignement supérieur a mis en lumière deux systèmes bien étranges et de tendances opposées. Certains de nos honorables collègues, de ceux qui se disent les défenseurs des libertés publiques, ont méconnu leur principe politique dans le but de frapper au cœur la foi de nos pères qu'ils traitent en ennemie.

Ils ont soutenu, avec le talent qui les distingue, que cette liberté jetterait le trouble dans les esprits et dans les consciences, et qu'elle serait, pour notre société, une source permanente de divisions.

D'un autre côté, quelques membres éminents de cette Assemblée, voulant lever toutes les barrières, demandent au contraire que la liberté de l'enseignement supérieur soit concédée sans garanties et sans limites, que chacun puisse, à son gré, enseigner et propager en tous lieux ses doctrines scientifiques, morales et politiques, ce qui mettrait l'éducation à la merci d'une foule d'aventuriers empiriques dont les écarts multiples et insaisissables resteraient à l'abri de la répression des lois.

Ces deux systèmes étonnent, l'un par son injustice, l'autre par ses tristes conséquences.

Quant à moi, messieurs, j'aime la liberté que le premier repousse, et je hais la licence, cortège inséparable du second.

Nous devons respect et protection aux libertés vraies, aux libertés nécessaires, et je viens ici défendre une de ces libertés, menacée d'oppression.

J'estime que la liberté de l'enseignement supérieur, dans de justes limites, est une nécessité sociale, et qu'elle doit concourir à la régénération morale de la France, en prêtant son appui au glorieux drapeau de la foi chrétienne qui a conquis, par le sang des martyrs, son droit à la liberté que l'on s'efforce de rendre illusoire, et dont je vais essayer de démontrer et la justice et la nécessité.

Permettez-moi, messieurs, de développer brièvement ma pensée et de me servir, comme introduction, d'une citation historique.

Philippe, roi de Macédoine... (Exclamations ironiques sur quelques bancs à gauche), écrivait autrefois à Aristote : « Il m'est né un fils, et je remercie les dieux, non pas tant de me l'avoir donné que de l'avoir fait naître du temps d'Aristote. »

Ces paroles, adressées à l'un des sages de la Grèce, attestent l'importance que l'antiquité attachait à l'éducation de la jeunesse et au choix de ceux qu'il convient de charger du soin de la diriger.

Le monarque macédonien pensait, avec raison, qu'une société, pour vivre et prospérer, devait reposer sur des principes moraux, de nature à mettre un frein aux passions et aux convoitises humaines. Il voulait que l'éducation de son fils servît surtout à affermir dans ses États le principe conservateur de l'ordre social, c'est-à-dire celui de l'existence d'un Dieu et d'une vie future pour la récompense des bons et le châtiment des pervers, croyance que symbolisaient alors l'Olympe et le Tartare, et il s'empressait de donner, en vue d'une éducation future, un témoignage de haute confiance à l'un des sages les plus éminents de son siècle.

Nous possédons des principes supérieurs à ceux du paganisme, et nos institutions doivent en porter le caractère; s'il en était autrement, ce serait l'oubli du plus saint des devoirs et une triste déchéance. (Bruit.)

Vous avez, en ce moment, messieurs, à vous prononcer sur un des points les plus essentiels de l'enseignement, et je suis convaincu que, malgré de nombreuses difficultés, la loi que vous édicterez portera l'empreinte de votre haute sagesse et de votre ardent patriotisme; et puisque vous le permettez, je vais exposer brièvement quelques aperçus sur cette matière en butte à tant de controverses.

L'œuvre de la formation de l'esprit et du cœur de l'homme est l'œuvre par excellence; elle a pour mission de tracer les voies de la vie future et de fonder en même temps la grandeur des nations par des lois, expression de la volonté du créateur; et ces lois, messieurs, promulguées d'abord sur le Sinaï et puis sur le Calvaire, firent, pendant plus de dix siècles, une nation forte et puissante de la France, qui, par la fidélité de sa foi, mérita le titre d'honneur de fille aînée de l'Église, et de marcher, durant cette longue période, à la tête de la civilisation.

Cette situation glorieuse était le fruit de la saine doctrine; mais les temps sont changés; les systèmes succédant aux systèmes ont obscurci les intelligences, ébranlé les notions du vrai, et les principes conservateurs sont devenus l'objet des plus violentes attaques.

Permettrons-nous que des téories étranges, subversives de tout ordre social, viennent envahir nos jeunes générations et les générations futures?

C'est à nous de les défendre, et c'est par l'adoption du principe de liberté formant l'article 1er du projet de loi qui nous est soumis, que nous pourrons opposer une barrière aux aberrations de la raison humaine en révolte contre son auteur.

Le rationalisme qui a enfanté les nombreux systèmes, causes de tant de ruines, fier des conquêtes modernes de l'esprit humain et méconnaissant surtout, au point de vue moral, les bienfaits de l'éducation que recevaient nos pères, proclame aujourd'hui, à la faveur du monopole, des doctrines qui constituent un danger social imminent dont nous devons arrêter la marche progressive.

M. Henri Wallon, *ministre de l'instruction publique, des cultes et des beaux-arts.* Je proteste absolument!

M. Lortal. Il ne veut laisser pénétrer dans l'enseignement d'autre lumière que celle de l'intelligence; il repousse tout enseignement divin et pose la sienne, purement humaine, comme fondement de l'éducation de la jeunesse.

A Dieu ne plaise, messieurs, que nous restions plus longtemps dans une telle voie!

Depuis que ces funestes doctrines ont fait invasion parmi nous, la vérité se voile, l'erreur se propage, et la notion de Dieu, principe de tous les devoirs et protectrice de tous les droits, va bientôt cesser de diriger le monde moral.

Le trouble et la confusion règnent dans les esprits; les mœurs publiques, privées d'appui, subissent de graves atteintes, la propriété est menacée, la famille perd son prestige, et la société désunie, dévoyée et ébranlée jusque dans ses fondements, menace de tomber en dissolution; et un jour — pensée douloureuse! — si l'on n'y porte remède, l'on pourra dire d'elle ce qui fut dit autrefois d'une nation antique :

Comment en un plomb vil l'or pur s'est-il changé ?

Un membre. Ce n'est pas d'une nation que cela a été dit, mais d'un roi!

M. Lortal. Les novateurs ont pour but de bannir l'enseignement chrétien de l'éducation de la jeunesse et de tarir ainsi la source du principe religieux éminemment protecteur de l'ordre social; et il importe, messieurs, de sauvegarder ce principe moralisateur par la liberté de l'enseignement, qui ne saurait être déniée sans blesser profondément les droits de la justice et de la conscience; et c'est cette liberté que sollicite, en ce moment, la conscience catholique; elle demande à être affranchie du monopole qui compromet sa foi religieuse, et elle réclame, comme antidote, le droit de fonder des écoles libres d'enseignement supérieur où le père de famille puisse trouver, pour des enfants dont il a responsabilité devant Dieu et devant les hommes, des doctrines conformes à ses croyances.

L'enseignement supérieur, dont la direction est d'une si haute importance pour l'avenir intellectuel et moral de la jeunesse, ne saurait rester plus longtemps exposé sans défense au caprice des systèmes et de l'arbitraire.

L'État, messieurs, placé par nos lois en dehors de tout principe religieux, est impuissant à préserver la jeunesse catholique du flot croissant de l'incrédulité, dont une des sources est alimentée par cet enseignement.

Le monopole laisse envahir l'éducation par des doctrines que repousse la conscience catholique, et la liberté seule peut la faire jouir d'un droit efficace de légitime défense. (Bruit.)

Tel est, messieurs, le principe d'équité, et je puis dire de justice nécessaire qui domine cette importante question. Et, d'ailleurs, la liberté de l'enseignement ne doit-elle pas produire, entre les diverses écoles enseignantes, l'émulation si favorable au succès des études? N'est-ce pas elle aussi qui peut assurer à la vérité et à toute pensée en harmonie avec l'ordre social le droit imprescriptible de se produire au grand jour? N'est-ce pas encore par elle que les doctrines fécondes qui firent si longtemps la gloire de la France pourront être garanties de l'oppression que médite la philosophie moderne pour les réduire au silence?

C'est de la lutte, messieurs, que jaillit la lumière dont l'éclat dissipe les ténèbres et ramène le calme dans les esprits et dans les consciences, et il est temps que la société puisse apprécier quelles sont les doctrines qui contiennent le véritable savoir et qui forment les hommes honnêtes et les bons citoyens.

Arrière donc toute injuste domination! et je ne puis que féliciter les honorables membres de la commission de consacrer, pour l'enseignement supérieur, le principe de liberté, mais d'une liberté à l'abri de la licence, qui ose porter une main sacrilége sur la morale publique et la mettre en péril, véritable crime de lèse-nation.

En sanctionnant le principe de liberté servant de base au projet de loi qui nous occupe, vous ferez, messieurs, un acte de justice, et vous favoriserez en même temps une régénération intellectuelle et morale dont l'heureuse influence contribuera à rendre à notre malheureuse patrie la prospérité, la puissance et la gloire qui l'avaient portée si haut dans l'estime des nations.

Mais pour atteindre ce but patriotique, il faut l'influence de la pensée salutaire que tout, ici-bas, relève de la puissance divine; que Dieu tient en mains les destinées des nations, qu'il frappe les peuples rebelles à la sainteté de ses lois; et ici, messieurs, si je recherche la cause première des infortunes et des profondes douleurs de la patrie, je la trouve dans un funeste ébranlement de tous les principes conservateurs de la morale publique et de l'ordre social, situation périlleuse qui amène les décadences et conduit à la ruine.

Laisserons-nous périr cette illustre et chère patrie? Ah! plutôt, messieurs, profitons des leçons du malheur pour arrêter le cours de nos tristes divisions; faisons un retour vers les grandes vérités protectrices des nations; remettons en honneur le respect dû aux lois divines et humaines, la France, palpitante sous de cruelles étreintes, sera délivrée et ne périra pas!

Messieurs, si je suis venu à cette tribune prendre part au grand débat sur la liberté de l'enseignement supérieur, c'est pour rendre hommage à la foi chrétienne qui dota la France de sa belle civilisation, et pour vous adjurer de l'affranchir sans ambages d'un monopole délétère, prélude d'une décadence morale qui menace l'avenir de notre malheureuse patrie, et que notre qualité de mandataire de la nation nous impose le devoir de conjurer.

Je voterai pour le projet de loi sous la réserve de mon libre arbitre sur les amendements qui pourraient encore être proposés. (Très bien! très bien! à droite.)

M. le président. Je donne maintenant la parole à **M. le ministre** de l'agriculture et du commerce pour un dépôt de projets de lois.

M. le vicomte de Meaux, *ministre de l'agriculture et du commerce.* J'ai l'honneur de déposer sur le bureau de l'Assemblée deux projets de lois :

Le 1er, ayant pour objet d'ouvrir au ministre de l'agriculture et du commerce, sur l'exercice 1875, un crédit extraordinaire de 30,000 fr. pour l'exposition universelle de Philadelphie ;

Le 2e, ayant pour objet d'ouvrir au ministre

de l'agriculture et du commerce, sur le chapitre 12 du budget de l'exercice 1875, un crédit supplémentaire de 50,000 francs pour le lazaret de Trompeloup (Gironde).

Je demande le renvoi de ces deux projets à la commission du budget.

M. le président. Il n'y a pas d'opposition?...

Le renvoi est prononcé.

Nous revenons à la loi sur l'enseignement supérieur et sur l'article 1er.

M. de Rambures a la parole. (Exclamations.)

A gauche. La clôture! la clôture!

A droite. Parlez! parlez!

M. le président. J'ai entendu que l'on demandait la clôture... (Oui! oui! à gauche. — Non! non! à droite.)

J'ai bien entendu aussi qu'on protestait contre la clôture. Le moyen de vider le débat, c'est de voter.

M. de Rambures. Je demande la parole contre la clôture.

M. le président. Vous avez la parole.

M. de Rambures. Si c'est, messieurs, à cause de l'heure avancée que vous demandez la clôture, je ne demande pas mieux que la discussion soit close, et je m'incline... (Rumeurs à gauche.) Si c'est, au contraire, la discussion de l'article 1er que vous voulez clore, je vous déclare que je ne rattraperai sur l'article 2... (Ah! ah! — Rires et bruit.)

Voix au fond de la salle. On n'a pas entendu!

M. le président. On se plaint de ne pas entendre l'orateur. Il est impossible que sa parole puisse dominer le bruit des conversations. Qu'on fasse silence et on pourra entendre ses observations. (Le silence se rétablit.)

M. de Rambures. Je disais à l'Assemblée que si c'est à cause de l'heure avancée qu'on demande la clôture... (Non! non! à gauche), je m'inclinerai devant sa décision. Si c'est au contraire la discussion de l'article 1er qu'on veut empêcher, je vous dirai, messieurs, que vous avez parfaitement le droit de prononcer la clôture; mais ce ne sera pas une raison pour moi de ne pas prendre la parole sur les autres articles et j'userai de mon droit. (La clôture! la clôture! à gauche. — Parlez! parlez! à droite.)

Je suis bien étonné des clameurs qui s'élèvent en ce moment-ci contre moi; car vous pouvez me rendre cette justice que je n'ai jamais abusé de la tribune et, par conséquent, de la bienveillance et de l'attention de l'Assemblée.

M. le président. Messieurs, l'orateur réclame un droit que personne ne prétend lui contester. Il vous a dit que si la clôture était une question d'opportunité, il s'inclinait; mais si c'est une contestation sur son droit, il ne peut que le maintenir. (Bruit)

J'ajoute que, quant au président, son devoir est de protéger ce droit et par conséquent de maintenir l'orateur la parole.

Voix à gauche. Contre la clôture!

M. le président. Monsieur de Rambures, est-ce tout ce que vous avez à dire contre la clôture?

M. de Rambures. Oui monsieur le président.

M. le président. Je mets la clôture aux voix.

(La clôture est mise aux voix et prononcée.)

M. le président. Je vais mettre aux voix l'article 1er...

M. Luro Mais il n'y a pas d'amendement sur l'article 1er ! Il n'est pas besoin de le mettre aux voix.

M. le président. Qu'il y ait ou qu'il n'y ait pas d'amendement, du moment où un article a été contesté, il doit être mis aux voix.

Je dis plus : c'est par une sorte de tolérance qu'on a introdu. la coutume de ne pas voter sur les articles en troisième lecture. Régulièrement, aux termes de votre règlement, vous devez voter sur tous les articles ; et lorsque, comme ici, un article a été contesté, lorsque plusieurs orateurs sont venus le combattre à la tribune, il n'est pas possible de ne pas voter sur cet article. (Très-bien ! très-bien !)

Il y a une demande de scrutin.

Cette demande est signée par MM. de Rességuier, Vidal, H. de Saisy, Benoist d'Azy, Lestourgie, Méplain, marquis de Valfons, de Montlaur, de Tarteron, comte de Kergariou, Baragnon, Félix Dupin, Bernard-Dutreil, Boullier de Branche, Calemard de La Fayette, Le Lasseux, Lespinasse, marquis de La Roche-Aymon, Lucien Brun.

(Le scrutin est ouvert et les votes sont recueillis.)

M. Bathie. Je demande, pendant l'opération même du scrutin et du dépouillement, à déposer sur le bureau de l'Assemblée, au nom de la commission du budget, le rapport sur le budget du ministère de la justice.

M. le président. Le rapport sera imprimé et distribué.

(Le scrutin sur l'article 1er du projet de loi de l'enseignement supérieur se poursuit et s'achève.)

MM. les secrétaires en font le dépouillement, et en remettent le résultat à M. le président.

M. le président. Voici le résultat du dépouillement du scrutin sur l'article 1er :

Nombre des votants 606
Majorité absolue 304
Pour l'adoption 494
Contre 112

L'Assemblée nationale a adopté.

Nous passons à l'article 2.

M. le rapporteur a expliqué, à la tribune, les motifs qui ont déterminé la commission à modifier la rédaction de cet article. Cette modification ne porte que sur le premier paragraphe. Les trois autres sont maintenus dans les termes où ils ont été votés en seconde lecture.

Je lis le paragraphe 1er de la nouvelle rédaction proposée par la commission :

« Tout Français âgé de vingt-cinq ans, n'ayant encouru aucune des incapacités prévues par l'article 8 de la présente loi ; les associations formées légalement dans un dessein d'enseignement supérieur, pourront ouvrir librement des cours et des établissements d'enseignement supérieur aux seules conditions prescrites par les articles suivants. »

M. Chesnelong. Je demande la parole.

M. le président. Vous avez la parole.

M. Chesnelong. La rédaction de l'article 2, primitivement soumise aux délibérations de l'Assemblée, mentionnait les départements et les communes et passait sous silence la personnalité civile que la loi désigne tantôt sous le nom de diocèse et tantôt sous le nom d'évêché, en attachant aux deux mots la même signification.

Il nous parut que cette prétérition, non pas peut-être dans l'intention de la commission, mais par suite de l'interprétation que la loi aurait pu recevoir ultérieurement, menaçait le droit qui, à mon sens, appartient incontestablement aux évêques, en tant qu'évêques, d'après la législation actuelle, de faire, sous l'autorisation de l'Etat, des acquisitions, soit à titre onéreux, soit à titre gratuit, pour doter leurs diocèses d'établissements d'instruction supérieure.

Nous voulûmes couvrir ce droit, qui nous semblait menacé, et c'est pour cela que nous présentâmes, mes amis et moi, notre amendement sur les diocèses. Vous voulûtes bien, en l'adoptant, vous associer à nos préoccupations, et en cela, permettez-moi de le dire, quoi qu'on ait pu prétendre, l'Assemblée ne créa pas une personnalité civile nouvelle, elle ne donna pas davantage un droit nouveau à une personnalité préexistante ; elle se borna à maintenir le droit acquis d'une personnalité qui était déjà légalement reconnue. (Réclamations à gauche.)

M. Pascal Duprat. C'est une erreur !

M. Chesnelong. La rédaction nouvelle supprime les départements et les communes. Il me paraît complètement superflu, après cela, de demander la mention des diocèses. (Assentiment sur plusieurs bancs.)

La personnalité civile des diocèses existe. (Dénégations à gauche.)

M. le général Robert. Dans tous les cas, elle est ce qu'elle est.

M. Scheurer-Kestner. Elle n'existe pas légalement !

M. Chesnelong. Je sais, messieurs, que vous n'êtes pas de mon avis ; mais je ne suis pas monté à cette tribune pour exprimer votre avis, j'y suis pour exprimer le mien. (Mouvements en sens divers.)

La personnalité civile des diocèses existe ; elle a été créée par la loi de germinal an X...

A gauche. C'est une erreur !

M. Chesnelong. ... Elle a été confirmée par un décret de thermidor an XIII.

Quelques membres à gauche. Lisez le texte !

M. Chesnelong. Elle a été pourvue de la capacité d'acquérir à titre gratuit et à titre onéreux, sous l'autorisation de l'Etat, par la loi de 1817. Elle a été sanctionnée par la pratique constante du conseil d'Etat... (Dénégations à gauche) malgré des déviations théoriques de jurisprudence. Elle a été solennellement reconnue par un avis-principe en date de 1874 rendu sur le rapport de M. Jules Simon, ministre des cultes... (Ah! ah! à droite), et qui est, sur la matière, un traité aussi complet que décisif. (Applaudissements ironiques à droite.) Elle a été moralement confirmée par le vote de l'Assemblée dans la 2e délibération.

Eh bien, messieurs, la rédaction nouvelle de l'article 2 laisse les choses dans l'état, nous restons dans la législation actuelle. (C'est cela ! c'est cela !)

Elle nous suffit.

Quelques membres. Eh bien, alors ?

M. Chesnelong. Et nous n'avons jamais rien voulu que ce qu'elle nous donne.

C'est sous le bénéfice de ces explications que nous acceptons la rédaction actuelle de l'article 2. (Très-bien ! à droite. — Aux voix !)

Maintenant, messieurs, et puisque je suis à la tribune, je vous demande la permission d'adresser, soit à M. le rapporteur de la commission, soit à M. le ministre, deux questions sur deux points qu'il me parait convenable d'éclaircir.

La commission parle, dans la nouvelle rédaction, d'associations formées légalement dans un dessein d'enseignement supérieur. Je crois que son intention a été d'exprimer cette pensée : que les associations qui se formeraient dans un but d'enseignement supérieur pourraient se constituer suivant toutes les formes de sociétés admises par la loi, sociétés civiles, commerciales ou anonymes, absolument comme si elles avaient le gain en vue. (C'est cela !)

Je demande à M. le rapporteur de la commission de vouloir bien me répondre sur ce point, afin que l'existence légale de ces associations soit bien précisée et nettement définie.

Voici maintenant la seconde question. Quand l'article 2 confère le droit de créer librement des établissements d'enseignement supérieur, je suis bien convaincu que, dans la pensée de la commission et de M. le ministre, ces établissements peuvent être aussi bien des écoles analogues à l'école centrale, destinées à préparer des ingénieurs, que des écoles de droit et de médecine, destinées à préparer des avocats et des médecins. (Réclamations sur quelques bancs à gauche.)

Permettez, messieurs ; puisque des réclamations s'élèvent, il importe que le point soit éclairci. J'ai dit, et cela me parait évident, que mon interprétation était conforme à la pensée de la commission et du Gouvernement ; j'ajoute maintenant qu'il est essentiel que telle soit réellement la portée de la loi ; car sous ce rapport nous sommes singulièrement en arrière. Savez-vous combien il y a d'instituts polytechniques en Allemagne ? Il y en a douze. Savez-vous combien nous en avons en France ? Nous en avons deux : l'école polytechnique et l'école centrale.

Par conséquent, n'ayez pas peur, même au point de vue de cet enseignement professionnel supérieur, de vous adresser aux ressources que peut vous donner la liberté. (Mouvements divers.)

En tous cas, voilà le second point sur lequel je prie M. le rapporteur de la commission et M. le ministre de vouloir bien nous donner des explications, afin qu'il n'y ait pas de doute sur le sens vrai et précis de la loi.

M. le rapporteur. Messieurs, l'honorable M. Chesnelong a touché trois points auxquels je répondrai successivement.

D'abord la question des diocèses.

Je ne viens pas apporter ici une interprétation nouvelle, personnelle ; ce que je tiens à dire, c'est qu'en repoussant le mot « diocèse », la commission n'a pas dû tout entendu juger la question de la personnalité civile. (Très-bien !)

C'est à la jurisprudence à interpréter la loi. Les choses restent parfaitement en état. L'opinion de M. Chesnelong est une opinion personnelle ; l'opinion de la commission est qu'elle n'en a pas.

Une voix. Ah !

M. le rapporteur. Non ! La commission n'entend pas qu'on s'appuie de son opinion dans un sens ou dans un autre. (Marques d'assentiment.) Elle n'a pas d'opinion sur la question des diocèses. La question reste ce qu'elle était avant que nous ne nous en fussions occupés.

Sur la seconde question, je puis donner entière satisfaction à l'honorable M. Chesnelong.

Oui, nous avons entendu que toute forme de société sera applicable aux établissements d'instruction supérieure.

Il y a dans la jurisprudence certaines difficultés pour savoir si une société peut se former sans condition de gain ; nous avons entendu trancher la question, et nous demandons que toute forme de société puisse être employée pour constituer des établissements d'enseignement supérieur.

Quant à la troisième question, elle est résolue dans le sens que désire M. Chesnelong. Tout ce qui n'est pas de l'enseignement primaire ou de l'enseignement secondaire est de l'enseignement supérieur. Je vous l'ai expliqué, messieurs, à une précédente réunion, et c'est même une raison qui nous a fait demander la liberté de l'enseignement supérieur. L'université se trouve avoir en mains une foule d'établissements qui n'ont aucune importance sociale, comme les écoles d'arts et métiers, et, à notre avis, il n'y a aucune raison pour empêcher de faire des écoles d'architecture, des écoles d'arts et métiers tant qu'on en voudra.

Je répète que tout ce qui n'est pas enseignement primaire ou enseignement secondaire, est enseignement supérieur. C'est une définition qui peut paraître étrange ; mais c'est la véritable définition que la loi donne de l'enseignement supérieur.

Il en résulte que l'enseignement supérieur comprend les écoles d'architecture, de beaux-arts, d'arts et métiers...

Plusieurs membres. Et d'agriculture ! (Oui !)

M. le rapporteur. C'est ainsi que nous l'entendons. (Très-bien ! très-bien !)

M. le président. Je consulte l'Assemblée sur le premier paragraphe.

(Le premier paragraphe, mis aux voix, est adopté.)

M. le président. Voici le deuxième paragraphe :

« Toutefois, pour l'enseignement de la médecine et de la pharmacie, il faudra justifier en outre des conditions requises pour l'exercice des professions de médecin et de pharmacien. »

(Le paragraphe est mis aux voix et adopté.)

M. le président. Le troisième paragraphe est ainsi conçu :

« Les cours isolés dont la publicité ne sera

pas restreinte aux auditeurs régulièrement inscrits, resteront soumis aux prescriptions des
lois sur les réunions publiques. »

Ce paragraphe, M. Tolain en demande la
suppression.

Comme on ne met pas aux voix une suppression, ceux qui seront d'avis de la suppression voteront contre le paragraphe.

La parole est à M. Tolain.

M. Tolain. Messieurs, je demande la suppression du troisième paragraphe de l'article 2. Voici pourquoi :

Première raison ! C'est que les cours isolés,
dont les auditeurs ne sont pas régulièrement
inscrits, tombent sous le coup de la loi sur les
réunions publiques. Or il n'y a pas, à mon avis,
de comparaison à établir entre les réunions publiques où tout le monde peut entrer, demander la parole, émettre toutes les idées qui lui
passent par la tête sur un sujet quelconque, et
un cours dont le titre a été déposé, dont le
professeur est connu. Je crois qu'il n'y a
aucune analogie entre une réunion publique
et un tel cours. (Assentiment à gauche.)

Seconde raison ! C'est livrer, les uns disent
au bon vouloir, les autres disent à la bonne
volonté, moi je dis à l'arbitraire — d'un fonctionnaire de l'ordre politique, les cours qui seraient demandés dans ces conditions-là.

Il est bien évident, en effet, que la loi sur les
réunions publiques permet à l'autorité préfec-
torale de supprimer ou de retarder les cours
qui lui semblent devoir être compromettants.
Par conséquent, je dis qu'un fonctionnaire politique qui, par ce fait même, peut avoir et des
préjugés et des passions politiques, tient dans
sa main tous les cours qui seraient faits.

Or, c'est justement à l'aide de ces cours que
l'immense majorité de la nation peut recevoir
un enseignement supérieur.

L'immense majorité de la nation ne reçoit
généralement d'autre enseignement que celui
de l'école primaire. Vous savez en quoi il consiste : lire, écrire et à peine compter. Ce n'est
pas là un enseignement. C'est l'outil, le moyen
d'apprendre quelque chose. Mais, en réalité,
l'homme qui sait à peine lire, écrire et compter
ne sait rien : il est tout simplement en situation
d'apprendre quelque chose. Pour l'immense
majorité des citoyens, l'enseignement secondaire n'existe pas ; malgré tous les efforts des
grandes associations philotechniques et polytechniques, on peut dire qu'il n'y a en réalité
que des cours d'enseignement supérieur que
vous puissiez leur donner.

Je vous en parle savamment et très-sincère-
ment. Pendant dix ans de ma vie, de 1848 ou
1850 jusqu'en 1860, j'ai fait les efforts les plus
sérieux pour tâcher de suivre les cours des
associations philotechniques et polytechniques
sans pouvoir y réussir. Les nécessités du travail sont telles — surtout dans les grandes
villes où les industries tantôt se pressent dans
une activité fiévreuse, tantôt subissent des
chômages, — qu'il est matériellement impossible à un ouvrier qui veut suivre les cours des
associations philotechniques et polytechniques
de les suivre sérieusement et avec fruit.

Par conséquent, je dis que c'est dans des
cours isolés, de quelques séances seulement,
deux ou trois si c'est possible, que vous pourrez donner à l'immense majorité des travail-

ANNALES. — T. XXXIX.

leurs, — qui forment un appoint si considérable
dans le pays, — c'est dans ces cours isolés,
dis-je, que vous pouvez leur donner les moyens
et les éléments d'un enseignement supérieur.

Plus ils avancent dans la vie, quand ils
n'ont reçu qu'une instruction comme celle
dont je parlais tout à l'heure, plus ils sont exposés, à un moment donné, à n'être plus en
communication avec les découvertes qui se
font chaque jour. Ils n'en ont aucune connaissance ; ils ne savent pas de quoi il s'agit.

Je ne demande pas qu'on en fasse des savants ; je demande que par une leçon, par des
cours d'une heure, on leur donne des notions
générales, afin qu'ils aient, avec les autres
classes de la société, des points de contact et
qu'ils ne paraissent pas être des ilotes. (Très-
bien ! et applaudissements à gauche.)

Une autre considération à faire valoir, — et
c'est un point très-important sur lequel je
veux dire nettement ma pensée : — on a assez
parlé à cette tribune de l'enseignement supérieur du peuple ; on a dit : Cet enseignement supérieur, c'est l'enseignement religieux !

Vous croyez qu'il reste encore un enseignement supérieur au peuple, et que cet enseignement c'est celui de la morale religieuse ? Eh
bien, je le dis sincèrement, je ne le crois pas.

A un certain moment, il a peut-être été
possible de donner un enseignement religieux
tel qu'il se distribue dans les écoles primaires ;
on pouvait donner des notions, des maximes,
des principes à l'aide desquels il était possible
de diriger sa vie. Mais je dis que, depuis que
nous avançons, depuis vingt ans particulièrement, on ne sait plus donner aux enfants, qui
sont dans les écoles chrétiennes, des maximes
fixes, des principes à l'aide desquels ils puissent se diriger dans la vie...

Un membre à droite. Où avez-vous pris cela ?
(N'interrompez pas !)

M. Tolain. ... on tend, par une nouvelle
méthode, à substituer à ces maximes, à ces
principes qui leur permettent de juger par eux-
mêmes de leurs actions, on tend, dis-je, à
substituer un directeur ou un confesseur. (Allons donc ! à droite.)

Un membre à droite. Comment ! c'est depuis
vingt ans seulement qu'on parle de confession ?

M. de Gavardie. Est-ce que nous... (N'interrompez pas ! n'interrompez pas !)

M. Tolain. Je n'ai pas entendu l'observation de M. de Gavardie, et je n'y puis répondre.

M. le président. Je prie qu'on n'interrompe pas !

M. Tolain. Je dis que c'est là une tendance.
On conteste le fait ? Eh bien, pendant longtemps moi-même j'en ai douté ; mais en présence de nombreuses citations qui m'ont été
faites, en présence des livres ● j'ai eu sous
les yeux, j'ai été et je suis obligé de reconnaître
que, en effet, c'est là une tendance générale.

Et qu'on ne dise pas que c'est un enseignement particulier. Non : il m'est tombé dans les
mains un livre, qui est un livre de doctrine,
— on ne peut pas le nier, car il est l'œuvre
d'un vicaire général et il est approuvé par
deux évêques ! — qui est un traité de morale par
demandes et par réponses, absolument comme
un catéchisme. Il est destiné aux enfants et,
si vous le permettez, je vais vous en lire des
passages. (Oui ! oui ! — Lisez !)

65

M. Langlois. Lisez! c'est votre droit !

Un membre à droite. Quel est le titre?

M. Tolain. Oh ! je ne refuserai pas de vous le dire puisque j'ai le livre sous la main.

Le titre est : « Abrégé, en forme de catéchisme, du cours complet d'instruction chrétienne à l'usage des catéchismes et des écoles chrétiennes. »

M. le vicomte de Rodez-Bénavent. Par qui ?

M. Tolain. Par M. Marotte, vicaire général de l'évêque de Verdun.

Il y a sur une page une approbation de l'évêque de Verdun, et sur l'autre page une approbation de l'évêque de Strasbourg.

Vous ne pouvez pas nier, messieurs, que ce ne soit un cours de doctrine. Les deux approbations s'empressent de reconnaître l'utilité de ce cours, et ils disent que, grâce à ce petit livre, des germes de morale seront déposés dans l'esprit des enfants.

Je n'ai pas la prétention de vous lire tout, ce serait beaucoup trop long ; mais je vais vous lire certains passages que je vous donnerai à vérifier.

Avant de vous parler de certains points de morale particulière, et afin de justifier mon affirmation de tout à l'heure, je vous signale un passage de ce petit livre où l'on traite de la conscience.

On distingue, — et notez que cet enseignement s'applique à des enfants, que c'est entre les mains des enfants que ce livre est remis, — on commence par *définir* ce qu'est la conscience *probable*, *improbable*, *certaine*, *douteuse*, *scrupuleuse*, j'en oublie peut-être. (Rires sur divers bancs à gauche.)

Mais le point important pour ma cause, afin de démontrer, comme je le disais, quelle est en réalité l'influence des directeurs de conscience substituée à celle des principes, et des maximes, le point important c'est celui-ci...

De divers côtés. Lisez! lisez!

M. Tolain. Je lis.

« *Demande.* — Comment doivent se conduire ceux qui ont la conscience scrupuleuse ?

« *Réponse.* — Ils ne doivent point agir contre leur conscience, parce qu'il n'est jamais permis de faire ce que l'on croit être mauvais... » (Très-bien ! à droite.)

Une voix. Qu'avez-vous à reprendre à cela ?

M. Tolain. Vous allez trop vite, messieurs ! écoutez la fin !

« ... mais ils doivent, d'après l'avis d'un confesseur sage et éclairé, déposer leurs scrupules et se faire une conscience moralement certaine, que non-seulement ils ne pèchent pas en agissant d'après les ordres contre leurs vaines craintes, mais qu'ils font même des actes de vertu. » (Exclamations ironiques à droite. — Eh bien ? eh bien ?)

M. le général Robert, *à l'orateur.* Qu'est-ce qui vous choque dans ce passage ?

M. le comte de Rességuier. Nous trouvons la première citation excellente !

M. Tolain. Je vais vous en donner d'autres.

Je trouve, ainsi que je le disais tout à l'heure, qu'il n'y a plus ni règle, ni principe, ni maxime qui permette à un homme de se conduire lui-même... (Oh ! oh ! à droite.)

M. le général Robert. Passez à une autre citation ; celle-là est jugée !

M. Tolain. ... mais que c'est bien le confesseur ou le directeur de conscience qui devient le directeur moral.

Un membre. Est-ce que vous ne prenez jamais conseil de personne ?

M. Tolain. Je continue.

« *Demande.* — Est-il permis, dit-on dans un autre passage, de désirer une mauvaise action ou de s'en réjouir à cause de l'avantage qui en résulte ?

« *Réponse.* — Il n'est jamais permis de désirer une mauvaise action ni de s'en réjouir, quel que soit l'avantage qui doive en résulter. Ainsi un fils ne peut se réjouir du meurtre de son père, à cause de la riche succession qu'il en retire ; mais il est permis de se réjouir d'un avantage quoiqu'il résulte d'un mal : par exemple un fils peut recueillir avec plaisir une succession que lui procure le meurtre de son père... » (Exclamations bruyantes à gauche.)

Je ne veux pas abuser, mais en voici une autre :

« *Demande.* — Est-on toujours coupable de vol quand on prend le bien d'autrui ?

« *Réponse.* — Non ; il peut arriver que celui dont on prend le bien n'ait pas le droit de s'y opposer, ce qui a lieu, par exemple, lorsque celui qui prend le bien d'autrui est dans une nécessité extrême, et qu'il se borne à prendre ce dont il a besoin pour en sortir, ou lorsqu'il prend en secret au prochain par manière de compensation, ne pouvant le recouvrer autrement, ou que celui-ci doit à titre de justice. » (Nouvelles exclamations à gauche.)

Plusieurs membres. Continuez ! continuez !

M. Tolain. Il y a beaucoup d'autres citations que je pourrais vous lire, notamment sur les conditions de la restitution, sur le secret des lettres.

A propos du secret des lettres on dit, dans ce petit livre, que c'est toujours un péché de violer le secret d'une lettre, à moins pourtant qu'il y ait lieu de supposer que la personne à laquelle est adressée la lettre vous y eût autorisé. (Rires à gauche. — Bruit.)

Je vais terminer par une citation sur le mariage...

Un membre à droite. Parlez de l'enseignement supérieur !

M. Tolain. C'est l'enseignement qu'on donne aux enfants du peuple, que je vous indique-là ! (Très-bien ! à gauche.) On ne leur en donne pas d'autre ; c'est celui-là que vous voulez continuer à leur donner probablement, et c'est contre cet enseignement que je réclame.

Voici ce qu'on lit au sujet du mariage :

« *Demande.* — Qu'est-ce qu'un mariage clandestin ?

« *Réponse.* — On appelle clandestin tout mariage qui est célébré autrement qu'en présence du curé, des époux et de deux ou trois témoins.

« *Demande.* — Les mariages clandestins sont-ils nuls ?

« *Réponse.* — Oui, les mariages qui se célèbrent autrement qu'en présence du curé ou de deux ou trois témoins sont entièrement nuls, dans les pays où le décret du concile de Trente, qui les annule, a été publié. Ainsi en France, tout mariage contracté uniquement devant l'officier de l'état civil est nul de plein droit et n'est qu'un fantôme de mariage. »

M. le baron Chaurand. Au point de vue religieux ! Il ne s'agit pas du mariage civil.

M. Tolain. Il s'agit de l'état civil !

A droite et au centre. Mais non ! mais non !

M. Tolain. Je ne puis pas vous permettre de dire qu'il ne s'agit pas de l'état civil, puisqu'on dit qu'ici, en France, tout mariage contracté uniquement devant l'officier de l'état civil est nul.

M. le baron Chaurand *et quelques membres.* Oui, au point de vue religieux !

M. Tolain. Votre distinction rentre dans la catégorie des cas de conscience ; je vais vous dire pourquoi. (Exclamations.)

M. le comte de Maillé. C'est très-vrai, et l'auteur a parfaitement raison. L'Eglise catholique ne peut pas regarder comme valide un mariage qui n'est pas contracté devant un prêtre catholique.

M. Gent. Mais ce livre n'est pas fait pour les séminaires ; il est fait pour les écoles primaires.

M. le président. Veuillez cesser ces interruptions !

M. Tolain. Je dis qu'on a d'autant plus tort d'élever de pareilles protestations, à propos du mariage que, quand il s'agit de restitution, on trouve très-bon alors — et pourtant il s'agit d'enseignement religieux, — de dire qu'on peut profiter de la loi qui permet, après un certain nombre d'années, de ne pas restituer une chose qui pourtant ne vous appartient pas.

M. le comte de Rességuier. Lisez le texte ! lisez le texte ! — N'interprétez pas ! (Bruit.)

M. Tolain. Vous faites donc ici l'application de la théorie que je signalais tout à l'heure. Quand la loi civile vous est favorable, vous vous en servez, et quand ses prescriptions vous sont désagréables, vous les mettez de côté. (Applaudissements sur quelques bancs à gauche.)

M. le comte de Rességuier. Où avez-vous vu cela ?

M. Tolain. Vous n'avez jamais eu d'autre théorie, vous semblez ne pas en avoir d'autre.

Permettez-moi de vous dire ceci, au sujet de cette loi qualifiée de loi de liberté de l'enseignement supérieur : Comment voulez-vous que l'on croie que sincèrement vous voulez établir dans ce pays la liberté de l'enseignement ? Est-ce que, chaque fois qu'il s'agit d'une liberté quelconque à accorder, vous ne vous êtes pas trouvés sur notre route ?

M. Edouard Lockroy. Très-bien ! très-bien !

Voix diverses à droite. La liberté de la Commune ! la liberté de l'Internationale !

M. Tolain. Vous parlez de Commune ! Je vous réponds que c'est l'enseignement dont je viens de citer des exemples qui produit, dans l'esprit de populations peu éclairées et peu instruites...

M. le duc de Mortemart. Qui ne vont jamais à l'église !

M. Tolain. ... les utopies communistes et les hallucinations spirites. (Applaudissements à gauche.)

J'ai dit, messieurs, que c'est justement contre ces enseignements que je vous citais tout à l'heure, que, au nom du droit des pères de famille, si souvent invoqué dans cette discussion par l'honorable M. Chesnelong, je viens vous demander d'enlever à ces cours isolés toutes les entraves auxquelles ils sont soumis aujourd'hui. Car, pour moi, je ne voudrais à aucun prix que mon fils pût recevoir un enseignement comme celui que je viens de vous dénoncer. (Applaudissements sur divers bancs à gauche.) Et ce serait, comme le disait M. Chesnelong, la plus grande douleur qui pût m'être imposée, que de me voir obligé ou de renoncer à instruire mon fils, ou de savoir qu'il est sous le coup d'une pareille propagande, que je considère comme néfaste et comme funeste à l'avenir des générations.

Voilà pourquoi je vous prie de voter mon amendement. (Nouveaux applaudissements sur divers bancs à gauche.)

M. Malartre. Messieurs, je n'ai que deux mots à répondre à l'honorable M. Tolain. (Exclamations à gauche.)

Je viens vous conjurer, au nom de la liberté, de la vraie liberté... (Nouvelles exclamations à gauche), au nom de l'intérêt des pères de famille, au nom de cette intéressante classe ouvrière dont vient de vous parler M. Tolain, je viens vous supplier de repousser son amendement.

Messieurs, la liberté ne doit pas avoir deux poids et deux mesures ; la liberté est le degré d'action s'arrêtant au point nuisible... (Rires à gauche), et je prétends que votre liberté, qui permet de réunir de petits et de grands groupes et de leur expliquer les idées, les doctrines matérialistes qui conduisent l'homme à sa perte... (Très-bien ! à droite), je prétends que cette liberté est la contradiction de l'existence de la société, c'est la négation de la liberté sociale. (Très-bien ! très-bien ! à droite. — Aux voix ! aux voix ! à gauche.)

Maintenant, messieurs, quittons, si vous le voulez bien, cette sphère élevée des principes et descendons sur le terrain de la pratique.

Eh bien, au point de vue pratique, M. Tolain, qui a été l'interprète, dit-il, des classes laborieuses auxquelles il a appartenu, — ce qui est très-honorable, — n'a parlé que des ouvriers qu'il a connus et pour l'honneur de ces ouvriers, j'espère qu'il les a mal connus. Je pense qu'il y a d'autres membres de cette Assemblée qui ont également connu les ouvriers ; j'en puis parler sciemment, quant à moi, et j'ai le droit de dire que l'ouvrier qui travaille, le véritable, l'intelligent ouvrier n'est pas aussi affamé d'enseignement supérieur et transcendant que le prétend l'honorable préopinant.

A entendre M. Tolain, il n'y a qu'une catégorie d'ouvriers qui sont très-polis, très-bien élevés, portant de beaux habits le dimanche, ou plutôt le lundi, et ayant surtout beaucoup de loisirs dans la semaine ; je comprends que ces ouvriers puissent s'intéresser aux cours d'un ordre tout à fait relevé. Ceux-là, pour profiter des cours n'ont qu'à s'y faire régulièrement inscrire. Mais j'affirme que l'ouvrier laborieux, l'ouvrier ordinaire, moins brillant mais respectable, n'a ni le temps ni le loisir d'aller former des réunions autour d'un professeur, surtout d'un professeur traitant de matières difficiles même pour les plus lettrés.

Je prétends que l'ouvrier qui possède bien son décalogue a la somme des connaissances les plus utiles à l'homme. (Vive adhésion à droite et au centre.) Cela suffit pour en faire un honnête homme, un bon père de famille et un ouvrier souvent très-intelligent. (Bruit à gauche. — Aux voix! aux voix!)

Dans une Assemblée française, messieurs, on ne peut pas laisser passer sans protestation, des affirmations aussi énormes que celles que vous venez d'entendre de la bouche de M. Tolain. (Nouvelles interruptions à gauche.)

Je suis aussi ami de l'ouvrier que peut l'être M. Tolain. Vous l'avez laissé parler, je demande que vous m'accordiez le même silence.

M. le président. Je demande encore une fois qu'on n'interrompe pas l'orateur.

M. Malartre. Mais l'ouvrier, messieurs, il y en a à tous les degrés de la société, il y en a sur tous les points du territoire; il existe non-seulement dans la capitale, qui est Paris...

A gauche. Versailles!

M. Malartre. ... il existe dans les autres villes grandes ou petites et dans les campagnes. Eh bien, quel est le premier besoin de cet ouvrier? c'est d'avoir des maximes, des règles de conduite qui ne puissent être ébranlées par aucun sophisme. Or, le fondement de toutes les maximes morales et sociales, c'est certainement la religion. (Très-bien! très-bien! à droite.)

M. Tolain est venu, interprétant dans un sens diamétralement opposé au vrai sens, certaines citations prises dans un traité de casuistique, qui n'a rien à faire avec la liberté de l'enseignement supérieur, vous dénoncer de prétendues hérésies contre la morale, contre la théorie du bien acquis, contre beaucoup des principes sociaux; je crois qu'il a fait erreur, qu'il n'a pas su discerner, et même qu'il ne s'est pas rendu compte des termes qu'il a lus. (Réclamations à droite et au centre.)

M. Georges Périn. Heureusement que vous allez les lui expliquer! (Rires et bruit à gauche.)

M. Malartre. Ce n'est pas le moment; car entre l'ouvrage que M. Tolain vous a cité et qui ressemble beaucoup à un cours de théologie, et la loi que nous discutons, il y a un abîme.

Le grand reproche que M. Tolain a fait à ces braves gens qui s'inspirent des principes du catéchisme, est celui-ci : Du moment où vous ne pouvez avoir à venir aux cours où se donne un prétendu enseignement supérieur, vous ne pouvez avoir l'intelligence assez développée pour vous isoler des doctrines terre-à-terre qui vous représentent le curé comme le souverain maître de votre âme, de vos pensées, de votre liberté, de votre vie. (Bruit.)

Eh bien, permettez-moi de dire qu'il y a là évidemment un amalgame d'idées contre lequel nous devons protester énergiquement. D'abord si cet enseignement est réellement supérieur, il ne peut enseigner cet isolement du prêtre : un tel enseignement irait contre la liberté de la conscience, contre la liberté de la religion. Ensuite, il ne s'agit pas du tout ici,

en ce moment, de la liberté religieuse; il s'agit de la liberté de l'enseignement supérieur, de sa sécurité et des conditions légales de cette sécurité.

Le paragraphe dont M. Tolain demande la suppression porte tout simplement ceci :

« Les cours isolés, dont la publicité ne sera pas restreinte aux auditeurs régulièrement inscrits, resteront soumis aux prescriptions des lois sur les réunions publiques. »

Les prescriptions de cet article rentrent absolument dans l'ordre des précautions qui ont été prises jusqu'à ce jour pour protéger la société contre le danger des réunions illicites. Non-seulement il ne s'agit pas là spécialement de l'ouvrier, mais je dis que l'ouvrier n'a rien à voir là-dedans. Le véritable ouvrier, celui qui passe sa journée aux saines obligations de sa profession, n'a pas, je le répète, le loisir nécessaire pour aller à toute heure entendre des conférences sur des sujets peu usuels pour lui !

Quant à l'autre prétendu ouvrier, qui est maître de son temps, en obéissant à la loi commune de l'inscription, il peut venir quand bon lui semble; il a donc toute facilité comme tout autre auditeur.

Je ne suis pas ennemi de l'instruction de l'ouvrier, loin de là, je la désire de tout mon cœur, mais à une condition : c'est que l'éducation qui comprend essentiellement les principes de la religion, de la morale, dominera l'instruction, comme cela doit être.

Je me résume en disant que, dans le paragraphe que M. Tolain veut supprimer, il n'y a rien que de très-raisonnable et qui ne soit en harmonie avec la saine liberté, que je défends, au nom de tous les honnêtes ouvriers. (Très-bien! très-bien! à droite. — Aux voix! aux voix!)

M. le président. Sur le paragraphe dont M. Tolain demande la suppression, il y a une demande de scrutin, qui est signée par **MM.** Mettetal, Amédée Lefèvre-Pontalis, de Pioger, Merveilleux du Vignaux, comte de Cintré, Félix Dupin, de La Bassetière, Paul Besson, Chesnelong, Dumon, de Dampierre, Bernard-Dutreil, de Tarteron, de Larcy, Baragnon, Boullier, de Féligonde, Dumarnay, baron de Lassus.

J'explique le vote.

M. Tolain demande la suppression du paragraphe 3. Comme on ne met pas, je le répète, les suppressions aux voix, je consulte l'Assemblée sur le paragraphe lui-même. Ceux qui voudront maintenir le paragraphe voteront blanc; ceux qui seront d'un avis contraire voteront bleu.

(Le scrutin est ouvert et les votes sont recueillis.)

MM. les secrétaires en font le dépouillement sur le bureau.

M. le président. Voici le résultat du dépouillement du scrutin :

Nombre des votants	615
Majorité absolue	308
Pour l'adoption	395
Contre	220

L'Assemblée nationale a adopté le paragraphe 3 de l'article 2 du projet de loi.

La commission des congés est d'avis d'accorder :

A M. Carron, un congé de vingt jours ;
A M. Cézanne, un congé de vingt jours.
Il n'y a pas d'opposition ?...
Les congés sont accordés.

Voici l'ordre du jour de demain...

Quelques membres à gauche. Ne pourrait-on pas achever le vote de l'article?

M. le président. Ne trouvez-vous pas que l'heure est assez avancée pour que le vote soit remis à demain?

De toutes parts. Oui ! oui ! A demain !

M. le président. D'autant qu'il y a une demande de scrutin sur l'ensemble de l'article 2.

De toutes parts. Oui ! oui ! à demain. — Il est six heures et demie !

M. le président. Demain donc, à deux heures, séance publique :

Suite de l'ordre du jour.

(La séance est levée à six heures et demie.)

Le directeur du service sténographique de l'Assemblée nationale,

CÉLESTIN LAGACHE.

SCRUTIN

Sur l'article 1er de la loi relative à la liberté de l'enseignement supérieur.

Nombre des votants.......... 606
Majorité absolue.............. 301

Pour l'adoption...... 494
Contre.............. 112

L'Assemblée nationale a adopté.

ONT VOTÉ POUR :

MM. Aboville (vicomte d'). Aclocque. Adam (Pas-de-Calais). Adnet. Adrien Léon. Aigle (comte de l'). Allienou. Amat. Amy. Ancel. Andelarre (marquis d'). André (Seine). Anisson-Duperon. Arbel. Arfeuillères. Arnaud (de l'Ariége). Aubry. Audren de Kerdrel. Aurelle de Paladines (général d'). Auxais (d'). Aymé de la Chevrelière.

Babin-Chevaye. Bagneux (comte de). Balsan. Baragnon. Barante (baron de). Barascud. Bardoux. Barthe (Marcel). Bastid (Raymond). Batbie. Baucarne-Leroux. Baze. Beausire. Beauville (de). Benoist d'Azy (le comte). Benoist du Buis. Benoit (Meuse). Béranger. Bernard (Charles) (Ain). Bernard-Dutreil. Bertauld. Besnard. Besson (Paul). Bethmont. Béthune (comte de). Bourges (le comte de). Bidard. Bienvenüe. Bigot. Blavoyer. Blin de Bourdon (le vicomte). Bocher. Boduin. Boisboissel (le comte de). Boisse. Bompard. Bonald (le vicomte de). Bondy (le comte de). Bonnet. Boreau-Lajanadie. Bottard. Bottieau. Boucau (Albert). Bouillé (le comte de). Bouisson. Boullier (Loire). Boullier de Branche. Bourgeois (Vendée). Boyer. Brabant. Brame (Jules). Breton (Paul). Brettes-Thurin (comte de). Broët. Broglie (le duc de). Brun (Lucien) (Ain). Brunel. Bryas (le comte de). Buée. Buffet. Buisson (Jules) (Aude).

Caillaux. Calemard de La Fayette. Callet. Carayon La Tour (de). Carbonnier de Marzac (de). Carnot (père). Carnot (Sadi). Carquet. Carré-

Kérisouët. Carron (Emile). Casimir Perier. Castellane (marquis de). Cazenove de Pradine (de). Cézanne. Chabaud La Tour (Arthur de). Chabaud La Tour (général baron de). Chabron (général de). Chadois (colonel de). Chamaillard (de). Champagny (vicomte Henri de). Champvallier (de). Changarnier (le général). Chaper. Chardon. Chareton (le général). Charreyron. Chatelin. Chaurand (le baron). Cheguillaume. Cherpin. Chesnelong. Chiris. Christophle (Albert). Cintré (comte de). Cissey (général de). Clapier. Clément (Léon). Clerc. Clercq (de). Colombet (de). Combarieu (de). Combier. Cordier. Corne. Cornulier-Lucinière (le comte de). Costa de Beauregard (marquis de). Cottin (Paul). Courbet-Poulard. Courcelle. Crussol d'Uzès (le duc de). Cumont (le vicomte Arthur de). Cunit.

Daguenet. Daguilhon-Lasselve. Dampierre. (marquis de). Danelle-Bernardin. Daru (comte). Dauphinot. Daussel. Decazes (baron). Decazes (duc). Delacour. Delacroix. Delavau. Delille. Delisse-Engrand. Delorme. Delpit. Delsol. Denormandie. Depasse. Depeyre. Desbassayns de Richemont (comte). Descat. Desjardins. Destremx. Dezanneau. Diesbach (le comte de). Dietz-Monnin. Dompierre d'Hornoy (amiral de). Doré-Graslin. Douay. Douhet (comte de). Drouin. Du Bodan. Duboys-Fresnay (général). Du Breuil de Saint-Germain. Ducarre. Du Chaffaut. Duchâtel (comte). Duclerc. Ducuing. Dufaur (Xavier). Dufaure (Jules). Dufour. Dufournel. Dumarnay. Dumon. Dupanloup (Mgr). Duparc. Dupin (Félix). Dupont (Alfred). Duréault. Durfort de Civrac (comte de). Dussaussoy.

Ernoul. Eymard-Duvernay.

Favre (Jules). Féligonde (de). Feray. Ferry (Jules). Flaghac (baron de). Fleuriot (de). Folliet. Fontaine (de). Forsans (vicomte de). Foubert. Fourichon (amiral). Fournier (Henri). Fourtou (de). Fraissinet. Franclieu (marquis de). Frébault (général). Fresneau.

Gailly. Gallicher. Galloni d'Istria. Gaslonde. Gasselin de Fresnay. Gatien-Arnoult. Gaulthier de Rumilly. Gaulthier de Vaucenay. Gavardie (de). Gavini. Gayot. Gérard. Germain. Germonière (de). Gévelot. Gillon (Paulin). Giraud (Alfred). Glas. Godet de la Ribuellerie. Gouin. Gouvello (le marquis). Gouvion Saint-Cyr (le marquis de). Grammont (marquis de). Grange. Grasset (de). Grivart. Grollier. Gueidan. Guibal. Guiche (marquis de la). Guinot.

Hamille. Harcourt (comte d'). Haussonville (vicomte d'). Hespel (comte d'). Houssard. Humbert. Huon de Penanster.

Jaffré (abbé). Jamme. Janzé (baron de). Jaurès (amiral). Jocteur-Monrozier. Johnston. Joinville (prince de). Jordan. Joubert. Jouin. Jourdan. Jouvenel (baron de). Jozon. Juigné (comte de). Juigné (marquis de).

Keller. Kergariou (comte de). Kergorlay (comte de). Kéridec (de). Kerjégu (amiral de). Kermenguy (vicomte de). Kolb-Bernard. Krantz. La Bassetière (de). Lahitte. La Borderie (de). La Bouillerie (de). Laboulaye. Lacave-Laplagne. La Caze (Louis). Lacombe (de). Lafayette (Oscar de). Lagrange (baron A. de). Lallié. Lambert de Sainte-Croix. Lamberterie (de). Lamy. Lanel. La Pervanchère (de). Larcy (baron de). Largentaye (de). La Roche-Aymon (marquis de). La Rochefoucauld (duc de Bisaccia). La Rochejaquelein (marquis de). La Rochethulon (marquis de). La Rochette (de). La Sicotière (de). Lassus (baron de). Lasteyrie (J. de). Laurier. Lavergne (Léonce de). Lebourgeois. L'Ebraly. Lecamus. Le Chatelain. Lefébure. Lefèvre-Pontalis (Eure-et-Loir). Lefèvre-Pontalis (Seine-et-Oise). Lefranc (Victor). Le Gal La Salle. Legge (comte de). Legrand (Arthur). Le Lasseux. Lenoël (Emile). Lépouzé. Le Provost de Launay. Lespinasse. Lestapis (de). Lestourgie. Leurent. Levêque. Limairac (de) (Tarn-et-Ga-

ronne). Limayrac (Léopold) (Lot). Limperani.
Littré. Lorgeril (vicomte de). Lortal. Loustalot.
Louvet. Loysel (général). Luro. Lur-Saluces
(marquis de).
Magniez. Maillé (comte de). Malartre. Male-
ville (marquis de). Mallevergne. Mangini. Marc-
Dufraisse. Marcère (de). Marchand. Margaine.
Martell (Charente). Martenot. Martin (Charles).
Martin (d'Auray). Martin des Pallières (général).
Mathieu (Saône-et-Loire). Mathieu-Bodet (Charente). Mathieu de la Redorte (comte). Maurice. Max-Richard. Mayaud. Mazerat. Mazure
(général). Meaux (vicomte de). Médecin. Meiun
(comte de). Méplain. Mérode (de). Merveilleux
du Vignaux. Mettetal. Michel. Monjaret de
Kerjégu. Monneraye (comte de la). Monnet.
Montaignac (amiral de). Monteil. Montgolfier
(de). Montlaur (marquis de). Montrieux. Moreau (Côte-d'Or). Moreau (Ferdinand). Mornay
(marquis de). Mortemart (duc de). Mouchy (duc
de). Murat (comte Joachim.) Murat-Sistrières.
Nétien. Noël-Parfait. Nouaillan (comte de).
Pagès-Duport. Pajot. Parent. Parigot. Paris. Paray. Partz (le marquis de). Passy
(Louis). Pellissier (général). Peltereau-Ville-
neuve. Pernolet. Perret. Perrier (Eugène).
Petau. Peulvé. Peyramont (de). Philippo-
teaux. Pioger (de). Piou. Plichon. Piceuc
(marquis de). Pontoi-Pontcarré (marquis de).
Pothuau (amiral). Pouyer-Quertier. Pradié.
Prax-Paris. Pressensé (de). Prétavoine. Pui-
berneau (de).
Quinsonas (marquis de).
Rainneville (de). Rambures (de). Rameau.
Rampon (comte). Rampont. Raudot. Ravinel
(de). Renaud (Félix). Rességuier (comte de).
Reymond (Ferdinand) (Isère). Reymond (Loire).
Riant (Léon). Riondel. Rive (Francisque).
Robert de Massy. Rodes-Bénavent (vicomte de).
Rotours (des). Rouher. Rousseau. Rouveure.
Roux (Honoré). Roy de Loulay. Roys (mar-
quis des).
Sacase. Saincthorent (de). Saintenac (vicomte
de). Saint-Germain (de). Saint-Malo (de). Saint-
Pierre (de) (Calvados). Saint-Pierre (Louis de)
(Manche). Saint-Victor (de). Saisset (vice-ami-
ral). Salvandy (de). Salvy. Sarrette. Savary.
Say (Léon). Sebert. Ségur (comte Louis de).
Serph (Gusman). Sers (marquis de). Silva (Cle-
ment). Simon (Fidèle). Simon (Jules). Soury-
Lavergne. Stapiande (de). Sugny (de).
Tabariet. Tailhand. Taillefert. Talhouët
(marquis de). Tallon. Tarteron (de). Teisse-
renc de Bort. Temple (du). Théry. Thomas
(docteur). Tillancourt (de). Tocqueville (comte
de). Toupet des Vignes. Tréveneuc (comte de).
Tréville (le comte de). Turquet.
Vacherot. Valady (de). Valazé (général). Val-
fons (marquis de). Vandier. Vast-Vimeux (ba-
ron). Vaulchier (comte de). Vautrain. Venta-
von (de). Venta. Vétillart. Vidal (Saturnin).
Viennet. Vilfeu. Vimal-Dessaignes. Vinay
(Henri). Vingtain (Léon). Vinols (baron de).
Vitalis. Vogué (le marquis de). Voisin.
Waddington. Wallon. Warnier (Marne).
Wartelle de Retz. Witt (Cornélis de).

ONT VOTÉ CONTRE :

MM. Adam (Edmond). Allemand. Ancelon.
Arago. Arrazat.
Bamberger. Barni. Barodet. Barthélemy
Saint-Hilaire. Berlet. Bernard (Martin). Bert.
Blanc (Louis). Bonnet (Léon). Bouchet. Bro-
lay. Brillier. Brisson (Henri) (Seine). Busson-
Duviviers.
Caduc. Caimon. Casse (Germain). Castelnau.
Cazot (Jules) (Gard). Challemel-Lacour. Char-
ton. Chavassieu. Chevandier. Contant. Cor-
bon. Cotte. Crémieux.
Daumas. Delord. Dréo. Dupouy. Durieu.
Escarguel. Esquiros.

Farcy. Farnier. Perrouillat. Fouquet.
Gambetta. Ganault. Gaudy. Gent. Giret-
Pouzol. Goblet. Godin. Godissart. Grand-
pierre. Greppo. Grévy (Albert) Guichard.
Guyot.
Hérisson.
Jacques. Joigneaux.
Lacretelle (Henri de). Lafize. Lafon de Fon-
gaulier. Lagot. Lambert (Alexis). Langlois.
La Serve. Laurent-Pichat. Lebreton. Lefèvre
(Henri). Lepère. Lepetit. Leroux (Aimé).
Lherminier. Lockroy.
Madier de Montjau. Mahy (de). Maillé.
Malens. Marck. Marcou. Millaud. Morin.
Naquet. Nioche.
Ordinaire (fils).
Périn. Peyrat. Picard (Ernest). Picart (Al-
phonse) Pin. Pompery (de).
Rathier. Renaud (Michel). Ricard. Rou-
vier.
Salneuve. Sansas. Saussier (général). Schœ-
rer. Scheurer-Kestner. Schœlcher. Sens.
Soubeyran (baron de). Soye. Swiney.
Thiers Tiersot. Tirard. Tolain. Turigny.
Valentin. Villain.

N'ONT PAS PRIS PART AU VOTE

*Comme étant retenus à la commission des lois
constitutionnelles :*

MM. Beau. Le Royer.

N'ONT PAS PRIS PART AU VOTE

Comme étant retenus à la commission du budget :

MM. Cochery. Fourcand. Lucet. Magnin.
Osmoy (comte d'). Wolowski.

N'ONT PAS PRIS PART AU VOTE :

MM. Abbadie de Barrau (le comte d'). Abbatucci. Alexandre. André (Charente). Audiffret-Pasquier (le duc d'). Bolcastel (de). Billot
(le général). Billy. Bollinton. Bourgoing (le
baron de). Boysset. Bozérian. Brice (Meurthe-et-Moselle). Brun (Charles) (Var). Buisson (Seine-Inférieure). Cazeaux. Choiseul (Horace de). Claude (Meurthe-et-Moselle). Claude
(Vosges). Daron. Denfert (colonel). Deregnaucourt. Deschange. Dubois. Dufay. Duvergier de Hauranne. Eschasseriaux (baron). Gagneur. Ganivet. George (Emile). Ginoux de
Fermon (comte). Girard (Cyprien). Grévy (Jules). Guillemaut (général). Guinard. Haentjens. Harcourt (duc d'). Hèvre. Journault.
Lanfrey. Latrade. Leblond. Lefranc (Pierre).
Lesguillon. Levert. Maleville (Léon de). Mal-
zieux. Martin (Henri). Mazeau. Méline. Mercier. Mestreau. Michal-Ladichère. Morvan.
Palotte. Pascal Duprat. Patissier. Pelletan.
Princeteau. Raoul Duval. Rémusat (Paul de).
Ricot. Rivaille. Robert (général). Robert (Léon).
Roger du Nord (le comte). Roger-Marvaise. Rol-
land (Charles). Roudier. Roussel. Saisy (Hervé
de). Savoye. Seignobos. Sénard. Simiot.
Tamisier. Target. Tassin. Testelin. Thurel.
Tribert. Valon (de). Varroy. Wilson.

ABSENTS PAR CONGÉ :

MM. Aumale (duc d'). Bastard (le comte de)
Brice (Ille-et-Vilaine). Chabrol (de). Chambrun
(comte de). Chanzy (général). Chaudordy (comte
de). Corcelle (de). Desbons. Faye. Flotard.
Gontaut-Biron (vicomte de). Jullien. La Roncière Le Noury (vice amiral baron de). Le Flo
(général). Magne. Martel. (Pas-de-Calais).
Maure. Monnot-Arbilleur. Tardieu.

SCRUTIN

Sur le paragraphe 3 de l'article 2 de la loi relative à la liberté de l'enseignement supérieur.

Nombre des votants............ 615
Majorité absolue.............. 308

Pour l'adoption. 395
Contre........ 220

L'Assemblée nationale a adopté.

ONT VOTÉ POUR :

MM. Abbadie de Barrau (comte d'). Aboville (vicomte d'). Aclocque. Adam (Pas-de-Calais). Adnet. Aigle (comte de l'). Allenou. Amy. Ancel. Andelarre (le marquis d'). Anisson-Duperon. Arfeuillères. Aubry. Audren de Kerdrel. Aurelle de Paladines (général d'). Auxais (d'). Aymé de la Chevrelière.

Babin-Chevaye. Bagneux (le comte de). Balsan. Baragnon. Barante (le baron de). Barascud. Bastard (le comte Octave de). Bathie. Baucarne-Leroux. Baze. Beaussire. Beauvillé (de). Belcastel (de). Benoist d'Azy (le comte). Benoist du Buis. Benoit (Meuse). Béranger. Bernard (Charles) (Ain). Bernard-Dutreil. Besnard. Besson (Paul). Béthune (le comte de). Beurges (le comte de). Bidard. Bienvenüe. Bigot. Blavoyer. Blin de Bourdon (vicomte). Bocher. Boduin. Boisboissel (le comte de). Boisse. Bompard. Bonald (vicomte de). Bondy (comte de). Bonnet. Boreau-Lajanadie. Botlieau. Bouillé (comte de). Boussson. Bouillier (Loire). Boullier de Branche. Bourgeois. Boyer. Brabant. Bramo (Jules). Brettes-Thurin (le comte de). Broët. Broglie (le duc de). Brun (Lucien) (Ain). Brunet. Bryas (le comte de). Buffet. Buisson (Jules) (Aude).

Caillaux. Calemard de La Fayette. Callet. Carayon La Tour (de). Carbonnier de Marzac (de). Carron (Emile). Castellane (marquis de). Cazeaux. Cazenove de Pradine (de). Chabaud La Tour (Arthur de). Chabaud La Tour (général baron de). Chabron (général de). Chadois (colonel de). Chamaillard (de). Champagny (le vicomte Henri de). Champvallier (de). Changarnier (le général). Chaper. Chareton (général). Charreyron. Chatelin. Chaurand (le baron). Cheguillaume. Chesnelong. Cintré (le comte de). Cissey (général de). Clapier. Clément (Léon). Clercq (de). Colombet (de). Combarieu (de). Combier. Cornulier-Lucinière (comte de). Costa de Beauregard (marquis de). Cottin (Paul). Courbet-Poulard. Courcelle. Crussol d'Uzès (duc de). Cumont (le vicomte Arthur de).

Daguenet. Daguilhon-Lasselve. Dampierre (le marquis de). Daru (comte). Dauphinot. Daussel. Decazes (baron). Decazes (duc). Delacour. Delavau. Delille. Delisse-Engrand. Delpit. Delsol. Denormandie. Depasse. Depeyre. Desbassayns de Richemont (le comte). Descat. Desjardins. Dezanneau. Dieshach (le comte de). Dompierre d'Hornoy (amiral de). Doré-Graslin. Douay. Douhet (le comte de). Drouin. Du Bodan. Du Breuil de Saint-Germain. Ducarre. Du Chaffaut. Dufaur (Xavier). Dufaure (Jules). Dufour. Dufournel. Dumarnay. Dumon. Dupanloup (Mgr). Dupin (Félix). Dupont (Alfred). Duréault. Durfort de Civrac (le comte de).

Ernoul.

Féligonde (de). Flaghac (baron de). Fleuriot (de). Fontaine (de). Forsanz (le vicomte de). Foubert. Fourichon (amiral). Fournier (Henri). Fourtou (de). Franclieu (le marquis de). Fresneau.

Gallicher. Galloni d'Istria. Gaslonde. Gasselin de Fresnay. Gatien-Arnoult. Gaulthier de Vauccenay. Gavardie (de). Gavini. Germain. Germonière (de la). Gévelot. Gillon (Paulin). Giraud (Alfred). Glas. Godet de la Riboullerie. Gouin. Gouvello (de). Gouvion Saint-Cyr (marquis de). Grammont (le marquis de). Grange. Grasset (de). Grivart. Grollier. Gueldan. Guibal. Guiche (le marquis de la).

Hamille. Harcourt (le comte d'). Harcourt (le duc d'). Haussonville (vicomte d'). Hespel (le comte d'). Houssard. Huon de Penanster.

Jaffré (abbé). Jamme. Jaurès (amiral). Jocteur-Monrozier. Johnston. Joinville (prince de). Jordan. Joubert. Jourdan. Jouvenel (le baron de). Juigné (comte de). Juigné (marquis de).

Keller. Kergariou (comte de). Kergorlay (le comte de). Kéridec (de). Kerjégu (amiral de). Kermenguy (vicomte de). Kolb-Bernard.

La Bassetière (de). Labitte. La Borderie (de). La Bouillerie (de). Laboulaye. Lacave-Laplagne. Lacombe (de). Lagrange (le baron A. de). Lallié. Lambert de Sainte-Croix. Lamberterie (de). Lanel. La Pervanchère (de). Larcy (baron de). Largentaye (de). La Roche-Aymon (marquis de). La Rochefoucauld (le duc de Bisaccia). La Rochejaquelein (le marquis de). La Rochette (de). La Sicotière (de). Lassus (le baron de). Lasteyrie (J. de). Laurier. Lavergne (Léonce de). Lebourgeois. L'Ebraly. Lecamus. Le Chatelain. Lefébure. Lefèvre-Pontalis (Eure-et-Loir). Lefèvre-Pontalis (Seine-et-Oise). Lefranc (Victor). Legge (le comte de). Legrand (Arthur). Le Lasseux. Le Provost de Launay. Lespinasse. Lestapis (de). Lestourgie. Leurent. Limairac (de) (Tarn-et-Garonne). Limayrac (Léopold) (Lot). Lorgeril (le vicomte de). Lorial. Louvet. Loysel (général). Luro. Lur-Saluces (marquis de).

Maillé (comte de). Malartre. Mallevergne. Mangini. Marchand. Martell (Charente). Martel. Martin (Charles). Martin (d'Auray). Martin des Pallières (général). Mathieu (Saône-et-Loire). Mathieu-Bodet (Charente). Mathieu de la Redorte (comte). Maurice. Max-Richard. Mayaud. Mazerat. Mazure (général). Méaux. (vicomte de). Melun (comte de). Méplain. Mérode (de). Merveilleux du Vignaux. Mettetal. Michel. Monjaret de Kerjégu. Monneraye (comte de la). Monnet. Montaignac (amiral de). Monteil. Montgolfier (de). Montrieux. Moreau (Ferdinand). Mornay (le marquis de). Mortemart (le duc de).

Nouaillan (le comte de).

Pagès-Duport. Pajot. Parigot. Paris. Partz (marquis de). Passy (Louis). Pellissier (général). Peltereau-Villeneuve. Perret. Perrier (Eugène). Pétau. Peulvé. Peyramont (de). Philippoteaux. Pioger (de). Piou. Plichon. Plœuc (le marquis de). Pontoi-Pontcarré (le marquis de). Pouyer-Quertier. Pradié. Prax-Paris. Prétavoine. Puiberneau (de).

Quinsonas (marquis de).

Rainneville (de). Rambures (de). Rampon (comte). Raudot. Ravinel (de). Renaud (Félix). Rességuier (comte de). Riant (Léon). Rive (Francisque). Robert (le général). Rodez-Bénavent (vicomte de). Rotours (des). Rouher. Rouveure. Roy de Loulay. Roys (marquis des).

Sacase. Saincthorent (de). Saintenac (vicomte de). Saint-Germain (de). Saint-Malo (de). Saint-Pierre (Louis de) (Manche). Saint-Victor (de). Saisset (vice-amiral). Salvy. Sarrette. Savary. Savoye. Say (Léon). Sebert. Ségur (comte Louis de). Serph (Gusman). Sers (marquis de). Simon (Fidèle). Soubeyran (baron de). Soury-Lavergne. Staplande (de). Sugny (de).

Tailhand. Taillefer. Talhouët (marquis de). Tallon. Tarteron (de). Temple (du). Théry. Toupet des Vignes. Tréville (comte de). Valady (de). Valfons (marquis de). Vandier. Vast-Vimeux (baron). Vaulchier (comte de). Vautrain. Ventavon (de). Vente. Vétillart. Vidal (Saturnin). Viennet. Vilfeu. Vimal-Dessaignes. Vinay (Henri). Vingtain (Léon). Vinols (le baron de). Vitalis. Vogué (marquis de). Voisin.

Waddington. Wallon. Wartelle de Retz. Witt (Cornélis de).

ONT VOTÉ CONTRE :

MM. Adam (Edmond) (Seine). Alexandre (Charles). Allemand. Amat. Ancelon. André (Seine). Arago (Emmanuel). Arbel. Arrazat.

Bamberger. Barni. Barodet. Barthélemy Saint-Hilaire. Berlet. Bernard (Martin) (Seine). Bert. Bethmont. Billot (général). Billy. Blanc (Louis). Bonnel (Léon). Bottard. Boucau (Albert). Bouchet (Bouches-du-Rhône). Boysset. Bozérian. Brelay. Breton (Paul). Brice (Meurthe-et-Moselle). Brillier. Brisson (Henri) (Seine). Brun (Charles) (Var). Buée.

Caduc. Cálmon. Carnot (père). Carnot (Sadi) Carquet. Casimir Perier. Casse (Germain). Casteinau. Cazot (Jules) (Gard). Challemel-Lacour. Chardon. Charton. Chavassieu. Cherpin. Chevandier. Choiseul (Horace de). Christophe (Albert). Claude (Meurthe-et-Moselle). Claude (Vosges). Cochery. Contaut. Corbon. Cordier. Corne. Cotta. Crémieux. Cunit.

Daron. Daumas. Delacroix. Delord. Denfert (colonel). Deregnaucourt. Deschange. Destrémx. Dréo. Duclierc. Ducuing. Dufay. Dujarc. Dupouy. Durieu.

Escarguel. Esquiros. Eymard-Duvernay.

Farcy. Favre (Jules). Feray. Fernier. Ferrouillat. Ferry (Jules). Folliet. Fouquet. Fourcand. Fraissinet. Frébault (général).

Gagneur. Gailly. Gambetta. Ganault. Gaudy. Gaulthier de Rumilly. Gayot. Gent. George (Emile). Girerd (Cyprien). Girot-Pouzol. Goblet. Godin. Godissart. Grandpierre. Gruppe. Guillemaut (général). Guinard. Guinot. Guyot.

Hévre. Humbert.

Jacques. Janzé (baron de). Joigneaux. Journault. Jozon. Krantz.

Lacretelle (Henri de). Lafayette (Oscar de). Laflize. Lafon de Fongaufier. Lagel. Lambert (Alexis). Lamy. Lanfruy. Langlois. La Serve. Latrade. Laurent-Pichat. Lebreton. Lefèvre (Henri). Lefranc (Pierre). Lemoël (Emile). Lepère. Le Royer. Lesguillon. Lévèque. Lherminier. Littré. Lockroy. Lucet.

Madier de Montjau. Magnin. Mahy (de). Maillé. Maiens. Malézieux. Marcère (de). Marck. Marcou. Martin (Henri). Mazeau. Méline. Mercier. Mestreau. Michal-Ladichère. Millaud. Moreau (Côte-d'Or). Morin. Morvan. Murat-Sistrières.

Naquet. Nétien. Nioche. Noël-Parfait. Ordinaire (fils).

Palotte (Jacques). Parent. Parsy. Pascal Duprat. Pelletan. Périn. Peyrat. Picart (Alphonse). Pin. Pompery (de). Pressensé (de). Rameau. Rampont. Rathier. Renaud (Michel). Reymond (Ferdinand) (Isère). Reymond

(Loire). Roger du Nord (comte). Rolland (Charles) (Saône-et-Loire). Rondier. Rouvier. Roux (Honoré).

Salneuve. Sansas. Saussier (général). Schérer. Scheurer-Kestner. Schœlcher. Seignobos. Sénard. Silva (Clément). Simiot. Simon (Jules). Soye. Swiney.

Taberlet. Tamisier. Tardieu. Tassin. Testelin. Thomas (docteur). Thurel. Tiersot. Tirard. Tocqueville (comte de). Tolain. Turigny. Turquet.

Vacherot. Valazé (général). Varroy. Villain.

Warnier (Marne). Wilson.

N'ONT PAS PRIS PART AU VOTE

Comme étant retenus à la commission des lois constitutionnelles :

MM. Adrien Léon. Beau. Delorme. Grévy (Albert). Picart (Ernest). Ricard.

N'ONT PAS PRIS PART AU VOTE

Comme étant retenus à la commission du budget :

MM. Osmoy (comte d'). Pothuau (amiral). Teisserenc de Bort. Wolowski.

N'ONT PAS PRIS PART AU VOTE :

MM. Abbatucci. André (Charente). Arnaud (de l'Ariège). Audiffret-Pasquier (duc d). Bardoux. Barthe. Bastid. Bertauld. Boffinton. Bourgoing baron de). Buisson (Seine-Inférieure). Busson - Duviviers. Carré - Kérisouët. Chiris. Clerc. Danelle-Bernardin. Dietz-Monnin. Dubois. Duboys-Fresnay (Eugène). Duchâtel (le comte). Dussaussoy. Duvergier de Hauranne. Eschasseriaux (le baron). Ganivet. Gérard. Ginoux de Fermon (comte). Grévy (Jules). Guichard. Haentjens. Hérisson. Jouin. La Caze (Louis). La Rochethulon (marquis de). Leblond. Le Gal La Salle. Lepetit. Leroux. Levert. Limperani. Loustalot. Magniez. Maleville (marquis de). Maleville (Léon de). Marc-Dufraisse. Margaine. Médecin. Montlaur (marquis de). Mouchy (duc de). Murat (comte Joachim). Patissier. Pernolet. Princeteau. Raoul Duval. Rémusat (Paul de). Ricot. Riondel. Rivaille. Robert (Léon). Robert de Massy. Roger-Marvaise. Rousseau. Roussel. Saint-Pierre (de) (Calvados). Saisy (Hervé de). Salvandy (de). Sens. Target. Thiers. Tillancourt (de). Tréveneuc (comte de). Tribert. Valentin. Valon (de).

ABSENTS PAR CONGÉ :

MM. Aumale (le duc d'). Brice (Ille-et-Vilaine). Cézanne. Chabrol (de). Chambrun (comte de). Chanzy (général). Chaulordy (comte de). Corcelle (de). Desbons. Fays. Flotard. Gontaut-Biron (vicomte de). Juillien. La Roncière Le Noury (vice-amiral baron de). Le Flô (général). Magne. Martel (Pas-de-Calais). Maure. Monnot-Arbilleur.

ASSEMBLÉE NATIONALE

SÉANCE DU VENDREDI 9 JUILLET 1875

PRÉSIDENCE DE M. LE DUC D'AUDIFFRET-PASQUIER

La séance est ouverte à deux heures et quart.

M. Félix Voisin, *l'un des secrétaires*, donne lecture du procès-verbal de la séance d'hier.

M. le président. Quelqu'un demande-t-il la parole sur le procès-verbal ?...

M. Sens. Messieurs, je suis porté au *Journal officiel* comme ayant voté contre l'article 1ᵉʳ de la loi sur l'enseignement supérieur. Cette indication est le résultat d'une erreur contre laquelle je tiens absolument à protester. J'étais absent au moment du vote ; si j'avais été présent, j'aurais voté pour l'adoption de l'article 1ᵉʳ, comme je l'ai fait d'ailleurs lors de la deuxième lecture.

Dans le scrutin sur le paragraphe 3 de l'article 2, je suis porté comme m'étant abstenu. Si j'avais été présent, j'aurais voté pour l'adoption du paragraphe.

M. le président. Il n'y a pas d'autre observation sur le procès-verbal ?...

Le procès-verbal est adopté.

M. Salvy demande un congé de dix jours.

La demande sera renvoyée à la commission des congés.

L'ordre du jour appelle la suite de la 3ᵉ délibération sur la proposition de M. le comte

Jaubert, relative à la liberté de l'enseignement supérieur.

L'Assemblée s'est arrêtée, hier, au dernier paragraphe de l'article 2.

Je vais en donner lecture :

« Un règlement d'administration publique déterminera les formes et les délais des inscriptions exigées par le paragraphe précédent. »

(Le paragraphe est mis aux voix et adopté.)

M. le président. Il y a une demande de scrutin sur l'ensemble de l'article 2.

Cette demande est signée par MM. de Tarteron, Bouillier de Branche, Dumarnay, Combier, de Lassus, Dupin, Gasselin de Fresnay, vicomte de Rodez-Bénavent, Bernard-Dutreil, Louis de Saint-Pierre, Chesnelong, Courcelle, Léopold Limayrac, de Saint-Victor, de Féligonde, Abbadie de Barrau, Lestourgie, Dumon, de Gavardie, comte de la Monneraye.

(Les votes sont recueillis.)

M. le président. Voici le résultat du dépouillement du scrutin :

Nombre des votants	601
Majorité absolue	302
Pour l'adoption	414
Contre	187

L'Assemblée nationale a adopté.

« Art. 3. — L'ouverture de chaque cours devra être précédée d'une déclaration signée par l'auteur de ce cours.

« Cette déclaration indiquera les noms, qualités et domicile du déclarant, le local où seront faits les cours, et l'objet ou les divers objets de l'enseignement qui y sera donné.

« Elle sera remise au recteur dans les départements où est établi le chef-lieu de l'académie et à l'inspecteur d'académie dans les autres départements. Il en sera donné immédiatement récépissé.

« L'ouverture du cours ne pourra avoir lieu que dix jours francs après la délivrance du récépissé.

« Toute modification aux points qui auront fait l'objet de la déclaration primitive devra être portée à la connaissance des autorités désignées dans le paragraphe précédent. Il ne pourra être donné suite aux modifications projetées que cinq jours après la délivrance du récépissé. » — (Maintenu.)

« Art. 4. — Les établissements libres d'enseignement supérieur devront être administrés par trois personnes au moins.

« La déclaration prescrite par l'article 3 de la présente loi devra être signée par les administrateurs ci-dessus désignés ; elle indiquera leurs noms, qualités et domiciles, le siège et les statuts de l'établissement, ainsi que les autres énonciations mentionnées dans ledit article 3.

« En cas de décès ou de retraite de l'un des administrateurs, il devra être procédé à son remplacement dans un délai de six mois.

« Avis en sera donné au recteur ou à l'inspecteur d'académie.

« La liste des professeurs et le programme des cours seront communiqués chaque année aux autorités désignées dans le paragraphe précédent.

« Indépendamment des cours proprement dits, il pourra être fait dans lesdits établissements des conférences spéciales sans qu'il soit besoin d'autorisation préalable.

« Les autres formalités prescrites par l'article 3 de la présente loi, sont applicables à l'ouverture et à l'administration des établissements libres. » — (Maintenu.)

« Art. 5. — Les établissements d'enseignement supérieur, ouverts conformément à l'article précédent et comprenant au moins le même nombre de professeurs pourvus du grade de docteur que les facultés de l'Etat qui comptent le nom de chaires, pourront prendre le nom de faculté libre des lettres, des sciences, de droit, de médecine, etc., s'ils appartiennent à des particuliers ou à des associations.

« Quand ils réuniront trois facultés, ils pourront prendre le nom d'universités libres. »

M. le président. Le second paragraphe est une nouvelle rédaction. Sur ce second paragraphe, M. Beaussire a demandé la parole.

M. Beaussire. Je demande à l'Assemblée de rejeter le paragraphe additionnel proposé par la commission. Vous ne pouvez pas permettre que des établissements qui comprennent simplement trois facultés prennent le nom d'université, qui est la propriété, depuis soixante-dix ans, d'une grande institut on nationale, embrassant tout l'ensemble de l'instruction publique, depuis les facultés de la Sorbonne jusqu'aux écoles de villages.

Un membre à droite. C'est une restitution !

M. Beaussire. Comment ! une restitution !

Non seulement c'est contraire à l'état de choses consacré actuellement et depuis trois quarts de siècle par les lois et par l'usage, mais c'est contraire à l'usage ancien, avant la Révolution ; c'est contraire à l'usage de tous les pays qui nous entourent.

En France, le nom d'université exprime aujourd'hui la totalité, l'universalité de l'enseignement national. Sous l'ancien régime, le nom d'université exprimait la totalité, l'universalité de l'enseignement supérieur, il n'y avait d'université que là où toutes les facultés étaient réunies. Il en est de même dans tous les autres pays. Jamais ce grand nom n'a été abaissé au point de désigner des établissements où n'est réunie qu'une portion de l'enseignement supérieur.

Je m'entretenais hier de cette question avec un citoyen de la République helvétique ; il me disait qu'en Suisse, jamais il ne serait permis, jamais il ne serait licite d'appeler université la réunion de trois facultés ; le nom légal, dans ce cas, est académie. Pour qu'il y ait université, il faut un enseignement supérieur, complet, embrassant toutes les facultés.

On me dira peut-être que les noms sont libres et qu'on peut leur donner la signification que l'on veut. Mais il n'en est pas ainsi. Quand un nom est un nom propre, un particulier a le droit de défendre devant les tribunaux la propriété de ce nom ; une grande institution nationale n'aurait-elle pas le droit de défendre aussi la propriété de son nom devant les représentants de la nation? (Très-bien ! très-bien ! à gauche.)

En supposant même que ce soit un nom banal, un nom qui peut recevoir, lorsqu'on l'introduit pour la première fois une signification arbitraire, est-ce que la fixité du sens des noms n'importe pas à la clarté des idées ?

A quelle équivoque ne vous exposez-vous pas si, lorsqu'on prononce le nom d'université, ce nom qui sert à désigner pour tous les esprits libéraux le plus ferme rempart des idées, des principes et des besoins de la société moderne, il faudra une périphrase ; il faudra dire qu'il s'agit de l'université de l'Etat et non de l'université libre de Carpentras ou de Quimper-Corentin. (Approbation à gauche. — Interruptions et réclamations à droite.)

M. Huon de Penanster. Est-ce qu'il n'y a pas en Angleterre les universités libres de Cambridge et d'Oxford?

M. Beaussire. Veuillez ne pas m'interrompre ; vous me répondrez, si vous voulez.

Pourquoi cette dérogation à la propriété des noms? Pourquoi cette dérogation à l'usage? Je n'y vois absolument qu'une seule raison et cette raison même est un argument de plus pour repousser le paragraphe qui vous est proposé.

On nous a demandé, lors de la seconde délibération, pour les simples établissements libres, pour les facultés libres la participation au droit de collation des grades. Il y aurait là quelque chose d'excessif, et beaucoup l'ont senti. Les facultés de l'Etat confèrent les grades, non pas parce qu'elles sont facultés, mais parce qu'elles sont des parties intégrantes de l'université, c'est-à-dire de la représentation complète et totale de l'enseignement national, des droits de l'Etat en matière d'études, en matière de sciences et de lettres. Aussi a-t-on voulu tourner la difficulté : on vient nous dire aujourd'hui : Eh bien, non, nous ne demandons pas la collation des grades pour de simples facultés, nous la demandons pour des universités.

Soyons sincères, messieurs ; n'est-ce pas là jouer sur les mots ? Qu'y a-t-il de commun entre ce que nous appelons en France l'université et ce qu'on appellera de ce nom, grâce au nouveau paragraphe qui vous est proposé par la commission, à savoir la simple réunion dans une ville quelconque de trois facultés ? Mais je suppose, — et je voudrais encore espérer qu'il n'en est rien, — que vous adoptiez le nouveau système du projet de loi sur la collation des grades. Avez-vous besoin de ce nom d'université ? Ne pourrez-vous pas, dans l'article 13, au lieu du mot université libre, dire : les établissements comprenant trois facultés ? Ce sera une périphrase, ce sera allonger de quelques mots l'article 13 du projet de loi ; cela vaut mieux que de faire violence à la propriété des noms et à l'usage, et de fonder un privilège sur une équivoque manifeste.

J'apporte peut-être un peu de vivacité dans cette question secondaire...

A gauche. Vous avez raison ! — Très bien !

M. Beaussire. ... mais il m'a semblé qu'il m'appartenait, à moi, ancien professeur de l'université, encore membre honoraire de l'université, de défendre au moins, si je ne puis sauver ses droits, la propriété d'un nom qu'elle honore, d'un nom qu'elle a toujours porté dignement et fièrement, à travers les bons et les mauvais jours, et qui n'autorise aucune équivoque dans l'esprit de ses adversaires comme dans celui de ses amis.

Aussi, permettez-moi, en terminant, de faire appel à tous les partis dans cette Assemblée.

Je m'adresse d'abord aux adversaires de l'université ; ils ne cesseront pas, j'en suis bien convaincu, après le vote de la loi, de la combattre comme ils l'ont combattue jusqu'à présent ; eh bien, dans leurs attaques contre elle, de quel mot se serviront-ils, si elle n'a plus un nom qui lui appartienne en propre, si elle en a été spoliée au profit de ces universités au petit pied ? (Très-bien ! très-bien ! à gauche.)

Je m'adresse également aux amis de l'université qui sont en très-grand nombre, j'aime à le reconnaître, sur tous ces bancs, car ce n'est pas ici une affaire de parti ; ils sont accoutumés à honorer ce nom d'université dans les institutions où ils se sont formés, auxquelles ils confient leurs fils ; eh bien, qu'ils le respectent en lui-même, qu'ils le maintiennent intact, à l'abri de toute usurpation !

Enfin, je m'adresse à M. le ministre de l'instruction publique. Voilà plus de quarante années qu'il honore l'université comme professeur, comme savant, comme membre de l'Institut. (Très-bien ! très-bien !) Elle est heureuse de le voir à sa tête, elle lui est reconnaissante de l'éclat qu'il a été sur elle dans sa carrière de professeur ; elle lui est reconnaissante des services que, cette année même, il a rendus au pays... (Bravos et applaudissements à gauche), et quels que soient les griefs qu'elle puisse avoir aujourd'hui contre quelques-uns de ses actes, elle lui reste attachée comme à un de

ses maîtres les plus respectés, comme à un des chefs qui lui ont fait le plus d'honneur. Eh bien, s'il est obligé par des raisons politiques de sacrifier quelques-uns des droits de ce grand corps universitaire, qu'il ne lui impose pas le sacrifice de son nom ; qu'il ne s'associe pas à une usurpation, qu'il ne laisse pas toucher à un nom auquel le sien est si honorablement uni ; qu'il appuie le rejet que je demande à l'Assemblée de prononcer. (Très-bien ! très-bien ! à gauche.)

M. le président. La parole est à M. le ministre de l'instruction publique.

M. Henri Wallon, *ministre de l'instruction publique, des cultes et des beaux-arts.* Messieurs, je dois remercier mon honorable ami et ancien élève, M. Beaussire, des paroles affectueuses qu'il a prononcées à mon égard. Je partage ses sentiments pour l'université, je crois en avoir déjà donné la preuve. Lors de la discussion de la loi de 1850, dans une autre Assemblée, j'ai défendu ce nom d'université qu'on voulait supprimer. Je ne crois pas la mettre aujourd'hui en péril.

Grammaticalement, sans doute, M. Beaussire a raison : université veut dire la réunion de toutes les branches de l'enseignement. Mais historiquement, je crois qu'il a tort. Je le prie de parcourir par la pensée la liste des anciennes universités de France, et de me dire si, dans toutes, il y avait des facultés de médecine ; il pourra voir que plusieurs n'en avaient pas... (C'est vrai !), et le nom d'université ne leur était pas moins appliqué.

Quant à la confusion qu'il signale, je ne crois pas qu'il puisse jamais y en avoir. Il ne faudra pas de grandes périphrases ; nous dirons toujours l'université de France ; on dira : l'université de Lyon, l'université de Bordeaux, l'université de Marseille. Et j'ai la confiance que dans ce partage le nom d'université ne se trouvera pas compromis. (Très-bien ! très-bien ! — Aux voix !)

M. le président. Le premier paragraphe de l'article 5 n'est pas contesté, il est maintenu.

Je consulte l'Assemblée sur le second paragraphe qui, je le rappelle, est ainsi conçu :

« Quand ils réuniront trois facultés, ils pourront prendre le nom d'universités libres. »

(Une première épreuve par main levée est déclarée douteuse par le bureau. — A une seconde épreuve par assis et levé, le paragraphe est adopté.)

L'ensemble de l'article 5 est ensuite mis aux voix et adopté.

M. le président. Nous passons à l'article 6. La commission propose de mettre en tête deux paragraphes nouveaux, dont je vais donner lecture :

« Pour les facultés des lettres, des sciences et de droit, la déclaration signée par les administrateurs devra porter que lesdites facultés ont des salles de cours, de conférences et de travail suffisantes pour cent étudiants au moins, et une bibliothèque spéciale.

« Pour une faculté des sciences, il devra être établi, en outre, qu'elle possède des laboratoires de physique et de chimie, des cabinets de physique et d'histoire naturelle en rapport avec les besoins de l'enseignement supérieur. »

(Ces deux paragraphes sont mis aux voix et adoptés.)

M. le président. Les paragraphes suivants sont ainsi conçus :

« S'il s'agit d'une faculté de médecine, d'une faculté mixte de médecine et de pharmacie, ou d'une école de médecine ou de pharmacie, la déclaration signée par les administrateurs devra établir :

« Que ladite faculté ou école dispose, dans un hôpital, fondé par elle ou mis à sa disposition par l'assistance publique, de 120 lits au moins, habituellement occupés, pour les trois enseignements cliniques principaux : médical, chirurgical, obstétrical ;

« Qu'elle est pourvue : 1° de salles de dissection munies de tout ce qui est nécessaire aux exercices anatomiques des élèves ; 2° des laboratoires nécessaires aux études de chimie, de physique et de physiologie ; 3° de collections d'étude pour l'anatomie normale et pathologique, d'un cabinet de physique, d'une collection de matière médicale, d'une collection d'instruments et appareils de chirurgie ;

« Qu'elle met à la disposition des élèves un jardin de plantes médicinales et une bibliothèque spéciale.

« S'il s'agit d'une école spéciale de pharmacie, les administrateurs de cet établissement devront déclarer qu'il possède des laboratoires de physique, de chimie, de pharmacie et d'histoire naturelle, les collections nécessaires à l'enseignement de la pharmacie, un jardin de plantes médicinales et une bibliothèque spéciale. »

Je fais remarquer à l'Assemblée que, dans le paragraphe 4, la commission a substitué au mot « cédé » les mots « mis à sa disposition. »

M. Chesnelong. Je demande la parole.

M. le président. M. Chesnelong a la parole.

M. Chesnelong. Messieurs, je voudrais adresser une question à M. le rapporteur de la commission.

L'article 6 dit que toute faculté ou école de médecine devra disposer, dans un hôpital fondé par elle ou mis à sa disposition par l'assistance publique, de 120 lits au moins. Je comprends que les 120 lits soient obligatoires ; mais, si la faculté ou école de médecine dispose de 120 lits, non pas dans un seul hôpital, mais dans trois hôpitaux par exemple... (Interruptions et bruit à gauche.)

Je n'entends pas les interruptions.

A droite. Ne vous arrêtez pas ! — Continuez ! continuez !

M. Chesnelong. Je comprends, dis-je, que les 120 lits soient obligatoires ; mais, je répète ma question : si l'école ou la faculté de médecine dispose de 120 lits dans trois hôpitaux, par exemple, au lieu de les avoir dans un seul, sera-t-elle néanmoins dans les conditions exigées par cet article ?

Je crois que la commission admet que les 120 lits peuvent se trouver dans trois hôpitaux distincts. Car l'article mentionne trois enseignements cliniques distincts, savoir : l'enseignement médical, l'enseignement chirurgical, et l'enseignement obstétrical. Il peut être extrêmement difficile de trouver un seul hôpital de 120 lits, où ces trois enseignements cliniques seraient réunis. Ce serait donc là une exigence excessive, à mon avis ; j'es-

père que la commission nous fera à cet égard une réponse qui nous donnera satisfaction. (Très-bien ! très-bien ! à droite.)

M. Édouard Laboulaye, *rapporteur.* Messieurs, la question, dans les termes où l'a posée M. Chesnelong, est facile à résoudre.

Il y a trois cliniques : une clinique médicale, une clinique chirurgicale et une clinique d'accouchement. Sauf meilleur avis des savants médecins qui sont dans cette Assemblée, il ne nous semble pas nécessaire d'exiger que ces trois cliniques soient réunies dans le même hôpital. On comprend parfaitement l'intérêt qu'il peut y avoir à ce que les salles d'accouchement soient séparées des salles ordinaires ; par conséquent, la commission n'a pas la moindre objection à ce que les 120 lits exigés par l'article soient répartis dans trois hôpitaux. Elle n'admettrait pas, par exemple, un éparpillement tel, que la clinique fût faite, pour ainsi dire, à domicile ; mais, dans cette limite de trois hôpitaux réunissant 120 lits, la commission est d'accord avec l'honorable M. Chesnelong. (Très-bien ! — Aux voix !)

M. le président. Je mets aux voix les paragraphes 3, 4, 5, 6 et 7 de l'article 6.

(Les paragraphes 3, 4, 5, 6 et 7 sont mis aux voix et adoptés.)

« L'ensemble de l'article 6 est ensuite mis aux voix et adopté.

« Art. 7. — Les cours ou établissements libres d'enseignement supérieur seront toujours ouverts et accessibles aux délégués du ministre de l'instruction publique.

« La surveillance ne pourra porter sur l'enseignement que pour vérifier s'il n'est pas contraire à la morale, à la Constitution et aux lois. » — (Maintenu.)

« Art. 8. — Sont incapables d'ouvrir un cours et de remplir les fonctions d'administrateur ou de professeur dans un établissement libre d'enseignement supérieur :

« 1° Les individus qui ne jouissent pas de leurs droits civils ;

« 2° Ceux qui ont subi une condamnation pour crime ou pour un délit contraire à la probité ou aux mœurs ;

« 3° Ceux qui, par suite de jugement, se trouveront privés de tout ou partie des droits civils, civiques et de famille, indiqués dans les n°s 1, 2, 3, 5, 6, 7 et 8 de l'article 42 du code pénal ;

« 4° Ceux contre lesquels l'incapacité aura été prononcée en vertu de l'article 15 de la présente loi. » — (Maintenu.)

« Art. 9. — Les étrangers pourront être autorisés à ouvrir des cours ou à diriger des établissements libres d'enseignement supérieur dans les conditions prescrites par l'article 78 de la loi du 15 mars 1850. » — (Maintenu.)

TITRE II

DES ASSOCIATIONS FORMÉES DANS UN DESSEIN D'ENSEIGNEMENT SUPÉRIEUR

« Art. 10. — L'article 291 du code pénal n'est pas applicable aux associations formées pour créer et entretenir des cours ou établissements d'enseignement supérieur dans les conditions déterminées par la présente loi.

« Il devra être fait une déclaration indiquant

les noms, professions et domiciles des fondateurs et administrateurs desdites associations, le lieu de leurs réunions et les statuts qui doivent les régir.

« Cette déclaration devra être faite, savoir : 1° au recteur ou à l'inspecteur d'académie qui la transmettra au recteur ; 2° dans le département de la Seine au préfet de police, et dans les autres départements au préfet ; 3° au procureur général de la cour du ressort, en son parquet, ou au parquet du procureur de la République.

« La liste complète des associés, avec indication de leur domicile, devra se trouver au siège de l'association et être communiquée au parquet à toute réquisition du procureur général. »

M. le président. Je signale à l'Assemblée deux modifications introduites par la commission dans le texte de cet article, depuis la 2° délibération.

Au 2° pararhraphe, on a mis « ... une déclaration indiquant.., » au lieu de « ... une déclaration faisant connaître... »

Au 3° paragraphe, on a ajouté : « 1° Au recteur ou à l'inspecteur d'académie, qui la transmettra au recteur...»

Je mets aux voix l'article 10 ainsi modifié.

(L'article 10 est mis aux voix et adopté.)

« Art. 11. — Les établissements d'enseignement supérieur fondés, ou les associations formées en vertu de la présente loi, pourront, sur leur demande, être déclarés établissements d'utilité publique, dans les formes voulues par la loi, après avis du conseil supérieur de l'instruction publique.

« Une fois reconnus, ils pourront acquérir et contracter à titre onéreux ; ils pourront également recevoir des dons et des legs, dans les conditions prévues par la loi.

« La déclaration d'utilité publique ne pourra être révoquée que par une loi. »

M. le président. La parole est à M. Jules Favre.

M. Jules Favre. Messieurs, ce n'est qu'avec une extrême hésitation que je monte à la tribune, comprenant fort bien la légitime impatience de l'Assemblée, dont la volonté ferme et patriotique est d'arriver le plus tôt possible au terme de ses travaux. (Très-bien ! sur divers bancs à gauche.)

Toutefois, l'article 11 et l'article 12 de la loi qui est en délibération contiennent des dispositions qui me paraissent si exorbitantes du droit commun, les questions qu'ils posent sont si graves, et, je me permets de le dire, la solution qu'y a donnée la commission me semble si obscure, si pleine d'inconvénients, que je crois qu'il est du devoir de tout jurisconsulte d'examiner ces dispositions, ou tout au moins d'indiquer à l'Assemblée les questions que ces dispositions soulèvent.

Vous le savez, messieurs, elles sont relatives au régime économique et civil des établissements d'enseignement supérieur et des associations qui sont formées pour les fonder.

Quel doit être ce régime? Comment ces établissements et ces associations pourront-ils jouir du bénéfice du droit commun, ou bien obtenir la déclaration d'utilité publique qui permet d'y déroger?

Telles sont, messieurs, les dispositions des

articles 11 et 12. J'ai demandé, quant à moi, par un amendement, que la déclaration d'utilité publique ne pût, dans aucun cas, être prono-cée que par la loi, substituant ainsi l'intervention législative à celle de l'administration.

Tel est le sens de l'amendement que j'ai eu l'honneur de déposer.

Mais, pour qu'il soit bien compris, il est nécessaire d'expliquer le plus rapidement possible le sens de l'article 11 et celui de l'article 12, qui en est le corollaire.

Car, dans ma pensée, ce qu'il y aurait de plus sage de la part de l'Assemblée, ce serait d'écarter complètement ces deux articles, lesquels sont absolument étrangers, je ne dirai pas seulement au principe de la liberté de l'enseignement supérieur, mais à son application, et touchent à des problèmes de droit civil qui modifieraient complètement notre législation actuelle et qui pourraient y introduire des dispositions extrêmement dangereuses.

En effet, je viens de le dire, ces deux articles, et principalement l'article 11, auquel je m'attache, définissent et précisent le régime d'existence civile des établissements d'enseignement supérieur et des associations qui ont pour but de fonder ces établissements.

L'article 11 porte :

« Les établissements d'enseignement supérieur fondés, ou les associations formées en vertu de la présente loi, pourront, sur leur demande, être déclarés établissements d'utilité publique, dans les formes voulues par la loi, après avis du conseil supérieur de l'instruction publique.

« Une fois reconnus, ils pourront acquérir et contracter à titre onéreux ; ils pourront également recevoir des dons et des legs dans les conditions prévues par la loi. »

Ici se place une observation importante. Dans le cours de son rapport, l'honorable M. Laboulaye vous a dit que cette disposition était indispensable pour créer aux établissements d'enseignement supérieur ou aux associations qui s'y réfèrent les ressources nécessaires à leur existence. S'il en était ainsi, messieurs, je ne vous demanderais pas le retranchement de cet article ; mais je ne puis accepter comme exacte l'assertion de notre honorable rapporteur, et, dans tous les cas, elle admet une distinction essentielle. S'il était indispensable pour les établissements d'instruction supérieure ou pour les associations. — et je vous supplie de ne pas oublier quelle est l'assimilation que la commission établit entre ces deux idées, entre ces deux faits « établissements d'enseignement supérieur et associations formées, » — si dis-je, il était indispensable, pour leur procurer les ressources nécessaires à leur existence, de recourir aux dispositions de l'article 11, je serais plus réservé quand il s'agit de les combattre. Mais, messieurs, cela vous a déjà été dit, ces établissements et ces associations n'ont pas besoin de cette ressource extraordinaire pour subsister : le droit commun leur suffit.

En effet, si les établissements d'enseignement supérieur ou les associations veulent s'en contenter, ils peuvent se former dans les conditions que la loi a prévues, et alors, avec le bénéfice de cette loi, ils ont la faculté de constituer des personnes civiles, d'acquérir, de transmettre; ils sont capables de toutes les actes de la vie civile, qui assurent leur existence et permettent leur développement. Mais dans de pareilles conditions, les établissements d'enseignement supérieur et les associations sont dans la nécessité de se conformer aux lois générales et aux lois spéciales sur les associations, et c'est précisément ce qu'on ne veut pas.

On veut créer à leur profit une situation exceptionnelle par la déclaration d'utilité publique qui leur donne une prérogative énorme et, suivant moi, dangereuse : celle de constituer des sociétés perpétuelles et impersonnelles... (C'est cela ! — Très-bien ! à gauche), c'est-à-dire des sociétés qui ne sont point à terme, qui ne sont point soumises à la liquidation, qui échappent à toutes les conditions du droit commun, qui héritent et qui ne transmettent jamais leur patrimoine par héritage, qui continuent à subsister, alors que les corps individuels qui les ont fondées ont disparu, et qui absorbent dans leur sein ces mêmes corps individuels ; car pour eux disparaît la faculté qui est assurée par la loi générale et spéciale des sociétés, d'avoir recours à la justice pour défendre leur individualité, pour faire prévaloir leurs droits. Ils sont complètement perdus dans l'association générale, qui forme cette particularité, dans notre droit, d'un établissement d'utilité publique vivant de sa vie propre, mais ayant la faculté de ne périr jamais.

Eh bien, messieurs, est-il bien nécessaire pour la liberté de l'enseignement supérieur en France, pour ses progrès, son développement, que de pareilles associations existent ? J'avoue que cela n'est point démontré dans le rapport, et j'attends que M. le rapporteur vienne en faire ici la preuve. Si les établissements d'enseignement supérieur, si les associations veulent se gérer d'après les principes du droit commun, ils trouvent dans le bénéfice de ce droit commun tout ce qui leur est nécessaire pour asseoir leur existence civile, pour jouir des privilèges que cette existence civile assure ; ils n'ont pas besoin de recourir à la déclaration d'utilité publique.

Et permettez-moi de le dire, messieurs, la commission a tranché, je ne dirai pas sans le savoir, — à coup sûr, je ne lui ferai pas une semblable injure, — mais sans le suffisamment indiquer, sans avertir l'Assemblée et l'opinion, elle a tranché l'une des plus graves questions de notre droit public, et elle l'a tranché, non-seulement au profit de la liberté de l'enseignement supérieur, mais au profit du principe de l'association lui-même. Car ce ne sont pas seulement les établissements constitués qui pourront se faire déclarer d'utilité publique, ce sont les associations, et la commission n'a pas pris soin de préciser ce que c'était qu'une association fondée dans un pareil but, de combien de personnes elle devait se composer.

Nous avons bien, dans l'article 10 que vous venez de voter, vu la nomenclature de toutes les déclarations qui doivent être faites par les chefs de cette association. Mais quelle sera sa constitution légale ? La commission ne l'a pas dit ; ici, tout est laissé dans le vague, et par

conséquent dans les périls, dans les éventualités qu'un pareil vague peut entraîner.

Cela est d'autant plus grave, que vous êtes saisis depuis longtemps d'une proposition qui a été déposée par l'un de nos honorables collègues, M. Tolain, et qui demande d'une manière générale l'abrogation de l'article 291 du code pénal, c'est-à-dire la liberté des associations. Ce projet a été examiné ; le rapport a été confié à l'un de nos plus éminents collègues, l'honorable M. Bertauld. Malheureusement, le projet de loi n'est pas encore venu en discussion. Là, messieurs, comme cela était dans son rôle, et je dirai dans son devoir, l'honorable rapporteur s'est préoccupé des conditions d'existence des associations dont il conseille l'affranchissement, et il s'est demandé, non sans une légitime préoccupation, s'il était prudent de constituer, à côté de l'Etat, non pas des associations libres, gouvernées par la loi ordinaire, mais des associations exceptionnelles, paraissant entre leurs mains une partie de la fortune publique, jouissant du privilège énorme, capital, périlleux outre mesure, du privilège de l'immutabilité, et pouvant ainsi concevoir et exécuter, peut-être au détriment de l'Etat, de vastes desseins, qui échappent complètement à la faiblesse individuelle. (Oui ! oui ! — Très-bien ! à gauche.)

Je ne veux pas, messieurs, — vous ne me le pardonneriez pas, et cependant la discussion y gagnerait singulièrement, — je ne veux pas mettre sous vos yeux le passage du rapport de M. Bertauld, dans lequel ces questions sont traitées ; mais j'ai cherché, sinon à en reproduire l'autorité, ce qui est impossible, au moins à n'en pas complètement méconnaître le sens.

Eh bien, l'honorable M. Bertauld ne se prononce pas d'une manière absolue, mais qui laisse percer d'une façon suffisamment claire les craintes que lui inspirent de semblables associations, jouissant de ce privilège énorme, a abouti, au moins dans l'application, à une réserve en ce qui concerne la possession territoriale et, dans l'article 14 du projet qu'il devait vous soumettre, se rencontrent, à cet égard, de fermes dispositions faisant appel à la vigilante sagesse du législateur et tendant à le conseiller de limiter, dans les proportions les plus étroites, le droit d'acquérir et de posséder des immeubles, de la part de ces associations perpétuelles.

L'honorable rapporteur de votre commission a éprouvé lui-même de semblables préoccupations, son rapport en porte la trace et il vous dit qu'il sera nécessaire, à l'occasion de ces associations, de faire voter par l'Assemblée des dispositions restrictives du même genre.

Mais, messieurs, qu'est-ce à dire ? On reconnaît le danger d'une disposition, on en indique le remède et on en demande par l'application ! On livre la situation périlleuse qu'on prévoit à toutes les éventualités, à toutes les aventures d'un avenir qui ne nous appartient pas, et ne méconnaissant pas que de semblables associations, telles que je viens de les définir, contiennent un danger des plus redoutables, on ne cherche pas à s'en prémunir par l'autorité de la loi.

Je pourrais multiplier ces critiques et vous dire que, à l'occasion d'autres faits, il a été question de constituer dans notre droit public des personnes civiles investies de ce privilège anormal de la perpétuité et de l'impersonnalité, et que le législateur n'a pas cru qu'il lui fût possible d'accorder un tel privilège, sans demander en même temps, non pas au caprice de l'administration, mais à la toute puissance de la loi, une série de garanties qui pussent protéger la société. Ainsi on a ordonné des enquêtes, on a demandé l'avis des autorités communales, on a pensé que rien ne pouvait être fait sans de minutieuses investigations. Rien de semblable dans le projet qui vous est présenté, et j'avais raison de dire que là tout est vague, inconsistant, sauf, messieurs, le pouvoir qui est accordé à l'administration seule de déclarer l'utilité publique de l'établissement ou de l'association qui le demandera.

Eh bien, si vous votiez de pareilles dispositions, que je crois avoir suffisamment combattues, — bien que je n'aie pas la prétention d'avoir traité la question, tout au plus l'ai-je indiquée, mais vos intelligences m'auront suppléé, — et si vous jugez qu'il est indispensable, pour le complément de votre loi, de donner aux établissements d'enseignement supérieur et aux associations formées pour en fonder, le droit périlleux contre lequel je m'élève de toutes mes forces et qui ne me paraît, en aucune manière, nécessaire pour l'accomplissement de vos volontés en ce qui concerne la liberté de l'enseignement supérieur, tout au moins croirez-vous sage, — je le crois pour ma part et tel est le but de mon amendement, — de ne point abandonner une pareille déclaration à l'arbitraire de l'administration ministérielle et d'ordonner que cette déclaration d'utilité publique dont j'ai essayé de vous faire comprendre la gravité, ait pour garantie la toute puissance et la sagesse du législateur.

Est-ce que, en cela, messieurs, je suis un novateur ou un téméraire? Mais, la doctrine sur laquelle repose mon amendement, elle est la doctrine séculaire de notre droit public; elle est l'application des principes qui ont été constamment défendus par la sagesse de nos lois qui ne livrait pas l'État à toutes les entreprises de ceux qui, sous des prétextes quelconques, cherchaient à renverser en ayant l'air de servir. (Approbation à gauche.) C'est la doctrine de tous nos jurisconsultes les plus illustres, de ceux qui ont marqué dans le monde, non pas seulement par la grandeur de leur science, mais encore par la grandeur de leurs vertus et la noblesse de leur caractère.

Ainsi, messieurs, les établissements publics qui sont doués de ce privilège dont je vous parlais tout à l'heure, n'ont jamais été autorisés dans notre ancien droit qu'en vertu non seulement d'une ordonnance royale, mais encore d'une ordonnance enregistrée par le Parlement.

Voici, en effet, messieurs, ce que je lis dans le répertoire de M. Guyot:

« Tous les corps et communautés, tant ecclésiastiques que laïques, qui sont perpétuels et qui, par une subrogation de personnes étant censés être toujours les mêmes, ne produisent aucune mutation par mort », doivent être autorisés par ordonnance royale enregistrée par le Parlement.

Et voici, messieurs, le texte de l'édit du mois de décembre 1666, répété par tous les édits postérieurs, et notamment par celui du mois d'août 1749 :

« Nous voulons, il nous plaît que, à l'avenir, il ne pourra être fait aucun établissement de collèges, monastères, communautés, même sous prétexte d'hospices, en aucunes villes ou lieux de notre royaume, sans permission expresse de nous, par lettres patentes de nous, bien et dûment enregistrées dans nos cours et parlements. »

Voilà, messieurs, les garanties que notre ancien droit jugeait indispensables et qu'il a soigneusement maintenues jusqu'en 1789, époque à laquelle, vous le savez, tous les établissements d'utilité publique, c'est-à-dire toutes ces corporations, toutes ces sociétés perpétuelles ont disparu pour ne laisser debout que l'État, qui s'est emparé de toutes celles qui relevaient directement de sa puissance et qu'il a gérées lui-même ou par ses délégué.

Plus tard, lorsque, par la force des choses, ont reparu les établissements d'utilité publique, notamment ceux qui concernent la bienfaisance, la France avait bien changé : elle était entre les mains d'un maître qui était jaloux de son autorité suprême et qui ne voulait point en partager l'exercice avec la nation. Aussi, messieurs, est-ce de cette époque que date cette innovation grave, — empiétement sur nos vieux principes et nos respectables franchises, — que, malheureusement, la commission veut aujourd'hui maintenir, et en vertu de laquelle la déclaration d'utilité publique n'a plus dépendu que d'un simple décret du gouvernement, aujourd'hui d'un décret ministériel et présidentiel.

Vous le voyez, messieurs, l'opinion que je soutiens a pour elle l'autorité vénérable des âges qui se sont écoulés, la sagesse de nos pères, la science de tous ceux qui ont été chargés d'interpréter la loi, la fermeté de ceux qui avaient pour mission de l'appliquer.

Ces questions ont été encore et solennellement débattues sous la Restauration, — assurément les temps semblaient propices pour que l'autorité ministérielle, surtout en matière d'association religieuse, pût reprendre son règne et souverain empire, — elles se sont présentées en 1817, en 1824 et en 1825.

A cette époque, messieurs, vous le savez, il s'agissait de donner par voie de déclaration d'utilité publique, aux congrégations religieuses, cette vitalité particulière, exceptionnelle, et, à mon sens, infiniment dangereuse, qui permet à ces sociétés de continuer leur existence, même alors que ceux qui les ont fondées et perpétuées ne sont plus, de survivre ainsi à leurs fondateurs.

Alors, messieurs, le problème qui se pose devant nous fut solennellement débattu et à la Chambre des députés et à la Chambre des pairs. Vous savez que, dans la loi du 2 janvier 1817, le gouvernement avait obtenu que les établissements ecclésiastiques jouissent de ce privilège de perpétuité, mais le projet de loi portait « pourvu qu'ils fussent légalement autorisés. »

La commission, dont l'honorable M. de Montesquiou était rapporteur, demanda le changement d'une pareille expression; il trouvait qu'elle dérogeait de la manière la plus grave à nos vieilles institutions et à nos anciens principes; et il demanda que ces mots « légalement autorisés » fussent remplacés par les mots « reconnus par la loi. »

Après une première discussion, à laquelle M. de Montesquiou prit une part brillante, à la Chambre des pairs, la Chambre des pairs adopta cette modification qui fut également adoptée à la Chambre des députés.

Voici, messieurs, comment s'exprimait à la Chambre des députés un de nos honorables prédécesseurs, M. Lizot, dans la séance du 24 décembre 1816.

« Sans contredit, nous devons avoir confiance dans la sagesse du gouvernement; mais cette confiance serait aussi contraire à ses intentions qu'à ses véritables intérêts, si elle s'étendait à lui attribuer exclusivement ce qui est du ressort du pouvoir législatif, puisque cette soumission aveugle serait le renversement de la Charte. »

La Charte n'est plus, mais le principe fondamental sur lequel elle reposait, c'est-à-dire le consentement de la nation, existe encore et a acquis plus d'éclat, plus d'autorité, plus de grandeur; et je pense que les paroles qui étaient trouvées sages par la Chambre des députés, rencontreront ici votre adhésion.

En 1824 et en 1825, la question fut examinée avec solennité, quand il s'agit d'adopter le projet de loi qui était déposé par le gouvernement pour l'établissement des congrégations de femmes. Car, vous le savez, messieurs, — et il n'est pas inutile de le rappeler en passant, — les hommes d'État de la Restauration les plus vigilants, les plus dévoués à la monarchie, se sont constamment opposés au rétablissement, sous une forme quelconque, des congrégations d'hommes, et ils l'ont déclaré formellement dans la discussion à laquelle je fais allusion.

Mais, messieurs, je n'en saurais pas fait qu'il y avait, en 1817, désaccord entre le gouvernement et la Chambre sur le point de savoir si les congrégations, quelles qu'elles fussent, auraient le privilège de la; ersonnalité civile; cette personnalité civile qui n'est qu'une association légale, et qu'il ne faut pas confondre avec cette autre personnalité civile exorbitante ayant le privilège de la perpétuité et de la personnalité et qui est celle dont il s'agit en ce moment, — si, dis-je, toutes les congrégations auraient la personnalité civile d'associations légales, ou si cette personnalité serait exclusivement donnée à des congrégations de bienfaisance, à ces nobles, pures et grandes associations de femmes qui se dévouent au service de l'humanité souffrante ou à l'enseignement de la jeunesse. (Approbation à gauche.)

Eh bien, même dans ces conditions, les orateurs les plus considérables de la Chambre des pairs s'élevèrent avec force contre la théorie du Gouvernement défendue par Mgr l'évêque d'Hermopolis, M. de Frayssinous.

Je ne veux pas vous fatiguer par des lectures, je vous cite seulement deux noms : le comte Lanjuinais, M. le baron Pasquier, qui a constamment défendu, dans la mesure des possibilités du temps où il vivait, les libertés publiques et les exigences de la France... (Approbation à gauche). qui n'avait pas pour les droits galli-

cans le mépris qu'on affiche aujourd'hui... (Applaudissements à gauche) les considérant comme une garantie nécessaire, et qu'il fallait soigneusement maintenir.

Je ne veux pas, je le répète, vous fatiguer de citations, je crois devoir, cependant, vous demander la permission de mettre sous vos yeux, après les deux noms que je viens de vous rappeler, les quelques paroles prononcées dans la discussion par M. Laisné; elles vaudront assurément beaucoup mieux que toutes celles que je pourrais faire entendre moi-même.

Voici ce que disait l'orateur devant la Chambre des pairs :

« On a comparé, disait le vicomte Laisné, ces congrégations à des associations de commerce; sans doute les corporations religieuses ont quelque chose de commun avec ces associations, en ce qui touche des intérêts bien matériels. Les premières mettent en commun leur pieuse industrie, comme les secondes unissent leurs capitaux. Mais les associations commerciales ne forment pas de nouvelles familles dans l'État; elles ne mènent pas une vie commune, elles ne possèdent pas, elles n'acquièrent pas un nom collectif, elles se dissolvent à volonté, elles ne sont assujetties qu'à la juridiction civile, elles ne demandent pas à la loi la faculté de recevoir par donation et par testament. Les congrégations religieuses, au contraire, changent l'état des personnes; celles-ci n'appartiennent plus à leurs familles; affranchies de la puissance paternelle, elles forment partie d'une corporation permanente. »

Et il terminait par ces paroles que je recommande à votre sagesse :

« La loi ne peut rester indifférente à leur égard, ce sont de grandes corporations civiles pour qui le droit doit être modifié. Il s'agit, quand on accorde à des êtres collectifs le droit de posséder, en vertu d'une substitution perpétuelle, le droit d'acquérir à tous les titres et par toutes les voies qui, disséminant les biens des familles, les agglomèrent dans les congrégations ; c'est même excéder le pouvoir des lois humaines, que de donner à ces corps une vie perpétuelle pendant laquelle ils acquièrent toujours, à l'aide même des séductions légitimes nées des liens d'une maternité, d'une fraternité nouvelles, que la religion serre plus étroitement que la nature même; aussi ce grave sujet était-il autrefois du domaine de la législation. »

Ces principes, si éloquemment exposés, prévalurent, et la loi de 1827 ne reconnut d'autres associations perpétuelles que celles qui étaient consacrées par la loi, alors que les statuts avaient été aussi visés par la même autorité.

C'est là, messieurs, ce que je vous demande pour une situation si différente, à quelques égards, de celle à l'occasion de laquelle étaient prononcées les paroles de M. Laisné, mais elle y ressemble sur le point le plus important. Il s'agit, en effet, d'êtres collectifs qui ont la possibilité de se perpétuer, qui acquièrent par donations et testaments, qui confondent les intérêts individuels dans l'intérêt général pour le but qu'ils se proposent.

Je me demande tout d'abord si de semblables êtres collectifs ne sont pas plus dangereux que nécessaires. Je remarque qu'ils sont absolument inutiles au fonctionnement de votre loi sur la liberté de l'enseignement supérieur, que c'est là un hors-d'œuvre, un empiétement sur le régime des associations, que vous n'avez point encore déterminé. Mais je dis que si vous êtes résolus à faire une si considérable exception à votre droit civil, il faut au moins que cette exception naisse de la loi, et non pas d'un simple décret ministériel. (Approbation à gauche.)

Je dirai même que tel est l'avis de M. le rapporteur, car je ne crois pas qu'il soit possible de rencontrer dans son si remarquable rapport une raison qui puisse affaiblir les principes que je viens d'avoir l'honneur d'énoncer devant vous, et assurément il y a dans ce rapport plusieurs raisons qui peuvent être invoquées à l'appui.

Ainsi M. le rapporteur, après avoir parlé de ceux qui s'effrayent de la possession des biens de mainmorte, après leur avoir décoché des traits railleurs que, pour ma part, je ne comprends pas, car pour tous les hommes d'Etat il y a un danger considérable sur lequel le législateur ne doit pas fermer les yeux; après avoir dit qu'il renvoyait à une autre loi la restriction que l'on croirait convenable d'apporter, à cet égard, aux droits des associations, M. le rapporteur dit cependant, en ce qui concerne la collation des grades, en parlant des différences qui existent entre une loi et une ordonnance, ces paroles que je recommande à votre sagesse :

« La seconde raison, c'est qu'il a semblé à la majorité de la commission qu'une loi offrait plus de garanties à la liberté. Un ministre porté au pouvoir par un certain courant d'opinion sera-t-il dans des conditions d'impartialité suffisantes, quand il s'agira d'accorder à ses adversaires politiques ou de refuser à des amis un privilége aussi important? Le plus souvent ne craindra-t-il pas d'engager sa responsabilité?

« Au contraire, une Assemblée qui délibère sous l'œil du public, une Assemblée où toutes les opinions sont représentées, où toutes les voix sont entendues, sera forcément impartiale. »

On ne peut pas mieux dire et en même temps plus mal conclure, car M. le rapporteur cite, après ce passage, l'exemple de pays libres, la Belgique, l'Angleterre, dans lesquels l'intervention législative est indispensable.

Et, enfin dans la séance du 16 juin dernier, M. le rapporteur, répondant à un honorable orateur qui, à propos de la collation des grades, demandait l'application d'un système qu'il combattait, répétait cette déclaration dans les termes que voici :

« Nous avons répondu :

« Il y a quelque chose de plus que de l'administration ; il y a la création d'une personne civile à laquelle l'Etat délègue une partie de la puissance publique et en quelque façon le droit de frapper un impôt pour payer ses professeurs; il serait bon que le législateur donnât l'autorisation de la même manière que nous votons ici une loi d'intérêt local. »

C'est précisément ce que je demande, et il ne faut pas que l'Assemblée s'arrête à l'encombrement de son ordre du jour qui pourrait être la conséquence d'une pareille disposition.

ANNALES. — T. XXXIX.

Les lois d'intérêt local ne l'ont jamais gênée, et assurément de semblables affaires concernant les associations seront beaucoup plus rares. Ce que je demande à l'Assemblée, c'est de conserver, c'est de faire prévaloir son droit d'examen et de contrôle, et de ne pas l'abandonner à l'action arbitraire de l'administration.

Je crois que tout le monde y a intérêt, et surtout, permettez-moi de le dire, ceux qui réclament la déclaration d'utilité publique, car ce qu'il y a pour eux de plus dangereux, c'est le huis clos d'une délibération dans laquelle leurs droits pourraient être étouffés.

Assurément, messieurs, comme M. Guizot en 1817, je suis plein de confiance dans la loyauté de MM. les ministres présents et futurs; mais je sais, cependant, que leur volonté peut être entravée par des inspirations politiques contraires aux intérêts de ceux qui leur demandent un acte de justice, tandis qu'au grand jour de cette Assemblée, après une discussion publique, de pareils inconvénients ne sont point à craindre.

Et enfin, messieurs, — laissez-moi terminer par cette réflexion, en vous remerciant d'avoir bien voulu m'écouter dans ces détails arides, mais qui, à mon sens, soulèvent des problèmes trop graves pour que vous ne vous en occupiez pas, — je dis que l'Etat serait coupable si, dans sa plus haute expression, c'est-à-dire dans son action législative, il ne gardait pas pour lui la protection et la défense de semblables intérêts.

J'ai entendu plusieurs fois examiner à cette tribune la question de savoir si l'Etat avait le droit d'enseigner. Oui, assurément, il a ce droit, et il faut le lui maintenir ; il a ce droit ; il est, comme l'a dit un homme illustre, un honnête homme protégeant la morale, défendant sa politique et ne souffrant pas qu'on y puisse porter atteinte.

Oh ! assurément, messieurs, qu'il respecte la liberté des croyances, qu'il ne s'ingère pas dans les opinions scientifiques, qu'il laisse aux méthodes toute espèce de latitude, je le comprends ; mais, en ce qui concerne l'ordre public, en ce qui concerne surtout l'ordre politique, la défense de la société, le respect des institutions sous l'empire desquelles elle vit, son droit, comme son devoir, c'est de les protéger et de se refuser à toute espèce d'atteinte qui pourrait les détruire ou en affaiblir le respect. (Très-bien ! très-bien ! à gauche.)

Ce droit, il l'exercera lorsque chacune des associations ou chacun des établissements d'enseignement supérieur sera dans la nécessité de soumettre sa charte, de faire connaître ses doctrines, de montrer d'où il vient, où il va.

Et encore, messieurs, malgré la solennité de cette discussion, il s'est produit des malentendus qui n'ont pu être dissipés. On a posé à quelques-uns de nos adversaires, dont je respecte d'autant plus la loyauté qu'ils ont gardé le silence, des questions sur l'esprit qui doit animer leur enseignement. S'il faut en croire les documents publics, cet esprit est absolument contraire aux institutions qui nous régissent... (Réclamations à droite. — Très-bien ! très-bien ! à gauche), et personne ici n'est venu le démentir.

Qu'il n'y ait pas, pour l'Etat, un prétexte à persécution, assurément! Nous sommes tous de cet avis; mais il y a au moins une raison de vigilance, de vigilance soigneuse et jalouse, qui ne peut être exercée que par de grandes assemblées librement élues.

Je crois donc que si vous concédiez le privilége que je combats et que je vous demande de rejeter, le privilége contenu dans l'article 11 et aussi dans l'article 12 du projet de loi, — je n'ai pas parlé de l'article 12, et j'ai eu tort peut-être; vous y auriez vu la déviation la plus dangereuse du droit commun. — si, dis-je, vous mainteniez un semblable privilége, vous investirez au moins le législateur du droit exclusif de l'accorder en faisant respecter l'ordre public et les institutions qui nous régissent. (Très-bien! — Bravos et applaudissements à gauche.)

M. le président. La parole est à M. Robert de Massy.

M. Robert de Massy. Messieurs, la commission n'a pas admis l'amendement de l'honorable M. Jules Favre, et pourtant, à vrai dire, elle n'est pas en contradiction avec les principes, avec les considérations élevées qu'il est venu développer à cette tribune, avec son talent ordinaire.

Il invoque le droit commun,. nous l'invoquons aussi : il a toujours été notre aide dans la préparation de la loi qui se discute en ce moment.

Ce qui nous sépare de l'honorable M. Jules Favre, c'est qu'il a recherché à quelles conditions, sous l'empire de nos lois, peuvent être autorisées les congrégations religieuses légalement reconnues.

Or, messieurs, comme lui, avec lui, toutes les fois qu'il s'agira d'une reconnaissance, soit directe, soit indirecte, d'une congrégation religieuse, nous estimons, et la commission a entendu que cette reconnaissance ne pourrait avoir lieu qu'en vertu du droit commun, c'est-à-dire en vertu d'une loi. Aussi l'article de la commission n'a pas d'autre portée que do décider à quelles conditions un établissement d'enseignement supérieur, une association formée pour ouvrir un établissement d'enseignement supérieur pourra obtenir l'autorisation d'être reconnu comme établissement d'utilité publique.

Un premier amendement avait été soumis à la commission par l'honorable M. Jules Ferry et par l'honorable M. Delorme; et, à la seconde lecture, les auteurs de cet amendement l'ont retiré, reconnaissant que le projet de loi, en se référant aux conditions voulues par la loi pour permettre la reconnaissance d'utilité publique, s'est placé sous l'empire du droit commun.

Que voulons-nous, en effet, messieurs? Nous voulons favoriser l'enseignement supérieur; nous voulons faciliter les associations qui se forment dans le but de créer et d'ouvrir des établissements d'enseignement supérieur.

Eh bien, n'entraverons-nous pas la formation de ces établissements par des exigences exceptionnelles? Et, en effet, que veut le droit commun, messieurs? Quand il s'agit de créer comme établissements d'utilité publique, soit une société littéraire, soit un établissement de bienfaisance et tant d'autres sociétés, quel est le droit commun pour que cette reconnaissance soit accordée par la puissance publique? C'est qu'un décret en conseil d'Etat intervienne. Et ici, par le projet de loi, non-seulement nous restons sous l'empire de la règle commune, mais nous demandons de plus, messieurs, que le conseil d'Etat ne puisse accorder l'autorisation qu'après un avis préalable du conseil supérieur do l'instruction publique. Voilà, messieurs, quel est le droit commun.

L'honorable M. Jules Favre a parfaitement déterminé quelle est la situation d'une société devenue établissement d'utilité publique. Il vous a dit que la société alors se transforme, qu'elle jouit du privilége de la perpétuité, qu'elle devient impersonnelle, qu'elle se détache en quelque sorte, au point de vue du droit de propriété, de la personne même de ceux qui font partie de l'association. Cela est parfaitement exact.

Aussi, messieurs, quand il s'agit de créer un établissement d'utilité publique, la loi demande une instruction minutieuse; le conseil d'Etat ne statue qu'après s'être rendu compte de toutes les conditions dans lesquelles fonctionnera cette société qui sollicite la faveur de s'élever à la hauteur d'un établissement public.

Eh bien, messieurs, les établissements qui se fonderont pour créer un enseignement supérieur et le répandre, ces établissements-là seront formés par des laïques, par des congrégations; nous ne demandons qu'une chose, c'est que trois administrateurs responsables fassent leur déclaration, déposent leur acte de société et, alors, en conseil d'Etat, la déclaration d'utilité publique pourra être concédée. Voilà le droit commun, messieurs, il n'y en a pas d'autres.

Et si maintenant, d'une façon subreptice, indirecte, l'acte de société révèle une congrégation religieuse non autorisée, non reconnue, venant, sous le prétexte d'enseignement supérieur, obtenir une déclaration d'utilité publique, cette congrégation déguisée sera renvoyée au droit commun qui s'applique à ce cas particulièrement, aux exigences que rappelait tout à l'heure l'honorable M. Jules Favre; et, en vertu précisément de cette loi de 1817, de cette loi de 1825 qu'il invoquait, la congrégation religieuse devra s'adresser à l'autorité législative; car alors il ne s'agira pas d'enseignement supérieur, il ne s'agira pas de créer un établissement dans les conditions prévues par notre loi; il s'agira d'arriver, par des voies détournées et occultes, à déjouer les précautions tutélaires invoquées tout à l'heure par l'honorable M. Jules Favre, et exigées sous la Restauration par les lois de 1817 et de 1825.

J'ajoute, messieurs, que quant à moi je ne me préoccupe pas des conséquences légales de la reconnaissance d'utilité publique. Oui, sans doute, c'est un avantage, sans doute, l'honorable M. Jules Favre a bien fait ressortir quelles sont les conséquences légales qui s'attachent à cette déclaration; mais ce qu'il faut dire aussi, messieurs, pour être dans la vérité et dans la sincérité, c'est que la reconnaissance d'une société comme établissement d'utilité publique est une garantie pour tous; car alors tout se passe au grand jour. Une société privée ne relève que d'elle-même, elle ne subit pas de contrôle, elle n'est pas l'objet d'une surveillance au point de vue de son organisme intérieur, elle ne rend de comptes à personne.

Et croyez-le bien, il en est peu qui solliciteront la faveur d'une déclaration d'utilité publique. Quand, avec le sceing de l'Etat, autorisé dans les conditions voulues par le droit commun, un établissement d'enseignement supérieur s'élèvera à la hauteur d'un établissement d'utilité publique, alors, messieurs, cet établissement qui a reçu l'empreinte de l'autorité publique sera surveillé par elle, et, pour les dons et legs qui lui seront faits, cet établissement d'utilité publique sera limité dans l'acceptation des libéralités ; il sera contrôlé. Veuillez ne pas oublier que toutes les fois que dans des conditions pareilles, une libéralité sera faite à un établissement d'enseignement supérieur, reconnu d'utilité publique, une instruction minutieuse aura lieu, les conseils municipaux, aux termes de l'ordonnance de 1831, seront consultés, l'établissement devra fournir l'état de son actif et de son passif, et, si son patrimoine excède les besoins de l'enseignement supérieur, pour lequel il a été fondé, après que les familles d'ailleurs auront été appelées et mises en demeure de faire leurs objections, le conseil d'Etat appréciera si la libéralité peut être autorisée, et elle doit être refusée ou réduite. (Aux voix ! — Bruit.)

Telle est, messieurs, la situation. C'est dans ces conditions que nous nous sommes placés, et qu'on ne dise pas que nous sommes en dehors du droit commun ! Non ! car la reconnaissance des congrégations religieuses est autre chose.

Mais pour les établissements d'enseignement supérieur formés par des particuliers — laïques ou congréganistes, peu importe, — il y a des garanties suffisantes, et nous estimons que l'amendement précédemment abandonné par l'honorable M. Jules Ferry et par M. Delorme, repris par M. Jules Favre, ne doit pas être accepté par l'Assemblée. J'ajoute, d'ailleurs, que l'honorable M. Jules Favre, à la différence de l'amendement qui a été abandonné par nos deux collègues, crée une situation tout à fait spéciale et, à mon sens, qu'il me permette de le lui dire, inacceptable. Le premier amendement de M. Delorme et de M. Ferry substituait une loi au décret rendu en conseil d'Etat après avis du conseil supérieur de l'instruction publique ; le droit commun reprenait ensuite son empire, et tous les établissements d'enseignement supérieur qui étaient ainsi placés dans la condition des établissements d'utilité publique, étaient soumis aux mêmes règles. Ici, au contraire, l'honorable M. Jules Favre, en demandant, comme dans le premier amendement, une loi, ajoute : « Cette déclaration sera prononcée par une loi spéciale et aux conditions déterminées par elle. » De telle sorte que les établissements les plus modestes, qui voudront jouir de la faveur d'une déclaration d'utilité publique, seront obligés de s'adresser au pouvoir législatif, et que, à chaque établissement, on fera son régime et sa règle différents.

Un membre à gauche. Où est le mal ?

M. Robert de Massy. Il n'y aura plus d'unité, il n'y aura plus d'uniformité, et autant il se rencontrera d'établissements autorisés,

autant il y aura de législations particulières, de conditions diverses et de régimes différents.

Telles sont, messieurs, les considérations très-simples qui font persister la commission dans l'opinion qu'elle a émise à l'égard du premier amendement qui a été retiré par ses auteurs.

M. Jules Favre. Pourquoi, alors, demandez-vous une loi pour révoquer la déclaration d'utilité publique ? S'il faut une loi pour la révoquer, il faut une loi pour l'accorder.

M. Robert de Massy. A cette objection, la réponse est simple.

Quand l'établissement a été reconnu d'utilité publique, il y a un droit acquis ; une fortune s'est amassée, l'établissement est en pleine prospérité. Ce droit acquis, il ne faut pas l'enlever facilement, légèrement et l'exposer aux courants politiques. (Très-bien !)

Par conséquent, il faut un autre appareil, une autre solennité et d'autres précautions pour révoquer un droit acquis, qui a servi de fondement au développement même de l'établissement dont il s'agit. (Très-bien ! très-bien ! à droite.)

M. le président. M. Jules Favre a d'abord demandé le rejet de l'article 11.

M. Jules Favre. Permettez-moi de dire un mot sur la position de la question. Elle est, du reste, très-simple.

Mon amendement, qui substitue la loi à l'ordonnance, doit être placé après le premier paragraphe. Je crois donc que l'ordre logique exige que l'Assemblée soit consultée d'abord sur ce paragraphe. Le rejet de ce paragraphe entraînerait nécessairement celui de l'article 11, ainsi que celui de l'article suivant qui en dépend ; mais si le premier paragraphe est adopté, alors viendra mon amendement.

M. le président. Je lis donc le paragraphe jusqu'à l'endroit où devrait se placer l'amendement de M. Jules Favre :

« Les établissements d'enseignement supérieur fondés, ou les associations formées en vertu de la présente loi, pourront, sur leur demande, être déclarés établissements d'utilité publique. »

Il y a sur ce paragraphe une demande de scrutin.

Quelques voix. Les noms ! les noms !

M. le président. Cette demande est signée par MM. Lestourgie, de La Bassetière, de Bouillé, comte de Tréville, comte de Legge, Ernoul, Le Châtelain, Boullier de Branche, de Féligonde, Lespinasse, général des Pallières, Bernard-Dutreil, Gasselin, de Sugny, Félix Dupin, La Rochefoucauld (duc de Bisaccia), vicomte de Lorgeril, de Limairac (Tarn-et-Garonne), vicomte de Kermenguy, de Puiberneau, Galloni d'Istria.

Il va être procédé au scrutin.

M. le comte de Rességuier. Sur quoi porte le vote ? On n'a pas bien compris !

M. le président. On me demande d'expliquer le vote.

M. Jules Favre avait donné l'explication que le président allait lui-même donner, et que par conséquent il n'a pas eu à répéter.

M. Jules Favre avait demandé deux choses : il s'est d'abord opposé à l'article 11 dans son ensemble ; en second lieu, il a demandé que

Cet amendement est ainsi conçu :

« Rédiger ainsi l'article 12 :

« En cas d'extinction d'un établissement d'enseignement supérieur reconnu , soit par l'expiration de la société, soit par la révocation de la déclaration d'utilité publique, les biens de l'établissement restés libres après la liquidation et le payement des dettes, recevront la destination prévue par les statuts.

« Si les statuts ne contiennent à cet égard aucune disposition, les biens acquis par donation, etc.

« (Le reste comme au projet). »

La parole est à M. Lucien Brun.

M. Lucien Brun. Messieurs, l'amendement dont M. le président vient de donner lecture n'est que le retour à la pensée première de la commission, et je justifie cette affirmation en remettant sous vos yeux le texte qui vous avait été d'abord soumis, à la suite du rapport de l'honorable M. Laboulaye.

Voici, en effet, comment était rédigé l'article 12 :

« En cas d'extinction ou de suppression, si les statuts ne contiennent aucune disposition relative aux biens de l'établissement ou de l'association restés libres après la liquidation et le payement des dettes, le conseil supérieur de l'instruction publique, » etc.

Vous voyez que notre amendement, s'il ne conserve pas le texte de l'ancien article 12, en reproduit fidèlement la pensée, et que, même dans la partie qui le différencie de l'article 12, qui vous est actuellement soumis, il n'est que le retour à l'article primitif de la commission.

J'espère, en quelques mots, montrer à l'Assemblée que l'amendement renferme une disposition législative qui est absolument équitable et tout à fait sans péril.

L'article 12 prévoit le cas de l'extinction d'un établissement d'enseignement déclaré d'utilité publique, extinction par un motif quelconque, car l'article vise aussi bien le cas de l'expiration de la société, que celui de la révocation de la déclaration d'utilité publique ; l'article 12 règle l'attribution des biens appartenant à cet établissement, il dit ce que ces biens deviendront lorsque l'établissement perdra son existence légale.

Il en fait, je m'empresse de le dire, une attribution à laquelle je n'ai absolument rien à reprendre. Cet article porte, en effet, que les biens donnés reviendront aux donateurs ou à leurs héritiers ; que les biens donnés par testament retourneront aux héritiers du testateur, s'il en a.

L'article dit encore, — et c'est le point sur lequel je prends la liberté d'appeler l'attention de l'Assemblée :— « Les biens acquis à titre onéreux... » — auxquels il faut ajouter les biens donnés, pour le cas où le testateur ne laisserait pas d'héritier au degré successible, — « les biens acquis à titre onéreux feront également retour à l'Etat.

« Il sera fait emploi de ces biens pour les besoins de l'enseignement supérieur, par décret rendu en conseil d'Etat, après avis du conseil supérieur de l'instruction publique. »

J'ai dit et je répète que je n'ai absolument aucune critique à faire contre cette disposition. Ce que je demande, c'est qu'elle n'ait son application que pour le cas où les donateurs et les fondateurs de l'établissement n'auraient pas prévu eux-mêmes et voulu une destination différente. Je vous demande, en d'autres termes, de vouloir bien, comme la commission vous l'a proposé d'abord, permettre que les fondateurs et les collaborateurs d'un établissement donnent aux biens qu'ils auront acquis, soit à titre gratuit, soit à titre onéreux, une destination réglée par eux au cas où la société finira, par les motifs prévus dans l'article 12 qui vous est soumis.

M. Edouard Millaud. C'est le testament collectif !

M. Bonérian. C'est le rétablissement des substitutions.

M. Lucien Brun. Je vous en demande bien pardon ! Cela, mon cher collègue, ne ressemble en rien aux substitutions, et si vous voulez bien attendre un instant, vous verrez qu'il n'y a aucun rapport entre ce que nous proposons et les substitutions !

Voici, en effet, ce qui va se passer :

Un établissement d'enseignement supérieur est fondé ; il est fondé par des donations, par des souscriptions. Il possède des immeubles ; ces immeubles se sont accrus par le travail pendant un certain nombre d'années ; et puis cet établissement demande la déclaration d'utilité publique. Vous venez de voter l'article 11, dans lequel il est dit que les établissements ayant pour but l'enseignement supérieur peuvent demander à être déclarés d'utilité publique, ce que l'Etat leur accorde ou ne leur accorde pas. Plusieurs années se passent, — quinze ou vingt ans si vous voulez, — le bénéfice de la déclaration d'utilité publique est retiré à l'établissement dont il s'agit ; et alors, si, tel qu'il est, vous maintenez l'article 12 du projet de la commission, voici ce qui va arriver. Cet établissement d'instruction supérieure libre qui aura été fondé par des donations faites au profit de l'enseignement libre, qui aura grandi par le travail de collaborateurs dévoués à l'enseignement libre, cet établissement se voit par une loi retirer le bénéfice de la déclaration d'utilité publique. Alors, que deviennent ses biens ? Ils vont à l'Etat, qui en disposera en faveur de l'enseignement supérieur officiel. Voilà, en définitive, quels sont le texte et l'esprit de l'article 12 ; or, je demande si cela ne ressemble pas un peu à une confiscation ?

Je dis confiscation et j'ajoute qu'il ne faut pas permettre que la crainte puisse naître dans l'esprit d'un seul, que la révocation de la déclaration d'utilité publique ait lieu en vue du bénéfice que l'enseignement officiel en retirerait. Je dis qu'il y a là un péril, et je vous supplie d'y réfléchir. Je demande à M. le ministre de l'instruction publique de me dire s'il ne voit pas ce péril.

Je ne veux pas faire injure aux législateurs de mon pays, je ne veux pas avoir de ces soupçons ; mais je dis que le retrait par une loi de la reconnaissance d'utilité publique infligé à un établissement riche donnerait à penser que ce retrait a pour but le bénéfice que l'Etat en peut retirer, et je vous supplie de ne pas exposer l'Etat à une suspicion pareille. Je dis que cette crainte seule serait de trop ; et, en effet, cette révocation aurait pour résultat de faire aller les biens donnés et les biens acquis précisément là où ceux qui les ont donnés ou acquis voulaient qu'ils n'allassent pas.

C'est dans un intérêt de paix que j'ai proposé l'amendement, et je ne demande rien d'excessif : je vois un péril, et je vous prie de l'éviter.

Il m'est impossible de m'expliquer pour quel motif on repousserait la proposition d'insérer dans le texte de la loi une disposition additionnelle qui permettra aux donateurs et aux collaborateurs des établissements d'enseignement public de donner aux biens de ces établissements, pour le moment où ils ne seront plus, une destination connue d'avance. Il n'y a, à cela, aucune espèce de péril, ni pour les donateurs, ni pour l'Etat.

Il n'y a aucun péril pour les donateurs : parce que les donateurs ne manqueront pas d'insérer dans leurs donations la clause résolutoire et de stipuler le droit de retour.

Je dis, de plus, qu'il n'y aura aucun péril pour l'Etat lui-même. Quel péril pourrait-il y avoir pour lui à ce que dans les statuts d'un établissement d'enseignement supérieur qui lui demandera le bénéfice de la reconnaissance d'utilité publique, une clause de dévolution de biens y soit écrite? Aucun ; car si ces statuts ne plaisent pas à l'Etat, il n'accordera pas la reconnaissance d'utilité publique : il se contentera de refuser.

Un membre. Il faut bien qu'on accorde la reconnaissance d'utilité publique!

M. Lucien Brun. Je vous trouve trop empressé, mon cher collègue. Il faut qu'on accorde la reconnaissance d'utilité publique, dites-vous ? Mais on discutera avec l'Etat comme on fait maintenant. Lorsque la déclaration d'utilité publique est demandée à l'Etat, les statuts lui sont soumis, et s'il y a dans les statuts quelque chose qui lui déplaise, l'Etat refuse, ou bien il propose des modifications ; et si les modifications sont acceptées, l'Etat dit : Oui ; si elles sont refusées, il dit : Non !

Il n'y aura donc absolument aucun péril ; l'Etat est maître absolu de donner ou de ne pas donner la reconnaissance d'utilité publique; et lorsque dans les statuts de l'établissement qui lui demande ce bénéfice il trouvera une clause de dévolution de biens qui lui déplait, l'Etat refusera et tout sera dit ; il reste le maître, en définitive.

Voilà, messieurs, les observations très-simples que j'avais à vous soumettre. Permettez-moi d'ajouter seulement que vous devez cet encouragement et cette justice aux établissements pour l'enseignement supérieur que vous avez voulu créer.

Je vous en prie, dans l'intérêt même de la loi, mettez la vérité et la justice dans les détails comme vous les avez mises dans le principe même de la loi. (Vive approbation à droite.)

M. Achille Delorme. Quelque grave que soit la disposition proposée par les honorables signataires de l'amendement, ils sont tous de trop éminents jurisconsultes pour s'étonner que ma réponse soit brève.

Je repousse, ou plutôt la commission repousse la disposition proposée à l'adoption de l'Assemblée, par deux motifs : le premier, c'est que cette disposition est contraire au droit public sur lequel repose toute notre lé-

gislation civile; le second, c'est qu'elle est absolument en contradiction avec la nature même de la personne civile.

La nature de la personne civile, qu'est-elle ? Quand un établissement d'enseignement supérieur aura rendu assez de services, sera établi sur une base assez considérable pour mériter d'être déclaré d'utilité publique, qu'arrivera-t-il ? Devenu personne civile, il acquerra le droit à la propriété et tous les avantages attribués à la personne civile. Et dans quelles limites ? Dans la limite même des services qu'il est appelé à rendre, c'est-à-dire dans la limite de l'utilité publique, pour laquelle il aura été institué. (Marques d'assentiment à gauche.)

Voilà pourquoi et dans quelles limites le droit de propriété lui est accordé. Dans l'hypothèse où nous sommes, c'est un établissement d'enseignement supérieur. Pourquoi accordez-vous le droit de propriété à cet établissement d'enseignement supérieur ? Parce que vous, législateurs, vous vous dites que ce droit de propriété donnera à l'établissement d'enseignement supérieur, pour l'enseignement qu'il distribue, un moyen plus efficace de le répandre. La propriété n'existe donc que dans le but de l'enseignement supérieur, ou dans la limite où cet enseignement supérieur est distribué.

Or, maintenant, je vous le demande : voici un testateur, un donateur qui fait une donation à un établissement d'enseignement supérieur déclaré d'utilité publique. Cet établissement vient à s'éteindre ou la révocation d'utilité publique vient à être prononcée par la loi. Qu'arrivera-t-il ? Il n'y a plus d'établissement d'enseignement et, partant, plus de raison à l'utilité publique, plus de raison à la personne civile, plus de raison à la propriété de la personne civile, puisque la déclaration d'utilité publique, faite en vertu même de la fondation de l'établissement d'enseignement supérieur, est révoquée. (Très-bien ! à gauche.)

Maintenant, j'ajouterai que la nouveauté énorme, oserai-je dire, proposée par nos honorables collègues est absolument contradictoire aux principes du code civil. Tout à l'heure j'ai entendu une interruption partie de ce côté de l'Assemblée (l'orateur désigne le côté gauche) dont le sens était celui-ci : c'est le régime des substitutions qu'on veut rétablir ! L'honorable M. Lucien Brun a protesté contre ces paroles; eh bien, je crois qu'il a eu tort...

M. Lucien Brun. Je n'ai pas eu tort; il n'y a pas charge de conserver pour rendre.

M. Achille Delorme. Je crois, dis-je, qu'il a eu tort de protester, et, à cet égard, qu'il me permette de lui mettre sous les yeux un arrêt du conseil d'Etat intervenu dans des circonstances dont l'Assemblée appréciera tout à l'heure l'intérêt. Cet arrêt est du 30 mars 1822. Il s'agissait précisément de la question des substitutions et de l'article 896 du code civil qui les prohibe. Les comités de législation et de l'intérieur, consultés sur la question de savoir si l'article 896 du code civil était applicable aux établissements scientifiques, rendirent l'arrêt dont voici le texte :

« Les comités réunis auxquels M. le garde des sceaux a renvoyé l'examen d'un rapport à lui transmis par le ministre de l'intérieur, ayant pour objet d'établir que l'article 896 du code civil n'est pas applicable aux établissements ecclésiastiques.

« Considérant que la loi n'admet en faveur des établissements d'utilité publique aucune exception qui les exempte de la prohibiti.n portée en l'article 896, et que les exceptions ne présument pas,

« Sont d'avis que le retour, en cas de suppression de l'établissement ecclésiastique donataire, ne peut être stipulé ni au profit des héritiers du donataire, ni au profit d'un autre établissement d'utilité publique, mais seulement au profit du donateur. »

Et, messieurs, c'était là si bien l'esprit de la législation, que, vers la même époque fut présenté aux Chambres de la Restauration, le projet de loi dont il a été parlé plusieurs fois dans cette enceinte à propos de la loi que nous examinons, le projet de loi sur les congrégations de femmes.

Or, dans l'article 7 de cette loi, les Chambres de la Restauration ont édicté, je ne dirai pas textuellement, ce serait exagéré parce qu'il nous a fallu adapter la disposition à la matière qui nous occupe, mais presque identiquement une mesure semblable à celle que nous avons déposée dans le projet de loi.

L'article 7 de la loi votée par les Chambres de la Restauration dit ceci :

« En cas d'extinction de la communauté, ou de révocation de la reconnaissance d'utilité publique, les biens retournent aux donataires, ou aux héritiers, ou aux ayants cause, ou aux parents successibles. »

C'est ce que nous avons écrit dans notre article.

Dans le cas où il n'y a pas de parents successibles, la loi de 1825 ne prend pas de détours. En effet, l'article 7 de cette loi ajoute que, dans ce cas, les biens sont distribués aux établissements hospitaliers ou aux autres établissements analogues du département dans lequel aura existé la congrégation dont il s'agissait.

Qu'avons-nous fait? Le même chose, identiquement. Nous avons dit, en effet, que, en cas de révocation de l'utilité publique, ou en cas d'extinction de la personne civile, les biens retourneront aux donateurs, ou aux héritiers, ou aux ayants cause des donateurs.

Mais s'ils retournent à l'Etat, quel emploi l'Etat en fera-t-il? Il en fera un emploi analogue à celui édicté par la loi de 1825... (Mouvements divers), c'est-à-dire un emploi profitable à l'enseignement supérieur.

M. Théry. A l'enseignement supérieur dirigé et donné par qui?

M. Achille Delorme. Je vois l'honorable M. Théry qui semble protester, et tout à l'heure j'entendais l'honorable M. Lucien Brun qui disait : Prenons garde! toutes ces richesses une fois tombées entre les mains de l'Etat, l'Etat en pourra faire cadeau à un établissement d'enseignement rival de celui qui aura disparu!

Je répondrai à l'honorable M. Lucien Brun que la commission, en rédigeant la disposition actuellement soumise à l'Assemblée, a agi sous l'empire du sentiment dont notre honorable collègue est lui-même animé.

Et en effet, si la commission avait écrit dans son article ce qui était écrit déjà dans la loi de 1825, à savoir que les biens dont il s'agit seraient, dans les cas qui nous occupent, remis ou distribués à un ou plusieurs établissements analogues existant dans le département où avait fonctionné celui qui était éteint ou détruit, alors vous auriez été fondés à nous dire : Mais, prenez garde! c'est peut-être un établissement, ancien rival de celui qui a disparu, qui va profiter des richesses dont celui-ci était en possession !

Aussi, messieurs, nous sommes-nous bien gardés de faire cela; au contraire, nous avons laissé l'Etat juge de distribuer ces richesses. Et dans quelles limites ? Dans des limites très-raisonnables et dont l'Assemblée comprendra la portée : l'Etat ne pourra les employer que pour l'enseignement supérieur. On ne pouvait rien faire, je crois, de plus logique.

J'ai entendu l'honorable M. Lucien Brun nous dire, et ici, véritablement, je ne me sais pas capable de répondre à ses observations, — je l'ai entendu nous dire qu'il repoussait toute espèce de soupçons, — qu'il exprimait cependant .. (On rit) — contre l'Etat ; mais il a ajouté que nul ne savait ce que seront les Assemblées qui viendront plus tard, et qu'il lui était bien permis de craindre qu'elles dépouillassent certains établissements d'enseignement supérieur au profit de certains autres.

Pourquoi donc toujours ces soupçons ? Est-ce que les Assemblées de l'avenir, ce ne sera pas l'Etat? est-ce qu'il faut toujours se défier de l'Etat?... (Rires ironiques à gauche. — Bruit à droite.)

M. Ernest Picard. Ah! ah! voilà! L'Etat, c'est l'ennemi !

M. Achille Delorme. Non, l'Etat n'est pas l'ennemi ! Et si nous en étions là, si nous en arrivions à ce degré que l'Etat fût un ennemi, au point que semblait le craindre tout à l'heure l'honorable M. Lucien Brun, je lui demanderais, — et il ne pourrait me répondre affirmativement, — si la précaution qu'il voudrait introduire dans la loi pourrait arrêter l'Etat dans les entreprises de confiscation qu'il redoute. En vérité, ce sont là de ces toiles d'araignée que l'Etat peut toujours déchirer, de ces précautions vaines qui ont le très-grand malheur d'être absolument contraires aux principes du droit public.

L'honorable M. Lucien Brun dit : Il n'y a aucun péril à accepter ce que je propose, puisque l'Etat aura à admettre ou à rejeter les statuts et que, si ces statuts ne lui conviennent pas, s'il les juge en contradiction avec les lois, il aura le droit de ne pas accorder la déclaration d'utilité publique.

J'entends bien ! mais à quoi bon, nous, législateurs, qui devons avoir le respect des principes sur lesquels repose notre droit public, à quoi bon commencer par violer ces principes pour laisser à nos successeurs le soin de les faire respecter ?

A gauche. Très-bien ! — C'est cela !

M. Achille Delorme. Il y a là une pétition de principes devant laquelle l'Assemblée s'arrêtera, et j'ai la confiance qu'elle voudra bien accepter la proposition que nous lui avons soumise. (Approbation à gauche. — Aux voix ! aux voix !)

M. Lucien Brun. Messieurs, je reste absolument convaincu qu'il y a quelque chose à faire, et je vais dire quoi.

L'honorable M. Delorme nous a dit: Vous êtes en contradiction avec le droit civil; les substitutions sont prohibées; or vous ne pouvez autoriser un citoyen à faire une donation contenant une clause de substitution.

J'accepte l'objection. Mais voici l'amendement que je vous propose. (Bruyantes exclamations à gauche.)

Permettez-moi de vous le dire, messieurs, ces questions valent la peine d'être écoutées; si vous voulez bien me prêter encore un instant d'attention, vous verrez qu'il s'agit ici, au fond, de quelque chose de très-sérieux et que, en définitive, lorsque j'ai prononcé le mot de confiscation, j'ai dû faire un effort sur moi-même pour me servir d'une expression qu'on n'emploie pas volontiers à la tribune française.

A droite. Parlez! parlez!

M. Lucien Brun. Messieurs, si vous rejetez ma proposition, vous n'empêcherez pas qu'on ait les craintes que j'indiquais tout à l'heure, et qui se sont déjà manifestées...

M. Jules Favre. Alors, la déshérence est une confiscation!

M. Lucien Brun. Non, la déshérence n'est pas une confiscation; mais quand on peut, par une loi, supprimer un établissement riche, et quand les biens de l'établissement riche peuvent être remis dans des mains auxquelles les premiers donateurs ne les auraient certainement pas confiés; je dis qu'il y a là une véritable confiscation.

M. Jules Favre. Ne vous placez pas en dehors du droit commun! Contentez-vous du droit commun!

M. Lucien Brun. L'honorable M. Delorme a cité la loi de 1825.

Je lui demande s'il veut la copier tout entière. Voici ce qu'il y trouvera:

« Quant aux biens qui ne feraient pas de retour, ou qui auraient été acquis à titre onéreux, ils seront attribués et répartis moitié aux établissements ecclésiastiques, moitié aux hospices des départements dans lesquels seraient situés les établissements éteints. »

Voulez-vous mettre cela dans la loi?... Vous ne voulez pas l'y mettre, et vous avez raison. Mais si vous m'objectez la loi de 1825, je vous ferai deux réponses.

La première, c'est que, lorsqu'une congrégation de femmes se fonde, on n'a pas l'habitude d'en prévoir la dissolution, d'en prévoir la fin; la seconde, c'est que lorsqu'une congrégation de femmes se fonde, d'une congrégation de femme à une autre il y a égalité parfaite; tandis que, entre un établissement d'enseignement supérieur libre et un établissement d'enseignement supérieur officiel, il y a une profonde différence, une différence sérieuse dont votre loi est la preuve; car vous donnez, aujourd'hui, le droit de fonder des établissements d'enseignement supérieur libres, alors que vous avez déjà des établissements d'enseignement supérieur officiels.

J'ajoute qu'il est tout naturel que des donateurs de biens, et surtout que des collaborateurs qui, pendant dix, vingt, trente ans, ont augmenté les biens d'un établissement, craignent qu'un jour une loi vienne supprimer cet établissement, attribuant en outre à l'État le droit de donner à des richesses une destination absolument contraire à celle pour laquelle elles avaient été données ou acquises. (Approbation sur plusieurs bancs à droite et au centre.)

Au surplus, messieurs, je ne suis pas aussi éloigné qu'on le pense de la rédaction de la commission. Les honorables collègues avec lesquels j'ai signé l'amendement en pourraient rendre témoignage: nous acceptons le retour des biens donnés aux héritiers des donateurs; et, s'il ne nous avait pas semblé que notre rédaction était plus simple, nous vous aurions seulement demandé d'ajouter au texte ces mots: « Quant aux biens acquis à titre onéreux, après le payement des dettes, ils recevront la destination prévue aux statuts. »

J'espère bien, messieurs, qu'on ne parlera plus maintenant de substitution.

Avec la rédaction que je vous propose, tout péril disparaît. Si la destination qu'on inscrit dans les statuts ne plaît pas à l'État, je le répète, — et vous n'avez pas de réponse à cela, — l'État restant maître d'accorder ou de refuser la déclaration d'utilité publique, il agira suivant ce qu'il jugera le plus convenable.

Mais comment pourrait-on refuser le droit pour le donateur de proposer une destination future des biens qu'il donne, dans le cas où l'établissement auquel il les donne viendrait à disparaître? Il y a ici un sentiment d'équité et de justice qui l'emportera sur toutes les subtilités du droit; d'un autre côté, il n'est pas possible que vous exposiez des gens qui auront travaillé dans un but déterminé à voir, dans des temps comme, malheureusement, la France en a traversé, et par suite d'une révocation de reconnaissance d'utilité publique, à voir, dis-je, des biens qu'ils auraient acquis par un long travail leur être enlevés pour être employés dans un but tout différent.

Il est impossible que vous n'accordiez pas ce droit d'inscrire dans des statuts une disposition que l'État acceptera, s'il le veut, ou n'acceptera pas, s'il ne le veut pas. Je le répète, il y a là un sentiment d'équité et de justice qui, permettez-moi de vous le rappeler une fois encore, avait tellement touché la commission, que sa première rédaction était conçue dans le même sens que mon amendement.

Je persiste donc, messieurs, avec confiance absolue, à vous demander l'adoption de l'amendement que j'ai présenté. (Vive approbation à droite et au centre.)

M. Émile Lenoël. Je demande à poser une simple question.

M. le président. M. Delorme a demandé la parole.

M. Ernest Picard. Si l'amendement est adopté, je demande qu'on renvoie le code civil à la commission, pour qu'elle le mette d'accord avec le projet de loi.

M. Achille Delorme. L'honorable M. Lucien Brun me force à remonter à la tribune, par ce motif qu'il a reproduit les arguments qu'il avait développés tout à l'heure devant l'Assemblée.

Je commence par répondre au dernier.

Il n'y a aucun péril, dit-il; laissez-nous dire et écrire dans nos statuts la réserve que nous y voulons placer, et, plus tard, quand il s'agira de déclarer l'utilité publique, l'Etat sera toujours là pour surveiller; s'il trouve cette réserve mauvaise, il ne déclarera pas l'utilité publique.

A cela je ne veux que répondre, une fois encore, ceci : A quoi bon commencer par violer un principe du droit public pour laisser à nos successeurs le soin de le rétablir ? (Très-bien ! à gauche.)

J'ajouterai, messieurs, que si M. Lucien Brun est tellement effrayé...

M. Lucien Brun. Je limite mon amendement aux biens acquis !

M. Achille Delorme. M. Lucien Brun me prévient qu'il fait ce que j'appellerai, sans vouloir l'offenser, une retraite. M. Lucien Brun limite son amendement aux biens acquis à titre onéreux pendant l'existence de la personne civile.

M. Lucien Brun. Je l'ai dit tout à l'heure à la tribune.

M. Achille Delorme. Il n'en reste pas moins vrai, comme je le disais tout à l'heure, — et c'était le commencement de ma démonstration, — que la disposition qu'il veut faire introduire dans la loi est en contradiction formelle avec la nature même de la personne civile.

Et, en effet, la personne civile, il faut bien que l'Assemblée ne l'oublie pas, est une création absolument artificielle du législateur. La propriété dont elle nantit une personne civile ne peut pas avoir le caractère étendu d'une propriété qui repose sur une tête humaine; car lorsqu'elle repose sur une tête humaine, la propriété est, comme la définit le jurisconsulte, le droit complet d'user et d'abuser. Quand il s'agit d'une personne civile, au contraire, la personne civile étant créée pour un but d'utilité publique. les pouvoirs et la compétence de la personne civile sont limités par l'utilité publique à laquelle elle répond elle-même.

Par conséquent, la propriété qui lui est concédée se trouve limitée dans sa forme et dans son étendue même par l'existence même de la personne civile et par le droit qui lui est attribué.

M. Victor Lefranc.. On ne peut pas faire le testament de celui à qui l'on donne !

M. Achille Delorme. Or, messieurs, quand des biens ont été acquis par une société reconnue d'utilité publique parce qu'elle distribue l'enseignement, pouvez-vous admettre que cette propriété, qui n'a pas d'autre objet que l'enseignement supérieur à distribuer, pouvez-vous admettre que cette propriété puisse servir à autre chose ? (Interruptions diverses à droite.)

M. de Belcastel. Il y a enseignement et enseignement !

M. le président. N'interrompez pas, messieurs; laissez parler l'orateur, vous répondrez.

M. Achille Delorme. Il est bien certain, messieurs, que cette propriété n'existe que pour l'utilité de la société qui a été déclarée d'utilité publique ; c'est-à-dire qu'elle a pour but d'aider à la propagation de l'enseignement supérieur, et non pas seulement l'enseignement supérieur en général, mais l'enseignement supérieur donné par tel ou tel établissement reconnu d'utilité publique.

Mais une fois que cet établissement cesse d'exister, tous les privilèges dont il avait été

gratifié par le législateur tombant d'eux-mêmes, et la propriété tombe d'elle-même. La propriété qui était affectée à un établissement d'enseignement supérieur, distribué par telles personnes déterminées, ne peut pas être affectée à un autre établissement.

Par conséquent, il y a là quelque chose de contradictoire à la nature de la personne civile. (Très-bien ! à gauche.)

M. Lucien Brun monte à la tribune. (Exclamations et cris : La clôture !)

M. Ernest Picard. Je demande la parole contre la clôture.

M. Lucien Brun. Je l'ai demandée déjà !

M. le président. M. Lucien Brun a la parole contre la clôture; veuillez l'écouter, messieurs.

M. Lucien Brun. Messieurs, le motif que je veux donner contre la clôture est fort simple. Je me bornerai à lire à l'Assemblée l'article tel qu'il serait rédigé si mon amendement était accepté. Il me paraît que cela n'a pas été compris.

A gauche. La clôture !

M. Lucien Brun. Messieurs, vous ne savez pas ce que vous allez voter.

M. Ernest Picard. Si on le savait, on ne le voterait pas !

M. Lucien Brun. Je dis que, même pour voter contre, il faut savoir sur quoi on va voter.

Voici l'article tel qu'il serait conçu :

Les deux premiers paragraphes de l'article proposé par la commission portent :

« En cas d'extinction d'un établissement d'enseignement supérieur reconnu, soit par l'expiration de la société, soit par la révocation de la déclaration d'utilité publique, les biens acquis par donation entre-vifs et par disposition à cause de mort, feront retour aux donateurs ou testateurs, ou à leurs parents au degré successible, et, à défaut de parents au degré successible, à l'Etat.

« Les biens acquis à titre onéreux feront également retour à l'Etat. »

Après ces deux paragraphes, j'ajoute ces mots : « A moins qu'il n'y ait une stipulation contraire dans les statuts. »

Je me borne à faire remarquer que lorsque l'Etat aura donné naissance à la personne civile en acceptant les statuts... (La clôture ! la clôture !), la personne civile sera née dans ces conditions-là; elle n'aura absolument rien de contraire au droit, car la personne civile a l'importance que lui donne le décret qui la crée. (La clôture ! la clôture !)

M. Ernest Picard se dirige vers la tribune.

A droite. La clôture ! la clôture !

M. le président. On demande la clôture ; je vais la mettre aux voix.

Un membre à droite. On ne la demande pas !

M. le président. Comment ! on ne la demande pas ! Tout un groupe de membres l'a demandée, et si je ne la mets pas aux voix, il le trouvera mauvais.

Je consulte l'Assemblée sur la clôture.

(L'Assemblée, consultée, se prononce contre la clôture.)

M. le président. Le débat continue.

M. Ernest Picard monte à la tribune.

M. Lucien Brun. Pardon ! C'est à moi le

tour de parole... (Oui! oui! à droite), puisque la discussion continue. Tout à l'heure, je n'ai parlé que contre la clôture!

M. le président. En effet, c'est M. Lucien Brun qui a la parole le premier. Elle sera ensuite à M. Picard.

M. Picard descend de la tribune. (Rires.)

M. Lucien Brun. Messieurs, je comprends et je partage l'impatience de l'Assemblée ; aussi ne veux-je ajouter qu'un mot, que le bruit qui s'est fait tout à l'heure m'a empêché de dire.

L'objection qui a été faite en dernier lieu par l'honorable M. Achille Delorme est celle-ci : « Ce que vous demandez est absolument contraire à notre droit public sur la personnalité civile ; lorsqu'une personnalité civile existe, elle acquiert pour elle ; et, quand elle cesse d'exister, il n'y a plus rien, elle ne peut pas faire son testament. » Il n'a pas dit ce mot, mais c'est le fond de sa pensée.

Je réponds que l'État donne naissance à la personnalité civile; elle n'est rien avant que l'État lui ait donné naissance par la déclaration d'utilité publique. Elle est, le jour où cette déclaration est faite, ce que les statuts qui ont été approuvés comportent ; et, lorsqu'il aura été écrit dans les statuts que, si cette société civile vient à cesser, c'est à tel établissement qu'iront ses biens, il n'y a là absolument rien, quoi qu'on puisse dire, qui soit contraire à notre droit civil, car, je répète que les statuts qui ont été acceptés sont la loi des personnes civiles, qu'il n'y a rien de contraire au droit civil à inscrire dans la charte de leur fondation ce que je vous demande.

Je n'ajoute qu'un mot. c'est que vous avez vous-mêmes si bien compris combien cela était équitable, que vous avez fait retour au donateur des biens donnés même pendant la durée de la personnalité civile. Et, encore une fois, je ne comprends pas pour quel motif avouable vous refuseriez aux fondateurs d'un établissement d'enseignement supérieur le droit de déterminer, en vue de la suppression, la destination future des biens que cet établissement acquerra dans un but dont vous ne pouvez pas honnêtement les détourner plus tard. (Très-bien! très-bien! à droite.)

M. Ernest Picard. L'honorable M. Lucien Brun est dans la vérité quand, au nom du droit public seulement, il vient dire que la personne civile peut être traitée comme il le désire. Cela serait vrai, si notre droit civil le permettait, mais il le défend. (Mais non! à droite.)

Un membre à gauche. Parfaitement !

M. Ernest Picard. Et permettez-moi, messieurs, de vous le dire, nous entendons au nom du droit public bien des propositions qui nous paraissent hérétiques, nous n'en sommes pas émus. Mais un grand nombre d'entre nous, quand ils voient que par l'entraînement de la politique, la main est portée sur notre code civil, sur nos institutions civiles... (Réclamations à droite. — Très-bien! très-bien! à gauche), ceux-là, messieurs, viennent à vous et vous disent : Avant d'y porter atteinte, regardez au moins et réfléchissez un instant. (Bruit à droite.) Est-ce que j'ai besoin d'une longue démonstration pour l'établir devant l'Assemblée? C'est, messieurs, un privilège que de créer une personne civile. Ce se-

rait un second privilège, que personne ne voudrait lui concéder, que de faire pour elle un droit particulier, lui donnant des attributions, lui donnant des droits qui n'appartiennent pas aux personnes civiles.

E-t-ce qu'une personne civile peut faire le testament de son donataire et de son légataire ? Elle ne le peut pas, cela lui est interdit; les grands principes qui veulent la libre circulation des biens, qui veulent l'état social que nous possédons et que nous défendons aujourd'hui... (Très-bien! à gauche.)

Un membre à droite. Qui les menace ?

Plusieurs membres à gauche, se levant et se tournant vers la droite. Vous ! vous ! (Agitation)

M. le président. Veuillez cesser ces interpellations, messieurs.

M. Ernest Picard. Ces grands principes s'y opposent, et nous pouvons les défendre sans inquiétude et avec le force que donne la conscience du droit et du prochain succès. (Très-bien! très-bien! à gauche.)

Eh bien, ce droit de succession, tel qu'il est établi pour nous tous, l'accorder à une association établie pour l'enseignement supérieur, c'est beaucoup ; vous le faites, non sans difficulté, dans cette enceinte, mais permettre à cette association d'introduire dans ses statuts des stipulations qui seraient nulles dans un contrat entre personnes civiles, vous ne le ferez pas. (Applaudissements à gauche.) Ou alors je demanderais tout haut, à cette tribune, ce que je me permettrais de dire tout bas : c'est que le code civil, dans cette partie, fût renvoyé à la commission pour le mettre d'accord avec la loi nouvelle. (Nouveaux applaudissements à gauche.)

Vous savez à merveille que la loi n'a pas permis au donateur et au testateur de disposer deux fois de sa fortune... (Interruptions), d'abord au profit du légataire, ensuite au profit de ceux auxquels le légataire devra la transmettre. Elle a voulu que celui qui est le propriétaire d'un bien, qui en a la disposition et la responsabilité, soit libre d'en disposer comme il lui conviendra de le faire; elle ne veut pas que l'ordre successif soit réglé à deux degrés. (Interruptions à droite.)

Je lis sur les visages de quelques-uns de mes collègues des marques d'étonnement qui me prouvent qu'ils n'ont pas suffisamment médité le chapitre des substitutions et des majorats. (Nouvelles interruptions.) Ce sont des questions ardues, mais ce sont des questions connues, débattues; et permettez-moi de vo is dire que le jour où, sous la forme modeste et insinuante de l'amendement que je combats en ce moment, on écrirait dans la loi que l'État ne recueillera pas, s'il y a une stipulation contraire, on commettrait deux énormités.

La première, celle que je viens de signaler, c'est qu'on donnerait à la personne civile, à l'établissement déclaré d'utilité publique, un droit qui n'appartient pas à tous les citoyens, aux personnes civiles ordinaires. (Mouvements divers.)

On en commettrait une autre, et j'ai été étonné de l'entendre exprimer à cette tribune. Ces choses-là ne se seraient pas dites autrefois sans exciter des murmures. (Assentiment à gauche.)

Où en sommes-nous? L'honorable orateur auquel je réponds a dit : Comment! les biens que nous avons donnés à un établissement...

Plusieurs membres à droite. Non! non! ce n'est pas cela! — Les biens acquis seulement!

M. Ernest Picard. ...qui avait un but différent de celui que poursuit l'État, ces biens seraient confisqués par l'État?... (Nouvelles négations à droite.)

M. le président. Laissez discuter, messieurs; vous répondrez, mais n'interrompez pas à chaque phrase.

M. Ernest Picard. Si vous acceptez l'amendement, c'est votre loi tout entière que vous ruinez par la base, car si vous confessez à cette tribune que les établissements que vous voulez élever sont élevés contre l'État, en antagonisme avec l'État, personne ne peut les accepter. (Très-bien! très-bien! — Applaudissements à gauche. — Réclamations à droite.)

M. Baragnon monte à la tribune.

Sur plusieurs bancs. La clôture! la clôture!

M. le président. On demande la clôture.

M. Baragnon. Je demande la parole contre la clôture.

M. le président. L'orateur a la parole contre la clôture.

Un membre à droite. On n'insiste pas!

M. Baragnon. J'en demande pardon à l'orateur qui m'a précédé à la tribune, mais il a placé la question là où elle n'était pas.

Voix à gauche. Parlez contre la clôture!

M. le président. Veuillez parler contre la clôture.

M. Baragnon. On m'avait dit que l'on n'insistait pas sur la clôture. (Si! si! à gauche.) Puisqu'on insiste, je vais parler contre la clôture.

Je demande à l'Assemblée de ne pas clore la discussion pour me permettre de lui faire remarquer précisément que l'orateur qui m'a précédé à la tribune a complétement déplacé la question. (Exclamations à gauche. — La clôture!) Il l'a déplacée pour avoir le plaisir... (La clôture! La clôture!)

M. le président. Il est préférable que la question de clôture soit décidée si l'on doit interrompre l'orateur à chaque phrase.

Du moment où on persiste à demander la clôture... (Oui! oui!—Non! non!), je consulte l'Assemblée.

(*L'Assemblée*, consultée, ne prononce pas la clôture.)

M. le président. La parole est à M. Baragnon.

M. Baragnon. Je n'en userai que quelques instants.

Je voulais faire remarquer à l'Assemblée que l'orateur qui m'a précédé à la tribune a déplacé la question... (Non! non! à gauche), pour se donner le facile plaisir d'invoquer tantôt le code civil, tantôt les grands principes sociaux, en nous accusant de les violer, alors qu'ils n'ont rien à faire dans la question qui nous occupe. (Exclamations à gauche. — Approbation à droite.)

Il ne s'agit pas, comme on l'a trop répété, de donations, de successions, de substitutions. L'honorable M. Picard a parlé de tout cela pour produire plus d'impression sur vos esprits. Il n'était pas dans le vrai. (Assenti-

ment à droite. — Rumeurs à gauche.) Il s'agit exclusivement de biens acquis à titre onéreux.

M. Ernest Picard. Il y a pour ceux là la même raison de décider.

M. Baragnon. Et que vous demande-t-on? On vous demande que des personnes associées, qui auront travaillé pour réunir des ressources autour d'une œuvre commune, aient la certitude, si cette œuvre est détruite par l'effet d'une loi, qu'au moins les ressources qu'elles auront accumulées serviront à une destination préalablement déterminée par elles avec l'approbation de l'État.

Est-ce qu'on vous demande là quelque chose d'extraordinaire? (Approbation à droite.) Choisissez un simple homme de bon sens et posez-lui la question suivante : Est-il possible qu'en France le droit civil interdise à des personnes qui se sont associées, qui ont travaillé dans un but déterminé, de prendre des moyens pour que le produit de leur épargne ne soit pas détourné du but qu'elles ont voulu et employé à un but contraire? Est-il une personne, si simple ou si savante que vous l'imaginiez, qui puisse croire que le droit civil défende une pareille chose? (Interruptions à gauche.—Approbation à droite.)

M. Bozérian. C'est un testament collectif et irrévocable.

M. le président. Veuillez ne pas interrompre; vous répondrez.

M. Baragnon. Ce qui est nécessaire pour rester à la fois dans les principes de notre droit civil et dans les principes de notre droit public, c'est que l'établissement, auquel on aura donné la qualité de personne civile, ne puisse pas en abuser pour disposer de ses biens, même à titre onéreux, sans le concours de l'État, et dans d'autres conditions que celles que l'État aura prévues. Voilà pourquoi nous demandons que la destination de ces biens soit prévue dans des statuts, qui sont antérieurs à la constitution de la personne civile par la déclaration d'utilité publique; statuts qui doivent être acceptés par l'État et qui par conséquent ne pourront avoir rien de contraire aux principes de notre droit public. (Très-bien! à droite.)

Voulez-vous savoir la différence des deux systèmes? Je vais vous le dire. (Bruit à gauche.)

Prenez la peine de m'écouter, la question en vaut la peine.

M. le général Robert. On a écouté M. Picard, on devrait écouter M. Baragnon.

M. Baragnon. Savez-vous en fait quelle sera l'unique différence des deux systèmes qui se débattent devant nous? L'exposé de la question suffit pour la résoudre?

Dans le système de M. Lucien Brun comme dans le système de la commission, c'est l'État qui détermine ce que deviendront après la disparition de la personne civile les biens qu'elle aura acquis à titre onéreux. Seulement dans le système de l'amendement c'est l'État mis préalablement en regard des intéressés dont il aura approuvé les statuts, et qui sauront, ce qui est bien légitime, ce que peuvent devenir leurs biens. Dans le système de la commission, c'est l'État encore; mais l'État seul, plus tard, quand la personne civile aura disparu, quand les intéressés ne seront plus là, c'est l'État s'arrogeant le droit de faire du bien d'autrui un usage que les donateurs n'ont pas voulu. (Assentiment à droite. — Réclamations à gauche.)

Dans le système de M. Brun, qu'arrive-t-il? Sans doute ce sont les intéressés qui forment la personne civile, qui, dans leurs statuts, disent ce que leurs biens acquis à titre onéreux deviendront ; mais, à côté d'eux, il y a l'État qui accepte cette destination, et c'est par conséquent lui qui fixe, d'accord avec les intéressés, l'avenir possible de leur fortune.

Dans le système de la commission, c'est l'État ne disant rien au moment où la personne civile se fonde, attendant qu'elle ait disparu, disposant despotiquement et arbitrairement des biens des intéressés acquis à titre onéreux, et cela sans eux, malgré eux, quand il les a détruits par un acte de sa volonté: (Mouvements divers.)

A gauche. Il faudra une loi !

M. Baragnon. C'est une loi qui détruit, je le sais, et Dieu me garde de m'élever contre une loi, quoique je sache, messieurs, qu'il est arrivé quelquefois que des lois aient été faites par un homme tout seul, comme les décrets-lois du Gouvernement de la défense nationale... (Exclamations à gauche. — Très-bien! à droite), et ces décrets ont eu force de loi, vous m'entendez bien ? Oui, on a fait des décrets-lois ; mais que ce ne soit pas une raison pour dénier l'autorité de cette grande chose qu'on appelle la loi, et qu'il faut toujours respecter, même quand on abuse de son nom. (Rumeurs à gauche. — Très-bien ! très-bien ! à droite.)

Je me résume, messieurs.

Dans les deux systèmes, rien ne se fait sans l'assentiment et la volonté de l'État. Seulement, avec l'amendement, c'est la volonté de l'État d'accord avec celle des intéressés ; avec le projet de la commission, c'est la volonté de l'État, contraire peut-être à celle des intéressés. La différence permet de juger les deux systèmes. Vous n'hésiterez pas à adopter celui de l'amendement. (Très bien ! très-bien ! et applaudissements à droite. — Aux voix !)

M. Marcel Barthe. Messieurs... (La clôture ! la clôture !) Je ne veux dire que deux mots.

L'honorable M. Baragnon a fait, suivant moi, une confusion de principes. Il faut distinguer deux situations différentes : Quand une association légalement autorisée a acquis des biens à titre onéreux, elle a le droit de les posséder, d'en jouir et d'en disposer librement, conformément aux lois, tant qu'elle existe ; sur ce point, pas de difficultés. Mais il ne s'agit pas de cela. Mon honorable contradicteur va plus loin ; il soutient qu'on peut, sans méconnaître les dispositions du code civil, insérer dans des statuts, que des biens acquis à titre onéreux par une association, pourront appartenir à une autre association quand la première aura disparu. Voilà ce que je ne saurais admettre.

Une pareille transmission ne serait plus une transmission à titre onéreux, mais bien une libéralité. Or, les libéralités ne peuvent se faire que de deux manières : par donation ou par testament.

A droite. Pas du tout !

A gauche. Si ! si ! continuez !

M. Marcel Barthe. Une donation ou un testament faits par un article de statuts, serait une chose bien étrange, bien nouvelle : examinons cependant si elle serait conforme aux prescriptions de nos lois civiles. Pour qu'une donation soit valable, il faut que le donateur se dépouille actuellement et irrévocablement de la chose donnée. Est-ce qu'une donation, faite en vertu d'une disposition introduite dans les statuts pour une époque incertaine et indéterminée, aurait ce caractère d'actualité qu'exige la loi ? Non, évidemment.

Pourrait-on y trouver une disposition testamentaire valable? Pas davantage. La loi exige, pour la validité d'un legs, qu'il soit fait en faveur d'une personne déterminée, certaine, existante. Est-ce qu'une libéralité faite par une association, en vertu d'un article de ses statuts, pour le cas où elle cessera d'exister, en faveur d'une autre association qui pourra ne pas exister à une époque indéterminée, serait faite en faveur d'une personne certaine? Non, assurément.

Donc, vouloir accorder à une association, personne purement fictive, créée par la loi, le droit de disposer à titre gratuit, par anticipation, pour une époque indéterminée, en vertu de ses statuts, de biens qu'elle aurait acquis à titre onéreux, ce serait porter atteinte aux règles les plus élémentaires du droit civil. (Réclamations à droite. — Approbation à gauche.)

M. Grivart. Messieurs, c'est au nom des règles du droit civil ordinaire qu'on vous demande de repousser l'amendement présenté par M. Lucien Brun et plusieurs de nos collègues.

Il a été affirmé par l'honorable M. Picard et aussi par l'honorable M. Marcel Barthe, que vous ne pouviez pas, sans contredire les principes élémentaires du droit, accueillir l'amendement.

M. Ernest Picard. Je demande la parole.

M. Grivart. J'ai une opinion absolument contraire, et je viens vous demander la permission d'en expliquer les motifs en quelques mots.

A droite. Parlez! parlez!

M. Grivart. Il y a d'abord un point qui est hors de cause, sur lequel l'accord s'est fait entre la commission et l'honorable M. Lucien Brun, entre M. Lucien Brun et ses contradicteurs.

Il s'agit des biens qui ont pu être acquis par l'association à former, en vertu d'une donation ou d'un testament. Sur ce point, M. Lucien Brun accepte la rédaction de la commission. Je suis prêt à l'accepter comme lui, en faisant toutefois une réserve.

Il me semble difficile d'admettre, — et à cet égard je ne serai pas contredit sans doute par M. le rapporteur de la commission qui est un éminent professeur de droit, — il me semble difficile d'admettre que les biens, acquis par suite d'une disposition à cause de mort, puissent en aucun cas faire retour à l'auteur de cette disposition. Sous cette réserve, je suis sûr que la commission elle-même souscrira assez facilement à effacer de sa rédaction ce qui n'est évidemment qu'une erreur de texte, un lapsus, je fais observer qu'en ce qui concerne les biens qui ont été donnés, ou légués à une association constituée en vue de distribuer l'enseignement, il n'y a point de difficulté : ces biens, si l'association cesse d'exister, feront retour aux parents au degré successible du donateur ou du testateur.

La question ne s'élève qu'en ce qui concerne les biens qui, postérieurement à la formation de la société, ont été acquis à titre onéreux, et sont le produit de l'épargne de ses membres.

Est-il vrai, messieurs, que s'il s'agissait d'une société ordinaire, civile ou commerciale, il fût interdit aux associés traitant au moment où se forment les statuts, de disposer éventuellement de ce qui constitue le patrimoine social?

A droite Voilà la question! — Très bien!

M. Grivart. C'est là ce qu'il m'est impos-sible d'admettre et ce que je considère comme la négation des principes fondamentaux du droit civil. (Dénégations à gauche. — Approbation à droite.)

M. Jules Ferry. Mais c'est une hérésie énorme!

M. Grivart. L'honorable M. Jules Ferry me dit que je commets là une hérésie énorme ; il me répondra tout à l'heure et me démontrera le contraire s'il le peut. (Rumeurs à gauche.) Je crois, pour ma part, que je suis dans la pureté et dans l'orthodoxie des principes. (Oui! oui! — Très-bien! à droite.)

Je dis que des associés qui se réunissent, qui constituent une société quelconque, civile ou commerciale, ont parfaitement le droit de prévoir la dissolution de la société et de régler à l'avance la dévolution du patrimoine social ; qu'ils peuvent en disposer en stipulant, soit que les biens se répartiront par fractions proportionnelles aux intérêts entre tous les associés, soit, au contraire, qu'ils appartiendront à un seul ou à plusieurs d'entre eux ou même à une personne tierce. (Rumeurs à gauche.) Et je ne dis pas seulement qu'une telle stipulation est valable, lorsque la personne en faveur de laquelle il est stipulé est une personne concrète, je dis qu'une société qui se constitue peut dans ses statuts, accessoirement à ses statuts, stipuler en faveur d'une personne civile. Il y a seulement cette différence entre ces deux situations : que si la personne gratifiée n'a pas d'existence propre, n'a qu'une existence civile et morale, elle ne peut accepter la libéralité éventuelle qui lui est faite qu'avec l'autorisation du Gouvernement.

Je dis, messieurs, que ce droit existe ; il est inscrit dans notre code civil ; à l'article 1121 du code civil : lorsque se forme un contrat à titre onéreux, — et je pense qu'on ne me contestera pas qu'ici il s'agit bien d'un acte à titre onéreux, — on a le droit de stipuler à titre gratuit en faveur d'un tiers.

M. Émile Lenoël. D'un tiers désigné, mais non pas à naître!

M. le président. N'interrompez pas! Vous pourrez répondre.

M. Grivart. L'honorable M. Lenoël me rappelle une disposition de la loi que j'ignore pas et que j'allais rappeler moi-même ; il a raison : lorsqu'au moment de la constitution d'une société on veut stipuler en faveur d'un tiers, il faut que ce tiers existe et qu'il soit désigné, qu'il s'agisse d'une personne con-crète ou d'un établissement ; si la personne objet de la stipulation est une personne con-crète, ayant une existence propre, individuelle, il faut qu'elle existe au moment du contrat pour que la stipulation soit valable ; et sur ce point je suis parfaitement d'accord avec mes honorables interrupteurs ; si la personne dont il s'agit est une personne civile, création de la loi, il faut encore qu'elle existe, il faut de plus qu'une seconde condition vienne se joindre à la première : il faut une autorisation de la puissance publique, c'est-à-dire du Gouvernement exerçant le contrôle que, dans leur prévoyance, ont imposé nos lois civiles pour l'acceptation par des établissements publics, soit de legs, soit de donations.

Mais, messieurs, je ne pense pas qu'il soit dans la tendance de l'amendement de l'honorable M. Lucien Brun de méconnaître et d'enfreindre ces principes. On ne vous demande pas de décider que, dans les statuts d'une des associations que nous considérons, une stipulation pourra intervenir au profit d'une personne non existante, que ce soit une personne concrète ou une personne civile. On vous demande de déclarer en principe que les statuts seront respectés, mais à une condition : c'est que ces statuts soient respectables, c'est-à-dire qu'ils soient conformes à la loi, qu'ils se renferment dans les limites autorisées par la loi civile. Et pourquoi, alors, ne seraient-ils pas respectés? Si les statuts s'éloignent de la loi, personne ne demande qu'ils s'exécutent.

Il est bien entendu que si une société, se formant demain, venait stipuler, en vue de sa dissolution éventuelle, au profit d'une personne n'ayant pas d'existence réelle, cette société ferait quelque chose de contraire à la loi, quelque chose qui ne serait susceptible d'aucune exécution.

Mais, messieurs, est-ce là la question ?

Ce qu'on vous demande c'est d'appliquer aux sociétés à former, qui se constitueront en vue de l'enseignement supérieur, les principes les plus élémentaires du droit civil.

Eh bien, messieurs, y a-t-il des motifs pour refuser à ces associations le bénéfice du droit commun ? Pour moi, je ne saurais les apercevoir. Je vois, au contraire, un motif puissant qui milite en leur faveur et qui, par une sorte d'*a fortiori*, vous vous inscrivez, dans l'article 12, la disposition qu'on vous demande d'y introduire.

Il y a, en effet, messieurs, dans les dispositions de la loi que nous discutons, — et je suis loin de le reprocher à ses auteurs, — il y a, dis-je, dans les dispositions de la loi, un article qui consacre au profit de la puissance publique le droit de dissoudre l'association.

Il me paraît juste, nécessaire, que la puissance publique soit ainsi armée ; il me paraît nécessaire que, le cas échéant, l'État, représenté par la loi, puisse prononcer la révocation de l'autorisation donnée. Cela, je le répète, me paraît juste, nécessaire. Mais en même temps, messieurs, que j'arme volontiers l'État d'un tel droit, je veux qu'au moment où il l'exercera, il soit placé au-dessus du soupçon. (Très-bien! à droite.) Je ne veux pas qu'on puisse croire que l'État, lorsqu'il prononce la révocation de l'autorisation donnée, cède à une tentation malsaine. (Très-bien !

très-bien ! à droite.) Je ne veux pas qu'on puisse croire que, lorsque son action se met en mouvement, la convoitise est son mobile. (Vive approbation sur les mêmes bancs.)

Je ne veux pas qu'on puisse imputer à l'État qu'il frappe l'association, parce que l'association est riche et puissante ; qu'il veut s'enrichir de ses dépouilles... (Nouvelle approbation) ; je ne veux pas que cette association qu'on va dissoudre puisse dire, ou qu'on puisse dire en son nom, ce que disait le proscrit de Sylla : « Ma belle maison d'Albe, c'est toi qui m'as perdu. » (Bravos et applaudissements à droite.)

Voilà ce que vous ne devez pas perdre de vue, dans l'intérêt de l'État lui-même comme dans l'intérêt de la justice et de la moralité publique. (Applaudissements prolongés à droite.)

M. Ernest Picard monte à la tribune.

Voix diverses. La clôture ! la clôture ! — A demain !

Un membre à droite. Mettez aux voix la clôture, monsieur le président !

M. le président. J'ai bien entendu qu'on demandait la clôture ; mais j'ai besoin, pour la mettre aux voix, qu'on fasse silence !

Sur divers bancs. A demain ! à demain ! — La clôture ! la clôture !

M. le président. J'entends formuler deux propositions : on demande, d'une part, la clôture, et, de l'autre, le renvoi à demain !

Plusieurs membres. La clôture, d'abord !

D'autres membres. Non ! non ! Le renvoi à demain !

M. le président. Une partie de l'Assemblée réclame la priorité pour la clôture ; une autre partie de la demande, au contraire, pour le renvoi à demain.

Conformément aux précédents, je mettrai d'abord aux voix la question du renvoi à demain.

(L'Assemblée, consultée, se prononce contre le renvoi à demain.)

M. le président. Je dois maintenant consulter l'Assemblée sur la clôture.

(L'Assemblée, consultée, ne prononce pas la clôture.)

M. le président. La discussion continue.

M. Picard a la parole.

M. Ernest Picard. Messieurs, je ne vous retiendrais certainement pas si vous n'aviez paru vous-mêmes attacher à cette question une importance particulière. Vous avez raison de ne pas vouloir qu'on touche légèrement aux principes délicats dont on vous a fait tout à l'heure l'exposé, et je viens répondre aussi succinctement que possible aux objections qui ont été apportées à cette tribune par les deux orateurs qui m'ont précédé.

L'honorable M. Baragnon, — et j'ai surpris quelques signes d'assentiment qui m'obligent sur ce point à lui répondre exactement, — l'honorable M. Baragnon est venu dire que, après tout, c'était l'État qui, soit dans le système de l'amendement de M. Lucien Brun, soit dans le système de la commission, présidait à la stipulation, et que, en conséquence, dans les deux cas, le principe était le même.

J'ai été vraiment étonné de rencontrer sur les lèvres d'un jurisconsulte une proposition pareille.

Comment n'a-t-il pas vu que, sans doute, l'État, qui, pour me servir d'un langage nouveau, est représenté par la loi, interviendrait si la loi était votée, mais qu'il interviendrait en contradiction avec ces principes, dont nous demandons aujourd'hui le respect...

A droite. Quels principes ? quels principes ?

M. Ernest Picard. ...et ce respect est commandé, non-seulement par des textes du code civil... (Citez ! citez ! à droite), mais par l'ensemble même des principes de notre législation.

Quels sont ces principes ?

M. Gambetta. Les substitutions sont prohibées !

M. Ernest Picard. Oui, les substitutions sont prohibées.

M. le baron Chaurand. Il n'en est pas question !

M. Ernest Picard. Et dans tous les cas, on ne peut pas régler l'ordre successif de son héritier ou de son légataire, si ce n'est dans des cas exceptionnels parfaitement déterminés par la loi.

Voilà ce qu'il ne faut pas oublier, et, si l'État, ou la loi, créait, dans les conditions que nous allons examiner brièvement, ce droit de retour, cette succession nouvelle, oui, ce serait la loi, et il faudrait bien y obéir ; mais c'est précisément parce que nous croyons que ce serait une loi dangereuse, que nous vous demandons de ne pas la voter.

Elle serait dangereuse par elle-même, en ce qu'elle établirait un système de biens immobilisés, de biens de mainmorte... (Vives réclamations à droite. — Applaudissements sur quelques bancs à gauche), et elle serait en contradiction avec les règles générales de notre législation civile. (Nouvelles réclamations à droite.)

Voilà le premier point, et voilà pourquoi il n'est pas permis de dire que, dans les deux cas, l'État présidant à la disposition, le système serait le même.

Est-ce que, si vous faisiez une loi sur le droit d'aînesse, vous diriez que le système serait le même, parce que... (Approbation à gauche. — Exclamations et rires à droite.)

Plusieurs membres à droite, ironiquement. Et la dîme ! parlez donc de la dîme !

M. Ernest Picard. Mais j'arrive à une objection plus sérieuse qui a été faite par l'honorable M. Grivart. Tout d'abord, je remercie notre honorable collègue des concessions considérables qu'il a faites ; mais que vous a-t-il dit ?

L'honorable M. Grivart vous a dit que, dans son interprétation, l'amendement proposé par l'honorable M. Lucien Brun n'était qu'une application d'un principe de droit commun ; que, après tout, l'établissement créé dans le but de donner l'enseignement supérieur était une société comme une autre, et qu'une société pouvait, en vertu de l'article 1121 du code civil, être l'objet des stipulations dont profiterait une personne désignée par elle, à la condition, si c'était une personne concrète, a-t-il dit, qu'elle fût certaine et connue ; et, a-t-il ajouté, que, si c'était une personne civile, comme un établissement d'utilité publique, elle fût autorisée par le Gouvernement à accepter.

Dans ces termes, l'amendement de M. Lucien Brun prend des proportions beaucoup moins redoutables. (Ah! ah! à droite.)

Plusieurs membres. Eh bien! votez-le!

M. Ernest Picard. Mais, permettez-moi de vous le dire, il est encore bien dangereux.

Et, tout d'abord, est-ce que vous ne vous êtes pas demandé, s'il ne s'agit ici que de l'application du droit commun, pourquoi l'amendement est fait, pourquoi il vient se placer dans cette loi sur les établissements d'enseignement supérieur. S'il n'y ajoute rien, que vient-il donc faire?

Je vais vous le dire, messieurs: c'est qu'en définitive on veut établir, entre tous les établissements d'enseignement supérieur ayant la même origine et la même direction, une sorte de communauté légale générale.... (Très-bien! très-bien! et applaudissements à gauche.)

M. Jules Ferry. Ce sera une assurance contre les droits de l'Etat!

M. Jules Favre. Très-bien! très-bien!

M. Ernest Picard. . . .qui, par une disposition spéciale et nouvelle de la loi, opérerait ainsi une dévolution successorale à leur profit.

Est-ce là ce que vous avez voulu?

M. Lucien Brun. Non, monsieur Picard! non!

M. Ernest Picard. Eh bien, heureux auteurs de l'amendement, voilà ce que vous recueillerez sans l'avoir voulu. (Rires à gauche.) Oui, telle serait la conséquence, et, si vous attachez une importance aussi grande à la disposition nouvelle que vous nous demandez de voter, si vous venez ici nous dire que l'Etat contre lequel vous ne voulez pas élever de soupçon ne pourra pas recueillir les biens, alors qu'il aura prononcé la révocation de la déclaration d'utilité publique; si vous dites cela, c'est parce que vous voulez créer en face de l'Etat cette puissance financière formidable qui résultera de la concentration dans les mêmes mains des fonds de toutes ces associations. (Bruyantes exclamations à droite. — Applaudissements à gauche)

Voilà, messieurs, la conséquence directe de l'amendement. Et maintenant, répondant à l'argument de droit, je dis que l'honorable M. Grivart, qui est venu à cette tribune nous dire qu'il n'y avait là qu'une application naturelle et innocente de l'article 1120, n'ignore pas que cet article du code civil et d'autres encore, quand ils sont appliqués d'une certaine manière et en fraude de la loi... (Rumeurs à droite), sont précisément des moyens détournés à l'aide desquels on opère les dévolutions successorales qui sont prohibées par notre droit civil. Et l'honorable M. Grivart ne me contredira pas quand je dirai que si des dispositions pareilles étaient déférées aux tribunaux et que les tribunaux puissent les apprécier dans toute leur liberté, ils ne pourraient pas, dans les conditions où cette dévolution serait faite, y voir autre chose qu'un de ces actes prohibés par les lois qui règlent les successions.

Voilà pourquoi j'établis une si grande différence entre ces deux faits: mettre cette disposition de l'article 1121 sous forme d'amendement dans la loi, ou laisser ces établissements sous l'empire du droit commun.

Et, d'ailleurs, messieurs, à qui fera-t-on croire que des sociétés qui doivent avoir une longue durée d'existence combattent ici pour avoir le droit de stipuler dans leurs statuts, au moment de leur création, une disposition qui profiterait à une personne certaine, connue, désignée, qu'ils ont en vue? Non, ce n'est pas là ce qu'elles veulent; ce n'est pas là ce qu'on veut pour elles; on veut qu'elles se succèdent dans leurs biens, on veut qu'elles se soutiennent dans leur force, on veut établir, — et jamais le mot n'aura été plus vrai, — non pas un Etat dans l'Etat, mais un Etat contre l'Etat. (Vifs applaudissements à gauche. — Protestations à droite.)

Eh bien, je le dis sans passion... (Exclamations et rires à droite), sans passion autre que celle de la vérité que vous connaissez comme moi, je l'espère, je le dis sans passion, arrêtons-nous sur cette frontière, ne léguons pas cela au temps, à l'avenir. Vous êtes animés d'un zèle extrême pour l'enseignement supérieur; vous trouvez que l'université est trop faible et ne satisfait pas à tous les besoins des grandes études; vous voulez, par l'institution d'un jury mixte, élever la France à la hauteur de la gloire littéraire des nations qui possèdent cette institution... (Mouvements divers), nous vous écoutons, et, dans l'indépendance de notre opinion, nous voulons contre vous; mais enfin, nous vous écoutons silencieusement... (Exclamations ironiques à droite) toutes les fois que vous ne venez pas toucher à ces questions brûlantes dont je vous signale, dont tout le monde vous signale mieux que moi les difficultés et les périls.

Est-ce que la loi tient à ce droit de retour? est-ce que ces biens qui auraient été ainsi déposés dans un établissement peu favorable, puisqu'il aurait été frappé par la loi de l'Etat, loi que vous ne voulez pas, je l'imagine, discréditer; est-ce que ces biens seront nombreux et souvent exposés à entrer, par voie de confiscation, non pas dans la caisse de celui qui aura frappé, mais dans les mains de l'Etat qui est l'héritier naturel de tous ceux qui habitent son sol et sont protégés par ses lois? (Réclamations sur plusieurs bancs à droite.)

Vous seriez injustement jugés si l'on pouvait le penser; on verrait là les rudiments d'un amendement qui prouverait que la France de 1875 ne vaut pas plus que celle du siècle précédent. (Bruit.)

Messieurs, restons dans la loi. Faites de l'enseignement supérieur comme vous le comprenez; mais ne retombons plus dans le régime des biens de mainmorte et des congrégations toutes-puissantes, car c'est là ce qu'on vous propose. (Vifs applaudissements à gauche. — Protestations à droite.)

M. Lucien Brun. Messieurs, c'est un grand honneur pour la cause que je défends, qu'elle ne puisse être attaquée que par des fantômes. (Hilarité générale.)

J'aurais pu dire, messieurs, puisque M. Picard parlait, par des esprits, le mot eût été meilleur. (Très-bien! très-bien!) Mais je dis que l'on ne nous a pas attaqués avec des raisons, et j'ai été, je l'avoue, stupéfait d'entendre l'honorable M. Picard apporter à cette tribune des hypothèses, des fantaisies, j'allais dire des plaisanteries que, quant à moi, je ne croyais pas voir reparaître encore une fois dans cette discussion; c'était assez de deux fois.

L'honorable M. Picard m'a fait l'honneur de me demander, après avoir évoqué je ne sais quels fantômes — et cette fois, je parle bien, — je ne sais quelle communauté légale générale, quelle dévolution successorale universelle, il m'a demandé : Est-ce cela que vous voulez? Je voudrais bien savoir ce que M. Picard me répondrait si je lui demandais à mon tour : Mais ce que vous voulez, vous, est-ce la confiscation? Or, je vous prie, n'y a-t-il pas dans votre raisonnement quelque chose qui ressemble à la confiscation?

M. Ernest Picard. Nous ne confisquons pas !

M. Lucien Brun. Pardon, je ne vous ai pas interrompu, laissez-moi m'expliquer ; vous me demandez ce que je veux, j'ai le droit de vous le dire et de vous demander à mon tour ce que vous voulez vous-même. Quant à moi, je n'ai pas poursuivi le but que vous avez imaginé. Je vais vous dire ce que je veux : c'est le droit pour chaque citoyen de disposer de ses biens dans la mesure où les lois permettent de le faire, et lorsque je laisse l'État en situation d'accepter ou non la dévolution de biens qu'un citoyen entend faire, je dis que je vous donne toutes les garanties que vous êtes honnêtement en droit d'attendre de moi.

Permettez-moi de vous dire ceci encore.

Je suppose la situation retournée. Vous avez en ce moment-ci un enseignement supérieur que j'appellerai comment ?... Un enseignement laïque. Eh bien, supposez que vous êtes en face d'un enseignement d'État, supposez que dans une loi, sollicitée par vous, le premier article proclame la liberté d'enseignement, et que l'article 12 dispose que les biens des facultés libres appartiendront à l'État, qui les attribuera à ses facultés catholiques, cléricales, quand il le demande, mon honorable collègue, qu'est-ce que vous en penseriez? (Très-bien ! très-bien ! à droite.)

Je ne veux pas revenir sur la question de droit, elle est jugée. Je dis qu'il n'y a rien à répondre à cette considération que les statuts sont soumis à l'approbation de l'État, et que les établissements ne reçoivent le bénéfice de la déclaration d'utilité publique que dans les conditions où il plaît à l'État de la leur donner. Je répète qu'il n'y a rien à répondre à cela. Mais je m'étonne de voir que de telles objections partent de ce côté (la gauche), où l'on parle si souvent de liberté... (Réclamations à gauche.)

Voix à droite. Ils n'en parlent plus !

M. Lucien Brun. Il paraît qu'on n'en parle plus !... (Murmures à gauche.) Je ne sais vraiment pas ce que veulent dire ces murmures ; cela ne veut pas dire assurément que vous n'en voulez plus parler !

M. Gambetta. Nous ne vous laisserons pas prendre notre programme.

À gauche. Non ! non !

M. Lucien Brun. Vous dites que vous ne nous laisserez pas prendre votre programme. (Non ! non ! à gauche.)

Quand vous voudrez, nous le discuterons, monsieur Gambetta, et, quand vous voudrez aussi, nous comparerons vos actes avec votre programme. (Bravos et applaudissements à droite.)

M. Gambetta. Je suis à votre disposition.

M. Lucien Brun. Quand vous voudrez. Je sais ce qui s'est passé à Lyon, à Tours et à Bordeaux, et, puisque vous parlez de liberté, quand vous voudrez, nous parlerons ensemble ici de ce qui s'est passé à Lyon, et ce sera, j'ose vous le promettre, pour l'Assemblée et le pays, une séance intéressante. (Mouvements divers.)

Je n'ai jamais attaqué ce côté de l'Assemblée (la gauche); je ne me suis jamais, du moins, adressé aux personnes ; mais je m'étonne que de ce côté, où j'entends parler si souvent de liberté, et dont un orateur osait nous dire hier : « Nous vous avons toujours trouvés pour adversaires quand il s'est agi de liberté, »—je voudrais bien savoir quand ?—je m'étonne, dis-je, que de ce côté, lorsque nous demandons, et vous ne sauriez le nier, quelque chose d'équitable, personne ne le conteste... (Si ! si ! à gauche), quelque chose de libéral, personne ne le conteste... (Si ! si ! à gauche.)

M. Gambetta. Nous le contestons tous !

M. le président. N'interrompez pas !

M. Lucien Brun Si vous le contestez, vous avez tort !... Je m'étonne, dis-je, que ce soit de ce côté que vienne la contestation lorsque nous défendons contre l'État le droit individuel de la libre disposition des biens...

M. Gambetta. C'est le droit des congrégations! (Très-bien ! très-bien ! à gauche)

M. Lucien Brun. Il y a une autre chose qui m'étonne, c'est que, quand on a un talent comme le vôtre, on répète des mots pareils à ceux-ci : c'est le droit des congrégations !

Vous savez bien qu'il ne s'agit pas ici du droit des congrégations. (Exclamations à gauche.)

Il s'agit du droit, de la liberté pour tous, et on vous a demandé, sans que vous ayez pu y répondre : quels sont donc ceux qui ne trouvent pas la liberté et l'égalité dans la loi ?

Je réclame pour ceux qui acquièrent, pour ceux qui travaillent la certitude que le fruit de leur travail ira au but qu'ils se sont proposé.

La loi est faite pour vous comme pour nous, et au point de vue de l'intérêt public, que je n'oublie pas, vous avez pour l'État une garantie certaine dans son droit de refuser la déclaration d'utilité publique à toute association qui lui présenterait des statuts où il y aurait des dispositions inquiétantes pour la sécurité de l'État.

Il n'y a pas de motifs sérieux pour repousser l'amendement. (Très-bien ! très-bien ! à droite !)

De toutes parts. Aux voix ! aux voix !

M. le président. Je prie l'Assemblée de me permettre un mot d'explication.

Il est parvenu au président des réclamations sur la manière dont il a procédé tout à l'heure, lorsqu'il a mis aux voix le renvoi à demain avant de consulter l'Assemblée sur la clôture.

M. Jules Favre. Votre droit ne peut être contesté.

M. le président. Cette manière de procéder était conforme à l'article 40 du règlement et aux précédents.

De divers côtés. Oui! oui! — Vous avez bien fait!

M. le président. Maintenant, je donne lecture des deux premiers paragraphes de l'article 12 qui n'ont pas été contestés.

M. Octave Depeyre. Je demande la parole pour une rectification. (Exclamations à gauche)

Il s'agit, messieurs, d'une simple rectification de texte. Il y avait dans le texte qui vous a été soumis une erreur que, tout à l'heure, l'honorable M. Grivart vous a signalée. On dit que « les biens donnés feront retour aux donateurs et aux testateurs. » Il faut évidemment retrancher les mots : « et aux testateurs. »

Maintenant, d'accord avec la commission, je soumets encore à l'Assemblée l'observation suivante :

Le texte dit : « ou à leurs parents au degré successible, et, à défaut de parents au degré successible, à l'Etat. » Le mot « parents » ne comprend pas, dans le sens légal, le conjoint, qui vient pourtant dans l'ordre successible établi par la loi.

D'accord avec la commission, je vous propose la rédaction suivante, qui comprend l'ordre de succession tel que la loi l'établit :

« ...ou aux successeurs des donateurs et testateurs dans l'ordre réglé par la loi, et, à défaut de successeurs, à l'Etat. »

M. le rapporteur. La commission accepte cette rédaction.

M. le président. La commission avait pris les devants et avait remis au président les deux modifications qui viennent d'être indiquées, et dont je me disposais à donner lecture.

M. le rapporteur. La rédaction de M. Depeyre est préférable à celle que je vous ai remise, monsieur le président, et la commission l'accepte.

M. le président. Voici donc quelle serait la rédaction définitive du paragraphe 1er :

« En cas d'extinction d'un établissement d'enseignement supérieur reconnu, soit par l'expiration de la société, soit par la révocation de la déclaration d'utilité publique, les biens acquis par donation entre-vifs et par disposition à cause de mort feront retour aux donateurs ou aux successeurs des donateurs et testateurs, dans l'ordre réglé par la loi, et, à défaut de successeurs, à l'Etat. »

M. Foubert. Et les ayants droit?

M. Bérenger (de la Drôme). Je demande, aussi bien pour la difficulté de rédaction qui se présente que pour la question qui a été longtemps discutée tout à l'heure, le renvoi de l'article 12 à la commission.

Sur plusieurs bancs. Non! non!

M. le président. M. Bérenger fait une proposition préjudicielle, que je dois mettre aux voix avant de faire voter l'Assemblée sur le paragraphe 1er.

M. le rapporteur. La commission n'accepte pas le renvoi de l'article. (Exclamations en sens divers.)

M. le président. La commission n'acceptant pas le renvoi, et l'on n'insiste pas...

Plusieurs membres au centre gauche. Si ! si !

M. le président. On insiste pour que, malgré la non acceptation du renvoi par la com-

mission, l'article 12 lui soit renvoyé? (Oui! oui! — Non ! non !)

Je consulte l'Assemblée.

(L'Assemblée, consultée, ne prononce pas le renvoi de l'article 12 à la commission.)

M. le président. Je mets aux voix le premier paragraphe de l'article 12, modifié dans les termes que j'ai fait connaître tout à l'heure à l'Assemblée, ainsi que le paragraphe second, ainsi conçu :

« Les biens acquis à titre onéreux feront également retour à l'Etat. »

(Les deux premiers paragraphes sont mis aux voix et adoptés.)

M. le président. Maintenant, l'Assemblée est appelée à se prononcer sur l'amendement de M. Lucien Brun.

Voici cet amendement :

« ...si les statuts ne contiennent à cet égard aucune disposition. »

Il y a sur cet amendement deux demandes de scrutin.

Ces demandes sont signées :

La 1re, par MM. Joseph de Carayon La Tour, marquis de Lur-Saluces, de Pulberneau, vicomte de Lorgeril, vicomte de Kermenguy, vicomte d'Aboville, marquis de Quinsonas, Charles Martin, Bourgeois, de Saint-Victor, La Rochefoucauld (duc de Bisaccia), baron de Lassus, de Limairac (Tarn-et-Garonne), Vimal, Charles Combier, La Rochejaquelein, marquis de Juigné, Baragnon ;

La 2e, par MM. Charles Lepère, Brelay, Testelin, A. Scheurer-Kestner, La Serve, Ganault, Léon Robert, Godin, Paris, Laurent-Pichat, Rathier, Escarguel, A. Dréo, Bouchet, Roudier, Amat, Maurice Rouvier, Deregnaucourt, Milland, Berlet, Marcou, Grandpierre.

Il va être procédé au scrutin.

(Le scrutin est ouvert et les votes sont recueillis.)

M. le président. Pendant que MM. les secrétaires procèdent au dépouillement du scrutin, l'Assemblée veut-elle que je la consulte sur une question d'ordre, d'ailleurs fort simple ? (Oui! oui!)

Les pouvoirs des bureaux qui ont été organisés le 11 du mois de juin expirent le 11 du mois de juillet. Le 11 étant un dimanche, le tirage au sort des bureaux, pour leur renouvellement, peut avoir lieu, conformément aux précédents, soit demain, soit lundi.

M. de Tillancourt. Je demande formellement que le tirage des bureaux ait lieu lundi, pour ne pas entraver la discussion actuelle sur la liberté de l'enseignement supérieur. (Oui! — Lundi !)

M. le président. Il y a une proposition pour lundi, je la mets aux voix.

(L'Assemblée, consultée, décide que le tirage au sort des bureaux aura lieu lundi.)

Le dépouillement du scrutin continue et s'achève.

M. le président. Le bureau déclare qu'il y a lieu de procéder au pointage. (Ah! ah!) Cette opération va avoir lieu.

(MM. les secrétaires se rendent dans le bureau des procès-verbaux avec les corbeilles contenant les bulletins de vote pour faire la vérification du scrutin, et la séance demeure

69

suspendue pendant trois quarts d'heure. — Elle est reprise à sept heures et demie.)

M. le président. Voici le résultat vérifié du dépouillement du scrutin :

Nombre des votants	653
Majorité absolue	327
Pour l'adoption	330
Contre	323

L'Assemblée nationale a adopté.

Demain, à deux heures, séance publique : Suite de la discussion commencée ; Suite de l'ordre du jour tel qu'il a été précédemment fixé.

(La séance est levée à sept heures trente cinq minutes.)

Le directeur du service sténographique de l'Assemblée nationale,

CÉLESTIN LAGACHE.

SCRUTIN

Sur l'article 2 de la loi sur la liberté de l'enseignement supérieur.

Nombre des votants	601
Majorité absolue	302
Pour l'adoption	414
Contre	187

L'Assemblée nationale a adopté.

ONT VOTÉ POUR :

MM. Abbadie de Barrau (le comte d'). Aboville (le vicomte d'). Adam (Pas-de-Calais). Adnet. Aigle (le comte de l'). Allenou. Amy. Ancel. Andelarre (marquis d'). Anisson-Duperon. Arfeuillères. Aubry. Audren de Kerdrel. Aurelle de Paladines (général d'). Auxais (d'). Aymé de la Chevrelière. Babin-Chevaye. Bagueux (comte de). Balsan. Baragnon. Barante (baron de). Bardoux. Bastid (Raymond). Baucarne-Leroux. Baze. Beaussire. Beauvillé (de). Belcastel (de). Benoist d'Azy (le comte). Benoist du Buis. Benoît (Meuse). Bérenger. Bernard (Charles) (Ain). Bernard-Dutreil. Besnard. Besson (Paul). Béthune (comte de). Beurges (comte de). Bidard. Bienvenüe. Bigot. Blavoyer. Blin de Bourdon (vicomte). Bocher. Boduin. Boisbois- sel (comte de). Boisse. Bompard. Bonald (le vicomte de). Bondy (comte de). Bonnet. Boreau-Lajanadie. Bottard. Bottieau. Bouillé (le comte de). Bouisson. Boullier (Loire). Boullier de Branche. Bourgeois (Vendée). Boyer. Brabant. Brame (Jules). Brettes-Thurin (le comte de). Broët. Broglie (duc de). Brun (Lucien) (Ain). Brunet. Bryas (le comte de). Buffet. Buisson (Jules) (Aude).

Caillaux. Calemard de La Fayette. Callet. Carayon La Tour. Carbonnier de Marzac (de). Carron (Emile). Castellane (marquis de). Cazeaux (Hautes-Pyrénées). Chabaud La Tour (Arthur de). Chabaud La Tour (général baron de). Chabron (général de). Chamaillard (de). Champagny (vicomte Henri de). Champvallier (de). Changarnier (général). Chaper. Chareton (général). Charreyron. Chatelin. Chaurand (baron). Cheguillaume. Chesnelong. Chiris. Cintré (comte de). Cissey (général de). Clapier. Clément (Léon). Clercq (de). Colombet (de).

Combarieu (de). Combier. Corne. Cornulier-Lucinière (comte de). Costa de Beauregard (marquis de). Courbet-Poulard. Courcelle. Crussol d'Uzès (duc de). Cumont (vicomte Arthur de).

Daguenet. Daguilhon-Lasselve. Dampierre (marquis de). Danelle-Bernardin. Daru (comte). Dauphinot. Daussel. Decazes (baron). Delacour. Delavau. Delisse-Engrand. Delorme. Delpit. Delsol. Denormandie. Depasse. Depeyre. Desbassayns de Richemont (comte). Descat. Desjardins. Destremx. Dezanneau. Diesbach (comte de). Dietz-Monnin. Dompierre d'Hornoy (amiral de). Doré-Graslin. Douay. Douhet (comte de). Drouin. Du Bodan. Duboys-Fresnay (général). Du Breuil de Saint-Germain. Du Chaffaut. Duchâtel (comte). Dufaur (Xavier). Dufaure (Jules). Dufour. Dufournel. Dumarnay. Dumon. Dupin (Félix). Dupont (Alfred). Durfault. Durfort de Civrac (comte de). Dussaussoy.

Ernoul.

Féligonde (de). Flaghac (baron de). Fleuriot (de). Fontaine (de). Forsanz (vicomte de). Foubert. Fourichon (amiral). Fournier (Henri). Fourtou (de). Franclieu (le marquis de). Fresneau.

Gallicher. Galloni d'Istria. Ganivet. Gaslonde. Gasselin de Fresnay. Gatien-Arnoult. Gaulthier de Rumilly. Gaulthier de Vaucenay. Gavardie (de). Gavini. Gérard. Germain. Germonière (de la). Gévelot. Gillon (Paulin). Ginoux de Fermon (le comte). Giraud (Alfred). Glas. Godet de la Riboullerie. Gouvello. Gouvion Saint-Cyr (marquis de). Grammont (le marquis de). Grange. Grasset (de). Grivart. Groll'er. Gusidan. Guibal. Gulche (marquis de la). Guinot.

Haentjens. Hamille. Harcourt (le comte d'). Harcourt (le duc d'). Haussonville (le vicomte d'). Houssard. Huon de Penanster.

Jaffré (l'abbé). Jamme. Jaurès (l'amiral). Jocteur-Monrozier. Johnston. Joinville (prince de). Jordan. Joubert. Jourdan. Jouvenel (baron de). Juigné (le comte de). Juigné (le marquis de).

Keller. Kergariou (le comte de). Kergorlay (comte de). Kéridec (de). Kerjégu (amiral de). Kermenguy (vicomte de). Kolb-Bernard. La Bassetière. Labitte. La Borderie (de). La Bouillerie (de). Laboulaye. Lacave-Laplagne. La Caze (Louis). Lacombe (de). Lagrange (baron A. de). Lallié. Lambert de Sainte-Croix. Lamberterie (de). Lamy. Lanel. La Pervanchère (de). Larcy (baron de). Largentaye (de). La Roche-Aymon (le marquis de). La Rochefoucauld (duc de Bisaccia). La Rochejaquelein (marquis de). La Rochethulon (le marquis de). La Rochette (de). La Sicotière (de). Lassus (baron de). Lastoyrie (J. de). Laurier. Lavergne (Léonce de). Lebourgeois. L'Ébraly. Lecamus. Le Chatelain. Lefébure. Lefèvre-Pontalis (Eure et-Loir). Lefèvre-Pontalis (Seine-et-Oise). Lafranc (Victor). Le Gal La Salle. Legge (comte de). Legrand (Arthur). Le Lasseux. Le Provost de Launay. Lespinasse. Lestapis (de). Lestourgie. Leurent. Levert. Limairac (de) (Tarn-et-Garonne). Limayrac (Léopold) (Lot). Longeril (vicomte de). Louvet. Loysel (général). Lur-Saluces (marquis de).

Magniez. Maillé (comte de). Malartre. Maleville (marquis de). Mallevergne. Marchand. Martel (Pas-de-Calais). Martell (Charente). Martenot. Martin (Charles). Martin (d'Auray). Martin des Pallières (général). Mathieu (Saône-et-Loire). Mathieu-Bodet (Charente). Mathieu de la Redorte (comte). Maurice. Max-Richard. Mayaud. Mazerat. Mazure (général). Meaux (vicomte de). Médecin. Melun (comte de). Méplain. Mérode (de). Merveilleux du Vignaux. Mettetal. Michel. Monjaret de Kerjégu. Monneraye (comte de la). Monnet. Montaignac (amiral de). Monteil. Montgolfier (de). Montlaur (marquis de). Montrieux. Mornay (marquis de). Mortemart (duc de). Mouchy (duc de). Murat (comte Joachim).

Nétien. Nouaillan (comte de).

Pagès-Duport. Pajot. Parigot. Paris. Partz (marquis de). Passy (Louis). Patissier (Sosthène). Pélissier (général). Peltereau-Villeneuve. Pernolet. Perrot. Perrier (Eugène). Pétau. Peulvé. Peyramont (de). Philippoteaux. Pioger (de). Piou. Plichon. Pontol-Pontcarré (marquis de). Pouyer-Quertier. Pradié. Prax-Paris. Prétavoine. Puibernean (de).

Quinsonas (le marquis de).

Rainneville (de). Rambures (de). Rampon (comte). Renaud (Félix). Riant (Léon). Ricot. Rive (Francisque). Robert (général). Robert de Massy. Rodez-Bénavent (vicomte de). Roger du Nord (comte). Rotours (des). Rouher. Rouveure. Roux (Honoré). Roys (marquis des).

Sacase. Sainchthorent (de). Saintenac (vicomte de). Saint-Germain (de). Saint-Pierre (Louis de) (Manche). Saint-Victor (de). Saisset (vice-amiral). Saisy (Hervé de). Salvandy (de). Sarrette. Savary. Say (Léon). Sebert. Ségur (comte Louis de). Sens. Serph (Gusman). Sers (marquis de). Simon (Fidèle). Soubeyran (baron de). Soury-Lavergne. Staplande. Sugny (de). Tailhand. Taillefert. Talhouët (marquis de). Tallon. Tarteron (de). Temple (du). Théry. Tillancourt (de). Touget des Vignes. Trévéneuc (comte de). Tréville (le comte de). Turquet. Valady (de). Valazé (général). Valfons (marquis de). Valon (de). Vandier. Vaulchier (comte de). Vautrain. Ventavon (de). Vente. Vétillart. Vidal (Saturnin). Viennet. Villieu. Vimal-Dessaignes. Vingtain (Léon). Vitalis. Vogué (marquis de). Voisin.

Waddington. Wallon. Wartelle de Retz. Witt (Cornélis de).

ONT VOTÉ CONTRE :

MM. Adam (Edmond). Alexandre. Allemand. Ancelon. Arago. Arbel. Arrazat.

Bamberger. Barni. Barodet. Barthélemy Saint-Hilaire. Berlet. Bernard (Martin). Bert. Bethmont. Billot (le général). Billy. Blanc (Louis). Bonnel (Léon). Boucau. Bouchet. Boysset. Bresisy. Breton. Brice (Meurthe-et-Moselle). Brillier. Brisson (Henri) (Seine). Brun (Charles) (Var). Buée.

Caduc. Carnot (père). Carnot (Sadi). Carquet. Casse (Germain). Castelnau. Cazot (Jules) (Gard). Challemel-Lacour. Charcon. Charton. Chavassieu. Chevandier. Claude (Meurthe-et-Moselle). Claude (Vosges). Contaut. Corbou. Cordier. Cotte. Crémieux. Cunit. Daron. Daumas. Delord. Denfert (colonel). Deregnaucourt. Deschanps. Dréo. Dubois. Dufay. Duparc. Dupouy. Durieu.

Escarguel. Eschasseriaux (baron). Esquiros.

Eymard-Duvernay.

Farcy. Faye. Fornier. Ferrouillat. Folliet. Fouquet. Fourcand.

Gagneur. Gambetta. Ganault. Gaudy. Gent. George (Emile). Girerd (Cyprien). Girot-Pouzol. Goblet. Godin. Godissart. Grandpierre. Greppo Guillemaut (général). Guinard. Guyot. Hèvre. Humbert.

Jacques. Joigneaux. Journault. Jozon.

Krantz.

Lacretelle (Henri de). Lafayette (Oscar de). Laflize. Lafon de Fongaufier. Laget. Lambert (Alexis). Latrade. Laurent-Pichat. Leblond. Lebreton. Lefèvre (Henri). Lefranc (Pierre). Lepère Lepetit. Lépouzé. Leroux. Le Royer. Lesguillon. Lherminier. Littré. Lockroy. Loustalot.

Madier de Montjau. Magnin. Mahy (de). Maillé. Malens. Malézieux. Marck. Marcou.

Martin (Henri). Méline. Mercier. Mestreau. Millaud. Moreau (Côte-d'Or). Morin. Morvan. Naquet. Nioche. Noël-Parfait. Ordinaire (lils).

Palotte (Jacques). Parent. Pascal Duprat. Pelletan. Périn. Peyrat. Picard (Ernest). Picart (Alphonse). Pin. Pompéry (de). Ramesu. Rampont. Rathier. Renaud (Michel). Raymond (Ferdinand) (Isère). Raymond (Loire). Robert (Léon). Roger-Marvaise. Rolland (Charles) (Saône-et-Loire). Roudier. Rousseau. Rouvier. Roy de Loulay. Saineuve. Sansas. Saussier (général). Schérer. Scheurer-Kestner. Schœlcher. Sénard. Silva (Clément). Simiot. Simon (Jules). Soye. Swiney.

Taberlet. Tamisier. Tassin. Testelin. Thurel. Tiersot. Tirard. Tolain. Turigny. Vacherot. Valentin. Varroy. Vast-Vimeux (baron). Villain.

Warnier (Marne).

N'ONT PAS PRIS PART AU VOTE

Comme étant retenus à la commission des lois constitutionnelles :

MM. Adrien Léon. Beau. Christophle (Albert). Duclerc. Ferry (Jules). Grévy (Albert). Luro. Marcère (de). Ricard.

N'ONT PAS PRIS PART AU VOTE

Comme étant retenus à la commission du budget :

MM. André (Seine). Bathie. Cochery. Gouin. Langlois. Lucet. Osmoy (comte d') Pothuau (amiral). Raudot. Ravinel (de). Teisserenc de Bort. Wolowski.

N'ONT PAS PRIS PART AU VOTE :

MM. Abbatucci. Amat. André (Charente). Arnaud (-le l'Ariége). Audiffret-Pasquier (le duc d'). Barthe. Bertauld. Boffinton. Bourgoing (le baron de). Bozérian. Buisson (Seine-Inférieure). Busson-Duviviers. Calmon. Carré-Kérisouët. Casimir Perier. Cazenove de Pradine (de). Chadois (colonel de). Cherpin. Choiseul (Horace de). Clerc. Cottin (Paul). Decazes (duc). Delacroix. Delille. Ducarre. Ducuing. Dupanloup (Mgr). Duvergier de Hauranne. Favre (Jules). Feray. Fraissinet. Frébault (général). Gailly. Gayot. Grévy (Jules). Guichard. Hérisson. Hespel (comte d'). Janzé (baron de). Jouin. Lanfrey. La Serve. Lenoël. Levéqué. Limperani. Lorlat. Maleville (Léon de). Manginl. Maro-Dufraisse. Margaine. Mazeau. Michal-Ladichère. Moreau (Ferdinand). Murat-Sistrières. Parsy. Picaud (marquis de). Presseisé (de). Princeteau. Raoul Duval. Rémusat (Paul de). Rességuier (le comte de). Riondel. Rivaille. Roussel. Saint-Malo (de). Saint-Pierre (de) (Calvados). Savoye. Selj.nobos. Tardieu. Target. Thiers. Thomas (docteur). Tocqueville (comte de). Tribert. Vinay (Henri). Vinols (baron de). Wilson.

ABSENTS PAR CONGÉ :

MM. Aumale (le duc d'). Bastard (le comte de). Brice (Ille-et-Vilaine). Cézanne. Chabrol (de). Chambrun (comte de). Chanzy (général). Chaudordy (comte de). Corcelle (de). Deshons. Flotard. Gontaut-Biron (vicomte de). Jullien. La Roncière Le Noury (vice-amiral baron de). Le Flo (général). Magne. Maure. Monnot-Arbilleur. Salvy.

SCRUTIN

*Sur le premier paragraphe de l'article 11 de la
loi sur la liberté de l'enseignement supérieur.*

Nombre des votants......... 639
Majorité absolue............... 320

Pour l'adoption...... 430
Contre................. 209

L'Assemblée nationale a adopté.

ONT VOTÉ POUR :

MM. Abbadie de Barrau (comte d'). Aboville
(vicomte d'). Aclocque. Adam (Pas-de-Calais).
Adnet. Aigle (comte de l'). Allenou. Amy.
Ancel. Andelarre (marquis d'). André (Cha-
rente). Anisson-Duperron. Arfeuillères. Aubry.
Audren de Kerdrel. Aurelle de Paladines (gé-
néral d'). Auxais (d'). Aymé de la Chevrelière.
Babin-Chevaye. Bagneux (le comte de). Balsan. Baragnon. Barante (le baron de). Barascud. Bardoux. Bastid (Raymond). Bau-
carne-Leroux. Beauvillé (de). Belcastel (de).
Benoist d'Azy (le comte). Benoist du Buis.
Benoit (Meuse). Béranger. Bernard (Charles)
(Ain). Bernard-Dutreil. Bertauld. Besnard.
Besson (Paul). Béthune (le comte de). Beurges
(comte de). Bidard. Bienvenüe. Bigot. Bla-
voyer. Blin de Bourdon (le vicomte). Bocher.
Boduin. Boisboissel (comte de). Boisse. Bom-
pard. Bonald (vicomte de). Bondy (le comte
de). Bonnet. Boreau-Lajanadie. Bottard.
Bottieau. Bouillé (comte de). Boullier (Loire).
Boullier de Branche. Bourgeois. Boyer. Bra-
bant. Brame (Jules). Brettes-Thurin (le
comte de). Broët. Broglie (le duc de). Brun
(Lucien) (Ain). Brunet. Bryas (le comte de).
Buée. Buffet. Buisson (Jules) (Aude).
Caillaux. Calemard de La Fayette. Callet.
Calmon. Carayon La Tour (de). Carbonnier de
Marsac (de). Carron (Émile). Casimir Perier.
Castellane (le marquis de). Cazeaux. Cazenove
de Pradine (de). Chabaud La Tour (Arthur de).
Chabaud La Tour (général baron de). Chabron
(général de). Chadois (colonel de). Chamaillard
(de). Champagny (vicomte Henri de). Champ-
vallier (de). Changarnier (le général). Chaper.
Charreyron. Chatelin. Chaurand (baron). Che-
guillaume. Chesnelong. Chiris. Christophle
(Albert). Cintré (comte de). Cissey (général de).
Clapier. Clément (Léon). Clercq (de). Colombet (de). Combarieu (de). Combier. Cordier.
Corne. Cornulier-Lucinière (comte de). Costa
de Beauregard (le marquis de). Cottin (Paul).
Courbet-Poulard. Courcelle. Crussol d'Uzès
(duc de). Cumont (vicomte Arthur de).
Daguenet. Daguilhon - Lasselve. Dampierre
(marquis de). Danelle-Bernardin. Daru (comte).
Daussel. Decazes (marquis de). Decazes (duc). Delacour. Delavau. Delille. Delisse-Engrand.
Delorme. Delpit. Delsol. Denormandie. De-
passe. Depeyre. Desbassayns de Richemont
(comte). Descat. Desjardins. Destremx. De-
zanneau. Diesbach (comte de). Dietz-Monnin.
Dompierre d'Hornoy (amiral de). Doré-Graslin.
Douay. Douhet (comte de). Drouin. Du Bo-
dan. Du Breuil de Saint-Germain. Du Chaf-
faut. Duchâtel (le comte). Ducuing. Dufaur
(Xavier). Dufaure (Jules). Dufour. Dufournel.
Dumarnay. Dumon. Dupin (Félix). Dupont (Al-
fred). Duréault. Durfort de Civrac (comte de).
Dussaussoy. Duvergier de Hauranne.
Ernoul.
Féligonde (de). Feray. Flaghac (baron de).
Fleuriot (de). Fontaine (de). Forsanz (vicomte
de). Fourichon (amiral). Fournier (Henri).
Fourtou (de). Franclieu (marquis de). Fres-
neau.

Gallicher. Galloni d'Istria. Ganivet. Gas-
londe. Gasselin de Fresnay. Gatien-Arnoult.
Gaultier de Rumilly. Gaulthier de Vaucenay.
Gavardie (de). Gavini. Gayot. Gérard. Ger-
main. Germonière (de la). Gévelot. Gillon
(Paulin). Ginoux de Fermon (comte). Gi-
raud (Alfred). Glas. Godet de la Riboullerie.
Gouvello (de). Gouvion Saint-Cyr (marquis de).
Grammont (marquis de). Grange. Grasset (de).
Grivart. Gueidan. Guibal. Guiche (marquis
de la).
Haentjens. Hamille. Harcourt (comte d').
Harcourt (duc d'). Haussonville (vicomte d').
Houssard. Huon de Penanster.
Jaffré (abbé). Jamme. Jaurès (amiral). Joc-
teur-Monrozier. Johnston. Joinville (prince de).
Jordan. Joubert. Jourdan. Jouvenel (baron
de). Juigné (comte de). Juigné (marquis de).
Keller. Kergariou (comte de). Kergorlay
(comte de). Kéridec (de). Kerjégu (amiral de).
Kermenguy (vicomte de). Kolb-Bernard.
La Bassetière (de). Labitte. La Borderie (de).
La Bouillerie (de). Laboulaye. Lacave-Lapla-
gne. Lacombe (de). Lagrange (baron A. de).
Laillé. Lambert de Sainte-Croix. Lambertye
(de). Lamy. Lanel. La Pervanchère (de). Lar-
cy (baron de). Largentaye (de). La Rocha-
Aymon (marquis de). La Rochefoucauld (duc
de Bisaccia). La Rochejaquelein (marquis de).
La Rochethulon (marquis de). La Rochette (de).
La Sicotière (de). Lassus (baron de). Lasteyrie
(J. de). Laurier. Lavergne (Léonce de). Le-
bourgeois. L'Ebraly. Lecomus. Le Chatelain.
Lefébure. Lefèvre-Pontalis (Eure et-Loir). Le-
fèvre-Pontalis (Seine-et-Oise). Lefranc (Victor).
Le Gal La Salle. Legge (comte de). Legrand
(Arthur). Le Lasseux. Lenoël (Émile). Le
Provost de Launay. Lespinasse. Lestapis (de).
Lestourgie. Leurent. Levert. Limairac (de)
(Tarn-et-Garonne). Limayrac (Léopold) (Lot).
Lorgeril (vicomte de). Lorial. Louvet. Loysel
(général). Luro. Lur-Saluces (marquis de).
Magnies. Maillé (comte de). Malartre. Male-
ville (marquis de). Mailvergne. Marcère (de).
Marchand. Martel (Pas-de-Calais). Martell (Charente). Martenot. Martin (Charles). Martin
(d'Auray). Martin des Pallières (général). Mathieu (Saône-et-Loire). Mathieu-Bodet (Charente). Mathieu de la Redorte (comte de). Maurice.
Max-Richard. Mayaud. Mazerat. Mazure (le
général). Meaux (vicomte de). Médecin. Melun
(comte de). Méplain. Mérode (de). Merveilleux
du Vignaux. Mettetal. Michel. Monjaret de
Kerjégu. Monneraye (comte de La). Monnet.
Montaignac (amiral de). Monteil. Montgolfier
(de). Montlaur (marquis de). Montrieux. Moreau (Ferdinand). Mornay (marquis de). Mortemart (duc de). Mouchy (le duc de). Murat
(comte Joachim).
Nétien. Nouaillan (comte de).
Pagès-Duport. Pajot. Parigot. Paris. Partz
(marquis de). Passy (Louis). Patissier (Sosthène). Pelletereau-Villeneuve. Pernolet. Perret.
Perrier (Eugène). Petau. Peulvé. Peyramont
(de). Philippoteaux. Pioger (de). Piou. Plichon. Picou (marquis de). Pontoi-Pontcarré
(marquis de). Pouyer-Quertier. Pradié. Prax-
Paris. Prétavoine. Puiberneau (de).
Quinsonas (marquis de).
Rainneville (de). Rambures (de). Rampon
(comte). Ravinel (de). Renaud (Félix). Ressé-
guier (le comte de). Riant (Léon). Ricot.
Rive (Francisque). Robert (le général). Robert de Massy. Rodez-Bénavent (vicomte de).
Roger du Nord (comte). Rotours (des). Rouher.
Rouveure Roys (marquis des).
Sacase. Saincthorent (de). Saintenac (vicomte
de). Saint - Germain (de). Saint-Malo (de).
Saint-Pierre (de) (Calvados). Saint-Pierre (Louis
de) (Manche). Saint-Victor (de). Saisset (le
vice-amiral). Saisy (Hervé de). Salvandy (de).
Sarrette. Savary. Savoye. Say (Léon). Se-

bert. Ségur (comte de). Sens. Serph (Gusman).
Sers (marquis de). Soury-Lavergne. Staplande
(de). Sugny (de).
Tailhand. Taillefer. Talhouët (le marquis de).
Tallon. Tarteron (de). Temple (du). Théry.
Tocqueville (comte de). Toupet des Vignes.
Tréveneuc (comte de).
Vacherot. Valady (de). Valazé (général).
Valfons (marquis de). Valon (de). Vandier
Vaulchier (comte de). Vautrain. Ventavon (de)
Vente. Vétillart. Vidal (Saturnin). Viennet.
Vilfeu. Vimal-Dessaignes. Vinay (Henri).
Vingtain (Léon). Vinols (le baron de). Vitalis.
Vogué (marquis de). Voisin.
Waddington. Wallon. Wartelle de Retz.
Witt (Cornélis de).

ONT VOTÉ CONTRE :

MM. Adam (Edmond) (Seine). Alexandre
(Charles). Allemand. Amat. Ancelon. André
(Seine). Arago (Emmanuel). Arnaud (de l'A-
riége). Arrazat.
Bamberger. Barni. Barodet. Barthe (Marcel). Barthélemy Saint-Hilaire. Beaussire.
Bériet. Bernard (Martin) (Seine). Bert. Bethmont. Billot (général). Billy. Blanc (Louis).
Bonnel (Léon). Boucau (Albert). Bouchet
(Bouches-du-Rhône). Boysset. Bozérian. Bre-
lay. Brice (Meurthe-et-Moselle). Brillier. Brisson (Henri) (Seine). Brun (Charles) (Var).
Caduc. Carnot (père). Carnot (Sadi). Car-
quet. Casse (Germain). Castelnau. Cazot (Jules) (Gard). Challemel-Lacour. Chardon. Charc-
ton (général). Charton. Chavassieu. Chevan-
dier. Choiseul (Horace de). Claude (Meurthe-et-
Moselle). Claude (Vosges). Clerc. Contaut.
Corbon. Cotte. Crémieux.
Daron. Daumas. Delacroix. Delord. Den-
fert (le colonel). Derognaucourt. Deschange.
Dréo. Dubois. Duboys-Fresnay (général). Du-
clerc. Dufay. Duparc. Dupouy. Durieu.
Escarguel. Eschasseriaux (baron). Esquiros.
Farcy. Favre (Jules). Faye. Fernier. Fer-
rouillat. Ferry (Jules). Folliet. Fouquet.
Fourcand
Gagneur. Gambetta. Ganault. Gaudy. Gent.
George (Emile). Girerd (Cyprien). Girot-
Pouzol. Goblet. Godin. Godissart. Grand-
pierre. Greppo. Grévy (Albert). Grévy (Jules).
Grollier. Guichard. Guillemaut (général). Gui-
nard. Guyot.
Hérisson. Hèvre. Humbert.
Jacques. Joigneaux. Jouin. Journault.
Jozon.
Lacretelle (Henri de). Lafayette (Oscar de).
Laflize. Lafon de Fongaufier. Laget. Lambert
(Alexis). Lanfrey. La Serve. Lairade. Lau-
rent-Pichat. Leblond. Lebreton. Lefèvre
(Henri). Lefranc (Pierre). Lepère. Lepetit.
Lépouzé. Leroux (Aimé). Le Royer. Lesguil-
lon. Levêque. Lherminier. Littré. Lockroy.
Lucet.
Madier de Montjau. Magnin. Mahy (de). Maillé.
Malens. Malézieux. Marck. Marcou. Mar-
gaine. Martin (Henri). Mazeau. Méline. Mer-
cier. Mestreau. Millaud. Morin. Morvan.
Naquet. Nioche. Noël-Parfait.
Ordinaire (fils).
Palotte (Jacques). Parent. Pascal Duprat.
Pelletan. Pellissier (général). Périn. Peyrat.
Picard (Ernest). Picart (Alphonse). Pin. Pom-
pery (de). Pressensé (de).
Rameau. Rampont. Raoul Duval. Rathier.
Rémusat (Paul de). Renaud (Michel). Reymond
(Ferdinand) (Isère). Ricard. Riondel. Robert
(Léon). Roger-Marvaise. Rolland (Charles)
(Saône-et-Loire). Roudier. Rousseau. Roussel.
Rouvier.
Salneuve. Sansas. Saussier (général). Sché-
rer. Scheurer-Kestner. Schœlcher. Sénard.

Silva (Clément). Simiot. Simon (Jules). Soye.
Swiney.
Tamisier. Tassin. Testelin. Thomas (doc-
teur). Thurel. Tiersot. Tirard. Tolain. Tri-
bert. Turigny. Turquet.
Valentin. Varroy. Villain.
Warnier (Marne). Wilson.

N'ONT PAS PRIS PART AU VOTE

*Comme étant retenus à la commission des lois
constitutionnelles :*

MM. Adrien Léon. Baze. Beau. Krantz.

N'ONT PAS PRIS PART AU VOTE

Comme étant retenus à la commission du budget :

MM. Batbie. Cochery. Gouin. Langlois.
Osmoy (comte d'). Pothuau (amiral). Raudot.
Soubeyran (baron de). Teisserenc de Bort.
Wolowski.

N'ONT PAS PRIS PART AU VOTE :

MM. Abbatucci. Arbel. Audiffret-Pasquier
(duc d'). Boffinton. Bourgoing (baron de). Breton. Buisson (Seine Inférieure). Busson-Duviviers. Carré-Kérisouët. Cherpin. Cunit. Dauphinot. Ducarre. Dupanloup (évêque). Eymard-Duvernay. Fraissinet. Frébault (général).
Gailly. Guinot. Hespel (comte d'). Janzé (baron de). La Caze (Louis). Limperani. Loustalot. Maleville (Léon de). Mangini. Marc-Dufraisse. Michal-Ladichère. Moreau (Côte-d'Or).
Murat-Sistrières. Parsy. Princeteau. Raoul
Duval. Reymond (Loire). Rivaille (Arthur).
Roux (Honoré). Roy de Loulay. Seignobos.
Simon (Fidèle). Taberlet. Tardieu. Target.
Thiers. Tillancourt (de). Vest-Vimeux (le baron)

ABSENTS PAR CONGÉ :

MM. Aumale (le duc d'). Bastard (le comte de).
Brice (Ille-et-Vilaine). Cézanne. Chabrol (de).
Chambrun (comte de). Chanzy (le général).
Chaudordy (comte de). Corcelle (de). Desbons.
Flotard. Gontaut-Biron (le vicomte de). Jul-
lien. La Roncière Le Noury (vice-amiral ba-
ron de). Le Flo (général). Magne. Maure.
Monnot-Arbilleur. Salvy.

SCRUTIN

Sur l'amendement de M. Jules Favre.

Nombre des votants	649
Majorité absolue	325
Pour l'adoption	278
Contre	371

L'Assemblée nationale n'a pas adopté.

ONT VOTÉ POUR :

MM. Adam (Edmond) (Seine). Alexandre
(Charles). Allemand. Amat. Ancelon. Arago
(Emmanuel). Arbel. Arnaud (de l'Ariége).
Arrazat.
Bamberger. Barni. Barodet. Barthe (Mar-
cel). Barthélemy Saint-Hilaire. Beaussire.
Bériet. Bernard (Martin) (Seine). Bert. Ber-
tauld. Bethmont. Billot (général). Billy.
Blanc (Louis). Bonnel (Léon). Bottard. Bou-
cau (Albert). Bouchet (Bouches-du-Rhône).
Boysset. Bozérian. Brelay. Breton (Paul).

Brice (Meurthe-et-Moselle). Brillier. Brisson (Henri) (Seine). Brun (Charles) (Var). Buée. Caduc. Calmon. Carnot (père). Carnot (Sadi). Carquet. Carré-Kérisouët. Casimir Perier. Casse (Germain). Castelnau. Cazot (Jules) (Gard). Chabron (général étar. Chabois (colonel de). Challemel-Lacour. Chardon. Chareton (général). Charton. Chavassieu. Cherpin. Chevandier. Chiris. Choiseul (Horace de). Christophle (Albert). Claude (Meurthe-et-Moselle). Claude (Vosges). Clerc. Cochery. Centaut. Corbon. Cordier. Corne. Cotte. Crémieux. Cunit. Danelle-Bernardin. Daron. Daumas. Dauphinot. Delacour. Delacroix. Delord. Delorme. Denfert (colonel). Denormandie. Deregnaucourt. Deschange. Destremx. Dietz-Monnin. Dréo. Dubois. Duboys-Fresnay (général). Duchâtel (comte). Ducierc. Ducuing. Dulay. Duparc. Dupouy. Durieu. Duvergier de Hauranne. Escarguel. Esquiros. Eymard-Duvernay. Farcy. Favre (Jules). Faye. Feray. Fernier. Ferrouillat. Ferry (Jules). Folliet. Foubert. Fouquet. Fourcand. Fraissinet. Gagneur. Gailly. Gambetta. Ganault. Gatien-Arnoult. Gaudy. Gaulthier de Rumilly. Gayot. Gent. George (Emile). Gérard. Gévelot. Girerd (Cyprien). Girod-Pouzol. Goblet. Godin. Godissart. Grandpierre. Greppo. Grévy (Albert). Grévy (Jules). Grollier. Guibal. Guichard. Guillemaut (général). Guinard. Guinot. Guyot. Hérisson. Hèvre. Humbert. Jacques. Jaurès (amiral). Joigneaux. Jouin. Journault. Joxon. Krantz. La Caze (Louis). Lacretelle (Henri de). Lafayette (Oscar de). Lalize. Lafon de Fongaufier. Laget. Lambert (Alexis). Lamy. Lanel. Lanfrey. La Serve. Latrade. Laurent-Pichat. Leblond. Lebreton. Lefèvre (Henri). Lefranc (Pierre). La Gal La Salle. Lenoël (Emile). Lepère. Lepetit. Lépouzé. Leroux (Aimé). Le Royer. Lesguillon. Levêque. Lhurminier. Littré. Lockroy. Loustalot. Lucet. Madier de Montjau. Magniez. Magnin. Mahy (de). Maillé. Malens. Maleville (marquis de). Maleville (Léon de). Maléxieux. Marc-Dufraisse. Marcère (de). Marck. Marcou. Margaine. Martin (Henri). Mazeau. Médecin. Méline. Mercier. Mestreau. Michal-Ladichère. Millaud. Moreau (Côte-d'Or). Morin. Morvan. Murat-Sistrières. Naquet. Nioche. Noël-Parfait. Ordinaire (fils). Palotte (Jacques). Parent. Parsy. Pascal Duprat. Pelletan. Pellissier (général). Périn. Pernolet. Peyrat. Philippoteaux. Picard (Ernest). Picart (Alphonse). Pin. Pompery (de). Pressensé (de). Rameau. Rampont. Rathier. Rémusat (Paul de). Renaud (Félix). Renaud (Michel). Reymond (Ferdinand) (Isère). Reymond (Loire). Ricard. Riondel. Robert (Léon). Roger-Marvaise. Rolland (Charles) (Saône-et-Loire). Roudier. Rousseau. Roussel. Rouvier. Roux (Honoré). Saint-Pierre (de) (Calvados). Saineuve. Salvandy (de). Sansas. Saisset (général). Schérer. Scheurer-Kestner. Schœlcher. Sebert. Sénard. Silva (Clément). Simiot. Simon (Fidèle). Simon (Jules). Soye. Swiney. Taberlet. Tamisier. Tassin. Testelin. Thiers. Thomas (docteur). Thurel. Tiersot. Tirard. Tocqueville (comte de). Tolain. Tribert. Turigny. Turquet. Vacherot. Valazé (général). Valentin. Varroy. Vautrain. Villain. Warnier (Marne). Wilson.

ONT VOTÉ CONTRE :

MM. Abbadie de Barrau (comte d'). Aboville

(vicomte d'). Aclocque. Adam (Pas-de-Calais). Adnet. Aigle (comte de l'). Allenou. Amy. Ancel. Andelarre (marquis d'). André (Charente). André (Seine). Anisson-Duperon. Arfeuillères. Aubry. Audren de Kerdrel. Aurelle de Paladines (général d'). Aurais (d'). Aymé de la Chevrelière. Habin-Chevaye. Hagneux (le comte de). Baisan. Baragnon. Barante (baron de). Barascud. Baucarne-Leroux. Baze. Beauvillé (de). Belcastel (de). Benoist d'Azy (comte). Benoist du Buis. Benoît (Meuse). Bérenger. Bernard-Dutreil. Besson (Paul). Béthune (comte de). Bourges (comte de). Bidard. Bienvenüe. Bigot. Blavoyer. Blin de Bourdon (vicomte). Bocher. Boduin. Boisboissel (comte de). Boisse. Bompard. Bonald (vicomte de) Bondy (comte de). Bonnet. Boreau-Lajanadie. Bottiau. Bonillé (comte de). Bouillier (Loire). Bouillier de Branche. Bourgeois (Vendée). Boyer. Brabant. Brame (Jules). Brettes-Thurin (comte de). Broët. Broglie (duc de). Brun (Lucien) (Ain). Brunet. Bryas (comte de). Buffet. Buisson (Jules) (Aude). Caillaux. Calemard de La Fayette. Callet. Carayon La Tour (de). Carbonnier de Marzac (de). Carron (Emile). Castellane (marquis de). Cazeaux (Hautes-Pyrénées). Cazenove de Pradine (de). Chabaud La Tour (Arthur de). Chabaud La Tour (général baron de). Chabrol (de). Chamaillard (de). Champagny (vicomte Henri de). Champvallier (de). Changarnier (général). Charper. Charreyron. Chatelin. Chaurand (baron). Chesnelong. Chesnelong. Cintré (comte de). Cussey (général de). Clapier. Clément (Léon). Clercq (de). Colombet (de). Combier. Coralier-Lucinière (comte de). Costa de Beauregard (marquis de). Cottin (Paul). Courbet-Poulard. Courcelle. Grussol d'Uzès (duc de). Cumont (vicomte Arthur de). Daguenet. Daguilhon-Lasselve. Dampierre (marquis de). Daru (le comte). Daussel. Decazes (le baron). Decazes (le duc). Delavau. Delille. Delisse-Engrand. Delpit. Depasse. Depeyre. Desbassayns de Richemont (comte). Descat. Desjardins. Diesbach (le comte de). Dompierre d'Hornoy (amiral de). Doré-Graslin. Douay. Douhet (comte de). Drouin. Du Bodan. D-t Chaffaut. Dufaur (Xavier). Dufaure (Jules). Dufour. Dufournel. Dumarnay. Dumon. Dupanloup (Mgr). Dupin (Félix). Dupont (Alfred). Duréault. Durfort de Civrac (le comte de). Dussaussoy. Ernoul. Eschasseriaux (baron). Féligonde (de). Flaghac (baron de). Fleuriot (de). Fontaine (de). Forsanz (vicomte de). Fourichon (amiral). Fournier (Henri). Feurtou (de). Franclieu (marquis de). Fresneau. Galloni d'Istria. Ganivet. Gasdonde. Gasselin de Fresnay. Gaulthier de Vaucenay. Gavardie (de). Gavini. Germonière (de la). Gillon (Paulin). Ginoux de Fermon (comte). Giraud (Alfred). Glais. Godet de la Ribouillerie. Gouin. Gouvello (de). Gouvion Saint-Cyr (marquis de). Grammont (marquis de). Grange. Grasset (de). Grivart. Guéidan. Guiche (marquis de la). Haentjens. Hamille. Harcourt (comte d'). Haussonville (vicomte d') Houssard. Huon de Penanster. Jaffré (l'abbé). Jamme. Jocteur-Monrozier. Johnston. Joinville (prince de). Jordan. Joubert. Jourdan. Jouvenel (baron de). Juigné (comte de). Juigné (marquis de). Keller. Kergariou (comte de). Kergorlay (comte de). Kéridec (de). Kerjégu (amiral de). Kermenguy (vicomte de). Kolb-Bernard. La Bassetière (de). Labitte. La Borderie (de). La Bouillerie (de). Lahoulaye. Lacave-Laplagne. Lacombe (de). Lagrange (baron A. de). Laillé. Lambert de Sainte-Croix. Lambertie (de). La Pervanchère (de). Laroy (baron de). Largentaye (de) La Roche-Aymon (marguis de). La Rochefoucauld (duc de Bisaccia). La Rochejaquelein (marquis de). La Rochethulon (marquis de). La Rochette (de). La Sicotière (de). Lassus (baron de). Laurier. Lavergne (Léonce de). Lebourgeois. L'Ebraly. Le Castelain. Lefébure. Lefèvre-Pontalis (Eure-et-Loir). Lefèvre-Pontalis (Seine-et-Oise). Lefranc (Victor). Legge (comte de). Legrand (Arthur). Le Lasseux. Le Provost de Launay. Lespinasse. Lestapis (de). Lestourgie. Leurent. Levert. Limairac (Léopold) (Lot). Lorgeril (vicomte de). Lortal. Louvet. Loysel (général). Luro. Lur-Saluces (marquis de).

Maillé (comte de). Malartre. Mallevergne. Marchand. Martel (Pas-de-Calais). Martell (Charente). Martenot. Martin (Charles). Martin (d'Anray). Martin des Pallières (général). Mathieu (Saône-et-Loire). Mathieu-Bodet (Charente). Mathieu de la Redorte (comte). Maurice. Max-Richard. Mayaud. Mazerat. Mazure (général). Meaux (le vicomte de). Melun (comte de). Méplain. Mérode (de). Merveilleux du Vignaux. Mettetal. Michel. Monjaret de Kerjégu. Monnereys (vicomte de la). Monnet. Montaignac (amiral de). Montell. Montgolfier (de). Mostuéjour (marquis de). Montrieux. Moreau (Ferdinand). Mornay (marquis de). Mortemart (le duc de). Mouchy (duc de). Murat (comte Joachim).

Nouaillan (comte de).

Pagès-Duport. Pajot. Parigot. Paris. Partz (marquis de). Passy (Louis). Patissier (Sosthène). Peltereau-Villeneuve. Perret. Perrier (Eugène). Petau. Peulvé. Peyramont (de). Ploger (de). Piou. Plichon. Plœuc (marquis de). Pontoi-Pontcarré (marquis de). Pouyer-Quertier. Pradié. Prax-Paris. Prétavoine. Pulberneau (de).

Quinsonas (le marquis de).

Rainneville (de). Rambures (de). Ravinel (de). Rességuier (comte de). Riant (Léon). Ricot. Rive (Francisque). Robert (général). Robert de Massy. Rodez-Bénavent (vicomte de). Roger du Nord (comte). Rotours (des). Rouher. Rouveure. Roys (marquis des).

Sacase. Sainethorent (vicomte del). Saintenac (vicomte del). Saint Germain (de). Saint-Maio (de). Saint-Pierre (Louis de) (Manche). Saint-Victor (de). Saisset (vice-amiral). Saisy (Hervé de). Barrette. Savary. Savoye. Say (Léon). Ségur (comte Louis de). Sens. Serph (Gusman). Sers (le marquis de). Soury-Lavergne. Staplande (de). Sugny (de).

Tailhand. Taillefort. Talhouet (marquis de). Tallon. Tarteron (de). Temple (du). Théry. Trévéneuc (comte de). Tréville (comte de). Valady (de). Vaïsons (marquis de). Valon (de). Vandier. Vauchier (de). Ventavon (de). Vente. Vétillart. Vidal (Saturnin). Viennet. Vilfeu. Vimal-Dessaignes. Vinay (Henri). Vingtain (Léon). Vinols (le baron de). Vitalis. Voisin.

Wallon. Wartelle de Retz. Witt (Cornélis de).

N'ONT PAS PRIS PART AU VOTE

Comme étant retenus à la commission des lois constitutionnelles:

MM. Adrien Léon. Beau. Delsol. Rampon (comte). Waddington.

N'ONT PAS PRIS PART AU VOTE

Comme étant retenus à la commission du budget:

MM. Batbie. Langlois. Osmoy (comte d'). Pothuau (amiral). Raudot. Soubeyran (baron de). Teisserenc de Bort. Wolowski.

N'ONT PAS PRIS PART AU VOTE:

MM. Abbatucci. Audiffret-Pasquier (duc d'). Bardoux. Bastid. Bernard (Charles). Besnard. Boffinton. Bottard. Bouisson. Bourgoing (le baron de). Buisson (Seine-Inférieure). Busson-Duviviers. Combarieu (de). Dezanneau. Du Breuil de Saint-Germain. Ducarre. Fréhault (général). Gallicher. Germain. Harcourt (le duc d'). Hespel (comte d'). Janzé (baron de). La-teyrie (Jules de). Lecamus. Limperani. Mangini. Nétien. Princeteau. Raoul Duval. Rivaille (Arthur). Roy de Loulay. Seignobos. Tardieu. Target. Tillancourt (de). Toupet des Vignes. Vast-Vimeux (baron). Vogüé (le marquis de).

ABSENTS PAR CONGÉ:

MM. Aumale (le duc d'). Bastard (le comte de). Brice (Ille-et-Vilaine). Cézanne. Chambrun (comte de). Chanzy (général). Chaudordy (comte de). Corcelle (de). Desbons. Flotard. Gontaut-Biron (vicomte de). Jullien. La Rocière Le Noury (vice-amiral baron de). Le Flo (général). Magne. Maure. Monnot-Arbilleur. Salvy.

SCRUTIN

Sur l'ensemble de l'article 11.

Nombre des votants..... 519
Majorité absolue................... 256

Pour l'adoption.......... 399
Contre.................. 120

L'Assemblée nationale a adopté.

ONT VOTÉ POUR:

MM. Abbadie de Barrau (comte d'). Aboville (vicomte d'). Aclocque. Adam (Pas-de-Calais). Adnet. Aigle (comte de l'). Allenou. Amy. Ancel. André (Charente). Anisson-Dupéron. Arfeuillères. Aubry. Audren de Kerdrel. Aurelle de Paladines (général d'). Auxais (d'). Aymé de la Chevrelière. Bagneux (comte de). Baisan. Baragnon. Barante (baron de). Bérascond. Bardoux. Bastid (Raymond). Baucarne-Leroux. Baze. Beau. Beauvillé (de). Belcastel (de). Benoist d'Azy (comte). Benoist du Buis. Benoit (Meuse). Béranger. Bernard (Charles (Ain). Bernard-Dutreil. Bertauld. Besnard. Besson (Paul). Béthune (comte de). Beurges (comte de). Bidard. Bienvenue. Bigot. Blavoyer. Bocher. Boduin. Boisboissel (comte de). Boisse. Bompard. Bonald (vicomte de). Bondy (comte de). Bonnet. Boreau-Lajanadie. Bottard. Bottieau. Bouillé (comte de). Bonilier de Branche. Bourgeois. Boyer. Brabant. Brame (Jules). Brettes-Thurin (comte de). Broët. Broglie (duc de). Brun (Lucien) (Ain). Brunet. Bryas (comte de). Buffet. Buisson (Jules) (Aude). Caillaux. Calemard de La Fayette. Caillet. Carayon La Tour (de). Carbonnier de Marsac (de). Carron (Emile). Castellane (marquis de). Cazeaux (Hautes-Pyrénées). Cazenove de Pradine (de). Chabaud La Tour (Arthur de). Chabaud La Tour (général baron de). Chamaillard (de). Champagny (vicomte Henri de). Champvallier (de). Changarnier (général). Chaper. Charreyron. Chatelin. Chaurand (baron). Cheguillaume. Chesnelong. Cintré (comte de). Clissey (général de). Clapier. Clément (Léon). Clercq (de). Colombet (de). Combarieu (de). Combier (de). Cornulier-Lucinière (comte de). Costa de Beau-

regard (marquis de). Courbet-Poulard. Courcelle. Crussol d'Usès (duc de). Cumont (vicomte Arthur de).
Daguenet. Daguilhon-Lasselve. Dampierre (marquis de). Daru (comte). Daussel. Decazes (baron). Decazes (duc). Delacour. Delavau. Delille. Delisse-Engrand. Delorme. Delpit. Delsol. Denormandie. Depasse. Depeyre. Desbassayns de Richemont (comte). Descat. Desjardins. Destremx. Dezanneau. Diesbach (comte de). Dompierre d'Hornoy (amiral de). Doré-Graslin. Douay. Douhet (comte de) Drouin. Du Bodan. Du Chaffaut. Dufaur (Xavier). Dufaure (Jules). Dufour. Dufournel. Dumarnay. Dumon. Dupanloup (Mgr). Dupin (Félix). Dupont (Alfred). Duréault. Durfort de Civrac (le comte de). Dussaussoy.
Ernoul.
Féligonde (de). Flaghac (baron de). Fleuriot (de). Fontaine (de). Forsanz (vicomte de). Fourichon (amiral). Fournier (Henri). Fourtou (de). Franclieu (marquis de). Fresneau. Gallicher. Galloni d Istria. Ganivet. Gaslonde. Gasselin de Fresnay. Gaulthier de Vaucenay. Gavardie (de). Gavini. Gérard. Germain. Germenière (de la). Gillon (Paulin). Ginoux de Fermon (le comte). Giraud (Alfred). Glas. Godet de la Riboullerie. Gouin. Gouvello (de). Gouvion Saint-Cyr (marquis de). Grammont (le marquis de). Grange. Grassel. (de). Grivart. Guéidan. Guiche (marquis de la). Haentjens. Hamille. Harcourt (le comte d'). Harcourt (le duc d'). Haussonville (vicomte d'). Houssard. Huon de Penanster.
Jaffré (abbé). Jamme. Jocteur-Monrozier. Johnston. Joinville (le prince de). Jordan. Joubert. Jourdan. Jouvenel (le baron de). Juigné (comte de). Juigné (marquis de).
Keller. Kergariou (le comte de). Kergorlay (le comte de). Kéridec (de). Arrêgui (amiral de). Kermenguy (le vicomte de). Kolb-Bernard.
La Bassetière (de). Labitte. La Borderie (de). La Bouillerie (de). Laboulaye. Lacave-Laplagne. La Caze (Louis). Lacombe (de). Lagrange (le baron A. de). Lallié. Lambert de Sainte-Croix. Lamberterie (de). La Pervanchère (de). Larcy (le baron de). Largentaye (de). La Roche-Aymon (le marquis de). La Rochefoucauld (duc de Bisaccia). La Rochejaquelein (marquis de). La Rochethulon (le marquis de). La Rochette (de). La Sicotière (de). Lassus (le baron de). Lasteyrie (J. de). Laurier. Lavergne (Léonce de). Lebourgeois. L'Ebraly. Le Chatelain. Lefébure. Lefèvre - Pontalis (Eure-et-Loir). Lefranc (Victor). Le Gal La Salle. Leggo (comte de). Legrand (Arthur). Le Lasseux. Le Provost de Launay. Lespinasse. Lestapis (de). Lestourgie. Leurent. Levert. Limairac (de) (Tarn-et-Garonne). Limayrac (Léopold) (Lot). Lorgeril (le vicomte de). Lortal. Louvet. Loysel (général). Luro. Lur-Saluces (le marquis de).
Magniez. Maillé (comte de). Malartre. Maleville (marquis de). Mallevergne. Marchand. Martel (Pas-de-Calais). Martell (Charente) Martenot. Martin (Charles). Martin (d'Auray). Martin des Pallières (général). Mathieu (Saône-et-Loire). Mathieu-Bodet (Charente). Mathieu de la Redorte (comte). Maurice. Max-Richard. Mayaud. Mazerat. Mazure (le général). Meaux (vicomte de). Melun (comte de). Méplain. Mérode (de). Merveilleux du Vignaux. Mettetal Michel. Monjaret de Kerjégu. Monneraye (le comte de la). Monnet. Montaignac (l'amiral de). Monteil. Montgolfier (de). Montlaur (le marquis de). Montrieux. Moreau (Ferdinand) Mornay (marquis de). Mortemart (le duc de). Mouchy (le duc de). Murat (comte Joachim).
Nouaillan (comte de).
Pagès-Duport. Pajot. Parigot. Paris. Partz

(marquis de). Passy (Louis). Patissier (Gothène). Peltereau-Villeneuve. Pernolet. Perret. Perrier (Eugène). Petau. Peulvé. Peyramont (de). Philippoteaux. Pioger (Pierre). Plichon. Ploeuc (marquis de). Pontoi-Pontcarré (marquis de). Pradié. Prax-Paris. Prétavoine. Puiberneau (de).
Quinsonas (le marquis de).
Rainneville (de). Rambures (de). Rampon (le comte). Ravinel (de). Rességuier (le comte de). Riant (Léon). Ricot. Rive (Francisque). Robert (le général). Robert de Massy. Rodez-Bénavent (vicomte de). Roger du Nord (comte). Retours (des). Roureure. Roys (marquis des).
Sacaze. Saincthorent (de). Saintenac (le vte comte de). Saint-Germain (de). Saint-Malo (de Saint-Pierre (de) (Calvados). Saint-Pierre (Le de) (Manche). Saint-Victor (de). Saisset (l' amiral). Suisy (Hervé de). Sarrette. Sr Savoye. Ségur (comte Louis de). Sens. (Gusman). Sers (le marquis de). Soury gne. Staplande (de). Sugny (de).
Tailhand. Taillefert. Talhouët (mr Tallon. Tarteron (de). Temple (du Tillancourt (de). Tréveneuc (le comte de Valady (de). Valfons (marquis de). Vandier. Vaulchier (comte von de). Vente. Vétillart. Vi Viennet. Vilfeu. Vimal-Dess (Henri). Vingtain (Léon). V' Vitalis. Vogüé (marquis de). Waddington. Wallon.
Witt (Cornélis de).

MM. Alexandre. Alle (Seine). Arrazat.
Bamberger. Barodr laire. Beaussire. B. Bethmont. Blanc (Louis). cau. Breton. Brillier. Bue.
Caduc. Caimon. Castelnau. (Gard). Chareton (général). Char. sieu. Chevandier. Cochery. Cordie. Cotte. Crémieux.
Denfert (colonel). Deregnaucourt. Deschan Dubois-Fresnay (général). Duricu. Esquiros.
Farcy. Favre (Jules). Fernier. Ferrouillat. Fouquet.
Ganault. Gaudy. Gaulthier de Rumilly. Girerd (Cyprien). Girot-Pouzol. Grandpierre. Grévy (Jules). Guichard. Guillemaut (le général). Guyot.
Hèvre.
Jacques. Joigneaux. Jouin.
Laflize. Lafon de Fongaufier. Laget Lambert (Alexis). Lanel. Laurent-Pichat. Lebreton. Lefèvre (Henri). Lepetit. Lépouzé. Leroux. Lherminier. Loustalot.
Madier de Montjau. Mahy (de). Maillé. Malens. Maleville (Léon de). Marck. Marcou. Margaine. Martin (Henri). Mercier. Millau . Morin. Morvan.
Nioche. Noël-Parfait.
Palotte (Jacques). Pellissier (le général). Périn. Peyrat. Picard (Ernest). Picart (Alphonse). Pin. Pompery (de). Pressensé (de).
- Rampont. Rathier. Reymond (Ferdinand). Renaud (Michel). Roger-Marvaise. Rolland (Charles). Roudier. Rousseau.
Salneuve. Salvandy (de). Sansas. Saussier (général). Schérer. Sénard. Simiot. Simon (Jules). Soye. Swiney.
Tabarlet. Tamisier. Thiers. Tiersot; Turigny.
Vacherot. Villain.
Warnier (Marne). Wilson.

Johnston. Jordan. Joubert. Jourdan. Jouvenel (baron de). Juigné (comte ˙de). Juigné (marquis de).

Keller. Kergariou (comte de). Kergorlay (comte de). Kéridec (de). Kergégu (amiral de). Kermenguy (vicomte de). Kolb-Bernard.

La Bassetière (de). Labitte. La Borderie (de). La Bouillerie (de). Lacave-Laplagne. Lacombe (de). Lagrange (baron A. de). Laillé. Lamberterie (de). La Pervanchère (de). Larcy. (baron de). Largentaye (de). La Roche-Aymon (marquis de). La Rochefoucauld (duc de Bisaccia). La Rochejaquelein (marquis de). La Rochethulon (marquis de). La Rochette (de). La Sicotière (de). Lassus (baron de). Laurier. Lebourgeois. L'Ebraly. Le Chatelain. Lafabure. Lefèvre-Pontalis (Eure-et-Loir). Legge (comte ˙de). Legrand (Arthur). Le Lasseux. Le Provost de Launay. Lespinasse. Lesteurgie. Leurent. Levert. Limairac (de) (Tarn-et-Garonne). Limayrac (Léopold) (Lot). Lorgeril (vicomte de). Lortal. Louvet. Loysel (général). Lur-Saluces (marquis de).

Maillé (comte de). Malartre. Martenot. Martin (Charles). Martin (d'Auray). Martin des Pallières (général). Mathieu-Bodet (Charente). Mathieu de la Redorte (comte). Maurice. Mayaud. Mazerat. Mazure (général). Meaux (vicomte de). Melun (comte de). Mépiain. Mérode (de). Merveilleux du Vignaux. Metstetal. Monjaret de Kerjégu. Mouneraye (comte de la). Monnet. Montaignac (amiral de). Monteil. Montgolfier (de). Mantiaur (marquis de). Montrieux. Moreau (Ferdinand). Mornay (marquis de). Mortemart (duc de). Mouchy (duc de). Murat (comte Joachim). Murat-Sistrières.

Nouaillan (comte de).

Pagès-Duport. Pajot. Parigot. Paris. Partz (marquis de). Passy (Louis). Peltereau-Villeneuve. Perrier (Eugène). Petau. Peulvé. Peyramont (de). Pioger (de). Piou. Plichon. Plœuc (marquis de). Pontol-Pontcarré (marquis de). Pouyer-Quertier. Pradié. Prax-Paris. Prétavoine. Pulherneau (de).

Quinsonas (marquis de).

Rainneville (de). Rambures (de). Raudot. Ravinel (de). Rességuier (comte de). Riant (Léon). Ricot. Robert (général). Rodez-Bénavent (vicomte de). Rotours (des). Roys (marquis des).

Sacase. Saincthorent (de). Saintenac (le vicomte de). Saint-Germain (de). Saint-Malo (de). Saint-Pierre (Louis de) (Manche). Saint-Victor (de). Saisset (vice-amiral). Sarrette. Sens. Serph (Gusman). Sers (marquis de). Soubeyran (baron de). Soury-Lavergne. Staplande (de). Sugny (de).

Tailhand. Taillefert. Talhouët ;(marquis de). Tallon. Target. Tarteron (de). Temple (du). Théry. Tréveneuc (comte de). Tréville (comte de).

Valady (de). Valfons (le marquis de). Valon (de). Vandier. Vaulchier (comte de). Ventavon (de). Vente. Vétillart. Vidal (Saturnin). Viennet. Villeu. Vimal-Dessaignes. Vinay (Henri). Vingtain (Léon). Vinols (baron de). Vitalis. Vogüé (marquis de). Voisin.

Wartelle de Retz.

ONT VOTÉ CONTRE :

MM. Adam (Edmond) (Seine). Adrien Léon. Alexandre (Charles). Allemanč. Amat. Ancelon. André (Seine). Arago (Emmanuel). Arbel. Arnaud (de l'Ariège). Arrazat.

Babin-Chevaye. Bamberger. Bardoux. Barni. Barodet. Barthe (Marcel). Barthélemy Saint-Hilaire. Bastid (Raymond). Beaussire. Bérenger. Bériot. Bernard (Charles) (Ain). Bernard (Martin) (Seine). Bert. Bertauld. Besnard. Bethmont. Billot (général). Billy. Blanc (Louis). Bochor. Bonjel (Léon). Bottard.

Boucau (Albert). Bouchet (Bouches-du-Rhône). Boysset. Bozérian. Brelay. Bréton (Paul). Brice (Ille-et-Vilaine). Brice (Meurthe-et-Moselle). Brillier. Brisson (Henri) (Seine). Brun (Charles) (Var). Buée. Buisson (Seine-Inférieure).

Caduc. Calmon. Carnot (père). Carnot (Sadi). Carquet. Carré-Kérisouët. Casimir Perier. Casse (Germain). Castelnau. Cazot (Jules) (Gard). Chabron (général de). Chadois (colonel de). Challemel-Lacour. Chardon. Chareton (général). Charton. Chavassieu. Cherpin. Chevandier. Chiris. Choiseul (Horace de). Christophle (Albert). Claude (Meurthe-et-Moselle). Claude (Vosges). Clerc. Combarieu (de). Constant. Corbon. Cordier. Corne. Cotta. Crémieux. Cunit.

Danelle-Bernardin. Daron. Daumas. Dauphinot. Delacour. Delacroix. Delord. Delorme. Denfert (colonel). Denormandie. Deregnaucourt. Deschange. Destremx. Dietz-Monnin. Dréo. Dubois. Duboys-Fresnay (général). Ducarre. Du Chaffaut. Duchâtel (comte). Duclerc. Ducuing. Dufaure (Jules). Dufay. Duparc. Dupouy. Duréault. Durieu. Duvergier de Hauranne.

Escarguel. Esquiros. Eymard-Duvernay. Farcy. Favre (Jules). Faye. Fersy. Fernier. Ferrouillat. Ferry (Jules). Ficard. Folliet. Foubert. Fouquet. Fourcand. Fraissinet. Gagneur. Gailly. Gallicher. Gambetta. Ganault. Gatien-Arnoult. Gaudy. Gaulthier de Rumilly. Gayot. Gent. George (Emile). Gérard. Germain. Gévelot. Girerd (Cyprien). Girot-Pouzol. Goblet. Godin. Godissart. Grandpierre. Greppo. Grévy (Jules). Grollier. Guibal. Guichard. Guillemaut (général). Guinard. Guinot. Guyot.

Hérisson. Hèvre. Humbert. Jacques. Janzé (baron de). Jaurès (amiral). Joigneaux. Joulu. Journault. Jozon. Krantz.

Laboulaye. La Caze (Louis). Lacretelle (Henri de). Lafayette (Oscar de). Laflize. Lafon de Fongaufier. Laget. Lambert (Alexis). Lamy. Lanel. Lanfrey. Langlois. La Serve. Lastoyrie (J. de). Latrade. Laurent-Pichat. Lavergne (Léonce de). Leblond. Lebreton. Lecamus. Lefèvre (Henri). Lefranc (Pierre). Lefranc (Victor). Lenoël (Emile). Lepère. Lepetit. Lepouzé. Leroux (Aimé). Le Royer. Lesguillon. Levêque. Lhermimier. Limperani. Litiré. Lockroy. Loustalot. Lucet.

Madier de Montjau. Magniez. Magnin. Mahy (de). Maillé. Malens. Maleville (marquis de). Maloville (Léon de). Malézieux. Mangini. Marc-Dufraisse. Marcère (de). Marchand. Marck. Marcou. Margaine. Martel (Pas-de-Calais). Martell (Charente). Martin (Henri). Mathieu (Saône-et-Loire). Max-Richard. Mazeau. Médecin. Méline. Mercier. Mestreau. Michal-Ladichère. Michol. Millaud. Moreau (Côte-d'Or). Morin. Morvan.

Naquet. Nétien. Nioche. Noël-Parfait. Ordinaire (fils). Osmoy (comte d'). Paliotte (Jacques). Parent. Parsy. Pascal Duprat. Patissier (Sosthène). Pellotan. Pellissier (général). Périn. Pernolet. Perret. Peyrat. Philippoteaux. Picard (Ernest). Picart (Alphonse). Pin. Pompery (de). Pothuau (amiral). Pressensé (de).

Rameau. Rampon (comte). Rampont. Rathier. Rémusat (Paul de). Renaud (Félix). Renaud (Michel). Reymond (Ferdinand) (Isère). Reymond (Loire). Ricard. Riondel. Rive (Francisque). Robert (Léon). Robert de Massy. Roger du Nord (comte). Roger-Marvaise. Rolland (Charles) (Saône-et-Loire). Roudier. Rousseau. Roussel. Rouvier.

Saint-Pierre (de) (Calvados). Salneuve. Salvandy (de). Salvy. Sansas. Saulêêêr (général).

Schérer. Scheurer-Kestner. Schœlcher. Sebert. Seignobos. Sénard. Silva (Clément). Simiot. Simon (Fidèle). Simon (Jules). Soye. Swiney.
Taberlet. Tamisier. Tassin. Teisserenc de Bort. Testelin. Thiers. Thomas (docteur). Thurel. Tiersot. Tillancourt (de). Tirard. Tocqueville (comte de). Tolain. Toupet des Vignes. Tribert. Turigny. Turquet.
Vacherot. Valazé (général). Valentin. Varroy. Vautrain. Villain.
Waddington. Warnier (Marne). Wilson.

N'ONT PAS PRIS PART AU VOTE :

MM. Abbatucci. Aclocque. André (Charente). Audiffret-Pasquier (duc d'). Beau. Boduin. Bofflnton. Bompard. Bondy (comte de). Bouisson. Bourgoing (baron de). Buisson (Jules) (Aude). Busson-Duviviers. Cochery. Daguenet. Decazes (duc). Eschasseriaux (baron).

Fourichon (amiral). Frébault (général). Ganivet. Gouvion Saint-Cyr (marquis de). Grévy (Albert). Harcourt (comte d'). Houssard. Joinville (prince de). Lambert de Sainte-Croix. Lefèvre-Pontalis (Seine-et-Oise). Le Gal La Salle. Lestapis (de). Luro. Mallevergne. Princeteau. Raoul Duval. Rivaille (Arthur). Rouher. Rouveure. Roux (Honoré). Roy de Loulay. Saisy (Hervé de). Savary. Say (Léon). Soye. Ségur (comte de). Tardieu. Vast-Vimeux (baron). Wallon. Witt (Cornélis de). Wolowski.

ABSENTS PAR CONGÉ :

MM. Aumale (duc d'). Bastard (comte Octave de). Cézanne. Chabrol (de). Chambrun (comte de). Chanzy (général). Chaudordy (comte de). Corcelle (de). Desbons. Gontaut-Biron (vicomte de). Jullien. La Roncière Le Noury (vice-amiral baron de). Le Flo (général). Magne. Maure. Monnot-Arbilleur. Salvy.

ASSEMBLÉE NATIONALE

SÉANCE DU SAMEDI 10 JUILLET 1875

PRÉSIDENCE DE M. LE DUC D'AUDIFFRET-PASQUIER.

La séance est ouverte à deux heures et demie.

M. le comte Duchatel, *l'un des secrétaires*, donne lecture du procès-verbal de la séance d'hier.

M. le président. Demande-t-on la parole sur le procès-verbal?

M. Cochery. Le *Journal officiel* me porte comme m'étant abstenu sur le vote de l'amendement de notre honorable collègue M. Lucien Brun. C'est une erreur : j'étais présent, et j'ai ostensiblement voté contre l'amendement.

Je regrette cette erreur à cause de l'importance du vote, et je tiens à constater qu'elle ne provient pas de mon fait.

M. Honoré Roux. Messieurs, je viens exprimer le même regret que le précédent orateur. On m'a également comme m'étant abstenu sur l'amendement de notre honorable collègue M. Lucien Brun : je déclare formellement avoir voté contre cet amendement.

M. Jules Buisson (Aude). Je suis porté comme m'étant abstenu sur l'amendement de M. Lucien Brun. Je regrette d'autant plus cette erreur que j'ai remis moi-même un bulletin blanc à MM. les secrétaires.

M. Wolowski. Je fais une déclaration analogue à celles qui ont été produites à cette tribune. Je tiens à ce qu'il soit bien constaté que j'ai voté contre l'amendement de M. Lucien Brun.

M. Soye. Je suis porté au *Journal officiel* comme ayant voté contre l'amendement de M. Lucien Brun, et de l'autre comme m'étant abstenu. Je déclare que j'ai voté contre l'amendement.

M. Murat-Sistrières. Je suis porté au *Journal officiel* comme ayant voté pour l'amendement de M. Lucien Brun. Je déclare avoir voté contre cet amendement.

M. Bouchet. Messieurs, c'est sur le vote relatif à l'ensemble de l'article 11 que porte ma réclamation. Je suis porté comme m'étant abstenu. J'ai voté contre l'article 11, comme contre tous les articles du projet de loi.

M. le président. Il n'y a pas d'autres observations sur le procès-verbal ?...

Le procès-verbal est adopté.

M. le président. M. Desbons demande une prolongation de congé de vingt jours pour raisons de santé.

La demande sera renvoyée à la commission des congés.

M. Désanneau demande un congé d'urgence jusqu'au 14 courant.

Il n'y a pas d'opposition ?

Le congé est accordé.

L'ordre du jour appelle la suite de la 3ᵉ délibération sur la proposition de M. le comte Jaubert, relative à la liberté de l'enseignement supérieur.

Les deux premiers paragraphes de l'article 12 ont été adoptés. Il reste à statuer sur le troisième, qui est ainsi conçu :

« Il sera fait emploi de ces biens pour les besoins de l'enseignement supérieur, par décrets rendus en conseil d'État, après avis du conseil supérieur de l'instruction publique. »

(Le troisième paragraphe de l'article 12 est mis aux voix et adopté.)

M. le président. L'Assemblée a maintenant à se prononcer sur l'ensemble de l'article 12.

Il y a une demande de scrutin.

Cette demande est signée par MM. Malartre, Vidal, baron de Vinols, Louis de Saint-Pierre, Glas, marquis Costa de Beauregard, Lacave-Laplagne, Cazeaux, Gusman Serph, amiral Dompierre d'Hornoy, marquis de Pontoi-Pontcarrë, Mazerat, Daussel, Gaulthier de Vaucenay, Boullier de Branche, Jules Brisson, Le Lasseux, Lallié, marquis de Sers, Jules Peulvé, Chaper.

(Le scrutin est ouvert et les votes sont recueillis.)

Le compte des bulletins blancs et des bulletins bleus est fait par MM. les secrétaires et communiqué à M. le président.

M. le président. J'avertis l'Assemblée qu'il y a lieu de procéder au pointage des votes.

(Les bulletins sont emportés dans une des salles du bureau des procès-verbaux et soumis à l'opération du pointage.)

M. le président. La parole est à M. Peltereau-Villeneuve.

M. Peltereau-Villeneuve. J'ai l'honneur de déposer, au nom de la commission du budget, un rapport sur le projet de loi ayant pour objet d'ouvrir au gouvernement général civil de l'Algérie, sur l'exercice 1875, un crédit supplémentaire de 1,500,000 fr. pour les dépenses de l'assistance hospitalière en Algérie.

M. le président. Le rapport sera imprimé et distribué.

(La séance est suspendue de fait pendant vingt minutes.)

Il est trois heures un quart quand le résultat des vérifications du bureau sur le scrutin relatif à l'article 12 du projet de loi sur l'enseignement supérieur est remis à M. le président.

M. le président. Voici le résultat du dépouillement du scrutin vérifié :

Nombre des votants.....	661
Majorité absolue........	331
Pour l'adoption...	336
Contre...........	325

L'Assemblée nationale a adopté l'ensemble de l'article 12.

Nous passons à l'article 13 :

« Art. 13. — Les élèves des facultés libres pourront se présenter pour l'obtention des grades devant les facultés de l'Etat, en justifiant qu'ils ont pris, dans la faculté dont ils ont suivi les cours, le nombre d'inscriptions voulu par les règlements. Les élèves des universités libres pourront se présenter, s'ils le préfèrent, devant un jury spécial formé dans les conditions déterminées par l'article 14.

« Toutefois, le candidat ajourné devant une faculté de l'Etat, ne pourra se présenter ensuite devant le jury spécial, et réciproquement, sans en avoir obtenu l'autorisation du ministre de l'instruction publique. L'infraction à cette disposition entraînerait la nullité du diplôme ou du certificat obtenu.

« Le baccalauréat ès-lettres et le baccalauréat ès-sciences resteront exclusivement conférés par les facultés de l'Etat. »

Il y a sur cet article un amendement de M. Beaussire.

M. Emile Beaussire. Je retire mon amendement, et je me rallie à celui de M. Lepetit.

M. le président. L'amendement de M. Lepetit, auquel M. Beaussire déclare se rallier, consiste à supprimer les articles 13 et 14 et à y substituer l'article suivant :

« Les élèves des facultés libres devront se présenter pour l'obtention des grades devant les facultés de l'Etat, en justifiant qu'ils ont pris dans les facultés dont ils ont suivi les cours, le nombre d'inscriptions voulu par les règlements. »

La parole est à M. Lepetit.

M. Lepetit. Messieurs, il y a quelque témérité, je ne me le dissimule pas, à soulever devant vous une question déjà résolue par un de vos votes précédents. Mais, à cette heure décisive de la troisième lecture, alors que les plus graves intérêts de l'enseignement se trouvent engagés, vous comprendrez, je l'espère, que, attaché depuis trente ans à l'université, je vienne, pour la défendre, vous soumettre de respectueuses observations. (Très-bien ! à gauche. — Parlez !)

Je n'entends froisser les convictions de personne, mais il ne saurait m'être défendu de chercher à faire prévaloir des idées qui sont communes à tous ceux qui ont, selon moi, à cœur les intérêts de l'enseignement.

Je n'ai pas, messieurs, l'intention de rentrer dans des développements que la seconde lecture comportait sur cette grave question de la collation des grades.

Je n'ai pas non plus la prétention de produire de nouveaux arguments, et je me bornerai à condenser ceux qui me paraissent justifier l'amendement que je vous propose. (Très-bien !)

La collation des grades est un droit de l'État ; vous l'avez déjà consacré, en quelque sorte, et c'est une opinion qui paraît maintenant hors de tout débat. Rappelez-vous, en effet, ce qui s'est passé lors de la seconde lecture. Chacun des orateurs est venu successivement à cette tribune reconnaître le droit de l'État de conférer les grades. Non-seulement on a dit : c'est un droit, mais c'est encore un devoir, car l'État doit surveiller de près l'enseignement dans notre pays. L'État ne saurait manquer à ce devoir, il faut qu'il sache, avant d'accorder des diplômes, quels sont ceux qui se présentent pour les obtenir ; car ce n'est pas seulement le progrès des sciences qu'il faut surveiller, c'est encore la capacité qu'il faut constater par les examens. (C'est juste ! — Très-bien ! très-bien !) Vous vous rappelez, à cet égard, le sentiment de tous les orateurs qui ont été entendus, et je veux invoquer l'autorité ; ce point du débat est incontestable.

Ainsi, l'honorable M. de Belcastel disait dans son discours : « Que l'État, au nom d'un intérêt social, au point de vue professionnel, ait un contrôle, dans une certaine mesure, sur les grades qui donnent droit aux services publics, je n'y contredis pas. »

Et l'honorable M. Chesnelong, dont la parole

est si sympathique et si puissante, vous disait :

« Veut-on dire que la collation des grades n'est pas un droit individuel, que c'est un droit social ; que la première faculté venue ne peut pas l'exercer sans garantie et sans contrôle ; que la loi a le devoir de mettre à l'exercice de ce droit des conditions très-sérieuses pour la garantie de tous les intérêts intellectuels, sociaux et moraux qui s'y rattachent, je n'y contredis pas. »

Ainsi, tout le monde reconnaît le droit de l'État de conférer les grades ; mais, si l'on est d'accord sur ce point, si l'on reconnaît que c'est un droit et un devoir pour l'État, on est bien loin d'être également d'accord quand il s'agit de savoir à qui l'État déléguera le pouvoir de conférer les grades. Jusqu'à présent, ce sont les facultés de l'État qui ont eu cette délégation, qui ont délivré les certificats d'aptitude nécessaires pour obtenir les diplômes. On vous a proposé de maintenir cet état de choses ; vous ne l'avez pas voulu, et vous avez substitué à ce système préexistant un autre système qui n'est pas nouveau, puisque vous l'avez emprunté à un pays voisin : le système du jury mixte.

J'aurai le devoir d'étudier plus tard le système belge ; mais il faut d'abord que je justifie ma thèse, celle que j'ai posée dans mon amendement.

Il y a un premier point, messieurs, qui me semble bien favorable à la cause que je soutiens, c'est que le germe de mon amendement se trouve dans l'article 13 du projet de la commission. Qu'a-t-on proclamé dans cet article 13 ? C'est que, pour le baccalauréat ès-lettres et pour le baccalauréat ès-sciences, les facultés de l'État ont le droit de conférer ces grades. Ces diplômes sont pourtant d'une grande importance, puisqu'ils ouvrent la carrière à nos jeunes gens. Eh bien, si les grades de bachelier ès-lettres et de bachelier ès-sciences doivent être conférés par les facultés de l'État, c'est donc que ces facultés offrent toutes les garanties désirables au point de vue, non-seulement de la capacité, mais encore de l'impartialité. (Très-bien ! très-bien ! à gauche.)

Ma cause est, en quelque sorte, à moitié gagnée ; mais ce n'est pas des facultés des lettres et des sciences que j'ai à m'occuper. Il reste, en effet, une grave question : c'est celle qui concerne les facultés de droit et de médecine.

Ah ! pour ces facultés, le projet de loi établit un système tout spécial. Les élèves des facultés de l'État devront se présenter devant les professeurs dont ils ont suivi les cours ; quant aux élèves des facultés libres, ils auront le choix ou de se présenter devant les facultés de l'État ou de se présenter devant un jury spécial.

On dépouille donc les membres des facultés de droit et de médecine de cette collation des grades qui leur avait appartenu jusqu'alors...

M. Henri Wallon, *ministre de l'instruction publique, des cultes et des beaux-arts*. En partie !

M. Lepetit. En partie, c'est vrai ; mais enfin on les dépouille de ce droit de conférer les grades de licencié, de docteur en droit et en médecine.

Et pourquoi ? Est-ce qu'ils ne présentent pas autant de garanties que les professeurs des facultés des lettres et des sciences ? Est-ce qu'ils n'offrent pas aux familles toutes les garanties de capacité ? cela n'est pas douteux : la capacité ne leur est pas contestée. Et comment le serait-elle, messieurs ? Ce sont des professeurs qui n'arrivent à la situation prépondérante qui leur est faite qu'après de longues études, un travail énorme. C'est par les efforts d'une jeunesse laborieuse que, le plus souvent déshérités de la fortune, ils arrivent à cette situation. Il est évident qu'ils offrent toutes les garanties de capacité. Vous n'avez donc rien à désirer à cet égard.

Mais ce n'est pas à ce seul point de vue que je me place. L'État ne vous doit pas seulement des examinateurs capables, il a le devoir de contrôler par les examens quelles sont les études qui ont été faites.

C'est là, messieurs, le point le plus important, la raison qui, à mon sens, est dominante pour réclamer en faveur des facultés de l'État le droit de conférer les grades. Et, en effet, soit pour la médecine, pour laquelle je ne suis pas très-compétent, soit pour le droit, il est bien nécessaire que l'État surveille l'enseignement donné dans les facultés. (Assentiment à gauche.)

Vous donnez aux universités libres le droit d'enseigner, mais l'enseignement qu'elles donneront sera-t-il conforme aux institutions modernes ? Quand il s'agit du droit, c'est là une question de la plus haute importance. (Nouvel assentiment à gauche.)

Si l'enseignement du droit est détourné de sa vraie voie, s'il est altéré, on en arrivera facilement à ne pas respecter les lois. Or, la société repose sur le respect des lois. (Très-bien ! très-bien ! à gauche.)

Il y a donc un devoir de surveiller, il faut le dire très-loyalement et très-franchement, comment dans les facultés libres l'enseignement du droit sera donné. Il est impossible, en effet, que l'on tolère que cet enseignement soit hostile à nos idées modernes. (Approbation à gauche. — Exclamations à droite.)

Je n'entends blesser personne et je ne me livre qu'à des hypothèses. Je ne prétends pas que, dans les universités libres qui vont être fondées, on enseignera le droit, on précisément contre le texte de notre loi civile ; mais, cependant, il y a là un danger véritable et il est certain que, suivant les aspirations des professeurs, on y pourra donner un enseignement qui sera en contradiction formelle avec nos lois civiles, criminelles, publiques, administratives. (Nouvelle approbation à gauche.)

Supposez, en effet, qu'obéissant à je ne sais quel entraînement, un professeur, un ecclésiastique, par exemple, se trouve placé en face de certain article de nos lois, je dis que, dans ce cas, il lui sera bien difficile de se dégager des préoccupations de son éducation même et des idées dont il s'est pénétré jusqu'alors. Devant une série d'actes de l'état civil qu'il aura à expliquer à ses auditeurs, il ne pourra peut-être pas s'empêcher de parler de l'époque où ces actes étaient confiés au clergé et d'exprimer certains regrets. (Très-bien ! à gauche.)

Un membre à droite. Vous voulez un monopole!

M. Lepetit. Un monopole! non. J'indique seulement quels sont les dangers...

M. Pouyer-Quertier. Vous inventez ces dangers!

M. Lepetit. Je n'invente rien.

Je continue ma thèse qui est celle-ci : la nécessité, pour l'État, de surveiller l'enseignement, la nature, le caractère de cet enseignement, et je dis qu'il y a un danger à confier à tous, sans contrôle, l'enseignement du droit. Oui il y aurait là un danger ; il est impossible qu'il en soit autrement, et je prévois qu'on se laissera glisser sur une pente funeste.

Ainsi, pour le mariage civil, il serait peut-être difficile à un prêtre qui enseignerait le droit dans une chaire d'une université libre de ne pas dire toute sa pensée et, à l'une de vos dernières séances, un de nos honorables collègues vous donnait précisément connaissance de la façon dont, dans certains livres approuvés par le clergé, est interprétée la loi sur le mariage.

Par exemple, en étudiant un certain texte de notre code civil, dira-t-on que les enfants qui naissent d'un mariage légitime, de par le droit civil, ne sont pas des enfants légitimes au point de vue religieux? (Rumeurs à droite.)

Si un professeur dit cela, s'il laisse tomber dans l'esprit de ses auditeurs de pareilles paroles, lorsque l'examen arrivera, quelque chose de ces principes viendra se produire devant les examinateurs, et ils auront le droit de refuser les élèves qui exposeraient de pareilles doctrines. Est-ce qu'il est possible que, dans notre pays, on puisse dire que les enfants nés d'un mariage célébré devant l'officier de l'état civil ne sont pas légitimes?...

Voix à droite. Au point de vue religieux !

M. le baron Chaurand. Ils le sont au point de vue du droit! Cela n'est pas contesté.

M. Lepetit. Je reconnais, messieurs, que c'est là un côté dangereux de ma démonstration. Il peut arriver que je froisse quelquefois certains esprits, j'ai dit que ce n'était pas mon intention ; mais enfin, voyons, il faut s'expliquer en toute franchise. Il y a des idées qui sont nouvelles, qui sont modernes, et qui ne sont pas acceptées par tout le monde ; il y a, il faut bien le reconnaître, des gens qui veulent retourner en arrière, c'est incontestable. (Applaudissements à gauche. — Protestations à droite.)

Un membre à droite. Qui est-ce qui se met derrière ? (Rires à droite.)

M. Lepetit. Je ne peux pas connaître l'honorable collègue qui emploie cette expression venue jusqu'à moi ; j'en suis très-fâché, car je le remercierais de mêler à ce grave débat une plaisanterie aussi neuve que spirituelle. (Rires d'approbation à gauche.)

Messieurs, j'ai pourtant besoin d'une grande bienveillance de la part de l'Assemblée. Je parle devant elle pour la première fois ; je soutiens avec conviction une thèse que j'ai défendue toute ma vie, et je demande qu'on m'écoute avec patience. (Très-bien ! — Parlez ! parlez!)

Passons, messieurs, à un autre point de vue, et j'aurai fini.

Il y a dans notre législation une bien grave question : c'est celle qui se rattache aux successions, au droit de tester. Eh bien, il est évident que les professeurs des universités libres n'auront pas sur ce point les mêmes idées que nous, jurisconsultes, nous pouvons avoir. (Interruptions à droite.)

M. le président. Vous répondrez, messieurs ! n'interrompez pas.

M. Lepetit. En voulez-vous une preuve ? Je crois me rappeler que dès les premiers jours où cette Assemblée s'est réunie, un de nos honorables collègues a proposé un projet de loi qui touchait aux partages d'ascendants, et il me semble que le droit de tester, que nous cherchions à renfermer pour le père de famille dans d'étroites limites, était singulièrement étendu dans le projet...

M. Gaslonde. Ce n'est pas là une question de principe !

M. le baron Chaurand. Il est permis de changer les lois!

M. le général Billot. Continuez, monsieur Lepetit ! Ne vous laissez pas troubler par ces interruptions.

M. Lepetit. Ce que j'ai vu dans ce projet, c'est que l'on voulait élargir le droit de tester.

M. le marquis de Castellane. On a le droit de le demander.

M. Lepetit. Eh bien, c'est là qu'est le péril.

Notre code civil, qui est un monument admirable auquel on ne touche qu'avec respect, avec une grande réserve, que l'on n'a jamais attaqué que sur des points peu importants, notre code civil sera l'objet d'attaques continuelles ; on ruinera dans les chaires tous les principes de notre législation civile. (Très-bien ! très-bien ! à gauche. — Protestations à droite.)

Il y a là, messieurs, un véritable danger pour l'avenir. Eh bien, si l'on laisse, par des examinateurs, par des professeurs qui sont sous sa dépendance immédiate et directe, puisse surveiller l'enseignement donné à ces jeunes esprits. Ce seront plus tard des magistrats, des administrateurs ; ce seront eux qui seront chargés de rendre la justice.

Quand ils auront été pénétrés de ces principes, quand ils auront recueilli dans des cours libres de pareilles doctrines, ils les apporteront dans l'application de la loi, et lorsque, par exemple, il s'agira de consacrer le droit du testateur, ils le feront beaucoup plus largement que nos lois civiles ne le permettent. (Très-bien ! très-bien ! à gauche. — Dénégations à droite.)

D'ailleurs, le danger que je prévois peut venir d'un autre côté. Supposez qu'il y ait des professeurs qui montent en chaire pour attaquer le droit de propriété, pour en attaquer toutes les conséquences, tout ce qui tient aux contrats, tout ce qui tient aux obligations ; ne voyez-vous pas là un péril ? Il faut que les examinateurs pénètrent par leurs investigations, dans l'esprit des jeunes gens et leur demandent compte de ce qu'ils ont appris. Les professeurs de l'État seuls peuvent le faire, obligés qu'ils sont de suivre une direction particulière, d'interpréter la loi suivant l'esprit moderne ; eux seuls sont en état de contrôler par l'examen la nature de l'enseignement donné aux jeunes gens.

Cependant je reconnais qu'on a élevé contre le système actuel des objections sérieuses. On les a réfutées déjà, mais je demande la permission de les combattre à mon tour, et en quelques mots seulement.

On nous a dit : Vous êtes les partisans du monopole, et vous voulez le continuer. Les privilèges des facultés de l'État n'ont plus de raison d'être, du moment où il y a des facultés libres, car si vous reconnaissez à leurs professeurs le droit d'enseigner, vous devez leur accorder également le droit d'examiner.

A ce sujet, l'honorable M. Chesnelong disait à cette tribune : « La liberté de l'enseignement supérieur et la collation des grades se touchent, comme le principe et sa conséquence, comme le droit et sa garantie, comme la loi et sa sanction. »

Est-il bien vrai que, par cela seul qu'on a le droit d'enseigner, on ait le droit d'examiner ? Si cela est vrai, — et le contraire vous a été démontré par une voix bien puissante, celle de M. Jules Simon, — s'il est vrai que le droit d'enseigner doit emporter le droit d'examiner, je me demande comment les partisans de ce système ont reculé devant ses conséquences, et pourquoi ils n'ont pas persisté jusqu'au bout à demander que les professeurs des facultés libres eussent le droit de conférer les grades. C'était là, en effet, la conséquence logique de ce qui avait été mis en avant par M. Chesnelong. On a fait une espèce de transaction; je l'examinerai tout à l'heure. Mais il n'en est pas moins vrai que, lorsqu'on a posé ce principe « que celui qui a le droit d'enseigner a aussi le droit d'examiner », il fallait aller jusqu'au bout et dire que les universités libres avaient les mêmes droits que les facultés de l'État.

On n'est pas allé jusqu'au bout, parce qu'il est bien difficile de persister dans cette thèse, et qu'il y a une réponse très-simple à y faire : c'est que l'État, qui se réserve le droit de faire des officiers, des ingénieurs des ponts et chaussées, de dresser des programmes pour les examens spéciaux, peut bien aussi se réserver le droit de faire des magistrats et des administrateurs.

Mais voici une autre raison que l'on donne, et qui, au premier abord, paraît très-forte ; on dit : Si vous n'associez pas, dans une certaine mesure, les universités libres à la collation des grades, vous les placerez dans une situation inférieure à celle des universités de l'État; cela ne doit pas être, puisque aujourd'hui la liberté d'enseignement existe pour tout le monde.

Messieurs, il me semble qu'en faisant cette objection, on ne tient pas compte du projet de la commission. Les universités libres seront, malgré tout ce qu'on pourra faire, dans un état d'infériorité à l'égard de celles de l'État.

Lisez l'article 13 nouveau ; il y est écrit que lorsque les professeurs, dans le jury mixte, seront en nombre impair, la majorité appartiendra aux professeurs des facultés de l'État; que la présidence, en cas de nombre pair, sera toujours aux professeurs des facultés de l'État. Il y a donc au profit de celles-ci une supériorité marquée; elle est établie d'une manière complète.

ANNALES — T. XXXIX.

M. de Staplande. Eh bien, de quoi vous plaignez-vous ?

M. Lepetit. Il y a, je le répète, une infériorité que votre projet impose aux facultés libres.

Que dit-on encore ? On suspecte l'impartialité des professeurs.

Comment voulez-vous, objecte-t-on, que les élèves des facultés libres n'entrent pas en défiance contre ces professeurs des facultés de l'État? Les facultés de l'État sont rivales des universités libres : leur impartialité ne saurait être entière.

Voix diverses à droite. Personne n'a dit cela !

— On n'a pas nié l'impartialité des professeurs de l'État !

M. Lepetit. On n'a pas été jusque-là ; mais, avec une formule très-polie, on a dit : Il ne faut même pas que les professeurs de l'État soient soupçonnés !

Messieurs, je ne crois pas que je doive rien répondre ; jamais aucune atteinte n'a été portée à l'impartialité des professeurs de l'État. Et, d'ailleurs, pourrait-on jamais croire que des hommes qui n'ont conquis leurs positions modestes que par les efforts d'une vie tout entière consacrée à l'étude seraient capables d'écarter systématiquement les candidats qui auraient mérité d'obtenir des grades universitaires ?

Il faut donc écarter tout cela, et nous arrêter à ce qui a été, jusqu'ici, une protection pour l'enseignement, c'est-à-dire au droit exclusivement réservé aux professeurs des facultés d'examiner les jeunes gens et de leur conférer des grades.

Vous n'avez pas accepté cette idée que je reproduis très-modestement, vous avez mieux aimé y substituer une méthode différente.

Je ne parlerai pas des divers systèmes qui vous ont été proposés ; je ne vous parlerai que de celui que vous avez accepté, du jury mixte.

Le jury mixte a triomphé devant vous; mais il a subi, depuis la seconde lecture, de sérieuses modifications. Il a été corrigé, il a été amendé, de telle façon que la commission peut certainement venir vous demander un brevet de perfectionnement.

Eh bien, ce jury mixte, tel que vous l'aviez voté lors de la première délibération, a-t-il été accepté par l'opinion publique? Vous savez, messieurs, qu'il n'en est rien. L'opinion publique s'est profondément émue... (Marques d'assentiment à gauche. — Dénégations à droite et au centre.)

M. de Staplande. Qu'en savez-vous?

Divers membres à droite. Il ne faut pas invoquer l'opinion publique !

M. Lepetit. Souvent, messieurs, vous êtes les premiers à l'invoquer.

Eh bien, l'opinion publique s'est profondément émue...

A droite. Mais non ! mais non !

A gauche. Si! si! — C'est vrai !

M. Lepetit. ...de la décision que vous avez prise. (Nouvelles dénégations à droite.)

Permettez, messieurs ! vous ne pouvez empêcher l'opinion publique de juger, et, pour la rassurer, il faudrait démontrer que le jury mixte est une bonne chose. Eh bien, la commission, qui a un peu modifié son premier système, est venue déclarer par l'organe de son honorable rapporteur que le jury mixte

71

lui semblait être le plus mauvais des systèmes qui eussent été proposés.

Comment le juger ?

Puisqu'on l'a emprunté à la Belgique, il faut le juger par l'expérience qui en a été faite, avant de voir quelles sont les difficultés d'exécution et les dangers qu'il présente. (Mouvements divers.) Certainement, il faut, messieurs, que nous demandions à ceux à qui nous l'avons emprunté ce qu'il a été chez eux ! Lors de la deuxième délibération, on n'était pas parfaitement d'accord sur le mérite du jury mixte en Belgique.

Vous vous rappelez, messieurs, les citations diverses qui vous ont été faites à cet égard. Les uns disaient que le jury mixte avait produit les meilleurs résultats, qu'il était tout à fait accepté par la Belgique ; d'autres, au contraire, alléguaient que le jury mixte avait amené dans ce pays l'abaissement des études.

Les documents qui, depuis la seconde lecture, ont passé sous les yeux de tout le monde, et dont je ne vous ferai connaître que quelques-uns, ont condamné, je le crois, l'expérience qui a été faite du jury mixte en Belgique.

Dès 1854, alors que, depuis 1849, ce jury avait été institué, un docteur d'une faculté de médecine, M. Spreng, indiquait ainsi quels étaient les inconvénients du jury mixte. — Je serai très-sobre de citations, mais enfin je crois qu'il est bon de savoir si ce jury, même avec les améliorations qu'on y aurait apportées, peut être accepté par vous. — Voici ce que dit dans cette œuvre complète M. Spreng :

« Malgré les résultats de l'enquête officielle, nous ne craignons pas d'affirmer que l'expérience des jurys combinés a mal réussi et que ce système est condamné par la grande majorité des professeurs et des élèves des universités. Il a tellement l'opinion contre lui, que, comme système définitif, il n'y aura certainement pas moyen de le faire adopter.

« Énumérer tous les inconvénients de ce système, tous les abus auxquels il ouvre la porte; parler des âpres conflits, des discussions irritantes, des grades arrachés à la suite de délibérations orageuses ; montrer comme quoi le président, dès qu'il y a partage de voix, décide seul sur des questions pour lesquelles il n'est souvent pas compétent ; montrer les inconvénients qui résultent de l'intervention officielle des établissements particuliers, alors surtout que ces établissements n'engagent nullement leur responsabilité ; mesurer le terrain que ce système livre à la faiblesse des uns et aux passions des autres, à la rivalité inquiète et soupçonneuse, tout cela nous répugnerait profondément. Nous nous en dispenserons d'autant plus volontiers, que les partisans de ce système ne le conservent, de leur propre aveu, que comme un pis-aller. C'est qu'ils ne prévoient pas que, dans la situation qui est faite à l'enseignement en Belgique, on puisse trouver mieux, et qu'en fait de nouveaux systèmes, ils craignent l'inconnu. »

Un membre au centre. A quelle date ?

M. Lepetit. En 1854, je l'ai indiqué moi-même.

Le même membre. Cela fait plus de vingt ans !

M. Buffet, *vice-président du conseil, minis-*

tre de l'intérieur. Il y a vingt et un ans, et le jury mixte existe encore en Belgique !

M. Lepetit. Mais il y a des documents beaucoup plus récents ; je les parcours et j'indique d'abord, à la date de 1869, — il n'y a pas vingt et un ans de cela, — l'opinion de M. Gluge, recteur, sur les jurys combinés.

Dans un discours de rentrée qu'il prononça, je lis ceci :

« Dans les jurys combinés, deux universités, j'allais presque dire deux rivales, se trouvent ensemble et tâchent, c'est la nature humaine qui le veut ainsi, de faire prévaloir chacune ses élèves, c'est-à-dire d'en faire admettre le plus grand nombre et avec le grade le plus élevé. Quelquefois, les universités s'entendent, alors on accorde beaucoup de distinctions ; d'autres fois, surtout si les universités se recrutent dans les mêmes parties du pays, il y a des luttes et des scènes désagréables : et que devient la science ? »

Voilà comment M. le docteur Gluge, en 1869, appréciait les jurys combinés.

En 1870, il existe un document que beaucoup d'entre vous, messieurs, auront lu déjà sans doute, mais que je tiens à faire passer sous les yeux de l'Assemblée : c'est un procès-verbal de la faculté de médecine de Liége, donnant aussi le sentiment des professeurs sur les jurys combinés.

Voici ce que je lis dans un procès-verbal du 2 juillet 1870, qui n'est pas, par conséquent, aussi ancien que l'ouvrage de 1854 que je citais tout à l'heure :

« Rapport triennal (années 1867-1868, 1868-1869, 1869-1870) élaboré par une commission composée de MM. Wasseige, Vaulair et Masius.

....

« En réclamant ces modifications, dont personne ne voudra contester l'opportunité, nous savons que nous proposons une mesure inconciliable avec le régime actuel des jurys d'examen. Tels qu'ils fonctionnent aujourd'hui, les jurys combinés constituent un déplorable système dont un des inconvénients les plus graves est l'abaissement progressif du niveau des études universitaires. Nous sommes convaincus que nul progrès ne sera possible tant que la loi sur la constitution des jurys d'examen n'aura pas été réformée. Mais nous avons tenu à signaler une fois de plus à l'attention du gouvernement la situation précaire faite à l'enseignement supérieur par le maintien du système actuel des jurys combinés. »

Ce procès-verbal est signé par plusieurs professeurs.

Je citerai encore, sans rien lire, un discours de M. Théry, du 13 octobre 1873, dans lequel il est dit que l'expérience a condamné les jurys combinés.

Je ne répéterai pas, après l'indication faite par l'honorable M. Jules Ferry, ce qu'a dit M. Soupart en l'année 1874.

Il y a là une condamnation complète du système des jurys combinés ; et M. Gluge, l'honorable recteur de 1869, dans une lettre récente que chacun a pu lire, va jusqu'à regretter la liberté de l'enseignement supérieur en Belgique, comme si c'était là l'unique remède qu'on pût apporter au mal qui envahissait ce pays.

Voici dans un passage ce qu'il disait :

« La multiplicité des universités produite par la liberté de l'enseignement, loin de créer une rivalité généreuse, comme se l'imaginent en France les partisans de la liberté de l'enseignement supérieur, a amené, chez nous, une torpeur générale. La Belgique doit donc nécessairement un jour, si elle veut reprendre sa place dans le monde scientifique, abolir la liberté de l'enseignement. »

Et plus loin, il ajoute ceci :

« Si vous interrogez les professeurs des quatre universités, occupant une place reconnue dans les sciences et les lettres, ils condamneront, sans hésitation, le jury mixte.

« Si l'Assemblée nationale de France ne peut pas s'empêcher d'adopter la liberté de l'enseignement supérieur, j'espère qu'au moins elle réservera à l'État le droit de conférer les grades comme le seul moyen d'empêcher la ruine complète de son enseignement scientifique. »

Voilà, messieurs, l'opinion en Belgique sur les jurys combinés. Et lorsque la Belgique les a institués, elle n'allait pas à l'inconnu, comme nous en ce moment : il y avait des universités qui existaient depuis de longues années, la liberté d'enseignement y existait depuis longtemps, on savait que dans les universités libres il y aurait des professeurs présentant toutes les garanties possibles de capacité et d'impartialité. En Belgique, cependant, on a échoué devant ce jury mixte, et c'est ce qu'on fera certainement en France si vous accueillez, si vous confirmez le projet de loi que vous est soumis. (Très-bien ! très-bien ! à gauche.)

Mais sortons de la Belgique, si vous le voulez, et rentrons en France ; examinons les améliorations qui ont été faites et voyons ce que sera le jury mixte chez nous ; s'il n'y aura pas de difficultés considérables dans son fonctionnement.

Et d'abord, messieurs, permettez-moi de vous dire qu'il y a là un vice qui a dû saisir tous les esprits.

Quelle est la combinaison de l'article 13 et de l'article 14 ? La voici : Les facultés de l'État conféreront des grades à leurs élèves, et les élèves de l'université libre auront le droit de se présenter devant la faculté de l'État et de s'y soumettre aux examens. Ils recevront, par conséquent, un diplôme délivré par la faculté de l'État ; mais il y aura aussi le droit pour les élèves des universités libres de se présenter devant un jury spécial composé de la façon que prévoit l'article 14 du projet de loi et qui conférera le grade. Il y aura donc dans notre pays deux sortes de diplômes, ceci n'est pas le plus douteux : mais ces diplômes n'auront pas la même autorité, ni la même importance.

M. Paris (Pas-de-Calais). Cela existe déjà dans l'état actuel des choses !

M. Lepetit. Je voudrais bien entendre l'interrupteur.

M. Paris (Pas-de-Calais). Je dis qu'il y a aujourd'hui déjà une différence entre les diplômes, suivant qu'ils sont délivrés par telle ou telle faculté ; notamment pour le doctorat, on distingue entre les diplômes de Paris et les diplômes de province. (Mouvements divers.)

M. Victor Lefranc. C'est une erreur absolue !

M. Lepetit. Vous avez complétement tort ; nous considérons nos docteurs de province comme aussi capables et aussi intelligents que les docteurs de Paris. (Très-bien ! à gauche.)

M. Ernest Picard. Remarquez que ce n'est pas Paris, c'est M. Paris qui dit de ces choses-là ! Cela vient de province. (On rit.)

M. Lepetit. A Paris, on est trop poli pour cela.

Je dis, messieurs, que c'est là un vice véritable. Il arrivera même ceci : c'est que les élèves qui appartiendront aux universités libres, et qui auront fait sous la direction de leurs professeurs de sérieuses études, iront, ceux-là, se présenter devant les facultés de l'État ; ils tiendront à honneur d'avoir un titre émané de ces facultés, et les universités libres ne verront se présenter devant elles que les élèves qui ne seront pas aussi capables que les autres.

Il y aura donc des diplômes d'origines diverses ; et ces diplômes conduiront aux mêmes fonctions publiques ! C'est là un vice, c'est là un grave inconvénient.

Mais il y a encore autre chose. Quelle a été la pensée de ceux qui ont énergiquement demandé la liberté de l'enseignement supérieur ? Leur pensée a été celle-ci : c'est qu'il fallait relever dans notre pays les hautes études. J'aurais bien quelques objections à faire à cet égard, et j'avoue, messieurs, que j'ai, dans les discussions que nous avons succédé, protesté, dans mon for intérieur, contre ce que j'entendais répéter à cette tribune : que l'enseignement en France était tombé dans le marasme, que le flambeau de la science s'éteignait chaque jour. Est-ce que cela est vrai ? est-ce que ce n'est pas une exagération considérable ?

Dans le milieu modeste où j'ai vécu, j'ai vu à l'œuvre mes collègues des facultés de droit, des facultés des lettres et des sciences, et j'ai pu apprécier quelle hauteur de vues ils apportaient dans leurs cours. Non, non, il n'est pas vrai que l'enseignement supérieur soit aussi abaissé qu'on le dit. (Très-bien ! à gauche.)

Que l'un de nos honorables collègues, en visitant des établissements d'instruction, ait constaté la pauvreté de nos laboratoires ou de nos bibliothèques, qu'est-ce que cela peut faire ? Est-ce que la science est là tout entière ? (Très-bien ! à gauche.) Est-ce qu'elle n'est pas dans l'intelligence du professeur, dans son désir de pénétrer jusqu'à l'esprit, jusqu'à l'âme de ses élèves ? (Applaudissements à gauche.)

Je maintiens que l'enseignement n'est pas si abaissé qu'on le dit. Mais enfin, admettons-le pour un moment. Supposons la critique vraie, supposons qu'il soit certain qu'il y a, dans notre pays, abaissement relatif dans le niveau des études ; savez-vous qu'on prend un étrange moyen d'y porter remède, en constituant un jury mixte !

Prenez bien garde à ceci. Le professeur d'une université libre devra, ce me semble, se préoccuper, dans l'enseignement qu'il donnera à ses élèves, de la nécessité qui leur est imposée de subir plus tard un examen. Il faudra bien qu'il tienne compte des opinions des professeurs des facultés de l'État ; et que, pour faciliter l'épreuve à ses élèves, il les mette au courant de leurs doctrines.

Vous n'aurez donc pas ce que vous aurez désiré, c'est à-dire l'épanouissement des hautes études, et l'enseignement supérieur restera dans ce marasme que vous avez signalé ; vos professeurs libres seront des préparateurs d'examens , et pas autre chose. (Très-bien! à gauche.)

Il y a une autre difficulté encore, c'est la composition du jury. Comment pourra-t-on l'organiser? Je ne parle pas des embarras du ministre de l'instruction publique ; ce sont des embarras qu'il aura tous les trimestres, tous les semestres, tous les ans, pour désigner des professeurs des facultés de l'État ou des professeurs des universités libres. Il y aura là des compétitions, de petites ambitions qui se remueront pour arriver à faire partie des jurys mixtes.

Enfin j'admets que, par des inspections fréquentes, on arrive à connaître les plus intelligents, les plus capables des professeurs. Mais il faut que cela fonctionne tout de suite. M. le ministre de l'instruction publique le disait l'autre jour, il est certain qu'on ne saurait appliquer trop tôt une si admirable invention! Alors, où prendrez-vous des examinateurs? Il faut bien que vous donniez aux élèves qui se présenteront devant le jury spécial des professeurs qui leur offrent les garanties de capacité et d'impartialité que présentent les professeurs de l'État ; il faudra bien que vous choisissiez des gens capables. Où les prendrez-vous?

Je ne parle que du droit. Vous le voyez, je cède malgré moi à de vieilles habitudes, et, si je sortais de mon domaine, je vous dirais peut-être des choses que vous ne pourriez pas accepter.

Mais enfin, en droit, comment ferez-vous pour avoir des professeurs qui soient sérieux, qui soient certainement capables? Il faudra que cela fonctionne en 1876.

M. le ministre de l'instruction publique. S'il n'y a pas d'élèves!

M. Lepetit. Monsieur le ministre, il s'établira en 1876, et au mois de novembre, une université libre qui réunira les trois facultés : on parle de Lille, par exemple.

Il y aura là trois facultés. Rien de plus facile que d'avoir, une première année, une seconde, puis une troisième année, des cours de doctorat ; cela pourra parfaitement s'établir. Il y a donc des professeurs qui, pour chaque année, annonceront leurs cours et les feront. Et il est évident que certains des élèves des facultés de Paris, de Caen ou d'autres lieux pourront aller à ces nouvelles facultés et former ainsi le noyau des élèves.

Eh bien, quels professeurs mettra-t-on là? des hommes que je ne veux pas froisser par avance, je ne les connais pas ; mais quels seront-ils? Ce seront des professeurs qu'on aura enlevés aux facultés de l'État ; — cela me paraît bien difficile, et je ne pense pas que ceux qui ont cet honneur d'avoir conquis leur situation par le concours, par l'élection, que ceux là abandonnent cette université où les a élevés, cette université à laquelle ils sont attachés depuis longtemps... (Vif assentiment à gauche), — je ne veux pas le croire...

M. le baron de Barante. Et les ingénieurs de l'État?

Voix à gauche. Ne répondez pas à ces interruptions !

M. Lepetit. Je dis, messieurs, qu'il faudra que le ministre de l'instruction publique choisisse des hommes présentant des garanties de capacité.

On ne devient pas professeur en un jour ; et il est impossible, également, que vous alliez prendre dans ces universités qui ne feront que de naître, des professeurs présentant toutes les garanties de capacité nécessaires. Ils se trouveront, vis-à-vis des professeurs des facultés de l'État, dans une situation véritablement inférieure.

Un membre à droite. Ce n'est pas sûr !

M. Lepetit. Ce seront de simples docteurs. Oui, on prendra des docteurs, les premiers venus... (Réclamations à droite.)

Un membre à droite. Qu'en savez-vous?

M. Lepetit. ... les fruits secs de l'agrégation, probablement. On prendra des docteurs, je ne discute pas leur mérite : ils ont un titre qui témoigne de leurs efforts antérieurs, de leur capacité ; mais la capacité pour être docteur et la capacité pour être professeur , ce n'est peut-être pas tout à fait la même chose ! Non, messieurs, les examinateurs ne pourront pas offrir, dans les conditions actuelles, toutes les garanties désirables.

Quant à l'impartialité, s'il vous est permis de suspecter la partialité des professeurs des facultés de l'État, que direz-vous donc de ceux qui seront pris dans les universités libres? Est-ce que vous croyez qu'ils n'auront pas tout intérêt à faire recevoir leurs élèves? S'il y a une partialité, elle viendra de leur côté. Et comme, en définitive, les professeurs de l'État ne voudront pas, comme on l'a dit avec raison, se laisser accuser d'entraver l'épanouissement des universités libres, ils céderont aussi, et ils seront très-faciles dans les examens. Les examens ne présenteront plus de garanties sérieuses pour les fonctions auxquelles se destinent les jeunes gens pourvus de diplômes. (Assentiment à gauche et au centre gauche.)

Ce n'est pas tout : les professeurs des universités libres qui feront partie du jury mixte, s'assoiront à côté des professeurs de l'État.

Je ne présente cette considération qu'avec une certaine réserve, et je ne veux qu'indiquer ce point. Entre ces professeurs rapprochés plutôt que réunis, il se produira peut-être des tiraillements, il naîtra des difficultés. Je veux supposer que dans ce jury mixte chacun aura le souci de sa dignité ; chacun, l'examen étant public, voudra empêcher qu'on assiste au spectacle de certains dissentiments, toujours regrettables. Je le suppose. Mais cependant il peut se produire, même pendant le cours de l'examen, des doctrines étranges et difficiles à laisser passer. Comment n'y aurait-il pas certaines protestations qui s'élèveront de la part des professeurs de l'État? Ne voyez-vous pas alors l'effet déplorable que produira ce conflit et ne peut-on pas craindre qu'il en résulte une certaine déconsidération pour l'enseignement? (Vives marques d'approbation à gauche et au centre gauche.)

Je pourrais prolonger cette discussion, messieurs; mais j'ai déjà trop abusé de votre patience...

A gauche. Non! non!-Très-bien!—Continuez!

M. Lepetit. Les critiques que j'ai pu faire, vous les pèserez dans votre sagesse, mais il est une réflexion à laquelle je ne peux échapper; c'est celle-ci :

« Je me demande comment ces honorables et énergiques partisans de la liberté de l'enseignement supérieur qui y ont voué leur vie et leur intelligence, — et c'est incontestablement une grande cause, — je me demande comment ils ont accepté ce système..., permettez-moi de dire le mot, ce système bâtard qui s'appelle le jury mixte.

Ils avaient une chose à demander et à dire au pays : Nous avons la liberté de l'enseignement, donnez-nous la collation des grades! Cette réclamation, je le sais, a été faite dans des amendements, mais ils ont été abandonnés. Aujourd'hui on propose une transaction. Transaction!... je ne veux blesser personne, mais il me semble que cette transaction cache une arrière-pensée. (Oh! oh!)

S'agit-il de l'intérêt de la science? s'agit-il bien d'en relever le niveau? Je crains qu'on veuille mettre la main sur l'enseignement supérieur comme sur tous les autres, et, l'heure venue, on brisera ce jury mixte comme un instrument détestable.

Voilà ce qu'on a voulu, voilà ce qu'on espère. Je le demande, pourquoi ne pas attendre? Est-ce que nous venons vous dire : Il y a là une barrière infranchissable! Est-ce que nous nous disons : Jamais les universités libres ne pourront conférer des grades! Lorsque des années se seront écoulées, lorsque vous aurez donné, par les établissements d'enseignement public que vous aurez fondés, toutes les garanties nécessaires au pays et à l'État, vous pourrez demander hardiment qu'on vous accorde la collation des grades. Vous ne serez point alors sans doute arrêtés dans vos efforts, dans vos désirs, dans le succès de vos espérances.

Mais aujourd'hui, dans la situation actuelle, dépouiller les facultés de l'État, non point du monopole, mais du droit qui est une garantie pour tout le monde; c'est là, messieurs, une faute; croyez-le bien, c'est une faute.

J'en appelle à vous-mêmes de ce que vous avez décidé. Est-ce que vous êtes enchaînés par la décision que vous avez rendue? Est-ce que vous ne pouvez plus revenir sur le vote que vous avez émis, si vous le croyez funeste et contraire aux véritables intérêts de l'enseignement? C'est votre droit, c'est votre devoir, et je vous adjure de l'accomplir.

Et, messieurs, et si je n'étais pas préoccupé de cette pensée que je puis froisser des convictions respectables, me heurter à des idées préconçues... (Parlez! parlez! à droite), je vous dirais : Ce ne sont pas les articles 13 et 14 qu'il faut effacer de la loi, c'est le projet de loi tout entier qu'il faut repousser... (Très-bien! très-bien! à gauche. — Exclamations à droite.)

M. Lefèvre-Pontalis (Seine-et-Oise). A la bonne heure! C'est de la franchise.

M. Lepetit. Oui, messieurs, c'est la loi tout entière qu'il faut repousser, car vous brisez les derniers liens qui attachent nos fils les uns aux autres... (Rumeurs à droite.)

C'est une idée vraie, messieurs; elle prend sa source dans un sentiment du cœur, et vous me permettrez bien, si je la sens vivement, de vous dire toute ma pensée.

Je répète que vous brisez les derniers liens qui attachent nos fils les uns aux autres... (Approbation à gauche. — Interruptions à droite.)

M. Lefèvre-Pontalis (Seine et-Oise). Ils se sont battus les uns à côté des autres!

M. Lepetit. Rappelez-vous, messieurs, l'époque déjà éloignée mais bien connue de la plupart d'entre nous, où les bancs du même lycée réunissaient des enfants d'origine, de classe, d'éducation différentes. (Très-bien!) C'est là que l'égalité régnait sans partage; c'est sur ces bancs que se formaient les amitiés vraies; et lorsque, plus tard, les nécessités des carrières parcourues mettaient en face les anciens camarades de collège, les chers souvenirs de la jeunesse apaisaient les rivalités ou du moins en tempéraient l'ardeur. (Très-bien! très-bien! à gauche.) L'année 1850 est venue, elle a consacré la liberté de l'enseignement secondaire. Permettez-moi de le dire, c'est à ce moment qu'a commencé la désunion des cœurs et des esprits. (Murmures à droite. — C'est vrai! Très-bien! très-bien! et applaudissements à gauche.)

Il y avait cependant un terrain sur lequel nos fils pouvaient se retrouver : ils se rencontraient sur les bancs de l'école de droit, sur les bancs de la faculté de médecine, et si ce n'étaient pas les amitiés vives, désintéressées de l'enfance, c'étaient les affections plus calmes qu'une vie de travail en commun faisait naître en rapprochant ces jeunes gens les uns des autres. (Bruit à droite.)

Par la loi que vous allez voter, il n'y a pas un instant de l'enfance, pas une heure de la jeunesse où nos fils se retrouveront les uns à côté des autres. (Rumeurs à droite. — Marques d'assentiment à gauche.)

Profondément séparés dès leurs premiers pas dans la vie, étrangers les uns aux autres, les uns élevés dans des idées hostiles à nos institutions modernes...(Assentiment et applaudissements à gauche), les autres, recueillant avec respect les traditions et les leçons de leurs pères, marcheront dans des voies différentes.

M. Lefèvre-Pontalis (Seine-et-Oise). Ils se retrouveront au régiment!

M. Lepetit. Voilà les résultats que votre loi aura produits.

J'entendais et vous écoutiez comme moi, messieurs, il y a quelques jours à peine, une voix éloquente et respectée jeter, dans ce débat, les mots de pacification et d'apaisement des esprits. C'est là une illusion généreuse, car, croyez-le bien, je le dis sans amertume (Légères rumeurs à droite), pour les générations futures ce n'est point la paix, c'est la guerre que vous préparez. (Vives réclamations à droite. — Applaudissements répétés à gauche. — L'orateur, en retournant à sa place, reçoit de ses collègues de vives et chaleureuses félicitations.)

M. Chesnelong. Messieurs, l'honorable M. Lepetit ne veut pas de la liberté de l'ensei-

gnement supérieur, et il repousse, en conséquence, toute participation des universités libres à la collation des grades.

Je veux, je désire la liberté de l'enseignement supérieur, et voilà pourquoi je viens
m'opposer à la collation exclusive des grades
par l'université officielle : nous sommes conséquents tous les deux.

Si vous adoptez l'amendement de M. Lepetit, vous ferez, messieurs, une œuvre contradictoire qui, à mon sens, ne produira que des
résultats médiocres et qui n'atteindra pas, à
coup sûr, les grands buts de la loi.

Avec la collation exclusive des grades par
l'université officielle, vous ne pourrez avoir
dans le domaine de l'enseignement libre que
des cours et des répétitions. Que les cours
aient leurs avantages à côté de leurs périls,
que les répétitions aient leur utilité restreinte
à côté de leurs inconvénients, je n'en discon-
viens pas. Mais c'est l'accessoire de la loi, ce
n'en est pas le fond ; ce n'est pas pour cela
seulement qu'elle est faite.

Quels sont donc, messieurs, les deux grands
buts de la loi ? Établissons-les nettement au
début de cette discussion.

C'est, d'abord, que l'université officielle,
cessant de disposer, par un monopole légal,
d'une domination excessive, soit tenue de conquérir par ses efforts, par sa science, par le
caractère moral de son enseignement, l'ascendant d'une supériorité librement reconnue...
(Très-bien ! à droite), et qu'elle trouve dans
la concurrence le principe de son rehausse-
ment.

C'est que, d'un autre côté, des universités
libres puissent se créer dans des conditions de
force et d'avenir, qu'elles soient des rivales
sérieuses de l'université officielle, qu'elles
puissent lutter avec elle sur le terrain du savoir et du dévouement à la jeunesse, non pas
assurément à armes égales, — l'université de
l'État aura toujours des avantages qui lui sont
inhérents (Mouvements divers), — mais sans
être condamnées à une infériorité qui frappe
d'avance leurs efforts d'impuissance.

Eh bien, je le dis et si vous adoptiez l'amendement de M. Lepetit, vous ne pourriez atteindre ni l'un ni l'autre de ces deux buts. Les
universités libres seraient impossibles, parce
qu'elles ne pourraient pas recruter de professeurs et parce qu'elles n'auraient pas d'é-
lèves.

Elles n'auraient pas de professeurs ; j'entends des professeurs éminents qui voulussent
faire leur carrière dans l'enseignement libre.
Pourquoi ? parce que vous ne leur faites
pas une situation digne.

L'éminent évêque d'Orléans vous le disait
lors de la seconde délibération avec l'autorité
de sa haute raison et de son grand langage :
Il y a là une question d'honneur. Il n'y a pas
d'honneur pour les professeurs des universités libres à être absolument exclus des examens, même en ce qui concerne leurs élèves.
C'est là une situation de dépendance et d'infériorité morale qui ne serait pas acceptée par
des hommes d'une haute valeur intellectuelle,
comme devraient les rechercher les universités libres pour être à la hauteur de leur mission.

Et ici je sollicite la permission de m'adres-

ser à l'honorable M. Lepetit lui-même et de
lui demander s'il accepterait volontiers, pour la
faculté où il occupe une chaire avec tant
d'honneur, que cette faculté fût subordonnée
pour la collation des grades à telle ou telle faculté rivale, à celle de Toulouse ou de Bordeaux. (Mouvements divers.) Ne ressentirait-il
pas cette exhérédation comme on ressent un
amoindrissement de dignité? évidemment oui.
Eh bien, je lui demande de ne pas faire aux
professeurs des universités libres une situation qu'il ne croirait devoir accepter ni pour
lui-même ni même pour la faculté dont il fait
partie.

M. Beaussire. Des professeurs très-honorables l'acceptent !

M. le président. N'interrompez pas, monsieur Beaussire ! vous répondrez.

M. Chesnelong. Je dis que les universités
libres n'auraient pas de professeurs.

J'ajoute qu'elles n'auraient pas d'élèves.

Ceci a été très-surabondamment démontré
dans la précédente discussion ; par conséquent,
je pourrai aller vite.

Cependant l'honorable M. Lepetit nous disait tout à l'heure : Soyez tranquilles ; nous
aurons, comme juges, une impartialité absolue.

Cela vous sera bien difficile, puisque vous
serez les rivaux directs de ces facultés libres ;
il faudra pour cela vous élever au-dessus des
conditions normales de la nature humaine.
Mais enfin vous en êtes capable ; vous le ferez,
soit. Je vous demande, toutefois, si les élèves
n'auraient à cet égard aucun souci. Ils iront à
vos facultés, parce que vous disposerez des
examens ; ils n'iront pas aux universités libres.

L'honorable M. Lepetit nous dit encore :
Nous aurons une impartialité doctrinale absolue ; nous ne regarderons pas à l'esprit de l'enseignement, nous ne regarderons qu'à l'aptitude des élèves.

J'en doute un peu, après le langage que
sur certains points nous venons d'entendre à
cette tribune (Assentiment à droite) ; il faudra
une abnégation peu ordinaire, cela sera peut-
être difficile ; dans tous les cas, les élèves
n'auraient-ils à cet égard aucune préoccupation ?
Ils iront à vos facultés pour s'inspirer de votre
esprit et se ménager de meilleures chances
aux examens ; ils n'iront pas aux universités
libres. (Interruptions à gauche.)

Je sais bien que c'est le but que vous pour-
suivez ; mais ce n'est pas le but que nous voulons atteindre. (Approbation à droite.)

Vous nous dites enfin : Nous aurons une
impartialité professionnelle absolue ; nous ne
regarderons pas aux méthodes, nous ne regarderons qu'à la science acquise ; pourvu
qu'on sache, peu nous importe par quelle méthode on aura appris.

Je vous réponds que les élèves ne seront pas
pleinement rassurés ; ils voudront aller à vos
facultés, afin de se plier à vos méthodes, parce
que vous disposerez des examens, et ils n'iront
pas aux universités libres. (Mouvements divers.)

Alors, ne pouvant pas satisfaire les professeurs dans leur dignité, ni offrir aux élèves
une sécurité suffisante, les universités libres
ne pourront pas se créer, ou du moins elles

ne pourront pas avoir des garanties de vie bien solides.

Qu'aurez-vous ? le *statu quo* actuel modifié et peut-être aggravé par la multiplicité des cours et des répétitions. Vous aurez fait les affaires de l'enseignement facile et subordonné.

M. Barthélemy Saint-Hilaire. C'est vous qui les aurez faites !

M. Chesnelong. Vous aurez fait les affaires de l'enseignement équivoque et plus bruyant que sérieux ; vous n'aurez fondé aucun progrès intellectuel ; vous n'aurez suscité aucune concurrence féconde. (Mouvements divers.)

Eh bien, je suis d'avis, pour ma part, qu'il faut sortir du *statu quo*, en sortir sérieusement et efficacement ; je crois que le droit des familles le demande et je crois que l'intérêt de la science le réclame.

Je ne veux parler qu'avec respect de l'université de l'État, je reconnais et son mérite et ses services, et volontiers, comme mon excellent ami M. de Richemont, dans son éloquent discours d'avant-hier, je dirai, moi aussi, que je suis fier de sa gloire.

Je sais que parmi ses professeurs il y en a dont les doctrines sont irréprochables ; et quant à ceux qui ont des doctrines contraires, j'honore leur science et je respecte la loyauté de leurs intentions.

Mais enfin il y a un fait dont nous sommes les témoins. Nous avons tous vu, permettez-moi de le dire, des élèves sortant de familles chrétiennes entrer chrétiens dans certaines écoles de médecine et en sortir positivistes, c'est-à-dire matérialistes et athées. (Rires et exclamations à gauche.)

Nous avons vu cela.

M. de Pressensé. Voltaire est sorti d'un collège de jésuites !

M. Chesnelong. Que Voltaire soit sorti d'un collège de jésuites, il n'en demeure pas moins prouvé qu'il y a des jeunes gens qui entrent chrétiens dans des écoles de médecine et qui en sortent athées et matérialistes. Voilà le fait. (Nouvelles rumeurs à gauche.)

Est-ce la faute de l'enseignement ? Est-ce la faute du milieu ? Je ne le recherche pas ; mais enfin voilà le fait, le fait douloureux mais incontestable.

M. Bouisson. L'enseignement libre n'affranchira pas de ce danger !

M. Chesnelong. Voilà pourquoi la conscience des pères de famille s'inquiète et réclame la liberté de l'enseignement, mais une liberté qui soit sérieuse et efficace.

L'honorable M. Tolain me disait que j'avais souvent parlé à cette tribune des droits du père de famille. C'est vrai, et j'en parle encore. Nous n'en sommes plus à ce principe païen : que l'âme de l'enfant appartient à l'État. C'est le père de famille qui en a la charge, c'est lui qui doit en conserver la garde. (Très-bien ! très-bien ! à droite.)

M. Tolain. Oui, c'est au nom de la liberté du père de famille et de la moralité de l'enfant que j'ai protesté contre votre enseignement funeste.

M. Chesnelong Nous ne voulons pas de vos écoles à cause de vos doctrines, pas plus que vous ne voulez des nôtres.

A gauche. Alors, c'est la guerre !

M. Chesnelong. Comment, c'est la guerre !

A gauche. Oui ! oui ! la guerre !

M. Chesnelong. Quelle paix voulez-vous donc ? Voulez-vous la paix dans la confusion la plus dangereuse, dans l'abdication de toute conviction, dans l'abrutissement de l'intelligence et de la conscience ? (Exclamations à gauche. — Vive approbation à droite.)

Nous voulons la seule paix que vous puissiez demander, la seule digne d'un grand pays, la seule qui convienne à des âmes généreuses : c'est la paix dans le respect de toutes les croyances et de toutes les libertés. (Très-bien ! très-bien ! à droite.)

A gauche. Oui ! vos croyances et vos libertés !

M. Chesnelong. L'honorable M. Jules Simon a dit à cet égard une remarquable parole ; la voici : « Un père doit condamner son enfant à l'ignorance plutôt que de livrer son âme ! » (Mouvement.) Eh bien, messieurs, cette parole est énergique, mais elle est très-vraie... (Oui ! oui ! — Applaudissements à droite). Je dis seulement que la loi ne doit pas placer un père dans cette cruelle alternative. De là cette conséquence : que la liberté de l'enseignement supérieur ne doit se borner à la proclamation d'un principe abstrait, mais qu'elle doit passer dans des institutions qui soient capables de vie et de durée.

J'ajoute, messieurs, qu'il faut sortir du *statu quo*, dans l'intérêt de l'enseignement supérieur.

Une voix à gauche au fond de la salle. Mais non ! (Exclamations et rires à droite.)

M. Chesnelong. Vous dites non ! je dis oui, et je vais tâcher de dire pourquoi.

Où en est aujourd'hui, messieurs, notre enseignement supérieur ? Est-il au niveau de l'enseignement des universités étrangères ? Gardons-nous toujours la tête, ou avons-nous été dépassés ? Je n'ai pour mon compte ni autorité, ni compétence pour juger la question...

A droite. Parlez ! parlez !

M. Chesnelong. ... mais j'ai consulté les voix les plus autorisées et les moins suspectes, et je suis très-frappé de l'unanimité de leurs doléances.

Voici d'abord ce qu'écrivait il y a quelques années l'honorable M. Duruy.

« Les facultés qui préparent directement à certaines carrières, aux carrières lucratives, il faut dire le mot, comme celles du droit et de la médecine, voient partout une nombreuse jeunesse autour de leurs chaires ! mais les facultés des lettres et des sciences sont, en plus d'un lieu, languissantes, et nulle part elles ne réunissent un public d'élèves assidus.

« Et rien ne ressemble, chez nous, à ces populaires et vivantes universités d'outre-Rhin, où les maîtres abondent et les élèves aussi. »

Plus tard, l'honorable M. Paul Bert, à cette tribune, dans un discours très-remarquable et très-remarqué, disait les paroles que voici :

« Dans le domaine des sciences, les professeurs n'ont pas d'auditeurs ; dans le domaine des lettres, à peine en ont-ils quelques-uns. Les facultés professionnelles seules, c'est-à-dire celles qui donnent, en même temps qu'un titre universitaire, l'exercice d'une profession, les facultés de droit seules sont suivies et

voient se presser autour de leurs chaires un
nombre encourageant d'auditeurs.

« L'enseignement littéraire et scientifique
s'est transformé en un enseignement mondain,
tenu d'être brillant sous peine de tomber dans
d'insipides médiocrités. De là cette singularité,
que l'enseignement que nous continuons d'appeler supérieur parce qu'il se donne dans les
facultés, est obligé, le plus souvent, de rester
au-dessous, quant au niveau scientifique, de
l'enseignement qui est appelé secondaire. »

Et l'honorable M. Laboulaye, répondant à
M. Paul Bert, disait à son tour :

« Quant à l'organisation du professorat, tout
ce qu'a dit M. Paul Bert, tous les désirs qu'il
a exprimés, nous les partageons. Oui, il serait
nécessaire qu'il y eût des universités, c'est-à-
dire qu'on n'éparpillât pas sur toute la surface
de la France des facultés qui se trouvent sté-
rilisées par leur isolement. »

Est-ce tout? Non, messieurs. Dans la séance
de l'académie des sciences du 13 mars 1871,
les hommes les plus autorisés se sont plaint
de l'état de l'enseignement supérieur. Parmi
eux, il y en avait un, non moins remarquable
par sa science que par son caractère, qui
avait été membre et vice-président de la commission chargée de préparer un projet de loi
sur l'enseignement supérieur, sous la présidence de l'illustre M. Guizot, c'était M. Dumas;
et voici ce qu'il disait devant l'académie, en
étant approuvé par tous ses membres.

M. Beaussire. Non, pas par tous!

M. Chesnelong. Par la plupart.

« Il a été reconnu, disait-il, par la majorité
des membres... »

M. Beaussire. De la commission, mais pas
de l'académie !

Un membre à droite. M. Beaussire ne faisait
pas partie de cette commission.

M. Chesnelong. « Il a été reconnu par la
majorité des membres de la commission supérieure d'enseignement, disait M. Dumas, que
le système adopté depuis soixante ans dans
notre pays pour la discipline de l'enseignement supérieur constituait une cause permanente de décadence et d'affaiblissement à laquelle il convenait de porter un remède
prompt et énergique.

« Si les causes de ce marasme sont complexes et multiples, elles se réduisent en principe à une seule : la centralisation administrative qui, appliquée à l'université, a énervé
l'enseignement supérieur. »

Voilà, messieurs, mes autorités.

Eh bien, cette vie intellectuelle qui est un
peu éteinte dans l'université, la liberté de l'enseignement supérieur peut seule vous la rendre; elle vous la rendra par les efforts des
universités libres, elle vous la rendra par le
contre-coup qu'en ressentira l'université de
l'Etat. Cette université, convenez-en, elle flé-
chit sous le monopole, elle a besoin de grandir par la lutte et de se relever par la concurrence. (Très-bien ! à droite.)

Et maintenant, est-ce que nous avons des
prétentions bien excessives ? L'honorable M.
Lepetit vient de parler d'une façon assez rail-
leuse des jurys mixtes. Ce n'est pas notre
idéal : il a eu raison de dire que nous aurions
désiré beaucoup plus et voulu beaucoup mieux.
(Ah ! ah ! à gauche.)

C'est un minimum excessivement restreint
(C'est vrai ! — Très-bien ! à droite), mais, par
cela même, c'est un minimum indispensable.

Mais ce jury mixte, quel est-il et pourquoi
vous donne-t-il tant d'inquiétudes? Le voici :
et du reste, M. Lepetit l'expliquait tout à
l'heure.

S'agit-il des élèves sortant des facultés de
l'Etat, ils continueront à se présenter devant
les facultés de l'Etat. S'agit-il d'élèves sortant
pas d'université, ils continueront à subir leurs
examens devant les facultés de l'Etat. S'agit-il
d'élèves sortant d'une université libre composée de trois facultés, ils auront l'option de
passer leurs examens devant les facultés de
l'Etat ou de réclamer la formation d'un jury
mixte dans lequel entreront, en nombre égal,
les professeurs des facultés de l'Etat et ceux
des universités libres.

Ce n'est donc pas le droit de collation des
grades par les universités libres tel que nous
l'aurions voulu et tel que nous l'avions primitivement demandé. Ce n'est pas même, comme
en Belgique, la coopération des professeurs des
universités libres à tous les examens quels
qu'ils soient. C'est simplement la coopération
des professeurs des universités libres aux examens de ceux de leurs élèves qui réclameront
leur concours. Pouvions-nous demander moins ?

Et permettez-moi de dire que j'ai bien quelques réserves à faire sur les modifications de
la commission. Je les indiquerai d'un seul
mot. Il y a la stipulation expresse relative au
baccalauréat ès lettres et au baccalauréat ès
sciences.

Cette stipulation était inutile, et elle n'a été
introduite dans la loi probablement que pour
nous enlever même l'espérance que le rapport
de M. Laboulaye nous laissait pour l'avenir.

Eh bien, permettez-moi de vous dire que
nous avons l'espérance tenace, et, en vérité, il
exige beaucoup plus de sacrifices de la gardons. (Murmures à gauche.)

Je regrette aussi que la commission n'ait pas
maintenu le principe du nombre égal dans le
jury mixte, entre les professeurs des universités libres et les professeurs des universités de
l'Etat.

Mais je n'insiste pas sur ces réserves : l'éminent évêque d'Orléans voudra bien les apporter
à la tribune; je m'associe d'avance à toutes ses
revendications. (Oh! oh! — Rumeurs à gauche.)

Toujours est-il que je ne comprends pas,
vraiment, les répugnances que le jury mixte
inspire à nos contradicteurs et, en vérité, il
exige beaucoup plus de sacrifices de la part de
ceux qui le soutiennent, que de la part de ceux
qui le repoussent.

Quelles objections a donc dirigées l'honorable
M. Lepetit contre le jury mixte? Elles ont été
bien multiples, mais elles se réduisent à trois.

Il nous a dit d'abord : Le droit de l'Etat est
attaqué.

En ce qui concerne le droit de l'Etat, j'ai
dit mon sentiment dans la seconde délibération, je n'ai pas à y revenir ; mais, en vérité, il n'est pas en question en ce qui concerne le jury mixte. Non-seulement le ministre délivrera les diplômes, mais il désignera
les professeurs de l'Etat et les professeurs des
universités libres. Le droit de l'Etat est donc

intact. Ce qui est. atteint, c'est purement et simplement le privilége de l'université officielle de conférer exclusivement les grades.

M. Barthélemy Saint-Hilaire. L'université, c'est l'Etat !

M. Chesnelong. L'honorable M. Lepetit vous a dit encore : Nous avons contre le jury mixte l'exemple de la Belgique. Il a fait de nombreuses citations, mais permettez-moi de m'en référer aux citations contraires, faites par Mgr l'évêque d'Orléans, dans la deuxième délibération, et que vous ne pouvez pas contester.

Je m'en réfère aussi à ce fait qui est certain: c'est qu'il y a eu une commission composée de quatre présidents des quatre jurys, des quatre recteurs, des quatre universités, et de quatre professeurs pris dans ces quatre universités; c'est que cette commission, consultée sur la valeur du système des jurys mixtes, a déclaré qu'on ne pouvait pas attribuer à ce système, à quelque degré que ce soit, l'abaissement des études.

Par conséquent, aux autorités que vous avez pu apporter à cette tribune, j'oppose des autorités contraires.

M. le ministre de l'instruction publique. D'ailleurs le jury mixte tel que nous voulons l'établir n'a aucun rapport avec les jurys belges.

M. Chesnelong. Il en résultera, a dit encore M. Lepetit, un abaissement dans le niveau des grades. Messieurs, permettez-moi de vous dire que vous avez peu de confiance dans les professeurs de l'Etat. Ils seront toujours là dans le jury mixte, ils pourront, par leurs boules noires, mettre leur veto sur les approbations qui seraient trop complaisantes. Et puis, pourquoi vous défiez-vous à ce point des professeurs des universités libres ?

Remarquez bien qu'il ne s'agit plus ici de facultés. Les facultés peuvent être une œuvre d'un jour, une œuvre qui se fait sans grands efforts et qui disparaît sans grand dommage.

Il s'agit des universités. Or, une université est une œuvre considérable qui exige de grands efforts, de grands capitaux, qui a besoin, pour se maintenir, de mériter la confiance des familles.

Eh bien, si ce n'est pas par devoir, par conscience et par dignité, admettez au moins que ce sera par intérêt que les professeurs des universités libres voudront donner aux diplômes des jurys mixtes une valeur honorable, car, enfin, le jour où ces grades seraient méprisés, le jour où ils frapperaient de discrédit ceux qui essayeraient de s'en prévaloir, les universités libres seraient désertées; elles verraient tous leurs sacrifices perdus et leur existence compromise.

Et, messieurs, faites donc l'honneur à vos adversaires de leur supposer un peu de bon sens ; croyez-vous que des hommes sérieux feraient cet immense effort de la création d'une université libre pour s'exposer en peu de temps à un échec ridicule, ruineux et déshonorant ?

D'ailleurs, permettez-moi de vous le dire, est-ce que, à l'heure où nous sommes, les grades ont la même valeur dans toutes les facultés? Est-ce que, dans la même faculté, ils ont toujours la même valeur à toutes les ses-

sions? Non, le niveau des grades se détermine par le niveau des études : quand les études montent, les grades s'élèvent; quand les études fléchissent, les grades s'abaissent. Donc, élever le niveau des études, voilà le nœud du problème, et j'en reviens alors à mon point de départ.

Si vous faites une loi d'où puissent sortir des universités libres, qui soient les rivales sérieuses de l'université de l'Etat, les études se relèveront.

Si vous faites une loi d'où ne puissent sortir que des agences de répétition, les études fléchiront et, dans un cas comme dans l'autre, les grades suivront le même mouvement. (C'est évident ! — Très-bien ! à droite.)

A entendre l'honorable M. Lepetit, on croirait vraiment que le monopole de la collation des grades est une condition *sine qua non*, une condition suprême pour maintenir et élever le niveau de l'esprit français, et que, hors de là, c'est l'abaissement des études et de l'intelligence nationale.

Mais l'honorable M. Lepetit a oublié une chose, c'est que le monopole de la collation des grades ne date que du commencement de ce siècle. (Très-bien ! très-bien ! à droite.)

C'est que la France s'était formée, c'est que la France avait grandi, qu'elle avait conquis sa suprématie intellectuelle sous un autre régime. (Vives et nombreuses marques d'assentiment à droite et au centre.)

Au moment où la Révolution est survenue, il y avait en France vingt-trois universités...

M. Emile Beaussire. Appartenant à l'Etat !

M. Chesnelong. ...où affluaient des étudiants venus de toutes les parties de l'Europe, et toutes conféraient des grades.

Dès lors, pouvez-vous dire sérieusement que ce régime des universités concurrentes a été fatal au progrès intellectuel de notre pays ? *Un membre à gauche.* Oui ! (Exclamations et rires ironiques à droite.)

M. Chesnelong. Vous dites : oui. Eh bien, je prends les faits au moment où ce régime a sombré.

L'Assemblée constituante, la grande assemblée de 1789, n'était pas un produit du monopole universitaire : elle était sortie du régime des universités concurrentes. Eh bien, quelque opinion qu'on ait sur son œuvre politique, on est bien obligé de reconnaître qu'il y avait là un niveau intellectuel qui a été rarement atteint et qui, à coup sûr, n'a été dépassé par aucune des assemblées qui lui ont succédé. (C'est vrai ! à droite. — Bruit à gauche.)

M. Edouard Millaud. Nous retenons l'hommage !

M. Chesnelong. Et si je prends les savants qui ont survécu à la Révolution, je citerai les noms de Monge, de Fourcroy, de Haüy, de Lalande et de bien d'autres.

Une voix à droite. Et Lavoisier !

M. Chesnelong. Lavoisier, vous le savez, a été dévoré par la Révolution ; il ne lui a pas survécu.

Est-ce que ces noms ne parlent pas assez haut ? Ces savants n'étaient pas le produit du monopole universitaire, ils étaient sortis du régime des universités concurrentes.

Si maintenant je prends les grands professeurs qui ont été l'illustration de l'université nouvelle, je rencontre les noms de Cuvier, de Biot, de Royer-Collard, de Guizot : eux non plus n'étaient pas sortis du monopole de l'université. Est-ce que ces noms ne vont pas de pair avec les plus grands noms contemporains? (Très-bien! très-bien! à droite.)

Messieurs, ce sont là des faits, et ces faits m'autorisent à dire que, si le vote de la loi actuelle a pour résultat la création d'universités libres, sérieuses, la science, à coup sûr, n'y perdra rien, et elle pourra beaucoup y gagner. (Vives marques d'assentiment à droite. — Aux voix! aux voix! à gauche.)

M. de Gavardie, *se tournant vers la gauche.* Il y a, de ce côté, un parti pris d'interrompre! On interrompt systématiquement! (Bruit.)

M. le président. Veuillez ne pas interrompre vous-même!

M. de Gavardie. Nous avons écouté M. Lepetit silencieusement; nous réclamons le même silence pour l'orateur qui est à la tribune.

M. le président. Monsieur de Gavardie, vous n'avez pas la parole, et vous n'êtes pas chargé de réprimer les interruptions en interrompant vous-même. (On rit.)

M. Chesnelong. Messieurs, je ne veux pas descendre de cette tribune sans répondre à une dernière objection. Cette objection n'est pas venue de l'honorable M. Lepetit, et je lui rends cet hommage que je la crois contraire à ses sentiments. Elle avait été portée ici, lors de la première délibération par l'honorable M. Challemel-Lacour, dans un discours dont l'Assemblée n'a pas perdu le souvenir... (Non! non! à gauche), et elle a été renouvelée, il y a deux jours, par l'honorable M. Brisson. (Interruptions à gauche.)

Cette objection, la voici dans toute sa crudité et en la dépouillant de tout ornement de langage :

La liberté de l'enseignement supérieur peut être bonne en elle-même; mais, en l'état, elle profiterait aux catholiques, et c'est assez pour que nous n'en voulions pas. Nous refusons la liberté à tous, pour que les catholiques ne puissent pas en avoir leur part! (C'est cela! — Très-bien! à droite.)

Eh bien, que l'honorable M. Brisson me permette de le lui dire, il n'est pas allé jusqu'au bout de sa logique; il aurait dû, pour être conséquent, demander par le même motif la suppression de la liberté de l'enseignement primaire et de l'enseignement secondaire. (Bruit à gauche.)

M. Lefèvre-Pontalis (Seine-et-Oise). Il ne demanderait pas mieux!

M. Chesnelong. Il aurait dû, par les mêmes motifs, demander que les catholiques fussent exclus de toute participation à l'enseignement de l'État; et ce n'eût pas été assez. Chassé des écoles, l'esprit catholique pourrait encore se réfugier dans les églises.

L'honorable M. Brisson aurait dû aussi demander qu'on le poursuivit dans ce dernier retranchement, puisqu'il est, d'après lui, l'esprit ennemi. (Vifs applaudissements à droite. — Réclamations à gauche.)

Messieurs, je ne défendrai pas le catholicisme contre les attaques de M. Brisson.

L'histoire s'est chargée de ce soin. Alors même que, comme croyant, je ne lui serais pas dévoué de toute l'énergie de mon âme, je l'aimerais comme Français, parce qu'il a fait la grandeur de ma patrie... (Nouveaux applaudissements à droite), et parce qu'il sera encore son salut.

Au surplus, messieurs, il n'y a pas là de thèse à réfuter; il y a simplement une pensée d'oppression, contre laquelle il faut protester. (Bruit à gauche. — Nombreuses marques d'adhésion à droite.)

Je proteste au nom de la justice et de la liberté... (Oh! oh! à gauche.) Je proteste devant l'Assemblée, qui nous écoute, et devant le pays qui nous jugera! (Bravos et applaudissements répétés et prolongés à droite. — L'orateur, en retournant à son banc, est entouré, félicité et acclamé à plusieurs reprises par ses collègues.)

M. Baragnon. Messieurs, j'ai demandé la parole... (Aux voix! aux voix! à gauche) au moment où l'honorable M. Lepetit a cru devoir faire intervenir dans la discussion une proposition de loi qui a été déposée par le regretté M. Mortimer-Ternaux, notre collègue M. Lucien Brun, et moi-même, en donnant à cette proposition une interprétation qu'elle ne comporte pas. Et j'estime que, comme il existe un système assidûment suivi contre nous, qui consiste à dénaturer nos propositions et nos idées... (Oh! oh! à gauche.—Oui! très-bien! à droite), j'estime que c'est un devoir, toujours et dans tous les cas, de protester contre ces travestissements systématiques. (Bruit à gauche. — Vive approbation à droite.)

L'honorable M. Lepetit, voulant signaler les tendances de l'esprit nouveau qui se révèlerait, d'après lui, dans les facultés libres, et en saisir la trace dans cette Assemblée même, n'a rien trouvé de mieux à rappeler que notre proposition, suivant lui, éminemment dangereuse, attentatoire aux principes du droit civil, réclamant une liberté de tester plus ou moins illimitée, sous la signature de trois de vos collègues.

Eh bien, je regrette de le dire, M. Lepetit n'a pas lu notre proposition. (Ah! ah! — Très-bien! à droite.) Il ne la connaît que par ces bruits qu'une certaine presse se plaît à répandre partout dans le pays pour égarer sur notre compte l'opinion publique. (Exclamations à gauche. — C'est vrai! c'est vrai! à droite.)

Voilà pourquoi, malgré la fatigue de l'Assemblée, pour l'honneur de nos idées, pour qu'on ne les dénature pas toujours, j'ai voulu faire cette rectification. (Aux voix! à gauche. — Parlez! parlez! à droite.)

Ce que nous avons proposé, le voici en deux mots :

Nous avons simplement demandé, non point que le code civil fût modifié au point de vue du droit de tester ou de la quotité attribuée à chacun des enfants, non, notre prétention a été plus modeste : nous avons demandé que, dans l'intérêt de l'agriculture et des familles mêmes, les biens de même nature, les immeubles, par exemple, qu'un partage déprécierait, pussent former un seul et même lot. Nous le demandions, d'accord avec beaucoup d'auteurs, avec des commissions d'enquête. Nous respections l'égalité des partages, nous voulions seulement donner au père de famille et au juge de plus grandes facilités pour la formation des lois.

Qu'on cesse donc de nous jeter à la tête cette accusation incessante de vouloir détruire le code civil, quand nous bornons à en demander, je ne dis même pas une modeste réforme, mais une sage interprétation ! (Vive approbation à droite. — La clôture !)

M. le président. La clôture étant demandée, je vais la mettre aux voix.

(L'Assemblée consultée prononce la clôture de la discussion sur l'amendement de M. Lepetit.)

M. le président. Il y a, sur l'amendement de M. Lepetit, une demande de scrutin signée par MM. Lestourgie, Bernard-Dutreil, comte de Kergariou, de Pioger, marquis de La Roche-Aymon, Bourgeois, de Larcy, comte de Legge, Malartre, Lespinasse, Amédée Lefèvre-Pontalis, Combier, de Lassus, Adnet, Limairac (Tarn-et-Garonne), de Grasset, de Féligonde, de Kéridec, vicomte de Lorgeril, comte de Cintré, vicomte de Saintenac, vicomte d'Aboville.

Il va être procédé au scrutin.

(Le scrutin est ouvert et les votes sont recueillis.)

Le dépouillement est opéré par MM. les secrétaires et le résultat en est remis à M. le président.

M. le président. Voici le résultat du dépouillement du scrutin :

Nombre des votants.......... 670
Majorité absolue............. 336
Pour l'adoption....... 325
Contre.............. 345

L'Assemblée nationale n'a pas adopté l'amendement.

MM. de Rambures et Hervé de Saisy ont présenté un autre amendement qui porte sur plusieurs articles de la loi et dont voici le texte :

TITRE III

DE LA COLLATION DES GRADES

« Art. 13. — Les universités et les facultés libres ont le droit de conférer des grades honorifiques, conformément aux matières d'enseignement et aux programmes d'études qu'elles auront adoptés.

« Art. 14. — L'Etat, pour les places et les fonctions qu'il confère, n'a aucun égard aux grades honorifiques qu'il plaira aux universités d'instituer.

« Art. 15. — L'admissibilité aux places de l'Etat dépend de concours spéciaux où les candidats ne sont appelés qu'à subir des examens purement professionnels.

« Art. 16. — La matière des examens professionnels sera déterminée :

« 1° Par le conseil d'Etat, pour les services publics de l'ordre civil, administratif et judiciaire ;

« 2° Par le conseil des ponts et chaussées, pour le service des grands travaux publics ;

« 3° Par les conseils spéciaux des armées de terre et de mer, pour le service public de la sécurité.

M. de Rambures a la parole.

M. de Rambures. Messieurs, toute la portée, et on pourrait dire le nœud de la loi sur la liberté de l'enseignement supérieur sont dans l'article 13 touchant la collation des grades. Il n'est pas étonnant que, sur cet article, se soient concentrés tous les efforts d'une discussion qui n'a pas été épuisée, si j'en juge par le nombre des amendements déposés.

Quelque défectueuse que soit la loi qui a été élaborée par la commission, je crois qu'elle marquerait un progrès signalé sur l'état actuel de l'enseignement public, si elle était amendée ainsi que je le propose. Ce n'est pas l'instruction supérieure, mais l'instruction secondaire dont la liberté est anéantie par la collation des grades. Il est donc essentiel que toutes les opinions puissent se produire afin que l'Assemblée, suffisamment éclairée, puisse se décider en connaissance de cause.

Il est un point de vue qui n'a pas encore été discuté et sur lequel je voudrais appeler l'attention de l'Assemblée.

L'honorable rapporteur de la commission, M. Laboulaye, vous a cité dernièrement l'économie politique comme une science dont l'application a été éminemment utile en 1848 pour combattre les théories décevantes du socialisme. En effet, Bastiat, le savant économiste — que les républicains ne désavoueront pas, puisqu'il était républicain lui-même, — a publié contre le socialisme, en 1848, une série de pamphlets dont l'un, sur la liberté d'enseignement, était intitulé « Baccalauréat et socialisme. »

On voit par là la connexité qui existe entre l'économie politique et la question qui nous occupe.

L'économie politique peut, je ne dirai pas ouvrir sur la matière un jour nouveau, — car ses éléments qui constituent une science toute d'observation sont aussi anciens que le monde, mais elle peut et doit rappeler des principes oubliés ou trop méconnus. Le socialisme a cessé de s'attaquer à la propriété matérielle : il porte aujourd'hui ses coups contre la propriété intellectuelle ; il essaye de la faire succomber sous le monopole de l'enseignement, et cependant ces deux propriétés ont une commune origine. (Bruit. — Plus haut ! On n'entend pas !)

La propriété étant une appropriation de nos facultés aux choses de la nature, la liberté à son tour n'est que l'usage, la jouissance de cette propriété dans les limites de la morale, fondement de l'ordre social. Il s'ensuit que les connaissances humaines, scientifiques, littéraires et artistiques, ne doivent être, entre celui qui les possède comme propriété et celui qui en est dépourvu et les recherche, que l'objet d'une transaction libre, d'un échange, en un mot, à l'abri de toute entrave législative.

La loi n'a d'autre but que de maintenir chacun dans la justice et, pour ce qui regarde l'enseignement, de sauvegarder la moralité dans les conventions stipulées entre les professeurs, propriétaires d'une ou de plusieurs sciences, et les parents qui désirent obtenir de ces professeurs, pour leurs enfants, la transmission d'une propriété scientifique quelconque.

La liberté d'enseignement a donc sa source, non point dans la loi, mais dans le droit na-

turel de la propriété préexistant à toute loi.
- Le pouvoir, alors, qui est le représentant naturel
de l'organisation collective du droit individuel
de légitime défense contre l'injustice ou l'oppression, ne doit pas accomplir législativement
sur le droit d'autrui une usurpation qui serait
interdite à l'individu lui-même.

Les attributions de la loi sont limitées par
l'exercice du droit individuel et ne doivent
s'appliquer que dans les cas où ce droit individuel ne peut s'exercer lui-même.

Il est des choses qui doivent être faites par
la force collective, c'est-à-dire le pouvoir; d'autres, qui doivent être abandonnées à l'initiative
privée.

Le problème fondamental de la science politique est de faire la part de ces deux modes
d'action; la fonction publique, la fonction
privée ont toutes deux en vue notre avantage;
mais leurs services diffèrent en ceci : que nous
subissons forcément les uns et agréons volontairement les autres; d'où il suit qu'il serait
raisonnable de ne confier aux premiers que ce
que les seconds ne peuvent pas absolument
accomplir.

Les économistes pensent que, lorsque le pouvoir a garanti à chacun le libre exercice de ses
facultés, réprimé l'abus qu'on en peut faire,
maintenu l'ordre, assuré l'indépendance nationale par les armées de terre et de mer,
exécuté les grands travaux publics au-dessus
des forces individuelles, il a accompli toute sa
tâche.

C'est à cette mission que se rapporte l'expression : services publics. En dehors de ce
cercle, ce ne sont plus que des services privés,
travail, échange, instruction, assistance, tout
cela appartient au domaine de l'activité privée;
sous l'œil de l'autorité publique qui ne doit
avoir qu'une mission de surveillance et de
répression.

Si cette grande et fondamentale ligne de
démarcation était adoptée et pouvait entrer
dans nos mœurs, le pouvoir serait fort, il serait aimé, car il ne ferait jamais sentir qu'une
action tutélaire; il serait peu coûteux, puisqu'il serait renfermé dans d'étroites limites.
Enfin il serait libéral, car, sous la condition
de ne pas froisser la liberté d'autrui, chacun
jouirait dans toute sa plénitude de l'exercice
de ses facultés intellectuelles, morales et industrielles.

D'après ces considérations, toute la question se réduit à ceci : Il n'y a pas de milieu
où l'instruction est un service public au-dessus des forces individuelles, ou bien elle est
tout simplement un service privé livré à la
concurrence. Si c'est un service public, comme
le prétend l'école protectionniste qui a ses représentants dans tous les partis, ce service
n'admet pas de partage. Non-seulement l'instruction supérieure ne doit pas être libre, mais
encore il faut effacer de notre législation le tant
soit peu de liberté accordé à l'instruction secondaire, la liberté de l'une dépendra nécessairement de la liberté de l'autre. Si, au contraire,
c'est un service privé, comme le prétendent
les économistes, la loi à faire est des plus
simples et des plus faciles.

Par les conséquences funestes qu'entraîne
le monopole de l'enseignement au point de
vue politique, social et scientifique, je veux

vous démontrer que l'enseignement secondaire
ne sera pas libre si vous n'amendez pas l'article 13 de votre loi sur l'enseignement supérieur. (Plus haut! plus haut! — On n'entend
absolument rien!)

(Quelques membres quittent leurs places et
viennent se grouper au pied de la tribune pour
entendre. Les sténographes eux-mêmes quittent leurs pupitres placés à droite et à gauche
de la tribune et s'agenouillent ou se dressent
sur les sièges des huissiers pour se mettre à
portée de la parole de l'orateur.)

M. le président. Le président lui-même,
malgré tous ses efforts, n'entend pas un mot
de ce que dit l'orateur. Je l'engage à élever la
voix, et j'engage en même temps l'Assemblée
à faire silence.

M. de Rambures. L'instruction publique
a toujours été l'objet des préoccupations gouvernementales. On a cru qu'il était plus
facile de diriger les volontés vers une action commune quand les esprits étaient à
l'avance nourris des mêmes idées, des mêmes
connaissances. C'est ce qui a donné lieu
à cet adage cité par M. Laboulaye : « Celui qui est maître de l'enseignement peut
changer la face du monde. » Mais, chose étonnante! les gouvernements qui jusqu'ici se
sont rendus maîtres de l'enseignement pour
l'unifier l'ont dirigé d'une façon tellement déplorable, tellement contraire à leur conservation, qu'ils ont tous péri de la main même des
générations qu'ils avaient élevées, et que jamais en France les esprits n'ont été plus divisés qu'à notre époque.

Il y a là, évidemment, une grande leçon dont
devrait bien profiter le Gouvernement stable
et régulier que nous voulons fonder. La stabilité d'un gouvernement dépend du respect
plus ou moins grand qu'il professe pour les
droits et les devoirs naturels de l'homme, qui
sont la base des lois et de l'ordre social. Or,
parmi les droits naturels, l'un des plus précieux est, sans contredit, le droit pour les pères de famille d'être entièrement libres de
choisir, comme ils l'entendent, le mode d'instruction qui leur convient pour leurs enfants.
(Bruit.)

Mais il s'en faut de beaucoup que les gouvernements aient respecté cette liberté : ils
l'ont entravée, annihilée même par les restrictions et les monopoles de tout genre. Le
seul moyen de mettre fin à un pareil abus serait de restreindre l'action gouvernementale à
son seul et véritable rôle, celui de surveiller
les maisons d'éducation à l'unique point de
vue de la morale, et de faire passer des examens purement professionnels nécessaires
pour constater l'aptitude des candidats aux diverses fonctions publiques.

L'instruction, qui de droit naturel appartient, non au Gouvernement, mais à la société,
il ne faut pas confondre, peut s'étendre à l'association libre des pères de famille dans la
commune, mais non pas à la commune, au
département, à l'État, enfin, considérés comme
une agglomération forcée, politique et administrative.

Les gouvernements se sont emparés de
l'instruction publique pour s'en faire un instrument de domination sur les âmes. Ils ont
imaginé de créer à cet effet tout un système

de brevets et de grades universitaires empruntés aux coutumes du moyen âge.

Permettez-moi, messieurs, de vous exposer l'origine de cette centralisation abusive et de vous signaler les nombreux inconvénients qui en résultent.

L'instruction secondaire et supérieure a été organisée avec les ressources de l'impôt en faveur des classes aisées ; mais ces classes n'ont pas tardé à s'apercevoir de l'abus d'un pareil privilège, elles se sont trouvées confuses d'être seules à jouir des largesses prises sur le domaine public, elles ont en conséquence convié les classes pauvres à prendre aussi leur part de jouissance d'instruction : de là l'érection des collèges en externats, l'invention et la création de bourses pour l'internat.

Mais voyez où mènent les conséquences d'un faux système basé sur la méconnaissance ou le dédain des lois économiques qui doivent présider aux dépenses publiques.

Par ces bourses, ces primes d'instruction offertes, par l'appât de la gratuité à tous les fils de travailleurs, comme moyen de déclassement, ne doit-on pas craindre de les décourager de leur position, de les détourner des travaux si utiles, je dirai même si honorables de leurs pères? ne semble-t-on pas leur tenir ce langage : Jeunes gens, la profession de vos pères est au-dessous de votre intelligence, vous êtes nés pour une bien meilleure condition. La position de travailleur manuel, dans notre état social, est, comme chez les anciens, une fonction vile et méprisable, les carrières libérales qui sont ouvertes par l'exercice de la plume et de la parole sont les seules qui honorent et ennoblissent l'homme; venez donc, enfants de la glèbe, dans nos collèges, que nous vous saturions de la science des Grecs et des Romains. Ces peuples-là nous étaient bien supérieurs : les anciens, en effet, au moyen des esclaves qui exécutaient tous les travaux manuels, avaient bien plus le temps que les modernes de mieux cultiver les lettres et les sciences. La suppression de l'esclavage par le christianisme a été une cause de décadence et d'infériorité sociale. Elle a ôté à l'humanité la source de sa grandeur et de sa gloire! Haine donc au christianisme! paroles que Voltaire traduisait par cette expression bien connue : « Écrasons l'infâme! » (Bruit croissant et général.)

Si encore, dans ce système d'appât d'enseignement ouvert dans toutes les villes de France par les collèges, on avait des places toutes prêtes à offrir à ceux qui sortent de ces collèges après le déclassement opéré par leurs études, comme pour ceux qui sortent des écoles militaires, le mal serait atténué. Mais pas du tout : triste conséquence de la logique qui conduit jusqu'à l'absurde un principe faux pris pour point de départ, on jette sur le pavé tous les désœuvrés de l'éducation classique, sans s'inquiéter le moins du monde de ce qu'ils vont devenir. Et cependant il faut qu'ils vivent. Retourneront-ils aux modestes travaux de leur famille? Jamais! ils saisissent comme pierre d'attente tous les expédients d'existence interlope qui peuvent se présenter à eux, et là, ils se font les agents secrets de complots qui se trament dans l'ombre jusqu'au moment où ils pourront, au grand

jour, se rendre les apôtres ou les soldats de révolutions nouvelles. Ils sont d'autant mieux prédisposés à jouer ce rôle, qu'ayant appris dans les livres des Grecs et des Romains que la propriété, au lieu d'être le droit naturel et anté-légal de jouir soit individuellement, soit collectivement des fruits du travail personnel ou héréditaire, que cette propriété est au contraire le droit civil d'user ou d'abuser dans les limites fixées par la loi, ils aspirent à faire un jour cette loi, afin de l'arranger de telle manière que, par certaines dispositions économiques, la propriété passe insensiblement des mains de ses détenteurs naturels, qui sont les capitalistes, en celles des prolétaires qui en sont privés.

Comment voudrait-on qu'il en soit autrement? Ces jeunes gens pauvres, dénués d'argent, mais riches de savoir et instruits de tout ce que possédait la savante antiquité, en fait de doctrines communistes, pourraient-ils, devant les richesses accumulées de la civilisation moderne, résister à l'idée de vouloir un jour, pour eux et leurs frères, réaliser dans leur patrie les rêveries sociales des anciens, telles que le communisme de Lycurgue, la république de Platon, le socialisme de Minos et le sanglant patriotisme des Romains, personnifiés dans les Brutus. S'il n'en était point ainsi, ce serait donc en vain qu'on aurait fait passer à ces jeunes gens dix années de leur vie dans les collèges pour leur faire admirer les auteurs païens, où ces doctrines subversives sont préconisées, et cela sous le faux prétexte que ces auteurs sont le type du beau littéraire, comme si l'art de bien dire devait étouffer l'art de bien penser: Oh! non, vraiment, si, après de pareils entraînements, ces jeunes gens n'avaient pas remporté ce résultat de leurs études, cela prouverait qu'ils sont des sots, et, pour l'honneur des intelligences françaises, nous ne devons point penser qu'il en soit ainsi.

Tous les révolutionnaires actuels se disent fils de leur éducation.

Témoin l'article suivant de l'*Opinione*, de Turin, du 28 janvier 1859, après la tentative d'assassinat d'Orsini... (Exclamations à gauche) :

« Il est vrai, c'est de nos rangs que sortent tous les révolutionnaires et tous les régicides. Mais, à qui la faute? Ce n'est pas nous qui nous sommes faits ; ce sont nos maîtres qui nous ont faits ce que nous sommes. Pendant nos études, on nous a fait chanter en vers et en prose les deux Brutus, Harmodius et Aristogiton, nous les imitons. Si nous sommes coupables, exilez-nous, tuez-nous, vous le pouvez; mais si vous êtes justes, après avoir fait le procès aux assassins, faites-le à ceux qui les forment. »

« L'histoire romaine, dit Voltaire, est encore à faire parmi nous. Il était pardonnable aux historiens romains d'illustrer les premiers temps de la République par des fables qu'il n'est pas plus permis de transcrire que de réfuter... Quels étaient les prétendus rois de ce ramas de brigands? N'étaient-ils pas vraisemblablement des chefs de voleurs qui partageaient un gouvernement tumultueux avec une petite bande féroce et indisciplinée? »

(Le bruit est général et continue à couvrir la

voix de l'orateur, qui n'arrive qu'avec peine aux sténographes eux-mêmes.)

M. le président agite sa sonnette et réclame de nouveau le silence.

M. de Rambures. Je fais tous mes efforts pour me faire entendre.

« On voit, dit encore plus loin Voltaire, tous nos compilateurs honorer du nom de vertueux des hommes qui, au fond, n'ont jamais été que des brigands courageux. Ils nous répètent qu'à la vertu romaine fut enfin corrompue par le luxe et les richesses : comme s'il y avait de la vertu à piller les nations, et comme s'il n'y avait pas de vice à jouir de ce qu'on a volé ! Si on a voulu faire un traité de morale au lieu d'une histoire, on aurait dû inspirer encore plus d'horreur pour les déprédations des Romains que pour l'usage qu'ils firent des trésors ravis à tant de nations qu'ils dépouillèrent les uns après les autres »

Le mal, nous ne le voyons pas, parce qu'il n'atteint point nos enfants, que leur position de fortune met à l'abri des tentations communistes ; mais il n'en est pas moins réel, et l'histoire de nos révolutions l'attesterait d'ailleurs en dehors de tout raisonnement ; et dire que c'est nous, conservateurs, qui, par nos votes acquis à l'avance à toutes les demandes de l'université, sans y être autrement contraints que par des préjugés séculaires, venons entraîner chaque année dans notre patrie cette cause permanente de révolutions ! Il y aura là assurément pour les âges futurs un profond sujet d'étonnement et de méditations qui ne fera pas honneur à notre siècle.

Ce qui a le plus contribué à faire consacrer par l'opinion cette idée fausse : que l'impôt doit défrayer l'enseignement, c'est l'erreur qui a fait confondre les services nécessaires que doivent rendre les gouvernements en échange de contributions forcées avec les services libres qui, au sein de la société, sont entre les citoyens l'objet de relations privées et réciproques en échange de contributions volontaires.

Cette confusion qui, des mots passe dans les choses, se fait particulièrement remarquer pour ce qui regarde l'enseignement sur les expressions « éducation » et « instruction ». L'éducation est immuable de sa nature comme les principes éternels de morale et de religion sur lesquels elle repose ; comme les gouvernements qui sont constitués sur la force matérielle, elle représente la force morale, et à ce titre, sous le nom de cultes, elle a le droit d'être inscrite au budget comme étant un des agents les plus précieux de la sécurité publique. Mais pour l'instruction qui représente l'enseignement scientifique, littéraire et artistique, c'est bien différent. Celle-ci doit changer, se modifier, se transformer, se rajeunir enfin, au gré des époques, selon le mouvement ascendant de la civilisation, comme le voudrait enfin l'essence même du progrès. Qu'on laisse donc ce soin à l'initiative privée, elle accomplira des merveilles, parce qu'elle aura pour auxiliaire un bien grand mobile, le plus puissant de tous : l'intérêt! De cette manière toutes les intelligences se disperseront sur les diverses avenues de la science pour les occuper, n'en délaisseraient aucune.

Aujourd'hui, la jeunesse, par suite d'un en-seignement absolument uniforme qui la force de se jeter sur les mêmes carrières pour les encombrer, ressemble à ceux qui, naviguant sur une barque, la chargeraient d'un seul côté au risque de la submerger. L'université, en poussant les générations successives qui passent entre ses mains à accomplir une manœuvre analogue, assume une bien grave responsabilité et nous expose aux révolutions incessantes résultant de l'encombrement des places. (Bruit continu et redoublement entremêlé des cris : Aux voix! aux voix!)

Sans cette compression universelle des études qui ne fait dépendre l'honneur du savoir que de l'acquisition de certaines connaissances conventionnelles déterminées par un programme forcé, les aptitudes les plus diverses se feraient jour dans la société, et l'agriculture, par exemple, trop délaissée par les classes dirigeantes du travail national, verrait enfin se vouer à son service les intelligences et les capitaux des notabilités territoriales de notre pays.

L'une des causes qui rend l'empire chinois fauteur d'une civilisation décrépite, si vieille à la fois et si peu avancée encore, c'est précisément sa réglementation universitaire et politique par laquelle il a constitué une aristocratie de lettrés dont toute la capacité intellectuelle est employée de générations en générations à l'art du déchiffrement des hiéroglyphes, lequel art est la sience officielle, la science par excellence, celle par laquelle on arrive aux honneurs et à la décoration des globes. Si l'exagération du mal que produit en général l'ingérence des gouvernements dans l'instruction publique montre un résultat si déplorable en Chine, il est facile d'apercevoir le tort incalculable que fait d'une manière moins sensible et plus cachée l'application d'un système analogue à la jeunesse studieuse de l'Europe.

Ce que je viens d'exposer, messieurs, est l'examen de l'instruction publique considérée au point de vue social ; il ne me reste plus à traiter que le côté scientifique de cet examen, c'est-à-dire la question de savoir si l'enseignement donné par l'État se justifie au moins par l'excellence des procédés et la perfection des méthodes. Consultons à ce sujet l'histoire de l'enseignement ; l'histoire, en effet, ne doit-elle pas éclairer de sa lumière les recherches de ceux qui ont voulu savoir quelles ont été, à diverses époques, l'ensemble constitue la science du progrès ?

Un grand nombre d'écrivains, littérateurs, philosophes, grammairiens, auteurs dont il serait trop long de dérouler ici la nomenclature, ont unanimement protesté contre la méthode défectueuse employée dans les collèges pour l'enseignement des langues. Or, comme toutes les sciences sont autant de langues particulières renfermées dans les langues communes, il s'ensuit tout naturellement que du progrès dans la manière d'enseigner ces langues communes, dépend aussi celui d'apprendre les sciences elles-mêmes.

Parmi ceux des littérateurs qui, ayant étudié la question de méthode, l'ont résolue dans un sens défavorable à la méthode universitaire, se fait remarquer plus particulièrement un auteur dont l'ouvrage a paru à la fin du dernier siècle, et qui est intitulé *de la Manière d'apprendre les langues*. Comme on pourrait m'objecter que les opinions particulières apportées à cette tribune ne prouvent rien pour ou contre le système universitaire, je n'ai d'autre intention, en citant l'abbé de Radonvilliers comme auteur d'une méthode qui lui a ouvert les portes de l'Académie française et lui a valu, en qualité de sous-précepteur des enfants de France, l'honneur d'enseigner les belles-lettres au comte de Provence, devenu plus tard le roi Louis XVIII, celui de tous les princes de son époque qui s'est plus particulièrement distingué par un goût très-prononcé pour la littérature, je n'ai d'autre intention, dis-je, que de prouver une chose : non pas que telle méthode est préférable à telle autre, mais que la question étant très-controversée, la meilleure solution serait la liberté absolue de sa méthode. Or, comme les meilleures méthodes ne peuvent être connues et appréciées que par les meilleurs résultats, et comme les meilleurs résultats, à leur tour, ne peuvent se produire que par les luttes de la concurrence, nous aurions grand tort d'empêcher cette concurrence en remettant le monopole de la collation des grades aux mains du Gouvernement.

Plusieurs membres. A la question !

M. de Rambures. Comment ! à la question ? Je suis dans la question, messieurs ! mon amendement a trait à la collation des grades. Du moment où vous exigez que tel individu ne puisse devenir ni médecin, ni avocat, ni magistrat sans passer par les méthodes routinières du Gouvernement, je suis dans la question en développant mon amendement. (Rires et applaudissements ironiques sur les bancs de gauche les plus rapprochés de la tribune.)

M. le président. J'insiste, messieurs, pour que vous fassiez silence. L'importance de ma recommandation ne vous en échappera pas. Le président ne peut pas en effet laisser prononcer à la tribune un discours qu'il n'entend pas ; il serait dans une certaine mesure responsable de ce qui a été dit ou discours, et, le lendemain, des protestations pourraient se produire à l'occasion du procès-verbal.

Il est nécessaire, en règle générale, que le président entende tout ce qui se dit à la tribune. (Oui ! oui ! — C'est juste !) J'invite donc l'orateur à parler de façon à ce que le président puisse l'entendre. (Hilarité générale.)

M. Hamille. Que l'orateur se retourne vers le président ! (Bruit.)

M. le président. J'invite mes collègues à faire silence. (La rumeur des conversations particulières s'affaiblit un instant.)

M. de Rambures. Messieurs, je vous dirai que, après l'éminent orateur que nous avions entendu, montant à la tribune pour la première fois, me trouvant en face d'une rumeur à laquelle je ne peux pas m'habituer, j'ai perdu un peu ce qu'on appelle la tramontane... (Rire général.)

Aussi, si vous vouliez m'accorder une modeste faveur qui serait la compensation des difficultés que j'ai éprouvées à me faire entendre et qui ont en quelque sorte éteint chez moi le simple filet de voix que je possède, je vous demanderai de vouloir bien remettre à lundi... (Bruyantes exclamations. — Non !

non ! — Continuez ! continuez !) — Concluez ! concluez !

Alors, j'use de mon droit, et j'irai jusqu'au bout.

Plusieurs membres. Continuez, nous vous écoutons.

M. de Rambures. Encore faut-il qu'on me permette de me faire entendre ! (Bruit.)

Il est possible que mon discours renferme des choses qui vous déplaisent... (Bruit.)

Quelques membres. Rien ne peut en déplaire, on n'en a rien entendu !

Une voix. Ce sont tout au plus les sténographes qui ont pu vous entendre.

M. de Rambures. Que voulez-vous que j'y fasse ? Si vous gardiez le silence, vous m'entendriez !

M. le président. Permettez, monsieur de Rambures, je dois transmettre votre désir à l'Assemblée.

L'orateur déclare qu'il veut user de son droit jusqu'au bout ; mais il ajoute que la fatigue qu'il éprouve le force à demander à l'Assemblée de vouloir bien remettre à lundi la fin de son discours. (Exclamations diverses. — Oui ! — Non ! non !)

Vous votez contre, messieurs, si vous ne voulez pas du renvoi ; mais je ne puis pas ne pas transmettre cette demande.

Quelques membres. Consultez l'Assemblée.

M. le président. Laissez-moi consulter l'Assemblée, monsieur de Rambures.

M. de Rambures. Un mot d'abord.

Je sais, messieurs, que je suis à cent lieues d'avoir le talent de l'honorable M. Jules Ferry qui, se trouvant dans la même position que moi, a demandé que l'on voulût bien remettre au lendemain la continuation de son discours... (Très-bien ! sur quelques bancs à droite) ; mais je dis que, conformément aux principes de la justice distributive, vous devriez m'accorder la même faveur, bien que... (Interruptions diverses.)

M. de Belcastel. Très-bien ! il faut consulter l'Assemblée.

M. le président. Je consulte l'Assemblée.

L'orateur demande le renvoi de la suite de son discours à la prochaine séance. (Nouvelles et nombreuses exclamations.)

Je consulte l'Assemblée pour savoir si elle veut renvoyer la discussion, non pas à lundi, puisque c'est le jour fixé pour la discussion de l'élection de la Nièvre, mais à une séance prochaine.

Un membre. C'est le droit de l'orateur !

(L'Assemblée, consultée, décide que la discussion continue.)

M. le président. Continuez, monsieur de Rambures, et tâchez de vous faire entendre et de l'Assemblée et du président.

M. de Rambures. Quelles que soient les dispositions de la loi de 1850 qui admet les corporations religieuses à soutenir, au moyen des dons volontaires des parents, une lutte égale avec l'université, cette loi est mensongère quand on lui donne le nom de loi de liberté ; car, en fait, il est impossible aux maisons d'éducation laïque de donner un enseignement proportionné au vœu libéral des parents et à l'avenir professionnel des enfants, parce qu'il est impossible à ces maisons de lutter contre les collèges dont les bâtiments et les professeurs sont fournis gratuitement, les premiers par l'impôt des villes, les seconds par l'impôt de l'Etat, et ensuite, parce que le baccalauréat posé comme une digue à l'entrée de toutes les carrières, ne laisse aux jeunes gens d'autre alternative, ou d'étudier des choses qui leur seront inutiles toute la vie, ou de ne pas embrasser les carrières libérales pour lesquelles ils ont de l'aptitude.

Un fait tiré de la vie commune fera mieux ressortir les avantages de la liberté vraie d'enseignement, l'une de ces libertés nécessaires, d'où dépendent la force et la prospérité des nations.

Que dirait-on si la loi ne permettait de fabriquer, par exemple, du sucre ou du vin qu'à ceux qui, par des examens préalables, auraient justifié de leur capacité à produire ces denrées alimentaires, et cela sous le vain et faux prétexte que les consommateurs seraient incapables de discerner, par eux-mêmes, les bonnes fabriques des mauvaises ? que dirait-on, enfin, si cette loi, non contente d'assurer un monopole exclusif aux fabricants brevetés, venait encore, sous le nom de primes ou de subventions, leur assurer un traitement, et cela aux dépens de ceux-là mêmes qui, parmi les contribuables, ne consommeraient ni sucre ni vin ? L'on dirait que c'est une loi injuste et spoliatrice. Eh bien, cette comparaison, tirée de l'industrie alimentaire, s'applique avec une parfaite analogie à l'industrie pédagogique ; ces deux industries sont bien différentes, il est vrai, quant à leur nature et à leur objet, mais elles sont absolument les mêmes quant à l'échange de services auxquels elles donnent lieu, lequel échange doit se régler entre producteurs et consommateurs, d'après la loi économique du rapport de l'offre à la demande.

Ce qui a paru justifier jusqu'ici l'intervention des gouvernements dans l'instruction publique, c'est la crainte de voir les plus funestes doctrines abuser de la liberté d'enseignement pour pervertir l'esprit de la jeunesse ; cette crainte est chimérique et nullement fondée. (Le bruit des conversations particulières, un instant amorti, reprend avec une nouvelle intensité.)

De même que les lois de police et de sûreté suffisent pour empêcher l'empoisonnement des corps par la falsification des denrées alimentaires, ces mêmes lois et une surveillance exacte des maisons d'éducation suffiraient amplement pour empêcher l'empoisonnement des âmes par un enseignement immoral.

En élevant ma critique contre l'enseignement universitaire, au point de vue du progrès, je suis loin de prétendre que les membres honorables de l'université soient des hommes arriérés, tant s'en faut. Je suis même convaincu qu'ils sont les premiers à gémir de ces méthodes surannées, de ces coutumes séculaires qu'ils n'ont pas faites et qu'ils sont obligés de se transmettre les uns aux autres avec une scrupuleuse fidélité, jusqu'à la fin des temps.

Ce joug de plomb, auquel leur intelligence ne saurait s'associer, pèse sur leur tête comme la loi fatale du destin. Un professeur de collège me disait un jour : Je suis loin d'approuver la méthode universitaire que je suis obligé de suivre pour vivre ! Aussi j'enseigne les langues vivantes à mes enfants par une méthode toute contraire — la méthode Jacotot ; — mais je ne puis rien changer à la classe dont je suis chargé. Il faut que je la transmette à mon successeur absolument avec les mêmes méthodes que j'ai reçues de mon prédécesseur, Comme individu, je proteste en silence et je ronge mon frein ; mais comme rouage d'une machine, je suis obligé de suivre les mouvements automatiques d'ensemble, sous peine d'être écrasé par une folle et inutile résistance.

C'est, en effet, le propre d'une corporation de résister à tout changement et de garder jusqu'à extinction ses coutumes, ses privilèges et son organisation primitive. Mais ces qualités qui font la force d'une corporation religieuse, font précisément la faiblesse d'une corporation légale d'enseignement ; qu'elle soit laïque ou religieuse, peu importe ! La première, en effet, doit la perpétuité de son existence au respect immuable de ses constitutions jurées devant Dieu ; la seconde, au contraire, par la consécration légale de l'impôt qui la soutient, ne perpétue que la force d'inertie. En vertu de sa constitution immuable et autoritaire, elle se roidit contre l'essence même du progrès qui est la mobilité ; et elle entrave le perfectionnement des méthodes, lequel n'est rien autre chose qu'une transformation continue du bien déjà réalisé en mieux successifs. Or, l'université présente-t-elle ce spectacle de transformations successives, condition nécessaire et absolue du progrès, elle qui en est encore aux quatre facultés du moyen âge ? (Rumeurs intenses et générales).

M. Wallon, *ministre de l'instruction publique.* Je ne puis même pas protester contre ce que vous dites de l'université ; à mon banc je n'entends rien du tout !

De divers côtés. Concluez! concluez !

M. de Rambures. Ma conclusion est bien simple, et elle se formule dans mon amendement, dont voici les termes :

« Les universités et les facultés libres ont le droit de conférer des grades honorifiques, conformément aux matières d'enseignement et aux programmes d'études qu'elles auront adoptés.

« L'Etat, pour les places et les fonctions qu'il confère, n'a aucun égard aux grades honorifiques qu'il plaira aux universités d'instituer.

« L'admissibilité aux places de l'Etat dépend de concours spéciaux où les candidats ne sont appelés qu'à subir des examens purement professionnels.

« La matière des examens professionnels sera déterminée :

« 1° Par le conseil d'Etat, pour les services publics de l'ordre civil, administratif et judiciaire ;

« 2° Par le conseil des ponts et chaussées, pour le service des grands travaux publics ;

« 3° Par les conseils spéciaux des armées de terre et de mer, pour le service public de la sécurité. » (Aux voix ! aux voix !)

Je m'arrête en présence de l'impatience de l'Assemblée, impatience bien légitime à cette heure avancée. L'Assemblée me permettra seulement de lui exprimer, en descendant de la tribune, mon regret de n'avoir pu donner à mon amendement tous les développements qu'il comportait. (Aux voix ! aux voix !)

M. Laboulaye, *rapporteur*. Messieurs, la commission s'était occupée de l'amendement de M. de Rambures et Hervé de Saisy dès avant la 2e délibération. Cet amendement, vous le savez, n'a pas été défendu à la seconde lecture; on ne représente aujourd'hui. Je ne dirai rien de la manière dont il a été défendu tout à l'heure, parce que j'avoue que je n'ai pas pu suivre l'orateur. Je ne puis donc pas répondre à ses arguments, que je me réserve de lire demain au *Journal officiel*.

Un membre. Ils n'y seront pas tout entiers, puisque l'orateur n'a pas pu finir son discours!

M. le rapporteur. Je dirai seulement que quant au fond de l'amendement, c'est un système très-sérieux, un système très-défendable, mais qui nous mènerait bien loin de ce que nous avons fait jusqu'à présent.

M. Testelin. Il vaut mieux que ce que vous avez fait ! (Exclamations et rires.)

Un membre au centre. C'est très-flatteur!

M. le rapporteur. Messieurs, les rapporteurs sont inventés pour recevoir ces aimables compliments ; mais en général M. Testelin y met plus d'esprit.

Un membre. Il y manque du latin. (Rires.)

M. de Tillancourt. Et du grec! (Nouveaux rires.)

M. le rapporteur. Autant que j'ai pu surprendre quelques paroles de M. de Rambures, son système serait celui de Frédéric Bastiat, à savoir : que l'État a certains services publics, qui lui appartiennent et qu'on ne peut pas lui enlever, comme l'armée, la marine, et qu'à côté de ces services, il y en a d'autres qu'il ne remplit que comme chargé d'affaires de la société et dont il conviendrait de le débarrasser.

L'enseignement supérieur fait-il partie des services publics nécessaires? alors il doit rester entièrement dans les mains de l'État. S'il n'est pas un service public nécessaire, il faut l'abandonner à la libre concurrence. Dans ce cas, que reste-t-il pour l'État? Quel est son droit? c'est d'établir des jurys professionnels, c'est de demander aux gens qui veulent entrer dans ce service des conditions de capacité.

En résumé, liberté de l'enseignement et établissement de jurys professionnels, tel est l'amendement de MM. de Rambures et Hervé de Saisy. Je le répète, ce serait l'amendement que Frédéric Bastiat aurait présenté, s'il eût été ici.

Cet amendement, en voici les termes, qu'après M. le président et M. de Rambures, je remets encore une fois sous les yeux de l'Assemblée.

DE LA COLLATION DES GRADES

« Art. 13. — Les universités et les facultés libres ont le droit de conférer des grades honorifiques, conformément aux matières d'enseignement et aux programmes d'études qu'elles auront adoptés.

« Art. 14. — L'État, pour les places et les fonctions qu'il confère, n'a aucun égard aux grades honorifiques qu'il plaira aux universités d'instituer.

« Art. 15. — L'admissibilité aux places de l'État dépend de concours spéciaux où les candidats ne sont appelés qu'à subir des examens purement professionnels.

« Art. 16. — La matière des examens professionnels sera déterminée :

« 1° Par le conseil d'État, pour les services publics de l'ordre civil, administratif et judiciaire ;

« 2° Par le conseil des ponts et chaussées, pour le service des grands travaux publics ;

« 3° Par les conseils spéciaux des armées de terre et de mer, pour le service public de la sécurité. »

M. de Tillancourt. Et par les malades pour les médecins ! (On rit.)

M. le rapporteur. Je n'ai qu'une objection contre cet amendement, mais elle est considérable : c'est qu'il est le bouleversement complet de l'enseignement libre et de notre enseignement public ; c'est la suppression des examens et, dans un temps donné, de l'université.

Par conséquent, la commission vous demande de repousser l'amendement. (Oui ! oui ! — Aux voix !)

M. Wallon, *ministre de l'instruction publique des cultes et des beaux-arts*. Le Gouvernement s'associe à la demande de la commission.

M. de Rambures monte à la tribune et, au milieu des rumeurs et des exclamations que sa réapparition fait naître sur les bancs de l'Assemblée, échange quelques mots à voix basse avec M. le président.

M. le président. M. de Rambures vient de me déclarer qu'il retire son amendement. (Ah ! ah ! — Très-bien ! très-bien !)

Une voix. Et son cosignataire M. de Saisy, le retire-t-il ?

M. le président. Je pense que l'Assemblée, à l'heure où nous sommes arrivés, n'a pas l'intention de continuer la discussion ? (Non ! non ! — A lundi ! — A mardi !)

La 36e commission des congés est d'avis d'accorder :

A M. Salvy, un congé de dix jours ;

A M. Desbons, une prolongation de congé de vingt jours.

Il n'y a pas d'opposition?...

Les congés sont accordés.

Je consulte l'Assemblée sur son ordre du jour de lundi...

M. Chesnelong. Je demande la parole.

M. le président. Vous avez la parole.

M. Chesnelong. Je demande à l'Assemblée — et je suis d'accord avec l'honorable M. de Bourgoing, qui veut bien y consentir, — de vouloir bien continuer lundi prochain la discussion du projet de loi sur l'enseignement supérieur... (Appuyé !), et de n'aborder la discussion du rapport sur l'élection de la Nièvre que lorsque cette loi sera terminée. (Oui ! oui ! — Très-bien !)

Je fais cette proposition dans l'intérêt de la bonne expédition des travaux de l'Assemblée. (Assentiment.)

M. le président. L'Assemblée se rappelle qu'elle avait fixé à lundi la discussion relative à l'élection de la Nièvre. M. Chesnelong propose que cette discussion ne commence qu'après que la 3ᵉ délibération sur l'enseignement supérieur sera achevée.

Plusieurs membres. Il n'y a pas d'opposition.

M. Henri Villain. Je demande la parole.

Je tiens seulement à constater que les reproches qui ont été adressés au côté gauche de l'Assemblée et à la commission, au sujet des retards qu'ils apportaient à la discussion du rapport sur l'élection de la Nièvre, n'étaient pas fondés, puisqu'aujourd'hui, avec l'assentiment même de M. de Bourgoing, on vient demander de ne pas discuter le rapport sur son élection avant la fin de la délibération du projet de loi sur l'enseignement supérieur.

M. Hamille. Cette observation est de mauvais goût !

M. Henri Villain. Il est possible qu'elle soit de mauvais goût ; mais je tenais à la faire.

M. le président. Je consulte l'Assemblée sur la proposition de M. Chesnelong.

(L'Assemblée, consultée, décide que la discussion des conclusions du rapport sur l'élection de la Nièvre n'aura lieu qu'après la 3ᵉ délibération du projet de loi sur l'enseignement supérieur.)

M. Laboulaye. Je viens maintenant demander à l'Assemblée de vouloir bien inscrire à son ordre du jour, immédiatement après la 1ʳᵉ délibération sur le projet de loi organique relatif aux élections des sénateurs, la 3ᵉ délibération sur le projet de loi organique concernant les rapports des pouvoirs publics.

A gauche. Appuyé ! appuyé !

Plusieurs membres. Et la loi électorale ?

M. Laboulaye. Le rapport n'est pas encore déposé !

M. le président. M. Laboulaye propose à l'Assemblée de mettre à son ordre du jour, après le projet de loi sur le Sénat, la 3ᵉ délibération sur les pouvoirs publics.

Les délais légaux, pour cette mise à l'ordre du jour, expirant le 13, c'est-à-dire mardi prochain, la 3ᵉ délibération dont il s'agit pourra parfaitement venir après le projet de loi sur le Sénat.

Il n'y a pas d'opposition ?... (Non ! non ! — Si ! si !)

M. le président. Du moment qu'il y a dissidence, je dois consulter l'Assemblée.

(L'Assemblée, consultée, décide que la 3ᵉ délibération du projet de loi sur les pouvoirs publics sera mise à l'ordre du jour immédiatement après la 1ʳᵉ délibération sur le projet de loi relatif aux élections des sénateurs.)

M. le président. M. Ricot a aussi demandé la parole sur l'ordre du jour.

M. Ricot. J'ai l'honneur de demander à l'Assemblée de mettre, à la suite de son ordre du jour, le projet de loi sur le chemin de fer de grande ceinture autour de Paris.

Ce projet ne demandera pas une longue discussion, et il est nécessaire de se mettre en mesure de commencer le plus tôt possible les travaux importants qu'il doit autoriser. (Appuyé ! appuyé !)

M. le président. Je consulte l'Assemblée sur la proposition de M. Ricot.

(L'Assemblée, consultée, décide que le projet sur le chemin de fer de grande ceinture autour de Paris sera mis à la suite de l'ordre du jour.)

M. le président. La parole est à M. le comte de Bouillé.

M. le comte de Bouillé. Messieurs, je prie l'Assemblée de vouloir bien mettre à la suite de son ordre du jour le projet de loi sur l'enseignement élémentaire pratique de l'agriculture. (Exclamations à gauche.)

Messieurs, permettez-moi de m'expliquer.

Par suite des réductions qui ont été décidées par l'Assemblée, et qui représentent une somme de 400,000 fr. sur le budget de l'agriculture de 1872, et une autre somme de 400,000 fr. sur le budget de 1875, le ministre de l'agriculture a présenté, au mois de décembre dernier, un projet de loi sur l'enseignement pratique de l'agriculture.

La commission nommée pour examiner ce projet, après avoir été unanime dans son adoption, a depuis plusieurs jours déposé son rapport. Ce projet, le ministre de l'agriculture l'accepte ; aucun amendement n'a été produit. J'ajouterai que la commission ne réclame aucune augmentation de crédit, et que l'honorable M. de Kerjégu, au nom de la commission du budget de 1876, conclut à l'adoption des propositions faites par M. le ministre de l'agriculture.

Dans cette situation, il n'est pas probable qu'il y ait de discussion, et je crois que l'inscription de notre projet de loi à la suite de l'ordre du jour ne sera pas une cause de retard pour les autres travaux de l'Assemblée. (Appuyé ! appuyé ! — Aux voix !)

M. le président. Je consulte l'Assemblée sur la proposition de M. de Bouillé.

(L'Assemblée, consultée, décide que le projet relatif à l'enseignement élémentaire pratique de l'agriculture sera mis à la suite de l'ordre du jour.)

M. de Tillancourt. Je propose que la séance de lundi commence à une heure, par le tirage au sort des bureaux. Cette opération prend environ une heure. Ainsi la séance utile commencerait à l'heure ordinaire.

M. le président. L'Assemblée a entendu la proposition de M. de Tillancourt.

M. de Tillancourt fait remarquer que, le tirage au sort des bureaux prenant environ une heure de temps, on pourrait ouvrir exceptionnellement la séance de lundi, à une heure, afin que la séance utile puisse commencer effectivement à deux heures.

Sur divers bancs. Non ! non ! (Bruit.)

M. le président. Ceux qui ne seront pas de cet avis voteront contre la proposition.

Je consulte l'Assemblée.

(L'Assemblée, consultée, adopte la proposition de M. de Tillancourt.)

M. le président. Ainsi, lundi, séance publique à une heure :

Tirage au sort des bureaux ;

Suite de l'ordre du jour, avec les modifications qui viennent d'être ordonnées par l'Assemblée.

Il n'y a pas d'opposition ?... (Non ! non !)
L'ordre du jour est ainsi réglé.

(La séance est levée à six heures vingt minutes.)

Le directeur du service sténographique
de l'Assemblée nationale,

CÉLESTIN LAGACHE.

SCRUTIN

Sur l'ensemble de l'article 13 de la loi relative
à la liberté de l'enseignement supérieur.

Nombre des votants........... 661
Majorité absolue.... 331

Pour l'adoption...... 336
Contre................. 325

L'Assemblée nationale a adopté.

ONT VOTÉ POUR :

MM. Abbadie de-Barrau (comte d'). Aboville (vicomte d'). Aclocque. Adam (Pas-de-Calais). Adnet. Aigle (comte de l'). Allenou. Amy. Ancel. Andelarre (marquis d'). Anisson-Duperon. Arfeuillères. Aubry. Audren de Kerdrel. Aurelle de Paladines (général d'). Auxais (d'). Aymé de la Chevrelière.

Bagneux (comte de). Balsan. Baragnon. Balbie. Barascud. Baucarne-Leroux. Baze. Beau. Beauvillé (de). Belcastel (de). Benoist d'Azy (comte). Benoist du Buis. Benoît (Meuse). Bernard-Dutreil. Bossou (Paul). Béthune, comte de). Bourges (le comte de). Bidard. Bienvenue. Bigot. Blavoyer. Blin de Bourdon (vicomte). Boduin. Boisboissel (le comte de). Boisse. Bonald (vicomte du). Bondy (le comte de). Bonnet. Boreau-Lajanadie. Bottieau. Bouillé (comte de). Boullier (Loire). Boullier de Branche. Bourgeois (Vendée). Boyer. Brabant. Brame (Jules). Brettes-Thurin (comte de). Broët. Broglie (duc de). Brun (Lucien) (Ain). Brunet. Bryas (le comte de). Buffet. Buisson (Jules) (Aude).

Cailleux. Calemard de La Fayette. Callet. Carayon La Tour (de). Carbonnier de Marzac (de). Carron (Emile). Castellane (marquis de). Cazeaux (Hautes-Pyrénées). Cazenove de Pradine (de). Chabaud La Tour (Arthur de). Chabaud La Tour (général baron de). Chamaillard (de). Champagny (vicomte Henri de). Champvallier (de). Changarnier (général). Chaper. Chareyron. Chatelin. Chaurand (baron). Cheguillaume. Chesnelong. Cintré (comte de). Cissey (général de). Clapier. Clément (Léon). Clercq (de). Colombet (de). Combier. Cornulier-Lucinière (comte de). Costa de Beauregard (marquis de). Cottin (Paul). Courbet-Poulard. Courcelle. Crussol d'Uzès (duc de). Cumont (vicomte Arthur de).

Daguenet. Dagullhon-Lasselve. Dampierre (marquis de). Daru (comte). Daussel. Decazes (baron). Decazes (duc). Delavau. Delille. Delisse-Engrand. Delpit. Delsol. Depasse. Depeyre. Desbassayns de Richemont (comte). Descat. Dezanneau. Diesbach (le comte de). Dompierre d'Hornoy (l'amiral de). Doré-Graslin. Douay. Douhet (comte de). Drouin. Du Bodan. Du Breuil de Saint-Germain. Dufaur (Xavier). Dufour. Dufournel. Dumarnay. Dumon. Dupanloup (Mgr). Dupin (Félix). Dupont (Alfred). Durfort de Civrac (comte de). Dussaussoy.

Ernoul.

Féligonde (de). Flaghac (baron de). Fleuriot (de). Fontaine (de). Forsanz (vicomte de). Fou-

richon (amiral). Fournier (Henri). Fourtou (de). Francliou (marquis de). Fresneau.

Galloni d'Istria. Gaslonde. Gasselin de Fresnay. Gaulthior de Vaucenay. Gavardie (de). Gavini. Germonière (de la). Gillon (Paulin). Giraud (Alfred). Glas. Godet de la Riboullerie. Gouvello (de). Gouvion Saint-Cyr (le marquis de). Grammont (le marquis de). Grange. Grassot (de). Grivart. Gueidan. Guiche (marquis de la).

Hamille. Harcourt (le comte d'). Harcourt (duc d'). Haussonville (vicomte d'). Hespel (le comte d'). Houssard. Huon de Penanster.

Jaffré (l'abbé). Jamme. Jocteur-Monrozier. Johnston. Jordan. Joubert. Jourdan. Jouvenel (baron de). Juigné (comte de). Juigné (marquis de).

Keller. Kergariou (comte de). Kergorlay (comte de). Kéridec (de). Kerjégu (amiral de). Kermenguy (vicomte de). Kolb-Bernard.

La Bassetière (de). Labitte. La Borderie (de). La Bouillerie (de). Lacave-Laplagne. Lacombe (de). Lagrange (baron A. de). Lallié. Lambertorie (de). La Pervanchère (de). Larcy (le baron de). Largentaye (de). La Roche-Aymon (marquis de). La Rochefoucauld (duc de Bisaccia). La Rochejaquelein (marquis de). La Rochethulon (marquis de). La Rochette (de). Lassus (baron de). Labourgeois. L'Ebraly. La Chatelain. Lefèvre-Pontalis (Eure-et-Loir). Le Flô (général). Legge (comte de). Legrand (Arthur). Le Lasseux. Le Provost de Launay. Lespinasse. Lestourgie. Leurent. Levert. Limairac (de) (Tarn-et-Garonne). Limayrac (Léopold) (Lot). Lorgeril (vicomte de). Lortal. Louvet. Loysel (général). Lur-Saluces (le marquis de).

Maillé (comte de). Malartre. Mallevergne. Martenot. Martin (Charles). Martin (d'Auray). Martin des Pallières (général). Mathieu (Saône-et-Loire). Mathieu-Bodet (Charente). Mathieu de la Redorte (comte). Maurice. Mayaud. Mazerat. Mazure (général). Meaux (vicomte de). Meiun (comte de). Méplain. Mérode (de). Merveilleux du Vignaux. Mettetal. Monjaret de Kerjégu. Monnervay (comte de la). Monnet. Montaignac (amiral de). Monteil. Montgolfier (de). Montlaur (marquis de). Montrieux. Moreau (Ferdinand). Mornay (marquis de). Mortemart (duc de). Mouchy (duc de). Murat (comte Joachim).

Nouaillan (le comte de).

Pagès-Duport. Pajot. Parigot. Paris. Partz (marquis de). Passy (Louis). Peltereau-Villeneuve. Perrier (Eugène). Pétau. Peulvé. Peyramont (de). Pioger (de). Piou. Plichon. Plœuc (marquis de). Pontoi-Pontcarré (marquis de). Pouyer-Quertier. Pradié. Prax-Paris. Prétavoine. Pulberneau (de).

Quinsonas (le marquis de).

Rainneville (de). Rambures (de). Raudot. Ravinel (de). Rességuier (le comte de). Riant (Léon). Ricot. Robert (le général). Rodez-Bénavont (vicomte de). Rotours (des). Roys (marquis des).

Sacase. Sainethorent (de). Saintenac (le vicomte de). Saint-Germain (d'). Saint-Malo (de). Saint-Pierre (Louis) de (Manche). Saint-Victor (de). Saisset (amiral). Saisy (Hervé de). Sarrette. Sens. Serph (Gusman). Sers (le marquis de). Soury-Lavergne. Staplande (de). Sugny (de).

Tailhand. Taillefert. Talhouët (marquis de). Tallon. Tarteron (de). Temple (du). Théry. Tréveneuc (comte de). Tréville (comte de). Valady (de). Valfons (marquis de). Valon (de). Vandier. Vaulchier (comte de). Ventavon (de). Vente. Vétillart. Vidal (Saturnin). Viennet. Vilfeu. Vimal-Dessaignes. Vinay (Henri). Vingtain (Léon). Vinols (baron de). Vitalis. Vogüé (marquis de). Voisin. Wallon. Wartelle de Retz. Witt (Cornélis de).

ONT VOTÉ CONTRE :

MM. Adam (Edmond) (Seine). Adrien Léon. Alexandre (Charles). Allemand. Amat. Ancelon. André (Seine). Arago (Emmanuel). Arbel. Arnaud (de l'Ariége). Arrazat.
Babin-Chevaye. Bamberger. Bardoux. Barni. Barodet. Barthe (Marcel). Barthélemy Saint-Hilaire. Bastid (Raymond). Beaussire. Bérenger. Berlet. Bernard (Charles) (Ain). Bernard (Martin) (Seine). Bert. Bertauld. Besnard. Bethmont. Billot (général). Billy. Blanc (Louis). Bocher. Boffinton. Bonnel (Léon). Bottard. Boucau (Albert). Bouchet (Bouches-du-Rhône). Boysset. Bozérian. Brelay. Breton (Paul). Brice (Ille-et-Vilaine). Brice (Meurthe-et-Moselle). Brillier. Brisson (Henri) (Seine). Brun (Charles) (Var). Buée. Buisson (Seine-Intérieure).
Caduc. Calmon. Carnot (père). Carnot (Sadi). Carquet. Carré-Kérisouët. Casimir Perier. Cassé (Germain). Castelnau. Cazot (Jules) (Gard). Chabron (général de). Chadois (colonel de). Challemel-Lacour. Chardon. Chareton (général). Charton. Chavassieu. Cherpin. Chevandier. Chiris. Choiseul (Horace de). Christophle (Albert). Claude (Mourthe-et-Moselle). Claude (Vosges). Clerc. Cochery. Combarieu. Contaut. Corbon. Cordier. Cornacotte. Crémieux. Cunit.
Danelle-Bernardin. Daron. Daumas. Dauphinot. Delacour. Delacroix. Delord. Delorme. Deniert (colonel). Deregnaucourt. Desbons. Deschanzue. Destremx. Dietz-Monnin. Dréo. Dubois. Dubeys-Fresnay (général). Ducarre. Duchâtel (comte). Duclerc. Ducuing. Dufay. Duparc. Dupouy. Duréault. Durieu. Duvergier de Hauranne.
Escarguel. Eschasseriaux (baron). Esquiros. Eymard-Duvernay.
Farcy. Favre (Jules). Faye. Feray. Fernier. Ferrouillat. Ferry (Jules). Flotard. Folliet. Foubert. Fouquet. Fourcand. Fraissinet. Frébault (général).
Gagneur. Gailly. Gallicher. Gambetta. Ganault. Gatien-Arnoult. Gaudy. Gaulthier de Rumilly. Gayot. Gent. George (Emile). Gérard. Germain. Gévelot. Girerd (Cyprien). Girot-Pouzol. Goblet. Godin. Godissart. Grandpierre. Greppo. Grévy (Albert). Grévy (Jules). Gréllier. Guihal. Guichard. Guillemaut (général). Guinard. Guinot. Guyot.
Hérisson. Hèvre. Humbert.
Jacques. Janzé (baron de). Jaurès (l'amiral). Joigneaux. Jouin. Journault. Jozon. Krantz.
Laboulaye. La Caze (Louis). Lacretelle (Henri de). Lafayette (Oscar de). Laflize. Lafon de Fongaufier. Laget. Lambert (Alexis). Lamy. Lanel. Lanfrey. Langlois. La Serve. Lasteyrie (Jules de). Laîrade. Laurent-Pichat. Leblond. Lebreton. Lecamus. Lefèvre (Henri). Lefranc (Pierre). Lefranc (Victor). Lenoël. Lepère. Lepetit. Lépouzé. Leroux (Aimé). Le Royer. Lesguillon. Levêque. Lherminier. Limperani. Littré. Lockroy. Loustalot. Lucet.
Madier de Montjau. Magnier. Magnin. Mahy (de). Maillé. Maïens. Maleville (marquis de). Malézieux. Mangini. Marc-Dufraisse. Marcère (de). Marchand. Marck. Marcou. Margaine. Martel (Pas-de-Calais). Martell (Charente). Martin (Henri). Max-Richard. Mazeau. Médecin. Mélino. Mercier. Mestreau. Michal-Ladichère. Millaud. Moreau (Côte-d'Or). Morin. Morvan. Murat-Sistrières.
Naquet. Nioche. Noël-Parfait. Ordinaire (fils). Osmoy (comte d').
Palotte (Jacques). Parent. Parsy. Pascal Duprat. Patissier (Sosthène). Pelletan. Pellissier (général). Périn. Perret. Peyrat. Philippoteaux. Picard (Ernest). Picart (Alphonse).

Pin. Pompery (de). Pothuau (amiral). Pressensé (de).
Rameau. Rampon (comte). Rampont. Rathier. Rémusat (Paul de). Renaud (Félix). Renaud (M:chel). Reymond (Ferdinand) (Isère). Reymond (Loire). Ricard. Riondel. Rive (Francisque). Robert (Léon). Robert de Massy. Roger du Nord (le comte). Roger-Marvaise. Rolland (Charles) (Saône-et-Loire). Roudier. Rousseau. Roussel. Rouvier. Roux (Honoré). Roy de Loulay.
Saint-Pierre (de) (Calvados). Salneuve. Salvandy (de). Salvy. Sansas. Saussier (le général). Savary. Schérer. Scheurer-Kestner. Schœlcher. Sebert. Ségur (comte Louis de). Sénard. Silva (Clément). Simiot. Simon (Fidèle). Simon (Jules). Soye. Swiney. Taberlet. Tamisier. Tardieu. Tassin. Teisserenc de Bort. Testelin. Thomas (docteur). Thurel. Tiersot. Tirard. Tocqueville (comte de). Tolain. Toupet des Vignes. Tribert. Turigny. Turquet.
Vacherot. Valazé (général). Valentin. Varroy. Vast-Vimeux (baron). Vautrain. Villain. Waddington. Warnier (Marne). Wilson. Wolowski.

N'ONT PAS PRIS PART AU VOTE

Comme étant retenus à la commission des lois constitutionnelles :

MM. Beau. Lavergne (de). Luro.

N'ONT PAS PRIS PART AU VOTE :

Comme étant retenus à la commission du budget :

MM. Gouin. Lambert de Sainte-Croix. Lefébure. Soubeyran (baron de).

N'ONT PAS PRIS PART AU VOTE

MM. Abbatucci. André (Charente). Audiffret-Pasquier (le duc d'). Barante (le baron de). Bompard. Buisson. Bourgoing (le baron de). Busson-Duviviers. Denormandie. Desjardins. Du Chaffaut. Dufaure (Jules). Ganivet. Gignoux de Fermon (comte). Isentjens. Joinville (prince de). La Sicotière (de). Lacroix. Lefèvre-Pontalis (Seine-et-Oise). Le Gal La Salle. Lestapis. Maleville (Léon de). Michel. Nétien. Pernolet. Princeteau. Raoul Duval. Rivaille (Arthur). Rouher. Rouveure. Savoye. Say (Léon). Seignobos. Target. Thiers. Tillancourt.

ABSENTS PAR CONGÉ :

MM. Aumale (duc d'). Bastard (le comte de). Cézanne. Chabrol (de). Chambrun (comte de). Chanzy (général). Chaudordy (comte de). Corcelle (de). Gontaut-Biron (vicomte de). Jullien. La Roncière Le Noury (vice-amiral baron de). Magne. Mauro. Monnot-Arbilleur.

SCRUTIN

Sur l'amendement de M. Lepetit.

Nombre des votants...............	670
Majorité absolue..................	336
Pour l'adoption............	325
Contre....................	345

L'Assemblée nationale n'a pas adopté.

ONT VOTÉ POUR :

MM. Adam (Edmond) (Seine). Adrien Léon. Alexandre (Charles). Allemand. Amat. Ancelon.

lon. André (Seine). Arago (Emmanuel). Arbel. Arnaud (de l'Ariége). Arrazat. Bamberger. Bardoux. Barni. Berodet. Barthe (Marcel). Barthélemy Saint Hilaire. Beau. Beau sire. Bérenger. Berlet. Bernard (Charles) (Ain). Bernard (Martin) (Seine). Bert. Bertauld. Besnard. Bethmont. Billot (général). Billy. Blanc (Louis). Bonnel (Léon). Bottard. Boucau (Albert). Bouchet (Bouches-du-Rhône). Boyssot. Bozérian. Brelay. Breton (Paul). Brice (Ille-et-Vilaine). Brice (Meurthe-et-Moselle). Brillier. Brisson (Henri) (Seine). Brun (Charles) (Var). Buée. Buisson (Seine-Inférieure).

Caduc. Caimon. Carnot (père). Carnot (Sadi). Carquet. Carré-Kérisouët. Casimir Perier. Casse (Germain). Castelnau. Cazot (Jules) (Gard). Clabron (général de). Chalois (colonel de). Challemel-Lacour. Chardon. Chareton (général). Charton. Chavassieu. Cherpin. Chovancier. Chiris. Choiseul (Horace de). Christophle (Albert). Claude (Meurthe-et-Moselle). Claude (Vosges). Clerc. Cochery. Combarieu (de). Contaut. Corbon. Cordier. Corne. Cotte. Crémieux. Cunit.

Danelle-Bernardin. Daron. Daumas. Dauphinot. Delacour. Delacroix. Delord. Delorme. Denfert (colonel). Deregnaucourt. Desbons. Descat. Deschange. Destreaux. Dietz-Monnin. Dréo. Dubois. Duboys-Presnay (général). Ducarre. Duchâtel (le comte). Duclerc. Ducuing. Dufay. Duparc. Dupouy. Duréault. Durieu. Dussaussoy. Duvergier de Hauranne.

Escarguol. Eschasseriaux (baron). Esquiros. Eymard-Duvernay.

Farcy. Favre (Jules). Faye. Feray. Fernier. Ferrouillat. Ferry (Jules). Flotard. Folliet. Foubert. Fouquet. Fourcand. Fraissinet. Frébault (général).

Gagneur. Gailly. Gallicher. Gambetta. Ganault. Gatien-Arnoult. Gaudy. Gauthier de Rumilly. Gayot. Gent. George (Emile). Gérard. Gévelot. Girerd (Cyprien). Girot-Pouzol. Goblet. Godin. Godissart. Grandpierre. Greppo. Grévy (Albert). Grévy (Jules). Grollier. Guibal. Guichard. Guillemaut (général). Guinard. Guinot. Guyot.

Hérisson. Hèvre. Humbert.

Jacques. Janzé (le baron de). Jaurès (amiral). Joignneaux. Jouin. Journault. Jozon. Krantz.

La Caze (Louis). Lacretelle (Henri de). Lafayette (Oscar de). Laflize. Lafon de Fongaufier. Laget. Lambert (Alexis). Lamy. Lanel. Lanfrey. Langlois. La Serve. Lasteyrie (J. de). Latrade. Laurent-Pichat. Leblond. Lebreton. Lecamus. Lefèvre (Henri). Lefranc (Pierre). Lefranc (Victor). Lénoël (Emile). Lepère. Lepetit. Lépouzé. Leroux (Aimé). Le Royer. Lesguillon. Levêque. Lherminier. Limperani. Littré. Lockroy. Loustalot. Lucet.

Madier de Montjau. Maguiez. Magnin. Mahy (le). Maillé. Malens. Maleville (marquis de). Maleville (Léon de). Malézieux. Mangini. Marc-Dufraisse. Marcère (de). Marck. Marcou. Margaine. Martel (Pas-de-Calais). Martell (Charente). Martin (Henri). Max-Richard. Marceau. Médecin. Méline. Mercier. Mestreau. Michal-Ladichère. Millaud. Moreau (Côte-d'Or). Morin. Morvan. Murat-Sistrières.

Naquet. Nétien. Nioche. Noël-Parfait. Ordinaire (fils).

Palotte (Jacques). Parent. Parsy. Pascal Duprat. Patissier (Sosthène). Pelletan. Pellissier (général). Périn. Pernolet. Perret. Peyrat. Philippoteaux. Picard (Ernest). Picart (Alphonse). Pin. Pompery (de). Potbuau (l'amiral). Pressensé (de).

Rameau. Rampon (comte). Rampont. Rathier. Rémusat (Paul de). Renaud (Félix). Renaud (Michel). Reymond (Ferdinand) (Isère). Rey-

mond (Loire). Ricard. Riondel. Rive (Francisque). Robert (Léon). Robert de Massy. Roger du Nord (le comte). Roger-Marvaise. Rolland (Charles) (Saône-et-Loire). Roudier. Rousseau. Roussel. Rouvier. Roux (Honoré). Saint-Pierre (le) (Calvados). Salneuve. Salvandy (de). Salvy. Sansas. Saussier (général). Savary. Savoye. Schérer. Scheurer-Kestner. Schœlcher. Sebert. Ségur (comte Louis de). Seignobos. Sénard. Sens. Silva (Clément). Simiot. Simon (Fidèle). Simon (Jules). Soye. Swiney.

Taberlet. Tamisier. Tardieu. Tassin. Testelin. Thiers. Thomas (docteur). Thurel. Tiersot. Tillancourt (de). Tirard. Tocqueville (comte de). Tolain. Tribert. Turigny. Turquet.

Vacherot. Valazé (général). Valentin. Varroy. Vautrain. Villain.

Waddington. Warnier (Marne). Wilson. Wolowski.

ONT VOTÉ CONTRE :

MM. Abbadie de Barrau (comte d'). Aboville (vicomte d'). Aclocque. Adam (Pas-de-Calais). Adnet. Aigle (comte de d'). Allenou. Amy. Ancel. Andelarre (marquis d'). Anisson-Duperon. Arfeuillères. Aubry. Audren de Kerdrel. Aurelle de Paladines (général d'). Auxais (d'). Aymé de la Chevrelière.

Babin-Chevaya. Bagneux (comte de). Balsan. Baragnon. Barante (baron de). Barascud. Baucarne-Leroux. Baze. Beauvillé (de). Bel-castel (de). Benoist d'Azy (comte). Benoist du Buis. Benoit (Meuse). Bernard-Dutreil. Besson (Paul). Béthune (comte de). Beurges (comte de). Bidard. Bienvenüe. Bigot. Blavoyer. Blin de Bourdon (le vicomte). Bocher. Boduin. Boisboissel (comte de). Boisse. Bompard. Bonald (vicomte de). Bonfily (comte de). Bonnet. Boreau-Lajanadie. Bottieau. Bouillé (comte de). Boullier (Loire). Boullier de Branche. Bourgeois (Vendée). Boyer. Brabant. Brettes-Thurin (comte de). Broët. Broglie (le duc de). Brun (Lucien) (Ain). Brunet. Bryas (le comte de). Buffet. Buisson (Jules) (Aude).

Caillaux. Calemard de La Fayette. Callet. Carayon La Tour (de). Carbonnier de Marrac (de). Carron (Emile). Castellane (marquis de). Cazeaux (Hautes-Pyrénées). Cazenove de Pradine (de). Chabaud La Tour (Arthur de). Chabaud La Tour (général baron de). Chamaillard (de). Champagny (vicomte Henri de). Champvallier (de). Changarnier (général). Chaper. Charreyron. Chatelin. Chaurand (baron). Chéguillaume. Chesnelong. Cintré (comte de). Cissey (général de). Clapier. Clément (Léon). Clercq (de). Colombet (de). Combier. Cornulier-Lucinière (comte de). Costa de Beauregard (marquis de). Cottin (Paul). Courbet-Poulard. Courcelle. Crussol d'Uzès (duc de). Cumont (vicomte Arthur de).

Daguenet. Daguilhon-Lasselve. Dampierre (marquis de). Daussel. Decazes (baron). Decazes (duc). Delavau. Delille. Delisse-Engrand. Delpit. Delsol. Depasso. Depeyre. Desbassayns de Richemont (comte). Desjardins. Desrasmes. Diesbach (comte de). Dompierre d'Hornoy (amiral de). Doré-Graslin. Douay. Doulcet (comte de). Drouin. Du Bodan. Du Breuil de Saint-Germain. Du Chaffaut. Dufaur (Xavier). Dufour. Dufournel. Dumarnay. Dumon. Dupanloup (Mgr). Dupin (Félix). Dupont (Alfred). Durfort de Civrac (comté de). Ernoul.

Féligonde (de). Flaghac (baron de). Fleuriot (de). Fontaine (de). Forsanz (vicomte de). Fourichon (amiral). Fournier (Henri). Fourtou (de). Franclieu (marquis de). Fresneau.

Galloni d'Istria. Gaslonde. Gasselin de Fresnay. Gaulthier de Vaucenay. Gavardie (de). Gavini. Germonière (de la). Gillon (Paulin).

Giraud (Alfred). Glas. Godet de la Riboullerie. Goüvello (de). Gouvion Saint-Cyr (marquis de). Grammont (marquis de). Grange. Grasset (de). Grivart. Gueidan. Guiche (marquis de la). Hamille. Harcourt (le comte d'). Harcourt (duc d'). Haussonville (vicomte d'). Hespel (comte d'). Houssard. Huon de Penanster. Jaffré (abbé). Jamme. Jocteur-Monrozier. Johnston. Joinville (prince de). Jordan. Joubert. Jourdan. Jouvenel (baron de). Juigné (comte de). Juigné (marquis de). Keller. Kergariou (comte de). Kergorlay (comte de). Kéridec (de). Kerjégu (amiral de). Kermenguy (vicomte de). Kolb-Bernard. La Bassetière (de). Labitte. La Borderie (de). La Bouillerie (de). Laboulaye. Lacave-Laplagne. Lacombe (de). Lagrange (baron A. de). Lalié. Lamberterie (de). La Pervanchère (de). Larcy (baron de). Largentaye (de). La Roche-Aymon (marquis de). La Rochefoucauld (duc de Bisaccia). La Rochejaquelein (marquis de). La Rochethulon (marquis de). La Rochette (de). La Sicotière (de). Lassus (baron de). Laurier. Lavergne (Léonce de). Lebourgeois. L'Ebraly. Le Chatelain. Lefébure. Lefèvre-Pontalis (Eure-et-Loir). Lefèvre-Pontalis (Seine-et-Oise). Le Gal La Salle. Legge (le comte de). Legrand (Arthur). Le Lasseux. Le Provost de Launay. Lespinasse. Lostapis (de). Lestourgie. Leurent. Limairac (de) (Tarn-et-Garonne). Limayrac (Léopold) (Lot). Lorgeril (vicomte de). Lortal. Louvet. Loysel (général). Luro. Lur-Saluces (le marquis de). Maillé (comte de). Maiartre. Mallevergne. Martenot. Martin (Charles). Martin (d'Auray). Martin des Pallières (général). Mathieu (Saône-et-Loire). Mathieu-Bodet (Charente). Mathieu de la Redorte (comte). Maurice. Mayaud. Mazerat. Mazure (le général). Meaux (vicomte de). Méplain. Mérode (de). Merveilleux du Vignaux. Michel. Menjaret de Kerjégu. Monneraye (comte de la). Monnet. Montaignac (amiral de). Monteil. Montgolfier (de). Montlaur (le marquis de). Montrieux. Moreau (Ferdinand). Mornay (le marquis de). Mortemart (duc de). Mouchy (duc de). Murat (comte Joachim). Nouaillan (comte de). Pagès-Duport. Pajot. Parigot. Paris. Partz (marquis de). Passy (Louis). Peltereau-Villeneuve. Perrier (Eugène). Petau. Peulvé. Peyramont (de). Pioger (de). Piou. Plichon. Ploeuc (marquis de). Pontoi-Pontcarré (marquis de). Pouyer-Quertier. Pradié. Prax-Paris. Prétavoine. Princeteau. Puiberneau (de).

Quinsonas (marquis de). Rainneville (de). Rambures (de). Ravinel (de). Reséguier (le comte de). Riant (Léon). Ricot. Robert (le général). Rodez-Bénavent (vicomte de). Rotours (des). Rouveure. Roys (marquis des). Sacase. Saincthorent (de). Saintenac (vicomte de). Saint-Germain (de). Saint-Malo (de). Saint-Pierre (Louis de) (Manche). Saint-Victor (de). Saisset (vice-amiral). Saisy (Hervé de). Sarrette. Sorph (Gusman). Sers (marquis de). Soury-Lavergne. Staplande (de). Sugny (de). Tailhand. Taillefer. Talhouët (marquis de). Tallon. Tarteron (de). Toisserenc de Bort. Temple (du). Théry. Tréveneuc (le comte de). Tréville (comte de). Valady (de). Valfons (marquis de). Valon (de). Vandier. Vaulchier (comte de). Ventavon (de). Vente. Vétillart. Vidal (Saturnin). Viennet. Vilfeu. Vimal-Dessaignes. Vinay (Henri). Vingtain (Léon). Vinois (baron de). Vitalis. Vogüé (marquis de). Voisin. Wallon. Wartelle de Retz. Witt (Cornélis de).

Comme étant retenus à la commission du budget :

MM. Bathie. Gouin. Lambert de Sainte-Croix. Osmoy (d'). Raudot. Soubeyron (baron de).

N'ONT PAS PRIS PART AU VOTE

MM. Abbatucci. André (Charente). Audiffret-Pasquier (duc d'). Bastid. Boffinton. Bouisson. Bourgoing (baron de). Brame. Busson-Duviviers. Daru (comte). Denormandie. Dufauré (Jules). Ganivet. Gimoux de Fermon (le comte). Haentjens. Levert. Marchand. Melun (comte de). Mettetal. Raoul Duval. Rivaille. Rouher. Roy de Loulay. Say (Léon). Target. Toupet des Vignes. Vast-Vimeux.

ABSENTS PAR CONGÉ :

MM. Aumale (le duc d'). Bastard (le comte Octave de). Cézanne. Chabrol (de). Chambrun (comte de). Chanzy (le général). Chaudordy (le comte de). Corcelle (de). Gontaut-Biron (le vicomte). Jullien. La Roncière Le Noury (le vice-amiral baron de). Le Flo (général). Mague. Maure. Monnot-Arbilleur.

ASSEMBLÉE NATIONALE

SÉANCE DU LUNDI 12 JUILLET 1875

PRÉSIDENCE DE M. LE DUC D'AUDIFFRET-PASQUIER

La séance est ouverte à une heure et demie.

M. Lamy, l'un des secrétaires, donne lecture du procès-verbal de la séance d'avant hier.

M. le comte de Melun. C'est par erreur que je suis porté dans le Journal officiel comme absent, au moment du vote sur l'amendement de M. Lepetit. J'étais présent, et je déclare avoir voté contre cet amendement.

M. le comte Daru. C'est par erreur que je suis inscrit au Journal officiel comme m'étant abstenu dans le vote au scrutin public sur l'amendement de M. Lepetit. J'ai voté contre.

M. le président. Il n'y a pas d'autres observations sur le procès-verbal ?...

Le procès-verbal est adopté.

M. Huon de Penanster. L'appel nominal !

M. le président. C'est inutile ! l'Assemblée n'est évidemment pas en nombre.

M. Huon de Penanster. Assurément ! Il n'y a pas plus de vingt-cinq à trente membres dans la salle !

M. Hamille. Je demande qu'on constate l'absence de ceux-là mêmes qui ont demandé avec le plus d'insistance l'ouverture de la séance à une heure.

M. Huon de Penanster. Oui, oui ! notamment de M. de Tillancourt.

M. le président. M. Denormandie, obligé de s'absenter pour remplir un devoir de famille, s'excuse de ne pouvoir assister à la séance d'aujourd'hui ni à celle de demain.

L'ordre du jour appelle le tirage au sort des bureaux.

(Il est procédé, sous les ordres et par les soins de M. le président, à l'opération mensuelle du renouvellement des bureaux par la voie du tirage au sort.)

Il est deux heures dix minutes lorsque l'opération se termine.

M. Auguste Boullier. J'ai l'honneur de déposer sur le bureau de l'Assemblée nationale, au nom de la 34ᵉ commission d'intérêt local des rapports sur deux projets de lois :

Le 1ᵉʳ, tendant à autoriser le département des Pyrénées-Orientales à contracter un emprunt pour les travaux des chemins vicinaux d'intérêt commun ;

Le 2ᵉ, tendant à annexer à la commune de Bruges, canton de Nay, arrondissement de Pau, une partie du territoire de la commune de Bosdarros, canton ouest de Pau, même arrondissement.

M. Eugène Perrier. J'ai l'honneur de déposer sur le bureau de l'Assemblée nationale, au nom de la 34ᵉ commission d'intérêt local, un rapport sur le projet de loi ayant pour objet d'autoriser le département de l'Aisne à contracter un emprunt et à s'imposer extraordinairement pour les travaux des routes départementales et des chemins vicinaux.

M. le président. Les rapports seront imprimés et distribués.

M. Cornulier-Lucinière. Je prie M. le président de remarquer qu'il est deux heures et un quart et que nous continuons à n'être pas en nombre.

M. le président. Aussi, le président attend-il qu'on y soit.

M. Huon de Penanster. Je tiens toujours à constater que l'auteur de la proposition de fixer l'ouverture de la séance à une heure, continue à briller par son absence. (On rit.)

M. le président. Huissiers! invitez les membres qui sont dans les couloirs ou à la salle des conférences à venir prendre séance.

Je vais ouvrir la discussion, et j'espère que les bancs ne tarderont pas à se garnir.

L'ordre du jour appelle la suite de la 3ᵉ délibération sur la proposition de M. le comte Jaubert, relative à la liberté de l'enseignement supérieur.

L'Assemblée s'est arrêté samedi à l'article 13, auquel M. Bouisson propose d'ajouter comme amendement le paragraphe suivant :

« Les universités et les facultés libres ne jouiront du droit de conférer des grades qu'après douze ans d'exercice, et après avis du conseil supérieur de l'instruction publique. »

La parole est à M. Bouisson.

M. Bouisson. Messieurs, l'amendement que j'ai l'honneur de vous proposer a pour but de faire assujettir à douze ans d'exercice préalable les établissements libres de l'enseignement supérieur, avant de les armer du droit de conférer des grades. Il apporte, je crois, la plus sérieuse garantie à l'exercice de ce droit, et répond aux justes préoccupations que suggère la portée de la liberté nouvelle que nous introduisons dans le pays.

Il faut reconnaître qu'un très-énergique courant d'idées s'est dessiné en faveur de la liberté de l'enseignement supérieur. Non-seulement l'opinion publique réclamait depuis quelque temps cette liberté, mais celle-ci a été vue sans défaveur par divers gouvernements. Ainsi, la commission extra-parlementaire nommée sous l'empire et la commission qui a été nommée par vous-mêmes ont, à l'unanimité, consacré le même principe. Les trois votes de l'Assemblée l'ont confirmé aussi, à une majorité significative. Mais la dissidence s'est manifestée dès qu'il s'est agi de vérifier les résultats de l'enseignement libre, et de décider si la réforme atteindrait l'État jusque dans la possession d'un droit considéré comme véritablement nécessaire et protecteur, celui de la collation des grades.

Il serait profondément regrettable que l'avénement de la liberté de l'enseignement supérieur pût être considéré comme la condamnation de l'ancien système universitaire. Pour être réel, le progrès, auquel nous nous associons, doit stimuler l'université, mais non l'affaiblir. Ses adversaires rappellent, avec cette dernière intention, qu'elle est investie d'un monopole qu'il faut détruire. Mais sachons reconnaître que ce privilége était dans l'esprit de la société française. Sans doute le principe de liberté représente une grande et généreuse idée, mais le principe de protection appliqué à l'instruction publique ne manque pas lui-même de grandeur, et il a porté en germe des garanties que l'histoire met en lumière.

Si, dans sa longue évolution, le droit protecteur de l'État a subi des attaques, il a trouvé aussi des défenseurs qui se sont appelés d'Aguesseau, Montesquieu, Turgot, Malesherbes, pour ne parler que des anciens jurisconsultes qui réclamaient des réformes générales, et, à une époque plus rapprochée, il a été défendu par Royer-Collard, esprit élevé et libéral, par Troplong à qui on doit un remarquable ouvrage sur ce sujet, et par M. Guizot lui-même dont on ne peut oublier le magnifique rapport, publié en 1816, en faveur du caractère protecteur de l'université, bien que cette ancienne opinion fasse contraste avec l'autorité récente que sa qualité de président de la commission extra-parlementaire semble avoir donnée aux derniers projets sur l'enseignement libre.

Je comprends, messieurs, que des questions de cette nature ne se jugent pas en invoquant des autorités. La plus grande est celle qui sortira de la discussion approfondie à laquelle vous vous livrez. (Très-bien!)

Vous me permettrez, toutefois, d'abriter l'amendement que j'ai l'honneur de vous présenter, sous l'approbation et l'initiative d'un nom qui vous est cher, du promoteur même du projet en discussion, M. le comte Jaubert. Sans nous être communiqué notre intention, nous vous apportons la même pensée ; car il s'est rencontré qu'un double amendement, rédigé en des termes presque identiques sur le même sujet, a été déposé, il y a plus d'un an, sur le bureau de l'Assemblée. Cet amendement réclamait un stage de douze ans de la part des facultés libres, avant la jouissance du droit de conférer des grades.

Combien je dois regretter que cette parole si vive, si spirituelle, si sensée, que vous avez tant entendue, soit ravie à la défense de la cause que j'ai à soutenir ! Toutefois, puis-je renoncer, dans la tâche que je vais essayer d'accomplir, à me faire un argument de cette communauté de pensées ? Je viens soutenir l'opinion du collègue qui a donné son nom au projet de loi, qui par conséquent avait bien réfléchi sur sa portée, et qui avait, par cela même, qualité spéciale pour affirmer la nécessité de restreindre les conséquences du droit de collation des grades, donné aux facultés ou universités libres.

La grande et intéressante discussion qui se poursuit devant l'Assemblée a déjà mis en évidence toute la gravité de cette partie de la question. La collation des grades, en matière d'enseignement supérieur, peut en effet être considérée comme la sanction suprême du système, et les concessions qu'on peut faire à son sujet doivent être entourées des garanties les mieux étudiées. Discrètement accordée, elle peut être un élément de force et un acte de justice ; imprudemment établie, elle peut pervertir et ruiner les études. (Très-bien ! à gauche.) C'est comme la clef de voûte d'un édifice qui consolide l'œuvre, si elle est d'une matière résistante et d'une coupe irréprochable, et qui prépare son effondrement, si elle est dans des conditions contraires.

La commission de l'Assemblée a savamment examiné tous les systèmes, et après avoir démontré leurs avantages et plus encore leurs inconvénients respectifs, elle s'est arrêtée aux dispositions inscrites à l'article 13 du projet de loi. Je n'examinerai pas les métamorphoses successives qu'a subies cet article, depuis son origine ; il serait difficile de reconnaître aujourd'hui les traces de sa rédaction première. Je ne tirerai de ces changements qu'une seule conséquence, c'est que la matière est litigieuse, et qu'on ne s'est pas montré affermi dans les solutions proposées et recherchées. Mais nous sommes tous dominés par la pensée qu'il faut concilier la liberté nouvelle avec des garanties efficaces, et c'est la recherche de ces garanties qui peut encore à bon droit nous préoccuper. Je ne nie pas que la loi n'en contienne un certain nombre ; les efforts de la commission et la haute intervention de M. le ministre de l'instruction publique ont apporté d'incontestables améliorations dans cette partie du projet.

On y remarque, notamment les garanties suivantes :

La déclaration préalable, excellente mesure pour établir le but et le caractère de l'enseignement et pour éviter des abus ;

Le titre de docteur, exigé du professeur, garantie assez médiocre, mais qui établit du moins que l'enseignement ne sera donné que par des hommes ayant une compétence officiellement reconnue ;

La condition d'une installation matérielle relative aux sujets d'enseignement, mesure sans laquelle certaines facultés, notamment celles des sciences, de médecine et de pharmacie eussent été dans l'impossibilité de fonctionner ;

La moralité du professeur ; pour être respecté et influent, un professeur ne doit tomber sous

le coup d'aucun des cas d'indignité ou d'incapacité prévus par les lois pénales ;

La surveillance de l'Etat, qui, sans s'immiscer dans les méthodes d'enseignement, ni dans l'administration, doit constater que rien, dans la tradition orale et le fonctionnement des facultés libres, n'est contraire aux croyances religieuses et à la morale.

Enfin, les dispositions spéciales des articles 13 et 14, qui n'accordent le droit de collation des grades qu'aux universités et le retirent aux facultés isolées, qui maintiennent la délivrance des diplômes de bachelier aux facultés des lettres et des sciences sur les bases actuellement existantes et qui, par les jurys mixtes, font nécessairement figurer dans tous les examens les professeurs de l'Etat, avec voix prépondérante.

Mais malgré ces incontestables améliorations, on est en droit d'exiger quelques garanties de plus. Les facultés qui vont s'établir peuvent, dès le principe, n'offrir qu'une valeur très-secondaire ; les jurys mixtes ne sont qu'une moitié de bons jurys. (Très-bien ! à gauche.) Les nouveaux professeurs, simples docteurs, vont immédiatement remplir des fonctions que l'Etat n'accordait, jusqu'à ce jour, qu'à des hommes éprouvés par le difficile concours d'agrégation, par des exercices préalables d'enseignement, et par un stage dans l'agrégation elle-même. Peut-on accepter comme réelle la parité des conditions ?

Dans ma pensée, le plus sûr moyen, celui qui offrirait le moins de surface aux fâcheuses éventualités, qui pourrait donner à l'Etat et à la société le maximum de quiétude, consisterait à exiger des établissements libres d'enseignement supérieur qu'ils eussent fait leurs preuves pendant un certain temps. Il faut un stage devant l'opinion, devant le public, devant l'Etat.

M. Langlois. Très-bien ! très-bien !

M. Bouisson. Il ne suffit pas, en effet, qu'une faculté libre puisse dire : Je suis constituée, j'existe ; donc j'ai les mêmes droits qu'une faculté de l'Etat ; comme elle, je puis faire subir des examens, conférer des grades, délivrer des diplômes, ouvrir aux récipiendaires les carrières administratives ou l'exercice des professions libérales ; je réclame le bénéfice de la loi.

Je ne crois pas trop demander, messieurs, en réclamant que de tels droits ne soient pas accordés sur la simple exhibition des preuves de l'installation d'une faculté libre. Il faut non-seulement que la nouvelle venue ait établi sa vie par sa propre affirmation, mais que, comme le philosophe ancien, elle ait prouvé son mouvement, en marchant.

M. Foubert. Très-bien ! très-bien !

M. Bouisson. La raison et la justice me paraissent également exiger qu'une certaine durée, qu'une notoriété dans le succès, que des preuves décisives, enfin, aient mérité pour les facultés libres un privilège aussi important que le droit de collation des grades, soit isolément, soit en participation avec l'Etat. On peut discuter sur la durée du temps à accorder aux établissements libres, mais j'incline à penser qu'il serait difficile de nier la valeur du principe même du stage ; car il vérifie le succès ou l'échec. Si la réussite est avérée, la faculté en instance peut écarter toute contestation ; et, si cette preuve manque, ou est insuffisante, on l'exposerait, en l'autorisant, à livrer la société à des hasards malheureux. (Très-bien ! à gauche.)

La liberté de l'enseignement supérieur est loin, en effet, d'être une question indifférente. Comme toutes les libertés, elle a ses avantages et ses dangers. Elle n'est, d'ailleurs, ni aussi claire ni aussi limitée qu'on le croirait d'après la simplicité de la formule. Il est des degrés dans cette liberté ; il y a des différences dans les formes de son exercice ; il y en a surtout dans les conséquences qui s'y rapportent. Aussi a-t-elle été appliquée très-différemment.

Deux nations, l'Amérique et l'Angleterre, ont donné à ce sujet l'exemple d'une liberté radicale. Non-seulement l'enseignement supérieur est libre dans ces pays, où de puissantes et généreuses fondations servent à la diffusion de l'enseignement à tous ses degrés, mais la liberté s'étend jusqu'à l'exercice professionnel, qui n'est pas garanti par la concession d'un diplôme sérieusement délivré. Je ne veux parler que des inconvénients attachés à l'exercice de la médecine dans de pareilles conditions ; et je vous prie de m'excuser, messieurs, si je ne signale que cet ordre de preuves. Mais est-il possible de taire que l'Amérique du Nord est la contrée où le charlatanisme déclare à la société la guerre la plus ouverte ?

Pareil abus existe en Angleterre, à un moindre degré, il est vrai, parce que le gouvernement s'est ravisé et a tempéré l'exercice libre de la médecine par le *Médical Act*, précaution prise par l'Etat qui, sans se donner d'autres garanties, se borne à désigner une catégorie d'exerçants comme dignes de la confiance du public.

L'Allemagne a entendu autrement le principe de la liberté d'enseignement. Les universités y sont, comme on le sait, très-nombreuses. Elles ne sont pas rigoureusement libres ; car elles relèvent de l'Etat, qui les protège et les subventionne à un degré variable. Mais la liberté s'y exprime par l'autonomie, c'est-à-dire, par une administration spéciale et par l'admission de professeurs indépendants dans le sein même des universités. Les maîtres composent plusieurs catégories, depuis le professeur d'Etat jusqu'au professeur libre et au *privat docent*. La liberté s'y complète par celle des études, par la diversité de la rétribution scolaire, et par le principe de la concurrence qui fait que les professeurs peuvent être appelés d'une université dans une autre qui rémunère plus libéralement le talent. Quant au droit professionnel, qui est la conséquence des études, il est régi par un examen d'Etat. Ce système a donné d'excellents résultats au point de vue de la science.

Je n'ai pas besoin, messieurs, d'exposer, à côté de ces systèmes, celui qui a prévalu en France jusqu'à ce jour, en fait d'enseignement supérieur. Nous savons que cet enseignement est le fruit de l'ancienne organisation universitaire, modifiée suivant les régimes politiques qui se sont succédé et surtout sous le premier empire. Ce qu'il importe seulement de rappeler, c'est que l'instruction supérieure est donnée au nom du Gouvernement, et que l'en-

seignement libre proprement dit est encore à l'état rudimentaire, malgré son fonctionnement partiel à côté des facultés de médecine et dans quelques autres établissements. Il y dépasse à peine les proportions d'une préparation aux examens. Quant à la collation des grades, elle est l'œuvre exclusive des facultés de l'Etat. En somme, c'est une sorte de système protecteur appliqué aux produits de l'intelligence, en tant qu'ils se répandent par l'enseignement supérieur.

Ce système eût suffi, je crois, s'il eût été maintenu avec des ressources nouvelles. Tel qu'il est, il a, surtout à certaines époques, révélé de grands talents et répandu de grandes lumières. Divers abus, une centralisation excessive, une organisation insuffisante des facultés de l'ordre scientifique et surtout quelques hardiesses dans l'enseignement de l'ordre littéraire, philosophique ou médical, qu'il eût mieux valu peut-être vaincre par l'indifférence, car on verra bien d'autres hardiesses avec la liberté de l'enseignement supérieur, enfin, diverses mauvaises fortunes que je n'ai pas à examiner, ont suscité des adversaires à l'université. Je le regrette profondément, car l'université a toujours bien mérité du pays. Je suis heureux de l'affirmer. (Approbation sur plusieurs bancs à gauche.)

Quoi qu'il en soit, l'esprit public se tourne dans une autre direction et le vent souffle à la liberté de l'enseignement supérieur. Quelle voie devons-nous suivre ?

Il y aurait imprudence à adopter le système anglo-américain ; il y aurait difficulté à organiser le système germanique, qui s'éloigne de nos mœurs. La commission vous propose un système analogue à celui qui est établi en Belgique, c'est-à-dire un enseignement supérieur libre, fonctionnant à côté de l'enseignement officiel et partageant avec lui le droit de collation des grades. Ce partage est-il une heureuse victoire de l'enseignement libre ? est-il une regrettable faiblesse de l'Etat ? C'est ce que l'avenir décidera.

En attendant, le problème persiste tout entier ; la loi ne le résout pas, elle ne fait que le poser, et le droit de collation des grades reste encore l'épine attachée au système.

La collation des grades attribuée aux facultés libres ne saurait être réputée légitime qu'autant que ces facultés auraient une valeur strictement assimilable à celle des facultés universitaires. Or, est-il possible qu'une faculté libre qui s'improvise, vaille, en fait et en droit, au moins dans les premiers temps, une faculté d'origine ancienne, patronnée, entretenue et soldée par l'Etat, pourvue de professeurs recrutés avec tout le soin nécessaire et choisis parmi les représentants les plus autorisés de la science ? Je vous apprécie la possibilité de cette équivalence pour les facultés de théologie, des lettres, où le talent des professeurs est la condition prédominante, et peut s'exercer dès le début.

Mais pour les facultés de l'ordre scientifique, et spécialement pour les facultés de médecine dont l'organisation est lente et laborieuse, et dont le rôle social n'est pas moins important que la destination scientifique, je conteste l'assimilation.

M. Langlois. Très-bien !

M. Bouisson. L'équivalence des droits ne saurait être acceptée. Le temps est un élément de succès dans la prospérité de cet ordre de facultés qui ne peuvent arriver d'emblée à leur apogée. Il faut, d'ailleurs, qu'elles disposent d'hôpitaux, d'amphithéâtres et d'un grand matériel d'études. Or, là vous rencontres des difficultés inattendues; je ne parle pas de l'autorité, qui est le fruit du temps, de la tradition, des services rendus, des richesses accumulées, des idées doctrinales devenues un patrimoine moral. Une faculté neuve ne pourra vous étaler que l'indigence de ces éléments de force, de confiance et de prospérité. (Très-bien ! sur quelques bancs à gauche).

Sachons, en conséquence, attendre que l'équivalence des facultés et des titres qu'elles délivrent ait pu se confirmer par une certaine durée de leurs fonctions. Nous serons alors mieux fondés à reconnaître une valeur analogue dans les examens, et un privilége égal dans le résultat de la collation des grades. Un délai de douze ans d'exercice ne paraîtra pas trop considérable à ceux qui voudront bien réfléchir sur les difficultés qu'il faut surmonter et sur la protection que la loi doit assurer à la société.

Cette précaution vous donnera plus de garanties que l'institution d'un jury spécial, indépendant des facultés, institution plus complexe que les apparences n'indiquent, et qui chargerait le budget, en impliquant la nécessité de créer un corps examinant distinct du corps enseignant, et qui aurait l'inconvénient d'enlever à l'enseignement un personnel considérable et très-influent; elle donnera aussi plus de garanties que le fonctionnement immédiat du jury mixte qui, mettant en présence des intérêts différents et même opposés, dans le sein du jury, écartera peut-être certaines conditions d'équité et de dignité qui doivent, avant tout, être respectées. Ce jury mixte, d'ailleurs, a été essayé en Belgique, où règne l'enseignement supérieur libre, sur des bases à peu près analogues à celles que l'on veut introduire en France, et il a conduit à constater un abaissement dans les niveau des études.

Le système le plus pratique eût été évidemment celui qui, tout en permettant aux facultés libres de s'établir, ne leur eût accordé que le droit d'enseignement, en réservant sans restriction le droit de collation des grades en faveur de l'Etat. Mais votre vote a tranché la question, et, d'ailleurs, il est juste de reconnaître que cette solution eût porté un coup, dans une certaine mesure, à la liberté d'enseignement, car on s'exposerait à la rendre illusoire, en enlevant à tout jamais aux facultés libres le privilége de la collation des grades, et en affaiblissant l'espérance d'un succès définitif.

Un membre à droite. C'est certain !

M. Bouisson. Le principe de l'attente a été un moment inscrit dans la loi : je regrette qu'il en ait disparu. J'ai entendu plusieurs de mes collègues approuver le principe de l'attente imposée aux établissements libres, mais trouver, à l'exemple de la commission, que le délai de douze ans est trop long.

Je conviens que la quarantaine paraîtra un peu sévère aux impatients et aux intéressés. Mais elle est indispensable. La prudence la

plus vulgaire veut qu'on s'entoure de précautions en présence de l'inconnu. Il faut mettre un cordon sanitaire au moins autour de certaines facultés libres. A ce point de vue, un délai de douze ans serait-il réellement ce qu'on peut appeler une longue période, *grande mortalis œvi spatium ?* Mais c'est à peine le temps nécessaire pour que les facultés libres se soient créé un passé qui garantisse leur avenir. Pour fonctionner à côté de l'université, il faut avoir eu le temps de prouver qu'on possède quelques-uns de ses mérites. (C'est vrai !)

Mais, dira-t-on, si vous retardez de douze ans le droit de collation des grades, en faveur des universités ou facultés libres, les tentatives d'institutions de ce genre deviendront infructueuses ; plusieurs facultés tomberont.

Je ne suis pas touché par un tel argument; c'est là le critérium de la mesure que j'ai l'honneur de proposer. Un tel accident ne saurait étonner ni affliger personne. Les établissements qui ne pourront se soutenir et vivre pendant un temps aussi court, ne seront que des organismes sans force, dont il n'y aura pas lieu de regretter beaucoup la disparition. Ceux qui survivront auront, au contraire, fait preuve d'une vitalité qui leur garantira l'avenir, et, si l'Etat doit compter un jour avec ces nouveaux foyers d'enseignement, le but sera atteint, la concurrence aura porté ses fruits et on pourra se féliciter des bienfaits de la loi. Autant il y aurait sagesse à agir ainsi, autant il y aurait imprudence à agir autrement. Pas d'aventures. Dans un pays depuis si longtemps habitué, en ce qui concerne l'enseignement supérieur, à la protection de l'Etat, il faut éviter les surprises de la liberté. (Mouvements divers)

Sommes-nous sûrs, d'ailleurs, d'accomplir heureusement notre nouvelle tâche? A côté d'une faculté libre répandant des doctrines qui s'inspireront du spiritualisme chrétien, n'y a-t-il pas le danger, je dirai même l'attrait de facultés libres répandant des doctrines opposées auxquelles les passions de l'âge précipiteront la jeunesse ? Où est la garantie que pourront vous donner certains professeurs de ces facultés, à peine âgés de vingt-cinq ans, recrutés peut-être parmi les déclassés des professions libérales, et constituant, sans transition, des jurys d'examen, et délivrant des diplômes ? Qui peut même assurer le succès général de ces facultés libres répandant sans frein et sans mesure un enseignement qui, pour être puissant et fécond, a besoin d'être concentré dans un petit nombre de foyers au lieu d'être émietté et énervé dans des fondations multiples et sans autorité ? N'entrons pas légèrement dans cette voie expérimentale ; avant d'octroyer aux facultés nouvelles le droit de collation des grades, même en participation avec l'Etat, assurons-nous qu'elles sont dignes de ce droit, qu'elles ont franchi les difficultés d'un exercice auquel ces établissements seront nécessairement étrangers par le fait de nos traditions générales, de nos mœurs et de nos habitudes. Ce seraient la jeunesse des nouvelles écoles libres et, d'une manière plus éloignée, la société française elle-même qui payeraient les frais de l'expérience.

Ces considérations m'autorisent, messieurs,

à vous recommander mon amendement, sanctionné par un amendement analogue de M. le comte Jaubert, et qui a pour but d'écarter les difficultés de la loi, sous le rapport de la collation des grades, en imposant un stage de douze ans aux universités et facultés libres, stage qui permettra au Gouvernement de juger leur organisation, leur caractère et leurs services, et d'agir doublement, après avis du conseil supérieur de l'instruction publique, dans l'intérêt même des facultés reconnues viables et de la société appelée à profiter de leur fondation. (Très-bien ! très-bien à gauche.)

M. Henri Wallon, *ministre de l'instruction publique et des cultes.* Messieurs, je vous demande de repousser l'amendement de l'honorable M. Bouisson, d'abord par ce motif qu'accorder une chose au terme de douze ans, c'est véritablement une concession illusoire, et ensuite, parce qu'en définitive, l'honorable M. Bouisson concède aux universités et aux facultés elles-mêmes le droit de conférer les grades. Or, ce droit de conférer les grades, je crois qu'il faut le réserver à l'Etat. (Mouvements divers.)

M. Bouisson. Messieurs, il me paraît que le droit de collation des grades n'appartient pas exclusivement à l'Etat, puisque ces grades seront donnés par un jury mixte, c'est-à-dire avec un élément qui ne fait pas partie de l'Etat.

D'autre part, M. le ministre paraît trouver que le délai demandé est trop long. Cela peut être soutenu ; mais il ne me semble pas résulter de la déclaration de M. le ministre, qu'il soit opposé à un certain temps d'exercice préalable des nouvelles facultés.

Je me contenterai d'un délai moindre si M. le ministre le juge convenable ; mais il me paraît impossible de refuser à soumettre à des épreuves les établissements libres qui n'auraient donné aucune garantie. (Assentiment sur plusieurs bancs.)

M. Beaussire. Je demande le renvoi à la commission, parce que le principe de l'amendement est excellent, et que M. Bouisson reconnaît lui-même qu'il est susceptible de modifications dans sa rédaction.

M. le président. La commission a déjà examiné cet amendement.

M. Beaussire. L'amendement a été modifié. Il doit donc être soumis à la prise en considération.

L'amendement, dans sa première rédaction, ne parlait pas de l'avis du conseil de l'instruction publique, et il se rapportait aux examens faits par les universités et facultés libres. Actuellement, dans l'intention de son auteur, il se rapporte aux jurys mixtes. C'est donc un amendement absolument nouveau et qui, par conséquent, doit être soumis à la prise en considération pour être renvoyé, s'il y a lieu, à la commission.

M. Laboulaye, *rapporteur.* La commission n'en demande pas le renvoi.

M. Bouisson. L'amendement n'est pas absolument nouveau, comme l'a dit l'honorable M. Beaussire : il a été présenté il y a près d'un an et demi. Mais il n'était pas conçu dans les mêmes termes parce qu'il s'appliquait à un article différent de celui qui a été pro-

posé depuis par la commission. Il a dû être modifié en vue de cet article nouveau.

Il a été déposé entre la première et la seconde lecture ; mais j'ai jugé plus convenable d'en renvoyer la discussion à la troisième lecture, car le nombre des amendements présentés était déjà très considérable, et c'est l'honorable M. Paris qui a bien voulu informer, en mon nom, M. le président que mon amendement serait reporté en troisième lecture.

Cet amendement a reçu une modification, celle qui est relative à l'intervention du conseil supérieur de l'instruction publique ; mais veuillez remarquer que l'intervention du conseil était inscrite dans la première rédaction de l'article de la commission. (Aux voix ! aux voix !)

M. le président. L'auteur de l'amendement fait remarquer — et vous allez voir qu'il a raison, — que son amendement n'est pas un amendement nouveau. Il n'a pas, en effet, été changé dans toute sa première partie ; seulement, dans la seconde partie, il vise le conseil supérieur de l'instruction publique.

Il y a du reste, à cet égard, de nombreux précédents, et, sans aller bien loin dans vos souvenirs, vous voudrez bien vous rappeler qu'il y a trois jours, vous avez laissé modifier en cours de séance l'amendement présenté par M. Lucien Brun. Toutes les fois qu'il ne s'agit que de modifications de rédaction, n'emportant pas le changement de fond et d'esprit de l'amendement, le président n'applique pas la rigueur du règlement, et n'appelle pas l'Assemblée à se prononcer sur la prise en considération. Or, l'amendement présenté par M. Bouisson est évidemment dans ce cas : il a été produit lors de la deuxième lecture, et depuis il n'a subi que la modification que je viens d'indiquer. Par conséquent, par application des précédents, a pu le considérer comme un amendement introduit dans le cours de la discussion.

Cela dit, si on persiste à demander le renvoi à la commission, je consulterai l'Assemblée.

M. Testelin. On demande à l'auteur de l'amendement une simple explication.

Comment se feront les réceptions pendant les douze années de stage de facultés ? Le jury mixte va-t-il fonctionner tout de suite, ou bien ne fonctionnera-t-il pas dans douze ans ? Voilà la question que nous lui posons.

M. Bouisson Je demande que les facultés nouvelles ne participent à la collation des grades que dans douze ans, à partir du moment de leur installation. Elles devront, en conséquence, se borner à l'enseignement pendant le temps qui sera nécessaire pour qu'elles aient fait preuve d'une capacité suffisante. En attendant, le *statu quo* persista.

Un membre à gauche. Votre amendement ne le dit pas !

M. Chesnelong. Je demande la parole.

A gauche. Aux voix ! aux voix !

M. Chesnelong. Messieurs, je n'ai qu'un mot à dire...

A droite et au centre. Parlez ! parlez !

M. Chesnelong. Je me permets de faire observer à l'Assemblée qu'aux termes de l'explication qui vient d'être fournie par l'honorable M. Bouisson, son amendement n'est autre chose, pour une période de douze années, que celui de l'honorable M. Lepetit, dont la majorité de l'Assemblée a prononcé, avant-hier, le rejet.

Voilà le véritable état de la question. Je suis par conséquent convaincu que les 360 voix qui ont repoussé, avant-hier, l'amendement de M. Lepetit ne le reprendront pas aujourd'hui, sous le prétexte que nous pourrons en être affranchis au bout de douze années.

Voilà la seule observation que je désirais présenter à l'Assemblée. (Approbation à droite et au centre.)

M. le président. L'Assemblée est appelée à voter sur l'amendement de M. Bouisson.

Je donne une nouvelle lecture des termes de cet amendement qui, s'il était adopté, serait mis en tête de l'article 13 :

« Les universités et les facultés libres ne jouiront du droit de conférer des grades qu'après douze ans d'exercice, et après avis du conseil supérieur de l'instruction publique. »

Il y a, sur cet amendement, deux demandes de scrutin.

Ces demandes sont signées :

La première, par MM. de Tarteron, Ch. Combier, Dumarnay, Boullier de Branche, comte de Kergariou, Louis de Saint-Pierre, de Saintborent, comte de Bryas, l'Ebraly, de Saint-Victor, comte de la Monneraye, Baragnon, Merveilleux du Vignaux, de Fontaine, La Rochefoucauld (duc de Bisaccia), de Lamberterie, Léopold Limayrac, Audren de Kerdrel, Achille Adam (Pas-de-Calais), Victor Hamille, Paris, Mangini, de Partz, vicomte de Rodez-Bénavent, L. de La Bassetière, Henri Fournier, Méplain, général Mazure, Douay ;

La deuxième, par MM. de Clercq, le général Robert, Victor Hamille, Wartelle de Retz, comte de Bryas, Adam (Pas-de-Calais), Paris, Dussaussoy, Delisse-Engrand, comte de Diesbach, Adnet, Bienvenüe, amiral de Kerjégu, L'Ebraly, Méplain, d'Harcourt, général Martin des Pallières, Boullier.

(Le scrutin est ouvert et les votes sont recueillis.)

MM. les secrétaires en font le dépouillement.

M. le président. Messieurs les secrétaires, qui viennent de faire le dépouillement des votes, sont d'avis qu'il y a lieu à un pointage.

Il va être procédé à cette opération.

(Les corbeilles contenant les bulletins sont emportées dans une salle des procès-verbaux, où MM. les secrétaires vont procéder à la vérification des votes par voie de pointage.)

Il est trois heures et un quart.

M. le président reste au fauteuil et donne la parole aux membres qui la lui demandent pour effectuer des dépôts de rapports.

M. Reymond (Loire). J'ai l'honneur de déposer sur le bureau de l'Assemblée, au nom de la 33ᵉ commission des lois d'intérêt local, un rapport sur le projet de loi tendant à autoriser le département des Vosges à contracter un emprunt pour les travaux des chemins de fer d'intérêt local.

M. Rousseau. J'ai l'honneur de déposer sur le bureau de l'Assemblée, au nom de la commission du budget de 1875, un rapport sur le projet de loi relatif aux réparations à faire à la chapelle du palais de Versailles.

M. le comte d'Osmoy. J'ai l'honneur de déposer sur le bureau de l'Assemblée, au nom de la commission du budget, le rapport sur le budget des beaux-arts pour l'exercice 1876.

M. le président. Les rapports seront imprimés et distribués.

(La séance reste interrompue de fait pendant près d'une demi-heure.)

Il est près de quatre heures moins un quart lorsque MM. les secrétaires reviennent au bureau, rapportant à M. le président le résultat vérifié du scrutin sur l'amendement relatif à l'article 13 du projet de loi de l'enseignement supérieur.

M. le président. Voici le résultat du dépouillement du scrutin sur l'amendement de M. Bouisson :

Nombre des votants.......... 669
Majorité absolue.............. 335

Pour l'adoption....... 325
Contre.............. 344

L'Assemblée nationale n'a pas adopté l'amendement.

Je mets aux voix l'article 13...

M. Emile Beaussire. Je désirerais dire un mot sur l'article 13.

Messieurs, je demande la division de l'article 13. J'accepte la première partie du premier paragraphe, qui accorde aux facultés libres un avantage considérable, l'équivalence des inscriptions prises devant elles avec les inscriptions prises devant les facultés de l'Etat.

Je n'accepte pas la seconde partie, c'est-à-dire l'établissement du jury mixte.

A droite. Cela a été voté !

M. Emile Beaussire. Non ! cela n'a pas été voté.

Je ne l'accepte pas, parce que c'est un système nouveau et mal étudié ; c'est, de plus, un système dont l'étude et l'examen peuvent sans aucun danger être ajournés.

Je demande donc à M. le président de vouloir bien mettre aux voix d'abord la première phrase du premier paragraphe, à laquelle je ne m'oppose pas, et de consulter ensuite l'Assemblée sur la seconde phrase dont je demande le rejet : ce qui entraînerait le rejet des autres paragraphes de l'article 13, ainsi que celui de l'article 14.

M. le président. Toutes les fois que la division est demandée, elle est de droit.

Je consulte l'Assemblée sur la première partie du paragraphe 1ᵉʳ de l'article 13, ainsi conçue :

« Les élèves des facultés libres pourront se présenter pour l'obtention des grades devant les facultés de l'Etat, en justifiant qu'ils ont pris, dans la faculté dont ils ont suivi les cours, le nombre d'inscriptions voulu par les règlements. »

(L'Assemblée, consultée, adopte cette première partie du paragraphe 1ᵉʳ de l'article 13.)

M. le président. La seconde partie du

même paragraphe a été rédigée par la commission dans les termes suivants :

« Les élèves des universités libres pourront se présenter, s'ils le préfèrent, devant un jury spécial formé dans les conditions déterminées par l'article 14. »

M. Beaussire a proposé la suppression de cette seconde partie. L'Assemblée doit se prononcer en votant contre cette seconde partie si elle est de l'avis de M. Beaussire, ou en votant pour, si elle est d'un avis différent.

Il y a une demande de scrutin.

Cette demande est signée par MM. le comte de Cornulier-Lucinière, de Limairac (Tarn-et-Garonne), Vimal, marquis de Franclieu, F. du Temple, de Gavardie, du Bodan, Dussaussoy, vicomte de Forsanz, Alfred Giraud, A. Jourdan, Benoist du Buis, de Beauvillé, Charreyron, Viennet, Lallié, Soury-Lavergne, comte de La Monneraye, de Chamaillard.

(Le scrutin est ouvert et les votes sont recueillis.)

M. le président. Voici le résultat du dépouillement du scrutin :

Nombre des votants....... 663
Majorité absolue.......... 332

Pour l'adoption... 356
Contre.. 307

Le paragraphe est adopté.

Voici maintenant le 2° paragraphe de l'article 13 :

« Toutefois, le candidat ajourné devant une faculté de l'État ne pourra se présenter ensuite devant le jury spécial, et réciproquement, sans en avoir obtenu l'autorisation du ministre de l'instruction publique. L'infraction à cette disposition entraînerait la nullité du diplôme ou du certificat obtenu. »

(Ce paragraphe est mis aux voix et adopté.)

M. le président. La commission propose un paragraphe additionnel ainsi conçu :

« Le baccalauréat ès lettres et le baccalauréat ès sciences resteront exclusivement conférés par les facultés de l'État. »

(Le paragraphe additionnel est mis aux voix et adopté.)

M. le président. Je mets aux voix l'ensemble de l'article.

Il y a une demande de scrutin. (Exclamations.)

Plusieurs membres à gauche. Le nom des signataires !

M. le président. Cette demande est signée par MM. de Tarteron, Charles Combier, E. de La Bassetière, Boullier de Branche, de Larcy, F. Dupin, vicomte de Rodez-Bénavent, Gasselin de Fresnay, Léopold Limayrac, Louis de Saint-Pierre , Chesnelong , Bernard-Dutreil, de Corcelle, comte d'Abbadie de Barrau, de Saint-Victor, F. de Féligonde, Lestourgie, de Gavardie, A. Dumon, comte de la Monneraye.

(Le scrutin est ouvert et les votes sont recueillis.)

Le résultat du dépouillement, opéré par MM. les secrétaires, est remis à M. le président.

M. le président. Voici le résultat du scrutin :

Nombre des votants.......... 638
Majorité absolue............. 320

Pour................. 357
Contre............... 281

L'Assemblée nationale a adopté.

« Art. 14. — Le jury spécial sera formé de professeurs ou agrégés des facultés de l'État et de professeurs des universités libres, pourvus du diplôme de docteur. Ils seront désignés, pour chaque session, par le ministre de l'instruction publique, et, si le nombre des membres de la commission d'examen est pair, ils seront pris en nombre égal dans les facultés de l'État et dans l'université libre à laquelle appartiendront les candidats à examiner. Dans le cas où le nombre est impair, la majorité sera du côté des membres de l'enseignement public.

« La présidence, pour chaque commission , appartiendra à un membre de l'enseignement public.

« Le lieu et les époques des sessions d'examen seront fixés, chaque année, par un arrêté du ministre, après avis du conseil supérieur de l'instruction publique. »

M. le président. M. de Lacretelle a proposé sur cet article un amendement qui consiste à mettre au lieu de ces mots : « Ils (les examinateurs) seront pris en nombre égal dans les facultés de l'État et dans les facultés libres, » ceux-ci : « Ils seront pris, pour les deux tiers, dans les facultés de l'État, et, pour l'autre tiers, dans les facultés libres. »

La parole est à M. de Lacretelle.

M. Henri de Lacretelle. Messieurs, je n'ai pas besoin de vous rappeler les termes de notre règlement pour développer sommairement mon amendement ; l'heure n'est presque plus à nous, elle est à la France. (Interruptions et rires sur plusieurs bancs à droite.) ... à la France qui attend avec impatience et avec confiance le moment de notre séparation. Je n'ai pas besoin de vous dire, messieurs, que si la loi est votée, nul ne la respectera plus que moi, mais jusqu'à ce moment il m'est permis de la critiquer, et j'ai l'honneur de vous proposer un amendement qui ne la fera certainement pas bonne, mais qui la fera un peu moins mauvaise. (Rumeurs à droite.)

Permettez-moi de vous dire, messieurs, — je crois que mes paroles ne choqueront personne ici, — que la loi sur laquelle nous délibérons ressemble de loin à un suisse de cathédrale... (Éclats de rires) qui s'en va de banc en banc dans l'église, une bourse à la main, demandant toujours pour les besoins de l'Église. La loi chemine d'article en article en quêtant toujours. (Très-bien ! sur plusieurs bancs à gauche.) Elle avait au commencement comme une auréole de liberté sur son front, elle avait écrit ce grand mot de liberté ; mais le masque est tombé à chacun des mots prononcés par les orateurs qui l'ont soutenue. (Approbation sur les mêmes bancs.)

C'est une question, messieurs, de savoir si la mission de l'Église est d'enseigner... (Oh ! oh ! par exemple ! sur les bancs de droite.)

Un membre à droite. C'est une question pour vous !

M. Henri de Lacretelle. J'avais cru jusqu'à présent que le prêtre n'avait pour devoir que de prier, que de consoler et que de montrer le ciel à ceux qui sont tombés dans la bataille éternelle de la vie... (Exclamations à droite.)

M. Madier de Montjau. Jadis !

M. Henri de Lacretelle. Il paraît que je me suis trompé.

Toutes les fois que je vois monter à cette tribune l'éloquent et vénérable évêque d'Orléans, je m'attends à ce qu'il va nous apporter la parole de Dieu et y donner des exemples de charité. Je sais que, dans sa vie pastorale, il est un modèle de charité ; mais je ne le trouve pas dans les mots qu'il prononce à cette tribune. (Exclamations et réclamations à droite.)

M. le général d'Aurelle de Paladines. Et pourquoi le mettez-vous en cause ?

M. Henri de Lacretelle. J'avoue que j'ai été profondément étonné quand, l'autre jour, dans le même discours, je l'ai entendu s'écrier jusqu'à trois fois : « On ne vit pas de l'air du temps ! » Cette parole ne serait jamais venue sur la bouche de son divin Maître. (Exclamations à droite. — Très-bien ! sur quelques bancs à gauche.)

Nous ne faisons plus une loi sur l'enseignement supérieur ; nous faisons une loi de finances ecclésiastiques. Il ne nous restera que peu de temps pour examiner le budget de l'État, après avoir examiné si longtemps le budget de l'Église. (Allons donc ! à droite.)

Je crains que les facultés libres ne ressemblent fatalement aux officines de l'Italie et de l'Allemagne, dans lesquelles on vend des titres de noblesse.

Plusieurs membres. Il n'y en a plus !

M. Henri de Lacretelle. Il y en avait.

Par l'entraînement de la concurrence, elles seront amenées à vendre des diplômes au rabais. Un comte de l'empire d'Allemagne ou un comte romain peut être un personnage fort respectable et il n'est pas, dans tous les cas, bien dangereux ; mais il n'en serait pas de même pour un avocat ou pour un médecin patroné, diplômé par une de ces facultés libres.

Permettez-moi, pour essayer de vous montrer la pente sur laquelle seraient entraînées les facultés libres, de vous citer un exemple. Cet exemple m'est personnel... (Ah ! ah ! à droite) ; mais il est digne peut-être de votre attention, et il doit entrer dans l'histoire par l'importance du personnage auquel il se rattache.

Un membre à droite. C'est vous, le personnage !

M. Henri de Lacretelle. Celui dont je parle, messieurs, avait épuisé presque toutes les gloires, excepté celle de la science.

Cette année-là, il avait fait rayonner de la splendeur de son éloquence la tribune d'où j'ai l'honneur de vous parler. Un jour, à la campagne, on lui apporta une dépêche très-volumineuse, extrêmement chargée. (Rires et bruit.) Je ne vous dirai point le nom de la ville d'où venait cette lettre.

Celui à qui elle était destinée l'ouvrit et eut un de ces grands éclats de rire qu'Homère prêtait à ses dieux. (Hilarité sur quelques bancs.) Il me montra ce qu'on lui avait adressé : c'était un diplôme parfaitement en règle, diplôme de médecin, envoyé par une faculté d'Italie

Ce médecin improvisé malgré lui, c'était M. de Lamartine.

M. de Lamartine, étant ennemi de la peine de mort, n'a jamais exercé la médecine. (Hilarité générale et prolongée.) Il s'est contenté, le 24 février, de guérir la France de la monarchie. (Rumeurs et exclamations à droite.)

Un membre. Mais pas de l'empire !

M. Henri de Lacretelle. J'entends des murmures, messieurs ! On parle de l'empire. Si ceux qui ont précédé quelques-uns de nos collègues dans la voie de la réaction n'avaient pas voté la loi du 31 mai qui mutilait le suffrage universel, Louis Bonaparte n'aurait pas fait le 2 décembre qui préparait Sedan.

Plusieurs membres. À la question !

M. Henri de Lacretelle. Je ne prétends point dire que les facultés libres donneront un diplôme aux Lamartine, qui ne se rencontreront pas souvent dans l'avenir ; mais elles risquent de faire des médecins comme ceux de Molière et des avocats comme ceux de Racine. (Mouvements divers. — Très-bien ! à gauche.)

M. le président. L'amendement, ayant été présenté au cours de la discussion, est soumis à la prise en considération.

Je consulte l'Assemblée sur la prise en considération.

(L'Assemblée, consultée, ne prend pas l'amendement en considération.)

M. le président. Sur l'article même, la parole est à Mgr l'évêque d'Orléans. (Mouvement.)

Mgr Dupanloup, *évêque d'Orléans.* Je renonce à la parole. (Nouveau mouvement.)

M. le président. Alors, je consulte l'Assemblée sur l'article 14, tel qu'il a été rédigé par la commission.

(L'article 14 — rédaction de la commission — est mis aux voix et adopté.)

M. le président. La commission propose de placer à la suite de l'article 14 une disposition qui deviendrait l'article 15 nouveau.

Cette disposition est ainsi conçue :

« Art. 15. — Les élèves des universités libres seront soumis aux mêmes règles que ceux des facultés de l'État, notamment en ce qui concerne les conditions préalables d'âge, de grades, d'inscriptions, de stage dans les hôpitaux, le nombre des épreuves à subir devant le jury spécial pour l'obtention de chaque grade, les délais obligatoires entre chaque grade et les droits à percevoir.

« Un règlement délibéré en conseil supérieur de l'instruction publique déterminera les conditions auxquelles un étudiant pourra passer d'une faculté dans une autre. »

Je consulte l'Assemblée sur l'article 15 nouveau.

(L'article est mis aux voix et adopté.)

M. le président. La commission propose pour l'article 16 — Titre IV, des Pénalités, — la rédaction suivante :

« Art. 16. — Toute infraction aux articles 3, 4, 5, 6, 8 et 10 de la présente loi sera punie d'une amende qui ne pourra excéder 1,000 fr.

« Sont passibles de cette peine :

« 1° L'auteur du cours dans le cas prévu par l'article 3 ;

« 2° Les administrateurs, ou, à défaut d'administrateurs régulièrement constitués, les organisateurs dans les cas prévus par les articles 4 et 10;

« 3° Tout professeur qui aura enseigné malgré la défense de l'article 8. »

M. Emile Beaussire. Pardon, monsieur le président! Il y a une petite erreur de rédaction. L'article 6, dans le 2°, doit être visé comme il l'est dans le premier paragraphe.

M. le président. M. Beaussire fait observer qu'une erreur s'est glissée dans la rédaction de l'article.

Dans le premier paragraphe que je viens de lire, l'article 6 est visé et, dans le 2° il a été omis par erreur.

Il faut lire :

« 2° Les administrateurs, ou, à défaut d'administrateurs régulièrement constitués, les organisateurs dans les cas prévus par les articles 4, 6 et 10. »

M. le marquis de Dampierre. M. Beaussire parle-t-il au nom de la commission?

Au banc de la commission. Oui! oui!

M. le président. Je mets aux voix l'article 15 devenu article 16, avec la modification indiquée par M. Beaussire.

(L'article 16 est mis aux voix et adopté)

M. le président. Je donne lecture de l'ancien article 16, devenu l'article 17 :

« Art. 17. — En cas d'infraction aux prescriptions des articles 3, 4, 5, 6 ou 10, les tribunaux pourront prononcer la suspension du cours ou de l'établissement pour un temps qui ne devra pas excéder trois mois.

« En cas d'infraction aux dispositions de l'article 8, ils prononceront la fermeture du cours et pourront prononcer celle de l'établissement.

« Il en sera de même lorsqu'une seconde infraction aux prescriptions des articles 3, 4, 5, 6 ou 10 sera commise dans le courant de l'année qui suivra la première condamnation. Dans ce cas, le délinquant pourra être frappé, pour un temps n'excédant pas cinq ans, de l'incapacité édictée par l'article 8. »

Avant de mettre aux voix cet article, je fais remarquer à l'Assemblée que la commission a ajouté au deuxième paragraphe les mots : « ...et pourront prononcer celle de l'établissement », et que dans le premier et le dernier paragraphe, elle a introduit l'article 6 parmi les articles visés.

(L'article 17 est mis aux voix et adopté dans les termes indiqués par M. le président.)

« Art. 18. — Tout jugement prononçant la suspension ou la fermeture d'un cours sera exécutoire par provision, nonobstant appel ou opposition. » — (Adopté.)

« Art. 19. — Tout refus de se soumettre à la surveillance, telle qu'elle est prescrite par l'article 7, sera puni d'une amende de 1,000 à 3,000 francs, et, en cas de récidive, de 3,000 à 6,000 francs.

« Si la récidive a lieu dans le courant de l'année qui suit la première condamnation, le jugement pourra ordonner la fermeture du cours et de l'établissement.

« Tous les administrateurs de l'établissement seront civilement et solidairement responsables du payement des amendes prononcées contre l'un ou plusieurs d'entre eux. » — (Adopté.)

« Art. 20. — Lorsque les déclarations faites conformément aux articles 3 et 4 indiqueront comme professeur une personne frappée d'incapacité, ou contiendront la mention d'un sujet contraire à l'ordre public ou à la morale publique et religieuse, le procureur de la République pourra former opposition dans les dix jours.

« L'opposition sera notifiée à la personne qui aura fait la déclaration.

« La demande en mainlevée pourra être formée devant le tribunal civil, soit par déclaration écrite au bas de la notification, soit par acte séparé adressé au procureur de la République.

« Elle sera portée à la plus prochaine audience.

« Le cours ne pourra être ouvert avant la mainlevée de l'opposition , à peine d'une amende de 16 francs à 500 francs, laquelle pourra être portée au double en cas de récidive dans l'année qui suivra la première condamnation.

« Si le cours est ouvert dans un établissement, les administrateurs seront civilement et solidairement responsables des amendes prononcées en vertu du présent article. »

M. le président. M. Bozérian a présenté sur cet article une disposition additionnelle qui devrait être intercalée après le quatrième paragraphe : « Elle sera portée à la plus prochaine audience. »

Je mets d'abord aux voix les paragraphes de l'article à la suite desquels viendrait la disposition intercalaire de M. Bozérian.

(Les quatre premiers paragraphes de l'article 20 sont mis aux voix et adoptés.)

M. le président. L'amendement de M. Bozérian est ainsi conçu :

« En cas de pourvoi en cassation, le recours sera formé dans la quinzaine de la notification de l'arrêt par déclaration au greffe de la cour ; il sera notifié dans la huitaine, soit à la partie, soit au procureur général, suivant le cas, le tout à peine de déchéance.

« Le recours formé par le procureur général sera suspensif.

« L'affaire sera portée directement devant la chambre civile de la cour de cassation.

« Le ministère des avocats ou avoués n'est pas obligatoire. Tous les actes faits en exécution du présent article seront enregistrés gratis et dispensés de timbre et d'amende. »

La parole est à M. Bozérian.

M. Bozérian. Messieurs, je n'ai qu'un mot à dire sur l'amendement que j'ai eu l'honneur de présenter, et que la commission a bien voulu accepter.

Il a pour but de combler une lacune évidente qui existait dans le projet de loi. Le projet, en effet, avait réglé la procédure de première instance et celle d'appel ; mais il ne s'était pas occupé du recours en cassation : à cet égard, on s'en était rapporté au droit commun. Or, les lenteurs et les frais du pourvoi en cassation auraient eu pour résultat de rendre absolument illusoire ce mode de recours. C'est pour cela et pour ce cas que j'ai proposé certaines prescriptions qui ne sont point une innovation, mais simplement un emprunt fait à d'autres lois qui figurent dans nos codes.

M. le président a donné lecture du texte de mon amendement ; vous savez quelle en est la portée : je crois qu'il est inutile de vous fatiguer par de plus longues explications. Je répète que la commission l'a accepté. (Très-bien ! — Aux voix !)

M. Léon Say, *ministre des finances.* Je demande la parole.

M. le président. La parole est à M. le ministre des finances.

M. Léon Say, *ministre des finances.* Messieurs, je regrette de voir introduire dans la loi en discussion une disposition d'exonération fiscale. Il est possible que les personnes pour lesquelles elle est réclamée méritent d'être traitées avec faveur ; toutefois je me rappelle que M. Bozérian, ou un autre de nos collègues, également avocat à la cour de cassation, avait aussi proposé à l'Assemblée de diminuer considérablement les droits d'enregistrement et les consignations d'amendes. L'Assemblée nationale a repoussé alors cette proposition.

Aujourd'hui on vient demander une faveur du même genre pour une certaine catégorie de personnes. Qui vous dit qu'il n'y a pas d'autres catégories qui auraient les mêmes droits ?

Je pense donc que, s'il y a sur ce point une réforme à faire, il faut la faire d'ensemble, et je crois imprudent de l'introduire incidemment dans une disposition accessoire de la loi sur la liberté de l'enseignement supérieur.

L'honorable M. Bozérian vous a fait remarquer que, dans certains cas, de telles exemptions étaient faites au bénéfice de certaines personnes ; je ne le nie pas, mais je crois que la loi de 1833, qui organisait une procédure analogue, n'accordait pas l'exonération que M. Bozérian réclame aujourd'hui.

En résumé, comme je n'ai pas d'opinion à formuler sur l'amendement en lui-même, je me borne à demander purement et simplement le rejet du dernier alinéa. (Très-bien !)

M. Émile Beaussire. Puisque M. le ministre des finances a bien voulu intervenir dans la discussion, me permettra-t-il de lui demander quel est son avis sur les conséquences fiscales de l'article 13 du projet de loi qui exempte les élèves des facultés libres des inscriptions prises au profit de l'État et du Trésor public ? (Très-bien ! et rires approbatifs à gauche.)

M. Bozérian. J'accepte la suppression proposée par M. le ministre.

M. le président. M. Bozérian consent à la suppression du dernier paragraphe de son amendement, que vient de demander M. le ministre des finances.

Je mets donc aux voix l'amendement moins le dernier paragraphe, c'est-à-dire qu'il se terminerait par ces mots :

« L'affaire sera portée directement devant la chambre civile de la cour de cassation. »

(L'amendement, ainsi modifié, est mis aux voix et adopté.)

M. le président. Il reste les deux paragraphes de l'article 20, avant lesquels se place l'amendement de M. Bozérian, que l'Assemblée vient d'adopter :

« Le cours ne pourra être ouvert avant la mainlevée de l'opposition, à peine d'une

amende de 16 francs à 500 francs, laquelle pourra être portée au double en cas de récidive dans l'année qui suivra la première condamnation.

« Si le cours est ouvert dans un établissement, les administrateurs seront civilement et solidairement responsables des amendes prononcées en vertu du présent article. »

(Ces deux paragraphes sont mis aux voix et adoptés.)

L'ensemble de l'article est ensuite mis aux voix et adopté.

« Art. 21 (nouveau). — En cas de condamnation pour délit commis dans un cours, les tribunaux pourront prononcer la fermeture du cours.

« La poursuite entraînera la suspension provisoire du cours ; l'affaire sera portée à la plus prochaine audience. »

M. le président. Il y a un article additionnel présenté par M. Giraud.

Je mets d'abord aux voix l'article 21 de la commission.

(L'article 21 nouveau est mis aux voix et adopté.)

M. le président. Je donne lecture de l'article additionnel de M. Giraud :

« Art 22. — Indépendamment des pénalités ci-dessus édictées, tout professeur pourra, sur la plainte du préfet ou du recteur, être traduit devant le conseil départemental de l'instruction publique, pour cause d'inconduite notoire, lorsqu'il se sera habituellement écarté de l'objet de son enseignement, ou pour désordre grave occasionné ou toléré par lui dans son cours. Il pourra, à raison de ces faits, être soumis à la réprimande avec ou sans publicité, ou même être interdit de sa profession, à temps ou à toujours, sans préjudice des peines encourues pour crimes ou délits.

« Le conseil départemental devra être convoqué dans les huit jours, à partir de la plainte.

« Appel de la décision rendue pourra toujours être porté devant le conseil supérieur, dans les quinze jours à partir de la notification de cette décision.

« L'appel ne sera pas suspensif. »

La parole est à M. Giraud.

M. Descat. Mais l'article additionnel n'est pas contesté par la commission !

M. Alfred Giraud. On me dit que mon article additionnel n'est pas contesté par la commission.

M. Laboulaye, *rapporteur.* Mais si ! il est complètement contesté par la commission !

M. Scheurer-Kestner. La commission l'a absolument repoussé.

M. Alfred Giraud. Alors, puisque cet article est contesté par la commission, et que l'Assemblée l'avait adopté en seconde lecture, il serait peut-être plus rationnel que M. le rapporteur vînt à la tribune dire pourquoi la commission l'a supprimé, pour tenir compte du vote de l'Assemblée. (C'est cela ! — Très-bien ! à droite.)

M. Laboulaye, *rapporteur.* Messieurs, les dernières paroles de M. Giraud ne sont pas exactes. Nous avons tenu compte du vote de l'Assemblée en ce sens que nous avons ajouté un article qui remet à la justice le soin de

75

punir les délits commis par le professeur dans un cours, et cet article déclare qu'en pareil cas la poursuite est suspensive. En d'autres termes, nous avons cherché à donner, par ce moyen, à la justice toutes les garanties qu'on pouvait désirer.

Quant à l'amendement de M. Giraud, nous l'avions repoussé à la seconde lecture : c'était le droit de la commission de le repousser à la troisième. D'ailleurs, il est imprimé dans le texte de la loi ; par conséquent, la décision de l'Assemblée est parfaitement réservée.

Cet amendement de l'honorable M. Giraud change tout à fait le caractère et la physionomie de la loi.

D'abord, il y a certaines parties qui me paraissent ou mal rédigées ou inacceptables. Il y est dit, par exemple, que quiconque donnerait lieu à des plaintes pourrait être cité devant le conseil départemental, et être soumis à la réprimande ou même être interdit de sa profession à temps ou à toujours.

Ce texte-là me semble tout au moins mal rédigé. Je ne pense pas qu'il signifie que si un médecin fait un cours dans lequel on fasse du bruit, on l'interdira de sa profession de médecin. (Rires à gauche.)

Cela, sans doute, veut simplement dire qu'on lui interdira l'enseignement. Il faudrait alors rédiger l'amendement dans ce sens.

Quoique je n'approuve pas ce système, je le comprendrais ; mais dire dans la loi qu'il sera interdit de sa profession, c'est ce que je ne saurais comprendre. Il serait plus dangereux alors de faire un cours que de commettre un délit ; car lorsque l'on commet un délit on n'est pas, par cela seul, interdit de sa profession.

Dans un autre passage, il est question de « désordres graves tolérés dans un cours. » Je me demande quel est ce crime. Est-ce qu'on est responsable des désordres qui se produisent dans un cours ? (C'est vrai ! — Très-bien ! à gauche.) Est-ce que jamais personne a rendu M. le président de l'Assemblée responsable du bruit qui se fait dans l'Assemblée ? (Rires d'approbation.)

On est responsable du délit que l'on commet, on n'est pas responsable du désordre qui a lieu en votre présence et quelquefois contre vous-même.

Parmi les trois cas prévus, il en est un qui constituerait un crime complètement imaginaire : c'est de vouloir punir un professeur lorsqu'il se sera habituellement écarté de l'objet de son enseignement. Quand on n'est pas professeur, je conçois que cela puisse frapper ; mais on est là sous l'empire d'une illusion. On aurait dû dire : « Lorsqu'il fera son cours dans un mauvais esprit. » Sans cela, je défie qu'un tribunal quelconque puisse dire à un professeur : Vous vous êtes écarté de l'objet de votre cours !

A cet égard, je vais citer un exemple qui, je l'espère, frappera l'Assemblée.

J'avais annoncé, au Collège de France, que je ferais un cours sur la constitution des États-Unis. Quand j'ai voulu traiter cette question, je me suis aperçu qu'une constitution n'était bien connue que lorsqu'on savait dans quel milieu elle avait été faite ; que, par exemple, la Constitution du 25 février ne pourra se comprendre que lorsqu'on connaîtra les événements que nous avons traversés. Je fus donc obligé d'étudier la révolution américaine. Suis-je sorti de mon cours en pareil cas ?

Ayant voulu étudier la révolution américaine, je me suis trouvé en face d'un peuple qui n'avait ni nos idées ni notre passé : il m'a fallu remonter jusqu'à l'histoire des premières colonies.

En voyant ce qu'avaient fait ces puritains, comment ils avaient apporté des vues nouvelles et des idées d'individualisme étrangères à notre vieille Europe, j'ai compris ce qu'était la constitution américaine.

Eh bien, supposez un inspecteur entrant dans mon cours pour savoir si je le fais sur la constitution américaine. Je parle du débarquement des premiers pèlerins au rocher de Plymouth. Il s'en étonnera peut-être, et cependant je ne serai pas sorti de ce qui fait le sujet et l'objet de mon cours.

Je vois ce qui a frappé l'honorable M. Giraud. Il s'est dit qu'il y a des exemples fameux de professeurs, par exemple, faisant un cours de littérature italienne ou espagnole et parlant des jésuites. Il ne se rend pas compte de cela : c'est là qu'est l'illusion.

Ce qui déplaît à M. Giraud, ce n'est pas que ce professeur parlât des jésuites dans son cours, — il est difficile d'aborder l'histoire des seizième et dix-septième siècles sans les rencontrer ; — ce qui déplaît à M. Giraud, c'est que ce professeur en parlât dans un esprit qui ne lui conviendrait pas. (Rires à gauche. — C'est cela !)

Il ne suffit pas de dire à un professeur : Vous vous écartez de votre cours ! ce n'est pas là un délit. Une question tout autre, c'est de faire son cours avec une mauvaise intention. mais ce n'est pas ce que vise M. Giraud.

Vient la troisième condition, l'inconduite notoire.

L'inconduite ! Je comprends très-bien, quand un homme se conduit mal, et qu'il a été condamné, qu'on lui interdise un cours ; notre loi le dit expressément et c'est indiscutable. Mais ce que je ne conçois pas, c'est qu'on vienne dire à un professeur : Vous avez annoncé un cours de chimie, vous ne le ferez pas parce qu'on m'a rapporté que vous êtes un joueur, ou bien encore un ivrogne ! (Rumeurs à droite.)

Messieurs, c'est un fort vilain défaut que l'ivrognerie ; mais il y a eu en Angleterre, au commencement de ce siècle, un homme qui était à la fois le philologue le plus distingué de son temps et l'ivrogne le plus éminent de son époque. (On rit.) Auriez-vous pu l'empêcher de faire son cours, le jour où il était sain d'esprit ? Cela ne me paraît pas possible.

Quant au dernier délit, je n'en parlerai pas par une raison toute simple, c'est que ce serait le prétexte le plus extraordinaire à la calomnie. Comment, on viendrait vous dire : Vous ne pouvez pas nommer cet homme-là professeur parce que... Je n'achève pas, vous comprenez pourquoi ? (Oui ! oui !)

Cela est tout à fait inadmissible. Nous ne pouvons pas accepter une pareille manière de procéder. Ce serait le droit à la calomnie, ce serait le droit d'arrêter un cours quand on voudrait sur de faux bruits. (Très-bien ! très-bien ! à gauche.)

Et puis enfin, allons au fond des choses. Nous avons voulu faire une loi que, quant à moi, je crois bonne et très-libérale. On s'est récrié de part et d'autre au nom de l'Eglise et au nom de certaines idées révolutionnaires; on n'a pas vu le fond de cette loi qui profitera à tout le monde.

Et qu'est-elle donc en réalité ? c'est une loi de liberté. Eh bien, qu'est-ce que la liberté ? Je ne veux pas vous faire ici une définition philosophique ; mais je dirai que la liberté pour un citoyen, c'est le droit d'agir sans avoir à craindre d'autres punitions que celles prononcées par les magistrats en vertu des lois. Or toutes les fois que vous faites intervenir l'administration, ce n'est plus la liberté. L'administration, fût-elle aussi douce, aussi paternelle que vous voudrez, si j'ai besoin de l'autorisation d'un homme pour agir, une si j'ai à craindre, quand j'agis, l'arbitraire ou le caprice d'un homme, ce n'est plus la justice, ce n'est plus la liberté.

Après l'accord qui a existé entre nous, est-ce qu'au dernier moment vous jugez nécessaire d'introduire dans notre loi un amendement nouveau qui en change tout à fait le caractère? Est-ce que nous n'avons pas tous fait des sacrifices, de manière à arriver à une transaction que je considère, pour ma part, comme avantageuse pour tout le monde ? A quoi bon faire intervenir l'administration ? Est-ce pour l'inconduite notoire qui est déjà condamnée par la loi ? Est-ce pour le fait de s'écarter de son cours? Je vous ai montré que ce .ne pouvait être un délit. Pour les désordres qui auront lieu dans les cours ? Nous les punissons quand ils sont coupables.

Que reste-t-il de l'amendement de M. Giraud? En vérité, je ne le vois pas.

Mais ce n'est pas tout. M. Giraud ne s'arrête pas dans son zèle contre les malheureux professeurs, et je suis très-heureux que nous ne soyons plus au temps de l'Inquisition, cela me ferait peur. (Sourires.) Non-seulement il veut nous faire punir par la justice, par l'administration, mais il fait intervenir contre nous la police. Il déclare, en effet, dans son amendement, que, en cas de troubles, de désordres graves, le préfet aura autorité pour fermer le cours. Je trouve cet article inutile : c'est le droit commun. Cela n'est ni contesté, ni contestable. On ne peut refuser à l'autorité le droit de maintenir la paix dans un cours.

Dans tous les cas, avec la justice et la police vous êtes suffisamment armés. Comment donc vouloir encore la répression administrative ? M. Giraud doit savoir que cette juridiction administrative est précisément la protectrice des professeurs de l'Etat en vue d'éviter qu'ils soient poursuivis devant la justice; tandis que ces pauvres professeurs libres auront contre eux, non-seulement la justice et la police, mais encore l'administration. C'est donc un crime que de chercher à communiquer la vérité à ses concitoyens ?

Quelle est l'industrie, quel est l'acte quelconque que l'on place sous de pareilles pénalités ? La presse, la soumettez-vous à la fois à la justice, à la police, à l'administration non! Eh bien, faites de même ici : choisissez ou la justice, ou l'administration.

Messieurs, nous sommes à la fin de cette discussion ; je ne veux pas vous retenir plus longtemps. Personne plus que moi n'a hâte de voir aboutir cette loi qui, je pense, sera une loi satisfaisante pour tout le monde. (Mouvements divers.) Oui, messieurs, je le crois. Mais enfin, ne fût-ce que pour les efforts que nous avons faits ensemble, ne venez pas la compliquer de nouveau.

Une première complication lui avait déjà été imposée par la question des diocèses : nous avons été assez heureux pour la faire disparaître.

Une seconde lui est venue par l'amendement de M. Lucien Brun. L'Assemblée l'a voulue, nous avons dû l'accepter, quoique le principe fût mauvais ; c'était cependant assez peu important... (Mais non ! mais non !) Quand arrivera-t-on à l'interdiction d'un établissement d'utilité publique ? une fois tous les demi-siècles. En droit c'est très-mauvais, mais en fait, cela ne se produira que très-rarement.

En résumé, messieurs, nous avons jeté du lest pour arriver à la fin du voyage ; n'allons pas encore embarquer cette pénalité administrative : nous avons en assez de peine à arriver au port. Je vous demande donc de repousser l'amendement de M. Giraud. (Mouvements divers.)

M. Alfred Giraud. Je viens, fort du vote de l'Assemblée, lors de la 2e délibération, et de l'assentiment de M. le ministre de l'instruction publique, défendre la disposition sur la juridiction disciplinaire que l'Assemblée avait introduite dans le projet de loi.

Plusieurs voix. Le ministre ne s'est pas prononcé ! (Si ! si !)

M. Alfred Giraud. L'honorable M. Laboulaye, dans le spirituel discours qu'il vient de prononcer pour combattre la juridiction disciplinaire à cette tribune, a fait allusion à son propre enseignement. Il est bien certain qu'il serait inutile d'édicter des peines contre ceux qui peuvent commettre des délits, et d'instituer la juridiction disciplinaire, si tous les professeurs de l'enseignement supérieur libre devaient ressembler à l'éminent rapporteur ; mais malheureusement tel n'est pas le cas ; il est certain que, sous prétexte d'enseignement, il se glissera beaucoup d'abus à l'occasion de la loi que vous allez voter. Eh bien, ces abus, il faut les réprimer.

L'honorable M. Laboulaye vous a dit que je considérais le fait d'inconduite notoire, le fait de s'écarter habituellement de l'objet de son cours et le fait d'avoir toléré des désordres dans un cours, comme des délits.

Je n'ai jamais soutenu une pareille thèse; j'ai tout simplement voulu parler des abus, des fautes qui ne rentrent pas sous l'application de la loi pénale. Je viens vous proposer, non pas une disposition illibérale, non pas un article contre la liberté...

Quelques membres à gauche. Au contraire !

M. Alfred Giraud. Oui, messieurs, au contraire ; car c'est vous qui défendez un privilége en faveur des professeurs des cours libres.

A gauche. Aux voix ! aux voix !

M. Alfred Giraud. Vous dites : « Aux voix ! » Cela est très-facile ; mais il faut, au moins, écouter les raisons que je donne.

A droite et au centre. Parlez ! parlez !

M. Alfred Giraud. Je dis que c'est un privilège que vous revendiquez pour les professeurs de l'enseignement libre ; car la juridiction disciplinaire existe pour les professeurs de l'enseignement universitaire... (Bruit à gauche.)

Je vous prie, messieurs, de vouloir bien m'accorder un peu de silence.

A gauche. Parlez!

M. Alfred Giraud. Veuillez faire silence, messieurs, et je parlerai.

Je disais que ce n'est pas la liberté et surtout l'égalité qu'on vient défendre à cette tribune, lorsqu'on y combat le principe de la juridiction disciplinaire, que c'est, au contraire, un privilège qu'on soutient en faveur des professeurs des cours libres.

A droite et au centre. Oui! — C'est la vérité!

M. Alfred Giraud. Que voyons-nous? Nous voyons que la juridiction disciplinaire existe à l'égard des professeurs de l'université. Et, en effet, le statut de 1825, qui est encore la loi en pareille matière, dit que « tout professeur ou suppléant qui, dans ses discours, dans ses leçons, ou dans ses actes, s'écartera du respect dû à la religion, aux mœurs, ou même compromettra son caractère par une conduite notoirement scandaleuse, sera déféré par le doyen au conseil académique, qui, selon la nature des faits, prononcera la suspension ou la destitution, conformément aux statuts académiques. »

Eh bien, messieurs, il me paraît très-difficile de comprendre... (Bruit à gauche.)

J'ai l'habitude, messieurs, de vous écouter avec courtoisie ; je vous prie de vouloir bien, à votre tour, faire silence et me laisser défendre mon opinion lorsque je suis à la tribune.

Voix diverses. Parlez! parlez! — Concluez! concluez!

M. Alfred Giraud. Je dis, messieurs, que la juridiction disciplinaire est encore plus nécessaire quand il s'agit de professeurs des cours libres, et vous allez le comprendre.

En effet, les professeurs de l'université nous offrent des garanties de capacité et de moralité incontestables, puisqu'ils ont été choisis par l'État. Mais, voyons ce que contient l'article 2 du projet de loi. Il permet à tout citoyen français...

A gauche. Aux voix! aux voix!

M. le président. Veuillez écouter l'orateur, messieurs.

M. Alfred Giraud. J'attendrai le silence.

Plusieurs voix. Parlez! On vous écoute.

M. Alfred Giraud. Puisque l'on veut bien faire silence...

M. Eugène Farcy. Vous avez un premier exemple de l'inconvénient de l'amendement que vous proposez !

M. Alfred Giraud. ... je reviens à ce que je disais.

Je disais, messieurs, que l'article 2 du projet de loi permet à tout citoyen français qui n'a pas encouru la perte de ses droits civils, qui n'a pas été condamné pour délits contraires à la probité et aux mœurs, ou contre lequel aucune incapacité n'a été prononcée par la loi, d'ouvrir un cours libre d'enseignement supérieur.

A gauche. Aux voix! aux voix!

M. Alfred Giraud. Messieurs, je défends une disposition qui a été adoptée par l'Assemblée, et, je vous en supplie, veuillez m'écouter. Je ne suis jamais long, j'en ai pour cinq minutes.

A gauche. La clôture! la clôture!

M. le président. Vous demanderez la clôture de la discussion, si vous le voulez, messieurs, après le discours de l'orateur ; mais vous ne pouvez pas lui couper la parole pendant qu'il est à la tribune, et je la lui maintiendrai.

M. Margaine prononce quelques paroles qui se perdent dans le bruit.

M. Alfred Giraud. Vous me répondrez, monsieur Margaine, et je répliquerai à ce que vous direz, s'il y a lieu. Quant à présent, ne vous ayant pas entendu, je ne puis vous répondre.

Messieurs, plus l'article 2 que je viens de vous rappeler est libéral, plus il donne de facilités pour ouvrir des cours, plus vous devez vous prémunir contre les excès que cette liberté peut faire naître. En effet, messieurs, que porte cet article? Il dit que tous ceux qui n'ont pas encouru la privation des droits civils, que tous ceux contre qui une incapacité n'a pas été prononcée par les tribunaux, que tous ceux qui n'ont pas été condamnés pour délit contraire à la probité et aux bonnes mœurs, pourront ouvrir des cours. Eh bien, on laisse ainsi une marge excessivement large. Ainsi des hommes qui auront été condamnés pour délits contre la paix publique, pourront ouvrir des cours aux termes de l'article 2.

Mon honorable collègue et ami M. Dupont a dressé la liste de tous les délits qui n'emportent pas incapacité d'ouvrir des cours, et il en a relevé un grand nombre : ce sont, entre autres, des délits contre les personnes et contre la paix publique. Je vous citerai, par exemple, la violation de domicile, la rébellion, lorsqu'il n'y a que deux personnes même avec armes; la provocation à la désobéissance aux lois, les coups et blessures ayant même occasionné une incapacité de travail de vingt jours.

Eh bien, messieurs, s'il est permis à des hommes qui auront été condamnés pour des délits aussi graves d'ouvrir des cours, je demande qu'il y ait dans la loi le moyen de réprimer, non pas seulement les délits, mais les abus et les excès auxquels ils pourront se livrer.

Mon honorable collègue M. Dupont vous l'a dit : Il est très-facile de côtoyer le code pénal, et il y a un grand nombre de faits qui, sans tomber directement sous le coup de la loi, n'en constituent pas moins un véritable danger pour la société. Je demande que l'État soit armé contre les professeurs des cours libres, comme il l'est contre les professeurs de l'enseignement public.

Lors de la deuxième délibération, je vous ai dit que je ne demandais rien d'anormal, rien d'énorme; qu'en 1850 de pareilles dispositions avaient été édictées à propos de la loi sur l'enseignement secondaire et sur l'enseignement primaire libres; que je ne faisais que rappeler les anciennes dispositions de la loi de 1850. Et cependant... (Interruptions et bruit.)

Je ne comprends pas, vraiment, messieurs, toutes vos interruptions...

M. Schœlcher. Vous êtes, en ce moment, dans la position d'un professeur qui ne peut empêcher le désordre : il faut bien que vous le tolériez, et vous en êtes responsable!

M. Alfred Giraud. Monsieur Schœlcher, je ne le tolère pas, je vous prie de le croire, et si je pouvais l'empêcher, je l'empêcherais parfaitement.

A gauche. Les professeurs aussi l'empêcheraient, s'ils le pouvaient.

M. Eugène Farcy. M. Giraud voudrait-il qu'on le rendit responsable du bruit qui l'empêche de parler?

M. Alfred Giraud. Je vous demande pardon; je répondrai à cette objection.

Je disais que, en 1850, des hommes très-libéraux, en tête desquels se trouvait M. Thiers, dont vous ne contesterez certainement pas le libéralisme, mes honorables collègues de la gauche! — je ne méconnais pas les immenses services que M. Thiers a rendus, bien que je n'aie pas toujours partagé sa manière de voir en politique : — que parmi les hommes libéraux auxquels je faisais allusion, M. Thiers a été un des principaux auteurs de la loi de 1850, et il était d'avis d'introduire dans cette loi la juridiction disciplinaire.

Dans le projet préparé par la commission extraparlementaire de 1870, commission que présidait M. Guizot, la juridiction disciplinaire était également prévue.

Tout à l'heure on me faisait une objection que m'avait déjà opposée précédemment l'honorable rapporteur : Si le professeur, disait-on, ne peut pas réprimer le désordre?

Alors, messieurs, il n'y aura qu'une chose à faire pour le professeur, c'est de lever la séance.

Voix diverses. Aux voix ! — Concluez !

M. Alfred Giraud. Je ne vous retiendrai pas plus longtemps.

Je vous demande de consacrer pour l'enseignement libre ce qui existe déjà pour l'enseignement public, et je suis convaincu que vous persisterez dans la décision que vous avez déjà rendue à cet égard. (Approbation sur plusieurs bancs à droite et au centre. — Aux voix ! aux voix!)

M. Wallon, *ministre de l'instruction publique et des cultes.* Je demande la parole.

M. le président. La parole est à M. le ministre de l'instruction publique.

M. le ministre de l'instruction publique et des cultes. Messieurs, la juridiction disciplinaire existe pour les professeurs libres, dans l'enseignement primaire et dans l'enseignement secondaire. Il me paraît naturel qu'elle s'étende aux professeurs libres dans l'enseignement supérieur.

A droite et au centre. Très-bien! très-bien !

M. le ministre. Il serait étrange qu'un instituteur interdit de sa profession, à temps où à toujours, eût le droit de se réfugier dans l'enseignement supérieur.

A droite et au centre. C'est cela ! c'est cela !

M. le ministre. La rédaction de l'amendement ne me satisfait pas, je dois en convenir ; mais le principe me paraît utile et je demande le renvoi à la commission. (Exclamations à gauche.)

M. le président. La commission accepte-t elle le renvoi?

M. le rapporteur. Je crois que vous avez tous, messieurs, la légitime impatience d'en finir aujourd'hui même avec la loi. (Oui ! oui !)

Par conséquent, s'il y a une correction à faire, M. Giraud peut bien la faire immédiatement, en s'entendant avec M. le ministre.

Un membre. Prenez la rédaction de 1850!

M. le rapporteur. Mais je ne peux pas proposer la rédaction de la loi de 1850, mon cher collègue : la rédaction de la loi de 1850 s'applique à l'enseignement secondaire. Et ce qu'on a voulu punir, et avec juste raison, c'est la mauvaise conduite des maîtres de pensions qui ont des enfants chez eux et qui leur donnent de mauvais exemples.

M. Mettetal. La loi de 1850 s'applique aux externats comme aux internats.

M. le rapporteur. J'entends bien qu'elle s'applique aux externats comme aux internats ; mais il n'y a pas d'internats dans l'enseignement supérieur.

M. Alfred Dupont. Je demande la parole. (Exclamations.)

M. le rapporteur. M. Giraud a demandé bien autre chose. Il a demandé qu'on exclût tous ceux qui avaient subi une condamnation quelconque, un duelliste, par exemple, ou bien une personne condamnée pour délit politique. Où s'arrêtera-t-on dans cette voie? On fait une loi, il faut que cette loi soit faite comme les autres lois qui régissent la presse, qui régissent notre droit civil. Pourquoi faire une loi d'exception pour l'enseignement?

M. le ministre dit : Pour l'enseignement primaire et secondaire, même libre, il y a une juridiction. — C'est qu'en effet cet enseignement se fait en quelque sorte dans le giron de l'université qui inspecte et surveille.

Si vous voulez soumettre à cette juridiction disciplinaire les universités libres, je n'y ferai pas d'opposition. Les universités libres se trouveront dépendantes de l'université centrale qui leur confère le droit. Ce que je défends, ce sont les cours libres, et ce sont ceux-là que vise l'amendement de M. Giraud. Le plus simple, c'est de laisser à tout le monde la liberté.

C'est pour cela que M. Giraud devrait rédiger son amendement d'une façon qui convint à M. le ministre; mais je dois dire qu'au nom de la liberté, alors même qu'il conviendrait à M. le ministre, la majorité de la commission ne l'accepte pas. (Aux voix !)

M. Alfred Dupont monte à la tribune. (La clôture ! la clôture ! — Parlez !)

M. le président. Si l'on insiste pour la clôture... (Oui ! oui !), je vais consulter l'Assemblée.

(L'Assemblée, consultée, décide que la discussion continue.)

M. Alfred Dupont. Messieurs, j'ai demandé la parole pour défendre l'amendement proposé par l'honorable M. Giraud, aux termes duquel je ne vois pas d'autre correction à faire que l'une intervention dans les phrases qui le composent. Au lieu de dire : « Pour cause d'inconduite notoire, lorsqu'il se sera habituellement écarté de l'objet de son enseignement, ou pour désordres graves occasionnés ou tolérés par lui dans son cours, » je propose de dire : « Lorsqu'il se sera habituellement écarté de l'objet de son enseignement, ou pour cause d'inconduite notoire, ou pour désordres graves occasionnés ou tolérés par lui dans son cours. »

Dans ces conditions, messieurs, l'amendement est irréprochable.

Une voix à gauche. Ce n'est plus la liberté !

M. Alfred Dupont. Je vous montrerai tout à l'heure de quelle liberté vous voulez !

Je dis que l'amendement est irréprochable pour ceux qui veulent, à la place d'une répression et de garanties complètement illusoires, substituer quelque chose qui ait une valeur et une signification. (Très-bien ! très-bien ! à droite. — Rires ironiques à gauche.)

Il y a, en effet, et l'honorable M. Giraud vous l'établissait tout à l'heure d'un mot, le ministre lui-même l'a établi aussi...

Un membre à gauche. Lui-même !

M. Alfred Dupont. Oui, lui-même ! Il y a en effet, quelque chose d'énorme, je dirais volontiers d'absurde... (Oh ! oh ! à gauche !), dans cette idée qu'un professeur de l'université, chassé de sa chaire pour immoralité notoire et scandaleuse, puisse reparaître dans une chaire libre pour y professer tout ce qu'il voudra. (Approbation à droite.)

Je dis, messieurs, pour y professer tout ce qu'il voudra, et j'invoque à cet égard une autorité qu'on ne récusera pas de ce côté de l'Assemblée (l'orateur se tourne vers la gauche).

Qu'est-ce, en effet, que les conférences libres ? celles que la loi a voulu permettre, celles au prix desquelles certaines résistances ont été contenues ; car, beaucoup de membres de cette partie de l'Assemblée ne voulaient que la liberté de l'enseignement supérieur. (L'orateur désigne la gauche.)

Ce qui est compris sous cette expression fort euphémique : la liberté des cours et des conférences, c'est la liberté d'enseigner tout ce qu'on voudra, qui ne sera pas l'enseignement primaire ou l'enseignement secondaire.

Voici, en effet, ce que, dans la séance d'avant-hier, l'honorable M. Laboulaye, répondant à l'honorable M. Chesnelong, disait à l'Assemblée :

« Tout ce qui n'est pas de l'enseignement secondaire, c'est de l'enseignement supérieur. Je vous l'ai déjà expliqué, messieurs, à une précédente réunion, et c'est même une raison qui nous a fait demander la liberté de l'enseignement supérieur. Je répète que tout ce qui n'est pas enseignement primaire ou enseignement secondaire est enseignement supérieur. C'est une définition qui peut paraître étrange, mais c'est la véritable définition que la loi donne de l'enseignement supérieur. »

J'ai cherché dans la loi, cela peut être son esprit, cela n'est pas son texte ; mais c'est son texte tellement élastique, que, avec les commentaires de M. le rapporteur, je tire cette conséquence : que quiconque voudra monter dans une chaire d'enseignement libre pourra y professer tout ce qu'il voudra. Et à qui donnez-vous cette permission ? à tout le monde ! (Interruptions à gauche.)

Quand j'ai eu l'honneur, la première fois, de monter à la tribune, sans avoir même pris la peine de lire la loi pour soutenir l'amendement de l'honorable M. Giraud, tant il me paraissait commandé par la nature des choses, je vous disais : La loi permet à tout le monde, pourvu qu'on ne soit pas repris de justice, de monter dans une chaire d'enseignement libre. Eh bien, je me trompais ! J'aurais dû dire : La

loi permet à quiconque, fût-il même repris de justice, de monter dans une chaire d'enseignement libre. (Rumeurs à gauche. — Assentiment à droite.)

Je vous en apporte la preuve, messieurs, et tout de suite.

Quelles sont, en effet, les exceptions de la loi ? Les condamnés pour crimes, pour délits contraires à la probité ou aux mœurs ; mais est-ce qu'il n'y a que ces délits-là ? Et les condamnés pour outrage public à un magistrat sur son siège ? Et les condamnés pour rébellion à main armée ? Et les condamnés pour violences avec guet-à-pens, dont les condamnations peuvent atteindre de deux à cinq ans de prison ? Et les gens acquittés pour cause d'excitation à la débauche, lorsqu'ils n'ont eu pour but que la satisfaction de leurs propres passions ? Tous ceux-là peuvent être des professeurs de l'enseignement libre. Tout ce monde-là peut monter en chaire, et tout ce monde-là peut venir professer ce que bon lui semblera.

Je dis qu'il y a là un danger. Et le danger ne vient pas seulement des repris de justice, qui ne sont pas exceptés de la permission ; il peut venir aussi de gens qui, acquittés, ne m'inspireraient pas grande confiance. (Ah ! ah ! à gauche.)

M. Ernest Picard. Il faut demander l'autorisation préalable !

M. Alfred Dupont. Je dirai volontiers qu'un homme poursuivi devant les assises ne pourra pas, à moins d'une permission spéciale, par exemple, monter dans une chaire d'enseignement libre... (Rires ironiques à gauche.)

Et puisque mon honorable collègue M. Picard, qui a une si grande expérience du barreau, m'interrompt, il me permettra — à moi qui en ai une petite aussi, — de lui demander s'il aurait volontiers confié sa bourse ou sa sœur à tel ou tel client acquitté devant les assises. Je n'ai pas autre chose à dire.

M. Ernest Picard. Avez-vous voté le principe de la liberté ?

M. Alfred Dupont. Il y a une autre catégorie, elle est peut-être plus dangereuse. Ce sont les gens qui, sans être ce qu'on appelle des repris de justice, c'est-à-dire des condamnés par une juridiction criminelle ou correctionnelle, sont peut-être des pires des professeurs.

M. Jules Ferry. Les libres penseurs !

M. Tolain. Les suspects !

M. Alfred Dupont. Oui, les suspects ! (Applaudissements ironiques à gauche.)

M. Tolain. Ceux qui ne pratiquent pas !

M. Alfred Dupont. Vous ne m'avez pas vu, messieurs, apporter à la tribune des questions religieuses ; vous ne m'y voyez pas apporter non plus des questions politiques. J'y apporte en ce moment une question de sécurité sociale, et vos sarcasmes ne m'arrêteront pas, soyez-en convaincus ! (Très-bien ! très-bien ! à droite.)

Je vous disais qu'à côté des repris de justice, il y a les gens frappés par la justice, et, pour moi, ils sont suspects. Voulez-vous que je vous donne des exemples ? (Bruit à gauche.) L'avocat rayé du tableau pour indélicatesse ou pour immoralité scandaleuse ; le notaire, l'huissier, révoqués par la justice ; le professeur chassé de sa chaire : voilà les cadres dans lesquels se recruteront les professeurs d'enseignement libre que je redoute. (Exclamations et rires ironiques à gauche.)

Oui, et voulez-vous, messieurs, faire un marché? voulez-vous exclure toutes ces catégories-là du nombre de ceux qui auront la faculté de monter en chaire? Alors nous pourrons nous entendre; mais si vous ne le voulez pas, — et bien certainement vous ne le voulez pas, — je vous dirai qu'il faut une juridiction disciplinaire, parce que, sans cela, — je vous le montrerai tout à l'heure... (Oh! oh! à gauche), — la loi sera véritablement illusoire. (Bruit à gauche. — Parlez! parlez! à droite.)

J'ai la parole, et tant que M. le président me fera l'honneur de me la maintenir, j'en userai et m'appliquerai à n'en pas abuser. (Rumeurs à gauche. — Très-bien! — Parlez! parlez! à droite.)

Voulez-vous, messieurs, que je vous donne tout de suite un exemple des périls vers lesquels vous courez? J'imagine que vous admettez qu'un professeur d'enseignement supérieur, même libre, c'est l'instituteur, c'est l'éducateur des populations. Eh bien, qui allez-vous choisir pour ce rôle, et dans quelles mains allez-vous le laisser tomber?

Je citais tout à l'heure un avocat privé de sa carrière par une condamnation disciplinaire seulement; un avoué, un notaire révoqués, un fonctionnaire éliminé des rangs. (Interruptions.) A quelles ressources ces gens-là pourraient-ils recourir s'ils ont du talent? et, malheureusement, on peut avoir du talent et n'être quelquefois qu'un misérable. Ils iront professer des cours libres, et, pour que les cours soient suivis, rétribués surtout, que faudra-t-il? Il suffira de flatter les passions de ceux à qui ils s'adresseront; et pour marquer en deux mots les dangers immenses auxquels vous courez, je suppose un fonctionnaire des contributions indirectes révoqué pour corruption ou concussion; je le suppose allant dans les pays sauniers parler sur l'impôt du sel... (Interruptions); je suppose allant dans les pays de bouilleurs de cru parler de l'impôt sur l'alcool; je demande combien il faudra de gendarmes pour assurer la perception du droit, quand il aura professé pendant cinq ou six semaines de cette façon un cours libre.

Je ne veux pas prévoir d'autres hypothèses, messieurs, mais vous m'avez compris, je l'espère : il y a là un danger, et s'il y a danger, la loi y pourvoit-elle? Elle édicte des mesures préventives et des mesures répressives.

Que seront les mesures préventives? Ce sera une déclaration préalable dans laquelle le professeur improvisé dira ce qu'il est et indiquera l'objet de son cours. S'il est dans les cas d'exclusion prononcés par la loi, on pourra faire opposition, mais je vous ai montré que la loi était un réseau, à travers les mailles duquel pouvaient passer les plus dangereux professeurs. Par conséquent, à ce point de vue, la protection est insuffisante. Il désignera l'objet de son cours. En vérité, il faudrait supposer le professeur dont j'ai parlé, par trop naïf. Supposez-vous, par exemple, que si on veut faire l'apologie du suicide, on dira : Je vais professer l'apologie du suicide; que, si l'on veut professer la théorie du mariage à la saint-simonienne, on dira : Je veux établir un cours sur le mariage, suivant la théorie saint-simonienne? (Rumeurs et bruits divers.) Croyez-vous que si l'on veut faire un cours d'une certaine façon sur la propriété, si l'on veut commenter les théories de M. Proudhon, on dira qu'on veut démontrer que la propriété c'est le vol?

M. Totain. Vous ne les connaissez pas, ces théories!

M. Alfred Dupont. Ce serait trop naïf.

La loi permet seulement d'arrêter un cours dont l'objet indiqué est contraire aux mœurs, aux lois. On dira qu'on veut faire un cours sur la propriété, sur le mariage, sur le suicide, sur la liberté humaine. Je pourrais, sous un de ces titres, mettre tout ce que je voudrais, et au bout d'un quart d'heure j'aurais soulevé mon auditoire. (Rires ironiques à gauche.)

C'est très-ambitieux sans doute, et certainement je ne soulèverais pas d'enthousiasme un auditoire composé de mes collègues de la gauche, mais enfin il pourrait y en avoir d'autres; peut-être aussi, si je cherchais les applaudissements d'un certain côté, ne me serait-il pas impossible de les obtenir; je sais comment j'y parviendrais. (Très-bien! à droite.) Je maintiens que, dans cette hypothèse, dire que le professeur signalera l'objet de son cours, ce n'est rien dire; accorder l'autorisation de suspendre un cours sur l'indication de son objet, ce n'est rien dire de sérieux et d'efficace pour le but proposé.

Mais il y aura un délégué du ministre de l'instruction publique!

Qu'est-ce qu'il fera? Je suppose un délégué du ministère assistant à un cours qui serait fait par un fonctionnaire révoqué... (Exclamations à gauche. — Aux voix! aux voix!), où le professeur se laissera aller aux théories les plus insensées, les plus malsaines, les plus périlleuses; que fera le délégué du ministre? il pourra tenir des notes, et, s'il est très-courageux, s'il est très-ferme, s'il ne redoute pas de se voir exposé à la contradiction de dix, quinze, vingt témoins qui prendront en mains la cause du professeur...

M. Totain. Des faux témoins, n'est-ce pas?

M. Alfred Dupont. On en trouve, et surtout dans certaines catégories.

Si, dis-je, le délégué est très-courageux, il aura cette chance de suivre le procès-verbal qu'il aura dressé, devant la juridiction répressive; et, c'est ici que je vous attends, quelle est la juridiction? La juridiction préférée par tous ceux qui craignent la répression, la juridiction des cours d'assises, car, aux termes des lois de la matière, les délits de parole proférée dans des lieux ou des réunions publics, aboutissent à la cour d'assises.

Eh bien, vous serez bien avancés : le professeur aura professé ce qu'il aura voulu, il aura soulevé les populations, il les aura perverties soit par des discours incendiaires, soit par des insinuations dangereuses, et le délégué de M. le ministre de l'instruction publique aura la ressource de faire... (Aux voix! aux voix! à gauche), ce délégué aura la ressource de faire un rapport à son chef. S'il y a des poursuites, on ira devant la cour d'assises, il y aura des plaidoiries — pardonnez-moi la vulgarité de l'expression, — à grand orchestre;

puis il y aura un banquet dans lequel on célébrera le professeur qui probablement en sera le président, et alors les échos d'une certaine presse feront, au professeur très-ignoré la veille, une grande réputation.

Est-ce là ce qu'on appelle une répression sérieuse? Si, au lieu de cette répression que j'appellerai illusoire, vous admettez au contraire pour l'enseignement supérieur la limite, le contrôle, la garantie, que les professeurs de l'enseignement libre, surtout ceux qui seraient recrutés dans les catégories que j'ai citées, n'auraient pas le droit de se montrer si difficiles à accepter, la juridiction disciplinaire elle seule peut constituer un remède sérieux. Je dis la juridiction disciplinaire, non pas l'administration; car j'ai été ou ne peut plus surpris d'entendre l'honorable rapporteur nous dire à satiété : C'est le bon plaisir de l'administration auquel vous allez soumettre la liberté d'enseignement! Non : c'est le conseil départemental, c'est le conseil supérieur de l'instruction publique. Et pour répondre à l'objection que j'ai entendue... (Aux voix! aux voix! à gauche.)

Cela vous déplaît, messieurs; j'en suis bien désolé... (Parlez! parlez! à droite.)

C'est, dis-je, le conseil supérieur de l'instruction publique, — j'ai sous les yeux la loi qui l'institue ; — ce n'est pas l'administration.

Le conseil supérieur de l'instruction publique se compose de trente membres, et, sur ces trente membres, vingt membres sont le produit de l'élection. Il y a un membre du conseil supérieur de l'agriculture, élu par ses collègues ; il y a un membre du conseil supérieur du commerce, élu par ses collègues; cinq membres de l'Institut, choisis par les membres de l'Institut, et ainsi de suite, c'est-à-dire vingt membres devant leur investiture à l'élection, contre dix membres émanant du choix de l'administration.

C'est donc un corps présentant toutes les garanties qui sera chargé d'appliquer les peines disciplinaires dans des cas qui ne sont pas si difficiles à démêler pour des professeurs, pour des savants. Tout à l'heure l'honorable M. Laboulaye, se citant lui-même, disait : Mais j'ai dû dans un cours sur les institutions de l'Amérique, me livrer à de longues études, à de grandes recherches, est-ce que tout le monde pourra les contrôler? Non, pas tout le n monde. Mais le conseil supérieur de l'instruction publique pourra juger si l'enseignement répond au programme, si le professeur s'en est ou non écarté ; il pourra juger si la conduite du professeur est assez scandaleuse et assez grave pour qu'il soit disqualifié, il pourra juger en même temps s'il a toléré ou provoqué les désordres qui se sont manifestés dans son cours.

En somme, s'il est nécessaire d'ajouter aux restrictions ou plutôt au contrôle et aux garanties de la loi, s'il faut, et c'est évident, des garanties que la loi ne donne pas, on ne peut les trouver que dans la juridiction disciplinaire. La juridiction disciplinaire n'est pas l'administration, ce n'est pas l'arbitraire, ce n'est pas l'ostracisme contre les idées libres, c'est la proscription des idées dangereuses et malsaines, et je ne comprendrais pas par quel étrange privilège des hommes, qui ne donnent

à la sécurité publique aucune garantie, seraient affranchis des mesures de contrôle, de répression, sous lesquelles professent et sous lesquelles seules peuvent professer les savants les plus illustres, les hommes qui, par les diplômes qu'ils ont obtenus, par les examens qu'ils ont subis, par l'instruction élevée qu'ils ont reçue, présenteraient des garanties suffisantes pour les exempter de la juridiction disciplinaire. Tant que la juridiction disciplinaire sera maintenue contre eux, incontestablement on doit l'appliquer aux professeurs libres. (Exclamations et applaudissements ironiques à gauche. — Applaudissements à droite.)

M. Humbert. (Aux voix! aux voix!) Je serai très-court, messieurs : je n'ai qu'une simple observation à présenter. (Parlez!)

Je veux seulement appeler votre attention sur la gravité de la pénalité prononcée, par l'article additionnel qui vous est proposé, contre le professeur libre. (Aux voix!) Dans les cas prévus par cet article 22, le professeur libre est frappé de l'incapacité d'enseigner.

Or, si nous examinons les principes de notre législation, nous voyons que l'incapacité d'enseigner ne résulte en général que de la dégradation civique, c'est-à-dire d'une peine attachée aux condamnations criminelles. L'article 34 du code pénal est formel sur ce point. (Interruptions à droite.)

M. Alfred Giraud. Cette disposition est déjà dans la loi de 1850!

M. Humbert. Permettez-moi, messieurs, d'achever mon raisonnement, qui s'applique à l'enseignement libre.

Par l'article 42 du code pénal, il n'est pas permis même aux tribunaux correctionnels de prononcer cette peine, consistant dans l'incapacité d'enseigner contre ceux qui ont encouru une peine correctionnelle.

Et aujourd'hui vousvoulez permettre à un conseil départemental de prononcer contre un professeur libre de l'enseignement supérieur une pénalité d'autant plus grave qu'elle ne résulte ordinairement que des condamnations criminelles! Il m'est impossible d'admettre, pour les faits si vagues prévus par l'article, un système aussi rigoureux et aussi arbitraire! (Vives marques d'approbation et applaudissements à gauche.)

M. le président. Je donne une nouvelle lecture de l'amendement de M. Giraud, dont la rédaction a été modifiée comme suit :

« Indépendamment des pénalités ci-dessus édictées, tout professeur pourra, sur la plainte du préfet ou du recteur, être traduit devant le conseil départemental de l'instruction publique, pour cause d'inconduite notoire, ou lorsque son enseignement sera contraire à la morale et aux lois, ou pour désordre grave occasionné ou toléré par lui dans son cours. Il pourra, à raison de ces faits, être soumis à la réprimande avec ou sans publicité. L'enseignement pourra même lui être interdit à temps ou à toujours, sans préjudice des peines encourues pour crimes ou délits.

« Le conseil départemental Jevra être convoqué dans les huit jours, à partir de la plainte.

« Appel de la décision rendue pourra toujours être porté devant le conseil supérieur, dans les quinze jours à partir de la notification de cette décision.

« L'appel ne sera pas suspensif. »

M. Henri Wallon, *ministre de l'instruction publique et des cultes.* J'accepte cette rédaction !

M. le président. Il y a une demande de scrutin. (Exclamations.)

M. le général Robert, *au milieu du bruit.* Monsieur le président, M. le ministre de l'instruction publique accepte-t-il cette rédaction ?

M. le président. Oui, M. le ministre vient de le déclarer.

La demande de scrutin est signée par MM. A. Dumon, Ch. Combier, de Vaulchier, de Legge, Tailhand, de Saincthorent, comte de Cintré, G. de Belcastel, Bernard-Dutreil, de Limairac (Tarn-et-Garonne), Louis de Saint-Pierre, de Kermenguy, vicomte de Lorgeril, de Kéridec, Ch. Martin, Bourgeois, vicomte de Rodez-Bénavent, de Colombet, vicomte d'Aboville, de La Bassetière.

(Le scrutin est ouvert et les votes sont recueillis.)

Le dépouillement est fait par MM. les secrétaires, et, sur leur déclaration qu'il y a lieu à pointage, il est procédé à cette opération.

Pendant que le scrutin est soumis à vérification, et au milieu des conversations engagées sur tous les bancs, quelques cris : A demain ! à demain ! se font entendre.

M. le président. Je demande aux honorables members qui, dans ce moment-ci, font des efforts pour que j'entende leur proposition de remise à demain, de vouloir bien s'expliquer : Entendent-ils que la séance soit levée avant de connaître le résultat du scrutin ? (Non ! non !)

Eh bien, alors, que puis-je faire ? Qu'ils veuillent bien l'expliquer. Je ne puis pas lever la séance avant que le résultat du scrutin soit connu.

M. Baragnon. On pourrait régler l'ordre du jour.

M. le président. Non ! je ne puis régler l'ordre du jour pendant que s'effectue l'opération du scrutin.

On me pose cette question tous les jours. Tous les jours j'y fais la même réponse.

La parole est à M. de Vinols pour le dépôt d'un rapport.

M. le baron de Vinols. J'ai l'honneur de déposer sur le bureau de l'Assemblée, au nom de la 34e commission des lois d'intérêt local, un rapport sur un projet de loi portant établissement de surtaxe à l'octroi de la commune de Plouider (Finistère).

M. le président. Le rapport sera imprimé et distribué.

(Au bout d'une demi-heure de suspension de fait de la séance, MM. les secrétaires rapportent à M. le président le résultat de leur vérification.)

M. le président. Voici le résultat vérifié du dépouillement du scrutin :

Nombre des votants............	646
Majorité absolue..............	324
Pour l'adoption......	324
Contre..............	322

L'Assemblée nationale a adopté.

ANNALES. — T. XXXIX.

M. Alfred Giraud. L'Assemblée m'ayant donné satisfaction en adoptant l'article 22, que j'avais proposé, et l'honorable rapporteur de la loi ayant reconnu que le Gouvernement a toujours le droit de suspendre provisoirement un cours quand des désordres graves s'y produisent, je déclare retirer l'amendement que j'avais proposé sous le n° 23. (Très-bien ! à droite. — Mouvement de surprise sur plusieurs bancs à gauche.)

M. le président. L'amendement que l'honorable M. Giraud vient de retirer devait, en effet, dans la pensée de ses auteurs, — car il était signé par beaucoup d'autres membres que M. Giraud, — prendre dans la loi le n° 23.

« En cas de désordres graves dans un cours », portait cet amendement, « le préfet de police à Paris et les préfets dans les départements auront le droit de suspendre provisoirement ce cours.

« La durée de la suspension ne pourra excéder un mois. »

C'est cet amendement que M. Giraud retire, et non celui qui vient d'être voté.

Un grand nombre de membres ont demandé la remise de la discussion à demain.

Voix nombreuses. Non ! non !

M. Cochery. Il n'y a plus qu'à voter sur l'ensemble.

M. le président. Je fais observer à l'Assemblée que la demande de remise à demain a été formulée il y a environ trois quarts d'heure, pendant le scrutin, par conséquent à un moment où il ne m'était pas possible de consulter l'Assemblée, puisqu'il fallait préalablement connaître le résultat du vote.

Je la consulte maintenant sur la question de savoir si la suite de la discussion sera renvoyée à demain.

(L'Assemblée, consultée, décide que la suite de la discussion n'est pas renvoyée à demain.)

M. le président. La discussion continuant, je donne lecture de l'article 20, devenu l'article 22 :

« L'article 463 du code pénal pourra être appliqué aux infractions prévues par la présente loi. »

(L'article est mis aux voix et adopté.)

M. le président. La commission propose de supprimer l'article 21.

M. le rapporteur. L'article 21, dont la commission proposait la suppression, est celui-là même qui a été représenté par M. Giraud à titre d'amendement, et que l'Assemblée vient de voter.

M. le président. Alors, nous passons à l'article 22, qui deviendra l'article 23.

Cet article est ainsi conçu :

« Le Gouvernement présentera dans le délai d'un an un projet de loi ayant pour objet d'introduire dans l'enseignement supérieur de l'Etat les améliorations reconnues nécessaires. »

Je mets cet article aux voix.

(Une première épreuve par main levée est déclarée douteuse.)

Une deuxième épreuve a lieu par assis et levé.

M. le président, *après avoir consulté MM. les secrétaires.* L'article additionnel est adopté. (Bruit et mouvements divers.)

Je prie l'Assemblée de vouloir bien faire silence. Quelle que soit la bonne volonté du président, il lui est très-difficile de dominer le bruit. (Le silence se rétablit.)

« Art. 24. — Sont abrogés les lois et décrets antérieurs en ce qu'ils ont de contraire à la présente loi. »

(L'article 24 est mis aux voix et adopté.)

M. le président. Il y a sur l'ensemble du projet de loi deux demandes de scrutin public à la tribune.

Ces demandes sont signées par MM. Henri Brisson, Bouchet, Jules Cazot, Germain Casse, Jules Barni, Ch. Lepère, Guyot, Lafon de Fongaufier, Paul Bert, Gent, Tiersot, de Mahy, Escarguel, H. Moreau, P. Cotte, Laget, Greppo, Brelay, Ferrouillat, Alexis Lambert, Ed. Millaud, Schœlcher, P. Joigneaux, Testelin, Jules Ferry, Alphonse Gent. Tiersot, Alexis Lambert, Henri Goblet, Le Royer, Tirard, Lherminier. Caduc, Ch. Rolland, Maillé, Bamberger, E. de Marcère, Lanfrey.

Je demande à l'Assemblée de me permettre de lui donner quelques mots d'explication, afin qu'il n'y ait pas d'erreur.

Il n'y a pas d'appel nominal dans ce cas ; il ne peut y avoir d'appel nominal que quand on demande le scrutin secret à la tribune. (Exclamations diverses.)

Il n'y aura donc pas d'appel nominal pour le scrutin à la tribune qui est demandé, puisque c'est un scrutin public, c'est-à-dire un scrutin dont les résultats doivent être publiés à la suite du compte rendu *in extenso*; mais suivant les précédents, un de MM. les secrétaires se tiendra à la tribune pour recueillir le vote de chacun de MM. les députés.

Un membre. Mais le scrutin à la tribune n'a pas lieu de plein droit ! il faut qu'il soit décidé par l'Assemblée.

M. le président. C'est ce que j'allais dire.

Le règlement veut, en effet, que l'Assemblée soit consultée sur ce mode de votation, qui ne peut avoir lieu sans qu'elle l'ait ordonné... (Bruit et interruptions.)

Votre règlement porte, messieurs, que le scrutin public à la tribune doit être approuvé par assis et levé, sans débat.

Il ne peut donc pas y être procédé avant que vous n'ayez manifesté votre volonté. (Assentiment.)

Je consulte l'Assemblée.

(L'Assemblée, consultée, décide qu'il sera procédé au scrutin public à la tribune.)

Une urne des votes est placée sur la tribune. Un de MM. les secrétaires, — M. Félix Voisin d'abord, et après lui M. le comte Duchâtel, reçoit les bulletins de chacun de MM. les députés et les dépose dans cette urne.

L'opération, commencée à six heures dix minutes, est terminée à six heures cinquante-cinq.

M. le président. Je déclare le scrutin fermé; mais pendant que MM. les secrétaires vont procéder à son dépouillement dans le bureau des procès-verbaux, je demanderai à l'Assemblée si elle entend se réunir dans ses bureaux demain?

De divers côtés. Non ! non !

M. Charles Rolland. Monsieur le président, permettez-moi de présenter une observation.

Il n'est pas dans les habitudes de l'Assemblée de proposer la réunion dans les bureaux le lendemain même du jour où ils ont été formés. (Oui ! oui ! — A jeudi !)

Les listes ne sont pas même encore imprimées, et les noms ne sont pas connus. Il ne faut pas qu'il y ait de surprise.

M. le président. Notre honorable collègue me fait observer que la liste des membres composant chaque bureau n'est pas encore imprimée et que MM. les députés ne peuvent conséquemment pas savoir à quel bureau ils appartiennent. L'usage, en général, n'est pas non plus de se réunir le lendemain du tirage des bureaux. Cependant, malgré l'usage, l'Assemblée est toujours maîtresse de son ordre du jour. (A jeudi ! à jeudi !)

La réunion des bureaux aura lieu jeudi.

Demain, à deux heures, séance publique :

Discussion des conclusions du rapport de la commission d'enquête sur l'élection de la Nièvre ;

1re délibération sur le projet de loi organique relatif aux élections des sénateurs;

3e délibération sur le projet de loi relatif aux rapports des pouvoirs publics ;

Suite de l'ordre du jour.

Il n'y a pas d'opposition ?...

L'ordre du jour est ainsi réglé.

Je préviens l'Assemblée que je ne lèverai la séance qu'après avoir proclamé le résultat du scrutin.

Un membre. Mais il n'y a pas de pointage !

M. le président. C'est vrai; mais MM. les secrétaires ont pensé que pour opérer le dépouillement du scrutin, ils seraient plus à l'aise dans le bureau des procès-verbaux.

M. Baucarne-Leroux, obligé de s'absenter pour un devoir de famille, demande un congé d'urgence de trois jours.

M. Edmond Turquet demande également un congé d'urgence de huit jours.

Il n'y a pas d'opposition ?...

Les congés sont accordés.

M. le marquis de Gouvello s'excuse, pour cause de santé, de ne pouvoir assister à la séance d'aujourd'hui ni à celle de demain.

(A sept heures huit minutes, messieurs les secrétaires rentrent dans la salle et remettent à M. le président le résultat du scrutin.)

M. le président. Voici le résultat du scrutin.

Nombre des votants...........	582
Majorité absolue...........	292
Pour l'adoption.......	316
Contre..............	266

L'Assemblée nationale a adopté.

(La séance est levée à sept heures dix minutes.)

Le directeur du service sténographique de l'Assemblée nationale,

CÉLESTIN LAGACHE.

SCRUTIN

Sur l'amendement de M. Bouisson.

Nombre des votants.......	670
Majorité absolue...........	336
Pour l'adoption......	325
Contre..............	345

L'Assemblée nationale n'a pas adopté

ONT VOTÉ POUR :

MM. Adam (Edmond) (Seine). Adrien Léon. Alexandre (Charles). Allemand. Amat Ancelon. André(Seine). Arago(Emmanuel). Arbel. Arnaud (de l'Ariège). Arrazat.

Bamberger. Bardoux. Barni. Barodet. Barthe (Marcel). Barthélemy Saint-Hilaire. Bastid (Raymond). Beau. Beaussire. Bérenger. Berlet. Bernard (Charles) (Ain). Bernard (Martin) (Seine). Bert. Bertauld. Besnard. Bethmont. Billot (général). Billy. Blanc (Louis). Bottard. Boucau (Albert). Bouchet (Bouches-du-Rhône). Bouisson. Boysset. Bozérian. Brelay. Breton (Paul). Brice (Ille-et-Vilaine). Brice (Meurthe-et-Moselle). Brillier. Brisson (Henri) (Seine). Brun (Charles) (Var). Buée. Buisson (Seine-Inférieure).

Caduc. Calmon. Carnot (père). Carnot (Sadi). Carquet. Carré-Kérisouët. Casimir Perier. Casse (Germain). Castelnau. Cazot (Jules) (Gard). Cézanne. Chabron (général de) Chadois (colonel de). Challemel-Lacour. Chardon. Chareton (général). Charton. Chavassieu. Cherpin. Chevandier. Chirac. Choiseul (Horace de). Christophle (Albert). Claude (Meurthe-et-Moselle). Claude (Vosges). Clerc. Cochery. Combarieu (du). Contaut. Corbon. Cordier. Corne. Cotte. Crémieux. Cunit.

Danelle-Bernardin. Daron. Daumas. Dauphinot. Delacour. Delacroix. Delord. Delorme. Donfort (colonel). Deregnaucourt. Desbons. Deschanges. Desjardins. Destremx. Dietz-Monnin. Dréo. Dubois. Duboys-Fresnay (général). Ducarre. Duchâtel (le comte). Duclerc. Ducuing. Dufay. Dupare. Dupouy. Duréault. Durieu. Dussaussoy. Duvergier de Hauranne.

Escarguel. Eschasseriaux (baron). Esquiros. Eymard-Duvernay.

Farcy. Favre (Jules). Faye. Feray. Fernier. Ferrouillat. Ferry (Jules). Folliet. Foubert. Fouquet. Fourcand. Fraissinet. Frébault (général).

Gagneur. Gailly. Gambetta. Ganault. Gatien-Arnoult. Gaudy. Gaulthier de Rumilly. Gayot. Gent. George (Émile). Gérard. Germain. Gévelot. Girard (Cyprien). Girot-Pouzol. Goblet. Godin. Godissart. Grandpierre. Greppo. Grévy (Albert). Grévy (Jules). Grollier. Guibal. Guichard. Guillemaut (le général). Guinard. Guinot. Guyot.

Hérisson. Hèvre. Humbert.

Jacques. Janzé (baron de). Jaurès (amiral). Joigneaux. Jouin. Journault. Jozon. Krantz.

La Caze (Louis). Lacretelle (Henri de). Lafayette (Oscar de). Laflize. Lafon de Fongan-fler. Laget. Lambert (Alexis). Lamy. Lanel. Lanfrey. Langlois. La Serve. Lasteyrie (Jules de). Latrade. Laurent-Pichat. Leblond. Lebreton. Lecamus. Lefèvre (Henri). Lefranc (Pierre). Lefranc (Victor). Lenoël (Émile). Lepère. Lepetit. Lepouzé. Leroux (Aimé). Le Royer. Lesguillon. Lévêque. Lherminier. Limperani. Littré. Lockroy. Loustalot. Loucet.

Madier de Montjau. Magniez. Magnin. Mahy (de). Maillé. Malens. Maleville (marquis de).

Maleville (Léon de). Malézieux. Mangini. Marc-Dufraisse. Marcère (de). Marchand. Marck. Marcou. Margaine. Martel (Pas-de-Calais). Martell (Charente). Martin (Henri). Max-Richard. Mazeau. Médecin. Mélinc. Mercier. Mestreau. Michal-Ladichère. Millaud. Moreau (Côte-d'Or). Morin. Morvan. Murat-Sistrières. Naquet. Nétien. Nioche. Noël-Parfait. Ordinaire (fils). Osmoy (comte d').

Palotte (Jacques). Parent. Parsy. Pascal Duprat. Patissier (Soathène). Pelletan. Pellissier (général). Périn. Pernolet. Poyrat. Philippoteaux. Picard (Ernest). Picart (Alphonse). Pin. Pompery (de). Pothuau (amiral). Pressensé (de).

Rameau. Rampon (comte). Rampont. Rathier. Rémusat (Paul de). Renaud (Félix). Reymond (Ferdinand) (Isère). Reymond (Loire). Ricard. Riondel. Rive (Francisque). Robert (Léon). Robert de Massy. Roger du Nord (le comte). Roger-Marvaise. Rolland (Charles) (Saône-et-Loire). Roudier. Rousseau. Roussel. Rouvier. Roux (Honoré).

Saint-Pierre (de) (Calvados). Salneuve. Salvandy (de). Sansas. Saussier (général). Savary. Schérer. Scheurer-Kestner. Schœlcher. Sebert. Ségur (comte Louis de). Soignobos. Sénard. Sens. Silva (Clément). Simiot. Simon (Fidèle). Simon (Jules). Soye. Swiney. Taberlet. Tamisier. Tardieu. Tassin. Testelin. Thiers. Thomas (docteur). Thurel. Tiersot. Tillancourt (de). Tirard. Tocqueville (comte de). Tolain. Toupet des Vignes. Tribert Turigny. Turquet. Vacherot. Valazé (général). Valentin. Varroy. Vast-Vimeux (baron). Vautrain. Villain. Waddington. Waraior (Marne). Wilson. Wolowski.

ONT VOTÉ CONTRE :

MM. Abbadie de Barrau (comte d'). Aboville (vicomte d'). Aclocque Adam (Pas-de-Calais). Adnet. Aigle (comte de l'). Allenou. Amy. Ancel. Andelarre (le marquis d'). Anisson-Duperon. Arfeuillères. Aubry. Audren de Kerdrel. Aurelle de Paladines (général d'). Auxais (d'). Aymé de la Chevrelière.

Babin-Chevaye. Bagneux (comte de). Balsan. Biragnon. Buranto (le baron de). Barascud. Bastard (comte Octave de). Baucarne-Leroux. Beauvillé (de). Belcastel (de). Benoist d'Azy (comte). Benoist du Buis. Benoit (Meuse). Bernard-Dutreil. Besson (Paul). Béthune (le comte de). Bourgos (le comte de). Bidard. Bienvenüe. Bigot. Blavoyer. Blin de Bourdon (le vicomte). Bocher. Boduin. Boisboissel (le comte de). Boisse. Bompard. Boualt (le vicomte de). Bondy (le comte de). Bonnet. Boreau-Lajanadie. Botticau. Bouillé (le comte de). Boulier (Loire). Boullier de Branche. Bourgeois (Vendée). Boyer. Brabant. Brame (Jules). Brettes-Thurin (le comte de). Broet. Broglie (duc de). Brun (Lucien) (Ain). Brunet. Bryas (comte de). Bullet. Buisson (Jules) (Aude).

Caillaux. Calemard de La Fayette. Callet. Carayon La Tour (de). Carbonnier de Marzac (de). Carron (Émile). Castellane (marquis de). Cazeaux (H.-Pyrénées). Cazenove de Pradine (de). Chabaud La Tour (Arthur de). Chabaud La Tour (général baron de). Chabrol (de). Chamaillard (le). Champagny (vicomte Henri de) Champvallier (de). Changarnier (général). Charreyron. Chatelin. Chaurand (baron). Cheguillaume. Chesnelong. Ciniré (comte de). Cissey (général de). Clapier. Clément (Léon). Clercq (de). Colombet (de). Combier. Cornulier-Lucinière (le comte de). Costa de Beauregard (marquis de). Cottin (Paul). Courbet-Poulard. Courcelle. Crussol d'Uzès (duc de). Cumont (vicomte Arthur de).

Daguenet. Daguilhon-Lasselve. Dampierre

tremx. Dietz-Monnin. Dréo. Dubois. Duchâtel (comte). Duclerc. Ducuing. Dufay. Duparc. Dupouy. Duréault. Dui eu. Dussaussoy. Duvergier de Hauranne.

Escarguel. Eschasseriaux (baron), Esquiros. Eymard-Duvernay.

Farcy. Favre (Jules). Faye. Feray. Fernier. Ferrouillat. Ferry (Jules). Flotard. Folliet. Foubert. Fouquet. Fourcand. Frébault (général).

Gagneur. Gailly. Gambetta. Ganault. Gation-Arnoult. Gaudy. Gaulthier de Rumilly. Gayot. Gent. George (Emile). Gérard. Germain. Gévelot. Girerd (Cyprien). Girot-Pouzol. Goblet. Godin. Godissart. Grandpierre. Greppo. Grévy (Albert). Grévy (Jules). Guibal. Guichard. Guinard. Guinot. Guyot.

Hèvre. Humbert.

Jacques. Jaurès (amiral). Joigneaux. Jouin. Journault. Jozon.

Krantz.

La Caze (Louis). Lacretelle (Henri de). Lafayette (Oscar de). Laflize. Lafon de Fongaufier. Laget. Lambert (Alexis). Lamy. Lanel. Lanfrey. Langlois. La Serve. Lasteyrie (Jules de). Latrade. Laurent-Pichat. Leblond. Lecamus. Lefèvre (Henri) Lefranc (Pierre). Lefranc (Victor). Lenoël (Emile). Lepère. Lepotit. Lépouzé. Leroux (Aimé). Le Royer. Lestguillon. Levèque. Lherminier. Littré. Lockroy. Loustalot. Lucet.

Madier de Montjau. Magniez. Magnin. Mahy (de). Maillé. Malens. Maleville (marquis de). Maleville (Léon). Malézieux. Marc-Dufraisse. Marcère (de). Marchand. Marck. Marcou. Margaine. Martel (Pas-de-Calais.) Martell (Charente). Martin (Henri). Max-Richard. Mazeau. Médecin. Méline. Mercier. Mestreau. Michal Ladichère. Millaud. Moreau (Côte-d'Or). Morin.

Naquet. Nétien. Nieche. Noël-Parfait. Ordinaire (fils). Osmoy (comte d').

Palotte (Jacques). Parent. Pascal Duprat. Patissier (Sosthène). Pelletan. Périn. Pernolet. Perret. Peyrat. Philippoteaux. Picard (Ernest). Picart (Alphonse). Pin. Pothuau (amiral). Pressensé (de).

Rameau. Rampont. Rathier. Rémusat (Paul de). Renaud (Félix). Renaud (Michel). Reymond (Ferdinand) (Isère). Reymond (Loire). Ricard. Riondel. Rive (Francisque). Robert (Léon). Robert de Massy. Roger du Nord (comte). Roger-Marvaise. Rolland (Charles) (Saône-et-Loire). Rouher. Rousseau. Roussel. Rouvier. Roux (Honoré). Roy de Loulay.

Saint-Pierre (de) (Calvados). Salneuve. Salvandy (de). Sansas. Saussier (général). Savary. Savoye. Schérer. Schœlcher. Sebert. Ségur (comte Louis de). Seignobos. Sénard. Sens. Silva (Clément). Simiot. Simon (Fidèle). Simon (Jules). Soubeyran (baron de). Soye. Swiney.

Taberlet. Tamisier. Tardieu. Tassin. Testelin. Thiers. Thomas (docteur). Thurel. Tiersot. Tillancourt (de). Tirard. Tocqueville (comte de). Tolain. Tribert. Turigny. Turquet.

Vacherot. Valazé (général). Valentin. Varroy. Vast-Vimeux (baron). Vautrain. Villain. Waddington. Warnier (Marne). Wilson. Wolowski.

N'ONT PAS PRIS PART AU VOTE

Comme étant retenus à la commission du budget:

MM. Batbie. Chareton (général).

N'ONT PAS PRIS PART AU VOTE :

MM. Abbatucci. André (Charente). Audiffret-Pasquier (duc d'). Bardoux. Bastid. Bocher.

Rofflnton. Bouisson. Bourgoing (le baron de). Busson-Duviviers. Denfert (le colonel). Doseat. Dubovs-Fresnay (le général). Ducarre. Dufaure (Jules). Fraissinet. Ganivet. Ginoux de Fermon (comte). Grollier. Guillemaut (le général). Haentjens. Hérisson. Janzé (baron de). Joinville (prince de). Lebreton. Le Provost de Launay. Levert. Limperani. Mangini. Morvan. Murat-Sistrières. Parsy. Pellissier (général). Pompery (de). Rampon (comte). Raoul Duval. Rivaille (Arthur). Rouher. Saisy (Hervé de). Say (Léon). Scheurer- Kestner. Toupet des Vignes.

ABSENTS PAR CONGÉ :

MM. Aumale (le duc d'). Cézanne. Chanzy (général). Chaudordy (comte de). Corcelle (de). Denormandie. Gontaut-Biron (vicomte de). Le Flo (général). Maure. Monnot-Arbilleur. Salvy. Target.

SCRUTIN

Sur l'ensemble de l'article 13 de la loi sur la liberté de l'enseignement supérieur.

Nombre des votants 638
Majorité absolue 320

Pour l'adoption 357
Contre 281

L'Assemblée nationale a adopté.

ONT VOTÉ POUR :

MM. Abbadie de Barrau (le comte d'). Aboville (vicomte d'). Aclocque. Adam (Pas-de-Calais). Adnet. Aigle (le comte de l'). Allenou. Amy. Ancel. Andelarre (marquis d'). Anisson-Duperon. Arfeuillères. Aubry. Audren de Kerdrel. Aurelle de Paladines (général d'). Auxais (d'). Aymé de la Chevrelière.

Babin-Chevaye. Bagneux (comte de). Balsan. Baragnon. Barante (le baron de). Barascud. Barbearne-Leroux. Baze. Beauvillé (de). Belcastel (de). Benoist d'Azy (comte). Benoist du Buis. Benoit (Meuse). Bernard - Dutreil. Besson (Paul). Béthune (le comte de). Beurges (le comte de). Bidard. Bienvenüe. Bigot. Blavoyer. Blin de Bourdon (le vicomte). Bocher. Boduin. Boisboissel (comte de). Boisse. Bompard. Bonald (vicomte de). Bondy (comte de). Bonnet. Boreau-Lajanadie. Bottieau. Bouillé (le comte de). Boullier (Loire). Boullier de Branche. Bourgeois. Boyer. Brabant. Brame (Jules). Brettes-Thurin (comte de). Broët. Broglie (duc de). Brun (Lucien) (Ain). Brunet-Bryas (le comte de). Buffet. Buisson (Jules) (Aude).

Caillaux. Calemard de La Fayotte. Callet. Carayon La Tour (de). Carbonnier de Marzac (de). Carron (Emile). Castellane (comte de). Cazeaux (Hautes-Pyrénées). Cazenove de Pradine (de). Chabaud La Tour (Arthur de). Chabaud La Tour (général baron de). Chabron (général de). Chamaillard (de). Chambrun (comte de). Champagny (vicomte Henri de). Champvallier (de). Changarnier (général). Chaper. Charreyron. Chatelin. Chauran.d (baron). Cheguillaume. Chesnelong. Ciatré (comte de). Cissey (le général de). Clapier. Clément (Léon). Clercq (de). Colombet (de). Combier. Cornulier-Lucinière (comte de). Costa de Beauregard (marquis de). Cottin (Paul). Courbet-Poulard. Courcelle. Crussol d'Uzès (duc de). Cumont (vicomte Arthur de).

Daguenet. Daguilhon - Lasselve. Dampierre (marquis de). Daru (comte). Daussel. Decazes (baron). Decazes (duc). Delavau. Delille. Delisse-Engrand. Dolpit. Delsol. Depasso. Depeyre. Desbassayns de Richemont (comte). Descat. Desjardins. Dezanneau. Diesbach (comte de). Dompierre d'Hornoy (l'amiral de). Doré-Graslin. Douay. Douhet (comte de). Drouin. Du Bodan. Du Breuil de Saint-Germain. Du Chaffaut. Dufaur (Xavier). Dufour. Dufournel. Dumarnay. Dumon. Dupanloup (Mgr). Dupin (Félix). Dupont (Alfred). Durfort de Civrac (le comte de).

Ernoul. Féligonde (de). Flaghac (baron de). Fleuriot (de). Fontaine (de). Forzanz (vicomte do). Foubert. Fourichon (amiral). Fournier (Henri). Fourtou (de). Franclieu (marquis de). Fresneau.

Gallicher. Galloni d'Istria. Gaslonde. Gasselin de Fresnay. Gaulthier de Vaucenay. Gavardie (do). Gavini. Germonière (de la). Gillon (Paulin). Giraud (Alfred). Glas. Godet de la Riboullerie. Gouvello (de). Gouvion Saint-Cyr (marquis de). Grammont (marquis de). Grange. Grasset (de). Grivart. Guerlan. Guiche (marquis de la).

Hamille. Harcourt (comte d'). Harcourt (duc d'). Haussonville (vicomte d'). Hespel (comte d'). Houssard. Huon de Penanster. Jaffré (abbé). Jamme. Jocteur-Monrozier. Johnston. Jordan. Joubert. Jourdan. Jouvenel (baron de). Juigné (comte de). Juigné (marquis de). Jullien.

Keller. Kergariou (comte de). Kergorlay (comte de). Kéridec (de). Kerjégu (amiral de). Kormenguy (le vicomte de). Kolb-Bernard.

La Bassetière (de). Labitte. La Borderie (de). La Bouillerie (de). Laboulaye. Lacave-Laplagne. Lacombe (de). Lagrange (baron A. de). Lallié. Lambert de Sainte-Croix. Lamberterie (de). La Pervanchère (de). Larcy (baron de). Largentaye (de). La Roche-Aymon (marquis de). La Rochefoucauld (duc de Bisaccia). La Rochejaquelein (marquis de). La Rochethulon (marquis de). La Rochette (de). La Sicotière (de). Lassus (baron de). Laurier. Lavergne (Léonce de). Lebourgeois. L'Ebraly. Le Chatelain. Lefèbure. Lefèvre-Pontalis (Eure-et-Loir). Leièvre-Pontalis (Seine-et-Oise). Le Gal La Salle. Leggo (comte de). Legrand (Arthur). Le Lasseux. Le Provost de Launay. Lespinasse. Lestapis (de). Lestourgie. Leurent. Limairac (de) (Tarn-et-Garonne). Limayrac (Léopold) (Lot). Lorgeril (vicomte de) Lorial. Louvet. Loysel (général). Luro. Lur-Saluces (marquis de).

Maillé (le comte de). Malartre. Mallovergne. Martel (Pas-de-Calais). Martenot. Martin (Charles). Martin (d'Auray). Martin des Pailières (général). Mathieu (Saône-et-Loire). Mathieu-Bodet (Charente). Mathieu de la Redorte (comte). Maurice. Mayaud. Mazerat. Mazure (général). Meaux (vicomte de). Melun (comte de). Méplain. Mérode (de). Merveilleux du Vignaux. Mettetal. Michel. Monncrayo (comte de la). Monnet. Montaignac (amiral de). Monteil. Montgolfier (de). Montlaur (marquis de). Montrieux. Moreau (Ferdinand). Mornay (le marquis de). Mortemart (duc de). Mouchy (duc de). Murat (comte Joachim).

Nouaillan (comte de). Pagès-Duport. Pajot. Parigot. Paris. Partz (marquis de). Passy (Louis). Peltereau-Villeneuve. Perrier (Eugène). Petau. Peulvé. Peyramont (de). Ploger (de). Pion. Plichon. Plœuc (marquis de). Pontoi-Pontcarré (le marquis de). Pothuau (amiral). Pouyer-Quertier. Pradié. Prax-Paris. Prétavoine. Princeteau. Puiberneau.

Rainneville (de). Rambures (de). Randot. Ravinel (de). Reséguier (comte de). Riant (Léon). Ricot. Robert (général). Rodez-Bénavent (vicomte de). Roger du Nord (comte). Rotours (des). Rouveure. Roys (marquis des).

Sacase. Saincthorent (de). Saintenac (vicomte de). Saint-Germain (de). Saint-Malo (de). Saint-Pierre (Louis de) (Manche). Saint-Victor (de). Saisset (vice-amiral). Saisy (Hervé de). Sarrette. Serph (Gusman). Sers (marquis de). Soury-Lavergne. Staplande (de). Suguy (de). Tailhand. Taillefert. Talhouet (marquis de). Tallon. Tarteron (de). Teissserenc de Bort. Temple (du). Théry. Tréveneuc (comte de). Tréville (comte de).

Valady (de). Valfons (marquis de). Valon (de). Vandier. Vaulchier (comte de). Vantavon (de). Vente. Vétillart. Vidal (Saturnin). Viennet. Vilfeu. Vimal-Dessalgnes. Vinay (Henri). Vingtain (Léon). Vinols (baron de). Vitalis. Vogué (marquis de). Voisin. Wallon. Wartelle de Retz. Witt (Conélis de).

ONT VOTÉ CONTRE :

MM. Adam (Edmond) (Seine). Adrien Léon. Alexandre (Charles). Allemand. Amat. Ancelon. André (Seine). Arago (Emmanuel). Arnaud (de l'Ariège). Arrazat.

Bamberger. Barni. Barodet. Barthe (Marcel). Barthélemy Saint-Hilaire. Beaussire. Bérenger. Berlet. Bernard (Charles) (Ain). Bernard (Martin) (Seine). Bert. Bertauld. Besnard. Bethmont. Billot (le général). Billy. Blanc (Louis). Bonnet (Léon). Bottard. Bouchet (Bouches-du-Rhône). Boysset. Bozérian. Brelay. Breton (Paul). Brice (Ille-et-Vilaine). Brice (Meurthe-et-Moselle). Brillier. Brisson (Henri) (Seine). Brun (Charles) (Var). Buée. Buisson (Seine-Inférieure).

Caduc. Calmon. Carnot (père). Carnot (Sadi). Carquet. Carré-Kérisouët. Casimir Perier. Casse (Germain). Castelnau. Cazot (Jules) (Gard). Challemel-Lacour. Chardon. Chareton (général). Charton. Chavassieu. Cherpin. Chevandier. Chiris. Claude (Meurthe-et-Moselle). Claude (Vosges). Clerc. Cochery. Combarieu (de). Corbon. Cordier. Corne. Cotte. Crémieux. Danelle-Bernardin. Daron. Daumas. Dauphinot. Delacour. Delacroix. Delord. Delormo. Denfert (le colonel). Deregnaucourt. Desbons. Deschange. Destrem. Dietz-Monnin. Dréo. Dubois. Duboys-Fresnay (le général). Duchâtel (comte). Duclerc. Ducuing. Dufay. Duparc. Dupouy. Durieu. Duvergier de Hauranne.

Escarguel. Esquiros. Eymard-Duvernay.

Farcy. Favre (Jules). Faye. Feray. Fernier. Ferrouillat. Ferry (Jules). Flotard. Folliet. Fouquet. Fourcand. Fraissenet. Frébault (général).

Gagneur. Gailly. Gambetta. Ganault. Gatien-Arnoult. Gaudy. Gaulthier de Rumilly. Gayot. Gent. George (Emile). Gérard. Germain. Girerd (Cyprien). Girot Pouzol. Goblet. Godin. Godissart. Grandpierre. Greppo. Grévy (Albert). Grévy (Jules). Guibal. Guillemaut (général). Guinard. Guinot. Guyot.

Hévre. Humbert.

Jacques. Janzé (baron de). Jaurès (amiral). Joignneaux. Jouin. Journault. Joxam. La Caze (Louis). Lacretelle (Henri de). Lafayette (Oscar de). Laflize. Lafon de Fongaufier. Laget. Lambert (Alexis). Lamy. Lanel. Langlois. La Serve. Lasteyrie (J. de). Latrade. Laurent-Pichat. Leblond. Lebreton. Lecamus. Lefèvre (Henri). Lelurone (Pierre). Lefranc (Victor). Lenoël (Emile). Lepère. Lepetit. Leroux (Aimé). Le Royer. Lesguillon. Levêque. Lherminier. Littré. Lockroy. Loustalot. Lucet.

Madier de Montjau. Magniez. Maguin. Mahy (de). Maillé. Malens. Maleville (marquis de). Maleville (Léon de). Malézieux. Marc-Dufraisse. Marck. Marcou. Margaine. Martin (Henri).

Max-Richard. Mazeau. Médecin. Méline. Mercier. Mestreau. Michal-Ladichère. Millaud. Moreau (Côte-d'Or). Morin. Naquet. Nétien. Nioche. Noël - Parfait. Ordinaire (fils). Osmoy (comte d'). Palotte (Jacques). Parent. Pascal Duprat. Pelletan. Pellissier (général). Périn. Pernolet. Perret. Peyrat. Philippoteaux. Picart (Alphonse). Pin. Pompery (de). Pressensé (de). Hameau. Rampont. Rathier. Renaud (Félix). Renaud (Michel). Reymond (Ferdinand) (Isère). Ricard. Riondel. Rive (Francisque). Robert de Massy. Roger-Marvaise. Rolland (Charles). (Saône-et-Loire). Roudier. Rousseau. Roussel. Rouvier. Roux (Honoré).
Saint-Pierre (de) (Calvados). Salneuve. Salvandy (de). Sansas. Sanssier (général). Savary. Savoye. Scheurer-Kestner. Schœlcher. Sébert. Ségur (comte Louis de). Seignobos. Sénard. Silva (Clément). Simon (Fidèle). Simon (Jules). Soubeyran (baron de). Soye. Swiney.
Taberlet. Tamisier. Tardieu. Tassin. Testelin. Thiers. Thomas (docteur). Thurel. Tiersot. Tillancourt (de). Tirard. Tocqueville (comte de). Tolain. Tribert. Turigny. Turquet.
Vacherot. Valazé (général). Varroy. Villain.
Waddington. Warnier (Marne). Wilson. Wolowski.

N'ONT PAS PRIS PART AU VOTE

Comme étant retenus à la commission des lois constitutionnelles :

MM. Beau. Christophle (Albert). Krantz. Picard (Ernest). Rampon (le comte). Schérer.

N'ONT PAS PRIS PART AU VOTE

Comme étant retenus à la commission du budget :

MM. Batbie. Gouin. Marcère (de). Monjaret de Kerjégu.

N'ONT PAS PRIS PART AU VOTE :

MM. Abbatucci. André (Charente). Arbel. Audiffret-Pasquier (le duc d'). Bardoux. Bastid. Boffinton. Boucau. Bouisson. Bourgoing (le baron de). Busson-Duviviers. Chadois (colonel de). Choiseul (Horace de). Contaut. Cunit. Ducarre. Dufaure (Jules). Durdault. Dussaussoy. Eschasseriaux. Ganivet. Gévelot. Ginoux de Fermon (comte). Grollier. Guichard. Haentjens. Hérisson. Joinville (prince de). Lanfrey. Lépouzé. Levert. Limperani. Mangini. Marchand. Martell (Charente). Morvan. Murat-Sistrières. Parsy. Patissier. Quinsonas (marquis de). Raoul Duval. Rémusat (Paul de). Reymond (Loire). Rivaille (Arthur). Robert (Léon). Rouher. Roy de Loulay. Say (Léon). Sens. Simiot. Toupet des Vignes. Valentin. Vast-Vimeux (baron). Vautrain.

ABSENTS PAR CONGÉ :

MM. Aumale (duc d'). Bastard (comte de). Cézanne. Chabrol (de). Chanzy (général). Chaudordy (comte de). Corcelle (de). Denormandie. Gontaut-Biron (vicomte de). La Roncière Le Noury (vice-amiral baron de). Le Flo (général). Mague. Mauro. Monnot-Arbilleur. Salvy. Target.

SCRUTIN

Sur l'amendement de M. Giraud.

Nombre des votants........ 646
Majorité absolue............ 324

    Pour l'adoption.... 324
    Contre............. 322

L'Assemblée nationale a adopté.

ONT VOTÉ POUR :

MM. Abbadie de Barrau (comte d'). Aboville (vicomte d'). Aclocque. Adam (Pas-de-Calais). Adnet. Aigle (comte de l'). Ailenou. Amy. Ancel. Andelarre (marquis d'). André (Charente). Anisson-Duperon. Arfeuillères. Aubry. Audren de Kerdrel. Aurelle de Paladines (le général d'). Auxais (d'). Aymé de la Chevrelière.
Babin-Chevaye. Bagneux (comte de). Balsan. Baragnon. Bastard (le comte Octave de). Baucarne-Leroux. Beauvillé (de). Belcastel (de). Benoist d'Azy (comte). Benoist du Buis. Benoît (Meuse). Bernard-Dutreil. Besson (Paul). Béthune (le comte de). Bourges (le comte de). Bidard. Bienvenüe. Bigot. Blavoyer. Blin de Bourdon (vicomte). Boisboissel (le comte de). Boisse. Bompard. Bonald (vicomte de). Bondy (comte de). Bonnet. Boreau-Lajanadie. Botlieau. Bouillé (le comte de). Boullier (Loire). Boullier de Branche. Bourgeois. Boyer. Brahant. Brame (Jules). Brettes-Thurin (comte de). Broët. Broglie (duc de). Brun (Lucien) (Ain). Brunet. Bryas (le comte de). Buffet. Buisson (Jules) (Aude). Busson-Duviviers.
Caillaux. Calemard de La Fayette. Callet. Carayon La Tour (de). Carbonnier de Marzac (de). Carron (Emile). Castellane (marquis de). Cazeaux (Hautes-Pyrénées). Cazenove de Pradine (de). Chabaud La Tour (Arthur de). Chabaud La Tour (général baron de). Chamaillard (de). Champagny (vicomte Henri de). Champvallier (de). Changarnier (le général). Chaper. Charreyron. Chatolin. Chaurand (baron). Cheguillaume. Chesnelong. Cintré (comte de). Cussey (général de). Clément (Léon). Clercq (de). Colombet (de). Combier. Cornulier-Lucinière (le comte de). Costa de Beauregard (marquis de). Cottin (Paul). Courbet-Poulard. Crussol d'Uzès (duc de). Cumont (vicomte Arthur de).
Daguenet. Daguilhon-Lasselve. Dampierre (le marquis de). Daru (comte). Daussel. Decazes (comte). Decazes (duc). Delavau. Delille. Delisse-Engrand. Dolpit. Delsol. Depasse. Depeyre. Deshassayns de Richemont (le comte). D'escat. Desjardins. Dezanneau. Diesbach (le comte de). Dompierre d'Hornoy (amiral de). Doré-Graslin. Douay. Doubet (comte de). Drouin. Du Bodan. Du Breuil de Saint-Germain. Dufaur (Xavier). Dufour. Dufournel. Dumon. Dupanloup (Mgr). Dupin (Félix). Dupont (Alfred). Dussaussoy.
Ernoul.
Féligonde (de). Flaghac (le baron de). Fleuriot (de). Fontaine (de). Forsanz (le vicomte de). Fournier (Henri). Fourtou (de). Franclieu (le marquis de). Fresneau.
Galloni d'Istria. Ganivet. Gaslonde. Gasselin de Fresnay. Gaulthier de Vaucenay. Gavardie (de). Germonière (de la). Gillon (Paulin). Ginoux de Fermon (comte). Giraud (Alfred). Glas. Godet de la Riboullerie. Gouvello (de). Gouvion Saint-Cyr (marquis de). Grammont (marquis de). Grammont (marquis de). Grange. Grivart. Gueidan. Guiche (marquis de la).
Haentjens. Hamille. Harcourt (comte d').

Harcourt (duc d'). Haussonville (vicomte d'). Hespel (comte d'). Huon de Penanster. Jaffré (abbé). Jamme. Jocteur-Monrozier. Joinville (prince de). Jordan. Joubert. Jourdan. Jouvenel (baron de). Juigné (comte de). Juigné (marquis de). Jullien.

Keller. Kergariou (comte de). Kergorlay (comte de). Kéridec (de). Kerjégu (amiral de). Kermenguy (vicomte de). Kolb-Bernard.

La Bassetière (de). Labitte. La Borderie (de). La Bouillerie (de). Lacaze-Laplagne. Lacombe (de). Lagrange (baron A. de). Lallié. Lambert de Sainte-Croix. Lamborterie (de). La Parvanchère (de). Larcy (baron de). Largentaye (de). La Roche-Aymon (marquis de). La Rochefoucauld (duc de Bisaccia). La Rochejaquelein (marquis de). La Rochethulon (marquis de). La Rochette (de). Lassus (baron de). Laurier. L'Ebraly. Le Chatelain. Lefèvre-Pontalis (Eure-et-Loir). Legge (comte de). Legrand (Arthur). Le Lasseux. Le Provost de Launay. Lespinasse. Lestourgie. Laurent. Levert. Limairac (de) (Tarn-et-Garonne). Limayrac (Léopold) (Lot). Lorgeril (vicomte de). Lorial. Louvet. Loysel (général). Lur-Saluces (marquis de).

Maillé (comte de). Malartre. Martenot. Martin (Charles). Martin (d'Auray). Martin des Pallières (général). Mathieu (Saône-et-Loire). Mathieu-Bodet (Charente). Mathieu de la Redorte (comte). Maurice. Mayaud. Mazerat. Mazure (général). Meaux (vicomte de). Melun (comte de). Méplain. Mérode (de). Merveilleux du Vignaux. Mettetal. Monjaret de Kerjégu. Monneraye (comte de la). Monnet. Monaignac (amiral de). Monteil. Montgolfier (de). Montlaur (marquis de). Montrieux. Mornay (marquis de). Mortemart (duc de). Mouchy (duc de). Murat (comte Joachim).

Nouaillan (comte de).

Pajot. Parigot. Pariz (marquis de). Passy (Louis). Peltereau-Villeneuve. Petau. Peyramont (de). Pioger (de). Piou. Plichon. Pontoi-Pontcarré (le marquis de). Pouyer-Quertier. Pradié. Prétavoine. Princeteau. Puiberneau (de). Quinsonas (marquis de).

Rainneville (de). Rambures (de). Ravinel (de). Rességuier (comte de). Riant (Léon). Robert (général). Ro-lez-Bénavent (vicomte de). Rotours (des). Roys (marquis de).

Sacase. Saincthorent (de). Saintenac (vicomte de). Saint-Germain (de). Saint-Malo (de). Saint-Pierre (Louis de) (Manche). Saint-Victor (de). Saisset (amiral). Sarrette. Savoye. Sens. Serph (Gusman). Sers (marquis de). Soury-Lavergne. Staplande (de). Suguy (de). Tailhand. Taillefert. Talhouët (marquis de). Tallon. Tarteron (de). Temple (du). Théry. Tréveneuc (comte de). Tréville (comte de).

Valady (de). Vaïfons (marquis de). Valon (de). Vandier. Vaulchier (comte de). Ventavon (de). Vente. Vétillart. Vidal. (Saturnin). Vienhet. Vilfeu. Vimal-Dessaignes. Vinay (Henri). Vingtain (Léon). Vinols (le baron de). Vitalis. Vogüé (marquis de). Voisin.

Wallon. Wartelle de Retz. Witt (Cornélis de).

ONT VOTÉ CONTRE :

MM. Adam (Edmond) (Seine). Adrien Léon. Alexandre (Charles). Allemand. Amat. Ancelon. André (Seine). Arago (Emmanuel). Arbel. Arnaud (de l'Ariége). Arrazat.

Bamberger. Barascud. Bardoux. Barni. Barodet. Barthe (Marcel). Barthélemy Saint-Hilaire. Bastid (Raymond). Baze. Beaussire. Bérenger. Berlet. Bernard (Charles) (Ain). Bernard (Martin) (Seine). Bert. Besnard. Bethmont. Billot (général). Billy. Blanc (Louis). Bonnel (Léon). Bottard. Boucau (Albert). Bouchet (Bouches-du-Rhône). Boysset. Bozé-

rian. Brelay. Breton (Paul). Brice (Meurthe-et-Moselle). Brillier. Brisson (Henri) (Seine). Brun (Charles) (Var). Buée. Buisson (Seine-Inférieure).

Caduc. Calmon. Carnot (père). Carnot (Sadi). Carquet. Carré-Kérisouët. Casimir Perier. Casse (Germain). Castolnau Cazot (Jules) (Gard). Chabron (général du). Chadois (colonel de). Challemel-Lacour. Chardon. Chareton (général). Charton. Chavassieu. Cherpin. Chevandier. Chiris. Choiseul (Horace de). Christophle (Albert). Clapier. Claude (Meurthe-et-Moselle). Claude (Vosges). Clerc. Cochery. Combarieu (de). Contaut. Corbon. Cordier. Corne. Cotte. Crémieux. Cunit.

Danelle-Bernardin. Daron. Daumas. Dauphinot. Delacroix. Delord. Delorme. Denfert (colonel). Deregnaucourt. Desbons. Deschange. Destremx. Dietz-Monnin. Dréo. Dubois. Dubovs-Fresnay (général). Ducarre. Du Chaffaut. Duchâtel (comte). Duclerc. Ducuing. Dufay. Duparc. Dupouy. Durieu. Duvergier de Hauranne.

Escarguel. Esquiros. Eymard-Duvernay.

Farcy. Favre (Jules). Faye. Feray. Fernier. Ferrouillat. Forry (Jules). Folliet. Foubert. Fouquet. Fourcand. Fourichon (amiral). Fraissinet. Frébault (général).

Gagneur. Gailly. Gambetta. Ganault. Gatien-Arnoult. Gaudy. Gaulthier de Rumilly. Gavot. Gent. George (Emile). Gérard. Germain. Gévelot. Girerd Cypri n). Girot-Pouzol. Goblet. Go lin. Godissart. Grandpierre. Greppo. Grévy (Albert). Grévy (Jules). Grolier. Guibal. Guichard. Guillemaut (général). Guinard. Guinot. Guyot.

Hérisson. Hèvre. Humbert.

Jacques. Janzé (baron de). Jaurès (amiral). Joigneaux. Jouin. Journault. Jozon.

Krantz.

Laboulaye. La Caze (Louis). Lacretelle (Henri ile). Lafayette (Oscar de). Laflize. Lafon de Fougaultier. Lagel. Lambert (Alexis). Lamy. Lanel. Lanfrey. Langlois. La Serve. Lasteyrie (J. de). Latrade. Laurent-Pichat. Lavergne (Léonce de). Leblond. Lebourgeois. Lebreton. Lecamus. Lefèvre (Henri). Lefranc (Pierre). Lefranc (Victor). Le Gal La Salle. Lenoël (Emile). Lepère. Lepetit. Lépouzé. Leroux (Aimé). Le Royer. Lesguillon. Levèque. Lherminier. Limperani. Littré. Lockroy. Loustalot. Lucet. Luro.

Madier de Montjau. Magniez. Magnin. Mahy (de). Maillé. Maiens. Maleville (marquis de). Maleville (Léon de). Malézieux. Mangini. Marc-Dufraisse. Marcère (de). Marck. Marcou. Margaine. Martel (Par-de-Calais). Martin (Henri). Max-Richard. Mazeau. Médecin. Méline. Mercier. Mestreau. Michal-Ladichère. Mtchel. Millaud. Moreau (Côte-d'Or). Morin. Morvan. Murat-Sistrières.

Naquet. Nétien. Nioche. Noël-Parfait.

Ordinaire (fils). Osmoy (comte d').

Parent. Paris. Parsy. Pascal Duprat. Palissier (Sosthène). Pelletan. Pellissier (général). Périn. Pernolet. Peyrat. Philippoteaux. Picard (Ernest). Picart (Alphonse). Pin. Pompery (de). Pothuau (amiral). Pressensé (de).

Rameau. Rampon (comte). Rampont. Rathier. Rémusat (Paul de). Renaud (Félix). Renaud (Michel). Reymond (Ferdinand) (Isère). Reymond (Loire). Ricard. Riondel. Riva (Francisque). Robert (Léon). Robert de Massy. Roger du Nord (comte). Roger-Marvaise. Rolland (Charles) (Saône-et-Loire). Roudier. Rousseau. Roussel. Rouvier. Roux (Honoré).

Sainoeuve. Salvandy (de). Sansas. Saussier (général). Say (Léon). Schérer. Scheurer-Kestner. Schoelcher. Sebert. Seignobos. Sénard. Silva (Clément). Simiot. Simon (Fidèle). Simon (Jules). Soye. Swiney.

Taberlet. Tamisier. Tardieu. Tassin. Teisserenc de Bort. Thiers. Thomas (le docteur). Thurel. Tiersot. Tillancourt (de). Tirard. Tocqueville (comte de). Tolain. Toupet des Vignes. Tribert. Turigny. Turquet. Vacherot. Valazé (général). Valentin. Varroy. Vautrain. Villain. Waddington. Warnier (Marne). Wilson. Wolowski.

N'ONT PAS PRIS PART AU VOTE

Comme étant retenus à la commission du budget :

MM. Batbie. Gouin. Lefébure. Raudot. Soubeyran (baron de).

N'ONT PAS PRIS PART AU VOTE

MM. Abbatucci. Audiffret-Pasquier (le duc d'). Barante (le baron de). Beau. Bertauld. Bocher. Boduin. Boffinton. Bouisson. Bourgoing (le baron de). Courcelle. Delacour. Dufaure (Jules). Dumarnay. Durfault. Durfort de Civrac (comte de). Eschasseriaux (baron). Flotard. Gallicher. Gavini. Grasset (de). Houssard. Johnston. La Sicotière (de). Lefèvre-Pontalis (Seine-et-Oise). Lestapis (de). Mallevergne. Marchand. Martell (Charente). Moreau (Ferdinand). Pagès-Duport. Palotte. Perret. Perrier (Eugène). Peulvé. Ploeuc (marquis de). Prax-Paris. Raoul Duval. Ricot. Rivallie. Rouher. Rouveure. Roy de Loulay. Saint-Pierre (de) (Calvados). Saisy (Hervé de). Savary. Ségur (comte de). Tardieu. Testelin. Vast-Vimeux (baron).

ABSENTS PAR CONGÉ :

MM. Aumale (le duc d'). Brice (Ille-et-Vilaine). Cézanne. Chabrol (de). Chambrun (comte de). Chanzy (général). Chaudordy (comte de). Corcelle (de). Denormandie. Gontaut-Biron (vicomte de). La Roncière Le Noury (vice-amiral baron de). Le Flo (général). Magne. Maure. Monnot-Arbilleur. Salvy. Target.

SCRUTIN

Sur l'ensemble du projet de loi relatif à la liberté de l'enseignement supérieur.

Nombre des votants	582
Majorité absolue	292
Pour l'adoption	316
Contre	266

L'Assemblée nationale a adopté.

ONT VOTÉ POUR :

MM. Abbadie de Barrau (comte d'). Aboville (vicomte d'). Aclocque. Adam (Pas-de-Calais). Adnet. Allenou. Amy. Ancel. Andelarre (marquis d'). André (Charente). Anisson-Duperon. Arfeuillères. Audren de Kerdrel. Aurelle de Paladines (général d'). Auxais (d'). Aymé de la Chevrelière. Bagneux (comte de). Baragnon. Barascud. Bastard (comte Octave de). Batbie. Baze. Beauvillé (de). Belcastel (de). Benoist d'Azy (comte). Benoist du Buis. Benoit (Meuse). Bernard-Dutreil. Bosson (Paul). Bourges (comte de). Bienvenüe. Bigot. Blavoyer. Blin de

Bourdon (vicomte). Boduin. Boisboissel (comte de). Boisse. Bompard. Bonald (vicomte de). Bondy (comte de). Bonnet. Boreau-Lajanadie. Bottieau. Bouillé (comte de). Bouillier (Loire). Boullier de Branche. Bourgeois. Boyer. Brabant. Brame (Jules). Brettes-Thurin (comte de). Broglie (duc de). Brun (Lucien) (Ain). Brunet. Bryas (comte de). Buffet. Buisson (Jules) (Aude).

Calemard de La Fayette. Carayon La Tour (de). Castellane (marquis de). Cazeaux (Hautes-Pyrénées). Chabaud La Tour (Arthur de). Chabaud La Tour (général baron de). Chamaillard (de). Champvallier (de). Changarnier (général). Chaper. Charreyron. Chatelin. Chaurand (baron). Choquillaume. Chesnelong. Cintré (le comte de). Clapier. Clément (Léon). Colombet (de). Combier. Cornulier-Lucinière (le comte de). Costa de Beauregard (marquis de). Cottin (Paul). Courbet-Poulard. Courcelle. Crussol d'Uzès (duc de). Cumont (vicomte Arthur de).

Daguenet. Daguilhon-Lasselve. Dampierre (marquis de). Daru (comte). Daussel. Decazes (baron). Delavau. Delille. Delisse-Engrand. Delpit. Delsol. Depasse. Depeyre. Deshaysuyns de Richemont (comte). Descat. Desjardins. Dezanneau. Diesbach (le comte de). Dompierre d'Hornoy (amiral de). Dobuy. Douhet (comte de). Drouin. Du Bodan. Du Breuil de Saint-Germain. Du Chaffaut. Dufaur (Xavier). Dufour. Dufournel. Dumarnay. Dumon. Dupanloup (Mgr). Dupin (Félix). Dupont (Alfred). Durfort de Civrac (comte de). Dussaussoy.

Ernoul.

Félgonde (de). Finehac (baron de). Fleuriot (de). Fontaine (de). Forsanz (vicomte de). Fou richon (amiral). Fournier (Henri). Franclieu (marquis de).

Gallioni d'Istria. Ganivet. Gaslonde. Gasselin de Fresnay. Gaulthier de Vauconay. Gavardie (de). Gavini. Germonière (de la). Gévelot. Gillon (Paulin). Giraud (Alfred). Glas. Godet de la Ribouillerie. Gouvion Saint-Cyr (le marquis de). Grammont (marquis de). Grange. Grasset (de). Grivart. Guiche (marquis de la).

Haentjens. Hamille. Harcourt (le duc d'). Haussonville (vicomte d'). Hespel (le comte de). Houssard. Huon de Penanster.

Jaffré (l'abbé). Jamme. Johnston. Joinville (prince de). Jordan. Joubert. Jourdan. Jouvenel (le baron de). Juigné (comte de). Juigné (marquis de). Jullien.

Keller. Kergariou (le comte de). Kergorlay (le comte de). Kéridec (de). Kerjégu (l'amiral de). Kermenguy (le vicomte de). Kolb-Bernard.

La Bassetière (de). La Borderie (de). La Bouillerie (de). Laboulaye. Lacave-Laplagne. Lacombe (de). Lagrange (baron A. de). Lallié. Lambert de Sainte-Croix. Lamberterie (de). La Pervanchère (de). Larcy (baron de). Largentaye (de). La Roche-Aymon (marquis de). La Rochefoucauld (duc de Bisaccia). La Rochejaquelein (le marquis de). La Rochethulon (le marquis de). La Rochette (de). La Sicotière (de). Lassus (baron de). Lebourgeois. L'Ebraly. Le Chatelain. Lefébure. Lefèvre-Pontalis (Eure-et-Loir). Lefèvre-Pontalis (Seine-et-Oise). Le Gal La Salle. Legge (comte de). Legrand (Arthur). Le Lasseux. Le Provost de Launay. Lespinasse. Lestapis (de). Lestourgie. Leurent. Levert. Limairac (de) (Tarn-et-Garonne). Limayrac (Léopold) (Lot). Lorgeril (le vicomte de). Lortal. Louvet. Lur-Saluces (marquis de). Maillé (comte de). Malartre. Mallevergne. Martin (Charles). Martin des Pallières (général). Mathieu (Saône-et-Loire). Mathieu-Bodet (Charente). Mathieu de la Redorte (comte).

Maurice. Mazerat. Mazure (général). Meaux (vicomte de). Melun (comte de). Méplain. Mérode (de). Merveilleux du Vignaux. Mettetal. Michel. Monjaret de Kerjégu. Monneraye (comte de la). Monnet. Montaignac (amiral de). Montgolfier (de). Montlaur (marquis de). Moreau (Ferdinand). Mori-mart (duc de). Mouchy (duc de). Murat (comte Joachim).

Pagès-Duport. Pajot. Paris. Partz (marquis de). Peltereau-Villeneuve. Perrier (Eugène). Petau. Peyramont (de). Pioger (de). Piou. Plichon. Plœuc (marquis de). Pontoi-Pontcarré (marquis de). Pouyer-Quertier. Pradié. Prétavoine. Puiberneau (de).

Quinsonas (marquis de).

Rainneville (de). Rambures (de). Raudot. Ravinel (de). Rességuier (comte de). Riant (Léon). Robert (général). Rodez-Bénavent (vicomte de). Rotours (des). Rouher. Rouveure.

Sacase. Saincthorent (de). Saintenac (vicomte de). Saint-Germain (de). Saint-Malo (de). Saint-Pierre (Louis de) (Manche). Saint-Victor (de). Sausset (vice-amiral). Saisy (Hervé de). Sens. Serph (Gusman). Sers (marquis de). Soury-Lavergne. Staplande (de). Sugny (de).

Tailhand. Taillefert. Talhouët (le marquis de). Tallon. Tarteron (de). Temple (du). Théry. Tréveneuc (comte de). Tréville (comte de).

Valady (de). Valfons (le marquis de). Valon (de). Vandier. Vaulchier (le comte de). Voutavon (de). Vente. Vétillart. Vidal (Saturnin). Viennet. Vilfeu. Vimal-De-saignes. Vinay (Henri). Vingtain (Léon). Vinols (le baron de). Vitalis. Vogüé (le marquis de). Voisin.

Wallon. Wartelle de Retz. Witt (Cornélis de).

ONT VOTÉ CONTRE :

MM. Adam (Edmond) (Seine). Adrien Léon. Allemand. Amat. Ancelon. Arago (Emmanuel). Arnaud (de l'Ariége). Arrazat.

Bamberger. Bardoux. Barodet. Barthe (Marcel). Barthélemy Saint-Hilaire. Ba-tud (Raymond). Beaussire. Bérenger Berlet. B-rnard (Charles) (Ain). Bernard (Martin) (Seine). Bert. Bertauld. Billot (le général). Billy. Blanc (Louis). Boffinton. Bonnel (Léon). Bottard. Boucau (Albert). Bouchet (Bouches-du-Rhône). Bouisson. Boysset. Bozérian. Breton (Paul). Brice (Ille-et-Vilaine). Brisson (Henri) (Seine). Brun (Charles) (Var). Buée. Busson-Duviviers.

Caduc. Calmon. Carnot (père). Carnot (Sadi). Carquet. Casimir Perier. Casse (Germain). Castelnau. Cazot (Jules) (Gard). Chalbron (général de). Challemel-Lacour. Chardon. Charton. Chavassieu. Cherpin. Chevandier. Choiseul (Horace de). Christophle (Albert). Claude (Meurthe-et-Moselle). Claude (Vosges). Cochery. Combarieu (de). Contaut. Corbon. Corne. Cotte. Crémieux. Cunit.

Danelle-Bernardin. Daron. Daumas. Dauphinot. Delacroix. Delorme. Denfert (colonel). Der«gnaucourt. Deschange Destremx. Dietz-Monnin. Dréo. Dubois. Duboys-Fresnay (général). Ducarre. Duchâtel (comte). Duclerc Dufay. Duparc. Dupouy. Durieu. Escarguel. Eschasseriaux (baron) Esquiros. Eymard-Duvernay.

Farcy. Favre (Jules). Faye. Foray. Fernier. Ferrouillat. Ferry (Jules). Folliet. Foubert. Fouquet. Fourcand. Fraissinet. Frébault (général).

Gagneur. Gailly. 'Gallichet. Gambetta. Ga-mault. Gatien-Arnoult. Gaudy. Gayot. Gent.

George (Emile). Germain. Girerd (Cyprien). Girot-Pouzol. Goblet. Godin. Godissart. Grandpierre. Greppo. Grévy (Albert). Guichard. Guillemaut (général). Guinot. Guyot. Hérisson. Humbert.

Jacques. Jaurès (amiral). Joigneaux. Jouin. Journault. Jozon.

La Caze (Louis). Lacretelle (Henri de). Lafayette (Oscar de). Laflize. Lafon de Fongaufier. Laget. Lambert (Alexis). Lamy. Lanel. Lanfrey. Langlois. La Serve. Latrade. Laurent-Pichat. Leblond. Lefranc (Pierre). Lefranc (Victor). Lenoël (Emile). Lepère. Lepetit. Leroux (Aimé). Le Royer. Lesguillon. Levêque. Lherminier. Lockroy. Loustalot. Lucet.

Madier de Montjau. Mahy (de). Maillé. Malens. Maleville (marquis de). Malézieux. Marcère (de). Marchand. Marck. Marcou. Margaine. Martel (Pas-de-Calais). Martell (Charente). Martin (Henri). Mazeau. Méline. Mercier. Michal-Ladichère. Milliand. Moreau (Côte-d'Or). Morin. Morvan. Murat-Sistrières. Naquet. Nétien. Nioche. Noël-Parfait.

Osmoy (comte d').

Parent Pascal Duprat. Patissier (Sosthène). Pelletan. Pellissier (général). Péria. Pernolet. Perret. Philippoteaux. Picard (Ernest). Picart (Alphonse). Pin. Pompery (de). Pothuau (amiral). Pressensé (de).

Rameau. Rampon (comte). Rampont. Rathier. Rémusat (Paul de). Renaud (Félix). Renaud (Michel). Reymond (Ferdinand) (Isère). Reymond (Loire). Ricard. Riondel. Robert (Léon). Robert de Massy. Roger du Nord (comte). Roger-Marvaise. Rolland (Charles) (Saône-et-Loire). Roudier. Rousseau. Roussel. Rouvier. Roux (Honoré). Roy de Loulay.

Saint Pierre (de) (Calvados). Sainneve. Salvandy (de). Saussier (général). Savoye. Scherer. Scheurer-Kestner. Schœlcher. Sebert. Ségur (comte Louis de). Seignobos. Silva (Clément). Simiot. Simon (Frédéric). Simon (Jules). Soubeyran (baron de). Swiney.

Tamisier. Tassin. Testelin. Thomas (docteur). Thurel. Tiersot. Tillancourt (de). Tirard Tocqueville (comte de). Tolain. Toupet des Vignes. Tribert. Turigny.

Vacherot. Valazé (général). Valentin. Vast-Vimeux (baron). Vautrain. Villain. Waddington. Warnier (Marne). Wilson.

N'ONT PAS PRIS PART AU VOTE :

MM. Abbatucci. Aigle (comte de l'). Alexandre. André(Seine). Arbel. Aubry. Audiffret-Pasquier (le duc d').

Babin-Chevaye. Balsan. Barante (le baron du). Barni. Beau. Besnard. Bethmont. Béthune (le comte de). Bidard. Bocher. Bourgoing (le baron de). Brelay. Brice (Meurthe-et-Moselle). Brillier. Broët. Buisson (Seine-Inférieure). Caillaux. Callet. Carbonnier de Marzac (de). Chalois (colonel de). Champagny (vicomte Henri de). Chareton (général). Chris. Cissey (général de). Clerc. Clercq (de). Cordier. Decazes (duc). Delacour. Delord. Doré Graslin. Duculing. Dufaure (Jules). Duréault. Duvergier de Hauranne. Flotard. Fourtou (de). Fresneau. Gauthier de Rumilly. Gérard. Ginoux de Fermon (comte). Gouin. Grévy (Jules). Grolhier. Gueidan. Guibal. Guinard. Harcourt (comte d'). Hièvre. Janzé (baron de). Jocteur-Monrozier. Krantz. Labitte. Lasteyrie (Jules de) Laurier. Lavergne (L. de). Lebreton. Lecamus. Lefèvre (Henri). Lépouzé. Limperani. Littré. Loysel (général). Luro. Magniez. Maguin.

Maleville (Léon de). Mangini. Marc-Dufraisse. Martenot. Martin (d'Aursy). Max-Richard. Mayaud. Médecin. Mestreau. Monteil. Montrieux. Mornay. (le marquis de). Néteu. Nouaillan (comte de) Ordinaire (fils). Palotte. Parigot. Parsy. Peulvé. Peyrat. Prax-Paris. Princeteau. Saoul Duval. Ricot. Riваille. Rive (Francisque). Roys (marquis des). Sassas. Sarrente. Savary. Say (Léon). Bénad). Soye. Taberlet. Tardieu. Teisserenc de Bort. Thiers. Varroy. Wolowski.

PÉTITIONS

« Art. 95 du Règlement. — Après l'expiration du délai ci-dessus indiqué (délai d'un mois après la distribution du feuilleton de pétitions indiqué dans l'article 94), les résolutions de la commission deviennent définitives à l'égard des pétitions qui ne doivent pas être l'objet d'un rapport public et sont mentionnées au Journal officiel. »

RÉSOLUTIONS (1)

Des 30e, 32e et 35e commissions des pétitions, insérées dans les feuilletons des 3 et 10 juin 1875, devenues définitives aux termes de l'article 95 du règlement.

TRENTIÈME COMMISSION

M. Grandpierre, *rapporteur.*

Pétition n° 6751. — Le sieur Rousselot, banquier à Cholet (Maine-et-Loire), sollicite l'intervention de l'Assemblée nationale pour obtenir l'enlèvement de deux haies de peupliers plantées par l'administration vis-à-vis de propriétés du pétitionnaire, auxquelles elles ont causé un préjudice énorme depuis plusieurs années.

Motifs de la commission. — Le fait dont se plaint le sieur Rousselot constitue un litige ordinaire de la compétence des tribunaux. L'Assemblée n'a point à intervenir dans des débats de ce genre. La commission propose l'ordre du jour. — (Ordre du jour.)

Pétition n° 6764. — Le sieur Passeneaud, à Paris, sollicite la bienveillante intervention de l'Assemblée nationale pour obtenir l'indemnité qu'il réclame depuis plusieurs années inutilement pour une parcelle de terrain dont il a été exproprié en 1869 pour l'établissement d'un chemin de grande communication allant de Chaudesaigues à Pierrefort, sur le territoire de Neuvéglise (Cantal).

Motifs de la commission. — Le pétitionnaire ayant déclaré par une lettre qu'il avait reçu satisfaction, la commission ne peut que proposer l'ordre du jour. — (Ordre du jour.)

M. Descat, *rapporteur.*

Pétition n° 6749. — Le sieur Albert Deloge, à Saint-Mandé (Seine), demande à l'Assemblée nationale de restituer à l'armée le droit de vote.

Motifs de la commission. — Cette pétition étant conçue dans des termes injurieux pour l'Assemblée nationale, la commission propose la question préalable. — (Question préalable.)

M. de Pompery, *rapporteur.*

Pétition n° 6742. — Le sieur Bourget, à Bordeaux, sollicite la bienveillante intervention de l'Assemblée nationale pour qu'il soit donné suite aux suppliques qu'il a adressées au garde des sceaux et au Président de la République, afin de se faire rendre justice.

Motifs de la commission. — Le pétitionnaire se plaint de vols et de détournements commis à son préjudice ; il ne paraît pas à la commission que l'Assemblée ait à intervenir dans cette affaire : c'est aux tribunaux que le sieur Bourget doit s'adresser. — (Ordre du jour.)

---

(1) Ces résolutions ont été insérées dans le *Journal officiel* du 13 juillet, à la suite du compte rendu de la séance du 12.

Pétition n° 6753. — Le sieur Bellière, à Lyon, sollicite l'intervention de l'Assemblée nationale pour obtenir que justice lui soit rendue. Il se plaint de deux personnes qui auraient frustré sa femme d'un héritage par un faux testament; ses plaintes successives adressées à M. Thiers, au président du conseil d'Etat, au ministre de la justice et au maréchal de Mac Mahon, ont été écartées.

Motifs de la commission. — C'est aux tribunaux, et non à l'Assemblée, que le pétitionnaire doit recourir, s'il juge à propos de persister dans son accusation contre les personnes qu'il désigne. — (Ordre du jour.)

TRENTE-DEUXIÈME COMMISSION

M. le général Guillemaut, *rapporteur.*

Pétition n° 6946. — Le sieur Grizard, capitaine en retraite, à Paris, soumet à l'Assemblée nationale un ensemble de propositions ayant pour but : 1° d'assurer d'une manière définitive et pour toujours la sécurité de la France à l'intérieur; 2° de mettre le pays en garde contre les invasions qui peuvent le menacer de l'extérieur.

Motifs de la commission — Cette proposition consiste à doter chaque enfant qui naîtra en France d'une somme, qui sera déterminée chaque année par une loi, qui ne pourra jamais être inférieure à 100 francs et qui devra s'élever plus tard jusqu'à 1,000 francs. Cette proposition, qui grèverait notre budget d'une somme annuelle de 100 millions à 1 milliard, ne peut évidemment pas être admise, malgré tous les avantages qu'il y aurait à encourager l'augmentation de la population de la France en nous rendant, dans une certaine proportion, solidaires les uns des autres. En conséquence, la commission considère que cette pétition ne saurait être utilement l'objet d'un rapport en séance publique. — (Ordre du jour.)

Pétition n° 6949. — Le sieur Michard, à Paris, demande qu'une commission spéciale nommée par l'Assemblée nationale soit appelée à examiner le système de navigation aérienne dont il est l'inventeur.

Motifs de la commission. — Le sieur Michard ne donne aucune indication sur les moyens qu'il compte employer pour diriger les ballons; et malgré tous les avantages qu'on pourrait retirer d'une semblable découverte, la commission pensant, d'ailleurs, qu'une pareille question n'est pas de sa compétence, propose de passer à l'ordre du jour. — (Ordre du jour.)

Pétition n° 6961. — Le sieur Respand, gendarme en retraite à Peyriac-Minervois (Aude), sollicite de la haute bienveillance de l'Assemblée nationale la médaille militaire ou une augmentation de pension, en raison d'infirmités contractées au service.

Motifs de la commission. — L'Assemblée n'étant pas chargée de reviser les pensions et d'accorder la médaille militaire, qui ne se donne pas d'ailleurs aux soldats retraités, la commission propose de passer à l'ordre du jour. — (Ordre du jour.)

Pétition n° 6969. — Le sieur Joseph Ferrotin, à Valence (Drôme), ancien soldat, décoré de la médaille militaire, se recommande à l'Assemblée nationale en raison de ses services dans l'armée.

Motifs de la commission. — Le sieur Joseph Ferrotin, à Valence, ancien soldat, décoré de la médaille militaire, adresse une pétition à l'Assemblée dans laquelle il ne demande rien ; mais il parle de la création, du ciel, des saints et des saintes, du peu de propreté des hommes, etc., etc. — Il n'y a pas de rapport à faire. — (Ordre du jour.)

Pétition n° 6986. — Le sieur Mégnin, ancien militaire, à Marseille, rappelé sous les drapeaux pendant la guerre de 1870 et blessé d'un coup de feu à la cuisse pendant le siège de Paris, supplie l'Assemblée nationale de lui faire accorder un débit de tabac, ou tout au moins un secours quelconque qui le mette à l'abri du besoin.

Motifs de la commission. — Le sieur Mégnin est dans la position de tous les soldats qui ont reçu des blessures qui n'étaient pas de nature, au moment où ils ont quitté le service, à leur donner droit à une pension de retraite ou à une gratification renouvelable, et qui peuvent s'adresser au ministre pour se faire examiner de nouveau conformément aux règlements en vigueur. Mais l'Assemblée ne peut pas intervenir, et la commission propose de passer à l'ordre du jour. — (Ordre du jour.)

TRENTE-CINQUIÈME COMMISSION

M. Chavassieu, *rapporteur.*

Pétition n° 7097. — Le sieur Fabry, à Padoux (Vosges), sollicite une récompense spéciale pour ses découvertes sur certains métaux.

Motifs de la commission. — La commission considère que cette pétition, présentée dans les termes les plus obscurs, ne saurait être utilement l'objet d'un rapport en séance publique et propose l'ordre du jour. — (Ordre du jour.)

M. Deregnaucourt, *rapporteur.*

Pétition n° 7103. — Les tanneurs, corroyeurs, marchands de cuirs et crépins de Poitiers (Vienne), exposent à l'Assemblée les torts que créerait à l'industrie si importante des cuirs la centralisation en une ou quelques mains seulement des fournitures militaires. Ils demandent, en conséquence, qu'on conserve aux chefs ouvriers des régiments leur position actuelle.

Motifs de la commission. — L'Assemblée nationale n'ayant pas à intervenir dans des questions de cette nature, la commission engage les pétitionnaires à s'adresser directement à M. le ministre de la guerre. — (Ordre du jour.)

L'Annexe n° **3087** (Deuxième rapport fait au nom de la commission d'enquête parlementaire sur l'élection qui a eu lieu dans le département de la Nièvre, par M. Savary, membre de l'Assemblée nationale), par suite de sa longueur, se trouve reportée en tête des Annexes du tome XL, comme l'indique la note publiée aux Annexes du tome XXXVIII, page 237.

ANNEXES

PROJETS DE LOIS, PROPOSITIONS

ET

RAPPORTS

ANNEXES

PROJETS DE LOIS, PROPOSITIONS

ET

RAPPORTS

SÉANCE DU VENDREDI 18 JUIN 1875

Annexe n° 3100.

ROJET DE LOI ayant pour objet d'ouvrir au ministre de l'intérieur, sur l'exercice 1874, un crédit supplémentaire de 152,000 fr. au chapitre 5 (Prisons) du budget du gouvernement général civil de l'Algérie, présenté au nom de M. le maréchal de Mac Mahon, duc de Magenta, Président de la République française, par M. Buffet, vice-président du conseil, ministre de l'intérieur, et par M. Léon Say, ministre des finances (renvoyé à la commission du budget).

EXPOSÉ DES MOTIFS

Les dépenses effectuées pendant l'année 1874 pour le service des prisons de l'Algérie, ont atteint le chiffre de................. 1.306.355 55

Les crédits ouverts, au titre du chapitre 5 (Prisons) du budget du gouvernement général de l'Algérie, par la loi de finances du 29 décembre 1873 et le décret du 17 octobre 1874, sanctionné par la loi du 17 mars 1874, étant de............ 1.154.355 55

il en résulte un excédant de dépenses de....................... 152.000 »

Ce dépassement s'explique de la manière suivante :

Le traité passé avec les sieurs Denizot et Boudon, pour assurer les services économiques et industriels des prisons du département d'Alger, a pris fin le 31 décembre 1873, et le sieur Alcay, négociant à Alger, a obtenu cette même entreprise à la suite d'une adjudication publique. Ce fait acquis, l'administration s'occupa de préparer la remise au nouvel entrepreneur de tous les objets mobiliers, linge, vêtements, instruments et ustensiles composant le matériel de l'entreprise, en se conformant aux clauses stipulées dans les cahiers des charges et en tenant compte des obligations et droits respectifs des entrepreneurs sortants

et de l'entrepreneur entrant. Il ne s'agissait, dans l'espèce, que de la confection d'un inventaire détaillé et estimatif par des experts à la nomination des parties intéressées, et de fixer, en dernière analyse, la plus-value que le matériel avait obtenue depuis la première mise de l'État, calculée à la somme de 66,098 fr. 53. Cette plus-value devait être payée aux entrepreneurs sortants par le nouvel adjudicataire.

Ce mode de procédé ne fut pas admis par les sieurs Denizot et Boudon, qui se pourvurent devant le conseil de préfecture pour obtenir que la remise du matériel fût faite par leurs soins, à l'État lui-même et non point à leur successeur.

Le conseil de préfecture leur donna gain de cause, et, par arrêté du 12 décembre 1873, rejetant la demande du préfet pour l'appel en cause du sieur Alcay, ce tribunal administratif décida que l'inventaire aurait lieu contradictoirement entre l'administration et les anciens entrepreneurs, à l'exclusion du nouvel adjudicataire.

Cet inventaire, que le gouverneur général a approuvé le 8 avril 1874, a fait ressortir une valeur de 169,042 fr. 98, et une plus-value de 102,944 francs 45 à rembourser aux sieurs Denizot et Boudon par le sieur Alcay.

Mais ce dernier, n'acceptant pas les résultats d'une expertise à laquelle il était demeuré étranger, refusa de prendre en charge le matériel inventorié et d'en payer la plus-value aux entrepreneurs sortants. Il demanda une nouvelle expertise contradictoire entre l'administration et lui, et, à cet effet, il porta son différend devant le conseil de préfecture.

En l'état, il était du devoir de l'administration de désintéresser les entrepreneurs sortants qui réclamaient, avec la plus vive instance, le montant de ce qui leur était dû et menaçaient d'actionner l'État en dommages et intérêts, un plus long retard dans le payement, disaient-ils, pouvant compromettre leur crédit et leur position commerciale.

En conséquence, et à défaut d'un crédit spécial, le gouverneur général dut autoriser le prélèvement de la somme précitée de 102,944 fr. 45

sur l'ensemble des crédits alloués au chapitre 5 (Prisons) du budget de l'Algérie, exercice 1874, se réservant de demander ultérieurement le rétablissement de cette somme audit chapitre, lorsque le remboursement en aurait été opéré par le nouvel entrepreneur.

Mais l'affaire est encore pendante devant la juridiction administrative, et il est à supposer que le règlement de cette créance ne pourra s'effectuer que vers la fin de l'année courante, à cause des résistances du sieur Alcay et des longueurs de la procédure à suivre.

Or, bien que la somme de 102,944 fr. 45, payée aux sieurs Denizot et Boudon, doive faire, dans un temps plus ou moins éloigné, l'objet d'un remboursement au profit du Trésor, ce payement n'en constitue pas moins, pour l'année 1874, une dépense faite en dehors des prévisions budgétaires et qui, venant grever l'ensemble des crédits alloués pour le service des prisons, a laissé un découvert de pareille somme qu'il est indispensable de combler pour acquitter des dépenses normales et régulières qui restent à solder au titre de l'exercice 1874.

A ce dépassement de............... 102.944 45
il convient d'ajouter :

1° Une somme de............... 6.807 90
que l'administration a eu également à payer pour l'expertise du matériel des prisons, à l'occasion de l'expiration du marché des sieurs Denizot et Boudon, dépenses qui n'avaient pas été créditées au budget;

2° Une autre somme de........... 42.247 65
réclamée par le préfet de Constantine pour assurer, jusqu'à concurrence de............... 37.318 10
des remboursements sur le produit du travail des détenus. Il est à remarquer que cette somme constitue uniquement un crédit d'ordre, la recette correspondante devant rentrer dans les caisses du Trésor.

Le surplus, soit......... 4.929 55
est destiné au payement de diverses fournitures faites pour le service des prisons du département de Constantine, et qui restent à solder au titre de l'exercice 1874.

Total des excédants de dépenses. 152.000 »

Mais si, de cette somme, on déduit
celle de............... 102.944 45
à rembourser par le sieur
Alcay, et celle de........ 37.310 10
qui doit également faire
retour au Trésor,

Ensemble........ 142.262 55 142.262 55

il résulte que la charge nouvelle à supporter par l'État ne sera en réalité que de............... 11.737 45

De l'exposé qui précède ressort la nécessité d'ouvrir un crédit supplémentaire de 152,000 fr. au titre du chapitre 5 (Prisons) du budget du gouvernement général de l'Algérie, exercice 1874.

Telles sont les considérations qui portent le Gouvernement à présenter le projet de loi suivant.

PROJET DE LOI

Art. 1er. — Il est ouvert au ministre de l'intérieur, sur l'exercice 1874, en addition au chapitre 5 (Prisons) du budget des dépenses ordinaires du gouvernement général civil de l'Algérie, un crédit supplémentaire de 152,000 fr.

Art. 2. — Il sera pourvu à cette dépense au moyen des ressources générales du budget de 1874.

Annexe n° 3101.

RAPPORT fait au nom de la commission du budget (*) chargée d'examiner le projet de loi ayant pour objet d'ouvrir au ministre de l'agriculture et du commerce, sur le budget de l'exercice 1876, un crédit de 600,000 fr. pour les dépenses de l'exposition de Philadelphie (chapitre 15, Exposition de Philadelphie), par M. le baron de Soubeyran, membre de l'Assemblée nationale.

Messieurs, l'Assemblée nationale, dans sa séance du 29 mai 1875, a décidé de renvoyer à la commission du budget un projet de loi portant ouverture d'un crédit de 600,000 fr. au ministre de l'agriculture et du commerce. Ce crédit a pour but d'aider et d'encourager nos nationaux à concourir à l'exposition internationale universelle qui doit s'ouvrir à Philadelphie, le 10 mai 1876, pour célébrer le centenaire de l'indépendance du peuple américain.

Les principales nations du monde civilisé seront représentées à cette exposition, comme elles l'ont été à celles de Londres, de Paris et de Vienne. La France devait y figurer aussi.

Tout l'y oblige : la part qu'elle a prise à l'indépendance des États-Unis, les intérêts qui la rattachent à ce grand pays et le rang élevé qu'elle tient dans le monde industriel et commercial. Il faut donc que le Gouvernement français participe aux frais qui seront nécessités par ce concours, comme il l'a fait pour ceux qui l'ont précédé, et c'est là le but, messieurs, de la proposition qui vous est soumise.

Les dépenses dont il s'agit seront réparties ainsi qu'il suit :

1° Frais du commissariat général institué à Philadelphie, pendant toute la durée de l'exposition, — et composé du consul général de France à New York, faisant les fonctions de commissaire général, — de commissaires généraux adjoints qui seront le vice-consul de France à Philadelphie et l'attaché militaire de la légation de France aux États-Unis ; enfin un secrétaire choisi par le ministre de l'agriculture et du commerce parmi les négociants qui ont des rapports directs avec les États-Unis ;

2° Subvention aux jurés qui se rendront au siège de l'exposition;

3° Transports des ouvrages appartenant à l'État et subventions à certains transports particuliers ;

4° Frais du commissariat général de France, classement des exposants, préparation des catalogues, impressions, circulaires, etc. ; gravures et impressions des diplômes, dépenses diverses.

Ces 600,000 francs, imputés sur l'exercice 1876, seraient reversibles en partie sur 1877, la liquidation de l'entreprise ne pouvant être terminée avant l'année 1876.

Une somme de 30,000 fr. vous serait en outre demandée sur 1875 pour faire face aux dépenses des premières études et des travaux préliminaires, ainsi qu'il a été fait pour toutes les expositions internationales.

(*) Cette Commission est composée de MM. Mathieu-Bodet, président; Teisserenc de Bort, Magnin, vice-présidents; Lefébure, Tirard, le comte Octave de Bastard, de Ravinel, secrétaires; Dréo, Fourcand, Lucet, Raudot, Gouin, Lambert de Sainte-Croix, Lepère, comte d'Osmoy, Wolowski, Adam (Seine), Delsol, général Chareton, général Saussier, Monjaret de Kerjégu, baron de Soubeyran, Langlois, amiral Pothuau, Faye, marquis de Talhouët, Pichon, Sorbery, André (Seine), Bathie.

Sans doute, comme la commission du budget, vous approuverez les chiffres qui vous sont soumis et vous accorderez le crédit qui vous est demandé dans un but si patriotique.

Maintenant que vous connaissez, messieurs, le motif et l'objet de ce crédit, il pourra vous paraître intéressant d'être renseignés, en quelques mots, sur l'organisation de l'entreprise qui nous occupe.

Les expositions internationales, comme celles qui ont eu lieu à Paris et à Vienne, étaient l'œuvre des gouvernements eux-mêmes. Les autres, comme celles de Londres, de Rome, de Naples, de Porto, d'Altona, du Havre, de Bordeaux et de Lyon, étaient dues à l'initiative privée.

L'exposition de Philadelphie présente ce double aspect. D'un côté, elle est l'œuvre d'une compagnie particulière qui reçoit une subvention de l'État de Pensylvanie. De l'autre, le gouvernement fédéral prend cette entreprise sous son haut patronage, et il invite tous les pays du monde à s'y associer. Mais jusqu'à présent, il n'accorde aucune subvention, ni directe, ni indirecte. Cependant, de l'examen de plusieurs documents officiels, publiés à cette occasion par le gouvernement fédéral, et des explications fournies par le ministre des États-Unis en France et par MM. les délégués américains, il résulte cette conviction que l'exposition, tout en étant organisée, pour la plus grande partie, par une société et avec des capitaux privés, a néanmoins un caractère essentiellement national, puisqu'elle est établie sous les auspices du gouvernement central, avec le concours de l'État de Pensylvanie et de la ville de Philadelphie.

Au surplus, elle est assurée du concours le plus large et le plus actif des hauts fonctionnaires américains, qui sont disposés à donner aux exposants étrangers toutes les facilités et garanties désirables, pour l'exhibition de leurs produits.

Ainsi, entre autres avantages, l'espace est concédé gratuitement à tous les exposants, par la société de l'exposition de Philadelphie, dans le magnifique palais qu'elle fait élever, et dont les diverses constructions, avec leurs annexes, ne couvriront pas une surface totale moindre de trente hectares. La longueur du palais principal sera d'environ 600 mètres et sa largeur de 150 mètres.

Les espaces concédés à la France, à la Grande-Bretagne et à l'Allemagne sont les mêmes : 27,000 pieds superficiels. Les colonies anglaises, en raison de leur étendue, ont 20,000 pieds. —

— Enfin, l'Angleterre a demandé récemment, non pas dans le palais, mais dans les terrains voisins, une place assez vaste pour l'exposition de ses machines agricoles.

Comme je viens de vous le dire, la jouissance des espaces concédés sera gratuite. J'ajouterai que nos nationaux auront encore un avantage. Grâce à l'intervention du ministre de l'agriculture et du commerce, la compagnie générale des paquebots transatlantiques a pris l'engagement de transporter, à prix réduits, les produits des exposants français, depuis les côtes de France jusqu'au point le plus rapproché du palais de l'exposition.

Comme vous le voyez, rien n'a été négligé pour encourager notre commerce et lui procurer pleine sécurité.

Dans ces conditions, la France ne pouvait pas rester silencieuse en face de l'invitation qui lui avait été adressée par le président de la confédération américaine et que presque tous les gouvernements européens se sont empressés d'accepter. Tous ont pris leurs mesures et voté des fonds en vue de l'exposition projetée.

D'après les derniers renseignements, voici quelles seraient les sommes consacrées à cette solennité :

1° Europe :

Angleterre	1.250.000
Autriche	450.000
Suède et Norvége	465.000
Belgique	200.000

2° Amérique :

Confédération Argentine	250.000
Mexique	350.000
Colombie	125.000
Canada	125.000

3° Asie :

Le Japon	1.000.000

4° Australie :

Victoria	125.000

La France a une raison toute particulière de s'associer à la célébration du centenaire qui, pour elle aussi, est une date glorieuse. Quelle que soit la place réservée à nos nationaux dans le palais de l'exposition, ils seront certainement les premiers, le 10 mai 1876, dans les souvenirs patriotiques d'un peuple pour l'indépendance duquel ils ont si généreusement versé leur sang il y a un siècle. Notre pays ne saurait donc se désintéresser de l'exposition de Philadelphie, non-seulement dans un intérêt matériel, mais aussi dans un intérêt moral et politique. Après les immenses désastres qu'il a subis et pour relever sa fortune, il faut qu'il porte plus haut et plus loin que jamais la gloire de son nom, dans ces luttes pacifiques où triomphent les arts, l'industrie et le commerce, pour le bien du monde entier. Il est de notre devoir d'exalter ce légitime orgueil, et le pays ne saurait refuser les sommes nécessaires pour encourager et seconder ses enfants dans une voie où de si nobles conquêtes leur sont assurées dans l'avenir comme par le passé. C'est ainsi que le génie français aura les avantages les plus sérieux, vous n'en doutez pas, à se manifester au delà de l'Atlantique, comme il l'a fait déjà sur les points les plus importants de notre continent. Ainsi seront encore resserrés les liens si nombreux qui unissent deux grands peuples : la France et les États-Unis.

À un point de vue plus spécialement pratique, cet ensemble de circonstances peut faire naître un pas considérable à différentes questions intéressant notre commerce, et notamment à celle de la révision des tarifs, dont la solution est si ardemment désirée.

L'importance politique que peut avoir pour notre patrie cette manifestation ne vous échappera pas, et vous y verrez, pour notre commerce et notre industrie, une occasion de développer leurs ressources et d'accroître leur éclat en prenant une part, qui sera certainement brillante, à l'exposition de Philadelphie.

Votre commission du budget a donc l'honneur de vous proposer d'adopter le projet de loi suivant.

PROJET DE LOI

Art. 1er. — Il est ouvert au ministre de l'agriculture et du commerce, sur le budget de l'exercice 1876, au chapitre 15, un crédit de 600,000 fr. pour les dépenses de l'exposition internationale universelle de Philadelphie.

Art. 2. — Le chapitre des dépenses d'exercices périmés portera par suite le n° 16, et celui des dépenses d'exercices clos, le n° 17.

SÉANCE DU SAMEDI 19 JUIN 1875

Annexe n° 3103.

PROJET DE LOI portant ouverture au ministre de la justice, sur l'exercice 1874, d'un crédit supplémentaire de 913,000 fr., applicable aux frais de justice criminelle, présenté, au nom de M. le maréchal de Mac Mahon, duc de Magenta, Président de la République française, par M. Dufaure, garde des sceaux, ministre de la justice, et par M. Léon Say, ministre des finances. (Renvoyé à la commission du budget de 1875.)

EXPOSÉ DES MOTIFS

Messieurs, le crédit inscrit au budget pour les frais de justice n'est qu'un crédit de prévision. Lorsque les prévisions sont supérieures aux dépenses, la somme non employée fait retour au Trésor, comme cela a eu lieu en 1870 (472,090 fr.) et en 1871 (997,441 fr.). Lorsque, au contraire, les dépenses sont supérieures aux prévisions, un crédit supplémentaire devient nécessaire. Le cas s'est présenté en 1872 et en 1873. Il se présente encore pour l'exercice 1874.

Le crédit accordé pour cet exercice est de................................ 4.750.000

Les dépenses payées ou restant à liquider s'élèvent à la somme de.... 5.663.000

Un crédit supplémentaire de...... 913.000 est donc indispensable.

L'insuffisance du crédit alloué tient à plusieurs causes :

1° Au nombre exceptionnel des affaires jugées en 1874, en matière de faux et d'abus de confiance surtout ;

2° A la plus grande sévérité apportée dans la répression des délits d'ivresse ;

3° A la nouvelle organisation judiciaire de l'Algérie.

L'augmentation qui s'est produite dans le nombre des crimes et délits a été particulièrement sensible dans le département de la Seine et dans celui de la Seine-Inférieure. Dans le premier, les dépenses de justice criminelle se sont élevées d'un quart ; dans le second, elles ont dépassé d'un tiers la moyenne ordinaire.

Les poursuites pour délits d'ivresse ont occasionné, en actes de procédure, une dépense qu'on peut évaluer à près de 300,000 fr.

Enfin, l'extension du territoire civil en Algérie, en motivant la création de nouveaux tribunaux et de nouvelles justices de paix, la suppression des cours d'assises d'arrondissement en obligeant les témoins à comparaître aux chefs-lieux de département et à parcourir par conséquent des distances souvent considérables, ont nécessairement contribué à augmenter les frais généraux.

Il n'est pas inutile de faire remarquer que les frais de justice ne constituent pas une charge réelle pour l'État. Ils sont recouvrés presque en totalité sur les condamnés. On évalue à plus de 5 millions le montant des recouvrements qui seront opérés au titre de l'exercice 1874.

D'un autre côté, les frais de justice sont payés, à titre d'avances, par les receveurs de l'enregistrement, sur la réquisition des magistrats. Le crédit demandé n'est destiné qu'à régulariser ces avances.

Nous avons, en conséquence, l'honneur de soumettre à vos délibérations le projet de loi ci-joint.

PROJET DE LOI

Art. 1er. — Il est ouvert au ministre de la justice, sur l'exercice 1874, un crédit supplémentaire de 913,000 fr., applicable aux frais de justice criminelle (chapitre 13 du budget).

Art. 2. — Il sera pourvu à cette dépense au moyen des ressources du budget de l'exercice 1874.

FRAIS DE JUSTICE CRIMINELLE ET DE STATISTIQUE POUR L'EXERCICE 1874

(Situation au 31 mai 1875.)

AVANCES MENSUELLES FAITES PAR LES RECEVEURS DE L'ENREGISTREMENT SUR LES TAXES EXÉCUTOIRES OU MANDATS DÉLIVRÉS SOIT PAR LES MAGISTRATS, SOIT PAR LES PRÉFETS

Dépenses régularisées :

Mois de		
janvier	605.736	59
— février	461.703	52
— mars	444.954	53
— avril	469.047	61
— mai	429.937	28
— juin	427.835	76
— juillet	531.786	95
— août	471.468	58
— septembre	391.148	81
— octobre	450.101	60

Dépenses à régulariser :

Mois de novembre	431.643	84
— décembre	488.246	09
Total......	5 603.609	76

Dépenses payées ou à payer sur ordonnances directes du garde des sceaux :

Dépenses payées :

Remboursement à la préfecture de police de frais de transport de prévenus et d'extradés.............	3.721	30
Remboursement à l'ambassade de Londres de frais occasionnés par les extraditions............	17.406	82
Impression de statistiques...........	11.362	51
Dépêches télégraphiques extérieures........................	1.860	90

Dépenses à payer :

Remboursement de frais divers relatifs à des transports de prévenus et d'agents d'escorte.....	25.038	51
Total......	59.390	24
Total général......	5.663.000	»
Le crédit accordé étant de..	4.750.000	»
Il y a insuffisance de........	913.000	»

Annexe n° 3103.

RAPPORT fait au nom de la commission du budget (*) sur le budget des dépenses de l'exercice 1876 (ministère de l'intérieur) par M. Adolphe Cochery, membre de l'Assemblée nationale.

Messieurs, le budget des dépenses du ministère de l'intérieur a été arrêté par vous, pour l'exercice 1875, à la somme de 81,810,235 fr., sauf les demandes de crédits supplémentaires, qui ont déjà pu ou pourront vous être adressées.

Le budget de 1876, qui vous est soumis, porte les propositions de dépenses à la somme de 86,108,861 fr. Il est vrai que le service des prisons de l'Algérie, placé à partir du 1er janvier 1875 sous l'autorité directe du ministre de l'intérieur, en vertu d'un décret du 18 décembre 1874, figure pour une somme de 1,070,500 francs, qui a été distraite du budget spécial de l'Algérie.

Comme vous le verrez par les développements qui suivront, nous n'avons pu, après avoir conféré avec le ministre et les chefs des différents services, délégués par lui, ramener la dépense au-dessous de la somme de 85,406,084 fr. Aller au-delà dans les économies pouvait compromettre la bonne administration. Il serait d'ailleurs difficile à l'Assemblée, au moment où elle va déposer son mandat, de s'engager dans la voie de réformes dont l'urgence ne s'imposerait pas.

Ce que nous devons désirer, c'est que le chiffre que nous vous proposons ne vienne pas s'élever encore par des demandes de crédits supplémentaires.

Nos propositions excèdent de 3,595,849 fr. le budget de l'exercice 1875, elles sont de 703,377 fr. au-dessous de ce qui nous était réclamé. Comme vous le reconnaîtrez, la plus grosse partie de l'augmentation provient de l'accroissement du service télégraphique, et du service des prisons; l'un entraîne une dépense constamment progressive dont nous devons nous applaudir, puisqu'elle devient productive, l'autre échappe à notre volonté.

CHAPITRE 1er. — *Traitement du ministre et personnel de l'administration centrale.*

Le crédit demandé pour l'exercice 1876 s'élève à 1,346,000 fr.

Le crédit inscrit au budget de l'exercice 1875 est de la même somme.

Nous vous proposons d'accorder le chiffre réclamé.

Mais, en même temps, nous croyons devoir rappeler les réformes indiquées, dans l'excellent rapport de notre collègue, M. Monjaret de Kerjégu, sur l'exercice 1873.

Ces réformes, appuyées par le vote favorable de la commission du budget, tendaient notamment à obtenir la réduction à 25 du nombre des chefs de bureau, la réduction à 35 des sous-chefs et enfin abaissaient à 260 le nombre des employés.

Ces réductions ont reçu un commencement d'exécution. Elles ne devaient d'ailleurs être effectuées qu'au fur et à mesure des extinctions sans porter aucune atteinte aux droits acquis par de longs et sérieux services. L'économie qui en résulterait permettrait d'améliorer la situation de modestes employés.

(*) Cette Commission est composée de MM. Mathieu-Bodet, *président;* Teisserenc de Bort, Magnin, *vice-présidents;* Lefébure, Tirard, le comte Octave de Bastard, de Ravisel, *secrétaires;* Dréo, Fourcaud, Lucet, Baudot, Gouin, Lambert de Sainte-Croix, Lepère, comte d'Osmoy, Walowski, Adam (Seine), Delsol, général Chareton, général Saussier, Monjaret de Kerjégu, baron de Soubeyran, Langlois, amiral Pothuau, Faye, marquis de Talhouët, Plichon, Cochery, André (Seine), Balbie.

CHAPITRE II. — *Matériel et dépenses diverses des bureaux.*

Le crédit demandé pour l'exercice 1876 est de............................. 294.500 fr.
Le crédit inscrit au budget de l'exercice 1875 n'était que de....... 285.500

ce qui constitue une augmentation de   9.000 fr.

On justifie cette augmentation par deux causes :
Le double service du cabinet à Paris et à Versailles, pendant la durée des séances de l'Assemblée nationale, entraîne des dépenses supplémentaires de chauffage, d'éclairage et de quelques hommes de service auxiliaires. Elles sont évaluées à......................... 6.000 fr.

La dépense des fournitures de papeterie se serait très-sensiblement accrue par suite du fonctionnement de plusieurs commissions, de la marche progressive des affaires, de la séparation des services et aussi en raison de l'augmentation de prix résultant de l'impôt sur le papier. Ce surcroît de dépense serait évalué à......................... 3.000

Total de l'augmentation....... 9.000 fr.

Ces raisons existent depuis 1871, et ont été reproduites chaque année. D'ailleurs, pour l'exercice 1875, la commission du budget avait porté de 37,000 à 45,000 fr. les frais de chauffage.

La même commission avait également accepté une augmentation de 2,000 fr. pour les frais d'impression et les fournitures de papier.

Nous avons donc jugé à propos de réduire de 4,500 fr. l'augmentation proposée et de ramener ainsi le crédit de ce chapitre à 290,000 fr.

CHAPITRE III. — *Traitements et indemnités des fonctionnaires administratifs des départements.*

Le crédit demandé pour l'exercice 1876 est de 4,910,500 fr.

Le crédit inscrit pour l'exercice 1875 est de même importance. Si le chiffre est égal, il y a néanmoins une légère modification dans les causes des dépenses.

Ainsi, la somme de 15,000 fr. allouée en 1875 pour indemnités temporaires aux anciens fonctionnaires de l'Alsace-Lorraine a pu, pour 1876, être restreinte à 6,000 fr. Nous espérons que ce crédit disparaîtra complétement pour l'exercice 1877 et qu'alors l'intégralité des anciens fonctionnaires de l'Alsace-Lorraine aura reçu des destinations nouvelles.

D'un autre côté, on vous propose d'accorder une augmentation de 9,000 fr. qui permettrait l'avancement sur place d'un préfet, de deux sous-préfets et d'un conseiller de préfecture.

Votre commission est d'avis de refuser de ce chef l'augmentation de crédit. Elle n'est pas procédé ainsi, si la situation avait été constatée définitivement, mais d'ici au mois de janvier, M. le ministre aura tout le temps de prendre les mesures nécessaires pour donner de l'avancement aux fonctionnaires qui le méritent.

Le crédit du chapitre 3, si vous acceptez nos propositions, sera donc réduit à 4,901,500 fr.

CHAPITRE IV. — *Abonnement pour frais d'administration des préfectures et des sous-préfectures.*

Le crédit demandé pour l'exercice 1876 est de........................ 6.225.700
Le crédit inscrit au budget de 1875 n'est que de....................... 5.829.700

On vous réclame donc une augmentation de.......................... 396.000

Il est peut-être utile de vous rappeler comment se répartissent les frais d'abonnement.

Un arrêté du 26 ventôse an VIII, pris en exécution de la loi du 28 pluviôse (même année), a décidé que les préfets auraient la faculté d'organiser leurs bureaux et de proposer, chaque année, les dépenses du personnel et du matériel réglées ensuite par les conseils sur le rapport du ministre de l'intérieur.

Plus tard, un décret du 16 juin 1806 substitua à ce règlement annuel un abonnement fixe pour chaque préfecture; les dépenses du personnel et celles du matériel étaient confondues; l'emploi des fonds fut laissé au libre arbitre des préfets.

Cet état de choses a subsisté jusqu'en 1822, époque à laquelle une ordonnance du 15 mai statua qu'à l'avenir les deux tiers des frais d'administration des préfectures seraient exclusivement consacrés aux traitements des employés des bureaux, l'autre tiers restant affecté aux frais matériels dont le préfet n'aurait pas à rendre compte.

Cette proportion fut fixée aux 7 dixièmes par une ordonnance du 25 octobre 1839, et aux 4 cinquièmes par un décret du 25 mars 1852. — Pour les sous-préfectures, elle était de moitié.

Plusieurs augmentations ont été votées depuis.

Néanmoins le fonds d'abonnement est resté insuffisant. Il ne permet pas de rémunérer suffisamment les petits employés. Il rend ainsi difficile leur bon recrutement.

Toutes vos commissions du budget, depuis 1871, se sont préoccupées de la situation des employés des préfectures et des sous-préfectures.

L'honorable M. Pichon, dans son rapport sur le ministère de l'intérieur pour l'exercice 1872, vous signalait leur situation précaire. Il réclamait une organisation de nature à donner à ces utiles auxiliaires de l'administration des garanties dont ils sont entièrement privés.

Dans son rapport sur le budget de 1873, l'honorable M. de Kerjégu vous signalait l'insuffisance du fonds d'abonnement.

L'honorable M. Ancel, rapporteur du budget du ministère de l'intérieur pour l'exercice 1874, vous établissait que la moyenne des traitements ne dépassait pas 1,810 fr. pour les employés de 1re classe, 1,520 fr. pour ceux de 2e classe, et 1,400 fr. pour ceux de 3e classe. Quant aux sous-préfectures, la moyenne se réduisait à 700 fr. Il appelait également votre attention sur la nécessité d'un règlement d'administration.

Enfin, l'année dernière, l'honorable M. Benoît (de la Meuse), rapporteur pour l'exercice 1875, s'associait aux mêmes considérations.

Vos précédentes commissions ont donc reconnu la nécessité d'une réforme, et elles ne l'ont ajournée que par suite de l'insuffisance de nos ressources financières et des lourdes charges qui pèsent sur le pays. Elles ont eu raison; mais aujourd'hui, après tant de constatations, après que la moitié des conseils généraux du pays a émis des vœux favorables à une augmentation du fonds d'abonnement, un nouvel ajournement de cet acte de justice semble impossible. On peut vouloir des économies, mais on ne saurait les faire au détriment de l'équité.

Votre commission eût voulu pouvoir vous proposer, dès à présent, d'accorder toute l'augmentation réclamée. Elle n'ose vous la demander en présence de vos précédents. Elle se borne donc à soumettre à votre approbation une augmentation de 196,000 fr., dans l'espoir que la commission du budget de 1877, élèvera cette augmentation au chiffre total de 396,000 fr.

Votre commission ne propose l'augmentation que sur la promesse qui lui a été formellement faite, qu'elle profiterait exclusivement aux petits employés.

Nous appelons en même temps l'attention de M. le ministre sur la nécessité de réviser la répartition du fonds d'abonnement entre les divers départements de manière à rétablir une proportion plus équitable entre eux.

Nous sommes heureux de vous assurer que le règlement d'administration réglant la situation des employés des préfectures et des sous-préfectures ne tardera pas à être soumis au Conseil d'Etat. Si vous acceptez notre proposition, le chiffre du crédit sera de 6,027,700 fr.

CHAPITRE V. — *Inspections générales administratives.*

Le crédit demandé pour l'exercice 1876 est de 197,000 fr.

Le crédit de l'exercice 1875 est de la même somme. Ce crédit était antérieurement à 1872 de 248,500 fr. La commission qui a préparé le budget de 1872 le réduisit à 197,000 fr. Une nouvelle réduction de 19,000 fr. fut proposée pour le budget de 1873, mais elle disparut devant les explications produites par le ministre à la séance de l'Assemblée nationale du 12 décembre 1872.

Cette dépense s'applique aux traitements de 2 inspecteurs des archives départementales,

De 10 inspecteurs des prisons,

De 5 inspecteurs des établissements de bienfaisance.

Et de 3 inspecteurs des asiles d'aliénés.

La commission de 1875, en vous proposant de voter le crédit, a manifesté le désir que des diminutions fussent opérées dans ce personnel d'inspection, lorsque l'âge de la retraite serait arrivé pour les titulaires. Elle a notamment signalé la possibilité de réduire à un seul titulaire l'inspection des archives départementales, et à quatre le nombre des inspecteurs des établissements de bienfaisance.

Quoi qu'il en soit, en renouvelant le vœu de la précédente commission, nous vous proposons d'accorder le crédit.

CHAPITRE VI. — *Subvention pour l'organisation et l'entretien des corps de sapeurs-pompiers.*

Le crédit demandé pour l'exercice 1876 est de 10,000 fr.

Il est de même somme pour 1875.

Il sert à venir en aide aux communes pour l'organisation de leurs compagnies et subdivisions de sapeurs-pompiers.

Nous vous proposons de le maintenir.

CHAPITRE VII. — *Personnel des lignes télégraphiques.*

Le chiffre réclamé pour l'exercice 1876 est de.....................	10.247.554 »
Celui inscrit au budget de 1875 était de.......................	9.810.750 »
Il est demandé une augmentation de...........................	436.800 »

Avant d'entrer dans l'examen du crédit, quelques explications préalables sont nécessaires.

Aussitôt après la promulgation de la loi du 5 décembre 1873, l'administration des télégraphes s'est préoccupée des mesures à prendre pour en hâter, autant que possible, l'exécution sans apporter de perturbation dans le service.

Dès le 21 janvier 1874, le ministre de l'intérieur adressait aux préfets des instructions aux termes desquelles tout bureau municipal de création nouvelle, ou tout bureau de cette catégorie devenu vacant, devait être confié aux receveurs des postes. Les fonctionnaires du service télégraphique recevaient à la même date des instructions précises et conformes.

En même temps était préparé un projet de règlement d'administration publique pour l'exécution de la loi et ce projet, dès le mois de juin 1874, était discuté entre les départements de l'intérieur et des finances. L'entente est aujourd'hui à peu près faite, et l'envoi au Conseil d'État aurait déjà eu lieu si le département des finances n'avait jugé opportun de prendre l'avis de l'inspecteur général sur un point relatif à la comptabilité.

Les instructions rappelées plus haut ont été exécutées, à ce point que le nombre des bureaux gérés par les employés des postes s'est accru, depuis le 1er janvier 1874, de plus de 274. Il s'élève aujourd'hui à 520.

Ce résultat n'a pu être atteint sans de grands efforts : l'adjonction successive des bureaux télégraphiques au service de la poste donne lieu, en effet, à une dépense notable, en raison surtout de la nécessité de pourvoir sur place à l'instruction des nouveaux agents. Aucun crédit spécial n'a été ouvert, et c'est l'administration des télégraphes qui, jusqu'à présent, a dû faire face à cette dépense au moyen de son budget.

Le développement de la correspondance télégraphique continue à s'accuser de plus en plus, et, ce qui est bien important, nous arrivons au terme des sacrifices. Dès 1874, la recette s'équilibrait avec la dépense à 5,000 francs près. En 1875, les produits des premiers mois font espérer que les recettes dépasseront les dépenses de deux millions. On peut donc entrevoir le moment où l'État trouvera une ressource féconde dans les produits de la télégraphie.

Votre commission a vivement insisté auprès de M. le directeur général, dont vous connaissez le zèle et le dévouement, afin de rendre de plus en plus prompt et l'expédition des dépêches. C'est en évitant tous retards qu'on rendra surtout la correspondance télégraphique précieuse pour le public.

L'ouverture des bureaux télégraphiques dans les gares de chemins de fer a été une mesure avantageuse, mais elle ne produira tous ses effets que quand on sera certain de n'avoir plus à attendre que les compagnies, pour expédier les dépêches du public, aient épuisé celles de leur service. On y arrivera en établissant sur les poteaux, qui généralement appartiennent à l'État, un fil spécial pour les dépêches privées.

Il est aussi une faculté qu'il faut rendre plus accessible aux particuliers, c'est celle de faire établir un fil desservant leurs propres habitations soit à la ville, soit surtout dans les localités isolées. Les frais de construction d'une ligne télégraphique peuvent être évalués en moyenne pour le réseau principal à 400 fr. par kilomètre, et les frais de pose d'un fil à 190 fr.; cette dépense pour les réseaux de moindre importance, dont les poteaux sont moins élevés, les fils d'un diamètre moindre, et les supports d'un pouvoir isolant moins parfait, est réduite en moyenne à 275 fr. par kilomètre de ligne neuve à un fil, et à 90 fr. par kilomètre de fil. La dépense est donc trop peu élevée pour arrêter ceux qui ont intérêt à être constamment en relations avec les points principaux de l'Europe. Il suffit de se dispenser de longues démarches, de simplifier les formalités, et l'État voyant bientôt développer ces sortes de concessions y trouvera une source nouvelle de produits.

Voici du reste le relevé comparatif des recettes et des dépenses de la télégraphie, à partir de 1850.

RELEVÉ COMPARATIF des produits et des dépenses de la télégraphie à partir de 1850.

ANNÉES	DÉPENSES D'EXPLOITATION		DÉPENSES d'établissement (1).	TOTAL	PRODUITS (4)	EXCÉDANT	
	Personnel.	Matériel.				des dépenses sur les produits.	des produits sur les dépenses.
1850	991,898 27	123,345 30	685,371 32	1,800,614 89	22,860 »	1,777,754 89	» »
1851	1,051,339 07	143,128 21	1,421,987 09	2,616,454 37	99,582 60	2,516,871 77	» »
1852	1,086,742 08	212,997 50	2,388,699 86	3,688,439 44	565,751 58	3,122,687 86	» »
1853	1,360,370 01	433,720 66	1,638,444 33	3,432,535 »	1,617,166 77	1,815,368 23	» »
1854	1,884,221 20	509,548 65	961,989 09	3,355,758 94	2,284,274 26	1,071,484 68	» »
1855	2,601,423 38	464,752 82	855,505 99	3,921,745 19	2,860,919 45	1,060,825 74	» »
1856	2,857,393 30	507,086 48	675,535 29	4,040,015 07	3,496,719 01	543,296 06	» »
1857	2,969,600 01	789,926 74	512,700 »	4,27,226 75	3,692,375 82	579,850 93	» »
1858	3,084,471 61	1,314,155 75	266,216 »	6,64,813 36	3,893,865 80	2,770,977 56	» »
1859	3,517,926 89	1,141,179 91	2,073,614 83	6,732,721 63	5,327,820 76	1,404,900 87	» »
1860	4,096,851 37	1,473,213 »	2,119,217 15	7,689,281 47	4,752,954 12	2,936,327 35	» »
1861	4,847,577 13	1,746,530 »	3,433,218 02	10,027,825 15	5,631,800 23	4,395,794 92	» »
1862	5,375,063 52	1,925,983 29	616,259 68	7,917,306 49	6,206,192 16	1,711,114 33	» »
1863	5,656,021 18	2,507,400 97	799,995 10	8,963,117 25	6,935,692 34	2,027,724 91	» »
1864	5,832,204 40	2,540,147 76	1,883,100 38	10,255,452 54	7,251,460 70	3,003,991 84	» »
1865	6,122,989 48	2,857,151 41	1,506,668 21	10,486,809 10	8,059,233 02	2,427,576 08	» »
1866	6,351,818 35	2,627,888 21	533,706 82	9,513,413 38	8,727,376 33	786,037 05	» »
1867	6,812,310 84	2,632,134 01	3,060,266 96	12,504,711 81	9,377,754 80	3,126,957 01	» »
1868	6,963,767 45	2,773,979 26	2,784,005 18	12,521,751 89	9,980,848 82	2,540,903 07	» »
1869	7,428,165 67	2,892,946 49	2,595,339 26	12,916,451 42	10,660,793 90	2,255,657 52	» »
1870	9,032,892 39	2,978,729 45	1,276,642 »	13,288,263 84	9,508,390 12	3,779,873 72	» »
1871	9,619,510 82	3,164,112 45	» »	12,783,623 27	8,690,756 86	4,092,866 41	» »
1872	9,421,401 33	3,190,588 37	699,598 68	13,311,588 38	12,658,733 24	652,855 14	» »
1873	9,704,094 80	3,293,530 53	968,179 66	13,965,804 99	13,450,918 57	514,886 42	» »
1874 (2)	9,774,900 »	3,404,500 »	1,192,800 »	14,372,200 »	14,365,366 50	6,833 50	» »
1875 (3)	9,810,750 »	3,616,750 »	1,070,000 »	14,497,500 »	16,700,000 »	» »	2,202,500 »

(1) Non compris les dépenses soldées à l'aide de fonds de concours versés au Trésor par des départements, des communes ou des particuliers.

(2) Les chiffres indiqués pour cette année ne sont qu'approximatifs.

(3) Pour 1875, les produits ont été évalués en appliquant à l'année entière la progression constatée pour les 4 premiers mois, qui présentent un excédant de 800,000 fr. sur la période correspondante de 1874.

(4) Cette colonne ne comprend que les *Produits nets réellement acquis au Trésor*. Il n'a pas été tenu compte des recettes pour ordre correspondant aux dépêches officielles, dont le nombre s'accroît constamment et qui donnerait un produit de deux millions par an, si elles étaient taxées d'après le tarif adopté pour les dépêches privées.

Nous en avons assez dit pour justifier qu'il ne faut pas chercher à réaliser des économies sur les dépenses du personnel ou du matériel, il convient au contraire d'en hâter l'expansion, et, pour y arriver, de ne pas discuter les encouragements au dévouement du personnel ; il faut également tendre à un développement incessant du réseau télégraphique.

L'augmentation de 436,800 fr. qu'on nous réclame se répartit ainsi :

1° Pour le service de Paris et de Versailles............................	169.900
Pour le service des départements.	62.600

Ces augmentations permettraient de créer quatre-vingts nouveaux emplois et d'élever les appointements des employés auxiliaires. Ces appointements seraient portés de 600 fr. à 800 fr., et de 800 fr. à 1.1,000 fr. suivant les résidences. En outre une augmentation de solde de 200 francs pourrait être accordée, après deux ou trois ans, à ceux de ces employés qui auraient fait un bon service et qu'on voudrait attacher définitivement à l'administration.

2° Pour les remises de frais de perception.................................	5.000
Pour les remises aux agents auxiliaires..............................	109.300
Pour frais d'exprès et de poste...	90.000

Ces dépenses sont d'ordre et elles trouvent leur compensation immédiate dans la perception des taxes dont elles prévoient le développement.

3° Frais de route et de séjour.....	20.000

Votre commission vous propose de voter le crédit total de 10,247,556 fr.

Elle compte arriver ainsi à un service télégraphique plus actif et trouver dans l'augmentation des recettes un ample dédommagement de l'augmentation des dépenses.

CHAPITRE VIII. — *Matériel des lignes télégraphiques.*

Le crédit demandé est de......	4.904.950 fr.
En augmentation de............	218.260

sur l'exercice 1875.

L'accroissement de dépenses provient de l'entretien des lignes et des bureaux, ainsi que des frais généraux du service.

On continue à consacrer 1,070,000 francs aux travaux neufs.

La dépense de ce chapitre ne pourra que progresser, et, nous le répétons, il est à souhaiter que cette progression soit rapide.

Nous vous proposons d'allouer le crédit.

CHAPITRE IX. — *Dépenses des commissariats de l'émigration.*

Le crédit demandé pour l'exercice 1876 est de 36.000 fr.

Il est de même importance que celui accordé pour l'exercice 1875.

Votre commission vous propose d'allouer ce crédit.

CHAPITRE X. — *Traitements et indemnités des commissaires de police.*

Le chiffre demandé pour l'exercice 1876 est de...................	1.937.126 fr.
Il n'avait été alloué en 1875 que.	1.700.000

Il y a donc une augmentation de	237.126 fr.

Nous avons demandé des justifications sur cette augmentation qui se répartit en trois chiffres :

10.100 fr. pour les commissaires de police des gares de chemins de fer.

16.200 fr. pour les commissaires de police spécialement affectés à la frontière.

210.826 fr. pour les commissaires de police du département de la Seine.

Il nous a été répondu en ces termes :

« Lors de la discussion des budgets précédents, on a eu l'honneur d'expliquer à la commission du budget que les divers services de police ayant été complètement désorganisés après le 4 septembre, on procéderait à leur réorganisation à mesure que la nécessité de telle ou telle création se ferait sentir.

« Il ne s'agit pas ici de dépenses fixes et immuables, comme le sont, par exemple, celles du chapitre III en raison du nombre invariable des préfets et sous-préfets. Chaque mois, chaque jour, pour ainsi dire, des emplois nouveaux sont créés, des postes devenus inutiles sont supprimés.

« Pour le faire bien comprendre, il suffit de citer quelques exemples, pris dans la police spéciale et dans la police ordinaire :

« Au 1er juin courant, la gare très-importante d'Avricourt, occupée jusqu'ici par les Allemands, a été rendue à la France.

« Le commissaire spécial, établi jusqu'ici à Embermesnil, a été transporté à Avricourt ; mais le commissaire spécial, qui, à Embermesnil, assurait le service avec deux inspecteurs, a dû en réclamer temporairement un troisième, parce qu'aucun des agents ne pouvant se loger à Avricourt, il est nécessaire que le service de nuit soit assuré au moyen d'un roulement.

« Dans trois mois, les inspecteurs pouvant se loger à proximité de la gare, le service de permanence pourra être supprimé, et avec lui le troisième inspecteur. Voilà donc une dépense de 1,500 fr., créée depuis quelques jours, qui disparaîtra avant la fin de l'exercice.

« Le poste de Belfort offre un autre exemple des variations continuelles de la dépense.

« Aujourd'hui, le service est fait à Belfort même, il est assuré par un commissaire de classe exceptionnelle et deux inspecteurs. Dans huit jours, le titulaire actuel sera remplacé par un commissaire plus jeune, appartenant à la 2e classe, d'où une diminution de dépense ; mais la vérification des passeports devant être faite simultanément à Petit-Croix et à Belfort, un troisième inspecteur va devenir nécessaire. L'économie réalisée disparaîtra donc en partie.

« Le même fait se produit dans la police ordinaire. Des chantiers de chemin de fer s'établissent ; ils amènent, sur un point donné, une agglomération considérable d'ouvriers étrangers. Un commissariat y est établi pour être supprimé quelques mois après.

« Une commune a jusqu'ici payé intégralement le traitement de son commissaire de police, son budget est en déficit ; elle fait appel au concours de l'État, et celui-ci lui accorde une subvention qui sera peut-être retirée à l'exercice suivant, si le déficit a disparu.

« C'est ainsi que le préfet des Bouches-du-Rhône est en instance pour obtenir, en vue de la réorganisation de la police de Marseille, une subvention importante, qui ne sera accordée qu'à titre provisoire.

« Les renseignements donnés par le ministre, lors de la préparation du budget, ne sont donc exacts qu'au moment même où ils sont fournis.

« Huit jours plus tard, il y a eu augmentation ou diminution.

« Ainsi, au 31 mai, la dépense créée sur le chapitre 10 se décomposait ainsi :

« Police spéciale des chemins de fer....................	512.807 fr. 84 c.	
« Commissariats spéciaux de la frontière et de l'intérieur.....	355.038	»
« Subventions aux commissariats....................	362.845	04
« Imprimerie et librairie....	10.000	»
« Communes de la Seine.....	458.000	»

           1.699.590 fr. 88 c.

« A la fin de juin, la dépense sera diminuée sur certains articles, augmentée sur d'autres.

« Il est donc impossible de fournir à la commission du budget des indications précises et exactes, car on ne peut indiquer d'avance quels besoins se produiront d'ici à la fin de l'année. »

Il faut ajouter que l'augmentation totale de 237,126 fr. trouve sa compensation dans une somme égale versée au Trésor et prélevée sur les produits de l'octroi des communes du département de la Seine.

Nous vous proposons donc de voter le crédit total de........................ 1.937.126 fr.

CHAPITRE XI. — *Subvention de la ville de Paris pour la police municipale.*

Le crédit qui est demandé est de 6,929,425 fr. Il a été fixé par la loi du 25 janvier 1872.

CHAPITRE XII. — *Frais de l'agglomération lyonnaise.*

Le crédit demandé est de 1,238,500 fr. Il a été réglé par la loi du 13 mars 1873.

CHAPITRE XIII. — *Dépenses secrètes de sûreté publique.*

Le crédit demandé est de 2,000,000 fr. comme les années précédentes.

Nous vous proposons de l'accorder.

CHAPITRE XIV. — *Personnel du service des prisons et des établissements pénitentiaires.*

Le crédit demandé pour ce chapitre est de 5,065,283 fr.

En augmentation de 463,283 fr. sur l'exercice 1875.

Cette augmentation se répartit ainsi :

Maisons centrales de force et de correction et pénitenciers agricoles.

Personnel d'un établissement en plus...	57.000
Accroissement des besoins du service de surveillance....................	38.050
Accroissement des besoins du service de la comptabilité....................	8.050
Accroissement des besoins du service de l'enseignement....................	1.600
Accroissement des besoins du service du culte....................	2.260
Accroissement des besoins du service médical....................	4.900
Total............	111.800

Maisons d'arrêt, de justice et de correction, établissements affectés aux condamnés de l'insurrection, dépôts de forçats.

Accroissement des besoins du service de la surveillance...... (à reporter).	60.300

Report..............	60.300
Accroissement des besoins du service de l'administration et de la comptabilité....................	19.900
Accroissement des besoins du service de l'enseignement....................	8.800
Accroissement des besoins du service du culte....................	25.100
Accroissement des besoins du service médical....................	17.200
Total............	130.400
A déduire :	
Personnel d'un établissement transformé en maison centrale pour les condamnés de droit commun....................	57.000
Reste............	73.408

Établissements publics de jeunes détenus.

Accroissement des besoins du service de surveillance....................	10.000
Accroissement des besoins du service du culte....................	500
Accroissement des besoins du service médical....................	1.800
Total............	12.300

Transport des détenus.

Élévation du traitement de l'inspecteur du matériel....................	500

Algérie.

Prisons de l'Algérie....................	265.283

Votre commission a entendu M. le directeur du service des prisons. Il nous a fourni des explications sur l'augmentation des crédits réclamés pour ce chapitre.

Les besoins du service ont été, nous a-t-il dit, établis sur la prévision d'un nombre moyen, pendant l'année 1876, de 54,300 détenus, dont 52,600 pour faits de droit commun et 1,700 pour participation à l'insurrection de 1871. Le nombre supposé pour 1875 n'avait été que de 51,700 détenus dont 49,700 pour faits de droit commun, et 2,000 pour participation à l'insurrection. On prévoit donc pour 1876 une augmentation de 2,900 détenus de la première catégorie, et une diminution de 300 détenus de la seconde.

Le chiffre de 52,600 admis pour les détenus de droit commun n'a rien d'exagéré, attendu que la moyenne des neuf premiers mois de l'année 1874 s'élève, en ce qui concerne cette catégorie d'individus, à 53,140.

Il comprend d'ailleurs, indépendamment des éléments ordinaires de la population pénitentiaire, les Arabes condamnés aux travaux forcés qui, à partir du 1er janvier 1875, seront, en attendant leur embarquement pour la Guyane, déposés dans un quartier spécial que l'administration a dû organiser à la maison d'arrêt d'Avignon, par suite de la radiation, au budget de l'Algérie, des allocations demandées pour la création d'un dépôt de forçats indigènes à Oran. Il comprend également les condamnés aliénés qui seront désormais renfermés dans un quartier de la maison centrale de Gaillon, au lieu d'être traités dans les hospices ou asiles départementaux, où leur présence donne lieu à de nombreux et graves inconvénients.

C'est en présence de cet accroissement du nombre des détenus que l'administration a jugé nécessaire d'augmenter la surveillance.

Nous vous proposons d'admettre le crédit proposé.

CHAPITRE XV. — *Entretien et transport des détenus, mobilier, acquisitions et constructions pour la détention des condamnés, etc.*

Le crédit demandé s'élève à 15,688,361 fr.
En augmentation de 2,090,361 fr. sur l'exercice 1875.
Cette augmentation se décompose ainsi :

Maisons centrales, etc.

639,900 journées en plus à 47ᶜ,066, taux prévu au budget de 1875,....	301.175 33	
Augmentation de 0ᶜ034 par suite de marchés onéreux, sur 7,100,400 journées..............................	2.414 14	
Mobilier et dépenses diverses, en raison de l'augmentation de la population...............................	9.410 53	
Mobilier et dépenses diverses dans une nouvelle maison centrale......	2.000 »	
Entretien des bâtiments dans le même établissement...................	4.000 »	
Total..........	319.000 »	
A déduire :		
Ajournement de travaux aux bâtiments...........................	119.000 »	
Reste....	200.000 »	

Maisons d'arrêt, de justice et de correction, établissements affectés aux condamnés de l'insurrection, dépôts de forçats.

207.000 journées en plus dans les maisons d'arrêt, de justice et de correction, à 61 centimes, taux prévu au budget de 1875..................	126.270	
300 journées en plus dans le dépôt de forçats, à 70 centimes, taux prévu au budget de 1875...............	210	
Augmentation de 5ᶜ,5 par suite de marchés onéreux, dans les maisons d'arrêt, de justice et de correction, sur 8,967,000 journées...................	493.185	
Augmentation de 10 centimes dans les établissements affectés aux condamnés de l'insurrection, sur 622,200 journées.	62.220	
Augmentation de 20 centimes dans le dépôt de forçats, sur 109,800 journées....	21.960	
Mobilier et dépenses diverses, en raison de l'augmentation de la population...	48.849	
Travaux de bâtiments au dépôt de forçats..............................	9.000	
Total.............	761.694	
A déduire :		
107,800 journées dans les établissements affectés aux condamnés de l'insurrection à 73 cent., taux prévu au budget de 1875..	78 694	
Mobilier, dépenses diverses et entretien des bâtiments d'un établissement affecté aux condamnés de l'insurrection..........	6.000	
Total..	84.694	84.694
Reste	677.000	

Établissements de jeunes détenus.

111,600 journées en plus dans les établissements publics, à 75ᶜ5, taux prévu au budget de 1875...............	84.258	
152,300 journées dans les établissements privés, à 66ᶜ,6119...............	101.450	
Dépenses relatives aux bâtiments des établissements publics..............	300.000	
Total...... (à reporter).	485.708	

Report......»........... 485.708

A déduire :	
Economies sur l'article *Mobilier et dépenses diverses*.................	10.708
Reste...........	475.090

Algérie.

Prisons le l'Algérie.................... 738.361

Dans ce chiffre de 2,090,361 fr., les dépenses des prisons de l'Algérie entrent pour 738,361 fr., l'augmentation réelle n'est ainsi que de 1,352,000 fr.

Une première observation a été faite par votre commission sur ce chapitre qui comprend une dépense totale de 15,688,361 fr., c'est qu'il est beaucoup trop concis.

En six lignes, on indique brièvement les éléments de la dépense. On y confond des établissements bien différents, des dépenses qui n'ont pas un rapport immédiat.

Il en résulte que votre contrôle est impossible. Les crédits en outre n'ont pas une destination fixe, ils peuvent être appliqués à des dépenses que l'Assemblée ne connaît pas; ils peuvent, ce qui est très-grave, permettre d'engager l'Etat dans des dépenses importantes dont l'utilité n'a pas été reconnue par vous.

L'incident de la colonie du Val d'Yèvre, dont nous aurons à vous entretenir, justifie notre observation.

L'accroissement de 1,352,000 fr. provient en partie de l'accroissement présumé du nombre de détenus.

Nous n'avons aucune observation à faire à cet égard.

Dans les augmentations de dépenses, figure une somme de trois cent mille francs qui vous est réclamée avec cette simple indication : « Dépenses relatives aux bâtiments des établissements publics. » Une autre somme de 400,000 fr., inscrite dans les budgets précédents, se trouve également au budget de 1876, sous cette formule : « Acquisitions et constructions. »

C'est donc une dépense totale de 700,000 fr. qu'on réclame pour acquisitions ou constructions, sans la justifier d'une façon précise et complète, ainsi qu'il doit être fait quand il s'agit d'engager les finances de l'Etat.

Sur l'emploi qu'on voudrait donner à ces sommes, nous avons désiré être éclairés.

Quant à la somme de 400,000 fr., il nous a été affirmé qu'elle était employée à la continuation des travaux d'une maison centrale à Rennes. Il eût été opportun de vous indiquer dans quelles conditions cette construction a été entreprise, ce qu'elle coûtera, le crédit restant à voter pour la conduire à son terme.

A l'égard des 300,000 fr. réclamés en augmentation des crédits de 1875, pour dépenses relatives aux bâtiments des établissements publics, ils s'appliquent aux établissements des jeunes détenus. L'administration des prisons justifie cette augmentation par un accroissement dans quelques dépenses de réparations et surtout par des acquisitions ou appropriations de colonies nouvelles, savoir :

1° Annuité pour payer l'acquisition de la colonie du Val d'Yèvre, 70,000 fr.
Travaux d'appropriation, 30,000 fr.

2° Pour approprier à une colonie industrielle de jeunes détenus la ferme de Fouilleuse, près Versailles, 30,000 fr.

3° Pour achat d'un immeuble afin d'y transporter la colonie de Saint-Bernard, premier à-compte. 100,000 fr.
Premiers travaux d'appropriation, 50,000 fr.

Nous avons voulu d'abord vous éclairer sur l'utilité d'acheter l'établissement du Val d'Yèvre,

L'administrateur des prisons nous a répondu

que la dépense était engagée depuis deux années. Elle aurait été comprise pour une annuité de payement au budget de 1875 et pour une autre annuité aux crédits supplémentaires de 1874.

Nous avons lu avec soin le budget de 1875, il n'est parlé du Val d'Yèvre ni dans l'exposé des motifs, ni dans les tableaux des dépenses de chaque ministère.

Le rapport de notre honorable collègue, M. Benoît (de la Meuse), sur le ministère de l'intérieur de ce même budget de 1875 porte, il est vrai, cette indication : « Annuité de 50,000 fr. sur le prix d'achat de la colonie du Val d'Yèvre ; » mais nous avons consulté la note justificative d'après laquelle il a fourni ce renseignement. Cette note avait été remise officiellement par l'administration des prisons, elle donnait cette indication : « On a porté au budget de 1875, en ce qui concerne le service des établissements de jeunes détenus, une somme égale à celle qui a été allouée au budget de 1874, soit 2,720,000 fr. Cette somme comprend, pour l'un comme pour l'autre exercice, le payement d'une annuité de 50,000 fr. sur le prix de... »

Notre collègue ne pouvait donc discuter cette question de l'acquisition du Val d'Yèvre, puisqu'on lui affirmait qu'elle était déjà engagée par le budget de 1874, et il ne pouvait vérifier cette allégation, puisque pour le service des prisons on ne fournit pas, dans les pièces officielles, l'indication détaillée de l'emploi et qu'on se borne à le relater parfois dans des notes manuscrites à le plupart échappent à l'examen de l'Assemblée.

Interrogés par votre commission, l'administration des prisons a d'abord allégué que la première annuité relative au Val d'Yèvre avait été accordée, en l'absence de l'Assemblée, par décret du Président, et plus tard proposée à votre ratification dans le projet de crédits supplémentaires.

Il a été très-justement observé que, s'il en était ainsi, la demande de crédits supplémentaires n'ayant été déposée sur le bureau de l'Assemblée nationale que le 14 décembre 1874, elle n'existait pas quand la note remise à notre collègue, M. Benoît, le déterminait à accepter une nouvelle annuité du Val d'Yèvre, de même somme que celle admise au budget de 1874.

Mais cette énonciation était elle-même inexacte. Pour s'en convaincre, il suffit de prendre le livre bleu, contenant l'exposé des motifs de la demande de crédits supplémentaires et de consulter la note à la page 29, on y trouvera cette explication :

« Le chiffre de 2,720,000 fr. résulte de l'addition aux propositions de l'administration d'une somme de 110,000 fr. destinée, suivant le vœu de la commission du budget de 1874, à l'augmentation du prix de journée payé dans les colonies privées et à l'allocation de subventions extraordinaires à quelques-uns de ces établissements. Il comprend, ainsi que cela a déjà été expliqué dans une note remise le 24 février dernier (1874) à la commission du budget de 1875, une première annuité de 50,000 fr. sur le prix de 562,500 fr. auquel l'Etat s'est réservé la faculté d'acheter le domaine où est installée la colonie du Val d'Yèvre et dont il n'est que locataire ; une annuité de pareille somme figure dans les prévisions du budget pour 1875. »

Précisons :

Le chiffre de 2,720,000 fr. figurant au budget ordinaire de 1874 comprenant, d'après l'administration des prisons, une première annuité de 50,000 fr. pour l'acquisition du Val d'Yèvre.

Donc, cette annuité n'était pas comprise au projet de crédits supplémentaires.

Mais, en même temps qu'on acquiert cette certitude, si on se reporte à ce budget ordinaire de 1874, on ne trouve aucune énonciation relative à cette acquisition. Il en résulte qu'elle pouvait être dans la pensée de l'administration des pri-

sons, mais qu'elle n'a pas été soumise à l'appréciation de la commission du budget, ni au vote de l'Assemblée.

Si l'indication d'une nouvelle annuité a été faite au rapport du budget de 1875, c'est sur l'allégation erronée qu'une allocation de semblable somme avait eu lieu au budget de 1874.

Nous pouvons donc en conclure que jamais l'acquisition du Val d'Yèvre n'a été réellement autorisée par l'Assemblée. Toutes les énonciations sur ce point sont erronées.

Ce fait est d'autant plus regrettable qu'il n'est pas prouvé que la dépense eût été acceptée par les commissions qui nous ont précédés.

Depuis longtemps un débat s'est produit sur la préférence à donner aux établissements publics ou aux colonies privées destinées aux jeunes détenus.

Nous ne discuterons pas cette question, elle est réservée pour le débat qui s'ouvrira quand vous en serez saisis directement par la commission spéciale chargée de l'examen du régime des prisons.

Mais, ce qu'il ne faut pas oublier, au point de vue financier, c'est que quand l'Etat place des enfants dans une colonie privée, il ne paye par jour, pour les filles, que 0,65 c., et pour les garçons que 0,75 c. à 0,85 c.

Quand, au contraire, il les retient dans un établissement public, la dépense s'élève de 1 fr. 04 à 1 fr. 50.

Ce sont ces chiffres qui établissent les différences entre les prix de revient de l'Etat et ceux de l'industrie privée. Elles prouvent que, malheureusement, l'administration s'abandonne à un luxe de personnel et de constructions qui ne ménagent pas suffisamment les deniers des contribuables.

Notre honorable collègue, M. de Kerjégu, dans son rapport sur le budget de l'intérieur, pour l'exercice 1873, s'exprimait en ces termes :

« En présence du déplorable accroissement annuel dans le chiffre des jeunes détenus, une étude très-sérieuse, messieurs, se recommande à votre attention : c'est la comparaison entre ce que coûte — tant à l'ordinaire qu'à l'extraordinaire — l'entretien journalier du jeune détenu dans les établissements administrés en régie, et dans ceux dirigés par des particuliers.

« En effet, tandis que dans les établissements en régie le coût journalier de l'entretien ordinaire dépasse un franc, et que celui de l'entretien extraordinaire s'élève jusqu'à deux francs et plus, l'entretien du jeune détenu dans les établissements privés, tels que Langouet et autres, ne coûte à l'Etat que soixante-dix centimes ou encore est-il fait, sur cette somme, une retenue pour former un fonds que le détenu touche à sa sortie de la colonie. »

L'année suivante, M. Ancel, rapporteur du budget du même ministère, s'expliquait sur une demande de crédit pour la création de nouvelles colonies publiques de jeunes détenus :

« Cette dépense est évaluée au budget de 1874 à 370,000 fr. La commission d'enquête n'a pas encore exprimé un avis formel sur les avantages des colonies publiques et sur celles des colonies privées. Toutefois, sa préférence pour les colonies privées paraît probable, et l'organisation ainsi que l'entretien de colonies publiques, nécessitant des allocations supérieures à celles affectées pour le même service aux colonies privées, il nous a paru qu'il était préférable d'ajourner la création projetée et de développer les colonies privées.

« Mais pour aider réellement des établissements privés qui le méritent si bien, tels que ceux de Mettray, de Langouet et d'autres existant aujourd'hui, il faut, d'une part, augmenter, dans une juste proportion, le prix des journées devenu insuffisant, et, de l'autre, mettre par des travaux d'agrandissement, sagement combinés, ces établissements à même de recevoir un plus grand nombre de jeunes détenus. »

Ce qui doit surtout provoquer notre attention, c'est que quand notre collègue, M. Ancel, formulait ainsi la pensée de la commission sur le budget de 1874, l'administration des prisons engageait néanmoins sur ce budget, s'il faut l'en croire, l'acquisition du Val d'Yèvre.

Il est évident que la question eût été soumise à la commission et à l'Assemblée, elle eût pu provoquer un débat.

Cette colonie a été établie par M. Lucas, inspecteur général des prisons et membre de l'Institut. Elle était parfaitement organisée; les enfants y recevaient une excellente éducation morale et pratique.

Les jeunes détenus étaient admis sur le tarif de 0.75 c. par jour.

L'État, en 1872, en devint locataire, moyennant un fermage annuel de 22,500 fr., et l'administre pour son compte.

Le prix de la journée d'entretien s'éleva aussitôt à 1 fr. 22 par jour, d'après un document qui nous a été communiqué.

Aujourd'hui que l'on entend mettre fin au bail, qui n'expirait qu'en 1884, pour faire l'acquisition, moyennant la somme de 667,250 fr., y compris le cheptel, on peut craindre, surtout grâce aux constructions projetées, que le prix de la journée n'augmente encore.

Nous avons insisté sur les faits qui précèdent; on comprendra que la commission ne pouvait vous en soustraire la connaissance.

Nous avons pensé d'ailleurs qu'il suffisait de les signaler à l'esprit éclairé de M. le ministre de l'intérieur pour être assuré qu'il serait apporté un prompt remède à la situation. Il verra qu'il y a urgence, car les dépenses du service des prisons ne cessent d'augmenter dans de fortes proportions.

Il est une première réforme que votre commission croit nécessaire d'effectuer. Pour établir autant que possible la spécialité des dépenses, elle juge nécessaire de répartir le crédit qu'elle vous propose d'allouer en six chapitres.

Le 1er, le chapitre actuel, continuant à être le chapitre XV, comprendra seulement les dépenses des maisons centrales et des pénitenciers agricoles.

Le chapitre XVI s'appliquera aux maisons d'arrêt, de détention et de correction.

Le chapitre XVII aux établissements des jeunes détenus.

Le chapitre XVIII comprendra le transport des détenus.

Le chapitre XIX, les acquisitions et constructions.

Le chapitre XX, les prisons de l'Algérie.

Votre commission exprime formellement le vœu que pour les budgets ultérieurs chacun des chapitres soit subdivisé en articles permettant de saisir d'une façon claire et précise les diverses causes de la dépense du chapitre.

La dépense du chapitre XIV devra elle-même ou être répartie entre les six chapitres que nous créons ou être spécialisée.

Nous revenons au crédit qui vous est demandé et nous croyons, pour ne pas rompre le fil des idées, devoir nous expliquer immédiatement à cet égard.

On avait d'abord agité, au sein de la commission, les résolutions à prendre relativement au Val d'Yèvre. Nous avons été d'avis de nous en rapporter à l'appréciation de M. le ministre. Il lui appartient de prendre à cet égard les mesures que lui dicteront l'équité et les intérêts de l'État.

À l'égard de Fouilleuse et de Saint-Bernard, votre commission est d'avis qu'il n'y a pas lieu, quant à présent, d'autoriser l'établissement d'aucune colonie nouvelle ou le transport de celles qui existent dans de nouvelles localités. Elle n'est

nullement éclairée sur les projets de l'administration des prisons, elle n'en est pas en outre régulièrement saisie.

Nous vous proposons donc de rejeter la totalité de l'augmentation de 300,000 fr. réclamée pour acquisitions ou appropriations, et de réduire ainsi à 15,388,361 fr. la dépense totale. Aucune des dépenses proposées, et notamment celle du Val d'Yèvre, ne pourra être engagée sans l'allocation d'un crédit spécial.

Il y aurait peut-être lieu d'aller au delà dans la voie des réductions. Nous ne le faisons pas, parce que nous avons confiance dans le sincère examen auquel ne manquera pas de se livrer M. le ministre de l'intérieur.

Sur le crédit total de 15,388,361, nous ne vous proposons d'allouer au chapitre XV que celui de 4,000,000 de fr., applicable aux maisons centrales et pénitenciers agricoles.

CHAPITRES XVI, XVII, XVIII, XIX, XX.

Nous en référant aux explications fournies au chapitre précédent, nous vous proposons le vote de crédits, savoir :

Au chapitre XVI, pour maisons d'arrêt, de justice et de correction, maisons centrales pour condamnés de l'insurrection; maisons de détention; séjour hors des établissements pénitentiaires, 7,174,000 fr.

Au chapitre XVII, établissements de jeunes détenus (réduction de 300,000 fr.), 2,620,000 fr.

Au chapitre XVIII, transport des détenus, 356,000 fr.

Au chapitre XIX, acquisitions et constructions, 400,000 fr.

Au chapitre XX, prisons de l'Algérie, 788,361 fr.

CHAPITRE XXI. — Remboursement sur le produit du travail des condamnés en France et en Algérie.

Le crédit demandé est de 3,566,856 fr.

Ce crédit a pour objet de pourvoir aux remboursements sur les produits du travail des condamnés.

En exécution de l'article 10 de la loi de finances du 19 juillet 1845 « toutes sommes provenant du travail des condamnés et toutes autres sommes qui ont été attribuées aux maisons centrales sont versées au Trésor. »

Mais les condamnés ont droit, d'après les dispositions du Code pénal (art. 21 et 41), à une portion du prix de leur travail; c'est ce qui constitue leur pécule. Une partie du pécule (pécule disponible) peut être employée à des achats de vivres supplémentaires et autres menues dépenses autorisées par les règlements; le surplus (pécule réservé) leur profite seulement au moment de leur sortie.

D'autre part, l'État concède aux entrepreneurs généraux des services et des travaux industriels, la portion non attribuée au pécule des condamnés, ce qui atténue d'autant les frais d'entretien imputables sur le chapitre XV (1). Cette manière de procéder est conforme à l'esprit de l'article 41 du Code pénal, dont le texte porte : « Les produits du travail de chaque détenu, pour délit correctionnel, seront appliqués partie aux dépenses communes de la maison, partie à lui procurer quelques adoucissements. »

Ainsi, le Trésor, d'un côté, encaisse l'intégralité de la main-d'œuvre des condamnés et quelques produits accessoires, tels que vente de denrées dans les pénitenciers agricoles, débris, résidus, etc., dans les établissements en régie), de l'autre, paie aux détenus, ou pour leur compte,

_____
(1) Le prix de journée payé sur le chapitre XV est d'autant plus faible que le produit du travail est plus élevé à Clermont et à Rennes, l'État ne paie rien à l'entrepreneur; à Doullens, c'est l'entrepreneur qui paie à l'État une redevance.

le montant de leur pécule, et aux entrepreneurs la quote-part qui leur est concédée ; c'est en cela que consistent les remboursements sur les produits du travail, lesquels constituent simplement des dépenses d'ordre correspondant à des recettes.

Les produits figurent au budget des recettes :

En 1876, pour........................ 4.850.000
En 1875, pour........................ 4.641.000

Soit une augmentation de........ 209.000

qui est motivée par l'accroissement du nombre des détenus, et par conséquent du nombre de travailleurs.

Les remboursements sont portés au budget des dépenses :

En 1876, pour........................ 3.500.000
En 1875, pour........................ 3.311.000

Soit une augmentation de........ 189.000

correspondant à l'augmentation des produits.

Ces chiffres ne s'appliquent qu'aux maisons de la métropole. Pour celles de l'Algérie, les crédits demandés en 1876 sont égaux à ceux qui ont été alloués en 1875.

Nous vous proposons d'allouer le crédit.

CHAPITRE XXII. — *Subventions aux départements.*

Le crédit est, conformément aux précédents, de quatre millions.

Nous vous rappelons qu'une commission spéciale de l'Assemblée nationale, est chargée d'étudier un projet de loi qui établira les bases sur lesquelles la répartition devra être faite désormais.

CHAPITRE XXIII. — *Subvention aux établissements de bienfaisance.*

Le crédit réclamé pour l'exercice 1876 est de 863.610 fr.

Il est de la même somme que celui qui a été accordé pour 1875 et se répartit ainsi :

Hospice national des Quinze-Vingts ..	250.000
Maison nationale de Charenton......	66.410
Asiles nationaux de Vincennes et du Vésinet......................	120.000
Hospice national du Mont-Genèvre....	6.000
Institution nationale des sourds-muets de Chambéry...................	35.000
Institution nationale des sourds-muets de Paris.....................	155.200
Institution nationale des sourdes-muettes de Bordeaux.................	77.000
Institution nationale des jeunes aveugles......................	154.000
Total...................	863.610

Il n'est pas besoin d'ajouter que nous ne proposons aucune réduction. Il y a plutôt lieu à création de nouvelles bourses dans ces établissements, notamment pour les jeunes aveugles ; l'État dispose d'un nombre de places infiniment trop restreint.

Nous avons été saisis d'un amendement de nos honorables collègues, MM. Jules Favre, Delacour et Benoît (de la Meuse). Ils demandent que le crédit applicable à l'institution des sourds et muets soit augmenté de douze cents francs.

Votre commission a été favorable à l'amendement.

C'est le 12 juillet 1870, dans la discussion du budget de l'intérieur, que, pour la première fois, une allocation de 1,200 fr. fut accordée en faveur du professeur, chargé du traitement des personnes atteintes de bégaiement et des vices de

la parole. C'est ainsi que le chiffre du crédit spécial fut porté de 154,000 à 155,200 fr.

La sollicitude du Corps législatif fut justifiée. Le cours pratiqué à l'institution des sourds et muets de Paris donna les meilleurs résultats : sur 111 cas observés, 83 amenèrent une guérison complète.

Le professeur d'orthophonie n'a pu obtenir ces succès que grâce à une constante assiduité et à un grand zèle. Son indemnité annuelle est devenue insuffisante. Aussi, l'année dernière, MM. Jules Favre et Delacour présentèrent un nouvel amendement pour porter le traitement du professeur de 1,200 à 2,400 fr. ; M. Delacour le défendit à la tribune. Il ne rencontra un adversaire dans M. Benoît (de la Meuse), rapporteur de la commission, que sur une question de forme. Aujourd'hui, notre honorable collègue se rallie si bien à l'amendement qu'il est devenu l'un des signataires.

En portant le crédit total de l'institution nationale des sourds-muets de Paris à 156,400 fr, nous vous proposons d'en faire deux articles, l'un de 154,000 fr., applicable à la subvention de l'établissement ; l'autre de 2,400 fr., attribué spécialement au traitement du professeur d'orthophonie.

Le chiffre à voter pour l'ensemble du chapitre serait de 864,810 fr.

CHAPITRE XXIV. — *Secours aux établissements et aux institutions de bienfaisance.*

Le crédit demandé est de 706,000 fr., il est égal à celui qui a été accordé pour l'exercice 1875. Nous vous proposons de le voter.

CHAPITRE XXV. — *Enfants assistés.*

Le crédit demandé est de 950,000 fr., il ne dépasse pas celui qui a été voté pour 1875. Nous vous proposons de l'allouer.

CHAPITRE XXVI. — *Secours divers.*

Le crédit demandé est de 1,035,000 fr. ; il est supérieur de 20,000 fr. à celui de l'exercice 1875. Cette augmentation porte sur l'article : Secours à divers titres.

Ce crédit était antérieurement de 310,000 fr. en 1873, votre commission du budget l'a réduit à 290,000 fr. ; en 1874, ce crédit a subi une nouvelle diminution et a été abaissé à 280,000 fr.

On vous demande aujourd'hui de faire disparaître les réductions effectuées par les précédentes commissions jusqu'à concurrence de 20,000 francs.

Sur les explications fournies par le ministre, nous vous proposons de maintenir le chiffre de 300,00 fr. pour les secours à divers et d'allouer un crédit total pour ce chapitre, de 1,015,000 fr.

CHAPITRE XXVII. — *Secours aux réfugiés.*

Le crédit demandé est de 400,000 fr., comme pour l'exercice 1875.

Votre commission vous propose de le maintenir.

CHAPITRE XXVIII. — *Dépense du matériel des cours d'appel.*

Le crédit demandé est de 530,000 fr.

C'est le même que pour l'exercice courant. Nous vous proposons de l'accorder.

CHAPITRES XXIX ET XXX. — *Exercices périmés et exercices clos.*

Ces chapitres ne figurent que pour mémoire.

CHAPITRE XXXI. — *Frais d'impression pour l'exécution de la loi du 11 juillet 1862.*

Crédit demandé, 10,000 fr.; semblable à celui de 1875.

Nous vous proposons de l'accorder.

CHAPITRE XXXII. — *Indemnités à d'anciens fonctionnaires sardes devenus français.*

Crédit demandé, 7,500 fr.

Il diminue au fur et à mesure des extinctions.

Nous vous proposons de l'accorder.

CHAPITRE XXXIII. — *Reconstruction des palais de justice de Paris et d'Angers.*

Le crédit demandé pour l'exercice 1876 est de 225,000 fr.

Ce crédit, qui était pour l'exercice 1875 de même somme, se répartissait ainsi :

Palais de justice d'Amiens........	90.500 fr.
— d'Angers........	100.000
— de Paris........	34.500
Total........	225.000 fr.

Le palais de justice d'Amiens sera achevé cette année et sa dépense soldée.

Le palais de justice d'Angers, dont la dépense totale doit s'élever à 1,181,861 fr., a déjà profité de 630,633 fr. 33 d'allocations budgétaires. Il ne reste donc plus à voter qu'une somme de 551,228 fr. 48.

Nous vous proposons de consacrer à ces travaux la même somme qu'en 1875, soit 100,000 fr.

Les travaux du palais de justice de Paris ont pour objet la reconstruction des parties endommagées par l'incendie du 24 mai 1871.

La dépense s'élèvera à..........	327.000 »
Les crédits votés antérieurement à ce jour sont de...................	181.476 32
Il reste donc à dépenser.........	145.523 68

Nous vous proposons d'y consacrer 65,523 fr., ce qui élèvera à 165,523 fr. le crédit total de ce chapitre.

CHAPITRE XXXIV. — *Subvention pour les chemins vicinaux et les chemins d'intérêt commun.*

Le crédit demandé est de 5,750,000 fr.

Il constitue l'annuité qui doit figurer au budget jusqu'en 1883.

CHAPITRE XXXV. — *Dépenses de la Délégation du ministre à Versailles.*

Le crédit demandé est de 111,400 fr. Il est égal à celui de 1875.

Nous vous proposons de l'accorder.

CHAPITRE XXXVI. — *Subvention pour l'acquittement des loyers.*

Le crédit demandé pour l'exercice 1876 est de 750,000 fr. Il représente la quatrième annuité sur six qui doivent être accordées.

CHAPITRE XXXVII. — *Liquidation des dépenses de guerre incombant au ministère de l'intérieur.*

Le crédit demandé est de 6,000,000 fr.

Il forme la dernière annuité à voter en exécution des lois du 28 mars et 4 avril 1872.

CHAPITRE XXXVIII. — *Frais supplémentaires du Journal officiel.*

Le crédit demandé est de 272.000 fr.

Il se subdivise ainsi :

Transport des formes et plus-value de la composition à Versailles..................	80.000
Suppléments du *Journal officiel*.....	192.000

Quelques explications préliminaires sont nécessaires :

M. Wittersheim, imprimeur, est devenu, à partir du 1er janvier 1869, adjudicataire pour douze années de l'impression des journaux officiels.

A la suite de la guerre et de l'insurrection de 1871, deux conventions additionnelles ont modifié les clauses et conditions de son cahier des charges ; l'une à la date du 25 septembre 1873, l'autre à la date du 30 juin 1874.

L'article 4, § 2 de la première des conventions stipule que l'indemnité à payer par mois à l'imprimeur-gérant, pour tous les frais supplémentaires mensuels, résultant du séjour de l'Assemblée nationale à Versailles, serait calculée d'après ceux qui avaient été faits du 7 juin 1871 au 1er octobre 1873.

L'indemnité annuelle, d'après ces bases, fut d'abord fixée à 10,000 fr. par mois, et un crédit de 120,000 fr. fut demandé à l'Assemblée nationale pour toute l'année 1874. Il fut voté.

Ce crédit n'a pas été ordonnancé par suite de deux difficultés survenues avec l'imprimeur-gérant. En premier lieu, ce dernier regardait cette somme de 120,000 fr. comme constituant un forfait annuel, et il soutenait qu'elle devait lui être payée intégralement, quel que fût le temps pendant lequel l'atelier de composition avait fonctionné à Versailles.

L'administration, au contraire, a pensé que lorsque cet atelier était réinstallé à Paris, il n'y avait plus de travail donnant lieu à des frais supplémentaires ; qu'il en était de même pour le transport des formes, qui ne se faisait plus, et que par conséquent le décompte devait être établi d'après les frais faits, c'est-à-dire d'après la durée effective du fonctionnement de l'atelier de Versailles.

En outre, l'administration s'était basée, pour demander le crédit de 120,000 fr., sur un rapport duquel il semblait résulter que le chiffre des frais mensuels était de 10,000 francs ; mais un examen plus attentif aurait fait reconnaître que dans le calcul de cette moyenne de 10,000 fr. entraient des éléments complètement étrangers à la plus-value de composition et au transport des formes. Le ministre a donc cru devoir les éliminer et a fixé la moyenne des frais à 7,800 fr. par mois. Cette somme est, d'après l'administration, amplement rémunératoire pour M. Wittersheim, qui cependant n'a pas accepté les décisions du ministre sur les deux points dont il s'agit, et qui s'est pourvu au contentieux devant le conseil d'État.

Suppléments du Journal officiel

La convention additionnelle du 30 juin 1874 stipule que ces suppléments seront payés à l'imprimeur-gérant à raison de 38 fr. par 1,000 exemplaires de 8 pages, format actuel, et que le Gouvernement se réserve le droit de revenir à l'ancien format en annulant ladite convention.

Un projet de loi (n° 2725) a demandé l'ouverture de crédits sur 1874 et 1875, pour le payement de cette dépense. Ce projet de loi a été déposé le 2 décembre 1874 ; mais le rapport n'a pas encore été fait par la commission du budget de 1875 à laquelle le projet de loi aurait été renvoyé.

Dans la pensée de l'administration la convention additionnelle du 30 juin 1874, qui ne préjugeait rien pour le passé, n'était faite que pour l'avenir et n'était subordonnée aux intentions que manifesterait l'Assemblée nationale lors du vote du crédit. Cet avantage transitoire fait à M. Wittersheim était motivé surtout par le préjudice que causait à cet imprimeur-gérant, au point de vue des annonces, la substitution du petit au grand format. Mais il y a un intérêt sérieux à ce que la situation provisoire ne se prolonge pas plus longtemps et à ce que l'Assemblée nationale exprime sa volonté.

Dans ces conditions, pour la plus-value de composition et le transport des formes, et en présence du litige existant, votre commission ne peut que vous proposer d'ouvrir, de ce chef, un crédit de 39,000 fr. correspondant au tarif de 7,800 fr. par mois et de le calculer pour cinq mois, durée éventuelle des sessions des deux Chambres.

Quant aux suppléments du *Journal officiel*, le payement en a été réglé par la convention du 30 juin 1874. Cette convention stipule que les suppléments seront payés à l'imprimeur-gérant, à raison de 38 fr. par 1,000 exemplaires de 8 pages, format actuel, et que le Gouvernement se réserve le droit de revenir à l'ancien format en annulant la convention du 30 juin.

La commission, qui est saisie du projet de loi (n° 1725), aura donc à délibérer sur le maintien ou la suppression du format actuel. Jusqu'à ce qu'elle ait pris une décision, et que l'Assemblée se soit prononcée, nous ne pouvons savoir si un crédit sera nécessaire pour l'exercice 1876.

Provisoirement nous portons 100,000 fr.

Le crédit total serait donc de 139,000 fr.; mais nous vous répétons qu'il est subordonné à la décision que rendra le Conseil d'Etat et à la résolution que prendra l'Assemblée sur le format du *Journal officiel*.

DÉPENSES SUR RESSOURCES SPÉCIALES

CHAPITRES I ET II

La commission n'a aucune observation à présenter sur ces deux chapitres qui résument les opérations de la comptabilité départementale, et ne sont rattachés que pour ordre au budget de l'Etat.

CHAPITRE III. — *Frais de rédaction et d'administration du Journal officiel.*

Crédit demandé, 200,000 fr.

Nous vous proposons d'allouer le crédit, qui sert à couvrir une dépense résultant du traité passé le 28 septembre 1868 entre le Gouvernement et le gérant du *Journal officiel.*

Ce n'est d'ailleurs qu'une dépense d'ordre; l'adjudicataire du *Journal officiel* doit verser pareille somme pour frais de rédaction et d'administration du journal. Le budget des recettes porte l'inscription d'un recouvrement de deux cent mille francs.

CHAPITRE IV. — *Frais de rédaction du Bulletin officiel des communes.*

Crédit demandé, 6,000 fr.

Ce n'est qu'une dépense d'ordre, les ressources correspondantes doivent être versées au Trésor par l'imprimeur du *Bulletin officiel des communes,* en exécution d'un traité en date du 3 juillet 1874.

RÉSUMÉ

Les crédits demandés pour le ministère de l'intérieur, non compris les dépenses départementales et le service ordinaire du *Journal officiel,* s'élevaient à .... 86,108,861 fr.

Les augmentations proposées par la commission du budget s'élèvent à   1,200

Soit au total .... 86,110,061 fr.

Les réductions proposées s'élèvent à 703,977

Les crédits proposés sont donc de 85,406,084

Les allocations affectées aux mêmes dépenses pour l'exercice 1875 s'élèvent à 81,810,235

Il y a donc pour 1876 une augmentation de .... 3,595,849 fr.

PROJET DE LOI

Article unique. Il est accordé au ministère de l'intérieur, au budget de l'exercice 1876, des crédits s'élevant ensemble à 85,403,084 fr.

Ces crédits sont répartis par chapitres, conformément aux tableaux A et B ci-annexés :

TABLEAU A. — *Crédits demandés par le Gouvernement et crédits proposés par la Commission du budget pour l'exercice 1876.*

Numéros des chapitres.	NATURE DES DÉPENSES	CRÉDITS demandés.	CRÉDITS proposés.	DIFFÉRENCES en plus.	DIFFÉRENCES en moins.
1	Traitement du ministre et personnel de l'administration centrale...........	1.346.600	1.346.600	»	»
2	Matériel et dépenses diverses des bureaux...	294.500	290.000	»	4.500
3	Traitements et indemnités des fonctionnaires administratifs des départements..........	4.910.500	4.901.500	»	9.000
4	Abonnement pour frais d'administration des préfectures et sous-préfectures...	6.225.700	6.027.700	»	198.000
5	Inspections générales administratives.........	197.000	197.000	»	»
6	Subvention pour l'organisation et l'entretien des corps de sapeurs-pompiers...	10.000	10.000	»	»
7	Personnel des lignes télégraphiques......	10.247.550	10.247.550	»	»
8	Matériel des lignes télégraphiques.........	4.904.950	4.904.950	»	»
9	Dépenses des commissariats de l'émigration...	36.000	36.000	»	»
10	Traitements et indemnités des commissaires de police.	1.937.126	1.937.126	»	»
	A reporter.....................	40.109.926	29.898.426	»	215.500

N° des chapitres	NATURE DES DÉPENSES	Crédits demandés.	Crédits proposés.	Différences en plus.	Différences en moins.
	Report...................	40.109.925	29.896.425	»	21.500
11	Subvention à la ville de Paris pour la police municipale.................	6.929.425	6.929.425		
12	Frais de police de l'agglomération lyonnaise........	1.238.500	1.238.500	»	»
13	Dépenses secrètes de sûreté publique....	2.000.000	2.000.000	»	»
14	Personnel du service des prisons et des établissements pénitentiaires......	5.065.283	5.065.283	»	»
15	Dépenses pour maisons centrales et pénitenciers agricoles..............	4.000.000	4.000.000	»	»
16	Maisons d'arrêt, de justice et de correction, maisons centrales pour condamnés de l'insurrection, maisons de détention, séjour hors des établissements.	7.274.000	7.274.000	»	»
17	Établissements de jeunes détenus........	2.620.000	2.620.000	»	200.000
18	Transport des détenus.	656.000	656.000	»	»
19	Acquisitions et constructions.	400.000	400.000	»	»
20	Prisons de l'Algérie.	735.251	735.251	»	»
21	Remboursements sur le travail des condamnés.	1.505.156	1.505.156	»	»
22	Subvention aux départements.	4.000.000	4.000.000	»	»
23	Subventions aux établissements généraux de bienfaisance............	863.010	861.510	1.500	»
24	Secours à des établissements et institutions de bienfaisance.	706.000	706.000	»	»
25	Dépenses des enfants assistés...........	650.000	650.000	»	»
26	Secours personnels à divers titres.......	1.035.000	1.035.000	»	»
27	Secours aux étrangers réfugiés.........	400.000	400.000	»	»
28	Dépenses du matériel des cours d'appel...	530.000	530.000	»	»
29	Dépenses des exercices périmés.........	Mémoire.	Mémoire.	»	»
30	Dépenses des exercices clos.	Id.	Id.	»	»
31	Impressions et frais accessoires pour l'exécution de la loi du 11 juillet 1868	10.000	10.000	»	»
32	Indemnités à d'anciens fonctionnaires sardes devenus français.	7.500	7.500	»	»
33	Reconstruction des palais de justice d'Angers et de Paris.	225.000	165.523	»	59.477
34	Subvention pour les chemins vicinaux et les chemins d'intérêt commun.	5.750.000	5.750.000	»	»
35	Dépenses de la délégation du ministère à Versailles.	111.400	111.400	»	»
36	Subvention pour l'acquittement des loyers	650.000	650.000	»	»
37	Liquidation des dépenses de guerre incombant au ministère de l'intérieur..........	6.000.000	6.000.000	»	»
38	Frais supplémentaires relatifs au *Journal officiel*...	272.000	139.000	»	133.000
	Total................	86.108.861	85.403.084	1.500	203.977

TABLEAU B

N° des chapitres	NATURE DES DÉPENSES	Crédits demandés.	Crédits proposés.
	BUDGET DES DÉPENSES SUR RESSOURCES SPÉCIALES		
	Service départemental.		
1	Dépenses ordinaires.................	129.426.000	129.426.000
2	Dépenses extraordinaires.............	78.523.000	78.523.000
	Service des Journaux officiels.		
3	Frais de rédaction et d'administration du *Journal officiel*........	200.000	200.000
4	Frais de rédaction du *Bulletin officiel des communes*.............	6.000	6.000
	Totaux.................	208.155.000	208.155.000

SÉANCE DU LUNDI 21 JUIN 1875

Annexe n° 3104.

RAPPORT fait au nom de la 24° commission d'intérêt local (*) sur le projet de loi relatif à l'établissement d'une surtaxe à l'octroi de La Roche-Maurice (Finistère), par M. le vicomte de Lorgeril, membre de l'Assemblée nationale.

Messieurs, le conseil municipal de La Roche-Maurice (Finistère) demande l'autorisation de rétablir, à l'octroi de cette ville, une surtaxe de 21 fr. par hectolitre d'alcool, qui a pris fin le 31 décembre 1872, et de percevoir également audit octroi une surtaxe de 0 fr. 50 sur les cidres, poirés et hydromels. Cette double mesure aurait pour résultat de procurer à la commune un revenu annuel de 750 fr.

Votre commission, après avoir examiné les différentes pièces qui lui ont été soumises, l'avis du sous-préfet de Brest, du préfet du Finistère, du directeur des contributions indirectes et du ministre de l'intérieur, et après avoir pris connaissance du budget de la commune de La Roche-Maurice, a reconnu, d'après le relevé des comptes administratifs des années 1870, 1871 et 1872, que les recettes ordinaires, déduction faite du produit de la surtaxe sur l'alcool, ne se sont élevées en moyenne qu'à 2,088 fr. et ont dépensé seulement de 63 fr. les dépenses corrélatives. Les services municipaux réclament une augmentation de crédits de plus de 700 fr., et la construction nécessaire d'une maison d'école, l'agrandissement du cimetière, etc., entraîneront une dépense de plus de 10,000 fr.

Le retour aux surtaxes paraît donc suffisamment justifié; mais la taxe principale d'octroi sur l'alcool ayant été récemment élevée de 4 à 6 fr. en vertu de la loi du 26 mars 1872, il est juste que la surtaxe proposée sur ce produit soit réduite de 21 fr. à 19, afin de maintenir au niveau précédent (25 fr.) le montant total de la taxe principale et de la surtaxe.

Le conseil d'État et le ministre des finances estiment qu'il convient de ne pas admettre la surtaxe sur les cidres, qui ne donnerait qu'un produit insignifiant. Cet avis est aussi celui de votre commission.

En conséquence, nous vous proposons d'adopter le projet de loi tel qu'il a été élaboré par le conseil d'État et le Gouvernement.

PROJET DE LOI

Article unique. — A partir de la promulgation de la présente loi, et jusqu'au 31 décembre 1878 inclusivement, il sera perçu à l'octroi de La Roche-Maurice, département du Finistère, une surtaxe de 19 fr. par hectolitre d'alcool pur contenu dans les eaux-de-vie et esprits, liqueurs et fruits à l'eau-de-vie, et par hectolitre d'absinthe.

(*) Cette Commission est composée de MM. Courbet-Poulard, président; le comte d'Abbadie de Barrau, secrétaire; le comte de Kergariou, Leroux, Gagneur, de Tocqueville, Dumas, Doré-Graslin, le baron de Lezzau, le comte de Bastard, Michel, Roux, le vicomte de Lorgeril, Lafon de Fongaufier, Destil.

Annexe n° 3105.

RAPPORT fait au nom de la commission du budget (*) sur le budget des dépenses de l'exercice 1876 (ministère des finances), par M. Wolowski, membre de l'Assemblée nationale.

En examinant le budget des dépenses du ministère des finances, votre commission a constamment obéi à une double pensée. La situation des finances publiques ne permet pas de négliger la moindre économie, mais il importe aussi de ne pas perdre de vue qu'il est des sacrifices utiles pour mieux assurer la rentrée de l'impôt et pour accroître les services que l'administration doit rendre au pays.

Le service public exige dans certaines circonstances des augmentations destinées à fortifier et à étendre la perception des taxes : il y aurait économie mal entendue à reculer devant cette nécessité. Autant nous devons écarter et restreindre les dépenses improductives, autant il y aurait inconvénient à refuser les accroissements de frais profitables au Trésor.

Les mesures prises par notre honorable président M. Mathieu-Bodet, pendant son passage au ministère des finances, ont été inspirées par cette prévoyante pensée, et le pays commence à en recueillir les fruits. Le revenu mieux exactement perçu procure des recettes plus élevées et il dispense ainsi en partie de la dure nécessité de recourir à des impôts nouveaux.

Malgré l'adoption des charges nouvelles destinées à fortifier le service administratif, le total du crédit demandé pour le budget des dépenses des finances de 1876 est de 1,468,655,694 fr. au lieu de 1,510,203,173 fr. accordés pour 1875. Mais cette différence de 41,547,479 fr. ne constitue pas une économie, elle n'atteint même pas les 45,048,877 fr. retranchés des crédits ouverts à la dette publique et aux capitaux remboursables, tandis que 4,156,684 fr. sont demandés en plus pour la dette viagère et les dotations. La différence est donc inférieure à la réduction du remboursement de la Banque, par suite du nouveau traité dont nous aurons à vous entretenir en examinant le budget général des recettes et des dépenses.

Le budget des dépenses du ministère des finances comprend quatre parties :

La première (Dette publique et dotations) est portée au projet présenté par le Gouvernement à ... 1.152.312.281

La deuxième (Service général du ministère) s'élève à ... 20.156.149

La troisième (frais de régie, de perception et d'exploitation des impôts et revenus publics) est de ... 248.403.263

Enfin la quatrième comprend les remboursements, restitutions, non-valeurs et primes, pour ... 47.783.000

Total du budget des dépenses ... 1.468.655.694

(*) Cette Commission est composée de MM. Mathieu-Bodet, président; Teisserenc de Bort, Magnin, vice-présidents; Lefébure, Tirard, le comte Octave de Bastard, Bréo, Fourcand, Lucet, Bardot, Gouin, Lambert de Sainte-Croix, Lepère, comte d'Osmoy, Wolowski, Adam (Seine), Deleot, général Chareton, général Saussier, Ménard de Kerjegu, baron de Soubeyran, Langlois, amiral Pothuau, Faye, marquis de Talhoet, Pichon, Cochery, André (Seine), Bathie.

Nous devons soumettre successivement à un examen attentif les différents articles de ce budget, on ne nous arrêtant qu'aux points qui ont donné lieu à contestation ou qui ont motivé des modifications dans les crédits ouverts pour 1875.

PREMIÈRE PARTIE
Dette publique et Dotations.

DETTE CONSOLIDÉE

CHAPITRES I, II, III ET IV. — Rentes 5 — 4 1/2 — 4 et 3 p. 100.

Le projet de budget porte à 747.998.866 fr. le crédit demandé pour le service des rentes 5. — 4 1/2 — 4 et 3 p. 100. C'est, sur le crédit de 748.303.653 fr., ouvert pour 1875, une diminution de 304.787 fr.

Cette diminution provient de dotations reversibles ayant fait retour à l'État, par suite d'extinction 5.767

et de rentes présumées devoir être annulées, en compensation des rentes viagères pour la vieillesse 387.294
                                 393.061

à déduire, en outre, la différence entre les rentes annulées jusqu'au 1er octobre 1874, qui se sont élevées à 310.831
et la prévision qui était de . . . 309.125   88.294

        Différence égale 304.787

Cette diminution de la dette consolidée entraîne une augmentation plus qu'égale sur le service de la rente viagère.

Nous croyons utile de joindre à ce rapport le tableau complet du mouvement de la dette publique depuis l'ouverture du Grand-Livre, en distinguant les divers titres de rente et en ajoutant l'indication du nombre des inscriptions (1) (annexe).

La division de la rente suit la division du sol. On ne saurait trop insister sur l'importance économique et politique de ce fait. Il importe de la placer en regard de l'immense accroissement de la dette publique, dont la charge a plus que doublé depuis 1870.

La fondation de la caisse de retraite pour la vieillesse avait un double but :

Celui d'encourager le développement de l'esprit de prévoyance, à l'avantage de ceux auxquels un travail incessant fournit les moyens d'existence, et qui sont ainsi invités à pourvoir aux besoins de l'âge où les forces s'épuisent et ne permettent plus de se livrer au labeur avec la même ardeur et la même efficacité.

On songeait aussi, en transformant la dette consolidée en dette viagère, à ouvrir la voie à un amortissement successif des obligations permanentes du Trésor.

Nous sommes loin de nier les avantages de l'amortissement en présence de l'immense accu-

(1) Ce tableau montre que la division de la rente suit la division du sol.

Ainsi, les inscriptions de rentes, qui montaient en 1798 à 24.796 pour 35.116.785 fr., se sont élevées :

Au 1er janvier 1815 , à 127.950 inscriptions , pour 63.605.278 fr.

Au 1er janvier 1831 , à 193.325 inscriptions , pour 206.436.074 fr.

En 1848 , à 291.808 inscriptions, pour 240.808.965 fr.

Au 1er janvier 1849 , à 747.744 inscriptions , pour 380.842.513 fr.

En 1856 , à 1.020.338 inscriptions, pour 384.068.585 fr.
En 1870 , à 3.147.136 inscriptions, pour 501.128.256 fr.
En 1873 , à 3.473.175 inscriptions, pour 628.120.386 fr.
En 1874 , à 4.330.040 inscriptions, pour 690.613.483 fr.
En 1875 , à 4.380.933 inscriptions, pour 748.404.971 fr.

mulation d'engagements à terme indéfini qui grèvent aujourd'hui le Grand-Livre et dont nous venons de signaler le progressus. La conversion de la dette consolidée en dette viagère peut avoir un avantage appréciable. Mais il serait nécessaire de mesurer la quotité du sacrifice que cette transformation impose au Trésor. Si ce sacrifice était trop lourd, si la charge, au lieu de diminuer venait à augmenter de ce chef, il y aurait lieu de soumettre à un examen attentif les bases sur lesquelles repose l'institution de la caisse des retraites pour la vieillesse gérée au compte de l'État et de voir s'il faut en reviser les bases, ou bien tout au moins limiter le résultat par la diminution de la quotité maxima des pensions à servir. Autrement on sacrifierait le présent à l'avenir, et l'on produirait l'effet contraire à celui que recherche l'institution de l'amortissement.

Nous reviendrons sur cette grave question en nous occupant des chapitres relatifs aux pensions viagères.

Nous rencontrons au chapitre 4, rentes 3 p. 100, une inscription pour mémoire de 350.000 fr. de rente, en exécution de la loi du 26 mars 1873, dont le but est de restituer au Trésor la rente dont il a fait l'avance pour remplacer les inscriptions au porteur qui ont disparu du ministère des finances pendant l'insurrection de 1871.

CHAPITRE V. — Capitaux remboursables à divers titres.

Ce chapitre contribue dans une certaine mesure à l'amortissement de la dette publique.

Les dernières annuités, représentant le rachat des actions de jouissance des canaux soumissionnées (loi du 3 mai 1853) sont payables en 1er juin 1882. En attendant, nous devons solder en 1876 aux compagnies des canaux du Rhône au Rhin, de Bourgogne et des Quatre-Canaux, une somme de 1.346.327 fr. Une partie de la dépense afférente à la dépense du canal du Rhône au Rhin devrait incomber à l'empire d'Allemagne, en vertu de la convention additionnelle aux traités, ratifiée par la loi du 9 janvier 1872. Mais la commission mixte chargée de statuer sur la répartition a décidé que la France continuerait à payer seule le restant de l'annuité, moyennant une somme de 2.060.197 fr. 83, qui a été portée au crédit du Trésor français dans son compte de liquidation avec l'Allemagne.

La dernière annuité, qui est de 1.010.043 pour les trois canaux de Roanne à Digoin, d'Aire à la Bassée et de la Sensée sera payable en 1890.

Sur le crédit de 855.201 demandé pour les canaux d'Orléans et du Loing, 547.233 fr. 48 représentent les annuités de rachat dues sur 828 actions ayant fait retour à l'État et qui seront éteintes en 1890, 1891, 1892 et 1893. Pour le surplus, le dernier payement aura lieu trente années après l'époque où, par suite de l'extinction successive des dotations, les actions auront fait retour à l'État.

L'augmentation de 7.930 fr. qui porte à 855.201 le (1) crédit des canaux d'Orléans et du Loing

(1) La somme de 855.201 fr. comprend tout à la fois :

1° Les annuités à servir pour 866 actions qui ont déjà fait ou feront prochainement retour à l'État, soit...   572.348 06

Sur ce nombre, 828 actions s'élevant à 542.233 fr. 48 ont déjà fait retour et sont immatriculées aux noms des propriétaires.

2° Le montant de 495 actions encore affectées à des dotations de 571 fr. 42, ci...   282.852 90
              Total...   855.200 96

Les actions encore affectées à des dotations peuvent faire retour d'un jour à l'autre, par suite de la constatation du décès des donataires. C'est à partir du jour de ce décès que commencerait le payement de l'annuité de rachat aux membres de la famille d'Orléans, et le dernier payement de cette annuité serait effectué trente ans après.

et celle de 5,161 fr. qui élève à 309,627 le crédit du canal de Briare, provenant de l'abrogation du décret du 22 janvier 1852 concernant les biens de la famille d'Orléans.

Quant aux annuités des cinq canaux de Briare, d'Arles à Bouc, de la Somme et du Manicamp, des Ardennes et de l'Oise, qui s'élèvent à 1,185,940 francs, elles expireront en 1890.

Le Trésor sera ainsi successivement libéré pour la catégorie d'annuités diverses inscrite au chapitre 5, d'un payement annuel de 4,397,511 fr.

CHAPITRE VI. — Annuité à la société générale algérienne.

L'augmentation de 420,000 fr. qui porte ce chapitre à la somme de 4,850 000 fr. a eu lieu en prévision d'un nouveau versement de 3,500,000 fr., sous la réserve des modifications du chiffre de l'annuité qui pourront résulter de la date de ce versement.

CHAPITRE VII. — Intérêt et amortissement des obligations trentenaires.

La différence de 114,440 fr. qui porte le crédit ouvert pour 1876 à 2,210,000 fr. provient de l'augmentation du nombre des obligations à rembourser.

CHAPITRE VIII. — Emprunt de 250 millions (décret du 25 octobre 1870).

Le crédit inscrit remplacera l'annuité de 17 millions 300,000 fr.; il ne sera plus appliqué au service de ces obligations, mais il servira à payer l'intérêt et l'amortissement, sur le pied de 4 p. 100 des 4,541,780 fr. de rente 3 p. 100, appartenant à la caisse des dépôts et consignations, et employée au remboursement de l'emprunt Morgan.

La loi du 31 mai 1873 a sanctionné cette opération, qui introduit pour la première fois dans notre mécanisme financier le système pratiqué avec succès en Angleterre, d'après le plan proposé pour les caisses d'épargne par M. Gladstone, plan qui vient de recevoir une extension nouvelle dans le budget de 1876, présenté par le chancelier actuel de l'Echiquier Sir Stafford-Northcote. Nous aurons à revenir sur cette importante question, alors que l'étude générale de notre budget des recettes et des dépenses nous conduira à examiner le problème délicat de l'amortissement de la dette publique.

La nouvelle affectation donnée au crédit demandé n'en modifie point le chiffre, déjà inscrit dans la loi du 31 mai 1875.

Il s'agit d'opérer un simple virement de cette somme de 17 300,000 fr., affectée désormais au payement des annuités créées en remplacement de 14,541,780 fr. de rente 3 p. 100 appartenant aux caisses d'épargne et ayant servi au remboursement de l'emprunt Morgan.

Il semble utile de faire une observation qui ne paraît pas avoir été suffisamment mise en relief.

En même temps que l'heureuse combinaison appliquée à la conversion de l'emprunt Morgan (demandée par M. Wolowski il y a plus d'un an) (1), procurera au Trésor une soulte notable, elle a permis à l'Etat de se dégager d'une partie de la responsabilité à laquelle le soumettait le placement des fonds des caisses d'épargne en rente 3 p. 100, achetée (en moyenne à 70 fr. 39, c'est-à-dire beaucoup au-dessus du prix actuel. L'annuité de 17,300,000 fr. appliquée à éteindre cette partie de notre dette, la fera payer sans

(1) Voir notre projet soumis à l'Assemblée le 1er juin 1874 (n° 2412).

perte, au prix coûtant de la rente primitivement acquise.

D'après les chiffres indiqués au rapport de notre honorable président, M. Mathieu-Bodet (26 mai 1875), l'actif des caisses d'épargne se composait, au 24 mai dernier :

1° En compte courant au Trésor de	63.241.157
2° En rente 3 p. 100 de	471.644.167
3° En obligations de chemins de fer	9.092.072
Total	543.977.396

Le prix d'achat de ces rentes et obligations, dont la valeur actuelle était de 480,736,239 fr., s'élevait à 525,583,124 fr., ce qui constituait, au cours du 24 mai 1875, une perte de 44,846,845 fr.

En utilisant pour la conversion présente les deux tiers de cette rente 3 p. 100, l'Etat a éteint une perte d'environ 33 millions de francs.

Le reste de cette perte est plus qu'effacé par la mesure prévoyante qui a fait mettre en réserve l'excédant du produit des titres acquis, sur l'intérêt servi aux caisses d'épargne. Cette réserve atteint aujourd'hui 26 millions de francs; elle constitue donc le compte spécial des caisses d'épargne, en bénéfice pour l'Etat.

CHAPITRE IX

Le nouveau traité proposé avec la banque ramène à 156,900,000 fr. le crédit porté dans le budget de 1875 pour 207,700,000 fr. et destiné à couvrir l'intérêt et l'amortissement des emprunts faits par l'Etat à la Banque de France. Qu'il nous suffise de dire, avec M. le ministre des finances qui l'a déclaré avec netteté dans l'exposé des motifs du budget de 1876, que cette différence ne correspond pas à une diminution véritable des dépenses, puisqu'elle n'est acquise qu'aux dépens du remboursement actuel d'une portion de notre dette.

De nombreuses et graves questions se rattachent à l'étude de la nouvelle convention avec la Banque de France, que M. le ministre des finances soumet à l'approbation de l'Assemblée nationale.

Ces questions ne sauraient être isolées de l'étude sur l'ensemble de la situation budgétaire, et c'est à ce moment que nous devrons les aborder.

CHAPITRE X. — Annuité payée à la compagnie de l'Est.

Cette annuité de 20,500,000 fr. représente la rente d'un titre inaliénable de rente pareille 3 p. 100, représentant, au taux de l'emprunt du 2 juillet 1871, la somme de 325 millions défalquée de l'indemnité de guerre, pour la cession des droits de la compagnie sur les lignes cédées à l'Allemagne.

Cette annuité s'éteindra à la fin de la concession.

CHAPITRES XI, XII ET XIII.

Ils comprennent les indemnités acquises aux départements, aux villes et aux communes pour remboursement d'une partie des contributions extraordinaires et réparations des dommages résultant de la guerre, pour réparation de ceux causés par le génie militaire, et enfin le remboursement aux communes et aux départements des avances faites pour le casernement. C'est une charge annuelle de 23,653,999 fr. à porter au compte de la fatale guerre de 1870.

Aucune observation n'a été faite sur ces chapitres, dont les crédits ont été d'avance réglés par des lois spéciales.

CHAPITRE XIV. — *Intérêts de capitaux de cautionnement.*

Le chiffre de 2,700,000 fr. affecté à ce payement est le même que celui porté au budget de 1875.

CHAPITRE XV. — *Intérêt de la dette flottante du Trésor.*

Nous retrouvons également ici les 28,000,000 de francs, votés au budget de 1875.

Votre commission n'a rien trouvé d'exagéré dans ce chiffre, qui correspond à la situation actuelle de la dette flottante.

Au 1ᵉʳ mai 1875, la dette flottante présentait la situation suivante :

Dette portant intérêts

Trésoriers-payeurs généraux, L/C. courants.	124.096.500
Fonds des communes et établissements publics (départements)..	228.604.700
Fonds de la ville de Paris..........	90.000.000
Fonds de divers établissements de Paris.................	12.159.500
Administration des tontines........	728.100
Ministère de l'instruction publique, S/C de fondations écossaises, anglaises et irlandaises...........	77.000
Caisse des dépôts et consignations, S/C: courant............	75.994.000
Caisse des dépôts S/C de fonds non employés des caisses d'épargne..	63.241.100
Caisse des dépôts S/C. caisse de dotation de l'armée............	4.357.200
Compagnie du chemin de fer d'Orléans...........	4.600
Crédit foncier de France, S/C. nº 1.	68.700
Crédit foncier de France, S/C. nº 2.	18.600.000
Capitaux des bons du Trésor en circulation............	250.481.900
Capitaux 3-10, 3-10 et 5-10........	24.367.800
	892.181.100

A déduire :

Solde débiteur du trésorier général des invalides de la marine........	234.500
Total de la dette portant intérêts.	**891.946.600**

Dette sans intérêts.

Fonds libres sur correspondants du Trésor et sur avances..........	15.448.400
Imprimerie nationale............	500.800
Fonds déposés par les divers corps de troupe de terre et de mer...	3.287.900
Chancelleries consulaires, L/C. de fonds communs............	1.290.500
Fonds de divers établissements publics des départements........	41.100
Bons échus, sans intérêts depuis l'échéance.............	8.399.700
Bons du Trésor émis pour le service des caisses d'épargne..........	20.900
Souscriptions diverses...........	600
Offrandes diverses.............	435.300
Mandats des trésoriers-payeurs généraux sur le Trésor............	2.658.800
Mandats des divers comptables et correspondants sur le Trésor.....	649.000
Total de la dette sans intérêts...	32.703.900
Total général de la dette flottante.	**924.650.500**

Le fonctionnement et la destination de la dette flottante ont été suffisamment expliqués, notamment dans les rapports sur les budgets des dépenses du ministère des finances présentés pour 1873 par M. Gouin et pour 1875 par M. Léon Say.

La dette flottante doit fournir les ressources destinées à balancer les découverts antérieurs, ainsi que le fonds de roulement du Trésor.

Les découverts des budgets réglés au 1ᵉʳ mai 1875 s'élevaient à 659 millions.

Ceux des exercices 1872, 1873 et 1874, sont évalués provisoirement à la somme de 256 millions.

Comme nous l'avons vu au tableau ci-dessus publié, le total de la dette flottante portant intérêts est de.............. 891.946.600
et celui de la dette sans intérêts de. 32.703.900

Total............. 924.650.500

Nous n'avons à nous arrêter en ce moment que sur l'estimation des charges que fait prévoir la portion de la dette portant intérêts. Comme nous venons de le dire, votre commission, après s'être livrée sur ce point à un examen attentif et détaillé, n'a pas hésité à maintenir le chiffre de 28 millions proposé par le Gouvernement.

Elle ne s'est arrêtée qu'à l'article relatif au compte courant des trésoriers généraux, et les explications qui lui ont été fournies lui ont fait voir que les règles sagement tracées dans le rapport de M. Gouin sur le budget de 1873 se trouvent mises en application.

Une première partie du compte des trésoriers-payeurs généraux s'élève jusqu'à une quotité au moins égale à celle des cautionnements. Cette partie est obligatoire, et qui a augmenté les sûretés acquises à l'État, et n'a pas peu contribué à cet heureux résultat que le Trésor n'a jamais eu à subir aucune perte de la part des comptables.

La seconde partie est facultative et donne lieu à un calcul d'intérêt autrement aisé.

Le Trésor tient compte de 4 p. 100 pour la partie obligatoire des dépôts des trésoriers-payeurs généraux, tandis que la portion facultative de ces dépôts obtient un intérêt essentiellement variable qui ne dépasse pas la moyenne de celui des bons du Trésor d'un mois à un an.

CHAPITRE XVI. — *Rachat des péages du Sund et des Belts.*

Les 246,832 fr. qui y sont annuellement consacrés ont couru à partir du 1ᵉʳ janvier 1857 ; le dernier terme expire au 1ᵉʳ octobre 1877.

CHAPITRE XVII. — *Redevances annuelles envers l'Espagne.*

Elles se composent de 5,000 fr., prix du bail perpétuel des herbages et des eaux du versant septentrional des Aldudes et d'une indemnité calculée par têtes de bétail pour droit de compascuité sur le versant méridional.

CHAPITRE XVIII. — *Annuités aux compagnies de chemins de fer.*

Ce chapitre est porté à 10,783,096 fr., avec une augmentation de 1,588,790 fr. sur le budget de 1875. Elle provient d'annuités afférentes aux lignes de Flers à Mamers (489,662 fr.) ; d'Agde à Lodève et à Milhau (961.134 fr., et à l'embranchement de Saint-Affrique; pareille somme est retranchée du budget des travaux publics, comme se rapportant à des travaux terminés, conformément aux décisions de l'Assemblée.

CHAPITRE XIX. — *Intérêts et amortissement de l'emprunt contracté par le gouvernement sarde pour l'amélioration de l'établissement thermal d'Aix.*

Le crédit de 36,400 fr. porté pour 1876, en augmentation de 500 fr. sur celui de 1875, provient de la différence dans le chiffre des obligations à rembourser et des intérêts.

DETTE VIAGÈRE

CHAPITRE XX. — *Rentes viagères d'ancienne origine.*

Une diminution de 25,316 fr. provenant des extinctions présumées, réduit le chiffre demandé à 145,346 fr.

CHAPITRE XXI. — *Rentes viagères pour la vieillesse.*

Ce chapitre augmente constamment par suite de l'accroissement des nouvelles concessions sur les extinctions. Les arrérages se trouvent portés maintenant à 8 millions de francs.

La caisse des retraites pour la vieillesse a reçu, du 11 mai 1851 au 31 décembre 1874 :

1° 4,627,443 versements, s'élevant à 179.217.874 78
2° En arrérages de rentes.... 50.114.558 »

Total............. 229.332.432 78

Elle a fait inscrire au Grand-Livre, pendant la même période, 10,026,746 fr. de rentes viagères représentant un capital de 96,571,581 fr. 08.

Il a été transféré en échange, à la caisse d'amortissement, pour être annulée, 4,428,690 fr. de rente perpétuelle, représentant un capital de 96,571,581 fr.

Nous avons signalé, aux chapitres relatifs à la dette consolidée, les doutes que fait naître la constitution actuelle de la caisse de retraites pour la vieillesse. Les avantages qu'elle procure n'ont-ils pas relégué au second plan la question financière, au point de vue de l'intérêt du Trésor? Le calcul des tarifs admis a-t-il été assis de manière à ne pas exposer l'État à une perte?

La caisse des retraites n'a pas été fondée dans un but de concurrence pour les compagnies d'assurances sur la vie; au lieu de les écarter, elle doit désirer leur concours actif, car elles ainsi développent l'esprit d'épargne et de prévoyance. En tout cas, si la faveur qui s'attache aux réserves accumulées par les hommes de travail pouvait faire tolérer même une certaine perte encourue, en l'envisageant comme une prime offerte à la prévoyance, on ne devrait pas dépasser une limite indiquée par la nature même de l'institution. Au lieu de songer à élever à 3,000 fr. le maximum de la pension viagère, il serait peut-être plus prudent de le réduire. Il monte aujourd'hui à 1,500 fr., alors qu'au début il n'avait été établi qu'à 600 fr. L'économie qui doit présider à la gestion des deniers publics se concilierait ainsi avec les inspirations d'une philanthropie éclairée.

La loi qui institue la caisse des retraites (18 juin 1850) en a marqué nettement le but. Il s'agissait de féconder par d'incessantes capitalisations d'intérêts, combinées avec les lois de la mortalité, les lentes épargnes du travailleur prévoyant et de lui assurer une pension suffisante pour assurer ses vieux jours contre le dénûment.

Le maximum a été successivement porté à 750 fr. par la loi du 7 juillet 1856 et à 1,500 fr. par la loi du 4 mai 1864.

On comprend que la loi ait voulu tenir compte du renchérissement général de l'existence, aussi bien que des conditions d'aisance plus développées, qui, heureusement, relèvent aujourd'hui la situation des hommes voués au travail. N'a-t-on pas dépassé la mesure de sacrifice imposée ainsi à l'État?

Il importe de faire remarquer que limiter à une somme plus restreinte, mais encore suffisante, à 1,000 fr. ou à 1,200 fr. par exemple, le taux de la rente viagère que l'État s'engage à servir, ce n'est point empêcher les bons résultats

d'une économie plus active. La question est de savoir si le Trésor doit servir une sorte de subvention déguisée, au delà de la quotité nécessaire de la rente viagère, ou s'il ne vaut pas mieux qu'à partir du maximum déterminé par l'État, ceux qui, sortant de la catégorie du besoin, entrent dans une condition meilleure, aient à recourir pour l'excédant aux compagnies d'assurances sur la vie. Les indications fournies à cet égard par un homme des plus compétents, M. de Courcy, lors de la discussion d'une proposition de loi ayant pour objet de frapper d'un impôt les primes d'assurance sur la vie, ont conduit la commission du budget de 1875 à repousser cet impôt, en lui faisant envisager les facilités données à l'action de l'industrie privée, comme ayant pour résultat d'alléger la charge que la caisse de retraites fait peser sur le Trésor.

Votre commission appelle sur ce point controversé le sérieux examen du Gouvernement.

CHAPITRE XXII. — *Pensions des grands fonctionnaires de l'empire.*

Une réduction de 10,000 fr. provenant d'extinctions réalisées ramène le crédit demandé au chiffre de 215,000 fr.

CHAPITRE XXIII. — *Pensions de la pairie et de l'ancien Sénat.*

Ce chapitre reste fixé à 104,000 fr., comme pour 1875.

CHAPITRE XXIV. — *Pensions civiles (Loi du 22 août 1790).*

Le crédit demandé est de 2,000,000 comme en 1875; mais votre commission ne saurait passer sous silence les observations que suggère l'application de la loi de 1790. Tout le monde a gardé la mémoire du vif débat qu'a soulevé récemment devant l'Assemblée nationale la demande d'une augmentation de ce crédit. Il ne suffit pas qu'il ne soit point dépassé pour soustraire l'attribution des pensions nouvelles au contrôle de l'Assemblée.

Nous avons demandé au ministre des finances la note des pensions accordées depuis le 1er janvier 1875. La somme totale est peu considérable, elle ne s'élève qu'à 12,037 fr.; mais elle comprend des allocations de 4,439 fr. pour un ancien ministre, et de 2,576 fr. et 2,525 fr. pour deux anciens préfets, alors que la durée des services n'a pas atteint la limite légale.

La commission est d'avis de réduire de 205,000 francs le crédit demandé; il serait donc fixé à 1,795,000 fr.

CHAPITRE XXV. — *Pensions à titre de récompense nationale.*

Les extinctions présumées réduisent le crédit de 37,000 fr. Il est proposé du chiffre de 385,000 francs.

Pas d'observations.

CHAPITRE XXVI. — *Pensions militaires.*

Le crédit demandé est encore accru, pour 1876, de 1,900,000 fr.; il se trouve élevé à 66,900,000 fr. On n'ignore pas que l'accroissement rapide de ce chapitre est un des tristes legs de la malheureuse guerre de 1870. La charge qui en résulte pour le Trésor est énorme; on doit espérer que la progression se trouvera diminuée par suite de la loi récemment votée, qui ramène à trente ans, au lieu de vingt-cinq, la limite de la retraite pour les officiers.

CHAPITRE XXVII. — *Pensions ecclésiastiques.*

Le crédit demeure fixé à 36,000 fr.
Pas d'observations.

CHAPITRE XXVIII. — *Pensions de donataires dépossédés.*

Les extinctions présumées réduisent le chiffre demandé de 27,000 fr.; il reste fixé à 790,000 fr.

CHAPITRE XXIX. — *Pensions civiles* (Loi de 1853).

Une augmentation de crédit de 500,000 fr. nous est encore demandée sur ce chapitre, porté au budget de 1876 à 42,300,000 fr. Votre commission ne peut que renouveler les observations faites au sujet de cet accroissement qu'elle ne saurait approuver.

La charge des pensions civiles devient de plus en plus lourde.

La somme affectée en 1869 aux pensions civiles et aux pensions militaires ne dépassait pas 71 millions; elle se trouve élevée, au budget de 1876, à plus de 109 millions. Les malheurs de la guerre n'expliquent que trop l'augmentation des pensions militaires; mais l'accroissement constant des pensions civiles appelle nécessairement l'attention sur les résultats de la loi de 1853.

Quand cette loi fut discutée, on estimait à 19 millions par an la charge qui devait en résulter pour le Trésor, déduction faite de la retenue.

Pour 1876, les retenues, accrues de l'affectation des amendes et confiscations en matière de douanes, de contributions indirectes et des portes (qu'une augmentation considérable, provenant de la création de nouveaux impôts et d'une plus active répression de la fraude, élève à 2,098,000 francs); ne montaient cependant qu'à 17,623,000 fr., ce qui, déduit des 42,300,000 fr. demandés, laisse 24,677,000 francs à la charge du Trésor.

Il est vrai que la loi du 30 mars 1872 a modifié les facultés ouvertes à l'administration pour pensionner ses agents. Elle a aussi substitué, pour base de la liquidation, au traitement moyen des six dernières années, celui de quatre années. La modification concédée à cette époque a contribué à élever le chiffre des pensions, mais la loi n'avait qu'une durée limitée aux réformes à accomplir dans le personnel en 1872.

Notre honorable collègue M. Courcelle a présenté un amendement, afin de faire réduire de 500 fr. le crédit demandé pour les pensions civiles. Cette proposition témoigne, par l'exiguïté même du chiffre, de la pensée de l'auteur de l'amendement. Il a voulu attirer l'attention de l'Assemblée sur la révision nécessaire de la loi de 1853.

Le conseil d'État est trouve saisi d'un projet sur cette grave matière; mais, avant que l'Assemblée l'examine, nous croyons répondre au désir de M. Courcelle en réclamant du Gouvernement l'application plus exacte de la loi de 1853.

Celle-ci a prévu la liquidation et l'inscription des pensions civiles nouvelles, au fur et à mesure de l'extinction des pensions anciennes, de manière à ne pas accroître outre mesure la charge de l'État.

Nous savons que l'application rigoureuse des mises à la retraite pour limite d'âge peut déranger l'équilibre.

Au moins ne faut-il pas augmenter le préjudice par une extension qui touche à l'arbitraire. On arrive, par l'abus des décisions prématurées, à faire mettre à la retraite des hommes parfaitement en état de continuer un service actif et utile, et à créer un double personnel rétribué par l'État : celui des fonctionnaires actifs et celui des fonctionnaires mis à la retraite qui auraient pu continuer un service actif. Quel que soit le désir d'ouvrir plus largement la voie de l'avancement hiérarchique, cet intérêt doit céder à celui de l'économie qui nous est commandée d'une manière rigoureuse.

Votre commission ne peut qu'insister auprès du Gouvernement pour le retrait des décrets destinés à rendre la retraite obligatoire, et notamment du décret du 15 novembre 1873, sur la limite d'âge des agents du ministère des finances.

Si ce décret n'est pas rigoureusement appliqué, c'est un motif de plus pour le rapporter.

Il ne s'agit pas d'enlever au Gouvernement la faculté de remplacer les employés auxquels leurs forces ne permettent plus, à un âge déterminé, de remplir utilement leurs fonctions; mais il ne faut pas qu'une régie absolue conduise à priver l'État de la continuation de services utiles. Il ne faut pas non plus qu'en diminuant l'âge moyen des employés en retraite, on grève plus lourdement les crédits.

Il est juste cependant de reconnaître que l'extension des services et l'amélioration des traitements ont influé sur l'augmentation de cette partie des charges publiques.

La régie posée par la loi de 1853, régie tutélaire pour les intérêts du Trésor, ne doit pas être méconnue par l'administration; tout excédant de crédit qui dépasse la somme des extinctions, devrait être rigoureusement justifié.

Les observations contenues dans le rapport de M. de la Monnerye (26 février 1872), et le projet de loi présenté par MM. l'amiral de Montaigu, marquis de Plœuc, Riant et Andras de Kerdrel, dont l'Assemblée a ordonné le renvoi au conseil d'État, permettent de faire espérer que de nouvelles dispositions ne tarderont pas de remédier en mal signalé. Il faut sauvegarder dans une juste mesure les intérêts des serviteurs de l'État; mais on ne saurait méconnaître que le fardeau imposé au Trésor ne soit devenu trop lourd.

Comme conséquence pratique de ces observations, votre commission vous propose de réduire à 42,050,000 fr. le crédit de l'exercice 1876, en diminuant de moitié le nouveau crédit de payement qui figure au projet de budget pour 500,000 fr.

CHAPITRE XXX. — *Secours aux pensionnaires de l'ancienne liste civile des rois Louis XVIII et Charles X.*

La marche du temps réduit naturellement le chiffre de ce crédit, qui diminue de 5,000 fr. pour 1876 et ne s'élève plus qu'à 75,000 fr.

CHAPITRE XXXI. — *Pensions et indemnités viagères de retraite aux employés de l'ancienne liste civile et du domaine privé du roi Louis-Philippe.*

Une observation pareille s'applique à ce chapitre, qui obtient une diminution de 41,500 fr. et se trouve ramené à 300,000 fr.

CHAPITRE XXXII. — *Anciens dotataires du Mont-de-Milan.* (Décret impérial du 18 décembre 1861.)

CHAPITRE XXXIII. — *Annuités à la caisse des dépôts et consignations pour le service des pensions aux anciens militaires de la République et de l'Empire* (Loi du 5 mai 1869.)

Les chiffres maintenus à ces deux chapitres, pour 312,000 fr. et 3,668,000 fr., n'ont amené aucune observation.

Il en est de même des chapitres 34 et 35, qui affectent 600,000 fr. au traitement du Président de la République et 300,000 fr. à ses frais de maison, avec affectation du palais de l'Élysée aux réceptions faites à Paris, et du chapitre 36, relatif au supplément de la dotation de la Légion d'honneur, qui se trouve réduit de 97,500 francs et ne figure plus que pour 11,998,231 au budget de 1876.

CHAPITRE XXXVII. — *Subvention à la caisse des invalides de la marine.*

Les dépenses de la caisse des invalides de la marine sont évaluées, pour 1876, à 34,000,000 fr. avec excédant de 500,000 sur l'exercice 1875.

Les recettes propres à cet établissement, diminuées de la prestation de 3 p. 100 sur le crédit de 10 millions, pour lequel le département de la marine figurait dans le compte de liquidation, ne dépasseraient pas le chiffre de...... 14.000.000

La subvention à inscrire au ministère des finances s'élèvera donc à 10.000.000 au lieu de 8 millions inscrits en 1875.

L'augmentation de 2 millions provient de l'excédant des concessions nouvelles de pensions de retraite sur les extinctions A la suite de la guerre de 1870, la caisse des invalides a eu à liquider un grand nombre de pensions de retraite de marins ou de militaires, ainsi que de veuves et d'orphelins et d'ouvriers ou d'agents, dont le licenciement a été obligé par suite de la diminution des crédits accordés pour le payement des salaires.

CHAPITRE XXXVIII. — *Dépenses de l'Assemblée nationale.*

Les dépenses administratives de l'Assemblée nationale et les indemnités des députés restent au chiffre de 8.585,000 francs, qui subira sans doute une modification si, comme il est permis de l'espérer, la mise à exécution de la Constitution amène, pour 1876, l'installation définitive du Sénat et de la Chambre des députés.

La première partie du budget des dépenses du ministère des finances se trouve donc réglée à 1,181,858,281 fr., en diminution de 454,000 fr. sur le crédit proposé.

RÉCAPITULATION DE LA PREMIÈRE PARTIE

	Crédits demandés pour l'exercice 1876.	Crédits accordés.
Dette consolidée.	747.998.816	747.998.866
Capitaux remboursables à divers titres...	277.599.838	277.599.838
Dette viagère...	125.230.346	124.776.346
Dotations...	22.898.231	22.898.231
Dépenses de l'Assemblée nationale.	8.585.000	8.585.000
Total de la 1re partie............	1.182.312.231	1.181.858.231
Différence en moins..........		454.000

DEUXIÈME PARTIE
Service général du Ministère.

ADMINISTRATION CENTRALE DES FINANCES

CHAPITRE XXXIX. — *Personnel.*

Ce chapitre obtient une augmentation de 86,200 fr., et se trouve porté à 6,017,350 fr. par suite : 1° d'un accroissement de 56,200 fr., provenant de la nomination à l'emploi vacant de sous-directeur de la dette inscrite, de la création d'un deuxième emploi de sous-chef au bureau des transferts, dont le personnel se compose de

ANNEXES. — T. XXXIX.

17 commis titulaires et auxiliaires, et du traitement de 14 employés auxiliaires à titulariser sur le pied de 2,800 fr.

Cette réorganisation a été jugée nécessaire par l'inspection des finances chargée de l'enquête sur la situation faite au service de la dette inscrite par l'accroissement des travaux résultant de l'augmentation de cette dette, à la suite des emprunts nouveaux.

2° Du rétablissement de la somme de 30,000 fr., provisoirement retranchée par la commission du budget de 1873.

Dans son rapport sur le budget de 1875, M. Léon Say explique que cette réduction a été exécutée par un virement plutôt que par une économie, car on a remplacé les gardiens de bureau titulaires, supprimés, par des gardiens de bureau auxiliaires, payés sur le chapitre du matériel. Il est plus régulier de rétablir les 30,000 fr., à l'article 3 du chapitre 39. D'ailleurs, le temps de l'auxiliariat interrompt les droits à la retraite entre les services militaires et les services civils. L'absence des fonds suffisans pour titulariser les hommes sortis des rangs de l'armée, cause à ces anciens militaires un préjudice qui va être réparé.

D'un autre côté, M. le ministre des finances a démontré que l'insuffisance du nombre actuel des gardiens de bureau provient de l'accroissement des services du ministère, notamment de ceux de la dette inscrite et des caisses centrales, et de l'extension des bâtiments affectés aux administrations financières.

Le retour à l'ancien ordre de choses est devenu d'autant plus nécessaire, que chaque jour accuse l'insuffisance du personnel actuel du service intérieur, et qu'il n'est plus possible d'imputer, comme en 1873 et en 1874, les salaires d'un certain nombre d'hommes de peine sur les frais des emprunts.

Nous devons rappeler, au sujet des services de l'administration centrale des finances, les réflexions qu'elle a suggérées aux précédents rapporteurs du budget des dépenses. Comme eux, nous partageons le vœu de l'Assemblée et du pays qui est de réaliser des économies, mais nous faisons passer avant tout la nécessité, alors qu'il s'agit des recettes de l'État, d'en assurer l'exacte perception.

Quant au personnel du ministère, nous n'oublions pas que depuis 1830, les frais qu'il entraîne ont été plutôt réduits qu'augmentés que le budget de l'État a grossi de 978 millions à près de 2 milliards 600 millions.

Le chiffre seul des inscriptions de rentes, qui, comme nous l'avons déjà indiqué, n'atteignait pas 300,000 en 1848 avait été rapidement porté à 846,330 au 1er janvier 1850, à la suite du remboursement des livrets des caisses d'épargne, et plus de 1 million en 1856. Ce chiffre était de 1,254,040 en 1870, pour une dette de 358 millions de rente; il a grandi à plus de 2 millions en 1872, pour 502 millions de rente, et a suivi la rapide progression qui a porté :

Le nombre des inscriptions en 1873 à 3,473,475, pour 626,120,206 de rentes.

Le nombre des inscriptions en 1874 à 4,130,040, pour 690,013,493 de rentes.

Le nombre des inscriptions en 1875 à 4,380,933, pour 748,404,971 de rentes.

Par une conséquence bien naturelle, le nombre des transferts journaliers a plus que décuplé depuis un quart de siècle.

En admettant une augmentation de crédit pour le personnel, votre commission croit devoir vous proposer une réduction sur les chapitres du matériel et des impressions.

CHAPITRE XL. — *Matériel.*

Un crédit de 440,000 fr. a été inscrit au budget de 1875 pour l'entretien et la réparation des

4

bâtiments. L'élévation de ce chiffre était motivée par une dépense extraordinaire de 290,000 fr. destinée au complément d'installation du ministère dans les bâtiments qu'il occupe actuellement et à l'agencement de ses bureaux dans le pavillon de l'ancienne bibliothèque du Louvre. Si ce crédit ne peut pas être employé en entier dans l'exercice de 1875, la partie annulée pourra être reportée au budget de 1876, sous forme de crédit supplémentaire. Mais il nous a paru, complètement superflu de faire figurer au budget de 1876, au n° 7 du chapitre 40, le crédit entier, ouvert en 1875 par suite de ce travail spécial.

Nous vous proposons donc de réduire de 290,000 fr. cette affectation qui ne doit plus figurer que pour une somme de 150,000 fr.

CHAPITRES XLI ET XLII. — Impressions. — Dépenses diverses.

L'article 1er du chapitre 41 porte une demande de 850,000 fr. pour l'administration centrale, et l'article 2 celle de 1,600,000 pour les régies financières. Ce sont les chiffres admis au budget de 1875. Mais, il nous a paru que le ministre des finances devait entrer dans la voie d'une plus grande économie. L'exemple donné par l'administration des postes, qui, par des dispositions intelligentes, a réussi à diminuer les frais d'impression, doit être suivi par l'administration centrale du ministère; nous l'invitons à réaliser les modifications nécessaires pour atteindre ce but, et nous vous proposons de réduire à cet effet de 100,000 fr. le crédit de 2,230,000 fr. du chapitre 41, en appliquant une réduction de 25,000 fr. à l'article 1er, et une réduction de 75,000 francs à l'article 2 de ce chapitre.

Le chapitre 42 (Dépenses diverses) conserve sans aucun changement le crédit de 287,000 fr. alloué au budget de 1875.

Le budget du service de l'administration centrale des finances présentera ainsi un total de 9,494,950 fr. au lieu de 9,874,950 fr. demandés.

Les chapitres 43 à 46 (Monnaies et médailles) n'ont provoqué aucune observation. Ils reproduisent les allocations admises l'année dernière, sauf un accroissement de 45,000 fr. causé par l'élévation du montant de l'émission des monnaies de bronze, qui sera, en 1876, de 300,000 fr. au lieu de 200,000 fr., chiffre prévu au budget de 1875.

CHAPITRE XLVII. — Dépenses des exercices périmés non frappés de déchéance.

Ce chapitre se trouve porté à 325,000 fr. avec une augmentation de 70,000 sur le chiffre alloué pour 1875.

Le crédit ci-dessus est destiné à faire face aux éventualités de réclamation d'arrérages non prescrits : il se rapporte aux exercices de 1871 et à ceux qui l'ont précédé cette année.

CHAPITRE XLVIII. — Dépenses des exercices clos.

Ce chapitre, dont le crédit est réglé en fin d'année d'après le montant des payements effectués aux termes de l'article 8 de la loi du 23 mai 1834, est porté pour mémoire.

COUR DES COMPTES

CHAPITRE XLIX ET CHAPITRE L. — Personnel et matériel de la cour des comptes.

Le chiffre des crédits demandés, qui est de 1,469,700 fr. au chapitre du personnel, et de 84,800 fr. au chapitre du matériel, au total 1,554,500 fr., reste le même que celui voté au budget de 1875.

CHAPITRES LI ET LII. — Service de trésorerie.

Les chapitres 51 et 52 comprennent, pour frais de trésorerie, 1,200,000 fr., et pour les traitements et émoluments des trésoriers-payeurs généraux et des receveurs particuliers des finances, 7 millions.

Ces chiffres reproduisent exactement ceux du budget de 1875.

Notre honorable collègue M. Francisque Rive a proposé de retrancher 516,000 francs attribués au traitement fixe de 6,000 francs acquis aux quatre-vingt-cinq trésoriers généraux et à la caisse centrale. Votre commission, après un sérieux examen, n'a pas cru devoir accepter cet amendement.

Il lui a paru que M. Rive proposait, trop s'il s'agit uniquement de la position actuelle des trésoriers généraux, trop peu s'il avait en vue la réforme de notre système de trésorerie.

Cette question mérite d'être étudiée d'une manière précise. Peut-être qu'en connaissant mieux le mécanisme et les résultats de l'organisation française, on cessera de préconiser, comme beaucoup supérieur et beaucoup plus économique que le régime adopté en Angleterre.

Pour commencer par la proposition qui consiste à supprimer purement et simplement les 6,000 fr. de traitement fixe des trésoriers généraux, elle ne nous paraît pas acceptable.

La portion du crédit législatif de 7 millions ne s'applique aux trésoriers-payeurs généraux que pour 3,968,200 fr.

Le surplus est attribué aux receveurs particuliers pour 3,031,800 fr.

Une diminution de 516,000 fr. sur le premier chiffre équivaudrait à une réduction de plus de 13 p. 100.

En 1865, les émoluments des receveurs généraux et des payeurs s'élevaient à 6,946,100 fr. En 1867, quand les deux services ont été réunis entre les mains des trésoriers-payeurs généraux, la dépense est descendue à 4,693,000 fr. avec une économie de 2,247,000 fr.; ces émoluments ont été, pour 1869, de 4,837,488 fr.

Ils ont été réduits par l'Assemblée nationale à partir de 1872 à 4,138,700 fr. avec cette double condition que le traitement fixe serait au chiffre uniforme de 6,000 fr. sans distinction de classe et que le crédit total ne serait pas dépassé, y compris le service des nouveaux impôts votés en voter. Il y a eu de ce chef une diminution de 698,988 fr.

Pour les années 1873 et suivantes, le crédit budgétaire du chapitre total, y compris les receveurs, a été réduit à 7,000,000 en subissant une nouvelle diminution de 170,000 fr. qui a dû exclusivement porter sur les trésoriers-payeurs généraux dont le crédit s'est trouvé ainsi ramené à 3,968,200 fr.

L'économie réalisée depuis 1869 est donc de ce chef égale à 869,288 fr.

Le crédit actuel de 3,968,200 fr. donne une moyenne de 6,140 fr. par comptable; il est réparti suivant l'importance des départements, de manière que lorsque le Nord et les Bouches-du-Rhône obtiennent 110,000 fr., les Basses-Alpes et la Creuse ne touchent que 25,000 fr. C'est qu'ainsi les charges à supporter sont proportionnelles à l'importance des trésoreries.

D'après la proposition de M. Francisque Rive, une réduction uniforme de 6,000 fr. frapperait d'environ 25 p. 100 les émoluments des trésoriers-payeurs généraux des Basses-Alpes et de la Creuse, et n'atteindrait ceux du Nord et des Bouches-du-Rhône que dans la proportion de moins de 6 p. 100. Cela ne serait pas équitable.

Il ne faut d'ailleurs pas méconnaître la nature véritable des émoluments acquis aux trésoriers-payeurs généraux : elle en réduit singulièrement l'importance.

L'allocation budgétaire consentie par le Trésor n'est pas une rémunération, sans charges correspondantes. Non-seulement les trésoriers-payeurs généraux sont responsables des erreurs matérielles et des détournements commis, tant par leurs propres agents que par les comptables sous leurs ordres, mais encore ils payent de leurs deniers les traitements de leurs employés, les frais de loyer, d'imprimés, de chauffage, de fournitures de bureau; en un mot ils supportent tous les frais de personnel et de matériel qui grèvent leur service, sans que ces frais retombent ni directement, ni indirectement à la charge du Trésor (1).

Il faut dire aussi que les cautionnements des trésoriers généraux sont considérables (maximum, 925,000 fr.; minimum, 166,000 fr.; moyenne, 334,000 francs ; total, 28,697,000 fr.). Le Trésor n'alloue à ces cautionnements qu'un intérêt de 3 p. 100, les comptables supportent la différence entre le loyer courant de l'argent et ce taux d'intérêt réduit.

Ces indications, peu connues en général, devaient précéder l'étude de la proposition faite par M. Francisque Rive.

Celle-ci appelle encore d'autres réflexions.

Le chapitre 52 du budget des dépenses du ministère des finances, toujours intitulé Traitements et émoluments des trésoriers-payeurs généraux et des receveurs particuliers des finances, ne porte pas une dénomination exacte. On serait porté à penser qu'il s'agit simplement ici d'une rémunération, d'un profit, tandis qu'en fait ce crédit a pour objet principal, notamment pour les trésoriers-payeurs généraux, de les couvrir des déboursés, de toute nature qui leur incombent; sans parler des risques; leur service leur impose, en effet, comme nous venons de le dire, des frais considérables de personnel et de matériel. Les 7 millions du chapitre 52 sont donc loin de profiter intégralement aux 85 trésoriers généraux et aux 291 receveurs particuliers; ils les couvrent d'abord de leurs déboursés; l'excédant seul constitue l'émolument et le traitement.

Le part afférente au service des trésoriers-payeurs généraux est de 3,968,200 fr. M. Francisque Rive propose de la frapper dans une proportion considérable et fort inégale.

On peut, par force des choses, et en vertu d'une sorte de mécanisme automoteur, il s'opère par les allocations faites par le Trésor une réduction effective et constante.

Le rapport déposé par M. Gouin au nom de la commission de 1873, donne très-clairement la clé de ce procédé financier.

On a voulu réduire à un maximum permanent de 7 millions les traitements et émoluments des trésoriers-payeurs généraux et des receveurs particuliers des finances.

« Le Trésor pourrait-il, dit M. Gouin (p. 41 de son Rapport), faire faire cet immense service de recettes et de payements par toute la France dans des conditions plus économiques et en garantissant mieux ses intérêts? — Nous ne le pensons pas. »

On sait que grâce au cautionnement d'une part, et à la partie obligatoire des comptes courants de l'autre, jamais le Trésor n'a rien perdu avec les trésoriers généraux, et comme ceux-ci sont responsables des receveurs particuliers, qui, de leur côté, garantissent la gestion des percepteurs, le service entier de la trésorerie s'accomplit sans risque pour l'État.

En présence de ce résultat, la question principale soulevée à la suite de la proposition de M. Rive, celle de la transformation de notre service de trésorerie et du remplacement des trésoriers généraux, par des fonctionnaires à traitement fixe, paraît grandement s'éclaircir. Pourrait-on demander à ces fonctionnaires les mêmes responsabilités? A quel chiffre faudrait-il fixer leurs traitements? Quels seraient les frais à faire pour les employés et les bureaux? La réponse à ces questions telle qu'elle se présente à ceux qui ont étudié la matière, n'est pas encourageante pour les projets de réforme absolue.

La conclusion de M. Gouin, adoptée par l'Assemblée, a été de faire porter exclusivement la réduction proposée sur les trésoriers-payeurs généraux et de faire du chiffre de sept millions, auquel le chapitre budgétaire a été fixé, une sorte d'abonnement permanent, quel que soit le montant des recettes et des payements effectués.

L'administration des finances a suivi la règle posée par la commission de 1873. Mais comme le mouvement des opérations de toute nature augmente d'une manière considérable, la fixité du crédit ouvert entraîne une économie véritable et amène une réduction des traitements. Cette économie se traduit au commencement de chaque année par un abaissement des centimes de commission, et en fin d'année par une reprise sur le produit des commissions et un reversement effectif. C'est ainsi que, ramenés dans la limite du crédit budgétaire, les trésoriers généraux ont eu à reverser pour 1874, 163,865 fr., et, pour 1873, 145,661 fr.

C'est donc un procédé dont l'application est efficace.

La réduction des émoluments des trésoriers généraux à un chiffre invariable s'opère alors qu'ils se trouvent chargés annuellement du recouvrement de 400 millions d'impôts nouveaux et du payement de 200 millions de dépenses supplémentaires, sans aucune commission en compensation, malgré le surcroît de responsabilité et de frais matériels qui restent exclusivement à leur charge.

Ajoutons que ce procédé a virtuellement effacé la distinction entre le traitement fixe et la part éventuelle de la rémunération des trésoriers-payeurs généraux.

L'ensemble participe désormais du même caractère, et la dénomination de traitement fixe conservée à une partie des émoluments a d'autant moins de signification qu'elle ne correspond même plus comme autrefois à une division par trois classes, auxquelles étaient attribués des traitements de 6,000, 9,000 et 12,000 francs. Aujourd'hui il n'existe au titre qu'une allocation uniforme de 6,000 francs.

La réduction proposée par M. Francisque Rive atteindrait donc beaucoup plus les petites que les grandes trésoreries, et elle n'a paru à votre commission, être acceptable pour aucune d'elles.

Sans doute, le régime actuel ne réalise pas un type de perfection, et il pourra être amélioré. Mais il l'a déjà été, et, depuis 1872 surtout, il a permis de réaliser des économies sérieuses, bien supérieures à celles du budget, car elles correspondent à un chiffre d'affaires beaucoup plus considérable, tandis que la rémunération est invariable.

En cette circonstance comme en beaucoup d'autres, on arrive à reconnaître que certaines plaintes se perpétuent, alors qu'on a déjà remédié au mal.

On continue aussi à se faire illusion sur la prétendue infériorité du système français, alors qu'on suppose que le régime suivi en Angleterre est de beaucoup préférable.

On a dit, et on répète souvent, que la Banque d'Angleterre remplit l'office des trésoriers généraux avec une grande économie. C'est une erreur qui provient d'une confusion facile à dissiper.

La Banque d'Angleterre ne remplit point le rôle de collecteur d'impôts au compte du gouvernement. Elle est simplement le banquier du Trésor, dont elle encaisse les fonds en compte courant. Les collecteurs de l'impôt lui versent journellement ou par semaine les sommes qu'ils touchent. Dans les localités qui possèdent des branches de la Banque d'Angleterre, les deniers perçus y sont versés immédiatement. Là où il n'existe point de branches de la Banque, l'argent est envoyé au moyen de lettres de change ou par les banques locales, auxquelles il est concédé un certain délai pour opérer la transmission.

On ne compte en province que neuf branches de la Banque d'Angleterre, établies à Birmingham, Bristol, Hull, Leeds, Liverpool, Manchester, Newcastle-upon-Tyne, Plymouth et Portsmouth.

En résumé, la Banque d'Angleterre ne remplit qu'un rôle très-restreint pour la collection du revenu public du Royaume-Uni.

Si nous n'étions point retenu par la crainte de donner à ce rapport des proportions trop considérables, nous aurions voulu esquisser un parallèle entre le mode de perception de l'impôt en France et en Angleterre, et nous l'aurions fait d'autant plus volontiers, que ce parallèle ne nous paraît pas devoir aboutir à une conclusion défavorable à notre pays, surtout en tenant compte de la différence de l'assiette de l'impôt.

Beaucoup d'anciennes coutumes continuent à diriger nos voisins, et quel que soit le respect traditionnel qu'elles inspirent, on n'en désire pas moins la révision de l'autre côté du détroit. On n'y rencontre, en effet, sur beaucoup de points, ni garantie suffisante pour le Trésor, ni sécurité suffisante pour le contribuable.

Quant aux frais qu'entraîne la perception de l'impôt, bien que le budget anglais ait été singulièrement simplifié, ces frais s'élèvent à une somme considérable. Il suffira d'indiquer à cet égard les résultats du revenu public des huit dernières années et de placer en regard du revenu brut, les dépenses qui serviront à déterminer le revenu libre.

Voici, à ce sujet les résultats constatés par le dernier document officiel, distribué au parlement le 29 juillet 1874. (L'année financière se termine au 1er mai.)

1866-1867

INLAND REVENUE Revenu intérieur.	RECETTE brute.	DRAWBACKS et remboursements.	REVENU net.	FRAIS de perception.	PRODUIT libre.
Excise...........	21.690.274	998.357	20.691.917		
Timbres........	9.601.766	247.683	9.354.063	1.364.235	37.795.546
Taxes..........	9.238.214	124.433	9.113.781		
Totaux........	40.530.254	1.370.473	39.159.781	1.364.235	37.795.546
Douanes........	22.399.770	257.630	22.142.140	994.545	21.147.595
Post-Office......	4.527.136	15.562	4.511.574	3.281.907	1.229.667
Totaux.......	67.457.160	1.643.665	65.813.495	5.640.687	60.172.808

1867-1868

INLAND REVENUE Revenu intérieur.	RECETTE brute.	DRAWBACKS et remboursements.	REVENU net.	FRAIS de perception.	PRODUIT libre.
Excise...........	21.235.836	1.062.548	20.173.288		
Timbres........	9.737.869	277.108	9.460.761	1.378.473	37.890.061
Taxes..........	9.752.561	118.076	9.634.485		
Totaux........	40.726.266	1.457.732	39.268.534	1.378.473	37.890.061
Douanes........	22.853.068	247.739	22.605.329	989.684	21.615.645
Post-Office......	4.617.171	15.369	4.601.802	3.248.643	1.353.159
Totaux.......	68.196.505	1.720.840	66.475.665	5.616.800	60.858.865

1868-1869

INLAND REVENUE Revenu intérieur.	RECETTE brute.	DRAWBACKS et rembourse- ments.	REVENU net.	FRAIS de perception.	PRODUIT libre.
Excise	21.117.572	667.186	20.450.386		
Timbres	9.505.737	277.831	9.227.906	1.636.414	40.149.551
Taxes	12.242.101	134.428	12.107.673		
Totaux	42.865.410	1.079.445	41.785.965	1.636.414	40.149.551
Douanes	22.628.913	293.884	22.335.029	986.403	21.348.626
Post-Office	4.761.243	14.740	4.746.503	3.219.819	1.526.684
Totaux	70.255.566	1.388.069	68.867.497	5.842.636	63.024.861

1869-1870

INLAND REVENUE Revenu intérieur.	RECETTE brute.	DRAWBACKS et rembourse- ments.	REVENU net.	FRAIS de perception.	PRODUIT libre.
Excise	22.578.809	726.047	21.852.762		
Timbres	9.533.163	257.198	9.275.965	1.666.586	44.091.753
Taxes	14.792.382	162.770	14.629.612		
Totaux	46.904.354	1.146.015	45.758.339	1.666.586	44.091.753
Douanes	21.718.490	337.164	21.381.326	968.387	20.412.939
Post-Office	4.995.494	22.750	4.972.744	3.537.296	1.435.448
Totaux	73.618.338	1.505.929	72.112.409	6.172.269	65.940.140

1870-1871

INLAND REVENUE Revenu intérieur.	RECETTE brute.	DRAWBACKS et rembourse- ments.	REVENU net.	FRAIS de perception.	PRODUIT libre.
Excise	23.521.915	716.604	22.805.311		
Timbres	9.183.285	216.412	8.966.873	1.652.039	39.134.874
Taxes	9.158.359	143.630	9.014.729		
Totaux	41.863.559	1.076.646	40.786.913	1.652.039	39.134.874
Douanes	20.528.966	379.459	20.149.507	962.552	19.186.955
Post-Office	6.125.238	289.352	5.835.886	3.882.176	1.953.710
Totaux	68.517.763	1.745.457	66.772.306	6.496.767	60.275.539

1871-1872

INLAND REVENUE Revenu intérieur.	RECETTE brute.	DRAWBACKS et remboursements.	REVENU net.	FRAIS de perception.	PRODUIT libre.
Excise	24.157.907	771.843	23.386.064		
Timbres	9.962.268	222.720	9.739.548	1.616.224	43.189.671
Taxes	11.814.350	134.067	11.680.283		
Totaux	45.934.325	1.128.630	44.805.895	1.616.224	43.189.671
Douanes	20.552.915	297.660	20.255.255	991.424	19.263.831
Post-Office	6.353.867	445.866	5.908.001	4.155.738	1.752.263
Totaux	72.841.207	1.872.156	70.969.151	6.763.386	64.205.765

1872-1873

INLAND REVENUE Revenu intérieur.	RECETTE brute.	DRAWBACKS et remboursements.	REVENU net.	FRAIS % perception.	PRODUIT libre.
Excise	26.632.314	727.864	25.904.450		
Timbres	10.221.542	224.616	9.996.932	1.657.805	43.987.447
Taxes	9.899.538	156.769	9.742.770		
Totaux	46.754.501	1.109.249	45.645.252	1.657.805	43.987.447
Douanes	21.274.962	301.428	20.973.534	978.834	19.994.700
Post-Office	6.908.573	423.264	6.385.309	4.596.589	1.788.720
Totaux	74.888.036	1.833.941	73.004.095	7.233.228	65.770.867

1873-1874

INLAND REVENUE Revenu intérieur.	RECETTE brute.	DRAWBACKS et remboursements.	REVENU net.	FRAIS de perception.	PRODUIT libre.
Excise	27.834.976	719.006	27.115.970		
Timbres	10.727.705	230.098	10.497.607	1.706.236	43.873.588
Taxes	8.116.993	150.746	7.966.247		
Totaux	46.679.674	1.099.850	45.579.824	1.706.236	43.873.588
Douanes	20.593.647	274.557	20.319.090	1.002.497	19.316.593
Post-Office	7.205.077	456.875	6.748.202	4.738.667	2.009.535
Totaux	74.478.398	1.831.282	72.647.116	7.447.400	65.199.716

Chez nous les frais de régie et d'exploitation des impôts sont de 247 millions pour un budget de 2 milliards 569 millions ; c'est donc en somme une dépense inférieure à 10 p. 100.

En déduisant les 70 millions de dépenses de la régie des postes et les 63 millions des manufactures, au total 133 millions, il reste comme frais de recouvrement 194 millions, ce qui donne pour l'ensemble du budget français une proportion au-dessous de 4 p. 100. La situation du budget est donc meilleure, sous ce rapport, qu'en Angleterre.

En effet, les tableaux ci-dessus montrent que depuis l'année 1866-1867, pour laquelle les frais de perception s'élevaient à 5,616,560 livres sterling (140,704,000 fr.) (†) jusqu'à l'année 1873-1874, ces frais ont monté à 7,447,400 livr. st. (186,185,000 fr.). Ce chiffre, à l'exception de la poste pour laquelle les frais de régie sont compendus avec les simples frais de perception (il est vrai que ce chapitre est de beaucoup plus considérable), ne comprend que la dépense afférente à la perception de l'impôt.

Celle-ci s'élève donc en bloc, en Angleterre, à plus de 10 p. 100 de la recette effectuée, et y comprennent les postes ; lorsqu'on les retranche, elle descend à plus de 4 p. 100 sans qu'on tienne compte des frais de recouvrement des taxes locales, et malgré la grande simplification des rouages du budget.

Puisque nous avons entamé le parallèle entre les charges du recouvrement des impôts en France et en Angleterre, essayons de le compléter rapidement.

Les calculs, établis par M. Léon Say dans son rapport sur le budget des dépenses de 1875, ont montré que la charge de l'assiette et du recouvrement de 719,306,254 fr. de nos contributions directes et des taxes spéciales, n'entraîne en frais que 3 fr. 21 p. 100. Nos contributions indirectes sont presque aussi bien partagées. En effet, leur produit dépasse 982 millions, et si l'on en déduit 63 millions pour la dépense des manufactures, il reste 919 millions qui, à raison de 34 millions de frais, représentent seulement une proportion de 3 fr. 72 p. 100 comme charge de la perception.

L'enregistrement, les domaines et le timbre coûtent 19 millions et donnent un produit de 603 millions, c'est-à-dire que la dépense n'atteint pas 3 p. 100 de la recette.

Il en est autrement de la poste, pour laquelle une recette de 110 millions est grevée de 70 millions de frais. Mais la poste ne doit pas être envisagée comme un instrument fiscal, elle constitue avant tout un grand service public. Cependant, grâce aux progrès accomplis avec une réduction énorme sur le prix des lettres, l'Angleterre présente une différence plus considérable entre le produit et la dépense faite ; les 7 millions de livres sterling de produit (175 millions de fr.) sont grevés de 4,738,567 livres sterling (près de 120 millions) de frais, ce qui lui laisse un bénéfice net de 50 millions de francs au lieu de 40 millions que nous rapporte le poste.

En somme, nos frais de perception du revenu public, qui se décomposent :

En 19 millions pour les contributions directes;
34	—	pour les contributions indirectes;
19	—	pour l'enregistrement;
17	—	pour les forêts;
30	—	pour les douanes;
63	—	pour les manufactures;
Et 70	—	pour la poste,

sont proportionnellement au-dessous des frais de perception du revenu en Angleterre dont nous avons reproduit les tableaux complets.

Mais revenons à l'objet principal de ce rapport.

(†) Réduction faite au taux fixe de 25 fr. par livre sterling, taux inférieur de 1 0/8 au taux moyen réel qui est de 25 fr. 27 c.

RÉSUMÉ

Les prévisions pour les quatorze chapitres de la deuxième partie du budget (Service général des dépenses du ministère des finances), s'élevaient à 20,158,150 fr., suivant les demandes du Gouvernement.

Nous avons réduit ce crédit à 19,768,150 fr. avec une diminution de 390,000 fr. qui s'applique au chapitre 40 du Matériel (37 (Entretien du bâtiment et réparations), et au chapitre 41 (Impressions).

RÉCAPITULATION DE LA DEUXIÈME PARTIE

Service général du ministère.

	Crédits demandés pour l'exercice 1876.	Crédits accordés.
Administration centrale des finances	9.874.950	9.484.950
Monnaies et médailles	302.700	302.700
Exercices périmés et clos	225.000	225.000
Cour des comptes	1.554.500	1.554.500
Service de trésorerie	8.200.000	8.200.000
Total de la 2ᵉ partie	20.158.150	19.768.150
Différence en moins		390.000

TROISIÈME PARTIE

Frais de régie, de perception et d'exploitation des impôts et revenus publics.

Cette partie comprend trente chapitres (53 à 82).

Les six premiers, 53 à 58, embrassent le service des

Contributions directes.

Le chapitre 53 (Personnel)	3.476.430

présente une augmentation de 60,000 francs par suite d'une indemnité de 800 fr. accordée aux cent surnuméraires les plus anciens.

Le chapitre 54 (Dépenses diverses)	2.533.060

se trouve accru de 264,090 fr. appliqués à l'augmentation des frais de tournée des inspecteurs et contrôleurs, ainsi qu'à l'augmentation annuelle du nombre des rôles.

Le chapitre 55 (Cadastre, frais d'arpentage et d'expertise) demeure sans changement au chiffre de	200.000
Le chapitre 56 (Mutations cadastrales) est porté à	390.000

avec un accroissement de 17,500 fr., conséquence de l'accroissement des transactions sur les propriétés immobilières.

Il n'y a eu d'observations faites que sur le chapitre 57, relatif aux remises des percepteurs, aux indemnités des porteurs de contrainte et aux frais judiciaires, qui figure au projet de budget pour......... 12.343.700 avec une différence en moins de 283,300 fr.

Une réduction de 669,800 fr. s'applique, suivant le projet, à l'évaluation de l'économie devant résulter de la réduction du tarif des remises (arrêté ministériel du 20 novembre 1874) et de la suppression des perceptions des villes pouvant devenir vacantes en 1876 (Loi du 20 décembre

À reporter............ 19.343.700

Report................. 12.343.700

1872). Nous aurons à revenir tout à l'heure sur ces deux points.

Le crédit nécessaire aux remises allouées pour 1873 sur le recouvrement des contributions directes (dernière liquidation arrêtée) était de... 11.731.000
en déduisant les...................... 669.800

il reste pour le crédit demandé en 1875.................... 11.061.200

Ce qui constituerait une diminution de.................... 547.600
sur le crédit de 11,608,800 fr. accordé en 1875, mais une augmentation de 264,300 fr. des remises correspondant à l'accroissement des taxes assimilées aux contributions, réduit ce crédit, tout compte fait, de 283,300 fr.

Deux questions, d'importance inégale, ont arrêté l'attention de votre commission.

L'augmentation des remises a porté principalement, pour 194,000 fr. sur le paragraphe 6 (impôt des chevaux et voitures). Le chiffre a paru considérable; il a motivé une demande d'explication adressée à l'administration.

Nous avons reçu de M. le ministre des finances une réponse détaillée qui rend compte du changement survenu.

En 1872, lors du rétablissement de la taxe sur les chevaux et voitures, on avait évalué le produit de cet impôt à 2,342,000 fr. et la remise au profit des percepteurs à 74,000 fr. seulement. Le même chiffre a été maintenu dans les évaluations des projets des budgets de 1873, 1874 et 1875.

La dépense n'apparaît au chiffre de 268,000 fr. avec une augmentation de 194,000 fr., qu'au budget de 1876.

On s'est basé, pour représenter ce chiffre, sur l'évaluation du produit de la taxe de 1875, qui était de 8,951,000 fr., soit pour la remise à 3 p. 100, 268,000 fr.

Il faut remarquer que, grâce à des prescriptions législatives nouvelles et à une perception plus exacte, la taxe sur les chevaux et voitures a pris un accroissement sensible.

Elle s'élevait :

En 1872, à.............. 3.096.540
En 1873, à.............. 10.344.614
En 1874, à.............. 10.595.000

Les rôles déjà émis pour 1875 ne sont pas inférieurs à.................... 11.032.784

Au lieu de l'évaluation primitive établie à.................... 8.151.000

Enfin, l'évaluation de 1876 monte à. 10.000.000

D'après ces données, les remises des percepteurs sont :

Pour 1872.................... 92.896
    1873.................... 310.338
    1874.................... 317.850
    1875.................... 330.983
    1876.................... 300.000

Une première insuffisance s'est produite, en 1872, pour 18,896 fr. Elle a pu être couverte par le disponible de quelques articles du même chapitre.

En 1873, l'insuffisance de prévision de crédit s'est élevée à 236,338 fr. Cette somme a été comprise dans le crédit supplémentaire accordé par l'Assemblée nationale le 17 mars 1875.

On n'a pas jusqu'à présent demandé de supplément de crédit pour 1874 et 1875, parce qu'on a pensé que l'élasticité du chapitre des remises aux percepteurs pourrait permettre, comme en 1872, de couvrir l'excédant de la dépense avec la partie disponible du crédit des autres articles du même chapitre. D'ailleurs la liquidation des remises de 1874 n'étant pas terminée, il ne serait pas possible de prévoir encore le chiffre du crédit supplémentaire à demander aussi bien pour 1874 que pour 1875.

En insérant au budget de 1876 une demande de crédit destiné aux remises des percepteurs pour cette taxe spéciale, on a voulu mettre le chiffre des remises mieux en rapport avec le montant des droits à recouvrer, afin de prévenir une demande de crédit supplémentaire.

Ces explications ont complétement édifié la commission sur la légitimité du crédit inscrit dans les circonstances favorables qui président à l'application de la taxe sur les chevaux et voitures. Nous devons nous féliciter de voir que les espérances primitives, fondées sur ce chapitre, ont été grandement dépassées. Mais il en résulte une autre conséquence, sur laquelle nous avons cru devoir appeler l'attention de M. le ministre des finances.

L'augmentation considérable du produit de cette taxe spéciale ne devrait-elle pas amener une réduction sur le taux de la remise accordée aux percepteurs ?

Une seconde question, d'une portée plus considérable, a été examinée au même chapitre, à l'occasion de la proposition de nos honorables collègues, MM. Duclerc et Bocher, et de divers amendements déposés par M. Raoul Duval, par MM. de Lamberterie, Chaper, de La Bassetière, Pagès-Duport, Prétavoine et par M. Francisque Rive; tous ont demandé le rétablissement des perceptions de ville, comme l'avait déjà fait, l'année dernière, M. Raoul Duval.

L'article 18 de la loi des finances du 20 décembre 1872 est ainsi conçu :

« A partir de l'ouverture de l'exercice 1873, les fonctions des percepteurs des villes chefs-lieux d'arrondissement seront réunies à celles des receveurs particuliers, et celles des perceptions de villes chefs-lieux de département, à celles des trésoriers-payeurs généraux, au fur et à mesure des vacances qui viendront à se produire.

« Il ne pourra être fait d'exception que pour les villes d'une population supérieure à 100,000 âmes. »

La commission du budget de 1874 avait déjà été saisie de l'examen de cette question. Un amendement présenté par l'honorable M. Raoul Duval demandait l'abrogation de l'article que nous venons de reproduire. M. Magne, alors ministre des finances, s'est en quelque sorte approprié cette proposition par une lettre en date du 18 novembre 1873, adressée officiellement au président de la commission du budget de 1874. Mais celle-ci, tout en reconnaissant que la mesure admise n'était pas exempte de l'inconvénient, préféra attendre d'autres propositions qui tendraient à réaliser des économies correspondantes à celles que la loi du 20 décembre 1872 avait en vue. L'amendement de M. Raoul Duval ne fut pas accepté, le ministre, M. Magne, ayant reconnu qu'on pouvait attendre l'année suivante pour trancher le débat.

La commission du budget de 1875, bien que disposée à étudier la proposition d'accord avec le Gouvernement, ne sembla pas la considérer comme urgente; elle désira qu'une expérience plus complète prononçât sur les résultats de la suppression des perceptions de ville.

C'est dans cet état que MM. Duclerc et Bocher, ainsi que MM. Francisque Rive, Raoul Duval, de Lamberterie, Chaper, de La Bassetière, Pagès-Duport et Prétavoine, nous ont appelé à prendre un parti définitif, en présentant les amendements soumis à vos délibérations.

Ces amendements divers ont été inspirés par la même pensée : ils veulent mettre un terme aux inconvénients amenés par la suppression de la perception des villes chefs-lieux des départements et d'arrondissements.

On avait ajourné cette décision, lors des débats relatifs aux budgets de 1874 et de 1875, par

deux motifs : l'expérience n'avait pas suffisamment duré pour qu'on pût l'invoquer afin de juger les effets véritables de la mesure, et il fallait d'abord rechercher par d'autres voies l'économie qu'on s'était proposé de réaliser, afin de balancer au moyen d'autres combinaisons la dépense qu'entraînera le rétablissement des perceptions des villes.

Aujourd'hui l'expérience paraît complète puisque, depuis plus de trois ans, le service de 68 perceptions a été successivement remis entre les mains de receveurs des finances, et les résultats constatés n'ont pas été favorables à cette réforme.

Elle soulève à la fois des questions de principe et des questions d'application.

Le système financier de la France constitue un ensemble bien lié dans toutes ses parties et auquel on ne saurait toucher sans péril. La division du service entre les trésoriers-payeurs généraux, les receveurs et les percepteurs, vient d'une différence essentielle des rouages mis en œuvre ; tous concourent à un résultat commun, l'exacte et sûre perception du revenu public.

Nous avons eu occasion, en parlant plus haut des trésoriers-payeurs généraux, de montrer avec quelle régularité et quelle économie s'opérait en France le recouvrement de l'impôt. Sans doute on ne doit pas s'exposer au reproche d'admirer avec une trop facile complaisance ce qui se fait chez nous ; mais ce défaut a disparu au contact du rude enseignement de ces derniers temps, et nous risquons peut-être de tomber dans le tort contraire et d'envisager beaucoup de créations pratiquées en France d'un œil trop défiant.

Notre organisation financière n'est pas l'œuvre du hasard ; elle ne repose pas uniquement sur des habitudes prises. Elle a été conçue et appliquée par des esprits éminents, par des hommes du premier ordre : le comte Mollien, le baron Louis, le comte de Villèle, le comte Roy, et l'étude du travail dû à la longue expérience de M. le marquis d'Audiffret, suffit pour en faire apprécier la simple et forte ordonnance.

Des améliorations successives ont perfectionné ce puissant mécanisme, qui n'a point à redouter d'être mis en comparaison avec les méthodes adoptées dans d'autres Etats ni sous le rapport de la régularité, ni sous le rapport de l'économie de la perception.

Pour que ce mécanisme continue à fonctionner d'une manière favorable, il ne faut pas troubler les attributions, effacer les responsabilités, méconnaître les aptitudes, ni porter atteinte à une hiérarchie nécessaire.

La mission des receveurs est autre que celle des percepteurs. Ceux-ci, mis en contact plus direct avec la population, peuvent assurer la rentrée de l'impôt en usant de plus de ménagements vis-à-vis des contribuables, et en n'ajoutant pas aussi souvent la rigueur de la contrainte à la charge fiscale.

D'un autre côté, le nombreux personnel des inspecteurs des petites localités voyait dans les perceptions des villes un moyen d'arriver à faire récompenser des services actifs et de couronner une carrière bien remplie. Il n'est pas bon de porter atteinte aux désirs légitimes et aux efforts soutenus qui stimulent ceux qui aspirent à voir, avec le temps, améliorer une modeste position.

Ce double intérêt d'un service plus rapproché du contribuable, et d'une hiérarchie nécessaire rencontrait satisfaction dans notre système financier lorsque la suppression d'un échelon utile est venue déranger l'harmonie de l'ensemble.

On aspirait à réaliser une économie considérable, et l'on songeait à l'obtenir sans diminuer en rien les avantages acquis au service du Trésor. Cette double illusion ne tarda point à se dissiper.

Sans contredit, la situation de nos finances commande à l'administration de se plier à une réduction nécessaire des dépenses ; mais ce devoir a été compris, et des réductions considérables ont diminué les frais de perception, alors que la marche progressive des impôts semblait exiger une augmentation des charges. On ne doit pas non plus perdre de vue que de pareilles mesures doivent, pour être accueillies définitivement, ne point gêner, ni la marche régulière de la collection du revenu public, ni la position du contribuable.

La suppression des 414 perceptions de ville devait procurer une économie évaluée à l'origine à 1,208,000 fr., mais l'impossibilité de confier aux trésoriers généraux des perceptions comprenant des dizaines de millions d'articles de rôles, a exempté de la règle nouvelle 46 perceptions de villes d'une population supérieure à 100,000 âmes, ce qui a réduit de 387,000 fr. l'évaluation primitive, en ramenant le bénéfice à 821,000 fr.; mais la suppression d'environ 6 millions de cautionnements à 3 p. 100 d'intérêt, a encore diminué le résultat, en le ramenant à un total de 700,000 fr., qui ne pourrait être obtenu que dans le cours de vingt années. L'administration des finances a obtenu l'économie plus qu'équivalente que réclament les commissions des budgets de 1874 et 1875.

L'arrêté du 20 décembre 1872 avait réduit les remises des percepteurs de 1re classe de 74,000 fr. sur le montant des rôles, et de 90,000 francs sur la rémunération par article. L'arrêté ministériel du 20 novembre 1874 vient de les abaisser de 645,000 fr.; l'économie immédiatement réalisée dépasse donc celle que la suppression des perceptions de villes permettrait de réaliser que dans un long espace de temps.

Tout n'a pas encore été fait dans le sens de la diminution des frais, et M. le ministre nous a déclaré s'occuper activement de nouvelles économies sur ce chapitre. Mais il a en même temps insisté sur l'utilité qu'il y aurait d'adopter de suite la mesure proposée par un grand nombre de nos collègues.

Votre commission du budget s'est prononcée dans ce sens à une forte majorité ; elle a été frappée de l'augmentation des dépenses dans certaines perceptions qui n'étaient pas formées de la ville seule ;

Du détriment qu'éprouvent les rentrées et les différences des procédés, cause de gêne et de mécontentement pour les contribuables ;

D'une confusion d'attributions dommageables pour les intérêts du Trésor ;

Du découragement des classes des percepteurs qui se voient privés des chances d'un avancement légitime.

D'après les renseignements qui nous ont été fournis par l'administration des finances, les non-valeurs tendent à s'accroître, et les poursuites se multiplient, car les receveurs chargés de la perception en augmentent la sévérité pour ne pas s'exposer à devenir responsables, alors qu'ils ne sont pas en contact ainsi que le percepteur avec le contribuable, qui pouvait profiter dans d'une plus grande tolérance et mieux faire cadrer l'époque des versements avec les difficultés qui peuvent l'assaillir. Il est certain que l'on a plus souvent recours aux moyens de contrainte, ce qui est fâcheux.

D'après le calcul que nous avons sous les yeux, le bénéfice d'économie atténué, qui avait été calculé pour 368 perceptions à une moyenne de 2,236 francs, ce chiffre a été réduit à 2,030 fr. pour les perceptions supprimées, ce qui ramène à 747,040 fr. l'économie espérée sur 368 perceptions, et il faut en déduire les frais de cautionnements, soit 120 000 fr. Le bénéfice se réduit donc à 627,000 fr., à obtenir en vingt ans.

Les impôts ne sont établis qu'avec le concours du percepteur et ils se fournit d'une manière utile par les relations personnelles et incessantes qu'il a avec les contribuables.

5

Par tous ces motifs, votre commission vous propose la disposition suivante :

« A partir de la promulgation de la présente loi, les perceptions des villes seront rétablies.

« Un crédit de 157,230 fr. sera ajouté à celui des remises des percepteurs, et l'économie de 25,000 francs, consignée au budget en prévision des vacances à réaliser en 1876, sera supprimée. »

C'est donc une dépense de 182,230 fr. à porter au budget de 1876. Mais comme le chapitre 57 présentait sur le crédit alloué en 1875 une économie de 283,300 fr., il en résulte qu'il réalisera encore une réduction de 101,070 fr.

Enregistrement, domaine et timbre.

Cette division comprend les trois chapitres :

59. — Personnel................	16.313.380
60. — Matériel................	1.193.700
61. — Dépenses diverses........	1.491.100

Le virement d'un crédit de 175,000 fr., qui se trouve porté au chapitre 59 de l'article (Traitement) à l'article 2 (Remise des receveurs), a pour objet une amélioration du service sans augmentation de dépense, par la suppression de l'allocation accordée aux premiers commis de direction, et par la perspective ouverte à l'avancement d'un certain nombre de jeunes gens instruits qui ne peuvent remonter à l'avancement hiérarchique tant que la situation des premiers commis leur ferme la carrière. Le cadre spécial aux premiers commis serait supprimé pour être remplacé par celui des receveurs rédacteurs, qui assureront un meilleur recrutement du personnel.

Les agents chargés des fonctions de premiers commis de direction, porteront, désormais, le titre de receveurs rédacteurs. Ils concourront pour l'avancement avec les receveurs titulaires des bureaux de recette, et recevront une rémunération en rapport avec celle qu'ils auraient, s'ils n'avaient pas accepté l'emploi spécial pour lequel ils ont été choisis à raison de leur aptitude. Il n'y aura donc plus à craindre que des agents, remplissant d'ailleurs les conditions voulues pour participer utilement aux travaux des directions, ne refusent, comme cela s'est produit souvent, d'accepter une position qui leur offrit, dans l'ancien état de choses, moins d'avantages matériels qu'un bureau de recette.

Le Trésor est intéressé à ce que le niveau de l'instruction ne baisse pas dans une administration chargée de l'application souvent difficile des lois d'impôts.

L'augmentation croissante de la consommation du timbre motive au chapitre 60 (Matériel) un accroissement de crédit de 70,000 fr.

Forêts.

Le service des forêts comprend quatre chapitres :

Chapitre 62. — Personnel........	5.017.617
Chapitre 63. — Matériel.........	3.082.525
Chapitre 64. — Constructions, reboisement et gazonnement....	2.283.000
Chapitre 65. — Dépenses diverses..	1.902.000
Total..............	12.255.142

Ce chiffre présente une différence en plus de 13,420 fr., causée par la somme équivalente affectée à l'enseignement militaire créé à l'école forestière de Nancy.

Douanes.

Le service administratif de perception et d'exploitation dans les départements comprend quatre chapitres :

Chapitre 66. — Personnel........	25.227.250
Chapitre 67. — Matériel.........	406.500
Chapitre 68. — Dépenses diverses	3.494.115
Chapitre 69. — Dépenses du service des douanes en Algérie..	1.212.615
Total..............	30.246.480

Ces chiffres reproduisent sans aucune modification les crédits votés au budget de 1875. Mais une note qui nous est fournie par le ministère des finances indique qu'au chapitre 66 (Personnel) § 2 : Traitement des agents du service actif, les traitements devraient être de 1,400 à 2,000 fr. au lieu de 1,400 à 1,800 fr. Le traitement affecté au grade de lieutenant pouvant s'élever jusqu'à 2,000 fr., il faut mettre les indications du budget en rapport avec les faits, sans que cela entraîne aucune modification dans le crédit demandé.

Les droits accrus sur le café, le cacao et les sucres, avaient amené une réduction favorable quant au rapport entre la dépense et la recette. Cependant les produits n'étant plus évalués qu'à 229 millions, ce rapport, qui ne représentait pour 1875 que 11.54 p. 100, est remonté à 13.21 p. 100 en 1876. C'est une proportion considérable, qui tient autant à la complication du tarif qu'à la diminution de l'entrée des sucres. L'Angleterre a sous ce rapport une supériorité incontestable ; le petit nombre des articles que frappe son tarif de douanes simplifie la perception et diminue les frais, tandis que l'attribution faite à la douane des droits sur le tabac augmente de beaucoup les recettes, ce qui réduit singulièrement la proportion entre les dépenses et le revenu perçu par cette administration.

Contributions indirectes.

Elles occupent la matière des quatre chapitres:

Chap. 70. — Personnel........	26.082.700
— 71. — Matériel.........	564.880
— 72. — Dépenses diverses.....	6.570.360
— 73. — Avances recouvrables.	796.100
Total..............	34.034.080

Cette grande et importante administration demande une augmentation de crédit de 152,000 fr. au personnel, et de 60,000 fr. aux dépenses diverses. Cette dernière proposition se justifie par l'élévation du prix des loyers et de la main-d'œuvre.

L'accroissement de 152,000 fr. pour le personnel s'explique par l'aggravation des lois fiscales et par la surveillance plus exacte de la fraude. Il ne s'agit donc point là d'une dépense inutile, et les résultats déjà obtenus par les sacrifices qu'a consentis de ce côté M. Mathieu-Bodet, alors qu'il était ministre des finances, montrent à quelle amélioration des recettes on peut arriver avec un personnel plus complet et une vigilance plus active.

Les manufactures de l'État donnent matière à cinq chapitres:

Chap. 74. — Personnel............	1.698.750
— 75. — Matériel.............	18.170.000
— 76. — Dépenses diverses.....	353.600
— 77. — Avances recouvrables..	160.000
— 78. — Achats et transports..	42.750.000
Total..............	63.082.350

C'est sans contredit un chiffre considérable qui présente un excédant de 30,850 fr. sur le crédit ouvert au budget de 1875. Mais il y aurait eu diminution si l'achat et le transport des matières premières ne demandaient pas 60,000 fr. de plus par suite de l'augmentation qu'amène l'impôt de 5 p. 100 sur les transports à petite vitesse sur le chemin de fer, impôt des plus onéreux pour notre industrie.

La moyenne des frais payés par les manufactures de l'Etat pour les transports est évaluée à 1,300,000 fr.

Le prix d'achat proprement dit de tabacs et cigares est de 41,450,000 fr. On sait que c'est là une sorte de placement temporaire qui amène un énorme bénéfice, puisque le produit de la vente du tabac est inscrit pour près de 300 millions (299,570,009 fr.) aux recettes de 1876. Le total des contributions indirectes figure pour plus de 982 millions.

La dépense qu'entraîne le recouvrement de ces contributions étant de 34 millions, ne dépasse pas 3 fr. 72 p. 100 de la recette, qui, déduction faite des 63 millions consacrés aux manufactures de l'Etat, reste au chiffre de 919 millions.

Une légère augmentation de la dépense ne sera point à regretter, si elle amène un accroissement relativement beaucoup plus considérable du produit. Comme le conseillait M. Léon Say dans son rapport sur le budget des dépenses de 1875, et comme l'a pratiqué M. Mathieu-Bodet, il faut bien se pénétrer de la pensée que l'on essayerait vainement de créer beaucoup d'impôts nouveaux; il vaut mieux que l'administration tourne ses efforts du côté de la réforme et de l'amélioration de l'impôt actuel. Elle arrivera à faire payer également aux contribuables ce qu'ils doivent, sans les surcharger de taxes dont la liste s'épuise de plus en plus, et qu'il faudra s'appliquer à réduire, dès que la situation générale se trouvera améliorée.

M. le ministre des finances, s'appuyant de l'avis conforme de la commission d'enquête sur l'exploitation du monopole des tabacs et des poudres, demande :

1° De rétablir au budget les deux sommes de 20,000 fr. et de 30,000 fr. portées en réduction sur l'administration centrale et le service extérieur;

2° D'y inscrire les augmentations suivantes:

146,170 fr. pour le personnel de la culture et des magasins;

31,980 fr. pour le personnel des manufactures.

Votre commission du budget, ayant eu connaissance de la délibération prise par la commission d'enquête, a été d'avis d'accepter les modifications qui élèveront la dépense des manufactures de l'Etat à 63,300,500 fr. en ajoutant 198,150 fr. au chapitre 74.(Personnel). Au lieu de 1,658,750 fr. primitivement demandé, ce chapitre s'élèvera à 1,836,900 fr.

Les évaluations budgétaires étaient basées sur la situation de la culture au lendemain de la guerre, alors que la perte de l'Alsace-Lorraine avait brusquement diminué de 7,385,000 kil. sur 20,631,000, le chiffre de la production de tabacs indigènes, et entraîné la suppression des deux manufactures de Strasbourg et de Metz, qui, en sus de la consommation des pays annexés à l'Allemagne, fournissaient au reste du territoire français 4,300,000 kil. de tabac fabriqué.

Aujourd'hui la consommation, ralentie d'abord par l'élévation des tarifs (Loi du 29 février 1872), a repris son essor; elle atteint presque le niveau de 1869. Cette progression, depuis 1872, a élevé la quantité des tabacs français par la culture indigène.

Hectares plantés en 1869...	9.674 hect.
— 1876...	11.462
Quantités produites en 1872	11.531.673 kil.
1874	13.541.277
Quantités à produire en 1875	14 518.000

Pour la fabrication, les 15 manufactures actuelles et les ateliers provisoires de Riom produisaient en 1869........... 27.852.000

Ces établissements ont à fabriquer en 1875............... 29.930 000

Les chiffres que nous venons de signaler motivent les crédits nouveaux relatifs au personnel et à la culture.

Mais l'adhésion à l'accroissement de 31,980 fr. du crédit pour le personnel des manufactures n'a été donnée par votre commission que sous une réserve formelle : se bornant pour le moment à transformer les ateliers provisoires de Riom en établissement définitif, l'administration ne devra procéder à aucune fondation de manufacture nouvelle ni d'ateliers provisoires sans avoir réclamé, à cet effet, un crédit nouveau et demandé ainsi l'adhésion de l'Assemblée nationale.

Postes.

L'administration des postes demande pour 1876 un crédit de 70,502,031 francs, supérieur de 115,399 francs au chiffre du budget de 1875.

Il faut se rappeler qu'on n'est pas ici seulement en présence d'un instrument fiscal employé pour accroître les recettes publiques, mais encore en présence d'un instrument fiscal employé pour accroître les recettes publiques, mais encore en présence d'un des instruments les plus puissants de la civilisation; la poste et le télégraphe rapprochent les sentiments, multiplient les rapports, propagent la transmission de la pensée, et contribuent à élargir les sources de la production et les bénéfices des échanges.

Votre commission va se trouver saisie du projet de traité postal qui applique la convention de Berne; elle aura occasion d'examiner alors les nombreux et intéressants problèmes qui s'y rattachent et les modifications qui devront prendre place dans le projet de budget. Celles-ci n'affecteront guère que les recettes.

Pour le moment, votre commission a reconnu que les 576,892 fr. d'augmentation demandée pour le personnel et le matériel des postes, ont pour but l'amélioration utile et l'extension du service. Ce chiffre est presque compensé par la diminution de 100,000 fr. venant de la suppression de l'escale de Brest dans l'itinéraire du service du Havre à New York et par la réduction de 363,493 fr. sur le service postal de l'Indo-Chine. Une commission spéciale de l'Assemblée nationale est chargée de l'examen de la convention relative à ce service.

Des économies intelligentes ont été introduites par l'administration des postes dans ses dépenses de matériel, mais on a toujours à se plaindre de la mauvaise qualité des cartes postales et de l'absence d'un timbre frappé directement sur ces cartes, ce qui empêche l'extension de leur débit, en ne permettant pas de les employer à de nombreuses combinaisons d'annonces, de prospectus, pour lesquelles on les utilise ailleurs, et notamment en Angleterre.

Le timbre mobile qui se trouve appliqué jusqu'ici, peut être facilement détaché et servir à l'affranchissement ordinaire, tant qu'il n'est pas oblitéré. Cet inconvénient empêche la vente par le commerce de cartes postales à prix réduit dont la surface serait en partie consacrée à la publicité. Il y a perte pour le Trésor et entrave à l'industrie; il serait facile d'y pourvoir par une confection différente de la carte postale.

Notre administration devrait aussi s'approprier la facilité offerte dans les autres pays à la correspondance par cartes postales, au moyen d'une carte double, joignant à la missive transmise une réponse d'avance affranchie.

L'imperfection de la confection de nos cartes et l'absence des facilités qui les multiplient dans les autres pays, nuisent à la propagation de cette utile invention, entravée déjà par un prix élevé, qui représente le double ou le triple de celui adopté dans les autres Etats.

Un amendement de l'honorable amiral Jaurès, député du Tarn, a pour objet de porter de 50 à 100,000 fr. l'augmentation de crédit proposée par l'administration au chapitre 79 (Personnel) art. 1er, § 4 — *Facteurs locaux et ruraux, traitement et haute paye*, pour dédoublement de tournées rurales excédant 32 kilomètres et relèvement de traitements qui ne sont pas fixés d'après le taux de 6 centimes par kilomètre parcouru.

Votre commission n'a point hésité à adopter l'amendement de l'amiral Jaurès, comme répondant à la fois à un intérêt de service et à un intérêt de justice. M. le ministre des finances a également émis un avis favorable à cette proposition dans sa communication du 10 juin 1875 adressée à M. le président de la commission du budget de 1876.

De nouveaux besoins se sont manifestés, et l'accroissement du crédit a pour compensation l'extension et l'amélioration du service, qui amènent l'envoi d'une plus nombreuse correspondance.

L'administration des postes porte à 85,180 fr. les allocations devenues nécessaires pour opérer le dédoublement des tournées rurales, excédant le maximum de 32 kilomètres fixé par l'article 1290 de l'instruction générale ainsi que la régularisation des traitements inférieurs au tarif fixé par l'article 1289 de la même instruction.

Ce chiffre se décompose ainsi :

Dédoublement des 73 tournées dans les conditions les plus économiques (404 fr. l'une) 29.510
Relèvement des traitements insuffisants, attribués à 760 facteurs locaux et ruraux 55.670

Total égal............ 85.180

L'augmentation proposée par M. l'amiral Jaurès ne fait donc que répondre à une nécessité constatée. Elle permettra de donner satisfaction aux intérêts légitimes des facteurs, et en même temps d'appliquer les prescriptions des règlements méconnus à leur égard faute de fonds suffisants, ce qui est un fait des plus regrettables.

L'administration se trouve depuis longtemps saisie de diverses demandes tendant à obtenir des améliorations urgentes dans le service de la distribution et de l'expédition des correspondances rurales, sans pouvoir exécuter ces améliorations. De ce chef la dépense est évaluée à 24,276 francs.

La portion des 100,000 francs auxquels M. l'amiral Jaurès élève le crédit de 50.000 fr. primitivement demandé, pourra rester disponible pour la réalisation des améliorations indiquées ci-dessus.

L'absence d'un crédit suffisant aux budgets de 1874 et 1875 a mis l'administration des postes dans une position pénible et amené une situation qui ne saurait se prolonger. Les demandes les plus légitimes et les plus pressantes ont été ajournées, alors que l'unique obstacle pour les satisfaire se rencontrait dans l'insuffisance des ressources.

Ne pas rémunérer au taux légitime les services rendus est une position peu digne de l'État.

L'adoption de l'amendement de M. l'amiral Jaurès amènera une situation plus régulière, et fera rendre justice à de pauvres facteurs ruraux condamnés à un rude travail, sans récompense correspondante.

Une autre proposition, faite par notre honorable collègue M. Goulin, a fait adopter une augmentation de 13,800 fr. au § 3 de l'article 1er du chapitre 79 (Personnel). Le projet de budget demande l'augmentation de 69,000 francs pour la conversion de 5 recettes simples en recettes composées à raison de 3.000 francs par bureau et pour la conversion de 50 recettes simples de 4e classe en recettes simples de 3e classe, dont 5 en remplacement de pareil nombre qui deviennent des bureaux composés, au taux moyen de 1,200 fr. par bureau.

En vertu de notre vote, l'accroissement des recettes composées sera de six bureaux. 18.000
Et celui de recettes simples de 3e classe de cinquante-quatre. 64.800

Ce qui demande au total un crédit de. 82.800

Le contrôle des mandats d'articles d'argent nécessite aussi une augmentation de 6,800 fr.

Les dépenses du budget des postes se trouveront donc ainsi réglées pour 1876 :

Chapitre 79. — Personnel........ 30.410.413
— 80. — Matériel........ 13.514.882
— 81. — Dépenses diverses. 1.425.976
— 82. — Subventions........ 25.271.380

Total.............. 70 622.651

RÉCAPITULATION DE LA TROISIÈME PARTIE

	Crédits demandés pour l'exercice 1876.	Crédits accordés
Contributions directes	19.284 160	19.466.390
Enregistrement , domaine et timbre...	18 996 050	18.996.050
Forêts.............	12.255.142	12.255.142
Douanes.............	30.248.480	30.248.480
Contributions indirectes.............	34 034.030	34.034.030
Manufactures de l'État.	63.082.350	63.280 500
Postes.............	70 502.051	70.572.651
Total........	248.404 263	248.855.243
Différence en plus........		450.989

QUATRIÈME PARTIE

Remboursements. — Restitution. — Non-valeurs et Primes.

CHAPITRE LXXXIII. — *Dégrèvements et non-valeurs sur les taxes perçues en vertu des rôles.*

Le chiffre de 131,000 fr. attribué à ce chapitre, est en augmentation de 22,100 fr. sur celui de 1875.

Une somme de 5,100 fr. provient de l'augmentation du chiffre des dégrèvements de la taxe des biens de main morte, par suite de l'application des lois des 30 mars 1872 et 30 décembre 1873 (élévation du taux de la taxe de 62 centimes 1/2 à 70 centimes par taxe du principal de la contribution foncière et création de 2 décimes 1/2 additionnels.)

Quant aux autres 17,000 fr., ils représentent le supplément destiné à couvrir les dégrèvements d'après les résultats de 1873 et 1874.

CHAPITRE LXXXIV. — *Remboursements sur produits indirects et divers.*

Le chiffre de 6,314,000 fr. reste le même que celui du budget de 1875, compensation faite de 50,000 fr. ajoutés au crédit insuffisant applicable au remboursement de sommes indûment versées au Trésor, avec la suppression de pareille somme pour le remboursement sur les produits du travail des transportés.

CHAPITRE LXXXV.—*Annuité de remboursement au Trésor des sommes avancées pour indemnité d'expropriation des fabriques d'allumettes.*

Les 3 millions portés à ce chapitre sont le résultat du prélèvement annuel sur le produit du monopole réservé par la loi du 2 août 1872, et définitivement réglé par la loi du 28 janvier 1875.

Au moment où cette loi a été votée, le Trésor avait avancé plus de 27 millions pour frais d'expropriation des fabriques d'allumettes; la dépense totale ne paraît pas devoir s'élever, de ce chef, au delà de 30 millions.

Un compte spécial a été ouvert, il éteindra successivement, au moyen d'annuités de remboursement, les débours du Trésor.

La loi du 27 janvier 1875 assure le payement annuel de 16 millions de la part de la compagnie générale des allumettes chimiques, comme prix du monopole qui lui est attribué. Les ressources et l'activité de cette compagnie permettent d'espérer qu'une fois les premières difficultés surmontées et la fraude étant plus énergiquement poursuivie, par suite de l'adoption des mesures de répression nécessaires, le Trésor verra cette redevance fixe s'accroître de la part proportionnelle qui est attribuée à l'État par le contrat de concession.

CHAPITRE LXXXVI. — *Répartition des produits d'amendes, saisies et confiscations attribués à divers.*

Le chiffre de ce chapitre est porté à 7,377,000 fr., en augmentation de 16,000 fr. Cette augmentation provient d'une répression plus énergique de la contrebande aussi bien que du transport frauduleux des lettres.

CHAPITRE LXXXVII. — *Primes à l'exportation de marchandises.*

Ce chapitre reste, comme au budget de 1876, au chiffre de 380,000 fr.

CHAPITRE LXXXVII *bis.* — *Escomptes sur divers droits.*

Le total du chiffre de 1,400,000 fr., porté au budget de 1875, se trouve effacé au bénéfice du Trésor, en vertu de la loi du 15 février 1875, qui a décidé que tous les droits recouvrés par l'administration des douanes et par celle des contributions indirectes, devront être payés comptant, sans escompte.

CHAPITRE LXXXVIII. — *Remboursement au département de l'Oise.*

La loi du 28 mars 1874 a prescrit (art. 3) le payement en dix annuités, sans intérêt, de 80,000 francs chacune, pour le remboursement de la somme de 800,000 francs, due au département de l'Oise. Le premier versement a eu lieu au budget de 1874.

DÉPENSES SUR RESSOURCES SPÉCIALES

L'administration des contributions directes demande, pour frais de régie, de perception et d'exploitation des revenus publics, une somme de 147,612,300 fr. au lieu de 141,259,600 fr. portée au budget de 1875. La presque totalité de l'augmentation s'applique aux restitutions et non-valeurs qui s'élèvent à 147,071,830 fr., au lieu de 140,721,890 fr. admis au budget de 1875. Elle se trouve basée sur l'accroissement du principal de l'impôt et sur les résultats des rôles du dernier exercice.

RECETTES ET DÉPENSES RATTACHÉES POUR ORDRE AU BUDGET

Elles s'appliquent au service spécial de la fabrication des monnaies et médailles.

On évalue, comme on l'avait fait en 1875, la masse des matières fabriquées en 1876 à 300 millions de francs, composés de 200 millions en or et de 100 millions en argent.

La retenue à exercer sur ces matières par les directions des monnaies, pour couvrir les frais de fabrication des espèces, a été fixée par les décrets des 22 mai 1849 et 22 mars 1854, à raison de 6 fr. 70 par kilogramme d'or et de 1 fr. 50 par kilogramme d'argent; les droits des directeurs se trouvent donc être :

Sur 200 millions en or, pesant 64,561 k. 37 au titre monétaire de 900 millièmes................	432.559 37
Et sur 100 millions en argent, pesant 500,000 kilogrammes, au même titre........................	750.000 »
Total..............	1.182.559 37

Ce budget spécial se solde en recettes et en dépenses par la somme de 1,814,659 fr.

La publication de la situation hebdomadaire de la Banque de France montre avec quelle rapidité se reconstitue le stock métallique du pays. L'encaisse d'or et d'argent s'élevait, le 17 juin dernier, à 1,573,592,359 fr., et les billets de banque en circulation étant de 2,374,837,140 fr., ne dépassaient l'encaisse que de 801,344,781 fr.

L'examen des diverses parties des dépenses portées au compte du ministère des finances, nous conduit à vous proposer d'approuver le projet de loi suivant.

PROJET DE LOI

Art. 1er. — Il est ouvert au ministre des finances, pour l'exercice 1876, des crédits s'élevant à

Ces crédits s'appliquent :

À la dette publique et aux dotations pour......................	1.181 858.281
Au service général du ministère pour...........................	19.768.150
Aux frais de régie, de perception et d'exploitation des impôts et revenus publics pour..........	248.854.243
Aux remboursements et restitutions, non-valeurs et primes....	17.782 000
Total général.....	1.468.262.674

Il lui est ouvert, en outre, pour le même exercice, des crédits s'élevant à 147,612,300 fr. pour dépenses sur ressources spéciales.

Tous ces crédits sont répartis par chapitres conformément aux tableaux ci-annexés.

Art. 2. — Le budget du service de la fabrication des monnaies et médailles est fixé en recettes et en dépenses à 1,814,659 fr.

BUDGET DES DÉPENSES DU MINISTÈRE DES FINANCES

CHAPITRES appelés	SERVICES ET DÉPENSES	CRÉDITS demandés par le Gouvernement	CRÉDITS proposés par la Commission	MODIFICATIONS résultant des propositions de la Commission	
				En plus	En moins

BUDGET DES DÉPENSES GÉNÉRALES

PREMIÈRE PARTIE. — DETTE PUBLIQUE ET DOTATIONS

	DETTE CONSOLIDÉE				
1	Rentes 5 p. 0/0..........................	346.004.605	346.004.605	»	»
2	Rentes 4 1/2 p. 0/0........................	37.450.476	37.450.476	»	»
3	Rentes 4 p. 0/0............................	446.096	446.096	»	»
4	Rentes 3 p. 0/0............................	364.100.689	364.100.689	»	»
	Total...................	747.998.866	747.998.866	»	»
	CAPITAUX REMBOURSABLES A DIVERS TITRES				
5	Annuités diverses.....................	4.397.511	4.397.511	»	»
6	Annuités à la Société générale algérienne......	4.850.000	4.850.000	»	»
7	Intérêts et amortissement des obligations trente-naires........	2.210.000	2.210.000	»	»
8	Annuités (Conversion de l'emprunt Morgan)....	17.300.000	17.300.000	»	»
9	Intérêts et amortissement des emprunts faits à la Banque........................	156.900.000	156.900.000	»	»
10	Annuité à la compagnie des chemins de fer de l'État........................	20.500.000	20.500.000	»	»
11	Annuités aux départements, aux villes et aux communes pour remboursement d'une partie des contributions extraordinaires et réparation des dommages résultant de la guerre......	17.421.250	17.421.250	»	»
12	Annuité pour réparation des dommages causés par le génie militaire..................	1.889.000	1.889.000	»	»
13	Annuité de remboursement aux communes et aux départements des avances faites pour le casernement........................	4.343.749	4.343.749	»	»
14	Intérêts de capitaux de cautionnements........	8.700.000	8.700.000	»	»
15	Intérêts de la dette flottante du Trésor........	28.000.000	28.000.000	»	»
16	Rachat des péages du Sund et des Belts (Convention du 28 septembre 1857).............	248.832	248.832	»	»
17	Redevances annuelles envers l'Espagne pour délimitation de la frontière des Pyrénées (Traité du 2 décembre 1856)................	20.000	20.000	»	»
18	Annuités dues aux compagnies de chemins de fer........................	10.783.096	10.783.096	»	»
19	Intérêts et amortissement de l'emprunt contracté par le gouvernement sarde pour l'amélioration de l'établissement thermal d'Aix.............	36.400	36.400	»	
	Total.....	277.599.838	277.599.838	»	»

CHAPITRES spéciaux	SERVICES ET DÉPENSES	CRÉDITS demandés par le Gouvernement	CRÉDITS proposés par la Commission	MODIFICATIONS résultant des propositions de la Commission	
				En plus	En moins
	DETTE VIAGÈRE				
20	Rentes viagères d'ancienne origine..............	145.346	145.346	»	»
21	Rentes viagères pour la vieillesse..............	8.000.000	8.000.000	»	»
22	Pensions des grands fonctionnaires de l'Empire (Loi du 17 juillet 1856).................	215.000	215.000	»	»
23	Pensions de la pairie et de l'ancien Sénat.....	104.000	104.000	»	»
24	Pensions civiles. (Loi du 22 août 1790.)......	2.000.000	1.796.000	»	204.000
25	Pensions à titre de récompense nationale...	385.000	385.000	»	»
26	Pensions militaires..........................	66.900.000	66.900.000	»	»
27	Pensions ecclésiastiques.....................	36.000	36.000	»	»
28	Pensions de dotataires dépossédés...........	790.000	790.000	»	»
29	Pensions civiles. (Loi du 9 juin 1853.)......	42.300.000	42.050.000	»	250.000
30	Secours aux pensionnaires de la liste civile des rois Louis XVIII et Charles X.............	75.000	75.000	»	»
31	Pensions et indemnités viagères de retraite aux employés des anciennes listes civiles et du domaine privé du roi Louis-Philippe.........	300.000	300.000	»	»
32	Anciens dotataires du Mont-de-Milan (Décret du 18 décembre 1861).....................	312.000	312.000	»	»
33	Annuités à la caisse des dépôts et consignations pour le service des pensions aux anciens militaires de la République et de l'Empire (Loi du 5 mai 1869).................	3.668.000	3.668.000	»	»
	Total..................	125.230.346	124.776.346	»	454.000
	DOTATIONS				
34	Traitement du Président de la République.....	600.000	600.000	»	»
35	Frais de maison du Président de la République..	300.000	300.000	»	»
36	Supplément à la dotation de la Légion d'honneur..	11.998.231	11.998.231	»	»
37	Subvention à la caisse des invalides de la marine..	10.000.000	10.000.000	»	»
	Total..................	22.898.231	22.898.231	»	»
	DÉPENSES DE L'ASSEMBLÉE NATIONALE				
38	Dépenses administratives de l'Assemblée nationale et indemnité des députés..............	8.585.000	8.585.000	»	»
	Total de la dette publique et des dotations..................	1.182.312.281	1.181.858.281	»	454.000

DEUXIÈME PARTIE. — SERVICE GÉNÉRAL DU MINISTÈRE

	ADMINISTRATION CENTRALE DES FINANCES				
39	Traitement du ministre et personnel de l'administration centrale.........................	6.017.350	6.017.350	»	»
40	Matériel de l'administration centrale..........	1.320.000	1.030.000	»	290.000
41	Impressions.................................	2.250.000	2.150.000	»	100.000
42	Dépenses diverses..........................	587.600	587.600	»	»
	Total.................	9.874.950	9.484.950	»	390.000

CHAPITRES spéciaux	SERVICES ET DÉPENSES	CRÉDITS demandés par le Gouvernement	CRÉDITS proposés par la Commission	MODIFICATIONS résultant des propositions de la Commission	
				En plus	En moins
	MONNAIES ET MÉDAILLES				
	(Service des établissements monétaires)				
43	Personnel..........................	62.400	62.400	»	»
44	Matériel...........................	82.400	82.400	»	»
45	Dépenses diverses..................	28.900	28.900	- »	»
46	Fabrication des monnaies de bronze.....	130.000	130.000	»	»
	Total...................	303.700	303.700	»	»
	EXERCICES PÉRIMÉS ET CLOS				
47	Dépenses des exercices périmés non frappées de déchéance.........................	225.000	225.000	»	»
48	Dépenses des exercices clos..............	Mémoire.	Mémoire.	»	»
	Total...................	225.000	225.000	»	»
	COUR DES COMPTES				
49	Personnel..........................	1.469.700	1.469.700	»	»
50	Matériel et dépenses diverses..............	84.800	84.800	»	»
	Total...................	1.554.500	1.554.500	»	»
	SERVICE DE TRÉSORERIE				
51	Frais de trésorerie..................	1.200.000	1.200 000	»	»
52	Traitements et émoluments des trésoriers-payeurs généraux et des receveurs des finances.	7.000.000	7.000.000	»	»
	Total...................	8.200.000	8.200.000	»	»
	Total pour le service général du ministère.	20.158 150	19.768.150		390.000

TROISIÈME PARTIE. — FRAIS DE RÉGIE, DE PERCEPTION ET D'EXPLOITATION DES IMPÔTS ET REVENUS PUBLICS

	CONTRIBUTIONS DIRECTES, TAXES PERÇUES EN VERTU DE ROLES ET CADASTRE				
	(Service administratif des contributions directes et autres taxes dans les départements.)				
53	Personnel...........................	3.426.430	3.426.430	»	»
54	Dépenses diverses....................	2.533.030	2.533.030	»	»
	Cadastre.				
55	Frais d'arpentage et d'expertise. — Dépenses à la charge du budget de l'État.............	200.000	200.000	»	»
56	Mutations cadastrales.................	590.000	590.000	»	»
	Frais de perception des contributions directes et autres taxes.				
57	Remises aux percepteurs, indemnités aux porteurs de contraintes e frais judiciaires......	12 343 700	12 525 930	182.230	»
58	Secours aux percepteurs réformés, aux veuves et orphelins de percepteurs................	190.000	190 000	»	»
	Total...................	19 283.160	19 465.390	182.230	»

CHAPITRES spéciaux	SERVICES ET DÉPENSES	CRÉDITS demandés par le Gouvernement	CRÉDITS proposés par la Commission	MODIFICATIONS résultant des propositions de la Commission	
				En plus	En moins
	ENREGISTREMENT, DOMAINES ET TIMBRE, (Service administratif, de perception et d'exploitation dans les départements.)				
59	Personnel...............................	16.313.250	16.313.250	»	»
60	Matériel................................	1.193.700	1.193.700	»	»
61	Dépenses diverses.......................	1.491.100	1.491.100	»	»
	Total.............	18.998.050	18.998.050	»	»
	FORÊTS (Service administratif et de surveillance dans les départements.)				
62	Personnel...............................	5.017.617	5.017.617	»	»
63	Matériel................................	3.032.525	3.032.525	»	»
64	Constructions, reboisement et gazonnement......	2.283.000	2.283.000	»	»
65	Dépenses diverses.......................	1.922.000	1.922.000	»	»
	Total.................	12.255.142	12.255.142	»	»
	DOUANES (Service administratif, de perception et d'exploitation dans les départements.)				
66	Personnel...............................	25.135.250	25.135.250	»	»
67	Matériel................................	406.500	406.500	»	»
68	Dépenses diverses.......................	3.494.115	3.494.115	»	»
69	Dépenses du service des douanes en Algérie....	1.212.615	1.212.615	»	»
	Total..................	30.248.480	30.248.480	»	»
	CONTRIBUTIONS INDIRECTES (Service administratif, de perception et d'exploitation dans les départements.)				
70	Personnel...............................	26.082.700	26.082.700	»	»
71	Matériel................................	584.880	584.880	»	»
72	Dépenses diverses.......................	6.570.350	6.570.350	»	»
73	Avances recouvrables....................	796.100	796.100	»	»
	Total.................	34.034.030	34.034.030	»	»
	MANUFACTURES DE L'ÉTAT (Frais de régie et d'exploitation dans les départements.)				
74	Personnel...............................	1.698.750	1.896.900	198.150	»
75	Matériel................................	18.110.000	18.120.000	»	»
76	Dépenses diverses.......................	353.600	353.600	»	»
77	Avances recouvrables....................	160.000	160.000	»	»
•78	Achats et transports....................	42.750.000	42.750.000	»	»
	Total.................	63.082.350	63.280.500	198.150	»
	POSTES (Service administratif, de perception et d'exploitation dans les départements.)				
79	Personnel...............................	30.289.813	30.360.413	70.600	»
80	Matériel................................	13.514.882	13.514.882	»	»
81	Dépenses diverses.......................	1.425.976	1.425.976	»	»
82	Subventions............................	25.271.380	25.271.380	»	»
	Total.................	70.502.051	70.572.651	70.600	»
	Total des frais de régie et de perception.	248.403.263	248.854.243	450.980	»

CHAPITRES spéciaux	SERVICES ET DÉPENSES	CRÉDITS demandés par le Gouvernement	CRÉDITS proposés par la Commission	MODIFICATIONS résultant des propositions de la Commission	
				En plus	En moins

QUATRIÈME PARTIE. — REMBOURSEMENTS ET RESTITUTIONS

REMBOURSEMENTS ET RESTITUTIONS, NON-VALEURS ET PRIMES

83	Dégrèvements et non-valeurs sur les taxes perçues en vertu de rôles....................	131.000	131.000	»	»
84	Remboursements sur produits indirects et divers.	6.814.000	6.814.000	»	»
85	Annuités de remboursement au Trésor des sommes avancées pour indemnités d'expropriation des fabriques d'allumettes............	3.000.000	3.000.000	»	»
86	Répartitions de produits d'amendes, saisies et confiscations attribuées à divers..............	7.377.000	7.377.000	»	»
87	Primes à l'exportation de marchandises........	380.000	380.000	»	»
88	Remboursement au département de l'Oise (art. 3 de la loi du 28 mars 1874)....................	80.000	80.000	»	»
	Total des remboursements, etc.	17.782.000	17.782.000	»	»

RÉCAPITULATION DES PARTIES

	Iʳᵉ Partie. Dette publique et dotations...........	1.182.312.281	1.181.858.281	»	454.000
	IIᵉ Partie. Service général du ministère........	20.158.150	19.768.150	»	390.000
	IIIᵉ Partie. Frais de régie, de perception et d'exploitation des impôts et revenus publics..	248.403.263	248.854.243	450.980	»
	IVᵉ Partie. Remboursements et restitutions, etc.	17.782.000	17.782.000	»	»
	Total des dépenses générales.......	1.468.655.694	1.468.262.674	450.980	844.000
	Différence en moins...				393.020

BUDGET DES DÉPENSES SUR RESSOURCES SPÉCIALES

TROISIÈME PARTIE. — FRAIS DE RÉGIE, DE PERCEPTION ET D'EXPLOITATION DES IMPÔTS ET REVENUS PUBLICS

1	Rôles spéciaux...............................	26.200	26.200	»	»
2	Avertissements..............................	16.962	16.962	»	»
3	Frais de distribution du premier avertissement.	411.308	411.308	»	»
4	Frais d'arpentage et d'expertise................	86.000	86.000	»	»
	Total......................	540.470	540.470	»	»

QUATRIÈME PARTIE. — REMBOURSEMENTS ET RESTITUTIONS

5	Restitutions et non-valeurs.......	147.071.830	147.071.830	»	»
	Total des dépenses sur ressources spéciales......................	147.612.300	147.612.300	»	»

DÉPENSES RATTACHÉES POUR ORDRE AU BUDGET

	Frais de fabrication des monnaies et médailles.	1.814.650	1.814.650	»	»

ANNEXES

———

TABLEAU de la situation au commencement de chaque exercice annuel du nombre d'inscriptions des rentes et de la somme (revenu) des rentes françaises 3 p. 100, 4 1/2 p. 100, 4 p. 100 et 3 p. 100, depuis la réduction des deux tiers jusqu'au 1ᵉʳ janvier 1875.

TABLEAU DE LA SITUATION, AU CO

Du nombre d'inscriptions des rentes et de la somme (revenu) des rentes françaises }

ÉPOQUES	5 O/o		4 1/2 O/o (1875)		4 1/2 O/o (1	
	Nombre d'inscriptions.	Rentes annuelles.	Nombre d'inscriptions.	Rentes annuelles.	Nombre d'inscriptions.	
		fr.		fr.		
22 septembre 1798.........	24.796	35.111.785	»	»	»	
23 — 1800.........	»	35.678.113	»	»	»	
23 — 1801.........	107.649	38.731.880	»	»	»	
23 — 1802.........	113.518	42.625.344	»	»	»	
24 — 1803.........	121.746	45.180.624	»	»	»	
23 — 1804.........	126.546	46.674.634	»	»	»	
23 — 1805.........	137 611	48.625.576	»	»	»	
1er janvier 1807............	145.922	53.934.431	»	»	»	
— 1808.........	145.785	55.132.287	»	»	»	
— 1809............	145.736	56.138.238	»	»	»	
— 1810............	144.663	56 730.583	»	»	»	
— 1811............	152 100	60 781.998	»	»	»	
— 1812............	148.632	62.076.385	»	»	»	
1er octobre 1813............	»	63.141.411	»	»	»	
1er avril 1814...	136.861	63.307.637	»	»	»	
1er janvier 1815............	137.950	63 605 278	»	»	»	
— 1816............	150.070	80.527.240	»	»	»	
— 1817............	173.662	94.544 610	»	»	»	
— 1818............	188.342	127.329.538	»	»	»	
— 1819............	201.406	167.776.309	»	»	»	
— 1820............	199.697	172.784.838	»	»	»	
— 1821............	186.042	173.052.947	»	»	»	
— 1822............	178.356	176.688.345	»	»	»	
— 1823............	176.695	179 859.113	»	»	»	
— 1824............	178.184	197 032 975	»	»	»	
— 1825............	162.883	197.036 309	»	»	»	
— 1826............	135.525	165.283.631	»	»	493	1.0
— 1827............	155.177	165.313.606	»	»	502	1.0
— 1828............	153.761	165.315.914	»	»	517	1.0
— 1829............	151.777	165.217 546	»	»	521	1.0
— 1830............	151.427	163.857.078	»	»	533	1.0
1er août 1830...............	»	163.762.368	»	»	»	1.02
1er janvier 1831............	152.344	163.827.894	»	»	598	1.02
— 1832............	174.229	174.376 383	»	»	531	1.02
— 1833............	179.723	178.896.502	»	»	557	1 0
— 1834............	178.982	146.623.104	»	»	533	1 0
— 1835............	182.902	146.910.045	»	»	529	1.0
— 1836............	260.634	146.846 399	»	»	616	1.0
— 1837............	251.095	147.118.472	»	»	643	1.0
— 1838............	241.662	147.118.615	»	»	826	1.0
— 1839............	231.346	147.119.749	»	»	939	1.0
— 1840............	230.975	147.112.481	»	»	925	1.0
— 1841............	225.851	147.105.997	»	»	1.033	1.0
— 1842............	230.791	147.042 988	»	»	1.189	1.0
— 1843............	227.312	147.040.481	»	»	1 238	1.0
— 1844..	230.406	147.040 480	»	»	1.266	1.0
— 1845............	229.092	147.039.005	»	»	2.068	t 0
— 1846............	227.667	147.038.935	»	»	1.343	1.0

ENT DE CHAQUE EXERCICE ANNUEL

p. 100, 4 p. 100 et 5 p. 100, depuis la réduction des deux tiers jusqu'au 1er janvier 1875.

4 0/0 (1830)		3 0/0 (1852-62)		TOTAL GÉNÉRAL		OBSERVATIONS
Nombre inscriptions.	Rentes annuelles.	Nombre d'inscriptions.	Rentes annuelles.	Nombre d'inscriptions.	Rentes annuelles.	
	fr.		fr.		fr.	
»	»	»	»	24.791	35.111.785	
»	»	»	»	»	35.678.113	
»	»	»	»	107.649	38.731.880	
»	»	»	»	113.518	42.035.344	
»	»	»	»	121.746	45.180.024	
»	»	»	»	126.546	46.684.634	
»	»	»	»	137.611	48.625.576	
»	»	»	»	155.922	53.034.431	
»	»	»	»	145.785	55.132.287	
»	»	»	»	145.736	56.138.238	
»	»	»	»	145.663	56.730.583	
»	»	»	»	152.109	60.781.998	
»	»	»	»	148.632	62.076.385	
»	»	»	»	»	63.141.411	
»	»	»	»	136.861	63.307.637	
»	»	»	»	137.950	63.605.278	
»	»	»	»	150.070	80.527.240	
»	»	»	»	173.662	94.514.610	
»	»	»	»	188.342	127.329.538	
»	»	»	»	201.406	167.776.309	
»	»	»	»	199.697	172.784.838	
»	»	»	»	186.042	173.052.917	
»	»	»	»	178.356	176.688.345	
»	»	»	»	176.695	179.859.113	
»	»	»	»	178.184	197.032.975	
»	»	4.146	28.768.744	162.883	197.036.309	
»	»	15.501	31.559.497	140.164	195.087.121	
»	»	26.745	33.970.269	171.180	197.607.807	
»	»	36.916	36.727.100	181.023	200.350.947	
»	»	43.610	39.810.144	189.214	202.973.883	
»	»	»	»	195.270	204.606.459	
»	3.125.210	»	31.501.934	»	199.417.208	
454	3.125.210	39.929	38.455.274	193.325	206.436.074	
1.191	3.125.210	39.211	35.455.274	215.165	213.981.563	
1.246	3.125.210	36.192	35.455.274	217.718	218.504.682	
1.148	3.121.146	32.505	33.931.483	213.168	184.702.333	
1.473	3.120.685	29.779	34.090.725	214.683	185.148.055	
1.791	7.886.119	20.999	34.181.956	293.060	189.941.074	
2.453	7.886.119	31.270	35.743.303	285.461	191.774.494	
2.595	11.978.766	30.186	35.788.055	275.269	195.912.036	
2.811	11.978.766	29.737	35.791.786	264.833	195.916.901	
2.900	11.978.766	30.617	35.793.290	265.447	195.911.137	
3.174	18.221.123	31.199	35.794.434	261.260	202.148.154	
3.348	22.507.375	31.058	37.753.026	266.386	208.329.989	
3.434	22.507.375	34.540	44.834.513	266.524	215.408.999	
3.453	22.507.375	31.435	47.763.216	266.650	218.337.671	
3.484	22.507.375	33.892	50.367.456	268.536	220.940.526	
3.518	26.507.375	38.506	56.849.874	271.034	231.422.784	

ÉPOQUES	5 0/0		4 1/2 0/0 (1852)		4 1/2 0/0 (18...	
	Nombre d'inscriptions.	Rentes annuelles.	Nombre d'inscriptions.	Rentes annuelles.	Nombre d'inscriptions.	
		fr.		fr.		
1er janvier 1847............	230.906	146.752.528	»	»	1.395	1.???
— 1848........	243.055	146.749 591	»	»	1.545	1.???
24 février 1848.....	»	146.749 591	»	»	»	1.???
1er janvier 1849............	669.164	175.189 829	»	»	1.522	1.???
— 1850............	742.387	180.320.040	»	»	1.677	
— 1851............	723 428	180.451.122	»	»	1.661	
— 1852............	711.751	182.318.194	»	»	1.621	
— 1853............	»	»	625.698	155.138.808	1.994	
— 1854............	»	»	651.785	155.131.086	1.907	
— 1855............	»	»	651.852	159.219.079	1.881	
— 1856............	»	»	780.215	171.132 165	1.979	
— 1857............	»	»	778.235	171.768 668	1.810	
— 1858............	»	»	747.917	172.004.413	1.805	
— 1859............	»	»	714.334	171.935.268	1.831	
— 1860............	»	»	728.929	172.397.811	1.838	
— 1861............	»	»	630.221	172.498 884	1.744	
— 1862............	»	»	709.220	172.425.877	1.519	
— 1863............	»	»	»	»	197.866	39.785.
— 1864............	»	»	»	»	191.988	39.319.
— 1865............	»	»	»	»	186.401	39.148.
— 1866............	»	»	»	»	185 327	37.706.
— 1867............	»	»	»	»	179 858	37 495.
— 1868............	»	»	»	»	174 982	37.448
— 1869............	»	»	»	»	172.353	37.447
— 1870............	»	»	»	»	169 173	37 445
— 1871............	»	»	»	»	168 672	37.447
— 1872............	632.956	101.061.685	»	»	171 358	37.447
— 1873............	1.838.383	224.055 390	»	»	172 063	37.458
— 1874............	2.457.854	287.169.770	»	»	171.385	37.458
— 1875............	2.709.797	345 756.055	»	»	167.941	37.458

4 0/0 (1830)		3 0/0 (1825-62)		TOTAL GÉNÉRAL		OBSERVATIONS
Nombre d'inscriptions.	Rentes annuelles.	Nombre d'inscriptions.	Rentes annuelles.	Nombre d'inscriptions.	Rentes annuelles.	
	fr.		fr.		fr.	
3.636	26.507.375	40.803	62.826.863	276.740	237.113.366	
3.817	26.507.375	43.391	66.525.399	291.808	240.808.965	
»	26.507.375	»	70.003.640	»	244.287.206	
3.935	18.472.164	73.123	86.153.920	747.744	280.842.513	
3.862	2.371.911	98.404	46.021.505	846.330	229.608.758	
3.934	7.371.911	94.767	49.722.646	823.790	233.440.981	
3.854	2.371.911	93.671	53.719.120	810.901	239.304.527	
3.803	2.371.911	93.095	61.523.461	725.190	219.929.485	
2.617	2.363.326	128.934	64.305.634	785.243	222.686.242	
2.650	2.354.227	178.774	73.984.906	835.157	236.442.772	
2.653	2.353.568	235.491	110.298.232	1.020.338	281.668.525	
2.441	2.353.568	245.798	124.092.446	1.028.284	299.099.242	
2.382	2.353.568	256.578	135.638.412	1.008.682	310.880.953	
2.359	2.353.568	219.187	140.820.250	937.711	315.993.646	
2.312	2.301.754	340.722	162.772.464	1.073.801	338.356.589	
2.237	2.177.509	354.263	174.326.213	988.465	349.887.166	
2.145	2.112.015	305.792	180.621.924	1.108.676	356.044.376	
938	472.386	769.698	335.568.108	968.502	375.767.481	
976	472.386	775.034	312.911.185	967.998	382.702.965	
885	469.261	978.245	364.344.570	1.165.531	403.962.035	
895	446.096	898.973	305.396.397	1.085.195	343.551.475	
789	446.096	915.036	302.634.036	1.095.683	340.576.328	
775	446.096	910.391	302.158.993	1.086.151	340.353.248	
755	446.096	936.556	310.040.967	1.109.664	347.934.769	
769	446.096	1.084.098	320.195.685	1.254.040	358.087.510	
778	446.096	1.100.289	348.328.515	1.269.739	386.222.343	
772	446.096	1.342.050	363.170.543	2.147.130	502.126.256	
774	446.096	1.462.255	364.168.244	3.473.475	626.120.206	
795	446.096	1.500.006	364.947.151	4.130.040	690.013.493	
768	446.096	1.442.427	364.752.344	4.380.933	748.401.971	

Annexe n° 3106.

PROJET DE LOI portant établissement d'une surtaxe sur l'alcool à l'octroi de Fresnoy-le-Grand (Aisne), présenté au nom de M. le Maréchal de Mac Mahon, duc de Magenta, Président de la République française, par M. Léon Say, ministre des finances.

EXPOSÉ DES MOTIFS.

Messieurs, un décret du 30 novembre dernier a autorisé la commune de Fresnoy-le-Grand (Aisne) à proroger jusqu'au 31 décembre 1880 les taxes principales de son octroi, afin d'assurer le remboursement d'un emprunt de 18,730 fr. à réaliser auprès de la caisse des dépôts et consignations, pour le payement des dépenses résultant de l'invasion.

L'administration municipale demande aujourd'hui la prorogation, jusqu'à la même époque, de la surtaxe de 6 fr. par hectolitre, établie sur l'alcool par la loi du 10 août 1868 et dont la perception a pris fin le 31 décembre 1874.

Cette surtaxe rapporte annuellement 1,838 fr. et la commune paraît hors d'état, pour le moment, de renoncer à cette ressource. En effet, d'après le relevé des comptes administratifs des six dernières années, les recettes ordinaires, qui s'élèvent en moyenne à 31,309 fr. y compris le produit de la surtaxe, dépassent, il est vrai, de 11,135 fr. les dépenses corrélatives; mais cet excédant est purement fictif, puisque indépendamment des centimes spéciaux, la commune est obligée de recourir, chaque année et jusqu'à concurrence de 9,872 fr. représentant plus de 40 cent., à l'imposition pour insuffisance de revenus.

D'un autre côté, la caisse municipale est grevée d'un passif de 58,198 fr. et le service de la dette, qui exige annuellement en moyenne 8,314 fr., n'est assuré que jusqu'à concurrence de 2,000 fr., au moyen des centimes extraordinaires. Dès lors, la commune qui de 1878 à 1880 inclusivement, aura 7,900 fr. environ à prélever par an sur ses revenus, pour le remboursement de l'emprunt nouveau, serait hors d'état de remplir ses engagements et de parer aux éventualités, si les ressources de la surtaxe venaient à lui manquer.

D'après ces considérations, le recours à la surtaxe nous paraît bien justifié. Toutefois, nous estimons qu'il y a lieu d'en réduire le taux de 6 fr. à 4 fr., l'administration municipale ayant porté, avec l'assentiment du conseil général, de 4 fr. à 6 fr., le droit principal sur l'alcool, par application de l'article 5 de la loi du 26 mars 1872.

En conséquence, messieurs, nous avons l'honneur de soumettre à vos délibérations le projet de loi ci-après

PROJET DE LOI

Article unique. — A partir de la promulgation de la présente loi, et jusqu'au 31 décembre 1880 inclusivement, il sera perçu à l'octroi de la commune de Fresnoy-le-Grand, département de l'Aisne, une surtaxe de 4 fr. par hectolitre d'alcool contenu dans les eaux-de-vie, esprits, liqueurs et fruits à l'eau-de-vie, et par hectolitre d'absinthe.

Cette surtaxe est indépendante du droit principal perçu sur ces boissons.

Annexe n° 3107.

PROJET DE LOI portant établissement d'une surtaxe sur l'alcool à l'octroi de Plouider (Finistère), présenté au nom de M. le maréchal de Mac Mahon, duc de Magenta, Président de la République française, par M. Léon Say, ministre des finances.

EXPOSÉ DES MOTIFS

Messieurs, la commune de Plouider (Finistère) sollicite l'autorisation d'établir à son octroi une surtaxe de 18 francs par hectolitre d'alcool, laquelle est présumée devoir rapporter 1,260 fr. par an.

D'après le relevé des comptes administratifs des années 1871, 1872 et 1873, les recettes ordinaires ne se sont élevées en moyenne, pendant cette période, qu'à 8,599 francs, et elles ont été inférieures de 248 francs aux dépenses corrélatives.

Cette insuffisance est encore aujourd'hui de 108 fr., bien que le droit principal sur l'alcool ait été porté de 4 à 6 francs, en vertu d'une délibération du conseil général en date du 26 octobre dernier, par application de la loi du 26 mars 1872.

D'un autre côté, la caisse municipale est grevée d'une dette de 11,547 francs, et le budget de l'exercice courant ne se règle en équilibre qu'à l'aide d'une subvention départementale de 230 fr. pour l'instruction primaire.

Enfin, il est nécessaire de pourvoir à une dépense d'au moins 13,700 francs pour l'agrandissement du cimetière, de l'église paroissiale et la réalisation de quelques autres améliorations urgentes.

A la vérité, les contribuables n'ont à supporter aucun centime extraordinaire, et la commune pourrait dès lors demander à l'impôt direct les ressources dont elle a besoin. Mais, de tout temps, le recours aux centimes extraordinaires a rencontré dans les communes du Finistère, qui sont en général peu riches, une vive opposition.

Dans cette situation, nous croyons devoir conclure à l'adoption de la surtaxe. Toutefois, la taxe principale sur l'alcool ayant été récemment portée de 4 à 6 fr., ainsi que nous l'avons exposé plus haut, et une trop grande élévation des droits sur l'alcool pouvant avoir pour effet de ralentir, au double détriment de l'État et de la commune, la consommation de ce produit, nous estimons, d'accord avec le conseil d'État, qu'il convient de réduire de 18 fr. à 14 fr. le taux de la surtaxe dont il s'agit.

En conséquence, messieurs, nous avons l'honneur de soumettre à vos délibérations le projet de loi ci-après.

PROJET DE LOI

Article unique. — A partir de la promulgation de la présente loi, et jusqu'au 31 décembre 1877, il sera perçu à l'octroi de la commune de Plouider (Finistère) une surtaxe de 14 francs par hectolitre d'alcool pur contenu dans les eaux-de-vie, esprits, liqueurs et fruits à l'eau-de-vie et par hectolitre d'absinthe.

Cette surtaxe est indépendante du droit de 6 francs perçu en principal par hectolitre sur les spiritueux.

Annexe n° 3108.

PROJET DE LOI tendant à annexer à la commune de Bruges, canton de Nay, arrondissement de Pau, une partie du territoire de la commune de Bosdarros, canton ouest de Pau, même arrondissement, présenté au nom de M. le maréchal de Mac Mahon, duc de Magenta, Président de la République française, par M. Buffet, vice-président du conseil, ministre de l'intérieur.

EXPOSÉ DES MOTIFS

Messieurs, il existe au sud du territoire de Bosdarros, canton ouest de Pau, département des Basses-Pyrénées, une étroite zone de terrain qui est entièrement séparée du reste de cette commune par un ruisseau. Les habitants qui y sont domiciliés sollicitent leur annexion à Bruges, canton de Nay, arrondissement de Pau, en invoquant leur extrême éloignement du chef-lieu communal.

Les pétitionnaires se trouvent, en effet, à 12 kilomètres du bourg de Bosdarros, où ils ne peuvent aboutir que par des chemins détournés et souvent impraticables à certaines époques de l'année. Aussi cette situation leur a-t-elle valu depuis longtemps déjà l'autorisation d'assister aux offices de Bruges, dont ils sont très-rapprochés, et de faire inhumer leurs morts dans le cimetière de cette commune.

L'annexion demandée est acceptée non-seulement par la commune de Bruges, mais même par celle de Bosdarros. Le conseil d'arrondissement, le conseil général et les autorités locales, ont également émis des avis favorables.

Seuls, quelques habitants du haut Bosdarros, qui avaient, en 1873, demandé leur séparation de la commune et leur érection en municipalité distincte et dont la demande a été rejetée, sont contraires au projet; mais leur opposition n'est motivée par aucune raison sérieuse et ne paraît avoir d'autre but que de ménager les moyens de reproduire, à un moment donné, leurs anciennes prétentions.

La mesure sollicitée ne présente aucun inconvénient. Elle donnera, au contraire, satisfaction à des intérêts légitimes, en rattachant à Bruges une population qui, en fait, lui est assimilée déjà au point de vue des affaires civiles et religieuses, et assurera à cette commune et à celle de Bosdarros une limite naturelle et invariable, le ruisseau de Luz.

La distraction ne devant, au surplus, retirer à Bosdarros que 23 habitants sur 1,568, et 54 hectares sur 1,229, n'exercera pas une influence appréciable sur la situation financière de cette commune.

M. le garde des sceaux a émis, au point de vue de l'administration de la justice, un avis entièrement favorable.

L'affaire ne soulève donc par elle-même aucune difficulté; mais comme les communes de Bruges et de Bosdarros appartiennent à des cantons différents, une loi doit intervenir pour régler la question.

Le Gouvernement a, en conséquence, l'honneur de soumettre aux délibérations de l'Assemblée nationale le projet de loi ci-joint, qui a déjà reçu l'approbation du conseil d'Etat.

PROJET DE LOI

Art. 1er. — Le territoire teinté en jaune et circonscrit par un liseré vert sur le plan annexé à la présente loi, est distrait de la commune de Bosdarros (canton ouest et arrondissement de Pau, département des Basses-Pyrénées) et réuni

ANNEXES. — T. XXXIX.

à la commune de Bruges (canton de Nay, même arrondissement).

En conséquence, la limite entre les deux communes sera déterminée par le ruisseau de Luz.

Art. 2. — Cette modification aura lieu sans préjudice des droits d'usage et autres qui peuvent être respectivement acquis.

Annexe n° 3109.

PROJET DE LOI tendant à autoriser le département des Pyrénées-Orientales à contracter un emprunt pour les travaux des chemins vicinaux d'intérêt commun, présenté au nom de M. le maréchal de Mac Mahon, duc de Magenta, Président de la République française, par M. Buffet, vice-président du conseil, ministre de l'intérieur.

EXPOSÉ DES MOTIFS

Messieurs, le conseil général des Pyrénées-Orientales a reconnu, dans sa session d'avril dernier, la nécessité de reconstruire le plus promptement possible un pont situé sur le chemin vicinal d'intérêt commun n° 22, et qui a été emporté par les eaux en 1873.

La dépense à effectuer pour cette entreprise ayant été évaluée à 350,000 fr., le conseil général a demandé que le département fût autorisé à emprunter cette somme à la caisse des chemins vicinaux. Si ce capital n'était pas entièrement absorbé par la reconstruction du pont, le surplus serait appliqué aux travaux des chemins vicinaux d'intérêt commun dont la situation exige encore des sacrifices considérables.

L'emprunt de 350,000 fr. serait réalisé à partir de 1876, par à-compte successifs remboursable en trente annuités dans les conditions prévues par la loi du 11 juillet 1868.

Le conseil général des Pyrénées-Orientales avait décidé qu'il serait pourvu au remboursement de cet emprunt, savoir : jusqu'à concurrence de 280,000 fr. par le département, et, pour le surplus (70,000 fr.), par les communes intéressées. Les sacrifices consentis par les conseils municipaux n'ayant pas répondu jusqu'à présent aux prévisions du conseil général, il y aura lieu de les consulter de nouveau.

Mais le produit des 7 centimes départementaux autorisés pour les dépenses de la vicinalité, et qui représentent chaque année une somme de 84,000 fr., et plus que suffisant pour faire face au payement des annuités dont la plus élevée ne doit pas dépasser 14,000 fr.

Il résulte de cette situation que si les communes ne prêtaient pas à l'opération du concours sur lequel le conseil général a cru pouvoir compter, les ressources normales du budget départemental présenteraient pour le remboursement de l'emprunt un gage assuré.

Le département des Pyrénées-Orientales étant au nombre de ceux où le produit du centime est inférieur à 20,000 fr., et les propositions qui viennent d'être analysées ne devant pas avoir pour effet d'augmenter les charges des contribuables, rien ne paraît s'opposer à ce que le vote du conseil général soit sanctionné. En conséquence, le Gouvernement a l'honneur de proposer à l'Assemblée nationale le projet de loi ci-joint.

PROJET DE LOI

Art. 1er. — Le département des Pyrénées-Orientales est autorisé, conformément à la demande que le conseil général en a faite, à emprunter à la caisse des chemins vicinaux, aux

7

conditions de cet établissement, une **somme de** 350,000 fr. qui sera affectée aux travaux des chemins vicinaux d'intérêt commun.

La réalisation de l'emprunt par fractions successives ne pourra avoir lieu qu'en vertu d'une décision du ministre de l'intérieur.

Art. 2. — Les fonds nécessaires à l'amortissement de l'emprunt autorisé par l'article 1er ci-dessus seront prélevés tant sur les ressources normales du budget départemental, que sur les versements effectués par les communes intéressées.

Annexe n° 3110.

PROJET DE LOI tendant à autoriser la ville d'Arras (Pas-de-Calais) à emprunter une somme de 600,000 francs et à s'imposer extraordinairement pour la conversion de ses dettes et l'agrandissement des écoles communales de Saint-Géry et de Sainte-Croix, présenté au nom de M. le maréchal de Mac Mahon, duc de Magenta, Président de la République française, par M. Buffet, vice-président du conseil, ministre de l'intérieur.

EXPOSÉ DES MOTIFS

Messieurs, la ville d'Arras (Pas-de-Calais) présente un double projet pour la consolidation de sa dette.

Le premier consisterait à emprunter une somme de 1,500,000 fr. remboursable en trente années et applicable non-seulement à la liquidation de la dette flottante, mais encore à la conversion des emprunts existants.

Le second projet présenté subsidiairement par l'administration municipale et restreint à la dette flottante se résout en un emprunt de 600,000 fr. remboursable en neuf années à partir de 1880.

Le Gouvernement n'hésite pas à vous proposer d'adopter la seconde combinaison à l'exclusion de la première. Les emprunts de la ville d'Arras ont été contractés, en effet, à un intérêt moyen de 5 fr. 20 p. 100 : leur transformation en un emprunt unique à réaliser au taux minimum de 6 p. 100, non compris les frais de négociation, imposerait à la caisse municipale une aggravation de charges que l'on ne pourrait se justifier que par l'impossibilité d'assurer l'amortissement dans les conditions actuelles. Or, cette impossibilité n'existe pas.

Ce que nous démontrerons pour les emprunts ne peut malheureusement s'appliquer à la dette flottante. Cette dette, qui provient en majeure partie des excédants de dépense survenus en cours d'exécution des travaux de l'Hôtel de Ville, est à échéances trop rapprochées pour qu'il soit possible d'y faire face à l'aide des revenus communaux soit ordinaires, soit extraordinaires.

Il y a pour la ville un intérêt sérieux à l'unifier et à en répartir le payement de manière à dégrever presque complètement les exercices les plus prochains en reportant le remboursement jusqu'aux années 1880 et suivantes. En limitant d'ailleurs à douze années au plus la durée de l'emprunt ou de chaque fraction de l'emprunt, la ville est assurée de trouver des fonds à 5 ou 5 1/2 p. 100 au maximum, ce qui constituerait une économie notable sur la première combinaison.

D'après la situation arrêtée au 23 février 1875, les dettes à payer par la ville d'Arras et qui ne peuvent trouver place aux budgets s'élèvent à la somme de 535,874 fr. et se décomposent ainsi :

1° Acquisitions et travaux (Hôtel de Ville, Petit-Collége, hôtel de la Division, etc.). 365.874
2° Intérêts. 40.000

       A reporter............. 405.874

       Report....... .... 405.874
3° Subvention pour le chemin de fer d'Arras à Etaples.................... 130.000

    Total égal............... 535.874

Le conseil municipal demande en outre à comprendre dans son emprunt une somme de.................... 80.000 pour la reconstruction et l'agrandissement des écoles congréganistes de Sainte-Croix et Saint-Géry. En présence de l'insalubrité et de l'insuffisance des locaux actuels, ce projet réalisera un progrès considérable constaté par le conseil général des bâtiments civils qui s'est prononcé pour son adoption.

C'est donc pour la ville une dépense totale de...... .... 615.874

que l'emprunt permettra d'acquitter dans les délais indiqués, savoir :

    En 1875........... .... 400.000
    En 1876............... 100.000
    En 1877............... 100.000

le surplus, soit 15,874 fr., demeurant à la charge des revenus ordinaires.

Dans l'hypothèse de trois réalisations successives et au taux maximum de 5 1/2 p. 100, l'amortissement exigera une somme totale de 875,935 fr. Pour y pourvoir, le conseil municipal a voté la prolongation, jusqu'au 31 décembre 1888, de l'imposition extraordinaire de 17 c. 7/10 établie en vertu du décret du 23 novembre 1870 et des arrêtés préfectoraux des 19 novembre 1867 et 22 novembre 1871 et qui redeviendra disponible aux époques et dans les proportions suivantes :

    1 c. 7/10 en 1877.
    6 centimes en 1878.
    10 centimes en 1886.

Le produit de cette imposition sera supérieur à. 325.000

Il restera donc à imputer sur les revenus une somme de.................... 550.935

pour parfaire le total précité de 875.935

D'après le relevé des comptes administratifs, les recettes ordinaires s'élèvent, en moyenne, à 585,167 fr. et dépassent de 195,458 fr. les dépenses corrélatives, mais le préfet ne croit pas devoir évaluer à moins de 20,000 fr. la diminution qui se produira sur les recettes pendant la prochaine période quinquennale. Or, l'amortissement des quatre emprunts déjà contractés par la ville et qui représente (intérêts compris) une somme de 1,111,851 fr. payable de 1875 à 1886, exige, jusqu'en 1880, un prélèvement de 790,725 fr. 50, dont 387,000 fr. à la charge des exercices 1875 et 1876.

Le produit des centimes extraordinaires et le payement des deux annuités restant à solder par l'État sur les dépenses de la garde nationale mobilisée (45,400 fr.) permettront seuls à la ville de traverser cette crise momentanée A partir de 1880, l'annuité la plus chargée n'atteint pas 60,000 fr. et la caisse municipale pourra, dès lors, assurer facilement le service et le remboursement de l'emprunt nouveau.

Indépendamment de tous les centimes spéciaux, les contribuables sont actuellement grevés d'une imposition extraordinaire de 17 centimes 7/10. Les propositions du conseil municipal ne tendent, ainsi qu'on l'a vu, qu'à la prorogation de ces centimes jusqu'au 31 décembre 1888.

Par ces motifs, le Gouvernement ne peut que

conclure à l'adoption du projet de loi ci-joint et prier l'Assemblée nationale de vouloir bien le sanctionner.

PROJET DE LOI

Art. 1er. — La ville d'Arras (Pas-de-Calais) est autorisée à emprunter, au fur et à mesure de ses besoins. et à un taux d'intérêt qui ne pourra dépasser 5 1/2 p. 100 une somme de 600.000 fr. remboursable en neuf années à partir de 1880, pour la conversion de ses dettes et l'agrandissement des écoles communales de Saint-Géry et de Sainte-Croix.

Cet emprunt pourra être réalisé, soit avec publicité et concurrence, soit par voie de souscription, soit de gré à gré, avec faculté d'émettre des obligations au porteur ou transmissibles par voie d'endossement, soit directement de la caisse des dépôts et consignations, aux conditions de cet établissement.

Les conditions des souscriptions à ouvrir ou des traités à passer seront préalablement soumises à l'approbation du ministre de l'intérieur.

Art. 2. — La même ville est autorisée à s'imposer extraordinairement, pendant douze ans à partir de 1877, et par addition au principal de ses quatre contributions directes, savoir :

1 c. 7/10 en 1877 ;
7 c. 7/10 de 1878 à 1885 inclusivement ;
17 c. 7/10 de 1886 à 1888 inclusivement.

Le produit total de cette imposition, prévu pour 325,000 fr. environ, servira, avec un prélèvement sur les revenus communaux, au remboursement de l'emprunt en principal et intérêts.

Annexe n° 3111.

RAPPORT fait au nom de la commission du budget de 1875 (*) chargée d'examiner le projet de loi portant ouverture au ministre de l'instruction publique, des cultes et des beaux-arts, sur l'exercice 1874 (section 1re, chapitre 7), d'un crédit supplémentaire de 150,320 fr. 75, applicable aux dépenses de facultés et d'écoles de pharmacie, par M. Bertauld, membre de l'Assemblée nationale.

Messieurs, un crédit supplémentaire de 150,320 francs 75 vous est demandé par M. le ministre de l'instruction publique et des cultes sur l'exercice 1874 (section 1re), chapitre 7, afin de pourvoir au payement de ce qui, dans les traitements éventuels des facultés et des écoles supérieures de pharmacie, et aussi dans les droits de manipulation dans les laboratoires ou dans les droits d'exercices pratiques qui accompagnent certaines épreuves, excède les prévisions des crédits du budget.

Ces crédits ne peuvent être déterminés qu'approximativement ; ils doivent faire face à une dépense qui varie chaque année soit avec le nombre des examens auxquels les professeurs ont pris part, soit avec le nombre des inscriptions prises par les élèves.

La dépense de l'éventuel n'est qu'une avance, puisque le Trésor public perçoit tous les droits d'examen et d'inscription versés par les étu-

(*) Cette Commission est composée de MM. Raudot, président; le comte Daru, vice-président; Bardoux, le vicomte de Rainneville, le comte Octave de Bastard, le baron de Ravinel, secrétaires; Plichon, l'amiral de La Roncière Le Noury, le général Martin des Pallières, le duc d'Audiffret-Pasquier, Léon Say, Villain, Gonin, Pelletan-Villeneuve, Duclerc, Ancel, Vidal, Haentjens, Rouher, Benoît (Meuse), Bertauld, Wolowski, Pouyer-Quertier, le comte d'Osmoy, Rousseau, Cordier, Dauphinot, Mathieu-Bodet, le général Valazé, Rouveure.

diants, et que cette recette qui s'accroît en proportion des examens ou des inscriptions dépasse toujours la rémunération du service auquel elle fait ainsi plus que correspondre. Le déficit sur le crédit pour l'éventuel comblé, il reste toujours un boni pour le Trésor.

Cette année, l'excédant de recettes, prélèvement fait des 150,320 fr. 75, se décompose ainsi qu'il suit :

1° Traitements éventuels dans les facultés et les écoles supérieures de pharmacie. 112.320 75
2° Travaux pratiques dans les écoles supérieures de pharmacie....... 25.000 »
3° Frais de manipulations et de démonstrations dans les mêmes établissements.................... 16.000 »

Total égal...... 150.320 75

sera encore de 33.901 75

La commission vous propose d'adopter le projet de loi qui est ainsi conçu.

PROJET DE LOI

Art. 1er. — Il est ouvert au ministre de l'instruction publique, des cultes et des beaux-arts, sur l'exercice 1874 (section 1re, chapitre 7), un crédit supplémentaire de 150,320 fr. 75, applicable aux dépenses de facultés et d'écoles de pharmacie.

Art. 2. — Il sera pourvu à cette dépense au moyen des ressources de l'exercice 1874.

Art. 3. — Les ministres des finances, de l'instruction publique, des cultes et des beaux-arts, sont chargés, chacun en ce qui le concerne, de l'exécution de la présente loi.

Annexe n° 3112.

RAPPORT fait au nom de la commission du budget de 1875 (*) chargée d'examiner le projet de loi portant ouverture, au ministre de l'instruction publique, des cultes et des beaux-arts, sur l'exercice 1874, d'un crédit supplémentaire de 50,700 fr. (section 1re, chapitre 18), applicable aux dépenses de la construction de l'école française d'Athènes, par M. Bertauld, membre de l'Assemblée nationale.

Messieurs, un crédit supplémentaire de 50,700 francs, applicable aux dépenses de la construction de l'école française à Athènes, vous est demandé par le Gouvernement.

La nécessité de voter ce crédit ne semble pas comporter d'objections sérieuses.

En 1872, l'Assemblée a décidé que l'école française d'Athènes, qui depuis sa fondation occupait un bâtiment loué 12,500 francs par an, serait installée dans un édifice à construire sur un terrain dont le gouvernement grec faisait gratuitement la concession, et qui serait la propriété de la France.

150,000 francs payables en trois annuités de 50,000 francs, et dont la dernière n'était payable qu'en 1874. furent alloués pour faire face aux frais de la construction.

(*) Cette Commission est composée de MM. Raudot, président; le comte Daru, vice-président; Bardoux, le vicomte de Rainneville, le comte Octave de Bastard, le baron de Ravinel, secrétaires; Plichon, l'amiral de La Roncière Le Noury, le général Martin des Pallières, le duc d'Audiffret-Pasquier, Léon Say, Villain, Gonin, Pelletan-Villeneuve, Duclerc, Ancel, Vidal, Haentjens, Rouher, Benoît (Meuse), Bertauld, Wolowski, Pouyer-Quertier, le comte d'Osmoy, Mathieu-Bodet, Rousseau, Cordier, Dauphinot, le général Valazé, Rouveure.

On n'avait pas tenu compte de la date de l'expiration du bail qui laissait les services de l'école sans asile à partir du 31 décembre 1874.

L'urgence de hâter les travaux imposa un empiétement sur le crédit de 1871.

L'Assemblée a déjà, par une loi du 29 juillet 1874, reporté de l'exercice 1874 sur l'exercice 1873 ce qui avait été dépensé par anticipation au delà de l'annuité affectée à cet exercice.

La dépense totale excède de 50,700 fr. le crédit, dont les annuités réunies ne s'élèvent qu'à 150,000 fr.

Des améliorations introduites dans le plan primitif, la hâte imprimée à l'exécution des travaux, les modifications de marché qu'elle a entraînées, enfin la hausse survenue dans le prix des principaux matériaux à employer, expliquent et justifient cet excédant de dépenses.

La France, sans rien débourser pour l'acquisition du sol, devient, moyennant un capital de 200,000 fr., propriétaire sur un sol étranger, d'un monument qui répond tout à la fois aux exigences de sa destination et à celle de l'art : elle assure dans l'avenir satisfaction à un intérêt littéraire et artistique de premier ordre.

Au moment où l'Allemagne élève sur le territoire grec un institut en faveur duquel elle a déjà voté une première dotation de 700,000 fr., il n'y a pas de place à un reproche d'exagération pour le sacrifice pécuniaire, bien inférieur, que notre école d'Athènes réclame de la France.

PROJET DE LOI

Art. 1er. — Il est ouvert au ministre de l'instruction publique, des cultes et des beaux-arts, sur l'exercice 1874, section première, chapitre 18, un crédit supplémentaire de 40,700 fr., applicable aux dépenses de la construction de l'école française d'Athènes.

Art. 2. — Il sera pourvu à cette dépense au moyen des ressources de l'exercice 1874.

Art. 3. — Le ministre de l'instruction publique, des cultes et des beaux-arts, et le ministre des finances, sont chargés, chacun en ce qui concerne, de l'exécution de la présente loi.

SEANCE DU MERCREDI 23 JUIN 1875

Annexe n° 3113.

RAPPORT fait au nom de la commission du budget (*) sur le budget des dépenses de l'exercice 1876 (Ministère des travaux publics), par M. le marquis de Talhouët, membre de l'Assemblée nationale.

Messieurs, le budget des dépenses du ministère des travaux publics, pour l'exercice 1875, a été fixé par la loi du 5 août 1874, à la somme de 159,397,419 fr., ainsi réparti :

Service ordinaire................. 76.702.490
Travaux extraordinaires........... 80.246.729
Budget sur ressources spéciales.. 2.448.200

Total égal............... 159.397.419

Le montant total des crédits qui vous sont demandés pour 1876 s'élève à la somme de 163.553.338 fr., excédant ainsi les allocations de 1875 de 4,155,919 fr., et se divise de la manière suivante :

Service ordinaire.............. 78.773.514
Travaux extraordinaires........ 82.331.624
Budget sur ressources spéciales. 2.448.200

Total égal............... 163.553.338

Nous allons passer en revue chacun des chapitres du projet de budget de 1876. Nous appellerons particulièrement votre attention sur ceux qui présentent des différences avec les chapitres correspondants du budget de 1875. Nous pouvons dire, dès à présent, qu'à l'exception de sommes peu importantes, compensées d'ailleurs

(*) Cette Commission est composée de MM. Mathieu-Bodet, *président*; Teisserenc de Bort, Magnin, *vice-présidents*; Lefèbure, Tirard, le comte Octave de Bastard, Ravinel, *secrétaires*; Dréo, Feurrand, Lucet, Raudot, Gouin, Lambert de Sainte-Croix, Lepère, comte d'Osmoy, Wolowski, Adam (Seine), Deisol, général Chareton, général Saussier, Monjaret de Kerjégu, baron de Soubeyran, Langlois, amiral Pothuau, Faye, marquis de Talhouët, Plichon, Cochery, André (Seine), Bathie.

par des réductions sur d'autres chapitres, la presque totalité du surplus des augmentations qui vous sont proposées a pour but de pourvoir à l'exécution d'engagements contractés par l'Etat, soit au point de vue de certaines améliorations adoptées en principe dès 1875, en faveur du personnel des conducteurs des ponts et chaussées, soit pour l'établissement de chemins de fer, de grandes lignes de navigation ou l'amélioration des ports maritimes.

PREMIÈRE SECTION

Service ordinaire.

CHAPITRE 1er. — *Traitement du ministre et personnel de l'administration centrale.*

Même crédit que pour 1875. 741,000 fr.

CHAPITRE II. — *Matériel et dépenses diverses des bureaux de l'administration centrale.*

Même crédit que pour 1875. 146,000 fr.

CHAPITRE III. — *Personnel du corps des ponts et chaussées.*

Le crédit de 3.863,000 fr., qui vous est proposé pour 1876, est le même que celui que vous avez admis pour 1875.

Il présente, par rapport au chiffre voté pour 1871, une économie de 170,000 fr. provenant de la suppression de vingt-sept emplois d'inspecteurs généraux, d'ingénieurs en chef et d'ingénieurs ordinaires. Nous vous proposons d'admettre le crédit qui vous est demandé. Nous ne pensons pas, cependant, que la situation actuelle doive être considérée comme immuable. L'administration aura à apprécier les facilités plus grandes que l'achèvement de certains travaux lui donnera pour apporter dans le personnel des ingénieurs des modifications et des réductions qui pourraient avoir lieu sans inconvénient pour le service.

CHAPITRE IV. — *Personnel des sous-ingénieurs.*

Ce chapitre 4 comprenait jusqu'ici les dépenses du personnel des sous-ingénieurs et des conducteurs des ponts et chaussées.

Sur l'observation faite par M. Raudot, l'un de ses membres, la commission a été amenée à examiner si, par suite de la classification nouvelle adoptée pour le personnel des conducteurs des ponts et chaussées, il n'y aurait pas lieu de scinder ce chapitre 4 et d'ouvrir à l'avenir deux crédits : l'un pour le personnel des sous-ingénieurs ; l'autre spécial au personnel des conducteurs.

La majorité de votre commission n'a pas vu d'inconvénient à l'adoption de cette proposition. En conséquence, elle est d'avis que le chapitre 4 portera à l'avenir la dénomination de « Personnel des sous-ingénieurs » et qu'un crédit de 100,000 fr. sera alloué pour être réparti ainsi qu'il suit :

Traitement de trente sous-ingénieurs.	90 000
Frais accessoires.	10 000
Total.	100.000

CHAPITRE IV bis. — *Personnel des conducteurs des ponts et chaussées.*

L'année dernière, l'Assemblée nationale a bien voulu adopter le principe d'une classification nouvelle du corps des conducteurs des ponts et chaussées. Elle a eu en vue d'améliorer la position de ces utiles agents. Ils étaient divisés en cinq classes, dont les traitements correspondants étaient :

Pour la 1re.	2.400
— 2e.	2.100
— 3e.	1.800
— 4e.	1.600
Conducteurs auxiliaires.	1.400

L'Assemblée a décidé que les cinq classes actuelles seraient réduites à quatre. Les trois premières ont été maintenues au même traitement. La 4e classe et les conducteurs auxiliaires formant la 4e classe nouvelle auront un traitement de 1,500 fr.

Un supplément de crédit de 22,000 fr. a permis de commencer en 1875 la mise à exécution de la nouvelle organisation. Pour la compléter, une somme de plus de 170,000 fr. sera nécessaire. L'administration se borne à demander pour cette année une somme de 121,350 fr. Elle nous a paru tenir un juste compte, dans une juste mesure, des nécessités du budget.

Le crédit qui était demandé par le Gouvernement pour le personnel des sous-ingénieurs et conducteurs des ponts et chaussées était de 4,207,350 fr., supérieur ainsi de 121,350 fr. à celui alloué en 1875. Mais, par suite de la résolution adoptée par votre commission, de scinder l'ancien chapitre 4 en deux nouveaux chapitres, l'un, pour le personnel des sous-ingénieurs, l'autre, spécial au personnel des conducteurs, une somme de 100,000 fr. a été inscrite au nouveau chapitre 4 et le nouveau chapitre 4 bis sera réduit à 4,107,600 francs.

L'ensemble des allocations reste le même.

Nous vous proposons de voter un crédit de 4,107,600 francs.

CHAPITRE V. — *Personnel du corps des mines. — Enseignement. — Écoles.*

Crédit alloué pour 1875.	816.700
Crédit proposé pour 1876.	805.700
Différence en moins.	11.000

Lorsque, au budget de 1875, l'Assemblée nationale a consenti à laisser à la disposition du ministère des travaux publics la somme de 22,000 fr. qui formait la dernière partie de la réduction provenant de la suppression d'un certain nombre de conducteurs, elle y a mis pour condition qu'une diminution de pareille somme serait opérée sur le crédit du personnel du corps des mines. Elle a admis toutefois que cette réduction ne serait réalisée qu'en deux années, moitié sur 1875, moitié sur 1876. Tel est l'objet de la réduction de 11,000 fr. qui vous est proposée sur ce chapitre, et que nous vous demandons d'approuver.

CHAPITRE VI. — *Personnel des gardes-mines.*

Crédit alloué pour 1875.	190.500
Crédit demandé pour 1876.	196.300
Différence en plus.	5.800

Cette augmentation a pour but d'apporter à la situation des gardes-mines les améliorations reconnues nécessaires et dans les conditions indiquées au chapitre 4 pour les conducteurs des ponts et chaussées.

CHAPITRE VII. — *Personnel des officiers et maîtres de port.*

Même crédit que pour 1875, 288,500 fr.

CHAPITRE VIII. — *Personnel des agents affectés à la surveillance de la pêche fluviale.*

Même crédit que pour 1875, 327,000 fr.

Il avait été réduit l'année dernière d'une somme de 8,000 fr. correspondant au traitement et aux frais de tournées de l'inspecteur général de la pêche, cette fonction n'ayant pas été rétablie à la suite de la mort de M. Coste, membre de l'Institut.

Votre commission est d'avis de recommander à l'administration de veiller à ce que le personnel dont il s'agit apporte le plus grand zèle dans les fonctions qui lui sont confiées.

CHAPITRE IX. — *Frais généraux, secours, etc.*

Même crédit que pour 1875, 75,000 fr.

CHAPITRE X. — *Établissements thermaux appartenant à l'État.*

Même crédit que pour 1875, 30,000 fr.

Cette somme est destinée à faire face aux dépenses des établissements thermaux appartenant à l'État : Vichy, Plombières, Bourbonne, Néris, Aix-les-Bains, Bourbon-l'Archambault et Luxeuil. Elle est loin d'être exagérée.

CHAPITRE XI. — *Routes nationales. — Travaux ordinaires. — Entretien et grosses réparations.*

Même crédit que pour 1875, 28,800,000 fr.

Le crédit qui était en 1874 de 27,800,000 fr. a été élevé pour 1875 à 28,800,000 fr. Cette augmentation de 1 million était justifiée par l'insuffisance bien reconnue de la dotation affectée à l'entretien des routes nationales. Nous vous proposons de maintenir le crédit au chiffre de 28,800,000 fr.

CHAPITRE XI bis. — *Chaussées de Paris.*

Même crédit que pour 1875, 3,000,000 de fr.

Le crédit qui s'était élevé précédemment jusqu'à 4 millions de francs a été réduit à 3 millions depuis 1873. Il représente la part de l'État dans la dépense d'entretien des chaussées de Paris.

CHAPITRE XI 1er. — *Entretien des routes forestières de la Corse.*

Même crédit que pour 1875, 150,000 fr.

Sur un réseau de 501 kilomètres de routes forestières de la Corse, il reste à exécuter 25 kilom. 466 sont actuellement terminés et livrés à la circulation ; 12 doivent être indéfiniment ajournés.

Vos commissions de 1874 et de 1875 se sont demandé si, une fois achevées, ces voies de communication ne devaient pas être entretenues par l'administration des forêts, le département et les communes et, par suite, si le crédit de 150,000 fr. ne devait pas disparaître du budget des travaux publics. Le ministre des finances a prescrit une étude de la question. Le département et les communes ont déclaré être dans l'impossibilité absolue de fournir un contingent quelconque. L'administration des forêts, de son côté, a fait observer que les routes dont il s'agit n'ont qu'un intérêt médiocre pour l'exploitation des forêts ; que le transport des bois entre à peine pour un quart dans le mouvement général de la circulation et qu'en définitive ces routes sont de véritables chemins publics, complément des routes nationales et départementales. M. le ministre des finances poursuit l'examen de la question. Mais il convient d'assurer le service d'entretien de voies de communication qui sont d'un intérêt public incontestable et pour l'établissement desquelles l'État s'est imposé de réels sacrifices.

Votre commission vous propose donc d'allouer le crédit de 150,000 fr. en insistant pour que le ministre des travaux publics et celui des finances examinent s'il ne convient pas de procéder au classement des routes forestières de la Corse, comme routes nationales et routes départementales, comme chemins vicinaux ou comme routes forestières.

CHAPITRE XII. — *Navigation intérieure. — Rivières. Travaux ordinaires.*

Même crédit que pour 1875, 4,800,000 fr.

CHAPITRE XIII. — *Navigation intérieure. — Canaux. Travaux ordinaires*

Même crédit que pour 1875, 4,800,000 fr.

CHAPITRE XIV. — *Ports maritimes, phares et fanaux.*

Le crédit alloué au budget primitif de 1875 était de....................... 5.550.000
Il a dû être augmenté de......... 90.000

par l'allocation d'un crédit supplémentaire, afin de tenir compte au service des phares de l'accroissement des dépenses résultant de l'impôt sur les huiles minérales. Ce qui a porté le crédit total de 1875 à............... 5.640.000

Nous vous proposons d'allouer le même chiffre pour 1876.

CHAPITRE XV. — *Études et subventions pour travaux d'irrigation, de desséchement et de curage.*

Le crédit demandé pour ce chapitre est de 250,000 fr. comme en 1875. Il a pour objet principal de subvenir aux dépenses des études qui se poursuivent par les ingénieurs de l'État en vue de travaux d'irrigation, de desséchement et de curage. D'excellents résultats ont été obtenus par l'initiative ou l'intervention de l'État dans ces sortes de travaux, et l'administration demande instamment que le crédit du chapitre 15 soit continué.

CHAPITRE XVI. — *Subventions applicables aux travaux à exécuter par voie de concessions de péage et au rachat de concessions.*

Même crédit que pour 1875, 30,000 fr.

L'année dernière, votre commission du budget des travaux publics a émis l'avis que, d'après l'esprit de la loi de décentralisation du 10 août 1871, les ponts à péage et les bacs qui servent au passage d'une route départementale ou d'un chemin vicinal devaient être considérés comme dépendant du domaine public départemental. Il semblait dès lors que l'État ne devait prendre d'engagement de subventionner que des travaux établis sur des routes nationales, et, dans son désir que ces engagements soient restreints aux plus strictes limites possibles, elle réduisait le crédit de 40,000 à 30,000 fr. Votre commission vous propose de maintenir ce crédit à 30,000 fr.

CHAPITRE XVII. — *Matériel de mines.*

Même crédit que pour 1875, 50,000 fr.

CHAPITRE XVIII. — *Subventions payables en annuités aux compagnies de chemins de fer.*

Crédit alloué pour 1875..........	13.675.640
Crédit demandé pour 1876........	15.492.514
Différence en plus.......	1.816.874

La loi du 23 mars 1874 a rendu définitives toutes les concessions éventuelles édictées en 1868, et a reconnu la nécessité de mettre un terme aux retards qu'a subis l'exécution de lignes concédées définitivement à une date antérieure.

On propose, en conséquence, de porter au budget de 1876 :

Ouest...	{ Laval à Angers........... Saint-Lô à Lamballe.... }	1.759.400
Lyon...	{ Embranchement d'Apt.... Embranchement de Digne }	338.000
Idem	{ Aix à Carnoules........ Thonon à Saint-Gingolph.. Albertville à la ligne de Chambéry à Modane... }	1.314.920
	Total............	3.412.320

D'un autre côté, conformément à la décision prise lors de la discussion du budget de 1875, on a reporté au chapitre de la dette publique le montant des annuités correspondant aux chemins de fer qui doivent être terminés et livrés à l'exploitation avant le 1er janvier 1876. Ces annuités se rapportent aux lignes suivantes :

Ouest...	Flers à Mayenne..	489.662
Midi....	{ De la ligne d'Agde à Lodève, à Milhau et à Graissessac... Embranchement de St-Affrique. }	961.134 138.000
	Total à reporter au budget du ministère des finances..........	1.588.796

Il faut joindre à ce somme, pour erreur reconnue sur le calcul des annuités des lignes d'Arras à Etaples, Béthune à Abbeville et Luzarches à la ligne de Saint-Denis à Pontoise...

		6.650
	Total à déduire du chapitre 18.	1.595.446	1.595.446

D'où il résulte une augmentation sur le chapitre 18 du budget des travaux publics de........... 1.816.874

CHAPITRE XIX. — *Exposition des œuvres des artistes vivants.*

Crédit alloué pour 1875.............. 60.000
Crédit demandé pour 1876............ 80.000

Différence en plus......... 20.000

Votre commission avait été d'avis de ne pas accepter cette augmentation. Il lui semblait que les travaux auxquels elle est destinée étaient susceptibles d'être au moins ajournés. Mais sur les observations qui lui ont été faites que les locaux affectés chaque année aux expositions sont insuffisants en raison du nombre toujours croissant des œuvres exposées, et que l'appropriation de nouvelles salles, le renouvellement d'une partie du matériel sont indispensables, elle vous propose d'allouer le crédit de 80.000 fr. demandé au chapitre 19.

CHAPITRE XX. — *Personnel des bâtiments civils.*

Même crédit que pour 1875, 103,690 fr.

CHAPITRE XXI. — *Entretien des bâtiments civils.*

Crédit alloué pour 1875............ 850.000
Crédit proposé pour 1876.......... 1.000.000

Différence en plus....... 150.000

Depuis plusieurs années, le crédit pour l'entretien des bâtiments civils est resté fixé à la somme de 850.000 fr. Ce chiffre est devenu insuffisant si l'on considère que le prix des matériaux et de la main-d'œuvre ont considérablement augmenté.

Votre commission a pensé que retarder l'exécution de travaux d'entretien ou de réparations relativement peu dispendieux mais urgents, c'est s'exposer à compromettre la solidité des édifices et à préparer dans l'avenir des dépenses considérables.

Toutefois, la situation financière ne paraît pas permettre d'accorder dès cette année la totalité de l'augmentation demandée. Votre commission propose de porter de 850.000 fr. à 950.000 fr. le crédit pour 1876. — Elle espère qu'avec cette augmentation de 100.000 fr. par rapport à 1875, l'administration sera en mesure de faire face aux dépenses les plus nécessaires.

CHAPITRE XXII. — *Réfections et grosses réparations des bâtiments civils.*

Même crédit que pour 1875, 900,000 fr.

CHAPITRE XXIII. - *Entretien des palais nationaux*

Même crédit que pour 1875, 1.141,500 fr.

A l'occasion du crédit ouvert à ce chapitre, votre commission a dû se préoccuper d'une question soulevée en 1873 et en 1874 : celle relative à l'aliénation de certains domaines qui faisaient partie de l'ancienne dotation immobilière de la couronne.

L'aliénation de plusieurs de ces domaines est admise en principe. Mais des opérations de ce genre doivent être faites sans précipitation en choisissant le moment qui paraîtra le plus opportun.

CHAPITRE XXIV — *Grosses réparations aux palais nationaux.*

Même crédit que pour 1875, 600,000 fr.

Dès 1874, votre commission du budget estimait que ce crédit pourrait être ramené, pour 1875, à 500,000 fr. Mais sur les instances de l'administration, il avait été maintenu à 600,000 fr. Nous

avons dû, de nouveau, examiner s'il ne serait pas possible, en raison de la situation financière, de réaliser une économie sur ce chapitre, et nous avons provoqué les explications de M. le ministre des travaux publics.

Les palais, les établissements nationaux et leurs vastes dépendances sont au nombre de dix-huit. Ces gigantesques constructions, vieilles pour la plupart, nécessitent chaque année des travaux qui n'ont pu être prévus : réparation d'un plafond ou d'une toiture écroulée; réfection d'une corniche; restauration des pavages, perrons, bassins, etc., toutes dépenses très-considérables. L'administration fait observer : qu'au moyen du crédit actuel, elle se trouve dans l'impossibilité de pourvoir à tous les besoins réels du service, même à Paris et à Versailles; que dans les autres palais, tels que Compiègne, Rambouillet, etc., la situation est encore plus fâcheuse. Elle pense que si le crédit, déjà réduit en 1872 de 800,000 à 600,000 fr., subissait encore une nouvelle diminution, il y aurait lieu de s'attendre à voir l'état de choses s'aggraver de la manière la plus déplorable.

Par ces motifs, votre commission propose le maintien du crédit au chiffre de 600,000 fr.

CHAPITRE XXV. — *Service des régies des palais nationaux et du mobilier national.*

Le crédit alloué pour 1875 était de :

Traitement du personnel des régies et du mobilier national............ 550.910
Dépense du matériel............ 311 890

Total................. 862.800

Toujours préoccupée de restreindre les dépenses dans leurs justes limites et d'éviter les allocations qui, en l'état des finances, n'auraient pas un caractère d'utilité et d'urgence parfaitement justifié, votre commission a été amenée à examiner si, sur le chapitre 25, elle ne pourrait pas réaliser une économie qui trouverait ailleurs un meilleur emploi.

Sur ce point elle a provoqué les explications de M. le ministre.

Le crédit qui était, il y a trois ans, de plus de 1,100,000 fr., a été réduit à 250,000 fr. Plus de soixante employés ou agents des services des régies furent mis à la retraite ou congédiés. Aujourd'hui le nombre des employés de toute nature est ramené à son minimum. Des réclamations au sujet de son insuffisance, sont produites chaque jour : les hommes de service à Versailles sont surchargés. Aux Tuileries, au Louvre, au palais de l'Elysée, au Palais-Royal, la même situation se reproduit; et lorsque le Président de la République habite l'Elysée, l'administration est obligée de faire venir dans ce palais une partie du personnel des Tuileries.

Le personnel civil et militaire absorbe une somme de 355,800 fr.

Les dépenses du matériel laissent tout autant à désirer; elles se répartissent ainsi qu'il suit :

Chauffage....................... 41.340
Eclairage....................... 65.670
Blanchissage.................... 1.995
Dépenses de régie et imprévues... 35.995
Habillement..................... 45.000

Total................. 190 000

Le chauffage ne suffit plus pour préserver de la moisissure et de la détérioration que cause l'humidité, les tentures, les meubles et les objets d'art que renferment nos palais. A Fontainebleau, le régisseur déclare que si le crédit de chauffage n'est pas augmenté, il y a péril pour la conservation des tableaux.

L'éclairage est calculé avec une économie rigoureuse. On pourra s'en convaincre en s'assurant que, bien que ce service fonctionne dans douze palais ou bâtiments de l'État, celui du Palais-Royal absorbe à lui seul plus de 26,000 fr. Il est vrai que la location de ses galeries produit un revenu important qui est encaissé par l'administration du domaine.

L'habillement est donné au personnel avec toute la parcimonie compatible avec une tenue convenable. Quant au personnel et à la dépense du matériel du service du mobilier national, ils ont été réduits dans la même proportion.

La commission apprécie ces observations; elle pense qu'il y a lieu de maintenir le crédit de 862,800 fr. proposé.

CHAPITRE XXV bis. — *Frais de logement, à Versailles, du président de la République.*

Crédit alloué pour 1875	72.000
Crédit demandé pour 1876	90.000
Différence en plus	18.000

L'insuffisance du crédit alloué pour l'entretien des bâtiments et du mobilier de l'hôtel de la présidence à Versailles est démontrée par l'expérience des dernières années. Votre commission est d'avis, à l'unanimité, d'allouer la somme de 90,000 fr. proposée.

CHAPITRE XXVI. — *Dépenses d'entretien et grosses réparations des eaux de Versailles et de Marly.*

Même crédit que pour 1875, 350,000 fr.

CHAPITRE XXVII. — *Dépenses des exercices périmés ou frappés de déchéance.* — (Mémoire.)

CHAPITRE XXVIII. — *Dépenses d'exercices clos.* — (Mémoire.)

RÉSUMÉ DE LA PREMIÈRE SECTION

Des explications qui précèdent, il résulte que les propositions faites par le Gouvernement pour la 1re section du ministère des travaux publics ont été admises par votre commission sans autre modification qu'une réduction de 50,000 fr. apportée au chapitre 21 (Entretien des bâtiments civils).

En 1875, l'ensemble des crédits était de	76.702.490
Il sera pour 1876 de	78.773.514
Différence en plus	2.071.024

L'augmentation provient :

1° D'une somme de 127,150 fr. (chapitre 4 bis et chapitre 6) consacrée à améliorer la position du personnel des conducteurs des ponts et chaussées et des gardes-mines.

2° D'une somme de 1,816,874 fr. pour les annuités à payer aux compagnies concessionnaires de chemins de fer (chapitre 18).

3° De l'accroissement justifié des crédits ouverts aux chapitres 19, 21 et 25 bis, pour l'exposition des artistes vivants, l'entretien des bâtiments civils et les frais de logement à Versailles du Président de la République.

IIe SECTION

Travaux extraordinaires.

CHAPITRE XXIX. — *Lacunes des routes nationales.*

Même crédit que pour 1875, 1,350,000 fr.

Les lacunes, comme les rectifications des routes nationales, s'appliquent en général aux régions les plus pauvres et les plus déshéritées au point de vue des voies de communication. La dépense restant à faire au 1er janvier 1875 pour combler ces lacunes est évaluée à 24,521,700 fr. et s'étend à 634 kilomètres qui embrassent dix-huit départements. Avec le crédit actuel, les travaux auront besoin de vingt ans pour être terminés. Votre commission exprime le regret que la situation financière ne permette pas d'affecter au chapitre 29 une dotation plus élevée, afin de pousser avec plus d'activité des améliorations vivement réclamées.

Elle vous propose d'allouer le même crédit qu'en 1875.

CHAPITRE XXX. — *Rectification des routes nationales.*

Même crédit que pour 1875, 1,000.000 fr.

En proposant le crédit demandé, la commission renouvelle le regret qu'elle a exprimé au sujet du chapitre 19. Il est fâcheux que ces travaux, qui sont très-vivement désirés par les populations et dont l'utilité est incontestable, ne puissent être réalisés plus promptement. La dépense totale pour 607 kilomètres de rectification est évaluée à 25,347,000 fr. Quant à présent, les travaux ne sont entrepris que sur 340 kilomètres et la dépense en est évaluée à 14,966,700 fr. Les travaux qui seront exécutés au 31 décembre 1875 s'élèveront à 5,967,700 fr.; ceux qui restent à faire sont évalués à 8,999,000 fr.

CHAPITRE XXXI. — *Nouvelles routes nationales de la Corse.*

Même crédit que pour 1875, 300,000 fr.

La situation exceptionnelle de la Corse et sa configuration accidentée ne permettent pas l'établissement de canaux ni de chemins de fer. Il a dû être remédié à ces désavantages par la création d'un réseau complet de routes nationales et par l'amélioration des ports maritimes. 721 kilomètres de routes nationales ont été créés; 17 kilomètres seulement sont encore à ouvrir pour compléter le réseau. La dépense restant à faire au 31 décembre 1875 est évaluée à 815,700 fr. En vous proposant de voter le crédit de 300,000 fr., votre commission constate avec la plus vive satisfaction que bientôt toutes les routes nationales de la Corse seront arrivées à l'état d'entretien.

Nous touchons donc au terme des sacrifices considérables que l'État s'est imposés, et nous pourrons ainsi affecter la dotation réservée jusqu'ici aux routes nationales de la Corse, à des travaux que l'état de nos finances nous avait fait ajourner.

CHAPITRE XXXII. — *Routes forestières de la Corse.*

Crédit alloué pour 1875	50.000
Crédit proposé pour 1876	150.000
Différence en plus	100.000

23 kilomètres seulement restent à exécuter pour compléter le réseau des routes forestières de la Corse. Le ministre fait remarquer, pour justifier l'augmentation du crédit, que, si l'allocation n'est que de 50,000 fr., il faudrait encore vingt-quatre ans pour terminer les travaux. Mais les 23 kilomètres restant à établir sont une lacune peu importante en comparaison des travaux considérables qui ont été exécutés : en même temps, il faut reconnaître que la situation financière impose l'obligation de limiter les sacrifices dans une équitable proportion jusqu'au moment du moins où le réseau des routes nationales de la Corse aura été complété. Votre commission se trouve donc amenée à vous proposer de maintenir, comme l'année dernière, le crédit au chiffre de 50,000 fr.

CHAPITRE XXXIII — *Construction de ponts.*

Même crédit que pour 1875, 2,000,000 fr.

Sur quatre-vingt-quatorze ponts détruits ou endommagés pendant la guerre (50 sur les routes nationales et 44 sur les routes départementales), trois seulement resteront à terminer en 1876 : le pont de Courcelles sur la Seine (Eure); le pont de Port-Boulet sur la Loire (Indre-et-Loire), et le pont de Pennes sur l'Ognon (Haute-Saône).

Le surplus du crédit sera affecté à la continuation des travaux en cours d'exécution : du pont de Cubzac sur la Dordogne, de ceux du boulevard Saint-Germain et de Grenelle à Paris, de celui de Saintes sur la Charente. Votre commission s'est assurée que le contingent à fournir par la ville de Paris pour les ponts du boulevard Saint-Germain et de Grenelle est régulièrement versé. Nous vous proposons d'allouer le crédit demandé.

CHAPITRE XXXIV. — *Amélioration des rivières.*

Crédit alloué pour 1875........... 6.800.000
Crédit proposé pour 1876......... 7.500.000

Différence en plus........ 700.000

En vertu d'une loi du 24 mars 1874, l'Etat a accepté l'engagement de payer à cinq départements fermés en syndicat pour l'exécution des canaux de l'Est, l'intérêt à 4 p. 100 d'une avance de 65 millions faite par ces départements. D'un autre côté, l'Etat doit exécuter on huit ans les travaux d'amélioration de la Saône, estimés à 11,310,000 fr., soit plus de 1 million par an à ajouter aux intérêts de 4 p. 100 des avances des départements.

L'exécution de ces engagements justifie la proposition d'augmentation du crédit qui, par le fait, se trouvera amoindri quant à la portion à affecter aux travaux commencés sur d'autres points du territoire pour l'amélioration des rivières. La commission regrette qu'il en soit ainsi; elle pense qu'il convient de ne contracter de nouveaux engagements que lorsque ceux qui ont été pris seront exécutés, afin de ne point entraver la réalisation d'améliorations d'une utilité incontestable.

CHAPITRE XXXV. — *Établissement de canaux de navigation.*

Crédit alloué en 1875.......... 2.700.000
Crédit demandé pour 1876........ 3.000.000

Différence en plus........... 300.000

Cette augmentation provient des dépenses à faire pour l'achèvement du canal de Roubaix, le prolongement jusqu'à Bar du canal de la Haute-Seine et les améliorations à exécuter sur la partie restée française du canal du Rhône au Rhin.

Un amendement présenté par MM. Brame, Baucarna-Leroux et Descal propose de porter de 2,700,000 fr. à 2,900,000 fr. le crédit du chapitre 35, de manière à augmenter de 200,000 fr. la subvention applicable au canal de Roubaix, ce qui en permettrait l'achèvement. »

Le crédit alloué en 1875 pour le canal de Roubaix était de 245,000 fr. Il est augmenté de 155,000 fr. en 1876 et porté ainsi à 400,000 fr. Cette somme a paru suffisante pour donner satisfaction à l'amendement de nos honorables collègues et pour que les travaux soient poussés avec l'activité nécessaire.

CHAPITRE XXXVI. — *Amélioration des ports maritimes.*

Crédit alloué pour 1875........... 8.000.000
Crédit demandé pour 1876......... 8.750.000

Différence en plus......... 750.000

ANNEXES. — T. XXXIX.

L'augmentation de 750,000 fr. portée au budget est due, pour la plus forte part, à l'accroissement du chiffre des annuités de remboursement à payer en 1876 pour les avances faites à l'Etat en vue de l'amélioration d'un certain nombre de ports de commerce.

D'après la note préliminaire portée au budget du ministère des travaux publics cet accroissement, qui serait de 1,355,000 francs, n'est atténué que de 700,000 fr. par l'extinction de l'emprunt de la ville de Brest. Il resterait donc de ce chef à demander en plus au budget une somme de 655,000 fr. Le surplus de l'augmentation totale de 750,000 fr. s'applique à des travaux urgents à exécuter dans les ports du Havre, de Saint-Nazaire, du Tréport, etc.

Deux amendements vous ont été présentés : le premier a pour but de faire élever à 200,000 fr., comme au budget de 1875, le crédit de 150,000 fr. inscrit au projet de budget de 1876 pour le port de Bastia.

Par l'autre amendement on propose d'ajouter 150,000 fr. au crédit alloué pour amélioration du port de Saint-Jean-de-Luz.

Ces amendements ont été examinés par le ministre des travaux publics. Les notes qu'il a bien voulu nous transmettre indiquent l'intérêt qu'il peut y avoir à pousser aussi activement que possible les travaux des ports.

Pour le port de Bastia, on déclare qu'il serait à désirer qu'un crédit plus élevé permît de continuer des travaux qui, au fur et à mesure de leur avancement, augmentent la surface abritée du nouveau port. Il y a d'ailleurs urgence à terminer le quai en cours de construction à l'enracinement de la jetée sur 175 mètres de longueur, et qui doit permettre aux navires d'aborder bord à quai pour leurs opérations d'embarquement et de débarquement.

Quant au port de Saint-Jean-de-Luz, à la fin de 1874 la digue du Socoa était achevée sur 286 mètres et les travaux de fondations du brise-lames d'Artha étaient commencés. Mais la tempête du 9 au 14 décembre dernier a causé des ravages considérables. Par l'achèvement de la digue du Socoa jusqu'au musoir qui servira de point d'appui à son extrémité, on évitera les avaries auxquelles reste exposée la muraille tant qu'elle ne sera pas encastrée à son bout dans le massif de ce musoir. D'un autre côté, pour rendre effective la défense de la plage et de la ville de Saint-Jean-de-Luz, il est nécessaire de hâter l'achèvement de la fondation du brise-lames d'Artha. Ces travaux donnent lieu à des frais généraux considérables consistant principalement dans l'entretien du personnel, des chemins et ponts de service, du matériel roulant et flottant, et des appareils employés à l'exécution des travaux. Il est de l'intérêt bien entendu de l'Etat de pousser activement une entreprise si importante et si utile.

Dans son désir de donner satisfaction autant que possible aux amendements qui lui ont été soumis et qu'après mûr examen elle a appréciés, elle vous propose de porter de 8,750,000 fr., chiffre qui vous est demandé par le Gouvernement à 8,875,000 fr. le crédit du chapitre 36, et de décider que l'augmentation de 125,000 fr. de ce crédit sera affecté : 50,000 fr. au port de Bastia, et 75,000 fr. au port de Saint-Jean-de-Luz.

CHAPITRE XXXVII. — *Travaux de défense contre les inondations.*

Même crédit qu'en 1875, 550,000 fr.

Suivant le rapport de votre commission du budget de 1875, la dépense restant à faire au 1ᵉʳ janvier 1875 s'élevait à 1,105,000 fr. Vous avez jugé qu'en répartissant cette somme en deux exercices, l'achèvement des travaux ne subirait aucun retard préjudiciable, et vous avez alloué en 1875 un premier crédit de 550,000 fr. Pareille

8

somme vous est proposée pour 1876. Cette allocation permettra de compléter les travaux entrepris en vertu de la loi du 28 mai 1858 et qui ont été si utiles pour la défense des villes contre les inondations, notamment dans le bassin de la Loire. Nous vous proposons d'accorder le crédit demandé.

CHAPITRE XXXVIII. — *Travaux d'améliorations agricoles.*

Crédit alloué pour 1875............	1.035.000
Crédit proposé pour 1876..........	1.250.000
Différence en plus.......	215.000

Les travaux auxquels doit faire face l'augmentation proposée sont principalement :

Le canal d'irrigation de la plaine de Gap placé sous le séquestre de l'État. Avec la somme de 200,000 fr. demandée, cette entreprise pourra être très-avancée en 1876.

Les travaux du canal d'irrigation du Verdon à Aix sont poussés avec activité. La Compagnie aura droit désormais à des à-compte plus élevés sur la subvention qui lui a été allouée.

Les travaux du canal de la Bourne, à Valence, pour l'irrigation d'une plaine de 22,000 hectares, doivent commencer au plus tard en 1876, en vertu de la loi de concession du 21 mai 1873. Ils donnent lieu à une subvention de l'État de 2,900,000 fr. Une allocation de 100.000 fr. sera à peine suffisante pour remplir les engagements pris vis-à-vis de la compagnie concessionnaire.

Les députés de la Vendée ont présenté une réclamation tendant à faire augmenter le crédit de 20,000 fr. proposé pour les marais de la Gâchère.

Le havre de la Gâchère, par lequel se faisait l'écoulement à la mer des eaux des marais de la Gâchère, était sans cesse obstrué par des sables qui rendaient cet écoulement extrêmement précaire et irrégulier.

Après avoir vainement tenté de remédier à cet état de choses, on s'est décidé à évacuer le marais dans le port des Sables, au moyen d'un canal navigable à creuser au travers du coteau de la Baudière et aboutissant dans le bassin des chasses de ce port. Outre l'assainissement de plus de 1,200 hectares de marais qu'ils assurent, les travaux présenteront encore l'avantage de mettre les marais assainis, dont une partie est exploitée en marais salants, en communication directe avec le port des Sables et d'en faciliter ainsi l'exploitation.

Un décret en date du 4 décembre 1872 a déclaré l'utilité publique de cette entreprise. La dépense, évaluée à 180,000 fr., doit, en raison des divers intérêts engagés, être supportée pour un tiers (60,000 fr.) par le syndicat du marais de la Gâchère et répartie pour les deux autres tiers entre le service hydraulique et le service de la navigation.

En 1871, un premier crédit de 10.000 fr. a été ouvert sur les fonds du Trésor pour commencer l'entreprise. Les travaux sont continués à l'aide du contingent du syndicat, contingent versé au moyen d'un crédit correspondant.

Une allocation de 20.000 fr. a été inscrite au budget de 1875 pour cette entreprise (travaux de desséchement, curage, etc., chapitre 38).

Un crédit de 20.000 fr. est également prévu pour 1876. Votre commission regrette de ne pouvoir vous proposer l'adoption d'une allocation plus considérable.

CHAPITRE XXXIX. — *Travaux des routes agricoles et salicoles.*

Même crédit qu'en 1875, 315,000 fr.

Le crédit de 315,000 fr. permettra de continuer les travaux commencés et qui avaient subi des retards parce que les communes ne livraient pas les terrains qu'elles s'étaient engagées à mettre à la disposition de l'Administration.

Votre commission pense que rien ne doit être négligé pour arriver à la prompte livraison des terrains et, par suite, à la continuation des travaux. Elle renouvelle également le vœu exprimé l'année dernière relativement au classement de ces routes, dont l'entretien ne paraît pas devoir rester à la charge de l'État.

CHAPITRE XL. — *Assainissement des marais communaux.*

Crédit alloué en 1875...............	25.000
Crédit proposé pour 1876...........	50.000
Différence en plus.......	25.000

Le crédit qui, en 1871, était de 100,000 fr., a été réduit en 1875 à 25,000 fr. Un décret du 2 septembre 1874 a prescrit l'exécution d'office d'un projet d'assainissement et de mise en valeur de terrains marécageux d'une étendue de 80 hectares, appartenant à la commune de Vignieu (Isère). C'est l'exécution de ce décret qui explique l'augmentation de 25,000 fr. proposée au chapitre 40.

CHAPITRE XLI. — *Prêts pour irrigations et desséchements.*

Même crédit qu'en 1875, 10,000 fr.

Le maintien de ce crédit résulte de l'exécution des lois des 28 juillet 1860 et 8 mai 1869, et permettra à l'État de fournir le concours qui pourrait lui être réclamé en vertu de ces dispositions.

CHAPITRE XLII. — *Exécution de la carte géologique détaillée de la France.*

Crédit alloué en 1875............	40.000
Crédit proposé pour 1876............	80.000
Différence en plus....	40.000

Votre commission avait d'abord pensé que le crédit de 40,000 fr., comme précédemment, pouvait suffire. Mais le Gouvernement a insisté, et elle a dû examiner avec un soin scrupuleux les observations qui lui ont été présentées.

L'exécution de la carte géologique de France, été décidée en 1868, à la suite de l'exposition de 1867. On avait espéré qu'avec un crédit annuel de 80.000 fr., la dépense totale étant évaluée 1,100,000 fr., le travail pourrait être terminé en quatorze ans; les événements de 1870-1871 ont forcé de restreindre les allocations et ralentir les opérations. Au moyen des crédits ouverts de 1868 à 1874, il a été payé 300,294 fr.; une allocation supplémentaire de 45,200 fr. vous est proposée sur 1875, pour régler les dépenses effectuées. Au moyen de ces allocations, douze feuilles de la carte détaillée avec coupes, dessins photographiques, etc., sont publiées : ce sont celles de Paris, Meaux, Melun, Provins, Fontainebleau, Sens, Rouen, Beauvais, Soissons, Evreux, Chartres et Châteaudun. La gravure de six autres feuilles, Saint-Omer, Montreuil, Arras, Neufchâtel, Montdidier et Laon, est très-avancée; elles pourront être publiées d'ici à trois mois. D'autres explorations sont terminées : Lille, Calais, Dunkerque, Douai, Abbeville, Amiens et Cambrai.

La mise en vente de la partie achevée du travail a été décidée; les conditions en ont été réglées de concert entre le ministre des travaux publics et le ministre des finances, de manière à rendre les feuilles de la carte accessibles à tous ceux qui peuvent en avoir besoin. La vente de la première livraison n'a pu commencer qu'à partir du 29 juillet 1874. Elle a produit 2,340 fr. 70, de juillet à décembre 1874. — Votre commission pense que l'administration doit rechercher les moyens d'abréger les formalités d'acquisition afin de ne pas décourager les acheteurs et de faciliter la vente. Elle espère, par les résultats obtenus, que l'opération ne sera pas sans compensation pour le Trésor.

Nous ne reviendrons pas sur les motifs qui ont décidé le Gouvernement à entreprendre la carte géologique de la France : l'agriculture, l'industrie minière, la métallurgie, la construction, demandent à la géologie leurs moyens d'action et de perfectionnement. Il y a donc un immense intérêt pour tous et, par suite, pour le pays tout entier, à poursuivre ce travail et à achever promptement les feuilles en cours d'exécution qui embrassent les départements du Nord, ceux où l'industrie est la plus active et la plus avancée, et où par là même le secours de la géologie est le plus vivement désiré.

Ces explications ont modifié la première résolution de votre commission, et elle vous propose d'allouer le crédit de 80,000 fr. demandé au chapitre 42.

CHAPITRE XLIII. — *Travaux de chemins de fer exécutés par l'Etat.*

Même crédit que pour 1875, 1,900,000 fr.

Ce crédit sera affecté à l'achèvement des lignes de Toulouse à Auch, de Libourne à Bergerac; à la réfection du souterrain de Barrouilles (ligne de Toulouse à Bayonne), et aux travaux du chemin de ceinture.

Votre commission est d'avis de l'approuver.

CHAPITRE XLIV. — *Subvention aux compagnies concessionnaires de chemins de fer.*

Crédit alloué pour 1875............ 2.806.321
Crédit demandé pour 1876............ 2.991.380
                             ——————
Différence en plus............ 185.059

La justification de ce crédit et de l'augmentation proposée est clairement expliquée par la note préliminaire qui accompagne le projet de budget et que nous ne pouvons que reproduire :

« En vertu de la loi du 25 juillet 1868, la Compagnie des Charentes aurait dû recevoir pour la ligne d'Angoulême à Limoges, jusques et y compris l'exercice 1874, huit termes semestriels, soit 8 millions. Mais, par suite des événements qui ont ralenti les travaux et entraîné un ajournement dans le payement des termes de la subvention, les versements faits laissaient en 1874, un arriéré de 3 millions, dont la Compagnie était en droit de demander le payement. Cette somme a été ajoutée au budget de 1875 et le montant de la subvention à payer à la Compagnie des Charentes a été porté à la somme de 5 millions. Dès lors, il ne reste plus à inscrire au budget de 1876 que l'allocation ordinaire de deux termes semestriels de 1 million chacun, d'où résulte une diminution, comparativement au crédit de l'exercice 1875, de....................... 3.000.000

« 2° La subvention afférente à la ligne de Bressuire à Tours devant être entièrement soldée en 1875, le budget de 1876 présente de ce chef une nouvelle réduction de.......... 5.400.000
                             ——————
« Total.............. 8.400.000

« Par suite de ces réductions, le capital des subventions, qui s'élevait en 1875 à..................... 16.404.375
se trouve ramené au chiffre de...... 8.004.375

« Ces subventions devant être transformées en obligations quinzainaires, seront payées au moyen de 18.518 obligations à émettre, en 1876, au cours de 432 fr. 25. Mais, comme il ne sera dû, pour l'exercice 1876, que six mois d'intérêt échéant le 20 juillet 1876, soit 10 fr. par obligation, l'annuité correspondante ne s'élèvera qu'au chiffre de 185,180 fr.

« D'un autre côté, les annuités afférentes aux obligations précédemment émises pour le payement des termes de subventions exigibles en 1874 et 1875 s'élèvent, par suite de la correction du décompte de ces annuités, à 2,806,200 fr. au lieu de 2,806,321 fr. portés au Budget de 1875, de sorte que le montant total des annuités à payer en 1876 sera de 2,991,380 fr. et l'augmentation sur le crédit de 1875, de 185,059 fr. »

Votre commission vous propose d'allouer le crédit.

CHAPITRE XLV. — *Subvention pour chemins de fer d'intérêt local.*

Crédit alloué pour 1875......... 4.415.408
Crédit demandé pour 1876......... 4.410.244
                             ——————
Différence en moins.......... 5.164

Déjà ce crédit a été diminué, en 1875, d'une somme de 251,378 fr. Une nouvelle diminution résulte des propositions qui vous sont faites pour 1876. Votre Commission est d'avis d'adopter le crédit qui vous est présenté.

CHAPITRE XLVI. — *Garantie d'intérêt aux compagnies concessionnaires de chemins de fer.*

Même crédit que pour 1875, 40,900,000 fr.

Cette dépense résulte des engagements pris par l'État vis-à-vis des Compagnies, en vertu de la loi du 11 juin 1859. Les prévisions relatives à la garantie d'intérêts pour l'exercice 1875, payables en 1876, sont semblables à celles qui ont servi de base au budget de 1875.

CHAPITRE XLVI bis. — *Annuités pour les garanties d'intérêts afférentes aux exercices 1871 et 1872.*

Même crédit que pour 1875, 4,000,000 fr.

Les garanties d'intérêts afférentes aux exercices 1871 et 1872 ont été transformées en obligations émises par les compagnies et dont les charges sont supportées par l'État.

Votre commission du budget de 1874 avait exprimé le désir que toutes les annuités définitivement acquises aux compagnies de chemins de fer fussent reportées du budget des travaux publics à celui de l'exercice (dette publique). Le ministre des travaux publics et celui des finances ont étudié la question. Il résulte des renseignements fournis par le ministre des travaux publics que « rien ne paraîtrait devoir s'opposer à la délivrance d'un titre du Trésor pour le payement des annuités dues pour l'année 1871, à la compagnie de l'Est et à la compagnie de Paris-Lyon-Méditerranée (ligne du Rhône au mont Cenis), qui seules seraient définitivement réglées. Le ministre des finances a fait observer que le règlement pourrait avoir lieu comme l'indique son collègue des travaux publics; mais il a ajouté, d'une part, que le mode de remboursement ne changerait rien au fond même de l'opération et que, dans le cas dont il s'agissait, l'annuité représentait non pas le payement d'une dette définitive et liquide, mais le payement d'une simple avance ; d'autre part qu'il lui semblait anormal que l'annuité représentative de la garantie de 1871 pût être scindée en deux parties donnant lieu, l'une à la délivrance d'un titre du Trésor, l'autre à un règlement annuel par voie d'ordonnance; qu'il y aurait là une complication; qu'il était certainement plus logique et plus simple que l'annuité fût réglée dans tous ses éléments d'une manière uniforme. »

Dans cette situation, il a paru à votre commission que l'étude de la question n'est point encore assez avancée pour prendre une résolution définitive cette année.

CHAPITRE XLVII. — Édifices publics.

Même crédit que pour 1875, 1.700.000 fr.

Au moyen des crédits qui vous sont proposés, il sera possible de terminer en 1876 les travaux de la Bibliothèque nationale, du ministère de la guerre et de la manufacture de Sèvres.

Les autres travaux en cours d'exécution seront continués et une première allocation de 150,000 fr. sera affectée aux Archives nationales, dont la dépense est évaluée à 900,000 fr.

CHAPITRE XLVIII. — Construction du nouvel Opéra.

Même crédit que pour 1875, 1.000.000 de francs.

Cette somme est destinée au remboursement des avances faites à l'État pour l'achèvement du nouvel Opéra, en vertu de la loi du 28 mars 1874.

Dans votre séance du 9 juin courant, M. le ministre des travaux publics a déposé sur le bureau de l'Assemblée un projet de loi relatif à l'ouverture d'un crédit de 3,000.000 fr. pour la liquidation des dépenses du nouvel Opéra. Ce projet a été renvoyé à la commission du budget de 1875.

RÉSUMÉ DE LA IIe SECTION

Deux modifications ont été introduites par votre commission aux propositions du Gouvernement. Par les motifs indiqués au chapitre 33, elle a cru devoir réduire à 50,000 fr., comme en 1875, le crédit alloué pour les routes forestières de la Corse, et elle a augmenté de 125.000 fr. le chapitre 36 (Travaux d'amélioration et d'achèvement des ports maritimes).

En résumé, le total des dépenses de la 2e section s'élève à 82.331,624 fr.

IIIe SECTION

Dépenses sur ressources spéciales.

CHAPITRE 1er. — Contrôle et surveillance des chemins de fer.

Crédit alloué pour 1875	2.400.000
Crédit demandé pour 1876	2.430.600
Différence en plus	30.600

Depuis 1873, ce crédit est resté au chiffre de 2,400,000 fr. Le service n'a pu être assuré qu'en augmentant l'étendue du parcours confié aux commissaires dont le nombre est resté le même. Mais le réseau des chemins de fer s'est accru, depuis trois ans, de plus de 2,000 kilomètres, et d'ici à la fin de l'année prochaine plus de 1,600 kilomètres de nouvelles lignes seront livrés à la circulation. Les circonscriptions des commissaires en exercice ne peuvent plus aujourd'hui recevoir d'extension. La création d'un certain nombre d'emplois est devenue indispensable. C'est ce qui justifie l'augmentation demandée par le Gouvernement et que nous vous proposons d'accorder.

CHAPITRE II. — Frais de surveillance des sociétés et établissements divers.

Crédit alloué pour 1875	48.200
Crédit demandé pour 1876	17.600
Différence en moins	30.660

Cette diminution résulte de la suppression des postes de commissaires institués près des compagnies des mines de la Mayenne et de la Sarthe.

RÉSUMÉ DE LA IIIe SECTION

Chap. 1er. — Contrôle de surveillance des chemins de fer	2.430.600
Chap. 2. — Frais de surveillance des sociétés et établissements divers	17.600
Total de la 3e section	2.448.200

RÉSUMÉ GÉNÉRAL

Les propositions de votre commission pour l'ensemble du budget de 1876 se résument ainsi :

1re section. — Service ordinaire	78 773 514
2e section. — Travaux extraordinaires	82.331.624
Dépenses sur ressources spéciales	2.448.200
Total	163.553.338

Votre commission vous propose en conséquence d'adopter le projet de loi suivant.

PROJET DE LOI

Article unique. — Il est accordé au ministre des travaux publics, au budget de l'exercice 1876, des crédits s'élevant ensemble à 163,553,338 fr.

Ces crédits sont répartis par chapitres, conformément aux tableaux ci-annexés.

Crédits demandés par le Gouvernement et crédits proposés par la Commission du budget pour l'exercice 1876.

CHAPITRES	NATURE DES DÉPENSES	CRÉDITS demandés pour l'exercice 1876.	CRÉDITS proposés par la Commission.	DIFFÉRENCES en plus.	DIFFÉRENCES en moins.
	1re Section. — *Service ordinaire.*				
1	Traitement du ministre et personnel de l'administration centrale....................	744.000	744.000	»	»
2	Matériel et dépenses diverses des bureaux de l'administration centrale.............	146.000	146.000	»	»
3	Personnel du corps des ponts et chaussées......	3.863.000	3.863.000	»	»
4	Personnel des sous-ingénieurs des ponts et chaussées...............................		100.000	»	»
4 bis.	Personnel des conducteurs des ponts et chaussées.	4.207.600	4.107.600	»	»
5	Personnel du corps des mines, enseignement et écoles............................	805.700	805.700	»	»
6	Personnel des gardes-mines...................	196.300	196.300	»	»
7	Personnel des officiers et maîtres de port du service maritime....................	288.500	288.500	»	»
8	Personnel des agents affectés à la surveillance de la pêche fluviale..................	327.000	327.000	»	»
9	Frais généraux, secours, etc................	75.000	75.000	»	»
10	Établissements thermaux appartenant à l'État...	30.000	30.000	»	»
11	Routes et ponts. (Travaux ordinaires.)......	28.800.000	28.800.000	»	»
11 bis.	Chaussées de Paris.........................	3.000.000	3.000.000	»	»
11 ter.	Routes forestières de la Corse. (Entretien.).....	150.000	150.000	»	»
12	Navigation intérieure. (Rivières. — Travaux ordinaires.).......................	4.800.000	4.800.000	»	»
13	Navigation intérieure. (Canaux. — Travaux ordinaires.)........................	4.800.000	4.800.000	»	»
14	Ports maritimes, phares et fanaux. (Travaux ordinaires.).......................	5.640.000	5.640.000	»	»
15	Études et subventions pour travaux d'irrigation, de dessèchement et de curage...........	250.000	250.000	»	»
16	Subventions applicables aux travaux à exécuter par voie de concession de péage et au rachat de concessions.........................	30.000	30.000	»	»
17	Matériel des mines.........................	50.000	50.000	»	»
18	Annuités aux compagnies concessionnaires de chemin de fer.......................	15.492.514	15.492.514	»	»
19	Exposition des œuvres des artistes vivants......	80.000	80.000	»	50.000
20	Personnel des bâtiments civils...............	103.600	103.600	»	»
21	Entretien des bâtiments civils...............	1.000.000	950.000	»	»
22	Réfections et grosses réparations des bâtiments civils..............................	900.000	900.000	»	»
23	Entretien des palais nationaux...............	1.141.500	1.141.500	»	»
24	Grosses réparations des palais nationaux........	600.000	600.000	»	»
25	Service des régies des palais nationaux et du mobilier national........................	862.800	862.800	»	»
25 bis.	Frais de logement, à Versailles, du président de la République........................	90.000	90.000	»	»
26	Dépenses d'entretien et de grosses réparations des eaux de Versailles et de Marly............	350.000	350.000	»	»
27	Dépenses des exercices périmés ou frappés de déchéance. (Mémoire.)................	Mémoire.	Mémoire.	»	»
28	Dépenses d'exercices clos. (Mémoire.)..........	Mémoire.	Mémoire.	»	»
	Total de la 1re section......	78.823.514	78.773.514		50.000

CHAPITRES	NATURE DES DÉPENSES	CRÉDITS		DIFFÉRENCES	
		demandés pour l'exercice 1876.	proposés par la Commission.	en plus.	en moins.

2ᵉ Section. — *Travaux extraordinaires*.

CHAPITRES	NATURE DES DÉPENSES	demandés	proposés	en plus	en moins
29	Lacunes des routes nationales................	1.350.000	1.350.000	»	»
30	Rectification des routes nationales..........	1.000.000	1.000.000	»	»
31	Nouvelles routes nationales de la Corse........	300.000	300.000	»	»
32	Routes forestières de la Corse..............	150.000	50.000	»	100.000
33	Construction de ponts......................	2.000.000	2.000.000	»	»
34	Amélioration des rivières..................	7.500.000	7.500.000	»	»
35	Etablissement de canaux de navigation........	3.000.000	3.000.000	»	»
36	Travaux d'amélioration et d'achèvement des ports maritimes..............................	8.750.000	8.875.000	125.000	»
37	Travaux de défense contre les inondations......	550.000	550.000	»	»
38	Travaux d'amélioration agricole..............	1.250.000	1.250.000	»	»
39	Travaux de routes agricoles et salicoles.......	315.000	315.000	»	»
40	Assainissement des marais communaux........	50.000	50.000	»	»
41	Prets pour irrigations et dessèchements........	10.000	10.000	»	e
42	Exécution de la carte géologique détaillée de la France..................................	80.000	80.000	»	»
43	Travaux de chemins de fer exécutés par l'Etat..	1.900.000	1.900.000	»	»
44	Subventions aux compagnies concessionnaires de chemins de fer..........................	2.991.380	2.991.380	»	»
45	Subventions pour chemins de fer d'intérêt local.	4.410.244	4.410.244	»	»
46	Garanties d'intérêt aux compagnies de chemins de fer..................................	40.000.000	40.000.000	»	»
46 bis.	Annuité pour payement des garanties d'intérêts aux compagnies de chemins de fer, en 1871 et 1872...................................	4.000.000	4.000.000	»	»
47	Édifices publics............................	1.700.000	1.700.000	»	»
48	Construction du nouvel Opéra................	1.600.000	1.000.000	»	»
	Totaux de la 2ᵉ section............	82.306.624	82.331.624	125.000	100.600

Dépenses sur ressources spéciales.

CHAPITRES	NATURE DES DÉPENSES	demandés	proposés	en plus	en moins
1	Contrôle et surveillance des chemins de fer en France.................................	2.430.600	2.430.600	»	»
2	Frais de surveillance des sociétés et établissements divers...........................	17.600	17.600	»	»
	Totaux........................	2.448.200	2.448.200	»	»

RÉCAPITULATION

	demandés	proposés	en plus	en moins
1ʳᵉ section..................................	78.823.514	78.773.514	»	50.000
2ᵉ section...................................	82.306.624	82.331.624	125.000	100.000
Budget sur ressources spéciales...............	2.448.200	2.448.200	»	»
Totaux.....................	163.578.338	163.553.338	125.000	150.000

Annexe n° 3114.

RAPPORT fait au nom de la commission des
lois constitutionnelles (*) chargée d'examiner
le projet de loi organique sur les élections des
sénateurs, par M. Albert Christophle, membre
de l'Assemblée nationale.

EXPOSÉ DES MOTIFS

Messieurs, en votant, le 25 février dernier, l'institution du Sénat, vous vous êtes bornés à consacrer le principe de la dualité du pouvoir législatif et à établir un mode nouveau d'électorat.
Vous n'avez résolu aucune des questions de détail que devait soulever l'organisation d'un corps
appelé à jouer dans la Constitution républicaine
un rôle considérable.

D'après l'article 4 de la loi du 25 février, le
Sénat se compose de 300 membres; 225 sont élus
par les départements et les colonies, 75 sont élus
par l'Assemblée nationale.

Les sénateurs nommés par les départements
sont nommés, au scrutin de liste, par un collège
réuni au chef-lieu du département composé des
députés, des conseillers généraux et d'arrondissement et de délégués élus, un par chaque conseil municipal, parmi les électeurs de la commune.

Mais dans quel délai, dans quelles formes,
cette double élection devrait-elle avoir lieu?
quelles règles présideraient à la convocation, à
la tenue, à la présidence du collège électoral?
quelles précautions devrait-on admettre pour assurer la liberté, la sécurité du vote? Voilà ce
que la loi constitutionnelle avait dû négliger et
ce qui fait, avec des dispositions plus importantes encore sur les réunions électorales, l'indemnité à payer aux sénateurs et aux délégués, les
pénalités, les incompatibilités et enfin l'élection
des 75 membres réservée à l'Assemblée, l'objet
du projet dont nous allons commencer l'examen.

Nous n'avons pas eu la pensée de reprendre
des discussions épuisées et d'aborder, même indirectement, les graves problèmes auxquels la
Constitution du 25 février a donné une solution.
Cette Constitution est désormais au-dessus des
querelles et des compétitions des partis. Elle
s'impose à tout bon citoyen; elle est la base des
pouvoirs publics.

La loi qui vous est soumise est avant tout une
loi de procédure électorale; elle contient, de plus,
des dispositions organiques qui touchent au fond
même de l'institution sénatoriale.

Ces dispositions se mêlent et se confondent
souvent dans le projet. Les unes et les autres
donnent lieu à plusieurs questions de principe
qui dominent les détails de l'organisme électoral.

Nous examinerons d'abord ces questions, et
nous aborderons ensuite une à une celles qui
ont surtout un caractère technique.

I

Tout ce qui touche à la liberté et à la sincérité du vote dans une loi électorale entre nécessairement en première ligne dans les préoccupations du législateur. A ce titre, deux questions :
l'une, touchant la présidence du conseil municipal chargé de l'élection des délégués; l'autre,

(*) Cette Commission est composée de MM. de Lavergne,
président; Laboulaye, Le Royer, *vice-présidents;* Boaz,
Félix Voisin, de Marcère, Delorme, *secrétaires;* Duclerc,
Oziosse, Kreutz, Humbert, Ricard, Bethmont, Jules Ferry,
Ernest Picard, Waddington, le comte Rampon, Bazo, Chris-
tophle, Schérer, Albert Grévy, Laro, Jules Simon, Vacherot,
Carol, Delsol, de Sugny, Sacasse, Adnet, Adrien Léon.

concernant la présidence de l'assemblée électorale réunie au chef-lieu, ont attiré tout d'abord
notre attention.

Suivant le projet du Gouvernement, « si le
maire ne fait pas partie du conseil municipal, il
présidera, mais ne prendra pas part au vote. »

Notre honorable collègue M. Hèvre propose
la rédaction suivante :

« Si le maire ne fait pas partie du conseil municipal, le conseiller municipal premier inscrit
présidera. »

Il peut paraître étrange, en effet, de confier la
présidence du corps électoral à un citoyen qui
n'en fait pas partie. Le Gouvernement a compris
l'impossibilité d'accorder au maire nommé en
dehors du conseil municipal le droit de prendre
part au vote. L'exposé des motifs fait très-justement observer qu'en refusant le choix des sénateurs au suffrage universel direct, l'Assemblée a
voulu que leur droit y prît indirectement naissance, ici par un vote à deux degrés, là par un
vote à trois degrés; d'où il suit que le maire
nommé par le Gouvernement ne remplit pas la
condition essentielle de cet électorat spécial.
Mais cette considération même ne suffisait-elle
pas pour le faire exclure de la réunion municipale chargée de l'élection des délégués?

Nous ne l'avons pas pensé. La présidence des
maires pris en dehors des conseils municipaux
n'aura aucune influence sérieuse sur le résultat
du vote. La pression qu'ils seraient tentés d'exercer amènerait plutôt un résultat contraire à
leurs vues.

L'amendement avait d'ailleurs une portée qui
nous a paru dépasser le cercle de nos attributions. Il renferme le principe de l'abrogation de
la loi municipale actuelle. Or, convient-il, à propos de la loi sur les élections sénatoriales, de
mettre en question cette organisation? Il faut
aborder de pareils problèmes de front, non d'une
manière indirecte et détournée. Tant que la loi
n'aura pas été réformée, le maire, quelle que soit
son origine, doit jouir de toutes les prérogatives
attachées à sa fonction. Le projet, en refusant de
lui concéder les droits d'un électeur, a respecté
le principe le plus essentiel. En lui accordant la
présidence, il se conforme à la loi existante, mais
il n'engage en aucune façon l'avenir. Il n'y avait
donc, pour le maintien de la disposition proposée, ni inconvénients pratiques, ni périls pour les
principes.

Nous avons résolu également, dans le même
sens que le projet, la question de la présidence
de l'assemblée des délégués. Nous avons approuvé
la disposition qui confie cette présidence au président du tribunal civil, et repoussé toutes les
propositions qui tendaient soit à remettre au
corps électoral lui-même le soin d'élire le président et les autres membres du bureau, soit à
attribuer la présidence au doyen des députés, ou
au président du conseil général ou de la commission départementale, ou à tout autre membre de ces corps ou du conseil d'arrondissement.

Nous avons écarté promptement l'idée de la
présidence élective. L'élection du président et
des autres membres du bureau est une complication grave dans une opération qui doit marcher vite et se terminer dans une même journée
(art. 12). On ne pouvait songer à retenir pendant
plusieurs jours au chef-lieu des électeurs appelés
des divers points du département.

L'élection du président occasionnerait un retard regrettable; elle serait une occasion de conflit, une sorte de bataille d'avant-garde engagée
le plus souvent à faux, sans utilité pour le résultat final et pour le but qu'il s'agit d'atteindre.
Le gouvernement de Juillet a vu de pareils engagements durer plusieurs jours et entretenir
dans le pays une agitation fâcheuse. L'expérience
a paru décisive. Jamais, depuis lors, la présidence des comités électoraux n'a été confiée à
des membres élus.

Confier la présidence au doyen des députés ou au président du conseil général, ou de la commission départementale, ou du conseil d'arrondissement, c'était éviter quelques-uns des inconvénients de l'élection. Mais il n'est aucun de ces personnages qui n'ait un caractère politique. Il n'en est aucun qui n'appartienne, par ses antécédents, ses relations connues, ses engagements électoraux, à l'un ou à l'autre des partis qui divisent le pays. Tous, à un degré quelconque, seront engagés dans la lutte électorale S'ils y sont pour leur compte, on ne peut songer à les placer au fauteuil. S'ils n'ont point de prétentions personnelles, il est impossible qu'ils n'aient pas travaillé au succès de certains candidats. Est-il juste, est-il convenable de paraître favoriser ces candidatures en les plaçant, pour ainsi dire, sous le patronage du président de l'assemblée électorale?

Nous avons jugé, avec le Gouvernement, qu'il convenait de placer un magistrat à la tête du collège électoral. Le président du tribunal du chef-lieu a paru naturellement désigné. Il a incontestablement la capacité. Il aura l'impartialité, par habitude du devoir, par nécessité de situation, par un sentiment de dignité naturelle à la haute fonction qu'il remplit. S'il s'élève des conflits, il les tranchera avec le calme et la sûreté de coup d'œil que donne l'habitude des affaires. Il obtiendra ainsi sans peine le respect, l'obéissance, l'autorité si nécessaire pour mener à bonne fin une opération susceptible d'être refaite trois fois dans la même journée.

A vrai dire, ce ne sont pas ces qualités que l'on a contestées au président du tribunal civil. Mais on craint de le mêler aux luttes électorales. Comment, a-t-on dit, peut-on songer à jeter la magistrature dans la mêlée ardente des partis? Ce magistrat que vous faites président du collège électoral, ne va-t-il pas se croire, par une pente naturelle de l'esprit humain, appelé à diriger les résolutions de ce collège, à les inspirer et à les conformer à ses propres désirs?

Et qui peut savoir si, pour le confirmer dans cette pensée, il ne rencontrera pas comme une sorte de complicité favorable dans le corps même des électeurs? Combien d'entre eux ne penseront-ils pas que le magistrat, désigné pour être de plein droit le président du collège électoral, est bien placé pour apprécier le mérite des candidats et qu'il est nécessairement, dans une si délicate conjoncture, un homme de bon conseil? Croit-on qu'il refusera ses avis? Cependant, s'il en donne, que devient aux yeux des électeurs l'impartialité qui, tout à l'heure, faisait son principal mérite? Et si, poussant plus loin encore les prévisions, on supposait que l'administration fût tentée de ressusciter, au profit de candidats préférés, la candidature officielle, quel rôle le président jouera-t-il? S'il se prête à la résurrection de ces pratiques honteuses, et s'il donne au public justement soupçonneux le spectacle de défaillances intéressées, n'aurez-vous pas à vous reprocher d'avoir compromis la magistrature et de l'avoir exposée à la déconsidération et aux jugements sévères de la foule?

Nous avons pesé, messieurs, la gravité de ces objections. Elles ne nous ont pas paru de nature à faire une impression durable sur des esprits qui envisagent froidement la réalité. Il sera très-facile au président du tribunal civil de fermer sa porte et de ne point recevoir les demandeurs de conseils. Bien peu d'électeurs songeront, d'ailleurs, à faire appel à ses lumières, et c'est une hypothèse chimérique que de représenter son cabinet envahi, avant le vote, par la foule des électeurs.

Ce magistrat est le plus souvent étranger au département ; il n'a que peu ou point de rapports avec les maires. La majorité des délégués le verra pour la première fois au moment où il prendra possession du fauteuil. Il n'a de relations directes qu'avec les notabilités du chef-lieu. Et pense-t-on sérieusement que les électeurs du chef-lieu songeront à le prendre pour guide et pour conseil?

L'influence qu'on lui prête est donc nulle. Cela seul répond aux craintes que paraît susciter le retour possible de la candidature officielle.

Au surplus, contre cette candidature, ses abus, ses excès et ses corruptions, il faut d'autres précautions et d'autres garanties L'unique remède, le seul qui s'attaque à la source même du mal, c'est la restauration de nos libertés municipales. C'est en restituant la liberté à la base même de nos institutions, c'est en assurant le libre choix des électeurs sénatoriaux, qu'on assurera en même temps la liberté et l'indépendance de leurs votes. Le reste, à vrai dire, n'est que secondaire et les dangers qu'on signale sont exagérés ou imaginaires.

Pour réduire ces appréhensions à leur juste valeur, il suffit d'ailleurs de se rendre un compte exact de la mission du président du collège sénatorial et des pouvoirs qui lui appartiennent. Le président n'est pas seul au bureau. Il est assisté des deux plus âgés et des deux plus jeunes électeurs présents à l'ouverture de la séance. C'est le bureau ainsi composé qui choisit le secrétaire pour l'élection (art. 10), qui procède à la répartition des électeurs par ordre alphabétique en sections de vote comprenant au moins cent électeurs; qui nomme les présidents et secrétaires de chacune de ces sections ; qui statue enfin sur toutes les difficultés et contestations qui peuvent s'élever au cours de l'élection, sans pouvoir toutefois s'écarter des décisions rendues par le conseil de préfecture, en vertu de l'article 6 (art. 11). Voilà l'office du bureau : du bureau tout entier, non pas du président seul. Ce qui appartient à celui-ci en propre, c'est la police de l'assemblée et le maintien de l'ordre matériel. Quelle influence compromettante pour la liberté et la sincérité du vote sa présence au sein du bureau peut-elle donc exercer sur le corps électoral? Cela est, en vérité, bien difficile à apercevoir.

Sur les deux points que nous venons d'examiner, la majorité de la commission se trouvait d'accord avec le Gouvernement. Elle a dû, sur une autre question dont l'importance est considérable, s'écarter du projet.

L'article 14 autorisait des réunions électorales pour la nomination des sénateurs; mais il stipulait qu'elles ne pourraient avoir lieu qu'en se conformant aux règles tracées par la loi de 1868.

Cette disposition, dans cette forme laconique, était inacceptable.

L'article 8 de la loi des 6 8 juin 1868 autorise les réunions publiques, à partir de la promulgation du décret qui convoque les collèges électoraux. Mais il les interdit cinq jours avant « celui fixé pour l'ouverture du scrutin. »

Cette disposition a été édictée en vue des élections par le suffrage universel, « afin qu'à la période d'agitation occasionnée par les réunions succédât, pour chacun, une courte période du calme et d'apaisement, garantie nécessaire d'un vote consciencieux, réfléchi et libre. » Nous ne pouvions admettre que l'on appliquât une pareille prescription aux élections sénatoriales. Car, d'une part, la composition du corps électoral et le petit nombre des électeurs rendent inutile la précaution déjà si sévère de la loi de 1868 à l'égard du suffrage universel. D'un autre côté, n'est-il pas certain que les réunions pour l'élection du Sénat se tiendront surtout au chef-lieu du département? Et à quel moment seront-elles seulement possibles, si ce n'est dans les jours qui précédent l'élection, la veille même du scrutin, quand tous les électeurs seront arrivés, quand tous les candidats seront en présence, et que le moment décisif sera venu, pour chacun, de faire connaître ses opinions et la voie politique dans laquelle il entend s'engager?

Pourquoi enfin et dans quel intérêt irait-on assujettir les réunions électorales pour le Sénat à cet ensemble de prescriptions méticuleuses qu'énoncent les articles 2, 3, 4, 5 et 6 de la loi de 1868 ? Exiger la déclaration signée de sept personnes domiciliées dans la commune où la réunion doit avoir lieu semble, par exemple, tout à fait inadmissible. Les réunions ne peuvent être provoquées que par ceux qui ont le droit d'y assister. C'est pour cela que la loi de 1868 a pu exiger raisonnablement la signature de sept personnes. Or, quelles sont les communes qui comptent sept électeurs sénatoriaux domiciliés ? Il y en a si peu, et l'exception est si rare, que si cette condition était maintenue, elle ferait disparaître le droit. Et que dire aussi des formalités telles que : l'obligation de présenter à toute réquisition le récépissé de la déclaration ; le local clos et couvert ; la constitution d'un bureau ; la présence d'un fonctionnaire de l'ordre judiciaire ou administratif qui assiste à la séance revêtu de ses insignes, prend une place à son choix, et peut dissoudre la réunion s'il le juge convenable ?

Certes, tout cet appareil s'explique pour les réunions qu'avait en vue la loi de 1868. Placé en face du suffrage universel, redoutant les agitations électorales, les tumultes des réunions publiques, le législateur, en accordant une liberté dont on a quelquefois abusé, pouvait avoir raison de prendre des précautions contre les excès de langage ou les déviations de toute nature dont elle pourrait être le prétexte et l'occasion. Mais quel rapport y a-t-il entre un collège électoral composé d'électeurs du premier degré, et celui où, à côté des députés du département, des conseillers généraux et d'arrondissement, se trouvent les mandataires élus des communes, c'est-à-dire des hommes investis d'un mandat qui implique l'honorabilité et le respect des lois et de la loi ? Est-il à prévoir que de pareilles assemblées puissent être tumultueuses, qu'elles soient l'occasion de conflits avec l'autorité, de rixes entre les personnes ? et cela se produisait, par impossible, ne suffira-t-il pas, pour pourvoir à toutes les exigences, de rappeler que la loi actuelle ne déroge aux droits qui appartiennent aux maires en vertu des lois existantes, et qu'elle ne leur retire aucune des attributions de police réglées par les lois de 1790 et de 1791 ?

C'est à cette idée que la commission s'est arrêtée à une grande majorité. En conséquence, sur la proposition de M. Luro, elle a adopté pour l'article 14 la rédaction suivante :

« A compter du jour de la nomination des délégués, jusqu'au jour du vote inclusivement, les réunions électorales pour la nomination des sénateurs seront libres, mais elles ne seront point ouvertes au public et ne pourront être composées que d'électeurs et de candidats. »

Le principe de l'indemnité à accorder aux délégués a été admis par la presque unanimité des membres de la commission. L'indemnité est la conséquence nécessaire, inévitable, de la disposition constitutionnelle qui fixe au chef-lieu du département la réunion du collège électoral. Si l'on veut que les électeurs se présentent en nombre ; si l'on veut enlever tout prétexte à la nonchalance ou au mauvais vouloir ; si l'on veut que plus que le mandat de délégué soit accessible à tous, il est indispensable d'attacher à son exercice, non pas sans doute une rémunération, mais une compensation légitime des frais qu'occasionne un déplacement nécessaire.

Rien ne donne un caractère plus sincère à la disposition qui établit le vote au chef-lieu. L'indemnité en corrige les inconvénients pratiques ; elle fait disparaître le soupçon qui, autrement, aurait atteint l'assemblée électorale de n'être, en fin de compte, et sous des apparences habilement dissimulées, qu'une réunion de censitaires.

On a dit, à tort selon nous, que l'indemnité accordée aux délégués engagerait le principe de la rémunération des fonctions électives qui exigent des déplacements. Y a-t-il là véritablement un principe, et ne peut-on pas dire que ces sortes de questions se résolvent dans chaque ordre de fonctions, par des considérations particulières ? L'indemnité des députés et des sénateurs, par exemple, paraît admise sans conteste aujourd'hui par tous les partis. En a-t-on conclu, du moins généralement, qu'il fallait rétribuer aussi les fonctions de conseiller général et d'arrondissement, celles de maire ou de conseiller municipal ? Sans doute quelques esprits absolus sont allés jusque-là.

Mais ces conclusions d'une logique à outrance, qui se complaît dans les déductions systématiques, ont été généralement repoussées ; et il n'est pas vraisemblable que l'extension du principe de l'indemnité aux délégués fournisse un argument décisif aux partisans de la rétribution des fonctions électives. On se trouve en effet ici en face d'une nécessité absolue. Il n'y aura point de délégués en nombre, il n'y aura pas d'élections, ou bien l'on n'aura que des électeurs appartenant à certaines conditions sociales, au détriment de celles qui ne les possèdent pas ; ou, peut-être au contraire s'en trouverait-il encore, mais de ceux que l'appât d'un voyage aux frais d'un candidat riche et peu scrupuleux déterminerait à accepter un mandat peu recherché. On a parlé de salaire. Mais est-ce donc un salaire, par exemple, que l'indemnité accordée aux jurés ? Et comment ne pas préférer un salaire, quand il est établi par la loi, au risque d'exposer la dignité et l'indépendance de l'électeur à des compromis regrettables ?

C'est en se plaçant à un point de vue analogue que la commission a admis sans discussion l'article 22 du projet (Art. 26 de la commission) :

« Les membres du Sénat reçoivent la même indemnité que ceux de la Chambre des députés. »

Le Gouvernement, et nous l'en louons, n'a point hésité à résoudre dans le sens démocratique une question réservée lors du vote de la Constitution.

Nous ne croyons pas que le vote de l'Assemblée l'en fasse repentir. La question est jugée dans le pays, dans la presse, dans l'opinion publique, et implicitement dans la Constitution ré-même.

Du moment, en effet, qu'elle a admis l'électorat restreint, comme base de la formation du Sénat, qu'elle en a banni toute condition de cens, qu'elle a fait du sénateur un mandataire à temps, rééligible, c'est-à-dire toujours soumis au contrôle de l'opinion publique, elle a manifestement voulu que le Sénat ainsi composé fût accessible à tous et ouvert à tous les rangs sociaux.

L'indemnité sauvegarde la dignité de l'élu ; elle assure son indépendance et la liberté de ses votes. Ici, la raison d'économie pour le Trésor public n'a aucun sens. Il n'y a rien de si cher que certains services gratuits. Ils le sont, dans certaines situations, comme une source et un principe de corruption. Même sous la monarchie, le principe de la gratuité du mandat comportait des exceptions. Les « pairs pauvres » recevaient sur leur demande une indemnité. Veut-on écarter du Sénat les hommes jeunes, les ambitions légitimes ? Veut-on en écarter les hommes nouveaux, capables de rendre à leur pays les services éminents de la vie politique ? Soit, supprimons l'indemnité, mais ne nous arrêtons pas dans cette voie. Supprimons aussi celle des députés ; ou plutôt, s'il est vrai que l'harmonie des deux Chambres soit, dans le jeu de la Constitution nouvelle, un élément nécessaire à son fonctionnement régulier, n'allons pas chercher d'illusoires garanties dans les constitutions monarchiques.

Voilà, fort sommairement, les raisons qui ont décidé votre commission après le Gouvernement, et qui, nous l'espérons, détermineront l'Assemblée à admettre le principe de l'indemnité. Ce principe admis, il n'était pas possible de fixer le montant de cette indemnité à un chiffre inférieur à celui que reçoivent les députés.

Le projet, dans l'article 18, s'était occupé seulement de quelques inéligibilités relatives. Il avait laissé de côté tout ce qui a trait aux incompatibilités, et renvoyé à la future loi électorale la solution de toutes les questions que pouvait présenter la matière. (Voy. art. 23 du projet du Gouvernement.)

Votre commission n'a pas admis cette méthode. Elle a considéré que la loi sur les élections du Sénat devait faire un ensemble complet et qu'il était impossible de renvoyer à une loi non votée l'examen des difficultés que peuvent soulever soit le principe des incompatibilités, soit les exceptions qu'il comporte.

La tâche a donc été immédiatement abordée. La discussion a été longue et approfondie. Nous allons essayer d'en rendre les traits principaux.

L'exercice des fonctions publiques rétribuées sur les fonds de l'État est-il incompatible avec la fonction de sénateur? Non, certes, a-t-il été répondu. Dans une République, comme dans une monarchie, le Sénat doit recevoir dans son sein les grandes notabilités du pays. Tous ceux qui dans l'administration, l'armée, la justice, les finances, ont rempli ou remplissent encore de hautes charges; tous ceux qui s'y sont fait connaître et apprécier par un mérite hors ligne, ont leur place marquée dans le premier corps de l'État. Ils y apportent, avec les trésors de leur expérience spéciale, l'habitude des grandes affaires, la connaissance des pratiques de l'administration, la science des lois, l'habileté dans l'interprétation, et, par la pratique acquise, ce don de prévoyance, essentiel chez le législateur, et sans lequel les lois nouvelles n'offrent aux justiciables et aux administrés que des pièges ou des ambiguïtés.

Dans une République aussi bien que dans une monarchie, le Sénat doit être essentiellement un corps pondérateur. Il est fait pour retenir l'action trop vive de la première Chambre. Si les mêmes éléments se retrouvent dans les deux Assemblées, et si l'on n'admet au Sénat que ceux qui peuvent entrer à la Chambre des députés, est-ce vraiment la peine de créer à grands frais deux organes distincts? Notre société démocratique ne comporte pas, à ce point de vue, ces catégories spéciales qui offrent aux monarchies constitutionnelles la solution du problème. Mais le corps des fonctionnaires n'offre-t-il pas comme une sorte d'image de l'aristocratie? N'a-t-il pas tous les avantages que donnent le talent, le mérite et l'expérience, et n'est-il pas juste, autant qu'il est utile à l'État, que ceux qui ont sacrifié leur vie à son service puissent, sur la fin de leur carrière, occuper dans les Assemblées où la loi s'élabore et où se décident les grands intérêts du pays, le poste d'honneur auquel les appelle la confiance publique?

Comme toutes celles qui l'ont précédée, la Constitution du 25 février, loin de s'écarter des idées généralement admises au sujet de la seconde Chambre, a montré qu'elle entend y faire dominer l'élément conservateur. L'admission des fonctionnaires au sein de ce grand corps n'est que la conséquence et le corollaire des garanties qu'elle a cherchées dans l'électorat.

De même quand MM. Thiers et Dufaure présentaient en 1873 leur projet de Sénat, ils avaient soin d'y réserver une place importante aux fonctionnaires. En quoi ils avaient raison, non parce qu'on pouvait voir dans cette disposition une sorte de réminiscence monarchique, mais parce que, admettant, comme la Constitution actuelle, l'élection comme le principe même de la constitution du Sénat, il est, pour ainsi dire, insolent de restreindre dans un cercle plus ou moins étroit le choix des électeurs. Si le corps électoral qui connaît le fonctionnaire candidat le juge

digne de sa confiance, dans quel but, dans quel intérêt, la loi déclarera-t-elle, à l'avance, cette élection nulle, et créera-t-elle une incapacité que désavouront la raison et l'équité en lui condamne le droit souverain du corps électoral?

On parle de dépendance et de soumission docile; mais est-ce de la fonction que découlent nécessairement, comme une conséquence virtuelle et inévitable, l'esprit de servilisme et l'obéissance passive? Un gouvernement n'a-t-il pas mille moyens de séduire les gens les plus indépendants en apparence par leur situation, leur fortune, l'éclat de leur talent ou de leur naissance? Sous l'empire, le Sénat était rempli de fonctionnaires. Il n'y en avait aucun dans le Corps législatif. Peut-on dire que cette dernière Assemblée ait répondu aux espérances que sa composition théorique a pu faire naître chez tous ceux qui se payent d'apparences? L'indépendance est un don du caractère; elle est aussi le résultat des mœurs et des institutions politiques. Certains gouvernements abaissent autour d'eux les âmes; d'autres les élèvent, développent les passions généreuses, l'amour du bien, le sentiment de la liberté, l'indépendance des résolutions. N'est-ce pas là spécialement la visée de la République?

Pourquoi donc donnerait-elle, au moment où elle s'installe, cette marque de défiance envers ses propres serviteurs, se montrerait-elle, vis-à-vis d'eux, animée d'un esprit soupçonneux et jaloux, fort propre assurément à arrêter dans leur expansion le dévouement, l'émulation, les légitimes ambitions qui, dans toutes les branches de l'activité humaine, aussi bien dans les fonctions publiques qu'ailleurs, sont absolument nécessaires pour mettre certains hommes hors de pair et pour obtenir d'eux des services exceptionnels? La défiance et le soupçon n'inspirent jamais bien le législateur. Il faut laisser ces sentiments aux philosophies attristées et peu pratiques qui, négligeant les côtés élevés de l'âme humaine, n'y rencontrent jamais que des mobiles sordides ou intéressés. Oui, c'est ainsi qu'on relève les cœurs et les caractères : on les abaisse et on les corrompt.

Votre commission, messieurs, n'a pu se rendre à ces raisons. Il n'est pas nécessaire d'être un philosophe chagrin pour ne point avoir une confiance absolue dans l'indépendance de ceux qui sont liés envers l'État par les habitudes de toute leur vie. Si les membres des Assemblées délibérantes qui n'ont pas de liens et ces attaches donnent parfois le spectacle de défaillances attristantes, n'est-il pas légitime de prévoir, sans injure pour personne, que le fonctionnaire public cédera plus facilement encore à des considérations d'intérêt personnel et à des pressions abusives? Est-ce donc là obéir à des soupçons excessifs et injustifiables? Il faut avoir perdu le souvenir du passé et de certains scandales pour désirer qu'on revienne aujourd'hui à des errements qui, pendant vingt-cinq ans, ont affligé et justement irrité les honnêtes gens de tous les partis. Dans ces temps si peu éloignés de nous encore, l'incompatibilité des fonctions publiques rétribuées avec les mandats électifs était une partie essentielle du programme libéral. Est-ce que les libéraux se trompaient alors? est-ce qu'ils se plaignaient sans de justes motifs, et convient-il d'ouvrir de nouveau cette source d'abus et de corruption?

Les fonctionnaires publics ont le mérite de la spécialité et de la pratique. On admet, sans doute, mais ce n'est pas les exclure du vote de la loi, ce n'est pas les exclure de la préparation de la loi. Avant de proposer un projet de loi, le Gouvernement consulte les fonctionnaires de tout rang et de tout ordre. Il a sa disposition le conseil d'État tout entier. Les commissions législatives entendent les ministres, les chefs de service; il ne se fait jamais de loi intéressant les finances, l'armée, l'administration, sans que les autorités spéciales ne soient consultées, sans qu'elles aient la faculté de défendre ce que l'expérience a consacré.

Dans cette mesure, oui, certes, la présence du fonctionnaire est utile. Mais la politique doit lui rester étrangère. Il n'est point fait pour elle. L'obéissance, la probité et la discrétion, voilà, suivant la remarque de Vivien, les trois vertus théologales du fonctionnaire. Comment accorder ces qualités essentielles avec le devoir strict et rigoureux d'un concours politique? Comment accorder aussi l'accomplissement du devoir politique, avec l'obligation de la résidence? Qui fera la fonction pendant que le fonctionnaire sera à Versailles? Quelque subalterne sans responsabilité : c'est un désordre intolérable.

Dans la République comme dans la monarchie, le Sénat doit se composer en majorité de conservateurs; et l'on rappelle à cette occasion le projet de Sénat déposé par MM. Thiers et Dufaure. Mais les souvenirs de la monarchie et les précédents que l'on invoque n'ont rien à faire ici. Que dans la monarchie, le roi puisse appeler au Sénat quelques fonctionnaires, on sait ce que cela produit; mais théoriquement cela se justifie : car la fonction de pair ou de sénateur, héréditaire ou simplement viagère, soustrait le titulaire au lien étroit de la dépendance envers le pouvoir. Dans un Sénat électif, renouvelable par tiers, tous les trois ans, l'apparence n'est même pas sauvée; il n'y a plus de garantie contre les pensations de l'intérêt privé; partant, il n'y a plus de place pour les fonctionnaires.

Le projet déposé par MM. Thiers et Dufaure leur témoignait, il est vrai, plus de faveur; mais ce projet avait cherché la garantie conservatrice au faîte de l'édifice sénatorial, dans la composition du Sénat pris exclusivement dans certaines catégories sociales. La Constitution du 25 février a cherché, au contraire, la garantie conservatrice à la base de l'édifice, dans le mode d'électorat. Elle a le choix des sénateurs confié à un corps spécial d'électeurs choisis avec soin, en dehors des passions tumultueuses de la foule, en dehors peut-être des grands courants de l'opinion politique. Ce corps électoral n'aurait-il pas déjà une tendance naturelle et quelque peu exclusive vers les hommes qui touchent au pouvoir et qui portent son attache et sa recommandation?

Qu'on y prenne garde! ce Sénat, qu'il faut faire conservateur, sera, s'il est dépendant, l'instrument de la ruine de nos libertés les plus chères. C'est à lui qu'est remis, d'accord avec le Président de la République, le droit énorme de dissoudre la première chambre. Pour qu'un tel droit s'exerce sans péril, il faut que l'autorité du Sénat s'établisse sans conteste sur l'opinion et qu'il échappe du moins au soupçon de partialité dans les conflits qui s'élèvent entre les pouvoirs publics.

Nous laissons de côté beaucoup d'autres arguments. Car, à vrai dire, le débat n'a pas tardé, au sein de la commission, à descendre sur un terrain où des concessions réciproques devaient amener une entente.

Ceux mêmes qui soutiennent le principe de l'incompatibilité des fonctions publiques, ne le veulent pas appliquer d'une manière absolue. C'est ainsi qu'il était reconnu de tous sans exception que le fonctionnaire élu sénateur doit conserver ses droits à une pension de retraite, et qu'il peut, après l'expiration de son mandat, être remis en activité.

C'est ainsi que la majorité n'a fait nulle difficulté d'admettre que, dans les fonctions où le grade est distinct de l'emploi, le fonctionnaire ne renonce qu'à l'emploi et conserve son grade. Cette disposition intéresse spécialement les ingénieurs et les officiers de nos armées de terre et de mer. Dans un moment où se complète et s'achève la nouvelle organisation militaire, il

était utile de retenir au sein du Sénat des hommes spéciaux dont l'expérience serait difficilement suppléée.

C'est aussi en vue de tempérer la rigueur du principe qu'il a été stipulé que les sénateurs fonctionnaires pourraient être chargés de missions temporaires, et qu'ils pourraient, pendant la durée de cette mission, recevoir de l'avancement, soit à l'ancienneté, soit au choix. C'est ainsi encore que nous avons admis, à titre d'exception à la règle de l'incompatibilité, un certain nombre de fonctions dont nous avons trouvé l'indication dans le projet de loi électorale de la première commission des lois constitutionnelles, et parmi lesquelles figurent les fonctions de ministre sous-secrétaire d'État, ambassadeur, etc.

Toutes ces atténuations à la rigueur du principe avaient certainement une grande importance. Nous sommes allés plus loin cependant dans la voie des concessions et nous avons reconnu au Gouvernement le droit de prendre des fonctionnaires dans le Sénat, en soumettant seulement à la réélection le sénateur nommé à une fonction rétribuée, quand cette fonction sera compatible avec le mandat de sénateur.

Le sort des fonctionnaires publics étant ainsi réglé au point de vue de l'incompatibilité, il restait à le fixer au point de vue de l'inéligibilité. Sur ce point, la commission s'est trouvée d'accord pour adopter comme but de discussion l'article 36 du projet de l'ancienne commission des lois constitutionnelles, qui est devenu, presque sans modification, l'article 22 du projet actuel. Le principe étant reconnu, il ne pouvait y avoir de difficultés que sur des points de détail.

Pour terminer cet examen des questions graves du projet, il est nécessaire de rappeler dans ses traits essentiels la discussion qui s'est engagée au sujet de la juridiction appelée à statuer sur les contestations que fera naître l'élection des délégués.

Plusieurs de nos collègues ont émis l'avis que ces contestations devaient être vidées par le Sénat, auquel appartient le droit de vérifier les pouvoirs de ses membres. D'autres pensaient qu'il convenait de les renvoyer aux tribunaux civils d'arrondissement, jugeant en matière sommaire et sans appel. D'après un troisième système, la compétence devait être réservée aux juges de paix (1), auxquels il appartient déjà, sauf recours en cassation, de statuer sur les contestations relatives à la révision des listes électorales.

La majorité de votre commission a écarté ces divers systèmes. Elle n'a point pensé que le Sénat dût avoir constituer juge de questions qui ont un caractère exclusivement contentieux. Si l'élection sénatoriale n'est pas contestée, pourquoi renvoyer au Sénat le jugement des réclamations relatives à l'élection de tel ou tel délégué? Ne serait-ce pas encombrer la vérification des pouvoirs d'une foule de détails dont, en aucun temps, les Assemblées politiques n'ont eu à connaître?

Si l'élection est contestée et si le sort de la validation dépend, à cause de la faible majorité obtenue, de la solution des contestations relatives à l'élection des délégués, la marche à suivre est naturellement indiquée. Le Sénat prononcera un sursis jusqu'à ce qu'il ait été statué en dernier ressort par la juridiction compétente.

(1) L'amendement proposé par M. Sacaze est ainsi conçu :
« Art. 8. — Les protestations relatives à l'élection du délégué ou du suppléant sont immédiatement renvoyées par le préfet aux juges de paix du canton, qui statuent sur la régularité de l'élection, au plus tard dans les trois jours qui suivent la réception des pièces. — L'appel sera porté devant le tribunal civil. Il sera remis au plus tard dans les deux jours par simple déclaration au greffe de la justice de paix. Il y sera statué dans les trois jours, sans frais d'avoués et sur le rapport d'un juge. Les parties intéressées seront assignées trois jours à l'avance par un simple avertissement du greffier. — Le délégué dont l'élection est annulée, etc. » (Le reste comme au projet.)

Dans tous les cas, la dévolution au Sénat présenterait des inconvénients pratiques extrêmement graves. Quel serait, dans cette hypothèse, l'effet des protestations élevées contre l'élection des délégués? S'il était suspensif, les protestations seraient une arme entre les mains des partis peu scrupuleux. On les multiplierait de chaque côté pour écarter du scrutin des électeurs incommodes. S'il n'était pas suspensif, toutes les irrégularités commises n'étant pas corrigées à temps, n'auraient qu'une sanction tardive, et des délégués nommés sans droit n'en participeraient pas moins à une élection où leur seule présence pourrait être un scandale.

Le renvoi aux tribunaux de l'ordre judiciaire présente un caractère beaucoup plus pratique; mais il a été écarté par des considérations qui ont paru décisives. Il ne convient pas de mêler les juges de paix à des débats de cette nature. Ces contestations surexciteront parfois à un haut degré les passions locales. Le juge de paix est trop près des parties; il n'a pas l'inamovibilité pour le garantir contre les rancunes et les injustices auxquelles l'esprit de parti l'exposerait inévitablement. La loi du 15 mars 1849, celle du 7 juillet 1874 ont pu, sans inconvénients sérieux, lui confier la révision des listes électorales. Mais quelle différence n'y a-t-il pas, au point de vue politique, entre ce travail de révision, qui ne touche le plus souvent qu'à des intérêts individuels, et les jugements des contestations soulevées par la nomination des délégués? Quel rapport la révision des listes électorales a-t-elle avec l'élection du délégué sénatorial, de ce mandataire investi par la confiance de la commune du droit d'exprimer par son vote l'opinion de la majorité de ses concitoyens? Si, dans le premier cas, il a paru utile, nécessaire, de rapprocher le juge des justiciables, n'est-il pas évident, au contraire, qu'il convient, dans le second, de soumettre le débat à une juridiction plus éloignée et plus indépendante?

S'il faut prendre garde d'altérer le caractère spécial de l'institution des juges de paix, il n'est pas moins indispensable de préserver les tribunaux civils de toute immixtion dans les querelles politiques. Plus indépendants par leur situation, les tribunaux civils ne doivent pas moins que les juges de paix, si l'on tient à ce qu'ils conservent le respect et la confiance de leurs justiciables, rester étrangers à ces luttes. Les auteurs des amendements que nous examinons en ce moment l'ont si bien compris, qu'ils entendent appliquer à la procédure les règles du jugement sur rapport, c'est-à-dire qu'ils excluent le ministère d'avoué, la plaidoirie, en un mot la solennité et l'appareil des débats publics : en quoi, nous le reconnaissons, ils ont agi sagement. Mais si cela est sage, il est bien plus sage encore de ne pas donner rendez-vous dans l'arène calme de la justice aux ardeurs et aux passions de la politique.

Le renvoi de ces questions aux tribunaux d'arrondissement appelait une autre observation : Accorderait-on le droit d'appel contre les jugements des juges de paix ou contre ceux des tribunaux civils? Si on le concède, il s'établira entre les diverses cours des jurisprudences les plus diverses. Si on le refuse, il faudra au moins réserver le recours en cassation. Mais, outre les lenteurs de cette procédure, le pourvoi ne peut se fonder que sur la violation de la loi. Toutes les questions qui par fait échappent au contrôle de la cour de cassation : dans un grand nombre de cas, le pourvoi n'aurait pour le réclamant aucun effet utile.

La juridiction du conseil de préfecture, admise par le projet, devait donc être maintenue. Jusqu'à ce qu'il intervienne une loi modificative de notre organisation administrative et judiciaire, le conseil de préfecture est et doit rester le juge du contentieux en matière électorale.

L'innovation qui a été établie en 1871 pour les conseils généraux n'a avec la question actuelle qu'une analogie apparente. Les conseils généraux procèdent à la vérification des pouvoirs de leurs membres. Veut-on charger de cette mission l'assemblée des délégués? Mille considérations s'y opposent. Il faut donc s'en tenir aux règles législatives touchant la compétence de la juridiction administrative. Ceux qui en demandent la suppression doivent être les premiers à désirer que le débat soit porté à l'assemblée dans son ensemble.

II

Si la nouvelle ne contenait que la mise en œuvre d'idées déjà revêtues, dans le passé, de la forme législative, nous eussions sans doute borné ici même l'accomplissement de notre tâche.

Mais le mode d'électorat admis par la Constitution a rendu nécessaire la création d'un organisme qui n'emprunte rien aux anciennes législations. Nous avons donc considéré comme absolument indispensable d'indiquer, avec autant de netteté et de précision que possible, ce que la commission a voulu admettre, ce qu'elle a entendu rejeter. Le travail était pénible et rempli de détails. Vous nous excuserez de n'en avoir négligé aucun, quelque aride qu'en doive être la nomenclature. Nous ne devions pas sacrifier à la forme l'intérêt qui s'attachera, pour tous ceux qui vont avoir à appliquer la loi, à ce résumé laborieux des efforts de votre commission.

« Art. 1er. — Un décret du président de la République, rendu au moins une semaine à l'avance, fixe le jour où doivent avoir lieu les élections pour le Sénat, et en même temps celui où doivent être choisis les délégués des conseils municipaux. Il doit y avoir un intervalle d'un mois au moins entre le choix des délégués et l'élection des sénateurs. »

Ce délai a paru trop long à quelques membres de la commission. Ils ont pensé qu'il n'y a aucune utilité réelle à laisser un aussi long intervalle entre les deux élections. Le temps serait employé par des candidats peu scrupuleux, à influencer, peut-être à corrompre un corps électoral peu nombreux. Ne serait-il pas plus sage et plus prudent de réduire le délai à quinze jours ou trois semaines au plus ?

Cette critique ne tenait pas compte du temps nécessaire pour la notification de l'élection au délégué, notification indispensable quand le délégué est absent au moment de sa nomination ; pour l'affichage du procès-verbal à la porte de la mairie, et enfin, pour les protestations et leur jugement par le conseil de préfecture. L'abréviation proposée ne supprimerait pas les influences occultes ou les pressions malsaines. Il importe enfin de laisser aux délégués le temps nécessaire pour étudier les candidatures, pour se réunir et se concerter en vue de l'accomplissement du grave mandat qui leur est confié.

La majorité de votre commission a donc maintenu le projet sur ce point.

« Art. 2. — Chaque conseil municipal élit un délégué. L'élection se fait sans débat, au scrutin secret, à la majorité absolue des suffrages; après deux tours de scrutin, la majorité relative suffit, et, en cas d'égalité des suffrages, le plus âgé est élu. Si le maire ne fait pas partie du conseil municipal, il présidera, mais il ne prendra pas part au vote.

« Il est procédé de même jour, et dans la même forme, à l'élection du délégué qui remplace le délégué en cas de refus ou d'empêchement.

« Le choix des conseils municipaux ne peut porter ni sur un député, ni sur un conseiller général, ni sur un conseiller d'arrondissement. »

Cet article a donné lieu à deux questions.

La première, soulevée par l'amendement de M. Hèvre. (Voy. ci-dessus.)

La seconde, par un amendement de M. Lefèvre-Pontalis (1).

Notre honorable collègue pense que l'institution de la suppléance est inutile, qu'elle est sans intérêt pratique, qu'elle engage un principe fâcheux dont on ne tardera pas à demander l'extension à toutes les fonctions électives.

Ces reproches ont été jugés mal fondés. Dans un corps électoral aussi peu nombreux que celui dont nous nous occupons, il est nécessaire de combler tous les vides. Une voix décidera quelquefois de l'élection. Ne point prévoir les accidents de toute nature qui peuvent entraver, dans le mois qui précède l'élection sénatoriale, l'accomplissement du mandat confié au délégué, ne serait ni sage ni prudent. La désignation du suppléant ne fera pas perdre le temps. Elle ne complique rien, puisqu'elle se fait en même temps que celle du délégué, et peut-être faut-il être doué d'un excès de prévoyance pessimiste pour appréhender l'application qu'on serait tenté d'en faire à toutes les fonctions électives.

Ne devait-on pas, au moins, comme le proposait M. Delsol, n'admettre l'élection du suppléant que dans les cas de refus ou d'empêchement justifié du délégué ? L'élection du suppléant, faite simultanément avec celle du délégué, n'aurait-elle pas pour conséquence de favoriser le mauvais vouloir de celui-ci, et de faire retomber le plus souvent la charge sur le suppléant ?

Cette proposition a été écartée. Le suppléant et le délégué doivent être nommés le même jour. Si le délégué refuse, il avertit le suppléant, et si celui-ci accepte, il n'y a plus lieu de réunir de nouveau le conseil municipal. Dans le système de M. Delsol, il faudrait une convocation nouvelle dans tous les cas de refus ou d'empêchement du délégué. C'est une complication inutile.

La commission a écarté de même, comme pouvant être une cause d'agitation sans compensation sérieuse, la proposition qui a été faite de procéder à des élections complémentaires pour remplir, avant l'élection du délégué, les vides qui peuvent exister au sein des conseils municipaux.

Mais il ne faut pas confondre avec ce cas l'hypothèse très-distincte où une commune se trouverait privée de conseil municipal par suite de l'annulation des opérations électorales. Il est clair qu'il devra être immédiatement et préalablement pourvu à la nomination de ce conseil.

Nous avons voulu, enfin, que le mandat de délégué ne pût être confié à aucun citoyen pris dans les autres catégories des électeurs sénatoriaux, et nous avons en conséquence ajouté à l'article 2 le paragraphe suivant :

« Le choix des conseils municipaux ne peut porter ni sur un député, ni sur un conseiller général, ni sur un conseiller d'arrondissement. »

Art. 3. — Dans les communes où il existe une commission municipale, les électeurs seront réunis à l'effet de nommer un conseil municipal qui procédera, comme il est dit à l'article 2, à l'élection d'un délégué et d'un suppléant. »

M. Lefèvre-Pontalis (2) a proposé de faire nommer en ce cas les délégués par les plus imposés en nombre égal aux membres du conseil municipal. Il pense que l'élection d'un conseil municipal sera une cause de trouble dans la commune; qu'elle aura pour effet inévitable de créer un antagonisme en face de la commission municipale, et de venger le conseil dissous de la mesure prise à son égard par l'administration.

Nous ne méconnaissons pas ce qu'il peut y avoir de fondé dans cette observation. Mais quel titre les plus imposés peuvent-ils avoir, dans notre organisation politique et municipale actuelle, à remplacer un conseil municipal dissous et à se substituer à lui dans l'élection d'un délégué ? On ne peut charger de cette mission la commission municipale elle-même.

Comme il s'agit de l'exercice d'un droit propre à la personne des citoyens qui ont reçu un mandat spécial des électeurs du premier degré, il devient nécessaire de reconstituer le conseil dissous. L'antagonisme que l'on redoute, le jugement des électeurs communaux sur l'acte de dissolution du conseil municipal, sont, dans tous les cas, inévitables; l'institution des commissions municipales étant de sa nature essentiellement provisoire et ne pouvant, aux termes de la loi municipale, durer plus de trois ans (1). Le projet en vue d'une circonstance exceptionnelle, abrège ce délai, et il fallait bien qu'il le fît, sous peine de priver certaines communes du droit qui leur appartient de prendre part à l'élection du Sénat.

C'est par des motifs semblables que nous avons repoussé un amendement de M. le marquis d'Andelarre, qui admet que, dans les communes où il existe une commission, il soit procédé à l'élection d'un conseil municipal, mais qui voudrait que, pour l'élection des délégués, le conseil municipal ainsi nommé fût assisté des plus imposés, en nombre égal à celui des membres du conseil (2).

On ne s'explique guère que, après avoir concédé l'élection d'un conseil municipal, l'auteur de l'amendement veuille introduire dans ce conseil un élément étranger, dépourvu du mandat électif.

Il serait plus simple, en se plaçant à ce point de vue, d'ailleurs inacceptable, d'attribuer à la commission municipale le droit d'élire le délégué.

« Art. 4. — Si le délégué n'a pas été présent à l'élection, notification lui en est faite dans les vingt-quatre heures par les soins du maire. Il doit faire parvenir au préfet, dans les cinq jours, l'avis de son acceptation. En cas de refus ou de silence, il est remplacé par le suppléant, qui est alors porté sur la liste comme délégué de la commune. »

L'article 4 indique les formalités à accomplir pour faire connaître au délégué et au suppléant leur nomination.

Si le délégué et le suppléant sont présents, aucun avertissement n'est nécessaire.

Si le délégué est absent, notification lui est faite dans les vingt-quatre heures par les soins du maire. Cinq jours lui sont accordés pour faire parvenir son acceptation au préfet. La délégation est en effet un véritable mandat, et le mandat ne devient obligatoire que par le consentement du mandataire. C'est un principe de droit commun dont il n'y avait pas de raison d'écarter ici l'application.

Le délégué qui refuse ou ne répond point dans les cinq jours à la notification, est remplacé par le suppléant, qui est alors porté sur la liste. Mais faudra-t-il que le maire notifie le refus du délégué au suppléant, et celui-ci aura-t-il le

---

(1) Art. 22 de la loi du 24 juillet 1867.

(2) Amendement de M. le marquis d'Andelarre.
   « Art. 3 ainsi conçu :
   « Dans les communes où il existe une commission municipale, les électeurs seront réunis à l'effet de nommer un conseil municipal qui procédera, comme il est dit en l'art. 2, à l'élection d'un délégué et d'un suppléant.
   « Le conseil municipal ainsi nommé, sera assisté des plus imposés, en nombre égal à celui des membres du conseil. »

(1) Amendement de M. Lefèvre-Pontalis.
   « Art. 2. — Supprimer cette phrase : « Il est procédé le même jour et dans la même forme à l'élection d'un suppléant « qui remplace le délégué en cas de refus ou d'empêchement. »

(2) Voici le texte de l'amendement :
   « Art. 3. — Dans les communes où il existe une commission municipale, le délégué sera élu par les plus imposés au rôle de la commune, convoqués, sous la présidence du maire en nombre égal à celui que devrait composer, d'après la loi, le conseil municipal. »

même délai de cinq jours pour faire parvenir son acceptation ou son refus au préfet?

Il a semblé à votre commission que l'accomplissement des mêmes formalités était nécessaire dans les deux cas. L'acceptation du suppléant est aussi indispensable que celle du délégué pour constituer définitivement le mandat, et c'est elle seule qui peut le mettre dans le cas d'encourir les pénalités édictées par l'article 16. On ne peut être délégué ou suppléant malgré soi et en l'absence d'un consentement formel.

« Art. 5. — Le procès-verbal de l'élection du délégué et du suppléant est transmis immédiatement au préfet ; il mentionne les protestations élevées contre la régularité de l'élection par un ou plusieurs membres du conseil municipal. Une copie de ce procès-verbal est affichée à la porte de la mairie.

« Tout électeur de la commune peut, dans le délai de trois jours, adresser directement au préfet une protestation contre la régularité de l'élection.

« Un tableau du résultat de l'élection des délégués et suppléants est dressé dans la huitaine par le préfet. Ce tableau est communiqué à tout requérant ; il peut être copié et publié. »

L'article 5 règle ce qui concerne le procès-verbal de l'élection et les protestations élevées contre sa régularité.

Le procès-verbal est rédigé séance tenante ; il est envoyé immédiatement au préfet ; il mentionne les protestations, s'il y en a ; il est affiché à la porte de la mairie.

La faculté de protester n'appartient pas exclusivement aux conseillers municipaux qui ont participé à l'élection Le Gouvernement reconnaissait, et nous avons maintenu à tout électeur de la commune, le droit d'adresser directement au préfet, dans les trois jours, une protestation contre la régularité de l'élection.

Nous avons ajouté à l'article 5 une disposition additionnelle dont le but s'explique de lui-même, et qui est ainsi conçue :

« Un tableau des résultats des élections des délégués et des suppléants est dressé par les soins du préfet, dans la huitaine ; ce tableau est communiqué à tout requérant ; il peut être copié et publié. »

« Art. 6. — Les protestations relatives à l'élection du délégué ou du suppléant sont jugées, sauf recours au conseil d'État, par le conseil de préfecture, et, dans les colonies, par le conseil privé. Le délégué dont l'élection est annulée parce qu'il ne remplit pas une des conditions exigées par la loi ou pour vice de formes, est remplacé par le suppléant.

« En cas d'annulation de l'élection du délégué et de celle du suppléant, comme en cas de refus ou de décès de l'un et de l'autre après leur acceptation, il est procédé à de nouvelles élections par le conseil municipal au jour fixé par un arrêté du préfet. »

Le conseil de préfecture doit statuer immédiatement. La loi lui en fait un devoir rigoureux ; son jugement devra être rendu à temps pour qu'en cas d'annulation, l'élection du délégué ou du suppléant soit recommencée. Si l'élection du délégué est annulée, le suppléant qui aura accepté prendra sa place, et il n'y aura pas lieu de convoquer le conseil municipal pour procéder à son remplacement.

Le recours que le projet présenté ne mentionnait pas a été expressément réservé. Ce recours est de droit, en toute matière contentieuse, contre les décisions du conseil de préfecture, il se juge sans frais, sans ministère d'avocat, et il est dispensé des droits de timbre et d'enregistrement. Enfin, et c'est ce qui a paru décisif, il soumet au conseil d'État la question de fait et la question de droit, et il offre ainsi aux parties intéressées toutes les garanties qu'elles sont en droit d'attendre d'une juridiction d'appel

étrangère aux passions locales et habituée à juger de semblables conflits.

Il n'était pas possible de déterminer en ce moment le délai dans lequel la décision du conseil d'État devra être rendue. Il n'y avait d'ailleurs à cela aucun intérêt sérieux, même au point de vue de la vérification des pouvoirs, puisque le Sénat aura la faculté de surseoir, dans le cas où le résultat de la vérification pourrait être subordonné au jugement des instances engagées devant le conseil d'État.

Quelle que soit d'ailleurs la solution à intervenir au conseil d'État, la décision du conseil de préfecture fait loi au point de vue de la confection définitive de la liste. Le pourvoi n'a jamais de caractère suspensif en matière administrative.

Si donc l'élection était validée par le conseil de préfecture, le pourvoi au conseil d'État n'empêchera pas le délégué ou le suppléant de prendre part à l'élection.

De même si l'élection du délégué ou celle du suppléant est annulée, il n'y a pas lieu d'attendre l'issue du pourvoi formé. Il est procédé à de nouvelles élections par le conseil municipal au jour fixé par un arrêté du préfet.

Telle est la teneur du paragraphe final de l'article 6, que nous avons adopté comme conforme aux principes.

Nous avons en conséquence rejeté un amendement de MM. Lockroy et Naquet, tendant à intercaler entre l'article 3 et l'article 4 du projet du Gouvernement l'article additionnel suivant :

« Dans un délai de deux mois, tous les pourvois en matière électorale municipale devront être jugés par le Sénat.

« Faute pour les ministres ou les sénateurs d'avoir produit leurs avis ou défenses dans ce délai, il sera passé outre au jugement de ces pourvois sur les pièces produites au conseil. »

L'article 6 du projet nous a paru contenir une lacune pour une hypothèse qui sera sans doute très-rare, mais que néanmoins il était prudent de prévoir.

On peut supposer qu'au moment de la notification de leur élection, le délégué et le suppléant refusent l'un et l'autre le mandat qui leur a été offert. On peut supposer aussi qu'après une acceptation formelle, une circonstance fortuite, comme le décès, apporte un obstacle invincible à l'accomplissement de leur mandat. Le conseil municipal aura-t-il le droit de se réunir de nouveau et de pourvoir, avant la réunion des électeurs au chef-lieu, à la vacance qui se sera produite?

A notre sens, le droit des communes est inadmissible. Il ne peut être compromis que par leur faute ou leur négligence, et non par des circonstances imprévues ou des faits de force majeure ; et puisqu'il a paru nécessaire de procéder à une nouvelle désignation, dans le cas où, par suite de protestations, l'élection du délégué et celle du suppléant seraient annulées, il est juste de reconnaître ce même droit aux communes dans l'hypothèse que nous examinons. La solution contraire ne paraît ni équitable, ni utile, et, afin de de ne laisser subsister dans le texte aucune ambiguïté, nous avons rédigé le paragraphe final de l'article 6 de la manière suivante :

« En cas d'annulation de l'élection du délégué et de celle du suppléant comme au cas de refus ou de décès de l'un et de l'autre, après leur acceptation, il est procédé à de nouvelles élections par le conseil municipal au jour fixé par un arrêté du préfet »

« Art. 7. — Huit jours au plus tard avant l'élection des sénateurs, le préfet, et, dans les colonies, le directeur de l'intérieur, dresse la liste des électeurs du département par ordre alphabétique. Aucun électeur ne peut avoir plus d'un suffrage. La liste est communiquée à tout requérant et peut être publiée et copiée.

« Art. 8. — Les députés, les membres du conseil général ou des conseils d'arrondissement qui auraient été proclamés par les commissions de recensement, mais dont les pouvoirs n'auraient pas été vérifiés, sont inscrits sur la liste des électeurs et peuvent prendre part au vote.

« Art. 9. — Dans chacun des trois départements de l'Algérie, le collège électoral se compose : 1° des députés ; 2° des membres citoyens français du conseil général ; 3° des délégués élus par les membres citoyens français de chaque conseil municipal, parmi les électeurs citoyens français de la commune. »

Qu'il y ait ou non des réclamations pendantes devant le conseil de préfecture ou devant le conseil d'Etat, le préfet dresse, huit jours au plus tard avant l'élection, la liste par ordre alphabétique des électeurs du département (article 7).

Cette liste est immédiatement affichée à la porte de la préfecture et des sous-préfectures. Elle peut être copiée et publiée. La communication est obligatoire ; elle n'est assujettie à aucune formalité.

Elle se fera à tout requérant, sur sa demande, même verbale, qu'il appartienne ou non à la catégorie des électeurs sénatoriaux.

La liste définitive dressée par le préfet huit jours avant l'élection, n'est en réalité que l'apurement du tableau dressé en vertu de l'article 5.

Elle comprend, comme ce tableau, tous les électeurs sénatoriaux ; c'est-à-dire, en France :

1° Les députés ;

2° Les membres du conseil général ;

3° Les membres des conseils d'arrondissement ;

4° Les délégués des communes et leurs suppléants.

En Algérie, où il n'existe pas de conseils d'arrondissement, le collège électoral comprend nécessairement un élément de moins (art. 9).

On a proposé d'accorder l'éligibilité en Algérie aux conseillers municipaux, citoyens français, qu'ils fussent électeurs ou non ; mais cette disposition a été écartée comme contraire à l'article 4 de la loi du 24 février 1875 sur l'organisation du Sénat.

Pas plus qu'en France, les délégués ne pourront être pris en dehors des électeurs de la commune.

Ici seulement se place une particularité qu'il faut mentionner. En Algérie, les délégués sont nommés non par le conseil municipal entier, mais par les seuls membres de ce conseil, citoyens français.

Les députés, les membres du conseil général ou des conseils d'arrondissement, proclamés par les commissions de recensement, mais dont les pouvoirs ne sont pas encore vérifiés au moment où la liste est dressée, sont inscrits et peuvent prendre part au vote (art. 8).

Il en sera de même des délégués dont l'élection serait l'objet d'une instance encore pendante, malgré le vœu de la loi, devant le conseil de préfecture ou le conseil d'Etat ; ni la réclamation pendante, ni le recours au conseil d'Etat n'ont d'effet suspensif.

Aucun électeur ne peut avoir plus d'un suffrage (art. 7). Cela veut dire que le député qui est en même temps conseiller général ne doit être porté sur la liste qu'en l'une de ses qualités, et qu'il n'a pas droit à un double vote. Cela veut dire aussi que le député, le conseiller général, le conseiller d'arrondissement, qui tiennent leur droit personnel de l'élection, ne peuvent accepter la délégation d'un conseil municipal et déposer dans l'urne deux votes distincts.

Notre texte, d'accord avec l'article 2 ci-dessus, proscrit une pareille faculté, à cause des abus qui en résulteraient inévitablement.

Toute commune doit avoir son délégué dis-

tinct. L'usage des délégations cumulées, s'il était admis, altérerait, dans la pratique, le caractère de l'élection. Elle pourrait être l'occasion d'abus regrettables, et dans certaines circonstances, elle livrerait le résultat du scrutin à des individualités remuantes.

Une autre conséquence de notre texte, c'est que nul ne pourra voter dans plus d'un collège. En excluant la pluralité du vote dans le département, on l'exclut également dans deux départements distincts. Par exemple, le député de la Seine, conseiller général de Seine-et-Oise, n'aura pas le droit de voter à la fois à Paris et à Versailles. Mais tout électeur inscrit sur deux listes a la faculté d'opter et de voter dans l'un ou l'autre des collèges dont il fait, à des titres distincts, légalement partie.

« Art. 10. — Le collège électoral est présidé par le président du tribunal civil du chef-lieu du département ou de la colonie.

« Le président est assisté des deux plus âgés et des deux plus jeunes électeurs présents à l'ouverture de la séance. Le bureau ainsi composé choisit un secrétaire parmi les électeurs.

« Si le président est candidat aux fonctions de sénateur ou s'il est empêché, il est remplacé par le vice-président ou, à son défaut, par le juge le plus ancien. »

L'article 10 est relatif à la présidence de l'assemblée électorale. Nous n'y avons introduit aucun changement de forme autre que celui-ci : après les mots « Président du tribunal civil du chef-lieu du département, » nous avons ajouté « ou de la colonie. »

Mais nous avons dû prévoir certains cas d'empêchement : nous y avons pourvu par le dernier paragraphe.

« Art. 11. — Le bureau répartit les électeurs par ordre alphabétique en sections de vote comprenant au moins cent électeurs. Il nomme les présidents et scrutateurs de chacune de ces sections. Il statue sur toutes les difficultés et contestations qui peuvent s'élever au cours de l'élection, sans pouvoir toutefois s'écarter des décisions rendues par le conseil de préfecture, en vertu de l'article 6 de la présente loi. »

Sur l'article 11, une modification a été introduite. En donnant au bureau la mission de statuer « sur toutes les difficultés qui peuvent s'élever au cours de l'élection, » le texte primitif ajoutait : « notamment au sujet de l'inscription sur la liste électorale, ou de la radiation de la liste électorale d'un ou de plusieurs noms. »

Cette énumération aurait pu être considérée comme limitative. Puisque le bureau est juge de toutes les difficultés, il est inutile d'en indiquer quelques-unes seulement.

« Art. 13. — Le premier scrutin est ouvert à huit heures du matin et fermé à midi. Le second est ouvert à deux heures et fermé à quatre heures. Le troisième, s'il y a lieu, est ouvert à six heures et fermé à huit. Les résultats des scrutins sont recensés par le bureau et proclamés le même jour par le président du collège électoral.

« Art. 13. — Nul n'est élu sénateur à l'un des deux premiers tours de scrutin s'il ne réunit : 1° la majorité absolue des suffrages exprimés ; 2° un nombre de voix égal au quart des électeurs inscrits. Au troisième tour de scrutin, la majorité relative suffit, et en cas d'égalité de suffrages, le plus âgé est élu. »

L'article 12 du projet règle les heures du scrutin.

Cette disposition, non plus que la suivante, qui détermine la majorité nécessaire pour être élu aux 1er, 2e et 3e tour, n'a été l'objet d'aucun changement. Il nous a paru sage de terminer l'opération dans le même jour, et de décider qu'au 3e tour de scrutin, il suffirait, pour être élu, de la majorité relative.

« Art. 14. — A compter du jour de la nomination des délégués, jusqu'au jour du vote inclusivement, les réunions électorales pour la nomination des sénateurs seront libres; mais elles ne seront pas ouvertes au public et ne pourront être composées que d'électeurs et de candidats. »

L'article 14 concerne les réunions électorales. Nous nous sommes expliqués plus haut sur ce sujet. Nous avons adopté, pour la rédaction de l'article, l'amendement de M. Luro.

« Art. 15. — Les délégués ayant pris part à tous les scrutins reçoivent sur les fonds du département ou de la colonie une indemnité de déplacement calculée sur les bases et suivant les formes déterminées par un règlement d'administration publique. »

Le principe de l'indemnité à accorder aux délégués étant admis (1), deux questions restaient à élucider. Comment cette indemnité serait-elle calculée? Devrait-elle être prélevée sur les fonds de l'Etat ou sur les fonds des départements?

Sur le premier point, un amendement de M. Michel (2) proposait d'assimiler l'indemnité du délégué à celle des jurés, soit 1 fr. 25 c. par chaque myriamètre parcouru (3). On a fait observer que cette indemnité serait, dans beaucoup de cas, absolument dérisoire, et qu'il était préférable de renvoyer la solution des difficultés pratiques de cet ordre à un règlement d'administration publique.

Restait la question de savoir qui des départements ou de l'Etat devrait être constitué débiteur de cette dépense. Pour en exonérer les départements, on dit qu'il s'agit de la constitution d'un des premiers corps de l'Etat, et que, d'un autre côté, nombre de départements ayant épuisé leurs ressources, on va leur imposer une charge difficile à acquitter. On prévoit même qu'aux prochaines élections il ne se trouvera pour cet objet aucun fonds disponible dans certaines caisses départementales.

Nous croyons que l'on peut contester sérieusement, au point de vue des principes, le caractère national de la dépense. L'Etat paye l'indemnité des sénateurs et des députés qui sont les représentants et les délégués de la France. Le délégué est le représentant et le mandataire de la commune. A dire vrai, c'est la commune qui devrait être tenue de l'indemniser. Le projet a écarté cette idée peu pratique. Dans une vue de centralisation, aisée à justifier, il a fait de la dépense une dépense départementale.

A un autre point de vue, il fallait éviter de mettre à la charge du budget de l'Etat, déjà si difficile à équilibrer, une somme considérable. Divisée entre les départements, la charge paraîtra moins lourde. Elle s'ajoutera à des budgets dont un grand nombre se solde en excédents, et elle sera aussi aisément payée aux ayants droit par les caisses départementales que par les caisses de l'Etat.

L'article proposé par le Gouvernement a donc été adopté sans modification dans son entier.

« Art. 16. — Tout délégué qui, sans cause légitime, n'aura pas pris part à tous les scrutins, ou, étant empêché, n'aura point averti le suppléant en temps utile, sera condamné à une amende de 50 fr. par le tribunal civil du chef-lieu sur les réquisitions du ministère public.

« La même peine peut être appliquée au délégué suppléant qui, averti par lettre, dépêche té-

légraphique ou avis à lui personnellement délivré en temps utile, n'aura pas pris part aux opérations électorales. »

L'article 16 frappe le délégué qui, sans cause légitime, n'aura pas pris part à tous les scrutins, ou étant empêché, n'aura pas averti le suppléant en temps utile, d'une amende de 50 fr.

La même peine peut être appliquée aux suppléants.

Elle est prononcée par le tribunal civil sur les réquisitions du ministère public.

Le principe de cette disposition n'a point été contesté. La délégation est un mandat. Quand le mandat a été accepté, le délégué est tenu de l'accomplir. La clause pénale est donc légitime.

Mais il n'était pas possible d'aller plus loin et nous avons rejeté un amendement de M. Limayrac, qui veut rendre le vote obligatoire non-seulement pour les délégués, mais pour tous les électeurs sénatoriaux indistinctement (1). Cette assimilation est inadmissible et elle n'a point d'intérêt pratique.

Il est peu vraisemblable que des hommes investis du mandat de député, de conseiller général ou d'arrondissement, laissent défaut, sans motifs graves, le jour de l'élection. L'amendement de M. Limayrac attribue, en outre, le jugement des excuses au juge de simple police. Cette idée ne nous a pas semblé acceptable.

Nous avons également repoussé un amendement de M. Amédée Lefèvre-Pontalis, qui veut que le bureau du collège électoral soit juge des causes d'excuse, et qui ne laisse rien au tribunaux que l'application de la peine au cas où ces excuses ne seraient pas agréés (2).

Il ne faut pas scinder ainsi une question qui doit être soumise dans son ensemble au tribunal. L'appréciation de la légitimité des excuses est intimement liée à l'application de la peine.

« Art. 17. — Toute tentative de corruption par l'emploi des moyens énoncés dans les articles 177 et suivants du code pénal, pour influencer le vote d'un électeur ou le déterminer à s'abstenir de voter, sera punie d'un emprisonnement de trois mois à deux ans et d'une amende de 50 à 500 fr. ou de l'une de ces peines seulement.

« L'article 463 du code pénal est applicable aux peines édictées par le présent article. »

L'article 17 punit (et c'est là une innovation qu'il convient de signaler) la tentative de corruption pratiquée sur un ou plusieurs électeurs pour influencer le vote ou obtenir l'abstention. La peine est une amende de 50 à 500 fr., d'un emprisonnement de trois mois à deux ans, ou de l'une de ces deux peines seulement.

L'article 463 du code pénal, relatif à l'application des circonstances atténuantes, n'était pas visé par le projet du Gouvernement. Ce ne pouvait être qu'un oubli. Nous l'avons réparé.

Le projet du Gouvernement ne précisait pas non plus les conditions de la tentative de corruption. Il a été admis que la tentative de corruption se caractériserait par l'emploi des moyens énumérés dans les articles 177 et suivants du code pénal (3).

Un membre aurait voulu que l'article 17 s'appliquât expressément à la corruption suivie d'effet. Il a été répondu que l'addition était inutile. L'article 17 introduit un délit nouveau et se réfère virtuellement pour tous les autres délits

---

(1) Voyez Supra.
(2) Amendement de M. Michel:
« Les délégués qui auront pris part à tous les scrutins, recevront s'ils le requièrent sur la présentation de leur lettre de convocation visée par le président du tribunal civil du chef-lieu du département, en sa qualité de président du collège électoral, une indemnité de déplacement à raison de 1 fr. 25 par myriamètre parcouru, qui leur sera payée sur les mêmes bases et de la même manière que celle accordée aux jurés par les articles 33, 90 et suivants du décret du 18 juin 1811. »
(3° Articles 35, 90 et suivants du décret du 18 juin 1811.

(1) Amendement de M. Léopold Limayrac:
« Art. 16. — Le vote est obligatoire. Tout électeur qui, sans motifs légitimes, n'aura point pris part au scrutin sera puni d'une amende de 5 fr. au moins, de 100 fr. au plus. Les excuses seront reçues et les peines prononcées par le juge de paix. »
(2) Amendement de M. Amédée Lefèvre-Pontalis:
« Tout délégué qui, sans cause légitime, n'aura pas pris part à tous les scrutins, ou étant empêché, n'aura pas fait agréer ses causes d'excuse par le bureau électoral, sera condamné, etc...... »
(3) Art. 177, Code pénal.

électoraux aux lois antérieures non contraires à ses dispositions (Voyez les articles 105 et suivants de la loi du 18 mars 1849, et les articles 109 et suivants du code pénal).

« Art. 18. — L'exercice de fonctions publiques rétribuées sur les fonds de l'Etat est incompatible avec le mandat de sénateur. En conséquence, tout fonctionnaire élu sénateur sera remplacé dans ses fonctions, si dans les huit jours qui suivent la vérification des pouvoirs il n'a pas fait connaître qu'il n'acceptait pas le mandat de sénateur.

« Sont exceptées des dispositions qui précèdent, les fonctions de ministre, sous secrétaire d'Etat, ambassadeur, ministre plénipotentiaire, premier président de la cour de cassation, premier président de la cour des comptes, premier président de la cour d'appel de Paris, procureur général près la cour de cassation, procureur général près la cour des comptes, procureur général près la cour d'appel de Paris, archevêque, évêque, membre du conseil central des églises réformées, inspecteur ecclésiastique de la confession d'Augsbourg, grand rabbin du consistoire central, grand rabbin du consistoire de Paris. »

En principe, le mandat de sénateur est déclaré incompatible avec les fonctions publiques rétribuées.

Toutefois nous avons excepté de la règle un certain nombre de fonctions.

Il est impossible de donner ici les motifs qui justifient spécialement chacune de ces exceptions.

Pour quelques fonctions, celles de ministre ou d'ambassadeur, par exemple, c'est une raison d'ordre supérieur et pour ainsi dire une nécessité de situation. Pour les autres, c'est l'utilité de compter dans la haute assemblée des fonctionnaires arrivés au sommet de la hiérarchie, fixés au siège même du Gouvernement et pour lesquels le cumul des deux situations ne peut présenter aucun inconvénient au point de vue des services dont ils sont chargés.

Mais fallait-il comprendre dans ces exceptions les officiers supérieurs de l'armée de terre et de mer ?

MM. Bethmont et Duclerc proposaient d'introduire dans notre disposition l'article 4 de la loi Princeteau ainsi modifié :

« Les officiers supérieurs et les officiers généraux de toutes armes, élus sénateurs, seront considérés comme étant en mission hors cadre pendant la durée de leur mandat. »

Cette disposition, si elle avait été adoptée, aurait eu pour résultat de laisser subsister au profit des officiers supérieurs et généraux de toutes armes le droit à l'avancement soit à l'ancienneté, soit au choix.

Elle leur aurait permis, en outre, de conserver ou d'accepter des commandements pendant toute la durée de leur mandat de sénateurs.

Elle créait ainsi aux officiers supérieurs de l'armée de terre et de mer, en regard des fonctionnaires civils, une situation privilégiée qui a paru contraire aux principes de l'égalité devant la loi. On a invoqué aussi de graves raisons de discipline et de subordination militaire.

D'un autre côté, on faisait valoir l'utilité, presque la nécessité d'ouvrir les rangs du Sénat, pour briser leur carrière, à des hommes qui n'arrivent aux emplois supérieurs qu'en risquant leur santé, leur vie pour la défense de la patrie. L'exception se justifiant, aux yeux de la minorité, à la fois par des raisons d'équité et par des considérations politiques les plus élevées. Nous devons constater qu'elle n'a été rejetée qu'après une longue discussion.

« Art. 19. — Sont également exceptés des dispositions de l'article 18 :

« 1° Les professeurs titulaires de chaires qui sont données au concours ou sur la présentation des corps où la vacance s'est produite ;

« 2° Les personnes qui sont chargées d'une mission temporaire.

« Toute mission qui a duré plus de six mois cesse d'être temporaire et est régie par l'article 18 ci-dessus. »

L'article 19 ajoute aux exceptions indiquées dans le paragraphe final de l'article précédent certains professeurs titulaires de chaires données au concours ou nommés sur la présentation des corps auxquels ils appartiennent.

Ces dispositions se retrouvent dans toutes les lois électorales, et la commission a dû repousser un amendement de M. Adnet qui tendait à restreindre la faveur établie au profit seulement des professeurs résidant à Paris.

L'article 19 autorise de plus le Gouvernement à confier des missions temporaires aux membres du Sénat. Ces missions ne devront pas dépasser six mois. Pendant leur durée, l'article 18 cesse d'être applicable, et les sénateurs qui en seront chargés pourront recevoir de l'avancement au choix ou à l'ancienneté.

« Art. 20. — Le fonctionnaire élu sénateur conserve les droits qu'il a acquis à une pension de retraite, et peut, après l'expiration de son mandat, être remis en activité.

« Dans les fonctions où le grade est distinct de l'emploi, le fonctionnaire, par l'acceptation du mandat de sénateur, renonce à l'emploi et ne conserve que son grade. »

Tout fonctionnaire élu sénateur doit être remplacé dans ses fonctions s'il accepte le mandat.

Mais le fonctionnaire élu conserve ses droits à une pension de retraite et peut, après l'expiration de son mandat, être remis en activité.

Nous n'avons pas pensé que, même dans le cas où il compterait vingt ans de service au moment de son élection, il pût être admis exceptionnellement à faire liquider sa retraite, comme au cas d'infirmités contractées dans l'exercice des fonctions. Il n'y a aucune assimilation possible entre les deux situations.

Nous avons, en conséquence, repoussé l'amendement suivant de M. de Marcère :

« Il (le fonctionnaire) est autorisé, dans le cas où il aurait vingt ans de services effectifs, à faire à l'expiration de son mandat liquider ses droits à la retraite proportionnellement à la durée de ses services. »

Une autre proposition, qui tendait à faire compter dans la liquidation de la retraite le temps passé au Sénat, a trouvé moins de faveur encore auprès de la commission.

« Art. 21. — Tout sénateur nommé ou promu à une fonction publique salariée, cesse d'appartenir au Sénat par le fait même de son acceptation; mais il peut être réélu si la fonction qu'il occupe est compatible avec le mandat de sénateur.

« Les sénateurs nommés ministres ou sous-secrétaires d'Etat ne sont pas soumis à la réélection. »

Les exceptions à la règle de l'incompatibilité que nous venons d'établir n'ont point donné satisfaction à tous nos collègues. On a proposé un amendement qui tendait à consacrer le principe contraire et à soumettre seulement à la réélection les sénateurs fonctionnaires qui recevraient de l'avancement pendant la durée de leur mandat, ou ceux qui n'étant pas fonctionnaires au moment de leur entrée au Sénat accepteraient ensuite une fonction politique rétribuée sur les fonds de l'Etat.

Nous n'avons point admis cette proposition en ce qu'elle avait de général et d'absolu. L'expérience a montré son inefficacité. L'obligation de la réélection n'a empêché pendant longtemps ni aucune nomination scandaleuse, ni aucun avancement illégitime. Il faut tarir le mal dans sa source.

Mais, comme nous avions reconnu que la règle de l'incompatibilité comportait un certain

10

nombre d'exceptions, il nous a paru juste d'admettre que les fonctions exceptées puissent être conférées à des sénateurs pendant la durée du mandat.

Les sénateurs nommés à ces fonctions seront soumis à la réélection, sauf toutefois les ministres et les sous-secrétaires d'Etat. Ici, la garantie est inutile, le Président de la République ayant la faculté de choisir ces agents en dehors des Assemblées électives.

« Art. 22. — Ne peuvent être élus par les départements ou les colonies compris en tout ou en partie dans leur ressort, pendant l'exercice de leurs fonctions et pendant les six mois qui suivent la cessation de leurs fonctions, par démission, destitution, changement de résidence ou de toute autre manière :

« 1° Les premiers présidents, les présidents et les membres des parquets des cours d'appel ;

« 2° Les présidents, les vice-présidents, les juges d'instruction et les membres des parquets des tribunaux de première instance ;

« 3° Le préfet de police, les préfets et sous-préfets et les secrétaires généraux des préfectures ;

« 4° Les ingénieurs en chef et d'arrondissement ;

« 5° Les recteurs et inspecteurs d'académie ;

« 6° Les inspecteurs des écoles primaires ;

« 7° Les archevêques, évêques et vicaires généraux ;

« 8° Les officiers de tous grades de l'armée de terre et de mer ;

« 9° Les intendants divisionnaires et les sous-intendants militaires ;

« 10° Les préfets maritimes ;

« 11° Les trésoriers-payeurs généraux et les receveurs particuliers des finances ;

« 12° Les directeurs des contributions directes ou indirectes, de l'enregistrement et des domaines ;

« 13° Les conservateurs et inspecteurs des forêts. »

Cet article énumère tous les fonctionnaires qui ne peuvent être élus dans les départements ou les colonies compris en tout ou en partie dans leur ressort, pendant l'exercice de leurs fonctions, et dans les six mois qui suivent.

La commission a déclaré inéligibles les ingénieurs en chef et d'arrondissement dans leur ressort. Mais elle n'entend pas comprendre dans cette disposition les ingénieurs en chef qui exercent un contrôle dans un rayon très-étendu. C'est dans le département seul où se trouve leur domicile qu'ils seront inéligibles.

La commission a cru devoir modifier le texte du paragraphe 8 du projet de l'ancienne commission.

L'inéligibilité s'attachera désormais non pas seulement aux officiers généraux commandant les divisions et les subdivisions militaires, mais à tous les officiers de l'armée de terre, sous la condition qu'ils aient un commandement dans une circonscription déterminée.

Enfin les prohibitions établies par l'art. 20 s'appliquent dans les colonies aux gouverneurs et à tous les citoyens remplissant une fonction correspondante à l'une de celles énumérées au présent article.

« Art. 23. — Si par décès ou démission le nombre des sénateurs d'un département est réduit de moitié, il est pourvu aux vacances dans le délai de trois mois, à moins que les vacances ne surviennent dans l'année qui précède le renouvellement partiel.

« En cas de vacance par option, l'élection aura lieu dans le délai d'un mois.

« A l'époque fixée pour le renouvellement triennal, il sera pourvu à toutes les vacances qui se seront produites, quel qu'en soit le nombre et quelle qu'en soit la date. »

Le projet ne s'expliquait pas sur le cas de vacance par option. On ne pouvait soumettre cette hypothèse à la même règle, et, par une disposition additionnelle, proposée par M. Jules Simon, il a été établi que l'élection aurait lieu dans le délai d'un mois.

Il fallait aussi prévoir le cas où, à l'époque fixée pour le renouvellement triennal, une ou plusieurs vacances existeraient dans les départements non compris dans la catégorie appelée au renouvellement. Ne devrait-on pas alors pourvoir à ces vacances ?

Nous n'avons pas cru, en admettant une solution affirmative, méconnaître l'esprit essentiel de la disposition primitive.

S'il faut, en général, que le nombre des sénateurs soit réduit de moitié dans un département pour qu'il soit pourvu aux vacances, c'est afin de ne pas rendre trop fréquentes les élections partielles et d'éviter ces secousses réitérées qui fatiguent et énervent l'opinion. Mais quand le moment du renouvellement triennal est arrivé, il n'y a aucune raison de ne pas ouvrir la période électorale dans tous les départements où il existe des vides à combler.

Il est clair, au surplus, que ces élections partielles, faites à la faveur du renouvellement triennal, ne donneront aux élus que les droits qui découlent de toute élection partielle, et qu'ils ne seront élus que pour le complément de la période qui restait à courir au profit des sénateurs ainsi remplacés.

A la suite de notre article, notre collègue M. Seignobos proposa d'ajouter la disposition suivante :

« Lorsqu'au moment du renouvellement partiel, il aura été constaté par le dernier recensement officiel qu'un ou plusieurs des départements où doit s'opérer le renouvellement, sont devenus moins peuplés que d'autres départements auxquels il est attribué un moins grand nombre de sénateurs, ces départements ne seront appelés à élire que le nombre des sénateurs afférent à leur nouvelle situation.

« Par contre, les départements qui auront un chiffre plus élevé de population procéderont, en même temps, à l'élection du ou des sénateurs qui leur seront attribués en plus. »

Cet amendement a été repoussé comme inconstitutionnel. La Constitution a déterminé, d'une manière invariable jusqu'à révision, le nombre des sénateurs afférent à chaque département.

« Art. 24. — L'élection des sénateurs par l'Assemblée nationale est faite en séance publique, au scrutin de liste et à la majorité absolue.

« Après deux épreuves, il est procédé à un scrutin de ballottage entre les candidats qui ont obtenu le plus de suffrages en nombre double de ceux qui restent à élire. »

La procédure pour l'élection des sénateurs par l'Assemblée nationale devait être nécessairement très-simple. Le projet du Gouvernement ne contenait sur ce point qu'un seul article avec trois paragraphes. Nous avons encore simplifié l'opération et réduit l'article à une seule et unique disposition.

L'élection des sénateurs par l'Assemblée nationale sera faite en séance publique, au scrutin de liste et à la majorité absolue. Après deux épreuves, il sera procédé à un scrutin de ballottage entre les candidats qui auront obtenu le plus de suffrages, en nombre double de ceux qui restent à élire.

On avait proposé l'élection dans les bureaux. Nous avons pensé que la solennité de la séance publique convenait mieux dans la circonstance.

Le scrutin de ballottage, après deux premières épreuves, est le droit commun en matière électorale. Il implique d'ordinaire la majorité relative. En sort-il de même ici ? Cela paraît impossible en présence du texte formel de la Constitution (art. 5), qui porte que l'élection des sénateurs nommés par l'Assemblée aura lieu à la majorité absolue. Dans les circonstances présentes, le ballottage n'aura d'autre signification que celle-ci, à savoir que le vote, au troisième tour de scrutin, ne pourra porter que sur les candidats qui auront, au deuxième tour, obtenu le plus de suffrages.

Le projet du Gouvernement voulait qu'avant de procéder à l'élection, l'Assemblée chargeât une commission, nommée à raison de deux membres par bureau, de leur proposer une liste de candidats. Il réservait au surplus le droit absolu de l'Assemblée au moment du vote, de façon que le choix de celle-ci eût pu porter sur des candidats non agréés par la commission.

Cette réserve était nécessaire, car jamais Assemblée ne s'est crue liée par les décisions d'une commission. La liste ne pouvait donc avoir que le caractère d'une présentation. Mais à quoi bon alors charger une commission d'un travail préparatoire qui aurait mis en éveil toutes les prétentions et donné lieu, peut-être, à des demandes et à des sollicitations peu compatibles avec la dignité de l'Assemblée et celle des candidats. La nomination des sénateurs par l'Assemblée sera essentiellement un acte politique. Elle ne peut être que l'œuvre d'une majorité et, on peut l'affirmer à l'avance, elle ne peut être que l'œuvre de la majorité qui a fondé la République et qui prend à cœur tout ce qui peut en consolider l'existence. Pour l'accomplir dans sa sincérité nécessaire, il faut que l'Assemblée, les yeux fixés sur ce grand but, écartant avec fermeté les compétitions et les présentations personnelles, agisse dans la plénitude de son indépendance. Une commission qui renfermerait une majorité et une minorité constituées suivant le hasard qui préside à la répartition des bureaux, ferait très-probablement une œuvre stérile. Nous n'avons vu là qu'une complication sans intérêt et nous avons rejeté les deux derniers paragraphes de l'article.

Nous avons également écarté comme portant atteinte à la liberté de l'Assemblée un amendement de M. Chaper qui proposait de limiter ses choix à des catégories déterminées à l'avance (1).

« Art. 25. — Lorsqu'il y a lieu de pourvoir au remplacement des sénateurs nommés en vertu de l'article 7 de la loi du 25 février 1875, le Sénat procède dans les formes indiquées par l'article précédent. »

L'article 25 n'a donné lieu à aucune observation. Il était utile de prescrire que, dans le cas où, après la constitution du Sénat, il y aurait lieu de pourvoir au remplacement des sénateurs nommé par l'Assemblée actuelle, il y serait procédé par le Sénat dans les formes ci-dessus établies.

La fraction du Sénat, dont la condition est inamovible, se perpétuera ainsi dans les mêmes formes qui l'auront constituée, et elle gardera,

(1) Amendement de M. Chaper :
« Art. 20. — Sur les 75 sénateurs qui doivent être élus par l'Assemblée nationale, 50 au moins sont choisis en dehors de cette Assemblée. Il en est pris au moins 10 dans l'armée de terre, 5 dans l'armée de mer, 5 dans le clergé, 10 dans la magistrature et 10 dans l'Institut.
« L'Assemblée nationale procède à l'élection de ces 50 sénateurs en séance publique, au scrutin de liste et catégorie par catégorie, dans l'ordre indiqué ci-dessus.
« Elle procède ensuite dans les mêmes formes à l'élection des 25 sénateurs qui peuvent être pris parmi ses membres.
« Les élections ont lieu pour chaque catégorie à la majorité absolue des suffrages. Après deux épreuves, il est procédé à un scrutin de ballottage entre les candidats qui ont obtenu le plus de suffrages en nombre double de ceux qui restent à élire.
« Avant de procéder à l'élection, l'Assemblée nationale charge une commission de 15 membres, nommés dans les bureaux, de lui proposer, pour chaque catégorie, une liste de candidats. Chacune de ces listes contient des noms en nombre égal à celui des sénateurs à élire plus une moitié en sus; elle est dressée par ordre alphabétique.
« Les choix de l'Assemblée peuvent porter sur des candidats qui ne sont pas proposés par la Commission. »

dans ses membres futurs, les priviléges et les avantages accordés aux sénateurs issus de la première élection.

« Art. 26. — Les membres du Sénat reçoivent la même indemnité que ceux de la Chambre des députés. »

Aucune modification n'a été proposée sur cet article.

Nous avons repoussé par les raisons données ci-dessus deux amendements signés l'un de M. Amédée Lefèvre-Pontalis (1), l'autre de M. Louis de Saint-Pierre (2).

« Art. 27. — Sont applicables à l'élection du Sénat toutes les dispositions de la loi électorale relatives :
« 1° Aux cas d'indignité et d'incapacité ;
« 2° Aux délits, poursuites et pénalités ;
« 3° Aux formalités du scrutin, en tout ce qui ne serait pas contraire aux dispositions de la présente loi. »

L'article 23 du projet (devenu notre article 25), en déclarant applicable à l'élection du Sénat toutes les dispositions de la loi électorale qui ne sont pas contraires à la présente loi, avait, dans la pensée de ses auteurs, une signification plus large que celle que nous lui avons laissée. Il se référait, entre autres dispositions, à celles que la loi électorale doit établir pour l'incompatibilité et l'inéligibilité. Nous avons réglé cette matière dans les articles 18, 19 et 20 ci-dessus.

Mais notre disposition ne reste pas moins nécessaire sous d'autres rapports. Il n'y avait aucun intérêt à ne pas réserver à la loi sur l'élection des députés la solution de toutes les questions communes à toute loi électorale, quel qu'en soit l'objet.

Mais, afin d'enlever à la rédaction du Gouvernement le vague et l'ambiguité qu'elle présentait, nous avons, sur la proposition de M. de Marcère, adopté la formule suivante :

« Sont applicables à l'élection du Sénat toutes les dispositions de la loi électorale relatives : 1° aux cas d'indignité ou d'incapacité; 2° aux délits, poursuites et pénalités; 3° aux formalités du scrutin, en tout ce qui ne sera pas contraire aux dispositions de la présente loi. »

Il sera d'ailleurs facile, en rédigeant la loi électorale, d'indiquer plus clairement encore les dispositions de cette loi, dont l'application aux élections sénatoriales serait jugée nécessaire.

DISPOSITIONS TRANSITOIRES

« Art. 28. — Pour la première élection des membres du Sénat, la loi qui déterminera l'époque de la séparation de l'Assemblée nationale fixera la date à laquelle se réuniront les conseils municipaux pour choisir les délégués et le jour où il sera procédé à l'élection des sénateurs.

« Quinze jours au moins avant la réunion des conseils municipaux, il sera procédé par l'Assemblée nationale à l'élection des sénateurs dont la nomination lui est attribuée. »

L'article 26 est une disposition transitoire. Il n'y a été ajouté qu'un mot. L'article stipulait que l'Assemblée procéderait à l'élection des sénateurs quinze jours avant la réunion. Cette fixation à un jour déterminé a paru peu pratique, et il a été dit que l'élection aurait lieu quinze jours au moins avant la réunion des conseils municipaux.

« Art. 29. — La disposition de l'article 22, par laquelle un délai de six mois doit s'écouler entre le jour de la cessation des fonctions et celui de l'élection, ne s'appliquera pas aux fonctionnaires autres que les préfets et sous-préfets dont les

(1) Amendement de M. Amédée Lefèvre-Pontalis :
« Les membres du Sénat ne recevront aucune indemnité. »
(2) Amendement de M. Louis de Saint-Pierre :
« Les membres du Sénat ne recevront aucun traitement ni aucune indemnité. »

fonctions auront cessé soit avant la promulgation de la présente loi, soit dans les dix jours qui les suivent. »

L'article 22 dispose que certains fonctionnaires ne peuvent, pendant l'exercice de leurs fonctions, ni dans les six mois qui suivront, être élus sénateurs.

Mais la commission, sur la demande de MM. Delsol, Adnet et Beau, a admis qu'à titre transitoire, cette disposition ne serait applicable qu'aux préfets et sous-préfets, et que tout autre fonctionnaire dont les fonctions auraient cessé moins de six mois avant la promulgation de la présente loi, ou dans les dix jours qui suivent, seront éligibles au Sénat.

Nous voici parvenus au terme de notre tâche, et il ne nous reste qu'à émettre le vœu que la loi sur les élections sénatoriales soit mise à exécution le plus tôt possible.

Le pays comprendra combien il est nécessaire d'entourer les institutions nouvelles d'hommes dévoués à leur sincère application. Il ne demandera pas aux candidats d'où ils viennent : il lui

suffira de savoir que leur concours loyal est acquis à l'œuvre constitutionnelle. C'est à l'accord des partis, jugés longtemps irréconciliables dans l'Assemblée, qu'est due la Constitution du 25 février; il faut que cet accord subsiste et qu'il se manifeste dans le pays au moment des élections. A cette condition, la République conquerra l'avenir.

Cet avenir est certain ; la nation a ratifié l'acte solennel du 25 février. Malgré les prédications violentes, les agitations des partis, les longues incertitudes de la politique intérieure, le pays a vu, sous la République, revenir les jours de calme et de prospérité. Il a appris que la vraie sécurité, la vraie grandeur, la vraie prospérité d'une nation ne sont pas exclusivement le privilège d'une forme politique, et que c'est seulement de lui-même qu'un peuple libre doit attendre l'amélioration de ses destinées. C'est dans cet esprit que, soutenu par un Gouvernement ferme et décidé à faire respecter la Constitution, il sanctionnera pratiquement la loi que nous présentons à votre approbation.

PROJET DE LOI

Projet du Gouvernement.	Projet de la Commission.
Art. 1er. — Maintenu par la commission.	**Art. 1er.** — Un décret du président de la République, rendu au moins six semaines à l'avance, fixe le jour où doivent avoir lieu les élections pour le Sénat et en même temps celui où doivent être choisis les délégués des conseils municipaux. Il doit y avoir un intervalle d'un mois au moins entre le choix des délégués et l'élection des sénateurs.
Art. 2. — Chaque conseil municipal élit un délégué. L'élection se fait sans débat au scrutin secret à la majorité absolue des suffrages. Après deux tours de scrutin, la majorité relative suffit, et, en cas d'égalité de suffrages, le plus âgé est élu. Si le maire ne fait pas partie du conseil municipal, il présidera, mais il ne prendra pas part au vote.	**Art. 2.** — Chaque conseil municipal élit un délégué. L'élection se fait sans débat au scrutin secret, à la majorité absolue des suffrages. Après deux tours de scrutin, la majorité relative suffit, et en cas d'égalité de suffrages le plus âgé est élu.
Il est procédé le même jour et dans la même forme à l'élection d'un suppléant qui remplace le délégué en cas de refus et d'empêchement.	Si le maire ne fait pas partie du conseil municipal, il présidera, mais il ne prendra pas part au vote.
	Il est procédé le même jour et dans la même forme à l'élection d'un suppléant qui remplace le délégué en cas de refus et d'empêchement.
	Le choix des conseils municipaux ne peut porter ni sur un député, ni sur un conseiller général, ni sur un conseiller d'arrondissement.
Art. 3. — Maintenu par la commission.	**Art. 3.** — Dans les communes où il existe une commission municipale, les électeurs seront réunis à l'effet de nommer un conseil municipal qui procédera, comme il est dit en l'article 2, à l'élection d'un délégué et d'un suppléant.
Art. 4. — Maintenu par la commission.	**Art. 4.** — Si le délégué n'a pas été présent à l'élection, notification lui en est faite dans les vingt-quatre heures par les soins du maire. Il doit faire parvenir au préfet, dans les cinq jours, l'avis de son acceptation. En cas de refus ou de silence, il est remplacé par le suppléant, qui est alors porté sur la liste comme délégué de la commune.
Art. 5. — Le procès-verbal de l'élection du délégué et du suppléant est transmis immédiatement au préfet : il mentionne les protestations élevées contre la régularité de l'élection par un ou plusieurs membres du conseil municipal. Une copie du procès-verbal est affichée à la porte de la mairie.	**Art. 5.** — Le procès-verbal de l'élection du délégué et du suppléant est transmis immédiatement au préfet : il mentionne les protestations élevées contre la régularité de l'élection par un ou plusieurs membres du conseil municipal. Une copie de ce procès-verbal est affichée à la porte de la mairie.
Tout électeur de la commune peut, dans le délai de trois jours adresser directement au préfet une protestation contre la régularité de l'élection.	Tout électeur de la commune peut, dans un délai de trois jours, adresser directement au préfet une protestation contre la régularité de l'élection.

Projet du Gouvernement.	Projet de la Commission.

Un tableau des résultats de l'élection des délégués et suppléants est dressé dans la huitaine par le préfet; ce tableau est communiqué à tout requérant; il peut être copié et publié.

Art. 6. — Les protestations relatives à l'élection du délégué ou du suppléant sont jugées par le conseil de préfecture. Le délégué dont l'élection est annulée parce qu'il ne remplit pas une des conditions exigées par la loi ou pour vice de formes, est remplacé par le suppléant.

En cas d'annulation de l'élection du délégué et de celle du suppléant, il est procédé à de nouvelles élections par le conseil municipal au jour fixé par un arrêté du préfet.

Art. 6. — Les protestations relatives à l'élection du délégué ou du suppléant sont jugées, sauf recours au conseil d'État, par le conseil de préfecture, et, dans les colonies, par le conseil privé.

Le délégué dont l'élection est annulée parce qu'il ne remplit pas une des conditions exigées par la loi ou pour vice de formes, est remplacé par le suppléant.

En cas d'annulation de l'élection du délégué et de celle du suppléant, comme au cas de refus ou de décès de l'un et de l'autre après leur acceptation, il est procédé à de nouvelles élections par le conseil municipal au jour fixé par un arrêté du préfet.

Art. 7. — Maintenu par la commission.

Art. 7. — Huit jours au plus tard avant l'élection des sénateurs, le préfet et, dans les colonies, le directeur de l'intérieur, dresse la liste des électeurs du département par ordre alphabétique. Aucun électeur ne peut avoir plus d'un suffrage. La liste est communiquée à tout requérant et peut être copiée et publiée.

Art. 8. — Maintenu par la commission.

Art. 8. — Les députés, les membres du conseil général ou des conseils d'arrondissement qui auraient été proclamés par les commissions de recensement, mais dont les pouvoirs n'auraient pas été vérifiés, sont inscrits sur la liste des électeurs et peuvent prendre part au vote.

Art. 9. — Maintenu par la commission.

Art. 9. — Dans chacun des trois départements de l'Algérie, le collège électoral se compose : 1° des députés ; 2° des membres citoyens français du conseil général ; 3° des délégués élus par les membres citoyens français de chaque conseil municipal parmi les électeurs citoyens français de la commune.

Art. 10. — Le collège électoral est présidé par le président du tribunal civil du chef-lieu du département. Le président est assisté des deux plus âgés et des deux plus jeunes électeurs présents à l'ouverture de la séance. Le bureau ainsi composé choisit un secrétaire parmi les électeurs.

Art. 10. — Le collège électoral est présidé par le président du tribunal civil du chef-lieu du département ou de la colonie. Le président est assisté des deux plus âgés et des deux plus jeunes électeurs présents à l'ouverture de la séance. Le bureau ainsi composé choisit un secrétaire parmi les électeurs.

Si le président est empêché, il est remplacé par le vice-président et, à son défaut, par le juge le plus ancien.

Art. 11. — Le bureau répartit les électeurs par ordre alphabétique en sections de vote comprenant au moins cent électeurs. Il nomme les présidents et scrutateurs de chacune de ces sections. Il statue sur toutes les difficultés et contestations qui peuvent s'élever au cours de l'élection, notamment au sujet de l'inscription sur la liste électorale ou de la radiation de la liste électorale de un ou plusieurs noms, sans pouvoir toutefois s'écarter des décisions rendues par le conseil de préfecture, en vertu de l'article 6 de la présente loi.

Art. 11. — Le bureau répartit les électeurs par ordre alphabétique en sections de vote comprenant au moins cent électeurs. Il nomme les président et scrutateurs de chacune de ces sections. Il statue sur toutes les difficultés et contestations qui peuvent s'élever au cours de l'élection, sans pouvoir toutefois s'écarter des décisions rendues par le conseil de préfecture en vertu de l'article 6 de la présente loi.

Art. 12. — Maintenu par la commission.

Art. 12. — Le premier scrutin est ouvert à huit heures du matin et fermé à midi. Le second est ouvert à deux heures et fermé à quatre heures. Le troisième, s'il y a lieu, est ouvert à six heures et fermé à huit. Les résultats des scrutins sont recensés par le bureau et proclamés le même jour par le président du collège électoral.

Art. 13. — Maintenu par la commission.

Art. 13. — Nul n'est élu sénateur à l'un des deux premiers tours de scrutin s'il ne réunit : 1° la majorité absolue des suffrages exprimés;

2° un nombre de voix égal au quart des électeurs inscrits. Au troisième tour de scrutin, la majorité relative suffit, et, en cas d'égalité de suffrages, le plus âgé est élu.

Art. 14. — A compter du jour de la nomination des délégués, des réunions électorales pour la nomination des sénateurs pourront avoir lieu en se conformant aux règles tracées par la loi du 6 juin 1868. Ces réunions ne peuvent être composées que d'électeurs appelés à nommer les sénateurs.

Art. 15. — Les délégués ayant pris part à tous les scrutins recevront sur les fonds du département une indemnité de déplacement calculée sur les bases et suivant les formes déterminées par un règlement d'administration publique.

Art. 16. — Maintenu par la commission.

Art. 17. — Toute tentative de corruption pour influencer le vote d'un électeur ou le déterminer à s'abstenir de voter sera punie d'un emprisonnement de trois mois à deux ans et d'une amende de 50 à 500 fr. ou de l'une de ces deux peines seulement.

Art. 14. — A compter du jour de la nomination des délégués jusqu'au jour du vote inclusivement, les réunions électorales pour la nomination des sénateurs, seront libres ; mais elles ne seront pas ouvertes au public et ne pourront être composées que d'électeurs et de candidats.

Art. 15. — Les délégués ayant pris part à tous les scrutins reçoivent sur les fonds du département ou de la colonie, une indemnité de déplacement calculée sur les bases et suivant les formes déterminées par un règlement d'administration publique.

Art. 16. — Tout délégué qui, sans cause légitime, n'aura pas pris part à tous les scrutins, ou, étant empêché, n'aura point averti le suppléant en temps utile, sera condamné à une amende de 50 fr. par le tribunal civil du chef-lieu, sur les réquisitions du ministère public.

La même peine peut être appliquée au délégué suppléant qui, averti par lettre, dépêche télégraphique ou avis à lui personnellement délivré en temps utile, n'aura pas pris part aux opérations électorales.

Art. 17. — Toute tentative de corruption par l'emploi des moyens énoncés dans les articles 177 et suivants du code pénal, pour influencer le vote d'un électeur ou le déterminer à s'abstenir de voter, sera puni d'un emprisonnement de trois mois à deux ans et d'une amende de 50 à 500 fr. ou de l'une de ces deux peines seulement.

L'article 463 du code pénal est applicable aux peines édictées par le présent article.

Art. 18. — L'exercice des fonctions publiques rétribuées sur les fonds de l'Etat est incompatible avec le mandat de sénateur. En conséquence, tout fonctionnaire élu sénateur sera remplacé dans ses fonctions si dans les huit jours qui suivront la vérification des pouvoirs, il n'a pas fait connaître qu'il n'accepte pas le mandat de sénateur.

Sont exceptées des dispositions qui précèdent les fonctions de ministre, sous-secrétaire d'Etat, ambassadeur, ministre plénipotentiaire, préfet de la Seine, préfet de police, premier président de la cour de cassation, premier président de la cour des comptes, premier président de la cour d'appel de Paris, procureur général près la cour de cassation, procureur général près la cour des comptes, procureur général près la cour d'appel de Paris, archevêque, évêque, membre du conseil central des églises réformées, inspecteur ecclésiastique de la confession d'Augsbourg, grand rabbin du consistoire central, grand rabbin du consistoire de Paris.

Art. 19. — Sont également exceptés des dispositions de l'article 18 : 1° les professeurs titulaires de chaires qui sont données au concours ou sur la présentation des corps où la vacance s'est produite ; 2° les personnes qui ont été chargées d'une émission temporaire. Toute mission qui a duré plus de six mois, cesse d'être temporaire et est régie par l'article 18 ci-dessus.

Art. 20. — Le fonctionnaire élu sénateur conserve les droits qu'il a acquis à une pension de retraite et peut, après l'expiration de son mandat, être remis en activité.

Projet du Gouvernement.

Projet de la Commission.

Dans les fonctions où le grade est distinct de l'emploi, le fonctionnaire, par l'acceptation du mandat de sénateur, renonce à l'emploi et ne conserve que son grade.

Art. 21. — Tout sénateur nommé ou promu à une fonction publique salariée cesse d'appartenir au Sénat par le fait même de son acceptation ; mais il peut être réélu si la fonction qu'il occupe est incompatible avec le mandat de sénateur.

Les sénateurs nommés ministres ou sous-secrétaires d'Etat ne sont pas soumis à la réélection.

Art. 18. — Sont inéligibles au Sénat, dans les départements où ils exercent leurs fonctions et dans les six mois qui suivront l'époque où ils auraient cessé de les exercer :

1° Les préfets, secrétaires généraux et sous-préfets ;

2° Les membres des parquets des cours et tribunaux ;

3° Les officiers de tous grades de l'armée de terre et de mer ;

4° Les trésoriers-payeurs généraux et les receveurs particuliers des finances.

Art. 22. — Ne peuvent être élus par le département ou la colonie compris en tout ou en partie dans leur ressort, pendant l'exercice de leurs fonctions et pendant les six mois qui suivent la cessation de leurs fonctions par démission, destitution, changement de résidence ou de toute autre manière :

1° Les premiers présidents, les présidents et les membres des parquets des cours d'appel ;

2° Les présidents, les vice-présidents, les juges d'instruction et les membres des parquets des tribunaux de première instance ;

3° Le préfet de police, les préfets et sous-préfets et les secrétaires généraux des préfectures ; les gouverneurs, directeurs de l'intérieur et secrétaires généraux des colonies;

4° Les ingénieurs en chef et d'arrondissement;

5° Les recteurs et inspecteurs d'Académie ;

6° Les inspecteurs des écoles primaires ;

7° Les archevêques, évêques et vicaires généraux ;

8° Les officiers de tous grades de l'armée de terre et de mer ;

9° Les intendants divisionnaires et les sous-intendants militaires ;

10° Les préfets maritimes ;

11° Les trésoriers payeurs généraux et les receveurs particuliers des finances ;

12° Les directeurs des contributions directes et indirectes, de l'enregistrement et des domaines ;

13° Les conservateurs et inspecteurs des forêts.

Art. 19. — (Correspondant à l'art. 23 de la commission.) Si, par décès ou démission, le nombre des sénateurs d'un département est réduit de moitié, il est pourvu aux vacances dans le délai de trois mois, à moins que les vacances ne surviennent dans l'année qui précède le renouvellement triennal.

Art. 23. — Si, par décès ou démission, le nombre des sénateurs d'un département est réduit de moitié, il est pourvu aux vacances, à moins que les vacances ne surviennent dans l'année qui précède le renouvellement triennal.

En cas de vacance par option, l'élection aura lieu dans le délai d'un mois.

A l'époque fixée pour le renouvellement triennal, il sera pourvu à toutes les vacances qui se seront produites, quel qu'en soit le nombre et quelle qu'en soit la date.

Art. 20. — (Correspondant à l'art. 24 de la commission.) L'élection des sénateurs parmi l'Assemblée nationale est faite en séance publique au scrutin de liste et à la majorité absolue. Après deux épreuves, il est procédé à un scrutin de ballottage entre les candidats qui ont obtenu le plus de suffrages en nombre double de ceux qui restent à élire.

Avant de procéder à l'élection, l'Assemblée nationale charge une commission nommée à raison de deux membres par bureau, de lui proposer une liste de candidats. Cette liste contient des noms en nombre égal à celui des sénateurs à élire plus une moitié en sus; elle est dressée par ordre alphabétique.

Le choix de l'Assemblée peut porter sur les candidats qui ne sont pas proposés par la commission.

Art. 24. — L'élection des sénateurs par l'Assemblée nationale est faite en séance publique, au scrutin de liste et à la majorité absolue. Après deux épreuves, il est procédé à un scrutin de ballottage entre les candidats qui ont obtenu le plus de suffrages en nombre double de ceux qui restent à élire.

Projet du Gouvernement.

Art. 21. — (Correspondant à l'art. 25 de la commission.) Maintenu par la commission.

Art. 22. — (Correspondant à l'art. 26 de la commission.) Maintenu par la commission.

Art. 23. — (Correspondant à l'art. 27 de la commission.) Sont aplicables à l'élection du Sénat toutes les dispositions de la loi électorale qui ne sont pas contraires aux dispositions de la présente loi.

DISPOSITION TRANSITOIRE

Art. 24. — (Correspondant à l'article 28 de la commission. Pour la première élection des membres du Sénat, la loi qui déterminera l'époque de la séparation de l'Assemblée nationale fixera la date à laquelle se réuniront les conseils municipaux pour choisir les délégués et le jour où il sera procédé à l'élection des sénateurs.

Quinze jours avant la réunion des conseils municipaux, il sera procédé par l'Assemblée nationale à l'élection des sénateurs dont la nomination lui est attribuée

Projet de la Commission.

Art. 25. — Lorsqu'il y a lieu de pourvoir au remplacement des sénateurs nommés en vertu de l'article 7 de la loi du 25 février 1875, le Sénat procède dans les formes indiquées par l'article précédent.

Art. 26. — Les membres du Sénat reçoivent la même indemnité que ceux de la Chambre des députés.

Art. 27. — Sont applicables à l'élection du Sénat toutes les dispositions de la loi électorale relatives :

1° Aux cas d'indignité et d'incapacité ;
2° Aux délits, poursuites et pénalités ;
3° Aux formalités du scrutin, en tout ce qui ne serait pas contraire aux dispositions de la présente loi.

DISPOSITIONS TRANSITOIRES

Art. 28. — Pour la première élection des membres du Sénat, la loi qui déterminera l'époque de la séparation de l'Assemblée nationale fixera la date à laquelle se réuniront les conseils municipaux pour choisir les délégués et le jour où il sera procédé à l'élection des sénateurs.

Quinze jours au moins avant la réunion des conseils municipaux, il sera procédé par l'Assemblée nationale à l'élection des sénateurs dont la nomination lui est attribuée.

Art. 29. — La disposition de l'article 22, par laquelle un délai de six mois doit s'écouler entre le jour de la cessation des fonctions et celui de l'élection, ne s'appliquera pas aux fonctionnaires autres que les préfets et les sous-préfets, dont les fonctions auront cessé, soit avant la promulgation de la présente loi, soit dans les huit jours qui la suivront.

SÉANCE DU JEUDI 24 JUIN 1875

Annexe n° 3115.

PROJET DE LOI ayant pour objet d'autoriser l'ouverture d'un crédit extraordinaire de 100,000 francs par addition au chapitre 19 du budget du ministère de l'intérieur (exercice 1875), pour venir en aide aux victimes de l'inondation présenté au nom de M le maréchal do Mac Mahon, duc de Magenta. Président de la République française, par M. Buffet, vice-président du conseil, ministre de l'intérieur, et par M. Léon Say, ministre des finances (urgence déclarée) (renvoyé à la commission du budget de 1875).

EXPOSÉ DES MOTIFS

Messieurs, une inondation terrible dévaste nos départements du Midi. — Des Pyrénées, de l'Ariège, de l'Aude, du Tarn, de Tarn-et-Garonne, de la Haute-Garonne, arrivent d'heure en heure les nouvelles les plus tristes : les chemins sont coupés, des ponts sont enlevés, quantité d'habitations ont été renversées et les récoltes sont perdues. Ce ne serait rien encore si nous n'avions à déplorer de nombreuses victimes.

Les autorités locales ont partout pris les mesures que commandaient les circonstances: mais il y a des misères qu'il faut immédiatement soulager.

Le crédit de 530,000 fr. ouvert au budget de 1875 pour secours aux établissements et institutions de bienfaisance est déjà employé. Ce crédit est d'ailleurs réparti annuellement entre tous les départements, l'administration centrale n'en a pas la libre disposition, et ce que nous venons vous demander, c'est un crédit extraordinaire qui permette au Gouvernement de venir en aide aux nécessités les plus pressantes, aux misères les plus intéressantes.

Réparti par décisions du ministre de l'intérieur entre les établissements de bienfaisance des localités les plus éprouvées, le crédit extraordinaire de 100,000 fr. que nous vous proposons d'inscrire au budget du ministère de l'intérieur, par addition au chapitre 19, serait distribué en secours alimentaires par des administrateurs dont le zèle intelligent et le dévouement charitable sont notoires.

Nous avons limité notre demande à la somme

de 100,000 fr., espérant rue cette somme sera suffisante ; s'il en état autrement, si nos prévisions étaient dépassées, vous ne refuseriez pas, nous en avons la confiance, de nous ouvrir de nouveaux crédits.

PROJET DE LOI

Art. 1er. — Il est accordé au ministre de l'intérieur, sur l'exercice 1875, un crédit extraordinaire de 100,000 fr., par addition au chapitae 19 du budget du ministère de l'intérieur. (Secours à des établissements et institutions de bienfaisance.)

Art. 2. — Il sera pourvu à cette dépense au moyen des ressources générales affectées au budget dudit exercice 1875.

Annexe n° 3116.

RAPPORT fait au nom de la commission du budget de 1875 (*) chargée d'examiner le projet de loi ayant pour objet d'autoriser l'ouverture d'un crédit extraordinaire de 100,000 fr. par addition au chapitre 19 du budget du ministère de l'intérieur (exercice 1875), pour venir en aide aux victimes de l'inondation, par M. Duclerc, membre de l'Assemblée nationale (urgence déclarée).

Messieurs, la commission du budget de 1875 vient de se réunir pour examiner la demande

de crédit qui vous a été soumise par M. le vice-président du conseil à l'ouverture de la séance.

Les motifs qui vous ont été exposés ne sont malheureusement que trop graves. Les inondations exercent dans les départements pyrénéens des ravages considérables.

Il n'y a pas un instant à perdre pour porter secours aux populations victimes du désastre.

Emus comme vous l'avez été en entendant M. le ministre, la commission eût volontiers augmenté le crédit qui vous est demandé. Mais elle a considéré que ce crédit a surtout le caractère d'une provision, et que, s'il est insuffisant, le Gouvernement réclamera les ressources qui seraient ultérieurement nécessaires.

En conséquence, elle vous propose de voter le crédit de 100,000 fr. qui vous est demandé.

PROJET DE LOI

Art. 1er. — Il est accordé au ministre de l'intérieur, sur l'exercice 1875, un crédit extraordinaire de 100,000 fr., par addition au chapitre 19 du budget du ministère de l'intérieur (Secours à des établissements et institutions de bienfaisance).

Art. 2. — Il sera pourvu à cette dépense au moyen des ressources générales affectées au budget dudit exercice 1875.

SÉANCE DU VENDREDI 25 JUIN 1875

Annexe n° 3117.

RAPPORT fait au nom de la commission du budget de 1875 (*) chargée d'examiner le projet de loi portant ouverture, sur l'exercice 1874, de crédits supplémentaires au budget du département des finances, par M. Mathieu-Bodet, membre de l'Assemblée nationale.

Messieurs, M. le ministre des finances demande qu'il lui soit ouvert, sur l'exercice 1874, six crédits supplémentaires s'élevant à la somme de 1,258,365 fr. 19.

Le premier, sur le chapitre 5 (Capitaux remboursables à divers titres. — Anuités diverses.)

Le crédit de 301,466 fr., porté dans le chapitre pour le service des annuités dues par suite du rachat par l'Etat de la concession du canal de Briare, ne comprenait pas l'annuité d'une demi-action attribuée à l'Etat par les décrets du 22 janvier 1852, qui avaient réuni au domaine les biens de la famille d'Orléans. Ces décrets ayant été abrogés par la loi du 21 décembre 1872, il y a lieu d'ajouter au crédit porté au budget primitif une somme de 5,142 fr. 44, montant de cette annuité.

(*) Cette Commission est composée de MM. Raudot, président; le comte Daru, vice-président; Bardoux, le vicomte de Rainneville, le comte Octave de Bastard, le baron de Ravinel, secrétaires; Pilchon, l'amiral de la Roncière Le Noury, le général Martin des Pallières, le duc d'Audiffret-Pasquier, Mathieu-Bodet, Léon Say, Villain, Gouin, Pelletreau-Villeneuve, Duclerc, Ancel, Vidal, Haentjens, Rouher, Benoît (Meuse), Bertauld, Wolowski, Pouyer-Quertier, le comte d'Osmoy, Rousseau, Cordier, Dauphinot, le général Valazé, Rouvroux.

ANNEXES. — T. XXXIX.

Le deuxième, sur le chapitre 13 (Intérêts de la dette flottante du Trésor).

Les intérêts de la dette flottante avaient été fixés, pour l'exercice 1874, par la loi de finances du 29 décembre 1873 à la somme de 28,060,000 fr. On sait qu'il est impossible de prévoir à l'avance, le montant exact des intérêts d'une dette aussi considérable et dont les éléments sont aussi variables.

Le déficit du budget de 1874, qui est d'environ 50 millions, a ajouté encore, pour cet exercice, une nouvelle cause d'accroissement des dépenses de trésorerie. Les dépenses de ce chef se sont élevées, pendant l'exercice 1874, à 28,355,000 fr. Il y a donc un déficit de 355,000 fr. Le projet de loi demande l'ouverture d'un crédit supplémentaire d'une somme égale.

Le troisième, sur le chapitre 55 (Enregistrement, domaines et timbre. — Dépenses diverses).

Le budget de 1874 avait prévu, pour les taxations sur le prix de la débite des papiers timbrés et sur le produit des passe-ports, une dépense de 270,000 fr.; cette dépense s'est élevée à 412,000 fr. Les taxations étant proportionnelles aux droits perçus, ont dû nécessairement augmenter en raison de l'accroissement des recettes faites, de ce chef, au profit du Trésor.

Le crédit supplémentaire de 150 fr. est donc complètement justifié.

Le quatrième, sur le chapitre 76 (Postes. — Subventions).

La subvention accordée, par les lois du 3 juillet 1861 et du 11 juillet 1866, à la compagnie des paquebots transatlantiques, pour le service des lignes de New York et des Antilles, était de 10.245.173 fr. Une convention ultérieure, du 16 février 1868, approuvée par la loi du 26 juillet suivant, alloua, en outre, à cette compagnie, pour le même service, une subvention éventuelle destinée à assurer aux actions sociales un intérêt annuel de 5 p. 100, sans que cependant cette subvention pût, en aucun cas, s'élever annuellement au-dessus de 2 millions.

Un autre traité, en date du 16 décembre 1873, a annulé celui du 16 février 1868.

La compagnie a renoncé à la subvention éventuelle à l'expiration d'un délai de sept mois, après la ratification officielle de la dernière convention.

La commission spéciale, constituée conformément à l'article 6 du traité du 16 février 1868, a procédé à la vérification de la comptabilité de la compagnie, et il est résulté de cette vérification que l'insuffisance des bénéfices sociaux donnait à la compagnie concessionnaire le droit de réclamer la subvention éventuelle jusqu'au 31 août 1874, c'est-à-dire une somme de 1,333,333 fr. 33 c.

Le règlement du reliquat de cette subvention a soulevé une question d'interprétation de traité que nous devons faire connaître.

La convention du 16 décembre 1873 portait que la subvention éventuelle stipulée au profit de la compagnie par le contrat de 1868 continuerait à lui être acquise pendant un délai de sept mois, à partir de la ratification officielle de la dernière convention.

Cette convention a été ratifiée par la loi du 22 janvier 1874, promulguée le 1ᵉʳ février suivant.

La ratification résulte-t-elle de la loi approbative du 22 janvier 1874, ou seulement de la promulgation de cette loi? Telle était la question à résoudre.

La commission spéciale a pensé que la ratification n'est devenue effective que par la promulgation de la loi; par conséquent, que le délai de sept mois n'a commencé à courir que le 1ᵉʳ février 1874.

L'administration des finances a accepté cette interprétation. Nous sommes également de cet avis. Ce n'est que par sa promulgation que la loi du 22 janvier est devenue obligatoire. La subvention a donc continué à courir au profit de la compagnie jusqu'au 31 août 1874. Elle était due, en outre, pour le mois de janvier 1874. Elle s'est élevée, pour les huit mois, à la somme de 1.333.333 33

Il y a un reste disponible, sur le crédit du chapitre 76, de 965.128 58

L'insuffisance, par suite, est réduite à la somme de 368.204 75

C'est cette somme qui fait l'objet du 4ᵉ crédit supplémentaire dont l'ouverture est demandée par M. le ministre des finances.

Le cinquième, sur le chapitre 79. (Remboursements et restitutions. — Répartitions de produits d'amendes, saisies et confiscations attribués à divers).

Article premier. (Contributions directes). — Le crédit accordé par le budget primitif pour le payement des amendes attribuées à divers a été insuffisant, le chiffre des recettes ayant été plus considérable que dans les années précédentes; c'est, du reste, l'effet prévu de la réforme qui a substitué les percepteurs des contributions directes aux receveurs de l'enregistrement pour le recouvrement des amendes. Il en est résulté que la part attribuée aux divers bénéficiaires, dans la répartition du produit, a été élevée à une somme plus considérable que celle qui avait été prévue; il y a eu, par suite, une insuffisance de crédit qui s'élève à 150,000 fr.

Art. 4. (Contributions indirectes). — Le crédit primitif, porté au budget de 1874 et accordé par la loi de finances du 29 décembre 1873, pour les prélèvements et les répartitions sur le produit des amendes et confiscations, était de. 3.500.000

Il a été augmenté par un premier crédit supplémentaire, accordé par décret du 10 novembre 1874, de 1.000.000

Ce qui porte le crédit total déjà ouvert pour cet objet, à 4.500.000

Mais ce crédit est encore insuffisant. Le montant des dépenses déjà constatées s'élève à 4.662.312

ce qui constitue un déficit de 162.312

Des liquidations arriérées peuvent encore se produire; dans cette prévision, le ministre des finances demande que le nouveau crédit supplémentaire soit de 170,000 fr.

La création des impôts nouveaux sur les allumettes, les papiers, la chicorée, les huiles, les savons, la bougie; les dispositions de la loi du 21 juin 1873, qui ont assujetti le transport des spiritueux à des formalités nouvelles; le droit accordé à tous les agents de l'administration des finances et aux gendarmes de verbaliser en cas de contravention aux lois relatives à la circulation des boissons; un contrôle plus sévère, une surveillance plus active dans tout le service des contributions indirectes, expliquent l'augmentation du produit des amendes et confiscations, et, par suite, l'accroissement des sommes attribuées aux agents.

Le nouveau crédit supplémentaire de 320,000 fr. sur les articles 1ᵉʳ et 4 du chapitre 79 ne peut être contesté.

Le sixième, sur le chapitre 81 (Escomptes sur divers droits).

Le crédit alloué par la loi de finances du 29 décembre 1873, pour les escomptes sur le droit de fabrication des sucres indigènes et sur les nouveaux droits applicables au papier, aux allumettes et à la chicorée, était de 400.000

Un crédit supplémentaire a été accordé par le décret du 10 novembre 1874, de 100.000

Les deux crédits s'élevant à 500.000

sont encore insuffisants, car le montant des escomptes payés au 31 décembre dernier est de 560.000

D'où résulte un déficit de 60.000

qui fait l'objet du sixième crédit supplémentaire demandé par M. le ministre des finances.

L'escompte de 3 p. 100 sur les droits dont il s'agit a été supprimé par la loi du 15 février 1875.

L'ouverture des six crédits supplémentaires ne peut faire l'objet d'aucune contestation. La commission du budget propose, en conséquence, d'approuver le projet de loi suivant:

PROJET DE LOI

Art. 1ᵉʳ. — Il est accordé au ministre des finances, sur l'exercice 1874, en augmentation des crédits ouverts par la loi du 29 décembre 1873 pour les dépenses du budget de son département, des crédits montant à la somme de 1 million 258,365 fr. 19 sur les chapitres suivants:

Capitaux remboursables à divers titres.

Chapitre 5. — Annuités diverses.	5.160.44
Chapitre 12. — Intérêts de la dette flottante du Trésor.........	355.000 »

Enregistrement, domaines et timbre.

Chapitre 55. — Dépenses diverses..........	150.000 »

Postes.

Chapitre 76. — Subventions...... 368.204 75

Remboursements et restitutions.

Chapitre 79. — Répartitions de
produits d'amendes, saisies et confiscations attribuées à divers......   320.000 »
Chapitre 81. — Escomptes sur
divers droits...................   60.000 »

Art 2.— Il sera pourvu à ces suppléments de
crédits au moyen des ressources générales du
budget de l'exercice 1874.

Annexe n° 3118.

PROPOSITION DE LOI tendant à abroger la loi
du 2 août 1872, sur les bouilleurs de cru, présentée par MM. Ganivet, André (Charente),
de Champvallier, Boffinton, Marchand, le baron
Eschassériaux, Roy de Loulay, le baron Vast-
Vimeux, Rivaille, Arthur Legrand, le marquis
de Dampierre, Viennet, Félix Dupin, de Grasset, Vitalis, Dumon, le vicomte de Rodez-Bénavent, le marquis de Valfons, de Tarteron, le
marquis de Francliou, Le Prévost de Launay,
Baragnon, Cazeaux, Édouard Martell, le comte
d'Abbadie de Barrau, Boreau-Lajanadie, Mathieu-Bodet et le comte de Tréville, membres
de l'Assemblée nationale.

Messieurs, la loi du 2 août 1872, qui a soumis
les propriétaires bouilleurs de cru aux rigueurs
de l'exercice, a été présentée à l'Assemblée nationale comme une mesure nécessaire pour éviter
les fraudes fiscales et pour assurer la perception
de l'impôt qui grève les alcools ; elle a été votée
malgré la vive opposition des représentants viticoles et producteurs de cidre qui la combattaient
au nom du respect dû au droit de propriété et qui
affirmaient qu'elle ne procurerait au Trésor aucune augmentation de recettes.

Plus de deux années sont actuellement écoulées depuis que cette loi a reçu son application ;
on peut donc en constater les effets, et il est permis de dire qu'ils sont négatifs au point de vue
du but que ses auteurs s'étaient proposé.

Nous avons vu partout un grand nombre de
propriétaires tenus en état de suspicion et traités comme des fraudeurs sans que leur honorabilité puisse les protéger contre les soupçons dont
ils sont l'objet.

Ils ne peuvent échapper aux imputations les
plus pénibles, et ils se trouvent ainsi atteints
dans leur considération et dans leur dignité.

Nous voyons des propriétaires, justement alar-
més, renoncer à distiller leurs vins et leurs
cidres pour ne pas s'exposer aux rigueurs fiscales, abandonnant ainsi un mode d'exploitation
des vignobles qui, consacré par des usages séculaires, tend cependant à disparaître pour faire
place à une sorte de monopole au profit des
bouilleurs de profession.

Le propriétaire est donc doublement frappé,
dans sa personne et dans ses intérêts. On comprend, par conséquent, que cette loi soit odieuse
aux populations, et la rigueur qui préside à
son application n'est pas de nature à adoucir
leurs impressions.

Au point de vue du Trésor, cette loi ne donne
aucun accroissement appréciable dans les recettes de l'impôt ; il n'en peut être autrement, car
ce n'est pas dans les exploitations rurales et
agricoles que la fraude s'organise et s'accomplit. Le seul résultat obtenu par l'État a été
la création de nombreux emplois dans l'administration des contributions indirectes, emplois qui, en augmentant le personnel déjà si
considérable des fonctionnaires, ajoutent encore
à la dépense si énorme de nos budgets.

Nous pensons que le moment est venu de rendre à la propriété son ancienne liberté ; en conséquence, nous avons l'honneur de proposer à
l'Assemblée la proposition de loi suivante.

PROPOSITION DE LOI

Article unique. — La loi du 2 août 1872, qui a
soumis les propriétaires bouilleurs de cru à
l'exercice et à la législation applicable aux bouilleurs de profession, est abrogée.

Annexe n° 3119.

RAPPORT fait au nom de la commission (*)
chargée d'examiner le projet de loi sur l'enseignement élémentaire pratique de l'agriculture, par M. Besnard, membre de l'Assemblée
nationale.

Messieurs, l'agriculture est assurément la
source de production qui contribue le plus puissamment à la richesse et à la prospérité de la
France, celle qui paye la plus large part d'impôts
et dont les développements seraient les plus féconds si les encouragements qu'elle reçoit n'é-
taient pas donnés avec une regrettable parcimonie, ce qui ne l'a pas jusqu'alors défendue contre des réductions toujours prêtes à se renouveler.

L'institution des fermes-écoles a plusieurs fois
souffert de leur atteinte. Ainsi, dès 1871, l'une de
vos commissions du budget exprimait le désir de
voir introduire des réformes dans leur organisation, en vue surtout d'exonérer l'État d'une partie des dépenses qu'elles lui occasionnent ; afin
d'engager l'administration à entrer dans cette
voie, elle proposait une réduction de 100,000 fr.
sur le crédit affecté à l'entretien de ces établissements.

La commission du budget de 1875, faisant à son
tour subir une nouvelle réduction de 100,000 fr.
à ce crédit, demandait que, dans un avenir prochain, la totalité de la dépense fût laissée aux
départements, sauf, disait-elle, au Gouvernement à seconder, à encourager par des subventions les efforts ayant pour but d'entretenir
ou de développer l'enseignement des fermes-
écoles.

Le Gouvernement s'est ému de la vivacité de
ces attaques, et pour défendre contre elles, à l'a-
venir, une institution d'une incontestable utilité,
il a soumis à votre examen un projet de loi offrant, d'une manière générale, les dispositions
nouvelles dont le temps et l'expérience ont prouvé la nécessité et qui répondent aux besoins de
l'heure présente.

Votre commission, messieurs, adoptant dans
son ensemble l'esprit de ce projet, a cru néanmoins nécessaire d'en modifier sur certains
points le caractère, et, à cet égard, elle s'est
tenue plus rapprochée des idées émises dans
l'exposé des motifs que des dispositions législatives trop absolues qui y font suite.

Avant d'aborder l'étude de ce projet, il ne
nous a pas paru hors de propos de donner un
aperçu de la part faite, jusqu'à ce jour, à l'enseignement élémentaire pratique de l'agriculture en France. Il n'a été établi que longtemps

(*) Cette Commission est composée de MM. le comte de
Bouillé, *président* ; Méplain, *secrétaire* ; Tassereau de Bort,
Besnard, de Colombet, Malézieux, de Tillancourt, Gailloher,
Reymond (Loire), Dupont, Lévèque, Johnssari, le baron
Chaurand, le baron de Vinols, de La Bicotière.

après l'enseignement secondaire ; ainsi, la création de l'institut de Roville remonte à 1822, celle de Grignon à 1821, de Grandjouan à 1830, tandis que l'installation de la première ferme-école ne date que de 1837. A partir de cette époque et jusqu'en 1847, il s'en fonda neuf : dix furent instituées dans le courant de cette année et deux dans les premiers mois de 1848, ce q i porta leur nombre à vingt et une.

Telle était la situation lorsque, le 3 octobre 1848, l'Assemblée constituante vota la loi qui organisait dans son ensemble l'enseignement de l'agriculture.

Nous rappellerons ici les articles de cette loi qui ont trait à notre sujet :

« Art. 1er. — L'enseignement professionnel de l'agriculture se divise en trois degrés.

« Il comprend :

« Au premier degré, les fermes-écoles, où l'on reçoit une instruction élémentaire pratique ;

« Au deuxième degré, les écoles régionales, où l'instruction est à la fois théorique et pratique ;

« Au troisième degré, un institut national agronomique. qui est l'école normale supérieure d'agriculture.

« Art. 2. — L'enseignement professionnel de l'agriculture est aux frais de l'Etat dans ses différents degrés.

« Des fermes-écoles.

« Art. 3. — La ferme-école est une exploitation rurale conduite avec habileté et profit et dans laquelle des apprentis, choisis parmi les travailleurs et admis à titre gratuit, exécutent tous les travaux, recevant, en même temps qu'une rémunération de leur travail, un enseignement agricole essentiellement pratique.

« Art. 4. — Dans chacun des départements de la République, il sera établi d'abord une ferme-école. Cette organisation sera successivement étendue à chaque arrondissement.

« Art. 5. — Les traitements et gages du personnel enseignant sont payés par l'Etat. L'Etat prend aussi à sa charge le prix de la pension, qui, joint au travail des élèves, est alloué au directeur pour l'indemniser des dépenses de nourriture et autres occasionnées par l'admission des apprentis.

« Art. 6. — Chaque année, le Trésor distribue aux fermes-écoles des primes. Elles sont réparties à titre de pécule, tous les ans, sur la tête de chaque enfant, suivant son mérite ; mais elles ne sont remises à chacun qu'à la fin de son apprentissage. »

Il résulte de ce texte que la ferme-école a pour objet principal l'apprentissage de l'ouvrier rural. c'est-à-dire qu'elle doit former des travailleurs habiles, des contre-maîtres agricoles, des petits fermiers et des métayers.

Les circonstances favorisèrent l'exécution de cette loi. Des fermes-écoles s'ouvrirent de tous côtés. En 1850, 70 établissements renfermant 1,135 apprentis étaient en exercice. Parmi les départements où il n'en a point été fondé, se trouvent ceux où la culture est la plus florissante, les départements d'Eure-et-Loir, de Seine-et-Marne, de la Seine-Inférieure, etc. Depuis, l'expérience a prouvé que plusieurs de ces créations avaient été trop précipitées, et la suppression successive des établissements reconnus inutiles a réduit le nombre des fermes-écoles à 47 en 1872 : aujourd'hui il n'y en a plus que 33. Il est à souhaiter qu'elles soient maintenues, et, si leur suppression devenait nécessaire, que les ressources qui en résulteraient fussent employées tant à améliorer la situation de celles que l'on aurait conservées qu'à créer d'autres institutions plus en harmonie avec les besoins des populations.

Avec la proposition de loi émanant du Gouvernement, nous avons examiné deux projets assez semblables, l'un présenté par l'inspection générale de l'agriculture et l'autre par le conseil général de l'Isère, puis les vœux émis par un grand nombre de chambres consultatives, de sociétés d'agriculture et, en particulier, par la société des agriculteurs de France. Enfin, votre commission a adopté dans ses parties essentielles un contre-projet, déjà discuté par la réunion des agriculteurs de l'Assemblée nationale, et dû à M. Gallicher. Nous passerons en revue ces divers documents, après avoir résumé les renseignements fournis par le ministère de l'agriculture sur le rôle des fermes-écoles depuis leur origine, sur leur situation actuelle et sur ce qui a été réalisé ou est encore en projet pour leur amélioration.

Nous remarquons dans ces notes que 9,317 élèves ont fréquenté les fermes-écoles et embrassé les carrières suivantes :

1° Cultivateurs, propriétaires, fermiers ou métayers	2.992
2° Régisseurs, contre-maîtres, maîtres valets	765
3° Jardiniers, maraîchers, horticulteurs, pépiniéristes	845
4° Draineurs, irrigateurs, fabricants de tuyaux	46
5° Aides agricoles, vachers, porchers, laboureurs	841
6° Fabricants d'instruments, forgerons, distillateurs, boulangers	96
7° Géomètres-arpenteurs	5
8° Agents-voyers, chefs cantonniers, cantonniers	22
9° Gardes forestiers, gardes champêtres	16
10° Comptables agricoles	29
11° Banquiers, négociants en grains, marchands de vins, courtiers, marchands d'engrais	39
12° Officiers ou sous-officiers	29
13° Soldats, gendarmes, douaniers	383
14° Professions libérales, directeurs de fermes, médecins	38
15° Facteurs ruraux et employés du télégraphe	23
16° Instituteurs et inspecteurs primaires	81
17° Vétérinaires	15
18° Prêtres et frères des écoles chrétiennes	9
19° Employés de chemin de fer et d'administration	90
20° Professions diverses, non agricoles	393
21° Renvoyés pour cause d'insubordination	169
22° Décédés ou perdus de vue	2.372
23° Admis dans les écoles d'agriculture	19
Total	9.317

Il ressort de ce tableau que presque tous ces jeunes gens ont suivi la profession agricole ou des professions qui s'en rapprochent, quoique les parents d'un certain nombre d'entre eux fussent adonnés à des occupations n'ayant pas trait à l'agriculture. D'autre part, le résumé des rapports présentés en 1872 par les inspecteurs généraux nous montre que sur les 33 fermes-écoles actuellement existantes, 22 sont dirigées par les propriétaires et 11 par des fermiers. Plusieurs de ces établissements ont obtenu la prime d'honneur et 13 des directeurs sont d'anciens élèves des écoles de Roville, Grignon, Grandjouan, la Saussaie ou Versailles.

Les 33 fermes-écoles comptent en totalité 862 élèves, soit en moyenne 26 par établissement. La durée des études est de trois ans dans 15 fermes et de deux ans dans les autres, ainsi que cela existait à l'origine.

La dépense normale de chaque ferme-école établie sur les bases de la loi de 1848 est annuelle.

nuellement de 184,00 fr. qui se décomposent de la manière suivante :

Personnel enseignant :

	3ᵉ classe.	2ᵉ classe.	1ʳᵉ classe.
Directeur............	2.400	2.400	2.400
Surveillant comptable.	1.000	1.200	1.500
Jardinier............	1.000	1.200	1.500
Chef de pratique....	1.000	1.100	1.200
Vétérinaire..........	500	600	800
	5.900	6.500	7.400

Moyenne..........	6.600
Trente apprentis à 270.....	8.100
Primes de sortie de 200 à 300.	3.500
	18.200

L'application du projet de loi tendant à créer des écoles pratiques d'agriculture intermédiaires entre les fermes-écoles et les écoles nationales d'enseignement supérieur de Grignon, Grand-Jouan et Montpellier, donnerait lieu aux dépenses suivantes :

Personnel enseignant.

	1ʳᵉ classe.	2ᵉ classe
Directeur............	2.600	3.000
1 maître de mathématique et géographie, arpentage, dessin......................	1.700	2.000
1 maître de sciences naturelles, physique, chimie, aboriculture, horticulture	2.000	2.000
1 chef de pratique........	1.500	2.000
1 vétérinaire.............	600	1.000
	10.100	12.000

Moyenne..................	11.050
4 bourses et 4 demi-bourses. ..	2.520
2 primes de sortie..............	700
	14.200

Dans cette hypothèse le département devrait fournir aussi 4 bourses et 4 demi-bourses........................ 2.520
Deux primes de sortie........ 700
Plus pour fournitaires scolaires........ 2.000
                                        5.220

L'économie pour l'État serait de 4,000 fr. par établissement. Elle serait plus considérable si le département créait un plus grand nombre de bourses.

Enfin, l'enquête faite par la commission sur le projet de loi en discussion a donné lieu à l'envoi de 222 rapports émanant des sociétés d'agriculture, des comices et des chambres consultatives. Sur cet ensemble, 68 repoussent le projet et réclament le maintien de la loi de 1848, 47 l'approuvent sans modifications et 107 avec modifications; 100 rapports veulent le maintien de la gratuité.

En général, les pays où la culture est peu avancée demandent le maintien des fermes-écoles; les autres contrées ont une opinion différente et préféreraient des écoles moyennes; cependant, le département de Seine-et-Oise insiste sur la nécessité de créer de nouvelles fermes-écoles dans les pays de grande culture, pour y former des contre-maîtres, dont le besoin se fait sentir dans les exploitations importantes des environs de Paris et du nord de la France.

Quelquefois dans un même département les avis se sont contradictoires; aussi votre commission s'est-elle surtout attachée à l'opinion des réunions agricoles qui depuis plusieurs années ont étudié cette question, ainsi que l'a fait la société des agriculteurs de France dont nous reproduisons ici les vœux :

1° Que les fermes-écoles actuellement existantes continuent à être régies d'après les dispositions de la loi du 3 octobre 1848; que, toutefois, les primes de sortie ne puissent être accordées qu'aux élèves dignes du certificat d'apprentissage;

2° Que l'administration soit dotée de moyens suffisants pour améliorer la position du personnel enseignant des fermes-écoles et le régime de ces établissements;

3° Que la loi nouvelle, ainsi que le comporte le projet, autorise la création d'écoles moyennes d'agriculture ;

4° Que l'engagement de se vouer pendant dix ans à l'enseignement public, prévu par la loi du 15 mars 1850 puisse être réalisé par les instituteurs brevetés et par les professeurs de l'université, dans les établissements d'enseignement professionnel agricole, et que les professeurs et maîtres desdits établissements jouissent à cet égard des mêmes immunités que les instituteurs et professeurs de l'Université;

5° Qu'il ne soit pris aucune mesure qui tendrait à placer les nouvelles écoles d'agriculture et les anciennes fermes-écoles dans les attributions des conseils généraux, et qui ferait dépendre l'existence de ces établissements de votes annuels des assemblées départementales.

L'inspection générale de l'agriculture, frappée de ce fait que le manque d'agents intelligents et instruits a été jusqu'à ce jour le plus grand obstacle au développement des progrès agricoles en France, en rendant difficile l'intervention si nécessaire du propriétaire et du capitaliste dans l'exploitation du sol, avait soumis à M. le ministre de l'agriculture en 1873 une proposition de loi dans le but de favoriser le premier degré de l'enseignement professionnel agricole et de fournir à l'agriculture des agents plus instruits et mieux préparés que ceux formés actuellement dans les fermes-écoles.

Cette proposition est ainsi conçue:

« Article 1ᵉʳ. — A dater de la promulgation de la présente loi, cinq cents admissions gratuites seraient chaque année accordées au concours dans les différentes fermes-écoles aux jeunes soldats qui auront accompli deux années de service sous les drapeaux.

« Art. 2. — Les jeunes soldats en apprentissage dans les fermes-écoles seront considérés comme en disponibilité de l'armée active et soumis à des exercices dans l'intérieur de l'école.

« En temps de guerre ils pourront être rappelés sous les drapeaux.

« Art. 3. — La durée de l'apprentissage est fixée à deux années, à l'expiration desquelles, les jeunes soldats qui auront obtenu le certificat de capacité passeront dans la réserve de l'armée active.

« Art. 4. — Les apprentis qui n'auraient pas obtenu le certificat de capacité, ou qui auraient été expulsés de la ferme-école, seront mis à la disposition de l'autorité militaire pour satisfaire aux obligations de la classe à laquelle ils appartiennent, conformément aux prescriptions de la loi du 27 juillet 1872 (art. 21 et 25).

« Art. 5. — Les examens d'admission à la ferme-école et les examens de sortie auront lieu en présence d'un jury nommé par arrêté du ministre de l'agriculture et du commerce. »

Ce projet, vivement combattu par M. le ministre de la guerre, n'a pas été adopté par la commission; elle a pensé qu'il s'allierait difficilement avec l'organisation nouvelle de l'enseignement agricole et qu'il ne répondrait pas complètement à l'ensemble des besoins auxquels doivent satisfaire les fermes-écoles.

M. le marquis de Virieu nous ayant également adressé un extrait du procès-verbal des délibérations du conseil général du département de l'Isère qui appuie le projet de l'inspection et en est en quelque sorte le commentaire, nous avons jugé opportun d'en reproduire ici les passages principaux : « Les apprentis qui sortent de l'école à dix-sept ou dix-huit ans retrouvent pour la plupart dans leurs familles la routine traditionnelle imposée par l'autorité paternelle... Ils sont trop jeunes pour être mis à la tête d'un train de grande culture, ou pour être employés comme régisseurs... Il en serait autrement si les bourses des fermes-écoles étaient données par voie de concours aux jeunes gens qui auraient fait deux années de service sous les drapeaux et qui prendraient l'engagement de se vouer pendant dix ans au moins aux travaux des champs.

« Au sortir de l'école, ces élèves, âgés de vingt-cinq ans, inspireraient une confiance qu'on ne peut demander pour les enfants et seraient recherchés par les grands propriétaires. »

Ces observations sont très-justes, assurément ; mais elles ne tiennent pas suffisamment compte de l'intervalle qui séparera la sortie de l'élève de l'école primaire de son entrée à la ferme-école, et par suite de l'oubli du peu qu'il aura appris, ainsi que de la difficulté qu'il rencontrera à se remettre à l'étude, après six ou sept années consacrées à des occupations purement manuelles.

Votre commission a pris en considération la proposition de M. de Tillancourt, tendant à introduire l'étude et la pratique de la pisciculture dans les fermes-écoles et décidé qu'elle recevrait son exécution lorsque la situation de ces établissements dans le voisinage d'un cours d'eau le permettrait.

« Il est regrettable de voir, en effet, la pisciculture, qui a pris naissance en France, y être aujourd'hui presque abandonnée lorsque les autres nations d'Europe lui ont donné un développement considérable et en retirent une nouvelle augmentation de leurs ressources alimentaires.

« Il suffit, pour s'en faire une idée, de savoir que l'Angleterre, depuis qu'elle a développé la pisciculture, trouve annuellement dans ses eaux douces pour plus de 200 millions de francs de poissons ; nous n'obtenons pas la centième partie de ce produit de nos deux cents rivières d'une étendue bien plus considérable et dont la longueur dépasse 15,000 kilomètres.

« En Hollande, depuis que l'élevage du poisson a été pratiqué sur une vaste échelle, le prix de la location des pêcheries s'est accru dans d'énormes proportions. Ces renseignements sont puisés dans les rapports intéressants de M. Bouchon-Braudely, secrétaire adjoint du collège de France, sur les missions spéciales qui lui ont été confiées par notre Gouvernement.

« Il a été étudier sur place les établissements de pisciculture que tous les États de l'Europe ont installés en profitant des indications parties de la France.

« Il a constaté que ces établissements sont rattachés partout à l'agriculture, en Suisse, en Bavière, en Autriche comme en Angleterre, en Hollande ; c'est là assurément l'une des causes principales de leur succès.

« Nos malheurs nous ont ravi l'établissement de Huningue, installé à grands frais, mais dont les services furent loin de répondre aux dépenses énormes de sa création.

« Aujourd'hui, il faut éviter de renouveler les fautes dont l'expérience a fait ressortir l'étendue, et pour atteindre ce but, confier la pisciculture aux soins de ceux qui pratiquent l'agriculture.

« La dépense de l'installation dans les écoles situées près d'un cours d'eau convenable, et celle de l'enseignement qui y serait donné, serait très-minime, car les bâtiments et les bassins existants suffiraient presque partout, et l'un des professeurs actuels, ajoutant cette spécialité à celles dont il est chargé aujourd'hui, une légère indemnité suffirait pour sa rémunération. »

L'administration aurait à faire une enquête, afin de connaître les établissements qui possèdent les eaux convenables pour recevoir des pareils de pisciculture.

Il serait nécessaire aussi, pour que cette organisation nouvelle portât tous ses fruits, que la police des cours d'eau fût mieux faite et la répression du braconnage plus sévère.

Après l'examen de ces divers documents, la commission, repoussant les principaux articles du projet qui lui est soumis, a décidé qu'elle prendrait pour base de ses délibérations le maintien du projet de loi du 3 octobre 1848, et qu'elle le compléterait par quelques dispositions nouvelles.

Lors de la promulgation de cette loi, les préférences du public s'étaient portées vers les fermes-écoles et l'institut agronomique ; quant aux fermes régionales, dont l'existence était antérieure, elles avaient vu diminuer le nombre de leurs élèves, quoiqu'il n'eût jamais été bien considérable.

Les sujets les plus instruits les abandonnaient pour l'école supérieure, et la situation de ces établissements eût été plus amoindrie encore si l'école de Versailles, si vivement regrettée alors et si ardemment désirée depuis, n'eût été supprimée. Sa disparition fit immédiatement relever le niveau de l'enseignement dans les écoles régionales, et Grignon, en particulier, prit un développement qu'il n'avait jamais connu.

Le corps enseignant, nous nous empressons de lui rendre cette justice, s'affranchit de ses programmes trop étroits et fit tous ses efforts pour conquérir le rang de l'école qui venait de disparaître.

Il en résulta de fait, que la distance entre les fermes-écoles et les écoles régionales fut plus grande, et que le jour où les fermiers de la moyenne culture et les petits propriétaires exploitant par eux-mêmes, vu lesquels ces derniers établissements avaient été créés, perdirent leurs préventions contre l'enseignement agricole, ils ne trouvèrent plus les écoles qui leur convenaient.

La minorité de votre commission avait donc pensé que, dans la circonstance présente, les dispositions de la loi de 1848 étaient assez larges pour permettre au ministre de l'agriculture de créer, sous le même nom, ou sous un nom nouveau, des écoles régionales différentes des anciennes, et organisées pour répondre aux demandes qui se sont produites, et qu'il n'était pas nécessaire pour cela d'une loi nouvelle.

Le ministère était déjà entré dans cette voie ; ainsi, dans le département de la Meuse, la ferme des Merchines ne reçoit plus que des élèves payant pension.

La ferme-école des Vosges et celle d'Indre-et-Loire imitent les Merchines. Dans la Haute-Loire, les frères maristes ont 50 élèves payants sur 80.

Il semblait aux partisans de l'opinion que nous avons citée, qu'il suffisait d'installer un petit nombre d'écoles nouvelles que l'on est convenu d'appeler écoles pratiques d'agriculture, pour donner satisfaction aux désirs exprimés, et ce qui les confirmait dans cette pensée, c'est que, dans la région du Nord, existe déjà, dû à l'initiative privée, l'institut agricole des frères de la doctrine chrétienne de Beauvais, qui fonctionne à côté d'un grand établissement d'instruction primaire et secondaire professionnelle, que, dans l'Ouest le collège de Pontivy s'est annexé la ferme-école du Grand-Resto, où quarante de ses élèves vont suivre des cours et se livrer à des exercices pratiques.

La majorité de votre commission, au contraire, tout en demandant le maintien de la loi de 1848, a été d'avis d'ajouter à cette loi quelques articles pour assurer la surveillance et le perfectionnement des institutions anciennes et récentes.

La divergence d'opinion n'existant que sur ce point, l'accord n'a pas tardé à se faire, et, cette base adoptée, la commission entière a pris comme point de départ pour la discussion des articles, l'amendement de M. Gallicher, dont la discussion essentielle a précisément trait au contrôle de l'enseignement.

Pour éviter une confusion d'attributions entre les ministres de l'instruction publique et de l'agriculture, la commission a écarté l'article 1er du contre-projet demandant que des notions d'agriculture fussent données dans les écoles primaires. L'Assemblée, d'ailleurs, a été saisie d'un projet de loi sur cette matière.

Reconnaissant que les occupations des inspecteurs généraux ne leur permettent pas une surveillance assez complète des fermes-écoles, la commission pense qu'il est utile de leur adjoindre un comité composé d'un professeur de sciences, de deux notabilités agricoles, nommés par le ministre, et de trois conseillers généraux désignés par leurs collègues. Ce comité donnera son avis sur la composition des programmes et l'inspecteur de la région trouvera auprès de lui des renseignements sur les besoins de la circonscription où est située la ferme. Cette organisation permettrait d'appeler les inspecteurs généraux à l'examen des écoles situées dans une région autre que celle où ils exercent ordinairement leurs fonctions. Ils pourraient ainsi porter à la connaissance des comités les améliorations réalisées dans les établissements situés sur d'autres points de la France, et provoquer par ce moyen d'utiles réformes.

Les examens d'entrée et de sortie auront lieu sous la surveillance de ce comité. Composé de membres qui, pour la plupart, malgré leur haute instruction, auront depuis longtemps perdu de vue les méthodes d'enseignement et les procédés pédagogiques, il ne saurait empiéter sur des attributions qui conviennent surtout au corps enseignant et il appellera le directeur et les professeurs pour l'interrogation des élèves.

Ce comité éclairera le ministre sur les modifications qu'il est possible d'introduire dans les fermes-écoles. Quant à la proposition de fixer un délai pour la transformation des établissements, elle a été écartée, leur désorganisation d'abord et ensuite la disparition d'un grand nombre auraient été la conséquence de cette mesure.

En résumé, l'institution des fermes-écoles est maintenue dans les conditions où elle a été placée par la loi de 1848 et avec le contrôle du comité de surveillance dont il vient d'être parlé.

Le pécule, désigné sous le nom de prime de sortie, ne sera, à l'avenir, accordé qu'aux élèves ayant obtenu le brevet de capacité ; ce brevet leur donnera droit au bénéfice du volontariat d'un an. En leur accordant cette faveur, la commission a voulu les placer sur le même rang que les élèves des écoles des arts et métiers. M. le ministre de la guerre y a mis deux conditions qui ont pris place dans le projet de loi : l'obligation de faire exécuter aux élèves certains exercices militaires et d'admettre un officier dans le jury qui présidera aux examens de sortie.

Votre commission a voulu ainsi, par son projet de loi, rendre possible la création d'un enseignement professionnel, approprié à la classe si nombreuse des petits cultivateurs, dans ceux de nos départements où l'instruction primaire est la plus avancée. Elle a pensé que cet enseignement pourrait être donné dans les écoles du genre de celles que l'on nomme en Europe « écoles moyennes, » où les élèves entrent généralement plus jeunes qu'on les reçoit en France dans les fermes-écoles. L'emploi du temps y est divisé en deux portions à peu près égales : l'une est consacrée à un enseignement primaire supérieur dans lequel les sciences naturelles entrent pour une grande part ; l'autre se passe à des travaux exécutés sur la ferme annexée à l'établissement ;

ces nouvelles institutions prendraient le nom « d'écoles pratiques d'agriculture, » et seraient établies pour un ou plusieurs départements, sur une exploitation gérée aux risques et périls de l'exploitant.

Le choix du domaine serait fait par le ministre de l'agriculture, après avoir pris l'avis du conseil général ou des conseils généraux intéressés, qui auraient à s'imposer les sacrifices nécessaires à l'installation matérielle de ces établissements. Ce domaine devrait être, autant que possible, placé dans le voisinage d'une ville importante, pour en permettre l'accès aux visiteurs, et dans les conditions qui rappellent le mieux l'ensemble de la production agricole de la contrée.

L'État prendrait à sa charge la rétribution du personnel dirigeant et enseignant ainsi que les fournitures scolaires.

Les élèves payeraient une pension dont le prix serait fixé par le ministre de l'agriculture, pour chaque école ; l'État, les départements et les communes pourraient, en outre, y entretenir des boursiers.

Il n'y aurait pas de pécule de sortie ; mais les élèves ayant obtenu le brevet de capacité auraient droit au volontariat d'un an. Ces écoles seraient également soumises au contrôle du comité de surveillance.

Votre commission a conservé l'article du projet du Gouvernement, qui donne aux instituteurs brevetés et aux professeurs de l'université la faculté de réaliser dans les fermes-écoles et dans les écoles pratiques d'agriculture l'engagement de se vouer, pendant dix ans, à l'instruction publique.

Cette mesure facilitera à ces établissements le recrutement de leur corps enseignant.

Messieurs, le projet que nous avons l'honneur de soumettre à vos délibérations est destiné à donner une vie nouvelle à une institution qui depuis trente ans a contribué aux progrès de notre agriculture, en répandant au milieu des populations pauvres et peu éclairées des connaissances dont elles avaient toujours été privées. Chargées de la mission difficile de dissiper les préjugés qu'entretient l'ignorance, les fermes-écoles ont, dans la lutte incessante qu'elles ont soutenue, subi bien des revers, beaucoup d'entre elles ont succombé, et le plus souvent leur chute, après de longs efforts, n'a été accueillie que par des critiques sévères ou d'amères railleries. Quelques autres ont résisté à toutes les épreuves et continuent avec honneur leur mission bienfaisante, elles conservent l'espoir que votre appui ne leur fera pas défaut.

Bien plus, les hommes qui repoussaient l'instruction que l'État s'efforçait de leur donner, renonçant enfin à leur erreur, demandent la création d'institutions nouvelles ; nous espérons que vous ne tromperez pas leur attente et que, reprenant la tradition de l'Assemblée nationale de 1848, après avoir rendu à l'agriculture le haut enseignement dont elle a été trop longtemps privée, vous la doterez en même temps des institutions plus modestes qu'elle appelle de ses vœux.

PROJET DE LOI

Art. 1er. — L'enseignement élémentaire pratique de l'agriculture sera donné :

1° Dans les fermes-écoles créées en vertu de la loi du 3 octobre 1848, avec les modifications qui y sont apportées par la présente loi ;

2° Dans les établissements d'enseignement professionnel agricole qui prendront le nom d'écoles pratiques d'agriculture.

Art. 2. — Il pourra être établi dans chaque département, ou plusieurs départements qui s'entendront à cet effet, une école pratique d'agriculture, instituée sur une exploitation gérée aux risques et périls de l'exploitant.

Art. 3. — Le choix du domaine sur lequel sera instituée l'école pratique d'agriculture sera fait par le ministre de l'agriculture et du commerce, après avoir pris l'avis du conseil général ou des conseils généraux intéressés.

Art. 4. — Les départements intéressés à la création d'écoles pratiques d'agriculture auront à s'imposer les sacrifices nécessaires à l'installation matérielle de ces établissements.

Art. 5. — La rétribution de tout le personnel dirigeant et enseignant des écoles pratiques d'agriculture et les frais accessoires de l'enseignement seront exclusivement à la charge de l'État.

L'État pourra en outre intervenir pour tout ou partie des frais d'appropriation des lieux et d'achat de matériel d'enseignement dans les départements dont les ressources sont insuffisantes.

Art. 6. — Le prix de la pension affectée aux frais de nourriture et d'entretien des élèves sera fixé pour chaque école par le ministre de l'agriculture.

L'État, les départements et les communes pourront entretenir dans les écoles pratiques d'agriculture des élèves avec des bourses entières ou partielles.

Art. 7. — Le programme des études sera réglé, par le ministre, pour chaque école, suivant la spécialité culturale de la contrée et conformément à l'avis du comité de surveillance et de perfectionnement, institué comme il sera dit ci-après. Il comportera le maniement des armes et des exercices de tir.

Ce programme pourra comprendre l'étude de la pisciculture.

Art. 8. — Il y aura pour chaque ferme-école et pour chaque école pratique d'agriculture un comité de surveillance et de perfectionnement.

Le comité sera ainsi composé :

1° L'inspecteur général de l'agriculture attaché à la région ;

2° Un professeur de sciences attaché à un établissement d'instruction publique du département ou de la circonscription, nommé par le ministre de l'agriculture et du commerce ;

3° Trois membres du conseil général délégués par lui chaque année ;

4° Deux membres nommés par le ministre et choisis parmi les notabilités agricoles des départements.

Pour les écoles appartenant à plusieurs départements, le comité comprendra, en outre, un membre désigné par chaque conseil général, et un membre choisi parmi les notabilités agricoles de chacun des départements intéressés.

Art. 9. — Le comité veillera sur la direction, la discipline et l'enseignement des fermes-écoles et des écoles pratiques d'agriculture.

Il donnera son avis sur le programme des études et les conditions d'admission ; les examens d'entrée et de sortie des élèves, la collation des brevets de capacité, et les présentations pour les bourses et fractions de bourses auront lieu avec son concours et sous sa surveillance.

Le comité correspondra directement avec le ministre de l'agriculture et du commerce. Il adressera chaque année aux conseils généraux intéressés un rapport sur la situation de l'école.

Art. 10. — L'engagement de se vouer pendant dix ans à l'enseignement public, prévu par l'article 79 de la loi du 15 mars 1850, peut être réalisé par les instituteurs brevetés et les professeurs de l'université dans les fermes-écoles et dans les écoles pratiques d'agriculture désignées à l'article 1er de la présente loi.

Pour l'exécution de cette disposition, le ministre de l'agriculture et du commerce se concertera avec celui de l'instruction publique.

Art. 11. — Le brevet de capacité délivré à la sortie de ces établissements donnera droit, sans autre épreuve, aux bénéfices du volontariat d'un an. Un officier de l'armée mis, par le ministre de la guerre, à la disposition du ministre de l'agriculture, fera partie de la commission des examens de sortie.

Les élèves qui entreront dans les fermes-écoles après la promulgation de la présente loi ne recevront de pécule ou prime de sortie que s'ils ont obtenu le brevet de capacité.

Art. 12. — Sont et demeurent abrogées toutes les dispositions antérieures contraires à la présente loi.

Annexe n° 3120.

RAPPORT fait au nom de la commission du budget (*) sur le budget des dépenses de l'exercice 1876 (Ministère de l'agriculture et du commerce), par M. Monjaret de Kerjégu, membre de l'Assemblée nationale.

Messieurs, le budget du ministère de l'agriculture et du commerce est divisé en trois parties.

1er BUDGET ORDINAIRE

Les demandes de crédit présentées d'abord par M. le ministre pour 1876, s'élevaient à 18.404.100

Dans la séance du 29 mai dernier, M. le ministre a déposé des dispositions additionnelles pour un crédit relatif à l'exposition de Philadelphie, ci................................... 600.000

Total des crédits concernant le budget ordinaire.................. 19.004.100

Les crédits accordés au budget de 1875 montaient à 17.063.040

Différence en plus pour 1876...... 1.641.060

2e BUDGET SUR RESSOURCES SPÉCIALES

Crédits demandés pour 1876...... 2.209.000
Crédits accordés en 1875...... 2.200.000

Différence en plus... 9.000

3e BUDGET ANNEXE

École centrale des arts et manufactures.

Les crédits demandés pour 1876 sont les mêmes que pour 1875, 476.000 fr.

Avant d'entrer dans l'examen détaillé des chapitres relatifs à ces budgets, nous croyons devoir faire remarquer que les dépenses concernant plusieurs d'entre eux sont atténuées sensiblement par des rentrées provenant de la gestion des établissements administrés par l'État lui-même, et que ces recettes, qui sembleraient devoir profiter exclusivement à ces chapitres, sont cependant encaissées par les agents du Trésor, en conformité du règlement sur la comptabilité publique.

Voici l'énumération des produits prévus au budget de 1876 pour ces différents chapitres :

Chap.		
3. — Écoles vétérinaires...	386 838	
4. — Écoles d'agriculture..	269 690	
	A reporter ...	656.528

(*) Cette Commission est composée de MM. Mathieu-Bodet, président; Tesserenc de Bort, Magnin, vice-présidents; Lefebure, Tirard, le comte Octave de Bastard, de Ravinel, secrétaires; Dréo, Fourcand, Lucet, Rasdot, Gouin, Lambert de Sainte-Croix, Lepère, comte d'Osmoy, Wolowski, Adam (Seine), Delsol, général Chareton, général Saussier, Monjaret de Kerjégu, baron de Soubeyran, Langlois, amiral Pothuau, Faye, marquis de Talhouët, Plichon, Cochery, André (Seine), Bähle.

CHAPITRE XII. — *Etablissements du service sanitaire.*

Crédit accordé pour 1875............ 379.300
Crédit demandé pour 1876...... 629.300

　　　　　　Augmentation..... 250.000

L'augmentation demandée pour 1876 a pour objet de permettre de commencer les travaux de restauration et d'agrandissement du lazaret de Trompeloup, situé à l'embouchure de la Gironde.

La dépense totale est estimée 1,200,000 fr. Voici les raisons qui nous ont été données :

La dernière organisation de ce lazaret date de 1865 ; à cette époque, on ne prévoyait pas les développements considérables que devaient prendre les rapports commerciaux du port de Bordeaux avec les pays transatlantiques, et, en vue de réaliser des économies, on restreignit les dépendances du lazaret au strict nécessaire ; par suite, on a réuni au domaine, pour être aliénée, une certaine étendue de terrain jugée inutile au service.

Depuis lors, la situation s'est notablement modifiée : des services nouveaux à départ régulier se sont établis ; d'autres, sans entrer à Bordeaux, y font escale. En 1874, on a compté quinze arrivages par mois de steamers apportant des passagers, alors qu'en 1865 on ne comptait qu'un seul arrivage par mois.

Le nombre des passagers qui ont dû séjourner au lazaret a nécessairement augmenté dans une proportion considérable : un seul paquebot des messageries en a apporté quatre cents ! Or, les édifices du lazaret ont été installés pour contenir cent personnes ; toutes les pièces disponibles ont été transformées en dortoirs et en chambres.

Enfin, des baraques ont été mises à la disposition du service sanitaire par le ministère de la guerre, afin qu'on puisse loger deux cent soixante passagers, et il eût fallu en recevoir six cents.

La situation a été telle qu'il a été nécessaire d'autoriser les passagers de quelques navires à purger leur quarantaine à bord.

Le conseil de santé de la Gironde s'est ému de cet état de choses et a protesté.

Il ne faut pas perdre de vue que les services de transport sont établis pour la plupart entre l'Amérique du Sud et les régions dans lesquelles les maladies contagieuses, et notamment la fièvre jaune, sont devenues à peu près endémiques. Il y a donc absolue nécessité d'agrandir le lazaret. Des projets ont été étudiés et, à la suite d'avis émis par plusieurs commissions, on a reconnu la convenance de porter à six cents le nombre des lits, non compris les dépendances indispensables.

Le crédit de 1876 est demandé pour commencer les travaux.

Les projets sont conçus de manière à permettre l'exécution successive de nouveaux pavillons qui, au fur et à mesure de leur achèvement, constitueront une amélioration importante.

Il nous a semblé qu'en présence de cette situation on ne pourrait ajourner les travaux sans assumer une grande responsabilité et sans s'exposer à éloigner de nos ports un nombre considérable de voyageurs que nous avons, au contraire, un si grand intérêt à y attirer.

En conséquence, nous vous proposons de voter le crédit demandé pour ledit chapitre : 629,300 francs.

CHAPITRE XIII. — *Visite annuelle des pharmacies et drogueries.*

250,000 fr.

Le crédit demandé est le même qu'en 1875 ; votre commission vous propose de l'adopter.

ANNEXES. — T. XXXIX.

CHAPITRE XIV. — *Secours aux colons de Saint-Domingue, aux réfugiés de Saint-Pierre et Miquelon et du Canada.*

Le crédit de 1875 était de............ 380.000
Il est demandé pour 1876............ 370.000

　　　　　　En moins............... 10.000

C'est en exécution de plusieurs lois dont la dernière est du 28 germinal an VII (17 avril 1799), que des secours périodiques sont accordés :

1° Aux colons de Saint-Domingue expulsés ou dépouillés en 1793 ;

2° Aux colons de Saint-Pierre et Miquelon expulsés par les Anglais en 1763.

Ces secours sont, après le décès des titulaires, réversibles sur la tête de leurs enfants, conjoints et descendants appartenant à la première génération.

Un tarif a été fixé, par décision ministérielle du 18 février 1860, pour servir de base à l'octroi des secours. Le reliquat du crédit employé sert à assister un certain nombre d'autres représentants de ces familles jadis opulentes que nos désastres précipitèrent subitement dans la pauvreté et la misère.

Nous avons l'honneur de vous proposer d'accorder le crédit de 370,000 fr., mais nous appelons l'attention de l'administration sur la convenance d'apporter un soin particulier à cette affaire, afin d'opérer les réductions, qui sont d'autant plus indiquées que chaque année amène une réduction dans le nombre des ayants droit.

CHAPITRE XV. — *Exposition universelle de Philadelphie.*

600,000 francs.

Nous vous proposons d'insérer le crédit déjà voté dans le rapport qui a été présenté par notre honorable collègue M. le baron de Soubeyran : 600,000 francs.

CHAPITRE XVI. — *Dépenses d'exercices périmés.*

Pour mémoire.

CHAPITRE XVII. — *Dépenses d'exercices clos.*

Pour mémoire.

BUDGET DES DÉPENSES SUR RESSOURCES SPÉCIALES

CHAPITRE I⁰ʳ. — *Secours spéciaux pour pertes matérielles et événements malheureux.*

Crédits demandés pour 1876....... 2.209.000
Crédits accordés en 1875....... 2.200.000

　　　　　　Différence en plus.......... 9.000

Le crédit de ce chapitre provient de 1 centime additionnel au montant des contributions foncière et personnelle mobilière.

Le produit de ce centime est employé pour faire face aux dépenses indiquées ci-dessus.

CHAPITRE II. — *Frais de surveillance des sociétés et établissements divers.*

Les crédits demandés pour 1876 s'élèvent à 39.287
Les crédits accordés en 1875 étaient de.................................. 39.217

　　　　　　Différence en plus....... 70

Les chiffres figurant à ce chapitre sont portés pour ordre, car les compagnies et établissements divers supportent les frais de leur surveillance.

13

BUDGET ANNÈXE

École centrale des arts et manufactures.

TITRE PREMIER. — RECETTES

Évaluation pour 1876.

Chap. 1er. — Produit des bourses accordées par l'État... 30.000
— 2. — Produit des bourses accordées par les départements et les communes... 15.000
— 3. — Produit des pensions... 390.000
— 4. — Recettes éventuelles, produit des détériorations imputables aux élèves... 9.000
— 5. — Legs et donations... »
— 6. — Recettes extraordinaires :
Rentes 3 p. 100 sur l'État. 21.000
Intérêts servis par la caisse des dépôts et consignations... 4.000
Produits divers... 7.000
— 7. — Recettes sur les exercices clos... »

Total... 476.000

TITRE II. — DÉPENSES

CHAPITRE 1er. — Personnel.

§ 1er. — Direction, enseignement, administration... 303.815
§ 2. — Rentes viagères et annuités à payer, aux termes de la loi du 19 juin 1857... 25.000

§ 3. — Remboursement aux élèves boursiers des excédants perçus pour leur compte... 3.000

CHAPITRE II. — Matériel.

§ 1er. — Bibliothèque collective. 6.000
Frais de préparation des cours et de manipulations... 15.000   21.000
§ 2. — Immeuble, entretien, loyer, assurances et impôts... 49.000
§ 3. — Mobilier, achat, frais d'entretien. 12.000

Dépenses administratives.

§ 4. — Fournitures de bureaux. 6.000
Chauffage et éclairage... 16.000
Frais de diverse nature... 8.000   30.000
§ 5. — Dépenses extraordinaires imprévues, secours... 2.000

CHAPITRE III

Dépenses sur les exercices clos... mémoire
Versements à la réserve... 30.185

Total... 476.000

L'école centrale des arts et manufactures est un établissement modèle en pleine prospérité ; elle est administrée par un conseil que préside l'illustre M. Dumas et, ainsi que les chiffres qui précèdent le constatent, elle se suffit avec ses propres ressources.

PROJET DE LOI

Article unique. — Il est accordé au ministre de l'agriculture et du commerce, pour l'exercice 1876, des crédits montant à la somme de 21 millions 853,587 fr. répartis conformément aux tableaux A, B, C ci-annexés.

TABLEAU A. — *Budget de l'exercice 1876.*

CHAPITRES	NATURE DES DÉPENSES	CRÉDITS		DIFFÉRENCES	
		demandés par le Gouvernement.	proposés par la commission.	en moins proposées par la commission.	en plus proposées par la commission. (1)
		fr.	fr.	fr.	fr.
1	Traitement du ministre et personnel de l'administration centrale...	650.400	640.400	10.000	»
2	Matériel et dépenses diverses du budget de l'administration centrale...	104.000	104.000	»	»
3	Écoles vétérinaires...	738.000	738.000	»	»
4	Encouragements à l'agriculture et au drainage. — Enseignement professionnel...	3.262.900	3.262.900	»	»
5	Haras et dépôts d'étalons...	2.647.400	2.757.600	500	110.700
6	Remonte des haras...	2.295.000	2.295.000	»	»
6 bis	Encouragements...	1.565.000	1.565.000	»	»
7	Conservatoire. — École des arts et métiers...	1.408.600	1.408.600	»	»
8	Encouragements aux manufactures et au commerce. — Publication des brevets d'invention...	704.400	704.400	»	»
9	Encouragements aux pêches maritimes...	2.300.000	2.300.000	»	»
10	Poids et mesures...	1.050.000	1.075.000	»	25.000
11	Entretien des établissements thermaux appartenant à l'État. — Subventions aux établissements particuliers...	428.600	428.600	»	»
12	Établissements et services sanitaires...	629.300	629.300	»	»
13	Visite annuelle des pharmacies, drogueries...	250.000	250.000	»	»
14	Secours aux colons de Saint-Domingue et aux réfugiés de Saint-Pierre et Miquelon et du Canada...	370.000	370.000	»	»
15	Exposition de Philadelphie...	600.000	600.000	»	»
	Total général...	19.004.100	19.129.300	10.500	135.700

(1) Les augmentations de crédit mentionnées dans cette colonne ont été demandées par le Gouvernement postérieurement à présentation du budget et acceptées par la Commission.

CHAPITRES	NATURE DES DÉPENSES	CRÉDITS		DIFFÉRENCES AU BUDGET DE 1876	
		demandés pour l'exercice 1875.	accordés pour l'exercice 1875.	en plus.	en moins.
		fr.	fr.	fr.	fr.

TABLEAU B. — *Budget des dépenses sur ressources spéciales.*

1	Secours spéciaux pour pertes matérielles ou événements malheureux......................	2.209.000	2.200.000	9.000	»
2	Frais de surveillance des sociétés et établissements divers................................	39.287	39.217	70	»
	Totaux.....................	2.248.287	2.239.217		

TABLEAU C. — *Budget annexe.*

1	Ecole centrale des arts et manufactures..........	476.000	476.000	»	»
	Total......................	476.000	476.000		

SÉANCE DU SAMEDI 26 JUIN 1875

Annexe n° 3121.

PROPOSITION DE LOI ayant pour objet d'autoriser l'ouverture, au ministre de l'intérieur, d'un crédit de 2 millions, sur l'exercice 1875, pour secours aux inondés, présenté par MM. Depeyre, Sacase, Piou, Gatien-Arnoult, Humbert, le baron de Lassus, le comte de Brettes-Thurin, de Belcastel, Paul de Rémusat, Léon de Maleville, Prax-Paris, de Limairac, Lespinasse, Daguilhon-Lasselve, Jamme, Lecamus, Guibal, le baron Decazes, l'amiral Jaurès, Vidal, le vicomte de Saintenac, Aclocque, le comte de Nouaillan, Baze, de Cazenove de Pradine, Sarrette, le comte de Bastard, Faye, Adnet, Desbons, le marquis de Franclieu, Ducuing, Cazeaux, La Caze, Marcel Barthe, de Lestapis, Félix Renaud, Duclerc, Xavier Dufaur, Daguenet, Chesnelong, Victor Lefranc, le marquis de Dampierre, de Gavardie, Albert Boucau, Pascal Duprat, Loustalot, Batbie, Dumon, Lacave-Laplagne, le comte de Rességuier, Luro, le comte d'Abbadie de Barrau, Fourcand, membres de l'Assemblée nationale. — (Urgence déclarée. — Renvoyée à la commission du budget de 1875.)

Article unique. — Un crédit de 2 millions est ouvert au ministre de l'intérieur, sur l'exercice 1875, pour les secours à donner aux victimes des inondations.

Annexe n° 3122.

RAPPORT fait au nom de la 33° commission d'intérêt local (*) sur le projet de loi portant établissement de surtaxes sur les vins et sur les alcools à l'octroi de Rambervilliers (Vosges), par M. le marquis de Quinsonas, membre de l'Assemblée nationale.

Messieurs, la ville de Rambervilliers vous demande l'autorisation de faire percevoir à son octroi, et cela durant cinq ans, à partir de la promulgation de la loi qui vous est demandée, une surtaxe, sur les vins en cercles ou en bouteilles, 0 fr. 60;

Sur l'alcool pur contenu dans les eaux-de-vie, de 4 francs;

Liqueurs, esprits, fruits à l'eau-de-vie, de 4 francs;

Absinthe (volume total) par hectolitre, de 4 francs.

Indépendamment des droits actuellement perçus sur ces mêmes boissons.

Cette ressource évaluée annuellement à la somme de 2,964 fr. 62, est destinée à solder des dépenses communales d'une nécessité incontestable. Il faut observer que le budget de la ville de Rambervilliers s'est trouvé en déficit par suite

(*) Cette Commission est composée de MM. Courbet-Poulard, *président;* Reymond (Loire), *secrétaire;* Fourcand, de la Sicotière, le vicomte de Bonald, Méline, Redon (Paul), des Rotours, Gayot, Ancelon, Daguilhon-Lasselve, Philippoteaux, le général Dubessey-Contenson, le marquis de Quinsonas, Maurice.

de la diminution d'une ressource provenant de la non-vente d'une coupe de bois estimée 8,000 francs et qu'in'a pas trouvé acquéreur à 2,900 fr.

Par suite encore des contributions de guerre imposées par les armées allemandes, la ville redevrait, au 9 avril 1874, la somme de 107,578 fr. 16.

Bien que la ville se soit imposée au maximum des centimes additionnels permis par la loi, son budget n'est pas équilibré.

En conséquence, nous avons l'honneur de vous proposer d'adopter le projet de loi dont la teneur suit.

PROJET DE LOI

Article unique. — A partir de la promulgation de la présente loi, et jusqu'au 31 décembre 1879 inclusivement, les surtaxes suivantes seront perçues à l'octroi de Rambervillers, département des Vosges, savoir :

Vins en cercles et en bouteilles, par hectolitre, 0 fr. 60

Alcool pur contenu dans les eaux-de-vie, esprits, liqueurs et fruits à l'eau-de-vie, 4 fr. :

Absinthe (volume total), par hectolitre, 4 fr.

Ces surtaxes sont indépendantes des droits de 1 franc sur les vins et 6 francs sur les alcools, établis, par hectolitre, à titre de taxes principales.

Annexe n° 3123.

RAPPORT fait au nom de la commission du budget (*) sur le budget des dépenses de l'exercice 1876 (ministère de la guerre), par M. le lieutenant-colonel comte Octave de Bastard, membre de l'Assemblée nationale.

Messieurs, la commission du budget de 1875, d'accord avec le ministre de la guerre, avait apporté dans la forme du budget et dans le classement des dépenses de ce département, certaines modifications qui devaient avoir pour résultat d'assurer d'une manière plus exacte l'application du principe de la spécialité des crédits et de faciliter le contrôle de l'Assemblée.

A cette époque, et en raison de l'incertitude qui régnait encore en quelques points sur la composition définitive des cadres, la commission n'avait demandé à l'Assemblée que la consécration même du principe en laissant au ministre le soin de le mettre en pratique d'une manière définitive, dans la préparation du budget qui devait suivre le vote de la loi sur les cadres.

Cette loi a été votée en troisième délibération le 15 mars dernier, mais son application complète ne peut atteindre les prévisions des dépenses pour 1876. Outre le motif d'économie que nous impose l'état de nos finances, les modifications matérielles que prescrit la loi ne peuvent être utilement appliquées aussi rapidement. Il faut un certain temps pour les préparer, et les ressources du budget seraient-elles suffisantes qu'il ne serait pas sage de vouloir tout faire à la fois.

Le budget de cet exercice ne peut donc être considéré comme complet et ne devant pas recevoir d'augmentation sur certains chapitres pour les exercices suivants.

Voulant se maintenir dans une limite de 500 millions, le ministre a dû choisir les chapitres

(*) Cette Commission est composée de MM. Mathieu-Bodet, *président;* Teisserenc de Bort, Magnin, *vice-présidents;* Lefébure, Tirard, le comte Octave de Bastard, de Ravinel, *secrétaires;* Dréo, Fourcand, Lucet, Raudot, Gouin, Lambert de Sainte-Croix, Lepère, comte d'Osmoy, Wolowski, Adam (Seine), Delsol, général Chareton, général Saussier, Monjaret de Kerjégu, baron de Soubeyran, Langlois, amiral Pothuau, Faye, marquis de Talhouët, Plichon, Cochery, André (Seine), Batbie.

pour lesquels il convenait de limiter les dépenses au strict nécessaire, et dans ses propositions il a cru devoir assurer autant que possible les services généraux retardant l'application de la loi en ce qui concerne les effectifs qui subissent même une réduction sur la moyenne de 1875.

L'administration de la guerre a continué l'œuvre de régularisation entreprise l'année dernière. Elle a complété le classement plus rationnel de ses dépenses, en même temps qu'elle apportait des simplifications matérielles et administratives dans ses divers services.

En 1874, nous avions signalé la situation de l'Ecole de Fontainebleau, administrée directement par les services du génie et de l'artillerie, suivant des règles spéciales qui ne permettent pas de comparer exactement son régime avec celui des autres écoles. Nous nous demandions alors si la comptabilité-finances, ne devait pas être uniformisée dans ces établissements, comme l'a été la comptabilité-matières.

Le ministre s'est empressé de faire étudier cette question, et il a été frappé du défaut d'harmonie existant dans l'administration intérieure des différentes écoles : quelques-unes, en effet, sont administrées comme des corps de troupe, d'autres le sont comme des établissements gérés par économie ; d'autres réunissent ces deux modes d'administration ; enfin, comme on nous l'avait signalé déjà, à l'Ecole d'application de l'artillerie et du génie, une partie de la comptabilité du matériel est soumise aux règles adoptées pour le service de l'artillerie, l'autre partie aux dispositions prescrites pour le service du génie dans les places, tandis que les dépenses afférentes au personnel y sont soumises aux règles en vigueur pour l'ordonnancement et pour la régularisation de la solde des officiers sans troupe.

Ce n'est pas la seule particularité que présente, au point de vue administratif, l'Ecole de Fontainebleau. Le rapport que le ministre a adressé, le 30 mai dernier, au Président de la République, relève quelques anomalies sur lesquelles il n'est pas inutile d'appeler votre attention.

« A l'Ecole d'application d'artillerie et du génie, dit le rapport, existe, sous le nom de masse d'entretien accidentel et de fournitures éventuelles, « un fonds spécial destiné à payer toutes les dépenses accidentelles et imprévues qui ne sont pas à la charge de l'Etat. On chercherait en vain à trouver dans tous les autres services de l'armée un fonds quelconque qui, par sa nature, soit semblable ou même analogue à celui-ci.

« En effet, à part quelques-unes des recettes et des dépenses qui incombent habituellement à la masse du harnachement et ferrage, la masse d'entretien accidentel s'alimente et se dépense d'une façon exceptionnelle, se dépose sans caisse spéciale et se justifie par une comptabilité distincte, pour laquelle le visa de l'inspecteur général sert d'apurement définitif. »

Et plus loin, après avoir démontré l'impossibilité actuelle de vérifier utilement la caisse du conseil, le même rapport s'exprime ainsi :

« Ce n'est pas, d'ailleurs, la seule dérogation importante aux dispositions générales que contienne le règlement d'administration de l'école d'artillerie et du génie : il substitue à la responsabilité du conseil d'administration celle de quatre agents qu'il constitue directement responsables envers l'Etat, savoir :

« Le trésorier,

« Le garde d'artillerie,

« Le garde du génie,

« L'adjoint au bibliothécaire.

« Et, d'ailleurs, pourquoi l'adjoint et non pas le bibliothécaire lui-même? Le règlement est muet à cet égard. »

Après avoir constaté ces divergences, le ministre a pensé avec raison qu'il devrait y avoir plus d'analogie entre les organisations administratives des diverses écoles militaires et qu'il était nécessaire d'arriver à une harmonie complète, partout où il y a les mêmes moyens d'action.

La ressemblance, par exemple, entre le Prytanée, l'École polytechnique et l'École spéciale militaire est frappante : il s'agit dans chacun de ces établissements de pourvoir à tous les frais de nourriture, d'habillement et d'instruction d'un certain nombre d'élèves. L'analogie est tout aussi saisissante entre l'école d'application de l'artillerie et du génie, l'école d'application d'état-major et l'école d'application de cavalerie, dans lesquelles le but à atteindre consiste à prévoir, effectuer et régulariser les dépenses relatives à l'instruction des officiers-élèves.

Si l'on embrasse en effet l'ensemble administratif de ces établissements, on voit que, dans toutes les écoles, quelles qu'elles soient, les dépenses se divisent en deux grands groupes : celles afférentes au personnel et celles relatives à l'exploitation de l'école considérée comme établissement d'instruction.

Cette distinction indique d'elle-même le mode d'administration à adopter. Les dépenses des divers personnels attachés aux écoles doivent être soumises aux dispositions qui, dans l'armée, régissent la comptabilité des réunions de personnels, c'est-à-dire des corps de troupes, et les dépenses d'exploitation doivent être ordonnancées, perçues et justifiées comme celles de tous les établissements militaires.

Tel est le nouveau mode adopté en principe par le ministre de la guerre et qui a permis de donner au budget de 1876 une contexture nette, claire et facile à saisir. Toutes les dépenses afférentes aux personnels employés dans les écoles, dépenses autrefois disséminées dans les chapitres IV, VI et XVII, ont été réunies dans un même article du chapitre VI, tandis que les dépenses du matériel ont été groupées dans le chapitre XVII. Un simple coup d'œil permet désormais de comparer entre elles les allocations accordées à chacune de ces écoles. Pour rendre plus saisissable encore le rapprochement des dépenses du matériel, une classification unique a été adoptée par tous ces établissements.

Cette classification est combinée de façon à comprendre dans son paragraphe premier toutes les dépenses qui se justifient dans la comptablité en deniers de l'école considérée comme établissement régi par économie, et à diviser les autres paragraphes en groupes auxquels devront correspondre les divisions de la nomenclature du matériel de chaque école.

Cette disposition permettra de faire ressortir clairement dans les comptes la correspondance qui doit exister entre les crédits alloués et les dépenses faites, et établira la corrélation complète entre les comptes en deniers et les comptes-matières dont le règlement du 19 novembre 1874 sur la comptabilité du matériel appartenant au département de la guerre, a posé le principe.

L'amélioration apportée à l'administration des écoles est incontestable. Indépendamment des facilités qu'elle donne pour comparer entre elles les dépenses des ces établissements, elle simplifie le travail des conseils d'administration des différentes écoles; elle diminue les écritures et établit l'uniformité demandée par la commission du budget de 1875.

Enfin les tarifs de solde des divers personnels employés dans les écoles ont été remaniés de façon à apporter une équitable harmonie entre les traitements d'officiers, de fonctionnaires civils ou d'agents secondaires, dont les emplois, identiques dans chaque école, ne justifiaient pas les différences consacrées par les anciennes fixations qui avaient été déterminées isolément pour chacune d'elles, ou peut-être à mesure des demandes à des époques différentes et sans être l'objet d'un travail d'ensemble.

Ce remaniement des tarifs qui n'augmente pas d'ailleurs les charges du budget, régularise les soldes dont la quotité est justifiée, mais qu'il était impossible de ne pas critiquer au point de vue de la diversité des allocations qui les composaient et qui constituaient une complication administrative évidemment défectueuse.

L'exemple le plus frappant qu'on en puisse donner est de placer sous vos yeux les diverses allocations qui, sous des rubriques différentes composaient la solde d'un sous-officier premier maître d'escrime détaché à l'école de gymnastique. Le lecteur le moins exercé se rendra immédiatement compte des complications matérielles qu'entraînait son établissement ainsi que son mandatement, et reconnaîtra qu'il était urgent de faire disparaître de pareilles anomalies.

La solde de ce sous-officier se décomposait ainsi :

	Par jour.
1° Solde proprement dite.........	1 fr. 10
2° Supplément de 0 fr. 10 spécial à l'école de gymnastique.............	» 10
3° Supplément aux écoles........	» 45
4° Indemnité mensuelle de 30 fr. comme premier maître d'escrime,soit, par jour...................	» 986
5° Haute paye d'ancienneté de fonctions de maître d'escrime à raison de 12 fr. par mois, soit, par jour......	» 394
6° Supplément spécial accordé pour compléter leur solde à celle d'adjudant.	1 917
Total.............	4 fr. 947

Enfin une partie de la fourniture de l'habillement dans les écoles était, jusqu'ici, payée sur le chapitre de l'habillement, tandis que la plus grande partie de ces dépenses était supportée sur les fonds du chapitre XVII; la même anomalie se présentait pour le harnachement; dans une même école le harnachement des chevaux d'armes était payé par le chapitre XIV, tandis que le harnachement des chevaux de manège était imputé au chapitre XVII.

Cette distinction entraînait des complications dans la comptabilité, puisqu'il fallait des justifications spéciales pour chaque chapitre, et elle ne permettait pas de se rendre facilement compte de la dépense totale de l'habillement et du harnachement dans chaque établissement.

La contexture du budget de 1876 fait cesser ces inconvénients : ce sont les services généraux de l'habillement et du harnachement qui supporteront les dépenses de l'habillement et du harnachement des écoles, comme ils supportent déjà les dépenses de la même nature pour tous les corps de troupe de l'armée.

Votre commission, constatant les progrès accomplis au point de vue de l'administration des écoles militaires, s'est demandé pourquoi les écoles régimentaires du génie n'ont pas été comprises dans le décret du 30 mai dernier pour toutes les écoles militaires n'a pas été étendu aux écoles d'artillerie.

Sur la première question, il lui a été répondu que les écoles régimentaires du génie sont exclusivement placées sous les attributions du service du génie, qui a toujours compris ces écoles au nombre de ses établissements spéciaux, et qu'elles ne sauraient être confondues avec les autres écoles régimentaires qui ressortissent d'un bureau placé en dehors des attributions du service du génie.

Il nous semble cependant que le même argument pourrait être invoqué en faveur des écoles régimentaires de cavalerie, qui sont réunies aux écoles régimentaires d'infanterie et qui ressortissent les unes et les autres d'un même bureau spécial aux écoles, qui n'est ni celui de l'infanterie, ni celui de la cavalerie. Mais cette question d'organisation intérieure des services rentre dans les attributions exclusives du pouvoir exécutif, et nous nous bornons à appeler sur ce point l'attention du ministre de la guerre, en le priant de faire étudier cette question, dont la solution pourrait, à notre avis, permettre d'utiles comparaisons entre les dépenses des écoles régimentaires des différentes armes.

Quant aux écoles d'artillerie, ce sont de véritables établissements administrés comme tous les autres établissements de cette arme. Au point de vue du matériel, elles sont soumises aux mêmes dispositions que les autres écoles et que tous les établissements du département de la guerre, c'est-à-dire régis par le règlement du 19 novembre 1871, mais au point de vue des deniers, elles sont soumises aux règles spéciales à la comptabilité-finances de l'artillerie.

Ces règles présentent des anomalies que l'administration de la guerre cherche à faire cesser : nous nous bornerons à en citer deux exemples : le premier est l'obligation imposée aux fournisseurs de remettre à l'agent spécial leurs factures acquittées, bien qu'elles ne leur soient réellement soldées que plusieurs jours et souvent plusieurs semaines après que les fournisseurs en ont fait la remise. Ce procédé, qui est contraire à l'équité et en opposition formelle avec les usages du commerce, a l'inconvénient très-grave de rendre à peu près impossibles les vérifications de caisse, puisque l'agent spécial pourrait, au moment de ces vérifications, présenter à l'autorité chargée du contrôle, des quittances qui, en réalité, n'auraient pas été payées. Il y a là une source d'erreurs et d'irrégularités qu'il importe de faire disparaître.

La seconde anomalie est que le système des avances ne fonctionne pas dans le service de l'artillerie comme dans les services administratifs: il en résulte que, si une dépense imprévue et urgente vient à se produire, il n'est pas rare que le directeur de l'établissement soit obligé de la solder de ses propres deniers; dans le cas, par exemple, d'un ouvrier civil renvoyé du mois ou de l'arsenal dans le courant du mois. Dans les services administratifs, au contraire, il est interdit de la façon la plus formelle aux comptables de solder une dépense, si minime qu'elle soit, sur leurs propres fonds, et il n'est pas admissible qu'un officier soit obligé de faire appel à des ressources autres que celles de l'État pour assurer le payement d'une dépense publique.

L'attention du ministre étant déjà appelée sur ce point, nous nous bornons à exprimer le vœu que les efforts tentés pour ramener la comptabilité-finances de l'artillerie dans la voie des services administratifs aboutissent dans le plus bref délai.

Le service de la solde proprement dit a reçu déjà et va recevoir encore d'importantes modifications, notamment en exécution des dispositions prescrites pour assurer l'exécution de la loi du 10 juillet 1874, relative aux améliorations à apporter à la situation des sous-officiers, et de celle du 13 mars 1875, portant constitution des cadres et effectifs de l'armée.

Les allocations nouvelles attribuées aux sous-officiers et aux hommes de troupe, aux employés militaires de l'artillerie et du génie, aux officiers, sous-officiers, caporaux et soldats employés dans le service du recrutement, au personnel administratif permanent et soldé de l'armée territoriale, ont été réglées.

En vue, sans doute, de donner satisfaction à des intérêts immédiats, le taux de la pension attribuée aux employés militaires de l'artillerie et du génie, en raison de la position qui leur a été faite par la loi des cadres, a été provisoirement déterminé par un décret du Président de la République.

Cependant il est de principe que le taux des pensions soit fixé par une loi, et nous devons penser que l'intention du ministre de la guerre est de vous soumettre un projet de loi réglant la question en ce qui concerne les gardes d'artillerie et les adjoints du génie.

L'administration de la guerre prépare la révision des différents tarifs de solde, et il y a lieu d'espérer que ce travail lui donnera occasion d'affirmer nettement son intention de simplifier, en les réunissant, les diverses allocations dont les appellations multiples ne servent qu'à compliquer la comptabilité.

D'accord avec le ministre des finances, elle va mettre en pratique un mode nouveau pour la régularisation de la retenue de 2 p. 100 exercée sur le traitement des officiers, fonctionnaires et employés militaires.

Aux termes des règlements en vigueur, ce sont les trésoriers-payeurs généraux et leurs préposés qui, aujourd'hui encore, opèrent le recouvrement du produit de cette retenue, par voie de déduction, sur tous les mandats individuels et états de solde dont le montant est acquitté par les caisses publiques. Le seul énoncé suffit pour faire comprendre à quel point l'opération est complexe et combien elle doit occasionner d'écritures, d'erreurs et de redressements, tant pour le département de la guerre que pour celui des finances. C'est donc à juste titre que l'administration de la guerre s'est préoccupée de la simplifier. — Elle se propose, à cet effet, de disposer des tarifs de solde de manière qu'ils présentent les fixations nettes, c'est-à-dire déduction faite de la retenue de 2 p. 100. Les allocations ne seront plus calculées que d'après les fixations ainsi réduites, qui figureront seules dans les écritures des ordonnateurs et des comptables. Les agents extérieurs du Trésor n'auront plus à intervenir dans la perception et dans la régularisation du produit de la retenue de 2 p. 100.

Quant aux ordonnateurs et aux comptables de la guerre, ils seront seulement tenus de mentionner distinctement, dans les revues trimestrielles de liquidation, les allocations qui doivent servir de base au décompte de la retenue.

A l'aide desdites revues, l'administration centrale de la guerre établira, chaque trimestre, le relevé général des allocations et, par suite, le montant total du décompte de la somme devant faire retour au Trésor; cette somme en mesure d'ordonnancer, directement, au profit de celui-ci, la somme dont il s'agit, qui pourra, dès lors, continuer à figurer en recette aux produits divers du budget.

Les revues de liquidation étant soumises au contrôle de la Cour des comptes, on ne saurait méconnaître que le relevé général à l'aide duquel l'administration centrale de la guerre procède à ses ordonnancements, et dont elle puise les éléments dans lesdites revues, constitue une pièce justificative très-complète et rigoureusement exacte des droits du Trésor.

On est donc fondé à dire que ces droits trouvent toutes les garanties désirables dans le nouveau mode proposé pour assurer le recouvrement du produit de la retenue de 2 p. 100.

Approvisionnements. — La commission du budget de 1875 a demandé que l'Assemblée fût mise à même d'exercer un contrôle efficace sur l'état des approvisionnements qui doivent toujours être tenus au complet avec les crédits spéciaux que demandera le ministre de la guerre.

Ce contrôle pourra désormais s'exercer par l'application du règlement du 19 novembre 1871, dont nous avons déjà signalé les prescriptions, en vertu desquelles les comptes généraux du matériel de la guerre font ressortir les dépenses et l'accroissement du matériel effectués pendant l'année. Mais comme ces comptes généraux ne peuvent être imprimés et distribués à l'Assemblée au plus tôt que dans les premiers mois de la seconde année qui suit celle de la gestion, il importe qu'avant l'époque où l'Assemblée est saisie de ces comptes, le ministre veille rigoureusement aux prescriptions des règles édictées, et qu'il fasse constater souvent, d'une manière inopinée, par des inspecteurs spéciaux, que tous les approvisionnements sont en bon état de conservation et à la hauteur prescrite.

Nous avons examiné quelques-uns des comptes particuliers de gestion qui sont les éléments de ces comptes généraux, et nous ne pouvons que partager l'appréciation favorable que la commission d'enquête sur le matériel de la guerre faite en 1872, dans le rapport de l'honorable M. Riant, de ce nouveau système de comptabilité « qui permet à l'Assemblée de suivre l'emploi régulier des crédits qu'elle a votés pour les dépenses du matériel. »

Toutefois, nous avons constaté qu'en ce qui concerne le service du génie, la situation est restée la même qu'en 1872, c'est-à-dire que le règlement sur la comptabilité-matières n'a pu recevoir dans ce service, qu'une application incomplète, en d'autres termes, la corrélation absolue n'a pu y être obtenue entre la comptabilité en deniers et la comptabilité du matériel. Cela tient à ce que la comptabilité-finances de ce service est en réalité toujours, régie par l'instruction du 7 juillet 1835, dont le règlement du 3 avril 1869 s'est borné à reproduire la plupart des dispositions.

On emploie toujours dans le génie les règlements définitifs, décomptes feuilles de dépense, en usage depuis un temps immémorial dans ce service, en sorte que les factures et bordereaux à talons, prescrits par les nouvelles instructions et qui présentent l'avantage de détacher lesdits talons pour les mettre à l'appui de la comptabilité-matières, ne sont dans le génie que des doubles emplois, qui entraînent un surcroît d'écritures et dont les comptables préfèrent dès lors ne pas faire usage.

Il nous semble utile d'appeler sur ce point l'attention du ministre en lui demandant de poursuivre l'application du principe qu'il a si heureusement posé : l'uniformité dans la comptabilité de tous les services de son département.

Il semblerait également nécessaire que l'article 79 du règlement précité du 19 novembre 1871 reçût aussi son application, c'est-à-dire que le ministre complétât l'œuvre commencée en faisant préparer une instruction pour la comptabilité-matières aux armées en campagne.

Dans le rapport qu'il a présenté, le 12 février dernier, au nom de la commission du budget, sur les conséquences financières du projet de loi relatif aux cadres de l'armée, conséquences qu'il évaluait à une augmentation annuelle de dépenses d'environ 23 millions, l'amiral de la Roncière le Noury, rapporteur, disait :

« Mais, en outre, plusieurs des prescriptions du projet ne pourront forcément recevoir leur exécution qu'à des intervalles diversement éloignés. Ainsi, tout d'abord, les diminutions de certains cadres, qui ne doivent avoir lieu que par extinction, seront lentes à se produire. Puis, la constitution de nouveaux cadres ne pourra se faire que quand les éléments en auront été préparés; de même, l'acquisition, et, par suite, l'entretien d'un grand nombre de chevaux, ne pourra influer que successivement sur le budget et à des intervalles mesurés. »

Le ministre de la guerre, tenant compte à la fois des considérations exposées par l'amiral, des nécessités de notre situation financière et des prescriptions de l'article 63 de la loi des cadres (1), avait cru, tout d'abord, pouvoir répartir

(1) « Art. 63. — Il ne sera pourvu aux emplois nouveaux, créés par la présente loi, qu'au fur et à mesure des ressources du recrutement des cadres. »

sur les années 1875, 1876 et 1877 la mise en pratique de la loi des cadres, de telle sorte que le budget de 1875 aurait eu à supporter un tiers de l'augmentation de dépenses, soit environ 7 millions, et celui de 1876 un second tiers exigeant, avec le premier, un supplément de crédits d'à peu près 14 millions.

Mais, d'une part, l'état de nos ressources ne permettait pas de compter, en 1876, sur cette augmentation de crédits, et, d'un autre côté, la nécessité de pourvoir à certaines dépenses indispensables, conséquences de dispositions antérieurement arrêtées ou d'améliorations depuis longtemps réclamées, ont obligé le ministre de la guerre à chercher des économies, qu'il n'a pu réaliser qu'au moyen d'une assez notable diminution des effectifs à entretenir.

Dans ces conditions, le budget de 1876 comprend l'organisation complète des cadres de l'infanterie, de la cavalerie, du génie et des équipages militaires, mais l'organisation de l'artillerie se trouve ajournée à une époque plus éloignée, et le ministre se borne à vous demander la possibilité de créer, dans chaque régiment, la 11e batterie, laissant aux exercices suivants la charge de pourvoir aux dépenses des deux batteries complémentaires.

C'est donc par suite d'une erreur d'impression que l'état de l'effectif général porte à douze le nombre des batteries de chaque régiment.

L'effectif général entretenu présente sur celui de 1875 une diminution de 28,227 hommes; et, dans l'effectif en hommes, se trouve comprise la seconde portion du contingent, qui, par suite de la nécessité où nous sommes de chercher des économies, ne passera encore, par dérogation aux prescriptions de la loi du 27 juillet 1872) que six mois, au lieu d'une année, sous les drapeaux.

En présence de cette diminution de l'effectif des hommes, il ne vous échappera pas qu'il est plus nécessaire que jamais, dans l'intérêt de l'instruction de l'armée, et pour se conformer à l'esprit de la loi sur les cadres, de ne négliger aucun moyen pour que cet effectif soit toujours au complet et qu'il ne puisse s'affaiblir par des absences illégales ou des permissions irrégulières.

Votre commission croit donc utile d'insister sur l'importance des revues d'effectif, qui servent à constater la présence des hommes.

Malgré cet abaissement de l'effectif des hommes, le budget de 1876 présente, sur le précédent, une augmentation de dépenses de 6,260,794 fr., et cette différence a pour causes certaines nécessités de service auxquelles il était indispensable de donner immédiatement satisfaction, conformément aux détails ci après :

L'organisation du service religieux, en exécution de la loi du 24 mai 1874, ci : 289,616 fr.

L'exécution, en ce qui concerne la gendarmerie, de la loi du 10 juillet 1874, augmentant la haute-paye accordée à ces militaires, occasionne une dépense de 2,639,212 fr.

L'insuffisance de la première mise allouée aux nouveaux soldats pour constituer leur masse est depuis longtemps constatée ; afin de faire cesser cet inconvénient, l'État a pris à sa charge la fourniture du havre-sac et des épaulettes dans les corps qui font usage de ces effets, et la prime journalière d'entretien de la masse individuelle a été augmentée dans une proportion minime, mais cependant suffisante pour couvrir, dans un bref délai, l'insuffisance de la première mise. Ces deux causes entraînent une augmentation de dépense de 2,953,755 fr.

Dépenses à imputer au compte du ministère de la guerre, pour les douaniers et gardes forestiers, en vertu de la loi du 27 juillet 1872, ci : 250,000 fr.

La loi du 2 août 1874 prescrit, tous les ans, un recensement des chevaux et mulets susceptibles d'être requis en cas de mobilisation ; les frais occasionnés par cette opération seront encore en 1876 de 918,000 fr.

Mais nous espérons que cette dépense, qui doit se produire périodiquement, pourra être réduite dans une notable proportion.

Les manœuvres d'ensemble exécutées chaque année, suivant les prescriptions de la loi du 24 juillet 1873, occasionnent, pour la location de chevaux et voitures employés au service des convois militaires, une dépense évaluée à 200,000 fr.

Le conseil supérieur de la guerre a exprimé l'avis qu'il conviendrait d'accorder aux troupes une ration hygiénique de café. En restreignant la distribution de cette ration à un jour sur deux, elle exige encore, ainsi qu'il est expliqué plus loin (Voir chap. VI), une augmentation de dépense de 4,094,156 fr.

En résumé, l'exécution des lois que vous avez adoptées et les diverses dispositions que nous venons d'énumérer occasionnent, indépendamment de quelques autres mesures de moindre importance, un excédant de dépense de 11,344,739 francs, dont il a fallu chercher, en général, la compensation dans des diminutions d'effectif.

Malgré ces augmentations, dont nous reconnaissons l'utilité, l'administration de la guerre s'est attachée à ne pas dépasser la limite qui avait été assignée à son budget ; nous avons contrôlé avec soin ses prévisions, et nous avons l'honneur de vous rendre compte ci-après, par chapitre, des différences existant entre les crédits obtenus pour 1875 et ceux qui sont demandés pour l'exercice 1876.

CHAPITRE PREMIER. — *Personnel de l'administration centrale.*

Crédit demandé pour 1876......... 2.095.410
Alloué pour 1875.................... 2.049.270

       Augmentation......... 46.140

En vue d'éviter des mutations préjudiciables au bien du service, le personnel militaire qui occupe des emplois dans le cadre de l'administration centrale avait été choisi en partie dans les grades inférieurs à ceux auxquels correspondent les fonctions qui leur sont attribuées. Ces officiers participent à l'avancement dans leur arme aux conditions prévues par l'ordonnance du 16 mars 1838, et il est indispensable de porter au budget l'augmentation de traitement correspondant à l'avancement déjà obtenu par quelques-uns et que d'autres sont en situation d'obtenir dans un prochain délai.

CHAPITRE II. — *Matériel de l'administration centrale.*

Prévisions de 1876................. 810,000
Allocations de 1875 801,000

       Augmentation pour 1876.... 9,000

L'installation des bureaux de la guerre dans les nouveaux bâtiments en façade sur le boulevard Saint-Germain se poursuit au fur et à mesure de l'achèvement des travaux.

Des réductions ont été apportées dans les premières prévisions établies pour l'aménagement intérieur, mais une augmentation de 9,000 fr. sur les prévisions de 1875 est déclarée nécessaire pour faire face aux frais de chauffage et d'éclairage, ainsi qu'à l'entretien du mobilier dans la partie livrée en 1875, dépenses auxquelles viennent s'ajouter le solde des taxes municipales et une augmentation dans le nombre des abonnements au *Journal officiel* et au *Bulletin des Lois*.

CHAPITRE III. — *Dépôt de la Guerre.*

Prévisions de 1876...; 413.415
Allocations de 1875 .... 377.415

       Augmentation....... 36.000

Sur cette somme, 30,000 fr. sont nécessaires pour couvrir les frais de tirage des cartes qui sont d'autant plus demandées par les différents services et le public, que les prix de vente deviennent plus modérés.

Il faut aussi remarquer que les créations nouvelles, et surtout la production des cartes en couleurs, aujourd'hui si recherchées, entraînent naturellement des frais de tirage supérieurs à ceux prévus dans les budgets précédents.

Les 6,000 fr. supplémentaires pour écritures et traductions sont la conséquence de l'extension des travaux de l'état-major général dont le 5e bureau (dépôt de la Guerre) est chargé de régler les dépenses.

En soumettant à votre sanction le crédit de 70,000 fr. inscrit à l'article 3 pour les bibliothèques militaires, nous croyons devoir, à cette occasion, signaler le concours des sociétés privées si généreusement et si utilement apporté au développement de l'instruction dans les rangs de l'armée, et, tout particulièrement l'œuvre des bibliothèques des sous-officiers et soldats fondée, il y a trois ans, par M. le comte de Madre.

Cette œuvre, au mois d'août 1874, avait déjà doté de bibliothèques 678 corps de garde, tant en France qu'en Algérie, 64 hôpitaux militaires et 12 hôpitaux mixtes. Elle avait ainsi distribué près de 26,000 volumes, plus de 2,000 cartes, 600 atlas et 690 corps de bibliothèques.

Elle étend, en ce moment, ses bienfaits aux casernes, mais il importe, pour qu'elle puisse produire les heureux résultats que l'on peut espérer, que l'administration de la guerre approprie les locaux, meuble les salles de bibliothèques des tables et des bancs nécessaires au travail des soldats. L'œuvre des bibliothèques leur fournira le papier et l'encre. Le ministre de la guerre nous a d'ailleurs assuré qu'il n'avait qu'à se féliciter de la coopération de l'œuvre dirigée par M. le comte de Madre.

Sans le concours de ces sociétés privées, il n'eût pas été possible, avec les 70,000 fr. portés à l'article 3 du chapitre III, de donner aux réunions d'officiers et aux bibliothèques d'officiers et de troupe le développement considérable qu'elles ont acquis en si peu de temps, développement dont la marche aura d'autant plus sensible qu'elles trouveront un appui plus puissant.

CHAPITRE IV. — *Etats-majors.*

Prévisions de 1876............... 24.769.173
Les allocations de 1875
étaient de............. 26.653.119
Mais il y a lieu d'y apporter les modifications d'ordre ci-après, savoir:

Diminutions. — Report du chapitre IV au chapitre VI (2e partie), par suite de la nouvelle classification de la dépense, du traitement des officiers de toutes armes hors cadres, des interprètes, des officiers d'administration des bureaux de l'intendance et des officiers détachés dans les écoles, 4 millions 246,959 fr.

Augmentations. — Report au chapitre IV du chapitre VI (1re partie), de la solde des capitaines détachés des corps de troupe pour être employés

       A reporter....... 26.653.119   24 769.173

	Report............	656.528
Chap. 4. —	Ecole d'horticulture de Versailles.........	41.000
	Bergeries et vacheries.	184.525
	Concours généraux et recettes d'entrées....	32.000
— 5. —	Haras et dépôts d'étalons.............	837.000
— 6. —	Ecoles d'arts et métiers..............	200.000
— 8. —	Encouragements au commerce : brevets d'inventions.........	1.400.000
— 10. —	Poids et mesures....	3.200.000
— 12. —	Etablissements et services sanitaires.....	805.000
— 13. —	Visite annuelle des pharmacies et drogueries............	235.000
	Total...............	7.681.803

BUDGET ORDINAIRE

CHAPITRE 1er. — *Traitement du ministre et personnel de l'administration centrale.*

Le crédit demandé pour 1876 est de. 650.000
Celui de 1875 n'était que de........ 625.000

Différence en plus... 25.000

Cette augmentation se répartit de la manière suivante :

1° Transport du chapitre 5 au chapitre 1er du traitement de l'inspecteur général, directeur des haras, ci..... 15.000

Il a paru rationnel de comprendre ce chef de service parmi les fonctionnaires faisant partie du personnel de l'administration centrale ;

2° Traitement du personnel affecté au service de l'inspection du travail des enfants dans les manufactures, ci...... 10.000

Somme égale...... 25.000

Par suite de la mise en vigueur de la loi du 19 mars 1874 sur le travail des enfants dans les manufactures, on demande d'augmenter le personnel de l'administration centrale d'un sous-chef et de trois commis.

La commission du budget n'est pas d'avis d'accueillir cette demande.

Les inspecteurs du service dans les départements devront envoyer des renseignements détaillés et complets. Le devoir d'élucider toutes les questions incombe à ces fonctionnaires. Leurs rapports devront être conçus de telle sorte, que l'administration supérieure puisse sans difficulté rapprocher et centraliser les divers renseignements qu'ils contiendront.

En comparant le personnel des différents ministères à celui de l'agriculture et du commerce, il nous a paru que le nombre des employés actuels pouvait suffire, et qu'il n'y avait pas lieu de l'augmenter.

En conséquence, nous vous proposons de rejeter la demande de 10,000 fr. et de porter le crédit du chapitre 1er à 640,000 fr.

Nous ferons remarquer à l'occasion d'une somme de 15,000 fr. demandée pour frais de séjour de certains employés à Versailles, qu'il est désirable que, chaque semaine, les chefs de service du ministère de l'agriculture et du commerce viennent y donner des audiences à MM. les députés.

CHAPITRE II. — *Matériel et dépenses diverses des bureaux de l'administration centrale.*

Le crédit demandé pour 1876 ne diffère pas de celui accordé pour 1875 ; il s'élève à la somme

de 104,000 francs. Nous ne voyons aucun motif pour le modifier ; nous vous en proposons donc le maintien.

CHAPITRE III. — *Ecoles vétérinaires.*

Le crédit demandé pour 1876 est de 738,000 fr., somme égale au crédit accordé pour 1875.

Depuis l'année dernière, le nombre des élèves de nos trois écoles vétérinaires s'est accru dans des proportions satisfaisantes.

Il se répartit de la manière suivante :

Alfort......................	279 internes.
Lyon.......................	163 —
Toulouse...................	168 —
Ensemble........	610 internes.

L'effectif complet étant de 625 internes, nous pouvons espérer que ce nombre sera atteint au commencement de la prochaine année scolaire.

En y comprenant les externes et les auditeurs libres, la population de nos trois écoles est actuellement de 720 élèves. Le prix de la pension a dû être porté, en 1873, de 450 à 600 fr., et malgré cette augmentation, le nombre des candidats qui se sont présentés aux derniers examens n'a fait que s'accroître.

On s'est trouvé, par suite, dans la nécessité de renforcer les moyens d'enseignement.

De nouveaux emplois de chefs de service répétiteurs ont été créés dans les trois écoles et les conférences agricoles organisées à l'établissement d'Alfort. Ces conférences ont lieu à la petite ferme de la Faisanderie du bois de Vincennes, annexée à l'école.

Une innovation heureuse a été l'introduction des exercices corporels. L'équitation, la gymnastique, l'escrime et le maniement du fusil occupent utilement le temps des récréations.

Cette situation prospère justifie pleinement l'augmentation de crédit accordée pour 1875, et nous vous en demandons le maintien.

Il est juste d'ailleurs de faire remarquer que les produits prévus au budget pour pensions d'élèves, droits et diplômes et journées d'animaux malades, etc., etc., s'élèvent à........ 386.838

La dépense nette à la charge de l'Etat n'est donc que de............. 351.162

Total égal au chiffre porté au budget. 738.000

CHAPITRE IV. — *Encouragements à l'agriculture et au drainage. — Enseignement professionnel.*

Le crédit accordé pour 1875 était de................................ 3.116.740
Celui qui vous est demandé pour 1876 s'élève à................. 3.262.900

Différence en plus..... 146.160

Ce chapitre est assurément le plus important du budget proprement dit du ministère de l'agriculture. Nous allons examiner successivement les articles qui le composent et qui nous paraissent mériter des observations spéciales.

Les crédits demandés pour 1876, en ce qui concerne les écoles d'agriculture, les fermes-écoles et l'école d'horticulture de Versailles, sont les mêmes que ceux accordés pour 1875.

Ils s'élèvent à 590,500 fr.

Ecoles d'agriculture.

Nos écoles d'agriculture, au nombre de trois : Grignon, Grandjouan, Montpellier, contenaient à la fin de 1874, savoir :

Grignon..............	101 élèves.
Grandjouan............	41 —
Montpellier............	23 —
Total..............	165 élèves.

L'école de Grignon réunit toutes les conditions voulues pour donner une instruction théorique et pratique complète aux élèves qui la fréquentent.

Le grand nombre de ces derniers témoigne, du reste, hautement de la bonté de l'enseignement qui y est professé et des excellents exemples qu'on y reçoit : nous croyons pouvoir ajouter qu'elle peut être rangée au premier rang des écoles de même nature en Europe.

L'école de Grandjouan est aussi dans une situation satisfaisante.

Celle de Montpellier, qui a remplacé la Saussaie, laisse encore beaucoup à désirer.

Elle ne compte actuellement que 23 élèves.

Il est juste d'ajouter que leur petit nombre est attribué au régime de l'externat adopté d'abord comme paraissant mieux répondre que tout autre aux convenances de la contrée. Aujourd'hui on réclame la création d'un internat. L'administration supérieure est disposée à entrer dans cette voie et la question est à l'étude. Le conseil général de l'Hérault et le conseil municipal de Montpellier se préoccupent, de leur côté, avec une sollicitude toute spéciale, des moyens d'établir cet internat et ils offrent de s'imposer les sacrifices nécessaires pour arriver à doter définitivement la région méditerranéenne d'une école d'agriculture fortement constituée. D'autre part, il convient de constater que plusieurs des professeurs de l'école actuelle ont rendu de notables services. Ils ont prêté leur concours à la commission du phylloxera et ont donné pendant l'hiver, au siège de la faculté des sciences, des conférences publiques sur des sujets agricoles.

Enfin, une station séricicole, dirigée par un des élèves de M. Pasteur, a été annexée à l'école d'agriculture.

Votre commission ne peut donc qu'approuver le crédit demandé pour ces trois établissements, en exprimant toutefois le désir que les mesures projetées assurent à l'école de Montpellier un nombre d'élèves en rapport avec les sacrifices faits par l'État.

École d'horticulture de Versailles.

Nos honorables collègues MM. Joigneaux, Lherminier, Guichard et le général Guillemaut ont déposé un amendement au chapitre 4, par lequel ils demandent d'ajouter 19,700 francs au crédit affecté à l'école d'horticulture de Versailles, afin d'élever à trente le nombre des bourses et à 1,000 francs le montant de chacune d'elles.

Un crédit de 83,000 fr. est inscrit au budget de 1876 pour cette école, comme en 1875 ; sur cette somme, 10,800 fr. sont prélevés pour créer dix-huit bourses de 600 fr. l'une, ce qui permet d'admettre six élèves par an, puisque la durée du cours est de trois années.

Nous vous ferons observer, messieurs, que le recrutement de la première année s'est effectué d'une manière satisfaisante ; un certain nombre de départements ont, sur l'initiative de l'administration, voté des bourses ou des portions de bourse ; vingt-quatre élèves ont été admis. Il y a lieu d'espérer que ce nombre augmentera les années précédentes.

Il ne faut pas oublier, d'ailleurs, que l'école d'horticulture de Versailles n'a pas encore une année d'existence, et il nous semblerait prématuré de modifier immédiatement les mesures adoptées à l'origine.

Nous vous proposons donc de ne pas accepter cet amendement.

Fermes-écoles.

Le Gouvernement demande, en 1876, comme en 1875, un crédit de 580,000 fr. pour les fermes-écoles, l'école d'irrigation du Lézardeau et l'école des bergers de Rambouillet.

Ces établissements contiennent 900 élèves qui reçoivent un enseignement professionnel dont le coût est de 641 fr. par élève et par an. A ce sujet, nous croyons devoir vous faire remarquer que les écoles des arts et métiers, qui contiennent également 900 élèves, coûtent 807,000 fr., soit 896 fr. par élève, c'est-à-dire 232 fr. de plus.

Vous savez, du reste, messieurs, que, pour donner satisfaction aux vœux exprimés par la précédente commission du budget, le Gouvernement a présenté un nouveau projet de loi sur l'enseignement élémentaire de l'agriculture. Ce projet, qui apporte des modifications importantes à la loi de 1848, est en ce moment soumis à l'examen d'une commission parlementaire, présidée par M. le comte de Bouillé ; ceux de nos honorables collègues qui en sont membres ont une compétence toute particulière pour l'examiner.

Ils l'étudient avec le plus grand soin. Ils se sont trouvés d'accord sur plusieurs améliorations à introduire dans l'enseignement de l'agriculture et sur la nécessité de faire concourir les départements à des dépenses exclusivement supportées par l'État jusqu'à ce jour.

Ils nous autorisent à vous dire qu'en attendant les décisions de l'Assemblée, il est indispensable d'accorder les crédits demandés pour les fermes-écoles existantes qui rendent des services incontestables, ainsi que l'école d'irrigation du Lézardeau et celle des Bergers à Rambouillet.

Bergeries. — Bergerie de Rambouillet.

Le crédit accordé pour 1875 était de 66.640 Celui qui vous est demandé pour 1876 est de 75.000

Augmentation pour 1876 .... 8.360

Le troupeau de Rambouillet, dont la réputation s'étend dans les deux mondes, se compose de :

Têtes mérinos Rambouillet	925
Têtes mérinos de Naz	31
Têtes Mauchamp et Mauchamp mérinos	253
Ensemble, têtes	1.209

Les recettes qui ont été effectuées pour le compte du Trésor, en 1874, ont été de 137,147 fr. 71, la vente des animaux reproducteurs figurant dans ce chiffre pour 100,235 fr.

L'augmentation de 8,360 fr. qui vous est demandée, a pour objet l'achat d'engrais absolument nécessaires sur un sol naturellement très-léger, très-pauvre et auquel le fumier de mouton ne suffit pas. La dotation de cet établissement est d'ailleurs inférieure de plus de 20,000 fr. à ce qu'elle était sous l'ancienne liste civile, et cette diminution dans ses ressources a malheureusement produit depuis 1871 une abaissement sensible dans le rendement des terres.

Cette situation s'aggraverait de jour en jour s'il n'y était porté un prompt remède. Il a été constaté aussi que l'exploitation souffre du voisinage des chasses affermées, depuis 1871, à une société particulière avec laquelle on a souvent des difficultés.

Nous avons pensé qu'il était désirable de conserver à cet établissement toute sa splendeur, et qu'il était juste, par suite, en présence d'une recette évaluée à 104,000 fr. pour 1876 alors que les dépenses ne s'élèvent qu'à la somme de 75,000 fr. d'accorder l'augmentation portée au projet du budget, soit 8,360 fr.

Bergerie du Haut-Tingry.

Cette bergerie, destinée à l'entretien de diverses races ovines anglaises, ne donne pas de résultats financiers comparables à ceux obtenus à Rambouillet.

Toutefois, fondée en 1843, elle rend encore des services réels; elle offre sur place des types étrangers dont l'introduction a été reconnue utile, et elle épargne des importations isolées toujours difficiles. De plus, il est incontestable que les reproducteurs, élevés dans des conditions analogues à celles qu'ils rencontreront plus tard, donnent de bien meilleurs résultats que les animaux auxquels on fait subir un changement de climat ou de traitement.

Aussi les dishley qui sont nés et ont grandi sous le rude climat du département du Pas-de-Calais, sur des terres arides, sont plus robustes et plus résistants que les animaux importés directement d'Angleterre.

Le crédit accordé en 1875 était de..... 44 900
Celui qui vous est demandé pour 1876
n'est que de........................... 42.000

Soit une différence en moins de... 2.900

Les recettes effectuées en 1873 par le Trésor ont produit la somme de 38,068 fr. 78, et les ventes qui ont eu lieu le mois dernier attestent hautement les services que peut rendre cette institution, par les prix obtenus et l'empressement de nombreux acheteurs.

Nous vous proposons d'approuver le crédit demandé pour 1876.

Chaires départementales d'agriculture.

Le crédit accordé pour 1875 était de.. 54.300
Celui qui vous est demandé pour 1876
est de............................... 70.000

Augmentation........... 15.700

Les chaires départementales sont un des moyens les plus pratiques et les plus sûrs pour vulgariser l'instruction agricole, elles sont généralement annexées aux écoles normales primaires et réclamées par les départements ayant un sentiment réel du progrès agricole.

Afin de répondre à leur appel, MM. les ministres de l'agriculture et de l'instruction publique se sont entendus et une commission a été instituée auprès de ce dernier ministère par arrêté du 13 janvier 1874 pour l'examen de toutes les questions relatives à l'enseignement agricole et horticole dans les écoles normales primaires et dans les écoles primaires rurales.

Cette commission a émis le vœu suivant qui a été transmis aux autorités départementales par une circulaire de l'honorable ministre de l'instruction publique, M. de Cumont, en date du 17 octobre dernier, avec invitation de la soumettre aux conseils généraux et d'en faire ressortir l'importance.

« Pour assurer, dit la circulaire, dans un avenir prochain, un enseignement fructueux de l'agriculture aux élèves-maîtres de nos écoles normales primaires, la création de professeurs départementaux est indispensable.

« Ces professeurs seraient chargés non-seulement des leçons d'agriculture et d'horticulture à l'école normale du département, mais encore des conférences agricoles à l'usage des cultivateurs de la région; ils donneraient même au besoin un enseignement du même ordre dans les établissements d'instruction publique du chef-lieu, leur traitement serait mis à la charge collective des ministères de l'instruction publique et de l'agriculture, mais l'initiative et le concours pécuniaire du conseil général serait rendu obligatoire; dans tous les cas, aucune création de chaire ne pourrait être décidée que lorsque le conseil général aurait, par un vote préalable, garanti au titulaire futur de l'emploi,

une indemnité annuelle pour frais de tournées.

« La commission demande enfin que MM. les préfets soient invités à communiquer le projet dont il s'agit aux conseils généraux dans leur plus prochaine session et à les consulter sur les moyens les plus propres à en assurer la réalisation. »

Dans cet ordre d'idées, que votre commission du budget approuve, nous vous proposons d'accorder l'augmentation de crédit demandée pour 1876.

Cette augmentation paraît d'ailleurs devoir être insuffisante pour donner satisfaction à toutes les demandes qui se sont déjà produites. Les départements suivants: Aisne, Ariége, Aube, Côte-d'Or, Jura, Mayenne, Pyrénées-Orientales, Haut-Rhin, Haute-Saône, Seine-et-Marne, Tarn, Vaucluse, Vienne, ont voté des fonds afin de justifier leurs demandes de subvention à l'Etat, et plusieurs autres départements semblent disposés à entrer dans la même voie.

Des chaires existent déjà dans les départements de l'Aveyron, des Côtes-du-Nord, du Doubs, du Finistère, de la Gironde, de la Haute-Garonne, de l'Oise, de la Seine-Inférieure, etc., etc.

Stations agronomiques.

Le crédit demandé est de 60,000 fr.
Ce crédit figure pour la première fois sous ce titre : « Stations agronomiques. »

M. le ministre de l'agriculture nous a déclaré que la subvention de l'Etat, qui y est afférente, existait depuis longtemps, mais qu'elle avait été constamment comprise dans un autre article de ce chapitre pour une somme de............ 35.000
En fait il s'agit seulement d'une augmentation de............................. 25.000
qui porte le crédit total à................ 60.000

Nous croyons devoir entrer dans quelques explications à l'égard de ces établissements.

Les stations agronomiques ont pour objet spécial de faire des recherches sur les questions d'agriculture, de physiologie végétale et de zootechnie, d'éclairer les cultivateurs sur la composition, les propriétés chimiques et la valeur des engrais qu'ils achètent au commerce, de faire les analyses des sols, d'eaux, de plantes dont les agriculteurs peuvent avoir besoin, de propager, à l'aide de conférences, les meilleures méthodes; enfin de faire connaître les résultats des travaux exécutés à la station et ceux qui, obtenus ailleurs, peuvent recevoir une application utile.

Personne n'ignore les immenses progrès faits en agriculture par la révélation féconde d'applications scientifiquement déduites et que la pratique a sanctionnées; ne craignons pas de dire que l'Allemagne nous a devancés depuis près de vingt ans en organisant une station agronomique près de Leipzig. Sachons donc réparer le temps perdu !

Des stations subventionnées ont été créées dans ces dernières années à Caen, Chateauroux, Dijon, Lille, Arras, Montpellier, Beauvais, Clermont-Ferrand, Vincennes, Montargis, Bourges, Nantes, dans les départements de Vaucluse et du Gers, et enfin à Auxerre, ainsi que nous le constatons dans un remarquable rapport de l'honorable M. Bert au conseil général de l'Yonne.

La meilleure preuve de la faveur dont jouissent ces stations se trouve dans ce fait qu'elles sont le produit d'initiatives privées. Les départements et les associations agricoles unissent leurs ressources, et lorsque les premiers fonds ont été trouvés, on s'adresse à l'Etat afin d'obtenir son concours, qu'il ne saurait refuser à des institutions destinées à exercer une aussi puissante action sur le progrès agricole.

Nous vous proposons donc de voter le crédit demandé : 60,000 fr.

Subventions aux associations agricoles.

Même crédit qu'en 1875 : 500,000 fr.
Le nombre des associations agricoles était de 761 en 1874, savoir :

Sociétés d'agriculture	150
— d'horticulture	58
— vétérinaires	4
Comices agricoles	549
	761

Le nombre des membres composant ces associations est de 92,921, dont les cotisations s'élèvent à 566,574 fr.

Concours régionaux d'animaux reproducteurs, d'instruments et de produits agricoles.

Le crédit demandé en 1875 était de..	500.000
Celui demandé pour 1876 est de	550.000
Augmentation	50.000

Primes d'honneur et prix culturaux.

Crédit de 1875	222.400
Crédit de 1876	237.400
Augmentation	15.000

L'augmentation figurant à ces deux articles résulte uniquement de ce fait que le nombre des concours régionaux, réduit à onze après la guerre, a été porté à douze par une décision du 11 mars 1874. Il y aura donc douze concours régionaux en 1876.

Les concours régionaux ont maintenant fait leurs preuves : leur succès s'accentue chaque jour davantage et on peut dire qu'en 1875, ces fêtes agricoles ont eu lieu partout avec un éclat remarquable.

Encouragements à la sériciculture et à la viticulture. — Pépinières de la Corse. — Cultures expérimentales. — Recherches sur les maladies des végétaux et des arbustes; sur les insectes nuisibles. — Achat de manuels et ouvrages agricoles. — Abonnements à des recueils périodiques. — Frais de tournées et d'inspections. — Missions.

Le crédit accordé en 1875 était de	150.000
Celui qui est demandé pour 1876 est de.	170.000
Augmentation	20.000

L'augmentation demandée est destinée :
1° A couvrir les frais d'expérimentation des procédés proposés pour la destruction du phylloxera (exécution de la loi du 22 juillet 1874, créant un prix de 300,000 fr.);
2° A distribuer des primes aux propriétaires ayant fait le meilleur emploi des canaux d'irrigation dans le Midi de la France.

Nous ferons, du reste, remarquer que si plusieurs augmentations sont réclamées en faveur de l'enseignement agricole, il a été retranché sur ce chapitre une somme de 20,000 fr. votée sur l'exercice 1875 en vue de l'organisation à Toulouse d'un enseignement agricole, supprimé depuis lors et remplacé par une station agronomique largement constituée.

CHAPITRE V. — *Haras et dépôts d'étalons.*

Crédits demandés pour 1876	2.617.400
Crédits de 1875	2.236.500
Augmentation pour 1876	410.900

La loi du 29 mai 1874, qui peut être considérée à tous égards comme la loi organique des haras, par le soin avec lequel elle a été élaborée, est en pleine exécution, et déjà il est permis de dire qu'elle est accueillie avec une faveur marquée; elle procurera des avantages notables aux éleveurs et aura des conséquences fécondes pour le développement de la richesse chevaline.

La monte de 1875, bien que n'étant pas encore terminée, s'annonce comme devant atteindre une moyenne de saillies dépassant soixante par cheval, et partout où des stations nouvelles ont été créées, on a présenté plus de juments que le nombre réglementaire; d'autre part, le mouvement imprimé a jeté du discrédit sur les étalons de qualité inférieure.

Les augmentations d'effectifs dans les dépôts arrivent donc à point pour combler le vide que révèlent l'empressement des propriétaires et les vœux émis à cet égard par beaucoup de conseils généraux.

Pour donner satisfaction aux demandes faites par ces assemblées, il eût fallu avoir un contingent supplémentaire d'étalons beaucoup plus considérable que celui dont l'administration dispose.

Cet élan continuera sans aucun doute, car le prix des chevaux tend à augmenter chaque jour et il en résultera la possibilité d'élever le prix actuel des saillies et d'obtenir de la sorte un accroissement de ressources.

Le chapitre 5 est divisé en deux articles : Personnel et matériel.

Art. 1er (Personnel). — Dans le nombre des sous-directeurs porté à 23 au lieu de 22, le projet de budget comprend un fonctionnaire en disponibilité au traitement de 1,100 francs.

Sans contester le bien fondé de cette mesure, prise en vertu d'un arrêté ministériel à la suite de la réorganisation des cadres en 1871 et en attendant la réintégration du titulaire, nous pensons qu'il convient d'inscrire dans un paragraphe spécial et distinct, les fonctionnaires en disponibilité, de telle sorte que le nombre des sous-directeurs et autres fonctionnaires inscrits au budget concorde avec celui fixé dans la loi des haras.

Le nombre des professeurs de l'école des haras n'est pas indiqué et le total des appointements est porté à tort pour 14,500 fr. tandis qu'il n'est en réalité que de 14,000 fr. savoir :

1 professeur (science hippique, administrateur)	6 000
1 professeur (cours théorique et pratique d'équitation, attelage, etc.)	5 000
1 professeur (cours de zoologie, anatomie, etc.)	3.000
Total	14.000

Le vétérinaire du haras du Pin est chargé du cours de maréchalerie.

L'augmentation de crédit de 117,000 fr. pour le paragraphe 2 relatif aux gages des brigadiers chefs, des brigadiers et palefreniers et celle de 5,300 fr., paragraphe 3, pour secours et gratifications de monte, est la conséquence naturelle de l'accroissement du personnel nécessaire en raison de l'effectif des étalons dans les dépôts pour 1876.

Art. 2 (Matériel). — De même que pour les gages et gratifications de monte, des augmentations de crédits sont demandées pour tous les paragraphes relatifs au matériel.

Afin que vous puissiez juger en connaissance de cause, nous croyons utile de rappeler l'économie et le mécanisme de la loi du 29 mai 1874 édictant que l'effectif de 1,100 étalons en 1874 sera porté graduellement à 2,500, à raison de 200 têtes par an. Il en résulte que les ressources doivent être élevées proportionnellement jusqu'à ce que la limite fixée à 2,500 ait été atteinte.

L'administration, afin d'établir ses prévisions annuelles, a adopté comme point de départ le crédit accordé pour 1,100 étalons et demande de l'augmenter successivement et proportionnellement à l'effectif.

Cette manière d'opérer pour des dépenses impliquant l'achat d'objets, dont les prix sont peu variables, nous a paru rationnelle et approchant la vérité autant que possible. Nous vous proposons donc d'adopter les crédits demandés, sauf toutefois le paragraphe 3 concernant la nourriture des chevaux, parce que l'administration propose une modification au chiffre de 1,045,100 fr.

Voici les raisons qu'elle donne pour justifier ce changement.

Le coût de la ration calculé à 1 fr. 81 par jour depuis plusieurs années a fait porter au budget de 1876 ladite somme de 1.045,100 fr.; mais l'administration ayant reconnu que ce chiffre était notoirement insuffisant puisqu'elle a dû vous demander un crédit supplémentaire de 137,000 fr. pour 1875, voté ces jours derniers par l'Assemblée et que, dans ce moment même, la ration est payée 2 francs 1301 dix millièmes d'après les marchés en vigueur; elle a recherché un mode de calcul qui lui permette d'asseoir ses prévisions sur des données fixes et plus certaines.

On a pensé que le mode adopté par l'administration de la guerre en pareille matière était le meilleur, à savoir que le coût de la ration devrait être calculé sur le prix moyen des dix années passées, en écartant les deux années les plus élevées et les deux plus basses.

D'après ces bases, le coût serait de 1 fr. 9861 dix millièmes pour les dix années écoulées; c'est ce chiffre que nous vous proposons d'adopter pour 1876, d'accord avec M. le ministre.

N'est-il pas rationnel, en effet, d'évaluer les crédits de telle sorte qu'ils ne s'éloignent pas trop de la vérité des faits?

Le chiffre à inscrire au budget serait de 1.155.800
Au lieu de 1.045.100
                                     ——————
Soit une augmentation de.... 110.700

Voici les données qui ont servi pour établir ce calcul :

1° Les étalons existant dans les dépôts en janvier 1876 seraient au savoir :

Effectif actuel. 1er mai 1875......	1.156 têtes.
Complément des achats de 1875 et du renouvellement au dixième..	144
Achats pour l'accroissement de l'effectif de 1876...............	200
Chevaux de service............	30
2° Jumenterie de Pompadour, juments existant au 1er mai 1875....	37
Achats pour 1876..............	15
3° Poulains d'achat existant à Pompadour et ceux à acquérir pour 1876	20
Total.............	1 602 têtes.

Le calcul a été établi en chiffres ronds sur 1,590 têtes pendant 366 jours (l'année 1876 étant bissextile), soit pour 581,940 rations à raison de 1 franc 9861 dix millièmes l'une, 1,155,791 fr. 03, en chiffres ronds 1,155,800 fr.

L'administration a fait porter ses calculs sur une année entière à partir de janvier 1876, pour se conformer au vœu émis par le conseil supérieur des haras (séance du 21 juillet).

C'est dans l'intérêt du service, il est en effet désirable, pour ne pas dire nécessaire, que les achats en renouvellement et en accroissement d'effectif aient lieu avant janvier 1876, afin que tous les étalons soient présents aux dépôts, au moment voulu, et puissent arriver en temps opportun aux stations qui leur seront assignées pour la remonte de ladite année.

Enfin, nous appelons l'attention de l'adminis-

tration sur les observations suivantes que nous soumettons à son examen.

Le paragraphe 6 de l'article 2 (Matériel) figure au budget pour une somme de 174,800 fr., dans laquelle celle de 68,000 fr., chiffres ronds, est comprise pour constructions, frais d'entretien et de réparations des bâtiments.

L'administration des bâtiments civils étant chargée des édifices des haras, il nous semblerait plus rationnel de mettre à sa charge tous les travaux les concernant.

En examinant les indications portées à l'intitulé de chacun des paragraphes, il nous semble que le nombre devrait en être sensiblement augmenté ; il en résulterait plus de clarté, car il est fort difficile, dans l'état actuel des choses, aux membres de l'Assemblée qui n'ont sous les yeux que les développements du budget imprimé, de se rendre compte de l'importance des crédits demandés pour des dépenses très-variées et qui échappent ainsi à leur examen.

Notre honorable collègue, M. le comte de Béthune, a présenté un amendement demandant le rétablissement du dépôt d'étalons de Charleville.

La loi du 29 mai 1874, qui a fixé le nombre des dépôts à vingt-deux, est encore trop récente pour qu'on puisse songer à lui apporter des modifications; il ne faut pas oublier, d'ailleurs, que si les édifices de Charleville, permettaient d'obtenir par suite de l'augmentation de l'effectif, l'adoption de l'amendement n'en créerait pas moins une dépense permanente de 8 à 9,000 fr., pour l'entretien du personnel chef.

Nous ne sommes donc pas d'avis de faire droit à la demande de notre collègue, mais nous recommandons l'étude de son amendement à l'administration supérieure, dans le cas où elle jugerait convenable de proposer ultérieurement un remaniement dans le nombre des dépôts d'étalons reconnus par la loi, et dans le périmètre qui leur est attribué.

D'après les changements proposés, voici la rédaction que nous proposons pour le chapitre 5, haras et dépôts d'étalons.

Art. 1er (personnel), § 1er. — Traitement des inspecteurs généraux :

6 inspecteurs généraux..........	49.500
22 directeurs..................	109.000
22 sous-directeurs.............	56.800
22 vétérinaires...............	34.000
2 stagiaires..................	3.000
3 professeurs de l'école des haras	14.000
§ 2. — Gages des brigadiers chefs, brigadiers, palefreniers........	618.900
§ 3. — Secours et gratifications de remonte...................	27.300
§ 4. — Sous-directeurs en disponibilité......................	1.100

Art. 2 (Matériel), § 1er........		105.000
—	2...............	79.200
—	3...............	1.155.800
—	4...............	123.700
—	5...............	170.500
—	6...............	174.800
—	7...............	35.000
	Total...............	2.737.600

CHAPITRE VI. — *Remonte des haras et encouragements.*

Crédit demandé pour 1876........	3.860.000
Crédit de 1875................	3.645.000
	———————
Augmentation.............	215.000

Avant d'examiner les éléments du crédit demandé pour l'année 1876 (3,860,000), nous croyons devoir vous soumettre un vœu émis par plusieurs membres du conseil supérieur des haras dans sa session de juillet 1874, à savoir :

Établir la division du chapitre 6 en deux chapitres séparés; l'un serait relatif aux crédits demandés pour la remonte des haras, et l'autre aux encouragements divers accordés à l'industrie privée.

En effet, cette division paraît fondée. Si on ne l'établit pas, il est difficile de se rendre un compte exact de l'ensemble du prix de revient du service des haras.

Il est certain que les achats annuels d'étalons, pour le renouvellement et l'accroissement de l'effectif, forment une partie intégrante du service. Ce n'est qu'en réunissant les deux éléments *achats* et *entretien* qu'on peut asseoir une opinion raisonnée sur le prix de revient des étalons des haras comparés à ceux entretenus par les particuliers.

Nous vous proposons donc, pour le budget de 1876, la rédaction suivante qui permettra en même temps d'établir les dépenses afférentes soit aux dépôts d'étalons soit à la jumenterie de Pompadour.

CHAPITRE VI. — *Remonte des haras.*

2,295,000 francs.

Art. 1er. — Achats d'étalons		2.141.000
— 2 — de juments haras de Pompadour.	150.000	
— — de poulains haras de Pompadour.	4.000	
Total		2 295.000

Voici quel sera l'emploi de cette somme :

Augmentation d'effectif prescrit par la loi du 29 mai 1874	200 étalons
Renouvellement de l'effectif existant, basé sur 1,300 étalons	130
Total	330 étalons

Le prix moyen pour l'exercice de 1875, adopté par l'Assemblée, a été de 6,487 fr., et comme rien ne fait supposer une diminution dans les prétentions des vendeurs, on propose de maintenir cette moyenne pour 1876.

Soit 330 × 6487 =	2.141.000
Achat de 15 juments pur sang lequel portera à 52 le nombre des juments existantes au haras de Pompadour; de telle sorte que sauf accident il n'en restera plus que 8 à acquérir en 1877, pour atteindre la limite maximum, fixée à 60 têtes par la loi, soit à 10,000 francs l'une	150.000
Achat de poulains	4.000
Total	2.295.000

Nous vous proposons de voter ce chiffre.

En outre des juments de Pompadour et de leurs produits, on trouve quelquefois l'occasion d'acquérir de jeunes poulains qui offrent les plus grandes chances de réussite. Il en existe déjà 12 au haras et on demande à en acheter 8 pour élever ce nombre à 20

Après vous avoir priés de créer les ressources nécessaires pour l'entretien et la nourriture des étalons, notre devoir était de songer aux logements qu'entraînera l'augmentation de leur nombre; il est évident, en effet, que les édifices suffisants pour recevoir 1,100 chevaux doivent être considérablement agrandis pour pouvoir en loger 2,500 dans cinq ans. La dépense totale ne s'élèvera pas à moins de 3,190,224 fr., ainsi que le constate l'état ci-dessous ; il est juste de faire remarquer que la dépense est répartie sur une période de six années à dater de 1875.

État des dépenses à faire dans les bâtiments des haras, d'après les documents transmis au ministère des travaux publics par le ministère de l'agriculture et du commerce.

Angers	50.000 fr.
Annec/	390.000
Aurillac	70.500
Besançon	65.000
Blois	385.000
Compiègne (Braisne)	50 000
Cluny	421.724
Hennebont	406.000
Lamballe	130.000
La Roche-sur-Yon	125.000
Libourne	62.000
Montierender	150.000
Pau	160.000
Perpignan	190.000
Pin (le)	Mémoire.
Pompadour	id.
Rodez	45.000
Rosière	45.000
Saintes	111.000
Saint-Lô	195.000
Tarbes	330.000
Villeneuve-sur-Lot	50.000
Total	3.190.224 fr.

Nous avons conféré de cette grave question avec M. le ministre de l'agriculture et du commerce et avec M. le ministre des travaux publics chargé aussi des bâtiments civils. Ils nous ont donné l'assurance qu'on s'occupait activement de se procurer les renseignements nécessaires ; que les plans d'ensemble seraient dressés et soumis en temps opportun à l'approbation de l'Assemblée avant de recevoir leur exécution. M. le ministre de l'agriculture et du commerce nous a déclaré, en outre, qu'il avait déjà pris ses mesures pour recevoir le complément de 1,500 étalons qui doivent faire la monte de 1876.

CHAPITRE VI *bis*. — *Encouragements à l'industrie privée.*

1,565,000 francs.

Ce crédit est la reproduction de celui demandé pour 1875, augmenté d'une somme de 100,000 francs afin de porter de 800,000 à 900,000 pendant l'année 1876 le montant des primes aux étalons approuvés et aux juments, poulains et pouliches.

Vous savez qu'aux termes de la loi du 1875, cette subvention doit être accrue de 100,000 fr. chaque année jusqu'à ce qu'elle ait atteint la limite maximum de 1,500,000 fr. inscrite dans la susdite loi.

Voici quel a été jusqu'à ce jour l'emploi des 800,000 fr. affectés en 1875 aux encouragements de cette nature :

1º 919 étalons ont été approuvés et reçoivent une subvention en primes de	464.000
2º Primes aux poulinières et pouliches	275.000
3º Primes aux poulains entiers	3.000
Total	742.000

Le nombre total des étalons approuvés se décompose comme suit :

91	pur sang.
555	demi sang.
273	de trait.
919	

Il résulte ainsi des chiffres contenus dans les

chapitres 5 et 6 que le service de la monte de 1876 se fera, sauf les accidents imprévus, par :

1.500 étalons formant à cette époque l'effectif dans les dépôts des haras.
919 étalons approuvés.

Ensemble... 2.419 étalons de choix.

Cette situation répond parfaitement au but qu'ont voulu atteindre les promoteurs de la loi de 1874. Une émulation féconde s'établira nécessairement entre les haras qui représentent l'intervention directe de l'État et les étaloniers privés. On peut affirmer sans crainte que, par ce double concours, on obtiendra dans un avenir peu éloigné une amélioration notable de la race chevaline et une augmentation considérable dans le nombre des chevaux.

Nous avons l'honneur de vous proposer de voter pour ce chapitre, d'accord avec l'administration, un crédit de 1,565,000 fr.

CHAPITRE VII. — Conservatoire et écoles d'arts et métiers.

On demande pour 1876 le même crédit que pour 1875, soit 1,408,600 fr.

Il est nécessaire de faire remarquer que ce chapitre se divise en deux articles distincts :

1° Conservatoire de Paris....... 294.000
2° Écoles d'arts et métiers.................. 1.097.600
3° Examens et inspections pour les 3 écoles.... 17.000 1.114.600

Total égal......... 1.408.680

Les chaires d'enseignement du Conservatoire qui n'étaient que de trois à l'origine, sont maintenant quatorze, et suivant le vœu exprimé par la dernière commission du budget, le Conservatoire est ouvert au public trois jours par semaine.

Écoles d'arts et métiers.

L'école de Châlon a été créée par décret du 6 ventôse an XI; l'école d'Angers en 1811, et celle d'Aix par une loi du 13 juin 1843.

Un décret du 6 novembre 1873 a réorganisé les écoles d'arts et métiers.

Chaque école peut recevoir trois cents élèves au plus ; le prix de la pension est de 600 fr., celui du trousseau, de 250 fr. Des bourses ou fractions de bourses sont accordées par l'État aux élèves qui ont fait constater l'insuffisance des ressources de leurs familles ; d'autre part, plusieurs départements y envoient des élèves à leurs frais.

Nous ne pouvons mieux justifier les crédits demandés qu'en disant qu'à la rentrée des classes en 1874 les élèves étaient au complet dans nos trois écoles.

Nous vous proposons donc le vote du crédit de 1,408,600 fr.

Nous nous hâtons de rappeler qu'en regard de cette lourde charge, les produits prévus au budget se montent à 290,350 fr.

Pensions et trousseaux....... 227.750
Vente d'objets confectionnés.... 62.600

Total général........ 290.350

En résumé, les dépenses étant, pour les trois écoles, de..................... 1.114.600
Les recettes....................... 290.350

La charge finale incombant à l'État se trouve réduite à.............. 824.250

CHAPITRE VIII. — Encouragements aux manufactures et au commerce. — Publication des brevets d'invention.

Le crédit demandé pour 1876 est de.. 704.900
Le crédit de 1875 était était de...... 580.900

Augmentation........ 124.000

Cette augmentation comporte :

1° Une allocation destinée aux dépenses du service de l'inspection du travail des enfants dans les manufactures ; service créé par la loi du 19 mai 1874.

Traitements de quinze inspecteurs divisés en deux classes savoir :

5 inspecteurs de 1re classe à 6,000 fr... 30.000
10 inspecteurs de 2e classe à 5,000 fr... 50.000

Ensemble.... 80.000
Frais de tournées et de séjour...... 30.000

Total......... 110.000

La loi n'étant en vigueur qu'à partir du 1er juin de cette année, il n'a pas été possible de vous soumettre un tarif pour les frais de tournées, nous vous proposons de voter la somme demandée à titre provisoire. Le traitement alloué aux inspecteurs nous paraissant assez élevé, comparativement à ceux des vérificateurs et inspecteurs de nos administrations financières, nous espérons qu'il en sera tenu compte dans le calcul du tarif à adopter pour les frais de tournée.

2° L'exécution de cette loi comporte encore une autre allocation, destinée à faire face à la dépense extraordinaire devant résulter de la publication de la statistique agricole internationale, publication que la France, dans les congrès statistiques de 1869 et 1872 et dans la commission permanente de 1874, s'est engagée à produire :

Soit... 14.000

Total de l'augmentation........ 124.000

Nous vous proposons de voter le crédit demandé................... 704.900
Les recettes concernant ce chapitre sont évaluées à..................... 1.400.400

Ce qui en réalité donne un boni de... 695.500 comparativement à la dépense.

Il n'est pas sans intérêt de faire connaître que le nombre des brevets pris en 1873 a été de. 4.007
Le nombre des certificats d'addition... 1.067

Total.............. 5.074

CHAPITRE IX. — Encouragements aux pêches maritimes.

2,300,000 francs.

Les encouragements accordés à la pêche de la morue et de la baleine par les dispositions combinées des lois du 22 juillet 1851 et de l'article 1er de la loi du 22 juillet 1860 ont été prorogés jusqu'au 30 juin 1881 par une loi du 3 août 1870.

Nous vous proposons naturellement le crédit demandé, puisqu'il est destiné à remplir un engagement résultant d'une loi en vigueur.

CHAPITRE X. — Poids et mesures.

Le crédit demandé primitivement était, comme en 1875, de................ 1.050.000
Le ministre, conformément à une note remise postérieurement, a demandé qu'il soit augmenté de...... 50.000

Total............ 1.100.000

Le service de la vérification des poids et mesures avait été d'abord réglé par une ordonnance royale du mois d'avril 1839, laquelle maintenait la taxe de vérification adoptée en 1825 et stipulait que la vérification première des instruments devait provisoirement être effectuée gratuitement.

En 1872, l'administration estima qu'en présence des charges du Trésor il était possible d'obtenir de la taxe de vérification des produits plus importants, bien qu'ils s'élevassent à cette époque à 1,600,000 fr., en chiffres ronds.

On reconnut aussi que des abus s'étaient glissés dans ce service, qui n'était pas hiérarchisé convenablement.

Un décret réglementaire du 26 février 1873 a réalisé ces différentes réformes ; il dispose que les vérificateurs sont nommés directement par le ministre, après avoir subi l'épreuve d'un examen en concours public.

Un arrêté ministériel a complété ces dispositions réglementaires ; aux termes de cet arrêté, le service est confié à 420 vérificateurs et le territoire est divisé en cinq circonscriptions régionales, savoir :

5 vérificateurs en chef à		4.000
25 —	de 1re classe à	2.800
50 —	de 2e classe à	2.400
75 —	de 3e classe à	2.100
100 —	de 4e classe à	1.800
125 —	de 5e classe à	1.600
40 —	adjoints	1.400

En ce qui touche la perception, le décret dispose que la vérification sera annuelle dans toutes les communes (par suite de tolérances successives, la vérification était devenue dans 31,000 communes bisannuelle), et que la *vérification première des instruments neufs* sera assujettie à la même taxe que la vérification annuelle ; le règlement fixe ces taxes, qui donnent en moyenne une augmentation de 30 p. 100 sur le tarif de 1825.

On avait supposé que ces modifications élèveraient les produits de 1,800,000 à 2,800,000 fr.; mais les prévisions ont été notablement dépassées, et en 1874, première année de la taxation nouvelle, le chiffre de 3,440,000 fr. a été atteint ; soit une augmentation de recettes de plus de 1,800,000 fr.

Le travail imposé aux vérificateurs a été notablement augmenté par la vérification annuelle telle qu'elle a été généralisée, et le service, dans toutes ses parties, a été fait avec plus de soin et de régularité.

Indépendamment de leurs traitements, il est alloué à ces agents une indemnité de route et de séjour fixée à 4 fr. par jour; l'insuffisance de crédit n'a pas permis de leur tenir compte du montant de ces frais de déplacement ; il en résulte qu'en même temps que leur tâche devenait plus lourde, leur position était moins satisfaisante.

Au mois d'octobre dernier, époque de la préparation du budget de 1876, on ne connaissait pas encore les résultats que donnerait la première année d'application du régime nouveau, et l'administration a voulu agir avec réserve ; mais aujourd'hui que l'expérience est faite, et qu'il paraît constant que l'accroissement de recettes atteindra vraisemblablement 2 millions, elle considère comme un devoir de demander une amélioration dans le traitement des employés, et elle la chiffre par 50,000 fr.

La dépense du service se décompose aujourd'hui comme suit :

Personnel, y compris le salaire de vingt hommes de peine	893.500
Frais de loyer des bureaux	77.000
Instruments de vérification	25.000
Secours	4.000
Frais de tournée	50.500
Total	1.050.000

Or, ces frais de tournée portés à 50,500 fr., d'après la taxe de 4 fr., en y comprenant les indemnités de route des vérificateurs en chef, réglés à forfait à 2,000 fr. pour chacun des cinq inspecteurs, atteignent le chiffre de 114,000 fr.

L'insuffisance du crédit n'a pas permis de payer ces indemnités, et elles ont dû être réglées par réduction proportionnelle.

L'administration a déclaré que l'augmentation de 50,000 fr. qu'elle sollicite lui permettra de faire face à l'ensemble des dépenses et de régler à forfait l'indemnité de déplacement due aux vérificateurs selon le nombre des communes et des assujettis compris dans chaque arrondissement de vérification.

Votre commission du budget considère, d'après les explications qui précèdent, que la situation des employés du service des poids et mesures doit être prise en sérieuse considération et qu'il est juste, en principe, d'accorder le crédit de 50,000 fr.

Toutefois, elle est d'avis de répartir cette somme par moitié sur les exercices 1876 et 1877, et elle exprime son intention bien arrêtée que la susdite augmentation profite aux agents les moins rétribués.

En conséquence, nous avons l'honneur de vous proposer d'accorder le crédit du présent chapitre : 1,075,000 fr.

CHAPITRE XI. — *Entretien des établissements thermaux appartenant à l'État : subventions aux établissements particuliers d'eaux minérales.*

Le crédit accordé pour 1875 était de	228.600
celui qui vous est demandé pour 1876 s'élève à	428.600
Soit une augmentation de...	200.000

Cette augmentation s'applique entièrement à la reconstruction de l'établissement thermal de Bourbonne, qui est, depuis plusieurs années, dans un état déplorable et dont certains bâtiments présentent même un danger imminent.

Depuis longtemps déjà, l'administration se préoccupe de remédier à cette situation. En vertu d'une décision du mois de juin 1868, la mise en ferme de l'établissement fut autorisée à la charge par le concessionnaire d'exécuter les travaux nécessaires. Mais malgré l'élévation de tarifs accordée au cahier des charges, les tentatives d'adjudication sont restées sans résultat.

Des travaux de consolidation provisoire ont alors été exécutés sur les fonds d'entretien, mais il n'est plus possible aujourd'hui d'ajourner la réfection des parties de l'établissement qui tombent en ruine.

Un projet restreint comprenant seulement les travaux indispensables a été rédigé ; il en résulte que la partie de la dépense incombant au ministère de l'agriculture et du commerce serait de 500,000 fr. à répartir sur trois années.

De son côté, M. le ministre des travaux publics fait exécuter, au moyen d'un crédit de 700,000 francs, des travaux qui vont être terminés à la fin de cette année 1875.

Ces reconstructions ne paraissent pas devoir être retardées ; il importe que les eaux de Bourbonne, qui ont une vertu curative très-puissante, puissent être utilisées de la manière la plus convenable pour les nombreux malades qui visitent cet établissement ; et il ne faut pas oublier que sa clientèle se compose particulièrement de militaires blessés.

Nous appelons seulement l'attention sur la possibilité d'augmenter notablement le tarif actuel, qui semble beaucoup trop modéré.

En conséquence, nous vous proposons de voter le chiffre demandé pour ce chapitre, 428,600 fr.

Report........ 26.653.119   24.769.173

ployés dans les services d'état-major ou d'intendance, savoir :

Service de l'état-major 6,200 off., et service de l'intendance, 30 offic. 1,999,525 fr.

Reste en diminution..   2.247.434

Ce qui ramème le crédit de 1875 à.......... 24.405.685

ci..............................   24.405.685

Augmentation..........   363.488

Cette augmentation est la conséquence des changements indiqués ci-dessous compensation faite de diverses diminutions.

1° Augmentations.

Depuis longtemps l'administration de la guerre s'est préoccupée des moyens de donner aux bureaux des fonctionnaires de l'intendance une installation en rapport avec les besoins du service, c'est-à-dire à poste fixe, à portée des établissements militaires et tous réunis dans les villes où se trouvent plusieurs fonctionnaires.

Aujourd'hui les ressources du casernement, par suite de la nécessité d'abriter le matériel et les approvisionnements de toute nature, sont plus restreintes, et il a fallu, en outre, pourvoir aux bureaux des commandants des dépôts de recrutement des subdivisions de régions ; on ne peut donc songer à affecteraux sous-intendances des locaux choisis dans les bâtiments militaires.

Pour faire disparaître ces inconvénients, il est nécessaire de donner aux fonctionnaires de l'intendance une indemnité moyennant laquelle ils devront pourvoir à la location et à l'installation de bureaux en rapport avec l'importance et la bonne organisation du service qui leur est confié.

C'est dans ce but qu'il est nécessaire d'accroître en 1876, le crédit alloué pour les frais d'un bureau des fonctionnaires de l'intendance......   300 600

D'un autre côté, il y a nécessité de porter au budget une augmentation de 63.365 fr. pour les frais d'inspection, en raison du plus grand nombre de corps ou d'établissements à inspecter, ci.............   63.365

Une décision présidentielle, prise en exécution des articles 11 et 12 de la loi sur les cadres, qui confère aux adjoints du génie et aux gardes d'artillerie le rang d'officier, a déterminé les nouvelles allocations de soldes applicables à ces militaires, ainsi qu'aux contrôleurs d'armes, d'où une augmentation de.................   712.944

Total des augmentations..........   1 076.309

2° Diminutions.

Comparativement à 1875, le cadre des généraux de division et de brigade de la 1re section a subi une diminution d'effectif correspondant à une économie de....   270 600

Le même motif en ce qui concerne

A reporter...........   270.600

Report.................   270.600

le personnel de l'intendance militaire procure une diminution de........   72.600

Le produit des extinctions survenues figure dans les évaluations, en ce qui concerne les officiers généraux du cadre de réserve, pour.....   78.000

Et les officiers de l'état-major des places (corps supprimé par la loi du 5 janvier 1872), pour...............   246.382

Divers changements de résidence ou de position parmi le personnel des états-majors ont permis de réaliser une économie de.................   45.239

Total des diminutions............   712.821

Report des augmentations........   1.076.309

Augmentation finale sur le chapitre.   363.488

CHAPITRE V. — Gendarmerie.

Prévisions de 1876................   40.973.908

Allocations de 1875................   38.313.626

Augmentation.....   2.660.282

1° Par suite de la nouvelle division du territoire, l'ancienne répartition de la gendarmerie en vingt-six légions correspondant aux divisions, doit subir des modifications qui la mettent en rapport avec l'organisation en dix-huit corps d'armée. De la nouvelle division du corps résulte la nécessité d'un supplément de crédit de......   151.530 destiné à pourvoir à la solde des officiers supérieurs mis à la tête des nouvelles légions, ainsi qu'à celle des commandants d'arrondissements et de brigades.

2° En vertu de la loi du 24 mai 1874 qui a amélioré leur situation, les sous-officiers de l'armée reçoivent une haute paie fixée à 0 fr. 30 après cinq ans de service et 0 fr. 50 après dix ans. Il est devenu urgent d'étendre le bénéfice de cette loi aux militaires de la gendarmerie dont le recrutement présente de jour en jour plus de difficultés. La différence entre ces hautes paies et celles accordées jusqu'à ce jour fait ressortir un accroissement de dépense de,......   2.639.212

Enfin l'insuffisance du casernement de la garde républicaine ne permet pas de loger un certain nombre de gardes mariés et pères de famille; on a dû parer aux inconvénients fâcheux de cette position en demandant pour ces militaires une indemnité de logement évaluée pour l'ensemble à....   20.000

Le jour complémentaire de l'année bissextile représente une dépense de   13.241

Total des augmentations.....   2.854.083

Mais cette augmentation se trouve atténuée d'une somme de.............   193.801 représentant l'économie qui résultera de la conversion, par suite de l'extension des voies ferrées, d'un certain nombre de brigades à cheval en brigades à pied.

Reste en augmentation......   2.660.282

CHAPITRE VI. — Solde et prestations en nature.

Première partie. — Corps de troupe. — Prévisions de 1876.....   184 961.717

Les allocations de 1875 étaient de................. (à reporter).   207.038.487

14

Report.................... 207.038.487

À déduire :

Report à la 2ᵉ partie du chapitre :

1ᵉ Du montant des articles 6, 7, 8, 9 et 10.... 8.516.411

2ᵉ De la solde du personnel employé dans les écoles................. 2.524.766

3ᵉ Du crédit afférent à l'école do cavalerie.. 371.901

4ᵉ Report au chapitre IV de la solde des officiers employés au service d'état-major et d'intendance.......... 1.999.525

          13.412.633   13.412.633

Reste.............. 193.625.854

Diminution 8,664,137 fr.

Ainsi qu'on l'a fait connaître dans la partie du présent rapport précédant les explications des différences entre les budgets de 1875 et de 1876, le chapitre VI a été l'objet d'un remaniement complet. La première partie (Solde) a été scindée et se divise en : 1ᵉ corps de troupes comprenant l'infanterie, la cavalerie, l'artillerie, le génie, les équipages militaires, et 2ᵉ personnel en dehors des corps de troupe, renfermant les écoles, les officiers hors cadre, les aumôniers, les personnels administratifs, etc.

En ce qui concerne la première partie (Corps de troupes), les prescriptions de la loi du 13 mars 1875 sont appelées à modifier considérablement la composition intérieure des corps de troupe. Dès à présent, on a dû prévoir dans le budget la formation d'un 4ᵉ bataillon d'infanterie, d'un 4ᵉ régiment du génie, ainsi que la formation en escadrons des compagnies du train des équipages militaires, etc. Toutefois, ces changements ont été compensés, et au-delà, par la suppression d'un grand nombre de compagnies d'infanterie, de cavaliers de remonte, d'ouvriers, etc.

Les modifications déjà apportées à l'ancien état de choses et celles qui s'effectueront en 1876, sont, du reste, résumées ci-dessous, par arme, d'une manière succincte :

INFANTERIE

	Augmentations.	Diminutions
Création d'un 4ᵉ bataillon dans les régiments d'infanterie.......	—	—
	1.344.139	»
Remplacement des sous-lieutenants adjoints aux trésoriers par des lieutenants, des sergents-majors-vaguemestres par des adjudants.	97.193	»
Création de musiques dans les régiments de zouaves......................	69.936	»,
Solde des officiers à la suite.................	1.115.315	»
Suppression de trois compagnies par régiment d'infanterie et par bataillons de chasseurs à pied, de neuf compagnies par régiments de zouaves et de tirailleurs, et de huit compagnies dans la légion étrangère......	»	7.853.779
Suppression des sergents-maîtres ouvriers.........	»	152.242
	2.626.583	8.006.021
Reste en diminution....		5.379.438

CAVALERIE

Suppression d'une compagnie de cavaliers de remonte. — Réorganisation de ce corps..............	»	544.325
Suppression des cavaliers musiciens, des maîtres tailleur et bottier et d'un certain nombre d'hommes faisant partie des petits états-majors.	»	342.692
Suppression d'un colonel ou lieutenant-colonel, d'un chef d'escadrons par régiment de spahis et diminution du nombre d'officiers à la suite porté en 1875....	»	104.656
Total en diminution..	»	991.673

ARTILLERIE

Création d'une 11ᵉ batterie par régiment........	737.208	»
Création de sept musiques d'écoles d'artillerie..	172.256	»
Création de sept compagnies du train d'artillerie, compensation faite de la diminution résultant de la nouvelle composition des cadres...................	133.466	»
Suppression des capitaines adjudants-majors, d'un médecin-major de 2ᵉ classe par régiment et d'un capitaine en second dans les batteries à pied.	»	613.890
Réduction dans les cadres des petits états-majors des pelotons hors rang et des batteries........	»	1.371.483
Modifications dans la composition du régiment des pontonniers (officiers et cadres)................	»	42.269
Suppression de deux compagnies d'artificiers, modification dans les cadres des compagnies existantes et dans celles d'ouvriers....	»	59.130
	1.042.930	2.086.772
Reste en diminution...		1.043.842

GÉNIE

Création d'un 4ᵉ régiment.	650.163	»
Création de nouvelles compagnies dans les trois régiments existant, compensation faite de la diminution résultant de la nouvelle composition des cadres...	443.925	»
Total en augmentation..	1.094.088	»

ÉQUIPAGES MILITAIRES

Création de vingt états-majors d'escadrons........	371.020	»
Suppression de douze compagnies en Algérie et des compagnies d'ouvriers constructeurs, ainsi que des états-majors des parcs de		
À reporter......	371.020	»

Report........	371.020	»

construction , compensée par une augmentation sur le nombre des compagnies à l'intérieur en 1875 et modification dans les cadres des compagnies existantes.

	»	1.394.617
Reste en diminution...		1.023.597

Les augmentations ou diminutions expliquées ci-dessus et qui sont spéciales à chaque arme, ne sont pas les seules qui influent sur le budget de 1876; d'autres causes d'accroissement ou de diminution de dépenses sont applicables d'une manière générale à tous les services.

Il y a lieu de mentionner tout d'abord le décret du 10 octobre 1874, qui est venu modifier la masse individuelle, en faisant passer au compte de l'État le havre-sac et les épaulettes des corps de cavalerie et du génie, et a augmenté la prime journalière d'entretien. Cette mesure a été étendue aux hommes de la deuxième portion du contingent.

Ainsi s'est trouvée améliorée une situation depuis longtemps l'objet de vives critiques. En effet, la masse individuelle ne pouvait plus fonctionner qu'au moyen d'expédients, par suite de l'insuffisance des fixations d'après lesquelles les allocations étaient décomptées.

Enfin, l'allocation de frais de bureau aux sergents-majors et aux maréchaux des logis chefs, par suite du plus grand nombre d'incorporations et le retour de l'année bissextile viennent encore accroître les charges de 1876.

Les diverses augmentations qui précèdent se résument comme suit :

Élévation de la prime journalière d'entretien....

	2.118.000	»

Augmentation du taux des premières mises allouées aux jeunes soldats ne devant rester que six mois sous les drapeaux...

	255.570	»

Frais de bureau aux sergents-majors et aux maréchaux des logis chefs...

	36.829	»

Retour de l'année bissextile...

	319.355	»

Mais, d'un autre côté, l'habillement, au compte de l'État, des zouaves et des tirailleurs algériens (décret du 19 novembre 1874), a motivé une diminution de la masse individuelle et de la prime journalière (voir ci-après

A reporter	2.729.754	»

Report..........	2.729.754	»

Habillement), d'où une économie d'environ..........

	»	820.060

Enfin, les incomplets prévus en 1876 produiront une diminution de dépense de......................

	»	3.229.429
	2.729.754	4.049.429
Reste en diminution....		1.319.675

RÉCAPITULATION

Diminution........................		9.758.225
Augmentation.....................		1.094.088
Diminution totale..........		8.664.137

DEUXIÈME PARTIE. — *Personnnel en dehors des corps de troupes.*

Prévisions de 1876..................		23.151.036
Allocations de 1875.................		17.640.257
Augmentation.....		5.510.779

Ce crédit provient des reports ci-après :

Report du chapitre IV (officiers hors cadres, interprètes, bureaux de l'intendance, etc).....................

		4.246.959
— Chap. VI (1ᵉ partie)......		11.413.108
— Chap. XVII (personnel)....		1.980.190
Ensemble.....		17.640.257

En exécution de l'article 28 de la loi du 13 mars 1875, relatifs aux écoles militaires, le personnel militaire attaché aux six premières écoles (polytanée militaire, écoles polytechnique, spéciale militaire, d'application d'artillerie et du génie, d'application d'état-major, d'application de cavalerie) et appartenant aux armes de l'infanterie et de la cavalerie, a été porté hors cadres. La dépense qui en résulte pour 1876 est de.

		573.662

La création d'une école de tir à Blidah, d'une école d'enfants de troupe, et d'une école supérieure de la guerre (art. 28 précité), entraîne un accroissement de (1)....................

		449.926

L'organisation administrative de l'armée territoriale, telle qu'elle résulte de l'article 31 de la loi du 24 juillet 1873, entraîne tout à la fois des dépenses de personnel et de matériel. (Ces dernières sont comprises au chapitre XII.) Il y a lieu, en effet, de pourvoir à la solde des officiers chargés, sous la direction supérieure des commandants de dépôt de recrutement, de tenir les contrôles et la comptabilité. On a, du reste, réduit les frais d'organisation en confiant autant que possible les emplois de major et d'adjoints à des officiers en retraite, qui ne reçoivent,

A reporter............		1.023.588

(1) Cette somme, 449,926 fr.. se décompose comme suit :

Création de l'école de tir de Blidah..........	144.618 fr.
— d'enfants de troupe..........	175.308
— supérieure..........	130.000
Total............	449.926 fr.

L'école d'administration, inscrite aux chapitres VI et XVII du Budget de 1876, ne figurait pas d'une manière distincte au Budget de 1875, dans les deux chapitres précités; mais elle n'occasionne aucun supplément de dépenses, attendu que le personnel enseignant, qui était détaché, se trouvait payé sur les fonds du chapitre 4, art. 2, et que les sous-officiers stagiaires recevaient, sur ce même article, un supplément de traitement (page 576 du budget de 1875); la solde de ces sous-officiers était imputée sur la première partie du chapitre 6. Quant aux dépenses de matériel portées au chapitre 1ᵉʳ, § 6, elles étaient payées sur l'ensemble du chapitre.

Report................. 1.023 588

sur les fonds de la guerre, qu'une indemnité suivant le taux fixé par la décision présidentielle du 24 avril 1875. Les écritures, dans les bureaux, sont tenues par des commis détachés de la section des commis-secrétaires d'état-major. Cette dépense, jointe à celle produite par une augmentation de l'effectif des officiers de recrutement, représente une somme de..................... 1.293.121

La mise hors cadres du personnel des affaires indigènes (art. 31 de la loi sur les cadres), fait ressortir un excédant de.................... 241.700 compte tenu de l'économie résultant de la suppression de deux emplois de chefs de bataillon.

La loi du 24 mai 1874, relative à la constitution d'un corps d'aumôniers militaires, spécialement affectés au service des garnisons, a reçu, en 1875, un commencement d'exécution. En 1876, ce corps devant atteindre son complet développement, occasionnera une dépense de 380,578 fr., mais qui, par rapport à 1875, ne nécessitera qu'une augmentation de crédit de..................... 289.616

Compensation faite de la dépense des aumôniers de place et d'hôpitaux, déjà portée au budget de 1875, savoir :

Aumôniers de place à.... 14.672
Aumôniers des hôpitaux... 76.290

Bien que l'article 12 de la loi du 13 mars 1875 ait remis à une loi à intervenir le soin de déterminer la composition des cadres et les effectifs des sections d'administration et d'infirmiers militaires, il y avait une nécessité absolue à mettre ces corps en harmonie avec la nouvelle organisation, afin qu'ils pussent suffire aux exigences du service. Tel a été l'objet du décret du 2 août 1874. Quant aux sections de secrétaires d'état-major, leur nombre a été fixé par l'article 4 de la loi du 13 mars 1875, et les conditions du service ont été déterminées par un décret du 2 août 1874.

L'accroissement sur les crédits de 1875, y compris celui provenant de l'élévation des primes journalières d'entretien (95,885 fr.), est de....... 2.705.060

Enfin, une dernière augmentation de.................... 57.025 tient aux causes suivantes :

1° Nomination d'un lieutenant-colonel au grade de colonel (service de la remonte) 2.280
2° Augmentation de l'effectif et de la solde des vétérinaires principaux, par suite de la création d'une nouvelle classe................ 29.504
3° Rectification d'ordre dans les allocations, aux interprètes en Algérie....... 8.111
4° Retour de l'année bissextile..................... 17.130

Total des augmentations....... 5.610.110

Diminutions. — Diminution du nombre des officiers de santé dans les hôpitaux et variation dans les positions................... 99.331

Reste en augmentation, comme ci-dessus..................... 5.510.779

Un amendement tendant à augmenter de mille francs le crédit demandé, afin d'étendre aux chargés de cours au prytanée militaire le bénéfice du décret du 8 décembre 1874, ainsi conçu :

« A partir du 1er janvier 1875, les traitements des chargés de cours dans les lycées des départements seront augmentés de 200 francs. »

A été présenté par l'honorable M. Beaussire. Cette disposition n'est que l'application aux chargés de cours civils d'une mesure légale et a paru justifiée à votre commission. Elle a, en conséquence, l'honneur de vous proposer son adoption : ce qui portera l'augmentation de la 2e partie du chapitre VI à 5,511,779 fr.

CHAPITRE VI. — *Vivres, chauffage et éclairage.*

Prévisions de 1876................ 62.673.779
Allocations de 1875................ 61.544.846

Augmentation.............. 1.128.933

D'après les évaluations qui servent de base à la fixation du prix de la ration de pain (prix des quatorze dernières années), il y a lieu de prévoir en 1876, pour chaque ration, une augmentation de 0 fr. 01 à l'intérieur et de 0 fr. 005 en Algérie, ce qui, pour l'ensemble des rations à distribuer, donne une augmentation totale de dépense de.................... 1.406.000

Retour de l'année bissextile...... 168.451

Augmentation présumée, en raison des grandes manœuvres, du nombre des distributions extraordinaires aux troupes campées à l'intérieur..... 16.000

Les condamnés militaires et détenus en Algérie reçoivent les rations suivantes :

Pain........ 0 215
Viande...... 0.13   } Prix moyen
Vivres de campagne... 0.19   } des marchés.

La fourniture du pain est comprise dans le nombre des rations à distribuer à l'effectif général. Quant à celle de la viande et des vivres de campagne, elle est l'objet de marchés spéciaux, et les crédits nécessaires étaient compris chaque année au § 4, 2e de l'article 1er. Jusqu'à présent, le service des vivres avait pu, au moyen d'économies réalisées sur divers points, faire face à une partie de la dépense ; il n'en est plus de même aujourd'hui par suite de l'élévation toujours croissante du prix des denrées. De là, la nécessité de comprendre au budget de 1876, la totalité de la dépense résultant de ces fournitures, soit pour l'effectif de 4.100 hommes, prévu au budget et au prix de 0 fr. 32 par ration (1,500,000 rations pour 366 jours), ci.. 480.346

Le crédit porté en 1875 était de.................... 278.138

Reste en augmentation... 202.208   202.208

Le conseil supérieur de la guerre a reconnu qu'en vue de l'hygiène des troupes, il serait désirable qu'on leur accordât une ration journalière de sucre et de café, tant à l'intérieur qu'en Algérie ; mais l'adoption de cette mesure, en raison du chiffre de la dépense qu'elle entraînait et qui a paru trop élevé pour la situation actuelle, a dû être en partie ajournée. On se borne à ne proposer provisoirement que l'allocation d'une

A reporter... .... 1.792.659

Report.............. 1.792.659

ration tous les deux jours. Les évaluations faites sur cette base donnent les résultats ci-après :

Intérieur :

70,178,670 rations à 0 fr. 11. 8.070.517

Algérie :

Troupes françaises, 6,685,905 rations; gendarmerie, 163,053 rations ; légion étrangère et corps indigènes, 3,101,667 rations. Soit 9,950,625 rations à 0 fr. 09................... 895.556

            8.966.103

-Mais, déjà au budget de 1875, figuraient les crédits nécessaires pour l'allocation de 36,000,000 rations aux troupes campées à l'Intérieur, et de 13,919,966 rations aux troupes de l'Algérie, soit............... 4.871.947

Reste en augmentation. 4.094 156   4 094.156

Par suite du développement des bibliothèques militaires, le crédit de 10,000 fr. accordé pour 1875, est devenu absolument insuffisant ; on demande, en conséquence, que ce crédit soit doublé en 1876, soit une augmentation de................... 10.000

L'Assemblée nationale a exprimé le désir que l'on donnât une grande extension aux bibliothèques de garnison et de caserne afin de faciliter les moyens d'étude à nos soldats.

Dans ce but, 326 bibliothèques nouvelles ont été installées, ce qui, avec les 116 bibliothèques antérieurement créées, porte à 442 le nombre des salles d'étude actuellement à la disposition de l'armée.

Dans ces conditions, le crédit primitif alloué pour la dépense du chauffage et de l'éclairage, qui était de...................... 10 000

est devenu insuffisant, et en présence de l'augmentation considérable du nombre des bibliothèques, l'on estime qu'un crédit nouveau de...................... 10.000

est devenu indispensable.

Ce qui porte à.......... 20.000

le chiffre des dépenses du chauffage et de l'éclairage des bibliothèques à inscrire au budget de 1876.

Enfin, les frais d'éclairage des corps de garde, dont le nombre s'est accru depuis 1875, nécessitent un supplément de crédit.............. 2.148

Total des augmentations...... 5.898.963

Mais ces augmentations se trouvent, dans une certaine mesure, atténuées par les économies réalisées sur diverses branches des deux services :

1° L'entretien et le remplacement du mobilier n'exigera, par suite du bon état de mobilier, qu'un crédit de 100.000 fr., au lieu de celui de 200,000, accordé pour 1875, soit en moins................... 100.000

2° Partout où il est possible d'installer des appa-

A reporter........ 100.000   5 898.963

Report.......... 100.000   5.898 963

reils économiques pour la cuisson des aliments, des rations collectives sont substituées aux rations individuelles, ce qui produit une diminution notable de dépense. L'administration de la guerre tend donc à pourvoir, autant que possible, à l'installation de ces appareils. Les mesures prises dans ce but produiront, en 1876, une économie de.. 353.564

3° Enfin, la réduction d'effectif entraînera une diminution totale de dépenses de............... 4.416.466

dont 4,185,425 sur le service des vivres et 231,041 sur celui du chauffage.

Total des diminutions... 4 770.030   4.770 030

Reste en augmentation.   1.128.933

CHAPITRE VI. — *Hôpitaux.*

Prévisions de 1876............... 12.200.875
Allocations de 1875.............. 13.350.299

Diminutions............. 1.149.424

La réduction de l'effectif produit une économie de...................... 899.880

Par suite de la diminution du prix des principales denrées consommées dans les hôpitaux, le prix de journée de 1 fr. 62, porté au budget de 1875, a pu être réduit à 1 fr. 60, d'où une diminution totale de dépense d'environ...................... 121.000

Comme il ne s'agit en 1876 que de pourvoir à l'entretien du matériel du culte, on s'est borné à prévoir, au lieu de 250,000 fr. accordés pour 1875 par l'Assemblée nationale, un crédit de 79,100 fr., se décomposant comme suit :

Entretien et renouvellement des objets du culte.... 12.500
Indemnités allouées aux aumôniers pour blanchissage du linge, achat de vin, etc.. 66.600

Ensemble................ 79.100

mais l'économie produite de ce chef, soit : 170,900, se trouve en partie absorbée par diverses augmentations de détail, notamment sur les remplacements de matériel, et elle se trouve ainsi ramenée à............. 128.544

Total égal des diminutions.... 1.149.424

La diminution que nous constatons dans les dépenses du service des hôpitaux pourra vraisemblablement devenir plus sensible lorsqu'une loi aura réglé l'organisation des hôpitaux militaires et les conditions d'admission et de traitement des malades militaires dans les hospices civils, auxquels l'administration de la guerre se propose de recourir largement.

Le département de la guerre possède aujourd'hui, à l'intérieur, quarante-quatre hôpitaux militaires; mais, par suite des changements survenus dans notre organisation depuis leur création, ces établissements ne sont plus en rapport avec les besoins actuels : c'est ainsi que le département du Nord compte dans presque toutes les places frontières des hôpitaux militaires dont l'existence était utile à une époque où ces places avaient une certaine importance, aujourd'hui la plupart de ces établissements ne sont plus qu'une charge pour les finances de l'Etat. Par contre, si l'on regarde les nouvelles régions créées depuis 1873, on voit qu'il n'existe pas un seul hôpital militaire dans les 2e, 7e, 11e et 12e corps d'armée, que le 13e corps ne compte que l'hôpital thermal de Vichy, enfin que le 8e ne dispose que de l'hôpital provisoire créé récemment dans des baraques au camp d'Avor.

La conséquence de cette situation est la nécessité de supprimer les établissements qui ont cessé d'être utiles et de doter chacune des nouvelles régions de l'hôpital militaire qui lui est nécessaire pour la bonne exécution du service. C'est ce qu'a compris l'administration de la guerre, mais elle a pensé en même temps qu'en présence de l'état actuel de nos finances, il fallait éviter ou tout au moins ajourner les créations nouvelles, et, dans ce but, utiliser les ressources que peuvent offrir certains hospices civils.

Le ministre a donc préparé un projet de loi qu'il se propose de soumettre à la sanction de l'Assemblée nationale, et qui peut se résumer ainsi :

Maintien ou création, en principe, d'un hôpital militaire par corps d'armée;

A défaut, désignation d'un hospice civil pour en tenir lieu et appropriation en conséquence moyennant subvention ;

Maintien des hôpitaux militaires permanents des places de Paris et de Lyon, ainsi que des hôpitaux thermaux;

Suppression des autres hôpitaux militaires de France ;

Obligation pour les hospices civils de traiter, moyennant une indemnité rémunératrice, les militaires malades, dans des salles spéciales ;

Enfin, remise à l'administration civile d'une partie des hôpitaux militaires de l'Algérie, et, par suite, réduction, pour le département de la guerre, des dépenses qu'entraîne le traitement des malades civils, soit indigènes, soit européens.

CHAPITRE VII. — Fourrages.

Crédit demandé pour 1876	58.458.659
Accordé en 1875	53.026.900
Augmentation	5.431.759

Ce chiffre concorde avec le prix des fourrages, la composition des rations, le retour de l'année bissextile et l'élévation du prix de la ration des chevaux de la garde républicaine.

CHAPITRE VIII. — Service de marche.

Le crédit demandé pour 1876 est le même que celui de 1875.

CHAPITRE IX. — Habillement.

Crédit demandé pour 1876	26.462.265
Crédit accordé en 1875, auquel il convient d'ajouter comme report du chapitre 17 (écoles)	26.702.572
	177.519

(Habillement du personnel militaire, des élèves et des agents civils).

Total des crédits pour 1875	26.880.091
En moins	417.826

La réduction d'effectif doit procurer une économie de ... 3.766.707

Mais cette économie se trouve en partie absorbée par les augmenta-

A reporter 3.766.707

Report 3.766.707

tions résultant soit de mesures adoptées depuis le vote du budget de 1875, soit de besoins nouveaux auxquels il est impossible de ne point satisfaire.

En premier lieu, la mise à la charge de l'Etat du havre-sac et des épaulettes, en exécution du décret du 10 octobre 1871, qui a eu pour objet (ainsi qu'il est expliqué à la première partie du chapitre VI) d'alléger la masse individuelle trop obérée, entraîne une nouvelle dépense de 835.755

En vertu du même décret, les régiments de zouaves et de tirailleurs algériens, les seuls dans lesquels la masse eût encore à pourvoir à l'achat des effets d'habillement et de petit équipement seront désormais habillés au compte de la Guerre; d'où une augmentation de dépenses de 914.087
qui sera cependant atténuée dans une certaine mesure par une réduction au titre de la solde, sur la première mise de petit équipement et la prime journalière d'entretien, ainsi qu'il résulte des chiffres ci-après :

Zouaves. — 1re mise. — 55 fr. au lieu de 118 fr. — Prime journalière 0 fr. 17 au lieu de 0 fr. 30.

Tirailleurs algériens. — 1re mise, 55 fr. au lieu de 100 fr. — Prime journalière, 0 fr. 17 c. au lieu de 0 fr. 25.

La dernière cause d'augmentation tient à l'élévation toujours croissante des frais de main-d'œuvre et du prix d'achat des matières. D'après les marchés récemment passés, la différence en plus en 1876 ne saurait être moindre de ... 1.509.039

Total des augmentations.	3.348.881	3.348.881
Reste en diminution....		417.826

CHAPITRE X. — Lits militaires.

Crédit demandé en 1876	5.223.083
Crédit accordé en 1875	5.105.123
Différence en plus	117.960

Augmentations.

Jusqu'à concurrence de 229.053

L'augmentation de crédit demandé provient de la nécessité de pourvoir aux frais d'occupation et d'entretien d'un plus grand nombre de fournitures complètes et de la transformation en fournitures complètes de 40,000 demi-fournitures reconnues insuffisantes pour le chauffage des troupes.

A reporter 229.053

Report..............	229.053

Il est indispensable de louer de nouveaux magasins, d'où un accroissement de dépense de..............   80 000

En outre, le remplacement des châlits en bois, actuellement hors de service, par des châlits en fer, sujets à moins de détérioration, entraînera une première dépense de..........   170 000

Enfin, le mobilier des hôtels occupés par les commandants de corps d'armée exige de nombreux remplacements, d'où un accroissement de dépenses de.....................   17.000

        Total des augmentations....   496 053

Diminutions

Economie résultant du renvoi de jeunes soldats de la deuxième portion du contingent, après six mois de service.......... 217.179)

Incomplet en 1876.... 160 914)   3 8.093

       Reste en augmentation.....   117.960

CHAPITRE XI. — *Transports généraux.*

Crédit demandé pour 1876........   3.220.000
Crédit accordé pour 1875........   2.542.850

        En plus..........   667.150

Aux termes de l'article 3 de la loi du 24 juillet 1873, chaque corps d'armée doit être pourvu de magasins généraux d'approvisionnement; de là un mouvement considérable de matériel pour les services de l'habillement, du campement et des hôpitaux, qui ont à pourvoir les nouveaux magasins.

Le service des transports généraux a reçu ainsi un accroissement très-important et on peut considérer comme nécessaire un supplément de crédit de..........   457.150

La réunion des troupes dans les camps d'instruction entraînera de nombreux mouvements de matériel de campement, ce qui motive l'allocation d'un nouveau crédit de..........   20.000

Il y a lieu de prévoir, enfin, qu'à l'occasion des grandes manœuvres, on aura à pourvoir à la location d'un nombre assez élevé de chevaux pour l'attelage de voitures régimentaires.

     Prévision..........   200.000

        Total égal........   677.150

D'accord avec le ministre de la guerre, votre commission pense qu'une réduction de 50,000 fr. peut, pour le moment, être effectuée sur l'ensemble du chapitre XI, qu'elle vous propose en conséquence de réduire à la somme de.   3.170.000

CHAPITRE XII. — *Recrutement et réserve.*

Crédit demandé pour 1876........   1.928 000
— accordé pour 1875........   1.070 000

       En plus.......   858.000

L'exécution de la loi du 2 août 1874 (recensement annuel des chevaux et mulets) entraîne une augmentation de..........................   918 000

atténuée de....................   60.000

économie résultant de la réunion des bureaux de l'armée territoriale à ceux du recrutement.

      Reste en augmentation,..   858.000

CHAPITRE XIII. — *Justice militaire.*

Même crédit qu'en 1875.

CHAPITRE XIV. — *Remonte générale et harnachement.*

Crédit demandé pour 1876........   9.142.945
Crédit pour 1875...... 10.414.227
auquel il y a lieu d'ajouter pour report du chapitre 17 (le harnachement des chevaux des écoles devant être désormais payé sur le chapitre 14)................   26.600
                10.440.827   10.440.827

     Différence en moins........   1.297.882

Augmentation.

Le nombre des harnais à remplacer ou à entretenir en magasin motive une augmentation de..........   566.318

L'accroissement du prix des chevaux de carrière ou de manège et du nombre d'étalons à entretenir en Algérie par suite de la suppression des étalons des tribus, la création de nouvelles bourses à l'école vétérinaire d'Alfort nécessitent une nouvelle dépense de..........................   154.500

      Ensemble........,   720.818

Mais par raison d'économie, la somme à consacrer au remplacement annuel des chevaux, a été réduite, en 1876, de..........   2.018.700

Ce qui amènera une diminution finale de..........................   1.297.882

CHAPITRE XV. — *Etablissements et matériel de l'artillerie.*

Crédit demandé pour 1876........   14.133.660
— accordé en 1875........   13.842.920

      Augmentation......   290.740

Le budget de 1875 n'avait pas prévu la dépense résultant de l'entretien des armes dans les corps sur les points où l'artillerie ne possède pas de salles d'armes, cette dépense avec quelques frais imprévus s'élève à la somme de..........   153.757

La réorganisation du service des poudres et salpêtres, conformément à la loi du 13 mars 1875, entraîne une augmentation de..........   183.503

La réparation des bâtiments qui comprennent les fonderies, nécessite un accroissement de crédit de.   3.200

      Total des augmentations.....   340.460

Mais de cette somme il convient de déduire l'économie résultant du renvoi de jeunes soldats après six mois de service....................   49.720

Ce qui réduit l'augmentation à.,,   290.740

CHAPITRE XVI. — *Etablissements et matériel du génie.*

Prévisions de 1876................   9.850.000
Allocations de 1875...............   9.811.000

       En plus.......   39.000

La création d'une école régimentaire pour le 4e régiment du génie motive cette augmentation (exécution de la loi du 13 mars 1874).

CHAPITRE XVII. — *Écoles militaires (matériel).*

Crédit demandé pour 1876 : 4,427,896 fr.

Le crédit de 1875 était de..........	5.967.765
dont il convient de déduire la solde du personnel employé aux écoles, reporté au chap. VI (2ᵉ partie).	1.980.190

La somme nécessaire à l'habillement du personnel militaire, des élèves et des agents civils des écoles payé désormais sur le chap. IX et reportée à ce chapitre 177.519

Celle de . . . . 26.600 reportée au chapitre XIV, le harnachement des chevaux des écoles devant être, à l'avenir, entretenu sur les fonds dudit chapitre.

Total	2.184.309	2.184.309
Reste......		3.783.456

Soit en augmentation, 644,410 fr.

Cette augmentation est due à la création de quatre nouvelles écoles militaires :

École d'administration à Vincennes.	6.770
École de tir de Blidah............	3.770
École d'essai pour les enfants de troupe..............	37.600
École militaire supérieure........	200.000

En outre, les frais d'entretien dans les écoles déjà créées s'accroîtront dans une assez forte proportion par suite de l'admission en 1876 d'un plus grand nombre d'élèves, ci.......... 396.300

Total des augmentations..   644.440

CHAPITRE XVIII. — *Invalides de la guerre.*

Crédit demandé pour 1876........	1.125.193
Crédit accordé en 1875...........	1.123.053
Augmentation........	2.140

Retour de l'année bissextile.

CHAPITRE XIX. — *Solde de non-activité, solde du traitement de réforme.*

Crédit demandé pour 1876........	1.155.508
Crédit accordé en 1875..........	1.180.256
Diminution.............	24.748

Cette diminution est la conséquence des extinctions présumées sur le nombre des titulaires de la solde de non-activité et du traitement de réforme, compensée par une augmentation de l'effectif des officiers mis en réforme et des gendarmes jouissant de la gratification temporaire.

CHAPITRE XX. — *Secours.*

Crédit demandé pour 1876........	3.332.000
Crédit accordé en 1875........	3.333.000
En moins.............	1.000

Produit d'extinctions survenues parmi les réfugiés égyptiens.

CHAPITRE XXI. — *Dépenses secrètes.*

Allocations du crédit demandé sans modification.

CHAPITRE XXII. — *Dépenses des exercices périmés non frappés de déchéance.*

CHAPITRE XXIII. — *Dépenses des exercices clos.*

Après avoir ainsi examiné, chapitre par chapitre, les différents crédits dont l'allocation est demandée, la commission a l'honneur de proposer à l'Assemblée nationale l'adoption du projet de loi ci-après, portant allocation des crédits à affecter au département de la guerre pour l'exercice 1876.

PROJET DE LOI

Article unique. — Il est accordé au ministre de la guerre, pour l'exercice 1876, des crédits montant à la somme totale de 500.037,115 fr.

Les crédits étant répartis par chapitre, conformément au tableau ci-annexé :

CHAPITRES	NATURE DES SERVICES	CRÉDITS demandés par le projet du budget.	MODIFICATIONS PROPOSÉES		MONTANT des crédits alloués
			En plus	En moins	
1	Traitement du ministre et personnel de l'administration centrale..............	2.095.410	»	»	2.095.410
2	Matériel de l'administration centrale..............	810.000	»	»	810.000
3	Dépôt général de la guerre...............	413.415	»	»	413.415
4	États-majors	24.769.173	»	»	24.769.173
5	Gendarmerie	40.973.908	»	»	40.973.908
6	Solde et prestations en nature..............	282.987.407	1.000	»	282.988.307
7	Fourrages	58.458.659	»	»	58.458.659
8	Service de marche	8.454.257	»	»	8.454.257
9	Habillement...............................	26.462.265	»	»	26.462.265
10	Lits militaires.............................	5.223.083	»	»	5.223.083
11	Transports généraux.......................	3.170.000	»	.	3.170.000
12	Recrutement et réserve....................	1.928.000	»	»	1.928.000
13	Justice militaire...........................	824.336	»	»	824.336
14	Remonte général et harnachement	9.142.945	»	»	9.142.945
15	Établissements et matériel de l'artillerie et des équipages militaires	14.133.660	»	»	14.133.660
16	Établissements et matériel du génie..........	9.850.000	»	»	9.850.000
17	Écoles militaires..........................	4.427.896	»	»	4.427.896
18	Invalides de la guerre.....................	1.125.193	»	»	1.125.193
19	Solde de non-activité, solde et traitement de réforme.	1.155.508	»	»	1.155.508
20	Secours	3.332.000	»	»	3.332.000
21	Dépenses secrètes........................	300.000	»	»	300.000
22	Dépenses des exerc. périmés non frapp. de déchéance.	»	»	»	»
23	Dépenses des exercices clos................	»	»	»	»
	Total général des dépenses...........	500.037.115	1.000		500.038.115
Unique	Dotation de l'armée	21.089.000	»	»	»

Annexe n° 3124.

RAPPORT fait au nom de la commission du budget (*) sur le budget des dépenses de l'exercice 1876 (ministère de la marine et des colonies), par M. le vice-amiral Pothuau, membre de l'Assemblée nationale.

Messieurs, le budget de la marine, qui est soumis à votre sanction pour l'exercice 1876, se monte à 165.893.496 fr. En le comparant au budget ordinaire de 1875, soit, 158.904.465 fr., on trouve qu'il présente une augmentation de 6.989.031 fr.

Cependant, lorsqu'on tient compte, comme on doit le faire, de l'ensemble des crédits qui ont été alloués au service de la marine pour 1875, on arrive, en réalité, à un total de 168.904.465 fr., qui se décompose ainsi :

Budget ordinaire.......... 158.904.465
Compte de liquidation.... 10 000 900

Cette somme, comparée aux crédits demandés pour 1876, fait ressortir, au détriment de cet exercice, une véritable diminution de 3,010,969 fr.

Ainsi, l'insuffisance de la dotation du ministère de la marine, déjà reconnue à l'occasion de la discussion du budget de 1875, sera encore plus frappante pour l'année 1876, puisque ce département recevra en moins 3,010,969 fr.

Voilà, messieurs, comment s'est présentée la situation aux yeux de la commission du budget, et pour quels motifs, malgré son vif désir d'alléger les charges déjà si lourdes qui pèsent sur le Trésor public, elle n'a pu songer à vous proposer des réductions sur l'ensemble des dépenses prévues pour la marine en 1876.

Dans l'examen du projet de budget qui vous est soumis, on est conduit tout d'abord à se demander comment il se fait que, la dotation du matériel étant insuffisante, on ne consacre pas aux chapitres IX et X la totalité de la somme de 6,989,031 fr., qui représente la différence en plus du budget ordinaire de 1875 sur celui de 1875, à l'instar de ce qui a eu lieu dans la répartition des 10,000,000 du compte de liquidation, où 8,000,000 ont été affectés aux constructions navales, et les deux autres millions à l'artillerie.

L'explication est très simple : elle se trouve en partie dans la note préliminaire du budget de 1876. M. le ministre de la marine a dû prendre en considération les vœux qui ont été exprimés lors de la dernière discussion du budget, et qui ont paru obtenir l'assentiment de l'Assemblée. Tout en reconnaissant qu'il y avait urgence à doter le matériel des sommes nécessaires à son renouvellement et à son entretien, on avait également traité la question du personnel dont la situation méritait de fixer l'attention, et demandait à être améliorée, notamment en rendant possible un plus grand nombre d'embarquements à la mer. C'est ce que le ministre a cherché à réaliser dans le projet du budget dont nous avons à nous occuper.

Le nombre des bâtiments armés a été augmenté de manière à renforcer certaines de nos stations, en particulier celle du Levant. Il paraissait y avoir intérêt pour nos nationaux et pour notre influence traditionnelle, à ce que le pavillon français se fit voir souvent là où il flottait naguère d'une façon en quelque sorte permanente.

Le service des autres stations navales demeure parfaitement assuré : il n'est pas à notre connaissance que les officiers qui les commandent se soient plaints d'avoir un nombre insuffisant de bâtiments pour la protection de notre commerce.

Si nos ressources financières nous permettaient un jour de donner un nouvel essor aux armements, il y aurait à examiner s'il ne conviendrait pas de créer ce que les Anglais appellent une escadre volante, dont le principal but est de former les officiers et les marins à la pratique de la navigation, ou s'il ne serait pas préférable d'ajouter une troisième division à l'escadre de la Méditerranée. Il ne faut pas perdre de vue que si cette escadre n'est pas toujours à la mer, elle est néanmoins pendant plusieurs mois de l'année et toujours en manœuvre ou en exercices militaires. On peut dire que l'instruction que les officiers y reçoivent est complète, à la condition, toutefois, que la période de leur embarquement y soit suffisamment prolongée. Mais là n'est point la question en ce moment, puisque de tels crédits ne vous sont point demandés pour cet objet.

Le nombre des bâtiments placés dans la réserve a été pareillement augmenté. Vous n'ignorez pas, messieurs, l'importance de ce service, qui consiste à tenir une notable partie de notre matériel flottant dans la position d'armement presque entier. C'est sans contredit le meilleur moyen de le conserver en bon état.

Ces augmentations, qui ont semblé très justifiées à votre commission, ont dû contribuer naturellement à l'accroissement des effectifs des divisions à terre. Ce sont là les dépôts de la marine ; c'est dans les divisions qu'elle puise ses équipages. C'est donc là qu'elle doit trouver, le plus possible, des marins ayant déjà contracté avant leur embarquement les habitudes de tenue et de discipline. Ce sont les divisions qui constituent les pépinières de nos spécialités de gabiers, de matelots canonniers, fusiliers et timoniers. Il importe que le recrutement de ces hommes d'élite, qui sont la force de nos équipages, puisse s'y faire facilement et dans les meilleures conditions. Cela sera d'autant plus facile que le personnel que l'on entretient sera plus considérable.

Pour ces accroissements d'effectifs, qui s'élèvent à 2,630 hommes, on demande d'abord au chapitre IV une somme de 480,341 fr. En tenant compte ensuite des augmentations de crédits qu'ils entraînent au chapitre VIII (Vivres et hôpitaux) et de quelques autres dépenses qui seront expliquées plus loin, dans l'examen de détail des différents chapitres, on arrive à une seconde somme de 2,440,690 fr. qui, ajoutée à la première, forme un total de 2.921,031 fr.

Cette somme, retranchée des 6,989,031 fr. dont il a été fait mention ci-dessus, différence entre les budgets ordinaires de 1875 et 1876, donne un reliquat de 4,068,000 fr., qui représente la quotité de l'augmentation du crédit affecté au matériel naval pour l'année 1876. Mais lorsqu'on fait la comparaison de ce chiffre avec les dix millions votés en 1875 et portés au compte de liquidation, on constate que le matériel reçoit en moins pour 1876 5,932,000 fr.

La répartition de ces 6,989,031 fr. se trouve justifiée aux yeux de votre commission, surtout si le ministre, comme il l'annonce dans la note préliminaire du budget, lorsque les ressources du Trésor s'y prêteront, une dotation spéciale pour le matériel comprenant constructions navales, artillerie, travaux hydrauliques, s'élevant à 25 millions environ, à partir de l'année 1876, et devant se renouveler, mais en décroissant, pendant une dizaine d'années.

En examinant les divers articles du chapitre IV, votre commission a remarqué que le

(*) Cette Commission est composée de MM. Mathieu-Bodet, président; Teisserenc de Bort, Magnin, vice-présidents; Lefébure, Tirard, le comte Octave de Bastard, de Ravinel, secrétaires; Dréo, Fourcand, Luret, Raudot, Gouin, Lambert de Sainte-Croix, Lepère, comte d'Osmoy, Wolowski, Adam (Seine), Delsol, général Chareton, général Saussier, Monjaret de Kerjégu, baron de Soubeyran, Langlois, amiral Pothuau, Faye, marquis de Talhouët, Plichon, Cochery, André (Seine), Balbie.

15

chiffre de l'excédant des cadres des officiers de la marine, soit 167, est encore élevé, bien que l'on ait appliqué le décret du 11 août 1873, qui prescrit de ne faire dans les promotions que quatre nominations sur cinq vacances. Elle n'a pu laisser inaperçue une situation qui, en se prolongeant, amènerait nécessairement de fâcheux résultats. Le ministre est entré, il est vrai, dans a voie des retraites anticipées, et nous avons lieu de penser qu'il y persévérera à l'égard des officiers que leur séjour à terre depuis plusieurs années où que leur état de santé éloigne de la navigation. Il lui appartient de prendre, à ce sujet, les dispositions qui lui sembleront les meilleures, pour apporter quelque adoucissement à une mesure de rigueur imposée par les circonstances et qui s'exerce sur un personnel aussi dévoué et aussi digne d'intérêt que l'est celui de la flotte.

Votre commission croit qu'il est plus essentiel que jamais de rentrer d'une façon prompte dans les cadres déterminés par le décret du 12 décembre 1874. Ces cadres sont suffisants, on l'a déjà démontré à plusieurs reprises, pour parer à tous les besoins en temps de guerre. Ils n'ont point été fixés arbitrairement. Chacun sait sur quelles bases ils ont été calculés. On a supposé la flotte entièrement armée, ce qui n'aura probablement jamais lieu, et l'on a trouvé qu'après avoir complété tous les états-majors et assuré le service des arsenaux, il restait encore disponible le neuvième environ du total des effectifs réglementaires.

L'excédant du personnel engendre à la longue le malaise et le défaut d'activité, quelque soin que l'on prenne d'ailleurs d'occuper ou personnel à terre. Si les officiers naviguent peu, surtout lorsqu'ils sont jeunes, ils perdent le goût de leur métier qui demande, à cause de sa dureté même, à être fait avec suite, entrain et persévérance ; il résulte aussi de leur trop grand nombre un temps d'arrêt dans l'avancement, qui ne peut qu'affaiblir le bon esprit dont ils sont animés.

Tout indique l'urgence de se renfermer dans les fixations des nouveaux effectifs réglementaires. Cela permettra, en outre, au ministre, qui s'est préoccupé à juste titre de faire naviguer le plus possible les officiers, de ne plus limiter à un an la période de l'embarquement et de reprendre celle de deux années qui convient mieux à leur instruction pratique, ainsi qu'à la bonne et forte organisation de nos bâtiments. La trop grande mobilité du personnel, indépendamment de ce qu'elle énerve nos équipages, devient une source incessante de dépenses. Un pareil état de choses ne peut être que transitoire.

Les calculs fournis à votre commission et qui sont d'accord avec ceux placés sous vos yeux dans les précédents budgets prouvent, une fois de plus, l'insuffisance des crédits destinés à notre matériel. La question en ce qui concerne les constructions navales a été si souvent débattue dans les commissions du budget et à la tribune que, si l'on est obligé d'y revenir parfois encore, c'est moins pour faire la démonstration de cette insuffisance de crédits, que pour insister sur l'impérieuse nécessité d'y porter un prompt remède.

La construction de nos bâtiments a attiré d'une manière particulière notre attention. Nous avons pensé qu'il y avait intérêt non pas seulement à faire bien, mais à faire vite, et c'est un des motifs qui nous ont conduits à recommander au ministre de la marine de confier à l'industrie privée le soin d'en construire le plus grand nombre possible. Ce sera un moyen de ramener l'activité sur les chantiers de nos ports de commerce qui languissent pour la plupart et se ferment, en même temps, l'État d'accroître le personnel des ouvriers qui, on le sait, lorsqu'il vient à être augmenté, même

temporairement, ne rentre qu'avec les plus grandes difficultés dans les limites qui lui étaient précédemment assignées.

Le département de la marine est déjà dans cette voie depuis plusieurs années, mais votre commission croit qu'il doit s'y engager de plus en plus. Si l'on examine maintenant le service de l'artillerie, on voit qu'il offre un intérêt égal à celui des constructions navales. On ne saurait, sans les plus grands inconvénients, lui refuser les crédits qui lui sont nécessaires ; c'est l'artillerie qui est chargée non-seulement de l'armement de notre flotte, mais de celui des forts de mer dans nos arsenaux ; c'est elle qui centralise les dépenses relatives aux torpilles, appelées à jouer un si grand rôle dans la défense de nos rades et ports. La plus grande partie de ce matériel est à créer.

Enfin, les travaux hydrauliques ne peuvent pas être négligés plus longtemps, sans qu'il en résulte de graves dommages pour le service. Dans ces dernières années, on a à peine pourvu à l'entretien et à la réparation des édifices existants : on a laissé quelques-uns des travaux et des plus importants inachevés. Quant aux travaux neufs, il n'en a point été question. Aujourd'hui ils présentent tous un caractère d'urgence qui oblige à ne plus les ajourner. C'est ainsi que l'administration de la marine exprime l'intention de demander un crédit plus important au chapitre XI pour que l'on puisse commencer à Toulon un nouveau bassin de radoub, de dimensions telles qu'il soit capable de recevoir les plus grands bâtiments : c'est un travail indispensable.

Il est également urgent d'entreprendre la construction du bassin de radoub pour l'arsenal de Saïgon, qui sera d'une si grande utilité pour les bâtiments de nos divisions navales de l'Indo-Chine et du Japon. Le dock flottant, dont on fait usage dans cet arsenal, compte actuellement une durée de huit années. D'après les dernières informations, on a pu encore y faire entrer le transport la Sarthe ; mais cette opération devra être la dernière ; le dock est maintenant hors de service.

Tels sont, sommairement, les besoins de notre matériel naval qui réclame, comme vous le voyez, toute votre sollicitude.

A ce sujet, il a été question de notre comptabilité des matières. On a prétendu qu'elle laissait à désirer, qu'elle était trop compliquée et qu'elle ne donnait pas, à un moment voulu, la possibilité de se rendre compte avec exactitude de la dépense, notamment du prix de revient de chaque navire. On ajoutait que la comptabilité à bord des bâtiments demandait à être complétée. Ces assertions ont trouvé de l'écho jusqu'au sein de l'Assemblée, et ont été reproduites dernièrement par MM. le comte de la Monneraye, baron Decazes et Lamy.

L'Assemblée voudra bien se rappeler que nos honorables collègues qui sont membres de la commission des services administratifs, avaient fait une tournée dans nos arsenaux et établissements hors des ports pendant l'été de 1877, afin de s'assurer de l'état de nos approvisionnements et d'examiner d'une manière particulière le fonctionnement de la comptabilité des matières. A leur retour, ils ont communiqué leurs observations au ministre de la marine d'alors, qui jugea utile de former une commission mixte composée des personnes les plus compétentes et dont nos collègues devaient naturellement faire partie.

Cette commission, après s'être réunie à diverses reprises, s'est montrée favorable à l'étude d'un projet de réforme basée sur un système de comptabilité en partie double, pratiqué dans les grandes administrations de l'industrie privée, telles que les Messageries nationales et les Forges et Chantiers de la Méditerranée, où l'on paraît satisfait des résultats qu'il donne.

Le ministre de la marine a prescrit alors dans les cinq ports militaires l'examen du système préconisé par la commission, et dû en grande partie à M. Guilbault, inspecteur des Forges et Chantiers de la Méditerranée. Toutes les réponses des préfets maritimes ne sont pas encore parvenues à Paris.

Comprenant à quel degré il importe qu'une question de cette nature soit traitée sous toutes ses faces et reçoive une prompte solution, nous avons pensé qu'il était de notre devoir de recommander au ministre de la marine de ne pas la perdre de vue, et de hâter les études qui se poursuivent dans les ports. On ne sera évidemment fixé sur la valeur de ce projet que lorsque la commission mixte se sera livrée, au sujet des réponses des préfets, à un dernier débat contradictoire, dont le ministre demeurera juge responsable.

Votre commission du budget a le désir que l'on arrive à simplifier les écritures et que l'on apporte à la comptabilité toutes les améliorations dont elle sera susceptibles; mais elle n'a pu qu'exprimer le vœu d'y voir promptement donner satisfaction, n'ayant point qualité pour statuer sur le fond même de la question. Elle a été, d'ailleurs, unanime à reconnaître le zèle et le dévouement des administrateurs de la marine qui, principalement pendant les années d'épreuves de 1870 et 1871, n'ont jamais failli à leur devoir.

Telles sont les principales observations qui ont été soulevées au sein de votre commission et qui lui ont paru mériter l'attention de l'Assemblée. Celles qui n'ont trait qu'à des détails d'une importance moindre vont être exposées dans l'examen successif de chacun des chapitres.

Ce sera toujours par comparaison avec le budget de 1875 que les chiffres des augmentations et des diminutions seront appréciés.

CHAPITRE 1er. — *Administration centrale (Personnel).*

L'augmentation de 24,000 fr. portée à ce chapitre se divise ainsi : 20.000 pour le traitement du chef d'état-major, chef du cabinet ayant rang de directeur, lesquels sont déduits du chapitre IV, et 4,000 qui proviennent de l'article 5 du chapitre XIV, pour des auxiliaires employés temporairement, etc.

Le changement constitue pour le chef d'état-major un traitement supérieur de 2,700 fr. à celui qu'il avait l'an dernier. Le ministre a cru devoir proposer cette allocation en raison du rang de directeur conféré à cet officier général par le décret du 23 octobre 1871 et de l'importance de ses attributions qui se sont augmentées d'une section chargée de centraliser tout ce qui est relatif aux torpilles.

Des travaux nouveaux et d'autres qui ont toujours lieu d'une manière temporaire et exceptionnelle, justifient la dépense de 4,000 fr. qui vous est demandée et qui, d'ailleurs, figurait au chapitre XIV du budget de 1875.

Ce n'est, après tout, qu'un mouvement d'ordre qui nous paraît pouvoir être approuvé.

Quelques modifications ont été apportées aux développements de l'article 2, de manière à les rendre conformes à ceux du budget de 1875, dont le texte nous a semblé préférable.

CHAPITRE II. — *Administration centrale (matériel).*

Aucun changement n'a été fait à ce chapitre.

CHAPITRE III. — *Dépôt des cartes et plans de la marine.*

On demande à ce chapitre une augmentation de 40,000 fr. inscrite à l'article 2 et répartie entre les paragraphes 1er et 6.

Cette dépense est motivée par des travaux hydrographiques importants, entrepris depuis plu-

sieurs années, et qu'il y a un véritable intérêt à terminer. Il est bon de rappeler qu'après la guerre, en 1871 et depuis lors, ledit chapitre a été réduit de près de 100,000 fr. Aussi l'administration du Dépôt a-t-elle été gênée pour ses publications annuelles. Le travail de cartes et de plans, commencé déjà depuis longtemps et reconnu indispensable, s'est ressenti de cet état de choses et a été forcément ralenti, de même que celui qui concerne les éditions épuisées d'ouvrages nécessaires à la navigation et les publications d'ouvrages nouveaux, ordonnés d'urgence par le ministre. C'est ainsi que l'on a été obligé de reporter d'une année à l'autre des travaux d'une réelle utilité.

Il est essentiel, au surplus, de remarquer que ce supplément de crédits par le versement qu'il reçoit annuellement du produit de la vente des publications faites par le Dépôt des cartes et plans de la marine. Le chiffre de cette vente dépassera de 5,000 fr., en 1876, celui des années précédentes, soit 40,000 fr. au lieu de 35,000 fr., et il est permis d'espérer qu'il continuera de s'élever si le Dépôt, par suite de l'augmentation de ses ressources, peut donner un plus grand essor à ses travaux.

CHAPITRE IV. — *États-majors et équipages à terre et à la mer (Personnel navigant).*

La différence de 2,450,167 fr. en plus que l'on remarque au chapitre IV du budget de 1875 n'est pas aussi considérable qu'elle le paraît à première vue.

Elle se compose d'un mouvement d'ordre consistant dans le transport des chapitres VII (Marins vétérans), XIII (École navale) et XVI (Traitements temporaires), de diverses sommes s'élevant à 1,267,552 fr., et d'augmentations portant principalement sur les divisions à terre (900 hommes en plus), sur les hommes à la mer et ceux de la réserve (1,730 hommes en plus), sur l'embarquement d'un plus grand nombre d'officiers et sur la bissextilité de l'année, etc., formant un total de 1,212,615 fr. C'est à ce chiffre que se monte réellement l'accroissement des crédits inscrits au chapitre IV.

La bissextilité se reproduit à tous les chapitres du personnel.

Dans les considérations générales qui ont été développées plus haut, on a fait valoir les motifs qui ont conduit le ministre de la marine à augmenter ainsi le personnel navigant. Il est inutile d'y revenir et de s'y appesantir ; ils n'ont pas soulevé la moindre objection de la part de la commission.

Diverses améliorations de la solde et des suppléments des officiers et aspirants ont été également adoptées. Elles sont comprises dans un décret qui doit paraître prochainement. Celle résultant de la concession d'un supplément de 500 fr. aux lieutenants de vaisseau ayant douze ans dans ce grade, a été particulièrement approuvée. Lorsque les circonstances obligent à ralentir l'avancement dans un corps, il semble équitable de compenser un pareil état de choses par l'octroi de certains avantages de solde. Il ne s'agit, du reste, que d'une somme assez élevée (60,000 fr.), mais qui procurera un peu plus de bien-être à une classe d'officiers ayant longtemps navigué, beaucoup payé de leur personne et, dont la plupart, selon les probabilités, ne pourront arriver au grade supérieur qu'à l'ancienneté.

A l'article 1er (Corps de santé), on voit figurer une augmentation de 99,970 fr. L'explication de cette différence se trouve à la colonne *Observations* de la page 895.

Mais il est utile d'ajouter quelques autres renseignements à ceux que renferme cette note.

Le cadre des médecins et pharmaciens de la marine avait été réduit depuis l'année 1872 à 513,

Quelque bon vouloir que l'on y ait mis, il n'a pas été possible d'opérer cette réduction sans entraver le service, et l'excédant s'est maintenu depuis lors à 33 officiers des différents grades pour le traitement desquels une somme de 88,493 fr. a été portée au budget de 1875 et à celui de 1876.

D'autre part, la réorganisation du corps de santé était devenue nécessaire; elle avait été recommandée par le rapporteur de la commission du budget de 1875, de même que par quelques-uns des orateurs qui étaient intervenus dans la discussion de ce budget et qui avaient plaidé chaleureusement la cause de ce corps instruit et dévoué. Le département de la marine s'en occupe; elle fera l'objet d'un décret qui sera prochainement promulgué, et comme elle comprendra, sans aucun doute, des augmentations d'effectifs, il convenait de maintenir au budget de 1876 :

1° Le crédit déjà accordé pour les 33 officiers en excédant, soit	88 493
2° Le crédit destiné à compléter les effectifs, soit...................	77 692
Total........	166.185

Le projet de budget a laissé, d'ailleurs, subsister l'indication de 133 officiers de santé qui ne sont pas payés sur les fonds du service de la marine, mais par le service des colonies et par l'industrie et qui, ajoutés aux 33 dont il est question ci-dessus, forment le chiffre de 166 qui figurent au budget. Ces 133 officiers de santé ne sont pas, à proprement parler, un excédant; ils représentent en majeure partie le personnel médical employé aux colonies et qui, jusqu'à présent, a été placé en dehors des effectifs réglementaires de leur corps.

Il est urgent qu'une situation régulière succède enfin à une organisation défectueuse, qui jette le découragement parmi les officiers de santé de la marine, et oblige un grand nombre d'entre eux à quitter le service au moment où, par leur expérience acquise à bord des bâtiments de l'Etat, ils pourraient être le plus utiles. Mais c'est surtout le recrutement du corps qui ne se fait pas dans de bonnes conditions; on a besoin de sujets d'élite pour les hôpitaux, pour le service à bord et dans les colonies, et l'on ne parvient pas à les procurer parce qu'ils hésitent à embrasser une carrière qui les tient éloignés de France le plus souvent, et qui ne leur offre pas une perspective d'avancement proportionnée aux sacrifices qui leur sont imposés. Un pareil état de choses ne saurait se continuer sans compromettre le fonctionnement d'un corps sur l'utilité duquel on n'a pas besoin de s'étendre, tant elle est évidente et comprise de tous. Aussi votre commission a-t-elle appris avec plaisir que la réorganisation du corps de santé de la marine, si vivement attendue, allait paraître incessamment.

L'Ecole navale et l'Ecole d'application des aspirants, qui formaient au budget de 1875 l'article 1er du chapitre XIII, constituent maintenant l'article 2 du chapitre IV. C'est une disposition plus rationnelle.

Ainsi le total du chapitre IV, en augmentation d'une part les crédits transportés du chapitre VII, des chapitres XIII et XVI supprimés, soit 1,267,552 fr., de l'autre les augmentations réelles, pour une somme de 1,212,615 fr., s'élèverait à 36,444,595 fr., que nous vous proposons de voter.

CHAPITRE V. — Troupes.

Sur ce chapitre une augmentation de 293,510 fr. vous est demandée.

Elle comprend, à l'article 1er, une dépense de 90,472 fr. qui ne représente pas un accroissement de l'effectif de l'infanterie de marine, mais seulement l'allocation d'une première mise d'équipement (40 fr. par homme en somme nette).

que l'on est obligé de donner à un plus grand nombre de jeunes soldats, attendu que la réduction du temps de service à cinq ans a eu pour résultat d'élever le chiffre du contingent annuel. Or, comme tout homme admis reçoit la première mise d'équipement, il s'ensuit que le chiffre prévu dans les budgets antérieurs se trouve être insuffisant.

Le personnel de l'artillerie de marine a été augmenté de 200 hommes. Cette modification d'effectif était réclamée depuis longtemps; on peut la considérer comme justifiée par l'expérience de ces dernières années. Elle était la conséquence inévitable du relèvement biannuel de quelques-unes des garnisons coloniales, qui rend bien difficile, pour ne pas dire impossible, l'instruction militaire avec les effectifs actuels. On devait, d'autre part, désirer, dans l'intérêt de la santé de nos artilleurs, qu'ils pussent séjourner dans nos ports pendant un an avant d'être envoyés aux colonies.

Malgré cet accroissement, l'effectif des troupes d'artillerie demeurera encore inférieur à celui déterminé par les décrets constitutifs du corps (14 août 1861 et 20 décembre 1864), qui le portaient à 5,591 hommes.

Un crédit de 20,260 fr., pour le payement de diverses améliorations apportées à la solde des officiers de la marine, par application d'une disposition prise en faveur de ceux de la guerre, une dépense nouvelle de 10,397 fr. pour l'habillement de 192 canonniers demandés en plus, ainsi que quelques autres dépenses d'une importance un peu moindre, et celle qui est démontrée, comme celles résultant du nouveau mode d'opérer dans le blanchissage des troupes de la marine, soit 10,000 fr., constituent les principaux changements qui ont été effectués au chapitre V du budget de 1875.

Nous ne voyons pas d'objection à ce que l'augmentation de 293,510 fr., qui nous est proposée pour ce chapitre au budget de 1876, soit accordée dans son entier.

CHAPITRE VI. — Corps entretenus et agents divers (Personnel non naviguant).

Nous remarquons au chapitre VI une augmentation de 64,503 fr., qui s'explique de la manière suivante.

Des modifications ont été introduites dans la composition et les traitements du personnel affecté à l'arsenal de Saïgon, dont la surveillance était très-imparfaite et dont l'importance s'est accrue. Elle résulte aussi du transport du crédit destiné au payement de la solde de non-activité et de réforme, par suite de la suppression du chapitre XVI (Traitements temporaires), dont l'allocation, d'autre part, a été répartie entre tous les chapitres relatifs au personnel.

L'arsenal de Saïgon exige, en outre, la création de deux emplois de conducteurs des travaux hydrauliques pour la surveillance de constructions importantes, comme celle du bassin de radoub que l'on a le projet de commencer incessamment.

Il y a aussi à tenir compte de l'obligation d'employer dans nos arsenaux un plus grand nombre de conducteurs principaux pour les travaux en cours d'exécution et pour ceux qu'il est indispensable d'entreprendre, tel que le nouveau bassin de radoub par t de Toulon. On note, à ce titre, une somme de 11.000 fr. Enfin, ce sont les avancements accordés par le ministre des travaux publics aux ingénieurs des ponts et chaussées, détachés au service de la marine et qui, payés par ce département, occasionnent une augmentation de dépenses de 8,300 fr.

Il est vrai qu'une diminution de 20,600 fr., provenant de la suppression des commis dessinateurs (décret du 30 mai 1874), a été opérée à l'article 6. Mais, toutes compensations faites, on arrive à un chiffre d'augmentation de 64,503 fr.

et au total de 3,986,412 fr., que l'on vous propose d'allouer au chapitre VI.

C'est à ce chapitre que se trouve inscrite, à l'article 2, la dépense de 1,023,860 fr., qui est afférente au personnel administratif des directions de travaux.

La situation de ce personnel est intéressante. Lorsque l'on compare son organisation avec celle des comptables des matières, on est forcé de reconnaître que cette comparaison fait ressortir des anomalies peu justifiables ; pour les comptables, les chances d'avancement d'un écrivain sont de 2, 7, tandis que pour le personnel administratif, elles sont de 0, 8. Cette différence de traitement a une très-grande importance pour la retraite, car, pendant que dans le corps des comptables les moins favorisés peuvent parvenir au grade de sous-agents et obtenir d'être retraités sur le pied de 1,120 fr., dans le personnel administratif, sont atteints par la limite d'âge dans l'emploi d'écrivain, dont la pension n'est que de 415 fr.

Il semble qu'un remaniement de ce personnel, dans lequel les effectifs des différents grades seraient modifiés, suffirait à lui donner satisfaction, sans qu'il en résultât un surcroît de dépense au budget. C'est sur cette nécessité que votre commission croit devoir appeler la sérieuse attention du ministre de la marine.

CHAPITRE VII. — *Maistrance, gardiennage et surveillance.*

La mesure qui fait entrer les dessinateurs dans le courant normal de l'avancement du nombreux personnel de la maistrance des arsenaux, s'est effectuée sans dépense nouvelle.

Il existait, en effet, à l'article 9 du chapitre VI de 1875, un crédit de.............. 15.800 applicable à la solde de dix commis dessinateurs des constructions navales, et un autre crédit de.................... 4.800 pour deux dessinateurs de l'Ecole du génie maritime.

Ensemble......... 20.600

La modification introduite au projet de budget de 1876 est donc un simple virement de fonds, qui a consisté à faire passer de l'article 9 à l'article 8 du chapitre VI, la somme nécessaire pour deux nouveaux maîtres principaux et à reporter du chapitre VI, article 9, au chapitre VII, article 1er, la somme afférente à huit maîtres entretenus, comprenant les trois classes.

S'il ne s'était agi au chapitre VII, que des diminutions provenant du transfert au chapitre IV, des crédits affectés aux gabiers de port et aux gardiens de vaisseaux (Marins vétérans, décret du 21 novembre 1874), on aurait trouvé une différence en moins de 1,073,552 fr., mais il a fallu retrancher de cette somme, 79,625 fr., qui se rapportent à des dépenses nouvelles dont on a admis la justification. De telle sorte que la diminution totale n'est plus que de 993,927 fr.

La dépense de 79,625 fr. est relative au transport dont il a été fait mention plus haut, de huit maîtres dessinateurs entretenus, à la création de deux emplois de maîtres entretenus pour l'arsenal de Saïgon, et enfin, à l'augmentation de quarante-cinq pompiers au port de Toulon. Les incendies qui se sont succédé dans cet arsenal, en 1874, et qui ont eu des effets si destructeurs, ont motivé cet accroissement d'effectif. C'est une garantie que l'administration de la marine a voulu prendre pour l'avenir et qui, nous n'en doutons pas, recevra votre approbation.

CHAPITRE VIII. — *Vivres et hôpitaux.*

Nous arrivons maintenant au chapitre VIII qui, comparé à celui du budget de 1875, présente une augmentation de 1,237,299 fr.

Cette différence s'explique par :
1° L'accroissement des effectifs ;
2° L'augmentation du prix de la ration ;
3° La bissextilité.

Le prix de la ration augmentant tous les ans, on est obligé d'en tenir compte dans les demandes de crédits qui vous sont soumises. La ration du marin a d'ailleurs été améliorée par le décret du 16 décembre 1874, et par suite elle s'est élevée de 0,78 à 0,86.

Quant aux prix moyens de la journée d'hôpital, ils sont encore onéreux, bien qu'on ait cherché à les réduire à de justes proportions. Mais quel que soit le désir que l'on ait d'apporter une stricte économie dans nos dépenses, on devra toujours considérer que la plupart des malades qui se trouvent en traitement dans les hôpitaux de la marine reviennent de pays malsains et sont affaiblis le plus souvent par des affections chroniques qui exigent des soins particuliers et une médication coûteuse. Il serait difficile de modifier sensiblement un mode de traitement qui repose d'une manière aussi essentielle sur des motifs d'humanité.

Votre commission ne peut que vous proposer d'adopter l'ensemble des crédits du chapitre VIII, qui se montent à la somme de 19,023,992 fr.

CHAPITRE IX. — *Salaires d'ouvriers.*

CHAPITRE X. — *Approvisionnements généraux de la flotte.*

CHAPITRE XI. — *Travaux hydrauliques et bâtiments civils.*

Ces trois chapitres embrassent tous les services du matériel naval. Les prévisions des deux premiers pour 1876 présentent un accroissement de dépenses de 3,566,000 fr. sur le budget de 1875, lorsqu'on compare les budgets ordinaires de ces deux exercices entre eux ; mais, on ayant égard, comme nous l'avons dit au commencement de ce rapport, à l'affectation des 10,000,000 de francs au compte de liquidation, on remarque, au contraire, que les crédits alloués pour 1876 sont en définitive inférieurs de 6,434,000 fr. à ceux votés pour l'année 1875.

Cependant, il importe que la dotation du matériel, en ce qui concerne les constructions navales, soit suffisante et en quelque sorte invariable, afin de pouvoir réaliser en dix ans, le programme de 1872.

Votre commission, messieurs, n'a pas pu rester indifférente aux calculs qui lui étaient fournis sur l'insuffisance de cette dotation, aussi bien dans la note préliminaire du budget de 1876, que dans le détail des chapitres IX. X et XI. Elle a compris que, s'il n'entrait pas dans son rôle de vous proposer de voter, dès à présent, des crédits supplémentaires, elle pouvait, du moins, faire ressortir une fois de plus à vos yeux, la nécessité, sous peine de compromettre l'avenir, de les accorder aussitôt que cela sera possible.

La note préliminaire du budget de 1876 expose que les dépenses annuelles à consacrer aux constructions navales devraient s'élever à 65,000,000 de francs que se décomposent ainsi :

Constructions neuves pour compléter et renouveler la flotte...................... 30.000.000
Réparations proprement dites, entretien et renouvellement du matériel, consommations diverses des bâtiments.......................... 25.000.000
Frais du service général (arsenaux, bâtiments de servitude, service des ateliers et magasins, etc.)............ 10.000.000

Total......... 65.000.000

Mais, comme l'on trouvera pendant plusieurs années encore dans les vieilles matières provenant des démolitions et dans nos approvisionnements de bois non renouvelables, des ressources qui pourront se monter, en moyenne, à 5 000.000 de francs par an, ce ne serait plus que 60 000.000 de francs qu'il y aurait lieu d'allouer à ce service pour 1876 et les années suivantes.

Les prévisions budgétaires qui vous sont soumises, n'atteignent point cette somme ; elles ne vont pas au-delà de 45.573.875 francs : c'est donc une insuffisance de crédits d'environ 15.000 000 de francs.

Ces chiffres sont faciles à justifier, et nous ne pouvons que reproduire en les développant les explications que renferme à ce sujet la note préliminaire.

Les 30,000,000 de francs pour les constructions navales, représentent le dixième de la valeur des navires (coques et machines seulement), qu'il faudrait mettre en chantier dans une période de dix ans pour maintenir la flotte dans les limites du programme de 1872, ci .... 210.060.000 et ce qu'il y aurait lieu dépenser pour achever les bâtiments qui sont actuellement en chantier, ci.. 89.940.000

Total............ 300.000.000
dont le dixième est 30.000.000

Les 25,000,000 de francs pour les réparations des coques, le renouvellement et l'entretien du matériel d'armement, représentent, comme on peut le voir par les annexes pages 984, 985, 986 et 987 du budget de 1876, les dépenses afférentes aux diverses catégories des bâtiments de la flotte, établies en multipliant la valeur de ces bâtiments par des coefficients variables suivant les missions qu'ils ont à remplir et le climat des pays où ils sont appelés à stationner.

Ces chiffres seront peu susceptibles de variations. Cependant, si les types actuels viennent à être modifiés, les dépenses auxquelles ils donnent lieu se ressentiront naturellement des changements qui seraient introduits dans leur construction. Mais en ce moment on doit reconnaître qu'avec le prix croissant des matières employées dans la marine, il y a plutôt à prévoir une augmentation qu'une diminution de la valeur des bâtiments. Ce prix s'est élevé, en effet, depuis 1872, dans la proportion de 30 p. 100 environ.

La somme de 25,000,000 de francs nécessaire pour les réparations, etc., comprend également l'approvisionnement de nos arsenaux.

Aujourd'hui que l'outillage et les ressources de l'industrie privée aussi bien que la facilité et la rapidité des communications par chemins de fer permettent de renouveler à bref délai les vides qui peuvent se produire dans les magasins de la marine, il suffit d'avoir un existant calculé de manière à pourvoir aux travaux de l'année courante, et d'entretenir constamment en magasin un approvisionnement de prévoyance ne dépassant pas les besoins d'un an.

C'est sur cette base normale que s'effectuent généralement les achats et il n'est fait exception à cette règle, quand les ressources financières en fournissent les moyens, que pour les matières de facile conservation ou pour celles, comme les bois de construction, qu'il importe de ne mettre en œuvre qu'après plusieurs années de dessication.

D'après ces dispositions qui sont de nature à assurer partout le service, l'administration de la marine n'est pas exposée, comme autrefois, à voir les magasins encombrés de matières que l'on achetait à l'avance, qui s'y détérioraient et que l'on était obligé de condamner comme étant hors de service, ou sans emploi. Mais, pour atteindre ce but, il est indispensable que les crédits dont on a signalé la nécessité puissent être accordés.

Enfin, les 10 millions qui sont affectés aux dépenses du service général sont, comme les 25,000,000 dont nous venons de parler, justifiés par les comptes d'emploi tenus depuis un grand nombre d'années. C'est une dépense qui a été réduite antérieurement à son minimum et qui, vraisemblablement, variera très-peu dans une période de dix ans

Il semblerait donc nécessaire d'allouer 60 millions chaque année pendant dix ans aux chapitres IX et X (1er partie) si l'on veut assurer la reconstitution et l'entretien de la flotte, conformément au programme de 1872.

Depuis 1870 nos pièces en fonte frettées ont été remplacées par des pièces en fonte tubées et frettées qui, d'après leurs essais, paraissent de nature à soutenir honorablement la comparaison avec les pièces d'artillerie qui se font à l'étranger. Selon toute probabilité nous serons en mesure en 1876 de satisfaire aux besoins de la flotte en canons du modèle 1870.

Mais pour obtenir ce résultat et nous approvisionner convenablement en poudre et en projectiles, il faudrait pouvoir y consacrer, en 1876, 9,247,000 fr.

En matériel pour les torpilles, il y aurait à dépenser 2,948.000 fr., ce qui porterait à 12,195,000 la somme nécessaire pour assurer le service de l'artillerie dans la même année, soit :

Au chapitre IX (2e partie)........   1.750.000
Au chapitre X (2e partie)........ 10.445.000

Total.............. 12.195.000

Nous avons tout lieu de croire, ces chiffres d'une très-grande exactitude, et c'est à ce titre que nous avons pensé devoir vous les exposer. Il faut que l'on sache à quels sacrifices nous entraînent inévitablement la transformation de notre ancienne artillerie et l'emploi des torpilles. Et ce ne sont pas seulement nos bâtiments qui demandent à être armés de pareils engins de guerre, ce sont nos arsenaux qui se trouveront sans défense, si nos forts ne sont pas pourvus de canons du plus gros calibre et si nos passes ne sont pas suffisamment protégées par des lignes multipliées de torpilles.

Comme il n'est porté au budget de 1876, aux chapitres IX et X (Artillerie), qu'une somme de 5.750.000 fr., il en résulte une différence en moins de 6.445.000 fr. par rapport au total de 12.195.000 francs dont on a reconnu la nécessité pour mettre nos bâtiments et nos arsenaux en état de complète défense.

Mais il est hors de doute que dans les années qui suivront 1876, les dépenses de l'artillerie devront tendre à diminuer, par suite des réductions qui seront inévitablement apportées aux achats des divers approvisionnement de cette arme.

Le chapitre XI (Travaux hydrauliques) est augmenté au budget de 1876 de 502,000 fr. Les crédits de ce chapitre sont détaillés à l'annexe nº 11 et s'élèvent à la somme de 4,727,000 fr. qui se décompose comme suit : 1,300,000 fr. pour les travaux neufs, 3,227,000 fr. pour l'entretien et les frais accessoires, et 200,000 fr. pour les dépenses d'outre-mer.

Nous ne voyons aucun crédit prévu pour la construction d'un grand bassin de radoub et l'agrandissement des cales au port de Toulon, de même que pour les poudrières, magasins spéciaux pour le coton-poudre, etc. Ce sont là les travaux neufs qui n'ont été signalés comme urgents, et dont le montant présumé des dépenses s'élèverait à 2,500,000 fr. et qui devrait donner un total pour 1876 de 7,227,000 fr.

On ne peut contester que la construction de ce bassin ne saurait être ajournée sans préjudicier au service. Les nouveaux bâtiments ont des dimensions que les chantiers ont de si grandes dimensions que les bassins de radoub dont on se sert actuellement ne sont plus capables de les contenir.

On est également dans l'obligation d'en faire un à Saïgon, mais pas pour les mêmes motifs. Il est destiné à remplacer le dock flottant qui y est en service depuis 1867, et sur lequel, nous l'avons déjà dit, on ne peut plus compter. Ce travail devra être commencé aussitôt que l'on aura les fonds disponibles.

Il paraît donc impossible de faire face à tous ces besoins, si l'on ne peut consacrer au chapitre XI, pour 1876, 7,227,000 fr. D'après les calculs qui nous ont été fournis, cette dépense doit se continuer à peu près la même pendant une dizaine d'années, mais avec une tendance à décroître.

Le budget de 1876 ne comprenant pour ce chapitre qu'un crédit de 4,727,000 fr., il en ressort une différence en moins de 2,500,00 fr.

En récapitulant ces observations qui ont peut-être été un peu longues, mais qu'il était nécessaire de donner pour l'intelligence des choses, nous trouvons, conformément, d'ailleurs, à ce qui était sommairement expliqué dans la note préliminaire et aux détails qui sont inscrits aux pages 933 et 934 du budget de 1876, que les demandes de crédits portées à ce budget s'élèvent :

Pour les constructions navales, chapitres IX et X, 1re partie, à........ 45.573 875
Pour l'artillerie et les torpilles,
mêmes chapitres, 2e partie......... 5.750.000
Enfin, pour les travaux hydrauli-
ques, chapitre XI, à............... 4.727.000

Ce qui fait un total de 56.050.875

Tandis que l'administration de la marine, par les motifs développés ci-dessus et qui paraissent fondés, fait valoir que les exigences de son service dépassent cette somme de 23,226,125 fr. qui sont répartis entre eux de la manière suivante :

Constructions navales........... 14.281.125
Artillerie........................ 6.445.000
Travaux hydrauliques............ 2.500.000

Votre commission, messieurs, vous propose d'accorder les crédits de 56,050,875 fr. qui vous sont demandés pour la dotation du matériel, au budget de 1876, et elle espère que vous hésiterez d'autant moins à les faire, qu'elle vous aura mis plus à même d'être entièrement renseignés sur l'insuffisance de ces crédits.

CHAPITRE XII. — *Justice maritime.*

La surveillance dans les arsenaux laissait à désirer. C'est sur les demandes réitérées des préfets maritimes que le ministre s'est décidé à y organiser le service de police d'une manière plus sérieuse et plus complète. On va créer cinq commissaires spéciaux qui seront placés sous l'action du chef du parquet des tribunaux maritimes.

Cette organisation nécessite un supplément de crédits de 20,000 fr., qui, ajouté à l'ensemble du chapitre, forme le total de 259,400 fr. soumis à votre approbation. Votre commission ne voit aucune objection à ce que vous l'adoptiez.

L'ancien chapitre XIII (Ecole navale et boursiers de la marine), a été supprimé et les crédits qui lui étaient alloués, on l'a vu précédemment, soit 137,000 fr. à l'article 1er, et 8',350 fr. à l'article 2, ont été transportés sans aucune modification, les uns au chapitre IV et les autres au chapitre XIV.

CHAPITRE XIII. — *Frais généraux d'impression et achats de livres.*

La dépense de ce chapitre s'élève à 355,851 francs.

L'augmentation de 7,851 fr. que l'on y remarque n'est qu'un mouvement d'ordre, un transport du chapitre VIII, article 8 (Dépenses accessoires), à l'article 2 du chapitre XIII (Abonnements aux journaux).

CHAPITRE XIV. — *Frais de passage, de rapatriement, de pilotage, de voyage, — Dépenses diverses et ostréiculture.*

C'est à ce chapitre qu'a été inscrit l'article 2 (Boursiers de la marine) de l'ancien chapitre XIII (Ecole navale), dont les crédits s'élevaient à 80,350 fr. En en retranchant les deux sommes de 8,556 fr. et 55,000 fr. qui ont été portées en réduction, l'une aux articles 1er et 5 (Indemnités de route et de séjour, etc.), et l'autre à l'article 4 (Frais de passage et de remorque, etc.), on arrive au chiffre en plus de 16,794 fr. qui n'est qu'une augmentation fictive.

Votre commission ne peut que vous proposer d'adopter l'ensemble des crédits du chapitre XIV qui se montent à 3,485,034 fr.

Le chapitre XVI (Traitements temporaires) du budget de 1875 a été supprimé et réparti de la manière suivante entre tous les chapitres qui concernent le personnel :

Chapitres IV......................... 57.000
  —   V.......................... 21.000
  —   VI.......................... 2.000
  —   XV.......................... 20.000

Total............... 100.000

Service colonial.

CHAPITRE XV. — *Personnel civil et militaire aux colonies.*

CHAPITRE XVI. — *Matériel civil et militaire aux colonies.*

CHAPITRE XVII. — *Service pénitentiaire.*

CHAPITRE XVIII. — *Subvention au service local des colonies.*

Les crédits demandés au budget de 1876 pour le service colonial s'élèvent à...... 29.506.015
Pour 1875, ils totalisaient à...... 29.467.831

Différence en plus en 1876... 38.184

La justification de cette augmentation, qui est donnée à la note préliminaire du budget, nous a paru acceptable.

Ce qu'il importe surtout de voir dans cette modification, c'est la suppression d'une subvention élevée qui avait été accordée à la Guadeloupe jusqu'à ce moment et le rapport de cette somme de 112,650 fr. au service de la Cochinchine.

Toutes nos colonies, à l'exception de l'Inde, recevaient autrefois des subventions.

En 1871, après la guerre et devant les nécessités les plus pressantes de notre budget, toutes ces allocations ont été réduites ; elles ont même été depuis lors supprimées à la Martinique, à la Réunion et au Sénégal. On en aurait fait de même pour la Guadeloupe, sans des circonstances particulières et momentanées d'embarras pour cette colonie, notamment le terrible incendie qui a détruit la plus grande partie de la Pointe-à-Pitre en 1872. La situation ayant changé, ses ressources s'étant améliorées, on a pu lui retirer les 112,650 fr. qui lui étaient attribués.

Mais si la Guadeloupe n'a plus besoin d'aide, il est de la plus grande importance de soutenir la Cochinchine, qui dans ces dernières années a eu à supporter des charges auxquelles ses ressources particulières n'ont pu suffire. Au point de vue de l'humanité, c'est celui des intérêts du Trésor, il faut que dans ce pays, dont les intérêts exige certaines précautions hygiéniques, nos troupes puissent être logées et hospitalisées d'une manière satisfaisante. Depuis trop longtemps elles vivent dans des constructions provisoires qui laissent à désirer sous le rapport de la salubrité, et qui réclament des réparations incessantes forcément incomplètes et toujours fort onéreuses.

La construction d'une caserne en fer, pierres et briques, a déjà eu en Cochinchine le plus heureux effet sur la santé des hommes. Aussi est-il d'une importance majeure de terminer promptement la seconde caserne, le grand hôpital de Saïgon et les postes qui sont disséminés dans le pays : ce serait le plus sûr moyen d'épargner bien des existences et de réaliser de sérieuses économies sur les passages de retour en France.

C'est dans ce but que l'on vous propose d'ajouter, aux ressources dont on dispose déjà pour la Cochinchine, les 112,650 fr. dont cesserait de bénéficier la Guadeloupe.

Nous devons espérer, d'après les explications qui nous ont été fournies par M. le ministre de la marine, que les dépenses qui sont encore occasionnées par plusieurs de nos colonies et des moins importantes, ne tarderont pas à décroître d'une manière sensible. Il est bon de se rappeler toutefois que le service colonial a subi, depuis 1871, des réductions s'élevant au chiffre de 3,000,000 fr.

Le service pénitentiaire, qui se compose de la déportation et de la transportation, n'exige pas d'augmentation de crédits pour 1876. On remarque même au chapitre XVII une diminution de dépenses de 16,311 fr. Cette réduction provient principalement des efforts faits par l'administration pour tirer parti du travail des condamnés aux travaux forcés, ce qui atténue d'autant les charges du budget.

Aucun traité n'a pu être signé jusqu'à présent pour l'exécution du câble télégraphique destiné à relier la Nouvelle-Calédonie à l'Australie. Le budget de 1875 prévoyait pour cet objet une somme de 200,000 fr., qui doit faire retour à l'État sous forme d'annulation de crédits, si elle ne trouve pas son emploi avant la fin de l'année. Il y a lieu de reproduire la même dépense pour 1876, en la subordonnant aux mêmes conditions. Il est à désirer que ce travail, dont l'importance est grande, puisse être effectué dans un avenir prochain.

Toutes compensations faites entre les diminutions et les dépenses en plus qui sont inscrites au budget colonial, comme celles relatives à l'augmentation du traitement du trésorier-payeur de la Nouvelle-Calédonie et à des loyers et ameublements pour l'administration du Sénégal, on arrive à un ensemble de 29,506,015 fr. pour les colonies en 1876.

Votre commission vous en propose l'adoption.

Il ne vous échappera pas, messieurs, que les obligations du département de la marine sont complexes, et qu'elles ne se renferment pas seulement dans la spécialité des services de la flotte : elles s'étendent à nos possessions d'outre-mer et aux établissements pénitentiaires.

D'où il résulte que lorsqu'on en vient à retrancher des 165,893,496 fr. qui vous sont demandés au budget ordinaire de 1876 la somme de 42,262,617 fr. (Dotation du service colonial) et 560,000 fr. auxquels se montent des dépenses faites par la marine pour le compte de divers ministères, ainsi que l'indique la note préliminaire, on ne trouve plus que la somme de 123,070,879 fr. pour la marine proprement dite.

Ce chiffre est insuffisant, comme vous avez pu le voir par les motifs qui ont été donnés dans le présent rapport, et surtout à cause du taux élevé des dépenses relatives au matériel naval.

Caisse des Invalides de la Marine.

Nous n'aurons que de courtes observations à présenter au sujet des crédits qui sont portés au budget pour faire face aux obligations de la caisse des Invalides en 1876. On connaît l'origine et le mécanisme de cet établissement et il serait superflu de reproduire des détails qui vous ont déjà été exposés à différentes reprises.

Les dépenses prévues par la Caisse des invalides s'élèvent à 24,000,000 fr., chiffre excédant de plus de 2,000,000 fr, celui qui figure au budget de 1875, soit 21,795,000 fr. Mais, ainsi que l'explique la note préliminaire, l'insuffisance de cette dernière somme est évidente, puisque les dépenses de l'exercice 1874, qui avaient d'abord été évaluées dans le budget à 21,355,000 fr. ont été, en vertu d'une loi spéciale du 24 juin 1874, portées à 22,355,000 fr. et dépassent en conséquence de 560,000 fr. la somme votée pour 1875. Aussi, vers la fin de l'année courante, sera-t-il nécessaire d'ouvrir à la caisse des Invalides une faculté de dépenses supérieure à celle qu'elle a obtenue. En réalité la différence entre les dépenses des deux exercices 1875 et 1876 sera d'un million environ.

Les charges nouvelles qu'a imposées depuis quelques années à cette caisse le service des pensions expliquent l'augmentation qui se produit dans ses dépenses ; d'un autre côté l'élévation du subside qu'il est forcé de demander au Trésor résulte non-seulement de cette cause, mais encore de la diminution que ses recettes ont éprouvée au titre de la retenue de 3 p. 100 sur les dépenses du personnel et du matériel par suite de la réduction des crédits alloués au département de la marine.

Cet état de choses se modifiera dans l'avenir, il y a lieu de l'espérer, et alors l'accroissement graduel de la subvention accordée à la caisse des Invalides par le Trésor, n'aura plus les proportions que des circonstances extraordinaires forcent à lui donner pour l'exercice 1876.

Vous voyez, messieurs, par les explications qui précèdent, que les augmentations de crédits demandées aux différents chapitres du budget, et qui s'élèvent à 6,989,031 fr. sont pleinement justifiées.

Votre commission ne peut donc que vous proposer d'y donner votre approbation.

Vous ne vous étonnerez pas qu'elle ne vous ait apporté aucune réduction sur l'ensemble de ces crédits puisque l'augmentation de 6,989,031 fr. du budget de 1876 sur le budget ordinaire de 1875 lui a paru d'une part nécessaire pour assurer un bon service courant dans la marine et de l'autre insuffisante pour la reconstitution de notre matériel naval.

La marine a bien pu pendant un certain temps, à la suite de la guerre de 1870, alors qu'avait un peu ou point souffert de cette triste époque, s'effacer avec abnégation devant des nécessités budgétaires plus impérieuses que les siennes, mais le moment est venu de lui accorder des crédits suffisants, sous peine de lui ôter l'important et si utile service que nous ne plus être en mesure de tenir ce que l'on attend de lui.

Il est certain que si l'on donne en moins chaque année aux constructions navales une somme de 15,000,000 fr, qui est précisément la fraction attribuée à ce service dans les 23,000,000 fr. que le ministre de la marine a l'intention de demander à l'Assemblée dès que cela lui semblera possible, à titre de dotation spéciale, il en résultera, au bout de dix ans, un dépérissement de la flotte, qui peut être évalué, sans exagération, à 150,000,000 fr. En d'autres termes, la valeur de cette flotte étant estimée 620,000,000 fr., ce sera une déperdition du quart qu'il faudra se résoudre à subir ; ou bien encore le nombre des bâtiments de tous rangs et de toutes classes qui la composent étant de 220 on ne pourra plus en compter que 165, en 1886.

Voilà la situation pour la flotte, et il en sera de même pour l'artillerie et le service des torpilles, indispensables pourtant à la défense de nos arsenaux, si l'on ne trouve pas le moyen de leur faire une part proportionnelle dans la dotation du matériel lorsque les ressources du Trésor permettront de l'augmenter.

Il s'agit, en résumé, pour la marine, de réaliser le programme de 1872, que vous avez accepté et qui doit servir de base à toutes les demandes de crédits qui vous sont faites. Prétendre à plus, ce serait se laisser aller à des visées exagérées qui ne conviennent pas à notre situation présente ; mais vouloir moins, ce serait déchoir du rang que nous devons chercher à conserver parmi les puissances maritimes de l'Europe, et cela ne peut entrer dans la pensée de cette grande et patriotique Assemblée.

C'est donc avec confiance que nous avons l'honneur de vous proposer l'adoption du projet de loi suivant.

PROJET DE LOI

Art. 1er. — Il est accordé au ministre de la marine et des colonies, pour l'exercice fr.76, des crédits montant à la somme de 165,893,496,2 1

Ces crédits seront répartis par chapitre, conformément au tableau A.

Art. 2. — Le budget de la caisse des invalides de la marine, pour l'exercice 1876, est arrêté, en recettes et en dépenses, à la somme de 24,000,000 de francs, conformément au tableau B.

TABLEAU A

NUMÉROS des chapitres.	DÉSIGNATION DES CHAPITRES	CRÉDITS demandés pour l'exercice 1876	CRÉDITS proposés par la commission du budget.
1	Administration centrale (Personnel)............................	1.085.240	1.085.240
2	Administration centrale (Matériel).............................	240.950	240.950
3	Dépôt des cartes et plans de la marine........................	494.600	494.600
4	États-majors et équipages à terre et à la mer (Personnel naviguant)..	36.444.595	36.444.595
5	Troupes..	12.377.699	12.377.699
6	Corps entretenus et agents divers (Personnel non naviguant).....	3.986.412	3.986.412
7	Maistrance, gardiennage et surveillance........................	2.582.833	2.582.833
8	Vivres et hôpitaux :		
	1re partie (Vivres)...	16.264.851	16.264.851
	2e partie (Hôpitaux)...	2.759.141	2.759.141
9	Salaires d'ouvriers :		
	1re partie (Constructions navales)............................	17.955.000	17.955.000
	2e partie (Artillerie)..	1.750.000	1.750.000
10	Approvisionnements généraux de la flotte :		
	1re partie (Constructions navales)............................	27.618.875	27.618.875
	2e partie (Artillerie et poudres).............................	4.000.000	4.000.000
11	Travaux hydrauliques et bâtiments civils.......................	4.727.000	4.727.000
12	Justice maritime...	259.400	259.400
13	Frais généraux d'impression et achat de livres.................	355.851	355.851
14	Frais de passage, de rapatriement, de pilotage, de voyage, dépenses diverses et ostréiculture...............................	3.485.034	3.485.034
15	Personnel civil et militaire aux colonies......................	16.074.008	16.074.008
16	Matériel civil et militaire aux colonies.......................	2.774.810	2.774.810
17	Service pénitentiaire...	9.890.907	9.890.907
18	Subvention au service local des colonies.......................	766.290	766.290
	Dépenses d'exercices clos et périmés (Mémoire)................	»	»
		165.893.496	165.893.496

TABLEAU B. — Caisse des Invalides de la Marine.

RECETTES		DÉPENSES	
CHAPITRE UNIQUE		**CHAPITRE UNIQUE**	
Retenues sur les dépenses du personnel et du matériel....................	8.877.180	Pensions dites « demi-soldes et pensions pour ancienneté de services »................................	22.200.000
Arrérages de rentes.........	5.122.820	Secours, frais d'administration, remboursements et dépenses diverses.	1.800.000
Subvention annuelle du Trésor public........................	10.000.000		
	24.000.000		24.000.000

SÉANCE DU LUNDI 28 JUIN 1875

Annexe n° 3125.

RAPPORT fait au nom de la 33° commission d'intérêt local (*) sur le projet de loi relatif à un échange dans le département de Meurthe-et-Moselle entre l'État et les consorts Thirion, par M. Ancelon, membre de l'Assemblée nationale.

Messieurs, la vidange de la forêt domaniale du Grand-Chenau (Meurthe-et-Moselle) s'effectue au moyen de deux chemins appartenant à l'État appelés : l'un le chemin de Norroy aux Sarreux, l'autre, le chemin de Norroy à la Fourchue-Eau.

Vu l'importance de ces chemins, le directeur général des forêts en avait autorisé l'élargissement et la rectification dès le 30 mai 1864.

Plus tard, le 20 janvier 1866, pour rendre possible l'accès de ces routes aux scieries domaniales de Norroy et à d'autres chemins forestiers importants ; pour donner un débouché facile sur le chemin d'intérêt commun n° 48, de Circy à Saint-Sauveur, et afin d'établir ensuite le maximum d'utilité, de sûreté, d'économie dans la construction, l'entretien de ces chemins, le directeur général des forêts demanda d'en modifier légèrement l'axe et le nivellement et, par suite, d'occuper quelques parcelles de terrain qui bordent la forêt et que l'on appelle la prairie du Grand-Chenau.

A cet effet, il proposa :

1° De prendre sur la propriété de M. Adolphe Thirion, aux cantons dits prairies du Grand-Chenau et Vert-Étang, 26 ares 96 centiares et de lui rendre quatre parcelles boisées de 26 ares 62 centiares, à détacher de la forêt du Grand-Chenau ;

2° De prendre à MM. Camille et Adolphe Thirion, aux cantons dits les prairies du Grand-Chenau et les Chenevières, deux parcelles indivises de 6 ares 37 centiares et de leur rendre en échange une parcelle de la forêt du Grand-Chenau de 19 ares 11 centiares.

L'affaire ayant été instruite dans les formes voulues par l'ordonnance du 12 décembre 1867, il résulte du rapport des experts, clos le 15 décembre 1869 :

1° Que les sept parcelles de terrain appartenant à M. Adolphe Thirion ont une valeur de 927 15

Que les parcelles ci-dessus et dépendant de la forêt domaniale du Grand-Chenau valent seulement............................. 551 90
d'où résulte une soulte au profit de M. Adolphe Thirion, de...................... 375 25

2° Que les deux parcelles indivises entre les frères Camille et Adolphe Thirion, de St-Sauveur, sont d'une valeur de . 394 »

Tandis que la parcelle, dépendant de la forêt domaniale du Grand-Chenau, à céder en échange des parcelles ci-dessus, ne vaut que...................... 344 »
d'où résulte une soulte au profit de MM. Thirion, de............................ 50 »

L'affaire en était à ce point quand M. A. Thirion mourut le 26 juillet 1870, laissant trois en-fants mineurs sous la tutelle de Mme Mélanie Cuny, leur mère.

Néanmoins, comme le travail des experts n'avait donné lieu à aucune objection, le Gouvernement de la défense nationale, par un décret en date du 8 février 1871, autorisa le préfet de la Meurthe à passer, au nom de l'État, le contrat d'échange dont il est question, sous la réserve expresse que ce contrat d'échange ne deviendrait définitif qu'après avoir été sanctionné par une loi.

Mais M. Camille Thirion mourut, à son tour, le 15 juillet 1871, laissant, pour unique héritière, sa fille Marguerite, épouse de M. Léon Daulnoy, contrôleur des contributions directes, à Toul. Les époux Daulnoy, étant mariés sous le régime de la communauté, réduite aux acquets, il était possible de contracter verbalement avec eux ; mais il fallut, pour les mineurs, que leur mère et nutrice fût autorisée par le conseil de famille, conformément à l'article 457 du code civil ; autorisation qui fut accordée par délibération du conseil, en date du 1er décembre 1873 et homologuée le 12 du même mois par le tribunal de Lunéville (art. 458 du code civil). L'échange put enfin être réalisé par acte administratif, le 8 août 1874.

Du dépouillement des 55 pièces du dossier soumis à l'examen de la commission d'intérêt local il appert que l'échange est avantageux pour l'État, que le contrat a été passé avec des parties capables de contracter ; que toutes les formalités concernant la transcription et la purge d'hypothèque légale ont été accomplies ; qu'enfin les immeubles cédés à l'État sont libres de toute inscription hypothécaire.

PROJET DE LOI

Article unique. — Est approuvé, sous les conditions stipulées dans l'acte administratif, passé le 8 août 1874, entre M. le préfet de Meurthe-et-Moselle, agissant au nom de l'État, et les héritiers de MM. Adolphe et Camille Thirion, de Saint-Sauveur, le contrat d'échange, moyennant une soulte de 375 fr. 25 au profit des héritiers de M. Adolphe Thirion et une autre soulte de 50 fr. au profit des héritiers de MM. Adolphe et Camille Thirion, conjointement : 1° de neuf parcelles de pré d'une contenance de 26 ares 96 centiares, dépendant de la succession de M. Adolphe Thirion, contre quatre parcelles boisées de 26 ares 62 centiares, à détacher de la forêt domaniale du Grand-Chenau ; 2° de deux parcelles en pré et jardin, de 6 ares 37 centiares dépendant par indivis des successions de M. Adolphe et Camille Thirion, contre une parcelle boisée de ladite forêt du Grand-Chenau, d'une contenance de 19 ares 11 centiares.

Annexe n° 3126.

RAPPORT fait au nom de la 32° commission d'intérêt local (*) sur le projet de loi tendant à autoriser la ville de Toulon à proroger le terme

(*) Cette Commission est composée de MM. Courbet-Poulard, *président*; Reymond (Loire), *secrétaire*; Foustrand, de la Sicotière, le vicomte de Bonald, Méplain, Breton (Paul), des Rotours, Guyot, Ancelon, Daguilhon-Lasselve, Philippeteaux, le général Duboys-Fressay, le marquis de Quinsonas, Maurice.

(*) Cette Commission est composée de MM. Courbet-Poulard, *président*; Reymond (Loire), *secrétaire*; Foustrand, de la Sicotière, le vicomte de Bonald, Méplain, Breton (Paul), des Rotours, Guyot, Ancelon, Daguilhon-Lasselve, Philippeteaux, le général Duboys-Fressay, le marquis de Quinsonas, Maurice.

de remboursement d'un emprunt et de recouvrement d'une imposition extraordinaire, par M. Reymond (Loire), membre de l'Assemblée nationale.

La ville de Toulon a été autorisée, par une loi du 11 juillet 1866, à emprunter une somme de 5,706,039 fr.

Cet emprunt, d'après le traité conclu entre la ville et la caisse des dépôts et consignations, devait se solder, en capital, intérêts et amortissement, par trente-quatre demi-annuités de 251,104 fr. 23 chacune, payables par semestre, du 31 mars 1867 au 30 septembre 1883.

Le total d'une annuité est de..... 502.208 46

Les ressources extraordinaires créées par la loi approbative pour le service de l'amortissement consistent en une imposition de 20 c. additionnels, dont le produit figure au budget de 1875 pour..........   128.156 03

La ville est donc obligée de prélever annuellement sur ses revenus.. 374.052 43

Jusqu'en 1873, ce prélèvement s'est opéré et les annuités ont été acquittées; mais, à la suite de diminutions importantes dans les recettes ordinaires pendant l'année 1872, notamment dans les recettes de l'octroi, la ville ne put solder entièrement la demi-annuité à échéance du 30 septembre 1873; elle se borna à verser un à-compte de 50,000 fr.

Le maire, président de la commission municipale de Toulon, constate, dans un exposé présenté à la séance du 26 mai 1874, que les intérêts de retard courant, non-seulement sur la somme de 201,104 fr. 23 restant due depuis le 30 septembre 1873, mais aussi sur la somme de 251,104 fr. 23, dont le payement entier est en souffrance depuis le 30 mars 1874, soit sur une somme totale de 452,208 fr. 46. Il rappelle que le conseil municipal précédent, dans ses séances des 21, 23 et 25 juin 1873, s'est préoccupé des moyens d'arriver à la transformation de la dette municipale.

Sans entrer dans les détails, fournis au dossier, des études et des négociations qui suivirent l'exposé du maire, il suffit de constater les résolutions prises en vue de mettre fin à cet état anormal :

A sa séance du 26 septembre 1874, la commission municipale a sollicité l'autorisation :

1° D'étendre jusqu'en 1894 l'amortissement du capital restant à rembourser, de 1874 à 1883 ;

2° De proroger jusqu'au 30 septembre 1894 le recouvrement de l'impôt extraordinaire dont la durée est limitée au 31 décembre 1882.

La caisse des dépôts et consignations a consenti à cet arrangement. D'un tableau dressé par elle, il résulte que la ville de Toulon pourra se libérer à l'aide de quarante-deux demi-annuités, les deux premières, de 97,862 fr. 60 chacune, correspondant aux termes arriérés qui s'ont leurs échéances au 31 mars et au 30 septembre 1874; les quarante autres, de 157,500 fr. chacune, échelonnées par semestre, du 31 mars 1875 au 30 septembre 1894.

L'annuité à servir se trouvant réduite à.......................... 315.000 »

Et le produit de l'imposition extraordinaire de 20 centimes prorogée jusqu'en 1894 s'élevant, ainsi qu'il a été dit, à.......................... 128.156 03

La ville n'aura plus à prélever sur ses revenus que.................... 186.843 97

Le relevé des comptes administratifs établit que les recettes de la ville de Toulon, qui s'élevaient en 1871 à.............. 1.572.366 54 qui sont descendues en 1872 à.... 1.482 303 49 ont été en 1873 de............... 1.506.296 83

Pendant ce dernier exercice, les recettes ordinaires dépassent encore de 280,857 fr. 07 les dépenses corrélatives. Cet excédant suffit pour compléter les ressources nécessaires à l'amortissement de l'emprunt, dans les nouvelles conditions des délais, tout en laissant à la ville une réserve disponible pour parer aux éventualités et éteindre ses dettes. Le surplus des dettes de la ville ne dépassant pas la somme de 382,000 fr., sur laquelle 342,000 fr. payables en 39 annuités, du 1er mai 1870 au 1er mai 1908, la réserve disponible qui, pour 1873, s'élève à 94,013 fr. 10 permet largement d'y pourvoir.

En conséquence, votre 32e commission d'intérêt local vous propose, d'accord avec le Gouvernement, d'adopter le projet de loi suivant.

PROJET DE LOI

La ville de Toulon (Var) est autorisée à proroger jusqu'en 1894 inclusivement :

1° La durée de l'amortissement de l'emprunt de 5,706,039 fr. qu'elle a contracté en vertu de la loi du 11 juillet 1866, pour la conversion de ses dettes, et sur lequel il reste à rembourser, en capital, 3,914,501 fr.

2° Le recouvrement de l'imposition extraordinaire de 20 centimes additionnels au principal des quatre contributions directes affectée par ladite loi à l'amortissement de l'emprunt, concurremment avec un prélèvement sur les revenus ordinaires.

Annexe n° 3127.

RAPPORT fait au nom de la commission d'enquête des chemins de fer (*) chargée d'examiner le projet de loi ayant pour objet la déclaration d'utilité publique, et la concession d'un chemin de fer de Marmande à Angoulême, par M. Léopold Faye, membre de l'Assemblée nationale.

Messieurs, vous avez renvoyé à votre commission d'enquête sur le régime général de nos voies ferrées le projet de loi, qui vous a été présenté, par M. le ministre des travaux publics, au nom du Gouvernement, ayant pour objet la déclaration d'utilité publique, et la concession d'un chemin de fer de Montmoreau à Marmande.

Je viens, au nom de cette commission, vous soumettre le résultat de l'examen attentif et consciencieux auquel elle s'est livrée.

La ligne, dont la déclaration d'utilité publique et la concession vous sont demandées, est appelée à donner une satisfaction légitime aux intérêts généraux de trois départements qui en réclament l'établissement depuis plus de vingt ans.

La pensée de réunir, en effet, le réseau d'Orléans à celui du Midi par une voie ferrée passant par Ribérac, Mussidan, Bergerac et aboutissant à Marmande, n'est pas nouvelle.

Dès 1855, les conseils généraux de la Charente, de la Dordogne et de Lot-et-Garonne, ont exprimé à cet égard les vœux les plus formels et les plus pressants, et n'ont cessé depuis cette époque de les renouveler dans chacune de leurs sessions avec la plus vive insistance.

Il suffit d'ailleurs, pour se convaincre de la légitimité de leurs réclamations, de jeter les yeux sur la carte. La vaste région comprise, d'une

(*) Cette Commission est composée de MM. Raudot, président; Feray, vice-président; Wilson, de Clercq, secrétaires; Arago, Joubert, Dietz-Monnin, Mathieu-Bodet, Le Royer, Houssard, Gallicher, le baron de Jouvenel, Legrand, Caillaux, Guinot, Bonnet, Krantz, Plichon, Monnet, de Montgolfier, Martenot, Oscar de La Fayette, Ganivet, Courbet-Poulard, Ricot, Palotte, Cordier, L'Épinay, Léopold Faye, Cézanne.

part, entre les deux chemins de fer d'Angoulême à Limoges et de Bordeaux à Agen, et, de l'autre, entre les chemins de fer de Limoges à Agen et d'Angoulême à Bordeaux. n'est desservie que par deux lignes transversales, celle de Coutras à Périgueux. livrée il y a quelques années à l'exploitation. et celle de Libourne à Bergerac, qui doit, en vertu de la loi du 23 mars 1874, se prolonger jusqu'au Buisson de Cabans, mais qui n'est encore ouverte que sur 25 kilomètres environ jusqu'au Port-Sainte-Foy.

Ces deux lignes, ainsi que le fait fort judicieusement remarquer l'exposé du projet de loi qui vous est soumis, dirigées de l'Ouest à l'Est, servent de débouché, la première à la vallée de l'Isle, la seconde à la vallée de la Dordogne; mais aucune voie tracée dans la direction du Nord au Sud ne dessert le cœur même de cette région, dont la largeur moyenne n'est pas moins de 80 kilomètres.

C'est pour combler cette importante lacune et répondre aux désirs et aux besoins des populations déshéritées de toutes voies de communication rapides, qu'a été conçu le projet de la compagnie de Montour.

Ce projet devait recevoir et a reçu de toute part, en effet, le plus favorable accueil; les conseils municipaux, les chambres et tribunaux de commerce, les chambres d'agriculture, les chambres consultatives des arts et manufactures, les commissions d'enquête, tous enfin se sont accordés pour donner leur plus vive adhésion à une entreprise qui répondait à tant de vœux exprimés, et favorisait tant d'intérêts.

Ainsi sollicité de toute part le Gouvernement s'est empressé de soumettre à l'instruction imposée par la loi, la demande de la compagnie.

Le conseil général des ponts et chaussées, et le conseil d'État ont été successivement consultés; tous les éléments de cette instruction, ainsi que les conclusions qui la résument ont été de tous points favorables, et ont déterminé, M. le ministre des travaux publics à vous présenter le projet de loi sur lequel vos délibérations sont à ce moment appelées.

Dans ce projet la tâche de votre commission était fort simple: étudier les tracés; en préciser la direction définitive: apprécier les conditions d'avenir et de rendement de la ligne; examiner enfin les combinaisons financières qui doivent assurer le succès de l'entreprise.

Tracé.

Dans son projet primitif la compagnie de Montour avait à la fois demandé la concession définitive pour 99 ans de la ligne de Montmoreau à Houeillès (Lot-et-Garonne) par Ribérac, Mussidan, Bergerac. Marmande, Bouglon et Casteljaloux, et en même temps la concession éventuelle: 1° d'un chemin de fer reliant Houeillès à Mont-de-Marsan et passant par Gabaret, Cazaubon avec embranchement sur Eauze et Saint-Justin-Labastide: et 2° d'une seconde voie ferrée reliant Barbezieux à Montmoreau ou au point de la ligne d'Orléans entre Montmoreau et Angoulême auquel se raccorderait la ligne principale.

Mais le conseil général des ponts et chaussées s'étant à la fois prononcé contre le projet de prolongement de la ligne de Marmande à Houeillès et contre la concession éventuelle des autres embranchements, la compagnie s'est empressée de renoncer à cette double demande. et votre commission a dû limiter ses travaux à l'examen de la ligne principale.

La partie de cette ligne comprise entre Marmande et Ribérac, a donné lieu à l'étude de deux variantes.

La première : tracé par les vallées de la Gardonnette et du Réveillon.

La seconde : tracé par les vallées de la Conne, de la Banége et du Dropt.

Le premier de ces deux tracés emprunte le chemin de fer de Libourne à Bergerac jusqu'à la station de Lamonzie-Saint-Martin sur 8,800 mètres, franchit, au col de Sadillac, le faîte de séparation des vallées de la Gardonnette et du Réveillon et rejoint le projet de Montour en amont de Fonroque;

La seconde variante emprunte le projet de Montour jusqu'à Montsaguel, où il passe de la vallée de la Conne dans celle de la Banége, qu'il suit jusqu'à Falguerat; il descend ensuite la vallée du Dropt jusqu'aux environs d'Eymet, où il retrouve le projet de Montour.

D'après M. l'ingénieur en chef du département de la Dordogne, chargé des études, les avantages et les inconvénients de ces deux tracés comparés au projet de Montour seraient les suivants.

Le tracé entre Issigeac et Eymet est très-tourmenté en plan comme en profil; il s'élève inutilement à la cote 150; il oblige à des déblais et à des remblais considérables dans des terrains argileux, et il aurait deux souterrains; il est donc très-coûteux; de plus il ne traverse aucun centre important de population.

Le tracé par la vallée de la Gardonnette a sans doute l'avantage de diminuer la longueur à construire de 5,700 mètres; mais il exige des courbes assez raides, des pentes assez fortes aux abords du col de Sadillac plus haut de 25 mètres que celui de Montsaguel; de plus il traverse, bien qu'à un moindre degré que le précédent, des terrains argileux où les déblais et les remblais exigeront des précautions coûteuses; il ne prendrait à peu près aucun voyageur, aucune marchandise dans l'intervalle compris entre Bergerac et Lamonzie, et cette diminution du trafic pèserait sur une partie plus ou moins longue de la ligne; enfin, et cette raison serait à elle seule décisive, l'adoption de cette variante nécessiterait le « rebroussement » en gare de Bergerac, ce qui constitue un inconvénient très-grave au point de vue de l'exploitation.

Quant aux tracés des vallées de la Banége et du Dropt, s'il accroît la longueur de 1,500 mètres, il offre un parcours régulier, un sol meilleur; il présente de moindre somme de hauteur à franchir; dessert mieux Issigeac, Castillonnès, Lauzun; traverse les parties les plus peuplées, les plus riches, celles dont les produits exportables sont les plus nombreux et donne enfin une satisfaction plus large et plus complète aux intérêts généraux de l'arrondissement de Bergerac et du département de Lot-et-Garonne.

Ces considérations, messieurs, qui ont été acceptées par le Gouvernement et ont fixé son choix, nous engagent aussi à vous proposer l'adoption du tracé par les vallées de la Banége et du Dropt.

La seconde partie du tracé, comprise entre Ribérac et Montmoreau a soulevé dans le sein de la commission de plus vives oppositions; plusieurs de nos collègues, s'appuyant sur des pétitions nombreuses qui nous sont parvenues de divers cantons situés au nord-ouest du département de la Dordogne, se sont demandé si les intérêts généraux de la ligne ne seraient pas plus sûrement et plus efficacement desservis en reportant vers Angoulême le point d'attache primitivement fixé à ou près Montmoreau.

Cette modification considérable, qui augmente le parcours de 25 kilomètres, affectait d'une manière trop importante le premier projet, pour que votre commission ne se soit pas imposé le devoir de l'examiner avec le plus grand soin.

Et tout d'abord elle n'a pu s'empêcher de reconnaître qu'une seule station de Marmande à ou près Angoulême, présentait dans son tracé général des conditions d'avenir et de trafic que n'aurait pas au même titre une ligne qui ne ferait que relier le chemin de fer du Midi à celui d'Orléans à ou près Montmoreau. Il est facile de constater, en effet, que le point d'attache à Angoulême, la soudure de la ligne vers le centre important, soit avec Orléans, soit avec les Charentes, assurerait à la compagnie ce premier avantage de l'affranchir du lien de dépendance toujours regrettable et onéreux que lui imposerait son point d'attache sur les rails d'Orléans à ou près Montmoreau.

D'un autre côté, la direction vers Angoulême procurerait un débouché utile à la riche contrée comprise entre cette ville et Ribérac, dans la traverse des cantons de Verteillac, Mareuil et la Rochebeaucourt; elle permettrait l'écoulement facile des produits des nombreuses usines de la vallée de la Nizonne et assurerait enfin à cette partie si déshéritée du département de la Dordogne les bienfaits d'une voie de communication rapide qu'elle appelle depuis longtemps de tous ses vœux les plus pressants.

Ces motifs, toutefois, n'auraient pu déterminer votre commission à abandonner le tracé primitif et vous proposer une modification qui comporte, comme nous l'avons dit, un prolongement de parcours de 25 kilomètres et un surcroît de dépenses de 5 millions environ, si les conditions de bonne construction de la ligne avaient dû s'en trouver altérées et surtout si les combinaisons financières avaient dû imposer à l'État un supplément de charges.

Il n'en est heureusement pas ainsi.

Au point de vue du tracé, la section comprise entre Ribérac et Angoulême ne présente aucune difficulté sérieuse d'exécution. L'étude qui en a été faite par M. l'ingénieur en chef du département de la Dordogne constate en effet que sous le rapport technique la construction se fera dans les plus favorables conditions et que le coût kilométrique ne dépassera pas 180,000 fr.

Quant au surcroît de dépense évalué 5 millions de francs, la compagnie a pris l'engagement par une lettre adressée à M. le ministre des travaux publics à la date du 31 mai 1875, de le supporter exclusivement sans exiger un supplément de subvention.

Votre commission, en conséquence, vous propose d'approuver la direction ainsi précisée d'une ligne de chemin de fer partant du chemin de fer du Midi à ou près Marmande, passant par Seyches, Eymet, Miramont, Falguérat, Bergerac (où elle se raccordera avec le chemin de fer de Libourne au Buisson), Mussidan (où elle se reliera avec le chemin de fer de Périgueux à Coutras) Ribérac, à ou près Verteillac, Gouts, se rapprochant de la Rochebeaucourt et venant aboutir à ou près Angoulême de manière à pouvoir se rattacher soit avec le chemin de fer d'Orléans, soit avec celui des Charentes.

La longueur totale de cette ligne sera de 183 kilomètres environ, son coût kilométrique étant de 190,000 fr., la dépense totale sera d'environ 35 millions de francs.

C'est en présence de cette dépense, primitivement fixée à 30 millions seulement, et qui s'accroît, comme on l'a vu, de 5 millions par suite du prolongement de la ligne sur Angoulême, que le Gouvernement a dû se placer pour rechercher et déterminer le chiffre de la subvention qu'il convenait d'accorder à la compagnie.

Subvention.

Cette subvention a été fixée dans le projet de loi présenté au chiffre de 12,750,000 fr., soit par kilomètre à 65,000 fr.

Votre commission, à une grande majorité, a admis le principe de la subvention; elle a reconnu qu'en général les grands travaux d'utilité publique qui présentent le caractère d'intérêt général ne peuvent s'exécuter et donner des résultats féconds qu'à la condition que l'État contribuerait aux frais de premier établissement. — C'est ainsi et seulement ainsi que toutes nos grandes entre-

prises de chemin de fer ont pu se constituer, et qu'il nous a été possible de développer en France le grand réseau de nos voies ferrées.

L'exposé des motifs du projet de loi présenté par M. le ministre des travaux publics, au nom du Gouvernement, fait d'ailleurs remarquer que le chiffre de la subvention accordée à l'exclusion de toute garantie d'intérêts, ne peut sembler exagérée si l'on considère à la fois l'importance de l'entreprise et les avantages directs et certains que l'État est appelé à en retirer. — Il ne faut pas oublier en effet que ces libéralités momentanées que fait le Trésor public sont loin de demeurer improductives. — La statistique officielle assigne à cette classe des recettes du fisc une moyenne de 6,150 fr. par kilomètre, en réduisant même ce produit à 4,200 fr. chiffre moyen des petites compagnies, et sans même faire figurer en ligne de compte la valeur des économies réalisées sur les dépenses de divers services publics par l'établissement des lignes ferrées, il est permis d'affirmer que l'État trouve dans l'impôt spécial sur les chemins de fer, une large compensation de ses sacrifices.

Enfin, M. le ministre des travaux publics a bien voulu déclarer à la commission que la subvention était loin de lui sembler trop élevée.

Quant au mode de payement, le projet propose de l'effectuer en 16 termes semestriels égaux, mais en réservant toutefois au Gouvernement la faculté déjà stipulée dans l'article 7 de la loi du 23 mars 1874 de répartir la subvention sur la durée entière de la concession, en bonifiant l'intérêt à la compagnie à raison de 4 fr. 50 p. 100.

Nous nous sommes empressés d'accepter cette combinaison.

Durée de la concession.

Pour nous conformer au désir manifesté par l'Assemblée et consacré déjà par plusieurs de ses votes, nous avons réduit la durée de la concession à celle restant à courir au profit de la compagnie d'Orléans; les avantages que doit offrir à l'État l'expiration simultanée des deux concessions sont trop certains pour qu'il n'y ait pas lieu d'imposer à la compagnie de Montour la même date, celle du 31 décembre 1956.

Autorisation du département de la guerre.

Bien que la ligne de Marmande à Angoulême ne soit pas établie dans une région frontière, la loi ayant voulu avec raison qu'il ne fût rien entrepris en matière de chemins de fer, sans que les grands intérêts militaires qui assurent la défense du pays aient pu être consultés et entendus, nous devions vous indiquer qu'une dépêche de M. le ministre de la guerre, en date du 23 février 1874, déclare que son département ne voit nul inconvénient à l'exécution du chemin de fer proposé par son collègue des travaux publics.

Concession directe.

C'est une question assez délicate et qui divise les meilleurs esprits, que celle de savoir s'il est avantageux pour l'État et pour la bonne exécution des grands travaux de chemins de fer, de recourir à l'adjudication de préférence à la concession directe.

Votre commission, sans se prononcer sur ce difficile problème et sans essayer de le résoudre en principe, a dû, dans le cas spécial qui nous occupe, se déterminer par des considérations de fait.

Bien que saisie par MM. Assereto et Pouillet, d'une demande d'adjudication publique, elle a été amenée à penser, par l'étude attentive et consciencieuse à laquelle elle s'est livrée, que rien ne semblait commander pour le chemin de fer proposé, l'adoption d'une pareille mesure.

La compagnie de Montour, en effet, a justifié auprès du ministère des travaux publics, de toutes les garanties de *solvabilité exigées en pareille matière*; d'un autre côté, elle a consenti, sans exiger l'augmentation du chiffre de la subvention, à prolonger jusqu'à Angoulême, sur une longueur excédant de 25 kilomètres le projet primitif.

Enfin, comme nous l'avons précédemment constaté, l'opinion de M. le ministre des travaux publics et celle du conseil général des ponts et chaussées, s'accordent pour reconnaître que la subvention, loin de présenter une exagération quelconque, se trouverait plutôt réduite, au contraire, à de trop minimes proportions.

Nous estimons donc, messieurs, qu'il n'y a aucun intérêt à recourir aux formalités d'une adjudication publique et que, conformément à de nombreux précédents, la concession directe proposée par le Gouvernement doit être acceptée par vous.

Projet de convention. — Cahier des charges.

Nous n'avons pas à vous entretenir bien longuement du projet de convention et du cahier des charges qui font partie intégrante du projet de loi. — La lecture de ces documents vous convaincra que, fidèle à votre propre pensée, votre commission a maintenu dans leur intégrité toutes les clauses additionnelles qui avaient précédemment reçu, dans des projets antérieurs, votre haute approbation.

C'est ainsi notamment que nous avons maintenu à l'article 15 du cahier des charges, l'obligation imposée à la compagnie d'accoler aux ponts établis par elle, pour le service du chemin de fer, une voie charretière ou passerelle pour piétons, sous la condition que l'excédant de dépense qui en résultera sera supporté par l'Etat, le département et les communes intéressées, après évaluation contradictoire des ingénieurs de l'Etat et de la compagnie.

C'est ainsi également que nous avons cru devoir maintenir la disposition de la loi du 23 mars 1874, qui décide que si des compagnies de chemins de fer déjà existantes ou à créer et concessionnaires de lignes venant s'embrancher sur la ligne concédée, empruntent des parties de cette ligne, ces compagnies ne payeront le prix du péage que pour le nombre de kilomètres réellement parcourus, un kilomètre entamé étant d'ailleurs considéré comme parcouru.

Résumé.

Telles sont, messieurs, les considérations principales par lesquelles se justifie le projet de loi que nous avons l'honneur de vous présenter.

En terminant, vous nous permettrez d'ajouter, en empruntant les paroles mêmes de M. le ministre des travaux publics, que nous espérons que vous voudrez bien sanctionner par votre vote un projet autour duquel se groupent tant d'intérêts si dignes de votre haute sollicitude, et qui est destiné à doter un pays riche et fertile, et trop longtemps déshérité, d'une voie de communication qui est indispensable au développement de sa richesse agricole et industrielle.

PROJET DE LOI

Article premier. — Est déclaré d'utilité publique l'établissement d'un chemin de fer qui, se détachant de la ligne de Bordeaux à Cette, à ou près la station de Marmande, passera par Miramont, Eymet, Falguerat, Bergerac (où elle se raccordera avec le chemin de fer de Libourne au Buisson), Mussidan, où elle se raccordera

avec le chemin de Périgueux à Coutras, Ribérac, à ou près Vertaillac, Gouts, et se rapprochant autant que possible de la Rochebeaucourt, se raccordera à Angoulême, soit avec le chemin de Tours à Bordeaux, soit avec celui des Charentes.

Art. 2. — Est approuvée la convention provisoire passée le   entre le ministre des travaux publics et MM. le baron de Montour, le comte de Leusse et le baron de Bonnemain, pour la concession du chemin de fer énoncé à l'article 1er ci-dessus, moyennant une subvention de l'Etat de douze millions sept cent cinquante mille francs (12,750,000 fr.).

Art. 3. — Aucune émission d'obligations ne pourra avoir lieu qu'en vertu d'une autorisation donnée, après avis du ministre des finances, par le ministre des travaux publics.

En aucun cas, il ne pourra être émis d'obligations pour une somme supérieure à la moitié du capital total à réaliser par la compagnie, déduction faite de la subvention.

Aucune émission d'obligations ne pourra d'ailleurs être autorisée avant que la moitié au moins du capital-actions ait été versée et employée en achats de terrains, en travaux, en approvisionnements sur place ou en dépôt de cautionnement.

Le compte rendu détaillé des résultats de l'exploitation, comprenant les recettes et les dépenses de premier établissement et d'exploitation, sera remis, tous les trois mois, au ministre des travaux publics et inséré au *Journal officiel*.

Art. 4. — Ladite convention et le cahier des charges y annexé ne seront passibles que du droit fixe de trois francs.

CONVENTION

L'an mil huit cent soixante-quatorze, et le

Entre le ministre des travaux publics, agissant au nom de l'Etat, sous la réserve de l'approbation des présentes par une loi.

D'une part,

Et MM. le baron de Montour, ancien maître des requêtes au conseil d'Etat, ancien préfet; le comte de Leusse, ancien député, membre du comité de censure de la société Financière de Paris; le baron de Bonnemain, censeur de la société de Dépôts et comptes courants, représentant d'une compagnie particulière établie à Paris,

D'autre part,

Il a été dit et convenu ce qui suit:

Article premier. — Le ministre des travaux publics, au nom de l'Etat, concède à MM. le baron de Montour, le comte de Leusse et le baron de Bonnemain, ès-noms qu'ils agissent, un chemin de fer qui, se détachant de la ligne de Bordeaux à Cette, à ou près la station de Marmande, passera par Miramont, Eymet, Falguerat, Bergerac (où elle se raccordera avec le chemin de fer de Libourne au Buisson), Mussidan, (où elle se raccordera avec le chemin de fer de Périgueux à Coutras), Ribérac, à ou près Vertaillac, Gouts, et se rapprochant, autant que possible, de la Rochebeaucourt, se raccordera à Angoulême, soit avec le chemin de fer de Tours à Bordeaux, soit avec celui des Charentes.

Art. 2. — MM. le baron de Montour, le comte de Leusse et le baron de Bonnemain, ès-noms qu'ils agissent, s'engagent à exécuter le chemin qui fait l'objet de la présente convention et à se conformer, pour la construction et l'exploitation dudit chemin, aux clauses et conditions du cahier des charges ci-annexé.

Les concessionnaires ne pourront émettre d'actions ou de promesses d'actions négociables, avant d'avoir constitué une société anonyme, suivant les dispositions de la loi du 24 juillet 1867.

Art. 3. — Le ministre des travaux publics s'engage à payer aux concessionnaires, à titre de subvention pour l'exécution du chemin de fer ci-dessus énoncé, une somme de douze millions sept cent cinquante mille francs (12,750,000 fr.).

Ladite subvention sera versée en seize termes semestriels égaux, échéant le 15 janvier et le 12 juillet de chaque année, et dont le premier sera payé le 15 janvier 1877.

Le Gouvernement aura la faculté, avant l'échéance du premier terme, de transformer ce payement en annuités correspondantes au nombre des années de la concession, en tenant compte à la compagnie de l'intérêt, calculé à raison de 4 fr. 50 c. p. 100.

Jusqu'à l'entier achèvement des travaux, et quel que soit le mode de payement adopté par le Gouvernement, la compagnie devra justifier, avant le payement de chaque terme, de l'emploi sur le capital-actions ou obligations, en achat de terrains ou en travaux et approvisionnements sur place, d'une somme double du montant de ce terme.

Le dernier versement ne sera fait qu'après l'ouverture de la ligne entière.

CAHIER DES CHARGES

De la concession du chemin de fer de Montmoreau à Marmande.

TITRE PREMIER. — *Tracé et construction.*

Article premier. — Le chemin de fer de Marmande à Angoulême se détachera de la ligne de Bordeaux à Cette, à ou près la station de Marmande, passera par Miramont, Eymet, Falguerat, Bergerac (où il se raccordera avec le chemin de fer de Libourne au Buisson), Mussidan (où il se raccordera avec le chemin de Périgueux à Coutras), Ribérac, à ou près Verteillac, Gouts, et se rapprochant autant que possible de La Rochebeaucourt, se raccordera à Angoulême, soit avec le chemin de Tours à Bordeaux, soit avec celui des Charentes.

Art. 2. — Les travaux devront être commencés dans un délai d'un an et terminés dans un délai de cinq ans, à partir de la date de la loi qui approuve la concession.

Art. 3. — Aucun travail ne pourra être entrepris, pour l'établissement des chemins de fer et de leurs dépendances, qu'avec l'autorisation de l'administration supérieure; à cet effet, les projets de tous les travaux à exécuter seront dressés en double expédition et soumis à l'approbation du ministre, qui prescrira, s'il y a lieu, d'y introduire telles modifications que de droit; l'une de ces expéditions sera remise à la compagnie avec le visa du ministre, l'autre demeurera entre les mains de l'administration.

Avant comme pendant l'exécution, la compagnie aura la faculté de proposer aux projets approuvés les modifications qu'elle jugerait utiles; mais ces modifications ne pourront être exécutées que moyennant l'approbation de l'administration supérieure.

Art. 4. — La compagnie pourra prendre copie de tous les plans, nivellement et devis qui pourraient avoir été antérieurement dressés aux frais de l'État.

Art. 5. — Le tracé et le profil du chemin de fer seront arrêtés sur la production de projets d'ensemble comprenant, pour chaque ligne ou pour chaque section de ligne :

1° Un plan général à l'échelle de 1/10000°;

2° Un profil en long à l'échelle de 1/5000° pour les longueurs et de 1/1000° pour les hauteurs, dont les cotes seront rapportées au niveau moyen de la mer pris pour plan de comparaison. Au-dessous de ce profil, on indiquera, au moyen de trois lignes horizontales disposées à cet effet, savoir :

Les distances kilométriques du chemin de fer, comptées à partir de son origine;

La longueur et l'inclinaison de chaque pente ou rampe;

La longueur des parties droites et le développement des parties courbes du tracé, en faisant connaître le rayon correspondant à chacune de ces dernières;

3° Un certain nombre de profils en travers, y compris le profil-type de la voie;

4° Un mémoire dans lequel seront justifiées toutes les dispositions essentielles du projet et un devis descriptif dans lequel seront reproduites, sous forme de tableaux, les indications relatives aux déclivités et aux courbes déjà données sur le profil en long.

La position des gares et stations projetées, celles des cours d'eau et des voies de communication traversées par le chemin de fer, des passages, soit à niveau, soit en-dessus, soit en-dessous de la voie ferrée, devront être indiquées, tant sur le plan que sur le profil en long; le tout sans préjudice des projets à fournir pour chacun de ces ouvrages.

Art. 6. — Les terrains seront acquis pour deux voies; mais le chemin pourra n'être exécuté que pour une voie, sauf l'établissement d'un certain nombre de gares d'évitement et la fondation, pour deux voies, des ouvrages d'art principaux, notamment du viaduc sur la Dordogne.

La compagnie sera tenue d'ailleurs d'établir la deuxième voie, soit sur la totalité du chemin, soit sur les parties qui lui seront désignées, lorsque l'insuffisance d'une seule voie, par suite du développement de la circulation, aura été constatée par l'administration.

Les terrains acquis par la compagnie pour l'établissement de la seconde voie ne pourront recevoir aucune autre destination.

Art. 7. — La largeur de la voie entre les bords intérieurs des rails devra être de un mètre quarante-quatre centimètres (1 m. 44) à un mètre quarante-cinq centimètres (1 m. 45). Dans les parties à deux voies, la largeur de l'entrevoie, mesurée entre les bords extérieurs des rails, sera de deux mètres (2 m.).

La largeur des accotements, c'est-à-dire des parties comprises de chaque côté entre le bord extérieur du rail et l'arête supérieur du ballast sera de un mètre (1 m.) au moins.

On ménagera au pied de chaque talus du ballast une banquette de cinquante centimètres (50 c.) de largeur.

La compagnie établira, le long du chemin de fer, les fossés ou rigoles qui seront jugés nécessaires pour l'assèchement de la voie et pour l'écoulement des eaux.

Les dimensions de ces fossés et rigoles seront déterminées par l'administration, suivant les circonstances locales, sur les propositions de la compagnie.

Art. 8. — Les alignements seront raccordés entre eux par des courbes dont le rayon ne pourra être inférieur à 350 mètres. Une partie droite de cent mètres au moins de longueur devra être ménagée entre deux courbes consécutives, lorsqu'elles seront dirigées en sens contraire.

Le maximum de l'inclinaison des pentes et rampes est fixé à 20 millimètres par mètre.

Une partie horizontale de 100 mètres au moins devra être ménagée entre deux fortes déclivités consécutives, lorsque ces déclivités se succéderont en sens contraire et de manière à verser leurs eaux au même point.

Les déclivités correspondant aux courbes de faible rayon devront être réduites autant que faire se pourra.

La compagnie aura la faculté de proposer aux dispositions dejcet article et à celles de l'article précédent, les modifications qui lui paraîtraient utiles, mais ces modifications ne pourront être exécutées que moyennant l'approbation préalable de l'administration supérieure.

Art. 9. — Le nombre, l'étendue et l'emplacement des gares d'évitement seront déterminés par l'administration, la compagnie entendue.

Le nombre des voies sera augmenté, s'il y a lieu, dans les gares et aux abords de ces gares, conformément aux décisions qui seront prises par l'administration, la compagnie entendue.

Le nombre et l'emplacement des stations de voyageurs et des gares de marchandises seront également déterminés par l'administration, sur les propositions de la compagnie, après une enquête spéciale.

La compagnie sera tenue, préalablement à tout commencement d'exécution, de soumettre à l'administration le projet desdites gares, lequel se composera :

1° D'un plan à l'échelle de 1/500, indiquant les voies, les quais, les bâtiments et leur distribution intérieure, ainsi que la disposition de leurs abords ;

2° D'une élévation des bâtiments à l'échelle de un centimètre par mètre ;

3° D'un mémoire descriptif dans lequel les dispositions essentielles du projet seront justifiées.

Art. 10. — A moins d'obstacles locaux, dont l'appréciation appartiendra à l'administration, le chemin de fer, à la rencontre des routes nationales et départementales, devra passer, soit au-dessus, soit au-dessous de ces routes.

Les croisements de niveau seront tolérés pour les chemins vicinaux, ruraux ou particuliers.

Art. 11. — Lorsque le chemin de fer devra passer au-dessus d'une route nationale ou départementale, ou d'un chemin vicinal, l'ouverture du viaduc sera fixée par l'administration, en tenant compte des circonstances locales; mais cette ouverture ne pourra, dans aucun cas, être inférieure à huit mètres (8 mètres) pour la route nationale, à sept mètres (7 mètres) pour la route départementale, à cinq mètres (5 mètres) pour un chemin vicinal de grande communication, et à quatre mètres (4 mètres) pour un simple chemin vicinal.

Pour les viaducs de forme cintrée, la hauteur sous clef, à partir du sol de la route, sera de cinq mètres (5 m.) au moins. Pour ceux qui seront formés de poutres horizontales en bois ou en fer, la hauteur sous poutre sera de quatre mètres trente centimètres (4 m. 30) au moins.

La largeur entre les parapets sera au moins de huit mètres (8 m.). La hauteur de ces parapets sera fixée par l'administration et ne pourra dans aucun cas, être inférieure à quatre-vingt centimètres (80 c.).

Sur les chemins pour lesquels la compagnie est autorisée à n'exécuter les ouvrages d'art que pour une seule voie, la largeur des viaducs entre les parapets sera de quatre mètres cinquante centimètres (4 m. 50) au moins.

Art. 12. — Lorsque le chemin de fer devra passer au-dessous d'une route nationale ou départementale, ou d'un chemin vicinal, la largeur entre les parapets du pont qui supportera la route ou le chemin, sera fixée par l'administration, en tenant compte des circonstances locales ; mais cette largeur ne pourra, dans aucun cas, être inférieure à huit mètres (8 m.) pour la route nationale, à sept mètres (7 m.) pour la route départementale, à cinq mètres (5 m.) pour un chemin vicinal de grande communication, et à quatre mètres (4 m.) pour un simple chemin vicinal.

L'ouverture du pont entre les culées sera au moins de huit mètres (8 m.), et la distance verticale ménagée au-dessus des rails extérieurs de chaque voie pour le passage des trains ne sera pas inférieure à quatre mètres quatre-vingts centimètres (4 m. 80).

Sur les chemins pour lesquels la compagnie est autorisée à n'exécuter les ouvrages d'art que pour une seule voie, l'ouverture entre les culées sera de quatre mètres cinquante centimètres (4 m. 50) au moins.

Art. 13. — Dans le cas où des routes nationales ou départementales ou des chemins vicinaux, ruraux ou particuliers seraient traversés à leur niveau par le chemin de fer, les rails devront être posés sans aucune saillie ni dépression sur la surface de ces routes et de telle sorte qu'il n'en résulte aucune gêne pour la circulation des voitures.

Le croisement à niveau du chemin de fer et des routes ne pourra s'effectuer sous un angle moindre de 45°.

Chaque passage à niveau sera muni de barrières ; il y sera, en outre, établi une maison de garde toutes les fois que l'utilité en sera reconnue par l'administration.

La compagnie devra soumettre à l'approbation de l'administration les projets-types de ces barrières.

Art. 14. — Lorsqu'il y aura lieu de modifier l'emplacement ou le profil des routes existantes, l'inclinaison des pentes et rampes sur les routes modifiées ne pourra excéder trois centimètres (03 c.) par mètre pour les routes nationales ou départementales et cinq centimètres (05 c.) pour les chemins vicinaux. L'administration restera libre toutefois d'apprécier les circonstances qui pourraient motiver une dérogation à cette règle, comme à celle qui est relative à l'angle de croisement des passages à niveau.

Art. 15. — La compagnie sera tenue de rétablir et d'assurer à ses frais l'écoulement de toutes les eaux dont le cours serait arrêté, suspendu ou modifié par ses travaux, et de prendre les mesures nécessaires pour prévenir l'insalubrité pouvant résulter des chambres de l'emprunt.

Les viaducs à construire à la rencontre des rivières, des canaux et des cours d'eau quelconques auront au moins huit mètres (8 m.) de largeur entre les parapets, sur les chemins à deux voies et quatre mètres cinquante centimètres (4 m. 50) sur les chemins à une voie. La hauteur de ces parapets sera fixée par l'administration et ne pourra être inférieure à quatre-vingts centimètres (80 c.).

La hauteur et le débouché du viaduc seront déterminés, dans chaque cas particulier, par l'administration, suivant les circonstances locales.

Dans tous les cas où l'administration le jugera utile, il pourra être accolé aux ponts établis par la compagnie pour le service du chemin de fer, une voie charretière ou une passerelle pour piétons. L'excédant de dépenses qui en résultera sera supporté par l'État, le département ou les communes intéressées, après évaluation contradictoire des ingénieurs de l'État et de la compagnie.

Art. 16. — Les souterrains à établir pour le passage du chemin de fer auront au moins huit mètres (8 m.) de largeur entre les pieds-droits au niveau des rails, et six mètres (6 m.) de hauteur sous clef au-dessus de la surface des rails. La distance verticale entre l'intrados et le dessus des rails extérieurs de chaque voie ne sera pas inférieure à quatre mètres quatre-vingts centimètres (4 m. 80). L'ouverture des puits d'aérage et de construction des souterrains sera entourée d'une margelle en maçonnerie de deux mètres (2 m.) de hauteur. Cette ouverture ne pourra être établie sur aucune voie publique.

Art. 17. — A la rencontre des cours d'eau flottables ou navigables, la compagnie sera tenue de prendre toutes les mesures et de payer tous les frais nécessaires pour que le service de la navigation ou du flottage n'éprouve ni interruption ni entrave pendant l'exécution des travaux.

A la rencontre des routes nationales ou départementales et des autres chemins publics, il sera construit des chemins et ponts provisoires, par les soins et aux frais de la compagnie, partout où cela sera jugé nécessaire pour que la circulation n'éprouve ni interruption ni gêne.

Avant que les communications existantes puissent être interceptées, une reconnaissance sera faite par les ingénieurs de la localité, à l'effet de constater si les ouvrages provisoires présentent une solidité suffisante et s'ils peuvent assurer le service de la circulation.

Un délai sera fixé par l'administration pour l'exécution des travaux définitifs destinés à rétablir les communications interceptées.

Art. 18. — La compagnie n'emploiera, dans l'exécution des ouvrages, que des matériaux de bonne qualité; elle sera tenue de se conformer à toutes les règles de l'art, de manière à obtenir une construction parfaitement solide.

Tous les aqueducs, ponceaux, ponts et viaducs à construire à la rencontre des divers cours d'eau et des chemins publics ou particuliers, seront en maçonnerie ou en fer, sauf les cas d'exception qui pourront être admis par l'administration.

Art. 19. — Les voies seront établies d'une manière solide et avec des matériaux de bonne qualité.

Le poids des rails sera au moins de 35 kilogrammes par mètre courant sur les voies de circulation, si ces rails sont posés sur traverses, et de 30 kilogrammes dans le cas où ils seraient posés sur longuerines.

Art. 20. — Le chemin de fer sera séparé des propriétés riveraines par des murs, haies ou toute autre clôture dont le mode et la disposition seront autorisés par l'administration sur la proposition de la compagnie.

Art. 21. — Tous les terrains nécessaires pour l'établissement du chemin de fer et de ses dépendances, pour la déviation des voies de communication et des cours d'eau déplacés et en général pour l'exécution des travaux, quels qu'ils soient, auxquels cet établissement pourra donner lieu, seront achetés et payés par la compagnie concessionnaire.

Les indemnités pour occupation temporaire ou pour détérioration de terrains, pour chômage, modification ou destruction d'usines et pour tous dommages quelconques résultant des travaux, seront supportés et payés par la compagnie.

Art. 22. — L'entreprise étant d'utilité publique, la compagnie est investie, pour l'exécution des travaux dépendants de sa concession, de tous les droits que les lois et règlements confèrent à l'administration en matière de travaux publics, soit pour l'acquisition des terrains par voie d'expropriation, soit pour l'extraction, le transport et le dépôt des terres, matériaux, etc., et elle demeure en même temps soumise à toutes les obligations qui dérivent, pour l'administration, de ces lois et règlements.

Art. 23.—Dans les limites de la zone frontière et dans le rayon de servitude des ouvrages fortifiées, la compagnie sera tenue, pour l'étude et l'exécution de ses projets, de se soumettre à l'accomplissement de toutes les formalités et de toutes les conditions exigées par les lois, décrets et règlements concernant les travaux mixtes.

Art. 24. — Si la ligne du chemin de fer traverse un sol déjà concédé pour l'exploitation d'une mine, l'administration déterminera les mesures à prendre pour que l'établissement du chemin de fer ne nuise pas à l'exploitation de la mine, et réciproquement, pour que, le cas échéant, l'exploitation de la mine ne compromette pas l'existence du chemin de fer.

Les travaux de consolidation à faire dans l'intérieur de la mine, à raison de la traversée du chemin de fer et tous les dommages résultant de cette traversée pour les concessionnaires de la mine seront à la charge de la compagnie.

Art. 25. — Si le chemin de fer doit s'étendre sur des terrains renfermant des carrières ou les

traverser souterrainement, il ne pourra être livré à la circulation avant que les excavations qui pourraient en compromettre la solidité n'aient été remblayées ou consolidées. L'administration déterminera la nature et l'étendue des travaux qu'il conviendra d'entreprendre à cet effet, et qui seront, d'ailleurs, exécutés par les soins et aux frais de la compagnie.

Art. 26. — Pour l'exécution des travaux, la compagnie se soumettra aux décisions ministérielles concernant l'interdiction du travail les dimanches et jours fériés.

Art. 27. — Les travaux seront exécutés sous le contrôle et la surveillance de l'administration.

Les travaux devront être adjugés par lots et sur série de prix, soit avec publicité et concurrence, soit sur soumissions cachetées, entre entrepreneurs agréés à l'avance; toutefois, si le conseil d'administration juge convenable, pour une entreprise ou une fourniture déterminée, de procéder par voie de régie ou de traité direct, il devra, préalablement à toute exécution, obtenir de l'assemblée générale des actionnaires l'approbation soit de la régie, soit du traité.

Tout marché général pour l'ensemble des travaux du chemin de fer, soit à forfait, soit par série de prix, est, dans tous les cas, formellement interdit.

Le contrôle et la surveillance de l'administration auront pour objet d'empêcher la compagnie de s'écarter des dispositions prescrites par le présent cahier des charges et spécialement par le présent article, et de celles qui résulteront des projets approuvés.

Art. 28. — A mesure que les travaux seront terminés sur des parties de chemin de fer susceptibles d'être livrées utilement à la circulation, il sera procédé, sur la demande de la compagnie, à la reconnaissance, et, s'il y a lieu, à la réception provisoire de ces travaux par un ou plusieurs commissaires que l'administration désignera.

Sur le vu du procès-verbal de cette reconnaissance, l'administration autorisera, s'il y a lieu, la mise en exploitation des parties dont il s'agit; après cette autorisation, la compagnie pourra mettre lesdites parties en service et y percevoir les taxes ci-après déterminées. Toutefois, ces réceptions partielles ne deviendront définitives que par la réception générale et définitive du chemin de fer.

Art. 29. — Après l'achèvement total des travaux et dans le délai qui sera fixé par l'administration, la compagnie fera faire à ses frais un bornage contradictoire et un plan cadastral du chemin de fer et de ses dépendances. Elle fera également dresser à ses frais et contradictoirement avec l'administration un état descriptif de tous les ouvrages d'art qui auront été exécutés, ledit état accompagné d'un atlas contenant les dessins cotés de tous lesdits ouvrages.

Une expédition dûment certifiée des procès-verbaux de bornage, du plan cadastral, de l'état descriptif et de l'atlas sera dressée aux frais de la compagnie et déposée dans les archives du ministère.

Les terrains acquis par la compagnie postérieurement au bornage général, en vue de satisfaire aux besoins de l'exploitation et qui, par cela même, deviendront partie intégrante du chemin de fer, donneront lieu, au fur et à mesure de leur acquisition, à des bornages supplémentaires et seront ajoutés sur le plan cadastral; addition sera également faite sur l'atlas de tous les ouvrages d'art exécutés postérieurement à sa rédaction.

TITRE II. — *Entretien et exploitation.*

Art. 30. — Le chemin de fer et toutes ses dépendances seront constamment entretenus en bon état; il y sera pourvu d'office à la diligence de l'administration et aux frais de la compagnie, sans préjudice, s'il y a lieu, de l'application des dispositions indiquées ci-après dans l'article 40.

Le montant des avances faites sera recouvré au moyen de rôles que le préfet rendra exécutoires.

Art. 31. — La compagnie sera tenue d'établir à ses frais, partout où besoin sera, des gardiens en nombre suffisant pour assurer la sécurité du passage des trains sur la voie et celle de la circulation ordinaire sur les points où le chemin de fer sera traversé à niveau par des routes ou chemins.

Art. 32. — Les machines locomotives seront construites sur les meilleurs modèles ; elles devront consumer leur fumée et satisfaire d'ailleurs à toutes les conditions prescrites ou à prescrire par l'administration pour la mise en service de ce genre de machines.

Les voitures de voyageurs devront également être faites d'après les meilleurs modèles et satisfaire à toutes les conditions réglées ou à régler pour les voitures servant au transport des voyageurs sur les chemins de fer. Elles seront suspendues sur ressort et garnies de banquettes.

Il y aura de trois classes au moins :

1° Les voitures de première classe seront couvertes, garnies, fermées à glaces, munies de rideaux ;

2° Celles de deuxième classe seront couvertes, fermées à glaces, munies de rideaux et auront des banquettes rembourrées ;

3° Celles de troisième classe seront couvertes, fermées à vitres, munies soit de rideaux, soit de persiennes et auront des banquettes à dossier. Les dossiers et les banquettes devront être inclinés, et les dossiers seront élevés à la hauteur de la tête des voyageurs.

L'intérieur de chacun des compartiments de toute classe contiendra l'indication du nombre des places de ce compartiment.

L'administration pourra exiger qu'un compartiment de chaque classe soit réservé, dans les trains de voyageurs, aux femmes voyageant seules.

Les voitures de voyageurs, les wagons destinés au transport des marchandises, des chaises de poste, des chevaux ou des bestiaux, les plates-formes et, en général, toutes les parties du matériel roulant seront de bonne et solide construction.

La compagnie sera tenue, pour la mise en service de ce matériel, de se soumettre à tous les règlements sur la matière.

Les machines locomotives, tenders, voitures, wagons de toute espèce, plates-formes composant le matériel roulant, seront constamment entretenus en bon état.

Art. 33. — Des règlements d'administration publique, rendus après que la compagnie aura été entendue, détermineront les mesures et les dispositions nécessaires pour assurer la police et l'exploitation du chemin de fer, ainsi que la conservation des ouvrages qui en dépendent.

Toutes les dépenses qu'entraînera l'exécution des mesures prescrites en vertu de ces règlements, seront à la charge de la compagnie.

La compagnie sera tenue de soumettre à l'approbation de l'administration les règlements relatifs au service et à l'exploitation du chemin de fer.

Les règlements dont il s'agit dans les paragraphes précédents seront obligatoires, non seulement pour la compagnie concessionnaire, mais encore pour toutes celles qui obtiendraient ultérieurement l'autorisation d'établir des lignes de chemins de fer d'embranchement ou de prolongement, et, en général, pour toutes les personnes qui emprunteraient l'usage du chemin de fer.

Le ministre déterminera, sur la proposition de la compagnie, le minimum et le maximum de vitesse des convois de voyageurs et de marchandises et des convois spéciaux des postes, ainsi que la durée du trajet.

Art. 34. — Pour tout ce qui concerne l'entretien et les réparations du chemin de fer et de ses dépendances, l'entretien du matériel et le service de l'exploitation, la compagnie sera soumise au contrôle et à la surveillance de l'administration.

Outre la surveillance ordinaire, l'administration déléguera, aussi souvent qu'elle le jugera utile, un ou plusieurs commissaires pour reconnaître et constater l'état du chemin de fer, de ses dépendances et du matériel.

TITRE III. — *Durée, rachat et déchéance de la concession.*

Art. 35. — La durée de la concession, pour le chemin de fer mentionné à l'article premier du présent cahier des charges, sera de quatre-vingt-deux ans (82 ans), à dater du 1er janvier 1875 et expirera, par conséquent, le 31 décembre 1956.

Art. 36. — A l'époque fixée pour l'expiration de la concession, et par le seul fait de cette expiration, le Gouvernement sera subrogé à tous les droits de la compagnie sur le chemin de fer et ses dépendances et il entrera immédiatement en jouissance de tous ses produits.

La compagnie sera tenue de lui remettre en bon état d'entretien le chemin de fer et tous les immeubles qui en dépendent, quelle qu'en soit l'origine, tels que les bâtiments des gares et stations, les remises, ateliers et dépôts, les maisons de garde, etc. — Il en sera de même de tous les objets immobiliers dépendant également dudit chemin, tels que les barrières et clôtures, les voies, changements de voies, plaques tournantes, réservoirs d'eau, grues hydrauliques, machines fixes, etc.

Dans les cinq dernières années qui précéderont le terme de la concession, le Gouvernement aura le droit de saisir les revenus du chemin de fer, et de les employer à rétablir en bon état le chemin de fer et ses dépendances, si la compagnie ne se mettait pas en mesure de satisfaire pleinement et entièrement à cette obligation.

En ce qui concerne les objets mobiliers, tels que le matériel roulant, les matériaux, combustibles et approvisionnements de tous genres, le mobilier des stations, l'outillage des ateliers et des gares, l'État sera tenu, si la compagnie le requiert, de reprendre tous ces objets sur l'estimation qui en sera faite à dire d'experts, et réciproquement, si l'État le requiert, la compagnie sera tenue de les céder de la même manière.

Toutefois, l'État ne pourra être tenu de reprendre que les approvisionnements nécessaires à l'exploitation du chemin pendant six mois.

Art. 37. — A toute époque après l'expiration des quinze premières années de la concession, le Gouvernement aura la faculté de racheter la concession entière du chemin de fer.

Pour régler le prix du rachat, on relèvera les produits nets annuels obtenus par la compagnie pendant les sept années qui auront précédé celle où le rachat sera effectué ; on en déduira les produits nets des deux plus faibles années, et l'on établira le produit net moyen des cinq autres années.

Ce produit net moyen formera le montant d'une annuité qui sera due et payée à la compagnie pendant chacune des années restant à courir sur la durée de la concession.

Dans aucun cas, le montant de l'annuité ne sera inférieur au produit net de la dernière des sept années prises pour terme de comparaison.

La compagnie recevra, en outre, dans les trois mois qui suivront le rachat, les remboursements auxquels elle aurait droit à l'expiration de la concession, selon l'art. 36 ci-dessus.

Art. 38. — Si la compagnie n'a pas commencé

les travaux dans le délai fixé par l'art. 2, elle sera déchue de plein droit, sans qu'il y ait lieu à aucune notification ou mise en demeure préalable.

Dans ce cas, la somme de six cent mille francs qui aura été déposée, ainsi qu'il sera dit à l'art. 68, à titre de cautionnement, deviendra la propriété de l'Etat et restera acquise au Trésor public.

Art. 39. — Faute par la compagnie d'avoir terminé les travaux dans le délai fixé par l'art. 2, faute aussi par elle d'avoir rempli les diverses obligations qui lui sont imposées par le présent cahier des charges, elle encourra la déchéance et il sera pourvu tant à la continuation et à l'achèvement des travaux qu'à l'exécution des autres engagements contractés par la compagnie au moyen d'une adjudication que l'on ouvrira sur une mise à prix des ouvrages exécutés, des matériaux approvisionnés et des parties du chemin de fer déjà livrées à l'exploitation.

Les soumissions pourront être inférieures à la mise à prix.

La nouvelle compagnie sera soumise aux clauses du présent cahier des charges et la compagnie évincée recevra d'elle le prix que la nouvelle adjudication aura fixé.

Si l'adjudication ouverte n'amène aucun résultat, une seconde adjudication sera tentée sur les mêmes bases, après un délai de trois mois; si cette seconde tentative reste également sans résultat, la compagnie sera définitivement déchue de tous droits, et alors les ouvrages exécutés, les matériaux approvisionnés et les parties de che-

min de fer déjà livrées à l'exploitation, appartiendront à l'Etat.

Art. 40. — Si l'exploitation du chemin de fer vient à être interrompue en totalité ou en partie, l'administration prendra immédiatement, aux frais et risques de la compagnie, les mesures nécessaires pour assurer provisoirement le service.

Si, dans les trois mois de l'organisation du service provisoire, la compagnie n'a pas valablement justifié qu'elle est en état de reprendre et de continuer l'exploitation, et si elle ne l'a pas effectivement reprise, la déchéance pourra être prononcée par le ministre. Cette déchéance prononcée, le chemin de fer et toutes ses dépendances seront mis en adjudication, et il sera procédé ainsi qu'il est dit à l'article précédent.

Art. 41. — Les dispositions des trois articles qui précèdent cesseraient d'être applicables et la déchéance ne serait pas encourue, dans le cas où le concessionnaire n'aurait pu remplir ses obligations par suite de circonstance de force majeure dûment constatées.

TITRE IV. — *Taxes et conditions relatives au transport des voyageurs et des marchandises.*

Art. 42. — Pour indemniser la compagnie des travaux et dépenses qu'elle s'engage à faire par le présent cahier des charges, et sous la condition expresse qu'elle en remplira exactement toutes les obligations, le Gouvernement lui accorde l'autorisation de percevoir, pendant toute la durée de la concession, les droits de péage et les prix de transport ci-après déterminés.

TARIF	PRIX		
	De péage.	De transport.	TOTAUX
1° Par tête et par kilomètre.			
Grande vitesse.			
Voyageurs :			
Voitures couvertes, garnies et fermées à glace (1re classe).........	0 067	0 033	0 10
Voitures couvertes, fermées à glace, et à banquettes rembourrées (2e classe).................	0 50	0 025	0 075
Voitures couvertes et fermées à vitres (3e classe).................	0 037	0 018	0 055
Enfants :			
Au-dessous de 3 ans, les enfants ne payent rien, à la condition d'être portés sur les genoux des personnes qui les accompagnent; De 3 à 7 ans, ils payent demi-place et ont droit à une place distincte; toutefois, dans un même compartiment, deux enfants ne pourront occuper que la place d'un voyageur; Au-dessus de 7 ans, ils payent place entière.			
Chiens transportés dans les trains de voyageurs..................	0 010	0 005	0 015
(Sans que la perception puisse être inférieure à 0 fr. 30 c.)			
Petite vitesse.			
Bœufs, vaches, taureaux, chevaux, mulets, bêtes de trait............	0 07	0 03	0 10
Veaux et porcs.................	0 025	0 015	0 04
Moutons, brebis, agneaux, chèvres.................	0 01	0 01	0 02
(Lorsque les animaux ci-dessus dénommés seront, sur la demande des expéditeurs, transportés à la vitesse des trains de voyageurs, les prix seront doublés.)			
2° Par tonne et par kilomètre.			
Marchandises transportées à grande vitesse.			
Huîtres. — Poissons frais. — Denrées. — Excédants de bagage et marchandises de toute classe transportés à la vitesse des trains de voyageurs.................	0 20	0 16	0 36

TARIF	PRIX		
	De péage.	De transport.	TOTAUX
Marchandises transportées à petite vitesse.			
1re classe : Spiritueux. — Huiles. — Bois de menuiserie, de teinture et autres bois exotiques. — Produits chimiques non dénommés. — Œufs. — Viande fraîche. — Gibier. — Sucre. — Café. — Drogues. — Épiceries. — Tissus. — Denrées coloniales. — Objets manufacturés. — Armes.	0 09	0 07	0 16
2e classe : Blés. — Grains. — Farines. — Pruneaux. — Légumes farineux. — Riz, maïs, châtaignes et autres denrées alimentaires non dénommées. — Chaux et plâtre. — Charbon de bois. — Bois à brûler dit *de corde.* — Perches. — Chevrons. — Planches. — Madriers. — Bois de charpente. — Marbre en bloc. — Albâtre. — Bitume. — Cotons. — Laines. — Vins. — Vinaigres. — Boissons. — Bières. — Levure sèche. — Coke. — Fers. — Cuivre. — Plomb et autres métaux ouvrés ou non. — Fontes moulées.	0 08	0 06	0 14
3e classe : Pierres de taille et produits de carrières. — Minerais autres que les minerais de fer. — Fonte brute. — Sel. — Moellons. — Meulières. — Argiles. — Briques. — Ardoises.	0 06	0 04	0 10
4e classe : Houille. — Marne. — Cendres. — Fumiers. — Engrais. — Pierres à chaux et à plâtre. — Pavés et matériaux pour la construction et la réparation des routes. — Minerais de fer. — Cailloux et sables.			
Pour le parcours de 0 à 100 kilomètres, sans que la taxe puisse être supérieure à 5 francs.	0 05	0 03	0 08
Pour le parcours de 101 à 300 kilomètres, sans que la taxe puisse être supérieure à 12 francs.	0 03	0 02	0 05
Pour le parcours de plus de 300 kilomètres.	0 025	0 015	0 04
3° Voitures et matériel roulant transportés à petite vitesse.			
Par pièce et par kilomètre.			
Wagon ou chariot pouvant porter de 3 à 6 tonnes.	0 09	0 06	0 15
— — pouvant porter plus de 6 tonnes.	0 12	0 08	0 20
Locomotive pesant de 12 à 18 tonnes (ne traînant pas de convoi).	1 80	1 20	3 00
Locomotive pesant plus de 18 tonnes (ne traînant pas de convoi).	2 25	1 50	3 75
Tender de 7 à 10 tonnes.	0 90	0 60	1 50
Tender de plus de 10 tonnes.	1 35	0 90	2 25
(Les machines locomotives seront considérées comme ne traînant pas de convoi, lorsque le convoi remorqué, soit de voyageurs, soit de marchandises, ne comportera pas un péage au moins égal à celui qui serait perçu sur la locomotive avec son tender marchant sans rien traîner. — Le prix à payer pour un wagon chargé ne pourra jamais être inférieur à celui qui serait dû pour un wagon marchant à vide.)			
Voitures à 2 ou 4 roues, à un fond et à une seule banquette dans l'intérieur.	0 15	0 10	0 25
Voitures à quatre roues, à deux fonds et à deux banquettes dans l'intérieur; omnibus. diligences, etc.	0 18	0 14	0 32
(Lorsque, sur la demande des expéditeurs, les transports auront lieu à la vitesse des trains de voyageurs, les prix ci-dessus seront doublés. Dans ce cas, deux personnes pourront, sans supplément de prix, voyager dans les voitures à une banquette et trois dans les voitures à deux banquettes, omnibus, diligences, etc.; les voyageurs excédant ce nombre payeront le prix des places de 2e classe.)			
Voitures de déménagement à 2 ou 4 roues, à vide.	0 12	0 08	0 20
Ces voitures, lorsqu'elles seront chargées, payeront en sus des prix ci-dessus, par tonne de chargement et par kilomètre.	0 08	0 06	0 14
4° Service des pompes funèbres et transport des cercueils.			
Grande vitesse.			
Une voiture des pompes funèbres, renfermant un ou plusieurs cercueils, sera transportée aux mêmes prix et conditions qu'une voiture à 4 roues, à deux fonds et à deux banquettes.	0 36	0 28	0 64
Chaque cercueil confié à l'administration du chemin de fer sera transporté, dans un compartiment isolé, au prix de.	0 18	0 12	0 30
Chaque cercueil confié à l'administration du chemin de fer pour être transporté par train express, dans une voiture spéciale, sera soumis au tarif de.	0 60	0 19	1 00

Les prix déterminés ci-dessus pour les transports à grande vitesse ne comprennent pas l'impôt dû à l'État.

Il est expressément entendu que les prix de transport ne seront dus à la compagnie qu'autant qu'elle effectuerait elle-même ces transports à ses frais et par ses propres moyens ; dans le cas contraire, elle n'aura droit qu'aux prix fixés pour le péage.

La perception aura lieu d'après le nombre de kilomètres parcourus. Tout kilomètre entamé sera payé comme s'il avait été parcouru en entier.

Si la distance parcourue est inférieure à 6 kilomètres, elle sera comptée pour 6 kilomètres.

Le poids de la tonne est de 1,000 kilogrammes.

Les fractions de poids ne seront comptées, tant pour la grande que pour la petite vitesse, que par centième de tonne ou par 10 kilogrammes.

Ainsi, tout poids compris entre 0 et 10 kilogrammes payera comme 10 kilogrammes ; entre 10 et 20 kilogrammes, comme 20 kilogrammes, etc.

Toutefois, pour les excédants de bagages et marchandises à grande vitesse, les coupures seront établies : 1° de 0 à 5 kilogrammes ; 2° au-dessus de 5 jusqu'à 10 kilogrammes ; 3° au-dessus de 10 kilogrammes, par fraction indivisible de 10 kilogrammes.

Quelle que soit la distance parcourue, le prix d'une expédition quelconque, soit en grande, soit en petite vitesse, ne pourra être moindre de 40 centimes.

Dans le cas où le prix de l'hectolitre de blé s'élèverait, sur le marché régulateur de Paris, à 20 fr. et au-dessus, le Gouvernement pourra exiger de la compagnie que le tarif du transport des blés, grains, riz, maïs, farines et légumes farineux, péage compris, ne puisse s'élever au maximum qu'à 0 fr. 07 par tonne et par kilomètre.

Art. 43. — A moins d'une autorisation spéciale et révocable de l'administration, tout train régulier de voyageurs devra contenir des voitures de toute classe, en nombre suffisant pour toutes les personnes qui se présenteraient dans les bureaux du chemin de fer.

Dans chaque train de voyageurs, la compagnie aura la faculté de placer des voitures à compartiments spéciaux, pour lesquels il sera établi des prix particuliers que l'administration fixera sur la proposition de la compagnie ; mais le nombre des places à donner dans ces compartiments ne pourra dépasser le cinquième du nombre total des places du train.

Art. 44. — Tout voyageur doit le bagage ne pèsera pas plus de 30 kilogrammes n'aura à payer, pour le port de ce bagage, aucun supplément du prix de sa place.

Cette franchise ne s'appliquera pas aux enfants transportés gratuitement et elle sera réduite à 20 kilogrammes pour les enfants transportés à moitié prix.

Art. 45. — Les animaux, denrées, marchandises, effets et autres objets non désignés dans le tarif, seront rangés, pour les droits à percevoir, dans les classes avec lesquelles ils auront le plus d'analogie, sans que jamais, sauf les exceptions formulées aux articles 46 et 47 ci-après, aucune marchandise non dénommée puisse être soumise à une taxe supérieure à celle de la 1re classe du tarif ci-dessus.

Les assimilations de classes pourront être provisoirement réglées par la compagnie ; mais elles seront soumises immédiatement à l'administration, qui prononcera définitivement.

Art. 46. — Les droits de péage et les prix de transport déterminés au tarif ne sont point applicables à toute masse indivisible pesant plus de 3,000 kilogrammes.

Néanmoins, la compagnie ne pourra se refuser à transporter les masses indivisibles pesant de 3,000 à 5,000 kilogrammes ; mais les droits de péage et les prix de transport seront augmentés de moitié.

La compagnie ne pourra être contrainte à transporter les masses pesant plus de 5,000 kilogrammes.

Si, nonobstant la disposition qui précède, la compagnie transporte des masses indivisibles pesant plus de 5,000 kilogrammes, elle devra, pendant trois mois au moins, accorder les mêmes facilités à tous ceux qui en feraient la demande.

Dans ce cas, les prix de transport seront fixés par l'administration, sur la proposition de la compagnie.

Art. 47. — Les prix de transport déterminés au tarif ne sont point applicables :

1° Aux denrées et objets qui ne sont pas nommément énoncés dans le tarif et qui ne pèseraient pas 200 kilogrammes sous le volume de 1 mètre cube ;

2° Aux matières inflammables ou explosibles, aux animaux et objets dangereux pour lesquels des règlements de police prescriraient des précautions spéciales ;

3° Aux animaux dont la valeur déclarée excéderait 5,000 fr. ;

4° A l'or et à l'argent, soit en lingots, soit monnayés ou travaillés, au plaqué d'or ou d'argent, au mercure et au platine, ainsi qu'aux bijoux, dentelles, pierres précieuses, objets d'art et autres valeurs ;

5° Et, en général, à tous paquets, colis ou excédant de bagages pesant isolément 40 kilogrammes et au-dessous.

Toutefois, les prix de transport déterminés au tarif sont applicables aux colis, quoique emballés à part, s'ils font partie d'envois pesant ensemble plus de 40 kilogrammes d'objets envoyés par une même personne à une même personne. Il en sera de même pour les excédants de bagages qui pèseraient ensemble ou isolément plus de 40 kilogrammes.

Le bénéfice de la disposition énoncée dans le paragraphe précédent, en ce qui concerne les paquets et colis, ne peut être invoqué par les entrepreneurs de messageries et de roulage et autres intermédiaires de transport, à moins que les articles par eux envoyés ne soient réunis en un seul colis.

Dans les cinq cas ci-dessus spécifiés, les prix de transport seront arrêtés annuellement par l'administration, tant pour la grande que pour la petite vitesse, sur la proposition de la compagnie.

En ce qui concerne les paquets ou colis mentionnés au paragraphe ci-dessus, les prix de transport devront être calculés de telle manière qu'en aucun cas un de ces paquets ou colis ne puisse payer un prix plus élevé qu'un article de même nature pesant plus de 40 kilogrammes.

Art. 48. — Dans le cas où la compagnie jugerai convenable, soit pour le parcours total, soit pour les parcours partiels de la voie de fer, d'abaisser, avec ou sans conditions, au-dessous des limites déterminées par le tarif, les taxes qu'elle est autorisée à percevoir, les taxes abaissées ne pourront être relevées qu'après un délai de trois mois au moins pour les voyageurs et d'un an pour les marchandises.

Toute modification de tarif proposée par la compagnie sera annoncée un mois d'avance par des affiches.

La perception des tarifs modifiés ne pourra avoir lieu qu'avec l'homologation de l'administration supérieure, conformément aux dispositions de l'ordonnance du 15 novembre 1846.

La perception devra se faire indistinctement et sans aucune faveur.

Tout traité particulier qui aurait pour effet d'accorder à un ou plusieurs expéditeurs une réduction sur les tarifs approuvés demeure formellement interdit.

Toutefois, cette disposition n'est pas applicable aux traités qui pourraient intervenir entre le Gouvernement et la compagnie dans l'intérêt des services publics, ni aux réductions ou remises qui seraient accordées par la compagnie aux indigents.

En cas d'abaissement des tarifs, la réduction portera proportionnellement sur le péage et sur le transport.

Art. 49. — La compagnie sera tenue d'effectuer constamment avec soin, exactitude et célérité, et sans tour de faveur, le transport des voyageurs, bestiaux, denrées, marchandises et objets quelconques qui lui seront confiés.

Les colis, bestiaux et objets quelconques seront inscrits, à la gare d'où ils partent et à la gare où ils arrivent, sur des registres spéciaux, au fur et à mesure de leur réception ; mention sera faite, sur les registres de la gare de départ, du prix total dû pour leur transport.

Pour les marchandises ayant une même destination, les expéditions auront lieu suivant l'ordre de leur inscription à la gare de départ.

Toute expédition de marchandises sera constatée, si l'expéditeur le demande, par une lettre de voiture dont un exemplaire restera aux mains de la compagnie et l'autre aux mains de l'expéditeur. Dans le cas où l'expéditeur ne demanderait pas de lettre de voiture, la compagnie sera tenue de lui délivrer un récépissé qui énoncera la nature et le poids du colis, le prix total du transport et le délai dans lequel ce transport devra être effectué.

Art. 50. — Les animaux, denrées, marchandises et objets quelconques seront expédiés et livrés de gare en gare dans les délais résultant des conditions ci-après exprimées :

1° Les animaux, denrées, marchandises et objets quelconques à grande vitesse, seront expédiés par le premier train de voyageurs comprenant des voitures de toutes classes et correspondant avec leur destination, pourvu qu'ils aient été présentés à l'enregistrement trois heures avant le départ de ce train.

Ils seront mis à la disposition des destinataires, à la gare, dans le délai de deux heures après l'arrivée du même train.

2° Les animaux, denrées, marchandises et objets quelconques, à petite vitesse, seront expédiés dans le jour qui suivra celui de la remise : toutefois, l'administration supérieure pourra étendre ce délai à deux jours.

Le maximum de durée du trajet sera fixé par l'administration, sur la proposition de la compagnie, sans que ce maximum puisse excéder vingt-quatre heures par fraction indivisible de 125 kilomètres.

Les colis seront mis à la disposition des destinataires dans le jour qui suivra celui de leur arrivée en gare.

Le délai total résultant des trois paragraphes ci-dessus sera seul obligatoire pour la compagnie.

Il pourra être établi un tarif réduit, approuvé par le ministre, pour tout expéditeur qui acceptera des délais plus longs que ceux déterminés ci-dessus pour la petite vitesse.

Pour le transport des marchandises, il pourra être établi, sur la proposition de la compagnie, un délai moyen entre ceux de la grande et de la petite vitesse. Le prix correspondant à ce délai sera un prix intermédiaire entre ceux de la grande et de la petite vitesse.

L'administration supérieure déterminera, par des règlements spéciaux, les heures d'ouverture et de fermeture des gares et stations tant en hiver qu'en été, ainsi que les dispositions relatives aux denrées apportées par les trains de nuit et destinées à l'approvisionnement des marchés des villes.

Lorsque la marchandise devra passer d'une ligne sur une autre sans solution de continuité, les délais de livraison et d'expédition au point de jonction seront fixés par l'administration, sur la proposition de la compagnie.

Art. 51. — Les frais accessoires non mentionnés dans les tarifs, tels que ceux d'enregistrement, de chargement, de déchargement et de magasinage dans les gares et magasins du chemin de fer, seront fixés annuellement par l'administration, sur la proposition de la compagnie.

Art. 52. — La compagnie sera tenue de faire, soit par elle-même, soit par un intermédiaire dont elle répondra, le factage et le camionnage pour la remise au domicile des destinataires de toutes les marchandises qui lui sont confiées.

Le factage et le camionnage ne seront point obligatoires en dehors du rayon de l'octroi, non plus que pour les gares qui desserviraient soit une population agglomérée de moins de 5,000 habitants, soit un centre de population de 5,000 habitants situé à plus de 5 kilomètres de la gare du chemin de fer.

Les tarifs à percevoir seront fixés par l'administration, sur la proposition de la compagnie. Ils seront applicables à tout le monde sans distinction.

Toutefois les expéditeurs et destinataires resteront libres de faire eux-mêmes et à leurs frais le factage et le camionnage des marchandises.

L'administration, agissant en vertu de l'article 33 ci-dessus, prescrira les mesures à prendre pour assurer la plus complète égalité entre les diverses entreprises de transport dons leurs rapports avec le chemin de fer.

TITRE V. — *Stipulations relatives à divers services publics.*

Art. 54. — Les militaires ou marins voyageant en corps, aussi bien que les militaires ou marins voyageant isolément pour cause de service, envoyés en congé limité ou en permission, ou rentrant dans leurs foyers après libération, ne seront assujettis, eux, leurs chevaux et leurs bagages, qu'au quart de la taxe du tarif fixé par le présent cahier des charges.

Si le Gouvernement avait besoin de diriger des troupes et un matériel militaire ou naval sur l'un des points desservis par le chemin de fer, la compagnie serait tenue de mettre immédiatement à sa disposition, pour la moitié de la taxe du même tarif, tous ses moyens de transport.

Art. 55. — Les fonctionnaires ou agents chargés de l'inspection, du contrôle et de la surveillance du chemin de fer, seront transportés gratuitement dans les voitures de la compagnie.

La même faculté est accordée aux agents des contributions indirectes et des douanes chargés de la surveillance des chemins de fer dans l'intérêt de la perception de l'impôt.

Art. 56. — Le service des lettres et dépêches sera fait comme il suit :

1° A chacun des trains de voyageurs et de marchandises circulant aux heures ordinaires de l'exploitation, la compagnie sera tenue de réserver gratuitement deux compartiments spéciaux d'une voiture de deuxième classe, ou un espace équivalent, pour recevoir les lettres, les dépêches et les agents nécessaires au service des postes, le surplus de la voiture restant à la disposition de la compagnie ;

2° Si le volume des dépêches ou la nature du service rend insuffisante la capacité des deux compartiments à deux banquettes, de sorte qu'il y ait lieu de substituer une voiture spéciale aux wagons ordinaires, le transport de cette voiture sera également gratuit.

Lorsque la compagnie voudra changer les heures de départ de ses convois ordinaires, elle sera tenue d'en avertir l'administration des postes quinze jours à l'avance ;

3° Un train spécial régulier, dit « train journalier de la poste, » sera mis gratuitement chaque jour, à l'aller et au retour, à la disposition du ministre des finances, pour le transport des dépêches sur toute l'étendue de la ligne ;

4° L'étendue du parcours, les heures de départ et d'arrivée, soit de jour, soit de nuit, la marche et les stationnements de ce convoi sont réglées par le ministre des travaux publics et le ministre des finances, la compagnie entendue.

5° Indépendamment de ce train, il pourra y avoir tous les jours, à l'aller et au retour, un ou plusieurs convois spéciaux, dont la marche sera réglée comme il est dit ci-dessus. La rétribution payée à la compagnie pour chaque convoi ne pourra excéder 0 fr. 75 par kilomètre parcouru pour la première voiture, et 0 fr. 25 pour chaque voiture en sus de la première ;

6° La compagnie pourra placer dans les convois spéciaux de la poste des voitures de toutes classes pour le transport, à son profit, des voyageurs et des marchandises ;

7° La compagnie ne pourra être tenue d'établir de convois spéciaux ou de changer les heures de départ, la marche ou le stationnement de ces convois, qu'autant que l'administration l'aura prévenue, par écrit, quinze jours à l'avance ;

8° Néanmoins, toutes les fois qu'en dehors des services réguliers, l'administration requerra l'expédition d'un convoi extraordinaire, soit de jour, soit de nuit, cette expédition devra être faite immédiatement, sauf l'observation des règlements de police ; le prix sera ultérieurement réglé de gré à gré, ou à dire d'expert, entre l'administration et la compagnie ;

9° L'administration des postes fera construire à ses frais les voitures qu'il pourra être nécessaire d'affecter spécialement au transport et à la manutention des dépêches. Elle réglera la forme et les dimensions de ces voitures, sauf l'approbation, par le ministre des travaux publics, des dispositions qui intéressent la régularité et la sécurité de la circulation. Elles seront montées sur châssis et sur roues.

Leur poids ne dépassera pas 8,000 kilogrammes, chargement compris. L'administration des postes fera entretenir à ses frais ses voitures spéciales ; toutefois, l'entretien des châssis et des roues sera à la charge de la compagnie ;

10° La compagnie ne pourra réclamer aucune augmentation des prix ci-dessus indiqués lorsqu'il sera nécessaire d'employer des plates-formes au transport des malles-postes ou des voitures spéciales en réparation.

11° La vitesse moyenne des convois spéciaux mis à la disposition de l'administration des postes ne pourra être moindre de 40 kilomètres à l'heure, temps d'arrêt compris ; l'administration pourra consentir une vitesse moindre, soit à raison des pentes, soit à raison des courbes à parcourir, ou bien exiger une plus grande vitesse, dans le cas où la compagnie obtiendrait plus tard, dans la marche de son service, une vitesse supérieure ;

12° La compagnie sera tenue de transporter gratuitement, par tous les convois de voyageurs, tout agent des postes chargé d'une mission ou d'un service accidentel et porteur d'un ordre de service régulier, délivré à Paris par le directeur général des postes. Il sera accordé à l'agent des postes en mission une place de voiture de deuxième classe ou de première classe, si le convoi ne comporte pas de voitures de deuxième classe ;

13° La compagnie sera tenue de fournir, à chacun des points extrêmes de la ligne, ainsi qu'aux principales stations intermédiaires qui seront désignées par l'administration des postes, un emplacement sur lequel l'administration pourra faire construire des bureaux de poste ou d'entrepôts des dépêches, et des hangars pour le chargement et le déchargement des malles-postes. Les dimensions de cet emplacement seront, au maximum, de soixante-quatre mètres carrés dans les gares des départements et du double à Paris;

14° La valeur locative du terrain ainsi fourni par la compagnie lui sera payée de gré à gré ou à dire d'experts;

15° La position sera choisie de manière que les bâtiments qui y seront construits aux frais de l'administration des postes ne puissent entraver en rien le service de la compagnie;

16° L'administration se réserve le droit d'établir à ses frais, sans indemnité, mais aussi sans responsabilité pour la compagnie, tous poteaux ou appareils nécessaires à l'échange des dépêches sans arrêt de train, à la condition que ces appareils, par leur nature ou leur position, n'apportent pas d'entraves aux différents services de la ligne ou des stations ;

17° Les employés chargé de la surveillance du service, les agents préposés à l'échange ou à l'entrepôt des dépêches, auront accès dans les gares ou stations pour l'exécution de leur service, en se conformant aux règlements de police intérieure de la compagnie.

Art. 57. — La compagnie sera tenue, à toute réquisition, de faire partir, par convoi ordinaire, les wagons ou voitures cellulaires employés au transport des prévenus, accusés ou condamnés.

Les wagons et les voitures employés au service dont il s'agit seront construits aux frais de l'État ou des départements; leurs formes et dimensions seront déterminées de concert par le ministre de l'intérieur et par le ministre des travaux publics, la compagnie entendue.

Les employés de l'administration, les gardiens et les prisonniers placés dans les wagons ou voitures cellulaires ne seront assujettis qu'à la moitié de la taxe applicable aux places de 3° classe, telle qu'elle est fixée par le présent cahier des charges.

Les gendarmes placés dans les mêmes voitures ne payeront que le quart de la même taxe.

Le transport des wagons et des voitures sera gratuit.

Dans le cas où l'administration voudrait, pour le transport des prisonniers, faire usage des voitures de la compagnie, celle-ci serait tenue de mettre à sa disposition un ou plusieurs compartiments spéciaux de voiture de 2° classe à deux banquettes. Le prix de location en sera fixé à raison de 0 fr 20. par compartiment et par kilomètre.

Les dispositions qui précèdent seront applicables au transport des jeunes délinquants recueillis par l'administration pour être transférés dans les établissements d'éducation.

Art. 58. — Le Gouvernement se réserve la faculté de faire, le long des voies, toutes les constructions, de poser tous les appareils nécessaires à l'établissement d'une ligne télégraphique, sans nuire au service du chemin de fer.

Sur la demande de l'administration des lignes télégraphiques, il sera réservé, dans les gares des villes et des localités qui seront désignées ultérieurement, le terrain nécessaire à l'établissement des maisonnettes destinées à recevoir le bureau télégraphique et son matériel.

La compagnie concessionnaire sera tenue de faire garder par ses agents les fils et les appareils des lignes électriques, de donner aux employés télégraphiques connaissance de tous les accidents qui pourraient survenir et de leur en faire connaître les causes. En cas de rupture du fil télégraphique, les employés de la compagnie auront à raccrocher provisoirement les bouts séparés, d'après les instructions qui leur seront données à cet effet.

Les agents de la télégraphie voyageant pour le service de la ligne électrique auront le droit de circuler gratuitement dans les voitures du chemin de fer.

En cas de rupture du fil télégraphique ou d'accidents graves, une locomotive sera mise immédiatement à la disposition de l'inspecteur télégraphique de la ligne, pour le transporter sur le lieu de l'accident avec les hommes et les matériaux nécessaires à la réparation. Ce transport sera gratuit et il devra être effectué dans des conditions telles, qu'il ne puisse entraver en rien la circulation publique.

Dans le cas où des déplacements de fils, appareils ou poteaux deviendraient nécessaires par suite de travaux exécutés sur le chemin, ces déplacements auraient lieu, aux frais de la compagnie, par les soins de l'administration des lignes télégraphiques.

La compagnie pourra être autorisée et au besoin requise par le ministre des travaux publics agissant de concert avec le ministre de l'intérieur, d'établir à ses frais les fils et appareils télégraphiques destinés à transmettre les signaux nécessaires pour la sûreté et la régularité de son exploitation.

Elle pourra, avec l'autorisation du ministre de l'intérieur, se servir des poteaux de la ligne télégraphique de l'Etat, lorsqu'une semblable ligne existera le long de la voie.

La compagnie sera tenue de se soumettre à tous les règlements d'administration publique concernant l'établissement et l'emploi de ces appareils, ainsi que l'organisation, aux frais de la compagnie, du contrôle de ce service par les agents de l'Etat.

TITRE VI. — *Clauses diverses.*

Art. 59. — Dans le cas où le Gouvernement ordonnerait ou autoriserait la construction de routes nationales, départementales ou vicinales, de chemins de fer ou de canaux qui traverseraient les lignes objet de la présente concession, la compagnie ne pourra s'opposer à ces travaux; mais toutes les dispositions nécessaires seront prises pour qu'il n'en résulte aucun obstacle à la construction ou au service du chemin de fer, ni aucuns frais pour la compagnie.

Art. 60. — Toute exécution ou autorisation ultérieure de route, de canal, de chemin de fer, de travaux de navigation dans la contrée où sont situés les chemins de fer objet de la présente concession, ou dans toute autre contrée voisine ou éloignée, ne pourra donner ouverture à aucune demande d'indemnité de la part de la compagnie.

Art. 61. — Le Gouvernement se réserve expressément le droit d'accorder de nouvelles concessions de chemin de fer s'embranchant sur le chemin qui fait l'objet du présent cahier des charges, ou qui seraient établies en prolongement du même chemin.

La compagnie ne pourra mettre aucun obstacle à ces embranchements, ni réclamer, à l'occasion de leur établissement, aucune indemnité quelconque, pourvu qu'il n'en résulte aucun obstacle à la circulation, ni aucuns frais particuliers pour la compagnie.

Les compagnies concessionnaires de chemins de fer d'embranchements ou de prolongements actuellement existants ou à créer, auront la faculté, moyennant les tarifs ci-dessus déterminés et l'observation des règlements de police et de service établis ou à établir, de faire circuler leurs voitures, wagons et machines sur le chemin de fer objet de la présente concession, pour lequel cette faculté sera réciproque à l'égard desdits embranchements et prolongements.

Ces compagnies ne payeront pour leur parcours sur ledit chemin de fer que pour le nombre de kilomètres réellement parcourus, un kilomètre entamé étant d'ailleurs considéré comme parcouru.

Dans le cas où les diverses compagnies ne pourraient s'entendre entre elles sur l'exercice de cette faculté, le Gouvernement statuerait sur les difficultés qui s'élèveraient entre elles à cet égard.

Dans le cas où une compagnie d'embranchements ou de prolongements joignant les lignes qui font l'objet de la présente concession, n'userait pas de la faculté de circuler sur ces lignes, comme aussi dans le cas où la compagnie concessionnaire de cette dernière ligne ne voudrait pas circuler sur les prolongements et embranchements, les compagnies seraient tenues de s'arranger entre elles de manière que le service du transport ne soit jamais interrompu aux points de jonction des diverses lignes.

Celle des compagnies qui se servira d'un matériel qui ne serait pas sa propriété payera une indemnité en rapport avec l'usage et la détérioration de ce matériel. Dans le cas où les compagnies ne se mettraient pas d'accord sur la quotité de l'indemnité ou sur les moyens d'assurer la continuation du service sur toute la ligne, le Gouvernement y pourvoirait d'office et prescrirait toutes les mesures nécessaires.

La compagnie pourra être assujettie, par les décrets qui seront ultérieurement rendus pour l'exploitation des chemins de fer de prolongement ou d'embranchement joignant ceux qui lui sont concédés, à accorder aux compagnies de ces chemins une réduction de péage ainsi calculée :

1° Si le prolongement ou l'embranchement n'a pas plus de 100 kilomètres, 10 p. 100 du prix perçu par elle;

2° Si le prolongement ou l'embranchement excède cent kilomètres, 15 p. 100;

3° Si le prolongement ou l'embranchement excède deux cents kilomètres, 20 p. 100 ;

4° Si le prolongement ou l'embranchement excède trois cents kilomètres, 25 p. 100.

La compagnie sera tenue, si l'administration le juge convenable, de partager l'usage des stations établies à l'origine des chemins de fer d'embranchement avec les compagnies qui deviendraient ultérieurement concessionnaires desdits chemins.

En cas de difficultés entre les compagnies pour l'application de cette clause, il sera statué par le Gouvernement.

Art. 62. — La compagnie sera tenue de s'entendre avec tout propriétaire de mines ou d'usines qui, offrant de se soumettre aux conditions prescrites ci-après, demanderait un embranchement; à défaut d'accord, le Gouvernement statuera sur la demande, la compagnie entendue.

Les embranchements seront construits aux frais des propriétaires de mines et d'usines et de manière à ce qu'il ne résulte de leur établissement aucune entrave à la circulation générale, aucune cause d'avarie pour le matériel, ni aucuns frais particuliers pour la compagnie.

Leur entretien devra être fait avec soin et aux frais de leurs propriétaires, et sous le contrôle de l'administration. La compagnie aura le droit de faire surveiller par ses agents cet entretien, ainsi que l'emploi de son matériel sur les embranchements.

L'administration pourra, à toutes époques, prescrire les modifications qui seraient jugées utiles dans la soudure, le tracé ou l'établissement de la voie desdits embranchements, et les changements seront opérés aux frais des propriétaires.

L'administration pourra même, après avoir entendu les propriétaires, ordonner l'enlèvement temporaire des aiguilles de soudure, dans le cas où les établissements embranchés viendraient à suspendre en tout ou en partie leurs transports.

La compagnie sera tenue d'envoyer ses wagons sur tous les embranchements autorisés destinés à faire communiquer des établissements de mines ou d'usines avec la ligne principale du chemin de fer.

La compagnie amènera ses wagons à l'entrée des embranchements.

Les expéditeurs ou destinataires feront conduire les wagons dans leurs établissements pour les charger ou décharger et les ramèneront au point de jonction avec la ligne principale, le tout à leurs frais.

Les wagons ne pourront, d'ailleurs, être employés qu'au transport d'objets et marchandises destinés à la ligne principale du chemin de fer.

Le temps pendant lequel les wagons séjourneront sur les embranchements particuliers ne pourra excéder six heures lorsque l'embranchement n'aura pas plus d'un kilomètre. Le temps sera augmenté d'une demi-heure par kilomètre en sus du premier, non compris les heures de la nuit, depuis le coucher jusqu'au lever du soleil.

Dans le cas où les limites de temps seraient dépassées, nonobstant l'avertissement spécial donné par la compagnie, elle pourra exiger une indemnité égale à la valeur du droit de loyer des wagons, pour chaque période de retard après l'avertissement.

Les traitements des gardiens d'aiguilles et des barrières des embranchements autorisés par l'administration seront à la charge des propriétaires des embranchements. Ces gardiens seront nommés et payés par la compagnie, et les frais qui en résulteront seront remboursés par lesdits propriétaires.

En cas de difficulté, il sera statué par l'administration, la compagnie entendue.

Les propriétaires d'embranchements seront responsables des avaries que le matériel pourra-t éprouver pendant son parcours ou son séjour sur ces lignes.

Dans le cas d'inexécution d'une ou de plusieurs des conditions énoncées ci-dessus, le préfet pourra, sur la plainte de la compagnie et après avoir entendu le propriétaire de l'embranchement, ordonner, par un arrêté, la suspension du service et faire supprimer la soudure, sauf recours à l'administration supérieure et sans préjudice de tous dommages-intérêts que la compagnie serait en droit de répéter pour la non-exécution de ces conditions.

Pour indemniser la compagnie de la fourniture et de l'envoi de son matériel sur les embranchements, elle est autorisée à percevoir un prix fixe de 0 fr. 12 par tonne pour le premier kilomètre, et en outre, 0 fr. 04 par tonne et par kilomètre en sus du premier, lorsque la longueur de l'embranchement excédera un kilomètre.

Tout kilomètre entamé sera payé comme s'il avait été parcouru en entier.

Le chargement et le déchargement s'opéreront aux frais des expéditeurs ou destinataires, soit qu'il les fassent exécuter, soit que la compagnie du chemin de fer consente à les opérer.

Dans ce dernier cas, ces frais seront l'objet d'un règlement arrêté par l'administration supérieure sur la proposition de la compagnie.

Tout wagon envoyé par la compagnie sur un embranchement devra être payé comme wagon complet, lors même qu'il ne serait pas complètement chargé.

La surcharge, s'il y en a, sera payée au prix du tarif légal au prorata du poids réel. La com-

pagnie sera en droit de refuser les chargements qui dépasseraient le maximum de 3,500 kilog. déterminé en raison des dimensions actuelles des wagons. Le maximum sera revisé par l'administration de manière à être toujours en rapport avec la capacité des wagons.

Les wagons seront pesés à la station d'arrivée par les soins et aux frais de la compagnie.

Art. 63. — La contribution foncière sera établie en raison de la surface des terrains occupés par le chemin de fer et ses dépendances; la cote en sera calculée, comme pour les canaux, conformément à la loi du 25 avril 1803.

Les bâtiments et magasins dépendant de l'exploitation du chemin de fer seront assimilés aux propriétés bâties de la localité. Toutes les contributions auxquelles ces édifices pourront être soumis seront, aussi bien que la contribution foncière, à la charge de la compagnie.

Art. 64. — Les agents et gardes que la compagnie établira, soit pour la perception des droits, soit pour la surveillance et la police du chemin de fer et de ses dépendances, pourront être assermentés et seront, dans ce cas, assimilés aux gardes champêtres.

Art. 65. — Un règlement d'administration publique désignera, la compagnie entendue, les emplois dont la moitié devra être réservée aux anciens militaires de terre et de mer libérés du service.

Art. 66. — Il sera institué près de la compagnie un ou plusieurs inspecteurs ou commissaires spécialement chargés de surveiller les opérations de la compagnie, pour tout ce qui ne rentre pas dans les attributions des ingénieurs de l'État.

Art. 67. — Les frais de visite, de surveillance et de réception des travaux et les frais de contrôle de l'exploitation seront supportés par la compagnie. Ces frais comprendront le traitement des inspecteurs ou commissaires dont il a été question dans l'article précédent.

Afin de pourvoir à ces frais, la compagnie sera tenue de verser chaque année à la caisse centrale du Trésor public une somme de 120 fr. par chaque kilomètre de chemin de fer concédé. Toutefois, cette somme sera réduite à 50 fr. par kilomètre pour les sections non encore livrées à l'exploitation.

Dans lesdites sommes, n'est pas comprise celle qui sera déterminée, en exécution de l'article 58 ci-dessus, pour frais de contrôle du service télégraphique de la compagnie par les agents de l'État.

Si la compagnie ne verse pas les sommes ci-dessus réglées aux époques qui auront été fixées, le préfet rendra un rôle exécutoire et le montant en sera recouvré comme en matière de contributions publiques.

Art. 68. — Avant la signature du décret qui ratifiera l'acte de concession, le concessionnaire déposera en numéraire ou en rentes sur l'État, calculées conformément au décret du 31 janvier 1872, ou en bons du Trésor ou autres effets publics, avec transfert, au profit de la caisse des dépôts et consignations, de celles de ces valeurs qui seraient nominatives ou à ordre.

Cette somme formera le cautionnement de l'entreprise.

Elle sera rendue à la compagnie par cinquième et proportionnellement à l'avancement des travaux. Le dernier cinquième ne sera remboursé qu'après leur entier achèvement.

Art. 69. — La compagnie devra faire élection de domicile à Paris.

Dans le cas où elle ne l'aurait pas fait, toute notification ou signification à elle adressée sera valable lorsqu'elle sera faite au secrétariat général de la préfecture de la Seine.

Art. 70. — Les contestations qui s'élèveraient entre la compagnie et l'administration au sujet de l'exécution et de l'interprétation des clauses du présent cahier des charges, seront jugées administrativement par le conseil de préfecture du département de la Seine, sauf recours au conseil d'Etat.

Annexe n° 3128.

RAPPORT fait au nom de la commission du budget (*) chargée d'examiner la proposition de loi de M. Depeyre et d'un grand nombre de ses collègues, ayant pour objet d'autoriser l'ouverture d'un crédit de 2 millions, au ministre de l'intérieur, sur l'exercice 1875, pour secours aux inondés, par M. Duclerc, membre de l'Assemblée nationale. (Urgence déclarée.)

Messieurs, dans sa séance de samedi dernier, l'honorable M. Depeyre, avec l'assentiment et le concours des représentants de la région ravagée par les inondations, a présenté une proposition de loi tendant à ouvrir un crédit de 2 millions au ministre de l'intérieur, sur l'exercice 1875, pour secours à donner aux victimes du fléau.

L'urgence ayant été décrétée, la commission du budget de 1875 s'est réunie ce matin et, à l'unanimité, elle a approuvé la proposition.

Mais avant de venir devant vous pour vous en proposer l'adoption, elle a pensé qu'il convenait de connaître les intentions du Gouvernement. La réponse a été que le conseil des ministres délibérait et qu'il apporterait sa décision à l'ouverture de la séance.

Vous avez entendu M. le garde des sceaux, et vous appréciez comme nous la gravité des motifs qui ne permettent pas au Gouvernement d'exercer, aujourd'hui, l'initiative qui lui appartient.

Le Gouvernement accepte d'ailleurs le crédit de 2 millions qui viendra s'ajouter à celui que vous avez déjà voté sur sa demande, à la première nouvelle du désastre, et nous vous prions de le voter.

Vous voudrez en même temps, messieurs, adresser les remercîments du pays à tous les gens de cœur qui, partout, se sont dévoués pour le salut de leurs semblables, dont un trop grand nombre ont payé de leur vie leur dévouement ; à cette noble armée qui, du Maréchal au simple soldat, a si vaillamment fait son devoir.

PROJET DE LOI

Art. 1er. — Il est accordé au ministre de l'intérieur, sur l'exercice 1875, un crédit extraordinaire de 2 millions pour secours à donner aux victimes des inondations;

Ce crédit sera inscrit au chapitre 19 du budget du ministère de l'intérieur (Secours à des établissements et institutions de bienfaisance.)

Art. 2 — Il sera pourvu à cette dépense au moyen des ressources générales du budget de 1875.

(*) Cette Commission est composée de MM. Raudot, président; le comte Daru, vice-président; Bardoux, le vicomte de Rainneville, le comte Octave de Bastard, le baron de Ravinel, secrétaires; Plichon, l'amiral de La Roncière Le Noury, le général Martin des Pallières, le duc d'Audiffret-Pasquier, Léon Say, Villain, Gouin, Pelletereau-Villeneuve, Duclerc, Anrel, Vidal, Haentjens, Rouher, Benoît (Meuse), Bertauld, Wolowski, Pouyer-Quertier, le comte d'Osmoy, Rousseau, Cordier, Dauphinot, Mathieu-Bodet, général Valazé, Rouveure.

RAPPORT fait au nom de la commission du budget de 1876 (*), chargée d'examiner la proposition de M. Denormandie, relative aux consignations judiciaires, par M. Adolphe Cochery, membre de l'Assemblée nationale.

Messieurs, vous nous avez renvoyé la proposition de notre honorable collègue M. Denormandie, relative aux consignations judiciaires.

Nous l'avons examinée avec le soin qu'elle méritait et l'intérêt qui s'y attache.

Elle a pour but d'imposer à la caisse des dépôts et consignations ou aux trésoriers-payeurs généraux et receveurs des finances, l'obligation de recevoir, en consignation, les titres ou valeurs litigieux, sous forme nominative ou au porteur.

La loi du 28 nivôse an XIII, qui a réglé la matière, s'exprimait ainsi :

« Art. 1er. — A compter de la publication de la présente loi, la caisse d'amortissement recevra les consignations ordonnées, soit par jugement, soit par décision administrative; elle établira, à cet effet, des préposés partout où besoin sera.

« Art. 2. — La caisse d'amortissement tiendra compte aux ayants droit de chaque somme consignée à raison de 3 p. 100 par année; cet intérêt courra du soixantième jour après la consignation, jusqu'à celui du remboursement. Les sommes qui resteront moins de soixante jours en état de consignation ne porteront aucun intérêt.

« Art. 3. — Le recours sur la caisse d'amortissement pour les sommes consignées dans les mains de ses préposés, est assuré à ceux qui auront fait la consignation, à la charge par eux de faire enregistrer, dans le délai de cinq jours, les reconnaissances desdits préposés, au bureau de l'enregistrement du lieu de la consignation.

« Le droit d'enregistrement sur ces reconnaissances est fixé à 1 franc.

« Art. 4. — Le remboursement des sommes consignées s'effectuera dans le lieu où la consignation aura été faite dix jours après la notification faite aux préposés de la caisse d'amortissement, de l'acte ou jugement qui en aura autorisé le remboursement.

« Si la durée de la consignation donne ouverture à des intérêts, ils seront comptés jusqu'au jour du remboursement.

« Art. 5. — Les préposés de la caisse d'amortissement qui ne satisferaient pas au payement après le délai ci-dessus, seront contraignables par corps (sans préjudice de recours contre la caisse d'amortissement, conformément à l'article 3), sauf le cas où ils pourraient justifier des oppositions faites dans leurs mains, auquel cas ils seront tenus de dénoncer immédiatement lesdites oppositions à ceux qui leur auraient fait connaître leur droit au remboursement, pour que ces derniers puissent en poursuivre la main levée devant les tribunaux.

« Art. 6. — La caisse d'amortissement et ses préposés ne pourront exercer aucune action pour l'exécution des jugements ou décisions qui auront ordonné des consignations.

« Art. 7. — La caisse d'amortissement est autorisée à recevoir les consignations volontaires aux mêmes conditions que les consignations judiciaires.

(*) Cette Commission est composée de MM. Mathieu-Bodet, président; Teisserenc de Bort, Magnin, vice-présidents; Lefébure, Tirard, le comte Octave de Bastard, de Ravinel, secrétaires; Dréo, Pourrand, Lucet, Raudot, Gouin, Lambert de Sainte-Croix, Lepère, comte d'Osmoy, Wolowski, Adam (Seine), Delsol, général Chareton, général Saussier, Monjaret de Kerjégu, baron de Soubeyran, Langlois, amiral Pothuau, Faye, marquis de Talhouët, Plichon, Cochery, André (Seine), Batbie.

« Art. 8. — Tous les frais et risques relatifs à la garde, conservation et mouvements de fonds consignés, sont à la charge de la caisse d'amortissement. »

Comme on le voit, le législateur n'avait songé qu'aux dépôts effectués en espèces.

La loi du 28 avril 1816 vint apporter une modification en instituant deux établissements distincts, l'un sous le nom de « caisse d'amortissement, » l'autre sous celui de « Caisse des dépôts et consignations. »

Les articles 110 et 111 de cette loi sont ainsi conçus :

« Art. 110. — La caisse d'amortissement ne pourra recevoir aucun dépôt, ni consignation, de quelque espèce que ce soit ; les dépôts, les consignations, les services relatifs à la Légion d'honneur, à la compagnie des canaux, aux fonds de retraite, et les autres attributions (l'amortissement excepté) confiées à la caisse actuellement existante, seront administrés par un établissement spécial sous le nom de « caisse des dépôts et consignations. »

« Art. 111. — Cet établissement est soumis à la même surveillance et aux mêmes règles de responsabilité et de garantie que la nouvelle caisse d'amortissement instituée par la présente loi ; il sera organisé par une ordonnance royale sur la proposition des commissaires surveillants mentionné en l'article 99 de la présente loi. »

Enfin, l'ordonnance royale du 3 juillet 1816 dispose :

« Art. 3. — Défendons à nos cours, tribunaux et administrations quelconques d'autoriser et d'ordonner des consignations en autres caisses et dépôts publics ou particuliers, même d'autoriser les débiteurs, dépositaires, tiers saisis, à les conserver sous le nom de séquestres ou autrement ; et au cas où de telles consignations auraient lieu, elles seront nulles et non libératoires. »

Au moment où intervenait la loi de finances du 28 avril 1816, les valeurs mobilières étaient peu nombreuses, surtout sous la forme de titres au porteur, et rien ne faisait pressentir l'extension considérable que devait atteindre plus tard cette nature de biens. Il est donc probable que c'était seulement dans la réception des deniers litigieux que le nouvel établissement avait été créé ; l'ordonnance du 3 juillet n'a parlé, dans ses diverses dispositions, que de sommes, deniers ou espèces.

Depuis cette époque, le développement progressif de la richesse publique en France a amené la formation de sociétés nombreuses qui ont émis une grande quantité de titres. On a pensé que, si la caisse des dépôts et consignations avait été instituée uniquement pour la conservation des deniers litigieux, les considérations qui avaient motivé l'organisation de cet établissement s'appliquaient également à la consignation de titres soit nominatifs, soit au porteur.

C'est ainsi qu'en 1857, la chambre des notaires de Paris a demandé à la caisse des dépôts et consignations de recevoir les valeurs, bons, actions au porteur trouvée dans les inventaires auxquels les notaires sont requis de procéder et qu'il y aurait de graves inconvénients à laisser entre les mains de l'un des héritiers, ou d'une personne tierce, tant que leur appropriation définitive n'aurait pas été réglée. La caisse, sur l'avis conforme de sa commission de surveillance, n'a pas cru pouvoir accéder à cette demande ; elle n'a pas voulu, en l'absence d'une loi formelle, engager sa responsabilité et, par suite, celle de l'État, sous la garantie duquel elle fonctionne.

Plus récemment, le préposé de la caisse à Rennes ayant, conformément aux instructions de l'administration, refusé de recevoir un dépôt de valeurs mobilières prescrit par un jugement, la question de savoir si la caisse était fondée dans son refus a été déférée aux tribunaux ; et le tribunal civil de Rennes, par jugement du 27 novembre 1871, a déclaré que « pour remplir le but de son institution, la caisse des dépôts et consignations est tenue, dans le cas de séquestre judiciaire, de recevoir en dépôt non-seulement l'argent, mais aussi d'autres valeurs, et que des règlements d'administration intérieure ne sauraient prévaloir contre la volonté de la loi. »

Mais, sur l'appel interjeté par la caisse, la cour de Rennes a considéré que, si, pour refuser de recevoir les valeurs en question, le préposé avait invoqué des règlements intérieurs, ces règlements s'appuyaient eux-mêmes sur une saine interprétation de la loi ; qu'en 1816, les valeurs mobilières n'ayant pas l'importance qu'elles ont acquises depuis le législateur n'a pu penser alors qu'il y eût un grave dommage à limiter le séquestre judiciaire aux sommes et deniers ; qu'aujourd'hui ces valeurs représentent un énorme capital, la législation de cette époque n'est plus en relation avec le mouvement industriel du temps présent pour lequel * elle n'avait pas été faite. En conséquence, la cour, par son arrêt du 30 janvier 1872, a réformé le jugement précité et validé le refus de la caisse.

En présence de ces décisions, les seules qui, jusqu'à ce jour, soient intervenues sur la matière, et dont la dernière emprunte à la juridiction de laquelle elle émane, une grande autorité, la caisse des dépôts n'a pu que persister dans ses résistances, et elle refuse chaque jour de recevoir les valeurs mobilières dont on voudrait lui faire le dépôt dans des circonstances analogues à celles qui donnent ouverture à des consignations d'espèces.

La proposition de loi de l'honorable M. Denormandie a pour but de combler la lacune qui résulte de cet état de choses.

On ne saurait nier, en effet, qu'à une époque où les valeurs mobilières ont pris une importance excessive, l'absence d'un lieu de dépôt public destiné à les conserver, tant que durent les litiges, ne soit regrettable ; elles ont évidemment le même besoin d'être protégées contre les risques de malversation que les espèces elles-mêmes. La caisse des dépôts, chargée de recevoir les consignations en espèces, est tout naturellement indiquée pour la consignation des valeurs mobilières.

En adoptant le projet de loi qui vous est soumis, vous donnerez donc satisfaction à de vives et justes préoccupations.

Il y a lieu également de se préoccuper des moyens à prendre pour prémunir la caisse contre les dangers auxquels elle pourrait se trouver exposée, et pour rendre aussi peu onéreuse que possible la responsabilité nouvelle qu'elle assumera. Il convient, à cet égard, de le rapporter à un règlement d'administration publique.

Dès à présent, la direction générale de la caisse des dépôts et consignations nous a donné l'assurance que tous dangers pourront être facilement conjurés, et elle a la conviction que, sans être pour l'État une source de bénéfices, ce nouveau service lui laissera cependant indemne de toutes les dépenses qui pourront en résulter, elle compte surtout trouver sa rémunération dans la jouissance des sommes dont elle opérera l'encaissement.

Nous vous proposons donc de voter le projet de loi qui vous est présenté par M. Denormandie en y ajoutant, afin de le compléter, une disposition relative aux valeurs trouvées dans les successions.

PROPOSITION DE LOI

Art. 1er. — Les titres et valeurs mobilières, sous forme nominative ou au porteur, dont la consignation serait prescrite soit par une disposition de loi ou par un règlement, soit par une décision judiciaire ou administrative, devront être déposés à la caisse des dépôts et consignations.

Il en sera de même des titres et valeurs trouvés dans les successions, lorsque les parties intéressées ou l'une d'elles en feront la demande.

Ces dépôts auront lieu dans les conditions fixées par les lois du 28 nivôse an XIII et du 28 avril 1816 pour les dépôts d'espèces.

Art. 2. — Un règlement d'administration publique déterminera les mesures à prendre pour le dépôt, la conservation et le retrait des valeurs dont il s'agit, ainsi que le mode de rémunération de la caisse.

Annexe n° 3130.

RAPPORT fait au nom de la 33° commission d'intérêt local (*) sur le projet de loi tendant à autoriser le département de Loir-et-Cher à contracter un emprunt pour l'agrandissement de l'asile des aliénés de Blois, par M. de La Sicotière, membre de l'Assemblée nationale.

Messieurs, en 1860, le département de Loir-et-Cher acheta, pour l'annexer à son asile d'aliénés, la belle propriété de Saint-Lazare, située dans la ville même de Blois.

Un pensionnat y fut installé dans des conditions d'appropriation provisoires et insuffisantes, car il ne peut recevoir en tout que trente malades, hommes et femmes, calmes et agités, et le voisinage forcé qui en résulte produit sur les familles et sur les malades eux-mêmes de très-mauvais effets.

Le nombre des demandes d'admission dépasse de beaucoup celui des places disponibles. Outre le regret de ne pouvoir donner satisfaction aux intérêts de la population, l'administration de l'asile perd ainsi les bénéfices certains, assurés, relativement élevés, qu'elle pourrait réaliser sur les pensions de 1re et même de 2e classe.

Aussi, depuis quelques années, a-t-elle, de concert avec le conseil de surveillance de l'asile, demandé avec insistance que les bâtiments de l'annexe de Saint-Lazare fussent agrandis, de manière à lui permettre d'y loger dans des conditions convenables 75 à 80 pensionnaires.

Le nombre toujours croissant des cas d'aliénation, la tendance des familles parisiennes à placer leurs malades dans les asiles qui avoisinent Paris, lui donnent la conviction que ces logements seront promptement et constamment occupés.

Les dépenses d'agrandissement, d'appropriation et d'ameublement seraient assez considérables.

Trois plans ont été étudiés parallèlement.

L'exécution du premier, plus monumental et plus complet, coûterait 300,000 fr.; celle du second, 200,000 fr.; celle du troisième, 120,060 fr. seulement.

C'est au second de ces plans, comprenant la construction d'un pavillon d'habitation semblable à celui qui existe déjà, d'une partie des sections de traitement formant les ailes de ces deux corps de logis, et au centre d'un bâtiment pour les services généraux, que se sont arrêtées, après mûr examen, toutes les autorités consultées : la commission de surveillance de l'asile (délibération des 12 août 1873 et 25 mars 1874), la commission départementale (délibération du 4 juillet 1874), le conseil général (délibération du 29 octobre 1874), M. le préfet de Loir-et-Cher (rapport

(*) Cette Commission se composée de MM. Courbet-Poulard, *président;* Reymond (Loire), *secrétaire;* Fourcand, de *La Sicotière,* le vicomte de Bonald, Méplin, Breton (Paul), des Rotours, Guyot, Ancelon, Daguilhon-Lasselve, Philippoteaux, le général Duboys-Fresnay, le marquis de Quinsonas, Maurice.

du mois d'août 1873 et lettre à M. le ministre de l'intérieur du 26 janvier 1875).

Ce projet a d'ailleurs l'avantage de se prêter aux agrandissements, aux travaux complémentaires que pourrait exiger dans l'avenir l'exécution du plan d'ensemble.

L'achat du mobilier nécessaire au nouveau pensionnat y figure pour 30,000 fr.

C'est donc une somme de 200,000 fr. que le département de Loir-et-Cher a besoin de réaliser pour l'agrandissement de son asile des aliénés, et, pour se la procurer, il lui faut, en l'état actuel de ses ressources et services, recourir à un emprunt.

Cet emprunt pourrait être réalisé soit avec publicité et concurrence, soit par voie de souscription, soit de gré à gré avec faculté d'émettre des obligations au porteur ou transmissibles par voie d'endossement, soit directement auprès de la caisse des dépôts et consignations, sous le contrôle, comme de droit, de l'administration supérieure.

Le remboursement s'en effectuerait de 1880 à 1893, d'après une échelle décroissante de 25,000 francs en 1880, à 3,000 en 1893.

Le payement des intérêts et l'amortissement du capital seraient prélevés sur les ressources spéciales de l'asile, dont le département n'aurait été ainsi que la caution.

Ces ressources encore engagées jusqu'en 1880, tant pour le solde du prix du domaine de Saint-Lazare, que pour l'établissement d'une buanderie, seront libres à partir de cette époque; grossies par recettes des nouvelles pensions qui promettent un bénéfice élevé, quelles que soient les éventualités futures du prix des choses nécessaires à la vie, elles permettront à l'asile, sans augmenter les charges des contribuables, d'acquitter sa dette, au département de compléter et de mettre en valeur une propriété magnifique.

Le service des intérêts à même été calculé, dans le tableau de l'amortissement, au taux de 5 1/2 p. 100, afin d'éviter tout mécompte, encore qu'il y ait lieu pour le département d'espérer des conditions plus avantageuses.

Dans ces circonstances, le Gouvernement a saisi l'Assemblée nationale d'un projet de loi conforme au vœu du département de Loir-et-Cher et aux délibérations déjà citées. (Séance du 29 mai 1875.)

A son tour, votre 33° commission d'intérêt local a l'honneur de vous proposer l'adoption du projet de loi dans les termes suivants.

PROJET DE LOI

Art. 1er. — Le département de Loir-et-Cher est autorisé, conformément à la demande que le conseil général en a faite dans sa session d'octobre 1874, à emprunter, à un taux d'intérêt qui ne pourra dépasser 5 1/2 p. 100, une somme de 200,000 fr. qui sera affectée à l'agrandissement de l'asile des aliénés de Blois.

Cet emprunt pourra être réalisé soit avec publicité et concurrence, soit par voie de souscription, soit de gré à gré avec faculté d'émettre des obligations au porteur ou transmissibles par voie d'endossement, soit directement auprès de la caisse des dépôts et consignations.

Les conditions des souscriptions à ouvrir ou des traités à passer de gré à gré seront préalablement soumises à l'approbation du ministre de l'intérieur.

Art. 2. — Il sera pourvu au remboursement et au service des intérêts de l'emprunt autorisé par l'article 1er ci-dessus, au moyen de prélèvements opérés sur les ressources spéciales de l'asile ou, au besoin, sur le budget départemental.

SÉANCE DU MERCREDI 30 JUIN 1875

Annexe n° 3131.

RAPPORT fait au nom de la 32ᵉ commission d'intérêt local (*) sur le projet de loi relatif à un échange de terrains entre l'Etat et M. Paget (Loiret), par M. Méline, membre de l'Assemblée nationale.

Messieurs, le projet de loi qui vous est soumis vous propose de ratifier un contrat d'échange passé, le 15 octobre dernier, par M. le préfet du Loiret avec un sieur Paget (Joseph), demeurant à Paucourt. Cet échange s'applique à une parcelle boisée de 1 hectare 36 ares enclavée dans la forêt domaniale de Montargis, appartenant au sieur Paget, et qu'il accepte d'abandonner à l'Etat contre une parcelle de contenance égale à détacher de cette forêt, moyennant une soulte de 189 fr. 05 au profit de l'Etat.

Une décision ministérielle du 20 octobre 1869 a reconnu la convenance et l'utilité de cet échange pour l'Etat, dont la propriété se trouve ainsi débarrassée d'une enclave gênante et des servitudes qui en sont la conséquence. Votre commission a été d'avis que cette décision avait été sagement rendue et que vous ne pouviez qu'en approuver le principe.

Les formalités prescrites par l'ordonnance du 12 décembre 1827 pour l'aliénation d'objets appartenant au domaine public, et la fixation du prix dû à l'Etat, ont été exactement remplies. Trois experts ont été nommés pour fixer la valeur des deux parcelles à échanger; ces experts avaient conclu au payement, par le sieur Paget, d'une soulte de 68 fr.

Mais les agents locaux des forêts ont critiqué ce chiffre, qu'ils trouvaient insuffisant; selon eux, la superficie de la parcelle domaniale vaut au minimum 378 fr. de plus que celle du sieur Paget. Cependant, comme l'avenir de la production forestière de celle-ci se présente dans des conditions plus favorables que celle de l'Etat, le service des forêts a proposé de considérer les deux sols nus comme étant d'égale valeur, et de fixer le chiffre de la soulte à 189 fr. 05 seulement, soit la moitié des 378 fr. 10. Le sieur Paget a accepté la proposition, le conseil d'Etat l'a approuvée, et c'est dans ces termes que le contrat d'échange a été passé, en vertu d'un décret du Président de la République, du 20 avril 1874.

Les formalités relatives à la transcription et à la purge légale ont été remplies sans qu'il se soit rencontré d'inscriptions, ainsi que le constatent les certificats délivrés par le conservateur des hypothèques du bureau de Montargis, les 27 octobre 1874 et 28 janvier 1875.

Il ne manque plus à la validité du contrat que la sanction législative, que votre commission vous propose de lui accorder en votant le projet de loi suivant.

PROJET DE LOI

Article unique. — Est approuvé, sous les conditions stipulées dans l'acte administratif passé, le 15 octobre 1874, entre le préfet du Loiret, agis-

(*) Cette commission est composée de MM. Courbet-Poulard, *président;* Warnier (Marne), *secrétaire;* Rameau, le baron de Soubeyran, Philippoteaux, le comte de Cintré, Roussel, Méline, Moreau (Côte-d'Or), Bonnet, de Mérode, le comte Rampon, le vicomt (de Roder-Bénavent, Costant, des Rotours.

sant au nom de l'Etat, et M. Paget, propriétaire à Paucourt, le contrat d'échange, moyennant une soulte, à la charge de celui-ci, de 189 fr. 05, d'une parcelle boisée de 1 hectare 36 ares, appartenant à ce particulier, et enclavée dans la forêt domaniale do Montargis, contre une parcelle d'égale contenance à détacher de ladite forêt, dans la série de Château-Lassalle, au canton du Buisson.

Annexe n° 3132.

PROPOSITION DE LOI tendant à faciliter l'adduction des eaux destinées à l'alimentation des exploitations rurales, des hameaux et des villages, présentée par M. Destremx, membre de l'Assemblée nationale. (Renvoyée à la commission du phylloxera.)

Messieurs, l'adduction des eaux destinées à l'alimentation des populations est rendue facile pour les villes par la loi du 3 mai 1841 sur les expropriations pour cause d'utilité publique, les cultivateurs ont la loi du 29 avril 1845 qui leur permet de conduire, à travers les héritages des tiers pour l'irrigation de leurs terres, les eaux dont ils ont le droit de disposer, mais les agglomérations rurales, les hameaux, les villages ne peuvent bénéficier ni de l'une ni de l'autre de ces lois, ni d'aucune autre pour conduire l'eau nécessaire à leur alimentation, et ils n'ont d'autre moyen que la voie amiable, qui leur est le plus souvent fermée par le mauvais vouloir d'un voisin routinier ou capricieux.

C'est cette lacune que je désire combler par les dispositions législatives que je viens vous proposer.

Mon but est de donner les mêmes droits à ceux qui veulent conduire de l'eau pour leur alimentation qu'à ceux qui s'en servent pour l'arrosage.

Il faut d'abord donner aux hameaux et aux villages le moyen d'acquérir de l'eau, en leur donnant, comme aux villes, le droit de se servir de la loi sur les expropriations pour cause d'utilité publique, ensuite leur permettre de conduire cette eau à travers les héritages des tiers, moyennant indemnité, comme il est dit dans la loi Dangeville pour les irrigations des terres, en y joignant les exploitations rurales, mais seulement pour les eaux dont elles ont le droit de disposer.

Personne ne contestera que les populations rurales n'apprécient comme un grand bienfait, tout autant que les villes, l'adduction des eaux pour leur alimentation.

En conséquence, le soussigné a l'honneur de déposer sur le bureau de l'Assemblée nationale la proposition de loi suivante.

PROPOSITION DE LOI

Art. 1ᵉʳ. — Toute agglomération, village ou hameau pourra bénéficier des dispositions des lois du 3 mai 1841 et du 27 juillet 1870, sur les expropriations pour cause d'utilité publique, et du décret impérial qui modifie celui du 25 mars 1852, sur la décentralisation administrative, pour acquérir les eaux reconnues nécessaires pour leur alimentation.

Art. 2. — Les exploitations rurales, les hameaux et les villages qui voudront conduire, pour leur alimentation, les eaux dont elles ont le droit de disposer, bénéficieront des dispositions de la loi du 29 avril 1845 sur les irrigations.

Annexe n° 3133.

RAPPORT (1) fait au nom de la commission (*) chargée d'examiner : 1° la proposition de M. Destremx et plusieurs de ses collègues, tendant à arrêter les ravages causés dans les vignobles par le phylloxera et à généraliser les irrigations (n° 1899); 2° la proposition de M. Destremx, tendant à utiliser toutes les eaux improductives pour l'irrigation des prairies et la submersion des vignes (n° 2829). par M. Destremx, membre de l'Assemblée nationale. (Urgence déclarée.)

§ I

Messieurs, le 18 juillet 1873, un grand nombre de nos collègues, justement préoccupés des ravages causés dans nos vignobles par le phylloxera, déposèrent une proposition dont le but était de combattre ce fléau et de généraliser les irrigations.

Il était dit dans l'exposé des motifs que le moment était venu de faire les plus grands efforts pour faciliter et généraliser l'adduction des eaux dans un double but : celui de les utiliser pendant l'été pour les irrigations des prairies et pendant l'hiver pour les submersions des vignes; qu'il fallait agir avec promptitude et économie, se hâter, pour encourager l'exercice de l'initiative individuelle, de créer un centre de direction pour l'étude des projets, et mettre les lois qui régissent les irrigations en harmonie avec les besoins constatés de l'industrie vinicole, afin de rendre possible la submersion hivernale des vignes.

C'est précisément pour donner satisfaction à ces intérêts majeurs, à ces besoins d'un ordre nouveau, que la commission que vous avez chargée d'étudier ces questions vient vous apporter un projet de loi sur les irrigations et les submersions qu'il est nécessaire de faire ensemble, afin que la mesure soit d'une application générale à toute la France et non à une seule contrée.

La commission, dans un premier rapport que vous avez approuvé en juillet 1874, vous a demandé la création d'un prix de 300,000 fr. pour exciter l'émulation des chercheurs et récompenser dignement l'inventeur d'un moyen efficace et pratique pour détruire le phylloxera ou en empêcher les ravages.

L'excellent rapport de notre honorable collègue, M. de Grasset, si intéressant et si complet, me dispense de m'étendre sur les agissements de l'insecte microscopique appelé phylloxera, et il me suffira d'ajouter que, depuis cette époque, la marche du fléau a été constante; qu'aujourd'hui, dans le vaste triangle qui s'étend de Vienne à Hyères et à Béziers, il n'est peut-être plus une seule vigne qui ne soit atteinte; l'exception devient de plus en plus rare, et sous la plus luxuriante végétation, le mal se trouve souvent à

l'état latent; le phylloxera met un temps relativement fort long pour prendre possession d'une localité; mais les points d'attaque, lents à se développer au début, se multiplient et s'étendent ensuite avec une grande rapidité, selon que les conditions climatériques lui sont plus ou moins favorables.

Il ne nous est plus permis aujourd'hui de nous faire aucune illusion sur l'étendue du mal et sur sa marche régulière et constante; tous ceux qui ont assisté au congrès viticole qui a eu lieu en octobre dernier à Montpellier ont pu s'en convaincre en parcourant les nombreux vignobles entièrement détruits et en retrouvant les traces du puceron au milieu de ceux qui avaient encore une belle végétation.

En visitant le champ des expériences de la commission départementale de l'Hérault, on a pu facilement comprendre le découragement des viticulteurs et l'opinion suivante qui s'est dégagée des séances du congrès, à savoir :

Qu'en présence de la facilité de multiplication de l'insecte et de la rapidité de l'invasion qui en est la conséquence, tout insecticide serait insuffisant, et que son emploi forcément répété deviendrait dangereux pour la vitalité du cep et trop coûteux pour la grande culture; la destruction du phylloxera sur toute la surface du pays étant donc impossible, il fallait, comme en Amérique, trouver les moyens de vivre avec lui.

Et qu'on ne se laisse pas aller trop facilement à de vaines illusions, qu'on ne croie pas que le mal dont nous nous plaignons soit transitoire, et écoutons ce qu'en pense M. Dumas :

« Il ne s'agit pas, en effet, d'une maladie passagère qui puisse s'éteindre par des circonstances naturelles et dans les conditions ordinaires de la culture, mais d'une véritable plaie qui sévit sur nos vignobles et qui menace de ruine cette partie si florissante de notre agriculture ; en 1874, 200 mille hectares de vignobles étaient ravagés, et 1 million atteints ou menacés. »

Depuis lors, le mal n'a cessé de croître, et les nouvelles qui nous arrivent de toute part sont des plus mauvaises. M. Faucon, cet observateur minutieux des agissements du puceron, écrivait le 18 mai 1875 : « Le phylloxera s'annonce comme devant faire de grands progrès dans le courant de cette année, et il ajoutait le 23 juin : « J'ai visité, il y a quelques jours, la partie du Gard qui s'étend de Nîmes à Saint-Laurent-d'Aigouze. Cette belle vallée du Vistre et du Vidourle, où j'avais vu l'année dernière un vignoble, des plus splendides, ne présente plus aujourd'hui, sur les deux tiers au moins de son étendue, qu'un aspect désolant. Des vignes que l'an passé avaient produit 200 hectolitres de vin à l'hectare ont été foudroyées. Depuis les désastres de Vaucluse, en 1868, on n'avait vu une ruine aussi grande et aussi rapide. »

M. Gaston Bazille, cette autre autorité en pareille matière, écrivait presque à la date du 4 juin : « Le mal a fait ici des progrès énormes, l'arrondissement de Montpellier est presque perdu, il le sera à coup sûr entièrement l'année prochaine. La maladie est si intense cette année, que les engrais, les sulfures de potasse, les sels de Berry, les tourteaux, etc., etc., sont restés impuissants. Le torrent a rompu ses digues. »

A une date plus récente, le 19 du même mois le marquis de Pina écrivait des environs de Béziers : « Le phylloxera fait autour de nous des progrès considérables, il sévit avec une vigueur que l'on n'était pas habitué à lui voir dans les premières années de ses attaques, c'est-à-dire que dans notre canton et dans la commune de Marsillian surtout, des vignes, et en grand nombre, près de 200 hectares, atteintes depuis quelques mois seulement, ont dû déjà être arrachées. »

M. Henri Marès qui, le 1er mai, avait fait à l'Académie des sciences un exposé des plus rassu-

---

rants, a écrit une nouvelle lettre le 24 mai, dont M. Daumas a donné lecture à la commission supérieure du phylloxera, où il reconnaît que tout est perdu.

Les progrès de la maladie sont constatés sur tous les points. Un de nos collègues de la Gironde a reçu, à la date du 25 mai, les lignes suivantes, datées de l'arrondissement de Libourne : « Si le travail fait pour le Midi est tenté un jour pour nos contrées, il sera curieux de voir l'agrandissement des taches ici de 1874 à 1875, c'est effrayant. Vous savez que l'an dernier nous avions du mal et beaucoup de mal, mais enfin, on cherchait les vignes phylloxérées, elles étaient l'exception, tandis que c'est l'inverse aujourd'hui; il faut maintenant chercher pour trouver sur les côtes ou sur le plateau, les vignes indemnes, ou du moins, celles qui paraissent l'être, et ce sont celles qui sont l'exception. »

L'envahissement du Médoc n'est malheureusement que trop certain, et M. Dumas a été lui-même indiquer et surveiller les applications des sulfo-carbonates.

On vient de constater officiellement l'existence, déjà ancienne, du phylloxera dans l'Auvergne, à 12 kilomètres de Clermont-Ferrand, dans la commune de Mezel, sur les pentes du Puy-de-Mur, dans une région et sous un climat où on avait espéré qu'il ne pénétrerait pas; il en est de même de la Bourgogne, où le phylloxera a fait son apparition à Mancey, canton de Sennecy (Saône-et-Loire), ce qui élève à vingt-quatre le nombre des départements contaminés.

Il m'est pénible, messieurs, de tracer un tableau aussi sombre de notre situation viticole, mais notre devoir était de l'exposer à vos yeux dans son effrayante réalité, afin de vous convaincre de la nécessité et de l'urgence de rendre possible l'application des remèdes qui, jusqu'ici, ont été reconnus efficaces.

§ II

Au milieu de tous les efforts infructueux, un agriculteur des Bouches-du-Rhône, M. Louis Faucon, obtenait une guérison radicale, par la submersion prolongée pendant trente jours au moins de ses vignes malades.

Ce remède, expérimenté chez lui pendant cinq années, et depuis lors sur un grand nombre d'hectares chez de nombreux imitateurs, est actuellement reconnu comme le seul qui ait véritablement détruit le phylloxera.

La vigne non-seulement n'a pas souffert de de séjour prolongé dans l'eau, mais elle en a retiré une plus grande vigueur et sa production n'a nullement diminué, à la condition essentielle de n'être pas en sève.

Dans le seul territoire d'Arles, plus de 500 hectares de vignes sont submergés ; sur les bords du Vidourle (Gard), de nombreuses et puissantes machines à vapeur fonctionnent avec succès; dans l'Hérault, à Lattes et à Agde, des travaux importants ont été exécutés ; et dans le Bordelais, des essais ont également eu lieu ; partout l'expérience a prouvé que la guérison était complète et radicale, surtout si on n'attendait pas que le mal fût trop grand pour appliquer le remède.

En tous cas les efforts faits pour réunir les eaux, pour les conduire sur le sol ne seront pas stériles, et si les contrées méridionales perdent leurs vignes, elles trouveront un dédommagement dans la production fourragère.

Le phylloxera, en rendant nécessaires les submersions, provoquera la réalisation des grands canaux dont la construction aura ainsi un double avantage.

Le canal Dumont, qui par une dérivation des eaux du Rhône devait arroser 30,000 hectares de prairies, pourra submerger en outre 80 mille hectares de vignes et rendra ainsi un immense service de plus pour la même dépense.

Ce canal, dont la construction est urgente et dont les effets seront le relèvement du tiers des vignobles dans les départements de la Drôme, de Vaucluse, du Gard et de l'Hérault, est à la veille de recevoir une solution pratique; mais en attendant, si tous les propriétaires voulaient utiliser les eaux toujours si abondantes en hiver, pour les employer à la submersion de leurs vignes, ce chiffre pourrait être considérablement augmenté.

L'impulsion est donnée, et dès que l'Assemblée, en adoptant les mesures que nous venons lui proposer, aura mis les lois qui régissent les irrigations en harmonie avec les besoins constatés de l'industrie vinicole, un grand nombre de propriétaires et même d'industriels se mettront à l'œuvre.

Il est certainement fâcheux que ce remède ne puisse être d'une application plus générale, mais de ce qu'il ne peut contribuer à sauver qu'une partie du vignoble français, faut-il ne pas faciliter son application?

Votre commission, messieurs, a pensé qu'elle devait faire les plus grands efforts pour en généraliser autant que possible l'emploi, en le mettant en lumière, en donnant aux viticulteurs toutes les facilités pour réunir les eaux et les conduire sur leurs champs.

§ III

Au mois de mai dernier la presse entière a annoncé que M. Dumas avait trouvé un remède contre le phylloxera; les pays viticoles se sont émus en recevant cette grande et heureuse nouvelle, et il ne me paraît pas possible de laisser ce grand fait sans explications dans un rapport qui doit constater la situation actuelle de la maladie et les moyens de la combattre.

En octobre 1874, M. Dumas signalait à l'Académie des sciences les sulfo-carbonates alcalins comme étant les agents les plus énergiques pour tuer le phylloxera. M. Mouillefert, professeur à l'école de Grignon, fut aussitôt délégué par l'Académie pour faire des expériences sur l'emploi de ces sels.

Voici quelle fut la conclusion de ces expériences, faites à Cognac dans les Charentes. Je laisse parler M. Mouillefert lui-même : « Le résultat cherché : la guérison de la vigne, ne pouvant être constatée que par la destruction simultanée de son parasite et la reprise de la végétation, on comprendra parfaitement qu'en ce moment (octobre et décembre 1874) il serait impossible de dire s'il y a succès ou non.

« Tout ce que nous avons pu constater, c'est que l'action du sulfo-carbonate de potassium sur le phylloxera hivernant, est tout aussi meurtrière que sur l'individu actif, que tous ceux qui sont à portée de la substance sont invariablement détruits. En résumé, il ressort de ces expériences que le sulfo-carbonate de potassium tue le parasite de la vigne en grande culture avec une extrême facilité, en hiver comme en été, et cela à des doses pour ainsi dire infinitésimales.

« La substance toxique une trouvée, le reste n'est plus qu'une question de véhicule. C'est lui qui doit être ce véhicule ; il en faut, en effet, une quantité considérable pour conduire le poison à une profondeur suffisante pour assurer la destruction de l'insecte. »

De nouvelles expériences ont été faites depuis le retour de la sève, c'est-à-dire en 1875, la commission permanente de viticulture de la société des agriculteurs de France vient de communiquer à ce sujet ce qui suit aux membres de la société : « Cet insecticide, qui n'a été sérieusement employé que ce printemps, a déjà donné des résultats qui méritent de fixer l'attention. Soumise à des doses maxima de 300 et 350 kilogrammes de sulfo-carbonate par hectare, la végétation a été favorisée plutôt que contrariée. »

« Une immense proportion d'insectes a été détruite, quelques-uns ont survécu, et la rapidité avec laquelle ces insectes se reproduisent ne permet pas de prévoir leur influence positive sur la récolte pendante. »

La société d'agriculture du Gard vient de constater, à la date récente du 3 juin, un effet négatif, pour une dépense d'au moins 300 fr. par hectare, de l'emploi des sulfo-carbonates alcalins.

Voici le résultat des dernières expériences faites à Montpellier, par M. Durant, professeur à l'école d'agriculture de cette ville, qui, depuis quatre ans, dirige les expériences du Mas de Las Sorres, communiquée à l'une des dernières séances de l'Académie des sciences par M. Gaston Bazille. Ces expériences ont été faites avec du sulfo-carbonate pur ou en mélanges à diverses doses, mais toujours avec 20 litres d'eau par souche, sur 14 carrés de 25 ceps chaque : sur tous les points ou on a fouillé, le sulfo-carbonate avait échoué à peu près.

L'Académie a répondu qu'on n'avait pas employé assez d'eau, et que, si 20 litres par cep ne suffisaient pas, il fallait doubler, tripler, quintupler la dose; c'était déclarer que l'emploi du sulfo-carbonate était impossible dans la grande culture, à moins d'avoir de l'eau courante à la disposition du champ de vigne; c'était indiquer une direction nouvelle et peut-être efficace aux futures expérimentations.

« L'arme, dit M. Mouillefert, jusqu'ici semble donc excellente; il s'agit maintenant de trouver une manière efficace de s'en servir, c'est-à-dire un procédé pratique et économique, pour porter la précieuse substance dans tous les endroits du terrain où il y aura du phylloxera? »

Or, nous ne pouvons perdre de vue que le problème que nous avons eu à résoudre ne consistait pas seulement à trouver une substance toxique qui tuât l'insecte, mais surtout le moyen de faire arriver cette substance jusqu'aux plus profondes racines de la souche pour l'atteindre sûrement.

Cependant, nous devons reconnaître que dans les sulfo-carbonates, il y a certaines conditions qui nous permettent d'espérer qu'avec eux la solution de ce problème ne sera pas impossible à réaliser.

D'abord, ce remède tue le phylloxera à une dose infinitésimale; il ne peut être délayé dans une trop grande quantité d'eau; il ne nuit pas à la végétation de la plante.

Le prix de son emploi est élevé, mais surtout à cause de la main-d'œuvre occasionnée par la grande quantité d'eau nécessaire pour ramollir le sol et faire pénétrer le remède. Donc, dans les vignes où on pourrait amener de l'eau pour irriguer, la solution économique serait résolue.

C'est une expérience à faire cette année, et si l'espoir que nous apporte ce nouveau remède se réalise, nous aurons, outre la submersion, l'irrigation des vignes, qui recevra une application pratique, dans les sols perméables et pentueux, là précisément où les submersions ne sont pas possibles.

Voilà donc un motif de plus pour justifier les mesures législatives que nous venons vous proposer pour utiliser toutes les eaux qui sont improductives.

§ IV

Si l'eau doit jouer un grand rôle dans la guérison de la maladie causée par le phylloxera, il est cependant une autre voie de salut qui paraît être réservée à ceux qui ne se trouvent pas dans ces conditions privilégiées. C'est la plantation des ceps américains comme porte-greffes de nos plants français.

Plusieurs qualités de cépages jouissent, en Amé-

rique, du précieux avantage de n'avoir jamais le phylloxera, d'autres le nourrissent sur leurs racines sans paraître en souffrir.

De nombreux essais, dont quelques-uns datent de sept à huit années, nous permettent de penser que ces divers cépages se comportent en France comme en Amérique, et si nous ne pouvons être ici aussi affirmatifs que pour les submersions, nous pouvons néanmoins dire que les plus grandes chances de succès sont en faveur de ce système qui serait d'une application générale.

Voici quelle est l'opinion d'un entomologiste autorisé, M. J. Lichtenstein, sur la résistance des vignes américaines :

« Chez M. Laliman, à Bordeaux ; chez M. Borty, à Roquemaure, les vignes américaines vivent et prospèrent au milieu des vignes françaises mortes; à Montpellier, chez MM. Gaston Bazille et Léenhardt, des vignes de quatre ans, auxquelles le phylloxera a été inoculé depuis deux ans, sont couvertes de fruits. Enfin des vignes américaines, trouvées un peu partout, à Klosternenberg, à Annaberg, à Potsdam, etc., avec le phylloxera au pied, tout en infestant les vignes européennes plantées à côté, vivaient elles-mêmes très-bien. »

J'ajouterai que M. Fabre, ancien député, a eu le courage de planter ou greffer plus de quarante hectares de vignes américaines au milieu d'un foyer phylloxérique des plus intenses, et que le succès est complet jusqu'à présent.

Mais s'il peut être utile de planter des cépages américains dans les pays phylloxérés, il faut bien se garder de les introduire dans les pays qui sont encore indemnes, car le puceron vit sur les racines de ces plants, et c'est par eux qu'il a été importé d'Amérique en Europe.

M. Planchon, professeur à la faculté de Montpellier, qui a été envoyé en Amérique par le gouvernement pour étudier ces importantes questions, constate que la première apparition du phylloxera en France a été observée dans le Bordelais et à Roquemaure(Gard), où des plants américains avaient été introduits.

Il en a été de même en Allemagne, en Angleterre, en Suisse près de Genève et en Thurgovie, dès que le phylloxera s'est propagé des cépages venus directement d'Amérique.

La reconstitution du vignoble français par les plants américains comme porte-greffes de nos plants indigènes, sera certainement un remède héroïque, qui exigera de bien grandes dépenses, mais qui nous permettra de sauver les précieuses qualités qui produisent les vins si justement célèbres de nos grands crus, qui commencent à être attaqués par le phylloxera.

Voilà donc, messieurs, en résumé, les moyens qui nous paraissent devoir contribuer à sauver ou à reconstituer le vignoble français actuellement menacé de toute part, je les résume en quelques mots :

La submersion comme remède certain, partout où elle peut peut être pratiquée.

Les arrosages avec les sulfo-carbonates alcalins, si les expériences en cours d'exécution viennent confirmer nos espérances.

Les plants américains greffés, dans toutes les autres conditions.

Ainsi, messieurs, avec du travail et de la persévérance, nous vaincrons ce terrible fléau qui menace d'enlever à l'industrie la plus productive du sol français, mais il faut que chacun se mette à l'œuvre avec une foi ardente dans la réussite, avec la certitude que plus que jamais il faut mettre en pratique cette maxime : Aide-toi, le ciel t'aidera.

§ V

Messieurs, le projet de loi qui termine ce rapport comprend, étroitement liées ensemble, les irrigations et les submersions, dont les bienfaits et l'urgente nécessité se justifient d'eux-mêmes.

Les submersions diffèrent cependant des irrigations en ce sens qu'elles ne sont pratiquées qu'en hiver, alors que les eaux sont le plus souvent disponibles et abondantes, et qu'elles ont un caractère essentiellement temporaire, puisqu'elles doivent prendre fin quand la cause qui les rend nécessaires aura disparu.

C'est précisément ce qui justifie les mesures exceptionnelles qui sont d'une absolue nécessité pour qu'on puisse agir assez promptement afin que le remède produise ses salutaires effets.

Ces mesures sont réclamées de toute part, et attendues avec une légitime impatience. Ainsi le congrès viticole qui a eu lieu en octobre 1874, à Montpellier, a émis le vœu suivant :

« Le congrès, convaincu du danger qui menace la viticulture française, émet le vœu que l'Assemblée nationale facilite le plus promptement possible, par des mesures législatives, les submersions et les irrigations, ainsi que tous les moyens qui paraissent de nature à sauver les vignobles, des atteintes mortelles du phylloxera. »

La société des agriculteurs de France, réunie à Paris au mois de février 1875, a également, avec sa grande autorité, émis le vœu suivant :

« La société des agriculteurs de France, de plus en plus préoccupée des progrès du phylloxera, émet le vœu que l'Assemblée nationale mette le plus tôt possible à l'étude les moyens législatifs de combattre le fléau, et spécialement ceux concernant les submersions et les irrigations. »

La commission départementale de défense contre le phylloxera des Pyrénées-Orientales s'est associée au vœu émis par la société des agriculteurs de France, et demande « de faire étudier sur-le-champ tous les cours d'eau et de prendre toutes les mesures administratives nécessaires pour que l'on puisse inonder le plus que l'on pourra les vignobles envahis. »

En conséquence, messieurs, nous venons vous présenter le projet de loi suivant, qui a pour but de réunir toutes les forces collectives de la nation contre l'ennemi commun : le phylloxera, par la création des compagnies et des syndicats, par l'initiative individuelle des propriétaires, qui doit être la source la plus féconde des grandes et réelles améliorations.

Nous avons l'intime conviction, et nous espérons que nous la partagerez aussi, messieurs, de pouvoir conserver et augmenter la richesse productive de notre pays, en donnant une salutaire impulsion aux travaux d'irrigations et de submersions, en forçant chaque goutte d'eau à payer son tribut à l'agriculture ou à l'industrie avant de se rendre à la mer.

PROJET DE LOI

Art. 1er. — Une commission supérieure sera instituée par le Gouvernement pour rechercher les moyens de rendre productives, par les irrigations et les submersions, toutes les eaux qui ne sont pas actuellement utilisées.

Cette commission, nommée par le ministre des travaux publics et présidée par lui, sera composée d'inspecteurs généraux d'agriculture et de ponts et chaussées, d'ingénieurs de l'État, d'ingénieurs civils, d'agents forestiers et d'agriculteurs.

Art. 2. — Elle fera étudier un projet d'ensemble dans le but d'améliorer le régime des eaux, de faciliter la création de compagnies qui exécuteront les grands travaux d'irrigation et de submersion, et de stimuler pour l'utilisation de toutes les eaux sans emploi l'initiative des propriétaires et la formation de syndicats.

Art. 3. Les propriétaires qui voudront former des associations syndicales pour les irrigations et les submersions, jouiront des bénéfices des articles 5, 9, 12 et 15 de la loi du 21 juin 1865 sur les syndicats.

ANNEXES. — T. XXXIX.

Art. 4. — Une carte, dite des irrigations et des submersions, indiquant l'utilisation possible de toutes les eaux courantes ou stagnantes, sera dressée, dans chaque département, par les ingénieurs du service hydraulique, et les renseignements, études préliminaires, devis sommaires, seront mis gratuitement à la disposition de ceux qui en feront la demande.

Art. 5. — La direction des travaux d'irrigation et de submersion sera donnée auxdits ingénieurs, sur la demande des propriétaires, moyennant un tarif dressé par le ministre des travaux publics, sur l'avis du préfet.

Art. 6. — Dans les départements viticoles atteints par le phylloxera, et pendant la durée de cette maladie seulement, les eaux, de quelque nature qu'elles soient, qui n'ont pas un emploi déterminé, ou l'excédant de celles qui auraient un emploi, sauf celles que les propriétaires ne sont pas tenus de rendre à leur cours naturel, pourront être employées d'urgence, sans établissement de barrages fixes, à la submersion hivernale des vignes, moyennant une juste et préalable indemnité.

Art. 7. — La constatation des eaux disponibles, l'indemnité concernant les prises d'eau, et le droit de passage sur les terrains des tiers, à défaut d'entente entre les parties intéressées, seront fixés par les tribunaux qui, en se prononçant, devront concilier l'intérêt de l'opération avec le respect dû à la propriété.

Annexe n° 3134.

RAPPORT fait au nom de la commission du budget (*) sur le budget des dépenses de l'exercice 1876 (Ministère de l'instruction publique, des cultes et des beaux-arts), section 3e (Cultes), par M. Delsol, membre de l'Assemblée nationale.

OBSERVATION PRÉLIMINAIRE

Messieurs, le budget des cultes, pour l'exercice 1876, ne présente que de légères différences avec le budget voté pour l'exercice 1875.

Les crédits demandés pour 1876 s'élèvent à la somme totale de...................... 53.704.795

Les crédits votés pour les dépenses de 1875, par la loi de finances du 5 août 1874, s'élevaient à la somme totale de...................... 53.647.745

Il y a donc, pour 1876, une augmentation de...................... 57.050

Cette augmentation résulte de la balance des augmentations et diminutions suivantes :

Augmentations :

Chap. 4. — Personnel du culte catholique...................... 50.550

Chap. 14. — Personnel du culte protestant...................... 13.500

Chap. 16. — Personnel du culte israélite. 9.000

    Total des augmentations...... 73.050

Diminutions :

Chap. 12. — Crédits spéciaux pour diverses cathédrales...................... 16.000

    Reste en augmentation...... 57.050

(*) Cette Commission est composée de MM. Mathieu-Bodet, *président*; Teisserenc de Bort, Magnin, *vice-présidents*; Lefébure, Tirard, le comte Octave de Bastard, de Raviuel, *secrétaires*; Dréo, Fourcand, Lucet, Raudot, Gouin, Lambert de Sainte-Croix, Lepère, comte d'Osmoy, Wolowski, Adam (Seine), Delsol, général Chareton, général Saussier, Monjaret de Kerjégu, baron de Soubeyran, Langlois, amiral Pothuau, Faye, marquis de Talhouet, Plichon, Cochery, André (Seine), Bathie.

19

Les augmentations, peu importantes en elles-mêmes, que nous venons d'indiquer, ont paru à votre commission parfaitement justifiées. Il s'agit, en effet, de pourvoir par la création de nouvelles succursales, de nouveaux vicariats et de nouveaux titres de desservants en Algérie, au service religieux dans des localités qui en sont absolument dépourvues et dont un grand nombre ont fait des sacrifices considérables pour se procurer les édifices nécessaires à l'exercice du culte. Toute réduction sur les chiffres proposés, qui sont très-inférieurs à ceux des budgets antérieurs aux événements de 1870, aurait de sérieux inconvénients.

Nous allons revenir au surplus sur les augmentations, en examinant successivement les différents chapitres du budget des cultes auxquels elles se réfèrent.

CHAPITRE I⁰⁰. — *Personnel des bureaux des cultes.*

Crédit proposé : 243,400 fr.

Ce crédit est le même que celui du budget de 1875. Il n'a paru à votre commission susceptible d'aucune réduction. La commission des services administratifs elle-même a été d'avis de le maintenir comme nécessaire à la marche régulière de l'administration des cultes.

CHAPITRE II. — *Matériel des bureaux des cultes*

Crédit proposé · 36,000 fr.
Même chiffre qu'au budget de 1875.

CHAPITRE III. — *Cardinaux, archevêques et évêques.*

Crédit proposé : 1,640,000 fr.
Même chiffre qu'au budget de 1875.

CHAPITRE IV. — *Vicaires généraux, chapitres et clergé paroissial.*

Crédit proposé pour 1876........... 39.600 595
Le crédit voté pour 1875 était de... 39.550.045
                                       _____
Augmentation..... . 50.550

Cette augmentation se décompose de la manière suivante :

1⁰ Pour ériger 30 nouvelles succursales à 900 fr. l'une................ 27.000
2⁰ Pour 25 nouveaux vicariats à 450 fr. l'un............. .... 11.250
3⁰ Pour 6 nouveaux titres de desservant ou vicaire en Algérie, à 1,800 fr. l'un.................. 10.800
4⁰ Pour compléter le traitement du 4⁰ vicaire général du diocèse de Besançon, chargé spécialement du territoire de Belfort.................. 1.500
                                       _____
Total égal....... 50.550

Un mot d'explication sur chacune de ces sommes.

La création de 30 nouvelles succursales est justifiée par les besoins dûment constatés d'un grand nombre de localités, et par les réclamations incessantes des populations. Il y a encore 3,500 communes environ qui n'ont pas de titres paroissiaux et plusieurs de ces communes, qui ont fait des sacrifices importants pour acquérir ou construire les édifices nécessaires au culte, attendent avec impatience qu'ils soient érigés en succursales.

Ajoutons que depuis 1871 le crédit affecté à la création de nouvelles succursales a été notablement réduit. Avant cette époque, on créait 100 succursales et 50 vicariats par année. Le budget de 1876 ne pourvoit à la création que de 30 succursales et de 25 vicariats.

Des observations analogues à celles qui précèdent peuvent être faites pour la création de vingt-cinq nouveaux vicariats.

Quant aux six titres portés pour l'Algérie, il suffit de faire remarquer que leur création a été rendue nécessaire par la formation de nouveaux centres de population, constitués en grande partie par l'émigration alsacienne-lorraine.

La commission a même pensé, après avoir entendu les explications fournies par M. le ministre de l'instruction publique et des cultes, qu'il convient de porter le nombre de ces titres à dix, chiffre encore inférieur aux besoins constatés. A raison de 1,800 fr. par titre, le crédit proposé doit donc être augmenté de 7,200 fr.

Enfin, le crédit de 1,500 fr. destiné à compléter le traitement du quatrième vicaire général, chargé spécialement du territoire de Belfort, répond aux besoins particuliers que l'annexion de ce territoire au diocèse de Besançon a fait naître. En effet, ce diocèse comprend déjà les départements du Doubs et de la Haute-Saône, et le cardinal-archevêque déclare qu'il lui est point possible d'administrer le territoire de Belfort, détaché de l'ancien diocèse de Strasbourg, s'il n'a pas à demeure dans la ville même de Belfort un quatrième vicaire général, connaissant la langue, les mœurs et les usages de cet arrondissement.

Jusqu'à présent, il a été pourvu aux nécessités du service par l'allocation d'une somme de 1,000 francs par an au curé de Belfort, qui faisait fonction de vicaire général dans l'arrondissement. Mais il convient de régulariser dans la mesure du possible cette situation anormale, et la somme de 15,000 francs proposée au budget, réunie à celle de 1,000 francs déjà voté pour la même destination, formera le traitement du nouveau vicaire général.

Votre commission est donc d'avis qu'il y a lieu d'adopter une augmentation totale de 57,750 fr.

Il importe d'ajouter que le Gouvernement, préoccupé surtout de faire face aux demandes les plus pressantes et les mieux établies, ne propose aucun crédit pour l'érection de succursales en cures de 2⁰ classe, quoique l'accroissement considérable de la population de certaines paroisses, et par suite l'augmentation des charges qui en résultent pour les desservants, fussent de nature à justifier un tel crédit pour le budget de 1876, comme cela s'était produit dans le budget des budgets antérieurs, notamment dans celui de 1874 qui avait pourvu à l'érection de quinze succursales en cures de 2⁰ classe.

Sur ce dernier point, la commission croit devoir ajouter incidemment, qu'à son avis il conviendrait de ne statuer à l'avenir que sur état nominatif, quand il s'agira de transformer des succursales en cures de 2⁰ classe.

Nous avons maintenant à parler d'un amendement de l'honorable M. Keller, portant augmentation du chapitre 4, d'une somme de 1,600 fr. pour la création d'un canonicat de plus dans le diocèse de Besançon, destiné au clergé du territoire de Belfort. A l'appui de son amendement, l'honorable M. Keller dit que le clergé du territoire de Belfort ayant été réuni au diocèse de Besançon, est juste de conserver à Besançon un des canonicats qui existaient autrefois à Strasbourg pour le clergé d'Alsace. C'est dans ce but qu'il propose l'augmentation de 1,600 fr. destinée à former le traitement du chanoine à créer.

M. le ministre de l'instruction publique et des cultes, dans une lettre adressée par lui en date du 13 mai 1875, à Mgr le cardinal archevêque de Besançon, déclare qu'il appuiera volontiers l'amendement présenté.

La commission, tout en rendant pleine justice au sentiment qui a inspiré l'amendement, et tout en appréciant très-hautement les motifs particuliers qu'il y a d'accorder à Belfort les satisfactions que comporte sa situation exceptionnelle, n'a pas été d'avis d'admettre l'augmentation proposée.

Voici très-sommairement ses raisons.

En premier lieu, elle a adopté le principe d'un quatrième vicaire général, lequel sera spécialement chargé de la partie de l'ancien diocèse de Strasbourg qui forme aujourd'hui le territoire de Belfort, et elle vous propose de voter le crédit de 1,500 fr., nécessaire pour compléter son traitement. Les intérêts religieux du territoire de Belfort sont en conséquence sauvegardés par cette création tout à fait exceptionnelle.

En second lieu, il a paru difficile de fonder à Besançon un dixième canonicat lorsque dans les diocèses les plus populeux le nombre des chanoines est de neuf seulement. Il y aurait là une inégalité qui ne serait pas justifiée, comme la création d'un quatrième vicaire général, par les nécessités du service.

La commission a pensé d'ailleurs que Mgr le cardinal archevêque de Besançon ne manquerait pas, dans sa haute justice, de réserver un des sièges de son chapitre aux membres du clergé qui appartenaient autrefois au diocèse de Strasbourg, et que nos récents désastres ont fait rattacher au sien.

Enfin, elle a considéré que lorsque les ressources du budget sont insuffisantes pour créer toutes les succursales et tous les vicariats que les besoins du service exigeraient, soit en France, soit en Algérie, il ne paraît pas opportun de créer, pour l'un des membres du clergé de Belfort, un siège supplémentaire qu'il irait occuper dans le chapitre de Besançon.

CHAPITRE V. — *Chapitre de Saint-Denis et chapelains de Sainte-Geneviève.*

Crédit proposé : 260,500 fr.
Même chiffre qu'au budget de 1875.

CHAPITRE VI. — *Bourses des séminaires catholiques.*

Crédit proposé : 1,172,200 fr.
Même chiffre qu'au budget de 1875.

CHAPITRE VII. — *Pensions ecclésiastiques et secours personnels.*

Crédit proposé : 887,000 fr.
Même chiffre qu'au budget de 1875.

CHAPITRE VIII. — *Secours annuels à divers établissements religieux.*

Crédit proposé : 105,000 fr.
Même chiffre qu'au budget de 1875.

CHAPITRE IX. — *Services intérieurs des édifices diocésains.*

Crédit proposé : 611,200 fr.
Même chiffre qu'au budget de 1875.

CHAPITRE X. — *Entretien des édifices diocésains.*

Crédit proposé : 800,000 fr.
Même chiffre qu'au budget de 1875.

CHAPITRE X bis. — *Travaux aux édifices diocésains de l'Algérie.*

Crédit proposé : 200,000 fr.
Même chiffre qu'au budget de 1875.

CHAPITRE XI. — *Constructions et grosses réparations des édifices diocésains.*

Crédit proposé : 2,400,000 fr.
Même chiffre qu'au budget de 1875.

CHAPITRE XII. — *Crédits spéciaux pour diverses cathédrales.*

Crédit alloué pour 1875............. 880 000
Crédit demandé pour 1876........... 864.000

Diminution....... 16.000

La diminution de 16,000 fr. portée à ce chapitre provient de la réduction d'une somme égale sur le crédit de 100,000 fr. voté les années précédentes pour la cathédrale de Cambrai. Les 84,000 fr. portés au budget de 1876 suffiront à l'achèvement des travaux.

Sur ce chapitre, la commission a été saisie de deux amendements.

Le 1er, présenté par MM. de Ventavon et Cézanne, a pour but une augmentation de 16,000 fr., ainsi ajoutés aux 100,000 fr. déjà portés au chapitre 12 pour la construction de la cathédrale de Gap, élèveraient à 116,000 fr. le crédit affecté à cette construction.

A l'appui de leur amendement, MM. de Ventavon et Cézanne font valoir les considérations suivantes :

On lit, disent-ils, dans le budget de 1872, page 954 :

« La nouvelle cathédrale de Gap, occupant l'emplacement de l'ancienne église, qu'on a dû démolir, le service religieux se fait dans une chapelle insuffisante pour la population. Cet état de choses donne lieu à de vives et légitimes réclamations ; un crédit annuel de 100,000 francs est indispensable pour sortir, dans l'espace de cinq ans, de cette situation qui ne peut se prolonger davantage. »

L'événement prouve, ajoutent-ils, que ce crédit de 100,000 fr. est insuffisant. La première série des travaux s'élevant à 870,555 fr. et qui devait permettre de célébrer le culte dans la grande nef, est loin d'être achevée.

En l'état, les cérémonies ont lieu dans un ancien théâtre dont voici les dimensions :

La surface occupée par les fidèles est de 278 mètres.

La hauteur du plafond horizontal de la grande nef est de 7 mètres.

L'élévation d'une petite nef au midi de la grande, est sous une tribune, qui la coupe en deux parties, l'une de 2 m. 92 au dessous de cette tribune, l'autre de 2 m. 83 au-dessus.

Cet état de choses est intolérable.

En 1872, le crédit général pour construction de diverses cathédrales était d'un million.

Il a été réduit en 1874 à 880,000 fr.

On voudrait pour 1876 le réduire encore. La cathédrale de Cambrai pouvant être achevée avec 84,000 fr., lorsque les budgets précédents portaient 100,000 fr., le chiffre proposé n'est plus que de 864,000 fr.

L'amendement a pour but de faire maintenir le crédit général à 880,000, de faire profiter la cathédrale de Gap de l'achèvement des travaux de Cambrai, d'attribuer en conséquence, dès à présent, et pour 1876, 16,000 fr. de plus à la cathédrale de Gap, et de poser en principe que le crédit sera pour 1877 de 200,000 fr., jusqu'à ce que la grande nef puisse servir aux cérémonies.

Votre commission vous propose, messieurs, d'adopter pour l'année 1876 et sans engager, d'ailleurs, l'avenir, l'amendement de MM. de Ventavon et Cézanne, tout en exprimant le regret que la dépense importante de 767,000 fr., déjà effectuée sur une dépense totale autorisée de 1,245,733 fr. 05 n'ait pas suffi pour assurer l'exercice du culte dans la nouvelle cathédrale de Gap. Le total des crédits du chapitre 12 serait ainsi porté de 864,000 fr., chiffre proposé, à la somme de 880,000 fr.

Le deuxième amendement, présenté par MM. Doré-Graslin, de la Pervanchère, etc., porte une augmentation au chapitre 12, de 200,000 fr. pour la restauration de la cathédrale de Nantes.

Les auteurs de l'amendement font, pour l'appuyer, les observations qui suivent :

L'achèvement de la cathédrale de Nantes, entrepris en 1830, n'a été continué, pendant longtemps, qu'avec de si faibles crédits, que les progrès ont été comme insensibles.

Depuis trois ans, après une longue interruption, M. le ministre accorde, sur les fonds généraux du chapitre 11, une subvention de 80,000 fr. chaque année. Cette somme n'est pas suffisante. 800,000 fr. sont reconnus nécessaires pour terminer les travaux. Rien ne serait plus nuisible à leur bonne exécution que de les scinder en dix années.

En cet état de choses, et en présence des dépenses considérables déjà effectuées, de la date déjà très-ancienne de l'approbation des plans et devis, il paraîtrait bien plus préférable, pour arriver enfin à une solution, d'accorder à la cathédrale de Nantes un crédit de 800,000 fr., payable en quatre annuités de 200,000 fr.

La commission, messieurs, n'a pas pensé que l'augmentation demandée par nos honorables collègues puisse être accueillie.

D'abord, il ne peut, à son avis, être question d'accorder dès aujourd'hui à la cathédrale de Nantes un crédit de 800,000 francs, qui serait réparti sur les quatre budgets à venir.

Mais, convient-il de porter à 200,000 francs la somme de 80,000 francs par an qui est affectée à cette cathédrale sur les fonds généraux du chapitre 11 ?

Assurément, rien ne serait plus désirable que de pouvoir imprimer une plus grande activité aux travaux qui s'exécutent dans les diverses cathédrales. La dépense serait moindre et les travaux mieux exécutés. Mais, d'un autre côté, est-il possible d'augmenter d'une somme aussi importante le crédit du chapitre 12 ? Votre commission ne l'a pas cru, et c'est avec un vif regret qu'elle vous propose d'écarter l'amendement.

Cette décision s'imposait à elle avec d'autant plus de raison que le culte est célébré dans la cathédrale de Nantes, tandis qu'il n'en est pas de même dans celle de Gap, à laquelle cependant nous ne vous proposons d'affecter que la somme totale de 116,000 fr., inférieure à celle qui vous est demandée pour la cathédrale de Nantes.

La commission du budget croit devoir clore l'examen du chapitre 12 en vous soumettant le tableau des dépenses autorisées, des dépenses au 31 décembre 1875 et des dépenses restant à faire au 1er janvier 1876, qui sont imputables sur ce chapitre.

	DÉPENSES autorisées.	DÉPENSES au 31 décemb. 1875	DÉPENSE restant à faire au 1er janvier 1876.
	fr.	fr.	fr.
Gap......	1.245.733 05	767.000 »	478.733 05
Marseille.	7.761.263 68	6.003.865 72	1.757.397 96
Cambrai..	1.484.173 »	1.400.000 »	84.173 »
Clermont..	2.257.112 »	1.275.112 52	981.999 48
Séez......	1.576.444 23	322.500 »	1.253.944 23
Nevers...	1.103.022 38	322.500 »	780.522 38
Evreux..	1.134.426 33	240.000 »	894.426 33

CHAPITRE XIII — *Secours pour les églises et les presbytères.*

Crédit proposé : 3.150.000.
Même chiffre qu'au budget de 1875.

CHAPITRE XVI. — *Personnel des cultes protestants.*

Crédit alloué pour 1875........	1.402.500
Crédit demandé pour 1876.......	1.416.000
Augmentation.........	13.500
Sur cette somme, il y a, pour la création de nouvelles places de pasteurs.....................	10.000
Et pour l'augmentation des frais de déplacement des pasteurs en Algérie.	3.500
Total égal..............	13.500

L'augmentation du crédit se justifie par l'une des raisons déjà indiquées plus haut, pour une augmentation analogue du crédit affecté à la création de nouvelles succursales et de nouveaux vicariats.

Les nouveaux groupes d'émigrants d'Alsace et Lorraine qui se sont formés en Algérie ne sont pas encore tous pourvus de pasteurs, et il est urgent de donner satisfaction à des réclamations qui sont en souffrance depuis trois années.

En outre, les déplacements considérables auxquels les pasteurs sont assujettis, en Algérie, par les exigences de leur service, et les frais très-onéreux que ces déplacements leur occasionnent, rendent nécessaire l'augmentation proposée de 13,500 fr.

CHAPITRE XV. — *Frais d'administration de l'Église de la confession d'Augsbourg.*

Crédit proposé : 10,000 fr.
Même chiffre qu'au budget de 1875.

CHAPITRE XVI — *Personnel du culte israélite.*

Crédit alloué pour 1875...........	179.900
Crédit demandé pour 1876.........	188.900
Augmentation.....	9.000

Cette augmentation est motivée par la création de trois rabbinats en Algérie, à 3,000 fr. chacun.

Jusqu'à présent, les 35,000 israélites de l'Algérie n'ont eu que trois chefs spirituels, les grands rabbins d'Alger, de Constantine et d'Oran. L'action de ces trois ministres ne peut, quel que soit leur zèle, rayonner sur toute l'Algérie, et l'on estime que plus de 16,000 israélites et plus de 3,000 enfants qui fréquentent les écoles, sont privés de tout secours et de tout enseignement religieux; il n'est donc que juste de satisfaire à ces besoins pressants d'une population qui est aujourd'hui française.

CHAPITRE XVII. — *Secours pour les édifices des cultes protestants et israélites.*

Crédit proposé : 80,000 fr.
Même chiffre qu'au budget de 1875.

CHAPITRE XVIII. — *Dépenses diverses et accidentelles. — Frais de passage.*

Crédit proposé : 40,000 fr.
Même chiffre qu'au budget de 1875.

CHAPITRE XIX. — *Dépenses des exercices périmés non frappées de déchéance.*

Mémoire.

CHAPITRE XX. — *Dépenses des exercices clos.*

Mémoire.

' En résumé, la commission ne propose qu'une augmentation de 23,200 fr. au budget des cultes présenté par le Gouvernement. Ce budget serait ainsi fixé à la somme totale de 53.727.995 fr.

En conséquence, elle a l'honneur de proposer le projet de loi suivant :

PROJET DE LOI

Il est ouvert au ministère de l'instruction publique, pour la troisième section, un crédit s'élevant à la somme de 53,727,995 fr.

Ce crédit est réparti par chapitres, conformément au tableau ci-annexé :

3e Section. — Service des cultes.

Chap. 1er. — Personnel des bureaux des cultes..........................	243.400
Chap. 2. — Matériel des bureaux des cultes............................	36.000
Chap. 3. — Cardinaux, archevêques et évêques...........................	1.640.000
Chap. 4. — Vicaires généraux, chapitres et clergé paroissial............	39.607.795
Chap. 5. — Chapitre de Saint-Denis et chapelains de Sainte-Geneviève...	260.500
Chap. 6. — Bourses des séminaires catholiques..........................	1.172.200
Chap. 7. — Pensions ecclésiastiques et secours personnels................	887.000
Chap. 8. — Secours annuels à divers établissements religieux...........	105.000
Chap. 9. — Service intérieur des édifices diocésains....................	611.200
Chap. 10. — Entretien des édifices diocésains..........................	800.000
Chap. 10 bis. — Travaux aux édifices diocésains de l'Algérie...........	200.000
Chap. 11. — Construction et grosses réparations des édifices diocésains..........................	2.400.000
Chap. 12. — Crédits spéciaux pour diverses cathédrales.................	880.000
Chap. 13.—Secours pour les églises et presbytères......................	3.150.000
Chap. 14. — Personnel des cultes protestants...........................	1.416.000
Chap. 15. — Frais d'administration de l'église de la Confession d'Augsbourg............................	10.000
Chap. 16. — Personnel du culte israélite..............................	188.900
Chap. 17. — Secours pour les édifices des cultes protestants et israélites................................	80.000
Chap. 18. — Dépenses diverses et accidentelles, frais de passage.......	40.000
Chap. 19. — Dépenses des exercices périmés non frappées de déchéance............................	Mémoire.
Chap. 20. — Dépenses des exercices clos................................	Mémoire.
Total pour la 3e section........	53.727.995

Annexe n° 3135

2° RAPPORT SUPPLÉMENTAIRE fait au nom de la commission de l'armée (*) chargée d'examiner le projet de loi destiné à déterminer les conditions suivant lesquelles les Français domiciliés en Algérie seront soumis au service militaire, par M. le général Pellissier, membre de l'Assemblée nationale. (Urgence déclarée.)

Messieurs, depuis que le rapport supplémentaire sur le projet de loi relatif au recrutement

(*) Cette Commission est composée de MM. Andrea de Kerdrel, *président* ; le général Frébault, l'amiral de la Roncière Le Noury, *vice-présidents* ; Bethmont, Chaper, Émile Carron, le marquis de Mortay, *secrétaires* ; le

en Algérie a été déposé sur le bureau de l'Assemblée, de nombreux amendements relatifs à ce projet de loi ont été déposés par un certain nombre de nos collègues, et principalement par MM. les députés représentants de l'Algérie auprès de l'Assemblée nationale.

D'autre part, M. le gouverneur général civil de l'Algérie a fait parvenir à la commission, par l'intermédiaire de M. le ministre de la guerre, une série d'observations relativement à ce même projet de loi.

Votre commission a examiné avec la plus scrupuleuse attention toutes ces observations, ainsi que les amendements qui ont été déposés. Elle a entendu ceux de ses collègues qui lui ont témoigné le désir d'appuyer, par des observations verbales, les amendements dont ils étaient les auteurs, et vient soumettre à votre approbation le résultat de son examen.

Sur l'article 1er, il y a une observation de M. le gouverneur général civil de l'Algérie, ainsi conçue :

« Il me paraîtrait bon de renoncer à un domicile de dix ans, qui constitue une exception au droit commun, laquelle ne me paraît pas justifiée par un intérêt sérieux, et qui serait contraire au développement de la colonisation. »

Il y a de plus, sur cet article, trois amendements :

1° L'amendement n° 3, présenté par MM. les députés de l'Algérie, qui propose de supprimer ces mots : « depuis dix ans au moins », dans les deux paragraphes de l'article 1er, et à l'article 4.

2° Un amendement portant le n° 2, par les mêmes, qui propose d'étendre l'obligation imposée par l'article 1er aux Français nés en Algérie, à tout individu né en Algérie d'un étranger, à moins que dans l'année qui suivra sa majorité, il ne réclame la qualité de Français.

3° Un amendement portant le n° 11, déposé par M. le colonel Denfert-Rochereau, qui n'a d'autre but que de rendre applicable à l'Algérie l'article 1er de la loi du 16 décembre 1874, stipulant toutefois, que les étrangers d'origine européenne pourront seuls profiter de cette loi.

Votre commission voulant donner satisfaction et aux observations de M. le gouverneur général de l'Algérie et à l'amendement n° 3, consent à supprimer à l'article 1er ces mots : « depuis dix ans au moins, » mais ne voulant point abandonner toute garantie, elle propose de les remplacer par ceux-ci : « et prennent l'engagement de résider dix ans en Algérie. »

L'amendement n° 2 est une dérogation à l'article 9 du code civil, qui stipule que la qualité de Français ne peut être accordée à des étrangers ou à des fils d'étrangers que lorsqu'elle est réclamée en Algérie.

L'article 1er de la loi du 16 décembre 1874 avait été une première dérogation à cet article 9 du code civil. Il stipulait qu'à la troisième génération, le fils d'étranger né en France d'un père né également en France était d'office considéré comme Français si, à sa majorité, il ne réclamait ses droits d'étranger et ne constatait, par une attestation de son gouvernement, avoir conservé sa nationalité d'origine.

L'amendement n° 2 dont il est ici question étend pour l'Algérie cette dérogation à la deuxième génération.

Nous n'ignorons pas que ce pays se trouve dans une situation particulière ; que ses habi-

marquis de La Rochethulon, le vicomte d'Aboville, le général Billot, le vice-amiral de Dompierre d'Hornoy, Cornelis de Witt, le général Loysel, le général Pellissier, le général Chareton, le marquis de Vogüé, l'amiral de Montaignac, de Carayon-Latour, le duc de Grassol, le général Martin des Pallières, le colonel de Chadois, l'amiral Saisset, Fresneau, Acloeque, le marquis d'Andelarre, Passy, le baron Vast-Vimeux, Varroy, le général Chanzy, Serreile, le baron de Barante, Brun (Var), le duc d'Harcourt, le comte Octave de Bastard, Buisson, de Mérode.

tants sans cesse exposés aux incursions des maraudeurs, menacés parfois d'insurrections dont les suites pour eux et pour leurs familles sont des plus désastreuses, ne peuvent rester inactifs, et quelle que soit leur nationalité, doivent se former en faisceau pour résister au danger commun.

Mais nous pensons que les conventions diplomatiques passées avec divers Etats permettent au gouverneur général de tirer parti de tous les étrangers établis sur le territoire.

L'article 5 de la convention consulaire conclue à Madrid le 7 janvier 1862, entre la France et l'Espagne, dit, en effet :

« Les Espagnols nés en France, lesquels ayant atteint l'âge de 20 ans, y seraient compris dans le contingent militaire, devront produire devant les autorités civiles ou militaires compétentes un certificat établissant qu'ils ont tiré au sort en Espagne... A défaut de ce document en bonne forme, l'individu désigné par le sort pour le service militaire, dans la commune où il est né, devra faire partie du contingent de cette commune. »

D'autre part, une déclaration du 24 juillet 1865, au sujet de l'établissement des Suisses en Algérie, suivie d'un décret du 26 juillet 1865, porte :

« 1° Les stipulations du traité d'établissement du 30 juin 1864 sont étendues aux Suisses établis ou qui s'établiront soit en Algérie, soit dans les colonies françaises ;

« 2° Toutefois, attendu la situation spéciale où se trouve l'Algérie, le gouvernement de la confédération suisse ne s'opposera pas à ce que les citoyens suisses qui y sont établis prennent les armes dans les cas urgents avec la permission de l'autorité française, pour la défense de leurs foyers ; mais ils ne pourront en aucune manière être mobilisés. »

Votre commission, pensant que les conventions ci-dessus permettent au gouverneur général, dans un moment de danger, de tirer parti de tout le personnel qui habite l'Algérie, et notamment des Espagnols qui sont particulièrement visés par l'amendement en question ;

Considérant, d'autre part, qu'il ne serait pas sans danger d'introduire dans l'armée d'une manière permanente, et de donner, par suite de cette naturalisation, le droit de vote à des individus qui ne le demandent pas et que leurs sympathies ne portent pas vers la France, vous propose de repousser l'amendement.

L'art. 3 est l'objet de deux amendements : un de MM. les députés de l'Algérie, portant le n° 1 ; Un de M. le colonel Denfert, portant le numéro 11.

L'amendement numéro 1 propose d'ajouter à la troisième ligne du premier paragraphe de l'article 3, à la suite de ces mots : Du 16 décembre 1874, ou de l'art. 1er de la présente loi. »

Les étrangers dont il est question dans les articles de loi visés dans l'article 3, ne pouvant acquérir la qualité de Français qu'à l'âge de leur majorité, c'est-à-dire à vingt et un ans révolus, l'addition qu'on demande aurait pour résultat de ne faire porter sur les tableaux de recensement les Français nés en Algérie qu'à l'âge de vingt et un ans, ce qui est contraire à nos lois sur le recrutement.

La commission vous propose donc de repousser l'amendement numéro 1.

Un amendement de M. le colonel Denfert portant le n° 11, applicable à l'article 8, demande de restreindre et de limiter pour ce qui concerne les jeunes gens habitant l'Algérie, les exemptions prévues par l'article 16, et les dispenses du service d'activité en temps de paix énumérées dans l'article 17 de la loi du 27 juillet 1872.

Votre commission ne voit pas pourquoi les jeunes gens habitant l'Algérie seraient traités plus défavorablement que ceux qui habitent la métropole. Elle considère, au contraire, que les besoins de la colonisation et la protection dont chaque famille a besoin dans ce pays exigent plus impérieusement, dans certains cas, que le membre le plus actif de la famille ne soit pas enlevé à ses foyers. Elle pense, du reste, donner satisfaction suffisante à notre honorable collègue en rappelant, par article additionnel à l'article 22, que les dispositions de l'article 25 de la loi du 27 juillet 1872 sont applicables aux jeunes gens que concerne cet article.

MM. Peltereau-Villeneuve et Keller, par un amendement portant le n° 10, proposent d'ajouter à l'article 9 un paragraphe additionnel ainsi conçu :

« Le gouverneur général est autorisé à laisser dans leurs foyers les jeunes gens habitant les fermes isolées et les communes rurales, partout où il jugera leur présence nécessaire à la sécurité des campagnes, et sous la condition qu'ils continueront à y résider pendant dix ans, à partir de l'appel de leur classe.

« Ces jeunes gens pourront être exercés au maniement des armes une fois par semaine, et ils seront à la disposition de l'autorité militaire dans le cas prévu par l'article 25 de la présente loi. »

Nous n'avons pas besoin de vous faire remarquer, messieurs, que le paragraphe additionnel ci-dessus, tel qu'il est libellé est l'anéantissement complet de la loi, et l'arbitraire du gouverneur général substitué aux dispositions législatives.

A quoi bon, en effet, entourer les opérations du recrutement d'aussi minutieuses garanties, faire intervenir les autorités communales, les autorités départementales, le conseil de révision ; donner par une foule de formalités aux jeunes gens qui font partie de la classe l'assurance que leur sort sera réglé avec la plus scrupuleuse impartialité, que les exemptions et les sursis ne seront accordés qu'à ceux qui les méritent, si d'autre part, vous donnez au gouverneur général le droit de modifier le travail établi par le conseil de révision, et sous le prétexte élastique qu'ils sont nécessaires à la sécurité des campagnes, de laisser dans leurs foyers tous ceux qu'il lui conviendra d'y maintenir.

Prenons-y garde, une semblable disposition ferait peser sur la tête du gouverneur général une lourde responsabilité ; elle l'exposerait à de nombreuses et d'incessantes sollicitations, et lui attirerait souvent des accusations immérités de partialité et d'injustice.

Aussi ne sommes-nous point étonnés de voir l'honorable général Chanzy repousser cette proposition avec énergie, et de lire dans une dépêche récente :

« J'adresse au ministre de l'intérieur de la guerre, par courrier d'aujourd'hui, mes observations au sujet des amendements à la loi du recrutement présentés par les députés algériens pour la création d'une force militaire coloniale, et par d'autres pour l'exemption des jeunes gens des communes rurales.

« Je les repousse complètement, et maintiens strictement mes propositions. Informez-en la commission. »

Votre commission ne méconnaît toutefois pas ce qu'il y a de bien fondé et de sérieux dans l'amendement de MM. Peltereau-Villeneuve et Keller et la nécessité de ne pas enlever aux fermes isolées et à certaines communes rurales leurs indispensables défenseurs. Mais elle croit que ce motif de dispense peut rentrer dans l'article 13 de la loi et qu'on peut y donner satisfaction en ajoutant à la suite de cet article :

« Seront compris dans la catégorie du paragraphe précédent, les jeunes gens habitant les fermes et les agglomérations rurales isolées, s'ils sont jugés indispensables à la sécurité du pays qu'ils habitent.

« Leur situation particulière sera établie par le maire, avec avis du général commandant la subdivision, et jugée par le conseil de révision. »

L'article 15 (devenu dans le nouveau rapport qui vous est soumis article 16) est l'objet d'un amendement présenté par MM. les députés de l'Algérie portant le n° 5.

Cet amendement demande qu'à la fin du quatrième paragraphe, on efface les mots « le préfet » et qu'on mette « la commission permanente du conseil général », conformément à l'article 82 de la loi du 10 août 1871.

Si la loi du 10 août 1871 avait été promulguée en Algérie, et si les commissions avaient dans ce pays une existence légale non contestée, la commission se fût empressée d'adopter cet amendement. Mais il n'en est point ainsi. Un avis du conseil d'Etat en date des 28 janvier et 4 février 1875, porte : « que les conseils généraux de l'Algérie sont aujourd'hui régis, non par la loi du 10 août 1871, mais par leur législation particulière, c'est-à-dire, pour ce qui concerne leur composition, par les décrets des 28 décembre 1870 et 12 octobre 1871, et par la loi du 22 novembre 1872 ; pour l'époque des sessions, par la loi du 26 juillet 1873, et pour le fonctionnement et les attributions, par le décret du 27 octobre 1858, dont les dispositions, à cet égard, n'ont été ni abrogées ni remplacées. »

Votre commission de l'armée n'a pas pour mission de trancher d'une manière incidente une question aussi sérieuse et aussi délicate; elle vous propose de maintenir la rédaction qu'elle a adoptée, au moins jusqu'à ce que la question de légalité des commissions départementales en Algérie ait été reconnue par les autorités compétentes.

Le même amendement vous propose de supprimer le dernier paragraphe de l'article 15 (devenu 16), ainsi conçu : « En cas de partage, la voix du président est prépondérante », et de le remplacer par le paragraphe ci-après : « Si par suite d'absence le conseil de révision ne se compose que de quatre membres, il peut délibérer, mais la voix du président n'est pas prépondérante, la décision ne peut être prise qu'à la majorité de trois voix; en cas de partage, elle est ajournée. »

Si ce paragraphe était adopté dans la pratique, les ajournements seraient tellement fréquents, que le sort d'un très grand nombre de jeunes gens resterait en suspens après le passage du conseil de révision, ce qui serait un très-grand inconvénient, en Algérie surtout, où les communications sont loin d'être promptes et faciles.

Votre commission vous propose donc de repousser cette portion de l'amendement n° 5.

L'article 18 (devenu article 19) a été l'objet d'un amendement portant le n° 6 de la part de MM. les députés de l'Algérie. Cet amendement est ainsi conçu : « Ajouter à la fin : Elles peuvent néanmoins être attaquées devant le conseil d'Etat pour incompétence et excès de pouvoirs. »

La commission a donné satisfaction à cet amendement en insérant dans le texte un article nouveau qui prend le n° 20.

L'amendement n° 8, présenté par les mêmes, supprime complètement l'article 24 (devenu article 26) et lui substitue un texte en vertu duquel tout Algérien, à l'expiration de son année de service, est tenu de faire partie de l'armée territoriale jusqu'à l'âge de trente-cinq ans et de la réserve de l'armée territoriale de trente-cinq à cinquante ans.

Cet amendement résume en quelques lignes le projet qui avait été primitivement présenté à la sous-commission, au début de ses travaux, et dont nous vous avons rendu compte dans notre premier rapport.

Notre intention n'est pas de discuter à nouveau cette question, nous nous devons de faire connaître à l'Assemblée que les raisons apportées par MM. les députés de l'Algérie à l'appui de leur système, lorsque la commission a eu l'honneur de les entendre, n'ont point suffi pour ébranler ses convictions, et qu'appuyée sur l'opinion très-arrêtée de M. le général Chanzy dont je vous ai fait connaître précédemment la lettre, sur celle de M. le ministre de la guerre, elle persiste plus que jamais à vous demander de repousser tout ce qui aurait pour effet de faciliter l'organisation d'une armée coloniale.

A l'article 26 (devenu article 28), M. le gouverneur général de l'Algérie fait plusieurs observations.

Le paragraphe 2 de cet article porte : « Les jeunes soldats font leur service dans les corps stationnés en Algérie. » M. le gouverneur général trouve ce texte trop absolu, et demande que, dans certains cas, lorsque l'ordre et la discipline l'exigeront, il puisse être autorisé à envoyer certaines individualités faire leur année de service dans les régiments de France.

Trois cultes, nous dit M. le gouverneur général, sont en présence dans le sol algérien : l'islamisme, le christianisme et la loi de Moïse. Le résultat de la loi du recrutement est de réunir, sous le même drapeau, et de faire vivre ensemble sur le pied d'égalité, les individus appartenant à ces trois religions. Mais nous ne pouvons nous dissimuler que, dans le commencement du moins, les mœurs et les préjugés du pays nous susciteront de sérieuses difficultés; il faut donc nous réserver la faculté d'éloigner du pays ceux qui pourraient y être la cause de perturbation et de trouble.

Votre commission croit avoir donné satisfaction à M. le gouverneur général en ajoutant, à la suite de ces mots : « stationnés en Algérie, » les lignes suivantes : « Exceptionnellement et par mesure d'ordre, le ministre de la guerre, sur la proposition du gouverneur général, pourra envoyer dans les corps de troupes du midi de la France, pour y faire leur année de service, un certain nombre de ces jeunes soldats.

M. le gouverneur général demandant également, à propos de l'article 26 (devenu 28), que le paragraphe 2 de l'article 41 de la loi du 27 juillet 1872 soit applicable à l'Algérie, c'est-à-dire qu'il demande la faculté de pouvoir renvoyer dans leurs foyers, après six mois de services, les jeunes soldats algériens qui, par une instruction acquise antérieurement à leur entrée au service ou par celle reçue sous les drapeaux, rempliraient toutes les conditions exigées.

Votre commission, considérant que le système proposé pour le recrutement en Algérie constitue en faveur des jeunes Algériens un très-grand adoucissement aux obligations qui sont imposées à tous les Français habitant la métropole, puisque, dans aucun cas, ils ne peuvent être exposés à rester plus d'une année éloignés de leurs foyers;

Considérant que la durée d'une année est à peine suffisante pour inculquer à ces jeunes gens la discipline et l'esprit militaire, qualités d'autant plus indispensables dans l'armée où ils seront appelés à servir, que le recrutement des cadres y sera plus difficile, vous propose de maintenir la condition d'une année de service effectif exigé par le paragraphe 2 de l'article 26.

L'article 29 (devenu article 31), est l'objet d'un amendement présenté par M. le colonel Denfert, amendement qui a pour objet de permettre aux jeunes Algériens de contracter, à l'appel de leur classe, un engagement d'un an et de se libérer ainsi plus tôt des obligations qu'ils doivent remplir. La commission adopte en principe l'amendement présenté par le colonel Denfert, mais ne saurait accepter les termes dans lesquels il est conçu.

En premier lieu, cet amendement ne vise que les jeunes gens désignés à l'article 53 de la loi du 27 juillet 1872, c'est-à-dire les bacheliers ès lettres, ès sciences, etc. Pourquoi cette exception? N'est-il pas plus juste et plus rationnel d'en faire un principe général et d'accorder à tous la même faveur?

En second lieu, l'amendement fait intervenir le conseil de révision pour l'examen de celui qui demande à s'engager. Pourquoi cette innovation? Pourquoi ne pas laisser, comme cela s'est fait jusqu'à ce jour, à l'officier de recrutement ou au sous-intendant militaire, le soin de constater l'aptitude physique du postulant?

Dans tous les cas, lors de l'appel de la classe à laquelle il appartient, le conseil de révision devra prononcer un jugement sur l'individu en question, ne fût-ce que pour constater qu'il est au service ou qu'il a déjà rempli les obligations voulues par la loi.

Quelle nécessité y a-t-il à contraindre le conseil de révision à se prononcer deux fois sur le même individu?

Votre commission vous propose donc de repousser le libellé de l'amendement du colonel Denfert, et de le remplacer par le libellé suivant :

« Supprimer le 3° paragraphe de l'article 29 (devenu article 31) et le remplacer par les suivants :

« Néanmoins, les jeunes gens qui n'ont pas encore satisfait à la loi sur le recrutement, pourront contracter, en Algérie, au titre des corps qui s'y trouvent stationnés, un engagement volontaire pour la durée d'une année, s'ils remplissent les conditions de l'article 1er de la présente loi, et y feront leur service, dans les conditions de la classe appelée dans la même année.

« Ces engagements ne pourront se contracter qu'au moment de l'appel d'une classe.

« Pour ceux de ces jeunes gens qui termineront leur engagement avant d'avoir été inscrits sur les tableaux de recensement de leur classe, le temps de service dans la réserve commencera à courir du jour de l'expiration dudit engagement.

« Les dispositions des lois des 27 juillet 1872 et 24 juillet 1873, concernant le volontariat d'un an, sont également applicables à l'Algérie. »

L'article 31 de la loi est l'objet d'un amendement portant le n° 9, et qui est ainsi conçu :

« Supprimer le 3° paragraphe et le remplacer ainsi :

« Ces dispositions ne s'appliquent, pour les jeunes gens nés en Algérie, qu'à la classe de 1855 et aux classes suivantes. »

M. le général Chanzy, à propos de cet article, nous avait, de son côté, adressé l'observation suivante :

« Je crois indispensable et juste de faire disparaître les dispositions qui auraient pour conséquence d'appeler sous les drapeaux, comme omis, tous les jeunes gens de vingt et un ans à trente ans, nés en Algérie, qui ont précédé la classe de 1873, la première qui ait été appelée réellement. Ces jeunes gens ne sont point des omis, puisque l'administration, pour une cause ou pour une autre, ne les recherchant pas, a pour ainsi dire légitimé leur situation. Il y aurait neuf classes qui se trouveraient appelées presque en entier l'année prochaine, et cela jetterait une grande perturbation dans le pays. Il y aurait en outre une apparence de rétroactivité, qui ne manquera pas de susciter des protestations devant les tribunaux, comme il s'en est déjà produit.

Votre commission, en adoptant la rédaction de l'article 31, s'était inspirée de cette idée : qu'il est contraire à l'équité de voir que les jeunes gens de bonne foi nés en Algérie et, qui, pour satisfaire à la loi du recrutement, se font inscrire sur les tableaux de recensement de la commune où leur famille habitait avant son départ pour l'Algérie, seraient versés dans la réserve, tandis qu'on accorderait le bénéfice de l'armée territoriale à ceux qui, échappant par leur position aux investigations de la municipalité de la commune où ils devaient remplir leurs obligations de citoyens, n'auraient fait aucune espèce de service.

Toutefois, en présence des observations relatées plus haut et des conséquences qu'elles signalent; en présence surtout des jugements rendus par un certain nombre de tribunaux en France, et notamment les cours d'appel de Lyon, de Paris et de Toulouse, votre commission vous propose de supprimer les deux derniers paragraphes de l'article 31 et de les remplacer par le paragraphe suivant :

« Les hommes âgés de moins de quarante ans, qu'ils aient ou n'aient pas figuré sur le tableau de recensement de leur classe en France, seront inscrits dans l'armée territoriale. »

Dans ses observations, M. le gouverneur général civil de l'Algérie demande : que l'article 6 de la loi du 27 juillet 1872 soit reproduit dans la loi de recrutement qui concerne l'Algérie, pour que les corps de douaniers et de forestiers qui sont employés dans ce pays n'échappent pas à l'autorité militaire.

Votre commission a pensé que cet article pourrait trouver sa place dans un paragraphe additionnel à l'article 32 (devenu article 34) ainsi conçu :

« Tout corps organisé en armes, est soumis aux lois militaires, fait partie de l'armée et relève de celui qui le commande. »

M. le colonel Denfert, dans l'amendement n° 11, a proposé un article additionnel à la loi ainsi conçu :

« Il sera remis chaque année aux deux Chambres, par le ministre de la guerre, un compte rendu détaillé de la présente loi au recrutement de l'armée en Algérie pendant l'année précédente. »

Cet amendement n'est que la reproduction de l'article 73 de la loi du 27 juillet 1872. Votre commission ne voit aucun inconvénient à ce que les résultats du recrutement en Algérie soient soumis à l'appréciation du parlement, comme ils sont actuellement les résultats du recrutement en France.

Tels sont, messieurs, les résultats de l'examen auquel s'est livrée votre commission relativement aux amendements qui avaient été déposés et aux observations qui lui avaient été communiquées sur le travail qui avait été déposé sur le bureau de l'Assemblée, dans la séance du 31 mai de la présente session.

Le texte nouveau qui est soumis à vos délibétions, n'est autre que le texte précédent modifié d'après les considérations contenues dans ce rapport.

PROJET DE LOI

Art. 1er. — Les Français nés en Algérie et qui y ont conservé leur domicile, ceux qui, n'y étant pas nés, y sont domiciliés et prennent devant le maire avant leur inscription sur le tableau de recensement, l'engagement d'y résider dix ans, sont soumis à l'obligation du service militaire personnel imposée à tout Français par la loi du 27 juillet 1872, dans les conditions déterminées par la présente loi.

Art. 2. — Chaque année, les travaux de recensement des Français ayant atteint l'âge de vingt ans révolus pendant l'année précédente et domiciliés dans la commune sont dressés par le maire ou par le fonctionnaire qui en tient lieu :

1° Sur la déclaration à laquelle sont tenus les jeunes gens, leurs parents ou leurs tuteurs;

2° D'office, d'après les registres de l'état civil et tous autres documents et renseignements.

Ces tableaux mentionnent, dans une colonne d'observations, la profession de chacun des jeunes gens inscrits.

Ils sont publiés et affichés dans les formes prescrites par les articles 63 et 64 du code civil. La dernière publication doit avoir lieu le 15 janvier au plus tard.

Art. 3. — Les individus qui se trouvent dans les conditions de l'article 9 du code civil, de l'article 2 de la loi du 7 février 1851 ou de l'article 1er de la loi du 16 décembre 1874 sont portés sur les tableaux de recensement dans l'année qui suit celle de leur majorité, lorsqu'ils ont acquis la qualité de Français.

Après avoir passé sous les drapeaux le temps déterminé par l'article 28 de la présente loi, ces jeunes gens ne sont plus assujettis qu'aux obligations de service restant à accomplir à la classe à laquelle ils appartiennent par leur âge.

Art. 4. — Sont considérés comme domiciliés dans la commune :

1° Les jeunes gens même émancipés, engagés, absents ou en état d'emprisonnement, si, d'ailleurs, leurs père, mère ou tuteur y ont leur domicile ;

2° Les jeunes gens mariés dont le père où la mère, à défaut du père sont domiciliés dans la commune, à moins qu'il ne justifient de leur domicile réel dans une autre commune ;

3° Les jeunes gens mariés et domiciliés dans la commune alors même que leur père ou leur mère n'y seraient pas domiciliés ;

4° Les jeunes gens nés en Algérie et résidant dans la commune, qui n'ont ni père, ni mère, ni tuteur.

Art. 5. — Sont d'après la notoriété publique considérés comme ayant l'âge requis, les jeunes gens qui ne peuvent produire, ou n'ont pas produit, avant les opérations du conseil de révision, un extrait des registres de l'état civil, constatant un âge différent, ou qui à défaut de registres ne peuvent prouver ou n'ont pas prouvé leur âge, conformément à l'art. 46 du code civil.

Art. 6. — Si dans les tableaux de recensement des jeunes gens ont été omis, ils sont inscrits sur les tableaux de recensement de la classe qui est appelée après la découverte de l'omission, à moins qu'ils n'aient trente ans accomplis à l'époque de la publication de ces tableaux :

Après cet âge, ils sont soumis aux obligations de la classe à laquelle ils appartiennent.

Art. 7. — Les tableaux de recensement dressés en exécution de l'article 2 de la présente loi sont envoyés en double expédition par les maires ou par les fonctionnaires qui en tiennent lieu au préfet du département, qui est chargé de recevoir et d'instruire toutes les réclamations des jeunes gens.

Art. 8. — Les exemptions prévues par l'article 16 et les dispenses du service d'activité en temps de paix aux divers titres énumérés dans l'article 17 de la loi du 27 juillet 1872, sont applicables aux jeunes gens appelés à satisfaire au service militaire dans les conditions de la présente loi.

Art. 9. — Sont à titre conditionnel dispensés du service militaire :

1° Les membres de l'instruction publique, les élèves de l'Ecole normale supérieure de Paris ;

2° Les professeurs des institutions nationales des sourds-muets et des institutions nationales des jeunes aveugles ;

3° Les membres et novices des institutions religieuses vouées à l'enseignement et reconnues comme établissements d'utilité publique, et les directeurs, maîtres adjoints, élèves maîtres des écoles fondées ou entretenues par les associations laïques, lorsqu'elles remplissent les mêmes conditions et qu'elles existent depuis plus de deux ans ou renferment 30 élèves au moins ;

4° Les jeunes gens qui, sans être compris dans les paragraphes précédents, se trouvent dans les cas prévus par l'article 79 de la loi du 15 mars 1850 et par l'article 18 de la loi du 10 avril 1867 ;

Ces jeunes gens devront, avant les opérations du conseil de révision, contracter devant le recteur de l'académie l'engagement de se vouer pendant dix ans à la carrière de l'enseignement.

Cet engagement peut être réalisé par les instituteurs et par les instituteurs adjoints mentionnés au paragraphe 3 du présent article, tant dans les écoles publiques que dans les écoles libres désignées à cet effet par le ministre de l'instruction publique, après avis du conseil départemental ;

5° Les artistes qui ont remporté les grands prix de l'Institut, à la condition qu'ils passeront à l'école de Rome les années réglementaires et rempliront toutes leurs obligations envers l'Etat ;

6° Les élèves pensionnaires de l'école des langues orientales vivantes et les élèves de l'école des chartes nommés après examen, à la condition de passer dix ans tant dans lesdites écoles que dans un service public ;

7° Les élèves ecclésiastiques désignés à cet effet par les archevêques et par les évêques, et les jeunes gens autorisés à continuer leurs études pour se vouer au ministère dans les cultes salariés par l'Etat, sous la condition qu'ils seront assujettis au service militaire s'ils cessent les études en vue desquelles ils auront été dispensés ou si, à vingt-six ans, les premiers ne sont pas entrés dans les ordres majeurs, et les seconds n'ont pas été consacrés ou reçus rabbins.

Art. 10. — Les jeunes gens dispensés, à titre conditionnel, du service militaire, qui cessent d'être dans une des positions indiquées à l'article précédent avant d'avoir accompli les conditions qu'il leur impose, sont tenus :

1° D'en faire la déclaration au maire de la commune, dans les deux mois, et de retirer copie de leur déclaration ;

2° De passer sous les drapeaux le temps déterminé par la présente loi, et de satisfaire ensuite aux obligations restant à accomplir à la classe à laquelle ils appartiennent.

Faute par eux de faire la déclaration ci-dessus et de la soumettre au visa du préfet, dans le délai d'un mois, ils sont passibles des peines édictées par l'article 60 de la loi du 27 juillet 1872. Ils seront rétablis dans la première classe appelée après la cessation de leurs services, fonctions ou études, mais le temps écoulé depuis la cessation de leurs services, fonctions ou études, jusqu'au moment de leur déclaration ne leur est pas compté.

Art. 11. — Les élèves de l'Ecole polytechnique et les élèves de l'école forestière sont considérés comme présents sous les drapeaux pendant le temps par eux passé dans lesdites écoles.

Ceux de ces jeunes gens qui ne satisfait aux examens de sortie ne sont pas placés dans les armées de terre ou de mer, reçoivent l'application de l'article 36 de la loi du 24 juillet 1873, et de l'article 39 de la loi du 13 mars 1875.

Ceux qui ne satisfont pas aux examens de sortie desdites écoles et qui conservent leur domicile en Algérie ne sont appelés sous les drapeaux que restent assujettis aux autres obligations imposées aux jeunes gens de la classe sur les tableaux du recensement de laquelle ils figurent.

Art. 12. — Peuvent être ajournés, deux années de suite, à un nouvel examen, les jeunes gens qui, au moment de la réunion du conseil de révision n'ont pas la taille de 1 m. 54 c, ou sont reconnus trop faibles de complexion pour un service armé.

Les jeunes gens ainsi ajournés sont tenus, à moins d'une autorisation spéciale, de se représenter au conseil de révision devant lequel ils ont comparu.

Après l'examen définitif, ils sont ou exemptés ou classés soit dans le service armé, soit dans le service auxiliaire. Ceux qui ont été classés dans le service armé sont appelés à passer sous les drapeaux le temps fixé par l'article 28 de la présente loi, et ils suivent ensuite le sort de leur classe.

Art. 13. — Peuvent être dispensés comme sou-

20

tiens indispensables de famille, les jeunes gens qui en remplissent effectivement les devoirs.

La liste est présentée au conseil de révision par le maire.

Ces dispenses peuvent être accordées par département, jusqu'à concurrence de 4 p. 100 du nombre des jeunes gens reconnus propres au service, et compris dans la première partie de la liste arrêtée par le conseil de révision, en vertu de l'article 21 de la présente loi.

Seront compris dans la catégorie du paragraphe précédent, les jeunes gens habitant les fermes et les agglomérations rurales isolées, s'ils sont jugés indispensables à la sécurité du lieu qu'ils habitent.

Leur situation particulière sera établie par le maire, avec avis du général commandant la subdivision, et jugée par le conseil de révision.

Art. 14. — En temps de paix, il peut être accordé des sursis d'appel aux jeunes gens qui en font la demande un mois au moins avant l'époque fixée pour la réunion du conseil de révision.

A cet effet, ils doivent établir que, soit pour leur apprentissage, soit pour les besoins de l'exploitation agricole, industrielle ou commerciale à laquelle ils se livrent pour leur compte ou pour celui de leurs parents, il est indispensable qu'ils ne soient pas enlevés immédiatement à leurs travaux.

Ce sursis d'appel ne confère ni exemption ni dispense; il n'est accordé que pour un an et peut, néanmoins, être renouvelé pour une seconde année.

Le jeune homme qui a obtenu un sursis d'appel est tenu, à l'expiration de ce sursis, de satisfaire à toutes les obligations imposées par l'article 28 de la présente loi.

Art. 15. — Les demandes de sursis adressées au maire sont instruites par lui. Elles sont remises au conseil de révision par le préfet qui y joint avec ses observations tous les documents nécessaires.

Les sursis d'appel peuvent être accordés pour chaque département et par classe, jusqu'à concurrence de 4 p. 100 du nombre des jeunes gens reconnus propres au service et compris dans la première partie des listes de recrutement.

Art. 16. — Il est institué dans chaque département de l'Algérie un conseil de révision composé :

Du préfet, président ou, à son défaut, du secrétaire général ou d'un conseiller de préfecture délégué par le préfet;

D'un conseiller de préfecture désigné par le préfet;

D'un membre du conseil général, d'un deuxième membre du conseil général, remplaçant le conseiller d'arrondissement jusqu'à ce que les conseils d'arrondissement soient institués en Algérie;

Les deux conseillers généraux désignés par le préfet,

Et d'un officier général ou supérieur désigné par l'autorité militaire.

Un membre de l'intendance, un officier remplissant les fonctions de commandant du dépôt de recrutement et un médecin militaire ou, à son défaut, un médecin civil désigné par l'autorité militaire, assistent aux opérations du conseil de révision.

Le membre de l'intendance est entendu, dans l'intérêt de la loi, toutes les fois qu'il le demande et peut faire consigner ses observations aux registre des délibérations.

Le gouverneur général civil de l'Algérie déterminera en conseil de gouvernement les localités où dans chaque département le conseil de révision devra se transporter, et les portions de territoire qui ressortiront de chacune de ces localités.

Les maires des communes auxquelles appartiennent les jeunes gens appelés assistent aux séances et peuvent être entendus.

Toutes les décisions sont rendues en séance publique, à la majorité des voix des membres présents. En cas de partage, la voix du président est prépondérante.

Art. 17. — Les jeunes gens portés sur les tableaux de recensement, ainsi que les jeunes gens des classes précédentes qui ont été ajournés conformément à l'article 9 ci-dessus, sont convoqués, examinés et entendus par le conseil de révision.

S'ils ne se rendent pas à la convocation ou s'ils ne se font pas représenter, ou s'ils n'obtiennent pas un délai, il est procédé comme s'ils étaient présents.

Art. 18. — Le conseil de révision statue sur les réclamations auxquelles donne lieu l'établissement des tableaux de recensement.

Il prononce la radiation desdits tableaux :

1° Des jeunes gens qui se trouvent dans un des cas d'exclusion des rangs de l'armée prévus par l'article 7 de la loi du 27 juillet 1872;

2° Des jeunes gens qui auraient été inscrits contrairement aux prescriptions de l'article 1er de la présente loi.

Il statue sur les demandes d'exemption ou de dispense présentées en exécution de l'article 8 ci-dessus.

Dans le cas d'exemption, le conseil ne prononce qu'après avoir entendu le médecin désigné pour l'assister.

Les cas de dispenses sont jugés sur la production de documents authentiques et sur des certificats dressés par le maire ou celui qui en fait fonction, assisté de deux témoins domiciliés dans la même commune que le réclamant.

Art. 19. — Lorsque les jeunes gens portés sur les tableaux de recensement ont fait des réclamations dont l'admission ou le rejet dépend des décisions à intervenir sur des questions judiciaires relatives à leur état ou à leurs droits civils, le conseil de révision ajourne sa décision ou ne prend qu'une décision conditionnelle.

Les questions sont jugées contradictoirement avec le préfet, à la requête de la partie la plus diligente. Les tribunaux statuent sans délai, le ministère public entendu.

Art. 20. — Hors les cas prévus par l'article précédent, les décisions du conseil de révision sont définitives. Elles peuvent néanmoins être attaquées devant le conseil d'Etat pour incompétence et excès de pouvoir.

Elles peuvent aussi être attaquées pour violation de la loi, mais par le ministre de la guerre seulement, et dans l'intérêt de la loi. Toutefois l'annulation profite aux parties lésées.

Art. 21. — Après que le conseil de révision a statué sur les questions auxquelles peut donner lieu l'examen des tableaux de recensement sur les cas d'exemption et sur ceux de dispense, la liste du recrutement par commune est définitivement arrêtée et signée par tous les membres du conseil.

Cette liste, divisée en cinq parties, comprend :

1° Tous les jeunes gens déclarés propres au service militaire et qui ne doivent pas être classés dans les catégories suivantes.

2° Tous les jeunes gens dispensés de service d'activité en temps de paix, en exécution de l'article 8 de la présente loi.

3° Tous les jeunes gens conditionnellement dispensés en vertu de l'article 9, élèves des écoles polytechnique et forestière, ainsi que les jeunes gens liés au service en vertu d'un engagement volontaire, d'un brevet ou d'une commission, et les inscrits maritimes.

4° Les jeunes gens qui, pour défaut de taille ou pour toute autre cause, sont impropres au service dans l'armée active, mais ont été reconnus aptes à faire partie d'un des services auxiliaires de l'armée.

5° Enfin, les jeunes gens qui ont été ajournés à un nouvel examen du conseil de révision.

Art. 22. — Quand les listes du recrutement de toutes les communes ont été arrêtées conformément aux prescriptions de l'article précédent, le conseil de révision, auquel sont adjoints deux autres membres du conseil égénéral, également désignés par le préfet, prenonce sur les demandes de dispense pour soutiens de famille et sur les demandes de sursis d'appel.

Les dispositions de l'article 25 de la loi du 27 juillet 1872 sont du reste applicables aux jeunes gens dispensés ou qui ont obtenu des sursis d'appel en vertu du présent article.

Art. 23. — Il est tenu par département, ou par circonscriptions déterminées dans chaque département par le gouverneur général civil de l'Algérie, un registre matricule dressé au moyen des listes mentionnées en l'article 21 ci-dessus, et sur lequel sont portés tous les jeunes gens qui n'ont pas été déclarés impropres à tout service militaire ou qui n'ont pas été ajournés à un nouvel examen du conseil de révision.

Ce registre mentionne l'incorporation de chaque homme inscrit, ou la position dans laquelle il est laissé, et successivement tous les changements qui peuvent survenir dans sa situation, jusqu'à ce qu'il passe dans l'armée territoriale.

Art. 24. — Tout homme inscrit sur le registre matricule, qui change de domicile en Algérie, est tenu de faire la déclaration à la mairie de la commune qu'il quitte et à la mairie du lieu où il vient s'établir.

Le maire de chacune des communes, ou celui qui en remplit les fonctions transmet, dans les huit jours, copie de ladite déclaration au bureau du registre matriculo de la circonscription dans laquelle se trouve la commune.

Art. 25. — Tout homme inscrit sur le registre matricule, qui entend se fixer en pays étranger, est tenu, dans sa déclaration à la mairie de la commune où il réside, de faire connaître le lieu où il va établir son domicile, et, dès qu'il y est arrivé, d'en prévenir l'agent consulaire de France. Le maire de la commune transmet dans les huit jours, copie de ladite déclaration au bureau du registre matricule de la circonscription dans laquelle se trouve sa commune.

L'agent consulaire, dans les huit jours de la déclaration, en envoie copie au ministre de la guerre.

Le Français domicilié en Algérie qui quitte la colonie sans esprit de retour avant l'âge de vingt-neuf ans, ou avant d'avoir rempli les conditions de l'engagement prévu par l'article 1er de la présente loi, est tenu d'accomplir le temps de service actif prescrit par la loi du 27 juillet 1872, déduction faite du temps qu'il aura déjà passé sous les drapeaux.

Il reste ensuite assujetti aux obligations que la classe dont il fait partie par son âge, a encore à remplir aux termes de la loi du 27 juillet 1872.

Art. 26. — Tout homme qui n'est pas déclaré impropre à tout service militaire, fait partie de l'armée active ou de la réserve de l'armée active pendant neuf années à l'expiration desquelles il est tenu de servir dans l'armée territoriale, conformément aux prescriptions des 4e, 5e, 8e et 9e alinéas de l'art. 36 de la loi du 27 juillet 1872.

Art. 27. — Pour l'organisation de l'armée territoriale, l'Algérie sera divisée par des arrêts du gouverneur général en circonscriptions de régions.

Les hommes au-dessus de quarante ans pourront, en cas d'insurrection et si les ressources fournies par la réserve de l'armée active et par l'armée territoriale sont insuffisantes, être appelés au service et incorporés dans l'armée territoriale.

Art. 28. — La durée du service commence le 1er avril de l'année où les jeunes gens ont été inscrits sur les tableaux du recensement.

Le temps de présence effective sous les dra-

peaux, est d'une année à partir de l'appel, qui ne pourra être retardé au-delà du 1er septembre de la même année.

Les jeunes soldats font leur service dans les corps stationnés en Algérie; exceptionnellement et par mesure d'ordre, le ministre de la guerre, sur la proposition du gouverneur général, pourra envoyer dans les corps de troupes du midi de la France, pour y faire leur année de service, un certain nombre de ces jeunes soldats.

A l'expiration de leur année de service effectif les jeunes gens sont renvoyés dans leurs foyers, et inscrits sur les contrôles de la réserve.

Toutefois, le militaire qui, après l'année de service ci-dessus mentionnée, ne sait pas lire et écrire, et ne satisfait pas aux examens déterminés par le ministre de la guerre, peut être maintenu au corps pendant une seconde année.

Ceux qui auront justifié d'une capacité suffisante, c'est-à-dire qui auront subi avec succès les examens de fin d'année exigés des volontaires d'un an, pourront obtenir des brevets de sous-officiers ou des commissions équivalentes.

Les jeunes gens compris dans la catégorie déterminée par le paragraphe précédent, pourront, en restant une année de plus, soit dans l'armée active, soit dans une école désignée par le ministre de la guerre, et après avoir subi les examens mentionnés en l'article 38 de la loi du 24 juillet 1873, obtenir un brevet de sous-lieutenant auxiliaire ou une commission équivalente.

Art. 29. — Les hommes envoyés dans la réserve sont immatriculés, d'après le mode prescrit par la loi d'organisation du 24 juillet 1873 dans les corps ou portions de corps qui sont les plus spécialement destinés à la défense de la colonie.

L'appel de la réserve peut être fait par classe, en commençant par la plus ancienne.

Le gouverneur général de l'Algérie règle par des arrêtés et suivant les localités et les circonstances, les manœuvres auxquelles les hommes de la réserve en Algérie doivent prendre part.

En cas d'urgence, le gouverneur général civil de l'Algérie peut prendre l'initiative des ordres à donner pour la mobilisation.

Art. 30. — Les hommes de la réserve peuvent se marier sans autorisation.

Les hommes mariés restent soumis aux obligations du service imposées aux classes auxquelles ils appartiennent.

Toutefois les hommes de la réserve qui sont pères de quatre enfants vivants passent de droit dans l'armée territoriale.

Art. 31. — Les dispositions des articles 46, 47, 50 et 51 de la loi du 27 juillet 1872, relatifs aux engagements volontaires et aux rengagements, sont applicables aux jeunes gens ayant leur domicile en Algérie.

Le temps de service exigé par la présente loi sera applicable à partir du jour de leur engagement.

Néanmoins, les jeunes gens qui n'ont pas encore satisfait à la loi sur le recrutement, pourront contracter en Algérie au titre des corps qui s'y trouvent stationnés, un engagement volontaire pour la durée d'une année, s'ils remplissent les conditions de l'article 1er de la présente loi.

Ils feront leur engagement dans les conditions de la classe appelée au moment de leur incorporation.

Ces engagements ne pourront se contracter qu'au moment de l'appel d'une classe.

Pour ceux de ces jeunes gens qui termineront leur engagement avant d'avoir été inscrits sur les tableaux du recensement de leur classe, le temps de service dans la réserve commencera à courir de l'expiration dudit engagement.

Les dispositions des lois des 27 juillet 1872 et 24 juillet 1873, concernant le volontariat d'un an, sont également applicables à l'Algérie.

Art. 32. — Les dispositions pénales de la loi du

27 juillet 1872 et de l'article 230 du code de justice militaire, modifié par la loi du 18 mai 1875, sont applicables aux hommes que concerne la présente loi, en tant qu'elles n'y sont pas contraires.

Les délais d'insoumission déterminés par le paragraphe 3 de l'article précité, sont modifiés de la manière suivante :

1° Un mois, si l'homme au domicile duquel un ordre d'appel a été notifié demeure en Algérie;

2° Deux mois, s'il demeure en France, dans les îles voisines des contrées limitrophes ou en Europe;

3° Six mois, s'il demeure dans tout autre pays.

En temps de guerre ou en cas de mobilisation par voie d'affiches et de publication sur la voie publique, les délais ci-dessus sont réduits :

1° A quatre jours pour les hommes habitant l'Algérie;

2° A un mois, pour les hommes habitant la France, les îles voisines des contrées limitrophes ou l'Europe;

3° Trois mois, pour ceux qui habitent dans tout autre pays.

Art. 33. — Les jeunes gens de 20 à 30 ans, remplissant les conditions déterminées par l'article 1er de la présente loi, qui ont concouru en France au tirage au sort et qui sont compris dans la portion du contingent appelée à passer cinq années sous les drapeaux seront, sur leur demande, renvoyés dans leur foyers, après une année de service et inscrits sur les contrôles de la réserve de l'Algérie.

Les hommes âgés de moins de 40 ans, qu'ils aient ou n'aient pas figuré sur le tableau de recensement de leur classe en France, seront inscrits dans l'armée territoriale.

Art. 34. — Le décret du 9 novembre 1859 relatif à l'organisation des milices en Algérie est abrogé.

Ces milices seront dissoutes par des arrêtés du gouverneur général civil et leurs armes déposées dans les arsenaux de l'État, sauf indemnités pour celles qui seront reconnues la propriété des départements ou des communes.

Sont exceptées de cette mesure les compagnies de sapeurs-pompiers qui continueront à être régies par le décret précité du 9 novembre 1859, jusqu'à ce qu'un décret ait pourvu à leur réorganisation.

Tout corps organisé en armes est soumis aux lois militaires, fait partie de l'armée et relève de celui qui la commande.

Art. 35. — Il sera remis chaque année aux deux Chambres, par le ministre de la guerre, un compte rendu détaillé de l'application de la présente loi au recrutement de l'armée en Algérie pendant l'année précédente.

Art. 36. — La présente loi est exécutoire à partir du 1er janvier 1876.

Annexe n° 3136.

RAPPORT fait au nom de la 32° commission d'intérêt local (*), sur le projet de loi tendant à autoriser le département de l'Ariége à contracter un emprunt pour les travaux des chemins de grande communication et d'intérêt commun, par M. Rameau, membre de l'Assemblée nationale.

Messieurs, le Gouvernement vous propose d'autoriser le département de l'Ariége, sur la de-

(*) Cette Commission est composée de MM. Courbet-Poulard, *président;* Warnier (Marne), *secrétaire;* Rameau, le baron de Soubeyran, Philippoteaux, le comte de Gontre, Roussel, Méline, Moreau (Côte-d'Or), Bonnet, de Merode, le comte Rampon, le vicomte de Rodez-Bénavent, Contaut, D° Rotours.

mande de son conseil général, à emprunter à la caisse des chemins vicinaux, une somme de 150,000 fr. pour être affectée aux travaux des chemins de grande communication et d'intérêt commun.

Les demandes de cette nature jouissent généralement près de vous d'une certaine faveur, parce que l'amélioration ou le complément de ces sortes de chemins, non-seulement rend plus faciles les communications entre elles des différentes parties d'un département, mais encore concourt, comme affluents des routes départementales et nationales, au grand mouvement du commerce général. Toutefois, pour les apprécier, il faut bien connaître deux choses : la première, l'état des chemins de toute nature du département demandeur; la seconde, la situation financière de ce même département.

Sur le premier point, un état de situation dressé le 11 mars 1875 par l'agent voyer en chef et visé par le préfet, constate, pour les chemins vicinaux de grande communication, au nombre de 25 et d'une étendue totale de 468 kilomètres, qu'il n'y a que 331 kilomètres à l'état d'entretien. 21 à l'état de viabilité, 51 en construction et plus de 60 en lacune.

Pour les chemins vicinaux d'intérêt commun, au nombre de 48 et d'une étendue totale de 681 kilomètres, il n'y a que 327 kilomètres à l'état d'entretien, 44 à l'état de viabilité, 127 en construction et 183 en lacune.

Il n'est pas inutile de remarquer que la construction des parties en lacune devra exercer une certaine action, ainsi que cela se voit généralement, sur la création de chemins vicinaux ordinaires devant aboutir aux premiers. Or, il résulte d'un tableau dressé au mois de mai 1870, par les ordres de M. Chevandier de Valdrôme, ministre de l'intérieur, en exécution de la loi du 11 juillet 1868, présentant l'état d'avancement, au 31 décembre 1869, des chemins vicinaux ordinaires, que le département de l'Ariége (portant le numéro d'ordre 52), possédait, à l'état d'entretien, 26 kilomètres de chemins vicinaux ordinaires; à l'état de viabilité, 31 kilomètres; en construction, 192 kilomètres, et enfin en lacune, 111 kilomètres.

Il résulte bien de ce qui précède qu'il y a utilité pour le département de l'Ariége à combler les lacunes de ses chemins vicinaux de grande communication et d'intérêt commun.

Le peut-il financièrement? en d'autres termes, quelles sont les dépenses que ces travaux devront entraîner et quelles sont ses ressources? Or, c'est là que commence la difficulté, car l'état financier est loin d'être satisfaisant.

Le Gouvernement a cru devoir examiner la situation financière dans l'hypothèse où le département de l'Ariége aurait à compléter, dans un délai de quinze années, à partir de 1876, le réseau de ses chemins d'intérêt commun et de grande communication, et il nous présente les chiffres suivants pour les deux réseaux :

1° L'entretien des chemins existants et de ceux à terminer coûterait, pendant quinze années, plus de.....................	3.400.000	
2° Et la création des chemins nouveaux, plus de.....................	3.600.000	
Total, en chiffres ronds........		7.000.000

Mais les ressources se composent de :

1° Les fonds communaux affectés à cette destination, pour environ...	3.200.000	
2° Les subventions de l'État pour.....................	230.000	
3° Le reliquat d'un premier emprunt..............	350.000	
. A reporter........	3.780.000	7.000.000

Report..........	3.780.000	7.000.000
4° Le nouvel emprunt proposé...................	150.000	
5° Un prélèvement sur les 12 centimes extraordinaires d'environ..........	70.000	
	4.000.000	4.000.000
Déficit................		3.000.000

Il serait donc impossible d'espérer l'achèvement des lacunes de ces deux réseaux à l'aide de ce faible emprunt de 150.000 fr. Faut il pour cela le refuser ? Nous ne le pensons pas, et si nous vous proposons de le voter, c'est certainement sans enthousiasme !

Le premier besoin à satisfaire sera celui de l'entretien des chemins existants ; car, avant de penser à en créer de nouveaux, si les ressources sont insuffisantes, il faut employer celles qui existent, d'abord à entretenir les chemins existants, pour ne pas les laisser dépérir.

Cet entretien coûtera, pendant 15 ans, plus de 2,300,000 fr.

Les ressources des communes qui seront, pendant ces 15 ans, d'environ 3,200,000 fr., seront absorbées, moins 900,000 fr. environ qui pourront être affectées aux travaux des chemins de créations nouvelles, ci.. 900.000

Si l'on ajoute le reliquat de l'emprunt 1,500,000 fr., autorisé par la loi du 5 mai 1869, qui est de........ 350.000

Et le nouvel emprunt proposé, de.. 150.000

Total............... 1.400.000

qui, avec les subventions probables de l'État, devant s'élever à 230.000

et un appoint sur les 12 centimes extraordinaires, de.................... 70.000

L'on aura une masse de.......... 1.700.000

permettant de faire, en quinze ans, non pas la totalité des lacunes, estimées devoir coûter, avec l'entretien des chemins nouvellement créés, environ 4,500,000 francs, mais un peu plus du tiers de ces mêmes lacunes.

C'est peu. Mais le département est déjà grevé de 20 centimes additionnels au principal des quatre contributions directes, sans même faire la part de l'imprévu, alors que les catastrophes qui viennent parfois fondre sur un département et renverser toutes les prévisions.

Dans ces circonstances, votre commission pense que l'emprunt proposé est néanmoins utile ; que le service de l'intérêt et celui de l'amortissement seront assurés, et qu'il convient de le voter.

En conséquence, elle vous propose d'adopter les deux articles du projet de loi.

PROJET DE LOI

Art. 1er. — Le département de l'Ariége est autorisé, conformément à la demande que le conseil général en a faite, à emprunter à la caisse des chemins vicinaux, aux conditions de cet établissement, une somme de 150,000 fr., qui sera affectée aux travaux des chemins de grande communication et d'intérêt commun.

La réalisation de l'emprunt, soit en totalité, soit par fractions successives, ne pourra avoir lieu qu'en vertu d'une décision du ministre de l'intérieur.

Art. 2. — Les fonds nécessaires au service des intérêts et au remboursement de l'emprunt à réaliser en vertu de l'article 1er ci-dessus, seront imputés, tant sur les contingents à fournir par les communes, que sur le produit des centimes dont le maximum est fixé chaque année par la loi de finances, en exécution de la loi du 10 août 1871.

SÉANCE DU VENDREDI 2 JUILLET 1875

Annexe n° 3137.

RAPPORT fait au nom de la commission du budget de 1875 (*), chargée d'examiner le projet de loi portant ouverture au ministre de la guerre, au titre du compte de liquidation, d'un crédit de 100 millions pour les dépenses de 1875, par M. Gouin, membre de l'Assemblée nationale.

Messieurs, la loi du 19 mars dernier, en faisant emploi des 25 millions formant le solde des ressources affectées au compte de liquidation, a clôturé, en quelque sorte, la première partie de ce compte.

Mais les raisons qui, en 1872, avaient motivé sa création, subsistent toujours, et nous obligent à le continuer.

(*) Cette Commission est composée de MM. Raudot, président; le comte Daru, vice-président; Bardoux, le vicomte de Rainneville, le comte Octave de Bastard, le baron de Ravinel, secrétaires; Plichon, l'amiral de La Roncière Le Noury, le général Martin des Pallières, le duc d'Audiffret-Pasquier, Leon Say, Villain, Gouin, Pelletereau-Villeneuve, Duclere, Ancel, Vidal, Haentjens, Houher, Benoît (Meuse), Bertauld, Wolowski, Pouyer-Quertier, le comte d'Osmoy, Rousseau, Cordier, Dauphinot, Mathieu-Bodet, le général Valazé, Rouveure.

Dans les services civils comme dans les services militaires, il nous reste bien des dépenses extraordinaires à effectuer, si nous voulons réparer tous les maux que la guerre nous a causés, et il faudra, pendant de longues années encore, pourvoir à de bien lourdes charges.

Quelle que soit la sage lenteur que nous apportions dans cette œuvre de reconstitution, nous sommes contraints à chercher, en dehors de notre budget ordinaire, les ressources nécessaires pour couvrir les dépenses ; car nous ne saurions oublier que le budget extraordinaire, créé sous le nom de compte de liquidation, doit toujours avoir une ressource spéciale correspondant au crédit demandé.

C'est en s'inspirant de ces principes, acceptés par vos précédentes délibérations, que le Gouvernement vous a proposé, et que vous avez adopté, de porter à l'avoir du compte de liquidation la soulte revenant au Trésor par suite de la conversion de l'emprunt Morgan.

C'est en raison de cette ressource nouvelle, qu'il lui a été possible de vous apporter le projet de loi que nous examinons en ce moment, et qui tend à ouvrir un nouveau crédit de 51 millions de francs au ministre de la guerre.

C'est enfin sous l'empire des mêmes préoccupations, et s'autorisant de ces précédents, que votre commission a eu la pensée d'utiliser, au profit de ce budget extraordinaire, les ressources que laisse disponibles la liquidation de la caisse de dotation de l'armée, et d'augmenter d'une somme à peu près équivalente les crédits qui vous sont demandés aujourd'hui.

Ainsi donc, clôture en recettes et en dépenses de la première partie du compte de liquidation, affectation de ressources nouvelles concernant une nouvelle série de dépenses ; détermination de l'emploi à faire de ces ressources ; telles sont les questions que nous allons examiner aussi brièvement que possible.

I

Nous ne reviendrons pas sur les détails que renferment les rapports présentés les 1er avril 1873, 4 février et 31 juillet 1874, par vos commissions du budget. Nous nous bornerons à résumer, en recettes et en dépenses, les crédits dont l'ensemble forme la première partie du compte de liquidation.

Les recettes qui, au début, en février 1873, présentaient un total de 773,275,000 fr. à l'aide d'un emprunt de 129,275,000 fr. qu'on devait faire à la dette flottante, se sont modifiées si heureusement que, sans recourir à la dette flottante, elles s'élèvent aujourd'hui à 812,988,645 francs, savoir :

	Recettes présumées du 5 novemb. 1872.	
Disponible de 1869....	57.973.568	57.973.568
Disponible de 1870-71.	488.563.900	448.561.000
Disponible sur l'emprunt de 3 milliards, frais payés........	125.161.051	100.000.000
Produit de l'aliénation des rentes 3 p. 100 provenant de l'amortissement........	106.290.126	90.000.000
Produit de la vente d'immeubles domaniaux............	35.000.000	35.000.000
	812.988.645	731.537.568
Dette flottante.......		41.737.432
		773.275.000

La recette de cette première partie du compte s'élève donc à plus de 812 millions, que nous pouvons regarder comme encaissés, à l'exception toutefois, des 35 millions, produit présumé de la vente des immeubles domaniaux.

De ce chef, nous n'avons encore reçu que 6,050,200 fr. Très-prochainement, il sera mis en vente divers lots, qui ne représenteront pas moins de 14 millions. Il ne restera plus à réaliser qu'une quinzaine de millions.

Certaines prévisions ont été dépassées. L'hôtel de la Reynière, par exemple, évalué à 1,200,000 fr. a été vendu 3,101,000 fr. D'autres, au contraire n'ont point été atteintes ; mais quel que soit le résultat final, la différence entre la somme prévue de 35 millions et la somme encaissée ne saurait être considérable et n'est pas de nature à troubler sensiblement l'équilibre de cette première partie du compte.

Les crédits en dépense ont été modifiés en raison de l'accroissement des recettes. Quand nous aurons ouvert le crédit nécessaire au payement de la dernière annuité des mobilisés, soit 29,359,000 francs, ils s'élèveront à la somme de 812,565,138 francs, égale au montant de nos ressources : 812,988,645 francs.

Nous croyons utile de rappeler ici la nature et l'importance de ces crédits. Il ne sera que trop facile de constater que la reconstitution de notre matériel et de nos fortifications n'a guère absorbé que la moitié des ressources que nous avons si péniblement amassées.

Nous n'avons point à en faire un reproche au Gouvernement, car en agissant avec cette sage lenteur et cette modération qui fait notre force, il était certain d'obtenir l'approbation de l'Assemblée nationale et de la France entière.

Voici, en détail, l'emploi des 812,000,000 francs (chiffre rond) qui figurent à l'actif :

1° Annuités des mobilisés (remboursement aux départements, aux communes et aux particuliers............... 149.265.138
2° Indemnités aux départements envahis. 100.000.000
3° Indemnités pour dommages causés par le second siège........ 6.000.000
4° Travaux au Palais-Royal, au Louvre, etc.................... 11.300.000
5° Marine 20.000.000
6° Finances, manufactures de tabacs.............................. 3.000.000
7° Frais d'entretien des troupes allemandes................ 92.012.500
8° Dépenses de reconstitution du matériel proprement dit, pendant les années 1872, 73, 74 et 75, y compris l'armement, le génie, l'habillement, les subsistances militaires, les hôpitaux, etc., etc., soit à raison de 100 millions par an environ..... 418.400.000
9° Solde des officiers à la suite, masse de la gendarmerie, remboursement à la compagnie des lits militaires, indemnités aux communes pour réintégration dans les arsenaux des anciens fusils, etc....... 14.587.500

Total.............. 812.565.138

Ces chiffres nous dispensent de tous commentaires. Ils témoignent, d'une façon évidente, des intentions de la France et de son ardent désir de la paix.

Mais, moins nous avons fait dans le passé, plus il nous reste à faire dans l'avenir, et la sagesse même de nos aspirations exige que nous soyons en mesure de poursuivre l'œuvre commencée.

C'est pourquoi nous n'hésitons pas à approuver la réouverture du compte de liquidation, en désirant que les principes si sages adoptés par vous, et qui ont été appliqués dans le passé, servent encore de règle pour l'avenir.

II

En votant la loi qui autorise le Gouvernement à rembourser ou, plus exactement, à convertir l'emprunt Morgan, vous avez décidé (article 3), que la soulte en argent, résultant de la conversion, serait, après payement des frais, portée à l'actif du compte de liquidation.

Cette opération s'est effectuée dans les meilleures conditions. Nous ne sommes pas en mesure d'en donner aujourd'hui les résultats définitifs, mais nous pouvons affirmer que la somme dont bénéficiera ce compte atteindra, si elle ne les dépasse, 60 millions.

Pour suivre le même ordre d'idées, et grossir les ressources de ce compte spécial sans augmenter notre dette flottante, et sans gêner la marche de nos budgets ordinaires, votre commission vous propose d'affecter au compte de liquidation les sommes restant disponibles à la caisse de la dotation de l'armée, après payement de toutes les charges dont elle a été grevée.

Nous croyons inutile de rappeler dans quelles conditions, et pour quelles causes, avait été présentée et votée la loi du 26 avril 1855, relative à la création d'une caisse de la dotation de l'armée, aux réengagements et aux pensions militaires.

Cette caisse, qui a fonctionné pendant près de quinze ans, et qui fut l'objet des plus vives cri-

tiques, a vu la sou... ...limentaient disparaître en vertu de ...résentants février 1868.

Son existence ... se prolonger longtemps dans de ... conditions. Aussi, la
commission supérieure de la dotation de l'armée
a-t-elle présenté, au commencement de 1870, un
rapport indiquant les bases d'après lesquelles
devait se faire cette opération.

Les graves événements de 1870 empêchèrent
l'adoption de ce rapport, et ce fut le Gouvernement de la défense nationale qui, par un décret
du 3 janvier 1871, régla les conditions définitives
de la liquidation.

La caisse de la dotation avait à pourvoir :

1° Au service des suppléments de pensions
militaires concédées à partir du 1er janvier 1855
jusqu'au 31 décembre 1869, tant pour le ministère de la guerre que pour celui de la marine ;

2° Au payement des compléments de primes,
hautes payes et frais accessoires d'administration
qui constituaient ses charges.

La caisse, pour commencer sa liquidation, fut
autorisée, par le décret du 3 janvier, à prélever
sur son actif :

1° 5,212,195 fr. de rente 3 p. 100 représentant
un capital de 89,145,909 fr., remis au Trésor, pour
pensions militaires ;

2° 171,238 fr. de rente 3 p. 100 représentant
2,928,770 fr., remis à la caisse des Invalides de la
marine, également pour pensions.

Puis, après avoir, avec les rentes qui lui restaient, fait face à toutes les dettes reconnues,
elle s'est trouvée, au 30 avril 1875, encore en possession d'un actif de 5,337,103 fr. 89, argent, et
de 3,098,004 fr. de rente 3 p. 100, chargé seulement de solder 25,697,775 fr., qui représentent
la somme totale de ses derniers engagements.

Le produit d'un million de rentes au cours
actuel, réuni aux 5,337,107 fr. argent, suffira largement à couvrir les 25,697,775 fr., solde définitif
des engagements de la caisse.

On ne peut donc pas évaluer à moins de
2,100,000 fr. les rentes 3 p. 100 qui, dès à présent,
peuvent être considérées comme effectivement
disponibles et qui, calculées à 60 ou à 64, ne représentent pas moins de 42 à 45 millions.

Ce reliquat est de la nature de ceux qui ont
servi à commencer et à grossir les ressources
du compte de liquidation. Aussi n'hésitons-nous
pas à vous proposer de déclarer, par un article
du projet de loi, que le solde restant disponible,
tant en argent qu'en rente, après payement de
toutes les charges afférentes au règlement des
comptes de la caisse de la dotation, sera porté à
l'actif du compte de liquidation.

Si vous adoptez ces propositions, vous aurez, à
l'aide du reliquat de la conversion Morgan et du
solde de la caisse de la dotation, fourni plus de
100,000,000 à l'actif de ce compte, et c'est dans
cette prévision, que nous vous demandons de
modifier les crédits en dépense, afin de les mettre
en harmonie avec les crédits en recettes.

III

L'exposé des motifs du projet de loi, qui vous
a été présenté le 29 mai, vous laisse pressentir
que, pour entretenir les chantiers occupés à nos
fortifications, aussi bien que pour assurer le travail de nos manufactures et l'emploi du personnel, de nouveaux crédits nous seront probablement nécessaires, avant la fin de l'année.

Cette réserve était commandée par le manque
de ressources affectées au compte de liquidation, et le ministre de la guerre, se conformant
au désir du ministre des finances, avait dû limiter à 51,000,000 le montant de ses demandes.

La ressource extraordinaire que nous vous
proposons de faire passer au compte de liquidation, et qui s'élève à plus de 40,000,000 fr. modifie la situation. Elle permet d'ouvrir, en une

seule fois, le crédit qui, tout d'abord, devait faire
l'objet de deux projets distincts.

Nous avons la possibilité de prélever 100 millions au lieu de 51 sur le compte de liquidation.
Nous ne devons pas hésiter à en profiter.

Nous avons acquis la certitude que, surtout
en ce qui touche les fortifications, tant autour de
Paris que sur nos nouvelles frontières, nous pouvons facilement utiliser, dans le courant de l'année, des sommes deux et trois fois plus élevées.

Ces travaux sont, par leur nature, essentiellement défensifs. Ils exigent, pour la plupart, plusieurs années pour leur achèvement. Ils s'exécutent sur un grand nombre de points du territoire
à la fois, et l'on peut donner aux chantiers une
activité très-grande, sans craindre qu'ils ne se
nuisent les uns aux autres.

Quant aux approvisionnements de toutes sortes dont nous avons tant besoin pour remplir
nos arsenaux et nos magasins vides, nous ne voulons ni forcer la production, ni créer de nouveaux ateliers. Seulement, afin d'obtenir de nos
traitants des conditions plus avantageuses, il
faut pouvoir engager des marchés importants,
sauf à échelonner les livraisons à des termes
plus ou moins éloignés.

Or, pour engager ces marchés, sans s'écarter
des règles d'une bonne comptabilité financière,
le ministre a besoin de s'assurer à l'avance tous
les crédits qui lui seront ultérieurement nécessaires.

Telles sont, messieurs, les considérations principales, qui ont décidé votre commission, d'accord avec les ministres des finances et de la
guerre, à porter à 100 millions le crédit primitivement demandé pour 51.

Il ne nous appartient pas de régler la répartition de ce crédit, entre les divers services de
la guerre, sans nous être préalablement entendus avec le ministre. Et, c'est après les explications qu'il nous a données, que nous nous sommes arrêtés aux propositions qui figurent à
l'état A, joint au projet de loi.

IV

Il nous reste maintenant à examiner les divers
articles du projet que nous substituons à celui
du Gouvernemet.

L'article 1er fixe à 100 millions le crédit dont
la répartition est faite conformément à l'état A ci-
annexé. Dans cet état, nous portons 25,000,000 pour
l'armement et l'approvisionnement. Cette somme
sera suffisante pour laisser au ministre toute latitude dans les commandes qu'il doit faire. Nous
élevons au contraire à 49,200,000 fr. le crédit consacré aux fortifications. Nous avons déjà expliqué
les raisons qui nous ont engagé à apporter à
l'exécution de ces travaux toute l'activité désirable.

Le crédit destiné à l'habillement est fixé à 14
millions de francs. Ce que nous avons dépensé
jusqu'à ce jour en objets d'habillement de toutes
sortes suffit à peine à l'entretien indispensable
des soldats qui sont sous les armes. Nous laissons
à l'avenir le soin de pourvoir aux exigences de la
loi des cadres et de l'organisation de l'armée.

Nous portons le service des subsistances à
3,000,000 fr., celui des hôpitaux à 1,000,000 fr. et
celui de l'harnachement à 4,650,000 fr.

Nous n'apportons aucune modification aux services pour ordre, secours aux masses générales
d'entretien, etc., qui figurent dans l'état A pour
3,150,000 fr.

Nous supprimons l'article 2 du projet qui ne
nous paraît pas indispensable au point de vue de
la comptabilité budgétaire, et nous le rempla-
çons par un article que nous trouvons dans les
lois précédentes, concernant les comptes de liquidation. Cet article donne au Gouvernement la
faculté de reporter par décrets, d'un exercice
sur l'autre, les crédits non consommés, en leur
laissant la même affectation.

Cette réserve est d'autant plus nécessaire que, notamment en ce qui touche les articles du chapitre 1er, il sera impossible d'utiliser, en 1875, la totalité du crédit, les marchés conclus ne devant être complétement exécutés, et par conséquent payés, que dans les exercices ultérieurs.

L'article 3 porte qu'il sera pourvu à la dépense au moyen des ressources nouvelles affectées au compte de liquidation. Ces ressources se composent : 1° de l'excédant restant libre par suite de la conversion de l'emprunt Morgan, 50 millions de francs minimum ; 2° du solde des rentes disponibles, après liquidation complète de toutes les charges dont la caisse de la dotation de l'armée était grevée, représentant 42 à 45 millions de fr.

Ces ressources sont plus que suffisantes pour faire face au crédit demandé, puisque les réalisations déjà effectuées et la somme de rentes restant à liquider donnent un produit certain qui dépassera 100 millions.

Par l'article 4, nous autorisons le ministre des finances à réaliser au mieux des intérêts du Trésor, le solde de rentes qui lui sera remis, après entière liquidation de la caisse de la dotation, et à en porter le produit à l'actif du compte de liquidation.

En conséquence, votre commission a l'honneur de vous proposer l'adoption du projet de loi suivant.

PROJET DE LOI

Art. 1er. — Il est ouvert au ministre de la guerre, au titre du compte de liquidation, pour les dépenses à effectuer en 1875, un supplément de crédits de 100 millions, qui est et demeure réparti par chapitres, conformément à l'état A ci-annexé.

Art. 2. — Les portions de crédits non consommées à la clôture de l'exercice 1875 pourront être reportées par décrets, avec la même affectation, aux exercices suivants en même temps qu'une ressource correspondante.

Art. 3. — Il sera pourvu à la dépense des 100 millions au moyen des ressources nouvelles affectées au compte de liquidation.

Art. 4. — Le ministre des finances est autorisé à réaliser le solde des rentes disponibles restant sans emploi par suite de la liquidation de la caisse de la dotation de l'armée, et à en porter le produit à l'actif du compte de liquidation.

ÉTAT A

ÉTAT de répartition, par chapitres, du crédit de cent millions ouvert pour les dépenses de l'année 1875.

NATURE DES SERVICES	SOMMES allouées.
Chap. 1er. — Art. 1er. — Approvisionnement et armement............	23.000.000
Art. 2. — Génie....................	49.200.000
Art. 3. — Subsistances.............	3.000.000
Art. 4. — Hôpitaux.................	1.000.000
Art. 5. — Harnachement............	4.650.000
Art. 6. — Habillement..............	14.000.000
Chap. 2. — Art. 1er. — Dépôt de la guerre	200.000
Art. 2. — Secours aux masses générales d'entretien..................	2.300.000
Art. 3. — Indemnités pour les armes réintégrées dans les arsenaux..	550.000
Art. 4 — Administration centrale..	100.000
Total..................	100.000.000

RAPPORT fait au nom de la commission (*) chargée d'examiner les projet de loi ayant pour objet la déclaration d'utilité publique et la concession à un syndicat représentant les compagnies du Nord, de l'Est, d'Orléans et de Paris à Lyon et à la Méditerranée, d'un chemin de fer de grande ceinture autour de Paris, par M. Ricot, membre de l'Assemblée nationale.

Messieurs, dans la séance du 11 mai dernier, le Gouvernement vous a présenté un projet de loi ayant pour objet l'exécution d'un second chemin de fer de ceinture autour de Paris.

Vous avez renvoyé ce projet à l'examen d'une commission spéciale, qui s'est empressée de l'examiner avec tout le soin qu'il comporte.

Nous venons vous rendre compte du résultat de son travail.

EXPOSÉ

Le projet d'un chemin de fer de grande ceinture autour de Paris répond à des besoins urgents et incontestables ; l'exécution de cette œuvre, d'un grand intérêt national, est vivement désirée par chacun de nous, pour la prospérité et la force de notre pays.

Ce projet vous a été signalé, par votre commission d'enquête des chemins de fer, parmi les moyens de remédier aux encombrements survenus en 1871 ; son rapporteur, l'honorable M. Cézanne, vous a indiqué, comme présentant un grand caractère d'urgence :

« La construction d'un chemin de fer de ceinture *extra muros*, qui établisse des relations faciles entre tous les réseaux et dégage les gares de Paris, ainsi que le chemin de fer de ceinture, *intra muros*, de tout ce qui n'est pas spécial à Paris. »

De son côté, le comité des fortifications disait, dans son avis, à la date du 25 avril 1873 : « On devra tenir sous le feu des ouvrages le chemin de fer de grande ceinture, dont l'établissement autour de Paris est demandé avec tant d'insistance par les intérêts civils, et qui, dans ces conditions, sera un puissant auxiliaire aux mains de la défense. »

Le chemin de grande ceinture, dont le projet vous est présenté, nous a paru satisfaire, dans la mesure du possible, à toutes ces conditions ; il établira des relations faciles entre les réseaux des grandes lignes qui viennent aboutir à Paris, il dégagera le chemin de fer de ceinture intérieure et lui permettra de mieux desservir les usines et les nombreuses populations de la banlieue, intérêts locaux, il est vrai, mais que vous voudrez accueillir et satisfaire toutes les fois que l'intérêt général n'en souffrira pas.

Un projet qui touche à des intérêts si divers et si importants présente de nombreuses sujétions, ce qui explique les longs retards que sa préparation a subis.

Le temps est venu d'en finir et d'arriver à la prompte exécution d'un travail dont l'utilité et l'urgence ne sont contestées par personne.

Votre commission s'est mise activement à l'œuvre ; elle s'est entourée de nombreux renseignements ; elle a examiné avec le plus grand soin, dans tous leurs détails, les différents projets et contre-projets qui ont été produits ; elle a pris connaissance des avis de la commission mixte, du conseil général des ponts et chaussées,

(*) Cette Commission est composée de MM. le général Pelissier, *président* ; de Salvandy, *secrétaire* ; Carnot (père), Jules Favre, vicomte de Saint-Pierre (Calvados), Journault, Feray, Brunet, Duprat (Pascal), Chaper, général Dubers-Fresnay, Ricot, Antonin Lefèvre-Pontalis, Barthélemy Saint-Hilaire, Rameau.

du conseil d'État; elle a consulté MM. les ministres, MM. les représentants du conseil général de Seine-et-Oise, MM. les directeurs des grandes compagnies; elle a examiné les propositions de MM. les demandeurs en concession, et s'est fait rendre un compte détaillé des divers intérêts, en présence qui se recommandent tous, à divers titres, à l'attention de l'Assemblée.

I

Les grandes lignes des réseaux du Nord, de l'Est, de Lyon et de l'Ouest, viennent aboutir à Paris et sont reliées entre elles par le chemin de ceinture intérieure.

Elles sont aussi reliées sur leur parcours, à une distance d'environ 200 kilomètres de Paris, par un chemin circulaire, formé de sections appartenant aux grands réseaux et passant par Tours, le Mans, Alençon, Rouen, Amiens, Laon, Châlons-sur-Marne, Chaumont, Gray, Dijon, Nevers, Bourges, pour faire jonction à Tours. La longueur totale de ces sections est de 1,424 kilomètres. Une nouvelle ceinture, plus rapprochée de Paris, est formée par des sections de lignes d'intérêt général et d'intérêt local et passe par Orléans, Chartres, Dreux, Gisors, Soissons, Reims, Châlons-sur-Marne, pour revenir à Orléans ; sa longueur est de 801 kilomètres.

Ces grandes lignes circulaires, bien que très-utiles, sont cependant trop éloignées de Paris pour relier entre elles les lignes rayonnantes en abrégeant les parcours, elles imposent aux marchandises en transit des détours onéreux et des retards que l'entreprise actuelle a pour objet de diminuer.

Rappelons en passant que le chemin de ceinture intérieure est formé de deux parties concédées à des époques différentes, mais réunies en un seul service pour l'exploitation.

La première partie, situé sur la rive droite, relie les gares de l'Ouest, du Nord, de l'Est et de Lyon ; elle a été concédée, le 11 décembre 1851, aux grandes compagnies comme étant leur véritable prolongement, destiné à établir entre elles une communication facile et constante, indispensable à leurs intérêts.

La seconde partie, située sur la rive gauche, n'a été concédée à la compagnie de l'Ouest que neuf années plus tard, par décret du 14 juin 1861 ; cette partie du chemin a été construite suivant les termes de la loi de 1842, l'exécution de la plate-forme étant laissée à la charge de l'État; l'exploitation en a été concédée à la même compagnie, suivant une convention approuvée par la loi du 18 juillet 1865.

DESCRIPTION DES DIVERS PROJETS

Le chemin de fer de grande ceinture autour de Paris a été l'objet de nombreuses études: les projets et contre-projets qui se sont produits montrent combien cette importante question a occupé les esprits. Il n'est pas étonnant que, pour résoudre un problème aussi complexe et d'un aussi grand intérêt, plusieurs solutions se soient offertes.

PROJET DE MM. BASSOMPIERRE ET DUMÉRY

La nécessité de créer en dehors de l'enceinte de Paris, mais à proximité de cette ville, un chemin de fer de ceinture se reliant aux lignes principales, a été reconnue par l'administration dès l'année 1864. M. Bassompierre, ingénieur en chef des ponts et chaussées, étudia dans ce but un avant-projet qui devait relier les chemins du Nord, de l'Ouest et d'Orléans, entre Pontoise et Juvisy, et qui avait en même temps pour objet de mettre M. Duméry à même de faire un essai en grand du système à rail central, au moyen

duquel on pouvait franchir des déclivités atteignant de 40 à 50 millimètres par mètre.

Cette étude, exécutée en janvier et juillet 1864, a été plus tard complétée par des avant-projets comprenant diverses sections, dont l'ensemble constituait un chemin circulaire autour de Paris.

De son côté, M. Duméry produisit un avant-projet restreint entre Pontoise et Juvisy, et renouvela, le 26 juin 1871, sa demande en concession.

D'autre part, à différentes époques, divers soumissionnaires ont produit des projets ayant le même but et dont voici les dispositions principales.

PROJET DE M. THOMÉ DE GAMOND

Les études faites par M. Thomé de Gamond ont été soumises au conseil général de Seine-et-Oise dans sa session de 1864 et n'ont eu aucune suite; elles ont été reproduites en juin 1870, et la demande en concession a été renouvelée par lettre du 5 octobre 1871. Ce projet part de Pontoise, suit la rive droite de l'Oise qu'il franchit deux fois, côtoie la rive droite de la Seine jusqu'à Carrière-sous-Poissy, où il traverse la Seine, puis traverse Saint-Germain en tranchée ou en souterrain, se raccorde avec la station actuelle, et se dirige sur Versailles en passant près de Marly, Louveciennes, les Gressets et du Pavillon du Butar), arrive à Versailles dans la gare du chemin de fer rive droite, passe à Montreuil, au col du pont Colbert, et descend dans la vallée de la Bièvre, en longeant les bords de cette rivière jusqu'à Igny, pour venir se souder, à Épinay-sur-Orge, à la ligne de Paris à Orléans.

Le 5 décembre 1871, M. Thomé de Gamond présenta une nouvelle demande ayant pour but de compléter le chemin circulaire par la concession d'une ligne à l'est et au nord de Paris, passant par Villeneuve-Saint-Georges, Boissy-Saint-Léger, La Queue-en-Brie, Villiers-sur-Marne, Pantin et Saint-Denis.

Ce projet empruntait les grandes lignes sur une longueur de 43 kilomètres et fermait les lacunes entre ces dernières par des tronçons ayant ensemble une longueur de 26 kilomètres.

PROJET DE MM. LEBON ET OTLET

Le tracé de ce projet formait une grande ligne de ceinture passant par Pontoise, Poissy, Saint-Germain, Versailles, Limours, Arpajon, Melun, Meaux et Dammartin. Il avait une longueur totale de 300 kilomètres, et porte la date du 12 avril 1870.

Le 15 juillet 1871, les soumissionnaires firent connaître au ministre des travaux publics qu'ils persistaient dans leur demande en concession.

PROJET DE M. FRESSON

Un premier projet, entre Pontoise et Juvisy, a été présenté le 28 juillet 1870, par M. Fresson, et n'a pas eu de suites. Ce projet a été révisé et présenté de nouveau en juillet 1871. Il passe à Conflans, aux Carrières-sous-Poissy, à Saint-Germain, Mareil-Marly et à Versailles ; il se dirige de là sur Juvisy, en suivant la direction générale des tracés précédents.

PROJET DE LA COMPAGNIE DE L'OUEST

Ce projet, destiné à relier Versailles à Pontoise, a été produit, à la date du 22 mai 1871, par la compagnie de l'Ouest.

Le tracé suit la vallée de Gally, laisse à sa droite Noisy-le-Roi, entre en souterrain sous le col de Beau-Vallon, passe près de Mareil-Marly, Fourqueux, à l'ouest de Saint-Germain, traverse

21

la Seine près Conflans, et remonte la vallée de
l'Oise, pour atteindre le chemin du Nord à l'entrée de Pontoise.

PROJET DE M. PASSEDOIT

M. Passedoit a fait sa première demande en
concession du chemin de fer de circonvallation,
les 21 et 27 juin 1871, et a déposé les avant-
projets par parties, du 22 septembre au 30 octobre
suivants.

L'origine du tracé est prise à l'ouest de Versailles, au point où il passe par dessus le chemin
de fer de Brest. Une station de voyageurs serait
construite dans une courbe, et en remblais élevés, sur des terrains dépendant du parc de Versailles.

Partant de ce point, le tracé se dirige sur
Saint-Germain, Poissy et Conflans, passe à Her-
blay, où il croise normalement le chemin de
Paris à Pontoise, à Saint-Leu, à Saint-Prix, à
Ezanville, à Ecouen, à Gonesse, où il coupe la
ligne de Creil: de là se dirige sur Vauderland,
Petit-Tremblay, revient ensuite sur Livry et
Montfermeil, qu'il contourne du côté de l'est,
sans sortir du département de Seine-et-Oise, franchit la Marne en aval de Gournay, passe à Villiers-sur-Marne, Ormesson, Sucy, Boissy-Saint-
Léger et arrive à Villeneuve-Saint-Georges, puis
remonte les vallées de l'Orge et de l'Yvette jusques à Palaiseau, et entre dans la vallée de la
Bièvre, qu'il suit jusqu'à Petit-Jouy; il se dirige
enfin vers le chemin de fer de Brest, en passant
sous le plateau de Satory par deux souterrains,
ayant ensemble 1,315 mètres de longueur et projetés avec une rampe de 15 millimètres par
mètre, dans une courbe de 500 mètres de rayon,
pour revenir à l'origine du tracé.

PROJET DE M. GIRARD

Le projet de M. Girard porte la date du 1er novembre 1871, et a été adressé à M. le ministre des
travaux publics, le 24 du même mois.

Ce projet suit la direction du précédent depuis
la gare des Matelots jusqu'à Saint-Germain et à
Poissy, remonte ensuite la vallée de l'Oise pour
passer au nord de Mériel, de Villiers-Adam, à
Moisselles, au Tremblay, à Chelles, à Gournay, à
Bonneuil, à Villeneuve-Saint-Georges, et revient
à Versailles par Juvisy, en suivant la vallée de
la Bièvre et passant sous le col du Pont-Colbert
pour se fermer à la gare des Matelots.

Pour achever cette énumération que nous
avons faite aussi succincte que possible, les compagnies du Nord, de l'Est, d'Orléans et de Lyon-
Méditerranée, constituées en syndicat, dépose-
rent, dans le courant de janvier 1872, le projet
d'un second chemin de fer de ceinture, et par
une lettre datée du 16 février suivant, demandè-
rent la concession des diverses sections qui devaient constituer ce chemin, déclarant accepter,
quant aux détails du tracé, les modifications qui
seraient jugées nécessaires, et s'engageant à exploiter le chemin dans les mêmes conditions que
s'il dépendait d'une compagnie unique.

L'examen de ces nombreuses variantes étudiées pour la construction d'un second chemin de
fer de ceinture autour de Paris, témoigne de
l'intérêt majeur qui s'attache à son exécution.

COMMISSION MIXTE

Ces différents projets ont été soumis à l'examen d'une commission composée d'inspecteurs
généraux des ponts et chaussées et d'officiers généraux du génie, qui produisit un premier rapport à la date du 16 décembre 1871.

Dans ce rapport, la commission mixte écarte
les différents tracés comme ne satisfaisant pas
aux conditions stratégiques et aux intérêts com-

merciaux; elle écarte entre autres le projet de
grande circonvallation de M. Passedoit comme
beaucoup trop étendu vers l'est, et le projet de
M. Girard comme s'éloignant beaucoup plus encore des limites fixées.

Voici les termes du rapport:

« Au point de vue d'une exploitation facile et
économique, tous les projets, à l'exception de ceux
de la compagnie de l'Ouest et du projet du Gouvernement, offrent des inconvénients qui s'opposeraient à leur adoption.

« Le projet de M. Passedoit a été dressé surtout en vue de desservir le plus grand nombre
de localités par une exploitation distincte de
celle des lignes traversées; les raccordements
avec ces lignes sont très-défectueux, les jonctions seraient établies au moyen d'embranchements courus à petits rayons et à fortes pentes.

« En résumé, la commission mixte pense qu'aucun des projets qui lui sont présentés n'est susceptible d'être approuvé, dès à présent, pour servir de base à l'exécution partielle ou totale d'un
second chemin de fer de ceinture. Elle n'a dès
lors pas à s'occuper des commencements d'instruction auxquels certains d'entre eux ont été
soumis.

« La commission mixte estime qu'il convient de
faire étudier, au nom du Gouvernement, un projet complet qui serait ensuite mis à l'enquête
pour servir de base à une concession au nom de
l'Etat.

« Entre autres indications, la commission mixte
donne la suivante :

« On se dirigera de Villeneuve-Saint-Georges
sur la rive gauche de la Marne, par un embranchement de 6 kilomètres, vers le chemin de
Vincennes, que l'on empruntera dans son parcours jusqu'à presqu'île du tour de Marne; on
gagnera la ligne de Mulhouse à Nogent-sur-
Marne pour arriver à Noisy-le-Sec.

« La partie est et nord de la ceinture peut
ainsi être constituée au moyen de quelques raccordements de peu de longueur. »

Le conseil général des ponts et chaussées, d'accord avec cette commission, dans son avis daté
du 18 janvier 1872, reconnaît que le chemin de
grande ceinture a essentiellement le caractère
d'intérêt général et doit être à ce titre concédé
au nom de l'Etat;

Que d'ailleurs aucun des projets présentés à
l'administration, à l'appui des demandes en concession. ne remplit les conditions voulues et
n'est susceptible d'être approuvé.

Le conseil émet l'avis, en conséquence, que de
nouvelles études soient faites par les soins de
l'administration, de manière à concilier dans la
mesure convenable les intérêts des localités traversées avec la destination d'intérêt général du
nouveau chemin de fer.

Ensuite de cet avis, M. l'ingénieur en chef du
département de Seine-et-Oise fut chargé, le
17 février 1872, de faire une nouvelle étude.

Pendant que cette instruction suivait son cours,
M. Passedoit, auteur d'un des projets dits de
circonvallation, dont le tracé ne sortait pas du
département de Seine-et-Oise, en demandait la
concession au conseil général de Seine-et-Oise à
titre d'intérêt local et par application de la loi
du 12 juillet 1865.

C'est alors que M. le ministre des travaux publics, informé de cette demande, notifia à M. le
préfet de Seine-et-Oise, le 7 février 1872, l'avis
du conseil général des ponts et chaussées, daté
du 18 janvier précédent, reconnaissant le chemin de grande ceinture comme ayant essentiellement le caractère d'intérêt général et devant
être, à ce titre, concédé au nom de l'Etat.

Le conseil général de Seine-et-Oise persista
néanmoins dans son projet et concéda le 25 février 1872 le chemin de circonvallation, à titre
d'intérêt local, à M. Passedoit et à la compagnie
de l'Anglo-Austrian-Bank; ces concessionnaires

ayant été obligés de se retirer, le conseil accorda de nouveau ce chemin de fer le 22 avril 1872 à un second groupe de capitalistes composé de la Banque Française-Italienne, de la Banque Franco-Autrichienne-Hongroise et de la Banque des travaux publics Belges; en demandant au Gouvernement que ce chemin fût déclaré d'utilité publique comme chemin d'intérêt local.

Pendant ce temps, M. l'ingénieur en chef avait étudié un nouveau projet, déposé le 10 mai 1872, et soumis à l'examen du conseil des ponts et chaussées et de la commission mixte.

Dans son second rapport à la date du 24 juin 1872, cette commission s'en réfère à son avis de 1871 et rappelle que dans son opinion le chemin de circonvallation ne satisfait pas aux conditions essentielles à remplir dans l'intérêt général des transports et des relations commerciales, que l'exécution du chemin que le conseil général de Seine-et-Oise a cru devoir concéder, est incompatible avec celle d'un chemin d'intérêt général, tandis que le tracé proposé par les ingénieurs de Seine-et-Oise satisfait de la manière la plus plausible les intérêts généraux et les intérêts locaux.

Adoptant ces conclusions dans son avis à la date du 14 juillet 1872, le conseil général des ponts et chaussées insiste de nouveau sur le caractère d'intérêt général du chemin de grande ceinture, concédé comme chemin d'intérêt local par délibération du conseil général de Seine-et-Oise, et dit qu'en conséquence il n'y a pas lieu de déclarer d'utilité publique ni d'autoriser l'exécution par application de la loi du 19 juillet 1865, du chemin de fer dit de circonvallation, et qu'il convient au contraire de soumettre à l'enquête l'avant-projet de MM. les ingénieurs de Seine-et-Oise.

En présence de ces graves divergences, cette conclusion fut soumise par M. le ministre des travaux publics à la commission d'enquête de l'Assemblée nationale qui, sur le rapport de l'honorable M. Mathieu-Bodet, émit l'avis que le chemin de grande ceinture autour de Paris était essentiellement un chemin d'intérêt général, dont la concession devait être accordée par l'Etat, et qu'il y avait lieu de soumettre à l'enquête d'utilité publique, l'avant-projet dressé par les ingénieurs de l'Etat.

En conformité de cet avis partagé par les trois commissions, l'avant-projet du chemin de grande ceinture a été soumis à l'enquête d'utilité publique dans les deux départements.

Les réclamations qui ont été produites à l'enquête n'ont pas eu pour objet de contester l'utilité publique d'un chemin de grande ceinture, elles ont seulement combattu le projet des ingénieurs comme ne desservant pas suffisamment les intérêts locaux.

Au vu des pièces de cette enquête, la commission mixte qui avait déjà été chargée d'examiner la question à deux reprises différentes, consultée de nouveau, fit un troisième rapport à la date du 4 décembre 1873, qui fut adopté sauf quelques points de détail que nous indiquons plus loin, par le conseil des ponts et chaussées.

Dans son avis à la date du 29 décembre 1873, le conseil maintient son chemin de fer de grande ceinture, le caractère de chemin d'intérêt général et en définit le tracé comme il suit le tracé :

« Le chemin se détachera de la ligne de Paris à Brest, à la gare de Versailles, dite des Matelots, passera par ou près Saint-Germain-en-Laye, Poissy, Pontoise, Epinay, Dugny, Nogent-sur-Marne, Villeneuve-Saint-Georges, Palaiseau, rejoindra le chemin de Bretagne à la gare de Versailles, dite des Chantiers, et longera ce même chemin jusqu'à la gare des Matelots. »

Le conseil propose, en outre, les deux dispositions suivantes :

« Le chemin de fer de grande ceinture sera formé d'un circuit non interrompu de voies spéciales,

indépendantes des lignes du réseau rayonnant, et ne se confondant avec celles-ci sur aucun point de son périmètre. Il se raccordera soit directement, soit par embranchement, avec celles des grandes lignes rayonnantes qui se dirigent de Paris sur Brest, Rouen, Pontoise, Creil, Soissons, Avricourt, Belfort, Lyon et Orléans.

« Le chemin de fer sera construit pour deux voies, les rayons des courbes ne seront pas inférieurs à 400 mètres et les déclivités du profil en long n'excéderont pas 15 millimètres par mètre.

« La concession de ce chemin se fera directement et non par voie d'adjudication.

« Il y a lieu enfin d'accueillir la proposition qui a été faite par les compagnies du Nord, de l'Est, de Lyon et d'Orléans, le 16 février 1872, de se constituer en syndicat pour construire et exploiter le chemin de fer de grande-ceinture, sans subvention ni garantie d'intérêt. »

L'administration adopta l'avis du conseil des ponts et chaussées, sauf en ce qui concerne le mode proposé pour la concession de ce chemin, en fit la base d'un projet de loi qui fut renvoyé, le 19 février 1874, à l'examen du conseil d'Etat.

La section des travaux publics du conseil d'Etat, après avoir entendu successivement les observations présentées par les délégués du conseil général de Seine-et-Oise, et par les demandeurs en concession du chemin de fer d'intérêt local de circonvallation, après en avoir mûrement délibéré, soumit à l'assemblée générale du conseil d'Etat un projet d'avis qui a obtenu son assentiment.

II

AVIS DU CONSEIL D'ÉTAT

Le conseil d'Etat dans son avis, dont nous croyons nécessaire de reproduire les extraits suivants, examine l'affaire sous trois points de vue :

1° Le caractère à attribuer au chemin;

2° Les conditions du tracé défini à l'article 1er du projet de loi;

3° La proposition tendant à procéder à la concession par voie d'adjudication publique.

En ce qui touche le caractère à attribuer au chemin de fer,

« Le conseil d'Etat, considérant que le conseil du département de Seine-et-Oise a concédé à titre de chemin de fer d'intérêt local, un chemin dit de circonvallation, dont le tracé était exclusivement établi sur le territoire du département, et que dans un mémoire joint au dossier, il persiste à soutenir que ce chemin peut être considéré comme un chemin de fer d'intérêt local qu'il lui appartenait de concéder, sauf à lui à prescrire les modifications de tracé que pourrait exiger l'intérêt militaire;

« Qu'il ajoute qu'en vertu du paragraphe 12 de l'article 46 de la loi du 10 août 1871, la délibération qu'il avait prise pour concéder ce chemin était définitive, et qu'elle est devenue exécutoire, attendu que le Gouvernement a laissé expirer, sans en prononcer l'annulation, les délais fixés par l'article 47 de la même loi;

« Mais considérant que les pouvoirs respectifs des conseils généraux du département et du Gouvernement en matière de chemins de fer d'intérêt local ne sont pas régis exclusivement par les articles 46 et 47 de la loi du 10 août 1871; que ces dispositions doivent être combinées avec celles de la loi du 12 juillet 1865;

« Que la loi du 12 juillet 1865, dans son article 2, porte, en premier lieu, que le conseil général arrête, après instruction préalable par le préfet, la direction des chemins de fer d'intérêt local, le mode et les conditions de leur construction, ainsi que les traités et les dispositions nécessaires pour en assurer l'exploitation, et, en second lieu, que l'utilité publique est déclarée et l'exécution est autorisée par décret délibéré en conseil d'Etat, sur le rapport des ministres de l'intérieur et des travaux publics;

« Considérant que, en comprenant parmi les objets sur lesquels le conseil général statue définitivement « la direction des chemins de fer d'intérêt local, le mode et les conditions de leur construction, les traités et les dispositions nécessaires pour en assurer l'exploitation », les auteurs de la loi du 10 août 1871 se sont bornés à reproduire le paragraphe 1er de l'article 2 de la loi du 12 juillet 1865, mais qu'ils ont entendu expressément réserver au Gouvernement le droit de statuer sur la déclaration d'utilité publique et l'autorisation d'exécuter le travail;

« Que le projet adopté par l'Assemblée nationale en seconde lecture contenait un article 41 qui donnait au conseil général le pouvoir de prononcer la déclaration d'utilité publique des routes départementales et autres travaux à exécuter sur les fonds du département, en exceptant expressément les chemins de fer d'intérêt local;

« Que si cette disposition n'a pas été maintenue dans la loi, c'est parce que l'Assemblée nationale a voulu réserver au pouvoir central le droit de déclarer l'utilité publique pour tous les travaux départementaux, ainsi qu'il résulte de l'adoption de l'amendement présenté par M. Clément lors de la troisième lecture de la loi à la séance du 7 août 1871;

« Que de plus, lors de la discussion du paragraphe 12 de l'article 46, dans la séance du 18 juillet 1871, un amendement qui tendait à compléter ce paragraphe par les mots : « conformément à la loi du 12 juillet 1865, dont les dispositions sont maintenues » a été repoussé sur les explications du rapporteur, qui a déclaré « qu'il était inutile, attendu que la rédaction du paragraphe 12 était purement et simplement celle de la loi du 12 juillet 1865, et que la commission avait entendu maintenir les dispositions de cette loi, parce qu'il y avait là des intérêts complexes très-graves, très-sérieux, qui ne relèvent pas uniquement du département;

« Qu'il suit de là que lorsque le Gouvernement estime qu'un chemin de fer concédé par un conseil général du département ne rentre pas dans la catégorie des chemins de fer d'intérêt local, il n'est pas tenu de statuer dans les délais fixés par l'article 47 de la loi du 10 août 1872, et n'a pas à prononcer l'annulation de la délibération du conseil général; qu'il lui suffit de ne pas prononcer la déclaration d'utilité publique prévue par l'article 2 de la loi du 12 juillet 1865;

« Que, d'ailleurs, le chemin de fer projeté doit constituer autour de Paris une ceinture extérieure, reliant entre elles toutes les grandes lignes de chemins de fer, à l'effet de remédier aux chances d'encombrement des gares de la ceinture intérieure et de faciliter le transit des marchandises échangées dans toutes les directions entre les lignes convergeant vers la capitale; et que, formant par cette destination même une dépendance naturelle et nécessaire des grands réseaux, il ne peut que leur être assimilé, quant au caractère d'intérêt général, quelle que soit la satisfaction qu'il donne en même temps aux intérêts locaux;

« Qu'à ce titre, le chemin de fer de grande ceinture est incontestablement d'intérêt général, et qu'il n'appartient dès lors qu'à l'Assemblée nationale, conformément à la loi du 27 juillet 1870, de le déclarer d'utilité publique et de fixer les conditions de son exécution;

« En ce qui touche le tracé :

« Le conseil d'Etat considère que ce tracé est défini dans l'article 1er du projet de loi par l'indication de neuf points près desquels il devrait passer, pour répondre à sa double destination; que ces points de passage laissent entre eux des intervalles assez grands pour permettre d'apporter au tracé, notamment vers l'Est, des modifi-

cations qui peuvent, dans la mesure où l'intérêt général s'y prêtera, répondre aux aspirations de l'intérêt local, particulièrement aux réclamations du conseil général de Seine-et-Oise.

« En ce qui touche la mise en adjudication de la concession :

« Le conseil considère que si le système de l'adjudication publique peut présenter des avantages sérieux pour l'exécution des travaux publics, il peut entraîner, dans des circonstances exceptionnelles comme celles de la concession du chemin de fer de grande ceinture, des inconvénients d'une haute gravité.

« Que d'après l'avis du conseil d'Etat, en date du 13 août 1861, le gouvernement doit se réserver la faculté de concéder directement aux compagnies actuelles les chemins de fer qui ne seraient qu'une prolongation ou un complément de chemins déjà exploités par elles, et de ne pas recourir au système de l'adjudication publique dans les cas exceptionnels,

« Considérant qu'un chemin de fer qui doit relier entre eux les différents réseaux et dont le trafic principal sera nécessairement prélevé sur celui qui alimente actuellement le chemin de fer de ceinture établi à l'intérieur de Paris est en réalité un complément des grandes lignes, et que l'exploitation n'en peut être avantageuse qu'autant qu'elle sera confiée aux compagnies concessionnaires de ces grandes lignes;

« Que les compagnies des chemins de fer d'Orléans, du Nord, de l'Est et de Paris à Lyon et à la Méditerranée ont offert d'exécuter ce chemin, dans le délai de trois ans, sans subvention ni garantie d'intérêt;

« Qu'il est vraisemblable que la compagnie des chemins de fer de l'Ouest s'associera à ce syndicat si des négociations sont ouvertes avec elles;

« Considérant que les compagnies ainsi réunies en syndicat posséderaient un matériel assez puissant pour suffire aux transports extraordinaires de toute nature auxquels le chemin de grande ceinture pourrait être employé, et présenteraient à cet égard des garanties exceptionnelles;

« Que de toutes les observations qui précèdent, il résulte qu'il est préférable de ne pas procéder à une adjudication publique pour la concession du chemin;

« Est d'avis :

« Qu'il y a lieu d'adopter le principe posé dans l'article 1er du projet de loi, en ce qui concerne la déclaration d'utilité publique du chemin de fer comme chemin d'utilité général et le tracé;

« Mais qu'il ne convient pas de procéder à une adjudication publique pour la concession, et qu'il est préférable que le ministre des travaux publics négocie à cet effet avec la compagnie des chemins de fer d'Orléans, du Nord, de l'Est et de Paris à Lyon et à la Méditerranée, constituées en syndicat, en réservant à la compagnie de l'Ouest la faculté d'entrer dans ce syndicat.

« Cet avis a été délibéré et adopté par le conseil d'Etat, dans sa séance du 11 juin 1874. »

Le Gouvernement, en suite de cet avis, a engagé des négociations avec les quatre compagnies signataires de la soumission du 16 février 1872, et le résultat de cette instruction sert de base aux propositions qui vous sont soumises.

EXAMEN DU PROJET DE LOI

L'article 1er du projet de loi détermine le tracé dont l'utilité publique est déclarée et indique sa direction générale par ou près Saint-Germain-en-Laye, Poissy, Argenteuil, Duguy, Nogent-sur-Marne, Villeneuve-Saint-Georges, Epinay-sur-Orge, Palaiseau, pour rejoindre à Versailles la gare des Chantiers, et ensuite la gare des Matelots qui lui sert de point de départ.

La longueur de cette ligne principale est de 124 kilomètres ; une ligne complémentaire s'y rattache d'une longueur de 16 kilomètres, allant d'Epinay-sur-Seine à la gare établie par la compagnie du Nord dans la plaine Saint-Denis, passant à Pantin et rejoignant la ligne principale à Noisy-le-Sec, sur le chemin de fer de l'Est.

Cette dernière ligne est motivée par la grande importance du trafic transitant entre le Midi, l'Est et le Nord qu'elle desservira par les gares de triage de Pantin et de la plaine Saint-Denis, en les mettant en relations directes et rapides.

Dans ce long circuit enveloppant Paris, le chemin de grande ceinture se raccorde successivement avec toutes les grandes artères rayonnantes, et il serait superflu de faire ressortir les avantages qu'il offrira au point de vue de la facilité des transports et du développement des transactions commerciales.

Ce tracé doit emprunter, au moins à titre provisoire, plusieurs sections de chemins de fer actuellement en exploitation sur une longueur totale de 52 kilomètres à savoir :

Sur le réseau de l'Ouest :

De la gare des Chantiers à la gare des Matelots, à Versailles.	4.500 mètres.
De Poissy au pont-de-Maisons.	10.000 —

Sur le réseau du Nord :

D'Epinay-sur-Seine à la gare de la plaine Saint-Denis....	5.500 —

Sur le réseau de l'Est :

De Pantin à Noisy-le-Sec..	6.500 —
De Noisy-le-Sec à Nogent-sur-Marne.	7.500 —
De Champigny à Sucy-en-Brie.	4.500 —

Sur le réseau de Lyon-Méditerranée :

De Villeneuve-Saint-Georges à Juvisy	9.000 —

Sur le réseau d'Orléans :

De Juvisy à Epinay-sur-Orge.	4.500 —
	52.000 mètres.

Ensemble 52 kilomètres qui auraient entraîné, s'il eût fallu les construire d'après les évaluations du Gouvernement, à une dépense de 28 millions.

La partie de la ligne à construire est réduite ainsi à 88 kilomètres et sa dépense évaluée à 590,000 fr., par kilomètre, soit 52 millions.

L'emprunt des sections des chemins actuellement exploités procure donc une importante économie ; il abrégera considérablement le temps d'exécution des travaux, et dans tous les cas la convention stipule que les voies actuelles de tout ou partie des sections empruntées seront doublées, dès que l'insuffisance de ces voies aura été constatée par l'administration, après une enquête, et que ces travaux complémentaires auront été prescrits par le conseil d'Etat.

Adoptant l'avis du conseil d'Etat, votre commission a été unanime pour déclarer l'utilité publique du chemin de fer de grande ceinture comme chemin d'intérêt général, formant une dépendance naturelle et nécessaire des grands réseaux, et pour en demander l'achèvement à bref délai.

L'ensemble de l'article 1er du projet de loi a été voté après avoir toutefois soulevé les objections suivantes :

La minorité de la commission, s'appuyant sur l'avis du conseil général des ponts-et-chaussées, a montré les inconvénients de l'emprunt des sections actuellement exploitées, et a demandé que le chemin de grande ceinture n'ait aucun parcours commun avec les grandes lignes existantes. Suivant elle, si les lignes ne sont pas indépendantes, si l'on ajoute sur les mêmes rails, le tracé du chemin de ceinture au trafic déjà considérable dans les environs de Paris, on s'expose à des complications inévitables qui enlèvent toute sécurité à la circulation, et dans les moments de crise, que l'on doit prévoir, sans les désirer, où de grandes masses de troupes devront être rapidement transportées, ces emprunts seront cause d'encombrements et peut-être de désastres incalculables, dont on ne peut trop se préserver.

En conséquence, eu égard à cette extrême complication du passage des trains sur les lignes rayonnantes et sur le chemin projeté, la continuité d'une exploitation circulaire, se combinant avec l'exploitation centrale, semble impossible dans de bonnes conditions de sécurité et de célérité ; on ne doit donc admettre aucun emprunt des lignes existantes.

La majorité de votre commission, sans méconnaître ce qui pouvait être fondé dans les précédentes objections, a pensé cependant qu'il n'y avait pas lieu de s'y arrêter pour les raisons suivantes :

Le tracé présenté par le Gouvernement n'est pas incompatible avec le doublement des voies sur tout son parcours, et il en a été tenu compte dans la convention.

On lit en effet, à l'avant-dernier paragraphe de l'article 1er :

« Les voies actuelles de tout ou partie des sections communes, seront doublées lorsque l'insuffisance de ces voies aura été constatée par l'administration, après enquête, et que ces travaux complémentaires auront été prescrits par décrets délibérés en conseil d'Etat. »

D'un autre côté, le doublement des voies augmenterait la dépense prévue au projet du Gouvernement. Au lieu de 52 millions, on aurait 80 millions à dépenser, ce qui est une augmentation considérable. La combinaison proposée permet donc de réaliser une importante économie sur les frais de premier établissement ; et de plus, elle abrège notablement le délai d'exécution des travaux.

En outre, si l'on nous permet d'entrer dans quelques détails pratiques, la ligne entre Poissy et le Pont-de-Maisons est actuellement parcourue par les trains de Rouen et de Cherbourg, et son prolongement reçoit de plus, entre Bois-de-Colombes et Paris, sans aucun inconvénient les trains de Saint-Germain, en nombre plus que triple que celui prévu par les trains de grande ceinture. La ligne entre Poissy et le Pont-de-Maisons n'a donc pas besoin, pour le moment, d'être doublée.

Nous ne parlons pas des circonstances où de grands transports militaires devraient être exécutés à bref délai, les transports privés seraient alors forcément interrompus sur les lignes rayonnantes, et les tronçons empruntés complétement libres et au service des trains militaires, quelque nombreux qu'ils puissent être.

L'indépendance des voies n'est pas, d'ailleurs, le remède le plus efficace ; il faut avant tout des gares bien dégagées où le matériel ne séjourne que juste le temps nécessaire pour les chargements et déchargements ; il faut ensuite de puissantes gares de triage à la rencontre des grands courants de marchandises.

Lorsqu'en 1871, dans des circonstances les plus désastreuses, les grands encombrements se sont produits, votre commission d'enquête des transports a constaté que, presque partout, les gares seules et non les rails ont fait défaut.

Il est résulté de nombreuses dépositions : que les wagons ne trouvaient pas dans les gares des quais assez étendus, qu'ils manquaient de voies de service pour sortir des trains et aller au lieu de déchargement. Ils séjournaient alors pendant un temps souvent beaucoup plus long que celui même de leur parcours sur les rails de gare à gare ; telle est la véritable cause de tous les déplorables retards que nous avons subis.

GARES DE TRIAGE

C'est pour éviter de pareils inconvénients à l'avenir, que l'on exécute de grandes gares de triage au point de rencontre des lignes principales.

Au moyen d'un grand nombre de voies communiquant entre elles et avec les rails de pleine voie, les trains se forment, se divisent, se croisent, se classent et manœuvrent aussi rapidement que des wagons isolés dans les gares ordinaires.

Un train arrivant de l'Est par exemple, avec des wagons pour le Nord et le Midi, trouve devant lui un faisceau de voies parallèles, où il peut lancer chacun de ses wagons séparés, suivant leurs différentes destinations, formant ainsi sur chaque voie des trains entiers de marchandises de même nature, qui n'éprouvent plus aucun transbordement ni retard jusqu'à l'arrivée.

L'étendue de ces gares de triages est considérable ; elles exigent le choix de grandes surfaces de terrain au niveau et dans la direction des voies principales, et doivent être en outre reliées entre elles par des embranchements directs n'ayant ni courbes ni déclivités prononcées.

Le tracé proposé par le Gouvernement satisfait seul à ces conditions essentielles, et, sous réserve des observations suivantes qui ont pour but de le compléter, plutôt que de le modifier, votre commission vous en propose l'adoption.

Quelques réclamations au sujet de ce tracé nous ont été adressées au nom des communes de Saint-Germain-en-Laye, de Gonesse, de Limours et de Monthléry.

Votre commission aurait désiré pouvoir satisfaire complètement ces intérêts des plus sérieux ; mais d'autres considérations d'intérêt général et les exigences d'un tracé à grands rayons et à faibles pentes, l'ont obligée à maintenir le tracé du projet de loi.

La compagnie du chemin de fer de Bondy à Aulnay-les-Bondy a déposé une réclamation que, pour les mêmes raisons que ci-dessus, nous avons dû écarter, comme ne pouvant modifier votre décision.

Afin de laisser moins d'espace entre les localités désignées pour servir de jalons, nous vous proposons d'ajouter les noms d'Epinay-sur-Seine et de Stains, où passe le tracé entre Argenteuil et Dugny, ainsi que les noms des villages de Bobigny, Noisy-le-Sec, la Varenne-Saint-Hilaire et Valenton.

La partie comprise entre Villeneuve-Saint-Georges et la vallée de la Bièvre a été l'objet d'un mûr examen. Le tracé arrêté dans la convention provisoire passée entre M. le ministre des travaux publics et les grandes compagnies va de Villeneuve-Saint-Georges à Juvisy par la ligne de Lyon, puis de Juvisy à Epinay-sur-Orge sur la ligne d'Orléans, et gagne ensuite Palaiseau et la Bièvre en remontant le cours de l'Yvette.

Ce tracé remplace celui qui, de Villeneuve-Saint-Georges, remontait le coteau de la rive gauche de la Seine entre Ablon et Villeneuve-le-Roi, passait près de Wissous, de Massy, et arrivait à Palaiseau, après avoir monté pour redescendre une hauteur totale de 47 mètres.

La déviation du tracé par Epinay-sur-Orge a pour objet de faciliter le parcours des marchandises venant de l'Ouest pour aller de Palaiseau vers Juvisy et les points au delà, et de satisfaire en outre l'intérêt départemental, en mettant en communication facile et prompte avec Versailles les deux chefs-lieux d'arrondissement de Corbeil et d'Etampes. Ce nouveau tracé entraîne l'obligation de compléter les travaux de défense au sud de Paris, et, par suite, une augmentation de dépenses pour lesquelles il est nécessaire de trouver les moyens d'exécution.

Votre commission s'est assurée des dispositions du Gouvernement, qui ne passera pas outre à l'exécution des conventions nouvelles avant d'avoir fait les fonds nécessaires. M. le ministre des travaux publics l'a, du reste, dans l'exposé des motifs où nous lisons que « le déplacement de la ligne est consenti par M. le ministre de la guerre, moyennant qu'il sera spécialement pourvu aux augmentations de dépenses qui en pourraient résulter pour le service militaire. »

En terminant l'examen de cet article, votre commission vous propose la suppression des mots : « par suite du développement de la circulation, » et le remplacement du mot « lorsque » par le mot « dès que », pour mieux indiquer la volonté que le doublement ne souffre pas de retard dès qu'il sera reconnu nécessaire.

Pour ces différents motifs, nous vous proposons d'approuver le premier article du projet de loi dans les termes suivants :

Est déclaré d'utilité publique l'établissement d'un chemin de fer dit de grande ceinture de Paris, ledit chemin de fer partant de la gare dite des Matelots sur le chemin de fer de l'Ouest à Versailles, passant par ou près Saint-Germain-en-Laye, Poissy, Argenteuil, Epinay-sur-Seine, Stains, Dugny, Bobigny, Noisy-le-Sec, Nogent-sur-Marne, la Varenne-Saint-Hilaire, Valenton, Villeneuve-Saint-Georges, Juvisy, Epinay-sur-Orge, Longjumeau, Palaiseau, Bièvre et rejoignant la chemin de fer de l'Ouest, à la gare des Chantiers, à Versailles, avec raccordement sur les lignes principales rayonnant de Paris, y compris une ligne complémentaire d'Epinay-sur-Seine à la gare de Noisy-le-Sec, sur la ligne de l'Est, passant par les gares de triage de la plaine de Saint-Denis et de Pantin.

La commission continuant l'examen du projet de loi, une discussion s'est engagée sur le principe de la convention. La concession directe sans adjudication aux grandes compagnies syndiquées a été combattue par la minorité, faisant valoir les raisons suivantes :

Le système de l'adjudication présente des avantages sérieux que l'administration elle-même avait reconnus, puisqu'elle avait proposé, dans le principe, la mise en adjudication de cette entreprise ; nous ne devons pas abandonner ces avantages.

D'ailleurs si l'importance du travail semble un obstacle à ce système, il est facile de le fractionner en cinq lots, par exemple, ce qui procurera l'avantage d'attaquer le terrain sur cinq points à la fois, et d'obtenir ainsi et des économies par l'effet de la concurrence, et, par la division du travail confié à plusieurs mains, une exécution plus rapide.

Suivant ce même ordre d'idées, pourquoi ne pas accepter les propositions de diverses sociétés qui offrent de faire le chemin suivant les tracés que désignera l'administration, à forfait et à un prix par kilomètre beaucoup inférieur au chiffre du projet du Gouvernement, tout en réservant l'exploitation de l'ensemble aux grandes compagnies ?

Cette exploitation serait alors l'objet d'une convention ultérieure entre M. le ministre des travaux publics et les grandes compagnies syndiquées ou non.

La majorité de votre commission n'a pas partagé cette manière de voir ; elle a pensé, au contraire, que le système d'adjudication publique ne pouvait pas être adopté dans la circonstance actuelle ; que l'on s'exposerait à de graves mécomptes en acceptant les propositions des sociétés financières qui n'ont jamais exécuté de travaux ; qui, sans études, sans devis, sans état estimatif assez complet pour pouvoir connaître la portée de leurs engagements, consentiraient cependant à s'engager, par une soumission basée sur un prix à forfait par kilomètre construit, et d'après un tracé tout différent de celui qu'elles ont préparé. Plusieurs de ces sociétés, d'ailleurs, n'ont pas pu maintenir les propositions qu'elles avaient faites et se sont retirées pour divers motifs; on se fait aisément une idée des graves embarras qui auraient surgi, si l'on s'était hâté de leur accorder ce qu'elles demandaient.

L'adjudication par lots présenterait, en outre, l'inconvénient de détruire l'uniformité du travail de construction, si nécessaire pour une bonne exploitation, tandis que le syndicat des grandes compagnies confèra l'ensemble du chemin à un seul service d'ingénieurs, procurant ainsi l'unité d'action et de direction, que l'on n'obtiendrait pas autrement.

Il est superflu d'insister sur le point de vue stratégique et sur les besoins des intérêts commerciaux, dont le conseil d'État a rappelé toute l'importance, en ajoutant qu'eu égard à cette situation, il ne convient pas de courir les chances incertaines d'une adjudication publique.

Le prix élevé d'évaluation de la dépense par kilomètre nous a paru justifié par les circonstances particulières où l'on se trouve, dans la banlieue de Paris, ayant à traverser des terrains chers, couverts de constructions, d'usines, de maisons de plaisance, coupés par de nombreux chemins; ce prix est d'ailleurs en rapport avec celui de lignes voisines, exécutées par différentes compagnies dans les mêmes conditions de dépense.

Les grandes compagnies ont l'expérience de ces travaux, elles en ont beaucoup exécuté, elles peuvent faire aussi économiquement que les autres sociétés, et de plus c'est leur intérêt. Elles ont en effet le plus grand intérêt à éviter des dépenses exagérées qui pourraient, en cas d'insuffisance, en grevant outre mesure le capital de premier établissement, amener la garantie de l'État.

Cette garantie, en effet, ainsi que l'ont si bien démontré nos récentes discussions, n'est qu'une simple avance, un véritable prêt qu'il faudra bien rembourser à l'État tôt ou tard, intérêt et principal, et dont répondent, à l'expiration de la concession, l'immense matériel et les approvisionnements de ces compagnies.

D'après l'article 5 de la convention, les dépenses et les recettes ainsi que les charges du capital résultant pour chaque compagnie syndiquée de la construction et de l'exploitation du chemin de grande ceinture, seront portées au compte de l'exploitation de son ancien réseau.

Par cette disposition, les intérêts des deux chemins seront connexes, comme en réalité dans une certaine mesure, seront confondus les services que rendront ces deux lignes parallèles et auxiliaires. On évitera ainsi l'antagonisme des deux lignes, il n'y aura pas de raisons, en effet, pour que la ligne de ceinture intérieure conserve, aux dépens de la nouvelle ligne et des intérêts commerciaux, plus de trafic que la situation ne le comporte, et, d'autre part, si le chemin de ceinture extérieure arrive à faire des recettes supérieures aux charges du capital de premier établissement, cet excédant s'ajoutera aux produits de l'ancien réseau et profitera ainsi au Trésor.

Pour ces différents motifs, votre commission vous propose d'approuver l'ensemble des conditions financières de la convention et du projet de loi.

L'article 8 de la convention fixait à dix-huit mois le délai accordé à la compagnie de l'Ouest, pour entrer dans le syndicat aux conditions stipulées par ladite convention. Ce délai a paru trop élevé à votre commission qui l'a réduit à une année, temps suffisant à la compagnie de l'Ouest pour se rendre compte de la portée de l'engagement qu'elle aurait à prendre.

Nous terminerons par cette phrase du rapport si remarquable de notre honorable collègue, le général de Chabaud La Tour.

« La création des voies ferrées, en faisant de Paris le centre des communications rapides, a augmenté la valeur stratégique tout à fait exceptionnelle que lui ont donnée de tout temps sa position géographique et la configuration du terrain environnant, et dont nos récents désastres, en nous enlevant nos frontières, viennent encore d'accroître l'importance. »

C'est pour compléter ces voies ferrées, autour de Paris, que nous vous demandons de dévouloir bien voter le projet de loi qui vous est présenté.

Vous assurez, en le votant, l'accomplissement d'une œuvre depuis longtemps attendue, et qui donnera aux populations voisines de Paris, ainsi qu'aux grands intérêts généraux du commerce et de l'industrie, une légitime satisfaction.

En conséquences des observations qui précèdent, votre commission a l'honneur de vous proposer l'adoption du projet de loi suivant.

PROJET DE LOI

Art. 1er. — Est déclaré d'utilité publique, l'établissement d'un chemin de fer, dit de grande ceinture de Paris, ledit chemin de fer partant de la gare dite des Matelots, sur le chemin de fer de l'Ouest, à Versailles, passant par ou près Saint-Germain-en-Laye, Poissy, Argenteuil, Épinay-sur-Seine, Stains, Dugny, Bobigny, Noisy-le-Sec, Nogent-sur-Marne, La Varenne Saint-Hilaire, Valenton, Villeneuve-Saint-Georges, Juvisy, Épinay-sur-Orge, Longjumeau, Palaiseau, Bièvre et rejoignant le chemin de fer de l'Ouest à la gare des Chantiers, à Versailles, avec raccordements sur les lignes principales rayonnant de Paris, y compris une ligne complémentaire d'Épinay-sur-Seine à la gare de Noisy-le-Sec, sur la ligne de l'Est, passant par les gares de triage de la plaine Saint-Denis et de Pantin.

Art. 2. Est approuvée la convention provisoire passée par les compagnies du Nord, de l'Est, d'Orléans, de Paris à Lyon et à la Méditerranée, réunies en syndicat pour la confection du chemin de fer et de ses embranchements énoncés à l'article 1er ci-dessus.

Art. 3. — Ladite convention ainsi que les traités à passer avec les compagnies syndiquées, sous l'approbation du Gouvernement, soit avec une ou plusieurs compagnies non syndiquées, pour assurer l'exploitation du chemin de fer et de ses embranchements, ne seront passibles que du droit fixe de 3 fr.

CONVENTION

L'an mil huit cent soixante-quinze, et le
Entre le ministre des travaux publics, agissant au nom de l'État, sous la réserve de l'approbation des présentes par une loi,

D'une part;

Et :

1° La compagnie du chemin de fer du Nord, représentée par MM. le baron Alphonse de Rothschild, Germain-Joseph Delebecque, Armand-André-Amé, baron de Saint-Didier, président, vice-président et membre du conseil d'administration de ladite compagnie, agissant en vertu des pouvoirs qui leur ont été conférés par une délibération dudit conseil, en date du 14 mai 1875;

2° La compagnie des chemins de fer de l'Est, représentée par MM. Henri Davillier et Alphonse Baude, président et vice-président du conseil d'administration de ladite compagnie, agissant en vertu des pouvoirs qui leur ont été conférés par une délibération dudit conseil en date du 5 mai 1875;

3° La compagnie du chemin de fer de Paris à Orléans, représentée par M. François Bartholony, président du conseil d'administration de ladite compagnie, agissant en vertu des pouvoirs qui lui ont été conférés par une délibération dudit conseil, en date du 30 avril 1875 ;

4° La compagnie des chemins de fer de Paris à Lyon et à la Méditerranée, représentée par M. Vuitry, président du conseil d'administration de ladite compagnie, agissant en vertu des pouvoirs qui lui ont été conférés par une délibération dudit conseil, en date du 30 avril 1875 ;

Et sous la réserve de l'approbation des présentes par l'assemblée générale des actionnaires de chacune desdites compagnies dans le délai d'un an au plus tard ;

D'autre part,

Il a été convenu ce qui suit :

Art. 1ᵉʳ. — Le ministre des travaux publics, au nom de l'État, concède aux compagnies du Nord, de l'Est, de Paris à Orléans et de Paris à Lyon et à la Méditerranée, réunies en syndicat, un chemin de fer, dit de la grande ceinture de Paris, ledit chemin vie fer partant de la gare dite des Matelots, sur le chemin de fer de l'Ouest, à Versailles, passant par ou près Saint-Germain-en-Laye, Poissy, Argenteuil, Epinay-sur-Seine, Stains, Dugny, Bobigny, Noisy-le-Sec, Nogent-sur-Marne, La Varenne-Saint-Hilaire, Valenton, Villeneuve-Saint-Georges, Juvisy, Epinay-sur-Orge, Longjumeau, Palaiseau, Bièvre et rejoignant le chemin de fer de l'Ouest à la gare des Chantiers, à Versailles, avec raccordements sur les lignes principales rayonnant de Paris, et, en outre, une ligne complémentaire d'Epinay-sur-Seine à la gare de Noisy-le-Sec, sur la ligne de l'Est, passant par les gares de triage de la plaine Saint-Denis et de Pantin.

Le chemin de fer ci-dessus énoncé empruntera les sections actuellement en exploitation désignées ci-après :

Sur le réseau de l'ouest : de la gare des chantiers, à Versailles, à la gare des Matelots ; de Poissy à Maisons ;

Sur le réseau du nord : d'Epinay-sur-Seine à la gare de la plaine Saint-Denis ;

Sur le réseau de l'est : de Bondy à Nogent-sur-Marne ; de Champigny à Sucy-en-Brie ;

Sur le réseau de Paris-Lyon-Méditerranée : de Villeneuve-Saint-Georges à Juvisy ;

Sur le réseau d'Orléans : de Juvisy à Epinay-sur-Orge.

Les voies actuelles de tout ou partie des dites sections seront doublées dès que l'insuffisance de ces voies aura été constatée par l'administration, après enquête, et que ces travaux complémentaires auront été prescrits par décrets délibérés en conseil d'État.

Le trafic de transit des marchandises entre Epinay-sur-Seine et Noisy-le-Sec pourra être dirigé, au choix du syndicat, soit sur la ligne passant par Dugny, soit sur la ligne complémentaire désignée ci-dessus.

Art. 2. — La compagnie de grande ceinture s'engage à exécuter ledit chemin dans un délai de trois ans, à partir de l'approbation par le ministre des travaux publics des projets définitifs de ce chemin.

Elle devra produire ces projets définitifs dans le délai d'un an à partir de la loi approbative de la présente convention

Faute par elle d'avoir produit ses projets dans le délai ci-dessus énoncé, le délai de trois ans fixé pour l'exécution des travaux sera réduit d'un temps égal au retard apporté par la Compagnie dans la production desdits projets.

Art. 3. — Le chemin énoncé dans l'article 1ᵉʳ ci-dessus sera soumis, en tant qu'il n'y est pas dérogé par la présente convention, au cahier des charges annexé à la convention passée le 11 avril 1857 avec la compagnie d'Orléans, et approuvée par décret du 19 juin 1857, ainsi qu'aux dispositions additionnelles résultant de l'article 5 de la convention passée le 11 juin 1863, avec la même

compagnie et approuvée par décret du 6 juillet 1863 ; sous la réserve, en outre, des modifications stipulées dans l'article 11 de la loi du 23 mars 1874, et des dispositions ci-après :

Il sera ajouté à l'article 15 du cahier des charges le paragraphe suivant :

Dans tous les cas où l'administration le jugera utile, il pourra être accolé aux ponts établis par le syndicat pour le service du chemin de fer, une voie charretière ou une passerelle pour pié tons. L'excédant de dépense qui en résultera, sera supporté par l'État, le département ou les communes intéressées, après évaluation contradictoire des ingénieurs de l'État et du syndicat.

Les dispositions de l'article 62, relatives à tout propriétaire de mines, seront également applicables à tout propriétaire d'usine ou de carrière.

Le rayon des courbes pourra être réduit à 300 mètres et le maximum de l'inclinaison des pentes et rampes est fixé à 15 millimètres par mètre, le tout sans préjudice de la faculté accordée à la compagnie par l'article 8 du cahier des charges, de proposer aux présentes dispositions les modifications que les circonstances locales pourraient justifier.

Les terrains seront acquis et les terrassements et ouvrages d'art exécutés immédiatement pour deux voies.

Art. 4. — La concession faite par la présente convention à la compagnie de grande ceinture prendra fin le 31 décembre 1955.

Art. 5. — Les comptes des dépenses et recettes de l'exploitation du chemin de grande ceinture, ainsi que des charges du capital de premier établissement, seront établis à la fin de chaque exercice.

Les charges, ainsi que les produits de toute nature, seront répartis également entre les compagnies syndiquées.

Les dépenses et recettes, ainsi que les charges du capital résultant pour chaque compagnie syndiquée de l'application du présent article, seront portées respectivement au compte de l'exploitation de son ancien réseau, et soumises à l'examen et à la vérification d'une commission de contrôle instituée par un règlement d'administration publique.

Art. 6. — La participation à l'exploitation du chemin de grande ceinture restera attachée à l'exploitation des chemins de fer qu'il est destiné à relier.

A l'expiration de la concession du réseau de chacune des compagnies syndiquées, ou dans le cas de rachat de ce réseau, effectué conformément aux dispositions des cahiers des charges, il sera tenu compte à la compagnie de son droit à la jouissance des produits du chemin de grande ceinture pendant les années qui resteraient à courir jusqu'au terme de la concession dudit chemin de grande ceinture.

Pour régler le montant de ce droit, dans le cas de rachat ci-dessus prévu, on relèvera les produits nets annuels obtenus par ladite compagnie pendant les sept années qui auront précédé celle où le rachat sera effectué ; on en réduira les produits nets des deux plus faibles années, et l'on établira le produit net moyen des cinq autres années.

La part de ce produit net moyen appartenant à la compagnie rachetée formera le montant d'une annuité qui sera due et payée à cette compagnie pendant chacune des années restant à courir pour la durée de la concession du chemin de grande ceinture.

Dans le cas où ce rachat serait effectué avant l'expiration du délai de quinze ans, à dater de l'époque fixée par l'article 2 ci-dessus pour l'achèvement du chemin de grande ceinture, la compagnie rachetée pourra demander que le montant de l'annuité qui lui serait due soit calculé, non d'après les produits nets, mais d'après les dépenses de premier établissement dudit chemin, pour la part qui lui incombe dans ces dépenses.

Chaque compagnie rachetée recevra, en outre, dans les trois mois qui suivront le rachat, les remboursements auxquels elle aurait droit, à l'expiration de la concession, selon l'article 36 du cahier des charges.

L'État sera substitué envers la compagnie de grande ceinture aux droits et obligations de la compagnie ou des compagnies dont il aura acheté la concession.

Art. 7. — Les traités à passer par les compagnies syndiquées soit entre elles, soit avec une ou plusieurs compagnies non sydiquées, pour régler les conditions d'exploitation du chemin de grande ceinture et assurer la continuité du service, seront soumis à l'administration et approuvés par décrets délibérés en conseil d'État.

Art. 8. — La compagnie de l'Ouest aura la faculté, pendant un délai d'un an, à dater de la loi approbative de la présente convention, d'entrer aux conditions stipulées par ladite convention dans le syndicat constitué en vertu de l'article 1er ci-dessus.

Rappel de l'article 11 de la loi du 23 mars 1874.

Si des compagnies de chemin de fer déjà existantes ou à créer et concessionnaires de lignes venant s'embrancher sur les lignes concédées par la présente loi, empruntent des parties de ces lignes, ces compagnies ne payeront le prix du péage que pour le nombre de kilomètres réellement parcourus; un kilomètre entamé étant d'ailleurs considéré comme parcouru.

Dans le cas où le service de ces mêmes chemins de fer devrait être établi dans les gares appartenant aux compagnies rendues concessionnaires ou adjudicataires par la présente loi, la redevance à payer à ces compagnies sera réglée, d'un commun accord, entre les deux compagnies intéressées, et, en cas de dissentiment, par voie d'arbitrage.

En cas de désaccord sur le principe ou l'exercice de l'usage commun desdites gares, il sera statué par le ministre, les deux compagnies entendues.

Annexe n° 3139.

PROJET DE LOI tendant à autoriser le département du Loiret à s'imposer extraordinairement pour la construction d'une école normale et l'établissement d'un chemin de fer d'intérêt local, présenté au nom de M. le maréchal de Mac Mahon, duc de Magenta, Président de la République française, par M. Buffet, vice-président du conseil, ministre de l'intérieur.

EXPOSÉ DES MOTIFS

Messieurs, le conseil général du Loiret a reconnu depuis plusieurs années la nécessité de transférer sur un nouvel emplacement l'école normale d'instituteurs d'Orléans actuellement installée dans des locaux insuffisants et malsains.

D'après le projet approuvé par M. le ministre de l'instruction publique, la dépense à effectuer pour réaliser cette entreprise a été évaluée à 231,200 fr., y compris l'acquisition des terrains.

Les ressources applicables à ces travaux, et dont la réalisation est assurée quant à présent, ne s'élèveraient qu'à 154,000 fr., à savoir :

Subvention accordée par l'État	60.000
Prix de vente des bâtiments à abandonner par suite de la translation de l'établissement dans les nouveaux locaux..................................	50.000
A reporter	110.000

Report................	110 000
Aliénation d'une rente de 1,200 fr. appartenant à l'école normale (opération votée par le conseil général, et à laquelle M. le ministre de l'instruction publique se propose de donner suite en temps utile)....	24.000
Crédit porté au budget départemental de 1875	20.000
Total....	154.000

L'exécution du projet exigeait donc encore une allocation complémentaire de 77,200 fr.

D'un autre côté, un arrêté du 22 août 1871 a déclaré d'utilité publique l'établissement, dans le département du Loiret, d'un chemin de fer d'intérêt local partant de la ligne d'Orléans à Tours et aboutissant à la limite d'Eure-et-Loir.

D'après la convention passée avec les concessionnaires, le département était tenu de verser, à titre de part contributive dans la dépense, une somme de 200,000 fr. payable en quatre termes semestriels égaux à partir du 15 janvier 1873.

A cet effet, diverses allocations s'élevant ensemble à 71.000 francs ont été inscrites aux budgets départementaux des exercices 1874 et 1875. La compagnie est en droit d'exiger le versement du surplus. C'est donc une dette de 129,000 fr. qu'il y a lieu de payer. Sur cette somme, 56,600 représentent, il est vrai, des contingents communaux, mais les associations municipales ne s'acquitteront qu'à long terme et le département a pris à sa charge le payement de la subvention entière, sauf à faire recette ultérieurement des souscriptions des communes.

Pour subvenir à la double dépense qui vient d'être mentionnée (206,200 fr.), le conseil général a demandé, dans sa session d'avril dernier, que le département fût autorisé à s'imposer extraordinairement, pendant trois ans à partir de 1876, 2 centimes additionnels au principal des quatre contributions directes.

La nouvelle contribution produirait pendant chaque année 68,000 fr., en chiffre rond, soit en totalité 204,000 fr., c'est-à-dire une somme à peu près égale au déficit constaté.

Si les propositions qui viennent d'être analysées étaient adoptées, les charges extraordinaires des contribuables, fixées actuellement au maximum légal de 12 centimes, se trouveraient portées pendant trois ans à 14 centimes, chiffre inférieur à la proportion moyenne (16,02).

L'augmentation proposée serait aisément supportée par le département, dont la situation est satisfaisante au point de vue de la rentrée de l'impôt, ainsi que le prouve le taux des frais de poursuites (0,41) comparé à la moyenne (1,86).

Aussi M. le ministre des finances ne verrait-il aucun inconvénient à ce que le vote du conseil général reçût la sanction législative.

PROJET DE LOI

Article unique. — Le département du Loiret est autorisé, conformément à la demande que le conseil général en a faite dans sa session d'avril 1875, à s'imposer extraordinairement, pendant trois ans, à partir de 1876, 2 centimes additionnels au principal des quatre contributions directes, dont le produit sera affecté à la reconstruction de l'école normale d'instituteurs d'Orléans et à l'établissement d'un chemin de fer d'intérêt local.

Cette imposition sera recouvrée, indépendamment des centimes extraordinaires, dont le maximum est fixé chaque année par la loi de finances, en exécution de la loi du 10 août 1871.

Annexe n° 3140.

PROJET DE LOI tendant à réunir à la commune de Coat-Méal (canton de Plabennec, arrondissement de Brest, département du Finistère) plusieurs villages dépendant de la commune de Plouguin (canton de Ploudalmézeau (même arrondissement), présenté au nom de M. le maréchal de Mac Mahon, duc de Magenta, Président de la République française, par M. Buffet, vice-président du conseil, ministre de l'intérieur.

EXPOSÉ DES MOTIFS

Messieurs, plusieurs villages dépendant de la commune de Plouguin (canton de Ploudalmézeau, arrondissement de Brest, département du Finistère) demandent à être annexés à la commune de Coat-Méal (même arrondissement).

Les villages dont il s'agit sont situés à 8 ou 10 kilomètres du bourg de Plouguin; la distance qui les sépare de Coat-Méal n'est, au contraire que de 1 kilomètre pour quelques-uns et n'atteint pas 6 kilomètres pour les plus éloignés. L'annexion de ces diverses agglomérations à Coat-Méal, en les rapprochant de leur chef-lieu cantonal, faciliterait aux habitants l'accomplissement des devoirs civils et religieux qui leur occasionne, dans l'état actuel, de longs et pénibles déplacements. Très-avantageux pour la commune de Coat-Méal qui n'a que 214 habitants et 43 hectares de superficie, la mesure n'amoindrirait pas cependant d'une manière sensible l'importante commune de Plouguin.

Telles sont les considérations invoquées par les pétitionnaires, et il suffit de jeter les yeux sur le plan joint au dossier, pour reconnaître que leur demande est justifiée. La commune de Plouguin au préjudice de laquelle s'opérerait le remaniement territorial projeté ne conteste pas les inconvénients de la situation des demandeurs, elle reconnaît qu'ils ne peuvent ni se rendre à l'église de Plouguin pour les offices ordinaires, ni profiter des écoles du chef-lieu pour l'instruction de leurs enfants; elle s'oppose néanmoins à tout démembrement de son territoire et propose, pour trancher la difficulté, de supprimer la commune de Coat-Méal, qui formerait, avec les villages voisins, une section dépendant de la commune de Plouguin, sauf à l'administration à doter cette section d'un adjoint spécial, chargé d'y remplir les fonctions d'officier de l'état civil.

Cette combinaison serait contraire aux intérêts de la commune de Coat-Méal et aux vœux des pétitionnaires. Aussi, n'a-t-elle été acceptée par aucune des autorités consultées pendant l'instruction et qui ont été unanimes à se prononcer en faveur du projet tel qu'il avait été présenté.

Les craintes exprimées par le conseil municipal de Plouguin, quant aux conséquences de l'adoption de ce projet, sont d'ailleurs exagérées; si, en effet, les ressources de la commune doivent diminuer par suite du morcellement de son territoire, les dépenses seront aussi proportionnellement réduites.

La section qui doit être distraite ne possédant aucun bien, soit en propre, soit par indivis, la perte qu'éprouverait la commune de Plouguin se réduirait à 351 fr. 44 en centimes additionnels sur un total de 7,415 fr. 80; il lui resterait après la séparation un revenu de 7,081 fr. 36, somme qui paraît suffisant si l'on considère qu'elle n'est grevée d'aucune dette. Sa population serait de 1,801 habitants et sa contenance de 1,765 hectares. Quant à la commune de Coat-Méal, au lieu de 214 habitants et 43 hectares, elle aura 582 habitants et 846 hectares d'étendue. Cet accroissement l'élèverait au rang des com-

munes de moyenne importance et elle trouverait dans ces nouveaux éléments les ressources qui lui sont nécessaires pour la construction d'une maison d'école réclamée aussi bien par les villages annexés que par les habitants du bourg de Coat-Méal.

En ce qui concerne le changement dans la délimitation du canton, changement que le projet doit entraîner, puisque les communes de Coat-Méal et de Plouguin appartiennent à des justices de paix différentes, les pétitionnaires n'ont pas fait connaître auquel des deux cantons de Plabennec ou de Ploudalmézeau ils désiraient être rattachés.

Le conseil général, de son côté, a réservé la question en proposant de maintenir, au moins provisoirement, la commune de Coat-Méal agrandie dans le canton de Plabennec, dont elle dépend actuellement. M. le garde des sceaux s'est rallié à cette proposition. Il fait d'ailleurs remarquer que, quelle que soit la solution donnée ultérieurement à cette question, le service judiciaire n'en souffrira pas et que l'intérêt des officiers ministériels ne sera pas sérieusement lésé.

Le gouvernement a, en conséquence, l'honneur de soumettre à l'Assemblée nationale le projet de loi ci-joint, qui a déjà reçu l'approbation du conseil d'État.

PROJET DE LOI

Art. 1er. — Le territoire teinté en jaune sur le plan annexé à la présente loi est distrait de la commune de Plouguin, canton de Ploudalmézeau, arrondissement de Brest, département du Finistère, et réuni à la commune de Coat-Méal (canton de Plabennec, même arrondissement).

En conséquence, la limite entre les deux communes de Plouguin et de Coat-Méal sera déterminés par le liséré jaune et carmin, tel qu'il est figuré au plan d'assemblage et au plan parcellaire annexé à la présente loi.

Art. 2. — Cette modification aura lieu sans préjudice des droits d'usage et autres, qui peuvent être respectivement acquis.

Art. 3. — Les autres conditions seront, s'il y a lieu, réglées ultérieurement par décret.

Annexe n° 3141.

PROJET DE LOI tendant : 1° à ratifier une convention passée entre l'État et la ville d'Issoudun (Isère), en vue d'assurer les dépenses du casernement; 2° à autoriser ladite ville à emprunter une somme de 600,000 fr. et à s'imposer extraordinairement, présenté au nom de M. le maréchal de Mac Mahon, duc de Magenta, Président de la République française, par M. Buffet, vice-président du conseil, ministre de l'intérieur; par M. le général de Cissey, ministre de la guerre, et par M. Léon Say, ministre des finances.

EXPOSÉ DES MOTIFS

Messieurs, la ville d'Issoudun (Indre) sollicite l'autorisation :

1° D'emprunter une somme de 600,000 fr., applicable à la conversion de sa dette flottante et à l'exécution des engagements qu'elle a contractés envers l'État, pour l'extension du casernement;

2° De s'imposer 15 c. extraordinaires pendant 20 ans à partir de 1883, pour le remboursement de l'emprunt.

Les dettes de la ville d'Issoudun résultent de plusieurs acquisitions d'immeubles, dont la plus ancienne remonte à 1835 et la plus récente au 21 décembre 1874. Elles atteignent ensemble le chiffre de 44,300 fr.

Aux termes d'une convention approuvée par les trois ministres de l'intérieur, de la guerre et des finances, la ville d'Issoudun s'engage à fournir le terrain nécessaire à l'établissement d'une caserne pour deux bataillons d'infanterie, un champ de tir, un champ de manœuvres de 12 hectares et à prendre à sa charge les frais d'installation d'un quartier militaire dans l'hospice civil.

Les terrains sont évalués à.........	41.000
L'organisation du service hospitalier est prévue pour.....................	15.000
soit une dépense de.................... effectuée directement par la ville qui	56.000
promet, en outre à l'État un subside en argent de........................	250.000
et une avance de.....................	250.000
En ajoutant à cette énumération le montant des dettes précitées, ci......	44.300
on obtient un total de..............	600.300

soit, en chiffres ronds, 600.000 fr., somme égale à l'emprunt sollicité.

Cet emprunt se subdivise lui-même en deux fractions : l'une de 350,000 fr. à la charge de la ville ; l'autre de 250,000 fr. seulement à la charge du Trésor.

La première fraction sera remboursée en vingt-cinq annuités à partir de 1878, la ville supportant, indépendamment de l'intérêt au taux de 5 p. 100, les impôts dont sont passibles les titres et les revenus des emprunts, soit, pour parer à toute éventualité, 5 1/2 p. 100 environ. Il en résultera pour la caisse municipale une charge totale de 748,884 fr., y compris le service des intérêts de 1875 à 1877 inclusivement.

Cette dépense est assurée jusqu'à concurrence de.....................	322.215 »
sur le produit des 15 centimes extraordinaires à percevoir de 1883 à la fin de 1902, et, pour le surplus, soit.....................	426.669 36
sur les revenus ordinaires accrus de la révision du tarif de l'octroi, à raison d'un prélèvement moyen supérieur à 15,000 fr.	
Total égal............	748.884 36

Les propositions concernant l'octroi font l'objet d'un examen distinct.

D'après le relevé des comptes administratifs, les recettes ordinaires de la ville d'Issoudun, dont la moyenne est de 127,738 fr., l'emportent sur les dépenses corrélatives de 14,038 fr. Mais cet excédant est absorbé par les dépenses extraordinaires, de telle sorte que les comptes se règlent en déficit.

Indépendamment des 44,300 fr. de dettes à convertir, la caisse municipale est grevée d'un emprunt de 200,000 fr. dont l'amortissement exige le recours à la totalité du maximum imposable (20 c.) jusqu'à la fin de 1882, point de départ de l'imposition nouvelle de 15 c. affectée au remboursement de l'emprunt de 350,000 fr.

L'augmentation de recette à provenir de la révision de l'octroi est prévue annuellement pour 33,000 fr. Il est vrai qu'elle doit contribuer, pour une somme de 17,000 fr. à la dépense résultant d'une distribution d'eau, dépense qui se traduira par une annuité de 23,000 fr. à payer pendant la durée de la concession. Il n'en restera pas moins disponible une somme de 16,000 fr. qui suffira, avec l'excédant actuel, pour assurer l'amortissement du nouvel emprunt et le fonctionnement de tous les services.

Quant à la portion de l'emprunt à la charge de l'État, elle sera réalisée et versée au Trésor en trois termes :

Le 1er, de 80,000 fr. le 30 septembre 1875 ;
Le 2e, de 85,000 fr. le 31 mars 1876 ;
Le dernier, de 85,000 fr. le 31 mars 1877.

Chaque terme sera remboursé par l'État au taux maximum de 5 p. 100 et dans un délai de douze années. La durée totale de l'opération ne dépassera donc pas quatorze ans. L'amortissement payable par semestre entraînera, suivant les calculs de M. le ministre des finances, une dépense de 335,476 fr. 84.

Par ces motifs, le Gouvernement a l'honneur de soumettre à l'Assemblée nationale le projet de loi ci-joint dont l'adoption aura pour effet de ratifier la convention passée entre l'État et la ville d'Issoudun et de sanctionner les mesures votées par le conseil municipal pour en assurer l'exécution.

PROJET DE LOI

Art. 1er. — La convention passée entre l'État et la ville d'Issoudun (Indre), en vue d'assurer la dépense résultant de l'extension du casernement est définitivement approuvée.

Art. 2. — La ville d'Issoudun est autorisée à emprunter à un taux d'intérêt qui ne pourra, tous frais compris, excéder 5 1/2 p. 100 :

1° Une somme de 350,000 fr., remboursable en 25 ans, à partir de 1878, et destinée à la conversion de ses dettes et à l'exécution des engagements qu'elle a contractés sous la forme de subsides pour l'extension du casernement ;

2° Une somme de 250,000 fr., sous forme d'avance, applicable aux dépenses du casernement et qui sera remboursée par l'État aux conditions ci-après déterminées.

Ces emprunts pourront être réalisés, soit avec publicité et concurrence, soit de gré à gré, soit par voie de souscriptions avec faculté d'émettre des obligations au porteur ou transmissibles par voie d'endossement, soit directement à la caisse des dépôts et consignations, aux conditions de cet établissement.

Les conditions des souscriptions à ouvrir ou des traités à passer de gré à gré, seront préalablement soumises à l'approbation du ministre de l'intérieur.

Art. 3. — Ladite emprunts seront exempts des droits de timbre, mis par la loi à la charge des communes. Cette exemption devra être mentionnée dans le corps même des titres à émettre ainsi que la date, tant de la loi d'autorisation du 4 août 1874 que de la présente loi.

Art. 4. — La même ville est autorisée à s'imposer extraordinairement, pendant vingt années, à partir de 1883, 15 centimes additionnels au principal des quatre contributions directes, devant rapporter une somme totale de 322,215 fr. environ, pour servir, avec un prélèvement sur ses revenus, au remboursement en principal et intérêts, de l'emprunt de 350,000 fr.

Art. 5. — La somme de 250,000 fr., montant des avances à faire à l'État par la ville d'Issoudun, sera versée au Trésor, aux époques et dans les proportions suivantes :

1° Le 30 septembre 1875, 80,000 fr.
2° Le 31 mars 1876, 85,000 fr.
3° Le 31 mars 1877, 85,000 fr.

Ces sommes porteront intérêt au taux maximum de 5 p. 100, à dater de l'époque des versements, et l'amortissement, également calculé au taux maximum de 5 p. 100, sera effectué, pour chaque versement, en douze annuités payables par termes semestriels.

SÉANCE DU SAMEDI 3 JUILLET 1875

Annexe n° 3142.

RAPPORT fait au nom de la commission (*) chargée d'examiner le projet de loi portant approbation d'un traité de commerce conclu à Saigon le 31 août 1874, entre la France et le roya me d'Annam (urgence déclarée), par M. l'amiral Jaurès, membre de l'Assemblée nationale.

Messieurs, par la loi du 4 août 1874, vous avez approuvé le traité conclu à Saigon, le 15 mars de la même année, entre la France et le royaume d'Annam, traité qui ouvre de nouveaux ports aux navires de toutes les puissances maritimes.

Si le traité de commerce, qui devait naturellement faire suite au précédent, ne vous a pas été présenté à cette époque, c'est, ainsi que vous l'a indiqué M. le ministre des affaires étrangères, parce qu'il restait à étudier quelques points qui avaient été réservés et à régler certains détails qui demandaient un examen aussi attentif que minutieux.

Une entente complète s'étant établie entre notre Gouvernement et le souverain de l'Annam, vous avez été saisis, le 17 juin dernier, d'un projet de loi ayant pour but d'autoriser le Président de la République à ratifier le traité commercial conclu à Saigon le 31 août 1874.

Après une étude approfondie du travail qui lui était soumis, votre commission, certaine de servir les intérêts de la civilisation que la France a toujours en vue, a conclu unanimement à l'adoption du projet de loi suivant:

PROJET DE LOI

Article unique. — Le Président de la République française est autorisé à ratifier et, s'il y a lieu, à faire exécuter le traité de commerce conclu à Saigon, le 31 août 1874, entre la France et le royaume d'Annam.

Une copie authentique de ce traité sera annexée à la présente loi.

TRAITÉ DE COMMERCE

Son Excellence le Président de la République française et sa Majesté le roi d'Annam, animés du désir de resserrer les liens qui unissent les deux nations et d'augmenter leur prospérité par la facilité donnée au commerce, ont nommé dans ce but pour leurs plénipotentiaires, savoir :

Son Excellence le Président de la République française :

Le contre-amiral Krantz, commandant en chef la division navale des mers de Chine et du Japon, gouverneur par intérim et commandant en chef en Cochinchine, commandeur de l'ordre national de la Légion d'honneur, etc.

Sa Majesté le roi de l'Annam, les hauts fonctionnaires :

Nguyên, van Tu'ô'ng, ministre de la justice, décoré du titre de ki-vi-ba, premier ambassadeur, et

Nguên tâng Doân, thi lang du ministre de l'In-

(*) Cette Commission est composée de MM. le comte Benoist d'Azy, *président;* Courbet-Poulard, *secrétaire;* l'amiral de Kerjegu, Teisserenc de Bort, le comte Desbassayns de Richemont, Fourcand, baron Decazes, Périn, Vandier, le comte de Rességuier, Delpit, Laboulaye, l'amiral Jaurès, A. Bouillier, Lensel.

térieur, deuxième ambassadeur, lesquels, après communication de leurs pouvoirs respectifs, trouvés en bonne et due forme, sont convenus des articles suivants :

Article premier. — Conformément aux stipulations de l'article 11 du traité du 15 mars, le roi de l'Annam ouvre au commerce étranger, sans distinction de pavillon ou de nationalité, ses ports de Thi-Naï, dans la province de Bình-Dình de Nins-Haï, dans la province de Haï-Duong, la ville de Hanoï et le fleuve de Nhi-Ha, depuis la mer jusqu'à la frontière chinoise.

Art. 2. — Dans les ports ouverts, le commerce sera libre, après l'acquittement d'une taxe de 5 pour 100 de la valeur des marchandises, à leur entrée ou à leur sortie. Ce droit sera de 10 pour 100 sur le sel.

Cependant, les armes et les munitions de guerre ne pourront être ni importées ni exportées par le commerce.

Le commerce de l'opium reste assujetti à sa réglementation spéciale établie par le gouvernement annamite.

L'importation des grains sera toujours permise moyennant un droit de 5 p. 100.

L'exportation des grains ne pourra avoir lieu qu'en vertu d'une autorisation temporaire du gouvernement de l'Annam, autorisation dont il sera donné connaissance au résident français à Hué. Les grains seront, dans ce cas, frappés d'un droit de sortie de 10 p. 100.

L'importation de la soie et du go-liem sera toujours permise.

L'exportation de la soie et du bois dit « goliem » ne sera permise chaque année qu'après que les villages qui paient leurs impôts avec ces deux denrées auront totalement acquitté cet impôt en nature et que le gouvernement annamite en aura acheté les quantités indispensables à son propre usage.

Le tarif d'entrée ou de sortie sur ces matières sera, comme pour toutes les autres marchandises, de 5 p. 100.

Lorsque le gouvernement annamite aura l'intention de profiter de ce droit de suspendre l'exportation de la soie et du bois « go-liem », il en préviendra au moins un mois à l'avance, le résident français à Hué : il lui fera également connaître un mois à l'avance l'époque à laquelle l'exportation de ces denrées redeviendra libre.

Toutes les interdictions, à l'exception de celle qui concerne les armes et les munitions qui ne peuvent être transportées sans une autorisation spéciale du gouvernement annamite, ne s'appliquent pas aux marchandises en transit pour le Yunam ou venant du Yunam; mais le gouvernement annamite pourra prendre des mesures de précaution pour empêcher que les objets prohibés soient débarqués sur son territoire.

Les marchandises transitant par le Yunam n'acquitteront le droit de douane qu'à leur entrée sur le territoire annamite, qu'elles y arrivent par mer ou par la frontière de Chine (province du Yunam).

Aucun autre droit accessoire ou supplémentaire ne pourra être établi sur les marchandises régulièrement introduites à leur passage d'une province ou d'une ville à une autre.

Il est entendu que les marchandises importées ou exportées par des bâtiments chinois ou appartenant à l'Annam seront soumises aux mêmes interdictions, et que celles, importées ou exportées sous pavillon chinois, seront soumises aux mêmes droits que les marchandises importées ou exportées sous pavillon européen ou américain (ce que l'on entend, dans ces deux traités, par pavillons étrangers), mais ces droits seront perçus séparément par les mandarins annamites du service de la douane et versés dans une caisse spéciale, à l'entière disposition du gouvernement annamite.

Art. 3. — Les droits de phare et d'ancrage sont fixés à trois dixièmes de tael par tonneau de jauge pour les navires entrant et sortant avec un chargement, et à quinze centièmes de tael par tonneau pour les navires entrant sur lest et sortant chargés, ou entrant chargés et sortant sur lest.

Sont considérés comme lest les navires dont la cargaison est inférieure au vingtième de leur jauge en encombrement, et à 5 fr. par tonneau en valeur.

Les navires entrant sur lest et partant sur lest ne payeront aucun droit de phare et d'ancrage.

Art. 4. — Les marchandises expédiées de Saïgon pour un des ports ouverts du royaume d'Annam ou à destination de la province du Yunam en transit par le Nhi-Ha, et celles qui sont, expédiées de l'un de ces ports ou de la province du Yunam pour Saïgon, ne seront soumises qu'à la moitié des droits frappant les marchandises de toute autre provenance ou ayant une autre destination.

Pour éviter toute fraude et constater qu'ils viennent bien de Saïgon, ces bâtiments y feront viser leurs papiers par le capitaine du port de commerce et les y feront timbrer par le consul d'Annam.

La douane pourra exiger des bâtiments, à leur départ pour Saïgon, caution pour la moitié des droits auxquels le sont pas soumis en vertu du paragraphe 1er du présent article, et, si la caution ne paraît pas valable, la douane pourra exiger le versement en dépôt de cette moitié de droits, qui sera restituée après justification.

Art. 5. — Le commerce par terre entre la province de Bienhoa et celle de Bình-Thua restera provisoirement dans les conditions où il est en ce moment, c'est-à-dire qu'il ne pourra être établi de nouveaux droits ni apporté aucune modification aux droits existants.

Dans l'année qui suivra l'échange des ratifications du présent traité, une convention supplémentaire réglera les conditions auxquelles sera soumis ce commerce par terre.

En tous les cas, l'exportation des chevaux de l'empire d'Annam à destination de la province de Bienhoa ne pourra être assujettie à des droits plus forts que ceux qui sont payés actuellement.

Art. 6. — Pour assurer la perception des droits et afin d'éviter les conflits qui pourraient naître entre les étrangers et les autorités annamites, le Gouvernement français mettra à la disposition du gouvernement annamite les fonctionnaires nécessaires pour diriger le service des douanes sous la surveillance et l'autorité du ministre chargé de cette partie du service public. Il aidera également le gouvernement annamite à organiser sur les côtes un service de surveillance efficace pour protéger le commerce.

Aucun Européen non français ne pourra être employé dans les douanes des ports ouverts sans l'agrément du consul de France ou du résident français près la cour de Hué avant le payement intégral de l'indemnité espagnole.

Ce payement terminé, si le gouvernement annamite juge que les fonctionnaires employés dans les douanes peuvent se passer du concours des fonctionnaires français, les deux gouvernements s'entendront au sujet des modifications que la détermination rendra nécessaires.

Art. 7. — Les douanes des ports ouverts au commerce étranger devant être dirigées par un fonctionnaire annamite résidant à Ninh-Hai, un fonctionnaire français, mis à la disposition du gouvernement annamite et portant le titre de chef du service européen, résidera dans le même port, afin de se concerter avec lui sur toutes les mesures de détail ayant pour but la bonne organisation du service.

Tous les Européens employés dans les douanes relèveront directement du chef du service européen. Il aura le droit de correspondre pour les affaires de douanes et de commerce avec le consul français et avec le résident français à Hué.

Le chef du service européen et le chef du service annamite s'entendront pour les rapports à adresser au ministre des finances. En cas de dissentiment, chacun d'eux pourra s'adresser directement à ce haut fonctionnaire.

Art. 8. — Les rangs du personnel mis au service de Sa Majesté, ses rapports officiels avec les autorités du pays, ainsi que ses émoluments, seront réglés d'un commun accord entre les deux gouvernements.

Art. 9. — La comptabilité des douanes sera tenue en double dans les bureaux du service européen et dans les établissements financiers désignés par le gouvernement annamite pour encaisser le montant des droits.

Les ordres de recette des droits devront porter le visa du fonctionnaire français et celui du fonctionnaire annamite. Les mêmes formalités seront observées lorsque l'argent devra être extrait des caisses de la douane pour être versé dans celles de l'État.

Les pièces de comptabilité et les registres seront comparés tous les mois.

Art. 10. — Seront prélevés sur le produit des droits de phare et d'ancrage, et, en cas d'insuffisance, sur le produit des droits de douane, sans que jamais le prélèvement puisse dépasser la moitié du revenu brut de ce dernier et dans l'ordre suivant :

1° La solde du personnel européen employé au service des douanes des ports ouverts de l'Annam, celle des employés annamites au autres du même service;

2° La construction et l'entretien des bureaux de la douane;

3° La construction et l'entretien des phares, bateaux-feu, balises;

4° Les travaux de curage et les sondages;

Enfin, toutes les dépenses reconnues nécessaires pour faciliter et activer le développement du mouvement commercial.

Art. 11. — Le tarif des droits établi par la présente convention sera applicable pendant dix ans à dater de l'échange des ratifications; pendant cette période, il ne pourra être modifié que du commun accord des deux hautes parties contractantes et un an au moins après que la proposition en aura été faite par l'une d'elles.

Art. 12. — Toutes les contestations entre les étrangers et le personnel des douanes au sujet de l'application des règlements douaniers seront jugées par le consul et un magistrat annamite.

Art. 13. — Lorsqu'un bâtiment ou étranger arrivera dans les eaux de l'un des ports ouverts au commerce étranger, il aura la faculté d'engager tel pilote qui lui conviendra pour se faire conduire immédiatement dans le port, et de même quand, après avoir acquitté toutes les charges légales, il sera prêt à mettre à la voile, on ne pourra pas lui refuser des pilotes pour le sortir du port sans retard ni délai.

Tout individu qui voudra exercer la profession de pilote pour les bâtiments étrangers pourra, sur la présentation de trois certificats de capitaines de navires, être commissionné par le consul de France et le capitaine du port.

La rétribution payée aux pilotes sera réglée selon l'équité, pour chaque port en particulier par le consul ou agent consulaire et le capitaine du port, en raison de la distance et des difficultés de la navigation.

Art. 14. — Dès que le pilote aura introduit un navire de commerce étranger dans le port, le chef de la douane délèguera un ou deux préposés pour surveiller le navire et empêcher qu'il ne se pratique aucune fraude. Ces préposés pourront, selon leurs convenances, rester dans leurs propres bateaux ou se tenir à bord du bâtiment.

Les frais de leur solde, de leur nourriture et de leur entretien seront à la charge de la douane, et ils ne pourront exiger aucune indemnité ou rétribution quelconque des capitaines ou des consignataires. Toute contravention à cette disposition entraînera une punition proportionnelle au montant de l'exaction, laquelle sera en outre intégralement restituée.

Art. 15. — Dans les vingt-quatre heures qui suivront l'arrivée d'un navire de commerce étranger dans l'un des ports ouverts au commerce étranger, le capitaine, s'il n'est dûment empêché et à son défaut le subrécargue ou le consignataire, devra se rendre au consulat de France et remettra entre les mains du consul les papiers du bord, les connaissements et le manifeste. Dans les vingt-quatre heures suivantes, le consul enverra au chef de la douane un extrait du rôle d'équipage et une note détaillée indiquant le nom du navire, le tonnage légal du bâtiment et la nature de son chargement ; si, par suite de la négligence du capitaine, cette dernière formalité n'avait pu être accomplie dans les quarante-huit heures qui suivront l'arrivée du navire, le capitaine sera passible d'une amende de cinquante piastres par jour de retard au profit de la caisse des douanes ; ladite amende, toutefois, ne pourra dépasser la somme de deux cents piastres.

Aussitôt après la réception de la note transmise par le consulat, le chef de la douane délivrera le permis d'ouvrir la cale. Si le capitaine, avant d'avoir reçu le permis précité, avait ouvert la cale et commencé à décharger, il pourrait être condamné à une amende de cinq cents piastres au plus, et les marchandises débarquées pourraient être saisies, le tout au profit de la caisse des douanes.

Les armes et les munitions de guerre que les bâtiments de commerce pourraient avoir à bord pour leur propre sûreté, devront être énumérées sur les papiers de bord et déclarées en même temps que la composition, la cargaison, à leur arrivée au port ou à la douane.

Si les fonctionnaires du gouvernement annamite le jugent nécessaire, ces armes seront mises en dépôt à terre, entre les mains du capitaine du port et du consul, ou dans le poste frontière, pour n'être rendues qu'au départ du bâtiment, soit qu'il prenne la mer, soit qu'il pénètre sur le territoire chinois.

Dans ce dernier cas, la quantité de munitions et d'armes sera déterminée par le consul et le chef de la douane, en raison des circonstances. Les contraventions seront punies de la confiscation des armes au profit du gouvernement annamite et, en outre, d'une amende qui ne pourra excéder cinq cents piastres.

Si un bâtiment a débarqué clandestinement des armes ou des munitions sur le territoire annamite, ces armes, si elles sont en petit nombre, seront confisquées et les contrevenants seront en outre punis d'une amende de cinq cents piastres au plus ; mais si la quantité d'armes ou de munitions de guerre ainsi débarquée est considérable et constitue un danger, le bâtiment pourra être saisi et confisqué, ainsi que tout ou partie du chargement.

La confiscation d'un bâtiment européen ou américain ne pourra être prononcée que par les deux gouvernements.

Art. 16. — Les capitaines et négociants étrangers pourront louer telles espèces d'allèges et d'embarcations qu'il leur plaira pour transporter des marchandises et des passagers, et la rétribution à payer pour ces allèges, sera réglée de gré à gré par les parties intéressées, sans l'intervention de l'autorité annamite, et par conséquent sans sa garantie, en cas d'accident, de fraude et de disparition des dits allèges. Le nombre n'en sera pas limité et le monopole n'en pourra être concédé à qui que ce soit, non plus que celui de transport par portefaix, des marchandises à embarquer ou à débarquer.

Art. 17. — Toutes les fois qu'un négociant étranger aura des marchandises à embarquer ou à débarquer, il devra d'abord remettre la note détaillée au consul ou agent consulaire qui en donnera communication au chef de la douane. Celui-ci délivrera sur-le-champ un permis d'embarquement ou de débarquement. Il sera alors procédé à la vérification des marchandises, dans la forme la plus convenable pour qu'il n'y ait chance de perte pour aucune des parties.

Le négociant devra se faire représenter sur le lieu de la vérification (s'il ne préfère y assister lui-même), par une personne réunissant les qualités requises, à l'effet de veiller à ses intérêts au moment où il sera procédé à cette vérification pour la liquidation des droits ; faute de quoi, toute réclamation ultérieure restera nulle et non avenue.

Si le négociant ne peut tomber d'accord avec l'employé annamite sur la valeur à fixer, chaque partie appellera deux ou trois négociants, chargés d'examiner les marchandises, et le prix le plus élevé qui sera offert par l'un d'eux sera réputé constituer la valeur des dites marchandises.

Les droits seront prélevés sur le poids net, on déduira, en conséquence, le poids des emballages et contenants. Si le négociant ne peut s'entendre avec l'employé annamite sur la fixation de la tare, chaque partie choisira un certain nombre de caisses et de ballots parmi les colis obérés du litige. Ils seront d'abord pesés bruts, puis tarés ensuite, et la tare moyenne des colis pesés servira de tare pour tous les autres.

Si, pendant le cours de la vérification, il s'élève quelque difficulté qui ne puisse être résolue, le négociant pourra réclamer l'intervention du consul, lequel portera sur-le-champ l'objet de la contestation au chef des douanes, et tous deux s'efforceront d'arriver à un arrangement amiable, mais la réclamation devra avoir lieu dans les vingt-quatre heures, sinon il n'y sera pas donné suite. Tant que le résultat de la contestation restera pendant, le chef de la douane n'en portera pas l'objet sur les livres, laissant ainsi toute latitude pour l'examen et la solution de la difficulté.

Les marchandises qui auraient éprouvé des avaries jouiront d'une réduction de droits proportionnée à leur dépréciation. Celle-ci sera déterminée équitablement et s'il le faut, par expertise contradictoire, ainsi qu'il a été stipulé plus haut.

Art. 18. — Tout bâtiment entré dans l'un des ports ouverts de l'Annam, et qui n'a point encore levé le permis de débarquement mentionné dans l'article précédent, pourra, dans les deux jours de son arrivée, quitter le port et se rendre dans un autre port, sans avoir à payer ni droits d'ancrage, ni droits de douane, attendu qu'il les acquittera ultérieurement dans le port où il effectuera la vente de ses marchandises.

Art. 19. — Les droits d'importation seront acquittés par les capitaines ou négociants au fur et à mesure du débarquement des marchandises et après leur vérification. Les droits d'exportation le seront de la même manière lors de l'embarquement. Lorsque les droits de tonnage et de douane dus par un bâtiment étranger auront été intégralement acquittés, le chef de la douane délivrera une quittance générale, sur l'exhibition de laquelle le consul rendra les papiers de bord au capitaine et lui permettra de partir.

Toutefois, si le capitaine y consent, il sera loi-

sible à l'administra...
ciliter les opérations ...
les droits d'après les ...
soit obligé de décharge ...
en constater la valeur et ...

Art. 20. — Après l'exp...
mentionnés dans l'article 1...
der au déchargement, chaqu...
merce acquittera intégraleme...
phare et d'ancrage fixés par ...
autre droit, rétribution ou surch...
être exigé sous aucun prétexte.

Lors du payement du droit précit...
la douane délivrera au capitaine ou au...
faire un reçu en forme de certificat ...
que les droits de phare et d'ancrage ont ...
tégralement acquittés et, sur l'exhibition...
certificat au chef de la douane de tou...
port où il lui conviendrait de se rendre. ...
pitaine sera dispensé de payer de nouveau...
droits pour son bâtiment, tout navire étra...
ne devant en être passible qu'une seule fo...
chacun de ses voyages d'un pays étranger ...
Annam.

Art. 21. — Tout navire étranger entré dan...
l'un des ports ouverts au commerce, et qui n'y
voudra décharger qu'une partie de ses marchandises, ne payera les droits de douane que pour
la partie débarquée; il pourra transporter le
reste de sa cargaison dans un autre port et l'y
vendre. Les droits seront alors acquittés.

Dans le cas où les étrangers, après avoir acquitté dans un port les droits sur des marchandises qu'ils voudraient les réexporter et aller les vendre
dans un autre port, ils en préviendraient le consul ou agent consulaire; celui-ci, de son côté, in-
formera le chef de la douane, lequel après avoir
constaté l'identité de la marchandise et la parfaite intégrité des colis, remettra aux récla-
mants une déclaration attestant que les droits
afférents auxdites marchandises ont été effectivement acquittés.

Munis de cette déclaration, les négociants
étrangers n'auront, à leur arrivée dans l'autre
port, qu'à la présenter par l'entremise du consul
au chef de la douane, qui délivrera, pour cette
partie de la cargaison, un retard ni sans frais,
un permis de débarquement en franchise de
droits; mais si l'autorité découvrait de la fraude
ou de la contrebande parmi ces marchandises
ainsi réexportées, celles-ci seraient, après vérification, confisquées au profit de la caisse des
douanes.

Art. 22. — Aucun transbordement de marchandises ne pourra avoir lieu que sur permis spécial,
et dans un cas d'urgence. S'il devient indispensable d'effectuer cette opération, il devra en être
référé au consul, qui délivrera un certificat, sur
le vu duquel le transbordement sera autorisé par
le chef de la douane. Celui-ci pourra toujours déléguer un employé de son administration pour y
assister.

Tout transbordement non autorisé, sauf le cas
de péril en la demeure, entraînera la confiscation
au profit de la caisse des douanes de la totalité
des marchandises illicitement transbordées.

Art. 23. — Dans chacun des ports ouverts au
commerce étranger, le chef de la douane recevra
pour lui-même, et déposera au consulat français
des balances légales pour les marchandises et
pour l'argent, ainsi que des poids et mesures
exactement conformes aux poids et aux mesures
en usage dans l'Annam et revêtus d'une estampille et d'un cachet constatant cette conformité.
Ces étalons seront la base de toutes les liquidations de droits et de paiements à faire. On y
aura recours en cas de contestation sur le poids
et la mesure des marchandises, et il sera statué
d'après les résultats qu'ils auront donnés.

Art. 24. — Toute marchandise introduite ou ex-
portée en contrebande, par des navires ou par des
négociants étrangers dans les ports, quelles que

cée entre le front (4-5) de l'enceinte actuelle et
le Drac, suivant l'un des tracés figurés sur le
plan ci-joint. Le tracé à adopter définitivement
sera fixé par un décret du Président de la République.

Art. 2. — La construction de cette enceinte
avancée est déclarée d'utilité publique et d'urgence, ainsi que l'ouverture d'une nouvelle porte
sur le front 2-3. La dépense sera imputée sur le
compte de liquidation des frais de guerre.

Art. 3. — Cette enceinte sera classée dans la
première série, mais elle ne portera servitude
... sur une zone unique de 250 mètres. Les ser-
...s portées par les anciennes fortifications à
...r de l'enceinte avancée seront suppri-
...rque les fossés de cette nouvelle en-
...t à profondeur et ses parapets mas-

... traité passé le 15 octobre 1874
...enoble est approuvé. En con-
...ntion de 470,000 fr. à payer
...tée au crédit du compte
... le produit de la vente
... l'État.
...dant de la fortifi-
... construction de
...nurait pas lieu
...utilisées du
... mieux des
...nts sera
...quée

...
reçu en ...
ports de l'Annam ...
ments pourront s'y ... produ...
rechange et de ravitaillement...
besoin, et s'ils ont fait des avar...
acheter dans ce but les matér...
le tout sans la moindre opposition...

Il en sera de même à l'égard du...
commerce français ou étranger qui ...
d'avaries majeures ou pour toute autre ...
raient contraints de chercher refuge dans...
port quelconque de l'Annam. Mais ces navire...
devront également n'y séjourner que moment...
nément et aussitôt que la cause de leur relâch...
aura cessé, ils devront appareiller sans pouvoir
y prolonger leur séjour et sans pouvoir y commercer.

Si quelqu'un de ces bâtiments venait à se perdre sur la côte, l'autorité la plus proche, dès
qu'elle en serait informée, porterait sur-le-champ
assistance à l'équipage, pourvoirait à ses premiers besoins et prendrait les mesures d'urgence
nécessaires pour le sauvetage du navire et la
préservation des marchandises. Puis elle porterait le tout à la connaissance du consul ou agent
consulaire le plus à portée du sinistre, pour que
celui-ci, de concert avec l'autorité compétente,
pût aviser aux moyens de rapatrier l'équipage et
de sauver les débris du navire et de la cargaison.

Le port de Thuan-an, à cause de sa situation
dans une rivière qui conduit à la capitale et de
sa proximité de cette capitale, fera exception et
aucun bâtiment étranger de guerre ou de commerce ne pourra y pénétrer.

Cependant, si un bâtiment de guerre français
était chargé d'une mission pressée pour le gouvernement de Hué ou pour le résident français,
il pourrait franchir la barre, après en avoir demandé et obtenu l'autorisation expresse du gouvernement Annamite.

Art. 27. — Les navires de commerce annamites
qui se rendent dans tous les ports de France ou
des six provinces françaises de la Basse-Cochin-
chine pour y commercer, y seront traités, au
point de vue des droits de toute nature, comme
la nation la plus favorisée.

Art. 28. — Le gouvernement français renouvelle la promesse faite au gouvernement annamite, à l'article 2 du traité du 15 mars, de faire
tous ses efforts pour détruire les pirates de terre
et de mer, particulièrement dans le voisinage des

villes et ports ouverts au commerce européen, de façon à rendre les opérations du commerce aussi sûres que possible.

Art. 29. — La présente convention aura la même force que le traité du 15 mars 1874, auquel elle restera attachée; elle sera mise en vigueur aussitôt après l'échange des ratifications qui aura lieu en même temps que celui du traité du 15 mars 1874, si c'est possible, et en tous les cas avant le 15 mars 1875.

En foi de quoi les plénipotentiaires respectifs l'ont signée et y ont apposé leurs sceaux.

Fait à Saïgon, au palais du gouvernement, en deux expéditions en chaque langue comparées et conformes entre elles, le trente et un août mil huit cent soixante-quatorze.

Signé : KRANTZ, etc., etc.

Afin d'éviter les difficultés dans l'interprétation de quelques passages des nouveaux traités, les plénipotentiaires des deux hautes parties contractantes sont convenus d'ajouter au présent traité un article additionnel qui sera considéré comme en faisant partie intégrante.

Article additionnel. — Il est entendu que la ville même de Hanoï est ouverte au commerce étranger et qu'il y aura dans cette ville un consul avec son escorte, une douane, et que les Européens pourront y avoir des magasins et des maisons d'habitation aussi bien qu'à Ninh-Haï et à Thi-Naï.

Si par la suite on reconnaissait que la douane de Hanoï est inutile et que celle de Ninh-Haï suffit, la douane de Hanoï pourrait être supprimée, mais il y aurait toujours dans cette ville un consul et son escorte, et les Européens continueraient à y avoir des magasins et des maisons d'habitation.

Les terrains nécessaires pour bâtir les habitations des consuls et de leurs escortes seront cédés gratuitement au Gouvernement français par le gouvernement annamite.

L'étendue de ces terrains sera dans chacune des villes ou ports ouverts de 5 maus, mesure annamite (environ 2 hectares et demi). Les terrains nécessaires aux Européens pour élever leurs maisons d'habitation ou leurs magasins seront achetés par eux aux propriétaires; les consuls et les autorités annamites interviendront dans ces achats, de façon à ce que tout se passe avec équité. Les magasins et les habitations des commerçants seront aussi rapprochés que possible de la demeure des consuls.

A Ninh-Haï, le consul et son escorte continueront à occuper les forts, tant que cela sera jugé nécessaire pour assurer la police et la sécurité du commerce. Il habitera plus tard sur le terrain de 5 maus qui lui aura été concédé.

On respectera les pagodes et les sépultures, et les Européens ne pourront acheter les terrains sur lesquels il existe des habitations qu'avec le consentement des propriétaires et en payant une juste indemnité.

Les commerçants européens payeront l'impôt foncier d'après les tarifs en usage dans la localité où ils habiteront, mais ils ne payeront aucun autre impôt.

A Saïgon, le trente et un août mil huit cent soixante-quatorze.

Signé : KRANTZ, etc., etc.

CONVENTION ANNEXE

Au traité de commerce du 31 août 1874.

Le contre-amiral Krantz, commandant en chef la division navale des mers de Chine et du Japon, gouverneur par intérim et commandant en chef en Cochinchine, commandeur de l'ordre national

de la Légion d'honneur, etc., etc., muni des pleins pouvoirs de Son Excellence le Président de la République française;

Et le haut fonctionnaire Nguyen Van Tuong, ministre de la justice, décoré du titre de Ki vi Ba, muni des pleins pouvoirs de Sa Majesté le roi d'Annam, sont convenus d'apporter au traité de commerce, signé le 31 août 1874, les modifications suivantes :

« Est et demeure supprimé le dernier paragraphe de l'article 2 du susdit traité ainsi conçu :

« Il est entendu que les marchandises importées ou exportées par des bâtiments chinois ou appartenant à l'Annam, seront soumises aux mêmes interdictions, et que celles importées ou exportées sous pavillon chinois seront soumises aux mêmes droits que les marchandises importées ou exportées sous pavillon européen ou américain (ce que l'on entend, dans ces deux traités, par pavillon étranger). Mais ces droits seront perçus séparément par les mandarins annamites du service de la douane, et versés dans une caisse spéciale, à l'entière disposition du gouvernement annamite. »

Ledit paragraphe supprimé est remplacé par le texte suivant :

« Il est entendu que les marchandises importées de l'étranger dans les ports ouverts, ou exportées des ports ouverts à l'étranger par des bâtiments chinois ou appartenant à l'Annam, seront soumises aux mêmes interdictions ou mêmes droits que celles importées de l'étranger ou exportées à l'étranger sous tout autre pavillon; et que ces droits seront perçus par les mêmes employés et versés dans les mêmes caisses que ceux perçus sur les marchandises importées de l'étranger ou exportées à l'étranger sous les pavillons dits étrangers. »

La présente convention sera rattachée au traité du 31 août 1874, lors de l'échange des actes de ratification et en fera partie intégrante.

En foi de quoi les plénipotentiaires ont signé aujourd'hui le 23 novembre 1874, correspondant au 15° jour du 10° mois de la 27° année de Tu Duc.

Signé : Contre-amiral KRANTZ, etc., etc.

Annexe n° 3143.

RAPPORT fait au nom de la commission du budget (*) chargée d'examiner le projet de loi relatif à la construction d'une enceinte avancée pour couvrir les faubourgs ouest de la place de Grenoble, par M. le général Saussier, membre de l'Assemblée nationale.

Messieurs, l'Assemblée, dans sa séance du 10 juin 1875, a décidé que le projet de loi n° 3082 relatif à la construction d'une enceinte avancée pour couvrir les faubourgs ouest de la place de Grenoble, serait renvoyé à la commission du budget de 1876.

Plusieurs considérations dont vous saisira l'importance ont engagé le Gouvernement à vous le présenter.

Renfermée dans une enceinte fortifiée, dont la date remonte à une époque où elle n'avait que 24,000 habitants, la ville de Grenoble, qui en compte aujourd'hui le double, ne peut plus loger dans ses murs trop étroits. Des faubourgs se sont formés à l'ouest de la ville, autour de la

(*) Cette Commission est composée de MM. Mathieu-Bodet, *président;* Teisserenc de Bort, Varin, *vice-présidents;* Lefébure, Tirard, le comte Octave de Bastard, de Ravinel, *secrétaires;* Dréo, Fourcand, Lucet, Raudot, Goüin, Lambert de Sainte-Croix, Lepère, comte d'Osmoy, Wolowski, Adam (Seine), Delsol, général Breton, général Saussier, Monjaret de Kerjégu, baron de Beyran, Langlois, amiral Pothuau, Faye, marquis de Talhouët, Plichon, Cochery, André (Seine), Bathie.

gare du chemin de fer, et leur population, composée surtout d'ouvriers des industries locales et de nombreux employés, augmente tous les jours, sans qu'il soit possible de donner aux constructions suburbaines, entravées par les servitudes défensives de la place, une extension proportionnelle.

Désireux de mettre fin à un état de choses qui compromet la prospérité et jusqu'à un certain point la salubrité de leur cité, le conseil municipal de Grenoble et un grand nombre de ses habitants ont demandé au Gouvernement le tracé d'une nouvelle enceinte, permettant de réduire à une simple esplanade les servitudes défensives qui grèvent les terrains des faubourgs de l'ouest, où la ville tend à s'agrandir.

De son côté, le Gouvernement ne pouvait rester indifférent à une question touchant de si près au bien-être d'une population laborieuse et dont il s'était, du reste, déjà préoccupé à propos de la défense générale de nos frontières.

Après le vote de la loi du 23 mars 1874, un décret avait déclaré d'utilité publique et d'urgence, l'édification de divers ouvrages autour de Grenoble; mais les charges qui pesaient alors sur nos finances nous obligeaient à renoncer à l'exécution d'un projet aussi étendu et à nous borner à celui plus restreint et moins coûteux, de couvrir, par une enceinte annexe et avancée, les quartiers qui se développent autour de la gare du chemin de fer. C'est donc à la suite d'études approfondies et sérieuses que, sur l'avis de la commission de défense et dans le but surtout de donner satisfaction à de graves intérêts locaux, le Gouvernement soumet à votre approbation le projet de loi actuel.

S'il importe, en effet, au plus haut degré, à la prospérité d'une ville industrielle, d'ouvrir une issue au trop plein de sa population, il n'importe pas moins aux intérêts généraux de la défense du territoire de mettre à l'abri de toute insulte les établissements militaires situés à l'extérieur de la place et l'immense matériel d'une gare d'où rayonnent, vers le centre et la frontière, plusieurs voies ferrées importantes.

Ce résultat sera obtenu rapidement et sans frais considérables, en formant toute la presqu'île comprise entre le Drac et l'Isère, au moyen d'une enceinte dont la direction générale est marquée par une perpendiculaire abaissée du front actuel 4-5 sur le cours du Drac, et dont le tracé définitif sera laissé à la décision du Président de la République. (Voir le plan annexé à l'exposé des motifs.)

Pour faire face à ces dépenses, 1,200,000 francs environ, la ville de Grenoble, ainsi que nous l'expliquent MM. les ministres de la guerre et des finances, dans leur exposé des motifs, a offert spontanément une subvention de 450,000 fr. et la cession à l'État des terrains de l'ancien Champ-de-Mars. Quant au surplus, le Gouvernement vous demande d'y pourvoir par une imputation au compte de la liquidation des frais de guerre.

Votre commission du budget considérant:

D'une part, que l'intérêt pressant de la ville de Grenoble est ici d'accord avec celui de la défense du territoire;

De l'autre, que les ressources pécuniaires nécessaires à l'exécution des travaux seront en grande partie fournies:

1° Par la ville, qui a déjà passé à ce sujet une convention avec l'État, que l'on vous demande de ratifier; 2° par l'aliénation de certains terrains de l'ancienne fortification, et dont le produit sera porté au crédit du compte de liquidation, vous propose de vouloir bien donner votre entière approbation au projet de loi suivant.

PROJET DE LOI

Art. 1ᵉʳ. — Il sera construit, pour couvrir les faubourgs ouest de Grenoble, une enceinte avan-

cée entre le front (4-5) de l'enceinte actuelle et le Drac, suivant l'un des tracés figurés sur le plan ci-joint. Le tracé à adopter définitivement sera fixé par un décret du Président de la République.

Art. 2. — La construction de cette enceinte avancée est déclarée d'utilité publique et d'urgence, ainsi que l'ouverture d'une nouvelle porte sur le front 2-3. La dépense sera imputée sur le compte de liquidation des frais de guerre.

Art. 3. — Cette enceinte sera classée dans la première série, mais elle ne portera servitude que sur une zone unique de 250 mètres. Les servitudes portées par les anciennes fortifications à l'intérieur de l'enceinte avancée seront supprimées lorsque les fossés de cette nouvelle enceinte seront à profondeur et ses parapets massés et profilés.

Art. 4. — Le traité passé le 15 octobre 1874 avec la ville de Grenoble est approuvé. En conséquence, la subvention de 470,000 fr. à payer par cette ville sera portée au crédit du compte de liquidation, ainsi que le produit de la vente des terrains qu'elle cède à l'État.

Art. 5. — Les terrains dépendant de la fortification rendus disponibles par la construction de la nouvelle enceinte et qu'il n'y aurait pas lieu de garder pour d'autres usages auxiliaires du service militaire, seront aliénés au mieux des intérêts de l'État, et le produit de la vente sera également porté au crédit du compte de liquidation.

Annexe n° 3144.

PROPOSITION DE LOI relative à un emprunt au profit des inondés du Midi, présentée par MM. Ordinaire et Alfred Naquet, membres de l'Assemblée nationale.

EXPOSÉ DES MOTIFS

Messieurs, l'immense désastre qui vient de frapper nos départements du Midi a permis de constater, une fois de plus, l'admirable sentiment de solidarité qui unit étroitement les différentes parties du corps national. Sur tous les points de la France, des souscriptions ont surgi avec une remarquable spontanéité et chaque jour ce magnifique mouvement grandit et s'affirme.

On ne saurait trop louer et encourager d'aussi généreux et utiles efforts. Ils sont en effet consolants à plus d'un titre : en même temps qu'ils servent à mettre en lumière l'esprit de dévouement qui existe chez nous dans toutes les classes et dans tous les rangs, ils attestent l'activité, les merveilleuses ressources d'un pays auquel les plus grands revers n'ont rien enlevé de sa vitalité.

Mais s'il importe de rendre un hommage mérité à ce premier élan de la sympathie nationale pour les épouvantables misères de nos concitoyens du Midi, il faut également ne pas se faire d'illusions sur l'étendue du mal et l'importance des ressources nécessaires pour le réparer. Il n'est malheureusement pas douteux que, si active que soit la générosité publique, les efforts individuels, les offrandes privées seront impuissants à réparer le désastre.

Vous l'avez compris, messieurs, en prenant dès le premier jour des mesures dont l'insuffisance desquelles vous ne vous êtes d'ailleurs pas mépris. Vous avez voulu parer aux premières éventualités, donner à ces milliers de familles sans pain, sans vêtements, sans abri et sans ressources, des aliments, des habits, un toit; vous avez voulu arracher à la faim, à la maladie ceux que l'eau avait épargnés. Grâce à vous, tout ce qu'il est humainement possible de faire immédiatement, vous le faites.

23

Hélas! ce n'est là qu'une partie de votre tâche. Il y a des usines à relever, des terres ravagées à déblayer, des maisons à reconstruire, des cheptels à refaire, des matériels à recréer. Bâtiments, bestiaux, outils, instruments de travail de toute nature, tout est détruit sans retour. Pour redonner la vie à ces champs dévastés, à ces usines détruites, à ces faubourgs, à ces villages ravagés, il faut des sommes énormes. Déjà des chiffres tels qu'ils le dépassent toutes les prévisions ont été indiqués.

A ces désastres exceptionnels nous venons vous demander d'opposer des mesures exceptionnelles et de venir en aide à tous ces chefs de famille, à tous ces propriétaires, à tous ces travailleurs ruinés, sous une forme qui sauvegarde à la fois les intérêts de l'État, les intérêts des particuliers et la dignité de ceux que vous voulez secourir.

Nous vous prions de décider qu'un emprunt de 200 millions sera contracté pour indemniser les victimes de l'inondation des départements du Midi.

PROPOSITION DE LOI

Art. 1ᵉʳ. — Le ministre des finances est autorisé à contracter un emprunt de 200 millions de francs, à l'effet d'indemniser les habitants des départements inondés.

Art. 2. — Cet emprunt sera émis sous forme d'obligations de 500 fr. portant 25 fr. d'intérêt annuel. Il sera remboursable en dix ans par dixième. Le taux de l'émission sera ultérieurement fixé par le ministre des finances.

Art. 3. — L'emprunt sera gagé par un impôt progressif établi sur le revenu.

Une loi ultérieure fixera les conditions de cet impôt, dont le produit ne pourra excéder les sommes nécessaires au service de l'emprunt.

Art. 4. — La répartition entre les sinistrés sera faite par des commissions départementales. Ces commissions se composeront de vingt membres. Dix membres seront élus par les conseils généraux.

Annexe n° 3145.

RAPPORT fait au nom de la commission du budget (*) sur le budget des dépenses de l'exercice 1876 (ministère de l'intérieur, gouvernement général civil de l'Algérie), par M. Lucet, membre de l'Assemblée nationale.

Messieurs, les crédits proposés pour faire face, en 1876, aux dépenses des services ressortissant directement au gouvernement général civil de l'Algérie s'élèvent, indépendamment de celles couvertes au moyen de ressources spéciales, à la somme de 26,931,531 fr.

Les crédits alloués pour 1875 par la loi de finance du 5 août 1874 étaient de...	24.165.814
Mais de cette somme il y a lieu de déduire celle de................... transportée au budget du ministère de l'intérieur par le décret du 18 décembre 1874, qui place, à partir du 1ᵉʳ janvier 1875, le service des prisons de l'Algérie dans les attributions de ce département ministériel	1.070.500
Reste, dès lors, comme allocations budgétaires pour l'exercice 1875....	23 095.314

(*) Cette Commission est composée de MM. Mathieu-Bodet, président; Teisserenc de Bort, Magnin, vice-présidents; Lefébure, Tirard, le comte Octave de Bastard, de Ravinel, secrétaires; Dréo, Fourcand, Lucet, Rondot, Gouin, Lambert de Sainte-Croix, Lepère, comte d'Osmoy, Wolowski, Adam (Seine), Delsol, général Chareton, général Saussier, Monjaret de Kerjégu, baron de Soubeyran, Lucflois, amiral Pothuau, Faye, marquis de Talhouët, Pilchon, Cochery, André (Seine), Bathie.

Par suite des crédits proposés pour l'exercice 1876 présentent sur les fonds législatifs alloués pour l'exercice précédent, une différence en plus de 3,836,217 fr.

Dans cette augmentation de 3,836,217 fr. se trouve comprise une somme de 2,400,060 fr. représentant le montant de la garantie d'intérêts à payer à la compagnie de Paris-Lyon-Méditerranée pour l'exercice 1875, en exécution de l'article 4 de la convention du 1ᵉʳ mai 1863.

Les fonds applicables au payement de cette garantie d'intérêts pour les exercices 1872, 1873 et 1874 n'ont pas été prévus au budget de l'exercice 1875, et il a fallu recourir à l'ouverture de crédits supplémentaires s'élevant ensemble à 9,800,000 fr. (Lois des 19 mars et 8 mai 1875).

Abstraction faite de la somme précitée de 2,400,000 fr., qui figure pour la première fois au projet du budget ordinaire de l'Algérie, l'augmentation des crédits demandés pour l'exercice 1876 ne serait donc réellement que de 1,436,217 fr.

Avant d'analyser, chapitre par chapitre, les diverses demandes de crédits et de justifier les modifications que votre commission a cru devoir y apporter, il nous a paru utile de fixer votre attention sur la situation actuelle de notre grande colonie, pour que vous puissiez mieux apprécier l'utilité des sacrifices que sollicite son développement.

On a dit souvent et l'on répète trop souvent encore que l'Algérie est un fardeau pour la France. Il serait bien facile de faire justice de ce cruel et dangereux sophisme, car il faut être aveugle pour ne pas voir quelle influence est appelée à exercer sur les destinées de la mère patrie la possession de ce vaste territoire, un des plus fertiles et des plus riches du monde, que baigne la Méditerranée sur plus de 200 lieues de côtes.

Il est certain qu'à ne mesurer les progrès accomplis en Algérie que par le chiffre de la population européenne qui s'y est implantée depuis le jour de la conquête, c'est-à-dire dans l'espace de quarante-cinq ans, on ne peut se défendre d'un sentiment de tristesse. Mais celui qui connaît l'histoire de ses vicissitudes, loin de se sentir découragé par ce résultat en apparence décevant, y voit, au contraire, une manifestation éclatante du génie colonisateur de la France, si injustement nié par quelques-uns. Sous ce rapport, il faut le dire, les étrangers sont plus équitables envers nous que nous ne le sommes nous-mêmes, car nul de ceux qui viennent visiter notre possession africaine ne rentre dans son pays sans y apporter le témoignage de sa surprise et de son admiration pour les progrès de toute nature réalisés dans un temps relativement si court.

Ce n'est pas ici le cas de mentionner les causes de la lenteur qu'a subie jusqu'à l'époque actuelle le mouvement d'émigration européenne en Algérie. Ces causes sont multiples, et la nomenclature en serait aussi longue que douloureuse; il nous suffit de rappeler que la période de colonisation ne date, à vrai dire, que de la soumission d'Abd-el-Kader (22 décembre 1847). Les progrès accomplis doivent donc, en très-grande partie, se concentrer dans l'espace des vingt-cinq dernières années.

Depuis trois ans notamment, le mouvement d'immigration s'est accentué d'une façon manifeste, et il n'est pas douteux qu'il ne fera que s'accroître si aucune cause ne vient le contrarier. Que faut-il, en effet, pour en assurer l'expansion? Des terres mises sans le moindre retard à la disposition des nouveaux colons qui les demandent et des voies de communication qui permettent de les exploiter avec profit.

Oui, allotissement préalable des terres de colonisation et travaux publics, tels sont les chapitres du budget des dépenses qu'il faut doter avec prédilection dans la répartition des ressources disponibles, sous peine de voir se ralentir l'élan constaté et de compromettre l'ère du succès qui semble s'être enfin levée sur l'Algérie.

N'est-il pas évident, d'ailleurs, que chaque famille de colons qui vient s'implanter sur cette terre merveilleusement féconde est un précieux apport pour la fortune publique, et que chaque route nouvelle qui s'ouvre à travers des espaces jusqu'alors incultes et dépeuplés devient un élément de prospérité en même temps qu'un instrument de sécurité, souce d'importantes économies à réaliser sur les dépenses de l'armée d'occupation ?

Le gouverneur général civil de l'Algérie est résolûment entré dans cette voie décisive, soutenu qu'il est dans ses patriotiques efforts par l'opinion publique tout entière. Les corps électifs et les fonctionnaires de l'État qui sont ses collaborateurs dans la réalisation de ce programme lui prêtent à l'envi le concours de leurs lumières et de leur dévouement. M. le maréchal de Mac Mahon ne peut avoir oublié qu'avant d'être investi de la première magistrature de la République, il a porté, durant plusieurs années, le lourd fardeau du gouvernement de l'Algérie. Dans l'exercice de ces hautes fonctions, il a appris à connaître cette seconde France, il a su l'aimer, et il sait aussi que ce pays ardent dans la manifestation de ses besoins légitimes, ne marchande jamais sa reconnaissance aux hommes d'État qui ont à cœur de les satisfaire.

L'Assemblée nationale, de son côté, s'est montrée, dans ses attributions budgétaires, aussi libérale que le lui a permis la gêne momentanée de nos finances, et l'Algérie gardera le souvenir reconnaissant de l'appui généreux qu'elle a reçu, de la mère patrie dans les années de cruelles épreuves que nous venons de traverser.

Mais le patriotisme des Algériens et le sentiment de leur vitalité propre leur font demander d'apporter, dans la mesure du possible, le contingent de leurs ressources au budget des recettes nationales; ils sont prêts à accepter l'institution de l'impôt foncier comme moyen d'affranchissement définitif de leurs budgets départementaux et communaux par le vote régulier de centimes additionnels, et, par suite, comme moyen d'allégement aux charges de l'État. Un projet de loi appelé à résoudre ce grave problème est préparé par le Gouvernement et sera incessamment présenté à l'examen du pouvoir législatif. L'on peut dire que c'est pour l'Algérie une question de vie ou de mort, car il ne faut pas perdre de vue que ce pays, essentiellement agricole, est en voie de formation, et que selon que l'impôt foncier sur les terres y sera appliqué, dans le principe, avec une prudente réserve ou avec une rigidité brutale, il deviendra un stimulant pour la mise en valeur du sol ou un écrasement de l'activité, une source de prospérité ou une cause d'atonie.

Quoi qu'il en soit, comme cette innovation se trouve encore à l'état d'étude, le budget des recettes de l'exercice 1876 a dû ne mentionner que pour mémoire les ressources qui doivent en résulter pour le Trésor public.

Nous avons cru, néanmoins, devoir en dire un mot, afin de compléter utilement l'exposé sommaire qui sert d'avant-propos à la discussion des divers chapitres du budget des dépenses dont le rapport nous a été confié.

Nous entrons dans cet examen.

CHAPITRE 1er. — *Administration centrale.*
Personnel.

Le crédit demandé pour l'exercice 1876 s'élève à 486,190 fr.

Il ne diffère pas de celui de l'exercice précédent.

Votre commission vous propose de l'adopter.

CHAPITRE II. — *Administration centrale.*
Matériel.

Le crédit demandé pour 1876, est de 82,000 francs.

Il est le même que pour 1875 et votre commission vous propose de l'adopter.

CHAPITRE III. — *Publications.* — *Expositions.* — *Missions scientifiques.* — *Secours et récompenses.*

Crédit demandé pour 1876.......... 64.000
Crédit alloué pour 1875............. 46.000

Augmentation..... 18.000

Cette augmentation s'applique pour 12,000 fr. à l'article 1er (Publications d'ouvrages). Elle est destinée à subvenir aux frais de publication, pour les années 1873, 1874 et 1875, de la statistique générale de l'Algérie où se trouve exposée la situation du pays. Suspendue à partir de 1867, la série de cette intéressante publication a été reprise jusqu'en 1872 inclus, au moyen du crédit spécial de 20,000 fr., voté par l'Assemblée nationale (Loi du 18 juillet 1874). Il est essentiellement utile qu'elle soit continuée désormais sans interruption. Votre commission vous propose, en conséquence, d'approuver l'augmentation de crédit de 12,000 fr. demandée pour cet objet.

La somme de 6,000 francs restant de l'augmentation de 18,000 francs que présente le chapitre III, figure à l'article 4 (Secours et récompenses). Elle était destinée à former la première annuité d'une pension à titre de secours renouvelable en faveur d'une des filles du maréchal Bugeaud.

L'Algérie aurait été heureuse de voir figurer dans son budget spécial ce témoignage de reconnaissance à l'égard d'un homme qui ne s'y est pas moins illustré par son dévouement à la colonisation que par sa valeur militaire.

Mais l'Assemblée nationale est en ce moment saisie d'un projet de loi ayant pour objet d'assurer une pension annuelle et viagère de la même somme de 6,000 fr... à M. Feray Bugeaud d'Isly, petit-fils de l'illustre maréchal. La demande qui nous occupe ferait double emploi, et, d'accord en cela avec la Commission, votre Commission reconnaît qu'il n'y a plus lieu d'en tenir compte.

Le crédit applicable à l'article 4 (Secours et récompenses) se trouve ainsi ramené, comme pour 1875, au chiffre de 15,000 fr.

L'examen du chapitre IV (Administration provinciale, départementale et cantonale) a donné lieu à votre commission de constater qu'un crédit de 64,890 fr., figurait à l'article 4, sous la rubrique suivante : « Subsides et secours temporaires à d'anciens serviteurs indigènes. » Elle estime que la nature de cette allocation étant la même que celle prévue au chapitre III, il convient de les réunir dans le même chapitre. En conséquence, elle propose de transporter au chapitre III, l'allocation précitée de 64,890 fr.

Par suite, le crédit afférent à l'article 4 du chapitre serait porté à 79,890 fr., ce qui élèverait le crédit proposé pour ledit chapitre 3, au total de 122,890 fr. Votre commission vous propose de l'adopter.

CHAPITRE IV. — *Administration provinciale,*
départementale et cantonale.

Il est demandé pour l'exercice 1876. 2.116.705
Il a été alloué pour l'exercice 1875. 2.023.805

Augmentation. 92.900

Article premier (Administration civile). — La première des augmentations proposées résulte de l'élévation du traitement des deux préfets d'Oran et de Constantine de 20,000 fr. à 24,000 francs. Cette dernière somme correspond au traitement des préfets de 2ᵉ classe dans la métropole. Jusqu'à présent, les préfets de l'Algérie ont été tenus en dehors de la classification adoptée pour les préfectures de France. Une décision impériale du 5 septembre 1864 avait porté au chiffre uniforme de 25,000 fr. le traitement des trois préfets algériens. Cette situation leur a été conservée jusqu'en 1873, époque à partir de laquelle une réduction de 5,000 fr. a été opérée sur les traitements des préfets d'Oran et de Constantine, pour cause d'économies budgétaires.

Il est certain, néanmoins, que les trois départements algériens ont, par leur étendue territoriale, et la multiplicité des services qui s'y rattachent, une importance administrative beaucoup supérieure à la plupart des départements métropolitains. Il n'est donc que juste de les assimiler aux préfectures de 2ᵉ classe.

D'un autre côté, le gouvernement de l'Algérie et le conseil supérieur ne s'étaient pas bornés à cette amélioration. Ils ont constaté que le développement toujours croissant de la colonisation oblige plus que jamais les préfets à des tournées fréquentes sur les divers points de leur département où de nouveaux villages sont créés, et aussi sur les chantiers des travaux publics. Or, les distances à parcourir, surtout dans le département de Constantine, sont très-considérables et occasionnent des frais de déplacement hors de proportion avec les traitements des préfets.

Une proposition a donc été faite d'un crédit spécial et éventuel de 5,000 francs à allouer à chacun de ces fonctionnaires pour frais de tournées. Votre commission, tout en reconnaissant le bien fondé de cette proposition, n'a pas cru devoir l'adopter conjointement avec la première. Elle a mieux aimé proposer de régulariser définitivement la situation des préfectures de l'Algérie, en leur donnant rang de deuxième classe et rapporter l'augmentation de traitement de 4,000 francs pour les préfets de Constantine et d'Oran comme devant s'appliquer à leurs frais de tournées. De cette sorte, la demande de crédit de 15,000 francs pour ce dernier objet se trouverait écartée. Le préfet d'Alger, qui touche actuellement un traitement de 25,000 francs, le conserverait en ne bénéficiant qu'à titre purement personnel des 1,000 francs formant la différence.

La seconde augmentation est de 9,000 francs et s'applique aux traitements de non-activité d'un préfet pour 6,000 francs et d'un sous-préfet pour 3,000 francs. Votre commission, en donnant son adhésion à cette demande basée sur deux décrets en date des 12 février et 28 novembre 1874, réitère l'observation faite à ce sujet par la commission de l'exercice 1875. Elle recommande donc au Gouvernement de se montrer désormais très réservé dans l'octroi de ces traitements temporaires qui occasionnent une charge inutile pour le Trésor, surtout quand elle ne repose pas sur des services longs et sérieux rendus par le bénéficiaire. D'un autre côté, il est à désirer que le Gouvernement utilise le plus tôt possible les aptitudes des fonctionnaires en disponibilité, dans le cas où ils pourraient être rappelés à l'activité.

La troisième augmentation, qui est de 47,000 fr., se rapporte à des dépenses résultant de l'extension régulière de l'administration civile. Le système adopté à cet égard par le gouverneur général civil de l'Algérie consiste à marcher progressivement dans cette voie, dans la mesure des besoins de la colonisation et des ressources budgétaires dont il dispose. Il cherche, autant que possible et il espère y réussir, à puiser les ressources nécessaires à cette transformation dans les économies provenant de la réduction corrélative des dépenses concernant les territoires de commandement. Cette réduction figure au cha-

pitre IV pour 45,600 fr. Votre commission vous propose de ramener à ce chiffre l'augmentation de 47,000 fr. proposée pour le développement de l'administration civile.

La quatrième augmentation est de 2,200 fr. et s'applique à l'élévation de 12,800 fr. à 15,000 fr. du crédit afférent aux primes pour connaissance de la langue arabe.

Votre commission, appréciant l'importance qu'il y a à encourager l'étude de cette langue chez les employés des divers services administratifs de l'Algérie, n'hésite pas à vous proposer d'accueillir favorablement cette légère augmentation. Elle est, d'ailleurs, devenue la conséquence nécessaire d'un décret en date du 14 mai 1875, rendu par le Président de la République, aux termes duquel les primes antérieurement fixées à 400 fr. pour la 1ʳᵉ classe et à 200 fr. pour la 2ᵉ classe se trouvent portées à 500 et à 300 fr.

Il est bon de remarquer que ces primes n'ont pour but seulement pour objet et pour résultat de faciliter les rapports des populations indigènes avec nos administrateurs civils; au point de vue financier, elles permettent de réduire le nombre des interprètes salariés.

La cinquième augmentation est de 2,500 fr. Elle est demandée, à titre de secours en faveur du prince Mustapha et de sa sœur Khadoudja, descendant d'une famille qui jouait, avant la conquête, un grand rôle dans le pays et que des considérations politiques et d'humanité commandent de préserver aujourd'hui des atteintes de la misère.

Votre commission vous propose d'admettre cette augmentation qui, se confondant avec la somme de 64,890 fr., figurera, comme il a été déjà dit, au chapitre III, article 4 (Secours et récompenses).

La sixième augmentation s'élève à 26,000 fr. Elle s'applique au rétablissement du commissariat spécial aux délégations judiciaires à Alger et aux frais d'une police centrale à Oran et à Constantine.

M. le procureur général de la cour d'Alger a insisté dans le sein du conseil supérieur du gouvernement pour le rétablissement du commissariat spécial aux délégations judiciaires. Ce service est d'une utilité incontestable pour assurer au parquet général la prompte exécution des mandats de justice et pour lui procurer aussi d'une manière incessante les renseignements nécessaires pour la répression des crimes et des délits. Il ne constituera, du reste, qu'un surcroît de dépenses de 4,000 fr. et l'importance qu'il y a à assurer la sécurité du pays, en raison des éléments hétérogènes qui le peuplent, a déterminé votre commission à vous proposer d'accepter l'allocation demandée.

Cette dernière raison milite également en faveur de l'augmentation de 22,000 fr. à appliquer à la création d'une police centrale à Oran pour 15,000 fr. et à Constantine pour 7,000 fr.

Dans la première de ces deux villes se déverse une quantité considérable d'immigrants espagnols, chassés de leur pays natal par la guerre civile qui le désole. La sécurité de nos habitants exige impérieusement une police très-forte pour surveiller cette sorte d'invasion. La police municipale ne pourrait suffire à cette tâche, qui, par sa nature délicate, semble relever de la police politique.

Pour ce qui est de Constantine, les mêmes considérations existent, quoique à un moindre degré pourtant. Là aussi de nombreux étrangers affluent attirés par le négoce dont cette ville est le centre, ainsi que par le grand développement des travaux publics.

Une population flottante très-considérable provenant de la Tunisie, de la Kabylie et des régions sahariennes y rend nécessaire une surveillance toute spéciale. Ces motifs d'ordre public ont paru suffisants à votre commission pour justifier l'augmentation de crédit proposée par le Gouvernement.

Enfin, la septième et dernière augmentation de 28,800 fr. est la conséquence de l'application en Algérie de la loi du 5 mai 1869, qui met à la charge de l'Etat les frais d'inspection et de surveillance des enfants assistés et le cinquième des dépenses dites intérieures.

Cette loi a été promulguée en Algérie, par un décret en date du 7 juin 1875. La dépense en question est donc obligatoire et votre commission ne peut que vous proposer de l'adopter.

En conséquence des explications qui précèdent, les crédits demandés pour le chapitre IV seraient réduits d'une somme de 81,290 fr., savoir :

	CRÉDITS PROPOSÉS		RÉDUCTIONS proposées par la commission.
	par le Gouvernement.	par la commission.	
Art. 1er. — Administration civile....................	1.258.700	1.242.300	16.400
Art. 2. — Administration des territoires de commandement.......................................	443.595	443.595	»
Art. 3. — Force publique. Maghzens et khielas.......	209.720	209.720	»
Art. 4. — Subsides et secours temporaires à d'anciens serviteurs indigènes.......................	64.890	»	64.890
Art. 5. — Théâtres..................................	30.000	30.000	»
Art. 6. — Polices centrales..........................	81.000	81.000	»
Art. 7. — Inspections départementales d'assistance publique..	28.800	28.800	»
TOTAUX..............	2.116.705	2.035.415	81.290

Votre commission vous propose d'approuver ladite réduction de 81,290 fr. et de porter le total des crédits à allouer au titre du chapitre IV à la somme de 2,035,415 fr.

CHAPITRE V. — *Service télégraphique.*

Le crédit proposé pour 1876 est de   1.161.267
Celui alloué pour 1875 est de 1.110.700
Augmentation, 50,567 fr., dont 15,537 pour le personnel et 35,010 pour le matériel.

En Algérie, le télégraphe est appelé à suppléer dans une large mesure au défaut de communications par les voies ordinaires ; ce service est donc d'une utilité capitale pour répondre aux nombreux besoins qui s'imposent, tant au point de vue politique et militaire qu'au point de vue commercial et industriel ; la zone de colonisation qui s'étend tous les jours davantage dans des régions jusqu'alors inoccupées, nécessite, d'ailleurs une extension corrélative du réseau télégraphique. Il convient d'ajouter que l'augmentation de dépenses proposée est essentiellement productive, puisque le budget des recettes pour 1876 prévoit un accroissement de 70,000 fr. sur celles de l'exercice précédent. Cette augmentation de recettes compense bien au delà l'augmentation de la dépense à affecter à ce service.

Nous engageons le Gouvernement à faire examiner si, en vue de réaliser des économies de personnel et de frais d'exécution des services, il ne conviendrait pas de réunir, dans un certain nombre de localités, le télégraphe et la poste, dans les mains d'un seul employé. Mieux encore en Algérie qu'en France cette mesure trouverait une application à la fois facile et avantageuse.

Votre commission vous propose d'adopter pour le chapitre V, le crédit demandé de 1,161,267 fr.

CHAPITRE VI. — *Justice. — Cultes. — Instruction publique.*

Crédit demandé pour 1876 .... 465.750
Crédit alloué pour 1875.............. 435.850

Différence en plus....... 29.900

Ce chapitre comporte à la fois une diminution de 10,100 fr. et une augmentation de 40,000 fr.

ayant pour objet de pourvoir au payement de fonctionnaires qui doivent être classés dans le personnel supérieur du culte musulman et figurer, par conséquent, dans la dépense qui incombe à l'Etat.

Le Gouvernement a informé la commission qu'il préparait un projet de loi pour la réorganisation complète du culte musulman.

En attendant, il y a lieu de se maintenir dans le *statu quo* et d'opérer la suppression du crédit de 40,000 fr. demandé pour 1876.

Par suite, la commission, tenant compte de la réduction de 10,100 fr. indiquée dans l'état de développement, propose de fixer à 425,750 fr. le crédit total du chapitre 6.

CHAPITRE VII. — *Enregistrement. — Domaines et timbre.*

Le crédit demandé pour 1876 est de   1.000.375
Il a été, pour 1875, de.............   984.200

Différence en plus......   16.175

Cette différence provient :
1° De l'élévation à la première classe du directeur actuel d'Alger ;
2° De la création d'un deuxième emploi d'inspecteur à Constantine ;
3° Et de la création de deux bureaux de recettes à Collo et au col des Béni-Aïcha.

Le directeur d'Alger n'a eu qu'un avancement normal qui ne saurait donner lieu à aucune observation.

La création d'une deuxième inspection à Constantine trouve sa complète justification dans l'extension considérable des travaux occasionnés par les opérations du séquestre de cette vaste province, théâtre principal de la dernière insurrection.

Enfin, la création de bureaux de recettes à Collo et au col des Béni-Aïcha se justifie également par les besoins du service dans ces localités, où la colonisation s'implante vigoureusement.

D'ailleurs, cette dépense est essentiellement productive, et il est certain qu'elle amènera, dès la première année, une augmentation de recettes qui couvrira au-delà la dépense.

Votre commission vous propose donc d'accorder les augmentations de crédits devant résulter des causes ci-dessus indiquées, sous la réserve, toutefois, d'une réduction de 9,700 fr. provenant de l'organisation, en Algérie, du service des amendes et condamnations pécuniaires.

L'article 25 de la loi de finances du 29 décembre 1873 dispose qu'à partir du 1er janvier 1874 les percepteurs des contributions directes seront substitués, dans la métropole, aux receveurs de l'enregistrement pour le recouvrement des amendes et condamnations pécuniaires autres que celles concernant les droits d'enregistrement, de timbre, de greffe, d'hypothèques, le notariat et la procédure civile.

Ces dispositions ont été rendues applicables à l'Algérie par décret du 17 octobre 1874, et M. le ministre des finances auquel revenait le soin, aux termes de l'article 2 dudit décret, de fixer l'époque de la remise du service des amendes aux receveurs des contributions diverses, a fait connaître, à la date du 24 mai dernier, c'est-à-dire postérieurement à l'établissement du projet de budget, qu'il était disposé à inaugurer ce nouveau service à partir du 1er janvier 1876.

Comme conséquence de cette mesure, il convient d'opérer au projet de budget les modifications suivantes auxquelles M. le ministre des finances a donné sa complète adhésion.

1° Annulations.

CHAPITRE VII. — *Enregistrement. — Domaines et Timbre.*

Art. 2. *Matériel.* — Frais de distribution des avertissements aux condamnés........... 1.200
Frais d'imprimés............................ 2.000
Frais de poursuites et d'instances..... 2.000
Payement d'amendes attribuées à divers...................................... 4.500

Total......... 9.700

2° Rétablissements.

CHAPITRE IX. — *Perceptions. — Contributions diverses. — Poudres à feu. — Poids et mesures.*

Art. 1er. — *Contributions diverses,* § 2. Matériel. — Frais d'extraits d'arrêts et jugements, dus au greffier de cours et tribunaux 2.000
Payement d'amendes attribuées à divers...................................... 4.500
Frais de distribution des avertissements aux condamnés...................... 1.200
Remise aux receveurs des contributions diverses sur le produit des amendes (en compensation des frais d'imprimés et autres, qui restent entièrement à la charge des comptables)......................... 4.500

Total........... 12.200

Par suite de la réduction de 9,700 fr. à faire subir au chapitre 7, le crédit de 1.000.375 fr. demandé par le Gouvernement pour l'exercice 1876 doit être ramené au chiffre de 990.675 fr.
La commission vous propose l'allocation de ce crédit.

CHAPITRE VIII. — *Contributions directes. — Cadastre.*

Tout le monde est aujourd'hui d'accord pour critiquer l'assiette et le mode de perception de l'impôt arabe, et pour appeler une prompte réforme sur cette organisation aussi défectueuse au point de vue de l'équitable répartition des charges, qu'elle est préjudiciable aux intérêts du Trésor et au progrès de la colonisation.

M. l'amiral de Gueydon, voulant couper le mal à sa racine, résolut de remplacer par l'impôt foncier, dans toute la région tellienne, l'impôt arabe tel qu'il avait fonctionné jusqu'alors; mais comme il était impossible d'aborder de plano, par le procédé cadastral, une semblable réforme qui embrasse une superficie de près de 10.000.000 d'hectares, il crut pouvoir la réaliser en créant un service spécial de recenseurs chargés d'établir des livres terriers appelés à servir transitoirement de base à la répartition de l'impôt foncier dans le Tell. Il emprunta au service topographique cent géomètres qui furent rattachés, sous la dénomination de recenseurs, au service des contributions. Ces agents, en général peu aptes à leur nouvel emploi, curent pour mission de préparer l'état civil des indigènes et d'indiquer pour chaque contribuable l'espèce et le nombre des animaux et des arbres à fruits qu'il possédait, la valeur estimative de ses récoltes et de ses facultés diverses, avec mention du nombre d'hectares par lui cultivés.

Les vues de l'honorable amiral furent sanctionnées par un décret du 8 mai 1872. Le service topographique, de tous le plus essentiel, fut complètement désorganisé; les directions furent supprimées à Constantine et à Oran pour faire place à Alger à une centralisation absorbante qui aboutit à rompre toutes relations entre le nouveau service et les administrations provinciales civiles et militaires, au grand préjudice d'un contrôle effectif.

Mais, comme rien n'échappe à l'épreuve de la pratique, il est advenu que, dans l'espace d'un an, les vices de l'organisation sur laquelle son auteur avait fondé de si brillantes espérances se sont manifestés d'une manière irréfragable. Nous en trouvons le témoignage dans le rapport présenté par M. Robe au conseil supérieur de gouvernement dans sa session de décembre 1873. L'opinion de l'érudit rapporteur a une portée d'autant plus sérieuse, qu'il confesse les illusions dont il s'était bercé lui-même l'année précédente au début de l'expérience. Ajoutons qu'après une discussion des plus approfondies à laquelle prit une large part M. le général Chanzy, les conclusions dudit rapport tendant à l'adoption d'un nouveau système furent votées à l'unanimité des membres.

En conséquence, le conseil supérieur formula l'avis qu'il y avait lieu de supprimer les recenseurs et de les remplacer par un personnel d'agents coloniaux chargés d'assister les Djemmas pour la répartition de l'impôt dont le contingent, pour chaque tribu, serait évalué sur le pied de la moyenne des cinq dernières années de contributions.

Cet avis fut adopté par le gouverneur général sur la proposition duquel est intervenu un décret en date du 21 novembre 1874, qui a créé une direction des contributions directes dans chacun des trois départements algériens.

Comme conséquence de ce décret, la plus grande partie des géomètres recenseurs a été réintégrée dans le service topographique; les agents coloniaux chargés de la répartition de l'impôt ont été réduits à trente, et deux directeurs du service des contributions directes ont été nommés, l'un à Oran, l'autre à Constantine.

De ce nouvel état de choses il résulte une diminution de 85,000 fr. comme conséquence de la réintégration dans le service topographique d'un certain nombre de recenseur des contributions directes, précédemment empruntés au cadre des géomètres. Ce n'est, comme on le voit, qu'un simple déplacement de crédit du chapitre 8 au chapitre 12.

Sous le bénéfice de ces observations, nous vous proposons d'allouer pour le chapitre 8 le crédit demandé de 444,150 fr.

CHAPITRE IX. — *Perceptions. — Contributions diverses. — Poudres à feu. — Poids et mesures.*

Le crédit demandé, pour 1876, est de 837,010 fr., chiffre égal au crédit alloué pour l'exercice 1875.

Art. 1er. — *Contributions diverses.* — *Percep-tions.* — Le crédit spécial aux contributions di-verses comportait finalement une diminution de 900 fr., provenant d'économies réalisables sur l'ensemble des dépenses de ce service.

Mais, ainsi qu'on l'a expliqué plus haut, à l'oc-casion du chapitre 7, l'organisation en Algérie, à partir du 1er janvier 1876, du service des amendes et condamnations pécuniaires, doit oc-casionner une dépense de 12,200 fr., qui n'a pas été prévue au projet de budget et dont le détail suit :

Frais d'extraits, d'arrêts et jugements dus aux greffiers des cours et tribunaux. 2.000
Payements d'amendes attribués à di-vers 4.500
Frais de distribution des avertisse-ments aux condamnés.................. 1.200
Remise aux receveurs des contribu-tions diverses sur le produit des amen-des 4.500

Total égal........... 12.200

Cette nouvelle charge de 12,200 francs se trou-vera atténuée par une réduction de 9,700 francs, à opérer sur les crédits du chapitre 7. Ce n'est donc en réalité qu'une augmentation de 2,500 fr. qu'entraînera le fonctionnement du nouveau service des amendes et condamnations, et cette différence en plus s'applique en totalité au paye-ment des remises dues aux receveurs des con-tributions diverses sur le produit des amendes, en compensation des frais d'imprimés et autres, qui restent entièrement à la charge de ces comptables.

Par suite, la commission propose d'élever le crédit afférent à l'article 1er, de 727,510 francs à 739,810 francs.

Art. 2 (Service des poudres à feu). — Comme pour 1875, 56,100 francs.
Pas d'observation.

Art. 3 (Poids et mesures). — Le service des poids et mesures réclame une augmentation de 900 francs sur le crédit alloué en 1875. Cette mo-dique somme est destinée à établir la concor-dance des crédits avec la situation des cadres et à faire face aux frais de tournées nécessitées par la vérification périodique annuelle des loca-lités éloignées du chef-lieu, telles que Djelfa, Laghouat, Boussâada, etc.

Du reste, le service des poids et mesures prend tous les jours plus d'extension, et chaque année voit s'augmenter le chiffre des recettes.

En résumé, les crédits proposés par la comis-sion pour l'ensemble du chapitre IX se décom-posent de la manière suivante :

Art. 1er. — Contributions diverses... 739.710
Art. 2. — Poudres à feu............. 56.100
Art. 3. — Poids et mesures.......... 54.300

Total............ 850.110

Dont votre commission vous propose l'alloca-tion.

CHAPITRE X. — *Forêts.*

Crédit proposé pour 1876........... 905.042
Il a été alloué pour l'exercice précé-dent................................ 802.882

En plus........... 102.160

Cette augmentation ne justifie pas la nécessité de compléter la création de vingt nouveaux postes de préposés et la construction de vingt-quatre maisons forestières. Elle est la consé-quence du vote de ce chapitre pour l'exercice 1875, à la suite des explications consignées dans le rapport de l'honorable M. Pelltereau-Villeneuve. La dépense de 200,000 fr. pour les causes ci-dessus énoncées a été admise en prin-cipe, mais elle a été divisée par parties égales sur les exercices 1875 et 1876. C'est donc un crédit engagé. D'ailleurs, on ne peut pas laisser inache-vées des maisons commencées, ni laisser sans abri un personnel recruté.

En présence de l'intérêt capital qu'il y a à con-server en Algérie le domaine forestier, si riche de promesses pour l'avenir, votre commission n'hésite pas à vous proposer le maintien du crédit demandé.

CHAPITRE XI. — *Service des Postes.*

Crédit demandé pour 1876........... 904.460
Crédit accordé pour 1875........... 817.500

Augmentation... 86.960

Cette augmentation de crédit doit être entière-ment consacrée à des améliorations. Comme le service télégraphique le service des postes pro-gresse en raison du développement de la coloni-sation, du commerce et de l'industrie. Le résul-tat des derniers exercices fournit la preuve que les améliorations opérées correspondent à des augmentations notables dans les recettes.

Pour l'exerc ce 1876, le crédit de-mandé 904.460
correspond à une prévision de re-cettes de.......................... 1.400.500

Ce qui produirait une différence nette de........................... 496.040
Les recettes, pour 1874, se sont éle-vées à la somme de................. 1.354.344

Ce qui promet pour 1876 un dépassement con-sidérable des prévisions.

La réunion, dans un certain nombre de loca-lités, des services des postes et de la télégra-phie permettra, sans nul doute, de réaliser des économies et de rendre moins nécessaires les de-mandes d'augmentation de crédit qui pourraient être présentées pour les exercices suivants.

Votre commission regardant, d'ailleurs, comme indispensable et essentiellement productive l'aug-mentation de crédit demandée pour le chapitre 11, vous propose de l'admettre et d'adopter pour ce chapitre l'allocation de 904,460 fr.

CHAPITRE XII — *Service topographique.*

Le crédit proposé pour 1876 est de.. 732.800
Le crédit alloué pour 1875 est de.... 621.900

Il en résulte une augmentation de... 110.900

Ainsi qu'il a été dit plus haut, à l'examen du chapitre 8, cette augmentation est compensée pour 85,000 fr. par une économie égale opérée dans le service des contributions directes, à rai-son de la réintégration d'un certain nombre de receveurs dans le service de la topographie d'où ils avaient été distraits.

Le complément de l'augmentation, soit 25,900 f., résulte, d'après la note marginale explicative du projet de budget:

1° D'une augmentation de 6 agents, en vue de porter de 18 à 24 le nombre des géomètres de circonscription.
Traitement moyen : 2,000 × 6 =.... 12.000
2° D'un supplément d'indemnités fixes pour les 6 nouveaux géomètres de cir-conscription à raison de 1,800 fr. l'un... 10.800
3° D'un supplément pour les rétribu-tions variables 3.100

Total égal........... 25.90

Cette demande a semblé à votre commission justifiée par l'importance majeure qu'il y a à re-constituer le personnel du service topographi-que d'une manière assez large pour qu'il puisse satisfaire aux besoins pressants et toujours croissants de la colonisation.

Le conseil supérieur de gouvernement, dans sa dernière session, a fait de cette question un examen très-attentif.

Voici la partie du rapport qui a motivé à ses yeux cette augmentation de crédit :

« Il résulterait des renseignements fournis par l'administration que les opérations intéressant la colonisation se trouvent, sur certains points, entravées par un arriéré important. Cette situation se révélerais surtout dans le territoire militaire de la province d'Alger et dans le département d'Oran, où les colons de plusieurs villages attendent encore leurs titres. Ici, les projets de centres ne pourraient s'étudier assez vite pour suivre le mouvement des demandes provenant d'émigrants sérieux, prétendant à devenir colons algériens ; là les terrains de compensation à livrer aux indigènes en suite des conventions de rachat du séquestre, ne seraient pas prêts. »

Le rapporteur justifie ensuite, point par point, la nécessité d'élever de 18 à 24 le cadre des géomètres de circonscription. Ces considérations d'ordre supérieur ont déterminé votre commission à vous proposer d'accorder l'augmentation de crédit demandée et à maintenir à 732,800 fr. le total du chapitre XII.

CHAPITRE XIII. — Services maritime et sanitaire.

Le crédit demandé pour 1876 est de   443.940
Le crédit alloué pour 1875 est de....   395.910

Il en résulte une différence en plus de............................   48.030

Art. 1er. Service intérieur des ports militaires et des ports de commerce. — Le transfert de la direction du port de Cherchell à Lacalle commandé par les besoins du service aurait entraîné une augmentation de dépense de 4,406 fr. résultant des frais de la nouvelle installation. L'administration a trouvé le moyen de compenser cette augmentation par une économie d'égale somme provenant de la création, dans les ports de Bône et de Philippeville, de services spéciaux de cabotage, création qui permet à l'État de supprimer les patrons et canotiers précédemment payés sur les fonds du budget de l'Algérie.

Par suite, le crédit de 190,490 fr., proposé pour cet article, reste le même que pour l'exercice précédent.

Art. 2. Surveillance de la pêche côtière. — Pas d'observations.

Même crédit que pour 1875.

Art. 3. Service sanitaire — Il est demandé pour cet article un crédit de 53.000 fr. présentant sur l'allocation de l'exercice 1875 qui était de 57.970 f. une économie de 6.970 fr. réalisable sur l'ensemble de ce service.

Il y a naturellement lieu de l'accepter.

Art. 4. Service de la correspondance et des transports maritimes. — Il est demandé pour cet article la somme de 165,000 fr. qui se décompose comme suit :

Subvention à la compagnie chargée de la correspondance de la ligne d'Oran à Tanger et Cadix..........................   110.000
Subvention à la compagnie chargée du service alterne de bateaux à vapeur entre Port-Vendres et chacun des ports d'Alger et d'Oran.................   55.000

Le marché passé avec la Compagnie de la navigation mixte chargée du premier de ces deux services expire au mois de juillet 1875. Le crédit de 110,000 fr. n'est qu'une prévision destinée à faire face au renouvellement du marché.

Pas d'autre observation

Depuis longtemps déjà le gouverneur de l'Algérie et le conseil supérieur ont apprécié comme ils le méritent, les avantages qui résulteraient pour les deux départements de l'Ouest de l'établissement d'une ligne de navigation entre Port-Vendres, Oran et Alger. Ces avantages sont si manifestes, que les subventions ont été votées par les conseils généraux des Pyrénées-Orientales, d'Oran et d'Alger.

Dans l'examen du dernier budget, le rapporteur, l'honorable M. Peitereau-Villeneuve, s'est exprimé ainsi sur cette question :

« Cette somme de 52.000 fr. (pour 1876 elle est portée à 55,000 fr.) était destinée à une compagnie de négociants d'Oran qui devait établir un service d'Oran à Carthagène ; mais la Compagnie Valéry, qui a un service régulier d'Oran à Marseille faire escale à ses navires à Carthagène, le crédit de 52,000 fr. s'est trouvé sans emploi.

« Le conseil supérieur a étudié la question de savoir quels étaient les points de l'Algérie et de la France qu'il était le plus intéressant de desservir à l'aide de cette ressource, et la commission du conseil supérieur chargée de cet examen, a proposé, comme emploi le plus utile de ces 52.000 fr., de subventionner une compagnie, qui créerait un service régulier entre l'Algérie et Port-Vendres.

« Une discussion très-sérieuse s'est élevée au sein du conseil supérieur, pour déterminer le point de l'Algérie où les navires partant de Port-Vendres viendraient aborder. La compagnie indiquait Oran, parce que ce port n'a qu'un courrier par semaine avec Marseille, parce qu'il est intéressant de faciliter l'immigration des populations pyrénéennes françaises dans cette partie de l'Algérie et de contrebalancer l'élément espagnol qui y devient prépondérant, et enfin parce que ce serait un moyen d'abréger la distance d'Oran en France en reliant cette ville à Port-Vendres. D'autres membres du conseil supérieur demandaient qu'Alger fût préféré ou qu'au moins la subvention fût accordée à une compagnie qui entreprendrait le service de Port-Vendres à Alger, et celui de Port-Vendres à Oran. Un autre membre demandait que la subvention fût accordée à l'établissement d'une ligne à vapeur partant de Villefranche et aboutissant à Bône avec escale à Palerme. Comme on le voit, les ports d'Oran, d'Alger et de Bône, se sont trouvés en rivalité.

« C'est probablement à titre de transaction qu'on s'est arrêté à une rédaction ainsi conçue : « Subvention pour l'établissement d'un service de correspondance entre Port-Vendres, Oran et Alger. »

« Le gouvernement en proposant le crédit total du chapitre IX, donne apparemment son approbation à l'établissement d'un service de correspondance de Port-Vendres soit à Oran, soit à Alger, soit aux deux ports, mais il n'est pas fait de mention spéciale de ce consentement. M. le gouverneur général demande le maintien du crédit et, comme le Gouvernement, il ne s'explique pas sur les avantages d'une nouvelle correspondance à établir entre Port-Vendres et un des ports de l'Algérie ; cependant l'importance du crédit et de la question valaient bien la peine d'un exposé plus complet. On ignore même si une compagnie voudra se charger de l'entreprise au moyen de 52.000 fr. qu'on propose d'affecter à cette destination.

« Dans une pareille situation, la commission n'étant pas suffisamment éclairée et n'ayant aucun document à l'appui du vote du conseil supérieur propose d'ajourner le crédit de 52.000 francs. »

Comme on le voit, l'allocation du crédit demandé n'a pas été l'objet d'un refus, mais bien d'un simple ajournement motivé par le défaut d'études suffisantes et d'un traité pouvant servir de base à la fixation de ce crédit.

Par les ordres du gouverneur général, une commission a été chargée d'élaborer un projet complet concernant l'installation de la ligne en question.

L'une des causes qui ont retardé un instant l'œuvre de la commission, c'est qu'on a dû préalablement à tout, entrer en pourparlers avec la compagnie Valéry, en possession, d'après les termes de son cahier des charges, du service des transports entre la France et l'Algérie.

Sans préjuger des conclusions du travail de la commission, il est à peu près hors de doute qu'il aura pour base la fusion avec la ligne à établir, de celle qui fonctionne actuellement entre Oran et Cadix.

Les renseignements qui précèdent prouvent que la question a fait un pas et que des négociations sérieuses ont été entamées par le Gouvernement avec la compagnie Valéry pour charger celle-ci du double service dont il s'agit.

Quoi qu'il en soit, aucun marché n'est encore intervenu et, dans ces conditions, il convient d'ajourner, comme l'année dernière, le crédit demandé pour la ligne de Port-Vendres à Oran et à Alger, sauf à solliciter de l'Assemblée nationale l'ouverture d'un crédit supplémentaire aussitôt que cette ligne aura été créée.

En conséquence, votre commission vous propose de fixer le crédit du chapitre 13 à la somme de 388,940 fr.

CHAPITRE XIV. — *Colonisation.*

Crédit demandé pour 1876....... 2.930.000
Crédit alloué pour 1875.......... 2.430.000
                                  —————————
Augmentation..   500.000

Art. 1er *Secours.* — Secours de route aux colons et ouvriers nécessiteux, 100,000 fr.
Même crédit que pour l'exercice précédent.

Article 2. *Transports et passages civils.* — 220,000 fr.
Même crédit que pour l'exercice précédent.

Art. 3. *Travaux de colonisation.* — 1° Primes aux colons et aux communes pour reboisement et plantations, 35,000 fr., comme pour l'exercice précédent;

2° Subvention aux sociétés de patronage chargées de l'établissement des orphelins arabes de la famine de 1867, naturalisés français, 75,000 fr.

Ce crédit est le même que celui accordé pour l'exercice 1875 et sera employé dans les mêmes conditions.

3° Création et développement des centres de colonisation. — Chemins pour les desservir, 2,500,000 fr.

Au lieu de 2,000,000 alloués pour l'exercice précédent.

Dans les observations générales exposées au commencement de ce rapport, votre commission a cru devoir appeler tout particulièrement la sollicitude de l'Assemblée sur la colonisation qui est véritablement l'objectif de la question algérienne. Elever d'année en année le niveau de la prospérité générale et augmenter le peuplement à l'aide d'un accroissement de dépenses fourni par l'accroissement corrélatif des recettes, telle est la marche adoptée jusqu'ici et qu'il convient de poursuivre sans défaillance, sous peine de compromettre les résultats acquis.

La preuve de l'efficacité de cette sage méthode résulte de l'examen des deux tableaux suivants, l'un indiquant le mouvement commercial de l'Algérie de 1850 à 1873, l'autre constatant la progression des recettes du budget ordinaire du gouvernement général dans la période de 1864 à 1874.

Voici ces documents officiels :

TABLEAU du mouvement commercial de 1850 à 1873.

ANNÉES	VALEURS DES IMPORTATIONS	VALEURS DES EXPORTATIONS	TOTAL
	fr.	fr.	fr.
1850........................	72.692.782	19.262.383	91.955.165
1851........................	66.443.124	19.792.791	86.235.915
1852........................	65.392.041	21.554.519	86.946.560
1853........................	72.788.015	30.782.592	103.570.607
1854........................	81.234.447	42.176.068	123.410.515
1855........................	105.452.027	49.320.029	154.772.056
1856........................	108.916.296	39.100.720	148.017.016
1857........................	104.796.365	33.877.915	138.674.280
1858........................	108.014.422	39.029.868	147.044.290
1859........................	116.485.181	39.741.060	156.226.241
1860........................	109.457.453	47.785.982	157.243.435
1861........................	116.600.095	49.094.120	165.694.215
1862........................	104.015.476	35.358.927	139.374.403
1863........................	117.519.141	48.209.556	165.728.697
1864........................	136.458.793	108.067.354	244.526.147
1865........................	175.275.763	100.538.461	275.814.224
1866........................	179.164.927	92.732.907	271.897.834
1867........................	187.677.007	97.461.983	285.138.994
1868........................	192.664.360	103.069.304	295.733.660
1869........................	183.304.804	110.951.323	294.256.127
1870........................	172.690.713	124.456.249	297.146.962
1871........................	195.002.845	111.700.672	306.703.517
1872........................	197.044.977	164.603.634	361.648.611
1873........................	206.737.200	152.216.366	358.953.566

RELEVÉ des produits et revenus ordinaires du budget de l'Algérie pendant la période de 1864 à 1874 inclus.

ANNÉES	ENREGISTREMENT TIMBRE DOUANES ET FORÊTS	DOUANES	CONTRIBUTIONS DIRECTES ET INDIRECTES	POSTES	DIVERS PRODUITS DU TRÉSOR Y COMPRIS LA TÉLÉGRAPHIE	TOTAL GÉNÉRAL
1864	3.353.859 61	2.390.527 25	8.431.079 19	894.595 21	459.161 92	17.529.223 08
1865	5.182.115 52	2.796.059 04	8.201.894 73	927.272 19	509.342 57	17.616.684 05
1866	5.071.725 43	2.802.938 55	8.029.908 52	907.849 85	351.299 34	17.163.721 69
1867	4.441.346 08	2.502.050 13	7.261.269 42	876.770 07	392.540 99	15.473.994 69
1868	5.079.412 78	2.148.812 68	5.577.410 79	898.361 27	374.344 06	14.075.344 58
1869	5.220.165 65	2.288.055 53	6.111.451 28	944.587 81	459.358 05	15.028.618 32
1870	4.447.640 24	2.358.980 92	6.242.396 74	831.647 92	438.350 70	14.319.016 52
1871	4.428.012 10	3.368.666 57	5.598.902 50	1.177.723 04	521.770 22	15.095.074 43
1872	6.665.864 88	3.637.950 »	7.227.394 26	1.193.813 48	764.420 04	19.489.442 46
1873	7.334.940 16	3.380.309 14	8.641.821 57	1.275.878 93	790.853 51	21.423.803 31
1874	7.567.547 »	4.881.027 »	9.264.519 »	1.351.344 »	873.975 »	23.941.412 »

Du premier de ces documents il résulte que le mouvement des importations et des exportations, qui, en 1850, était représenté par une valeur de............................... 91 965.155 a atteint en 1873................ 358.953 566 c'est-à-dire qu'il a presque quadruplé dans la période de douze ans, qui comprend pourtant les quatre années calamiteuses — de la famine (1868-1869), de la guerre (1870) et de l'insurrection indigène (1871).

Le second document met en évidence l'accroissement important et continu des recettes de l'État.

En 1864, la somme de ces recettes était de................................ 17.729 223
En 1874, ce chiffre s'est élevé à.... 23 941.412

Mais la progression s'accentue plus particulièrement dans les dernières années, et tout porte à croire que les prévisions afférentes aux exercices 1875 et 1876 seront de beaucoup dépassées; pour s'en convaincre, il suffit de remarquer que les recettes réalisées en 1874 dépassent non-seulement les prévisions de 1875, qui ont été évaluées à la somme de 22,456,100 fr., mais aussi celles de 1876, qui n'ont été évaluées qu'à la somme de 23,708,100 fr.

On peut donc, en toute sécurité, accorder aux travaux de colonisation l'augmentation de crédit de 500,000 fr. qui est demandé pour eux.

Mais votre commission ne s'est pas déterminée seulement par les considérations générales qui précèdent. Examinant la question de plus près, elle a voulu s'assurer à la fois que les crédits antérieurs ont été sainement employés, et que la demande du crédit nouveau était basée sur des besoins urgents et bien étudiés.

Voici, à cet égard, ce qui résulte des états fournis par l'administration :

Les centres créés en 1874 sont au nombre de 46, savoir :

Province d'Alger : 13 centres comprenant 415 feux et 15,203 hectares.

Province d'Oran : 14 centres comprenant 454 feux et 19,026 hectares.

Province de Constantine : 19 centres comprenant 658 feux et 35,225 hectares.

Soit aux totaux · 46 centres comprenant 1,527 feux et 69,454 hectares.

Dans ce dernier chiffre relatif à la province de Constantine ne se trouvent pas compris 20 à 25,000 hectares qui ont été allotis en dehors du programme et divisés en fermes isolées.

Si à ces résultats on ajoute ceux qui ont été déjà accusés dans la note mise à l'appui du budget de 1875, on a pour l'ensemble des travaux effectués de 1871 à 1874 inclus :

Province d'Alger : 32 centres comprenant 1,419 feux et 51,237 hectares.

Province d'Oran : 31 centres comprenant 809 feux et 33,138 hectares.

Province de Constantine : 35 centres comprenant 1,718 feux et 73,828 hectares.

Soit aux totaux : 98 centres comprenant 3,946 feux et 158,203 hectares.

Le programme des opérations de peuplement, pour l'année 1875, a été arrêté et livré à la publicité; il implique :

1° La création de 20 nouveaux villages et l'agrandissement de 5 autres, comprenant ensemble 896 feux de 20 à 25 hectares l'un, en moyenne.

2° L'installation de 200 fermes isolées, ci 200 feux de 50 hectares l'un, en moyenne. Soit l'installation de 1,096 nouveaux concessionnaires.

L'emploi total du crédit de 2,000,000 fr. alloué au budget de 1875, pour faire face à ces dépenses, laissera inachevés certains travaux de deuxième et de troisième urgence, parce que ce crédit a dû pourvoir à des travaux de même nature qu'il fallait compléter dans les colonies de 1873-1874. Une partie devra également être employée à l'exécution des ouvrages qui incombent à l'État dans les colonies que la société de protection installe dans la province d'Alger.

Pour 1876, le programme étudié comporte la création de 38 centres nouveaux qui comprendront de 1.400 à 1,500 feux environ.

D'après les expériences faites, il faut évaluer à un minimum de 50,000 fr., en moyenne, les frais de première installation de chaque nouveau village.

Cette dépense de première nécessité s'applique :

Au chemin de communication avec la route mère la plus voisine;

A l'alignement et au nivellement du village;

Aux chemins d'accès;

A l'alimentation en eau potable, fontaine, abreuvoir;

Aux ouvrages de défense, s'il y a lieu;

Aux abris provisoires pour les immigrants.

Viennent plus tard les ouvrages de deuxième et troisième urgence ayant un caractère plus particulièrement public, tels que : école, mairie, église ou temple.

Les trente-neuf centres projetés impliquent donc, à raison de 50,000 fr. chacun, une dépense totale de 1,950,000 fr., soit deux **millions** en chiffres ronds.

Si le crédit accordé pour 1876 se bornait à cette somme, il serait nécessaire d'en réserver une part assez forte, comme cela a lieu en 1875, pour l'appliquer aux ouvrages de deuxième et de troisième urgence dans les colonies antérieurement établies, de sorte que le programme serait arrêté dans son exécution au grand détriment de l'œuvre entreprise.

Tels sont, en l'état actuel, les besoins sérieusement constatés.

En résumé, on peut dire que si la France continue à s'imposer des sacrifices pour favoriser la colonisation de l'Algérie, il est démontré par les résultats obtenus dans ces dernières années, que ces sacrifices sont loin d'être stériles.

L'Algérie commence enfin à être connue et toutes les préventions qui s'étaient élevées contre elle de ce côté de la Méditerranée semblent s'effacer pour faire place à une appréciation plus juste, plus exacte de ses ressources et des avantages précieux qu'elle offre à l'agriculture, au commerce et à l'industrie.

Il importe donc, au plus haut point, de mettre à profit ce revirement de l'opinion, en continuant l'œuvre de peuplement si laborieusement commencée et que le moindre temps d'arrêt pourrait gravement compromettre.

Chaque jour l'administration reçoit des demandes de terres provenant de cultivateurs de la métropole qui désirent se fixer sur le sol algérien; pour qu'elle donne satisfaction à ces nombreuses demandes, il est indispensable qu'elle obtienne les crédits nécessaires à l'installation de nouveaux villages.

Par toutes ces considérations, votre commission estime qu'il y a lieu d'accorder l'augmentation de crédit demandé et vous propose d'adopter, pour le chapitre 14, l'allocation de 2,930,000 fr., proposée par le Gouvernement.

CHAPITRE XV. — *Travaux publics. — Service ordinaire.*

Le crédit proposé pour 1876 est de.. 4.515.842
Il a été accordé pour 1875........ 4.050.217

Augmentation........ 465.625

Art. 1er (Personnel), § 1er (*Ponts et Chaussées*). — Ce paragraphe comporte une augmentation de 69,000 fr. destinée à mettre le service des ponts et chaussées en harmonie avec les besoins toujours plus étendus de la colonisation, et à remédier aux exigences résultant de la remise par le génie militaire de la majeure partie des routes dans le Tell algérien. Sauf un remaniement peu important dans le personnel des fonctionnaires et agents détachés de la métropole, qui ne nécessite qu'un accroissement de dépenses de 9,600 fr., le reste de l'augmentation, soit 59,400 fr., s'applique exclusivement au personnel auxiliaire des agents coloniaux de diverses classes.

D'après l'opinion émise par M. l'inspecteur général des travaux publics et partagée par M. le gouverneur général civil, le personnel des ponts et chaussées ainsi organisé, est indispensable pour répondre strictement aux besoins de cet important service. Votre commission ne saurait contredire cet avis basé sur l'étude approfondie des besoins à satisfaire.

§ II. — *Mines et forages.* — Le personnel de ce service serait augmenté, à raison du développement considérable qu'a pris, en Algérie, notamment dans l'arrondissement de Bône, l'exploitation minière; il en résulterait une augmentation de dépenses de 15,625 fr., qui sera, bien au delà, compensée par l'augmentation du produit des redevances. C'est ce qui a décidé votre commission à accueillir favorablement cette demande de crédit.

Art. 11. — *Travaux d'entretien et de forage.* — *Ponts et chaussées.* — *Entretien et réparations simples.* — Le § 1er de cet article comporte la ma-

jeure partie de l'augmentation demandée pour le chapitre 15.

La proposition de crédit p. 1876 est de 3.549.050
tandis qu'il n'est alloué p. 1875, que... 3.680.500

Différence en plus..... 381.000

On a dit souvent avec raison que la plus mauvaise des économies est celle qui se fait sur l'entretien des routes. L'incurie, à cet égard, outre qu'elle accroît à pure perte les frais de transport dans le parcours détérioré et qu'elle apporte un trouble fâcheux dans les transactions, a aussi pour effet d'amener rapidement la ruine du capital de viabilité, ce qui fait qu'à un moment donné, le prix des travaux de réfection dépasse de beaucoup la somme des dépenses annuelles qu'aurait nécessitées un entretien sagement ordonné.

Bien mieux qu'au continent européen, cette observation s'applique à l'Algérie, où le terrain a beaucoup à souffrir des pluies torrentielles qui s'y abattent après de longs mois de sécheresse.

Au commencement de l'année 1873, il avait été créé en Algérie 1,768 kilomètres de routes nationales dont l'entretien est exclusivement à la charge de l'Etat.

A la même époque, il avait été créé aussi, avec l'aide de subventions de l'Etat, 4,592 kilomètres de routes départementales ou de grande communication dont une partie des frais d'entretien sont également l'objet de subventions inscrites annuellement au budget des dépenses du Gouvernement général. Les restrictions de crédit qu'a dû subir ce dernier article, par suite de l'état de nos finances, ont occasionné dans la grande voirie un état tel de détérioration, que certaines routes sont devenues presque impraticables, au grand détriment de l'agriculture et du commerce.

Les populations font entendre, à ce sujet, les plaintes les plus vives; le conseil supérieur de Gouvernement s'en est montré ému, et l'administration, justement alarmée d'un pareil état de choses, a appuyé énergiquement la demande du crédit appelé à y porter promptement remède.

Votre commission, impressionnée par ces graves considérations, vous propose d'accorder le crédit demandé par le Gouvernement.

CHAPITRE XVI. — *Travaux publics. — Service extraordinaire.*

Crédit demandé pour 1876, 7,361,100 fr.
Le même crédit a été alloué pour l'exercice 1875.
Il se décompose de la manière suivante :

Art. 1er. — Travaux extraordinaires exécutés au moyen des annuités de la Société générale algérienne......................... 3.500.000
Art. 2. — Bâtiments civils......... 200.000
Art. 3. — Annuité à la compagnie concessionnaire des chemins de fer de l'Algérie......................... 3.661.100

Total égal........ 7.361.100

Art. 1er. — Pour l'année 1876, comme pour les deux années précédentes, le versement à opérer par la Société générale algérienne est réduit à la somme de 3,500,000 fr., ce qui portera à 87 millions la somme des annuités fournies par ladite Société à la date de 1876, sur le prêt de 100 millions qu'elle s'est engagée à faire à l'Etat, aux termes de la convention du 18 mai 1865.

Cette ressource, affectée spécialement aux travaux extraordinaires, a été l'objet de la répartition suivante entre les trois départements de l'Algérie.

NATURE DES TRAVAUX	DÉPARTEMENT d'Alger.	DÉPARTEMENT d'Oran.	DÉPARTEMENT de Constantine.	TOTAUX partiels.
Routes nationales et ponts.................	100.000	60.000	100.000	260.000
Ports...................................	415.000	525.000	655.000	1.595.000
Subventions aux routes départementales...	260.000	»	265.000	525.000
Subventions aux chemins de grande communication..........................	10.000	115.000	100.000	225.000
Routes et chemins non classés.............	80.000	195.000	»	275.000
Desséchements et irrigations..............	320.000	115.000	»	435.000
Réserve.................................	»	»	»	185.000
	1.185.000	1.010.000	1.120.000	3.505.000

Cette répartition a fait l'objet, dans le sein du Conseil supérieur de gouvernement, d'une étude très-approfondie et en quelque sorte contradictoire, puisque les délégués des trois départements ont pu y exposer et y défendre leurs prétentions respectives. D'un autre côté, l'administration en participant à cette discussion par l'organe de ses représentants les plus compétents, a donné à l'intérêt public toutes les garanties désirables.

La sous-répartition par départements a été faite avec la même circonspection, et nous pensons qu'il serait téméraire d'apporter à ce travail une modification quelconque.

En voici le tableau tel qu'il a été arrêté par le Conseil supérieur de gouvernement.

DÉPARTEMENT D'ALGER

Route nationale n° 1 d'Alger à Laghouat.............................	100.000
Port d'Alger..........................	250.000
Port de Ténès.........................	165.000
Route départ¹ d'Alger à Aumale.......	100.000
Route départementale de Bordj-Boghni à la route nationale n° 5 par Dra-el-Mizan......................	40.000
Route départementale de Miliana à Téniet-el-Haâd......................	40.000
Route départementale de Dra-el-Mizan aux Issers......................	80.000
Chemin de grande communication de Cherchell à Miliana par les Beni-Monasser........................	10.000
Route d'Aumale à Bouïra par Aïn-Bessem...........................	80.000
Barrage-réservoir de Hamiz...........	200.000
Canal principal du Chéliff	100.000
Dérivation de l'Oued-Fodda...........	20.000
Total..........	1.185.000

DÉPARTEMENT D'ORAN

Route nationale n° 4 reliant le port d'Oran à la place d'Armes........	60.000
Port d'Oran..........................	450.000
Jetée de Mostaganem..................	75.000
Chemin de grande communication de Tlemcen à Nemours.................	50.000
Chemin de grande communication de Relizane à Tiaret...................	65.000
Chemin du Dahra.....................	75.000
Chemin de Tlemcen à Rachgoun.....	75.000
Route du Riou à Ammi-Moussa......	10.000
Route de Riou à Renault.............	25.000
Chemin de Mascara à Tlemcen........	35.000
Barrage de la Djadiouïa	100.000
Canal de Raz-Mouilah...............	15.000
Total..........	1.010.000

DÉPARTEMENT DE CONSTANTINE

Route nationale n° 5 de Stora à Biskra.	100.000
Port de Philippeville.................	500.000
Port de La Calle.....................	155.000
Route départementale de Bône à La Calle..............................	65.000
Route départementale de Bougie à Sétif..............................	200.000
Chemin de grande communication de Bougie à Beni-Mansour............	100.000
Total..........	1.120.000

RÉCAPITULATION

Département d'Alger.................	1.185.000
— d'Oran..................	1.010.000
— de Constantine........	1.120.000
Réserve pour besoins imprévus.......	185.000
Total égal au crédit de l'art. 1ᵉʳ.	3.500.000

Art. 2 (Bâtiments civils). — Même crédit que pour l'exercice 1875, 200,000 fr.

Pas d'observations.

Art. 5 (Annuité à la Compagnie concessionnaire des chemins de fer de l'Algérie). — Comme pour l'exercice 1875, 3,661.100 fr.

Cette somme représente le montant de la subvention annuelle à payer à la Compagnie des chemins de fer de l'Algérie, conformément à l'article 3 de la convention du 1ᵉʳ mai 1863 approuvée par la loi du 4 juin de la même année.

Ces chemins de fer, objet de la subvention, ayant été reçus et étant exploités depuis près de cinq ans, votre commission pense qu'il y aurait lieu de transporter désormais au budget des finances, parmi les charges de la dette publique, cette annuité fixe de 3,661.100 fr.

Cette observation s'adresse au ministre des finances pour qu'il en tienne compte dans le règlement du prochain exercice. Mais ceci n'est qu'une mesure d'ordre, car, au fond, il importe peu que le crédit obligatoire dont il est question soit inscrit au budget d'un département ministériel ou d'un autre. Votre commission vous demande de l'allouer.

CHAPITRE XVII. — Dépenses secrètes.

Le crédit de 80,000 fr. demandé pour l'exercice 1876 est, de même que pour 1875, de 80,000 francs.

Pas d'observations.

CHAPITRE XVIII. — Payement de la garantie d'intérêt à la compagnie Paris-Lyon-Méditerranée (chemins de fer algériens) (2,400,000 francs).

Ce crédit présente une diminution de 100,000 fr. sur celui qui a été voté par l'Assemblée nationale dans sa séance du 8 juin 1875 pour garantie d'intérêts afférente à l'année 1875.

L'évaluation a été faite dans les formes voulues par la loi, et, sous ce rapport, votre Commission n'a pas d'objection à opposer à cette demande de crédit. Mais elle croit devoir appeler l'attention de l'Assemblée sur les observations présentées par l'honorable M. Clapier à la séance précitée du 8 juin. Elle rappelle, notamment, que l'énormité des frais de construction de la ligne à une voie de Philippeville à Constantine (687,000 fr. par kilomètre), semble indiquer qu'il a pu être commis des fautes dans le tracé et dans l'exécution. Le compte définitif de premier établissement doit être présenté par la compagnie concessionnaire, avec pièces à l'appui, le 1er janvier prochain. La commission instituée pour arrêter ce compte se livrera, sans nul doute, à un examen qui aura pour effet de fixer les responsabilités. On s'accorde à dire qu'outre les fautes qui ont pu être commises dans la construction du chemin de fer de Philippeville à Constantine, le matériel de traction appliqué à l'exploitation de cette ligne est défectueux, et qu'il s'adapte mal aux grandes pentes ainsi qu'aux courbes à petits rayons dont foisonne la voie. Sans parler des irrégularités du service, des encombrements de marchandises dans les gares, de la lenteur excessive des trains de voyageurs (20 kilomètres en moyenne par heure) qui peuvent occasionner au commerce des pertes sérieuses, il peut en résulter aussi pour les frais d'exploitation une cause d'augmentation considérable sur laquelle l'attention du contrôle doit être appelée.

Ces dernières critiques peuvent, quoique à un moindre degré, s'appliquer aussi à la ligne d'Alger à Oran.

Il est permis de craindre que la compagnie concessionnaire se sachant couverte par la garantie de l'État, et ne prévoyant que pour un temps éloigné la période rémunératrice, ne fasse pas ce qu'il conviendrait pour obtenir un accroissement de recettes et une économie plus sérieuse dans les frais d'exploitation.

Sous le bénéfice de ces observations, que votre commission recommande à l'attention sérieuse du Gouvernement, elle vous propose l'allocation du crédit demandé.

DEUXIÈME PARTIE

Dépenses sur ressources spéciales.

CHAPITRE 1er. — *Administration centrale.*

Art. 1er. — Remboursement du prix des bourses à l'école normale primaire des garçons d'Alger, à la charge des provinces et des particuliers.................................... 11 420
Même crédit qu'en 1875.
Pas d'observations.
Art. 2. — Remboursement du prix des bourses à l'école normale primaire des filles à Milianah........................ 8.000
La création de cette école a été approuvée par décret du 18 décembre 1874.
Pas d'observations.

Total du chapitre 1er...... 19 420

CHAPITRE II. — *Travaux publics.*

Contrôle et surveillance des chemins de fer.................................. 62.235
Ce chiffre se répartit de la manière suivante :
1° Versement par la compagnie des chemins de fer algériens de la somme de.......... 51.185
pour 511 k. 850 m. 48 de chemin de fer concédé, à raison de 100 fr. par kilomètre (exécution de l'article 67 § 2 du cahier

A reporter........ ... 51.185

Report............... 51.180

des charges annexé à la convention du 1er mai 1863).
Pas d'observations.
2° Versement par la compagnie des mines de Karezas pour contrôle et surveillance du chemin de fer de Mokta-el-Hadid à la mer................... 500
(application des dispositions de l'article 44 du cahier des charges annexé à l'arrêté du gouverneur général en date du 12 juin 1863).
Pas d'observations.
3° Versement par la compagnie franco-algérienne concessionnaire du chemin de fer d'Arzew à Saïda d'une somme de. 10.550
En vertu de l'article 65 du cahier des charges annexé au décret du 29 avril 1874, la compagnie est tenue de verser chaque année au Trésor public, pour frais de contrôle et de surveillance, une somme de 120 francs par kilomètre de chemin de fer concédé, ladite somme réduite à 50 fr. par kilomètre pour les sections non encore livrées à la circulation.
La longueur totale de la ligne étant de 211 kilomètres, et aucune section ne paraissant devoir être livrée à l'exploitation avant l'année 1877, la somme à verser par la compagnie concessionnaire pour l'année 1876 est portée au chiffre de 50 fr. par kilomètre.

Ensemble du chapitre 2........ 62.235

La commission propose l'adoption de ce crédit.

CHAPITRE III.

Établissement et conservation de la propriété individuelle indigène à la charge des tribus, 400,000 fr.

Cette somme de 400,000 fr. est destinée à faire face aux dépenses de toute nature résultant de la mise à exécution de la loi du 26 juillet 1873, et qui, aux termes de l'article 24 de ladite loi, sont à la charge des tribus.

Votre commission appelle l'attention toute particulière du Gouvernement sur l'importance considérable que présente la loi du 26 juillet 1873. Elle émet le vœu que rien ne soit négligé pour apporter à l'application de cette loi la plus grande activité possible ; les indigènes qui en supportent les frais sont les premiers intéressés à devenir promptement propriétaires incommutables du sol, sur lequel ils n'ont que des droits de jouissance, et aspirent à ce bienfait avec la plus vive impatience.

La commission ne peut que demander l'allocation de ce crédit qui sera couvert par une recette corrélative.

CHAPITRE IV. — *Contributions directes.*

Article unique. — Frais de distribution de premier avertissement ajoutés au montant de chaque cote individuelle (exécution des lois des 25 mars 1817 et 15 mai 1818, comme dans la métropole)............................ 9.400
Pas d'observations.

CHAPITRE V.

Article unique. — Part des chefs indigènes chargés du recouvrement et de l'assiette de l'impôt arabe.................... 1.400.000
Même crédit qu'en 1875.
Pas d'observations.

CHAPITRE VI.

Article unique. — Assistance hospitalière........................... 1.500.000

Un décret du 27 octobre 1858, sur l'organisation administrative de l'Algérie, a mis à la charge des départements les dépenses d'hospitalisation des malades civils indigents et du service médical de colonisation.

Ces dépenses devaient être couvertes au moyen de l'abandon d'un cinquième de l'octroi de mer et en cas d'insuffisance, au moyen des ressources générales provenant de la part de l'impôt arabe abandonnée aux départements. Cette disposition eut pour effet de décharger les communes du remboursement des dépenses occasionnées par le traitement et l'entretien de leurs malades, et si le décret précité consacrait en principe qu'elles seraient tenues au remboursement d'une partie des dépenses qui leur incombaient, il est vrai de dire que toutes, ou presque toutes, ont su se soustraire à cette obligation.

Dans le but de régler cette situation provisoire, et, en outre, pour se conformer à la loi du 10 août 1871, qui n'admet pas l'ingérence des conseils généraux dans le service hospitalier, le Président de la République a signé, le 23 décembre 1874, sur le rapport des ministres de l'intérieur et des finances, un décret relatif à l'organisation des services de l'assistance hospitalière en Algérie.

D'après les propositions du gouverneur général pour le projet de budget de l'exercice 1876, les dépenses de ce chapitre sont évaluées à la somme de 1,500,000 fr., sur laquelle 1,040,000 fr. figurent comme dépenses normales, le surplus, soit 460,000 fr., ne figurent au même budget que comme dépenses d'ordre à couvrir par des remboursements.

Il doit être pourvu aux dépenses normales :

1° Pour 240,000 par le montant des centimes spéciaux réglés par les lois annuelles de finances en addition au principal des contributions directes ;

2° Pour 800,000 fr., au moyen de centimes additionnels à l'impôt arabe.

Le décret organique de l'Assistance hospitalière de l'Algérie étant postérieur à la loi de finances qui a réglé le budget de l'exercice 1875, il a fallu recourir à une demande de crédit supplémentaire pour ledit exercice.

Le projet de loi relatif à cette demande, déposé à la séance du 26 mai 1875, a été renvoyé à l'examen de la commission du budget de 1875.

La proposition qu'aura à faire la commission du budget de 1876 au sujet de la même demande de crédit, est naturellement subordonnée à la décision que l'Assemblée nationale est appelée à prendre sur le projet de loi qui lui est soumis. Jusqu'à ce que cette solution soit intervenue, la question reste suspendue.

Sauf cette réserve, l'ensemble du budget des dépenses sur les ressources spéciales comporte un crédit de 1,891,055 fr. que la commission vous propose d'allouer.

PROJET DE LOI

Art. 1er. — Il est accordé au ministre de l'intérieur, sur l'exercice 1876, pour les dépenses ordinaires du Gouvernement général civil de l'Algérie, des crédits s'élevant à la somme de 26,816,631 fr. répartis par chapitres conformément à l'état A ci-annexé.

Art. 2. — Il est ouvert sur le même exercice au ministre de l'intérieur pour dépenses sur ressources spéciales en Algérie des crédits s'élevant à 1,891,055 fr., répartis par chapitres conformément à l'état B, ci-annexé.

ÉTAT A. — *Budget des dépenses ordinaires.*

CHAPITRES	NATURE DES DÉPENSES	CRÉDITS		DIFFÉRENCES	
		demandés par le Gouvernement.	proposés par la commission.	en plus.	en moins.
		fr.	fr.	fr.	fr.
1	Administration centrale (Personnel)........	486.190	486.190	»	»
2	Administration centrale (Matériel).........	82.000	82.000	»	»
3	Publications, expositions, missions scientifiques, secours et récompenses............	64.000	122.890	58.890	»
4	Administration provinciale, départementale et communale................	2.116.705	2 035.415	»	81.290
5	Service télégraphique.................	1.161.267	1.161.267	»	»
6	Justice musulmane, culte musulman, instruction publique................	465.750	425.750	»	40.000
7	Enregistrement, domaines et timbre........	1.000.375	990 675	»	9.700
8	Contributions directes et cadastre.........	411 150	411.150	»	»
9	Perceptions, contributions diverses, poudres à feu, poids et mesures................	837.910	850.110	12.200	»
10	Forêts......................	905.042	905.042	»	»
11	Postes.....................	904.460	904 460	»	»
12	Topographie.................	732 800	732.800	»	»
13	Services maritime et sanitaire...........	443 940	388.940	»	55 000
14	Colonisation.................	2.930.000	2.930.000	»	»
15	Travaux publics (Service ordinaire).......	4.515 842	4.515.842	»	»
16	Travaux publics (Service extraordinaire)....	7.361 100	7.361.100	»	»
17	Dépenses secrètes..................	80.000	80.000	»	»
18	Garantie d'intérêt pour les chemins de fer algériens.................	2.400 000	2 400.000	»	»
19	Dépenses des exercices périmés non frappés de déchéance..................	Mémoire.	Mémoire.	»	»
20	Dépenses des exercices clos.	Mémoire.	Mémoire.	»	»
	Totaux............	26.931.531	26.816.631	71 000	185.990
	Différence en moins.................				114.900

ÉTAT B. — *Budget des dépenses sur ressources spéciales.*

CHAPITRES	NATURE DES DÉPENSES	CRÉDITS PROPOSÉS		DIFFÉRENCE	
		par le Gouvernement.	par la Commission.	en plus.	en moins.
		fr.	fr.	fr.	fr.
1	Administration centrale. Remboursement du prix des bourses à l'école normale primaire des garçons à Alger.....	11.420	11.420	»	»
	Remboursement du prix des bourses à l'école normale primaire des filles de Miliana....	8.000	8.000	»	»
		19.420	19.420		
2	Travaux publics. Contrôle et surveillance des chemins de fer.	62.235	62.235	»	
3	Établissement et conservation de la propriété indigène	400.000	400.000	»	
4	Contributions directes. Frais de distribution du premier avertissement................................	9.400	9.400	»	
5	Contributions diverses. Part des chefs indigènes chargés du recouvrement et de l'assiette de l'impôt arabe..	1.400.000	1.400.000	»	
6	Assistance hospitalière.....................	1.500.000	»	»	1.500.000
	Total.................	3.391.055	1.891 055	»	1.500.000

⬥

SÉANCE DU LUNDI 5 JUILLET 1875

Annexe n° 3146.

RAPPORT SOMMAIRE fait au nom de la 30ᵉ commission d'initiative parlementaire (*) chargée d'examiner la proposition de loi de M. le comte de Douhet, ayant pour objet la création d'un nouveau et puissant moyen de trésorerie nationale d'une valeur de 1 milliard de francs, pour le service de nos finances et les besoins du public, par M. Carquet, membre de l'Assemblée nationale.

Notre honorable collègue M. le comte de Douhet propose de retirer à la Banque de France la faculté d'abaisser la coupure de ses billets au-dessous de 50 francs, et de confier à l'État seul le droit et l'obligation de faire, avec du papier fiduciaire, le service de la monnaie.

A cet effet, il serait émis, dans le délai de six mois et pour la somme de 1 milliard, des bons du Trésor spéciaux à coupures fixes de 20 francs, transmissibles au porteur et produisant, au moyen de coupons, un intérêt de 3 p. 100.

Deux années après leur émission, ils seraient

(*) Cette Commission est composée de MM. Guibal, président; Drée, secrétaire; de la Pervanchère, Benoist du Buis, le colonel de Chadois, Simiot, Ratbier, Philippoteaux, le général Jonin, Crespin, le marquis de Pigeac, Dietz-Monnin, Carquet, Joubin, Crespin, Charreyrou, Du Breuil de Saint-Germain, Eyguard-Duvernay, Magnez, Boreau-Lajanadie, Ernoul, le baron de Janzé, le comte Bagneux, Lehourgeois, Le Gal La Salle, Bottard, Humbert, Lasel, Taillefert, Lefèvre, Vétillart.

remboursables en dix séries annuelles indiquées par le sort. Mais avant d'être admis au remboursement, les bons devraient, dans un délai de trois mois, servir à l'acquisition de rentes perpétuelles et seraient payables entre les mains des nouveaux porteurs pendant un second trimestre, passé lequel leur circulation serait prohibée.

Au premier aperçu de ces ingénieuses combinaisons, votre commission a été tout d'abord fâcheusement impressionnée par la perspective d'un nouvel emprunt, quel que soit son mode de réalisation, d'un emprunt surtout dont l'absolue nécessité n'est pas prouvée et dont l'emploi n'est pas défini.

Il lui a paru aussi qu'une proposition de cette nature, permise sans doute à l'initiative parlementaire, était plus naturellement réservée au ministre des finances, qui, ayant la responsabilité de la gestion financière, doit se rendre compte avec précision des besoins actuels et prochains, des ressources de l'impôt et des possibilités de trésorerie. Le rôle des Assemblées est ordinairement d'être les gardiennes sévères du grand livre de la dette publique, et, par une tendance bien naturelle à leur mandat, de résister aux entraînements de certains gouvernements (il n'y a là aucune allusion à l'époque actuelle), à dépenser sans nécessité dans le présent, au prix de charges durables et aux dépens de l'avenir.

Ces considérations préliminaires ne sont point une fin de non-recevoir et ne devraient pas empêcher votre commission d'examiner les propositions inspirées à notre honorable collègue par son patriotisme, dans leurs rapports avec le Trésor, avec la Banque de France, avec l'intérêt général et celui des bons nouveaux.

Des nécessités urgentes et transitoires obligent quelquefois le Trésor à recourir à des moyens exceptionnels ; en règle générale, les ressources du Trésor doivent être puisées au sein même de la richesse publique, celle qui existe réellement, et dont l'Etat peut revendiquer une part à titre de participation aux frais généraux, de prime d'assurance et de tribut civique.

En face de dépenses permanentes et tendant à s'accroître, il faut que des recettes certaines, annuelles et croissantes, que ne peuvent donner ni les expédients de trésorerie, ni les emprunts, surtout les emprunts à courte échéance et encore moins d'aventureux essais. Elles ne se trouvent que dans les impôts, dans l'amélioration de ceux existants et leur plus-value due au développement de l'aisance générale et, au besoin, dans la création d'impôts nouveaux. C'est la voie pénible mais à s'accroître, il faut que des recettes certaines, l'Assemblée nationale avec une persévérante résolution ; guidé par son esprit pratique, elle se laissera difficilement entraîner à des hardiesses peut-être téméraires.

Examinons les faits et les probabilités qui se rattachent au projet de loi. L'émission nouvelle serait sans doute employée à payer nos dettes à prochaine échéance, notamment à nous acquitter envers la Banque de France. Le bon sens l'indique, car ses billets ne pourraient conserver le cours forcé en concurrence avec les bons nouveaux, et la loi nous en ferait un devoir ; cette loi, en effet, imposerait à la Banque l'obligation de retirer ses billets de petite coupure, qui forment une partie importante de sa circulation, et en ont même, à certains moments, dépassé le quart. L'Etat échangerait donc une dette qui lui coûte le 1 p. 100 d'intérêt, contre une autre qui lui coûterait le 3.

Les bons à émettre suivant le projet auront-ils cours légal et forcé ? Ici les deux expressions deviennent synonymes, puisque tout billet ayant cours légal sans être payable à présentation, par le fait même, ce qu'on appelle plus particulièrement le cours forcé.

En admettant que le cours des bons sera facultatif, l'on croira mal aisément que la Banque de France ou tout autre créancier de l'Etat voudra prolonger les termes, par exemple, exiger en douze ans ce qui est exigible de suite ou en cinq ans, et accepter comme payement comptant de nouvelles promesses de payements ultérieurs. La différence de 3 à 1 p. 100 sur le taux de l'intérêt, onéreuse pour le Trésor, ne produirait pas un avantage proportionnel en faveur de la Banque. Celle-ci, obligée à retirer subitement ses petites coupures à restreindre sa circulation dans la mesure de ses opérations avec le public, y emploierait autant que possible les bons nouveaux, alors elle cesserait de bénéficier de leur intérêt ; ou bien, ce qui est plus probable, elle devrait pourvoir avec ses propres ressources à une partie de ce remboursement ; et alors, tout en retirant le 3, elle emploierait des fonds qui lui auraient valu au moins le 4.

Si l'on veut s'en tenir au vrai sens du projet de loi, il faut écarter cette supposition du cours facultatif. A la vérité, en développant ses idées au sein de la commission, notre honorable collègue, s'inspirant de ses tendances libérales, s'est montré peu favorable au cours forcé ; mais en rédigeant ses articles de loi, il s'est prononcé nettement pour son adoption.

En effet, l'article 2 impose au Gouvernement l'obligation de faire avec du papier fiduciaire le service de la monnaie, et l'article 5 impose aux porteurs de bons monétaires l'obligation de les employer à l'achat de rentes sur la dette publique.

Dans ce cas, l'Etat exigerait impérativement de la Banque ou de ses autres créanciers, l'acceptation de ses bons. Ce serait modifier par sa seule volonté les conditions d'un contrat et les termes de payement, malgré les prescriptions du code civil, qui, en même temps qu'elles ont force légale, sont l'expression de la raison et de l'équité.

Or, le plus consciencieux des débiteurs de France, le plus honnête homme de l'Etat doit être l'Etat lui-même; son honneur comme son crédit, fondé sur le respect des conventions, y sont également engagés. Et rien ne l'excuserait dans les circonstances présentes, puisque nous avons la paix au dehors et la sécurité à l'intérieur, et que l'activité industrielle et commerciale ne demande qu'à se développer librement, en suivant le cours naturel des choses.

L'honorable comte de Douhet a loyalement indiqué une grave objection qui pourrait être faite à son projet de loi : la violation du privilège accordé à la Banque de France, jusqu'en 1897, d'émettre seule des billets de banque.

Si ce privilège devait être violé, il y aurait là un obstacle insurmontable; car le respect des droits acquis commandé au juge par la loi écrite, une justice supérieure, l'impose également au législateur. Mais la loi de 1806 a défini le billet de banque: « celui qui est payable au porteur et à vue; » or, les bons monétaires seraient à terme, quoique au porteur. Ils ne rentrent donc pas dans la catégorie de ceux exclusivement réservés à la Banque de France, et celle-ci ne pourrait faire une opposition ayant un fondement vraiment juridique.

Cette objection, néanmoins, n'est pas sans valeur : l'usage inflexible du droit absolu paraît excessif et souvent blâmable lorsqu'il s'agit d'intérêts purement individuels; ici, cet usage serait, en outre, une faute politique, parce qu'il compromettrait un établissement sur lequel s'appuie notre crédit national.

Qu'arriverait-il, en effet, si la Banque, obligée par ses statuts à payer ses billets à présentation et en numéraire d'or et d'argent, ne recevait que des bons monétaires en payement de ses effets échus et de ses avances? Or, cela arriverait infailliblement à la moindre baisse de la nouvelle monnaie fiduciaire. La position serait pleine de périls, pour ne pas dire intenable.

Au point de vue des intérêts généraux, l'honorable auteur de la proposition, soit dans l'exposé des motifs, soit dans la note du 18 septembre annexée à son projet rectifié, a fait ressortir les avantages avec habileté, avec beaucoup de conviction et de verve. De son côté, la commission doit mettre en regard les appréhensions des esprits moins confiants et rappeler les conseils sévères de la prudence.

Il est bon, avant tout, d'écarter un malentendu qui pourrait naître de l'emploi de l'expression. Quand l'auteur parle, à propos de bons monétaires, de capital sans les idées de créance de capitaux circulants, ils ne peut s'agir de vrais capitaux dans le sens précis du mot, augmentant la richesse sociale et concourant à une production nouvelle : ceux-ci se composent de produits déjà créés, réalisés ou promptement réalisables, nés du travail et mis en réserve pour un travail ultérieur. Les nouveaux bons monétaires ne seraient pour l'Etat, représentant l'intérêt collectif des Français, que les titres de sa dette, et pour le public qui les emploierait, qu'un nouveau moyen d'échange. Or, en multipliant les instruments de circulation, l'on n'augmente pas la richesse publique, pas plus qu'en multipliant les véhicules on n'augmente la quantité des marchandises à transporter.

Un milliard de monnaie fiduciaire nouvelle se présentant sur le marché concurremment avec la circulation de la Banque de France et avec le stock croissant de notre monnaie métallique, produirait probablement d'abord une élévation factice des prix, et certainement ensuite une exportation de nos métaux précieux. Cette exportation nous procurerait bien l'avantage d'un retour équivalent de produits étrangers, mais au prix de quels risques !

Au lieu d'une monnaie ayant une valeur propre et intrinsèque, nous en aurions une renfermant à côté de sa valeur nominale, une dette équivalente. Au lieu d'une monnaie reconnue et acceptée universellement sur tous les marchés du monde, nous en aurions une limitée au marché intérieur.

Si par suite d'un ralentissement de notre production, ou, ce qui serait plus grave, par suite d'une ou deux récoltes insuffisantes, nous étions obligés de faire à l'étranger des achats non compensés par notre exportation normale, la perte au change nous imposerait alors de pénibles retards et de lourds sacrifices, et en définitive nous serions obligés d'offrir au dehors tous nos produits au rabais.

A l'intérieur, au lieu de représenter une valeur fixe, constante ou ne subissant que de très-lentes variations, notre instrument d'échange serait soumis à toutes les fluctuations du crédit; et affecté par toutes les crises économiques, financières, politiques ou même simplement gouvernementales, les encaisses et les fonds de roulement seraient accidentellement accrus ou diminués, et,—ce qui doit toucher l'honnête auteur du projet, il y aurait altération incessante des rapports de justice entre créanciers et débiteurs.

Une considération plus importante s'impose encore à notre attention : pendant que la France recueillie se livre toute entière aux féconds travaux de la paix, une injuste agression peut l'appeler à défendre son honneur et ses intérêts par les armes. Pour nous procurer les hommes, les armes, les chevaux, les approvisionnements de toutes sortes et leurs transports rapides, nous aurions une monnaie dépréciée par le fait même de la guerre et ayant perdu une partie de sa puissance à acquérir au moment où elle serait d'un urgente besoin ; tandis qu'avec l'or et l'argent, cette monnaie que l'honorable auteur du projet trouve embarrassante, et bonne pour la convoitise peu raffinée de nos ennemis, ceux-ci se procureraient facilement et à bon marché tous les moyens de la guerre.

Cette éventualité est sans doute improbable ou fort éloignée; elle ne doit pas moins, tellement ses conséquences seraient graves, rester une précaution sérieuse de l'homme d'Etat, quand il s'agit de modifier profondément notre système monétaire et financier.

Afin de donner à ses bons monétaires la qualité de marchandises qu'il reconnaît à la monnaie, l'honorable comte de Douhet les munit de coupons et les compare à la rente. Mais les titres de rente perpétuelle eux-mêmes ont une valeur varible ; il y a peu de temps, ils perdaient plus de 20 p. 100 et ils ont perdu jusques à 50 p. 100, à d'autres époques, de l'histoire contemporaine.

Les vrais rentiers entre les mains desquels se trouvent classés les titres de rente, satisfaits de recevoir trimestriellement leurs revenus, peuvent, à la rigueur, supporter le dépréciation, sauf à attendre patiemment le relèvement des cours. Au contraire, les bons faisant fonction de monnaie se trouveraient entre les mains des commerçants, qui transforment journellement leurs capitaux, entre les mains de tous les citoyens, obligés de les livrer ou de les recevoir pour les besoins courants de la vie ; et alors de pareilles variations dans leur valeur capitale seraient vexatoires et intolérables.

A supposer que la défaveur qui s'attache généralement au papier d'Etat faisant fonction de monnaie fût une erreur, le sage pourrait la regretter ; quant à l'homme politique avisé, il tiendra compte du fait, et, en supputant les chances d'une précision de papiers, il verra dans cette opinion une force de résistance qui doit entrer dans les éléments de son calcul.

Est-il bien vrai d'ailleurs que ce défaut de confiance soit un simple préjugé dépourvu de tout fondement? Les précautions que l'honorable comte de Douhet a prudemment insérées dans son projet de loi, en fixant le chiffre de l'émission et prescrivant des remboursements annuels par séries, ne sont pas des clauses contractuelles ayant pouvoir de lier l'Etat, dans le genre de celles qui l'obligent envers la Banque de France ; la volonté du législateur qui régit et représente le public resterait libre. Dès lors, il est naturel, tout au moins permis de craindre qu'à un moment donné, soit comme expédient pour équilibrer un budget, soit par entraînement vers une grande et dispendieuse entreprise, soit sous la pression de funestes événements, l'Etat ne suspende le remboursement de quelques séries, ou même n'émette des séries nouvelles. Ce serait une cause de dépréciation certaine, et mieux aurait valu recourir aux moyens ordinaires, plus coûteux en apparence, moins onéreux en définitive.

En cas d'urgence, un nouvel emprunt à la Banque, dans le genre de celui contracté pendant la dernière guerre, serait de tout point plus avantageux; car il n'a coûté que le 1 p. 100 d'intérêt et les billets reçus se sont maintenus à leur valeur nominale. Ce cours au pair du billet de banque n'est pas une preuve que les bons monétaires jouiraient, en pareille circonstance, de la même faveur; car il est dû au crédit propre de la Banque de France. La Banque a l'avantage d'être une entreprise particulière stimulée et guidée par l'intérêt privé. C'est une société commerciale ayant un but commercial, le bénéfice, et non pas un but humanitaire ou politique à l'instar de l'Etat. Son administration est plus stable qu'un ministère, toujours composée d'hommes spéciaux et ne changeant pas de systèmes. Elle a d'ailleurs ses ressources propres : indépendamment de sa créance contre l'Etat, que les partisans du papier d'Etat doivent considérer comme une première garantie excellente, elle offre encore pour garanties son capital, ses réserves, ses immeubles, son encaisse, son portefeuille contenant des signatures de premier choix, ou des bons titres reçus en gage au-dessous de leur valeur, et enfin les bénéfices courants de son industrie. La Banque de France jouit donc du crédit que le commerce et le public accordent naturellement à toute maison solide qui depuis longtemps gère bien ses affaires, au mieux des intérêts et à la satisfaction de ses clients. Ceci explique suffisamment pourquoi, à certains moments difficiles, le cours du billet de banque peut se maintenir, tandis que celui du papier d'Etat fléchirait.

Un dernier point sur lequel le projet à examiner paraît prêter à la critique, c'est la disposition d'après laquelle les bons de chaque série retirée de la circulation, devraient, dans un délai de trois mois, servir à l'acquisition de rentes sur l'Etat et être ensuite présentés au remboursement dans un autre délai péremptoire de trois mois. Cette combinaison aurait pour but de faire hausser le cours de la rente, en imprimant le même élan à celui des autres valeurs de Bourse.

On est étonné de ne pas trouver dans le projet l'indication d'un moyen simple, sans frais et rendant la simulation impossible, de distinguer les bons ayant servi à l'acquisition d'une rente et satisfait ainsi à la condition du remboursement.

En thèse générale, on peut douter que la combinaison soit de nature à relever le crédit; celui-ci implique la confiance, et la confiance ne se produit et ne se manifeste que par des actes spontanés et libres. Si vers la fin du premier trimestre, les demandes au comptant de près de 5 millions de rente auront produit une hausse, les jours suivants amèneront une baisse; car les nouveaux acheteurs qui auront pris de la rente, parce que c'était le seul moyen de sauver leurs bons monétaires, l'offriront à leur tour pour rentrer à la hâte dans leurs fonds. Ce sera donc une fluctuation nouvelle due à une institution arbitraire, qui s'ajoutera aux fluctuations naturelles du marché. On dit quelquefois, et cette expression ne manque pas entièrement de justesse, que la Bourse est le thermomètre du crédit; faudra-t-il consulter ce thermomètre pendant l'ardeur des achats obligatoires, ou, un autre jour, à la température glaciale des ventes forcées? Il pourrait arriver, et cependant cela est bien difficile, presque impossible, que l'offre et la demande dues à l'opération sur les bons monétaires se maintinssent en compensation; mais alors les cours ne seraient pas changés, et la hausse des valeurs que l'on voudrait amener par des moyens si habiles, resterait une pure illusion.

Au moment de la désignation de la série à rembourser, les bons émis en si grand nombre se trouveront comme le sont actuellement la pièce d'or et le billet de banque de 20 fr., répandus sur toute la surface du territoire et disséminés entre les mains du public. Tous les porteurs devront se hâter de faire parvenir leurs bons à la Bourse, pour y acheter de la rente, même ceux qui ne voudraient pas en acheter et ceux qui ne possèdent que de faibles sommes. Il y aura donc pour tous, démarches et correspondances coûteuses, et ce qui est plus coûteux encore, usage d'intermédiaires; il y aura achat fait dans de mauvaises condition, parce qu'il sera commandé par la loi, et vente dans des conditions aussi mauvaises, parce qu'elle sera imposée par le besoin. D'ailleurs il ne manquera pas de spéculateurs avisés sachant exploiter à leur profit ce nouveau genre d'opérations. Non-seulement le sous par mois du semestre, mais encore une partie du capital, seront ainsi absorbés; en sorte que le porteur sera lésé, et le bon sera déprécié au moment même où il devrait atteindre sa plus haute valeur, à l'approche du remboursement.

Malgré toutes ces objections faites au projet de notre honorable collègue, l'on peut encore se demander si le bon de 20 fr. au porteur et produisant un intérêt de 33 p. 100, ne serait pas une forme utile d'une partie de la dette flottante réservée aux bons du Trésor. Le sou par mois, qui s'applique si bien à la coupure de 20 fr., serait même plus pratique, à ce point de vue que le centime par jour proposé autrefois par un célèbre publiciste. Pour que la chose fût admissible, il faudrait renoncer au cours forcé, à l'achat obligatoire de la rente, à la prescription trop brève de trois mois et surtout à l'émission colossale de 1 milliard. Un commencement très-modeste, sans supprimer le bon actuel du Trésor qui répond à un besoin spécial, serait peut-être le seul moyen d'introduire l'innovation dans la pratique et de familiariser le public avec le nouveau titre. Mais il appartient à l'auteur seul du projet de le réduire à ces minimes proportions et d'en saisir la commission du budget par un amendement à l'article 23 de la loi de finances. Votre commission ne pouvait entrer dans cette voie; c'eût été trop amoindrir et dénaturer le vaste plan au moyen duquel notre honorable collègue a voulu doter le pays d'un nouveau moyen de crédit et de circulation.

L'ensemble de son projet paraît présenter de tels inconvénients et des périls si graves, que votre commission se croit obligée de conclure contre la prise en considération.

RAPPORT fait au nom de la commission du budget (*) sur le budget des dépenses de l'exercice 1876 (ministère de l'instruction publique, des cultes et des beaux-arts, section 1re, instruction publique), par M. Ch. Lepère, membre de l'Assemblée nationale.

Messieurs, si difficile qu'ait été la situation financière de la France à la suite de nos désastres, l'Assemblée nationale a tenu à honneur de témoigner, chaque année, par le vote de quelques augmentations sur le budget de l'instruction publique, de l'intérêt qu'elle porte à son développement.

Elle a compris que c'est principalement par l'expansion de l'enseignement à tous les degrés que notre pays peut accomplir l'œuvre de son relèvement; et, dans les limites malheureusement trop restreintes des ressources dont elle pouvait disposer, elle s'est efforcée d'apporter successivement aux différents services de l'instruction publique les améliorations qui lui ont été signalées comme les plus urgentes.

C'est ainsi que depuis 1871, par l'allocation successive de nouveaux crédits, le budget de l'instruction publique s'est accru de plus de 8 millions. Il s'en faut de beaucoup néanmoins qu'il soit au niveau des besoins les plus urgents et les mieux justifiés; il n'apparaît pas que cette situation si regrettable puisse être sensiblement modifiée si l'on ne se décide pas à entreprendre résolument un ensemble de réformes et d'améliorations et à chercher, dans la création de ressources nouvelles, le moyen de les réaliser.

Le projet de loi relatif au traitement des instituteurs et des institutrices, qui sera prochainement soumis à vos délibérations, est, en ce qui concerne l'enseignement primaire, un premier pas dans cette voie. L'enseignement supérieur, au point de vue du matériel, de son organisation, de son développement, appelle non moins instamment votre sollicitude; et si vous adoptez en troisième lecture le projet de loi qui doit placer en face des facultés de l'État des facultés rivales il ne sera plus possible de se soustraire à l'obligation de sortir, dans le plus bref délai, d'une situation qui nous met d'ailleurs en état flagrant d'infériorité vis-à-vis des nations qui nous entourent.

Toutefois, messieurs, ce n'est pas dans l'examen du projet de budget pour 1876 que de pareilles questions peuvent être abordées; il faut en laisser la solution à nos successeurs et nous borner, au milieu des difficultés financières de l'heure présente, à assurer le fonctionnement nécessaire des divers services, en restreignant aux améliorations indispensables, les augmentations à apporter aux crédits nouveaux.

C'est l'exemple que nous a donné M. le ministre de l'instruction publique, qui s'est vu, à son grand regret, dans la nécessité d'ajourner la demande d'une série de crédits nouveaux qui seraient malheureusement que trop motivés.

Néanmoins, le projet de budget de l'instruction publique, qui s'élève à 36,897,765 fr., présente une augmentation de 213,826 fr., sur le montant total des crédits alloués au budget de 1875.

(*) Cette Commission est composée de MM. Mathieu-Bodet, président; Teisserenc de Bort, Magnin, vice-présidents; Lefebure, Tirard, le comte Octave de Bastard, de Ravinel, secrétaires; Drée, Fourcand, Lucet, Raudot, Gouin, Lambert de Sainte-Croix, Lepère, comte d'Osmoy, Wolowski, Adam (Seine), Delsol, général Chareton, général Saussier, Monjaret de Kerjégu, baron de Soubeyran, Langlois, amiral Fourichon, Faye, marquis de Talhouët, Plichon, Cochery, André (Seine), Batbie.

Depuis la présentation du projet, M. le ministre nous a saisis de la demande d'un crédit nouveau s'élevant à 19,500 fr. (Voir chapitre XII, Collège de France), et il a retiré une demande d'allocation de 12,000 fr. présentée dans le chapitre XVIII (Bibliothèque nationale). Il reste donc à ajouter 7,500 fr. seulement au chiffre primitif des demandes d'allocations, dont le total se trouve ainsi porté à 221,326 fr.

Nous avons cru devoir opérer sur les crédits demandés, — et cela de concert avec M. le ministre, jusqu'à concurrence de 9,000 fr., — quelques réductions qui, totalisées, atténuent de 45,000 fr. le chiffre total des augmentations. (Voir chapitres II, V et VII.)

Mais nous vous présentons, soit de notre propre initiative, soit par l'adoption de divers amendements dont nous avons été saisis, quelques propositions d'augmentations nouvelles dont l'urgence et la nécessité nous ont paru démontrées, que du reste nous n'avions qu'à choisir, pour la plupart, parmi celles que, dans la note préliminaire qui précède son budget, M. le ministre signalait comme particulièrement désirables, et qui toutes, d'ailleurs, ont reçu son assentiment (Voir chapitres V, VII, XIII et XV). Elles s'élèvent au total à 41,500 fr., chiffre inférieur à celui de 46,000 fr., montant des réductions ci-dessus indiquées, de 4,5000 fr. qui, retranchés de la somme des augmentations, en réduisant le total à 216,826 fr.

Vous trouverez, si vous voulez bien entrer avec nous dans l'examen des divers chapitres de la section, le détail et les motifs des quelques réductions ou augmentations que votre commission soumet à la sanction de vos votes.

CHAPITRE Iᵉʳ. — *Administration centrale. Personnel.*

Le crédit de 599,400 fr. qui vous est demandé sous ce chapitre est le même qu'au dernier budget. Toutefois, M. le ministre a cru devoir faire remarquer que les crédits affectés au personnel de l'administration centrale ne sont plus en rapport avec les exigences du travail et qu'une somme de 58,500 fr. serait nécessaire pour revenir à une situation normale. Néanmoins, en raison des difficultés financières du moment, M. le ministre ajournant toute demande, votre commission n'a qu'à vous proposer l'allocation du crédit de 599,400 fr. demandé.

CHAPITRE II. — *Administration centrale. Matériel.*

Ce chapitre a subi, en 1872, une diminution de de 15,700 fr. représentant la somme des dépenses que pouvait entraîner l'habitation de l'hôtel par le ministre; et, de plus, sur ce même chapitre ainsi réduit, on a imputé toutes les dépenses occasionnées par l'installation des services à Versailles, pour lesquelles un crédit spécial n'a ouvert dans les autres ministères. L'état de choses alors prévu ne s'est pas maintenu durant les années suivantes. Outre les cérémonies et réceptions des sociétés savantes, du concours général, de l'exposition, il y a eu de nombreuses réceptions officielles. Par suite, le chiffre des dépenses intérieures a dépassé les prévisions.

De plus, l'extension des services de l'instruction primaire et une nouvelle distribution des bureaux, des autres directions ont conduit à transférer dans l'hôtel le chef de la division de la comptabilité, et tout le bureau des pensions et une partie du service de l'enregistrement. Il en est résulté une augmentation des dépenses d'entretien, d'éclairage et de chauffage.

Ces divers motifs avaient déterminé M. le ministre à demander, sur le chapitre II, une augmentation de 8,000 fr. qui portait le chiffre à 135,000 fr.

pour 1876 le crédit total qui en 1875 avait été fixé à 127,900 fr. Mais M. le ministre et votre commission ont reconnu d'un commun accord que l'augmentation du crédit pouvait être réduite à 4,000 fr. et par suite le crédit total à la somme de 131,900 fr. que nous vous proposons d'allouer.

CHAPITRE III — *Conseil supérieur et inspecteurs généraux de l'instruction publique.*

Nous vous proposons d'allouer le crédit demandé, dont le chiffre est le même que celui du budget précédent, 316,000 fr.

CHAPITRE IV. — *Services généraux.*

On vous propose une augmentation de crédit de 6,000 fr. sur ce chapitre qui, s'appliquant principalement aux traitements et indemnités des fonctionnaires, professeurs et employés sans emploi; aux indemnités pour frais de déplacement et interruption de traitement et aux secours des anciens membres du corps enseignant et à leurs veuves, comprend en outre, à l'article 2, un paragraphe pour frais de passage des fonctionnaires allant de France en Algérie, et *vice versa*. C'est exclusivement sur ce dernier service que porterait l'augmentation demandée. Le crédit de 22,000 fr. affecté est insuffisant et l'on vous demande de l'élever à 28,000 fr., afin d'éviter à l'avenir la demande, qui se reproduit chaque année, de crédits supplémentaires pour ouvrir les excédants de dépense. Par suite de cette augmentation, le crédit total demandé sous le chapitre IV serait porté à 276,000 fr. et votre commission vous propose de l'allouer.

CHAPITRE V. — *Administration académique.*

Le crédit pour 1875 était de 1,183,500 francs. M. le ministre se borne à vous demander sur ce chapitre une augmentation de 10,538 francs, qui porterait le crédit total demandé pour 1876 au chiffre de 1,194,038 francs.

Sur cette somme de 10,538 francs, 538 représentent le complément de la dépense prévue en vertu de la loi du 26 mars 1873, pour les frais de balayage des abords de la Sorbonne et fixée par la ville à la somme de 706 fr. 16 (on payait précédemment 168 fr. 16); et 10,000 francs sont destinés à procurer aux inspecteurs d'académie une première augmentation de leurs frais de tournées.

M. le ministre fait en effet observer que, ces fonctionnaires comme aussi pour les recteurs d'académie, il n'est alloué qu'un crédit insuffisant à l'acquit de leurs frais de tournées. Il ne s'élève, pour les 16 recteurs, qu'à la somme de 17,600 fr., soit 1,100 fr. pour chacun d'eux. Pour les 87 inspecteurs d'académie, la moyenne des frais qui leur sont aujourd'hui remboursés pour cet objet est de 745 fr. Il faudrait, pour que les inspections fussent plus fréquentes et la surveillance mieux exercée, porter la moyenne à 1,500 francs pour les recteurs, à 1,000 francs pour les inspecteurs, ce qui produirait une augmentation de 6,400 fr. d'une part, de 28,000 fr. d'autre part, au total 34,400 fr. Pour 1876, M. le ministre se borne à demander une première augmentation de 10,000 fr. qui serait applicable aux inspecteurs d'académie.

Mais cette amélioration n'est pas la seule dont la convenance nous soit signalée par M. le ministre; il en est aussi d'autres non moins urgentes dont il se propose de réclamer la réalisation sur l'un des plus prochains exercices.

Il s'agit: 1° d'augmentations reconnues nécessaires à donner aux traitements des secrétaires d'académie, commis d'académie et commis de l'inspection académique; 2° de l'application à faire aux recteurs, inspecteurs, secrétaire et commis de l'académie d'Alger, de l'ordonnance du 15 avril 1843 qui a consacré pour tous les fonctionnaires des services civils en Algérie, le droit à un traitement colonial · représentant le quart du traitement affecté à leur emploi, bénéfice dont jouissent depuis longtemps les agents de toutes les administrations en Algérie, qui a été attribué depuis quelques années seulement aux fonctionnaires de l'enseignement secondaire et de l'enseignement primaire, et dont reste seul privé le personnel de l'académie.

Le personnel des secrétaires d'académie est actuellement réparti en trois classes, avec traitements de 3,500 fr., 3,000 fr. et 2,500 fr. Il y aurait lieu d'élever de 500 fr. chacune de ces catégories de traitements, ce qui, pour 15 secrétaires dans les départements, donnerait un total de... 7.500

En ce qui concerne les commis d'académie, leur nombre, à Paris, a été fixé à sept par le décret du 27 décembre 1865, avec un minimum de 1,600 fr. et un maximum de 2,700 fr., sans que la dépense pût excéder 15,800 fr. Il paraîtrait convenable d'établir un classement de ces commis leur assurant un avancement régulier.

En maintenant à 1,600 fr. le minimum et élevant le maximum à 3,000 fr., il suffirait d'une augmentation de 500 fr. pour graduer les sept traitements de la manière suivante : 1,600, 1,800, 2,100, 2,400, 2,600, 2,800 et 3,000 fr., ci......... 500

Une augmentation de 10,800 fr. serait nécessaire pour élever de 400 fr. dans les départements, le traitement de chacun des commis, de la 1re classe passant de 2,000 à 2,400 fr., la 2e de 1,600 à 2,000 fr., ci.. 10 800

Quant aux commis d'inspection académique ils sont répartis en trois classes recevant au minimum 1,400 fr., au maximum 1,800 fr. (27 commis de 1re classe à 1,800 fr., 33 commis de 2e classe à 1,600, fr. et 26 commis de 3e classe à 1,400 fr.). Il y aurait lieu de leur accorder une augmentation de 200 fr., mais on pourrait réduire de 33 à 27 le nombre des commis de 2e classe, ce qui porterait de 26 à 32 le cadre de la 3e. L'augmentation de 200 fr. pour 80 commis donnerait ainsi un total de.. 16.000

Quant à l'augmentation de dépense à laquelle il serait lieu, ainsi qu'il est expliqué ci-dessus, l'application aux recteur, inspecteurs, secrétaire et commis de l'académie d'Alger, de l'ordonnance sur le quart colonial, elle s'élèverait au chiffre de...................................... 5.525

De sorte que le total des demandes ajournées est de.......................... 40.325

Les émoluments des secrétaires et commis d'académie et des commis d'inspection académique, pour les diverses classes ci-dessus indiquées, ont été fixés en 1854 et n'ont reçu aucune augmentation depuis cette époque, alors que les conditions ordinaires de la vie devenaient chaque jour plus onéreuses et que les travaux imposés aux bureaux des académies étaient notablement accrus.

Votre commission a été particulièrement frappée de l'insuffisance des traitements attachés aux diverses classes des commis d'inspection académique. Leurs fonctions sont des plus laborieuses et des plus assujettissantes; elles exigent, d'ailleurs, beaucoup de tact, de prudence et de connaissances administratives. Tandis que leur résidence au chef-lieu du département leur impose un prix de loyer relativement élevé et la

cherté des vivres et de tous les objets de première nécessité, leur traitement est inférieur aux rétributions que reçoivent dans les petites villes et même dans beaucoup de bourgs et de villages, les instituteurs qui, cependant, sont leurs subordonnés.

Les maîtres répétiteurs, les commis d'économat, les maîtres-adjoints dans les écoles normales, outre leur traitement et le produit de leurs leçons particulières, ont la table et le logement et de plus l'espoir d'arriver à une position supérieure. Il n'en est point ainsi des commis d'inspection d'académie, réduits à leur seul traitement et dont la carrière est pour ainsi dire une impasse. Aussi beaucoup d'entre eux ne tardent-ils pas à l'abandonner, et il devient de jour en jour plus difficile de les remplacer convenablement.

Si désirable que soit l'augmentation que M. le ministre vous propose d'allouer pour élever de 745 fr. à 1,000 fr. la moyenne des frais de tournées des inspecteurs d'académie, elle nous paraît beaucoup moins urgente que celle dont il reconnaît aussi la nécessité pour améliorer la situation de leurs intelligents et laborieux auxiliaires. Les inspecteurs d'académie, outre leurs frais de bureau et de tournées, et souvent leur indemnité d'agrégés, ont un traitement fixe de 5,500, 5,000 ou 4,500 fr., suivant la classe à laquelle ils appartiennent; on peut, sans inconvénient sérieux, ajourner à un prochain exercice l'augmentation de 255 fr. en moyenne, que M. le ministre propose pour leurs frais de tournées, tandis qu'en élevant de 200 fr. les traitements de 1,400, 1,600 et 1,800 fr. attribués à leurs commis, on ne réaliserait qu'insuffisamment une mesure des plus urgentes, car, suivant nous, il serait désirable que le traitement des commis d'inspection académique fût porté au même taux que celui des inspecteurs primaires.

Ces diverses considérations ont déterminé votre commission à vous proposer d'ajourner à un prochain exercice l'augmentation de 10,000 fr. proposée par M. le ministre pour les frais de tournées des inspecteurs d'académie, et de substituer à cette augmentation celle de 16,000 fr. applicable, dans les conditions qui sont ci-dessus indiquées, à l'élévation des traitements des commis d'inspection académique.

Le chiffre total du crédit ouvert sur le chapitre V se trouverait ainsi, si vous adoptez les propositions de votre commission, fixé à 1,200,038 francs.

CHAPITRE VI. — *Ecole normale supérieure.*

Le crédit demandé pour 1876 est de 372,710 fr. somme supérieure de 600 fr. seulement à celle accordée pour 1875. Ce petit excédant représente la taxe de balayage imposée par la loi du 26 mars 1873.

CHAPITRE VII. — *Facultés.*

Le crédit accordé au budget primitif de 1875 s'élevait à 5,124,581 fr. Il comprenait un crédit extraordinaire de 70,446 fr. se décomposant ainsi qu'il suit :

1° Appropriation d'une maison sise rue Saint-Jacques pour les laboratoires de la faculté des sciences de Paris....................... 34.546

2° Acquisition d'instruments pour la faculté de médecine de Paris........... 15 900

3° Installation d'un laboratoire d'anatomie pathologique et histologique et améliorations urgentes au jardin botanique de la faculté de médecine de Montpellier............................. 20.000

Total............ 70.446

Ce crédit extraordinaire doit s'éteindre avec l'exercice 1875. Mais une augmentation de 45,245 fr. nous étant demandée, le chiffre total du crédit pour 1876 serait en définitive de 5,099,380 fr., présentant sur le crédit de 1875 une diminution de 25,201 fr.

L'augmentation de 45,245 fr. présentée dans le projet de budget de 1876 n'est en réalité demandée que pour la somme de 28,245 fr., le complément (17,000 fr.) représentant la dépense annuelle nécessitée par la création de la chaire de chimie organique à la faculté des sciences de Paris; cette création a été votée; elle résulte de la loi du 19 mars 1875, et pareille somme de 17,000 fr. comprenant les traitements du professeur, d'un préparateur, d'un garçon et les frais de cours a été inscrite additionnellement au budget de 1875.

Nous ferons néanmoins remarquer que, dans le budget de 1876, nous croyons devoir pour ordre réduire de 5,000 fr. ce chiffre de 17,000 fr. porté additionnellement au budget de 1875. Cette réduction porte sur le chiffre de 12,500 fr. représentant le traitement du professeur savoir : 7,500 fr. pour le traitement fixe, et 5,000 pour l'éventuel. Il nous a paru inutile de faire figurer le traitement éventuel cumulativement avec le traitement fixe le traitement éventuel qui s'acquiert au fur et à mesure des examens, qui ne peut jamais être fixé que par prévision et dont il semble d'autant plus convenable d'opérer le retranchement, que les traitements éventuels des professeurs sont compris en bloc pour chaque faculté sous un paragraphe spécial. M. le ministre qui, du reste, le verra ci-après, un crédit de 27,000 fr. applicable à la création de neuf chaires de droit, sans avoir cette fois tenu compte de l'éventuel, a reconnu avec nous qu'il serait plus logique de procéder pour la chaire de chimie organique comme il l'a fait lui-même pour ces nouvelles chaires de droit.

Quant à l'augmentation de 28,245 fr. demandée pour 1876, elle s'applique aux dépenses ci-après indiquées, savoir :

1° Taxe réclamée par la ville de Paris en vertu de la loi du 26 mars 1873, pour le balayage des abords de la faculté de droit, de la faculté de médecine et de l'école supérieure de pharmacie. Cette taxe s'élève à la somme totale de 1,782 fr. pour ces trois établissements. Leurs budgets supportant déjà une partie de cette dépense jusqu'à concurrence de 532 fr., ce n'est plus qu'un crédit supplémentaire de 1,245 fr. qui leur est nécessaire, ci............................ 1.245

2° Dédoublement dans neuf facultés de droit de la chaire de procédure civile et de législation criminelle par voie de création d'un nouveau cours à 3,000 fr. chacun............................ 27.000

Total................ 28.245

En vous proposant l'ouverture de ce dernier crédit, M. le ministre ne fait, il est vrai, que se conformer aux vœux des précédentes commissions du budget et particulièrement de la commission de 1875. Néanmoins la majorité de votre commission a pensé que l'augmentation demandée pouvait, sans inconvénient sérieux, être renvoyée au prochain exercice, et qu'alors il y aurait lieu de prendre en même temps une mesure analogue dans une seule faculté des sciences où une même chaire, au grand détriment de l'enseignement, embrasse toutes les branches de l'histoire naturelle.

Toutefois notre attention a été spécialement et dès à présent appelée par un amendement de notre honorable collègue M. Paul Bert, sur la nécessité de créer, à la Faculté des sciences de Marseille, une chaire spéciale de zoologie. Dans cette faculté, un seul professeur enseigne à la fois la botanique et la zoologie. Les besoins pressants du service ont forcé de créer, pour l'enseignement zoologique, un cours complémentaire.

Le professeur qu'on en a chargé y a obtenu un grand succès. Du reste des travaux scientifiques nombreux et excellents lui ont valu de l'Académie des sciences, de l'Institut de France divers prix et distinctions des plus honorables; et cependant il n'a en réalité que le titre et les maigres appointements de préparateur. D'autre part, s'il est en France une faculté des sciences où la création d'une chaire spéciale de zoologie soit en quelque sorte commandée, c'est la Faculté qui seule a son siège dans un port de mer, à Marseille, où affluent tout à la fois les richesses zoologiques de la Méditerranée et celles de tout genre qui lui viennent de ses relations maritimes avec le monde entier.

Déterminée par ces diverses considérations, votre commission, d'accord du reste avec M. le ministre, vous propose l'adoption de l'amendement de M. Paul Bert, dont le résultat serait l'ouverture d'un crédit de 6,000 fr. pour la création d'une chaire complète, à savoir : 4,000 fr. pour le traitement fixe de chacun des professeurs de la faculté de médecine de Paris et l'égaler ainsi à celui des professeurs de la faculté de droit, qui touchent 7,500 fr.;

2° D'une augmentation de 27,000 fr. déjà demandé au budget de 1875 pour améliorer la situation des secrétaires agents comptables des facultés des sciences et des lettres, des facultés de médecine et des écoles supérieures de pharmacie dans les départements.

Votre commission s'était déjà très-vivement préoccupée de la situation de ces derniers fonctionnaires quand un amendement présenté par un certain nombre de nos collègues est venu poser à nouveau la question et en demander la solution positive.

Nos honorables collègues, MM. Magnin, Fourcand, Le Royer, Deschange, Berlet, Millaud, Gatien-Arnoult, Delacour, René Brice, Castelnau, Arrazat, A. Grévy, Lepetit, Brillier, Honoré Roux, de Maroère et Rouvier demandent que le chapitre VII soit augmenté de la somme de 27,000 fr. dont l'emploi est ci-dessus indiqué et qui, si l'on se reporte aux propositions faites au précédent projet de budget, serait ainsi répartie : 1,500 fr. pour augmentation à chacun des quatorze secrétaires chargés du double service des facultés des sciences et des lettres; 1,000 fr. pour augmentation à chacun des quatre secrétaires faisant au nom du Trésor la recette d'une seule faculté; 500 fr. pour augmentation des deux secrétaires des facultés de médecine et des deux secrétaires des écoles supérieures de pharmacie.

Le traitement de ces fonctionnaires varie actuellement de 2,000 à 2,500 fr. (sciences et lettres), 3,000 fr. (médecine), 500 et 1,000 fr. (pharmacie). Ils n'ont aucune part dans l'éventuel, contrairement à ce qui a lieu pour leurs collègues de Paris et des facultés de droit. Ils sont soumis à un cautionnement qui varie de 6,000 à 12,000 fr. En réalité, si l'on tient compte des retenues pour la caisse des retraites et des pertes d'intérêt sur le cautionnement, on reconnaît qu'ils ne reçoivent guère en moyenne qu'une somme de 1,750 fr. qui est bien loin d'être en rapport avec le travail toujours croissant qui leur est imposé et la responsabilité financière qui pèse sur eux. Dans ces conditions, il devient de jour en jour plus difficile à l'administration de recruter cette partie de son personnel.

Votre commission a reconnu avec les auteurs de l'amendement l'équité et l'urgence d'une augmentation de crédit pour cet objet; la somme de 27,000 fr. indiquée par M. le ministre et reproduite par nos honorables collègues comme devant être le montant de cette augmentation, n'a rien assurément d'exagéré; néanmoins, votre commission tenant compte des difficultés financières devant lesquelles avait hésité M. le ministre, se borne à vous proposer d'allouer cette année (sauf à compléter la mesure à un prochain exercice) moitié seulement de la somme proposée dans l'amendement, soit 13,500 francs à répartir ainsi qu'il suit : 750 fr. pour augmentation à chacun des quatorze secrétaires chargés du double service des facultés des sciences et des lettres ; 500 fr. pour chacun des quatre secrétaires faisant au nom du Trésor la recette d'une seule faculté : 250 fr. pour les secrétaires des facultés de médecine et des écoles supérieures de pharmacie.

En résumé, les augmentations que vous proposez votre commission sur le chapitre VII s'élèvent à 19,500 fr. (6,000 fr. pour la chaire de zoologie de Marseille ; 13,500 fr. pour les secrétaires des facultés, etc.). D'autre part, sur le chiffre des augmentations proposées par M. le ministre, il y a lieu, ainsi que nous l'avons indiqué plus haut, de déduire : 1° pour ordre, 5,000 fr. (traitement éventuel du professeur de chimie organique); 2° et 27,000 fr. (dédoublement ajourné de chaires de droit dans neuf facultés). Total des réductions, 32,000 fr.

La somme des réductions faites par votre commission dépasse donc de 12,500 fr. le total des augmentations qu'elle vous propose.

Le chiffre total proposé pour 1876..   5.099 380
doit donc être diminué de..........   12.500

Ce qui le réduit au chiffre de.....   5.086 880

d'où résulte, sur le chiffre de 1875, en tenant compte, en outre, de l'extinction des crédits extraordinaires ci-dessus indiqués, une diminution totale de 37,701 fr.

Nous ne terminerons pas l'examen du budget des facultés sans appeler votre attention sur un point qui a préoccupé votre commission.

Il existe depuis la fondation de l'université une agrégation pour les lycées et pour les facultés de droit et de médecine. En 1840, sous le ministère de M. Victor Cousin, fut établie une agrégation nouvelle pour les facultés des sciences et des lettres; mais le dernier concours qui ait eu lieu pour cette agrégation remonte à 1849. Sous l'Empire, en dépit des promesses contenues dans divers règlements, le statut de 1840 est resté lettre morte. Cependant, à mesure que l'enseignement se développait, à la veille de la loi qui semblait devoir prochainement fonder la liberté de l'instruction supérieure, on a senti combien il pouvait être utile de posséder près des facultés des sciences et des lettres un corps d'agrégés qui seconderaient les professeurs dans les examens et pourraient être chargés de cours sur les branches accessoires.

La question a été sérieusement agitée il y a 18 mois dans le sein du comité consultatif qui siège au ministère de l'instruction publique, et vous vous rappelez que dans le projet de budget pour 1875, M. le ministre, en prévision du rétablissement de ces concours d'agrégation, rétablissement qu'il considérait comme imminent, avait demandé l'ouverture d'un crédit destiné à assurer à chacun des nouveaux agrégés un traite-

ment de 2,000 fr. comme dans les facultés de droit.

Vous avez, l'année dernière, ajourné cette ouverture de crédit, et votre commission n'entend pas vous proposer de revenir aujourd'hui sur cette détermination. Mais elle ne se dissimule pas, surtout si le projet de loi sur l'enseignement supérieur est définitivement adopté, que l'urgence d'une solution devient de jour en jour plus manifeste. C'est également le sentiment de M. le ministre, et l'Assemblée nationale doit s'attendre à voir apparaître dans un avenir très-prochain la demande de crédits qui deviendront nécessaires pour organiser d'une manière complétement efficace l'agrégation du haut enseignement des sciences et des lettres. La dépense sera d'ailleurs peu élevée; elle consistera dans l'indemnité ci-dessus indiquée qui devra être garantie aux nouveaux agrégés.

CHAPITRE VIII. — *Bibliothèque de l'Université.*

Le crédit demandé, 30,000 fr., est le même que pour les années précédentes.

CHAPITRE IX. — *Ecole des hautes études. — Encouragements aux membres du corps enseignant et souscription aux ouvrages classiques.*

Comme précédemment le chiffre total du crédit porté sous ce chapitre est fixé à 300,000 fr.

CHAPITRE X. — *Institut de France.*

Le crédit demandé est de 668,762 fr., supérieur de 1,562 fr. à celui accordé pour 1875. Cette augmentation représente la dépense du balayage pour les abords de l'Institut (loi du 26 mars 1875).

CHAPITRE XI. — *Académie de médecine.*

Le crédit demandé est de 75,500 fr. comme au précédent budget.

CHAPITRE XII. — *Collège de France.*

Le crédit primitivement demandé était de 315,538 fr. et ne différait du crédit précédemment alloué que par une augmentation de 538 fr. résultant de la taxe de balayage imposée par la loi du 26 mars 1873 (808 fr. 03 au lieu de 270 fr., chiffre antérieurement payé, soit une augmentation de 538 fr.).

Mais depuis la présentation du projet de budget, M. le ministre de l'instruction publique, après s'être concerté avec son collègue des finances, a demandé l'ouverture au chapitre XII de deux crédits s'élevant en somme à 19,500 fr. destinés :

1° Au rétablissement de la chaire de langues et littératures de l'Europe méridionale au Collège de France ;

2° A la création d'une chaire d'anatomie générale dans le même établissement.

A l'appui de cette double demande d'ouverture de crédit, M. le ministre a présenté à votre commission diverses considérations que nous croyons devoir en partie reproduire, et dont vous apprécierez l'importance.

En ce qui concerne le rétablissement de la chaire de langues et littératures de l'Europe méridionale, M. le ministre a rappelé qu'en 1852 il existait au Collège de France deux chaires distinctes pour les langues et pour celles du Midi de l'Europe. Mais à cette date, et par suite de la révocation de M. Edgar Quinet, la chaire de langues et littératures de l'Europe méridionale disparut pour être réunie en 1853 à la chaire de langues et littératures d'origine germanique. En même temps on instituait une nouvelle chaire de langue et littérature françaises du moyen âge à laquelle étaient affectés les émoluments de l'enseignement qui venait d'être supprimé.

En 1870, un décret du 17 novembre rétablit M. Edgar Quinet dans son ancien titre, sans que cette mesure de réparation fût d'ailleurs complétée par la demande d'un crédit destiné au traitement du professeur. On jugeait convenable d'ajourner à un autre temps toute affectation de crédit ; et, plus tard, lorsque le Collége de France fut mis à même de reprendre le cours régulier de ses études, on crut devoir différer encore, par ce motif que M. Quinet, élu membre de l'Assemblée nationale, se trouvait, par cela même, empêché de continuer ses leçons.

Aujourd'hui la situation a changé ; notre honorable collègue M. E. Quinet est décédé, et le ministre de l'instruction publique a dû se conformer aux dispositions du règlement séculaire (1) du Collége de France, en invitant l'assemblée des professeurs à lui faire connaître les considérations scientifiques qui pouvaient justifier le maintien de la chaire vacante ou nécessiter sa transformation.

L'avis de l'assemblée est formel (séance du 9 mai 1875), et il suffira, pour qu'il vous paraisse amplement motivé, de détacher du document qui le contient la citation suivante :

« La chaire de langues et littératures étrangères instituée, en 1853, par la fusion de deux enseignements jusqu'alors distincts, embrassait un champ trop vaste pour qu'il fût possible à un seul professeur de le parcourir tout entier. D'un autre côté, ce n'est pas uniquement l'intérêt scientifique que réclame le maintien d'un cours consacré à des langues sœurs de la nôtre, et qui contribuent si puissamment à en éclairer l'histoire ; une considération d'un ordre plus élevé doit ici déterminer l'action du Gouvernement et le vœu de l'Assemblée nationale : on s'étonnerait, à juste titre, de ne pas trouver au Collége de France, en regard de la chaire réservée aux langues germaniques, et dans le voisinage des deux chaires de français, une chaire de langues romanes. Notre pays est, en effet, désigné pour servir d'intermédiaire entre le monde germanique et le monde latin, et il serait étrange de faire disparaître d'un établissement qui représente la culture nationale dans ce qu'elle a de plus élevé, celui des deux éléments de la civilisation moderne avec lequel nous avons le plus d'affinité. »

L'assemblée des professeurs du Collége de France conclut donc au maintien de la chaire actuellement vacante, et elle ajoute qu'il n'y a pas lieu d'en modifier le titre.

Votre commission n'a rien à objecter et ne voit rien à ajouter aux considérations qui précèdent. Elles lui paraissent et sans doute aussi vous les trouverez décisives.

Nous vous proposons, en conséquence, d'allouer le crédit de 7,500 fr., destiné au rétablissement de la chaire de langues et littératures de l'Europe méridionale au Collége de France.

En ce qui concerne la création d'une chaire d'anatomie générale, M le ministre en motive la nécessité par des considérations qui ne nous semblent pas de moindre importance.

Le Collége de France possédait autrefois deux chaires de médecine, une chaire de chirurgie et une d'anatomie, successivement créées par François Iᵉʳ, Charles IX, Henri III et Henri IV ; de ces quatre enseignements, il ne subsiste plus actuellement qu'une chaire de médecine. S'autorisant aujourd'hui d la tradition du Collége

(1) Lettres patentes de 1772 dont l'article 15 du règlement du 1ᵉʳ février 1873 n'est que la répétition.

de France, de sa mission spéciale, déterminée par ses statuts, le ministre de l'instruction publique demande à l'Assemblée nationale le rétablissement de la chaire d'anatomie créée à la fin du seizième siècle et supprimée en 1832.

L'anatomie est la base de toutes les recherches qui s'appliquent aux êtres vivants ; elle devait donc avoir sa place marquée dans le cadre des études du Collége de France ; et si la chaire créée en 1595 a été supprimée il y a quarante-trois ans, c'est que cet enseignement, qui se renfermait à cette époque dans l'anatomie descriptive, était devenu une répétition de l'enseignement classique des facultés, une sorte d'annexe de la chirurgie.

Cependant une science nouvelle, l'anatomie générale, avait été fondée par Bichat au commencement du siècle, et si, dans notre pays, elle fut mise en oubli durant de trop longues années, l'étranger qui s'en est emparé, sans jamais contester, du reste, son origine toute française, prit soin de la développer sous le nom d'histologie.

L'anatomie générale est, en effet, à cette heure, la science qui se lie le plus étroitement à la physiologie et à la médecine, et aussi longtemps que cet enseignement fera défaut au Collége de France, ce grand établissement manquera en un point essentiel à son but, qui est d'être toujours en avant dans la voie du progrès et de représenter, avant tout, les sciences en évolution.

Nous pouvons ajouter que l'anatomie générale a deux représentants éminents en France, MM. Robin et Ranvier. M. Robin a sa chaire à la faculté de médecine. M. Ranvier n'en a pas ; cependant, comme préparateur de M. Claude Bernard, il a créé un enseignement admirablement organisé que suivent de nombreux élèves, enseignement qu'on vient chercher des pays les plus lointains et dont la fondation définitive est réclamée par le monde savant tout entier.

Aussi votre commission n'hésite-t-elle pas à vous proposer de faire droit à la demande que vous adresse M. le ministre d'un crédit de 12,000 francs applicable à l'entretien d'une chaire d'anatomie générale au Collége de France (7,500 fr. traitement du professeur ; 4,500 fr. pour appointements d'un préparateur et frais de cours).

Par suite de l'allocation de ce crédit et de celui destiné au rétablissement de la chaire de langues et littératures de l'Europe méridionale, le total du chapitre XII primitivement fixé à 315.538

subirait une augmentation de........ 19.500

et se trouverait élevé à la somme totale de 335.038

CHAPITRE XIII. — *Museum d'histoire naturelle.*

Le crédit demandé, 727,342 fr., présente sur celui accordé pour 1875 une augmentation de 4,962 fr. résultant de la taxe de balayage imposée par la loi du 26 mars 1873 (6,288 fr. 96 au lieu de 1,326 fr. 10, soit une augmentation de 4,962 fr.)

Mais l'un de nos honorables collègues M. Paul Bert a présenté un amendement ayant pour but une augmentation de crédit de 4,000 fr. pour création d'emploi d'un nouvel aide naturaliste dans le service de la botanique.

Cette demande vous est présentée comme une conséquence nécessaire d'un vote que vous avez émis lors de la discussion du budget de 1874. Vous vous rappelez qu'à cette époque vous avez, sur les instances de l'honorable comte Jaubert, alloué un crédit de 7,500 fr. pour le rétablissement de la chaire d'Adrien de Jussieu supprimée par un décret de 1853. Cette somme de 7,500 fr. représentait le traitement du professeur. Mais M. le ministre de l'instruction publique ne vous laissait pas ignorer que ce crédit serait insuffisant et qu'il serait nécessaire de l'élever, à la somme de 15,500 fr. afin de placer à côté du professeur un aide naturaliste et un préparateur. M. le comte Jaubert vous ayant donné l'assurance que « l'administration du Muséum trouverait le moyen de faire face aux accessoires dont avait parlé le ministre et que la somme de 7,500 fr., pour quelque temps du moins, serait suffisante » vous avez limité le crédit nouveau à ladite somme de 7,500 fr.

Depuis deux ans, en effet, cette somme a suffi, grâce au concours que le titulaire de la chaire établie a trouvé dans le personnel attaché au service de l'autre chaire de botanique; mais ce personnel était déjà lui-même insuffisant pour faire face tout à la fois aux travaux du laboratoire et de l'enseignement et à la classification des collections. Votre commission a recueilli à cet égard, auprès de M. Brongniard, qui, depuis la mort d'Adrien de Jussieu et la suppression de sa chaire en 1853, était resté, jusqu'au rétablissement de cette chaire en 1876, seul professeur de botanique au Muséum et comme tel chargé de la direction de toutes les collections de botanique, des renseignements qu'il importe de vous signaler et qui viennent à l'appui de l'amendement de l'honorable M. Paul Bert.

M. Brongniart, en nous faisant remarquer que les collections du Muséum prenaient tous les jours un nouvel accroissement, a spécialement appelé notre attention sur celles relatives au règne végétal. Ces collections comprennent non-seulement des représentants de tous les végétaux actuellement existants qu'on a pu se procurer dans les diverses contrées du globe, collections qu'on pourrait évaluer à 500,000 échantillons, mais encore une collection considérable de végétaux fossiles, c'est-à-dire des végétaux qui ont vécu à la surface du globe, pendant les périodes qui ont précédé son état actuel.

Cette collection est sans aucun doute la plus étendue qui existe en Europe. Elle a eu pour origine la collection particulière formée par M. Brongniart et donnée par lui au Muséum en 1833. Elle s'est énormément accrue depuis cette époque et occupe maintenant plus de mille tiroirs dans trente armoires vitrées, et cependant les riches collections des plantes fossiles de plusieurs points de la France, particulièrement des mines de houille de Saint-Etienne et de la Loire-Inférieure ne peuvent plus y trouver place. 600 tiroirs comprennent les collections rangées et classées jusqu'en 1848; depuis lors, 400 tiroirs ont reçu les échantillons nouveaux et simplement enregistrés à l'entrée, mais qui ne sont pas classés méthodiquement et intercalés à leurs places.

C'est que, si depuis la suppression de la chaire d'Adrien de Jussieu la direction de toutes les collections botaniques est restée à la charge d'un professeur unique, le professeur attaché à cette chaire n'a pas été augmenté depuis cette époque; et que les employés de ce service, deux aides naturalistes et deux préparateurs, suffisant à peine aux travaux du laboratoire et de l'enseignement, en ce qui concerne le règne végétal actuel, il n'était pas possible de les en détourner pour le rangement des collections relatives aux fossiles végétaux.

Le professeur lui-même, chargé d'un cours qui variait chaque année, ne pouvait, malgré la direction spéciale de ses études sur ce sujet, y consacrer que peu de moments, et il en résulte que cette collection, unique dans son genre, n'est pas dans sa totalité disposée avec l'ordre qui rendrait son étude facile et instructive.

Toutefois, depuis près de deux ans, M. Brongniart a trouvé dans un jeune savant, M. Renault, qui déjà s'était occupé avec beaucoup de succès de la paléontologie végétale, un coopérateur des plus zélés, et dont le mérite est attesté

par les encouragements et les prix que lui a décernés l'Académie des sciences. Mais M. Renault, professeur dans l'enseignement secondaire, mis en disponibilité par suite de suppression d'emploi, ne pourrait continuer ses travaux et se verrait obligé à rentrer dans l'enseignement des lycées, s'il n'est pas attaché d'une manière positive au Muséum d'histoire naturelle.

M. Brongniart estime que pour organiser d'une manière définitive le service de la paléontologie végétale dans les galeries de botanique, il faudrait une somme de 8,000 fr.; mais que si cette somme paraissait trop élevée, la moitié pourrait suffire pour ce qui est le plus urgent, c'est-à-dire pour attacher au Muséum un savant qui lui rendrait des services importants, et qu'on mettrait en outre à même de poursuivre des travaux utiles à la science.

C'est à l'allocation de cette somme de 4,000 fr. que conclut l'amendement de l'honorable M. Paul Bert.

Votre commission a pensé, avec l'assentiment de M. le ministre, que les considérations qui précédent justifient la création de l'emploi d'un nouvel aide naturaliste, mais qu'il suffit pour le moment d'en fixer le traitement à 3,000 fr. Cette augmentation de crédit, ajoutée au crédit primitivement demandé (727,342 fr.), porterait à 730,342 francs le total du chapitre 13,

CHAPITRE XIV. — *Etablissements astronomiques*.

Sous ce chapitre, au paragraphe 2 de l'article 1er, est ouvert, pour la publication de la *Connaissance des temps* et de l'*Annuaire*, et pour rétribution des calculateurs auxiliaires, un crédit qui est actuellement de 19,000 fr. et que M. le ministre vous propose de porter à 29,000 fr.

Cette augmentation est motivée sur les proportions considérables qu'a prises depuis quelques années la publication dont il s'agit, l'éditeur exigeant, en raison du développement et des difficultés d'exécution de cet ouvrage spécial, un prix double de celui qui lui était alloué par le bureau des longitudes. D'autre part le nombre des calculateurs rétribués à la tâche a été augmenté. Dans ces conditions M. le ministre estime, et votre commission reconnaît avec lui, que le service ne pourra être continué qu'au moyen d'une augmentation annuelle d'environ 10,000 francs que nous vous proposons d'allouer.

C'est la seule augmentation que M. le ministre vous demande sur le chapitre XIV; un cas, le budget de 1875 renferme un crédit extraordinaire de 23,088 fr. pour construction de l'observatoire de Marseille et achat d'instruments destinés à cet établissement, lequel crédit disparaît avec l'exercice, le chapitre XIV de 1876 se soldait en définitive avec une diminution

de 13.088

Différence entre le crédit total accordé pour 1875 .... 531.088

Et le crédit total demandé pour 1876.. 518.000

Néanmoins, M. le ministre signale d'autres améliorations qu'il croirait utile d'introduire dans le chapitre 14 et au sujet desquelles il ajourne avec regret toute proposition. C'est ainsi qu'il fait remarquer que les travaux de construction de l'observatoire de Marseille, auxquels s'appliquaient les 23,088 fr. portés au budget de 1875, ne sont pas terminés et vont être suspendus à défaut d'une subvention nouvelle; d'autre part qu'un autre établissement du même genre est à peu près dans la même situation : il s'agit de l'observatoire météorologique du Puy-de-Dôme, créé à frais communs par l'État, le département et la ville de Clermont; aux travaux duquel l'État a déjà contribué par deux allocations s'élevant ensemble à 50,000 fr. et qu'on lui demande de compléter par une nouvelle subvention de 20,000 francs nécessaire à l'achèvement de l'œuvre.

La situation de l'observatoire de Marseille nécessite, suivant notre honorable collègue M. Amat, l'ouverture d'un crédit immédiat; et l'amendement qu'il présente en fixe le chiffre à 60,000 fr., somme que M. le ministre lui-même avait indiquée comme nécessaire à l'achèvement des travaux. Les considérations qu'a fait valoir notre honorable collègue à l'appui de son amendement nous étaient déjà présentées en substance dans les observations de M. le ministre. Le bâtiment qui reste à achever est destiné à recevoir la bibliothèque et les instruments les plus délicats et à loger les astronomes.

Les murs ont été élevés il y a quelques années. Le toit et les persiennes sont posés, mais on n'a fait ni les planchers, ni les plafonds, ni les escaliers, et cette construction commencée a déjà subi des dégradations auxquelles il importerait de mettre un terme par un prompt achèvement. Notre honorable collègue a insisté sur l'accroissement de dépenses qui résulterait des dégradations déjà subies et de celles qui pourront encore se produire; sur la nécessité de loger les astronomes dans l'observatoire même; sur l'utilité de cet établissement créé à grands frais il y a quinze ans, et sur les services qu'il rend depuis sa création. Quelque fondées que lui aient paru toutes ces observations, si désireuse qu'elle eût été de compléter l'installation matérielle de celui de nos établissements astronomiques qui est le mieux placé pour les observations, et de donner aux savants qui s'y livrent un témoignage du prix qu'elle attache à des services dont l'importance reconnue est d'ailleurs attestée par les plus honorables distinctions, votre commission a pensé, avec M. le ministre, que l'ouverture du crédit demandé n'était pas tellement urgente, qu'elle ne pût être ajournée à un prochain exercice.

Nous hésitons d'autant moins à vous proposer de ne point admettre l'amendement de l'honorable M. Amat, que nous avons, sinon à vous soumettre dès à présent, du moins à vous signaler comme imminente la demande d'un crédit spécial d'une certaine importance se rattachant au chapitre 14 et destiné à la création d'un établissement nouveau, création qui ne saurait être ajournée, suivant nous, qu'au préjudice de l'honneur scientifique de la France.

On n'a point oublié que, l'année dernière, notre honorable collègue M. Cézanne, par un amendement présenté au projet de budget pour 1875, prit l'initiative de la création, dans les environs de Paris, d'un observatoire d'astronomie physique.

L'auteur de cet amendement entra, à l'appui de sa proposition, dans des développements que l'Assemblée nationale suivit avec un vif intérêt. (Séance du 22 juillet 1874.)

L'honorable M. Bardoux, rapporteur du budget de l'instruction publique, s'associa dans les termes les plus sympathiques à la pensée qui avait inspiré l'amendement de M. Cézanne, mais en l'absence de toutes les études préparatoires, de tout travail sur lesquels il fût possible de s'appuyer pour proposer un crédit sérieux, il dut se borner à recommander instamment au Gouvernement l'examen de cette grave question, en demandant le soumettre à l'Académie des sciences : « Un avis favorable de notre premier corps savant, disait l'honorable rapporteur, serait, nous le pensons, décisif. » Le ministre de l'instruction publique, sans prendre un engagement précis, promit que la proposition serait l'objet d'une sérieuse étude et déclara à l'Assemblée que dès que le projet aurait été suffisamment élaboré, il «se mettrait en mesure de donner satisfaction à l'auteur de l'amendement. C'est sous le bénéfice de ces obser-

vations que l'honorable M. Cézanne retira cet amendement qu'il reproduit aujourd'hui de concert avec l'honorable M. Paul Bert.

Dès le 6 août 1874, M. le ministre de l'instruction publique avait saisi de la question l'Académie des sciences, qui sur le rapport d'une commission composée de MM. Lœvy, Becquerel père, Bertrand, Dumas et Faye, rapporteur, répondit : « que l'Académie donnait son entière adhésion à l'idée de créer à Paris, ou dans son voisinage, un observatoire spécialement consacré à l'astronomie physique. Bien plus, elle appelait de tous ses vœux une fondation qui lui paraît indispensable aux progrès actuellement désirés, ainsi qu'au renom scientifique du pays. »

En présence de cet avis si explicitement favorable qui, dans l'opinion du rapporteur du budget de l'instruction publique pour 1875, devait être « décisif, » M. le ministre de l'instruction publique se crut en devoir d'exécuter l'engagement qu'il avait pris, sous condition de consulter les autorités scientifiques compétentes, et il forma, dans le but de faire préparer un projet, une commission composée de MM. Cézanne et Bardoux, députés, Dumas, secrétaire perpétuel de l'Académie des sciences, Faye, inspecteur-général de l'instruction publique, Dumesnil, directeur de l'enseignement supérieur.

Cette commission s'est réunie plusieurs fois pour étudier la question, et discuter les bases d'une solution pratique, mais son rapport n'avait point encore été adressé au ministère lorsqu'a été dressé le projet de budget pour 1876. Aucune proposition émanant du Gouvernement n'avait pu vous être soumise pour cet objet, et ce n'est que depuis la présentation de l'amendement de MM. Paul Bert et Cézanne que, saisi du rapport de la commission qu'avait nommée son prédécesseur, M. le ministre actuel de l'instruction publique s'empressa de le transmettre à la commission du budget.

Votre commission sortirait de ses attributions et de sa compétence, si elle essayait de vous faire entrer dans l'examen de la partie scientifique de ce second rapport que ce savant avait présenté à l'Académie des sciences. Elle n'a point à vous retracer les diverses phases de la science astronomique, fondée d'abord sur la géométrie, plus tard sur la mécanique, et dans le domaine de laquelle firent invasion la physique d'abord, au commencement de ce siècle, notamment par les travaux d'Arago, et à la suite de la physique, la chimie par l'étonnante découverte de l'illustre Kirchhoff qui permit d'analyser la matière des astres, par l'intermédiaire de la lumière, comme si l'observateur avait entre les mains des fragments de leur substance.

Nous n'avons pas non plus à insister sur les applications pratiques de la théorie de l'analyse spectrale ni sur le parti qu'a su tirer l'industrie de l'usage du spectroscope. Mais nous ne saurions résister à la tentation de placer sous vos yeux l'extrait suivant du second rapport de M. Faye qui témoigne si éloquemment de la nécessité, pour le renom scientifique de la France, de ne pas différer plus longtemps la création du nouvel établissement astronomique :

« La découverte la plus étonnante, peut-être, lisons-nous dans le rapport, et à coup sûr la plus inattendue parmi celles dont la spectroscopie a doté la science, après celle de l'analyse chimique du soleil, due à M. Kirchhoff, c'est celle du moyen de voir et de suivre en plein soleil les phénomènes grandioses dont cet astre est le théâtre, mais qu'il avait caché jusqu'ici à nos yeux sous l'éclat même de ses rayons. Dans une expédition astronomique, que l'Académie et le bureau des longitudes avaient confiée à M. Janssen, en 1868, ce savant est parvenu, grâce à un judicieux emploi du spectroscope, à découvrir ce moyen, et ouvrit ainsi à l'astronomie solaire un champ de recherches toutes nouvelles. Aussitôt, les Allemands, les Anglais, les Américains, les Italiens se sont lancés avec ardeur dans cette voie, et des découvertes inespérées ont été faites.

« Cette branche de la spectroscopie a eu ses observatoires spéciaux en Angleterre et en Italie, des journaux à elle, des fondations particulières pour poursuivre des recherches dont l'initiative première était due à notre compatriote. Lui, cependant, faute de ressources matérielles, était forcé de se croiser les bras. Nous assistions émerveillés, mais un peu confus, à ce spectacle de découvertes arrivant coup sur coup, chaque semaine, aux séances de notre Académie des sciences, adressées par des hommes éminents qui aimaient à rendre justice à notre confrère tout en regrettant tout bas son silence forcé. Il y avait là, il faut bien l'avouer, quelque chose de pénible pour la France, une vraie diminution de force morale et d'influence.

« M. Janssen a dû tourner ses efforts d'un autre côté, s'occuper d'analyses délicates sur la vapeur d'eau atmosphérique, donner des instructions, des conseils aux aéronautes, entreprendre, sous le patronage de l'Académie, de grandes expéditions... Mais dans la voie même des découvertes qu'il avait si brillamment inaugurées il n'a pu mettre le pied, et a dû laisser à des étrangers, aux Lockyer, aux Zœllner, aux Respighi, aux Secchi, aux Tacchini... des découvertes dont nous aurions pu aisément garder pour notre pays le mérite et le retentissement... »

Le savant rapporteur, entrant alors dans l'examen des moyens de réalisation, se demande si on ne pourrait pas obtenir les résultats désirés en s'adressant à un établissement déjà existant; il conclut, comme l'avait fait déjà l'Académie des sciences, à la nécessité d'un établissement spécial qui doit être placé hors de Paris, pour n'avoir pas à craindre les impuretés de l'atmosphère de cette grande ville, mais qui doit en être aussi rapproché que possible, parce qu'il aura des communications continuelles avec les artistes constructeurs d'instruments d'optique qu'on ne trouve qu'à Paris; avec les sociétés savantes; avec les savants étrangers qui viennent visiter nos établissements.

Le rapport établit ensuite, avec détail, le matériel, le personnel et le budget de l'établissement à créer.

Il importe de placer sous vos yeux la conclusion, au point de vue financier, de cette partie du rapport.

1ᵉ Construction.

Terrain 2.000 mètres................	mémoire.
Maison d'habitation d'après devis fournis par un architecte................	27.000
Loge d'un gardien-concierge........	3.500
Murs de clôture.....................	4.500
Abri et coupole de la grande lunette	6.000
Laboratoire chimique................	8.000
Laboratoire photographique.........	2.000
Piliers d'abri pour petits instruments accessoires......................	1.500
Total, sauf mémoire.....	**52.500**

2ᵉ Instruments.

Grande lunette parallactique de 10 à 12 pouces d'ouverture...............	60.000
Instrument méridien de petite dimension............................	6.000
Pendule.............................	2.000
Appareils de photographie céleste.....	3.500
Instruments de physique.............	6.000
Appareils de chimie.................	3.000
Total.......	**80.500**

3ᵉ Budget annuel.

Traitement du directeur...............	8.000
Traitement de deux adjoints...........	8.000
Gages d'un aide......................	1.800
Gages du gardien-concierge...........	1.500
Dépenses du laboratoire..............	2.500
Achats de livres et d'instruments......	3.500
Entretien des instruments astronomiques.	1.500
Publications annuelles................	1.200
Frais divers.........................	800
Total..........	**28.800**

La commission instituée par M. le ministre fait ensuite remarquer par l'organe de son rapporteur que, si l'établissement doit être fondé, comme elle en a la ferme espérance, il se passera bien du temps avant qu'il soit achevé, et que ce temps sera encore perdu pour la science avec celui dont le rapport a constaté l'irréparable perte. Il serait facile, cependant, ajoute le rapporteur, au moyen d'une assez faible allocation provisoire, de mettre au moins le savant, dont le nom est cité plus haut, en état de reprendre ses utiles travaux, maintenant qu'il est revenu de la grande expédition qu'il dirigeait depuis l'an dernier en Asie. Avec les instruments qu'il rapporte et dont l'Académie des sciences lui laisserait certainement la libre disposition, il lui suffirait de louer un terrain, d'y élever rapidement quelques constructions légères et de s'adjoindre les collaborateurs nécessaires à la continuité de ses travaux d'observation pour se mettre aussitôt à l'œuvre.

Le rapport estime qu'une allocation de 50.000 francs suffirait cette année pour donner à l'établissement projeté un commencement d'exécution et permettre à des savants français d'aborder enfin des études auxquelles notre pays ne doit pas rester plus longtemps étranger.

Votre commission, frappée de la puissance des considérations qui militent en faveur de la création du nouvel établissement astronomique, n'hésiterait pas à vous proposer de voter l'ouverture de ce crédit de 50.000 fr. et d'adopter ainsi l'amendement de nos honorables collègues MM. Bert et Cézanne, si la création même de l'établissement était décidée en principe; mais, en l'absence d'une proposition du Gouvernement, elle croit devoir surseoir jusqu'à ce qu'elle ait été saisie d'une demande spéciale de crédit.

En conséquence, elle vous propose de fixer provisoirement le chapitre 14 au chiffre présenté dans le projet de budget pour 1876, c'est-à-dire à 508,000 fr.

CHAPITRE XV. — École des langues orientales vivantes.

Le crédit demandé, 130,416 fr., ne présente sur celui accordé pour 1875 qu'une augmentation de 216 fr., ayant pour objet d'acquitter la taxe municipale de balayage imposée à l'école par la loi du 26 mars 1873.

Mais nos honorables collègues de la députation algérienne, MM. Lambert, Crémieux et Jacques, ont présenté un amendement qui tend à augmenter de 2.000 fr. le traitement de chacun des trois titulaires des chaires arabes (Enseignement supérieur) instituées à Alger, Oran et Constantine. Ce traitement est fixé actuellement à 4,000 fr. pour Alger et 3,000 fr. pour Oran et Constantine. Les auteurs de l'amendement ont appelé l'attention de la commission sur l'insuffisance de cette rémunération comparée avec l'étendue de la mission à remplir et des services rendus. Les professeurs de langues orientales vivantes, à Paris, chargés de deux leçons seulement par semaine, ont un traitement de 6,000 fr.

En Algérie, les titulaires des chaires sont appelés à former une pépinière d'arabisants qui sont placés, après avoir passé des examens à deux degrés, dans le corps des interprètes de l'armée, dans l'administration civile ou comme interprètes près les justices de paix, les cours et les tribunaux. Nulle tâche n'est en Algérie plus utile à la France que celle de ces savants modestes qui enseignent à la jeunesse la langue de ces populations conquises qu'il faut nous attacher et qui seraient éternellement froissées par notre domination si ceux qui concourent à les gouverner ne possédaient pas des notions précises et complètes sur les mœurs, les lois et la religion de l'Islam. Le Gouvernement, d'ailleurs, encourage l'étude de la langue arabe; il vient d'élever de 200 à 300 francs la prime accordée annuellement aux élèves qui ont passé l'examen. La prime pour le degré supérieur n'est pas moindre de 500 francs et se cumule avec les traitements civils. N'est-il pas convenable que l'encouragement s'étende des élèves à leurs maîtres?

Votre commission a reconnu tout ce qu'avaient de fondé les observations de nos honorables collègues de la députation algérienne, mais elle a jugé qu'il serait fait suffisamment droit à leur demande par une augmentation de 1,000 fr. sur le traitement de chacun des trois professeurs.

Elle vous propose donc pour cet objet, et du consentement de M. le ministre, d'augmenter de 3,000 fr. le chapitre 15, qui serait ainsi porté au chiffre total de 133,416 francs.

CHAPITRE XVI. — *Ecole des Chartes.*

Aucune modification; le crédit demandé est, comme au budget de 1875, de 57,000 francs.

CHAPITRE XVII. — *Ecole française d'Athènes.*

Le décret du 26 novembre 1874 a créé à Rome une section de l'école d'Athènes sous le titre d'École archéologique de Rome. L'exécution complète de ce décret nécessitera une somme annuelle de 24,000 fr. M. le ministre se borne à demander un crédit de 3,000 fr. pour le loyer de la maison où se feraient les cours de l'École archéologique de Rome. Par suite, le crédit de 52,500 fr. accordé pour 1875 sous ce chapitre, serait porté cette année au chiffre de 55,500 fr. que nous vous proposons d'allouer.

CHAPITRE XVIII. — *Bibliothèque nationale. Personnel.*

Le crédit demandé est de 509,373 fr., présentant sur celui de 1876 une augmentation de 13,623 fr., dont 1,623 fr. taxe de balayage pour les abords de la Bibliothèque nationale et 12,000 fr. pour traitement d'un administrateur général adjoint.

Depuis la présentation du projet de budget, M. le ministre vous ayant informé qu'il retirait la demande d'allocation du crédit de 12,000 fr. pour traitement d'un administrateur général adjoint, l'augmentation de ce chapitre se réduit à 1,623 fr., et le total du crédit à allouer doit être fixé à 497,373 fr.

CHAPITRE XIX. — *Bibliothèque nationale. — Confection des catalogues.*

Le crédit demandé reste, comme l'année dernière, fixé à 50,000 fr.

CHAPITRE XX. — *Bibliothèques publiques.*

Le crédit demandé (259,360 fr.) ne diffère de celui accordé pour 1875, que par une augmentation de 1,160 fr. pour taxe de balayage de la bibliothèque Sainte-Geneviève (345 fr. 55) et de la bibliothèque de l'Arsenal (814 fr. 35).

CHAPITRE XXI. — *Archives nationales.*

Le crédit accordé pour 1875 est de 182,000 fr.; le crédit demandé pour 1876 et que nous vous proposons d'allouer, est de 184,077 fr., c'est une augmentation de 2,087 fr., dont 587 fr. pour le balayage des abords du vaste bâtiment occupé par les archives nationales et l'école des chartes, et 1,500 fr. pour confection et entretien de certains objets de menuiserie, tels que casiers, échelles, pupitres, chargeoirs, etc., etc., nécessités par l'agrandissement des dépôts et le versement incessant de nouvelles archives. — Ces diverses fournitures de menuiserie étaient à la charge de la direction des bâtiments civils, lorsque cette direction et les archives de l'État étaient réunies dans un seul ministère. Depuis que l'administration des bâtiments civils relève d'un autre département que les archives, elle s'en tient strictement aux dépenses d'entretien de l'hôtel Soubise. — De là la nécessité d'un crédit spécial pour les dépenses intérieures dont il s'agit.

CHAPITRE XXII. — *Sociétés savantes.*

Le crédit demandé pour subvention et encouragement aux sociétés, est le même que celui accordé pour 1875. — 70,000 fr.

CHAPITRE XXIII. — *Journal des savants.*

La subvention au *Journal des savants* reste fixée à 15,000 fr.

CHAPITRE XXIV. — *Souscriptions scientifiques et littéraires.*

C'est le même crédit que celui voté au budget de 1875. — Il s'élève à 190,000 fr., dont 140,000 fr pour souscriptions aux ouvrages scientifiques et littéraires et 50,000 fr. pour les bibliothèques populaires.

CHAPITRE XXV. — *Encouragements et secours aux savants, aux gens de lettres, etc.*

Même crédit qu'au budget de 1875. — 290,000 fr.

CHAPITRE XXVI. — *Voyages et missions scientifiques.*

Le crédit demandé, et que nous vous proposons d'allouer, reste, comme celui accordé en 1875, fixé à 101,500 fr.

CHAPITRE XXVII. — *Recueil et publications de documents inédits de l'histoire de France.*

Crédit demandé, 120,000 fr., le même que celui accordé pour 1875.

CHAPITRE XXVIII. — *Préparation et publication de la carte des Gaules.*

On vous demande, et nous vous proposons de maintenir, pour 1875, le crédit précédemment accordé, s'élevant à 20,000 fr.

CHAPITRE XXIX. — *Frais généraux de l'instruction secondaire.*

Le crédit demandé pour 1876 s'élève à 135,000 fr., supérieur de 2,000 fr. à celui accordé pour 1875. Cette augmentation porte sur l'article 5, frais d'examen et de diplôme des élèves de l'enseignement spécial. Elle se justifie, vous dit M. le ministre, par cette considération que les diplômes de l'enseignement spécial sont de plus en plus recherchés, à cause des avantages qu'ils procurent aux jeunes gens qui aspirent au volontariat d'un an.

La dépense est d'ailleurs couverte par une recette équivalente.

M. le ministre fait remarquer, sur ce même chapitre 29, que, par suite des indemnités que le décret du 31 décembre 1873 assure aux professeurs, agrégés ou admissibles à l'agrégation, le nombre des candidats a augmenté et celui des agrégés s'est élevé proportionnellement ; que, par suite, les crédits pour les frais d'examen et pour les indemnités à payer aux agrégés malades ou sans emploi sont insuffisants. D'autre part, M. le ministre considère que les indemnités allouées aux professeurs des facultés et des lycées pour les corrections des compositions des concours académiques et du concours général, ne sont plus en rapport avec l'importance du travail et la position des fonctionnaires auxquels il est demandé. De ces diverses considérations résulterait la nécessité d'une augmentation de 5,000 fr. sur chacun des trois premiers articles du chapitre 29. Mais M. le ministre ajoutant à une autre année toute demande à ce sujet, nous n'avons qu'à vous proposer d'allouer tel qu'il est demandé le crédit total de 135,000 fr. porté au chapitre 29.

CHAPITRE XXX. — *Lycées et collèges communaux.*

Le crédit demandé pour 1876 est de 3.890,200 francs présentant, sur celui accordé pour 1875, une augmentation de 12,000 fr.

Ce crédit supplémentaire, qui ne répond qu'insuffisamment aux besoins du service, est nécessité par l'accroissement, déjà signalé dans les observations sur le chapitre précédent, du nombre des professeurs, agrégés, ou reconnus admissibles à l'agrégation, et qui, par suite, ont droit aux indemnités promises par le décret ci-dessus rappelé du 31 décembre 1873.

CHAPITRE XXXI. — *Dépenses extraordinaires des lycées.*

La subvention pour les dépenses de construction et d'appropriation des lycées nécessite, comme l'année dernière, l'ouverture d'un crédit de 800.000 fr. que nous vous proposons d'accorder

CHAPITRE XXXII. — *Bourses nationales. dégrèvements.*

Vous avez, l'an dernier, inscrit 30.000 fr de plus à l'article des bourses dans les collèges communaux, ce qui a élevé à 1.130.000 fr. le chiffre total du crédit porté sous ce chapitre. C'est ce même chiffre de 1.130.000 fr. qui vous est demandé pour 1876 et que nous vous proposons d'allouer, en renouvelant le vœu, émis par votre commission de 1875, que ce soient surtout les collèges dans lesquels a été organisé l'enseignement spécial qui profitent de l'augmentation de 30.000 fr., maintenue sur l'article 3.

CHAPITRE XXXIII. — *Inspection des établissements d'instruction primaire.*

Le crédit porté sous ce chapitre est de 1 million 531.922 fr., dépassant de 2,600 fr. celui accordé en 1875.

Cette somme de 2,600 fr., ajoutée à celle de 4,800 fr., devenue libre par suite de suppression d'emplois, forme la somme totale de 7,100 fr., dont 3,500 fr. pour traitement et tournées d'un inspecteur spécial pour la ville de Lyon, et 3,900 francs pour traitement et tournées de l'inspecteur primaire de La Mure. Ce dernier emploi avait été créé par le conseil général de l'Isère et les frais étaient supportés par le budget départemental. Il refuse aujourd'hui de se charger de cette dépense et le Gouvernement, en présence des avantages réels qu'offre la résidence d'un

inspecteur à La Mure, vous propose de maintenir ce qui a été établi et de prendre la dépense au compte de l'Etat

Quant aux suppressions d'emploi qui viennent atténuer de 4,800 fr. l'augmentation de dépense qui vous est demandée et que nous vous proposons de sanctionner, elles consistent :

1° Dans la suppression de l'inspection primaire de l'arrondissement de Gex, qui sera réunie à celle de Nantua, 3.000 fr.

2° Dans la suppression du poste de déléguée spéciale pour l'inspection des salles d'asile de l'académie de Bordeaux, 1,800 fr.

Cette dernière suppression est opérée en conformité du vœu que la commission du budget de 1875 a émis, qu'au fur et à mesure de l'extinction des titulaires, les fonctions de déléguées générales et spéciales soient supprimées afin de laisser aux comités locaux plus de latitude et plus de responsabilité dans la surveillance des salles d'asile.

CHAPITRE XXXIV. — *Instruction primaire.*

Le crédit demandé pour l'exercice 1876 s'élève au chiffre total de 10.716.702 fr. et présente sur le crédit accordé pour 1875 une augmentation de 174.151 fr.

Un premier crédit de 15.000 fr. s'applique à une création nouvelle, concertée entre les deux ministères de l'instruction publique et de l'agriculture, celle des chaires départementales d'agriculture et d'horticulture, dont le siège sera à l'école normale. Les titulaires de ces chaires seront nommés par le ministre de l'instruction publique et devront se transporter pour faire des conférences aux cultivateurs de la région, soit dans la région, soit dans les chefs-lieux de canton, soit dans toute autre commune où se tiendront des comices agricoles.

Votre commission ne peut qu'applaudir à la création de cette institution nouvelle dont chaque conseil général demandera sans doute à faire profiter son département et satisfaisant à la seule condition qui lui soit imposée : le vote des frais de déplacement. Quant aux traitements des maîtres, ils seront à la charge des deux ministres de l'agriculture et de l'instruction publique et, d'un commun accord, la part de ce dernier ministère a été fixée à la somme de 15,000 fr.

Le surplus de l'augmentation qui vous est demandée et que nous vous proposons également d'accorder (159,151 fr.) est la conséquence du vote émis pour les exercices 1874 et 1875 dans le but de compléter à certains taux la pension de retraite concédée aux instituteurs et institutrices.

CHAPITRE XXXV. — *Dépenses de l'instruction primaire spéciales à l'Algérie.*

On vous demande et nous vous proposons d'allouer une augmentation de 9.075 fr. sur le crédit de 86,000 fr. accordé pour 1875 et qui s'élèverait dès lors pour 1876 à 95,075 fr.

Cette augmentation représente les traitements avec quart colonial et frais de tournées de l'inspecteur primaire de Bône (2° classe) et de Mostaganem (3° classe), dépense prélevée jusqu'ici sur les fonds du gouvernement général de l'Algérie, mais à la condition qu'ils seraient au plus tôt inscrits au budget de l'Etat.

Nos honorables collègues MM. Lambert, Clémieux et Jacques ont en outre demandé une augmentation de 4,500 fr. applicable à la création d'un sixième emploi de l'inspecteur primaire, ladite somme de 4,500 fr. comprenant, avec le traitement de 2° classe, le quart colonial et les frais de tournées.

A l'appui de leur amendement, nos honorables collègues ont insisté sur le remarquable degré de développement auquel, grâce aux sacrifices consentis par les communes, l'instruction primaire est arrivée en Algérie. On peut en juger par le tableau comparatif (d'après un récent rapport de M. Levasseur) des pays qui, proportionnellement à leur population, ont le plus d'enfants dans les écoles primaires.

Voici ce tableau comparatif :

Canada, 22 élèves-inscrits par 100 habitants.
Algérie (indigènes non compris), 22 élèves inscrits par 100 habitants.
Nouvelle-Galles du Sud, 21 élèves inscrits par 100 habitants.
Colonies néerlandaises, 20 élèves inscrits par 100 habitants.
Etats-Unis, 17 élèves inscrits par 100 habitants.
Suisse, 15 1/2 élèves inscrits par 100 habitants.
Prusse et Danemark, 15 élèves inscrits par 100 habitants.
Suède, 13 3/4 élèves inscrits par 100 habitants.
Pays-Bas et France, 13 élèves inscrits par 100 habitants.
Grande-Bretagne, 12 élèves inscrits par 100 habitants.
Belgique, 11 9/10 élèves inscrits par 100 habitants.

Voici, d'ailleurs, un résumé de la statistique officielle de l'Algérie à la fin de l'année 1872. Ce document vous a été distribué.

Ecoles de garçons et mixtes	271
Ecoles de filles	230
Salles d'asile	125
Total	**626**

Ces établissements sont ainsi répartis :

Département d'Alger	263
— d'Oran	192
— de Constantine	171
Total	**626**

Le nombre total des élèves reçus dans ces divers établissements s'élevait à 57.200, dont 27.720 garçons et 29.480 filles.

Enfin le personnel des salles d'asile comptait 214 directrices et sous-directrices.

Le personnel enseignant comptait 801 instituteurs et institutrices et 501 adjoints et adjointes, ensemble 1.302.

Depuis 1872 l'émigration d'Alsace-Lorraine est venue grossir le nombre des villages et celui des élèves et des écoles.

Ces établissements scolaires algériens sont d'ailleurs disséminés sur un territoire d'une immense étendue (50 millions d'hectares), et la difficulté des communications est une considération de plus à l'appui de la demande de nos honorables collègues, qui n'est que la reproduction d'un vœu du conseil supérieur du Gouvernement qui, dans une délibération du 18 janvier 1875, sur l'avant-projet du budget de l'Algérie, s'exprimait en ces termes :

« Dans ses précédentes sessions, le conseil avait émis le vœu qu'en raison des besoins toujours croissants du service, le nombre des inspecteurs primaires, qui n'était que de trois, fût doublé et porté à deux par département. M. le gouverneur général, ayant bien voulu mettre provisoirement à la charge des communes indigènes les deux inspecteurs nouveaux, le désir du conseil s'est trouvé ainsi en partie réalisé. Votre commission verrait avec plaisir que cette mesure fût complétée et régularisée : 1° par la création du sixième emploi d'inspecteur primaire ; 2° par l'inscription au budget du ministère de l'instruction publique du traitement de ce nouveau fonctionnaire, et de ceux de ses deux collègues nommés l'année dernière. »

Ce nouveau vœu du conseil supérieur de l'Algérie se trouve en partie, comme on l'a vu plus haut, réalisé par l'inscription proposée au budget de l'instruction publique, des traitements de deux inspecteurs qui étaient précédemment à la charge des communes indigènes. Quant à la création d'un sixième emploi d'inspecteur, sans doute elle est désirable et paraît parfaitement justifiée par les diverses considérations que nos honorables collègues ont fait valoir à l'appui de leur amendement. Mais il convient de remarquer que le département qui n'a qu'un seul inspecteur primaire, et où l'on demande la création d'un nouvel emploi, est celui d'Alger, c'est-à-dire celui où la population est la plus agglomérée.

Votre commission a pensé, d'ailleurs, qu'au lendemain même de la création de deux emplois d'inspecteurs primaires en Algérie, la nécessité d'un troisième emploi nouveau n'est pas absolue, et que, s'il en était autrement, il serait toujours possible de prélever sur les fonds du gouvernement général de l'Algérie, comme on l'a fait l'année dernière pour les traitements des inspecteurs de Bône et Mostaganem, la somme nécessaire à la rétribution d'un second inspecteur dans le département d'Alger.

Votre commission vous propose donc de ne pas admettre l'amendement de MM. Lambert, Crémieux et Jacques.

CHAPITRE XXXVI.— *Dépenses des exercices périmés non frappées de déchéance.*

Mémoire.

CHAPITRE XXXVII. — *Dépenses des exercices clos.*

Mémoire.

RÉSUMÉ DE LA SECTION DE L'INSTRUCTION PUBLIQUE

Le budget pour l'exercice 1875 allouait pour cette section une somme totale de...	36.683.939	
Dans le projet de budget pour l'exercice 1876, les crédits demandés par le Gouvernement s'élèvent à. ...	36.897.765	
Différence en plus pour 1876..	213.826	
Depuis la présentation du projet de budget, M. le ministre a demandé l'ouverture d'un nouveau crédit de 19.500 fr. et d'autre part il a retiré une demande d'allocation de 12.000 com- prise dans le projet de budget, la différence	7.500	
porte le chiffre des demandes du Gouvernement à la somme totale de..		221.326
Votre commission a opéré, sur les demandes d'allocation, diverses ré- ductions dont le total est de.	46.000	
Mais elle vous propose dif- férentes augmentations qui forment une somme totale de.	41.500	
En retranchant de la som- me des crédits demandés par le Gouvernement, l'excédent du chiffre des réductions opé- rées par la commission sur le chiffre des augmentations proposées par elle	4.500	4.500
Le total des augmentations pour 1876 est réduit à		216.826
Le budget de 1875 (voir ci-dessus) ayant été fixé à		36.683.939
La somme totale des crédits propo- sés pour 1876 est de		36.900.765

Le tableau suivant donne l'indication détaillée des augmentations et des réductions proposées, ainsi que des crédits extraordinaires qui prennent fin avec l'exercice 1875 et des diminutions de dépense résultant de suppression d'emplois.

INDICATION détaillée des augmentations et réductionss proposées, des crédits extraordinaires

CHAPITRES	OBJET DES AUGMENTATIONS DES RÉDUCTIONS ET DES CRÉDITS EXTRAORDINAIRES S'ÉTEIGNANT AVEC L'EXERCICE 1875
2 4 5 7	Administration centrale : Dépenses intérieures.. Frais de passage des fonctionnaires en Algérie.. Frais de tournées des inspecteurs d'académie.. Supplément des traitements des commis d'inspection académique .... Extinction du crédit pour appropriation d'une maison rue Saint-Jacques, pour les laboratoires de la faculté de Paris... Extinction du crédit pour acquisition d'instruments pour la faculté de médecine de Paris... Extinction du crédit pour laboratoire et jardin botanique de la faculté de médecine de Montpellier.
12 13 14 15 17 18 21 29 30 33	Chaire de chimie organique créée par la loi du 19 mars 1875.......................... Création de neuf chaires dans neuf facultés de droit......................... Création d'une chaire de zoologie à Marseille.. Supplément des traitements des secrétaires des facultés des sciences et des lettres, de l'école supérieure de pharmacie dans les départements..................... Rétablissement et création de chaires au Collège de France............................ Création d'un emploi d'aide-naturaliste au Muséum.. Extinction du crédit extraordinaire pour l'observatoire de Marseille................... Supplément de dépenses pour la publication de la *Connaissance des temps*. .... Supplément do traitement des professeurs d'arabe en Algérie........................... Loyer d'une maison pour les cours de l'école archéologique de Rome.................. Traitement d'un administrateur général adjoint à la Bibliothèque nationale............ Casiers, échelles, pupitres, etc., pour les archives nationales.......................... Frais d'examen et de diplôme des élèves de l'enseignement spécial..................... Augmentation de crédit pour indemnités aux agrégés.................................... Suppression de l'inspection primaire de l'arrondissement de Gex...................... Suppression du poste de déléguée spéciale pour inspection des salles d'asile de l'académie de Paris.
34 35 5, 6, 7, 10, 12, 13, 15, 18, 20 et 21.	Traitement et tournées de l'inspecteur primaire spécial pour la ville de Lyon............... Traitement et tournées do l'inspecteur primaire de La Mure.......................... Chaires départementales d'agriculture et d'horticulture.................................... Complément des pensions de retraite des instituteurs et institutrices................. Traitement, 1/4 colonial et tournées des inspecteurs primaires de Bône et Mostaganem .... Augmentation totale résultant de l'application de la loi du 26 mars 1873 (taxe de balayage) s' à la somme de 13,031 fr. dont le détail figure aux chapitres 5, 6, 7, 12, 13, 15, 18, 20 et 21....
	Totaux.................................
	Total des augmentations pour 1876 après déduction des crédits extraordinaires prenant fin avec l'et 1875..
	Total des augmentations demandées par le Gouvernement après addition des demandes survenues depuis la présentation du projet de budget. ....
	Total des augmentations demandées par le Gouvernement après retrait d'une ouverture de primitivement réclamée... ....

; *avec l'exercice 1875 et des diminutions de dépense résultant de suppression d'emplois.*

AUGMENTATIONS PROPOSÉES			RÉDUCTIONS		CRÉDITS EXTRAORDINAIRES prenant fin avec l'exercice 1875. SUPPRESSION D'EMPLOIS	OBSERVATIONS
PAR LE GOUVERNEMENT		PAR LA COMMISSION	PAR RETRAIT DE DEMANDE	PAR LA COMMISSION		
dans le projet de budget.	depuis la présentation du budget.					
8.000		4.000		*4.000		* De concert avec le ministre.
6.000		6.000				
10.000				10.000		
		16.000				
17.000		12.000		*5.000	70.446	* De concert avec le ministre.
27.000				27.000		
		6.000				
		13.500				
	12.500	19.500				
		3.000				
10.000		10.000			23.088	
		3.000				
3.000		3.000				
12.000			12.000			
1.500		1.500				
2.000		2.000				
12.000		12.000				
3.500		3.500			4.800	
3.000		3.900				
15.000		15.000				
150.154		159.154				
9.075		9.075				
13.031		13.031				
312.160	12.500	315.160	12.000	46.000	98.334	
98.334		98.334				
213.826		216.826				
19.500						
233.326						
12.000						
221.326						

En conséquence, nous avons l'honneur de vous proposer le projet de loi suivant :

PROJET DE LOI

Il est ouvert au ministère de l'instruction pu-

blique, des cultes et des beaux-arts, pour la section de l'instruction publique, un crédit s'élevant à la somme de 36,900,765 francs.

Ce crédit est réparti par chapitres, conformément au tableau ci-annexé :

CRÉDITS demandés par le Gouvernement et crédits proposés par la Commission.

CHAPITRES	INSTRUCTION PUBLIQUE	CHIFFRES de la commission.	CHIFFRES du Gouvernement.
1	Traitement du ministre. Personnel de l'administration centrale...	599.400	599.400
2	Matériel de l'administration centrale............................	131.900	135.900
3	Inspecteurs généraux de l'instruction publique..................	316.000	316.000
4	Services généraux de l'instruction publique.....................	276.000	276.000
5	Administration académique......................................	1.200.038	1.194.038
6	École normale supérieure.......................................	372.710	372.710
7	Facultés..	5.086.880	5.099.380
8	Bibliothèque de l'université...................................	30.000	30.000
9	École des hautes études et souscriptions aux ouvrages utiles à l'enseignement..	300.000	300.000
10	Institut de France..	668.762	668.762
11	Académie de médecine..	75.500	75.500
12	Collège de France...	335.038	(1) 315.538
13	Muséum d'histoire naturelle....................................	730.342	727.342
14	Établissements astronomiques...................................	518.000	518.000
15	École des langues orientales vivantes..........................	133.416	130.416
16	École des chartes...	57.000	57.000
17	École d'Athènes...	55.500	55.500
18	Bibliothèque nationale...	497.373	(2) 509.373
19	Catalogues..	50.000	50.000
20	Bibliothèques publiques et musée d'Alger.......................	259.360	259.360
21	Archives nationales...	184.067	184.067
22	Sociétés savantes...	70.000	70.000
23	Subvention au *Journal des savants*...........................	15.000	15.000
24	Souscriptions scientifiques et littéraires.....................	190.000	190.000
25	Encouragements aux savants et gens de lettres..................	200.000	200.000
26	Voyages et missions scientifiques. — Publication de documents provenant de ces missions....................................	100.500	100.500
27	Documents inédits de l'histoire de France......................	120.000	120.000
28	Carte des Gaules..	20.000	20.000
29	Frais généraux d'instruction secondaire........................	135.000	135.000
30	Lycées et collèges communaux...................................	3.899.200	3.899.200
31	Dépenses extraordinaires des lycées............................	800.000	800.000
32	Bourses et dégrèvements..	1.130.000	1.130.000
33	Inspection des écoles primaires................................	1.531.922	1.531.922
34	Dépenses d'instruction primaire imputables sur les fonds de l'État.	16.716.762	16.716.762
35	Dépenses d'instruction primaire spéciales à l'Algérie..........	95.075	95.075
36	Dépenses des exercices périmés.................................	Mémoire.	Mémoire.
37	Dépenses des exercices clos....................................	Mémoire.	Mémoire.
	Total..............................	36.900.765	36.897.765

(1) Depuis la présentation du projet de budget, le Gouvernement a demandé un nouveau crédit de 19,500 fr.
(2) Le Gouvernement a retiré une demande de crédit de 12,000 fr.

Budget des dépenses sur ressources spéciales.

CHAPITRE Iᵉʳ

Dépenses de l'instruction primaire imputables sur les fonds départementaux.

DÉPENSES OBLIGATOIRES

Secours aux communes pour les dépenses obligatoires aux écoles communales de garçons et de filles, etc .... (*à reporter*) 9.787.000 fr.

DÉPENSES FACULTATIVES ET EXTRAORDINAIRES

Report .... 9.787.000 fr.

Subvention pour acquisitions, constructions de maisons d'école. 1.076.000

Total........ 10.863.000 fr.

CHAPITRE II

Dépenses imputables sur les produits spéciaux des écoles normales primaires.... 700.000 fr.

SÉANCE DU MARDI 6 JUILLET 1875

Annexe n° 3148.

PROJET DE LOI portant établissement de surtaxes sur les vins, les cidres, poirés et hydromels, l'alcool et l'absinthe à l'octroi de la commune de Châteaugiron (Ille-et-Vilaine), présenté au nom de M. le maréchal de Mac Mahon, duc de Magenta, Président de la République française, et par M. Léon Say, ministre des finances.

EXPOSÉ DES MOTIFS

Messieurs, la commune de Châteaugiron (Ille-et-Vilaine), dont l'octroi vient d'être prorogé pour cinq années à partir du 1ᵉʳ janvier 1876, sollicite la prorogation, à dater de la même époque, des surtaxes de 1 fr. par hectolitre sur les vins, de 0 fr. 30 sur les cidres et de 2 fr. sur les alcools et absinthes, qui, établies à cet octroi par une loi du 2 août 1872. doivent prendre fin avec l'année courante.

Ces surtaxes rapportent 2,638 fr. par an, et la commune paraît hors d'état, pour le moment, de renoncer à cette ressource. Il est vrai que les recettes ordinaires du budget de l'exercice courant s'élèvent à 13,620 fr., y compris le produit des surtaxes dont il s'agit, et dépassent de 5.817 fr. les dépenses corrélatives. Mais la caisse municipale est grevée d'une dette de 7,000 fr. provenant d'un emprunt contracté en vue de la construction de l'église et de la maison d'école, et pour l'amortissement duquel les contribuables ont à supporter 10 centimes extraordinaires.

D'un autre côté, la commune doit pourvoir à une dépense de 50,400 fr. pour la construction d'un presbytère, l'établissement d'un lavoir et d'une fontaine, l'ouverture d'une voie de communication destinée à relier la halle au champ de foire, et pour quelques autres améliorations urgentes.

Dans cette situation, le recours aux surtaxes demandées nous paraît bien justifié.

En conséquence, le Gouvernement a l'honneur de soumettre à l'Assemblée nationale le projet de loi ci-joint.

PROJET DE LOI

Article unique. — A partir du 1ᵉʳ janvier 1876 et jusqu'au 31 décembre 1884 inclusivement, les surtaxes suivantes seront perçues à l'octroi de la commune de Châteaugiron (Ille-et-Vilaine), à savoir :

Vins en cercles et en bouteilles, 1 fr. par hectolitre.

Cidre, poiré et hydromel, 30 c. par hectolitre.

Alcool pur contenu dans les eaux-de-vie, esprits, liqueurs et fruits à l'eau-de-vie, tant en cercles qu'en bouteilles; absinthe, 2 fr. par hectolitre.

Ces surtaxes sont indépendantes des droits de 1 fr. 20 par hectolitre de vin, de 53 c. par hectolitre de cidre et de 6 fr. par hectolitre d'alcool pur établis en taxes principales.

Annexe n° 3149.

PROJET DE LOI portant établissement d'une surtaxe sur l'alcool et l'absinthe à l'octroi de Landerneau (Finistère), présenté au nom de M. le maréchal de Mac Mahon, duc de Magenta, Président de la République française, par M. Léon Say, ministre des finances.

EXPOSÉ DES MOTIFS

Messieurs, la commune de Landerneau (Finistère) sollicite l'autorisation de proroger pour cinq ans, à partir du 1ᵉʳ janvier 1876, la surtaxe de 21 fr. par hectolitre d'alcool pur établie à son octroi par la loi du 21 mai 1865.

Le produit de cette surtaxe figurerait pour 13,880 fr. dans le revenu de l'octroi, qui est actuellement de 36,312 fr.

D'après le relevé des comptes administratifs des années 1871, 1872 et 1873, les recettes ordinaires s'élèvent, en moyenne, à 54,005 fr., et ne dépassent que de 5,566 fr. les dépenses corrélatives, bien que la commune utilise les centimes spéciaux.

D'un autre côté, indépendamment d'un emprunt de 32,000 fr. contracté pour les dépenses de la garde mobilisée, et dont le capital doit être remboursé par l'État, la caisse municipale est grevée d'une dette de 32,088 fr. pour l'amortissement de laquelle les contribuables ont à supporter 19 centimes extraordinaires. Enfin, la commune devra pourvoir, dans un avenir peu éloigné, à la construction d'un marché couvert, à l'établissement de bornes-fontaines et à diverses autres améliorations.

D'après ces considérations, nous estimons, d'accord avec le conseil d'État, que le recours à la mesure extrême des surtaxes est suffisamment justifié.

Toutefois, la ville de Landerneau ayant élevé de 4 à 9 francs la taxe principale sur l'alcool, par application de l'article 5 de la loi du 26 mars 1872, le maintien de l'ancien taux de 21 francs aurait pour effet de porter l'ensemble des taxes à 30 francs par hectolitre, tandis qu'il n'était antérieurement que de 25 francs.

Nous proposons, en conséquence, de réduire la surtaxe à 16 fr.; on retrouvera ainsi le tarif de 25 francs qui est appliqué depuis longtemps et auquel les populations sont habituées.

Nous avons, dès lors, messieurs, l'honneur de soumettre à vos délibérations le projet de loi ci-après.

PROJET DE LOI

Article unique. — A partir du 1ᵉʳ janvier 1876, et jusqu'au 31 décembre 1880 inclusivement, il sera perçu à l'octroi de Landerneau, département du Finistère, une surtaxe de 16 fr. par hectolitre d'alcool pur contenu dans les eaux-de-vie, esprits, liqueurs et fruits à l'eau-de-vie, et par hectolitre d'absinthe.

Cette surtaxe est indépendante du droit de 9 fr. perçu en principal par hectolitre d'alcool pur.

Pont, et se trouve à 50 centimètres en contre-haut de l'extrême étiage ; on obtiendrait donc ainsi un mouillage de 2 m. 50 à l'étiage ordinaire.

« Si les eaux deviennent plus abondantes, on diminuera progressivement là hauteur de la retenue à Gravelines, de manière à augmenter la pente de superficie et par suite la puissance d'écoulement du lit. On pourra alors, sans diminuer le mouillage de 2 m. nécessaire à la navigation, porter la pente d'étiage, qui est de 0 m. 35, à 0 m. 85, ce qu'on ne peut réaliser aujourd'hui sans inonder les terrains de la 7° section des Wateringues.

« Enfin, dans la saison des pluies, on profitera de la faculté d'abaisser le plan d'eau de 0 m. 50 sur toute l'étendue de la rivière, pour donner aux terrains les plus bas une revanche de 0 m. 90 à 0 m. 95, et commencer les tirages avant que l'inondation ne devienne imminente. Par cet abaissement préventif, on pourra emmagasiner ainsi, entre les marées consécutives, une plus grande quantité d'eau et l'agrandissement de la section, tout en rendant les tirages plus efficaces, diminuera, dans une forte proportion, la vitesse des courants, qui sont actuellement, en temps de crue, un obstacle à la remonte des bateaux. »

Nous avons cru devoir transcrire ici ces détails parce qu'ils rappellent les explications données au sein de la commission par M. Duvorger et parce qu'ils constituent, dans leur simplicité, l'économie tout entière du projet.

Les travaux dont nous venons de donner la nomenclature entraînent, de toute nécessité, l'approfondissement des canaux qui, de la rivière d'Aa, se dirigent vers Dunkerque et vers Calais, c'est-à-dire des canaux de la Haute-Colme, de Bourbourg et de Calais.

Haute-Colme.

Il suffira, pour la Haute-Colme, de creuser la cuvette entre la rivière et l'écluse à Wattendam, et d'abaisser de 21 centimètres le busc d'amont de l'écluse ainsi que le radier de l'enclave des portes

Canal de Bourbourg.

Il n'en est pas de même du canal de Bourbourg. Les travaux, sur cette voie qui aboutit directement à Dunkerque, devront s'étendre sur tout le parcours du canal, si on veut assurer aux bateaux un mouillage uniforme de 2 mètres.

MM. les ingénieurs proposent :

1° La reconstruction de trois écluses ;

2° L'établissement de revêtements maçonnés dans la traversée de Bourbourg ;

3° La reconstruction du pont de Coppennaxfort ;

4° L'achat d'une zone de 8 mètres de terrain sur toute la largeur du canal, du côté opposé au halage ;

5° Enfin, la construction d'un mur de quai de 400 mètres de longueur près et à l'extérieur de la ville de Dunkerque avec élargissement à 16 mètres du plafond de la cuvette, pour que les bateaux puissent stationner sans faire obstacle à la navigation montante et descendante.

Canal de Calais.

Comme le canal de Bourbourg et pour les mêmes motifs, le canal de Calais serait approfondi dans toute son étendue.

Cet approfondissement nécessiterait : la reconstruction du syphon de Ruminghem, l'abaissement des buscs et du radier de l'écluse d'Hennuin, la reprise en sous-œuvre des piles du pont dormant de la citadelle de Calais et, comme complément indispensable, la dérivation du canal de la Marck adopté en principe dès 1858 et

sans laquelle la navigation resterait entravée par les abaissements de niveau ou les courants rapides qui sont la conséquence du déversement à la mer, des eaux de ce canal en temps de crue.

Enquête.

Nous avons parcouru, avec soin, les procès-verbaux de l'enquête à laquelle ont été soumis, dans le Nord et le Pas-de-Calais, les projets qui vous sont présentés.

Partout, les améliorations projetées ont reçu le meilleur accueil.

Dans le Pas-de-Calais, les sections des Wateringues principalement intéressées ont vivement insisté pour que ces améliorations fussent obtenues par l'approfondissement et l'élargissement du lit et non par la surélévation des eaux ; elles ont demandé également que la pente de la rivière fût maintenue. Les inondations de 1873 qui ont couvert le pays sur une étendue d'au moins 15 kilomètres sont pour elles un enseignement récent qui leur fait désirer, plus que jamais, la prompte exécution de travaux depuis longtemps réclamés.

Les chambres de commerce de Saint-Omer et de Calais se sont prononcées dans le même sens, la dernière en faisant remarquer que, depuis vingt ans elle émet les vœux qui vont enfin se réaliser. Elles ont appuyé le maintien, dans la direction actuelle, de la ligne de navigation de Dunkerque sur Lille et Paris.

La commission d'enquête du Pas-de-Calais, après avoir recueilli tous les dires, a conclu, à l'unanimité, à l'exécution des travaux en projet et au maintien de la ligne actuelle de navigation.

Il en a été de même dans le Nord. Seuls, M. le maire et la chambre de commerce de Dunkerque sans contester toutefois l'utilité des travaux proposés, ont émis la pensée que, peut être, la canalisation de Vliet serait préférable en ce sens que, tout en étant un utile auxiliaire pour le desséchement de la partie supérieure de l'Aa, elle affranchirait la batellerie du détour auquel celle-ci est assujettie, en passant par Bourbourg et l'écluse du Guindal. Ils ont ajouté que ce serait aussi le seul moyen de soustraire les bateaux à cet inconvénient déplorable d'attendre quelquefois, pendant plusieurs jours, pour entrer dans la rivière ou en sortir, que le niveau entre l'Aa et le canal de Bourbourg détruit par les tirages de Gravelines, fût rétabli. Il a été indiqué, comme variante, la possibilité d'un changement de direction, au moyen d'une coupure à opérer, soit en un point quelconque du canal de Bergues, soit en un autre point à désigner du canal de la Haute-Colme.

Ces deux solutions n'ont pas trouvé d'écho en dehors de Dunkerque. Energiquement combattues par tous les autres intéressés, elle ont été écartées comme plus dispendieuses que celles de MM. les ingénieurs. M. le maire et la chambre de commerce de Dunkerque, sans faire opposition au projet qui conserve la direction actuelle, se sont réservé, en cas d'insuccès des travaux, de demander, plus tard, l'exécution de l'un ou l'autre des projets pour lesquels ils ne dissimulent pas leur préférence.

Scarpe supérieure.

Les considérations que nous venons de faire valoir en faveur de travaux qui se relient les uns aux autres et forment, en quelque sorte, un système complet, ne sauraient s'appliquer à la Scarpe supérieure. L'utilité des travaux qu'il s'agit d'exécuter sur cette rivière n'en est pas moins incontestable.

La richesse exceptionnelle de la vallée traversée, les usines qui la couvrent justifient les dépenses qui doivent remédier à l'état défectueux d'ouvrages qui, depuis la canalisation opérée au quinzième siècle, n'ont encore été l'objet d'aucune transformation.

Le tonnage, dans cette partie de la Scarpe, n'a cessé de diminuer par suite de l'élévation excessive du fret (aujourd'hui 0,07 centimes par tonne et par kilomètre).

Il est urgent, si l'on veut ramener le prix du transport à des conditions normales, de relever les ouvrages qui tombent en ruine et de porter, comme dans les autres canaux, à 2 mètres, le tirant d'eau qui est à peine de 1 mètre 40.

La dépense doit s'élever à 1,550,000 fr., mais 150,000 fr. ayant été employés en 1873 et 1874, il suffira d'un crédit de 1,400,000 fr.

Voies et moyens.

Tels sont, messieurs, les travaux dont nous avons cherché à vous démontrer, à grands traits, les nombreux avantages. Il nous reste à examiner les voies et moyens offerts à l'Etat, par les départements du Nord et du Pas-de-Calais, pour en hâter l'exécution.

Nous n'entrerons pas dans le détail des pourparlers et des combinaisons financières qui ont précédé les résolutions définitives adoptées par les conseils généraux des deux départements. Des tentatives, en vue d'une entente préalable ayant échoué, le Nord et le Pas-de-Calais se présentent, chacun de leur côté, avec des offres spéciales affectées à des travaux déterminés. Quelle que soit l'origine des ressources qu'ils entendent se procurer, ils contractent avec l'Etat pour la totalité des sommes promises, soit 3.500,000 fr. pour le département du Nord, et 2.400,000 fr. pour le Pas-de-Calais.

Les 3,500,000 fr. du Nord s'appliquent aux travaux suivants :

Canal de Neuffossé................	500.000
Rivière de l'Aa....................	1.612.000
Canal de Bourbourg...............	1.388.000
Total...............	3.500.000

Ils doivent être fournis en six années par le département, jusqu'à concurrence de 1,800,000 francs à prendre sur sa créance de l'Etat à raison des dépenses de la guerre. Le surplus, 1 million 700,000 fr., offert au conseil général par le comité des houillères du Nord et du Pas-de-Calais, accepté par arrêté préfectoral en date du 1er juillet 1874, après accord avec la commission départementale, sera versé en quatre payements égaux de 425,000 fr. Les avances partielles du département ne se feront qu'à partir de l'année où la proposition aura été votée par l'Assemblée nationale. Elles seront productives d'un intérêt de 4 p. 100. Le remboursement par l'Etat et l'amortissement s'effectueront en dix annuités calculées au même taux de 4 p. 100, à partir de la septième année qui suivra celle où le premier versement aura été opéré.

Les 2,400,000 fr. du Pas-de-Calais sont destinés aux travaux :

Du canal de Calais, pour	1.000.000
De la Scarpe supérieure, pour	1.400.000
Total...............	2.400.000

La part contributive du département, dans cette somme, n'est que de 1,000,000 fr. seulement. Les 1,400,000 fr. restants sont avancés, savoir : 500,000 fr. par la chambre de commerce de Calais, 500,000 fr. par la ville d'Arras et les intéressés, à divers titres, qui, constitués en syndicat, se sont groupés autour d'elle, et 400,000 fr. par le comité des houillères du Nord et du Pas-de-Calais. Les conditions de versement, de remboursement, d'amortissement et d'intérêt sont les mêmes que celles acceptées par le département du Nord.

Le conseil général n'aura point à négocier d'emprunt pour le million qu'il s'engage à avancer à l'Etat. Il avait en réserve une somme de même importance destinée à un chemin de fer dont l'établissement paraît devoir se faire attendre longtemps encore. Il s'est empressé d'appliquer ce million aux dépenses projetées, persuadé qu'il ne saurait avoir un meilleur emploi.

Le nombre et la qualité des prêteurs qui viennent en aide aux deux départements montrent, messieurs, mieux que nous n'avons pu le faire, la nécessité des améliorations dont nous venons de vous entretenir et le vif désir qu'ont ces populations si actives et si laborieuses de les voir enfin réalisées. M. le ministre des finances, lui aussi, a reconnu que les avant-projets adoptés par le conseil général des ponts et chaussées étaient une satisfaction tardive donnée à des intérêts de premier ordre, et il n'a fait aucune objection à ce que les offres des conseils généraux du Nord et du Pas-de-Calais fussent soumises à l'Assemblée nationale.

Le conseil d'Etat a donné son approbation tout entière au projet de loi. Il n'y a apporté qu'une modification, qui consiste dans l'addition d'une disposition portant que les expropriations nécessaires pour l'exécution des travaux devront être faites dans le délai de six ans. L'expérience, en effet, a démontré que, quelle que soit la faveur qui s'attache aux travaux publics, il n'est pas équitable d'accorder le droit d'expropriation sans réserve, et de laisser la propriété en interdit pendant un temps indéterminé. La période de six ans est celle que les départements se sont réservée pour le versement de leurs avances.

Un dernier doute subsistait au point de vue de la régularité des conventions passées entre les départements et les intéressés qui leur ont apporté leur concours. Il s'agissait de savoir si les emprunts des conseils généraux devraient être autorisés par la loi à intervenir. M. le ministre de l'intérieur a levé toute hésitation en déclarant que l'opération projetée, soit par le département du Nord, soit par le département du Pas-de-Calais, rentre dans la limite des pouvoirs que l'article 40 de la loi du 10 août 1871 donne aux conseils généraux eux-mêmes.

La commission, au cours de son examen, a dû entendre, sur la demande qui lui en a été faite, le représentant de la compagnie concessionnaire des eaux de la Scarpe inférieure.

La compagnie qui se prétend lésée, depuis longtemps, par l'administration et qui a porté ses réclamations devant le conseil d'Etat, nous a témoigné la crainte de voir consacrer, par le vote du projet de loi, ce qu'elle appelle des illégalités commises à son préjudice. Elle assure, en outre, que les travaux proposés ne feront qu'accroître le dommage dont elle se plaint.

La commission du budget n'a point à s'immiscer dans un débat qu'elle n'a pas la mission d'étudier et encore moins de trancher.

La loi qui lui est soumise ne change rien à l'état actuel des choses dans tout le parcours de la navigation qui s'étend du fort de Scarpe au canal de Neuffossé. En présence, surtout, de la déclaration du Gouvernement qui affirme que les travaux à exécuter n'emprunteront pas à la Scarpe un volume d'eau plus considérable que celui que cette rivière verse aujourd'hui dans la Deule, elle ne peut que donner acte aux intéressés de la réserve des droits qu'ils pourraient avoir à invoquer contre les conséquences du vote à intervenir.

Au nom de la commission du budget de 1875, nous vous proposons, messieurs, d'approuver le projet de loi dont vous nous avez renvoyé l'étude et qui est ainsi conçu:

PROJET DE LOI

Art. 1er. — Sont déclarés d'utilité publique, les travaux à faire, conformément aux dispositions générales des avant-projets adoptés par le conseil général des ponts et chaussées, dans ses délibérations des 9 juin 1873 et 8 février 1875, pour l'amélioration du canal de Neuffossé, de la rivière d'Aa, du canal de Bourbourg et du canal de Calais (départements du Nord et du Pas-de-Calais).

Les expropriations nécessaires à l'exécution de ces travaux devront être faites dans un délai de six ans, à partir de la présente loi.

Art. 2. — Le ministre des travaux publics est autorisé à accepter, au nom de l'État, les offres faites :

1° Par le département du Nord, ainsi qu'il résulte des délibérations du conseil général en date des 20 avril et 22 août 1873, des 18 avril, 23 juin et 26 octobre 1874, d'avancer la somme de 3,500,000 fr., à l'effet d'assurer l'exécution des travaux d'amélioration du canal de Neuffossé, de la rivière d'Aa et du canal de Bourbourg, mentionnés dans l'article qui précède ;

2° Par le département du Pas-de-Calais, ainsi qu'il résulte des délibérations du conseil général en date des 23 août 1873 et 22 octobre 1874, d'avancer à l'État la somme de 2,400,000 fr. à l'effet d'assurer l'exécution des travaux d'amélioration du canal de Calais, également mentionné dans l'article qui précède et de hâter l'achèvement des travaux autorisés par le décret du 22 janvier 1870 pour l'amélioration de la Scarpe supérieure, conformément au projet définitif adopté par le conseil général des ponts et chaussées le 24 mars 1873.

Art. 3. — Les sommes successivement versées par les départements du Nord et du Pas-de-Calais jusqu'à concurrence de la somme totale de 5,900,000 fr. porteront intérêt à 4 p. 100 à dater de leur versement.

L'amortissement, calculé au même taux de 4 p. 100, s'effectuera en dix annuités, à partir de l'exercice 1882.

Annexe n° 3152.

RAPPORT SOMMAIRE fait au nom de la 30e commission d'initiative parlementaire (*) chargée d'examiner la proposition de loi de M. Destremx, tendant à la création d'un prix de 500,000 fr. pour l'inventeur d'un remède curatif, pratique, efficace contre la maladie épidémique des vers à soie, par M. Dréo, membre de l'Assemblée nationale.

Messieurs, parmi les produits si enviés qui font la richesse de la France méridionale, la soie a tenu longtemps le premier rang. Malheureusement, depuis plusieurs années, une maladie d'aspects et de noms divers est venue fondre sur les vers à soie et transformer souvent en désastre l'ancienne prospérité de la sériciculture.

Un instant on a pu croire qu'on avait enfin trouvé le remède au mal : M. Pasteur, dont l'Assemblée vient si justement de récompenser les remarquables travaux, avait découvert le moyen, à l'aide du microscope, de reconnaître dans le papillon ou dans les œufs, la présence

(*) Cette Commission est composée de MM. Guibal, président ; Dréo, secrétaire ; de La Pervanchère, Benoist du Buis, le colonel de Chadois, Simiot, Ratier, Philippoteaux, le général Lorvel, le marquis de Partz, Dietz-Monnin, Carquet, Jonna, Crespin, Charreyron, Du Breuil de Saint-Germain, Esmard-Duvernay, Magnez, Bereau-Lajanadie, Ernoul, le baron de Janzé, le comte Rignoux, Lebourgeois, Le Gal La Salle, Bottard, Humbert, Laurel, Taillefert, Lefevre, Vétillart.

des corpuscules, cause ou symptôme de la maladie qui décime nos magnaneries.

Grâce à ce procédé permettant de ne conserver, pour la reproduction, que les graines à peu près dépourvues de corpuscules, on a d'abord, en effet, obtenu une réelle amélioration qui s'est immédiatement traduite par une élévation de la moyenne de notre production.

Mais, aujourd'hui, le mal semble avoir reparu, sur plusieurs points, avec sa primitive intensité et la moyenne de production de cocons frais qui, depuis l'apparition du fléau avait baissé de 25,000,000 de kilogr. à 12,000,000 de kilogr. (chiffres réduit en 1852, n'atteint en 1873 que le chiffre réduit de 8,170,000 kilogr.

Cette situation inquiétante a vivement frappé notre honorable collègue M. Destremx, toujours si attentif à protéger les productions méridionales qui constituent l'une des sources les plus abondantes de notre richesse nationale. Il a pensé qu'en outre du procédé de M. Pasteur, — qui consiste non à détruire la cause du mal, mais simplement à éliminer les sujets destinés à en être atteints, — il fallait aussi découvrir le moyen de guérir, et, dans ce but, il propose à l'Assemblée d'instituer un prix de 500,000 francs destiné à récompenser l'invention d'un remède efficace contre la maladie qui désole la sériciculture.

Ainsi que le fait très justement observer notre honorable collègue, il est fort à craindre qu'on ne puisse trouver l'occasion de décerner le prix qui fait l'objet de sa proposition.

Dans ce cas, ai-je besoin de le dire, le Trésor public n'aura point à débourser ces 500,000 fr. Que si, au contraire, le remède tant cherché est enfin trouvé, la prospérité et le développement d'une importante production dédommageront amplement les finances de l'État du sacrifice qu'on aura su leur imposer à propos.

Enfin, il importe d'autant plus de venir en aide aux sériciculteurs français, qu'ils ont non seulement à lutter contre la maladie des vers à soie, mais encore contre la concurrence des soies inférieures du Japon, que le perfectionnement de l'outillage et l'habileté exceptionnelle de nos ouvriers permettent d'employer dans de larges proportions.

En conséquence, votre 30e commission d'initiative parlementaire a l'honneur de vous proposer de prendre en considération la proposition de loi présentée par M. Destremx et ainsi conçue.

PROPOSITION DE LOI

Art. 1er. — Un prix de 500,000 fr. sera accordé à l'inventeur d'un moyen efficace et pratique de guérir la maladie épidémique qui sévit depuis vingt-cinq ans sur les vers à soie.

Art. 2. — Une commission nommée par le ministre de l'agriculture et du commerce déterminera les conditions dans lesquelles ce prix pourra être décerné.

Annexe n° 3153.

PROJET DE LOI tendant à modifier certaines dispositions de la loi du 12 février 1872, relative à la reconstitution des actes de l'état civil de Paris, présenté au nom de M. le maréchal de Mac Mahon, duc de Magenta, Président de la République française, par M. Dufaure, garde des sceaux, ministre de la justice.

EXPOSÉ DES MOTIFS

La loi du 12 février 1872 a prescrit la reconstitution des actes de l'état civil de Paris et des communes annexées dont les registres avaient été détruits pendant l'insurrection de la Commune. Une commission dont on ne saurait assez louer le zèle éclairé et le dévouement désintéressé, procède depuis plus de trois ans à ce minutieux et important travail. Les résultats obtenus sont considérables, grâce à une légitime sévérité dans l'application de la loi; la commission croit qu'elle possède les dix-neuf vingtièmes des extraits existants. Le vingtième restant, qui peut se composer de 30 ou 40,000 actes, serait difficilement recueilli, si quelques modifications n'étaient pas apportées à trois articles de la loi du 12 février 1872. L'article 2 de la loi indique d'une manière sommaire les diverses sources auxquelles la commission devra puiser pour rétablir les actes qui ont disparu. Parmi ces sources se trouvent les déclarations des personnes intéressées ou des tiers et les documents qui auraient été déposés à l'appui.

Jusqu'à ce jour, la commission n'a entendu ni appelé d'autres témoins que les déclarants eux-mêmes. Lors donc qu'elle se trouvait en présence d'un document imparfait, que les déclarations ne suffisaient pas à compléter, lorsque surtout aucun document écrit n'était apporté à l'appui, la commission renvoyait les parties à se pourvoir devant la justice.

L'instruction à laquelle le tribunal procède alors n'offre pas et ne peut offrir les garanties que donnent les procédures ordinaires. C'est un commissaire de police que le parquet désigne pour entendre les parties et les témoins qu'elles indiquent. Ce commissaire, souvent surchargé d'occupations graves et urgentes, peut-il donner à l'enquête le soin qu'elle exige? Souvent il ne peut interroger lui-même, et il confie à un secrétaire le soin de procéder à l'audition des témoins, qui, du reste, déposent sans prêter serment. Cette instruction imparfaite est la seule qui serve au ministère public pour rédiger sa requête, et au tribunal pour rendre son jugement.

Ces demandes se sont accumulées peu à peu, et, si leur nombre devait augmenter encore, le tribunal de la Seine, déjà surchargé d'affaires, ne pourrait suffire à les juger.

Ces diverses considérations ont amené le ministère de la justice à l'examen de modifications à la fois pratiques et sûres qui devraient être introduites dans l'article 2 de la loi.

Les attributions de la commission instituée pour la reconstitution des actes de l'état civil de la ville de Paris peuvent sans inconvénient être élargies. Organisée pour prendre plus facilement des informations, elle arrivera au but plus sûrement.

Convient-il de concéder à une compagnie qui n'appartient pas exclusivement à l'ordre judiciaire, le droit de déférer le serment? Nous ne le pensons pas. Il suffira d'étendre les dispositions du paragraphe 3 de l'article 20 aux témoins, pour empêcher les gens de mauvaise foi de donner de fausses attestations.

Nous ne pensons pas non plus qu'il soit nécessaire de déterminer le nombre des témoins et les conditions concernant leur capacité. Quelquefois l'attestation d'une seule personne, qui lui inspire confiance, déterminera la conviction; quelquefois, au contraire, les déclarations de deux témoins ne suffiront pas, si elles manquent de précision et d'autorité. Un témoin mineur peut apporter des renseignements très-utiles.

Sur tous ces points, la commission offre plus de garanties qu'une enquête faite par le commissaire de police.

Aussi n'hésitons pas à vous demander de modifier l'article 2 de la loi du 22 février 1872 de telle sorte que la commission puisse reconstituer les actes de l'état civil sur la simple déclaration des parties ou des tiers, confirmée par celle d'autres personnes qui seraient entendues comme témoins; et comme sanction nous pensons que les dispositions pénales du 3e paragraphe de l'article 20 pourront être appliquées aux témoins comme aux déclarants.

Un second point méritait aussi votre attention :

Vous savez qu'aux termes des articles 6 à 11 de la loi du 12 février 1872, tous les extraits authentiques détenus par un particulier, une administration ou un fonctionnaire public, devaient être renvoyés au dépôt central établi à Paris à cet effet.

De nombreux obstacles sont venus entraver l'exécution de cette partie de la loi. Ces obstacles proviennent tant des particuliers que des administrations publiques. L'article 6 de la loi a bien déterminé un délai dans lequel les particuliers devraient déposer les extraits authentiques dont ils étaient détenteurs, mais il n'en a fixé aucun à l'égard des administrations publiques. Certains établissements, notamment les archives nationales, les bibliothèques publiques ont justifié leur résistance sur ce que les documents réclamés faisaient partie d'une collection présentant un intérêt historique et dont il convenait de maintenir l'intégrité absolue.

Mais d'autres administrations, ne pouvant alléguer de pareilles raisons, ont opposé l'inertie la plus complète. Quant aux extraits authentiques retenus par les particuliers, hormis un petit nombre faisant partie d'une collection de famille, ils sont presque tous malheureusement en dehors de l'action de la commission. Une disposition légale, élargissant l'article 8 de la loi, est dès lors, devenue indispensable. Tel qu'il existe, l'article 8 ne fait aucune distinction. Ce sont les actes eux-mêmes qu'il réclame ; une disposition nouvelle doit intervenir, assez large pour comprendre toutes les hypothèses où un intérêt sérieux justifie le maintien des actes dans les dépôts où ils figurent actuellement, et assez précise en même temps pour ne pas donner lieu à des interprétations arbitraires. Le projet de loi permet à la commission de dispenser les administrations et les établissements publics de remettre au dépôt central les extraits authentiques dont ils sont détenteurs, à la charge d'en délivrer sur papier libre une copie certifiée conforme. Toutefois, une délibération spéciale et motivée sera nécessaire pour que la commission accorde cette dispense.

Elle pourra aussi être accordée à des particuliers possédant une collection de documents, ou simplement détenteurs d'une seule pièce qu'ils jugeraient plus en sûreté entre leurs mains que dans un dépôt public.

Quelle sera la valeur légale de cette copie? Il convient de distinguer : si la copie est délivrée par une administration ou par un établissement public, elle fera foi jusqu'à inscription de faux. Elle émane d'une autorité en qui l'on doit avoir confiance ; et d'ailleurs cet extrait devant rester dans les archives, on pourra toujours y recourir s'il en est besoin.

Il en doit être autrement de la copie d'un extrait retenu par un particulier. Comme il n'existe aucun moyen d'assurer la conservation de la pièce elle-même, il y a chance qu'elle disparaisse par l'effet d'un accident, ou de la négligence, ou même du mauvais vouloir du détenteur.

Enfin, un dernier article de la loi du 12 février 1872 devait être modifié ; nous voulons parler de l'article 12. Les notaires doivent tenir leurs minutes à la disposition des vérificateurs ou employés de l'enregistrement, qui ont le droit d'y rechercher les extraits des actes de l'état civil, déposés par minutes ou annexés à d'autres actes.

Le rôle imposé aux notaires par cette disposition est purement passif; ils n'ont pas à rechercher eux-mêmes les extraits qui peuvent exister dans leurs études. Le seul devoir qui leur soit prescrit, c'est de délivrer copie des actes qui leur sont signalés. Si les notaires de Paris ont été au devant des intentions de la loi, et ont fait opérer eux-mêmes les recherches nécessaires, cet excellent exemple n'a pas toujours été suivi par les notaires de province. Ils se sont retranchés dans le texte de la loi. En 1873, le président de la commission a adressé une circulaire à toutes les chambres de notaires. Elle n'a produit qu'un faible résultat. Vainement, au mois d'août 1874, M. le directeur général de l'enregistrement a-t-il envoyé à ses subordonnés une instruction par laquelle il leur rappelle les obligations imposées par l'article 12 ; le surcroît de travail occasionné par les nouvelles lois fiscales, n'a pu leur permettre les recherches sur lesquelles on pouvait compter. Devant une pareille situation, il y avait des mesures à prendre.

Une disposition nouvelle doit donc être introduite afin d'enjoindre aux notaires de rechercher d'office les extraits d'actes de l'état civil déposés pour minutes dans leurs études, et d'en adresser copie certifiée par eux, au dépôt central, dans le délai d'un an.

Nous ne pensons pas que l'infraction à cette disposition soit à prévoir. Du jour où la loi aura prescrit formellement leur concours, ils s'empresseront de l'accorder.

Par ces motifs, le maréchal de Mac Mahon, Président de la République française, propose à l'Assemblée nationale le projet de loi dont la teneur suit.

PROJET DE LOI

Art. 1ᵉʳ. — Les articles 2, 8 et 12 de la loi du 12 février 1872, sont interprétés ou modifiés, ainsi qu'il est dit dans les articles suivants :

Art. 2. — La commission instituée par l'article 2 de ladite loi, pourra reconstituer les actes de l'état civil sur la simple déclaration des parties ou des tiers, confirmée par celle d'autres personnes qui seront entendues comme témoins.

Les dispositions pénales du troisième paragraphe de l'article 20 seront applicables aux témoins comme aux déclarants.

Art. 3. — La commission pourra, par une délibération spéciale et motivée, dispenser les administrations et établissements publics de remettre au dépôt central les extraits authentiques dont ils sont détenteurs, à la charge d'en délivrer, sur papier libre, une copie certifiée conforme, laquelle fera foi jusqu'à inscription de faux.

La même dispense pourra être accordée à des particuliers. Dans ce cas, la copie ne fera foi que jusqu'à preuve contraire.

Art. 4. — Les notaires devront rechercher d'office les extraits d'actes de l'état civil, déposés pour minutes dans leurs études, ou annexés à d'autres actes, et en adresser copie, certifiée par eux, au dépôt central, dans le délai d'un an, à compter de la présente loi.

Annexe n° 3154.

PROJET DE LOI ayant pour objet d'établir à titre définitif la chambre temporaire de la cour de Nancy et d'augmenter le personnel des tribunaux de première instance de la Seine et de Lille (renvoyé à la commission du budget de 1876), présenté au nom de M. le maréchal de Mac Mahon, duc de Magenta, Président de la République française, par M. Dufaure, garde des sceaux, ministre de la justice.

EXPOSÉ DES MOTIFS

Messieurs, la loi du 25 mars 1872, qui a supprimé la cour de Metz, a réuni la partie de son ressort restée française à la cour de Nancy.

L'adjonction de ce territoire a considérablement étendu les limites de la juridiction de cette dernière cour, en même temps qu'elle a rendu plus difficiles les conditions du service judiciaire.

Aujourd'hui, il y a dans son ressort quatre départements comprenant quatre chefs-lieux d'assises et dix-huit tribunaux ; le nombre des justiciables s'est élevé de 1,149,000 à 1,363,000 répartis dans 112 cantons.

Cet accroissement de juridiction justifiait une augmentation de personnel, et cependant, en 1872, ce ne fut pas la seule raison déterminante. On songea surtout alors à maintenir sur leurs sièges une partie au moins des magistrats de la cour de Metz dépossédés par la conquête. Au point de vue de l'administration de la justice, la mesure ne paraissait peut-être pas s'imposer, puisqu'on ne lui attribuait qu'un caractère temporaire ; mais aujourd'hui, une expérience de trois années a révélé des besoins nouveaux auxquels il faut pourvoir ; de telle sorte que la création d'une nouvelle chambre à la cour de Nancy, inspirée à son origine par un sentiment de patriotisme, est devenue, à l'heure où nous parlons, une mesure essentiellement utile et qui, nous l'espérons, recevra de votre part une consécration naturelle.

Cette chambre est composée : d'un président, sept conseillers et un avocat général, anciens magistrats de la cour de Metz, et la cour de Nancy qui, précédemment, comptait trois présidents de chambre, vingt conseillers et deux avocats généraux, a vu porter le nombre de ses membres à quatre présidents de chambre, vingt-sept conseillers et trois avocats généraux.

Mais la loi a décidé que tant que le personnel de la cour de Nancy ne serait pas ramené à son chiffre normal, il ne serait pourvu qu'à une vacance de conseiller sur deux, et que, lorsque le nombre des conseillers serait réduit à vingt-quatre, il ne serait pas pourvu à la vacance de la quatrième présidence de chambre ou de troisième siège d'avocat général.

Actuellement, le nombre des conseillers n'est plus que de vingt-quatre ; d'un autre côté, le nombre des présidents de chambre est réduit à trois, en exécution de la loi du 3 juillet 1873, qui a supprimé par voie de première extinction un titre de président de chambre dans toutes les cours d'appel, en décidant que le président de la chambre mise en accusation serait, en outre, attaché à une autre chambre.

Ainsi, aux termes de la loi du 25 mars 1872, il ne doit pas être pourvu à la première vacance qui se produira, soit parmi les trois présidents de chambre, soit parmi les trois avocats généraux.

Mais il en résulte que, le jour où cette éventualité se réalisera, la chambre temporaire, ne pouvant plus se constituer faute des éléments nécessaires, se trouvera forcément supprimée.

Cette suppression présenterait de grands inconvénients et porterait le plus grave préjudice à la bonne administration de la justice.

En effet, il est incontestable que l'extension du ressort de la cour de Nancy a amené une augmentation très-considérable dans le nombre des affaires civiles et criminelles qui lui sont déférées. Pour se rendre un compte exact de cette augmentation, il suffit de faire le relevé des procès jugés en appel pendant les trois années qui ont précédé et suivi la reconstitution du ressort.

Le nombre des affaires inscrites au rôle de la cour a été en 1867, de 228 ; en 1868, de 232 ; en 1869, de 260 ; soit au total, 720. Elle en a jugé 174 en 1867, 156 en 1868, 174 en 1869 ; soit au total, 504 affaires en trois ans.

Depuis l'extension du ressort, elle a inscrit à son rôle en 1872, 453 affaires ; en 1873, 495 ; en 1874, 504 ; soit 1,452 affaires. Elle en a jugé en

1872, 304 ; en 1873, 320; en 1874, 298 ; soit 922 affaires, ce qui fait une augmentation de 732 affaires inscrites au rôle, et de 418 affaires terminées par arrêt. Il convient d'ajouter que le département des Ardennes, pays de grande industrie, fournit un contingent d'affaires commerciales d'un examen long et difficile. Le nombre des arrêts rendus en matière civile a donc presque doublé pendant la dernière période triennale ; et malgré le concours actif de la chambre temporaire, l'arriéré s'accroît chaque année.

Il était, en 1867, de 80 affaires; en 1868, de 81; en 1869, de 84; et il s'est élevé, en 1872, à 194; en 1873, à 193; en 1874, à 216.

En matière correctionnelle, la progression est également considérable. Ainsi, le nombre des arrêts, qui n'était que de 169 en 1867; de 190 en 1868 ; de 168 en 1869 , s'est élevé : en 1872, à 270; en 1873, à 254, et en 1874, à 247 ; ce qui fait une augmentation de 244 affaires pour les trois dernières. Il est dès lors difficile que la chambre correctionnelle puisse apporter à l'unique chambre civile, et la chambre temporaire étant supprimée, un concours sérieux; et c'est à peine si elle pourrait consacrer aux affaires civiles une audience par semaine, dans les derniers mois de l'année judiciaire seulement.

Il est bien certain que, si la cour de Nancy était réduite à une seule chambre civile, le service judiciaire en souffrirait, et que l'arriéré déjà excessif prendrait les plus fâcheuses proportions.

Il paraît donc indispensable de rendre définitive la chambre créée à titre temporaire par la loi du 25 mars 1872. Par suite, le personnel de cette cour devra compter 25 conseillers, nombre réglementaire des cours composées de trois chambres. Nous ferons remarquer d'ailleurs que le traitement du vingt-cinquième conseiller, qui devra être rétabli, est encore inscrit au budget du ministère de la justice.

Cette mesure, dans son ensemble, ne saurait soulever de sérieuses objections, puisque, d'une part, elle se présente avec le caractère d'une véritable nécessité au point de vue judiciaire, et que, d'autre part, elle ne grève le Trésor d'aucune nouvelle charge.

On a reconnu depuis longtemps l'insuffisance du nombre des magistrats qui composent les tribunaux civils de la Seine et de Lille. Chaque année, le chiffre des affaires s'accroît dans des proportions sensibles et, malgré le zèle persévérant de ces deux compagnies, les intérêts des justiciables subissent les retards les plus fâcheux. Avant de soumettre à l'Assemblée nationale un projet de loi qui doit créer une charge pour le Trésor, le Gouvernement s'est assuré que de nouveaux efforts ne pouvaient être exigés des magistrats, ni tentés d'une manière utile. Sa conviction à cet égard s'est formée d'après les études auxquelles s'est livrée la commission instituée, le 17 octobre 1873, au ministère de la justice, sous la présidence de notre honorable collègue M. Vente, pour étudier les réformes à introduire dans le personnel de la magistrature. Cette commission a conclu, pour le tribunal de la Seine, à la création de :

Un vice-président,
Dix juges,
Un substitut,
Cinq commis-greffiers;

Pour Lille, elle a reconnu la nécessité d'augmenter le personnel pour le tribunal de :

Un vice-président,
Deux juges,
Deux juges suppléants,
Un substitut,
Un commis-greffier.

Suivant ce projet, au tribunal de la Seine, le vice-président et quatre juges seraient attachés

au service de la 7ᵉ chambre civile qui, de temporaire, deviendrait définitive ; et six juges titulaires remplaceraient les six juges suppléants actuellement chargés de l'instruction, et qui reprendraient le service de leurs chambres respectives.

Ces mesures seraient excellentes au point de vue de la prompte expédition des affaires ; mais dans un moment où la situation du Trésor demande de si grands ménagements, nous avons dû nous préoccuper des dépenses qu'elles entraîneraient, et il nous a paru possible, en réduisant l'augmentation au strict nécessaire, de la porter seulement à :

Un vice-président,
Quatre juges,
Un substitut,
Et un commis-greffier.

Le Gouvernement aurait désiré pouvoir attendre la discussion du projet de loi général ; mais il semble difficile de prévoir le moment où un travail de réorganisation aussi étendu, aussi complexe, pourra être soumis aux pouvoirs législatifs, et la situation des tribunaux de la Seine et de Lille réclame des mesures immédiates. L'état de choses actuel est aussi contraire, on l'a déjà dit, aux intérêts des justiciables, que pénible pour les magistrats. Les augmentations de personnel que nous vous proposons pour y remédier ne grèveraient le Trésor que d'une charge annuelle de 77,250 fr.

Tribunal de la Seine. — Le tribunal de la Seine se compose de soixante-neuf membres, soit : un président, dix vice-présidents, et cinquante-huit juges répartis entre sept chambres civiles — dont une temporaire — et quatre chambres correctionnelles. Les chambres civiles tiennent chacune cinq audiences par semaine, les chambres correctionnelles en tiennent six, et chaque audience est de cinq heures en moyenne. De plus, les services spéciaux, tels que les expropriations, référés, enquêtes, etc., absorbent un temps considérable et occupent un grand nombre de magistrats.

Il est impossible de ne pas reconnaître l'activité dont fait preuve le tribunal de la Seine, et il suffit de constater le nombre des jugements qu'il a rendus chaque année pour se convaincre qu'on ne saurait lui demander davantage.

De 1865 à 1869, le tribunal a rendu une moyenne annuelle de 8,021 jugements contradictoires et 4,687 jugements par défaut ;

En 1870 et 1871, les événements dont Paris fut le théâtre modifièrent cette moyenne.

En 1872, le nombre des affaires inscrites au rôle était de 36,512.

8,920 furent jugées contradictoirement,
5,002 par défaut,
6,721 furent terminées par désistement, radiation ou jonction,
10,449 affaires restèrent à juger.

Les chambres correctionnelles rendirent 20,729 jugements.

En 1873, le nombre des affaires réinscrites ou nouvellement portées au rôle était de 28,330.

8,525 furent jugées contradictoirement,
5 008 par défaut,
6,472 furent terminées par désistement, radiation ou jonction,
8,265 restaient à juger.

Il fut rendu 19,629 jugements correctionnels.

En 1874, au 15 novembre, le nombre des affaires inscrites au rôle était de 21,561.

6,585 ont été jugées contradictoirement,
4,292 par défaut.
2,408 ont été terminées par désistement, radiation ou jonction.
8,216 restaient encore à juger.

28

Au 1er mars 1875, malgré les efforts persévérants du tribunal, le nombre des affaires à juger était encore de 6,928.

Cette situation ne saurait se prolonger ; un nombre considérable d'intérêts importants reste en souffrance, et il est indispensable de prendre dès à présent, les mesures nécessaires pour leur donner satisfaction.

La chambre temporaire, créée en 1872 et prorogée depuis, a sans doute rendu les plus grands services ; grâce à elle, le nombre des affaires arriérées n'a pas augmenté depuis trois ans, et a même diminué dans une certaine mesure.

Mais elle est composée de magistrats détachés des autres chambres, et ces dernières, n'ayant plus qu'un personnel trop restreint, ne suffisent plus à vider leurs rôles. A la deuxième chambre, par exemple, trois magistrats sur six sont attachés aux services spéciaux des ordres et contributions et de l'enregistrement, et trois seulement peuvent se consacrer complètement au service ordinaire des audiences, qui comporte l'examen de causes graves et la préparation de jugements très-étendus. Il s'en est suivi, tant dans les services spéciaux que dans le service courant, des retards et des plaintes d'autant plus dignes d'intérêt que, malgré tous les efforts, il n'y a pu être suffisamment fait droit.

A la quatrième chambre, chargée spécialement des séparations de corps et des réclamations de dommages-intérêts pour cause d'accidents, des enquêtes nombreuses sont nécessairement ordonnées ; elles entraînent des délais qu'il faudrait abréger le plus possible, surtout quand les parties réclament le bénéfice de l'assistance judiciaire. L'insuffisance du nombre des magistrats ne permet pas de procéder habituellement à deux enquêtes le même jour. Enfin, d'une manière plus générale, une maladie, un deuil de famille, les congés commandés par des raisons de santé, mettent fréquemment en question la composition de certaines chambres.

Pour obvier à ces graves inconvénients, il est indispensable de rendre définitive la chambre établie à titre temporaire ; de créer, en conséquence, de nouveaux magistrats qui y seront attachés, et de faire rentrer à leurs chambres respectives ceux qui doivent les composer.

A ces conditions seulement, le tribunal de la Seine pourra suffire à sa tâche, et c'est dans ce but que nous vous demandons, la création d'une place de vice-président, de quatre places de juge, d'une place de substitut, et d'une place de commis-greffier.

Tribunal de Lille. — L'arrondissement de Lille est, après Paris, le plus peuplé de toute la France ; sa population s'élève à plus de 555,000 habitants, tandis que les arrondissements de Lyon et de Marseille n'en comptent que 498,000 et 352,000. Le commerce et l'industrie y ont pris un développement considérable, et qui ne peut que s'accroître chaque année. Ces progrès sont continus, et dans la dernière période quinquennale de 1867 à 1872, la population s'est accrue de 32,000 habitants.

Aussi le chiffre des affaires civiles et correctionnelles soumises au tribunal de Lille a-t-il subi une progression constante, et l'on peut affirmer que l'importance de ses travaux s'accroîtra du plus en plus.

Le tribunal de Lille compte :

Un président,
Un vice-président,
Six juges,
Quatre suppléants,
Un procureur de la République,
Trois substituts,
Un greffier,
Et deux commis-greffiers.
Il est divisé en deux chambres.

La création d'une troisième chambre est une nécessité qui s'impose :

Trois tribunaux, en France, ont quatre chambres ; ce sont ceux de Lyon, Marseille et Bordeaux ; six tribunaux sont divisés en trois chambres, ceux de Nantes, Rouen, Toulouse, Saint-Etienne, Valence et Grenoble.

Parmi ces tribunaux, celui de Lyon est le plus occupé ; il suffit donc de comparer les travaux des tribunaux de Lyon et de Lille pour se rendre compte de la situation difficile de ce dernier.

Pendant l'année 1872, le tribunal de Lyon a rendu en matière civile, pour chaque chambre, une moyenne de 673 jugements contradictoires ; à Lille, la moyenne s'est élevée à 790 jugements pour chaque chambre.

En matière correctionnelle, le tribunal de Lyon a rendu, pendant la même année, 2,941 jugements ; celui de Lille en a rendu 3,040.

Le nombre des ordonnances rendues par les juges d'instruction a été, à Lyon, de 959 ; il s'est élevé, à Lille, à 1,136.

Ces résultats rendent inutile toute comparaison entre Lille et les autres tribunaux composés de trois et même de quatre chambres, dont aucun n'est aussi occupé que celui de Lyon.

La moyenne des affaires terminées, de 1870 à 1873, par jugements contradictoires, s'est élevée, à Lille, à 503 par année ; celle des affaires terminées par jugements de défaut, transactions, désistements ou radiations, à 575.

Mais ce sont les affaires correctionnelles qui constituent la plus lourde charge pour le tribunal.

Ainsi, le nombre des jugements correctionnels s'est élevé, en 1870, à 4,524 ; en 1871, à 2,669 ; en 1872, à 3,040 ; en 1873, à 3,315. Sauf le tribunal de Paris, aucun tribunal en France n'atteint ces chiffres.

Les rapports des chefs de la cour de Douai établissent qu'en dehors du service des audiences, des travaux multiples sont imposés aux président et juges, ainsi qu'au magistrats du parquet. Dans le cours de l'année 1872, le président a rendu 4,472 ordonnances, et le parquet a expédié plus de 30,000 lettres. Il faut encore ajouter à ces travaux ceux que nécessitent la préparation et le règlement des ordres et contributions, très-nombreux dans l'arrondissement ; l'inspection de la maison centrale, de la colonie pénitentiaire et des maisons d'aliénés.

Chaque chambre tient quatre audiences d'une durée moyenne de cinq et même six heures. Grâce à des efforts constants, les intérêts des justiciables n'ont pas eu encore beaucoup à souffrir ; mais ce résultat n'a pu être obtenu qu'au prix d'efforts et de sacrifices qui ne sauraient être imposés plus longtemps aux magistrats. Quels que soient, en effet, leur mérite et leur dévouement, il est une limite que leur activité ne saurait dépasser ; on devrait craindre, si on abusait de leurs forces, que leurs décisions ne se ressentissent de la fatigue causée par un labeur excessif et de la précipitation avec laquelle elles seraient rendues.

Nous pensons donc qu'il convient de créer dans ce tribunal une nouvelle chambre, et, pour y parvenir, d'en augmenter le personnel : d'un vice-président, de deux juges, de deux juges suppléants, un substitut et un commis-greffier.

En conséquence, le maréchal de Mac Mahon, Président de la République française, propose à l'Assemblée nationale le projet de loi dont la teneur suit :

PROJET DE LOI

Art. 1er. — La chambre civile, créée à titre temporaire à la cour de Nancy, par la loi du 25 mars 1872, est établie à titre définitif.

La cour se compose de :

Un premier président,
Trois présidents de chambre,
Vingt-cinq conseillers,
Un procureur général,
Trois avocats généraux,
Un greffier,
Quatre commis-greffiers.

Art. 2. — Le tribunal de première instance de la Seine se compose de :

Un président,
Onze vice-présidents,
Soixante-deux juges,
Quinze juges suppléants,
Un procureur de la République,

Vingt-six substituts,
Un greffier et trente-neuf commis-greffiers.
Il se divise en onze chambres.

Art. 3. — Le tribunal de première instance de Lille se compose de :

Un président,
Deux vice-présidents,
Huit juges,
Six juges suppléants,
Un procureur de la République,
Quatre substituts,
Un greffier,
Trois commis-greffiers,
Il se divise en trois chambres.

Art. 4. — Toutes les dispositions contraires de la loi du 25 mars 1872, sont abrogées.

———————

SÉANCE DU MERCREDI 7 JUILLET 1875

Annexe n° 3155.

PROPOSITION tendant à demander de faire rechercher les causes de la crise agricole qui sévit dans la région méridionale et qui a pour résultat la dépréciation des prix du vin et de la soie, présentée par M. Destremx, membre de l'Assemblée nationale.

Messieurs, l'une des principales régions de la France est, depuis longtemps déjà, soumise à de cruelles épreuves par suite de la maladie persistante des vers à soie; aujourd'hui la situation s'est considérablement aggravée par la venue d'un nouveau fléau, le phylloxera.

Ces deux industries de la soie et du vin versent dans les caisses de l'État plus de 500 millions, et l'on ne peut songer sans frémir au vide qu'elles laisseraient dans nos budgets si difficiles à équilibrer si elles venaient à disparaître.

C'est donc la cause de tous et non pas seulement celle des propriétaires les plus directement frappés, que je viens défendre ici.

Mais, en présence de la possibilité d'un pareil désastre, un fait étrange et anormal se produit, et c'est sur lui que je viens appeler, d'une manière toute spéciale, votre sollicitude.

Au moment où cet immense capital agricole et industriel menace de disparaître, nous voyons ses produits, la soie et le vin, diminuer de valeur et atteindre les prix des plus mauvais jours de nos crises agricoles ou politiques (1).

Ces deux produits, en présence de l'élévation toujours croissante des salaires, ne peuvent plus payer leurs frais de culture.

Il est donc de la plus haute importance de rechercher quelles peuvent être les causes d'une si profonde perturbation en étudiant sous toutes leurs faces ces questions si complexes et en recueillant les avis de tous les hommes compétents par leur science et leur pratique.

(1) La récolte des cocons de 1875 sera l'une des plus mauvaises et les prix qui ont été de 3 fr. 50 à 5 fr. 50, seraient descendus bien plus bas, si les nombreux détenteurs des soies invendues de la récolte précédente n'avaient pas eu un grand intérêt à empêcher l'avilissement des prix.

Le prix des vins est actuellement d'environ 6 fr. l'hectolitre, et il n'est pas demandé; cependant on arrache des quantités de vignes tuées par le phylloxera !...

Une enquête seule peut faire jaillir la lumière et seule aura une force et une autorité suffisantes pour convaincre le Gouvernement et l'Assemblée de l'urgence et de l'absolue nécessité d'opposer à cette crise des mesures énergiques et radicales, afin de sauver, s'il en est temps encore, ces deux principales cultures de la région méridionale qui contribuent pour une si large part à la prospérité de la France.

En conséquence, le soussigné, député à l'Assemblée nationale, propose la résolution suivante :

RÉSOLUTION

Art. 1er. — Une enquête administrative sera faite dans les contrées séricicoles et viticoles, à l'effet de connaître les causes de l'avilissement des prix de la soie et des vins, alors que ces deux industries sont menacées de disparaître.

Art. 2. — Le ministre de l'agriculture sera chargé de faire procéder à ladite enquête, dans les plus brefs délais, par des commissaires enquêteurs qui se rendront sur les lieux de production.

Le ministre communiquera les rapports qui en résulteront à la prochaine Assemblée législative, qui statuera sur les mesures à prendre pour conjurer cette crise.

Annexe n° 3156.

RAPPORT au nom de la commission (*) chargée d'examiner le projet de loi ayant pour objet la déclaration d'utilité publique et la concession d'un chemin de fer sous-marin entre la France et l'Angleterre, par M. Krantz, membre de l'Assemblée nationale.

Messieurs, le projet de loi dont vous avez été saisis par M. le ministre des travaux publics à la séance du 18 janvier dernier, préoccupe vive-

(*) Cette commission est composée de MM. Martel (Pas-de-Calais), président; de Clercq, secrétaire; le marquis de Partz, Marc-Dufraisse, le comte de Diesbach, le colonel Denfert-Rochereau, Raudot, Adam (Pas-de-Calais), Henri Lefèvre, le comte Benoist-d'Azy, Krantz, Ernest Picard, Paul de Rémusat, Rousseau, Paris.

ment l'opinion et vous arrive entouré des sympathies les plus générales. La commission, interprète en cela de vos sentiments, ne pouvait l'examiner qu'avec la plus bienveillante attention.

Il s'agit, vous le savez, de l'une de ces grandes œuvres qui honorent une époque, illustrent ceux qui en ont assuré le succès et témoignent de la puissance financière et industrielle des pays qui ont osé l'entreprendre. Il faut, en effet, que l'on mette en œuvre toutes les forces vives d'une civilisation avancée pour engager, avec quelque chance de succès, un pareil effort contre la nature. La victoire qui le couronnera, nous devons l'espérer, sera une de ces victoires heureuses où il n'y a pas de vaincus, un de ces triomphes dont sont fiers ceux-là mêmes qui n'ont pris aucune part à la lutte.

L'idé de faciliter le passage de la Manche et de mettre les voyageurs à l'abri des accidents de mer et des désagréments de la traversée ne date évidemment pas d'aujourd'hui. Il n'est personne qui, en jetant les yeux sur la carte, n'ait été frappé du peu de largeur du détroit qui nous sépare de l'Angleterre. D'un côté à l'autre on se voit presque et cependant, pour la masse des populations de l'Europe, l'Angleterre reste encore séparée du continent. Le vers du grand poëte latin est vrai aujourd'hui comme il y a dix-huit siècles : *Et penitus toto divisos orbe Britannos*.

La navigation, assurément, a fait bien des progrès depuis l'antiquité et la récente invention de la vapeur a rendu les voyages sur mer plus sûrs et plus rapides qu'autrefois ; mais ces progrès ne sont pas comparables à ceux qui se sont accomplis sur terre et la moindre traversée impose encore des fatigues et des privations qui contrastent singulièrement avec le comfort et les facilités auxquelles les chemins de fer nous ont habitués. On comprend aisément que ceux qui ont subi les désagréables incidents d'un passage en Angleterre et ceux qui n'ont pas osé les affronter désirent également en être affranchis.

Au commencement de ce siècle apparaît, pour la première fois, l'idée d'un tunnel sous la Manche. Elle fait l'objet de nombreux entretiens entre Napoléon et l'un des hommes d'État anglais les plus sympathiques à la France. Ce ne fut qu'un éclair ; d'autres luttes, hélas ! devaient bientôt absorber toutes les pensées du conquérant et, sans aucun profit pour nous, épuiser toutes les ressources financières de notre pays. Mais si, d'une part, l'on veut bien se rappeler les longs efforts qu'a exigés, vers la même époque, le percement du souterrain de Saint-Quentin ; si, d'un autre côté, on veut bien remarquer que l'Angleterre alors, loin de souffrir de son isolement, en était heureuse et jouissait sous la protection de sa flotte, d'une sécurité que les autres peuples lui enviaient, l'on reconnaîtra que la situation politique, pas plus que l'état industriel de l'Europe, ne comportait encore pareille entreprise.

Un instant entrevue, la solution de la traversée de la Manche par un tunnel sous-marin fut forcément laissée de côté pendant de longues années et ne préoccupa ni l'opinion ni les pouvoirs publics ; mais en 1838, un ingénieur français, M. Thomé de Gamond, la reprit et en aborda l'étude avec cette foi ardente et ce dévouement absolu qui commandent le succès. Soins, démarches, travaux, recherches, rien ne lui coûta et enfin, après de nombreuses publications, il fit paraître à l'exposition de 1867 un projet de tunnel sous-marin qui attira grandement l'attention des ingénieurs. Le moment, du reste, était heureusement choisi ; on se préoccupait beaucoup de tout ce qui pouvait faciliter le rapprochement des peuples, les travaux de l'isthme de Suez tiraient à leur fin ; ceux du Mont-Cenis également, et le succès de ces deux grandes entreprises avait donné une entière confiance dans les ressources financières et industrielles de notre époque.

Nos voisins d'Angleterre, intéressés autant et plus que nous à la réussite du projet de tunnel ne tardèrent pas à l'étudier avec ardeur. Appuyés par de puissants comités, leurs ingénieurs les plus distingués se mirent à l'œuvre ; MM. Low, Bruneles, Hawkshaw, notamment, firent de nombreuses observations, multiplièrent les sondages en vue de reconnaître la profondeur de la mer dans le détroit et la nature du lit sur lequel elle repose. Ces travaux sérieux formèrent l'utile complément des belles recherches de M. Thomé de Gamond.

On pouvait, dès lors, considérer les études préliminaires comme terminées. L'initiative privée avait donné tout ce que l'on pouvait en attendre, et, pour entrer dans la période d'exécution, il devenait nécessaire d'avoir recours à l'intervention des pouvoirs publics. Dans ce but, lord Richard Grosvenor se mit en communication avec le Gouvernement français. Nous dirons plus loin pourquoi ces premières démarches ne purent aboutir.

Reprises en 1873, avec le concours d'un comité français présidé par M. Michel Chevalier, elles provoquèrent la présentation du projet de loi qui vous est soumis. C'est maintenant à vous, messieurs, qu'il appartient de dire, au moins dans notre pays, le dernier mot sur cette grande entreprise.

§ II

DESCRIPTION DU PROJET

La zone dans laquelle on peut raisonnablement tenter, à l'aide d'un tunnel, la traversée du détroit s'étend en France, de Calais jusqu'au cap Grisnez, et, en Angleterre, de Southforeland à Folkestone.

Parmi les directions qui se présentent dans cet espace, la compagnie a fait choix de celle qui, partant de la côte anglaise près de la baie de Sainte-Marguerite, aboutit à la côte française entre Sangatte et Calais. Le tunnel direct présente, dans sa partie sous-marine, une longueur de 28 kilomètres.

La plus grande profondeur des eaux, au droit du tunnel, sera de 54 mètres ; d'où résulte qu'en conservant au-dessus de la voûte une épaisseur largement suffisante pour éviter les affouillements on n'aura besoin de descendre, nulle part, à plus de 127 mètres au-dessous du niveau de la mer ce qui permettra l'emploi de pentes acceptables.

Les couches qui constituent le sous-sol des rives et la cuvette de la mer appartiennent à la formation secondaire. Elles sont composées d'abord d'un banc épais de craie blanche qui surmonte la couche dite craie grise ; généralement moins fissurée et plus étanche que l'autre, a paru parfaitement propre à recevoir le souterrain.

Ainsi, par un heureux concours de circonstances, on rencontre dans la direction adoptée, une largeur réduite, une profondeur de mer très-faible et un terrain assez tendre pour être facilement attaqué, et cependant suffisamment consistant pour abriter les ouvrages. Les rives elles-mêmes sont assez basses pour que le raccordement des voies terrestres avec la partie sousmarine n'exige pas de trop longues pentes d'accès.

Tout paraît donc concourir à rendre l'exécution des travaux, sinon facile, au moins possible avec les ressources dont nous disposons. Sans doute, la longueur de la partie sous-marine, les difficultés d'accès, d'aérage, d'approche des matériaux imposeront plus d'un rude problème à l'expérience et à l'esprit inventif de nos ingénieurs ; mais ces problèmes ne dépassent pas leurs forces et seront résolus.

Un seul point laisse des doutes malheureusement fort graves. La couche de craie grise dans laquelle on devra cheminer est-elle compacte et homogène? Ne présente-t-elle pas des érosions profondes provenant du violent passage des mers, lors de la rupture des anciens équilibres? N'est-elle pas craquelée par des fissures provenant des soulèvements voisins, et que le défaut de plasticité de la craie aura empêché de se ressouder complétement?

Enfin n'est-on pas exposé à rencontrer au travers de cette couche, en apparence si régulière, quelques sommets des montagnes antérieures à la craie et noyées depuis dans sa masse?

A ces graves interrogations, la géologie a seule qualité pour répondre; malheureusement, elle ne peut le faire d'une manière complétement rassurante, et elle doit reconnaître que tous ces accidents de terrains sont, en effet, possibles.

L'étude attentive du sol sur les deux rives de la Manche, les sondages qui ont permis de constater la régularité d'allures des bancs de craie, la mesure exactement prise de la plongée des couches, par suite des soulèvements voisins, ont fourni de précieux renseignements qui, discutés avec sagacité, établissent des probabilités favorables; mais des probabilités seulement, et rien de plus.

C'est là, nous devons le reconnaître, un formidable aléa avec lequel il faut compter et qui influe sur l'économie même des travaux. On doit évidemment commencer par faire des recherches et des sondages profonds sur les deux rives de la Manche: si les indications recueillies sont favorables, ouvrir une galerie d'essai d'un côté à l'autre du détroit et, enfin, n'aborder l'exécution du souterrain lui-même que quand tous les renseignements recueillis auront démontré qu'il est réellement possible. Jusqu'à cette preuve faite, l'entreprise ne pourra être considérée comme définitivement engagée. La loi doit également tenir compte de cette situation; le législateur, en effet, ne saurait accepter pour irrévocables et traiter comme tels des engagements qu'un accident de terrain peut frapper de nullité; la compagnie elle-même ne pourrait, sans imprudence, les consentir.

Quoi qu'il en soit, et en se plaçant dans l'hypothèse si désirable d'une réussite possible, la compagnie a constitué son projet de la manière suivante :

Au centre, et sur 26 kilomètres, le tunnel présentera une partie arquée, ayant son point culminant vers le milieu du détroit à 100 mètres au contre-bas du niveau de la mer et descendant vers les rives par des pentes inclinées à 0^m0038 par mètre.

Des deux extrémités de la partie centrale, on regagnera les rives anglaise et française par deux rampes de 11 kilomètres de longueur, ayant respectivement 0^m0125 et 0^m0135 d'inclinaison par mètre.

Emergé du sol, le chemin de fer sous-marin se raccordera, sur la côte anglaise, avec les chemins du South Eastern et de Chatam and Dover, et, sur la côte française, avec les rails de la compagnie du Nord.

Enfin, en prolongement de la partie centrale, deux galeries à petite section, ayant chacune 4 kilom. 50 de longueur, viendront conduire les eaux aux puisards établis sur les rives où de fortes machines les prendront pour les remonter au jour.

Tel est, dans ses traits essentiels, le dispositif de ce grand projet. S'il se réalise, comme il est permis de le croire, et comme nous devons le désirer, il offrira une très-bonne solution du problème de la traversée de la Manche. Avec quelques mesures spéciales pour l'aérage et l'absorption du gaz de la combustion, il permettra de franchir commodément le détroit.

La dépense en travaux est évaluée, pour l'ensemble, au chiffre de 250 millions, sur lequel la compagnie espère réaliser d'importantes écono-mies. Mais, comme l'Etat n'est appelé à participer à la dépense ni par voie de subventions, ni par voie de garantie d'intérêts, nous n'avons pas à discuter les détails de cet estimatif. Nous devons nous borner à faire des vœux pour qu'il ne soit pas dépassé.

§ III

INSTRUCTION ADMINISTRATIVE

Dès 1868, lord Richard Grosvenor, président du comité anglais de patronage du tunnel sous-marin, se mit en relation avec le Gouvernement français. Il lui soumit ses projets et sollicita, en même temps que les autorisations nécessaires pour exécuter les travaux, une subvention de 25 millions, sous forme de garantie. La commission instituée pour examiner cette demande l'étudia avec le plus vif intérêt, reconnut la haute utilité et la grandeur de l'œuvre projetée, le mérite réel des recherches déjà faites et les chances de succès que l'on pouvait raisonnablement assigner aux travaux; mais elle se divisa sur ce point de savoir s'il était vraiment bien prudent d'engager l'Etat dans une entreprise aussi aléatoire.

Les conseils des ponts et chaussées et des mines, dans leurs avis des 25 mars et 30 avril 1869, se divisèrent également : les uns opinant pour une prudente réserve, les autres manifestant une confiance plus entreprenante. Les événements qui survinrent bientôt après ne laissèrent pas au Gouvernement le temps de prendre un parti et les choses en restèrent là jusqu'en 1872.

A cette époque, une nouvelle commission technique fut instituée pour examiner divers projets de jonction de l'Angleterre au continent. Elle écarta résolument les systèmes de ponts, de tubes, de jetées, etc., qui lui furent soumis. Quant au projet de tunnel sous-marin présenté par M. Austin, elle dut constater avec regret qu'il était, à tous égards, inférieur à celui qu'avait dressé M. Hawkshaw, et qui avait été présenté en 1868 par lord Richard Grosvenor.

Celui-ci, du reste, de concert avec M. Michel Chevalier, constitua un comité anglo-français et soumit au Gouvernement le projet qui a été précédemment décrit. Le ministre (M. Deseilligny), désireux de faire faire à la question un pas décisif, consulta les chambres de commerce, soumit le projet aux enquêtes et enfin reconstitua la commission technique d'examen.

Soixante-treize chambres de commerce, répondant à l'appel qui leur était adressé, émirent des avis favorables au projet, sous la réserve seulement faite par vingt-sept d'entre elles, que l'Etat conserverait le droit de rachat de l'entreprise, qu'un tarif spécial de péage serait établi, et qu'enfin, l'amélioration des ports de la Manche ne serait pas ajournée.

La commission d'enquête du Pas-de-Calais reconnut l'utilité publique du projet, mais en même temps exprima le vœu que les ports de Calais et de Boulogne fussent, à toute heure de marée, rendus accessibles aux navires du plus fort tonnage.

La commission spéciale, appelée à son tour à émettre un avis, remarqua d'abord que l'on n'avait pas suivi les prescriptions de l'ordonnance du 18 février 1834 et que le tarif des droits à percevoir ne figurait pas aux dossiers de l'enquête. Cette infraction aux règles administratives constituait, au point de vue si légal, une objection grave à l'encontre de la déclaration d'utilité publique; mais cette objection n'était pas la seule, et voici, à ce sujet, comment s'exprimait la commission :

« Les pièces soumises à l'enquête se composent de deux dessins sommaires, auxquels il est bien difficile d'accorder le nom d'avant-projet, accompagnés d'une notice ayant plutôt le caractère d'un article de journal et où les tarifs font absolument défaut. Sans doute, on ne saurait se montrer exigeant vis-à-vis d'une entreprise sans précédents connus et pour laquelle il est impossible d'arrêter, dès aujourd'hui, un plan de campagne défini. Toutefois, l'insuffisance manifeste des documents produits devait d'autant moins échapper à la commission, que plusieurs de ses membres, ayant pris part à l'examen de 1868-1869, pouvaient se rappeler qu'à cette époque les pièces mises sous leurs yeux offraient un degré de précision plus élevé. Aussi, bien que le nom et la position des demandeurs fussent propres à inspirer toute confiance dans le caractère sérieux de l'entreprise, la commission n'a pas cru possible de faire fléchir l'objection légale, et elle a été d'avis qu'en l'état et quant à présent, il n'y avait pas lieu de prononcer la déclaration d'utilité publique.

« De graves motifs d'un autre ordre militaient d'ailleurs en faveur de cette solution. Lorsqu'un projet quelconque de travaux publics est soumis à l'enquête, le succès définitif de l'œuvre n'est jamais mis en question. Le travail peut s'exécuter dans des conditions plus ou moins faciles; la dépense peut excéder beaucoup les prévisions; mais il n'y a généralement aucun motif de douter que l'exécution puisse poursuivie jusqu'à bonne fin.

« Il n'en est pas de même dans le cas présent. Depuis 1868, les demandeurs n'ont exécuté aucun travail ni fait aucune recherche qui ait pu augmenter, aux yeux des juges compétents, les chances de succès de l'entreprise. Elle demeure toujours avec ce caractère essentiellement aléatoire que lui imprime la rencontre possible d'un accident insurmontable. Dans ces conditions, à quoi pourrait s'appliquer la déclaration d'utilité publique? Personne ne prétendra qu'il puisse être à propos de déclarer platoniquement l'utilité d'une jonction quelconque entre les chemins de fer anglais et ceux du continent. La déclaration doit porter sur un système de jonction défini. Or, n'est-il pas dangereux de provoquer une telle mesure à l'égard d'un projet dont la possibilité même n'est pas absolument démontrée? »

Suivant la commission, l'ajournement de la déclaration d'utilité publique est désirable encore à un autre point de vue. Le travail dont il s'agit présente un caractère essentiellement international; l'accord explicite des deux gouvernements intéressés paraît donc la première condition à remplir pour que le projet puisse être investi des autorisations que lui donnerait une existence légale. Cet accord n'est pas douteux en principe (1); mais il ne peut devenir un fait accompli qu'après le règlement d'un certain nombre de questions importantes.

Il est bien vrai que, pour les nombreux chemins de fer qui franchissent la frontière, la convention internationale n'est, en général, conclue qu'au moment de la mise en exploitation.

Dans chaque pays les travaux s'exécutent par les soins des compagnies autorisées. L'entente commune des gouvernements existe bien on fait, mais elle ne revêt la forme précise d'un traité que lorsque, par la jonction des derniers rails, les tronçons de chemins de fer exécutés séparément se soudent en une ligne internationale. Ce précédent a fait penser à la compagnie qu'elle pouvait se scinder en deux groupes, l'un anglais, l'autre français, opérant sous une direction technique commune et conformant chacune leurs agissements à la législation de leur pays. Dans ce système, la convention internationale nécessaire pour l'achèvement du tunnel n'interviendrait que lorsque les travaux préparatoires auraient été exécutés par les demandeurs, déjà munis de la concession en France.

Ce mode de procéder n'est pas celui que la commission technique eût préféré, et elle doute

(1) Les déclarations du cabinet anglais sont formelles à cet égard.

que le Gouvernement français consente à autoriser les travaux, sans une entente préalable avec l'Angleterre.

Par la force des choses et le redoutable aléa qui pèse sur le projet, la concession, quoi qu'on fasse, ne saurait aujourd'hui avoir de définitif que le nom. Les accidents de terrain peuvent mettre un obstacle absolu à sa réalisation; la volonté de l'un des gouvernements ou leur défaut d'entente peut également mettre la compagnie dans l'impossibilité de poursuivre son œuvre. Quoi qu'on fasse, et tant que l'on n'aura pas réglé les questions internationales que le projet soulève, et acquis la certitude de triompher des difficultés naturelles, la concession ne saurait être définitive. Pourquoi ne pas lui reconnaître ce caractère que la nécessité lui impose et ne pas la rendre éventuelle de droit, comme elle l'est de fait?

Cela paraîtrait d'autant plus sage à la commission technique, qu'on réalité, une concession éventuelle est un contrat qui engage pleinement les parties, donne aux concessionnaires un droit sérieux, une garantie efficace, et, dans le cas actuel, la pleine liberté de procéder à tous les travaux de recherches.

Enfin, la commission fait observer que le chemin de fer sous-marin aura, parmi les lignes internationales, une importance exceptionnelle; que l'on devra très-probablement en protéger l'entrée par des ouvrages de défense, et qu'à ce point de vue encore, l'exécution des travaux ne pourra être engagée qu'après des conférences entre les services de la marine, de la guerre et des travaux publics.

Appelée à examiner, dans l'intérêt des concessionnaires, un avant-projet de convention sur lequel ils désiraient être fixés, la commission n'a fait aucune objection en ce qui touche, pendant trente ans à la compagnie, au tarif réclamé pour les transports, aux clauses de renonciation et de déchéance; mais elle a cru devoir définir le programme des travaux de recherches qu'il conviendrait d'exécuter avant que la concession pût être rendue définitive.

Ce remarquable rapport, si ferme et si sage en ses conclusions, a été soumis au conseil général des ponts et chaussées, lequel, adoptant les motifs exposés par la commission, a été d'avis :

1º Qu'il y ait lieu de surseoir à la déclaration d'utilité publique, et, de tant pour suite, de n'accorder actuellement qu'une concession éventuelle;

2º De rendre ultérieurement cette concession définitive, quand les travaux de recherches, exécutés suivant le programme arrêté par l'administration et les négociations poursuivies entre les deux gouvernements auraient levé les obstacles politiques et donné la mesure des obstacles matériels qui paraissent s'opposer aujourd'hui à l'exécution du projet.

En somme, l'avis du conseil général des ponts et chaussées, en date du 23 juillet 1874, à été conforme à celui de la commission, sauf quelques détails secondaires de rédaction.

Le tarif des droits à percevoir n'avait pas été soumis à l'examen des premières commissions d'enquête; de là une lacune qui, au point de vue légal, avait son importance. Ensuite des observations auxquelles elle a donné lieu, une seconde enquête a dû être ouverte dans le département du Pas-de-Calais, spécialement pour examiner le tarif préparé par la compagnie.

L'élévation inusitée des droits de péage n'a soulevé, en principe, aucune objection. On comprend, en effet, que l'on ne saurait appliquer ici les prix de transport ordinaires et que, en l'absence de toute donnée sur la dépense probable des travaux et sur les frais d'exploitation, il est absolument impossible de fixer les bases d'un tarif spécial convenable.

Les chiffres proposés ne sauraient d'ailleurs être qu'un maximum En réalité, c'est la concur-

rence des voies maritimes qui réglera les prix
d'application et, quoi qu'on fasse, la compagnie
ne percevra d'autres péages que ceux que le commerce aura intérêt à lui consentir.

Mais la commission d'enquête, en acceptant
ce tarif, demande qu'il soit stipulé au cahier des
charges que les prix, une fois abaissés au-dessous
du maximum, ne pourront être relevés qu'a-
près une période de cinq années. De son côté, la
compagnie voudrait s'en tenir aux dispositions
habituelles des cahiers des charges et avoir la
même liberté que les autres chemins de fer,
d'expérimenter graduellement l'application des
tarifs.

Enfin, pour clore la série des formalités d'instruction administrative, nous devons mentionner
l'avis du conseil d'Etat, en date du 22 mai dernier.

Le conseil d'Etat, tout en signalant les dispositions favorables du Gouvernement anglais, reconnaît cependant qu'elles ne sauraient actuellement équivaloir à un accord formel et définitif.

La question de propriété du sol du détroit,
bien qu'en apparence absolument théorique, ne
paraît pas sans importance aux yeux du gouvernement anglais. Elle devra donc aussi, dans la
pensée du conseil, faire entre les deux gouvernements l'objet d'un accord auquel devront se
conformer les conventions à intervenir avec la
compagnie.

Enfin, les attributions de juridiction en dehors
des limites actuelles des deux Etats, ainsi que
les limites respectives de l'action et de la responsabilité de chaque compagnie, devront également être fixées par un règlement.

Le conseil, après avoir montré les points qu'il
est absolument nécessaire de régler, s'exprime
ainsi:

« Le Gouvernement aura à apprécier s'il convient de donner suite au projet de loi présenté
à l'Assemblée nationale, sans attendre la conclusion des négociations à intervenir.

« Dans tous les cas, il serait utile de modifier
de la manière suivante la disposition additionnelle introduite récemment dans la convention
et qui formerait l'article 8 de cette convention.

Art. 8. — Les concessionnaires se soumettront
aux règles qui résulteront de la convention internationale à intervenir entre les gouvernements français et anglais, en ce qui concerne la
juridiction, la police et l'exploitation.

M. le ministre, en transmettant à la commission cet avis du conseil d'Etat, déclare adhérer à
la nouvelle rédaction de l'article 8 et donne l'assurance que les concessionnaires y souscriront
également.

Dans cette longue et laborieuse instruction,
on voit apparaître un instant, pour être sommairement écartés par la deuxième commission
technique, de nombreux projets de jonction de
l'Angleterre au continent : digues pleines prolongées d'une rive à l'autre du détroit; ponts
aux arches démesurées; tunnels métalliques re-
posant sur le fond de la mer; bateau immergé
se mouvant sur un chemin de fer sous-marin.
L'imagination des inventeurs s'est donnée, sur ce
point, libre carrière et a tout osé; mais les projets dont il s'agit ne sont heureusement pas en
cause, et la commission n'a pas à s'abriter derrière son incompétence pour refuser de les examiner. Elle se borne seulement à faire observer qu'ils
supposent tous une occupation plus ou moins
complète de cette partie du domaine des peuples
qui s'étend entre les eaux françaises et les eaux
anglaises. Une pareille occupation, qui ne serait
pas sans dangers pour la navigation, soulèverait
de fort graves difficultés de la part des tiers. A
ce point de vue encore, le tunnel sous-marin présente une incontestable supériorité sur tous les ouvrages concurrents, car il serait difficile de dire
au nom de quel intérêt lésé on pourrait y faire
opposition.

Le projet de la compagnie est vraiment le seul
duquel on puisse actuellement espérer de sérieux
résultats. Il comporte de lourds aléas, nous l'a-
vons déjà dit; mais enfin il ne paraît pas excéder
nos forces et, dès l'instant qu'on peut le croire
possible, il est bon qu'il soit entrepris.

On doit donc savoir le meilleur gré aux hommes d'initiative qui peuvent et osent considérer
à la réalisation de ce grand projet les forces financières et industrielles dont ils disposent.
Quant à l'Etat, d'autres travaux plus modestes
mais plus immédiatement utiles, réclament l'emploi de toutes ses ressources. Sans parler de
notre réseau de chemins de fer encore très-in-
complet, de nos voies navigables si imparfaites
aujourd'hui, il nous reste à améliorer nos ports
de mer, notamment ceux de Calais et Boulogne,
pour lesquels on réclame avec raison l'énergique
intervention de l'Etat. Il faut que ces ports deviennent accessibles à toutes les heures de marée et puissent recevoir les bâtiments du plus
fort tonnage. Il faut, enfin, qu'ils soient mis en
mesure de desservir convenablement le courant
de voyageurs qui, chaque année, traverse le détroit.

La construction du tunnel, en activant les relations, augmentera encore, dans une proportion
notable, les échanges de voyageurs et de marchandises qui se font des deux côtés du détroit,
et, loin de nuire à la clientèle des ports de Calais et de Boulogne, la transformera peut-être,
mais l'augmentera certainement.

Les améliorations que l'on réclame aujourd'hui
auront donc, quoi qu'il arrive, leur utilité, et
nous sommes d'autant plus autorisés à nous y
intéresser que ce sont les seules dont, pour la
plupart, nous soyons appelés à profiter.

§ IV

DISCUSSION DU PROJET DE LOI

L'examen qui vient d'être fait des divers actes
de l'instruction administrative, nous permet de
préciser nos observations et d'en restreindre le
champ.

Ce qui ressort tout d'abord des enquêtes et
avis des commissions, c'est une sympathie très-
générale et très-prononcée en faveur du projet,
et le vif désir de mettre la compagnie en mesure
de commencer promptement ses travaux; mais,
d'autre part, on voit aussi apparaître, et spécialement dans les avis des conseils les plus autorisés, cette opinion que la déclaration d'utilité
publique peut actuellement paraître prématurée,
et cette crainte qu'en faisant intervenir le Gouvernement avant l'heure opportune, on ne se prépare pour la suite des embarras et des causes
de retards.

Ces opinions et ces sentiments ont trouvé leur
écho dans la commission. Elle est assurément
sympathique à l'entreprise; elle désire venir en
aide à la compagnie; mais elle est un peu préoccupée par les avis du conseil général des ponts
et chaussées et du conseil d'Etat. On ne sera
donc pas étonné de saisir la trace de cette situation d'esprit dans la discussion qui va suivre:

En ce qui concerne la déclaration d'utilité publique (art. 1er de la loi), l'objection légale qui
avait été soulevée n'existe plus depuis que le tarif des droits à percevoir a été mis aux enquêtes; mais les observations si judicieuses de la
2e commission technique, n'ont rien perdu de
leur valeur. Avec elle, on peut se demander s'il
est bien utile, dans l'espèce, de déroger aux règles habituelles et d'investir de la déclaration
d'utilité publique un concessionnaire éventuel
qui, d'ici plusieurs années, ne pourra se livrer
qu'à des compléments d'étude.

On le comprendrait, à la rigueur, si l'exécution
des sondages et autres travaux de recherches ne
pouvait se faire qu'en vertu de la loi d'expropria-

tion: mais, de l'avis même du conseil des ponts et chaussées, les lois des 16 septembre 1807 et 21 avril 1810 peuvent permettre l'occupation des terrains nécessaires. On le comprendrait encore si la déclaration d'utilité publique était indispensable pour constituer, d'une manière absolument ferme, les droits de la compagnie; mais la concession éventuelle lui donne de suffisantes garanties et, avec ou sans la déclaration d'utilité publique, l'investit d'une concession qu'elle pourra rendre définitive à son gré.

Cependant, on doit reconnaître qu'en raison de l'importance inusitée des travaux de recherches et de sondages, l'acquisition des terrains est préférable pour les tiers à une occupation temporaire qui pourra durer cinq ou six ans.

On ne peut pas davantage méconnaître qu'aux yeux du public, la déclaration dont il s'agit n'affermisse la situation de la compagnie et n'éloigne toute velléité de compétition ultérieure. Enfin, cette déclaration aura tout au moins l'avantage d'exonérer la compagnie de toute nouvelle instance devant les pouvoirs publics, lorsque le moment sera venu de rendre définitive la concession actuelle.

Tenant compte de ces observations, et estimant qu'après tout la déclaration d'utilité publique ne présente, dans le cas actuel, rien qui soit positivement contraire aux lois et à l'ordre public, la commission pense qu'il y a lieu de l'accorder.

En ce qui concerne la constitution du capital, la commission fait observer que la proportion jugée suffisante dans les cas ordinaires pour gager les obligations peut, dans le cas actuel, être en défaut. Il suffit d'un accident survenu à la fin des travaux pour compromettre les ouvrages exécutés, rendre leur poursuite très-difficile et anéantir, en grande partie, le gage des obligataires.

Aussi, serait-elle disposée à regarder comme un acte de prudente administration la réduction relative du capital-obligations, si la haute situation financière des promoteurs de l'entreprise ne lui paraissait offrir, à tout événement, de suffisantes garanties. Mais elle croit devoir insister pour que le capital-obligations ne soit engagé que quand la réussite de l'entreprise sera devenue, sinon certaine, au moins extrêmement probable.

Si l'on ne peut, actuellement, préciser la limite du territoire ressortissant de la compagnie française, fixer les attributions de cette compagnie, l'étendue de la juridiction de notre pays et régler enfin, d'un commun accord, tous les points qui, dans le projet, intéressent les deux pays, tout au moins convient-il, dès à présent, d'imposer à la compagnie la pleine acceptation ·des conventions à intervenir entre les deux gouvernements. C'est ce qu'a pensé le conseil d'Etat, c'est aussi ce que, dès le début de son examen, la commission avait proposé. Aussi, se rallie-t-elle sans hésiter aux dispositions du nouvel article 8 de la convention.

Le premier paragraphe de l'article 8 du cahier des charges spécifie que le chemin sous-marin n'aura, en France, qu'une seule station, établie au point d'embranchement avec la compagnie du Nord, et le deuxième paragrape de l'article 58 indique que tout raccordement, avec une ligne appartenant à une autre compagnie, devra également se faire à cette gare unique.

Ces dispositions exceptionnelles ne paraissent motivées par aucune nécessité spéciale, et elles présentent le grave inconvénient de placer dans une certaine dépendance vis-à-vis de la compagnie du Nord, non-seulement le chemin sous-marin lui-même, mais encore les chemins de fer qui devront plus tard s'y rattacher.

La tête continentale du chemin de fer sous-marin devra être fortifiée, pour être mise à l'abri des coups de l'ennemi. Cette nécessité peut forcer à établir la gare dans un emplacement spécial tout autre que celui que l'on indique à l'avance.

Pour ces causes, la commission pense qu'il y a lieu de spécifier que la tête du chemin de fer sous-marin sera établie dans l'emplacement que l'administration déterminera ultérieurement, la compagnie entendue.

Est-il bien nécessaire également de déclarer,· dès à présent, qu'il n'y aura qu'une seule gare ? Il est très possible que le tracé de la partie continentale du chemin en comporte plusieurs et qu'il y ait réellement utilité à les établir. Pourquoi, dans l'état actuel, alors que les études sérieuses sont à peine commencées, se lier par des prescriptions de cette nature, dont on ne saisit pas bien l'utilité, mais dont on peut pressentir les inconvénients ?

Dans le même ordre d'idées, on ne voit pas clairement pourquoi la compagnie serait libre de refuser tout embranchement, et pourquoi l'administration n'aurait pas le droit de lui en imposer, si le service public l'exige.

Frappée par ces considérations la commission a pensé qu'il y avait lieu de modifier les articles 8 et 58 du cahier des charges proposé. D'accord avec M. le ministre et les représentants de la compagnie demanderesse, elle a adopté pour ces articles la rédaction que l'on trouvera ci-après dans le cahier des charges annexé au rapport.

Que les travaux préparatoires, destinés à justifier de la possibilité ou des chances de réussite du tunnel, soient exécutés suivant un programme arrêté à l'avance par l'administration, on le comprend aisément; mais on ne voit pas pourquoi il en serait de même des travaux définitifs. Il semble à la commission qu'il conviendrait, au moins pour la partie sous-marine, de laisser à la compagnie toute liberté d'action. Il ne faut pas qu'en cas d'insuccès elle puisse récriminer contre la dépendance dans laquelle elle aurait été tenue et essaye d'engager ainsi, par voie indirecte, la responsabilité de l'Etat.

Les tarifs soumis aux enquêtes sont assurément très-élevés, presque prohibitifs; mais personne ne peut affirmer qu'ils soient excessifs et même qu'ils puissent assurer une rémunération suffisante.

Toute critique de ces tarifs serait donc aujourd'hui prématurée; mais ce qui peut et doit rassurer à leur endroit, c'est qu'ils ne constituent en réalité que des maxima. La perception réelle se fera sur d'autres bases et sera forcément réfugiée et contenue par la concurrence des voies maritimes.

La commission d'enquête du Pas-de-Calais avait demandé que les tarifs, abaissés par la compagnie, ne pussent être relevés avant cinq ans. Votre commission, messieurs, ne trouve pas à cette dérogation aux règles habituelles des motifs suffisants. La modicité actuelle des tarifs ne paraît avoir rien d'excessif, et si elle consacre un avantage, il n'y a pas lieu d'en priver une compagnie qui a devant elle tant d'aléa redoutables.

Des autres dispositions du cahier des charges, nous n'avons rien à dire ; elles sont empruntées aux cahiers des charges des chemins de fer ordinaires, et la plupart de leurs dispositions paraissent sans application dans le cas actuel ; mais le tracé de la partie continentale du chemin sous-marin n'est pas arrêté, personne ne saurait dire au juste lesquels de ces articles seront inutiles et, dès lors le plus sage, malgré leur apparente singularité, est de les maintenir tous.

§ V

RÉSUMÉ

Nous avons exposé, au début de ce rapport, les origines du projet qui vous est soumis, sa lente élaboration et son état actuel. Nous n'avons dissimulé ni les difficultés qu'en exécution il rencontre, ni les redoutables aléa qu'il comporte; mais, nous vous l'avons dit aussi, les hommes les plus autorisés s'accordent à reconnaître qu'il n'excède pas les forces scientifiques, industrielles et financières de notre époque.

La jonction de l'Angleterre au continent ne paraît aujourd'hui pouvoir s'effectuer qu'à l'aide d'un tunnel. Aucun autre projet n'a su mériter l'appui des hommes sérieux et des capitalistes; aucun n'est en cause. La compagnie a donc pris la seule voie qui puisse la conduire au but que nous désirons tous. Cette voie sera rude à parcourir, mais les vœux du monde civilisé accompagnent les hardis pionniers qui s'y engagent.

Dans une entreprise où les causes d'insuccès sont si apparentes et la rémunération si incertaine, nul ne pouvait songer à faire intervenir les finances de l'État; aussi la compagnie ne l'a-t-elle pas demandé. Elle a parfaitement compris que cette intervention, jugée inopportune en 1868, serait malaisément admise aujourd'hui. Pleine de confiance en ses propres forces, elle sait que, si le succès est possible, elle peut l'obtenir toute seule, et que les obstacles à redouter défient aussi bien la puissance de l'État que la sienne propre. Elle comprend également que l'intervention de l'État équivaudrait, aux yeux de bien des gens, à une affirmation trop absolue d'un succès, dont personne aujourd'hui ne peut répondre avec certitude.

Mais si les pouvoirs publics sont tenus à une prudente réserve, tout au moins, dans le cas actuel, peuvent-ils témoigner de leur réelle sympathie pour la grande entreprise dont il s'agit et la faciliter par toutes les mesures législatives en leur pouvoir. C'est ce qu'a pensé votre commission et, malgré les objections fondées que l'on pouvait tirer du caractère essentiellement aléatoire de l'entreprise, elle n'a pas hésité à l'investir de la déclaration d'utilité publique. La loi, dans toutes ses dispositions, est empreinte de cette haute bienveillance qui sera, nous en sommes convaincus, le meilleur encouragement de la compagnie.

Partant de la rive française pour aller rejoindre le sol anglais, le tunnel traversera des mers un terrain qui est du domaine général. Les pouvoirs que les deux peuples tiendront de cette première occupation ne paraissent devoir soulever, ni en droit public, ni en fait, aucune objection sérieuse. Jamais, en effet, le droit du premier occupant ne sera exercé d'une manière plus utile et moins blessante.

L'exécution de ce travail exige évidemment l'assentiment des deux gouvernements et le concours des deux pays. C'est à la fois, pour la compagnie, un élément de succès, mais aussi une source de difficultés. L'entente n'est pas douteuse, l'intérêt étant commun, peut-être même plus grand pour l'Angleterre que pour la France; mais la législation n'est pas la même en matière de travaux publics. D'un côté, la loi anglaise autorise des concessions perpétuelles auxquelles la nôtre se refuse, et, par contre, la loi anglaise n'admet pas un monopole, même temporaire.

A ce point de vue, se justifie complètement la division de la compagnie primitive en deux groupes distincts, l'un anglais, l'autre français, opérant chacun de son côté avec le personnel et le matériel de son pays et sous l'empire de la législation à laquelle il est habitué; tous deux, du reste, animés des mêmes vues et relevant de la même direction technique. Mais si, pour la commodité des relations habituelles, cette division est légitime, elle ne saurait cependant nous exonérer de la nécessité d'une entente commune avec l'Angleterre et d'une convention internationale fixant tous les points essentiels. Il convient notamment de préciser la limite de la juridiction de chaque pays sur le nouveau territoire que

l'on va conquérir. Cette entente est, avec raison, expressément spécifiée comme une des conditions à remplir, avant qu'il puisse être procédé à la constitution définitive de l'entreprise.

Ainsi se justifie, dans ses traits essentiels, le projet de loi qui vous est soumis et que la commission vous propose d'approuver. Il ne dépend pas de vous, messieurs, de donner à l'entreprise dont il s'agit un caractère absolument définitif; la force des choses y met obstacle encore pour plusieurs années; mais, en adoptant ce projet de loi, vous aurez donné à la compagnie toute la consistance qu'elle comporte aujourd'hui. Vous ne pourriez, sans imprudence, faire un pas de plus dans cette voie.

Autorisée et encouragée par vous, la compagnie va se mettre résolûment à l'œuvre. Espérons que ses efforts seront couronnés de succès, et qu'elle pourra agrandir le champ si étroit où l'homme est appelé à se mouvoir ici bas.

Quand, au milieu du détroit, sous ces mers ensanglantées par tant de combats, les ingénieurs des deux pays se rencontreront pour la première fois, la cordiale poignée de mains qu'ils échangeront fera plus que tous les instruments diplomatiques pour sceller une alliance sincère entre les deux peuples. Un même intérêt les aura conduits à la même conquête et cette fois, sans songer à se nuire, ils auront rivalisé de puissance, d'audace et de génie industriel.

PROJET DE LOI

Art. 1er. — Est déclaré d'utilité publique l'établissement d'un chemin de fer partant d'un point à déterminer sur la ligne de Boulogne à Calais, pénétrant sous la mer et se dirigeant vers l'Angleterre, à la rencontre d'un pareil chemin parti de la côte anglaise, dans la direction du littoral français.

Art. 2. — Est approuvée la convention passée le 16 janvier 1875, entre le ministre des travaux publics et MM. Michel Chevalier, membre de l'Institut; Fernand, Raoul Duval, Alexandre Lavalley, président et membre d'une société constituée à la date du 1er février 1875, suivant acte enregistré le 9 du même mois pour la concession du chemin de fer énoncé à l'article 1er ci-dessus.

Art. 3. — Aucune émission d'obligations ne pourra avoir lieu qu'en vertu d'une autorisation donnée, après avis du ministre des finances, par le ministre des travaux publics.

En aucun cas, il ne pourra être émis d'obligations pour une somme supérieure à la moitié du capital total à réaliser par la compagnie.

Aucune émission d'obligations ne pourra d'ailleurs être autorisée avant que la moitié au moins du capital-actions ait été versée et employée en achats de terrains, en travaux ou en approvisionnements sur place.

Art. 4. — Ladite convention et le cahier des charges y annexé, ne seront passibles que du droit fixe de 3 francs.

CONVENTION

L'an mil huit cent soixante-quinze et le seize janvier,

Entre

Le ministre des travaux publics, agissant au nom de l'État, sous la réserve de l'approbation des présentes par une loi,

D'une part,

Et M. Michel Chevalier, membre de l'Institut, président d'une société en formation, agissant tant en son nom personnel qu'au nom de ladite société,

D'autre part,

29

Il a été dit et convenu ce qui suit :

Art. 1er. — Le ministre des travaux publics, au nom de l'Etat, concède à MM. Michel Chevalier, membre de l'Institut; Fernand-Raoul Duval, Alexandre Lavalley, président et membre d'une société constituée à la date du 1er février 1875, suivant acte enregistré, le 9 du même mois, sans subvention ni garantie d'intérêt de la part de l'Etat, un chemin de fer partant d'un point à déterminer sur la ligne de Boulogne à Calais, pénétrant sous la mer et se dirigeant vers l'Angleterre, à la rencontre d'un pareil chemin parti de la côte anglaise dans la direction du littoral français.

Art. 2. — De leur côté, MM. Michel Chevalier, Raoul Duval et Lavalley s'engagent à exécuter, suivant un programme qui sera arrêté par M. le ministre des travaux publics, la société concessionnaire entendue, et jusqu'à concurrence de 2 millions au moins, les travaux préparatoires de toute sorte, tels que : recherches, puits, galeries, sondages, etc., qui seront jugés nécessaires pour fixer, tant l'administration que la société concessionnaire, sur les conditions techniques de l'opération, la possibilité de l'entreprendre avec des chances sérieuses de succès, et les moyens à mettre en œuvre pour en surmonter les difficultés.

Les concessionnaires s'engagent, en outre, à se mettre en rapport avec une société anglaise, munie des pouvoirs nécessaires pour entreprendre le chemin de fer sous-marin, partant du littoral anglais et dirigé vers la France, et à conclure une entente avec ladite société, dans le but d'exécuter et d'exploiter d'un commun accord l'ensemble du chemin de fer international.

Art. 3. — Si, dans un délai de cinq ans, à dater de la loi approbative de la présente convention, les concessionnaires n'avaient pu conclure l'accord prévu au dernier paragraphe de l'article qui précède, ou si, par suite du résultat des sondages et autres travaux préparatoires énoncés au paragraphe 1er du même article, ils reconnaissaient l'impossibilité de donner suite à l'entreprise, ils auraient le droit de renoncer à la concession stipulée dans l'article 1er ci-dessus.

Les concessionnaires sont tenus de déclarer, avant l'expiration du délai de cinq ans, ci-dessus fixé, s'ils entendent conserver la concession. Toutefois, ce délai de cinq ans pourra, sur la proposition des concessionnaires, être prorogé de trois ans et porté en totalité, à huit ans, par le Gouvernement, si la nécessité en est reconnue par lui.

Faute par eux d'avoir fait cette déclaration dans ledit délai, comme aussi, dans le cas où ils déclareraient renoncer à l'entreprise, la concession sera considérée comme nulle et non avenue, et il sera procédé conformément aux dispositions de l'article 39 du cahier des charges.

Art. 4. — Dans le cas où la concession serait maintenue, conformément à l'article précédent, les concessionnaires s'engagent à entreprendre les travaux définitifs dans le délai d'un an, à dater de la déclaration faite par eux, et à les terminer dans un délai de vingt ans, à partir de la même date.

Il s'engagent, en outre, à se soumettre à toutes les clauses et conditions du cahier des charges annexé à la présente convention.

Art. 5. — La durée de la concession sera de 99 ans, à partir de la mise en exploitation du chemin de fer sous-marin.

Le ministre des travaux publics, au nom de l'Etat, s'engage à ne concéder, pendant trente ans comptés à partir de la même époque, aucun autre chemin de fer partant du littoral français et pénétrant sous la mer, dans la direction de l'Angleterre.

Art. 6. — Les concessionnaires pourront, à toute époque de l'exécution des travaux définitifs, renoncer au bénéfice de la concession, dans le cas où l'impossibilité de continuer lesdits travaux serait dûment constatée.

Dans ce cas, la déchéance sera prononcée, et il sera procédé conformément aux dispositions de l'article 39 du cahier des charges.

Art. 7. — Le Gouvernement se réserve le droit de suspendre, en cas de guerre imminente, l'exploitation du chemin de fer sous-marin.

Les concessionnaires n'auront droit, dans ce cas, à aucune indemnité. Toutefois, la durée de la concession et le délai durant lequel le ministre des travaux publics s'engage à ne concéder aucun chemin de fer concurrent, tels qu'ils sont fixés par l'article 5 ci-dessus, seront prorogés d'un temps égal à la durée de la suspension de l'exploitation.

Art. 8. — Les concessionnaires se soumettront aux règles qui résulteront de la convention internationale à intervenir entre les gouvernements français et anglais, en ce qui concerne la juridiction, la police et l'exploitation.

CAHIER DES CHARGES

De la concession du chemin de fer sous-marin entre la France et l'Angleterre.

TITRE PREMIER

TRACÉ ET CONSTRUCTION

Art. 1er. — Le chemin de fer qui forme l'objet de la présente concession se détachera de la ligne de Boulogne à Calais, en un point à déterminer par l'administration sur la proposition de la compagnie, pénétrera sous la mer, et se dirigera vers l'Angleterre à la rencontre d'un pareil chemin parti de la côte anglaise dans la direction du littoral français.

Art. 2. — Les travaux définitifs devront être commencés dans un délai d'un an et terminés dans un délai de vingt ans, à partir de la date de la déclaration faite par la compagnie, conformément à l'article 3 de la convention à laquelle est joint le présent cahier des charges.

Art. 3. — Aucun travail ne pourra être entrepris, pour l'établissement du chemin de fer et de ses dépendances, qu'avec l'autorisation de l'administration supérieure ; à cet effet, les projets de tous les travaux à exécuter seront dressés en double expédition et soumis à l'approbation du ministre, qui prescrira, s'il y a lieu, d'y introduire telles modifications que de droit : l'une de ces expéditions sera remise à la compagnie avec le visa du ministre, l'autre demeurera entre les mains de l'administration.

Avant comme pendant l'exécution, la compagnie aura la faculté de proposer aux projets approuvés les modifications qu'elle jugerait utiles ; mais ces modifications ne pourront être exécutées que moyennant l'approbation de l'administration supérieure.

Art. 4. — Le tracé et le profil du chemin de fer seront arrêtés sur la production de projets d'ensemble comprenant, pour la ligne entière :

1° Un plan général à l'échelle de $\frac{1}{10\,000}$;

2° Un profil en long à l'échelle de $\frac{1}{10\,000}$ pour les longueurs et de $\frac{1}{1\,000}$ pour les hauteurs, dont les cotes seront rapportées à un plan supposé à 200 mètres au-dessous du niveau moyen de la mer qui sera pris pour plan de comparaison. Au-dessous de ce profil, on indiquera, au moyen de trois lignes horizontales disposées à cet effet, savoir :

— Les distances kilométriques du chemin de fer, comptées à partir de son origine;

— La longueur et l'inclinaison de chaque pente ou rampe;

— La longueur des parties droites et le développement des parties courbes du tracé, en faisant connaître le rayon correspondant à chacune de ces dernières;

3° Un certain nombre de profils en travers, y compris le profil-type de la voie;

4° Un mémoire dans lequel seront justifiées toutes les dispositions essentielles du projet et un devis descriptif dans lequel seront reproduites, sous forme de tableaux, les indications relatives aux déclivités et aux courbes déjà données sur le profil en long.

La position de la gare, celle des cours d'eau et des voies de communication traversées par le chemin de fer, des passages, soit à niveau, soit en dessus, soit en dessous de la voie ferrée, devront être indiquées tant sur le plan que sur le profil en long; le tout sans préjudice des projets à fournir pour chacun de ces ouvrages.

Art. 5. — Les terrains seront acquis, les ouvrages d'art et les terrassements seront exécutés et les rails seront posés pour deux voies.

Art. 6. — La largeur de la voie entre les bords intérieurs des rails devra être de 1 m. 44 à 1 m. 45. La largeur de l'entrevoie, mesurée entre les bords extérieurs des rails, sera de 2 mètres.

La largeur des accotements, c'est-à-dire des parties comprises de chaque côté entre le bord extérieur du rail et l'arête supérieure du ballast, sera de 1 mètre au moins.

On ménagera au pied de chaque talus du ballast une banquette de 50 centimètres de largeur.

La compagnie établira, soit le long du chemin de fer, soit en dessous des voies, les fossés, rigoles ou galeries qui seront jugés nécessaires pour l'assèchement de la voie et pour l'écoulement des eaux.

Les dimensions des fossés, rigoles et galeries seront déterminées par l'administration, suivant les circonstances locales, sur les propositions de la compagnie.

Art. 7. — Les alignements seront raccordés entre eux par des courbes dont le rayon ne pourra être inférieur à 500 mètres. Une partie droite de 100 mètres au moins de longueur devra être ménagée entre deux courbes consécutives, lorsqu'elles seront dirigées en sens contraire.

Le maximum de l'inclinaison des pentes et rampes est fixé à 20 millimètres par mètre.

Une partie horizontale de 100 mètres au moins devra être ménagée entre deux fortes déclivités consécutives, lorsque ces déclivités se succéderont en sens contraire et de manière à verser leurs eaux au même point.

Les déclivités correspondant aux courbes de faible rayon devront être réduites autant que faire se pourra.

La compagnie aura la faculté de proposer aux dispositions de cet article et à celles de l'article précédent, les modifications qui lui paraîtraient utiles; mais ces modifications ne pourront être exécutées que moyennant l'approbation préalable de l'administration supérieure.

Art. 8. — La gare principale où commencera le service spécial du tunnel sous-marin sera établie dans l'emplacement que l'administration déterminera, la compagnie entendue.

L'administration déterminera, de la même manière, l'emplacement des autres gares qui pourraient être reconnues nécessaires.

Le nombre des voies sera augmenté, s'il y a lieu, dans la gare et à ses abords, conformément aux décisions qui seront prises par l'administration.

La compagnie sera tenue, préalablement à tout commencement d'exécution, de soumettre à

l'administration le projet de ladite gare, lequel se composera :

1° D'un plan à l'échelle de 1 millième, indiquant les voies, les quais, les bâtiments et leur distribution intérieure, ainsi que la disposition de leurs abords;

2° D'une élévation des bâtiments à l'échelle de 1 centimètre par mètre;

3° D'un mémoire descriptif dans lequel les dispositions essentielles du projet seront justifiées.

Art. 9. — A moins d'obstacles locaux dont l'appréciation appartiendra à l'administration, le chemin de fer, à la rencontre des routes nationales et départementales, devra passer soit au-dessus, soit au-dessous de ces routes.

Les croisements de niveau seront tolérés pour les chemins vicinaux, ruraux ou particuliers.

Art. 10. — Lorsque le chemin de fer devra passer au-dessus d'une route nationale ou départementale, ou d'un chemin vicinal, l'ouverture du viaduc sera fixée par l'administration, en tenant compte des circonstances locales; mais cette ouverture ne pourra, dans aucun cas, être inférieure à 8 mètres pour la route nationale, à 7 mètres pour la route départementale, à 5 mètres pour un chemin vicinal de grande communication, et à 4 mètres pour un simple chemin vicinal.

Pour les viaducs de forme cintrée, la hauteur sous clef, à partir du sol de la route, devra être de 5 mètres au moins. Pour ceux qui seront formés de poutres horizontales en bois ou en fer, la hauteur sous poutre sera de 4 mètres 30 au moins.

La largeur entre les parapets sera au moins de 8 mètres. La hauteur de ces parapets sera fixée par l'administration et ne pourra, dans aucun cas, être inférieure à 80 centimètres.

Art. 11. — Lorsque le chemin de fer devra passer au-dessous d'une route nationale ou départementale, ou d'un chemin vicinal, la largeur entre les parapets du pont qui supportera la route ou le chemin, sera fixée par l'administration, en tenant compte des circonstances locales; mais cette largeur ne pourra, dans aucun cas, être inférieure à 8 mètres pour la route nationale, à 7 mètres pour la route départementale, à 5 mètres pour un chemin vicinal de grande communication, et à 4 mètres pour un simple chemin vicinal.

L'ouverture du pont entre les culées sera au moins de 8 mètres, et la distance verticale ménagée au-dessus des rails extérieurs de chaque voie pour le passage des trains ne sera pas inférieure à 4 mètres 80 au moins.

Art. 12. — Dans le cas où des routes nationales ou départementales, ou des chemins vicinaux, ruraux ou particuliers seraient traversés à niveau par le chemin de fer, les rails devront être posés sans aucune saillie ni dépression sur la surface de ces routes et de telle sorte qu'il n'en résulte aucune gêne pour la circulation des voitures.

Le croisement à niveau du chemin de fer et des routes ne pourra s'effectuer sous un angle moindre de 45 degrés.

Chaque passage à niveau sera muni de barrières; il y sera, en outre, établi une maison de garde toutes les fois que l'utilité en sera reconnue par l'administration.

La compagnie devra soumettre à l'approbation de l'administration les projets-types de ces barrières.

Art. 13. — Lorsqu'il y aura lieu de modifier l'emplacement ou le profil des routes existantes, l'inclinaison des pentes et rampes sur les routes modifiées ne pourra excéder 3 centimètres par mètre pour les routes nationales ou départementales et 5 centimètres pour les chemins vicinaux. L'administration restera libre toutefois d'apprécier les circonstances qui pourraient motiver une dérogation à cette clause, comme à celle qui est relative à l'angle de croisement des passages à niveau.

Art. 14. — La compagnie sera tenue de rétablir et d'assurer à ses frais l'écoulement de toutes les eaux dont le cours serait arrêté, suspendu ou modifié par ses travaux et de prendre les mesures nécessaires pour prévenir l'insalubrité pouvant résulter des chambres d'emprunt.

Les viaducs à construire à la rencontre des rivières, des canaux et des cours d'eau quelconques auront au moins 8 mètres de largeur entre les parapets. La hauteur de ces parapets sera fixée par l'administration et ne pourra être inférieur à 80 centimètres.

La hauteur et le débouché du viaduc seront déterminés, dans chaque cas particulier, par l'administration, suivant les circonstances locales.

Art. 15. — Les souterrains à établir pour le passage du chemin de fer auront au moins 8 mètres de largeur entre les pieds-droits au niveau des rails, et 6 mètres de hauteur sous clef au-dessus de la surface des rails. La distance verticale entre l'intrados et le dessus des rails extérieurs de chaque voie ne sera pas inférieure à 4 mètres 80.

Art. 16. — Dans le cas où il serait reconnu utile de faire passer les deux voies sous deux galeries distinctes, la largeur de chaque galerie entre les pieds-droits, au niveau des rails, aura au moins 4 mètres 50, et la hauteur sous-clef au-dessus de la surface des rails aura au moins 5 mètres 20.

La distance verticale entre l'intrados et le dessus de chaque rail ne sera pas inférieure à 4 mètres 80.

Art. 17. — A la rencontre des cours d'eau flottables ou navigables, la compagnie sera tenue de prendre toutes les mesures et de payer tous les frais nécessaires pour que le service de la navigation ou du flottage n'éprouve ni interruption ni entrave pendant l'exécution des travaux.

A la rencontre des routes nationales ou départementales et des autres chemins publics, il sera construit des chemins et ponts provisoires, par les soins et aux frais de la compagnie, partout où cela sera jugé nécessaire, pour que la circulation n'éprouve ni interruption ni gêne.

Avant que les communications existantes puissent être interceptées, une reconnaissance sera faite par les ingénieurs de la localité, à l'effet de constater si les ouvrages provisoires présentent une solidité suffisante et s'ils peuvent assurer le service de la circulation.

Un délai sera fixé par l'administration pour l'exécution des travaux définitifs destinés à rétablir les communications interceptées.

Art. 18. — Dans l'exécution des ouvrages, dans l'exécution des ouvrages, que des matériaux de bonne qualité; elle sera tenue de se conformer à toutes les règles de l'art, de manière à obtenir une construction parfaitement solide.

Tous les aqueducs, ponceaux, ponts et viaducs à construire à la rencontre des divers cours d'eau et des chemins publics ou particuliers, seront en maçonnerie ou en fer, sauf les cas d'exception qui pourront être admis par l'administration.

Art. 19. — Les voies seront établies d'une manière solide et avec des matériaux de bonne qualité.

Le poids des rails sera au moins de 35 kilogrammes par mètre courant si ces rails sont en fer, et de 30 kilogrammes s'ils sont en acier.

Art. 20. — Le chemin de fer sera, dans les parties à ciel ouvert, séparé des propriétés riveraines par des murs, haies ou toute autre clôture dont le mode et la disposition seront autorisés par l'administration, sur la proposition de la compagnie.

Art. 21. — Tous les terrains nécessaires pour l'établissement du chemin de fer et de ses dépendances, pour la déviation des voies de com-

munication et des cours d'eau déplacés et, en général, pour l'exécution des travaux, quels qu'ils soient, auxquels cet établissement pourra donner lieu, seront achetés et payés par la compagnie concessionnaire.

Les indemnités pour occupation temporaire ou pour détérioration de terrains, pour chômage, modification ou destruction d'usines et pour tous dommages quelconques résultant des travaux, seront supportés et payés par la compagnie.

Art. 22. — L'entreprise étant d'utilité publique, la compagnie est investie, pour l'exécution des travaux dépendant de sa concession, de tous les droits que les lois et règlements confèrent à l'administration en matière de travaux publics, soit pour l'acquisition des terrains par voie d'expropriation, soit pour l'extraction, le transport et le dépôt des terres, matériaux, etc., et elle demeure en même temps soumise à toutes les obligations qui dérivent, pour l'administration, de ces lois et règlements.

Art. 23. — Dans les limites de la zone frontière et dans le rayon de servitude des enceintes fortifiées, la compagnie sera tenue, pour l'étude et l'exécution de ses projets, de se soumettre à l'accomplissement de toutes les formalités et de toutes les conditions exigées par les lois, décrets et règlements concernant les travaux mixtes.

Art. 24. — Si la ligne du chemin de fer traverse un sol déjà concédé pour l'exploitation d'une mine, l'administration déterminera les mesures à prendre pour que l'établissement du chemin de fer ne nuise pas à l'exploitation de la mine, et réciproquement, pour que, le cas échéant, l'exploitation de la mine ne compromette pas l'existence du chemin de fer.

Les travaux de consolidation à faire dans l'intérieur de la mine, à raison de la traversée du chemin de fer et tous les dommages résultant de cette traversée pour les concessionnaires de la mine, seront à la charge de la compagnie.

Art. 25. — Si le chemin de fer doit s'étendre sur des terrains renfermant des carrières ou les traverser souterrainement, il ne pourra être livré à la circulation avant que les excavations qui pourraient en compromettre la solidité n'aient été remblayées ou consolidées. L'administration déterminera la nature et l'étendue des travaux qu'il conviendra d'entreprendre à cet effet et qui seront d'ailleurs exécutés par les soins et aux frais de la compagnie.

Art. 26. — Pour l'exécution des travaux, la compagnie se soumettra aux décisions ministérielles concernant l'interdiction du travail les dimanches et jours fériés.

Art. 27. — Les travaux seront exécutés sous le contrôle et la surveillance de l'administration. Le contrôle et la surveillance de l'administration auront pour objet d'empêcher la compagnie de s'écarter des dispositions prescrites par le présent cahier des charges et de celles qui résulteront des projets approuvés.

Art. 28. — Quand les travaux seront terminés et le chemin de fer susceptible d'être livré utilement à la circulation, il sera procédé, sur la demande de la compagnie, à la reconnaissance et, s'il y a lieu, à la réception des travaux par un ou plusieurs commissaires que l'administration désignera.

Sur le vu du procès-verbal de cette reconnaissance, l'administration autorisera, s'il y a lieu, la mise en exploitation du chemin de fer; après cette autorisation, la compagnie pourra mettre la ligne en service et y percevoir les taxes ci-après déterminées.

Art. 29. — Après l'achèvement total des travaux et dans le délai qui sera fixé par l'administration, la compagnie fera faire à ses frais un bornage contradictoire et un plan cadastral du cnemin de fer et de ses dépendances. Elle fera dresser également à ses frais, et contradictoirement avec l'administration, un état descriptif de tous les ouvrages d'art qui auront été exécutés, ledit état accompagné d'un atlas contenant les dessins cotés de tous lesdits ouvrages.

Une expédition dûment certifiée des procès-verbaux de bornage, du plan cadastral, de l'état descriptif et de l'atlas sera dressée aux frais de compagnie et déposée dans les archives du ministère.

Les terrains acquis par la compagnie postérieurement au bornage général, en vue de satisfaire aux besoins de l'exploitation et qui, par cela même, deviendront partie intégrante du chemin de fer, donneront lieu, au fur et à mesure de leur acquisition, à des bornages supplémentaires et seront ajoutés sur le plan cadastral; addition sera également faite sur l'atlas de tous les ouvrages d'art exécutés postérieurement à sa rédaction.

TITRE II

ENTRETIEN ET EXPLOITATION

Art. 30. — Le chemin de fer et toutes ses dépendances seront constamment entretenus en bon état, de manière que la circulation y soit toujours facile et sûre.

Les frais d'entretien et ceux auxquels donneront lieu les réparations ordinaires et extraordinaires seront entièrement à la charge de la compagnie.

Si le chemin de fer, une fois achevé, n'est pas constamment entretenu en bon état, il y sera pourvu d'office à la diligence de l'administration et aux frais de la compagnie, sans préjudice, s'il y a lieu, de l'application des dispositions indiquées ci-après dans l'article 40.

Le montant des avances faites sera recouvré au moyen de rôles que le préfet rendra exécutoires.

Art. 31. — La compagnie sera tenue d'établir à ses frais, partout où besoin sera, des gardiens en nombre suffisant pour assurer la sécurité du passage des trains que la voie et celle de la circulation ordinaire sur les points où le chemin de fer sera traversé à niveau par des routes ou chemins.

Art. 32. — Les machines locomotives seront construites sur les meilleurs modèles; elles devront consumer leur fumée et satisfaire d'ailleurs à toutes les conditions prescrites ou à prescrire par l'administration pour la mise en service de ce genre de machines.

Les voitures de voyageurs devront également être faites d'après les meilleurs modèles et satisfaire à toutes les conditions réglées ou à régler pour les voitures servant au transport des voyageurs sur les chemins de fer. Elles seront suspendues sur ressorts et garnies de banquettes.

Il y en aura de trois classes au moins.

1° Les voitures de 1re classe seront couvertes, garnies, fermées à glaces, munies de rideaux;

2° Celles de 2e classe seront couvertes, fermées à glaces, munies de rideaux et auront des banquettes rembourrées;

3° Celles de 3e classe seront couvertes, fermées à vitres, munies soit de rideaux, soit de persiennes et auront des banquettes à dossier. Les dossiers et les banquettes devront être inclinés, et les dossiers seront élevés à la hauteur de la tête des voyageurs.

L'intérieur de chacun des compartiments de toute classe contiendra l'indication du nombre des places de ce compartiment.

L'administration pourra exiger qu'un compartiment de chaque classe soit réservé, dans les trains de voyageurs, aux femmes voyageant seules.

Les voitures de voyageurs, les wagons destinés au transport des marchandises, des chaises de poste, des chevaux ou des bestiaux, les plates-formes et, en général, toutes les parties du matériel roulant seront de bonne et solide construction.

La compagnie sera tenue, pour la mise en service de ce matériel, de se soumettre à tous les règlements sur la matière.

Les machines locomotives, tenders, voitures, wagons de toute espèce, plates-formes composant le matériel roulant, seront constamment entretenus en bon état.

Art. 33. — Des règlements d'administration publique, rendus après que la compagnie aura été entendue, détermineront les mesures et les dispositions nécessaires pour assurer la police et l'exploitation du chemin de fer, ainsi que la conservation des ouvrages qui en dépendent.

Toutes les dépenses qu'entraînera l'exécution des mesures prescrites en vertu de ces règlements seront à la charge de la compagnie.

La compagnie sera tenue de soumettre à l'approbation de l'administration les règlements relatifs au service et à l'exploitation du chemin de fer.

Le ministre déterminera, sur la proposition de la compagnie, le minimum et le maximum de vitesse des convois de voyageurs et de marchandises et des convois spéciaux des postes, ainsi que la durée du trajet.

Art. 34. — Pour tout ce qui concerne l'entretien et les réparations du chemin de fer et de ses dépendances, l'entretien du matériel et le service de l'exploitation, la compagnie sera soumise au contrôle et à la surveillance de l'administration.

Outre la surveillance ordinaire, l'administration déléguera, aussi souvent qu'elle le jugera utile, un ou plusieurs commissaires pour reconnaître et constater l'état du chemin de fer, de ses dépendances et du matériel.

TITRE III

DURÉE, RACHAT ET DÉCHÉANCE DE LA CONCESSION

Art. 35. — La durée de la concession, pour le chemin de fer sous-marin mentionné à l'article 1er du présent cahier des charges, sera de quatre-vingt-dix-neuf ans. Elle commencera à courir à partir de la date fixée pour l'achèvement des travaux par l'article 2 ci-dessus.

Art. 36. — A l'époque fixée pour l'expiration de la concession, et par le seul fait de cette expiration, le Gouvernement sera subrogé à tous les droits de la compagnie sur le chemin de fer et ses dépendances, et il entrera immédiatement en jouissance de tous ses produits.

La compagnie sera tenue de lui remettre en bon état d'entretien le chemin de fer et tous les immeubles qui en dépendent, quelle qu'en soit l'origine, tels que les bâtiments de la gare, les remises, ateliers et dépôts, les maisons de garde, etc. Il en sera de même de tous les objets immobiliers dépendant également dudit chemin, tels que les barrières et clôtures, les voies, changements de voies, plaques tournantes, réservoirs d'eau, grues hydrauliques, machines fixes, etc.

Dans les cinq dernières années qui précéderont le terme de la concession, le Gouvernement aura le droit de saisir les revenus du chemin de fer et de les employer à rétablir en bon état le chemin de fer et ses dépendances, si la compagnie ne se mettait pas en mesure de satisfaire pleinement et entièrement à cette obligation.

En ce qui concerne les objets mobiliers, tels que le matériel roulant, les matériaux, combustibles et approvisionnements de tout genre, le mobilier et l'outillage des ateliers et de la gare, l'État sera tenu, si la compagnie le requiert, de reprendre tous ces objets sur l'estimation qui en sera faite à dire d'experts, et réciproquement, si l'État le requiert, la compagnie sera tenue de les céder de la même manière.

Toutefois, l'État ne pourra être tenu de reprendre que les approvisionnements nécessaires à l'exploitation du chemin pendant six mois.

Art. 37. — A toute époque après l'expiration des quinze premières années de la concession, le Gouvernement aura la faculté de racheter la concession entière du chemin de fer.

Pour régler le prix du rachat, on relèvera les produits nets annuels obtenus par la compagnie pendant les sept années qui auront précédé celle où le rachat sera effectué ; on en déduira les produits nets des deux plus faibles années, et l'on établira le produit net moyen des cinq autres années.

Ce produit net moyen formera le montant d'une annuité qui sera due et payée à la compagnie pendant chacune des années restant à courir sur la durée de la concession.

Dans aucun cas, le montant de l'annuité ne sera inférieur au produit net de la dernière des sept années prises pour terme de comparaison.

La compagnie recevra, en outre, dans les trois mois qui suivront le rachat, les remboursements auxquels elle aurait droit à l'expiration de la concession, selon l'article 36 ci-dessus.

Art. 38. — Si la compagnie n'a pas commencé les travaux dans le délai fixé par l'article 2, elle sera déchue de plein droit, sans qu'il y ait lieu à aucune notification ou mise en demeure préalable.

Dans ce cas, il sera fait application à la compagnie de l'article 39 ci-dessous.

Art. 39. — Faute par la compagnie d'avoir terminé les travaux dans le délai fixé par l'article 2, faute aussi par elle d'avoir rempli les diverses obligations qui lui sont imposées par le présent cahier des charges, elle encourra la déchéance et il sera pourvu tant à la continuation et à l'achèvement des travaux qu'à l'exécution des autres engagements contractés par la compagnie, au moyen d'une adjudication que l'on ouvrira sur une mise à prix des ouvrages exécutés, des matériaux approvisionnés.

Les soumissions pourront être inférieures à la mise à prix.

La nouvelle compagnie sera soumise aux clauses du présent cahier des charges et la compagnie évincée recevra d'elle le prix que la nouvelle adjudication aura fixé.

Si l'adjudication ouverte n'amène aucun résultat, une seconde adjudication sera tentée sur les mêmes bases, après un délai de trois mois ; si cette seconde tentative reste également sans résultat, la compagnie sera définitivement déchue de tous droits, et alors les ouvrages exécutés, les matériaux approvisionnés appartiendront à l'État.

Art. 40. — Si l'exploitation du chemin de fer vient à être interrompue, l'administration prendra immédiatement, aux frais et risques de la compagnie, les mesures nécessaires pour assurer provisoirement le service.

Si, dans les trois mois de l'organisation du service provisoire, la compagnie n'a pas valablement justifié qu'elle est en état de reprendre et de continuer l'exploitation, et si elle ne l'a pas effectivement reprise, la déchéance pourra être prononcée par le ministre. Cette déchéance prononcée, le chemin de fer et toutes ses dépendances seront mis en adjudication, et il sera procédé ainsi qu'il est dit à l'article précédent.

Art. 41. — Les dispositions des trois articles qui précèdent cesseraient d'être applicables et la déchéance ne serait pas encourue, dans le cas où le concessionnaire n'aurait pu remplir ses obligations par suite des circonstances de force majeure dûment constatées.

TITRE IV

TAXES ET CONDITIONS RELATIVES AU TRANSPORT DES VOYAGEURS ET DES MARCHANDISES.

Art. 42. — Pour indemniser la compagnie des travaux et dépenses qu'elle s'engage à faire par le présent cahier des charges, et sous la condition expresse qu'elle en remplira exactement toutes les obligations, le Gouvernement lui accorde l'autorisation de percevoir, pendant toute la durée de la concession, les prix de transport ci-après déterminés :

TARIF	PRIX de TRANSPORT
1° PAR TÊTE ET PAR KILOMÈTRE	
Grande vitesse.	
Voyageurs : Voitures couvertes, garnies et fermées à glaces (1re classe)..............	0 50
— Voitures couvertes, fermées à glaces, et à banquettes rembourrées (2e classe)..	0 375
— Voitures couvertes et fermées à vitres (3e classe)...............	0 275
Enfants : Au-dessous de trois ans, les enfants ne payent rien, à la condition d'être portés sur les genoux des personnes qui les accompagnent.	
— De trois à sept ans, ils payent demi-place et ont droit à une place distincte ; toutefois, dans un même compartiment, deux enfants ne pourront occuper que la place d'un voyageur.	
— Au-dessus de sept ans, ils payent place entière.	
Chiens transportés dans les trains de voyageurs..................................	0 075
Petite vitesse.	
Bœufs, vaches, taureaux, chevaux, mulets, bêtes de trait............................	0 50
Veaux et porcs..	0 20
Moutons, brebis, agneaux, chèvres..	0 10
Lorsque les animaux ci-dessus dénommés seront, sur la demande des expéditeurs, transportés à la vitesse des trains de voyageurs, les prix seront doublés.	

TARIF	PRIX de TRANSPORT

2° PAR TONNE ET PAR KILOMÈTRE

Marchandises transportées à grande vitesse.

Huîtres; poissons frais; denrées; excédants de bagage et marchandises de toute classe transportées à la vitesse des trains de voyageurs.........................	1 80

Marchandises transportées à petite vitesse.

1re classe. — Spiritueux; huiles; bois de menuiserie, de teinture et autres bois exotiques; produits chimiques non dénommés; œufs; viande fraîche; gibier; sucre; café; drogues; épiceries; tissus; denrées coloniales; objets manufacturés; armes...........	0 80
2e classe. — Blés; grains; farines; légumes farineux; riz, maïs, châtaignes et autres denrées alimentaires non dénommées; chaux et plâtre; charbon de bois; bois à brûler dit *de corde*; perches; chevrons; planches; madriers; bois de charpente; marbre en bloc; albâtre; bitume; cotons; laines; vins; vinaigres; boissons; bières; levure sèche; coke, fers; cuivres; plomb et autres métaux ouvrés ou non; fontes moulées..	0 70
3e classe. — Pierres de taille et produits de carrières; minerais autres que les minerais de fer; fonte brute; sel; moellons; meulières; argiles; briques; ardoises.............	0 50
4e classe. — Houille; marne; cendres; fumiers; engrais; pierres à chaux et à plâtre; pavés et matériaux pour la construction et la réparation des routes; minerais de fer; cailloux et sable..	0 40

3° VOITURES ET MATÉRIEL ROULANT TRANSPORTÉS A PETITE VITESSE

Par pièce et par kilomètre.

Wagon ou chariot pouvant porter de 3 à 6 tonnes....................................	0 75
— pouvant porter plus de 6 tonnes......................	1 »
Locomotives pesant de 12 à 18 tonnes..	15 »
— pesant plus de 18 tonnes..	18 75
Tender de 7 à 10 tonnes...	7 50
— de plus de 10 tonnes...	11 25

Le prix à payer pour un wagon chargé ne pourra jamais être inférieur à celui qui serait dû pour un wagon marchant à vide.

Voitures à deux ou à quatre roues, à un fond et à une seule banquette dans l'intérieur.	1 25
— à quatre roues, à deux fonds et à deux banquettes dans l'intérieur; omnibus; diligences, etc..	1 60

Lorsque, sur la demande des expéditeurs, les transports auront lieu à la vitesse des trains de voyageurs, les prix ci-dessus seront doublés.

Dans ce cas, deux personnes pourront, sans supplément de prix, voyager dans les voitures à une banquette, et trois dans les voitures à deux banquettes, omnibus, diligences, etc.; les voyageurs excédant ce nombre payeront le prix des places de 2e classe.

Voitures de déménagement à deux ou quatre roues, à vide...................	1 »
Ces voitures, lorsqu'elles seront chargées, payeront en sus des prix ci-dessus, par tonne de chargement et par kilomètre..	0 70

4° SERVICE DES POMPES FUNÈBRES ET TRANSPORT DES CERCUEILS

Grande vitesse.

Une voiture des pompes funèbres, renfermant un ou plusieurs cercueils, sera transportée aux mêmes prix et conditions qu'une voiture à quatre roues, à deux fonds et à deux banquettes.	3 20
Chaque cercueil confié à l'administration du chemin de fer sera transporté, dans un compartiment isolé, au prix de..	1 50

Les prix déterminés ci-dessus ne comprennent pas l'impôt dû à l'État.

La perception aura lieu d'après le nombre de kilomètres parcourus. Tout kilomètre entamé sera payé comme s'il avait été parcouru en entier.

Le poids de la tonne est de 1,000 kilogrammes.

Les fractions de poids ne seront comptées, tant pour la grande que pour la petite vitesse, que par centième de tonne ou par 10 kilogrammes.

Ainsi, tout poids compris entre 0 et 10 kilogrammes payera comme 10 kilogrammes; entre 10 et 20 kilogrammes, comme 20 kilogrammes, etc.

Toutefois, pour les excédants de bagages et marchandises à grande vitesse, les coupures seront établies : 1° de 0 à 5 kilogrammes; 2° au-dessus de 5 jusqu'à 10 kilogrammes; 3° au-dessus de 10 kilogrammes, par fraction indivisible de 10 kilogrammes.

Quelle que soit la distance parcourue, le prix d'une expédition quelconque, soit en grande, soit en petite vitesse, ne pourra être moindre de 40 centimes.

Art. 43. — A moins d'une autorisation spéciale et révocable de l'administration, tout train régulier de voyageurs devra contenir des voitures de toute classe, en nombre suffisant pour toutes les personnes qui se présenteraient dans les bureaux du chemin de fer.

Dans chaque train de voyageurs, la compagnie aura la faculté de placer des voitures à compartiments spéciaux, pour lesquels il sera établi des prix particuliers que l'administration fixera sur la proposition de la compagnie; mais le nombre des places à donner dans ces compartiments ne pourra dépasser le cinquième du nombre total des places du train.

Art. 44. — Tout voyageur dont le bagage ne pèsera pas plus de 30 kilogrammes n'aura à payer, pour le port de ce bagage, aucun supplément du prix de sa place.

Cette franchise ne s'appliquera pas aux enfants transportés gratuitement et elle sera réduite à 29 kilogrammes pour les enfants transportés à moitié prix.

Art. 45. — Les animaux, denrées, marchandises, effets et autres objets non désignés dans le tarif seront rangés, pour les droits à percevoir, dans les classes avec lesquelles ils auront le plus d'analogie, sans que jamais, sauf les exceptions formulées aux articles 46 et 47 ci-après, aucune marchandise non dénommée puisse être soumise à une taxe supérieure à celle de la première classe du tarif ci-dessus.

Les assimilations de classes pourront être provisoirement réglées par la compagnie; mais elles seront soumises immédiatement à l'administration, qui prononcera définitivement.

Art. 46. — Les prix de transport déterminés au tarif ne sont point applicables à toute masse indivisible pesant plus de 3,000 kilogrammes.

Néanmoins la compagnie ne pourra se refuser à transporter les masses indivisibles pesant de 3,000 à 5,000 kilogrammes ; mais les prix de transport seront augmentés de moitié.

La compagnie ne pourra être contrainte à transporter les masses pesant plus de 5.000 kilogrammes.

Si, nonobstant la disposition qui précède, la compagnie transporte des masses indivisibles pesant plus de 5,000 kilogrammes , elle devra, pendant trois mois au moins, accorder les mêmes facilités à tous ceux qui en feraient la demande.

Dans ce cas, les prix de transport seront fixés par l'administration, sur la proposition de la compagnie.

Art. 47. — Les prix de transport déterminés au tarif ne sont point applicables :

1° Aux denrées et objets qui ne sont pas nommément énoncés dans le tarif et qui ne pèseraient pas 200 kilogrammes sous le volume d'un mètre cube;

2° Aux matières inflammables ou explosibles, aux animaux et objets dangereux, pour lesquels des règlements de police prescriraient des précautions spéciales ;

3° Aux animaux dont la valeur déclarée excéderait 5.000 fr.;

4° A l'or et à l'argent, soit en lingots, soit monnayés ou travaillés, au plaqué d'or ou d'argent, au mercure et au platine, ainsi qu'aux bijoux, dentelles, pierres précieuses, objets d'art et autres valeurs;

5° Et, en général, à tous paquets, colis ou excédants de bagages pesant isolément 40 kilogrammes et au-dessous.

Toutefois les prix de transport déterminés au tarif sont applicables à tous paquets ou colis quoique emballés à part, s'ils font partie d'envois pesant ensemble plus de 40 kilogrammes d'objets envoyés par une même personne à une même personne. Il en sera de même pour les excédants de bagages qui pèseraient, ensemble ou isolément, plus de 40 kilogrammes.

Le bénéfice de la disposition énoncée dans le paragraphe précédent, en ce qui concerne les paquets et colis. ne peut être invoqué par les entrepreneurs de messageries et de roulage et autres intermédiaires de transport, à moins que les articles par eux envoyés ne soient réunis en un seul colis.

Dans les cinq cas ci-dessus spécifiés, les prix de transport seront arrêtés annuellement par l'administration, tant pour la grande que pour la petite vitesse, sur la proposition de la compagnie.

En ce qui concerne les paquets ou colis mentionnés au paragraphe 5 ci-dessus, les prix de transport devront être calculés de telle manière, qu'en aucun cas un de ces paquets ou colis ne puisse payer un prix plus élevé qu'un article de même nature pesant plus de 40 kilogrammes.

Art. 48. — Dans le cas où la compagnie jugerait convenable d'abaisser avec ou sans conditions, au-dessous des limites déterminées par le tarif, les taxes qu'elle est autorisée à percevoir, les taxes abaissées ne pourront être relevées qu'après un délai de trois mois au moins pour les voyageurs et d'un an pour les marchandises.

Toute modification de tarif proposée par la compagnie sera annoncée un mois d'avance par des affiches.

La perception des tarifs modifiés ne pourra avoir lieu qu'avec l'homologation de l'administration supérieure, conformément aux dispositions de l'ordonnance du 15 novembre 1846.

La perception des taxes devra se faire indistinctement et sans aucune faveur.

Tout traité particulier qui aurait pour effet d'accorder à un ou plusieurs expéditeurs une réduction sur les tarifs approuvés demeure formellement interdit.

Toutefois, cette disposition n'est pas applicable aux traités qui pourraient intervenir entre le Gouvernement et la compagnie dans l'intérêt des services publics, ni aux réductions ou remises qui seraient accordées par la compagnie aux indigents.

Art. 49. — La compagnie sera tenue d'effectuer constamment avec soin, exactitude et célérité et sans tour de faveur, le transport des voyageurs, bestiaux, denrées, marchandises et objets quelconques qui lui seront confiés.

Les colis, bestiaux et objets quelconques seront inscrits, à la gare tant au départ qu'à l'arrivée, sur des registres spéciaux, sur lesquels, si l'expéditeur ou le destinataire le requiert, mention sera faite, au départ, du prix total dû pour leur transport.

Pour les marchandises ayant une même destination, les expéditions auront lieu suivant l'ordre de leur inscription.

Toute expédition de marchandises sera constatée, si l'expéditeur le demande, par une lettre de voiture dont un exemplaire restera aux mains de la compagnie et l'autre aux mains de l'expéditeur. Dans le cas où l'expéditeur ne demanderait pas de lettre de voiture, la compagnie sera tenue de lui délivrer un récépissé qui énoncera la nature et le poids du colis, le prix total du transport et le délai dans lequel ce transport devra être effectué.

Art. 50. — Les animaux, denrées, marchandises et autres objets quelconques seront expédiés et livrés dans les délais résultant des conditions ci-après exprimées:

1° Les animaux, denrées, marchandises et objets quelconques, à grande vitesse, seront expédiés par le premier train de voyageurs comprenant des voitures de toutes classes et correspondant avec leur destination, pourvu qu'ils aient été présentés à l'enregistrement trois heures avant le départ de ce train.

Ils seront mis à la disposition des destinataires, à la gare, dans le délai de deux heures après l'arrivée du même train.

2° Les animaux, denrées, marchandises et objets quelconques, à petite vitesse, seront expédiés dans le jour qui suivra celui de la remise; toutefois, l'administration supérieure pourra étendre ce délai à deux jours.

Le maximum de durée du trajet sera fixé par l'administration, sur la proposition de la compagnie, sans que ce maximum puisse excéder vingt-quatre heures.

Les colis seront mis à la disposition des destinataires dans le jour qui suivra celui de leur arrivée en gare.

Le délai total résultant des trois paragraphes ci-dessus sera seul obligatoire pour la compagnie.

Il pourra être établi un tarif réduit, approuvé par le ministre, pour tout expéditeur qui acceptera des délais plus longs que ceux déterminés ci-dessus pour la petite vitesse.

Pour le transport des marchandises, il pourra être établi, sur la proposition de la compagnie, un délai moyen entre ceux de la grande et de la petite vitesse. Le prix correspondant à ce délai sera un prix intermédiaire entre ceux de la grande et de la petite vitesse.

L'administration supérieure déterminera, par des règlements spéciaux, les heures d'ouverture et de fermeture de la gare, tant en hiver qu'en été, ainsi que les dispositions relatives aux denrées apportées par les trains de nuit et destinées à l'approvisionnement des marchés des villes.

Lorsque la marchandise devra passer d'une ligne sur une autre sans solution de continuité, les délais de livraison et d'expédition au point de jonction seront fixés par l'administration, sur la proposition de la compagnie.

Art. 51. — Les frais accessoires non mentionnés dans les tarifs, tels que ceux d'enregistrement, de chargement, de déchargement et de magasinage dans les gares et magasins du chemin de fer, seront fixés annuellement par l'administration, sur la proposition de la compagnie.

Art. 52. — La compagnie sera tenue de faire, soit par elle-même, soit par un intermédiaire dont elle répondra, le factage et le camionnage pour la remise au domicile des destinataires de toutes les marchandises qui lui sont confiées.

Le factage et le camionnage ne seront point obligatoires en dehors du rayon de l'octroi de la ville dans laquelle la gare sera placée, ou si cette ville ne comprend pas une population agglomérée d'au moins 5,000 habitants; ils cesseront également d'être obligatoires si la gare est située à plus de 5 kilomètres d'une ville.

Les tarifs à percevoir seront fixés par l'administration, sur la proposition de la compagnie. Ils seront applicables à tout le monde sans distinction.

Toutefois les expéditeurs et destinataires resteront libres de faire eux-mêmes et à leurs frais le factage et le camionnage des marchandises.

Art. 53. — A moins d'une autorisation spéciale de l'administration, il est interdit à la compagnie, conformément à l'article 14 de la loi du 15 juillet 1845, de faire directement ou indirectement avec des entreprises de transport de voyageurs ou de marchandises par terre ou par eau, sous quelque dénomination ou forme que ce puisse être, des arrangements qui ne seraient pas consentis en faveur de toutes les entreprises desservant les mêmes voies de communication.

L'administration, agissant en vertu de l'article 33 ci-dessus, prescrira les mesures à prendre pour assurer la plus complète égalité entre les diverses entreprises de transport dans leurs rapports avec le chemin de fer.

TITRE V

STIPULATIONS RELATIVES A DIVERS SERVICES PUBLICS

Art. 54. — Les fonctionnaires ou agents chargés de l'inspection, du contrôle et de la surveillance du chemin de fer, seront transportés gratuitement dans les voitures de la compagnie.

La même faculté est accordée aux agents des contributions indirectes et des douanes chargés de la surveillance des chemins de fer dans l'intérêt de la perception de l'impôt.

Art. 55. — Le Gouvernement se réserve la faculté de faire, le long des voies, toutes les constructions, de poser tous les appareils nécessaires à l'établissement d'une ligne télégraphique, sans nuire au service du chemin de fer.

Sur la demande de l'administration des lignes télégraphiques, il sera réservé, dans la gare, le terrain nécessaire à l'établissement des maisonnettes destinées à recevoir le bureau télégraphique et son matériel.

La compagnie concessionnaire sera tenue de faire garder par ses agents les fils et les appareils des lignes électriques, de donner aux employés télégraphiques connaissance de tous les accidents qui pourraient survenir et de leur en faire connaître les causes. En cas de rupture du fil télégraphique, les employés de la compagnie auront à raccrocher provisoirement les bouts séparés, d'après les instructions qui leur seront données à cet effet.

Les agents de la télégraphie voyageant pour le service de la ligne électrique, auront le droit de circuler gratuitement dans les voitures du chemin de fer.

En cas de rupture du fil télégraphique ou d'accidents graves, une locomotive sera mise immédiatement à la disposition de l'inspecteur télégraphique de la ligne, pour le transporter sur le lieu de l'accident avec les hommes et les matériaux nécessaires à la réparation. Ce transport sera gratuit et il devra être effectué dans des conditions telles, qu'il ne puisse entraver en rien la circulation publique.

Dans le cas où des déplacements de fils, appareils ou poteaux deviendraient nécessaires par suite de travaux exécutés sur le chemin, ces déplacements auraient lieu aux frais de la compagnie par les soins de l'administration des lignes télégraphiques.

La compagnie pourra obtenir l'autorisation et au besoin être requise par le ministre des travaux publics, agissant de concert avec le ministre de l'intérieur, d'établir à ses frais les fils et appareils télégraphiques destinés à transmettre les signaux nécessaires à la sûreté et à la régularité de son exploitation.

Elle pourra, avec l'autorisation du ministre de l'intérieur, se servir des poteaux et supports de la ligne télégraphique de l'État, lorsqu'une semblable ligne existera le long de la voie.

La compagnie sera tenue de se soumettre à tous les règlements d'administration publique concernant l'établissement et l'emploi de ces appareils, ainsi que l'organisation, aux frais de la compagnie, du contrôle de ce service par les agents de l'État.

TITRE VI

CLAUSES DIVERSES

Art. 56. — Dans le cas où le Gouvernement ordonnerait ou autoriserait la construction de routes nationales, départementales ou vicinales, de chemins de fer ou de canaux qui traverseraient les lignes objet de la présente concession, la compagnie ne pourra s'opposer à ces travaux;

mais toutes les dispositions nécessaires seront prises pour qu'il n'en résulte aucun obstacle à la construction ou au service du chemin de fer, ni aucuns frais pour la compagnie.

Art. 57. — Toute exécution ou autorisation ultérieure de route, de canal, de chemin de fer, de travaux de navigation dans la contrée où est situé le chemin de fer objet de la présente concession, ou dans toute contrée voisine ou éloignée, ne pourra donner ouverture à aucune demande d'indemnité de la part de la compagnie.

Toutefois, le Gouvernement s'engage à ne concéder pendant trente ans, à partir de la date fixée pour l'achèvement des travaux, aucun autre chemin de fer partant du littoral français et pénétrant sous la mer, dans la direction de l'Angleterre.

Art. 58. — Dans la partie de la ligne comprise entre la gare principale où commencera le service spécial du tunnel sous-marin et la limite de sa concession vers l'Angleterre, la compagnie ne pourra être tenue de recevoir aucun embranchement public ou particulier, ni de laisser circuler des trains autres que ceux formés par elle.

Dans la partie de la ligne comprise entre la gare principale et la limite de sa concession vers la France, la compagnie sera soumise aux dispositions suivantes, qui s'appliquent exclusivement à ladite partie.

Le Gouvernement se réserve expressément le droit d'accorder de nouvelles concessions de chemins de fer s'embranchant sur ladite partie du chemin qui fait l'objet du présent cahier des charges ou établis en prolongement.

La compagnie ne pourra mettre aucun obstacle à ces embranchements ni réclamer, à l'occasion de leur établissement, aucune indemnité quelconque, pourvu qu'il n'en résulte aucun obstacle à la circulation, ni aucuns frais particuliers pour elle.

Les compagnies concessionnaires des chemins de fer d'embranchements ou de prolongements auront la faculté, moyennant les tarifs ci-dessus déterminés et l'observation des règlements de police et de service établis ou à établir, de faire circuler leurs voitures-wagons et machines sur le chemin de fer objet de la présente concession, pour lequel cette faculté sera réciproque à l'égard desdits embranchements et prolongements.

Dans le cas où une compagnie d'embranchement ou de prolongement joignant la ligne qui fait l'objet de la présente concession, n'userait pas de la faculté de circuler sur cette ligne, comme aussi dans le cas où la compagnie concessionnaire de cette ligne ne voudrait pas circuler sur les prolongements et embranchements, les compagnies seraient tenues de s'arranger entre elles de manière que le service du transport ne soit jamais interrompu aux points de jonction des diverses lignes.

Celle des compagnies qui se servirait d'un matériel qui ne serait pas sa propriété, payera une indemnité en rapport avec l'usage et la détorition de ce matériel. Dans le cas où la compagnie ne se mettrait pas d'accord sur la quotité de l'indemnité ou sur les moyens d'assurer la continuation du service sur toute la ligne, le Gouvernement y pourvoirait d'office et prescrirait toutes les mesures nécessaires.

Art. 59. — La contribution foncière sera établie en raison de la surface des terrains occupés par le chemin de fer et ses dépendances ; le côte en sera calculée, comme pour les canaux, conformément à la loi du 25 avril 1803.

Les bâtiments et magasins dépendant de l'exploitation du chemin de fer seront assimilés aux propriétés bâties de la localité. Toutes les contributions auxquelles ces édifices pourront être soumis seront, aussi bien que la contribution foncière, à la charge de la compagnie.

Art. 60. — Les agents et gardes que la compagnie établira, soit pour la perception des droits, soit pour la surveillance et la police du chemin de fer et de ses dépendances, pourront être assermentés et seront, dans ce cas, assimilés aux gardes champêtres.

Art. 61. — Un règlement d'administration publique désignera, la compagnie entendue, les emplois dont la moitié devra être réservée aux anciens militaires de l'armée de terre et de mer libérés du service.

Art. 62. — Il sera institué près de la compagnie un ou plusieurs inspecteurs ou commissaires spécialement chargés de surveiller les opérations de la compagnie, pour tout ce qui se rattache pas dans les attributions des ingénieurs de l'Etat.

Art. 63. — Les frais de visite, de surveillance et de réception des travaux et les frais de contrôle de l'exploitation seront supportés par la compagnie. Ces frais comprendront le traitement des inspecteurs ou commissaires dont il a été question dans l'article précédent.

Afin de pourvoir à ces frais, la compagnie sera tenue de verser chaque année à la caisse centrale du Trésor public une somme de 120 fr. par chaque kilomètre de chemin de fer concédé. Toutefois cette somme sera réduite à 50 fr. par kilomètre pour la période antérieure à la mise en exploitation.

Dans lesdites sommes n'est pas comprise celle qui sera déterminée, en exécution de l'article 58 ci-dessus, pour frais de contrôle du service télégraphique de la compagnie sur les agents de l'Etat.

Si la compagnie ne verse pas les sommes ci-dessus réglées aux époques qui auront été fixées, le préfet rendra un rôle exécutoire et le montant en sera recouvré comme en matière de contributions publiques.

Art. 64. — La compagnie est dispensée de tout cautionnement.

Art. 65. — La compagnie devra faire élection de domicile à Paris.

Dans le cas où elle ne l'aurait pas fait, toute notification ou signification à elle adressée sera valable lorsqu'elle sera faite au secrétariat général de la préfecture de la Seine.

Art. 66. — Les contestations qui s'élèveraient entre la compagnie et l'administration au sujet de l'exécution et de l'interprétation des clauses du présent cahier des charges, seront jugées administrativement par le conseil de préfecture du département de la Seine, sauf recours au conseil d'Etat.

Annexe n° 3157.

PROJET DE LOI portant ouverture au budget du ministère de l'instruction publique, des cultes et des beaux-arts, section 1re, chapitre 4 (Instruction publique), exercice 1874, d'un crédit supplémentaire de 9,250 fr. applicable aux frais de passage des fonctionnaires de l'instruction publique de France en Algérie (renvoyé à la commission du budget de 1875), présenté au nom de M. le maréchal de Mac Mahon, duc de Magenta, Président de la République française, par M. H. Wallon, ministre de l'instruction publique, des cultes et des beaux-arts, et par M. Léon Say, ministre des finances.

EXPOSÉ DES MOTIFS

Messieurs, depuis l'année 1863, le crédit alloué pour les frais de passage des fonctionnaires de France en Algérie et d'Algérie en France, forme un article spécial au chapitre 4 du budget de l'instruction publique. Les développements de l'instruction primaire et de l'instruction secondaire dans nos possessions africaines ont eu pour effet d'augmenter successivement les dépenses de cette nature. Aussi les crédits primitifs alloués par la loi de finances ont-ils été constamment dépassés.

Quand la somme accordée était de 7,000 fr., la dépense s'élevait de 18,000 fr. à 22,000 fr. Quand le chiffre budgétaire a été porté à 18,000 fr., les frais de passage ont atteint 26,000 et 28,000 fr. L'allocation a été pour 1874, de 22,000 fr. et la dépense de 31,248 fr. 01. Cette augmentation sans cesse croissante a obligé l'administration de l'instruction publique de demander presque chaque année, au pouvoir législatif, les sommes nécessaires pour solder les différences qui s'étaient produites entre les prévisions du budget et la dépense réelle. C'est par le même motif que le Gouvernement s'adresse aujourd'hui à l'Assemblée nationale et soumet à son approbation le projet de loi ci-joint.

PROJET DE LOI

Art. 1er. — Un crédit supplémentaire de 9,250 francs est ouvert sur l'exercice 1874 au ministre de l'instruction publique, des cultes et des beaux-arts, section première, chapitre 4 (Instruction publique, applicable aux frais de passage en Algérie et *vice versa*.

Art. 2.— Il sera pourvu à la dépense au moyen des ressources de l'exercice 1874.

Annexe n° 3158.

PROJET DE LOI portant ouverture au ministre de l'instruction publique, des cultes et des beaux-arts, d'un crédit supplémentaire de 125,000 fr. applicable aux dépenses diverses pour l'étude de la parallaxe du soleil, section 1re, chapitre 26, exercice 1875, présenté au nom de M. le maréchal de Mac Mahon, duc de Magenta, Président de la République française, par M. Wallon, ministre de l'instruction publique, des cultes et des beaux-arts, et par M. Léon Say, ministre des finances. (Renvoyé à la commission du budget de 1875.)

EXPOSÉ DES MOTIFS

Messieurs, un crédit de 300,000 fr. imputable sur les exercices budgétaires de 1873 et 1874, a été voté par l'Assemblée nationale afin de faire face aux premières dépenses auxquelles devaient donner lieu :

1° Les observations spéciales pour la détermination de la parallaxe du soleil ;

2° La construction des instruments nécessaires à cette importante opération.

Des savants distingués ne consultant que leur dévouement à la science, se sont rendus, munis d'instructions et de programmes détaillés, sur divers points du globe, à l'île Campbell, à l'île Saint-Paul, à Nouméa, à Pékin, en Cochinchine, au Japon pour étudier le passage de Vénus sur le disque du soleil.

Quand la commission choisie dans l'Académie des sciences, pour diriger les travaux de cette entreprise scientifique a préparé le budget approximatif des dépenses qu'elle entraînerait, elle n'a pas hésité à laisser entrevoir que le crédit demandé dès l'origine, serait insuffisant. En effet, il a été absorbé d'un côté, par la construction des instruments et les études préparatoires ; de l'autre, par les voyages et les frais de séjour des missions.

Au départ, les excédants de poids du matériel provenant du transport d'instruments plus nombreux ; au retour, l'abondance des résultats scientifiques obtenus dans les pays lointains par les membres des diverses expéditions, ont semblablement accru la dépense. D'autres insuffisances de crédit ont eu pour cause : la prolongation du séjour de l'expédition de Nouméa, motivée par le besoin d'en vérifier la longitude ; la nécessité où s'est trouvée l'expédition de la Chine, d'attendre à Pékin que le *Peï-Ho*, entièrement pris par les glaces, fût redevenu navigable, l'obligation imposée à M. Janssen de rester au Japon jusqu'à l'époque de l'éclipse totale du soleil qu'il devait observer dans le royaume de Siam ; enfin, la réparation et la mise en état des instruments qui avaient souffert durant les transports, pour les six missions que nous avons indiquées. La première partie de cet excédant, relative aux frais de missions, ne s'élève pas à moins de 60,000 fr., et la seconde, ayant rapport aux réparations d'instruments, atteint le chiffre de 12,000 fr.

C'est par conséquent, une somme de 72,000 fr., qui est nécessaire pour couvrir les dépenses du passé.

Mais, l'Assemblée nationale ne voudra certainement pas que les immenses résultats obtenus par les observateurs ne soient pas divulgués, ainsi que l'exige l'intérêt de la science et l'honneur des savants français. Elle ne voudra pas que les précieuses photographies recueillies par le capitaine Mouchez, les observations directes et les images photographiques du lieutenant de vaisseau Fleuriais, que les documents transmis par les ingénieurs géographes de la marine, MM. Bouquet de la Grye et Héraud, par M. André, de l'Observatoire de Paris, enfin par M. Janssen, de l'Académie des sciences, ne servent pas de base à de nouvelles études, à de nouvelles découvertes scientifiques qui contribueront puissamment à préparer l'observation du phénomène du passage de Vénus sur le disque solaire, phénomène qui doit se reproduire en 1880.

Aussi le Gouvernement n'hésite-t-il pas à répondre aux vœux de la commission du passage de Vénus, en venant soumettre au vote de l'Assemblée nationale la demande d'un crédit de 53,000 fr. qui permettrait à la commission de construire cinq appareils micrométriques nécessaires pour mesurer, sur les photographies représentant les divers moments du passage, les éléments numériques qu'elles sont propres à fournir, d'accorder des indemnités à quatre observateurs et au photographe attaché à la préparation des plaques, au nombre de mille, dont l'étude exigera un travail des plus scrupuleux. Enfin, de graver et de reproduire des cartes, des plans, des vues, des dessins d'appareils, etc., destinés à être joints aux rapports et de couvrir les frais divers et imprévus pouvant résulter de travaux si considérables.

En conséquence, nous avons l'honneur de vous proposer d'adopter le projet de loi suivant.

PROJET DE LOI

Art. 1er. — Il est ouvert au ministre de l'instruction publique, des cultes et des beaux-arts, sur l'exercice 1875, section première, chapitre 26, un crédit supplémentaire de 125,000 fr., applicable aux dépenses relatives à la détermination de la parallaxe du soleil.

Art. 2. — Il sera pourvu à cette dépense au moyen des ressources de l'exercice 1875.

Annexe n° 3159.

RAPPORT fait au nom de la commission du budget de 1876 (*) sur la proposition de M. le comte de Bouillé et plusieurs de ses collègues, relative à la création d'une école supérieure d'agriculture, par M. Monjaret de Kerjégu, membre de l'Assemblée nationale.

Messieurs, une proposition de loi relative à la création d'une école supérieure d'agriculture à Versailles, ayant comme annexe un champ d'essai de 50 hectares environ, avec les dépendances nécessaires pour son exploitation, a été déposée par M. le comte de Bouillé et cent trente-sept de nos collègues, dans la séance du 22 juin 1872.

Cette proposition, prise en considération par l'Assemblée, a été renvoyée à l'examen d'une commission spéciale dont notre honorable collègue M. Teisserenc de Bort est le président et M. le marquis de Dampierre le rapporteur.

La première lecture a été accueillie favorablement par l'Assemblée nationale, et avant qu'elle passe à la deuxième délibération, la proposition a été soumise à la commission du budget, pour avoir son avis, aux termes de l'article 26 du règlement.

La proposition primitive, modifiée par la commission spéciale, peut se résumer ainsi :

1° L'école supérieure qui devait être, d'après M. le comte de Bouillé, fondée à Versailles, sera établie à Paris et portera le nom de faculté d'agriculture; elle aura pour but de donner l'enseignement théorique agricole le plus complet ;

2° Une ferme contenant 50 hectares environ, sera distraite du domaine de l'Etat, pour servir de champ d'expérience ;

3° Une somme de 300,000 fr. sera affectée à l'appropriation du local nécessaire pour l'installation de la faculté à Paris, aux frais de premier établissement de la ferme expérimentale et à l'achat des collections et instruments indispensables pour tout enseignement de cette nature ;

4° Un crédit de 200,000 fr. sera ouvert à l'effet de couvrir les dépenses annuelles ;

5° Le régime de l'externat payant, avec auditeurs libres, formera la base de l'organisation.

La rétribution annuelle sera de 800 francs, droits d'examen en plus.

Chaque année, dix bourses de 1,000 fr. donnant droit à l'enseignement gratuit, seront accordées au concours, savoir :

Cinq aux élèves des écoles régionales ;

Cinq aux autres candidats qui se présenteront après avoir subi avec succès l'examen exigé.

Notre honorable collègue M. le marquis de Dampierre a développé, dans un rapport remarquable, les motifs invoqués par les auteurs de la proposition pour la justifier. Ils soutiennent, notamment, qu'après avoir fondé les fermes-écoles et les écoles régionales, qu'on peut appeler les deux premiers degrés de l'enseignement agricole, il est nécessaire de placer au sommet une institution qui en sera le couronnement.

Ils rappellent les services rendus et surtout ceux qu'aurait pu rendre l'institut agronomique de Versailles créé en 1848, s'il n'avait pas été supprimé pour un motif futile en septembre 1852.

Enfin nos collègues déclarent que d'immenses progrès ont été réalisés dans ces derniers temps, grâce aux découvertes de la science, et ils ont la conviction, qu'à l'instar de ce qui existe en Allemagne et ailleurs, un enseignement supérieur est indispensable pour en favoriser le développement.

Ils considèrent cette création comme le moyen le plus efficace de former des professeurs et de faciliter les études agricoles de la jeunesse française, laquelle, faute d'une instruction suffisante, n'a pas compris jusqu'à ce jour tous les avantages et les profits que procure l'exploitation intelligente d'un sol aussi riche et aussi varié que celui de notre pays.

Il ne nous appartient pas, messieurs, de nous prononcer sur la question de principe, à savoir s'il y a lieu de créer un établissement de haut enseignement agricole ; notre mission consiste seulement à examiner la proposition de nos honorables collègues au point de vue budgétaire, et à signaler les conséquences financières qui en résulteraient.

Après avoir étudié avec le plus grand soin le rapport de l'honorable marquis de Dampierre et entendu ses observations verbales, nous constatons d'abord que le local pour l'installation à Paris de la faculté d'agriculture n'est pas désigné ; que les indications permettant d'apprécier approximativement les dépenses qu'entraîneraient la création et l'installation d'un édifice assez spacieux pour contenir un amphithéâtre, des salles, des laboratoires et autres dépendances indispensables pour un établissement de cette nature n'ont pas été données à la commission du budget ; qu'il faudrait acquérir des collections, des instruments nombreux, en rapport avec l'importance des cours qui seraient donnés dans cette faculté.

En second lieu, rien de précis ne nous a été appris sur la partie du domaine public où la ferme expérimentale serait établie ; nous ignorons par suite la dépense qu'entraînerait la construction ou l'appropriation d'édifices réalisant tous les progrès obtenus jusqu'à ce jour, leur aménagement et l'achat d'animaux de premier choix et d'instruments perfectionnés dont un semblable établissement devra être pourvu.

Nous croyons être dans le vrai, messieurs, en disant que le chiffre de 300,000 fr., auquel on a évalué dans le rapport les frais de premier établissement, tant pour les bâtiments, collections et laboratoires à Paris, que pour la ferme expérimentale, sera considérablement dépassé.

En ce qui concerne les dépenses annuelles, supputées à 200.000 fr., défalcation faite de la rétribution scolaire, en nous basant même sur quelques indications contenues dans le rapport, nous sommes persuadés également que cette somme ne suffirait pas, tout au moins pendant les premières années.

M. le ministre de l'agriculture et du commerce que nous avons entendu, nous a indiqué plusieurs combinaisons qui semblent de nature à rendre moins coûteux l'établissement de la faculté d'agriculture projetée.

Il aurait dit qu'il y aurait lieu d'examiner si elle ne pourrait pas être annexée à l'école des arts et manufactures, sous certaines conditions qui la rendraient indépendante de l'enseignement spécial donné dans cet établissement.

On a dit aussi qu'il serait peut-être possible, tout en l'installant à Paris, afin de confier l'enseignement aux professeurs éminents qui ne consentiraient pas à s'absenter de la capitale pour faire leurs cours, d'utiliser l'école d'agriculture de Grignon comme ferme expérimentale ; les élèves s'y rendraient une ou deux fois par semaine.

En résumé, bien que nous n'ayons pas à nous prononcer sur le principe de la création d'une faculté d'agriculture, nous reconnaissons qu'un institut de haut enseignement agricole, institut dont la France est dépourvue, y rendrait d'incontestables services ; mais nous pensons en même temps que les études préparatoires lais-

(*) Cette commission est composée de MM. Mathieu-Bodet, président ; Teisserenc de Bort, Maguin, vice-présidents ; Lefébure, Tirard, comte Octave de Bastard, de Ravinel, secrétaires ; Dréo, Fourcand, Luret, Baudot, Gouin, Lambert de Sainte Croix, Lepère, comte d'Osmoy, Wolowski, Adam (Seine), Delsol, général Chareton, général Saussier, Monjaret de Kerjégu, baron de Soubeyran, Langlois, amiral Pothuau, Faye, marquis de Talhouet, Plichon, Cochery, André (Seine), Bathie.

sent à désirer; que les renseignements fournis sont incomplets; que la question n'est pas suffisamment élucidée au point de vue budgétaire, et qu'il y a lieu d'attendre que le Gouvernement, auquel on demande d'affecter une partie du domaine public à la ferme expérimentale, ait étudié la proposition si digne d'intérêt de nos honorables collègues.

En conséquence, nous proposons d'ajourner cette création jusqu'à plus ample informé, et nous invitons M. le ministre de l'agriculture à vouloir bien faire examiner la proposition dans un délai rapproché, afin que l'Assemblée soit en mesure d'apprécier les sacrifices qu'imposerait réellement au Trésor la fondation d'une faculté d'agriculture.

SÉANCE DU JEUDI 8 JUILLET 1875

Annexe n° 3160.

RAPPORT fait au nom de la commission du budget (*) sur le budget des dépenses de l'exercice 1876 (ministère des affaires étrangères), par M. Lefébure, membre de l'Assemblée nationale.

Messieurs, l'ensemble des crédits demandés pour le département des affaires étrangères au budget de 1876 est de 11,255,500 fr., chiffre égal à relui du budget voté pour l'exercice 1875.

Si l'on compare les propositions budgétaires actuelles du département des affaires étrangères avec le budget primitif de 1871, on constate que les crédits affectés au service de ce département ministériel ont subi, depuis les événements de 1870-1871, une réduction totale de 1,888,000 francs.

En effet, le budget voté par le Corps législatif pour l'exercice 1871 s'élevait à 13.143.500

Tandis que le projet de budget pour 1876 ne présente qu'un total de . 11.255.500

Ce qui fait ressortir une diminution de.......... .... 1.888.000

Les réductions de crédits qui forment les éléments de cette différence en moins ont été l'objet de diverses dispositions adoptées par l'Assemblée nationale depuis l'époque de sa première réunion jusques et y compris le vote du budget de 1874 (loi du 29 décembre 1873). A compter de cette date, aucun retranchement nouveau n'a été opéré et l'on a reconnu que les dotations actuelles ne font que répondre aux besoins du service.

CHAPITRES I ET II

Le chapitre I (traitement du ministre et personnel de l'administration centrale, 619,200 fr.) et le chapitre II (matériel de l'administration centrale, 200,000 fr.) n'ont donné lieu à aucune observation.

Les crédits demandés pour ces chapitres sont les mêmes que pour l'exercice 1875, et nous ne pouvons que conclure à leur adoption.

CHAPITRES III ET IV

Votre commission, après s'être entendue avec M. le ministre des affaires étrangères, croit de

(*) Cette Commission est composée de MM. Mathieu-Bodet, *président*; Teisserenc de Bort, Magnin, *vice-présidents*; Lefébure, Tirard, le comte Octave de Bastard, de Ravinel, *secrétaires*; Dréo, Fourcand, Lucet, Raudot, Gouin, Lambert de Sainte-Croix, Lepère, comte d'Osmoy, Wolowski, Adam (Seine), Delsol, général Chareton, général Saussier, Monjaret de Kerjégu, baron de Soubeyran, Langlois, amiral Pothuau, Faye, marquis de Talhouët, Plichon, Cochery, André (Seine), Battie.

voir vous proposer, en ce qui touche le chapitre III (traitement des agents politiques et consulaires, 6,060,900 fr.) de compléter une mesure fort justement adoptée en 1872, en rattachant à ce chapitre un certain nombre d'agences consulaires maintenues, à tort, selon nous au chapitre VII.

La majeure partie des allocations affectées aux agences consulaires a été transportée, en 1872, du chapitre VII (frais de service) et du chapitre XI (missions et dépenses extraordinaires) au chapitre III (traitement des agents politiques et consulaires) et ces allocations considérées comme de véritables traitements, ont été soumises de la sorte au contrôle législatif.

Le total des allocations ainsi transférées s'élevait à 269,600 fr.

Toutefois, comme nous venons de le dire, il existe encore, parmi les agences maintenues au chapitre VII, un certain nombre de postes dotés d'allocations ayant en réalité le caractère de traitements proprement dits, attendu qu'elles sont fixes et frappées de la retenue pour le service des pensions civiles.

Ces émoluments représentent actuellement une somme totale de 181,500. fr.

L'intérêt du service non moins que la logique commande de rattacher au chapitre III les allocations ci-dessus spécifiées.

Cette mesure aurait pour résultats:

De faire disparaître une anomalie et de compléter la translation opérée en 1872;

D'assujettir au contrôle de l'Assemblée nationale des émoluments qui ne sauraient échapper à son examen;

De dégrever le chapitre VII d'un élément de dépense qui, n'étant point renfermé dans les limites infranchissables, peut aisément s'accroître.

Les conséquences budgétaires de l'opération seraient pour le chapitre III une augmentation de crédit de 181,500 fr. et pour le chapitre VII une réduction de pareille somme.

Il serait d'ailleurs bien entendu qu'aucune allocation soumise à retenue ne pourrait dorénavant être attribuée à un agent vice-consul sur les fonds du chapitre des frais de service.

Quelques sous-agences consulaires demeureraient néanmoins réunies sous le titre de ce dernier chapitre, à savoir, celles dont les titulaires reçoivent de simples indemnités de frais de service payées soit par voie d'ordonnancement direct, soit par l'intermédiaire des chefs de mission.

La nature même de ces indemnités qui sont affranchies de la retenue pour les pensions civiles, indique qu'elles ne sauraient être assimilées aux traitements proprement dits et qu'en conséquence il n'y a pas lieu de les transférer au chapitre III.

La dépense qu'elles représentent n'atteint pas d'ailleurs 40,000 fr. par an.

En abordant l'examen du chapitre III, l'honorable rapporteur du budget du ministère des affaires étrangères pour l'exercice 1875 avait cru devoir insister sur la nécessité de se rendre un compte exact de l'importance politique et de l'utilité, au point de vue commercial, des divers postes consulaires.

Le rapport se prononçait d'ailleurs formellement pour le maintien des postes consulaires actuellement existants.

De nouveaux documents qui justifient pleinement cette conclusion, ont été remis à votre commission. Ces documents nous ont permis de passer en revue les divers pays où la France entretient des consuls et d'asseoir notre appréciation sur des informations précises et complètes.

En présence de cette étude et en tenant compte des réductions opérées depuis 1871 dans le cadre des postes consulaires aussi bien que de la transformation de plusieurs consulats généraux en simples consulats, il ne nous a pas semblé possible d'effectuer de nouvelles réformes sans compromettre les intérêts du service. Le relèvement de certains postes vous serait plutôt demandé. En ce qui touche nos relations avec l'Amérique par exemple, il y a lieu de remarquer en effet que la commission instituée pour rechercher les moyens d'assurer le développement de notre commerce extérieur, non-seulement demande le maintien des consulats français existants, mais a exprimé le regret, en se plaçant au point de vue de notre industrie et de notre navigation, que plusieurs de ces postes eussent été supprimés.

Nous ne saurions pas non plus perdre de vue que, dans le même moment où nous étions forcés par des nécessités financières de diminuer le personnel de nos agents consulaires, les nations étrangères, et en particulier l'Allemagne, développaient au contraire leur propre personnel en nous empruntant en grande partie notre organisation.

Nous avons, il est vrai, été amenés depuis 1860, à donner, sur un point, une certaine extension à notre établissement consulaire; nous voulons parler de l'Extrême-Orient. Plusieurs consulats ont été créés en Chine et au Japon, et il est naturel que vos commissions de finances se préoccupent de rechercher dans quelle mesure ces charges nouvelles imposées au budget se trouvent justifiées.

Nous n'avons pas à revenir sur les circonstances qui ont provoqué l'extension de notre service consulaire en Chine et au Japon.

Tous nos intérêts nous commandaient, après la conclusion de la paix avec la Chine, en 1860, de faciliter à nos nationaux l'exploitation de ces vastes marchés, où les aliments d'échange sont presque inépuisables, et de favoriser le développement de notre commerce maritime dans les mers de Chine, où le pavillon français soutenait avec moins de désavantage qu'ailleurs la concurrence des marines anglaise, allemande et américaine.

Pour apprécier dans quelle mesure les résultats ont répondu aux efforts et aux sacrifices financiers faits depuis 1860, il suffit de comparer ce qu'était avant cette époque et ce qu'est aujourd'hui le mouvement de nos échanges avec les pays de l'Extrême-Orient.

En 1857, ce commerce représentait à peine une valeur de 8 à 10 millions de francs; pendant la période décennale qui a suivi, de 1857 à 1866, il s'est progressivement élevé au triple; mais la moyenne annuelle n'a pas dépassé 13 millions; en 1867, il est monté à 56 millions, et en 1868, il a atteint le chiffre de 107 millions.

Depuis lors il a été, tantôt au-dessus, tantôt au dessous de ce chiffre, qu'on peut considérer aujourd'hui comme une moyenne approximative de nos échanges avec ces pays pendant les six dernières années. Il faut d'ailleurs observer qu'il n'est ici question que des échanges directs entre la France et l'Extrême-Orient, et l'on sait que ceux qui s'effectuent par l'intermédiaire d'autres pays, notamment de l'Angleterre, représentent un mouvement non moins considérable. Il est également à remarquer que les chiffres qui viennent d'être cités s'appliquent uniquement au commerce spécial, c'est-à-dire à l'échange des produits de notre sol et de notre industrie contre des marchandises destinées à être consommées en France; il faudrait les doubler si on voulait y comprendre la valeur des articles d'importation et d'exportation qui ne font qu'emprunter notre territoire.

Quant au mouvement maritime direct entre la France et ces contrées, il était à peu près nul avant 1860, et en 1857 il se bornait à quatre navires chargés seulement. La moyenne annuelle a été de quarante navires de 1857 à 1866; aujourd'hui le nombre des navires français qui prennent part à cette intercourse avec chargement s'élève à 73, jaugeant 107,000 tonneaux. Ce chiffre ne comprend pas d'ailleurs les bâtiments français qui naviguent le long des côtes chinoises et japonaises. Que si maintenant l'on examine séparément l'utilité de chacun des postes consulaires créés depuis 1860 dans l'Extrême-Orient, il est facile de se convaincre que la réduction de leur nombre serait préjudiciable à nos intérêts. Les faits eux-mêmes démontrent combien nous nous sommes attachés avec raison à favoriser le courant de nos nationaux vers ces lointains marchés, où les résultats obtenus ont dépassé leurs espérances.

Cette remarque, il faut le dire, est surtout vraie de nos relations avec le Japon. Ce dernier pays est de tous ceux de l'Extrême-Orient, celui où les aptitudes commerciales et industrielles de notre nation paraissent devoir trouver l'emploi le plus fructueux; il existe une corrélation particulière entre les besoins de chacun des deux pays et la nature des produits de l'autre, et les Japonais ont une tendance particulière à traiter avec nos négociants, plutôt qu'avec les concurrents étrangers.

Le chapitre III devant présenter, à partir de cet exercice, l'ensemble des traitements donnés aux agents de la carrière consulaire; ainsi qu'il a été dit plus haut, votre commission vous propose de voter le crédit affecté à ce chapitre, en y ajoutant la somme de 181,500 fr., transférée du chapitre VII, soit 6,242,400 fr.

Nous n'avons point de remarque à faire au sujet du chapitre IV, traitement des agents en inactivité (120,000 fr.).

CHAPITRES V, VI ET VII

Le chiffre des crédits demandés pour chacun de ces chapitres : chapitre V (frais d'établissement, 400,000 fr.), chapitre VI (frais de voyages et de courriers, 670,000 fr.), chapitre VII (frais de service, 1,800,900 fr.), est égal à celui de la dotation qui leur a été affectée pour l'exercice 1875, et il a été répondu antérieurement aux questions ou aux observations que ces chapitres peuvent suggérer.

Nous avons indiqué plus haut la modification qu'il conviendrait d'introduire dans le chapitre VII (frais de service), nous vous proposons, en conséquence, messieurs, de voter le crédit de ce chapitre, diminué de la somme de 181,500 fr., reportée au chapitre III, soit 1,619,400 fr.

CHAPITRES VIII, IX, X ET XI

Les crédits inscrits au chapitre VIII (présents diplomatiques, 40.000 fr.) et au chapitre IX (indemnités et secours, 112,500 fr.), crédits déjà réduits, répondent à des exigences qui nous ont paru pleinement justifiées.

Votre commission ne pouvait, en ce qui concerne le chapitre X (dépenses secrètes, 500,000 fr.), que s'assurer au moyen des déclarations qui lui ont été faites, que ces dépenses reçoivent la destination exclusive qui leur a été assignée par la loi des finances et que le département des affaires étrangères n'entend ni méconnaître l'importance de ce principe, ni le perdre de vue.

Quant au crédit demandé pour le chapitre XI (missions et dépenses extraordinaires, dépenses imprévues, 500,000 fr.), il a été réduit déjà, par mesure d'économie, depuis les événements de 1870-1871, de 230,500 fr.

Le département des affaires étrangères s'était réservé, le cas échéant, de recourir à des ressources supplémentaires.

La dotation actuelle a pu suffire, bien qu'elle ait à faire face à des besoins multiples et qu'elle soit dominée par les exigences si diverses et souvent inattendues de notre politique extérieure et de notre commerce international.

L'explication en est dans ce fait que, si certaines dépenses comprises dans ce chapitre ont augmenté ou s'il s'en est même produit de nouvelles, d'autres charges, au contraire, grévant le même chapitre, ont subi une diminution, telles que, par exemple, les indemnités de frais de séjour à Versailles.

Votre commission a pu constater, en effet, que le chiffre de cette dépense, qui a été constamment réduit depuis 1871, n'atteindra vraisemblablement pas, pour 1876, la somme de 17,000 fr.

CHAPITRES XII ET XIII.

Les dépenses ressortissant au chapitre XII (frais de location et charges accessoires de l'hôtel affecté à la résidence de l'ambassade ottomane, 52,000 fr.) et le chapitre XIII (subvention accordée à l'émir Abd-el-Kader, 150,000 fr.), sont des dépenses obligées et fixes résultant d'engagements antérieurs et qui figurent pour ordre dans le budget.

Service des chancelleries consulaires.

Conformément aux vœux exprimés plus d'une fois par les commissions de finances, M. le ministre des affaires étrangères a fait étudier les réformes qui pourraient être apportées à l'organisation spéciale de la comptabilité des chancelleries diplomatiques et consulaires, en vue de ramener ce service à l'observation rigoureuse des règles de la comptabilité publique.

Il y a lieu de penser que l'espoir exprimé par le rapporteur du budget de ce département, pour l'exercice 1875, pourra recevoir une réalisation prochaine.

On pouvait s'attendre même à voir certaines réformes adoptées immédiatement et appliquées dès l'exercice 1876. C'est ainsi que s'explique la note préliminaire qui accompagne le projet de budget des affaires étrangères.

Le ministre y indique, en effet, la possibilité d'introduire, sous forme de dispositions additionnelles, les changements reconnus nécessaires.

Diverses circonstances n'ont pas permis de donner suite à ce dessein.

Afin d'en hâter la réalisation, deux commissions spéciales avaient été instituées, chargées

d'étudier, l'une, la réorganisation du service financier des chancelleries, l'autre, la révision des tarifs.

La commission chargée de réorganiser le service financier des chancelleries consulaires a résumé ses travaux dans un projet de règlement très-complet.

Aux termes de ce projet, dont le ministre a bien voulu nous donner communication, il y aurait lieu de supprimer le budget spécial des chancelleries diplomatiques et consulaires rattaché pour ordre au budget de l'État; les recettes et les dépenses devraient faire partie du budget général comme les autres recettes et dépenses publiques.

Les recettes figureraient aux produits divers du budget et y formeraient un article spécial intitulé : produits des chancelleries diplomatiques et consulaires; les dépenses seraient, de leur côté, imputées suivant leur nature, sur les divers chapitres du budget du ministère des affaires étrangères et soumises à toutes les règles de comptabilité prescrites dans le règlement du 1er octobre 1867.

Mais l'exécution de ce projet implique nécessairement l'adoption préalable de diverses mesures tant à l'intérieur qu'à l'extérieur : ces mesures n'ont pu encore être concertées; et notamment en ce qui touche la fixation des dépenses de chancellerie, il y a lieu d'examiner avec soin les besoins des différents postes de telle sorte que les chiffres qu'il s'agira d'inscrire au budget reposent sur des informations sérieuses et soient calculés avec la plus stricte économie.

D'autre part on n'a pas encore mis la dernière main à la révision des tarifs et les prévisions par rapport aux recettes font encore défaut.

Or, il existe entre ces évaluations et les bases à déterminer pour les dépenses une relation étroite, puisque le ministère des affaires étrangères doit tendre à maintenir l'équilibre entre ces deux termes.

La fixation des dépenses de chancellerie se trouve donc subordonnée au complet achèvement des travaux relatifs à la révision des tarifs, et il en résulte un ajournement forcé des dispositions budgétaires ayant trait à l'application du système adopté en principe.

M. le ministre des affaires étrangères a fait observer en outre qu'un remaniement aussi important ne pourrait être opéré, sans quelques inconvénients, presque à la veille de la discussion du budget. De pareilles questions doivent être résolues avec maturité, et c'est seulement dans le projet de budget pour l'exercice 1877, qu'il sera possible de les présenter en parfaite connaissance de cause, et d'établir, sur des données certaines, les propositions dont les deux commissions instituées auprès du département des affaires étrangères avaient pour mission d'étudier les bases.

Sous le bénéfice de ces observations, votre commission a l'honneur, messieurs, de vous proposer de voter le budget des dépenses du ministère des affaires étrangères, fixé au chiffre total de 11,255,500 fr.

PROJET DE LOI

Article unique. — Il est ouvert au ministère des affaires étrangères, pour l'exercice 1876, un crédit de 11,255,500 fr.

Ce crédit demeure réparti par chapitres, conformément au tableau ci-annexé.

BUDGET DE L'EXERCICE 1876. — *Ministère des Affaires étrangères.*

DÉSIGNATION DES SERVICES	CHIFFRES proposés par le projet de budget de 1876.	MODIFICATIONS proposées par la commission.		CHIFFRES résultant des propositions de la commission.
		en plus.	en moins.	
I. Traitement du ministre et personnel de l'administration centrale......................	649.200	»	»	649.200
II. Matériel de l'administration centrale.....	200.000	»	»	200.000
III. Traitements des agents politiques et consulaires.	6.060.900	181.500	»	6.242.400
IV. Traitements des agents en inactivité.........	120.000	»	»	120.000
V. Frais d'établissement......................	400.000	»	»	400.000
VI. Frais de voyages et de courriers.............	670.000	»	»	670.000
VII. Frais de service.........................	1.800.900	»	181.500	1.619.400
VIII. Présents diplomatiques......................	40.000	»	»	40.000
IX. Indemnités et secours......................	112.500	»	»	112.500
X. Dépenses secrètes.........................	500.000	»	»	500.000
XI. Missions et dépenses extraordinaires et dépenses imprévues......................	500.000	»	»	500.000
XII. Frais de location et charges accessoires de l'hôtel affecté à la résidence de l'ambassade ottomane	52.000	»	»	52.000
XIII. Subvention accordée à l'émir Abd-el-Kader...	150.000	»	»	150.000
XIV. Dépenses des exercices périmés.............	Mémoire.	»	»	Mémoire.
XV. Dépenses des exercices clos........	Mémoire.	»	»	Mémoire.
		181.500	181.500	
Totaux............	11.255.500	»		11.255.500

Annexe n° 3161.

RAPPORT fait au nom de la 4ᵉ commission de comptabilité (*) 1° sur la fixation du budget des dépenses de l'Assemblée nationale pour l'exercice 1876 ; 2° sur l'évaluation des recettes et des dépenses de la Caisse des retraites des employés de l'Assemblée pour le même exercice, par M. Courcelle, membre de l'Assemblée nationale.

Messieurs, aux termes du paragraphe 3 de l'art. 101 de notre règlement, votre commission de comptabilité a dressé le budget des dépenses de l'Assemblée nationale pour 1876 et elle vient le soumettre à votre approbation.

Le budget que nous vous présentons sera-t-il celui de l'Assemblée actuelle ou celui d'une chambre nouvelle? C'est une question que nous

(*) Cette Commission est composée de MM. Bethmont, *président*; Vollet *secrétaire*; Malens, Vautrain, de Tillancourt, Pelletan, général baron d'Chabaud La Tour, Pelterau Villeneuve, Hamille, Daguilhon-Lasselve, Courcelle, Noël-Parfait, Chatelin, Gailly, Godet de la Riboullerie

n'avons point à nous poser et qui échappe à notre compétence; et d'ailleurs, dans ce dernier cas, il nous eût été fort difficile de déterminer le fonctionnement de services, dont les bases et l'organisation sont encore inconnues. Nous nous sommes donc bornés, en face d'une prescription réglementaire qui s'impose à nous à dresser le budget ordinaire de l'Assemblée pour l'exercice 1876

Nous l'avons préparé d'une façon assez large pour suffire aux besoins de l'Assemblée actuelle. Si une nouvelle Chambre des députés entre en fonctions dans le courant de 1876, elle n'aura qu'à se l'approprier, et elle y trouvera des ressources plus que suffisantes pour assurer tous ses services.

Le tableau suivant établit la comparaison des crédits demandés pour 1876 avec ceux qui ont été alloués pour l'exercice courant; quelques dépenses nous paraissant nécessiter des crédits plus élevés, nous soumettrons à votre appréciation les motifs qui justifient ces augmentations. Elles sont d'ailleurs compensées par des économies assez importantes sur d'autres services, en sorte que l'ensemble du budget présente en définitive une réduction de 28,000 fr.

PROJET DE BUDGET POUR 1876

DÉSIGNATION DES SERVICES	CRÉDITS		DIFFÉRENCES	
	alloués pour 1875.	proposés pour 1876.	en plus.	en moins.
1. Indemnité des représentants.................	6.642.000	6.642.000	»	»
2. — du président..................	72.000	72.000	»	»
3. — des questeurs..................	27.000	27.000	»	»
4. Appointements des employés ordinaires	555.500	550.500	»	5.500
A reporter.	7.296.500	7.291.500	»	5.500

DÉSIGNATION DES SERVICES	CRÉDITS		DIFFÉRENCES	
	alloués pour 1875.	proposés pour 1876.	en plus.	en moins.
Report............................	7.296.500	7.291.500	»	5.500
5. Appointements des employés auxiliaires...........	15.000	15.000	»	»
6. — des employés auxiliaires détachés pour le service des commissions.	33.000	30.000	»	3.000
7. Salaire des hommes à la journée	32.000	40.000	8 000	»
8. Indemnité de séjour aux divers employés..........	313.000	300.000	»	13.000
9. — aux employés du bureau de poste...	2.300	2.300	»	»
10. Secours viagers à d'anciens employés.............	2.200	2.700	500	»
11. Service médical et achat de médicaments.........	8.000	8.000	»	»
12. Fournitures de bureau............................	45.000	45.000	»	»
13. Impressions diverses.............................	240.000	240.000	»	»
14. Abonnements au *Journal officiel*.................	32.000	32.000	»	»
15. Chauffage.......................................	50.000	50.000	»	»
16. Eclairage.......................................	120.000	110.000	»	10 000
17. Habillement	23.000	23 000	»	»
18. Voitures..	3.000	3.000	»	»
19. Entretien des bâtiments.........................	100.000	100.000	»	»
20. — du mobilier.........................	40.000	40.000	»	»
21. Bibliothèque....................................	17.000	17.000	»	»
22. Dépenses diverses et fonds de réserve............	150.000	150.000	»	»
23. Médailles et insignes....................	2.000	2.000	»	»
24. Dépenses des commissions.......................	57.000	50.000	»	7.000
25. Exercices clos..................................	4.000	6.000	2.000	»
	8.585.000	8.557.000	10.500	38.500

Les crédits étant pour la plupart les mêmes que ceux des exercices précédents et correspondant à des dépenses qui se reproduisent invariablement chaque année, nous n'appellerons votre attention que sur les services qui comportent des modifications et pour lesquels nous proposons soit une augmentation, soit une réduction de crédit.

Art. 4. — *Appointements des employés ordinaires.*

Crédit alloué pour 1875............. 555.500
— demandé pour 1876.......... 550.000

Diminution...... 5.500

Malgré les augmentations assez importantes à prévoir en 1876, par suite de l'application des règlements, nous pouvons proposer, sur ce crédit, une réduction de 5.500 fr.

En effet, la mise à la retraite ou le décès d'un certain nombre d'employés et de gens de service, leur remplacement par des employés nommés dans le cadre extraordinaire ont réduit d'environ 30.000 fr. la dépense comprise sous cet article. C'est par ces motifs que l'état du personnel administratif que nous mettons sous les yeux de la Chambre ne s'élève qu'à 525,900 fr. au lieu de 555.500 fr. chiffre prévu dans le budget de 1875.

Mais, à cet état, il convient d'ajouter, pour 1876, les augmentations suivantes :

1 sténographe suppléant passant titulaire, 3.500
3 commis passant dans le cadre ordinaire, 5.400
Augmentation réglementaire des appointements de 18 huissiers et gens de service. 3.000
10 hommes de service à la journée passant dans le cadre ordinaire................. 12.000
1 commis du secrétariat de la questure (vacance)............................ 1.800

Total................ 25.700
A déduire pour suppression d'emploi d'un huissier auxiliaire.................... 1.600

Reste pour augmentations............ 24.100
ce qui justifie le crédit de 550,000 fr. demandé pour 1876.

Art. 5. — *Appointements des employés auxiliaires.*

Crédit alloué pour 1875.............. 15.000
Crédit demandé pour 1876........... 15.000

Le passage successif de plusieurs commis dans le cadre ordinaire permettra sans doute de réduire la dépense prévue pour cet article; mais il est nécessaire de maintenir le même crédit en prévision des vacances qui pourraient se produire dans le cadre ordinaire et auxquelles il ne peut être pourvu, aux termes du règlement, que par la nomination de commis auxiliaires.

Art. 6. — *Appointements des employés auxiliaires détachés pour le service des commissions.*

Crédit alloué pour 1875.............. 33.000
Crédit demandé pour 1876........... 30.000

Diminution........... 3.000

Par suite de l'état d'avancement ou même de la cessation des travaux de plusieurs commissions, la dépense des commis auxiliaires mis à leur disposition ne s'élève plus aujourd'hui qu'à 28.500 francs ; un crédit de 30,000 francs paraît donc suffisant pour continuer un service dont il est impossible de prévoir exactement toutes les exigences.

Art. 7. — *Salaire des hommes à la journée.*

Crédit alloué pour 1875 .... 32.000
Crédit demandé pour 1876........... 40.000

Augmentation......... 8.000

Le crédit alloué pour 1875 avait été fixé à 32.000 francs en prévision de la mise en pied de 20 hommes de service placés jusque-là dans le cadre extraordinaire ; deux de ces hommes ont été maintenus dans leur ancienne situation. D'un autre côté, il a été pourvu aux vacances résultant de décès ou de mises à la retraite par des nominations dans le cadre extraordinaire, c'est

31

donc aux mutations dans le personnel et non à une augmentation de dépense qu'il faut attribuer l'élévation du crédit demandé pour 1876.

Art. 8. — *Indemnité de séjour aux divers employés*

Crédit alloué pour 1875............. 313.000
Crédit demandé pour 1876....... -300.000

Diminution......... 13.000

L'indemnité de séjour aux divers employés de l'Assemblée, à Versailles, a subi, depuis qu'elle a été admise en principe et appliquée à Bordeaux, une première modification en 1874.

Les budgets de 1871, 1872 et 1873 consacraient au service de cette indemnité une somme de 450,000 fr., presque égale à celle affectée au service des traitements ordinaires.

En 1873, la commission de comptabilité, après avoir longuement étudié la question, fut d'avis que l'indemnité était trop élevée, qu'il fallait l'abaisser en lui appliquant toujours le tarif proportionnel, mais un tarif réduit, mesure qui eut pour résultat immédiat une économie de 115,000 en 1874.

La commission de comptabilité exprima en outre le désir formel de voir les employés de l'Assemblée prendre les dispositions nécessaires pour se fixer définitivement à Versailles.

L'indemnité fut de 335,000 francs en 1874, de 313,000 fr. en 1875, et nous vous proposons d'y consacrer 300,000 fr. en 1876.

Les réductions successives qu'a subies cet article depuis 1874, ne proviennent point de remaniements nouveaux des tarifs; elles sont dues à des réductions dans l'ancien personnel, quelques employés de cette catégorie ayant été mis à la retraite et remplacés par des commis extraordinaires qui ne jouissent pas de l'indemnité de séjour.

En vous proposant, messieurs, pour les anciens employés, de maintenir, quant à présent, l'indemnité telle qu'elle a été fixée par la résolution de l'Assemblée nationale en date du 19 décembre 1873, nous avons voulu ne pas revenir, à la dernière heure, sur une résolution qui date de deux années déjà, et produit encore ses effets jusqu'au 31 décembre 1875.

Mais nous croyons devoir exprimer ici une réserve expresse, c'est que nous n'entendons aucunement engager l'avenir, même un avenir qui dépasserait la limite exacte de l'existence de l'Assemblée actuelle, réservant à la Chambre nouvelle dont le siège est fixé maintenant à Versailles, le soin de mettre en harmonie les traitements ordinaires et supplémentaires des employés avec la situation faite à ces derniers par la résidence de Versailles.

Cette question très-complexe de la résidence à Versailles mériterait d'être examinée à bien des points de vue. Il semble que, pour les employés qui résideraient effectivement, il faudrait leur tenir compte de la perte du logement dont la plupart d'entre eux jouissent au Palais-Bourbon, et qui constitue pour eux un véritable supplément d'appointement.

Pourrait-on remplacer l'indemnité actuelle par un relèvement général des traitements fixes, soit pour tenir compte de la perte de logement dont nous venons de parler, soit en raison des difficultés de demeurer et de vivre à Versailles, dans des conditions aussi favorables qu'à Paris? Cette solution qui paraît la meilleure présente pourtant de sérieux inconvénients quand on l'examine de près. En effet, elle aurait le premier tort de bouleverser tous les règlements, et elle aurait un inconvénient bien plus grave, celui de compromettre la situation de la caisse des retraites des employés, en élevant brusquement les bases et les moyennes qui servent à déterminer la quotité des pensions de retraite. Déjà cette caisse,

comme nous le verrons tout à l'heure, ne supporte que tout juste les conséquences des nouvelles dispositions réglementaires.

Resterait le moyen d'une indemnité de déplacement appliquée aux employés, une fois payée. Mais ces questions, graves au point de vue d'un personnel dont nous nous plaisons à reconnaître les bons services et le dévouement, graves au point de vue des finances de l'Etat, nous devons, c'est du moins l'avis de votre commission, en laisser la solution à nos successeurs. Nous vous demandons seulement aujourd'hui, en insistant sur les réserves que nous venons d'exprimer, quant au temps pendant lequel sera payée l'indemnité, d'accepter pour le reste de notre législature le maintien du tarif que nous avons voté en 1873, et d'inscrire à l'art. 8, sous la rubrique « Indemnité de séjour aux divers employés de l'Assemblée à Versailles », la somme de 300,000 fr. que nous réclamons.

ART. 10. — *Secours viagers à d'anciens employés.*

Crédit alloué pour 1875............... 2.200
Crédit demandé pour 1876........... 2.700

Augmentation............ 500

Le crédit de l'art. 10 est applicable à des secours attribués chaque année par la commission de comptabilité à des veuves d'employés qui n'ont pas droit à pension ou dont la pension liquidée, avant la détermination d'un minimum, se trouve trop faible pour leur assurer des moyens d'existence. Sur ce même crédit sont payés des secours viagers alloués à des gens de service réformés en 1850 et n'ayant pas droit à pension. Nous proposons à l'Assemblée d'appliquer la mesure prise à cette époque au sieur Magherini, homme de service de la présidence, qui, en raison de son âge, n'est plus apte à faire un service actif. Il nous paraîtrait dur de le réformer sans lui donner l'équivalent de la pension à laquelle il aurait pu prétendre s'il eût été placé dans le cadre ordinaire. Nous demandons donc pour lui un secours viager de 360 fr. par an, ce qui motive la légère augmentation de crédit proposée à l'art. 10.

Art. 14. — *Impressions diverses.*

Crédit alloué pour 1875............... 240.000
Crédit demandé pour 1876........... 240.000

Bien que le crédit alloué pour les impressions soit bien supérieur à celui qui était satisfait à la même dépense sous les précédentes Assemblées, il s'est trouvé insuffisant chaque année. Cependant l'état d'avancement des travaux de la plupart des grandes commissions et la durée moins longue des sessions, nous permettent d'espérer qu'à l'avenir cette dépense pourra être renfermée dans les limites du crédit actuel.

Les impressions proprement dites, projets de lois, rapports, feuilletons, ont coûté l'année dernière............ 166.610 fr. 90 c.

A ce chiffre il faut ajouter
pour les *Annales de l'Assemblée*. 152.633 »

C'est donc une dépense totale
de.................... 319.243 fr. 90 c.

Art. 16. — *Eclairage.*

Crédit alloué pour 1875...... 120.000 fr. » c.
Crédit demandé pour 1876... 110.000 » »

Diminution............. 10.000 fr. »

L'économie très-importante réalisée par la substitution de l'éclairage au gaz à l'éclairage à l'huile nous permet de réduire encore cette année de 10.000 fr. le crédit alloué pour ce service.

La réduction aurait pu être plus considérable si nous avions pris uniquement pour base la dépense actuelle ; mais il est possible que l'année prochaine l'Assemblée n'interrompe pas ses travaux pendant les mois d'hiver, et il est prudent de réserver, dans cette prévision, un crédit plus élevé.

Art. 22. — Dépenses diverses et fonds de réserve.

Crédit alloué pour 1875............ 150.000
Crédit demandé pour 1876.......... 150.000

Des dépenses assez considérables et qui se renouvellent chaque année, sont imputées sur ce crédit, nous citerons parmi les plus importantes :

Les rations de vin données aux troupes de service près de l'Assemblée............	4,500
L'indemnité de logement à raison de 15 fr. par mois, accordée aux hommes de service qui ne jouissent pas de l'indemnité de séjour......................	4.300
Les gratifications ou indemnités accordées aux employés pour travaux extraordinaires, environ...................	4.000
Les frais funéraires des députés décédés....................................Mémoire	
L'indemnité du commandant militaire et de l'inspecteur des bâtiments........	4.500
L'indemnité au détachement de sapeurs-pompiers de service à Versailles....	7.500
L'indemnité aux sténographes pour service de nuit......................	8.000
La subvention accordée à M. Paul Dupont pour la publication des *Archives parlementaires*..................	40.000

En maintenant, pour l'année 1876, le même crédit que pour les années précédentes, nous avons la pensée de conserver à l'éditeur des *Archives parlementaires* l'allocation qui lui a permis de pousser plus activement son utile publication.

L'intérêt que les différentes Assemblées ont paru porter à ce recueil important, les sacrifices qu'elles ont fait dans le but d'en assurer la continuation, nous engagent à inscrire cette dépense parmi celles qui doivent figurer au budget prochain. La publication de quatre nouveaux volumes pourra ainsi avoir lieu en 1876 (1).

Art. 24. — Dépenses des commissions.

Crédit alloué pour 1875............ 57.000
Crédit demandé pour 1876.......... 50.000

Diminution................... 7.000

La plupart des grandes commissions sont à la fin de leurs travaux ; il nous paraît donc inutile de maintenir un crédit aussi élevé pour leurs dépenses.

Art. 25. — Exercice clos.

Crédit alloué pour 1875............ 4.000
Crédit demandé pour 1876.......... 6.000

Augmentation................ 2.000

Ce crédit est destiné à solder les dépenses des exercices précédents qui n'ont pu être liquidées en temps utile ; chaque année il en reste à solder d'assez nombreuses créances concernant

---

(1) NOTA. — Les quatre volumes à publier en 1875 comprendront :
Deux volumes appartenant à la 2e série (1800 à 1860), qui sont déjà distribués.
Deux volumes de la 1re série (antérieure à 1800), contenant la *Table des Cahiers des États généraux* et le commencement de la *Constituante* de 1789 qui seront distribués prochainement.
Les quatre volumes de l'exercice 1876 doivent comprendre au moins un volume de la 1re série.

---

l'indemnité des députés décédés. Par suite des formalités à remplir, les héritiers présentent tardivement les pièces destinées à constater leurs droits ; il en résulte que la liquidation ne peut avoir lieu sur l'exercice même auquel appartient la créance.

Le crédit affecté aux dépenses des exercices clos s'étant constamment trouvé insuffisant, nous demandons qu'une somme plus importante soit réservée, en 1876, à cette nature de créances.

CAISSE DES RETRAITES

Les ressources de la caisse des retraites des employés consistent dans le revenu des rentes et obligations qui lui appartiennent et dans le produit des retenues exercées sur les appointements des employés. A ces ressources régulières viennent s'ajouter quelques produits éventuels résultant des vacances d'emplois et des retenues pénales dont le montant est versé à la caisse des retraites.

Pendant l'année 1875, il a été acheté, au profit de la caisse des retraites, sur l'excédant de ses ressources, six cents francs de rentes 3 p. 100.

Les ressources de cette caisse peuvent être évaluées de la manière suivante pour l'année 1876 :

Recettes.

Rentes 3 et 5 p. 100 sur l'État........	58.960
Revenu des obligations de chemins de fer..................................	7.800
Produit des retenues sur appointements.................................	20.000
Ensemble du revenu annuel.........	86.760

D'après l'état des pensions liquidées au 1er juin 1875, la dépense pour le service des pensions s'élèverait, en 1876, à 82.800

L'excédant disponible serait donc de 3.960

Ce faible excédant de recettes pourrait inspirer des craintes sur la situation de la caisse des retraites et faire redouter une prochaine insuffisance de ses ressources ; mais il faut remarquer que cette année la disposition du règlement concernant la mise à la retraite d'office des employés atteints par la limite d'âge, a été appliquée pour la première fois. Cette mesure a donné lieu à la concession d'assez nombreuses pensions qui sont venues, tout d'un coup, grever la caisse des retraites et augmenter les charges d'environ 18,000 fr. Mais nous ne prévoyons pas que de nouvelles mises à la retraite puissent avoir lieu prochainement et, en raison du grand âge de la plupart des pensionnaires, il est présumable que des extinctions viendront bientôt établir un plus grand écart entre les charges de la caisse des retraites et ses ressources.

En conséquence des motifs qui précèdent, votre commission de comptabilité a l'honneur de vous proposer l'adoption du projet de résolution suivant.

PROJET DE RÉSOLUTION

Fixation du budget des dépenses de l'Assemblée nationale pour l'exercice 1876.

Article 1er. — Le budget de l'Assemblée nationale, pour l'exercice 1876, est fixé à la somme de huit millions cinq cent cinquante sept mille francs (8,557,000 fr.), conformément à l'état A ci-annexé.

Art. 2. — Conformément à l'état B ci-annexé les recettes et les dépenses du service spécial de la caisse des retraites des employés sont évaluées, pour 1876, comme suit :

Recettes : Quatre-vingt six mille sept cent, soixante francs.

Dépenses : Quatre-vingt-deux mille huit cents francs.

ÉTAT A

Budget pour l'exercice 1876.

Art.	Désignation des articles.	Crédits.
1	Indemnité des représentants.....	6 612.000
2	Indemnité du président.........	72.000
3	Indemnité des questeurs.........	27.000
4	Appointements des employés ordinaires....................	550.000
5	Appointements des employés auxiliaires..................	15 000
6	Appointements des employés détachés pour le service des commissions..................	30.000
7	Salaires des hommes à la journée.	40.000
8	Indemnité de séjour aux divers employés...................	300.000
9	Indemnité aux employés du bureau de poste................	2.300
10	Secours viagers à d'anciens employés...................	2.700
11	Service médical...............	8 000
12	Fournitures de bureau.......	45.000
13	Impressions diverses	240.000
14	Abonnements au *Journal officiel.*	32.000
15	Chauffage....................	50.000
16	Éclairage....................	110.000
17	Habillement..................	23.000
18	Voitures.....................	3.000
19	Entretien des bâtiments	100.000
20	Entretien du mobilier.........	40.000
21	Bibliothèque.................	17.000
22	Dépenses diverses et fonds de réserve....................	150.000
23	Médailles et insignes........	2.000
24	Dépenses des commissions......	50.000
25	Exercices clos..'...........	6.000
	Total....	8.557.000

ÉTAT B

Budget de la caisse des retraites des employés de l'Assemblée nationale pour l'exercice 1876.

Évaluation des recettes.

Arrérages des rentes et obligations appartenant à la caisse des retraites........ 66.760
Produit des retenues exercées sur les appointements des employés au profit du fonds de retraite,..... .... 20.000
                                                          86.760

Évaluation des dépenses.

Service des pensions 82.800
Excédant de recette................ 3.960

ASSEMBLÉE NATIONALE

État d'appointements des employés de toutes classes compris dans le cadre ordinaire.

(Année 1875.)

Secrétariat général de la Présidence.

(1) 1 secrétaire général................ 8.000
1 sous-chef........................ 4.500
2 commis principaux de 3.000 à 3.300 fr. 6.300
                                    18.800

(1) Les fonctions de chef de bureau, au Secrétariat général de la Présidence, ont été supprimées par arrêté du 22 février 1875.

Cabinet du Président.

1 chef de cabinet................... 6.000

Rédaction du compte rendu analytique.

1 chef de service................... 9.000
1 chef adjoint..................... 7.500
1 sous-chef........................ 7.000
6 secrétaires-rédacteurs de 5,000 à 5,500 fr........ 32.500
1 secrétaire-rédacteur adjoint........ 3.000
                                    59.000

Bureau des procès-verbaux.

1 chef de bureau. 7.000
1 sous-chef........................ 4.000
(1) 2 commis principaux de 3,000 à 3,600 6.600
(2) 6 commis de 1,800 à 2,400.......... 13.200
                                    30.800

Service de la sténographie.

1 directeur....................... 9.000
1 directeur-adjoint................. 7.000
6 sténographes-réviseurs de 6,000 à 6.500 fr......... 37.000
1 secrétaire du service ayant rang de sténographe réviseur à 6.000
(3) 10 sténographes rouleurs de 3.500 à 4,500 fr.................... 42.000
3 sténographes rouleurs suppléants 3,000 fr..................... 9.000
                                    116.000

Secrétariat général de la questure.

1 secrétaire général................ 10.000
2 sous-chefs de 4,500 à 6,000 fr. 10.500
2 commis principaux à 3,600 fr. 7.200
7 commis de 1,800 à 3,500 fr........ 15.800
                                    43.500

Service des bâtiments.

1 architecte...................... 7.000

Caisse.

1 trésorier....................... 7.000
1 sous-chef........................ 4.500
3 commis à 2,100 fr................. 6.300
2 garçons de caisse de 1,500 à 1,800 fr. 3.300
                                    21.100

Bibliothèque.

1 bibliothécaire................... 9.000
3 sous-bibliothécaires de 4,500 à 5,000 14.000
1 commis principal................. 3.300
2 commis de 2.100 à 2,400 fr........ 4.500
                                    30.800

Archives.

1 archiviste...................... 9.000
1 sous-chef........................ 4.500
1 commis principal................. 3.300
2 commis à 2.100................... 4.200
                                    21.000

Huissiers.

1 chef des huissiers............... 3.200
(1) 19 huissiers de 1,600 à 2,400 fr....... 37.460
                                    40.600

(1) M. Siméon, décédé.
(2) MM. Michel et Bérard, mis à la retraite.
(3) Vacance d'emploi par suite du décès de M. Martin.
(4) M. Brocard, mis à la retraite.

Service intérieur.

1 adjudant (palais Bourbon)........	2.600
1 chef du service intérieur..........	2.500
1 brigadier (palais Bourbon)........	1.600
82 hommes de service, y compris les concierges, surveillants, feutiers, etc. de 1,200 à 1,700 fr............	106.100
3 femmes de service à 800 fr.......	2.400
	115.200

Service intérieur de l'hôtel de la Présidence.

1 chef des gens de service..........	2.000
3 huissiers de cabinet de 1,600 à 1,800	5.000
12 hommes de service de 1,200 à 1,400	15 100
	22 100

Total général. 525,900 fr.

Annexe n° 3182.

RAPPORT fait au nom de la commission du budget (*) sur le budget des dépenses de l'exercice 1876 (ministère de la justice), par M. Dathie, membre de l'Assemblée nationale.

PREMIÈRE PARTIE
Ministère de la Justice.

Messieurs, le budget du ministère de la justice nous offre une diminution de dépenses. L'ensemble des crédits que demande M. le ministre pour 1876, ne s'élève qu'à 33,690,890 fr., tandis que leur somme était, en 1875, de 33,807,473 fr. La différence en moins serait donc de 116,583 fr. pour l'exercice prochain. Les dépenses ont dû être augmentées sur quelques articles; mais elles ont été, dans une proportion plus forte, diminuées sur d'autres, et c'est la balance de ces diverses modifications qui a produit une économie de plus de 100,000 fr.

Ces changements ne peuvent d'ailleurs fournir matière à discussion, car ils ne sont que l'application de lois ou de décrets dont l'exécution rend nécessaires les mesures proposées. Nous retrouverons ces modifications en examinant les différents chapitres.

CHAPITRE I. — *Administration centrale. — Personnel.*

Crédit voté pour 1875..............	559.400
— pour 1876..............	549.800
Diminution......	9.600

L'option de nationalité par les Français domiciliés dans les départements annexés à l'Allemagne avait rendu indispensable un service spécial pour le classement de nombreux dossiers. Ce travail ne pouvait pas être permanent et devait naturellement se ralentir à mesure que l'on s'éloignerait de la séparation des départements d'Alsace. Aussi peut-on prévoir que, pour l'exercice 1876, la dépense sera réduite de 9,600 fr.

Ce crédit n'avait été demandé que pour 1875, et l'expiration des délais d'option fait que le ministre n'a pas à en demander la continuation pour 1876.

(*) Cette Commission est composée de MM. Mathieu-Bodet, *président*; Teisserenc de Bort, Magnin, *vice-présidents*; Lefebure, Tirard, le comte Octave de Bastard, de Ravinel, *secrétaires*; Dréo, Foucrand, Lucet, Raudot, Gouin, Lambert de Sainte-Croix, Lepère, comte d'Osmoy, Wolowski, Adam (Seine), Delsol, général Chareton, général Saussier, Monjaret de Kerjégu, baron de Soubeyran, Langlois, amiral Pothuau, Faye, marquis de Talhouët, Plichon, Cochery, André (Seine), Dathie.

CHAPITRE II. — *Administration centrale.*
Matériel.

Même crédit que pour 1875. — Maintenu.

CHAPITRE III. — *Conseil d'État. — Personnel.*

Crédit voté pour 1875..............	783.300
Crédit demandé pour 1876..........	785.300
Augmentation.......	2 000

L'augmentation de 2,000 fr. n'est que l'exécution de la loi du 1er août 1874, qui a créé une quatrième place de président pour la section du contentieux. Le traitement des présidents étant de 18,000 fr., tandis que celui des conseillers n'est que de 16,000 fr., il est indispensable d'inscrire au budget une somme de 2,000 fr. pour élever le traitement du conseiller qui a été nommé président.

CHAPITRE IV. — *Conseil d'État. — Matériel.*

Crédit voté pour 1875..............	75.000
Crédit demandé pour 1876..........	75.000
	» »

La commission fait remarquer que, dans ce crédit, la bibliothèque du conseil d'État entre pour 14.000 fr. Cette somme, d'ailleurs, ne comprend pas le traitement du bibliothécaire, qui est porté à l'article du personnel pour 5,200 fr. Le crédit de 14,000 fr. est donc tout entier destiné à l'achat de livres. Or, les sommes qui, depuis l'incendie du palais du quai d'Orsay, ont été allouées pour la reconstitution de la bibliothèque s'élèvent aujourd'hui à un total de 73,000 francs. Le crédit de 14,000 fr. ne doit pas être considéré comme normal, et s'il a été jugé nécessaire comme ressource extraordinaire, il faut, à mesure que nous nous éloignerons de l'année 1871, le ramener au chiffre des allocations qui étaient, avant l'incendie, accordées pour cet objet. Déjà, l'année dernière, cette dépense avait donné lieu aux observations suivantes : « Nous avons lieu d'espérer, disait M. Vidal, rapporteur, qu'après qu'il aura été fait emploi de l'ensemble de ces ressources, la subvention réclamée pour cet objet, si elle ne peut être entièrement supprimée, pourra tout au moins être sensiblement diminuée dans les budgets ultérieurs. » Ces observations, qui étaient faites en vue d'une dépense de 59,000 fr., sont vraies, à plus forte raison lorsque la dépense s'élève à 73,000 fr. Pour bien marquer la volonté de l'Assemblée, nous vous proposons de retrancher 4,000 fr. sur le chapitre spécial du matériel, ce qui réduira à 10,000 fr. l'article spécial de la bibliothèque du Conseil d'État. Cette somme même devra ultérieurement être réduite, car des bibliothèques plus importantes, telles que la bibliothèque Sainte-Geneviève et la bibliothèque de l'Arsenal, ne reçoivent qu'une somme annuelle de 6,000 fr. pour achats de livres, reliures et abonnements. Si nous ne vous proposons pas d'abaisser brusquement ce crédit à 6,000 fr., c'est que la translation du conseil d'État dans les bâtiments qui ont été préparés pour le recevoir amènera, en 1876, des frais payables sur les fonds du matériel et que le déplacement de la bibliothèque ne sera pas la moindre cause de dépense.

CHAPITRE V. — *Cour de cassation.*

Même crédit que pour 1875. — Maintenu.

CHAPITRE VI. — *Cours d'appel.*

Crédit demandé pour 1876..........	6.490.710
Crédit voté pour 1875..............	6.485.343
Augmentation.	5.367

La loi de finances de 1871 a élevé le traitement des greffiers de cour d'appel d'une somme divisée en plusieurs termes d'augmentation. Il faut pourvoir en 1876 à la 3ᵉ annuité, ce qui rend nécessaire un accroissement de dépense de 7,867 fr. Cette somme est diminuée de 2,500 fr. par suite de la suppression, à Limoges, d'une place de commis-greffier, de sorte que l'augmentation peut être réduite à 5.367 fr.

CHAPITRE VII. — *Cours d'assises.*

Crédit voté pour 1875	133.300
Crédit demandé pour 1876	130.200
Diminution	3.000

D'après l'ordonnance du 3 juin 1818 et le décret du 31 août 1860, le traitement des secrétaires du parquet dans les chefs-lieux de cour d'assises est de 600 fr. et ce n'est que par exception que dans certaines villes il a été porté plus haut (900 fr. à Nantes; 800 fr. à Nice, Reims et Versailles; 700 fr. à Tours). M. le ministre de la justice, pour continuer les réductions sur cet article, vous propose de diminuer le crédit de 3,000 fr.

CHAPITRE VIII. — *Tribunaux de première instance.*

Même crédit que pour 1875.
Vous avez renvoyé à la commission du budget une pétition des commis-greffiers des tribunaux de 5ᵉ et de 6ᵉ classe qui se plaignent, non sans fondement, de l'insuffisance de leur traitement.

« La plupart d'entre eux, dit la pétition, n'ont point de fortune personnelle; et leur traitement unique qui est de 1,350 fr. pour les uns et de 1,200 fr. pour les autres, est notoirement insuffisant à leur entretien et à celui de leur famille.

Le traitement des commis-greffiers est fixé à la moitié du traitement des juges (Ordonnance du 2 novembre 1846, art. 7. et loi du 27 juillet 1870). A Paris, il est de 3,500 fr. pour 32 commis-greffiers et de 2,000 fr. pour 5 autres (Décrets des 22 septembre, art. 7, et 6 juin 1863). L'insuffisance des traitements n'est donc pas spéciale aux tribunaux de 5ᵉ et 6ᵉ classe. Peut-être est-elle plus évidente pour ceux qui résident à Paris ou dans les grandes villes que pour les commis-greffiers des petites villes. Nous ne croyons pas que la question puisse être résolue pour les uns, sans s'être aussi posée pour les autres, et nous ne pouvons que recommander à M. le garde des sceaux d'examiner les réclamations de ces fonctionnaires.

La demande des pétitionnaires a d'ailleurs une connexité étroite avec le projet de loi sur les greffiers des justices de paix et les greffiers de première instance. Nous signalerons à la commission chargée de ce projet de loi la position, bien digne d'intérêt, des pétitionnaires.

Notre collègue M. Aciocque nous a saisis d'une proposition tendant à élever de la 6ᵉ à la 5ᵉ classe le tribunal de Pamiers. Cette demande est fondée sur les deux motifs suivants : 1° d'après la loi du 21 juillet 1860, tous les tribunaux siégeant dans les villes ayant plus de 8,000 habitants doivent être compris dans la 5ᵉ classe; 2° la ville de Pamiers est portée au recensement de 1872 pour une population de 8,248 habitants. Ce classement ne donnerait lieu qu'à une augmentation de 2,910 fr.

La commission n'a pas adopté cette proposition par la raison que le classement des tribunaux, dans les conditions fixées par la loi, se fait par décret. Le jour où le ministre de la justice aura fait rendre un décret qui élève le tribunal de Pamiers à la 5ᵉ classe, vous aurez à prendre des mesures financières correspondantes. Mais l'augmentation doit suivre et non précéder le classement.

CHAPITRE IX. — *Tribunaux de commerce.*

Même crédit que pour 1875.

CHAPITRE X. — *Justices de paix.*

Crédit demandé pour 1876	7.815.250
Crédit voté pour 1875	7.811.600
Augmentation	3.650

Cette augmentation s'explique par la création d'une justice de paix de 9ᵉ classe en vertu de la loi du 27 mars 1874 et le rétablissement par décrets à la 8ᵉ classe de quatre justices de paix. (Décrets des 4 mars, 9 juillet, 25 septembre et 3 novembre 1874.)

Un amendement avait été présenté à la commission dans l'intérêt de Roubaix. La population de cette ville étant, d'après le dernier recensement, supérieure à 60,000 âmes, les auteurs de l'amendement demandaient que les deux justices de paix de ce chef-lieu de canton fussent élevées à la classe supérieure et que le crédit fût augmenté pour faire face à l'augmentation de dépenses qui résulterait de ce nouveau classement. Nous ne vous proposons pas d'adopter cet amendement.

Les décrets des 22 septembre 1862 et 12 novembre 1868 ont déterminé le traitement des juges de paix dans les villes où ne siège pas le tribunal. « Dans les villes de 30,000 habitants et au-dessus, où il n'y a pas de tribunal de première instance, les juges de paix recevront un traitement de 3,000 fr. Cette règle s'appliquera aux juges de paix des cantons de Roubaix et Tourcoing. » (Décret du 12 novembre 1868, art. 2, § 2.) Le traitement des juges de paix, dans ces cantons ne s'élève pas avec le nombre des habitants au-dessus de cette population. C'est donc à tort que Roubaix réclame une classe que les décrets ne lui attribuent pas.

Nous devons rappeler ici que la commission de 1875 avait émis, sur ce chapitre, le vœu que M. le ministre de la justice fît une enquête sur les deux questions suivantes : 1° Ne serait-il pas possible, dans les villes où le service des justices de paix n'est pas très-chargé, de supprimer une ou plusieurs places de greffier, le même greffier étant appelé à faire le service de deux justices de paix ? 2° Ne serait-il pas possible, dans ces mêmes villes, de supprimer, à mesure que se distinctions ou promotions, des places de juges de paix ?

A l'occasion du vote du même chapitre, un membre de la commission a fait observer que la plupart des salles où les juges de paix rendent la justice sont ou trop petites ou mal distribuées, ou enfin meublées d'une manière insuffisante. S'associant à ces observations, la commission appelle l'attention de M. le garde des sceaux sur cette situation. Le conseil est sans utilité. Peu important, la commission prie M. le ministre de la justice de se concerter avec M. le ministre de l'intérieur pour obtenir des villes une installation plus décente d'un service aussi important.

CHAPITRE XII. — *Frais de justice en Algérie.*

Même crédit que pour 1875.
Nos collègues, MM. Jacques et Lambert, ont proposé de réduire ce crédit de 28,000 fr., montant des traitements des membres et du greffier du *conseil de droit musulman.* Selon nos honorables collègues, ce conseil est sans utilité. On n'a jamais recours à ses avis, et les faits ont démontre que sa création ne répondait à aucun besoin. C'est, d'après nos collègues, une réunion de siné-

curistes, qui trouvent dans cette fonction sans attributions, une retraite dont on peut dire : *otium cum dignitate.* » Cet amendement, disent MM. Jacques et Lambert, est la reproduction de celui qui avait été présenté par eux au budget de 1875, qui a été pris en considération dans la séance du 21 juillet 1874 et retiré dans celle du lendemain 25, sur la déclaration du Gouvernement qu'il l'examinerait sérieusement pour le budget de 1875. Le conseil du droit musulman, auquel on alloue chaque année 28,000 fr., ne siège plus depuis plusieurs années. Il avait été établi pour donner à la cour d'appel d'Alger des consultations sur les points de droit musulman qui lui paraîtraient obscurs. La Cour a demandé quelques avis : ceux qui lui ont été donnés étaient d'une nature telle qu'elle a été obligée d'y renoncer. »

Le conseil de droit musulman a été créé par décret du 13 décembre 1866 : il pourrait être supprimé par un décret.

M. le ministre n'a pas provoqué de décret de suppression. La commission du budget ne pouvait pas, sur l'utilité de ce conseil, substituer son appréciation à celle du chef de la justice et elle vous propose de voter le crédit, ce qui emportera le rejet de l'amendement de MM. Jacques et Lambert. Nous ne pouvons qu'inviter nos honorables collègues à soumettre de nouveau la question à M. le ministre de la justice.

CHAPITRE XIII. — *Frais de justice criminelle.*

Même crédit que pour 1875.

Le crédit de 4,750,000 francs, qui vous est demandé pour frais de justice criminelle, n'est qu'un crédit provisoire. Si des circonstances imprévues rendaient nécessaire une répression plus sévère ou plus coûteuse, les prévisions seraient dépassées et il y aurait lieu de demander des crédits supplémentaires. Cette observation, il est vrai, peut être faite pour tous les crédits ; mais elle est particulièrement applicable à une dépense dont la nature variable peut facilement tromper nos prévisions. C'est avec raison que le ministre de la justice fait, dans la colonne des observations, remarquer le caractère éventuel de cette dépense.

Cette dépense, d'ailleurs, ne tombe pas tout entière à la charge du Trésor, car la plus grande partie est recouvrée sur les condamnés. Les recouvrements se sont même améliorés depuis que la loi du 19 décembre 1871 a rétabli la contrainte par corps contre les débiteurs des frais de justice. La perte, qui était de 55 p. 100 entre 1867 et 1872, n'était plus que de 28 p. 100 en 1874, et on a des raisons d'espérer que ce déchet sera ramené à la proportion de 8 p. 100, c'est-à-dire au chiffre antérieur à 1866, avant l'abolition de la contrainte par la loi du 22 juillet 1867.

CHAPITRE XIV. — *Dépenses diverses.*

Crédit voté pour 1875 .... 135.000
Crédit demandé pour 1876 .... 120.000

Diminution 15.000

Cette diminution vient d'une économie sur les frais de voyage à Versailles. Le nombre des employés qui reçoivent cette indemnité sera réduit, à partir du 1er janvier 1876, au strict nécessaire et on ne l'accordera qu'à ceux pour lesquels le déplacement est l'occasion de dépenses inévitables.

CHAPITRE XIV (bis). — *Reconstitution des actes de l'état civil de la ville de Paris.*

Cette cause de dépenses est accidentelle et, à mesure que le travail avance, il y a lieu de réduire le crédit. M. le ministre vous demande une somme de 200,000 francs, inférieure de 100,000 francs à celle qui avait été votée l'année dernière. C'est à ce chiffre qu'il estime la diminution probable des frais de reconstitution des actes de l'état civil de Paris.

OBSERVATIONS GÉNÉRALES

Si aux diminutions proposées dans le projet de budget, nous ajoutons la réduction de 4,000 francs que nous croyons pouvoir faire sur le matériel du conseil d'État, nous arriverons à un total en moins de 120.583 francs. La commission du budget n'a pas cru pouvoir vous proposer des suppressions plus étendues. Vous avez déjà, les années précédentes, réduit de cent mille francs le crédit du personnel de la magistrature. C'est pour réaliser les réductions adoptées par l'Assemblée, que dans les cours, à mesure des extinctions, on a supprimé un président de chambre.

Le ministre de la justice a même, par une diminution de 10,000 fr. sur le crédit des tribunaux de première instance, été invité à réduire le nombre des juges dans les limites de cette somme. Nous n'avons pas cru qu'il fût opportun, par une réduction semblable, de l'engager à continuer cette diminution du personnel. Une suppression de quelques milliers de francs n'était pas d'inconvénients lorsqu'il s'agissait d'indiquer la voie où vous désiriez que l'administration entrât.

Aller plus loin, ce serait transformer une commission de finances en une commission de réforme de la magistrature ; ce serait empiéter sur les attributions d'autre commissions qui, soit à l'Assemblée soit au dehors, s'occupent d'étudier cette question au point de vue des besoins du service. Lorsque ces réformes auront été votées, elles appelleront des changements correspondants dans la loi de finances. Le rapporteur du budget de 1875, l'honorable M. Vidal, exprimait en ces termes le désir qu'avait la commission de voir réaliser cette réforme :

« La réduction déjà votée pour 1874 nous fournit un nouveau motif d'insister auprès du Gouvernement pour que la situation que nous venons de signaler prenne bientôt fin, et qu'en ce qui touche les tribunaux de première instance de même qu'en ce qui touche les cours d'appel, l'Assemblée soit bientôt saisie d'un projet de loi tendant à substituer à l'état de choses actuel une organisation définitive et nettement définie. »

Nous ne pouvons que reproduire ici le même vœu ; si le temps vous manque pour le réaliser, il sera entendu par nos successeurs. En attendant que le travail sur l'organisation de la magistrature soit terminé, il faut que le budget soit l'image de l'état actuel, et nous ne croyons pas qu'il soit possible de pousser plus loin des réductions indéterminées sans troubler le service, sans subordonner l'ordre judiciaire à l'ordre financier. Or, ce serait renverser l'importance relative des intérêts et mettre au second rang ce qui, jusqu'à présent, a toujours occupé le premier.

En conséquence, nous vous proposons le projet de loi suivant :

PROJET DE LOI

Article unique. — Il est accordé au ministre de la justice, pour les dépenses générales de l'exercice 1876, des crédits s'élevant ensemble à la somme de trente-trois millions six cent quatre-vingt six mille huit cent quatre-vingt-dix francs, conformément à l'état ci-annexé, ci 33 686.890

MINISTÈRE DE LA JUSTICE. — *Budget des dépenses générales pour l'exercice 1876.*

NUMÉROS DES CHAPITRES	CHAPITRES	1876		CRÉDITS votés pour 1875.
		CRÉDITS proposés par la Commission.	CRÉDITS demandés par le ministre.	
	Administration centrale.			
1	Personnel............................	549.800	549.800	559.400
2	Matériel.............................	88.000	88.000	88.000
	Conseil d'État.			
3	Personnel............................	785.300	785.300	783.300
4	Matériel.............................	71.500	75.500	75.500
	Cours et tribunaux.			
5	Cour de cassation....................	1.173.600	1 173.600	1.173.600
6	Cours d'appel........................	6.524 510	6 524.510	6.519.143
7	Cours d'assises......................	133.200	133.200	136.200
8	Tribunaux de première instance.......	10.040.530	10.040.530	10 040.530
9	Tribunaux de commerce................	176.600	176.600	176.600
10	Tribunaux de police..................	89.400	89 400	89.400
11	Justices de paix.....................	7.815.250	7.815.250	7.811.600
12	Justice française en Algérie.........	1.169.200	1.169 200	1.169.200
	Frais de justice.			
13	Frais de justice en France et en Algérie. — Statistique...............	4.750.000	4.750.000	4.750.000
14	Secours et dépenses imprévues........	120.000	120.000	135.000
14 bis	Reconstitution des actes de l'état civil de la ville de Paris............	200.000	200.000	300.000
15	Exercices clos.......................	»	»	»
16	Exercices périmés....................	»	»	»
	Total............................	33.686.890	33.690.800	33 807.473

DEUXIÈME PARTIE

Légion d'honneur.

La Légion d'honneur est placée dans les attributions du ministre de la justice ; mais son budget ne pouvait pas être mêlé avec celui du ministère.

La Légion d'honneur, en effet, est une personne civile ayant son existence propre et des ressources spéciales. Il en résulte que sa situation financière doit être établie en recettes et dépenses, tandis que le ministère de la justice n'ayant pas d'actif qui lui appartienne, son budget n'est qu'une réunion de dépenses toutes à la charge du Trésor.

Bien qu'elle ait une existence séparée, la Légion d'honneur n'est cependant pas entièrement indépendante de l'État et, à plusieurs reprises, le législateur lui a imposé des obligations tellement onéreuses que les ressources de l'ordre auraient été facilement épuisées si le Trésor ne lui était venu en aide par des subventions.

Ce n'était que justice, car, sans le secours de l'État, la Légion d'honneur aurait même été dans l'impossibilité de supporter les charges dont on l'avait grevée. La compensation n'a pas été complète, et c'est ainsi que, d'après les propositions qui sont faites par le ministre de la justice, elle

paierait en 1876 372,639 fr. de plus qu'elle ne recevrait du Trésor.

Tandis que la subvention est de 11,998,231 fr. Elle est obligée d'acquitter les dépenses suivantes :

1° Traitements des membres de l'ordre d'après les décrets de 1852................. 5.849.139
2° Medaille militaire............. 5.176.740
3° Subventions supplémentaires... 1.345 000

Total......... 12.370 879

L'augmentation toujours croissante du budget ne doit donc pas être imputée aux administrateurs de cet établissement ; si la légion n'avait été chargée que de remplir les obligations qui lui avaient été imposées lors de sa fondation, elle aurait certainement déjà beaucoup accru son patrimoine. L'accroissement de dépense vient de lois postérieures à sa création qui ont étendu ses charges et n'ont même pas, dans une mesure égale, augmenté ses recettes.

Nous allons examiner successivement les différents chapitres des recettes et des dépenses.

RECETTES

CHAPITRE 1er. — *Rentes sur l'État, 6,907,946 fr*

La Légion d'honneur reçut, au moment de sa création, et par la loi même qui l'institua, des propriétés territoriales divisées en seize chefs-lieux de cohortes et administrées par des conseils de grands dignitaires de l'ordre (loi du 29 floréal an X). Des lois postérieures (décrets du 9 germinal an XIII et 8 mars 1806) ordonnèrent la cession à la caisse d'amortissement de la presque totalité de ces biens, et la Légion d'honneur reçut en échange des rentes sur l'État pour une somme de 6,405.488 fr.

Cette somme a été, soit augmentée, soit diminuée par des causes postérieures à la transformation.

Ainsi la conversion du 4 1/2 en 3 0/0 fit perdre à la Légion d'honneur une somme de 716,000 fr. de rentes, et c'est pour la dédommager de cette perte qu'un décret du 27 mars 1852 ajouta 500,000 fr. de rentes à sa dotation.

La balance de ces changements donne encore une augmentation sur l'ensemble. Aujourd'hui la somme portée de ce chef au budget des recettes est de 6,907,946 fr.

CHAPITRE II. — Subvention.

La subvention étant destinée à couvrir la différence entre les ressources de la Légion d'honneur et les obligations mises à sa charge, cette somme doit varier et elle ne peut être déterminée qu'après l'examen du budget des dépenses. On vous propose pour 1876 une subvention de 11,998,231 fr.

Celle que vous avez votée pour 1875 s'élevait à 12,095,731 fr. d'où résultera, pour l'exercice 1876, une diminution de 97,900 fr.

CHAPITRE III. — Actions des canaux d'Orléans et du Loing, 58,000 fr.

Lors de la concession des canaux du Midi et d'Orléans et du Loing, Napoléon Iᵉʳ attribua à la Légion d'honneur cent actions sur chacune des compagnies, à 10,000 fr. l'une et produisant une rente annuelle de 100,000 fr.

Le canal d'Orléans et du Loing a été racheté au prix de 571 fr. 42 de rente par action, ce qui fait un total de 57,142 fr.

Quant au canal du Midi, les propriétaires ont obtenu par décision du Conseil d'État la remise des actions attribuées à la Légion d'honneur. Cette recette doit être supprimée pour la presque totalité ; la Légion d'honneur, en effet, n'a conservé que des canaux d'embranchement complètement distincts du canal principal et pour lesquels elle reçoit le dividende insignifiant de 858 fr., juste ce qui est nécessaire pour porter la recette de ce chef au chiffre rond de 58,000 fr.

CHAPITRE IV. — Remboursements et droits de chancellerie, 225,000 fr.

Les personnes qui sont promues aux différents grades de la Légion d'honneur doivent, si elles touchent le traitement de la Légion, rembourser à l'État qui en fait les avances, le prix de leurs décorations. Il en est de même des médaillés militaires, qui doivent le remboursement du prix de leurs médailles. La recette est estimée de ce chef à 100.000

D'un autre côté, les prix des brevets délivrés aux légionnaires et ceux des ampliations de décrets autorisant le port des décorations étrangères, sont évalués à 125.000

Total 225.000

CHAPITRE V. — Rentes données en remplacement des anciens biens de cohortes.

Toutes les propriétés domaniales que la Légion d'honneur possédait dans les départements

ANNEXES. — T. XXXIX.

no furent pas attribuées à la caisse d'amortissement pour être vendues. Quelques-unes furent cédées au département dans lequel elles étaient situées, moyennant une rente annuelle. Les recettes de ce chapitre s'élèvent à 14,843 fr.

CHAPITRE VI. — Versement par les titulaires de majorats.

Les titulaires de majorats ou ceux qui en reçoivent la transmission sont tenus de verser le cinquième de leur revenu d'une année aux caisses de la Légion d'honneur et du sceau des titres, avec faculté de diviser le paiement en cinq annuités d'égale somme. La moyenne de cette recette est évaluée à . . . . 4.000 fr.

CHAPITRE VII. — Produit du domaine d'Écouen, 6,000 fr.

C'est le produit de la vente des bois, somme variable, mais dont la moyenne peut être évaluée à . . . . 6.000 fr.

Les recettes portées aux chap. VIII, IX, X, XI, XIII, et XIV, ont leurs analogues au budget des dépenses. Ces recettes ont pour contre-partie, à l'actif et au passif, des dépenses exactement semblables. Étant inscrites pour les mêmes chiffres, elles ne sont, pour ainsi dire, portées au budget que pour ordre et n'intéressant en rien l'équilibre de la situation financière de la Légion d'honneur.

Le total des recettes pour 1875, s'élevait à 25,703,520 fr. On ne vous propose, pour 1876, que la somme de 24,850,020 fr., soit une différence en moins de 853,000 fr. Cette différence vient, pour 97,500 fr., de la réduction de la subvention et, pour le reste, des causes que nous expliquerons en nous occupant des dépenses.

DÉPENSES

CHAPITRE Iᵉʳ. — Grande Chancellerie (personnel).

Crédit voté pour 1875 . . . . 258.200
Crédit demandé pour 1876 . . . . 258.200
                                  »   »

Pas d'observation. — Maintenu

CHAPITRE II. — Matériel.

Crédit voté pour 1875 . . . . 69.000
Crédit voté pour 1876 . . . . 69.000
                                  »   »

Pas d'observation. — Maintenu.

CHAPITRE III. — Traitement et supplément de traitement des membres de l'ordre.

Crédit voté pour 1875 . . . . 11.239.130
Crédit demandé pour 1876 . . . . . . 11.139.130

Différence en moins 100.000

Cette diminution vient, pour la plus grande partie, de la loi du 13 juillet 1873, qui réduit les nominations à la moitié des extinctions. Le nombre des membres de tous grades qui touchaient leur traitement au 1ᵉʳ juillet 1874 était de 37,406 et la somme de leurs traitements montait à 11.821.550

Il faut ajouter à ce chiffre la dépense résultant de nominations connues, mais dont les titulaires n'ont pas encore réclamé leur traitement. Comme il est probable que ces traitements seront demandés, nous inscrivons de ce chef 186.000

Total . . . . . . (à reporter) . 12.001.550

32

Report................... 12.001.550

Cette dépense sera atténuée par deux causes : 1° par l'économie de 600.000 fr. sur les deux années 1874 et 1875, économie provenant de l'exécution de la loi du 13 juillet 1873 sur la réduction des nominations dans l'ordre.......................... 600.000

Reste........... 11.401.550

L'atténuation est poussée plus loin dans le projet de budget. On a remarqué que beaucoup de légionnaires ne réclament pas leur traitement. Cette réduction est évaluée à....... 262.420

de sorte que la dépense de ce chapitre serait réduite à.............. 11.139.130

Somme qui diffère de 100,000 fr. du crédit voté pour 1875. Il est évident que la diminution venant des traitements non réclamés est évaluée avec une précision que les faits dérangeront probablement un peu. Mais la différence ne sera pas considérable, et nous comprenons que, pour arriver à un chiffre rond, M. le ministre ait évalué les traitements non réclamés à 262,420 fr.

CHAPITRE IV. — *Décoration aux membres de l'ordre sans traitement.*

Même chiffre qu'au budget de 1875. — Maintenu.

CHAPITRE V. — *Secours aux membres de l'ordre, à leurs veuves et à leurs orphelins.*

Même crédit que pour 1875. — Maintenu.

CHAPITRE VI. — *Traitement de la médaille militaire.*

Crédit voté pour 1875............ 5.176.740
Crédit demandé pour 1876....... 5.176.740
» »

Au 1ᵉʳ janvier 1874, le nombre des médaillés était de 57,559, ce qui donnait lieu à une dépense de........................... 5.755.900

Il faut déduire de ce total :

1° Pour diminution dans le nombre des médaillés, par application de la loi du 13 juillet 1873, pour deux années (1874 et 1875), à 50,000 fr. par année....................... 100.000
2° Pour 1,500 médaillés inscrits qui, depuis trois ans, n'ont pas donné de leurs nouvelles et peuvent être considérés comme décédés.......... 150.000
3° Pour les médaillés nommés légionnaires.................... 70.000
4° Pour les médaillés qui ne réclament pas leur traitement........ 259.160

Total............ 579.160

Ces quatre réductions permettent de maintenir le crédit du chapitre VI au chiffre voté pour 1875.

CHAPITRE VII. — *Maison d'éducation de Saint-Denis (Personnel).*

Même crédit que pour 1875. — Maintenu.

CHAPITRE VIII. — *Matériel.*

Même crédit que pour 1875. — Maintenu.

CHAPITRE IX. — *Succursales (Personnel).*

Même crédit que pour 1875. — Maintenu.

CHAPITRE X. — *Succursales (Matériel).*

Même crédit que pour 1875. — Maintenu.

CHAPITRE XI. — *Pensions de 40 élèves à la charge des familles.*

Même crédit que pour 1875. — Maintenu.

CHAPITRE XII. — *Secours aux élèves sortis des maisons d'éducation.*

Même crédit que pour 1875. — Maintenu.

CHAPITRE XIII. — *Commission aux trésoriers-payeurs généraux.*

Crédit demandé pour 1876............ 40.000
Crédit voté pour 1875............ 37.500

Différence en plus..... 2.500

Les commissions sont taxées 1/4 p. 100 sur le montant des dépenses acquittées par chaque comptable. L'année précédente a prouvé que le crédit de 37,500 fr. n'était pas suffisant, et M. le ministre propose de le porter à 40,000 fr.

CHAPITRE XIV. — *Frais relatifs au domaine d'Écouen.*

Les frais s'élèvent à 7,000 fr., et nous avons vu aux recettes que ce domaine rapporte 6,000 fr. provenant des coupes de bois annuelles.

CHAPITRE XV. — *Dépenses imprévues.*

Même crédit que pour 1875. — Maintenu.

CHAPITRE XVI. — *Avances aux décorés ou médaillés militaires. — Dépenses relatives aux amplications de décrets relatifs aux décorations étrangères.*

Ce n'est là qu'une avance, et nous avons trouvé, à la partie des recettes, le remboursement de pareille somme de 225,000 francs.

CHAPITRE XVII. — *Subvention aux anciens militaires mis à la retraite de 1814 à 1831.*

Une disposition de la loi du 28 mai 1864 accorde, sous le nom de subvention supplémentaire, une augmentation de pension aux militaires retraités de 1814 à 1831. Le même avantage a été accordé par la loi du 28 juillet 1866 aux retraités de 1831 à 1861; et, pour les deux périodes, il faut inscrire au budget une somme de 1,315,000 fr.

La commission fait remarquer que M. le ministre demande pour 1876 un crédit égal à celui qui a été voté pour 1875. Il est cependant probable que, chaque année, des extinctions se produisent. Nous ne pouvons que renouveler le vœu exprimé par la commission de 1874, et prier M. le ministre de faire, pour les années qui suivront, connaître les vacances des années précédentes.

CHAPITRE XVIII. — *Frais du bureau spécial des anciens militaires de la République et de l'Empire.*

C'est une dépense qui n'est portée que pour ordre dans le budget de la Légion d'honneur. Ce bureau est rattaché à la grande chancellerie, mais il ne fait pas partie des cadres de son administration.

La loi du 5 mai 1869 avait décidé que les anciens militaires de la République et de l'Empire ayant servi pendant deux années, recevraient une pension de 250 fr. En l'absence de toute ressource prévue pour l'exécution de cette loi, la caisse des dépôts fut chargée de payer, et c'est sur les avances de la caisse qu'est imputée la somme nécessaire pour couvrir les dépenses de ce bureau, tant en matériel que personnel.

Ce bureau voit chaque jour, par suite de décès, diminuer son travail. Aussi le ministre de la justice propose-t-il de diminuer le crédit de 24,000 à 18,000 fr.

CHAPITRE XXIII. — *Pensions viagères en vertu de la loi du 5 mai 1869.*

Crédit voté pour 1875............ 6.250.000
Crédit demandé pour 1876........ 5.500.000

Différence en moins... 750.000

C'est dans ce chapitre que se trouve la portion la plus considérable de la différence en moins qui distinguera le budget de 1876 d'avec le précédent.

Les extinctions sont fréquentes parmi les militaires qui ont servi sous la République et l'Empire. Le nombre des extinctions s'accroît, d'année en année, à mesure que les pensionnaires avancent en âge.

On prévoit que, pendant l'année 1875, il y aura environ 3,000 vacances, et comme la dépense ne se renouvelle pas, tous les ayants droit ayant déjà réclamé, on peut hardiment porter à ce chapitre une réduction de 750,000 fr.

En ajoutant cette somme aux cent mille francs de réduction sur le traitement des membres de l'ordre et aux 6,000 fr. retranchés sur le crédit du bureau spécial des anciens militaires de la République et de l'Empire, on arriverait à une différence en moins, de.................. 856.000
Mais il faut déduire.................. 2.500
puisque nous avons augmenté de cette somme les remises aux trésoriers-payeurs généraux.

Différence en moins........ 853.500

Toutes compensations faites entre les augmentations et les diminutions.

En conséquence, nous avons l'honneur de vous proposer le projet de loi suivant.

PROJET DE LOI

Article premier. — Le budget des recettes de la Légion d'honneur est, pour l'exercice 1876, fixé à la somme de 24,850,020 fr., répartie en chapitres, conformément à l'état A ci-annexé.

Art. 2. — Le budget des dépenses de la Légion d'honneur est fixé à la somme de 24,850,020 francs, répartie en chapitres, conformément à l'état B ci-annexé.

ÉTAT A. — *Budget des recettes de l'ordre de la Légion d'honneur pour l'exercice 1876.*

CHAPITRES	NATURE DES RECETTES	ÉVALUATIONS des recettes.		DIFFÉRENCE au budget de 1875.	
		Pour 1876.	Pour 1875.	en plus.	en moins.
1	Rentes sur le grand livre de la dette publique.	6.907.946	6.907.946	»	»
2	Supplément à la dotation.................	11.998.231	12.095.731	»	97.500
3	Actions sur les canaux d'Orléans et du Loing et sur le canal du Midi..................	58.000	58.000	»	»
4	Remboursement, par les membres de la Légion d'honneur, touchant le traitement et par les médaillés militaires, du prix de leurs décorations et médailles. — Produit des brevets de nomination et de promotion dans l'Ordre. — Droits de chancellerie pour port de décorations étrangères......	225.000	225.000	»	»
5	Rentes données en remplacement des anciens chefs-lieux de cohortes..............	14.843	14.843	»	»
6	Versements par les titulaires de majorats...	4.000	4.000	»	»
7	Domaine d'Écouen	6.000	6.000	»	»
8	Montant présumé des pensions et trousseaux des élèves pensionnaires de la maison de Saint-Denis..................	66.000	66.000	»	»
9	Montant présumé des pensions et trousseaux des élèves pensionnaires des succursales..	26.000	26.000	»	»
10	Prélèvements sur les avances à faire par la caisse des dépôts et consignations en exécution de la loi du 5 mai 1869 et applicables aux frais de bureau du service spécial des anciens militaires de la République et de l'Empire..................	18.000	24.000	»	6.000
11	Versements faits dans la caisse de l'Ordre, à charge de restitution..................	10.000	10.000	»	»
12	Produits divers....................	6.000	6.000	»	»
13	Intérêts payés par la Caisse des dépôts et consignations (S/C courant avec la Légion d'honneur)..................	10.000	10.000	»	»
14	Avances à faire à la Légion d'honneur par la caisse des dépôts et consignations pour le payement des pensions viagères en vertu de la loi du 5 mai 1869..................	5.500.000	6.250.000	»	750.000
		24.850.020	25.703.520	»	853.500
		853.500		853.500	

ÉTAT B. — *Budget des dépenses de l'ordre de la Légion d'honneur pour l'exercice 1876.*

CHAPITRES	NATURE DES DÉPENSES	CRÉDITS		DIFFÉRENCES	
		demandés pour 1876.	votés pour 1875.	en plus.	en moins.
1	Grande Chancellerie. (Personnel.)............	258.200	258.200	»	»
2	Grande Chancellerie. (Matériel.)............	69.000	69.000	»	»
3	Traitements et suppléments de traitement des membres de l'ordre...................	11.139.130	11.239.130	»	100.000
4	Décorations aux membres de l'ordre sans traitement............................	20.000	20.000	»	»
5	Secours aux membres de l'ordre, à leurs veuves et à leurs orphelins................	64.000	64.000	»	»
6	Traitements des médaillés militaires..	5.176.740	5.176.740	»	»
7	Maison de Saint-Denis. (Personnel.)........	127.700	127.700	»	»
8	Maison de Saint-Denis. (Matériel.).........	420.000	420.000	»	»
9	Succursales. (Personnel.).................	23.400	23.400	»	»
10	Succursales. (Matériel.)...................	346.850	346.850	»	»
11	Pensions et trousseaux de quarante élèves pensionnaires aux frais des familles.......	26.000	26.000	»	»
12	Secours aux élèves......................	4.000	4.000	»	»
13	Commissions aux trésoriers-payeurs généraux................................	40.000	37.500	2.500	»
14	Frais relatifs au domaine d'Ecouen........	7.000	7.000	»	»
15	Dépenses diverses et imprévues. — Travaux extraordinaires des employés. — Indemnités..............................	20.000	20.000	»	»
16	Prix de décorations militaires, médailles, brevets et ampliations de décrets relatifs au port de décorations étrangères. — Distribution à titre de secours, aux membres de l'Ordre et à leurs orphelins, de l'excédant du produit, des brevets et des droits de chancellerie......................	225.000	225.000	»	»
17	Subventions supplémentaires aux anciens militaires de l'armée de terre mis à la retraite de 1814 à 1861....................	1.315.000	1.345.000	»	»
18	Frais de bureau du service spécial des anciens militaires de la République et de l'empire.............................	18.000	24.000	»	6.000
19	Remboursements de sommes versées à charge de restitution	10.000	10.000	»	»
20	Dépenses des exercices clos.......(Mémoire.)	»	»	»	»
21	Dépenses des exercices périmés....(Mémoire)	»	»	»	»
22	Intérêts à payer à la Caisse des dépôts et consignations (S/C courant avec la Légion d'honneur).........................	10.000	10.000	»	»
23	Pensions viagères en vertu de la loi du 5 mai 1860............................	5.500.000	6.250.000	»	750.000
		24.850.020	25.703.520	2.500	856.000
				853.500	853.500

TROISIÈME PARTIE

Imprimerie nationale.

L'imprimerie nationale fut créé sous François Ier pour l'exécution des travaux de luxe et pour donner le signal des progrès de la typographie. Ces impressions n'auraient pas suffi pour alimenter des établissements privés, et l'Etat seul pouvait engager des sommes importantes pour créer et entretenir cette typographie. Pour utiliser une installation coûteuse, on ajouta aux ouvrages spéciaux l'exécution des impressions administratives. A cela ont été bornés les travaux de l'imprimerie nationale. Elle n'a été ouverte à la clientèle des particuliers qu'à des conditions fort restrictives. Ceux-ci, en effet, ne peuvent se servir de l'Imprimerie nationale,

même en payant d'après les tarifs la dépense de l'impression, qu'avec une autorisation spéciale du ministre de la justice. Cette permission n'est d'ailleurs pas facilement accordée; car, il ne faut pas que cet établissement qui a été créé dans un but d'intérêt général fasse, avec les capitaux de l'Etat, concurrence à l'industrie privée. Aussi les autorisations ne sont-elles accordées que rarement et seulement dans les cas où les demandeurs ne trouveraient pas, chez les imprimeurs, les moyens nécessaires pour exécuter le travail.

C'est bien à tort qu'on a représenté l'Imprimerie nationale comme faisant aux particuliers une concurrence d'autant plus difficile à supporter qu'elle fonctionne avec les capitaux du Trésor et qu'elle est logée dans un bâtiment de l'Etat, pour lequel elle ne paye pas de loyer.

1° Pour les ouvrages en caractères orientaux.

la concurrence n'existe pas, puisque l'industrie privée n'a, sous ce rapport, pas de ressources suffisantes.

2° Quant aux impressions des ministères, il est utile que le Gouvernement ait un établissement à sa disposition, soit pour assurer à toute heure un service rapide, soit pour garantir le secret dont il peut avoir besoin.

3° Enfin, nous avons vu que le ministre n'accorde qu'exceptionnellement et pour des motifs spéciaux, l'autorisation aux particuliers d'employer la typographie nationale.

Les attaques si souvent élevées contre l'Imprimerie nationale n'ont pas été, au moins encore, renouvelées cette année. Nous ne pousserons donc pas plus loin cette discussion. Si, contre notre attente, les objections se renouvelaient lors de la discussion du budget nous n'aurions qu'à reprendre les réponses qu'oppose à ces réclamations notre honorable collègue M. Vidal dans le rapport qu'il fit au nom de la commission de 1875.

Le budget des recettes pour 1875 a été fixé à la somme de.................. 6.198.000
Celui des dépenses à.. .... 6.181.000

Excédant.............. 17.000

Pour 1876, le budget proposé par M. le ministre de la justice porte :

En recettes....................... 6.107.000
En dépenses..................... 6.090.000

Excédant................ 17.000

Le résultat est donc le même, bien que les chiffres balancés soient différents. Cette identité s'explique parce que les recettes et les dépenses ont été diminuées de la même somme de 91.000 francs. Pour nous rendre compte de cette différence en moins, il faut expliquer des augmentations et diminutions dont les 91.000 francs sont la balance.

L'Imprimerie nationale, jusqu'à l'année dernière, tirait le *Bulletin des lois* à un nombre d'exemplaires suffisant pour l'envoyer à tous les maires. L'abonnement au *Bulletin* figurait au nombre des dépenses obligatoires des communes (article 30, § 3 de la loi du 18 juillet 1837); le produit de ces abonnements était encaissé par le Trésor et ce dernier payait à l'Imprimerie nationale une somme qui, pour 1875, était portée à 175,000 fr. L'envoi du *Bulletin* aux communes a été supprimé, et un imprimeur a été chargé, moyennant une somme annuelle de 4 francs, d'envoyer aux maires une publication hebdomadaire. Aussi M. le ministre ne vous propose-t-il d'inscrire sous ce chapitre, pour 1876, qu'une somme de 37,000 francs, ce qui fait une différence en moins de 138,000 francs.

C'est à ce chiffre que s'élèverait l'écart entre les deux budgets si, sur d'autres points, il n'y avait pas d'augmentation. Mais l'évaluation du chapitre des *Impressions diverses* est de 37,000 fr. supérieure à celle de l'année précédente.

D'un autre côté, le produit des recettes diverses qui le était estimé pour 1875 qu'à 100,000 fr., sera probablement de 110,000 fr. pour 1876, d'où résulte une augmentation de 10,000 fr., en tout 47,000 fr., ce qui réduit à 91,000 fr. la différence de 138,000 fr. résultant de la suppression du *Bulletin des lois*. La même différence se retrouve dans les dépenses par suite des diminutions suivantes :

1° Salaire des ouvriers............ 50.000
2° Approvisionnements pour le service des ateliers............................. 44.500
3° Transport d'impressions dans les départements...................... 1.000

Total....... (à reporter). 95.500

Report.............. 95.500
Mais cette diminution est atténuée par une augmentation sur le chapitre XI (*acquisitions d'ustensiles d'exploitation*) pour une somme de.................... 4.500

Total............ 91.000

De sorte que la diminution des dépenses est égale à celle des recettes.

Ainsi, pour 1876 comme pour 1875, le bénéfice sera de 17,000 fr. C'est assurément un petit profit si on le compare avec l'étendue des forces dont l'Imprimerie nationale dispose, avec le chiffre de son capital roulant et l'importance de son outillage. Cette disproportion entre l'exiguité du résultat et la puissance des moyens a souvent été relevée. Mais il ne faut pas oublier que l'extension des affaires de l'Imprimerie nationale est limitée par ses règlements, et qu'si elle ne prend pas l'essor que comporteraient ses forces, c'est qu'elle arrête ses opérations, et, par conséquent, ses bénéfices, par respect pour l'industrie privée.

En conséquence, la commission vous propose le projet de loi suivant.

PROJET DE LOI

Art. 1er. — Le budget des recettes de l'Imprimerie nationale est fixé, pour l'année 1876, à la somme de 6,107,000 fr.

Art. 2. — Le budget des dépenses est fixé à la somme de 6,090,000 fr.

Annexe n° 3163.

PROJET DE LOI ayant pour objet d'ouvrir au ministre de l'agriculture et du commerce, sur l'exercice 1875, un crédit extraordinaire de 30,000 fr. pour l'exposition universelle de Philadelphie, présenté au nom de M. le maréchal de Mac Mahon, duc de Magenta, Président de la République française, par M. le vicomte de Meaux, ministre de l'agriculture et du commerce, et par M. Léon Say, ministre des finances. (Renvoyé à la commission du budget de 1875.)

EXPOSÉ DES MOTIFS

Messieurs, l'Assemblée nationale a, par une loi du 21 juin dernier, ouvert au budget de l'exercice 1876 (chapitre 15) un crédit de 600,000 francs pour faire face aux dépenses de l'exposition universelle de Philadelphie. Une somme de 30,000 fr. serait nécessaire en 1875, afin de parer aux premiers frais; mais nous avions cru devoir en ajourner la demande jusqu'à ce que l'Assemblée eût manifesté son adhésion aux mesures projetées par le Gouvernement dans le but de favoriser la participation de nos nationaux à cette grande solennité industrielle.

Cette adhésion étant aujourd'hui acquise, nous venons vous soumettre le projet de loi ci-joint portant ouverture d'un crédit supplémentaire de 30.000 fr. au chapitre 15 du budget de 1875.

PROJET DE LOI

Art. 1er. — Il est ouvert au ministre de l'agriculture et du commerce un crédit extraordinaire de 30,000 fr., au titre du chapitre 15 du budget de l'exercice 1875 pour les dépenses de l'exposition universelle de Philadelphie.

Art. 2. — Il sera pourvu à cette dépense au moyen des ressources générales affectées à l'exercice 1875.

l'Etat, fixée à 1,307,895 fr. dans le calcul du préfet, puisse atteindre un chiffre aussi élevé.

Pour venir en aide aux communes et faire face à une partie du déficit prévu, le conseil général d'Eure-et-Loir a demandé, dans sa session d'avril dernier, que le département fût autorisé à s'imposer extraordinairement 1 centime additionnel au principal des quatre contributions directes pendant les années 1876, 1877 et 1878. Le montant de ces ressources (100,500 fr.) serait distribué entre les communes pour être affecté à l'entretien des chemins vicinaux ordinaires.

L'imposition projetée aurait pour effet de porter les centimes extraordinaires d'Eure-et-Loir au chiffre de 16, qui reste encore inférieur à la moyenne générale 16,02. La situation financière du département est d'ailleurs favorable, ainsi que le prouve le taux modéré des frais de poursuites Aussi le ministre des finances a-t-il fait connaître qu'il ne voyait pas d'inconvénient à ce que le vote du conseil général reçut la sanction législative.

En conséquence, le Gouvernement a l'honneur de présenter à l'Assemblée nationale le projet de loi ci-joint.

PROJET DE LOI

Article unique. — Le département d'Eure-et-Loir est autorisé, conformément à la demande que le conseil général en a faite, à s'imposer extraordinairement, pendant trois ans, à partir de 1876, un centime additionnel au principal des quatre contributions directes, dont le produit sera affecté aux travaux des chemins vicinaux ordinaires.

Cette imposition sera perçue indépendamment des centimes extraordinaires dont le maximum est fixé chaque année par la loi de finances, en exécution de la loi du 10 août 1871.

SÉANCE DU SAMEDI 10 JUILLET 1875

Annexe n° 3168.

RAPPORT fait au nom de la commission du budget de 1875 (*) chargée d'examiner le projet de loi ayant pour objet d'ouvrir au ministre de l'Intérieur, pour les dépenses sur ressources spéciales du gouvernement général civil de l'Algérie, sur l'exercice 1875, un crédit supplémentaire de 1,500,000 fr., chapitre VI nouveau (Dépenses de l'assistance hospitalière en Algérie), par M. Peltereau-Villeneuve, membre de l'Assemblée nationale.

Messieurs, par décret rendu, le 23 décembre 1874, sur les rapports des ministres des finances et de l'intérieur, et d'après les propositions du gouverneur général civil de l'Algérie, le service de l'assistance hospitalière a reçu une organisation nouvelle.

Il résulte de l'exposé des motifs du projet de loi tendant à obtenir un crédit supplémentaire de 1,500,000 fr. sur l'exercice 1875 pour dépenses sur ressources spéciales, que la réorganisation du service de l'hospitalisation en Algérie est établie sur les bases suivantes.

Les budgets départementaux demeurent exonérés des dépenses d'assistance des malades civils indigents et du service médical de colonisation qui leur incombait transitoirement d'après les dispositions du décret du 27 octobre 1858.

Les communes deviennent responsables de leurs malades indigents.

Le cinquième de l'octroi de mer concédé précédemment aux départements pour faire face à une partie des dépenses de l'assistance publique fait retour aux communes. Ce cinquième s'élève à peu près chaque année à 800,000 fr.

Un budget particulier est attribué à chacun des établissements hospitaliers. L'article 14 du

(*) Cette Commission est composée de MM. Raudot, président; le comte Daru, vice-président; Bardoux, le vicomte de Rainneville, le comte Octave de Bastard, le baron de Ravinel, secrétaires; Plichon, l'amiral de La Roncière Le Noury, le général Martin des Pallieres, le duc d'Audiffret-Pasquier, Leon Say, Villain, Gouin, Peltereau-Villeneuve, Duclerc, Anrel, Vidal, Ilaentjens, Rouher, Benoît (Meuse), Bertauld, Wolowski, Pouyer-Quertier, le comte d'Osmoy, Rousseau, Cordier, Dauphinot, Mathieu-Bodet, le général Valazé, Rouveure.

décret du 23 décembre 1874 dispose que les recettes et les dépenses de l'assistance coloniale hospitalière doivent former un chapitre au budget ordinaire de l'Algérie (Dépenses sur ressources spéciales), et l'article 16 prescrit que les recettes spéciales et les dépenses arrêtées provisoirement par le, gouverneur général en conseil de gouvernement seront réglées définitivement par la loi de finances portant fixation du budget général de l'exercice.

Les recettes prévues par l'article 14 se composent principalement :

1° Du montant des centimes additionnels spéciaux réglés par les lois annuelles de finances et ajoutés au principal des contributions directes ;

2° D'une part à prélever sur le contingent des centimes additionnels ajoutés à l'impôt arabe.

Mais ces ressources font défaut en 1875 ; les projets de loi relatifs à l'impôt foncier ont donné lieu à un rapport de la commission du budget qui n'a pas encore été mis à l'ordre du jour, et, d'un autre côté, M. le ministre de l'intérieur a soumis au conseil d'Etat la même question dont on attend la solution. On ne peut donc compter, pour 1875, sur les recettes qui devraient résulter des centimes additionnels au principal des contributions directes.

C'est en prévision de ce manque de ressources et afin d'assurer, dès cette année, le fonctionnement du nouveau service qu'un second décret, rendu à la même date (23 décembre 1874), à affecté transitoirement aux dépenses de l'assistance hospitalière un dixième de l'impôt arabe à prélever sur les 5/10ème de cet impôt concédés aux départements algériens et qui se trouvent ainsi ramenés à 4/10ème.

L'exposé des motifs fait connaître que ce prélèvement n'influera en rien sur les ressources du Trésor qui reste en possession des 5/10ème de l'impôt arabe qu'il s'est réservés.

Par application de l'article 16 du décret organique du 23 décembre dernier, les évaluations de recettes et de dépenses à rattacher pour ordre au budget de l'Algérie (Ressources spéciales) pour 1875 ont été provisoirement arrêtées en conseil de gouvernement par le gouverneur général le 18 mars dernier. Ces évaluations s'élèvent à 1,500,000 fr. et sont détaillées dans les tableaux A B annexés au projet de loi et qui sont joints au présent rapport. Elles n'ont pu être comprises dans la loi de finances qui a fixé le budget général de l'exercice 1875, et c'est pour ce motif que le Gouvernement demande à l'Assemblée nationale un crédit supplémentaire de 1,500,000 fr.

Ce crédit n'ajoutera rien aux charges qui grèvent le Trésor, puisqu'il sera couvert par le 10ᵐᵉ de l'impôt arabe à prélever sur les 5/10ᵐᵉˢ accordée aux départements et par les recouvrements sur les communes des avances faites en leurs noms pour leurs malades admis dans les hôpitaux militaires.

La majorité de la commission n'a pas trouvé dans les voies et moyens qui lui sont proposés pour faire face aux dépenses de l'assistance hospitalière des ressources qui, dans toutes circonstances, seraient suffisantes. Elle a la crainte qu'en inscrivant cette dépense au budget, même sous le titre de « Dépenses sur ressources spéciales, » ce ne soit un précédent qui oblige plus tard le Trésor à pourvoir à l'insuffisance des recettes pour couvrir les dépenses de l'assistance hospitalière en Algérie.

Elle estime que si, d'après l'article 14 du premier décret du 23 décembre dernier, une partie des recettes de l'assistance coloniale hospitalière doit être obtenue au moyen de centimes additionnels spéciaux ajoutés au principal des contributions directes, il convient d'attendre qu'une loi sur l'impôt foncier en Algérie ait été rendue pour fournir à la caisse hospitalière les ressources prévues par ce décret. La majorité a également fait observer que lorsque les communes payeront des centimes additionnels, elles seront plus directement intéressées à assurer la bonne gestion des services hospitaliers et à empêcher les abus qui pourraient se produire.

Suivant la majorité de la commission, il n'y a rien d'urgent dans l'application du décret du 23 décembre 1874. L'assistance hospitalière a régulièrement fonctionné jusqu'à ce jour en Algérie quand elle était à la charge des départements ; une partie des ressources prévues pour que les communes algériennes supportent à l'avenir cette charge faisant défaut, on ne doit pas, quant à présent, sanctionner cette transformation du service par une mesure législative.

En conséquence, la majorité a été d'avis qu'il n'y a pas lieu d'accorder le crédit de 1,500,000 fr. pour dépenses sur ressources spéciales applicables à l'assistance hospitalière en Algérie.

A ces objections, la minorité a répondu qu'il importait peu, au point de vue des finances de l'État, que l'assistance hospitalière fût à la charge des communes au lieu d'être à celle des départements en Algérie ; que la responsabilité des malades indigents incombant aux communes, avait le mérite de l'assimilation de la législation qui régit l'assistance hospitalière dans la métropole ; que dans l'un comme dans l'autre cas, la charge des ouvriers nomades indigènes ou européens, sans domicile de secours, revenait à l'État, qui ne pouvait abandonner les malades indigents se trouvant dans ce cas Le dixième de l'impôt arabe accordé aux départements en vue de l'assistance hospitalière faisant retour aux communes, aidera à subvenir aux dépenses mises à leur charge.

L'obligation légale imposée à chaque commune de donner des soins à ses malades pauvres, ayant le domicile de secours dans la commune, la rendra plus scrupuleuse pour rembourser aux hospices militaires les soins donnés dans les hospices aux ouvriers domiciliés.

Les 1,500,000 fr. de ressources, détaillés au tableau ci-annexé, ne sont pas les seuls qui pourvoiront à l'assistance hospitalière ; les 820,000 fr. provenant de l'octroi de mer qui est un impôt municipal, ajoutés aux 1,500,000 fr. détaillés au tableau pourvoiront largement à toutes les dépenses qui s'élèvent pas pour les trois dépar-

ANNEXES — T XXXIX.

tements à plus de 2,083,881 fr. dans l'année 1872. Par conséquent, les craintes de voir s'engager davantage les finances de l'État ne paraissent pas fondées. Enfin, la minorité a insisté sur les inconvénients sérieux d'arriver à la suspension, si ce n'est à l'abrogation d'un décret qui organise un service important.

La majorité n'en a pas moins persévéré dans son opinion et, en conséquence, la commission a l'honneur de proposer à l'Assemblée de rejeter le projet de loi présenté à l'Assemblée nationale, le 26 mai 1875, par MM. les ministres de l'intérieur et des finances et ayant pour objet d'ouvrir au ministre de l'intérieur, pour les dépenses sur ressources spéciales du gouvernement général civil de l'Algérie, sur l'exercice 1875, un crédit supplémentaire de 1,500,000 fr., chapitre 6 nouveau (Dépenses de l'assistance hospitalière en Algérie).

PROJET DE LOI

Art. 1ᵉʳ. — Il est alloué au ministre de l'intérieur, pour les dépenses sur ressources spéciales du gouvernement général civil de l'Algérie, sur l'exercice 1875, au delà des crédits ouverts par la loi de finances du 5 août 1874, un crédit de 1,500,000 francs, qui formera un nouveau chapitre 6 (Dépenses de l'assistance hospitalière en Algérie).

Ce crédit sera affecté au payement des dépenses dont la nomenclature est indiquée dans le tableau A annexé à la présente loi.

Art. 2. — Il sera pourvu à ces dépenses au moyen de ressources énumérées dans le tableau B, également annexé à la présente loi.

Ces recettes seront versées dans les caisses des trésoriers-payeurs, au titre du service de l'assistance hospitalière, et figureront parmi les produits divers spéciaux du budget de l'Algérie (Ressources spéciales).

PROPOSITION DE LA COMMISSION

Art. 1ᵉʳ. — Rejet.
Art. 2. — Rejet.

TABLEAU A

annexé au projet de loi sur l'assistance hospitalière en Algérie.

ÉVALUATION DES DÉPENSES

Dépenses ordinaires.

Remboursement aux établissements hospitaliers des frais de traitement des immigrants et des malades indigents n'ayant pas acquis le domicile de secours en Algérie (1)....	300.000
Subventions aux communes, de récente création, dont les ressources sont encore notoirement insuffisantes pour solder intégralement les journées des malades qui leur incombent....	65.000
Subventions aux institutions charitables concourant à l'assistance hospitalière, et particulièrement à celles qui sont chargées des soins à domicile ou des asiles de vieillards(2)	175.000
A reporter............	540.000

(1) Cette dépense correspond au 1/5 environ de la dépense totale de nourriture et d'entretien des malades pendant une année.

(2) Ce chiffre s'applique, en grande partie, aux asiles actuels de vieillards déjà compris pour une dépense de 100.000 fr. sur les budgets départementaux.

33

Report................	540 000

Traitement des médecins de colonisation........................ ... 180.000
Subventions aux hôpitaux et hospi-
ces pour achat de matériel et pour construction et grosses réparations de
bâtiments.......................... 100 000
Assistance des indigènes musul-
mans qui recevaient des secours ou
des subsides sur les biens habous
des anciennes fondations charitables. 180.000

Dépenses d'ordre.

Avances pour remboursement au
budget du ministre de la guerre et
pour le compte des communes, des
frais de journées de traitement des
malades domiciliés admis dans les
hôpitaux militaires.................. 400.000
Subventions provisoires à la disposition des hôpitaux et hospices à
titre de fonds de roulement......... 100.000

Total général........ .... 1.500.000

TABLEAU B

annexé au projet de loi sur l'assistance hospitalière
en Algérie.

ÉVALUATION DES RECETTES

Recettes ordinaires.

Produit du dixième net de l'impôt arabe sur
les 5/10ᵐᵉˢ précédemment accordés aux départements (1)........................ 1.000 000

Recettes d'ordre.

Recouvrement des avances faites
au nom et pour le compte des communes, pour rembourser au budget
de la guerre le prix des journées de
traitement des malades civils domiciliés admis dans les hôpitaux militaires. 400.000
Recouvrement des subventions provisoires comme fonds de roulement à
la disposition des hôpitaux et hospices. 100.000

Total général.......... 1.500.000

SÉANCE DU LUNDI 12 JUILLET 1875

Annexe n° 3169.

RAPPORT fait au nom de la 34ᵉ commission
d'intérêt local (*) sur le projet de loi portant établissement d'une surtaxe sur l'alcool à l'octroi
de Plouider (Finistère), par M. le baron de
Vinols, membre de l'Assemblée nationale.

Messieurs, le conseil municipal de Plouider
(Finistère) demande l'autorisation d'établir à son
octroi une surtaxe de 18 fr. par hectolitre d'alcool,
laquelle est présumée devoir rapporter 1,200 fr.
par an.

Cette demande est motivée sur l'insuffisance
des recettes ordinaires de la commune ; en effet,
d'après le relevé des comptes administratifs de
1871, 1872 et 1873, ces recettes ne se sont élevées en
moyenne, pendant cette période, qu'à 8.509 fr., en
déficit de 218 fr. sur les dépenses corrélatives ;
cette insuffisance est encore aujourd'hui de
108 fr., bien que, par application de la loi du
26 mars 1872, le droit principal sur l'alcool a été
été porté de 1 à 6 fr. en vertu d'une délibération
du conseil général, du 26 octobre dernier.

Outre l'insuffisance de ressources, pour faire
face aux dépenses ordinaires, le budget de la
commune de Plouider se trouve grevé d'une
dette de 11,347 fr. et il ne se règle en équilibre,
pour l'exercice courant, qu'à l'aide d'une subvention départementale de 230 fr. pour l'instruction primaire. Enfin, une dépense de 12.700 fr.
s'impose d'urgence à la commune pour l'agrandissement du cimetière, de l'église paroissiale et
quelques autres améliorations.

En l'état, votre commission, après avoir examiné les comptes de la commune de Plouider,
les avis du sous-préfet de Brest, du préfet du
Finistère, du directeur général des contributions
indirectes et du ministre de l'intérieur, vous
propose d'adopter le projet de loi tel qu'il l'a préparé le conseil d'Etat et tel que vous le présente
le Gouvernement.

Ce projet, en faisant droit à la demande de la
commune de Plouider, réduit de 4 fr. le chiffre de
la surtaxe et le fixe à 11 fr. au lieu de 18 fr. demandés par la commune.

Votre commission a tenu pour justifiée cette
réduction, en considérant d'abord que la surtaxe ainsi réduite pourra fournir à la commune
les ressources nécessaires ainsi que le dit le rapport de M. le préfet du Finistère ; de plus, que
la commune n'ayant à supporter aucun centime
extraordinaire, il est d'une bonne administration
de ne pas demander toutes les ressources à l'impôt de consommation et, ainsi que l'indique
M. le directeur général des contributions directes,
d'y faire aussi contribuer les centimes additionnels, s'il en était besoin plus tard.

En conséquence, votre commission vous propose d'adopter le projet de loi dont la teneur
suit.

PROJET DE LOI

Article unique.—A partir de la promulgation de
la présente loi, et jusqu'au 31 décembre 1877, il
sera perçu, à l'octroi de la commune de Plouider
(Finistère), une surtaxe de 11 fr. par hectolitre
d'alcool pur contenu dans les eaux-de-vie, esprits, liqueurs et fruits à l'eau-de-vie, et par hectolitre d'absinthe.

Cette surtaxe est indépendante du droit de
6 fr. perçu en principal par hectolitre sur les
spiritueux.

(*) Cette commission est composée de MM. Toupet des
Vignes, *président;* Boullier (Loire), *secrétaire :* Signobos,
Méline, de La Sicotière, baron de Vinols, Thurel, Lallié,
Gayot, Daguilhon-Lasselve, Dellisse-Engrand, Perrier (Eu-
gène) Ricot, Magnin, Vitalis.

(1) Exécution du deuxième décret du 23 décembre 1875.
L'impôt arabe c'est sensiblement relevé à partir de l'exercice 1872. En 1875, on pourra compter pour le dixième de
cet impôt sur 1,000.000 de fr.

Annexe n° 3170.

RAPPORT fait au nom de la 31ᵉ commission d'intérêt local(*) sur le projet de loi tendant à autoriser le département de l'Aisne à contracter un emprunt et à s'imposer extraordinairement pour les travaux des routes départementales et des chemins vicinaux, par M. Eugène Perrier, membre de l'Assemblée nationale.

Messieurs, le département de l'Aisne, l'un des plus importants de la France par ses riches cultures et par ses nombreuses industries, entretient aujourd'hui :

671	kilomètres de routes départementales;	
1.435	—	de chemins de grande communication;
1 030	—	de chemins d'intérêt commun.

Tous ces chemins sont actuellement fort endommagés par une circulation dont l'activité augmente chaque jour, et particulièrement par les transports des nombreuses et importantes fabriques de sucre indigènes répandues dans tout ce pays

On estime que la réparation de ces différentes voies de communication exigera une dépense de 3.784 000
d'où il faut déduire le montant de ressources des communes et de souscriptions particulières 477.500

Soit 3.157.500

Ces travaux, qui n'ont pas tous la même urgence, s'exécuteront avec les ressources du département et des communes dans l'espace de dix années; mais, dès à présent, il y a à pourvoir à la dépense de certaines réparations qui ne pourraient pas être différées sans grand préjudice.

L'emprunt de 180,000 fr., dont l'autorisation est sollicitée avec une grande insistance par le conseil général de l'Aisne, est destiné à payer ces travaux, et il sera immédiatement réalisé.

Le conseil général demande, en outre, que le département de l'Aisne soit autorisé à s'imposer extraordinairement 3 centimes 25, pendant cinq années, à partir de 1876.

Cette imposition, qui devra produire durant ces cinq années une somme totale de 878,500 fr., servira d'abord à l'amortissement du capital et au service des intérêts de l'emprunt précité. L'excédant aidera à solder la dépense des travaux de réparation qui doivent se faire successivement, pendant ladite période, sur les routes départementales et sur les chemins vicinaux.

Les impositions extraordinaires du département de l'Aisne seront portées, par suite de cette nouvelle charge, au chiffre de 19 centimes 45 pendant trois années à partir de 1876. Elles redescendront à 18 centimes 20 en 1879, et à 17 centimes 45 en 1880. C'est, assurément, une contribution extraordinaire fort élevée, mais elle ne paraît pas excessive dans le département de l'Aisne.

On y payait déjà 19 centimes extraordinaires en 1870 et en 1871. L'impôt s'y percevait avec facilité et l'on y est toujours disposé à accepter les charges dont la destination profite à la population tout entière, puisqu'elles doivent aider au développement de la production agricole et industrielle.

En conséquence, la commission propose l'adoption du projet de loi suivant :

(*) Cette Commission est composée de MM. Toupet des Vignes, président ; Boullier (Loire), secrétaire ; Seignobos, Mélise, de La Sicotière, baron de Vinols, Tharel, Lallié, Gayot, Daguilhon-Lasselve, Dellisse-Engrand, Perrier (Eugène), Ricot, Magnin, Vitalis.

PROJET DE LOI

Art. 1ᵉʳ. — Le département de l'Aisne est autorisé, conformément à la demande que le conseil général en a faite dans sa session d'octobre 1874, à emprunter à un taux d'intérêt qui ne pourra dépasser 5 1/2 p. 100, une somme de 180,000 fr. qui sera affectée aux travaux des routes départementales et des chemins vicinaux.

Cet emprunt pourra être réalisé, soit avec publicité et concurrence, soit par voie de souscription, soit de gré à gré, avec faculté d'émettre des obligations au porteur ou transmissibles par voie d'endossement, soit directement auprès de la caisse des dépôts et consignations.

Les conditions des souscriptions à ouvrir ou des traités à passer de gré à gré seront préalablement soumises à l'approbation du ministre de l'intérieur.

Art. 2. Le département de l'Aisne est également autorisé à s'imposer extraordinairement pendant cinq ans, à partir de 1876, 3 centimes 25 additionnels au principal des quatre contributions directes, dont le produit sera affecté tant au remboursement et au service des intérêts de l'emprunt à réaliser en vertu de l'article 1ᵉʳ ci-dessus, qu'aux travaux des routes départementales et des chemins vicinaux.

Cette imposition sera recouvrée indépendamment des centimes extraordinaires dont le maximum est déterminé chaque année par la loi de finances, en exécution de la loi du 10 août 1871.

Annexe n° 3171.

RAPPORT fait au nom de la 34ᵉ commission d'intérêt local (*) sur le projet de loi tendant à annexer à la commune de Bruges, canton de Nay, arrondissement de Pau, département de Basses-Pyrénées, une partie du territoire de la commune de Bosdarros, canton ouest de Pau, même arrondissement, par M. Boullier (Loire), membre de l'Assemblée nationale.

Messieurs, les communes limitrophes de Bosdarros et de Bruges, dans l'arrondissement de Pau, font partie : la première, du canton ouest de Pau; la seconde, du canton de Nay.

A l'extrémité sud du territoire de Bosdarros se trouve une zone de terrain de 54 hectares, séparée du reste de la commune par le ruisseau de Luz et distante du bourg de 12 kilomètres. Les habitants de cette zone, qui sont au nombre de vingt-trois, sollicitent leur annexion à la commune de Bruges. Depuis longtemps déjà, à cause de l'éloignement et de la difficulté des communications, ils ont obtenu d'assister aux offices et de faire inhumer leurs morts dans le cimetière de cette dernière commune. Leur demande est approuvée, non-seulement par la commune de Bruges, mais par celle de Bosdarros; le conseil d'arrondissement, le conseil général des Basses-Pyrénées, l'administration des contributions directes, le ministre de la justice, au point de vue des intérêts dont il est le représentant, ont émis des avis favorables. Seuls quelques habitants du haut Bosdarros protestent, probablement dans l'intention de reproduire une demande, précédemment repoussée, de division de leur commune.

Nous vous proposons, conformément à l'article 50 de la loi du 10 août 1871, qui réserve au pouvoir législatif le droit de prononcer lorsqu'il

(*) Cette Commission est composée de MM. Toupet des Vignes, président ; Boullier (Loire), secrétaire ; Seignobos, Mélise, de La Sicotière, baron de Vinols, Tharel, Lallié, Gayot, Daguilhon-Lasselve, Dellisse-Engrand, Perrier (Eugène). Ricot, Magnin, Vitalis

s'agit de changer les limites de deux cantons, de voter le projet de loi suivant, approuvé par le conseil d'État et proposé par le Gouvernement.

PROJET DE LOI

Art. 1er. — Le territoire teinté en jaune et circonscrit par un liseré vert, sur le plan annexé à la présente loi, est distrait de la commune de Bosdarros (canton ouest et arrondissement de Pau, département des Basses-Pyrénées) et réuni à la commune de Bruges (canton de Nay, même arrondissement).

En conséquence, la limite entre les deux communes sera déterminée par le ruisseau de Luz.

Art. 2. — Cette modification aura lieu sans préjudice des droits d'usage et autres, qui peuvent être respectivement acquis.

Annexe n° 3172.

RAPPORT fait au nom de la 34e commission d'intérêt local (*) sur le projet de loi tendant à autoriser le département des Pyrénées-Orientales à contracter un emprunt pour les travaux des chemins vicinaux d'intérêt commun, par M. Boullier (Loire), membre de l'Assemblée nationale.

Messieurs, le pont d'Ille situé dans les Pyrénées-Orientales, sur le chemin vicinal d'intérêt commun n° 22, a été emporté par les eaux en 1873. Sa reconstruction est urgente. Elle coûtera 350,000 fr. Pour se procurer cette somme, le conseil général des Pyrénées-Orientales, vous demande d'autoriser le département qu'il représente à contracter à la caisse des chemins vicinaux un emprunt réalisable en trois ans et remboursable en trente, aux conditions prévues par la loi du 11 juillet 1868.

Les annuités nécessaires au remboursement de cet emprunt qui seront d'environ 14,000 fr. chacune, seront prélevées sur le produit des 7 centimes autorisés pour les dépenses de la vicinalité, lequel s'élève par an à 84,000 fr. Le département se substitue ainsi complètement aux communes intéressées. Il leur a demandé de fournir pour la reconstruction du pont une somme de 70,000 fr. Mais quel que soit le concours qu'il en obtienne, il est en mesure de faire face à la totalité de la dépense avec les ressources normales de son budget et sans recourir à de nouvelles impositions. Nous vous demandons de sanctionner le vote du conseil général des Pyrénées-Orientales et d'adopter le projet de loi suivant.

PROJET DE LOI

Art. 1er. — Le département des Pyrénées-Orientales est autorisé, conformément à la demande que le conseil général en a faite à emprunter à la caisse des chemins vicinaux aux conditions de cet établissement, une somme de 350,000 fr. qui sera affectée aux travaux des chemins vicinaux d'intérêt commun.

La réalisation de l'emprunt par fractions successives ne pourra avoir lieu qu'en vertu d'une décision du ministre de l'intérieur.

Art. 2. — Les fonds nécessaires à l'amortissement de l'emprunt, autorisé par l'article 1er ci-

(*) Cette Commission est composée de MM. Toupet des Vignes, président; le Boullier (Loire), secrétaire; Seignobos, Meline, de La Serotiere, baron de Vinols, Thurel, Laffé, Gazot, Daguilhon-Lasselve, Dellisse-Engrand, Perrier (Eugène), Ricot, Magnin, Vitalis.

dessus, seront prélevés tant sur les ressources normales du budget départemental que sur les versements effectués par les communes intéressées.

Annexe n° 3173.

RAPPORT fait au nom de la commission du budget de 1875 (*) chargée d'examiner le projet de loi relatif aux réparations à faire à la chapelle du palais de Versailles, par M. Rousseau, membre de l'Assemblée nationale.

Messieurs, par un projet de loi que vous avez renvoyé, le 29 mai dernier, à votre commission du budget de 1875, le Gouvernement vous demande d'affecter une somme de 600,000 fr. à la restauration de la chapelle du palais de Versailles et d'inscrire à cet effet une somme de 150,000 fr. au budget du présent exercice.

Dans l'examen qu'elle a fait de ce projet, votre commission a dû se demander tout d'abord si la dépense était suffisamment justifiée et, en second lieu, si elle s'imposait à nous avec un caractère d'urgence tel, qu'il fût nécessaire de l'engager dès cette année par voie de crédit supplémentaire.

En ce qui concerne l'utilité de la dépense, votre commission reconnaît qu'elle est incontestable. Elle vous l'avait déjà signalée dans son rapport sur le budget de 1875. Les dégradations de la chapelle frappent, du reste, tous les yeux et inquiètent, à bon droit, les admirateurs de ce beau monument.

Dans le projet qu'il a dressé, M. l'architecte du palais ne fait figurer que les travaux nécessaires pour réparer et conserver l'édifice, en prétendant le restaurer complètement dans l'état où il se trouvait à l'origine.

Pour effectuer cette restauration, il faudrait en effet rétablir un campanile qui surmontait la toiture, redorer les plombs et refaire divers motifs d'ornementation qui ont disparu depuis longtemps.

M. l'architecte du palais a jugé avec raison, que, dans l'état actuel de nos budgets, il n'était pas opportun de proposer une pareille dépense. Les travaux qui font l'objet de son devis consistent simplement dans la reprise des maçonneries et des sculptures dégradées par le temps, dans les réparations de la toiture, des plombs, d'une partie des vitraux, enfin dans la remise en état de la chapelle sans y rien ajouter.

Votre commission a jugé que le projet ainsi restreint était bien justifié.

En ce qui concerne l'urgence des travaux, elle a été d'avis, et l'administration reconnaît elle-même qu'il ne présente pas un caractère absolument impérieux. La chapelle du palais de Versailles ne menace pas ruine, cela est bien certain, et l'on pourrait ajourner encore pendant quelque temps les réparations qu'elle réclamo, si l'on se préoccupait seulement de la question de solidité.

Mais, en présence d'une œuvre d'art aussi exquise, qui se détruit tous les jours et dont certaines sculptures rongées par les intempéries sont déjà presque effacées, votre commission a pensé qu'il y avait des motifs sérieux pour entreprendre les travaux sans retard.

(*) Cette Commission est composée de MM. Rasdot, président; le comte Duru, vice-président; Bardoux, le vicomte de Rainneville, le comte Octave de Bastard, de Ravinel, secrétaires; Plichon, l'amiral de La Roncière Le Noury, le général Martin des Pallieres, le duc d'Audiffret-Pasquier, Léon Say, Villain, Gouin, Petitereau-Villeneuve, Duclerc, Ancel, Vidal, Hentgues, Rouher, Benoît (Meuse), Bertauld, Wolowski, Pouyer-Quertier, le comte d'Osmoy, Rousseau, Cordier, Luaphinot, le général Valaze, Mathieu-Bodat, Rouveure.

La nécessité de la dépense étant admise, il convient de la faire puisque les motifs de décoration à restaurer aient complétement disparu.

Votre commission ne fait donc pas d'objection à ce qu'un crédit supplémentaire soit ouvert dans ce but au budget de 1875. Il lui semble toutefois que, pour les travaux qui seront entrepris à une époque aussi avancée de l'année, ce crédit peut sans inconvénients être réduit à 100,000 fr.

Postérieurement au dépôt du projet de loi, M. le ministre des travaux publics nous a demandé de compléter la rédaction de l'article 3 en indiquant que le report des sommes non dépensées sur le budget d'un exercice pourrait être opéré par décrets du Président de la République.

Votre commission a été d'avis d'admettre cette rédaction qui, du reste, n'autorise en aucune façon le Gouvernement à engager des dépenses qui n'auraient point été votées par l'Assemblée. Il est évident, d'ailleurs, que si le report devait être effectué par une loi, il serait inutile d'en faire mention.

En résumé, votre commission du budget vous propose d'approuver le projet de loi suivant:

PROJET DE LOI

Art. 1er. — Une somme de 600,000 fr. est affectée à la restauration de la chapelle du palais de Versailles.

Art. 2. — Il est ouvert au ministre des travaux publics, sur l'exercice 1875, pour les travaux autorisés par l'article 1er ci-dessus, un crédit de 100,000 fr.

Ce crédit sera inscrit à un chapitre spécial de la deuxième section du budget, sous le n° 54.

Art. 3. — Les portions de crédit non dépensées en fin d'exercice seront reportées à l'exercice suivant par décrets du Président de la République.

Art. 4. — Il sera pourvu à la dépense autorisée par la présente loi à l'aide des ressources du budget de l'exercice 1875.

Annexe n° 3174.

RAPPORT fait au nom de la 33° commission d'intérêt local (*) sur le projet de loi tendant à autoriser le département des Vosges à contracter un emprunt pour les travaux de chemins de fer d'intérêt local, par M. Reymond (Loire), membre de l'Assemblée nationale.

Messieurs, le conseil général des Vosges a, dans ses séances des 11 novembre 1871, 7 avril et 25 août 1872, voté l'établissement de deux lignes d'intérêt local:

La première, de Loveline à Saint-Dié avec embranchement sur Granges et sur Fraize, reconnue d'utilité publique par décret du 2 mai 1873, sera, d'après un rapport du 28 avril 1875 de M. le préfet des Vosges, entièrement terminée le 31 décembre 1876;

La deuxième, de Mirecourt à la limite de Meurthe-et-Moselle vers Vezelize dont le décret déclaratif d'utilité publique porte la date du 5 mars 1874, a été récemment entreprise et doit, aux termes du cahier des charges, s'exécuter en trois années.

Le département s'est engagé à subventionner ces deux lignes. Aux termes des traités intervenus pour leur construction et leur exploitation, il est tenu de verser:

1° A la compagnie des chemins de fer des Vosges pour la ligne de Loveline à Saint-Dié dont elle est concessionnaire 950,600 fr. payables en six termes semestriels égaux à partir du 1er juillet 1873, à la condition toutefois que ladite compagnie justifiera d'une dépense double;

2° Aux sieurs Tourtet et Cᵉ pour la ligne de Mirecourt à Vezelize 184,000 fr. payables au fur et à mesure de l'avancement des travaux.

Pour faire face à ces engagements dont le total est de..................... 1.134.600 »
le département est obligé de recourir à l'emprunt. En effet:

Le département a payé jusqu'à
ce jour ou est en mesure de payer
à la compagnie concessionnaire de
Loveline à Saint-Dié (en comprenant le crédit de 4,921 fr. 01, inscrit à cet effet au budget de 1875).................... 441 000 »

Un autre crédit inscrit au même chapitre
du budget départemental de 1875 à titre de
subvention à la compagnie de Mirecourt à
Vezelize, s'élève à.... 37.195 25

Enfin, il peut être prélevé sur la dotation normale du budget en 1876 et 1877... 180.000 »

Le total des ressources.............. 658.195 25   658.195 25
que le département a employés ou dont il peut disposer avant 1877, pour faire face aux engagements qu'il a contractés envers les compagnies concessionnaires, est donc inférieur de.................... 476.404 75
au montant total de ces engagements.

Pour parer à ce déficit, réduit en chiffres ronds à 475,500 fr., le conseil général des Vosges a, dans sa séance du 7 avril 1875, demandé que le département fût autorisé à contracter un emprunt de pareille somme réalisable en trois termes:

En 1875.................... 169.500
En 1876.................... 179.000
En 1877.................... 127.000

Total de l'emprunt. 475.500

D'après le tableau du jeu de l'emprunt joint au dossier, le remboursement en vingt-sept années, de 1875 à 1901, on capital et intérêts, coûtera 906,235 fr. 25; cette somme est un maximum; elle comprend le payement des intérêts calculés à 5 fr. 50 p. 100 et le département obtiendra très-probablement des conditions plus avantageuses. Il résulte de l'examen de ce tableau que les deux premières annuités correspondant à l'intérêt à 5 fr. 50 des premiers termes versés sont:

Pour 1875...................... 4.661 25
Pour 1876...................... 19.167 50
En 1877, où l'amortissement commence à jouer, l'annuité s'élève à.... 36.152 50
De 1877 à 1900 inclusivement, l'annuité varie de 34,600 fr. à 35,890 fr. donnant une moyenne de.... 35.417 60
et le solde, en 1901, sera de.... 31.650 »

Le montant de ces annuités devra être prélevé sur le produit des centimes extraordinaires dont le recouvrement est, chaque année, autorisé par la loi de finances. Les ressources de cette nature, dans le département des Vosges où les 12 centimes autorisés par la loi du 1871 ont été inscrits au budget de 1875 et où le centime

(*) Cette commission est composée de MM. Courbet-Poulard, *président*; Peyrousset (Loire), *secrétaire*; Fourcand, de La Sicotière, vicomte de Bonald, Mépain, Breton (Paul), des Rotours, Guyot, Ancelon, Dagnilhon-Lasselve, Philippoteaux, général Duboys-Fresnay, marquis de Quinsonas, Maurice.

produit 23,456 fr. 23, ces ressources représentent.............................. 281.474 86

Dans ce même budget de 1875 :
Le service des emprunts départementaux absorbe........ 178.358 60

La part du départe-
ment dans les frais de
reconstruction de l'ab-
baye de Remiremont s'é-
lève à................ 11.000
Subventions aux che-
min d'intérêt commun.. 2.000
Subvention pour les
travaux de chemins ordi-
naires................ 10.000

Total des dépenses sol-
dées actuellement sur le
produit des 12 centimes
extraordinaires........ 204.358 60   205.358 60

La différence de...... 77.116 26

qui représente le disponible, est donc largement
suffisante pour faire face à l'intérêt et à l'amortissement du nouvel emprunt. Le gage de l'opération est assuré sans aggravation des charges
pour les contribuables.

Votre 33ᵉ commission d'intérêt local est d'avis,
d'accord avec le Gouvernement, qu'il y a lieu de
donner suite aux propositions du conseil général
des Vosges.

PROJET DE LOI

Art. 1ᵉʳ. — Le département des Vosges est autorisé, conformément à la demande que le conseil général en a faite dans sa session d'avril
1875, à emprunter à un taux d'intérêt qui ne
pourra dépasser 5 1/2 p. 100 une somme de
475,500 fr., qui sera affectée à la construction des
chemins de fer d'intérêt local.

Cet emprunt pourra être réalisé, soit avec publicité et concurrence, soit par voie de souscriptions. soit de gré à gré avec faculté d'émettre des
obligations au porteur ou transmissibles par voie
d'endossement, soit directement auprès de la
caisse des dépôts et consignations.

Les conditions des souscriptions à ouvrir ou
des traités à passer de gré à gré seront préalablement soumises à l'approbation du ministre de
l'intérieur.

Art. 2. — Les fonds nécessaires au service des
intérêts et au remboursement de l'emprunt à réaliser en vertu de l'article 1ᵉʳ ci-dessus, seront
imputés sur le produit des centimes dont le
maximum est fixé chaque année par la loi de
finances. en exécution de la loi du 10 août 1871.

Annexe nº 3175.

RAPPORT fait au nom de la commission du
budget (*) sur le budget des dépenses de l'exercice 1876, ministère de l'instruction publique.
des cultes et des beaux-arts (Section 2ᵉ. —
Beaux-Arts), par M. le comte d'Osmoy, membre
de l'Assemblée nationale.

Messieurs, le budget qui vous est soumis présente un excédant de dépenses de 66,000 fr. sur
celui de l'an passé.

(*) Cette Commission est composée de MM. Mathieu-
Bodet, président; Triorerae de Bort, Magnin, vice-prési-
dents; Lefebure, Tirard, le comte Octave de Bastard, de
Ravinel, secrétaires; Dréo Fourcand, Luret, Raudot, Gouin,
Lambert de Sainte-Croix, Lepère, comte d'Osmoy, Wo-
lowski, Adam (Seine), Deisol, général Chareton, général
Saussier, Monjaret de Kerjégu, baron de Soubeyran, Lan-
glois, amiral Pothuau, Faye, marquis de Talhouët, Plichon,
Lorchery, André (Seine), Batbie.

En effet, les crédits alloués pour 1875 s'élèvent
à la somme de 6,520,830 fr.
Les crédits demandés pour l'exercice 1876 s'é-
lèvent à la somme de 6,586,830 fr.
Différence en plus au projet de budget de 1876 :
66,000 fr.
Toutefois, cette augmentation n'est qu'apparente; car dans son exposé des motifs, M. le
ministre explique que cette somme est la représentation de dépenses qui, en l'absence d'un
crédit spécial, étaient prélevées sur les recettes
brutes de l'exposition annuelle des œuvres des
artistes vivants. Or, comme vous le savez, les recettes provenant, notamment, de la vente des
catalogues et des droits d'entrée, reviennent intégralement à l'État, déduction faite des frais
d'impression des catalogues, soit........ 49.900
Frais de vente des catalogues....... 1.100
Frais d'installation et d'entretien du
jardin................................ 15.000
Total........ 67.000

Au moyen de la somme qu'on vous demande,
le produit des recettes du Salon de peinture sera
augmenté de tous les prélèvements faits jusqu'à
ce jour. Comme vous le voyez, l'augmentation
proposée ne constitue, en réalité, qu'une simple
opération d'ordre. On vous demande, dans le
Si résolue que soit votre commission à repousser toute augmentation, il est de son devoir
pourtant de vous signaler l'insuffisance de certains crédits, particulièrement en ce qui concerne
le nombre des gardiens du musée du Louvre.

Il n'est pas sans utilité de remettre aussi sous
vos yeux qu'une somme de 75,000 fr. seulement
est affectée aux acquisitions de toute des grands
maîtres, destinées à accroître le trésor de nos
richesses nationales. Pour remédier à ce fâcheux
état de choses, nous vous proposons de décider
que le crédit alloué, chaque année, sera de
150,000 fr., de telle sorte que les chefs-d'œuvre
qui nous sont souvent offerts, et que nous sommes dans la dure nécessité de laisser échapper,
puissent être acquis par nous.

CHAPITRE XXVIII. — Administration centrale. —
Personnel.

Vous avez décidé, l'année dernière, que le
traitement des inspecteurs des théâtres, qui figurait au chapitre 38 (Personnel de l'administration centrale) fût reporté au chapitre 43 (Théâtres
nationaux). C'était, en effet, la place qu'il devait
logiquement occuper. On vous demande, dans le
budget de 1876, de reporter, au contraire, du
chapitre 43 au chapitre 38 le traitement de ces
inspecteurs.

Les raisons alléguées en faveur de ce transfert
n'ont point paru à votre commission suffisamment concluantes, et elle vous demande de maintenir votre décision.

Par suite, le développement des dépenses du
chapitre 38 inscrit au budget de 1876, devra être
modifié comme il suit ·

1 directeur........................	13.000
5 chefs de bureau de 6.000 à 9,000 fr.	39.000
5 sous-chefs de bureau de 4,000 à 5,500 fr..........................	23.000
31 commis principaux et ordinaires de 1,500 à 3,800 fr..........	78.000
1 préposé comptable caissier.......	4.000
1 conservateur du dépôt légal......	3.800
Total........	160.800
Salaires des huissiers gardiens, etc..	17.200
Indemnités diverses..................	14.000
Total du crédit demandé pour 1876..	192.000

Par contre, la somme de 23,000 fr. : représentant le traitement des inspecteurs de théâtres,
reprendra sa place au chapitre 13.

CHAPITRE XXXIX. — *Administration centrale matériel.*

Comme au projet.

CHAPITRE XL. — *Etablissements des Beaux-Arts.*

Comme au projet.

Académie de France à Rome.

Votre commission ne peut que renouveler le vœu qui a été fait l'an dernier en faveur de l'exécution des envois des élèves musiciens de Rome.

Sur ce point, votre volonté a déjà reçu un commencement de satisfaction, mais il est à souhaiter que l'administration s'efforce de vous la donner plus largement encore.

Toutefois, il ne vous aura pas échappé que la mesure que vous aviez ordonnée l'année dernière, et qui avait pour effet d'assurer l'exécution des œuvres de nos jeunes musiciens, a pris textuellement place dans les développements de notre présent budget.

École nationale et spéciale des beaux-arts.

Depuis de longues années vous avez fait, en faveur de l'école des beaux-arts, des sacrifices dignes de cet admirable établissement.

Sous la savante direction qu'elle reçoit, votre école des beaux-arts brille d'un vif éclat. Grâce à votre sollicitude, le niveau des études s'est élevé. Cependant, il reste encore une lacune qu'il serait désirable de voir combler.

L'article 18 du règlement de l'école des beaux-arts attribue aux élèves, à titre de travaux d'atelier, des indemnités pour lesquelles aucun crédit ne figure au budget, ce qui impose l'obligation de payer ces dépenses sur d'autres fonds que ceux de l'école, ou de priver les élèves d'une récompense méritée.

Afin de combler cette lacune, une somme de 3,000 fr. serait nécessaire.

Par défaut de crédit, trois professeurs de l'école des beaux-arts, dont le traitement, d'après l'avis du conseil supérieur de cet établissement, devrait être de 2,400 fr., comme celui de leurs collègues, ne touchent que 1,400 fr. chacun. Tout en reconnaissant que les améliorations demandées par l'administration sont des plus désirables, votre commission a le regret de ne pouvoir vous demander aucun crédit nouveau pour cet objet.

Total du chapitre, 454,400 fr.

CHAPITRE XLI. — *Ouvrages d'art, décoration d'édifices publics.*

Vous aviez demandé, l'année dernière, que cet important chapitre du budget des beaux-arts fût désormais divisé en huit articles au lieu de quatre qu'il présentait jusque-là. Cette division avait pour objet de faire connaître exactement l'économie de ce chapitre. Votre décision a été obéie et nous devons faire remarquer que le budget actuel présente un article nouveau : nettoyage et restauration des statues, qui s'élèvent à 6,000 fr.

Dans son exposé des motifs, M. le ministre indique que cette somme qui avait été accordée à l'exercice 1875 sur le chapitre : Ouvrages d'art doit figurer au chapitre 47 (Musées nationaux).

En conséquence, le total de ce chapitre ne s'élève qu'à la somme de 915,000 fr.

CHAPITRE XLII. — *Exposition des œuvres des artistes vivants.*

Ce chapitre présente une augmentation de 66,000 fr. ; mais, comme nous l'avons indiqué plus haut, cette augmentation n'est qu'apparente : ce n'est qu'une simple mesure d'ordre.

Total au chapitre : 311,000 fr.

CHAPITRE XLIII. — *Théâtres nationaux, Conservatoire de musique.*

Les éclatants services rendus par le Théâtre-Lyrique dans le passé ne sont pas sortis de votre souvenir. L'année dernière, vous avez pris en considération, vous n'avez point hésité à inscrire à votre budget une somme de 100,000 fr., destinée à faire revivre cet excellent théâtre et à lui rendre, s'il se pouvait, sa splendeur première.

Les titres nombreux dont il s'honore vous ont été rappelés d'une façon si complète, qu'il serait superflu de les invoquer de nouveau aujourd'hui. Par malheur, votre généreuse intervention n'a pu réaliser les espérances de tous les compositeurs de musique qui considèrent à bon droit le Théâtre-Lyrique comme l'hôte le plus certain de l'art moderne. En effet, malgré les précautions dont l'administration s'est entourée, malgré la compétence de ceux qui voulaient prendre en main les destinées du futur Théâtre-Lyrique, l'expérience a démontré que la somme de 100,000 fr. était insuffisante.

Les compositeurs réclament avec les plus vives instances l'ouverture du Théâtre-Lyrique. Le grand Opéra est presque inaccessible à leurs œuvres à cause de l'élévation des dépenses que coûte sur ce théâtre la représentation d'une pièce nouvelle. D'après le premier article de son cahier des charges, le directeur a pour premier devoir « d'assurer la splendeur de la mise en scène, » et de cette obligation résultent des difficultés particulières pour les hommes nouveaux. Des frais aussi considérables ne peuvent être risqués que sur la garantie d'un nom connu ou d'une pièce éprouvée.

Vous avez, en portant au budget précédent une subvention de 100,000 francs, reconnu que la réclamation des compositeurs était fondée ; vous avez pensé qu'il serait utile de rendre plus facile l'épreuve des pièces nouvelles en ouvrant aux compositeurs une scène moins coûteuse où le mérite de leurs travaux pourrait être jugé, sauf à transporter plus tard au grand Opéra celles qui auraient réussi.

Malheureusement la subvention est demeurée sans emploi, et pas un candidat sérieux ne s'est présenté pour demander la direction du théâtre Lyrique. On est d'accord pour reconnaître que la somme de 100,000 fr. est insuffisante et que, pour les années suivantes comme pour celle qui vient de s'écouler, on ne trouvera pas à l'employer si elle n'est pas augmentée. Nous ne vous proposons cependant pas de dépasser les propositions du Gouvernement. Nous craindrions, en vous demandant d'aller au delà, de mal remplir les devoirs d'une commission de finances et aussi d'empiéter sur les attributions de l'administration. Nous ferons remarquer seulement que la ministre n'a pas disposé de la subvention de 1875. Il peut donc en disposer en faveur d'un directeur, s'il s'en trouve un d'ici à la fin de la campagne théâtrale. Il faciliterait ainsi à ce directeur les frais de première installation.

Nous appellerons aussi l'attention de M. le ministre sur une ressource éventuelle que pourrait produire l'exploitation du grand Opéra. D'après une clause formelle du cahier des charges, les bénéfices doivent être liquidés tous les deux ans et partagés en deux parts : une moitié revenant au directeur et à ses ayants-droits, et l'autre moitié appartenant à l'État. Cette deuxième partie est, pour la moitié des charges, affectée : 1° à la reconstruction du matériel dans le cas où le crédit de 2,400,000 francs, voté pour cet objet, serait insuffisant ; 2° à l'amélioration des représentations du grand Opéra.

Cette clause lie à la fois le Gouvernement et le

directeur; elle ne pourrait être modifiée que du consentement de ce dernier.

D'après les explications qu'il a données à la sous-commission, M. Halanzier consentirait à des modifications qui assureraient au Gouvernement une plus grande latitude pour l'emploi des bénéfices. Le matériel une fois refait, il renoncerait à exiger que les bénéfices restant fussent affectés au perfectionnement des représentations de l'Opéra.

Nous croyons qu'il y aurait avantage à formuler une rédaction nouvelle et à la faire approuver par les parties intéressées. Sans doute, ces ressources sont éventuelles et aléatoires, elles ne sont mêmes déterminées que tous les deux ans. mais on ne peut nier qu'il ne soit utile, puisque le directeur y consent, d'accepter des changements qui permettront à l'administration d'user avec plus de liberté de ses bénéfices et notamment de les employer, ce qu'elle ne pourrait pas aujourd'hui, à la dotation du Théâtre-Lyrique.

Votre commission vous propose également de reporter à ce chapitre le traitement des cinq inspecteurs des théâtres et qui s'élève à la somme de 23,000 fr. En conséquence, le total de chapitre s'élève à la somme de 1,392,000 fr.

CHAPITRE XLIII. — *Conservatoire de musique et de déclamation, et succursales des départements.*

Comme au projet.

CHAPITRE XLIV. — *Souscriptions en faveur des ouvrages d'art.*

La publication de ces importants ouvrages, presque toujours d'un prix élevé, ne saurait se passer du concours de l'Etat, et, comme les précédentes commissions, nous faisons appel, sur ce point, à votre sollicitude. Il en est de même en ce qui touche les projets et plans de restauration des architectes de l'Académie de France à Rome. Vous aviez, à diverses reprises, exprimé la volonté de faire graver parallèlement les plus anciens travaux et les plus nouveaux, afin d'honorer les plus anciens pensionnaires devenus célèbres, en même temps que les pensionnaires actuels qui se font remarquer.

Cette volonté. messieurs. a été ponctuellement obéie.

Total du chapitre, 136.000 fr.

CHAPITRE XLV. — *Encouragements et secours.*

Vous le savez, messieurs, ce crédit s'adresse particulièrement à des talents, souvent même à des illustrations que l'infortune a atteint, c'est dire que c'est un de ceux qui vous tiennent le plus à cœur, en même temps qu'ils honorent le plus notre généreuse France. Vous remarquerez encore que l'emploi des fonds de ce chapitre s'étend aux établissements particuliers intéressant les beaux-arts et reconnus d'utilité publique.

Total, comme au projet, 254.000 fr.

CHAPITRE XLVI — *Monuments historiques.*

L'historique de ce crédit vous a été exposé par une de vos précédentes commissions. Il nous a paru superflu d'y revenir.

Nous nous bornerons à vous faire remarquer que, conformément à la volonté exprimée par l'Assemblée, lors de la discussion du budget de 1873, une distinction a été faite entre les subventions applicables à la continuation des entreprises en cours d'exécution et celles qui concernent les entreprises nouvelles.

D'après l'exposé du budget, la portion de crédit afférente à la continuation des entreprises en cours d'exécution s'élève à la somme

de 800.305
Les entreprises nouvelles atteignent le chiffre de 86.210
ce qui, avec les frais généraux, qui se montent à 100.000

porte le total à la somme de 986.515

Or, le montant du crédit étant de 1,100,000 fr., il reste disponible une somme de 113,485 fr., dont la commission des monuments historiques se réserve de faire la répartition dans le courant de l'année 1875.

Les hommes éminents qui composent cette commission sont les meilleurs garants du bon emploi des fonds que vous consacrez à cette œuvre essentiellement patriotique.

Nous vous demandons de maintenir le crédit proposé, soit 1.100,000 fr.

CHAPITRE XLVII. — *Musées nationaux.*

De documents fournis par l'administration. il résulte qu'une augmentation du nombre des gardiens serait indispensable pour la surveillance du palais du Louvre.

Le tableau ci-joint démontre de la façon la plus évidente que, pour surveiller convenablement les galeries et les salles mises à la disposition du public dans le musée du Louvre, il faut pouvoir disposer chaque jour de 118 gardiens.

A ce nombre de..........................	118
On doit ajouter :	
1° Les chefs et sous-chefs...............	5
2° Les hommes de sortie (ils ont veillé la nuit précédente).......................	10
3° La moyenne des malades..............	8
4° Les gardiens de travail..............	8
5° Les gardiens détachés au musée du Luxembourg...........................	10
6° Les gardiens détachés au musée de Saint-Germain........................	8
7° Les gardiens détachés au musée de Versailles............................	2
Total des gardiens qui seraient nécessaires..................................	169
Le nombre des gardiens accordés pour 1875 est de...........................	138
Différence en moins........	31

L'augmentation de 20,000 fr. demandée pour 1876, mettra à la disposition de la direction des musées 15 gardiens en plus, soit en totalité 153 agents. C'est la moitié seulement de l'augmentation qu'il serait utile d'obtenir et qui sera absolument nécessaire, si l'on veut que tous les locaux consacrés aux collections nationales soient, tous les jours et à toute heure, libéralement ouverts au public. Les salles et galeries se sont considérablement multipliées depuis quelques années et elles vont s'augmenter encore.

La surveillance ne pourra donc être aussi exacte que l'on doit le désirer ; ce sera du moins une amélioration, comparativement à l'état actuel.

Les mutilations qui se produisent de temps en temps seront plus rares, et l'on sera moins souvent dans l'obligation de fermer. à certains jours ou à certaines heures, diverses salles qui dependent du musée, ce qui n'est jamais accepté avec faveur par le public.

Augmentation de crédit affecté à l'habillement des gardiens, 3.300 francs. En 1874, le chiffre des gardiens s'est élevé de 124 à 138, sans que le crédit destiné à l'habillement de ces gagistes ait été modifié. La nouvelle augmentation de 15 gardiens, vêtus aux frais de l'Etat, porterait à 29 le nombre des hommes pour l'entretien desquels aucune prévision n'existe au budget. Une somme de 3,300 fr. est jugée indispensable pour cet objet.

En résumé, si cette augmentation de dépenses recevait votre approbation, le total du chapitre qui est de 646,480 fr. s'élèverait à 669,480 fr.

Mais, d'autre part, votre commission vous propose la suppression d'un secrétaire général dont les appointements s'élèvent à 7,000 fr.

Le total du chapitre demeurerait fixé à la somme de 662,480 fr.

CHAPITRE XLVIII. — *Palais du Luxembourg.*

Vous avez décidé que le siège du Sénat serait à Versailles. Par suite, la bibliothèque du Sénat, qui se trouve au Luxembourg, n'a plus sa raison d'être. Les fonctions de deux bibliothécaires, de deux sous-bibliothécaires, d'un commis, ne seraient plus justifiées.

Toutefois, votre commission émet l'avis de leur suppression au fur et à mesure des extinctions.

CHAPITRE XLIX. — *Manufactures nationales.*

Conformément au désir qui avait été exprimé par une de vos précédentes commissions, les trois manufactures nationales ont exposé l'an dernier leurs produits dans le palais de l'Industrie.

Vous avez pu apprécier par vous-mêmes qu'elles étaient dignes de la haute réputation qu'elles ont acquise dans le monde entier.

Leurs œuvres diverses, d'un style élevé, où la noblesse et l'élégance représentent les qualités brillantes du tempérament français en même temps qu'elles expriment le goût d'un progrès cultivé, se faisaient remarquer encore par leur indépendance et leur originalité.

Elles continuent de remplir la mission qui leur a été imposée, d'être à la tête du mouvement artistique, d'exercer par leur supériorité une grande influence sur la fabrication privée et de produire un rayonnement favorable à notre industrie nationale.

Elles sont, tout à la fois, un haut enseignement et un conservatoire où le goût du public se retrempe et trouve les plus beaux types de l'art industriel.

Par ces motifs, votre commission est d'avis de vous proposer les crédits demandés qui se répartissent de la manière suivante :

Pour la manufacture de Sèvres...... 493.600
Pour la manufacture des Gobelins... 200.000
Et pour la manufacture de Beauvais. 108.350

         Total, comme au projet... 809.950

En résumé, le budget de la section des beaux-arts s'élève, pour 1876, à la somme de 6.677,430 fr.

PROJET DE LOI

Article unique. — Il est ouvert au ministre de l'instruction publique, des cultes et des beaux-arts, pour l'exercice 1876, et pour la deuxième section (beaux-arts), un crédit montant à la somme de 6,677,430 fr.

Ce crédit est réparti par chapitres conformément au tableau ci-annexé.

ÉTAT A. — *Deuxième section.*

CHAPITRES	BEAUX-ARTS ET MUSÉES	CHIFFRES de la commission.	CHIFFRES du Gouvernement.
38	Administration centrale (Personnel)..........................	192.000	215.000
39	— — (Matériel)............................	40.000	40.000
40	Établissement des beaux-arts.................................	454.000	454.000
41	Ouvrages d'art et décoration d'édifices publics..............	915.000	915.000
42	Exposition des œuvres des artistes vivants...................	311.000	311.000
43	Théâtres nationaux et conservatoire de musique..............	1.616.000	1.593.000
44	Souscription aux ouvrages d'art.............................	136.000	136.000
45	Encouragements et secours..................................	251.000	254.000
46	Monuments historiques......................................	1.100.000	1.100.000
47	Musées nationaux...	737.480	646.480
48	Palais de Luxembourg.......................................	112.000	112.000
49	Manufactures nationales....................................	809.950	809.950
50	Exercices périmés..	»	»
51	Exercices clos...	»	»
		6.677.430	6.586.430

TABLE ANALYTIQUE

SOMMAIRE

DES MATIÈRES DU TOME XXXIX

TABLE ANALYTIQUE

SOMMAIRE

DES MATIÈRES DU TOME XXXIX [1]

A

AA (Rivière de l').

Projet de loi ayant pour objet l'amélioration de cette rivière, voy. NAVIGATION INTÉRIEURE.

ABSINTHE, voy. OCTROIS.

AGRICULTURE.

1 — Rapport, par M. Besnard, sur le projet de loi relatif à l'enseignement élémentaire pratique de l'Agriculture [25 juin 1875] (t. 39, an., p. 83). — Motion de M. le comte de Bouillé, tendant à la mise à l'ordre du jour de ce projet de loi [10 juillet] (p. 578) : adoption de cette proposition (*ibid.*).

2 — Rapport, par M. Monjaret de Kerjégu, au nom de la Commission du Budget, sur les conséquences financières de la proposition de MM. le comte de Bouillé, le marquis de Dampierre et un grand nombre de leurs collègues, relative à la création d'une École supérieure d'Agriculture [7 juillet] (t. 39, an., p. 236).

Voy. EAUX (RÉGIME DES). — VITICULTURE.

ALCOOL, voy. OCTROIS.

ALGÉRIE.

1 — Projet de loi relatif aux conditions du service militaire pour les Français domiciliés en Algérie, voy. ARMÉE.

2 — Projets de lois de crédits applicables à divers services en Algérie, voy. CRÉDITS, §§ 1, 9 et 12.

AMÉRIQUE.

Projets de lois de crédits applicables à l'Exposition internationale universelle de Philadelphie, voy. CRÉDITS, § 2.

ANGLETERRE.

Projet de loi ayant pour objet la déclaration d'utilité publique et la concession d'un chemin de fer sous-marin entre la France et l'Angleterre, voy. CHEMINS DE FER, § 6.

---

(1) Les Annexes, placées à la fin du volume, avec une pagination distincte, sont indiquées à la Table par les initiales an.

ANNAM (Royaume d').

Projet de loi relatif à un traité de commerce entre ce royaume et la France, voy. Traités.

ARMÉE.

Deuxième Rapport supplémentaire, au nom de la Commission de l'armée, par M. le général Pellissier, sur le projet de loi relatif aux conditions du service militaire pour les Français domiciliés en Algérie [30 juin 1875] (t. 39, an., p. 149).

ASSEMBLÉE NATIONALE, voy. Comptabilité intérieure.— Congés .— Décès.—

Élections législatives. — Excuses d'absence.— Inondations du Midi, § 3.— Interpellations. — Pétitions. — Questions. — Séances de l'Assemblée.

ASSISTANCE PUBLIQUE.

Projet de loi de crédit applicable aux dépenses de l'assistance hospitalière en Algérie, voy. Algérie, § 12.

ATHÈNES (École française d').

Projet de loi de crédit applicable aux dépenses de construction de cette école, voy. Crédits, § 5.

B

BANQUE DE FRANCE.

Proposition tendant à modifier les coupures de ses billets, voy. Emprunts de l'État, § 2.

BASSIN DE PENHOUËT, voy. Ports maritimes.

BOISSONS.

Exposé des motifs et texte de la proposition de MM. Ganivet, André (de la Charente) et autres, tendant à abroger la loi du 2 août 1872, qui soumet à l'exercice les propriétaires bouilleurs de cru [25 juin 1875] (t. 39, an., p. 83).

BONS DE LA CAISSE MUNICIPALE DE PARIS.

Projet de loi tendant à autoriser la Ville de Paris à en émettre, en 1876, jusqu'à concurrence d'une somme de 20 millions, voy. Paris (Ville de).

BONS DU TRÉSOR.

Proposition tendant à autoriser l'émission d'un emprunt de 1 milliard en bons du Trésor spéciaux, à coupure fixe, voy. Emprunts de l'État, § 2.

BOUILLEURS DE CRU.

Proposition tendant à abroger la loi du 2 août 1872, qui soumet à l'exercice les propriétaires bouilleurs de cru, voy. Boissons.

BOURBOURG (Canal de).

Projet de loi ayant pour objet l'amélioration de ce canal, voy. Navigation intérieure.

BUDGET GÉNÉRAL DE L'ÉTAT.

1 — Disposition additionnelle au Budget de l'Exercice 1876, relative à l'Exposition internationale universelle de Philadelphie, votée sous forme de crédit spécial, voy. Crédits, § 2, 1°.

2 — Rapports, au nom de la Commission du Budget, sur les Budgets des dépenses des divers Ministères, pour l'Exercice 1875 : *Intérieur* : Rapport, par M. Adolphe Cochery [19 juin 1875] (t. 39, an., p. 7 à 18). = *Finances* : Rapport, par M. Wolowski [21 juin] (an., p. 19 à 47). = *Travaux publics* : Rapport, par M. le marquis de Talhouët [23 juin] (an., p. 52 à 62). = *Agriculture et Commerce* : Rapport, par M. Monjaret de Kerjégu [25 juin] (an., p. 88 à 99). = *Guerre* : Rapport, par M. le lieutenant-colonel comte Octave de Bastard [26 juin] (an., p. 100 à 112). = *Marine et Colonies* : Rapport, par M. le vice-amiral Pothuau [26 juin] (an., p. 113 à 121). =

Cultes : Rapport, par M. Delsol [30 juin] (an., p. 145 à 149). = *Gouvernement général civil de l'Algérie* : Rapport, par M. Lucet [3 juillet] (an., p. 178 à 191). = *Instruction publique* : Rapport, par M. Lepère [5 juillet] (an., p. 194 à 208). = *Affaires étrangères* : Rapport, par M. Lefébure [8 juillet] (an., p. 237 à 240). = *Justice, Légion d'Honneur, Imprimerie Nationale* : Rapport, par M. Batbie [8 juillet] (an., p. 245, 248, 252). = *Beaux-Arts* : Rapport, par M. le comte d'Osmoy [12 juillet] (an., p. 262 à 265).

Voy. AGRICULTURE, §§ 2. — CONSIGNATIONS JUDICIAIRES. — CRÉDITS SUPPLÉMENTAIRES OU EXTRAORDINAIRES.

C

CAISSE DES DÉPOTS ET CONSIGNATIONS, voy. CONSIGNATIONS JUDICIAIRES.

CAISSE MUNICIPALE DE PARIS.

Projet de loi tendant à autoriser la Ville de Paris à émettre, en 1876, des Bons de cette Caisse jusqu'à concurrence d'une somme de 20 millions, voy. PARIS (VILLE DE), § 1.

CALAIS (Canal de).

Projet de loi ayant pour objet l'amélioration de ce canal, voy. NAVIGATION INTÉRIEURE.

CANAUX, voy. NAVIGATION INTÉRIEURE.

CHAMBRE DES DÉPUTÉS, voy. POUVOIRS PUBLICS, § 4.

CHEMINS DE FER.

1 — Motion de M. Cézanne tendant à la mise à l'ordre du jour, après la première délibération sur le projet de loi organique relatif aux rapports des Pouvoirs publics, de la 2e délibération relative aux projets de lois concernant les concessions de chemins de fer à la Compagnie de Paris à Lyon et à la Méditerranée et à la Compagnie de Picardie et Flandres [19 juin 1875] (t. 39, p. 53). — Sont entendus : MM. Cézanne, Raymond Bastid, Gambetta (*ibid.*). — L'Assemblée décide que ces projets de lois seront mis à l'ordre du jour, à la suite de la deuxième délibération sur le projet de loi relatif à la révision des taxes des greffiers de justices de paix (*ibid.*).

2 — *Deuxième délibération* sur le projet de loi relatif à la déclaration d'utilité publique de plusieurs lignes de chemins de fer, et à la concession de ces lignes à la Compagnie de Paris à Lyon et à la Méditerranée [22 juin] (t. 39, p. 96). = Demande de déclaration d'urgence, par le Gouvernement, d'accord avec la Commission (*ibid.*). — Sont entendus sur cette demande : MM. Caillaux, *Ministre des Travaux publics* (*ibid.*); Raudot, Tamisier, Cézanne, *Rapporteur* (p. 99). — L'urgence est déclarée (p. 100). = *Discussion des articles* : Art. 1er [Déclaration d'utilité publique de l'établissement des chemins de fer ci-après dénommés] : § 1er [Ligne de Nîmes au Teil, par Remoulins] (p. 101). Amendement de M. Maurice Rouvier et des

ainsi conçu : « de Briare, près Malesherbes, à la ligne de Moret à Montargis, à ou près Nemours » (*ibid.*) : rejet de l'amendement, et adoption du § 19 (p. 228). — § 20 [Ligne de Gap à Briançon, et prolongement jusqu'à la frontière d'Italie, dans le cas où le Gouvernement Italien assurerait le raccordement, sur son territoire, dudit chemin avec la ligne de Turin à Bardonnèche] (*ibid.*). Amendement de M. Jean Brunet, ayant pour objet une ligne partant de la rive gauche du Rhône, entre Montélimart et Viviers, pour rejoindre la vallée de la Durance, en se dirigeant sur la frontière d'Italie (*ibid.*) : rejet de la prise en considération de l'amendement ; et adoption du paragraphe (p. 231). — § 21 [Prolongement de la ligne de Briançon à Gap jusqu'à la vallée du Rhône, soit vers Crest, soit vers un point à déterminer entre Valence et Avignon] (*ibid.*) : adoption (p. 232). — Amendement de M. Henri Vinay et de quarante Députés du Rhône, de la Loire, de la Haute-Loire, de la Lozère, de l'Aveyron, du Tarn et de la Haute-Garonne, ayant pour objet l'établissement, en prolongement de la ligne de Saint-Etienne au Puy, d'une ligne directe du Puy à Mende, passant par ou près Langogne, suivant l'ancienne route nationale n° 88, de Lyon à Toulouse (*ibid.*) : retrait de l'amendement (p. 234). — Retrait de l'amendement de M. Mercier, tendant à l'établissement d'une ligne de Lacluse à Bellegarde, par la vallée de la Semine (*ibid.*). — Adoption, au scrutin public, de l'ensemble de l'art. 1er (*ibid.*) ; liste des votants (p. 240). = Art. 2. [Approbation de la Convention provisoire passée avec la Compagnie de Paris à Lyon et à la Méditerranée pour la concession des chemins de fer énoncés à l'art. 1er ci-dessus] (p. 235). Amendement de M. Jean Brunet tendant à abandonner la concession de ces lignes aux Conseils généraux des départements intéressés, avec faculté, pour ces Conseils, de se former en Syndicats pour constituer des Compagnies spéciales et régionales, sous la surveillance et le contrôle de l'État (*ibid.*) : rejet de l'amendement, au scrutin public (p. 251) ; liste des votants (p. 271). — Amendement de M. Pascal Duprat tendant, quant aux lignes déjà concédées par les Conseils généraux, à les maintenir, à titre d'intérêt général, et sous certaines conditions, aux Compagnies qui en ont obtenu la conces-

sion provisoire ; et quant aux autres, à les attribuer à la Compagnie de Paris à Lyon et à la Méditerranée, à titre de réseau distinct, ou à les mettre en adjudication (p. 251). Demande de renvoi de l'article à la Commission, par M. Wilson, au nom de la minorité de cette Commission (p. 295) : rejet de cette demande (p. 296). Rejet de l'amendement, au scrutin public (*ibid.*); liste des votants (p. 300). — Amendement de M. Clapier ayant pour objet de ne concéder à la Compagnie de Paris à Lyon et à la Méditerranée les chemins de fer dénommés dans la Convention, que dans le cas où les concessions faites par les départements des Bouches-du-Rhône, du Gard, de l'Hérault et de l'Ardèche ne sortiraient pas à effet dans le délai d'un an à partir du décret d'utilité publique (p. 296) : rejet de cet amendement (p. 315). — Rejet de l'amendement de MM. Laget et Cazot tendant à réduire, pour la ligne n° 1, les délais d'exécution stipulés dans l'art. 2 de la Convention (*ibid.*). Rejet ou retrait d'amendements analogues : de M. le baron de Larcy et d'autres Représentants du Gard pour la ligne n° 2 (p. 316) ; de M. Moreau (Côte-d'Or) pour la ligne n° 18 ; de MM. Destremx, le comte Rampon et Seignobos pour la ligne n° 9 ; et de MM. Parent et Carquet pour la ligne n° 15 (p. 317). — Amendement de M. Schœlcher portant que les voitures de toutes classes seront chauffées en hiver (*ibid.*) : retrait de l'amendement (p. 320). Reproduction, par M. Schœlcher, de son amendement, modifié par l'addition de ces mots : « à partir du 1er novembre 1876 ». (p. 332) ; prise en considération (*ibid.*). Rapport verbal, par M. Cézanne (p. 352) : rejet, au scrutin public, de l'amendement, qui reportait l'exécution de la mesure au 1er novembre 1877 (p. 354) ; liste des votants (p. 369, *rectification*, p. 371). Adoption de l'article additionnel de la Commission , aux termes duquel la Compagnie s'engage, dans le cas où l'une des autres grandes Compagnies établirait un système de chauffage agréé par le Gouvernement, à l'appliquer elle-même sur son réseau ; et à chauffer, dès à présent, les compartiments des dames seules, dans les trois classes (p. 354). — Amendement de MM. Jules Brame, Clapier et de Janzé à l'art. 48 du Cahier des charges de la Compagnie, tendant à prescrire l'insertion au *Journal des Travaux publics* de toute modification de tarif proposée par la Compagnie, et à instituer une Commission spéciale permanente chargée de statuer sur ces modifications, après avis préalable des Chambres de Commerce intéressées (p. 320) : prise en considération de l'amendement (p. 323). Rapport verbal, par M. Cézanne (p. 345) : rejet de l'amendement (p. 352). — Amendement de MM. Ganivet et Raoul Duval à l'art. 61 du Cahier des charges, à l'effet d'obliger la Compagnie, dans les gares communes, à accorder aux Compagnies en communauté avec elle un bureau particulier pour la délivrance des billets (ibid.) : prise en considération de cet amendement (p. 324). Rapport verbal immédiat, par M. Cézanne, sur cet amendement, et sur un autre amendement des mêmes Députés, tendant à obliger la Compagnie à délivrer des billets directs pour toutes les gares des Compagnies en relation avec elle, sous condition de réciprocité acceptée de la part de ces Compagnies (ibid.). Prise en considération de ce second amendement (p. 326) : rejet dudit amendement, au scrutin public (p. 331); liste des votants (p. 337). Retrait de l'autre amendement (p. 331). — Amendement de M. Wilson à l'art. 5 de la Convention, tendant, au lieu d'attribuer les lignes concédées à l'ancien réseau de la Compagnie, à les constituer en réseau distinct, avec un compte à part des dépenses et des produits de l'exploitation (p. 333) : rejet de l'amendement, au scrutin public (p. 337); liste des votants (p. 339). — Amendement de M. Grange, ayant pour objet de faire classer dans le nouveau réseau la ligne du Rhône au Mont-Cenis, exploitée par la Compagnie en dehors de ses réseaux (p. 344) : rejet de la prise en considération (p. 345). — Amendement de M. Krantz, tendant à ce que les sept lignes portant les nos 2 à 8 soient exécutées pour une seule voie (p. 332, 358) : retrait de l'amendement (p. 366). — Amendement de MM. des Rotours et de Janzé à l'effet d'astreindre la Compagnie à assurer des pensions, égales aux traitements, aux employés blessés et aux veuves et enfants des employés tués dans l'exercice de leurs fonctions (p. 373) : rejet (ibid.). — Amendement des mêmes Représentants, tendant à considérer comme des tarifs maxima les taxes actuellement perçues par la Compagnie (ibid.) : retrait (p. 374). — Amendement signé des

mêmes et de M. Brame, ayant pour objet de rendre passibles de l'impôt de 20 p. 100 toutes les cartes et tous les permis de circulation gratuite sur l'ensemble du réseau de la Compagnie (ibid.) : retrait (ibid.). — Amendement de M. Parent (Savoie) tendant à supprimer de l'art. 9 de la Convention. le tarif exceptionnel perçu, sur la ligne du Rhône au Mont-Cenis, pour le tronçon de Saint-Jean-de-Maurienne à Modane (ibid.) : rejet (p. 377). — Observations au sujet d'une erreur de l'art. 8 de la Convention, dans le compte du revenu kilométrique correspondant à chaque million de dépenses complémentaires (p. 377 et 383). — Retrait d'un amendement de M. Destremx tendant à mettre les voyageurs en communication avec le chef de train au moyen d'une sonnette d'appel (p. 378). — Rejet d'un amendement du même Député ayant pour objet d'établir le transport à prix réduits de tous les engrais insecticides destinés à combattre le phylloxera (ibid.). — Amendement de M. de Tillancourt, ayant pour but d'interdire l'augmentation du prix des places les dimanches et fêtes (ibid.) : rejet de la prise en considération (p. 379). — Article additionnel de M. Arrazat consistant à mettre en harmonie le § 6 de l'art. 1er de la Convention avec le § 6 correspondant de l'art. 1er du projet de loi, en y ajoutant ces mots : « et prolongement direct sur Montpellier »; et à appliquer à la concession actuelle l'art. 39 du Cahier des charges, portant qu'en cas d'inexécution l'État aura le droit de faire construire les lignes aux frais de la Compagnie (ibid.). Proposition de M. le Ministre des Travaux publics, de voter l'article 2 du projet de loi, avec la suppression de ces mots : « pour la concession des chemins de fer énoncés à l'art. 1er ci-dessus » (p. 381). Adoption de l'art. 2, ainsi modifié (p. 385). Rejet de la prise en considération de l'amendement de M. Arrazat (p. 385, 386). = Adoption de l'art. 3, relatif au droit fixe de la Convention, avec l'addition de ces mots, proposée par M. le Président : « annexée à la présente loi » (p. 386). = Ont pris part aux débats : MM. Maurice Rouvier (p. 102, 104); Cézanne, Rapporteur (p. 104, 107, 111 à 115, 118, 120, 130, 134, 189, 197, 224, 225, 227, 232, 250, 271, 276 à 291, 316, 324, 328, 344, 345, 348, 352, 363 à 366, 373, 374, 378, 382); Caillaux, Ministre des Travaux publics (p. 105, 112,

116, 118, 121, 198, 201, 223, 225, 231, 234, 255 à 262, 317, 319, 326, 331, 332, 335, *rectifications,* 343; 349 à 352, 366, 376, 381, 384); Destremx (p. 106, 107, 117, 118, 120, 121, 317, 378); le vicomte de Rodez-Bénavent (p. 108 à 114, 117, 381); Arrazat (p. 112, 379, 384); le duc d'Audiffret-Pasquier, *Président* (p. 113 à 117, *passim*; 221, 232, 236, 296, 299, 326); Baragnon (p. 114); Tamisier (p. 115, 117, 194); Wilson (p. 116, 203, 295, 333, 336); Pouyer-Quertier (p. 117, 262 à 270, 291 à 295); Malartre (p. 130 à 135, 319); Rouveure (p. 189); Lucien Brun (p. 189, 200, 203, 204); Thurel (p. 189 à 192, 199); le général Guillemaut (p. 193, 195); Jordan (p. 196); Jules Grévy (p. 197); Duréault (p. 218 à 221); Martenot (p. 222 à 224); Tolain (p. 225, 346, 377); Lepère (p. 225); Jean Brunet (p. 228 à 231, 235, 243 à 251); Michel (p. 231); Henri Vinay (p. 232 à 234); Mercier (p. 234); Cherpin (p. 243); Pascal Duprat (p. 251 à 254); Raudot (p. 295); Clapier (p. 297, 308 à 315) ; le baron de Larcy (p. 316); le duc de Crussol d'Uzès (p. 316); Moreau (Côte-d'Or) (p. 316); Parent (Savoie) (p. 317, 344, 374, 377); Schœlcher (p 317, 326, 332, 354) ; Scheurer-Kestner (p. 319); Ducarre (p. 319); Henri de Lacretelle (p. 319); Jules Brame (p. 320, 348, 352, 374); Ganivet (p. 323, 326); Raoul Duval (p. 327, 331); Grange (p. 344); de Montgolfier (p. 354); Krantz (p. 358 à 363, 366); des Rotours (p. 372, 374) ; de Tillancourt (p. 378); de Gavardie (p. 385). = Adoption de l'ensemble du projet de loi [3 juillet] (p. 386).

3 — Rapport, au nom de la Commission d'enquête des chemins de fer, par M. Léopold Faye, sur le projet de loi relatif à la déclaration d'utilité publique et à la concession d'un chemin de fer de Marmande à Angoulême, substitué au chemin de fer proposé de Montmoreau à Marmande [28 juin] (t. 39, an., p. 123).

4 — Rapport, au nom de la Commission spéciale, par M. Ricot, sur le projet de loi ayant pour objet la déclaration d'utilité publique et la concession à un Syndicat représentant les Compagnies du Nord, de l'Est, d'Orléans et de Paris à Lyon et à la Méditerranée, d'un chemin de fer de grande ceinture autour de Paris [2 juillet] (t. 39, an., p. 160). — Motion du Rapporteur, M. Ricot, tendant à la mise à l'ordre du jour du projet

de loi [10 juillet] (p. 578) : adoption (*ibid.*).

5 — *Deuxième délibération* sur le projet de loi ayant pour objet la concession à la Compagnie de Picardie et Flandres des chemins de fer 1o de Cambrai à Douai ; 2o d'Aubigny-au-Bac à Somain, avec embranchement sur Abscon [3 juillet] (t. 39, p. 393). — L'Assemblée déclare l'urgence (p. 394). — Exposé général du projet par le Rapporteur (p. 394, 403). — Discussion du contre-projet de M. Paris et de ses collègues du Pas-de-Calais, de la Somme et de Seine-et-Oise, tendant à attribuer la concession ci-dessus mentionnée à la Compagnie du Nord (p. 408 à 425). = Réclamations sur le procès-verbal, à l'occasion d'appréciations personnelles émises par M. Courbet-Poulard (p. 429). — Sont entendus sur l'incident : MM. Ganivet (*ibid.*); Courbet-Poulard, Jules Brame (p. 430). = Reprise de la discussion sur le contre-projet de M. Paris (p. 431 à 455). Rejet, au scrutin public, de l'art. 1er du contre-projet (p. 456); liste des votants (p. 458, *rectifications,* p. 461). Retrait du contre-projet (p. 457). — Adoption successive des articles 1, 2 et 3 du projet de la Commission (*ibid.*). — Ont pris part à la discussion : MM. Krantz, *Rapporteur* (p. 393 à 399, 403 à 408, 452 à 455); Paris (Pas-de-Calais) (p. 408 à 417); Plichon (p. 417 à 422); Caillaux, *Ministre des Travaux publics* (p. 422, 447 à 452); Courbet-Poulard (p. 422 à 425, 431 à 446); le baron de Larcy (p. 446). — Adoption de l'ensemble du projet de loi, modifié par la Commission [6 juillet] (p. 458).

6 — Rapport, au nom de la Commission spéciale, par M. Krantz, sur le projet de loi ayant pour objet la déclaration d'utilité publique et la concession d'un chemin de fer sous-marin entre la France et l'Angleterre [7 juillet] (t. 39, an., p. 219 à 231).

CIDRES, voy. OCTROIS.

COMPTABILITÉ INTÉRIEURE DE L'ASSEMBLÉE NATIONALE.

Rapport, au nom de la Commission de Comptabilité, par M. Courcelle, sur la fixation du Budget des dépenses de l'Assemblée Nationale pour l'Exercice 1876, et sur l'évaluation des recettes et dépenses de la Caisse des retraites de ses employés [8 juillet 1875] (t. 39, an., p. 240).

COMPTE DE LIQUIDATION.

Projet de loi de crédit pour les dépenses des services de la Guerre en 1875, imputables sur ce Compte, voy. CRÉDITS, § 8.

CONGÉS accordés à MM. :

BASTARD (le comte Octave DE) (t. 39, p. 399); BAUCARNE-LEROUX (p. 602); DE BELCASTEL (p. 58); BESNARD (p. 22); BRICE (René) (p. 275).

CARRON (p. 462, 517); CÉZANNE (p. 482, 517); DE CHABROL (p. 122, 156).

DESBONS (p. 557, 577); DEZANNEAU (p. 577).

FAYE (Léopold) (p. 371); FLOTARD (p. 83, 156).

GALLICHER (p. 1, 22).

JULLIEN (p. 58).

MAGNE (p. 22); MARTEL (p. 582); MONNOT-ARBILLEUR (p. 101, 156).

PASSY (Louis) (p. 271); PETAU (p. 243, 337).

SALVY (p. 524, 577).

TARDIEU (p. 343); TURQUET (Edmond) (p. 602).

CONSEILS GÉNÉRAUX.

Observations de M. Hervé de Saisy, à l'occasion du procès-verbal, sur le retard apporté par la Commission d'initiative dans l'examen de sa proposition et de celle de M. Eugène Tallon, tendant à modifier la disposition de la loi du 10 août 1871, qui attribue, sans recours, aux Conseils généraux la vérification des pouvoirs de leurs membres [5 juillet 1875] (t. 39,

p. 401). — Sont entendus : MM. Hervé de Saisy (ibid.); Eugène Pelletan, Rapporteur (p. 402).

CONSIGNATIONS JUDICIAIRES.

Rapport, au nom de la Commission du Budget, par M. Adolphe Cochery, sur la proposition de M. Denormandie, ayant pour objet d'étendre aux valeurs et titres litigieux, sous forme nominative ou au porteur, les dispositions des lois et ordonnances concernant les consignations judiciaires de deniers litigieux [28 juin] (t. 39, an., p. 138).

COURS ET TRIBUNAUX.

Exposé des motifs et texte du projet de loi ayant pour objet d'établir à titre définitif la Chambre temporaire de la Cour de Nancy et d'augmenter le personnel des Tribunaux de première instance de la Seine et de Lille [6 juillet 1875] (t. 39, an., p. 216).

Voy. MAGISTRATURE.

CRÉDITS SUPPLÉMENTAIRES OU EXTRAORDINAIRES.

1 — *Gouvernement général civil de l'Algérie (Service des prisons)* [Exercice 1874]. — Exposé des motifs et texte du projet de loi [18 juin 1875] (t. 39, an., p. 3).

2 — *Exposition internationale universelle de Philadelphie.*

1° [Exercice 1876]. — Rapport, par M. le baron de Soubeyran, sur une demande de crédit de 600,000 fr., présentée d'abord sous forme de disposition additionnelle au Budget [18 juin] (t. 39, an., p. 4). — Délibération [21 juin] (p. 58). — Sont entendus : MM. le baron de Soubeyran, Rapporteur; le duc d'Audiffret-Pasquier, Président (ibid.); Guichard (p. 59). — Adoption du projet de loi, au scrutin public (ibid.); liste des votants (p. 78).

2° — [Exercice 1875]. — Exposé des motifs

D

DÉCÈS DE DÉPUTÉS.

Annonce du décès de M. Crespin, Député du Loiret, et de M. Carion, Député de la Côte-d'Or; et allocution de M. le duc d'Audiffret-Pasquier, *Président*, à cette occasion [28 juin 1875] (t. 39, an., p. 215).

DÉGRÈVEMENTS en faveur des départements inondés, voy. Questions, § 2.

DÉPARTEMENTS INONDÉS, voyez Crédits, § 6. — Inondations du Midi. — Questions, § 2.

DÉPOTS ET CONSIGNATIONS, voy. Consignations judiciaires.

DOMAINE DE L'ÉTAT, voy. Échanges d'immeubles.

E

EAUX (Régime des).

1 — Exposé des motifs et texte de la proposition de M. Destremx, tendant à faciliter la conduite des eaux destinées à l'alimentation des exploitations rurales, des hameaux et des villages [30 juin 1875] (t. 39, an., p. 141). — Renvoi à la Commission du phylloxera (p. 275).

2 — Rapport, par M. Destremx, au nom de la Commission chargée d'examiner ses propositions sur les moyens de combattre les ravages causés dans les vignobles par le phylloxera; et d'utiliser toutes les eaux improductives pour l'irrigation des prairies et la submersion des vignes, voy. Viticulture, § 1er.

ÉCHANGES D'IMMEUBLES.

1 — *Entre l'État et les consorts Thirion, dans le département de Meurthe-et-Moselle.* — Rapport, par M. Ancelon [28 juin 1875] (t. 39, an., p. 122). — Adoption du projet de loi [3 juillet] (p. 372).

2 — *Entre l'État et M. Paget, dans le département du Loiret.* — Rapport, par M. Méline [30 juin] (t. 39, an., p. 141). — Adoption du projet de loi [3 juillet] (p. 372).

ÉCOLE FRANÇAISE D'ATHÈNES.

Projet de loi de crédit applicable aux dépenses de construction de cette École, voy. Crédits, § 5.

ÉCOLE SUPÉRIEURE D'AGRICULTURE.

Proposition relative à cette création, voy. Agriculture, § 2.

ÉCOLES SUPÉRIEURES DE PHARMACIE.

Projet de loi de crédit y relatif, voy. Crédits, § 1.

ÉLECTIONS DÉPARTEMENTALES.

Propositions portant modification de la disposition de la loi du 10 août 1871 sur la vérification des pouvoirs des membres de ces assemblées, voy. CONSEILS GÉNÉRAUX.

ÉLECTIONS LÉGISLATIVES.

Rapports et incidents sur des vérifications de pouvoirs :

CÔTES-DU-NORD.

1 — Question relative à la soustraction de trois dépêches confidentielles adressées par le Procureur général de Rennes à M. Tailhand, alors Garde des sceaux, à l'occasion de la dernière élection d'un Député par ce département, voy. QUESTIONS, § 1.

2 — Motion de M. Hervé de Saisy tendant à la mise à l'ordre du jour de la discussion sur cette élection [18 juin 1875] (t. 39, p. 22). — Sont entendus : MM. Hervé de Saisy, Édouard Charton, *Président du Bureau* (p. 22, 23); Eugène Pelletan, *Rapporteur* (p. 23).

3 — Rapport, par M. Pelletan, sur l'élection de M. l'amiral DE KERJÉGU [24 juin] (p. 135 à 140). — Discussion (p. 141 à 155, 159 à 184). Motion de M. Paris (Pas-de-Calais) tendant à interdire la lecture, par M. Madier de Montjau, des trois dépêches confidentielles du Procureur général de Rennes, soustraites au Ministre de la justice (p. 123) : l'Assemblée décide que les trois lettres ne seront pas lues à la tribune (p. 166). — Incident relatif à la déclaration de M. Paris, tendant à voter les conclusions du Bureau, que le Règlement interdit de motiver, et à repousser le Rapport (p. 182).— Ont pris part aux débats : MM. Chaper (p. 141); Pelletan, *Rapporteur* (p. 141, 172, 182); le baron de Janzé (p. 141 à 147); Huon de Penanster (p. 143); Tailhand, *ancien Garde des sceaux* (p. 147 à 151, 165); Madier de Montjau (p. 151 à 155, 159 à 163, 166 à 170); Paris (du Pas-de-Calais) (p. 163, 164, 182); le duc d'Audiffret-Pasquier, *Président de l'Assemblée* (p. 164 à 166, 176, 178, 181, 183); Gambetta (p. 164, 165); de Gavardie (p. 166); Carré-Kérisouët

(p. 170) ; Cornélis de Witt, *ancien Sous-Secrétaire d'État de l'Intérieur* (ibid.) ; le général baron de Chabaud La Tour, *ancien Ministre de l'Intérieur* (p. 170 à 172); Albert Desjardins, *Sous-Secrétaire d'État de l'Intérieur* (p. 173 à 176); Ernest Picard (p. 176 à 179); Hervé de Saisy (p. 179 à 182); Baragnon (p. 183). — Adoption, au scrutin public, des conclusions du Bureau, tendant à la validation de l'élection [25 juin] (p. 184) ; liste des votants (ibid.). — Admission du Député élu (ibid.).

NIÈVRE.

1 — Motion de M. le baron DE BOURGOING tendant à fixer à un très-proche délai la discussion du rapport de la Commission d'Enquête sur son élection par ce département [2 juillet] (t. 39, p. 354). — Dépôt, par M. Bottieau, d'une proposition ayant pour objet de porter à l'ordre du jour du 12 juillet la vérification des pouvoirs de M. de Bourgoing (p. 355). — Sont entendus : MM. le baron Bourgoing (p. 354); Albert Grévy, *Président de la Commission d'Enquête* (p. 355 à 357); Bottieau (p. 355 à 358); Dufaure, *Garde des sceaux, Ministre de la Justice* (p. 357, 358) ; le duc d'Audiffret-Pasquier, *Président de l'Assemblée* (p. 357). — Adoption de la proposition de M. Bottieau (p. 358).

2 — Incident soulevé par M. Savary, Rapporteur de la Commission d'Enquête, au sujet du fait allégué contre lui par M. Bottieau, d'avoir intentionnellement omis dans le Rapport une seconde dépêche du Procureur général de Bourges en date du 11 juillet 1874 [3 juillet] (p. 386).— Lecture de cette pièce, par M. Bottieau (p. 389).— Sont entendus : MM. Savary, *Rapporteur de la Commission d'Enquête* (p. 386, 391) ; Bottieau (p. 387, 392); Tailhand, *ancien Garde des sceaux* (p. 389, 392); Baragnon, *ancien Sous-Secrétaire d'État de la Justice* (p. 392); Albert Grévy, *Président de la Commission d'Enquête* (ibid.). — Clôture de l'incident (p. 393).

3 — Motion de M. Chesnelong tendant à remettre la discussion sur l'élection de la Nièvre après le vote sur l'ensemble du projet de loi relatif à l'Enseignement supérieur [10 juillet] (t. 39, p. 577). — Sont entendus : MM. Chesnelong (ibid.) ; Henri Villain (p. 578). — Adoption de cette motion (ibid.).

à la Commission spéciale chargée de l'examen de sa proposition et de celle de M. Folliet, relatives à une nouvelle évaluation des droits de mutation basée sur le principe de la déduction des dettes (*ibid.*) : rejet (p. 6). — Article 4 [Perception d'un droit de transcription de 50 centimes par 100 francs sur les donations contenant partage] (*ibid.*). Prise en considération d'une nouvelle rédaction de l'article, présentée par M. Gaslonde (p. 13). Rapport verbal sur l'amendement, par M. Bertauld (p. 35) : adoption de l'article 4, avec la dernière rédaction de M. Gaslonde (p. 37). — Article 5 [Capitalisation au denier 25, au lieu du denier 20, du revenu des immeubles ruraux transmis à titre gratuit] (p. 16) : adoption, au scrutin public (p. 20); liste des votants (p. 24). Article additionnel de MM. Dréo et Parent, tendant à exempter de tous droits de mutation les successions en ligne directe et les dispositions entre époux, dans lesquelles les parts héréditaires n'excèdent pas 1,000 francs (p. 20) : rejet (p. 21). — Article 6 [Nouveaux modes d'évaluation des biens meubles transmis par succession] (*ibid.*) : adoption (p. 22). ═ Incident relatif à une assertion émise par M. André (de la Charente) dans une rectification au procès-verbal, au sujet de la part attribuée par lui à M. Gambetta dans le vote de la guerre de 1870 (p. 37). — Sont entendus sur l'incident : MM. Gambetta, André (de la Charente) (p. 37, 38). ═ Article 7 [Augmentation du droit de mutation sur les échanges d'immeubles] (p. 38). Amendement de M. Sebert tendant à limiter à 3 1/2 le tarif proposé de 5 1/2 p. 100 (*ibid.*) : adoption de l'amendement et de l'ensemble de l'article (p. 42). — Article 8 [Perception d'un droit de transcription sur les licitations et les soultes de partage] (*ibid.*). Amendement de M. Roger-Marvaise portant suppression de l'article (*ibid.*). Rejet de l'article, au scrutin public (p. 50); liste des votants (p. 55). Article additionnel présenté par M. Léopold Faye, en remplacement de l'article 8, à l'effet de déclarer le droit exigible lorsque la licitation a le caractère translatif de propriété (p. 54) : prise en considération (*ibid.*). Rapport verbal, par M. Bertauld (p. 59) : retrait de l'article additionnel, à la suite des observations contenues dans le Rapport (*ibid.*). — Article 9 [Extension de la taxe de 3 p. 100 aux lots et primes de

remboursement] (p. 53, 59). Amendement de MM. Alfred André (de la Seine) et Gouin, à l'effet de régler le taux de la taxe, pour les primes, par la différence entre le prix de remboursement et le cours de la Bourse (p. 59) : rejet de la prise en considération de l'amendement, et adoption de l'article (p. 62). — Article 10 du projet du Gouvernement [Établissement d'une taxe de 1 p. 100 sur le montant des primes et capitaux reçus annuellement par les Compagnies d'assurances sur la vie] (supprimé, d'un commun accord entre la Commission et le Gouvernement) (*ibid.*). — Article 11 [Perception du droit de mutation par décès sur les sommes assurées par les Compagnies d'assurances sur la vie, à raison du décès de l'assuré] (*ibid.*). Amendement de M. Alfred Naquet à l'effet de les exempter du droit (*ibid.*) : rejet (p. 66). Adoption d'une nouvelle rédaction de l'article, modifié suivant un amendement de M. Sebert (*ibid.*). — Art. 12 du projet du Gouvernement [Perception d'un droit de timbre de 10 centimes sur les quittances de contributions directes au-dessus de 30 francs] (supprimé par la Commission, d'accord avec le Gouvernement) (*ibid.*). — Art. 13 [Communication par les Compagnies d'assurances contre l'incendie ou sur la vie de leurs livres et registres aux agents de l'Enregistrement] : adoption (*ibid.*); *rectification*, (p. 83) — Article additionnel de MM. Francisque Rive et Léopold Faye, à l'effet de prescrire l'insertion littérale, par les notaires, dans les actes de vente, d'échange ou de partage, des dispositions pénales contre les dissimulations de prix (*ibid.*) : retrait (p. 68). — Retrait d'un article additionnel de M. Sebert, tendant à exempter les notaires de l'obligation de donner lecture de ces dispositions pénales aux parties, dans les adjudications publiques d'immeubles (*ibid.*). ═ Ont pris part aux débats : MM. Léon Say, *Ministre des Finances* (p. 4, 2, 4, 5, 19, 21, 22, 42, 54, 59, 68, 83); Mathieu-Bodet (p. 2, 4, 9, 20, 21, 39, 44, 45, 60); Bertauld, *Rapporteur* (p. 2, 3, 35, 49, 59, 63, 66, 67); Sebert (p. 2, 5, 38, 41, de Ventavon (p. 4, 36); Hervé de Saisy (p. 6); André (de la Charente) (p. 6, 17, 19, *rectification*, 35, 37, 38); Méline (p. 6); Henri Villain (p. 8, 46, 67); Guichard (p. 8, 16); Lucien Brun (p. 19); Léopold Faye (p. 11, 47, 54, 59, 68); le vicomte d'Aboville (p. 12); Gaslonde (p. 13); Parent

36

Universités et les Facultés libres, et l'institution d'examens professionnels pour les emplois dépendant de l'État (p. 577). Amendement de M. Bouisson, ayant pour objet d'établir que les Universités et Facultés libres ne jouiront du droit de conférer des grades qu'après douze ans d'exercice, et sur l'avis du Conseil supérieur de l'Instruction publique (p. 584) : rejet, au scrutin public (p. 589) ; liste des votants (p. 603) : adoption par assis et levé, du 1er § de l'article 13 de la Commission (p. 589); au scrutin public, du 2e § et de l'ensemble de l'article (p. 590); listes des votants (p. 604 et 606). — Article 14 (p. 590). Rejet de la prise en considération de l'amendement de M. de Lacretelle, ayant pour objet de prendre les membres du Jury spécial, deux tiers dans les Facultés de l'État, un tiers dans les Facultés libres (p. 591). Adoption des articles 14 et 15 de la Commission (p. 591). ═ TITRE IV, *Des Pénalités* (p. 591). — Adoption, sans discussion, des articles 16 à 19 (p. 592). — Adoption de l'art. 20, modifié d'après un amendement de M. Bozérian, relatif à la procédure devant la Cour de Cassation (p. 593). — Adoption de l'article 21 (*ibid.*). — Article additionnel proposé par M. Giraud, destiné à former l'article 22, tendant à faire traduire les professeurs devant le Conseil départemental de l'Instruction publique, avec appel devant le Conseil supérieur, pour cause d'inconduite notoire, d'écarts dans leur enseignement, ou de désordres graves occasionnés ou tolérés dans leurs cours (p. 593) : adoption, au scrutin public (p. 601); liste des votants (p. 608). — Adoption des articles 23 et 24 (p. 601, 602). ═ Ont pris part aux débats : MM. Laboulaye, *Rapporteur* (p. 492, 512, 524, 593 à 595, 597); H. Brisson, (p. 493, à 496); Desbassayns de Richemont (p. 496 à 500); Taberlet (p. 500 à 502); Calemard de Lafayette (p. 502 à 504); Jean Brunet (p. 504 à 508); Lortal (p. 508 à 510); de Rambures (p. 510, 571 à 576); Chesnelong (p. 511, 524, 565 à 570, 588); Tolain (p. 513 à 515); Malartre (p. 515); Beaussire (p. 522, 588, 589, 593); H. Wallon, *Ministre de l'Instruction Publique* (p. 523, 588, 597, 601); J. Favre (p. 525 à 532); Robert de Massy (p. 530); Lucien Brun (p. 533, 535, 538, 543); Ach. Delorme (p. 534, 536); E. Picard

(p. 538, 512); Baragnon (p. 539); M. Barthe (p. 540); Grivart (p. 540 à 542); Depeyre (p. 545); Lepetit (p. 558 à 565); Bouisson (p. 584 à 588); de Lacretelle (p. 590); Bozérian (p. 592); Léon Say, *Ministre des Finances* (p. 593); A. Giraud (p. 593 à 597, 601); A. Dupont (p. 597 à 600); Humbert (p. 600). ═ Adoption, au scrutin public, à la tribune, de l'ensemble du projet de loi [12 juillet] (p. 602); liste des votants (p. 610).

3. — Projet de loi de crédit applicable aux dépenses des Facultés, et des Écoles supérieures de Pharmacie, voy. CRÉDITS, § 4.

ÉTAT CIVIL DE PARIS.

Exposé des motifs et texte du projet de loi tendant à modifier certaines dispositions de la loi du 12 février 1872 relative à la reconstitution des actes de l'État civil de Paris [6 juillet 1875] (t. 39, an., p. 214).

ÉTATS-UNIS D'AMÉRIQUE.

Projets de lois de crédits applicables à l'Exposition internationale universelle de Philadelphie, voy. CRÉDITS, § 2.

EXCUSES D'ABSENCE adressées par MM. :

BAUN (Lucien) (t. 39, p. 275).

DENORMANDIE (p. 583).

GOUVELLO (le marquis DE) (p. 602).

SEBERT (p. 159).

EXERCICE, voy. BOISSONS.

EXPOSITION INTERNATIONALE UNIVERSELLE DE PHILADELPHIE.

Projets de lois de crédits applicables à cette Exposition, voy. CRÉDITS, § 2.

F

FACULTÉS, voy. CRÉDITS, § 4. — ENSEI-
GNEMENT SUPÉRIEUR.

FRAIS DE JUSTICE CRIMINELLE.

Projet de loi de crédit y relatif, voy. CRÉ-
DITS, § 3.

FRAIS DE PASSAGE EN ALGÉ-
RIE.

Projet de loi de crédit applicable aux frais
de passage des fonctionnaires de l'Instruction
publique en Algérie, voy. CRÉDITS, § 9.

G

GRANDE CEINTURE AUTOUR DE
PARIS (Chemin de fer de).

Projet de loi ayant pour objet la déclaration
d'utilité publique et la concession de ce chemin de fer, voy. CHEMINS DE FER, § 4.

GREFFIERS DES JUSTICES DE
PAIX.

Deuxième délibération sur la proposition de
MM. Princeteau et autres, ayant pour objet la
révision du tarif de 1807, qui régit la taxe de
ces greffiers [22 juin 1875] (t. 39, p. 91).— Discussion du contre-projet du Gouvernement,
admis par la Commission, et consistant à substituer à la révision des taxes une augmentation
de traitement de 200 fr. en faveur de ces
greffiers (*ibid.*). — Adoption de l'art. 1er [Ap-
plication de cette mesure à partir du 1er janvier 1876]; et de l'article 2 [Perception, à partir de la même époque, d'un droit de mise au
rôle de 1 fr.] (p. 98). — Sont entendus : MM.

Raymond Bastid, *Rapporteur* (*ibid.*); Ganivet
(p. 94); Gambetta (p. 95); Bardoux, *Sous-Secrétaire d'État de la Justice* (p. 97). — L'Assemblée décide qu'elle passera à la troisième
délibération (p. 98).

GRENOBLE (Place de).

Projet de loi relatif à la construction d'une
enceinte avancée pour couvrir les faubourgs
ouest de cette place, voy. PLACES DE GUERRE.

GUERRE DE 1870.

1 — Projet de loi de crédit pour les dépenses des services de la Guerre en 1875, imputables sur le Compte de liquidation, voy. CRÉ-
DITS, § 8.

2 — Incident au sujet de la part attribuée
par M. André (de la Charente) à M. Gambetta dans le vote de la guerre de 1870, voy.
ENREGISTREMENT.

H

HYDROMELS, voy. OCTROIS.

|

blée autorise la discussion immédiate de l'interpellation *(ibid.).* — Sont entendus : MM. Chevandier (*ibid.*); Buffet, *Vice-Président du Conseil, Ministre de l'Intérieur* (p. 120). — Adoption de l'ordre du jour pur et simple *(ibid.).*

IRRIGATIONS.

Proposition tendant à utiliser toutes les eaux improductives pour l'irrigation des prairies et la submersion des vignes, voy. VITICULTURE, § 1.

J

JUSTICE CRIMINELLE (Frais de).

Projet de loi de crédit y relatif, voy. CRÉDITS, § 3.

JUSTICES DE PAIX.

Proposition ayant pour objet la révision du tarif de 1807 qui régit la taxe des greffiers de justices de paix, voy. GREFFIERS DES JUSTICES DE PAIX.

L

LAZARET DE TROMPELOUP.

Projet de loi de crédit applicable à son agrandissement, voy. CRÉDITS, § 11.

LIBERTÉ DE L'ENSEIGNEMENT SUPÉRIEUR, voy. ENSEIGNEMENT SUPÉRIEUR.

LILLE (Tribunal de).

Projet de loi ayant pour objet d'augmenter le personnel de ce Tribunal, voy. COURS ET TRIBUNAUX.

LIMITES DE CANTONS ET DE COMMUNES (Modifications de).

FINISTÈRE [Réunion à la commune de *Coat-*

Méal, canton de *Plabennec,* de plusieurs villages distraits de la commune de *Plouguin,* canton de *Ploudalmézeau*]. — Exposé des motifs et texte du projet de loi [2 juillet 1875], (t. 39, an., p. 170).

PYRÉNÉES (BASSES-) [Réunion à la commune de *Bruges,* canton de *Nay,* d'une partie de territoire distraite de la commune de *Bosdarros,* canton ouest de *Pau*]. — Exposé des motifs et texte du projet de loi [21 juin] (t. 39, an., p. 49). — Rapport, par M. Boullier (Loire) [12 juillet] (an., p. 259).

LOIRE-INFÉRIEURE (Département de la), voy. PORTS MARITIMES.

LOIS CONSTITUTIONNELLES, voy. POUVOIRS PUBLICS. — SÉNAT.

M

MAGISTRATURE.

Motion de M. Antonin Lefèvre-Pontalis tendant à la mise à l'ordre du jour de la troisième délibération sur le projet de loi de la Commission chargée d'examiner les propositions de MM. Arago, Bérenger, Bottieau, Delsol et de Peyramont relatives à l'organisation de la Magistrature [26 juin 1875] (p. 205). — Sont entendus : MM. Lefèvre-Pontalis, Lepère (*ibid.*). — Rejet de la proposition (*ibid.*).

Voy. Cours et Tribunaux.

MALADIE DE LA VIGNE.

Proposition tendant à combattre les ravages causés dans les vignobles par le phylloxera, voy. Viticulture, § 1.

MALADIE DES VERS A SOIE.

Proposition tendant à créer un prix de 500,000 francs pour l'inventeur d'un moyen efficace et pratique contre la maladie épidémique des vers à soie, voy. Sériciculture, § 1.

N

NANCY (Cour de).

Projet de loi ayant pour objet d'établir à titre définitif la Chambre temporaire de cette Cour, voy. Cours et Tribunaux.

NAVIGATION INTÉRIEURE.

Rapport, au nom de la Commission du Budget, par M. Dauphinot, sur le projet de loi portant acceptation des offres faites par les départements du Nord et du Pas-de-Calais d'avancer à l'État la somme de 5,900,000 fr. pour l'amélioration des rivières de l'Aa et de la Scarpe supérieure, et des canaux de Neuffossé,

de Bourbourg et de Calais [6 juillet 1875] (t. 39, an., p. 210).

NEUFFOSSÉ (Canal de).

Projet de loi ayant pour objet l'amélioration de ce canal, voy. Navigation intérieure.

NORD (Département du).

Projet de loi portant acceptation de l'offre faite par ce département d'avancer à l'État la somme de 3,500,000 francs pour l'amélioration de la rivière de l'Aa et des canaux de Neuffossé et de Bourbourg, voy. Navigation intérieure.

O

OCTROIS.

Projets de lois portant établissement de surtaxes à l'octroi des communes de :

CHATEAUGIRON (Ille-et-Vilaine) [Vins, cidres, poirés et hydromels, alcool et absinthe]. — [6 juillet 1875] (t. 39, an., p. 209).

CLUSES (Haute-Savoie) [Vins]. — Exposé des motifs et texte du projet de loi [6 juillet] (t. 39, an., p. 210).

FRESNOY-LE-GRAND (Aisne) [Alcool et absinthe]. —Exposé des motifs et texte du projet de loi [21 juin] (t. 39, an., p. 48).

GOUÉZEC (Finistère) [Alcool et absinthe]. — Adoption du projet de loi [22 juin] (p. 83).

LANDERNEAU (Finistère) [Alcool et absinthe].

— Exposé des motifs et texte du projet de loi [6 juillet] (t. 39, an., p. 209).

LA ROCHE-MAURICE (Finistère) [Alcool et absinthe]. — Rapport, par M. le vicomte de Lorgeril [21 juin] (t. 39, an., p. 19). — Adoption du projet de loi [28 juin] (p. 217).

PLOUIDER (Finistère) [Alcool et absinthe].— Exposé des motifs et texte du projet de loi [21 juin] (t. 39, an., p. 48). — Rapport, par M. le baron de Vinols [12 juillet] (an., p. 258).

RAMBERVILLERS (Vosges) [Vins, alcool· et absinthe]. — Rapport, par M. le marquis de Quinsonas [26 juin] (t. 39, an , p. 99). — Adoption du projet de loi [1er juillet] (p. 307).

SAINT-MALO (Ille-et Vilaine) [Vins, cidres, poirés, hydromels et alcools]. — Adoption du projet de loi [22 juin] (p. 83).

P

PALAIS DE VERSAILLES.

Projet de loi de crédit applicable à la restauration de la Chapelle du Palais, voy. CRÉDITS, § 13.

PARALLAXE DU SOLEIL.

Projet de loi de crédit applicable aux dépenses relatives à sa détermination, voy. CRÉDITS, § 10.

PARIS (Ville de).

1 — Exposé des motifs et texte du projet de loi tendant à autoriser la ville de Paris à émettre, en 1876, des Bons de la Caisse municipale jusqu'à concurrence d'une somme de 20 millions [9 juillet 1875] (t. 39, an., p. 254).

2 — Projet de loi relatif à la déclaration d'utilité publique et à la concession d'un chemin de fer de grande ceinture autour de Paris, voy. CHEMINS DE FER, § 4.

3 — Projet de loi ayant pour objet d'augmenter le personnel du Tribunal de première instance de la Seine, voy. COURS ET TRIBUNAUX.

4 — Projet de loi tendant à modifier certaines dispositions de la loi du 12 février 1872 relative à la reconstitution des actes de l'État civil de Paris, voy. ÉTAT CIVIL DE PARIS.

cauld, duc de Bisaccia (p. 52). — Sont entendus : MM. Laboulaye, *Rapporteur* (p. 51, 52) ;
de Gavardie (p. 51 à 53) ; de la Rochefoucauld,
duc de Bisaccia (p. 51, 52) ; Dufaure, *Garde
des sceaux, Ministre de la Justice* (p. 52, 53). —
L'Assemblée décide que le projet de loi sera
mis en tête de l'ordre du jour, à la suite du
projet de loi relatif à divers droits d'enregistrement (p. 53).

2 — *Première délibération* sur le projet de
loi organique relatif aux rapports des Pouvoirs
publics (21 juin) (t. 39, p. 69). — Sont entendus : MM. Louis Blanc (p. 69 à 73) ; Madier
de Montjau (p. 73 à 78) ; Buffet, *Vice-Président
du Conseil, Ministre de l'Intérieur* (p. 84 à 86) ;
Laboulaye, *Rapporteur* (p. 86 à 88) ; du
Temple (p. 88 à 90) ; le duc d'Audiffret-Pasquier, *Président* (p. 88 à 91) ; Hervé de Saisy
(p. 88, 91). — L'Assemblée décide qu'elle passera à la deuxième délibération [22 juin] (p. 91).

3 — Motion de M. Laboulaye, Rapporteur
du projet de loi organique sur les rapports des
Pouvoirs publics, tendant à la mise à l'ordre
du jour de la deuxième délibération sur ce
projet de loi, après la discussion des deux lois
de chemins de fer concernant la Compagnie de
Paris-Lyon-Méditerranée et celle de Picardie
et Flandres [23 juin] (t. 39, p. 121). — Décision conforme de l'Assemblée (*ibid.*).

4 — *Deuxième délibération* sur le projet de
loi organique relatif aux rapports des Pouvoirs
publics [7 juillet] (t. 39, p. 462). — Amendement de M. Marcou à l'article 1er, ayant
pour objet d'établir la permanence du Sénat
et de la Chambre des Députés, sauf leur ajournement à des termes que ces Assemblées fixe-
raient (*ibid.*) : rejet, au scrutin public (p. 471) ;
liste des votants (p. 482). — Rejet de l'amendement de M. Cherpin, ayant pour objet la
substitution de la date du 20 Novembre à celle
du deuxième mardi de Janvier, pour la convocation des Chambres (p. 472). — Amendement
de M. de Belcastel, tendant à introduire dans
l'article 1er la prescription des prières publiques, adressées à Dieu le dimanche qui suivra
la rentrée des Assemblées (*ibid.*) : adoption,
au scrutin public (p. 473) ; liste des votants
(p. 484 ; *rectifications*, p. 491). — Adoption de
l'article 1er (p. 493). — Article 2 (*ibid.*). Adoption de cet article, avec la rédaction primitive
du Gouvernement, exigeant la demande faite par

la moitié plus un du nombre des membres
composant chaque Chambre, pour rendre obligatoire leur convocation extraordinaire (p. 475).
— Adoption de l'article 3, modifié par un
amendement de M. Seignobos, relatif au cas
où la Chambre des Députés se trouverait dissoute au moment de la vacance qui survien-
drait dans la Présidence de la République
(*ibid.*). — Adoption, sans discussion, des articles 4 à 8 (p. 477). — Art. 9 (*ibid.*). Amendement de M. le duc de la Rochefoucauld-Bisaccia, ayant pour objet de conférer au Maréchal de Mac-Mahon, pendant la durée de ses
pouvoirs, le droit exclusif de déclarer la guerre
(*ibid.*) : rejet, au scrutin public (p. 480) ; liste
des votants (p. 486 ; *rectifications*, p. 491).
Adoption de l'article 9 (p. 480). — Adoption,
sans discussion, des articles 10 à 14 (p. 481).
= Ont pris part aux débats : MM. Marcou
(p. 462 à 468) ; Buffet, *Vice-Président du Conseil,
Ministre de l'Intérieur* (p. 468 à 471) ; Cherpin
(p. 471) ; de Belcastel (p. 472, 473) ; Laboulaye,
Rapporteur (p. 473, 475, 476, 479) ; Dufaure,
Garde des sceaux, Ministre de la Justice (p. 474,
476) ; Seignobos (p. 476) ; Amat (p. 476) ; Antonin Lefèvre-Pontalis (p. 479) ; de la Rochefoucauld-Bisaccia (p. 477 à 479, 480) ; Hervé
de Saisy (p. 480) ; Audren de Kerdrel (p. 481).
— L'Assemblée décide qu'elle passera à la
troisième délibération [7 juillet] (p. 482) ; liste
des votants (p. 487 ; *rectifications*, p. 491).

5 — Motion de M. Laboulaye, Rapporteur
du projet de loi organique concernant les rapports des Pouvoirs publics, tendant à ce que
la troisième délibération de ce projet de loi
soit mise à l'ordre du jour immédiatement
après la 1re délibération sur le projet de loi
organique relatif aux élections des Sénateurs
[10 juillet] (p. 578). — Adoption de cette motion (*ibid.*).

Voy. SÉNAT.

PRAIRIES (Irrigation des).

Proposition tendant à utiliser toutes les
eaux improductives pour l'irrigation des prairies et la submersion des vignes, voy. VITI-
CULTURE, § 1.

PRISONS.

Projet de loi de crédit applicable au Service
des prisons en Algérie, voy. CRÉDITS, § 1.

Q

R

S

dant à fixer vers six heures le moment de consulter l'Assemblée sur l'ordre du jour du lendemain [2 juillet 1875] (p. 367). — Motion de M. Lepère tendant à ce que les séances commencent vers une heure et ne finissent pas avant six heures [2 juillet] (p. 367). — Proposition de M. Baragnon tendant à ce que l'Assemblée renvoie sa décision à la séance du lendemain (p. 368). — Sont entendus : MM. le duc d'Audiffret-Pasquier, *Président* (p. 367) ; Lepère (p. 367, 368) ; Baragnon (p. 368). — Adoption de la proposition de M. Baragnon (*ibid.*). — Annonce par M. le Président du retrait de la motion de M. Lepère [3 juillet] (p. 386).

2 — Nouvelles observations de M. le duc d'Audiffret-Pasquier sur l'usage qui autorise le Président, aux approches de six heures, à proposer la fixation de l'ordre du jour du lendemain [6 juillet] (p. 456).—Dépôt, par M. le vicomte d'Aboville, d'une proposition revêtue de cinquante signatures et tendant à ce que les séances soient levées à six heures moins le quart (*ibid.*) : retrait de la proposition (p. 457). — Sont entendus : MM. le duc d'Audiffret-Pasquier, *Président* ; le vicomte d'Aboville (p. 456, 457).

SECOURS AUX VICTIMES DES INONDATIONS, voy. Crédits, § 6. — Inondations du Midi. — Questions, § 2.

SEINE (Tribunal de la).

Projet de loi ayant pour objet d'augmenter le personnel de ce Tribunal, voy. Cours et Tribunaux.

SÉNAT.

1 — Rapport, par M. Albert Christophle, au nom de la nouvelle Commission des Lois constitutionnelles, sur le projet de loi organique relatif aux élections des Sénateurs [23 juin 1875] (t. 39, an., p. 63 à 80).

2 — Motion de M. Christophle, Rapporteur, tendant à la mise à l'ordre du jour de la première délibération sur ce projet de loi, immédiatement après la loi sur l'Enseignement supérieur [30 juin] (t. 39, p. 300). — Adoption de la proposition (*ibid.*).

SÉRICICULTURE.

1 — Rapport sommaire, par M. Dréo, sur la proposition de M. Destremx, tendant à créer un prix de 500,000 francs pour l'inventeur d'un moyen efficace et pratique contre la maladie épidémique des vers à soie [6 juillet 1875] (t. 39, an., p. 214).

2 — Exposé des motifs et texte de la proposition de M. Destremx, tendant à ouvrir une Enquête administrative dans les contrées séricicoles et viticoles, à l'effet de connaître les causes de l'avilissement des prix de la soie et des vins [7 juillet] (t. 39, an., p. 219).

SERVICE MILITAIRE DES FRANÇAIS EN ALGÉRIE.

Projet de loi relatif à ses conditions, voy. Armée.

SOCIÉTÉ DE SECOURS MUTUELS La Fraternelle.

Interpellation sur les motifs de la dissolution et de la liquidation de cette Société, établie à Die (Drôme), voy. Interpellations.

SOIE, voy. Sériciculture.

SOLEIL (Parallaxe du).

Projet de loi de crédit applicable aux dépenses relatives à sa détermination, voy. Crédits, § 10.

SOUSCRIPTION pour les inondés du Midi, voy. Inondations du Midi, § 3.

SUBMERSION DES VIGNES.

Proposition tendant à utiliser toutes les eaux improductives pour l'irrigation des prairies et la submersion des vignes, voy. Viticulture, § 1.

SURTAXES, voy. Octrois.

T

TABACS.

Motion de M. le vicomte Blin de Bourdon tendant à la mise à la suite de l'ordre du jour, de la discussion sur la proposition concernant le rétablissement des zones et l'abaissement des tarifs des tabacs de cantine [29 juin 1875] (t. 39, p. 271) : rejet (*ibid.*).

TRAITÉS.

Rapport, par M. l'amiral Jaurès, sur le projet de loi portant approbation du traité de commerce conclu à Saïgon, le 31 août 1874, entre la France et le royaume d'Annam [3 juillet 1875] (t. 39, an., p. 172). — Déclaration de l'urgence, sur la demande du Rapporteur (p. 372). — Demande de mise à l'ordre du jour du lendemain [5 juillet] (p. 425) : adoption de la proposition du Rapporteur (*ibid.*). — Adoption de l'article unique du projet de loi [6 juillet] (p. 431).

TRIBUNAUX DE PREMIÈRE INS- TANCE DE LA SEINE ET DE LILLE.

Projet de loi ayant pour objet d'augmenter le personnel de ces Tribunaux, voy. COURS ET TRIBUNAUX.

TROMPELOUP (Lazaret de).

Projet de loi de crédit applicable à son agrandissement, voy. CRÉDITS, § 11.

TUNNEL SOUS - MARIN entre la France et l'Angleterre.

Projet de loi ayant pour objet la déclaration d'utilité publique et la concession d'un chemin de fer sous-marin entre les deux pays, voy. CHEMINS DE FER, § 6.

V

VÉNUS (Planète de).

Projet de loi de crédit applicable aux dépenses relatives à son observation, pour la détermination de la parallaxe du Soleil, voy. CRÉDITS, § 10.

VÉRIFICATION DES POUVOIRS, voy. CONSEILS GÉNÉRAUX. — ÉLECTIONS LÉGISLATIVES.

VERSAILLES (Palais de).

Projet de loi de crédit applicable à la restauration de la Chapelle du Palais, voy. CRÉDITS, § 13.

VERS A SOIE, voy. SÉRICICULTURE.

VINS, voy. BOISSONS. — OCTROIS.

Z

FIN DE LA TABLE

Paris. — Imprimerie A. WITTERSHEIM et Cⁱᵉ, quai Voltaire, 31.

ISBN 978-1-333-68072-5
PIBN 10528495

1 MONTH OF
FREE
READING

at

www.ForgottenBooks.com

By purchasing this book you are eligible for one month membership to ForgottenBooks.com, giving you unlimited access to our entire collection of over 700,000 titles via our web site and mobile apps.

To claim your free month visit: www.forgottenbooks.com/free528495

MOTHER.

THE QUEEN OF HOME

THE
HOUSEWIFE'S LIBRARY:
(MANY VOLUMES IN ONE.)

FURNISHING

THE VERY BEST HELP IN ALL THE NECESSITIES, INTRICACIES, EMERGENCIES,
AND VEXATIONS THAT PUZZLE A HOUSEKEEPER IN EVERY DEPARTMENT
OF HER DUTIES IN THE HOME.

HOUSEHOLD MANAGEMENT,

DOMESTIC COOKERY, HOME FURNISHING,

HOME DECORATION, POLITE DEPORTMENT,

TRYING EMERGENCIES, CARE OF CHILDREN,

GAMES, AMUSEMENTS, ETC.,

GENERAL HINTS.

VERY CAREFULLY PREPARED AFTER LABORIOUS RESEARCH BY A SKILLED
CORPS OF EXPERTS IN THE DIFFERENT DEPARTMENTS.

APPROPRIATELY ILLUSTRATED.

HUBBARD BROS., PUBLISHERS
PHILADELPHIA, NEW YORK, BOSTON, CINCINNATI, CHICAGO, KANSAS CITY.
A. L. BANCROFT & CO., SAN FRANCISCO.

PREFACE.

HOUSEWIFE is in many repects a better word than housekeeper. One may *keep house* in a cold and perfunctory style. A housekeeper may be a mere hireling, with no interest whatever in the establishment beyond the wages drawn from it. But a *housewife* is one wedded to the house and its interests. She is not a slave to the house, as a wife is not a slave to her husband; but both love the object of their espousal, and labor with supreme regard for the best good of that object. For those who thus love home this book has been prepared.

All persons are not housewives nor yet housekeepers, but all are presumed to dwell in houses. These houses are kept by somebody, and the manner in which they are kept very materially affects the happiness of those who dwell therein. Therefore, all persons have a direct interest in whatever will help housekeepers to keep house in better style and to make the household more healthy and more happy.

Some helps are hindrances. They are so hard to grasp, and when grasped they are so hard to handle, and when handled they afford so little in return, and what they do afford is so worthless that, though they be helps in name and in aim, yet in fact they are hindrances only. This book is not of that class. Whatever will render genuine assistance has been secured for it, regardless of cost or toil. What would be useless in such a book has been rejected, however attractive it seemed. It is believed that every housewife will find nothing here to neglect, but much to use and profit by.

Many books are epitomized in this. Cooking, Furnishing, Management, Etiquette, Games, Emergencies, Care of Children, and every other desirable domestic topic, on which volumes have been written, find treatment here. It is indeed a HOUSEWIFE'S LIBRARY. It furnishes "many volumes in one."

Its contents are arranged for ready reference. In the pages immediately following, this appears at a glance. All that is contained in the book is there summarized. The nine departments are believed to cover every phase of the housewife's wants. A full index has been added also. The reader need not pause to locate a topic in the Table of Contents, but he will be guided at once to its treatment by reference to the index pages. Quick and certain access to what the book contains is thus assured.

Nor is it a mere recipe book. It does not simply tell what to do and how to act; it seeks to build from the foundation laid deeply in the nature of things. There are good and sufficient reasons for most of the customs of society. He who understands these, catches the spirit of the whole matter and cannot get far astray, even though he be ignorant of the exact letter of the law.

Illustrations have been freely employed because of their undoubted helpfulness. But the plan of making the language of the book so plain that all obscurity may be dispelled has been steadily adhered to. It is both complete and clear.

The HOUSEWIVES of America aspire to the best things in their homes. This LIBRARY will prove a splendid helper to their progress.

THE PUBLISHERS.

TABLE OF CONTENTS.

LIST OF ILLUSTRATIONS.

Mother, queen of home, (steel) FRONTISPIECE.

There is no horizontal Stratification of society in this country like the rocks in the earth, that hold one class down below forevermore, and let another come to the surface to stay there forever. Our Stratification is like the ocean, where every individual drop is free to move, and where from the sternest depths of the mighty deep any drop may come up to glitter on the highest wave that rolls.

JAMES A. GARFIELD.

DOMESTIC COOKERY.

Oh! better no doubt is a dinner of herbs,

When season'd by love, which no rancor disturbs,

And sweeten'd by all that is sweetest in life

Than turbot, bisque, ortolans, eaten in strife!

But if out of humor, and hungry, alone

A man should sit down to dinner, each one

Of the dishes of which the cook chooses to spoil

With a horrible mixture of garlic and oil,

The chances are ten against one, I must own,

He gets up as ill-tempered as when he sat down.

OWEN MEREDITH.

Domestic Cookery.

THERE is a beautiful legend that tells how Elizabeth of Hungary, having been forbidden by her lord to carry food to the poor, was met by him one day outside the castle walls as she was bearing a lapful of meat and bread to her pensioners. Louis demanding sternly what she carried in her robe, she was obliged to show him the forbidden burden. "Whereupon," says the chronicler, "the food was miraculously changed, for his eyes, to a lapful of roses, red and white, and his mind disabused of suspicion, he graciously bade her pass on withersoever she would."

It would be well for some husbands if " their eyes were holden " in such a way that food served them would seem other and better than it really is. But the sense of taste is a rebellious member—especially in the men. It will cry out against the best appearing dish, if its flavor is not of the best. There is but one way to sure success. The housewife herself must be the angel who casts the spell about the humble board and the lowly fare, and invests them with forms and odors of irresistible attractiveness. This is the true poetry of Domestic Cookery; and blessed is the home where one presides who knows this art, and makes each meal a feast, and every guest a glad participant.

15

But things do not always take so happy a form. For instance: there was recently a brutal murder in Troy, N. Y., and a paper, reporting the case, clumsily said: "A poor woman was killed yesterday in her own home, while cooking her husband's breakfast in a shocking manner." Quoting this statement, a contemporary remarked: "There are many women who cook their husbands' breakfasts in a shocking manner, but it is seldom that justice overtakes them so summarily." The subject is a serious one to joke over, but the turn given by the commenting paper is bright and suggestive.

The fact is, that by skillful manipulation the plainest fare may be transformed into dishes fit for kings, while by ignorance and inattention the best viands may be rendered unfit for human food. Which turn should housewives attempt to give their own culinary affairs? There can be but one reply. But, be it remembered, that freaks of favoring fortune, such as came to Elizabeth, come only to those who are zealously pursuing the line of helpful duty. There is no royal road to success as a housekeeper or a cook. You must "work your passage," but the way will be smoothed by careful study of pages such as follow, provided the study take shape in wise action.

Remember, too, that the ministry of Domestic Cookery is by no means an unimportant one. It is worthy of the best attention of any housewife.

"The stomach," says an eminent medical authority, "is the mainspring of our system; if it be not sufficiently wound up to warm and support the circulation, the whole business of life will, in proportion, be ineffectually performed; we can neither think with precision, walk with vigor, sit down with comfort, nor sleep with tranquility. There would be no difficulty in proving that it influences (much more than people imagine) all our actions." Dyspepsia is a fearful foe to the human race.

I.—THE ART OF COOKING.

THERE is a *science* and there is an *art* of cooking. The science tells what should be done and why; the art takes hold and does the thing, without, in most cases, knowing any reason why certain methods produce certain results. The one is theoretical, the other practical; the one deals with principles, the other with performances.

The science of cookery proceeds on the basis that man needs certain elements of repair and growth for the various tissues of his body, that these elements exist in nature in various forms, and that the mission of the cook is so to prepare these suitable substances that man may receive them in their most enjoyable and assimilable forms, and thus have his waste repaired and his growth provided for. This basis is solid. On it the whole culinary system is founded. But, from the merely utilitarian idea of repairing waste and supplying force, cookery rises to the supreme height of exquisitely delighting the taste while doing its most important work of feeding the body. Indeed, the art of cooking well, and of serving well-cooked victuals well, is "a fine art" in the best sense of the term. There are *artistes* in this line. Meals may be served artistically. They may become a delight to the most refined natures and a real benefaction to both body and soul.

The great aim of all cooking is to retain all the valuable elements of the food, and to put them into such forms as shall awake desire, stimulate digestion, and secure to the eater, in the readiest and most pleasing way, all the nutriment these viands afford. For instance, in cooking meats it is desirable to retain all the natural juices. To this end, when meat is to be boiled it should be plunged into hot water, which at once renders the outer part measurably impenetrable, and so confines the juices.   On the other hand, if the juices are to be drawn out for the production of soup, it must be placed in cold water, and gradually warmed and slowly boiled, so as to allow the exudation of the juices. On the same principle, broiling and roasting, by quickly closing the surface of the meat, retain the juices as well as the odors, and make the meat both juicy and savory.   The retention of the fatty substances renders such preparations somewhat less digestible, however, than boiled food or lean meat.

High art in cookery, as elsewhere, demands high rates of expenditure.   Instructions on that grade alone would not meet the want of American homes.   But high aims in this department are equally commendable with high aims elsewhere.   So important a factor in domestic economy as cooking cannot be ignored and should not be treated lightly. Good food, well cooked and well served, goes far to make home happy and its inmates healthy.

The chemical aspect of food and cooking may be left to the chemist and the physiologist.   They will perfect the scientific aspects of the case.   But the *art* of cooking, which teaches just how and when to do the right things, is for us to learn and to practice day by day.   Such is the relation of stomach and brain on the one side, and of stomach and cook on the other side, that the cook becomes the sovereign, to whom many a brain mightier than his own bows in servile allegiance.

What cookery was practiced in the garden of Eden history does not tell.   Vegetarians insist that permission to eat animal food was not given until after the flood (Genesis xi, 3, 4), when, by indulgence, man's appetites had become abnormal.   If vegetable food only were used in Eden, and that mainly of the nature of fruits, but little cooking was needed, and the simplest forms would suffice amply.   Ancient writers say that cooking came into use immediately on the discovery of fire, whenever that was, and that its introduction was in imitation of the natural processes of mastication and digestion.

The first reference of the Bible to cooked food is to "a morsel of bread " (Genesis xviii, 5). Sarah, in this instance, made ready " three measures of fine meal," which she kneaded, and of which she made cakes " upon the hearth." These were, doubtless, the simplest form of unleavened cakes,

UNLEAVENED BREAD, ANCIENT AND MODERN FORMS.

flattened thin and baked upon a hot stone. A tender calf was hastily dressed on this occasion also, but whether by boiling or stewing, by roasting on a hot stone or by broiling over the fire on the point of a stick, is not known. Certainly, the whole dressing required but little time and was not very elaborate. For these same guests Lot baked unleavened bread, and, as the record is, " he made them a feast," quite hurried and simple, no doubt.

When Abraham's servant, searching for a wife for Isaac, reached her father's house, " they did eat and drink," unquestionably in a festive way. Isaac was so fond of venison that he became unduly partial to his son Esau, who excelled as a hunter in capturing game for this dish. The preparation of the meat was in some elaborate style, which Isaac denominated " savory meat," and the eating of it so pleased him that he spoke of it as the meat " that I love," and asked it " that I may eat, and that my soul may bless

thee before I die." Irreverent critics may say this was *man-*
like, but reverent ones will pronounce it quite human, and
all may conclude that cookery was taking attractive shapes
in that early day.   So Esau thought, undoubtedly, upon seeing his brother Jacob with a pottage of red lentils. He was
willing to sell out his birthright, with all its high preroga-
tives, that he might eat of this tempting dish.   All these incidents from the book of Genesis indicate that punctuality
at the table and systematic forethought for its proper service
were undeveloped arts at that time.   Many later Biblical
references indicate a higher state of culture in these respects,
sumptuous fare and great feasts being matters of frequent
reference.   In the ceremonial law many directions were given
concerning the killing and the cooking of animal food.

Ovens are often mentioned in the Bible.   In the cities and
villages they were located generally in the establishments
of bakers (Hosea vii, 4), or in large private establishments.
Portable ovens were used by many who lived in a nomadic
way.   The portable oven was a large earthen jar, widening
at the bottom, and having a side opening there by which to

ANCIENT EGYPTIAN
OVEN.

extract the ashes and to insert the bread
or meat.   These are referred to as the
possession of every family, in Exodus
viii, 3; though in time of destitution, or
scarcity of fuel, one oven answered for
many families, as Leviticus xxvi, 26,
shows.   These ovens could be hastily
heated by a quick fire of twigs, grasses,
etc., which fuel suggested the reference
in Matthew vi, 30, to grass, which to-day
is in the field and to-morrow is cast into
the oven.   Loaves or meat were placed inside, and thin
cakes upon the outside of these ovens.

The remote East, the land of spices, was the first to
develop cookery in its higher ranges.   Carefully wrought

and highly seasoned dishes were first prepared there. Many curious notions are recorded of the various nations in respect to food and cooking. The universal custom in Oriental lands is to cook meat as soon as killed. It never becomes cold, as with us. Goose is a great favorite with the Egyptians. Plutarch says only one class of this nation would eat mutton, and at Thebes it was wholly prohibited. Puddings made from the blood of slaughtered animals were favored by Egyptians but hated by Moslems. Egyptians never ate the head of any animal. Pastry among them was worked into the shapes of animals, and was always sprinkled with caraway and anise.

The Greeks esteemed cookery so highly, that royal personages took pride in preparing their own meals. Homer's poems contain many illustrations of such service. Achilles once personally served up a great feast, its special feature being that smaller meats were garnished with entrails of oxen. It was common at great feasts of the Greeks to dedicate certain dishes to certain gods, and then to eat them in honor of those gods.

In the time of Pericles a class of professional cooks had come into prominence who boasted that they could serve up a whole pig, boiled on one side, roasted on the other, stuffed with cooked birds, eggs, and other delicacies, and yet the whole so neatly done that it could not be discovered where the animal had been opened. Invention was then taxed to invent a new cake, or a new sauce, and he who did it was deemed worthy of high honor. One Greek distinguished himself by devising a new method of curing hams; another devised a cake which took his name and made him famous. In Athenian dishes, assafœtida was a popular ingredient, as were rue and garlick.

To compound one famous dish, certain uninviting parts of sows, asses, hawks, seals, porpoises, star-fish, etc., were used. One visitor to Greece, having eaten a celebrated "black broth," said he had learned why the Spartans were in battle so fearless of death, as the pains of death were preferable to existence on such abominable food. A Greek poet, Archistratus, traveled the world over to study the gastronomic art, and then wrote a poem, "Gastrology," which became the standard among Greek epicures. Greek cooks took special pride in so flavóring and disguising common fish and meat, that epicures even would be deceived by their preparations.

Roman cooking surpassed the Grecian in the more solid dishes, until the decline of the Empire began, when Roman epicures and gluttons came to the front and soon surpassed the world. Fishes, birds, and wines were their chief delicacies, and to secure those of rarest quality the known world was laid under contribution. There is record of a single feast at which were served peacocks from Samos, chickens from Phrygia, kids from Melos, cranes from Ætolia, tunny fishes from Chalcedon, pikes from Pessinus, oysters from Tarentum, mussels from Chios, dates from Egypt, and incidentals from as many more points. Snails were fattened for table uses till their shells would contain a quart; fishes and birds were fed on the choicest dainties to prepare them for human food, while even hogs were fattened on whey and dates.

Lucullus was in the habit of spending fifty thousand denarii (about eight thousand dollars) on each of his sumptuous feasts. Galba's daily breakfasts were each of sufficient cost to feed a hundred families. Vitellius made a single dish of pheasants' brains, peacocks' brains, nightingales' tongues, and livers of the rarest fishes. Its cost was one thousand *sesterces* (about forty thousand dollars). On another occasion two thousand choice fishes and seven thousand rare birds were served by him. It is said his kitchen expenses for four months amounted to twenty-five million dollars.

Heliogabalus had a favorite dish for his own suppers made from the brains of six hundred thrushes. Pork was the choice Roman dish at a later day. It was often served in the famous style already referred to, being half baked,

ANCIENT ROMAN COOKING UTENSILS.
1. Sugar, or Vegetable Boiler.——2. Frying Pan.——3. Measuring Urn.——4. Boiler, on Tripod.

half boiled, and stuffed with birds, eggs, etc. The process of this preparation was long a profound and marvelous secret. It was accomplished, however, by bleeding the animal under the shoulder, removing the intestines by the throat, and refilling by the same passage. The upper side was then baked while the lower lay imbedded in a thick paste of barley meal mixed with wine and oil. The paste was then removed and the lower side boiled in a shallow saucepan.

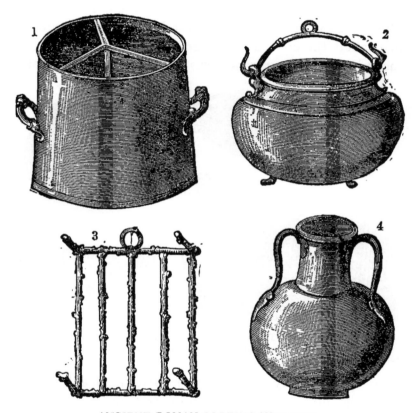

.ANCIENT ROMAN COOKING UTENSILS,
1. Measure for Grain.——2. Kitchen Boiler.——3. Fire Grate.——4. Pitcher, or Urn, for Fluids.

Cooking utensils were elaborately made for the homes of the rich. The finest grades were made of bronze, and usually they were plated with silver. Some articles were of brass, others even of silver. Kitchens were royal apartments then, many of them having marble floors and being decorated with costly paintings. Even the aspirations of our modern "help" would have been gratified fully by the kitchen appointments of those days. Schools of cookery, under the most accomplished professional care, were numerous at that time.

One of the most princely pieces of extravagance ever brought out by good cooking was in the case of Antony. When Cleopatra praised a repast he furnished, Antony at once called the cook and presented him with a city. Another piece of extravagance was when Lucullus entertained

ANCIENT ROMAN COOKING UTENSILS.

1. Bowl.——2. Soup Pot.——3. Grater.——4. Measure for Fluids.——5. Cook's Knife. ——6. Hashing Knife.

Cicero and Pompey. They three partook of a little feast which cost not less than five thousand dollars. Geta insisted on as many courses at his state dinners as there were letters in the alphabet, and each course was required to contain every viand known, the name of which began with that letter. Alexander the Great once entertained ten thousand guests, all of whom were seated at the tables at one time, and in silver chairs upholstered with purple. Possibly the most extensive "spread" ever made was by the Earl of Warwick when his brother was installed Arch-

bishop of York in 1479. The record of its appointments is
as follows : 300 quarters of wheat, 300 tuns of ale, 104 tuns
of wine, 1 pipe of spiced wine, 10 fat oxen, 6 wild bulls, 300
pigs, 1,004 sheep, 300 hogs, 3,000 calves, 300 capons, 100
peacocks, 200 cranes, 200 kids, 2,000 chickens, 4,000 pigeons, 4,000 rabbits, 4,000 ducks, 204 bitterns, 400 herons,
200 pheasants, 500 partridge, 5,000 woodcocks, 400 plovers,
100 curlews, 100 quails, 100,000 eggs, 200 roes, 4,000 roe-
bucks, 155 hot venison pasties and 4,000 of them cold,
1,000 dishes of jellies, 2,000 hot custards and 4,000 of them
cold, 400 tarts, 300 pikes, 300 bream, 8 seals, and 4 porpoises. The Earl in person was steward; 1,000 servitors,
62 chief cooks, and 515 under cooks and scullions offi-
ciated on this monster occasion.

After the fifth century it is said that " cookery, like learning, retired into convents." For several centuries religious
houses alone were the abodes of good cooking. In the
tenth century the art reappeared among the wealthier citizens
of Italy. Discoveries of new countries and the increasing
activity of commerce continually enlarged the field for gastronomic delights. Italy, the leader in fine cookery in those
days, began to send her methods and her cooks into France,
where they received a hearty welcome from Catharine de
Medici and her royal spouse. Under these fostering im-
pulses several cities became famous for specialties in food;
Hamburg, for example, for hams, Strasburg for sausages,
Amsterdam for herrings, Ostend for oysters, Chartres for
pies, etc., etc.

The ancient Britons and Saxons knew none of the refinements of the culinary art. Their meal was simple bruised
barley ; their meat, half-cooked game. The Danes did
more at drinking than at eating, at brewing than at baking.
The Normans, however, introduced the better styles of food
and the cook again loomed up grandly. So great was
the excess of these times that the friars of St. Swithin's com-

plained to King Henry II that three of their thirteen regular dinner courses had been withheld from them by their abbot. Cranmer ordered, in 1541, that archbishops should be limited to six dishes of meat daily, bishops to five, and lower orders of clergy to four, or three in certain cases. The poultry to be used was also limited, and the fish.

After the Crusades the higher classes of England imitated the luxurious methods they had learned abroad. Peacocks became a favorite dish. They were usually served with the tail feathers remaining and spread to their fullest extent. In the reign of Elizabeth cooks reached the zenith of their power, many classical scholars willingly espousing this profession.

The early inhabitants of France subsisted chiefly on roots and acorns. After their subjugation by Cæsar they quickly took on the Roman methods, and later the Norman methods, until in the fourteenth century they produced Taillevant, the greatest cook of history. In the reign of Louis XII a company was chartered to make *sauces* and another to cook meats on the *spit*. These were the days when fancy cooking ran toward the impossible. Eggs cooked on the spit, butter fried, roasted, etc., were the surprising delicacies produced by the masters of gastronomy.

In the days of Louis XIV cookery in France was at its height of sumptuousness. A reaction in favor of moderation then began to prevail. Cooks were out of employment. Restaurants then appeared under their care, and they soon found abundant patronage. Carême, of France, is confessedly the greatest of modern French cooks. He has exalted the science of cookery while he has nobly advanced the art.

There are several national or provincial dishes which are well known; for example, the roast beef and plum pudding of England; the sauerkraut of Germany; the salt beef of Holland; the *pillau* of Turkey (made of rice and mutton fat); the macaroni of Italy; the potatoes of Ireland; the oat-meal of Scotland; the pork and beans and the pumpkin pie of New England.

Books on the science and the art of cookery are numerous. The oldest dates from the last half of the fourteenth century. It is from a Frenchman, Le Sage, who has blended moral maxims and culinary recipes in a wonderful manner. The next in order is from Taillevant, already referred to, dated 1392. Scappi, chief cook to Pope Pius V, published a valuable book on cookery in 1570. So have they been multiplied as the years have rolled by, and one who is not an expert in cookery cannot lay his defect at the door of authors or publishers.

But books are not sufficient to elevate a people. There must be instruction, by which the text-books may be expounded and their lessons be illustrated to the masses. The art of cookery must be learned, as are the other arts. There are those who say that domestic cooking should be learned in the home—that the mother should teach the daughters, and that skill and knowledge should thus be handed down from generation to generation. This is a splendid theory; but if the mothers themselves are ignorant and unskillful, what then can be hoped for from the daughters? Then, too, a fixed set of culinary traditions would be handed down in each family by this method, and the children would follow the ways of the parents, irrespective of better ways practiced by their next-door neighbors.

In the face of these facts, it was not at all strange that schools of cookery arose centuries ago; but it is strange that these schools were not extended in their scope, to include others than professional cooks. They aimed merely to provide skilled help for the kitchens of royalty and wealth. This they did to perfection, but the common people knew nothing of the methods whereby their plain fare might be made more toothsome or more beneficial. It has remained for this later day, this utilitarian age, to establish schools designed to furnish good, practical cooks for our homes, and to develop them from our wives and our daughters.

This "cooking-school" movement arose in England. The working classes there were so sadly unskilled in using provision, and provision was so enormously costly, that the question necessarily arose, Is there no way whereby these masses can use what little they have to better advantage? How to make the most of what was in their kitchens was the practical problem. Schools of domestic economy then arose, under the patronage of benevolent persons, to promote the practical solution of this difficulty.

The managers of the South Kensington Museum of Arts, in West London, made the first organized movement in this matter by establishing public lectures on the preparation of food, with platform demonstrations of various culinary operations. But the inadequacy of this course was soon evident. Exposition and illustration were good, but practice was needed. Cookery is like music, in that the only way to do it well is *to do it well.* Lectures on the capabilities of the piano, though supplemented by brilliant illustration, could never make musicians, and the course inaugurated at Kensington Museum was not capable of making cooks. Practice schools soon became an admitted necessity.

To found schools of this character was no easy task. Public sentiment was not up to the need. Teachers, textbooks, and even pupils were wanting. It was unavoidably an expensive method of education, and no great names stood ready to back the movement. But the parties chiefly interested were determined, and they moved onward. The first organized classes for graded instructions and practice in cookery were formed in 1874. These classes were open to all, but especial encouragement was given to those proposing to go out as teachers of this art. In this respect the work was a great success, and large numbers of cooking-schools have been formed in England.

These schools employ a series of printed "lessons," suited for use in all the work in all the various grades. These lessons contained a list of ingredients needed for each dish, with their quantity and cost. Then followed a specification of the several steps to be taken, each distinct in itself and numbered. Nothing was assumed to be known; nothing was here taken for granted, all was clearly specified and, if need be, explained. As trial showed defects in the several lessons, they were carefully revised, and at last text-books were issued. Every pupil learned what to do in each case; then they did it; then they kept on doing it until they could do it to perfection. As at "Dotheboys Hall," he whose turn it was to spell "scrub" was set to scrub the floor, etc., etc., so at these practice schools, she who studied "Irish stew," made Irish stew, and capped the climax by eating it.

It is surprising that so diversified a company gathered in these schools. An observer of the Kensington Museum establishment says of the attendance: "There were cultivated ladies, the daughters of country gentlemen, old house-keepers, servants, cooks, and colored girls from South Africa, together with a large proportion of intelligent young women who were preparing to become teachers."

It may strike one who goes over these lessons that there is a wearisome attention to trivial details. But it should not be forgotten that the chief difference between good and bad cookery lies just here. It is a prime point in cooking-schools to make each item so prominent that it cannot be overlooked. Strict attention to details is the corner-stone of the culinary art.

Schools of cookery are now numerous in this country. New York, Philadelphia, and all the principal cities have institutions of this character. Text-books are numerous too. Eliza A. Youmans, Juliet Corson, and other ladies

have nobly led the van of culinary *artistes*, and their manuals are standards for cooking-schools.

To illustrate the method of the cooking-schools, two
"lessons" are here added, both on the making of Cabinet
Pudding. The first is from the American edition of *Lessons
in Cookery*, the handbook of the London school.

LESSON :—CABINET PUDDING.

Ingredients.—One dozen cherries or raisins, and two or three pieces of
angelica. One dozen finger-biscuits and half a dozen ratafias. One ounce
of loaf-sugar and fifteen drops of essence of vanilla. Four eggs. One
pint of milk.

Time required, about one hour.

To make a *Cabinet Pudding:*

1. Take a *pint-and-a-half mold* and *butter* it inside with
your fingers.

2. Take a *dozen raisins* or *dried cherries*, and two or three
pieces of *angelica*, and ornament the bottom of the mold with
them.

3. Take *one dozen* stale sponge *finger-biscuits** and break
them in pieces.

4. Partly fill the mold with pieces of cake and a half a
dozen *ratafias.†

5. Take *four yelks* and *two whites of eggs* and put them
in a basin.

6. Add to the eggs one ounce of white sugar, and whip
them together lightly.

7. Stir in, by degrees, one pint of milk.

8. Flavor it by adding fifteen drops of essence of· vanilla.

9. Pour this mixture over the cakes in the mold.

10. Place a piece of *buttered paper* over the top of the
mold.

11. Take a saucepan half full of boiling water, and stand
it on the side of the fire.

* To be had at the baker's.
† For sale at all large grocery-houses.

12. Stand the mold in the saucepan, to steam for from three-quarters of an hour to an hour.

N. B.—The water should only reach half way up the mold, or it would boil over and spoil the *pudding*.

13. For serving, turn the pudding carefully out of the mold on to a hot dish."

The other "lesson" is from Miss Corson's *Cooking-school Text-book*. It is the method pursued in the New York Cooking-school and its offshoots.

LESSON:—CABINET PUDDING.

INGREDIENTS.

¼ lb. candied cherries,	- - - - -	20 cents.
2 oz. citron,	- - - - - - -	4 "
¼ lb. macaroons,	- - - - - - -	15 "
Sponge cake,	- - - - - - - -	10 "
1 pt. milk,	- - - - - - -	4 "
½ oz. gelatine,	- - - -	3 '
1 lemon,	- - - - - -	2 "
3 oz. powdered sugar, -	- - - - - -·	2 "
Total,	- - - - -	60 cents.

(1.) Soak the gelatine in two tablespoonfuls of cold water until it is soft, and then put it over the fire in a saucepan with the milk, sugar, and the yellow rind of the lemon cut very thin, and let it heat thoroughly, stirring occasionally until the gelatine and sugar are dissolved. (2.) Cut the citron in thin slices. Butter a plain pudding mold rather thickly with cold butter, and ornament the bottom and sides by placing some of the fruit against them in some pretty shape. (3.) Place the remaining fruit and the cake in the mold in alternate layers, and then strain the milk into the mold. Set it where it will cool and grow firm, which will be in four or five hours, and then turn it out of the mold and serve it cold."

Every city has its leading caterer, who illustrates, when opportunity offers, to what heights the gastronomic art may be carried. On special occasions great " spreads " are made, the cost of which will surprise the uninitiated. From two to five dollars per plate is an ordinary charge for these en-tertainments. Ten dollars for each guest is by no means unusual. Twenty-five dollars for each guest, the wines in-cluded, is a price often charged, and Delmonico, of New York, furnished a dinner to ten persons, the cost of which was estimated to be no less than four hundred dollars each.

The dinner was given by a distinguished yachting-man, who insisted that the five men in waiting should be dressed as sailors. He furnished the suits, new and elegant. The guests drank, or tasted, every vinted liquor that has ever been brought to America—not that they drank every brand of wine, but every grade was represented. They finished with a *pousse cafe* made of eleven liquors.

The bills of fare were a striking feature of the display. Before each plate sat a cut-glass basin, about twenty inches in diameter and four inches deep. Each was nearly filled with water, perfumed with ottar of roses, on the surface of which floated half-open pond lilies. In the basin a perfect model of the yacht owned by the gentleman who gave the dinner was placed. It was cut in red cedar wood, with cabin, rail, wheel for steering, brass work, such as belaying-pins, binnacle, etc., man ropes worked and trimmed with sailor knots, scraped pine masts and booms, rigging of silken cords colored as it would be in the prototype, and sails of satin.

The sails carried the bills of fare. On the flying jib were the words: " Compliments of ———," naming the giver of the dinner; on the jib the date and place; on the foresail was the name of the guest who sat at the place where each little vessel floated; and on the mainsail was the *menu.* As the guest had occasion to consult his bill of fare, he used a

3

little gold oar that rested on the fingers of a silver naiad who peered over the containing glass, and held out both hands to grasp the oar. After the dinner each guest either carried away his bill of fare or had it sent to his home. The bills of fare were supposed to have cost at least one hundred dollars apiece. Of course, the viands spread at such a table were the finest the markets of the world could afford.

An artistic conclusion to an elaborate luncheon in New York is thus described by one who was there: " The last course was quite classic. A Greek would have appreciated it. It would have given him visions of Hybla and Hymettus, and their luxuriant growth of wild thyme. Everything was removed from the table except the ferns in the centre. A glass jug, some small glasses, and a plate of water crackers were brought in. The hostess poured out for each guest a tiny glass of metheglin. Any one who had forgotten the old reputation of this liquor and of what it was made would have been enlightened by seeing the jug. It looked like a honeycomb. Through the wax-looking cells painted upon its surface the liquor appeared like yellow honey. On the stopper was a black and gold bee. The caster, or tray, in which the jug stood was of glass also, covered with white clover and other heather flowers, which give the delicate flavor to Scotch and French honey. Such a finale seems to claim for America mention among those nations which Shakespeare describes as ' exquisite in their drinking.' "

II.—SOUP STOCK, SOUPS, ETC.

GENERAL SUGGESTIONS ON SOUP STOCK AND SOUP MEAT, HOW
TO PREPARE THEM, HOW TO ENRICH THEM, THICKENING SOUP,
COLORING SOUP, FLAVORING SOUP, ETC. THIRTY-TWO RECIPES
FOR SOUPS AND INCIDENTAL PREPARATIONS.

THE first and great essential to making good soup is
stock, or good, fresh meat. To make stock, take the
liquor left after boiling fresh meat, bones large or
small, the large ones being cracked, that the marrow may
be extracted, trimmings of meat, bones, and meat left over
from a roast or broil, put any or all of these in a large pot
or soup-kettle with water enough to cover them. Let them
simmer slowly over a steady fire, keep the kettle covered,
stir frequently, pour in now and then a cup of cold water,
and skim off the scum. If it is fresh meat or bones, commence with cold water; if cooked, with warm water. Bones
are as useful as meat in making stock, as they furnish gelatine. A quart of water is usually enough for a pound of
meat. Six to eight hours will make stock fit for use. Let
it stand over night, then skim off the fat, put the stock into
an earthen jar, and it is ready for use.

Fresh meat should be freed from all superfluous skin and
fat, which make a soup greasy, rather than rich.

The glutinous substance contained in the bones renders it
important that they should be boiled with the meat, as they
add to the strength and thickness of the soup. The meat,
however, should be cut off the bone and divided into small
pieces. Place in cold water over a gentle fire and boil by
the long and slow process, that the essence of the meat may

35

be drawn out thoroughly. When it comes to the boiling point, throw in a little salt to assist the scum to rise; then skim carefully to prevent its becoming turbid. When no more scum accumulates, and the meat is softened so as to readily separate with the use of the fork, it should be strained, the vegetables put it, the seasoning done, and the necessary amount of hot water added if too much has boiled away.

All soup meats are better boiled the day before using, so as to allow the grease to chill over night, when it can readily be removed before putting over the fire again.

The following thickening is almost indispensable to all good soups: A tablespoonful or more of flour mixed to a smooth paste with a little water, and enriched with a teaspoonful of butter, or good beef drippings well stirred in. If it be necessary to add water to a soup, always use boiling water, as cold water injures the flavor. If making a rich soup that requires catsup or wine, let either be added just before the soup is taken from the fire.

Soup may be colored yellow by the use of grated carrots; red with the juice of tomatoes; green with the juice of powdered spinach; brown with carefully scorched flour, kept ready for use. Onions are thought by many to be a necessity in all soups—that their flavor must lurk somewhere, either defined or undefined. Their flavor may be much improved if fried until nicely browned in hot butter before being added to the soup. Potatoes should never be boiled with soup, because they add nothing to its flavor and are themselves injured by the long cooking. They should be boiled separately, and then added.

A most desirable quality in soup is that no one flavor predominate over the others, but, that by a careful blending of the different ingredients it shall contain and harmonize all flavors. Soups and broths should always be strained. It makes them more relishable as well as inviting to the eye. A slight acid, like lemon or tomato, gives a peculiar relish to some soups, as do many of the palatable condiments prepared by such manufacturers as Durkee & Co., Annear & Co., Cross & Blackwell, and several others, for this especial purpose. With such helps and a sufficient quantity of *stock* on hand, a choice, rich soup of any variety may be gotten up in thirty minutes.

RECIPES.

Beef Soup.—Boil a shin of beef, or a piece off the shoulder, slowly and thoroughly, the day before desiring to use it; skim well the next day and thin the jelly, if necessary, with water; add a little brandy, a grated carrot, two tablespoonfuls of butter rubbed smooth in brown flour, a little vermicelli, and spices to taste. Two or three eggs may be boiled hard, mashed smooth, and placed in the tureen before turning in the soup.

Beef Soup, No. 2.—Boil a shin of beef of moderate size, crack the bone, remove the tough outside skin, wash, and place in a kettle to boil with six or eight quarts of water. Let it boil about four hours, until it becomes perfectly tender, then take it out of the liquid. Add salt, one pint of tomatoes, two onions cut in small pieces, two turnips cut in quarters, one grated carrot, one large tablespoonful of sugar, a little sweet marjoram and thyme rubbed fine, one red pepper cut in very small pieces, also a celery top or a small quantity of bruised celery seed. This soup may be thickened according to taste either with vermicelli, macaroni, noodles, or drop dumplings.

For an incidental side dish, take the soup meat that has been cut from the bones, chop fine while warm, season with salt and pepper, add one teacup of soup saved out before putting in the vegetables. Pack in a dish, and slice down for tea or lunch when cold.

Beef Soup with Okra.—Cut a round steak in small pieces and fry in three tablespoonfuls of butter, together with one sliced onion, until very brown; put into a soup kettle with four quarts of cold water, and boil slowly an hour; add salt, pepper, and one pint of sliced okra, and simmer three and one-half hours longer. Strain before serving.

Corned Beef Soup.—When the liquor in which corned beef and vegetables have been boiled is cold, remove all the grease that has risen and hardened on the top, and add tomatoes and tomato catsup and boil half an hour—thus making an excellent tomato soup; or add to it rice, or sago, or pearl barley, or turn it into a vegetable soup by boiling in the liquor any vegetables that are fancied. Several varieties of soups may have this stock for a basis and be agreeable to the taste.

Ox-tail Soup.—Chop the ox-tail into small pieces; set on the fire with a tablespoonful of butter, and stir until brown, and then pour off the fat; add broth to taste, and boil gently until the pieces of tail are well cooked. Season with pepper, salt, and three or four tomatoes; boil fifteen minutes and then serve. This soup can be made with water, instead of the stock broth, in which case season with carrot, onion, turnip, and parsley.

Mutton Broth.—After the steaks have been cut from the leg, the lower part is just adapted for a soup. The neck-piece is also very nice. Boil the meat very gently in cold water, adding a turnip, a carrot, and a spoonful of rice. All the fat should be removed. Toward the last, add a little minced parsley. Dumplings are an excellent addition.

Vegetable Soup.—Take two pounds of shin of beef and two pounds of knuckle of veal; remove all the fat and break the bones and take out the marrow; put into a pot with five pints of water; add a teaspoonful of salt, and then cover and let it come to a boil quickly; remove the scum that rises, and set where it will simmer for five hours; one hour before serving, add two young carrots, scraped and cut in slices, half a head of celery, and a small onion cut into squares; in half an hour add one turnip sliced, and in fifteen minutes one cauliflower broken in small pieces.

Bean Soup.—Soak one and a half pints of beans in cold water over night. In the morning drain off the water, wash the beans in fresh water, and put into soup-kettle with four quarts of good beef stock, from which all the fat has been removed. Set it where it will boil slowly but steadily for three hours at the least. Two hours before it is needed for use, slice in an onion and a carrot. Some think it improved by adding a little tomato. If the beans are not liked whole, strain through a colander and send to the table hot.

Black Bean Soup.—Three pounds soup bone, one quart black beans, soaked over night and drained; one onion, chopped fine; juice of one lemon. Pepper, salt, and Durkee's Challenge Sauce to taste. Boil the soup bone, beans, and onions together six hours; strain, and add seasoning. Slice lemon and put on top when served.

Tomato Soup.—Take a knuckle of veal, a bony piece of beef, a neck of mutton, or almost any piece of meat you may happen to have; set it over the fire in a small quantity of water, cover it closely, and boil very gently, to extract the juices of the meat. When nearly done, add a quantity of peeled tomatoes, and stew till the tomatoes are done; add salt and pepper to your taste. This is a very cheap, healthful, and easily made soup.

Tomato Soup, No. 2.—Take one quart of tomatoes. When boiling, add one teaspoonful of soda, two pulverized soda crackers, one pint of hot water, one pint of milk, salt, and pepper; strain through a colander and serve hot.

Green Pea Soup.—Boil the empty pods of a half-peck of green peas in one gallon of water one hour; strain them out; add four pounds of beef cut into small pieces, and boil slowly for an hour and a half longer. Half an hour before serving add the shelled peas, and twenty minutes later half a cup of rice flour, salt, pepper, and a little chopped parsley. After adding the rice flour stir frequently so as to prevent scorching.

Dried Split Pea Soup.—One gallon of water, one quart of soaked split peas, half a pound of salt pork, one pound of beef. Put over the fire, seasoning with salt and pepper, celery salt, salpicant, curry powder, marjoram, or savory; let it boil slowly for two hours, or until the quantity of liquor does not exceed two quarts. Pour into a colander and press the peas through with a spoon. Fry two or three slices of stale bread in butter till brown, scatter them in the soup after it is placed in the tureen.

Corn Soup.—Cut the corn from the cob, and to a pint of corn allow one quart of hot water; boil an hour and press through a colander; put into a saucepan an ounce of butter and a tablespoonful of flour, being careful to stir well to prevent it being lumpy; then add the corn pulp, a little cayenne pepper, salt, a pint of boiling milk, and half a pint of cream.

Onion Soup.—Slice ten medium-sized onions and fry brown in butter with a tablespoonful and a half of flour; put into a saucepan, and stir in slowly four or five pints of milk and water (about one-third water); season to taste, and add a teacupful of grated potato; set in a kettle of boiling water, and cook ten minutes; add a cup of sweet cream and serve quickly.

Mock-turtle Soup.—Scald a calf's head and wash it clean; boil it in a large pot of water for half an hour, cut all the skin off, and take the tongue out. Take the broth made of a knuckle of veal, put in the tongue and skin, with one onion, half-ounce of cloves, half-ounce of mace, half a nutmeg, all kinds of sweet herbs chopped fine, and three anchovies. Stew till tender; then take out the meat, and cut it in pieces two inches square; cut the tongue, previously skinned, in slices; strain the liquor through a sieve; melt half a pound of butter in a stewpan; put in it half a pound of flour and stir it till smooth—if at all lumpy, strain it; add the liquor, stirring it all the time; then put to the meat the juice of two lemons, or one bottle of Madeira wine, if preferred; season rather highly with pepper, salt, and cayenne pepper; put in a few meat balls and eight eggs boiled hard. Stew gently one hour, and serve in a tureen; if too thick, add more liquor before stewing the last time.

Mock-turtle Soup. No. 2.—Take a calf's head and about two pounds of delicate fat pork. Put both into a soup-kettle, with two onions, sweet herbs, celery, pepper, and mace. Fill the kettle with water, and boil very gently till the meat is tender. Take out the head and the pork, return the bones of the head into the soup; let it stew several hours longer; and, when cold, take off the fat, strain the soup, and thicken; add the juice of a lemon and half a pint of white wine. Cut up the head and pork into pieces; warm them up in the soup, adding some choice meat balls made from finely minced, savory meat. The pork will be found quite an addition to the soup and a substitute for the fat of the turtle.

Gumbo Soup.—Cut up two chickens, two slices of ham, and two onions into dice; flour them, and fry the whole to a light brown; then fill the frying-pan with boiling water, stir it a few minutes, and turn the whole into a saucepan containing three quarts of boiling water; let it boil forty minutes, removing the scum. In the meantime soak three pods of okra in cold water twenty minutes; cut them into thin slices, and add to the other ingredients; let it boil one hour and a half. Add a quart of canned tomatoes and a cupful of boiled rice half an hour before serving.

Southern Gumbo Soup.—Cut up one chicken, and fry it to a light brown, also two slices of bacon; pour on them three quarts of boiling water; add one onion and some sweet herbs tied in a bag; simmer them gently three hours and a half; strain off the liquor, take off the fat, and then put the ham and chicken (cut into small pieces) into the liquor; add half a teacup of sliced okra, also half a teacup of boiled rice. Boil all half an hour, and just before serving add a glass of wine and a dozen oysters with their juice.

Julienne Soup.—Scrape two carrots and two turnips, and cut in pieces an inch long; cut slices lengthwise about one-eighth of an inch thick; then cut again, so as to make square strips; put them in a saucepan, with two ounces of butter, three tablespoonfuls of cabbage chopped fine, and half an onion chopped; set on the fire and stir until half fried; add broth as you wish to make thick or thin; boil until done; salt to taste; skim off the fat, and serve; it takes about two hours to prepare this soup properly. It can be served with rice or barley.

Macaroni or Vermicelli Soup.—Two small carrots, four onions, two turnips, two cloves, one tablespoonful salt, pepper to taste. Herbs—marjoram, parsley, and thyme. Put any cooked or uncooked meat and its bones in enough water to cover them; when they boil, skim them and add the vegetables. Simmer three or four hours, then strain through a colander and put back in the saucepan to reheat.

Boil one-half pound macaroni until quite tender, and place in the soup tureen, and pour the soup over it—the last thing. Vermicelli will need to be soaked a short time only—not to be boiled.

White Soup.—Boil a knuckle of veal for three hours. Add a quarter of a pound of macaroni, and when done, a pint of cream. Season with lemon-peel and mace.

Turkey Soup.—Take the turkey bones and boil three-quarters of an hour in water enough to cover them; add a little summer savory and celery chopped fine. Just before serving, thicken with a little browned flour, and season with pepper, salt, and a small piece of butter.

Chicken Soup.—To the broth in which chickens have been boiled for salad, etc., add one onion and eight or ten tomatoes; season with pepper and salt; add Challenge Sauce or Salpicant, if desired; boil thirty minutes; add two well-beaten eggs just before sending to the table.

Lobster Soup.—To boil a lobster, put it in a fish-kettle and cover it with cold water, cooking it on a quick fire. Remove the small bladder found near the head, and take out a small vein found immediately under the shell all along the back of the lobster, and use the rest. Two lobsters will make soup for six or eight persons, and salad also. All the under shell and small claws are pounded in a mortar to make the soup; when pounded, put it into a pan and set it on the fire with broth or water. The meat is cut in small pieces, to be added afterward. The soup is left on the fire to boil gently for half an hour; then put it in a sieve and press it with a masher to extract the juice. To make it thicker, a small piece of parsnip can be added and mashed with the rest into a pan, so that all the essence is extracted in that way from the lobster. When you have strained it put a little butter with it and add as much broth as is required; put some of the meat in the tureen and pour the soup over it.

Clam Soup.—Wash the clams free from grit; boil them in a pint of water till they will come from the shells easily. Take a small quantity of the liquor, add some milk, thicken it with a little flour, and add the clams. Split crackers are very nice added.

Portable Soup.—Boil a knuckle of veal, also the feet, a shin of beef, a cowheel or any other bones of meat which will produce a stiff jelly, in a large kettle, with as much water as will cover them. Let it stand a long time over the fire before it boils. Skim it most thoroughly, until the broth appears entirely clear. Then fill up the kettle with hot water, and boil it eight hours, or until it has evaporated so as to be somewhat thick. Run it through a hair sieve, set it in a cool place where it will harden very quickly. Skim off every particle of fat, and return it to a saucepan; skim and stir continually, so that it may not scorch, and all the previous labor be lost, until it becomes a very thick syrup. As soon as it can be no longer done in this way, transfer it to a deep jar, and set into a kettle of water, hot, but not boiling, until it jellies very thick. This will keep good many months, if packed dry in tin canisters. This is the concentrated essence of soup, and is a most convenient article of use, either at home in an emergency or in traveling, and especially at sea. To make a pint of soup, cut off a piece as large as a walnut, dissolve it in the boiling water, and it is ready for use.

Fluid Beef.—Among the advanced preparations of the day meat extracts are taking a high place. One of the finest of these preparations is " Johnston's Fluid Beef." It contains all the nutritive constituents of the beef, and is readily available for soups, sandwiches, beef tea, etc. For medical uses, traveling, picnics, etc., it is very convenient. To use for soups and beef tea, add a teaspoonful to a cup of boiling water and season to taste; or as a sandwich paste, it may be used on toast, with or without butter. Put up in cans of various sizes, from two ounces to one pound, which can be left open without injury to contents.

RECIPES INCIDENTAL TO SOUPS.

Meat Balls for Soup.—Take fresh cooked meat or fowl and chop fine; season with pepper, salt, and herbs, and a little lemon; mix together with an egg; roll in bread-crumbs, and fry in hot lard.

Browned Flour for Soups.—Dredge the bottom of a spider well with flour, and shake it over hot coals, letting it brown gradually, but not burn. Keep it in a dry place, in a tin canister, without wholly closing the lid. It is very convenient to have it already prepared, although when used fresh it is much nicer.

Home-made Noodles—a substitute for Vermicelli.—Wet with the yelks of four eggs as much fine, dry, sifted flour as will make them into a firm but very smooth paste. Roll it out as thin as possible, and cut it into bands of about an inch and a quarter in width. Dust them lightly with flour, and place four of them one upon the other. Cut them in the finest possible strips, separate them with the point of a knife, and spread them on the pie-board so that they may dry a little before they are used. Drop them gradually into the boiling soup, and in five minutes they will be done.

Drop Dumplings.—Take prepared flour, add a little beef drippings or lard, well rubbed through, and moisten to a soft dough. With floured hands pinch off very small pieces and form into balls by rolling in the palm of the hand. In boiling dumplings of any kind, put them in the water one at a time. If they are put in together they will blend with each other.

III.—FISH, OYSTERS, Etc.

HINTS CONCERNING FISH—TESTS OF FRESHNESS, HOW TO CLEAN, HOW TO DRESS, HOW TO BOIL FISH, HOW TO BAKE FISH, HOW TO BROIL FISH, HOW TO FRY FISH, ETC. FIFTY-THREE RECIPES FOR COOKING FISH, OYSTERS, ETC., AND FOR INCIDENTAL PREPARATIONS.

FISH should be eaten as soon as possible after being taken from the water. In every kind of fish, the brightness of the eyes, redness of the gills, firmness of the flesh, and stiffness of the fins are indications of freshness. Fish should be thoroughly cleaned as soon as practicable. Great care should be taken to remove every atom of blood, to rinse carefully, and not to soak them longer than necessary. Fish are dressed in a variety of ways to suit different tastes—boiled, baked, broiled, and fried. The most ordinary methods are broiling or frying. In boiling, large fish should be wrapped in a cloth previously floured to prevent sticking, tied with a string, and covered with from two to three inches of cold water already salted; from six to ten minutes per pound will generally be found sufficient for boiling. Remove from the fire the moment it is done, and place upon a sieve to drain.

In baking fish, cleanse and wipe dry; fill to taste; sew together; place in a dripping-pan; season with salt and pepper; add sufficient water to baste with, or if a filling of oysters is used, baste with the liquor off them. The space between the fish and the sides of the pan may be filled with slices of raw potatoes one-quarter of an inch thick, and serve fish and potatoes together. A large fish will bake in an hour.

For broiling, thoroughly cleanse and dry; split open so that the backbone will be flat in the middle;'season with salt and pepper, and place on a buttered gridiron over a clear fire with the inside downward until it begins to brown, then turn over.   When done, serve on a hot dish and butter liberally.

Fish may be very nicely fried in hot lard with only a seasoning of salt and pepper, and a little flour dredged over it, or it may be spread with beaten eggs and rolled in cracker or bread crumbs before frying.   Challenge sauce, Worcestershire sauce, and similar condiments upon fish will be found to give a most delicate and piquant flavoring.

RECIPES.

Broiled Shad.—Scrape, split, wash, and dry the shad on a cloth; season with pepper and salt; grease the gridiron well ; as soon as it is hot lay the shad on to broil with the inside downward.   One side being well browned, turn it. It should broil a quarter of an hour or more, according to thickness.   Butter well and send to table hot.

Baked Shad.—Many people are of the opinion that the very best method of cooking a shad is to bake it.   Stuff it with bread-crumbs, salt, pepper, butter, and parsley, and mix this up with beaten yelk of egg; fill the fish with it, and sew it up or fasten a string around it.   Pour over it a little water and some butter, and bake as you would a fowl. A shad will require from an hour to an hour and a quarter to bake.

Halibut Cutlets.—Cut your halibut steaks an inch thick, wipe them with a dry cloth, and season with salt and cayenne pepper.   Have ready a pan of yelk of eggs well beaten and a dish of grated bread-crumbs.   Put some fresh

lard or beef drippings in a frying-pan and hold it over the
fire till it boils.   Dip your cutlets in the egg, and then in
the bread-crumbs.   Fry a light brown; serve up hot.
Salmon or any large fish may be fried in the same manner.

Baked Cod or Halibut.—Use a piece of fish from the middle
of the back, weighing four, five, or six pounds.   Lay the fish
in very cold salt-and-water for two hours; wipe dry; make
deep gashes in both sides at right angles with the backbone, and rub into these, as well as coat it all over with, a
force-meat made of the crumbs, pork, herbs, onion, and
seasoning, made to adhere by raw egg.   Lay in the baking-
pan and pour over it the drawn butter (which should be quite
thin), season with the anchovy sauce, lemon juice, pepper,
and a pinch of parsley.   Bake in a moderate oven nearly an
hour—or even more if the piece be large—basting frequently
lest it should brown too fast.   Add a little butter-and-water
when the sauce thickens too much.   When the fish is done,
remove to a hot dish, and strain the gravy over it.   A few
capers or chopped green pickles are a pleasant addition to
the gravy.

Boiled Halibut.—Take a small halibut, or what you require
from a large fish.   Put it into the fish-kettle, with the back
of the fish undermost; cover it with cold water, in which a
handful of salt and a bit of saltpetre the size of a hazel-nut
have been dissolved.   When it begins to boil skim it carefully, and then let it just simmer till it is done. Four pounds
of fish will require half an hour nearly to boil it.   Drain it,
garnish with horse-radish or parsley.   Egg sauce, or plain
melted butter, are served with it.

Boiled Rockfish.—After the fish has been nicely cleaned,
put it into a pot with water enough to cover it, and throw
in salt in the proportion of half a teaspoonful to a pound of
fish.   Boil it slowly until the meat is tender and easily sep-

arates from the bones. A large fish will require an hour to cook. When done, serve on a hot dish, and have a few hard-boiled eggs, cut in thin slices, laid around it and over it. Eat with egg-sauce.

White Fish.—This fish may be broiled, fried, or baked. To bake it, prepare a stuffing of fine bread-crumbs, a little salt pork chopped very fine ; season with sage, parsley, pepper, and salt. Fill the fish with the stuffing, sew it up, sprinkle the outside with salt, pepper, and flour, and bake. In frying white fish, pour off the fat as it accumulates, as it is apt to be too fat when served.

Broiled Salmon.—The steaks from the centre of the fish are best. Sprinkle with salt and pepper, spread on a little butter, and broil over a clear but slow fire.

Smoked Salmon, Broiled.—Take a half pound of smoked salmon and parboil it ten minutes ; lay in cold water for the same length of time ; wipe dry and broil over a clear fire. Add two tablespoonfuls of butter while hot; season with cayenne and the juice of half a lemon; pile in a "log-cabin" square upon a hot plate, and serve with dry toast.

Boiled Salmon.—A piece weighing six pounds should be rubbed with salt, tied carefully in a cloth, and boiled slowly for three-quarters of an hour. It should be eaten with egg or caper sauce. If any remain after dinner, it may be placed in a deep dish, a little salt sprinkled over, and a teacupful of boiling vinegar poured upon it. Cover it closely, and it will make a nice breakfast dish.

Baked Salmon with Cream Sauce.—Butter a sheet of foolscap paper on both sides, and wrap the fish up in it, pinning the ends securely together. Lay in the baking-pan, and pour six or seven spoonfuls of butter-and-water over it. Turn another pan over all, and steam in a moderate oven

4

from three-quarters of an nour to an hour, lifting the cover, from time to time, to baste and assure yourself that the paper is not burning. Meanwhile, have ready in a saucepan a cup of cream, in which you would do well to dissolve a bit of soda a little larger than a pea. This is a wise precaution whenever cream is to be boiled. Heat this in a vessel placed within another of hot water; thicken with a heaping teaspoonful of corn-starch; add a tablespoonful of butter, pepper and salt to taste, a liberal pinch of minced parsley, and when the fish is unwrapped and dished, pour half the dressing slowly over it, sending the rest to table in a boat. If you have no cream, use milk, and add a beaten egg to the thickening.

Salmon Steaks or Cutlets Fried.—Cut slices from the middle of the fish one inch thick; wipe dry, and salt slightly; dip in egg, then in cracker crumbs; fry very quickly in hot butter; drain off every drop of grease, and serve upon a hot dish. Sprinkle green parsley in bunches over it. The French use the best salad-oil in this recipe instead of butter.

Pickled Salmon.—Soak salt salmon twenty-four hours, changing the water frequently; afterward pour boiling water around it, and let it stand fifteen minutes; drain off and then pour on boiling vinegar with cloves and mace added.

Fried Perch.—Scale and clean them perfectly; dry them well, flour and fry them in boiling lard. Serve plenty of fried parsley round them.

Fried Trout.—Wash, drain, and split; roll in flour, season with salt; have some thin slices of salt pork in a pan, and when very hot put in the fish and fry to a nice brown.

Stewed Trout.—Clean and wash the fish with care, and wipe it perfectly dry; put into a stewpan two tablespoonfuls of butter, dredge in as it melts a little flour, grate half a nutmeg, a few blades of mace, a little cayenne, and a tea-spoonful of salt; mix it all together; then lay in the fish, let it brown slightly; pour over some veal gravy, a lemon thinly sliced; stew very slowly for forty minutes; take out the fish, and add two glasses of wine to the gravy. Lay the fish on a hot dish, and pour over it some of the gravy. Serve the rest in a sauce-tureen.

Fried Catfish.—Catfish must be cooked quite fresh—if possible, directly out of the water. The larger ones are generally coarse and strong; the small-sized fish are the best. Wash and clean them, cut off their heads and tails, remove the upper part of the backbone near the shoulders, and score them along the back with deep gashes or incisions. Dredge them with flour, and fry them in plenty of lard, boiling fast when the catfish are put into the pan. Or you may fry them in the drippings or gravy saved from roast beef or veal. They are very nice dipped in a batter of beaten egg and grated bread-crumbs, or they may be done plain, though not in so nice a way, with Indian meal instead of bread-crumbs. Drain off the lard before you dish them. Touch each incision or cut very slightly with a little cayenne before they go to table.

Fried Eels.—After skinning, emptying, and washing them as clean as possible, cut them into short pieces, and dry them well with a soft cloth. Season them with fine salt and cayenne, flour them thickly, and fry them in boiling lard; when nicely browned, drain and dry them, and send to the table with plain melted butter and a lemon, or with fish-sauce. Eels are sometimes dipped into batter and then fried, or into egg and dried bread-crumbs, and served with plenty of crisped parsley

Fish Chowder.—Take a fresh haddock, of three or four pounds, clean it well, and cut in pieces of three inches

square.   Place in the bottom of your dinner-pot five or six
slices of salt pork, fry brown, then add three onions sliced
thin, and fry those brown.   Remove the kettle from the fire,
and place on the onions and pork a layer of fish.   Sprinkle
over a little pepper and salt, then a layer of pared and sliced
potatoes, a layer of fish and potatoes, till the fish is used up.
Cover with water, and let it boil for half an hour.   Pound
six biscuits or crackers fine as meal, and pour into the pot ;
and, lastly, add a pint of milk ; let it scald well, and serve.

New England Chowder.—Take a good haddock, cod, or any
other solid fish, cut it in pieces three inches square ; put a
pound of fat, salt pork, cut into strips, into the pot ; set it
on hot coals and fry out the grease ; take out the pork, but
leave the grease in the bottom of the pot, and put in a layer
of fish, over that a layer of sliced onions, over that a layer
of fish, with slips of the fried pork, then another layer of
onions and a few sliced raw potatoes, and so on alternately
until your fish is all in ; mix some flour with as much water
as will fill the pot ; season to suit your taste, and boil for
half an hour ; have ready some pilot bread, soaked in water,
and throw them into your chowder five minutes before taking off ; serve in a tureen.

Fish-balls.—Two cupfuls cold boiled codfish, fresh or
salted.   Chop the fish when you have freed it of bones and
skin ; work in one cupful of mashed potatoes, and moisten
with a half cup of drawn butter with an egg beaten in.   Season to taste.   Have them soft enough to mold, yet firm
enough to keep in shape.   Roll the balls in flour, and fry
quickly to a golden-brown in lard or clean dripping.   Take
from the fat so soon as they are done ; lay in a colander or
sieve and shake gently, to free them from every drop of
grease.   Turn out for moment on white paper to absorb any
lingering drops, and serve on a hot dish.

Stewed Oysters.—Take one quart of oysters ; put the liquor (a teacupful for three persons) in a stewpan, and add half as much more water, salt and pepper to taste, and let it boil. Have your oysters ready in a bowl, and the moment the .iquor boils, pour in all your oysters, say ten for each person, or six will do. Now, watch carefully, and as soon as it begins to boil take out your watch, count just thirty seconds, and take your oysters from the stove. You will have your big dish ready, with one and a half tablespoonfuls of cream or milk for each person. Pour your stew on this and serve immediately. Never boil an oyster in milk.

Maryland Stewed Oysters.—Put the juice into a saucepan and let it simmer, skimming it carefully ; then rub the yelks of three hard-boiled eggs and one large spoonful of flour well together, and stir into the juice. Cut in small pieces quarter of a pound of butter, half a teaspoonful of whole allspice, a little salt, a little cayenne, and the juice of a fresh lemon ; let all simmer ten minutes, and just before dishing add the oysters. This is for two quarts of oysters.

Panned Oysters.—Have ready several small pans of block tin, with upright sides. Cut stale bread in thin slices, then round them to a size that will just fit in the bottoms of your pans. Toast these quickly to a light brown, butter, and lay within your tins. Wet with a great spoonful of oyster liquid, then, with a silver fork, arrange upon the toast as many oysters as the pans will hold without heaping them up. Dust with pepper and salt, put a bit of butter on top, and set the pans, when all are full, upon the floor of a quick oven. Cover with an inverted baking-pan to keep in steam and flavor, and cook until the oysters "ruffle." Eight minutes in a brisk oven should be enough. Send very hot to the table in tins in which they were roasted. Next to roasting in the shell, this mode of cooking oysters best preserves their native flavor.

Roasted Oysters.—Take oysters in the shell; wash the shells clean, and lay them on hot coals; when they are done they will begin to open. Remove the upper shell, and serve the oysters in the lower shell, with a little melted butter poured over each, and season to taste.

Oyster Toast.—Select fifteen plump oysters; mince them, and season with mixed pepper and a pinch of nutmeg; beat the yelks of four eggs and mix them with half a pint of cream. Put the whole into a saucepan and set it over the fire to simmer till thick; stir it well, and do not let it boil, lest it should curdle. Toast five pieces of bread, and butter them; when your dish is near the boiling-point, remove it from the fire and pour it over the toast.

Cream Oysters.—Fifty shell oysters, one quart sweet cream; butter, pepper, and salt to suit taste. Put the cream and oysters in separate kettles to heat, the oysters in their own liquor, and let them come to a boil; when sufficiently cooked, skim; then take them out of the liquid and put them into a dish to keep warm. Put the cream and liquid together. Season to taste, and thicken with powdered cracker. When sufficiently thick, stir in the oysters.

Broiled Oysters.—Drain select oysters in a colander. Dip them one by one into melted butter, to prevent sticking to the gridiron, and place them on a wire gridiron. Broil over a clear fire. When nicely browned on both sides, season with salt, pepper, and plenty of butter, and lay them on hot buttered toast, moistened with a little hot water. Serve very hot. Oysters cooked in this way and served on broiled beefsteak are delicious.

Fried Oysters.—Select the largest and finest fresh oysters, put them into a colander and pour over a little water to rinse them; then place them on a clean towel and dry them. Have ready some grated bread-crumbs, seasoned with pepper and salt, and plenty of yelk of egg beaten till very light; and to each egg allow a large teaspoonful of rich cream or of the best fresh butter. Beat the egg and cream together. Dip each oyster first into the egg and cream, and then into the crumbs. Repeat this twice, until the oysters are well coated all over. Have ready boiling, in a frying-pan, an equal mixture of fresh butter and lard. It must very nearly fill the frying-pan, and be boiling fast when the oysters go in, otherwise they will be heavy and greasy. Fry them of a yellow brown on both sides, and serve hot.

Oyster Salad, see Salads.

Spiced or Pickled Oysters.—Put into a porcelain kettle one hundred and fifty large oysters with the liquor; add salt, and simmer till the edges roll or curl; skim them out; add to the liquor one pint of white wine vinegar, one dozen blades mace, three dozen cloves, and three dozen peppercorns; let it come to a boil, and pour over the oysters. Serve with slices of lemon floating in saucer.

Oyster Omelette.—Allow for every six large oysters or twelve small ones one egg; remove the hard part and mince the rest very fine; take the yelks of eight eggs and whites of four, beat till very light, then mix in the oysters; season and beat up thoroughly; put into a skillet a gill of butter, let it melt; when the butter boils, skim it and turn in the omelette; stir until it stiffens; fry light brown; when the under side is brown, turn on to a hot platter. To brown the upper side, hold a red-hot shovel over it.

Scalloped Oysters, No. 1.—Open the shells, setting aside for use the deepest ones. Have ready some melted butter, *not* hot, seasoned with minced parsley and pepper. Roll each oyster in this, letting it drip as little as may be, and lay in the shells, which should be arranged in a baking-pan. Add to each a little lemon juice, sift bread-crumbs over it, and bake in a quick oven until done.   Serve in the shells.

Scalloped Oysters, No. 2.—Cover the bottom of a baking-dish (well buttered) with a layer of crumbs, and wet these with cream, put on spoonful by spoonful.   Pepper and salt, and strew with minute bits of butter.   Next, put in the oysters, with a little of their liquor.   Pepper them, stick bits of butter in among them, and cover with dry crumbs until the oysters are entirely hidden.   Add more pieces of butter, very small, and arrange thickly on top.   Set in the oven, invert a plate over it to keep in the flavor, and bake until the juice bubbles up to the top.   Remove the cover, and brown on the upper grating for two or three minutes.   Serve in the bake-dish.

Oyster Pie.—Line a dish with a puff paste or a rich biscuit paste, and dredge well with flour; drain one quart of oysters; season with pepper, salt, and butter, and pour into the dish; add some of the liquor; dredge with flour, and cover with a top crust, leaving a small opening in the centre.   Bake in a quick oven.

Oyster Patties.—Put one quart of oysters in a saucepan, with liquor enough to cover them, set it on the stove and let them come to a boil; skim well, and stir in two table-spoonfuls of butter, a little pepper, and salt.   Line some patty-pans with puff-paste, fill with oysters, cover with paste, and bake twenty minutes in a hot oven.   The upper crust may be omitted, if desired.

Oyster Macaroni.—Boil macaroni in a cloth to keep it straight.   Put a layer in a dish seasoned with pepper, salt, and butter, then a layer of oysters, until the dish is full. Mix some grated bread with a beaten egg, spread over the top, and bake.

Oyster Sauce, see Sauces.

Boiled Lobster.—If purchased alive, lobsters should be chosen by weight (the heaviest are the best) and their liveliness and briskness of motion. When freshly boiled they are stiff, and their tails turn strongly inward; when the fish appear soft and watery, they are stale. The flesh of the male lobster is generally considered of the finest flavor for eating, but the hen lobster is preferred for sauce and soups, on account of the coral.

To properly boil lobsters, throw them living into a kettle of fast-boiling salt and water, that life may be destroyed in an instant. Let them boil for about half an hour. When done, take them out of the kettle, wipe them clean, and rub the shell with a little salad-oil, which will give a clear red appearance. Crack the large claws without mashing them, and with a sharp knife split the body and tail from end to end. The head, which is never eaten, should also be separated from the body, but laid so near it that the division is almost imperceptible. Dress in any way preferred.

Deviled Lobster.—Procure a live, heavy lobster; put it in a pot of boiling water, with a handful of salt to it. When done and cold, take out all the meat carefully, putting the fat and coral on separate plates; cut the meat in small pieces, rub the coral to a paste; stir the fat in it, with a little salt, cayenne, chopped parsley, essence of anchovies, and salad-oil, or melted butter and lemon juice; cut the back of the lobster-shell in two, lengthwise; wash clean; stir the lobster and sauce well together; fill the shells; sprinkle bread-crumbs and a few bits of butter over the top; set in the oven until the crumbs are brown.

Stewed Lobster.—A middling-sized lobster is best; pick all the meat from the shells and mince it fine; season with a little salt, pepper, and grated nutmeg; add three or four spoonfuls of rich gravy and a small bit of butter. If you have no gravy, use more butter and two spoonfuls ol vinegar; stew about twenty minutes.

Lobster Salad, see Salads.

Lobster Croquettes, see Croquettes.

Lobster Sauce, see Sauces.

Lobster Patties.—Proceed as in oyster patties, but use the meat of a cold boiled lobster.

Terrapins.—Put the terrapins into a pot of boiling water, where they must remain until they are quite dead. You then divest them of their outer skin and toe-nails; and, after washing them in warm water, boil them again until they become quite tender, adding a handful of salt to the water. Having satisfied yourself of their being perfectly tender, take off the shells and clean the terrapins very carefully, removing the sandbag and gall without by any means breaking them. Then cut the meat into small pieces and put into a saucepan, adding the juice which has been given out in cutting them up, but *no water*, and season with salt, cayenne, and black pepper to your taste, adding a quarter of a pound of good butter for each terrapin and a handful ot flour for thickening. After stirring a short time, add four or five tablespoonfuls of cream, and a half pint of good Maderia to every four terrapins, and serve hot in a deep dish. A very little mace may be added and a large tablespoonful of mustard; just before serving, add the yelks of four hard-boiled eggs. During the stewing, particular attention must be paid to stirring the preparation frequently; and terrapins cannot possibly be served too hot.

Mock Terrapin.—Take half a calf's liver, season and fry it brown; chop it into dice, not too small; flour it thickly, and add a teaspoonful of mixed mustard, a little cayenne pepper, two hard-boiled eggs chopped fine, a lump of butter the size of an egg, and a teacupful of water. Let it boil a minute or two. Cold veal will do as well as liver.

Scalloped Crabs.—Put the crabs into a kettle of boiling water, and throw in a handful of salt. Boil from twenty minutes to half an hour. Take them from the water when done and pick out all the meat; be careful not to break the shell. To a pint of meat put a little salt and pepper; taste, and if not enough add more, a little at a time, till suited. Grate in a very little nutmeg, and add one spoonful of cracker or bread crumbs, two eggs well beaten, and two tablespoonfuls of butter (even full); stir all well together; wash the shells clean, and fill each shell full of the mixture; sprinkle crumbs over the top and moisten with butter, then bake until nicely browned on top.

Soft-shell Crabs.—Season with pepper and salt; roll in flour, then in egg, then in bread-crumbs, and fry in hot lard. Serve hot with rich condiments.

Stewed Clams.—Chop the clams and season with pepper and salt; put in a saucepan butter the size of an egg, and when melted add a teaspoonful of flour; add slowly the clam liquor and then the clams, and cook three minutes; then add half a pint of cream, and serve.

Deviled Clams.—Chop fifty clams very fine; take two tomatoes, one onion chopped equally fine, a little parsley, thyme, and sweet marjoram, a little salt, pepper, and bread-crumbs, adding the juice of the clams until the mixture is of the consistency of sausage; put it in the shells with a lump of butter on each; cover with bread-crumbs, and bake one-half hour.

Clam Chowder.—Forty-five clams chopped, one quart of sliced potatoes, one-half pint sliced onions. Cut a few slices salt pork, fry to a crisp, chop fine. Put in kettle a little fat

from the pork, a layer of potatoes, clams, onions, a little pep~
per and salt; another layer of chopped pork, potatoes, etc.,
until all are in.   Pour over all the juice of the clams. Cook
three hours, being careful not to burn.   Add a teacupful of
milk just before serving.

Scallops.—Wipe dry; dip separately into seasoned egg,
then into cracker dust, and fry in hot lard.

RECIPES INCIDENTAL TO FISH.

Bread Stuffing for Fish.—Take about half a pound of stale
bread and soak in water, and when soft press out the water;
add a very little chopped suet, pepper, salt, a large tablespoonful of onion minced and fried, and, if preferred, a little
minced parsley; cook a trifle, and after removing from the
fire add a beaten egg.

Bread Stuffing, No. 2.—Bread-crumbs with a little chopped
parsley and pork, salt, pepper, and butter.   Fill up the fish,
sew it closely, then bake.

Cleaning a Shad.—Scale and scrape it carefully; split it
down the back and remove the contents, reserving the roe
or melt.   Wash well and cook as desired.

Soaking Salt Fish.—Very salt fish should be soaked several
hours in three or four changes of warm water.   Place the
skin side up, so that salt crystals may fall away from the
under or meat side.   Wipe carefully and clean, then soak
for an hour in very cold water.

Fish in Season.—As a rule, fish are in best condition just
before they spawn, and many are so while they are full of
roe, as smelts, mackerel, and shad.   As soon as spawning is
over, they become unfit for food, some of them becoming
positively unwholesome.   In season, the flesh is firm and it
boils white; when it boils to a bluish hue, the fish are not
in season, or are stale.

IV.—POULTRY AND GAME.

POULTRY should invariably be selected young, plump, and well fed, but not too fat. If old and tough, fowls are never as savory when cooked as if they be young and tender. This applies especially to ducks and geese. The flesh of young fowls will be firm and fleshy to the touch, and heavy in proportion to their size; the skin should be clear, white, and finely grained, the toes pliable and easily broken when bent back, the end of the breast-bone also pliable. All kinds of poultry, turkeys especially, are improved by hanging a day or two, unless the weather should be exceedingly sultry. Dark-legged fowls are best for roasting, while the white-legged ones should be chosen for boiling.

In preparing fowls for boiling, some persons soak fowls an hour or two in skimmed-milk and then sew them in a floured cloth. This tends to preserve them of a nice color, but it may be dispensed with by carefully skimming them while over the fire.

In dressing poultry, care should be taken not to break the gall; a thorough cleansing in every part also is necessary. The hairs should be singed off with a well-lighted piece of paper, holding the fowl before a hot fire. All the pin-feathers should be carefully and entirely removed, as also the oil-bag at the end of the back. The legs should be cut off at the first joint next to the feet. The inside should be

61

washed and rinsed several times in cold water, after everything has been removed. Remove extra fat, as it tends to make the gravy greasy. The heart should be slit open and cleansed, also the gizzard, and both should be put by themselves to soak in water.

Roasted or broiled poultry of all kinds should be thoroughly cooked and handsomely browned. It is not easy to state exactly the time required for the different sorts to be well done. Experience and practice are the only sure guides.

RECIPES.

Roast Turkey.—A young turkey, weighing not more than eight or nine pounds, is the best. Wash and clean thoroughly, wiping dry, as moisture will spoil the stuffing. Take one small loaf of bread grated fine, rub into it a piece of butter the size of an egg, one small teaspoonful of pepper and one of salt; a sprinkling of sweet marjoram, summer savory, or sage, if liked. Rub all together, and fill the turkey, sewing up so that the stuffing cannot cook out. Always put the giblets under the side of the fowl, so they will not dry up. Rub salt, pepper, and butter on the outside; put into dripping-pan with one teacupful of water, basting often, turning the fowl till brown all over; bake about two hours; take out the giblets and chop fine. After taking out the turkey, put a large tablespoonful of flour into the pan and stir until brown. Put the giblets into a gravy-boat, and pour over them the gravy.

Boiled Turkey.—Stuff the turkey as for roasting. A very nice dressing is made by chopping half a pint of oysters and mixing them with bread-crumbs, butter, pepper, salt, thyme, and wet with milk or water. Baste about the turkey a thin cloth, the inside of which has been dredged with flour, and put it to boil in cold water with a teaspoonful of salt in it. Let a large turkey simmer for three hours; skim while boiling. Serve with oyster sauce, made by adding to a cupful of the liquor in which the turkey was boiled the same quantity of milk and eight oysters chopped fine; season with minced parsley; stir in a spoonful of rice or wheat flour wet with cold milk; a tablespoonful of butter. Boil up once and pour into a tureen.

Boned Turkey.—Boil a large turkey in as little water as possible until the meat falls from the bones; remove all the bones and skin; pick the meat into small pieces, and mix dark and light together; season with pepper and salt; put into a mold and pour over it the liquor, which must be kept warm, and press with a heavy weight.

Roast Chicken.—Having selected your chickens in view of the foregoing hints, proceed, in the matters of cleansing, filling, and preparing for the oven, precisely as directed in the case of roast turkey. As the roasting goes on, baste and turn as may be needful to secure a rich brown all over the fowls. Prepare the gravy as in the former case.

Stewed Chicken.—Clean and cut the chicken into joints; put it in a saucepan with the giblets; stew in just enough water to cover it until tender; season with pepper, salt, and butter; thicken with flour; boil up once and serve with the gravy poured over it.

Broiled Chicken.—Only young, tender chickens are nice broiled. After cleaning and washing them, split down the back, wipe dry, season with salt and pepper, and lay them inside down on a hot gridiron over a bed of bright coals. Broil until nicely browned and well cooked through, watching and turning to prevent burning. If chickens are large, steaming them for one-half hour before placing on the gridiron will better insure their being cooked through.

Fricasseed Chickens.—Cut them in pieces, and put in the stewpan with salt and pepper; add a little water, and let them boil half an hour; then thicken the gravy with flour; add butter and a little cream, if you have it. Catsup is an additional relish to the gravy.

Smothered Chicken.—Dress your chickens; wash and let them stand in water half an hour to make them white; cut them open at the back; put into a baking-pan, sprinkle salt and pepper over them, putting a lump of butter here and there; cover tightly with another pan the same size, and bake one hour; baste often with butter.

Fried Chicken.—Prepare the chicken as for stewing; dry it, season with salt and pepper, dredge with flour, and fry brown in hot butter or lard; take it out, drain, and serve with Challenge Sauce, or some other savory condiment, or pour into the gravy left in the frying-pan a cup of milk, thicken with flour, add a little butter, and season with Salpicant; boil once and pour over the chicken, or serve separately.

Chickens Fried with Rice.—Take two or three chickens, cut them up, and half fry them; then boil half a pint of rice in a quart of water, leaving the grains distinct, but not too dry; stir one large tablespoonful of butter in the rice while hot; let five eggs be well beaten into the rice, with a little salt, pepper, and nutmeg, if the last is liked; put the chickens into a deep dish, and cover with the rice; brown in an oven not too hot.

Chicken Pie.—Line the sides of a deep pie-dish with a good puff paste. Have your chicken cooked, as for a fricassee, seasoned with salt and pepper and a little chopped parsley. When they are nearly cooked, lay them in a pie-dish with half a pound of salt pork cut into small squares, and some of the paste also cut into half-inch pieces; pour in a part of the chicken gravy, thicken with a little flour, and cover the dish with the paste cover. Cut a hole the size of a dollar in the cover, and cover it with a piece of dough. When baking, remove this piece occasionally and examine the interior. Brush egg over the top crust of the pie, and bake in a quick oven. Should the pie become dry pour in more of the gravy. Pigeon pie or any other bird pie may be made by the above recipe.

Chicken Pot-pie.—Cut and joint a large chicken. Cover with water, and let it boil gently until tender. Season with salt and pepper, and thicken the gravy with two tablespoonfuls of flour mixed smooth in a piece of butter the size of an egg. Have ready nice, light bread dough; cut with a biscuit-cutter about an inch thick; drop this into the boiling gravy, having previously removed the chicken to a hot platter; cover, and let them boil from one-half to three-quarters of an hour. To ascertain whether they are done, stick them with a fork; if it comes out clean, they are done. Lay them on the platter with the chicken, pour over the gravy, and serve.

Pressed Chicken.—Boil three chickens until the meat comes off the bones; then, removing all bones, etc., chop, not very fine; add a piece of butter as large as an egg, salt and pepper to season well. Have about a pint of the broth, into which put one-half box gelatine until dissolved; then put back the chopped chicken and cook until the broth is evenly absorbed. Press under a weight in a pan until cold. Veal may be treated in a similar manner with very excellent results.

Jellied Chicken.—Boil a chicken in as little water as possible, until the meat falls from the bones; chop rather fine, and season with pepper and salt; put in a mold a layer of

5

the chopped meat, and then a layer of hard-boiled eggs cut in slices; then layers of meat and egg alternately until the mold is nearly full; boil down the liquor left in the pot one-half; while warm, add one-quarter of an ounce of gelatine, and when dissolved pour into the mold over the meat. Sit in a cool place over night to jelly.

Roast Goose and Duck.—A goose should always be parboiled, as it removes the rank taste and makes it more palatable. Clean, prepare, and roast the same as turkey, only adding to the force-meat a large onion chopped fine. Ducks do not require parboiling (unless very old), otherwise they are cooked the same as geese.

Canvas-back Duck.—Having picked, singed, and drawn it well, wipe it carefully, so as to have it clean without washing. Truss it, leaving the head on, to show its quality. Place it in a moderately hot oven for at least three-quarters of an hour; serve it hot, in its own gravy, on a large chafing-dish. Currant jelly should be on the table.

Roast Pigeons.—Clean, wash, and stuff the same as poultry; lay them in rows in a dripping-pan with a little water. Unless they are very fat, baste with butter until they are half done, afterward with their own gravy.

Roast Snipe.—Clean and truss, but do not stuff. Lay in rows in the dripping-pan, sprinkle with salt, and baste well with butter, then with butter and water. When they begin to brown, cut as many slices of bread as there are birds. Toast quickly, butter, and lay in the dripping-pan, a bird upon each. When the birds are done, serve upon the toast, with the gravy poured over it. The toast should lie under them while cooking at least five minutes, during which time the birds should be basted with melted butter seasoned with pepper. The largest snipe will not require above twenty minutes to roast. Or, dip an oyster in melted butter, then in bread-crumbs, seasoned with pepper and salt, and put in each bird before roasting. Small birds are especially delicious cooked in this way.

Roast Partridges, Pheasants, or Quails.—Pluck, singe, draw, and truss them ; season with salt and pepper; roast for about half an hour in a brisk oven, basting often with butter. When done, place on a dish together with bread-crumbs fried brown and arranged in small heaps. Gravy should be served separately in a tureen.

Quail on Toast.—Clean, wash, slit down the back, sprinkle with salt and pepper, and lay them on a gridiron, the inside down. Broil slowly ; when nicely browned, butter well. Serve with cream gravy on toast. Omitting the cream, gravy, and toast, you have the ordinary broiled quail. Pigeons, woodcock, and small birds may be broiled in the same manner, and are delicious and nourishing for invalids.

Fried Rabbit.—After the rabbit has been thoroughly cleaned and washed, put it into boiling water and let it boil for about ten minutes ; drain, and when cold, cut it into joints ; dip into beaten egg, and then into fine bread-crumbs, seasoned with salt and pepper. When all are ready, fry them in butter over a moderate fire fifteen minutes ; thicken the gravy with an ounce of butter and a small teaspoonful of flour. Serve hot.

Roast Rabbit.—Dress nicely and fill with a dressing made of bread-crumbs, a little onion, sage, pepper, and salt, and a small piece of butter ; tie a piece of salt pork over it ; put into a dripping-pan with a little water in a quick oven ; baste often ; serve with currant jelly.

Broiled Steaks of Venison.—Heat the gridiron, grease it well, lay on the steaks ; broil quickly, without scorching, turning them two or three times; season with salt and pepper. Have butter melted in a well-heated platter, into which lay steaks, hot from the gridiron, turning them over several times in the butter, and serve hot with currant jelly on each steak. It is well to set the platter into another containing boiling water.

Game or Poultry in Jelly.—Take a knuckle of veal weighing two pounds; a slice of lean ham; one shallot, minced; a sprig of thyme and one of parsley; six pepper-corns (white) and one teaspoonful of salt, with three pints of cold water. Boil all these together until the liquor is reduced to a pint; strain without squeezing, and set to cool until next day. It should then be a firm jelly. Take off every particle of fat. Then take one package gelatine, soaked in one cupful cold water for three hours; one tablespoonful of sugar; two table-spoonfuls strained lemon juice, and two tablespoonfuls of currant jelly, dissolved in cold water, and strained through a muslin cloth. Pour a quart of *boiling* water over the gela-tine, stir for a moment, add the jellied "stock," and when this is dissolved, add sugar, lemon juice, and coloring. Stir until all are mixed and melted together, and strain without shaking or squeezing through a flannel bag until quite clear. Have ready several hard-boiled eggs, and the remains of roast game, roast or boiled poultry, cut in neat, thin slices, and salted slightly. Wet a mold with cold water, and when the jelly begins to harden, pour some in the bottom. Cut the whites of the eggs in pretty shapes—stars, flowers, rings, leaves—with a keen penknife, and arrange these on the lowest stratum of jelly, which should be thin, that the forms may be visible. Add more jelly, and on this lay slices of meat, close together. More jelly, and proceed in this order until the mold is full. Set in a cool place to harden, and then turn out upon a flat dish. A mold with smooth, upright sides, is best for this purpose.

RECIPES INCIDENTAL TO POULTRY, GAME, ETC.

Gravy for Poultry.—Boil the giblets very tender; chop fine; then take the liquor in which they are boiled, thicken with flour; season with salt, pepper, and a little butter; add the giblets and dripping in which the turkey was roasted.

Plain Stuffing.—Take stale bread, cut off all the crust, rub very fine, and pour over it as much melted butter as will make it crumble in your hands; salt and pepper to taste. See also under " Roast Turkey."

Potato Stuffing.—Take two-thirds bread and one-third boiled potatoes grated, butter size of an egg, pepper, salt, one egg; mix thoroughly.

Oyster Stuffing.—By substituting oysters for potatoes in the above, you have oyster filling. See also under " Boiled Turkey."

Stuffing for Boiled Chicken.—One cupful of bread-crumbs, one tablespoonful of butter, one egg, half a teaspoonful of salt, and one tablespoonful of sweet marjoram. Mix well; stuff and sew in.

Capons.—Young male fowls, prepared by early gelding, and then nicely fattened, are the finest delicacies in the poultry line. They may be known by a small head, pale comb, which is short and withered, the neck feathers longer than usual, smooth legs, and soft, short spurs. They are cooked as ordinary chickens.

Keeping Game.—Game is rendered more tender, and its flavor is improved by keeping. If wrapped in a cloth saturated with equal parts of pyroligneous acid and water, it will keep many days. If in danger of tainting, clean, rub well with salt, and plunge into boiling water, letting it run through them for five minutes; then hang in a cold place. If tainted, put them in new milk over night. Always hang them up by the neck.

V.—MEATS.

I.—BEEF.

HOW TO SELECT BEEF; CHOICE ROASTING PIECES, STEAKS, BOIL-ING PIECES, SOUP PIECES, ETC. HOW TO ROAST, BROIL, AND BOIL BEEF. NINETEEN RECIPES FOR COOKING BEEF.

GOOD beef may be known by its color. That of a deep, healthy red, fine, smooth, open grain, veined with white, being the best. The fat should be oily, smooth, and inclined to white, rather than yellow, as yellow fat is a sure sign of inferior quality.

The sixth, seventh, and eighth ribs and the sirloin are considered the choicest cuts for roasting. The inside of the sirloin and the rump are the most tender for steaks, though here is a point where individual taste may be exercised. By some epicures what is known as the pin-bone steak is regarded as superior to any other. The round, buttock, shin, or brisket may be boiled or stewed. The neck or shoulder is generally used for soups, gravy, etc.

In roasting beef it is necessary to have a brisk fire. The roast must be well seasoned with salt and pepper and dredged with flour. Baste it frequently. About fifteen minutes is required for roasting every pound of beef.

To broil meats well, have the gridiron hot and the bars well greased before putting on the meat.

In boiling beef, or indeed any fresh meat, plunge it into boiling water, that the outer parts may contract, and so retain the internal juices. Salt meats should be put on in cold water, that the salt may be extracted in the cooking. In boiling meats, it is important to keep the water constantly

70

boiling, otherwise the meat will absorb the water. Be careful to add boiling water only, if more is needed. Cold water will check the process of cooking and spoil the flavor. Remove the scum as soon as the boiling commences. Allow about twenty minutes boiling for each pound of fresh meat, and from one-half to three-quarters of an hour for all salt meats, except ham, which requires but fifteen minutes to the pound. The more gently all meats boil the more tender they will be. Slow boiling makes meat far better.

RECIPES.

Roast Beef.—The best roasting-pieces are the middle ribs and the sirloin. The ends of the ribs should be removed from the flank, and the latter folded under the beef and securely fastened with skewers. Rub a little salt into the fat part; place the meat in the dripping-pan with a pint of stock or water; baste freely, and dredge with flour half an hour before taking the joint from the oven. Should the oven be very hot, place a buttered paper over the meat to prevent it scorching while yet raw. When the paper is used it will need very little basting. Or, turn the rib side up toward the fire for the first twenty minutes. The time it will take in cooking depends upon the thickness of the joint and the length of time the animal has been killed. Skim the fat from the gravy and add a tablespoonful of prepared brown flour to the remainder.

Roast Beef with Yorkshire Pudding.—Take a large rib roast; rub salt and pepper over it, and dredge with flour. Place on a rack in a dripping-pan, with very little water, until it is heated thoroughly; baste frequently. When nicely browned on the upper side, turn and baste. About three-quarters of an hour before it is done, take out the meat, pour off most of the dripping, put the batter for the pudding in the bottom of the pan, allowing the drippings from the beef to drop into it. When the pudding is done, return the meat and finish roasting. Add some hot water to the dripping and thicken with flour for the gravy.

For the batter of this pudding, take half a cup of butter, three cups of flour, three eggs, one cup of milk, and two teaspoonfuls of baking powder.

Beef a la Mode.—Take a round of fresh beef, extract the bone, and take away the fat. For a round weighing ten pounds, make a seasoning or stuffing as follows: Half a pound of beef suet; half a pound of grated bread-crumbs; the crumbled yelks of three hard-boiled eggs; a little bundle of sweet marjoram, the leaves chopped; another of sweet basil; four onions minced small; a large tablespoonful of mixed mace and nutmeg powdered. Season lightly with salt and cayenne. Stuff this mixture into the place from whence you took out the bone. Make a number of deep cuts about the meat, and stuff them also. Skewer the meat into a favorable shape, and secure its form by tying it round with tape. Put it into a tin bakepan, and pour over it a pint of port wine. Put on the lid, and bake the beef slowly for five or six hours, or till it is thoroughly done. If the meat is to be eaten hot, skim all the fat from the gravy, into which, after it is taken off the fire, stir in the beaten yelks of two eggs. Minced oysters may be substituted for onions.

Spiced Beef.—Boil a shin of beef weighing ten or twelve pounds, until the meat falls readily from the bones. Pick the meat to pieces, and mash the gristle very fine, rejecting all parts that are too hard to mash. Set away the liquor in which the beef has boiled till it is cold; then take off all the fat. Boil the liquor down to a pint and a half. Roll a dozen crackers very fine, and add them to the meat. Then return the meat to the liquor, and heat it all. Add salt and pepper to taste, half a teaspoonful of cloves, half a teaspoonful of cinnamon, half a teaspoonful or parsley chopped fine, and a little powdered nutmeg. Let it boil up once, and put into a mold or deep dish, with a weight adjusted to press it down. When it is entirely cold, cut into thin slices.

Savory Beef.—Take a shin of beef from the hind-quarter, saw it into four pieces, put it into a pot, and boil it until the meat and gristle drop from the bones ; chop the meat very fine, put it in a dish, and season it with a little salt, pepper, clove, and sage, to your taste ; pour in the liquor in which the meat was boiled, and place it away to harden. Cut in slices and eat cold.

Minced Beef.—Cut cold roast beef into thin slices ; put some of the gravy into a stewpan, a bit of butter rolled in flour, pepper and salt, and boil it up Add a little catsup, and put in the minced slices, and heat them through, but do not let it boil. Put small slices of toast in the dish, and cover with the meat.

Deviled Beef.—Take slices of cold roast beef, lay them on hot coals, and broil ; season with pepper and salt, and serve while hot, with a small lump of butter on each piece.

Curried Beef.—Take about two ounces of butter and place them in a saucepan with two small onions cut up into slices, and let them fry till they are of a light brown ; then add a tablespoonful and a half of curry powder, and mix it up well. Now cut up the beef into pieces about an inch square ; pour in from a quarter to a third of a pint of milk, and let it simmer for thirty minutes ; then take it off and place it in a dish with a little lemon juice. While cooking stir constantly, to prevent burning. Send it to table with a wall of mashed potatoes or rice around it.

Beef Hash.—Chop fine cold steak or roast beef, and cook in a little water ; add cream or milk, and thicken with flour ; season to taste, and pour over thin slices of toast.

Beef Stew.—Cut cold beef into small pieces, and put into cold water; add one tómato, a little onion, chopped fine; pepper and salt, and cook slowly; thicken with butter and flour, and pour over toast.

Boiled Corned Beef.—Put four or five pounds of lean corned meat into a pot with plenty of water. The water should be hot. The same care should be taken in skimming as for fresh meat. Allow half an hour for every pound of meat after it has begun to boil. The excellence of corned beef depends very much upon its being boiled gently and long. If it is to be eaten cold, lay it, when boiled, into a coarse earthen dish or pan, and over it a clean board about the size of the meat; upon this put a heavy weight. Salt meat is much improved by pressing.

Stewed Shin of Beef.—Wash, and set it on to stew in sufficient cold water to keep it just covered until done. When it boils, take off the scum, and put an ounce and a quarter of salt to the gallon of water. It is usual to add a few cloves and some black pepper, slightly bruised and tied up loosely in a fold of muslin, two or more onions, a root of celery, a bunch of savory herbs, four or five carrots, and as many turnips, either whole or sliced; if to be served with the meat, the last two will require a little more than the ordinary time of boiling, but otherwise they may be simmered with the meat from the beginning. Give the beef from four to five hours' gentle stewing, and serve it with part of its own liquor thickened and flavored, or quite plain.

Boiled Tongue.—Soak the tongue over night, then boil four or five hours. Peel off the outer skin and return it to the water in which it was boiled to cool. This will render it juicy and tender.

Baked Heart.—Wash carefully and stuff nicely; roast or bake and serve with gravy, which should be thickened with some of the stuffing. It is very nice hashed, with a little port wine added.

Broiled Beefsteak.—Have the choice steaks cut three-quarters of an inch thick; grease the gridiron and have it well heated. Put the steak over a hot; clear fire. When the steak is colored, turn it over, which must be done without sticking a fork into it and thus letting out the juice. It should be quite rare or pink in the centre, but not raw. When cooked sufficiently, lay on a hot platter and season with pepper and salt; spread over the top some small bits of butter, and serve immediately. Salt extracts the juices of meats in cooking. Steaks ought not to be salted until they have been broiled.

Beefsteak with Onions.—Take a nice rumpsteak, and pound it with a rolling-pin until it is quite tender; flour and season; put it into a frying-pan with hot lard and fry it. When well browned on both sides, take it up and dredge with flour. Have about two dozen onions ready boiled; strain them in a colander and put them in a frying-pan, seasoning with pepper and salt; dredge in a little flour, and add a small lump of butter; place the pan over the fire and stir the onions frequently, to prevent their scorching. When they are soft and a little brown, return the steak to the pan, and heat all together. Place the steak on a large dish, pour the onions and gravy over it, and send to the table hot.

Beefsteak and Tomatoes.—Stew a dozen good-sized tomatoes one hour, with salt and pepper. Then put in a pound of tender beefsteak, cut in small pieces, and boil fifteen minutes longer. Lay buttered toast in a deep dish, pour on the steak and tomato, and you have a most relishing and healthful dish.

Stuffed Beefsteak.—Take a rump steak about an inch thick. Make a stuffing of bread and herbs, and spread it over the steak. Roll it up, and with a needle and coarse thread sew it together. Lay it in an iron pot on one or two wooden skewers, and put in water just sufficient to cover it. Let it stew slowly for two hours—longer if the beef is tough; serve it in a dish with the gravy turned over it. To be carved crosswise, in slices, through beef and stuffing.

Beefsteak Pudding.—Prepare a good suet crust, and line a cake tin with it; put in layers of steak, with onions, tomatoes and mushrooms chopped, a seasoning of pepper, salt, and cayenne, and half a teacupful of water before closing it. Bake from an hour and a half to two hours, and serve hot.

II.—VEAL.

CHOOSING VEAL, FOR ROASTING, FOR STEWING; THE HEAD, FEET, KIDNEYS, SWEET-BREADS, ETC.; GENERAL USEFULNESS. TWENTY-ONE RECIPES FOR COOKING VEAL.

VEAL should be fat, finely grained, white, firm, and not overgrown. When large, it is apt to be coarse and tough, and if too young, it lacks flavor and is less wholesome. it is more difficult to keep than any meat except pork, and should never be allowed to acquire the slightest taint before it is dressed.

The fillet, the loin, the shoulder, and the best end of the neck, are the parts preferred for roasting; the breast and knuckle are more usually stewed or boiled. The head and feet of the calf are valuable articles of food, both for the nutriment which the gelatinous parts of them afford, and for the greater variety of modes in which they may be dressed. The kidneys, with the rich fat that surrounds them, and the sweet-breads especially, are well-known delicacies; the liver and the heart also are very good eating; and no meat is so generally useful for rich soups and gravies as veal.

The best veal is from calves not less than four, or more than six weeks old. If younger it is not wholesome. If older its character begins to change materially from the calf's use of grasses and other food.

RECIPES.

Roast Veal.—Take a loin or fillet of veal; make a stuffing as for roast turkey; fill the flat with the stuffing, and sew it firmly to the loin; rub the veal with salt, pepper, and flour, and put it into a pan with a little water. While roasting, baste frequently, letting it cook until thoroughly done. Allow two hours for a roast weighing from six to eight pounds. When done, remove the threads before sending to the table; thicken the gravy with a little flour. Veal should be rather overdone.

Pot-roasted Fillet.—Remove the bone and fill the cavity with a force-meat made of bread-crumbs, a very little salt, pork chopped fine, sage, pepper, salt, and ground cloves. Lay in the pot a layer of slices of salt pork; put in the fillet, fastened with skewers, cover with additional pork, pour over it a pint of good stock, cover down close, and let it cook slowly two or three hours; then take off the cover and let it brown. Serve hot.

Boiled Fillet.—A small and delicately white fillet should be selected for this purpose. Bind it round with tape, after having washed it thoroughly; cover it well with cold water, and bring it gently to a boil; clear off carefully the scum as it rises, and be very cautious not to allow the water to become smoked. Let the meat be *gently simmered* for three hours and a half to four and a half, according to its weight. Send it to table with rich white sauce.

Veal Stew.—Cut four or five pounds of veal into strips; peel a dozen large potatoes, and cut them into slices; place a layer of sliced salt pork with salt, pepper, sage, and onion on the bottom of the pot, then a layer of potatoes, then a layer of the veal nicely seasoned. Use up the veal thus. Over the last layer of veal put a layer of the pork, and over the whole a layer of potatoes. Pour in water till it covers the whole; cover the pot closely; heat it rapidly for a few minutes, and then let it simmer two hours.

Veal Hash.—Take a teacupful of boiling water in a saucepan, stir into it an even teaspoonful of flour wet in a tablespoonful of cold water, and let it boil five minutes; add one-half teaspoonful of black pepper, as much salt, and two tablespoonfuls of butter, and let it keep hot, but not boil. Chop the veal fine and mix with half as much stale breadcrumbs. Put into a pan and pour the gravy over it, then let it simmer ten minutes. Serve this on buttered toast.

Veal Pie.—Line a pudding-dish with good pie crust; into this put a layer of veal cut into small slices from the neck, or other less valuable part; make a second layer of hard-boiled eggs sliced thin; butter and pepper this layer. Add a layer of sliced ham, or salt pork, squeezing a few drops of lemon juice on the ham. Add more veal, as before, with eggs, ham, etc., till the dish is nearly full. Pour over a cupful of stock and cover with a stout crust. Bake in a moderate oven for two hours.

Veal Pot Pie.—Make a crust of a dozen mashed potatoes, two tablespoonfuls of butter, half a teacup of milk or cream, a little salt, and flour enough to stiffen it nicely. Fry half a dozen slices of salt pork, then cut up the veal and boil these together, in but little water, till the veal is almost done. Peel and slice a dozen potatoes quite thin, and roll the dough about half an inch thick and cut it into strips. Now build in your pot a layer of crust, meat, potatoes; then sprinkle with salt and pepper. Then another set of layers, and top off with crust. Pour on the liquor in which the meat was cooked, and let all simmer for half an hour, or until the top crust is cooked. Brown the crust by holding over it a red-hot shovel.

Veal Loaf.—Take a piece of butter the size of an egg, three pounds of raw veal, one heaping teaspoonful of salt, one of pepper, and two raw eggs. Chop the veal fine and mix all together, and put in about two tablespoonfuls of water. Mold this into a loaf, then roll it in eight tablespoonfuls of rolled crackers, and pour over it three tablespoonfuls of melted butter; place in a pan and bake two hours. To be sliced off when cold, and served at luncheon or tea.

Veal with Oysters.—Cut the veal in small, thin slices, place it in layers in a jar with salt, pepper, and oysters. Pour in the liquor of the oysters, set the jar in a kettle of boiling water, and let it stew till the meat becomes very tender.

Veal with Rice.—Pour over a small knuckle of veal rather more than sufficient water to cover it; bring it slowly to a boil; take off all the scum with great care; throw in a teaspoonful of salt, and when the joint has simmered for about half an hour, throw in from eight to twelve ounces of well-washed rice, and stew the veal gently for an hour and a half longer, or until both the meat and rice are perfectly tender. A seasoning of cayenne and mace in fine powder, with more salt, should it be required, must be added twenty or thirty minutes before they are served. For a superior stew, good veal broth may be substituted for the water.

Veal with Peas.—A quart or more of full-grown green peas, instead of rice, added to the veal, prepared as above, as soon as the scum has been cleared off, will make a most excellent stew. It should be well seasoned with white pepper, and the mace should be omitted.

Cutlets in Cracker.—Pound the cutlet and season, cut the edges into good shape; take one egg, beat it a little, roll the cutlet in it, then cover thoroughly with rolled crackers.

Have a lump of butter and lard mixed hot in your skillet; put in the meat and cook slowly. When nicely browned stir in one spoonful of flour for the gravy; add half a pint of sweet milk, and let it come to a boil. Salt and pepper.

Cutlets, Broiled.—Trim evenly; sprinkle salt and pepper on both sides; dip in melted butter, and place upon the gridiron over a clear fire; baste while broiling with melted butter, turn over three or four times; serve with melted butter, or tomato sauce.

Pressed Veal.—Put four pounds of veal in a pot; cover with water; stew slowly until the meat drops from the bone, then take out and chop fine; let the liquor boil down until there is a cupful; put in a small cupful of butter, a tablespoonful of pepper, a little allspice, and a beaten egg; stir this through the meat; slice a hard-boiled egg; lay in a mold, and press in the meat; when put upon the table garnish with celery tops or parsley.

Minced Veal.—Heat a cupful of well-thickened gravy to a boil; add two tablespoonfuls of cream or rich milk, one tablespoonful of butter, pepper and salt, parsley to taste, a small onion, and three eggs well beaten. When these are stirred in, add the cold minced meat, salted and peppered. Let it heat thoroughly, but not boil.

Veal Scallops.—Mince the meat very small, and set it over the fire; season with grated nutmeg, pepper and salt, and a little cream. Then put it into scallop-shells, and cover with crumbs of bread, over which put bits of butter, and brown at a quick fire. Serve hot, with catsup or mushroom sauce.

Calf's Liver or Heart.—Cut the liver in slices, plunge into boiling water for an instant, wipe dry, season with pepper and salt, dredge with flour, and fry brown in lard. Have it perfectly done. Serve in gravy, made with either milk or water. Calf's heart dressed in this way is also very palatable.

Broiled Sweet-breads.—Parboil and blanch the sweet-breads by putting them first into hot water and keeping it at a hard boil for five minutes, then plunging it into ice-cold water somewhat salted. Allow them to lie in this ten minutes, wipe them very dry, and with a sharp knife split in half, lengthwise. Broil over a clear, hot fire, turning whenever they begin to drip. Have ready upon a deep plate melted butter, well salted and peppered, mixed with catsup or Challenge sauce. When the sweet-breads are done to a fine brown lay them in this preparation, turning them over several times ; cover and set them in a warm oven. Serve on fried bread or toast in a chafing-dish, a piece of sweet-bread on each. Pour on the hot butter and send to table.

Stewed Sweet-breads.—Parboil, blanch, and cut into small pieces ; boil fifteen minutes in milk ; stir into this chopped parsley, a little butter, and cornstarch to thicken. Serve hot.

Broiled Kidneys.—Skin the kidneys carefully, but do not slice or split them. Lay for ten minutes in warm (not hot) melted butter, rolling them over and over, that every part may be well basted. Broil on a gridiron over a clear fire, turning them every minute. Unless very large, they should be done in about twelve minutes. Sprinkle with salt and pepper, and lay on a hot dish, with butter upon each.

Calf's Tongue.—Of all the tongue preparations, calf's tongue is regarded as best. To pickle them, use for each a quarter pound of salt, one ounce of saltpetre, and a quarter pound of sugar. Rub the tongues daily with this, allowing them to lie in pickle for two weeks, after which they will be ready for smoking or boiling. If used without smoking, they require no soaking, but should simmer several hours till perfectly done, when the skin will peel off readily. If soaking is needed, lay them first in cold water and then in tepid water for two hours each; then boil till done.

6

III.—MUTTON AND LAMB.

CHOOSING. MUTTON AND LAMB, FOR ROASTING, FOR BOILING;
CUTLETS, SUITABLE VEGETABLES, ETC.   THIRTEEN RECIPES FOR
MUTTON AND LAMB.

THE best mutton is small-boned, plump, finely grained, and short legged; the lean of a dark, rather than of a bright hue, and the fat white and clear; when this is yellow, the meat is rank, and of bad quality. The leg and the loin are the desirable joints; and the preference would probably be given to the latter, but for the superabundance· of its fat, which renders it a somewhat wasteful part.

The parts for roasting are the shoulder, saddle, or chine, the loin, and haunch. The leg is best boiled, unless the mutton is young and very tender. The neck is sometimes roasted, but it is more generally boiled; the scrag, or that part of it which joins the head, is seldom used for any other purpose than making broth, and should be taken off before the joint is dressed. Cutlets from the thick end of the loin are commonly preferred, but they are frequently taken from the best end of the neck and from the middle of the leg.

Lamb should be eaten very fresh. In the fore-quarter, the vein in the neck should be blue, otherwise it is stale. In the hind-quarter the fat of the kidney will have a slight odor if not quite fresh. Lamb soon loses its firmness if stale.

New potatoes, asparagus, green peas, and spinach, are the vegetables to be eaten with roast lamb.

RECIPES.

Roast Mutton.—Wash the meat well, sprinkle with pepper and salt, dredge with flour, and put in the dripping-pan, with a little water in the bottom. Baste often with the drippings, skim the gravy well, and thicken with flour.

Boiled Leg of Mutton.—Cut off the shank-bone, trim the knuckle, and wash the mutton; put it into a pot with salt, and cover with boiling water. Allow it to boil a few minutes; skim the surface clean, draw your pot to the side of the fire, and simmer until done. Time, from two to two hours and a half. Do not *try* the leg with a fork to determine whether it is done. You lose the juices of the meat by so doing. Serve with caper sauce, or drawn butter, well seasoned. The liquor from this boiling may be converted into soup with the addition of a ham-bone and a few vegetables boiled together.

Mutton Dressed like Venison.—Skin and bone a loin of mutton, and lay it into a stewpan with a pint of water, a large onion stuck with a dozen cloves, half a pint of port wine, and a spoonful of vinegar; add, when it boils, a little thyme and parsley, and some pepper and salt; let it stew three hours, and turn it often. Make some gravy of the bones, and add it at intervals to the mutton.

Broiled Mutton Chops.—Trim off a portion of the fat, or the whole of it, unless it be liked; heat the gridiron, rub it with a bit of the mutton suet, broil over a brisk fire, and turn often until they are done, which, for the generality of eaters, will be in about eight minutes, if the chops are not more than half an inch thick, which they should not be. Add salt and pepper with melted butter, and serve on a hot plate.

Mutton and Green Peas.—Select a breast of mutton not too fat, cut it into small, square pieces, dredge it with flour, and fry to a fine brown in butter; add pepper and salt, cover it with water, and set it over a slow fire to stew, until the meat is perfectly tender. Take out the meat, skim off all the fat from the gravy, and just before serving add a quart of young peas, previously boiled with the strained gravy, and let the whole boil gently until the peas are entirely done.

Irish Stew.—Blanch three pounds of mutton chops by dipping them first in boiling water, for two or three minutes, and then into ice-cold water. Place them on the bottom of a clean stewpan, barely covering them with cold water. Bring them slowly to a boil; add one teaspoonful of salt; skim clean; add a little parsley, mace, and a few peppercorns. Simmer twenty minutes; add a dozen small onions whole, and two tablespoonfuls of flour mixed well with cold water. Let it simmer for an hour; add a dozen potatoes pared and cut to about the size of the onions. Boil till these are done; then dish, placing the chops around the edge of the plate, and pouring the onions and potatoes into the centre. Strain the gravy, add three tablespoonfuls of chopped parsley, and pour over the stew.

Boiled Leg of Lamb.—Choose a ewe leg, as there is more fat on it; saw off the knuckle, trim off the flap, and the thick skin on the back of it; soak in warm water for three hours, then boil gently (time according to size). Serve with oyster sauce. (See Sauces.)

Roast Lamb.—Wash well, season with pepper and salt, put in the dripping-pan with a little water. Baste often with the dripping; skim the gravy well and thicken with flour.

Lamb Stewed in Butter.—Select a nice loin, wash well, and wipe very dry; skewer down the flap, and lay it in a close-shutting and thick stewpan, or saucepan, in which three ounces of good butter have been just dissolved, but not allowed to boil; let it simmer slowly over a very gentle fire for two hours and a quarter, and turn it when it is rather more than half done. Lift it out, skim, and pour the gravy over it; send to table with brown gravy, mint sauce, and a salad.

Saddle of Lamb.—This is a dainty joint for a small party. Sprinkle a little salt over it, and set it in the dripping-pan, with a few small pieces of butter on the meat; baste it occasionally with tried-out lamb-fat; dredge a little flour over it a few minutes before taking from the oven. Serve with currant jelly and a few choice early vegetables. Mint-sauce may be served with the joint, but in a very mild form. (See Sauces.)

Broiled Lamb Chops.—Trim off most of the fat; broil over a brisk fire, turning frequently until the chops are nicely browned. Season with pepper and salt, and baste with hot butter. Serve on a buttered dish.

Breaded Lamb Chops.—Grate plenty of stale bread, season with salt and pepper, have ready some well-beaten egg, have a spider with hot lard ready, take the chops one by one, dip into the egg, then into the bread-crumbs; repeat it, as this will be found an improvement; then lay the chops separately into the boiling lard, fry brown, and then turn. To be eaten with currant jelly.

Lamb Steaks, Fried.—Dip each steak into well-beaten egg, cover with bread-crumbs or corn-meal, and fry in butter or new lard. Mashed potatoes and boiled rice are a necessary accompaniment. The gravy may be thickened with flour and butter, adding a little lemon juice; pour this hot upon the steaks, and place the rice in spoonfuls around the dish to garnish it.

IV.—PORK.

PORK REQUIRES CAREFUL CHOOSING; NEEDS THOROUGH COOK-
ING. NINETEEN RECIPES FOR COOKING PORK.

PORK, more than any other meat, requires to be chosen with the greatest care. The pig, from its gluttonous habits, is particularly liable to disease, and if killed and eaten when in an unhealthy condition, those who partake of it will probably pay dearly for their indulgence. Dairy-fed pork is the best.

If this meat be not thoroughly well-done, it is disgusting to the sight and poisonous to the stomach. " In the gravy of pork, if there is the least tint of redness," says an eminent medical authority, " it is enough to appall the sharpest appetite. Other meats under-done may be unpleasant, but pork is absolutely uneatable."

RECIPES.

Roast Pig.—A fat pig about three weeks old is best for a roast. Wash it thoroughly inside and out; chop the liver fine with bread-crumbs, onions, parsley, pepper, salt, and potatoes boiled and mashed; make it into a paste with butter and egg. Put this stuffing into the pig and sew it up; put in a baking-pan with a little water and roast over a bright fire, basting well with butter; rub frequently also with a piece of lard tied in a clean rag. When thoroughly done, lay the pig, back up, in a dish, and put a red apple or pickled-mango in its mouth. Make a dressing with some of the stuffing, with a glass of wine and some of the dripping. Serve with the roast 'pig, and also in a gravy-boat.

Roast Pork.—Choose for roasting, the loin, the leg, the saddle, the fillet, the shoulder, or the spare-rib. The loin of young pork is roasted with the skin on, and this should be scored in regular strips of about a quarter inch wide before the joints are laid to the fire. The skin of the leg also should be cut through in the same manner. This will prevent blistering, and render it more easy to carve. In beginning the roasting the meat should be placed at some distance from the fire, in order that it may be heated through before the skin hardens. The basting should be constant. The cooking must be thorough and the meat well-browned before removed from the fire.

Roast Spare-rib.—Spare-rib should be well rubbed with salt and pepper before it is roasted. If large and thick, it will require two or three hours to roast; a very thin piece may be roasted in an hour. Lay the thick end to the fire. When you put it down to roast, dust on some flour, and baste with a little butter. The shoulder, loin, and chine are roasted in the same manner.

Leg of Pork Roasted.—Parboil a leg of pork, take off the skin, and then roast; baste with butter, and make a savory powder of finely minced or dried or powdered sage, ground black pepper, salt, and some bread-crumbs rubbed together through a colander; add to this a little very finely minced onion; sprinkle the meat with this when it is almost done; put a half pint of gravy into the dish.

Baked Pork Tenderloins.—Split the tenderloin lengthwise nearly through; stuff with a filling of bread-crumbs, pepper, salt, and sweet marjoram. Tie a string around it, to keep the filling in, and bake in a hot oven for half an hour, basting well as the cooking proceeds.

Pork Cutlets.—Cut them about half an inch thick from a delicate loin of pork, trim into neat form, and take off part of the fat, or the whole of it when it is not liked; dredge a little pepper or cayenne upon them, and broil (or fry) over a clear and moderate fire from fifteen to eighteen minutes, sprinkle a little fine salt upon them just before they are dished. They may be dipped into egg and then into bread-crumbs mixed with minced sage, then finished in the usual way. When fried, flour them well, and season with salt and pepper. Serve with gravy made in the pan.

Boiled Ham.—The soaking which must be given to a ham before it is boiled depends both on the manner in which it has been cured and on its age. If highly salted, hard, and old, a day and night, or even longer, may be requisite to open the pores sufficiently and to extract a portion of the salt. The water must be several times changed during the steeping. After the ham has been scraped or brushed as clean as possible, pare away lightly any part which may be blackened or rusty.   Lay it into a suitable kettle and cover it plentifully with cold water; bring it *very slowly* to boil, and clear off the scum, which will be thrown up in great abundance So soon as the water has been cleared from this, draw the pot to the edge of the stove, that the ham may be simmered slowly but steadily, until it is tender.   On no account allow it to boil fast.   When it can be probed very easily with a sharp skewer, lift it out, strip off the skin, and return the ham to the water to cool.

Baked Ham.—A ham of sixteen pounds must be boiled three hours, then skin and rub in half a pound of brown sugar, cover with bread-crumbs, and bake well for two hours.

Glazed Ham.—Take a cold-boiled ham from which the skin has been removed, and brush it well all over with beaten egg.   To a cup of powdered cracker allow enough rich milk or cream to make into a thick paste, salt it, and work in a teaspoonful of melted butter.   Spread this evenly, a quarter of an inch thick, over the ham, and set to brown in a moderate oven.

Ham and Eggs.—Cut the ham in very thin slices, and fry long enough to cook the fat, but not long enough to crisp the lean.   A very little boiling water may be put into the frying-pan to secure the ham moist and tender.   Remove the ham when it is done, break eggs gently into the pan, without breaking the yelks, and fry till done, about three minutes.   The eggs will not require to be turned.   Cut off the uneaven edges, place the eggs around the ham, and pour in the gravy.

Ham or Tongue Toast.—Toast a thick slice of bread and butter it on both sides.   Take a small quantity of remains of ham or tongue, grate it, and put it in a stewpan with two hard-boiled eggs chopped fine, and mixed with a little butter, salt, and cayenne; heat it quite hot, then spread thickly upon the buttered toast. Serve while hot.

Broiled Salt Pork.—Cut the pork in thin slices. Put a little water in the pan, and when it has boiled three minutes pour it off; dredge the pork with flour and brown it.

Bacon Broiled or Fried.—Cut evenly into thin slices, or *rashers;* pare from them all rind and rust; curl them round; fasten them with small, slight skewers, then gently fry, broil, or toast them; draw out the skewers before they are sent to table. A few minutes will dress them either way. They may be cooked without being curled. The slow cooking is necessary that the meat may be well done without being dried or hardened.

Fried Sausage.—Sausages should be used while quite fresh. Melt a piece of butter or dripping in a clean frying-pan; when just melted, put in the sausages, shake the pan for a minute, and keep turning them; do not break or prick them; fry them over a very slow fire till they are nicely browned; when done, lay them on a hair-sieve before the fire to drain the fat from them. The secret of cooking sausages well is to let them heat very gradually. If so done the skins will not burst if they are fresh. The common practice of pricking them lets the gravy out, which is undesirable.

Baked Sausages.—The most wholesome way to cook sausages is to bake them. Place them in a baking-pan in a single layer, and bake in a moderate oven; turn them over when half done, that they may be equally browned. Serve with pieces of toast between them, having cut the toast about the same size as the sausage, and moistened it with a little of the sausage fat.

Sausage Meat.—Many prefer to use sausage meat in bulk.

Small portions of the meat should be packed lightly together and fried slowly until nicely browned. When done, drain through a hair-sieve. Do not pack hard. It will make the sausages tough.

Scrappel.—Boil a hog's head one day, and let it stand five or six hours, or all night. Slip out the bones and chop fine; then return the meat to the liquor; skim when cold; warm and season freely with pepper, salt, sage, and sweet herbs. Add two cupfuls of buckwheat-meal and one cupful of corn-meal. Put into molds, and when cold cut into slices and fry for breakfast.

Boiled Pork.—The shoulder or leg are regarded as the most economical pieces for boiling. They should be well salted first, by about ten days' pickling. Boil precisely as ham is boiled, but not for so long a time, about three hours sufficing to thoroughly cook an ordinary sized leg of pork. After it has come to the boiling point, let the process proceed slowly as possible. Peel off the skin when done and spot the surface with dashes of red and black pepper, or with allspice, or garnish with parsley.

Souse.—Pigs' feet and ears may be soused by cleaning thoroughly, soaking in salt and water several days, and then boiling till the bones can be picked out with ease and the skin peeled off. Cover the meat and gelatinous substance with boiling vinegar, highly spiced with peppercorns and mace. This may be eaten cold or the meat may be fried after dipping in egg and cracker.

Pig's head may be prepared the same way, the meat being chopped fine and mixed with pounded crackers. Mix with herbs, spices, salt, and pepper to taste, and a small quantity of vinegar. Press into a mold, or a jar, and cut in slices. To be eaten cold.

VI.—VEGETABLES.

VEGETABLES SHOULD BE FRESH—HOW TO WASH AND PRESERVE—
HOW TO COOK WELL, AND IMPORTANCE OF SO DOING—SUITABLE
POTS FOR COOKING VEGETABLES—VEGETABLES SUITABLE TO
CERTAIN MEATS. FIFTY-FIVE RECIPES FOR COOKING VEGETABLES.

ALL vegetables should be used when fresh as possible.
Wash them thoroughly, and allow them to lie in cold
water until ready to be used.

Great care must be taken to remove gravel and insects
from heads of lettuce, cabbage, and cauliflower. To do
this, lay them for half an hour or more in a pan of strong
brine, placing the stalk ends uppermost. This will destroy
the small snails and other insects which cluster in the
leaves, and they will fall out and sink to the bottom.

Strong-flavored vegetables, like turnips, cabbage, and
greens, require to be put into a large quantity of water.
More delicate vegetables, such as peas, asparagus, etc.,
require less water. As a rule, in boiling vegetables, let the
water boil before putting them in, and let it continue to
boil until they are done. Nothing is more indigestible than
vegetables not thoroughly cooked. Just when they are
done must be ascertained to a certainty in each particular
case, without depending upon any general directions.

Never let boiled vegetables stand in the water after coming off the fire; put them instantly into a colander over a
pot of boiling water, and let them remain there, if you have
to keep them back from the table.

An iron pot will spoil the color of the finest greens; they
should be boiled by themselves in a tin, brass, or copper
vessel.

Potatoes are good with all meats. Carrots, parsnips, turnips, greens, and cabbage belong with boiled meats; beets, peas, and beans are appropriate to either boiled or roast.

RECIPES.

Boiled White Potatoes.—Peel off a strip about a quarter of an inch wide, lengthwise, around each potato. Put them on in cold water, with a teaspoonful of salt in it. Let them boil fifteen minutes, then pour off half the water and replace it with cold water. When the edge of the peel begins to curl up they are done. Remove them from the pot, cover the bottom of a baking-tin with them, place them in the oven, with a towel over them, for fifteen minutes, leaving the oven door open. Then serve with or without the skins.

The use of cold water in boiling potatoes, as in this recipe, is exceptional. Hot water is generally used, but for this purpose cold seems preferable.

Roasted White Potatoes.—Select the largest and finest potatoes for roasting. Wash them thoroughly and put in the oven with their skins on. Roast about one hour, turning them occasionally with a fork. When done, send them to the table hot, and in their skins.

Potatoes Roasted with Meats.—To roast potatoes with beef, poultry, and other meats, peel the potatoes, lay them in a pan, and cook them in the gravy. It is quite proper to roast both white and sweet of potatoes in the same pan.

Mashed Potatoes.—Steam or boil pared potatoes until soft, in salted water; pour off the water and let them drain perfectly dry; sprinkle with salt and mash; have ready hot milk or cream, in which has been melted a piece of butter; pour this on the potatoes, and stir until white and very light. A solid, heavy masher is not desirable. An open wire tool is much better.

Stewed Potatoes.—Take sound raw potatoes, and divide each into four parts, or more, if they be very large. Put them into the stewpan; add salt, pepper, and a piece of fresh butter; pour in milk, with a little cream, just to keep the potatoes from burning. Cover the saucepan, and allow the potatoes to stew until thoroughly soft and tender.

Fried Potatoes.—Boil some good and large potatoes until nearly done; set them aside a few minutes; when sufficiently cool, slice or chop them; sprinkle them with pepper and salt, and fry in butter or fresh lard until they are of a light brown color. Serve hot.

Saratoga Potatoes.—Peel and slice the potatoes on a slaw-cutter, into cold water; wash them thoroughly, and drain; spread between the folds of a clean cloth, rub and pat until dry. Fry a few at a time in boiling lard; salt as you take them out. Saratoga potatoes are very nice when eaten cold. They can be prepared three or four hours before needed, and if kept in a warm place they will be crisp and nice. They may be used for garnishing game and steaks.

Potato Cakes.—Mash thoroughly a lot of potatoes just boiled; add a little salt, butter and cream; fry brown on both sides, after making into little cakes.

Boiled Sweet Potatoes.—Take large, fine potatoes, wash clean; boil with the skins on in plenty of water, but without salt. They will take at least one hour. Drain off the water, and set them for a few minutes in a tin pan before the fire, or in the oven, that they may be well dried. Peel them before sending to the table.

Roasted Sweet Potatoes.—Sweet potatoes are roasted in the same manner as white, but they require a little longer time.

Fried Sweet Potatoes.—Choose large potatoes, half boil them, and then, having taken off the skins, cut the potatoes in slices and fry in butter, or in nice drippings.

Stewed Tomatoes.—Pour boiling water on the tomatoes to be used, and then peel and slice them. Stew them gently, without adding any water, fifteen minutes; then add some pulverized cracker or bread crumbs, sufficient to thicken it a little, and salt and pepper to your taste. Stew fifteen minutes longer, and add a large piece of butter.

The thickening suggested is not essential. Many prefer the pure tomatoes. Try both ways and adopt the more pleasing.

Broiled Tomatoes.—Cut large tomatoes in two, from side to side, not from top to bottom; place them on a gridiron, the cut surface down; when well seared, turn them and put on butter, salt, and pepper; then cook with the skin side down until done.

Fried Tomatoes.—Cut the tomatoes in slices without skinning; pepper and salt them well; then sprinkle a little flour over them and fry in butter until browned. Put them on a hot platter; then pour milk or cream into the butter and juice, and when this is boiling hot, pour it over the tomatoes.

Tomatoes Baked Whole.—Select a number of sound, ripe tomatoes. Cut a round hole in the stem side of each, and stuff it with bread-crumbs, nicely peppered and salted; cover the bottom of the pan with the tomatoes, the opened side upward; put in a very little water, dredge with flour, and bake till brown. Serve hot.

Baked Sliced Tomatoes.—Skin the tomatoes, slice in small pieces; spread a thick layer in the bottom of a pudding dish; cover with a thin layer of bread-crumbs, and sprinkle salt, pepper, and a few small pieces of butter over them; add another layer of tomatoes, then of crumbs, etc., until the dish is filled; sprinkle over the top a layer of fine rolled crackers; bake one hour. Canned tomatoes, put up whole, may be used nicely this way.

Tomatoes a la Creme.—Pare and slice ripe tomatoes; one pound of fresh ones or a quart can; stew until perfectly smooth, season with salt and pepper, and add a piece of butter the size of an egg. Just before taking from the fire, stir in one cup of cream, with a tablespoonful of flour stirred smooth in a part of it; do not let it boil after the flour is put in. Have ready in a dish some pieces of toast; pour the tomatoes over this and serve.

Boiled Green Corn.—Take off the outside leaves and the silk, letting the innermost leaves remain on until after the corn is boiled, which renders the corn much sweeter. Boil for half an hour in plenty of water, drain, and after fully removing the leaves, serve.

Baked Corn.—Grate one dozen ears of sweet corn, one cup of milk, a small piece of butter; salt to taste, and bake in a pudding dish for one hour.

Corn Fritters, see Fritters.

Lima Beans.—Shell, wash, and put into boiling water; when boiled tender, drain and season them. Dress with cream, or with a large lump of butter, and let the whole simmer for a few moments before serving.

Succotash.—Take ten ears of green corn and one pint of Lima beans; cut the corn from the cob, and stew gently with the beans until tender. Use as little water as possible. Season with butter, salt, and pepper—milk, if you choose. If a few of the cobs are stewed in the succotash, it will improve the flavor, as there is great sweetness in the cob.

String Beans.—Remove the strings of the beans with a knife, and cut off both ends. Cut each bean into three pieces, boil tender, add butter when they are done, pepper and salt, and serve hot.

Boiled Beans.—Dried beans must soak over night in soft water; put them in a strong bag, leaving room for them to swell; let them boil in a plenty of water until done; hang up the bag that all the water may drain off; then season with butter, pepper, and salt to the taste.

Baked Beans.—Put the beans to soak early in the evening, in a dish that will allow plenty of water to be used. Change the water at bed-time. Next morning early, parboil two hours; pour off nearly all the water; take raw pork, scored on top; put the beans in a *deep dish*, a stoneware jar is very nice, the pork in the middle, sinking it so as to have it just level with the surface. Add half a teaspoonful of soda, two tablespoonfuls of molasses, and bake at least six hours. As the beans bake dry, add more water, a little at a time, until the last hour, when it is not necessary to moisten them.

Boiled Green Peas.—The peas should be young and freshly shelled; wash and drain them carefully; put them into fast-boiling, salted water; when quite tender drain, and add pepper, butter, and a little milk. Serve hot.

Boiled Asparagus.—Scrape the stems of the asparagus lightly, but make them very clean, throwing them into cold water as you proceed. When all are scraped, tie them in bunches of equal size; cut the hard ends evenly, that all may be of the same length, and put into boiling water. Prepare several slices of delicately browned toast half an inch thick. When the stalks are tender, lift them out and season with pepper and salt. Dip the toast quickly into the liquor in which the asparagus was boiled, and dish the vegetable upon it, the points, or the butts, meeting in the centre of the dish. Pour rich melted butter over it, and send to the table hot.

Boiled Beets.—Wash, but do not cut them, as cutting destroys the sweetness; let them boil from two to three hours, or until they are perfectly tender; then take them up, peel and slice them, and pour vinegar, or melted butter, over them, as may be preferred.

Boiled Turnips.—Pare and cut into pieces; put them into boiling water well salted, and boil until tender; drain thoroughly and then mash and add a piece of butter, pepper, and salt to taste. Stir until they are thoroughly mixed, and serve hot.

Boiled Onions.—Skin them carefully and put them to boil; when they have boiled a few minutes, pour off the water, add clean cold water, and then set them to boil again. Pour this away also, and add more cold water, when they may boil till done. This change of waters will make them white and clear, and very mild in flavor. After they are done, pour off all the water, and dress with a little cream, salt, and pepper to taste.

Fried Onions.—Peel and slice fresh, solid onions very evenly, then fry them in a pan of hot butter till slightly browned.

Boiled Leeks.—Trim off the coarser leaves of young leeks, cut them into equal lengths, tie them in small bunches, and boil in plenty of water, previously salted. Serve on toast, and send melted butter to the table with them.

Boiled Squash.—Remove the seeds; boil till very tender; then press out all the water through a colander, and mash, with butter, pepper, and salt.

Fried Squash.—Pare the squash, cut in slices, dip in egg seasoned with pepper and salt, then into cracker dust, and fry to a nice brown.

Boiled Parsnips.—Scrape thoroughly, then wash and boil in a little water well salted. When done, dress with butter and a little pepper, or drawn butter, if desired.

Fried Parsnips.—Having boiled your parsnips, split open the largest ones, season with pepper and salt, dredge a little flour over them, and fry to a light brown.

7

Fried Egg-plant.—Pare and cut in slices quarter of an inch thick; sprinkle with salt; cover and let stand for an hour. Pour off the juice or water which exudes; wipe each slice dry; dip first in beaten egg, then in rolled cracker or bread crumbs. Season with pepper and salt, and fry brown in butter. Serve very hot.

Fried Egg-plant No. 2.—Put into water and boil until soft, then cut in two and scoop out all the inside; season; take a tablespoonful of the remaining pulp at a time, dip in egg and bread-crumbs, and fry in hot lard. Serve hot.

Baked Egg-plant.—Boil them till somewhat tender, in order to remove the bitter flavor. Then slit each one down the side, and take out the seeds. Have ready a stuffing made of grated cracker, butter, minced herbs, salt, pepper, nutmeg, and beaten yelk of eggs. Fill with this the cavity left by the seeds, and bake the plants in a hot oven. Serve with well-seasoned gravy poured around them in the dish.

Boiled Cabbage.—Strip off the loose or withered leaves, and wash well; then split in two, or if the head be very large, into four pieces, and put into boiling water with some salt; let it boil slowly, skimming carefully and frequently. When done, strain through a colander. Serve in a vegetable-dish and lay inside, among the leaves, some bits of butter; season with pepper; and serve while hot.

Boiled Cauliflower.—Trim off all the outside leaves; wrap in a cloth and put into boiling water well salted; boil until tender, and then serve with drawn butter.

Cabbage a la Cauliflower.—Cut the cabbage fine, as for slaw; put it into a stewpan, cover with water, and keep closely covered; when tender, drain off the water; put in a small piece of butter, with a little salt, one-half a cupful of cream, or one cupful of milk. Leave on the stove a few minutes before serving.

Boiled Spinach.—Boil the spinach in plenty of water, drain, and press the moisture from it; chop it small, put it into a clean saucepan, with a slice of fresh butter, and stir the whole until well mixed and very hot. Smooth it in a dish, and send it quickly to table.

Boiled Greens.—Turnip-tops, mustard-tops, cabbage-leaves, beet-tops, cowslips, dandelions, and various similar articles are much relished in the spring, boiled in salt and water or with salt pork. When done sufficiently they will sink to the bottom.

Stewed Celery.—Clean the heads thoroughly; take off the coarse, green, outer leaves; cut the stalks into small pieces, and stew in a little broth; when tender, add some rich cream, a little flour, and butter enough to thicken the cream. Season with pepper, salt, and a little nutmeg, if that is agreeable.

Boiled Artichokes.—Soak the artichokes and wash them in several waters; cut the stalks even; trim away the lower leaves, and the ends of the other leaves; boil in salted water with the tops downward, and let them remain until the leaves can be easily drawn out. Before serving, remove the surrounding leaves, and send the remainder to the table with melted butter.

Broiled Mushrooms.—In order to test mushrooms, sprinkle salt on the gills; if they turn *yellow*, they are poisonous; if they turn *black*, they are good. When satisfied at this point, pare, and cut off the stems, dip them in melted butter, season with salt and pepper, broil them on both sides over a clear fire, and serve on toast.

Stewed Mushrooms.—Being sure you have the genuine mushrooms, put them in a small saucepan, season with pepper and salt, add a spoonful of butter and a spoonful or two of gravy from roast meat, or, if this be not at hand, the same quantity of good, rich cream; shake them about over the fire, and when they boil they are done.

Boiled Rice.—Wash a cupful of rice in two or three waters; let it lie for a few minutes in the last water, then put it into three quarts of fast-boiling water, with a little salt; let it boil twenty minutes, then turn into a colander, drain, and serve, using such sauce or dressing as may be desired.

Boiled Hominy.—Soak one cupful of fine hominy over night in three cupfuls of water, and salt to taste; in the morning turn it into a quart pail; then put the pail into a kettle of boiling water, cover tightly, and steam one hour; add one teacupful of sweet milk, and boil fifteen minutes additional, then serve hot.

Stewed Macaroni.—Break the macaroni into small pieces, wash it, and put into salted hot water; cook about twenty minutes; drain, and put in a vegetable dish a layer of macaroni, sprinkle with grated cheese, bits of butter, pepper and salt; proceed in this manner until the dish is full, but omit the cheese at the last. Set the dish in the oven for a few minutes, and let it get thoroughly *hot*.

Baked Macaroni.—For baked macaroni, proceed as in stewed, but, when prepared fully as above, pour a few spoonfuls of milk over the top, and bake half an hour.

Macaroni with Tomatoes.—Have water boiling in a large saucepan; throw into it macaroni, broken, but not too short; let it cook twenty to thirty minutes, pour over it some cold water, and strain it quite dry; cut an onion into small dice, throw it into cold water and squeeze it dry in a cloth; put some olive oil, butter, or clarified fat into a saucepan; the oil, of course, is best. Throw into it the onion, and let it cook, shaking occasionally, until the onion is almost melted away. Have some cooked tomatoes ready to add to this sauce. If it is too thick, add some cold water by teaspoonfuls at a time. Let all simmer for ten minutes longer. Sprinkle some grated cheese over your macaroni, which must be piping hot, in a dish. Pour the sauce over this and serve. A quarter of a pound. of macaroni makes a large dish, and takes about a third of a can to half a can of tomatoes.

Sliced Cucumbers.—Peel and slice the cucumbers as thin as possible; lay the slices in salted water for an hour; then pour off the water; cover them with vinegar, half a teaspoonful of pepper, and salt as may be necessary.

Stewed Oyster-plant.—Cut off the tops of a bunch of salsify, or oyster-plant, close to the root; scrape and wash well, and slice lengthwise or round; stew until tender in salted water; drain and put in a stewpan, cover with milk; to one pint of salsify add a tablespoonful of butter rolled in flour; season with salt and pepper; let it stew a few minutes and add a little vinegar, if liked.

Mock Fried Oysters.—Scrape one bunch of salsify, and boil until tender; mash through a colander, add one beaten egg, a small piece of butter, salt and pepper to taste; drop by the spoonful into hot lard and fry brown.

VII.—SALADS AND SAUCES.

UNDER the head of salads all preparations of uncooked herbs or vegetables is placed. They are usually dressed with salt, vinegar, oil, and spices. Sometimes they are combined with meat or shell fish, as chicken, veal, lobster, etc. They are used chiefly as relishes with other food.

Sauces are generally used to impart a relish to articles of food. Sometimes vegetables are employed as the basis of sauces, but they are compounded chiefly of savory condiments, that they may add zest to eating.

Meat or fish used in salads should not be minced, but rather picked apart, or cut in pieces of moderate size. Cabbage, celery, asparagus, cauliflower, water-cress, and all kinds of lettuce are the vegetables best adapted for use in salads. They must be used when quite fresh and crisp, and all the ingredients used in their dressing must be of the best quality and flavor.

All condiments are in some sense sauces, but the term is usually confined to those which are the result of compounding a variety of articles.

RECIPES.

Coldslaw.—With a sharp knife, or, better, with a knife made for the purpose, cut up into fine shavings a firm head of cabbage; sprinkle with as much salt and pepper as you deem necessary ; beat up the yelk of one egg, add a lump of butter the size of a walnut, a gill of cream, the same quantity of vinegar, a tablespoonful of sugar, an even teaspoonful of mustard, and a pinch of bruised celery seed. Heat these condiments together, without boiling, and pour over the sliced cabbage ; then toss it with a fork until thoroughly mixed. Allow time for it to cool before serving.

Coldslaw, No. 2.—Take equal parts of chopped cabbage and the green stalks of celery. Season with salt, pepper, and vinegar.

Maryland Coldslaw.—Halve the cabbage and lay it in cold water for one hour ; shave down the head into small slips with a sharp knife. Put in a saucepan a cup of vinegar, and let it boil ; then add a cup of cream, with the yelks of two eggs, well beaten ; let it boil up, and pour over the cabbage. As soon as the cabbage is cut it should be sprinkled with a little salt and pepper.

Cabbage Salad.—Take one head of fine, white cabbage, minced fine ; three hard-boiled eggs ; two tablespoonfuls of salad oil ; two teaspoonfuls white sugar ; one teaspoonful salt ; one teaspoonful pepper ; one teaspoonful made mustard ; one teacupful vinegar. Mix and pour upon the chopped cabbage.

Lettuce Salad.—Take a good-sized head of lettuce and pull the leaves apart. Wash them a moment, then shake off the water and dry the leaves. Examine them carefully, wipe off all grit, and reject those that are bruised. Take the yelks of two hard-boiled eggs ; add one-half teaspoonful of mixed mustard, and mix to a paste with a silver fork ; then add slowly, mixing carefully, about one-half a cup of vinegar, one teaspoonful of sugar, and salt to taste ; cut the lettuce small as may be desired with a sharp knife, and pour the dressing over it ; garnish with hard-boiled eggs.

Potato Salad.—Steam and slice the potatoes; add a very little raw onion chopped very fine, and a little parsley, and pour over the whole a nice salad dressing. Serve either warm or cold, as may be preferred.

Potato Salad, No. 2.—Cut up three quarts of boiled potatoes, *while hot*, into neat pieces; add a tablespoonful of chopped parsley, a tablespoonful of chopped onion, a teaspoonful of pepper, and one of salt; also add a cupful of oil, and mix; then add a cupful of warm stock, a wineglassful of vinegar (from the mixed-pickle bottle); mix the ingredients together carefully, and do not break the potatoes any more than is absolutely unavoidable. Set the whole in the ice-box and serve cold. The onion and parsley may be omitted, and boiled root celery added, or a little stalk celery chopped fine.

Chicken Salad.—Boil a small chicken until very tender. When entirely cold, remove the skin and fat, cut the meat into small bits, then cut the white part of the stalks of celery into pieces of similar size, until you have twice as much celery as meat. Mix the chicken and celery together; pour on Durkee's Salad Dressing, and stir all thoroughly. Cold veal used in place of chicken will also make a very excellent salad.

Chicken Salad, No. 2.—Take three chickens, boil until very tender; when cold, chop them, but not too fine; add twice the quantity of celery cut fine, and three hard-boiled eggs sliced. Make a dressing with two cups of vinegar, half a cup of butter (or two tablespoonfuls of oil), two eggs beaten, with a large tablespoonful of mustard, saltspoonful of salt, two tablespoonfuls of sugar, tablespoonful of pepper, or a little cayenne pepper; put the vinegar into a tin pan and set in a kettle of boiling water; beat the other ingredients together thoroughly and stir slowly into the vinegar until it thickens. Cool it and pour over the salad just before serving.

Lobster Salad.—To a three-pound lobster take the yelk of one raw egg beaten very lightly; then take the yelks of three hard-boiled eggs (cold), and add to the raw yelk, beating all the time; add, a few drops at a time, one-half bottle of the finest olive oil, stirring all the while; then add one and a half tablespoonfuls of the best English mustard, salt and pepper to taste; beat the mixture until light and add a tablespoonful of strong vinegar. Cut the lobster into small pieces and mix with it salt and pepper; pour over it the dressing just before sending to the table; garnish with the white of boiled eggs, celery tops, and the small claws.

Salmon Salad.—For a pound can of salmon, garnished with lettuce, make a dressing of one small teacupful of vinegar, butter half the size of an egg, one teaspoonful of mustard, one-half teaspoonful of cayenne pepper, one-half teaspoonful of salt, one teaspoonful of sugar, two eggs. When cold, add one-half teacupful of cream and pour over the salmon.

Mixed Mustard.—One tablespoonful of mustard, one teaspoonful of sugar, one saltspoonful of salt, enough vinegar to blend into a paste.

Plain Horse-radish is grated and merely covered with sharp vinegar.

Horse-radish Sauce.—Take one tablespoonful of grated horse-radish, a dessertspoonful of mustard, half a teaspoonful of sugar; then add vinegar, and stir it smooth. Serve in a sauce-tureen.

Tomato Sauce.—Stew one-half dozen tomatoes with a little chopped parsley; salt and pepper to taste; strain, and when it commences to boil add a tablespoonful of flour, stirred smooth with the same quantity of butter. When it boils it is ready to take up.

Tomato Sauce, No. 2.—Halve the tomatoes and squeeze out the seeds and watery pulp. Stew the solid portions gently with a little gravy or strong broth until they are entirely softened. Strain through a hair sieve and reheat with additional gravy, a little cayenne pepper and salt. Serve hot.

Green Tomato Sauce.—Cut up two gallons of green tomatoes; take three gills of black mustard seed, three tablespoonfuls of dry mustard, two and a half of black pepper, one and a half of allspice, four of salt, two of celery seed, one quart each of chopped onions and sugar, and two and a half quarts of good vinegar, a little red pepper to taste. Beat the spices and boil all together until well done.

Chili Sauce.—Take ten pounds of ripe tomatoes, peeled and sliced; two pounds of peeled onions chopped fine; seven ounces of green peppers finely chopped, without the seeds; six ounces of brown sugar; four ounces salt; a pint and a half of vinegar. Boil all together in a porcelain-lined kettle for several hours, until thick as desired; put up in tight cans or jars, and use with soups and gravies.

Celery Sauce.—Pick and wash two heads of celery; cut them into pieces one inch long, and stew them in a pint of water, with one teaspoonful of salt, until the celery is tender. Rub a large spoonful of butter and a spoonful of flour well together; stir this into a pint of cream; put in the celery, and let it boil up once. Serve hot with boiled poultry.

Mint Sauce.—Wash the sprigs of mint, let them dry on a towel, strip off the leaves, and chop them very fine; put in a sauce-boat with a cupful of vinegar and four lumps of sugar; let it stand an hour, and before serving stir all together. Mint sauce, if bottled, will keep a long time, and be just as good, if not better, than when freshly made.

Asparagus Sauce.—Take a dozen heads of asparagus; two teacupfuls drawn butter; two eggs; the juice of half a lemon; salt and white pepper. Boil the tender heads in a very little salt water. Drain and chop them. Have ready a pint of drawn butter, with two raw eggs beaten into it; add the asparagus, and season, squeezing in the lemon juice last. The butter must be hot, but do not cook after putting in the asparagus heads. This is a delightful sauce for boiled fowls, stewed fillet of veal, or boiled mutton.

Mushroom Sauce.—Pick, rub, and wash a pint of young mushrooms, and sprinkle with salt to take off the skin. Put them into a saucepan with a little salt, a blade of mace, a little nutmeg, a pint of cream, and a piece of butter rolled in flour; boil them up and stir till done.

Caper Sauce.—Make a drawn butter sauce, and add two or three tablespoonfuls of French capers; remove from the fire and add a little lemon juice.

Cranberry Sauce.—Cover a quart of cranberries with water and let it simmer gently till thoroughly cooked. Strain the skins out through a colander, and add to the juice two cupfuls of sugar; let it simmer again for fifteen minutes, and pour into a mold previously wet in cold water.

Strawberry Sauce.—Rub half a cupful of butter and one cupful of sugar to a cream; add the beaten white of an egg and one cupful of strawberries thoroughly mashed.

Lemon Sauce.—One-half a cupful of butter, one cupful of sugar, yelks of two eggs, one teaspoonful of corn-starch. Beat the eggs and sugar until light; add the grated rind and juice of one lemon. Stir the whole into three gills of boiling water until it thickens sufficiently for the table.

Lemon Sauce, No. 2.—One large tablespoonful of butter, one small tablespoonful of flour, one cupful of sugar, grated rind and juice of one lemon.

Vanilla Sauce.—Put half a pint of milk in a small sauce-pan over the fire; when scalding hot add the yelks of three eggs, and stir until it is as thick as boiled custard; remove the saucepan from the fire, and when cool add a tablespoonful of extract of vanilla and the beaten whites of two eggs.

Venison Sauce.—Mix two teaspoonfuls of currant jelly, one stick of cinnamon, one blade of mace, grated white bread, ten tablespoonfuls of water; let the whole stew till thoroughly cooked, when done serve with venison steak.

Anchovy Sauce.—Stir two or three teaspoonfuls of pre-pared essence or paste of anchovy, into a pint of melted butter; let the sauce boil a few minutes, and flavor with lemon juice.

Lobster Sauce.—Break the shell of the lobster into small pieces. Pour over these one pint of water or veal-stock and a pinch of salt; simmer gently until the liquid is re-duced one-half. Mix two ounces of butter with an ounce of flour, strain the liquid upon it and stir all, over the fire, until the mixture thickens, but do not let it boil. Add two tablespoonfuls of lobster meat chopped fine, the juice of half a lemon, and serve.

Oyster Sauce.—Strain fifty oysters; put the juice into a saucepan; add one pint of new milk; let it simmer, and then skim off whatever froth may rise. Rub a large spoon-ful of flour and two of butter together; stir this into the liquor; add a little salt and pepper. Let this simmer five minutes, but do not add the oysters till just as they are to be sent to the table, as oysters much cooked are hard. For turkeys, etc., this is a splendid dressing.

Plain French Dressing.—A plain French dressing is made simply of salt, pepper, oil, and vinegar. Three tablespoon-fuls of oil to one of vinegar, saltspoon heaping full of salt, an even saltspoonful of pepper mixed with a little cayenne.

Mayonnaise Sauce.—Work the yelks of two raw eggs to a smooth paste, and add two saltspoonfuls of salt, half a saltspoonful of cayenne, a saltspoonful of dry mustard, and a teaspoonful of oil; mix these thoroughly and add the strained juice of half a lemon. Take what remains of half a pint of olive oil and add it gradually, a teaspoonful at a time, and every fifth teaspoonful add a few drops of. lemon juice until you have used two lemons and the half-pint of oil.

Mayonnaise Sauce, No. 2.—Rub the yelks of three hard-boiled eggs with the yelk of one raw egg to a smooth paste; add a heaping teaspoonful of salt, two saltspoonfuls of white pepper, and two saltspoonfuls of made mustard; mix thoroughly and work a gill of oil gradually into the mixture, alternated with a teaspoonful of vinegar, until you have used three tablespoonfuls of vinegar. Should the sauce appear too thick, add a wineglassful of cream.

Butter Sauce.—Mix well together two tablespoonfuls of butter, some chopped parsley, juice of half a lemon, salt, and pepper. For broiled meat or fish.

Brown Butter Sauce.—Put butter into a frying-pan and let it stand on the fire until very brown; then add a little parsley and fry a moment longer.

Drawn Butter Sauce.—Take one-quarter pound of butter; rub with it two teaspoonfuls of flour. When well mixed, put into a saucepan with one-half pint of water; cover it, and set the saucepan into a larger one full of boiling water. Shake it constantly till completely melted and beginning to boil; season with salt and pepper.

Boiled Egg Sauce.—Add to half a pint of drawn butter sauce two or three hard-boiled eggs, chopped.

White Sauce.—Thicken half a pint of new milk with a lit·tle flour or arrowroot. After it has boiled, stir in slowly about two ounces of fresh butter, cut into small pieces. Continue to stir until the butter is completely dissolved. Add a few thin strips of lemon rind, a little salt, and pounded mace.

White Sauce, No. 2.—Boil a few thin strips of lemon peel in half a pint of good veal gravy just long enough to give it their flavor. Stir in a thickening of arrowroot, or flour and butter; add salt and a quarter of a pint of boiling cream.

Cream Sauce.—Beat the yelks of three eggs, three table-spoonfuls of white sugar, and vanilla flavor. Turn on it a pint of boiling milk, and stir well.

Brandy Sauce.—Four ounces of sugar and two ounces of butter, well creamed together; then beat an egg into it, with two ounces of brandy.

Wine Sauce.—Take one pint bowl of white sugar, not quite a quarter of a pound of butter, one glass of wine, one grated nutmeg, and a tablespoonful of warm water; beat together steadily for half an hour.

Hard Sauce.—One cupful butter, three cupfuls sugar; beat very hard, flavoring with lemon juice; smooth into shape with a knife dipped into cold water.

Sauces in General.—Worcestershire, Challenge, Annear, and other sauces in the market have each their specially good points. Trial of them should be made and the best used.

VIII.—CROQUETTES AND FRITTERS.

CROQUETTES DEFINED; FRITTERS DEFINED; USES OF BOTH. TWENTY-FOUR RECIPES FOR CROQUETTES AND FRITTERS.

THE term *croquette* (pronounced cro-ket) is from a French verb, meaning " to crunch." It designates all that class of preparations made of minced meat, or other ingredients, highly seasoned and fried in bread-crumbs.

Fritters, like croquettes, are fried, but they are made of batter containing other ingredients, as taste may dictate. Both these preparations are used as accessories of the dinner or tea table rather than as principal dishes.

RECIPES.

Rice Croquettes.—Put a quarter of a pound of rice into a pint of milk. Let it simmer gently until the rice is tender and the milk absorbed. It must then be boiled until thick and dry, or it will be difficult to mold. Add three tablespoonfuls of sugar, one of butter, one egg, and flavor to taste with vanilla or cinnamon; beat thoroughly for a few minutes, and when cold form into balls or cones, dip these into beaten egg, roll lightly in bread-crumbs, and fry in hot butter.

Hominy Croquettes.—To a cupful of cold boiled hominy (small grained) add a tablespoonful of melted butter and stir hard; moisten by degrees with a cupful of milk, beating to a soft, light paste. Put in a teaspoonful of white sugar and a well-beaten egg. Roll into oval balls with floured hands, dip in beaten egg, then in cracker-crumbs, and fry in hot lard.

111

Potato Croquettes.—Season cold mashed potatoes with pepper, salt, and nutmeg. Beat to a cream, with a tablespoonful of melted butter to every cupful of potato. Add two or three beaten eggs and some minced parsley. Roll into small balls; dip in beaten egg, then in bread-crumbs, and fry in hot lard.

Oyster-Plant Croquettes.—Wash, scrape, and boil the oyster-plant till tender; rub it through a colander, and mix with the pulp a little butter, cream, salt, cayenne, and lemon juice; mix the ingredients thoroughly together to a smooth paste, and set the dish in the ice-box to get cold; then shape it into small cones, dip them in beaten egg, roll in crumbs, and fry crisp and brown.

Chicken Croquettes.—Add to the quantity of minced chicken; about one-quarter the quantity of bread-crumbs, also one egg well beaten to each cupful of meat; pepper, salt, and chopped parsley to taste, add the yelks of two hard-boiled eggs rubbed smooth. Add gravy or drawn butter to moisten it, make into cones or balls, roll in cracker-dust or flour, and fry in hot lard.

Veal Croquettes.—Make these the same as chicken croquettes, by substituting for the chicken cold minced veal and ham in equal parts. The salt may be omitted, as the ham usually supplies it sufficiently. Turkey, duck, or the remains of any cold game or meat may be used in the same way with very satisfactory results.

Oyster Croquettes.—Take the hard ends of the oysters, leaving the other end for a soup or stew; scald them, then chop fine, and add an equal weight of potatoes rubbed through a colander; to one pound of this combination add two ounces of butter, one teaspoonful of salt, half a teaspoonful of pepper, half a teaspoonful of mace, and one-half gill of cream, make in small rolls, dip them in egg and grated bread, fry in deep, hot lard.

Lobster Croquettes.—Chop the lobster very fine ; mix with pepper, salt, bread-crumbs, and a little parsley ; moisten with cream and a small piece of butter ; shape with your hands ; dip in egg, roll in bread-crumbs, fry in hot lard.

Plain Fritters.—Take one pint of flour, four eggs, one pint of boiling water, and one teaspoonful of salt. Stir the flour into the boiling water gradually, and let it boil three minutes, stirring constantly. Remove from the fire and stir in the yelks of the eggs, afterward the whites, they having been well beaten. Drop this batter by large spoonfuls into boiling lard and fry to a light brown. Serve hot, powdered with white sugar.

Bread Fritters.—Grate stale bread until you have a pint of crumbs ; pour a pint of boiling milk upon these, a tablespoonful of butter having been dissolved in it, and let the whole stand for an hour. Then beat up the mixture and flavor with nutmeg. Stir in gradually a quarter pound of white sugar, two tablespoonfuls of brandy, six well-beaten eggs, and currants enough to flavor the whole. The currants should be washed, dried, and floured. Drop by large spoonfuls into boiling lard and fry to a light brown. Serve with wine and powdered sugar.

Potato Fritters.—Break open four nicely baked potatoes ; scoop out the insides with a spoon, and mix with them a wineglassful of cream, a tablespoonful of brandy, two tablespoonfuls of powdered sugar, the juice of one lemon, half a teaspoonful of vanilla extract, and well-beaten yelks of four and the whites of three eggs ; beat the batter until it is quite smooth ; drop large tablespoonfuls of the mixture into boiling fat and fry to a light brown ; dust them with powdered sugar and send to table hot.

Corn Fritters.—Scrape twelve ears of corn, mix with two

8

eggs, one and one-half cups of milk, salt and pepper to taste, and flour enough to hold all together.   Fry in hot fat.

Hominy Fritters.—Two teacupfuls of cold boiled hominy; stir in one teacupful of sweet milk and a little salt, four table-spoonfuls of sifted flour, and one egg; beat the white separately and add last; drop the batter by spoonfuls in hot lard and fry to a nice brown.

Rice Fritters.—Boil a quarter of a pound of rice in milk till it is tender, then mix it with a pint of milk, two eggs, one cup of sugar, à little salt and cinnamon, and as much flour as will make a thick batter.   Fry them in thin cakes and serve with butter and white powdered sugar.

Parsnip Fritters.—Boil four good-sized parsnips in salted water until tender; drain them, beat them to a pulp, and squeeze the water from them as much as possible; bind them together with a beaten egg and a little flour.   Shape into cakes and fry in hot lard.

Fruit Fritters.—The following recipe will serve for many kinds of fruit or vegetable fritters: Make a batter of ten ounces of flour, half a pint of milk, and two ounces of butter; sweeten and flavor to taste; stir in the whites of two eggs well beaten; dip the fruit in the batter and fry.   Small fruit and vegetables should be mixed with the batter.

Apple Fritters.—Take one egg, two tablespoonfuls of flour, a little sifted sugar and ginger, with milk enough to make a smooth batter; cut a good sized apple into slices and put them into the batter.   Put them into a frying-pan, with the batter which is taken up in the spoon.   When fried, drain them on a sieve and sift on powdered sugar.

Currant Fritters.—Take two cupfuls dry, fine bread-crumbs, two tablespoonfuls prepared flour, two cups of milk, one-half pound currants, washed and well dried; five eggs

whipped very light and the yelks strained, one-half cup powdered sugar, one tablespoonful butter, one-half teaspoonful
mixed cinnamon and nutmeg. Boil the milk and pour over
the bread. Mix and put in the butter. Let it get cold.
Beat in, next, the yelks and sugar, the seasoning, flour, and
stiff whites, finally the currants dredged white with flour.
The batter should be thick. Drop great spoonfuls into
the hot lard and fry. Drain them and send hot to table.
Eat with a mixture of wine and powdered sugar.

Oyster Fritters.—Take one and one-half pints of sweet
milk, one and one-fourth pounds of flour, four egg (the yelks
having been beaten very thick); add milk and flour; stir
the whole well together, then beat the whites to a stiff froth
and stir them gradually into the batter ; take a spoonful of
the mixture, drop an oyster into it, and fry in hot lard; let
them be a light brown on both sides.

Clam Fritters.—Take a dozen chopped clams, one pint of
milk, three eggs. Add liquor from the clams, with salt and
pepper, and flour enough to produce thin batter. Fry in
hot lard.

Cream Fritters.—Take one cup of cream, the whites of five
eggs, two full cups prepared flour, one saltspoonful of nutmeg, a pinch of salt. Stir the whites into the cream in turn
with the flour, put in nutmeg and salt, beat all hard for two
minutes. The batter should be rather thick. Fry in plenty
of sweet lard, a spoonful of batter for each fritter. Drain and
serve upon a hot, clean napkin. Eat with jelly sauce. Do
not cut them open, but break or pull them apart.

French Fritters.—Take two cupfuls of flour, two teaspoonfuls of baking powder, two eggs, milk enough for stiff
batter, and a little salt. Drop into boiling lard and fry light
brown. Serve with cream and sugar or sauce.

Spanish Fritters.—Cut stale bread into small, round slices about an inch thick ; soak them in milk, and then dip them into well-beaten egg which has been sweetened to taste. Sprinkle thickly with cinnamon and fry in hot lard.

Venetian Fritters.—Take three ounces of whole rice, wash and drain into a pint of cold milk. Let it come slowly to a boil, stirring often, and let it simmer till quite thick and dry. Add two ounces of powdered sugar, one of fresh butter, a pinch of salt, the grated rind of half a lemon. Let the whole cool in the saucepan, and while still a little warm mix in three ounces of currants, four ounces of chopped apples, a teaspoonful of flour, and three well-beaten eggs. Drop the batter in small lumps into boiling fat, allowing them to fry till the under side is quite firm and brown ; then turn and brown the other side. When done, drain through a hair sieve, and powder with white sugar when about to serve.

IX.—EGGS.

NUTRITIOUS VALUE OF EGGS—TEST OF FRESHNESS—PACKING EGGS
—PRESERVING EGGS. TWENTY-EIGHT WAYS OF COOKING EGGS.

HIGH chemical authorities agree that there is more nutriment in an egg than in any substance of equal bulk found in nature or produced by art. They are much used for food the world over, and few articles are capable of more varied employment.

The freshness of an egg may be determined in various ways. In a fresh egg, the butt end, if touched on the tongue, is sensibly warmer than the point end. If held toward the light and looked through ("candled"), a fresh egg will show a clear white and a well-rounded yelk. A stale egg will appear muddled. Probably the surest test is to put the eggs into a pan of cold water. Fresh eggs sink quickly; bad eggs float; suspicious ones act suspiciously, neither sinking nor floating very decidedly. Of all articles of food, doubtful eggs are most certainly to be condemned.

On the packing of eggs, the following conclusions may be regarded as established among egg-dealers: By cold storage, temperature forty to forty-two degrees Fahrenheit, kept uniform, with eggs packed properly or in cases, they will keep in good condition from six to nine months; but they must be used soon after being taken out of the cold storage, as they soon spoil. Eggs become musty from being packed in bad material. They will become musty in cases, as a change of temperature causes the eggs to sweat and the wrapping-paper to become moist and taint the eggs.

117

Well-dried oats, a year old, makes the best packing. Eggs become " mixed " by jarring in shipping. Fresh eggs mix worse than those kept in cold storage. Eggs which have been held in cold storage in the West should be shipped in refrigerator cars in summer. Eggs will keep thirty days longer if stood on the little end than in any other position. They must be kept at an even temperature and in a pure atmosphere. Eggs laid on the side attach to the shell and are badly injured. To prevent imposition as to the freshness of the eggs, the egg gatherers should " candle " them when they get them from the farmers. Eggs keep better in the dark than in the light.

Methods of preservation for domestic purposes are, to pack them in bran or salt, the small end down ; to grease them with linseed oil, or dip them in a light varnish. For extra long keeping, slack one pound of lime in a gallon of water ; when this is entirely cold, place it in a jar and fill with fresh eggs. Do not agitate the contents when eggs are removed from the jar. Eggs kept so will continue good for a year.

The French method of preserving eggs is to dissolve beeswax and olive oil and anoint the eggs all over. If left undisturbed in a cool place, they will remain good for two years.

RECIPES.

Boiled Eggs.—Put into a saucepan of *boiling* water with a tablespoon, being careful not to break or crack them. Boil steadily three minutes, if you want them soft ; ten, if hard.

Another way is to put them on in cold water, and let it come to a boil. The inside, white and yelk, will be then of the consistency of custard.

Still another way is to put them in water, heated to the boiling point, and let them stand from five to seven minutes without boiling. If desired for salad, boil them ten minutes ;

then throw them in cold water; roll them gently on a table or board, and the shell can be easily removed. Wire egg racks, to set in boiling hot water with the eggs held in place, are exceedingly convenient.

Boiled Eggs, with Sauce.—Boil hard, remove the shell, set in a hot dish, and serve with seasoning and sauce to taste.

Poached Eggs.—Have the water well salted, but do not let it boil hard. Break the eggs separately into a saucer, and slip them singly into the water; when nicely done, remove with a skimmer, trim neatly, and lay each egg upon a small thin square of buttered toast, then sprinkle with salt and pepper. Some persons prefer them poached rather than fried with ham; in which case substitute the ham for toast.

Poached Eggs with Ham Sauce.—Mince fine two or three slices of boiled ham, a small onion, a little parsley, pepper, and salt; stew together for a quarter of an hour; put the poached eggs in a dish, squeeze over them the juice of a lemon, and pour on the sauce hot but not boiling.

Poached Eggs a la Creme.—Nearly fill a clean frying-pan with water boiling hot; strain a tablespoonful of vinegar through double muslin, and add to the water with a little salt. Slip your eggs from the saucer upon the top of the water (first taking the pan from the fire). Boil three minutes and a half; drain, and lay on buttered toast in a hot dish. Turn the water from the pan and pour in half a cupful of cream or milk. If you use the latter, thicken with a very little corn-starch. Let it heat to a boil, stirring to prevent burning, and add a great spoonful of butter, some pepper, and salt. Boil up once and pour over the eggs. Or better still, heat the milk in a separate saucepan, that the eggs may not have to stand. A little broth improves the sauce.

Steamed Eggs.—Butter a tin plate and break in your eggs; set in a steamer; place over a kettle of boiling water, and steam until the whites are cooked; they are more ornamental when broken into patty tins, as they keep their form better; the whites of the eggs, when cooked in this manner, are tender and light, and not tough and leathery, as if cooked by any other process.

Eggs in this style can be eaten by invalids, and are very much richer than by any other method.

Whirled Eggs.—Put a quart of water, slightly salted, into a saucepan over the fire, and keep it at a fast boil. Stir with wooden spoon or ladle in one direction until it whirls rapidly. Break six eggs, one at a time, into a cup and drop each carefully into the centre, or vortex, of the boiling water. If kept at a rapid motion, the egg will become a soft, round ball. Take it out carefully with a perforated spoon, and put it on a slice of buttered toast laid upon a hot dish. Put a bit of butter on the top. Set the dish in the oven to keep warm, and proceed in the same way with another egg, having but one in the saucepan at a time. When all are done, dust lightly with salt and pepper and send up *hot*.

Eggs a la Mode.—Remove the skin from a dozen tomatoes, medium size, cut them up in a saucepan, add a little butter, pepper, and salt; when sufficiently boiled, beat up five or six eggs, and just before you serve, turn them into a saucepan with the tomato, and stir one way for two minutes, allowing them time to be well done.

Baked Eggs.—Mix finely chopped ham and bread-crumbs in about equal proportions, season with salt and pepper, and moisten with milk and a little melted butter; half fill your small patty pans with the mixture, break an egg over the top of each, sprinkle with fine bread-crumbs, and bake; serve hot.

Baked Eggs, No. 2.—Butter a clean, smooth saucepan, break as many eggs as will be needed into a saucer, one by one, and if found good, slip each into the saucepan. No broken yelk must be allowed, nor must they crowd so as to risk breaking the yelk after put in. Put a small piece of butter on each, and sprinkle with pepper and salt. Set into a well-heated oven, and bake till the whites are set. If the oven is rightly heated, it will take but a few minutes, and the cooking will be far more delicate than fried eggs.

Eggs sur le Plat.—Melt butter on a stone-china or tin plate. Break the eggs carefully into this; dust lightly with pepper and salt, and put on top of the stove until the whites are well set. Serve in the dish in which they are baked.

Scrambled Eggs.—Put into a frying-pan enough butter to grease it well; slip in the eggs carefully without breaking the yelks; add butter, and season to taste; when the whites begin to set, stir the eggs from the bottom of the pan, and continue stirring until the cooking is completed. The appearance at the end should be *marbled*, rather than *mixed*.

Scrambled Eggs with Ham.—Put into a pan, butter, a little pepper and salt, and a little milk; when hot, drop in the eggs, and with a knife cut the eggs and scrape them from the bottom as the whites begin to set; add some cold ham chopped fine, and when done, serve in a hot dish.

Toasted Eggs.—Cover the bottom of an earthenware or stone-china dish with rounds of delicately toasted bread, or with rounds of stale bread dipped in beaten egg and fried quickly to a golden-brown in butter or nice dripping. Break an egg carefully upon each, and set the dish immediately in front of a glowing fire. Toast over this as many slices of *fat* salt pork or ham as there are eggs in the dish, holding the meat so that it will fry very quickly and all the dripping fall upon the eggs. When these are well set, they are done. Turn the dish several times while toasting the meat, that the eggs may be equally cooked. Do not send the pork to table, but pepper the eggs lightly and remove with the toast to the dish in which they go to the table.

Egg Toast.—Beat four eggs, yelks and whites, together thoroughly; put two tablespoonfuls of butter into a saucepan and melt slowly; then pour in the eggs and heat, without boiling, over a slow fire, stirring constantly; add a little salt, and when hot spread on slices of nicely browned toast and serve at once.

Egg Baskets.—Boil quite hard as many eggs as will be needed. Put into cold water till cold, then cut neatly into halves with a thin, sharp knife; remove the yelk and rub to a paste with some melted butter, adding pepper and salt. Cover up this paste and set aside till the filling is ready. Take cold roast duck, chicken, or turkey, which may be on hand, chop fine and pound smooth, and while pounding mix in the paste prepared from the yelks. As you pound, moisten with melted butter and some gravy which may have been left over from the fowls; set this paste when done over hot water till well heated. Cut off a small slice from the end of the empty halves of the whites, so they will stand firm, then fill them with this paste; place them close together on a flat, round dish, and pour over the rest of the gravy, if any remains, or make a little fresh. A few spoonfuls of cream or rich milk improves this dressing.

Fricasseed Eggs.—Boil six eggs hard; when cold, slice with a sharp knife. Have ready some slices of stale bread, fried to a nice brown in butter or drippings. Put a cupful of good broth in drawn butter over the fire, season it with pepper, salt, and a trace of onion; let it come to a boil. Dip the slices of egg first into raw egg, then into cracker dust or bread-crumbs, and lay them gently into the gravy upon the side of the range. Do not let it actually boil, lest the eggs should break, but let them lie thus in the gravy at least five minutes. Place the fried bread upon a platter, lay the sliced eggs evenly upon this, pour the gravy over all, and serve hot.

Curried Eggs.—Boil six or eight fresh eggs quite hard, and put them aside until they are cold. Mix well together from two to three ounces of good butter, and from three to four dessertspoonfuls of currie-powder; shake them in a stewpan, or thick saucepan, over a clear but moderate fire for some minutes, then throw in a couple of mild onions finely minced, and fry gently until they are soft; pour in by degrees from half to three-quarters of a pint of broth or gravy, and stew slowly until they are reduced to pulp; mix smoothly a small cup of thick cream with two teaspoonfuls of wheaten or rice flour; stir them to the currie, and simmer the whole until the raw taste of the thickening is gone. Cut the eggs into half-inch slices, heat them through in the sauce without boiling them, and send to the table as hot as possible.

Plain Omelet.—Beat thoroughly yelks of five eggs, and a dessertspoonful of flour, rubbed smooth in two-thirds of a cupful of milk. Salt and pepper to taste, and add a piece of butter the size of a hickory-nut. Beat the whites to a stiff froth, pour the mixture into the whites, and without stirring pour into a hot, buttered omelet pan. Cook on top of the range for five minutes; then set pan and all into the oven to brown the top nicely.

Baked Omelet.—Beat the yelks of six eggs, and add the whites of three eggs beaten very light; salt and pepper to taste, and a tablespoonful of flour mixed in a cup of milk. Pour into a well-buttered pan and put into a hot oven; when thick, pour over it the whites of three eggs beaten light; then brown nicely, without allowing the top to become crusted. Serve immediately.

Omelet a la Mode.—Beat the yelks and whites of six eggs separately until light, then beat together and add one table-spoonful of cream. Have in the omelet pan a piece of butter; when the butter is boiling hot, pour in the omelet and shake until it begins to stiffen, and then let it brown, and season to taste. Fold double and serve hot.

If a larger omelet is desired, a tablespoonful of milk to each egg may be added, and one teaspoonful of corn-starch or flour to the whole.

Cheese Omelet.—Butter the sides of a deep dish and cover with thin slices of rich cheese; lay over the cheese thin slices of well-buttered bread, first covering the cheese with a little red pepper and mustard; then another layer of cheese; beat the yelk of an egg in a cup of cream or milk, and pour over the dish, and put at once into the oven; bake till nicely browned. Serve hot, or it will be tough and hard, but when properly cooked it will be tender and savory.

Meat or Fish Omelet.—Make the same as plain omelet. When it is done, scatter thickly over the surface cold, boiled ham, tongue, poultry, fish, or lobster, chopped fine, and season nicely to taste; slip the broad knife under one side of the omelet and double, inclosing the meat. Then upset the frying-pan upon a hot dish, so transferring the omelet without breaking. Or the minced meat may be stirred in after the ingredients are put together, and before cooking. Be careful not to scorch the egg.

Omelet with Oysters.—Allow one egg for each person, and beat yelks and whites separately, very light; season to taste, and just before cooking add the oysters, which have been previously scalded in their own liquor.

Egg Sandwiches.—Hard boil some fresh eggs, and, when cold, cut them into moderately thin slices, and lay them between slices of bread and butter cut thin, and season well with celery salt. For picnic parties or for traveling, these sandwiches are very nice.

Deviled Eggs.—Boil the eggs hard, remove the shell, and cut in two as preferred. Remove the yelks, and add to them salt, cayenne pepper, melted butter, and mixed mustard to taste; then stuff the cavities of the hard whites, and put the halves together again. Serve garnished with parsley. For picnics, etc., each egg can be wrapped in tissue paper to preserve its form.

Pickled Eggs.—Boil the eggs until very hard; when cold, shell them, and cut them in halves lengthways. Lay them carefully in large-mouthed jars, and pour over them scalding vinegar, well seasoned with whole pepper, allspice, a few pieces of ginger, and a few cloves of garlic. When cold, tie up closely, and let them stand a month. They are then fit for use. With cold meat, they are a most delicious and delicate pickle.

Egg Balls.—Rub the yelks of hard-boiled eggs with the raw yelk of an egg, well beaten, and season to taste. Roll this paste into balls the size of marbles, adding flour if necessary to thicken, and boil two minutes. A valuable embellishment and enrichment of soups.

X.—BREAD, BISCUIT, HOT CAKES, ETC.

AN immense department is opened up by the title of this chapter; and it is a department of immense importance. Bread is confessedly the "staff of life," and, therefore, it should be good. And whatever takes the place of bread, be it biscuits, hot cakes, muffins, or what not, should also be good, or nothing is gained by the exchange. Many a housekeeper can make excellent pies, cakes, etc., but when bread is needed, she flies to the bakery, confessing her total inability to prepare this indispensable commodity.

But even bread may become distasteful as a steady diet. To vary it with the long line of splendid substitutes which are possible, and which are discussed in this chapter, is a most desirable ability. This department, therefore, is worthy of every housewife's devout study.

I.—BREAD.

ESSENTIALS TO MAKING GOOD BREAD ; HOW TO KNOW GOOD FLOUR ; YEAST ; RAISING BREAD ; BAKING BREAD. TWELVE RECIPES FOR BREAD.

THREE things are essential to the making of good bread, namely, good flour, good yeast, and judicious baking. A fourth might be added, experience, without which none of the domestic arts can be successfully carried on.

In selecting flour, first look to the color. If it is white, with a yellowish straw-color tint, buy it. If it is white, with a bluish cast, or with black specks in it, refuse it. Next, examine its adhesiveness; wet and knead a little of it between your fingers; if it works soft and sticky, it is poor. Then throw a little lump of dried flour against a smooth surface; if it falls like powder, it is bad. Lastly, squeeze some of the flour tightly in your hand; if it retains the shape given by the pressure, that too is a good sign. It is safe to buy flour that will stand all these tests.

Good yeast may easily be obtained in cities, in the form of fresh yeast cakes or at the baker shops. Where access cannot be had to these aids, home-made yeast must be depended on, which see under " Yeast," at the end of this chapter. After the yeast is properly added, the dough must stand several hours in an even temperature of moderate warmth, so that the process of " rising " may go on. This is simply a fermenting, or leavening, or lightening of the dough. If this process, by too much heat or other causes, goes too fast or too far, sour bread is the result; if it goes too slow, or not far enough, heavy bread is the result. It must go just far enough, and just at the right moment the process must be arrested by baking. The walls of dough which inclose the innumerable vesicles of gas formed in the fermenting are thus made firm around those open spaces, and what we know as " light bread " is secured.

The baking is the final test in the case. The oven must be just right at the outset, and must be kept so as the operation proceeds. Experience must decide the exact heat required, but an oven in which the bared arm may be held for about half a minute is regarded as approximately correct.

Hot bread, or hot cake, should always be cut with a hot knife. If so cut, it will not become clammy.

RECIPES.

Wheat Bread.—Put seven pounds of flour into a breadpan; hollow out the centre, and add a quart of lukewarm water, a teaspoonful of salt, and a wineglassful of yeast. Have ready more warm water, and add gradually as much as will make a smooth, soft dough. Knead it well, dust a little flour over it, cover it with a cloth, and set it in a warm place four hours; then knead it again for fifteen minutes and let it rise again. Divide it into loaves, and prick them with a fork, and bake in a quick oven from forty minutes to an hour.

Potato Bread.—Three and one-half quarts of sifted flour, three boiled potatoes, one quart warm water, one teacupful of yeast, one even tablespoonful salt. Mix at night; put the flour in a large bowl; hollow a place in the centre for the mashed potatoes, water, and salt. Stir in flour enough to make a smooth batter; add yeast; stir in the rest of the flour. Put the dough on the floured board; knead fifteen minutes, using barely enough flour to prevent sticking. Flour the bowl, lay the dough in it, cover and leave it to rise. In the morning, divide in four parts; mold into loaves; when light, prick, and bake in a moderate oven.

Salt Rising Bread.—Pour a pint of hot water in a two-quart pail or pitcher on one-half tablespoonful of salt; when it has cooled a little, add one and one-third pints of flour; mix well, and leave the pitcher in a kettle of water, as warm as that used for mixing. Keep it at the same temperature until the batter is nearly twice its original bulk, which will be in from five to eight hours. It may be stirred once or twice during the rising. Add to this a sponge made of one quart of hot water, two and one-half quarts of flour—adding as much more as may be necessary to make a soft dough; mix well, and leave in a warm place to rise. When light, mold into loaves, keeping them as soft as possible; lay in buttered tins. When light again, prick and bake.

Milk Bread.—Let two quarts of milk come to a boil; stand it aside to cool, and when it becomes tepid, add flour to it gradually until it makes a batter just soft enough to beat up with a spoon. To this add one cake of compressed yeast thoroughly dissolved in lukewarm water. The batter should then be well beaten. Cover with a towel and set in a warm place to rise. When light, add two tablespoonfuls of salt, one of lard, one of light brown sugar, and flour enough to make a soft dough. Knead steadily for about half an hour. This quantity should make four or five medium-sized loaves. Put them in greased pans and let them rise again. When light, prick with a fork and bake in a quick oven.

Vienna Bread.—The Vienna bread that became so famous on the Centennial Exhibition grounds in 1876 was made on the following recipe: Sift in a tin pan four pounds of flour; bank up against the sides; pour in one quart of milk and water, and mix into it enough flour to form a thin batter, and then quickly and lightly add one pint of milk, in which is dissolved one ounce of salt and one and three-quarter ounces of yeast; leave the remainder of the flour against the sides of the pan; cover the pan with a cloth, and set in a place free from draught for three quarters of an hour; then mix in the rest of the flour until the dough will leave the bottom and sides of the pan, and let it stand two and a half hours; finally, divide the mass into one-pound pieces, to be cut in turn into twelve parts each; this gives square pieces about three and a half inches thick, each corner of which is taken up and folded over to the centre, and then the cases are turned over on a dough-board to rise for half an hour, when they are put in a hot oven that will bake them in ten minutes.

Rye Bread.—Scald two handfuls of corn-meal with a quart of boiling water, and add a quart of milk and a tablespoonful of salt. When cool, add a teacupful of yeast, and enough rye flour to make it as stiff as wheat-bread dough. After it has risen put it in pans and bake an hour and a half.

Brown Bread.—Take one cup of bread-crumbs, one pint of

9

sweet milk, one cup of molasses, butter the size of an egg, one teaspoonful of soda, corn-meal enough to make a stiff batter, with salt to taste. Turn the whole into a buttered basin and steam for two hours ; then bake in a quick oven half an hour.

Boston Brown Bread.—Take three and three-fourth cupfuls of Indian corn-meal, two and one-half cupfuls rye-meal, two-thirds cupful molasses, one quart milk, either sweet or sour; two even teaspoonfuls soda, dissolved in the milk ; steam in a tin pudding boiler five hours ; take off the cover and set in the oven to brown.

Corn Bread.—Two heaping cupfuls Indian meal, one cupful wheat flour, two heaping teaspoonfuls Durkee's baking-powder; mix well together while dry; one teaspoonful salt, two tablespoonfuls white sugar, two eggs, one tablespoonful lard, two and a half cupfuls cold milk; beat the eggs, melt the lard, and dissolve the salt and sugar in the milk before adding them to the flour ; bake in buttered pans in a *quick* oven.

Graham Bread.—Three quarts of Graham flour; one quart of warm water; one gill of yeast; one gill of sirup; one tablespoonful of salt; one even teaspoonful of soda. Mix thoroughly and put in well-buttered pans to rise. Bake about an hour and a half.

This same mixture may be thinned and baked in gem pans for Graham gems.

Rice Bread.—After a pint of rice has been boiled soft, mix it with two quarts of rice flour or wheat flour. When cold, add half a teaspoonful of yeast, a teaspoonful of salt, and enough milk to make a soft dough. When it has risen, bake in small buttered pans.

Unleavened Bread.—Mix wheat flour into a stiff dough with warm water or milk; add a little lard, or suet, and bake in thin cakes. Bake as soon as mixed, and eat hot.

II.—TOAST.

WHAT TOAST IS GOOD FOR.   SIX METHODS OF PREPARING TOAST.

A S a palatable method of disposing of stale bread, as well as to furnish a variety of agreeable dishes, toast is an important factor in the culinary economy of the home. As a dish for invalids it is indispensible.

RECIPES.

Dry Toast is produced by browning stale baker's bread over glowing coals. A toasting fork, or rack, of which there are various patterns, is a great convenience. Do not burn the toast, nor allow it to be so browned as to harden it. It should be eaten hot, as it becomes tough when allowed to cool.

Buttered Toast.—For buttered toast, the slices should be thicker than for dry toast. Butter the slices as toasted, and keep warm until served. Excessive buttering should be avoided.

Egg Toast.—On slices of buttered toast lay poached eggs. Serve with Worcestershire sauce for breakfast.

French Toast.—Beat three eggs light, add one cupful of milk, with pepper and salt to taste. Dip into this slices of bread, then fry them in hot butter to a delicate brown.

Milk Toast.—Toast the bread an even, delicate brown, and pile into a hot dish. Boil milk with a little salt, a teaspoonful of flour, and one of butter, rubbed together; pour it over the toast and serve hot.

Cream Toast.—Take slices of baker's bread from which the crust has been pared and toast it to a golden brown. Have on the range a shallow bowl or pudding-dish, more than half full of boiling water, in which a tablespoonful of butter has been melted. As each slice is toasted, dip in this for a second, sprinkle lightly with salt, and lay in the deep heated dish in which it is to be served. Have ready, by the time all the bread is toasted, a quart of milk scalding hot, but not boiling. Thicken this with two tablespoonfuls of corn-starch or best flour; let it simmer until cooked; put in two tablespoonfuls of butter, and when this is melted, the beaten whites of three eggs. Boil up once, and pour over the toast, lifting the lower slices one by one, that the creamy mixture may run in between them. Cover closely, and set in the oven two or three minutes before serving.

III.—FANCY BREADS.

FANCY BREADS AND PLAIN CAKES; THEIR GENERAL USEFULNESS. EIGHT RECIPES FOR FANCY BREADS.

SOME special preparations come naturally between bread and cake. For convenient classification, they are grouped here under the title of Fancy Breads, though they might as well be classed as Plain Cakes. They serve a good purpose for variety, for luncheon, etc. See plainer forms of cakes.

RECIPES.

Sally Lunn.—One quart of flour, a piece of butter the size of an egg, three tablespoonfuls of sugar, two eggs, two tea-cupfuls of milk, two teaspoonfuls of cream tartar, one of soda, and a little salt. Scatter the cream of tartar, the sugar, and the salt into the flour; add the eggs, the butter (melted), and one cup of milk; dissolve the soda in the remaining cup, and stir all together steadily a few moments. Bake in two round pans.

Sally Lunn, No. 2.—Rub into a quart of flour two teaspoon-fuls of baking-powder; beat together nearly half a cup of butter and two tablespoonfuls of sugar; put into the flour and mix with a pint of milk; then add two eggs, beaten light. Mix and bake as above.

Johnny Cake.—One quart of buttermilk or sour milk, one quart Indian meal, one quart of flour, one cup of molasses, a teaspoonful of soda, two scant teaspoonfuls if the milk is sour, a teaspoonful of salt. Bake in shallow pans in a quick oven.

Hoe Cake.—Scald one quart of Indian-meal in enough water to make a thick batter; add a teaspoonful of salt, one of molasses, and two of butter. Bake on a board before a hot fire or in a pan.

Scotch Short-cake.—Two pounds of fine flour, one pound of fresh, sweet butter, half a pound of finest sifted sugar; throughly knead together without water; roll out to half an inch in thickness, and place it on paper in a shallow pan; bake very slowly until of proper crispness. The cake, to be good, must be very brittle.

Pumpkin Bread.—Stew and strain a sufficient quantity of pumpkin; add enough Indian-meal to stiffen it, with yeast and a little salt; when sufficiently raised, bake as in ordinary bread.

Pone.—This is a dish prepared by the Indians, called also *paune*. Take two cupfuls of corn-meal, two of wheat flour, one of sugar, and half a cup of melted butter. Add one egg, one teaspoonful of salt, one of soda, and two of cream of tartar. Mix with enough milk to make a moderately stiff batter, and bake in a hot oven.

Barley Bread.—In Scotland, Norway, and other climates where wheat is not grown, barley bread is used extensively. It is both wholesome and palatable. Mix the barley meal with warm water and a little salt, but no yeast. Mix to a stiff dough, roll into flat cakes, and bake before the fire or in an oven. Eat hot, with butter.

IV.—ROLLS.

A FAVORITE BREAKFAST DISH.   SEVEN VARIETIES OF ROLLS.

A FAVORITE departure from the ordinary forms of bread is furnished in rolls.   They are exceedingly popular for breakfast, served warm.   There are sufficient variations in rolls to make them suitable for use day after day, if this be desired.

RECIPES.

Plain Rolls.—Boil six potatoes in two quarts of water, and when done pour and press the whole through the colander; when cool, but not cold, add flour to make a thick batter; add half a cup of yeast, or one-half cake of compressed yeast, and set to rise; when light, add half a cup of lard and butter mixed, a tablespoonful of sugar, teaspoonful of salt, and flour to make a soft dough; knead well and set again to rise; when light, knead down again; repeat three or four times; an hour before they are to be used cut in small pieces, roll out, spread with melted butter, and fold over, laying them in a pan so that they will not touch each other; set them in a warm place, and when light bake quickly. Or, make into an oblong roll without spreading and rolling, and just before putting them into the oven, gash deeply across the top with a sharp knife.

English Rolls.—Two pounds of flour, two ounces of butter, three tablespoonfuls of yeast, one pint of warm milk; mix well together, and set in a warm place to rise; knead, and make into rolls; let them rise again and bake twenty minutes.

Breakfast Rolls.—One quart of sifted flour, three teaspoonfuls baking-powder, half teaspoonful salt; mix well together dry, then add three and half gills of cold milk, or enough to make it the consistency of batter, and drop with a spoon into gem baking-pans, which should have been previously heated very *hot* and buttered.

French Rolls.—One pint of milk, scalded; put into it while hot half a cupful of sugar, and one tablespoonful of butter; when the milk is cool, add a little salt and half a cupful of yeast, or one cake of compressed yeast; stir in flour enough to make a stiff sponge, and when light mix as for bread. Let it rise until light, punch it down with the hand, and let it rise again, and repeat this process two or three times; then turn the dough on to the molding board, and pound with rolling-pin until thin enough to cut. Cut out with a tumbler, brush the surface of each one with melted butter, and fold over. Let the rolls rise on the tins; bake, and while warm brush over the surface with melted butter to make the crust tender.

Vienna Rolls.—One quart sifted flour, two heaping tea-spoonfuls of a good baking-powder; mix well while dry; then add a tablespoonful of butter or lard, made a little soft by warming and stirring, and about three-fourths of a pint, or enough cold, sweet milk for a dough of usual stiffness, with about half a teaspoonful of salt dissolved in it. Mix into a dough easily to be handled without sticking; turn on the board and roll out to the thickness of half an inch, cut it out with a large cake-cutter, spread very lightly with butter, fold one-half over the other, and lay them in a greased pan without touching. Wash them over with a little milk, and bake in a hot oven.

Parker House Rolls.—One teacupful of yeast, or one cake of compressed yeast, a little salt, one tablespoonful sugar, piece of lard size of an egg, one pint milk, flour sufficient to mix. Put the milk on the stove to scald with the lard in it. Prepare the flour with salt, sugar, and yeast. Then add the milk, not too hot. Knead thoroughly, and when mixed set to rise; when light, knead again slightly. Then roll out and cut with large biscuit-cutter. Spread a little butter on each roll and lap together. Let them rise again very light, and bake in a quick oven.

Geneva Rolls.—Into two pounds of flour break three ounces of butter, add a little salt, and make into a sponge with yeast, previously mixed with milk and water. Allow the batter to rise; then mix in two eggs, made lukewarm by the adding of hot milk, and work the sponge to a light dough. Let it stand for three-quarters of an hour longer; mold into small rolls; place them in buttered pans. When light, brush them with beaten yelks of eggs, and bake for twenty minutes or half an hour. Serve hot.

V.—BISCUIT, RUSK, AND BUNS.

SPECIAL CARE REQUISITE IN THIS DEPARTMENT; ATTENTION TO INGREDIENTS, OVEN, ETC.; HOW TO BAKE THEM; BAKING-POW-DER BISCUITS, SODA BISCUITS, ETC.; CARE OF PANS. FIFTEEN RECIPES FOR BISCUITS, BUNS, ETC.

GREAT care is requisite in making biscuits that quantities be accurately observed and that the ingredients used are of proper quality. Flour should be a few months old. New flour will not make good biscuits. It should always be sifted.

The oven, too, needs careful attention. On its condition the success of biscuit baking will depend. Rolls and biscuit should bake quickly. To make them a nice color, rub them over with warm water just before putting them into the oven; to glaze them, brush lightly with milk and sugar.

Baking-powder biscuit and soda biscuit should be made as rapidly as possible, laid into hot pans, and put in a quick oven. Gem pans should always be heated and well greased.

RECIPES.

Potato Biscuit.—Pare ten potatoes, boil them thoroughly, and mash fine; add two cups of lukewarm milk, two table-spoonfuls of white sugar, half a cup of yeast, and flour enough to make a thin batter. Mix well and allow it to rise. Then add four tablespoonfuls of melted butter, a little salt, and enough flour to make a soft dough. Let this rise again; roll into a sheet about an inch thick, and cut into cakes. Set to rise again, and bake in a quick oven.

Light Biscuit.—When kneading bread, set aside a small loaf for biscuits. Into this, work a heaping tablespoonful of lard and butter mixed and a teaspoonful of sugar. The more it is worked the whiter it will be. As it rises, mold it down twice before making into biscuit. Roll out and cut with a biscuit-cutter. The dough should be quite soft.

Soda Biscuits.—One quart of flour, a tablespoonful of but-ter and two of lard, a teaspoonful of salt, and one teaspoon even full of cream of tartar, one teaspoonful of soda; sift the cream tartar with the flour dry; rub the butter and lard very thoroughly through it; dissolve the soda in a pint of milk and mix all together. Roll out, adding as little flour as possible; cut with a biscuit-cutter, and bake twenty minutes in a quick oven.

Tea Biscuit.—Take one quart sifted flour, one tablespoon-ful shortening, half teaspoonful salt, and two teaspoonfuls Durkee's baking-powder; mix well together dry, then add sufficient cold milk or water to form a very soft dough; bake immediately in a quick oven.

Cream Biscuits.—Dissolve one teaspoonful of soda in a quart of sour cream, add to it flour sufficient to make a soft dough and a little salt; or use sour *milk*, and rub a table-spoonful of butter into the flour.

Graham Biscuits.—Take one quart of water or milk, butter the size of an egg, three tablespoonfuls sugar, two of baker's yeast, and a pinch of salt; take enough white flour to use up the water, making it the consistency of batter cakes; add the rest of the ingredients and as much Graham flour as can be stirred in with a spoon; set it away till morning; in the morning grease the pan, flour your hands; take a lump of dough the size of a large egg, roll it lightly between the palms, and let the biscuits rise twenty minutes, then bake in a tolerably hot oven.

Maryland Biscuits.—Take three pints of sifted flour, one tablespoonful of good lard, one pint of cold water, salt to the taste; make into a stiff dough; work it till it cracks or blisters, then break, but do not cut it, into suitable portions, and make into biscuits; stick the top of each with a fork and bake.

Yorkshire Biscuits.—Make a batter with flour sufficient and one quart of boiling hot milk. When the batter has cooled to lukewarmness, add a teacupful of yeast and a half teaspoonful of salt. Set to rise again and let it become very light; then stir in a half teaspoonful of soda, two eggs, and a tablespoonful of melted butter. Add flour enough to make the dough into small, round cakes; let them rise fifteen minutes, and bake in a slow oven.

Short Biscuits.—Mix one quart of flour with a quarter pound of butter melted in boiling water. Add enough cold milk to make a stiff dough. Work into small biscuits and bake in a quick oven.

Flavored Biscuits.—Biscuit dough made as for Light Biscuit may be flavored with any essence, or with lemon or orange peel, as desired.

Tea Rusk.—Three cups of flour, one cup of milk, three-fourths of a cup of sugar, two heaping tablespoonfuls of butter, melted; two eggs, three teaspoonfuls baking-powder. Let them rise, and bake in a moderate oven. Glaze while hot with white of egg, in which has been stirred, not beaten, a little powdered sugar, or sift the powdered sugar in while the egg is still moist on the top. Rusks should never be eaten hot.

Sweet Rusk.—One pint of warm milk—new is best—one-half cup of butter, one cup of sugar, two eggs, one teaspoonful of salt, two tablespoonfuls of yeast; make a sponge with the milk, yeast, and enough flour to make a thin batter, and let it rise over night. In the morning add the sugar, butter, eggs, and salt, well beaten up together, with enough flour to make a soft dough; let it rise again; then work out into round balls, and set to rise a third time. Bake in a moderate oven.

Buns.—One cupful of warm water, one cupful of sweet milk, yeast and sugar, with flour enough to make a stiff batter; let this rise over night; in the morning add a cupful of sugar, a cupful of raisins or currants, mold well; let it rise till light, then make into buns; rise again till very light, and bake. Use any spice desired.

Hot Cross Buns.—Three cupfuls sweet milk; one cupful of yeast; flour to make thick batter. Set this as a sponge over night. In the morning add one cupful of sugar; one-half cupful butter, melted; half a nutmeg; one saltspoonful salt, and flour enough to roll out like biscuit. Knead well, and set to rise five hours. Roll half an inch thick, cut into round cakes, and lay in rows in a buttered baking-pan. When they have stood half an hour, make a cross upon each with a knife, and put instantly into the oven. Bake to a light brown, and brush over with a feather or soft bit of rag, dipped in the white of an egg beaten up stiff with white sugar.

Pop Overs.—Mix four cupfuls of flour, four cupfuls of milk, four eggs, and a little salt. This quantity will make about twenty puffs in gem-pans, which must be baked quick and done to a nice brown.

VI.—MUFFINS AND WAFFLES.

HOW MUFFINS AND WAFFLES DIFFER; THEIR RELATION TO OTHER
KINDRED PREPARATIONS; MUFFIN-RINGS AND WAFFLE-IRONS;
WHEN TO USE MUFFINS AND WAFFLES; HOW TO SERVE THEM.
ELEVEN RECIPES FOR MUFFINS AND WAFFLES.

MUFFINS are baked in rings on a griddle, or in gem-pans, over a quick fire. Waffles are baked in waffle-irons, which inclose the batter and imprint both sides of the cake as it rises in the process of baking. Both muffins and waffles form a medium between bread and biscuits on the one side and griddle-cakes on the other. Muffin-rings were formerly about four inches in diameter, but now, with better taste, they are used much smaller. The approved waffle-irons of to-day are circular, baking four waffles at once, and suspended on a pivot that permits them to be turned with a touch of the fork. Both muffins and waffles are suitable for tea, and with stewed chicken and such delicacies they are really delicious. They should always be served hot and with the best of butter. Waffles and catfish are a famous dish at some eating-houses.

RECIPES.

Muffins.—Two eggs lightly beaten, one quart of flour, one teaspoonful of salt, three teaspoonfuls of Durkee's baking-powder, one tablespoonful of melted butter, one pint of milk, and two teaspoonfuls of vanilla extract, if liked. Beat up quickly to the consistency of a cake batter; bake in buttered gem-pans in a hot oven.

Muffins, No. 2.—One cup of home-made yeast or half of a compressed yeast cake, one pint of sweet milk, two eggs, two tablespoonfuls of melted butter, two tablespoonfuls of sugar. Beat the butter, sugar, and eggs well together ; then stir in the milk, slightly warmed, and thicken with flour to the consistency of griddle-cakes. When light, bake in muffin-rings or on a griddle. If wanted for tea, the batter should be mixed immediately after breakfast. Muffins should never be cut with a knife, but be pulled open with the fingers.

Rice Muffins.—Take one quart of sour milk, three well-beaten eggs, a little salt, a teaspoonful of soda, and enough of rice flour to thicken to a stiff batter. Bake in rings.

Hominy Muffins.—Substitute hominy, well cooked and mashed, for the rice, and proceed as above.

Bread Muffins.—Cut the crust off four thick slices of bread ; put them in a pan and pour on them just enough boiling water to soak them thoroughly. Let them stand an hour, covered ; then drain off the water and stir the bread to a smooth paste. Stir in two tablespoonfuls of flour, a half pint of milk, and three well-beaten eggs. Bake to a delicate brown in well-buttered muffin-rings.

Graham Muffins.—One quart of Graham flour, two teaspoonfuls of baking-powder, a piece of butter the size of a walnut, one egg, one tablespoonful of sugar, one-half teaspoonful of salt, milk enough to make a batter as thick as for griddle-cakes. Bake in gem-pans or muffin-rings in a hot oven.

Corn Muffins.—Mix two cupfuls of corn-meal, two cupfuls of flour, one cupful of sugar, half a cupful of melted butter, two eggs, and one teaspoonful of salt. Dissolve one teaspoonful of soda and two of cream tartar in a little milk, and beat it through. Add milk enough to make a moderately stiff batter, and bake in rings or gem-pans.

Missing Page

Graham flour, a large tablespoonful of molasses, and half a cupful of yeast. In the morning, add salt to taste, a cupful of white flour, half a teaspoonful of soda, dissolved in hot water, and a tablespoonful of butter or lard. Stir in enough water to make batter of the right consistency, and bake on a hot griddle.

Flannel Cakes.—Three eggs, one quart of sweet milk, about one quart of flour, a small teaspoonful of salt, two table-spoonfuls of prepared baking-powder; beat the yelks, and half of the milk, salt, and flour together; then the remainder of the milk; and last, the whites of the eggs well beaten. Bake in small cakes on a hot griddle.

Flannel Cakes, No. 2.—One quart of milk, three eggs, one cupful of yeast, one dessertspoonful of salt, flour enough for a thinnish batter, and a teaspoonful of butter; set to rise; bake like buckwheat cakes. Cakes half Indian and half wheat are very nice, and good cakes may be made even without the eggs.

Rice Cakes.—Soak a cupful of rice five or six hours in enough warm water to cover it. Then boil slowly till soft. While still warm, but not hot, stir in a tablespoonful of butter, a tablespoonful of sugar, a teaspoonful of salt, and a quart of milk. When cold, add three eggs, beaten very light. Sift a half teaspoonful of cream of tartar into a quarter cupful of rice flour, and add them to the batter, first beating into it a quarter teaspoonful of soda dissolved in hot water.

Rice Cakes, No. 2.—Boil a cupful of rice until quite soft, setting it aside until cool. Beat three eggs very light, and put them into the rice, with a pint of flour, into which you have sifted three teaspoonfuls of prepared baking-powder. Add a teaspoonful of butter and one of salt, making it into a batter with a quart of milk. Bake on a griddle.

Hominy Cakes.—Mix with cold boiled hominy an equal quantity of white flour until perfectly smooth ; add a teaspoonful of salt and thin off with buttermilk, in part of which a teaspoonful of soda has been dissolved ; when of the proper consistency for griddle cakes, add a dessertspoonful of melted butter, and bake as usual.

Sour Milk Cakes.—One pint sour milk, one teaspoonful of soda, a little salt, two eggs, and flour to make a thin batter ; bake on a hot griddle.

Indian Griddle Cakes.—One large cupful Indian-meal, four tablespoonfuls of wheat flour, two tablespoonfuls of Durkee's baking-powder, one teaspoonful salt, mix together dry, then add sufficient cold water for a batter ; bake at once on a hot griddle.

Slapjacks.—One pint of milk, three eggs, one teaspoonful of soda, and one of salt, flour enough to make a thin batter. Butter your griddle, and fry them the size of a teaplate ; when one is done, turn it on the dish, sprinkle with a little white sugar, and continue in this way till they are all fried. Always fry them with butter. A little nutmeg may be grated with the sugar on each cake.

VIII.—YEAST AND YEAST CAKES.

NATURE OF YEAST ; ACTION OF YEAST IN DOUGH ; CAUSES OF LIGHT BREAD AND HEAVY BREAD ; CARE OF YEAST. SIX RECIPES FOR YEAST AND YEAST CAKES.

IN this chapter, yeast has been so often referred to that its special consideration seems important just here. Analytically considered, it consists of an innumerable quantity of infinitesimal fungi, called the *yeast-plant*. The remarkable characteristic of these minute plants is, that under favoring conditions they multiply to an incredible

10

extent in a very short time. Thus the production of yeast, in proper mixtures, is an easy matter.

When yeast is placed in dough, it immediately produces fermentation, in the process of which gases are generated, which permeate the dough, filling it with gas-vessels and so producing the spongy appearance so familiar in raised bread. If this process goes too far, it sours the dough and unfits it for food. If arrested by placing the dough in a hot oven, the gases will be driven off by the heat, and the thin dough walls will be set and baked. If the oven be slow, the gases will be driven off, the dough walls will collapse, and heavy bread will be the result. The proper use of yeast is most important, therefore. It must be watched as carefully as any other tender plant. Excessive heat or cold, or rough mechanical usage will quickly destroy it.

RECIPES.

Brewer's Yeast.—This yeast is produced during the process of fermenting malt liquors. It is the most effective yeast in use, being about eight times the strength of any other kind.

Hop Yeast.—Boil four pounds of pared potatoes in three quarts of water and stir through a colander. Boil a handful of hops in one quart of water for ten minutes, and strain this upon the potatoes. Add a half pint of salt, a half pint of sugar, and a tablespoonful of ginger. The quantity should now measure five quarts. If it be less, add enough tepid water to make the quantity correct. When lukewarm, add a half pint of home-brewed yeast, mix thoroughly, and stand in a warm place till bubbles form on the surface, which indicate that it has become light. Cover the vessel containing the yeast, and allow it to stand in a dry, cool place. It will keep well for months. A gill of this yeast will suffice for an ordinary baking, requiring a quart of water or milk.

Patent Yeast.—Boil two ounces of hops in four quarts of water for a half hour. Strain and cool till lukewarm, then add a handful of salt, a half pound of sugar, and a pound of flour, all mixed well and beaten up together. After it has stood forty-eight hours, add three pounds of potatoes, boiled and well-mashed. Let it stand twenty-four hours, stirring it often; then strain and bottle. It is ready for immediate use, or will keep several months. Keep in a cool place.

Potato Yeast.—Pare and boil six potatoes; mash them through a colander and mix with them six tablespoonfuls of flour. Pour on a quart of boiling water from that in which the potatoes were boiled. Add half a teacupful of sugar, a tablespoonful of salt, and when cool, a teacupful of home-made yeast, or one-fourth the quantity of brewer's yeast.

Yeast Cakes.—Thicken good yeast with Indian-meal till it becomes a stiff batter. A little rye will make it adhere better. Make into cakes an inch thick and two by three inches in area. Dry them in the air, but not in the sun. Keep them in a bag in a cool, dry place. One of these cakes is enough for four quarts of flour. To use them, soak in milk or water several hours and use as other yeast.

Compressed Yeast.—There are many valuable preparations of this yeast, excellent in quality, and convenient to use. They must be fresh, however, or they will fail of their purpose.

XI.—PASTRY AND PUDDINGS.

THAT pastry may be wholesome and appetizing, great care in the selection of ingredients and in their manipulation is absolutely essential. One fact must always be borne in mind—that inferior ingredients cannot be made into superior compounds—though the finest ingredients may be ruined by careless or unskillful handling. Some suggestions of general application are therefore desirable.

Be careful to have all the materials *cool,* and the butter and lard hard; use cold water (ice-water if convenient); use a cool knife, and work on a marble slab if it can be had.

Put the ingredients together quickly, handling as little as possible; slow mixing and much contact with the hands or fingers make tough crust. Always use well-sifted flour.

Except in puff-paste, lard and butter in about equal proportions make the best crust; if made of butter alone, it is almost sure to be tough. That of lard alone, though tender, is usually white and insipid. Beef drippings, or the drippings of fresh pork, make a very light and palatable crust, lighter and more tender indeed than that made with butter alone, much better tasted than that made with lard alone, and quite equal to that made with butter and lard combined. Never use mutton drippings in crust.

Use very little salt and very little water; pour the latter in gradually, only a few drops at a time, unless you want tough crust.

148

Use plenty of flour on your paste-board, to keep the paste from sticking. Work the crust of one pie at a time, and always roll from you—one way only.

The filling for the pie should be perfectly cool when put in, or it will make the bottom crust heavy.

In making juicy pies, cut a slit in the top to let the steam escape, else the pie will be puffed unduly.

The oven should be hot, but not sufficiently so to scorch, or to set the paste before it has had time to rise; if too slack, the paste will not rise at all, but will be white and clammy. The best paste has a tinge of yellow. If permitted to scorch or brown, even the best paste becomes rancid.

RECIPES.

Pie Crust.—Take one-half cupful of lard, one-half cupful of butter, one quart of sifted flour, one cupful of cold water and a little salt. Rub the butter and lard *slightly* into the flour; wet it with the water, mixing it as little as possible. This quantity will make two large or three small pies.

Pie Crust Glaze.—To prevent juice from soaking the under crust, beat up the white of an egg, and before filling the pie, brush over the crust with the beaten egg. Brush over the top crust also, to give it a beautiful yellow brown.

Puff Paste.—Take one pound of sifted flour, on which sprinkle a very little sugar; take the yelks of one or two eggs, and beat into them a little ice-water, and pour gently into the centre of the flour, and work into a firm paste, adding water as is necessary; divide three-quarters of a pound or a pound of firm, solid butter, as you prefer, into three parts; roll out the paste, and spread one part of the butter on half of the paste; fold the other half over, and roll out again, repeating the process until the butter is all rolled in ; then set the paste on the ice for fifteen or twenty minutes, after which roll out again three times, each time rolling it the opposite direction; then put on the ice again until cold, when it is ready for use. Such paste will keep several days in a refrigerator, but should not be allowed to freeze.

Paste Shells.—Take sufficient rich puff-paste prepared as in the preceding recipe, roll very thin, cut to shape, and bake in a brisk oven in tin pans. Baked carefully, before filling with fruit, the paste rises better. When cool, the shells may be filled with stewed fruit, jelly, preserves, rich cream whipped to a stiff froth, raspberries, strawberries, or sliced peaches. These are delicious light desserts. Raspberries, strawberries, or sliced peaches, smothered with whipped cream on these shells, are really exquisite.

Apple Pie.—Line a pie plate with paste, and fill it heaping full with tart apples, sliced very thin. Sweeten and spice to taste, mixing well into the apples. Put in plenty of butter, and moisten well with cream. Bake until the apples are thoroughly done. Use no upper crust.

Apple Meringue Pie.—Stew and sweeten ripe, juicy apples. Mash smooth, and season with nutmeg. Fill the crust, and bake until just done. Spread over the apple a thick meringue, made by whipping to a stiff froth the whites of three eggs for each pie, sweetening with a tablespoonful of powdered sugar for each egg. Flavor this with vanilla; beat until it will stand alone, and cover the pie three-quarters of an inch thick. Set back in the oven until the meringue is well set. Eat cold.

Peach Meringue Pie.—Proceed as above in all respects, simply substituting peaches for apples. Whipped cream will make a delightful substitute for the whipped egg in either of these meringue pies.

Peach Pie.—Bake rich shells about two-thirds done; if your peaches are fully ripe, cut them into halves or quarters, put in the shell, sweeten and flavor to taste, cover or not as you choose, and finish baking in a *quick* oven; if the peaches are ripe, but not soft, it will improve the flavor to sugar them down some hours before you wish to use them; if not ripe, they should be stewed.

Gooseberry Pie.—Stew the gooseberries with plenty of white sugar, and use plain puff-paste for crust.

Cherry Pie.—Having removed the stones, put in sugar as may be needed, and stew the cherries slowly till they are quite done, if you use shells, or till nearly done if you use paste. A few of the pits added in stewing increase the richness of the flavor; but they should not go into the pies. If baked slowly the cherries need not be stewed at all.

Rhubarb Pie.—Remove the skin from the stalks; cut them in small pieces; pour boiling water over and let stand for ten minutes; drain thoroughly; then fill the pie-dish evenly full; put in plenty of sugar, a little butter, and dredge a trifle of flour evenly over the top; cover with a thin crust, and bake the same as apple pie. Equal quantities of apple and rhubarb used in the same manner make a very good pie.

Pumpkin Pie.—Stew the pumpkin until thoroughly done, and pass it through a colander. To one quart of stewed pumpkin, add three eggs, and one pint of milk. Sweeten, and spice with ground ginger and cinnamon to taste. Add butter, rose water, and a little brandy. The quantity of milk used will vary as the pumpkin may be moist or dry.

Sweet Potato Pie.—Scrape clean two good-sized sweet potatoes; boil; when tender, rub through the colander; beat the yelks of three eggs light; stir with a pint of sweet milk into the potato; add a small teacupful of sugar, a pinch of salt; flavor with a little fresh lemon, or lemon extract; bake to a nice brown; when done, make a meringue top with the whites of eggs and powdered sugar; brown this a moment in the oven.

Custard Pie.—Take one quart of milk, five eggs, four table-spoonfuls of sugar, a small piece of butter. Sift over the top Durkee's mixed spice.

Lemon Pie.—Let two cupfuls of water come to a boil; put in two tablespoonfuls of corn-starch dissolved. When it has boiled enough, take it from the stove, add the juice and rind of two lemons, two cupfuls of sugar, a piece of butter the size of a walnut, and the yelks of two eggs. Beat the whites of these eggs with pulverized sugar, and put on the top of the pies when done. Put into the oven to brown.

Orange Pie.—Beat the yelks of three eggs until light, and add to them the juice and grated rind of one orange, three-quarters of a cupful of sugar, and a tablespoonful of corn-starch mixed in half a cupful of water. Bake without upper crust, using the whites of the eggs for meringue.

Cream Pie.—One pint of milk, scalded; two tablespoonfuls of corn-starch, three tablespoonfuls of sugar, yelks of two eggs. Wet the starch with a little cold milk; beat the eggs and sugar until light, and stir the whole into the scalding milk. Flavor with lemon or vanilla, and set aside to cool. Line a plate with pie-crust and bake; fill it with the cream, and cover with frosting made of the whites of the eggs, beaten dry, with two tablespoonfuls of sugar. Bake to a delicate brown.

Cocoanut Pie.—One quart of milk, half a pound of grated cocoanut, three eggs, six tablespoonfuls of sugar, butter the size of an egg. Bake in open shells.

Cheese-cake Pie.—This may be made from the above recipe, substituting cottage-cheese for the cocoanut. Sprinkle the top with Durkee's mixed spices.

Mince Pie.—Seven pounds of beef, three and a half pounds of beef suet, five pounds of raisins, two pounds of currants, one-half peck of apples, four pounds of sugar, three-quarters of a pound of citron, one-quarter of a pound of preserved lemon, two large oranges, four nutmegs, half an ounce of cinnamon, half an ounce of cloves, and three pints of brandy. This quantity of mince-meat will make from twenty to twenty-five pies. When making the pies, moisten the meat with sweet cider.

Tarts.—Use the best of puff-paste; roll it out a little thicker than pie-crust, and cut with a large biscuit-cutter twice as many as you intend to have of tarts. Then cut out of half of these a small round in the centre, which will leave a circular rim of crust; lift this up carefully, and lay it on the other pieces. Bake in pans, so providing both the bottom and the top crusts. Fill with any kind of preserves, jam, or jelly.

Pineapple Tart.—Take a fine, large, ripe pineapple; remove the leaves and quarter it without paring, grate it down till you come to the rind; strew plenty of powdered sugar over the grated fruit; cover it, and let it rest for an hour; then put it into a porcelain kettle, and steam in its own sirup till perfectly soft; have ready some empty shells of puff-paste, or bake in patty-pans. When they are cool, fill them full with the grated pineapple; add more sugar, and lay round the rim a border of puff-paste.

Tea Baskets.—Make a short, sweetened pie-crust; roll thin, and partly bake in sheets; before it is quite done take from the oven, cut in squares of four inches or so, take up two diagonal corners and pinch together, which makes them basket-shaped; now fill with whipped cream, or white of egg, or both, well sweetened and flavored, and return to the oven for a few minutes.

Strawberry Short-cake.—Make a good biscuit crust, and roll out about one-quarter of an inch thick, and cut into two cakes the same size and shape; spread one over lightly with melted butter, and lay the other over it, and bake in a hot oven. When done, they will fall apart. Butter them well as usual. Mix the berries with plenty of sugar, and set in a warm place until needed. Spread the berries and cakes in alternate layers, berries on the top, and over all spread whipped cream or charlotte russe. The juice that has run from the fruit can be sent to the table in a tureen and served with the cake as it is cut.

Strawberry Short-cake, No. 2.—Take one quart of flour and sift into it two teaspoonfuls of sea-foam, a little salt, quarter of a pound of butter rubbed in, with milk enough to moisten properly. Handle as little as possible, divide into two parts, roll each flat, and place in two jelly pans. Bake quickly, then split apart the top and bottom of each crust; spread on plenty of butter, have the strawberries washed and drained in a sieve, crush them slightly, and sweeten well. Spread plenty of berries over each layer of the crust, and have some of the crushed and sweetened berries in a deep dish. When the cake is cut and served, cover each piece with the crushed berries, using this as sauce.

Batter Pudding.—Beat the yelks and whites of four eggs separately, and mix them with six or eight ounces of flour and a saltspoonful of salt. Make the batter of the proper consistency by adding a little more than a pint of milk; mix carefully; butter a baking-tin, pour the mixture into it, and bake three-quarters of an hour. Serve with vanilla sauce.

Apple Batter Pudding.—Core and peel eight apples, put in a dish, fill the places from which the cores have been taken with brown sugar, cover and bake. Beat the yelks of four eggs light, add two teacupfuls of flour, with three even teaspoonfuls of baking-powder sifted with it, one pint of milk, and teaspoonful of salt, then the whites well beaten; pour over the apples and bake. Use sauce with it.

Suet Pudding.—Take a pint of milk, two eggs well beaten, half a pound of finely chopped suet, and a teaspoonful of salt. Add flour gradually till you have a pretty thick batter; boil two hours, and eat with molasses.

Suet Pudding, No. 2.—One cupful of suet or butter, one cupful of molasses, one bowlful of raisins and currants, one egg, one cupful of sweet milk, one teaspoonful of saleratus dissolved in milk; one-fourth teaspoonful of cloves, and one-half of nutmeg. Mix stiff with flour and steam three hours. A fine sauce for this pudding may be made thus: One cupful of butter and two cupfuls of sugar, beat into a cream; add three eggs beaten very light; stir in two tablespoonfuls of boiling water. Flavor with wine, brandy, or vanilla.

Hasty Pudding.—Wet a heaping cupful of Indian-meal and a half cupful of flour with a pint of milk; stir it into a quart of boiling water. Boil hard for half an hour, stirring from the bottom almost constantly. Put in a teaspoonful of salt and a tablespoonful of butter, and simmer ten minutes longer. Turn into a deep, uncovered dish, and eat with sugar and cream, or sugar and butter with nutmeg.

Baked Hasty Pudding.—Take from a pint of new milk sufficient to mix into a thin batter two ounces of flour, put the remainder, with a *small* pinch of salt, into a clean saucepan, and when it boils quickly, stir the flour briskly to it; keep it stirred over a gentle fire for ten minutes, pour it out, and when it has become a little cool, mix with it two ounces of fresh butter, three of powdered sugar, the grated rind of a small lemon, four large or five small eggs, and half a glass of brandy or as much orange-flower water. Bake the pudding half an hour in a gentle oven.

Minute Pudding.—Take six eggs, two tablespoonfuls of sugar, one cupful of flour, a lump of butter large as an egg, and half a nutmeg; you may add, if desired, a half pound of raisins; mix well and bake quick.

Corn Pudding.—Twelve ears of sweet corn grated to one

quart of sweet milk; add a quarter of a pound of good butter, quarter of a pound of sugar, and four eggs; bake from
three to four hours.

Farina Pudding.—Boil one quart of milk, stir in slowly
three tablespoonfuls of farina, let it boil a few minutes; beat
two eggs and four tablespoonfuls of sugar with one pint of
milk, and mix thoroughly with the farina; when it has
cooled so as to be little more than lukewarm, put in pans,
and bake in a *moderate* oven. Serve with cream sauce.

Plain Tapioca Pudding.—A cup not quite full of tapioca to
a quart of milk; let it stand on the side of the range till it
swells; add while hot a tablespoonful of butter and a cupful
of white sugar, and let it cool; then add five eggs (three
will do quite well), well beaten, and flavor to your taste. To
be baked from three-quarters of an hour to an hour. It is
very nice when dressed with wine sauce, but may be eaten
with plainer dressing.

Tapioca and Apple Pudding.—One coffeecupful of Durkee's
farina-tapioca, one dozen good-flavored, tart apples, pared
and cored, one quart of water, a little salt. Cover the
tapioca with the water, and set it in a tolerably warm place
to soak five or six hours, stirring occasionally. Lay the
apples in a deep dish, put a little sugar and spice in the
centre, pour over the tapioca, and bake one hour.

Peaches may be substituted for apples, which will make a
delightful dish. Serve with hard sauce.

Vermicelli Pudding.—Into a pint and a half of boiling milk
drop four ounces of fresh vermicelli, and keep it simmering
and stirred up gently ten minutes, when it will have become
very thick; then mix with it three and one-half ounces of
sugar, two ounces of butter, and a little salt. When the
whole is well blended, pour it out, beat it for a few minutes
to cool it, then add by degrees four well-beaten eggs, and the

grated rind of a lemon ; pour a little clarified butter over the top ; bake it from one-half to three-fourths of an hour.

Sago Pudding.—Two large spoonfuls of sago boiled in one quart of water, the peel of one lemon, a little nutmeg ; when cold add four eggs and a little salt. Bake about one hour and a half. Serve with sugar and cream.

Arrow-root Pudding.—Boil one quart of milk, and stir into it four heaping tablespoonfuls of arrow-root dissolved in a little milk, mixed with four well-beaten eggs and two table-spoonfuls of white sugar. Boil three minutes. Eat with cream and sugar. This pudding is improved by flavoring with lemon. It should be prepared for table by pouring into wet molds.

Cocoanut Pudding.—One cocoanut finely grated (use both the meat and milk), one quart of milk, one cupful of sugar, five eggs, half a cupful of butter, a little salt, and a tea-spoonful of rose-water. Boil the milk, and pour upon the cocoanut, add the eggs well beaten, and the other ingredients, and bake in a deep aish, with or without an under-crust.

Cocoanut Pudding, No. 2.—Put a pint of milk to boil in a farina kettle. Take four tablespoonfuls of corn-starch and dissolve it in a little cold milk, then stir it into the boiling milk. Add half a cupful of sugar, the well-beaten whites of four eggs, half a grated cocoanut, and a teaspoonful of va-nilla extract ; turn into a mold to cool. For a suitable sauce put a pint of milk to boil, beat the yelks of four eggs with two tablespoonfuls of sugar till light, then add the boiling milk, with a tablespoonful of vanilla extract. Cook for two minutes in a farina kettle, then turn out to cool.

Rice Pudding.—One quart of milk, three eggs, half a cup-ful of rice, three-fourths of a cupful of sugar, half a cupful of butter, one cupful of raisins, seeded. Soak the rice in a

pint of the milk an hour, then set the saucepan containing
it where it will slowly heat to a boil.   Boil five minutes; remove and let it cool.   Beat the eggs, add the sugar and butter, the rice and the milk in which it was cooked, with the
pint of unboiled milk, and finally the raisins.   Grate nutmeg on the top, and bake three-quarters of an hour, or
until the custard is well set and of a light brown.   Serve
with hard brandy sauce.

Rice Pudding, No. 2.—Three-quarters of a cupful of soaked
rice, one cupful of sugar, three pints of milk, one tablespoonful of butter.   Season with lemon rind or spice to
taste.   Bake three-quarters of an hour.

Cottage Pudding.—Three cupfuls flour, or sufficient to
make the batter; one teaspoonful butter, one cupful sugar,
two eggs, one cupful milk, half a teaspoonful soda, one teaspoonful each of cream of tartar and salt; mix the cream
of tartar with the flour, beat the whites of the eggs; put
the butter, sugar, and yelks of the eggs together; then
work in the milk, soda, and salt, adding gradually the flour
and whites of the eggs; there should be flour enough to
make a fairly stiff batter; butter a mold or dish, and bake;
it may be turned out or served from the dish; to be eaten
with any liquid sauce.

Rennet Pudding.—Take one quart of milk, and warm it
enough to remove the chill; in summer it does not need
warming at all; stir into it three tablespoonfuls of granulated sugar, two of rose-water, and four of rennet wine; stir
it gently, not more than a minute; let it stand, and do not
move it till it is curdled, then place it gently in the ice chest
and grate nutmeg on the top.   Be careful not to shake it in
moving, for if the curd is disturbed it will turn to whey.

Lemon Pudding.—Take the yellow part of the rind of one,
and the juice of two large, juicy lemons. Beat to a cream half
a pound of butter, and the same of powdered sugar.   Beat

six eggs very light, and stir them gradually into the mixture. Add a glass of wine or brandy. Put the whole into a dish with a broad edge; put round two or three layers of puff-paste. Bake half an hour, and when cold sprinkle white sugar over it. Oranges may be used in the same way. To be eaten cold.

Orange Pudding.—Two oranges—the juice of both and grated peel of one; juice of one lemon; one half-pound lady's-fingers—stale and crumbled; two cupfuls of milk; four eggs, one-half cupful sugar; one tablespoonful corn-starch, wet with water; one tablespoonful butter, melted. Soak the crumbs in the cold milk, whip up light, and add the eggs and sugar, already beaten to a cream with the batter. Next add the corn-starch, and when the mold is buttered and water boiling hard, stir in the juice and peel of the fruit. Do this quickly, and plunge the mold directly into the hot water. Boil one hour; turn out and eat with very sweet brandy sauce.

Apple Pudding.—Fill an earthen baking-dish with finely chopped apples; season with sugar and nutmeg, add a little water, set it on the back of the range until the apples are tender; then make a crust of one teacupful of sweet milk, one tablespoonful of butter, a little salt, one teaspoonful baking-powder, flour enough to roll out; lay the crust on top of the apples and bake. To be eaten hot with sweet sauce, flavored with lemon or vanilla. Other kinds of fruit may be used in the same manner.

Bread Pudding.—One pint bread-crumbs; one quart milk; rind of one lemon grated into milk; yelks four eggs, beaten and mixed with one-half cupful sugar. Bake one-half hour. Spread meringue on top.

Fruit Bread Pudding.—Soak three large cupfuls of very fine bread-crumbs, through which has been mixed two teaspoonfuls of cream tartar, in a quart of milk; next, beat in three eggs well whipped, and a cupful of sugar; add half a cupful of finely chopped suet, a little salt, nutmeg, and cinnamon. Whip the batter very light, and then add fruit as follows, it having been well dredged with flour: Half pound of raisins, seeded and cut in too; one tablespoonful of finely sliced citron; half a pound of Sultana raisins, washed well and dried. Add a teaspoonful of soda, dissolved in hot water; heat for three minutes; put into a buttered mold, and boil hard for two hours.. Eat with brandy sauce.

Delmonico Pudding.—One quart of milk, four eggs, using the white of one only; three tablespoonfuls of sugar, two tablespoonfuls of corn-starch, one cupful of cocoanut, a little salt. Put the milk in a farina boiler to scald; wet the starch in cold milk; beat the eggs and sugar, and stir all into the scalding milk; add the cocoanut, and pour the whole into a pudding-dish; whip dry the three whites, reserved as above, with three tablespoonfuls of sugar; flavor with lemon or vanilla; spread over the pudding and bake a light brown. Eat hot or cold.

Almond Pudding.—Turn boiling water on to three-fourths of a pound of sweet almonds; let it remain until the skin comes off easily; rub with a dry cloth; when dry, pound fine with one large spoonful of rose-water; beat six eggs to a stiff froth with three spoonfuls of fine white sugar; mix with one quart of milk, three spoonfuls of pounded crackers, four ounces of melted butter, and the same of citron cut into bits; add almonds; stir all together, and bake in a small pudding-dish with a lining and rim of pastry. This pudding is best when cold. It will bake in half an hour in a quick oven.

Cup Custard.—One quart of milk, five eggs, teaspoonful of butter, sugar to taste. Pour into buttered cups, season with Durkee's mixed spices, and bake. This can be baked in a pudding-pan, if preferred.

Rice Custard.—Into a quart of boiling water stir two tablespoonfuls of rice flour, dissolved in a little cold milk; add two well-beaten eggs to the boiling mixture; sweeten and flavor to taste.

Chocolate Custard.—Three pints of sweet milk, four table-spoonfuls of grated chocolate, three tablespoonfuls of corn-starch, and two eggs. Put the chocolate and a little milk on to boil, stir it until smooth, then add a little cold milk. Beat up the eggs in the remainder of the milk, and pour all into the chocolate. Stir until it thickens; take off the fire, and add sugar and vanilla to taste. Place in a glass dish, and when cold, drop large spoonfuls of the whites of eggs, beaten very light with sugar, over the top, in the centre of each, a little currant jelly. This makes a very ornamental, as well as palatable dish.

Chocolate Pudding.—Make a corn-starch pudding with a quart of milk, three teaspoonfuls of corn-starch, and three tablespoonfuls of sugar. When done, remove about half and flavor to taste, and then to that remaining in the kettle add an egg beaten very light and two ounces of vanilla chocolate. Put in a mold, alternating the dark and light, and serve with whipped cream.

Baked Indian Pudding.—Boil one pint of milk; while boil-ing stir in one cupful of Indian-meal; let it cool a little, and add three eggs well-beaten, one pint of cold milk, one table-spoonful of flour, one-half cupful of sugar, one cupful of molasses, one teaspoonful of ginger, one of cinnamon, and a little salt. Bake an hour and a half.

Queen's Pudding.—One pint of bread-crumbs, one quart of milk, yelks of four eggs, rind of one lemon; sweeten to taste. Bake as a custard. After baking, spread the top with cur-rant jelly. Beat the whites of the eggs, add to them one cupful of sugar dissolved in the juice of a lemon. Spread this over the pudding, and brown.

11

Brown Betty.—One loaf of stale bread crumbled fine, one-half cupful of milk, and twelve apples. Alternate layers of bread and sliced apples, sugared, buttered, and spiced. Moisten with the milk. Bake in a tin pudding-pan for three hours.

Poor Man's Plum Pudding.—One cupful of molasses, one cupful of suet chopped very fine, beaten smoothly together; one teaspoonful of salt and one of soda mixed through a half-pound of flour, one pint of milk, one pound of raisins, seeded and chopped, and a half-pound of sliced citron. Boil three hours.

English Plum Pudding.—Two pounds of chopped suet, three pounds of seeded raisins, two pounds of currants, one-half pound of citron, two pounds of sugar, five eggs, one pint of milk, one-half pint of brandy, two nutmegs, a little salt, flour sufficient to make it very stiff. Put it into one or two bags, and boil in a large quantity of water seven or eight hours. Serve with sauce.

Spice Pudding.—One cupful of sour milk, one cupful of butter, four cupfuls of flour, two cupfuls of currants, one cupful of sugar, four eggs, four teaspoonfuls of cinnamon, one teaspoonful of cloves, and one teaspoonful of soda. Bake in a quick oven, and serve with brandy sauce.

Paradise Pudding.—Stew until tender three ounces of rice in a pint and a quarter of milk, add four ounces of raisins, three ounces of suet chopped fine, two and a half ounces of sugar, two eggs, a little nutmeg and lemon peel. Boil three hours. Serve with hard sauce.

Jelly Pudding.—Two cupfuls *very* fine stale biscuit or bread-crumbs; one cupful of rich milk—half cream, if you can get it; five eggs, beaten very light; one-half teaspoonful of soda, stirred in boiling water; one cupful of sweet jelly, jam, or marmalade. Scald the milk and pour over the crumbs. Beat until half cold, and stir in the beaten yelks, then whites, finally the soda. Fill large cups half full with the batter; set in a quick oven and bake half an hour. When done, turn out quickly and dexterously; with a sharp knife make an incision in the side of each; pull partly open, and put a liberal spoonful of the conserve within. Close the slit by pinching the edges with your fingers. Eat warm with sweetened cream.

Cabinet Pudding.—Take of the remains of any kind of cake broken up two cupfuls, half a cupful of raisins, half a can of peaches, four eggs, one and a half pints of milk. Butter a plain pudding mold and lay in some of the broken cake, one-third of the raisins, stoned, one-third of the peaches; make two layers of the remainder of the cake, raisins, and peaches. Cover with a very thin slice of bread, then pour over the milk beaten with the eggs and sugar. Set in a saucepan of boiling water to reach two-thirds up the side of the mold, and steam three-quarters of an hour.

Turn out carefully on a dish, and serve with peach sauce, made as follows: Place the peach juice from the can into a small saucepan; add an equal volume of water, a little more sugar, and eight or ten raisins; boil ten minutes, strain, and just before serving add six drops of bitter almond.

Delicious Pudding.—Bake a common sponge cake in a flat-bottomed pudding-dish; when ready for use, cut in six or eight pieces; split and spread with butter, and return them to the dish. Make a custard with four eggs to a quart of milk, flavor and sweeten to taste; pour over the cake and bake one-half hour. The cake will swell and fill the custard. Any stale cake will do about as well as sponge cake.

Bird's-nest Pudding.—Make the foundation of the nest of corn-starch or blanc-mange. Cut strips of lemon peel, boil in a sirup of water and sugar till tender, and arrange around the blanc-mange to represent straw. Extract the contents of four eggs through a small hole, and fill the shells with hot blanc-mange or corn-starch. When cold, break off the shells, and lay the molded eggs in the nest.

Snow Pudding.—Soak an ounce of gelatine in a pint of cold water for one hour; then place it over the fire, stir gently, and remove as soon as it is dissolved; when almost cold, beat to a stiff froth with an egg-beater. Beat the whites of three eggs to a stiff froth, and add it to the gelatine froth, together with the juice of three lemons, and pulverized sugar to the taste. Mix the whole well together, pour into a mold, and set aside to cool. Serve on a dish with soft custard made from the yelks of the eggs.

Cherry Pudding.—Two eggs, one cupful sweet milk, flour enough to make a stiff batter, two teaspoonfuls of baking-powder, and as many cherries as can be stirred in. Eat with sauce made of the cherries.

Blackberry Mush.—Put the berries into a preserving kettle and mash with sugar enough to make sweet; set over the fire, and when it begins to simmer, stir in very gradually one tablespoonful, or more if needed, of corn-starch to a quart of fruit; stir until well cooked, and eat either hot or cold with cream; raspberries also may be used this way.

Roley-poley.—Make a good biscuit dough, and roll about three-quarters of an inch thick, and spread with berries, preserves, or slices of apple; roll up and tie in a cloth; boil or steam an hour and a half.

Berry or Fruit Puddings.—One quart sifted flour, two table-spoonfuls shortening, half teaspoonful salt, and two tea-spoonfuls baking-powder; mix well, then form a soft dough of milk or water, roll out thin, and spread with any kind of berries, fruit, or preserves; roll it up, tie in a cloth, and place in the steamer, or boil in a mold. This makes fine dumplings.

German Puffs.—Two cups of sweet milk, two cups of flour, three eggs, and a little salt. Bake in buttered cups.

Indian Puffs.—Into one quart of boiling milk stir eight tablespoonfuls of corn-meal and four tablespoonfuls of brown sugar; boil five minutes, stirring constantly; when cool, add six well-beaten eggs · bake in buttered cups half an hour. Eat with sauce.

White Puffs.—One pint rich milk; whites of four eggs whipped stiff; one heaping cupful prepared flour; one scant cupful powdered sugar; grated peel of half a lemon; a little salt. Whisk the eggs and sugar to a meringue, and add this alternately with the flour to the milk. Cream, or half cream half milk, is better. Beat until the mixture is very light, and bake in buttered cups or tins. Turn out, sift powdered sugar over them, and eat with lemon sauce.

Oak Balls.—Three cupfuls each of flour and milk, three eggs, whites and yelks beaten separately and very light, three tablespoonfuls of melted butter, a little salt. Pour in well-buttered muffin-rings, and bake to a nice brown.

Apple Dumplings.—Make a biscuit dough, and cover the apples (pared and cored), singly; tie in cloths and drop in boiling water. Let it boil half an hour. If preferred, mix flour and a little salt, and scald with boiling water. When cold enough to handle, roll it out and cover the apples. Or a pie-crust may be made for a cover and the dumplings may be baked in the oven.

Peach Dumplings.—These may be made according to the preceding recipe, substituting peaches for apples.

Lemon Dumplings.—Take suet, four ounces; moist sugar, four ounces; bread-crumbs, one-half pound; one lemon. Grate the rind of the lemon, squeeze out the juice, mix all the ingredients. Put in buttered teacups and bake three-quarters of an hour.

XII.—CREAMS, JELLIES, AND LIGHT DES-SERTS.

THERE is a delightful range of light desserts which need to be introduced more generally into our homes. They have too long been allowed to rest in the confectioner's under the erroneous notion that they were beyond the capacity of the ordinary housekeeper.

Prominent among these desserts are ice-cream and water-ices with all their splendid possibilities of variety. For hints concerning freezers and other tools for the home manufacture of these preparations, see the last chapter of this department.

In making ice-cream, use only the best materials. Avoid milk thickened with arrow-root, corn-starch, or any farinaceous substance. Pure cream, ripe natural fruits, or good extracts of the same, and sugar of the purest quality, combine to make a perfect ice-cream. To freeze the cream, assuming it be already flavored, first pound up ice and mix with it a quantity of coarse salt, in the proportion of about one-third the quantity of salt to the amount of ice used. Put the freezing-can in the centre of the tub, taking care that the lid is securely fastened down, and pile the mixed ice and salt around it to within three inches of the top, or certainly as high as the cream reaches on the inside.

Begin to stir the cream at once, and stir rapidly and constantly. This is essential to make the cream smooth. If the cream is allowed to freeze to the sides of the can without being quickly removed, there will inevitably be lumps of ice through it. The freezing has progressed sufficiently far when the cream will stand heaped upon a spoon.

When a small can of cream has been made for table use, it is desirable to serve it in a cylindrical form as it comes solid from the can. To remove it in this form, take the can from the ice and wipe off all the salt and ice which adheres to it. Remove the lid and invert the can upon a plate. Wrap about the can a towel wet with warm water. This will sufficiently relax the freezing within the can to allow the cream to slide out in compact form. Molds of cream may be removed in the same manner, by dipping them in warm water for a moment. Water-ices and frozen fruits need the same general treatment.

For whipping cream, etc., some of the improved beaters, described at the end of this department, will be found to be superior to the old hand methods. In all delicate dishes the best ingredients must invariably be used.

RECIPES.

Vanilla Ice-cream.—Two quarts of pure cream, fourteen ounces of white sugar, flavored with vanilla bean or extract of vanilla to taste; mix well, and freeze as directed above. Pure cream needs no thickening or boiling. Milk may be boiled or thickened with arrow-root or corn-starch, but it will not produce ice *cream*.

Lemon Ice-cream.—For the same quantity of cream and sugar, as above, stir in the juice of from four to eight lemons, according to size and juiciness, and grate in a little of the rind. Then freeze as above.

Orange Ice-cream.—Proceed as in lemon cream, using oranges, and regulating the quantity of sugar as the fruit is more or less sweet.

Chocolate Ice-cream.—For one gallon of ice-cream, grate fine about one-half cake of Baker's chocolate; make ice-cream as for the recipe above; flavor lightly with vanilla and stir in the chocolate.

Strawberry Ice-cream.—Mash one pint of fresh, ripe strawberries; sprinkle them with half a pound of fine sugar; let it stand about an hour; strain though a fine sieve, or a cloth; if the sugar is not dissolved, stir it well; add a little water; stir this juice into the cream prepared as above and freeze.

Raspberry Ice-cream.—Make the same as strawberry, substituting the raspberries merely.

Peach Ice-cream.—Take fine, ripe freestone peaches; pare, chop fine, mash, and work as for strawberry cream.

Pine-apple Ice-cream.—Pare the fruit, shred fine, and work as in strawberry cream.

Orange Water-ice.—Take one dozen oranges; grate the skin and squeeze out the juice; add six quarts of water and ten ounces of white sugar to each quart of water; mix well and put into the freezer. Be careful to stir steadily while freezing, or the mixture will cake into lumps. The amount of sugar and of orange-juice may be varied to suit taste.

Lemon Water-ice.—To one quart of water, add the juice of four lemons and one pound of sugar. Then proceed as above. Currants, raspberries, strawberries, and all the juicy fruits may be treated in the same way.

Tutti Frutti.—One quart of rich cream, one and one-half ounces of sweet almonds, chopped fine; one-half pound of sugar; freeze, and when sufficiently congealed, add one-half pound of preserved fruits, with a few white raisins chopped, and finely sliced citron. Cut the fruit small, and mix well with the cream. Freeze like ice-cream, and keep on ice until required.

Frozen Fruits.—Take two quarts of rich cream and two teacupfuls of sugar, mix well together and put into a freezer with ice and salt packed around it. Have ready one quart of peaches, mashed and sweetened. When the cream is very cold, stir them in and freeze all together. Strawberries can be used in the same way, but will require more sugar. Cherries are specially delightful in this form.

Whipped Cream.—To one quart of cream whipped very thick, add powdered sugar to taste; then add one tumbler of wine. Make just before using.

Italian Cream.—Divide two pints of cream equally in two bowls; with one bowl mix six ounces of powdered sugar, the juice of two large lemons, and two glassfuls of white wine; then add the other pint of cream, and stir the whole very hard; boil two ounces of isinglass with four small teacupfuls of water till reduced one-half; then stir the isinglass, lukewarm, in the other ingredients; put them in a glass dish to harden.

Syllabub.—Whip a small cupful of powdered sugar into a quart of rich cream, and another cupful of sugar into the whites of four eggs. Mix these together, and add a glass of white wine and flavoring to taste.

Spanish Cream.—Three half-pints of milk, half a box of gelatine, five tablespoonfuls of white sugar, three eggs, and two teaspoonfuls of vanilla. Soak the gelatine in cold milk; put on to boil; when boiling, add the yelks of the eggs with the sugar and flavoring extract beaten together. When it thickens to the consistency of cream, or after about three

minutes' boiling, take off the fire, and stir in the whites of
the eggs well beaten.   Pour into molds, and set aside to
cool.   To be eaten cold, with or without cream.

Tapioca Cream.—Soak half a cupful of tapioca in water
over night.   Let a quart of milk get steaming hot, and add
to it the tapioca.   Let it boil three minutes, then mix five
tablespoonfuls of white sugar with the yelks of four eggs;
stir them into the milk and tapioca, and let it come to a boil
again.   Beat the whites up stiff; stir them rapidly and
thoroughly through the boiling tapioca; add two tablespoonfuls of wine and a pinch of salt.   Let it stand till
cold and garnish with macaroons.

Orange Cream.—Put half a box of gelatine to soak for half
an hour in cold water enough to cover it.   Take three half-
pints of cream, whip half of it, and heat the other half; dissolve the gelatine in the heated cream; then strain it, and
return to the boiler again.   Take the yelks of five eggs and
a cupful of sugar; beat them together till light, and add to
the boiling cream; cook about two minutes, stirring constantly; take from the fire, and while it cooks, stir in the
whipped cream and the juice of four oranges, and pour into
a mold to stiffen.   Stir the cream constantly before putting
into the mold, to prevent it from thickening in lumps.

Pink Cream.—Three gills of strawberry or currant juice;
mix with one-half pound of powdered sugar, one-half pint of
thick cream; whisk until well mixed; serve in a glass dish.

Chocolate Bavarian Cream.—Whip one pint of cream to a
stiff froth, laying it on a sieve; boil a pint of rich milk with
a vanilla bean and two tablespoonfuls of sugar until it is well
flavored; then take it off the fire and add half a box of gelatine, soaked for an hour in half a cupful of water in a warm
place near the range; when slightly cooled, add two tablets
of Baker's chocolate, soaked and smoothed.   Stir in the eggs

well-beaten. When it has become quite cold and begins to thicken, stir it without ceasing a few minutes, until it is very smooth ; then stir in the whipped cream lightly until it is well mixed. Put it into a mold or molds, and set it on ice or in a cool place.

Turret Cream.—Soak one box of gelatine in a cupful of milk four hours. Scald three cupfuls of milk; add one cupful of the sugar; when this is dissolved, add the soaked gelatine. Stir over the fire until almost boiling hot; strain and divide into two equal portions. Return one to the fire and heat quickly. When it nears the boiling-point, stir in the beaten yelks of three eggs. Let all cook together two minutes, and turn out into a bowl to cool. When it has cooled, churn one pint of cream very stiff, and beat the whites of the eggs until they will stand alone. Divide the latter into two heaps. As the yellow gelatine begins to "form," whip one-half of the whites into it, a little at a time. To the white gelatine add the rest of the whites in the same manner, alternately with the whipped cream. Season the yellow with vanilla, the white with lemon juice beaten in at the last. Wet the inside of a tall, fluted mold with water, and arrange in the bottom, close to the outside of the mold, a row of crystallized cherries. Then put in a layer of the white mixture; on this crystallized apricots or peaches cut into strips ; a layer of the yellow, another border of cherries, and so on until your mold is full. When firm, which will be in a few hours if set on ice, wrap a cloth wrung out in hot water about the mold, and invert upon a flat dish. Eat with sweet cream, or, if you like, with brandied fruit. Not only is this a very palatable dish, but it is also very beautiful, well repaying the trouble of its preparation.

Velvet Cream.—Half an ounce of isinglass dissolved in cne and a half cupfuls of white wine; then add the juice and grated peel of a lemon, three-quarters of a pound of loaf sugar; simmer all together until mixed well; strain and add one and a half pints of rich cream, and stir until cool; pour into molds, and let it stand till stiff enough to turn out.

Calf's Foot Jelly.—Take one pair of calf's feet, and put them into a gallon of water; let it boil half away and skim constantly; strain it when cold; take the fat from the top and bottom; then warm it; add sugar, the juice of three lemons, a pint of Madeira wine, and the whites of seven eggs; boil it half an hour, strain through a flannel bag, and cool in molds.

Wine Jelly.—One box of Coxe's gelatine dissolved in one pint of cold water, one pint of wine, one quart of boiling water, two cupfuls of granulated sugar, and three lemons. Cool in molds.

Wine Jelly, No. 2.—Soak one package of sparkling gelatine in a large cupful of cold water. Add to this all the juice and half the rind of a lemon, two cupfuls of white sugar, and a half teaspoonful of bitter almond or two peach leaves, and cover for half an hour; then pour on boiling water, stir, and strain. After adding two cupfuls of pale sherry or white wine, strain again through a flannel bag. Wet a mold and set it in a cold place until the next day.

Jelly Oranges.—Soak a package of Coxe's gelatine about three hours in a cup of cold water. Cut from the top of each of a dozen fine oranges a round piece, leaving a hole just large enough to admit the bowl of a small spoon or the handle of a larger. The smaller the orifice, the better your dish will look. Clean out every bit of the pulp very carefully, so as not to tear the edges of the hole. Scrape the inner skin from the sides with your fore-finger, and when the oranges are emptied lay them in cold water while you make the jelly. Strain the juice of all and grated peel of three of the oranges through coarse, thin muslin over three cupfuls of sugar, squeezing rather hard to get the coloring matter.

Stir this until it is a thick sirup, and add a quarter teaspoon-ful of cinnamon. Pour two cupfuls of boiling water upon the soaked gelatine, and stir over the fire until well dissolved; add the juice and sugar, stir all together, and strain through a flannel bag into a pitcher, not shaking or squeezing it, lest it should become cloudy. Wipe off the outside of the oranges, set them close together in a dish, the open ends uppermost, and fill *very* full with the warm jelly, as it will shrink in cooling. Set it away in a cold place where there is no dust. Next day cut each in half with a sharp knife, taking care to sever the skin all around before cutting into the jelly. If neatly divided, the rich amber jelly will be a fair counterfeit of the orange pulp. Pile in a glass dish, with green leaves around, as you would the real fruit. This is a delicious dish, and it is highly ornamental on the table.

Apple Jelly.—Soak half a package Coxe's gelatine in one cupful of cold water. Pare, core, and slice a dozen well-flavored pippins, throwing each piece into cold water as it is cut to preserve the color. Pack them in a glass or stone-ware jar with just cold water enough to cover them; cover the jar loosely that the steam may escape; set in a pot of warm water and bring to a boil. Cook until the apples are broken into pieces. Have ready in a bowl the soaked gela-tine, two cupfuls of powdered sugar, the juice of two lemons, and the grated peel of one. Strain the apple pulp scalding hot over them; stir until the gelatine is dissolved; strain again through a flannel bag, without shaking or squeezing it; wet a mold with cold water, fill it, and set in a cold place until firm. This preparation is greatly improved if formed in a mold with a cylinder in the centre, the cavity being filled and heaped with whipped cream or syllabub.

Peach Jelly.—Proceed as in apple jelly, using peaches, with a few peach-kernels broken up and boiled with the fruit.

Lemon Jelly.—Stir together two large cupfuls of sugar, the juice of six lemons and grated peel of two, and a package of well-soaked gelatine. Cover for an hour. Pour three pints of boiling water over them; stir until the gelatine is quite melted; strain through a close flannel bag, and pour into a wet mold.

Orange Jelly.—Soak a package of gelatine in two cupfuls of water; add two cupfuls of sugar, the juice of six large oranges, and grated peel of one, the juice of two lemons, and peel of one, and cover for an hour. Pour three pints of boiling water over them; stir until the gelatine is quite melted; strain through a flannel bag; add a little good brandy if desired and strain again; pour into a wet mold.

Orange Trifle.—Stir half a package of soaked gelatine into a cupful of boiling water. Mix the juice of two oranges and rind of one with a cupful of powdered sugar, and pour the hot liquid over them. Should the gelatine not dissolve readily, set all over the fire and stir until clear. Strain, and stir in the beaten yelks of three eggs. Heat quickly within a vessel of boiling water, stirring constantly lest the yelks curdle. If they do curdle, strain again through coarse flannel. Set aside until perfectly cold and slightly stiff, then whip in a pint of frothed cream. Wet a mold, fill, and set it on ice.

Orange Dessert.—Pare five or six oranges; cut into thin slices; pour over them a coffeecupful of sugar. Boil one pint of milk; add, while boiling, the yelks of three eggs, one tablespoonful of corn-starch (made smooth with a little cold milk); stir all the time; as soon as thickened, pour over the fruit. Beat the whites of the eggs to a froth; add two tablespoonfuls of powdered sugar; pour over the custard, and brown slightly in the oven. Serve cold.

Apple Snow.—Grate half a dozen apples to a pulp; press them through a sieve; add half a cupful of powdered sugar and a teaspoonful of extract of lemon; take the whites of six eggs, whip them for several minutes, and sprinkle two tablespoonfuls of powdered sugar over them; beat the apple pulp to a froth, and add the beaten egg; whip the mixture until it looks like stiff snow; then pile it high in rough portions on a glass dish; garnish with small spoonfuls of currant jelly.

Floating Island.—Beat the yelks of six eggs until very light; sweeten and flavor to taste; stir into a quart of boiling milk; cook till it thickens; when cool, pour into a low glass dish; whip the whites of the eggs to a stiff froth; sweeten, and place over a dish of boiling water to cook. Take a tablespoon and drop on the whites of the cream, far enough apart so that the " little white islands " will not touch each other. By dropping little specks of bright jelly on each island a pleasing effect will be produced.

Blanc-mange.—Take one quart of milk, one ounce gelatine, and sugar to sweeten to taste; put it on the fire, and keep stirring until it is all melted, then pour it into a bowl and stir until cold; season with vanilla; pour it into a mold, and set in a cool place to stiffen.

Tapioca Blanc-mange.—Take one pint of new milk, half a pound of the best farina-tapioca soaked in water four hours, three-fourths of a cupful of sugar, two teaspoonfuls of almond or vanilla extract, a little salt. Heat the milk, and stir the soaked tapioca. When it has dissolved, add the sugar. Boil slowly fifteen minutes, stirring all the time; take from the fire, and beat until nearly cold. Flavor and pour into a mold dipped in cold water. Sago blanc-mange may be made in the same manner.

Corn-starch Blanc-mange.—One quart of milk, four table-spoonfuls of corn-starch, wet with a little water, three eggs, whites and yelks beaten separately, one cupful of sugar, a little salt, flavor with lemon extract. Heat the milk to boiling; stir in the corn-starch and salt, and boil together five minutes; then add the yelks, beaten light, with the sugar; boil two minutes longer, stirring all the while; remove the mixture from the fire, and beat in the whipped whites while it is boiling hot. Pour into a mold wet with cold water, and set in a cold place. Eat with sugar and cream.

Chocolate Blanc-mange.—Heat a quart of milk; stir in a cupful of sugar and half a package of soaked gelatine; strain through flannel; add three large spoonfuls of grated chocolate; boil ten minutes, stirring all the time. When nearly cold, beat until it begins to stiffen. Flavor with vanilla; whip up once, and put into a wet mold. It will be firm in six or eight hours.

Neapolitan Blanc-mange.—Dissolve one-third of a box of gelatine, and stir into one quart of milk. Add three-fourths of a cupful of sugar. As soon as the gelatine is thoroughly dissolved, remove from the fire, and divide into three parts. Flavor one with vanilla; color another with the beaten yelk of one egg; color the third with grated chocolate. Set away, and when quite cold and a little stiff, pour into a mold—first the white, then the yellow, and last the brown.

Peach Meringue.—Put on to boil a scant quart of new milk, omitting half a teacupful, with which moisten two table-spoonfuls of corn-starch. When the milk boils, add corn-starch, stir constantly, and when it commences to thicken, remove from the fire; add one tablespoonful of perfectly sweet butter; let cool; then beat in the yelks of three eggs until the custard seems light and creamy; add one-half tea-cupful of fine sugar; cover the bottom of a well-buttered baking-dish with ripe, juicy peaches, that have been pared, stoned, and halved; sprinkle two tablespoonfuls of sugar over the fruit, pour the custard over gently, and bake in a quick oven twenty minutes; draw it out, and cover with the well-beaten whites of the three eggs; sprinkle a little fine sugar over the top, and set in the oven until brown. Eat warm with sauce, or cold with cream.

Charlotte Russe.—Dissolve half a box of gelatine in cold water. Beat the yelks of four eggs with two cupfuls of white sugar. Whip one quart of sweet cream very stiff, add flavoring, then the yelks and sugar, and blend all the ingredients. Add the whites, turn into a bowl lined with sponge cake or lady-fingers, and set away to cool.

Charlotte Russe, No. 2.—Two tablespoonfuls gelatine soaked in a little cold milk two hours; two coffeecupfuls rich cream; one teacupful milk. Whip the cream stiff in a large bowl or dish; set on ice. Boil the milk and pour gradually over the gelatine until dissolved, then strain; when nearly cold add the whipped cream, a spoonful at a time. Sweeten with pulverized sugar and flavor with vanilla. Line a dish with lady-fingers or sponge cake; pour in the cream and set in a cool place to harden.

Chocolate Charlotte Russe.—Soak in cold water one ounce of isinglass or of gelatine; shave down three ounces of the best chocolate, without spice or sugar, and mix it gradually into one pint of cream, adding the soaked isinglass; set the cream, chocolate, and isinglass over the fire in a porcelain kettle, and boil slowly till the isinglass is dissolved, and the whole well mixed; take it off the fire and let it cool; have ready eight yelks of eggs and four whites beaten together until very light; stir them gradually into the mixture with half a pound of powdered sugar; simmer the whole, but do not let it boil; then take it off, and whip to a strong froth; line the molds with sponge cake, fill with the paste, and set them on ice.

12

Figs a la Genevieve.—Dissolve two ounces of best sugar in half a pint of cold water in an enameled stewpan, with half the very thin rind of a large lemon; when this is done, put into it half a pound of Turkey figs, and put the stewpan over a moderate fire, so that the figs may stew very slowly; when quite soft, add one glassful of common port or any other wine, and the strained juice of half a lemon; serve them cold for dessert. About two hours or two hours and a half is the average time for stewing the figs, and the flavor may be varied by using orange peel and juice instead of lemon, and by boiling two or three bitter almonds in the sirup.

Biscuit Glace.—Make a quart of rich boiled custard, flavor it with vanilla, and let it cool. Then mix with it a quart of grated pineapple or mashed peaches. Stir them well together, and add enough sugar to allow for the loss in freezing. Freeze in the usual way, stirring in a pint of cream, whipped, when it is beginning to set in the freezer. Partly fill little paper cases with the mixture, and smooth the tops nicely. Place them carefully in the cleaned and dried freezer, and let them remain embedded in ice for several hours. Sometimes the cases are filled with pistachio or chocolate ice-cream, in which case blanched almonds are laid over the top, when they are served. Or they may be filled with frozen whipped cream, and served with a spoonful of some bright sherbet upon the top of each.

XIII.—CAKES AND CAKE-BAKING.

IN cake-making it is absolutely essential that the best materials be employed. Stale eggs, strong butter, musty flour, or common sugar are not so much as to be thought of in this connection. The idea that such refuse " will do for cooking " is most unworthy. When a luxury, such as cake, is attempted, the maker should certainly be willing to luxuriate in acceptable ingredients.

Flour for cake should be white and dry. It should always be carefully sifted. Sugar should be white, dry, and free from lumps. Eggs and butter should be sweet and fresh; the milk rich and pure. Fruit and extracts must be of the best. The weighing and measuring of ingredients must be accurately done. Guessing at quantities has spoiled many a cake.

For mixing cake, an earthen or wooden dish and a wooden spoon are requisite. Butter and sugar should be beaten together to a cream before using. Butter may be softened for this purpose, if too hard to manage readily, but it must not be melted. Whites and yelks of eggs must be beaten separately, until there is no stringiness visible, and the froth can be taken up on a spoon. Beat eggs in a broad, shallow dish, and in a cool place. It is well to lay the eggs in cold water for an hour before beating them, as they will beat the lighter for such treatment. Sweet milk is best for

179

solid cake; sour milk, for light cake. The two should never be mixed.

Baking-powder should be mixed dry through the flour. Soda and cream of tartar should be dissolved in milk. Flavoring extracts, fruit, and spices must be added the last thing, and fruit should always be well sprinkled with flour before it is put in the dough. Currants and such fruit should be washed, picked over, and dried before using. Almonds should be blanched by pouring boiling water over them till they pop from their skins. Cake should be beaten as little as possible after the flour has been added. When it requires long baking, the bottom and sides of the pan should be lined with paper well buttered. This will insure the easy turning out of the cake when done.

Much of the success in cake-baking depends on the heating of the oven. If the oven is very hot when the cake goes in, it will bake on top before it becomes light. If the oven is too cool, it will rise and fall again before done. If the top of the cake browns too fast, cover it with thick paper. Try it by inserting a broom-splinter or knitting-needle in the thickest part of the cake, and if nothing adheres when it is drawn out, it is done. Turn out of the tins at once, taking care not to expose the cake to draft.

Cake should be kept in earthen pans or crocks, or tin boxes, but never in wooden boxes or drawers. It will keep better for being wrapped in a cloth, and more than is needed should not be cut.

Cake that is to be frosted should be baked in pans with perpendicular sides. The icing should be put on as soon as the cake is removed from the oven. This will insure its drying smooth and hard.

RECIPES.

Loaf Dutch Cake.—Take one cupful of light bread dough, one egg, sugar and salt to taste, half a teaspoonful of soda, half a pound of raisins, and, if desired, a little butter and nutmeg ; work all together very smooth ; let the dough rise about half an hour, and bake as bread.

Bread Cake.—Two coffeecupfuls of bread dough, two tea-cupfuls of sugar, two eggs, one teacupful of butter, two tea-spoonfuls essence of lemon, one nutmeg, a teaspoonful each of cloves, cinnamon, and allspice, a wineglass of brandy, and a coffeecupful of raisins. Let it rise before baking.

Cinnamon Bun.—Put one pint of milk on to boil and mix a cupful of butter in a little lukewarm water ; add a tea-spoonful of salt, and half an yeast cake dissolved in luke-warm water ; add two quarts of sifted flour; mix all together, and let it stand over night till morning. Now beat two eggs and half a cupful of sugar until light, and mix it with the dough ; use just flour enough on the board to keep the dough from sticking ; roll the dough out into a sheet one-fourth of an inch in thickness; spread a little butter, and sprinkle a little sugar on it, then some pulverized cinnamon, a few currants or chopped raisins. Now roll the sheet up into one long roll and cut in pieces about one inch thick ; a sharp knife must be used for this purpose ; put the pieces in a baking-pan, the cut side or end downward, and let them stand in a warm place for an hour, when they will be ready for the oven, which must be moderately heated.

Soft Molasses Cake.—Into one pint of molasses, put one tablespoonful of ginger, one teaspoonful of cinnamon, one tablespoonful of butter ; add one teaspoonful of soda and two teaspoonfuls cream of tartar in one-half cupful of milk, one egg, and two and a half cupfuls of flour. Bake half an hour.

Gingerbread.—One cupful of molasses, one cupful of but-ter, two cupfuls of sugar, one cupful of sour milk, four eggs, three cupfuls of flour, one tablespoonful of ginger, and one teaspoonful of soda. Mix well and bake quickly.

Ginger Snaps.—Mix one pint of flour, one cupful of sugar, a piece of butter the size of two eggs; three heaping table. spoonfuls of ginger, and a little salt. Pour into this two cupfuls of heated molasses. Add flour enough to make it roll out thin. Bake three or four minutes.

Cookies.—Six cupfuls of flour, two of sugar, one of butter, one of milk, teaspoonful of soda, flavored with cinnamon or nutmeg, as you like. Roll thin, cut with biscuit-cutter, and bake quick.

Small Sugar Cakes.—One heaping teacupful of sugar; three-quarters teacupful of butter; one-quarter teacupful sweet milk; two eggs, well beaten; two teaspoonfuls cream tartar; one teaspoonful soda, dissolved in hot water; use flour sufficient to enable you to roll out the dough; one saltspoonful salt, nutmeg and cinnamon to taste. Cut into round cakes and bake quickly.

Knickerbocker Cakes.—Beat half a pound of fresh butter to a cream; add half a pound of powdered sugar, three-quarters of a pound of sifted flour, a tablespoonful of orange-flower water, and one of brandy, and four ounces of washed currants; add five well-beaten eggs, and beat the mixture until very light. Line some shallow cake-tins with buttered paper, pour in the mixture until they are half full, and bake in a quick oven.

Scotch Wafers.—Take one pound of sugar, half a pound of butter, one pound of flour, two eggs, two teaspoonfuls of cinnamon. Roll thin and bake quickly.

Shrewsbury Cakes.—Mix a pound of flour and a half pound of butter; stir in a pound of brown sugar and two tablespoonfuls of cinnamon. Mix all thoroughly into a paste with three eggs, roll very thin, using as little flour as possible, and bake in a quick oven.

Soft Cookies.—One egg, two cupfuls of sugar, two cupfuls of cream, one even teaspoonful of soda, salt and flavor to taste. Flour to stiffen so they will drop from the spoon; leave a space between them, as they spread in baking.

Apees.—One cupful of butter, one large cupful of sugar, three eggs, half a teaspoonful of soda, one teaspoonful of cream tartar, and flour enough to roll out thin. Bake quickly.

Cinnamon Cakes.—Take six ounces of butter, a pound of fine, dry flour, three-quarters of a pound of sifted sugar, and a dessertspoonful of pounded cinnamon. Make these ingredients into a firm paste with three eggs, or four, if needed. Roll it, not very thin, and cut out the cakes with a tin shape. Bake them in a very gentle oven from fifteen to twenty minutes, or longer, should they not be done quite through.

Lemon Cakes.—Lemon cakes can be made on the above recipe by substituting for the cinnamon the rasped or grated rinds of two lemons, and the strained juice of one, when its acidity is not objected to.

Seed Cakes.—Two pounds of flour, one pound of sugar, fourteen ounces of butter, one tablespoonful of caraway seed, half a pint of milk, two tablespoonfuls of saleratus. Rub the butter, sugar, and flour together, then add all the other ingredients; knead all well together into a smooth dough; roll it out quite thin, cut with a round cutter, place the cakes on tins, and bake in a *moderate* oven.

Walnut Cakes.—One pound of sugar, six eggs, three teaspoonfuls of yeast-powder, half a pound of butter, flour to make a dough, and one cupful of walnut kernels; bake in a mcderate oven.

Jumbles.—Three-fourths of a cupful of butter, one and a half cupfuls of sugar, three eggs, three tablespoonfuls of milk, flour enough to make it roll, and a teaspoonful of bak-ing-powder; roll; sprinkle with granulated sugar and gently roll it in; cut out, with a hole in centre, and bake.

Currant Jumbles.—One pound each of flour and powdered loaf sugar, half a pound each of butter and currants, eight eggs, brandy to taste; cut out as in plain jumbles and bake on tins.

Cocoanut Cookies.—One cupful of butter, two cupfuls of sugar, two cupfuls of prepared or grated cocoanut, two eggs, flour enough to make a stiff batter, and one teaspoon-ful of soda; drop on buttered paper in pans.

Doughnuts.—Two teacupfuls of sugar, three eggs, one and a half teacupfuls of buttermilk or sour milk, two teaspoon-fuls of saleratus, one teaspoonful of salt, six tablespoonfuls of melted lard, flour enough to roll out nicely; boil or fry in lard enough to cover them. If not well covered in the cooking they will be tough.

Raised Doughnuts.—One pint of sweet milk, one half pint of lard, one pint of sugar, three eggs. Mix soft at night, using the milk, one-half the sugar and lard, and one-half pint of yeast. In the morning, add the rest with the eggs, one nutmeg, two tablespoonfuls of whisky, and a little soda. Knead well, and allow to rise. When light, roll out thin, and after cutting, let rise again before frying. One-half beef suet and one-half lard is better to fry them in than all lard.

Crullers.—Two cupfuls of sugar, one-half cupful of butter, one-half cupful of milk, two eggs, one teaspoonful of soda, two of cream tartar. Roll out, and cut according to fancy, and boil in fat.

French Straws.—Mix well eight eggs, ten ounces of sugar, and half a teaspoonful of cinnamon and nutmeg with flo":r enough to form a dough; beat the eggs very thick and add the sugar, spices, and flour; knead well, and roll to about half an inch thick; cut in strips, give each a twist, and boil them in plenty of lard to a rich yellow; sift sugar on when cool.

Love Knots.—Five cupfuls of flour, two of sugar, one of butter, a piece of lard the size of an egg, two eggs, three tablespoonfuls of sweet milk, half a teaspoonful of soda; rub the butter, sugar, and flour together fine, add the other ingredients, roll thin, cut in strips one inch wide and five inches long, lap across in true-love knots, and bake in a quick oven.

One, Two, Three, Four Cake.—One cupful of butter, two cupfuls of sugar, three cupfuls of flour, four eggs; rub well together, and add some milk or cream, with one teaspoonful of soda and two teaspoonfuls of cream of tartar; flavor with grated lemon rind and juice; bake carefully in a quick oven.

Tea Cake.—Three and a half cupfuls of flour, two of sugar, one of butter, four eggs, a teaspoonful of soda in a tablespoonful of milk or wine, and a half grated nutmeg. Bake carefully in quick oven.

Tumbler Cake.—Five tumblerfuls of flour, three of sugar, two of butter, four eggs, one of milk, one pint and a half of raisins, stoned, one nutmeg, one teaspoonful of allspice, a teaspoonful of soda dissolved in the milk. Bake in deep pan with a hot oven.

Cider Cake.—Two cupfuls of sugar, one cupful of butter, five eggs, one and one-half cupfuls of cider, with one teaspoonful of soda dissolved in it; spices or nutmeg to taste; four and one-half cupfuls of flour, two cupfuls of fruit. Bake quickly.

Puff Cake.—Two cupfuls of sugar, one of butter, one of sweet milk, three of flour, three eggs, one and one-half teaspoonfuls of yeast powder, extract of lemon. Bake quickly.

Pinafore Cake.—One cupful of butter, three half cupfuls of sugar, three half cupfuls of flour, one-half cupful of corn-starch, one-half cupful of milk, four eggs, one teaspoonful of cream of tartar, one-half teaspoonful of soda, and a pinch of salt. Flavor to taste.

Cork Cake.—Two cupfuls of sugar, two-thirds of a cupful of butter, three eggs, one cupful of warm milk, three cupfuls of flour, a teaspoonful of baking-powder, and a half pound of currants. Use the whites of two of the eggs for icing, and put the yelks into the cake.

Poor Man's Cake.—One cupful of cream, one of sugar, two of flour, one egg, one teaspoonful of soda, and two of cream tartar.

Cup Cake.—One cupful of butter, two cupfuls of sugar, half a cupful of molasses, one teaspoonful of soda, two of cream tartar in half a cup of milk, two eggs, and two and a half cups of flour.

Moravian Cake.—Two cupfuls of sugar, one cupful of butter, five eggs, two cupfuls of flour, half a cupful of sour milk, one teaspoonful of cream tartar, and half a teaspoonful of soda. Flavor with a little grated nutmeg and a teaspoonful of vanilla.

Silver Cake.—Whites of twelve eggs, five cupfuls of flour, three cupfuls of sugar, one cupful of butter, one and one-half cupfuls of sweet milk, one teaspoonful of soda, two teaspoonfuls of cream tartar, one teaspoonful of almond extract.

Gold Cake.—Substitute the yelks for whites of eggs, and flavor with vanilla, then make it same as preceding recipe.

Lincoln Cake.—Two cupfuls of sugar, half a cupful of butter, two eggs, one cupful of cream or sour milk, three cupfuls of flour, one teaspoonful of cream tartar, half a teaspoonful of soda, and one teaspoonful of essence of lemon.

Washington Cake.—One pound of flour, one pound of sugar, half a pound of butter, five eggs, one pound of raisins, one cupful of brandy and water, one teaspoonful of soda, two of cream tartar.

Pound Cake.—One pound of butter, one pound of sugar, one pound of flour, and eight eggs. Bake one hour.

White Pound Cake.—Beat to a cream one pound of sugar and one-half pound of butter; two teaspoonfuls of baking-powder in one pound of flour; whites of sixteen eggs beaten very stiff and added last. Cover with frosting before it cools.

Sponge Cake.—Five eggs, half a pound of sugar, quarter pound of flour, juice and rind of half a lemon. Beat yelks of eggs, sugar, and lemon together till light; add half the beaten whites, then half the flour, the balance of the whites and balance of flour. Avoid beating after the ingredients are all together.

Almond Sponge Cake.—Take half a pound of loaf sugar; rub the rind of a lemon on a few of the lumps, and crush the whole to a powder; separate the whites from the yelks of five eggs, beat the yelks, and add the sugar gradually; then beat the whites to a stiff froth; add it to the dish, and sift in flour enough to make a batter; add a tablespoonful of essence of almonds; butter and paper a tin, pour in the mixture until the tin is two-thirds full, and bake one hour in a moderate oven. The bottom of the tin may be studded with small pieces of almonds.

Cream Sponge Cake.—Beat together a cupful of sugar and the yelks of three eggs. Add a half teaspoonful of soda, a teaspoonful of cream tartar, a cupful of flour, and the whites of the eggs. Bake in three layers, and put between them the following filling: One egg, a half cupful of cream, a cupful of sugar, and a piece of butter the size of a walnut. Boil till like a cream, and when cold flavor to taste.

Snow Cake.—Take one pound of arrowroot, quarter of a pound of powdered white sugar, half a pound of butter, the whites of six eggs, flavoring to taste. Beat the butter to a cream; stir in the sugar and arrowroot gradually, at the same time beating the mixture; whisk the whites of the eggs to a stiff froth; add them to the other ingredients, and beat well for twenty minutes; flavor with essence of almond, vanilla, or lemon, as may be preferred; pour into a buttered mold or tin, and bake in a *moderate* oven.

Spice Cake.—One cupful each of butter and cold water, three cupfuls of flour, two cupfuls of sugar, three eggs, one teaspoonful of soda, two teaspoonfuls of ground cinnamon, one-fourth pound each of currants and raisins.

Spice Cake, No. 2.—One cupful of butter, two cupfuls of sugar, four eggs, a teaspoonful of cream tartar, half a teaspoonful of soda, half a cupful of sour milk, one cupful of molasses, three cupfuls of flour, a teaspoonful of ground cloves, two teaspoonfuls of cinnamon, two teaspoonfuls of ginger, one nutmeg, and a small pinch of Cayenne pepper.

Coffee Cake.—One cupful of brown sugar, one cupful of butter, one cupful of strained coffee, one cupful of molasses, three eggs well beaten, one pound of raisins, two cupfuls of flour, two teaspoonfuls of baking-powder.

Wine Cake.—Beat to a cream half a cupful of butter with two full cups of powdered sugar; add the yelks of four eggs, and half a glass of sherry wine; beat till very light; add half a cupful of cream with a pinch of soda in it; beat two minutes, and stir in very quickly the whites of the eggs, three and a half cupfuls of prepared flour, and a little grated nutmeg.

Fig Cake.—One cupful butter, two and a half cupfuls sugar, one cupful of milk, six cupfuls of flour, three teaspoonfuls baking-powder, whites of sixteen eggs, and, at the last, one and a quarter pounds of figs, cut and floured. Bake well but do not burn.

Walnut Cake.—One coffeecupful of sugar, two of raisins (stoned and chopped), one cupful and a half of flour, half a cupful of butter, half a cupful of sweet milk, three eggs, two teaspoonfuls of baking-powder, half a nutmeg grated, one teaspoonful of lemon or vanilla, one cup heaping full of nuts, which must be cracked and picked, before anything else is done to the cake. Bake slowly, with a buttered paper in the bottom of the tin.

Hickorynut Cake.—One pound of flour, three-quarters of a pound of sugar, half a pound of butter, half a pint of milk, five eggs, two quarts of hickorynuts, one teaspoonful of soda, and two of cream tartar.

Cocoanut Cake.—One pound of grated cocoanut, one pound of sugar, one-half pound of butter, six eggs, three-quarters of a pound of flour. Flavor to taste.

New Year's Cake.—One and a quarter pound of raisins, seeded, one and a quarter pounds of currants, half a pound of sliced citron, half a pound of butter, half a pound of brown sugar, half a pound of flour, five eggs, half a tumblerful of brandy, half a bottle of rose-water, one teaspoonful of cinnamon, two of cloves, two of mace, and a grated nutmeg.

Currant Cake.—One cupful of butter, two cupfuls of powdered sugar, four eggs, half a cupful of sweet milk, three cupfuls of prepared flour, half a nutmeg grated, and half a pound of currants washed, dried, and dredged with flour.

Citron Cake.—Six eggs, beaten light and the yelks strained; two cupfuls of sugar, three-quarters of a cupful of butter, two and one-half cupfuls of prepared flour, or enough to make good pound cake batter. With some brands you may need three cupfuls; one-half pound of citron cut in thin shreds; juice of an orange, and one teaspoonful of grated peel. Cream the butter and sugar; add the yelks, the whites, and flour by turns, then the orange, and lastly, the citron, dredged with flour. Beat all up hard, and bake in two loaves.

Plum Cake.—Two and a half pounds of raisins, two and a half pounds of currants, one pound of citron, one pound of butter, one pound of sugar, ten eggs, one pound of flour, one-half pint of brandy, and a little molasses.

Fruit Cake.—Take of butter two cupfuls; sugar, four cupfuls; molasses, one cupful; sour milk, two cupfuls; flour, eight cupfuls; eggs, eight; soda, one tablespoonful; cloves, two tablespoonfuls; cinnamon, two tablespoonfuls; raisins, two pounds; currants, two pounds; almonds, one pound; citron, half a pound; two nutmegs; two lemons cut fine; bake four hours.

Wedding Cake.—One pound of powdered sugar, one pound of butter, one pound of flour, twelve eggs, one pound of currants well washed and dredged, one pound of raisins, seeded and chopped, one-half pound of citron cut in slips, one tablespoonful of cinnamon, two teaspoonfuls of nutmeg, one teaspoonful of cloves, one wineglass of brandy. Cream the butter and sugar, add the beaten yelks of the eggs, and stir all *well* together before putting in half of the flour. The spice should come next, then the whipped whites stirred in alternately with the rest of the flour, lastly the brandy. The above quantity is for two large cakes. Bake at least two hours in deep tins lined with well-buttered paper. The icing should be laid on stiff and thickly. Bake this well, and, if kept in a cool, dry place, it will not spoil in two months. Test the cakes well, and be sure they are quite done before taking them from the oven.

Black Cake.—One pound of browned flour, one pound of brown sugar, one pound of citron, two pounds of currants, three pounds of stoned raisins, three-quarters of a pound of butter, one teacupful of molasses, two teaspoonfuls of mace, two teaspoonfuls of cinnamon, one teaspoonful of cloves, one teaspoonful of soda, twelve eggs.

Farmers' Fruit Cake.—Three cupfuls of dried apples, two cupfuls of molasses, one cupful of butter, one cupful of brown sugar, one pound of raisins, one quarter pound of citron, two eggs, one lemon (both juice and rind), two teaspoonfuls of soda, one pound and small cup of flour. Soak the apples over night, chop fine, and boil till done in the molasses and one cupful of the water they were soaked in. Flavor with nutmeg, cinnamon, and a very little cloves. Bake three hours.

Chocolate Cake.—One cupful butter, two cupfuls sugar, two and one-half cupfuls flour, five eggs, one cupful sour milk, one teaspoonful soda, dissolved in a little boiling water; one-half cake Baker's chocolate, grated and put in the cake before stirring in the flour, with one teaspoonful of vanilla. Bake in jelly tins in four layers.

Chocolate Cake, No. 2.—One cupful of butter, two cupfuls of sugar, three cupfuls of flour, half cupful sweet milk, half teaspoonful soda, one teaspoonful of cream tartar, seven eggs. Bake in layers, and put between the layers the following filling: Quarter of a pound of Baker's best vanilla chocolate, one gill of sweet milk, one egg, sugar to taste. Scald the gill of milk and the chocolate together; beat one egg thoroughly, and stir it in; add sugar and vanilla to taste.

Chocolate Cake, No. 3.—Two cupfuls of sugar, one of butter, five eggs, half a teaspoonful of soda, a teaspoonful of cream tartar, half a cupful of sour milk. Grated nutmeg and vanilla. Bake in layers, and put between the layers the following filling: One cupful of Baker's chocolate, grated, and a small cupful of sugar. Put in a dry bowl, and stand the bowl in a pan of boiling water. Stir until the heat of the bowl dissolves the chocolate and sugar into a thick paste. Add a tablespoonful of clear table sirup and two eggs well beaten. Let this cook in the boiling water about ten minutes, then add two teaspoonfuls of vanilla.

Jelly Cake.—Beat three eggs well, the whites and yelks separately; take a cupful of fine white sugar, and beat that in well with the yelks, and a cupful of sifted flour, stirred in gently; then stir in the whites, a little at a time, and a teaspoonful of baking-powder and one tablespoonful of milk; pour it in three jelly-cake plates, and bake from five to ten minutes in a well-heated oven, and when cold spread with currant jelly, and place each layer on top of the other and sift powdered sugar on the top.

Jelly Roll.—Add one cupful of powdered sugar and one cupful of flour to three well-beaten eggs; stir well, and add one teaspoonful of cream of tartar, half a teaspoonful of saleratus dissolved in three teaspoonfuls of water; bake in two pie-pans; spread as evenly as possible; as soon as done, turn the cake, bottom side up, on to a dry towel; spread it evenly with jelly, roll up quickly, and wrap closely in the towel.

Peach Cake.—Bake sponge cake in layers; cut peaches in very thin slices, and spread upon the cake; sweeten, flavor, and whip some sweet cream, and spread over each layer and over the top.

Pineapple Cake.—One cupful of butter, two cupfuls of sugar, one cupful milk, three cupfuls of flour, whites of six eggs and yelks of four, three teaspoonfuls of baking-powder well mixed through flour; bake in jelly-cake pans; grate a pineapple; sprinkle with sugar, spread between the layers; pineapple jam may be substituted; frost the outside; beat two tablespoonfuls of the pineapple into the frosting.

Cocoanut Cake.—Two eggs, one cupful white sugar, one-half a cupful sweet milk, one-quarter cupful of butter, one and one-half cupfuls of flour, one and one-half teaspoonfuls baking-powder. Bake in a moderate oven in pans one inch deep. To prepare the desiccated cocoanut, beat the whites of two eggs to a stiff froth, add one cupful of pulverized sugar and the cocoanut, after soaking it in boiling milk. Spread the mixture between the layers of cake and over the top.

White Mountain Cake.—Make the cake with one pound of flour, one pound of sugar, half a pound of butter, six eggs, one cupful of milk, one small teaspoonful of saleratus dissolved in the milk. Bake four thin cakes in flat pie plates; frost each of these cakes, laying one on another. When all are done, even the edges with a knife and frost the sides. Use the following frosting preparation: Beat to a standing froth the whites of four eggs made thick with sifted, refined sugar, and add the sugar and juice of one lemon.

Delicate Cake.—Two cupfuls of pulverized sugar, half a cupful of butter, three cupfuls of flour, nearly three-fourths of a cupful of milk, whites of eight eggs, half a teaspoonful of cream tartar, one-fourth teaspoonful soda. This may be baked in jelly cake tins and put together with icing.

Cream Cake.—Take two cupfuls of sugar, two-thirds of a cupful of butter, one cupful milk, one teaspoonful of soda, one and a half teaspoonfuls of cream of tartar, two and a half cupfuls of flour, three eggs. Make the custard for the cake with one cupful of milk, and one teaspoonful of corn-starch dissolved in it, and brought to a boiling heat, with the yelk of one egg dropped in to color it. Flavor with lemon or vanilla; let it cool. Bake your cake in round pie-tins; use just enough batter in the tin so that when they are baked two of them put together will make one proper sized cake. Make the custard first, and let it cool; put the

13

cakes together when they are warm, with plenty of custard between them.

Orange Cake.—Two cupfuls of sugar, one of butter, five eggs, half a cupful of sour milk, one teaspoonful of cream tartar, half a teaspoonful of soda, and two cupfuls of flour. Bake in four layers, and put between the layers the following filling : Beat two eggs, add to them a small cupful of sugar, heaping tablespoonful of butter. Simmer gently until it thickens. Remove from the fire, add the juice, grated pulp, and part of the rind of one large orange.

Ice-Cream Cake.—Two cupfuls of sugar, half a cupful of butter, three eggs, a cupful of milk, three cupfuls of flour, two teaspoonfuls of baking-powder. Bake in layers. Boil two small cupfuls of sugar and two-thirds of a cupful of water for ten minutes. Beat the white of an egg, and pour it over the mixture when it cooks a little. Beat till cold and stiff, and put between the layers.

Union Cake.—Two-thirds of a cupful of butter, two cupfuls of sugar, one cupful of milk, three cupfuls of flour, four eggs, two-thirds of a teaspoonful of cream tartar, and one-third of a teaspoonful of soda. Divide into three equal parts, and into one part put a cupful of seeded raisins, two-thirds of a cupful of currants, and one-quarter pound of citron. Bake in three pans of the same size. Put icing, flavored with extract of lemon, between the layers and on the top and sides.

Marble Cake.—Two cupfuls of white sugar, one cupful of butter, the whites of seven eggs, two teaspoonfuls of cream tartar, one of soda, three and a half cupfuls of flour, and half a cupful of milk. In another bowl three cupfuls of brown sugar, one of butter, one of molasses, the yelks of seven eggs, two tablespoonfuls of cinnamon, two of allspice, one teaspoonful of cloves, half a nutmeg, half a cupful of milk, three cupfuls of flour, one teaspoonful of soda, and two of cream tartar. Arrange by dropping in first a tablespoonful of dark batter, then of the light, to imitate marble.

Watermelon Cake.—White part: One-half cupful of butter, one cupful of powdered sugar, whites of three eggs, one-third of a cupful of sweet milk, half a tablespoonful of baking-powder, and three half cupfuls of flour.—Red part: One-half cupful of butter, one cupful of red sugar, yelks of five eggs, one-third of a cupful of sweet milk, one tablespoonful of baking-powder, two cupfuls of flour, and half a pound of seeded raisins. Put the red part in the centre of the pan, with the white on the outside. Raisins may be introduced in the red part to represent seeds. Red sugar can be had of the confectioners.

Neapolitan Cake.—Mix a *yellow* portion thus: Two cupfuls of powdered sugar, one cupful of butter stirred to light cream with sugar; five eggs beaten well, with yelks and whites separately; half a cupful of sweet milk, three cupfuls of prepared flour, a little nutmeg.

Mix a *pink and white* portion thus: One pound of powdered sugar, one pound of prepared flour, half a pound of butter creamed with sugar, the whites of ten eggs whisked stiff. Divide this batter into two equal portions. Leave one white, and color the other with a very little prepared cochineal or with red sugar.

Mix a *brown* portion thus: Three eggs beaten light, one cupful of powdered sugar, quarter cupful of butter creamed with sugar, two tablespoonfuls of cream, one *heaping* cupful of prepared flour, two tablespoonfuls of vanilla chocolate grated and rubbed smooth in the cream, before it is beaten into the cake.

Bake each of these parts in jelly-cake tins. The above quantities should make three cakes of each color.

Mix a filling for the cake thus: Two cupfuls of sweet milk, two tablespoonfuls of corn-starch, wet with milk, two

eggs, two small cupfuls of fine sugar.   Heat the milk, stir in
the sugar and corn-starch, boil five minutes, and put in the
eggs.   Stir steadily until it becomes quite thick.   Divide
this custard into two parts.   Stir into one two tablespoonfuls
of grated chocolate and a teaspoonful of vanilla; into the
other, bitter almond.

Prepare another filling thus: Whites of three eggs,
whisked stiff, one heaping cup of powdered sugar, juice and
half the grated peel of one lemon.   Whip all together well.
Lay the brown cake as the foundation of the pile; spread
with the yellow custard; add the pink, coated with chocolate; then add the white and yellow with the frosting between them.   Vary the order as fancy dictates.   Cover the
top with powdered sugar or with icing.

Angel's Food.—Use the whites of eleven eggs, a scant pint
of granulated sugar, a large half pint of flour, one teaspoonful
of cream tartar (even full), and a teaspoonful of vanilla.   Sift
the flour four times, then measure; add cream of tartar, and
then sift again.   Sift the sugar four times, then measure it.
Beat the eggs to a stiff froth on a large dish, and on same
dish add the sugar quickly and lightly; add the flour in the
same way, and last of all the vanilla.   Put at once into a
moderate oven, and bake forty minutes or more.   Do not
grease the pans.   Turn upside down to cool, putting small
blocks of wood under the edges that air may reach the cake.

Macaroons.—Blanch half a pound of almonds with boiling
water, and pound them to a smooth paste.   Add a tablespoonful of essence of lemon, half a pound of powdered
sugar, and the whites of two eggs.   Work the paste well together with the back of a spoon.   Wet your hands, and roll
them in balls the size of a nutmeg, and lay them an inch
apart on a sheet of paper.   Wet your finger, and press gently
over the surface to make them shiny.   Bake three-quarters
of an hour in a very moderate oven.

Chocolate Macaroons.—Put three ounces of plain chocolate in a pan, and melt on a slow fire; then work it to a thick paste with one pound of powdered sugar and the whites of three eggs; roll the mixture down to the thickness of about one-quarter of an inch; cut it in small, round pieces with a paste-cutter, either plain or scalloped; butter a pan slightly, and dust it with flour and sugar in equal quantities; place in it the pieces of paste or mixture, and bake in a hot but not quick oven.

Cream Puffs.—Stir one-half pound of butter into a pint of warm water, set it on the fire in a saucepan, and slowly bring it to a boil, stirring often. When it boils, put in three-quarters of a pound of flour, and let it boil one minute, stirring constantly. Take from the fire, and turn into a deep dish to cool. Beat eight eggs light, and whip into this cool paste, first the yelks, then the whites. Drop in great spoonfuls on buttered paper so as not to touch or run into each other, and bake ten minutes. Split them, and fill with the following cream: One quart of milk, four tablespoonfuls of corn-starch, two eggs, two cupfuls of sugar. Stir while boiling, and when thick, add a teaspoonful of butter. When cold, flavor.

Kisses.—Beat the whites of four eggs very stiff, add one-half pound of pulverized sugar, and flavor to taste. Beat until very light, then lay in heaps the size of an egg on paper. Place the paper on a piece of wood half an inch thick, and put in a hot oven. Make the surface shiny by passing over it a wet knife. Bake until they look yellowish, when they are done.

Chocolate Kisses.—Beat stiff the whites of two eggs; beat in gradually one-half pound of powdered sugar. Scrape fine one and a half ounces of chocolate; dredge with flour, mixing the flour well; add this gradually to the eggs and sugar, stirring the whole very hard. Cover the bottom of a pan with white paper, and place on it spots of powdered sugar the size of half-dollars. Heap the mixture on these spots, smooth with a broad knife, sift with powdered sugar, and bake quickly.

Cocoanut Steeples.—One pound of powdered sugar; one-half pound of grated cocoanut; whites of five eggs. Whip the eggs as for icing, adding the sugar as you go on until it will stand alone, then beat in the cocoanut. Mold the mixture with your hands into small cones, and set these far enough apart not to touch one another upon buttered paper in a baking-pan. Bake in a very moderate oven.

Meringues.—Mix the whites of four eggs, beaten to a stiff froth, with one pound of pulverized sugar, and flavored to the taste. Beat stiff, bake the same as macaroons, when light brown, slip them from the papers, and put the smooth sides together, with jelly between.

Lady-fingers.—One-half pound pulverized sugar and six yelks of eggs, well stirred; add one-fourth pound flour, whites of six eggs, well beaten. Bake in lady-finger tins, or squeeze through a bag of paper in strips two or three inches long.

Lady-fingers, No. 2.—Rub half a pound of butter into a pound of flour; to this add half a pound of sugar, the juice and grated rind of one large lemon, and, lastly, three eggs, the whites and yelks beaten separately, and the whites stirred in after all the other ingredients are well mixed together. This dough, if properly made, will be stiff enough to make rolls about the size of a lady's finger; it will spread when in the oven, so that it will be of the right size and shape. If you wish them to be especially inviting, dip them in chocolate icing after they are baked, and put two together. See that the icing is so hard that it will not run, and set the cakes on a platter in a cool room until the icing is firm.

Éclairs a la Creme.—Three-fourths pound flour, one pint water, ten eggs, one-half cupful butter. Put the water on the fire in a stewpan with the butter; as soon as it boils stir in the sifted flour; stir well until it leaves the bottom and sides of the pan, when taken from the fire; then add the eggs, one at a time. Put the batter in a bag of paper, and press out in the shape of fingers on a greased tin. When cold, fill with cream, prepared as follows: One and one-half pints of milk, two cupfuls sugar, yelks of five eggs, one tablespoonful butter, three large tablespoonfuls corn-starch, two teaspoonfuls extract vanilla. Frosted with choco-late, they are much improved in appearance and flavor.

Icing for Cakes.—In making icing, use at least a quarter of a pound of pulverized sugar to the white of each egg; if not stiff enough, add more sugar. Break the whites into a broad, cool dish, and throw in a small handful of sugar. Begin whipping it in with long, even strokes of the beater, adding the sugar gradually. Beat until the icing is smooth and firm, then add the flavoring. Spread it on the cake with a broad-bladed knife, dipped in cold water. If orna-mentation of the icing is desired, it may be done by affixing prepared leaves, flowers, etc., which can be had at the con-fectioners' stores or at their supply stores. To make letters, tracery, etc., for cakes, roll into a funnel shape a piece of thick, white paper; fill this with icing in the soft state, allowing it to drip out slowly from the small end of the paper cone. Apply this carefully, and allow it to harden.

Orange Icing.—Whites of two eggs, one-half pound of pulverized sugar, and the juice of a large orange, treated as above.

Lemon Icing.—Whites of two eggs, one-half pound of pulverized sugar, juice and part of the rind of one lemon.

Chocolate Icing.—Whites of two eggs, one-half pound of

pulverized sugar, and three tablespoonfuls of grated chocolate.

Almond Icing.—The whites of three eggs, one cupful of pounded blanched almonds, three-quarters of a pound of pulverized sugar, and a little almond extract.

Banana Icing.—Whites of two eggs, one-half pound of pulverized sugar, and one banana finely crushed through it. This cake should be eaten the same day it is made, as the banana discolors over night.

Cocoanut Frosting.—Whites of two eggs, one-half pound of pulverized sugar. Spread on the cake, then sprinkle thickly with grated cocoanut. This will make a whiter frosting than results from stirring in the cocoanut.

Cooked Frosting.—One cupful of granulated sugar, wet with a little water. Let it boil without stirring until it begins to thicken. Beat the whites of two eggs very light. Strain the boiled sugar into them slowly, beating all the time. Flavor to taste.

XIV.—FRESH FRUITS AND NUTS.

VALUE OF FRESH FRUITS ON THE TABLE; ABUNDANCE OF FRUITS;
NUTRITIVE VALUE OF FRUITS; WHERE TO GATHER AND HOW
TO STORE FRUITS. TWENTY-TWO RECIPES FOR SERVING FRESH
FRUITS AND NUTS.

FRESH fruits are a most delightful accessory to the table supply of both rich and poor.   They are so great in variety, so rich in flavor, so beautiful in appearance, so healthful, and of so long continuance in most parts of the country, that it behooves every housekeeper to familiarize herself with the best methods of using fresh fruits to advantage.

A few years ago each locality depended upon its own local crop of fruits.   Now the railroads bring early fruits from the far South and late fruits from the far North, so that at the centres of population the several fruit seasons are delightfully prolonged.   Nor are we restricted to our own country's production.   Such are the facilities for rapid and safe communication from distant points, that the world lays her tribute of fruits, sweet and sound, at the door of the enlightened nations.

Fruits do not take an important place as nutrients.   They belong rather among the luxuries, and yet, as an agreeable stimulant to digestion, they occupy a front rank.   In many conditions of health, some of the fruits are the only articles the invalid can enjoy, and their genial influences contribute greatly to the general improvement of a patient's appetite.

Fruits intended for immediate use should be gathered early in the morning, while the coolness of the night dews

201

is upon them.   They should be just ripe, neither overdone nor underdone, in nature's great process of preparing them for human food.   Fruit for storage is best gathered at the middle of a dry day.   It should be *nearly* ripe.   If unripe, or overripe it will not keep well.   A moist atmosphere, but not one positively damp, is best for the storing of fruit.   An ordinary cellar does better than a dry storeroom.   Fruit keeps better in the dark than in the light.

All varieties of nuts belong to the albuminous fruits and are very nutritious, though the richer nuts are not easy of digestion owing to their oily properties.

The supply of peanuts once came wholly from Africa, but our Southern States have so successfully cultivated this popular nut that we are now independent.   The bulk of the supply is from Virginia, North Carolina, and Tennessee. During a single season the crop of Virginia rose to one million one hundred thousand bushels, of Tennessee, five hundred and fifty thousand bushels, and of North Carolina, one hundred and twenty thousand bushels.

The Texas pecan is especially in demand.   While a few years ago several barrels of pecans abundantly supplied the demand, carloads and invoices of one or two hundred barrels are not now uncommon.

In the Eastern States hickory nuts are sufficiently plentiful to ship to New York half a dozen carloads a week when demanded.

The chestnut is becoming scarcer every year, but their great popularity will probably prevent their total disappearance, as they are already being successfully cultivated, and it is expected that in a few years the cultivated nut will equal in quality the high-priced Italian chestnuts.

RECIPES.

Watermelons.—Wipe watermelons clean when they are taken from the ice.   They should lie on ice for at least four hours before they are eaten. Cut off a slice at each end of the watermelon, then cut through the centre; stand on end on platter, and slice down, allowing each slice a part of the centre, or heart.

Nutmegs, etc.—Wash nutmegs and muskmelons; wipe dry; cut in two; shake out the seeds lightly, and put a lump of ice in each half. Eat with pepper and salt. A silver spoon is a neat and pleasant article with which to eat small, ripe melons.

Pineapples.—Slice on a slaw-cutter, or very thin with a knife; mix with finely powdered sugar. Set on ice till ready to serve.

Oranges are nice served whole, the skins quartered and turned down. Form in a pyramid with bananas and white grapes.

Orange and Cocoanut.—A layer of oranges sliced, then sugar, then a layer of cocoanut, grated; then another of oranges, and so on until the dish is full. This is by many known as *Ambrosia*.

Sliced Peaches.—Peel and slice ripe peaches. Lay them in a dish with plenty of sugar for an hour or two, till tea time. Eat with cream.

Stewed Peaches.—Make a sirup of sugar and water; halve the peaches, leaving the stone in one half, and drop into sirup. Allow the whole to simmer slowly until fruit is tender; then remove fruit, and let sirup boil till thick; then pour over fruit and serve at once.

Frosted Peaches.—Put half a cupful of water and the beaten whites of three eggs together; dip in each peach, using fine, large freestones, after you have rubbed off the fur with a clean cloth; and then roll in powdered sugar. Set them on the stem end, upon a sheet of white paper, in a sunny window. When half dry, roll again in the sugar.

Expose to the sun and breeze until perfectly dry. Until ready to arrange them in the glass dish for table, keep in a cool, dry place. Decorate with green leaves.

Fried Peaches.—Cut the peaches in two, and remove the stones. Dust a little flour on the side from which the stone is taken, and fry, only on that side, in a little butter. When done, add sugar and a little butter.

Baked Apples.—Pare and core good, sound, tart apples. Fill them with sugar, butter, and a flavor of spice. Put a little water in the pan, and bake until the apples are thoroughly tender.

Apple Sauce.—Pare, core, and slice nice, juicy apples that are not very sweet; put them in a stewpan with a little grated lemon peel, and water enough to keep them from burning. Stew till soft and tender; mash to a paste, and sweeten well with brown sugar, adding a little butter and nutmeg.

Apples with Lemon.—Make a sirup of sugar and water. Slice a lemon into it, and let boil until clear. Pare and core sound, tart apples, cut into quarters, and lay them carefully into the sirup; let them cook gently until a straw can be run through them, taking care not to break them. Lay the pieces of apple in a glass dish, boil down the sirup, and when slightly cool, pour over the apples.

Apple Float.—Pare, slice, and stew six large apples in as much water as will cover them; when well done, press them through a sieve and sweeten highly with crushed sugar; while cooling, beat the whites of four eggs to a stiff froth, and stir into the apples; flavor with lemon or vanilla; serve with plenty of sweet cream.

Transparent Apple.—Boil tart, ripe, and juicy apples in a little water; then strain through a fine cloth, and add a pound of white sugar to a pint of juice. Boil till it jellies, and then put into molds. It is very nice served with blanc-mange in saucers.

Baked Pears.—Place in a stone jar, first a layer of pears, with their skins on, then a layer of sugar, then pears, and so on until the jar is full. Then put in as much water as it will hold. Bake three hours.

Quinces.—Bake ripe quinces thoroughly; when cold, strip off the skins, place the quinces in a glass dish, and sprinkle them with white sugar; serve with rich cream.

Bananas and Cream.—Peel, slice, and heap up in a glass dessert-dish, and serve raw, with fine sugar and cream.

Fried Bananas.—Cut the bananas into slices, and fry in a little butter. This makes a very rich dish.

Stewed Rhubarb.—Carefully remove the outer stringy skin; then cut in pieces an inch long, and simmer gently till tender in water and sugar, and the rind and juice of a lemon. When done add a bit of butter and nutmeg.

Crystallized Fruit.—Pick out the finest of any kind of fruit; leave in the stones; beat the whites of three eggs to a stiff froth; lay the fruit in the beaten egg, with the stems upward; drain them, and beat the part that drips off again; select them out, one by one, and dip them into finely powdered sugar; cover a pan with a sheet of fine paper, place the fruit on it, and set it in a cool place; when the icing on the fruit becomes firm, pile them on a dish, and set them in a cold place.

Candied Fruits.—Make a very rich sirup with one pound of granulated sugar to a gill of water. Heat over boiling water till the sugar is dissolved. Pare and halve fine, ripe, but solid peaches. Put a single layer of them in the sirup, in a shallow vessel; cook slowly until clear; drain from the sirup, and put to dry in a moderately heated oven. When fairly dry they may be eaten at once; or, after drying twenty-four hours, they may be packed for future use. Plums, cherries, and pears may be candied in the same manner.

Nuts.—Almonds are inseparably joined with raisins in table service; so for evening uses, hickory nuts and apples form a pleasant combination. All the harder-shelled nuts should be well cracked before they are served. With the softer-shelled, nut crackers should be furnished. Nut picks should always be at hand.

Sweet almonds, which are used for dessert, are of several varieties. Those known as the Syrian, or Jordan almonds, are regarded as the best. Those with hard shells are generally richer in flavor than those with the soft. Certainly the harder shell offers the more effective protection. The skin of almonds is not easily digested. For use in cooking they should be *blanched*, but for table use this is not desirable. Walnuts keep well and improve with age. Of the hickory-nut family, the *shell-bark* is considered best. These, too, are the better for age.

XV.—JELLIES, JAMS, AND PRESERVES.

TO insure success in preserving fruits, the first thing to be looked after is the fruit itself. This should be fully ripe, fresh, sound, and scrupulously clean and dry. It should be gathered in the morning of a sunny day, as it will then possess its finest flavor. Care should be taken to remove all bruised or decayed parts. Allowing them to remain will darken the sirup, and consequently impair the beauty of the preserves. Fruit requiring to be pared should be laid in water to preserve the color after the paring. The best sugar is the cheapest; indeed, there is no economy in stinting the sugar, either as to quality or proper quantity, for inferior sugar is wasted in scum, and the preserves will not keep unless a sufficient proportion of sugar is boiled with the fruit. At the same time, too large a proportion of sugar will destroy the natural flavor of the fruit, and in all probability make fruit candy, instead of the result sought.

The usual proportion in making preserves, is a pound of sugar to a pound of fruit. There are a few fruits which require more sugar. In making the sirup, use a small cupful of water to a pound of fruit. The sirup should always be boiled and strained before putting the fruit in.

Fruit should be cooked in brass kettles, or those of bell-metal. Modern kettles, lined with porcelain, are much used for this purpose. The kettle·should be broad and shallow, so that there will be no necessity for heaping the fruit. Never use tin, iron, or pewter spoons, or skimmers, for preserves, as they will convert the color of red fruit into a dingy purple, and impart, besides, a very unpleasant flavor.

Great care should be taken not to place the kettle flat upon the fire, as this will be likely to burn at the bottom.

Glass jars are much the best for preserves, as the condition of the fruit can be observed more readily. Whatever jars are used, however, the contents should be examined every three weeks for the first two months, and if there are any signs of either mold or fermentation it should be boiled over again. Preserves should be stored in a cool, dry place, but not in one into which fresh air never enters. Damp has a tendency to make the fruit mold, and heat to make it ferment.

A jelly-bag should be in every kitchen. It should be made of flannel, pointed at the bottom, so that the jelly will run out chiefly at one point. It is a good plan to sew a strong loop to the top of the bag, so that it may be hung upon a nail near the fire, that the juice of the fruit may run through gradually into a vessel below. The bag should not be squeezed with the hands, if you wish a very clear jelly. After the clear juice has been obtained, the remainder may be pressed, to make a very excellent, but inferior article of jelly or marmalade.

Rinse the tumblers or bowls to be used in cold water just before filling with jelly or marmalade. When the jelly is cold, fit a circle of tissue-paper, dip it in brandy, and place it directly on the surface of the fruit. This simple precaution will save the housekeeper much annoyance by protecting the conserve from mold. Should the fungus form inside the upper cover of the glass, the inner will effectually shield the contents. Paste thick paper over the top of the glass to exclude the air.

RECIPES.

Currant Jelly.—Never gather currants or other soft or small seed fruit immediately after a rain for preserving purposes, as they are greatly impoverished by the moisture absorbed. In this climate, the first week in July is usually considered the time to make currant jelly. Weigh the currants without removing the stems; do not wash them, but remove leaves and whatever may adhere to them; to each pound of fruit allow half the weight of granulated or pure loaf sugar; put a few currants into a porcelain-lined kettle, and press them with a potato-masher, or anything convenient, in order to secure sufficient liquid to prevent burning; then add the remainder of the fruit and boil freely for twenty minutes, stirring occasionally to prevent burning; take out and strain through a jelly-bag, putting the liquid into earthen or wooden vessels. When strained, return the liquid to the kettle, without the trouble of measuring, and let it boil thoroughly for a moment or so; then add the sugar; the moment the sugar is entirely dissolved, the jelly is done, and must be dished, or placed in glasses; it will jelly upon the side of the cup as it is taken up, leaving no doubt as to the result.

Currant Jelly, No. 2.—Take three quarts of fine, ripe, red currants, and four of white; put them into a jar, tie paper over the top, and put them into a cool oven for three or four hours, or else into a pan of boiling water, or set them on the side of the range; when they are thoroughly heated, strain through a jelly-bag. To every pint of juice, add one pound of granulated sugar, and boil from five to fifteen minutes; turn while hot into wet tumblers.

Currant Jelly without Cooking.—Press the juice from the currants and strain it; to every pint put a pound of fine white sugar; mix them together until the sugar is dissolved; ther

1 1

put it in jars; seal them and expose them to a hot sun for two or three days.

Black Currant Jelly.—Boil the currants till the juice flows, then strain through a jelly-bag, and set it over the fire for twenty minutes, after which add half a pound of sugar to a pound of juice, and boil for about ten minutes.

White Currant Jelly.—Strip the fruit off the stems, and pound it in a clean wooden bowl. Drip the juice gently through a jelly-bag. Prepare a very pure, clear sirup of the best white sugar; allow a pint of juice to a pound of sugar; boil it ten minutes only. Put it in glass preserve-tumblers, cover with paper to fit exactly, and keep it dry and cool.

Apple Jelly.—Take twenty large, juicy apples; pare and chop; put into a jar with the rind of four large lemons, pared thin and cut in bits; cover the jar closely, and set in a pot of boiling water; keep water boiling all around it until the apples are dissolved; strain through a jelly-bag, and mix with the liquid the juice of four lemons; to one pint of mixed juice use one pound of sugar; put in kettle, and when the sugar is melted set it on the fire, and boil and skim about twenty minutes, or until it is a thick, fine jelly.

Apple Jelly, No. 2.—Peel and core sour apples; boil them in a very little water, and strain them through a jelly-bag. Measure, and allow a pound of granulated sugar to a pint of juice. Mix the sugar and juice well together, and let it boil from five to ten minutes. Put it warm into glasses; cut some white paper to fit the top, dip it in brandy, and lay on when the jelly is cool; paste or tie thick paper over the glasses, and when cold put away in a dark, dry place.

Crab-apple Jelly.—Wash and quarter Siberian crab-apples. Cover with cold water and let cook until thoroughly tender. Strain through a jelly-bag, and to every pint of juice add one pound of sugar. Let cook until it will jelly A slight flavoring of essence of cinnamon is an improvement.

Quince Jelly.—Take very ripe quinces; peel and core, and boil in a little water till very soft; drain off the juice through a coarse towel, add an equal measure of sugar, and boil twenty minutes.

Grape Jelly.—Mash the grapes thoroughly and strain out the juice. Add an equal measure of sugar, and boil twenty minutes.

Barberry Jelly.—Pick the berries from the stalks, mash them, and boil fifteen minutes. Squeeze through a jelly-bag; allow a pound of white sugar to a pound of juice; melt the sugar in the juice, and boil half an hour.

Raspberry Jelly.—Crush the raspberries and strain through a wet cloth. Add an equal measure of sugar, and boil from ten to twenty minutes.

Apple Marmalade.—Pare, core, and slice two or three dozen tart, juicy apples; three-quarters of a pound of sugar to every pint of juice. Stew until tender in just enough cold water to cover them. Drain off the juice through a colander, and put into a preserving-kettle, stirring into it three-quarters of a pound of sugar for every pint of the liquid. Boil until it begins to jelly; strain the juice of two lemons into it; put in the apples, and stew pretty fast, stirring almost constantly, until it becomes thick and smooth. If the apples are not entirely soft, rub them through the colander before adding them to the boiling sirup.

Quince Marmalade.—Take very ripe quinces; wash, pare and core them; to each pound of fruit allow one pound of loaf sugar. Boil the parings and cores together, with water enough to cover them, till quite soft; strain the liquid into the preserving-kettle with the fruit and sugar. Boil the whole over a slow fire, stirring frequently until the mass becomes thick.

Pear and Quince Marmalade.—Pare and core two dozen juicy pears and ten fine, ripe quinces. Add three-quarters of a pound of sugar to every pound of fruit and the juice of three lemons. Throw them into cold water, and stew the parings and cores in a little water to make the sirup. When they have boiled to pieces, strain off the liquid; when cold, put in the sliced fruit and bring to a fast boil. When the mass is thick and smooth, cook steadily for an hour or more, working with a wooden spoon to a rich jelly.

Pineapple Marmalade.—Take ripe, juicy pineapples; pare, cut out the specks very carefully, and grate on a coarse grater all but the core. Weigh, and allow a pound of sugar to a pound of fruit. Cook from twenty minutes to half an hour.

Orange Marmalade.—Take eighteen sweet, ripe oranges, six pounds best white sugar. Grate the peel from four of these and reserve it for the marmalade. The rinds of the others will not be needed. Pare the fruit carefully, removing the inner white skin as well as the yellow. Slice the orange; remove the seeds; put the fruit and grated peel in a porcelain kettle, and boil steadily until the pulp is reduced to a smooth mass. Take from the fire, and put through a colander. Stir in six pounds of the best white sugar; return to the fire, and boil fast, stirring constantly half an hour or until thick.

Grape Marmalade.—Put green grapes into a preserving-pan with sufficient water to cover them. Put them on the fire, and boil until reduced to a mash; put the pulp through a sieve which will strain out the seeds; to each pound of pulp add two pounds of the best loaf sugar, and boil to the consistence of a jelly.

Peach Marmalade.—Select peaches which are quite ripe; pare and cut them in small pieces; to every pound of fruit add one pound of sugar; put the fruit and sugar into a preserving-kettle, and mash well together; place it over the fire, and when it begins to boil, stir until it becomes quite thick.

Cherry Jam.—First stone and then weigh some freshly gathered preserving cherries; boil them over a brisk fire for an hour, keeping them almost constantly stirred from the bottom of the pan, to which they will otherwise be liable to stick and burn. Add for each pound of the fruit half a pound of good sugar roughly powdered, and boil quickly for twenty minutes, taking off the scum as it rises.

Blackberry Jam.—To four bowls of blackberries add four bowls of sugar; boil until it jellies.

Raspberry Jam.—Mash the raspberries, and allow a pound of sugar to a pound of fruit. Boil twenty minutes. A few currants added to raspberry jam is considered by many a great improvement.

Barberry Jam.—The barberries should be quite ripe, though they should not be allowed to hang until they begin to decay. Strip them from the stalks, throw aside such as are spotted, and for each pound of fruit allow eighteen ounces of well-refined sugar; boil this, with one pint of water to every four pounds, until it becomes white and falls in thick masses from the spoon; then throw in the fruit, and keep it stirred over a brisk fire for six minutes only; take off the scum, and pour it into jars or glasses.

Strawberry Jam.—Use fine, scarlet berries; weigh and boil them for thirty-five minutes, keeping them constantly stirred; add eight ounces of good sugar to the pound of fruit; mix them well off the fire, then boil again quickly for twenty-five minutes. One pound of white currant juice added at the outset to four of the strawberries will greatly improve this preserve.

White Currant Jam.—Boil together quickly for seven minutes equal quantities of fine white currants, picked very carefully, and of the best white sugar pounded and passed through a sieve. Stir the preserve gently the whole time, and skim it thoroughly. Just before it is taken from the fire, throw in the strained juice of one good lemon to four pounds of the fruit.

Damson Jam.—The fruit for this jam should be freshly gathered and quite ripe. Split, stone, weigh, and boil it quickly for forty minutes; then stir in half its weight of good sugar roughly powdered, and when it is dissolved, give the preserve fifteen minutes additional boiling, keeping it stirred and thoroughly skimmed.

Green Gage Jam.—Rub ripe green gages through a sieve; put all the pulp into a pan with an equal weight of loaf sugar pounded and sifted. Boil the whole until sufficiently thick, and put into glasses.

Preserved Peaches.—Weigh the peaches, and allow three-quarters of a pound of sugar to every pound of fruit. Throw about half the sugar over the fruit, and let it stand over night. In the morning drain the sirup off the fruit, add the rest of the sugar, and let that come to a boil. Put the peaches in, and let them boil until you can stick a straw through them. In cooking the peaches, put a few at a time only in the sirup to cook.

Preserved Peaches, No. 2.—Weigh the fruit after it is pared and the stones extracted and allow a pound of sugar to every pound of peaches. Put the sugar in a preserving-kettle, and make the sirup; let it just boil; lay the peaches in, and let them boil steadily until they are tender and clear. Take them out with a perforated skimmer and lay upon flat dishes, crowding as little as possible. Boil the sirup almost to a jelly, until it is clear and thick, skimming off all the scum. Fill the jars two-thirds full of the peaches, pour on the boiling sirup, and, when cold, cover with brandied tissue-paper, then with thick paper tied tightly over them. Or put them in air-tight jars.

Preserved Quinces.—Use a pound of sugar to each pound of quince after paring, coring, and quartering; take half of the sugar and make a thin sirup; stew in this a few of the quinces at a time till all are finished. Make a rich sirup of the remaining sugar, and pour over them.

Pineapple Preserves.—Use pineapples as ripe as can be had. Pare and cut them into thin slices, weigh them, and allow one pound of the best granulated sugar to each pound of fruit. Take a deep china bowl or dish, and in it put a layer of fruit and sugar alternately, a coating of sugar on the top; let it stand all night. In the morning, take out the fruit and put the sirup into a preserving-kettle. Boil and skim it until it is perfectly clear; then, while it is boiling hot, pour it over the fruit, and let it stand uncovered until it becomes entirely cold. If it stands covered, the steam will fall into the sirup and thin it.

Preserved Pears.—Preserved pears are put up precisely as are peaches, but are only pared, not cored or divided. Leave the stems on.

Watermelon Rind Preserves.—Select rind which is firm, green, and thick; cut in any fanciful shape, such as leaves, stars, diamonds, etc. Then weigh, and to each pound of rind allow one and a half pounds of loaf sugar. To green them, take a brass or copper kettle, and to a layer of grape-vine leaves, which should be well washed, add a layer of the rind, and so on until the last, which should be a thick layer of the leaves, and well covered with a coarse linen cloth. To each pound of the rind, add a piece of alum the size of a pea; then fill up with warm water sufficient to cover the whole, and let it stand upon the stove, where it will steam, but not boil, until the greening is completed, which will be in two or three hours. When green, lay them in clear, cold water, and make your sirup. To each pound· of sugar add one and a half pints of water; clarify, put in your rind; slice lemons, two to each pound of rind, and when about half done add the lemons. Boil until the rind is perfectly transparent. A few pieces of ginger-root may be added, which will impart a high flavor, and will blend very delightfully with the lemons.

Preserved Citron.—Proceed the same as above, substituting citron for the watermelon rind.

Preserved Strawberries.—Procure fresh, large strawberries when in their prime, but not so ripe as to be very soft; hull and weigh them; take an equal weight of sugar, make a sirup, and when boiling hot, put in the berries. A small quantity only should be done at once. If crowded, they will become mashed. Let them boil about twenty minutes, or a half an hour; turn into tumblers or small jars, and seal with egg papers while hot.

Preserved Cherries.—Wash, stem, and stone the cherries; save every drop of the juice, and use it in place of water in making the sirup. Make a sirup, allowing a pound of sugar to every pound of fruit; add the fruit, and let it simmer gently for half an hour, skimming as is necessary.

Damson Preserves.—To four pounds of damsons use three pounds of sugar; prick each damson with a needle; dissolve the sugar with one-half pint of water, and put it on the fire; when it simmers, put in as many damsons as will lie on the top; when they open, take them out and lay them on a dish, and put others in, and so on until all have been in; then put them all in the kettle together and let them stew until done; put them in jars and seal them.

Green Gage Preserves.—When the fruit is ripe, wipe them clean, and to one pound of fruit put one-quarter pound of sugar, which will make a fine sirup; boil the fruit in this sirup until it is perfectly done; then use a fresh sirup of one pound of fruit to one pound of sugar; moistening the sugar with water. When the sirup boils put in the fruit, and leave for fifteen minutes; then put the fruit in jars; boil the sirup until thick; when cooled to milkwarm, pour it over the fruit; tie the jars tightly and keep in a warm place.

Strawberries in Wine.—Put a quantity of the finest large strawberries in a bottle, strew in a few spoonfuls of powdered sugar, and fill the bottle up with Madeira or Sherry wine.

Grapes in Brandy.—Take some close bunches of grapes, white or black, not overripe, and lay them in a jar. Put a good quantity of pounded white candy upon them, and fill up the jar with brandy. Tie them close down, and keep in a dry place. Prick each grape with a needle three times.

Brandy Peaches.—Take large, juicy freestone peaches, not so ripe as to burst or mash on being handled. Rub the down from them with a clean thick flannel. Prick every peach down to the stone with a large silver fork, and score them all along the seam or cleft. To each pound of peaches allow a pound of granulated sugar and half a pint of water mixed with half a white of egg, slightly beaten. Put the sugar into a porcelain kettle and pour the water upon it. When it is quite melted, give it a stirring, set it over the fire, and boil and skim it till no more scum rises. Then put in the peaches, and let them cook (uncovered) in the sirup till a straw will penetrate them. Then take the kettle off the fire, and take out the fruit with a wooden spoon, draining it over the kettle. Let the sirup remain in the kettle a little longer. Mix a pint of the very best white brandy for each pound of peaches, with the sirup, and boil them together ten minutes or more. Transfer the peaches to large glass jars, making each about two-thirds full, and pour the brandy and sirup over them, filling the jars full. When cool, cover closely.

Spiced Peaches.—Seven pounds of fruit, one pint vinegar, three pounds sugar, two ounces cinnamon, one-half ounce cloves. Scald together the sugar, vinegar, and spices; pour over the fruit. Let it stand twenty-four hours; drain off, scald again, and pour over fruit, letting it stand another twenty-four hours. Boil all together until the fruit is tender. Skim it out, and boil the liquor until thickened. Pour over the fruit and set away in a jar.

Apple Butter.—Boil down a kettleful of cider to two-thirds the original quantity. Pare, core, and slice juicy apples, and put as many into the cider as it will cover. Boil slowly, stirring often with a flat stick, and when the apples are tender to breaking, take them out with a perforated skimmer, draining well against the sides of the kettle. Put in a second supply of apples and stew them soft, as many as the cider will hold. Take from the fire, pour all together into a tub or large crock; cover and let it stand twelve hours. Then return to the kettle and boil down, stirring all the while until it is the consistency of thick custard and brown in color. Spice well with Durkee's ground mixed spices.

Peach Butter.—To one bushel of peaches allow from eight to ten pounds of granulated sugar; pare and halve the peaches, put into the kettle, and stir constantly, to prevent sticking to the kettle, until perfectly smooth and rather thick; a part of the peach-stones thrown in and cooked with the peaches give it a nice flavor, and they can be afterward skimmed out; add the sugar a short time before taking from the fire; put in jars and cover tight; peaches for butter should be neither too mealy nor too juicy.

XVI.—CANNED FRUITS AND VEGETABLES.

WIDESPREAD USE OF CANNED GOODS; PHILOSOPHY OF CANNING
FRUITS; HOW TO FILL THE JARS; WHAT JARS ARE BEST; SELEC-
TION OF THE FRUIT; WHERE TO STORE THE CANS; NEED OF
WATCHING THE CANS. TWELVE RECIPES OF CANNING FRUIT
AND VEGETABLES.

CANNED fruits and vegetables of all kinds may now be found abundantly in the stores. Their prices are so low that they present a strong inducement to the housekeeper to omit the labor incident to home canning, and simply to purchase what is needed.

What is aimed at in all these processes is the entire exclusion of air from the fruit. Its expulsion from them is effected by using heat enough to cook them, after which the hermetical sealing does the remaining service. Solder, wax, and rubber bands do this sealing work.

If it is desired to preserve the fruit whole, it may be put into the jars before heating. Fill the jars with water, and set them into a wash-boiler of cold water, the water reaching three-fourths of the way to the tops of the jars. Do not set them directly on the bottom, but on a little hay, lest the heat cause them to crack. Bring the water slowly to a boil, and let it boil about five minutes. The cans may then be taken out, stirred lightly, or shaken, to expel any remaining air bubbles; then fill to the brim with boiling water and close the jars. No air bubbles should remain in the can. If the fruit can be cooked before canning, the process is much simpler, as the boiling material itself expels the air. The cans in this case need simply to be filled and then sealed.

While filling jars, be careful that no current of cold air strike them, as this would suffice to crack a glass jar. When a jar has cracked, it is hardly safe to use its contents, as fragments of glass may be contained in the fruit, which would be fatal if swallowed.

Cans should be of glass or stoneware, as the acids of fruit act chemically on tin or other metals, often destroying the flavor of the fruit, and sometimes rendering it absolutely unwholesome. Do not use a metal spoon even. Either self-sealing cans, or those which require wax, may be used successfully, but probably the former are best for those of little experience, and they are unquestionably more convenient. There are several varieties of self-sealing cans, all of them highly recommended, and doubtless all of them sufficiently good. The "Valve Jar," the "Mason," and the "Hero" are among the best known and most reliable.

Fruit should be selected with the greatest care. Some varieties cannot be preserved at all, unless canned when perfectly fresh, and success is more certain with all kinds in proportion to freshness and soundness. The fruit should be nearly or quite ripe, but not over-ripe, and all which bears signs of decay should be rejected.

In canning, as in preserving, granulated sugar should always be used, and also a porcelain-lined kettle. Peaches, pears, or other large fruit may, by the aid of a fork, be tastily arranged in the jars, piece by piece. The boiling juice may be added afterward to cover them. Thus arranged they appear prettier in the jars, though, of course, the flavor is not improved.

All canning work should be done expeditiously, and the cans be set away to cool. They should be kept in a cool, dark place and closely watched for a few days, to see that the sealing is perfect. If the fruit shows signs of not being perfectly sealed, it should be at once taken out, scalded, and sealed again.

RECIPES.

Canned Strawberries.—Fill glass jars with fresh strawberries sprinkled with sugar, allowing a little over one-quarter of a pound of sugar to each pound of berries; set the jars in a boiler, with a little hay laid in the bottom to prevent the jars from breaking; fill with cold water to within an inch or two of the tops of the jars; let them *boil* fifteen minutes, then move back to the boiler, wrap the hand in a towel, and take out the jars; fill the jars to the top before sealing, using one or more of the filled jars for that purpose if necessary.

Canned Gooseberries.—Fill very clean, dry, wide-necked bottles with gooseberries gathered the same day and before they have attained their full growth. Cork them tightly, wrap a little hay round each of them, and set them up to their necks in a kettle of cold water, which should be brought very gradually to boil. Let the fruit be gently simmered until it appears shrunken and perfectly scalded; then take out the bottles, and with the contents of one or two fill up the remainder. Use great care not to break the fruit in doing this. When all are ready, pour *scalding* water into the bottles and cover the gooseberries entirely with it, or they will become moldy at the top. Cork the bottles well immediately, and cover the necks with melted resin; keep them in a cool place; and when they are used pour off the greater part of the water and add sugar as for the fresh fruit.

Canned Peaches.—Peel and quarter choice peaches. To peel, place them in a wire basket, dip into boiling water a moment and then into cold water, and strip off the skins. Have a porcelain-kettle with boiling water and another with sirup made with granulated sugar; drop the peaches into boiling water (some previously boil the pits in the water for their flavor) and let them cook until tender; then lift them out carefully into a can, pouring over them all the sirup the can will hold, and seal immediately.   Cook only peaches enough to fill one can at a time.

Canned Peaches, No. 2.—Pare and stone peaches enough for two jars at a time. If many are pared, they will become dark colored by standing.   Rinse in cold water ; then cook in a rich sirup of sugar and water about fifteen or twenty minutes, or until they are clear. Put into jars all that are not broken; fill up with the hot sirup, about as thick as ordinary mo-lasses, and seal. The same sirup will do to cook several jars. After the sirup becomes dark, it, with the broken peaches, can be used for marmalade or peach butter. The same method can be used for pears, plums, and all light fruits.

Canned Pineapple.—Use three-fourths of a pound of sugar to one pound of fruit.   Pick the pineapple to pieces with a silver fork.   Scald and can while hot.

Canned Grapes.—Squeeze the pulp from the skin ; boil the pulp until the seeds begin to loosen, having the skins boiling hard and separately in a little water.   When the pulp seems tender, put it through the sieve ; then add the skins, if ten-der, with the water they boil in, if not too much.   Use a large coffeecupful of sugar for a quart can ; boil until thick, and can in the usual way.

Canned Plums.—Prick each plum with a needle to prevent bursting ; prepare a sirup, allowing a gill of pure water and a quarter of a pound of sugar to every three quarts of fruit. When the sugar is dissolved and the water blood-warm, put in the plums.   Heat slowly to a boil.   Let them boil five minutes—not fast or they will break badly—fill up the jars with plums, pour in the scalding sirup until it runs down the sides, and seal.   Green gages are very fine put up in this way, also damsons for pies.

Canned Pears.—Select finely flavored fruit ; either halve and core them or core whole ; make a sirup of sugar and water, using as little water as will dissolve the sugar. Add a quarter of a pound of sugar to a pound of fruit. Place the fruit in the kettle carefully, and let it come to a boil or until the fruit is well scalded. Turn into the jars hot, and seal at once.

Canned Tomatoes.—Pour boiling water over the tomatoes to loosen the skins. Remove these; drain off all the juice that will come away without pressing hard; put them into a kettle and heat slowly to a boil. The tomatoes will look much nicer if all the hard parts be removed before putting them on the fire. Rub the pulp soft with your hands. Boil half an hour; dip out the surplus liquid, pour the tomatoes, boiling hot, into the cans, and seal. Keep in a cool, dark place.

Canned Beans.—Remove the strings at the sides, and cut into pieces about an inch long; put them into boiling water and scald, then can them.

Canned Asparagus.—Cut away all the hard part of the stem and boil the top portion until nearly done, just as if about to serve at once. Flat cans are best, into which the stems can be laid regularly, the water in which they were boiled being poured over them boiling hot, and the can sealed. If jars or high cans are used, pack the asparagus into them until they are full. Fill the cans with water; set them on hay in a boiler of cold water reaching to within an inch of their tops; then bring to a boil and nearly finish cooking the stems. Wrap the hand in a towel; take out the cans and seal or solder them as in other vegetables.

Canned Corn.—Boil sweet corn till nearly done; cut close from the cobs and fill the jars; pour on water in which the corn was boiled; place in a boiler and just bring to a boil, as above; then take out and seal.

XVII.—PICKLES AND CATSUPS.

PICKLES are very popular as a relish, but it must be confessed that they are not the most wholesome diet This is due chiefly to the fact that they are made of hard, crude, and often of unripe fruit. Then, too, the excess of acid and the high seasoning disagree with many constitutions.

It is deemed important that pickles for the market be well greened. To accomplish this end, copperas and other chemicals are employed or copper kettles are used. All this is poisonous, and should be shunned. No metal kettles or spoons should be tolerated in pickling. Glazed jars are not desirable either, as salt and vinegar decompose the glazing and set free the lead which it contains. An ordinary stone jar is the vessel to use, or a porcelain-lined kettle.

Be careful to select perfectly sound fruit or vegetables for pickling, and use none but the very best cider vinegar. Good white wine vinegar does well for some sorts of pickles, but be ever watchful against chemical preparations called vinegar, that destroy instead of preserving the articles put away in them. In the selection of spices there is so much diversity of taste that no general directions will be of practical value. But get the purest articles you can find.

Pickles must be kept from the air. It is a good plan to

put them up in large jars, and for use to empty the large jar at once into smaller ones, using these one at a time. Keep them wholly covered with the vinegar. Water will soon cause the jar of pickles to spoil.

The same hints given above apply to the making of catsup, which is really but a pickle cooked to a more advanced point. It needs to be tightly corked and sealed, that it may keep well.

RECIPES.

Cucumber Pickles.—Make a weak brine, hot or cold; if hot, let the cucumbers stand in it twenty-four hours; if cold, forty-eight hours; rinse and dry the cucumbers with a cloth, take vinegar enough to cover them, allow one ounce of alum to every gallon of vinegar, put it in a brass kettle (or porcelain-lined, if the *greening* is not desired) with the cucumbers, and heat slowly, turning the cucumbers from the bottom frequently; as soon as they are heated through, skim them out into a crock, let the vinegar boil up, turn it over the pickles, and let them stand at least twenty-four hours; drain off the vinegar. Take fresh vinegar, and to every gallon allow two tablespoofuls of white mustard-seed, one of cloves, one of celery-seed, one of stick cinnamon, one large, green pepper, a very little horse-radish, and, if you like, one-half pint of sugar. Divide the spices equally into several small bags of coarse muslin, scald with the vinegar, and pour over the pickles. If you like your pickles hard, let the vinegar cool before pouring over them.

Cucumber Pickles, No. 2.—To a gallon of water add a quart of salt, put in the cucumbers, and let them stand over night. In the morning, wash them out of the brine, and put them carefully into a stone jar. Boil a gallon of vinegar, put in, while cold, quarter of a pound of cloves, and a tablespoonful of alum; when it boils hard, skim it well and turn over the cucumbers. In a week they will be fit for use.

15

Pickled Onions.—Select small white onions, put them over the fire in cold water with a handful of salt. When the water becomes scalding hot, take them out and peel off the skins, lay them in a cloth to dry; then put them in a jar. Boil half an ounce of allspice and half an ounce of cloves in a quart of vinegar. Take out the spice and pour the vinegar over the onions while it is hot. Tie up the jar when the vinegar is cold, and keep it in a dry place.

Pickled Onions, No. 2.—Take small, white onions and peel them; lay them in salt water for two days; change the water once; then drain and put them in bottles. Take vinegar enough to cover them, spice with whole mixed spices, scald it, and pour over the onions.

Pickled Garlic and Eschalots.—Garlic and eschalots may be pickled in the same way as onions.

Pickled Nasturtiums.—Nasturtiums should be gathered quite young, and a portion of the buds, when very small, should be mixed with them. Prepare a pickle by dissolving an ounce and a half of salt in a quart of pale vinegar, and throw in the berries as they become fit, from day to day. They are used instead of capers for sauce, and by some persons are preferred to them. When purchased for pickling, put them at once into a jar and cover them well with the vinegar.

Pickled Watermelon.—Take the outer part of the rind of the melon, pare and cut in small pieces. To one quart of vinegar add two pounds of sugar, one ounce of cassia buds. In this boil the rind until clear and tender.

Pickled Walnuts.—Walnuts for this pickle must be gathered while a pin can pierce them easily. When once the shell can be felt, they have ceased to be in a proper state for it. Make sufficient brine to cover them well, with six ounces of salt to the gallon of water; take off the scum, which will rise to the surface as the salt dissolves, throw in the walnuts, and stir them night and morning; change the brine every three days, and if they are wanted for immediate eating, leave them in it for twelve days; otherwise, drain them from it in nine, spread them on dishes, and let them remain exposed to the air until they become black; this will be in twelve hours, or less. Make a pickle for them with something more than half a gallon of vinegar to the hundred, a teaspoonful of salt, two ounces of black pepper, three of bruised ginger, a drachm of mace, and from a quarter to half an ounce of cloves (of which some may be stuck into three or four small onions), and four ounces of mustard-seed. Boil the whole of these together for about five minutes; have the walnuts ready in a stone jar, or jars, and pour the vinegar on them as soon as it is taken from the fire. When the pickle is quite cold, cover the jar securely and store it in a dry place. Keep the walnuts always well covered with vinegar, and boil that which is added to them.

Pickled Red Cabbage.—Slice the red cabbage into a colander, and sprinkle each layer with salt; let it drain two days, then put it into a jar and pour boiling vinegar enough to cover, and put in a few slices of red beet-root. Use the purple red cabbage. Cauliflower cut in bunches, and thrown in after being salted, will take on the color of a beautiful red.

Pickled Mushrooms.—Rub the mushroom heads with flannel and salt, throw them in a stewpan with a little salt over them; sprinkle with pepper and a small quantity of mace; as the liquor comes out, shake them well, and keep them over a gentle fire until all the liquor is dried into them again; then put as much vinegar into the pan as will cover them; give it a scald, and pour the whole into bottles.

Pickled Beets.—Wash the beet perfectly, not cutting any of the fibrous roots, lest the juice escape; put in sufficient water to boil it, and when the skin will come off easily it is sufficiently cooked, and may be taken out and laid upon a cloth to cool. Having rubbed off the peel, cut the beet into thick slices, pour over it cold vinegar prepared as follows: Boil a quart of vinegar with an ounce of whole black pepper and an equal weight of dry ginger, and let it stand until quite cold. Keep closely corked.

Pickled Peppers.—Do not pick them till just as they begin to turn red; then soak them for ten or twelve days in strong salt and water; take them from the brine and soak them in clear water for a day. Wipe them dry,. and put them away. in cold vinegar; or if you wish them milder, remove the seeds and scald the vinegar, but do not boil.

Pickled Bell Peppers.—Cut a slit in the side of each pepper and take out all the seeds. Let them soak in brine (strong enough to float an egg) two days. Then, washing them in cold water, put them into a stone jar. Pour over them vinegar boiled with cinnamon, mace, and nutmeg. Whenever they are wanted to be served, stuff each one with a boiled tongue cut into dice and mixed with a *mayonnaise* dressing. Or little mangoes may be made, stuffing each one with pickled nasturtiums, grapes, minced onions, red cabbage, or cucumbers, seasoned with mustard-seed, root ginger, and mace.

Pepper-hash.—Take four dozen peppers, two very large cabbages, one ounce of *light* mustard-seed. Chop the peppers fine, cut the cabbage on a cabbage-knife, mix together, salt well, and let it stand over night, putting the dish or tub so the juice will run down; pour off in the morning. Add one ounce of cloves, one ounce of allspice; mix all through, and put the vinegar on cold.

Flint Pickles.—Make a brine of a gallon of water and a cupful of salt. This must be poured boiling hot on the cucumbers six days in succession. Rinse them in cold water;

put them in a kettle with a teaspoonful of allspice and a teaspoonful of cloves, a handful of cinnamon sticks, a little sliced horse-radish, and cider vinegar to cover them. Let them come to a boil, then take out and put in jars.

East India Pickle.—One hundred cucumbers (large and small), one peck of green tomatoes, one-half peck of onions, four cauliflowers, four red peppers (without the seeds), four heads of celery, one pint of bottled horse-radish. Slice all, and stand in salt twenty-four hours, then drain; pour on weak vinegar; stand on stove until it comes to a boil; then drain again. Take one ounce of ground cinnamon,.one ounce of ground tumeric, one-half pound of mustard, one-quarter pound of brown sugar; wet these with cold vinegar; add to this sufficient vinegar to moisten all the pickles. Cook all together ten minutes. Seal in bottles while hot.

French Pickle.—Take one peck of green tomatoes, sliced; six large onions. Throw on them a teacupful of salt over night. Drain thoroughly, then boil in two quarts of water and one quart of vinegar fifteen or twenty minutes; drain in colander; then take four quarts of vinegar, two pounds of brown sugar, one-half pound of white mustard-seed, two tablespoonfuls of cloves, two tablespoonfuls of cinnamon, two tablespoonfuls of ginger, two tablespoonfuls of ground mustard, one teaspoonful of cayenne pepper; put all together and cook fifteen minutes.

Piccallily.—One peck of green tomatoes sliced, one-half peck of onions sliced, one cauliflower, one peck of small cucumbers. Leave in salt and water twenty-four hours; then put in a kettle with a handful of scraped horse-radish, one ounce of tumeric, one ounce of whole cloves, one-quarter pound of whole pepper, one ounce of cassia buds or cinnamon, one pound of white mustard-seed, one pound of English mustard. Put in kettle in layers, and cover with cold vinegar. Boil fifteen minutes, constantly stirring.

Chow-chow.—One quart of large cucumbers, one quart of small ones; two quarts of onions, four heads of cauliflower, six green peppers, one quart of green tomatoes, one gallon of vinegar, one pound of mustard, two cupfuls of sugar, two cupfuls of flour, one ounce of tumeric.   Put all in salt and water one night; cook all the vegetables in brine until tender except the large cucumbers.   Pour vinegar and spices over all.

Sweet Pickles.—Such fruit as peaches, plums, cherries, grapes, etc., are very palatable when sweet pickled.   The process is the same as for other light pickles, except that the vinegar is sweetened to taste.

Sweet Tomato Pickles.—Eight pounds of peeled tomatoes, four of powdered sugar.   Of cinnamon, cloves, and allspice, each one ounce.   Boil one hour, and add a quart of boiling vinegar.

Tomato Catsup.—Take one bushel of tomatoes; boil soft, and pass through a sieve.   Add half a gallon of cider vinegar, one pint of salt, two ounces of cloves, a quarter pound of allspice, a half ounce of cayenne pepper.   Boil until reduced to half the quantity.   When cool, bottle and cork tightly.

Tomato Catsup, No. 2.—Take one peck of ripe tomatoes, cut up, boil tender, and strain through a wire sieve; add one large tablespoonful of ground cloves, one large tablespoonful of allspice, one large tablespoonful of cinnamon, one teaspoonful of cayenne pepper, one-quarter pound of salt, one-quarter pound of mustard, one pint of vinegar.   Boil gently three hours.   Bottle and seal while warm.

Green Tomato Catsup.—One peck of green tomatoes, one dozen large onions, one-half pint of salt; slice the tomatoes and onions.   To a layer of these add a layer of salt; let stand twenty-four hours, then drain.   Add one-quarter pound of mustard-seed, three dessertspoonfuls of sweet oil, one ounce of allspice, one ounce of cloves, one ounce of ground mustard, one ounce of ground ginger, two tablespoonfuls of black pepper, two teaspoonfuls of celery-seed, one-quarter pound of brown sugar. Put all into a preserving-pan, cover with vinegar, and boil two hours.

Chili Sauce.—Thirty tomatoes, three large onions, three peppers, one tablespoonful each of allspice, cloves, and cinnamon, two nutmegs, two tablespoonfuls of salt, one quart of vinegar, one cupful of sugar. Chop the onions and peppers very fine. Cook the tomatoes somewhat first. Mix thoroughly.

Tomato Soy.—One-half bushel of green tomatoes, three onions, three green peppers, one-quarter pound of mustard-seed, three cupfuls of sugar, three cabbages. Chop the tomatoes and onions together fine; add to one gallon of the tomatoes one cupful of salt; let stand twenty-four hours, drain, and add the peppers (chopped fine), mustard-seed, sugar, and other spices to taste. Moisten all with vinegar and cook until tender. Before bottling, add the cabbages (chopped), and one cupful of chopped horse-radish.

Grape Catsup.—Take five pints of grapes; simmer until soft, then put through a colander; add to them two pints of brown sugar, one pint of vinegar, two tablespoonfuls of allspice, two tablespoonfuls of cinnamon, two tablespoonfuls of cloves, one and one-half teaspoonfuls of mace, one teaspoonful of salt, one and one-half teaspoonfuls of red pepper. Boil till thick; then bottle and seal tightly.

Walnut Catsup.—The vinegar in which walnuts have been pickled, when they have remained in it a year, will generally answer all the purposes for which this catsup is required, particularly if it be drained from them and boiled for a few minutes, with a little additional spice and a few eschalots; but where the vinegar is objected to, it may be made by boiling either the expressed juice of young walnuts for an hour, with six ounces of fine anchovies, four ounces of eschalots, half an ounce of black pepper, a quarter ounce of cloves, and a drachm of mace to every quart.

Walnut Catsup, No. 2.—Pound in a mortar a hundred young walnuts, strewing among them as they are done half a pound of salt; then pour to them a quart of strong vinegar and let them stand until they have become quite black, keeping them stirred three or four times a day; next add a quart of strong, old beer, and boil the whole together for ten minutes; strain it, and let it remain until the next day; then pour it off clear from the sediment, add to it one large head of garlic bruised, half an ounce of nutmegs bruised, the same quantity of cloves and black pepper, and two drachms of mace; boil these together for half an hour, and the following day bottle and cork the catsup well.

A bottle of port wine may be added before bottling, if desired, and a large bunch of sweet herbs.

Oyster Catsup.—Take fine, large fresh oysters, opened carefully, and wash them in their own liquor. To take any particle of shell that may remain, strain the liquor after. Pound the oysters in a mortar, add the liquor, and to every pint put a pint of sherry; boil it up and skim; then add two anchovies, pounded, an ounce of common salt, two drachms of pounded mace, and one of cayenne. Let it boil up, then skim, and rub it through a sieve. Bottle when cold and seal it. What remains in the sieve will do for oyster sauce.

Oyster Catsup, No. 2.—One quart oysters, one tablespoonful salt, one tablespoonful cayenne pepper, one tablespoonful mace, one teacupful cider vinegar, one teacupful sherry. Chop the oysters, and boil in their own liquor with the teacupful of vinegar, skimming the skum as it rises. Boil three minutes, strain through a hair cloth, return the liquor to the fire ; add the wine, pepper, salt, and mace. Boil fifteen minutes, and when cold, bottle for use.

Mushroom Catsup with Spice.—Take full-grown and fresh-gathered mushrooms ; put a layer of these at the bottom of a deep earthen pan and sprinkle them with salt ; then another layer of mushrooms ; sprinkle more salt on them, and so on alternately. Let them stand for two or three hours, by which time the salt will have penetrated the mushrooms and have made them easy to break ; then pound them in a mortar, or break them well with your hands ; let them remain in this state for two days, not more, washing them well once or twice a day ; then pour them into a stone jar, and to each quart add an ounce and a half of whole black pepper and half an ounce of allspice ; stop the jar very close, and set it in a saucepan of boiling water and keep it boiling for two hours at least. Take out the jar and pour the juice clear from the settlings through a hair sieve into a clean stewpan, and boil it very gently on a slow fire for half an hour.

Mushroom Catsup without Spice.—Sprinkle a little salt over your mushrooms. Three hours after, mash them ; next day, strain off the liquor and boil it till it is reduced to half. It will not keep long, but an artificial mushroom bed will supply this, the very best mushroom catsup, all the year round.

XVIII.—BEVERAGES.

HINTS ON HOME BEVERAGES; USE GOOD MATERIALS; WHAT TEA IS; KINDS OF TEA; ITS VALUE AS A BEVERAGE; KINDS OF COFFEE; ADULTERATIONS OF COFFEE; HOW TO GET IT PURE; HOW TO RETAIN ITS FLAVOR; THE COFFEEPOT; CHOCOLATE AND ITS PREPARATION; OTHER BEVERAGES. THIRTY-THREE RECIPES FOR BEVERAGES.

ASIDE from the spirituous and malt liquors, the composition of which is not attempted in the household, there is a long line of beverages concerning which some hints are of value. In general, it may be said, employ good materials, and do not stint them in quantity, if you want good results. What is worth doing at all in culinary lines is worth doing well, and beverages, being in the line of luxuries, should be good, if not positively luxuriant.

Tea is the leaf of the tea-tree cured in various ways, and so appearing in the various forms known to commerce. Black teas are subjected to the action of heat far beyond the green teas. The green teas go through a *greening* process also, the healthfulness of which may well be questioned.

Of the black teas, the *Pekoe* is the earliest gathered and mildest, while the *Souchong*, the *Congou*, and the *Bohea* are respectively older in growth and stronger in flavor.

Of the green teas, the *Young Hyson* is from the tenderest and mildest leaf, the *Gunpowder*, *Hyson*, and *Twankay* being of older growth respectively and of stronger flavor. The treatment of all these leaves, as well as their age, are important factors in their final quality.

The nutritive value of tea is not appreciable, but as an excitant of respiratory action and a promoter of digestion it is very valuable. Tea should be kept closely covered in airtight canisters, in order that the flavor may be retained.

Coffee will grow in any climate where the temperature does not fall below fifty-five degrees. The best brands are the *Mocha* and the *Java*, but South America supplies the largest amount used in this country, which is sold under the general name of *Rio*. Coffee is often wretchedly adulterated, especially when sold in the roasted and ground form. It is safer to buy it green and to roast and grind it at home.

Roasted coffee should be kept in tight canisters or boxes, and it should be ground only as it is wanted for use. The coffeepot must be scalded clean and occasionally with soda, so that the inside may be absolutely pure.

Chocolate should never be made except it is intended to be used immediately. By allowing it to become cold or by boiling it again, the flavor is injured, the oily particles of the cocoa are separated and rise to the surface also, and they will never blend pleasantly again.

Other beverages are in occasional use, but those already mentioned are the standards in this land.

RECIPES.

Tea.—People must consult their own tastes as to the kind of tea. A mixed tea is generally preferred, combining the flavors of both green and black. Allow one teaspoonful for each person. Use boiling water, but do not boil the tea, and use while fresh. Tea is best made in an earthen teapot. It should never be made in tin.

Iced Tea.—Iced tea should be made several hours before it is needed and then set upon ice. When ready to use it, sweeten and drink without milk or cream. Use cracked ice to put into the glass.   The tea must be extra strong, and do not stint the ice.

Tea a la Russe.—Slice fresh, juicy lemons; pare them carefully, lay a piece in the bottom of each cup; sprinkle with white sugar and pour the tea, very hot and strong, over them.

Iced Tea a la Russe.—To each goblet of cold tea (without cream) add the juice of half a lemon.   Fill up with pounded ice and sweeten well.   A glass of champagne added to this makes what is called Russian punch.

Coffee.—To make choicest coffee, take equal quantities of Java and Mocha; grind finely together, allowing about two teaspoonfuls of ground coffee to each person; add an egg with its shell and a very little cold water; stir this thoroughly together and turn on boiling water.   Set the pot on the back of the range for five minutes; then draw forward and allow it to boil up just an instant; clear the spout by pouring from it and returning it in the top of the pot.   Then serve at once with plenty of cream and sugar.

Iced Coffee.—Make the coffee extra strong.   When it is cold, mix with an equal quantity of fresh cream; sweeten to taste, and freeze as in ice-cream, or serve with abundance of broken ice.

Cafe Noir.—This is the strongest preparation of coffee, its very essence, indeed.   It is used after dessert at course dinners.   Make the coffee strong and clear as possible, but use only one-third the ordinary quantity of water.   Serve with lump sugar, with which it should be highly sweetened, and use very small cups.   Cream may be added if desired.

Meringued Coffee.—For six cupfuls of coffee take about one cupful of sweet cream, whipped light, with a little sugar. Put into each cup the desired amount of sugar and about a tablespoonful of boiling milk.   Pour the coffee over these.

and lay upon the surface of the hot liquid a large spoonful of the frothed cream. Give a gentle stir to each cup before sending it from the tray.

Frothed Cafe au Lait.—Pour into the table urn one quart of strong, clear coffee, strained through muslin, and one quart of boiling milk, alternating them, and stirring gently. Cover and wrap a thick cloth about the urn for five minutes before it goes to table. Have ready in a cream-pitcher the whites of three eggs, beaten stiff, and one tablespoonful of powdered sugar, whipped with them. Put a large spoonful of this froth upon each cupful of coffee as you pour it out, heaping it slightly in the centre.

Chocolate.—Scrape fine one square of a cake, which is one ounce ; add to it an equal weight of sugar ; put these into a pint of boiling milk and water, each one-half, and stir well for two or three minutes until the sugar and chocolate are well dissolved. This preparation may be improved by adding a well-beaten egg or two and stirring briskly through the mixture with a Dover egg-beater. A teaspoonful of vanilla extract added just before sending to table is a valuable addition.

Frothed Chocolate.—One cupful of boiling water; three pints of fresh milk; three tablespoonfuls of Baker's chocolate, grated ; five eggs, the whites only, beaten light, and two tablespoonfuls of powdered sugar for froth. Sweeten the chocolate to taste ; heat the milk to scalding ; wet up the chocolate with the boiling water, and when the milk is hot, stir this into it; simmer gently ten minutes, stirring frequently ; boil up briskly once ; take from the fire ; sweeten to taste, taking care not to make it too sweet, and stir in the whites of two eggs, whipped stiff, without sugar ; pour into the chocolate pot or pitcher, which should be well heated. Have ready in a cream-pitcher the remaining whites, whipped up with the powdered sugar; cover the surface of each cup with the sweetened *meringue* before distributing to the guests.

Choca.—This beverage, a favorite with many, is made by mixing coffee and chocolate, as prepared for the table, in equal quantities, and serving hot for breakfast.

Broma.—Dissolve a large tablespoonful of Baker's broma in as much warm water; then pour upon it a pint of boiling milk and water, in equal proportions, and boil it two minutes longer, stirring it frequently; add sugar at pleasure.

Breakfast Cocoa.—Into a breakfast cup put a teaspoonful of the powder, add a tablespoonful of boiling water, and mix thoroughly. Then add equal parts of boiling water and boiled milk, and sugar to the taste. Boiling two or three minutes will improve it.

Cocoa Shells.—Take a small quantity of cocoa shells (say two ounces), pour upon them three pints of boiling water, boil rapidly thirty or forty minutes; allow it to settle or strain, and add cream or boiling milk and sugar at pleasure.

Lemonade.—Squeeze the juice of lemons, and add sugar and ice-water to taste.

Concentrated Lemonade.—Make a rich sirup of two and a half pounds of sugar and one pint of cold water and boil gradually. Pour it hot on one and a half ounces of citric acid. Bottle tight while hot. One tablespoonful will make a tumblerful of lemonade.

Portable Lemonade.—Mix a quarter pound of white sugar with the grated rind of a large, juicy lemon. Pour upon this the strained juice of the lemon and pack in a jar. One tablespoonful will suffice for a glass of water.

Egg Nog.—To the yelks of six eggs, add six tablespoonfuls of powdered sugar, one quart of new milk, a half pint of French brandy, and one pint of Madeira wine. Beat the whites up separately, and stir them through the mixture just before pouring into glasses for use.

Roman Punch.—Beat stiff the whites of three eggs, with a half pound of powdered sugar. Add three teacupfuls of strong, sweet lemonade, one wineglassful each of rum and champagne, and the juice of two oranges. Ice abundantly, or freeze.

Milk Punch.—Boil one quart of milk, warm from the cow. Beat up the yelks of four eggs and four tablespoonfuls of powdered sugar together; add two glasses of the best sherry wine; pour into a pitcher, and mix with it the boiling milk, stirring all the time. Pour from one vessel to another six times; add cinnamon and nutmeg to taste, and serve as soon as it can be swallowed without scalding the throat.

Currant and Raspberry Shrub.—Pound four quarts of ripe currants and three quarts of red raspberries in a stone jar or wide-mouthed crock with a wooden beetle. Squeeze out every drop of the juice; put this into a porcelain, enamel, or very clean bell-metal kettle, and boil hard ten minutes. Put in four pounds of loaf sugar at the end of the ten minutes, and boil up once to throw the scum to the top; skim and let it get perfectly cold; then skim off all remaining impurities; add one quart of the best brandy and shake hard for five minutes. Bottle, seal the corks, and lay the bottles on their sides in dry sawdust.

Currant Wine.—One quart of currant juice, three pounds of brown sugar, and one gallon of water; dissolve the sugar in the water, then add the juice; when it ferments, add a little fresh water each day till it is done fermenting, which will be in from a month and a half to two months; turn it off, scald the keg, put it in again, and cork tightly.

Raspberry Wine.—Bruise the raspberries with the back of a spoon; strain them through a flannel bag; add one pound of loaf sugar to one quart of juice; stir well and cover closely, letting it stand for three days, stirring well each day. Pour off the clear juice and add one quart of juice to two quarts of sherry wine; bottle it and use in two weeks.

Raspberry Brandy.—Using brandy instead of wine, as above, will produce a very valuable medicinal drink, Raspberry Brandy.

Raspberry Vinegar.—Take three pints of red berries; pour over them one pint of cider vinegar and let stand twenty-four hours. Strain, and to one pint of juice add one pound of sugar; boil one-half hour, and when cold, bottle for use.

Cherry Brandy.—Use either morello cherries or small black cherries; pick them from the stalks; fill the bottles nearly up to the necks, then fill up with brandy (some use whisky, gin, or spirit distilled from the lees of wine). In three weeks or a month strain off the spirit; to each quart add one pound of loaf sugar clarified, and flavor with tincture of cinnamon or cloves.

Sherbet.—In a quart of water boil six or eight sticks of rhubarb ten minutes; strain the boiling liquor on the thin shaved rind of a lemon. Two ounces of clarified sugar, with a wineglassful of brandy, stir to the above, and let it stand five or six hours before using.

Ginger Beer.—Two ounces of ginger to a pint of molasses; add a gallon of warm water; stir it well, and add half a pint of lively yeast. If you wish it sweeter or hotter, add ginger or molasses before putting in the yeast, to suit your taste.

Spruce Beer.—To three gallons of boiling water, add two pounds of molasses and two ounces of essence of spruce. Let the mixture cool, and when lukewarm, add a scant gill of yeast and set aside to ferment. While the fermentation goes on, skim frequently. When it becomes inactive, put in stone bottles and tie the corks down. White sugar may be used instead of molasses, and will give a better color.

Quick Beer.—To fourteen quarts of water add one quart of molasses, one quart of hop yeast, and four tablespoonfuls of ginger. Mix well; strain through a fine sieve; bottle immediately. Ready for use in twenty-four hours.

Imperial.—Mix in a jug one-half ounce of cream tartar and one quart of boiling water; flavor with lemon peel or essence of lemon, and sweeten to taste. This is a refreshing and pleasantly stimulating summer drink.

Mead.—Mix six gallons of water with six quarts of strained honey; add the yellow rind of two large lemons, pared thin, and the whites of three eggs beaten to a stiff froth. Mix well and boil three-quarters of an hour, skimming thoroughly. Pour into a tub, add three tablespoonfuls of good yeast, and leave it ferment. When it is well worked, pour into a barrel with some lemon peel, and let it stand six months. Then bottle and tie down the corks. It is ready for immediate use, or will keep for months in a cool place.

16

XIX.—CANDIES.

THE great danger in candy-making is that of burning the
sugar. To properly cook the candy requires a heat of
about two hundred and fifty degrees. Less than that
heat will leave the candy soft and sticky. A very little more
than two hundred and sixty degrees will burn it. Here,
then, is the need of care in candy-making.

In the cooking, allow the heat to reach the bottom of the
pan only. Have a quick fire that the work may be done in
the shortest possible time. When cooked for about fifteen
minutes, test a spoonful of the mass upon a cold plate. If it
form a viscid, tenacious mass, which forms a long, adherent
thread when drawn out, then it is nearly done, and it needs
special care lest it burn before the work be completed. Test
frequently now, dropping a little in cold water. When the
hardened portion is crisp as a pipestem, the cooking has
gone far enough. Then comes the flavoring and coloring.

When the mass has cooled on a stone or buttered plate,
so that it can be handled, it is ready for *pulling*, rolling into
sticks, shaping into forms, etc. The pulling process is
simply a mechanical means of whitening the candy. It is
literally a *pulling*, the candy being thrown on a hook and
pulled out from it, then being thrown on it again and again
pulled, and so on, as may be desired, the longer pulling giving the whiter candy.

For home-made candies use pure materials and good
fruit. Enough of earths and starch and decayed fruits are
bought in the cheap candies of the stores.

2-12

RECIPES.

Molasses Candy.—Three cupfuls of brown sugar, one-half cupful of molasses, one cupful of water, one-half teaspoonful of cream tartar, butter the size of a walnut. Bring to a boil, and when crisp by testing in cold water, flavor; pour out on a buttered plate, and pull to whiteness if desired.

Butter Scotch.—Two cupfuls of sugar, two tablespoonfuls of water, a piece of butter the size of an egg. Boil without stirring, until it hardens on a spoon. Pour out on buttered plates to cool.

Ice-cream Candy.—Take two cupfuls of granulated sugar, half a cupful of water, and add one-quarter of a teaspoonful of cream tartar dissolved in a teaspoonful of boiling water. Put it in a porcelain kettle, and boil ten minutes without stirring it. Drop a few drops into a saucer of cold water or on snow. If it become brittle, it is done; if not, boil till it is. Add a piece of butter half as large as an egg while it is on the fire, and stir it in. Pour into a buttered tin, and set on ice or snow to cool enough to pull it white. Flavor with vanilla just before it is cool enough to pull. Work into strands and cut into sticks.

Cream Candy.—One pound of white sugar, three table-spoonfuls of vinegar, one teaspoonful of lemon extract, one teaspoonful of cream tartar. Add a little water to moisten the sugar, and boil until brittle. Put in the extract, then turn quickly out on buttered plates. When cool, pull until white, and cut in squares.

Cocoanut Candy.—Grate very fine a sound cocoanut, spread it on a dish, and let it dry naturally for three days, as it will not bear the heat of an oven, and is too oily for use when freshly broken. Four ounces will be sufficient for a pound of sugar for most tastes, but more can be used at pleasure. To one pound of sugar, take one-half pint of water, a very little white of egg, and then pour over the sugar; let it stand for a short time, then place over a very clear fire, and let it boil for a few minutes; then set it one side until the scum is subsided, clear it off, and boil the sugar until very thick; then strew in the nut, stir and mix it well, and do not quit for an instant until it is finished. The pan should not be placed on the fire, but over it, as the nut is liable to burn with too fierce a heat.

Almond Candy.—Proceed in the same way as for cocoanut candy. Let the almonds be blanched and perfectly dry, and do not throw them into the sugar until they approach the candying point.

Candied Nuts and Fruits.—Three cupfuls of sugar, one cupful of water; boil until it hardens when dropped in water, then flavor with lemon. It must not boil after the lemon is put in. Put a nut on the end of a fine knitting needle, take out, and turn on the needle until it is cool. If the candy gets cold, set on the stove for a few minutes. Malaga grapes, and oranges quartered, may be candied in the same way.

Chocolate Caramels.—Two cupfuls of sugar, one cupful of warm water, one-half cupful of grated chocolate, three-fourths of a cupful of butter. Let it boil without stirring until it snaps in water.

Chocolate Caramels, No. 2.—One cupful of rich, sweet cream; one cupful of brown sugar; one cupful of white sugar; seven tablespoonfuls of vanilla chocolate; one tablespoonful of corn-starch, stirred in the cream; one tablespoonful of butter; vanilla flavoring; soda, the size of a pea, stirred into cream. Boil all the ingredients, except the chocolate and vanilla extract, half an hour, stirring to prevent burning. Reserve half of the cream, and wet up the chocolate in it, adding a very little water if necessary. Draw the saucepan to the side of the range, and stir this in well; put back on the fire and boil ten minutes longer, quite fast, stirring constantly. When it makes a hard, glossy coat on the spoon, it is done. Add the vanilla after taking it from the range. Turn into shallow dishes, well buttered. When cold enough to retain the impression of the knife, cut into squares.

Lemon Taffy.—Two cupfuls of white sugar, one cupful of boiling water, one-quarter cupful of vinegar, one-half cupful of butter; flavor with lemon; pour in buttered plates to cool.

Butter Taffy.—One tablespoonful of vinegar, one cupful of sugar, two tablespoonfuls of molasses, and a piece of butter the size of an egg. When done, add a little soda.

Cream Chocolates.—For the *creams*, boil two cupfuls of white sugar and one-half cupful of milk for five minutes; add one teaspoonful of vanilla, then beat until stiff enough to handle and make into drops.

For the *chocolate*, take three-quarters of a half-pound cake of Baker's chocolate, grate and steam over the teakettle. Drop the creams when hard, one at a time, into the hot chocolate, using two forks to take them out quickly; set the drop on one fork on the bottom, using the other fork to scrape the chocolate off the cream; gently slip the drop upon a buttered dish. If, when cool, the drops stick to the dish, hold it over the steam of the teakettle for an instant.

Chocolate Creams.—*Inside:* Two cupfuls of sugar; one cupful of water; one and a half tablespoonfuls of arrow-root; one teaspoonful of vanilla. Mix the ingredients, except the vanilla; let them boil from five to eight minutes; stir all the time. After this is taken from the fire, stir until it comes to a cream. When it is nearly smooth, add the vanilla and make the cream into balls.

Outside: Melt a half pound of Baker's chocolate, but do not add water to it. Roll the cream balls into the chocolate while it is warm.

Cream Walnuts.—Two cupfuls sugar, two-thirds cupful water. Boil without stirring until it will spin a thread; flavor with vanilla. Set off into a dish with a little cold water in it; stir briskly until white and creamy. Have the walnuts shelled; make the cream into small, round cakes with your fingers; press half a walnut on either side, and drop into sifted granulated sugar.

Cream Dates.—For cream dates, take fresh California dates, remove the stones, and fill the centre of dates with the same cream as used in cream walnuts. Drop into sugar.

Peanut Candy.—Boil one scant pint of molasses until it hardens in cold water. Stir in two tablespoonfuls of vanilla, then one teaspoonful of soda, dry. Lastly, the shelled peanuts, taken from four quarts measured before shelling. Turn out into shallow pans well buttered, and press it down smooth with a wooden spoon.

Philadelphia Groundnut Cakes.—Boil two pounds of light brown sugar in a preserving kettle, with enough water to wet it thoroughly and form a sirup. Have ready a quarter of a peck of groundnuts (peanuts). When the sugar begins to boil, throw in the white of an egg to clear it. Skim and try by dropping a little into cold water to see if brittle or done. When it is brittle, remove from the fire, and stir in the nuts. Drop on wet plates, free from grease. The white of egg may be omitted.

Gum Drops.—Dissolve one pound of gum arabic in one and a half pints of water; strain and add one pound of refined sugar; beat until the sugar is entirely dissolved. Flavor to taste, and add coloring if desired. Then evaporate with a slow heat until the mass is thick as honey. Have a shallow box, or dish of fine starch; in this make a series of dents with a rounded stick, the size desired for the gum drops. Into each of these indentations drop from a spout, or a spoon, just enough of the thickened mass to fill the cavity, then set away in a warm place till the drops become suffi‑ ciently set to allow handling. This may require several days.

Jujube Paste.—Dissolve gum arabic, and add sugar as for gum drops. Evaporate till very thick, and while still warm flavor and pour out into shallow tin pans to cool.

Fig Paste.—Chop up one pound of figs, and boil in a pint of water till reduced to a soft pulp. Strain through a fine sieve, and add three pounds of sugar. Evaporate over boil‑ ing water till the paste becomes stiff, then pour it into a mold of wooden strips tied together. When cool, cut into squares; sugar each well, and put away for use. Flavors may be added to taste, or fresh fruits may be mingled with the paste.

Peppermint Drops.—Mix granulated sugar with enough water to form a paste, and put it to boil in a saucepan hav‑ ing a lip from which the contents can be poured or dropped. Allow it come almost, but not entirely, to a boil. Stir con‑ tinually. Allow it to cool a little, and flavor to taste with strong essence of peppermint. Then drop the mass on sheets of tin or of white paper. To drop it properly, allow just enough to gather at the lip of the saucepan, and then stroke it off with a piece of stiff wire. They should dry in a warm place.

XX.—INVALID DIET.

INVALIDS NEED THE BEST OF DIET; WHAT INVALID DIET SHOULD FURNISH; "SICK-DIET KITCHENS;" HOME COOKING FOR THE SICK. THIRTY RECIPES FOR SICK-ROOM DIET.

WHAT is more disgusting to an invalid than to be served with a liberal supply of food adapted to a laboring man or to a person in robust health? Delicate appetites need to be delicately appealed to with dainty dishes, nicely served. But these dishes must be nourishing and easily digested. In short, the problem in sick-room diet is, how to furnish the patient the most valuable nutrition in the pleasantest form, and with the least tax upon his enfeebled powers.

To meet this need, organized movements have been made in many cities in the line of "Sick-Diet Kitchens." Benevolent contributions and skilled work are the corner-stones of these institutions. The foods are well prepared by competent hands. The sick who choose to purchase delicacies which can be relied on, can find them at these places. Those who are too poor to purchase, but who are deserving, can have them free. Instruction concerning diet for the sick is given also.

But many cannot reach such establishments, and do not care to if they can ; hence the chapter of directions given below. If anywhere in cookery good materials and skillful manipulation are of value it is in cooking for the sick.

RECIPES.

Beef Tea.—One pound of lean beef, cut into small pieces. Put into a jar without a drop of water, cover tightly, set in a pot of cold water. Heat gradually to a boil, and continue this steadily for three or four hours, until the meat is like white rags and the juice all drawn out. Season with salt to taste, and when cold, skim. The patient will often prefer this ice-cold.

Beef Tea, No. 2.—Take lean, juicy beef, chopped very finely; cover with cold water, and set on back of the range for two hours; then draw forward, allowing it to heat gradually; then boil for five minutes. Season and strain.

Mutton Broth.—One pound of lean mutton, cut small; one quart of water, cold; one tablespoonful of rice or barley, soaked in a very little warm water; four tablespoonfuls of milk, salt and pepper, with a little chopped parsley. Boil the meat, unsalted, in the water, keeping it closely covered, until it falls to pieces. Strain it out, add the soaked barley or rice; simmer half an hour, stirring often; stir in the seasoning and the milk, and simmer five minutes after it heats up well, taking care it does not burn. Serve hot, with cream crackers.

Chicken Broth.—Proceed precisely as above, but substitute chicken for mutton.

Chicken Jelly.—Half a raw chicken, pounded with a mallet, bones and meat together; plenty of cold water to cover it well, *about* a quart. Heat slowly in a covered vessel, and let it simmer until the meat is in white rags and the liquid reduced one-half. Strain and press, first through a colander, then through a coarse cloth. Salt to taste, and pepper if you think best; return to the fire, and simmer five minutes longer. Skim when cool. Give to the patient cold— just from the ice—with unleavened wafers. Keep on the ice, or make into sandwiches by putting the jelly between thin slices of bread spread lightly with butter.

Soft Boiled Eggs.—Put in a pan of *boiling* water, and set on a part of the range where they will not boil for several min-

utes.　At the end of that time they will be like jelly, perfectly soft, but beautifully done, and quite digestible by even
weak stomachs.

Egg Gruel.—Beat the yelk of one egg with one tablespoonful of sugar; pour one teacupful of boiling water on it; add
the white of the egg beaten to a froth, with any seasoning
or spice desired.　To be taken warm.

Raw Egg.—Break a fresh egg into a glass, beat until very
light, sweeten to taste, and add two tablespoonfuls of port
wine, then beat again.

Egg Cream.—Beat a raw egg to a stiff froth; add a tablespoonful of white sugar and a half wineglass of good blackberry wine; add half a glass of cream; beat together
thoroughly, and use at once.

Indian-meal Gruel.—One tablespoonful of fine Indian-meal,
mixed smooth with cold water and a saltspoonful of salt;
pour upon this a pint of boiling water and turn into a saucepan to boil gently for half an hour; thin it with boiling
water if it thickens too much, and stir frequently; when it
is done, a tablespoonful of cream or a little new milk may
be put in to cool it after straining, but if the patient's stomach is weak it is best without either.　Some persons like it
sweetened and a little nutmeg added, but to many it is more
palatable plain.

Oatmeal Gruel.—Soak a handful of oatmeal over night in
water, in order that the acid gases which oatmeal contains
may be withdrawn.　Pour off the water, and add a pint of
fresh; stir it well, add salt,.and boil an hour and a half.
This is much used, prepared in this way, by dyspeptics.

Sago.—Soak and wash it well; add a pint of water, a little
salt, and boil till clear.　Add lemon-juice or wine, if
permitted.

Arrow-root Jelly.—Boil a pint of water with a few bits of cinnamon or yellow rind of lemon; stir into it two table-spoonfuls of arrow-root, dissolved in a little water; boil ten minutes; strain, salt, and season with sugar, wine, and nutmeg, if proper.

Arrow-root Broth.—Put half a pint of water into a saucepan; add a little lemon-juice, sugar and nutmeg, and a very little salt. Boil it up, and stir in a teaspoonful of dissolved arrow-root; boil five minutes. It should be taken warm and be very thin.

Cracked Wheat.—To one quart of hot water take one small teacupful of cracked wheat and a little salt; boil slowly for half an hour, stirring occasionally to prevent burning. Serve with sugar and cream or new milk.

Cracker Panada.—Six Boston crackers, split; two table-spoonfuls of white sugar, a good pinch of salt, and a little nutmeg; enough *boiling* water to cover them well. Split the crackers, and pile in a bowl in layers, salt and sugar scattered among them. Cover with boiling water and set on the hearth, with a close top over the bowl, for at least an hour. The crackers should be almost clear and soft as jelly, but not broken. Eat from the bowl with more sugar sprinkled in.

Bread Panada.—Set a little water on the fire in a very clean saucepan; add a glass of wine, if allowed, some sugar, nutmeg, and lemon-peel. The moment it boils up stir in a few crumbs of stale baker's loaf. Let it boil very fast for five minutes. It should be only thick enough to drink.

Chicken Panada.—Boil a chicken; take a few bits of the breast and pound fine in a mortar. Season it with a little salt, a grate of nutmeg, and a bit of lemon-peel; boil gently till a little thick, but so that it can be drank.

Soft Toast.—Some invalids like this very much indeed, and nearly all do when it is nicely made. Toast well, but not too brown, a couple of thin slices of bread; put them on a warm plate and pour over *boiling* water; cover quickly with another plate of the same size, and drain the water off; remove the upper plate, butter the toast, put it in the oven one minute, and then cover again with a hot plate and serve at once.

Milk Porridge.—Two cupfuls of best oatmeal, two cupfuls of water, two cupfuls of milk. Soak the oatmeal over night in the water; strain in the morning, and boil the water half an hour. Put in the milk with a little salt, boil up well, and serve. Eat warm, with or without powdered sugar.

Thickened Milk.—With a little milk, mix smooth a tablespoonful of flour and a pinch of salt. Pour upon it a quart of boiling milk, and when both are thoroughly mingled put all back into the saucepan and boil up once, being careful not to burn, and stirring all the time to keep it perfectly smooth and free from lumps. Serve with slices of dry toast. It is excellent in diarrhœa, and becomes a specific by scorching the flour before mixing with the milk.

Toast Water.—Toast stale bread until quite brown, but do not burn it; put it into a large bowl, and pour over it boiling water; let it stand for an hour or so, strain, and put in a piece of ice before drinking.

Barley Water.—Soak one pint of barley in lukewarm water for a few minutes; then drain off the water. Put the barley in three quarts of cold water and cook slowly until the barley is quite soft, skimming occasionally. This barley water, when cold, flavor with a little jelly or lemonade.

Rice Milk.—Pick and wash the rice carefully; boil it in water until it swells and softens; when the water is partly boiled away, add some milk. It may be boiled entirely in milk, by setting the vessel in which the rice is in boiling water; sweeten with white sugar and season with nutmeg. It also may be thickened with a little flour or beaten egg.

Flaxseed Tea.—One-half pound of flaxseed, one-half pound of rock candy, and three lemons pared and sliced; pour over this two quarts of boiling water; let it stand until very cold; strain before drinking. This is good for a cough.

Appleade.—Cut two large apples in slices, and pour on them one pint of boiling water; strain well and sweeten. Ice it before drinking.

Apple Water.—Roast two large, tart apples until they are soft. Put them in a pitcher, pour a pint of cold water on them, and let them stand in a cool place for an hour. No sweetening is needed. This drink will be found very refreshing if the patient have fever or eruptive diseases.

Roast Apples.—Good-sized, juicy, tart apples are best for roasting. Wipe them clean, and put in a slow oven, allowing an hour for the work of roasting. When entirely done, sift fine, white sugar over them, and serve warm or cold, as desired.

Wine Whey.—Sweeten one pint of milk to taste, and when boiling throw in two wineglassfuls of sherry; when the curd forms, strain the whey through a muslin bag into tumblers

Blackberry Sirup.—One quart of blackberry juice, one pound of sugar, one-half ounce of nutmeg, one-half ounce ot cinnamon, one-fourth of an ounce of cloves, one-fourth of an ounce of allspice.

XXI.—MODERN FACILITIES FOR COOKING.

IMPROVEMENTS multiply on all sides in these days of rapid progress, and they have not failed to leave their impress on culinary matters. The rude methods of the now barbarous nations were once the only methods of cookery. But the better people struggled for better methods, and improvements came. These ran to refinements here and there, which the richer and more luxurious only could adopt. Among those who could afford it, means of cooking fairly good won their way rapidly, but the masses knew nothing of such indulgences. They long continued to put up with inconvenient and inefficient methods.

Real progress is made when the people as a whole are made more comfortable. What lifts up the lower classes is real elevation. A spire may tower high amid surroundings where the people grovel in marsh and malaria. The spire itself may be the best of its kind, but genuine improvement would raise the grade where it stands and better the condition of the masses at its base. So in cookery. Those astounding feasts of the olden time were but spires, shooting into conspicuous view, while the people were in beggary about them.

But the culinary grade has been raised. The people are better off to-day than ever they were. They have better material for food; they have better knowledge of the uses of food, and better facilities for its proper, savory, and healthful preparation. To some of these facilities attention may properly be given.

Open wood fires—mere bonfires, in fact—were the first and simplest means of cooking. Over these, boiling could be done, or broiling, or frying; before them *cabobs* could be roasted, or toasted, on the end of a stick; or better viands could be cooked on the " spit," or some kindred contrivance that would hold the meat in the direct radiation of the fire, and turn it continually, so that all sides might be equally cooked. In the hot ashes of such fires, vegetables could be roasted, and even meats could be prepared.

From open fires it was but a step to inclosed fire-places, by which the draft might be improved, the smoke disposed of to better advantage, and the heat be confined and concentrated for more economical employment. Ovens, for baking and roasting, naturally followed. As metals came into more general use and became cheaper, their employment to form stoves was natural. These, at first, were for wood and the lighter fuels, but they soon were adapted to coal as its employment became general.

Rivalry among manufacturers rapidly led to improvement upon improvement, until we have our splendid stoves—so numerous, so beautiful, and yet so effective. An exterior view of a standard modern cooking stove, adaptable for either wood or coal, is given on the following page; not that it is in appearance novel or unusual, but that it is a fine specimen of this splendid line of domestic appliances.

The best coal stoves of this day, whether for cooking or heating purposes, are fitted with the anti-clinker grates. By this apparatus, access to the bottom of the fire is had directly, and clinkers can be removed as well as the fine ashes. The clear bottom, so essential to a strong fire and a good heat, can always be secured by this improvement. The necessity of letting the fire go out occasionally, so as to secure a clear, strong heat, is entirely done away with. A perpetual fire may be maintained, and it may always be clear and strong.

The cooking capacity of modern stoves is marvelous. The largest family roasts can be managed, with all the vege-

tables pertaining thereto, while at the same time a tank of
warm water is maintained, dishes are kept warm, etc., etc.,
to the heart's content of the most exacting housewife. The
home where these facilities are lacking is a home that is
behind the times and below its privileges. The wives and
mothers should no more confine themselves to old appliances for cooking than the men should confine themselves
to old methods of agriculture and travel.

MODERN COOKING-STOVE FOR WOOD OR COAL.

Permanent ranges have superseded cook-stoves very generally in the cities and in the more substantial houses.
There is much in their favor, not the least item being their
compactness. In a recess, not of much value for other purposes, the range may do its all-important work. It never
projects into the room, or occupies central space, as does the
stove. Its capacity for union with a system of water distribution, so that *hot* water may be supplied to the whole
house, is a very valuable consideration. Without attention

of any kind it does this work, and for the bath, the laundry, and all incidental purposes, its supply is always ready. A permanent range may have its ash-pit also, into which the entire waste falls, without raising dust or doing damage, and

MODERN RANGE WITH ALL APPLIANCES.

from which it may be removed, as occasion requires, through the cellar, and without interference with the living or working parts of the house.

The cut of a modern range just given shows most of its features of excellence. The anti-clinker grate, with its peculiar contrivance for cleaning the bottom of the fire, is seen. This work can be done every morning with less trouble than it takes to rake the old kind of ranges, and a continuous fire may be kept going always fresh on the grate. By this means a quicker fire and hotter oven can be produced. The dish-warmer, top shelf, circulating boiler for hot water, ovens, draft dampers, etc., etc., all appear. The open oven shows the hot-air circulation about it, when the heat is turned to it for roasting purposes. Such a range is not much more expensive than a stove of equal cooking capacity, but the setting and the plumbing, if it be added, increase the cost. For ranges of this construction, experts claim many marked advantages, among them these: A perpetual fire, free from slate.or clinkers; a perfectly heated oven, without causing the range to become red hot on top, so avoiding the burning out of centre plates and covers; perfection in baking, broiling, boiling, stewing, and every variety of cooking; ample room in the oven; durability of grates and fire-brick and great economy in fuel. These ranges have also a hinged broiler plate, which need not be lifted off when broiling, but may be simply swung back; also an improved feeder door, which allows perfect control of the fire.

When the stove and range for domestic use are passed by, and those for eating-houses, hotels, etc., are to be considered, marvels of size and completeness are found. Special adaptations are added to these immense culinary machines, by which all kinds and almost all amounts of work can be done at one time with the utmost possible ease. Steam is used very extensively in these operations, especially in boiling, but apparatuses on this scale are hardly applicable to domestic uses. For most housekeepers, the kitchen of a mammoth hotel would be a genuine show, not only in the immensity of its equipment, but also in the sublime carelessness with which its operations are carried on.

But coal, wood, and steam are not the only powers applied for cooking in domestic circles. Another claimant for recognition, and one rapidly winning his way to the front, is found in

MODERN GAS STOVES.

These can be used wherever natural or artificial gas is supplied for illuminating purposes, either by public or private means. Wherever heat is needed and gas can be had, gas stoves have a province. Whether for warming apartments, supplying heat for mechanical purposes, or for cooking, gas stoves are carefully adapted to meet the varied demands. The purpose in this discussion is not to give the pre-eminence to any of the several gas stoves which claim public favor, but simply to present the subject as met by stoves of one standard make, allowing those who are interested to work out the remaining problems for themselves.

The convenience and comfort of cooking by gas, especially during the summer months, when fire is not otherwise required, can be thoroughly appreciated only by those who have had experience in its use for that purpose. It has many advantages, among them these: With a good gas cooking-stove the difficulty arising from *slow* fires, *quick* fires, and *bright* fires vanish at once and forever in the simple turning of a tap, admitting more or less gas, the cook controlling the fire instead of the fire controlling the cook. The cook, having the fire directly under her control, the heat can be regulated to a nicety; it is not variable, and it is as readily obtained as it is easy to be got rid of when no longer required. Not the least difficult of the many branches of a cook's education is the acquirement of experience in roasting. She has to calculate and weigh with much nicety both the size of the joints and the power of the fire. A good gas oven, however, can be controlled so easily than an even and suitable heat is guaranteed.

Then, too, it is claimed that the waste in meat cooked by gas is greatly diminished as compared with that cooked by a coal fire. Meat roasted by a coal fire loses one-third in weight, or thirty-three and one-third per cent., while the same cooked by gas loses only about one-seventh, or fourteen per cent. This difference is due to the fact, that by the usual methods of roasting, the meats are shut up in a tight oven, which, by its dry and highly heated air, extracts and consumes the moisture of the meats. The gas oven, on the other hand, is open. The heating is by direct radiation from the reflectors. Less loss results, therefore, by evaporation of juices than from the tight oven, as the atmosphere about the meat is not exhausted of its natural moisture, so becoming a drain upon the moisture in the meat.

The lighting and extinguishing of gas is an instantaneous operation, neither entailing the drudgery, waste of fuel, of time, or of patience belonging to other methods. And in this case there is no coal to bring up, no ashes to empty, no kindling-wood needed, no waste of fuel, but a single match kindles it all, and the work goes on.

There has been strong prejudice against cooking by gas, which has greatly retarded its general use. Within the last few years, however, this has been giving away, as the advantages of gas for this purpose are becoming more widely recognized, and the construction of the stoves has been so greatly improved.

The objections to thus utilizing gas have been chiefly a belief in its flavoring the meat, the difficulty of burning it so as to avoid smoking and dirt, and its expense as compared with other fuel. There can be no doubt that some gas stoves are very extravagant and wasteful, nevertheless, the objections raised are not regarded as well founded. It can be shown satisfactorily that real economy results from their use.

A series of carefully conducted experiments between a standard coal range and a standard gas stove is summed up in the tables which follow.

In these experiments the Sun Dial Gas Stove, of the Goodwin Gas Stove Company, was used. The results were communicated officially to the Convention of Gas Operators at the Franklin Institute of Philadelphia, October 16th, 1879.

RECORD OF THE COAL RANGE.

ARTICLE.	How Cooked.	Weight.		Loss per cent.	Time.
		Before Cooking.	After Cooking.		
Blue Fish, ...	Baked.	3 lbs.	2 lbs. 1 oz.	32	31 m.
Rib of Beef, ...	Roasted.	9 lbs. 7 oz.	6 lbs. 8 oz.	32	1 h. 37 m.
Chicken, ...	Roasted.	3 lbs.	2 lbs. 2 oz.	30	1 h. 6 m.
Beef Steak, ...	Broiled.	1 lb. 2 oz.	13½ oz.	25	11 m.
Lamb Chops, ...	Broiled.	1 lb. 1 oz.	11 oz.	35	12 m.
Sweet Potatoes, ...	Steamed.	3 lbs. 5 oz.			
White Potatoes, ...	Steamed.	3 lbs. 8 oz.			
Cauliflower, ...	Boiled.	3 lbs. 12 oz.			
Tomatoes, ...	Stewed.	4 lbs.			
Bread, ...	Baked.		5 lbs. 2 oz.		46 m.
Sago Pudding, ...	Baked.		3 lbs. 5 oz.		27 m.
Lemon Pie, ...	Baked.		2 lbs. 12 oz.		30 m.

Sauces for fish, beef, and cauliflower were cooked also.

Total time from lighting of fire until everything was ready to serve, two hours and forty minutes. Of this time thirty minutes was required to heat the oven, leaving two hours and ten minutes actual cooking time. Weight of coal, including lighting of fire, forty-four pounds. At the end of the time the fire was ready for more coal. Cost of coal, forty-four pounds at five dollars and ·fifty cents per ton, ten and ninety-five hundredths cents. Kindling, one cent. Total, eleven and ninety-five hundredths cents.

RECORD OF THE GAS STOVE.

ARTICLE.	How Cooked.	Weight.		Loss per cent.	Time.
		Before Cooking.	After Cooking.		
Blue Fish, ...	Baked.	3 lbs.	2 lbs. 6 oz.	20	35 m.
Rib of Beef, ...	Roasted.	9 lbs. 4 oz.	7 lbs. 11 oz.	17	1 h. 25 m.
Chicken, ...	Roasted.	3 lbs. 1 oz.	2 lbs. 10 oz.	14	1 h.
Beef Steak, ...	Broiled.	1 lb. 2 oz.	15 oz.	16⅔	8 m.
Lamb Chops, ...	Broiled.	1 lb.	13½ oz.	15	10 m.
Sweet Potatoes, . . .	Steamed.	3 lbs. 5 oz.			
White Potatoes, . . .	Steamed.	3 lbs. 8 oz.			
Tomatoes, ...	Stewed.	4 lbs.			
Cauliflower, ...	Boiled.	3 lbs. 12 oz.			
Bread, ...	Baked.		5 lbs. 7 oz.		37 m.
Sago Pudding, ...	Baked.		3 lbs. 3 oz.		28 m.
Lemon Pie, ...	Baked.		2 lbs. 14 oz.		22 m.

Sauces for fish, beef, and cauliflower were cooked also.

Total time from lighting of gas until everything was ready to serve, one hour and fifty minutes. Consumption of gas by test meter, thirty-eight feet. At two dollars and fifteen cents per thousand feet, cost, eight and seventeen hundredths cents.

These tests were made with the utmost care by a competent expert. In each case the cooking was done so that all the dishes would be completed at once. The tests were illustrative of three points : 1st, of the less *expense* in fuel ; 2d, of the less *shrinkage* of the material ; 3d, of the less *time* required from the outset to the completing of the cooking. By this test, in short, the gas stove saved as follows:

In cost of fuel . . . . $1\frac{78}{100}$ cents.
In shrinkage of articles cooked . . $33\frac{11}{16}$ "
In time from the start till ready . . 50 minutes.

Through lack of knowledge, skill, and attention many persons will waste shamefully where others will save, but the above results go far to settle the question of relative economy. Experience has settled the question of flavor also. There is no more need of ill-flavor in food cooked by gas than in food cooked otherwise. In any case, it is a result of bad management, not of the kind of fuel.

After this general survey of gas stoves, a more detailed view of them will be in order. Beginning with the smaller stoves, the first cut presents one employing a single burner only. This stove is only seven inches wide, seven and a half inches high, nine inches deep. It has a front tin reflector to

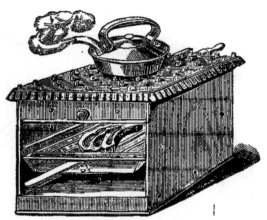

SINGLE BURNER GAS STOVE.

pan, whereby the heat is thrown back upon the meat, thereby greatly increasing the cooking power. This stove will broil a steak, chops, bacon or fish, toast bread, boil water, stew or fry with one burner only. Three feet of gas, at a cost of less than one cent, will broil a chop and boil a pint of water. Consumption, ten cubic feet of gas per hour.

Departing from the old system of gas cooking, which was open to many grave objections, the gas burner in the best stoves, like those shown here, is placed above the meat, and not under it; over this burner is fixed a radiating metal plate to reflect the heat; the same burner being above the meat and beneath the oven, where the oven attachment exists, answers both for the purpose of roasting and baking at the same time. By another simple contrivance, of surrounding the oven with a case or jacket, the heat is increased, the combustion is rendered complete, and a regular distribution of heat all over the oven is secured. In all the stoves now in use, the oven is always hottest in that part nearest the fire, consequently it is a common occurence for food to be raw in one part and burnt in another. This is prevented by the hot air jacket surrounding the oven.

The next cut shows the oven attachment, the heat being applied beneath it and over the roast, and the heat both

above and below the oven. The size of the stove represented in this picture is twelve inches wide, twenty-two inches high, eleven inches deep. Its oven is twelve inches wide, six and a half inches high, ten and a half inches deep. Its roaster is twelve inches wide, nine inches high, ten and a half inches deep. Its hot plate

GAS COOKING-STOVE WITH OVEN.

is thirteen and a half inches wide, sixteen inches long. It has two extra burners in the hot plate. Its consumption, with all burners in use, is twenty cubic feet of gas per hour.

A still larger stove is shown in the next cut. Its size is thirty inches high, fifteen inches wide, and twelve and a half inches deep. The oven and roaster are of proportionate size, as the cut shows. It has the non-conducting jacket, by means of which all of the heat is retained and utilized. It will roast a seven-pound joint or a couple of fowls; it will broil chops, steak, bacon and fish, toast bread, bake pastry, rice puddings, potatoes, etc., boil, fry, or stew. The roasting chamber is lined with bright tin plate, and is fitted

GAS COOKING-STOVE WITH OUTLET PIPE.

with a movable apparatus for supporting the pan at various heights. Consumption, with all burners in use, thirty-two cubic feet per hour.

By means of the outlet pipe, a complete carrying away of the products of combustion is secured. A system of tubing

collects all such products in the pipe, shown at the back of
the stove, to which must be further added such pipe as may

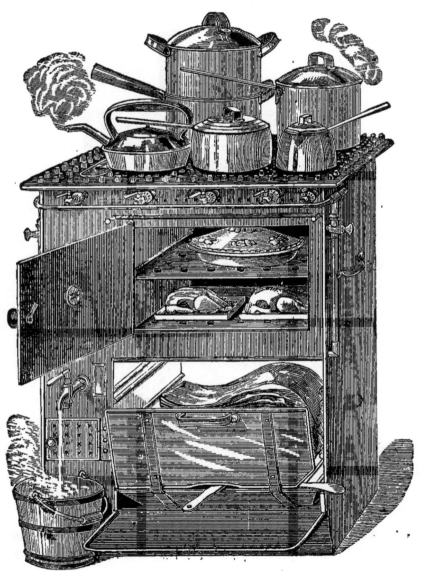

GAS COOKING-STOVE OF THE MOST COMPLETE FORM.

be necessary to connect it with the chimney, thereby producing the same effect in conveying away the products of

combustion as is accomplished by similar means in the ordinary kinds of fuel. This arrangement fills a want that has long been felt by those who have objected to the use of gas stoves for the reason of there being no adequate means to remove the products of combustion and odors from the roasting chambers, ovens, and boiling burners, all of which is now effectually accomplished.

The possibilities of the gas stove are not exhausted, however, by the forms already shown. Still another cut is given of one of the most complete gas-stoves. This size will do all the work for a large family. The size of this stove is thirty-six inches high, twenty-four and a half inches wide, and twelve and a half inches deep. The oven is nine and a half inches high, fifteen inches wide, and eleven inches deep. The roaster is thirteen inches high, eighteen inches wide, and twelve inches deep. The hot plate is twenty-eight inches wide, sixteen and a half inches deep, with two single and one double burner; tray underneath for removing dirt, etc. The oven has double jacket for retaining heat. The tinned copper boiler, with brass draw-off tops, holds about two gallons, and is heated by an atmospheric burner with separate tap at side. This stove is capable of doing the work of any wood or coal range or stove for a large family; and when a family once get a little accustomed to its use, they will find it superior in every respect. Consumption, with all burners in use, forty-two cubic feet per hour.

Such is a brief showing of the cooking-stoves using gas as fuel. With them a household can be relieved of much of the work which makes life a burden; but these helps do not apply to family uses only. Hotels have adopted them. Stoves and ranges can be furnished to cook for any number of persons. At the new hotel at Pullman, Ill., the cooking for a thousand guests is done by gas. The great range of this house, if extended in a direct line, would reach forty-eight feet. Parts of it stand five feet high. To build it cost one thousand five hundred dollars. It includes a complete set of fish broilers, two large hot closets for warming dishes, a sixty-gallon tank for the supply of hot water, and six large roasting and broiling chambers, over which are forty-eight burners for boiling, stewing, and frying. Three large ovens, with twenty-four burners over them, are also included in the complete apparatus.

Another feature in the great gas range of this hotel is its carving-table and hot closets. The water in this table is heated by a hot-water generator with gas heat, and the closets are supplied with two burners each, by which they can be raised to any desirable temperature. Egg boilers, vegetable boilers, and cake griddles complete this elaborate cooking apparatus.

Water-heating apparatus is a great point in connection with the Pullman Range. There are very many of these applications which are available in private houses. From the little arrangement for heating a pint of water, there are others of larger capacity, up to those capable of heating a bath-tub full or of providing for a family wash. A very convenient apparatus for supplying hot water to a wash basin which has cold water only is shown in the opposite cut. The "generator" is placed on a little bracket, and an attachment is made from the gas burner, and also from the cold-water pipe. On lighting the gas, hot water is generated almost instantly, and is supplied in quantity sufficient for all probable demands, as the generator contains a coil of pipe in passing through which the water can hardly fail of being thoroughly heated. The generator can be had in ornamental or plain forms, and its consumption of gas is but ten cubic feet per hour.

Rural homes which supply water from a tank can adopt this generator with ease. Indeed, wherever water flows and a gas jet is available, hot water can be had at pleasure.

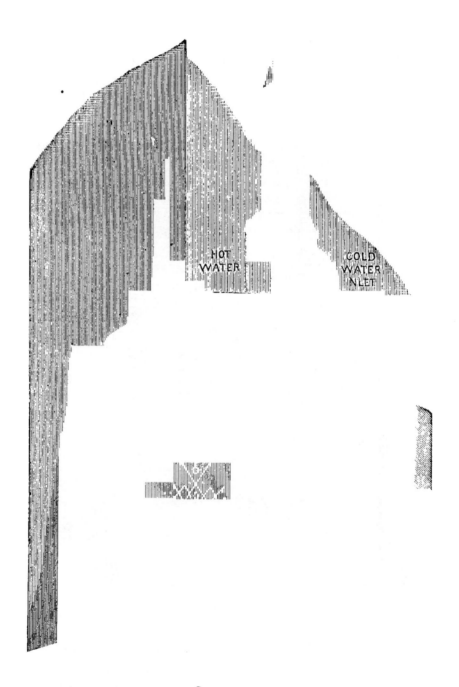

HOT WATER

COLD WATER INLET

GENERAT

Hot closets are made of sizes suitable for domestic purposes also. That shown in the adjoining cut is but thirty-four inches high, twenty-five inches wide, and eighteen

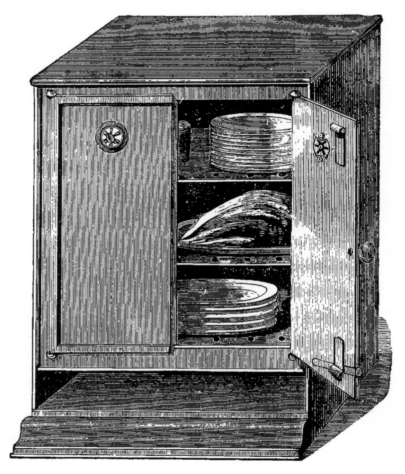

GAS HOT CLOSET FOR DISHES, MEATS, ETC.

inches deep. The closet is useful to heat dishes and keep meats and pastry warm. It can be made of any desired dimensions, and can be finished with a high degree of ornamentation if so preferred.

Gas stoves supply many incidental conveniences also that are worthy of note. The cut of a simple boiling stove below illustrates this.

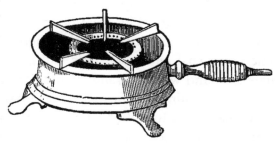

These are of various diameters, from five inches upward. They consume from seven cubic feet per hour upward, and for all incidental small cookery they are very useful.

GAS STOVES FOR BOILING.

Another gas-stove specialty is the Waffle Baker, also shown in an illustration. This little apparatus consumes about twelve cubic feet of gas per hour, but it does its bak-

WAFFLE BAKER.

ing work quickly and well, wholly avoiding the burning, so apt to spoil waffles baked in other ways. Restaurants find this apparatus very helpful, and families, too, will enjoy it, as long waiting for hot cakes is avoided, and the cakes, when served, are just right. The baking molds are so arranged, that by a crank attached to the projecting spindle they may

be turned over to secure equal baking on both sides. Thus
the arrangement is perfectly effective while entirely simple.

In view of what may be done with gas, it is not strange
that in discussing "The Fuel of the Future" it should receive special recognition. Many there are who look to the
time when coal and wood fires will be virtually unknown in
the cities, and when arrangements for heating will be like
those for illumination, furnished by outside parties, and paid
for as used. In localities where natural gas is found, this is
already practically realized to a great extent. But there
are other views as to the fuel of the future, as the next discussion will show. Of course, these novelties in domestic
operations are resisted. Our grandmothers did not do
things in this way. But again the old text may be quoted:
"Prove all things; hold fast that which is good."

OIL STOVES.

MODERN facilities in the way of cook-stoves are not
restricted to places where gas is available. In small
villages, and in purely rural homes, oil may be used
for cooking, as for illuminating purposes, in the place of gas.
Which of various oil stoves is the best is not our province
to decide, nor is such a decision necessary. But it is our
province to illustrate the subject of oil stoves fully, which
will be done by reference to one good standard stove, from
which others do not differ, probably, in any very important
respects.

In the Florence oil stove there is a cast-iron base, more
or less elevated, which is the receiver of the oil, which
should be of the best quality. Such oils, being purer than
others, are less liable to produce smoke and unpleasant
odor, which are certainly objectionable.

From this oil-receiver the wick, or wicks, proceed, each

furnishing a flame four inches in width, and regulated, as in oil-lamps, by thumb-screws. Over these wicks is the stove apparatus, with various adaptations for warming or for cooking, and of varying powers, as may be desired. The chamber immediately above the flame is capable of easy removal or of being thrown backward on a hinge joint, to allow access to the wicks for trimming and to facilitate cleansing the apparatus. The oil-receiving base, the regulating screws for three wicks, the heat chamber, with the flames seen through the mica doors, and the top work, capable of various applications, are all shown in the adjacent cut.

OIL STOVE WITH COOKING DRUM.

For some uses the amount of flame secured by three wicks is more than is needed. Smaller contrivances are, therefore, prepared, one of which, called the Nursery Stove, is shown in the cut. Much less oil is required here, one wick only is used, and yet the kettle may be boiled, an iron heated, or almost any light culinary work be done. Beyond the nursery, this little stove is especially adapted for use by milliners, dressmakers, druggists, barbers, saloon-keepers, and for manufacturers, to heat glue, to heat irons, etc. It is perfectly safe for use in the home, or in factories and shops. It is strong enough to sustain a weight of two hundred pounds, and cooking utensils of any kind can be used upon it when desired. Offices, libraries, etc., will find it of great value too.

NURSERY STOVE.

A very helpful use of small oil stoves is found by parties camping out or going on picnics. The whole apparatus is easily carried, and it is ready to boil a kettle, to fry a mess of fish, or to do any of the many little things for which a fire is needed on a camp-ground. It is often desirable to have a little heat in the home late in the spring or early in the fall, or on a cool and rainy summer day, or in case of sickness, when the chill needs to be taken from a room. The stoves are down ; the furnace is dismantled ; there is no fireplace in the room; but you have an oil stove. All right then. Remove the cooking top, and add a heating drum ; in other words, transform the stove as shown in the first cut

OIL STOVE WITH HEATING ATTACH-
MENT.

to the stove as seen in adjoining cut. This is ornamental and effective, affording ample heat in all ordinary weather for rooms of usual size. One wick only of the three shown in this stove may be used at a time if less heat is desired.

Adhering to the same three-wick base, it may, however, become desirable to enlarge the cooking resources. This may be easily accomplished. On the cooking drum a broad Extension Top is readily adjustable. This is of cast iron, and it is so fitted with dampers that heat can be concentrated at any one point of the extension, or diffused with available cooking power among them all. The cut on the next page shows the oven, the teakettle, the Steam

Cooker, and the saucepan, all in operation. The Steam Cooker is a contrivance to economize room. 'In its lower part is a waterpan, over which are other tiers of pans, in each of which a different vegetable may be cooked at one

and the same time by means of steam from the boiling water below. Thus a little stove may do a great work.

For a heavier culinary demand an enlarged apparatus may be employed. This is nothing more nor less than a doubling of what has already been described. The cut on page 276, illustrates a double stove, with

OIL STOVE WITH EXTENSION TOP AND EQUIPMENTS.

elevating stand and extension top. This is regarded as ample accommodation for a family of six persons. It performs all the offices of the most elaborate kitchen range, and for roasting meats, broiling and baking is unequaled by them, for the reason that in no stove or range is the fire and consequent heat so completely under control of the cook. Various designs of these stoves are prepared, which contain all the most approved principles of construction, and are especially happy in the effects obtained, the trimmings being elaborately nickled and really very handsome.

In the running of these stoves, the principles to be

observed are few and simple. The gist of them are added below as illustrative of the processes.

Any good kerosene oil suitable to burn in lamps can be used for the best results in cooking and heating, or to avoid odor the best water white oil, of not less than one hundred and fifty degrees fire test, is recommended. The best at command will in all cases be found the most satisfactory.

DOUBLE OIL STOVE WITH EXTENSION TOP.

Only such wicks as are furnished for this especial purpose should be used. They can be sent by mail when desired. Be certain the wick fills the wick tube, to prevent escape of gas. New wicks produce best results, because they afford free passage for oil. Wicks which have stood in oil for a length of time become clogged with paraffine and foreign substances. Changing wicks as often as four to six weeks is therefore desirable.

Fill the reservoir with oil, but do not run it over. One

wick stoves hold one quart; two-wick stoves hold two quarts; three-wick stoves hold three quarts; four-wick stoves hold six quarts. Trim the wicks evenly, slightly rounding the corners. When new wicks are put in, wait until they become saturated with oil before lighting. Use the same care in regulating the flame which is required for an ordinary kerosene lamp. Wicks should never be so turned down that the flame will be below the top of the cones.

It is important that the stove be kept perfectly clean. There should be a regular time (daily when the stove is in constant use) for filling the reservoir and wiping the stove clean in every part. The perforated circular plate which sets over the wick tubes must be kept clean. When the stove is not in use, the wick should be turned down a little below the top of the wick tubes, so that the oil will not flow outside of the base. The wick tubes should be thoroughly cleaned from crusts and deposits, and rubbed bright as often as once a week; a piece of sand-paper is convenient to use for this purpose. This is important to insure a perfect flame and prevent undue heating of the tubes. Before setting the stove aside for a length of time, empty the oil, and before filling it again rinse out well and put in new wicks. A clean stove, new wicks, and fresh oil of the right grade, will insure satisfactory results.

In extinguishing the burners, simply turn the wick down a little below the top of the wick tube and leave the flame to go out of itself. In this way all gases are consumed and smell of oil avoided.

With care in observing such plain hints, the oil stove may become a very helpful and convenient accessory in the affairs of every house. Housekeepers should certainly give them attention when the question of home comfort arises.

KITCHEN UTENSILS.

POTS, kettles, pans, and such common-place articles have been familiar to every housewife, time immemorial. But even these have not escaped the transforming touch of improvement. Take, as an example, the common soup-pot. Its old style of lid would lie loosely when the heat was doing its work, allowing the rich odors to escape and the steam to waste. Now the lid is clamped tight on the pot, a valve allowing steam to escape when it must, and so retaining in the pot all the heat and flavor which can possibly be held there. The fact is, that business rivalry has stimulated inventors, manufacturers, and dealers to seek for perfect articles. The result is that housekeepers may be splendidly supplied.

When a complete kitchen equipment is urged, penny-wise and pound-foolish housewives cry out against the cost. Better, however, spare some expensive adornment elsewhere, and fit up the kitchen as becomes the cooking department of an intelligent home.

Innumerable things are needed in the kitchen, and they should be good. Good tinware, good ironware, good woodenware, good stock and tools of all kinds are by far the cheapest in the long run. Get fewer articles at first, but get them good. Get, as opportunity offers, knives, forks, spoons, nut picks, steel, cheese scoop, cleaver, salad fork and spoon, coffee mill, ice chisel, nutmeg grater, coal sifter, strawberry huller, potato slicer, cabbage cutter, colander, broiling irons, etc., etc., over the broad range into which we simply peep in this chapter.

Among things rarely used in kitchens, but very valuable, are *cutting boards*, made of hard wood and in various sizes, on which to cut bread, slice meat, chip dried beef, etc.; *deep pans* for frying in the French style, which submerges the articles in boiling fat; *a scale and weights*, to test goods purchased and to make accurate use of materials in cook. ing; *a set of measures*, for the same purpose; plain *egg boilers*, or patent ones which whistle, ring a bell, etc., when the egg is done; *sand glasses* of various sizes for noting time in the boiling of eggs, etc.; *an egg beater*, of which the " Dover" is generally regarded as best; *coffee-pots* in some of the scientific forms; and so onward in another broad sweep.

House-furnishing goods may be catalogued thus: Brass and copper ware; cutlery and hardware; agate and granite wares; britannia ware; planished or block tinware; stamped tinware; japanned ware; wood and willow ware; carved and fancy woodenware; brushes, brooms, etc.; wire goods; papier-mache goods; iron goods, and miscellaneous goods. Such is the usual classification of the catalogues of the leading manufacturers, some of which give over a thousand illustrations of household utensils in forms and fashions the most diverse, and yet, as a rule, strikingly beautiful. Indeed, one who has not consulted the catalogues of extensive dealers can have no idea of the variety of goods offered.

While commending the broad range of appliances which open before the housekeeper, it may be well, however, to quote a paragraph from Ella Rodman Church's bright book, *How to Furnish a Home*. She says: " Some kitchens are fitted up so luxuriously, with a perfect army of porcelain-lined saucepans, folding gridirons, oyster-broilers, flesh-forks, larding-needles, perforated and grooved spoons, pie-crimpers, steamers, marble paste boards and rollers, egg-beaters, and all the thousand-and-one labor-saving contrivances, that their equipment is quite as expensive as that of other portions of the house. Much of this is unnecessary, especially to the young housekeeper; and, where there is not a very full purse, it is better to provide only *must*-haves in the beginning, and leave *would*-haves to be gathered by degrees."

Broilers.—There is great variety in the utensils employed for broiling meats, fish, etc. The two cuts here given show

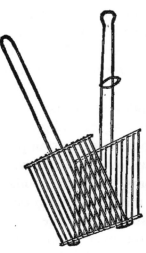

the large, strong wire broiler suitable for the heaviest pieces, and the fine-wired, small sized broiler adapted for oysters and the most delicate of birds. The double construction of these broilers enables them to be turned over with ease, for the purpose of doing both sides to a nicety. At least two sizes of broilers are needed in every well-stocked kitchen, though more would be of use to meet the many and varied demands of the average American home.

Small Cake Pans.—Pans for biscuits, cookeys, gems, patties, muffins, etc., can be had in all styles, simple and orna-

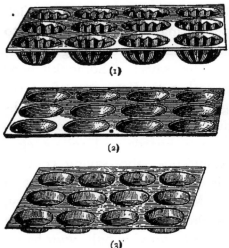

(1)

(2)

(3)

mental. We show the (1) Turk's Head Muffin Pan; (2) the plain Biscuit Pan; and (3) the plain Muffin Pan. But this showing by no means exhausts the variety. Almost every form of the housewife's fancy can be met at the house-furnishing stores, so far as these incidentals to nice cookery are concerned. Every kitchen needs a few such aids to neat and expeditious work. Get them and take care of them.

Molds for Puddings, etc.—A plain pudding mold and fluted rice mold are shown in these cuts. They have the   hot-water column at the centre to insure a complete cooking. Each has a tight-fitting lid, with loops for tying the lid in position, and thus they form a complete utensil for the cooking of puddings, rice, etc.

Asparagus Boiler.—Every cook knows the difficulty of removing boiled asparagus from the pot. Here is a utensil of proper size and shape, having a movable deck or shelf, on which the vegetable lies in cooking, and on which it is removed straight and whole when done. Similar boilers are arranged for fish.

Strainers.—Aside from ordinary colanders for straining purposes, there are others adapted specially for soups, jellies, etc., one of which is here shown. The hook opposite the handle holds the cloth in case one is used in the process.

Batter Pails.—In making batter cakes it is better to avoid dipping the batter, as this process cuts the air vesicles in it and promotes heaviness. To pour it neatly and expeditiously is better, and for this the batter pail is adapted. The batter should be mixed in the pail and poured directly from it, so  avoiding all unnecessary agitation and consequent injury.

Apple Parer.—So great is the consumption of apples in cookery that an apple parer is a domestic necessity. The

one shown in the cut is known as the Bay State Apple Paring and Slicing Machine. It is quite justly regarded as the very best ever made. The little machine is clamped by the thumb-screw to a table. It pares and slices the fruit, and deposits the slices in a dish. Its operation is quick, effective, certain, and simple.

Can Opener.—One of the standing annoyances of housekeepers is the opening of cans containing fruits, vegetables, etc. It is certain that the ordinary tools employed for this purpose are very defective. They are hard to operate, dangerous to handle, and rough in results. The accompanying cut shows the Clipper Can Opener in position for service. It is screwed on to any convenient place. The table on which the can stands is adjusted by a ratchet movement to any height of can. The knife is curved to meet the circle of the can. It can easily be thrust through the tin, when, by a rotary motion, it will cut the top out as cleanly as if cut by straight shears. This cutter is a specialty of the Cowles Hardware Co., of Unionville. Conn.

Molds.—For jellies and cakes these are supplied in abundant variety Fine cakes and jellies may be furnished

in plain forms, but in the ornamental forms they are far prettier, and can be just as well cooked or cooled.

Cake Pans.—A plain cake mold with hot-air tube in centre is here shown. Also the spring-bottom pan, which is taken

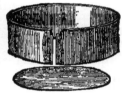

off the cake, and not the cake out of it, thus avoiding "sticking," difficulty in "turning out," etc.

Forks.—An assortment of large, strong forks is very desirable in a kitchen. They not only handle meats with ease and safety, but they save

the hands from exposure to scalding steam, from which one cannot escape if ordinary forks are employed.

Milk Boilers.—How hard it is to boil milk, or any of the milk preparations, without scorching, is well known by

bitter experience in every household. By using a boiler like these shown here, with water in the lower vessel, all the danger is obviated.

Cherry Stoner.—In preserving cherries or making cherry pies, one of the most troublesome things is to get rid of the

stones. The Family Cherry Stoner, here shown, does the work very well, preserving the plumpness of the cherry and saving all its juices, but effectually removing its stone. There are other stoners in the market, but this in preserving the form of the cherry surpasses them all. It is as nearly perfect as any machine can be. It seems endowed with intelligence.

Apple Corer and Slicer.—The contrivance here shown is the Climax Corer and Slicer, a fit companion for the ordi-

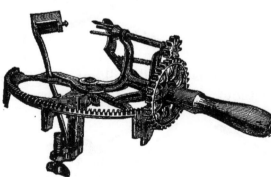

nary apple parer. The pared apples are set upon this instrument, which also is clamped to a table, when by a slight movement they are cored and sliced, the slices falling into a pan and the core being held in position until removed by hand.

How wonderful an advance this is over the old method of gouging out cores by means of ordinary knives need not be told. Nor need housewives be reminded of its superiority to the old style of apple-corer, which we show for the sake of contrast.

Paring Knife.—A good help in paring vegetables or fruits is shown in the cut here given. It consists simply of a guide attached to the blade of a knife, as here illustrated, by means of which a uniform thickness of paring is secured.

The same attachment will secure uniformity in slicing.

Fish Turner.—How difficult it is to turn a fish without breaking it every cook knows. But trouble may be

obviated by the use of such a tool as is here pictured. For many other uses, as a scraper of pie-boards, etc., it will be found very useful. Its blade is thin and full of spring, but not sharp at the edges. Those who have used this article prize it highly. It does good work and does it with great ease.

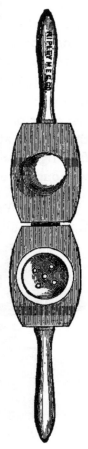

Lemon Squeezer. — Everybody knows of this valuable kitchen utensil, but of the porcelain bowl and compress shown here all may not know. This arrangement is far superior to the ordinary wooden squeezer. The hinge is tinned to avoid rust, and is strong enough to safely bear all the pressure that may be needed to entirely extract the juices of the lemon. Such an article is far more economical than the old method of squeezing.

Bread Mixer and Kneader.—The Dutcher Temple Company,. of Hopedale, Mass., has patented the Mixer and Kneader

shown in the next cut, and known by the name of its inventor, Stanyan. It is claimed that this machine saves time and labor; that it is easily operated, and that, too, by unskilled help; that it saves touching the dough with the hands before baking, thereby insuring clean bread; that it avoids the use of the molding-board and consequent addition of dry flour after raising; and that it is equally well adapted to mixing fruit-cake, mince-meat, etc.

These are high claims, certainly, but Miss Parloa, the accomplished instructress in cookery, speaks concerning it in the following laudatory terms: "I find in it an article the want of which I have always felt. It cuts and beats up the dough at the same time, a process which gives you a fine, light bread." She also says, "No kitchen should be without it," and she certainly ought to know.

Covers.—Who wants cold food when warm can be had? Covers of all sizes and styles can be had whereby much of

this evil is avoided. They are made from seven inches to twenty-four in length, at prices from fifty cents upward. The upper style will cover a beefsteak, a plate of chops, a fish, or any such articles which do not stand high upon the plate. The other style may be used for roasts. When ready to carve, they may be removed by the attendant, and the meats will be found steaming hot and very savory.

Nut Crack.—Why should people hammer their fingers cracking nuts when such a tool as that here shown can be

had for a few dimes? Half the delight of eating nuts is destroyed by the old style of cracking. By the new style the delight is doubled.

Broom Holder.—This is a neat and simple contrivance, costing but a few cents, and yet capable of holding any broom as shown in the cut. It is screwed to any wood-work. The broom is suspended by simply slipping it in from the underside and withdrawing the hand. The pinch of the leverage holds it firmly. To remove the broom the end of the holder needs simply to be lifted. It does away with all necessity of boring the broom handles and inserting strings, also with the upending of brooms behind doors and in corners. For each broom in use in the home a holder should be procured. Then, having a place for each, see that each is kept in 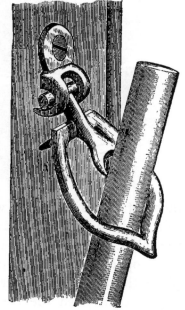 its place. Order, even in so small a matter, is important.

Small Tins.—Tin muffin rings, biscuit cut-ters, doughnut cutters, tart cutters, etc., can be had in endless variety and at very low rates. Every kitchen should be well stocked with them.

Corn Grater.—The device here illustrated is known as Wood's Green-Corn Grater. It consists of a curved

metal standard, provided with a thumb-screw, and termina-ting at the upper end in two parallel blades, one serrated, the other plain, as shown in upper part of the engraving.

To operate this grater, clamp it firmly to a table or shelf, place the ear of corn across the parallel blades, at right angles, then push the ear or draw across the blades, the toothed blade first tearing open the kernels, and the plain one pressing out the pulp perfectly, leaving the hulls on the cob. The bowl underneath catches the pulp, ready to pre-pare for the table. Made by the Cowles Hardware Co.

Vegetable Slicer.—To neatly slice vegetables is quite an art. So inaccurate is the movement of an ordinary knife, and so tedious withal, that all sorts of inven-tions have been made to facilitate the pro-cess. All the pre-vious contrivances are surpassed, however,

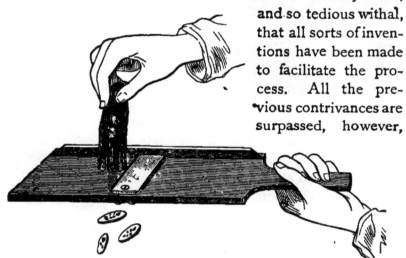

in the patented slicer shown in the cut. On this the Cowles Hardware Company have secured the exclusive right to use for a vegetable slicer a knife cutting with both edges, which produces a slice at every movement of the hand, enabling the cutter to perform double labor in a given time. Its simplicity of construction enables it to be sold at a very reasonable price.

Clothes Sprinkler.—To sprinkle clothes evenly is desirable, when in preparation for the ironing process. The apparatus shown in the cut is simply a tin tube perforated with very fine holes and set upon a handle, which also acts as a stopper.

Water may be placed in the tube, out of which it will not drip, but it may be shaken in a fine spray as needed.

19

Chafing Dishes.—These valuable aids to warm food can be had in sizes from ten inches to twenty-four and complete at

prices from about two dollars upward. The cuts show the chafing dish stand inclosing the lamps, the water-pan to secure evenness of heat, and the plate for containing the delicacy to be served. Covers, such as have . been shown already, are suitable for chafing dishes. Tea urns, coffee-pots, soup tureens, etc., are con-structed on the same general methods.

We give a sample of the soup tureen with lamp-stand attachment. The form needed for coffee-pots and tea-pots is familiar to all. An alcohol lamp makes the best heating attachment, as its flame is intense and free from smoke. Some of these heating arrangements will be prized in every home.

Potato Parer.—A potato parer differs from an apple parer mainly in its capacity for a greater longitudinal and a freer

vertical movement, to fit the different lengths and the many inequali-ties of the potatoes. The little machine here shown does all that is needed for potatoes, and does it rapidly, neatly, and economically. It is valuable for a large family.

XXII.—INCIDENTAL HELPS.

NOTHING can go happily and healthfully in the home without pure water. No residence is complete without it. In promoting health and comfort it is unequaled. More disease and suffering are caused by the use of impure water than arise from any other one source. If the spores brought in the atmosphere from ponds and marshes poison us, how much more surely will we be poisoned by drinking the water which produces them? Few persons would dip a glass of water from a common pond and drink it because in that large body of water the impurities are visible to the eye, giving the water a clouded, muddy appearance; yet the same impurities are in the water when drawn in one's residence, but in the *small quantity* of water the eye does not detect them. A good filter removes all the clay, animal and vegetable matter, giving you clear, sparkling water.

Filters.—Where the water does not flow, but is carried to the house, a device such as the Jewett Filters is needed, though there is the difficulty of cleaning these, which is a serious drawback to their value. These filters combine with water-coolers also, so doubling their advantages.

A cheap domestic filter may be made by taking a common flower-pot, of large size, inserting a sponge in the hole at the bottom, and then filling the pot with alternate layers of sand, charcoal, and small pebbles. The pot, thus filled, may stand so as to drain into a jar or other convenient vessel. Practically this will answer all the purposes of a more elaborate and costly affair.

Where running water is led to a house, filters may be

put on each faucet, and may so cleanse, in a measure, what flows through that outlet. But the body of filtering substance contained in such an apparatus is small and the work is correspondingly defective. The most complete filtering apparatus is the Loomis Automatic Filter.

AUTOMATIC FILTER.

This apparatus is connected with the water-supply pipe of the house and filters all the water used there. It varies in size according to the capacity of the supply pipe. It will last as long as the iron pipes, there being absolutely nothing about it to get out of order, or wear out in a lifetime. The filter is cleansed daily, by simply shifting the lever seen in the cut. Any filter that cannot be cleansed daily poisons instead of purifying water after it has been used two days. As the matter arrested by a filter putrifies in two days, if it remain in the filter, the result is obvious. In the cut of this filter, I shows the inlet of the water from the regular supply pipe. The lever being as shown, the water passes into and through the two filtering chambers of the apparatus. Passing out at the bottom, the water is served to the entire house by the outlet O. To cleanse the filtering substances, reverse the lever. This throws the water supply into the bottom and out into the waste-water pipe, by the outlet W. Five minutes per day of this flow will keep the filter sweet and pure indefinitely.

Refrigerators.—Unless one has a very cold cellar, or a model spring house, a refrigerator is a necessity, that food may be kept safely in warm weather. There are refrigerators with chemical action, which secure a temperature

so low that meats, fish, etc., remain frozen for indefinite pe.
riods. But for every-day home uses these are not available, being far too complex and expensive.

The ice-using refrigerator is the suitable one for do-

THE DOUBLE-DOOR "EMPRESS."

mestic uses. The patterns are many, and for each superiority is claimed. There are a few points to be observed in
any such article; for instance, the cleanliness of the lining.
Wood, slate, and zinc have been employed usually, but

the preponderating sentiment accords superiority to the zinc, as capable of more thorough cleansing, and as least likely to hold grease, odor, or other unpleasantness.

THE "SNOW-FLAKE."

The walls of the refrigerator should be packed with charcoal, or contain an inclosed air-chamber, as non-conductors of heat. In the body of the refrigerator, provision must be made to permit free movement of the cold air from the ice, and yet the drippings from the ice-box must not reach the other parts. A convenient attachment to many refrigerators retains the melting from the ice, that it may be drawn for drinking purposes. It is objected that this method consumes more ice, but it certainly does more work, and avoids all trouble with the ordinary drainage from the ice-box. A purchaser should consider the several points presented here before deciding what choice to make.

Ornamental forms are given to refrigerators when desired, so that they are suitable for even elegantly furnished dining-rooms, as is shown in the " Empress " on the preceding page. This article combines all the modern conveniences with the best external finish. The " Snow-flake " is another ornamental form, intended for use in the nursery.

It furnishes cold water, while it preserves milk, fruit, etc., with ease. These are but samples of many other forms of cooling apparatus.

Ice-cream Freezers.—A good ice-cream freezer is a valuable accessory in any household. There are many such freezers, and Philadelphia has long enjoyed the distinction of being the centre of their manufacture. Packer's Standard Freezer, shown in the cuts below, is a good illustration of the completeness of these articles. They are

"STANDARD ICE-CREAM FREEZER."

made in size from two quarts to forty quarts. The first cut shows the apparatus ready for use. The second shows it in sections, displaying the internal construction. The dasher or beater has a self-adjusting scraper, fitting closely to the inner surface of the can, which removes the frozen cream as rapidly as formed, while the deflectors direct the unfrozen portions to the sides of the can. By these appliances, the whole body of cream is constantly changing position and is most thoroughly beaten, insuring rapid and uniform freezing, and producing the most perfect smoothness and richness with the largest amount of frozen cream that it is possible to make from the amount of pure cream used. The crank arrangement for turning this freezer and its internal machinery is a great labor-saver. It also does much more rapid work than can be done by hand-power alone. From fifteen to thirty minutes is the time usually required to freeze a can of cream, according to its size. No tools, however, can compensate for the absence of good ingredients. The best freezer cannot improve the quality of poor cream or of skimmed milk.

SECOND DEPARTMENT.

HOUSEHOLD MANAGEMENT.

At night returning, every labor sped,
He sits him down the monarch of a shed;
Smiles by his cheerful fire, and round surveys
His children's looks, that brighten at the blaze;
While his lov'd partner, boastful of her hoard,
Displays her cleanly platter on the board.

OLIVER GOLDSMITH.

THE HOME CIRCLE.

HOUSEHOLD MANAGEMENT.

N EXT to good domestic cooking stands good household
management. It would be hard to say which is entitled to precedence. There are houses which are
kept to a nicety, in which the cooking is execrable. There
are others where good cooking is the one thing that makes
them endurable. But all good things should be happily
combined if a really model home is sought. " I am no
cook," said a newly established housekeeper, " but I am a
good manager." If her capacity to manage extended to
managing her cook, and her cook happened to be a good
one, then things might move smoothly; but for the best
results the year through, housekeepers should be queens in
every part of the home.

Somebody manages the domestic affairs of almost every
house. Occasionally it is the man of the house. Sometimes
it is his mother, or his wife's mother. Oftener it is the cook.
There are homes where the rightful heads are not heads, but
are more like tails. Another makes the decisions, and they
wag assent, or submissively curl themselves up with ill-
concealed disgust. There are some houses where there is
no management whatever. Affairs go as a log goes down
stream. Now one end leads; again the other. Now it goes

broadside; again it does not go at all.   Alas for those who dwell in such a house, and call it home!

There are private as well as public resting places, where those who travel much occasionally stop, where wonderful contrasts are visible.   One of these was a luxurious home in a Southern city.   There was no stint because of straitened circumstances nor on the score of parsimony.   The gentleman and lady were wealthy, generous, and refined.   Their cook had served long in a restaurant, and was fully competent to do any culinary work.   The meals were superb. They were cooked to a nicety and served to perfection. There was plenty, and that, too, of the best sort.

But, oh! the condition of the house!   The best guest-chamber was laden with odors so offensive that a chance lodger there began an exploration.   Stowed in the bottom of the clothes press of the room was accummulated rubbish, musty, moldy, mouse-infested, and disgusting.   Having no means to correct the evil, the guest left this closet door wide open in the morning, hoping thereby to attract attention to its condition and secure its cleansing.   But when he re-entered the room he found, to his dismay, that the door had been carefully closed upon its unsightliness and unwhole-someness, the skeleton-maker, if not the "skeleton in the closet," being scrupulously retained.

Such gross mismanagement is to be severely condemned. No excuse for it suffices.   Common sense and common decency demand better management in every home.   But the "happy-go-easy" inmates of that home saw nothing amiss.   Of course, management may run to the other extreme.   A house may be so orderly that a man instinctively gathers himself together when in it, lest he be caught in some of its machinery and be ground to powder ; or, what is equally to be dreaded, be the means of disarranging some part of that intricate family machine.

A golden mean in management must be observed.

Enough of it is necessary to compel complete and unceasing supervision at every point, so that everything shall be just as it should be. But when it becomes an overshadowing and awe-inspiring presence—subduing the laugh, suppressing the smile, restraining the steps, fettering the words—then it is a bane and not a blessing.

Executive ability is in great part a natural endowment. Some are born to rule. Command is natural and easy for them. They can organize and execute. But the rarest genius in this art will be the better for practice. Experience will improve his natural aptitude. And he will gather valuable lessons from the experiences of others. Where others fail he will shun to tread, unless the reason of their failure he so clearly sees that he is sure of mastery over it. What the person of ability sees in others and experiences in himself is capital on which he trades, and from which he derives his revenues of advancement.

If genuises in executive ability grow by what they learn, surely those less gifted need to learn the more, that they, too, may grow, though their advantages be less. Therefore it is that in this department of household management directions are given on many practical points of home duty. These directions are the results of experience. They may seem unimportant, and possibly excessive, but they will help the most competent, as well as the least competent, by suggesting both what to do and what not to do. The old maxim, " Prove all things ; hold fast that which is good," may well be sounded in the ears of all housekeepers. The best housekeepers have reached their proud eminence by this wise course.

As housewives press on to higher and still higher attainments, let the words of one of the noblest of their company, Mrs. Sigourney, inspire them. She says: " The strength of a nation, especially of a republican nation, is in the intelligent and well-ordered homes of the people."

I.—MARKETING.

OPPORTUNITIES vary so in different localities, that general rules about marketing are hard to frame. In rural places the butcher drives to the door, and the customer must be content with what is found in the wagon. In villages and small cities, the butcher shops and stores, denominated " Markets," afford a variety more or less excellent. Some of the large cities have their market stores, and green-grocers, and butcher shops, and great central markets, where qualities vary with the prices, and where customers of all grades and conditions can be supplied.

In marketing, as in all other business transactions, it may be accepted as a rule, that goods will bring their value. The best usually costs most, and in the long run it is the cheapest. In such perishable goods as meats, fruits, fish, vegetables, etc., there are innumerable chances for fluctuations in price and for variation in quality. A judge of these commodities may " pick up bargains," but the inexpert and uninitiated are more frequently fleeced than favored in catch operations at the markets.

General hints as to the selection of meats, fish, vegetables, etc., have already been given in this volume, under the department of Cookery, but no hints, and no rules, will suffice absolutely. Keen and continuous observation, growing into a large and varied experience, are essential to a good marketer. There is not a family which has not suffered from a want of the knowledge that would enable them to judge the quality of meats offered them. Often at the market an expert is waited on from the best quality and the best cuts, while another, with less knowledge, is served from ᴀ poorer quality and less desirable cuts. Many a house-keeper has been censured for poor cooking, when the fault was back of that, and in the quality of the meats; and again, the market man has often been censured for furnishing poor meats, when the fault was in the cooking. A good piece of meat may be spoiled in cooking and a poor piece may be made palatable.

To know the parts of the animals sold in the markets, and to understand their relative value and most economical uses, is the first requisite in successful marketing. Cutting of animals varies somewhat among butchers of different places, but the chart given below will fairly set forth the usual methods of cutting, and the ordinary designations of the several portions.

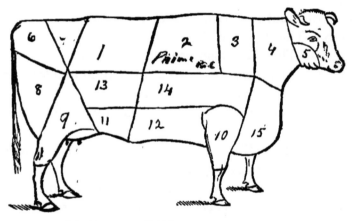

CHART ILLUSTRATING THE CUTTING OF BEEF.

In explanation of the illustration of the cutting of beef the following notes will suffice:

No. 1.—The choice cut of the beef, the *Sirloin*, containing the kidneys and the tenderloin. These are the finest pieces of roasting and steak meat.

No. 2.—The *Standing Rib* piece, also a choice roasting portion, which includes about eleven of the ribs.

No. 3.—The *Chuck Ribs*, also used for roasting, but of a less desirable quality and usually sold at a lower price.

No. 4.—The neck, with considerable bone, used generally for stewing and for pot roast.

No. 5.—The *Cheek*, or jowl, a fleshy part, used for stewing or for boiling.

No. 6.—The *Rump*, sometimes cut differently from the manner shown in the diagram, which is the usual cutting at the East, for domestic purposes. This part has very little bone and is generally used for choice steaks, and the portion next the tail, left from the steak cutting, is a choice piece for corning.

No. 7.—The *Pin-bone*, a choice piece for roasting, being very tender.

No. 8.—The *Round*, which furnishes common steaks, and is the choice cut for dried beef or for corning.

No. 9.—The *Leg*, the choice soup piece.

No. 10.—The *Shin*, also used for soup.

No. 11.—The *Thin flank*, used for boiling and for corning.

No. 12.—The *Brisket*, used for corning.

No. 13.—The *Plate*, used for family boiling and for corning.

No. 14.—The *Plate* (thick end), extending under the shoulder, used for corning and family boiling.

No. 15.—The *Breast*, or butt end of the brisket, also called the "sticking piece." Used for corning and soup-meat.

If the cutting vary materially from this plan, it is still true that the essential parts of the animal continue to exist and are for sale under some name and in some shape. A polite inquiry of any reputable butcher will secure the desired information as to any part. By this means a person may secure intelligent skill in purchasing beef. Some special points concerning beef need a moment's attention.

The *Tongue* is used fresh, salted, or smoked. It is a very

desirable and delicate portion, suitable for table use at almost any time. The *Tail*, which affords some meat and much gelatinous substance, is prized for soups, ox-tail soup especially being founded upon it. The *Heart* and *Liver* are used for food—the former being stuffed and roasted, the latter being fried, usually with onions. The *Tripe*, which is the lining of the large, or receiving stomach of the beef, is used for souse, for pepper-pot, etc. It is a cheap article. The *Kidneys* of beef are sold separate from the sirloin, from which they are cut. They are used for stewing, etc. *Suet*, used for pie-crust, plum-puddings, mince-meat, etc., is the solid, clear fat, which incloses the kidney. When pure it is a very desirable article. The *Feet* are used for jellies, though not so delicate as the calf's foot. The *Head* is refuse. The *Marrow-bones* are those of the shin, leg, and round. Any of the round, hollow bones contain marrow. The other remains of beef are refuse, except as available for manufacturing purposes.

VEAL.

Veal is a favorite meat. Consult the points concerning it made upon page 76. Veal is cut as shown below.

No. 1.—*Loin*, the best end. It is the favorite roasting piece, and furnishes the choice chops. It commands the best price.

No. 2.—*Fillet*, or cutlet piece. This too is a choice part, being excellent for steaks and for roasting and filling. It is also very fine for a cold cut.

CHART ILLUSTRATING THE CUTTING OF VEAL.

No. 3.—The *Leg*, called knuckle also, used chiefly for stewing and for soup.

No. 4.—The *Rack*, used for chops, and for roasting; less

20

desirable and lower priced than the loin, having more bone.

No. 5.—The *Neck*, used for stewing, pies, etc. The best end is quite desirable, that nearer the head being of less value.

No. 6.—*Head.* The brains and tongue are prized by many, the former for frying as a delicacy, the latter for boiling. The head, as a whole, is used in mock turtle and some other fancy soups.

No. 7.—The *Shoulder*, used for roasting, for which it answers a good purpose. It is valuable for a stew also.

No. 8.—The *Breast.* This is the second choice piece for stuffing and roasting. It is too valuable for pies, stews, etc.

No. 9.—The *Shin.* This usually goes with the shoulder, with which it is often roasted. If used separately, it answers fairly well for stewing.

The *Sweetbread*, a very delicate portion, belongs with the breast. It is often sold separately, however. The *Kidneys* are sold with the loin, in the fat of which they are imbedded. The *Heart* and *Liver* are great delicacies for frying, or the heart for stuffing and roasting. The *Feet* are the basis of genuine calves-foot jelly, and are much prized for this purpose. The *Entrails*, cut open and well cleaned, are made into souse by some persons.

MUTTON.

Next to beef, the most profitable and healthful meat is mutton. In all markets this meat is cut substantially in the same manner as shown in the following chart. The names and ordinary uses of the parts are as follows:

No. 1.—The *Loin*, best end. This is the choice piece for filling and roasting and for prime chops. Of course, it commands the best price.

No. 2.—The *Leg*. This joint is nearly always used for roasting and chops, sometimes also for boiling. It has but little bone, as compared with the other parts of the animal, and is, therefore, an economical piece to select, though the price per pound be greater than that of any other cut. It is common to find a good leg weighing from seven to twelve pounds.

No. 3.—The *Loin*, second choice. This furnishes " French

CHART ILLUSTRATING THE CUTTING OF MUTTON.

chops," a favorite dish in eating-houses, and is specially good for a roast.

No. 4.—The *Loin*, rump end. Good for roasting and boiling. It contains considerable bone.

No. 5.—The *Shoulder*, used for boiling and for filling and roasting. It is less in price and nearly as good as the leg, but it has more bone.

No. 6.—The *Breast*, used for stews and for meat pies. A savory, juicy part.

No. 7.—The *Flank.* A continuation of the breast, but somewhat thinner. This with the breast makes a cheap roast, which may be split and filled.

No. 8.—The *Rack.* The best end of the rack is used for second-rate chops. The neck end of the rack is good for stewing only.

No. 9.—The *Neck.* This, with the neck end of the rack, is for stewing only.

No. 10.—The *Head.* The tongue only is used, the remainder being refuse.

It is customary to split mutton down the back, and then to split each half into parts called hind and fore quarters. The saddle is the middle portion before this quartering is done. Part of it goes with each quarter.

The hind quarter of mutton, consisting of the leg and the loin, is the choice quarter. It makes a very superior large roast, while either of its parts, the leg or the loin, suffices nicely for a small company. A hind quarter from an animal in good condition will weigh from twenty to thirty pounds. The *Kidneys* are used as in beef, so also the heart and liver. The other parts are refuse.

LAMB.

Lamb is cut as mutton, but it is usually dressed with more care, so as to present a more attractive appearance. Lamb proper is in market in the spring only. As the season advances older lamb is in market, but what is called "lamb" in the winter months is usually poor mutton dressed lamb style. The butcher indulges in a quiet smile when his customer, in the winter season, asks for and pays for "lamb." Of course, the superiority and rarity of lamb demand for it the best prices. Indeed, "fancy prices" reign in lamb. For tests, see p. 82.

CHART ILLUSTRATING THE CUTTING OF PORK.

PORK.

Fresh pork and salt pork are much used. General facts on pork are given on page 85.

The usual method of cutting for domestic use is shown in the accompanying cut. For packing a somewhat different method is pursued.

No. 1.—The *Ham,* the most valuable part of the hog.

When nicely cured it is a very great delicacy. It is a great article of commerce also.

'No. 2.—*Sirloin*, furnishing chops and the finest roasting pieces.

No. 3.—*Rack*, used for second-rate chops and roasts, the meat being as sweet, but the bone being greater than in the sirloin.

No. 4.—*Neck*, used for inferior roasting, and for boiling when fresh, and also for corning.

No. 5.—The *Shoulder*. A fair roasting piece, but chiefly used, like the ham, for pickling and curing, though it is greatly inferior to ham in juiciness and flavor. Either fresh or corned it is a fine boiling piece.

No. 6.—The *Jowl*. Useful for smoking. Sometimes cured with the tongues remaining in them.

No. 7.—The *Head*._ Used for puddings and head cheese.

No. 8.—The *Belly* or *Flitch*. A good boiling piece either fresh, salted, or smoked.

No. 9.—*Feet*. These are much used for souse and for pickling. They contain so much gelatinous matter that they are exceedingly desirable.

The *Ears* also are used for souse and head cheese. The *Liver*, *Heart*, and *Kidneys* are used for liver pudding. The *Entrails*, nicely cleaned, are used for sausage skins. The *Fat* about the kidneys furnishes leaf lard. The other fat furnishes common lard. The other parts are refuse.

VENISON.

If the marketer desires venison, it is well to remember that buck venison is best from August 1st to November 1st; and that doe venison is best from the latter date to January 1st, after which no deer should be killed. It is quite common, however, to freeze deer meat, and to keep it for months in that state. This adds to the cost, but it also improves the fibre of the meat.

Venison is cut into parts respectively designated haunch,

saddle, leg, loin, fore-quarter, and steaks. The latter should not be cut until ready for use. Venison should be fat. It cannot be too fat. Its flavor is better after hanging a few days, but it should not become rank. To test this, pierce it with a skewer and notice the odor. Shun tough venison.

For roasting, choose the haunch, the saddle, the neck, or the shoulder. Cut steaks from the leg. Stew the shoulder, or any part which is too thin for satisfactory roasting.

POULTRY.

Tests of poultry are given on page 61. But the expedients resorted to in order to mislead purchasers are so numerous that even experts are not wholly safe. Technically, the term *chickens* belongs to fowls under a year old, but actually, the entire tribe is included in the name. *Capons* are young roosters, gelded and carefully fed so as to secure the utmost delicacy of flesh. *Pullets* are young hens.

Turkeys reach their maturity in eight or nine months, and hence young, but well-grown turkeys, are in market about the fall and winter holidays. Young hen turkeys are regarded as best, being fatter and more juicy; but the male turkeys will be larger for the same age. The legs of young turkeys are black; of old ones reddish and rough. Young cocks have small spurs; old ones large spurs and very rough legs. Fat turkeys, with broad, full breasts, are preferable. Soft, pliable feet indicate fresh-killed birds.

Wild turkeys are deemed to be finer in flavor than tame ones. They are in season in November, December, and January. They are usually sold with their feathers on. Small birds have their well-defined seasons, as have other kinds of game, but they admit little choice except as fresh.

VEGETABLES.

Every good marketer will supply his table with a variety of vegetables all the year round. There is hardly a vegetable that cannot be had in our markets at any season, either fresh or canned. Railroads and steamers connect the different climates so closely that one hardly knows whether he is eating fruits and vegetables in or out of their natural season. But it takes a long purse to buy fresh vegetables at the North while the ground is yet frozen. Still, there are so many vegetables that keep through cold weather that if we did not have new ones from the South, there would be, nevertheless, a variety from which to choose. Late in the spring, when the old vegetables begin to shrink and grow rank, we greatly appreciate what comes from the South.

If one has a good, dry cellar, it is wise to procure in the fall vegetables enough for all winter. But if the cellar is warm, vegetables will sprout and decay before half the cold months have passed. Those best adapted for winter keeping are onions, squashes, turnips, beets, carrots, parsnips, cabbages, and potatoes. Squashes and onions should be kept in a very dry room. The others will keep readily in a cool, dry cellar, or bedded in sand beneath the reach of frost.

If vegetables be bought as needed, care must be used to get them in good condition. In season, they should never appear wilted, but should be fresh and crisp. At no time should they be used if suffering from decay. The utmost prudence is needed at this point. A very little waste will more than counterbalance all you save by purchasing large quantities, and by storing for the winter.

The luxuries of the world are spread at the feet of the customer in our markets; still, extravagant expenditure is by no means necessary. Many delicacies are within the reach of all. Those who content themselves with sending to the markets, miss many golden opportunities. Those who go, see for themselves, and embrace many a favoring chance. Personal observation ripens into experience also, and the experienced purchasers command the situation.

These remarks apply with equal force to purchasing of the grocer, the baker, the milkman, and all, in short, who supply us with the necessaries of life. There are reliable dealers and those of doubtful integrity; but in every case the hope of the household is in its provider. Cultivate power in this line.

It is best to deal steadily with persons whom you have tried and found reliable. Do not relinquish your independence, so as to suggest to them the idea that they may impose on you. Be ready to go elsewhere, if the old service falls off; but usually those who are regular dealers at a place get the best attention, and errors or failures can be rectified with ease.

In all marketing and dealing with storekeepers keep your temper. To lose one's temper and scold or threaten, is undignified and worse than useless. State your grievances calmly and plainly. If they are redressed, all right; if not redressed, you can quietly go elsewhere and bestow your patronage. A little suspension of trade with a dealer often works wonders. He does not want to lose customers; but such is the waywardness of human nature, that all of us need reminders to keep us fully up to duty. Let the dealer have these when he needs them, but never at the expense of your own self-possession and courteous dignity.

II.—CARVING.

EVERY person who travels or visits much sees numberless illustrations of the varied capacities of carvers. Hotel and restaurant life does not make much display in this line, as the carving is done out of sight. And yet even here the marvelous thinness of the slice, which is so immense in its area, demonstrates that somebody is on hand who is expert in this line. In private houses the meat and the poultry are sometimes carved before they come to the table. By whom done, or with what accompaniments of perspiration and emphatic words, the guests know not. But meat served thus is chilled and juiceless, and generally damaged. It is worthy of better treatment.

Many amusing and not a few irritating examples of clumsy carving occur under everybody's eyes. Meat is condemned as tough, knives as dull, dishes as too small, there is too much gravy, skewers are not drawn, and a thousand other reasons are blurted out by the clumsy carver, as he outwardly sweats and inwardly swears at his task. He slops gravy on to the cloth; he drops part of the meat from the dish; he cuts himself by an unfortunate slip of the knife; and sometimes, like a distinguished wit of whom the story tells, he lands a fowl in the lap of a lady beside him, though probably, unlike that wit, he will not have the grace to say, " I will thank you, madam, to return that chicken."

Every housekeeper should learn to carve. Carving should be done at the table by the gentleman of the house, or, in his

315

absence, by the lady, unless some other of the family be an expert carver.   Unless a guest is known to be an expert, or unless he volunteers for the duty, he should not be expected to carve.   He may be a clumsy hand, and the courtesy of hospitality should protect him from exposure at this point.

The carver at a private table should retain his seat while carving and serving.   To facilitate this, his chair should be high, so that he can reach readily to his work.   The dish should be large enough to prevent soiling the cloth, except by some unusual accident.   The centre of a carving-dish for roast meats should be raised nearly as high as the surrounding edge, so that a horizontal movement of the knife in slicing may be made without interference from the edges.   No man can slice meat neatly if the meat is in the bottom of a deep dish, into which he must scoop with his knife as best he may.   Elevate the meat, but have a surrounding depression between the centre and the edge, where the rich juices of the meat may accumulate, and where they may be served readily.

Not all knives are suitable for carving, nor is any one knife just the thing for all work in this line.   For slicing, a long, thin, broad blade is essential.   With a fine roast, elevated on the dish, and with a good, sharp slicing knife in hand, a cool-headed man can hardly help doing neat and rapid work.

But such a knife is not the one for poultry or rib carving. For these uses a shorter blade, which is both narrower and stiffer, must be employed.   All knives for carving must be sharp.   There should be a good steel at hand to touch up the edge—nothing more, for a dull knife should be ground, or whet up on an oil-stone.   Any large fork, with a guard to prevent accidents, will do.   A rest for the knife and fork when not in use is desirable.   The carver's requisites, therefore, are as follows : A high chair, suitable serving plates, two sharp knives, a good fork, and a knife and fork rest. With these he is ready for work.   Without them he is at serious disadvantage.

Carving a Turkey.—Nothing delights an expert carver more than the opportunity to cut up a fine roast turkey. Such a man is in doubt whether the eating of the meat even is the greater luxury.

Whether the head of the bird shall lie to the carver's right or left is an open question. Better to the right, as more work is required on the head end, and in this position the knife-hand works less over the hand which holds the fork.

The fork should be inserted astride of the breast-bone, just back of its most prominent point. It should be sunk deep enough to penetrate the encasing bone below the white meat. This secures full command of the bird. If the company be small and the bird fairly large, better do all the cutting from one side, reserving the other in as perfect a form as possible.

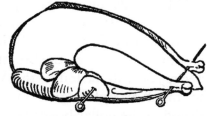

TURKEY PROPERLY TRUSSED FOR ROASTING.

Remove all the limbs first unless half the bird is to be reserved. The neat cut is to remove each drum-stick, or lower leg, by a single stroke of the knife, which must exactly hit the joint. To remove the thigh, or upper leg joint, make a V-shaped cut, wide enough at the point whence the drum-stick has been cut to include all the meat, but converging at the joint, which can always be distinctly seen near the back. Two strokes of the knife do this work, each of them cutting down to the carcase. A slight outward pressure of the knife-blade, applied between the carcase and the upper point of the thigh joint, will cause it to drop off neatly on the plate. Outside the lines of these cuts, flakes of dark meat will remain adhering to the carcase, which should now be cut off. They help to meet demands for dark meat.

In carving the wings, the neat stroke removes the lower part, which contains the two bones, by cutting at the inner part of the joint, and so turning the blade of the knife as to throw that part off in the direction opposite to its natural movement. The first joint of each wing then follows, the cut being deep enough to fully reach the ball and socket joint. A slight motion of the pinion toward the head of the bird will suffice usually to detach this part. If it does not, the point of the knife may be thrust into the socket of the joint to sever the cartilage. This will free it.

When this dismembering is accomplished, proceed to slice the breast meat in thin, broad slices. Clean off all the white meat, unless part only is needed. Placing your knife close to the front of the breast-bone, and cutting toward the neck, you will dislodge the V-shaped bone, corresponding to the "merrythought" or "pull-bone" of chickens. To dislodge the collar-bones is to many a hard task. But cut the cartilages which bind them to the frame of the bird. These cartilages are in the cavity between the neck and the breast-bone. Through this cavity, thrust your knife outwardly under one of these bones; make a fulcrum of the front part of breast-bone, and a lever of the knife, its edge resting on the fulcrum. You can then easily pry up the troublesome bone and turn it off to the side. This movement takes the bone at the best mechanical advantage. It must come, and come at once, if this movement be made.

Now attend to the other end of the bird. Shave off all superfluous meat from the carcase. Turn the carcase on its side, the back toward you. Insert your knife beside the oil-bag and thrust it forward parallel to the spine. It will cut its way very easily. A slight outward movement of the knife will then throw off these side bones, which are choice pieces, yielding the juiciest of the dark meat. The ribs may now be cut through with ease from front to rear, about midway from breast to back. The breast-bone is incapable of further division, but the back easily divides into six parts. Turn it back up and hold with the fork; separate the oil-bag, about an inch of the spine with it; lift the projecting spine with the knife back and it will break readily, carrying one rib with it. Cut off from each side of the remaining spine the rib parts adherent to it; then divide the remaining spine just back of the neck.

An entire drum-stick, or second joint, need not be served to any one person, but had better be divided among several. A fair-sized turkey divided on the above method will furnish a good supply for twenty people.

BACK OF A FOWL.

[*a, b,* line of easy breakage. *a, c, e,* and *b, d, f,* lines of separation of side-bones. *u, g, b, h,* rib portion.

It will be asked, however, how can one become so expert in hitting these joints? Frequently the carver tries, and tries again, but tries in vain, to strike the right place for his knife. There is one way only to succeed in this art. The anatomy of the turkey or chicken, or any other animal, must be carefully studied. Do it in this way. Whenever a turkey is brought into your house and is made ready for the roasting, place it on its back, as it will lie on the plate when it comes to the table. Carefully manipulate it, and note exactly where every joint lies. Imagine yourself about to carve it. Where would you put the knife to throw off that drum-stick? How would you cut to throw off the thigh bone. Read the preceding directions; apply them in fancy to the bird as you see and handle it; then carry it all out at the table when the bird is cooked.

No surgeon could do his work except he had thus practiced on actual subjects in dissection. He must know by actual trial just what to do and how to do it. So must the carver know. Chickens, ducks, geese, small birds, meat, roasting pigs, every article, in short, which he expects to carve must be understood beforehand; then success will be his.

Carving Roast Chicken.—The same course precisely as has been prescribed for carving turkey must be followed with chickens. The only difference is in the formation of the "pull-bone" or "merrythought," but this makes no difference whatever in the cutting of the bird.

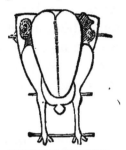

CHICKEN PROPER-
LY TRUSSED FOR
ROASTING.
[Feet may be removed at option.]

Carving Roast Ducks and Geese.—These are more difficult than turkey or chickens, for the reason that they are constitutionally more sinewy in the joints and they have far less flesh proportionately.

GOOSE PROPERLY TRUSSED FOR
ROASTING.

They are barrel-shaped, with thin layers of meat instead of the fine masses of flesh found on the turkey or on fine chickens. The leg joints lie farther to the rear, and higher on the side than in land fowls. They are not so easily reached, therefore.

Their anatomy must be studied, however. It is the only way to obtain command of the carcase. In carving, dismember the bird as in other cases. Then cut the meat in long, narrow strips, along the sides and breast of the bird, and use these as the choice cuts. The legs and wings may be given out if desired or if the supply be short. Duck is but a side dish, however; it is supposed to be served with

BREAST OF DUCK
P R O P E R L Y
TRUSSED.
[The lines show the direction of cutting the breast meat.]

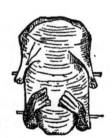

BACK OF DUCK
P R O P E R L Y
TRUSSED.
[Feet twisted to lie on the back.]

other dishes, and so to be served lightly. Goose is sometimes the main piece, but not often so at elaborate feasts.

Carving Broiled Chickens.—Chickens for broiling are presumably young and tender. If not, thorough steaming before they are broiled will do something for them. They are trussed in such shape usually that joints are not easily struck. But study the bird when trussed. See where joints do lie and cut them. If the birds are really young and tender, however, they may be halved or quartered, cutting through the bones directly and so serving them.

Carving Smaller Birds.—Smaller birds which need carving, may simply be split longitudinally, just beside the breast-bone and the spine. Their bones can be cut easily. This will apply to pigeon, partridge, prairie hen, pheasant, etc.

SMALLER BIRD PROPERLY TRUSSED FOR ROASTING.

Carving Roast Beef.—Pieces of roast beef vary so that no one rule covers all. A safe general direction, however, is to study carefully just what is in the piece before it is cooked. ·Know your meat before you attempt to carve it. Another general rule, applicable to all meats indeed, is to cut across the grain in all cases. Meat cut with the grain is stringy and fibrous. If cut across the grain, all the longitudinal flakes of flesh and the minute sinews are cut so short that any toughness existing in them is wholly concealed. The first slice, by this process, will always be a brown, outside cut. Slices should always be thin, but not so as to seem ragged. In carving ribs of beef the knife may be thrust along close to the ribs, so as to separate the meat from them. The cuts then made across the grain will separate the slices with ease, and neatness. Never cut beef across the bone. It is the easiest way, but also the poorest.

Carving Roasts of Mutton.—A leg of mutton is carved as a ham, by cutting down to the bone, from the outer edge, making the cuts converge on the bone, so freeing each slice as it is cut.

A shoulder of mutton should be carved as the leg. In each case, when the choice cuts are exhausted, clip off the remaining meat as best you can, always across the grain.

Saddle of mutton is carved in several ways: 1st, in longitudinal slices along the backbone; 2d, by transverse slices, each taking in a rib, which makes thick and clumsy portions; 3d, by oblique slices, not taking in the bones, but forming a slight angle with them. The latter method is deemed preferable by most carvers.

In all roasts which include the ribs the backbone should be well and cleanly cut through by the butcher, between every pair of ribs. Otherwise no satisfactory carving can be done.

Carving Roasts of Lamb.—The cut shows a fore-quarter of lamb with its outer side uppermost. This joint is first to

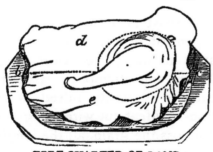

FORE-QUARTER OF LAMB.

be cut so as to divide the shoulder from the rest of the quarter, which is called the target. For this purpose, put the fork firmly into the shoulder joint, and then cut underneath the blade-bone, beginning at *a*, and continue cutting all around in the direction of the circular line, and pretty close to the under part of the blade-bone. Some cut the shoulder large, while others take off no more meat with it than is barely necessary to remove the blade-bone. It is most convenient to place the shoulder on a separate dish. This is carved in the same way as the shoulder of mutton. When the shoulder is removed, a lemon may be squeezed over that part of the remainder of the joint where the knife has passed; this gives a flavor to the meat which is generally approved. Then proceed to cut completely through from *b* to *c*, following the line across the bones as cracked by the butcher, and this will divide the ribs (*d*) from the brisket (*e*). Tastes vary in giving preference to the ribs or the brisket.

Other parts of lamb are carved as mutton. The fat is very delicate and should be served to all the guests.

Carving Roasts of Venison.—These resemble roasts of mutton so closely that no different directions for their carving need be given.

Carving Ham.—Boiled or baked ham may be served either side up. The inner edge of the ham, which lay adjacent to the body, is rather more tender than the edge, which lay toward the tail. Slices should be cut directly from the edge to the bone, cutting out the middle portions first. Let the cuts converge upon the bone every time, so that each slice is set free at once. When the choice cuts are gone, trim up the remaining parts neatly as possible, and always across the grain. The knuckle end of a ham furnishes the leaner and drier cuts. Some prefer carving hams with a more slanting cut, rather than a direct, right-angled cut upon the bone, beginning at the thick end, and so continuing throughout. This mode is, however, apt to be very wasteful, unless the carver be careful to take away both fat and lean in due proportion.

Carving Roast Pig.—The cut below represents a pig roasted whole and served in the most approved style. Many, however, separate the head before serving, and garnish the body with the ears, jaw, etc. The head may be severed by a

WHOLE ROAST PIG.

neat cut around the neck, and a little sideward motion, but this is not necessary, as the cheek or jaw can be removed

21

without removing the head. The shoulder should then be taken off from the body, by passing the knife under it in a circular direction, and the leg separated as shown in the line *d, e, f.* The ribs may then be divided into two or more parts, helping at the same time an ear or jaw with it, with some of the sauce also. Pieces may be cut from the legs and shoulders. Some consider the neck end the finest part, while others give the ribs the preference.

Carving Roast Rabbit.—Begin by cutting longitudinally from head to tail near to the backbone, then make a corresponding cut on the other side of the backbone, leaving the back and the head in one distinct piece. Cut off the legs at the hip-joint, and take off the wing, or fore leg, nearly as you would the wing of a bird, carrying the knife round in a

circular line. The ribs are of little importance, as they are bare of meat. Divide the back into three or four equal portions. The head is then to be cut off, and the lower jaw divided from the upper. By splitting the upper part of the

RABBIT, OR HARE, PROPERLY TRUSSED FOR ROASTING.

head in the middle, you have the brains, which are prized by epicures. The comparative goodness of different parts of a rabbit will depend much on the age, and also upon the cooking. The back and the legs are always the best parts.

Carving Steaks, etc.—Where there is a tenderloin in a beefsteak, it should be divided among the party with the other portion. If there are too many persons to allow each a share, give ladies and guests the preference. Epicures eat the tenderloin at the last. As a bright boy said, " You ought always to eat the best last; then you feel as if you have had all best."

Carving Fish.—This is more a serving than a carving. The meat of fish is usually so tender that cutting is unnecessary. Skillful separation of the flakes is what is needed.

A silver knife, or fish slice, and a silver fish fork, broad at the tines, are desirable. Steel tools impart a disagreeable odor to fish. Fish should be served in neat, unbroken portions, never in scraps and bits.

In many kinds of fish the backbone may be taken out entire, as in all the mackerel family as served for the table. This is a neat proceeding for company; but for home uses the backbone is preferred with the fish, because of the very savory morsels which adhere to it.

The skin and fins of the turbot are regarded as very delicate. It, therefore, should be split along the backbone, at its side, and then cut into cross sections so that part of a fin shall go with each portion. This is the neatest method of serving.

Carving Tongue.—The juicy and fatter part of the tongue is at its thick end or root. Some prefer the smaller and drier end, however. If the whole tongue is not likely to be needed, cut off its tip in one piece, and on the main portion work backward toward the butt end. Do not cut squarely across, as it leaves the slices unduly small; but cut on an angle, so doubling the area of the slices.

Carving a Calf's Head.—Cut the external meat in strips from the nose to the back of the head. Some deem the eye a delicacy. It may be removed with the point of the knife, if requested, but do not puncture it with the fork or the knife. The palate is a choice part. It may be cut from under the head, with its surrounding parts, all of which are delicate morsels. The jawbone may be removed also, and will disclose fine meat.

III.—SERVING MEALS.

METHODS of serving meals differ widely. The items of conveniences and pecuniary ability always become important elements in the case. Taste, too, enters largely into it. Some people need the formal and the ceremonious. Others despise these and prefer the free-and-easy plan. There are national methods also, which largely rule among the refined and elegant.

One of these methods, the Russian, decorates the centre of the table elaborately with flowers, and surrounds it at the outset with the dessert tastefully displayed. This secures a delightsome central object. The several dishes are then brought to the table carved and ready for use, each dish being served as a separate course, one vegetable only being allowed to appear with it.

The English method sets the whole of each course at once, no matter how many dishes it may contain. This, it is objected, allows the dishes to cool, and one often vitiates another. The dishes which require carving are by this method first placed on the table, and then removed to a side table for cutting and serving.

The French method serves everything as a separate course, even each vegetable, unless it be simply a garnish for another dish. The American plan, however, serves at least one vegetable with each substantial dish. At the more formal meals among us, carving is done at the side tables, but in the genuine home dinners the work is done at

326

the table by the host himself. If, however, he cannot do the honors of the serving with ease, let the work be done by another, at the side table.

When the general plan of the dinner management is settled, those who are to do the various parts of the work must be thoroughly instructed. A servant not sufficiently intelligent to learn the required part well, and to do it properly, is too stupid for satisfactory service with company or at a purely family gathering.

Square end tables are now the proper style. They should be sufficiently roomy to wholly avoid crowding. A spotlessly white table-cloth should be spread, with another under it to deaden sound and make a softer appearance. The cloth should not be very stiffly starched, but it should be nicely polished and beautifully glossy. It should hang two feet from the top edge, the corners gathered up, if needs be, to prevent their drooping on the floor. Napkins should be large and heavy. Such texture does not need much starch. The glass and silverware should be perfect in brightness. It may be of inexpensive kind, but it must be scrupulously clean.

Colored table-cloths of ornamental patterns are allowable for luncheon or tea. They are not in place where hot meats are served. Nor are colored napkins. Too often these deep tinted articles are used "to save washing," which means "to conceal dirt." Not unfrequently covers and napkins of this kind are kept in use when their rank odor cries out for the wash-tub, even though their soiled appearance does not. The doily, or *D'Oiley*, as some will have it from the proper name of its first reputed maker, is a small, colored napkin used with fruits and wines. Stains will not show so readily upon these, but they must always be scrupulously fresh and clean. To conceal filth under rich coloring is sacrilege of the worst sort, but to bring it to the table, and ask guests to wipe their lips with it, is a crime.

A great variety of ornaments and adornments are admissible on a table, but nothing is so pure and so appropriate as a handsome display of ferns or flowers. The flowers should not be just such as ladies wear so profusely and so beautifully in their belts and on their dresses. Larger blooms are preferable for the table, especially those of the pure white and fine texture belonging to the lily family.

It is quite the proper and beautiful thing to place a neat bouquet beside each plate, in tasteful bouquet-holders. For gentlemen the little bunching suitable for the button-hole is desirable. For ladies the belt bouquet will meet the case. The floral centre-piece may be composed of small bouquets, which at the end of the meal may be distributed.

Fruit pieces and handsome confectionery pieces may be disposed to advantage in ornamenting the table. Tasty folding of spotless napkins is so important a decoration that the subject will be treated fully farther on. These may be perched in polished goblets, while bouquets, or small rolls of bread nestle amid their snowy folds. Little arts like these embellish a table, and delight the guests.

But these embellishments must not be overdone. What will be correct for a large table will be too much for a small one, and what will be just right for a small table will look thin and meagre on a large one. Study the proprieties of every occasion. What suits once does not suit forever.

Embellishments may be liberally bestowed upon the dining-room itself. In addition to its permanent decorations, flowers are always admissible. At the great ball on March 20th, 1883, at the Vanderbilt Mansion in New York, the decorations of the supper-room were absolutely regal. The walls were completely hidden with palms and ferns, from which a countless number of orchids were suspended. Two large fountains were introduced into the far corners of the room. The doors of the main entrance to the supper-room were in an open position and were completely covered with roses and lilies of the valley. In the centre of the room a large palm towered almost to the ceiling, and about it from the dome was suspended an immense Bougen Villa vine, the tendrils of which drooped in bunches from the branches of the palm. Throughout the room there were many stands and vases filled with flowers, the entire effect more resembling fairyland than an earthly home. Few can rival such a display, of course, but all enjoy at least a pen-peep upon such princely splendor.

No ornament should be so large as to obscure to any great extent a view of the entire table, or to conceal any of its guests. As many knives, forks, and spoons as will be needed for the various courses may be placed at each plate, though, to avoid the display of so much cutlery, a better style is to supply these accessories as needed. Goblets and wine-glasses, if the latter be used, should be on the table at the start. Large spoons, with salt and pepper casters, should be on the table also. The dessert-plates, finger-bowls, etc., should stand ready on the sideboard, awaiting the time when they shall be needed. The hot closet should be well stocked with dishes needing to be used warm.

Finger-bowls should be half filled with water. In Paris they are served with warm water scented with peppermint. A slice of lemon in cold water answers the purpose entirely, as it removes any grease from fingers or lips. A geranium leaf may float in the water. Its fragrance on the fingers, if it be pressed, will be agreeable. It is customary to place a fruit napkin, or doily, on the dish on which the finger-bowl rests, to avoid the rattle of the bowl, and to protect the dish from injury if it be highly ornamented. Little openworked mats will, however, answer better. Do not summon your company to dinner by a bell. Country hotels and cheap boarding-houses may do that, but not a refined home, especially when guests are present.

Soup is dished by the lady of the house at a home dinner.

Meat is cut and dished by the gentleman of the house. Vegetables, bread, butter, water, etc., are served by the waiter, dessert by the hostess, except in the case of melons, requiring to be cut at the table, which is the work of the host.

Home meals should all be sufficiently ceremonious to dispense with haste and confusion. On the other hand, they should not run into stiffness and frigidity. Bright, cheery, pleasant chat should enliven every meal. If the leading dish be nothing but hash, let it be served in good style and amid a profusion of genial, social sunshine.

What to Avoid.

1st.—Never use table-linen which is open to the suspicion of being soiled. The napkin-ring business is of questionable propriety. Why not, as at hotels, furnish a clean napkin to each person at every meal?

2d.—Crockery with an abundance of nicks and splints and cracks is not unsightly merely, but, where the glazing is broken, the porous material absorbs grease and dish water, making these spots dense with unsavory and unwholesome matter.

3d.—Partly emptied dishes become unsightly, and sometimes positively repulsive. They look like refuse and scraps. At the great State dinners at the Tuileries, no guest saw a partly emptied dish. A full, beautifully garnished dish was presented for his approval, upon expressing which, his personal plate was taken to a side table and supplied from another serving dish.

4th.—An overloaded table or plate satiates appetite rather than stimulates it. A gracious expectancy of what is to come is a great help at the table.

5th.—A stinted supply is very discouraging. To the apprehension of a lack of food, the moral sense of mortification is added in this case.

6th.—Beware of ill-assorted dinners or tea-parties. An occasion intended to be a pleasure is often a pest for lack of care in this regard. This caution applies to the selection of guests, and more strongly to the disposition of guests at the table. Secure fitness both in the viands presented and in the parties present.

7th.—Do not inaugurate new features at a dinner party, unless you are sure you have the mastery of them, and that when done in a masterly way they will certainly prove agreeable.

8th.—Beware of the delusion that hospitality is expressed by the weight of its beef and mutton, and the multitude and rarity of its viands.

9th.—Have no meddlesome, noisy, or slovenly service. Waiters should be attired neatly, and should wear light shoes or slippers. They should take no part in the social proceedings, not so much, indeed, as to smile at the best things. On formal occasions the man-servant should wear a dress-coat, white vest, and white necktie. The maid-servant should be attired in a neat, inconspicuous dress, with spotless white apron.

10th.—Both haste and slowness should be shunned. At the finished French dinners, the courses will not average more than five minutes each. French waiters are marvelously expert, however, in removing and replacing dishes.

GARNISHES.

Much of the attractiveness of a table depends on the *garnishes*, which are added to certain dishes to embellish or beautify them. A few hints on this subject will be of value.

Parsley is the almost universal garnish to all kinds of cold meat, poultry, fish, butter, cheese, etc.

Horse-radish is the garnish for roast beef, and for fish in general; for the latter, slices of lemon are sometimes laid alternately with heaps of horse-radish.

Slices of lemon for boiled fowl, turkey, and fish, and for roast veal and calf's head.

Carrot in slices for boiled beef, hot or cold. They may be cut into ornamental forms if desired.

Barberries, fresh or preserved, for game.

Fried smelts for turbot.

Red beet-root sliced for cold meat, boiled beef, and salt fish.

Fried sausages or force-meat balls for roast turkey, capon, or fowl.

Fennel for mackerel and salmon, whether fresh or pickled.

Lobster coral and parsley for boiled fish.

Currant jelly for game, also for custard or bread-pudding.

Seville oranges in slices for wild ducks, widgeons, teal, and such game.

Mint, either with or without parsley, for roast lamb, whether hot or cold.

Pickled gerkins, capers, or onions, for some boiled meats, stews, etc.

A red pepper, or small red apple, for the mouth of a roast pig.

Spots of red and black pepper alternated on the fat side of a boiled ham, which side should lie uppermost on the serving dish.

Sliced eggs, showing the white and yellow parts, for chicken salad.

Sprays of celery top for salads, cold meats, etc.

ROYAL DISPLAYS.

A peep at some royal table displays is valuable as suggesting what may be done. Perhaps the grandest display ever made was by Baron Rothschild in honor of the last Napoleon when at the height of his power, some five years before his fall. The entertainment was given at Rothschild's regal pleasure-house of Ferriéres, thirty miles out of Paris. The cost of the out-door decorations alone exceeded $100,000. Workmen were put on the road in vast gangs, and had it prepared with asphaltum every inch of the way. Chinese lanterns and Bengal lights rendered it brilliant as day. Forests of new trees in full growth were set out wherever the roadside happened to be bare. The imperial carriage, which left the Tuileries at five o'clock P. M., passed through continuous masses of jubilant spectators. Wine and edibles were given by the Rothschilds' orders to all along the route who bore decorations of any sort.

The chateau itself, which is as roomy as the Capitol at Washington, was a blaze of light and rich drapery. The dining-room and the feast were thus described in a leading journal :

" It was such a scene as the mind conjures in Aladdin's palace, built by the slaves of the gold and jewel caves. At a vast height from the floor a narrow gallery runs around the chamber. From this were suspended folds of golden drapery, in which some legend of Bonapartist glory flashed out in jeweled letters. The walls were encrusted with treasures that the house of Rothschild had been centuries collecting. The tables were a mass of glittering gold, even to the candelabra. The dinner began at nine o'clock and was served by waiters in livery rivaling the imperial in sumptuousness. The knives and forks were of solid gold, and when the dinner was ended the head of the house solemnly directed them gathered together and in presence of the Emperor ordered them melted and the mass sent to the mint, declaring that, having been sanctified by imperial use, they should never be degraded to baser hands."

IV.—THE BILL OF FARE.

WHAT shall be served for a meal is in most homes a hap-hazard affair. Somebody wants a certain dish, or something happens to be in the house, or a huckster comes along offering a certain article at a low price, and so the diet for the day is determined. The religious customs of some persons decide the bill of fare for certain days, and so far their domestic management is controlled. Others, especially in cheap boarding-houses, have a bill of fare inflexible as the ancient laws of the Medes and Persians. You know when to look for that greasy vegetable soup, made out of—fortu-nately for the eater, he knows not what. Then comes cab-bage day—regular as the week revolves it comes; and that beefsteak and onions—the house is odorous with it, and you are greeted with its fragrance as you clamber up the front steps. The desserts, too, are fearfully regular. Boiled rice, corn-starch pudding, huckleberry pie in its season, canned peaches both in season and out of season, apple pie or cus-tard pie—these, with a few more of the same family, march on in their ceaseless round with the same old sequence as the figures follow each other in a cheap puppet show. These are travesties on a bill of fare. They burlesque the *menu*.

A housekeeper should plan out her table offerings with great care. Her dishes should suit the seasons. On a frosty day in midwinter substantial, well-seasoned food is needed. It renews a hungry man. It stays by him. It does him good. But the same dinner in midsummer will disgust

334

rather than delight. On a hot, exhausting day, heavy soups, substantial meats, and rich desserts are out of harmony. Light meats, delicate vegetables, and cooling desserts are then in demand.

Dishes should suit the days of the week also. What can be furnished by one fire or wash-day or ironing-day is not the same as can be furnished conveniently on other days. The man who proposed dumplings for wash-day dessert because they could be boiled in the same kettle with the clothes was on the true line of progress, though his application was not a happy one. The idea is that harmony shall exist. The washing must not suffer for the dinner, nor the dinner for the washing. Plan the bill of fare to fit the movements of the domestic establishment.

A third point to be gained by planning is unity in each meal. Some articles of food, delicious in themselves, are unpalatable, and even unwholesome, in combination. Cucumbers or beets and milk, fish and milk, lobster and ice-cream, are combinations of this class; while peaches and cream, lamb and green peas, stewed chicken and waffles, catfish and coffee, are fitly wedded, and no man can put them asunder. To secure all the above-named happy coincidences and combinations is the mission of the well-digested bill of fare.

Of course, the pocket controls many of these things. He who cannot have his turkey and venison and plum-pudding on Christmas day, may, nevertheless, find satisfactory chewing on his boiled goose, and savory garnishing in his sour-krout or cabbage. But the poorest meals will be the better, like the artist's colors, when " mixed with brains." Think and plan. How can these things be best done ? Settle that question and carry out your conclusion with a queenly grace. But be open for the teachings of experience. What does not work well be ready to change. Those who never change their plans are poor learners.

When planning home meals, and especially company meals, it is of prime importance to know just what is in season. Particulars on this point vary with different localities, but New York is the metropolis, and its markets are on the grandest scale; its market is made the standard, therefore, in the following table of edible merchandise in its various seasons.

SPRING:—MARCH, APRIL, AND MAY.

Shell Fish.—Clams, hard crabs, lobster, mussels, oysters, prawns, scallops, shrimps, terrapins, turtle.

Fish.—Bass (black, striped, and sea), bluefish, cod, eels, haddock, halibut, herrings, mackerel, muscalonge, pickerel, pompan, prawns, salmon, shad (North River), sheepshead, shrimps, skate, smelts, soles, turbot, trout (brook, lake, and salmon, May to July).

Meat.—Beef, lamb, mutton, sweet-breads, veal.

Poultry.—Capons, chickens, ducks, geese, and turkeys. .

Game.—Ducks and geese until May 1st, pigeons, plover, snipe, squabs, after April.

Vegetables.—Asparagus, Jerusalem artichokes, lettuce, potatoes (sweet and white), radishes, spinach, sprouts, water-cresses, and all the vegetables of the winter list.

Fruit.—The winter list, with the addition of pie-plant, pineapple, strawberries.

Nuts.—The winter list, with the addition of Brazil nuts.

SUMMER:—JUNE, JULY, AND AUGUST.

Shell Fish.—Clams, soft crabs, lobster, turtle in August.

Fish.—Bass (black and sea), bluefish, eels, flounders,

haddock, herring, mackerel, muscalonge, salmon, sheeps-head, turbot, trout (brook, lake, and salmon).

Meat.—Beef, lamb, mutton, and veal.

Poultry.—Chickens, ducks.

Game.—Snipe, woodcock (after July).

Vegetables.—String beans, beets, cabbage, cauliflower, carrots, corn, cucumbers, eggplant, lettuce, macaroni, okra, onions, green peas, potatoes, rice, radishes, summer squash, tomatoes, turnips.

Fruits.—Apples, apricots, cherries, currants, gooseberries, grapes, lemons, oranges, peaches, pears, pineapples, raspberries, strawberries, imported dried fruits.

AUTUMN:—SEPTEMBER, OCTOBER, AND NOVEMBER.

Shell Fish.—Clams, soft crabs, lobster, mussels, oysters, scallops, turtle, terrapin.

Fish.—Black bass, bluefish, flounders, mackerel, muscalonge, perch, pickerel, pike, salmon, sheepshead, skates, smelts, soles, sturgeon, trout (brook, lake, and salmon), white fish.

Meat.—Beef, lamb, mutton.

Poultry.—Capons, chickens, ducks, geese, turkeys.

Game.—Brant, duck, goose (September to May), prairie-chicken, ruff-grouse (September to January), venison until February, quail and rabbits (October 1st to January 1st), snipe, woodcock (July 3d to February 1st).

Vegetables.—Artichokes, beans (lima and other shell beans), beets, broccoli, cabbage, cauliflower, carrots, celery, corn, cucumbers, eggplant, lettuce, macaroni, okra, onions, potatoes (white and sweet), rice, squash, tomatoes, turnips.

Fruits.—Apples, bananas, blackberries, dates, figs, grapes, lemons, oranges, peaches, and pears.

Nuts.—Black walnuts, chestnuts, hazelnuts, shellbarks.

WINTER:—DECEMBER, JANUARY, AND FEBRUARY.

Shell Fish.—Clams, mussels, oysters, scallops, terrapin, turtle.

Fish.—Bass (black and striped), bluefish, cod, eels, flounders, haddock, muscalonge, perch, pickerel, pike, salmon, skate, smelts, sturgeon, white fish.

Meat.—Beef, mutton, pork.

Poultry.—Capons, chickens, ducks, geese, turkeys.

Game.—Brant (until May), duck (wild, until May), wood-duck (until January), geese (until May), prairie-chickens, ruff-grouse, snipe, venison (until February), quail, rabbits (until December), woodcock (until February).

Vegetables.—Artichokes, beets, dried beans, broccoli, cabbage, carrots, celery, macaroni, onions, parsnips, potatoes (sweet and white), rice, salsify, turnips, winter squash, all canned vegetables.

Fruit.—Apples, bananas, cranberries, dates, figs, ginger, lemons, oranges, pears, prunes, raisins, all kinds of canned fruits, and compotes of dried fruits.

Nuts.—Almonds, black walnuts, butternuts, cocoanuts, English walnuts, filberts, pecan nuts, shellbarks.

With such a range accessible, surely, good meals can be selected in abundant variety. But what shall be selected for ordinary use in the family? To suggest answers to this question, standard bills of fare for each season are appended. Remember, however, these are only to *suggest* happy combinations. Try one or more of them entire, or in part, and see whether they suit you or not. At least they will lead toward good results.

FAMILY BREAKFASTS FOR SPRING.

No. 1.—Oatmeal and milk; stewed apples; rolls, butter, coffee, chocolate, broma, or tea ; beefsteak, broiled oysters ; Lyonnaise potatoes, poached eggs on toast ; rice cakes, sirup.

No. 2.—Cracked wheat and milk; stewed prunes ; bread or rolls, butter, coffee, etc.; broiled ham with fried eggs ; mutton and potato hash, browned; baked potatoes ; flannel cakes, powdered sugar.

No. 3.—Fried hominy ; stewed dried peaches ; rolls or bread, butter, coffee, etc.; mutton-chops, fried bacon ; broiled eggs, potatoes, Saratoga style ; waffles, cinnamon, and sugar.

FAMILY BREAKFASTS FOR SUMMER.

No 1.—Coarse hominy boiled; strawberries and cream bread, butter, coffee, etc.; broiled chicken, stewed potatoes ; dried beef dressed with cream ; radishes, muffins.

No. 2.—Oatmeal and milk; fresh currants and sugar; ' buttered toast, bread, coffee, etc.; broiled blue or white fish ; stewed potatoes ; minced mutton served on toast; shirred eggs.

No. 3.—Cracked wheat and milk ; fresh raspberries ; rolls, butter, coffee, etc.; cold roast beef, sliced thin ; frizzled ham with eggs ; fried potatoes, sliced cucumbers ; Graham gems. or pop-overs.

FAMILY BREAKFASTS FOR AUTUMN.

No. 1.—Oatmeal mush fried in slices ; peaches and cream, or blackberries ; brown bread, rolls, butter, coffee, etc.;

lamb chops, fried potatoes; mushrooms baked and served on toast; sliced tomatoes, dressed as a salad.

No. 2.—Hulled corn with cream; baked pears, grapes; bread, butter, coffee, etc.; veal cutlets, potato balls; omelette with grated ham; cornmeal pancakes.

No. 3.—Coarse hominy boiled and browned; peaches and cream; bread, butter, coffee, etc.; beefsteak, oysters on toast; stewed potatoes; muffins.

FAMILY BREAKFASTS FOR WINTER.

No. 1.—Fried mush; baked sweet apples; rolls, bread, butter, coffee, etc.; turkey hash, stewed potatoes; salt mackerel; buckwheat cakes, sirup.

No. 2.—Cracked wheat; baked pears; rolls, Graham bread, butter, coffee, etc.; sausages garnished with fried sour apples; quail on toast, baked potatoes; buckwheat cakes, sirup.

No. 3.—Fried hominy; stewed apples; bread, butter, coffee, etc.; venison steak, cold sparerib, sliced; potatoes, Saratoga style; buckwheat cakes, sirup.

FAMILY DINNERS.

In January.—Beef-soup with vegetables; bream with oyster sauce; boiled potatoes; corned beef with carrots; stewed kidneys; Spanish puffs.

In February.—Ox-tail soup; boiled chicken; fried parsnips, caper sauce; fillets of bass with pickles; mince patties.

In March.—Oysters with lettuce; roast sirloin of beef; potato croquettes; cabbage boiled with cream; baked lemon pudding.

In April.—Fried oysters, sliced cucumbers; smelts fried with fat salt pork; baked potatoes; lamb chops with baked macaroni; pumpkin pie and coffee.

In May.—Clam soup; boiled leg of mutton, tomato sauce; mashed potatoes; oyster-plant in batter; lettuce and green onions; raisin-pudding, sherry sauce.

In June.—Salmon; chicken-soup with barley; cold roast mutton with boiled cauliflower; lettuce with cives and olives mixed; Charlotte russe.

In July.—Beef soup with noodles; rock bass with fried potatoes; tomatoes with slices of chicken, dressed in mayonnaise sauce; peaches and cream.

In August.—Clams on the halfshell, pickles; broiled tender-loin steak; green peas and asparagus; strawberry-short-cake and coffee.

In September.—Oyster soup; broiled eels with cucumbers; braised fowl; string-beans; celery with capers; currant tart with whipped cream.

In October.—Beef soup; halibut with parsley sauce; the beef with the vegetables; potato salad; tapioca-pudding, sauce of sliced fruits; cream cakes.

In November.—Mock turtle; turkey, cranberry sauce; rice croquettes; egg-plant stuffed; snipe, fried oysters; water cresses with hard-boiled eggs; German puffs.

In December.—Puree of beans; broiled herring, Dutch sauce; ribs of beef; boiled potatoes; stewed tomatoes; pumpkin pie.

In many of the cities Tea has passed away. Late dinners are in order. Luncheon is served to those at home at midday, which includes a cold cut, bread and butter, cheese, a glass of milk or cup of tea, and possibly a light dessert.

A bowl of hot, light soup is very acceptable at luncheon also. Luncheons are sometimes made quite elaborate, and become very pleasant company occasions.

Late suppers are served by some who have the late dinners, but unless they sit up very much later, the practice must soon affect them very injuriously. For supper, or tea, given at the usual hours, say from six to eight o'clock, the bill of fare suggested for breakfast may serve in substance. The later the supper the lighter it should be. Strong tea or coffee should not be used near bed-time if sound sleep is desired.

Specimen bills of fare are given below. They are in suitable form for the hostess to follow, and also for the printer to follow if it be desired to produce either of them in type.

MENU.

BREAKFAST.

Fine Hominy		Buttered Toast
	Beefsteak	
French Rolls		Potatoes a la Creme
	Buckwheat Cakes	
Tea	Coffee	Chocolate

Or, in this form:

BREAKFAST.

	Broiled Spring Chickens	
Parker House Rolls		Saratoga Potatoes
Scrambled Eggs		Fried Oysters
	Rye and Indian Loaf	
Coffee	Tea	Chocolate

Or, in this form:

BREAKFAST

White Fish		Potatoes
	Muffins	
Fried Ham		Egg Omelette
Coffee	Tea	Chocolate

For lunches, the menu may take either of the forms which now follow.

LUNCH PARTY

Beef-tea served in small porcelain cups
Cold Chicken, Oyster, and other Croquettes
Chicken Salad   Minced Ham Sandwiches
Scalloped Oysters
Tutti Frutti   Chocolate Cream
Cake-basket of Mixed Cake
Mulled Chocolate
Mixed Pickles   Biscuits, etc.
Ice-cream and Charlottes

Or, in this form :

LUNCH PARTY

Oyster-pie   Boiled Partridge   Cold Ham
Sweet Pickles   Sandwiches
Pound and Fruit-cake   Pyramids of Wine Jelly
Blanc Mange   Snow Jelly
Pineapple Flummery
Kisses   Macaroons   Ice-cream

For dinners either of the following forms will answer.

DINNER

FIRST COURSE

Oyster Soup with Celery

SECOND COURSE

Roast Turkey

Croquettes of Rice   Sweet and Irish Potatoes

THIRD COURSE

Quail on Toast
Vegetables   Pickles   Escalloped Tomatoes
Macaroni   Jelly

DESSERT

Mince Pie   Almond Pudding   Lemon Pie
Cheese   Fruits   Nuts
Coffee

Or, in this form:

DINNER

FIRST COURSE

Raw Oysters   White and Brown Soup

SECOND COURSE

Boiled White Fish with Sauce and Sliced Lemons

THIRD COURSE

Roast Beef

FOURTH COURSE

Roast Turkey   Ducks
Vegetables in Season   Croquettes of Rice or Hominy
Cranberry Sauce   Currant Jelly

DESSERT

Cream Custard   Lemon Pie
Fruit   Nuts

Coffee

For tea, the order below will be found valuable :

TEA COMPANY

Tea   Coffee   Chocolate
                       Biscuits
Oyster Sandwiches   Chicken Salad
                    Cold Tongue
                 Cake and Preserves
        [Ice-cream and Cake later in the evening]

Or, in this form :

TEA COMPANY

Tea, Coffee, or Chocolate
Scalloped or Fried Oysters   Muffins
Sliced Turkey and Ham
Cold Biscuits
Sardines and Sliced Lemons
Thin Slices of Bread Rolled   Sliced Pressed Meats
Cake in Variety

For more substantial supper serve as below:

SUPPER

Cold Roast Turkey   Chicken Salad

Quail on Toast

Ham Croquettes   Fricasseed Oysters
   Charlotte Russe   Vanilla Cream
Chocolate Cake   Cocoanut Cake

Mixed Cakes
Fruit
Coffee and Chocolate

Or, in this form:

SUPPER

Cold Roast Partridges or Ducks

Oyster Patties   Cold Boiled Ham   Dressed Celery
Oysters or Minced Ham Sandwiches
Raw Oysters   Chicken Croquettes or Fricasseed Oysters
  Wine Jelly   Ice-cream   Biscuit Glace   Cakes
    Fruits   Chocolate   Coffee
Pickles and Biscuits

Another authority suggests for supper and luncheons the following suitable dishes from which to make choice, namely:

Soups, sandwiches of ham, tongue, dried sausage, or beef; anchovy, toast or husks; potted beef, lobster, or cheese; dried salmon, lobster, crayfish, or oysters; poached eggs; patties; pigeon pies; sausages; toast with marrow (served on a water plate), cheesecakes; puffs, mashed or scalloped potatoes, brocoli; asparagus, sea-kale with toast, creams, jellies, preserved or dried fruits, salad, radishes, etc.

If a more substantial supper is required, it may consist of fish, poultry, game; slices of cold meat; pies of chickens, pigeons, or game; lamb or mutton chops; cold poultry, broiled with high seasoning, or fricasseed; rations or toasted cheese, etc.

And now, what more on bills of fare does the good house-wife need? Possibly she needs some hints as to cold lunches for wash-days, house-cleaning times, and other days of extra work. She shall have a few such hints:

PLAIN HOME LUNCHEONS.

No. 1.—Cold corn-beef, nicely sliced; baked potatoes; bread, butter, and pickles. Dessert—mince pie and cheese.

No. 2.—Chicken pie, baked potatoes; rolled bread or bis-cuit. Dessert—cake and custard.

No. 3.—First course: Raw oysters, with lemon and crackers. Second course: Cold veal, with jelly and Sara-toga potatoes, bread, and butter. Dessert—pie with cheese.

No. 4.—Casserole of fish, with mushroom catsup; bread and butter. Dessert—cherry pie with cheese.

Possibly some hints as to economical dishes for dinner may be of service. Such hints, adapted to each day of the week, are added to render this needed service.

DINNER FOR EVERY DAY.

Sunday.—Roast beef, potatoes, and greens. Dessert—pudding or pie, cheese.

Monday.—Hashed beef, potatoes, and bread-pudding.

Tuesday.—Broiled beef, vegetables, apple-pudding.

Wednesday.—Boiled pork, beans, potatoes, greens, and pie, or rice-pudding.

Thursday.—Roast or broiled fowl, cabbage, potatoes, lemon pie, cheese.

Friday.—Fish, potato croquettes, escalloped tomatoes, pudding.

Saturday.—*A la mode* beef, potatoes, vegetables, suet-pud-ding and mince pie, cheese.

As one who attempts to master the many dishes at the table of a great hotel finds himself worsted, so the house-wife who attempts at once to master the foregoing sugges-tions will find herself. Patient and repeated attention, how-ever, will master the whole.

QUANTITY OF PROVISION NEEDED..

What quantity of the standard articles must be provided for entertainments? This question is a practical one of no small importance. Nobody wishes to run short at a com-pany, nor does a prudent person care to waste good food. How then shall estimates be made which can be fairly depended on? Experience shows the following general principles to hold good.

It is safe to assume that of one hundred and fifty invited guests, but two-thirds of the number will be present. If five hundred are invited, not more than three hundred can be counted upon as accepting. Smaller numbers will be more largely represented in proportion.

Allow one quart of oysters to every three persons present. Five chickens, or, what is better, a ten-pound turkey, boiled and minced, and fifteen heads of celery, are enough for chicken salad for fifty guests; allow one gallon of ice-cream to every twenty guests; one hundred and thirty sandwiches for one hundred guests; and six to ten quarts of wine jelly for each hundred.

For a company of twenty, allow three chickens for salad; one hundred pickled oysters; two molds of Charlotte russe; one gallon of cream, and four dozen biscuits.

CURIOUS DISHES AND BILLS OF FARE.

A recent French fancy is a deep dish of mashed potato filled with hot broiled plover or snipe, and then hidden in a grove of parsley sprigs and celery tops stuck into the potato. It comes to the table looking as green and fresh as a salad. But the salad is still to come; you have simply struck a fresh covey of birds.

A royal Chinese banquet was tendered Sir Thomas Brassey, M. P., at Macao, March 6th, 1877. The following was the *menu* of that entertainment:

BILL OF FARE:

Four Courses of Small Bowls, one to each guest, viz.:
Birds'-nest Soup, Pigeons' Eggs,
Ice-fungus (said to grow in ice), Sharks' Fins (chopped).

Eight Large Bowls, viz.:
Stewed Sharks' Fins, Fine Shell Fish, Mandarin Birds'-nest,
Canton Fish Maw, Fish Brain, Meat Balls with Rock Fungus,
Pigeons Stewed with Wai Shan (a strengthening herb), Stewed Mushroom.

Four Dishes, viz.:
Sliced Ham, Roast Mutton, Fowls, Roast Sucking Pig.

One Large Dish, viz.:
Boiled Rock Fish.

Eight Small Bowls, viz.:
Stewed Pig's Palate, Minced Quails, Stewed Fungus (another description),
Sinews of the Whale Fish, Rolled Roast Fowl, Sliced Teals,
Stewed Duck's Paw, Peas Stewed.

A stylish Japanese dinner was served with the following

BILL OF FARE:

Soup,
Shrimps and Seaweed;
Praws, Egg Omelette, and Preserved Grapes;
Fried Fish, Spinach, Young Rushes, and Young Ginger;
Raw Fish, Mustard and Cress, Horseradish and Soy;
Thick Soup of Eggs, Fish, Mushrooms and Spinach, Grilled Fish;
Fried Chicken and Bamboo Shoots,
Turnip Tops and Root Pickled,
Rice ad libitum in a large bowl,
Hot Saki, Pipes, and Tea.

V.—TABLE-LINEN.

WHEN Solomon described the model woman of his day, among other praiseworthy things he said of her was this: "She maketh fine linen, and selleth it." Into what forms she put this fine linen is not stated, but we may be sure that some was table-linen. With the imperfect appliances of that day she could not equal Brown's Irish linens, which are now the standards; but, doubtless, she kept her fine linen pure and white. Such linen is fitly associated with royalty in many references of antiquity, and with the purity of saints in references of the Scripture.

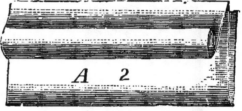

There is no finer field for the display of a housewife's neatness than is found in table-linen. It adds so much to every meal, or detracts so seriously from

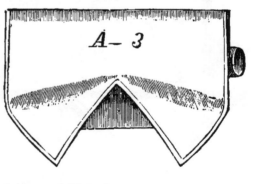

it, that everybody appreciates skill in its management.

349

All our linen tablecloths and napkins are imported and are·made of genuine linen. Highly colored cloths are not linen. Flax will not take high coloring. The highly colored cloths and napkins are cotton, and are generally of domestic origin. True linens for table uses are pure white, white and brown, or white with bordering of light colors. They are made plain, with simple figures, or in elaborate patterns. The largest pattern tablecloths regularly in the market are two and a half yards wide by eight yards long. Tablecloths cut from piece goods can be had of any length.

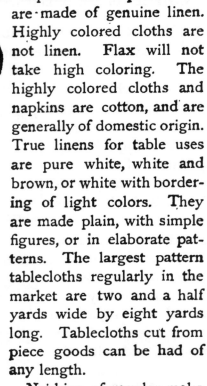

Napkins of regular make are five-eighths, six-eighths, or seven-eighths of a yard

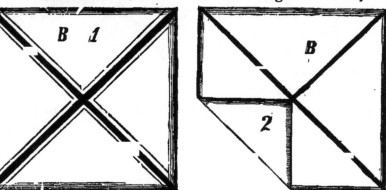

square. They are made to match the standard tablecloths.

Doilies can be had from four inches square upward. The smallest sizes are used by dentists; the next under finger-bowls; the largest sizes are used with fruit, etc.

They, too, can be had to match cloths and napkins of standard colors and styles.

White table-linen is the article for dinners and formal meals. Colored linen, or cotton goods, are admissible at tea or luncheon. The whole equipment of linen at a given meal should be of one and the same kind and color. Good table-linen requires no starch. It will polish well by good ironing. It should always be immaculately clean. Slopped, stained, fly-covered table-linen is disgusting. A floor-cloth should not be used in the sad-

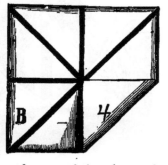

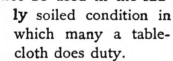

ly soiled condition in which many a table-cloth does duty.

A large, well-lighted, and well-aired closet should be appropriated for table-linen. Unless the washing would thereby become crushingly heavy, the better way is to wash every napkin after one using. Dispense with the napkin-ring. It does guarantee to a man his own

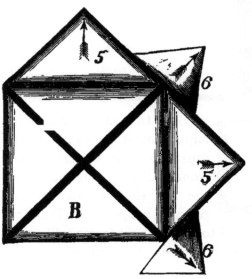

soiled linen; but it is far better to give him clean linen.

A plain square fold of the napkin can be made by a child,

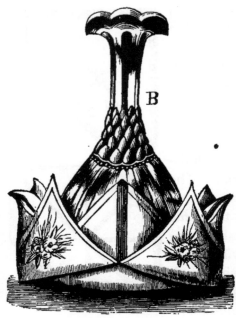

as may an ordinary funnel or cone-shaped twist, so that the napkin may be set into a goblet. But beyond these simple forms there are artistic heights of napkin-folding to which only professionals attain. It is the boast of some skilled linen-men of the caterers that they can fold napkins in fifty, sixty, and even a hundred ways. Sure it is that Masonic dinners can be served with the square and compass in napkins; military men can have the tent; physicians can have the mortar and pestle, and so on indefinitely.

To accomplish fine

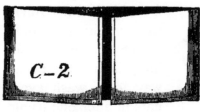

work in this line a full-sized napkin must be used, and it must be well starched and ironed flat. Amateurs in the art should practice on paper of proper size. Practice will promote expertness, and to devise new forms will soon be easy and entertaining work. In our diagrams of napkin-folding the relative sizes of the several folds are not maintained strictly, but the folds are shown correctly.

EXPLANATION OF DIAGRAMS.

A. Double Columns.—A-1, the first fold into three equal parts, not creased. A-2, one edge rolled toward the fold. A-3, napkin turned over and points of top fold turned outward. A-4, partly rolled, with fold of A-2 surrounding the

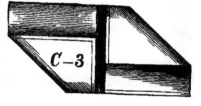

base and point centering accurately. A, both ends rolled, showing completed form. Either side shows well when completed, and if evenly done, it will stand alone and be very beautiful on a table or in a goblet.

B. Water Lily.—B-1, the first fold, each corner to the centre. B-2, the second fold, each corner again to the centre. B-3, the napkin turned over and each corner brought from below to the centre again. B-4, corners once more to the centre without turning the napkin over. B-5,

corners from the under side turned outward, on to which the upper points also are then turned. B-6, the smaller points exposed by the last turn folded outward to secure eight points. B, the smaller points turned upward around

a fancy water-bottle ; the next larger points turned up about
the smaller ; the lowermost points tucked under, the four
prominent corners also folded under, so making the base circular— the entire four lying close to the bottle.

C. Mitre.—C-1, first fold into three equal parts. C-2, each end folded in toward, but not entirely to, the centre. C-3, opposite corners of C-2 folded down. C-4, fold C-3 backward so that the two oblique folds there shown shall be together and parallel, but allow the points to stand erect. C-5, fold the right-hand end upward just at the highest point and tuck its end under the fold C, as indicated by the arrows. Turn the left-hand end from you and tuck it under the fold on the opposite side, when you will have C, the mitre

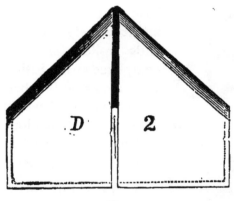

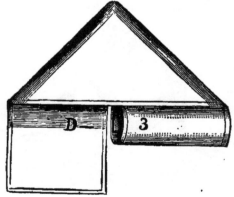

form, which will stand beautifully on a plate.

D. Capuchin.—D-1, napkin folded into three equal parts.
D-2, second fold.   D-3, napkin turned over and the points
rolled upward.   D-4, right-hand end folded under in a line

perpendicular to the longer fold, so that the roll stands perpendicular to the base-line shown in D-3. The left-hand
end then folds the same,
showing both rolls as
one appears in D-4. The
top will then show a
square as in D, and in
the fold beneath it a roll
of bread may be placed,
or the folded napkin may
lie on the plate.

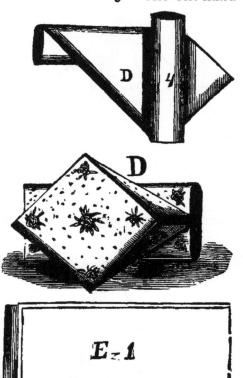

E. Lady's Slipper.—
E-1 is the napkin folded
in three equal parts.
E-2 represents the re-
sult of two folds—the
first turning the right-
hand half upward upon
the left at an angle of
about forty-five degrees;
the second fold bringing
the same end back into
the position shown in
E-2. The left-hand end
is then treated in the
same manner, producing
the result exhibited in
E-3. E-4 represents
the preceding form with
one corner tucked into
the slipper, as indicated
by the arrow, and E
shows the final result,

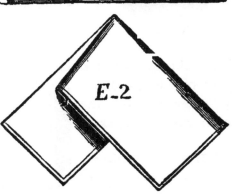

with both corners adjusted in their proper position.

F. Tulip.—F-1 shows the napkin folded in three equal parts.   F-2 shows its ends turned inward, as in C-2.   F-3

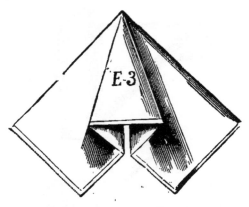

shows the right-hand lower corner turned upward, the left to be treated in the same way.   To produce F-4, turn the napkin over, the point from you, and turn up the right-hand lower corner until it appears as in the diagram.   Bring up the lower left-hand corner and tuck it into the fold shown in

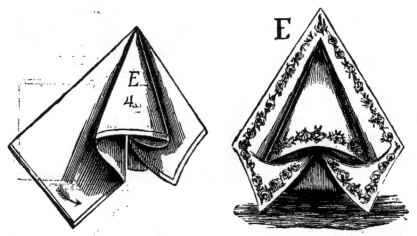

F-4.   This gives F-5 when placed erect, and the final form, F, is readily produced by opening out the points from the apex.

OTHER FOLDINGS.

The Fish Tail.—Fold

the napkin on a diagonal, so that the two opposite points

meet, the form being a right-angled triangle. Beginning at
either of the acute angles,
gather across the napkin
folds one inch wide. Crease
this folded napkin down
tightly. Catch each part
of the napkin at its highest
points, drawing them apart a
few inches—as the blades
of a pair of shears open,
keeping the whole flat, as
creased. Set this form in a
goblet, points up, and you
have a beautiful display.

The Bird Wing.—Fold as
in the last form, but crease
only at the bottom, allowing
the upper part to spread as
a fan. This form, alternating with the open fish-tail
form, produces a beautiful
appearance.

Star Form.—Fold all the
points to a centre ; turn

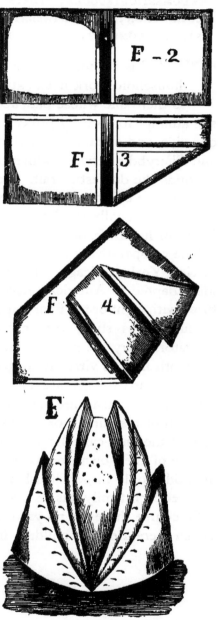

over and repeat the movement; turn out the last folded points.

VI.—WORK AND HELP.

THERE is no housekeeper who will not weary of the
household work if she attempt to do it in person; nor
is there one whose patience will not be sorely tried if
she attempt to do it by proxy.   Physical exhaustion on the
one side, and mental exhaustion on the other, are the Scylla
and Charybdis between which the good housewife struggles
to guide the domestic craft.   Some make fairly good progress in the effort, but more are sorely tried and buffeted,
while many finally go down in the whirlpool of boarding-
house or hotel life, or are shattered and scattered as families.

The comparatively new method of '' flats,'' as conducted
in New York, Chicago, and San Francisco, is a Parisian
idea adapted to American necessities.   In immense structures, with eight or ten floors, apartments are fitted up usually
in sumptuous style, with every convenience and luxury.
Elevators carry the residents and callers to any floor, so that
the ninth floor is virtually as good as the first.   The hallways and apartments are heated and cared for by house
servants; the meals are served *a la carte*, in a general dining-hall or restaurant, or are served in the rooms if desired;
so that the only care the occupants have is the incidental
charge of their own rooms and their social duties.   This
method avoids all personal labor and all care about servants,
and yet each family has its own home.

Of course there are no yards or gardens in such places.
When there are little children in a family the opportunities

are rather restricted. The old home idea is wholly lost in such a dwelling-place. Domestic duties are in utter disuse. Home cooking has no foothold. Home decoration may be practiced to a limited extent, and home courtesy may prevail; but after all, the home life barely exists.

In the old-fashioned home life, regularity is a prime factor. Without it all will speedily run to disorder. To do things regularly requires forethought and planning. What to do and when to do it, must both be clearly understood. Then the predetermined plans must be rigidly adhered to and carried through. Servants see at a glance whether the head of the house "means business" or not. Any number of orders may be issued, but if the servants know that it means nothing, they do not concern or bestir themselves. Orders should be few as possible, but they should be well considered and explicit, and when once issued they should be conformed to absolutely.

Vaporing, scolding, fretting, and storming about the house only lower the lady of the establishment in the esteem of her employees. Her superiority must appear in her calm deliberation and her intelligently formed decisions. But these need not be issued in an arbitrary, dictatorial form. The American spirit does not brook much of this. Help worth having can suit itself readily in other places, and such help will not submit to arbitrary or tyrannical treatment.

One of the best advisers of young housekeepers says to them: "Never, except in cases of extreme emergency, allow Monday's washing to be put off till Tuesday, Tuesday's ironing till Wednesday, or Wednesday's finishing up and setting to rights till Thursday. Leave Thursday for extra work; or when that is not required, for a resting day or a half holiday, and as a preparation for the up-stairs sweeping and dusting of Friday, and the down-stairs baking and scrubbing of Saturday." In this advice all good housewives will concur, though the men of the house, to quote one such, "cannot see why so arbitrary and inflexible a rule should be imposed upon the domestic economy."

Forethought will prove a great help in saving time, fuel, labor, and temper. For example: Mix bread at night, and it will be ready to bake with that "first fire," which always makes the oven hot in the morning.

Prepare fruit over night, so that pies or other preparations for dessert can be quickly made, and baked immediately after the bread.

Prepare hash for breakfast over night.

Have the kitchen and dining-room put in order before going to bed.

Have kindlings and whatever is requried for building needed fires laid out ready, and the fire in the kitchen raked down, so that it can be started in the shortest possible time. This is not only a saving in the morning, but it will be found very useful in case of illness in the night when a fire may be required at a moment's notice.

Much work is saved by forethought in purchases. If possible, lay in winter supplies ; buy starch, sugar, soap, tea, etc., etc., in quantities reasonably large, and deliver them to the kitchen as needed; it may be by the week, or twice a week. It should not be so often as to become irksome, not so seldom as to lose sight of what is going on. Dried soap will prove an immense saving by its hardness, as compared with the soft, fresh bars for which the servant runs twice or thrice a week. Money and labor both are saved by such forethought as this.

Constant supervision is essential to securing good work. Eye-service is the bane of our laboring classes. See that orders are obeyed ; see that things are put to proper uses ; see that house-cloths do not become dish-cloths, or *vice versa ;* that hand-towels do not become cup-towels, or *vice versa ;* that combs, brushes, etc., etc., are kept out of the cooking apartment; that the cellar broom is not used on the parlor carpet, or *vice versa.* Indeed, there is no end to the points that the housewife must supervise, if she be determined to have her work well done.

Accountability for articles belonging to each department must be insisted on with every servant. No article must be allowed to disappear without a sufficient reason. Nor must anything be out of its proper place, except as necessary. Explain to each new servant the nature of this accountability and hold every one steadily to it.

It is said that American kitchens are the worst in the world. Work is very materially promoted by means of a good kitchen. It should be roomy, light, and capable of good ventilation without sending its odors and its steam through the house. It should have plenty of good, convenient closets for all that pertains to the work there done. It should have direct access to the fuel, store-rooms, or cellar where provisions are stored, and convenient access to the dining-room. A window communication is best between kitchen and dining-room, using a waiting-maid to receive.

The conveniences of range, hot and cold water, sink, etc., are desirable, of course, but in some places they are not attainable. A dish-drainer is a great convenience. It may be made of a grooved board, slightly inclined so as to drain the water back into the sink or dish-pan. Dishes laid upon this as washed, that they may drain a few minutes, will be found in much better condition for wiping, and so labor will be saved. An elevated strip must surround all but the lower edge of this drainer to prevent the dishes from slipping off.

Kitchen company seriously interferes with work and service. The employees of a house are social beings. They have their associations and must continue to have them, but much visiting destroys effective management. It demoralizes servants and delays work. Company should be restricted to certain convenient hours. The indiscriminate furnishing of meals to their visitors by servants should not be permitted. Permission at that point should be asked of the lady of the house, and she, not the servant, should judge whether the case is exceptional and allowable. Interference in the presence of the " guests " would probably create a scene, but a good understanding at the outset would be as likely to preclude all trouble. Indeed, so few housewives know their own minds in domestic management, that the servants are little to blame if they too are ignorant of " the lady's " mind. Be reasonable with servants ; yea, be generous ; but be explicit and decided.

After this extended discussion, it still remains true that the thoughful, self-poised, kindly, but decided housewife will be the only one who will get the needed work done, and will find all her " help " really helpful. It seems wise to conclude this chapter with a few carefully selected

HINTS ON HOME WORK.

Aprons.—Have a good assortment of full-sized aprons which can be washed. They should be long and wide.

Brooms.—Four brooms should be in simultaneous use in a house. The best for the parlor and best rooms; the second best for the sitting-room and dining-room; the third for the kitchen; the last for the cellar, yard, etc. When the best broom shows wear, replace it with a new one, and " retire " the worst, moving the others back one place. Hang up brooms by a loop, or better, by a broom holder. (See Chapter xxi, Part I.)

Closets, etc.—Scrub them out thoroughly and frequently. Cover dish-shelves with clean white papers ; the edges may be scolloped, or " pinked," if desired.

Dish-cloths.—Old towels, crash, napkins, table-cloths, etc., make splendid dish-cloths.

Dusters.—Feather dusters throw dust from one place to another. They are poor tools, except for the lightest kind of work. Cloths are preferable. These should be shaken out-of-doors frequently, or washed. Damp chamois skins are best for articles not liable to damage by dampness.

Fuel.—When cooking is not going on, the fire should be slacked by closing the dampers, etc. Coal should never be piled high in the stoves. It chokes the draft, makes heat where it does no good, burns out the stove tops, and wastes willfully. Ashes should be sifted and picked over. A large saving will be effected thus.

Holders.—Iron-holders, and others for hot pots, kettles, etc., will save time, labor, and burns. If such conveniences do not exist, towels will be substituted by the " help."

Ironing Tools.—Keep the cloths, etc., in good, orderly shape in a clean, dry place. The irons must be kept free from moisture.

Paper and String.—Lay all such together in a convenient place, nicely straightened out, ready for use at any time. If too much accumulates, sell it or burn it.

Pie-board.—This, with the roller, should be put away clean every time, in a scrupulously clean place.

Pots and Kettles.—Put away thoroughly cleaned and well dried. Scald out coffee and tea-pots frequently with soda-water. Keep each in its proper place.

Refrigerators.—Scrub and air these frequently. The purest and best makes need such treatment.

Water Coolers.—Scrub and air these. Sediment will collect which must be unwholesome and unsavory.

Whisks.—Use a clean, fine whisk for upholstered furniture. Have others for the stairs, corners of rooms, etc. All these in addition to whisks used for clothing.

VII.—VENTILATION.

VENTILATION NEEDED; HOW TO GET IT; BY WINDOWS; BY A SHAFT; WITH THE HEAT; FACTS AND FIGURES.

FRESH air is essential to healthful and happy human existence. It is so free and abundant that there should be no lack anywhere or at any time. Out-of-doors we get it without care or planning; but to get it in-doors, and so to get it that nobody is harmed, that nobody catches cold or gets the rheumatism, that is the problem.

Every living being gives off the deadly carbonic acid gas continually, and at the same time consumes the vitalizing oxygen. Lamps, fires, combustion of all sorts, does the same, some forms of these being more active than others in the emission of carbonic acid gas. For every apartment where people live and fires burn there must be ventilation. Fresh air must come in, and foul air must go out.

In cold weather, this must be so done that a reasonable warmth in the room shall be maintained, and it must always be so done that chilling drafts shall not strike persons in such way as to check perspiration and produce sickness.

Ventilation in large buildings is usually provided for by forcing fresh air through all its ramifications. The air is admitted in such ways as shall most effectually diffuse it through the building, avoiding all blasts or sensible currents. If mechanical means are employed to force air, the problem is comparatively simple. Drive in enough air and distribute it with judgment, and it is all done.

But dwelling-houses do not admit of these elaborate

arrangements except in rare cases. How can they be ventilated? The commonest way is to open the window. If a
wind be stirring, or if the temperature within and without the
room vary much, currents of air will at once set in, and an
open window will do the desired work. But if the atmosphere be still and sultry, the windows may be open, and yet
no interchange of air take place. The top of the window
allows egress to the heated air. The bottom allows ingress
to the colder, external air. To ventilate a room, both openings of the window are needed. If windows are only on
one side of a room, a door upon the other side must be
open to do the work properly. Currents which would be
too strong, may be well broken by the ordinary shutter
blinds, the angle given the slats determining the direction
of currents to a great extent, and so breaking their volume
as to render them practically harmless.

An easy adaptation of ordinary windows for a good ventilating purpose is secured by inserting
on the sill, where the bottom sash shuts
down, a piece of wood the thickness of the
sash, and long as the sash is wide, but
about three inches high ; the effect being
that the sash, shutting down on this strip,
shall stand three inches above the sill and
yet the bottom will be closed tight. The
displacement between the upper and lower
sash will leave an opening by which currents of air will pass in and out, ventilating
the room very fairly, and that, too, without any perceptible draft.

A CHEAP METHOD
OF VENTILATION.

Another simple method is to tack muslin or ornamental
cloth across the bottom of the window frame, inside the
room, but not against the sash. The window may then be
raised. The muslin should rise three times the height of
the opening of the window. The effect of this is to produce

an interchange of air, with positively no perceptible draft, even when the wind without is high.

From the summit of the hallway, or open stairway of a house, it is well to carry an open pipe high above the roof, capped so as to keep out storm, and capable of being closed in the coldest weather. It will draw off the heated air of the house and render good service,

A ventilating shaft is a great accessory to a house. It should be like a large flue, say two feet square, and by inserting glass at the top it may be used for light also. Into such a shaft openings from the several rooms may be made, also from water-closets and reservoirs. This shaft should be placed next to a chimney flue which is always in use, so that the shaft itself will be warm enough to produce movement in the air. Or a surer way is to have at its base a heating apparatus of gas, oil, or steam, by means of which the current of air may be moved in the shaft and the entire house be ventilated. The outlet of such a shaft must be so constructed that snow and rain will not drive in even when the windows in it are open. It should be capable of entire closing also by means of cords and pulleys.

Every fire drawing its oxygen from a room, carries air out of the room, and this consumed air must be replaced through cracks or crevices, if by no better means. Some ventilation is always gained where such fires burn, therefore. But when they burn low, it is a chance that they will emit more injurious gases than the fresh air drawn in can counterbalance.

All heating methods which throw warmed air into the room may become valuable methods of ventilation. If the air be drawn direct from a foul cellar they will be injurious. If the air be baked by contact with red-hot surfaces, it will be dry and to a great extent stripped of its oxygen. But take the air from without, if possible from the top of the house, by means of a cold-air flue ; heat this air by contact with steam pipes or hot pipes, but not those which are red-hot, and you will have warm air and good air at one and the same time. Apertures or registers near the floor are needed in this case, by means of which cold air passes away. Near the floor the foul, heavy air settles also, which is driven out by the same means. Registers opening into a ventilating shaft, as just described, form the best escape for impure air, as they carry it entirely out of the house.

Some authorities recommend that ventilating openings be made directly into smoke-flues. Even if smoke and soot can be kept from entering the room where such a device is employed, which is doubtful, notwithstanding "traps" and other warranted contrivances, still every opening of this kind subtracts from the draft power of the fire below the opening, and hence is a disadvantage. The independent ventilation shaft is the most valuable help.

To enforce the need of ventilation, it may be stated that a pound of coal burned requires for its combustion one hundred and forty-eight cubic feet of air. Every gas-burner consumes about thirty-six cubic feet per hour. A candle consumes about eleven cubic feet per hour. A healthy adult requires two hundred and fifteen cubic feet of air per hour. Combining these facts, the absolute necessity of a large supply of fresh air to every living-room is an easy demonstration.

VIII.—WARMING.

BONFIRES; FIREPLACES; FRANKLIN STOVES; GRATES; LOW-DOWN
GRATES; MODERN STOVES; HEATERS; GAS STOVES.

IN the last chapter some points on the warming of houses
have been touched. Ventilation and warming are subjects so closely related that they cannot be considered
fully when apart. As in cooking, so in warming, the simplest method is the open fire, the mere bonfire in short. But
from such a fire, it is an easy step to an inclosing structure
which cuts off radiation of heat in useless directions and
conducts smoke where it will do the least harm. On this
principle the old-fashioned fireplaces were constructed.
They did very little work in proportion to the fuel consumed,
but where fuel was abundant that mattered little. Then, too,
in such fires, at least one-half of the heat goes up the
chimney, and some good authorities say that fifteen-six-
teenths is thus lost. Such fires heat by direct radiation.
Heat is thrown from them directly on the persons in the
room, on the walls and other objects. These become heated,
and in turn reflect heat so that all the contents of the room,
atmosphere, and solid bodies are thoroughly warmed at last.
Until this completeness of heating is attained, however, one
may be blistering his face while cold creeps run down his
back. Then, too, such heat quickly falls off. It is irregular,
expensive, unsatisfactory.

Benjamin Franklin made an improvement on the old warming methods in the stoves which bear his name. He saved
much of the heat which formerly escaped by making his
stove to sit in the room, and the smoke to reach the chimney
by a circuitous passage, as in a stove-pipe. This compelled

much escaping heat to give off its power in the room. The fireplace of this stove was inclosed with another casing of iron, through which air circulated and passed into the room in a heated condition. So he had all the direct radiation of the fire and of the heated parts of the stove, plus the air which was heated by passing through the hot chambers.

Grates are simply an adaptation of the old fireplace to the later discovery of coal as a fuel. They are less open and therefore less wasteful, but all the side and back power of the fire is lost to the room so far as heating it is concerned. It passes off by conduction, and is lost in the walls.

Low-down grates are a favorite feature for fall and spring uses in sitting-rooms, offices, etc. They heat by direct radiation only, but for the lighter purposes in warming they are desirable as being both beautiful and sufficiently useful.

A fine specimen of these grates is shown in the accompanying cut. It is made with handsome nickel-plated frame and trimmings. In its " throat " is a double valve arrangement, shown in the cut, which can be used as a blower in starting the fire, as a damper in reducing the draft, or as a reflector to throw the heat into the room. These grates have indeed become so popular that improvement upon improvement has been made, and decoration

LOW-DOWN GRATE.

has been added to decoration, until they seem absolutely perfect, and certainly they are very beautiful.

Closed stoves heat the air by its contact with their heated surfaces. They are now made with mica doors or windows, through which the direct radiation also passes, and air chambers are added in which air is heated, so that stoves of an immense warming power, and withal very easy to manage, are now the standards.

A specimen of such heating stoves is shown in the adjoining engraving. Externally it is not at all displeasing to the eye. On the following page a sectional view of this same stove is shown, displaying the coal reservoir, or self-feeder, as it is sometimes called; the damper; the cut-off draft in the upper part of the stove front; the cylinder and anti-clinker grate, which is a notable feature. By opening the doors which surround this part of the stove, all debris can be removed from the grate, and a fresh, bright fire will be secured at once. By this means the fires need not be drawn through an entire sea-

FIRST-CLASS MODERN HEATING-STOVE.

son. The fire cannot become choked. It is always clean.

The stove shown here has a sheet-iron top. For the sake of increased ornamentation, the tops are usually made in cast-iron, with nickel-plated panels and embellishment. It is an open question which kind of top gives off the more heat. A tea-kettle attachment may be made just above the upper tier of doors if desired. By this contrivance tea may be boiled, and some other minor culinary wants be met. A nickel-plated foot rail may be placed around the base, adding to the beauty of the stove, and also to its utility.

Fireplace heaters are favorites with many communities. Like a low-down grate, they fill the opening of the mantel, but they are constructed as heaters, with drums. They heat the room in which they are

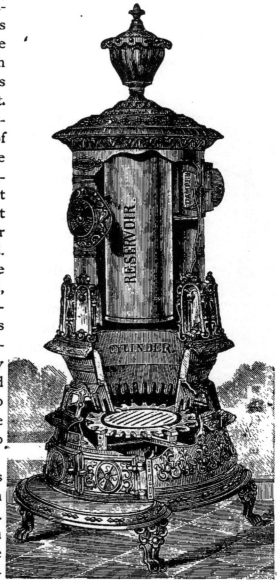

SECTIONAL VIEW OF MODERN HEATING-STOVE.

24

placed by direct radiation and heated air ; and to the room above heated air is supplied abundantly.   These, like other modern stoves, are finished in very ornate styles.

SECTIONAL VIEW OF A PORTABLE HEATER.

Hot-air furnaces have come into very general use. They combine so many advantages, and are withal so effective, that they well deserve the favor they have met.   To elucidate the subject fully, a sectional view of a portable heater is given. This differs from the permanent or brick-inclosed heater chiefly in the method of inclosure, and in the capacity of the heating-drums.

The time was when but little attention was given to the construction of heaters. Almost anything with an iron cylinder and a casing around it, that would consume coal, was considered a sufficient heater. No matter how much dust and dirt were made in the cellar or basement, and conveyed through the flues to the parlor or rooms above, it was nevertheless supposed to answer for heating purposes. But those days have passed away; careful and scientific study has been applied to the subject.

One valuable point in the heater shown in the cut is that whereby all ashes and clinker can be removed from the fire-pot without dropping the fire.   This can be done with less trouble than it takes to rake the old kind of heaters, and a continuous fire be kept always fresh on the grate.   By this means the entire surface of the heater can be relied on for heat. In the old heaters, when the grate surface became covered with clinkers, and the cylinder half filled with ashes, only the upper surface afforded heat, which very often resulted in overheating the top and ruining the furnace.

This heater is supplied with a magazine, making it a self-feeder. Another new feature is a radiating drum, and, in place of taking the damp, impure air from the cellar floor, with the dust and ashes, there is a cold air collar at the back of the heater so that a pipe can be attached, and pure, fresh air be brought from the outside of the building.

At the base of the heater, on each side of the cylinder, are placed the water tanks, easy of access, where a sufficient quantity of water can be evaporated without boiling it. It also has a damper at the smoke-pipe.

To all hot-air furnaces there are serious objections. They exhaust the moisture so completely that furniture is dried out and falls apart, and, worse than this, the moisture of the human system is so reduced that parched lips and difficulty of breathing often result. Furnace-heated air is drier than that ever heated in the midst of the Desert of Sahara. Evaporators may be introduced into the heaters and moisture may be restored again to the air, but a new danger arises. The sediment left by the constant evaporation of the water becomes unhealthy. This is demonstrated when, by reason of lowness of water in the evaporator, the sediment begins to stew or to bake, in which case the house soon becomes rank with its offensive odors. The water-pan of the heater must be kept clean. Stewing or simmering animal or vegetable matter cannot be healthy.

The principles to be regarded in determining the size of a heater are these: The greater the heating surface in a heater, the greater is the volume of air it can heat to a given temperature in a given time. A low fire will therefore impart warmth to a room fully equal to that from a hot fire in a smaller furnace. The one does a large volume of work deliberately. The other does it with a rush; but in the rush the air is baked, its moisture is exhausted, it is made unfit for use. The coal required is more in bulk in the larger furnaces, but it is not used half so fast. Large fire-pans are better, therefore, and cheaper—of course within reasonable bounds. Then, too, the moisture produced at a low temperature is preferable to that from excessive heat. The former is a gentle vapor, the later a driving steam.

Hot water and steam are used in various applications for heating purposes, but not very generally in private houses, except as they heat air carried through coils containing steam or hot water.

Among the contrivances applicable to furnaces and heaters of all kinds are governors or regulators, which can be set so that when the heat reaches a certain height the drafts will close automatically. When the heat falls they will open. Thus an equal temperature is maintained even in the absence of immediate supervision.

GAS HEATING-STOVES.

After seeing the wonderful adaptations of gas to cooking purposes, no one will wonder that there are many happy adaptations of the same to heating purposes. The Goodwin Gas Stove Company, from whose constructions the illustrations already given were selected, furnishes heating-stoves also.

The principles upon which these stoves are constructed are thoroughly scientific, and at the same time so simple that they require little or no attention. The ventilating principle is so applied that no injurious products of combustion can escape into the room in which they are placed, but all are carried off to the flue or out-of-doors by the pipe seen in the opposite cuts. The stoves have an air passage through the centre by means of which the air passes up from the floor, and in its passage comes in contact with the sides of the centre tubes and becomes highly heated. The stoves can be made to draw their supply of air from out-of-

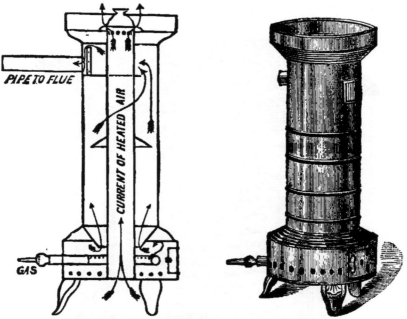

IMPROVED VENTILATING GAS HEATING-STOVE.

doors by means of a tube when so desired. Their consumption of gas is but seven cubic feet per hour. One of them will heat a room containing from eight hundred to one thousand cubic feet of space. They are six inches in diameter and twenty-three inches high.

If the open fire appearance is desired, the stove called the "Cheerful" meets the case.

These stoves are especially designed for use in parlors, libraries, and sitting-rooms. The panels in the front and sides are fitted with porcelain or metal tiles. The frames are nickel-plated, or enameled in black or brown with bronzed chambers. The tops are of marble, and can be varied in color to suit the taste.

They are constructed upon principles so correct scientifically, and at the same time so simple, that they require little or no attention. They, too, may be made to draw their supply of fresh air from out-of-doors, and they carry off the results so perfectly that no injurious products of combus-

THE "CHEERFUL" GAS HEATING-STOVE.

tion can escape. This stove, in its largest size, is thirty inches high, sixteen inches wide, twelve inches deep.

Smaller stoves are in cast-iron only, but these have a boiling burner at the top. The smallest of this line is eleven inches high, ten and a half inches wide, and nine inches deep. It will warm a small room or take the chill from a large one.

IX.—ILLUMINATION.

CANDLES, lamps, and gas are so familiar that in their ordinary uses they need not be so much as mentioned.

But all these articles have undergone so much of improvement that a few points concerning them may be of value.

Candles are now furnished of very superior illuminating power and also very beautiful in appearance. When used simply for show, as is now very common, they can be had in many colors and very artistically decorated

MODERN BRASS CANDLESTICKS.

with flowers, birds, etc., so as to be highly ornamental.

Finely wrought brass candlesticks, for use or for ornament, are quite popular also, though it seems like a return to the days of our fathers.

BRACKET STUDENT-LAMP.

The student-lamp (for kerosene oil) has come into very extensive use. It receives the oil into the large vessel at the side, from which the oil is supplied to the wick by the

377

connecting tube, the wick being circular and on the argand principle, so that the largest possible amount of illuminating surface is secured, with the best possible results. In specialties of this character, the Manhattan Brass Company, of New York, has done many good things. The above bracket-lamp is one of theirs, as are the artisan's lamp and others which follow. The adjustable nickel reflector shown in the artisan lamp enables the person using it to concentrate the light just where he wants it. For sewing, reading, or most mechanical operations, this lamp is a very helpful auxiliary. But student-lamps are popular in libraries and

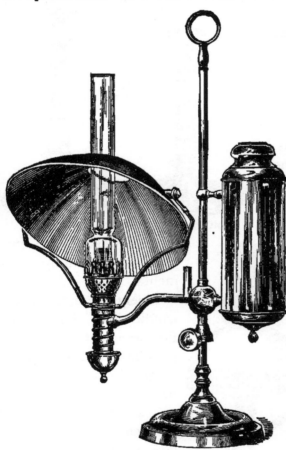

ARTISAN'S LAMP.

sitting-rooms. For such uses something more elaborate is desired, and all that can be wished for is found in the Parlor Student-Lamp. For real elegance nothing could be better, and for illuminating power it is rated as equal to thirty-three wax candles, which would make bright a room of great capacity.

Parlor lamps in other patterns of surpassing beauty are numerous, two of them with richly ornamented globes being shown on the following page. All these lamps are made in fine cast or wrought brass and form exquisite decorations.

When gas is in-
troduced into a
house, the possi-
bilities afforded in
the fixtures are
very fine, as will be
illustrated farther
on under the head
of " Home Decora-
tion." The facili-
ties for the home
manufacture of gas
are many and very
satisfactory.

Gas machines
are designed espe-
cially for the illu-
mination of build-
ings beyond the
reach of public gas
works. They can
be adapted for large
factories and hotels
as also for private
houses. In the

PARLOR STUDENT-LAMP.

Springfield Gas Machine gas is produced by bringing a current of air in contact with gasoline, the vapors of which
combine with the air and produce a clear, white, agreeable
gas, which is distributed as common gas by similar fixtures.
The apparatus, as will be seen by the engravings which
follow, consists of two instruments—an air-pump, operated

by a weight being used to produce the air-current, and a gas-generator (a cylinder containing evaporating-pans or chambers, in which the gasoline is kept). The generator is always placed in a vault under ground and removed from

ELEGANT PARLOR-TABLE LAMPS.

the building a safe distance; or it may be buried in the earth, in which case the expense of the arched vault is saved. The air-pump is usually stationed in the cellar of the building to be lighted. Supposing a machine to be set up and connected by pipes, as shown, the generator to be

filled with gasoline, and the weight of the pump wound up,
the process of gas-
making is as follows:
The action of the
pump draws a supply
of air through the in-
duction-pipe from
without the building
and forces it through
the air-pipe leading
to the gas-generator.
In its passage through
the generator it be-
comes carbureted,
thus forming an illu-
minating gas that is
returned by the gas-
pipe from the top of
the generator to the
burners within the
building.

GAS-GENERATOR IN VAULT
(Distant from House Fifty Feet or more).

The machine is
automatic in its ope-
ration. Gas is made
only as fast as con-
sumed. When the
burners are shut off
the pump stops and
the manufacture of
gas ceases, but im-
mediately commences
when they are opened
again. The gas-gene-
rator is recharged

AIR-PUMP (in Cellar of House).

whenever exhausted—usually once in from three to six

months, varying according to the rapidity of the consumption of gas. Gauges upon the generator show at any time the amount of fluid it contains and when necessary to replenish it. A double-way cock connecting with both the filling and vent-pipes in the vault is used, so that of necessity a free vent is given while filling, thus preventing any backward pressure of gas upon the pump or strain upon the generator. The weight of the pump does not require winding, commonly, oftener than once or twice a week, and this takes but a moment's time.

The pressure of gas in the ordinary gas works is so strong that there is an immense waste at the burners and at every possible crevice for escape. It is wise to turn the gas wholly off during the day, using for this purpose a connection between the meter and the street, so preventing all waste. Even at night the full pressure should not ordinarily be allowed. When the burners are lighted as may be desired for the evening, turn down the valve at the meter until the gas flame just shows the effect. This may cut off nearly half the flow of gas, and yet the light remain ample. A great reduction of gas-bills will be secured in this way. You will get the benefit of all you pay for, as no gas will escape unconsumed.

When light is desired all night in a bedroom, by all means use tapers. A box of these, costing ten cents, can be bought at the apothecaries, and will last many weeks. Each box contains a tiny socket, or circle, of tin with three sharp points holding a bit of cork. Into this socket sets a button-mold a quarter of an inch in diameter, with a hole in the middle, in which is inserted a bit of waxed wicking. The whole affair, not larger in circumference than a walnut, floats on the surface of a cup or tumbler full of lard-oil, and gives a very soft and pleasant light, and is perfectly safe and wholesome.

X.—SANITARY CONDITIONS.

THERE is much sickness in these days which passes as
Bilious, Typhoid, or Malarial Fevers. The inciting
causes of disease are not easily determined. There are
physical conditions which predispose to disease. Often
these are wholly independent of the immediate cause under
which the patient succumbs. In other cases, the final crash
is only an advanced stage of the derangement which has
gone forward steadily under continuous inciting causes.
This is the case in that class of diseases to which reference
has been made.

When a good housewife sees any of her charge losing
appetite, vigor, color, and ambition, it is certain that some
evil influence is at work, for which thorough search should
at once be made. It may be that poisonous gases are creeping up the waste-pipe of the permanent wash-basin. It may
be that the bath-room is belching forth death. It may
be that the cistern whence the drinking-water comes is receiving pollution from surface drainage or from some hidden
flow of vileness. It may be that noxious gases are exuding
from the ground itself, " made ground," perhaps, into which
filth of all sorts has been dumped. It may be that a drain-
pipe is broken or leaking, and that the soil about the house
is becoming saturated with waste waters, which ferment and
putrefy, and send up deadly vapors, even from beds of
flowers. These are a few of the insidious ways in which
sewer gas and other poisonous influences do their work.

383

When water is introduced into a house its drainage must be perfect. Every opening from the pipes must be so "trapped" that gases cannot work back into the house. Scientific plumbing alone can secure this point. The best made trap may be so set that the water will syphon out of it, and leave no "water-seal" to stop the ingress of sewer gases. If this be properly arranged gas will not force back through the water except under pressure, as when a heavy rain storm fills the sewers. To meet this liability, every trap should have a ventilating pipe from its arch, or the side away from the opening into the house. This pipe must be carried to the roof, and there left open. All the gases will thus find vent. A still better plan is to carry the soil-pipe directly to the roof, capping it to exclude storm, but not to restrict the outflow of gas. Scrupulous cleanliness and frequent disinfecting of the pipes by copperas, dissolved in hot water, are essential. In a few hours the water of the seal will absorb gases so as to become in itself a source of impurity. What is known as "seat ventilation" is the best remedy for this, or frequent flushing.

Filters will separate material impurities from drinking-water, but the deadliest ingredients are not removable in this way. The only remedy for a well that receives impurity from the depths is to fill it up. If impure from surface drainage, cement and better grading may save it. Chemical analysis alone can detect the subtle poisons which often lurk in water. Some most sparkling and beautiful waters are rank poison. If suspicious of water and unable to provide a sure remedy, use rain water. It lacks the life of good spring water, but it also lacks the death that always lurks in city wells and generally in those of villages and rural settlements.

Cellars are nearer akin to graves than many suspect. Good, hard, impenetrable cement floors and walls are essential in most localities. Noxious influences lurking in the soil and oozing thence can be hermetically sealed down by no other means. An abundance of whitewash is good for a cellar. Frequent sweeping and airing, with the careful removal of decaying vegetables or fruits, must be added.

If suspicious of drainage, dig and see. A leaky pipe, even when several feet under ground, has cost many a life. Allow no marshy places, no pools of stagnant water, no compost heaps, or other foul spots upon your home premises. Do not allow the earth about the kitchen door to be saturated with slops thrown out. Make other disposition of such refuse. Cleanliness is akin to godliness and also to healthfulness.

In a drain for a private house a four-inch pipe is sufficient. It is better than one twice the size, as the flow is more concentrated and powerful. Straight lines and even descents are always desirable. Every deviation presents an obstacle and invites stoppage. The jointing must be very perfect, or it will check solid material, causing stoppage and leakage, with their long train of expense and sickness. To prevent the slow flow of water, which is apt to result in stoppage in drain pipes, flushing tanks have been invented. These operate on a syphon principle, emptying the tank at intervals with a rush of water which sweeps all *debris* before it.

The latest conclusions in scientific drainage require an air-pipe to connect with every trap of the drainage system, on the sewer side of the curve, so that when water goes down the soil-pipe with a rush, it will not syphon the water out of the traps. It usually does this because the rush of water creates a momentary vacuum into which the water of the traps is forced by the atmospheric pressure behind it. This air-pipe, when introduced, supplies air to the vacuum, and so prevents syphoning and its consequent ill effect of a trap without water, which leaves an open passage for sewer gases.

But, after all, it remains true that all the modern systems of interior drainage are liable to imperfection. There will be some putrefaction, and, consequently, some development of those insidious germs of disease now known so surely to lie at the foundation of all contagion and infection. To hit the death-blow to these, or indeed to prevent their ever coming to vitality, an apparatus known as the " Germicide " (germ-killer) has been invented, and is strongly indorsed.

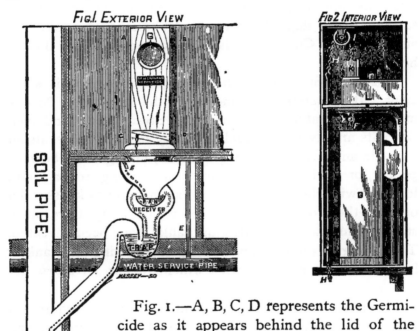

Fig. 1.—A, B, C, D represents the Germicide as it appears behind the lid of the closet, being nearly concealed when the lid is raised. E is the pipe which carries water from the "water-service pipe" into the appliance where chloride of zinc is gradually dissolved and conducted into the basin, dropping from the pipe F, as indicated by the dotted lines.

Fig. 2 represents the interior of the Germicide. The pipe E conducts water through the faucet F into the compartment G, which contains chloride of zinc in solid form, and from whence it escapes as a solution, dropping into the basin as indicated. The chain H, attached to the closet-lid, passes over the pulley I, actuates the plunger K, causing it to enter the thymol compartment L whenever the closet-lid is opened and to be withdrawn whenever the lid is closed. The plunger, being clothed with an absorbent, becomes saturated with thymol solution when lowered, and when raised liberates thymol vapor through the circular aperture G.

The Germicide requires no attention whatever from the inmates of the house, as it is always under the supervision of the Company's uniformed, experienced inspectors. The appliance remains always the property of the Company, and is placed for service at such an annual rental for inspection and supply of chemicals as to bring it within the means of the most humble householder. It is neatly encased in black walnut and is attached without interference with the plumbing of a house. Germicide Companies are located in New York, Cincinnati, Chicago, Boston, Philadelphia, etc.

On the need of a disinfecting agent in every drainage system of a house, Professor Joseph C. Richardson, of the University of Pennsylvania, thus speaks:

" The true method of obviating this danger is by sterilizing with slow currents or drippings of solutions of sulphate of iron, corrosive sublimate, arsenic, carbolic acid, etc., the whole interior of our waste-pipes, just as the shores of the Dead Sea and the banks of certain small streams are sterilized by mineral ingredients or poisonous metallic substances from manufacturing refuse, with which their waters are mingled. . . . I am confident that the key to this momentous problem of how to avoid infection from ' sewer gas,' or, more correctly, sewer air, entering our dwellings, is to be found in the principle of so sterilizing the whole interior of all pipes communicating with sewers, and, if possible, of the sewers themselves (by frequently irrigating them with fluids containing metallic compounds poisonous to plant life), that no vegetable organisms can propagate within them."

Cold air driving in at cracks and crevices of a room may not endanger health by introducing germs of disease, but, by creating drafts and reducing temperature, it may promote colds, coughs, pneumonia, and the long train of kindred ills. The plea that an open house promotes ventila-

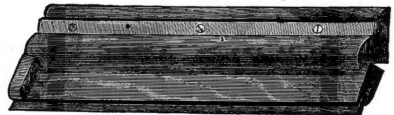

SPRING BOTTOM-STRIPS FOR OUTSIDE OF DOORS.

tion is valid, without doubt, but out-of-doors is even better ventilated, yet no one greatly prefers to live there. Leakage at cracks is a certain inlet for dust and dirt also.

To rebuild doors and sashes is not practicable or necessary. The protection needed, can be had by neat weatherstripping, prepared in forms to meet all ordinary needs, as llustrated in the samples here shown.

These represent a short piece of each kind, drawn full size. They are neat wood moldings of walnut, oak, and painted pine, with a strip of vulcanized rubber inserted

FOR WINDOWS.

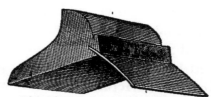

FOR JOINTS OF WINDOWS, ETC.

securely with Diamond Cement in grooves, at such angles as will insure the greatest efficiency. These strips require no additional painting, covering, or expense, as they are already nicely painted white or oiled, and are a permanent and ornamental fixture.

THIRD DEPARTMENT.

HOME FURNISHING.

Nothing worth having is to be had without expense either of time or money, but many of the best things in house decorating and furnishing are those that cost least.

CLARENCE COOK.

HOME FURNISHING.

IT is true that " Home is where the heart is." But some hearts are low in their tendencies, and are satisfied to tarry where others find no rest. There are hearts of refined quality and lofty aspiration. These dwell among life's better and nobler things. The best is none too good for them. They " covet earnestly the best gifts," and as opportunity allows they add one and another of these best things to their personal possessions.

Some have a passion for clothes ; some for jewelry ; some for books ; but the true housewife desires that her home, " be it ever so humble," shall at least be clean, neat, and tasteful. She asks how others live ; how the homes of those more favored of fortune are furnished ; how her own little abode may be made more home-like, more lovely, more cozy. Such questions deserve answer.

Decoration has more to do with many homes than the furnishing has. It puts the finishing touches on the furnishing. It embellishes the home. But furnishing can lay a good foundation for decoration. It can prepare the way splendidly.

Forms of beauty may be introduced into every part of a house. Standard furniture is everywhere made with this idea in view. Every furniture store of any advancement shows it. The time was when the " Cottage " sets led the market.

These were sold at low prices, and they were in many cases
really beautiful. The coloring and decoration, as well. as
the lines of the work, were artistic. They formed a good
basis for decoration.

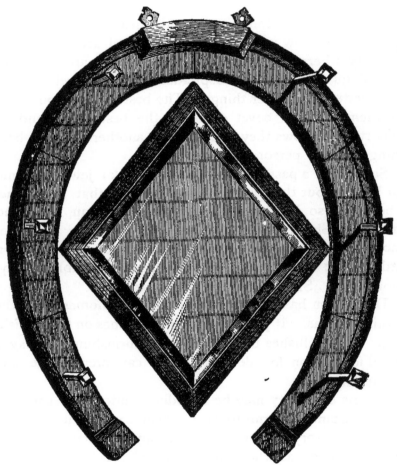

"GOOD LUCK" HAT, CANE, AND WHIP RACK.

Natural woods, finished in their natural colors, are now
the style. And who shall say they are not a correct style.
Nature's beautiful graining and colors, left in her own
woods, are surely not to be buried under paint and imita-

tions of nature. All hail to the native woods in their own native colorings, therefore! Correct taste bids them welcome in standard and in special furniture.

With special furniture only can these pages deal. The woods most used in standard furniture are ash, chestnut, and walnut. In special furniture, the splendid old mahogany, the rose-wood and satin-wood, with fire-gilt metal, are

"FAN" HAT AND COAT RACK.

now the leading materials. Standard furniture now contains turned work, molded work, and carved work, sometimes running the cost of a bed-room suite to ten, twelve, and fifteen hundred dollars. The special furniture combines all these resources of the art, and adds special taste, artistic study of effects, the combining of the truly beautiful with the really useful.

American art furniture is now manufactured by skilled artisans in all the leading cities. From their choicest supplies the accompanying illustrations of this subject have been chosen. How superior to ordinary hall racks are either of the three shown? Finely finished in mahogany or ebonized woods, with brass pins and a superior mirror, they are all that the

"GEM" HAT AND COAT RACK.

most elegant hall requires. The largest of them is thirty inches wide by thirty-seven high.

Corresponding with these glasses and racks are hall tables to place beneath to receive wraps and hats, while at the ends are cane and umbrella racks. An ordinary table with a heavy covering or a plain cloth, if desired, may stand beneath these racks.

Passing into the house from the hall or entry-way, the parlor naturally receives the first attention. As managed in the average American home, this is the most costly and the least useful of all rooms. The cabinetmaker usually rules here and sways his sceptre with unquestioned supremacy. Whatever works of art or objects of beauty creep into these parlors are ill-assorted, if of value, though they are more frequently both valueless and destitute of beauty. A careful fur-

"CANTERBURY."

A Stand for Music—Mahogany, Walnut, or Ebonized.

nishing of a parlor would, for the sums usually spent there, give honest hard-wood furniture, beautifully fashioned and upholstered, a few choice photographs or steel engravings, and in many cases a good painting or two by a reputable artist. The Rogers Groups and some other inexpensive pieces of statuary are ranked as works of art and are freely admitted where good taste holds sway.

Parlors generally have too little that suggests ease. Window-shades are stiff, square, and mechanical; while curtains, especially if falling from rings and a rod rather than from an angular cornice, are full of ease and grace. Hard wood is not suggestive of ease in chairs, sofas, etc., nor is cane-seating. We need a liberal share of cushioning on all such articles. This invites to repose and furnishes comfort. It does away with the stiffness which in so many parlors pro-

MUSIC PORTFOLIO IN VARIOUS WOODS.

claims the room to be not meant for use. So furnish this room that its appearance will invite to use. And this use should be of the festal, joyous sort, rather than of the laborious, meditative kind. Here is the place for the piano or organ, for the illustrated books, for a neat cabinet of bric-a-brac, or good curiosities, though neither of these must be overdone. The parlor is neither a library nor a museum, but works of art may be admitted there, and books which charm by their beautiful exteriors as well as by their cuts and their literary contents. Books for this purpose should be choice selections, standard poems, and new and attractive books.

The carpeting of a parlor has much to do with its attractiveness. Of course, the expense involved often becomes the prime consideration. But ingrain carpets present many very beautiful combinations at low figures. Passing upward into the various grades of Brussels and Axminsters, the highest taste

CARVED PEDESTAL.
For Statuary—Walnut, Mahogany, or Ebonized.

may be gratified and the longest purses taxed. But in any case aim at a beautiful result. Do so in the materials and

styles employed in upholstering furniture. It should harmonize and beautify both the wood used and the carpets
laid.   Cherry and mahogany furniture is not best set off by
crimson reps or damasks, nor are ebony and black walnut
best shown by dark coverings.   Light and bright colored
woods show best with dark and rich colored goods, while
the darkest woods best display
the brightest colorings and
textures.

JARDINIERE STAND.
In various woods.

If the walls are papered, it
must be with due regard to
the other appointments of the
room.   Such combinations as
will make all the contents of
the room help each other
should be sought out. Where
many paintings adorn the
walls, the papering must be
rich but subdued in colors.
The finest work of art may be
killed by the flashy background on which it is hung.
Where there are but few pictures, or where engravings
alone appear, the paper may
take on rich forms and colors,
but it should never run to
excess.   Loud, glaring, flashy
styles may be suitable for
public places, but they are
not for cozy homes. To secure
what is right, consult your best paper-hanger ; try samples ;
do not decide at once or off-hand ; weigh the subject ; sleep
over it ; thus you will probably reach a decision that will be
a permanent satisfaction.

Now that this company-room, or best living-room as it had better be considered, is carpeted and papered, what furnishing shall it contain? Sofas and chairs? Yes, but not of stiff, uncomfortable, regulation patterns. A neat lounge is preferable to a stiff sofa. Even the old-fashioned wooden settees can be made really comfortable by cushions on the seat, against the back, and on the ends. These should be of brightly colored goods; chintz will do, though reps, cretonnes, or special goods are better. Do not stuff the cushions with cut straw or any other substance that will shift position and leave one sitting on the hard wood directly; but use fine corn husk or some other cheap material, if not disposed to procure hair. Make the cushions square, and tuft them to keep the filling in place; run light braid around the corners for adornment; then tie the cushions in place by strong braid or tape,

MAHOGANY AND BRASS STAND.

which should be out of sight. In this way an old-style settee can be transformed into a thing of beauty and a minister of comfort.

One of the prettiest tables for a parlor, library, or sitting-room, and one that is highly artistic as well as of historic interest, has been designated the "Shakespeare Table," being fashioned after one still shown in the former home of the famous old bard. The cut shows the square Shakespeare table, but it is made oblong also in two sizes, and in mahogany, ebony, walnut, and ash. For the ornamental covers now so generally used on tables, this style is specially adapted. It is entirely free from the top-heavy appearance and unstable condition of many ornamental tables in general use.

COOPER'S SHAKESPEARE TABLE.

To accompany a piano and to retain music and music-books in good order a very handsome piece of furniture, "The Canterbury," shown in a previous cut, is just suited. It can be had in a variety of styles and in woods finished to match the ordinary standard pianos. Another contrivance for similar purposes and very beautiful in construction is shown on the page following the "Canterbury." It is made in different woods and is known as the "Music Portfolio." What a beautifully ornamental piece of furniture it is a glance at the engraving will show.

We have also shown a highly ornamental carved pedestal, on the upper stage of which a piece of statuary may be placed, the tops being varied in size to suit different pieces. On the lower stages other ornaments may be placed, with books, flowers, or bric-a-brac, as necessity may require or as taste may suggest.

Similar in purpose, but of far lighter construction, is the Jardiniere stand. For floral displays, card receivers, statuettes, and such articles, it is most beautifully adapted. Its structure is so light and graceful that it pleases the eye and gratifies the taste of every observer.

BOOK-RACKS.

Other forms of beauty appear in the department of stands and tables. One constructed in dark wood and fire-gilt metal is next shown. It meets all the requirements for small stands of this character. The use of brass ornaments is coming more and more into vogue also, so that this construction is fully up to the times.

When books are displayed in a parlor or sitting-room, the large ones may lie upon the table, but the smaller ones should be placed in book-racks which hold them in position neatly with their backs upward. Two of these racks are shown in cuts given above. The ornamental ends of the racks turn upward upon hinges and are capable of longitudinal extension, so that few books or many, as may be required, can be held in proper position by this means. They are entirely in style.

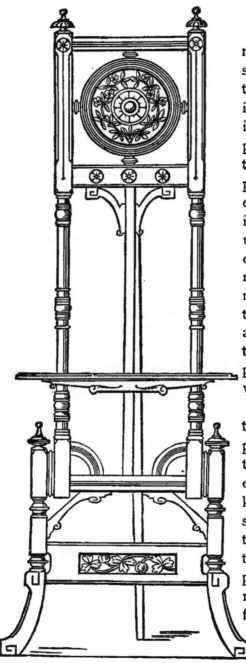

ORNAMENTAL EASEL.

A fine corner-fur‹ nishing for a parlor is secured in an ornamental easel, one of which in very beautiful form is shown in the accompanying cut. Of course, the easel implies a picture or handsome engraving to rest upon it. Because of this use, an easel should be of dark wood, ornamented only in the matter of carving, so that it shall not present any dominating or detracting colors in comparison with a picture which may rest upon it.

Easels are sometimes finished with a portfolio or·pocket at the lower part in which engravings may be kept. When it is desired to show these, they are placed upon the shelf above the pocket, and afterward returned to the pocket for safe keeping. This receptacle presents an ornamental front.

A library or reading-room should be studiously fitted for its purpose. All glaring colors should be avoided as injurious to the eye and tending to divert from work. Green and oak are favorite colors for the library, though dark brown and walnut answer well. Arrangements for light by day or by night must be scrupulously regarded. It should

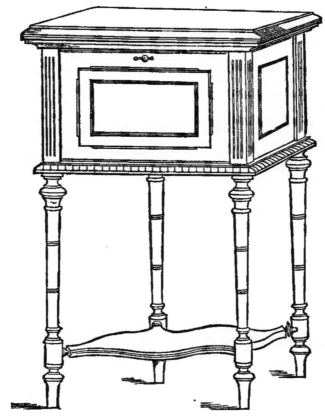

LADIES' WORKSTAND.
Thirty-three inches high, made in various woods.

never shine in the student's face, but always upon his work in such direction that the shadow of the hand shall not obscure the page in writing.

Doors are little used upon book-cases. The backs of the books do well enough without their protection, and dust may be kept from the upper ends of the books by a strip of fancy colored leather attached to the edge of the shelf, and hanging a little below it, so as to reach the tops of the books. If this be "pinked," as is not unfrequent, it is apt to curl up and fail of its purpose. It is better to use a strip with a plain edge, ornamenting it with gold stamping.

ELABORATE WALL CABINET.
Thirty-seven inches in extreme dimensions. In various woods, with French mirror.

Unless the books are very numerous, let the book-case be low, say five feet only in height, so affording shelf room on their tops where ornaments or heavy books may be disposed, and over which pictures, brackets, wall-pockets, and ornamental articles may be placed. The lowest shelves of the cases are best wrought into a row of drawers, as dust from the floor soils books which are so near it. Whether a table or a desk be preferable depends on the leading purpose for which the room is used. A cylinder desk which may be entirely closed is best where private papers are liable to be disturbed. For most home uses, however, this is not needful.

BRIC-A-BRAC SHELF.
In various woods. Beveled mirror.

Carpeting, paper-hanging, curtains, and other accessories of the room should be in keeping with its general purpose and plan. If there is a lowdown grate or fireplace, it should be done in tiles. The mantle should be of carved wood to match the furniture, surmounted with light shelving at either end for books and ornaments. A mirror may be placed over the centre. Restful chairs, a comfortable lounge, a student's lamp, and such appliances find appropriate places in this room.

The library may be combined with the ladies' sitting-room, unless it is needed as a real study. If devoted to the double use, a ladies' workstand, such as has already been shown, is quite in place. This is suitable in any room where it will serve as a convenience. Hanging cabinets or brackets, which are abundantly illustrated in previous pages, are admissible in the library. Their contents are illustrative of beauty and art. They are object lessons on topics which many books in the library are fairly presumed to discuss. The scrap-basket on some of the beautiful patterns illustrated under home decoration is appropriate in the library. Wall pockets and pocket easels are numer-ous and beautiful, and they, too, naturally belong here. As receptacles of newspapers, letters, etc., they are just in place. But they must not be allowed to degenerate into rubbish holders. They may gather papers for a week, or some such short period, but they must be overhauled fre-quently, or they will offend good taste, which is always allied to neatness.

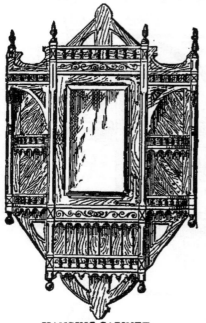

HANGING CABINET.
In various woods. Beveled mirror.

A rich wall bracket, or a corner bracket, is admissable in any room, and may be used for many purposes. Our illus-trations of these embody the stag's head. Uniformity in the pattern of brackets for a given room may be followed, or, with equal propriety, it may be disregarded. Nor is it important in the incidental decorations of a room that the prevailing wood of the furni-ture be followed. Variety may be admitted with all readiness, provided that it is not carried to the extent of evident and glaring incongruity.

Concerning the dining-room, a fine writer on domestic affairs speaks thus: " Probably there is no better test of the refinement of a family than the relation of its dining-room to the rest of the house. If the family meal is regarded as a mere feeding, the place where it is taken will plainly show the fact. If the meal be a cheerful house-

hold ceremony, where the best qualities of head and heart engage, and to which the most honored friends are gathered, these facts, too, will be indicated by the room."

The central object of the dining-room is the table. It should be on the extension principle, and between meals it should be covered with a rich colored cloth. To set the table for the next meal as one is cleared away may save labor, but it savors of un-

STAG'S HEAD CORNER BRACKET.

tidiness, for the dust must gather upon cloth and dishes in the interval. True, the laid table may be covered to pro-

tect it. Dining-room chairs should be covered with leather. A lounge or a rocking-chair is out of place in this room. It is not the place to lounge nor even to sit, except at meal times.

Ornamental wood floors are much used in dining-rooms. Linen rugs are laid on these to subdue the

STAG'S HEAD WALL BRACKET.

hardness of the tread. Carpets are not regarded as out of place there, but they are not essential if the floor be of the proper sort. The papering varies with changing styles and differing tastes.   More coloring is admitted to the dining-room papers than elsewhere, because high colors in their decorations are not deemed best.   Engravings, carvings, statuary, and paintings in some cases, are admitted to elegant dining-apartments.   Some disapprove of the introduction of subjects connected with food, such as game, poultry, fruit, etc., in dining-room decorations, but good usage holds to this line, nevertheless, and with eminent fitness.

ORNAMENTAL POCKET EASEL.

In the superb dining-hall of the Lick House, of San Francisco, art has done its best.   Columns, carvings, stained glass, and painting combine to make it simply magnificent. Immense pictures of Pacific coast scenery fill the panels around the room between its clustering columns.   It is undoubtedly a superb hall, but no guest can appreciate the display as he sits at his own seat, and no refined guest wishes to be craning his neck this way and that, to see all these gems of the painter's art.   Nor does a lover of art wish to parade around the room and study the pictures while others are at their meals; nor does he wish so to do while the servants are preparing the room and the tables for the meals. The fact is, that in this sumptuous room art has gone astray. A dining-room is not a picture gallery.

The conspicuous piece of furniture in a dining-room is the sideboard or buffet. Its possibilities are well-nigh illimitable. Ancestral plate, if there be any, may repose here in its venerable dignity. If you have none such, bright china, glassware, lacquer work, and natural fruit or flowers will do full well. It is worth while to study effect in this article of furniture, for it is the one article at which your guests will look. A wooden top to your buffet is safer for the glassware than one of marble. Valuable glass and china will inevitably be chipped and marred if set frequently upon marble.

ROMAN HANGING-LAMP.
Recovered from Ancient Ruins.

When a meal is in progress good taste allows the finger bowls to stand ready for use on the buffet. Each should be on a plate with a small doiley under it. Harlequin sets of finger bowls, no two being of the same color, but all bright and beautiful, are now in style, and they ornament the buffet very richly. High glass dishes cut into diamond points are also highly ornamental, especially if the buffet be well lighted, which it should be. Natural flowers are a welcome adornment on the buffet as well as upon the table, but they should be very choice and of delicate odor.

The gas-fixtures or lamps of a dining-room go far to beautify it. An unending variety is at command, with all shapes and colors of shades or globes, and untold variety in the fixtures themselves. Be careful even in the choice of a table lamp, for these can be had in forms of exquisite beauty. Terra-cotta lamp stands, beautifully embossed and colored, are now exceedingly popular. Lamp shades are sold in a variety of hues, or white shades are covered with tasty paper covers, so that inexpensive decoration is within the reach of all, even though they shrink from the more costly articles.

Bed-room sets can be had in good wood and in elegant

PLAIN BED-ROOM SET IN NATURAL COLORS OF WOOD.

finish at very low prices. In making selections attend carefully to the mirror on your bureau. Test its clearness by holding a white card beside it and noting whether the reflection is darker than the original. Test the thickness by lightly tapping with the knuckles. A good glass will give back a solid sound; a thin one will be tinny. Be sure the glass does not distort its objects. A poor mirror is a constant annoyance. Marble tops cost more than others. They are liable to injure brittle objects which may be set upon them, and the style now is to entirely cover the top with various lace goods and other materials of fine texture and beautiful color. Wood, hence, is preferable to marble.

Have a good spring bed covered by a mattress of hair. This may cost more at the outset, but it will last long and give constant satisfaction. Considering that about one-third of life is spent in bed, it is worth while to make the bed the best possible. Then, too, our hours of suffering are spent there, and there we expect to die.

In getting up a mattress do not have it in one great mass. Do not have it in two long sections, either, as a joint down the middle never answers well. Make it in two parts—one the square of the bedstead's width, the other to occupy the remaining space. The square part can readily be turned in the bedstead, so that each side of it shall in turn be at the head of the bed. It may then be shifted to the foot and the smaller section come to the head. Each part may be turned over also, so that a new combination may be made each month for a year, and the gullies usually worn in mattresses may be wholly avoided.

Quiet colors are best for the bed-room, both in carpets and on the walls. No object should be admitted there that is not an object of beauty. What the eye catches last at night and first in the morning, what it dwells on continuously in sickness and exhaustion, should be an object inspiring peace, good-will, and placid joy. Heavy curtains or shades are needed at the windows, that light and heat and noise may be excluded when one is sick or needs to sleep in daytime. All that is in the sleeping-room should be neat and beautiful. Beautiful forms are no more costly than those which are homely, and they pay far better, for Keats has truly said;

"A thing of beauty is a joy forever."

Utility may also be happily blended with beauty. What could be more beautiful as an article of furniture than the parlor cabinet here shown. It contains shelves and spaces for ornaments. The carved work is in the highest and most modern style. The finish and workmanship are

PARLOR CABINET.

of the best. This cabinet can be furnished in walnut or in ebony finish with gold lines. The centre panel is fitted with a beveled French mirror twenty inches by thirty-four. All the lines of this cabinet will bear close study. They are lines of beauty.

But now comes the practical side. An irruption of company comes upon you. Or you have not the bedroom you really need, and sickness disarranges the natural order. Or you have a cottage by the sea or elsewhere, and company comes. You go to your cabinet; you set aside the ornaments from the front shelves; you manipulate it skillfully

PARLOR CABINET BEDSTEAD.

for a moment, when lo! see the transformation presented by this second cut. You have a perfect, full-sized bedstead, with spring mattress and pillows, all evolved in a moment from the parlor cabinet. By this change the crown of the cabinet becomes an elaborate footboard; the front shelving and mirror drop underneath. A new and beautiful head-board is disclosed, and all is ready for the making up of the bed. The inside measurement of this sumptuous place of rest is fifty-two inches by seventy-six. The outside measurement of the closed cabinet is sixty-six inches by ninety-one.

This is the Champion Automatic Bedstead, invented and made in Philadelphia. It is offered in various sizes and styles and at various prices.

But a bedstead does not furnish a bed-room. True, but this beautiful parlor desk, which is shown also, will do for a wash-stand. Throw up its top, and you find a permanent basin and all its proper accompaniments. Throw open the doors, and you find a portable reservoir into which the waste water drains, with drawers for towels and other conveniences. This article can

PARLOR DESK WASHSTAND.

be had in any of the standard woods, and may be finished in ebony and gilt if desired. It is fitted with hand-painted tiles, and is ornate as well as useful. A still more artistic desk washstand is shown on the following page.

In light, ornamental beauty it cannot be excelled. The most inquisitive observer would scarce suspect the extent of its practical value. It would detract nothing from the beauty of any parlor. Both these stands, or similar ones, can be furnished by any good dealer.

What may well be considered a masterpiece, however, is known as the "Telescope Bedstead." When opened out it is as complete as that shown a few pages back. When closed it appears in various forms. The movement in opening this bedstead is simply a turning down of the lower part of the front so that it lies parallel with the floor. The slab or top becomes the foot-board, supported by the side ornaments of the front, which in the act of lowering come

PORTABLE RESERVOIR WASHSTAND.

into position as supporting feet. The part thus formed is then drawn outward to secure the full length, leaving a bedstead of full size, with spring bed, hair mattress, and bolster complete, and of the best quality.

These bedsteads are made in the *Chiffonier,* or bureau style; the desk style, bevel front and cylinder front; the sideboard style, the book-case style, and the organ style. The desk style furnishes a very useful desk, with its inkstand so hung that it cannot be overturned by any move-

ment of the bedstead.   The book-case style furnishes a good
sized book-case in its upper part, which is not disturbed by
adjusting the bed portion.   It also contains a desk.   The
sideboard pattern is shown in the first of the illustrations.
Its neat and attractive form commends itself.   The height

TELESCOPE FOLDING BEDSTEAD.
Sideboard Pattern.

of this article is seventy-five inches; its width, fifty-nine
inches; its depth from front to back, twenty-six inches.   Its
mirror is ten inches by twenty-four.   All of these telescopic
bedsteads are made in plain finish, or are richly veneered,

handsomely carved, and embellished with ornaments, beveled mirrors, etc., as taste may demand or cost warrant.

TELESCOPE FOLDING BEDSTEAD.
Cylinder Desk Pattern.

A smaller size is made, furnishing a bed **thirty-six inches** wide, the larger bed being fifty-two inches in width.

The second illustration of this line is the cylinder desk

style. In dimensions it is about the same as the style just described. It is three inches deeper from front to back on account of the cylinder portion, which also includes a desk.

TELESCOPE FOLDING BEDSTEAD.
Book-case Pattern.

The upper portion is fitted with three beveled French mirrors. Other patterns of this style are offered.

The book-case style varies in height from the others, and in several respects combines more advantages than any of the line. Its desk and its book-shelf are both of practical

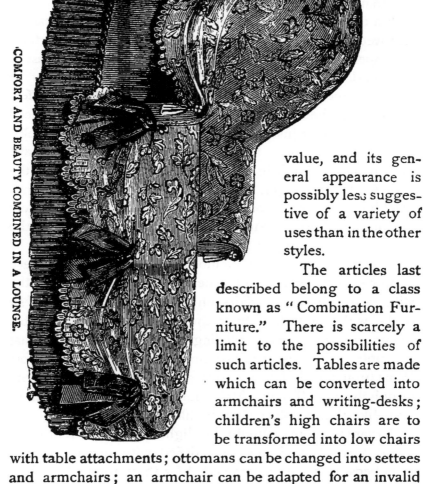

COMFORT AND BEAUTY COMBINED IN A LOUNGE.

value, and its general appearance is possibly less suggestive of a variety of uses than in the other styles.

The articles last described belong to a class known as " Combination Furniture." There is scarcely a limit to the possibilities of such articles. Tables are made which can be converted into armchairs and writing-desks; children's high chairs are to be transformed into low chairs with table attachments; ottomans can be changed into settees and armchairs; an armchair can be adapted for an invalid couch or a library chair with reading-stand, writing-desk, etc.; and so through unending varieties. The climax in combinations is capped, however, by a New York cabinetmaker, who has exhibited a Secretary, which combines a bedstead, writing-desk, bookcase, washstand, wardrobe, medicine-chest, secret silver-closet, dressing-bureau, jewelry-case, and, as a finial to the whole, a musical and alarm clock. Such a combination would need a machinist to run it. It is overdone.

A nursery, or play-room, is indispensable where there are children in a home. It should have a hard wood floor, with a drugget or rug fastened at its centre. This can be removed easily for shaking or washing. Have no curtains or drapery in the room. Plain, dark shades will be best at the windows, so that light may be excluded wholly or admitted freely, as is desirable. A long, low table, the feet of which can be folded under, allowing the table to be placed out of the way, is just the thing for this room. Toys, books, strings, paper, pencils, and a good clock are needed. Have low chairs for the little ones as well as higher ones for the adults. Hang bright, cheery pictures on the walls. A blackboard and an assortment of colored crayons make lots of fun for children. Furnish one room at least where the little ones may romp at full liberty.

Easy chairs and good, comfortable lounges are in place almost everywhere. Do not be misled into purchasing the stiff, hard, cylindrical affairs on which one can neither sit or lie with comfort. Study the picture of a comfortable lounge, shown on the preceding page, and get one on that principle. The best furniture now shows little or no wood. What you save in fancy woods and polish, you can spend in upholstery. Try it. Make home so bright, so restful, so homelike that no place shall be like home.

Servants' rooms should be light and well ventilated. Good servants will not be satisfied with mean quarters. Iron bedsteads are recommended for these rooms but absolute cleanliness is more important. A bath-room for servants is very desirable. Many of them never knew the luxury of a thorough bath.

FOURTH DEPARTMENT.

HOME DECORATION.

To make home what it should be—a cheerful, happy habitation, to which the absent members of a family may look with love, and to which the wanderer will always return with joy—we must have it not only clean, for cleanliness is next to godliness, and wholesome, which is another way of saying holy, but also beautiful. Refinement cannot go with sordidness and ugliness.

W. J. LOFTIE.

Drawing Room of "Ogontz"—Jay Cooke's Mansion.

HOME DECORATION.

NEVER before was there so general an interest in the decoration of homes as there is to-day. A truer conception of what home should be is everywhere prevailing. It is not a mere barracks, where a family may congregate and sleep and eat, but it is a place of enjoyment and repose. To this end it must be filled with enjoyable and restful things; and the enjoyment and rest must rise to something better than the physical. The best powers of the soul must be delighted as they repose at home. Nothing which offends can be tolerated there. Beauty—which in the old Roman tongue was *decor*—is home's presiding genius. To *decor*-ate home is to bring it under beauty's sway.

Beauty means fitness, because it always rests upon a basis of utility. It is never unmeaning, but can always give a reason for its being. The first consideration, hence, is: What is good for certain persons, places, and seasons? What is beautiful in a palace is not so in a cottage; what is beautiful at a feast is not so at a funeral. Beauty and fitness ever go hand in hand.

Decorations may be fixed, forming part and parcel of the house itself; or they may be portable—capable of change in position or of entire removal. There are internal decorations and those external, and all these need attention.

I.—FIXED INTERNAL DECORATIONS.

IN treating of permanent decorations, floors first demand attention. What shall we do with our floors? Floors are not merely to walk on. They should please the eye continually. Carpeting and oil-cloths have been the time-

TESSELLATED PAVEMENT IN WHITE AND BLACK MARBLES.

honored devices for beautifying floors, or, at least, for concealing their unsightliness. But changes have come in these usages.

ELEGANT FLOORING.

Beginning with the outer vestibule, or main hallway, of a house, oil-cloth once reigned supreme. But oil-cloth fails.

421

Its colors are soon worn off. It becomes puffed into ridges and it shrinks from the surroundings. It is at best only a patch, a sham. Three superior substitutes for it are now offered:

(1) Marble is used either in one uniform piece, or with borderings of other color; or it may be cut into squares, diamonds, etc. Nothing for a hall or vestibule can be superior to marble. The material and its style may be plain and quite inexpensive, or they may be of the richest grades, as shown on page 424, with surroundings of carving and sculpture, which run the cost into tens of thousands of dollars for a single entrance-way. Wainscoting should be in harmony with the flooring. One *motive* should rule each apartment. It should not seem that the

MARBLE STAIRCASE IN THE SULTAN'S NEW PALACE, CONSTANTINOPLE.

builder started with a grand idea, but ran out of funds and finished in a cheap way. The above illustration is not a pattern that many will imitate, but it is a model of harmony. Marble is the one rich material, and elegance breathes in every feature. Wooden balusters and handrail on this marble stairway would be a disgraceful inconsistency. Unity of purpose must prevail.

(2) Tiling and mosaic work take rank with marble, and may surpass it in cost. The most beautiful tiles in the world

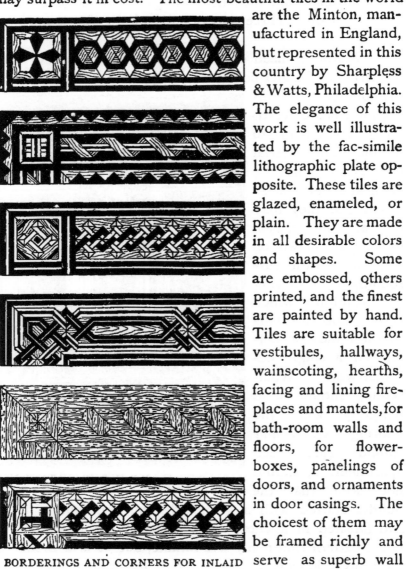

are the Minton, manufactured in England, but represented in this country by Sharpless & Watts, Philadelphia. The elegance of this work is well illustrated by the fac-simile lithographic plate opposite. These tiles are glazed, enameled, or plain. They are made in all desirable colors and shapes. Some are embossed, others printed, and the finest are painted by hand. Tiles are suitable for vestibules, hallways, wainscoting, hearths, facing and lining fireplaces and mantels, for bath-room walls and floors, for flowerboxes, panelings of doors, and ornaments in door casings. The choicest of them may be framed richly and serve as superb wall pictures. The decorative uses to which tiles are put are practically numberless.

BORDERINGS AND CORNERS FOR INLAID FLOORS.

Mosaic work differs from tiling in the smallness of its

No. 182.   U.S.

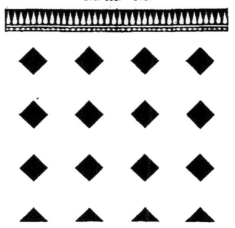

No. 61.   U.S.

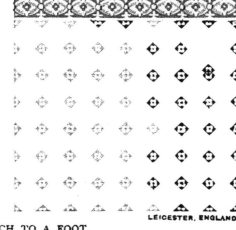

SCALE:—ONE INCH TO A FOOT.

pieces and the consequent increase of possibilities for artistic effects in their use. Its cost is proportionately greater, of course. There are many grades of tiles and mosaics, but the best will last a lifetime, and are worth all they cost.

(3) Inlaid floors are just the thing for dining-rooms and other much-used and more public rooms of the house. This work may be elaborate and very expensive, or it may be plain and of low price. Three methods of preparing these floors are followed. The first employs the ordinary tongued and grooved boards, laid diagonally or in other patterns; the second kind is made of pieces, usually seven-

FIRE-PLACE TILING IN MAJOR ANDRÉ'S ROOM, BEEKMAN MANSION, NEW YORK.

eighths of an inch thick, cut and fitted together in blocks of any desired patterns, in sections usually twelve or twenty-two inches square; the third method is to make up the design required from lumber one-quarter of an inch thick, glue the edges together, and then glue this pattern to a backing of hard wood. These are called *veneered* floors, and this is the style used in all elaborate designs, as it admits of much greater variety of patterns than either of the other methods. In Europe all such floors are known as Parquetry, or Marquetry, and their use is universal in the better houses.

A much cheaper and very satisfactory substitute for these forms of fancy floor-work is "Wood Carpeting," an invention of Mr. E. C. Hussey, an American architect. Agencies

WOOD-CARPET FILLINGS IN VARIOUS PATTERNS.

for this valuable article can be found in most of our cities. It is not, as many suppose, a temporary floor covering, to be laid down and taken up at pleasure, but a permanent new floor on top of the old one, and is carefully fitted into all the

offsets and around all the projections of the room. It is
firmly nailed down with small brads, and when finished has

WOOD-CARPET PATTERNS FOR WAINSCOTING.

the effect of a thick European floor. It is made, however,
in the same elaborate and beautiful designs by the process
of gluing the wood on cloth, instead of to another piece of

wood.   So it is made at a much less cost, and occupies but
one-quarter of an inch, instead of one inch or more in thickness, as with thick Parquet.

The common remark, " A bare floor is so cheerless,"
comes wholly from the impression given by an ordinary
pine floor with its unsightly cracks, and from not having
seen the effect of a well-laid Parquet floor, in combination
with the furniture and other articles in keeping with the
character of the room in which it is laid.

SCINDE RUG FOR FLOOR CENTRES.
[Characterized by borders with angular vine work.   Prevailing colors, red, yellow, and blue.]

When rugs are used on the floor of a room—as is now
the prevailing fashion—a border of wood only is laid, into
which the rug fits exactly.   Rug and border are about the
same thickness, and so the rug is not liable to be displaced
nor an unaccustomed foot to trip over it.   There are three
ways of finishing these floors.

1st. By giving them a good soaking coat of " Parquet
oil."   This should be renewed at least once a month.
Apply with a rag and wipe off as dry as possible.   The

best substitute for " Parquet oil " is five parts of good, light mineral oil to one part of good, light Japan.

2d. By putting on two or three coats of best white shellac

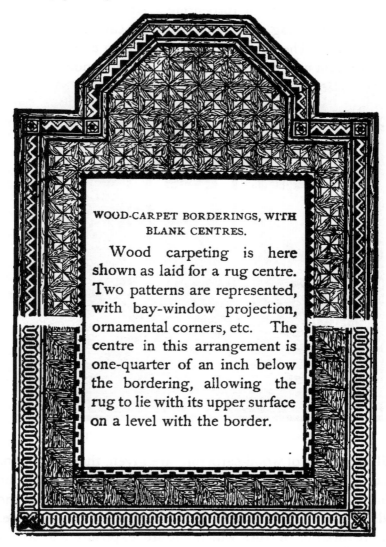

WOOD-CARPET BORDERINGS, WITH BLANK CENTRES.

Wood carpeting is here shown as laid for a rug centre. Two patterns are represented, with bay-window projection, ornamental corners, etc. The centre in this arrangement is one-quarter of an inch below the bordering, allowing the rug to lie with its upper surface on a level with the border.

with a brush. Plane, scrape, sand-paper, punch the nails and putty up in a most thorough manner before shellacing, and sand-paper lightly after each coat but the last.

3d. By waxing. This is the European plan, and if persevered in, as there, is the best known finish for floors. Use pure white beeswax dissolved in best deodorized benzine with gentle heat, or in turpentine. Apply while warm to the floor with a rag, then polish with a heavy waxing brush thoroughly. The brush must be used often and well to get and maintain a good polish and the desired smoothness.

WOOD-CARPET FLOORING AND WAINSCOTING.

Illustrations of wood-carpeting are given, though the fine effect of variously colored woods does not appear in a plain print. These floors should not be used in vestibules and halls, where they are exposed to the weather. Such places require marble or tiles which endure exposure and are in nowise injured thereby.

If these methods of beautifying are too expensive, the floors may be simply stained and polished. A cheap method of securing a neat floor is to cover it tightly with muslin and to cover this with an unobtrusive wall-paper. A border may be run around the edge and a good coat of varnish added. Dancing would mar such a covering; but if rugs be laid in the places of hardest wear, it will serve well and last long. This plan is especially adapted to a music-room, where clear, distinct sounds are desirable.

BEAUTIFUL WALLS.

After the floors, the walls come in for consideration. When papers can be had at prices so low and in styles so elegant as now, bare, cold walls in white-wash or paint are inexcusable. Indeed, they are extravagant — for better results can be had for far less expense. So elaborate have paper-hangings become that they are in great part supplanting the fresco-work formerly so much used in elegant houses. Wall hangings are offered at from eight or ten cents to twenty and twenty-five dollars a roll. Just now the prevailing taste is to the quieter forms and colors.

ORNAMENTAL FRIEZE PATTERNS.
[Design by Fr. Beck & Co., New York.]

The following illustration of a ceiling decoration in paper is from one of the most artistic establishments of New York. The quiet elegance of its forms are seen at a glance

and the color effects would heighten it greatly. The leading producers of paper-hangings are sparing no pains to
produce results which shall in all respects be artistic and
elegant. One house offered three prizes, respectively of
$1,000, $500, and $250, for the best designs. The result
was the selection of three offerings, all of them combining
an idea from nature, a water idea, a beehive idea, etc., and
all of them conspicuous for rich simplicity and artistic effect.

As illustrative of beautiful frieze patterns, two selections
from the choicest patterns now offered are shown in cuts
above. An elegant Easter Lily pattern, also for frieze work,

EASTER LILY PATTERN FOR FRIEZE.

is shown in the adjoin-
ing engraving. But
these are samples only.
The variety is wide as
the freaks and fancies
of genius. Indeed, the
genius of the past is
laid under contribution
also to beautify our
19th-century homes.
Antique forms are
much in demand, and
the very ruins of the
world have been scoured to furnish suggestions for modern
decoration. The trouble with these strange forms is that it
is hard to make them harmonious with the other appointments of the room. If there is an Egyptian or Chinese or
Japanese room wherein the peculiarities of these nations are
the dominating motive, then you have an harmonious effect.
Such a result is artistic. But a Japanese banner, on a Chinese paper, with a French ceiling, a Turkish rug, and
American furniture, is too much of a mongrel to be indorsed by good taste.

In fine wall decorations there are many specialties. Em-

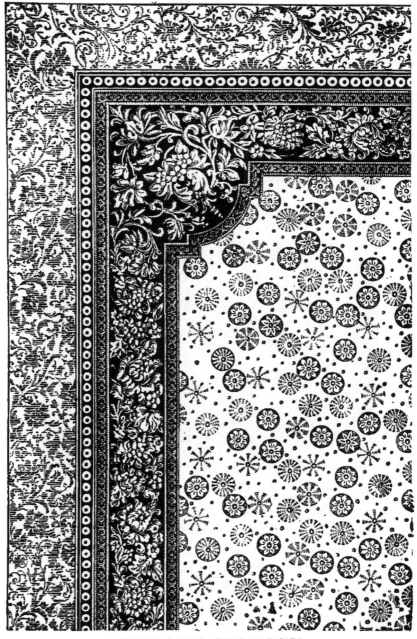

CEILING DECORATION IN PAPER.

[Design by Fr. Beck & Co., New York.]

bossed papers are well known, and they are constantly improving in style. New materials have appeared also, chief among which is "Lincrusta-Walton"—a preparation of ground cork and linseed oil. This has the tenacity and flexibility of leather. It can be bent around any curve and it will endure the hardest wear. In its preparatory state it is subjected to heavy pressure under molded rollers, whereby its upper surface is brought out in bold relief, while its under

ANCIENT EGYPTIAN WALL DECORATION.

surface remains entirely smooth, so promoting its facility of adhesion to the wall. The relief-effect on this substance may be made very prominent. It also takes coloring beautifully and becomes as enduring as the wall itself. It is the invention of Mr. Frederick Walton, an English architect, and is now made for this country at Stamford, Conn., and is sold by first-class paper-hangers everywhere.

Lincrusta-Walton has been largely used, both abroad and in this country, in palaces, mansions, country houses,

theatres, hospitals, churches, hotels, clubs, and other public and private buildings; also in yachts, in the vessels of the British Navy, and of the Cunard, Inman, White Star, British Indian, and other steamship lines. Wherever the effects of

CHINESE FURNISHING AND WALL DECORATION.

carving are desired, Lincrusta-Walton is in demand. "Nothing less than stern necessity," says a writer on this article, " should compel an architect to forego, in interiors, the infinitely various and charming effects produced by light glancing on raised, rounded, and re-entering surfaces in addition to the ordinary methods of pleasing the eye by colors and lines. It is only necessary to see the interiors of grand French buildings, with their admirable moldings, or the Gothic carvings of Belgian town halls and old English cathedral choirs, to appreciate the unapproachable refinement and beauty of work in relief."

The advantages of Lincrusta-Walton have been thus summarized: " For the interior decoration of houses its warm

JAPANESE DINING AND WALL DECORATION.

and comfortable surface makes it peculiarly applicable. It has no glaze to break up and reflect the light with the cold glitter of Dutch tiles, nor does the moisture of the air condense upon its surface, unless water is present in excessive quantities in the atmosphere. It is not warped, cast, eaten by worms, or pulverized like wood. It does not become ice-cold in winter and hot in summer, like stone and terra-cotta. It does not absorb moisture and give it out again, like uncovered brick and plaster. On the contrary, it offers an impermeable resistance to wet from within or without, and if the air within is so dangerously damp as to communicate moisture to the walls, Lincrusta-Walton does not conceal the effect by absorbing the moisture."

A substance termed " Gerveta " is coming into use for high grades of decoration. Its general effects are like those of Lincrusta, but more bold and prominent, as Gerveta is applied to the walls in a pulpy state and is there worked by molds and tools. It may also be worked separately, though to work it on the wall is deemed preferable, securing more perfect adhesion and bolder effects.

The substances just named have great possibilities in artistic hands. Paneled ceilings and covered walls ; doors and door-jambs inset with these preparations ; wainscoting and heavy furniture, similarly adorned ; fire screens, picture frames, newel posts, and lighter decorations, resplendent with a variety of patterns and colors, are some of the uses of these wares. Inquiry concerning these goods should be made by all parties interested in extensive or even incidental decorations.

Fresco paintings were the dominant mural decorations of the world until a somewhat recent day. The artists of St. Peter's, St. Paul's, and other grand structures are immortalized by that class of work. It is seldom now that homes are frescoed throughout. Ceilings are often finished thus in part, or even entire, for the sake of the freedom and grace thus attainable. The best of papers must, to a great degree, be set and formal ; but in fresco there are no limits, save in the capacity of the artist or the purse of his customer. For home walls, at least, this art has suffered decline. More effective decoration can be had in other ways, especially for private houses.

But the highest style of wall decoration demands something more elegant than either paper or paint. Silks, satins, and laces fill this requirement. Silk or satin decorations

FAC-SIMILE OF AN ELEGANTLY FRESCOED CEILING.

are attached to light frames, over which muslin is stretched as a basis. These frames fit the wall closely from wain-scoting to cornice. Silk may be stretched smoothly on these frames, or it may be fluted, or gathered to a central rosette, or worked in any other beautiful design. To pad the silk into a light cushion and tuft it is very elegant. This silk finish may remain uncovered, or, from a rod at the

cornice, Gobelin laces or other tapestries may hang to a point a little below the top of the wainscoting. The combinations of ma-terial, colors, and graceful forms which may be pro-duced in this style of work are·numberless. The silks may be plain, watered, or figured; they may be of one color or of many har-monizing colors in stripes

ORNAMENTAL MOORISH CEILING.

of greater or less width. The laces may be of various quali-ties and patterns, and may hang free, or be draped apart in sections, or be fluted close to the foundation-silk or satin.

Carving also lends its aid to the decoration of walls, ceil-ings, doors, door-jambs, window frames, etc. Papier-maché and stucco produce very satisfactory results in this direc-tion; but imitations are not admitted in first-class mansions. Genuine hard woods, carved by hand, are required there. John La Farge, the New York decorator, spent $100,000 on a single room of Cornelius Vanderbilt's mansion.

A hundred thousand dollars can soon be spent on one room where floors are laid in mosaic; where door-jambs are elaborate carvings; where door-heads are networks of ex-quisite chiseling in the rarest and richest woods; where statuary adorns the corners and the niches; where groined arches spring to centres of carved or of inlaid work studded

ELABORATE CARVING FROM THE BEDCHAMBER OF MARIE ANTOINETTE.

with decorator's jewels ; where windows are of stained glass,
wrought into most delicate forms and adorned with jewels

ROYAL SPLENDOR—THE THRONE ROOM OF WINDSOR CASTLE.

which glow like real gems; and where satin-covered **walls** are draped with exquisite Gobelin laces.

The centre-piece of the Hon. Samuel J. Tilden's dining-room ceiling in New York city is an elaborate carving representing branches of trees, amid which birds seem to be

BANQUETING-ROOM OF THE MANSION HOUSE, DUBLIN.

flitting, and in which their nests, with eggs and young, are resting. Any amount of money may be spent on such work.

Chandeliers afford fine opportunity for splendor in decoration. The nickel-plated or the glass-covered and prismdecorated styles are most popular, because of the magnificence of their illumination. Globes or shades for these fixtures are tinted, ground, enameled, figured, highly

ELEGANTLY ORNAMENTED VESTIBULE LAMPS.

colored, or cut—thus affording wide and elegant variety. They are even more diverse in their forms, so that if elegance is missed in the chandelier and side-lights, it is not chargeable to lack of assortment from which to choose.

Lamps, too, are wrought into very elegant forms. They may adorn as well as illuminate our homes, and are adapted for halls, parlors, and all other apartments.

Stained-glass windows present one of the richest effects in ornamentation. They have been in use since the sixth century, and have ever held their supremacy with lovers of the beautiful. Objects presented ·by stained glass are shown by transmitted light in all the fullness and richness of their colors. Objects presented by reflected light, as when one views pictures and solid ornaments, are to some extent shorn of their rich coloring. The surrounding white light produces somewhat of grayness on all colors. To test this, notice the shade of a delicate leaf when seen only by reflected light; then hold it between the eye and the sunlight so as to see its coloring by means of transmission.

PATTERN FOR STAINED-GLASS WINDOW.

The fine effect of stained-glass windows is heightened by the dark lines of the sash-bars about the several pieces of glass. These serve to intensify the rich colorings, which diffuse through the apartment a warm, genial, brilliant glow.

The glass throughout a house should be made appropriate for its particular position, and so add a greater charm to such beautiful work. In the vestibule-doors, words of greeting; in the dining-room, fruits, flowers, fishes, etc. General pieces may adorn the sitting-rooms, etc., two samples of which, from a series representing the seasons, suitable for any apartment, are given as illustrations of outline merely, the charm of color being absent. Where a single piece of stained-glass work is wanted, nothing could be better than a handsome fire-screen, which in the daytime catches the reflecting lights, and in the evening is lit up by the open fire-place. Such a piece is always handsome and never out of fashion.

The American departure in glass marks a new era, and by the use of new forms of glass, as the "iridescent," "opalescent," "Venetian," "Florentine," and many others, more brilliant and artistic results have been obtained than ever before. To the architect, these glasses furnish the richest of all decorations; to the artist, they present a wide field for sacred, historical, and heraldic illustrations;

PATTERN FOR STAINED-GLASS WINDOW.

to the householder, they offer one of the best means of making home attractive. A judicious expenditure for stained glass will prove the correctness of the old adage, "A thing of beauty is a joy forever."

IMITATION STAINED-GLASS DESIGNS FOR TRANSOMS.

The costliness of stained glass is a great objection to its use. This varies in proportion to the quality of glass used, richness of design, smallness of pieces, numerousness of "jewels," etc. For home uses, what is known as "Imitation Stained Glass" is a very satisfactory substitute. It is made of thin, translucent sheets of richly colored and elegantly designed papers, closely imitating the genuine stained glass. It is durable, inexpensive, and easily applied

to any window. It is covered by an American patent, and can be had in the prominent cities of dealers and decorators, who also can apply it if desired. Four outline designs of this preparation are given to illustrate its styles. The transoms show combinations which may readily be worked into other forms. They are composed of borders, grounds, and centres, either of which can be used in an endless variety of ways. The library window shows the combination applied to the entire opening. The emblem of wisdom is appropriate here. In a dining-room window, birds, fruits, or game would suit better. In a parlor, music and flowers, or the Muses, the Graces, etc., would be more at home. The panel pattern shown on the page next following is suitable for any

IMITATION STAINED-GLASS DESIGN FOR LIBRARY WINDOW.

door, being beautiful, but not of decided characteristics.

A French preparation, "Diaphanie," is offered for the same purpose; also, "Glacier," an American patented article. In the Diaphanie French skill appears, and the designs are of great and beautiful pictorial variety, including coats-of-arms, religious subjects, landscapes, fruits, flowers, historic and chivalric subjects, etc., etc. The leading papermen and decorators anywhere can refer to agents for Diaphanie. Glacier can be had of paint and glass dealers generally. Probably the best method is to combine these several preparations, selecting from each that which is best suited to the specific work proposed. Great opportunity for the exercise of good taste is afforded in the use of these materials.

IMITATION STAINED GLASS DESIGN FOR PANEL.

With home windows in the ordinary form, a very happy effect is produced by covering the upper half with imitations of stained glass (unless, indeed, the genuine article be used), and then hanging the window shade for the lower half only. This shade should be dense and not brilliant in color, so that all the light of the room shall take its mellowing from the colors above. An upper shade may be used to exclude glare. The excellence of all stained glass effects depends on transmitting all the light. Reflected light always detracts from the beauty of stained glass.

II.—PORTABLE INTERNAL DECORATIONS.

THERE are important decorations in the home which are not part of the house itself. They are personal property, not real estate. They are carried with their owner in his migrations and are adapted to each new resting place he may find. Of these we may discuss, first:

CARVINGS, PICTURES, AND CURTAINS.

RICHLY DECORATED APARTMENT.

In the hallway there may be carvings, statuary, or vases. The stag's head or horns is much used in this situation—

rather too much, indeed. A buffalo's head is too heavy
and beastly for a beautiful home. Armorial carvings are
light and ornamental as wall decorations, but real armor is
better. In a hallway it is suggestive of romance; for as we
leave hats, canes, and riding-whips in the hall, ready for use
as we pass out, so the olden knights left swords, helmets,
and battle-axes there, ready to be used at a moment's
notice. On the same principle, ancient arms or historic
weapons may be there, though the peaceful home-tastes of
most people prefer more quiet emblems. The Alpen-stocks,
now so popular with mountain tourists, may properly rest
with other trophies of travel in the main hallway.

POLISHED BRASS UMBRELLA AND CANE STANDS.

Ideal fitness must rule in all decoration. Because in
conflict with it, pictures are rarely in place in hallways.
You can seldom get a standpoint from which to view them
properly, and it is a farce to locate pictures where their
effect is lost. On this ideal fitness, the old family clock is
properly placed in the hallway, where it may mark the
incomings and the outgoings, and where it will sound out

the passing hours for all in the house. Longfellow, who, more than any of our poets, touched the heart and home-life of our people, had his old clock on the stairs and in his hall the bust of Washington, who once made his head-quarters in that very house. There are pictures in the hallway there and on the landings; but they are little gems which need close observation, and can be fully seen.

In the dining-room, decorations may be held to the five F's—namely, Fish, Flesh, Fowl, Fruits, Flowers. These may be in carved work or in paintings, either fixed or movable. If mottoes are used on din-ing-room walls, which is by no means to be advised, do seek one different from "Eat, Drink, and be Merry," and other conven-tional platitudes which are so common in the cheap boarding-houses.

In the sitting and sleeping rooms the eternal fitness of things must be observed. Ease and pleasure are desirable

STAIRWAY OF THE LONGFELLOW MANSION.

here, and articles which promote them are always in order. But such articles have their own character, and should be located accordingly. There are articles for the parlor, others for the dining-room, and so throughout the house

A piano is not for fit the bed-room, though a music-box may be allowed there. Nor are superb paintings for bed-rooms, but for more public places. Where there are many fine paintings, it is worth while to have a picture gallery or apartment where lovers of art may sit undisturbed and enjoy their favorites. Much of a collection of fine paintings is a luxury permitted to but few, as none but millionaires can hold the celebrated pieces. But from these costly works there is a gradually descending scale till the little,

PICTURE GALLERY OF MALMAISON.
[The favorite residence of Josephine.]

inexpensive gems of true art—such as Prang, of Boston, furnishes—are reached. These are artistic and exquisite. They charm and elevate, and one such is worth far more than a roomful of daubs, such as wandering auctioneers and artistic tramps hawk about.

A beautiful illustration of fitness in decoration is afforded in the music-room of a wealthy musical gentleman of Cincinnati. He has there a grand organ, two pianos, a cabinet organ, a harp, and many other musical instruments, together with pictures of the masters and curious musical instruments of other days and lands. In the ground-glass transom of the entrance-door the opening strain of " Home, Sweet Home " is wrought. Over the grand organ the opening strain of the " Hallelujah Chorus " is frescoed in the cove of the cornice, at other points of which snatches of other celebrated compositions are wrought so delicately as to escape casual observation, and yet so beautifully as to charm every artistic eye which catches them.

All living things turn toward the light. The bright side of a room is that most seen. The parts next the windows are those for special effect. A mirror between windows is condemned by some critics. One says: " People of taste ... sometimes put mirrors in this spot. Philistines always do." But the poorest light of the room is just there. An observer at that point is dazzled with the radiance on either side and cannot see clearly what stands between. A mirror there, however, reflects the illuminated objects of the room, and does so

JARDINIERE STAND.
[Metal, variously finished.]

all the more from receiving no direct light itself. Put a mirror between the windows, therefore. In front of it a piece of statuary will be seen to advantage by direct and reflected views. This may to some extent obscure the mirror, but in a parlor its use is not as a dressing-glass, but to beautify and enlarge the room.

In the front corners of the room, statuary, jardinieres with flowers, or any beautiful objects which are high, but not broad, are appropriate. Statuary should always be shown against a suitable background—very dark for white marble and bright colors for the Rogers' groups or other dark-colored pieces.

When statuettes are used upon brackets or cabinets, this principle must be observed. On ebony a pure, white ornament is splendid. Bronze shows to best advantage on white. Dark walls are best for gold frames and rich-colored paintings.

Do not feel compelled to make each article of an apartment balance with some other article. Irregularity is more natural than regularity. The finest mosaics are purposely made irregular to avoid the "machine-made" appearance. Do not square your chairs with the walls; do not set them at one inevitable angle. Do not keep things forever in one place. Nature is free in her forms and her movements, and the highest art walks lovingly with her.

JARDINIERE STAND.
[Metal, variously finished.]

Changes in arrangement come from various demands. Persons weary of one style. "Variety is the spice of life." Even a less elegant change is preferable for a time to stolid grandeur. The march of improvement, too, demands change. Competition in fabrics of all kinds begets improvement. Better goods come into the markets continuously, crowding out the old and the inferior and making place for the new and the better.

It has become quite popular, and deservedly so on many accounts, to curtain doorways as shown in the cut. Where

CURTAINED DOORWAY.

there are sliding doo.s they remain to be used when required. Hinged doors are usually removed entirely when curtains are employed. In an arched doorway the curtain should hang from a rod on a level with the spring of the arch; unless, indeed, the opening lead into a cold apartment, from which chilling drafts might come. For such an opening, however, a more solid door seems best. Rods and rings of polished wood are the proper articles for these uses. Metal rings are not now used with curtains.

The material of the curtaining may be as varied as the tastes and purses of parties demand. Curtaining doorways is, however, a movement in the direction of luxury and beauty. It should express itself, therefore, in elegant, if not sumptuous, forms.

Real elegance can assert itself in many ways. The carpetings, the wall papers. the curtains, the substantial furniture, the shelves and racks for ornaments, the bird cages, the flowers, everything, can be invested with an air of refinement, or it can lie inelegant and unattractive. In

A PEEP AT ELEGANCE.

such surroundings there is a grand inspiration to personal elegance. Our surroundings and ourselves are part and parcel of one great whole. It is not we that make our surroundings merely, but our surroundings in turn make us. We are molded by the things we mold. The very act of fashioning beautiful forms forms us into beautiful fashion. And so the peep at elegance, as given in the cut, is without any inelegant detractions.

A pen picture of the private apartments of the President of the United States will be of interest. The sleeping-room

THE POET LONGFELLOW IN HIS LIBRARY

of His Excellency is a model of tasteful and rich furnishing. The curtains, carpets, portieres, and paper of this room are of a pale-blue tint, commonly known as pigeon-egg blue, and the furniture, with the exception of the bedstead, corresponds with the other appointments.

Adjoining this room is the private study of the President. Surrounded by books of choice engravings, photographs of intimate friends, and articles of vertu indescribable—a cozier nook could not have been selected, and the view on all sides is charming.

Passing out of the study into a large hall, one is impressed by the magnificent surroundings. Several of the best works of Bierstadt adorn the walls, a large painting of the Yellowstone region being the most striking. A unique and handsome cigar-stand, formed of the head of a Texas calf and three steers' horns, highly polished and mounted in silver, is placed near a favorite lounging-place of the President. A large, semi-circular window of French plate, surmounted by jeweled designs in glass, is at the end of this apartment, and the perfume of the choicest flowers in the conservatory beneath scents the air. Easy chairs, lounges, and tete-a-tetes are scattered through the hall and invite delicious rest from the affairs of state.

A large, carved door opens from the hall into the bedroom at the southwest angle of the mansion, in which the late President Garfield suffered. A communicating door opens into the large room used by the doctors in attendance upon the stricken President. The most notable article in this apartment is a handsomely carved mahogany bedstead, bearing in bold relief the coat-of-arms of the United States, the whole surmounted by a heavy red silk canopy. A pair of steps lead up to the bed, upon which are four mattresses, topped off by a feather bed. The furniture of the room is of a heavy, sombre, antique pattern. This furniture is valued at thousands of dollars and is the only thing about the mansion which connects the past with the present.

Another pen-picture, showing some of the elegancies of the house of William H. Vanderbilt—the grandest private mansion of America—will be welcome. The hall is sixty feet deep by twenty wide. In the centre, upon the right side, is the grand staircase, down whose broad flight the daylight streams, mellowed through stained-glass Venetian windows. Opposite the staircase, in the hall, is a splendid fireplace. The andirons are of iron hammered into artistic shape and furnished with chains. Five torches, with wax candles, give brilliancy to the hall by night. The candles are held in bronze branches which spring from bronze columns, up which Cupids climb. The walls are wainscoted with Caen stone, elaborately carved, the panels separated by classic pilasters and decorated with scroll work. A drapery of Oriental silk hangs above the stone-work, embroidered with figures of birds. The mantel-piece of this hall is a wondrous work of art, made of Caen stone and ornamented with superb carving. Looking from this fireplace up the staircase, the eye meets the twelve Cæsars in two stained windows, each on topaz-colored medallions on a ground of ruby red. Between the two windows stand female saints in carved wood, with carved pedestals and arching canopies. The side-wall and the balustrade are of Caen stone, the balusters being of acanthus leaves terminating in dragons' heads.

At the end of the hall is the dining-room, thirty-five feet wide and fifty-four feet long, its ceiling of dark, carved wood thirty-two feet above its floor. In a deep recess at the western end of the room is a stained-glass window of enormous size, representing the meeting of Henry VIII of England with Francis I of France. Four chandeliers hang from the groined ceiling. Here, too, is a huge fireplace of richly carved stone and terra cotta. The walls are covered with Venetian gilt and colored leather. A frieze above the mantel of the fireplace in the dining-room represents sea-nymphs and Cupid sporting in the waters and playing with sea-horses and seals. Above this is a solid work of carved oak.

The drawing-room is thirty-four feet wide by forty feet
long. The walls are paneled in cream color, with gilt
moldings, and on the doors hang hunting trophies of gilt.
The doors once belonged to an old French château. The
fireplace is of two marbles, super-ornamented with heavy
bronzes. The ceiling is adorned with the fresco work of
Baudry, of Paris, representing Olympus and its gods and
goddesses. The ceiling is circular in form and the corners
are filled with triangular panels, in which are figures of
Cupid. A large mirror is set in the paneling above the

ROYAL BED-CHAMBER OF THE EMPRESS JOSEPHINE.

fireplace. Branched candlesticks of brass hold out their
lights from the walls and two torches of white marble stand
before the entrance.

The Japanese room of this mansion is superb as the
boudoir of an Oriental princess. The ceiling shows open
rafters; the upper portion of the walls is finished in bamboo,
while around the lower portion is cabinet work, tinted in
rich red lacquer. On each side of the door a life-size
figure in Japanese costume holds aloft a magnificent cluster
of lights. One of the grandest features of this sumptuous

room is its stained glass window. It represents flowers and birds, the main object being a peacock, the tail of which is pronounced a marvel of splendor and fidelity.

DECORATIONS FROM NATURE.

Home decoration owes an immense debt to flowers. These beautiful adornments are so free, so fragrant, so varied, and such favorites with all, that every true home should be brightened by them. Granting that it be a city home, with no lawn, no trees, no extended flower beds, still, within the house, by a little skill and care, beauty may be made to smile the year through. While snow and sleet reign without, buds and blossoms may reign within.

The cut below is a bright illustration of what may be in any home by careful window gardening.

FLOWERS IN THE HOME.

A window for flowers must be upon the sunny side of the house. Unless the sashes fit unusually tight, a double sash will be needed for the winter, as the winds will almost certainly penetrate the room and nip the tender plants. If the heat of the room fall off during the night, this danger will be greatly increased. And yet an arrangement must be made for an abundance of fresh air. Want of oxygen is as fatal to plants as to people.

The equipment for such a window garden as this cut represents are few, simple, and inexpensive. Hanging-baskets are innumerable in style and price, as will be illustrated in the pages beyond. Wire flower stands are very pretty, substantial, and cheap. Flower-pots may be had in all styles. The old-fashioned earthern pots cost very little. It was once thought they were the only ones which, by virtue of their porous character, would effectually promote plant growth. But that idea was erroneous. You may paint the pots, so beautifying them even while you destroy their porosity; or you may use any of the many forms of glazed and ornamented pots now offered at the stores.

VARIETIES IN FLOWER-POTS.

What actually has been done in Bay-window Gardening is shown in the next cut, which is from a photograph. The floor of this bay-window is finished in hard wood. This is desirable, as it allows free watering of the plants without damage to carpets. An oil-cloth covering, or a floor laid with tile, neither of which need cost much, answer well. It is a good plan to have a hard-wood floor laid upon the reguiar floor, thus making the bay-window flooring slightly higher than the main floor. A tenant may make this portable, so as to be easily removed, if need be.

THE BAY-WINDOW GARDEN.

The pots in this window are placed directly on the floor. The corner pots contain ivy vines, which are trained up the wood-work and across the window head with very pretty effect. The strip on the floor, around the pots, is merely to give a good finish to the outline of the room. It may be movable or permanent, as is desired. The plants to be used must be selected by advice of a florist, who knows the exact possibilities of the locality. Houses have peculiarities, also, which must be discovered. The purse, too, needs consultation, for from very inexpensive plants one may rise to those of finest character and highest cost. Birds, vases, hanging-baskets, and other elements of such gardens will be discussed hereafter. One thing must be remembered, however, in this connection, namely: A bay-window gar-

den cannot be used for much else.   It cannot be a play-
ground, a smoking-room, or a lounging-place, though it
makes a beautiful sitting-place for the ladies in their moments of leisure.

No advice as to the care of plants for a window garden
will apply everywhere.   The best way is to consult local
florists who are successful, and to observe carefully your
own experiences.   Generally speaking, the best flower for the

SQUARE BAY-WINDOW GARDEN.

house is the geranium.   It requires but little care, is never
troubled with green fly or red spider, stands a dry atmosphere well, and blooms profusely.   Heliotropes and begonias are easily grown and are good bloomers.   Callas will
grow well almost anywhere if they get plenty of water.   The
ivy is well fitted for use in the house.   Fuchsias are exquisite flowers for summer use, but do not bloom well in winter.
For fall use nothing is better than the chrysanthemums.
After these have blossomed the plants can be put in the

cellar. Carnations, abutilons, oleanders, and myrtles are all adapted to culture in the house, and generally give excellent satisfaction. It is always best to confine attention at first to such plants as are not too particular. When you can grow these well, try other kinds. Do not attempt too much, but do your best with what you start. One good plant is a treasure. A dozen poor ones are worse than none at all. They lead a poor, sickly life that is a pleasure to neither the cultivator nor the beholder.

LILY OF THE VALLEY, FIVE WEEKS OLD.

Surprising results may be attained by special care. The adjoining cut shows the appearance of a house-grown lily of the valley which came to the condition here shown in five weeks. Of course, it had skillful and constant care, but it had no advantage of hot-house or special accessory. Its chief forcing was on the reservoir of a kitchen cook-stove.

On the use of vines in the house an expert says: "There is nothing in the way of home decorations that may be had with so little expense, managed with so little trouble, or will give results so satisfactory, as the ivy. There is no room so

30

palatial to which it may not add embellishment, and it will give an air of cheerfulness and refinement to the one room of the settler's log-cabin. Of course, we refer to the true evergreen ivy, *Hedera*, and not to the tender plants known as 'Parlor,' 'German,' 'Colosseum,' and other ivies. If one has a sprig of ivy and a pot or a box of earth, wonders can be accomplished if the owner possesses one other requisite—patience. The growth is slow at first, but it is increasingly rapid, and each year the plant will reward patient care by becoming more beautiful and more valuable."

HYACINTH BULB IN WATER.

Boxes for window gardens, with casters for ease of movement, may be constructed by any person. One of the prettiest may be made by covering the box with pieces of bark nailed upright on its sides, sawed off at the top and bottom edges, and then making the supporting stand and overarching trellis of saplings. Vine stems may be trailed over the rustic work and fastened there. The effect of growing flowers and vines on such a rustic stand is very beautiful.

Some plants show to best advantage when separated from others and in positions not favorable for the display of ordinary plants. For example: For brackets the best plants we have are the drooping varieties of fuchsias, the eupatorium and begonias. No one knows what grace there is in the fuchsia unless he has seen it growing on a bracket placed about as high as his head, the branches being allowed to droop over the pot. To secure plenty of branches, the centre of the plant should be pinched out when it is small. Where one stalk was there will be two shoots thrown out. These, in turn, should be pinched

back, and at least a dozen thrifty stalks should be induced to grow from the base of the plant. No piece of statuary can make a more elegant filling for a corner. Eupatorium Mexicanum blends beautifully with fuchsias on two-pot brackets, and the effect is more than doubled if placed in front of a mirror.

One of the most tasty decorations is a bouquet or basket of flowers, or even a single beautiful rose, lily, or hyacinth. Small vases for these can be had in abundance at all prices. Miniature gypsy kettles, with flowers of delicate form and size, are exceedingly beautiful on a mantel or bracket. Artificial flowers may be used thus,

MINIATURE GYPSY KETTLE.

but they must be small and exquisite, not large or gaudy.

To "make a bunch of flowers" is no trouble, but to make a bouquet or tastefully fill a basket of flowers is a high art. Arranging flowers loosely and naturally in vases, saucers,

and other ornamental receptacles requires good taste and some knowledge of the harmony of colors. To fill a basket, first line it with tin foil, or scatter a little lycopodium or other green material, to form a lining. Over this put a lining of strong paper. Then fill the basket with damp sawdust, rounding it off at the top and covering with damp moss, inserting the stems of the flowers in the moss. If the natural

VASE FOR FLOWERS. stems are not suitable for this work, the flowers can be "stemmed," that is, fastened to small pieces of wood or broom splints. It is well to make the border of drooping green. Fuchsias border very elegantly.

Few flowers have stems suitable for bouquet work; so it is the custom to "stem" all flowers for this purpose. These

stiff steams can be made to hold the flowers in any position desired. To keep the flowers from crowding each other and to supply moisture, wind damp moss around the stem at its connection with the artificial stem. The central flower, which should be the largest, must have a stiff, strong, straight stem, which really forms the backbone of the bouquet as well also as the handle. Fasten the stems of all the smaller flowers around this main, central flower. After the flowers are all properly attached and the bouquet is well formed, cut off the entire handle to the desired length and cover it with tin-foil, or wind it with white ribbon, leaving a loop, so that the bouquet may be suspended by it if desired.

STEMMED FLOWER. Ornamental papers can be obtained at a very small cost which will cover the handle and bottom of the bouquet and also make a richly ornamental border. These hints apply, of course, to hand bouquets, but larger bouquets are made in the same manner, except that they are more pyramidal in form.

ORNAMENTAL BOUQUET PAPER.

If ferns or flowers for bouquets or other work are laid in water for several hours after being cut and before they are used, they will endure much longer without flagging than if immediately arranged. The more water they absorb after being severed from the plant, the better they will stand.

A new device for the arrangement of flowers consists of a piece of cork about a quarter of an inch thick, circular in form, and perforated with holes, like the rose of a watering-pot. The diameter of the cork is made to correspond to the size of the saucer or shallow dish with which it is to be used. The cork, floating on the top of the water, supports the flowers, whose stems are inserted through the holes. For the display of small flowers and those having short stems this method is well adapted. It may possibly be better than damp sand, as the cork may be preserved and will always be ready, even when sand cannot be had.

The *Ladies' Floral Cabinet* lays down the following rules on bouquet-making: " Never put more than three varieties or colors in the same vase or bouquet, and let those colors be such as perfectly harmonize. Arrange the flowers so that each one can be seen entire." This is good, but exceptions are numerous.

Autumn leaves, which are a deservedly popular decoration, require but little preparation. When fully ripe they contain very little moisture and the colors are quite permanent; but they contain some moisture, and may curl up if brought into a warm room. To prevent this, place them between papers, giving a light pressure. In a few days take them out and give a light dressing of varnish to brighten the colors. For this purpose, clear, boiled linseed oil is good, using the least possible amount Some prefer balsam fir, cut with alcohol; others use gum shellac dissolved in alcohol; others dip each leaf in melted wax and press it a moment with a warm iron.

It is stated that the colors of flowers may be preserved by dipping them occasionally in a boiled solution of eleven grains of salycilic acid in a pint of water and afterward carefully drying them between sheets of blotting paper.

There are several methods of drying flowers so as to preserve their color to some degree. The most common way is to spread them in a pan of dry sand and sift sand upon them, keeping them, when thus covered, in a warm, dry place for several days, until free from moisture; or they may be dried between thin sheets of wadding placed between two pieces of glass. The pressing will injure the form; but this is more or less so by any process.

The field for ingenuity and taste here opened is very broad and is well worth diligent cultivation.

Floral or evergreen letterings are often desired. Mark out the letters on strawboard, placing them close together, 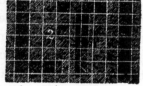 as in diagram No. 1. If no expert in lettering is available, determine the height you wish the letters to be, and divide that into six equal parts, marking these on the strawboard. Cross these with other lines at the same distances apart. The proportions so given will answer for most letters, six spaces high by four wide, and will suggest the proportions for others, as in diagram No. 2.

When thus marked, cut each letter clearly with shears or knife, and cover them by tying with dark thread or sewing the green and flowers to the surfaces. Keep the work even and trim its edges when done. Everlasting flowers or bright berries should be mixed with the green to relieve the uniformity. Moss may be tied upon the letters; into this flowers with paste or glue upon their stems may be stuck, and they will 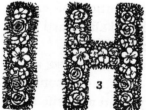 remain fixed, showing a result as in diagram No. 3. Glue will hold some coverings of letters sufficiently.

Immortelles, Pampas plumes, ferns, oats, with many weeds and grasses, are well suited for drying. Vases, baskets, and wall-pockets may be filled with them and serve well as decorations. The unnatural coloring frequently put upon these grasses by dealers is a monstrosity. Better retain the natural conditions when natural objects are used.

Holiday decorations of ivy, laurel, holly, ferns, mosses, and the whole range of evergreens are beautiful if well done. Picture frames, window curtains, doorways, mantel-pieces—indeed, any and every part of a room—may be made cheery and elegant by this means. It consumes time, but it cultivates taste.

A few little floral fancies are worthy of passing mention in closing this subject.

1. To grow a pretty vine from the sweet potato : Put a tuber in pure sand, or sandy loam, in a hanging-basket, and water occasionally. It will throw out tendrils and beautiful leaves, and climb freely over the arms of the basket and upward toward the top of the window.

2. Procure a fine, healthy acorn and crochet around it a little network case after removing the cup. Then hang it, point downward, in a deep glass, having so much water in it that the point of the acorn just reaches it.

PAMPAS PLUME.

Keep it in a dark closet until it has sprouted; then put it in the light. A chestnut thus kept in water will sprout in the same way, and either will be beautiful.

BASKET OF FERNS AND GRASSES.

3. Cut off evenly the top of a carrot and place it on the top of a pot full of sand, so that the leaves look as if they sprang from it. Moisten

it well and keep it in the dark until it has begun to sprout; keep it damp, and move it into the light when the leaves appear. If the cultivation is successful, an ornament pretty enough for any room will be the result.

4. Take a sound turnip and clean the outside, taking care not to injure the part from whence the leaves spring. Cut a piece off the bottom and scoop out the inside. Fasten string or wire to it, so that it can be hung up. Fill the cavity, and keep it filled, with water. In a short time the leaves will sprout and curl up toward the ball of the turnip, forming a beautiful miniature hanging-basket.

TRANSPARENCY OF DRIED FLOWERS.

5. Put the stem of a freshly cut tuberose or other white flower into diluted scarlet ink for a short time. The liquid will be drawn up into the veins, coloring them in a very elegant manner. It also shows whether a plant is net-veined or parallel-veined.

6. A transparency of dried flowers may be made as follows: Take two panes of glass of equal size—one of them ground, the other clear. By the use of gum tragicanth attach to the under side of the ground glass about half an inch of the edge of a dark ribbon, which should be over an inch wide. Allow this to dry. On the upper side of this

glass arrange the grasses, attaching them to it by touches of the gum. On the glass, just around its edges, fix a narrow strip of cardboard; on this lay the clear glass, pressing the grasses flat. Bring up the unattached edge of the ribbon and fix it firmly by the mucilage over the upper glass, so imprisoning the grasses in the inclosure.

One of the most beautiful decorations which may be maintained within the home is found in the aquarium. The theory of the aquarium is that it shall so combine animal and vegetable life in such exact proportions that the water shall be kept entirely pure, never needing change. In other words, the vegetable life shall take up the surplus carbon yielded by the animal life, and the animal life shall take up the surplus oxygen yielded by the vegetable life, and so things will remain in *statu quo.* The theory is good, but it cannot be applied under circumstances sufficiently favorable to guarantee success.

In the great aquariums of museums it is found necessary to continually force fresh air through the water, that it may be maintained in a sufficiently oxygenized state; and even then, such is the capacity of water for absorbing gases and odors from the atmosphere, that it must itself be renewed frequently. But the aquarium pays. Aside from the finish of the vessel itself, which is usually artistic, the plant life in water and the activity of the animal life, are unceasingly attractive. A common glass jar is better than nothing as an aquarium, though glass globes

BOX AQUARIUM.

well adapted for small fish may be had at a low price. A better form of aquarium is shown in the accompanying cut. Such boxes may be had of all sizes and with great variety of finish.

But a box is not essential as a beginning for an aquarium. The fact is, that any one having a little ingenuity, and the assistance of a handy tinsmith, can fit up a handsome and attractive affair. A frame-work may be made of tin to hold the glass, and to this frame a zinc bottom should be soldered. A bottom of wood underneath all should be finished nicely with a deep molding. After the glass has been set and well cemented in, the frame may be painted black, or green, or gilded, as taste may decide. The tank should be filled with fresh water every day until it is thoroughly cleansed, before fitting it for occupancy. Then the glass must be polished, the bottom covered with clean pebbles, stones, and small shells. A rockery, of rich brown and pure white stones should be constructed for the centre, surmounted by a large shell or two filled with earth, and Lycopodium growing therein. Cover this earth with pebbles and press them down firmly about the plant. After all this is arranged, put the water in with a dipper, pouring against the glass to avoid a disarrangement of the furniture.

Every morning dip out two or three dippers of water, wipe the glass, and fill with fresh water. Use care not to disturb the water more than is necessary. There is no reason why gold fish will not do well in an aquarium if managed in this way. During very warm weather a lump of ice occasionally is appreciated by the little golden beauties, for they can stand the cold much better than the heat. The fact is, that fish, supplied with clear water and a cool temperature, have scarcely any other want. The omission of all attention to feeding, except in the spring months, is as great a kindness as can be shown them. In moderate latitudes, from the last of February to the first of July, the least crumb of cracker or fish-wafer suffices, and during the rest of the year experienced fish-fanciers say very little need be given; that little, may be a few bread-crumbs or a pinch of plain cake.

While arranging aquariums attention may be paid to parlor rockeries, a less common but no less beautiful home decoration. A small parlor rockery can be made most satisfactorily by combining the aquarium and rockery, somewhat as is shown in the accompanying engraving. In a

PARLOR ROCKERY.

living-room or parlor a good deal of sprinkling of the rocks must be done, or plants placed in the crevices will dry up. This necessitates a basin to catch and retain the drippings. It may be of sufficient depth for gold and other fish. It can be made of any form desired, and with any ornamentation that taste may suggest.

Or it may be shallow, and be bedded with mosses, ferns, and marsh plants, so making a bog-garden. A small faucet should be inserted at an inconspicuous point, by which to draw off any excess of moisture. Excursions to the marshes will furnish an abundance of soil and plants for the basin, while a liberal assortment of plants will suit the conditions of the higher portions. Central to the rockery, a pot of roses, lilies, or other plants may be placed, its upper rim being concealed by the surrounding rocks. Variety and beauty can seldom be secured in one object so freely as is a well-kept parlor rockery:

Ferneries are a well-known parlor decoration. A great variety of styles and sizes of bases and vases can be had.

COMBINED AQUARIUM AND FLOWER-STAND.

They are made of pottery, of rustic work, of tiled work, of iron, and of cabinet ware, and home ingenuity can meet all the requirements, even to the inclosing case of glass. The fernery shown in the cut we give is in imitation of oak, in rustic style, with rustic base. These bases are of different sizes, from eight to twelve inches in diameter, the whole

height, with glass, being from twelve to eighteen inches. Although these are small, still they serve a good purpose and are easily handled and managed.

A more elaborate style of fernery may be made with a table-like base on four legs and casters. The case proper should be say sixteen inches in width by two and a half feet in length, and twenty-six inches high above the legs. This can be made by any joiner, and can be

RUSTIC FERNERY.

varied to correspond to any style of furniture. The top should be made to open for access to the interior, and also for ventilation. Within the wooden table-frame is fitted a zinc pan about three inches deep, which contains the soil; this pan has an opening for drainage, and a shallow vessel should be placed in a concealed position underneath to receive any surplus water.

Ferneries require a large amount of moisture. The vase, or case covering, retains this and the warmth, so making perennial spring time for the plants within. All the swamp plants are suitable for fernery culture, but ferns do not like stagnant water. They flourish in low, moist places—but it is where the water is renewed by direct flow, or by subsoil drainage, which fact must not be overlooked in the fernery.

Besides ferns, many kinds of mosses and selaginellas

succeed well in cases; also some species of grasses, caladiums, begonias of the tuberous and the rex varieties, the sundews or droseras, some of the aroids, ficus repens, and others. An interesting variety of plants may, therefore, be secured, but ferns must be the principal feature.

The fern-case, after it is planted, should be placed where it can receive a good light without being too much exposed to direct sunshine. Only sufficient water should be given to keep the soil moist and not saturated. Some ventilation is required, but it need be slight, and yet it should be carefully attended to

FERN-CASE JARDINIERE.

each day, opening the doors of the case just enough to clear the glass of moisture. A little experience will enable one to care properly for a case.

Ferneries are frequently adorned with ornaments carved in cork. A magnificent work of this kind was lately constructed in London on an order from the King of Siam. The entire fernery consisted of five frames, each about ten feet in height and width, most artistically constructed, being covered with cork colored to resemble a true rockery. There is a pool at the base for water lilies and other aquatics, with numerous recesses, in which ferns will be placed. Several jets of water are arranged so that the whole surface will be constantly moist with water dripping from the stalactitic projections at the upper part. Spaces at the back are filled with mirrors, and as these artificial " rockeries " will occupy an alcove and be disposed in one line, the effect will be magnificent, and probably, in its kind, unrivalled.

A careful observer of nature will soon discover how nature fixes herself in her prettiest forms. Observe where ferns grow and how they are surrounded. The grasses, the mosses, the pebbles—all the accompaniments of fern-growth in nature—may be transferred by art into the fernery. But art will surpass nature by eliminating all that is unsightly and retaining only the beautiful.

The best cement to prevent leakage in aquariums, ferneries, etc., is made as follows : Take equal parts of red lead, white lead, and litharge; dry, mix thoroughly, pulverizing all lumps. Then make into a putty by adding boiled linseed oil. Add a little at a time, and only a drop or two when nearly done, or you will get it too soft. As soon as the cement has been applied, fill the aquarium with water.

It is possible to make very happy combinations from the natural world in internal home decoration. The illustrations already given have shown this. They combine flowers, vines, ferns, mosses, fishes, birds, rustic work, rocks, and other natural features of beauty. In the cut which follows a **style** of aquarium is shown which contains many points of beauty. The aquarium itself shows various forms of animal and vegetable life. The trellis allows a fine opportunity in the selection and training of plants, while the bird-cage at

VINE-COVERED AQUARIUM.

the summit provides additional life, with song added to beauty and fragrance.

Taste, patience, and a little expense are all that are needed to produce a beautiful display on this general plan. Taste and skill find splendid opportunity in the case of diminutive plants and fishes.

31

Few adornments for the interior of home afford so much opportunity for varied, graceful, and really elegant display as do hanging-baskets. Drapery is always beautiful, because so perfectly natural; but when flowers are pendant, mingled with delicate vines and mosses, then nature is seen in her most lovely forms. Such views of nature are furnished in hanging-baskets. The materials of which they are composed, the forms in which they are wrought, and the flowers with which they may be filled, are without limit. Terra-cotta ware, wire, and rustic work are chiefly employed, but

natural objects, such as shells, gourds, etc., form the basis of many attractive displays of this character. A neat hanging-basket is exceeding graceful also, and it is, in place everywhere, a welcome "thing of beauty."

Plants in vases and hanging-baskets are peculiarly situated in respect to the moisture in the soil. This is sub-ject to rapid evaporation. Not only is there the ordinary drainage, such as plants in pots have and which is abso-lutely necessary, since stagnant water at the roots would be fatal, but these plant

TERRA-COTTA HANG-ING-BASKET.

receptacles are usually situated where they are fully exposed to the sun and to drying winds. The great demand of basket and vase plants is water, and attention to this supply is almost the only care necessary.

In a room it is almost impossible to moisten plants fully and properly. It is best, therefore, that baskets be taken to some outer room every day or two for a good soaking, where they may remain until dripping ceases. Where a wire basket is used, or an opening is provided for drainage, dripping continues for some time. An arrangement is shown in the next engraving for catching this drip. It is merely a second basket or earthen vessel suspended under the main one, and planted so as to be both useful and ornamental.

As the number of plants in baskets and vases is usually large for the quantity of soil they contain, it should be rich. What is wanted is a rapid, luxuriant growth, without much regard to the form of individual plants. A good soil for the purpose may be made of about one part of old manure, two parts of rotten sods, and one part of sand. If leaf-mold can be had, an amount of it can be added equal to the sand

HANGING-BASKET WITH SUB-BASKET FOR DRIP.

or manure, if not, the mixture without it will be quite satisfactory. When the plants have been placed in their new quarters and watered, it is necessary to keep them shaded for a short time, and if possible they should have the advantage of a greenhouse or cold-frame until they make new roots and commence to grow freely.

Concerning plants suitable for hanging-baskets, James Vick, of Rochester, New York, an authority on

ELEGANT HANGING-BASKET.

the subject, makes the following valuable suggestions :

Erect Plants.—Amaranthus salicifolius, Amaranthus Sun, rise, Caladium, Canna, Coleus, Cyperus alternifolius, Dra. cæna, Fuchsia.

Trailing Plants.—German Ivy, Kenilworth Ivy, Ivy-leaved Geranium, annual varieties of Lobelia, Nolana, Othonna crassifolia, Petunia, Tradescantia, Saxifraga sarmentosa, Vinca major variegata, Vinca Harrisonii.

Twining Plants.—Ipomœa Quamoclit, Madeira Vine, Maurandya, Pilogyne suavis, Thunbergia, Tropæolum maius, Tropæolum Lobbianum.

Handsome Foliage Plants.—Abutilon Mesopotamicum variegatum, Acalypha Macafeeana, Achyranthes, Alternanthera, Anthericum vittatum variegatum, Ornamental-leaved Begonia, Centaurea gymnocarpa, Centaurea Candida, Cineraria maritima, Coleus, Euonymus Japonicus aureus, Euonymus argenteus, Euonymus radicans variegata, Farfugium grande, Variegated-leaved Geranium, Fragrant Geranium, Glaucium corniculatum.

Flowering Plants.—Ageratum Mexicanum and var., Alyssum Colossus, Double White Alyssum, Alyssum variegatum, Alyssum The Gem, Begonia, Cuphea, Fenzlia, Fuchsia, Geranium, Heliotrope, Lantana, Mahernia odorata, Mahernia Hector, Mimulus, Nierembergia, Oxalis floribunda alba, Oxalis floribunda rosea, Petunia, Rivinia, Schizanthus.

A good home-made hanging-basket may be constructed thus: Take coarse, heavy wire for foundation and handle and interlace it with old hoop wire, made pliable by heating. Then take young portulacca plants with a lump of earth attached to each; put the plants outward through the open spaces of the basket until it is full. The plants take kindly to their unnatural position and soon become a mass of beautiful green and brilliant flowers. In each basket place an empty tin box, inserted in a cavity in the top portion of the earth. Fill this with water daily, and in it place fresh flowers, as fancy dictates. The effect is delightful.

HOME SUNSHINE—"JUST SPLENDID."

Another is shown in the next cut. It is made of a gourd, the top rim being cut into scollops and the bottom end cut off to allow drainage. It should be filled with a light, rich soil, and if planted with Dichorsandra for its centre and Othouna for the droop, its effect will be most beautiful.

Hanging vases of silvered double glass can be had. A false bottom is added to promote drainage, and by means of a tube the gathered water can be drawn off. The effect of foliage is greatly improved by the reflecting surfaces of such a vase.

Birds are charming pets in a home. Their sweet songs add exquisite pleasure to other natural beauties. A talking parrot is hardly to be reckoned as a gem; but a singing canary is a prize. The *trouble* of keep-

GOURD HANGING-BASKET.

ing them is sometimes complained of but bird-fanciers sum up the whole matter thus :

Keep the cage clean.

Place the cage so that no draft of air can strike the bird, and not too near windows in cold weather.

Give nothing to healthy birds but seed, water, cuttle-fish bone, and gravel on the floor of cage. An occasional lump of pure white sugar may be added.

Occasionally a little water for bathing.

The room should not be overheated.

When moulting (shedding feathers) keep warm and avoid drafts of air.

Give plenty of rape seed.

A little hard-boiled egg grated fine is excellent.

LADIES' HANDIWORK.

Beyond all the professional decorator can do, and all that can be done with natural objects, there is a realm of decorative possibility where the wives and daughters of our homes reign supreme. Their skillful fingers and exquisite taste work wonders of ornamentation. The internal fittings and furnishings of a house are but the framework on which those who love and brighten home display their choice embellishments.

To specify all the beautiful things which tasty ladies can make with unpromising material is not possible; much less can these attractions be described. But the subject may be illustrated, and hints concerning it may be given.

Mantel decorations are very popular and elegant. They are attached to a board placed on the mantel slab. This is covered with the chosen material, which also depends from the edge—plain, plaited, scalloped, or draped. An elegant decoration of this kind, recently exhibited in the Decorative Art Rooms, of New York, was made of deep, wine-colored plush cut in a shallow scallop, the centre being about eighteen inches deep, and caught up carelessly with a handsome cord and pompon tassels one-quarter yard from each end, so that a very graceful, draped effect was given. Its centre was decorated with a branch design of wild roses, so arranged that its uppermost part will lay over on the mantel. The blossoms—made of rose-colored velvet—were so folded as to be a perfect representation of real rose petals; stamens and pistils were worked with gold thread; leaves and branches in arrasene. The bottom was finished with alternate tassels of pink and light and dark shades of olive.

Another design was made of olive macramé twine crocheted in an open pattern and having two-inch wide cardinal satin ribbon interlaced in the openings. This twine comes in a variety of colors, and to make a lambrequin eighteen inches deep and fringe would require five bunches.

There are imported tapestry designs for valances and chair-backs which are sought after by those who wish to furnish in antique style. They come in quaint designs, usually rural scenes, worked in quarter single stitches, which resemble a woven texture in their fineness, and are to be filled in with whatever solid color may seem adapted. Illustrations of this art will be found among the various cuts of this volume.

An ordinary kitchen table can be transformed into quite an elegant piece of furniture for the library. The top and legs are smoothly covered with green cloth; the seam neatly sewed, and on the inside, that it may not show. It is then tacked at the top to hold it in place. Cloth is then drawn smoothly over

MINIATURE TABLE FOR FRUIT.

the top and tacked all round the sides. The piece extending round the sides of the table must also be covered. An under shelf made of pine wood covered with cloth is then fitted securely to the legs about eight inches below the top. A heavy cord fringe of green worsted must be fastened round the edge of the top, also round the shelf, with brass-headed nails about an inch and a half apart. A caster fitted into each leg will finish this very handsome table.

A miniature table, to be used as an ornamental fruit-stand, is shown in the preceding cut.   It is made of bamboo, rustic branches, or turned legs, painted or gilded, as taste suggests. These are attached at their tops to a wide hoop, into which a deep dish fits firmly.   The legs are then tied securely at their point of crossing with a cord and tassel.   The outer edge of the hoop is then ornamented with drapery of bright colored cloth or satin with bead work, ornamented with tassels.   A painted plaque or handsome dish may be inserted in the table, and so serve as a card-receiver.

ORNAMENTAL COVER FOR TABLE.

A handsome table-cover may be made of sateen with a plush bordering. The centre should be of olive green, the border of a darker shade. On the four sides, just above the plush, the names of the four seasons may be worked in fancy letters with crewels or silks, each word decorated with flowers or leaves appropriate to the season. Fancy stitches worked in different colored silks may ornament the seam where the plush and sateen join.

Great variety may be secured in standing work-baskets. Stands of great variety in wicker-work are sold. Get one with two shelves, in each of which cut a hole large enough to receive an ordinary straw hat, crown downward. The braid around the edges of the shelves must be gilt, also the rings. The brim of the upper hat must have a full facing of blue satin. A bag of the same is fitted into the crown and drawn together with a satin ribbon at its top. A bunch of artificial roses and leaves is fastened on one side of the brim. The under hat has a full facing of satin, cut large enough to serve as a lining for the crown. A large, gilt ring is fastened to the edge of the upper shelf between each pair of supports, and a broad band of satin ribbon, which may be hand-painted, is run through each ring, then crossed to the lower shelf, where it is fastened to the leg with a double bow and ends. The outside of the hats may be gilded if preferred.

The adjoining cut shows another form of stand. This stand may be bought in rattan, or made of rustic boughs suitably curved. Two hoops are used in this stand, into which painted or ornamental dishes fit securely, their edges being hung with crewel or with bead-work. To make the bead bordering, take a narrow strip of oil-cloth and fit it tightly around the edges of the hoops and plates.

VISITING-CARD STAND.

Measure off equal distances and sew on black jet buttons.

From these, string bronze beads for the first or upper row. Make the second row of gold beads and the third of white. Attach these to the jet buttons. Make a final row of variously colored beads, twisted together, and fastened to the jet buttons. After these are all in place and gracefully festooned, cut away any of the oil-cloth which shows below the ornaments.

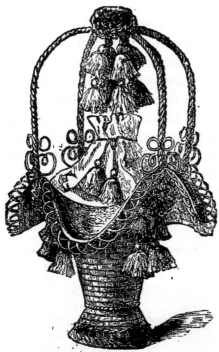

LADY'S WORK-BASKET.

Fancy baskets are capable of very beautiful adornment. Such baskets can be had in the stores in many decidedly attractive forms. The work upon those shown in the illustrations is such as a practiced eye can readily trace. The blending of colors will afford fine opportunity for a display of taste. Even the scrap-basket may be so embellished that the container of refuse becomes a minister of pleasure. The willow-ware furnished for this purpose is varied so greatly and so elegantly that a good base for operations is easily secured. The decorations can be attached readily also, which is a point of value. The result is so light in weight, and withal so beautiful and useful, that scrap-basket decoration becomes specially inviting.

A novelty in scrap-baskets may be made as follows: Select a medium-sized Japanese umbrella with a plain ground and gilt figures. Glue the knob or point securely into a square or circular block of wood smoothly finished. This block must be heavy enough to serve as a stand for

the umbrella and hold it steadily in its upright position.
The block is to be painted the color of the umbrella and
decorated with gilt
figures. To prevent
the umbrella from fall-
ing open, the points of
the ribs must be inter-
laced with satin ribbon.
Several shades of the
narrowest ribbons
may be turned in and
out of the ribs like
basket-work, or a wide
ribbon may be used.
The umbrella should be
not quite half open. A
piece of gilt paper must
be cut to fit the inside
of the umbrella and

CIRCULAR SCRAP-BASKET.

prevent papers and scraps from falling through to the point,

SQUARE SCRAP-BASKET.

from whence it
would be difficult
to remove them.
If narrow ribbons
are used for the
lacings, tie a
bunch of them
round the handle
with long loops
and ends, and
their many colors
make a gay trim-
ming. With the
wider ribbon use
a full bow.

A Japanese umbrella may be utilized as a fire-screen by adorning it with peacock's feathers. Cut off the stems of the feathers to within a few inches of the eyes; then stitch

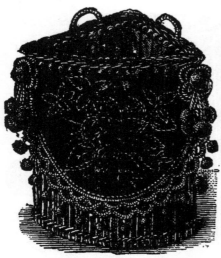

CORNER SCRAP-BASKET.

the eyes on in rows around the umbrella, beginning at the outer edge, and have each row to overlap the other till the centre is reached; then finish the centre off with a tuft of small feathers. The umbrella should never be closed, as the shutting would be disastrous to the feathers. When completed, the handle of the umbrella may be set into an upright shaft, which is supported in a base of heavy wood. The umbrella-handle should not exceed six inches in length, the support about two feet high. The base and support should be brightly colored.

Λ beautifully embroidered fire-screen is shown in the adjoining cut. Frames for these can be purchased in many styles; the taste and skill of home fill out the centre. The materials for this centre are varied and elegant, and if well handled, the result must be delightful. The screens are valuable to

EMBROIDERED FIRE-SCREEN.

shade the glow of a fire or to screen from observation.

An ornamental wall-pocket may be made of cardboard covered with gray linen, embroidered with brown wool. Cut one piece of cardboard to serve for the back and bottom and five pieces for the front. Bind each of these with a strip of gray linen and cover with the same material. Work in brown wool the design selected, stitching through the cardboard. Line the back with linen to conceal the stitches

ORNAMENTAL WALL-POCKET.

and sew the several pieces together. Take five pieces of cane four and a half inches long for the edges of the back; also five more of the same length, five four inches long, and six five inches long, all for the front portion. A half inch from the ends of the canes cut grooves into which the crossing canes may be fitted. Tie them strongly—first with thread, then with brown ribbon—so completing the

cane frame. Into this the cardboard case is fitted and
secured by stitches. For a cover, cut a cardboard double
the shape of the opening in the top of the pocket; cut this
half through across its centre, covering the uncut side with
linen, on which a full pattern is worked, as shown in the

HAND-BAGS FOR LADIES.

illustration. By stitching along this central cut, fasten this
piece to the frame, so that one part of it becomes a back
and the other a cover, to which add a loop and ornamental
bows.

Ladies' hand-bags may be made in styles and of materials

STATIONERY OR NEEDLE BOOK.

innumerable. The cuts suggest enough; taste can supply
the rest. The cut immediately above shows a pretty design
for a stationery or needle book—made of covered cardboard

and neatly embroidered. This book will prove both elegant and useful to its owner.

The wall-cushion illustrated is formed upon basket-work. The upright part is for breastpins, etc., the other for common pins, and a neat jewelry-case may be formed inside.

Pincushions have ever been a delightsome field for artistic effort. In shape, material, filling, etc., they vary indefinitely.

Crewel work, bead work, patch work, ribbon work, lace work, and all other kinds of work, are brought to bear on pincushions, and many are the conquests which have been made in this line. Every home has something in the way of bureau-covers, toilet sets, tidies, sofa-cushions, pillow-shams, pen-wipers, shaving cases, whisp-holders, etc.,

ORNAMENTAL WALL-CUSHION.

etc. In many instances these are but rude attempts, and yet they are not to be despised. Rude attempts always precede success, and sometimes inaugurate it. Welcome, then, every honest attempt at art.

A peep into the best bed-room of a tasty prairie home will be useful. The walls were tinted blue and the paint was white. The carpet was of dyed rags, blue and faint buff the prevailing colors. It covered the centre only, a

surrounding strip of bare floor being stained. The bedstead
was in cottage style and of a delicate blue. A fancy stool
answered also as a coal and wood box. It was a box with
a hinged top, which was wadded to form a cushion, the
whole covered with suitable cretonne. A sewing-table was
made of two circular pieces of wood nailed at the ends of a
short, stout pole.

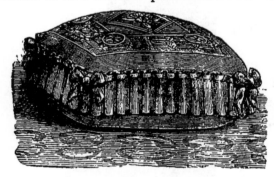

On the bottom
four casters were
fixed. It was then
covered with
light-blue cam-
bric and tied in
the centre of the
pole, so as to form
the shape of an
hour-glass. Upon
this was a cover
of plain or dotted
Swiss, finished
with a plaiting of
narrow blue rib-
bon around the
top and with small
bows. A most
comfortable chair

ORNAMENTAL PINCUSHIONS.

was made of a flour barrel. Take a sound barrel and saw
off about four inches; then attach casters to the lower end.
At the height you wish the seat, saw through five or six
staves, as may be necessary to compass the width desired;
six or eight inches higher up saw through about four staves
on each side, and you have the arms, and the remaining
long staves afford the back. At a point a little below the
first sawed place, perforate the barrel around its circumference with auger-holes; then with stout twine, interlaced

like a bed-cord, but more closely, weave your seat from side to side, in alternate holes. In trimming use heavy un. bleached domestic or ordinary ticking and over this a covering of cretonne, to harmonize with the carpet. A cushion may be used and the space left for the arms, and the back should be padded.

The dressing-table was made of a dry-goods box set on end, being about two and a half feet high. This was

BEAUTIFUL TOILETS.—MAY BE MADE FROM PACKING-BOXES.

overed with cambric, the same shade as that on the sewing-table. Over this was a dotted Swiss cover and around the upper edges a plaiting of narrow blue ribbon. The mirror was suspended from a nail above the table. To it was fastened three yards of the Swiss, finished at the ends with lace about an eighth of an inch wide and caught in the centre with a piece of blue ribbon tied in a full bow, which also held it fast to the nail. The ends hung from each side of the nail down to the front corners of the table,

32

to which they were attached with ribbon bows and stretched back to the wall.   Upon the table was a pretty toilet set in light blue glass, a set of toilet mats worked upon pale blue Java canvas, and a pincushion to match.   The windows were ornamented with simple Swiss curtains caught back with blue bows.

A few special features of upholstery, which any lady of taste can apply in her own home, may yet be touched.   The opposite cut of an upholstered bedstead is suggestive.   A common bedstead, or one showing hard usage, may be covered on this plan so as to become an object of beauty.

A plain cane-seated sofa, or an antiquated w o o d e n settee, may be similarly decorated, and be far more comfortable and elegant for

SHEARATON SOFA—IN POLISHED WOOD AND LEATHER CUSHIONS.

the work.   To illustrate this method of procedure, the Shearaton sofa is shown above.   Its make is more elaborate, but its covering is on the same general plan as is suggested for the plainer furniture.

In doing any of this upholstered and cushioned work, the best way is to make and fit all the parts with cushions made of ticking or other substantial material.   When the fit is assured, cover with cretonne, leather, or other goods, and finish as desired.   On the top an ornamental tuft or suitable button should show, the cord being drawn tightly and tied on the under side.   The cushions should be firmly attached to the settee.

UPHOLSTERED AND CANOPIED BEDSTEAD.

As a masterpiece of upholstery, intended more to suggest than to be copied, a sofa by Henri Fourdinois, of Paris, in

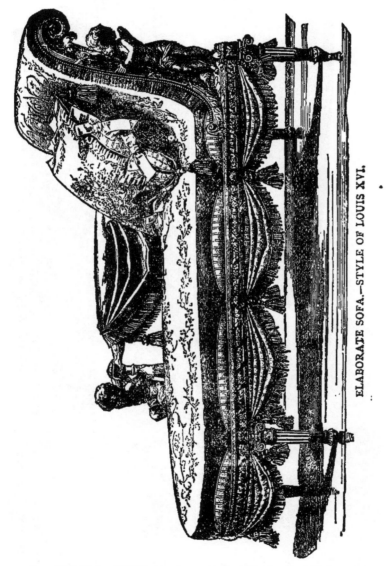

ELABORATE SOFA.—STYLE OF LOUIS XVI.

the style of Louis XVI, is inserted. It is in all respects a study worthy of profound attention. Its carvings may be too elaborate, but its elegant drapery may readily be copied.

More as a curiosity than as a pattern worthy of imitation, an old style canopied and curtained bedstead is shown below. Excluded thus from fresh air, the only wonder is that royal and wealthy personages managed to live at all. Uncovered bedsteads in well-ventilated rooms are immensely more conducive to health and longevity.

CANOPIED AND CURTAINED BEDSTEAD.—STYLE OF LOUIS XIV.

Embroidery and painting are very popular and elegant employments for ladies. Both these arts may rise very high. The famous Bayeux tapestry contains 1,512 figures, of which sixty-five are dogs, 202 horses, 505 other quadrupeds, birds, or sphinxes; 623 are men, twenty-seven buildings, forty-one boats, and forty-nine trees. It is divided into fifty-eight parts, each representing a scene in the career of William the Conqueror, and each having an inscription in Latin. This tapestry is of linen, two hundred feet long

by twenty inches wide. Worsteds in seven colors are used
in it. It is preserved in the town hall of Bayeux, France,
and is regarded as the work of Queen Matilda, in the twelfth
century.

From this pinnacle of art there are gradations, almost
imperceptible, downward to the simplest work of school-
girls and little children. Knitting and crochet work also
are varied beyond the power of adequate
description, and so are many other forms
of useful and ornamental needlework.

PAINTED VASE.

Decorative painting has a scope equally
broad. In home work it employs all
grades and hues of coloring material and
exercises itself upon woods, china, glass,
shells, silks, satins, velvets, and almost
every other attainable fabric. A thousand or more dollars is not a sum unusual for a hand-painted porcelain vase
of no great size. Fifty dollars is a
common price for a single high-
grade hand-painted plate, and as
much for an ornamental wall
plaque. But these are the extra-
vagances of decoration. A few
such articles tone up the taste of a
community, but they cannot be
generally indulged in. Some gems
of art are, however, within the
reach of all. One who has not
looked into the facts of this subject will be amazed at the variety
and elegance of small wares which
are strictly artistic. In wood,

PAINTED VASE.

china, metal, pottery, and woven fabrics they are found in
charming forms, and at low prices.

Among the less expensive and yet very beautiful materials which invite home effort in the art of coloring are certain forms of pottery, prepared expressly for this purpose. The Albertine ware, for instance, produced at the ancient pottery at North Cambridge, Mass., is made of a very fine clay, which, when burnt, is of a rich dark red or genuine terra-cotta color. Even without painting these goods are much used as cabinet ornaments. They are specially adapted to oil colors,

PLAQUE WITH OPEN CENTRE FOR PICTURE, MIRROR, ETC.

which need no "firing," as do the mineral colors. This process avoids much of expense and much of uncertainty as to results of firing, which often surprise the amateur.

Careful attention has been paid in fashioning this ware that beautiful and artistic styles shall be secured in every piece. Forms have been evoked from the ruins of the past. Cups, vases, pitchers, and other vessels — some of

PLAQUE WITH FLOWERS IN BOLD RELIEF.

them dug up at ancient Troy by Dr. Schliemann—have been reproduced with exact conformity in shape and size. High relief is a characteristic of this ware. Flowers, leaves, stems,

and other forms stand boldly out and afford a most inviting field for the artistic hand. The accompanying illustrations show the general appearance of these goods, which vary in sizes from eight to eighteen inches in diameter, or in height.

On this matter of painting and ornamentation a word of warning may be raised. Things are ornamented which are better plain. Every article of merchandise has its ornament stamped or attached in some way. Clothing, bed-

VASE.—FLOWERS IN RELIEF.

linen, table-linen, tinware, woodenware, silverware—all sorts of ware—are covered with monograms, coats-of-arms, meaningless emblems, and intricate convolutions, the fundamental idea of which neither owner nor maker can tell. Better leave some articles for unadorned utility.

And some proper subjects for decoration are improperly decorated. Imagine the "Author Dinner Plates!"—An excellent portrait of the honored Longfellow is smothered in gravy; potatoes are piled upon the beard of Bryant, while fish-bones mingle with the curls of Tenny-

VASE.—FLOWERS IN RELIEF.

son. Good taste revolts at such a position for portraits, even though they be elegantly painted. A china set of "Insect Breakfast Plates" is owned by a family of general good taste, but the little girl of the household shrinks with horror from a certain garden-worm whenever her food happens to accompany that decoration. The law is this: Decorate none but proper articles, and decorate them properly.

Clarence Cook, writing on over-decoration, delivers himself in the following forceful words: ' The architects cannot design a house or a church, but they must carve every stone; cover the walls with cold, discordant tiles; break up every straight line with cuts and chamfers; plow every edge into moldings; crest every roof-ridge and dormer-window with painted and gilded iron, and refuse to give us a square foot of wall on which to rest the tired eye.

PITCHER.—FLOWERS IN BOLD RELIEF.

Within, the furniture follows in the same rampant lawlessness. The beauty of simplicity in form; the pleasure to be had from lines well thought out; the agreeableness of unbroken surfaces where there is no gain in breaking them; harmony in color, and, on the whole, the ministering to the satisfaction we all have in not seeing the whole of everything at once,—these considerations the makers of our furniture, ' fashionable' and ' Canal Street' alike, have utterly ignored, and the strife has long been: Who shall make the loudest chairs and sofas and give us the most glare and glitter for our money ?"

PYRAMIDAL VASE.

III.—EXTERIOR DECORATIONS.

ARTISTIC architecture is doing wonders in the external decoration of homes. Even where long rows of city houses stand in serried ranks, the present tendency is to break up monotony, to secure beautiful variety. This is done by introducing diversity of forms and colors. Bay-windows, mansard-roofs, Swiss projections, permanent window-gardens, variously colored bricks, slates, tiles, stones, etc., and the splendid decorations in terra cotta, make fine variety possible. Where stone is used ornamentation is limited only by the genius of the architect and the purse of the owner.

In cathedrals and grand public buildings, statuary plays an important part in decoration, but for private use this is unsuitable, except the house be very large and ornate. In private grounds, statuary and vases are allowable if in harmony with their surroundings. Mercury should not be the conspicuous piece in a camp-meeting ground, nor should St. Peter or St. Paul be the chief feature in a commercial exchange.

The choice materials for statuary are marble and bronze. For outside positions, the stress of weather is damaging, however, and the general effect is none the less happy if baser materials be employed. Such ornaments are a specialty with various artistic workers in metal, whose elegant reproductions of the best works of statuary and vases are prepared in iron and zinc, and of all desirable sizes. A few ornaments of this character will greatly improve any grounds. Their location should be artistic, and with an eye for the effect. It is not the vase alone that should be displayed, but its display should beautify the surroundings.

510

LANDSCAPE GARDENING—FRONT OF HORTICULTURAL HALL, FAIRMOUNT PARK, PHILA.

The question of color arises here. On a dark background

POPLAR-LEAF VASE ON CRANE PEDESTAL.
[Iron-Bronzed, 41 inches high.]

white shows best; on an open background the bronzes are preferable.

In rural homes, or those where city lots are large, the architecture of the house is of no great consequence, for trees and vines can be so disposed as to make it seem magnificent. And yet a splendid house has greater possibilities. The lawn is a most attractive feature, if nicely graded, well grassed, and closely cropped by a lawn-mower. Trees and smaller shrubbery must be placed with reference to their effect. In the great parks "dummies" resembling trees are used, so that the exact effect of certain locations can

BERLIN VASE
[Iron-Bronzed.]

be determined. These can be shifted from place to place, so helping to correct conclusions. Any other feature, as in landscape gardening, must be located by similar means. Effect is sought, and this must be the best possible, as viewed from the most important point. Nothing in a garden should be at hap-hazard.

BERLIN VASE.
[Zinc-Bronzed.]

Egyptian vases for garden uses are beautiful, but the strong coloring of the ancients must be shunned, especially in the upper part, where they mingle with the flowers. In the accompanying cut of an Egyptian vase the base (B) is

constructed of wood, and is painted bright blue, red, and yellow, or merely tinted a light or porcelain blue and red toned to a brownish cast. The flower-pot, or upper part (A), is to be made of red clay or terra cotta, the ornaments in relief to be colored a greenish blue, *eau de Nile.* The pot with its contents should be removed to the greenhouse when the cold weather comes on, the pedestal remaining as a permanent winter decoration.

Home-made vases may be constructed of cast-off boxes of small size, half-kegs, etc. These are readily covered with rustic strips, made of bark or of pieces of sapling cut in half longitudinally. Holes must be bored in the bottoms, and the whole be

EGYPTIAN VASE.

mounted on an upright post two or three feet in height.

ANTIQUE FLORAL VASE.

With standing plants in the centre, and trailing plants at the edges, very beautiful display may be secured by this simple and inexpensive means. Of course, the covering strips of bark should be up and down, or else at an angle for beauty's sake.

Indeed, the scope for taste to play in these little contrivances is unlimited.

A garden vase which any mechanic can construct, with a base which any woodman may provide, is shown below to dispel the notion that objects of beauty cannot be made at home. The spaces must be closed with sheets of tenacious

IRON VASE ON A RUSTIC BASE.

moss, the interior filled with rich earth, planted with rapid growers and abundant bloomers. Abundant water must be given so that the whole may remain in bloom.

It has become customary in the most beautiful rural cities and villages to discard fences. A stone curbing marks the street line, while the dividing line of neighbors is not visible, but the open lawn, kept by mutual arrangement, runs on unbroken. Hedges may be employed as necessary fencing, or to conceal unsightly objects which cannot be removed. A good hedge requires a good soil, so that its growth may be vigorous. The plants,

FORM OF PRUNING A HEDGE.

when set out, should be of equal size and set in a single line. The Japan quince can be planted six inches apart, and the honey locust and Osage orange at nine inches.

Different styles of planting have been practiced, such as setting the plants in double or triple rows, setting them very closely, as within three or four inches of each other, and also at distances as great as eighteen inches or two feet. Experience has shown that the plants when close to each other grow thin and feebly; that with sufficient care a better hedge can be made with wide than with narrow planting. In the spring of the

FORM OF FULL-GROWN HEDGE.

second year the soil about the hedge must be well worked. The main shoot must be cut back to within one joint of its starting point, the side shoots remaining a little longer.

In the third spring, trim in a pyramidal form, as in the first cut. This secures light and air at the centre of the plant. A later cutting may bring the branches back almost to the first outline. Four or five years will secure a hedge five feet high and six feet thick, through which neither man nor beast can pass. Its form may be trimmed at last into that shown in the second cut.

Rustic seats always adorn grounds of reasonable extent. Single chairs or extended benches may be made, and stumps or other unsightly objects may be pressed into the service of beauty and utility. Over rustic seats vines should clamber, or trees should cast their shade. No one wishes to sit in the glare of the sun. A Virginia creeper will speedily form a dense covering for such a place. A little care will train it as an arch, an umbrella, an awning, a tent, or almost any desired object.

RUSTIC CHAIR.

For outdoor flower-holders many devices have been worked out. There are terra-cotta pots fashioned to resemble stumps and rustic boxes. Rightly placed, these heighten the artistic effect of a garden. For all plants in vases, or similar vessels, special attention is needed or they will dry out. If sufficient water is given there is no danger from the heat of the sun—perhaps it is an advantage. Instead of watering with a pitcher, give a pailful at a time, gently and slowly showered upon the plants. After the trailing plants in a vase fall over the sides, they afford a shade; but if anything like proper care is used, plants will thrive as well in vases as in any other location.

RUSTIC BENCH.

The Gypsy Kettle is a pretty decoration for a garden. The error of making it gaudy should be avoided. Its colors should not rival those of its contents. When a crowning flower-pot is used on the stand, allow it the trailing plants, while the erect occupy the larger receptacle. Holes must be made in these vessels or excessive moisture will result, to the serious damage of all the plants. The same plants as suit hanging-baskets suit these kettles, and the same care prescribed for those and for vases will answer exactly for the gypsy article. The adoption of kettle decoration has been sternly condemned as savoring too much of the kitchen, but the romance of the gypsy feature suffices to conceal the homeliness of the "potato-pot." Then, too, it might be presumed that not all who see a thing in itself beautiful, would cling to its commonest suggestions.

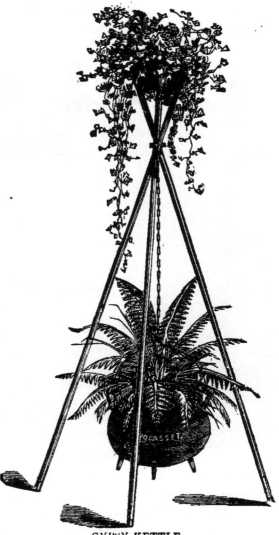

GYPSY KETTLE.

33

Birds may add to the charms of a garden. Aviaries, which can be removed to a warm apartment in winter, may decorate the grounds in summer. They should be elevated, to keep out enemies of the birds, unless the inclosing meshes be so fine as to render this precaution useless.

PORTABLE AVIARY.

On ground which is quite moist, but not submerged, a number of interesting plants may be raised. When the depth of water is eighteen inches and over, and the supply so that there will be no failure in a dry time, water lilies may be raised, and pontederias, or pickerel weed, heteranthera, eel grass, white water crowfoot, water target, and the handsome foreigner, the Cape pond-weed.

For the margin, in shallow water, there is a numerous class of plants, such as the different species of rush, the cat-tail hair, the water plantain, the loosestrife, or lythrum, nesæa, Dutch moss, or anacharis, and the handsome water pitchers.

Here, too, we may have the mosses, which Ruskin thus describes: "Meek creatures! the first mercy of the earth, veiling with hushed softness its dintless rock; creatures full of pity, covering with strange and tender honor the scarred

GARDEN OF THE SULTAN'S PALACE, CONSTANTINOPLE.

disgrace of ruin, laying quiet fingers on the trembling stones to teach them rest. No words that I know will say what these mosses are. None are delicate enough, none perfect enough, none rich enough. They will not be gathered, like the flowers, for chaplet or love token; but of these the wild bird will make its nest, and the wearied child his pillow. And as they are the earth's first mercy, so they are its last gifts to us; when all other service is vain from plant and tree, the soft mosses and gray lichen take up their watch by the head-stone. The woods, the blossoms, the gift-bearing grasses have done their parts for a time, but these do service forever."

One of the prettiest freaks of nature is that which buries a house in vines. For the most satisfactory results the vines must be favorably rooted in the earth. Balcony gardening and exterior window gardening may go on beautifully by means of pots and boxes, but such work is, necessarily, of limited extent. One of the most striking instances of vine decoration is shown in the engraving here given. It is an actual drawing from a French home. A vine-loving visitor thus described it in one of our floral monthlies: "From the flag sidewalk grew a large grape-vine, with a stem possibly five inches in thickness, without a branch or leaf until it reached the second story. It was then trained over the balcony, making a most beautiful arbor, and ascended still higher. Being the latter part of the summer, the vine was well loaded with white grapes. Some of the bunches

VINE COVERED FRENCH DWELLING.

were grown in thin glass bottles, or vessels of some kind,

somewhat after the manner in which English gardeners sometimes grow cucumbers. I have never seen another balcony that seemed to me so charming."

The Canary Flower is a beautiful vine, but little used, and yet well adapted to our climate. Its leaves are a beautiful, light green, and its flowers of a bright lemon yellow color. The flowers grow in rich masses and make a splendid appearance when in luxuriant growth. The appended cut shows a bay-window shaded by this lovely creeper. On the cool side of a

CANARY VINE.

porch or summer-house the Canary Flower is charming.

In England the scarlet and dwarf Tropæolums are depended upon mainly for heavy masses of bright color. It is a pretty plan to grow Nasturtiums on trellises and single poles, and sometimes

PYRAMID OF NASTURTIUM AND MORNING GLORIES.

make a kind of pyramid by placing six or eight poles in a

circle some four feet in diameter, fastening them together at the top like an Indian tent, while with these Morning Glories may be blended, so producing a rapid shade, which is very beautiful to behold. Shady places are more favorable to Nasturtiums than those more exposed, but loosening the soil and watering freely will work wonders for them even in the dryest times.

CALADIUM PLANTS.

And now, while on the shady places, it may as well be said that it is by no means easy to obtain flowers without some sunshine. Two hours of sunshine a day will, however, give life enough to many plants to insure flowers. In shady places we can have ferns, of course, and Caladiums, Cannas, and other foliage plants, but it is not best to try flowers.

Where there are two hours of sunshine we can have Fuch-

ias, Pansies, Lily of the Valley, Perennial Phloxes, For-
get-me-nots, and many other things that succeed better in
partial shade than in the full sunshine. For such places
the Japan and California Lilies are pre-eminently valuable.

The Caladium has become a great favorite in this country,
as it well deserves to be, because its leaves are so large and
handsome, and also because it never disappoints. It is very
rare for a bulb to fail to grow and give satisfaction. The
preceding engraving is from a photograph of a plant of one
season only. Leaves of the Caladium have grown to be by
actual measurement three feet and seven inches in length,
thirty inches in width, and ten feet three inches in circumference. Another leaf has been reported which reached the
enormous length of forty-one inches, and was twenty-eight
inches wide. While so gigantic, they are also beautiful in
texture, and strikingly so from their splendid size.

Other splendid leaf plants are numerous and inexpensive.
The Ricinus, or castor-oil plant, is a king in its way. Rich
and luxuriant in appearance and quick to grow, it is justly
a great favorite. The Maranta, or Calathea, is a splendidly
striped leaf plant. The leaves grow from one to two feet in
length, are purple underneath, and beautifully ribbed with
velvet on top. This is also a splendid in-door plant.

Everybody knows the value of roses and other flowering
plants. The superb catalogues of the leading florists of the
country furnish all needed information concerning them, so
that the only duty here is to point out these ample sources
of information and supply, and commend the public to try
the best of them.

A glimpse at French gardening is given in the following
view of the garden of Fontainebleau, the pride of the Parisian
heart. The very trees are trimmed into perfect order. Indeed, this garden is excessive in its regularity. There are
too many right lines. Landscape gardening, with its unending variety, commands more general favor in this country.

GARDENS OF FONTAINEBLEAU.

· The same objection lies against the style shown in the following cut, which is a view from the grounds of an Italian nobleman. ·

Clearly, in this case, the master mind was of a strictly mathematical turn. There are flower-beds, plenty of them, laid out on the square; plenty of shrubbery, every alternate piece being clipped to a uniform cylinder. There is a liberal display of statuary, all standing just so high and at a uniform

SCENE IN AN ITALIAN GARDEN.

distance apart, the whole ground evidently having been laid out with compass and square to a mathematical point.

A few gardens of this character are pleasing; or a portion of any garden so laid out secures variety, but such regularity must be occasional only. The distinctly marked figures in the heavens are very few, and we of the earth may take a lesson therefrom. But some right lines and sharply marked figures are admissible.

The ribbon beds, now so popular for parks, lawns, and gardens, are beautiful illustrations of regularity. This system of bedding, it is claimed, is artificial, and not in good taste, which possibly is true; but tastes differ and change constantly. It is now thought in good taste to imitate and admire the productions of Japanese art by those who, a few years ago, ridiculed, the poor, benighted Japs. So taste changes in flower beds.

Ribbon beds may be of flowering or variegated leaf-plants, or of both in combination. The principal consideration in making such beds is to procure plants of nearly uniform height, and flowering, that will keep in bloom during the whole season, for a failure in either respect will mar, if not ruin, the bed. The plants must be set so close together, that when they have attained their growth, the whole bed will be RIBBON covered without a break. The tops must be pinched BED. off judiciously so that there will be no excessive growth, but that they all will show evenly.

One of the finest displays of variegated flower beds can be made with the bulbous plants of the early spring. Crocuses, Hyacinths, and Tulips may all adorn the gardens, and if carefully selected and arranged splendid effects will be

PLAN OF RIBBON BEDS.

secured as the reward of the gardener's taste and skill.

There is really no limit to the styles which may be introduced in these beds, both in their component parts and in their forms. From the diminutive growth of the lowest-growing plants to the most stately of them, all find a place and a use in ribbon beds.

Dwarf trees are a specialty with the Chinese. Pines and oaks a half century old are seen in their flower-pots. The secret of the dwarfing is in weakening the seat of vigor all that is possible without destroying life. Take, for example, a young cedar two or three inches high and cut off its tap root, resetting that on a stone in a shallow pan with a clay

PAMFILI DORIA, A SUPERB ROMAN VILLA.

soil. Water and light enough to keep the plant alive are allowed, but no more. The shape is controlled by pegs and strings, and is often very odd. The Japanese carry this dwarfing to such a ridiculous degree that a Dutch merchant was shown a box three inches deep and with a square inch of surface, in which a bamboo, a fir, and a plum tree—the latter in full bloom—were growing and thriving. The price asked for this botanical curiosity was three hundred dollars.

Tastefully made rockeries are good adornments. **They** need not be built into arches and beacons, as is done sometimes with questionable taste, but they should be sufficiently large to deserve their title. The rocks must be so separated as to allow deep pockets of rich earth to be constructed. Many charming native plants will flourish in such places, but will not succeed in more open and exposed beds. The trailing arbutus, the partridge-berry, the dog's-tooth violet, blood

CIRCULAR ROCKERY.

root, Gentians, and Pyrolas, may be placed on a rock-work such as this. For early blossoms, crocus, snowdrops, the

RUSTIC FLOWER STANDS.

smaller Narcissus, and tulips may be planted, and ferns, and even mosses from the woods, will here find a suitable habitation.

FIFTH DEPARTMENT.

POLITE DEPORTMENT.

How sweet and gracious, even in common speech,
Is that fine sense which men call courtesy!
Wholesome as air and genial as the light—
Welcome in every clime as breath of flowers;
It transmutes aliens into trusting friends
And gives its owner passport round the globe.

JAMES T. FIELD.

POLITE DEPORTMENT.

SOME one has said that "a man's manners are his fortune," meaning that the way to position and easy competence in life is often found through gentleness and good breeding, which lead first to genuine respect, then to esteem and confidence. Many a young man has failed to secure a coveted place by reason of his boorish ways or awkward movements at a first interview, and foolishly charged his loss to "ill luck," when the fault was wholly with himself. Many another has moved right up to a well-deserved eminence in his calling more by his genteel and polite bearing than by reason of some superior mental capacity.

WHERE TO LOOK FOR MODELS.

True gentlemen and ladies may be found in the humblest walks of life, among both young and old. The marks that prove them such are not wholly external, though the internal conditions are evidenced by the external. There is a sham politeness which bows and smirks and is obeisant in public, but is detestably wanting in common civility in private. Such as indulge in this kind wear their manners as one wears an outer garment, which is put on when leaving home and left on the hall rack at the door when returning home. Some of these are the over-nice people, who pretend to hide their faces and try to affect blushes at the mere mention of some very natural and proper subjects. Others are known as the Exquisite, the Dandy, the Fop, the Dude, whose brains are generally less than their surface manners.

531

It is evident that as the principles of a language are derived from the usage of the best writers and speakers, so the principles of polite deportment are derived from the usage of the truest and best people. The rules in the one case are not more definite than in those of the other. The highest point of culture to which any one may attain in either is purely a matter of choice. The beginning must be in one's-self, but with an assurance that the largest success is not only practicable, but a duty to self and to society.

THE REAL GENTLEMAN AND LADY.

A recent writer thus well describes the true gentleman and lady: " To formulate the definition in negatives would be easy. As, for instance, we may say that a true gentleman does not soil his conscience with falsehood, does not waste his time upon sensual indulgence, does not endeavor to make the worse appear the better reason, does not ridicule sacred subjects, does not willfully give cause of offense to any, does not seek to overreach his neighbor, does not forget the respect due to womanhood or to old age, the feeble or the poor. And so, too, the true lady does not condescend to scandal or gossip, does not profane her lips with ' slang' words, does not yield to outbursts of temper, does not sacrifice modesty to fashion, does not turn a deaf ear to the voice of distress. But, to speak affirmatively : A gentleman is one whose aims are generous, whose trust is constant, whose word is never broken, whose honor is never stained, who is as brave as gentle and as honest as wise, who wrongs no one by word or deed, and devotes and embellishes life by nobility of thought, depth of feeling, and grace of manner. As for the true lady—she will be, of necessity, the counterpart of the true gentleman : Pure, refined, generous, sweet of temper, gentle of speech, truthful, to her heart's core, shunning the very appearance of evil, and instant in well-doing."

PERSONAL HABITS.

We are now ready to consider personal habits in their relation to polite deportment. Every person owes certain well-defined obligations to society, not only in the line of what is said and done in the presence of others, but in the appearance and habits, which in an important degree affect the comfort and pleasure of others. It has been well said that " cleanliness, neatness, and tidiness represent the triple incentive to the maintenance of any and every system of etiquette." An untidy person of either sex gives evidence either of ignorance or willful disregard of the commonest principles of politeness.

Other things being equal, the person who enjoys good health will be the best-mannered, and no one has any right to live in disregard of those practices and conditions which produce or promote health. The daily bath, proper cleansing of the teeth and mouth, scrupulous care as to the finger-nails, and careful dressing of the hair—without oils, pomades, or perfumes—are essential duties. Over-eating, with its train of headaches, foul breath, and indigestion; and the use of tobacco in any form, with disgusting expectoration, are not the practices which mark the best-bred persons. " If one must chew, let him be particular where he expectorates. He should not discharge tobacco-juice in public vehicles, on the sidewalk, nor in any place where it will be offensive. The English rule is for him to spit in his handkerchief; but this is not a pleasant alternative. On some occasions no other may offer." Whether smoking is good or bad, wholesome or injurious, the excess of smoking is, at all events, as noxious to the smoker as it is disagreeable to his neighbors. If you must have your pipe or your weed, retire to some apartment kept exclusively as a smoking-room. Do not smoke in a lady's presence; not even if her good nature prompt her to yield assent. You have no right to impregnate her garments with pot-house odor.

Toilet offices of all kinds should be in private. Cleansing the nose or the ears, or cleaning and trimming the finger nails in public, is an offense against decency, and never should be indulged in. Biting the nails, fingering the beard, drumming on the table with your fingers, crossing your legs and shaking your free foot, loud breathing, yawning, snuffling, and going about with hands thrust in the pockets, are not marks of politeness and good breeding. A quiet and self-possessed manner and quiet movements of the person are always better than restless and disturbing habits, which are sure to be obtrusive as well as disagreeable.

HABITS OF SPEECH.

One's habits of speech will betray the inward character. Truly polite people do not use other than polite language, which is but a plain, simple, and unaffected expression of one's thoughts. Coarse and vulgar words, slang phrases, and profanity should never have place. Some people swear because of an idea that it is manly; some from habit, without thinking of what they say; some are only profane when excited with anger; some from choice, neither fearing God nor regarding man, and in defiance of the divine command, "Swear not at all." A lady was once annoyed by the frequent oaths of a young student sitting near her in a railroad car. She kindly addressed him with a question whether he had studied the languages. "I have mastered them thoroughly," he replied. "Do you speak Hebrew?" she asked. "I do," was the answer. "Then will you do me the favor to do your swearing in Hebrew?" she asked. The rebuke was effectual.

With regard to the use of slang words by a lady, we are reminded of the grisly fairy story of a beautiful young woman from whose mouth, when she opened it, dropped frogs and toads. The practice of slang is as unworthy of a gentleman as it is of a lady.

Civility in speech is due to every person, and on all occasions. Employers would do well to remember that civil words, with kind and thoughtful actions, make friends of workmen or servants. Their use tends to bind more closely those who are already friends. Arrogance of speech and manner toward inferiors is on a par with servility toward superiors. True dignity and self-respect will lead to a correct deportment in dealing with either. There is a possibility of being over-civil. Promptly pick up anything that a lady lets fall, but do not rush to wait upon even a iriend, lest you become servile in your attentions to the embarrassment of both yourself and your friend. You will not, however, fail in proper attention to elderly people. A nice sense of respect for the aged and kind attentions to them show a good heart.

General fussiness ought to be carefully avoided. Whether well or sick, it is needless, and entails a great deal of trouble and annoyance upon our friends. "There is nothing more fatal to comfort, as well as to decorum of behavior, than fuss."

AFFECTATION.

Affectation of any kind is ridiculous in any one. It may be termed "posing for effect." An article in *Harper's Bazar Book* paints some specimens: "The delicate young lady with the languid air, the listless step, or die-away posture! The literary young lady with the studiously ne-- glected toilette, the carefully exposed breadth of forehead, and the ever-present but seldom-read book! The abstemious young lady, who surreptitiously feeds on chops at private lunch and starves on a pea at the public dinner! The humane young lady, who pulls Tom's ears and otherwise tortures brother and sister in the nursery and does her utmost to fall into convulsions before company at the sight of a dead fly! and the fastidious young lady, who faints—should there be an audience to behold the scene—at the sight of roast goose, but whose robust appetite vindicates itself by devouring all that is left of the unclean animal when a private opportunity will allow. Such affectations are not only absurd—for they are perfectly transparent—but ill-bred, as shams of all kinds essentially are."

Sidney Smith says: "All affectation proceeds from the supposition of possessing something better than the rest of the world possesses. Nobody is vain of possessing two legs and two arms, because that is the precise quantity of either sort of limb which everybody possesses." The affected individual is always full of self-consciousness, and this is simple vulgarity. A truly polite person is too busy in considering the comfort and welfare of others to devote much time to thoughts of a purely selfish character.

DRESS.

Closely related to personal habits is the question of dress. It has been well said that "the result of the finest toilet should be an elegant woman, not an elegantly dressed woman." Chesterfield's advice to his son was sensible, and applies well to our own times: "Dress yourself fine where others are fine, and plain where others are plain; but take care always that your clothes are well made and fit you, for otherwise they will give you a very awkward air. When you are once well dressed for the day, think no more of it afterward, and without any stiffness for fear of discomposing that dress, let all your motions be easy and natural, as if you had no clothes on at all."

The objects of dress may be considered as threefold: To secure personal comfort and health, to preserve modesty, and to please the taste. Of men's clothing there is not much to say, except that it should be of quiet colors and well fitting. There is little opportunity for either contrasts or harmonious combinations of colors. But with the dress of women it is different. The most costly materials will fail to produce an agreeable impression unless their colors are carefully blended and the dressing forms a pleasing harmony in its general effect.

Ladies of a medium size may, perhaps, wear a dress with large figures, plaids, or stripes, if the prevailing fashions allow it; but either large or small ladies would scarcely be in taste to wear either. Much drapery is not becoming to a short and stout person, while one who is slender may be improved in appearance by drapery. Then, as to tints: it is well known that fair complexions require delicate tints, while brunettes require rich, dark shades.

Dresses should be carefully fitted to the form, yet not so that the natural functions of the body be impeded. Give nature room to move and breathe, and many a painful experience in bodily suffering will be prevented. By all means avoid tight belts about the waist. The dress should be becoming, and it will then be in taste. It should not be so noticeable that special attention would be attracted to it. To be entirely out of fashion is to be eccentric, yet a true independence will not lead to a servile following of every fashionable folly in dress that may appear. To be indifferent to one's proper appearance is a sign of indolence and slovenliness

There should be consistency in dress. That is, there should be regard to one's circumstances in life, so that what cannot be afforded without pecuniary embarrassment never should be worn. The dress should be in harmony with the occasion. A ball-dress at a funeral would not be more out of place than the rich toilette of the drawing-room is found to be when chosen for a walking-suit.

But if there is one place more than another where great elegance and showiness of dress are out of taste, it is in the

House of God, where all should meet in equal humility
before Him in whose sight outward adornment passes for
nothing. Paley says, "If ever the poor man holds up his head,
it is at church; if ever the rich man views him with respect, it
is there, and both will be the better, and the public profited,
the oftener they meet in a situation in which the consciousness of dignity in the one is tempered and mitigated, and
the spirit of the other erected and confirmed."

Regard should also be had to one's pursuits and surroundings. A business attire should be neat and not
showy; its material serviceable and of a sober color. A
traveling attire should be such as will furnish comfort and
protection from dust and dirt; soft neutral tints and smooth
surface are best. Anything which would attract special
attention from fellow-travelers should be scrupulously
avoided.

MOURNING ATTIRE.

Where persons wear mourning for style rather than feeling, they will consult the fashion of the day. Deep
mourning requires the heaviest black material with crape
collar and cuffs. Ruffles, bows, and flounces are inadmissible. The bonnet must be of black crape; the veil of crape
or barege with heavy border; black gloves and black-
bordered handkerchiefs; jet pins and buckles; no jewels. A
widow wears mourning for two years; for a parent or child,
mourning is worn for one year; for a grandparent, mourning
is worn for six months; the same for a brother or sister;
for an uncle or aunt, nephew or niece, three months.
There are some good people, however, who from principle
never on any occasion allow themselves to wear mourning
habiliments, believing the practice to be contrary to a
Christian faith. Aside from this exception ladies should
always wear black dresses at funerals, and in this exceptional case plain dresses are always worn.

PERFUMES.

It may be that some will think a perfume of some sort is essential to complete the toilet. " The most refined people, however, avoid personal perfumes, and hold that the absence of all odor is the best savor of human communion. Those of nice taste eschew all perfumes but those that are evanescent, such as cologne and the like." A strong perfume of any kind is not desirable, if, indeed, it be not actually vulgar. There is always a suggestion that it conceals some foulness.

POLITENESS AT HOME.

We come now to consider Polite Deportment in the domain of home, which ought to be to us the most sacred and beautiful place on earth. It may be said in general that it is the duty of every member of a family to do all that is possible to promote the happiness of the other members. It is necessary, therefore, to bear and forbear; to make mutual concessions; to keep down selfishness; to cultivate a love of justice and honor; to get rid of our petty likes and dislikes; to conquer and control our temper. Much may be done by a nice attention to the requirements of etiquette, by an observance of those laws which govern the decencies and proprieties of life. There is no reason why a husband should not treat his wife with exquisite politeness; why a wife should not remember that her husband has a claim to be treated like a gentleman; why the finest manners should not be observed by brothers and sisters. This mutual courtesy, inspired by mutual love, would purify the atmosphere of home, and invest with a new dignity our domestic relations.

A DOMESTIC PICTURE.

Suppose we present a single day in such a home as might exist anywhere. It is early morning. An understood signal indicates the time for breakfast to be reasonably near. Plans carefully made require that the family come together at the morning meal promptly, that the happiness of each may be conserved. Sufficient time is taken to become suitably attired to meet the household, and to so arrange the sleeping-room that no one need hesitate to enter lest sense and taste may be offended. Everything is left in good order. The washstand or basin is emptied; the towels properly hung up; the bed-clothing turned over the foot-board; articles of wearing apparel not in use, put away. Without haste or perturbation the family meet in the dining-room and sit down together; grace is said; hot and savory food is brought on; cheerful conversation seasons the hour; respect is shown to parents and superiors; the servants are treated with kind consideration; sufficient time is secured for the purposes of the meal by planning for it, hence there is no bolting of food and rushing off in disorder to meet a train or to get to business in due season.

Either at the end or the centre sits father, perhaps carving the steak, but certainly making himself useful, as well as ornamental. Opposite is the serene-faced mother, justly proud of her honorable position. On one side perhaps the aged grandmother, giving her meed of sunshine to the board. The prattle of children's voices mingles occasionally in conversation. In honor each prefers the other, and all contribute to the peace and glory of the home.

The personal habits, of which so full mention has already been made, now show their effects. The politeness which begins in personal conditions is now working outwardly. There are no slovens here—there could not be. Gentleness and civility rule the hour. Why should they not be more marked at home than anywhere else? There is not a word of slander or defamation. Peace toward each other; charity toward all. Hans Christian Andersen's story of the cobweb cloth, so finely woven that it was invisible, and specially made for the King's garment, stands perhaps for the sweet manners which are the fine and kingly clothing of royal souls.

Domestic duties for the day follow the morning repast. Father is away at business, the children at school, and the elder ones of the household fully occupied. There is found time for healthful reading, for the good wife has early learned that she must not fall behind her husband or children in personal and religious culture. Both, in their dealing with the world of people and the world of books, are constantly growing. She must keep up with them or lose their genuine respect. Moreover, she must be able to direct the tastes of her family in reading, that they may be fitted for cultivated society, and be enabled thereby to do well their parts in life. The best literature of the day has place upon table or shelf, and is read with pleasure and profit.

Perhaps one of the family is ill. The soft tread and gentle care show that politeness is not wanting in extremity and in bodily suffering. There is no slamming of doors; no boisterous talking; no disregard of a single thing which relates to the comfort of the invalid. A due regard for the sufferer leads to a gentle tap at the door before entering; the ignoring of little things which are not agreeable in the sick one's surroundings or condition; and patience in the rendering of such attentions as may be needed; with an affectionate interest born of a really good heart.

The shadows are creeping on apace as the day draws to its close, and the family is now gathered for dinner. It is thought worth their while for each to be in becoming attire, to dress for each other quite as neatly as if the outside world were looking on. There is true grace and beautiful simplicity. The "shop" is left behind. Markets, bonds, stocks, worry and fret, are not brought home at the close of the business day. Conversation does not lag. There is

room for each to have part, and what some might think the
trivial things in children's experience receive their meed of
attention and honor.   There is no slang; no impolite language; no "street talk;" no reference to disgusting subjects.   The family sit naturally erect, without lounging or
appearing to be tired.   Elbows are not planted on the table;
napkins are not adjusted under the chin like bibs; no one
appears to be greedy for food, neither is there any dainti-
ness that is unsuitable.   There is no effort to talk while the
mouth is full.   There is no coughing, or sneezing, or other
disgusting noises with nose or mouth.   The knife is only
used to cut the food, while the fork and spoon are used to
convey food to the mouth.   Great care is taken that the
tablecloth be not soiled.   The carving is done neatly, expeditiously, and courteously.   There is neither a niggardly
supply nor an overloading of plates.   It seems as if carving
were no trouble, and that it gave pleasure to supply whatever is desired by any one at the table.

If any little accident happens, no notice is taken of it—
no frowns, no muttering of reproof.   The servants share in
the politeness.   "Please" is not omitted when a request is
made. • A "thank you" is not infrequent.   The quietness
of the meal is not broken by noises made by mastication, or
smacking the lips, or gulping of liquids.   When the meal
is concluded, the whole family rise from the table, and now
the "children's hour" is in order.

The children have learned that there is a time to play
and a time when not to play, as well as how to play without
interfering with the enjoyment of others.   There is kindness,
good temper, and politeness.   There are no rude and offensive practical jokes perpetrated.   There is universal mirth
and cheerfulness; there is gayety and life.   When the
proper hour arrives for the children to retire there is neither
teasing nor sulks.   A beautiful night closes upon a beautiful day for them in the home and the good-night kiss blesses

each in order. If friends call, they are made welcome, and the evening is spent no less pleasantly than the day was begun. It is all the result of good nature and good management, combined with good sense and religious principle.

An eminent authority in household etiquette says : " Let no one suppose that because a good wife lives in a small house and dines on homely fare the general principles of polite deportment do not apply to her. A small house is more easily kept clean than a palace. Taste may be quite as well displayed in the arrangement of dishes on a pine table as in grouping the silver and china of the rich. Skill in cooking is as readily shown in a baked potato or johnny-cake as in a canvas-back duck. The charm of good house-keeping lies in a nice attention to little things, not in a superabundance. A dirty kitchen and bad cooking have driven many a husband and son, and many a daughter, too, from a home that should have been a refuge from temptation. Bad dinners go hand in hand with total depravity, while a properly fed man is already half saved."

AWAY FROM HOME.

If people are well bred at home, their deportment when away from home, in ordinary social intercourse, will be such as befits the true-gentleman or lady. They will then reflect the home life. But, being in the homes of others, there will be certain formalities and restraints which are essential to the comfort or rights of those whom they may meet. These should always be recognized and regarded. A careful observance of them will also promote your own comfort and well-being.

INTRODUCTIONS.

Introductions, more or less formal, are necessary. They may form the basis of enjoyment for a brief period, or of a lasting friendship. It is usually the way by which parties become acquainted. Sometimes persons are obliged to introduce themselves, and in such cases, unless well known by reputation, there may be some risk in forming an acquaintance. No one will presume on an acquaintance so formed unless it is accepted in the most unmistakable manner.

It is not necessary to introduce a friend to every one you meet, without regard to time or place. This must, however, depend upon the good sense of the parties concerned. It might be very rude not to introduce a friend, even though the parties so introduced might never meet again. As a rule, we should always be sure that an introduction would be mutually desirable ; hence, one should never introduce a gentleman to a lady, for instance, without first obtaining her consent. An introduction of any kind implies an indorsement of character. It is right sometimes to decline giving an introduction where there is the least doubt of the propriety of so doing.

Gentlemen, whatever their rank, should be presented to ladies ; young men to elderly men ; young women to elderly women ; those of lower rank to persons of higher rank. When a gentleman is introduced to another gentleman, each offers a hand ; when a gentleman is introduced to a lady, he should wait for her to offer her hand. If she does not do so, he must be content with a bow.

At dinner-parties general introductions are unnecessary ; though it is to be assumed that you would not seat at the same table persons whom you would not wish to know each other. In sending your guests down to dinner you must, of course, introduce the lady to her destined partner, if they happen to be unacquainted. In this case you do not ask the lady's permission. At morning calls, if the callers arrive at the same time the hostess will introduce them to each other, unless she has good grounds for believing that the introduction would be disagreeable or unsuitable. At " five-o'clock teas " and similar receptions the hostess must introduce her principal guests to each other; but in doing so she must exercise a due discretion and assort her guests with all possible discrimination.

Between gentlemen the form of introduction may be very simple, as: " Mr. A., my friend, Mr. B.," where the parties are of equal station in life and about the same age. Otherwise, it is better to say: " Mr. A., allow me to introduce my friend, Mr. B." As a means of starting conversation and so placing both parties at their ease, a remark should be added, explaining the business, or residence, or any other item which may be considered of interest, especially if the party introduced is on a trip for business or pleasure.

An introduction to a lady should always be more formal. The usual way is to bow to the lady, or slightly wave the hand, and say: " Mrs. B., permit me to introduce my friend, Mr. D.;" or, in case an introduction has been sought: " Mrs. B., I take pleasure in presenting my friend, Mr. D." The precise form is immaterial, so that the proper order be observed. The introduction should be recognized by each bowing to the other and each repeating the other's name. The gentleman should say: " I am glad to have the pleasure of meeting you," or something of similar import.

It is hardly necessary to say that the names of the parties should always be uttered distinctly. If either party fails to understand the name of the other, it is proper to say: " I beg your pardon; I did not understand the name;" whereupon it should be repeated.

When several are to be introduced to one person, the name of the latter should be distinctly spoken, and then the names of the parties introduced should be mentioned in succession, with a slight bow as each name is called. Where relatives are introduced, care should be taken to give both the degree of kinship and the name. For instance: " My father, Mr. C.;" or, " My son, Mr. C." One's wife is simply designated as " Mrs. A."

It is proper always to recognize the title of one who is introduced—as, " Rev. Mr. A.;" or, " Rev. Dr. B.;" or, " Honorable Mr. C.," if the party is a Congressman; or, " Senator J.," and so on. Sometimes a complimentary remark may be well—as, " Mr. Jones, whose recent work on esthetics has given us so much pleasure."

An adherence to etiquette is a mark of respect. If a man be worth knowing, he is surely worth the trouble of approaching properly. It will likewise relieve you from the awkwardness of being acquainted with people of whom you might at times be ashamed, or be obliged under any circumstances to " cut." Take care not to know anybody whom you will be obliged to " cut." " Cutting " is simply declining to recognize a person to whom you have previously been introduced. It may be done direct by a cold look, as if to an entire stranger; or indirectly, by averting the face on passing and not returning, by word or manner, an offered salutation.

SALUTATIONS AND GREETINGS.

Salutations and greetings are very simple among Americans. The most common phrases are " Good morning," " Good afternoon," " Good evening," " How are you?" and " How do you do?" Some people simply say " Howdy?" or " How d'ye?" but the latter never should be indulged in except between intimate friends; it is perhaps not in taste at any time. A pleasant smile and slight bow is desirable as an accompaniment to the words spoken. The most affectionate form of salution is the kiss, which is only proper among near relatives and dear friends. The practice of women kissing each other in public is held to be decidedly vulgar, and had better be avoided. A due respect to childhood ought to prevent the liberty so often taken of kissing young girls who, though mortified, dare not resent it. There is no more propriety in kissing a child without its consent than there is of kissing a grown woman under the same circumstances.

HAND-SHAKING.

With regard to hand-shaking, a few suggestions may cover the points that are worthy of remembrance. It is not well to offer to shake hands with every one in a drawing-room; if the host or hostess offers a hand, take it; a bow will do for the rest. Hand-shaking is not admissible in a formal party or ball-room. The initiative, in hand-shaking, must always come from the lady, from the elder to the younger, and from the one higher in rank. But in no case let there be the " mutilated courtesy," as Goldsmith calls it, in which by the touch of one or two fingers in a pretended hand-shaking a mere mockery of civility is rendered in place of true courtesy.

Remember that there is a right and a wrong way of hand-shaking. It is horrible when your unoffending digits are seized in the sharp compress of a kind of vise, and wrung and squeezed until you feel as if they were reduced to jelly. It is not less horrible when you find them lying in a limp, nerveless clasp, which makes no response to your hearty greeting, but chills you like a lump of ice. Shake hands as if you meant it, swiftly, strenuously, and courteously, neither using an undue pressure nor falling wholly supine.

UNDUE FAMILIARITY.

" Familiarity breeds contempt." Some forms of familiarity are positively odious, such as slapping your friend on the back or nudging him in the side. Such practices should never be indulged in or permitted. Indeed, there need be no occasion, as a rule, to touch people at all when you have occasion to address them. Again, some persons behave in a drawing-room as if they were the only guests, and the remainder of the company had been assembled to admire— at a distance—their intimacy with the hostess. This is an assumption of familiarity and a token of ill breeding. The same may be said of retaining upon the head one's hat in a strictly private office, which is no more justifiable than it would be to wear it in a drawing-room.

Closely related to this latter is the loud and boisterous laugh, which is decidedly vulgar. A hearty laugh is pleasing, but a loud guffaw is never necessary in order to show heartiness, any more than a loud tone in talking is agreeable to the listener.

There are many other acts which may be classed as vulgar. Among these are humming and whistling; standing with arms a-kimbo; lounging and yawning; addressing acquaintances by their Christian names; playing practical jokes, and whispering in the presence of others. Yet there should not be diffidence and embarrassment in associating with either equals or superiors. For instance, there is a great art in entering a room. Some persons stride in with a shamefaced air, as if they thought they had no business across the threshold; others swagger in defiantly, with head erect and chest expanded, like a professional athlete making his appearance before his " patrons;" others, again, steal in noiselessly, as if deprecating the slightest attention, and priding themselves on their humility. Enter a room as if you felt yourself entitled to a welcome, but wished to take no undue advantage of it.

Having entered the room, one need not be in great haste to get into a chair. It may be as graceful, easy, and proper to stand for a while, and converse easily while in that attitude, yet a chair should be accepted when offered.

CONVERSATION.

The art of conversation is one which boasts of a sacred charter: "Iron sharpeneth iron; so a man sharpeneth the countenance of his friend;" " As in water face answereth to face, so the heart of man to man." (Proverbs xxvii, 17, 19.)

It is not possible to teach the art of conversation. On the other hand, it is not difficult to lay down certain general rules, the observance of which must be held as indispensable to the comfort of the company in which one finds himself.

For example, elaborate discussions of political and religious subjects must be avoided. Our differences on these points go very deep, and any debate which forces them on our consideration cannot fail to awaken permanent feelings of irritation and dislike.

However much in the right, yield with a good grace when you perceive that persistence in ventilating your opinions will result in open variance. The true spirit of conversation consists less in displaying one's own cleverness than in bringing out the cleverness of other people. Conversation is the pasture-ground of the many, therefore it should keep to the levels. There are very few who can ascend the heights, and none ought to sink into the depths.

Gesticulate as little as you can while speaking. Some people spread out their fingers like fans; others point them at you menacingly, like so many darts; this man emphasizes his speech by bringing down one unfortunate hand into the palm of the other; that man nods his head like a child's toy figure, and carries his arm up and down like a pump-handle.

When any one is speaking do not yawn, nor hum an air, nor pick the teeth, nor drum with the fingers on a piece of furniture, nor whisper in a neighbor's ear, nor take a letter out of the pocket and read it, nor look at your watch.

There is no flattery so exquisite as " the flattery of listening." It may be doubted whether the greatest mind is ever proof against it. Socrates may have loved Plato best of all his disciples because he listened best. To listen well is almost as indispensable as to talk well, and it is by the skill with which he listens that the man of *bon ton* and of good

35

society is known. If you wish people to listen to you, you
must listen to them. Let not your patience give way when
elderly people are garrulous. Respect old age, even when
it twaddles; you yourself may live to require the indulgence which you are now recommended to exercise.

There are social Munchausens whose narratives make
tremendous demands on your credulity. Do not express
your belief in what you disbelieve, for that would be to
utter a falsehood; do not express an open dissent, for that
would be to commit a rudeness. Take refuge in a courteous silence, and—change the subject.

Be careful how you exercise your wit. If curses, like
chickens, come home to roost, so do epigrams. Do not
applaud the wit which is leveled at your friend; it may next
be directed against yourself. Do not give another, even if
it be a better, version of a story already told by one of your
companions. Be careful how you distribute praise or blame
to your neighbors—some of those present will have their
prejudices or partialities, which you will be sure to offend—
and on no account interrupt or contradict a person who may
be speaking.

Speak of yourself as little as possible. If you speak in
praise, you expose yourself to ridicule; if you blame yourself, nobody will think you in earnest, and it will be assumed
that you are seeking for compliments, or that you are
merely affecting humility; or if your vanity be excused, it
will be at the expense of your intelligence—if you are not
vain, you must be stupid.

Do not "talk shop," that is, unless specially requested;
do not talk of your professional occupation, your private
studies, or your personal belongings, neither of your house,
nor your wife, nor your servant, nor your property.

Do not pay compliments unless you can do so with grace,
and in such a manner that, though the person on whom
the sweet flattery is bestowed recognize it as undeserved,

he or she may still believe that on your part it is perfectly sincere. Dean Swift says pithily : " Nothing is so great an instance of ill-manners as flattery. If you flatter all the company you please none ; if you flatter only one or two you affront the rest." But an elegant compliment at an opportune moment, and spoken with an air of frankness, carries with it an irresistible charm.

To be a good talker requires much general information, which may be acquired by observation, reading and study, and listening to others. To this must be added a good memory, which can be cultivated by proper effort; a right knowledge and use of language, and clear enunciation. The use of such vulgarisms as " awfully nice," " abominably horrid," " dreadfully stupid," and the like, are always to be avoided. It is a bad habit which is very close to untruthfulness. Very few people would utter a willful lie, yet many become untrustworthy because of their habit of exaggeration and false coloring.

FORMAL CALLS.

The formal call is a mere device for keeping up acquaintance. Once or twice a year is regarded as sufficiently often to meet fashionable requirements. Simply sending cards sometimes takes the place of a call. A " morning call " means generally any call made in the daytime, and is a mere matter of ceremony. It should not be made in the forenoon, nor just previous to the usual hour of luncheon, nor later than five in the afternoon. Local customs govern the matter of special days for receiving calls.

When a lady for any reason prefers not to see callers, the servant is usually instructed to say that she is engaged, or " not at home." As the latter is not strictly correct, a regard to truthfulness should prevent the statement. A polite mention that the lady could not receive callers ought to be sufficient To insist on seeing a person after such a message is the height of ill-manners on the part of the caller.

In making a morning call a gentleman should take hat and gloves with him into the parlor, but not his umbrella or his overshoes, and he should not remove his overcoat. In an evening call, all wraps, etc., should be left in the hall. While waiting for the person on whom you have called it is not right to walk about, examining pictures and other articles. A morning call should always be short, and one should not enter upon a subject of conversation which may terrify the hostess with the apprehension that you intend to remain until you have exhausted it.

In calling on a newly married couple, do not congratulate the lady upon her marriage, but the bridegroom. He, of course, is fortunate in having found any one to accept him ; her good luck may be more problematical. A visit to a newly married couple is not a visit of condolence. Be brisk in your manner, therefore ; wear a smile ; and if there be a feeling of pity at your heart, do your utmost to prevent its outward manifestation.

When ready to leave, arise and go. Do not linger and talk and act as if you wished you had not started. Make your adieus and depart at once—yet not in haste. If there are other callers, bow to them collectively.

After a party or dinner at a friend's house you should call within a week thereafter.

VISITING.

Visiting is a privilege that is often abused. Only firm friendship can justify it. One should not be too fast to accept an invitation—certainly not a mere " come and see us some time." Be sure that you are really wanted, and do not prolong your stay until your welcome is clean worn out. During a visit one should conform very strictly to the usual habits of the house, always being on hand and ready at the usual times for meals, and never keep the family up after their usual time for retiring. If unpleasant matters appear they should not be noticed, and in general one's presence ought to be the least possible occasion of trouble. Upon returning home, the family should receive a pleasant letter, renewing expressions of pleasure given when about to take leave of the hostess.

VISITING-CARDS.

As cards have so important a place in etiquette, it will be well to consult a reliable stationer as to styles in order to avoid mistakes. The neat round-hand and angular script has of late taken the place of old English type on cards. Only the name should be on a card. A business card never should be used for a friendly call. A physician may put " Dr." or " M. D." in addition to his name, and an Army or Navy officer his rank and branch of service.

In case a card is left in person when making a call, one corner should be turned down if for the lady of the house; if folded in the middle, it will indicate that the call is on several members of the family. A card should be left for each guest of the family.

" P. P. C." (*Pour prendre congè*) should be written in one corner of a card left at a farewell visit, before a protracted absence. Such cards may be sent by mail. Ladies about to be married sometimes send them in place of making a call.

An expert in the science of good manners has recently spoken thus on visiting-cards : " Care should be taken to conform with present usage and to avoid anything considered to be in questionable taste, for a card is the representative of one's-self. To the unrefined or underbred person the visiting-card is but a trifling and insignificant piece of paper ; but to the cultured disciple of social law it conveys a subtle and unmistakable intelligence. Its texture, style of engraving, and even the hour of leaving it, combine to place the stranger whose name it bears in a pleasant or a disagreeable attitude—even before his manners, conversation, and face have been able to explain his social position. The higher the civilization of a community, the more careful it is to preserve the elegance of its social forms. It is quite as easy to express a perfect breeding in the fashionable formalities of cards as by any other method, and perhaps, indeed, it is the safest herald of an invitation for a stranger. Its texture should be fine, its engraving a plain script, its size neither too small, so that its recipients shall say to themselves, ' A whimsical person,' nor too large, to suggest ostentation. Refinement seldom touches extremes in anything."

RECEPTIONS.

Receptions usually occur from four to seven in the afternoon, when light refreshments are served. Invitations to them are usually informal. If " R. S. V. P." is on a corner of such invitation it is proper to send answer. Otherwise, no answer is required. All who are invited are expected to call soon afterward—within two weeks at most. Invitations are generally issued in the name of the lady of the house, and are usually engraved in the lower left-hand corner of her visiting-card—thus :

MRS. JOHN THOMASSON.

Thursday, February third.

TEA AT FOUR O'CLOCK.   10 TRAFALGAR PLACE.

If assisted by a daughter or a friend, the name of such assistant is engraved below her own on the card. Some-times the cards are larger and in the following form :

MR. AND MRS. THOMAS JACKSON,

AT HOME,

Thursday, December sixth,
FROM THREE UNTIL SEVEN O'CLOCK.   150 TREMONT AVE.

These cards, now used in square form, should be inclosed in two envelopes when sent by mail. If delivered by mes-senger, one inclosure is sufficient.

DINNERS.

The Etiquette of Dinners is worthy of more space than we can give to it. When an invited guest, be sure not to be late. It would be a wrong to your host, to other guests, and to the dinner. Persons invited should be of the same standing in society, though not necessarily acquaintances. Invitations should be in the name of the gentleman and lady of the house, and should be issued at least a week in advance. They should be answered immediately, in order that the hosts may know who are to be their guests. When an engagement has been made it should be kept, if at all possible. It is not proper to invite a gentleman without his wife, or vice versa, unless it be an occasion when gen-tlemen alone are to be present. The usual time for dinners is from five to eight o'clock.

A dinner-table is said to be laid for so many " covers."

A " cover " comprises : Two large knives ; three large forks, silver knife and fork for fish; tablespoon for soup; wine-glass for sherry ; wine-glass for hock ; wine-glass for champagne. Where wines are not used, of course the glasses are omitted. In the centre, between the knives and forks, is placed the dinner-bread wrapped up in a serviette. The dessertspoons and small forks are placed before the guests on an empty plate before the sweets are passed around, and extra knives and forks are supplied as they are required.

In the main things of a dinner, the fillet and roast, there is little change, but in minor things the caterer rules. To begin with oysters, five, not six, is now the fashionable number for the half shells. At formal dinners it is the invariable rule that ladies and gentlemen should be seated alternately, never allowing two ladies or two gentlemen to sit together. At dinners of eight, twelve, or sixteen persons, this can be managed only by putting gentlemen at both ends of the table. Hostesses generally have a prejudice against giving up their customary seat, forgetting the old saying : " Where the Douglas sits, there is the head of the table," and avoid the awkward number.

When there are more ladies than gentlemen at the dinner-party, the hostess should go down alone, and leave the gentleman of highest rank to take down the lady of second rank ; in this case the gentleman will place himself at table on the right of the hostess. In passing from the drawing-room to the dining-room, remember that it is the lady who takes precedence, not the gentleman.

A gentleman must help the lady whom he has escorted to the table, but it is not proper to offer his help to other ladies who have escorts. If the guests pass the dishes, always help yourself before handing to the next. If at dinner you are requested to help any one to sauce, do not pour it over the meat or vegetables, but on one side. If you should have to carve and help a joint, do not load a person's plate—it is vulgar; also, in serving soup, one ladleful to each plate is sufficient.

Conversation at the table should be participated in by all, and should include only such subjects as will be agreeable to all. It is rudeness for one or two to monopolize the talking, and centre upon themselves a general attention.

When the guests have finished, the hostess can indicate, by rising, the time for departure from the table, when the return to the drawing-room can be in the order in which they are seated without regard to preference.

AFTER DINNER.

An hour or more of social intercourse will follow. It will be well if some of the company are musicians. In case one is invited to sing or play there should be graceful compliance, but it is not well to sing or play more than one piece unless specially urged. It is better not to risk boring the company with your performance, however good it may be. When people are singing, do them the courtesy of listening, or pretending to listen. If you do not like music yourself, remember that others may. Besides, when a person is endeavoring to entertain you, the least you can do is to show your gratitude for the intention.

Upon taking leave, express pleasure to the host and hostess, but do not offer thanks in any case. A call should be made soon afterward.

Dinner cards are so useful that they will not soon go out of fashion. The shops are full of them, and beautiful ones are coming over from Paris. Of a dozen recently used the owner said: "They cost almost as much as a dress." Each fan was painted and signed by a well-known artist, and bore the name of a guest. They suggested the lavishness of Lucullus in ancient times, and in modern that famous bonanza banquet in San Francisco, where every lady's dinner card was a point lace handkerchief.

MARRIAGE ANNIVERSARIES.

Marriage anniversaries are popularly designated as follows:

First Anniversary, ...	Paper Wedding.
Second "	Cotton "
Third "	Leather "
Fifth "	Wooden "
Tenth "	Tin
Fifteenth "	Crystal "
Twentieth "	Floral "
Twenty-fifth "	Silver "
Thirtieth "	Pearl "
Thirty-fifth "	China "
Fortieth "	Coral "
Forty-fifth "	Bronze "
Fiftieth "	Golden. "
Sixtieth "	Diamond "

It is proper to say that some of these, in the preceding list, are not often celebrated. Cards of wood, tin, etc., are no longer used, the invitations being issued on square white cards or note sheets, in plain, neat script. The words " No Gifts," are often engraved in the lower left-hand corner of the invitation. The ceremonies on such occasions are somewhat according to the taste and desire of the parties and the length of time they may have been married. The earlier occasions afford opportunities for merriment; the later ones, for the deeper emotions, mingled with pleasure and satisfaction.

COURTSHIP.

With regard to courtship, it may briefly be said that its freedom should not be abused by license, and that the parties ought to regard each other sacredly if their troth is plighted.

Upon engagement, the gentleman presents the lady with a ring, to be worn on the third finger of the right hand. While engaged, neither party should be occupied in flirtations with the opposite sex, yet both should reasonably mingle in society. The gentleman is always thereafter the legitimate escort of the lady and should not devote himself in any marked manner to any other lady.

Society wisely discourages all conspicuous manifestations of personal feeling. Lovers are not expected to "make love" in public, nor married couples to afford extravagant evidence of conjugal tenderness ; and the sincerity of the affection may reasonably be doubted which parades itself in public. When our hearts are deeply moved we do not take the world into our confidence. On the other hand, constant bickering and bantering between husband and wife in public is equally objectionable, even though it be only " in fun."

WEDDINGS.

The etiquette of weddings varies greatly according to circumstances. After invitations are issued the lady does not appear in public. The invitations should be handsomely engraved. Any reputable stationer will be able to suggest the proper forms and styles. The invitations are engraved in the name of the father and mother of the bride, or if neither are living, then in the name of her guardian or nearest relation.

The forms and ceremonies of weddings are generally in accordance with the wishes of the bride. But, whether the wedding ceremonies be at home or in church, a beautiful simplicity is certainly more pleasing than an ostentatious display.

PUBLIC PLACES.

Proper regard is necessary to the rules of polite deportment in public places. Let your walk in life be distinguished by unassuming grace. Look from your window and observe the gait of the passers-by. You will see at once " what to avoid "—the tread of the grenadier, the clumsy shuffle, the dancing-master's trip, the heel-and-toe movement, the pretentious slide. But it is easier to know what to avoid than what to imitate. Perhaps imitation is not advisable, and the chief thing to remember is that you should walk as if your body had a soul in it. Virgil tells us of Juno that you saw the goddess in her gait, and " grace in her steps " is one of the characteristics of Milton's " Eve."

Observation, which, " with extensive view, surveys mankind from China to Peru," shows that in the country gentlemen do not offer their arm to ladies, but in large towns this should be done as a measure of protection and a token of respect.

When you meet a friend in the street it must depend on your degree of intimacy whether you walk with him or not; but with a lady you must not walk, unless she directly or indirectly invite you.

Gentlemen do not take off their hats to one another; this is a courtesy reserved for the ladies. Gentlemen generally recognize each other with a nod. If you pass an acquaintance with a lady on his arm, do not nod; take off your hat, so that your salute may seem to embrace both your friend and the lady. In bowing to a lady in the street, lift your hat right off your head. Don't allow her to suppose that you wear a wig and are afraid to disarrange it. If you pass a friend with a lady whom you do not know, you must lift your hat to him and not nod.

Should you tread upon or stumble against any one, do not fail to make immediate apology. Of course, you will not stare at nor point to people, nor carry umbrella or cane horizontally under your arm. Neither will you stop a lady on the street to talk with her. Turn and walk with her, rather, and lift your hat to her when you have finished the conversation and are about to leave her.

It is very rude to rush for a seat in a car or at a public entertainment.   Better lose some comfort than be guilty of impoliteness.   It is equally wrong to occupy more space than you are entitled to in a public conveyance ; and when at a place of amusement to disturb others by your conversation or remarks while the performance is going on is gross ill-breeding.   A polite person will always have regard for the comfort of those who are near.

In public halls a gentleman should precede the lady whose escort he is, unless there is an usher preceding them. He should give her the inner seat and remain by her side. He is under no obligation to give up his seat to another lady and should avoid everything that might attract notice to himself or his companion.

In church there should always be deference and respect to the worshipers, whether or not you agree with them. Stay away if you cannot be respectful and attentive to the services.   It is not right to go late, to the possible disturbance of the worship.   It is rude to turn around and gaze at any one, to watch people coming in with critical glances, to talk or laugh, and so disturb others, or to leave until the dismission.

TRAVELING.

In our country almost every one travels, and a few hints will be serviceable to those who may not have traveled a great deal.   Always keep your head and arms inside the car window.   Remember that it is not necessary to be intrusive in order to be polite.   Take your time in getting on or off the cars ; nothing is gained by haste.   Avoid being boisterous and do not try to make yourself conspicuous. Never disclose your business to the stranger in whose company you may happen to be.

Bear in mind that the comfort of others should be taken into consideration when you travel.   Your open window may be a source of great annoyance and discomfort to your neighbors. Do not litter the seat you occupy with boxes and bundles to exclude other passengers from sharing with you the accommodation it affords. Respectfully decline any and all invitations extended by strangers with whom you are brought in contact to indulge in social games of cards. Do not ask the conductor foolish questions about the route; remember that he is not familiar with the running-time of all the roads in the United States. Do not address a lady who is unknown to you, unless she invite it. You may offer her your newspaper with a silent bow. An ' unprotected " lady ought to call forth a gentleman's finest chivalry.

If you have made some slight acquaintance with a lady in a railway carriage, you must not presume upon that to bow or speak to her at any accidental rencontre, unless she makes the first advances.

Discretion should be used in forming acquaintances while traveling. Ladies may accept small and proper attentions, but any attempt at familiarity should be checked at once. A true gentleman will not offer any familiarity. The flirting and freedom often indulged in by young people in public conveyances is unworthy of them—if, indeed, it does not indicate low breeding, and often leads to evil consequences. Whether at home or abroad, the same rules of good behavior should prevail.

CORRESPONDENCE.

Correspondence is the medium by which people communicate with each other when, for any reason, they cannot readily speak face to face. It should be characterized by the same politeness that marks the gentleman or lady in any relation of life. It will generally indicate character with considerable precision, unless there is studied concealment for a purpose. " It is as great a violation of propriety to send a carelessly prepared and badly written letter as it is to appear in the company of refined people with swaggering gait, soiled linen, and unkempt hair." It is at least a questionable compliment to a friend to send a letter written with very pale ink, or with lines crossed and indistinct, or with other evidences of disregard of the objects which you are supposed to have had in mind when writing—namely, to communicate information in a pleasant way. It is not in taste for you to use postal cards, except on mere matters of business. When used, there is no need of any address, except upon the address side. You may omit the usual formalities of salutation in your communication, giving the post office and date at the top, and simply sign your name at the bottom. Postal cards never should be used for any matters that are in the least degree confidential.

Private and personal letters should never be written on foolscap paper. What is known as "Commercial Note" is generally used by gentlemen, and a smaller size by ladies. Either ruled or plain paper is allowable, but the latter is deemed more in style. Envelopes should correspond with the paper used, and should always be of a light color, when ladies are addressed. Business letters are almost uniformly written on half-sheets, but for a social letter a whole sheet should always be used, though only a portion be occupied. The writing should be plain, without flourishes, and be continuous to the close without skipping a page. The inside address, following the date, should be such as the party named is entitled to receive, and the salutation such as is justified by the personal relations of the writer. Business letters generally begin with *Sir*, *Dear Sir*, *Sirs*, or *Gentlemen*. Do not use "Gents" for gentlemen, nor "Dr." for dear. For a letter addressed to a married woman, or a single woman not young, the proper salutation is *Madam*, *Dear Madam*, or *My dear Madam*. Business letters to a young unmarried lady do not require any salutation, the name alone being regarded as sufficient.

When your letter is written, it requires a respectful or affectionate conclusion and the signature. Business letters are generally closed with *Yours*, *Yours truly*, or *Yours respectfully*. Social letters admit of a great variety of forms, according to the taste and feelings of the writer. Whatever else may be wanting in clearness, the signature should be plain, so that there may not be any chance for mistake in replying. It is proper and desirable that " Miss " or " Mrs." be prefixed to your signature when writing to strangers, that there may not be any doubt as to the manner of addressing a reply.

When completed, your letter should be neatly and carefully folded, so that the edges will be exactly even, and inclosed in the envelope prepared for it by a proper outside address or superscription. The proper place for the postage stamp is the upper right-hand corner, and the stamp should be affixed squarely and head up. Postage should be fully paid.

A letter should always have prompt reply. It is real incivility not to do so, especially if there be anything which specially calls for answer, and in beginning a reply the reception of the letter should be acknowledged, as a rule, in the first sentence. If for any reason a further correspondence is not desired, care should be taken to so write that there will not be anything calling for answer. It is well always to remember that your letter may sometime get into print without your knowledge or consent, therefore do not write a word that would bring a blush to your face if read by the world.

NOTES.

Notes may be considered as differing from letters in being more formal, in being generally written in the third person, and being without signature. They are used for announcements, invitations, anniversaries, acceptances, regrets, and the like. For weddings, receptions, and other ceremonious occasions, your stationer will tell you the prevailing style. For acceptances and regrets, which should always be promptly made, the following models will suffice. They may be varied to suit the occasion and the relations of the parties :

ACCEPTANCE.

Mr and Mrs Carleton take pleasure in accepting the kind invitation of Mrs Bowles to her reception on Thursday evening, November 21st.

Friday, November 15th.

REGRET.

Mr and Mrs Carleton extremely regret that a previous engagement prevents their acceptance of Mrs Sparkle's polite invitation for Thursday evening, November 21st.

Saturday, November 16th.

NOTES OF INTRODUCTION.

Notes of introduction should be brief, and contain the full name and address of the person introduced. For business purposes they are often used, but the receiver is not required to entertain the bearer as a friend unless entirely agreeable. The obligation ceases with the transaction of the business in hand. A business introduction is delivered in person. The envelope containing it should not be sealed, and on its left-hand lower corner should be written the words, " Introducing Mr.————," that its character may command immediate attention. No pecuniary obligation is incurred by such an introduction, unless particularly mentioned. The conventional form is more or less as follows :

New York, Jan'y 18th, 1883.

Messrs. Applegarth & Co.

Gentlemen:—I have the pleasure of presenting to your acquaintance Mr. James Spellman, of Murray & Spellman, Montreal, Canada, whom I commend to your kind attentions.

Respectfully yours,

Samuel Smith.

Introductions should only be given when there is perfect confidence felt in the party introduced. It is right to refuse such a favor, if thought best, merely on the ground of unwillingness to take the liberty of presenting any one to the person or firm to whom introduction is asked.

A social introduction should be given with great caution. The writer should be well acquainted with both parties. Be specially careful in making introductions to ladies. It is an insult to the whole sex if you present to a lady any person of doubtful reputation. Never give letters of introduction, unless you are prepared to be responsible for the persons to whom they are given. Why should you thrust upon the society of a friend those whom you would not admit to your own? Or why ask his good services for individuals whom you know do not deserve them?

In all such letters candor should prevail. Say what you mean. Do not use ambiguous terms which leave a pleasant impression on the reader, but awaken a measure of confidence and generous purpose beyond what you intended. Whatever object is proposed in giving the letter should be distinctly stated, even though it be that you give it simply to rid yourself of a bore. If you know nothing of a party, but desire to get him employment, or some such favor, state the facts, though you defeat the purpose.

The holder of a social letter of introduction should not take it in person, but should send it with his card of address. The receiver, if he be a gentleman, will call upon you without delay. At all events, you are bound to give him an option; whereas, by taking your letter in person you force yourself upon him, whether he will or not. Should the letter introduce a gentleman to a lady, she may, at her option, answer by a note of invitation—appointing a time for him to call.

All polite deportment is based upon common sense. It is not the prerogative of the privileged and favored few, but it is the right and the duty of all. Not one of its requirements is useless if the comfort and welfare of our friends and associates be properly considered. The springs of politeness must be within. If one has learned to correct personal faults, to control self, and to be regardful of others, he has gone a long way toward that refinement of nature which will make him everywhere a welcome and honored guest.

If in the sanctity of home he lives in obedience to these principles, he will not be likely to ignore them when in the society of others ; and when in public places or engaged in correspondence, it will be as natural for him to be well-mannered and self-poised as it is for the thriving plant to drink in the morning dew. If it is worth while to have keen enjoyment of life—to win and to retain friends, and to make society better by our correct life in the midst of it—then it is no loss of time, but a gain in every direction, to understand and practice all that is included in POLITE DEPORTMENT.

CARE OF CHILDREN.

O child! O new-born denizen
  Of life's great city! on thy head
  The glory of the morn is shed
Like a celestial benizon!
Here at the portal thou dost stand,
  And with thy little hand
  Thou openest the mysterious gate
Into the future's undiscovered land.

LONGFELLOW.

CARE OF CHILDREN.

By W. B. ATKINSON, M. D., LECTURER ON DISEASES OF
CHILDREN, JEFFERSON MEDICAL COLLEGE, PHILA.

FROM the moment of birth it should be remembered
that the infant is a being of feeble powers; that while
it possesses a wonderful vitality, yet that vitality is
readily extinguished or impaired. Such impairment often
remains through life, rendering it a delicate, or perhaps
deformed, creature, liable to succumb to the most trivial
attacks of disease.

HEREDITARY INFLUENCES.

Whereas the child born of healthy parents, and that has
been reared under proper surroundings, is prepared to resist
the usual diseases of child-life, and if it is attacked, rarely
fails to have a mild form, from which it recovers perfectly.
For instance, the child of scrofulous, or otherwise diseased
parents, when exposed to scarlet fever usually has a bad
form of the disease and recovers imperfectly, being left with
running from the ears, or even deafness, or other of the
common results of this disease. Even where the parentage
of a child is tainted much may be done to make it better in
health and less liable to continue the taint in its own person,
and subsequently to transmit it in time to its offspring.

FIRST CARE OF A CHILD.

At the outset let it be understood that the so-called hardening of an infant by exposure, by cold bathing, by a prescribed diet, and other such plans is not only a failure, but frequently itself is the cause of the beginning of disease in an otherwise healthy infant. A new-born child, coming as it does from a position in which the temperature has been never less than that of the human body internally (98.5°F.), is extremely liable, especially in cold weather, to lose its vital heat. Hence, it should not be washed in cold water, or, in fact, for the first twenty-four or forty-eight hours, in water at all. The best method is to cleanse its surface by rubbing the skin with pure, fresh lard or sweet oil. This unites readily with the cheesy matter usually found to a greater or less extent on the skin of a new-born child; then, with a dry, soft cotton cloth the whole surface is readily cleansed. Where blood or other stain still adheres, the cloth may be moistened with warm water, and thus the surface is thoroughly cleansed. The use of water, and particularly of soap, is objectionable for several reasons.

Soap—as often found in the sick-room—is made of impure fats, which often have a poisonous effect, or it may have an excess of alkali, either of which conditions is injurious to the delicate cutaneous surface of the child. Again, the soapy water usually gets into the child's eyes, resulting in more or less inflammation of these delicate organs. Washing, unless when performed in a gentle manner, removes more or less thoroughly the natural oil of the skin, causing chafing, and also giving rise to many forms of eruption so often seen in the young infant. At all times the surface should be cleansed with care and gentleness. When soap becomes absolutely necessary in order to remove dirt, it should be of the best quality and used sparingly. The temperature of the water should be about that of the blood —say 95°—and the child not too long exposed in cool weather, lest its surface be chilled and a congestion of some of the internal organs occur. Bathing is always valuable, not only for the purposes of cleanliness, but also to keep the numerous pores of the skin in a condition to do their work. The water should be sufficiently warm to prevent the child suffering a chill, and the bath must be given in a situation not exposed to a draught, the whole surface to be rubbed dry with a soft towel.

SUITABLE CLOTHING.

The clothing for the very young child should be loose— tied rather than pinned—and in cold weather should completely cover its body up well around the neck, the arms to the wrists, and the legs and feet. Much damage is done by the foolish habit of exposing children in cool or cold weather—even in the house—with short sleeves, low-necked dress, and legs bare above the knees. It must be borne in mind that the blood in the extremities is readily chilled, and by this means cholera-infantum and dysentery in summer, and the colds and other affections of winter, are brought on. In hot weather a young child may usually be allowed to lie on a blanket or comfortable on the floor, unencumbered with much clothing, a light, soft slip being all that is required, and the only care being to avoid a draught. Here it can roll in every direction and move every muscle without hindrance.

While upon the subject of the child's clothing we may properly urge the importance of keeping the child outside the bonds imposed by fashion as long as it is possible. Have everything to fit easily and loosely; give it free scope for every movement, that motion may be a pleasure, not a pain. Especially see that the foot—usually so perfect and handsome at birth—is not confined, cramped in a shoe too narrow, and, almost invariably, too short for it. This point is one of the greatest value, as children grow so rapidly that frequently we find a shoe but little worn has already become too short. Here economy urges many to do a great wrong, for the use of a shoe too short for the foot compels nature, in its efforts to find room for the lengthening toes, to bend them over each other, and thus is produced that hideous and laming deformity—a foot with enlarged joints, with bunions, and with overlapping toes. Such a foot becomes a constant source of misery to its owner who is compelled to walk much. Even in hot weather it is safer for a child to wear next to its skin a soft merino shirt. The infant should wear its flannel band, covering its body from the armpits to the groins, until it is able to run about. This needs to be applied neatly and carefully, or it becomes a mere girdle about the middle of the child. In warm weather this band should be made of soft, light flannel, which may be made somewhat heavier as the cool weather of fall approaches.

The special value of this band is that it prevents chilling of the bowels, almost always the cause of cholera-infantum and other bowel affections. As the child becomes older— particularly in girls—must we urge the necessity of the avoidance of tight bands around the waist by which the skirts are supported, dragging constantly on the hips, compressing the abdomen, and thus forcing the internal organs out of their places. The wonderful prevalence of backache, sense of weariness after the shortest walk, and a host of ills in our female patients, may undoubtedly be traced to this as the commencement—aided, subsequently, by immense loads of skirts, late hours, neglect of the proper care, and the usual habits incident to fashionable life. Nor must we forget the support of the stockings. Garters are a constant injury, as they are generally worn. They compress the entire limb and markedly interfere with the circulation of the blood. Many cases of varicose veins are wholly due to this habit.

SUITABLE FOOD.

The food of the child from the outset must be either that provided by nature, the mother's milk, or something as nearly approaching it as may be. The young mother, the nurse—all, should be cautioned never to feed the child with anything at birth. It should be well understood that this is best for several reasons. All such trash as sugar or molasses and water, or any of the many abominations usually given to the new-born child with the erroneous belief that it must be hungry, and hence requires food, tends to cause indigestion, and produces wind in the stomach and bowels. This induces the child to cry with pain, and it is either fed with more of the stuff, under the belief that it is still hungry, or, worse, it is dosed with " soothing drops " to relieve its pain, and a new source of injury is added. Let me say here that no drops, cordials, sirups, or anything in the shape of drugs should be given, especially to a young child, without the advice of a physician. On this subject we shall speak more fully subsequently.

Let us suppose, for the sake of illustration, that the mother has a good flow of milk and the child nurses well. It is necessary that she should endeavor to so form its habits that it shall at first take the breast about once in every two hours, or a little longer, during the day, and about once in four to six hours at night. The child is greatly the creature of habit, and where the mother begins to put it to the breast at every cry, or whenever it rouses, it speedily acquires the custom of demanding the breast constantly. Indeed, some mothers will lie at night with the infant on the arm, so that it virtually sleeps with the nipple in its mouth. In such cases the child refuses to submit to any other plan and becomes a constant annoyance until it is weaned. As it becomes older, the interval between the nursings should be lengthened, so that it is suckled once in four to six hours and at night generally will go without till the hour for

rising has come. The food should be wholly the breast-
milk or its equivalent until the child has advanced so far
with its teeth as to be fully able to chew the food thoroughly.
Nor even then need much change be made ; for long after
weaning the best food is that into which milk largely enters.
Too much of a variety is hurtful to a young child. As
children grow, or should grow, rapidly, and require frequent
supplies to make up for the wear of, as well as the increase
in, the body, they should always be supplied with good,
nourishing food whenever they express a feeling of hunger.
It is not well to endeavor to restrict such to the exact number and hours for meals, as in adult life.

VALUE OF SUNSHINE.

Not less important is an abundance of sunlight and fresh
air. The effects upon plant life of the absence of sunlight
is shown by the plant growing thin, pale, delicate ; in fact,
this is made use of by gardeners to procure tender white
stalks, as of celery, etc. Abundance of illustrations will
readily occur to the thoughtful of the vicious effects of a
want of sunlight. This is one of the most valuable results
accruing by the transfer of an invalid to the sea-shore, the
mountains, or to the country farm. We may contrast the
pale, delicate appearance of those members of an otherwise
healthy family who are compelled to remain all day long,
and day after day, in the small house shut in from the sun's
rays by its overshadowing neighbors, with those whose
occupation compels them to be abroad.

Of course, the author would not be understood as advising
exposure to the direct, fierce rays of the sun in midsummer. It is its light, rather than its excess of heat, that does
the good, that increases the vitality of the little one. That
this does not seem by a great number of people to be regarded as of value is shown by their utter neglect of it, in
permitting windows to be blocked up by furniture, old hats,

clothing, and even dirt. Here cleanliness acts in more ways
than might at first be anticipated. Therefore, make the
nursery a light, cheerful room. Use only sufficient curtains
to prevent the direct rays from being an annoyance. Curtains should be such as can readily be removed, and so disposed as to afford the smallest opportunity for the accumulation of dust; for where such accumulation occurs is
most likely to be the nest for a deposit of disease germs.

GOOD VENTILATION.

Full and free ventilation must always form a part of the
means by which we prevent disease, as well as fight it after
it has entered. Like sunlight, fresh air is a most valuable
factor in health, and its deprivation equally one in disease.
The air of every part of a house should be thoroughly
changed so soon as the inmates rise in the morning and
throw open the dwelling. The bed-room windows, save in
extremely cold or wet weather, should be widely opened,
and so remain till near nightfall. The living, or work-rooms,
should equally be cared for. In the sick-room or nursery
the air can be readily changed from time to time by protecting the inmates from the draught. Cover the child,
head and all, in cold weather, and open the doors and windows to their fullest extent for a few minutes. Where the
air does not enter freely and drive out that which is vitiated,
thorough ventilation may be obtained by swinging the door
to and fro, shaking the curtains, or some similar plan. For-
tunately, we find the fresh air from the unlimited reservoir
without is ready to enter and drive out the disease-laden
air of the room. At the same time, it must be understood
that cold air is not always pure air. The fire may be maintained while this is going on, so that the temperature is not
lowered beyond the degree of comfort. Now that ther-
mometers of a good quality can be obtained so cheaply,
every sick-room at least should have one as an indispensa-

ble article of furniture. By its readings, the temperature should be carefully observed, so that a moderate and even degree of heat can be secured.

While we enforce the importance of pure air to children, it becomes an imperative duty to allude strongly to the vitiation of the air. While in the streets of a large city, and even in other localities, circumstances often greatly interfere with our efforts in this behalf, yet we constantly see an unnecessary, even criminal, carelessness in such matters. The dejections of all kinds are frequently permitted to remain in the rooms during the greater part of the day. When possible, especially in cases of contagious diseases, these should not only be removed at once, but disinfectants should be mixed with them, thus aiding greatly in preventing the spread of disease. A great cause of impure air is the constant use of tobacco in the house. To all whose sensibility of smell is not blunted by their habits, the stale fumes of tobacco adhering to the clothes, the curtains, the furniture, are disagreeable. We may be regarded as speaking strongly on this point, but during an experience, largely among children, for over thirty years, we can recall numerous cases of the use of tobacco by the bedside, and actually in the faces, of sick and dying children; of many instances of sudden illness in infants brought on by the inhalation of tobacco smoke. A little care and thoughtfulness aids greatly in keeping the air of a house pure. Thus, never let a poultice, a mustard, or other application remain in the room. Air the rooms well after cooking, after meals, after the exit of a filthy person. In short, when one enters a room from the outer fresh air and detects a strange odor there, such a room should be thoroughly ventilated as soon as possible. Warmth, not only by clothing, but by heat, as from a fire, is imperatively demanded for children in cold and damp weather. The child that expresses a sense of chilliness, that shivers, is sick or on the verge of sickness.

TREATMENT OF AILINGS.

When the child appears in any way to be " out of sorts," do not rush at once to drugs. Remember, that in many in_ stances a calm, refreshing sleep, a few hours of rest, will find an apparently very sick child again playing with its toys and as happy as though nothing had occurred. All are too much in the habit of accepting the gratuitous advice of those around them—advice from those who possess not the slightest knowledge of medicine. Let it be a fixed rule never to give any medicine without the advice of a skilled physician. See what can be done by sanitary regulations, by removing the causes of disease, by change of locality. Constantly are young children made ill by bad air, bad or deficient food, and bad drinks. In this connection, for the sake of the over-anxious parents who often wildly aban- don hope at the slightest sign of disease, and regard the child as doomed to die at the outset, we would say that the strong power constantly shown in a child by which it throws off an attack of disease and recuperates its exhausted powers, often seems as though the result of miraculous in- tervention. Hence, when sickness appears, no matter how terrible its form, however doubtful may appear the result, preserve to the end courage and cheerfulness. These aid constantly in obtaining the wished-for relief. The nursing is performed faithfully, the child is not dispirited—in short, you thus avoid that injurious condition where, hope being banished from the outset, it would seem as though the first sign of illness were equivalent to a funeral notice and only the forms had to be complied with. A woman who is nurs- ing a child should always remember that her milk is ex- tremely liable to be rendered injurious to her infant by what might seem to her to be but trifling matters. She gives way to her temper, her grief; she exhausts herself by labor; she indulges in improper food, and the next act of suckling is sure to be followed by disorder in some way of the child's system.

The author has seen in his own practice several marked instances of convulsions in the infant to follow immediately after it had begun to draw the milk from the breast of its mother who had just been having a scolding match with a neighbor. In one instance, the mother had been engaged in washing clothing for several hours, during which time the infant had not been allowed any nourishment. Finally, having completed her task, she sat down, greatly wearied, to nurse the child. Almost as soon as the first of the milk had entered its stomach, it fell into a profound stupor, from which it was with great difficulty aroused. There are other points in connection with the matter of nursing of equal, perhaps greater, importance, but their consideration does not belong to a volume like this.

BAD HABITS.

From the earliest hours the mother should esteem it a privilege as well as a duty to guard her child by the utmost vigilance from the acquiring of bad habits. Any habit in the child becomes so rooted—so much a part of its existence—that in after years it is virtually impossible to abolish it. We need not specify such habits, for many, if not all, are well known to parents, and often much deplored. It behooves the parent, however, not to err, and punish a child for the symptoms of disease under the belief that it is a bad habit. One such matter, in particular, requires our special attention. This, while a subject of peculiar delicacy, yet is of so great importance that we feel we will readily be excused for intruding it in a work of this kind. It is the incontinence of urine, especially at night. Constantly do we find children punished for this occurrence under the belief that it is a carelessness—a bad habit into which they have fallen. On the contrary, almost invariably the child is a double sufferer, and very unjustly so. It suffers from the punishment and suffers from the act, which causes a most unpleasant condition until its clothing is changed.

Again : by many people who recognize that this is really a diseased condition it is regarded as incurable, and hence nothing is done for its relief. When a child is afflicted in this way, the parent should at once consult a physician and persevere until the child is permanently cured. I say permanently, because in so many of these troubles of childhood improvement is temporary and requires persistent treatment. When, after such improvement, a relapse occurs, the parents are too apt to abandon all effort, with the belief that the disease is incurable. We often find that children who are troubled with this affliction are in the habit of screaming out at night, springing from the bed as if in great fear, or burying the head in the clothing, as though to protect themselves from danger. This is an affection known as " Night Terrors," and, as in the previous one, the child is constantly punished for so doing. Such treatment is not only very unjust, but extremely injudicious. When a child presents such symptoms it is out of health and imperatively demands medical care. An additional reason may be given in the fact that such a condition is very apt to be but the forerunner or premonitory symptom of loss of mind. Now that we know so well that insanity in many of its forms is but the expression of a disease which is constantly greatly relieved, and often permanently cured, it is well to be warned in time, and by early treatment prevent the full access of such disease.

HORRIBLE STORIES.

Scrupulously guard the child against the silly and horrible stories so frequently told them by nurses and others. In all children, especially those of a nervous temperament, who are awakened at night, the recollection of these things comes to them with terrible force amid the darkness and

27

the loneliness, and it is enough to drive the child into a temporary, if not lasting, insanity. When such an attack occurs, always soothe the little one by every endearment, keep the light burning, and remain with it until it has been composed again to sleep. It is safer in such cases to have a light constantly burning, and when possible an attendant should be near, that, when aroused, it may at once feel a sense of protection.

To prevent a return of these terrors, the general health should be cared for. See that the child has an abundance of out-door exercise. Exercise itself is a valuable means conducive of sleep in children. The child that has played in the open air all day long goes to sleep wearied, but with a sense of happiness as it falls into a sound, refreshing slumber, and, unless disturbed, usually sleeps the entire night and wakes refreshed for a new day's work. A special point in this connection is that every care should be observed not to disturb the sleep of a child. Much harm is constantly being done by carelessness in this respect. Another cause of harm is overwork of the brain, on which point we will speak hereafter. In addition, a child may suffer from such attacks as the result of indigestion, or of being indulged in too much food just before retiring. In all such cases it behooves the parent to remove all causes which may be supposed to incite to an attack, and should they continue, at once to consult a careful physician.

SOOTHING SIRUPS.

In a previous paragraph we alluded to "soothing sirups" and articles of a like nature, of which the name is legion. All such are useless and dangerous. It is safest and best to give no medicine to a child without the advice of a physician. When, however, it would appear necessary to resort to such means, no article should be used of which the component parts are not fully known. Despite the assurances so freely given that this or that remedy contains nothing that is hurtful, we are constantly being deceived. The most hurtful and powerful drugs are usually the basis of all these nostrums, and which educated physicians would hesitate to employ for infants, except under great necessity and with the utmost precaution. The effect is generally to lull the symptoms for the time, while the cause is insidiously undermining the child's health, and finally the little one gets beyond the reach of the aid which, too late, is summoned to it. Again, the child speedily becomes accustomed to such articles, and requires their continuance and in increased doses. The least evil result is indigestion, followed by constipation, stunted growth, enfeebled intellect, and generally producing such a condition of impairment of vitality that the child readily yields to the most ordinary attack of disease, and death ends the lesson.

TEETHING.

The period for the appearance of the second or permanent set of teeth is rarely one when there need be any fear of disease. But it is very important that the parents should observe carefully that these teeth are cut regularly and are not interfered with by the temporary ones. Should they show signs of irregularity or of a tendency to decay, do not delay, but at once consult a skilled physician or dentist, that the trouble may be known and obviated.

EARLY SCHOOLING.

The question of the education of a child should always be one demanding careful consideration. While we are met on every hand by infant prodigies—children of wonderful precocity—yet it should be borne in mind that this is not according to the dictates of nature or of common sense. The hours of infancy and early childhood should be devoted to the accumulation of a fund of health, which in due time will enable its possessor to master, not only attacks of disease, but at the proper time to master the most difficult problems. These hours should be the happiest of life—free from cares or tasks, and particularly free from that irksome confinement to the hard benches of a school-room. " Seven years a baby." This is always true, and never more so than in regard to education. It is time enough after a child has reached and passed that era for it to commence the serious business of attending school. We would urge that, except in the most easy and pleasant manner possible, no positive efforts should be made in the line of what is known as education.

Certainly, a healthy child is always learning, and little by little, with proper care, with scarcely an effort it acquires a valuable fund of knowledge during these early years. But there should be as few set tasks as possible, no memorizing of dates, or of long strings of verses or questions. Rather, in these days, the beautiful, the happy method of the Kindergarten. Especially during the bright, warm days of summer should all confinement to the house be avoided. The school must be in the open air, wherever it can best be obtained, learning from nature's ever-open book. In this connection the evil results of overwork of the brain must constantly be borne in mind. Thus are often planted the seeds of disease, which too soon yield an abundant crop and a harvest of consumption, insanity, and the like. Chorea, or St. Vitus' dance, as it is commonly called, is frequently brought on by overwork of the brain, and even cases are known where an intellect exceptionally brilliant at the outset has in a few years been clouded by idiocy.

A common belief with many is that all our meals should be partaken of in silence, and though not hastily, yet without undue loitering over them. This is a grave error. The table hour at all times should be a social one. Parents and children should, when convenient, enjoy their meals together and enlivened with pleasant chat. This prevents the bolting of food half chewed, and other bad habits, and while the younger ones should not be permitted to monopolize, or even largely share in, the conversation, yet they should be encouraged to habits of attention and respect on these occasions that will enable them to profit in the future.

PHYSICAL DEVELOPMENT.

As a child increases in years it should increase in strength. Here we gain by open-air exercise. In the very young their very exuberance of spirits prompts, even compels, them to romp and frolic. They are like young animals of all kinds, which we see wildly rushing back and forth in the fields, as if utterly unable to keep still. But as a child gets older it is too apt (especially is this seen in young girls) to be content with quiet play. Here comes in the value of light gymnastics. When not carried so far as to become a task, it proves extremely useful by bringing into play in succession each and every set of muscles. By the majority of teachers this exercise is so conducted as to be regarded as a pleasant means of health exercise, and only so long is it useful. The child that finds light exercise a drag requires close attention lest disease be making inroads when least expected. Hence a teacher should be watchful not to disregard the evident signs which tell of exhaustion, and should act accordingly.

Dancing becomes a means to the same end, but, unfortunately, it is sadly abused. This is not the place to descant at length upon the abuses of dancing, save to warn parents not to permit this exercise to be carried so far that it produces muscular exhaustion rather than tenacity of the muscles. Skating, whether on the ice or on parlor skates, is equally a valuable exercise, but always with the same proviso. Recently we find the addition of lawn tennis, croquet, cricket, and base ball as incentives to out-door exercise. With all of them the constant trouble is to prevent excesses. The great desire for victory carries the players forward until they have long passed the boundary of benefit and they reap an abundant harvest of joints and muscles strained, not to say those graver injuries—heart diseases, blood vessels ruptured, hernia, and the like. The last game—viz., base ball, should be abolished from the list permitted for children. It not only demands too much and prolonged exertion, very destructive to the growing frame, but its dangers of maiming, even killing, its players are so many that it is absolutely unsafe both for performers and spectators.

HOME GOVERNMENT.

The home of a child from its earliest remembrance should be associated with happiness. Health is always the handmaid of happiness. A peevish, fretful child not only discomforts those around it, but is itself constantly the victim of indigestion and the like. Hence it becomes an important duty for the parent to begin the moral education of a child almost at birth. We constantly see how rapidly even an infant becomes the tyrant of the household when its slightest whims and humors are permitted and indulged. Kindness, but also firmness, are demanded in the treatment of children. Decide what is right, what is best, and let that decision be final. Make such decisions in no petulant, hasty spirit. This only leads to fear rather than love, and perhaps to concealment and deception.

Above all, as the child grows older and more observant, be extremely watchful lest your example lead it astray. Remember, a child is ever apt to imitate the actions of those with whom it is constantly associated. Regard these little ones as your most priceless treasures. Study that you may so fashion their homes and their lives that the future will reflect no doubtful or evil results.

TRYING EMERGENCIES.

We know not of what we are capable till the trial comes;—till it comes, perhaps, in a form which makes the strong man quail, and turns the gentler woman into a heroine. MRS. JAMESON.

TRYING EMERGENCIES.

WHAT TO DO FIRST.

EMERGENCIES will arise. Accidents will occur; and when they occur the prompt action, if it be wisely directed, is that which accomplishes the needed work. An alphabetical arrangement of such cases as are most common is here given. When an emergency does arise, deliberately look for directions in this chapter, and proceed as directed, meanwhile seeking a physician.

Apoplexy.—In apoplexy the patient suddenly falls into a state of stupor or unconsciousness, the pupils of the eyes are dilated, the breathing laborious or snoring, the swallowing difficult, the pulse slow and sometimes irregular, with loss of power in the limbs, and usually a deeply flushed face. *Do not mistake this for intoxication.* In such a case elevate the head and body, loosen the clothing about the neck, place the feet in hot mustard water with mustard over the stomach, apply cold to the head and nape of the neck, and send at once for a physician. If a doctor cannot be obtained quickly, open the bowels by an injection of soap and warm water.

Asthma.—Asthmatic attacks may frequently be cut short in several ways. If the patient be very nervous, let the attention be diverted in any way possible and the breathing will soon become much easier. Another method of relief may be found in administering an emetic; still another, in smoking the asthma cigarettes which are sold generally by the druggists; still another, in drinking one or more cups of strong coffee; still another, in inhaling steam from a basin of hot water into which a tablespoonful of Hoffman's anodyne has been poured, and still another, by giving a full dose of opium, laudanum, or paregoric.

Bites of Dogs, Serpents, etc.—Make haste to suck well the bites of dogs, cats, snakes, and other animals whose bites are poisonous, unless the mouth is sore. In the case of dogs also bind the limb tightly above the bite and burn the wound with a hot iron or needle; besides, capture the dog, if possible, and keep him watched carefully until ascertained whether he is mad or not. In the case of snake bite, after sucking and burning the wound, give whisky or brandy in full doses and keep up the intoxication until the doctor is called.

Bleeding, see Hemorrhages.

Blisters.—All blisters, whether caused by burns, scalds, heat of the sun, Spanish fly, or friction, should be carefully opened near one edge without removing the skin, and then dressed with sweet oil or some mild ointment like simple cerate, cold cream, or cosmoline.

Broken Bones, see Fractures.

Bruises.—First cleanse them; then, until pain is relieved, apply cloths wet with cold water, to which laudanum may be added. After the pain has subsided, warm water dressings will hasten the removal of the discoloration, swelling, and soreness.

Black Eye.—This should be treated as any other bruise. After the swelling is gone, the dark color may be concealed by painting it or by flesh-colored plaster.

Burns and Scalds.—Dust the parts with bicarbonate of soda, or wet with water in which as much of the soda has been placed as can be dissolved. When the burns are so severe that the skin   broken and blisters are raised, open the blisters at one side and swathe the parts with soft linen anointed with simple cerate or saturated with sweet oil, castor oil, or equal parts of linseed oil and limewater. Burns from acids should be well washed with water. Burns from caustic alkalies, should be well washed with vinegar and water. When a person's clothing is on fire he should quickly lie down and be wrapped in carpet or something else that will smother the flame.

Choking.—If possible, remove the offending substance at once with the fingers, or with blunt scissors used as forceps, or a loop of small wire bent like a hairpin. It may be possible to dislodge it by blowing strongly in the ear, or by causing the patient to vomit by tickling the throat. In a child these efforts may be aided by holding it up by the legs. If pins, needles, or fish bones get in the throat, they frequently require great care in attempts at removal. A surgeon had better be called as soon as possible if the body cannot be dislodged at once, and especially if there be difficulty in breathing.

Cholera Morbus.—This affection often requires that something be done at once. For this purpose, thirty drops of laudanum or two or three teaspoonfuls of paregoric may be given to an adult, or proportionate doses for children. Also apply over the stomach a mustard plaster or cloths wrung out of hot water and turpentine, and frequently changed. If relief is not soon obtained, seek the advice of a physician.

Colic.—May be treated as above, with the addition of an emetic or purgative, or both, if due to undigested food.

Convulsions in Children.—When these occur, place the child at once in a bath of hot water with mustard added ; apply cold water cloths to the head, move the bowels with an injection of warm water or soapsuds, and give enough sirup of ipecac to vomit, unless this has already occurred. Con-

vulsions frequently indicate the commencement of some disease ; hence it is well to call a physician early.

Contusions, see Bruises.

Croup.—When a child is taken suddenly with the croup
at night, give at once a teaspoonful of sirup of ipecac, or
the same with a few drops of antimonial wine added, or a
teaspoonful of powdered alum followed by a cup of water.
Repeat these soon if necessary to cause vomiting. Warm
water cloths may be applied to the throat if covered with
dry wrappings. Keep the child warm, so that sweating may
be induced, and strive to allay its excitement or fear.

Cuts, see Wounds.

Diarrhœa.—Diarrhœa is most generally caused by an irritation of the bowels, due either to the presence of undigested
food or the remains of a previous constipation. Hence it
is always well to commence treatment by a dose of castor
oil, to which may be added ten drops of laudanum. After
the bowels have been moved, give to an adult ten or fifteen
drops of laudanum after each subsequent movement, stop-
ping its use after a few doses. Half-teaspoonful doses of
ginger in water may be tried. Injections of boiled starch
with twenty or thirty drops of laudanum may be tried. Give
but little opium to children.

Dysentery.—Dysentery may almost certainly be recognized by the griping and bearing-down feeling when the
bowels are moved, and especially if the discharges are slimy
and mixed with blood.

A physician should be consulted without wasting much
time in trying the simpler diarrhœa remedies.

Dislocations.—A dislocation is the displacement of the end
of a bone at the joint ; hence there is a deformity of the
joint. The ligaments about the joints are necessarily more
or less torn ; hence there is pain. Most of these dislocations

will require the skill of a surgeon ; hence one should be obtained as early as possible, care being taken to make the
patient as comfortable as may be by an easy position and
cooling and soothing applications to the affected joint.

The following named joints may be easily restored usually
by the process given : Dislocations of the fingers are reduced
by pulling in the line of the bones with moderate pressure
at the affected joint. Retain in place by a small splint loosely
bound along the back of the finger and hand.

Dislocation of lower jaw.—Replace this by wrapping the
two thumbs well with towels, then thrusting them into the
two sides of the patient's mouth, slipping them over the back
teeth, at the same time grasping firmly, with the fingers, the
two sides of the jaws outside the mouth, and making pressure firmly downward and backward with the thumbs, using
the sides of the jaw as a lever. As soon as the jaw is felt
to be moving into place, slip the thumbs quickly from off
the teeth into the sides of the cheeks to prevent having them
crushed by the teeth, which will be drawn together with
great force. Afterward, keep the jaw in place by bandag-
ing, so that the lower teeth will be firmly pressed against
the upper row.

Dislocation of shoulder.—To reduce this, place the patient
on his back, sit down close by his side with foot to his
shoulder, remove the shoe and place the foot in his arm-pit,
seize the patient's hand and pull firmly, drawing the arm
somewhat across the body, and making at the same time,
pressure upward and outward with the foot in the arm-pit.
If successful, the head of the bone will be heard, or felt, to
go in place with a snap. If not soon successful, stop and
send for a surgeon. Retain bone in place by bringing the
forearm across the chest and securing there by some kind of
bandage.

Drowning.—*To prevent drowning.*—When upset in a boat

or thrown into the water and unable to swim, draw the breath in well; keep the mouth tight shut; do not struggle and throw the arms up, but yield quietly to the water; hold the head well up, and stretch out the hands only *below* the water; to throw the hands or feet *up* will pitch the body *below* the water, hands or feet *up* will pitch the body head down, and cause the whole person to go immediately under water. Keep the head *above*, and everything else under water.

To restore the apparently drowned.—As soon as removed from the water, treat the patient instantly on the spot without wasting precious time in removing to a house, unless the weather is intensely cold. Free the neck, chest, and waist of clothing. Place the patient on his face with a cushion under his chest and his arm under his forehead, and make pressure on the back for a moment to force water from the lungs. Clear the mouth with the finger and prevent the tongue from obstructing the windpipe by bringing it well forward, and securing it there by passing a cord well back over its base, bringing the ends out at the corners of the mouth and tying them under the chin. Then turn the patient on the back, with a cushion under the shoulders so as to carry the chin away from the chest and thus extend the neck. Then seek to restore respiration in the following manner, which is generally known as Sylvester's method: place yourself behind the patient's head, seize the arms near the elbows and sweep them around away from the body and bring them together above the head, at the same time giving them a strong pull for a few seconds. This elevates the ribs, enlarges the chest, and thus fills the lungs with air. Next return the arms to their former position beside the chest and make strong pressure against the lower ribs for a moment so as to drive out the air again from the lungs. Repeat this manœuvre about fifteen or sixteen times a minute, and keep it up for a long time, unless natural respiration is secured in the meantime, or it has been established beyond a doubt that the patient is certainly dead.

When the patient begins to breathe, stimulate this by the use of ammonia applied to the nose, by slapping briskly the surface of the body, by dashing water upon the chest or face, and by suiting the artificial to the movement of the natural as nearly as possible. Let some person also commence rubbing the limbs briskly upward so as to aid the feeble circulation ; and secure warmth to the body by warm blankets, warm bricks, bottles of warm water (or anything else that will retain heat), applied to the armpits, over the stomach, and elsewhere about the body. Let some stimulant be given as soon as it can be swallowed, and repeated occasionally until danger is over.

Never attempt to move the patient until fully restored if you can possibly avoid it. Then he should be carefully placed in a warm bed and watched to see that breathing does not suddenly cease. Should this occur, renew the artificial respiration at once.

Ear (*Foreign bodies in*).—If a living insect is in the ear, turn the head to the opposite side and fill the ear with tepid water, oil, or glycerine, and it will soon come to the surface.

A bright light thrown into the ear will also often succeed in bringing it out. Any body that will not swell when moistened with water may probably be removed by syringing the ear thoroughly, with the face held downward.

None but the very gentlest probing of the ear should be attempted by any one but a physician, who understands what a delicate organ he has to deal with.

Earache.—Earaches frequently are caused by diseased teeth. In such cases the quickest remedy is either the extraction of the sinning tooth or the adoption of treatment appropriate for the toothache. Earaches not caused by the teeth may often be relieved by using hot drinks, and a hot hop poultice over the affected ear. A persistent earache most likely indicates some disease of the ear and should always lead to consulting a doctor.

Epileptic Fits.—These are known by pallor of face at first, a peculiar cry, loss of consciousness, then flushing of face and violent convulsions, with foaming at the mouth, rolling of the eyes, and biting of the lips and tongue.

In a fit of this kind, place the patient on the back, with little or no elevation of the head; control his movements only so far as to prevent injury; place a folded towel between the teeth, if possible, to prevent the biting of the tongue.

When the convulsion is over, let the patient rest in some quiet place, having previously taken a slight stimulant if very much exhausted by the violence or length of the fit.

Eye (*Foreign bodies in*).—Dirt in the eye may be washed out by squeezing from a sponge a small stream of tepid water. To wash lime from the eye, use the tepid water moderately acidulated with vinegar or lemon-juice. Cinders and other small particles may be removed generally by touching them with a soft silk or linen handkerchief twisted to a point, or by using a loop of human hair. Metallic particles can often be removed best by the use of a magnet.

To expose the eye more fully, the upper lid may be easily everted by lifting it by the lashes and pressing from above by a slender pencil or stick.

Fainting.—When persons have fainted lay them down with the head as low as possible, loosen the clothing, keep back any crowding that would interfere with plenty of fresh air; sprinkle water over the face, apply hartshorn to the nose, and if too long in recovering consciousness, place heated cloths or plates over the stomach.

Fits in Children, see Convulsions.

Fish-hooks.—When a fish-hook has entered any part of the body, cut off the line, file off the flattened end, and pass the hook on through the flesh like you would a needle in sewing.

Fractures.—Broken bones are easily recognized by the grating of the ends on each other, by the unusual bending of the limb, and by the pain caused by motion at this point. A fracture is called *compound* when the end of the bone protrudes through the skin. Whenever such protrusion is seen, the part should be cleansed and at once covered with adhesive plaster or a piece of linen saturated with white of egg. All fractures should be attended to by a surgeon; consequently the dressings suggested here are only temporary, and intended to protect the parts from further injury.

In fracture of the arm above the elbow, bandage the upper arm to the side of the chest, and place the hand in a sling.

In fracture of the arm below the elbow, bend the arm at the elbow at a right angle, place the thumb uppermost, and bandage it between two padded splints, reaching from elbow to ends of the fingers, one being placed on the back of the arm and the other on the front, and place the hand in a sling.

In fracture of the leg below the knee, extend the leg beside the sound one, giving it the same position; place a pillow beneath from the knee down, fold the sides of the pillow over the leg, and secure it in that position by bandages.

In fracture of the thigh-bone, place the patient on the back in bed, relax the muscles of the leg by drawing the feet up toward the body sufficiently, bind splints to the outer and inner side of the broken thigh; then bind both legs together, and turn patient on the side with the injured limb uppermost.

38

In fracture of the knee-cap, bind the whole limb to a splint on the back of it, being careful to place a sufficiently large pad beneath the bend of the knee.

In fracture of the collar-bone, place the patient on his back on a hard bed without any pillow.

In fracture of the lower jaw, close the mouth and bandage so as to keep the two rows of teeth together.

In fractures of the skull, lay the patient down and apply cold, wet cloths to the head.

In other fractures, place the patient in the most comfortable position possible, keep him quiet, and apply cold water to prevent swelling.

For splints, pasteboard, leather, shingles, or pieces of cigar-box may be used.

Frostbite.—In frostbite use gentle friction in a warm room, using enough cold water or snow to prevent too rapid reaction and consequent pain in the affected part. If very severe, call a physician, as gangrene may follow.

Gunshot Wounds, see Wounds.

Heatstroke, see Sunstroke.

Hemorrhages.—In hemorrhages from an artery, the blood is bright red, and spurts or jets out from a cut. To stop it, make compression between the wound and the heart.

In venous hemorrhage the blood is dark in color and flows in a steady stream. To stop it, make compression on the side of the wound away from the heart. Hemorrhage from the lungs is bright red and frothy, while that from the stomach is of dark color.

To make thorough compression of a blood-vessel, knot a large handkerchief in the middle, place the knot over the line of the vessel, tie the ends firmly around the limb, thrust a short stick beneath, and twist by turning the stick like you turn an auger.

Hemorrhage from the nose may be stopped generally by snuffing up the nose salt and water, alum and water, or vinegar, or by applying ice between the shoulders or at the back of the neck. Keep head raised.

In hemorrhage from the lungs, place the patient in a sitting posture in bed, giving teaspoonful doses of salt and vinegar every fifteen minutes, and apply ice or cold water to the chest, unless the patient is too weak to bear it.

In hemorrhage from the stomach, broken ice may be swallowed with teaspoonful doses of vinegar.

In hemorrhage from the bowels, use ice-water injections and ice over the abdomen.

Injuries to the Brain.—Blows or falls upon the head are liable to injure the brain in two ways.

Concussion of the brain is recognized by the sickness, faintness, pallor, depression, and confusion of the patient, and is best treated by placing the patient on his back in a quiet, cool place, loosening the clothing, and applying heat to the body and limbs if they be clammy or cold.

Compression of the brain is due to fracture of the skull, generally a portion being depressed. The symptoms and treatment about the same as apoplexy.

Intoxication.—This may be distinguished from apoplexy by the absence of paralysis and of insensibilty of the eye-ball, and by the smell of liquor on the breath.

When sure that the patient is intoxicated and not suffering from apoplexy, an emetic may be given, followed by a dose of some preparation of ammonia.

Vinegar is a very good thing to sober a drunken person.

Insect Stings, see Stings.

Ivy Poisoning.—Treated by the application of cloths saturated with sugar-of-lead water or with a solution of bicarbonate of soda in water.

Lightning Stroke.—Treat with rest and stimulants and warmth applied to the body.

Nausea and Vomiting.—First cleanse the stomach by giving large draughts of warm water, and then give small pieces of ice, a teaspoonful of lime-water, or a half teaspoonful of aromatic spirits of ammonia, or a small quantity of magnesia or baking-soda, and, if necessary, place a mustard plaster over the pit of the stomach.

Nervous Attacks, or Shivering Fits, are treated by hot drinks, heat to the surface of the body, mustard or turpentine over the stomach, and a dose of Hoffman's anodyne or tincture of valerian, if at hand.

Nose (*Foreign bodies in*).—Children are apt to shove up their noses small bodies of different sorts, which may cause serious trouble unless soon removed. Their removal may often be effected by vigorously blowing the nose or by repeated sneezing, produced by snuff, or by tickling the nose with a feather. If these fail, a hair-pin or button-hook may be carefully tried.

Nose-bleed, see Hemorrhages.

Poisons.—*Acids* act as irritant poisons, of which the most common are sulphuric, nitric, muriatic, and oxalic.

For poisoning by any of these, give large quantities of either soda, magnesia, chalk, whitewash, whiting, or plaster. Then provoke vomiting, give bland drinks, rest, and stimulants if required. For *oxalic acid* the best antidote is lime in some form. For *carbolic acid*, vomiting, large draughts of oil or milk, rest, warmth of body, and stimulants.

For the *alkaline poisons*—ammonia, soda, potash, or concentrated lye—give vinegar freely ; then provoke vomiting, and give bland drinks, followed by rest, and stimulants if required.

For *arsenic, Paris green,* or *Scheele's green*, give large quantities of milk, white of egg, or flour and water ; then vomit ;

then give tablespoonful doses of dialyzed iron, followed by a teaspoonful of salt in a cup of water ; vomit again ; give a dose of castor-oil, with rest, and stimulants if needed.

Sugar of lead.—Give Epsom salts, provoke vomiting ; repeat several times ; then give demulcent drinks, followed by castor-oil.

For *corrosive sublimate*, provoke vomiting, give strong tea without milk ; repeat these several times, then give milk and raw eggs ; follow with a dose of castor-oil, and stimulate if necessary.

For *tartar emetic*, use the same treatment as for corrosive sublimate.

For *phosphorus* (usually from matches), provoke vomiting by giving repeatedly five-grain doses of sulphate of copper, then give a dose of magnesia, but *no oil*.

For *lunar caustic*, give a strong solution of salt and water repeatedly, then vomit.

For *iodine*, vomit, give starch dissolved in water freely, following with bland drinks.

For *opium, laudanum, morphia, paregoric,* and *chloral,* vomit the patient freely and repeatedly, with mustard and warm water ; then give strong coffee ; keep the patient roused by brisk slapping of the skin, or by moving about, or by the galvanic battery, and use Sylvester's method* of keeping up artificial respiration if necessary.

For *strychnine*, vomit once or twice, give a purgative, and then secure absolute rest in a dark, cool room, free from draughts. Large doses of bromide of potash (thirty grains) or twenty grains of chloral may be given.

For *toadstools or Jamestown (jimson) weed*, produce vomiting and follow by stimulants and external application of heat.

For *decayed meats and vegetables*, empty the stomach, then give a dose of castor-oil and some powdered charcoal.

* See under Drowning, p. 506.

For all poisons the best general emetic is mustard and plenty of warm water, aided, if possible, by the patient's finger thrust down the throat. The best stimulant is strong, hot tea or coffee, to which may be added the alcoholic stimulants. The best bland drinks are milk, beaten raw eggs, gum arabic water, or oil. Demulcent drinks are of the same general character. They are mucilaginous, and so protect the coatings of the stomach from irritants, etc.

Scalds, see Burns.

Shocks.—In violent shock, such as results from severe injuries, lay the patient down, cover warmly, and if cold, apply external heat by using bottles of hot water, hot bricks, or hot flannels, etc. If the patient can swallow, give stimulants; if not, give stimulating injections. A mustard-plaster may be applied to the chest and spine with advantage.

Snake-bites, see Bites.

Spasms, see Convulsions.

· **Spitting Blood,** see Hemorrhages.

Splinters.—Wood splinters, if not too brittle, may generally be extracted by tweezers or forceps by seizing the end and pulling steadily and carefully in the direction opposite that in which they entered. Nature will soon make them easier of extraction by the formation of matter around them. To get hold of a splinter under the nail, cut out a V-shaped portion of the nail above it and then the end can be seized. Splinters of glass unless readily extracted should be left to the skill of the surgeon. When a splinter in the eye cannot be extracted, bathe in cold water and bandage loosely, so as to keep the eye as quiet as possible till the surgeon arrives.

Sprains.—Treat sprains by rest, elevation of the limb, cold, moist applications at first, and afterward either cold or warm, whichever gives the greater degree of comfort. A splint or bandage is sometimes useful.

Stings.—The stings of scorpions, tarantulas, centipedes, bees, wasps, hornets, etc., may be treated best by the application of cloths wet in cold water, or wet mud even. The application of a little ammonia or salt and water will generally give marked relief.

Suffocation.—Treat by quick removal to the open air, loosen the garments, and apply friction and artificial respiration if necessary. To escape injury by the heavier gases, as carbonic acid gas, the gases of mines, wells, etc., strive to keep the head above them. To escape through smoke, cover the head with some article of clothing, and seek the outlet with the head as near the floor as possible.

Sunburn.—For sunburn, use equal parts of bicarbonate of soda and fresh lard or cosmoline.

Sunstroke.—Treat this by removing the clothing, applying ice to the head and arm-pits until the high temperature is lowered and consciousness returns, when it should be discontinued until a rising temperature again calls for it. A cold bath of iced water may be very beneficial.

Toothache.—When due to a hollow tooth, cleanse the cavity with a little dry cotton on a probe or large needle, and then pack into the cavity a wad of cotton which has been dipped in creosote, oil of cloves, or ether. When there is no cavity, try bathing the face and gums with some of the various anodynes.

Unconsciousness.—For the recognition of unconsciousness due to fainting, injuries of the brain, and intoxication, see those subjects. When unconsciousness is due to disease of kidneys there will generally be convulsions, also a smell of urine and a dropsical swelling about the eyes and legs. When there is uncertainty as to the cause of the unconsciousness, lay the patient on his back with the head somewhat raised; and if there be pallor and other signs of prostration and a cold surface, apply ammonia to the nose, with heat externally and hot drinks internally. If there be a hot surface, cold should be used externally and internally.

Wounds.—The first important thing to do is to stop the hemorrhage according to the directions given under the head of Hemorrhages. Press tightly between the wound and heart if the blood is bright red and spurts or jets out; but if blood is dark and flows slowly and steadily, make pressure beyond the wound or on both sides of it. For wounds high up in the arm, press firmly just above and back of the middle of the collar-bone; and for those high up in the leg, press over where the artery is found beating in the groin. For wounds of the head, apply pad over the wound and bandage tightly.

To temporarily dress incised wounds or clean cuts, bring the edges of the cut evenly together and fasten by bandages, adhesive plaster, or pieces of linen saturated in white of egg. When the chest or abdomen is cut so that the lung or bowels protrude, first cleanse these by gently squeezing over them tepid water from a sponge, and then carefully place them back very gently with a soft cloth wet in warm water; if not able to replace them with such a cloth, wet with warm water and keep it wet until a surgeon arrives.

Lacerated or torn wounds seldom bleed much. These should be carefully cleansed of all foreign substances, the parts placed in position as nearly as possible, and then treat as bruises with wet cloths sprinkled with laudanum.

Perforated Wounds, such as may be made with a rusty nail, should be enlarged or kept open by the introduction of lint, which must be changed three or four times a day, and the wound should be kept well cleansed.

Gunshot Wounds should always have the care of a surgeon. Temporarily let them be treated by cold, wet cloths, with the addition of laudanum if required. If there be signs of shock, treat according to directions given under that head. About the same general directions may be followed in the treatment of injuries caused by machinery. It may be accepted as a rule, that gunshot wounds, railroad accidents, and machinery accidents are worse than they seem to be. The shock to the system is also very severe in these cases, and is hard to rally from.

In all emergencies, the poorest thing to do is to lose presence of mind and to hesitate when action is needed. Be cool, prompt, decided!

EMERGENCY BY FIRE.

Beyond the class of emergencies already discussed, that by fire is as imperative as any. There may be dangers of this kind where the most pressing duty is flight. One should prepare himself for this by cool contemplation of every new situation in which he sleeps or tarries—where the probable source of danger lies and what is the most available method of escape should be in mind before the emergency arises.

As a rule, however, the party who discovers a fire should give an alarm and then run at it—not from it. Many fires can be smothered out. Far less water will drown a fire than many suppose. A bucket of water applied from a tin dipper to the point of greatest peril will do more good than a barrel of water promiscuously dashed out. Keep cool and put water where it is needed.

In a smoke-filled apartment lie down and creep on the floor. Tie a wet handkerchief over the mouth and nostrils when passing dense smoke. Carry a coil of small but strong rope, with knots along it, when you travel. If needing to escape by it, fasten one end to the bedstead, grasp the rope with a towel, and slide down slowly. Do what you can for others who may share your peril, keeping your presence of mind and assuring others.

RAILROAD ACCIDENTS.

These are generally so sudden that no amount of precaution avails. As a rule for passengers, however, it is best never to jump from a train. That involves more danger than staying aboard, usually. The aisle of the car and near its centre are the safest positions, as a rule. It is bad in collisions to have the feet entangled with the seats. To mount the seat or reach the aisle is generally safer. In any case, keep your presence of mind, without shouting or rashness. None but a foolhardy person allows his head or arms to project from a moving train.

ACCIDENTS ON ICE.

In cold climates every winter has its attendant accidents upon the ice. Prevention here is better than cure, and prevention may be had by the little contrivance shown in the 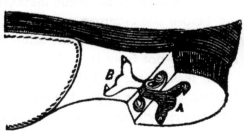 cut and known as the "Detroit Ice Creeper." A represents the creeper in position, ready for use. The dotted line B shows the creeper thrown back entirely out of the way when not in use or walking in-doors. The attachment to the shoe-heel is made by screws. Thus equipped, one may walk firmly on the smoothest ice.

EIGHTH DEPARTMENT.

GAMES AND AMUSEMENTS.

There are some trades that are solitary and exclusive. Authorship is one of these; and perhaps the author is not always a very amusing inmate. But the actor in the private play, the clever and ready wit who makes the charade lively, the musician, the embroideress, the fortune-teller, . . . and the artistic member—these can add to home amusements.

M. E. W. S.

Fun in the Fresh Air.

GAMES, AMUSEMENTS, ETC.

RECREATION is re—creation. It makes a man feel new. Time immemorial it has been confessed that "all work and no play make Jack a dull boy." The same law holds in children of the larger growth. The taut bow of active manhood must be relaxed at times, or its elasticity will certainly be lost. Splendid surroundings cease to charm and may become monotonous or positively irksome. The softest couch cannot relieve a mind disturbed. For such ills mental panacea is demanded, and this is found in games, amusements, entertainments, and the like.

Any fertile mind can invent something in the nature of a game, or can improve upon existing games. Not, probably, upon the old standard games, however. Chess, for instance, has been studied by the world's master minds, and he is a genius indeed who can add anything thereto. But "the way we play it," as is so often said, is probably the very best way for each special party in the ordinary games, which have not been developed to a perfect method. First, as pre-eminent for combining healthfulness with pleasure, should be considered

OUT-DOOR GAMES.

Archery.—One of the oldest of games is Archery. Originally a means of warfare and the chase, it has survived that use and now flourishes as a pastime. Archery organizations are venerable in England and popular in America.

The " York Round" of Archery consists of seventy-two arrows at one hundred yards, forty-eight arrows at eighty yards, and twenty-four arrows at sixty yards. All public matches shot in Great Britain by gentlemen are decided upon the result of either a single or double York Round.

The " National Round," shot by the ladies of Great Britain at all public meetings, consists of forty-eight arrows at sixty yards and twenty-four arrows at fifty yards. Generally the prizes are awarded upon the result of a Double National Round.

The "Columbia Round," adopted for this country, consists of twenty-four arrows at thirty yards, twenty-four arrows at forty yards, and twenty-four arrows at fifty yards. These distances are well suited to the present state of skill and practice among ladies, and the ranges and division of arrows will be in great favor for the first year or two. It will be then time to consider the matter of extending the ranges.

The points sought in scientific archery are (1) Position; (2) Nocking the arrow, or properly placing it on the string; (3) Drawing the bow, which must be done to the same distance, in the same manner, and in the same time, else irregular hitting will result; (4) Aiming so as to " keep a line " and to hit the target; (5) Loosing the string so that the arrow will fly with power and grace. Finger-gloves, touched in grease, facilitate the loosing.

Bows vary in drawing power, those used in the York Round averaging about fifty pounds. Arrows are twenty-eight inches long, all of the same form, weight, etc. Arrows are pointed so as to enter the target. A slight blunting will vary the flight very materially. Condition of wind must be allowed for, as cross winds, or winds toward or from the target, all affect the flight. Practice under the instruction of archery manuals and expert marksmen will make perfect ; and for pleasant, healthful, out-door exercise in wnich gentlemen and ladies can participate, archery will prove second to none.

Base Ball.—By common consent, Base Ball is our national game. It is, however, a game exclusively for boys and men. It is in no sense a family game. It is attended with so many serious injuries and has been so largely relegated to professional clubs that interest of the better sort has been withdrawn from it to a great extent. Those interested should buy Hutching's *Base Ball Manual*, which contains the rules (of which there are over seventy, and most of them have many specifications), the interpretations of rules, decisions of leagues, record of plays, etc.

Cricket.—This is essentially the national game of England, but it is gaining ground in this land. It is played with single or double wicket, the latter being the true game. The two sides have eleven players each, though a numerical allowance is sometimes made for acknowledged superiority of players. The *in* side remains in until all its members but one have been *put* out. The bowler aims to knock down the wickets, while the batsman protects them by parrying the balls, which are stopped and caught on the field by fielders at various points, while the batsman makes his " runs," interchanging places with the other batsman. Hoyle thus describes the game :

" We will suppose a party of cricketers turning out for an afternoon's sport. Some carry bats, two have cricket balls, and several others bear the stumps of which the wickets are constructed. They come to the place where the wickets are to be set up, or 'pitched.' It is a level field, and the space between the wickets, in particular, is flat as a billiard-table. Now the bowlers advance, and under their direction the wickets are set up. The distance between the wickets is twenty-two yards. The distance between the stumps must be a little less than the diameter of the cricket ball, so that the ball cannot pass between the stumps without touching them and knocking off the bails or little bits of wood placed across the top of the stumps. The companions of the bowler are now dispersed about the field in various positions. . . . They all labor for the same object—namely, to stop the ball when it is struck by the batsman, to catch it (if possible) before it reaches the ground after being delivered from the bat (in which case the batsman is considered *caught out*, and his inning is over), and to throw the ball up, when they have stopped it, to the bowler or wicket-keeper as quickly as possible. The bowler's desire is to knock down the batsman's wicket, while the batsman's province is to defend his wicket by striking away the ball as it is bowled toward him. Beyond this, he has to judge what balls it will be safe for him to strike hard at and what balls he must content himself with *blocking*, or striking down; for on the number of runs he obtains will depend the share he contributes to the success of his side."

For the detailed rules of Cricket, see Hoyle's *Games.* An English publication, James Lillywhite's *Cricketers' Annual,* is full of valuable information.

Croquet.—This game is so well known and so generally played, that no better service can be rendered than—waiving the questions of variety in arrangement and apparatus—to give the generally accepted rules for the play.

THE LAWS OF CROQUET.

1. At the outset two of the party are chosen chiefs, one for each side. These two determine which shall have the first choice of players. Each plays a ball from the starting-point, and he who, with one blow of the mallet, drives his ball nearest the turning-stake wins the first choice.

2. The chief who has won the first choice of players opens the game.

3. Each player at starting must place his ball a mallet's length in front of the starting-stake and opposite the centre of the first arch.

4. A player may play in any attitude he chooses, but in striking he must use only one hand.

5. The ball must be struck with the face of the mallet's head, and the stroke must be a distinct blow, and not a push.

6. The chief who opens the game is followed by the chief of the opposing side, and the other players on each side play alternately in accordance with the colors marked upon the starting-stake.

7. If any players play out of his turn, and the error be discovered and challenged before another player makes a stroke, the opposing side may either compel the delinquent player to replace his ball in its original position, or they may allow it to remain where it was played. But any advantage to himself or disadvantage to his opponents, occasioned by misplay, must be immediately rectified.

8. If the adverse side fail to challenge the misplay before another player has commenced, no penalty is attached, but the offending party cannot use his next turn, having already anticipated it.

9. Should a player, by mistake or otherwise, use a wrong ball, he must suffer the consequences, and not the rightful owner of the ball. If the error be discovered and challenged before the turn is completed, the ball must be restored to the position it occupied previous to the misplay, and any damages sustained by the adverse side by reason of the misplay must be repaired and the offending player deprived of his turn. But if the misplay be not challenged previous to the next player commencing to play, the game proceeds as if no misplay had occurred, and no penalty is attached.

10. Each player continues to play so long as he makes a count in the game; that is, so long as he drives his ball through the next arch in order, strikes the turning-stake in order, or achieves either roquet, croquet, or roquet-croquet, or a combination of two or more of these. Failing to accomplish either of these, he relinquishes his turn to the next player. (See Law 26.)

11. The balls must pass through the arches in their regular consecutive order and in the proper direction of the course. If a ball be driven through an arch out of regular order, or from the wrong side, it does not count any more than if it had passed over any other portion of the ground. When a ball passes properly through an arch it is said to " make its arch."

12. A ball makes its arch when it passes through it in its proper consecutive order, from either of the following causes only :

I. When it is driven through by a blow from its owner's mallet.

II. When it passes through from roquet, croquet, roquet-croquet, or ricochet.

III. When it is driven through by concussion; that is, by a blow from another ball driven against it by roquet, croquet, roquet-croquet, or ricochet.

13. A ball is considered to have passed through its arch if it cannot be touched by the handle of the mallet when moved from the top to the base of the arch, from wire to wire, on the side from which the ball passed.

14. Should a ball be driven only *partially* through its arch in the wrong direction, it is not in a position to be driven back and through in the right direction.

15. If a player can drive his ball through two arches by one stroke, or pass it through an arch and against the turning-stake, he may lay his mallet on the spot where his ball stopped, place it in any direction that is most useful to him, and put his ball at the end of the mallet.

16. Striking the turning stake is equivalent to making an arch, subject to the same conditions, and enjoying the same privileges; with this exceptional advantage, the stake may be struck from any direction. (See Laws 12 and 15.)

17. When a ball has completed the round and has struck the starting-stake, either by a stroke from its owner's mallet or by roquet, roquet-croquet, croquet, or by concussion, it becomes a dead ball, and must be removed from the field.

18. When a ball has completed an entire round with the exception of striking the starting-stake, it becomes a Rover, and may either go out by striking the starting-stake, or may continue its play at large all over the field, subject to the conditions and limitations hereafter specified.

19. A Rover may play upon all the balls one after another, but on no one ball twice in the same turn.

20. A Rover must roquet, roquet-croquet, or croquet in order to continue his play.

21. Should a Rover strike the starting-stake, as specified in Law 17, it becomes a dead ball, and must be removed from the field.

22. When one ball strikes another it is a roquet, and this holds good whether the ball striking it proceeds direct from a stroke of the mallet, or rebounds upon it from a stake, arch, or any other fixed obstacle, or from another ball which it has previously struck.

23. When a ball roquets another, it may strike the roqueted ball again without any intermediate play, but this does not constitute another roquet. If, however, either ball in this second stroke be driven through its proper arch, the arch shall be counted as passed, but the playing ball is not entitled to another stroke.

24. A ball having made a roquet, may either croquet, or roquet-croquet the roqueted ball, or proceed on its round.

25. When a ball roquets two or more balls by one blow of the mallet, it constitutes what is called a ricochet.

26. A ball terminates its tour of play when, without making an arch or striking a turning-stake, it roquets a ball which it has croqueted. (See Law 10.)

27. A ball may only croquet that ball upon which it has made a roquet.

28. A player may croquet any number of balls consecutively; but he cannot croquet the same ball the second time during the same turn without first sending his own ball through the next arch in order, or hitting the turning-stake.

29. A player must perceptibly move the ball he croquets.'

30. In making ricochet, a player may croquet the first or all of the balls at his option, but the order of croquet must be the same as that of ricochet.

31. If a ball roquet another, and with the same stroke make its arch, it may croquet the roqueted ball, or refuse to do so, and again roquet it before making the croquet, or it may proceed to make another arch.

32. While executing the croquet, if a ball flinch, the shot is void, and the croqueted ball must be replaced in its former position. The croqueting ball may then proceed with its turn, but it cannot repeat the croquet just missed.

33. The laws of roquet-croquet are precisely the same as those which govern the croquet, and a player may roquet-croquet any ball that has been roqued.

34. After making roquet, a player may take two chances by roquet-croquet.

35. Should a ball in its progress over the ground be interrupted by any one. the player to whom it belongs may either allow it to remain where it stopped after its interruption, or remove it to the point it probably would have reached had no interruption occurred.

36. Should a ball be accidentally displaced, it must be restored to its proper position before the game can proceed.

37. Should an arch or stake lose its upright position from any cause, it must be restored before the play proceeds.

38. No play is permitted outside the limits of the ground. A ball driven beyond the limits must be immediately placed on the ground at the point where it crossed the boundary. A ball so placed may be played upon by friend or foe.

39. If one ball roquets another, and either or both balls go beyond the bounds, either or both shall be replaced, and the roqueting ball may play on the roqued ball the same as if neither had been driven off the bounds.

40. Players on the same side may advise each other upon a stroke, but not assist in making it.

41. The game is finished when all the players on one side have made all the arches and struck the two stakes.

42. The umpire is chosen by the two chiefs.

43. **The decision of the umpire is final.** His duties are, to decide when balls are fairly struck; to restore balls to their places which have been disturbed by accident; to decide whether a croqueted ball is moved or not, in doubtful cases; and to settle all other disputed points which may arise during the progress of the game.

Lawn Tennis.—Lawn Tennis is the destined game of the future. "How does it compare with croquet?" was asked of an expert in both games. "As a wedding does with a funeral," was the answer.

As in croquet, gentlemen and ladies may play at Tennis; yet in this there is so much of action that for the youthful and vigorous it has special charms.

It should be played on a level, well-cut lawn. Rubber-soled shoes should be worn to insure sure footing and protect the turf. Sets packed in strong boxes can be had from $4.00 to $35.00 in price. The set contains bats, or racquets; regulation balls, net poles, net thirty-six feet long, boundary pegs, lines and runners, mallet, and book of instructions, which gives full directions for constructing the court and conducting the game.

The fact that to play the game requires the set, and that this always includes the printed rules, makes it unnecessary to give rules here. Suffice it to say that the game consists in serving or delivering the ball from the racquet over the net from one court or area into another, the opposing party returning the ball in similar manner. The game may be played by two, three, or four persons. The skill required for correct service, the agility in catching the balls and dexterity in managing them, the opportunity of scoring afforded by good play on your own part and by poor play of the antagonists, combine to make the game very attractive and healthful.

BOARD GAMES.

Chess.—Chess is unquestionably the chief of board games. It is played upon a board containing sixty-four squares, with two sets of differently colored pieces, or men ; each set having sixteen pieces, of which eight are pawns, having the same value and moves ; the others, with their special value and moves, being for each set a king, a queen, two bishops, two knights, and two castles or rooks. Upon this game volumes of profound depth have been written, and journals are exclusively devoted to its discussion. In the brief space here available, so abstruse a game cannot be discussed with fullness or even fairness. Those interested need a Chess Manual and the instruction of an expert.

Checkers.—This is an ancient game, a sort of infantile Chess, played upon the same board, and using twelve pieces for each side, arranging them on alternate squares in the three outer rows of the board. The advances are made from each side by moves on the diagonal squares, the one having the right to move "jumping" any unprotected enemy on an adjacent diagonal, so reducing the number of his opponent's pieces. When a piece reaches the outer row on its opposite side it becomes a " king," privileged to move either way. This is ' crowned" by placing another piece on top of it. The one jumping all his opponents first wins the game. The game for a lively spurt may be reversed, the one losing all his pieces first becoming the winner. This is called " Give Away."

Backgammon.—This game is played on the inner side of the ordinary chess or checker board. It requires fifteen checker pieces and a set of dice for each of the two players. The board has twenty-four points colored alternately of two different colors. The pieces are arranged on eight of the points for each side, the position of each set corresponding precisely to that of its opponent. Moves are made as determined by the throwing of dice, each party advancing his men around the board and aiming at two objects ; 1st, to leave no single piece exposed which might be taken up by the opponent; 2d, to catch up any exposed piece of the opponent. Pieces can be taken up when they stand alone on a point and the move to be made by the other side reaches that unprotected piece. The piece so taken up cannot resume play until it is re-entered on a point corresponding in number to one on the dice thrown by its owner. When all the pieces of a side have been gathered into the final or home table, the player may throw off any of them from points corresponding to the dice thrown. If he has none to correspond, he must move up the required number of points, or, if this cannot be done, he may play off his next highest piece or pieces, as may be needed. The party first getting all his pieces off wins. If any of the loser's pieces are not then in his home table he is *gammoned*, which is equal to two ordinary beats or *hits*. If the winner throws off all his men before the loser gets his last man to his own side of the board, it is a *backgammon*, equal to three *hits*. The numbers thrown on the dice must be played, unless it is impossible by reason of pre-occupancy of points, when the throw is lost. If doublets be thrown, the player has four moves instead of two.

Russian Backgammon.—In this game all the men are entered into the same table according to the throws. Both sets follow the same route on the board, neither side moving out of the first table till all its men are duly entered, and neither throwing off any men until all of his pieces have reached the terminal table. This game is longer and far more stubborn than the ordinary form.

Bagatelle.—This is to Billiards as Checkers is to Chess—a diminutive member of the same family. He who plays the superior game seldom takes interest in the other. It is played on a board varying in length to suit the desires of purchasers. Cups are set in the board flush with its surface, into which ivory balls are driven with a cue, the plays all being from the opposite end of the board. These cups have different values, upon which the count is made. They vary in number from nine to fifteen. Various games are played on the same, or very similar boards, for which directions are furnished on the purchase of the apparatus.

Other Board Games.—Among the many folding-board games which are deemed specially good may be named Parchesi, Stella, Falconry, Spider and Fly, Go Bang, Russian Tivoli, Fox and Geese, Solitare, The Captive Princess, Cats and Mice, Ambuscade, Steeple Chase Game, John Gilpin, The Pilgrim's Progress, and The Monopolist.

CARD GAMES.

Aside from the ordinary playing-cards with their almost limitless varieties, there is a splendid assortment of other cards, both instructive and amusing. Every stationer and toy-dealer has these at various prices and with full directions for playing.

MENTAL GAMES.

Dictionary.—A long but familiar word is announced to a company and two minutes are allowed in which to write all the words which can possibly be formed from the letters of the assigned word. Any word of two or more letters is allowed, proper names and foreign terms excepted. Any letter of the assigned word may be used twice or oftener in any written word. At the end of two minutes the writing stops and each list is read. Every word which two or more persons have written is stricken from the lists; every word written by one only counts for the writer as many as there are parties in the game. If five play, each exclusive word counts its writer five, etc. The party announcing the word does not write, but is counted, and directs the reading of the written words in turn from his right.

Twenty Questions.—This game was once so popular among the Cambridge professors that they declared any subject could be reached in ten questions. The company divides into questioners and answerers. After the subject is chosen, questions are asked in some such form as this: Is it animal, vegetable, or mineral? What is its size? To what age does it belong? Is it historical or natural? Is it ancient or modern? etc. A few objects do not belong clearly to either of these classes, or they touch, possibly, on all three; but even these can be mastered. The questioners may consult openly about their question before asking it, but the answerers must be very cautious in consultation lest they disclose too much. Among the more difficult subjects are such as a mummy, a tear, a blush, a smile, an echo, an avalanche, a drought, etc. Puns and evasive answers must not be used.

The Secretary.—All the players sit at a table and are furnished with paper and pencil. Each writes his name, and having folded it back carefully, hands his paper to the secretary, who shuffles the papers, distributes them again, and says, "Character;" whereupon each writes a supposed trait of character. The papers are again folded, reshuffled, and redistributed, when "Future" is announced, and each writes to this idea on his slip. Other points, not to exceed six in all, are named and written upon, and the whole list is then read from each paper, affording a most amusing record.

Rhyming Game.—The leader selects a word capable of many rhymes. Beginning with the first of the company, he says, for example, "I have a word that rhymes with *one*."

"Is it a female recluse?" asks the party addressed.

"No, it is not a *nun*," is replied. Passing on to the second person, this one may ask, "Is it something good to eat?"

"No, it is not a *bun*." The third may ask, "Is it a heavy weight?"

" No, it is not a *ton*." The fourth may ask, " Is it something that makes you laugh ?"

" Yes, it is *Fun*."

The party failing to question promptly pays a forfeit; so does the leader if he fail to answer promptly. The party catching his word becomes the new leader.

Acting Game.—Half the players go out of the room and those within decide on a word, telling the others a word with which it rhymes. The outer party then enter and act out a word which they suppose to be correct. For instance, if the word rhymes with *main*, the actors come in with umbrellas, overshoes, waterproofs, stepping carefully, etc., and the inside party says, " No, it is not *rain*." The outs retire to consult, and, returning with bags and baggage, imitate passengers hurrying to get on the cars. " No, it is not *train*." Again they retire, consult, and re-enter. One of them with a mock club strikes a companion, who falls to the ground. " Yes, it is *Slain*." The sides then exchange places. If the word is not guessed, either as announced by its rhyme or as acted, the party failing goes out again.

Crambo.—Each player writes a noun and a question. All are then shuffled, nouns together and questions. Each player then draws one from each set of slips and writes four lines in rhyme, answering the question and introducing the word. The efforts to meet these requirements will provoke an abundance of fun.

FUN IN GENERAL.

Going to Jerusalem.—Place a row of chairs, alternating backs and fronts, and one less in number than the parties in the game. A march tune is then played, and the pilgrims move around the line of chairs. Suddenly the music stops, when each one tries to drop into a seat. Of course one person is left. He retires from the game and a chair is

removed from the line. The music and marching are repeated, and another party is dropped, and so on till one
remains in occupancy of the one chair. This person is victor
in the contest.

Magic Music.—One person leaves the room and the others
agree on something, no matter how difficult if only practicable, which he must do. He enters to music, which is loud
as he nears his point of operation and soft as he departs.
By this modulation he is guided to the thing desired and
almost inevitably does in the end the precise act intended.

Magnetized Cane.—Let a gentleman prepare beforehand
by attaching to his pantaloons, above the knee and from one
leg to the other, a fine black-silk strand about fifteen or
eighteen inches long. Proposing in the company to mag-
netize a cane, let him take such an article and rub it faithfully. Then, standing it erect between his separated knees,
and carefully poising it with his hands, let it lean against
the stretched thread of silk. It will seem to stand alone,
to the amazement of the uninitiated, who will struggle
hard to accomplish the same feat.

The Charmed Quarter.—Let the company select one of three
quarter-dollars and mark it so as to know it certainly. The
other two meanwhile are laid on a marble mantel. Let the
company all handle the piece and examine the mark; then,
having tossed it into a hat—the other two quarters being
lightly tipped into the same receptacle and all shaken up for
an instant—a touch will indicate the marked coin, as by
handling it will have become warm; the others, by lying on
the marble, having become cold. The detection is almost inevitable. If it fail, more " magnetism," imparted by a longer
holding of it in the hand of a spectator, will disclose the
correct coin.

Dynamite.—Cross three wooden toothpicks as if they
were spokes in a wheel, but leave the side spaces larger

than the other two. Cross two other picks over two ends of these and under one of them, so as to bind the five in a

"WOULD I WERE A BOY AGAIN."

tight frame. On this lay a sixth toothpick to represent John Chinaman on his bed. Then apply a match to one end of the frame pieces. This represents the Hoodlum blowing up the Chinaman. When the fire creeps in to the point where the picks cross and bind each other, the spring of the wood will hurl the Chinaman high in the air, illustrating dynamite action, and causing a hearty laugh.

Parlor Magic.—An immense amount of fun can be had by means of the parlor magic, or trick sets, to be had in great variety. Some of the exploits thus attainable are quite puzzling to the observer, especially if the manipulator be dexterous, and, withal, entertaining of speech. Sets of apparatus carry also complete instruction, but practice is needed to make perfect.

Manuals on Games, Amusements, etc.—On all points of home amusement there are valuable treatises or manuals—some large, some small, but all suggestive. If enjoyment is sought in a house, the means of enjoyment must be studied. Study, therefore, to make home happy.

NINTH DEPARTMENT.

GENERAL HINTS.

So many and so rich are earth's resources, that, when the wisest man has wearied with his discourse, numberless things remain unsaid—yea, quite unthought of—by the sage.

BUFFON.

GENERAL HINTS.

AFTER the broad scope of this book has been covered, there still remain many things to be said. They are hardly worth discussion ; mere statement is sufficient. They are hints merely on a variety of subjects. Let it not be supposed that every suggestion here given has been subjected to test by the editor of the department. But every one has been culled from a trustworthy source and has been subjected to careful scrutiny. All of them are worth trying; but try them conscientiously. More prescriptions have failed from unskillful handling than from inherent defect. An Irish cook who delayed some fifteen minutes when his master had ordered a soft-boiled egg, excused himself by declaring that it had boiled fast all the time, but showed no signs whatever of becoming soft. So many other domestic manipulators fail.

HINTS FOR THE KITCHEN.

To Keep Meat Fresh.—Take a quart of best vinegar, two ounces of lump sugar, two ounces of salt. Boil these together for a few minutes, and when cold anoint with a brush the meat to be preserved. For fish the mixture is to be applied inside ; for poultry, both in and outside. Or : Place the meat in the centre of a clean earthenware vessel and closely surround it with common charcoal. Or : Cover the meat lightly with bran and hang it in some passage where there is a current of air.

To Make Poultry Tender.—Give the fowl, shortly before killing, a tablespoonful of vinegar.

627

To Test Mushrooms.—In eatable mushrooms the stalk and top are dirty white and the lower part has a lining of salmon fringe, which changes to russet or brown soon after they are gathered. The poisonous manifest all colors, and those which are dead white above and below should be let alone. Sprinkle salt on the spongy part, and if they turn yellow they are poisonous, but if they become black they are good. Let the salt remain on a little while before you decide on the color. Mushrooms are in season during September and October.

To Keep Flour Sweet.—Insert a triangular tube of boards or tin bored full of small holes, into the centre of the barrel, which allows the air to reach the middle of the meal, and it never gets musty. A barrel of good flour, dry as it appears to be, contains from twelve to sixteen pounds of water.

To Test Coal Oil.—Pour a little oil in an iron spoon and heat it over a lamp until it is moderately warm to the touch. If the oil produces vapor which can be set on fire by a flame held a short distance above the liquid, it is bad.

To Remove Clinkers.—Throw half a dozen broken oyster shells into the fire when the coal is all aglow, and cover them with fresh coal. When all are red hot the clinkers become doughy, and are easily removed.

Cheap Fire-Kindler.—Melt three pounds of rosin in a quart of tar, and stir in as much saw-dust and pulverized charcoal as you can. Spread the mass upon a board till cool, then break into lumps as big as your thumb. Light it with a match.

To Keep a Broom.—If a broom be inserted every week in *boiling suds*, it will be toughened and last much longer, will not cut the carpet, and will remain elastic as a new broom.

To Preserve Oil-cloths.—An oil-cloth should never be scrubbed; but after being swept it should be cleaned with a soft cloth and lukewarm or cold water. Never use soap, or water that is hot. When dry, sponge it over with milk; then wipe with a soft, dry cloth.

To Prevent a Lamp from Smoking.—Soak the wick in vinegar, and dry it well before using.

To Remove Rust from Steel.—Cover with sweet oil, well rubbed on, and let it remain forty-eight hours, then rub with unslacked lime powdered fine.

To Prevent Rust.—Take one pint of fat-oil varnish, mixed with five pints of highly rectified spirits of turpentine, and rub with a sponge on bright stoves or mathematical instruments, and they will never contract spots of rust.

To Freshen Stale Bread or Cake.—Plunge the loaf one instant in cold water and lay it upon a tin in the stove for ten or fifteen minutes. It will be like new bread, without its deleterious qualities. Stale cake is thus made as nice as new cake. Use immediately.

To Soften Hard Water.—Put half an ounce of quicklime in nine quarts of water. This solution in a barrel of hard water will make it soft. A teaspoonful of sal soda will soften from three to four pails of hard water.

Time of Boiling Green Vegetables.—This depends very much upon the age, and how long they have been gathered. The younger and more freshly gathered, the more quickly they are cooked. The following is Miss Parloa's time-table for cooking:

Potatoes, boiled, . . 30 minutes.	Green Corn, 25 minutes to 1 hour.
Potatoes, baked, . . 45 minutes.	Asparagus, . . 15 to 30 minutes.
Sweet Potatoes, boiled, 45 minutes.	Spinach, ... 1 to 2 hours.
Sweet Potatoes, baked, . 1 hour.	Tomatoes, fresh, . . . 1 hour.
Squash, boiled, . . 25 minutes.	Tomatoes, canned, . 30 minutes.
Squash, baked, . . 45 minutes.	Cabbage, . 45 minutes to 2 hours.
Green Peas, boiled, 20 to 40 minutes.	Cauliflower, . . . 1 to 2 hours.
Shell Beans, boiled, . . 1 hour.	Dandelions, . . . 2 to 3 hours.
String Beans, boiled, . 1 to 2 hours.	

40

Keeping Hams.—After smoking, make coarse cotton cloth sacks so that one ham will go in easily, pack cut hay all around between the sack and the ham, tie the sack at the top, hang in a cool place, and be sure the sacks are whole.

To Make Shirts Glossy.—Take of raw starch, one ounce; gum arabic, one drachm; white of egg, half ounce; soluble glass, quarter of an ounce; water. Make starch into fine cream, dissolve with gum in a little hot water, cool and mix it with the egg, and beat up the mixture with starch liquid; then add the water, glass (solution), and shake together. Moisten the starched linen with a cloth dipped in the liquid, and use polishing iron to develop gloss.

Blackening Stoves.—If a little vinegar or cider is mixed with stove polish it will not take so much rubbing to make the stove bright, and the blackening is not likely to fly off in fine dust.

Musty Coffee and Tea Pots.—These may be cleaned and sweetened by putting wood ashes into them and filling them with cold water. Set on the stove to heat gradually till the water boils. Let it boil a short time, then put aside to cool, when the inside should be faithfully washed and scrubbed in hot soap-suds.

To Clean Pots and Kettles.—When washing greasy pots and kettles, take a handful of meal or bran and rub all around. It absorbs all the grease and leaves them perfectly clean.

To Clean Ceilings Smoked by Kerosene Lamps.—Wash with a sufficiently strong solution of soda in water.

To Prepare a New Iron Kettle for Use.—Fill with clean potato parings; boil them for an hour or more, then wash the kettle with hot water, wipe it dry, and rub it with a little lard; repeat the rubbing half a dozen times after using.

To Remove Fruit Stains.—Procure a bottle of Javelle water. If the stains are wet with this before the articles are put into the wash they will be completely removed. Those who cannot get Javelle water can make a solution of chloride of lime. Four ounces of the chloride of lime is to be put into a quart of water in a bottle, and after thoroughly shaking allow the dregs to settle. The clear liquid will remove the stains. Be careful to thoroughly rinse the article in clear water before bringing it in contact with soap. When Javelle water is used this precaution is not necessary; with chloride of lime liquid it is, or the article will be harsh and stiff.

Washing.—To wash flannels: First, never apply soap directly to any woolen fabric. Make a strong, hot suds and plunge the garment in it. Second, never dip a flannel in cold, or even cool, water, but always hot. Wash first in hot suds and rinse in hot water made very blue. Third, dry flannels as quickly as possible. Wring dry from the second water and hang either in the hot sun or before a brisk fire. When nearly dry, press with a hot iron. None but soft water should be used upon flannels, and resin soap is much inferior to common soft soap, as it hardens the fibres of woolens.

To wash chintz: Take two pounds of rice and boil it in two gallons of water till soft. When done, pour the whole in a tub; let it stand till of about the warmth you use in general for colored linens; then put the chintz in and use the rice instead of soap. Wash it in this till the dirt appears to be out; then boil the same quantity, as above, but strain the rice from the water and mix it in warm, clear water. Wash in this till quite clean; afterward rinse it in the water in which you have boiled the rice. This will answer the end of starch and no dew will affect it and it will be stiff as long as you wear it.

To wash clothes without fading them: Peel Irish potatoes and grate them in cold water. Saturate the articles to be washed in this potato-water and they can then be washed with soap without any running of the color. Oil may be taken out of carpets with this potato-water when simple cold water would make the color run ruinously. This will also set the color in figured black muslins, in colored merinos, in ribbons, and other silk goods. Often the potato-water cleanses sufficiently without the use of soap; but the latter is necessary where there is any grease. When no soap is needed, take the grated potato and rub the goods with a flannel rag.

Sour milk removes iron-rust from white goods.

To make silk which has been wrinkled appear exactly like new, sponge it on the surface with a weak solution of gum arabic or white glue, and iron on the wrong side.

A tablespoonful of black pepper put in the first water in which gray or buff linens are washed will keep them from spotting. It will also keep the colors of colored or black cambrics or muslin from running, and does not harden the water.

To extract ink from cotton, silk, and woolen goods, saturate the spot with spirits of turpentine and let it remain several hours; then rub it between the hands. It will disappear without injuring the color or texture of the fabric. For linen, dip the spotted part in pure tallow and the ink will disappear.

When clothes have acquired an unpleasant odor by being kept from the air, charcoal laid in the folds will remove it.

To take oil or grease from cloth: Drop on the spot some oil of tartar or salt of wormwood which has been left in a damp place until it is fluid; then immediately wash the place with lukewarm soft water and then with cold water, and the spot will disappear.

INDEX.

Lightning Source UK Ltd.
Milton Keynes UK
UKHW012323191118
332599UK00015B/1586/P